Sagasser / Bula / Brünger
Umwandlungen

Umwandlungen

Verschmelzung – Spaltung
Formwechsel – Vermögensübertragung

Zivilrecht, Handelsrecht, Arbeitsrecht,
Kartellrecht, Steuerrecht

– mit Vertragsmustern –

von

Dr. Bernd Sagasser **Thomas Bula** **Thomas R. Brünger**
Rechtsanwalt und Wirtschaftsprüfer und Notar in Düsseldorf
Steuerberater Steuerberater
in Düsseldorf/Paris in Düsseldorf

Stephan Abele, Rechtsanwalt und Steuerberater in München
Claudia Bultmann, Rechtsanwältin in Duisburg
Barbara Clasen, Master in European Business, Rechtsanwältin in Düsseldorf/Paris
Astrid S. Gageik, Notarin in Düsseldorf
Margarete Gutkès, Rechtsanwältin und Maître de Conférences in Paris
Dr. Antje Luke, Rechtsanwältin in Paris
Benjamin Rapp, Dipl.-Kaufmann, Steuerberater in München
Dr. Alexander Reichl, Dipl.-Kaufmann, Steuerberater in München
Dr. Julia Schlösser, Dipl.-Kauffrau, Steuerberaterin, Avocat in Paris
Dr. Monika Schmidt, Rechtsanwältin in Hamburg
Kai Schöneberger, Rechtsanwalt, Wirtschaftsprüfer und Steuerberater
in Duisburg
Alexander Thees, Wirtschaftsprüfer, CPA (inactive), Steuerberater und ö.b.u.v.
Sachverständiger für Unternehmensbewertung in Düsseldorf
Philipp Werner, LL.M., Rechtsanwalt in Brüssel

5., neu bearbeitete und erweiterte Auflage 2017

C.H.BECK

www.beck.de

ISBN 978 3 406 70693 6

© 2017 Verlag C.H.Beck oHG
Wilhelmstraße 9, 80801 München
Satz, Druck und Bindung: Druckerei C.H.Beck Nördlingen
(Adresse wie Verlag)
Umschlaggestaltung: Martina Busch

Gedruckt auf säurefreiem, alterungsbeständigem Papier
(hergestellt aus chlorfrei gebleichtem Zellstoff)

Vorwort

Die 5. Auflage des Umwandlungs-Buches hätte eigentlich schon kurz nach Erscheinen der 4. Auflage in Angriff genommen werden müssen. So waren die Herausgeber zum damaligen Zeitpunkt getrieben, nach neun Jahren nun endlich wieder eine Neuauflage zu veröffentlichen und konnten in Absprache mit dem Verlag keine Rücksicht mehr auf die noch ausstehende Verabschiedung des BMF-Schreibens zum Umwandlungssteuerrecht nehmen. Dieses wurde dann wenige Monate nach Erscheinen der 4. Auflage unseres Buches veröffentlicht, sodass sich unsere Leser über mehrere Jahre nur mit dem Hinweis auf die Entwurfsfassung des BMF-Schreibens begnügen mussten. Glücklicherweise hat es seitdem Bestand und hat die Zahl der kontrovers diskutierten Themen im Umwandlungssteuerrecht deutlich reduziert.

Während einzelne Sonderformen der Umwandlung keine praktische Relevanz erlangt haben, so zB die Umwandlung durch Vermögensübertragung, haben sich neue Felder der Rechtsentwicklung aufgetan bzw. rasant weiterentwickelt. An erster Stelle steht die Europäisierung der Materie. Die wirtschaftliche Bedeutung grenzüberschreitender Umwandlungsvorgänge und die zunehmende Akzeptanz europäischer Rechtsformen verändern entsprechend ihre Darstellung in diesem Handbuch. Da die Rechtsentwicklung in den Bereichen Gesellschaftsrecht, Steuerrecht und Handelsbilanzen nicht immer im Gleichschritt erfolgt, kommt der hier gewählten Querschnittsdarstellung besondere Bedeutung zu.

Dabei folgt der Gesetzgeber weiterhin den europäischen und internationalen Regulierungsbemühungen zur Vereinheitlichung von Rechtsformen und Schaffung von Transparenz. Die Regulierungsbemühungen im Anschluss an die Finanzkrise des Jahres 2007 haben zwar nicht zu wesentlichen neuen Normen im Bereich des Umwandlungsrechtes geführt, aber man gewinnt den Eindruck, dass sich die Rechtsanwendung und Rechtsprechung in dem Sinne verändert, dass zunehmend nach dem *„telos"* der Normen geforscht wird: Es ist eben in einer globalen Wirtschaft nicht alles rechtens, was nach dem Wortlaut des Gesetzes möglich erscheint. Die Grundregeln des Umwandlungsrechts und Umwandlungssteuerrechts haben sich jedenfalls mit dieser Maßgabe bewährt, sodass der Gesetzgeber nun auch weitere Sonderrechtsformen wie die „Investmentgesellschaft" den geübten Regeln unterstellen konnte.

Gesetzgeber und Finanzverwaltung hatten nach der Finanzkrise aus fiskalpolitischer Sicht gute Gründe, die Anwendung der steuerlichen Vorschriften für den Staat „sicherer" zu machen. Wird also eine Besteuerungslücke im System erkannt, wird sie unmittelbar geschlossen, so zB die Änderung der §§ 20, 21, 24 UmwStG, die wir der Kreativität der Berater von Porsche und VW zu verdanken haben, aber auch einer fiskalgetriebenen Überreaktion des Gesetzgebers – systematisch notwendig

Vorwort

war die Änderung nicht. Andererseits hat auch die Rechtsprechung in Einzelfällen gegengesteuert und so zB die Gesamtplan-Rechtsprechung eher eingeschränkt, sodass sich der Rechtsanwender in stärkerem Maße auf die Regelungen des UmwStG verlassen kann.

Und auf eines können wir uns sicherlich verlassen: Die von uns bearbeitete Materie der Umwandlungen liegt im Schnittpunkt so vieler sich immer wieder verändernder Problemfelder, dass die nächste Neuauflage schon bald wieder in Angriff genommen werden muss. So konfrontiert uns zB der nun beantragte BREXIT mit neuen grundsätzlichen Fragestellungen im Zusammenhang mit bestehenden europäischen Gesellschaftsformen oder Sitzverlegungen, die doch eines dauerhaften Anknüpfungspunktes im Recht eines Mitgliedsstaates bedürfen.

Da alle Autoren und Herausgeber als Berater tätig sind, haben sie sich mit den neuen Fragestellungen neben dem beruflichen Tagesgeschäft auseinanderzusetzen. Die Belastungen sind daher recht hoch. So haben sich auch diesmal einige Autorenwechsel bzw. die Erweiterung des Autorenteams ergeben: *Philipp Werner*, der schon das Kartellrecht in der Vorauflage mitbearbeitete, hat das Kapitel nun vollständig von *Martina Meier* übernommen. Zu *Dr. Julia Schlösser*, die in der vorigen Auflage die Besteuerung der nationalen und internationalen Verschmelzung alleine verantwortete, sind nun mit *Dr. Alexander Reichl* und *Benjamin Rapp* zwei weitere äußerst kompetente Praktiker hinzugekommen. *Barbara Clasen* hat den spannenden Bereich der europäischen Kapitalgesellschaften und der grenzüberschreitenden Sitzverlegung von *Christian Link* übernommen. Schließlich hat *Alexander Thees* mit *Thomas Bula* die Bereiche der Handelsbilanzen an Stelle von *Isabelle Pernegger* betreut und *Claudia Bultmann* hat mit *Dr. Bernd Sagasser* die Bearbeitung des umwandlungsrechtlichen Teils der Spaltung gegen die Darstellung der steuerlichen Behandlung der Spaltung getauscht.

Autoren und Herausgeber danken an dieser Stelle ganz herzlich ihren Mitarbeiterinnen und Mitarbeitern. Alle Beteiligten wissen, dass am Anfang einer Neuauflage viele Recherchen und zum Ende viele Fein- und Nacharbeit erforderlich sind, um ein qualitativ hochwertiges Handbuch unseren Lesern vorzulegen. Wir hoffen, dass uns dies gelungen ist. Korrekturen und Anregungen für die nächste Auflage bitten wir unsere Leser an SBB@sagasser.com zu senden.

Dank gilt schließlich auch dem Verlag, hier insbesondere Frau Juliane Schmalfuß und Herrn Dr. Thomas Aichberger, für die geduldige und immer freundliche und hilfreiche Unterstützung.

Die Herausgeber   Mai 2017

6. Teil. Vermögensübertragung

§ 21. Begriff und Rechtsentwicklung 1457
§ 22. Umwandlungsrechtliche Regelungen 1460
§ 23. Handelsbilanzielle Regelungen (HGB/IFRS) 1464
§ 24. Steuerrechtliche Regelungen 1467

7. Teil. Formwechsel

§ 25. Beweggründe für einen Formwechsel 1473
§ 26. Umwandlungsrechtliche Regelungen 1478
§ 27. Handelsbilanzielle Regelungen (HGB/IFRS) 1590
§ 28. Steuerrechtliche Regelungen 1608

8. Teil. Sonstige Umwandlungsvorgänge

§ 29. Alternative Gestaltungsformen der Gesamtrechtsnachfolge .. 1631
§ 30. Anteilstausch 1639
§ 31. Steuerliche Alternativen bei Umstrukturierungen mit Einzelrechtsnachfolge 1656
§ 32. Grenzüberschreitende Sitzverlegung 1725

Sachverzeichnis 1775

Inhaltsübersicht

Inhaltsverzeichnis IX
Abkürzungsverzeichnis XLI
Literaturverzeichnis XLVII

1. Teil. Einführung

§ 1. Entstehungsgeschichte 1

2. Teil. Grundzüge des Umwandlungsrechts

§ 2. Anwendungsbereich des UmwG und UmwStG 7
§ 3. Ziele des Umwandlungsrechts 47
§ 4. Ziele des Umwandlungssteuerrechts 70
§ 5. Handelsrechtliche Bewertung und Rechnungslegung (HGB/IFRS) 77
§ 6. Arbeitsrecht 96
§ 7. Kartellrecht 122

3. Teil. Verschmelzung

§ 8. Beweggründe für eine Verschmelzung 145
§ 9. Umwandlungsrechtliche Regelungen 154
§ 10. Handelsbilanzielle Regelungen (HGB/IFRS) 378
§ 11. Steuerrechtliche Regelungen 455

4. Teil. Grenzüberschreitende Verschmelzungen europäischer Kapitalgesellschaften

§ 12. Europäische Grundlagen und deutsches Recht 737
§ 13. Verschmelzung von Kapitalgesellschaften verschiedener Mitgliedstaaten 757
§ 14. Verschmelzung in europäische Gesellschaftsformen 987
§ 15. Rechnungslegung und Jahresabschluss 1088
§ 16. Steuerrechtliche Regelungen zu grenzüberschreitenden Verschmelzungen sowie Auslandsverschmelzungen mit Inlandsberührung 1094

5. Teil. Spaltung

§ 17. Bedeutung der Unternehmensspaltung und Rechtsentwicklung 1155
§ 18. Spaltungsrechtliche Regelungen 1161
§ 19. Handelsbilanzielle Regelungen (HGB/IFRS) 1347
§ 20. Steuerrechtliche Regelungen 1379

Inhaltsverzeichnis

Abkürzungsverzeichnis XLI
Literaturverzeichnis XLVII

1. Teil. Einführung

§ 1. Entstehungsgeschichte 1

2. Teil. Grundzüge des Umwandlungsrechts

§ 2. Anwendungsbereich des UmwG und UmwStG 7
   I. Sachlicher Anwendungsbereich 7
     1. Umwandlungsgesetz 7
       a) Arten der Umwandlung 8
       b) Gesetzesaufbau 12
       c) „Rechtsträger" 12
     2. Umwandlungssteuergesetz 21
       a) Steuerrechtsspezifische Systematik 21
       b) Anwendungsbereich des UmwStG 22
   II. Territorialer Anwendungsbereich 32
     1. Umwandlungsgesetz und grenzüberschreitende Sachverhalte 32
       a) Gesetzlich geregelte Fälle grenzüberschreitender Umwandlungen 34
       b) Erweiterung der Anwendung des UmwG aufgrund der Rechtsprechung des EuGH 35
       c) Umwandlungsmöglichkeiten außerhalb dieses Gesetzes- bzw. Rechtsprechungsrahmens 38
       d) Grenzüberschreitende Umwandlungen unter Beteiligung von natürlichen Personen 41
     2. Bedeutung des zwingenden ausländischen Rechts 41
     3. Umwandlungssteuergesetz und grenzüberschreitende Sachverhalte 43
   III. Zeitlicher Anwendungsbereich 46
     1. Einführung des UmwG und UmwStG im Jahre 1995 46
     2. Zeitliche Anwendbarkeit und Übergangsbestimmungen .. 46

§ 3. Ziele des Umwandlungsrechts 47
   I. Ordnungspolitische Zielsetzung 47
   II. Schutz der Anteilseigner 49
     1. Entscheidungszuständigkeit der Anteilseigner 50
     2. Umtauschverhältnis und Ausscheiden gegen Barabfindung 52
     3. Informationsrechte der Anteilsinhaber 53

	4. Rechtsschutz der Anteilseigner	55
	a) Klagen gegen Umwandlungsbeschlüsse	56
	b) Registersperre und Freigabeverfahren	57
	c) Spruchverfahren	60
	5. Schadensersatzanspruch gegen Organe	64
	6. Das Konkurrenzverhältnis zwischen UmwG und WpÜG	65
III.	Gläubigerschutz	67
	1. Sicherheitsleistung	67
	2. Schadensersatzanspruch gegen Organe	68
IV.	Schutz der Arbeitnehmerinteressen	69

§ 4. Ziele des Umwandlungssteuerrechts 70
    I. Steuerneutralität der Unternehmensrestrukturierung 70
    II. Steuerneutralität der Verschmelzung und der Spaltung 70
    III. Steuerneutralität des Formwechsels 72
    IV. Missbrauch durch Umwandlung? 73

§ 5. Handelsrechtliche und steuerliche Bewertung sowie Rechnungslegung (HGB/IFRS) 77
    I. Handelsrechtliche Bewertung nach dem Umwandlungsgesetz im Einzelabschluss 77
       1. Vorschriften des Umwandlungsgesetzes 77
       2. Bilanzierung beim übertragenden Rechtsträger gemäß § 17 II 2 UmwG 78
       3. Bilanzierung beim übernehmenden Rechtsträger gemäß § 24 UmwG 79
    II. Konzernrechnungslegung nach HGB sowie Rechnungslegung nach IFRS 83
       1. Konzernrechnungslegung nach HGB 83
       2. Rechnungslegung nach IFRS 84
    III. Steuerrechtliche Bewertung nach dem UmwStG 87
       1. Verschmelzung und Spaltung von Körperschaften 87
          a) Zuordnung des Bewertungswahlrechts 87
          b) Maßgeblichkeit 89
          c) Steuerbilanz als selbstständiges Rechenwerk 89
       2. Verschmelzung und Spaltung von Personengesellschaften 89
          a) Bewertungswahlrecht des übernehmenden Rechtsträgers 90
          b) Bewertung beim übertragenden Rechtsträger 93
       3. Formwechsel 94

§ 6. Arbeitsrecht 96
    I. Individualarbeitsrechtliche Bedeutung 96
       1. Übergang der Arbeitsverhältnisse 96
          a) Anwendbarkeit von § 613a BGB auf Umwandlungsfälle 96

b) Zuordnung von Arbeitsverhältnissen in Spaltungsfällen ... 97
  c) Folgen unterbliebener Zuordnung in Spaltungsfällen .. 99
  d) Zuordnung von Arbeitsverhältnissen im Interessenausgleich, § 323 II UmwG ... 99
  e) Unterrichtung der Arbeitnehmer ... 100
  f) Widerspruchsrecht des Arbeitnehmers ... 101
 2. Inhaltsschutz ... 101
  a) Weitergeltung individualvertraglicher Rechte und Pflichten ... 101
  b) Weitergeltung von Tarifverträgen ... 102
  c) Weitergeltung von Betriebsvereinbarungen ... 104
 3. Haftungsschutz ... 105
  a) Verschmelzung ... 106
  b) Spaltung ... 106
  c) Formwechsel ... 108
 4. Bestandsschutz ... 109
  a) Kündigungsverbot ... 109
  b) Sicherung der kündigungsrechtlichen Stellung, § 323 I UmwG ... 109
  c) Anerkennung des gemeinsamen Betriebs, § 322 UmwG ... 110
 5. Übergang von Ansprüchen aus betrieblicher Altersversorgung ... 110
 6. Übergang der Organstellung und der Dienstverhältnisse von Geschäftsführern und Vorständen ... 113
 II. Kollektivarbeitsrechtliche Bedeutung ... 114
 1. Betriebsverfassungsrechtliche Folgen ... 114
  a) Unterrichtung des Betriebsrats ... 114
  b) Übergangsmandat ... 115
  c) Gemeinsamer Betrieb nach Spaltung eines Unternehmens ... 117
  d) Vereinbarung der Fortgeltung, § 325 II UmwG ... 117
 2. Mitbestimmungsrechtliche Folgen ... 118
  a) § 325 I UmwG ... 118
  b) § 203 UmwG ... 118
  c) Aufsichtsratsbesetzung nach Änderung des Mitbestimmungsstatus ... 118
 III. Mitbestimmung bei grenzüberschreitender Verschmelzung .. 119
 IV. Mitbestimmung bei Gründung einer SE ... 121

§ 7. Kartellrecht ... 122
 I. Deutsches Recht ... 122
 1. Anmeldepflicht und Vollzugsverbot ... 123
  a) Voraussetzungen der Anmeldepflicht ... 123
  b) Konsequenzen der Anmeldepflicht ... 130
 2. Prüfung des Zusammenschlusses ... 135
  a) Inhaltliche Beurteilung ... 135
  b) Prüfverfahren ... 137

Inhalt

II. Europäisches Recht 138
 1. Anmeldepflicht und Vollzugsverbot 138
    a) Voraussetzungen der Anmeldepflicht 138
    b) Konsequenzen der Anmeldepflicht 140
 2. Prüfung des Zusammenschlusses 142
    a) Inhaltliche Beurteilung 142
    b) Prüfverfahren 143
III. Fusionskontrolle dritter Staaten 144

3. Teil. Verschmelzung

§ 8. Beweggründe für eine Verschmelzung 145
 I. Unternehmerische Ziele und Motive 145
 II. Vor- und Nachteile der Verschmelzung und Gestaltungsalternativen 146
   1. Bedarf an Gestaltungsalternativen 146
   2. Anderweitige Möglichkeiten der Unternehmenskonzentration 147
   3. Nachteile einer Verschmelzung 150
   4. Vorteile einer Verschmelzung 152

§ 9. Umwandlungsrechtliche Regelungen 154
 I. Verschmelzung im Umwandlungsgesetz 154
   1. Begriff und Systematik 154
   2. Die Änderungen durch das Umwandlungsgesetz 1994 155
   3. Wesentliche Änderungen des UmwG seit 1995 155
      a) Die Bedeutung des Spruchverfahrensgesetzes 156
      b) Das Zweite Umwandlungsänderungsgesetz 157
      c) Das Dritte Umwandlungsänderungsgesetz 158
   4. Europarechtliche Vorgaben 159
      a) Richtlinienkonforme Auslegung des UmwG 159
      b) Richtlinienkonformität des UmwG 160
   5. Verschmelzungsfähige Rechtsträger 162
   6. Verschmelzung durch Aufnahme und Neugründung 165
      a) Grundformen des Verschmelzungsvorganges 165
      b) Besondere Erwägungsgründe für eine Verschmelzung durch Neugründung 166
 II. Der Ablauf der Verschmelzung im Überblick 167
   1. Planungsphase 167
   2. Vorbereitungsphase 169
      a) Erstellung und ggf. Prüfung der Schlussbilanz 169
      b) Unternehmensbewertung 169
      c) Verschmelzungsvertrag 169
      d) Verschmelzungsbericht 170
      e) Unterrichtung des Betriebsrates 170
      f) Verschmelzungsprüfung 170

g) Vorbereitung der Kapitalerhöhung 171
h) Ladung der Anteilsinhaber 171
3. Beschlussphase 171
   a) Zustimmungsbeschlüsse 171
   b) Kapitalerhöhungsbeschluss 172
   c) Notarielle Beurkundung 173
4. Vollzugsphase 173
   a) Anmeldung der Verschmelzung und ggf. der Kapitalerhöhung 173
   b) Registersperre und Unbedenklichkeitsverfahren 173
   c) Eintragung im Handelsregister 174
   d) Annahmefrist für Abfindungsangebot 175
   e) Gläubigerschutz 175
   f) Spruchverfahren 175
III. Verschmelzung durch Aufnahme 176
   1. Verschmelzungsvertrag 176
      a) Zuständigkeit für den Abschluss des Verschmelzungsvertrages 176
      b) Inhalt des Verschmelzungsvertrages 177
      c) Besondere Angaben im Verschmelzungsvertrag 210
      d) Form des Verschmelzungsvertrages 214
      e) Mängel des Verschmelzungsvertrages 216
      f) Kündigung des Verschmelzungsvertrages 216
   2. Verschmelzungsbericht 217
      a) Allgemeines 217
      b) Berichtspflicht und Zeitpunkt 218
      c) Entbehrlichkeit des Verschmelzungsberichtes 220
      d) Inhalt des Verschmelzungsberichtes 221
      e) Grenzen der Darlegungspflicht 229
   3. Verschmelzungsprüfung 229
      a) Prüfungspflicht 229
      b) Bestellung des Verschmelzungsprüfers 232
      c) Gegenstand und Umfang der Verschmelzungsprüfung 236
      d) Prüfungsbericht 239
   4. Verschmelzungsbeschluss 244
      a) Ladung zur Versammlung 245
      b) Vorbereitung der beschlussfassenden Versammlung . 245
      c) Beschlussfassung 246
      d) Weitere Zustimmungserfordernisse 247
      e) Vollversammlung 248
      f) Anfechtungsverzicht 249
      g) Form 249
   5. Kapitalerhöhung 250
      a) Zweck und Anwendungsbereich der verschmelzungsbedingten Kapitalerhöhung 250
      b) Verfahren 250
      c) Berechnung des Erhöhungsbetrages 252
      d) Kapitalerhöhungsverbote 254

Inhalt

e) Fakultative Kapitalerhöhungen	254
f) Verfahrensmängel und Heilungsmöglichkeiten	254
6. Registereintragung	255
a) Registeranmeldung	255
b) Eintragung in das Register	258
c) Rechtswirkungen der Eintragung	259
IV. Verschmelzung durch Neugründung	261
1. Anzuwendende Vorschriften	261
2. Erweiterung des Inhalts des Verschmelzungsvertrages	261
a) Gesellschaftsvertrag, Satzung, Statut	261
b) Übernahme von Satzungsfestsetzungen	261
3. Anwendung der Gründungsvorschriften	262
a) Gründungsbericht/-prüfung	262
b) Mitbestimmung	262
V. Verschmelzung im Konzern	262
1. Konstellationen der Konzernverschmelzung	263
2. Erleichterungen für die Verschmelzung der Tochtergesellschaft auf die Muttergesellschaft	263
a) Verschmelzung bei 100%iger Beteiligung am übertragenden Rechtsträger	263
b) Verschmelzung auf mehrheitlich beteiligte Aktiengesellschaft	264
c) Das verschmelzungsrechtliche Squeeze-out-Verfahren	266
3. Verschmelzung der Muttergesellschaft auf die Tochtergesellschaft	269
4. Verschmelzung von Schwestergesellschaften	271
5. Auswirkungen auf Unternehmensverträge	273
VI. Kettenverschmelzung	275
1. Begriff	275
2. Zulässigkeit und Rechtsfolgen	275
VII. Rechtsformspezifische Verschmelzungsfälle im UmwG	276
1. Verschmelzung von Kapitalgesellschaften untereinander	276
2. Verschmelzung von Personengesellschaften untereinander	310
3. Verschmelzung einer Kapitalgesellschaft auf eine Personengesellschaft	320
4. Verschmelzung einer Kapitalgesellschaft auf den Alleingesellschafter	336
5. Verschmelzung einer Personengesellschaft auf eine Kapitalgesellschaft	343
6. Verschmelzung von Genossenschaften	357
7. Verschmelzung von Vereinen	368
§ 10. Handelsbilanzielle Regelungen (HGB/IFRS)	378
I. Bilanzierung beim übertragenden Rechtsträger (HGB/IFRS)	378
1. Gebot zur Aufstellung einer Schlussbilanz	378
2. Stichtag der Schlussbilanz	380
3. Erstellung einer Zwischenbilanz	383

4. Bilanzierung in der Schlussbilanz	384
a) Zwecke der Schlussbilanz	384
b) Bestandteile der Schlussbilanz	385
c) Ansatz in der Schlussbilanz	387
d) Bewertung in der Schlussbilanz	388
5. Prüfung der Schlussbilanz	391
6. Feststellung der Schlussbilanz	392
7. Rechnungslegung zwischen Verschmelzungsstichtag und Eintragung	392
a) Zuordnung von Vermögensgegenständen und Schulden	393
b) Zuordnung von Aufwendungen und Erträgen	394
II. Bilanzierung beim übernehmenden Rechtsträger (HGB)	398
1. Übernahmebilanz	398
a) Übernahme des übertragenen Vermögens	398
b) Bewertungswahlrecht des § 24 UmwG	398
2. Bilanzierung zu Anschaffungskosten	402
a) Ansatz	403
b) Bewertung	406
3. Bilanzierung bei Buchwertfortführung	430
a) Ansatz	432
b) Bewertung	433
III. Bilanzierung beim übernehmenden Rechtsträger (IFRS)	443
1. Ansatz	443
2. Höhe und Umfang der Anschaffungskosten	444
a) Bewertungsmaßstab	444
b) Immaterielle Vermögensgegenstände	444
c) Ausnahmen von der Fair-Value-Bewertung	446
d) Konfusionsgewinne	446
e) Latente Steuern	447
f) Behandlung des Unterschiedsbetrags	449
IV. Bilanzierung beim Anteilseigner des übertragenden Rechtsträgers	451
1. Handelsrecht	451
2. IFRS	451
V. Abbildung der Verschmelzung im Konzernabschluss	451
1. Handelsrecht	451
2. IAS/IFRS	454
§ 11. Steuerrechtliche Regelungen	455
I. Anwendungsbereich	455
1. Räumlicher Anwendungsbereich	455
2. Sachlicher Anwendungsbereich	456
3. Persönlicher Anwendungsbereich	457
a) Körperschaften	457
b) Personengesellschaften	458

Inhalt

II. Umwandlungsstichtag	460
1. Handelsrecht	460
2. Steuerlicher Übertragungsstichtag	460
a) Verschmelzung von Körperschaften als übertragende Rechtsträger	461
b) Verschmelzung von Personengesellschaften als übertragende Rechtsträger	462
3. Kettenumwandlung	462
4. Konsequenzen	463
a) Rückwirkung	463
b) Nutzung steuerlicher Verluste, Zinsvorträge und EBITDA-Vorträge im Rückwirkungszeitraum	464
III. Verschmelzung von Körperschaften untereinander	465
1. Anwendungsbereich	465
2. Verschmelzung inländischer Körperschaften ohne Auslandsbezug	466
a) Verschmelzung unabhängiger Rechtsträger oder Aufwärtsverschmelzung *(upstream merger)*	466
b) Abwärtsverschmelzung *(downstream merger)*	511
c) Seitwärtsverschmelzung *(sidestream merger)*	517
3. Verschmelzung inländischer Körperschaften mit Auslandsbezug	520
a) Verschmelzung inländischer Körperschaften mit ausländischem Vermögen auf eine inländische Körperschaft	520
b) Verschmelzung inländischer Körperschaften mit ausländischen Anteilseignern auf eine inländische Körperschaft	523
4. Auswirkung der Verschmelzung auf die steuerliche Organschaft	526
a) Verschmelzung des Organträgers	526
b) Verschmelzung auf den Organträger	528
c) Verschmelzung der Organgesellschaft	528
d) Verschmelzung auf eine Organgesellschaft	530
IV. Verschmelzung einer Körperschaft auf eine Personengesellschaft	531
1. Vorbemerkung	531
2. Anwendungsbereich	533
3. Inlandsumwandlung ohne Auslandsbezug	534
a) Verschmelzung unabhängiger Rechtsträger oder Aufwärtsverschmelzung	534
b) Abwärtsverschmelzung *(downstream merger)*	594
c) Verschmelzung auf eine Personengesellschaft ohne Betriebsvermögen	596
4. Inlandsverschmelzung mit Auslandsbezug	599
a) Verschmelzung inländischer Körperschaften mit ausländischem Vermögen auf eine inländische Personengesellschaft	600

  b) Verschmelzung inländischer Körperschaft mit ausländischen Anteilseignern auf eine inländische Personengesellschaft 605
V. Verschmelzung einer Kapitalgesellschaft auf eine natürliche Person 612
 1. Anwendungsbereich 612
 2. Steuerliche Auswirkungen auf der Ebene der übertragenden Kapitalgesellschaft 613
  a) Verschmelzung in das Betriebsvermögen 613
  b) Verschmelzung in das Privatvermögen 613
 3. Steuerliche Auswirkungen auf der Ebene des Alleingesellschafters 614
  a) Übergang in das Betriebsvermögen des Alleingesellschafters 614
  b) Übergang in das Privatvermögen des Alleingesellschafters 614
VI. Verschmelzung einer Personengesellschaft auf eine Kapitalgesellschaft oder Genossenschaft 615
 1. Überblick 615
 2. Anwendungsbereich 615
 3. Einbringungsgegenstand „Betrieb" 617
  a) Überblick 617
  b) Einbringungsgegenstand 617
  c) Einbringender 618
  d) Einbringungsumfang 618
 4. Gegenleistung 624
  a) Neue Anteile als Gegenleistung 624
  b) Sonstige Gegenleistungen 626
 5. Verschmelzung inländischer Gesellschaften ohne Auslandsbezug 630
  a) Steuerliche Auswirkungen auf der Ebene der übernehmenden Kapitalgesellschaft 630
  b) Steuerliche Auswirkungen beim Einbringenden 650
  c) Anteile an der übernehmenden Gesellschaft 654
  d) Zeitpunkt der Sacheinlage und Rückbeziehung 659
  e) Steuerlicher Umgehungsschutz nach § 22 UmwStG 670
 6. Verschmelzung inländischer Gesellschaften mit Auslandsbezug 690
  a) Ausländisches Vermögen 690
  b) Besteuerung ausländischer Anteilseigner 693
VII. Verschmelzung von Personengesellschaften untereinander 694
 1. Anwendungsbereich 694
 2. Einbringungstatbestand 695
 3. Einräumung einer Mitunternehmerstellung 695
  a) Einbringender 695
  b) Mitunternehmerstellung 696
 4. Sonstige Gegenleistungen 697

5. Steuerliche Auswirkungen auf der Ebene der übernehmenden Personengesellschaft 699
   a) Bewertung des eingebrachten Vermögens 699
   b) Folgen aus der Übernahme des Vermögens der übertragenden Personengesellschaft 703
6. Steuerliche Auswirkungen auf der Ebene der übertragenden Personengesellschaft und ihrer Gesellschafter ... 707
   a) Überblick 707
   b) Ermittlung eines Einbringungserfolgs 707
   c) Steuerliche Behandlung des Einbringungserfolgs 707
7. Zeitpunkt der Sacheinlage und Rückbeziehung 709
8. Ausgleichsleistungen 710
   a) Anpassung der Kapitalkonten mittels Ergänzungsbilanzen 710
   b) Leistung von Ausgleichzahlungen 711
9. Steuerlicher Umgehungsschutz nach § 24 V UmwStG 713
   a) Überblick 713
   b) Anwendungsvoraussetzungen 713
   c) Rechtsfolgen 714
10. Verschmelzung inländischer Personengesellschaften mit Auslandsberührung 714
   a) Ausländisches Vermögen 714
   b) Besteuerung ausländischer Gesellschafter 714

VIII. Nebensteuern 715
1. Umsatzsteuer 715
2. Grunderwerbsteuer 715
   a) Vorbemerkung 716
   b) Grunderwerbsteuer bei Verschmelzung und unmittelbarem Grundbesitz 717
   c) Grunderwerbsteuer bei Verschmelzung und mittelbarem Grundbesitz 719
   d) Bemessungsgrundlage der Grunderwerbsteuer bei Verschmelzungen 728
   e) Steuersatz 729
   f) Umwandlungen innerhalb eines Konzerns 729
   g) Behandlung der Grunderwerbsteuer im Rechnungswesen 734

4. Teil. Grenzüberschreitende Verschmelzungen europäischer Kapitalgesellschaften

§ 12. Europäische Grundlagen und deutsches Recht 737
  I. Hintergründe und europäische Rechtsentwicklung 739
    1. Motive grenzüberschreitender Verschmelzungen 739
    2. Die Rechtslage bis 2005 739
    3. Der Weg zur IntVerschmRL 742

4. Regelungsbereich und Inhalt der IntVerschmRL	743
5. Die Rechtsprechung des EuGH	745
II. Reform des deutschen Umwandlungsgesetzes: Die Umsetzung der IntVerschmRL	747
1. Zur früheren Rechtslage im deutschen Recht	747
2. Umsetzung der IntVerschmRL in deutsches Recht	748
III. Verschmelzungen und Umstrukturierungen jenseits der IntVerschmRL	748
IV. SE und grenzüberschreitende Verschmelzungen in der Praxis	753
V. Reformvorhaben zur IntVerschmRL	755

§ 13. Verschmelzung von Kapitalgesellschaften verschiedener Mitgliedstaaten 757
   I. Grundlagen 757
      1. Rechtsquellen und Regelungssystematik 757
         a) Die Richtlinie über die Verschmelzung von Kapitalgesellschaften aus verschiedenen Mitgliedstaaten 757
         b) Die Umsetzung der IntVerschmRL in deutsches Recht 758
         c) Die Regelungssystematik 759
      2. Begriff der grenzüberschreitenden Verschmelzung 760
         a) Verschmelzung 760
         b) Legaldefinition Grenzüberschreitung 761
      3. Verschmelzungsfähige Rechtsträger 764
         a) Aktive Verschmelzungsfähigkeit 764
         b) Gemeinschaftsbezug 767
         c) Passive Verschmelzungsfähigkeit 768
         d) Verbot der Verschmelzung 769
   II. Der Ablauf einer grenzüberschreitenden Verschmelzung im Überblick 770
      1. Die Planungsphase 770
      2. Vorbereitungsphase 773
         a) Gemeinsamer Verschmelzungsplan 773
         b) Hinterlegung und Bekanntmachung des Verschmelzungsplans 774
         c) Verschmelzungsbericht 774
         d) Offenlegung des Verschmelzungsberichts und Unterrichtung des Betriebsrats 774
         e) Verschmelzungsprüfung und Erstellung eines Prüfungsberichts 774
         f) Vorbereitung Kapitalerhöhung, Versammlung der Anteilsinhaber 775
         g) Gläubigerschutz 775
         h) Verfahren zur Festlegung der Arbeitnehmermitbestimmung 775
      3. Beschlussphase 776
         a) Verschmelzungsbeschluss 776

Inhalt

b) Schutz der Minderheitsgesellschafter, Barabfindung, Widerspruch zur Niederschrift	776
c) Spruchverfahren	777
4. Prüfungs- und Vollzugsphase	777
a) Zweistufige Registerprüfung	777
b) Wirksamwerden der Verschmelzung, Rechtsfolgen, Bestandsschutz	777
III. Verschmelzung durch Aufnahme	778
1. Gemeinsamer Verschmelzungsplan	778
a) Rechtsnatur des gemeinsamen Verschmelzungsplans	779
b) Zuständigkeit für die Erstellung des Verschmelzungsplans	780
c) Inhalt des Verschmelzungsplans	783
d) Besondere Angaben im Verschmelzungsplan	798
e) Notarielle Beurkundung	808
f) Sprache des Verschmelzungsplans	811
g) Bekanntmachung des Verschmelzungsplans	811
h) Keine Zuleitung an den Betriebsrat	816
i) Kapitalmarktrechtliche Publizitätspflichten	817
j) Mängel des Verschmelzungsplans	817
2. Verschmelzungsbericht, § 122e UmwG	817
a) Verpflichtung zur Erstellung, Schuldner der Berichtspflicht	819
b) Keine Entbehrlichkeit des Verschmelzungsberichts bei Verzicht	819
c) Inhalt des Verschmelzungsberichts	820
d) Grenzen der Darlegungspflicht	823
e) Offenlegung gegenüber Anteilsinhabern und Betriebsrat oder Arbeitnehmern	824
3. Verschmelzungsprüfung und Prüfungsbericht	825
a) Rechtsformunabhängige Prüfungspflicht, Zweck der Prüfung	825
b) Bestellung des Verschmelzungsprüfers	826
c) Gegenstand und Umfang der Verschmelzungsprüfung	831
d) Verschmelzungsprüfungsbericht	831
e) Verzicht auf Prüfung und Prüfungsbericht	833
4. Verschmelzungsbeschluss	834
a) Form-, Frist- und Informationsvorschriften für die Ladung zur beschlussfassenden Versammlung	835
b) Unterrichtungspflicht bei Vermögensverschlechterung	838
c) Qualifizierte Mehrheit des Verschmelzungsbeschlusses	839
d) Form und Anfechtungsverzicht	840
e) Genehmigungsvorbehalt hinsichtlich der Mitbestimmung und Bestätigungsbeschluss	840
f) Anlässlich des Verschmelzungsbeschlusses erforderliche weitere Beschlüsse	844
g) Erleichterungen der Konzernverschmelzung	845

5. Gläubigerschutz 846
   a) Gläubigerschutz im Falle der Hinausverschmelzung, § 122j UmwG 847
   b) Gläubigerschutz im Falle der Hereinverschmelzung ... 853
6. Registerverfahren und Eintragung 854
   a) Überprüfung der Rechtmäßigkeit im Falle der Hinausverschmelzung, § 122k UmwG 855
   b) Verschmelzungsbescheinigung 860
   c) Überprüfung der Rechtmäßigkeit der grenzüberschreitenden Verschmelzung im Falle der Hereinverschmelzung, § 122l UmwG 863
   d) Anfechtung des Gesellschafterbeschlusses während des Registerverfahrens 869
   e) Eingeschränkte Anwendbarkeit des Spruchverfahrens   870
   f) Wirksamwerden und Registereintragung 875
   g) Wirkungen der grenzüberschreitenden Verschmelzung 877
IV. Verschmelzung durch Neugründung 881
   1. Anzuwendende Vorschriften im Falle der Hereinverschmelzung 881
      a) Anwendbare Gründungsvorschriften 882
      b) Registerprüfung 882
      c) Anmeldung und einzureichende Unterlagen 884
   2. Anzuwendende Vorschriften bei Hinausverschmelzung .. 886
V. Verschmelzung im Konzern 886
   1. Konstellationen der Konzernverschmelzung 886
   2. Verschmelzung der Tochtergesellschaft auf die Muttergesellschaft *(upstream merger)* 887
      a) 100%ige Tochtergesellschaft 887
      b) Verschmelzung der mehrheitlich beteiligten (mindestens 90%) Tochtergesellschaft auf ihre Muttergesellschaft 890
   3. Verschmelzung der Muttergesellschaft auf die Tochtergesellschaft *(downstream merger)* 891
   4. Verschmelzung von Schwestergesellschaften 891
VI. Mitbestimmung bei der grenzüberschreitenden Verschmelzung 892
   1. Grundlagen 892
      a) Einleitung 892
      b) Regelungsziel und -technik der IntVerschmRL 896
      c) Ziel und Anwendungsbereich des MgVG 900
   2. Anwendungsbereich europäischer Mitbestimmung 900
      a) Grundsätzliche Anwendung des Mitbestimmungsrechts des Sitzstaates 900
      b) Ausnahmen vom Sitzstaatprinzip – Wechsel des Mitbestimmungsstatus 901
      c) Rechtsfolgen hinsichtlich der Arbeitnehmermitbestimmung 909

3. Verhandelte Arbeitnehmerbeteiligung 909
   a) Ziel, Gegenstand und Vorrang der Verhandlungen 909
   b) Überblick zum Verhandlungsverfahren im Falle der
      Hereinverschmelzung 910
   c) Einleitung des Verhandlungsverfahrens durch Bildung
      des BVG 912
   d) Ablauf des Verhandlungsverfahrens 922
   e) Nichtaufnahme oder Abbruch der Verhandlungen 929
   f) Rechtsfolgen bei fehlerhaftem Verhandlungs-
      verfahren 930
4. Vereinbarung über die Arbeitnehmermitbestimmung 932
   a) Rechtsnatur der Mitbestimmungsvereinbarung 932
   b) Inhalt der Vereinbarung 932
   c) Form der Vereinbarung, Sprache, Mängel 936
   d) Keine Neuverhandlungspflicht bei strukturellen Ver-
      änderungen; Beendigung 937
5. Gesetzliche Auffanglösung 938
   a) Fälle der Anwendbarkeit der gesetzlichen Auffang-
      lösung 938
   b) Inhalt der gesetzlichen Auffangregelung 942
   c) Verteilung der Sitze der Arbeitnehmervertreter 944
   d) Rechtsstellung der Arbeitnehmervertreter 944
   e) Nachfolgende Verschmelzung 944
6. Mitbestimmungsgestaltung durch grenzüberschreitende
   Verschmelzung 945
   a) Vergleich zur Mitbestimmungsgestaltung in der SE ... 945
   b) Kein Missbrauchsverbot 945
   c) Mitbestimmungsgestaltung durch Hinausverschmel-
      zung 947
   d) Mitbestimmungsgestaltung bei Hereinverschmel-
      zung 948
VII. Fälle und Musterformulierungen 950

§ 14. Verschmelzung in europäische Gesellschaftsformen 987
   I. Grundvoraussetzungen für die Verschmelzung in eine Euro-
      päische Aktiengesellschaft (SE) 988
      1. Überblick 988
         a) Rechtsgrundlagen der SE 988
         b) Grundstruktur der SE 989
         c) Beweggründe für die Gründung einer SE 990
      2. Numerus Clausus der Gründungstatbestände 992
         a) Verschmelzung in eine SE 992
         b) Gründung einer Holding-SE 993
         c) Gründung einer Tochter-SE 993
         d) Rechtsformwechsel in eine SE 994
         e) Gründung der Tochter-SE einer SE 994
      3. Verschmelzungsfähige Rechtsträger 994
         a) Aktiengesellschaften im Sinne des Anhangs I der SE-VO 994

b) Gemeinschaftszugehörigkeit der verschmelzungswilligen Rechtsträger	997
c) Mehrstaatlichkeit der verschmelzungswilligen Rechtsträger	998
II. Gesellschaftsrechtlicher Teil der Verschmelzung zur SE	999
1. Verschmelzungsplan	1001
a) Verschmelzungsplan oder Verschmelzungspläne?	1001
b) Form und Sprache des Verschmelzungsplans	1002
c) Zuständigkeit für die Aufstellung des Verschmelzungsplans	1004
d) Inhalt des Verschmelzungsplans	1004
e) Bekanntmachung des Verschmelzungsplans	1015
f) Kündigung des Verschmelzungsplans	1015
2. Verschmelzungsbericht	1015
a) Pflicht zur Erstellung	1015
b) Entbehrlichkeit des Verschmelzungsberichts	1017
c) Notwendiger Inhalt des Verschmelzungsberichts	1018
d) Grenzen der Darlegungsfrist	1019
e) Form und Sprache des Verschmelzungsberichts	1019
3. Prüfung des Verschmelzungsplans	1020
a) Prüfungspflicht	1020
b) Bestellung des Verschmelzungsprüfers	1021
c) Gegenstand und Umfang der Verschmelzungsprüfung	1022
d) Prüfungsbericht	1023
4. Hauptversammlungsbeschlüsse	1023
a) Ladung zur Hauptversammlung und Gewährung von Einsichtsrechten	1024
b) Vorbereitung der beschlussfassenden Versammlung – Bekanntmachung des Verschmelzungsplans	1024
c) Verschmelzungsbeschluss	1028
d) Bestellung des ersten Aufsichts-/Verwaltungsorgans	1028
e) Kapitalerhöhung	1029
f) Zustimmungsvorbehalt – Zustimmungserfordernisse	1029
g) Vollversammlung	1030
h) Anfechtungsverzicht	1031
i) Form	1031
5. Verschmelzung im Konzern	1031
a) Erleichterungen für die Verschmelzung der Tochtergesellschaft auf die Muttergesellschaft bei 100%-iger Beteiligung am übertragenden Rechtsträger	1032
b) Erleichterungen für die Verschmelzung auf zu 90% beteiligte Aktiengesellschaft	1033
III. Arbeitnehmerbeteiligung als Gründungsvoraussetzung der SE	1037
1. Arbeitnehmerbeteiligung kraft Verhandlung	1038
a) Verhandlungspartner	1039
b) Zustandekommen und Besetzung des Besonderen Verhandlungsgremiums	1039

c) Zusammenarbeit zwischen BVG und Leitungen 1043
d) Beschlussfassung im BVG 1044
e) Dauer der Verhandlungen 1045
f) Vereinbarung über die Arbeitnehmerbeteiligung 1045
2. Arbeitnehmerbeteiligung bei Nichtaufnahme oder Abbruch der Verhandlungen 1047
3. Arbeitnehmerbeteiligung kraft Gesetz 1047
   a) SE-Betriebsrat kraft Gesetz 1048
   b) Mitbestimmung kraft Gesetz 1048
4. Neuverhandlung bei strukturellen Änderungen 1050
5. Gleichberechtigte Teilhabe von Frauen und Männern an Führungspositionen 1051
6. Arbeitnehmerlose Vorrats-SE 1054
   a) Gründung der Vorrats-SE 1054
   b) Aktivierung der Vorrats-SE durch Verschmelzung 1055
IV. Erlangung der Rechtspersönlichkeit 1056
1. Beantragung der Rechtmäßigkeitsbescheinigung – Registeranmeldung 1056
   a) Zuständige mitgliedsstaatliche Stelle für die Rechtmäßigkeitsprüfung 1057
   b) Zuständige Organe 1057
   c) Notwendige Erklärungen 1057
   d) Beizufügende Unterlagen 1057
   e) Inhaltskontrolle des Registergerichts – Prüfungsumfang gemäß Art. 25 I SE-VO 1058
   f) Rechtmäßigkeitsbescheinigung 1059
   g) Eintragung der Verschmelzung mit Vorläufigkeitsvermerk 1059
2. Eintragung der SE im Sitzstaat gemäß Art. 27 SE-VO und Rechtmäßigkeitskontrolle gemäß Art. 26 SE-VO ... 1059
   a) Zuständiges Gericht 1060
   b) Zuständige Organe 1060
   c) Erklärungen 1061
   d) Beizufügende Unterlagen 1061
   e) Prüfungsumfang 1061
   f) Eintragung der SE, Art. 27 SE-VO iVm Art. 12 SE-VO 1062
3. Offenlegung der Verschmelzung gemäß Art. 28 SE-VO sowie der Eintragung der SE gemäß Art. 15 II iVm Art. 13 SE-VO 1062
   a) Offenlegung der Eintragung der SE 1062
   b) Offenlegung der Verschmelzung 1063
4. Rechtswirkungen der Eintragung 1063
   a) Vollzug der Verschmelzung 1063
   b) Bestandsschutz 1064
V. Verschmelzung in eine Europäische Genossenschaft (SCE) . 1066
1. Überblick 1066
   a) Aktuelle gesellschaftsrechtliche Bedeutung der SCE ... 1066

b) Rechtlicher Rahmen 1066
c) Eckdaten der SCE 1067
d) Gründungsvarianten 1067
2. Die Verschmelzung zur SCE 1068
  a) Verschmelzungsplan 1068
  b) Bekanntmachung des Verschmelzungsplans 1068
  c) Informationsrechte 1068
3. Arbeitnehmerbeteiligung in der SCE 1069
VI. Fall und Musterformulierungen 1069

§ 15. Rechnungslegung und Jahresabschluss 1088
  I. Rechnungslegung bei grenzüberschreitender Verschmelzung 1088
    1. Bilanzierung beim übertragenden Rechtsträger 1088
      a) Hinausverschmelzung 1088
      b) Hereinverschmelzung 1088
    2. Bilanzierung beim aufnehmenden Rechtsträger 1088
  II. Rechnungslegung der SE 1089
    1. Rechnungslegung am Verschmelzungsstichtag 1089
    2. Verschmelzungsprüfung 1089
    3. Bilanzrecht der SE mit deutschem Sitz 1090
      a) Erstellung der Jahresabschlüsse 1090
      b) Prüfung und Offenlegung 1091
  III. Bewertung bei grenzüberschreitenden Verschmelzungen ... 1092
    1. Bewertungsverfahren 1092
    2. Zinssatz 1092
    3. Berücksichtigung von persönlichen Ertragsteuern 1093
    4. Börsenkurs als Wertmaßstab 1093
    5. Fazit 1093

§ 16. Steuerrechtliche Regelungen zu grenzüberschreitenden
  Verschmelzungen sowie Auslandsverschmelzungen mit Inlands-
  berührung 1094
  I. Anwendungsbereich 1094
    1. Vorbemerkung 1094
    2. Sachlicher Anwendungsbereich 1095
      a) Überblick 1095
      b) Vergleichbarkeit hinsichtlich der Rechtsfolgen der
         Umwandlung 1096
      c) Typenvergleich 1099
    3. Persönlicher Anwendungsbereich 1100
      a) Überblick 1100
      b) Gesellschaften 1101
      c) Verschmelzung auf eine natürliche Person 1103
    4. Vom UmwStG erfasste europäische Verschmelzungen ... 1103
    5. Grenzüberschreitende Verschmelzungen bzw. Auslands-
       verschmelzungen unter Beteiligung von Personengesell-
       schaften 1104
      a) Zulässigkeit 1104

XXV

      b) Verschmelzung auf eine Personengesellschaft 1104
      c) Zusätzliche Bedingungen bei Verschmelzung einer
         Personengesellschaft als übertragende Gesellschaft 1105
  II. Steuerliche Rückwirkung 1105
    1. Rückwirkung auf den Stichtag der Schlussbilanz 1105
    2. Ausnahmen bei grenzüberschreitenden Umwandlungen 1106
      a) Anwendungsbereich 1106
      b) Anwendungsvoraussetzungen 1107
      c) Rechtsfolgen 1108
  III. Grenzüberschreitende Verschmelzungen von Kapitalgesellschaften 1109
    1. Verschmelzung einer inländischen Kapitalgesellschaft auf eine ausländische Kapitalgesellschaft (Hinausverschmelzung) 1109
      a) Anwendungsbereich 1109
      b) Steuerliche Auswirkungen auf der Ebene der übertragenden Kapitalgesellschaft 1109
      c) Steuerliche Auswirkungen auf der Ebene der übernehmenden Kapitalgesellschaft 1118
      d) Steuerliche Auswirkungen auf der Ebene der Anteilseigner 1119
    2. Verschmelzung einer ausländischen Kapitalgesellschaft auf eine inländische Kapitalgesellschaft (Hereinverschmelzung) 1122
      a) Anwendungsbereich 1122
      b) Steuerliche Auswirkungen auf der Ebene der übertragenden Kapitalgesellschaft 1122
      c) Steuerliche Auswirkungen auf der Ebene der übernehmenden Kapitalgesellschaft 1123
      d) Steuerliche Auswirkungen auf der Ebene der Anteilseigner 1126
    3. Verschmelzung ausländischer Kapitalgesellschaft mit Inlandsbezug (Auslandsverschmelzung) 1126
      a) Verschmelzung von EU-Gesellschaften 1126
      b) Drittstaatenverschmelzungen 1133
      c) Hinzurechnungsbesteuerung bei Auslandsumwandlung 1135
  IV. Grenzüberschreitende Verschmelzungen von Kapitalgesellschaften auf Personengesellschaften 1138
    1. Verschmelzung einer inländischen Kapitalgesellschaft auf eine ausländische Personengesellschaft (Hinausverschmelzung) 1138
      a) Übertragende Kapitalgesellschaft 1138
      b) Übernehmende Personengesellschaft 1140
      c) Anteilseigner 1140

    2. Verschmelzung einer ausländischen Kapitalgesellschaft auf eine inländische Personengesellschaft (Hereinverschmelzung) 1142
        a) Übertragende Kapitalgesellschaft 1142
        b) Übernehmende Personengesellschaft 1143
        c) Anteilseigner 1144
    3. Ausländische Verschmelzung mit Inlandsbezug (Auslandsverschmelzung) 1145
        a) Übertragende Kapitalgesellschaft 1145
        b) Übernehmende Personengesellschaft 1146
        c) Anteilseigner 1146
 V. Ausländische und grenzüberschreitende Verschmelzung einer Personengesellschaft auf eine Kapitalgesellschaft oder Genossenschaft 1146
    1. Anwendungsbereich 1146
    2. Einbringung von inländischem Betriebsvermögen durch im Inland ansässige Personen in eine ausländische EU-/EWR-Kapitalgesellschaft oder Genossenschaft 1148
    3. Einbringung von ausländischem Betriebsvermögen durch im Inland ansässige Personen in eine ausländische EU-/EWR-Kapitalgesellschaft oder Genossenschaft 1149
    4. Verschmelzung einer EU-ausländischen transparenten Gesellschaft auf eine in einem anderen Mitgliedsstaat ansässige EU-Kapitalgesellschaft oder Genossenschaft ... 1150
    5. Einbringung von ausländischem Betriebsvermögen durch eine im Ausland ansässige Person in eine inländische Kapitalgesellschaft oder Genossenschaft 1151
    6. Einbringung von inländischem Betriebsvermögen durch eine im Ausland ansässige Person in eine ausländische EU-/EWR-Kapitalgesellschaft oder Genossenschaft 1151
 VI. Ausländische und grenzüberschreitende Verschmelzung von Personengesellschaften untereinander 1152
 VII. Grenzüberschreitende Verschmelzungen und § 50i EStG .. 1153

5. Teil. Spaltung

§ 17. Bedeutung der Unternehmensspaltung und Rechtsentwicklung 1155
  I. Unternehmerische Ziele und Motive für eine Spaltung 1155
 II. Entwicklung des Spaltungsrechts 1156
    1. Europäisches Spaltungsrecht 1157
    2. Entwicklung im deutschen Spaltungsrecht 1157
        a) Realteilung 1157
        b) „Spaltung" von Kapitalgesellschaften 1158
        c) SpTrUG 1159
        d) Spaltungsrecht im UmwG 1159
        e) Fortentwicklung des Spaltungsrechts im Rahmen des SEStEG 1160

Inhalt Inhaltsverzeichnis

§ 18. Spaltungsrechtliche Regelungen 1161
  I. Spaltung im Umwandlungsgesetz 1161
    1. Systematik 1161
    2. Arten der Spaltung 1161
      a) Aufspaltung, § 123 I UmwG 1161
      b) Abspaltung, § 123 II UmwG 1164
      c) Ausgliederung, § 123 III UmwG 1166
      d) Mischformen 1168
    3. Entsprechende Geltung des Verschmelzungsrechts 1169
    4. Spaltungsfähige Rechtsträger 1170
    5. Spaltung zur Aufnahme und zur Neugründung 1173
    6. Verhältniswahrende und nicht-verhältniswahrende Spaltung 1174
      a) Spaltung zu Null 1175
      b) Bewertungsmaßstab für nicht-verhältniswahrende Spaltung 1177
      c) Zustimmungserfordernis 1178
    7. Partielle Gesamtrechtsnachfolge 1178
      a) Bedeutung und Umfang der partiellen Gesamtrechtsnachfolge 1178
      b) Grundsatz der Spaltungsfreiheit 1179
      c) Einschränkungen der Spaltungsfreiheit nach § 132 UmwG 1181
      d) Aufspaltung einzelner Forderungen, Verbindlichkeiten und Verträge 1182
    8. Spezielles Spaltungsrecht 1184
      a) Keine Entbehrlichkeit der Spaltungsprüfung 1184
      b) Kein aktienrechtlicher Squeeze-out bei der Spaltung 1185
      c) Firmenrechtliche Sonderregelung 1185
      d) Umtauschverhältnis bei Ausgliederungen/Abfindungsangebot 1186
      e) Gläubigerschutzvorschriften 1186
      f) Treuhänderbestellung 1202
  II. Ablauf der Spaltung im Überblick 1202
    1. Grundsätzlicher Gleichklang mit dem Ablauf der Verschmelzung 1202
    2. Abweichungen des Ablaufs der Spaltung vom Ablauf der Verschmelzung 1202
  III. Aufspaltung/Abspaltung 1204
    1. Spaltungsvertrag bzw. -plan 1204
      a) Zuständigkeit 1204
      b) Aufteilung des Vermögens 1204
      c) Inhalt des Spaltungsvertrages/-plans 1207
      d) Besondere Angaben im Spaltungsvertrag 1210
      e) Form des Spaltungsvertrags 1212
      f) Mängel und Kündigung des Spaltungsvertrags 1212
    2. Spaltungsbericht 1212

    3. Spaltungsprüfung 1213
    4. Spaltungsbeschluss und Zustimmungserklärungen 1214
    5. Registereintragung 1215
       a) Registeranmeldung 1215
       b) Eintragung in das Register 1216
       c) Rechtswirkungen der Eintragung 1217
  IV. Ausgliederung 1218
    1. Ausgliederungsvertrag/-plan 1219
    2. Ausgliederungsbericht 1220
    3. Ausgliederungsprüfung 1221
    4. Ausgliederungsbeschluss 1221
    5. Kapitalerhaltung und Gläubigerschutz 1222
    6. Ausgliederung im Wege der Einzelrechtsnachfolge und UmwG 1224
  V. Exkurs: Grenzüberschreitende Spaltungen 1226
  VI. Fälle und Musterformulierungen 1228

§ 19. Handelsbilanzielle Regelungen (HGB/IFRS) 1347
  I. Bilanzierung beim übertragenden Rechtsträger 1347
    1. Gebot zur Aufstellung einer Schlussbilanz 1347
       a) Fristenregelung 1348
       b) Zweck der Schlussbilanz 1348
       c) Bestandteile der Schlussbilanz 1349
       d) Gesamtschlussbilanz versus Teilschlussbilanz 1349
    2. Zwischenbilanz 1352
    3. Bilanzierung in der Schlussbilanz 1352
       a) Ansatz 1352
       b) Bewertung 1352
    4. Rechnungslegung zwischen Spaltungsstichtag und Eintragung 1354
    5. Besonderheiten der Bilanzierung in der Schlussbilanz nach der Art der Spaltung 1354
       a) Aufspaltung 1354
       b) Abspaltung 1356
       c) Ausgliederung 1360
  II. Bilanzierung beim übernehmenden Rechtsträger 1362
    1. Aufzustellende Bilanzen 1362
       a) Zwischenbilanz 1362
       b) Übernahmebilanz/Eröffnungsbilanz 1363
    2. Bilanzierung des Vermögensübergangs nach § 125 UmwG 1363
       a) Bilanzierung zu Anschaffungskosten 1363
       b) Bilanzierung bei Buchwertfortführung 1367
  III. Bilanzielle Auswirkungen der Haftung nach § 133 UmwG 1369
    1. Hauptschuldner und Mithafter 1369
    2. Bilanzierung der Verpflichtung 1369
    3. Bilanzierung zu leistender Sicherheiten 1370

IV. Bilanzierung beim Anteilseigner des übertragenden Rechtsträgers 1371
    1. Aufspaltung 1371
    2. Abspaltung 1371
    3. Ausgliederung 1372
V. Fallbeispiele 1372
    1. Ausgliederung zur Neugründung 1372
        a) Ausgliederung als nicht tauschähnlicher Vorgang 1373
        b) Ausgliederung als tauschähnlicher Vorgang 1374
    2. Abspaltung eines Vermögensteils mit negativem Nettobuchwert zur Neugründung 1374
    3. Abspaltung eines Vermögensteils mit positivem Nettobuchwert zur Neugründung ohne ausreichende Rücklagen des übertragenden Rechtsträgers 1376
VI. IFRS 1377

§ 20. Steuerrechtliche Regelungen 1379
    I. Überblick 1379
    II. Steuerneutralität versus Missbrauch 1380
    III. Steuerliche Rückwirkung 1381
    IV. Aufspaltung und Abspaltung von Körperschaften untereinander 1381
    1. Allgemeines 1383
    2. Teilbetriebe 1384
        a) Der Begriff des „echten Teilbetriebs" in § 15 UmwStG 1384
        b) „Fiktive" Teilbetriebe 1390
        c) Zuordnung neutralen Betriebsvermögens zu „echten" und „fiktiven" Teilbetrieben 1392
    3. Steuerliche Auswirkungen bei der übertragenden Körperschaft 1394
        a) Rechtsfolge bei Nichterfüllung des Teilbetriebserfordernisses 1394
        b) Rechtsfolge bei Erfüllung des Teilbetriebserfordernisses – Bewertungswahlrecht 1395
        c) Missbrauchsbestimmungen (§ 15 II UmwStG) 1397
        d) Besteuerung eines Übertragungsgewinns 1411
    4. Steuerliche Auswirkungen bei der übernehmenden Körperschaft 1411
        a) Übernahme der Wertansätze, Wertaufholung und Ermittlung eines Übernahmegewinns oder -verlustes 1412
        b) Bemessung der AfA und der erhöhten Absetzungen sowie ähnlicher Erleichterungen 1413
        c) Aufteilung des steuerlichen Einlagekontos und der Teilbeträge nach §§ 37 und 38 KStG 1413
        d) Übertragung eines verbleibenden Verlustvortrags, Zinsvortrags sowie vortragsfähiger Gewerbeverluste .. 1414

5. Steuerliche Auswirkungen auf der Ebene der Gesellschafter 1415
　　6. Besteuerung ausländischer Gesellschafter 1418
　　7. Nichtverhältniswahrende Abspaltung 1419
　　8. Fallbeispiele 1419
　　　　a) Grundfall 1419
　　　　b) Trennung von Gesellschafterstämmen 1421
V. Aufspaltung und Abspaltung von Körperschaften auf Personengesellschaften 1423
　　1. Anwendungsvoraussetzungen 1424
　　2. Steuerliche Auswirkungen bei der übertragenden Körperschaft 1425
　　　　a) Regelbewertung: Gemeiner Wert 1425
　　　　b) Bewertungswahlrecht: Buch- oder Zwischenwert ... 1425
　　　　c) Missbrauchsregelungen 1426
　　　　d) Verminderung von Verlustvorträgen und des Zinsvortrags 1428
　　　　e) Verminderung des steuerlichen Einlagekontos 1428
　　3. Steuerliche Auswirkungen bei der übernehmenden Personengesellschaft 1429
　　　　a) Übernahme der Wertansätze der übertragenden Körperschaft 1429
　　　　b) Spaltung des Übernahmeergebnisses 1429
　　　　c) Zuordnung der Anteile bei der übernehmenden Personengesellschaft 1430
　　　　d) Ermittlung des Übernahmegewinns bzw. -verlustes .. 1431
　　　　e) Übernahmeverlust 1432
　　　　f) Besteuerung des Übernahmegewinns 1432
　　　　g) Bemessung der AfA, der erhöhten Abschreibungen und ähnlicher Erleichterungen 1433
　　　　h) Behandlung von Verlusten, Zinsvortrag 1433
　　　　i) Gewerbesteuerpflichtiger Gewinn aus Veräußerung oder Aufgabe 1433
　　4. Steuerliche Auswirkungen auf der Ebene der Gesellschafter 1434
　　5. Besteuerung ausländischer Gesellschafter 1435
VI. Aufspaltung und Abspaltung von Personengesellschaften untereinander 1435
　　1. Steuerliche Auswirkungen auf der Ebene der übertragenden Personengesellschaft 1436
　　2. Steuerliche Auswirkungen auf der Ebene der übernehmenden Personengesellschaft 1438
　　3. Steuerliche Auswirkungen auf der Ebene der Gesellschafter 1439
　　4. Besteuerung ausländischer Gesellschafter 1440
　　5. Fallbeispiel 1441

VII. Aufspaltung und Abspaltung von Personengesellschaften auf Kapitalgesellschaften 1442
   1. Steuerliche Auswirkungen auf der Ebene der übernehmenden Kapitalgesellschaft 1443
   2. Steuerliche Auswirkungen für den einbringenden Gesellschafter 1445
   3. Besteuerung ausländischer Gesellschafter 1446
   4. Fallbeispiel 1446
VIII. Ausgliederung auf Personengesellschaften 1448
IX. Ausgliederung auf Kapitalgesellschaften 1450
X. Nebensteuern 1453
   1. Umsatzsteuer 1453
   2. Grunderwerbsteuer 1453

6. Teil. Vermögensübertragung

§ 21. Begriff und Rechtsentwicklung 1457

§ 22. Umwandlungsrechtliche Regelungen 1460
   I. Systematik 1460
      1. Anwendbarkeit des Verschmelzungsrechts 1460
      2. Beteiligte Rechtsträger 1460
   II. Möglichkeiten der Vermögensübertragung 1461
      1. Vollübertragung, § 174 I UmwG 1461
      2. Teilübertragung, § 174 II UmwG 1462

§ 23. Handelsbilanzielle Regelungen (HGB/IFRS) 1464
   I. Anzuwendende Vorschriften 1464
      1. Vollübertragung 1464
      2. Teilübertragung 1464
   II. Bilanzierung des übertragenden Rechtsträgers nach Handelsrecht 1465
      1. Schlussbilanz 1465
      2. Übertragungsprüfung 1465
   III. Bilanzierung beim übernehmenden Rechtsträger nach Handelsrecht 1465
   IV. Bilanzierung beim Gesellschafter des übertragenden Rechtsträgers 1466
   V. Bilanzierung nach IFRS 1466

§ 24. Steuerrechtliche Regelungen 1467
   I. Bedeutung 1467
   II. Systematik 1468
   III. Einzelfragen zum UmwStG 1469
      1. Vollübertragung 1469
         a) Steuerliche Auswirkungen auf der Ebene der übertragenden Körperschaft 1469

      b) Steuerliche Auswirkungen auf der Ebene der übernehmenden Körperschaft 1470
      c) Steuerliche Auswirkungen auf der Ebene der Anteilseigner 1471
    2. Teilübertragung 1471

7. Teil. Formwechsel

§ 25. Beweggründe für einen Formwechsel 1473
  I. Rechtsformwahl nach dem Angebot des UmwG 1473
  II. Alternativen zum umwandlungsrechtlichen Formwechsel ... 1475
    1. Mischverschmelzung 1475
    2. Rechtsformänderungen außerhalb des UmwG 1476
    3. Grenzüberschreitender Formwechsel 1477

§ 26. Umwandlungsrechtliche Regelungen 1478
  I. Formwechsel im UmwG 1478
    1. Systematik 1478
    2. Die Änderungen durch das UmwG 1994 und spätere Gesetzesänderungen 1479
    3. Formwechselfähige Rechtsträger 1482
  II. Der Ablauf des Formwechsels im Überblick 1485
    1. Planungsphase 1486
    2. Vorbereitungsphase 1487
    3. Beschlussphase 1489
    4. Vollzugsphase 1490
      a) Anmeldung des Formwechsels 1490
      b) Registersperre und Unbedenklichkeitsverfahren 1490
      c) Eintragung im Handelsregister 1491
      d) Spruchverfahren 1491
      e) Gläubigerschutz 1492
  III. Der Formwechsel unter Kapitalgesellschaften 1492
    1. Entwurf des Umwandlungsbeschlusses 1492
      a) Inhalt des Entwurfs des Umwandlungsbeschlusses 1493
      b) Weitere Regelungsmöglichkeiten 1502
    2. Umwandlungsbericht 1503
    3. Beschluss des Formwechsels 1505
      a) Vorbereitung des Beschlusses 1505
      b) Der Beschluss der Gesellschafter 1506
    4. Gründungsrecht und Kapitalschutz 1509
      a) Gründungsrecht und Haftungsfolgen 1509
      b) Zusammensetzung des Aufsichtsrates 1510
      c) Nachgründungsvorschriften 1510
      d) Kapitalschutz 1510
      e) Kapitalschutz und bare Zuzahlung 1511
    5. Anmeldung zum Handelsregister und Wirkungen der Eintragung 1513
      a) Zuständige Organe 1513

      b) Zuständiges Gericht 1513
      c) Anlagen und abzugebende Erklärungen 1513
      d) Bekanntmachung 1514
      e) Wirkungen der Eintragung 1514
      f) Anteilstausch 1516
      g) Nachhaftungsbegrenzung 1516
      h) Gläubigerschutz 1516
  IV. Formwechsel einer Personenhandelsgesellschaft in eine
     Kapitalgesellschaft 1517
    1. Überblick 1517
    2. Möglichkeiten des Formwechsels 1517
    3. Entwurf des Umwandlungsbeschlusses 1518
      a) Zahl, Art und Umfang der Beteiligung am neuen
         Rechtsträger, § 194 I Nr. 4 UmwG 1518
      b) Rechte einzelner Anteilsinhaber, § 194 I Nr. 5
         UmwG 1520
      c) Abfindungsangebot, § 194 I Nr. 6 UmwG 1520
    4. Umwandlungsbericht 1520
    5. Beschluss des Formwechsels 1521
      a) Vorbereitung des Beschlusses 1521
      b) Beschlussfassung 1521
    6. Gründungsrecht und Kapitalschutz 1523
      a) Gründungsrecht und Haftungsfolgen 1523
      b) Kapitalschutz 1524
    7. Anmeldung zum Handelsregister und Wirkungen der
       Eintragung 1526
      a) Anmeldung zum Register 1526
      b) Eintragung in das Register 1526
      c) Nachhaftungsbegrenzung 1527
  V. Formwechsel einer Kapitalgesellschaft in eine Personenhan-
     delsgesellschaft 1528
    1. Überblick 1528
    2. Gesellschaft des bürgerlichen Rechts als Zielrechtsträger . 1529
    3. Besonderheiten beim Formwechsel in die GmbH & Co.
       KG 1530
    4. Formwechsel in die Partnerschaftsgesellschaft 1532
    5. Beschluss des Formwechsels 1532
      a) Vorbereitung 1532
      b) Inhalt 1533
      c) Beschlussfassung 1533
      d) Anmeldung zum Handelsregister und Wirkungen der
         Eintragung 1534
  VI. Formwechsel einer Aktiengesellschaft in eine Europäische
     Gesellschaft (SE) 1534
    1. Begriff und Systematik 1534
    2. Umwandlungsfähige Rechtsträger 1535
      a) Aktiengesellschaft 1535
      b) Gemeinschaftszugehörigkeit der Aktiengesellschaft, Sitz 1536

  c) Halten einer Tochtergesellschaft 1537
  d) Sitzverlegungsverbot 1539
 3. Der Ablauf der Umwandlung 1540
  a) Planungsphase 1541
  b) Vorbereitungsphase 1541
  c) Beschlussphase 1556
  d) Vollzugsphase 1560
VII. Fälle und Musterfomulierungen 1564

§ 27. Handelsbilanzielle Regelungen (HGB/IFRS) 1590
 I. Bilanzierung im Zeitpunkt des Formwechsels 1590
  1. Identitätsgrundsatz 1590
  2. Umwandlungsbericht 1590
  3. Handelsrechtliche Rechnungslegung 1590
   a) Keine Aufstellung einer Schlussbilanz 1590
   b) Buchwertfortführung 1591
   c) Keine Rückwirkung 1592
   d) Anzuwendende Rechnungslegungsvorschriften und
    Offenlegung 1592
  4. Aufbringung des Eigenkapitals 1593
   a) Formwechsel in eine Kapitalgesellschaft 1593
   b) Formwechsel in eine Personengesellschaft 1598
   c) Grenzüberschreitender Formwechsel 1599
 II. Rechnungslegung nach dem Formwechsel 1599
  1. Formwechsel einer Personengesellschaft in eine Kapitalgesellschaft 1599
  2. Formwechsel einer Kapitalgesellschaft in eine Personengesellschaft 1600
  3. Behandlung von Umwandlungskosten 1601
  4. Behandlung von Abfindungen 1602
   a) Abfindungen nach § 196 UmwG 1602
   b) Abfindungen nach § 207 UmwG 1602
 III. Bilanzierung beim Gesellschafter 1603
 IV. Bilanzierung nach IFRS 1604
  1. Formwechsel Kapitalgesellschaft in Personengesellschaft . 1605
  2. Formwechsel Personengesellschaft in Kapitalgesellschaft . 1607

§ 28. Steuerrechtliche Regelungen 1608
 I. Systematik 1608
 II. Steuerliche Rückwirkung 1609
 III. Formwechsel im UmwStG 1610
  1. Zeitlicher Anwendungsbereich 1610
  2. Persönlicher Anwendungsbereich 1611
  3. Sachlicher Anwendungsbereich 1612
  4. Formwechsel einer Kapitalgesellschaft in eine Kapitalgesellschaft anderer Rechtsform 1613
  5. Formwechsel einer Personengesellschaft in eine Personengesellschaft anderer Rechtsform 1616

6. Formwechsel einer Personengesellschaft in eine Kapitalgesellschaft oder Genossenschaft 1616
   a) Formwechsel als Anteilstausch, § 21 I UmwStG 1616
   b) Sonderbetriebsvermögen 1617
   c) Umwandlung einer (GmbH & Co) KG in eine
      (GmbH & Co) KGaA 1618
   d) Beispiel für eine formwechselnde Umwandlung einer
      Personengesellschaft in eine Kapitalgesellschaft 1618
7. Formwechsel einer Kapitalgesellschaft in eine Personengesellschaft 1620
   a) Steuerliche Rückwirkung, Übertragungsbilanz 1621
   b) Formwechsel in eine Personengesellschaft ohne Be-
      triebsvermögen 1621
   c) Sonderbetriebsvermögen 1621
   d) Gewerbesteuerlicher Gewinn aus Veräußerung oder
      Aufgabe 1621
   e) Formwechsel einer KGaA in eine Personen-
      gesellschaft 1622
   f) Beispiel für die formwechselnde Umwandlung einer
      Kapitalgesellschaft in eine Personengesellschaft 1622
IV. Grenzüberschreitender Formwechsel 1625
   1. Sachlicher Anwendungsbereich 1625
   2. Persönlicher Anwendungsbereich 1626
   3. Steuerliche Vorteile gegenüber grenzüberschreitender
      Verschmelzung 1627
V. Nebensteuern 1627
   1. Umsatzsteuer 1627
   2. Grunderwerbsteuer 1628

8. Teil. Sonstige Umwandlungsvorgänge

§ 29. Alternative Gestaltungsformen der Gesamtrechtsnachfolge 1631
   I. Überblick 1631
   II. Anwachsung 1632
      1. Bedeutung 1632
      2. Dogmatische Einordnung 1633
   III. Bilanzierung bei der Anwachsung nach Handelsrecht 1634
      1. Bilanzierung beim übertragenden Rechtsträger 1634
      2. Bilanzierung beim übernehmenden Rechtsträger 1635
      3. Bilanzierung bei der Anwachsung nach IFRS 1636
   IV. Die Anwachsung im Steuerrecht 1636
      1. Einfaches Anwachsungsmodell 1636
      2. Erweitertes Anwachsungsmodell 1637
      3. Gewerbesteuerrechtliche Besonderheit 1638

§ 30. Anteilstausch 1639
   I. Rechtsgrundlagen 1639
      1. Allgemeines 1639

a) Persönlicher Anwendungsbereich	1639
b) Sachlicher Anwendungsbereich	1640
2. Zeitpunkt des Anteilstausches	1642
II. Steuerfolgen	1642
1. Ansatz der Anteile beim Übernehmer (§ 21 I UmwStG)	1642
a) Einfacher Anteilstausch	1642
b) Qualifizierter Anteilstausch	1642
2. Besteuerung des Einbringenden (§ 21 II UmwStG)	1646
a) Inländischer Anteilstausch, Ansatzwahlrecht (§ 21 II 1 UmwStG)	1646
b) Grenzüberschreitender Anteilstausch, Ansatz mit dem gemeinen Wert (§ 21 II 2 und 3 UmwStG)	1647
c) Besteuerung des Einbringungsgewinns	1649
3. Einbringungsgewinn II, § 22 II UmwStG	1650
a) Regelungskonzept	1650
b) Nicht von § 8b II KStG begünstigte Einbringende	1651
c) Ermittlung des Einbringungsgewinns II	1652
d) Besteuerung des Einbringungsgewinns II	1652
e) Der Veräußerung gleichgestellte Vorgänge	1653
f) Ausnahmen vom Einbringungsgewinn II	1653
4. Veräußerung der erhaltenen Anteile	1653
5. Nachweis	1654
§ 31. Steuerliche Alternativen bei Umstrukturierungen mit Einzelrechtsnachfolge	1656
I. Überblick	1656
II. Einbringung durch Einzelrechtsnachfolge	1656
1. Sachlicher Anwendungsbereich	1657
2. Rückwirkung	1658
a) Einbringung in Kapitalgesellschaft	1658
b) Einbringung in Personengesellschaft	1658
III. Die Einlage	1659
1. Begriff	1659
2. Einlage bei Personengesellschaften	1659
3. Einlagen bei Kapitalgesellschaften	1660
4. Tatbestandsmerkmale der Einlage	1661
5. Gegenstand der Einlage	1661
a) Allgemein	1661
b) Bareinlagen	1662
c) Sacheinlagen	1662
d) Einlagefähige Wirtschaftsgüter	1663
6. Herstellung der Gewinnneutralität	1664
a) Betriebsvermögensvergleich	1664
b) Einnahme-Überschussrechnung	1665
7. Bewertung der Einlagen	1665
a) Grundsatz: Bewertung mit dem Teilwert	1665
b) Anschaffung innerhalb der letzten drei Jahre	1666
c) Beteiligungen im Sinne des § 17 EStG	1666

  d) Wirtschaftsgut im Sinne des § 20 II EStG 1667
  e) Einlage nach früherer Entnahme 1667
  f) Verstrickung 1668
 IV. Übertragung von Einzelwirtschaftsgütern zwischen Gesellschaften und Gesellschaftern 1668
  1. Rechtsentwicklung 1668
  2. Systematik 1670
  3. Anwendungsbereich 1671
  4. Regelungsinhalt 1673
   a) Überführungen nach § 6 V 1 und 2 EStG 1674
   b) Übertragungen nach § 6 V 3 bis 6 EStG 1674
 V. Grenzüberschreitende Übertragung von Einzelwirtschaftsgütern 1681
  1. Historie 1681
   a) Vor SEStEG 1681
   b) SEStEG 1681
   c) Jahressteuergesetz 2010 1682
  2. Begriffe der Entstrickung und der Verstrickung 1683
  3. Übertragung von Einzelwirtschaftsgütern durch Einzelunternehmer und Personengesellschaften ins Ausland (Entstrickung, § 4 I 3 EStG) 1684
   a) Entnahmefiktion 1684
   b) Entstrickungstatbestände 1684
   c) Ausnahmetatbestand (Sitzverlegung SE bzw. SCE § 4 I 4 EStG) 1686
   d) Wertansatz (gemeiner Wert § 6 I Nr. 4 Halbs. 2 EStG) 1687
   e) Sofortbesteuerung oder Stundung nach § 4g EStG ... 1687
  4. Übertragung von Einzelwirtschaftsgütern durch Einzelunternehmer und Personengesellschaften ins Inland (Verstrickung § 4 I 8 Halbs. 2 EStG) 1689
   a) Verstrickungsfälle (zB Verbringen von WG; Methodenwechsel im DBA) 1689
   b) Wertansatz 1690
  5. Übertragung von Einzelwirtschaftsgütern durch Körperschaften ins Ausland (Entstrickung, § 12 I KStG) 1690
   a) Entstrickungs-Veräußerung (§ 12 I 1 und 2 KStG) 1690
   b) Wertansatz 1691
  6. Übertragung von Einzelwirtschaftsgütern durch Körperschaften ins Inland (Verstrickung, § 4 I 8 Halbs. 2 EStG) . 1692
  7. Entstrickung von Anteilen im Privatvermögen (§ 17 EStG) 1692
   a) Durch Sitzverlegung der Gesellschaft (§ 17 V EStG) .. 1692
   b) Durch Wegzug des Gesellschafters (§ 6 AStG) 1694
  8. Verstrickung von Anteilen im Privatvermögen iSd § 17 EStG 1698
   a) Durch Zuzug der Gesellschaft 1698
   b) Durch Zuzug des Gesellschafters (§ 17 II 3 EStG, § 6 AStG) 1699

      c) Wegfall der Wegzugsbesteuerung wegen Rückkehr ins Inland, § 6 III AStG 1699
- VI. Realteilung 1700
  1. Historische Entwicklung 1700
     a) Bis 1998 1700
     b) 1999/2000 1701
     c) Ab 2001 1701
  2. Begriff der Realteilung 1702
  3. Gegenstand/Voraussetzungen der Realteilung 1703
  4. Sicherungsklauseln 1705
     a) Sperrfrist 1705
     b) Körperschaftsklausel I 1706
     c) Körperschaftsklausel II 1706
  5. Arten der Realteilung 1707
     a) Gewinnneutrale Realteilung 1707
     b) Gewinnrealisierende Realteilung 1711
- VII. Liquidation 1712
  1. Einführung 1712
  2. Liquidation einer Kapitalgesellschaft 1713
     a) Allgemein 1713
     b) Steuerliche Behandlung auf Ebene der Kapitalgesellschaft 1713
     c) Steuerliche Behandlung auf Ebene des/der Anteilseigner 1718
  3. Auflösung von Personengesellschaften 1720
     a) Allgemein 1720
     b) Gewinnermittlung 1721
     c) Besteuerung des Aufgabegewinns 1722

§ 32. Grenzüberschreitende Sitzverlegung 1725
- I. Die grenzüberschreitende Sitzverlegung einer SE 1725
  1. Sitzverlegung in einen Mitgliedstaat der Europäischen Union 1725
  2. Ablauf der Sitzverlegung im Überblick 1728
  3. Verfahrensschritte der Sitzverlegung 1729
     a) Verlegungsplan, Art. 8 II SE-VO 1729
     b) Verlegungsbericht, Art. 8 III SE-VO 1735
     c) Verlegungsbeschluss, Art. 8 VI SE-VO 1737
     d) Beantragung der Bescheinigung gemäß Art. 8 VIII SE-VO im Wegzugstaat 1741
     e) Eintragung im Register des Zuzugsstaates, Art. 8 IX und 10 SE-VO 1744
     f) Löschung der SE im Register des Wegzugsstaates, Art. 8 XI SE-VO 1747
     g) Offenlegung der Eintragung und der Löschung, Art. 8 XII und XIII SE-VO 1747
  4. Rechtsfolgen der Sitzverlegung 1747

Inhalt

II. Grenzüberschreitende Sitzverlegung von Kapitalgesellschaften nationalen Rechts 1748
  1. Sitzverlegung innerhalb der Mitgliedsstaaten der EU 1750
    a) Grundlegende Rechtsprechung des EuGH 1751
    b) Verlegung des Verwaltungssitzes nach Deutschland (rechtsformwahrender Zuzug) 1754
    c) Verlegung des Verwaltungssitzes aus Deutschland heraus (rechtsformwahrender Wegzug) 1758
    d) Rechtsformwahrende Verlegung des Satzungssitzes innerhalb des Binnenmarktes 1759
    e) Rechtsformwechselnde Verlegung des Satzungssitzes innerhalb des Binnenmarktes 1760
  2. Sitzverlegung weltweit 1764
    a) Wegzug deutscher Gesellschaften in Drittstaaten 1765
    b) Zuzug von ausländischen Gesellschaften nach Deutschland 1766
III. Steuerliche Aspekte 1767
  1. Rechtsgrundlagen 1767
  2. Verlegung des Verwaltungssitzes in einen EU-/EWR-Staat, § 4 I 3 EStG, § 12 I KStG 1769
    a) Anwendungsbereich 1769
    b) Entstrickung 1769
    c) Rechtsfolge 1771
  3. Sitzverlegung in Drittstaaten, § 12 III KStG 1771
    a) Anwendungsbereich 1771
    b) Rechtsfolge 1772
  4. Verlegung des Verwaltungssitzes einer ausländischen Gesellschaft ins Inland 1772
    a) Personengesellschaften 1773
    b) Kapitalgesellschaften 1773

Sachverzeichnis 1775

Abkürzungsverzeichnis

aA	andere(r) Ansicht
aaO	am angegebenen Ort
ABl.	Amtsblatt
aE	am Ende
aF.	alte Fassung
AEUV	Vertrag über die Arbeitsweise der Europäischen Union (Vertrag von Lissabon 2007)
AfA	Absetzung(en) für Abnutzung
AG	Aktiengesellschaft; Zeitschrift „Die Aktiengesellschaft"; Arbeitgeber, Arbeitsgericht
AK	Anschaffungskosten (nur in Tabellen AK)
AktG	Aktiengesetz (auch Zeitschrift „Die Aktiengesellschaft")
AO	Abgabenordnung 1977
AStG	Außensteuergesetz
Az.	Aktenzeichen
BaFin	Bundesanstalt für Finanzdienstleistungsaufsicht
BAG	Bundesarbeitsgericht
BAV	Bundesaufsichtsamt für das Versicherungswesen
BayObLG	Bayerisches Oberstes Landesgericht
BB	Der Betriebsberater (Zeitschrift)
BetrAVG	Gesetz zur Verbesserung der betrieblichen Altersversorgung
BetrVG	Betriebsverfassungsgesetz
BeurkG	Beurkundungsgesetz
BewG	Bewertungsgesetz
BFH	Bundesfinanzhof
BGB	Bürgerliches Gesetzbuch
BGBl.	Bundesgesetzblatt
BGH	Bundesgerichtshof
BilMoG	Bilanzrechtsmodernisierungsgesetz
BilRUG	Bilanzrichtlinie-Umsetzungsgesetz
BiRiLiG	Gesetz zur Durchführung der Vierten, Siebenten und Achten Richtlinie des Rates der Europäischen Gemeinschaften zur Koordinierung des Gesellschaftsrechts (Bilanzrichtlinien-Gesetz)
BKR	Zeitschrift für Bank- und Kapitalmarktrecht
BMF	Bundesministerium für Finanzen
BörsG	Börsengesetz
BR-Drs.	Drucksache des Deutschen Bundesrates
BStBl.	Bundessteuerblatt
BT-Drs.	Drucksache des Deutschen Bundestages
BVerfG	Bundesverfassungsgericht
BVG	Besonderes Verhandlungsgremium
CAPM	Capital Asset Pricing Modell

Abkürzungen

Abkürzungsverzeichnis

DAI	Deutsches Aktieninstitut
DAX	Deutscher Aktienindex
DB	Der Betrieb (Zeitschrift)
DBA	Doppelbesteuerungsabkommen
dh	das heißt
DNotZ	Deutsche Notar-Zeitschrift
DrittelbG	Drittelbeteiligungsgesetz
DRS	Deutscher Rechnungslegungs Standard
EBITDA	Earnings Before Interest, Taxes, Depreciation and Amortization
eG	eingetragene Genossenschaft
EG	Europäische Gemeinschaft
EGV	Vertrag zur Gründung der Europäischen Wirtschaftsgemeinschaft
EHUG	Gesetz über elektronische Handelsregister und Genossenschaftsregister sowie das Unternehmensregister
EITF	Emerging Issues Task Force
EK	Eigenkapital
ErbStG	Erbschaftsteuergesetz
EStG	Einkommensteuergesetz
EStR	Einkommensteuer-Richtlinien
EU	Europäische Union
EuGH	Gerichtshof der Europäischen Gemeinschaften
EuGVVO	Verordnung (EG) Nr. 44/2001 des Rates vom 22.12.2000 über die gerichtliche Zuständigkeit und die Anerkennung und Vollstreckung von Entscheidungen in Zivil- und Handelssachen
EUR	Euro
eV	eingetragener Verein
EWIV	Europäische wirtschaftliche Interessenvereinigung
EWR	Abkommen über den Europäischen Wirtschaftsraum
f., ff.	folgende Seite bzw. Seiten
FA	Finanzamt
FamFG	Gesetz über das Verfahren in Familiensachen und in den Angelegenheiten der freiwilligen Gerichtsbarkeit
FN	Fußnote
FusionsRL	Steuerliche Fusionsrichtlinie vom 23.7.1990, ABl. 1990 L 225
GBO	Grundbuchordnung
GbR	Gesellschaft des bürgerlichen Rechts
GenG	Genossenschaftsgesetz
GewO	Gewerbeordnung
GewStG	Gewerbesteuergesetz
GewStR	Gewerbesteuer-Richtlinien
GG	Grundgesetz der Bundesrepublik Deutschland
GmbH	Gesellschaft mit beschränkter Haftung
GmbHG	Gesetz betr. die Gesellschaften mit beschränkter Haftung
GoB	Grundsätze ordnungsgemäßer Buchführung
GrEStG	Grunderwerbsteuergesetz

Abkürzungen

GrStG	Grundsteuergesetz
GuV	Gewinn- und Verlustrechnung
GWB	Gesetz gegen Wettbewerbsbeschränkungen
HFA	Hauptfachausschuss des Instituts der Wirtschaftsprüfer in Deutschland eV
HGB	Handelsgesetzbuch
hM	herrschende Meinung
HR	Handelsregister
HV	Hauptversammlung
IAS	International Accounting Standards (Br. Tz.)
IASB	International Accounting Standards Board
idF	in der Fassung
idR	in der Regel
IDW	Institut der Wirtschaftsprüfer in Deutschland eV
IFRIC	International Financial Reporting Interpretations Committee
IFRS	International Financial Reporting Standard
IFS	Institute for Fiscal Studies
iHd	in Höhe des/der
iHv	in Höhe von
iL	in Liquidation
IntVerschmRL	Verschmelzungsrichtlinie vom 26.10.2005, ABl. 2005 L 310, 1 ff.
InvG	Investmentgesetz
InvZulG	Investitionszulagengesetz
IPR	Internationales Privatrecht
iSd	im Sinne des/der
iSv	im Sinne von
iVm	in Verbindung mit
JStG	Jahressteuergesetz
KAGB	Kapitalanlagegesetzbuch
KapErhG	Kapitalerhöhungsgesetz
KG	Kommanditgesellschaft
KGaA	Kommanditgesellschaft auf Aktien
KostO	Kostenordnung
KSchG	Kündigungsschutzgesetz
KStG	Körperschaftsteuergesetz
KWG	Kreditwesengesetz
LAG	Landesarbeitsgericht
LG	Landgericht
LwAnpG	Landwirtschaftsanpassungsgesetz
MgVG	Gesetz über die Mitbestimmung der Arbeitnehmer bei grenzüberschreitender Verschmelzung
MitbestG	Gesetz über die Mitbestimmung der Arbeitnehmer (Mitbestimmungsgesetz)
MüKo	Münchener Kommentar
Münch. Hdb. GesR	Münchener Handbuch des Gesellschaftsrechts

XLIII

Abkürzungen

nF .... neue Fassung
NJW .... Neue Juristische Wochenschrift
NZA .... Neue Zeitschrift für Arbeitsrecht
NZG .... Neue Zeitschrift für Gesellschaftsrecht

oÄ .... oder Ähnliche/s
OECD-MA .... OECD-Musterabkommen
OFD .... Oberfinanzdirektion
OGAW .... Organismen für gemeinschaftliche Anlagen in Wertpapieren
OHG .... offene Handelsgesellschaft
OLG .... Oberlandesgericht

pa .... per annum
PartG .... Partnerschaftsgesellschaft
PartGG .... Gesetz über Partnerschaftsgesellschaften
phG .... persönlich haftender Gesellschafter
PublG .... Gesetz über die Rechnungslegung von bestimmten Unternehmen und Konzernen (Publizitätsgesetz)

RefE .... Referentenentwurf
RegE .... Regierungsentwurf
RIW .... Recht der Internationalen Wirtschaft
RL .... Richtlinie

SA .... Société Anonyme
SARL .... Société à résponsabilité limitée
SCA .... Sociedad en comandita por acciones (deutsche KGaA)
SCE .... Societas Cooperativa Europaea
SE .... Societas Europaea – Europäische Gesellschaft
SEAG .... Gesetz zur Ausführung der SEVO über das Statut der Europäischen Gesellschaft vom 22.12.2004 (SE-Ausführungsgesetz)
SEBG .... Gesetz über die Beteiligung der Arbeitnehmer in einer Europäischen Gesellschaft (SE-Beteiligungsgesetz)
SE-ErgRiL .... Richtlinie 2001/86/EG des Rates vom 8.10.2001 zur Ergänzung des Statuts der Europäischen Gesellschaft hinsichtlich der Beteiligung der Arbeitnehmer
SEEG .... Gesetz zur Einführung der Europäischen Gesellschaft
SEStEG .... Gesetz über steuerliche Begleitmaßnahmen zur Einführung der Europäischen Gesellschaft und zur Änderung weiterer steuerrechtlicher Vorschriften
SE-VO .... Verordnung (EG) Nr. 2157/2001 des Rates vom 8.10.2001 über das Statut der Europäischen Gesellschaft
SGB .... Sozialgesetzbuch
SolZ .... Solidaritätszuschlag
SpruchG .... Gesetz über das gesellschaftsrechtliche Spruchverfahren (Spruchverfahrensgesetz) vom 12.6.2003
SpTrUG .... Gesetz über die Spaltung der von der Treuhandanstalt verwalteten Unternehmen
StEntlG .... Steuerentlastungsgesetz (BGBl. 1998 I 3779)
StSenkG .... Steuersenkungsgesetz vom 23.10.2000 (BGBl. 2000 I 1433)

Abkürzungsverzeichnis **Abkürzungen**

TVG	Tarifvertragsgesetz
uÄ	und Ähnliches
uE	unseres Erachtens
UMAG	Gesetz zur Unternehmensintegrität und Modernisierung des Anfechtungsrechts
UmwBerG	Gesetz zur Bereinigung des Umwandlungsrechts
UmwG	Umwandlungsgesetz vom 28.10.1994 (BGBl. 1994 I 3210)
UmwStG	Umwandlungssteuergesetz vom 28.10.1994 (BGBl. 1994 I 3267)
UntStFG	Unternehmenssteuerfortentwicklungsgesetz
UR	Zeitschrift „Umsatzsteuer-Rundschau" (ab 1985)
UStG	Umsatzsteuergesetz
uU	unter Umständen
VerschmRL	Dritte gesellschaftsrechtliche Richtlinie vom 20.10.1978 (ABl. 1978 L 295, 36 ff.)
VO	Verordnung
VVaG	Versicherungsverein auf Gegenseitigkeit
VVG	Versicherungsvertragsgesetz
VZ	Veranlagungszeitraum
WG	Wirtschaftsgut/Wirtschaftsgüter
WpHG	Wertpapier-Handelsgesetz
WpPG	Wertpapierprospektgesetz
WpÜG	Wertpapiererwerbs- und -übernahmegesetz
zB	zum Beispiel
ZIP	Zeitschrift für Wirtschaftsrecht
ZPO	Zivilprozessordnung
zT	zum Teil

Literaturverzeichnis

Angerer Lutz/Geibel Stephan/Süßmann Rainer, Wertpapiererwerbs- und Übernahmegesetz (WpÜG), 3. Auflage 2017
Ansoff, Igor, Corporate Strategy. An analytic approach to business policy for growth and expansion, New York 1965
Assmann, Heinz-Dieter/Pötzsch, Thorsten/Schneider, Uwe, Kommentar zum Wertpapiererwerbs- und Übernahmegesetz, 2. Aufl., Köln 2013
Assmann, Heinz-Dieter/Schütze, Rolf A.(Hrsg.), Handbuch des Kapitalanlagerechts, 4. Aufl., München 2015
Bachner, Michael/Köstler, Roland/Matthießen, Volker/Trittin, Wolfgang, Arbeitsrecht bei Unternehmensumwandlung und Betriebsübergang, 4. Aufl., Baden-Baden 2012
Ballreich, Hilbert, Fallkommentar Umwandlungsgesetz. Umwandlungssteuergesetz, 5. Aufl., München 2016
Bamberger, Heinz Georg/Roth, Herbert (Hrsg.), Beck'scher Online-Kommentar BGB, 41. Edition, München 2016
Baumbach, Adolf/Hopt, Klaus, Handelsgesetzbuch: mit GmbH & Co. KG, Handelsklauseln, Bank- und Börsenrecht, Transportrecht (ohne Seerecht), 37. Aufl., München 2016
Baumbach, Adolf/Hueck, Alfred, GmbH-Gesetz, 21. Aufl., München 2017
Baums, Theodor/Ulmer, Peter (Hrsg.), Unternehmens-Mitbestimmung der Arbeitnehmer im Recht der EU-Mitgliedstaaten, Heidelberg 2004
Bechtold, Rainer/Bosch, Wolfgang, Kartellgesetz, Gesetz gegen Wettbewerbsbeschränkungen, 8. Aufl., München 2015
Beck'scher Bilanzkommentar Handels- und Steuerbilanz, 10. Aufl., München 2016
Behrens, Frithjof, Die grenzüberschreitende Verschmelzung nach der Richtlinie 2005/56/EG (Verschmelzungsrichtlinie), Diss., Göttingen 2007
Beutel, David, Der neue rechtliche Rahmen grenzüberschreitender Verschmelzungen in der EU, München 2008
Bitzer, Klaus, Probleme der Prüfung des Umtauschverhältnisses bei aktienrechtlichen Verschmelzungen, Freiburg 1987
Blümich, EStG, KStG, GewStG, Kommentar, Loseblattausgabe, Band 5, München
Blumenberg, Jens/Schäfer, Karl P., Das SEStEG – Steuerliche und Gesellschaftsrechtliche Erläuterungen und Gestaltungshinweise, München 2007
Boecken, Winfried, Unternehmensumwandlungen und Arbeitsrecht, Köln 1996
Böhm, Franz, Die Ordnung der Wirtschaft als geschichtliche Aufgabe und rechtsschöpferische Leistung, 1937
Bohn, Alexander, Zinsschranke und Alternativmodelle zur Beschränkung des Zinsabzuges, Diss., Wiesbaden 2009
Boruttau, Ernst Paul, Grunderwerbsteuergesetz, 18. Aufl., München 2016
Bordewin, Arno/Brandt, Jürgen, Kommentar zum Einkommensteuergesetz, Loseblattausgabe, Wiesbaden
Böttcher, Lars/Habighorst, Oliver/Schulte, Christian (Hrsg.), Umwandlungsrecht, 1. Aufl., Baden-Baden 2015
Brandmüller, Gerhard, Betriebsaufspaltung nach Handels- und Steuerrecht, 7. Aufl., Heidelberg 1997

Literaturverzeichnis

Bunnemann, Jan/Zirngibl, Nikolas, Die Gesellschaft mit beschränkter Haftung in der Praxis, 2. Aufl., München 2011
Crezelius, Georg, Steuerrecht II – Die einzelnen Steuerarten, 2. Aufl., München 1994
Deubert, Michael/Förschle, Gerhart/Winkeljohann, Norbert, Sonderbilanzen, 5. Aufl., München 2016
Dötsch, Ewald, Das neue Umwandlungssteuerrecht ab 1995, 3. Aufl., Stuttgart 1996
Dötsch, Ewald/Eversberg, Horst/Jost, Werner F./Witt, Georg, Die Körperschaftsteuer: Kommentar zum Körperschaftsteuergesetz u. zu den einzelnen einkommensteuerrechtlichen Vorschriften des Anrechnungsverfahrens (fortgeführt als Dötsch/Jost/Pung/Witt), versch. Bd. und Bearb., Loseblattausgabe, Stuttgart
Dötsch, Ewald/Pung, Alexandra/Möhlenbrock, Rolf, Die Körperschaftsteuer: Kommentar zum Körperschaftsteuergesetz u. zu den einzelnen einkommensteuerrechtlichen Vorschriften des Anrechnungsverfahrens (fortgeführt als Dötsch/Jost/Pung/Witt), versch. Bd. und Bearb., Loseblattausgabe, Stuttgart
Dötsch, Ewald/Patt, Joachim/Pung, Alexandra/Möhlenbrock, Rolf, Umwandlungssteuerrecht, 7. Aufl., Stuttgart 2012
Eidenmüller, Horst (Hrsg.), Ausländische Kapitalgesellschaften im deutschen Recht, München 2004
Erfurter Kommentar zum Arbeitsrecht, hrsg. von Rudi Müller-Glöge, Ulrich Preis und Ingrid Schmidt, 17. Aufl., München 2017
Erle, Bernd/Sauter, Thomas, Heidelberger Kommentar zum Körperschaftsteuergesetz, 3. Aufl., Heidelberg 2010
Eucken, Walter, Grundsätze der Wirtschaftspolitik, 1952
Flick, Hans/Wassermeyer, Franz/Baumhoff, Helmut/Schönfeld, Jens, Außensteuerrecht, Kommentar, Loseblattausgabe, Köln
Frankfurter Kommentar zum Kartellrecht, versch. Bd. und Bearb., Loseblattausgabe, Köln
Frankfurter Kommentar zum WpÜg, hrsg. von *Wilhelm Haarmann* und *Matthias Schüppen,* 3. Aufl., Frankfurt 2008
Frenzel, Ralf, Grenzüberschreitende Verschmelzung von Kapitalgesellschaften, Hamburg 2008
Fritzsche, Michael/Dreier, Peter/Verfürth, Ludger, Kommentar zum Spruchverfahrensgesetz, SpruchG, 2. Aufl., Berlin 2016
Frotscher, Gerrit, Internationalisierung des Ertragsteuerrechts, Vorabkommentierung zu allen Änderungen nach SEStEG, Freiburg 2007
Frotscher, Gerrit/Maas, Ernst, Kommentar zum Körperschafts-, Gewerbe- und Umwandlungssteuergesetz, Loseblattausgabe, Freiburg
Ganske, Joachim, Umwandlungsrecht, 2. Aufl., Düsseldorf 1995
Gaß, Andreas, Die Umwandlung gemeindlicher Unternehmen, Diss., Stuttgart 2003
Geibel, Stefan/Süßmann, Rainer, Kommentar zum Wertpapiererwerbs- und Übernahmegesetz, WpÜG, 2. Aufl., München 2008
Geßler, Ernst/Hefermehl, Wolfgang/Eckardt, Ulrich/Kropff, Bruno, Aktiengesetz, Kommentar, versch. Bearb., versch. Bd., München 1973–1994; fortgeführt als Münchener Kommentar zum Aktiengesetz, 4. Aufl., München 2016.
Godin, Reinhard Fhr. von/Wilhelmi, Hans, Aktiengesetz, bearb. von Sylvester Wilhelmi, 4. Aufl., Bd. 1 und 2, Berlin 1971
Goutier, Klaus/Knopf, Rüdiger/Tulloch, Anthony, Kommentar zum Umwandlungsrecht, versch. Bearb., Heidelberg 1996
Habersack, Mathias/Verse, Dirk, Europäisches Gesellschaftsrecht, 4. Aufl., München 2011
Habersack, Mathias/Drinhausen, Florian, SE-Recht, 2. Aufl., München 2016

Haritz, Detlef/Benkert, Manfred, Umwandlungssteuergesetz: UmwStG (fortgeführt als Haritz/Menner), 2. Aufl., München 2001
Haritz, Detlef/Menner, Stefan, Umwandlungssteuergesetz: UmwStG, 4. Aufl., München 2015
Hartmann, Alfred/Böttcher, Conrad/Nissen, Karl-Heinz/Bordewin, Arno, Kommentar zum Einkommensteuergesetz (fortgeführt als *Bordewin/Brandt*), Loseblattausgabe, Wiesbaden
Heckschen, Heribert/Simon, Stefan, Umwandlungsrecht – Gestaltungsschwerpunkte in der Praxis, Köln u. a. 2003
Heidenhain, Martin/Meister, Burkhardt, Münchener Vertragshandbuch Bd. 1, 7. Aufl., München 2011
Helbling, Carl, Unternehmensbewertung und Steuern, 9. Aufl., Düsseldorf 1998
Henn, Günter/Frodermann, Jürgen/Jannott, Dirk, Handbuch des Aktienrechts, 8. Aufl., Heidelberg 2009
Henssler, Martin/Willemsen, Heinz Josef/Kalb, Heinz-Jürgen, Arbeitsrecht Kommentar, 7. Aufl., Köln 2016
Herrmann, Carl (Begr.)/Heuer, Gerhard (Begr.)/Raupach, Arndt, Einkommensteuer- und Körperschaftsteuergesetz: Kommentar, Loseblattausgabe, versch. Bd. und Bearb., Köln
Herr, Stefan, Führt die Unternehmenssteuerreform aus dem Jahr 2001 zu mehr Rechtsformneutralität?, Diplomarbeit, Heidelberg 2003, abrufbar unter http://archiv.ub.uni-heidelberg.de/volltextserver/volltexte/2007/7951/pdf/Diplomarbeit_Endversion.pdf
Herzig, Norbert, Neues Umwandlungssteuerrecht, Praxisfälle und Gestaltungen im Querschnitt, versch. Bearb., Köln 1996
Herzig, Norbert (Hrsg.), Die Organschaft, Stuttgart 2003
Heymann, Ernst, Handelsgesetzbuch (ohne Seerecht): Kommentar, hrsg. von Norbert Horn, versch. Bearb., 2. Aufl., Bd. 2, Berlin u. a. 1996
Hopt, Klaus J./Wiedemann, Herbert (Hrsg.), Großkommentar zum Aktiengesetz, 3. Aufl., Berlin, New York 1970 ff.; 4. Aufl., Berlin, New York 1992 ff., 5. Aufl., Berlin, New York 2015
Hübschmann, Walter/Hepp, Ernst/Spitaler, Armin, Kommentar zur Abgabenordnung und Finanzgerichtsordnung, Loseblatt-Ausgabe, Köln
Hüffer, Uwe/Koch, Jens Aktiengesetz, 12. Aufl., München 2016.
Hulle, Karel van/Maul, Silja/Drinhausen, Florian (Hrsg.), Handbuch zur Europäischen Gesellschaft (SE), München 2007
Institut der Wirtschaftsprüfer in Deutschland (IDW), Reform des Umwandlungsrechts, Vorträge und Diskussionen im Rahmen des IDW-Umwandlungssymposiums am 8./9. Oktober 1992, Düsseldorf 1993
Immenga, Ulrich/Mestmäcker, Ernst-Joachim, Wettbewerbsrecht, Bd. 1, Teil 2: EG, Bd. 2: GWB, 5. Aufl., München 2012
Jacobs, Otto/Scheffler, Wolfgang/Spengel, Christian, Unternehmensbesteuerung und Rechtsform, 5. Aufl., München 2015
Kallmeyer, Harald, Umwandlungsgesetz: Verschmelzung, Spaltung und Formwechsel bei Handelsgesellschaften, Kommentar, versch. Bearb., 6. Aufl., Köln 2017
Kegel, Gerhard/Schurig, Klaus, Internationales Privatrecht, 9. Aufl., München 2004
Kirchhof, Paul, EStG, Kommentar, 15. Aufl., Heidelberg/München 2016
Kirchhof, Paul/Söhn, Hartmut/Mellinghoff, Rudolf, Einkommensteuergesetz – Kommentar, Loseblattausgabe, Heidelberg
Kiem, Roger, Unternehmensumwandlung, Mustertexte zu Verschmelzung, Spaltung, Formwechsel, 2. Aufl., Köln 2009
Klingebiel, Jörg/Patt, Joachim/Rasche, Ralf/Krause, Torsten, Umwandlungssteuerrecht, 4. Aufl., Stuttgart 2016

Literaturverzeichnis

Knobbe-Keuk, Brigitte, Bilanz- und Unternehmenssteuerrecht, 9. Aufl., Köln 1993
Kölner Kommentar zum Aktiengesetz, hrsg. von *Wolfgang Zöllner* und *Ulrich Noak,* versch. Bd. und Bearb., 4. Auflage, Köln u. a. 2015 f.
Kölner Kommentar zum Umwandlungsgesetz, hrsg. von *Barbara Dauner-Lieb* und *Stefan Simon,* versch. Bearb., Köln 2009
Korn, Klaus, Einkommensteuergesetz, Loseblatt-Ausgabe, Bonn
Kraft, Gerhard, Außensteuergesetz: AStG, Kommentar, München 2009
Kramme, Malte/Baldus, Christian/Schmidt-Kessel, Martin (Hrsg.), Brexit und die juristischen Folgen, Baden-Baden 2017
Kulenkamp, Sabrina, Die grenzüberschreitende Verschmelzung von Kapitalgesellschaften in der EU, Diss., Baden-Baden 2009
Lademann, Fritz/Söffing, Matthias/Brockhoff, Günter, Kommentar zum Einkommensteuergesetz, Loseblattausgabe, Stuttgart
Lange, Joachim/Grützner, Dieter/Kussmann, Manfred u. a., Personengesellschaften im Steuerrecht, 5. Aufl., Herne 1998
Langen, Eugen/Bunte, Hermann-Josef, Kommentar zum deutschen und europäischen Kartellrecht, Bd. 1, Deutsches Kartellrecht, 10. Aufl., München 2006, 12. Aufl., München 2014
Lippross, Otto-Gerd, Basiskommentar zum Steuerrecht, Loseblattausgabe, Köln
Littmann, Eberhard (Begr.)/Bitz, Horst (Hrsg.)/Hellwig, Hartmut (Hrsg.), Das Einkommensteuerrecht: Kommentar zum Einkommensteuergesetz (fortgeführt als Littmann/Bitz/Pust), versch. Bd. und Bearb., Loseblattausgabe, Stuttgart
Littmann, Eberhard (Begr.)/Bitz, Horst (Hrsg.)/Pust, Hartmut (Hrsg.), Das Einkommensteuerrecht: Kommentar zum Einkommensteuergesetz, versch. Bd. und Bearb., Loseblattausgabe, Stuttgart
Loewenheim, Ulrich/Meessen, Karl/Riesenkampff, Alexander/ Kersting, Christian/Meyer-Lindemann, Hans Jürgen, Kartellrecht, 3. Aufl., München 2016
Lüdicke, Jochen/Sistermann, Christian, Unternehmenssteuerrecht, München 2008
Lutter, Marcus, Umwandlungsgesetz, Kommentar, versch. Bearb., 5. Aufl., Köln 2014
Lutter, Marcus (Hrsg.), Kölner Umwandlungsrechtstage: Verschmelzung, Spaltung, Formwechsel nach neuem Umwandlungsrecht und Umwandlungssteuerrecht mit Beiträgen von Bork, Decher, Grunwald, Happ, Hommelhoff, Joost, Karollus, Krieger, Neye, Priester, Schaumburg, H. Schmidt, Teichmann, M. Winter, Köln 1995
Lutter, Marcus/Hommelhoff, Peter, Kommentar zum GmbHG, 19. Aufl., Köln 2016
Lutter, Marcus/Hommelhoff, Peter/Teichmann, Christoph, SE-Kommentar: SEVO, SEAG, SEBG, Arbeitsrecht, Steuerrecht, Konzernrecht, 2. Aufl., Köln 2015
Manz, Gerhard/Mayer, Barbara/Schröder, Albert, Europäische Aktiengesellschaft SE, 2. Aufl., Baden-Baden 2010
Metterecker, Johannes, Grenzüberschreitende Verschmelzungen, Wien 2014
Münchener Handbuch des Gesellschaftsrechts, Bd. 4, Aktiengesellschaft, hrsg. von Michael Hoffmann-Becking, 4. Aufl., München 2015
Münchener Kommentar zum Aktiengesetz, 2., 3. und 4. Auflage des Geßler/ Hefermehl/Eckardt/Kropff, Aktiengesetz, versch. Bd. und Bearb.
Münchener Kommentar zum Bürgerlichen Gesetzbuch, versch. Bd. und Bearb., 7. Aufl., München 2016
Münchener Kommentar zum europäischen und deutschen Wettbewerbsrecht, Bd. 2: GWB, 2. Aufl., München 2015
Münchener Kommentar zum Handelsgesetzbuch: HGB, 7 Bd., hrsg. von Karsten Schmidt, 4. Aufl., München 2016
Neye, Hans W./Limmer, Peter/Frenz, Norbert/Harnacke, Ulrich M., Handbuch der Unternehmensumwandlung, 2. Aufl., Münster 2001

Pahlke, Armin, Grunderwerbsteuergesetz: GrEStG, 5. Aufl., München 2014
Palandt, Otto, Bürgerliches Gesetzbuch: BGB, 76. Aufl., München 2017
Petersen, Jens, Der Gläubigerschutz im Umwandlungsrecht, Habil., München 2001
Piltz, Detlev J., Die Unternehmensbewertung in der Rechtsprechung, 3. Aufl., Düsseldorf 1994
PricewaterhouseCoopers AG (Hrsg.), Reform des Umwandlungssteuerrechts, Stuttgart 2007
Rädler, Albert/Raupach, Arndt/Bezzenberger, Tilmann (Hrsg.), Vermögen in der ehemaligen DDR, versch. Bearb., Loseblattausgabe, Herne/Berlin
Richardi, Reinhard, Betriebsverfassungsgesetz mit Wahlordnung, 15. Aufl., München 2016
Rödder, Thomas/Herlinghaus, Andreas/van Lishaut, Ingo, Umwandlungssteuergesetz, Kommentar, 2. Aufl., Köln 2013
Rowedder, Heinz/Schmidt-Leithoff, Christian, GmbHG, 6. Aufl., München 2017
Sagasser, Bernd, Sondervorteile bei der Gründung einer Aktiengesellschaft: die Entwicklung in § 26 Abs. 1 AktG nach der 2. RL der EG, Diss., München 1986
Schaal, Christoph, Der Wirtschaftsprüfer als Umwandlungsprüfer, Diss., Düsseldorf 2001
Schäfer, Carsten/Rehberg, Markus/Rieble, Volker/Oberklus, Volkmar, Vereinbarte Mitbestimmung in der SE, München 2008
Schaub, Günter, Arbeitsrechts-Handbuch, 16. Aufl., München 2015
Schaumburg, Harald/Piltz, Detlev J. (Hrsg.), Internationales Umwandlungssteuerrecht: aktuelle Schwerpunkte: Grundlagen, deutsches u. ausländisches Umwandlungs- u. Umwandlungssteuerrecht, inländische, grenzüberschreitende u. ausländische Umwandlungen, versch. Bearb., Köln 1997
Schaumburg, Harald/Rödder Thomas, UmwG. UmwStG. Strukturierte Textausgabe des Umwandlungsgesetzes mit Materialen und ergänzenden Hinweisen, Köln 1995
Scheifele, Matthias, Die Gründung der Europäischen Aktiengesellschaft (SE), Diss., Frankfurt 2004
Schmidt, Karsten, Gesellschaftsrecht, 5. Aufl., Köln u. a. 2016
Schmidt, Karsten/Lutter, Marcus, Kommentar zum Aktiengesetz, 3 Aufl., Köln 2015
Schmidt, Ludwig, EStG: Einkommensteuergesetz; Kommentar, hrsg. von Heinrich Weber-Grellet, versch. Bearb., 35. Aufl., München 2016
Schmitt, Joachim/Hörtnagl, Robert/Stratz, Rolf-Christian, Umwandlungsgesetz, Umwandlungssteuergesetz: UmwG, UmwStG, 7. Aufl., München 2016
Scholz, Franz, Kommentar zum GmbHG, versch. Bearb., Bd. 1, 11. Aufl., Köln 2012/2015
Schwark, Eberhard/Zimmer, Daniel, Kapitalmarktrechts-Kommentar, 4. Aufl., München 2010
Schwarz, Günter Christian, SE-VO, München 2006
Semler, Johannes/Stengel, Arndt (Hrsg.), Umwandlungsgesetz: UmwG. Mit Spruchverfahrensgesetz, versch. Bearb., 3. Aufl., München 2012
Spahlinger, Andreas/Wegen, Gerhard, Internationales Gesellschaftsrecht in der Praxis, München 2005
Spindler, Gerhard/Stilz, Eberhard (Hrsg.), Kommentar zum Aktiengesetz, 3. Aufl., München 2015
Staudinger, Julius von, Kommentar zum Bürgerlichen Gesetzbuch, 15. Aufl., München 2016
Vahlens Kompendium der Wirtschaftstheorie und Wirtschaftspolitik, Bd. 2, 9. Aufl., München 2007

Vogel, Klaus/Lehner, Moris, Doppelbesteuerungsabkommen: DBA, Kommentar, 6. Aufl., München 2015
Wassermeyer, Franz/Andresen/Ulf/Ditz, Xaver, Betriebsstätten-Handbuch, 2. Aufl., Köln 2016
Widmann, Siegfried/Mayer, Robert (Hrsg.), Umwandlungsrecht, Kommentar, versch. Bd. und Bearb., Loseblattausgabe, Bonn
Williamson, Oliver, Markets and Hierarchies: Analysis and Antitrust Implications, New York 1975
Winkeljohann, Norbert/Fuhrmann, Sven, Handbuch Umwandlungssteuerrecht, Düsseldorf 2007
WP-Handbuch, hrsg. vom Institut der Wirtschaftsprüfer in Deutschland e. V., Bd. 2, Teil D, 14. Aufl., Düsseldorf 2014
Ziemons, Hildegard/Jaeger, Carsten (Hrsg.), Beck'scher Online-Kommentar GmbHG, 30. Edition, München 2017

1. Teil. Einführung

§ 1. Entstehungsgeschichte

Das heute geltende Umwandlungsgesetz (UmwG) trat am 1.1.1995 in Kraft und hatte das bis dahin geltende gleichnamige Gesetz aus dem Jahr 1969 abgelöst. Die Neufassung des Jahres des UmwG 1995 entsprach der Vorgabe einer vollständigen Neuregelung der Materie und wurde von einer weitgehenden Überarbeitung des Umwandlungssteuergesetz (UmwStG) begleitet. Damit fand ein Gesetzgebungsverfahren seinen Abschluss, das vom Rechtsausschuss des Deutschen Bundestages schon anlässlich der GmbH-Novelle 1980 als Ergebnis der Beratungen über die Verschmelzungsmöglichkeiten der GmbH einstimmig angeregt wurde.[1] **1**

Im Auftrage des Bundestages im Anschluss an die GmbH-Novelle des Jahres 1980 hatte das Bundesministerium der Justiz 1988 einen Diskussionsentwurf eines neuen Umwandlungsgesetzes erstellt.[2] Maßgeblichen Einfluss auf die Beratungen hatten die europäischen Richtlinien zur Vereinheitlichung des innerstaatlichen Umwandlungsrechtes in den Mitgliedsstaaten, insbesondere die Dritte gesellschaftsrechtliche Richtlinie („VerschmRL")[3] und die Spaltungsrichtlinie.[4] Die deutsche Einheit verzögerte die Beratung des neuen Umwandlungsrechtes erheblich, führte aber auch dazu, dass bestimmte Regelungen des Diskussionsentwurfes zur Verschmelzung, zum Formwechsel und vor allem zur Spaltung in Spezialgesetzgebungen zur Anpassung der ostdeutschen Wirtschaft Eingang fanden und die gesammelten Erfahrungen wiederum im Referentenentwurf des Jahres 1992 berücksichtigt wurden.[5] Das Gesetzgebungsverfahren wurde im Februar 1994 durch einen gemeinsamen Entwurf der Bundesregierung und der Regierungskoalition im Bundestag eingeleitet.[6] Am 16.6.1994 nahm der Bundestag die Gesetze zwar an,[7] jedoch scheiterten die Gesetze am Widerspruch des Bundesrates. Erst nach Einfügung einer mitbestimmungsrechtlichen Regelung im Vermittlungsausschuss[8] wurden das Umwandlungs- und Umwandlungssteuergesetz am 6.9.1994 verabschiedet.[9] Die Zustimmung des Bundesrats erfolgte am 23.9.1994.[10] Insgesamt dauerte die Reform des Umwandlungsrechts daher annähernd vierzehn Jahre. **2**

---

[1] BT-Drucks. 8/3908 S. 77 zu Art. 1 Nr. 27.
[2] ZIP-aktuell 1988 A 117 Nr. 425; eingehend *Neye* ZIP 1994 S. 165 ff.
[3] ABl. EG vom 20.10.1978 L 295 S. 36 ff.
[4] ABl. EG vom 31.12.1982 L 378 S. 47 ff.
[5] Siehe Beilage Nr. 112a zum Bundesanzeiger vom 20.6.1992.
[6] BT-Drucks. 12/6699 S. 12/6885.
[7] BR-Drucks. 599/94.
[8] BT-Drucks. 12/8415 S. 12/8431.
[9] BR-Drucks. 843/94.
[10] BR-Drucks. 843/94.

3   Die lange Entstehungsdauer des Gesetzes begründet die Erwartung einer wohldurchdachten gesetzgeberischen Arbeit. Nicht häufig dürfte ein Gesetzesentwurf so langfristig und umfassend vorbereitet worden sein wie das neue Umwandlungsrecht. So sind denn auch die Stellungnahmen von Wissenschaft und Praxis[11] weitgehend berücksichtigt worden.

4   Ein Änderungsbedarf des Umwandlungsgesetzes ergab sich erstmals 1998 im Zusammenhang mit der Verabschiedung des Stückaktiengesetzes,[12] des Euro-Einführungs-Gesetzes[13] und des Handelsrechtsreformgesetzes.[14] Darüber hinaus wurde spezifischen umwandlungsrechtlichen Rechtsfortentwicklungen durch ein Änderungsgesetz zum Umwandlungsgesetz[15] Rechnung getragen. Durch das Gesetz über das gesellschaftsrechtliche Spruchverfahren des Jahres 2003[16] wurden in mehrere Gesetze zersplitterte Regelungen zum Spruchverfahren zusammengeführt und der Kritik am Verfahren, insbesondere seiner Dauer und geringen Effizienz, Rechnung getragen. Es folgten verschiedene punktuelle Änderungen, welche zum Teil lediglich technische Umsetzungen von Gesetzesreformen des Handels- oder Gesellschaftsrechts darstellen, so durch das Gesetz zur Einführung der Europäischen Genossenschaft und zur Änderung des Genossenschaftsrechts[17] und das Gesetz über elektronische Handelsregister und Genossenschaftsregister sowie das Unternehmensregister (EHUG).[18] Die bedeutendste Ergänzung des Umwandlungsgesetzes neuerer Zeit erfolgte im Zuge der Umsetzung der Verschmelzungsrichtlinie vom 26.10.2005 („IntVerschmRL")[19] und der Regelung der grenzüberschreitenden Verschmelzung von Kapitalgesellschaften im Jahre 2007 mit dem Zweiten Gesetz zur Änderung des Umwandlungsgesetzes.[20] Das Gesetz zur Modernisierung des GmbH-Rechtes und zur Bekämpfung von Missbräuchen (MoMiG) hatte keine wesentlichen Änderungen des Umwandlungsgesetzes zur Folge. Die letzten beiden Änderungen beruhen auf dem Gesetz zur Umsetzung der Aktionärsrechterichtlinie[21] und dem Gesetz zur Erleichterung elektronischer Anmeldungen zum Vereinsregister und anderer vereinsrechtlicher Änderungen.[22] Erst das Dritte Gesetz zur Änderung des Um-

---

[11] Vgl. etwa das 7. Symposium der ZGR vom 19. und 20.1.1990 in Glashütten-Oberems (Taunus) ZGR 1990 S. 391 ff. oder Arbeitskreis Umwandlungsrecht ZGR 1993 S. 321 ff.
[12] Gesetz vom 25.3.1998, BGBl. I 1998 S. 590.
[13] Gesetz vom 9.6.1998, BGBl. I 1998 S. 1242.
[14] Gesetz vom 22.6.1998, BGBl. I 1998 S. 1474.
[15] Gesetz vom 22.7.1998, BGBl. I 1998 S. 1878.
[16] Gesetz vom 12.6.2003, BGBl. I 2003 S. 838.
[17] Gesetz vom 14.8.2006, BGBl. I 2006 S. 1911.
[18] Gesetz vom 10.11.2006, BGBl. I 2006 S. 2553.
[19] Richtlinie des Rates und des Parlaments vom 26.10.2005 Nr. 2005/56/EG, ABl. 2005 L 310, 1 ff.
[20] Gesetz vom 19.4.2007, BGBl. I S. 542.
[21] ARUG, Gesetz vom 30.7.2009, BGBl. I 2009 S. 1102.
[22] Gesetz vom 24.9.2009, BGBl. I 2009 S. 3145.

wandlungsgesetzes, das im Wesentlichen der Umsetzung der RL 2009/109/EG[23] diente, führte nochmal zu materiellen Änderungen durch die Berücksichtigung des Squeeze-Out, die Überarbeitung des Freigabeverfahrens und einige Vereinfachungen bei Verschmelzungen und Spaltungen. Schließlich wurde im Jahr 2015 das Gesetz für die gleichberechtigte Teilhabe von Frauen und Männern an Führungspositionen in der Privatwirtschaft ins Umwandlungsgesetz eingearbeitet.[24]

Offensichtliche Friktionen zeigten sich von Anfang an im notwendigen Zusammenspiel von Umwandlungsgesetz und Umwandlungssteuergesetz. Insbesondere das Verhältnis zwischen Handelsbilanz und Steuerbilanz wurde nicht oder nur punktuell geregelt.[25] Gesetzgebung und Finanzverwaltung sahen sich in der Folge zu erheblichen Nachbesserungen bzw. „Interpretationshilfen" veranlasst. So ist das Umwandlungssteuergesetz bis 2009 16 Mal geändert worden.[26] Die wesentlichen Anwendungsprobleme des Umwandlungssteuerrechts ergaben sich aber auch aus einem beständigen Wechsel steuerpolitischer Zielsetzungen sowie neuen Vorgaben des Europarechts, die die Gesetzesänderungen notwendig machten. Dabei ist in Erinnerung zu rufen, dass der europäische Gesetzgeber schon mit der steuerlichen Fusionsrichtlinie („FusionsRL") vom 23.7.1990[27] einen ersten europarechtlichen Rahmen formuliert hatte. Seit Inkrafttreten des UmwStG kann man die folgenden vier wesentlichen Paradigmenwechsel erkennen:

– Im Jahre 1995 stand eine weitestgehende Steuerneutralität der Umwandlung als gesetzgeberisches Ziel im Vordergrund, die mit einer großzügigen Regelung

---

[23] Richtlinie 2009/109/EG vom 16.9.2009 (ABl. L 259 vom 2.10.2009 S. 14)
[24] Gesetz für die gleichberechtigte Teilhabe von Frauen und Männern an Führungspositionen in der Privatwirtschaft und im öffentlichen Dienst vom 24.4.2015 (BGBl. I S. 642).
[25] *Schulze-Osterloh* ZGR 1993 S. 420 ff.
[26] So durch das Jahressteuergesetz 1996 vom 11.10.1996 (BGBl. I 1995 S. 1959), das Jahressteuergesetz 1997 vom 20.12.1996 (BGBl. I 1996 S. 2049), das Gesetz zur Fortsetzung der Unternehmenssteuerreform vom 31.10.1997 (BGBl. I 1997 S. 2590), das Gesetz zur Finanzierung eines zusätzlichen Bundeszuschusses zur gesetzlichen Rentenversicherung vom 19.12.1997 (BGBl. I 1997 S. 3121), durch das Gesetz über die Zulassung von Stückaktien vom 25.3.1998 (BGBl. I 1998 S. 590), durch das Steuerentlastungsgesetz 1999/2000/2002 vom 24.3.1999 (BGBl. I 1999 S. 402), das Steuerbereinigungsgesetz 1999 vom 22.12.1999 (BGBl. I 1999 S. 2601), durch das Steuersenkungsgesetz vom 23.10.2000 (BGBl. I 2000 S. 1433), Gesetz zur Fortentwicklung des Unternehmenssteuerrechts (UntStFG, BGBl. I 2001 S. 3858), das Steueränderungsgesetz 2001 (StÄndG 2001, BGBl. I 2001 S. 3794), das Steuervergünstigungsabbaugesetz vom 16.5.2003 (BGBl. I S. 660), Gesetz über steuerliche Begleitmaßnahmen zur Einführung der Europäischen Gesellschaft und zur Änderung weiterer steuerrechtlicher Vorschriften vom 7.12.2006 (BGBl. I 2006 S. 2782), Unternehmenssteuerreformgesetz 2008 vom 14.8.2007 (BGBl. I 2007 S. 1912), Jahressteuergesetz 2008 vom 20.12.2007 (BGBl. I 2007 S. 3150), Jahressteuergesetz 2009 vom 19.12.2008 (BGBl. I 2008 S. 2794), Wachstumsbeschleunigungsgesetz vom 22.12.2009 (BGBl. I 2009 S. 3950).
[27] Richtlinie des Rates vom 23.7.1990 Nr. 90/434/EWG, ABl. 1990 L 225.

§ 1 1. Teil. Einführung

der Umwandlung von Kapitalgesellschaften in Personengesellschaften einherging; in folgenden Reformen wurden die Vorteile der Umwandlung in die Personengesellschaften stufenweise zurückgenommen und Kapitalgesellschaften als Zielrechtsform eher bevorteilt.
- Das körperschaftsteuerliche Anrechnungsverfahren war 1995 noch Grundlage der Besteuerung von Kapitalgesellschaften und daher auch Element des Umwandlungssteuerrechts: Die aufgrund des EuGH-Urteils *Verkooijen*[28] vom 6.6.2000 notwendige Einführung des Halbeinkünfteverfahrens veränderte grundlegend auch die Besteuerung der Umwandlungen unter Beteiligung von Körperschaften.
- Die Maßgeblichkeit der Handelsbilanz für die Steuerbilanz in Umwandlungsfällen wurde 1995 als tragendes Prinzip formuliert und dann aber mit der Neufassung des Umwandlungssteuergesetzes im Rahmen des SEStEG[29] im Jahre 2006 aufgegeben.
- Während das Umwandlungssteuerrecht zunächst ausschließlich unter dem Gesichtspunkt der Verschmelzung deutscher Rechtsträger stand, bewirkte die SE-VO[30] und SCE-VO[31] und vor allem die Richtlinie vom 26.10.2005 über die Verschmelzung von Kapitalgesellschaften aus verschiedenen Mitgliedsstaaten („IntVerschmRL")[32] den Zwang das Umwandlungssteuergesetz „europatauglich" zu machen und für grenzüberschreitende Verschmelzungen zu öffnen.

6   Insbesondere das SEStEG des Jahres 2006 hat das Umwandlungssteuergesetz unter den beiden zuletzt genannten Gesichtspunkten neu geprägt. Gesetzesänderungen in der Folge durch das Unternehmenssteuerreformgesetz[33] und die Jahressteuergesetze 2008[34] und 2009[35] sowie durch das Wachstumsbeschleunigungsgesetz[36] des Jahres 2009 änderten das Umwandlungssteuerrecht nur punktuell und auch seit 2011 sah sich der Gesetzgeber nur noch veranlasst Korrekturen vorzunehmen, die einerseits dazu dienten, Rechtsprechungsentwicklungen insbesondere des EuGH

---

[28] EuGH vom 6.6.2000, C-35/98, IStR 2000 S. 432.
[29] Gesetz über steuerliche Begleitmaßnahmen zur Einführung der Europäischen Gesellschaft und zur Änderung weiterer steuerrechtlicher Vorschriften vom 7.12.2006 (das Gesetz dient der Umsetzung der Richtlinie 2005/19/EG des Rates vom 17.2.2005 zur Änderung der Richtlinie 90/434/EWG über das gemeinsame Steuersystem für Fusionen, Spaltungen, die Einbringung von Unternehmensteilen und den Austausch von Anteilen, die Gesellschaften verschiedener Mitgliedstaaten betreffen (ABl. Nr. L 58 S. 19).
[30] Verordnung (EG) Nr. 2157/2001 des Rates über das Statut der Europäischen Gesellschaft (SE) vom 8.10.2001 (ABl. Nr. L 294 S. 1); zuletzt geändert durch VO vom 20.11.2006, ABl. Nr. L 363, 1.
[31] Verordnung (EG) Nr. 1435/2003 des Rates vom 22.7.2003 über das Statut der Europäischen Genossenschaft (SCE), ABl. Nr. L 207 vom 18.8.2003.
[32] Richtlinie des Rates und des Parlaments vom 26.10.2005 Nr. 2005/56/EG, ABl. 2005 L 310 S. 1 ff.
[33] Unternehmenssteuerreformgesetz 2008 vom 14.8.2007, BGBl. I 2007 S. 1912.
[34] Jahressteuergesetz 2008 vom 20.12.2007, BGBl. I S. 3150.
[35] Jahressteuergesetz 2009 vom 19.12.2008, BGBl. I S. 2794.
[36] Wachstumsbeschleunigungsgesetz 2009 vom 22.12.2009, BGBl. I S. 3950.

§ 1. Entstehungsgeschichte § 1

einzuarbeiten oder als Missbrauchssachverhalte qualifizierte Formen der Umwandlung einzuschränken.[37]

Die Finanzverwaltung hat die gesetzgeberische Arbeit und Rechtsprechung durch Einführungsschreiben und Richtlinien nur mit großer Verzögerung begleitet. Das Bundesfinanzministerium legte nach dreieinhalbjährigen Beratungen im Jahr 1998 ein Einführungsschreiben zum Umwandlungssteuergesetz[38] vor, das den Versuch unternahm, Auslegungsbrücken zwischen Umwandlungsgesetz und Umwandlungssteuergesetz zu schlagen. Am 16.4.1999 wurde ein gesondertes BMF-Schreiben zu § 12 III UmwStG nachgeschoben.[39] Aufgrund der nachfolgenden Rechtsänderungen hatten viele der Erläuterungen jedoch nur noch historischen Wert. Schliesslich wurde ein überarbeitetes BMF-Schreiben zum UmwStG im November 2011 vorgelegt.[40] 7

Die Regelungsbereiche des Umwandlungsgesetzes und Umwandlungssteuergesetzes sind aber auch nicht deckungsgleich. So regelt das Umwandlungsgesetz die Vorgänge der Unternehmensumstrukturierung, bei denen eine Gesamtrechtsnachfolge bzw. eine der Gesamtrechtsnachfolge ähnliche Gesamtübertragung eines Vermögens stattfindet oder, so beim Formwechsel, vom Gesetz die Identität der Rechtsträger postuliert wird; hingegen lässt es Umstrukturierungen im Wege des Anteilstausches, der Einbringung oder Liquidation unberührt. Punktuell regelt das Umwandlungsgesetz nun auch die Verschmelzung von EU-Kapitalgesellschaften über die Grenze. Das Umwandlungssteuergesetz, das in seiner Funktion in Abweichung von der Liquidationsbesteuerung eine steuerneutrale Umwandlung ermöglichen soll, betrifft andererseits die meisten – aber eben nicht alle – Fälle der Unternehmensumstrukturierung nach dem Umwandlungsgesetz und sieht darüber hinaus die Möglichkeit der steuerneutralen Reorganisation auch bei bestimmten Formen des Anteilstausches und der Einbringung vor. Die steuerlichen Regelungen des Anteilstausches und der Einbringung finden insbesondere bei grenzüberschreitenden Sachverhalten ihren Anwendungsbereich. 8

Die folgende Darstellung konzentriert sich im 2.–7. Teil auf die Regelungen des Umwandlungsgesetzes und Umwandlungssteuergesetzes. Die außerhalb des Umwandlungsgesetzes bzw. Umwandlungssteuergesetzes liegenden Reorganisationsformen werden im 8. Teil behandelt. 9

---

[37] Gesetz zur Umsetzung des EuGH-Urteils vom 20.10.2011 in der Rechtssache C-284/09 vom 21.3.2013, (BGBl. I S. 561); Gesetz zur Umsetzung der Amtshilferichtlinie sowie zur Änderung steuerlicher Vorschriften (Amtshilferichtlinie-Umsetzungsgesetz – AmtshilfeRLUmsG) vom 26.6.2013 (BGBl. I S. 1809); Gesetz zur Anpassung des nationalen Steuerrechts an den Beitritt Kroatiens zur EU und zur Änderung weiterer steuerlicher Vorschriften (StÄnd-AnpG-Kroatien) vom 25.7.2014 (BGBl. I S. 1266); Steueränderungsgesetz 2015 (BGBl. I S. 1834).
[38] BMF-Einführungsschreiben vom 25.3.1998, BStBl. I S. 268.
[39] BMF-Schreiben vom 16.4.1999, BStBl. I 1999 S. 455.
[40] Schreiben betr. Anwendung des Umwandlungssteuergesetzes idF des Gesetzes über steuerliche Begleitmaßnahmen zur Einführung der Europäischen Gesellschaft und zur Änderung weiterer steuerrechtlicher Vorschriften (SEStEG) vom 11.11.2011, BStBl. I S. 1314.

2. Teil. Grundzüge des Umwandlungsrechts

§ 2. Anwendungsbereich des UmwG und UmwStG

I. Sachlicher Anwendungsbereich

1. Umwandlungsgesetz

Das Umwandlungsgesetz enthält eine umfassende und hinsichtlich der Rechtsformen abschließende Kodifikation der Umstrukturierungen von Unternehmen im Wege der Gesamtrechtsnachfolge. Es führt zu einer weitestgehenden Vereinheitlichung der Umstrukturierungsmöglichkeiten, die früher auf diverse Gesetze, nämlich das UmwG 1969, das AktG, das KapErhG, das GenG sowie schließlich das VAG verteilt waren.[1] Das Gesetz folgt im Weiteren den Vorgaben europäischer Richtlinien zur Vereinheitlichung des innerstaatlichen Umwandlungsrechtes in den Mitgliedsstaaten, insbesondere der Dritten gesellschaftsrechtlichen Richtlinie („VerschmRL")[2] und der Spaltungsrichtlinie.[3] Erst im Jahr 2007 hat das UmwG im Anschluss an die Richtlinie zur grenzüberschreitenden Verschmelzung von Kapitalgesellschaften aus verschiedenen Mitgliedsstaaten vom 26.10.2005 („IntVerschmRL") durch das SCE-EinführungsG[4] und das Zweite Gesetz zur Änderung des UmwG[5] eine Erweiterung seines Geltungsbereiches auf europäische Rechtsformen und Rechtsträger der europäischen Mitgliedsstaaten erfahren. In wenigen Fällen hat der Gesetzgeber der sondergesetzlichen Materie den Vorrang gegeben und außerhalb des Umwandlungsgesetzes Fälle der Umwandlung geregelt. In Umsetzung der Richtlinie zur Koordinierung von Organismen für gemeinsame Anlagen in Wertpapieren („OGAW")[6] wurden so zB im Jahr 2011 Möglichkeiten der inländischen und grenzüberschreitenden Verschmelzung von Investmentvermögen zunächst im Investmentgesetz geschaffen und dann im Kapitalanlagegesetzbuch („KAGB")[7] weiterentwickelt.

1

---

[1] *Neye* DB 1994 S. 2069 (2070); BT-Drucks. 12/6699 S. 78 vor Art. 1 UmwG.

[2] ABl. EG vom 20.10.1978 L 295 S. 36 ff., geändert durch Richtlinie zur Änderung der Kapital-, Verschmelzungs- und Spaltungsrichtlinie sowie zur Richtlinie über grenzüberschreitende Verschmelzungen vom 16.9.2009, ABl. EU vom 2.10.2009 L 259 S. 14 ff.

[3] ABl. EG vom 31.12.1982 L 378 S. 47 ff.

[4] Gesetz vom 14.8.2006, BGBl. I 2006 S. 1911.

[5] Gesetz vom 19.4.2007, BGBl. I 2007 S. 542.

[6] Richtlinie 2009/65/EG des Europäischen Parlaments und des Rates vom 13.7.2009 zur Koordinierung der Rechts- und Verwaltungsvorschriften betreffend bestimmte Organismen für gemeinsame Anlagen in Wertpapieren (OGAW), ABl. EU vom 17.11.2009 L 302 S. 32, ber. ABl. vom 13.10.2010 L 269 S. 27.

[7] Kapitalanlagegesetzbuch (KAGB) vom 4.7.2013, BGBl. I 2013 S. 1981.

2   Heute bestehen in der Kombination von umwandlungsfähigen Rechtsträgern und Umwandlungsformen theoretisch mehr als 200 unterschiedliche Umwandlungsmöglichkeiten. Einerseits ist der Kreis der umwandlungsfähigen Rechtsträger weit gefasst, schließt etwa den eingetragenen Verein oder die Stiftung ein. Andererseits wird zum Beispiel durch das UmwG das Rechtsinstitut der Spaltung von Unternehmen in drei Varianten zugelassen; diesbezüglich geht der deutsche Gesetzgeber für nationale Spaltungen über Regelungen in anderen europäischen Mitgliedsstaaten hinaus,[8] schöpft den Rahmen der Europäischen Spaltungs-Richtlinie für grenzüberschreitende Spaltungen aber nicht aus.[9]

Die Zusammenfassung der Umwandlungsregelungen in einem Gesetz und ein besonderer Gesetzesaufbau ermöglichen es, die unterschiedlichen Umwandlungsvorgänge allgemeinen Rechtsgrundsätzen zu unterstellen.

a) Arten der Umwandlung

3   Das Erste Buch des UmwG, welches sich aus rechtstechnischen Gründen in § 1 erschöpft, nennt in dessen Absatz 1 die im UmwG geregelten **Arten der Umwandlung:**
– Verschmelzung,
– Spaltung,
– Vermögensübertragung,
– Formwechsel.

Das Umwandlungsgesetz führt damit zu einer Vereinheitlichung des Verständnisses, welche Rechtsvorgänge durch den Begriff der jeweiligen Art der „Umwandlung" gemeint sind. Im Einzelnen lässt das UmwG die folgenden Umstrukturierungsvorgänge zu:

4   **„Verschmelzung"**: Hierunter versteht man die Übertragung des gesamten Vermögens eines Rechtsträgers auf einen anderen, entweder schon bestehenden oder neu gegründeten Rechtsträger im Wege der Gesamtrechtsnachfolge unter Auflösung ohne Abwicklung, wobei den Anteilsinhabern des übertragenden und erlöschenden Rechtsträgers im Wege des Anteilstausches eine Beteiligung an dem übernehmenden oder neuen Rechtsträger gewährt wird.

5   **„Spaltung in der Form der Aufspaltung"**: Bei dieser teilt ein übertragender Rechtsträger unter Auflösung ohne Abwicklung sein gesamtes Vermögen auf und überträgt im Wege der Sonderrechtsnachfolge die Vermögensteile auf mindestens zwei andere, schon bestehende oder neu gegründete Rechtsträger, und zwar wie bei der Verschmelzung gegen Gewährung von Anteilen der übernehmenden oder neuen Rechtsträger an die Anteilsinhaber des übertragenden Rechtsträgers.

6   **„Spaltung in der Form der Abspaltung"**: Hier bleibt der übertragende Rechtsträger bestehen und überträgt nur einen Teil seines Ver-

---

[8] Vgl. etwa in Frankreich Art. L 236–1 des *Code de Commerce;* dazu Dictionnaire Permanent, Droit des Affaires T. 2, Kap. Fusions-Scissions.
[9] Europäische Spaltungsrichtlinie RL 82/891/EWG ABl. vom 31.12.1982 Nr. L 378/47: Die Spaltungsrichtlinie bezieht sich sachlich nur auf Aktiengesellschaften und beinhaltet keine Pflicht zur Umsetzung.

mögens, in der Regel einen Betrieb oder mehrere Betriebe, auf einen oder mehrere andere, schon existierende oder neue Rechtsträger, und zwar gegen Gewährung von Anteilen der übernehmenden oder neuen Rechtsträger an die Anteilsinhaber des übertragenden Rechtsträgers.

„Spaltung in der Form der Ausgliederung": Ebenso wie bei der Abspaltung geht nur ein Teil oder gehen nur Teile des Vermögens eines Rechtsträgers auf andere Rechtsträger über, jedoch gelangen die als Gegenwert gewährten Anteile der übernehmenden oder neuen Rechtsträger in das Vermögen des übertragenden Rechtsträgers selbst. 7

„Formwechsel": Hierunter fällt jegliche im Gesetz zugelassene Änderung der Rechtsform eines Rechtsträgers mit der Folge der Wahrung seiner rechtlichen Identität und der grundsätzlichen Beibehaltung der bisherigen Mitgliedschaftsrechte. 8

„Vermögensübertragung": Es handelt sich – ähnlich der Verschmelzung und Spaltung – um den Übergang des gesamten Vermögens eines Rechtsträgers im Wege der Gesamtrechtsnachfolge unter Auflösung ohne Abwicklung auf einen anderen Rechtsträger. Im Unterschied zu Verschmelzung und Spaltung findet jedoch aufgrund der Rechtsnatur des übertragenden Rechtsträgers kein Anteilstausch statt, sondern es wird eine Gegenleistung anderer Art erbracht. 9

Das Gesetz formuliert in § 1 II UmwG eine negative Abgrenzung als „numerus clausus" der Umwandlungsformen: „Eine Umwandlung im Sinne des Absatzes 1 ist außer in den in diesem Gesetz geregelten Fällen nur möglich, wenn sie durch ein anderes Bundesgesetz oder ein Landesgesetz ausdrücklich vorgesehen ist". Die Bedeutung des „numerus clausus" ist nicht abschließend geklärt,[10] zum Teil wird er als gesetzliches „Denkverbot" bezeichnet.[11] § 1 II UmwG setzt ein Verständnis voraus, was unter einer „Umwandlung" zu verstehen ist und wie weit das **„Analogieverbot"**[12] reichen soll. Erfasst man unter dem Begriff der Umwandlung, die Formen der Umwandlungen, die in § 1 I UmwG im Einzelnen beschrieben sind („Umwandlung im engeren Sinne"), ist die Bedeutung der Vorschrift gering. Wenn sich die Vorschrift auf die Wirkungen der Umwandlungen bezieht, ist der „numerus clausus" erheblich weiter („Umwandlung im weiteren Sinne"). So ist insbesondere zu fragen, ob die Wirkung der Gesamtrechtsnachfolge entscheidend für den Begriff der „Umwandlung" ist: Dies ist für die meisten Fälle der Umwandlung, nämlich die Verschmelzung, die Spaltung und die Vermögensübertragung, zu bejahen, auch wenn die Gesamtrechtsnachfolge für den Formwechsel eben gerade nicht begriffsbildend ist. Bejahendenfalls wäre jede Form der Umstrukturierung, die eine Gesamtrechtsnachfolge anordnet und außerhalb des UmwG geregelt ist, ausdrücklich als Ausnahme zum UmwG zu bezeichnen. 10

Der Gesetzgeber selbst ging bei der Formulierung des § 1 II UmwG davon aus, dass jedenfalls alle Umwandlungsformen im Personengesell- 11

---

[10] Vgl. *Dauner-Lieb* in Kölner Kommentar zum UmwG § 1 Rn. 44 ff.
[11] *K. Schmidt* in FS Kropff, 1997, S. 261.
[12] Vgl. DNotI-Report 20/2010, 184.

schaftsrecht im BGB bzw. HGB vom UmwG unberührt bleiben. So führt eine „Anwachsung" nach § 738 BGB, § 105 II, § 161 II HGB im Ergebnis zu einer Gesamtrechtsnachfolge bei einem übernehmenden Rechtsträger, ohne dass notwendigerweise ein Anteilstausch stattfindet: bei einer engen Auslegung, wäre eine „ausdrückliche" Ausnahme iSd § 1 II UmwG nicht erforderlich, bei einer weiteren Auslegung wäre zu prüfen, ob der Gesetzgeber die Anwachsung ausdrücklich als Umwandlung bezeichnen und damit als Ausnahme zu § 1 II UmwG hätte regeln müssen.

12   Die Haltung des Gesetzgebers bei Verfassung des UmwG deutet also daraufhin, dass er dem Begriff der Umwandlung iSd § 1 II UmwG eine enge Auslegung zugedacht hat und daher die betreffenden Vorschriften im BGB, HGB oder VAG nicht mit ausdrücklichen Ausnahmeformulierungen oder Verweisen auf das UmwG ergänzt hat. Andererseits kann man feststellen, dass bestimmte „Umwandlungen" ausdrücklich in Bundes- und Landesgesetzen geregelt sind, so zB Umwandlungen als Teilung und Zusammenschluss von landwirtschaftlichen Produktionsgenossenschaften sowie deren Formwechsel nach dem LwAnpG,[13] Entflechtungen nach § 6b VermG sowie Umwandlungen nach landesgesetzlichen Sondervorschriften zur Reorganisation von Sparkassen und Landesbanken und so dem Modell-Fall des § 1 II UmwG entsprechen.[14]

13   Entsprechendes gilt für den Fall der „Bestandsübertragung" nach §§ 14 ff. VAG, wonach eine Bestandsübertragung von Versicherungsverträgen unter Ausschluss des Zustimmungsrechtes des Versicherungsnehmers ermöglicht wird und damit die Wirkungen einer Teil-Gesamtrechtsnachfolge herbeigeführt werden: Dieser der Vermögens-„Teilübertragung" nach § 189 UmwG ganz ähnliche Fall ist weiterhin der für die Versicherungswirtschaft bedeutendste Fall der Neustrukturierung von Versicherungsunternehmen und war bei der Neufassung des UmwG bekannt, wurde aber im UmwG nicht erwähnt. Somit kommen die zum Teil schärferen Bestimmungen des UmwG zB zur Publizität nicht zur Anwendung und an die Stelle der Schutzmechanismen des UmwG tritt für die Versicherungsnehmer die Schutzfunktion der Aufsichtsbehörde.[15]

14   Im Fall der Verschmelzungen im Investmentrecht wählte der Gesetzgeber wiederum eine Technik der vorrangig ausdrücklichen Regelung außerhalb des UmwG: Die Vorgaben des europäischen Rechts zur

---

[13] Landwirtschaftsanpassungsgesetz vom 29.6.1990 (GBl. DDR 1990 I S. 642), geändert durch Art. 7 Abs. 45 des Gesetzes vom 19.6.2001 (BGBl. I S. 1149).

[14] Vgl. bspw. Gesetz zur Errichtung der Landesbank Nordrhein-Westfalen und zur Umwandlung der Westdeutschen Landesbank Girozentrale vom 2.7.2002, GV. NRW. 2002 S. 284; Gesetz über die Bayerische Landesbank (Bayerisches Landesbank-Gesetz – BayLBG) in der Fassung der Bekanntmachung vom 1.2.2003 (GVBl. S. 54, ber. S. 316, BayRS 762–6-F), zuletzt geändert durch § 1 des Gesetzes vom 27.7.2009 (GVBl. S. 397); Gesetz über die Berliner Sparkasse und die Umwandlung der Landesbank Berlin – Girozentrale – in eine Aktiengesellschaft (Berliner Sparkassengesetz – SpkG) vom 28.6.2005 (GVBl. S. 346) BRV 762–13.

[15] → § 22 Rn. 4 sowie *Wilm* in Lutter UmwG Anh. 1 nach § 189 Rn. 1–4.

§ 2. Anwendungsbereich des UmwG und UmwStG § 2

Schaffung von Umwandlungsmöglichkeiten bei Investmentfonds[16] wurden zunächst in das Investmentgesetz[17] und nachfolgend in das KAGB[18] aufgenommen. Soweit Sondervermögen und Rechtsformen als übertragende Rechtsträger beteiligt sind, die nicht bereits als umwandlungsfähige Rechtsträger im UmwG bestimmt sind, besteht eine investmentrechtliche Spezialregelung, während für die Investmentaktiengesellschaft und die Investmentkommanditgesellschaft als beteiligte Rechtsträger auf die Vorschriften des UmwG verwiesen wird, vgl. §§ 191 III und 281 III KAGB. Dabei wird ein Anwendungsvorrang zugunsten der spezialgesetzlichen Bestimmungen des KAGB und für EU-Fälle der ihm zugrundeliegenden Regelungen in der EU-Richtlinie angeordnet.

So kann man nur allgemein feststellen, dass Umwandlungsvorgänge, so wie sie im UmwG als Form der Umwandlung beschrieben sind, außerhalb des UmwG ausdrücklich als Ausnahme zu regeln sind. Im Fall der neueren Regelungen im KAGB zur Verschmelzung von selbstständigen und unselbstständigen Strukturen eines Investmentvermögens berücksichtigt der Gesetzgeber diesen Bedeutungsgehalt des § 1 II UmwG durch eine ausdrückliche Bestimmung der Rangfolge der Anwendbarkeit der Normen. **15**

Eine einschränkende Bedeutung könnte § 1 II UmwG auch für die innerhalb des UmwG geregelten Formen der Umwandlung haben. So wird aus § 1 II UmwG gefolgert, dass Mischformen der Umwandlung nicht zulässig seien, zB Formen kombinierter Spaltungen[19] oder Mischverschmelzungen, die eigentlich einen Formwechsel von oder auf Rechtsträger vorsehen, für die der Formwechsel nicht im Gesetz angeboten wird. Die enge Auslegung der Vorschrift lässt nach der hier vertretenen Auffassung allerdings die Kombination von Umwandlungsformen ohne Weiteres zu.[20] **16**

Unbestritten ist im Übrigen, dass „Umwandlungen", soweit sie durch eine Einzelrechtsübertragung herbeigeführt werden neben den Umwandlungen des UmwG zulässig bleiben. Allerdings wird in Literatur und Rechtsprechung im Sinne eines Rückschlusses aus der Regelung des § 1 III UmwG die Forderung abgeleitet, „Regelungslücken" bei „Umwandlungen" außerhalb des UmwG bzw. bei Restrukturierungen, die im Ergebnis auf eine Umwandlung abzielen um Wertungen des UmwG zu ergänzen (sog. „Ausstrahlungswirkung" aus dem UmwG).[21] Die Bestimmung eines Anwendungsvorranges zugunsten spezialgesetzlicher Umwandlungsbestimmungen wie zB in § 191 III KAGB mag **17**

---

[16] ABl. EU vom 17.11.2009 L 302 S. 32, ber. ABl. EU 13.10.2010 L 269 S. 27.
[17] § 40 InvG neu gef. mWv 1.7.2011 durch G v. 22.6.2011, BGBl. I S. 1126.
[18] Kapitalanlagegesetzbuch (KAGB) vom 4.7.2013, BGBl. I 2013 S. 1981.
[19] → § 18 Rn. 22.
[20] Vgl. *Semler* in Semler/Stengel UmwG § 1 Rn. 71 ff.; *Böttcher* in Böttcher/Habighorst/Schulte § 1 UmwG Rn. 48 ff.
[21] Vgl. *Dauner-Lieb* in Kölner Kommentar zum UmwG § 1 Rn. 46 ff. sowie zur „Ausgliederung" § 18 Rn. 179 ff.

darauf hindeuten, dass der Gesetzgeber dies im Einzelfall vermeiden wollte.

Da Umwandlungen im weiteren Sinne, dh außerhalb des UmwG erhebliche praktische Bedeutung haben und zum Teil auch aufgrund ihrer praktischen Bedeutung im UmwStG ausdrücklich geregelt sind, werden diese im Anschluss an die Umwandlungsformen des UmwG im 8. Teil des Buches behandelt.

b) Gesetzesaufbau

18 Im 2. bis 5. Buch regelt das UmwG die einzelnen Formen der Umwandlung detailliert. Der Gesetzgeber hat sich dabei einer **Baukasten-Technik** bedient, bei der die allgemeinen Grundsätze der Unternehmensumstrukturierung an den Beginn des Gesetzes bzw. jeweiligen Buches gerückt und darauffolgend nur noch Abweichungen geregelt werden.

So stellt er die Verschmelzung als Grundfall der Gesamtvermögensübertragung gegen Gewährung von Anteilen voran und bringt damit zum Ausdruck, dass es sich bei Spaltung und Vermögensübertragung um Sonderregelungen der Verschmelzung handelt, die denselben Grundsätzen folgen. Dementsprechend beschränken sich die Spaltungsregelungen und der Abschnitt über die Vermögensübertragung auf die Normierung der vom Grundfall der Verschmelzung abweichenden Regelungen und begnügen sich im Übrigen mit Verweisungen auf das Verschmelzungsrecht, so zB in den §§ 125, 176, 184 UmwG.

19 Für die verschiedenen Arten der Umwandlung werden allgemeine Voraussetzungen formuliert, die den jeweiligen Büchern in einem allgemeinen Teil vorangestellt sind. So ist zB die „Ausgliederung zur Neugründung" aus dem Vermögen eines Einzelkaufmannes im Dritten Unterabschnitt (§§ 158 ff. UmwG) des Abschnitts der Spezialvorschriften zur „Ausgliederung aus dem Vermögen eines Einzelkaufmannes" (§§ 152 ff. UmwG) geregelt. Dieser 9. Abschnitt der „Besonderen Vorschriften" sagt aber letztlich nichts über die eigentliche Durchführung der Ausgliederung aus, sondern ist nur bei Miteinbeziehung der „Allgemeinen Vorschriften" zur Spaltung zu verstehen, die ihrerseits zum Teil wiederum auf die Vorschriften der Verschmelzung rekurrieren (§§ 123 ff., 125 UmwG).

Lediglich der im 5. Buch geregelte Formwechsel folgt einem eigenen Regelwerk, das jedoch vom Inhalt und Aufbau den vorstehenden Büchern sehr ähnelt. Insgesamt handelt es sich um ein Gesetz mit hohem Abstraktionsgrad.

c) „Rechtsträger"

20 Das UmwG richtet sich an „Rechtsträger" im Inland, § 1 I UmwG. Der Gesetzgeber hat dabei bewusst auf den Begriff des „Unternehmens" verzichtet, weil es nach dem UmwG in nahezu allen Fällen der Umwandlung nicht darauf ankommt, ob ein Rechtsträger ein Unternehmen im betriebswirtschaftlichen oder rechtlichen Sinne betreibt.[22] Rechtsträ-

§ 2. Anwendungsbereich des UmwG und UmwStG

ger ist eine juristische Einheit, die an einem Umwandlungsvorgang beteiligt sein kann; diese **Beteiligungsfähigkeit** legt das UmwG den jeweiligen Rechtsträgern für jede Form der Umwandlung gesondert bei und statuiert somit einen **numerus clausus umwandlungsfähiger Rechtsträger**. Dabei unterscheidet das Gesetz die aktive und passive Beteiligungsfähigkeit, dh die Möglichkeit der Umwandlung aus bzw. in eine bestimmte Rechtsform.

Als grundsätzlich auf beiden Seiten beteiligungsfähig sieht das UmwG die Kapitalgesellschaften sowie die **Personenhandelsgesellschaften** im Sinne des § 6 HGB an, die es jeweils auch ausdrücklich als verschmelzungs-, spaltungs- oder formwechselfähig benennt, vgl. §§ 3, 124, 191 UmwG. 21

Die Regelungen schließen die **EWIV** mit ein, auch wenn diese im UmwG nicht ausdrücklich als umwandlungsfähig genannt wird. Für die Umwandlungsfähigkeit spricht, dass nach § 1 des EWIV-Ausführungsgesetzes[23] auf die EWIV im Übrigen die Vorschriften betreffend die OHG entsprechend anzuwenden sind. Die herrschende Meinung geht davon aus, dass die EWIV aufgrund dieser Bestimmung auch im UmwG in vollem Umfang wie eine Personenhandelsgesellschaft zu behandeln ist.[24] 22

Wenn man die Anwendbarkeit des UmwG bejaht, können andere Wesensmerkmale der EWIV ihrer Umwandlungsfähigkeit im Einzelfall entgegenstehen;[25] dann aber handelt es sich letztlich nicht um eine Frage der Beteiligungsfähigkeit der EWIV, sondern um die Einhaltung der Gründungsvorschriften, die bei der EWIV einen bestimmten, nämlich kooperativen Zweck des Rechtsträgers voraussetzen.

Die Umwandlungsfähigkeit der **Partenreederei,** obwohl den vorgenannten Personengesellschaftsstrukturen durchaus vergleichbar, ist jedenfalls nicht ausdrücklich geregelt und bleibt – *de lege ferenda* – umstritten.[26]

---

[22] BT-Drucks. 12/6699 S. 71.
[23] Gesetz vom 14.4.1988, BGBl. I 1988 S. 514.
[24] *Zöllner* ZGR 1993 S. 334 (340); *Drygala* in Lutter UmwG § 1 Rn. 50; nun auch *Heckschen* in Widmann/Mayer UmwG § 1 Rn. 60 ff. (anders vormals *Schwarz* in Widmann/Mayer UmwG § 1 Rn. 26).
[25] Entsprechend dem durch den unmittelbar geltenden Art. 3 I der Verordnung über die Schaffung einer Europäischen Wirtschaftlichen Interessenvereinigung vorgeschriebenen Gesellschaftszweck, die wirtschaftliche Tätigkeit ihrer Mitglieder zu erleichtern oder zu verbessern, muss die Tätigkeit der Vereinigung im Zusammenhang mit der wirtschaftlichen Tätigkeit ihrer Mitglieder stehen und darf selbst nur eine Hilfstätigkeit hierzu bilden. Sie kann damit nur Organisationsgesellschaft, d. h. Kooperation mehrerer Unternehmensträger, sein. Dementsprechend ordnet Art. 3 II VO-EWIV an, dass die EWIV keine Anteile an einem Mitgliedsunternehmen halten und keine Leitungsmacht über Unternehmen ausüben darf. So dürfte der Formwechsel einer Holding in der Rechtsform einer GmbH gemäß Art. 3 II EWIV-VO in eine EWIV unzulässig sein.
[26] *Böttcher* in Böttcher/Habighorst/Schulte UmwG § 1 Rn. 15 mwN.

§ 2   2. Teil. Grundzüge des Umwandlungsrechts

23   Als durchgängig beteiligungsfähig sieht das UmwG die **eingetragenen Genossenschaften** an, §§ 3, 124, 191 UmwG; nur im Hinblick auf die Zielrechtsform bestehen einige wenige Einschränkungen (§§ 79, 105 UmwG). Der Gesetzgeber reagierte 1994 damit auf die schon länger geltend gemachten Bedürfnisse, einerseits die Umstrukturierung von Genossenschaften zu erleichtern, vor allem aber auch die Umwandlung von Aktiengesellschaften in Genossenschaften zuzulassen.[27]

24   Weitere im Umwandlungsgesetz nicht genannte umwandlungsfähige Rechtsträger sind die **Societas Europaea (SE)** sowie die **Societas Cooperativa Europaea (SCE)**. Die SE ist nach Art. 10 SE-Verordnung wie eine nationale Aktiengesellschaft zu behandeln und kann demnach unter der Voraussetzung eines Sitzes im Inland[28] an Umwandlungen teilnehmen.[29] Entsprechendes gilt für die SCE nach Art. 9 der SCE-Verordnung.[30]

25   Die Umwandlungsfähigkeit der **Erbengemeinschaft** wird unter Hinweis auf § 1 II UmwG ganz überwiegend abgelehnt.[31] Dabei hätte es ein rechtspolitisches Ziel sein können, zumindest in bestimmten Fällen eine Umwandlung zuzulassen. Zum Teil wird vertreten, dass die Erbengemeinschaft wie ein Einzelkaufmann die Ausgliederung nach §§ 152 ff. UmwG durchführen könne, da sie Rechtsträger eines vollkaufmännischen Unternehmens sei.[32] Möglich ist uU auch die Einbringung aller Erbteile in einen Rechtsträger anderer Rechtsform.

     Das praktische Bedürfnis an einer künftigen Regelung mag sich in Fällen ergeben, in denen eine Umwandlung zB in die Rechtsform der GmbH nicht einstimmig durchsetzbar ist.[33]

26   Bewusst zurückhaltend ermöglicht der Gesetzgeber anderen Rechtsformen die Umwandlung. **Eingetragene Vereine** im Sinne des § 21 BGB dürfen zwar an einer Verschmelzung beteiligt sein, jedoch beschränkt § 99 II UmwG die Möglichkeiten der Verschmelzung auf die Aufnahme anderer eingetragener Vereine oder auf die Neugründung einer Kapitalgesellschaft unter Beteiligung mindestens zweier eingetragener Vereine. So haben sich politische Parteien als eingetragene Vereine reorganisiert, um den Zusammenschluss nach dem Umwandlungsgesetz

---

[27] BT-Drucks. 12/6699 S. 73.
[28] Im Weiteren → Rn. 40 ff. und → § 13 Rn. 19.
[29] Dazu näher → Rn. 44, → § 9 Rn. 4; ausführlich *Heckschen* in Widmann/Mayer UmwG § 1 Rn. 65 ff.
[30] Im Weiteren → Rn. 44 und → § 13 Rn. 19.
[31] *Drygala* in Lutter UmwG § 1 Rn. 50; *Heckschen* in Widmann/Mayer UmwG § 1 Rn. 75 ff.
[32] DNotI Gutachten S. 1 ff., welches die analoge Anwendbarkeit des OHG-Rechts auf eine Erbengesellschaft untersucht, welche zwar unternehmerisch, nach der herkömmlichen Terminologie jedoch nicht vollkaufmännisch tätig gewesen war; im Ergebnis wird auch in dieser Konstellation eine Verschmelzungsfähigkeit abgelehnt; dafür *K. Schmidt*, Gesellschaftsrecht § 13 I 3. c) sowie *Semler* in Semler/Stengel UmwG § 1 Rn. 36.
[33] Zum Fall der Synchron-Einbringung vgl. *K. Schmidt* NJW 1995 S. 1, 7.

mit anderen Parteien zu ermöglichen.³⁴ Auch beim Formwechsel ist dem rechtsfähigen Verein nur der Formwechsel aus der alten Rechtsform in die einer Kapitalgesellschaft oder eingetragenen Genossenschaft ermöglicht, vgl. §§ 191, 272 UmwG. Gewerkschaften sind hingegen aufgrund ihrer historisch begründeten Struktur als nicht-eingetragener Verein und ihrer verbandsrechtlichen Sonderstellung in dieser Form nicht umwandlungsfähig.³⁵

Der **Stiftung** ermöglicht das Gesetz lediglich die Ausgliederung aus ihrem Vermögen, §§ 161 ff. UmwG. Hinsichtlich weiterer Einzelheiten wird auf die eingehende Darstellung bei den einzelnen Formen der Umwandlung verwiesen. Einen Überblick über die Möglichkeiten der Umwandlung einzelner Rechtsformen gibt die nachstehende Tabelle, wobei in der tabellarischen Form nicht alle gesonderten Bedingungen dargestellt werden können und daher jeder Einzelfall gesondert zu beurteilen ist. Verwiesen wird auch auf gesonderte Darstellungen umwandlungsrechtlicher Kombinationen im Rahmen der verschiedenen Umwandlungsarten. 27

Die Umwandlungsfähigkeit der *Investment*aktiengesellschaft wurde im Rahmen ihrer spezialgesetzlichen Regelung zunächst grundsätzlich ausgeschlossen, § 99 VI InvG idF von 2007,³⁶ und im Weiteren bei Beteiligung als übertragender Rechtsträger für Verschmelzungen zugelassen. Die Verschmelzungen unter Beteiligung offener *Investment*kommanditgesellschaften als übertragender oder übernehmender Rechtsträger wurde erst kürzlich ermöglicht,³⁷ was darauf aufmerksam macht, dass ihrer Rechtsform nach grundsätzlich umwandlungsfähige Rechtsträger wie die Aktiengesellschaft oder Kommanditgesellschaft aufgrund ihres Unternehmensgegenstandes außerhalb des UmwG geregelten umwandlungsrechtlichen Verboten und Genehmigungsvorbehalten unterliegen können. 28

---

³⁴ Vgl. Bericht zur Verschmelzung der Parteien „Die Linkspartei.PDS" und „Arbeit & soziale Gerechtigkeit – Die Wahlalternative": http://archiv2007.sozialisten.de/sozialisten/parteibildung/gruendungsdokumente/pdf/verschmelzungsbericht.pdf.
³⁵ AA *Wiedemann/Thüsing* WM 1999, 2237, 2277 ff.
³⁶ § 99 VI angef. mWv 28.12.2007 durch G v. 21.12.2007, BGBl. I S. 3089.
³⁷ In diesem Sinne neugefasst § 281 III KAGB mWv 18.3.2016 durch G v. 3.3.2016, BGBl. I S. 348; zur Bedeutung Position des BVI zum Entwurf für ein Gesetz zur Anpassung von Gesetzen auf dem Gebiet des Finanzmarktes, www.bvi.de/fileadmin/user_upload/Regulierung/Positionen/KAGB/BVI_Position_Anpassung_KAGB_13052014.pdf.

§ 2 2. Teil. Grundzüge des Umwandlungsrechts

Umstrukturierungsmöglichkeiten nach dem Umwandlungsgesetz

Übertragender/Formwechselnder Rechtsträger \ Übernehmender/neuer Rechtsträger	GmbH	AG	KGaA	e.G.	e.V.	VVaG	V.-AG
GmbH	V: §§ 46–59; §§ 60–76	V: §§ 46–59; § 78 iVm §§ 60–76	V: §§ 46–59; §§ 79–98			
GmbH	S/A: §§ 138–140	S/A: §§ 138–140; §§ 141–146	S/A: §§ 138–140; §§ 147–148				
GmbH		F: §§ 238–250	F: §§ 238–250	F: §§ 251–257			
AG	V: §§ 46–59; §§ 60–76	V: §§ 60–76	V: §§ 60–76; § 78	V: §§ 60–76; §§ 79–98			
AG	S/A: §§ 138–140; §§ 141–146	S/A: §§ 141–146	S/A: §§ 141–146	S/A: §§ 141–146; §§ 147–148			
AG	F: §§ 238–250		F: §§ 238–250	F: §§ 251–257			
KGaA	V: § 78 iVm §§ 60–76; §§ 46–59	V: § 78 iVm §§ 60–76	V: § 78 iVm §§ 60–76	V: § 78 iVm §§ 60–76; §§ 79–98			
KGaA	S/A: §§ 138–140; §§ 141–46	S/A: §§ 141–146	S/A: §§ 141–146	S/A: §§ 141–146; §§ 147–148			
KGaA	F: §§ 238–250	F: §§ 238–250		F: §§ 251–257			
e.G.	V: §§ 46–59; §§ 79–98	V: §§ 79–98; §§ 60–76	V: § 78 iVm § 60–76 §§ 79–98	V: §§ 79–98			
e.G.	S/A: §§ 147–148; §§ 138–140	S/A: §§ 147–148; §§ 141–146	S/A: §§ 147–148; §§ 141–146	S/A: §§ 147–148			
e.G.	F: §§ 258–271	F: §§ 258–271	F: §§ 258–271				
e.V.	V: §§ 99–104a; §§ 46–59	V: §§ 99–104a; §§ 60–76	V: §§ 99–104a; § 78 iVm §§ 60–76	V: §§ 99–104a; §§ 79–98	V: §§ 99–104a		

§ 2. Anwendungsbereich des UmwG und UmwStG

Übernehmender/ neuer Rechtsträger / Übertragender/ Formwechselnder Rechtsträger	GmbH	AG	KGaA	e.G.	e.V.	VVaG	V.-AG
e.V.	S/A: § 149; §§ 138–140	S/A: § 149; §§ 141–146	S/A: § 149; §§ 141–146	S/A: § 149; §§ 147–148	S/A: § 149		
e.V.	F: §§ 272–282	F: §§ 272–282	F: §§ 272–282	F: §§ 283–290			
wirt. V.	V: §§ 99–104a; §§ 46–59	V: §§ 99–104a; §§ 60–76	V: §§ 99–104a; § 78 iVm §§ 60–76	V: §§ 99–104a; §§ 79–98	V: §§ 99–104a		
wirt. V.	S/A: §§ 138–140; § 149	S/A: §§ 141–146; § 149	S/A: §§ 141–146; § 149	S/A: §§ 147–48; § 149	S/A: § 149		
wirt. V.	F: §§ 273–282	F: §§ 273–282	F: §§ 273–282	F: §§ 283–290		V: §§ 109–119	V: §§ 109–119
VVaG	A: § 151	A: § 151	A: § 151	A: § 151	A: § 151	S/A: § 151	S/A: § 151
VVaG						VÜ: §§ 180–187	VÜ: §§ 180–187
VVaG		F: §§ 291–300					
V.-AG						VÜ: §§ 178–179	
PHG	V: §§ 39–45; §§ 60–76	V: §§ 39–45; §§ 60–76	V: §§ 39–45; § 78 iVm §§ 60–76	V: §§ 39–45; §§ 79–98			
PHG	S/A: § 124; §§ 138–140	S/A: § 124; §§ 141–146	S/A: § 124; §§ 141–146	S/A: § 124; §§ 147–148			
PHG	F: §§ 214–225	F: §§ 214–225	F: §§ 214–225	F: §§ 214–225			
PartG	V: §§ 45a–45e; §§ 46–59	V: §§ 45a–45e; §§ 60–76	V: §§ 45a–45e; iVm §§ 60–76	V: §§ 45a–45e; §§ 79–98			
PartG	S/A: §§ 138–140	S/A: §§ 141–146	S/A: §§ 141–146	S/A: §§ 147–148			
PartG	F: §§ 225a–225c	F: §§ 225a–225c	F: §§ 225a–225c	F: §§ 225a–225c			

2. Teil. Grundzüge des Umwandlungsrechts

Übernehmender/ neuer Rechtsträger / Übertragender/ Formwechselnder Rechtsträger	GmbH	AG	KGaA	e.G.	e.V.	VVaG	V.-AG
Einzelkfm.	A: §§ 152–160	A: §§ 152–160	A: §§ 152–160	A: §§ 152–160			
Stiftung	A: §§ 161–167	A: §§ 161–167	A: §§ 161–167				
öff. Vers.						VÜ: §§ 188–189	VÜ: §§ 188–189
Anst. d. öff. R.	F: §§ 301–304	F: §§ 301–304	F: §§ 301–304				
Gebietskörp.	A: §§ 168–173	A: §§ 168–173	A: §§ 168–173	A: §§ 168–173			
gPV	A: § 150 1. HS.	A: § 150 1. HS.	A: § 150 1. HS.				

§ 2. Anwendungsbereich des UmwG und UmwStG   § 2

Übertragender/ Formwechselnder Rechtsträger \ Übernehmender/ neuer Rechtsträger	PHG	PartG	GbR	rat. P.	öff. Hd.	öff. Vers.	gPV
GmbH	V: §§ 46–59; §§ 39–45	V: §§ 46–59; §§ 45a–45e		V: §§ 46–59; §§ 120–122			
GmbH	S/A: §§ 138–140	S/A: §§ 138–140			VÜ: §§ 176–177		S/A: §§ 138–140; § 150
GmbH	F: §§ 228–237	F: §§ 228–237	F: §§ 228–237				
AG	V: §§ 60–76; §§ 39–45			V: §§ 60–76; §§ 120–122			
AG	S/A: §§ 141–146	S/A: §§ 141–146			VÜ: §§ 176–177		S/A: §§ 141–146; § 150
AG	F: §§ 228–237	F: §§ 228–237	F: §§ 228–237				
KGaA	V: § 78 iVm §§ 60–76; §§ 39–45			V: § 78 iVm §§ 60–76; §§ 120–122			
KGaA	S/A: §§ 141–146	S/A: §§ 141–146			VÜ: §§ 176–177		S/A: §§ 141–146; § 150
KGaA	F: §§ 228–237	F: §§ 228–237	F: §§ 228–237				
e.G.	V: §§ 39–45; §§ 79–98	V: §§ 45a–45e; §§ 79–98					
e.G.	S/A: §§ 147–148	S/A: §§ 147–148					S/A: §§ 147–148; § 150
e.V.	V: §§ 99–104a; §§ 39–45	V: §§ 45a–45e; §§ 99–104a					
e.V.	S/A: § 149	S/A: § 149					S/A: § 149, § 150
wirt. V.	V: §§ 39–45; §§ 99–104a						

Sagasser

Übertragender/Formwechselnder Rechtsträger \ Übernehmender/neuer Rechtsträger	PHG	PartG	GbR	nat. P.	öff. Hd.	öff. Vers.	gPV
wirt. V.	S/A: § 149	S/A: § 149					S/A: §§ 149, 150
VVaG	A: § 151	A: § 151				VÜ: §§ 180–187	
V-AG						VÜ: §§ 178–179	
PHG	V: §§ 39–45	V: §§ 39–45e					
PHG	S/A: § 124	S/A: § 124					S/A: §§ 124, 150
PartG	V: §§ 39–45; §§ 45a–45e	V: §§ 39–45; §§ 45a–45e					
PartG	S/A: § 124	S/A: § 124					S/A: §§ 124, 150
Einzelkfm.	A: §§ 152–160	A: §§ 152–160					
Stiftung	A: §§ 161–167						
Gebietskörp.	A: §§ 168–173	A: §§ 168–173					
gPV							V: §§ 105–108
gPV							S/A: § 150 1. HS.

§ 2. Anwendungsbereich des UmwG und UmwStG

A	=	Ausgliederung als einzige Form der Spaltung
Anst. d. öff. R.	=	Anstalten/Körperschaften des öffentlichen Rechts
AG	=	Aktiengesellschaft
e. G.	=	eingetragene Genossenschaft
Einzelkfm.	=	Einzelkaufmann
e. V.	=	eingetragener Verein
F	=	Formwechsel
GbR	=	Gesellschaft bürgerlichen Rechts
Gebietskörp.	=	Gebietskörperschaften (oder Zusammenschlüsse von Gebietskörperschaften, die nicht Gebietskörperschaften sind)
gPV.	=	genossenschaftlicher Prüfungsverband
GmbH	=	Gesellschaft mit beschränkter Haftung
KGaA	=	Kommanditgesellschaft auf Aktien
nat. P.	=	Natürliche Person als Alleingesellschafter einer Kapitalgesellschaft
öff. Hd.	=	Öffentliche Hand (Bund/Land/Gebietskörperschaft)
öff. Vers.	=	Öffentlich-rechtliches Versicherungsunternehmen
PartG.	=	Partnerschaftsgesellschaft
PHG	=	Personenhandelsgesellschaft
S	=	Spaltung
V	=	Verschmelzung
V.-AG	=	Versicherungs-AG
VÜ	=	Vermögensübertragung
VVaG	=	Versicherungsverein auf Gegenseitigkeit
wirt. Verein	=	Wirtschaftlicher Verein

2. Umwandlungssteuergesetz

a) Steuerrechtsspezifische Systematik

Die Systematik des Umwandlungssteuergesetzes unterscheidet sich von der des Umwandlungsgesetzes insoweit, als einer Gliederung in Anlehnung an die Rechtsform des umzuwandelnden Rechtsträgers bzw. der Zielperson der Vorrang gegeben wird vor der im UmwG enthaltenen Gliederung nach der Art der Umwandlung. Der Grund für diesen anderen Regelungsansatz liegt in der fehlenden Rechtsformneutralität der Unternehmensbesteuerung, dh der Erfassung des Gewinns bei der Kapitalgesellschaft einerseits und der Ermittlung bei der Personengesellschaft und anschließenden Zurechnung bei den Gesellschaftern andererseits. Dieser „Dualismus" macht nach Auffassung des Gesetzgebers auch eine unterschiedliche steuerliche Behandlung der Umstrukturierung von steuerrechtlich selbstständigen und steuerrechtlich unselbstständigen Rechtsträgern erforderlich. 29

Teilweise bedingt durch diese spezifisch steuerrechtliche Sichtweise treten auch weitere Unterschiede zwischen UmwG und UmwStG hervor. Der Gesetzgeber lässt im Bereich des UmwStG bewusst **Regelungslücken.** So wird beispielsweise die Spaltung von Personengesellschaften entgegen der handelsrechtlichen Einbeziehung in den Regelungskreis der §§ 123 ff. UmwG steuerlich nicht explizit geregelt. Andererseits geht der Gesetzgeber über den Regelungsbereich des UmwG hinaus, um – entsprechend der im Steuerrecht gebotenen wirtschaftlichen Betrachtungsweise – wirtschaftlich gleiche, aber nicht im UmwG geregelte Fälle entsprechend zu begünstigen. So sind insbesondere Übertragungen von Wirtschaftsgütern, soweit sie in ihrer Gesamt- 30 heit eine steuerliche Einheit in der Form des „Betriebes" oder „Teilbetriebes" bilden, steuerneutral möglich, selbst wenn sie im Wege der Einzelrechtsnachfolge und außerhalb des UmwG stattfinden. Eine Erweiterung des Regelungsbereichs ergibt sich auch durch die bereits nach früherem Recht erfolgte zwingende Einbeziehung **europarechtlicher Vorgaben** durch die Vorschriften der steuerlichen Fusionsrichtlinie vom 23.7.1990 („FusionsRL"). Hierdurch war es erforderlich geworden, die steuerliche Neutralität einer Einbringung eines Betriebs oder Teilbetriebs gegen Gewährung von Gesellschaftsanteilen bzw. des Anteilstausches auch Kapitalgesellschaften aus anderen EU-Staaten zu gewähren. Erst im Anschluss an die Ergänzung der FusionsRL wurde die steuerliche Neutralität auch auf die Verschmelzung zur Gründung der SE und SCE und die Verschmelzung von europäischen Kapitalgesellschaften ausgeweitet. Im Ergebnis findet also im UmwStG nicht nur eine Begünstigung von partieller und vollständiger Gesamtrechtsnachfolge statt, sondern es wird in bestimmten Fällen auch die Einzelrechtsnachfolge steuerlich neutral ermöglicht.

b) Anwendungsbereich des UmwStG

31 Im Einzelnen lässt sich das UmwStG hinsichtlich des sachlichen Anwendungsbereichs in zwei Hauptteile bestehend aus dem Zweiten bis Fünften Teil und dem Sechsten bis Achten Teil gliedern:

32 aa) Die im **Zweiten bis Fünften Teil des UmwStG** normierten steuerlichen Folgen einer Umwandlung betreffen grundsätzlich Vorgänge der Umwandlung nach dem UmwG, deren Ausgangspunkt eine **Körperschaft iSd KStG bzw. eine Kapitalgesellschaft** ist; so finden sie Anwendung
- auf die **Verschmelzung, Aufspaltung und Abspaltung** von Körperschaften sowie „vergleichbare ausländische Vorgänge", somit anders als in der Fassung des UmwStG vor seiner Änderung durch das SEStEG auch auf beschränkt steuerpflichtige Körperschaften als übertragende Rechtsträger. Durch § 1 II Nr. 1 UmwStG wird der Rahmen der Fallkonstellationen allerdings wieder auf Umwandlungen begrenzt, an denen als übertragende oder übernehmende Rechtsträger Körperschaften beteiligt sind, die ihren Sitz und Ort der Geschäftsleitung in einem Mitgliedsstaat der EU oder des EWR haben;
- auf den **Formwechsel** einer **Kapitalgesellschaft** beim Wechsel in eine **Personengesellschaft**, für die **Vermögensübertragung** nach § 174 UmwG sowie Sonderfälle der Umwandlung nach Landesgesetz wiederum mit der Einschränkung, dass die beteiligten Rechtsträger Gesellschaften sein müssen, die nach den Rechtsvorschriften eines der EU-Mitgliedsstaaten oder EWR-Staaten gegründet wurden und deren Sitz und Ort der Geschäftsleitung sich in einem dieser Staaten befindet.

33 bb) In den folgenden Teilen des UmwStG werden Fälle aus dem UmwG und Fälle der Einbringung gemischt, sodass eine systematische Darstellung nicht ohne Weiteres möglich ist:

Der **Sechste Teil des UmwStG** regelt die Einbringung eines Betriebs, Teilbetriebs oder eines Mitunternehmeranteils in eine Kapitalgesellschaft oder Genossenschaft gegen Gewährung von Gesellschaftsanteilen. Der Sechste Teil erfasst damit auch die wesentlichen Fälle der Verschmelzung und Spaltung von Personengesellschaften, soweit die Zielgesellschaft eine Kapitalgesellschaft ist. Da gemäß § 1 I 2 UmwStG der Zweite bis Fünfte Teil des UmwStG nicht für die Ausgliederung gelten soll und der Wortlaut der Vorschriften der §§ 20 ff. UmwStG die Fälle der Ausgliederung aus einer Kapitalgesellschaft in eine andere Kapitalgesellschaft umfasst, finden diese Vorschriften auch hierauf Anwendung.[38]

Der **Siebte Teil** normiert die steuerlichen Folgen der Einbringung eines Betriebs, Teilbetriebs oder Mitunternehmeranteils in eine Personengesellschaft. Entsprechend werden auch hier die wesentlichen Fälle der Verschmelzung von Personengesellschaften bzw. der Spaltung auf bzw. in Personengesellschaften geregelt. Wiederum umfasst diese Regelung auch Ausgliederungsfälle aus Kapitalgesellschaften (§ 1 I 2 UmwStG).[39] 34

Während der Formwechsel von Körperschaften in den Regelungsbereich des Zweiten bis Fünften Teiles des UmwStG fällt, wird im **Achten Teil** schließlich der Formwechsel einer Personenhandelsgesellschaft in eine Kapitalgesellschaft geregelt und diesbezüglich der Sechste Teil des UmwStG für entsprechend anwendbar erklärt. 35

Entsprechend der Diskussion über den *Numerus Clausus* der Umwandlungsformen und das daraus abgeleitete Analogieverbot nach § 1 II UmwG stellt sich ebenso im UmwStG die Frage nach dem sachlichen Anwendungsbereich des UmwStG auf nicht im UmwG bzw. nicht im UmwStG geregelte Fälle der Umwandlung. Die Finanzverwaltung[40] stellt im UmwStE auf die „Vergleichbarkeit" des Vorganges ab und bejaht danach die Anwendung der Vorschriften des Zweiten bis Fünften Teils des UmwStG auf die Umwandlungsvorgänge nach § 38a LwAnpG,[41] Entflechtungen nach § 6b VermG sowie Umwandlungen nach landes- 36

---

[38] § 1 I 2 UmwStG wurde auf Anregung des Bundesrates im letzten Stadium des Gesetzgebungsverfahrens angefügt, BR-Drucks. 12/7263 Anl. 2 S. 2. Der ursprüngliche Änderungsvorschlag des Bundesrates lautete: „Für Ausgliederungen (§ 123 III UmwG) gelten die Vorschriften des Achten Teils".
[39] Der in Fußn. 38 dargestellte Änderungsvorschlag des Bundesrates war demnach nicht weit genug. Allerdings ist die in § 1 I 2 UmwStG enthaltene negative Formulierung auf den ersten Blick verwirrend, da sie zunächst den Eindruck hervorruft, der Gesetzgeber regele die Ausgliederung entgegen der handelsrechtlichen Normierung überhaupt nicht.
[40] Schreiben betr. Anwendung des Umwandlungssteuergesetzes i. d. F. des Gesetzes über steuerliche Begleitmaßnahmen zur Einführung der Europäischen Gesellschaft und zur Änderung weiterer steuerrechtlicher Vorschriften (SEStEG) vom 11.11.2011, BMF IV C 2 – S 1978 – b/08/10001, BStBl. I S. 1314.
[41] Landwirtschaftsanpassungsgesetz vom 29.6.1990 (GBl. DDR 1990 I S. 642), geändert durch Art. 7 Abs. 45 des Gesetzes vom 19.6.2001 (BGBl. I S. 1149).

gesetzlichen Sondervorschriften zur Reorganisation von Sparkassen und Landesbanken.

37 Man muss sich allerdings fragen, ob diese Anknüpfung an die Umwandlungsformen des UmwG grundsätzlich nur im Rahmen des Zweiten bis Fünften Teils des UmwStG Bedeutung hat und nicht auch für die übrigen Teile des UmwStG gelten muss. Im Grundsatz müssten „vergleichbare" inländische wie ausländische Umwandlungsvorgänge nach den entsprechenden Vorschriften des UmwStG beurteilt werden. Stellt die Finanzverwaltung bei der Umwandlung einer Körperschaft auf die Vergleichbarkeit eines ausländischen Umwandlungsvorganges mit einem inländischen Vorgang ab, so ist wenig verständlich, warum Vorgänge im Sechsten bis Achten Teil des UmwStG nicht ebenso „analogiefähig" sein sollten. Dabei ist die Betrachtung auch im Hinblick auf die im Ertragsteuerrecht geltende wirtschaftliche Betrachtungsweise (§ 39 II Nr. 1 S. 2 AO) zu erweitern und um treuhänderische Fälle der Abwicklung einer Umwandlung zu ergänzen.[42]

38 Praktisch bedeutsam ist die analoge Anwendung des UmwStG zB auf Umwandlungen unter Beteiligung einer KGaA mit einem vermögensbeteiligten Komplementär.[43] Die KGaA ist dabei selbst beteiligter Rechtsträger und zugleich umwandlungsfähiger Rechtsträger (§ 3 I Nr. 2 UmwG), sodass sich nach der Struktur des UmwStG eine Mischform der Besteuerung der Umwandlung ergibt. Im UmwStE findet sich keine Regelung für die KGaA, die sowohl übertragender als auch übernehmender Rechtsträger sein kann. Nach hM sollen die §§ 11–13 (soweit die Körperschaft betroffen ist) und nach § 20 (soweit der Komplementär betroffen ist) zur Anwendung kommen, partiell auch die §§ 3 ff., soweit Vermögen auf den Komplementär als Mitunternehmer übergeht.[44]

39 Der nachstehende tabellarische Überblick kann nicht alle Bedingungen darstellen, sodass jeder Einzelfall gesondert zu beurteilen ist. Verwiesen wird insbesondere auf die jeweiligen Darstellungen umwandlungssteuerrechtlicher Kombinationen im Rahmen der verschiedenen Umwandlungsarten.

---

[42] *Haritz* in Haritz/Menner UmwStG § 1 Rn. 88–93.
[43] Im Einzelnen → § 11 Rn. 24.
[44] Vgl. *Haritz* in Haritz/Menner UmwStG § 1 Rn. 92.

§ 2. Anwendungsbereich des UmwG und UmwStG

Umstrukturierungsmöglichkeiten nach dem Umwandlungssteuergesetz

Übernehmer der/ neuer Rechtsträger // Übertragender/ Formwechselnder Rechtsträger	GmbH	AG	KGaA	e.G.	e.V.	VVaG	V-AG
GmbH	V: §§ 11–13, § 19	V: §§ 11–13, § 19	V: §§ 11–13, § 19 für phG §§ 3–8	V: §§ 11–13, § 19			
GmbH	S: §§ 15 iVm 11–13	S: §§ 15 iVm 11–13	S: §§ 15 iVm 11–13 für phG §§ 3–8	S: §§ 15 iVm 11–13			
GmbH	F: X	F: steuerliche Identität	F: steuerliche Identität	F: steuerliche Identität			
GmbH	E: §§ 20–23	E: §§ 20–23	E: §§ 20–23	E: §§ 20–23			
GmbH	AT: § 21	AT: § 21	AT: § 21	AT: § 21			
AG	V: §§ 11–13, § 19	V: §§ 11–13, § 19	V: §§ 11–13, § 19 für phG §§ 3–8	V: §§ 11–13, § 19			
AG	S: §§ 15 iVm §§ 11–13	S: §§ 15 iVm §§ 11–13	S: §§ 15 iVm §§ 11–13 für phG §§ 3–8	S: § 15 iVm §§ 11–13			
AG	F: steuerliche Identität	F: X	F: für phG §§ 3–8, § 9, § 18	F: steuerliche Identität			
AG	E: §§ 20–23	E: §§ 20–23	E: §§ 20–24	E: §§ 20–23			
AG	AT: § 21	AT: § 21	AT: § 21	AT: § 21			
KGaA	V: §§ 11–13, § 19 und §§ 20 ff.	V: §§ 11–13, § 19 und §§ 20 ff.	V: §§ 11–13, § 19 und §§ 20 ff.	V: §§ 11–13, § 19 und §§ 20 ff.			

§ 2   2. Teil. Grundzüge des Umwandlungsrechts

KGaA	S: §§ 15 iVm 11–13 und §§ 20ff.									
KGaA	F: steuerliche Identität und §§ 20ff.									
KGaA	E: §§ 20–23									
KGaA	AT: § 21									
e.G.	V: §§ 11–13, § 19	V: §§ 11–13, § 19	V: §§ 11–13, § 19	V: §§ 11–13, § 19 für phG §§ 3–8	V: §§ 11–13, § 19 für phG §§ 3–8					
e.G.	S: §§ 15 iVm 11–13	S: §§ 15 iVm 11–13	S: §§ 15 iVm 11–13	S: §§ 15 iVm §§ 11–13 für phG §§ 3–8	S: §§ 15 iVm 11–13					
e.G.	F: steuerliche Identität	F: steuerliche Identität	F: steuerliche Identität	F: für phG §§ 3–8	F: X					
e.G.	E: §§ 20–23	E: §§ 20–23	E: §§ 20–23	E: §§ 20–23	E: §§ 20–23					
e.G.	AT: §§ 21	AT: §§ 21	AT: §§ 21	AT: §§ 21						
e.V./wirt.V.	V: §§ 11–13, § 19	V: §§ 11–13, § 19	V: §§ 11–13, § 19	V: §§ 11–13, § 19 für phG §§ 3–8	V: §§ 11–13, § 19	V: §§ 11–13, § 19				
e.V./wirt.V.	S: § 15 iVm §§ 11–13	S: § 15 iVm §§ 11–13	S: § 15 iVm §§ 11–13	S: §§ 15 iVm §§ 11–13 für phG §§ 3–8	S: § 15 iVm §§ 11–13					
e.V./wirt.V.	F: steuerliche Identität	F: steuerliche Identität	F: steuerliche Identität	F: für phG §§ 3–8; § 9, § 18	F: X					
e.V./wirt.V.	E: §§ 20–23	E: §§ 20–23	E: §§ 20–23	E: §§ 20–24	E: §§ 20–23					
VVaG							V: §§ 11–13, § 19	V: §§ 11–13, § 19		
VVaG	A: §§ 20ff.						S: § 15 iVm §§ 11–13	S: § 15 iVm §§ 11–13		

§ 2. Anwendungsbereich des UmwG und UmwStG

Übernehmender/ neuer Rechtsträger / Übertragender/ Formwechselnder Rechtsträger	GmbH	AG	KGaA	e. G.	e. V.	VVaG	V-AG
VVaG						VÜ: § 15 iVm §§ 11–13, § 19	VÜ: § 15 iVm §§ 11–13, § 19
VVaG		F: steuerliche Identität				F: X	
VVaG	E: §§ 20–23	E: §§ 20–23	E: §§ 20–23	E: §§ 20–23			E: §§ 20–23
V-AG						VÜ: § 15 iVm §§ 11–13	
V-AG	E: §§ 20–23	E: §§ 20–23	E: §§ 20–23	E: §§ 20–23			E: §§ 20–23
PHG	V: §§ 20–23	V: §§ 20–23	V: §§ 20–23	V: §§ 20–23			
PHG	S: §§ 20–23	S: §§ 20–23	S: §§ 20–23	S: §§ 20–23			
PHG	F: § 25	F: § 25	F: § 25	F: § 25			
PHG	E: §§ 20–23	E: §§ 20–23	E: §§ 20–23	E: §§ 20–23			E: §§ 20–23
PartG	V: §§ 20–23	V: §§ 20–23	V: §§ 20–23	V: §§ 20–23			
PartG	S: §§ 20–23	S: §§ 20–23	S: §§ 20–23	S: §§ 20–23			
PartG	F: § 25	F: § 25	F: § 25	F: § 25			
PartG	E: §§ 20–23	E: §§ 20–23	E: §§ 20–23	E: §§ 20–23			E: §§ 20–23

Sagasser

nat. P.	E: §§ 20–23	E: §§ 20–23	E: §§ 20–23	E: §§ 20–23				E: §§ 20–23
Einzelkfm.	E: §§ 20–23	E: §§ 20–23	E: §§ 20–23	E: §§ 20–23				E: §§ 20–23
Stiftung	S: § 15 iVm §§ 11–13	S: § 15 iVm §§ 11–13	S: § 15 iVm §§ 11–13					
Stiftung	E: §§ 20–23	E: §§ 20–23	E: §§ 20–23					E: §§ 20–23
öff. Vers.						VÜ: § 15 iVm §§ 11–13; § 19		VÜ: § 15 iVm §§ 11–13; § 19
öff. Vers.	E: §§ 20–23	E: §§ 20–23	E: §§ 20–23	E: §§ 20–23				E: §§ 20–23
Körp. ö.R.	E: §§ 20–23	E: §§ 20–23	E: §§ 20–23	E: §§ 20–23				E: §§ 20–23
gPV	E: §§ 20–23	E: §§ 20–23	E: §§ 20–23	E: §§ 20–23				E: §§ 20–23

§ 2. Anwendungsbereich des UmwG und UmwStG

Übernehmender/ neuer Rechtsträger / Übertragender/ Formwechselnder Rechtsträger	PHG	PartG	GbR	nat. P.	öff. Hd.	öff. Vers.	gPV
GmbH	V: §§ 3–8, § 18	V: §§ 3–8, § 18		V: §§ 3–8, § 18			
GmbH	S: § 16 iVm §§ 3–8, 15				VÜ: § 15 iVm §§ 11–13, § 19		S: § 15 iVm §§ 11–13
GmbH	F: § 9 iVm §§ 3–8, § 18	F: § 9 iVm §§ 3–8, § 18	F: § 9 iVm §§ 3–8, § 18				
GmbH	E: § 24	E: § 24					
AG	V: §§ 3–8, § 18	V: §§ 3–8, § 18		V: §§ 3–8, § 18			
AG	S: § 16 iVm §§ 3–8, 15	S: § 16 iVm §§ 3–8, 15			VÜ: § 15 iVm §§ 11–13, § 19		S: § 15 iVm §§ 11–13
AG	F: § 9 iVm §§ 3–8, § 18	F: § 9 iVm §§ 3–8, § 18	F: § 9 iVm §§ 3–8, § 18				
AG	E: § 24	E: § 24					
KGaA	V: §§ 3–8, § 18 und für phG § 24	V: §§ 3–8, § 18 und für phG § 24		V: §§ 3–8, § 18 und für phG § 24			
KGaA	V: § 16 iVm 3–8, 15 und für phG § 24	V: § 16 iVm 3–8, 15 und für phG § 24			VÜ: § 15 iVm §§ 11–13, § 19		S: § 15 iVm §§ 11–13
KGaA	F: § 9 iVm §§ 3–8 und für phG § 24	F: § 9 iVm §§ 3–8 und für phG § 24	F: § 9 iVm §§ 3–8 und für phG § 24				
KGaA	E: § 24	E: § 24					
e. G.	V: §§ 3–8, § 18	V: §§ 3–8, § 18					

e. G.	S: § 16 iVm §§ 3–8, 15	S: § 16 iVm §§ 3–8, 15					
e. G.	E: § 24	E: § 24		E: § 24			
e. V./wirt. V.	V: §§ 3–8, § 18	V: §§ 3–8, § 18					
e. V./wirt. V.	S: § 16 iVm §§ 3–8, 15	S: § 16 iVm §§ 3–8, 15					S: § 15 iVm §§ 11–13
e. V./wirt. V.							
e. V./wirt. V.	E: § 24	E: § 24					
VVaG						VÜ: § 15 iVm §§ 11–13, § 19	
VVaG	E: § 24						
V-AG						VÜ: § 15 iVm §§ 11–13, § 19	
V-AG	E: § 24						
PHG	V: § 24	V: § 24					
PHG	S: § 24	S: § 24					S: § 24
PHG	F: X	F: X		F: X			
PHG	E: § 24	E: § 24					
PartG	V: § 24	V: § 24					
PartG	S: § 24	S: § 24					
PartG	F: X	F: X		F: X			
PartG	E: § 24	E: § 24					
nat. P.	E: § 24	E: § 24					

§ 2. Anwendungsbereich des UmwG und UmwStG   § 2

Übernehmender/ neuer Rechtsträger ⟍ Übertragender/ Formwechselnder Rechtsträger	PHG	PartG	GbR	nat. P.	öff. Hd.	öff. Vers.	gPV
Einzelkfm.							
Stiftung	E: § 24						
Stiftung	E: § 24						
öff. Vers.	E: § 24	E: § 24					
öff. Vers.	E: § 24	E: § 24					
Körp. ö.R.	E: § 24						
gPV							V: §§ 11–13, § 19
gPV							S: § 15 iVm §§ 11–13
gPV	E: § 24	E: § 24					

Sagasser

§ 2 2. Teil. Grundzüge des Umwandlungsrechts

Anst. d. öff. R.	=	Anstalten/Körperschaften des öffentlichen Rechts
AG	=	Aktiengesellschaft
AT	=	Anteilstausch, § 20 I 2 UmwStG
E	=	Einbringung von Betrieben und Teilbetrieben, §§ 20–24 UmwStG
e. G.	=	eingetragene Genossenschaft
Einzelkfm.	=	Einzelkaufmann
e. V.	=	eingetragener Verein
F	=	Formwechsel, §§ 14, 25 UmwStG
GbR	=	Gesellschaft bürgerlichen Rechts
Gebietskörp.	=	Gebietskörperschaften (oder Zusammenschlüsse von Gebietskörperschaften, die nicht Gebietskörperschaften sind)
gPV	=	genossenschaftlicher Prüfungsverband
GmbH	=	Gesellschaft mit beschränkter Haftung
KGaA	=	Kommanditgesellschaft auf Aktien
Körp. öR	=	Körperschaft des öffentlichen Rechts
nat. P.	=	Natürliche Person als Alleingesellschafter einer Kapitalgesellschaft (§ 3 II Ziff. 2 UmwG)
öff. Hd.	=	Öffentliche Hand (Bund/Land/Gebietskörperschaft)
öff. Vers.	=	Öffentlich-rechtliches Versicherungsunternehmen
PartG.	=	Partnerschaftsgesellschaft
PHG	=	Personenhandelsgesellschaft
S	=	Spaltung, §§ 15, 16 UmwStG
V	=	Verschmelzung, § 3–13 UmwStG
V.-AG	=	Versicherungs-AG
VÜ	=	Vermögensübertragung, §§ 11–13 UmwStG
VVaG	=	Versicherungsverein auf Gegenseitigkeit
wirt. V.	=	Wirtschaftlicher Verein (§ 3 II Ziff. 1 UmwG)

II. Territorialer Anwendungsbereich

1. Umwandlungsgesetz und grenzüberschreitende Sachverhalte

40 Der Anwendungsbereich des UmwG ist in § 1 I UmwG geregelt. Danach können nur **Rechtsträger mit „Sitz im Inland"** umgewandelt werden. Die Vorschrift war als eine bewusste Begrenzung des territorialen Anwendungsbereiches des UmwG auf nicht-grenzüberschreitende Umwandlungen formuliert. Der Grund für diese Zurückhaltung war, dass man Harmonisierungsbestrebungen in der EU nicht vorgreifen wollte, weil dies unter Umständen politisch und rechtstechnisch zu erheblichen Schwierigkeiten hätte führen können.[45] Auslegungen des § 1 I UmwG, die den grenzüberschreitenden Umwandlungen im Rahmen des UmwG zum Erfolg verhelfen wollten, waren mit dem historischen Willen des Gesetzgebers damit nur schwer vereinbar.

---

[45] *Neye* ZIP 1994 S. 917; *Ganske* Umwandlungsrecht S. 43 zu § 1; im Gegensatz dazu wandte sich eine Mindermeinung gegen die beschränkte Anwendbarkeit des UmwG auf rein innerdeutsche Umwandlungen. Für den Fall, dass das UmwG aufgrund deutschen oder EU-ausländischen Internationalen Privatrechts anwendbar sei, wurde im Wesentlichen vertreten, dass § 1 I UmwG lediglich klarstelle, dass der deutsche Gesetzgeber keinen Anspruch darauf erhebe, auch den ausländischen Teil einer grenzüberschreitenden Umwandlung durch das UmwG erfassen zu wollen bzw. dass das UmwG seinen Anwendungsbereich im Falle einer grenzüberschreitenden Umwandlung auf den inländischen Rechtsträger beschränke; vgl. hierzu *Kraft/Bron* RIW 2005 S. 641 sowie ausführlich Teil B Rn. 27 der 3. Auflage.

§ 2. Anwendungsbereich des UmwG und UmwStG § 2

Der Wortlaut des § 1 I UmwG wurde aber durch die Rechtsentwicklung in der EU in mehrfacher Hinsicht überholt: 41
- Zum einen erließ der Rat am 26.10.2005 die Verschmelzungsrichtlinie („IntVerschmRL") und gab den Mitgliedstaaten ausdrücklich auf, diese bis Ende Dezember 2007 umzusetzen. Die Einbeziehung europäischer Kapitalgesellschaften in den Regelungsbereich des UmwG erfolgte mit dem Zweiten Gesetz zur Änderung des Umwandlungsgesetzes vom 19.4.2007 und durch die Einfügung der §§ 122a–122l UmwG im Zweiten Teil des Zweiten Buches als Zehnter Abschnitt zur Regelung grenzüberschreitender Verschmelzungen von Kapitalgesellschaften.
- Zum anderen haben § 1 I und II UmwG im Lichte der „Niederlassungsfreiheit" des Art. 48 EGV durch den EuGH vor allem in der „*SEVIC*"-Entscheidung[46] eine erhebliche Einschränkung erfahren: Bezogen auf grenzüberschreitende Umwandlungen sind Umwandlungen, die zu einer Sitzverlegung nach Deutschland und damit Niederlassung eines Rechtsträgers eines anderen europäischen Mitgliedsstaates in Deutschland führen, in Deutschland anzuerkennen, was die generelle Anwendung der „Gründungstheorie" für Gesellschaften mit Sitz in einem Mitgliedsstaat impliziert.[47] Gleiches soll für Gesellschaften der EWR-Mitgliedsstaaten[48] sowie durch staatsvertragliche Vereinbarungen begründete Niederlassungsrechte[49] von Gesellschaften in Drittstaaten gelten.

Der Begriff **„Rechtsträger mit Sitz im Inland"** im Sinne des § 1 I 42 UmwG hat für die Frage der Anwendbarkeit des deutschen Umwandlungsrechts auf grenzüberschreitende Sachverhalte praktisch keine Bedeutung mehr. Unter Hinweis auf eine notwendige generelle Neufassung des internationalen Privatrechts der Gesellschaften hat der Gesetzgeber die Anpassung des § 1 I UmwG jedoch bis heute nicht vorgenommen.

Aufgrund dieser Rechtsentwicklung lassen sich grenzüberschreitende 43 Umwandlungen ungeachtet des Gesetzeswortlautes in folgenden Fallgruppen darstellen:
- im UmwG geregelte Fälle grenzüberschreitender Umwandlungen,
- Erweiterung der Anwendung des UmwG aufgrund der Rechtsprechung des EuGH
- und Umwandlungsmöglichkeiten außerhalb dieses Gesetzes- bzw. Rechtsprechungsrahmens.

---

[46] EuGH Urteil vom 31.12.2005 C-411/03 – „*SEVIC* Systems AG", NJW 2006 S. 425; für weitere Nachweise vgl. § 12 Fußn. 2.
[47] *Hörtnagl* in Schmitt/Hörtnagl/Stratz UmwG § 1 Rn. 27.
[48] *Drinhausen* in Semler/Stengel UmwG Einleitung C Rn. 24 ff.; *Hörtnagl* in Schmitt/Hörtnagl/Stratz UmwG § 1 Rn. 50.
[49] *Drinhausen* in Semler/Stengel UmwG Einleitung C Rn. 32.

§ 2   2. Teil. Grundzüge des Umwandlungsrechts

a) Gesetzlich geregelte Fälle grenzüberschreitender Umwandlungen

aa) Umwandlung Europäischer Gesellschaftsformen

44 Ein wesentlicher Schritt in Richtung grenzüberschreitender Verschmelzungen wurde im Jahr 2001 mit der Verordnung über das Statut der **Europäischen Gesellschaft** („SE-VO")[50] getan: Die Verordnung beschrieb zum ersten Mal den Regelungsrahmen, innerhalb dessen es den **Aktiengesellschaften** der europäischen Mitgliedsstaaten ermöglicht wird, grenzüberschreitend zu verschmelzen. Die Durchführung der Verschmelzung zur Gründung einer SE ist dabei nicht im UmwG, sondern abschließend in der SE-VO geregelt.[51] Da die Vorschrift des § 1 III UmwG vorsieht, dass von der Voraussetzung des Sitzes im Inland durch Gesetz ausdrücklich abgewichen werden kann, ist die SE-VO gesetzestechnisch als *lex specialis* anzusehen. Die SE-VO beantwortet allerdings nicht die Frage, ob eine SE nach den Regelungen des UmwG umwandlungsfähig ist.[52] Die Frage ist umstritten, wird aber abgesehen von der Sonderregelung des Formwechsels unter Hinweis auf den Grundsatz der Nichtdiskriminierung (Art. 10 SE-VO) überwiegend bejaht, soweit die Gesellschaft ihren Sitz im Inland hat, da sie gemäß Art. 10 SE-VO und Art. 9 I Buchst. c SE-VO im Mitgliedstaat wie eine Aktiengesellschaft zu behandeln ist.[53] Entsprechendes gilt für die **Europäische Genossenschaft** nach der SCE-VO,[54] die unter der Voraussetzung ihres Sitzes in Deutschland wie eine deutsche Genossenschaft an einer Umwandlung beteiligt sein kann.[55]

bb) Grenzüberschreitende Verschmelzung von Kapitalgesellschaften

45 Am 26.10.2005 erließ der Rat die Verschmelzungsrichtlinie („IntVerschmRL") und gab den Mitgliedstaaten ausdrücklich auf, diese bis Ende Dezember 2007 umzusetzen. Die Einbeziehung europäischer Kapitalgesellschaften in den Regelungsbereich des UmwG erfolgte mit dem Zweiten

---

[50] Durch die Verordnung (EG) Nr. 2157/2001 des Rates vom 8.10.2001 über das Statut der Europäischen Gesellschaft (SE-VO), ABl. L 294 vom 10.11.2001 S. 1; die SE-VO trat am 8.10.2004 in Kraft; vgl. näher zur historischen Entwicklung der SE-VO → § 14 Rn. 3.
[51] *Hörtnagl* in Schmitt/Hörtnagl/Stratz UmwG Art. 2 SE-VO Rn. 1.
[52] Andere Rechtsordnungen ordnen die Verschmelzungsfähigkeit der SE ausdrücklich an: Vgl. beispielhaft zur Verschmelzungsfähigkeit der SE mit Sitz in Frankreich die Regelung in Art. L. 236–25 *Code de Commerce*.
[53] Vgl. *Bayer* in Lutter UmwG § 122a Rn. 27, § 122b Rn. 7; *Drinhausen* in Semler/Stengel UmwG § 122b Rn. 5 mwN; ausführlich *Frenzel* S. 137 ff.; *Kiem* WM 2006 S. 1091; *Winter* Der Konzern 2007 S. 24 (27); *Oechsler* NZG 2006 S. 161 f.; ebenso die SE mit Sitz in Österreich, vgl. *Mitterecker* S. 159; in Frankreich wurde die SE als Kapitalgesellschaften ebenso wie die SA, SAS, Sarl, SCA ausdrücklich im Gesetz als verschmelzungsfähiger Rechtsträger aufgeführt; vgl. Art. L. 236–25 *Code de Commerce*.
[54] → § 14 Rn. 226 ff.
[55] *Drinhausen* in Semler/Stengel UmwG Einleitung C Rn. 64 ff., 68; *Heckschen* in Widmann/Mayer UmwG § 1 Rn. 71.

§ 2. Anwendungsbereich des UmwG und UmwStG   § 2

Gesetz zur Änderung des Umwandlungsgesetzes vom 19.4.2007 und durch die Einfügung der §§ 122a–122l UmwG im Zweiten Teil des Zweiten Buches als Zehnter Abschnitt zur Regelung **grenzüberschreitender Verschmelzungen von Kapitalgesellschaften**. Regelungstechnisch gelten über die Verweisungen in § 122a II UmwG die Vorschriften über innerstaatliche Verschmelzungen (§§ 2–38, 46–78 UmwG), soweit nicht §§ 122a–122l UmwG Sonderregelungen treffen, die durch den grenzüberschreitenden Charakter der Verschmelzung bedingt sind. Entsprechend dem Aufbau der IntVerschmRL definieren §§ 122a, 122b UmwG den persönlichen, sachlichen und territorialen Anwendungsbereich und schaffen damit wiederum eine Ausnahme gemäß § 1 I, III UmwG.

Ausdrücklich ausgenommen von der Möglichkeit der grenzüberschreitenden Verschmelzung sind nach § 122b II UmwG Genossenschaften, die, soweit sie in der Satzung ein Mindestkapital vorsähen, als Kapitalgesellschaft beteiligungsfähig wären. Hier vertritt der Gesetzgeber den Standpunkt, dass die Gründung einer Europäischen Genossenschaft nach der SCE-VO als ein ausreichendes Instrumentarium erachtet werden kann und sich anderenfalls praktische Probleme bei grenzüberschreitenden Verschmelzungen von Genossenschaften mangels einer Harmonisierung des Genossenschaftsrechts in der EU ergaben. Ebenso als Kapitalgesellschaft ausgenommen sind Organismen für gemeinsame Anlagen in Wertpapieren (OGAW), die sondergesetzlich geregelt wurden.[56]   46

Die an der Verschmelzung beteiligten Gesellschaften müssen mindestens zwei unterschiedlichen Gesellschaftsstatuten innerhalb der EU oder EWR unterworfen sein, es wird eine sog. Mehrstaatlichkeit gefordert. Für die Anwendbarkeit der §§ 122a ff. UmwG ist somit entscheidend, welches Recht auf die Gesellschaft anzuwenden ist, was sich nach den Regeln des internationalen Privatrechts bestimmt.[57] So unterfallen den Regelungen der §§ 122a ff. UmwG einerseits die offenbaren Fälle grenzüberschreitender Verschmelzungen, andererseits aber uU auch Fälle, in denen zwei ausländische EU- oder EWR-Gesellschaften im Wege der Verschmelzung durch Neugründung eine deutsche Gesellschaft gründen (sog. **„NewCo-Fälle"**) bzw. umgekehrt Fälle, in denen zB zwei deutsche Gesellschaften durch Neugründung eine Gesellschaftsform eines anderen Mitgliedstaates bilden.[58]   47

b) Erweiterung der Anwendung des UmwG aufgrund der Rechtsprechung des EuGH

aa) Rechtsprechung zur Niederlassungsfreiheit

Der EuGH entschied in seinem Urteil zur *SEVIC AG* vom 13.12.2005,[59] also kurz nach Verabschiedung der IntVerschmRL, dass es   48

---

[56] Fußn. 14.
[57] Im Einzelnen → § 13 Rn. 15 ff.
[58] Hierzu → § 13 Rn. 16 sowie zur Sitzverlegung → § 32 Rn. 71 ff.
[59] Siehe im Weiteren § 12 Fußn. 2; *Drinhausen* in Semler/Stengel UmwG Einleitung C Rn. 3 mwN in Fußn. 7; vgl. auch *Bayer* in Lutter UmwG § 122a Rn. 11 mwN in Fußn. 1.

mit der Niederlassungsfreiheit gemäß Art. 43 und 48 EGV unvereinbar sei, in einem Mitgliedstaat die Eintragung grenzüberschreitender Verschmelzungen in das Handelsregister zu verweigern, wenn die Eintragung einer Verschmelzung unter Beteiligung ausschließlich inländischer Gesellschaften möglich ist. Der Einwand, die Interessen Dritter schützen zu wollen, rechtfertige eine solche generelle Verweigerung nicht. Die Zulassung grenzüberschreitender Verschmelzungen war daher nicht erst durch die Verschmelzungsrichtlinie, sondern bereits durch das Primärrecht der Niederlassungsfreiheit gewährt.

49 Das Urteil betraf die Verschmelzung einer luxemburgischen SA, der *Security Vision Concept SA*, auf ihre deutsche Muttergesellschaft, *SEVIC Systems AG*, aufgrund eines im Jahre 2002 geschlossenen Verschmelzungsvertrages.[60] Es handelte sich somit um einen Fall einer Hereinverschmelzung. Ob das Urteil auch Geltung für den Fall der Hinausverschmelzung beansprucht, ist im Schrifttum umstritten. Während einige Stimmen im Schrifttum[61] davon ausgehen, dass sich die *SEVIC*-Entscheidung nur auf die Fälle der Hereinverschmelzung beziehe, dürfte wohl aus der Begründung des Urteils zu folgern sein, dass sich der Schutzbereich der Art. 43 und 48 EGV auch auf Hinausverschmelzungen[62] und darüber hinaus auf grenzüberschreitende Spaltungen[63] und Satzungssitzverlegungen (Formwechsel)[64] bezieht. Im Gegensatz zur Int-VerschmRL beschränkt das Urteil vor allem aber seinen Anwendungsbereich nicht auf Kapitalgesellschaften, sondern umfasst auch Personengesellschaften.[65]

50 Im Weiteren hat die *Cartesio*-Entscheidung des EuGH,[66] die die Sitzverlegung einer ungarischen Gesellschaft nach Italien unter Beibehaltung ihrer Eigenschaft als ungarische Gesellschaft betraf, zwar keinen Sachverhalt der Hinausverschmelzung zum Gegenstand gehabt, hat aber dem EuGH Gelegenheit zu einem *obiter dictum* im Falle des Wegzugs einer Gesellschaft und damit zur Relativierung seiner „Daily Mail"-Entscheidung gegeben: Danach ist die grenzüberschreitende Sitzverlegung, bei

---

[60] Näher zum Sachverhalt und Vorlageverfahren *Frenzel* S. 25.
[61] Vgl. *Decher* Der Konzern 2006 S. 905 (809); *Oechsler* NJW 2006 S. 812 (813).
[62] So die hM, vgl. *Heckschen* in Widmann/Mayer UmwG § 1 Rn. 251; *Bayer* in Lutter UmwG § 122a Rn. 11 mwN in Fußn. 1; *Marsch-Barner* in Kallmeyer UmwG Vor §§ 122a-122l Rn. 10; anderer Auffassung nunmehr *Drinhausen* in Semler/Stengel UmwG Einleitung C Rn. 31.
[63] *Heckschen* in Widmann/Mayer UmwG § 1 Rn. 261.1 mwN in Fußn. 3; *Drinhausen* in Semler/Stengel UmwG Einleitung C Rn. 30 mwN in Fußn. 67; *Bayer* in Lutter UmwG § 122a Rn. 11 mwN in Fußn. 3; *Marsch-Barner* in Kallmeyer UmwG Vor §§ 122a-122l Rn. 11 f.
[64] *Bayer/J. Schmidt* BB 2008 S. 454 (459); anders jedoch *Drinhausen* in Semler/Stengel UmwG Einleitung C Rn. 34 mwN in Fußn. 73; *Heckschen* in Widmann/Mayer UmwG § 1 Rn. 263.
[65] So die hM, vgl. *Heckschen* in Widmann/Mayer UmwG Vor § 122a ff. Rn. 14; *Bayer* in Lutter UmwG § 122a Rn. 12 mwN in Fußn. 6.
[66] EuGH vom 16.12.2008 C-210/06, AG 2009 S. 79, vgl. zum Cartesio-Urteil *Kindler* DB 2009 S. 52.

§ 2. Anwendungsbereich des UmwG und UmwStG § 2

der die Rechtsform des Wegzugsstaates erhalten bleibt, von der Niederlassungsfreiheit nicht geschützt, während ein rechtsformwechselnder Wegzug grundsätzlich dem Schutz der Niederlassungsfreiheit unterliegt. In letzterem Fall hängt die Möglichkeit des formwechselnden Wegzuges davon ab, ob der Aufnahmestaat für den Formwechsel von Inländern Regelungen vorsieht. Ist dies der Fall darf der Wegzugsstaat den Wegzug der Gesellschaft nicht durch Auflösung und Liquidation vereiteln.[67]

bb) Einschränkung der Niederlassungsfreiheit

Nachdem der EuGH durch die fortgesetzte, auf die Niederlassungsfreiheit gestützte Erweiterung der grenzüberschreitenden Umwandlungsmöglichkeiten hingewirkt hat, führte zuletzt die *Vale*-Entscheidung[68] des EuGH zu einer gewissen Einschränkung: Die Ausübung der Niederlassungsfreiheit soll danach davon abhängig sein, dass die Gesellschaft im Registrierungsstaat eine „reale wirtschaftliche Tätigkeit" entfalte. 51

Die deutsche Judikatur[69] folgt verhalten der Rechtsprechung des EuGH und deutet an, dass sie einen grenzüberschreitenden Formwechsel nach Deutschland als Zuzugsland bei Vorliegen aller Voraussetzungen, die für einen Formwechsel in Deutschland gelten, und den formalen Voraussetzungen, die sich aus den EU-Verordnungen zur grenzüberschreitenden Sitzverlegung und Verschmelzungen europäischer Gesellschaftsformen ergeben,[70] die Anerkennung wohl nicht versagen wird. Ähnlich der *Vale*-Entscheidung bestehen daneben in Folge der Änderung des § 4a GmbHG, wonach die Sitzwahl nicht mehr zwingend in örtlichem Zusammenhang mit Betrieb, Geschäftsleitung oder Verwaltung der Gesellschaft stehen muss, Tendenzen die Sitzverlegung durch die Voraussetzung zu ergänzen, nach der die Sitzwahl nicht missbräuchlich ausgeübt werden darf,[71] und diese somit auch grenzüberschreitenden Umwandlungen entsprechend der Vale-Entscheidung entgegenzuhalten.[72] 52

Überträgt man die EuGH-Rechtsprechung auf Umwandlungsvorgänge unter Beteiligung zweier Rechtsträger, können die folgenden Fallgruppen als durch die Niederlassungsfreiheit geschützt betrachtet werden: 53
– die Herein- und Hinausspaltung unter Beteiligung von Kapitalgesellschaften,
– die Hereinverschmelzung von Personengesellschaften,

---

[67] Vgl. *Drinhausen* in Semler/Stengel UmwG Einleitung C Rn. 29
[68] EuGH vom 12.7.2012 C-378/10, NJW 2012, 2715 – VALE.
[69] Zuletzt OLG Nürnberg, Beschl. v. 13.2.2012 – 12 W 2361/11 zur Verlegung des Satzungs- und Verwaltungssitzes einer luxemburgischen S. a. r.l nach Deutschland – identitätswahrender Formwechsel in eine GmbH, NZG 2012, 468.
[70] Hierzu → § 32 Rn. 90 ff.
[71] Vgl. Kammergericht, Beschluss vom 24.11.2011 – 25 W 37/11, FGPrax 2012, 33.
[72] Vgl zur Entscheidung des OLG Nürnberg: *Böttcher/Kraft* NJW 2012, 270; *Noack* http://blog.handelsblatt.com/rechtsboard/2012/07/16/eugh-zur-grenzuberschreitenden-umwandlung-vale/; aA wohl *Drygala* in Lutter UmwG § 1 Rn. 25.

– die Hereinspaltung von Personengesellschaften,
– die Hinausverschmelzung von Personengesellschaften bei Ermöglichung durch den Aufnahmestaat und
– die Hinausspaltung von Personengesellschaften bei Ermöglichung durch den Aufnahmestaat.

cc) Anwendbares Sachrecht und Regelungslücken

54 Ist damit weitestgehend über die Anwendbarkeit des Umwandlungsrechtes in grenzüberschreitenden Fällen entschieden, verlagert sich die Diskussion nunmehr auf die Frage der konkret anwendbaren Normen. Zwar betont der EuGH in seiner *SEVIC*-Entscheidung,[73] dass grenzüberschreitende Verschmelzungsmaßnahmen durch Sitzverlegung vom Schutzbereich der Artikel 43 und 48 EGV erfasst sind und Rechtsträger aus EU-/EWR-Staaten hierauf einen Anspruch haben, doch unterlässt er es, Regeln für die Bestimmung des anwendbaren Umwandlungsrechts aufzustellen.[74] In der *Vale*-Entscheidung wird vielmehr zum Ausdruck gebracht, dass der Normenmangel den berufenen Staat nicht entschuldigt: Die entstandenen Lücken sind vielmehr unter Rückgriff auf die nationalen Bestimmungen sachgerecht zu füllen.[75]

c) Umwandlungsmöglichkeiten außerhalb dieses Gesetzes- bzw. Rechtsprechungsrahmens

aa) Grenzüberschreitende Umwandlungsmöglichkeiten außerhalb der EU und EWR

55 Anderen grenzüberschreitenden Umwandlungen, insbesondere unter Beteiligung von Rechtsträgern aus Drittstaaten, stehen die Anwendung der Sitztheorie und die subjektiven Anwendungsvoraussetzungen des UmwG entgegen, soweit nicht über den EWR-Vertrag oder Niederlassungsrechte aus staatsvertraglichen Vereinbarungen auf die europarechtliche Niederlassungsfreiheit rekurriert werden kann. Die Möglichkeit einer identitätswahrenden Sitzverlegung ergibt sich für US-amerikanische Gesellschaften aus dem mit den USA bestehenden Freundschafts-, Handels- und Schifffahrtsvertrag v. 29.10.1954.[76] Ob diese dort geregelte Niederlassungsfreiheit den der europäischen Niederlassungsfreiheit entsprechenden Wirkungsrahmen hat, muss allerdings bezweifelt werden.[77]

56 Für Umwandlungsvorgänge, deren Rechtsträger sich weder auf das Recht eines Mitgliedsstaates der EU bzw. des EWR oder sonstige staatsvertragliche Regelungen berufen können, gilt Folgendes: § 1 I UmwG regelt keine Frage des anwendbaren Rechtes im Sinne einer Kollisionsnorm, sondern ist eine selbstständige Sachnorm, die die Anwendung des

---

[73] Dazu ausführlicher → § 12 Rn. 13 f.
[74] Vgl. hierzu im Weiteren → § 12 Rn. 19.
[75] So *Drygala* in Lutter UmwG § 1 Rn. 24; kritisch *Böttcher/Kraft* NJW 2012, 270.
[76] BGBl. II 1956, S. 487 f.
[77] So offenbar *Drygala* in Lutter UmwG § 1 Rn. 29

deutschen Rechts voraussetzt. Die **Sitztheorie**, die von der deutschen Rechtsprechung im Grundsatz für Drittstaaten nicht aufgegeben wurde, geht davon aus, dass das Recht am Ort des tatsächlichen Sitzes der Hauptverwaltung maßgeblich ist, auf den Satzungssitz oder den Ort der Registereintragungen kommt es nach der Sitztheorie nicht an.[78] **Satzungssitz** ist naturgemäß der in der Satzung angegebene Sitz. Unter dem **Verwaltungssitz** versteht der BGH in ständiger Rechtsprechung den Tätigkeitsort der Geschäftsführung und der dazu berufenen Vertretungsorgane, also den Ort, an dem die grundlegenden Entscheidungen der Unternehmensleitung effektiv in laufende Geschäftsführungsakte umgesetzt werden.[79] Der BGH nimmt einen vom Satzungssitz abweichenden, **faktischen Verwaltungssitz** etwa auch dann an, wenn die Gesamtheit der Gesellschafter, die auch die Geschäfte der Gesellschaft selbst führen, ihren Wohnsitz in einem gemeinsamen Staat haben, der nicht der Inkorporationsstaat ist.[80] Nach der **Gründungstheorie** ist zur Bestimmung des Gesellschaftsstatuts an das Recht anzuknüpfen, nach dem die Gründer die Gesellschaft gegründet und organisiert haben, typischerweise also das Recht des Staates, in dessen Register die Gesellschaft eingetragen wurde.[81] Zumeist wird der Inkorporationsstaat auch einen Satzungssitz in seinem Territorium verlangen, so dass sich hilfsweise aus dem Ort des Satzungssitzes Rückschlüsse auf das Gesellschaftsstatut ziehen lassen.[82] Findet die Hauptverwaltung einer Gesellschaft also nicht im Inkorporationsstaat statt, so kommen beide Theorien zu unterschiedlichen Auffassungen, was das auf die Gesellschaft anwendbare Sachrecht betrifft.

Befinden sich danach sowohl der Verwaltungssitz als auch der statutarische Sitz des beteiligten Rechtsträgers außerhalb der EU bzw. das EWR, scheitert die Umwandlung zB durch Verschmelzung auf einen deutschen Rechtsträger sowohl an § 1 I UmwG als auch am *numerus clausus* der umwandlungsfähigen Rechtsformen, §§ 3, 124, 175, 191 UmwG. **57**

Wird zur Lösung des Problems der Verwaltungssitz der Gesellschaft nach Deutschland verlegt, ergibt sich eine Möglichkeit der Umwandlung nur nach einem weiteren Zwischenschritt der Umstrukturierung.[83] Die Umwandlung eines Rechtsträgers, der seinen Verwaltungssitz in Deutschland hat, aber in einer ausländischen Rechtsform organisiert ist und seinen statutarischen Sitz außerhalb Deutschlands hat, wird idR mangels der Umwandlungsfähigkeit nach §§ 3, 124, 175, 191 UmwG unzulässig sein. Denkbar ist in diesen Fällen allenfalls, dass sich der betreffende Rechtsträger aufgrund seines deutschen Verwaltungssitzes nach deutschem Recht neu organisiert und darauf im Weiteren als deut- **58**

---

[78] *Mäsch* in Bamberger/Roth, BeckOK BGB, Art. 12 EGBGB Rn. 58a.
[79] BGH NJW 1986, 2194 in Anlehnung an *Sandrock* in Festschr. f. Beitzke, 1979, S. 669, 683; BGH NZG 2000, 926; BGH NJW 2003, 1461.
[80] Vgl. BGH NJW 2003, 1461.
[81] *Mäsch* in Bamberger/Roth, BeckOK BGB, Art. 12 EGBGB Rn. 57b.
[82] *Mäsch* in Bamberger/Roth, BeckOK BGB, Art. 12 EGBGB Rn. 57b.
[83] Im Einzelnen → § 32 Rn. 102.

scher Rechtsträger an der Umwandlung beteiligt ist.[84] Erfolgt keine „ordentliche" Neugründung nach deutschem Recht, folgt aus der Rechtsprechung des BGH,[85] dass die Gesellschaft nach deutschem Recht aufgrund ihres Verwaltungssitzes in Deutschland als GbR oder OHG fortbesteht. Soll sie als OHG an einer Umwandlung teilnehmen, bedarf sie der Eintragung im Handelsregister. Somit ist also grundsätzlich vorstellbar, dass eine Gesellschaft eines Nicht-EU/EWR-Staates über den Umweg einer Eintragung als OHG an einer Umwandlung teilnimmt, was aber bei einer ausländischen Kapitalgesellschaft im Übergangsstadium typischerweise zu Risiken der persönlichen Haftung führt.[86]

59 Handelt es sich schließlich um einen deutschen Rechtsträger iSd §§ 3, 124, 175, 191 UmwG, der seinen ausschließlichen Verwaltungssitz in einen Nicht-EU/EWR-Staat velegt hat, ist zunächst die Frage des anwendbaren Rechts zu klären. Die Sitztheorie verweist bei einem Wegzug auf das Recht des Zuzugsstaates, wobei Rück- oder Weiterverweisungen beachtlich sind, § 4 I 1 EGBGB. Wendet der Zuzugsstaat ebenfalls die Gründungstheorie an und verweist damit zurück auf deutsches Recht, gilt nach deutschem Sachrecht für deutsche Kapitalgesellschaften, dass diese trotz ausländischem Verwaltungssitz fortbestehen (§ 4a GmbHG, § 5 AktG). Sie sind damit ohne Weiteres umwandlungsfähig. Gilt im Zuzugsstaat hingegen die Sitztheorie, ist die Gesellschaft aufgrund des Statutenwechsels zwingend aufzulösen und zu liquidieren.[87] Die Liquidation steht einer Umwandlung im Inland allerdings dann nicht entgegen, wenn die Fortsetzung des Rechtsträgers beschlossen werden könnte (§§ 3 III, 124 II, 191 III UmwG).[88] Da die Vorschriften nicht verlangen, dass die Fortsetzung beschlossen wird, sondern ausreichen lässt, dass sie beschlossen werden könnte, dürfte eine vorherige Verlegung[89] des Verwaltungssitzes ins Inland nicht erforderlich sein, insbesondere wenn man davon ausgehen kann, dass die Verlegung im Umwandlungsbeschluss enthalten ist. Entsprechendes wird gelten, wenn der Rechtsträger einen Verwaltungssitz sowohl im Inland als auch im Ausland hat (sog. polyzentrische Unternehmensstrukturen). In diesem Fall dürfte die von der Rechtsprechung entwickelte Vermutung gelten, wonach die Gesellschaft an ihrem Satzungssitz auch ihren Verwaltungssitz hat.[90] Besteht somit ein deutscher Verwaltungssitz, so wird die Vermutung nicht dadurch widerlegt, dass der Rechtsträger daneben auch einen ausländischen Verwaltungssitz hat.

---

[84] Vgl. *Drygala* in Lutter UmwG § 1 Rn. 28 und zur Sitzverlegung → § 32 Rn. 102 ff.
[85] BGH vom 27.10.2008 – II ZR 158/06, NJW 2009, 289.
[86] Vgl. *Drygala* in Lutter UmwG § 1 Rn. 28 f. Kritisch *Heckschen* in Widmann/Mayer UmwG § 1 Rn. 340 ff., 343.
[87] Im Einzelnen → § 32 Rn. 99 ff.
[88] *Drygala* in Lutter UmwG § 3 Rn. 23 f; *Dötsch* BB 1998 S. 1030 für den Fall, dass der ausländische Staat die Gründungstheorie anwendet.
[89] *Heckschen* in Widmann/Mayer UmwG § 1 Rn. 192 ff.
[90] OLG München NJW 1986 S. 2197 f.

bb) Grenzüberschreitende Anwachsung als alternative Form der Umstrukturierung

Für die vorstehenden Fälle der Umstrukturierung, die keine direkte Anwendung des Umwandlungsrechts erlauben bzw. nur durch Berufung auf die Niederlassungsfreiheit eine ungesicherte Anwendung der Normen des Umwandlungsrechts vorsehen, ergeben sich vor allem für deutsche oder ausländische Personengesellschaften Möglichkeiten der Umstrukturierung durch Anwachsung und damit der Universalsukzession von Vermögen eines übertragenden (untergehenden) Rechtsträgers auf einen übernehmenden Rechtsträger als letztem Gesellschafter. 60

Insofern lassen sich unterscheiden für Personengesellschaften als übertragende (untergehende) Rechtsträger 61
– die Anwachsung ins Ausland (Hinaus-Anwachsung) und
– die Anwachsung ins Inland (Herein-Anwachsung).[91]

Einzelne Auslandsrechtsordnungen wie zB Frankreich sehen allerdings auch die Anwachsung des Vermögens der Kapitalgesellschaft auf den letzten Gesellschafter statt der Liquidation vor.[92] 62

d) Grenzüberschreitende Umwandlungen unter Beteiligung von natürlichen Personen

Für grenzüberschreitende Umwandlungen unter Beteiligung von natürlichen Personen ergeben sich gesonderte Fragen. Die Beteiligungsfähigkeit **natürlicher Personen** ist grundsätzlich je nach Umwandlungsform unterschiedlich geregelt. Soweit der natürlichen Person als Rechtsträger die Beteiligungsfähigkeit wie zB bei der Spaltung zuerkannt wird, stellt sich im Weiteren die Frage, ob die natürliche Person als Rechtsträger ihren „Sitz" in Deutschland hat und was hierbei unter „Sitz" zu verstehen ist.[93] Eine EU-rechtskonforme Auslegung sollte dazu führen, dass der Einzelkaufmann mit einer Niederlassung im Inland die Möglichkeit der Ausgliederung auf eine Kapitalgesellschaft hat. Wird der natürlichen Person wie bei der Verschmelzung nur eine beschränkte Beteiligungsfähigkeit eingeräumt, ist sie kein Rechtsträger iSd §§ 1, 3 UmwG und es ist insofern auch kein Sitz im Inland zu verlangen.[94] 63

2. Bedeutung des zwingenden ausländischen Rechts

Auch eine Umwandlung unter Beteiligung von Rechtsträgern mit Sitz in Deutschland kann verschiedenste Auslandsberührungen je nach Belegenheit des Vermögens und dem Ort der wirtschaftlichen Aktivitäten haben. 64

Da sich in allen Umwandlungsfällen die Zuordnung des übertragenen Vermögens und der Verbindlichkeiten zum Rechtsträger ändert, ist zu

---

[91] Vgl. → § 29 Rn. 3.
[92] Sogenannte „*Transmission Universelle de Patrimoine (TUP)*" gemäß Art. 1844–5 Code Civil.
[93] *Kallmeyer* ZIP 1996 S. 537.
[94] Ebenso *Stratz* in Schmitt/Hörtnagl/Stratz UmwG § 3 Rn. 43.

prüfen, in welchem Verhältnis das deutsche Umwandlungsrecht zum ausländischen Sachrecht steht. Wenn auch grundsätzlich nach den Regeln des internationalen Gesellschaftsrechts das Umwandlungsrecht dem **Gesellschaftsstatut** folgt und demnach eine Gesamtrechtsnachfolge von den im übrigen berührten Staaten anerkannt wird, stellt sich gleichwohl bei der Umwandlung unter Beteiligung verschiedener Mitgliedstaaten der EU die Frage der Anwendung der Rom-I-Verordnung. Deren Nichtanwendung sowohl auf Umwandlungsfälle an sich als auch auf sich hieraus ergebende Gläubigerschutzbestimmungen hat der EuGH in einem Verschmelzungsfall ausdrücklich bestätigt.[95] Insofern verweist der EuGH auf die europäischen Richtlinien zur Verschmelzung (VerschmRL und die IntVerschmRL) und folgert, dass die schuldrechtlichen Verpflichtungen aus einem Vertrag – hier aus einer Nachranganleihe – demselben Recht unterliegen, das auf den übertragenden Rechtsträger anwendbar ist und der Schutz der Gläubiger sich weiterhin nach dem Recht des Staates richtet, dem der übertragende Rechtsträger bei Begründung des Rechtes unterlag. Im Einzelfall ist richtlinienkonform die Geltung des zur Anwendung kommenden Umwandlungsrechtes auszulegen, so zB ob eine den Anlegern einer Nachranganleihe vom übernehmenden Rechtsträger gewährten Rechte eine dem europäischen Verschmelzungsrecht entsprechende „Abfindung" für untergegangene Sonderrechte darstellt.[96]

65 Gleichwohl kann es Sonderanknüpfungen zB im Falle des Grundstücksrechts (*lex rei sitae*) geben. Denkbar ist somit, dass ein im Ausland belegener Gegenstand, insbesondere ein Grundstück, mangels Erfüllung der Übertragungsvorschriften des Rechtes des Belegenheitsstaates nicht auf den übernehmenden Rechtsträger übergeht. Ist die Übertragung allerdings Grundlage der Durchführung einer Kapitalerhöhung, kann mangels Übertragung des Gegenstandes die Kapitalaufbringung scheitern. Hieraus kann sich aus Sicht des Registergerichts ein Eintragungshindernis der Kapitalerhöhung und damit der Umwandlung ergeben.

66 Weitere ausländische Eingriffsnormen sind im Einzelfall zu berücksichtigen, insbesondere im Bereich des Arbeitsrechts, des Gläubigerschutzes, des Kartellrechts und in allen Bereichen des Wirtschaftsverwaltungsrechts (Bankrecht, Versicherungsrecht, Recht der öffentlichen Versorgung etc). Für die Durchführung der Umwandlung ist letztlich entscheidend, welchen Einfluss das ausländische Recht auf die Übertragung der Vermögensteile, Rechte und Verbindlichkeiten bzw. Wirksamkeit der Umwandlung selbst hat.[97] Da sich das Prüfungsrecht des Registerrichters grundsätzlich auf die Formalien der Umwandlung, die Erfüllung der gesetzlichen Mindestanforderungen der Umwandlung sowie die ordnungsgemäße Durchführung einer etwa notwendigen Kapitalerhöhung[98] bezieht, ist der Einfluss zwingenden ausländischen Rechtes begrenzt.

---

[95] Urteil vom 7.4.2016 C-483/14, DB 2015, 2931.
[96] Vgl. auch *Drygala/von Bressensdorf* NZG 2016, 1161.
[97] Vgl. → § 10 Rn. 145.

§ 2. Anwendungsbereich des UmwG und UmwStG

So betrifft die Anforderung der Zuleitung des Umwandlungsprojektes an den Betriebsrat (§ 17 I UmwG) nur den Betriebsrat iSd Betriebsverfassungsgesetzes. Für den örtlichen Geltungsbereich des Betriebsverfassungsgesetzes gilt das **Territorialitätsprinzip**.[99] Eine im Ausland gewählte Personalvertretung hat im Inland somit keine Informationsrechte. 67

Typischerweise wird die Geltung von ausländischen zwingenden Vorschriften zB des Kartellrechts,[100] die sich überwiegend an öffentlichen Interessen des ausländischen Staates orientieren, nach dem sog. „Auswirkungsprinzip" beansprucht, das umgekehrt auch in Deutschland anerkannt ist (vgl. zum Kartellrecht § 185 II GWB).[101] Die Reichweite des Auswirkungsprinzips ist allerdings umstritten und muss einem völkerrechtlichen Einmischungs- und Rechtsmissbrauchsverbotes entsprechen. Im Ergebnis muss der ausländische Staat idR seine Entscheidungen auf die Vermögensteile und Handlungen beschränken, die sich in seinem Rechtsgebiet befinden oder auswirken. Gerade im Wettbewerbsrecht werden allerdings Konflikte extraterritoritaler Rechtsanwendung zunehmen, die über bilaterale Abkommen Einfluss auf die Entscheidungen inländischer Behörden und Gerichte haben. 68

Die nach Prüfung eingetragene Umwandlung ist allerdings auch bei Verstoß gegen zwingende Normen ausländischen Rechts wirksam (vgl. § 20 UmwG). 69

3. Umwandlungssteuergesetz und grenzüberschreitende Sachverhalte

Die Anknüpfung des UmwStG stützt sich zunächst auf die Bestimmung der Steuerpflicht der beteiligten Rechtsträger für die im UmwStG geregelten Steuerarten. Danach sind die Rechtsträger im Rahmen einer Umwandlung für Zwecke der Körperschaftsteuer, Einkommensteuer und Gewerbesteuer beschränkt oder unbeschränkt je nach Organisationsform steuerpflichtig. Die nach nationalem Steuerrecht bestimmte Steuerpflicht kann im Falle grenzüberschreitender Sachverhalte Einschränkungen durch die anzuwendenden Doppelbesteuerungsabkommen erfahren. 70

Grenzüberschreitende Umwandlungen standen allerdings schon sehr früh auf dem Prüfstand hinsichtlich ihrer Steuerrechtsneutralität. In Anerkennung der Bedeutung möglicher steuerrechtlicher Hindernisse für die Niederlassungsfreiheit und der Förderung echter binnenmarktähnlicher Verhältnisse in Europa, setzte der Rat durch die Vorschriften der steuerlichen Fusionsrichtlinie („FusionsRL") schon im Jahr 1990 einen Rahmen, dem die europäischen und nationalen Gesetzgeber im Gesellschaft- und Arbeitsrecht nur zaghaft folgten. So sah die FusionsRL schon 1990 ein „gemeinsames Steuersystem für Fusionen, Spaltungen, Abspaltungen, die Einbringung von Unternehmensteilen und den Austausch von Anteilen" für Körperschaften mit Sitz in einem der Mitgliedstaaten 71

---

[98] OLG Düsseldorf DB 1995 S. 1392 f.
[99] *Schaub* Arbeitsrechthandbuch § 213 V.
[100] Vgl. → § 7 Rn. 93.
[101] Vgl. *Immenga* in Münchener Kommentar zum BGB, IntWettbR/IntKartR Rn. 15 ff.

gemäß einer Liste europäischer Gesellschaftsformen vor. Dem Umsetzungsgebot, bis zum 1.1.1992 die erforderlichen Rechts- und Verwaltungsvorschriften zu erlassen, folgte der deutsche Gesetzgeber nur im Hinblick auf die Regelungen zur grenzüberschreitenden Einbringung und dem Anteilstausch über Grenze. Steuerliche Bestimmungen zur grenzüberschreitenden Verschmelzung bzw. Spaltung wurden im UmwStG unter Hinweis auf den fehlenden zivilrechtlichen und gesellschaftsrechtlichen Rahmen zunächst nicht geschaffen. Die Verabschiedung der SE-VO am 8.10.2001 mit der Anordnung ihres Inkrafttretens am 8.10.2004 wie auch die Rechtsprechung des EuGH zur Niederlassungsfreiheit haben spätestens seit der *SEVIC*-Entscheidung zum Ende des Jahres 2005 das Versäumnis des Gesetzgebers bestätigt, die FusionsRL nicht rechtzeitig umgesetzt zu haben. Die nun im Rahmen des SEStEG geschaffenen Regelungen zur Besteuerung grenzüberschreitender Verschmelzungen von Körperschaften in den Mitgliedsstaaten bleiben dabei weiterhin hinter den vom EuGH für erforderlich gehaltenen Regelungen zur Sicherstellung der Niederlassungsfreiheit in der EU zurück.

72 Für einzelne offensichtlich von der Niederlassungsfreiheit umfasste Umwandlungen hält die FusionsRL jedenfalls mangels Umsetzung in deutsches Recht unmittelbar geltende Regelungen bereit, so insbesondere für die Aufspaltung und Abspaltung von im Anhang zu Art. 3 Buchst. a der FusionsRL aufgeführten Körperschaften mit Ansässigkeit in der Europäischen Union. Immerhin hat der Gesetzgeber nunmehr im Rahmen des „Kroatienanpassungsgesetzes"[102] die FusionsRL in § 1 V UmwStG ausdrücklich in Bezug genommen.

73 Auch die Finanzverwaltung erkennt im Anwendungsschreiben zum UmwStG diesen weiten grenzüberschreitenden Anwendungsbereich des UmwStG – sogar ohne Einschränkung auf Umwandlungen, die letztlich nach der Niederlassungsfreiheit als zulässig erachtet werden – im Grundsatz an und bestimmt in Tz. 01.20,[103] dass der sachliche Anwendungsbereich des Zweiten bis Fünften Teils auch eröffnet ist für mit
– einer Verschmelzung,
– einer Auf- oder Abspaltung sowie
– einem Formwechsel
„vergleichbare ausländische Vorgänge".

74 Ausländische Vorgänge iSd § 1 I UmwStG sind danach auch grenzüberschreitende Umwandlungsvorgänge unter Beteiligung von Rechtsträgern, die dem deutschen Gesellschaftsstatut unterliegen. Auch die grenzüberschreitende Verschmelzung iSd § 122a UmwG soll dabei

---

[102] Gesetz zur Anpassung des nationalen Steuerrechts an den Beitritt Kroatiens zur EU und zur Änderung weiterer steuerlicher Vorschriften (StÄnd-AnpG-Kroatien) vom 25.7.2014, BGBl. I S. 1266.
[103] Schreiben betr. Anwendung des Umwandlungssteuergesetzes idF des Gesetzes über steuerliche Begleitmaßnahmen zur Einführung der Europäischen Gesellschaft und zur Änderung weiterer steuerrechtlicher Vorschriften (SEStEG) vom 11.11.2011 BStBl. I S. 1314.

grundsätzlich ein mit einer Verschmelzung iSd § 2 UmwG vergleichbarer ausländischer Vorgang sein.[104]

Dieser weiten Auffassung werden allerdings bei der Beurteilung der Vergleichbarkeit der Umwandlungsvorgänge Schranken entgegengesetzt: danach ist die Geltung des UmwStG auf grenzüberschreitende Umwandlungen zu beurteilen, ob eine Vergleichbarkeit besteht hinsichtlich
– der beteiligten Rechtsträger
– der Rechtsnatur bzw. Rechtsfolgen des Umwandlungsvorganges (Strukturmerkmale) und
– sonstiger Vergleichsmerkmale.

Auch wenn die Finanzverwaltung in den Tz. 01.23–01.41 des Anwendungserlasses zahlreiche Beispiele für die Vergleichbarkeit anführt, ergibt sich doch der Eindruck, dass versucht wird, einen aufgrund der Niederlassungsfreiheit und den Richtlinienvorgaben bestehenden europarechtlichen Handlungsrahmen durch einen weitestgehenden materiellen Beurteilungsspielraum der deutschen Finanzverwaltung zu ersetzen; dies soll wohl auch für die Fälle der gesetzlich geregelten grenzüberschreitenden Umwandlungen, also insbesondere § 122a ff. UmwG, gelten.

Ohne die Möglichkeit auf einen bestimmten gesetzlichen Rahmen zurückgreifen zu können, wird aber eine gesicherte Steuerfestsetzung, die der Niederlassungsfreiheit auch tatsächlich zum Erfolg verhilft, nur schwer umsetzbar sein. So dürfte insbesondere die grenzüberschreitende Verschmelzung von Personengesellschaften zwischen den Mitgliedstaaten zwar ohne Weiteres nach der *SEVIC*-Rechtsprechung anzuerkennen sein, aber dann vielfach mangels Anwendung der gesetzliche Bestimmungen des UmwStG fehlschlagen.[105]

Im Einzelnen werden die Problemfälle im folgenden Zusammenhang erläutert:
(1) Besteuerung der Hereinumwandlung
   – Hereinverschmelzung von Personengesellschaften[106]
   – Hereinspaltung[107]
   – Sitzverlegung ins Inland[108]
(2) Besteuerung der Hinausumwandlung
   – Hinausverschmelzung von Personengesellschaften[109]
   – Hinausspaltung[110]
   – Sitzverlegung ins Ausland.[111]

---

[104] Kritisch *Haritz* in Haritz/Menner UmwStG § 1 Rn. 24.
[105] Zur attentistischen Grundhaltung des BMF *Haritz* in Haritz/Menner UmwStG § 27 Rn. 1 ff., 9.
[106] Hierzu → § 16 Rn. 41 ff., 186 ff.
[107] Hierzu → § 20 Rn. 12; → § 31 Rn. 116 ff., 128.
[108] Hierzu → § 32 Rn. 104 ff.; → § 31 Rn. 164 ff.
[109] Hierzu → § 16 Rn. 41 ff., 186 ff.
[110] Hierzu → § 20 Rn. 12; → § 31 Rn. 94 ff., 121 ff.
[111] Hierzu → § 32 Rn. 103 ff.; → § 31 Rn. 129 ff.

III. Zeitlicher Anwendungsbereich

1. Einführung des UmwG und UmwStG im Jahre 1995

79 Nach Art. 20 UmwBerG und Art. 7 UmwStG traten die Gesetze am 1.1.1995 in Kraft. Die Frage der **erstmaligen Anwendbarkeit des neuen Rechts** war jedoch in beiden Gesetzen unterschiedlich geregelt.[112]

§ 318 UmwG schreibt vor, dass das alte Recht noch auf solche Umwandlungen anzuwenden ist, zu deren Vorbereitung bereits vor dem 1.1.1995
– ein Vertrag oder eine Erklärung beurkundet oder notariell beglaubigt worden ist oder
– eine Versammlung der Anteilsinhaber einberufen worden ist.

80 Danach war auf Umwandlungen, die im Jahre 1994 eingeleitet wurden, auch dann altes Recht anzuwenden, wenn diese erst in 1995 durchgeführt und wirksam wurden. Demgegenüber stellte § 27 UmwStG für die erstmalige Anwendbarkeit des UmwStG auf die Rechtsakte zur Übertragung von Vermögen ab, die erstmals nach dem 31.12.1994 wirksam wurden.

81 Die Folge dieser **unterschiedlichen Anknüpfungstechnik** des Gesetzgebers war ein Auseinanderfallen des zeitlichen Anwendungsbereichs der neuen Gesetze und damit eine mögliche Divergenz bei der Anwendbarkeit von altem und neuem Steuer- und Gesellschaftsrecht.
Im Einzelnen wird auf die Vorauflagen verwiesen.

2. Zeitliche Anwendbarkeit und Übergangsbestimmungen

82 Übergangsbestimmungen zur Fortgeltung alten Rechtes finden sich im Umwandlungsrecht in den §§ 317–325 UmwG. Von praktischer Bedeutung sind vor allem die arbeitsrechtlichen Vorschriften zum Betriebsübergang, zum Kündigungsschutz und der Beibehaltung der Mitbestimmung.

83 Der zeitliche Anwendungsbereich des UmwStG wird in § 27 UmwStG fortgeschrieben. Von Bedeutung sind insbesondere die Bestimmungen zu den einbringungsgeborenen Anteilen sowie die schrittweise Begrenzung der Verlustnutzung im Rahmen von Umwandlungen.
Im Einzelnen wird auf die nachfolgenden Kapitel verwiesen.

---

[112] *Orth* DB 1995 S. 169 f.

§ 3. Ziele des Umwandlungsrechts

Mit der Reform des Umwandlungsrechts 1995 verfolgte der Gesetzgeber zwei wesentliche Regelungsziele: 1
Einerseits sollten Umstrukturierungsprozesse generell vereinfacht werden: Durch die Einbeziehung neuer Rechtsträger und Umstrukturierungsvorgänge in den Kreis der vom UmwG und UmwStG erfassten Fälle wurden zumindest implizit konkrete ordnungspolitische Ziele (vgl. unten I.) verfolgt.
Andererseits orientierte sich der Gesetzgeber in stärkerem Maße nach den Schutzbedürfnissen der an dem Umstrukturierungsprozess beteiligten Parteien, nämlich nach denen der
– Anteilseigner (vgl. unten II),
– Gläubiger (vgl. unten III)
– und Arbeitnehmer (vgl. unten IV).

I. Ordnungspolitische Zielsetzung

Die **Erleichterung von Umstrukturierungsmöglichkeiten** trägt 2 dem Bedürfnis der Wirtschaft Rechnung, die rechtliche Struktur eines Unternehmens schnell und möglichst ohne formelle und steuerliche Hürden an veränderte wirtschaftliche Verhältnisse anpassen zu können. Sie dient somit der Verbesserung der Position deutscher Unternehmen im internationalen Wettbewerb. Eine derartige Erleichterung wurde insbesondere durch die Zusammenfassung und Vereinheitlichung der früher in fünf Gesetzen geregelten Formen der Unternehmensumstrukturierung und damit durch eine verbesserte Transparenz des Umwandlungsrechts erreicht.
Abgesehen von der Erfassung fast aller in der Wirtschaft relevanten 3 Rechtsformen als umwandlungsfähig, lassen sich diese nicht nur verschmelzen und in ihrer Rechtsform verändern, sondern auch in verschiedener Weise spalten.[1] Die Regelungen des UmwG und UmwStG haben damit nicht nur eine rechtstechnische, sondern auch volkswirtschaftliche Dimension,[2] weil durch diese die Entflechtung von Großunternehmen ermöglicht bzw. sogar z. T. gefördert (Spaltung) und somit die Entstehung von kleineren flexibleren Unternehmenseinheiten begünstigt werden.
In der Volkswirtschaftstheorie wird seit langer Zeit untersucht, ob eine 4 bestimmte **Unternehmensgröße „effizienter"** ist als eine andere. Es geht hier um die Unterstützung und wissenschaftliche Fundierung staatlicher Wettbewerbspolitik und konkret um die Frage, wann eine vertikale Konzentration von Unternehmen volkswirtschaftlich positive Effekte entfaltet. Bahnbrechend war hier eine 1937 veröffentlichte und lange Zeit unbeachtet gebliebene Untersuchung von *Coase*.[3] Darin wird die

---

[1] *Ganske* WM 1993 S. 1117 (1120); tabell. Übersicht → § 2 Rn. 18.
[2] *Herzig* StuW 1988 S. 342 f.
[3] *R. H. Coase* The Nature of the Firm in Economica N. S. 4 (1937) S. 386–405.

Frage gestellt, warum es in einem marktwirtschaftlichen System eigentlich Unternehmen gibt, die Austauschbeziehungen in einer Art vertikaler Konzentration dem Markt entziehen und institutionalisiert bündeln. Nach *Coase* verursacht die Nutzung des Preismechanismus auf Märkten Transaktionskosten.[4] Diese Transaktionskosten lassen sich senken, wenn die Transaktionen in einem Unternehmen gebündelt werden. Jedoch lassen sich nicht alle Transaktionen in einem Unternehmen zusammenfassen, weil auch die nichtbetriebliche Koordination von Aktivitäten durch den Befehlsmechanismus Kosten verursacht. Diese innerbetrieblichen Transaktionskosten nehmen mit der Zahl der Transaktionen zu, weil – ähnlich wie in einer Zentralverwaltungswirtschaft – die Koordinationsfähigkeit der Unternehmensleitung beschränkt ist und dadurch Fehlentscheidungen und Ressourcenverschwendungen entstehen. Aus einzelwirtschaftlicher Sicht ergibt sich eine Minimierung der Transaktionskosten bis zu dem Punkt, an dem die innerbetrieblichen Grenzkosten einer zusätzlichen Bündelung von Transaktionen noch niedriger sind als die marktüblichen Transaktionskosten.[5]

5   Wettbewerbspolitische Folgerungen lassen sich aus dem Erklärungsansatz von *Coase* direkt wohl nicht ziehen, weil es dazu einer eindeutigen Definition und Quantifizierung innerbetrieblicher Transaktionskosten und insbesondere einer Abgrenzung von innerbetrieblichen Transaktionskosten und Produktionskosten bedürfte, die bislang nicht gelungen sind. Weitere volkswirtschaftliche Theorieansätze[6] befassen sich ebenfalls mit der Frage einer allokationseffizienten Unternehmensgröße, kommen jedoch auch nicht zu einem eindeutigen Ergebnis, so dass sich für die staatliche Wettbewerbspolitik keine direkten Folgerungen ergeben.

Im Ergebnis ist es infolge der fehlenden zwingenden Ergebnisse daher ordnungspolitisch zu begrüßen, dass der Gesetzgeber die Umwandlungen insgesamt sowohl in die eine (Spaltung) als auch in die andere Richtung (Verschmelzung) erleichtert und gleichgestellt hat und somit die Entscheidung über die „effiziente" Unternehmensgröße den Marktteilnehmern überlässt.

6   Ein weiterer Aspekt, der durch die Reform des Umwandlungsrechts berührt wird, ist die Frage, ob aus ordnungstheoretischer Sicht eine bestimmte Rechtsform vorzugswürdig ist. Im Verhältnis von Kapitalgesellschaften zu Personengesellschaften wird vielfach vertreten, dass die Umstrukturierung von Kapitalgesellschaften in Personengesellschaften zu einer ordnungspolitisch erwünschten Haftungsübernahme durch die unternehmerisch tätigen Personen führt. Es entsteht eine bessere Allokation

---

[4] Vgl. dazu die Differenzierung von *Dahlman* „The Problem of Externality" in Journal of Law and Economics 22 (1979) S. 141–162 (147 f.).

[5] Vgl. zur Weiterentwicklung des Ansatzes *O. E. Williamson* Markets and Hierarchies: Analysis and Antitrust Implications N. Y. 1975.

[6] Vgl. bspw. den Ansatz der Chicago-School, das „Neuklassische Konzept der Wettbewerbsfreiheit" von *Hoppmann* und das Konzept der optimalen Wettbewerbsintensität. Einen Überblick über die wettbewerbstheoretischen Ansätze bietet *Berg* Wettbewerbspolitik in Vahlens Kompendium der Wirtschaftstheorie Band 2, 5. Auflage [1992] S. 239–300.

§ 3. Ziele des Umwandlungsrechts § 3

von Ressourcen, weil die unternehmerisch tätigen Personen die Folgen unternehmerischer Fehlentscheidungen „am eigenen Leib" spüren.[7] Bei der Auswahl der umwandlungsfähigen Rechtsträger und den ihnen zur Verfügung stehenden Umwandlungsarten hat sich der Gesetzgeber offenbar von ordnungspolitischen Erwägungen leiten lassen: so lässt der Gesetzgeber zB die Umwandlung einer Stiftung nur in der Form der Ausgliederung von Vermögen aus der Stiftung zu[8], ermöglicht also keine Umwandlung in die Stiftung, betrachtet die Erbengemeinschaft als nicht umwandlungsfähig und lässt andererseits die Umwandlung in jeder Form in die Genossenschaft zu.

Vor allem der Steuergesetzgeber beeinflusst massgeblich die Rechtsformwahl. Während er zB anfänglich offenbar den Überlegungen einer Begünstigung der Rechtsform der Personengesellschaft Rechnung trug rückte er später hiervon schrittweise im Rahmen des StSenkG ab und bevorteilt zum einen die Kapitalgesellschaft im Rahmen der laufenden Besteuerung und erschwert zum anderen den Weg in die Personengesellschaft durch die Streichung wesentlicher Vorschriften des UmwStG, die einen steuerneutralen Rechtsformwechsel nach der Vorstellung des historischen Gesetzgebers umfassend möglich machen sollten. Nachbesserungen des Einkommensteuergesetzes zugunsten der Personengesellschaften[9] blieben dabei unzureichend und verdeutlichen nur eine rechtspolitische Zielsetzung des Gesetzgebers, Unternehmer in die Rechtsform der Kapitalgesellschaft zu drängen, gleichzeitig aber die Rechtsstellung der Anteilseigner zugunsten des Unternehmens zu schwächen. 7

II. Schutz der Anteilseigner

Für die Anteilsinhaber der an einer Umwandlung beteiligten Rechtsträger bedeutet dieser Vorgang einen erheblichen **Eingriff in ihre Mitgliedschaftsrechte**. Schon die Umwandlung einer GmbH in eine Aktiengesellschaft macht im Hinblick auf den Wegfall der Weisungsgebundenheit der Verwaltungsorgane diesen Einschnitt transparent. Auch die Umwandlung einer Aktiengesellschaft in eine eingetragene Genossenschaft hat für den einzelnen Anteilsinhaber erhebliche Auswirkungen nicht nur im Haftungsbereich. Neben diesen alle Anteilsinhaber betreffenden Eingriffen kann eine Unternehmensumstrukturierung auch die Rechte einzelner Anteilsinhaber besonders schwerwiegend treffen. Zu denken ist etwa an den Wegfall besonderer Vorrechte, die ein solcher Anteilsinhaber am übertragenden Rechtsträger innehatte, bzw. die Gewährung oder Fortführung besonderer Vorrechte am übernehmenden Rechtsträger. 8

---

[7] So die Vertreter der Freiburger Schule, vgl. zB *Eucken* Grundsätze der Wirtschaftspolitik [1952]; *Böhm* Die Ordnung der Wirtschaft als geschichtliche Aufgabe und rechtsschöpferische Leistung [1937]. Zur Kritik *K. Schmidt* Gesellschaftsrecht § 18 IV. 1.
[8] Vgl. § 161 UmwG; im Weiteren *Stengel* in Semler/Stengel § 161 Rn. 39 ff. zu den Ausweichmöglichkeiten.
[9] BGBl. I 2000 S. 1812.

1. Entscheidungszuständigkeit der Anteilseigner

9 Angesichts der Tragweite der Unternehmensumwandlung für die Anteilseigner weist das UmwG – gleichsam als Kernstück seiner Regelung – die **Entscheidungskompetenz** grundsätzlich der einzuberufenden Versammlung der Anteilsinhaber zu. Diese Versammlung hat die Umwandlung mit mindestens einer ³/₄-Mehrheit zu billigen. In der Regel genügt eine ³/₄-Mehrheit der abgegebenen Stimmen.[10] Soweit das Gesetz darüber hinaus, insbesondere bei Personengesellschaften, Einstimmigkeit verlangt,[11] müssen auch die nicht erschienenen Anteilseigner zustimmen.

Darüber hinaus normiert das UmwG eine Reihe weiterer Zustimmungserfordernisse, die besonders betroffene Minderheitsgesellschafter schützen sollen. Beispielhaft zu nennen sind die Beeinträchtigung auf dem Gesellschaftsvertrag beruhender Minderheitsrechte oder besonderer Rechte bei der Geschäftsführung oder bei der Bestellung von Geschäftsführern.[12] Ferner sind die über § 13 II UmwG geschützten Sonderrechte einzelner Anteilsinhaber zu berücksichtigen, die bei der Anteilsvinkulierung im Falle einer Personengesellschaft und der GmbH eine erhebliche Bedeutung haben.[13]

Bei der Aktiengesellschaft haben die Aktionäre der vertretenen Aktiengattungen jeweils gesondert Beschluss über die Umwandlung zu fassen.[14] Zustimmen müssen schließlich stets die Gesellschafter, die künftig entgegen ihrer jetzigen Beteiligung persönlich haften sollen.[15]

10 Zweifelhaft ist aber, ob die Anforderungen an einen Umwandlungsbeschluss durch die vorgenannten Erfordernisse abschließend im UmwG niedergelegt sind. Angesprochen ist damit die Problematik der **materiellen Beschlusskontrolle** gerade von Hauptversammlungsbeschlüssen von Aktiengesellschaften. Eine materielle Beschlusskontrolle findet statt, wenn der Beschluss in die Mitgliedschaftsrechte der Minderheitsaktionäre eingreift; er findet seine Grundlage in der Treuepflicht der Aktionäre untereinander.[16] Die Treuepflicht erfordert es, dass die den Beschluss tragende Mehrheit den Eingriff in die Mitgliedschaft nach den Erfordernissen der Erforderlichkeit und Verhältnismäßigkeit ausrichtet.[17]

Mit der Einführung der ³/₄-Mehrheit hat der Gesetzgeber jedoch möglicherweise angezeigt, dass er einen Rückgriff auf die Treuepflicht

---

[10] So etwa bei AG und GmbH, vgl. §§ 50, 65 UmwG. Durch das Gesetz zur Änderung des Umwandlungsgesetzes, des Partnerschaftsgesellschaftsgesetzes und anderer Gesetze vom 1.8.1998 ist für Personengesellschaften klargestellt worden, dass die Festlegung einer Mehrheit von drei Viertel der abgegebenen Stimmen im Gesellschaftsvertrag zulässig ist, §§ 43 II Satz 2, 217 I Satz 3 UmwG.
[11] So etwa in §§ 43 I, 217, 252, 275 UmwG.
[12] Für die GmbH § 50 II UmwG.
[13] Vgl. *Drygala* in Lutter UmwG § 13 Rn. 28 ff.
[14] Vgl. § 65 II UmwG.
[15] Vgl. § 240 II, § 233 II aE UmwG; eine andere Regelung findet sich bei der Personengesellschaft, wo ein widersprechender pers. haftender Gesellschafter Kommanditist werden kann, § 43 II UmwG.
[16] Vgl. nur *Hüffer/Koch* AktG § 243 Rn. 24.
[17] *Hommelhof* ZGR 1993 S. 452 (458); *Hüffer* ebenda.

§ 3. Ziele des Umwandlungsrechts

zur Erleichterung von Unternehmensumwandlungen gerade ausschließen wollte. Hierfür spricht nicht zuletzt die Begründung zu § 13 II UmwG,[18] wonach das UmwG nicht die Vorstellungen übernehme, die von Rechtsprechung und Schrifttum für eine materielle Kontrolle wichtiger Hauptversammlungsbeschlüsse von Aktiengesellschaften entwickelt worden seien. Der Gesetzgeber relativiert aber seine Aussage, indem er andeutet, dass dieses Grundsatzproblem des Gesellschaftsrechts nicht isoliert für die Verschmelzung hätte geregelt werden können.[19] Aus dieser Äußerung werden unterschiedliche Schlüsse gezogen. Zum Teil wird das Element der materiellen Beschlusskontrolle bei Umwandlungsbeschlüssen abgelehnt, weil dieser Mehrheitsbeschluss „seine Rechtfertigung in sich selbst trage".[20] Andererseits ist zu bedenken, dass zB die Verschmelzung zur Aufnahme beim übertragenden Rechtsträger gewisse Ähnlichkeiten zur Liquidation, beim übernehmenden Rechtsträger zur Kapitalerhöhung unter Bezugsrechtsausschluss aufweist. Dementsprechend wird auch für Verschmelzungen eine materielle Inhaltskontrolle gefordert.[21]

Hommelhoff[22] meint, das UmwG enthalte keine Aussage zur materiellen Beschlusskontrolle; das Ausmaß einer solchen Kontrolle müsse von Lehre und Rechtsprechung entwickelt werden, da der Gesetzgeber einer umfassenden gesellschaftsrechtlichen Lösung nicht vorgreifen wollte.[23]

Diese vermittelnde Ansicht teilen wir.[24] Prinzipiell sind auch Grundlagenbeschlüsse der materiellen Inhaltskontrolle unterworfen. Es ist jedoch nicht zu verkennen, dass die speziellen gesetzlichen Regelungen, die das UmwG für einen Umwandlungsbeschluss aufstellt, die sachliche Rechtfertigung eines qualifizierten Mehrheitsbeschlusses per se indizieren bzw. durch Zustimmungspflichten oder die unter gerichtlicher Kontrolle stehenden Barabfindungen Grundsatzentscheidungen gegen eine materielle Inhaltskontrolle enthalten. Ein Rückgriff auf die allgemeinen Prinzipien der Treuepflicht kann somit nur dort legitim sein, wo sich für spezifische Fallgestaltungen „Anschauungslücken"[25] des Gesetzgebers ergeben. Dies wird bei den Grundfällen der Umwandlung mit einer ³/₄-Mehrheit idR nicht anzunehmen sein. Lediglich in den Fällen, wo die Umwandlung zu einer qualifizierten Abhängigkeitsbegründung führt und den Gesellschaftern zB kein Austrittsrecht gegen Abfindung zusteht, ist eine materielle Beschlusskontrolle erforderlich.[26]

---

[18] BT-Drucks. 12/6699 S. 86.
[19] BT-Drucks. 12/6699 S. 86.
[20] *Zimmermann* in Kallmeyer UmwG § 13 Rn. 12; siehe auch Stellungnahme des Handelsrechtsausschusses des DAV zum Referentenentwurf eines Gesetzes zur Bereinigung des Umwandlungsrechts, WM 1993 Sonderbeilage 2 Rn. 7.
[21] *Timm* AG 1982 S. 93 (106).
[22] *Hommelhof* ZGR 1993 S. 452 (458).
[23] *Drygala* in Lutter UmwG § 13 Rn. 31; *Hommelhoff* ZGR 1993 S. 452 (458).
[24] *Drygala* in Lutter UmwG § 13 Rn. 31 ff.
[25] *Hüffer/Koch* AktG § 243 Rn. 27.
[26] Im Anschluss an BGHZ 80, 69 [Süssen] vgl. *Binnewies* GmbHR 1997 S. 727 ff.; *Drygala* in Lutter UmwG § 13 Rn. 46.

Diese Auffassung deckt sich mit der allgemeinen Tendenz der Rechtsprechung in Fällen der Strukturänderung die materielle Beschlusskontrolle nur in Ausnahmefällen zu fordern.[27] So kann man generell feststellen, dass die Rechtsprechung für den Auflösungsbeschluss[28] und den Squeeze-out[29] die qualifizierte Beschlussmehrheit und weitere Schutzmechanismen des Umwandlungsrechts für ausreichend erachtet und keine Veranlassung sieht, eine zusätzliche Inhaltskontrolle vorzunehmen. Für den Fall des „kalten" Delistings[30] hat der Gesetzgeber im Anschluss an die Macrotron-Rechtsprechung des BGH[31] die Schutzmechanismen des § 29 UmwG fortentwickelt, sodass für den Fall des Verlustes der Börsennotierung ein Abfindungsanspruch entsteht.[32] Durch die Aufgabe der Macrotron-Rechtsprechung ergibt sich für das „kalte" Delisting keine neue Situation.[33]

2. Umtauschverhältnis und Ausscheiden gegen Barabfindung

11   Von besonderem Interesse für die Anteilsinhaber des umwandelnden Rechtsträgers ist ihre **künftige Beteiligung** am neuen Rechtsträger. Für die Fälle, in denen unterschiedliche Anteilsinhaber durch die Umwandlung in ihren Interessen berührt sind, enthält das UmwG deshalb dezidierte Regelungen über das Verhältnis bzw. den Umfang, in dem Anteile oder Mitgliedschaften an dem neuen Rechtsträger erworben werden sollen, vgl. etwa die §§ 5, 8, 192, 194 UmwG.[34] Dabei schreibt das UmwG nicht vor, wie das Umtauschverhältnis zu ermitteln ist; es enthält lediglich einzelne Verfahrens- und Prüfungsvorschriften, die sicherstellen sollen, dass die künftige Beteiligung am neuen Rechtsträger einen „angemessenen" Gegenwert für die Beteiligung am umwandelnden Rechtsträger zu vermitteln hat, §§ 12, 15, 196 UmwG. In der Konsequenz kann daher auch eine Umwandlung zu einem unangemessenen Umtauschverhältnis Bestand haben: die „Unangemessenheit" führt nicht zur Unwirksamkeit der Umwandlung, soweit sie nicht sittenwidrig ist und ist vor allem nicht Gegenstand der registergerichtlichen Überprüfung. Nur die Einhaltung des Verfahrens und die Erteilung von Informationen wird durch das Gesetz sichergestellt und auch nur insoweit als die Anteilseigner nicht auf diese Rechte wirksam verzichtet haben.[35]

---

[27] *Heckschen* DB 1998 S. 1385 (1391) mit Verweis auf BGH DB 1998 S. 918 [Sachsenmilch]; davon zu unterscheiden ist die Frage der materiellen Überprüfung einer Verschmelzung durch das Gericht, vgl. unten → § 9 Rn. 141 ff.
[28] Vgl. BVerfGE 100, 289 [301 ff.], DNotZ 2000, 868; BGHZ 76, 353, NJW 1980, 1278.
[29] Vgl. OLG Hamburg, DStR 2012, 1466.
[30] Zuletzt OLG Düsseldorf, NZG 2016, 509.
[31] BGHZ 153, 47 [53 ff.], NJW 2003,1023.
[32] BGH vom 8.10.2013, NJW 2014, 146 („Frosta-Entscheidung").
[33] OLG Düsseldorf, NZG 2016, 509.
[34] Vgl. → § 9 Rn. 79 ff., → § 26 Rn. 49 ff., 62 ff.
[35] Vgl. *Drygala* in Lutter UmwG § 5 Rn. 27.

Unabhängig vom gewählten Bewertungsverfahren muss der innere Wert des Anteils am übertragenden Rechtsträger ermittelt werden; stille Reserven in bilanzierten Wirtschaftsgütern sowie immaterielle Vermögensgegenstände sind demnach in die Bewertung des Anteils einzubeziehen. Die Anteile oder die Mitgliedschaft am neuen Rechtsträger müssen wertmäßig dem so ermittelten Wert des Anteils am übertragenden Rechtsträger entsprechen.[36] Umstritten ist dabei vor allem auch die Frage der Maßgeblichkeit des Börsenkurses für die Bewertung des Anteils, nachdem das BVerfG 1999[37] entschieden hat, dass der Börsenkurs bei der Bestimmung der Abfindung nicht außer Acht gelassen werden darf.[38] Nunmehr relativiert das BVerfG in seinem Beschluss vom 20.12.2010 seine Rechtsprechung dahingehend, dass in Fällen der Ineffizienz der Kapitalmärkte vom Börsenkurs abgewichen werden kann und räumt ein, dass es mehrere Varianten der Unmaßgeblichkeit des Börsenwertes geben kann.

Daneben sieht das UmwG die **Möglichkeit des Ausscheidens** umwandlungsunwilliger Anteilsinhaber eines übertragenden Rechtsträgers gegen eine angemessene Barabfindung durch den übernehmenden Rechtsträger vor, wenn der übernehmende Rechtsträger einer anderen Rechtsform angehört, die Anteile am übernehmenden Rechtsträger Verfügungsbeschränkungen unterworfen sind, oder aber bei der Verschmelzung einer börsennotierten auf eine nicht börsennotierte Gesellschaft, §§ 29, 207 UmwG.[39] Der Anspruch auf Barabfindung setzt voraus, dass der betreffende Anteilseigner in der Versammlung der Anteilsinhaber Widerspruch gegen die Verschmelzung zu Protokoll erklärt, §§ 29 I, 207 UmwG. Nach den §§ 31, 209 UmwG kann das Barabfindungsangebot nur binnen zweier Monate, nachdem die Umwandlung nach § 19 III UmwG als bekannt gemacht gilt, angenommen werden. Bei Bestimmung der Barabfindung im Spruchverfahren[40] beginnt die Zweimonatsfrist mit Bekanntmachung der Entscheidung im Bundesanzeiger.

Unberührt bleibt schließlich das Recht der Anteilseigner, ihre Anteile unbeschadet etwaiger bestehender Veräußerungsbeschränkungen in den Statuten der übertragenden Rechtsträger binnen der Zweimonatsfrist anderweitig zu veräußern, §§ 33, 211 UmwG.

3. Informationsrechte der Anteilsinhaber

Um den Anteilseignern eine objektive Entscheidung über die angestrebte Unternehmensumwandlung zu ermöglichen, erlegt das UmwG den Verwaltungsorganen weitreichende Informationspflichten auf.

---

[36] Vgl. *Drygala* in Lutter UmwG § 5 Rn. 25 ff.; *Schröer* in Semler/Stengel § 5 Rn. 25 ff.
[37] BVerfG vom 27.4.1999 – 1 BvR 1613/94, DStRE 1999 S. 1693.
[38] BVerfG – 1 BvR 2323/07, DB 2011 S. 289; vgl. zu dieser Frage im Einzelnen → § 9 Rn. 85 ff.
[39] Vgl. → § 9 Rn. 60, 79, 169 ff., → § 26 Rn. 66 ff.
[40] Dazu → Rn. 24 ff.

Bereits der Umwandlungsvertrag bzw. -beschluss muss zugunsten der Anteilsinhaber umfangreiche **Informationen** enthalten, vgl. § 5 I, § 126 I, § 194 I UmwG.[41] Der Vertrag bzw. sein Entwurf ist den Anteilseignern zu übersenden oder in den Geschäftsräumen des jeweiligen Rechtsträgers auszulegen und diese Auslegung bekannt zu machen, vgl. §§ 42, 47, 63, 216, 251 UmwG.[42] In den Fällen der Auslegung hat diese während der Versammlung anzudauern.

15   Gemäß den §§ 8, 127, 192 UmwG haben die Vertretungsorgane der Rechtsträger einen **Umwandlungsbericht** anzufertigen, der ausführlich über den Umwandlungsvertrag, das Umtauschverhältnis der Anteile bzw. die künftige Beteiligung am neuen Rechtsträger sowie die Höhe einer anzubietenden Barabfindung rechtlich und wirtschaftlich unterrichtet.[43] Der Bericht ist den Anteilseignern mit dem Umwandlungsvertrag zur Kenntnis zu bringen. Der Umwandlungsvertrag sowie das Vorhaben insgesamt ist den Anteilseignern, wenigstens auf Verlangen, mündlich zu erläutern, §§ 64 I, 83 I UmwG. Zum Teil ist der Bericht entbehrlich, etwa wenn bei der Personenhandelsgesellschaft alle Gesellschafter auch geschäftsführungsbefugt sind oder lediglich ein Gesellschafter an der Gesellschaft beteiligt ist. Teilweise verlangt das Gesetz weiter die Auslage der drei letzten Bilanzen der beteiligten Rechtsträger, § 49 II, § 63 I Nr. 2 UmwG. Insgesamt sollen die Informationen die Anteilseigner in die Lage versetzen zu beurteilen, ob die Unternehmensumstrukturierung wirtschaftlich sinnvoll ist und sie ihrer jetzigen Beteiligung entsprechend auch am neuen Rechtsträger beteiligt sind. Diese „Vorab-Information" zielt nicht in erster Linie darauf ab, die Anteilseigner mit ihren Vorstellungen in den Entscheidungsprozess mit einzubeziehen; die maßgeblichen Organe der Gesellschaft legen vielmehr eine fertige Konzeption der Umstrukturierung ihren Anteilseignern zur Beschlussfassung vor. Jedoch versetzt die vorab gegebene Information die Anteilseigner in die Lage, sich über die zu ziehenden Konsequenzen aus dem geplanten Verfahren schlüssig zu werden.

16   Dem Schutz der Anteilseigner dient weiter eine umfangreiche **Prüfung** des Umwandlungsvertrages durch einen oder mehrere unabhängige Prüfer, §§ 12, 30 UmwG.[44] Der Prüfungsbericht ist mit einer Erklärung darüber abzuschließen, ob das vorgeschlagene Umtauschverhältnis der Anteile, die Mitgliedschaft im neuen Rechtsträger und gegebenenfalls die Höhe der baren Zuzahlung als Gegenwert angemessen ist. Gleiches gilt für die gegebenenfalls im Umwandlungsvertrag angebotenen Barabfindungen. Die Prüfer werden von den vertretungsberechtigten Organen der Rechtsträger oder auf deren Antrag vom Landgericht, Kammer für Handelssachen, in dessen Bezirk der übertragende Rechtsträger seinen Sitz hat, bestellt, § 10 UmwG. Für die Aktiengesellschaft

---

[41] Vgl. im Einzelnen → § 9 Rn. 67 ff., → § 18 Rn. 133 ff., → § 26 Rn. 47 ff.
[42] Vgl. → § 9 Rn. 49, 195, 297, → § 26 Rn. 34 f., 134.
[43] Vgl. → § 9 Rn. 45, 188 ff., → § 18 Rn. 158, 179 f., → § 26 Rn. 30 f., 79 ff.
[44] Vgl. → § 9 Rn. 228 ff., → § 18 Rn. 159, 181, für den Formwechsel nur in Bezug auf das Barabfindungsangebot, → § 26 Rn. 28, 68.

bestehen zum Teil abweichende Regelungen. Eine Prüfung kann unterbleiben, wenn alle Anteilseigner in notariell beurkundeter Form hierauf verzichten oder sich alle Anteile in einer Hand befinden, § 9 III UmwG.

Neben der Prüfungspflicht dient vor allem die **registergerichtliche Kontrolle** dem Schutz der Anteilseigner; der Anmeldung der Umwandlung mussen umfangreiche Unterlagen beigefügt werden, §§ 17, 146, 199 UmwG. Außerdem haben die anmeldenden Organe zu erklären, dass eine Klage gegen den Umwandlungsbeschluss nicht anhängig ist oder dass das zuständige Prozessgericht festgestellt hat, dass die anhängige Klage der Eintragung nicht entgegensteht, weil sie unzulässig oder offensichtlich unbegründet ist, § 16 II, III, §§ 125, 198 III UmwG. Liegt die Erklärung der Organe oder die Unbedenklichkeitserklärung des Prozessgerichtes nicht vor, darf die für die Umwandlung konstitutive Eintragung nicht erfolgen. Hinzuweisen ist endlich auf die Strafandrohung bis zu drei Jahren in § 313 UmwG für die Vertretungsorgane, die in Umwandlungsberichten oder sonst unrichtige Angaben gemacht haben. 17

4. Rechtsschutz der Anteilseigner

Das UmwG sieht zur Kontrolle der Umwandlungsbeschlüsse ein dem Aktienrecht entlehntes Instrumentarium vor. 18

Gegen die Wirksamkeit des Umwandlungsbeschlusses steht den Anteilseignern grundsätzlich die Klage offen, bei Kapitalgesellschaften in der Form der **Anfechtungs- oder Nichtigkeitsklage** nach den §§ 246, 249 AktG bzw. in analoger Anwendung sowie bei Personalgesellschaften in Form der **Feststellungsklage**.[45] Anteilsinhaber des übertragenden Rechtsträgers können jedoch nach §§ 14, 15, 195 II UmwG eine Klage gegen die Wirksamkeit des Umwandlungsbeschlusses nicht darauf stützen, dass das Umtauschverhältnis der Anteile oder bare Zuzahlungen zu niedrig bemessen seien. Entsprechendes gilt nach § 32 UmwG für das Angebot der Barabfindung eines übernehmenden Rechtsträgers als auch für die die Abfindung betreffenden abfindungswertbezogenen Informationsmängel, wie der BGH im Jahr 2000 in Abweichung zur bisherigen Rechtsprechung feststellte.[46] Dieser Ausschluss der Klage soll verhindern, dass Streit lediglich über die Höhe des Umtauschverhältnisses, der baren Zuzahlungen oder der Barabfindungen, welcher als solcher letztlich nicht die Umwandlung verhindern kann, nicht zu einer Verzögerung der Eintragung der Umwandlung führt. Die Klärung dieser Fragen unterstellt das UmwG einem eigenen Spruchverfahren, das seit Inkrafttreten des Spruchverfahrensneuordnungsgesetzes 2003[47] im Spruchverfahrensgesetz

---

[45] *Decher* in Lutter UmwG § 14 Rn. 5 ff.
[46] BGH-Urteil vom 18.12.2000, DB 2001 S. 319, BGH-Urteil vom 29.1.2001, DB 2001 S. 471.
[47] Vom 12.6.2003, BGBl. I 2003 S. 838. Die §§ 305–312 UmwG, welche zuvor das Spruchverfahren direkt im Umwandlungsgesetz regelten, wurden damit aufgehoben.

seine Regelung erfahren hat. Schließlich sieht § 16 II UmwG eine vorläufige Registersperre vor für den Fall einer fristgerechten Klage gegen den Umwandlungsbeschluss, die jedoch im Rahmen eines Freigabeverfahrens nach § 16 III UmwG auf Antrag des betroffenen Rechtsträgers überwunden werden kann.

Die Vorschrift des § 14 II UmwG, dh der Auschluss des Anfechtungsrechtes aufgrund eines unangemessenen Umtauschverhältnisses gilt aber nicht für den Anteilseigner des übernehmenden Rechtsträgers. Da dieser keine Ansprüche auf Zuzahlung oder Barabfindung im Spruchverfahren geltend machen kann, wird er auf sein Anfechtungsrecht verwiesen.[48] Durch die Reform des § 16 III UmwG hat diese offensichtliche scharfe Waffe des Anteilseigners des übernehmenden Rechtsträgers an Schärfe verloren, da idR nach einer Interessenabwägung vorab eine Freigabe erreicht werden kann.[49]

a) Klagen gegen Umwandlungsbeschlüsse

19 Soweit die Anteilsinhaber übertragender Rechtsträger nicht gemäß §§ 14 II, 15, 195 II UmwG auf das Spruchverfahren verwiesen werden, können Anteilsinhaber Klage gegen die Wirksamkeit des Umwandlungsbeschlusses ihres Rechtsträgers erheben. Die Klage muss gemäß § 14 I UmwG binnen eines Monats nach Beschlussfassung der Versammlung der Anteilseigner über die Umstrukturierung erhoben werden. Es handelt sich hierbei um eine Ausschlussfrist.

Gründe für eine Unwirksamkeit des Umwandlungsbeschlusses werden im UmwG nicht genannt; diese sind vielmehr den für die jeweiligen Rechtsträger geltenden Vorschriften zu entnehmen.[50] Zur Frage der Nichtigkeit und Anfechtung von Umwandlungsbeschlüssen liegt eine umfangreiche Rechtsprechung vor.[51] Die Nichtigkeit eines Verschmelzungsbeschlusses gemäß § 241 Nr. 1 AktG wurde von der Rechtsprechung zB im Fall eines unverhältnismäßig hohen (sittenwidrigen) Umtauschverhältnisses zugunsten der Anteilsinhaber des übertragenden Rechtsträgers angenommen, wobei der übernehmende Rechtsträger aufgrund des Unterganges von Forderungen durch Konfusion wirtschaftlich allein die Schulden des übertragenden Rechtsträgers übernahm,[52] sowie bei einer AG, deren Hauptversammlung lediglich Sonderbeschlüsse getrennt nach Aktiengattungen, nicht jedoch auch den in § 65 I UmwG

---

[48] Vgl. im Weiteren → Rn. 19 ff.
[49] Vgl. im Weiteren → Rn. 21 ff.
[50] *Marsch-Barner* in Kallmeyer UmwG § 14 Rn. 7; *Decher* in Lutter UmwG § 14 Rn. 5.
[51] OLG Hamm, NZG 2014, 581; OLG Hamm, NZG 2013, 388; OLG Hamm ZIP 2005 S. 1457; LG Darmstadt AG 2006 S. 128; OLG Düsseldorf ZIP 2003 S. 1147; BGH ZIP 2001 S. 2006; OLG Naumburg DB 1997 S. 466; OLG Stuttgart ZIP 1997 S. 75; BayObLG DB 1996 S. 1814; OLG Hamm ZIP 1999 S. 798; BGH ZIP 1998 S. 1245; zahlreiche Nachweise bei *Heckschen* in Widmann/Mayer UmwG § 13 Rn. 163. 3 ff.
[52] LG Mühlhausen DB 1996 S. 1967.

§ 3. Ziele des Umwandlungsrechts

erforderlichen Umwandlungsbeschluss gefasst hatte.[53] Verfahrensverstöße, beispielsweise eine nicht fristgemäße Einberufung der Hauptversammlung, wie auch Mängel des Verschmelzungsvertrages begründen keine Nichtigkeit der Beschlüsse, können aber zu ihrer Anfechtung berechtigen.[54] U. U. besteht die Möglichkeit einer erfolgreichen Anfechtungsklage, falls Barabfindungen nur unter Verletzung der Kapitalerhaltungsvorschriften erfüllt werden konnen.[55]

20 Die Rechtsprechung befasst sich in Fällen von Anfechtungsklagen vielfach mit der Frage des **Rechtsmissbrauches** einer Anfechtungsklage.[56] Ein solcher Fall kann dann gegeben sein, wenn der Anteilseigner die Klage mit dem Ziel erhebt, die verklagte Gesellschaft in grob eigennütziger Weise zu einer Leistung zu veranlassen, auf die er keinen Anspruch hat.[57] Dies wird regelmäßig dann der Fall sein, wenn der Anteilseigner die Klage nur in der Hoffnung erhebt, zur Abwendung der anfechtungsbedingten Nachteile von den umwandlungswilligen Rechtsträgern ein Zahlungsangebot zu erhalten. Durch die Novellierung des Freigabeverfahrens nach § 16 III UmwG im Rahmen des ARUG[58] sollte in der überwiegenden Zahl der Fälle die Prüfung eines Rechtsmissbrauches durch eine Abwägung der Interessen der Gesellschaft und und ihrer Anteilseigner ersetzt werden.[59] Es stellt sich aber weiterhin die Frage, ob im Rahmen des Freigabeverfahrens dem „rechtsmissbräuchlichen" Gehalt einer Anfechtungsklage ausreichend Rechnung getragen werden kann.

b) Registersperre und Freigabeverfahren

21 Gemäß § 16 II UmwG müssen die Vertretungsorgane bei der Anmeldung der Umwandlung zur Eintragung in das Handelsregister versichern, dass eine Klage gegen den Umwandlungsbeschluss nicht oder nicht fristgemäß erhoben oder eine solche Klage rechtskräftig abgewiesen oder zurückgenommen worden ist. Liegt diese Erklärung nicht vor, kann die Umwandlung nur eingetragen werden, wenn die klageberechtigten Anteilsinhaber durch notariell beurkundete Erklärung auf eine Klage verzichtet haben. Dieses Verfahren führt zur faktischen Registersperre, sobald eine Klage erhoben worden ist.[60]

22 Nach § 16 III UmwG besteht für den betroffenen Rechtsträger allerdings die Möglichkeit, das Prozessgericht auf Antrag aussprechen zu lassen, dass der Eintragung keine Bedenken entgegenstehen (Freigabe-

---

[53] LG Hamburg AG 1996 S. 281.
[54] *Heckschen* DB 1998 S. 1385 S. 1390 ff.
[55] *Vollrath* in FS Widmann S. 117, 129.
[56] *Heckschen* in Widmann/Mayer UmwR § 13 UmwG Rn. 163. 2.; LG Hamburg Entscheidungsbesprechung in NJW-Spezial 2009 S. 608; OLG Frankfurt NZG 2009 S. 222.
[57] BGH DB 1989 S. 1664; BGH AG 1990 S. 259 (262) [DAT/Altana].
[58] Gesetz zur Umsetzung der Aktionärsrechterichtlinie (ARUG) vom 30.7.2009, BGBl. I 2009, S. 2479 ff.
[59] Vgl. *Decher* in Lutter UmwG § 16 Rn. 35.
[60] Vgl. Zur Registersperre auch unten → § 9 Rn. 56 ff., 190.

verfahren). Einmal ist das der Fall, wenn die Klage **offensichtlich unzulässig oder unbegründet** ist. Dazu gehören zum einen Klagen, die von vornherein die Verletzung eines Informations- oder sonstigen Mitgliedschaftsrechts nicht schlüssig darlegen.[61] Auch wenn die Klage nicht offensichtlich unbegründet ist, jedoch nur einen Verfahrensfehler betrifft, der auf einer kommenden Hauptversammlung behoben werden kann, besteht keine Registersperre.[62]

Das Freigabeverfahren ist durch das Zweite Gesetz zur Änderung des Umwandlungsgesetzes sowie durch das Gesetz zur Umsetzung der Aktionärsrechterichtlinie („ARUG")[63] vom 30.7.2009 verstärkt worden. So hat der Beschluss des Gerichts in Parallele zu dem durch das UMAG eingeführte aktienrechtliche Freigabeverfahren[64] innerhalb einer Frist von drei Monaten zu erfolgen.[65] Zuständig ist seit Inkrafttreten des ARUG das OLG, in dessen Bezirk der Sitz der Gesellschaft liegt. Der Beschluss ist nun unanfechtbar.

Auch kommt eine Registersperre nicht in Betracht, wenn der Anfechtungskläger nur minimal an dem Rechtsträger beteiligt ist.[66]

Die Rechtsprechung folgte ursprünglich einer von *Bayer*[67] geforderten restriktiven Auslegung des § 16 III UmwG. Danach wäre eine Anfechtungsklage immer schon dann nicht offensichtlich unbegründet, wenn die zugrunde liegende Rechtsfrage nicht höchstrichterlich entschieden worden ist oder nicht sonst hinreichend geklärt worden ist.[68] Kann der Antrag des betroffenen Rechtsträger nur nach Erörterung schwieriger Rechtsfragen entschieden werden, könnte danach ein Beschluss nach § 16 III UmwG nicht begehrt werden.[69] Diese vornehmlich vom OLG Frankfurt verfolgte Entscheidungspraxis ist zu Recht angegriffen worden, da es – anders als bei Unklarheiten im Tatsächlichen – auch im Rahmen eines Beschlussverfahrens möglich sein sollte, über schwierige Rechtsfragen zu entscheiden.[70] Deshalb geht die neuere Rechtspre-

---

[61] BGHZ 112 S. 9 (24) [Hypothekenbanken].

[62] OLG Stuttgart ZIP 1997 S. 75 [Kolbenschmidt]; zustimmend *Kösters* in WM 2000 S. 1921 S. 1926; *Marsch-Barner* in Kallmeyer UmwG § 16 Rn. 41.

[63] Gesetz zur Umsetzung der Aktionärsrechterichtlinie (ARUG) vom 30.7.2009, BGBl. I 2009, S. 2479 ff.

[64] § 246a AktG, ebenfalls geändert durch das ARUG.

[65] Hiermit wurden die Vorgaben des BGH in seinem Beschluss vom 29.5.2006, DB 2006 S. 1362 [T-Online/Deutsche Telekom] umgesetzt, vgl. *Mayer/Weiler* DB 2007 S. 1235.

[66] OLG Stuttgart ZIP 1997 S. 75; LG Heilbronn EWiR 1997 S. 43; durch das ARUG wurde eine formelle Schwelle von einer Beteiligung von mindestens 1000 Euro festgesetzt, § 16 Abs. 3 S. 3 Nr. 2. Der Referentenentwurf sah noch eine Beteiligung von 100 Euro vor.

[67] *Bayer* ZGR 1995 S. 613.

[68] OLG Karlsruhe EWiR 1998 S. 469 mit Anmerkung *Bayer*, *Bork* in Lutter UmwG § 16 Rn. 19a.

[69] OLG Frankfurt DB 1998 S. 1222; OLG Frankfurt ZIP 1997 S. 1291; ebenso die Vorinstanz LG Wiesbaden DB 1997 S. 671; ferner LG Hanau ZIP 1995 S. 1820.

[70] *Heckschen* DB 1998 S. 1392; *Hüffer/Koch* AktG § 246a Rn. 16.

§ 3. Ziele des Umwandlungsrechts

chung[71] inzwischen davon aus, dass es auf eine leichte Erkennbarkeit nicht ankomme.[72] Denn die Offensichtlichkeit beziehe sich nicht auf den Prüfungsaufwand, sondern auf sein Ergebnis.[73] Deshalb wird nach der neuen Rspr. einem Antrag nach § 16 III UmwG stattzugeben sein, wenn die Prüfung durch das Gericht ergibt, dass die Klage, ohne dass es einer weiteren Tatsachenaufklärung bedarf, weder aus tatsächlichen noch aus rechtlichen Gründen Erfolg haben kann.[74]

Eine wesentliche Neuerung des UmwG ist es, dass das Prozessgericht die Freigabe auch dann erteilen kann, wenn es gemäß § 16 III 3 Nr. 3 UmwG nach freier Überzeugung zu der Auffassung gelangt, dass das alsbaldige Wirksamwerden der Umwandlung vorrangig erscheint, weil die vom Antragsteller dargelegten wesentlichen Nachteile für die an der Verschmelzung beteiligten Rechtsträger und ihre Anteilsinhaber im Sinne einer Interessenabwägung die Nachteile für die Antragsgegner überwiegen, es sei denn, es liegt eine besondere Schwere des Rechtsverstoßes vor. 23

Mit der Neufassung des § 16 III UmwG durch das ARUG ist klargestellt worden, dass es um eine Interessenabwägung zwischen der Gesellschaft und den Anteilsinhabern einerseits und dem Antragsgegner andererseits geht. Bei der Einschätzung der Vor- und Nachteile der Eintragung für die Verfahrensbeteiligten, die nach der freien Überzeugung des Prozessgerichts zu treffen ist, sind nicht die Erfolgsaussichten der Klage zu prüfen.[75] Diese sind erst auf einer nächsten Stufe zu prüfen: durch die Formulierung des § 16 III 3 Nr. 3 UmwG ist klargestellt, dass die Rechtsverletzung der Eintragung nur dann entgegensteht, wenn sie besonders schwerwiegend ist.[76] Zunächst hat das Gericht also der Frage nachzugehen, ob auch bei unterstellter Begründetheit der Klage nicht gleichwohl das Eintragungsinteresse überwiegt. Das Eintragungsinteresse liegt dann vor, wenn gewichtige wirtschaftliche Nachteile für alle beteiligten Rechtsträger und ihre Anteilsinhaber zu erwarten sind.[77] Das pauschale Behaupten der durch die Verzögerung entstehenden Kosten oder eines damit verbundenen hohen Arbeitsaufwands genügt nicht.[78] Werden die Nachteile substantiiert dargelegt und glaubhaft gemacht, so zB mit Hinweis auf die zeitlich begrenzte Möglichkeit der steuerlichen Nutzung von Verlustvorträgen sowie ausbleibender Synergieeffekte, geben Gerichte idR dem Antrag nach § 16 III UmwG statt, sofern die

---

[71] Vgl. OLG München, NZG 2012, 261, 262; OLG München, NZG 2013, 459; OLG Frankfurt, NZG 2009, 1183, 1184; OLG Düsseldorf ZIP 2007 S. 380; OLG Köln ZIP 2004 S. 760; OLG Stuttgart AG 2003 S. 456, 457.
[72] *Schwanna* in Semler/Stengel UmwG § 16 Rn. 31; *Hüffer/Koch* AktG, § 246a Rn. 16.
[73] OLG Düsseldorf ZIP 2004 S. 359; vgl. hierzu schon davor OLG Köln BB 2003 S. 2307; OLG Stuttgart ZIP 2003 S. 2363.
[74] OLG Düsseldorf ZIP 2004 S. 359.
[75] *Decher* in Lutter UmwG § 16 Rn. 29, 45.
[76] Vgl. OLG Hamm, NZG 2014, 581; OLG Hamm, AG 2011, 624.
[77] Vgl. OLG Hamm, NZG 2014, 581.
[78] OLG Karlsruhe EWiR 1998 S. 469 mit Anmerkung *Bayer*.

Interessen des klagenden Anteilsinhaber nicht doch im Einzelfall überwiegen.[79]

24 Die Erklärung des Prozessgerichts gemäß § 16 III UmwG, dass der Eintragung keine Bedenken entgegenstehen, steht der Erklärung nach § 16 II UmwG gleich; die Eintragung kann dann erfolgen. Hinzuweisen ist jedoch auf § 16 III 10 UmwG, wonach eine Schadensersatzpflicht des beantragenden Rechtsträgers dann besteht, wenn zu einem späteren Zeitpunkt die Rechtswidrigkeit des Umwandlungsbeschlusses festgestellt wird. Nicht hingegen besteht ein Anspruch auf Naturalrestitution.[80] Seit Inkrafttreten des ARUG gilt vor allem aber auch, dass der Beschluss unanfechtbar ist, § 16 III 9 UmwG.

c) Spruchverfahren

25 Das Spruchverfahren war ursprünglich den §§ 304 ff. AktG aF entlehnt und in den §§ 305 ff. UmwG geregelt. Das Spruchverfahrensneuordnungsgesetz[81] novellierte das bis dahin in AktG und UmwG geregelte Spruchverfahren in einem eigenen Verfahrensgesetz. Der Zweck der Neuregelung war die Verkürzung der Spruchstellenverfahren, welche unter Anwendung des alten Rechts im Schnitt zehn Jahre und sogar bis zu 19 Jahre in Anspruch nehmen konnten.[82] Die Dauer wurde zwar vom Bundesverfassungsgericht noch als verfassungsgemäß beurteilt,[83] hat jedoch zur Verurteilung durch den Europäischen Gerichtshof für Menschenrechte geführt.[84] Die Geeignetheit der Reform zur Erreichung des Ziels wurde im Schrifttum allerdings kritisch beurteilt.[85] Tatsächlich bewirkten die mit dem SpruchG eingeführten Änderungen keine wesentliche Verfahrensverkürzung.[86]

Das Spruchverfahren dient der „Nachbesserung"[87] der Ansprüche der Anteilseigner bezüglich der **Angemessenheit der neuen Beteiligung** oder Mitgliedschaft bzw. der Höhe von **Barabfindungen.** Es handelt sich dabei um Ansprüche, die ohne die ausdrückliche gesetzliche Anordnung der § 14 II, §§ 32, 195 II, § 210 UmwG im Wege einer die Umwandlung blockierenden Unwirksamkeitsklage hätten durchgesetzt werden müssen. Mit dem Spruchverfahren wurde daher ein beträchtliches Störpotenzial von beabsichtigten Umwandlungen genommen, weil dieses Verfahren auf die Umwandlung selbst keinen Einfluss nimmt, sie

---

[79] OLG Hamm, NZG 2014, 581; OLG Hamm, AG 2011, 624; OLG Hamm NZG 2013, 388; OLG Frankfurt ZIP 1996 S. 379.
[80] Gegen das „Postulat" der Irreversibilität der Eintragung wendet sich *Schmid* in ZGR 1997 S. 493, um so einen effizienten Gebrauch des Freigabeverfahrens zu ermöglichen.
[81] Vom 12.6.2003, BGBl. I 2003 S. 838.
[82] Vgl. *Meilicke/Heidel* DB S. 2003 S. 2267 mwN; *Hoffmann-Becking* ZGR 1990 S. 482, 498 mwN aus der Rspr.
[83] BVerfG Nichtannahmebeschluss vom 26.4.1999, ZIP 1999 S. 999 ff.
[84] EGMR 20.2.2003, Beschw. Nr. 44 324/98.
[85] *Meilicke/Heidel* DB 2003 S. 2267; *Puszkajler* ZIP 2003 S. 518.
[86] *Krieger/Mennicke* in Lutter UmwG Anhang I SpruchG Einl Rn. 4.
[87] *Ganske* WM 1993 S. 1117 (1124).

§ 3. Ziele des Umwandlungsrechts § 3

mithin auch nicht behindern kann. Für die Geltendmachung der in § 1 Nr. 4 SpruchG aufgeführten Ansprüche ist das Spruchverfahren zwingend und unter Ausschluss anderer Klagewege vorgeschrieben.

Zuständiges Gericht ist gemäß § 2 I 1 SpruchG das Landgericht, Kammer für Handelssachen, in dessen Bezirk der Rechtsträger, dessen Anteilsinhaber antragsberechtigt sind, seinen Sitz hat. Zur Frage der Zuständigkeit bei Mitwirkung mehrerer Rechtsträger in unterschiedlichen Landgerichtsbezirken ist der Gesetzgeber den Vorschlägen aus Rechtsprechung[88] und Lehre[89] gefolgt und sieht in § 2 I 2 SpruchG eine entsprechende Anwendung von § 2 I des Gesetzes über das Verfahren in Familiensachen und in den Angelegenheiten der freiwilligen Gerichtsbarkeit (FamFG) vor,[90] demgemäß das als zuerst mit der Angelegenheit befasste Gericht zuständig ist. Diskutiert wird darüberhinaus bei Spruchverfahren nach einem Squeeze-out, ob unter Berufung auf die EuGVVO[91] den Spruchgerichten des jeweiligen Sitzstaates der betroffenen Gesellschaft die Zuständigkeit abgesprochen werden kann, wenn der Mehrheitsaktionär seinen Sitz im Ausland hat.[92] **26**

Wie schon § 307 I UmwG aF verweist auch § 17 I SpruchG, soweit das SpruchG nichts anderes bestimmt, auf die Regeln des FamFG und damit auch auf den Amtsermittlungsgrundsatz des § 26 FamFG. Dieser wird jedoch in besonderen Vorschriften des Spruchgesetzes weitreichend verdrängt durch den Beibringungsgrundsatz durch Verweis auf §§ 138, 139 ZPO (§ 8 III SpruchG), Darlegungspflichten (§§ 4 II, 7 II, IV, V SpruchG) und Verfahrensförderungspflichten mit Präklusionsfolge (§§ 9, 10 SpruchG).[93]

Die Antragsfrist, die Ausschlussfrist ist, beträgt drei Monate nach dem Tage, an dem die Eintragung der Umwandlung im Handelsregister als bekannt gemacht gilt, § 4 I Nr. 4 SpruchG iVm § 19 III UmwG. Dabei kommt es auf die Eintragung an, die konstitutiv für das Wirksamwerden der Umwandlung ist.[94] Die Frist ist auch durch Einreichung der Klage bei einem unzuständigen Gericht gewahrt, § 4 I 2 SpruchG.[95]

---

[88] LG Dortmund ZIP 1999 S. 1711.
[89] *Neye* in FS Widmann S. 87, 94.
[90] Seit FGG-Reformgesetz vom 17.12.2008, BGBl. I 2008 S. 2586.
[91] Verordnung (EG) Nr. 44/2001 des Rates über die gerichtliche Zuständigkeit und die Anerkennung und Vollstreckung von Entscheidungen in Zivil- und Handelssachen vom 22.12.2000.
[92] Vgl. hierzu ausführlich *Meilicke/Lochner* AG 2010 S. 23 ff. mwN; das OLG Wien hat in seinem Beschluss vom 10.6.2009 – UniCredito/Bank Austria Creditanstalt AG, AG 2010 S. 49 ff. eine Zuständigkeit am Sitz des Mehrheitsaktionärs verneint und für Verfahren über die im Rahmen eines Squeeze-out zu zahlende Entschädigung eine ausschließliche Zuständigkeit des Sitzgerichts nach Art. 22 Nr. 2 EuGVVO (Klagen gegen die Gültigkeit der Beschlüsse der Organe einer Gesellschaft) angenommen.
[93] Eingehend zu dem Verhältnis der Verfahrensgrundsätze: *Winter/Nießen* NZG 2007 S. 13.
[94] *Hörtnagl* in Schmitt/Hörtnagl/Stratz UmwG, § 4 SpruchG Rn. 3 mwN.
[95] OLG Düsseldorf, BeckRS 2015, 20495.

27 Präziser geregelt ist im SpruchG nun die Antragsbefugnis.[96] Nach § 3 Satz 1 Nr. 3 SpruchG ist dies der im UmwG genannte Anteilsinhaber. § 3 Satz 2 bringt darüber hinaus Klärung der umstrittenen Frage, auf welchen Zeitpunkt für die Feststellung der Anteilsinhaberschaft des Antragstellers abzustellen ist: Es ist der Zeitpunkt der Antragstellung maßgeblich. Handelt es sich um eine Aktiengesellschaft, so ist gemäß § 3 Satz 3 SpruchG die Aktionärsstellung durch Urkundsbeweis innerhalb der Antragsfrist[97] nachzuweisen. Diese Regelung ist aus prozessökonomischer Sicht begrüßenswert, da sie langwierige Beweisaufnahmen zur Frage der Antragsbefugnis vermeidet.[98] Wie schon unter dem UmwG wird auch im SpruchG aufgrund des allgemeinen Verweises auf das UmwG hinsichtlich der Antragsbefugnis zwischen dem Anspruch auf Verbesserung des Umtauschverhältnisses und jenem auf Erhöhung der Barabfindung unterschieden. Bei Letzterem sind nur diejenigen Anteilsinhaber antragsbefugt, die nach § 29 I UmwG in der Versammlung der Anteilsinhaber Widerspruch zur Niederschrift gegen den Umwandlungsbeschluss des übertragenden Rechtsträgers erklärt haben. Beim Verfahren auf Verbesserung des Umtauschverhältnisses hält der Gesetzgeber daran fest, dass die Verbesserung des Umtauschverhältnisses nicht von der Anbringung eines Protokollwiderspruches in der Versammlung der Anteilsinhaber abhängt. Selbst eine Beschlusszustimmung ist unschädlich.[99] Zweck der Regelung ist, nicht durch den Widerspruch an sich umwandlungswilliger Anteilsinhaber notwendige Umstrukturierungen zu verhindern.

28 Trotz anhaltender Kritik[100] bleibt das Spruchverfahren den Anteilseignern des übernehmenden Rechtsträgers verschlossen; antragsberechtigt sind nur **Anteilsinhaber des übertragenden Rechtsträgers**.[101] Den Anteilsinhabern des übernehmenden Rechtsträgers bleibt als Rechtsbehelf nur die Klage gegen die Wirksamkeit des Umwandlungsbeschlusses.

Für diejenigen Antragsberechtigten, die nicht selbst Antragsteller sind, bestellt das Gericht gemäß § 6 SpruchG von Amts wegen einen **gemeinsamen Vertreter**. Die Regel des § 308 UmwG aF wurde somit im Kern übernommen. Die gesetzgeberische Klarstellung, die Bestellung habe frühzeitig zu erfolgen, soll die Gerichte dazu anhalten, den Vertreter so früh wie möglich zu bestellen, um einerseits das Verfahren zu beschleunigen und andererseits die Interessen der nichtbeteiligten Anteilseigner zu wahren. Zwingende Voraussetzung bleibt jedoch zumindest ein frist-

---

[96] *Hörtnagl* in Schmitt/Hörtnagl/Stratz UmwG, § 3 SpruchG Rn. 1.
[97] *Krieger* in Lutter UmwG Anhang I SpruchG § 3 Rn. 10, 11.
[98] *Bungert/Mennicke* BB-Gesetzgebungsreport: Das Spruchverfahrensneuordnungsgesetz, BB 2003 S. 2021 S. 2025.
[99] *Decher* in Lutter UmwG § 15 UmwG Rn. 3; *Marsch-Barner* in Kallmeyer UmwG § 15 UmwG Rn. 5; *Hörtnagl* in Schmitt/Hörtnagl/Stratz UmwG § 3 SpruchG Rn. 3 mwN.
[100] *Dreier/Fritzsche/Verfürth* SpruchG § 1 Rn. 142 ff. mwN.
[101] *Hörtnagl* in Schmitt/Hörtnagl/Stratz UmwG § 3 SpruchG Rn. 2; aA *Dreier/Fritzsche/Verfürth* SpruchG § 3 Rn. 35, § 1 Rn. 155 ff.

gerecht gestellter und ordnungsgemäß begründeter Antrag.[102] § 6 III SpruchG hält an der Regelung fest, dass der gemeinsame Vertreter das Verfahren auch nach Rücknahme eines Antrages weiterführen kann und dann einem Antragsteller gleichsteht. Zweck der Regelung ist es, den an der Umwandlung beteiligten Unternehmen die Möglichkeit zu nehmen, ein unzureichendes Umtauschverhältnis oder eine zu niedrige Barabfindung auf dem Wege durchzusetzen, dass einzelne Antragsteller, welche individuell eine Zahlung erhalten haben, ihren Antrag zurücknehmen.[103]

Dies wird in § 13 SpruchG deutlich, demgemäß die Entscheidung des Gerichts **für und gegen alle wirkt,** denn die Entscheidung wirkt, wie § 13 SpruchG nun klarstellt, auch gegen solche Anteilseigner, die gegen die ursprünglich angebotene Barabfindung oder gegen eine sonstige Barabfindung ausgeschieden sind.[104] Ein Vergleich im Rahmen des Spruchverfahrens entfaltet keine *inter omnes* Wirkung. Deshalb hat der gemeinsame Vertreter zu prüfen, ob ein Vergleich auch die nicht antragstellenden Anteilseigner einbezieht oder nicht.[105] Es ist nicht zu verkennen, dass die in § 13 SpruchG angeordnete *inter omnes* Wirkung erhebliche finanzielle Risiken für den übernehmenden/neuen Rechtsträger zur Folge haben kann, da nach Abschluss des oft langjährigen Spruchverfahrens alle Anteilsinhaber des übertragenden Rechtsträgers einen Zahlungsanspruch geltend machen können, der ab Registereintragung der Verschmelzung nach § 15 II UmwG mit jeweils fünf Prozentpunkten über dem jeweiligen Basiszinssatz nach § 247 BGB zu verzinsen ist.

Das Gericht entscheidet durch Beschluss, gegen den die sofortige Beschwerde zum Oberlandesgericht statthaft ist, §§ 11 I, 12 I SpruchG; eine weitere Beschwerde ist nicht gegeben.

Der Beschluss hat lediglich feststellenden Charakter und ist nicht vollstreckbar; er entfaltet aber materielle Rechtskraft gemäß § 325 ZPO, so dass eine Leistungsklage gegen den übernehmenden Rechtsträger statthaft ist.

29

Der im Wege der Leistungsklage durchzusetzende Zahlungsanspruch könnte jedoch dann gefährdet sein, wenn die Gewährung barer Zuzahlungen mit den **Kapitalerhaltungsgrundsätzen** in Konflikt geriete, wenn also der übernehmende Rechtsträger mit den Zuzahlungen Stammkapital oder Einlagen zurückgewährte. Einen Teilbereich dieser Problematik beleuchtet *Vollrath*[106] für die Kapitalerhaltungsregeln im Aktiengesetz und GmbH-Gesetz und kommt dabei zu dem Ergebnis, dass bei dem Erwerb eigener Anteile durch den übernehmenden Rechtsträger die Kapitalerhaltungsregeln für Abfindungen nach dem Umwandlungs-

---

[102] *Krieger* in Lutter UmwG, Anhang I SpruchG § 6 Rn. 3.
[103] *Hörtnagl* in Schmitt/Hörtnagl/Stratz UmwG § 6 SpruchG Rn. 21; *Volhard* in Semler/Stengel UmwG § 6 SpruchG Rn. 16.
[104] Siehe auch OLG Karlsruhe ZIP 2008 S. 1633, nach dem ein Abfindungsangebot von einem Aktionär nach Abschluss des Spruchverfahrens auch angenommen werden kann, wenn er nicht mehr an dem Verfahren beteiligt war und nicht mehr Aktionär der betroffenen Gesellschaft ist.
[105] *Krieger* in Lutter UmwG Anhang I SpruchG § 11 Rn. 6; *Hörtnagl* in Schmitt/Hörtnagl/Stratz UmwG § 11 SpruchG Rn. 15.
[106] *Vollrath* in FS Widmann S. 117, 124 ff.

gesetz weitgehend ausgehebelt sind. Probleme können sich aber auch außerhalb des Erwerbes eigener Anteile ergeben, so dass sich die Frage nach dem Konflikt mit den Kapitalerhaltungsgrundsätzen generell stellt. Bei einem solchen Konfliktfall könnte der Rechtsträger wohl Unmöglichkeit der baren Zuzahlung einwenden, so dass den benachteiligten Anteilseignern nur Schadensersatzansprüche gegen die Organe und ggf. Wirtschaftsprüfer verblieben.

5. Schadensersatzanspruch gegen Organe

30 Für den Fall, dass die Anteilsinhaber aufgrund der Umwandlung einen Schaden erleiden, räumt das UmwG unter den Voraussetzungen der §§ 25, 205 UmwG einen Schadensersatzanspruch gegen die **Verwaltungsträger des übertragenden Rechtsträgers** ein.[107] Anders als nach allgemeinen Regeln besteht nicht nur eine Binnenhaftung: die Verwaltungsträger haften den Anteilsinhabern auch unmittelbar, soweit sie ihre Pflicht zur Prüfung der Vermögenslage der beteiligten Rechtsträger und zur Beachtung der erforderlichen Sorgfalt bei Abschluss des Verschmelzungs- bzw. Spaltungsvertrages verletzen. Die Ersatzpflicht entfällt, falls die Verwaltungsträger nachweisen, dass sie die Sorgfaltspflicht beobachtet haben. Offen bleibt der Sorgfaltsmaßstab; bisher hatten **Sorgfaltspflichtverletzungen** bei der Unternehmensführung fast nur oder überwiegend bei Delikten oder grob fahrlässigen Pflichtverletzungen bei außergewöhnlichen Einzelgeschäften Schadensersatzkonsequenzen.[108] Verwaltungsträger werden sich hinsichtlich der Prüfung der Vermögenslage durch die Beauftragung einer eingehenden „Due Diligence" exkulpieren können, während das Risiko der eigentlichen unternehmerischen Entscheidung bei ihnen verbleiben wird. Ein Haftungsausschluss aufgrund der Beschlussfassung der Anteilsinhaber, so zB gemäß § 93 IV 1 AktG, ist nicht statthaft, da ansonsten die Vorschrift des § 25 UmwG ihren Sinn verlieren würde. Schäden des *übertragenden Rechtsträgers* sind hingegen selten.[109] Insbesondere berührt ein ungünstiges Umtauschverhältnis aufgrund einer Fehlberechnung der Anteile nicht den Rechtsträger selbst, sondern ausschließlich die Anteilsinhaber,[110] die ihren Schaden vorrangig im Spruchverfahren geltend zu machen haben. Etwaige Reflexschäden des übertragenden Rechtsträgers können darüber hinaus nicht geltend gemacht werden.[111] Soweit im Spruchverfahren die Anteilsinhaber des übertragenden Rechtsträgers eine bare Zuzahlung als Ausgleich erlangen, mag ihr Schaden dadurch ersetzt werden. Unterlassen diese eine Geltend-

---

[107] *Clemm/Dürrschmidt* in FS Widmann S. 3 ff.
[108] So auch OLG Düsseldorf vom 28.11.1996, ZIP 1997 S. 27 (30 ff.); für einen großen Spielraum der Organträger LG Stuttgart ZIP 1994 S. 631.
[109] *Marsch-Barner* in Kallmeyer UmwG § 25 Rn. 9; *Grunewald* in Lutter UmwG § 25 Rn. 14.
[110] *Grunewald* in Lutter UmwG § 25 Rn. 14; *Stratz* in Schmitt/Hörtnagl/Stratz UmwG § 25 Rn. 21: nur bei pflichtwidrigem Handeln während des Verschmelzungsverfahrens.
[111] Vgl. zum Verfahren → Rn. 33.

machung im Spruchverfahren, so führt dies u. U. zu einem Mitverschulden (§ 254 II BGB)[112] soweit ihnen vor Ablauf der Klagefrist im Spruchverfahren die Umstände bekannt werden, die die Zweifel an der Angemessenheit des Umtauschverhältnisses begründen.[113]

Soweit sich Anteilseigner des übernehmenden Rechtsträgers gegen ein unangemessen niedriges Umtauschverhältnis zur Wehr setzen wollen, ist allein die Anfechtungsklage gegeben. Ansprüche gegen **Verwaltungsträger des übernehmenden Rechtsträgers** stehen in diesem Fall nicht ihnen, sondern nur dem übernehmenden Rechtsträger nach allgemeinen Vorschriften zu, § 27 UmwG. Ansprüche können sich zB ergeben, soweit Mitglieder des berufenen Organs die Vermögenslage des übernehmenden Rechtsträgers nicht ausreichend geprüft haben, den Verschmelzungsbericht nicht ordnungsgemäß abgefasst haben oder ganz allgemein die Interessen des übernehmenden Rechtsträgers in den Verhandlungen nicht hinreichend vertreten haben.[114] Hieraus kann sich zB ein Schaden des übernehmenden Rechtsträgers aufgrund der Zahlung unangemessen hoher Barabfindungen ergeben.

6. Das Konkurrenzverhältnis zwischen UmwG und WpÜG

31 Eine Abstimmung zwischen dem UmwG und dem seit dem 1.1.2002 geltenden Wertpapiererwerbs- und Übernahmegesetz (WpÜG)[115] wurde vom Gesetzgeber bewusst nicht getroffen.[116] Es stellt sich die Frage, ob umwandlungsrechtliche Vorgänge ebenfalls den Pflichtangebotsvorschriften des WpÜG unterliegen, soweit sie im Ergebnis zu einer Kontrollerlangung führen.[117] Nach der hM finden die beiden Regelungssysteme parallel Anwendung und Konflikte zwischen diesen sollen im Wege der Auslegung gelöst werden.[118]

Demzufolge ist ein aufnehmendes Unternehmen, welches durch eine Verschmelzung einen 30-prozentigen oder größeren Anteil einer börsennotierten Gesellschaft erwirbt, zum Angebot nach § 35 II WpÜG verpflichtet.[119] Gleiches gilt auch für Aktionäre börsennotierter Rechtsträger, welche beispielsweise durch eine Verschmelzung einer von ihnen

---

[112] *Kübler* in Semler/Stengel UmwG § 25 Rn. 23; *Grunewald* in Lutter § 25 Rn. 15; *Stratz* in Schmitt/Hörtnagl/Stratz UmwG § 25 Rn. 18.
[113] Vgl. *Kübler* in Semler/Stengel UmwG § 25 Rn. 23.
[114] Vgl. *Grunewald* in Lutter § 27 Rn. 5 ff.
[115] BGBl. I 2001 S. 3822.
[116] Begr. RegE, BT-Drucks. 14/7034 S. 31.
[117] Von dieser Problematik zu unterscheiden ist die Frage von Umwandlungsmaßnahmen, welche den Fortfall der Börsennotierung einer AG verursachen, sog. „kaltes Delisting". Hier ist kein Pflichtangebot abzugeben, vgl. *Meyer* in Angerer/Geibel/Süßmann WpÜG § 35 Rn. 47; hierzu ausführlicher unter → § 9 Rn. 60, 79.
[118] Vgl. *Grabbe/Fett* NZG 2003 S. 755 (757); *Krause/Pötzsch* in Assmann/Pötzsch/Schneider WpÜG § 35 Rn. 138; *Heckschen* in Widman/Mayer UmwG § 1 Rn. 413 ff.
[119] Vgl. *Meyer* in Angerer/Geibel/Süßmann WpÜG § 35 Rn. 46; *Seibt/Heiser* ZHR 165 (2001) S. 466 (470).

kontrollierten Gesellschaft auf die börsennotierte Gesellschaft die Schwelle von 30% überschreiten.[120]

Materiellrechtliche Regelungsunterschiede zwischen dem umwandlungsrechtlichen Abfindungsangebot (§ 29 UmwG) und dem übernahmerechtlichen Pflichtangebot (§ 35 WpÜG) ergeben ein weiteres ungeklärtes Konkurrenzverhältnis. Mangels der gesetzlichen Abstimmung vertritt die hM, dass sowohl ein Abfindungsangebot als auch ein Pflichtangebot abgegeben werden muss.[121] Durch den unterschiedlichen Schutzzweck beider Normen werden nicht nur das Vermögen, sondern auch die Erwartungen der Anleger in der Kontinuität gegebener Mehrheitsverhältnisse geschützt.[122] Konkret ist ein Anteilseigner, der durch die Verschmelzung den 30-prozentigen Anteil erlangt, dazu verpflichtet, den Neuaktionären ein Angebot nach § 35 II WpÜG zu unterbreiten und dies unabhängig davon, dass letztere bereits von der übertragenden Gesellschaft ein Abfindungsangebot nach § 29 UmwG erhalten haben.[123]

Die widersprechenden Anteilsinhaber haben schließlich die Wahl. Sie können entweder den Erwerb ihrer Anteile durch die übernehmende Gesellschaft nach § 29 UmwG verlangen, wobei sich deren Wert nach der Beteiligung in dem übertragenden Rechtsträger zum Zeitpunkt der Beschlussfassung der Verschmelzung bemisst,[124] oder aber sie können das Übernahmeangebot nach § 35 II WpÜG annehmen. In diesem Fall bemisst sich der Wert der Anteile vorrangig nach dem durchschnittlichen Wert des Börsenkurses der Aktien der Zielgesellschaft (§ 31 I 2 WpÜG).

Neben den Verschmelzungen sind diese Grundsätze ebenfalls auf Spaltungen zur Aufnahme (§§ 126 ff. UmwG) anzuwenden.[125]

Abschließend sei darauf hingewiesen, dass die Bundesanstalt für Finanzdienstleistungsaufsicht (BaFin) gemäß § 37 I WpÜG den Bieter bei Vorliegen bestimmter Befreiungsgründe nach ihrem Ermessen von den Verpflichtungen des § 35 WpÜG befreien kann.[126]

---

[120] Vgl. *Lutter* in Lutter UmwG Einl. I Rn. 69 mwN in Fußn. 2.
[121] *Heckschen* in *Widman/Mayer* UmwG § 1 Rn. 417; *Meyer* in Angerer/Geibel/Süßmann WpÜG § 35 Rn. 46; aA *J. Vetter* in WM 2002 S. 1999 (2002); zum Meinungsstand *Grabbe/Fett* NZG 2003 S. 755 (757).
[122] Vgl. *Fleischer* NZG 2002 S. 545 (549 f.).
[123] OLG Düsseldorf: Konkretisierung der Anforderungen an die gesetzliche Befreiung vom Pflichtangebot gemäß § 35 Abs. 3 WpÜG im Rahmen einer Verschmelzung, BKR 2006, 499.
[124] Siehe dazu näher *Grunewald* in Lutter UmwG § 30 Rn. 2.
[125] *Krause/Pötzsch* in Assmann/Pötzsch/Schneider WpÜG § 35 Rn. 138; *Lutter/Bayer* in Lutter UmwG Einl. I Rn. 68.
[126] Im speziellen Fall einer Kontrollerlangung durch eine umwandlungsrechtliche Maßnahme ist die BaFin jedoch nicht zur Erteilung einer Befreiung geneigt. Eine in der Praxis bedeutsame Befreiungsmöglichkeit ist beispielsweise gegeben, wenn eine Kontrollerlangung zum Zwecke der Sanierung der Zielgesellschaft ausgeführt werden soll; ausführlich dazu *H. Krause* NJW 2004 S. 3681 (3686 f.).

III. Gläubigerschutz

Eine Verschmelzung birgt für die Gläubiger Risiken, da nach Wirksamwerden der Verschmelzung unter Umständen eine Konkurrenzsituation zwischen Gläubigern der ursprünglich unterschiedlichen Rechtsträger um ein möglicherweise insgesamt geschmälertes Vermögen entstehen kann und in jedem Fall die Gläubiger eines übertragenden Rechtsträgers ihren bisherigen Schuldner verlieren. Sie erhalten zwar an seiner Stelle einen neuen Schuldner in Gestalt des übernehmenden Rechtsträgers, diesen haben sie sich jedoch nicht ausgesucht.[127]

32

Der Gläubigerschutz wird durch das UmwG in zweierlei Weise gewährleistet. Das Gesetz sieht in §§ 22, 204 UmwG einen Anspruch auf **Sicherheitsleistung** für diejenigen Gläubiger vor, deren Anspruch gegen einen der an der Umwandlung beteiligten Rechtsträger gefährdet ist. Abweichend vom alten Recht ist nunmehr grundsätzlich eine Glaubhaftmachung erforderlich; ein kaum zu erbringender Nachweis ist nicht mehr wie in § 347 I AktG aF erforderlich. Auf der anderen Seite normieren die §§ 25, 205 UmwG eine gesamtschuldnerische **Schadensersatzpflicht** derjenigen Verwaltungsträger der übertragenden Gesellschaft, die aufgrund der Verschmelzung oder des Formwechsels einen Schaden der Gläubiger, Anteilseigner oder der Gesellschaft selbst verursacht haben. Die Verwaltungsträger des übernehmenden Rechtsträgers trifft lediglich eine Haftung nach allgemeinen Vorschriften, § 27 UmwG.

1. Sicherheitsleistung

Kann ein Gläubiger die Befriedigung seiner Forderung mangels Fälligkeit nicht verlangen, ist er zunächst berechtigt, von dem Rechtsträger, dessen Gläubiger er ist, Sicherheitsleistung zu verlangen. Die Forderung muss bei Eintragung der Verschmelzung bereits begründet sein. Auch befristete und bedingte Ansprüche berechtigen zur Sicherheitsleistung.[128] Der Anspruch auf Sicherheitsleistung unterliegt einer sechsmonatigen **Ausschlussfrist**. Er ist beim Registergericht des Sitzes des schuldenden Rechtsträgers nach Grund und Höhe anzumelden. Dabei haben die Gläubiger glaubhaft zu machen, dass durch die Verschmelzung die Erfüllung ihrer Forderungen gefährdet ist oder eine Gefährdung der Forderung sich erhöht,[129] weil etwa das Aktivvermögen der Rechtsträger nicht zur Deckung aller Verbindlichkeiten ausreicht; eine Glaubhaftmachung der Forderung allein reicht nicht aus. Praktisch bedeutsam sind auch Fälle, in denen aufgrund einer Umwandlung Rechte von Gläubigern an den Anteilen oder Mitgliedschaften der übertragenden Rechtsträger untergehen bzw. durch kollidierende Rechte gefährdet werden.[130] Die

33

---

[127] *Grunewald* in Lutter UmwG § 22 Rn. 1.
[128] *Grunewald* in Lutter UmwG § 22 Rn. 6.
[129] Vgl. LG Augsburg, BeckRS 2011, 18537.
[130] Vgl. OLG Celle BB 1989 S. 868 noch zu § 26 KapErhG, wonach die Sicherheitsleistung nicht beansprucht werden kann, wenn die fällige Forderung bestritten ist; heute allg. Meinung vgl. *Stratz* in Schmitt/Hörtnagl/Stratz UmwG § 22 Rn. 18; *Grunewald* in Lutter UmwG § 22 Rn. 14.

Höhe der Sicherheitsleistung wird durch das Schutzbedürfnis des Gläubigers bestimmt.[131] Der Anspruch auf Sicherheitsleistung ist ausgeschlossen, wenn sofort auf Befriedigung geklagt werden kann.[132] Gleiches gilt nach § 22 II UmwG dann, wenn die Gläubiger im Falle der Insolvenz ein Recht auf vorzugsweise Befriedigung aus einer staatlich überwachten Deckungsmasse haben, die zu ihrem Schutz errichtet worden ist. § 22 II UmwG ist auch auf die vom besonderen Insolvenzschutz durch den Pensionssicherungsverein[133] erfassten Versorgungsanwartschaften der Arbeitnehmer, die sich aus einer unmittelbaren Versorgungszusage des Arbeitgebers ergeben, anwendbar.[134]

2. Schadensersatzanspruch gegen Organe

34   Neben dem Anspruch auf Sicherheitsleistung steht Gläubigern ein Schadensersatzanspruch gegen die gesamtschuldnerisch haftenden **Verwaltungsorgane** eines übertragenden Rechtsträgers zu, wenn ihnen durch die Verschmelzung ein Schaden entstanden ist. Die Verpflichtung zum Schadensersatz nach § 25 I UmwG besteht aber nur dann, wenn sich die Pflichtverletzung der Verwaltungsträger auf die Prüfung der Vermögenslage oder auf andere Pflichten bei Abschluss des Verschmelzungs- bzw. Spaltungsvertrages bezieht.[135]

35   Für andere Pflichtverletzungen, insbesondere gegenüber Gläubigern, bleibt es bei den allgemeinen Regeln. Ein eventueller Schadensersatzanspruch der übertragenden Gesellschaft gegen ihre Organe kann nur von dem übernehmenden Rechtsträger geltend gemacht werden. Gemäß §§ 25 II, III UmwG gilt der übertragene Rechtsträger für seine Forderungen als fortbestehend; die Ansprüche verjähren in fünf Jahren seit Bekanntmachung der Umwandlung.

Nach §§ 26 I UmwG, 376 FamFG ist auf Antrag vom Amtsgericht am Sitz des übertragenden Rechtsträgers ein **besonderer Vertreter** zu bestellen. Eine eigenhändige Klage ist unzulässig.[136] Gläubiger sind nur antragsbefugt, wenn sie vom übernehmenden Rechtsträger keine Befriedigung erlangen können. Der Vertreter hat ua im Bundesanzeiger zur Geltendmachung der Ansprüche aufzufordern, § 26 II UmwG; die Verteilung richtet sich nach § 26 III UmwG.

36   Für die sich infolge der Umwandlung ergebenden Schadensersatzansprüche gegen die **Verwaltungsträger des übernehmenden Rechtsträgers** ist lediglich bestimmt, dass sie in fünf Jahren ab Bekannt-

---

[131] BGH, Urteil vom 18.3.1996, II ZR 299/94, DStR 1996 S. 633.
[132] Stratz in *Schmitt/Hörtnagl/Stratz* UmwG § 22 Rn. 16.
[133] Nach den §§ 7 ff. des Gesetzes zur Verbesserung der betrieblichen Altersversorgung vom 19.12.1974, BGBl. I 1974 S. 3610, geändert durch Art. 34 des Gesetzes vom 25.2.1992, BGBl. I 1992 S. 297.
[134] BT-Drucks. 12/6699 S. 92; *Lutter* ZGR 1990 S. 392 (411).
[135] Vgl. zuvor → Rn. 29.
[136] *Marsch-Barner* in Kallmeyer UmwG § 26 Rn. 2; *Grunewald* in Lutter UmwG § 26 Rn. 4; *Kübler* in Semler/Stengel UmwG § 26 Rn. 3; *Vossius* in Widmann/Mayer UmwG § 26 Rn. 7.

machung der Umwandlung **verjähren**. Anders als § 25 UmwG enthält diese Vorschrift keine eigene Anspruchsgrundlage, sondern knüpft an allgemeine Ansprüche an.[137] Die Verjährungsvorschrift ist jedoch weiter gefasst als § 25 UmwG; sie bezieht sich auf jedes pflichtwidrige Verhalten, welches mit der Verschmelzung zumindest im Zusammenhang steht.[138]

Über diesen individuellen Gläubigerschutz hinaus ist stets auch ein institutioneller Gläubigerschutz[139] durch Berichte und Prüfungsrechte in formeller sowie die Vorschriften zur Kapitalaufbringung und Kapitalerhaltung in materieller Hinsicht vorhanden. Bei der Verschmelzung wird die nur punktuelle (beim übertragenden Rechtsträger vorausgegangene) Überprüfung der Aufbringung des Grund- und Stammkapitals flankiert durch die Verpflichtung zur konkreten Bilanzierung und die Möglichkeit der Bilanzkontinuität in § 24 UmwG. Auch bare Zuzahlungen, Ausgleichszahlungen und Barabfindungen nach §§ 15 und 29 UmwG stehen unter dem Vorrang der Kapitalaufbringung und -erhaltung.

IV. Schutz der Arbeitnehmerinteressen

Durch die Umstrukturierung eines Unternehmens werden die Interessen der Arbeitnehmer in vielfacher Weise berührt. Zu denken ist hier insbesondere an Sachverhalte wie den Übergang von Arbeitsverhältnissen bei Rechtsträgerwechsel bzw. Kündigungsmöglichkeiten, die Haftung des Arbeitgebers im Hinblick auf Arbeitnehmerforderungen, einschließlich der Ansprüche aus betrieblicher Altersversorgung, sowie schließlich Informations- und Beteiligungsrechte des Betriebsrates. Das Umwandlungsgesetz enthält an zahlreichen Stellen Bestimmungen über den Schutz der Arbeitnehmer. Teilweise entsteht jedoch der Eindruck eines wenig systematischen, lückenhaften Regelungswerkes. Dies liegt sicherlich nicht zuletzt daran, dass das Gesetz schwerpunktmäßig dem Gesellschaftsrecht zuzuordnen ist und arbeitsrechtliche Bestimmungen im Wesentlichen erst aufgrund entsprechender Anmerkungen im Laufe des jeweiligen Gesetzgebungsverfahrens eingefügt worden sind.[140]

---

[137] *Marsch-Barner* in Kallmeyer UmwG § 27 Rn. 2.
[138] *Grunewald* in Lutter UmwG § 27 Rn. 5 ff.; *Marsch-Barner* in Kallmeyer UmwG § 27 Rn. 2; *Kübler* in Semler/Stengel UmwG § 27 Rn. 5 ff.
[139] Zum formellen und materiellen Institutionsschutz vgl. *Petersen*, Der Gläubigerschutz im Umwandlungsrecht S. 19 ff., 147 ff. (Institutsschutz bei der Verschmelzung).
[140] Zu den arbeitsrechtlichen Bestimmungen im Einzelnen vgl. → § 6.

§ 4. Ziele des Umwandlungssteuerrechts

I. Steuerneutralität der Unternehmensrestrukturierung

1   Ziel des UmwStG ist es, betriebswirtschaftlich erwünschte Umstrukturierungen, die im Rahmen des UmwG handelsrechtlich möglich sind, nicht durch steuerliche Folgen zu behindern, soweit dem nicht spezifische Belange des Steuerrechts entgegenstehen.[1] Der Gesetzgeber folgt damit volkswirtschaftlichen Forderungen nach einer Flexibilität unternehmerischer Organisation in Größe und Rechtsform. Die Steuerneutralität der Umstrukturierung unternehmerischer Organisationsformen ist ein wichtiger Teilaspekt dieser Forderung.

2   Ohne die Vorschriften des UmwStG würde der Vermögensübergang im Rahmen einer Verschmelzung oder Spaltung steuerlich als Veräußerungs- bzw. Anschaffungsgeschäft erfasst bzw. im Falle eines restlosen Vermögensüberganges als Aufgabe des Betriebes (§ 16 EStG) bzw. als Liquidation und Abwicklung (§ 11 KStG) des übertragenden Rechtsträgers besteuert.

Die Steuerneutralität der Umwandlungsvorgänge wird im Grundsatz durch eine Fortführung der steuerlichen Werte erreicht. Dabei stellen sich ähnliche Fragen auf verschiedenen Ebenen der beteiligten Rechtsträger bzw. Gesellschafter:
– beim übertragenden Rechtsträger soll die Umwandlung nicht dazu führen, dass die steuerlichen Buchwerte der Wirtschaftsgüter aufgrund des Unterganges des Rechtsträgers verändert werden;
– beim übernehmenden Rechtsträger muss die Möglichkeit eingeräumt sein, die steuerlichen Buchwerte des übertragenden Rechtsträgers fortzuführen;
– und auf der Ebene der Gesellschafter des übertragenden und übernehmenden Rechtsträgers muss der Anteilstausch als steuerlich neutral behandelt werden.

3   Eine rechtstechnische Herausforderung ergab sich 1995 aus der Umsetzung dieser Ziele für Umwandlungen von Kapitalgesellschaften in Personengesellschaften. Die wesentlichen Änderungen des UmwStG zum 1.1.1995 bestanden dementsprechend in der Ermöglichung einer steuerneutralen Verschmelzung der Kapitalgesellschaft auf eine Personengesellschaft (§§ 3 ff. UmwStG 1995). Aber auch für Kapitalgesellschaften schuf man im Sinne der Steuerneutralität eine großzügige Möglichkeit der Übertragung von Verlustvorträgen im Rahmen der Verschmelzung (§ 12 III 2 UmwStG 1995).

II. Steuerneutralität der Verschmelzung und der Spaltung

4   Der Grundsatz der Steuerneutralität wurde durch fortlaufende Änderungen des UmwStG regelmäßig unter Hinweis auf Missbrauchsmöglichkeiten eingeschränkt. Die Änderung des § 4 IV–VI UmwStG im Rah-

---

[1] BT-Drucks. 12/6885 S. 14.

§ 4. Ziele des Umwandlungssteuerrechts § 1

men des StSenkG führte insbesondere dazu, dass Anschaffungskosten der Anteile der übertragenden Kapitalgesellschaft nicht mehr in Abschreibungsvolumen in der Personengesellschaft transformiert werden können.[2]

Die Übertragung von Verlusten wurde zunächst im Rahmen der Vorschrift des § 12 III 2 UmwStG 1997 und nachfolgenden Änderungen von so vielen Voraussetzungen abhängig gemacht, dass sich der Steuerpflichtige auf ein unkalkulierbares Wagnis einließ, wenn er im Rahmen der Verschmelzung einen Verlust übernehmen wollte.[3] Seit 2007 ist die Übertragung von Verlusten generalklauselartig ausgeschlossen (§ 4 II 2 UmwStG).

Mit der Einführung grenzüberschreitender Umwandlungen unter Beteiligung von Rechtsträgern in den Mitgliedsstaaten musste das Prinzip der Steuerneutralität und der Niederlassungsfreiheit mit den Befürchtungen der Mitgliedsstaaten vor einem Verlust von „Besteuerungssubstrat" in Einklang gebracht werden. Zunächst versuchte sich der deutsche Gesetzgeber bei Einführung der grenzüberschreitenden Einbringung und des Anteilstausches nach der FusionsRL durch die Voraussetzung einer grenzüberschreitenden Buchwertverknüpfung[4] sowie mit einer Missbrauchsvorschrift zu schützen (§ 26 II UmwStG 2000). Im Zuge der Einbeziehung grenzüberschreitender Verschmelzungen wurden vorstehende Bestimmungen abgeschafft und ein genereller Schutzmechanismus zur Sicherung des deutschen Besteuerungsrechtes (§ 13 II UmwStG) formuliert, der wohl ebenfalls über den europarechtlichen Rahmen hinausgeht und jedenfalls die Steuerneutralität der Umwandlung deutlich einschränkt.[5] 5

Aufgrund der zivilrechtlich gegebenen Möglichkeit, auch einzelne Vermögensgegenstände im Rahmen einer Spaltung iSd § 123 UmwG von dem Vermögen des übertragenden Rechtsträgers abzuspalten, hatte der Gesetzgeber anfangs die Befürchtung, dass durch die uneingeschränkte Gewährung der steuerneutralen Buchwertfortführung die Besteuerung der Veräußerung von Einzelwirtschaftsgütern umgangen werden könnte.[6] Sowohl die die Abspaltung und Aufspaltung von Körperschaften betreffenden §§ 15, 16 UmwStG als auch die die anderen Fälle der Spaltung betreffenden §§ 20 ff., 24 UmwStG setzen daher grundsätzlich voraus, dass der übertragende Vermögensteil einen Teilbetrieb darstellt.[7] Daneben kommen auch sog. „fiktive" Teilbetriebe, das sind Mitunternehmeranteile und Anteile an Kapitalgesellschaften, als „spaltbares" Material in Betracht. In Abhängigkeit von der Rechtsform der beteiligten Rechtsträger und der Art der Spaltung unterscheiden sich die genannten Regelungen 6

---

[2] Vgl. im Weiteren → § 11 Rn. 210 ff., 214.
[3] Vgl. im Weiteren → § 11 Rn 117 ff
[4] Vgl. 3. Auflage H Rn. 20 mwN.
[5] Vgl. zu den potentiell mit europarechtlichen Vorschriften kollidierenden Regelungen, DB 2011, Beilage 1 S. 25 sowie *Schroer* in Haritz/Menner UmwStG, § 13 Rn. 32 ff., 48.
[6] BT-Drucks. 12/6885 S. 22 zu § 15 UmwStG.
[7] Zum Teilbetriebsbegriff: EuGH-Urteil vom 15.1.2002 – Rs. C-43/00 und im Weiteren → § 20 Rn. 15 ff.

jedoch in Bezug auf die Voraussetzungen, die an die steuerneutrale Übertragung dieser „fiktiven" Teilbetriebe gestellt werden.

7 Während in den Fällen der Abspaltung und Aufspaltung von Körperschaften nach den §§ 15 I 3, § 16 Satz 1 UmwStG die Übertragung von Kapitalgesellschaftsbeteiligungen nur begünstigt ist, wenn die Beteiligung das gesamte Nennkapital der Gesellschaft umfasst, reicht es in den Fällen der Spaltung von Personengesellschaften auf Kapitalgesellschaften und in den Fällen der Ausgliederung auf Kapitalgesellschaften für die Buchwertfortführung aus, wenn die übernehmende Kapitalgesellschaft nach der Übertragung die Mehrheit der Stimmrechte an der übertragenen Kapitalgesellschaft innehat, § 21 I 2 UmwStG. § 24 UmwStG schließlich, der die Spaltung von Personengesellschaften auf andere Personengesellschaften sowie die Fälle der Ausgliederung auf Personengesellschaften regelt, sieht die steuerneutrale Übertragung von Beteiligungen an Kapitalgesellschaften überhaupt nicht vor.[8]

8 Daneben beinhalten die §§ 15, 16 UmwStG eine Anzahl weiterer Missbrauchsregelungen, die die Anwendung der Buchwertfortführung ausschließen. Diese Missbrauchsregelungen sollen zum einen verhindern, dass durch die Zuordnung von Einzelwirtschaftsgütern zu fiktiven Teilbetrieben die Teilbetriebsvoraussetzung umgangen werden könnte, § 15 II 1 UmwStG.[9] Zum anderen soll die Buchwertfortführung in den Fällen nicht gewährt werden, in denen durch die Spaltung die Veräußerung an Dritte vorbereitet oder vollzogen wird, § 15 II 2 ff. UmwStG.[10] Zu beachten ist, dass diese weitreichenden Missbrauchsregelungen nur für die von den §§ 15, 16 UmwStG erfassten Fälle der Abspaltung und Aufspaltung von Körperschaften auf andere Körperschaften oder auf Personengesellschaften gelten, da alle anderen Fälle der Spaltung den §§ 20 ff., 24 UmwStG unterfallen, die diese Missbrauchsregelungen nicht vorsehen.

III. Steuerneutralität des Formwechsels

9 Nach der vor 1995 geltenden Rechtslage war die formwechselnde Umwandlung von einer Personenhandelsgesellschaft in eine Kapitalgesellschaft und von einer Kapitalgesellschaft in eine Personengesellschaft weder handels- noch steuerrechtlich möglich. Seit dem 1.1.1995 regelt das UmwG die bezeichneten formwechselnden Umwandlungen als identitätswahrende Umwandlung.[11] Da die Personengesellschaft – anders als die Kapitalgesellschaft – in Bezug auf die Besteuerung nach dem Einkommen kein Steuersubjekt ist, würde die formwechselnde Umwandlung den Tatbestand der Schlussbesteuerung nach § 16 EStG auslösen. Um dieses eine betriebswirtschaftlich erforderliche Umstrukturierung im Wege des Formwechsels beeinträchtigende steuerliche Ergebnis zu vermeiden, hat der Gesetzgeber den Formwechsel eigenständig im UmwStG

---

[8] Hier halfen in der Vergangenheit die Grundsätze der Realteilung, vgl. im Weiteren → § 31 Rn. 169 ff.
[9] Vgl. im Weiteren → § 20 Rn. 37 ff.
[10] Vgl. im Weiteren → § 20 Rn. 48 ff.
[11] Vgl. im Weiteren → § 28.

geregelt. Danach kann der Formwechsel weitgehend steuerneutral durchgeführt werden.[12] Dies wird bei dem Formwechsel von einer Personenhandelsgesellschaft in eine Kapitalgesellschaft durch die Möglichkeit der Buchwertfortführung auf Ebene der übernehmenden Kapitalgesellschaft (§§ 25, 20 II UmwStG) und bei der Umwandlung einer Kapitalgesellschaft in eine Personengesellschaft durch das Recht zum Buchwertansatz auf Ebene der übertragenden Kapitalgesellschaft (§ 3 UmwStG) und die Bindung der übernehmenden Personengesellschaft an diese Werte (§ 4 I UmwStG) erreicht.

IV. Missbrauch durch Umwandlung?

10 Eine Darstellung der Ziele des UmwStG führt letztlich zu der Frage, ob der Gesetzgeber diese Vorschriften als eng beschriebene Ausnahmen zu den Realisierungstatbeständen der § 16 EStG, § 11 KStG begreift und eine wirtschaftliche Rechtfertigung für die Umstrukturierung immer vorhanden sein muss, oder ob das Umwandlungsrecht mittlerweile eine Stellung im Regelwerk des Ertragsteuerrechtes innehat, die der Forderung nach Rechtsformneutralität und Neutralität hinsichtlich der Größe des Unternehmens Rechnung trägt, so dass jede Form der Umwandlung nach dem UmwG – auch eine rein steuerlich motivierte – eine ausreichende Rechtfertigung in sich trägt. Angesichts der Vorstellungen des Gesetzgebers bei Abfassung des neuen Umwandlungsrechtes[13] kann man sicherlich der letzteren Auffassung zuneigen, dass für die Anwendung der allgemeinen Missbrauchsvorschrift der § 42 AO idR kein Raum ist.[14] Das UmwStG ist heute nicht mehr eine Ansammlung von Ausnahmevorschriften zu den Realisierungstatbeständen. Der Gesetzgeber hat vielmehr zugestanden, dass die Wahl der Rechtsform und der Unternehmensgröße bzw. -struktur nicht zu Wettbewerbsverzerrungen führen darf, so dass auch eine rein steuerlich begründete Reorganisation zulässig sein muss. Es ist Sache des Gesetzgebers, Besteuerungsunterschiede zwischen den Rechtsformen abzubauen, um den „steuerlichen" Sog in die eine oder andere Organisationsform zu verhindern.[15] Vor diesem Hintergrund war den Überlegungen der Finanzverwaltung[16] eine Absage zu erteilen, Erwerbsstrukturen von Unternehmen durch Umwandlung oder

---

[12] BT-Drucks. 12/6885 S. 14 Allgemeine Begründung.
[13] BR-Drucks. 75/94 zum UmwG Allgemeine Begründung I., III. 2.; BT-Drucks. 12/7263 zum UmwStG unter B; BT-Drucks. 12/6885 Allgemeine Begründung.
[14] *Crezelius* in FS Widmann S. 241, 261; *Fischer* in Hübschmann/Hepp/Spitaler Abgabenordnung § 42 Rn. 10; *Schumacher* in Lutter UmwG, Anh. nach § 151 Rn. 17
[15] Vgl. *M. Lang*, IStR 2006 S. 397; 9. Berliner Steuergespräch vom 23.12.2003 „Besteuerungsneutralität" – Tagungsbericht – von *Berthold Welling*, Berlin und Dr. *Andreas Richter* LL. M., Berlin.
[16] Tz. 05.16 bis 05.24 des UmwStG-Erlasses des BMF vom 25.3.1998, IV B/S 1978–21/98, BStBl. I 1998 S. 268 ff.; BMF Schreiben vom 3.2.1998 DStR 1998 S. 421; dazu *Gail/Düll/Heß-Emmerich/Fuhrmann* DB 1998 Beilage 19 S. 10 f.; *Thiel* DB 1995 S. 1195/1198; *Müller-Gatermann* Stbg 1998 S. 106, 109.

Verschmelzung in die Rechtsform der Personengesellschaft als Missbrauch zu qualifizieren. Auch das „Rotationsmodell" ist von der Rechtsprechung[17] aus entsprechenden Erwägungen als mit § 42 AO vereinbar angesehen worden.

Nur ein solches Verständnis des Regelungswerkes des Umwandlungssteuerrechts entspricht auch den Vorgaben des europäischen Rechts, dass eine ganze oder teilweise Versagung oder Rückgängigmachung der Anwendung von europarechtlichen Bestimmungen des Umwandlungssteuerrechtes gemäß Art. 15 I Buchst. a FusionsRL[18] (vormals gleichlautend: Art 11 I Buchst. a FusionsRL 90/434[19]) nur möglich ist, wenn der grenzüberschreitende Vorgang als hauptsächlichen Beweggrund oder als einen der hauptsächlichen Beweggründe die Steuerhinterziehung oder -umgehung hat.[20] Etwas weiter formuliert der EuGH in aktuellster Rechtsprechung, wenn er einräumt, dass diese Bestimmung im Rahmen dieses Zuständigkeitsvorbehaltes es den Mitgliedsstaaten gestattet, vom Vorliegen einer Steuerhinterziehung oder -umgehung auszugehen, wenn die Fusion nicht auf vernünftigen wirtschaftlichen Gründen beruht.[21]

11 Mangels genauerer Vorgaben des Unionsrechts ist es Sache der Mitgliedsstaaten, unter Beachtung des Grundsatzes der Verhältnismäßigkeit die zur Anwendung des Art. 15 I Buchst. a der Richtlinie 09/133 erforderlichen Modalitäten festzulegen.[22] Der deutsche Gesetzgeber hat vor diesem Hintergrund ein Regelungswerk geschaffen, das in zahlreichen spezifischen Missbrauchsvorschriften kodifiziert wurde, so insbesondere in § 6 III 1,[23] § 15 II,[24] § 16 iVm § 15 II[25] und § 18 III.[26]

12 Die detaillierte Beschreibung von Missbrauchstatbeständen muss insofern als abschließend angesehen werden, was den Gesetzgeber natürlich nicht hindert, Begünstigungen des UmwStG wieder zurückzunehmen, wenn sie ihm steuerpolitisch als unangemessen scheinen, so zB durch die Neufassung des § 4 VI UmwStG oder die Abschaffung der Übertragung von Verlustvorträgen gemäß § 12 III 2 UmwStG. Die mehrfachen Nachbesserungen des Gesetzgebers zeigen aber auch, dass jeweils bis zur Gesetzesänderung der Steuerpflichtige die Freiheit besitzt, unter verschiedenen Rechtsformen und Wegen der Umwandlung, die der Gesetzgeber anbietet, die Gestaltung zu wählen, die ihn steuerlich am günstigsten stellt.[27] „Reparaturen" sind damit grundsätzlich nur auf zukünftige Fälle

---

[17] BFH Urteil vom 18.7.2001 – I R 48/ 97, BB 2001 S. 2308 ff.
[18] Richtlinie des Rates vom 19.10.2009 Nr. 2009/133/EG, ABL. 310/34.
[19] Richtlinie des Rates vom 23.7.1990 Nr. 90/434/EWG, ABl. 1990 L 225.
[20] EuGH v. 17.7.1997 – C-28/95, BeckRS 2004, 75946.
[21] EuGH v. 8.3.2017 – C-14/16, BeckRS 2017, 103171.
[22] EuGH v. 8.3.2017 – C-14/16, BeckRS 2017, 103171.
[23] Vgl. im Weiteren → § 11 Rn. 134, 256, 395 und § 20 Rn. 77.
[24] Vgl. im Weiteren → § 20 Rn. 37 ff.
[25] Vgl. im Weiteren → § 20 Rn. 124 ff.
[26] Vgl. im Weiteren → § 20 Rn. 151 ff.
[27] Zu „Reparaturmaßnahmen": BFH-Beschl. v. 29.11.2000 – I R 38/99, GmbHR 2001 S. 211 (mit Komm. *Haritz/Wisniewski*).

§ 4. Ziele des Umwandlungssteuerrechts § 4

anwendbar, auch wenn der Gesetzgeber den „klarstellenden" Charakter der Vorschrift oftmals in der Gesetzesbegründung hervorhebt.[28]

Eine bedeutsame Einschränkung ergibt sich für Gesetzgeber und Finanzverwaltung aber nun vor allem aus der Rechtsprechung des EuGH zur pauschalen gesetzlichen Vermutung einer Steuerumgehungsabsicht in Umwandlungsfällen: Die von den verschiedenen europäischen Mitgliedstaaten implementierten Verfahrensmodalitäten zur Überprüfung von Missbräuchen (so zB in Frankreich)[29] oder pauschalen Vermutungsregeln zur Annahme von issbräuchen (so zB in Deutschland)[30] verletzen die Grundsätze der Niederlassungsfreiheit und scheitern damit am Anwendungsvorrang des Europarechts. Problematisch erscheint, dass der Gesetzgeber insbesondere in § 15 II UmwStG Missbrauchstatbestände in generalpräventiver Form beschreibt, mit der Folge, dass gesetzgeberische Ziele des Umwandlungsrechts grundsätzlich nicht erreicht werden können. Auf- und Abspaltungen sind danach zu einem geringerem als dem gemeinen Wert nicht möglich, wenn durch die Spaltung eine Veräußerung an außenstehende Personen vollzogen oder vorbereitet wird. Insbesondere sind die sich daran anschließenden Vermutungsregeln für Fälle der Veräußerung an Dritte als auch für die Trennung von Gesellschafterstämmen so gefasst, dass sie als unwiderlegbar gelten.[31] Schon der BFH befand, dass § 15 II 4 UmwStG gemeinschaftsrechtskonform eng auszulegen ist.[32] Die neueste Rechtsprechung des EuGH wird den Gesetzgeber zu einer Neufassung der Missbrauchsbestimmungen zwingen, da die gemeinschaftsrechtswidrigen Regelungen infolge eines Verstoßes gegen Art. 3 GG auch für reine Inlandsfälle keine Anwendung mehr finden können.[33] Ob der Gesetzgeber die Bestimmungen für Nicht-EU-Fälle aufrechterhalten möchte, bleibt abzuwarten.

Hält man sich vor Augen, dass § 42 AO in Umwandlungsfällen somit idR keinen Anwendungsbereich hat,[34] erstaunt, dass die Finanzverwaltung aktuell wieder Fälle beschreibt, in denen sie über die im Gesetz speziell geregelten Missbrauchsfälle hinaus einen Gestaltungsmissbrauch

---

[28] BT-Drucks. 16/10 189, 10189 S. 74 zur Änderung des § 22 II 1 durch das JStG 2009; hierzu Widmann in Widmann/Mayer § 22 Anm. 196; *Bilitewski* in Haritz/Menner UmwStG § 22 Rn. 221.

[29] Die in Frankreich geltende Regelung, dass die Erlangung der Vorteile einer Buchwertfortführung bei grenzüberschreitenden Fusionen vom Durchlaufen eines Vorabbewilligungsverfahrens abhängig gemacht wird, war Gegenstand des Vorlagebeschluss des Conseil d'Etat (Frankreich) vom 11.1.2016 und führte zur Entscheidung des EuGH 8.3.2017 – C-14/16, BeckRS 2017, 103171

[30] Zur Kritik *Asmus* in Haritz/Menner UmwStG § 15 Rn. 121 f.; *Hörtnagl* in Schmitt/Hörtnagl/Stratz UmwStG § 15 Rn. 243.

[31] Vgl. im Weiteren → § 20 Rn. 61, 75; sowie *Asmus* in Haritz/Menner UmwStG § 15 Rn. 116 f.; *Hörtnagl* in Schmitt/Hörtnagl/Stratz UmwStG § 15 Rn. 133 ff.

[32] BFH vom 8.3.2005 I R 62/04, GmbHR 2006 S. 218;

[33] Vgl. Anm. *Müller* DB 2017, 814 zu EuGH 8.3.2017 – C-14/16, BeckRS 2017, 103171 sowie im Weiteren → § 20 Rn. 61, 75

[34] Ebenso *Schmitt* in Schmitt/Hörtnagl/Stratz UmwStG, § 4 Rn. 152.

im Sinne des § 42 AO annimmt.[35] Einen Anwendungsbereich für § 42 AO in Umstrukturierungsfällen hatte der BFH in Fällen eines sogenannten „Gesamtplanes"[36] gesehen, dh in Fällen, in denen mehrere Einzelakte in einem zeitlichen Zusammenhang als eine missbräuchliche Gestaltung einer Reorganisation zum Zwecke der Erlangung einer Buchwertfortführung erscheinen. Die Verwaltung wendet diese Rechtsgrundsätze auf Umwandlungs- und Einbringungsfälle an, wenn der Einbringung eine Buchwertübertragung von Einzelwirtschaftsgütern in einem zeitlichen und wirtschaftlichen Zusammenhang vorangeht. Eine Abkehr von dieser Rechtsprechung erfolgte in verschiedenen Entscheidungen des BFH seit dem Jahr 2009[37] und ist zu begrüßen, da sie den spezialgesetzlichen Regelungszweck wieder in den Vordergrund stellt. Der BFH dürfte zur Vermeidung derartiger „Übergriffe" einerseits aus einer formal-eingriffsrechtlichen Perspektive dem allgemeinen Missbrauchsfall wenig Raum geben aber andererseits durch eine teleologische Interpretation der jeweiligen Norm die Tatbestandsumgehung zu verhindern versuchen.[38]

---

[35] Vgl. Erlass betr. Umwandlungsvorgänge iSd UmwStG; hier: Ein- bzw. Beschränkung der Verlustverrechnung gemäß § 2 Abs. 4 sowie § 20 VI 4 UmwStG idF der Änderung durch das AmtshilfeRLUmsG vom 26.62013 (UmwStG), BGBl. I S. 1809, BStBl. I S. 802 vom 17.3.2015 (FM Brandenburg 35-S 1978–2014#001); Erlass des BMF zum Umwandlungssteuergesetz vom 25.3.1998 IV B 7 – S 1978–21/98, BStBl. I 1998 S. 268 ff.
[36] Sog. Gesamtplanrechtsprechung, BFH v. 6.9.2000, IV R 18/99, BStBl II 2001 S. 229, DStR 2000, 2123; BFH v. 11.12.2001, BStBl. II 2004 S. 474, DStRE 2002 S. 568.
[37] BFH v. 25.11.2009, I R 72/08, BStBl. II 2010 S. 471, DStR 2010 S. 269; BFH v 9.11.2011, X R 60/09, BStBl. II 2012 S. 638, DStR 2012 S. 648.
[38] Vgl. *Oenings/Lienecke* DStR 2014 S. 1997.

§ 5. Handelsrechtliche und steuerliche Bewertung sowie Rechnungslegung (HGB/IFRS)

I. Handelsrechtliche Bewertung nach dem Umwandlungsgesetz im Einzelabschluss

1. Vorschriften des Umwandlungsgesetzes

Zur handelsrechtlichen Rechnungslegung in Umwandlungsfällen sind im UmwG nur wenige und zudem eher knappe Regelungen enthalten. So wird durch § 17 II 2 UmwG die Bewertung von Vermögensgegenständen und Schulden beim übertragenden Rechtsträger normiert. Daneben ist in § 24 UmwG die Bewertung beim übernehmenden Rechtsträger geregelt. Über diese Bewertungsvorschriften der § 17 II 2, § 24 UmwG hinausgehende Rechnungslegungsvorschriften finden sich im UmwG nicht. Ergänzt werden die Vorschriften durch Stellungnahmen zur Rechnungslegung des Hauptfachausschusses der Wirtschafprüfer (RS HFA 41: Auswirkungen eines Formwechsels auf den handelsrechtlichen Jahresabschluss; RS HFA 42: Auswirkungen einer Verschmelzung auf den handelsrechtlichen Jahresabschluss; RS HFA 43: Auswirkungen einer Spaltung auf den handelsrechtlichen Jahresabschluss). Es handelt sich hierbei um die Berufsauffassung zu Rechnungslegungsfragen aus Sicht des IDW.

Die genannten gesetzlichen Vorschriften der § 17 II 2, § 24 UmwG betreffen aufgrund ihrer Stellung im zweiten Abschnitt des ersten Teils des zweiten Buches des UmwG zunächst unmittelbar nur die **Verschmelzung** durch Aufnahme. Zugleich aber wird an verschiedenen Stellen des UmwG auf die bezeichneten Vorschriften verwiesen. Insofern sind die Bewertungsvorschriften der § 17 II 2, § 24 UmwG auch auf Verschmelzungen durch Neugründung (§ 36 I UmwG), auf sämtliche Formen der **Spaltung** (§ 125 UmwG) sowie auf alle Arten der **Vermögensübertragung** (§ 176 I, § 177 I, § 178 I, § 179 I, § 180 I, § 184 I, § 186 UmwG iVm § 180 I, § 188 I, § 189 I UmwG) entsprechend anzuwenden. Mit den bezeichneten Vorschriften der § 17 II 2, § 24 UmwG soll die handelsrechtliche Bewertung bei den genannten Umwandlungen einheitlich und vor allem rechtsformübergreifend geregelt werden.

Nicht anzuwenden sind die Regelungen der § 17 II 2, § 24 UmwG demgegenüber auf den **Formwechsel**. Anders als bei der Verschmelzung, der Spaltung oder der Vermögensübertragung findet nämlich beim Formwechsel kein Rechtsträgerwechsel statt. Der formwechselnde Rechtsträger ändert lediglich seine Rechtsform, ohne dabei seine wirtschaftliche Identität zu verlieren, § 202 I Nr. 1 UmwG. Insofern wird beim Formwechsel kein Vermögen von einem Rechtsträger auf einen anderen übertragen. Da der formwechselnde Rechtsträger seine Identität wahrt, sind beim Formwechsel keine handelsrechtliche Schlussbilanz und keine handelsrechtlichen Übernahmebilanzen zu erstellen. Zudem erfordert die Identitätswahrung beim Formwechsel zwingend, dass die Buchwerte des formwechselnden Rechtsträgers von der formgewechselten Rechtsträgerin fortgeführt werden.[1] Dies ist der Grund dafür, dass in den umwandlungsrechtlichen Regelungen zum Formwechsel nicht auf die § 17 II 2, § 24 UmwG verwiesen wird. Es handelt sich dabei um ein geschlossenes System. Verweisungen auf die allgemeinen Vorschriften finden nur in Ausnahmefällen statt.[2] Die folgenden Ausführungen in § 5 I 2 und § 5 I 3 sowie § 5 II beziehen sich daher nicht auf den Formwechsel.

2. Bilanzierung beim übertragenden Rechtsträger gemäß § 17 II 2 UmwG

4   Nach § 17 II 2 UmwG gelten in der einer Umwandlung zugrunde liegenden Bilanz des übertragenden Rechtsträgers die Vorschriften über die Jahresbilanz und deren Prüfung entsprechend. Insofern sind in der Schlussbilanz des übertragenden Rechtsträgers zunächst die für alle Kaufleute verbindlichen allgemeinen Vorschriften der §§ 242–256a HGB zu beachten. Kapitalgesellschaften, eingetragene Genossenschaften, Kreditinstitute sowie Versicherungsunternehmen müssen zusätzlich die Vorschriften der §§ 330, 337, 340–340b, 340d–340h, 341–341h HGB berücksichtigen.[3] Übertragende Kapitalgesellschaften sowie Personenhandelsgesellschaften iSv § 264a HGB haben in ihrer Schlussbilanz darüber hinaus die Regelungen der §§ 264–274 HGB anzuwenden.

5   Durch die unmittelbare Anwendung der §§ 252–256a HGB sowie bei Kapitalgesellschaften und Personengesellschaften iSv § 264a HGB auch der handelsrechtlichen Generalnorm des § 264 II 1 HGB gelten in der Schlussbilanz des übertragenden Rechtsträgers die **Grundsätze ordnungsmäßiger Buchführung.** Mit der zwingenden Anwendung dieser Grundsätze sind in der der Umwandlung zugrunde liegenden Bilanz des übertragenden Rechtsträgers vor allem das Realisationsprinzip sowie das Anschaffungskostenprinzip zu beachten.

6   Aus der somit nach § 17 II 2 UmwG iVm §§ 252, 253 HGB gebotenen Beachtung von Realisationsprinzip und Anschaffungskostenprinzip ist zu folgern, dass in der Schlussbilanz des übertragenden Rechtsträgers Vermögensgegenstände höchstens mit ihren fortgeführten Anschaffungskosten oder Herstellungskosten bewertet werden dürfen. Diese Verpflichtung beruht auf dem in § 252 I Nr. 4 Halbs. 2 HGB normierten Realisationsprinzips. Danach sind Vermögensgegenstände solange mit ihren Anschaffungskosten in der Bilanz anzusetzen, bis sie den Sprung zum Absatzmarkt geschafft haben.[4] Bis zur Erfüllung eines solchen Umsatzaktes dürfen Vermögensgegenstände höchstens mit ihren Anschaffungskosten oder Herstellungskosten gemäß § 253 I 1, § 255 I, II HGB vermindert um planmäßige Abschreibungen angesetzt werden. Auch bei

---

[1] IDW RS HFA 41, Rn. 3 ff.; *Busch* AG 1995 S. 555–561; *Fischer* DB 1995 S. 485 ff; aA *Priester* DB 1995 S. 911 ff.
[2] *Stratz* in Schmitt/Hörtnagl/Stratz UmwG § 191 Rn. 1.
[3] *Müller* in Kallmeyer UmwG § 17 Rn. 28.
[4] *Baetge/Kirsch/Thiele* Bilanzen S. 128 ff.; *Federmann* Bilanzierung S. 224 ff.

§ 5 Handelsrechtliche Bewertung und Rechnungslegung

Umwandlungsvorgängen fehlt es an **einem Umsatzakt** unter Beteiligung des übertragenden Rechtsträgers. Ein Umsatzakt in Gestalt eines Tauschvorgangs kann allenfalls in der Hingabe von Anteilen der bisherigen Gesellschafter von übertragendem Rechtsträger und übernehmendem Rechtsträger gegen neue Anteile des übernehmenden Rechtsträgers gesehen werden.

Das Anschaffungskostenprinzip gilt für Schulden iVm dem Realisationsprinzip analog.[5] Entsprechend sind Schulden in der Schlussbilanz des übertragenden Rechtsträgers mindestens mit dem Betrag auszuweisen, der dem Verpflichtungsbetrag bei erstmaliger Erfassung der Schuld entspricht.

Durch die erforderliche Beachtung von Realisationsprinzip und Anschaffungskostenprinzip dürfen in der handelsrechtlichen Schlussbilanz des übertragenden Rechtsträgers im Ergebnis keine stillen Reserven durch Aufstockung der Wertansätze von Vermögensgegenständen über die Anschaffungskosten hinaus bzw. Abstockung von Schulden aufgedeckt werden. Zulässig ist in der Schlussbilanz lediglich eine Wertaufholung iSv § 253 V HGB.[6] Durch eine solche Wertaufholung können zuvor vorgenommene außerplanmäßige Abschreibungen nach § 253 III, IV HGB rückgängig gemacht werden. Wertobergrenze bilden dabei die fortgeführten Anschaffungs- bzw. Herstellungskosten des betreffenden Vermögensgegenstandes, dh die Anschaffungs- bzw. Herstellungskosten nach planmäßiger Abschreibung.

3. Bilanzierung beim übernehmenden Rechtsträger gemäß § 24 UmwG

In § 24 UmwG wird dem übernehmenden Rechtsträger ein **Wahlrecht** eröffnet, demzufolge in der Jahresbilanz des übernehmenden Rechtsträgers als Anschaffungskosten iSv § 253 I Satz 1 HGB *auch* die in der Schlussbilanz eines übertragenen Rechtsträgers angesetzten Werte angesetzt werden können. Insofern kann der übernehmende Rechtsträger die Buchwerte des übertragenden Rechtsträgers fortführen. Alternativ zu dieser Buchwertfortführung kann der übernehmende Rechtsträger die übernommenen Vermögensgegenstände und Schulden auch mit seinen eigentlichen Anschaffungskosten ansetzen. Mit Anschaffungskosten iSv § 24 UmwG sind die Aufwendungen gemeint, die dem übernehmenden Rechtsträger durch den Erwerb der Anteile am übertragenden Rechtsträger entstanden sind oder diesem bei einer Kapitalerhöhung „durch die Gewährung von Anteilen oder Mitgliedschaften"[7] entstehen. Diese Anschaffungskosten des übernehmenden Rechtsträgers sind auf die vom übertragenden Rechtsträger übernommenen Vermögensgegenstände und Schulden zu verteilen. Soweit die Anschaffungskosten die Buchwerte des übernommenen Vermögens übersteigen, können in der Übernahmebilanz stille Reserven aufgedeckt werden. Dieser Bewertungsmöglichkeit liegt der Gedanke zugrunde, dass die aufzudeckenden stillen Reserven

---

[5] *Ballwieser* in Festschrift Forster S. 57.
[6] *Bacmeister* DStR 1996 S. 122.
[7] BT-Drucks. 12/6699 Regierungsbegründung zu § 24 UmwG-E Satz 93.

Bula/Thees 79

bei der Anschaffung der Beteiligung am übertragenden Rechtsträger bzw. dem Ausgabebetrag neuer Anteile „bezahlt"[8] wurden. Wertobergrenze bei der Aufstockung der Buchwerte bilden die Anschaffungskosten des übernehmenden Rechtsträgers.[9]

10 Angesichts dieses in § 24 UmwG normierten Bewertungswahlrechts ist der übernehmende Rechtsträger nicht an die Bewertung in der Schlussbilanz des übertragenden Rechtsträgers gebunden. In der wahlweisen Bewertung zu tatsächlichen Anschaffungskosten des übernehmenden Rechtsträgers drückt sich vielmehr der Grundgedanke des **Anschaffungskostenprinzips** nach § 253 I 1 HGB aus. Dem Anschaffungskostenprinzip zufolge sollen Anschaffungsvorgänge in der Bilanz erfolgsneutral erfasst werden.[10] Dementsprechend sollen auch durch Umwandlungsvorgänge beim übernehmenden Rechtsträger grundsätzlich keine Erfolgsbeiträge gezeigt werden. Hingegen verläuft die nach § 24 UmwG wahlweise zugelassene Fortführung der Buchwerte des übertragenden Rechtsträgers gegebenenfalls erfolgswirksam. Aus diesen Erfolgswirkungen können sich – wie im Folgenden dargelegt – wirtschaftlich gegebenenfalls nicht gerechtfertigte Nachteile und substantielle Konsequenzen für den übernehmenden Rechtsträger ergeben.

11 Sind etwa die Buchwerte des übernommenen Vermögens des übertragenden Rechtsträgers höher als die Anschaffungskosten des übernehmenden Rechtsträgers, resultiert aus der **Buchwertfortführung** ein negativer Unterschiedsbetrag. Dieser negative Unterschiedsbetrag ist dann als Aufgeld in die Kapitalrücklage des übernehmenden Rechtsträgers einzustellen, wenn dessen Kapital zur Durchführung der Verschmelzung erhöht wird. Eine Kapitalerhöhung der aufnehmenden Gesellschaft ist indes nach § 54 I, § 68 I UmwG nicht zulässig, soweit die übernehmende Gesellschaft an der übertragenden Gesellschaft beteiligt ist. Bei einer solchen Verschmelzung ohne Kapitalerhöhung verbietet sich die Einstellung eines Unterschiedsbetrag in eine Kapitalrücklage nach § 272 II HGB. Wenn und soweit das Nennkapital der aufnehmenden Gesellschaft nicht erhöht wird oder werden darf, beeinflusst ein negativer Unterschiedsbetrag vielmehr als **Verschmelzungsgewinn** zwingend das Jahresergebnis der übernehmenden Gesellschaft. Bei Mischfällen sind die vorgenannten Grundsätze kombiniert anzuwenden.[11]

12 Umgekehrt ist bei Buchwertfortführung dann ein **Verschmelzungsverlust** auszuweisen, wenn der Buchwert einer bereits bestehenden Beteiligung am übertragenden Rechtsträger den Buchwert seines übernommenen Vermögens übersteigt. Der Verschmelzungsverlust wird sofort aufwandswirksam und belastet das Jahresergebnis, auch wenn sich die Ertragslage der aufnehmenden Gesellschaft durch die Verschmelzung tatsächlich nicht verschlechtert. Durch eine solche erfolgswirksame Erfassung eines Verschmelzungsverlustes werden bei Buchwertfortführung im

---

[8] BT-Drucks. 12/6699 Regierungsbegründung zu § 24 UmwG-E Satz 93.
[9] *Herzig* Maßgeblichkeitsgrundsatz Kapitel 3 Rn. 87.
[10] *Baetge/Kirsch/Thiele* Bilanzen S. 185.
[11] IDW RS HFA 42 Rn. 60 ff.

§ 5. Handelsrechtliche Bewertung und Rechnungslegung § 5

Ergebnis stille Reserven gelegt und gegebenenfalls Dividendenansprüche der Aktionäre gekürzt. Besonders problematisch sind diese mit einer Buchwertfortführung verbundenen Erfolgswirkungen dann, wenn eine 100%ige Tochtergesellschaft auf die Muttergesellschaft verschmolzen wird. Obwohl sich die Finanzlage der Muttergesellschaft durch die Verschmelzung der Tochtergesellschaft nicht verändert, verläuft die Verschmelzung zu Buchwerten in diesen Fällen gegebenenfalls erfolgswirksam.[12]

Mit der wahlweisen Bewertung zu Anschaffungskosten nach § 24 UmwG kann zumindest der Ausweis eines Verschmelzungsverlusts durch die Bewertung des übernommenen Vermögens zum Buchwert der Beteiligung bzw. dem Ausgabebetrag neuer Anteile an dem verschmolzenen Tochterunternehmen vermieden werden. Dies geschieht, indem ein Verschmelzungsverlust durch Aufdeckung in den übernommenen Vermögensgegenständen enthaltener stiller Reserven bis zu den Anschaffungskosten des übernehmenden Rechtsträgers ausgeglichen wird. **13**

Das dargestellte Wahlrecht des § 24 UmwG zur Bewertung mit den Anschaffungskosten des übernehmenden Rechtsträgers dient damit dem im Handelsrecht dominierenden **Rechenschaftszwecken** des Jahresabschlusses.[13] Allerdings ist der übernehmende Rechtsträger trotz wirtschaftlich gegebenenfalls nicht zu rechtfertigender Erfolgsauswirkungen weder durch das Anschaffungskostenprinzip noch durch die Generalnormen der § 242 I 1, § 264 II 2 HGB in der Ausübung des Wahlrechts zur Buchwertfortführung eingeschränkt.[14] Zwar soll der handelsrechtliche Jahresabschluss des übernehmenden Rechtsträgers nach § 242 I 1, § 264 II 1 HGB ein den tatsächlichen Verhältnissen entsprechendes Bild der Vermögens-, Finanz- und Ertragslage vermitteln. Die handelsrechtlichen Generalnormen begründen aber kein „overriding principle".[15] Insofern kann der übernehmende Rechtsträger die Buchwerte des übertragenden Rechtsträgers auch dann fortführen, wenn die Darstellung seiner Ertragslage durch erfolgswirksame Erfassung eines Übernahmegewinns oder eines Übernahmeverlusts erheblich beeinträchtigt wird. **14**

Die frühere Auffassung der Finanzverwaltung, der strikten Anknüpfung der Umwandlungsvorgänge an die **Maßgeblichkeit** der Handelsbilanz für die Steuerbilanz wurde mit Einführung des Gesetzes über steuerliche Begleitmaßnahmen zur Einführung der Europäischen Gesellschaft und zur Änderung weiterer steuerrechtlicher Vorschriften („SEStEG") aufgegeben.[16] **15**

Bis zur Verabschiedung des SEStEG wurde hinsichtlich einer möglichen Maßgeblichkeit der Handelsbilanz für die Steuerbilanz zwischen **16**

---
[12] *Goerdeler* in Festschrift Schmaltz S. 60–63; IDW RS HFA 42, Rn. 60 ff.
[13] Zu den Zwecken des Jahresabschlusses vgl. *Baetge/Kirsch/Thiele* Bilanzen S. 95–98; *Federmann* Bilanzierung S. 48–51.
[14] *Mujkanovic* BB 1995 S. 1739.
[15] *Clemm* in Festschrift Budde S. 135–156.
[16] BT-Drucks. 16/2710 S. 34

Verschmelzung und Spaltung einerseits bzw. dem Formwechsel andererseits unterschieden. Daneben war nach der Rechtsform des übertragenden Rechtsträgers zwischen Körperschaften und Personengesellschaften zu differenzieren. Die getroffene Unterscheidung nach der Umwandlungsart war erforderlich, da wie erläutert nur bei Verschmelzung, Spaltung und Vermögensübertragung die Regelungen der § 17 II, § 24 UmwG zu beachten sind. Die Differenzierung nach der Rechtsform ist weiterhin nötig, da im UmwStG das Bewertungswahlrecht bei Verschmelzung, Spaltung oder Formwechsel von Kapitalgesellschaften dem übertragenden Rechtsträger zusteht. Demgegenüber obliegt bei der Verschmelzung, der Spaltung oder dem Formwechsel von Personengesellschaften steuerlich die Ausübung des Bewertungswahlrechts dem übernehmenden Rechtsträger.

17 Im Grundkonzept sieht das **Umwandlungssteuerrecht** hingegen nach Maßgabe des allgemein eingeführten Entstrickungsgrundsatzes für In- und Auslandsfälle stets eine Aufdeckung vorhandener stiller Reserven ggf. auch stiller Lasten zum **gemeinen Wert** vor. Hiervon betroffen ist die Bilanzierung dem Grunde und der Höhe nach. Mit dieser (nur in Teilbereichen) erfolgten Abkehr vom Teilwert soll eine Angleichung an den im internationalen Kontext üblichen Vergleichsmaßstab des Fremdvergleichs erreicht werden.[17] Der Teilwert gemäß § 6 I Nr. 1 Satz 3 EStG ist definiert als Wirtschaftsgut bezogene Wiederbeschaffungskosten bei Betrachtung des Gesamtbetriebs, wohingegen es sich bei dem gemeinen Wert gemäß § 9 II BewG um einen Einzelveräußerungspreis bzw. Verkehrswert handelt. Das bedeutet, dass der gemeine Wert ggf. noch eine Gewinnmarge berücksichtigt. Auch werden hiervon nicht entgeltlich erworbene und selbst geschaffene immaterielle Wirtschaftsgüter erfasst, wie zB selbst entwickelte Patente. Nach § 248 II 1 HGB bestehen hier Wahlrechte mit Ausnahme der Bilanzierungsverbote des § 248 II 2 (zB selbst geschaffene Marken). Dies wird in § 11 I 1 UmwStG eindeutig geregelt für den Fall der Verschmelzung von Körperschaften. Die Regelung gilt auch für die Sacheinlage von Betrieben, Teilbetrieben und Mitunternehmeranteilen in eine Kapitalgesellschaft (§§ 20, 23 IV UmwG). Eine Ausnahme gilt hinsichtlich der Bewertung von Pensionsverpflichtungen. Die Bewertung hat entsprechend den Regelungen des § 6a EStG nach steuerlichen Teilwerten zu erfolgen. Aufgrund des Rechnungszinsfußes in Höhe von 6% sind die so ermittelten Werte als Minimalwerte anzusehen.

18 Somit wurde das bisherige Regel-Ausnahmekonzept umgekehrt, da nun nur auf Antrag beim übertragenden Rechtsträger (§§ 3–19 UmwStG) oder beim übernehmenden Rechtsträger (§§ 20–25 UmwStG) unter bestimmten Voraussetzungen eine Buchwertverknüpfung oder der Ansatz von Zwischenwerten möglich ist. Wobei anzumerken ist, dass der Buchwert gemäß § 1 V Nr. 4 UmwStG definiert ist als Wert, der sich nach den steuerrechtlichen Vorschriften über die Gewinnermittlung in einer für den steuerlichen Übertragungsstichtag aufzustellenden Steuer-

---

[17] *Prinz* StuB 2007 S. 128.

§ 5. Handelsrechtliche Bewertung und Rechnungslegung § 5

bilanz ergibt. Die Maßgeblichkeit rückt somit in den Hintergrund und lässt sich nur noch implizit über § 5 I EStG darstellen. Die Abkehr von dem Teilwert soll eine Angleichung der Wertmaßstäbe an den international vorzufindenden Fremdvergleichspreis bewirken. 19

II. Konzernrechnungslegung nach HGB sowie Rechnungslegung nach IFRS

1. Konzernrechnungslegung nach HGB

Grundsätzlich dient der Einzelabschluss nach HGB als Basis für die Verschmelzung, die Spaltung, den Formwechsel sowie die Vermögensübertragung. Zusätzlich können diese Umwandlungsvorgänge auch Auswirkungen auf einen ggf. aufzustellenden handelsrechtlichen Konzernabschluss nach § 290 ff. HGB haben. Der handelsrechtliche Konzernabschluss hat ausschließlich eine Informationsfunktion und ergänzt somit den für die Ausschüttung maßgeblichen Einzelabschluss. Ob eine handelsrechtliche Aufstellungspflicht besteht, ergibt sich aus den §§ 290–293 HGB. Bilanzielle Fragen zur Verschmelzung im Konzernabschluss sind gesetzlich nicht geregelt. Rudimentäre Regelungen hierzu finden sich ausschließlich im DRS 4 „Unternehmenserwerbe im Konzernabschluss" bzw. im neugefassten DRS 23 „Kapitalkonsolidierung (Einbeziehung von Tochterunternehmen in den Konzernabschluss)". Hierbei handelt es sich jeweils um eine vom DRSC verabschiedete Empfehlung zur Anwendung der Grundsätze über die Konzernrechnungslegung. Diese Empfehlung hat die gesetzliche Vermutung, dass es sich hierbei um ein die Konzernrechnungslegung betreffendes GoB handelt, wenn sie vom Bundesministerium der Justiz (BMJ) bekannt gemacht worden ist (vgl. § 342 II HGB). Sofern im Konzernabschluss ein gesetzliches Wahlrecht abweichend von einer durch das BMJ bekannt gemachten Empfehlung des DRSC zur Anwendung der Grundsätze über die Konzernrechnungslegung ausgeübt wird, begründet dies jedoch keine Einwendung des Konzernabschlussprüfers gegen die Ordnungsmäßigkeit der Konzernrechnungslegung. Der Konzernabschlussprüfer hat jedoch dann im Prüfungsbericht auf eine solche Abweichung hinzuweisen.[18] Der DRS 4 ist hierbei letztmalig anzuwenden auf Geschäftsjahre die vor dem oder am 31.12.2016 beginnen. Die Regelungen des DRS 23 ersetzen dann vollständig die Regelungen des DRS 4, so dass diese verpflichtend für Geschäftsjahre, die nach dem 31.12.2016 beginnen, anzuwenden sind. 20

Entsprechend den inhaltlichen Regelungen der DRS eröffnet die Zugangsbewertung eines im Zuge der Verschmelzung angeschafften Reinvermögens kein Bewertungswahlrecht. Vielmehr ist das Reinvermögen zwingend mit dem beizulegenden Zeitwert der Gegenleistung zuzüglich Anschaffungsnebenkosten anzusetzen. Diese Regelungen gelten zumindest für den DRS 4 dann uneingeschränkt, sofern der zu verschmelzende Rechtsträger vor den Verschmelzung nicht zum Kon- 21

---

[18] IDW PS 201 Rn. 12.

§ 5 2. Teil. Grundzüge des Umwandlungsrechts

solidierungskreis gehört und es sich folglich um konzernfremde Unternehmen handelt.

22 Hingegen müssen die Auswirkungen konzerninterner Verschmelzungen im Jahresabschluss des übernehmenden Rechtsträgers nach dem Einheitsgrundsatz für Zwecke der Aufstellung des Konzernabschlusses vollständig eliminiert werden. Dies ist unabhängig davon zu sehen, ob im Jahresabschluss eine Verschmelzung nach der Buchwertmethode oder der Anschaffungskostenmethode vorgenommen worden ist. Allerdings werden auch diesem Einheitsgrundsatz Grenzen aufgezeigt. Dies betrifft im Besonderen Fälle der Aufstockung von Minderheitsbeteiligungen bzw. Begründung von erstmaligen Konzernrechnungslegungspflichten bei einem down-stream merger. Auf derartige besondere Konstellationen und deren bilanzielle Abbildung nach HGB im Konzern wird in den folgenden Kapiteln, mit Ausnahmen, nicht näher eingegangen.[19]

2. Rechnungslegung nach IFRS

23 Gesetzlich besteht nach § 325 IIa HGB zudem die Möglichkeit für eine Gesellschaft einen Einzelabschluss nach IFRS mit befreiender Wirkung im elektronischen Bundesanzeiger offen zu legen.[20] Es handelt sich hierbei jedoch um eine sogenannte „begrenzt befreiende Offenlegungswirkung", da nach § 325 IIb Nr. 3 HGB eine der Voraussetzungen hierfür die zusätzliche Offenlegung des handelsrechtlichen Jahresabschlusses beim elektronischen Bundesanzeiger ist.[21] Nach § 17 II 2 UmwG gelten für die Schlussbilanz die Vorschriften über die Jahresbilanz und die Prüfung entsprechend. Damit wird auf §§ 242 ff., §§ 316 ff. HGB verwiesen.[22] Bei prüfungspflichtigen Rechtsträgern muss die Bilanz entsprechend §§ 316 HGB (iVm § 264a HGB), § 53 II GenG, §§ 340k, 341k HGB und nach §§ 1, 6 PublG geprüft sein.[23] Somit ist festzuhalten, dass das UmwG weiterhin Bezug auf den Jahresabschluss nach HGB nimmt. Die bilanzielle Darstellung eines Umwandlungsvorgangs nach IFRS ist somit nur eingeschränkt relevant, nämlich für freiwillige IFRS-Einzelabschlüsse, die in der Praxis eher selten vorzufinden sind.

Dagegen dürften Fragen der zutreffenden Bilanzierung von Umwandlungsvorgängen nach IFRS insbesondere für Konzerne von Bedeutung sein, die gemäß § 315a I, II HGB anstatt einem handelsrechtlichen Konzernabschluss verpflichtend einen Konzernabschluss nach IFRS aufstellen müssen oder diesen freiwillig befreiend nach § 315a III HGB aufstellen.

---

[19] *Pfitzer* in WP-Handbuch 2014, Teil F, Rn. 111 mwN; → § 10 Rn. 309 ff.
[20] *Grottel* in Beck'scher Bilanzkommentar § 325 Rn. 34 f.
[21] *Knüppel* Bilanzierung von Verschmelzungen S. 1; *Grottel* in Beck'scher Bilanzkommentar § 325 Rn. 70 f.
[22] *Decher* in Lutter UmwG § 17 Rn. 8; OLG Frankfurt vom 23.10.1996 – 20 W 291/96 (unveröffentlicht).
[23] *Bermel* in Goutier/Knopf/Tulloch UmwG § 17 Rn. 24; *Hörtnagl* in Schmitt/Hörtnagl/Stratz UmwG § 17 Rn. 20.

§ 5. Handelsrechtliche Bewertung und Rechnungslegung § 5

Die Frage, wann ein Konzernabschluss zwingend zu erstellen ist, richtet sich für deutsche und EU-Anwender ebenfalls zunächst nach nationalen Rechnungslegungsrichtlinien. Demzufolge sind zur Beurteilung einer Konzernrechnungslegungspflicht zunächst die handelsrechtlichen Vorschriften nach § 290–§ 293 HGB heranzuziehen.[24] Wann separate Abschlüsse nach IFRS aufzustellen sind, ist nicht geregelt. Sofern diese erstellt werden, sind jedoch die Rechtsnormen des IAS 27 maßgeblich.[25]

Auf Verschmelzungen werden nach IFRS grundsätzlich die Regelungen des IFRS 3 für Unternehmenszusammenschlüsse angewandt, soweit die beteiligten Gesellschaften einen Geschäftsbetrieb unterhalten. Das heißt alle im Rahmen der Verschmelzung anzusetzenden identifizierbaren Vermögenswerte, Schulden und Eventualschulden des erworbenen Unternehmens sind grundsätzlich mit dem beizulegenden Zeitwert[26] zu bewerten.[27] Ein Wahlrecht zur Bewertung nach den Buchwerten existiert im IFRS-Konzernabschluss nicht. Insofern existieren Gemeinsamkeiten zwischen den IFRS und dem DRS 4 in Bezug auf die handelsrechtlichen Vorschriften zur Konzernrechnungslegung. **24**

Zudem ist nach IFRS aber die Figur des umgekehrten Unternehmenserwerbes nach IFRS 3.B.19 zu beachten. Das heißt Erwerber kann unter wirtschaftlichen Kriterien das Unternehmen sein, dessen Eigenkapitalinstrumente erworben wurden und das erworbene Unternehmen wäre dann das emittierende Unternehmen. Dies wäre zB der Fall, wenn ein nicht börsennotiertes Unternehmen mit einem größeren beizulegenden Zeitwert von einem börsennotierten Unternehmen mit niedrigerem beizulegendem Zeitwert erworben wird, um eine Börsennotierung zu erhalten. Dies führt dazu, dass nur die stillen Reserven des börsennotierten Unternehmens aufgedeckt werden dürfen, nicht hingegen die stillen Reserven des nicht börsennotierten Unternehmens. **25**

Allerdings ist der IFRS 3 gemäß IFRS 3.2c nicht anwendbar auf Unternehmenszusammenschlüsse, an denen Unternehmen oder Geschäftsbetriebe unter gemeinsamer Beherrschung beteiligt sind. Derartige Transaktionen sind dadurch gekennzeichnet, dass die ultimative Kontrolle über die beteiligten Unternehmen vor und nach der Transaktion bei den gleichen Personen liegt. Entsprechende Regelungen zu Bilanzierungsfragen wurden bisher in den IFRS nicht kodifiziert. Zumindest das IDW gibt zum Fall der Verschmelzung zweier Tochterunternehmen sowie der Einbringung eines Tochterunternehmens durch die Mutter in ein anderes Tochterunternehmen folgende Empfehlungen ab:[28] **26**

---

[24] Vgl. *oV* in Lüdenbach/Hoffmann/Freiberg § 32 Rn. 90.
[25] Vgl. IAS 27.3.
[26] IFRS 3 Appendix Definition des beizulegenden Zeitwerts: Der Preis, der in einem gesonderten Geschäftsvorfall zwischen Marktteilnehmern am Bewertungsstichtag für den Verkauf eines Vermögensgegenstandes eingenommen bzw. für die Übertragung einer Schuld gezahlt würde (siehe IFRS 13).
[27] *Knüppel* Bilanzierung von Verschmelzungen S. 18.
[28] IDW RS HFA 2 Rn. 34 ff; *oV* in Lüdenbach/Hoffmann/Freiberg § 31 Rn. 193–194.

§ 5   2. Teil. Grundzüge des Umwandlungsrechts

27 – Konzernabschluss des Mutterunternehmens: Aus Sicht des Mutterunternehmens liegt keine „business combination" nach IFRS 3 vor. Die Verschmelzung wird nach den Regelungen der Zwischenergebniseliminierung gelöst. Die Buchwerte werden fortgeführt und es werden keine stillen Reserven aufgedeckt. Dies gilt auch für Fälle von nicht 100%igen Tochterunternehmen für das den Minderheitsgesellschaftern zustehende Vermögen. Unterschiedsbeträge zwischen der Gegenleistung und dem Betrag, um den die nicht beherrschenden Anteile angepasst werden, sind mit dem Eigenkapital zu verrechnen (IFRS 10.23).
– Teilkonzernabschluss bzw. Einzelabschluss des aufnehmenden Tochterunternehmens: Grundsätzlich läge aus Sicht des aufnehmenden Tochterunternehmen eine „business combination" vor. Jedoch enthält IFRS 3B.1 die Regelung, dass ein Unternehmenszusammenschluss zwischen zwei Unternehmen die ein gemeinsames ultimatives Mutterunternehmen haben, nicht in den Anwendungsbereich von IFRS 3 fallen. Demnach existieren zwei Lösungswege:
 i) Seperate reporting entity approach unter analoger Anwendung des IFRS 3 iVm mit IAS 8.11a, dh hier kommt es grundsätzlich zur Aufdeckung von stillen Reserven sowie eines Goodwills. Ausnahme ist das Vorliegen eines umgekehrten Unternehmenserwerbs, wenn zB eine rechtliche Einheit ein Unternehmen mit einem wesentlich größeren beizulegenden Zeitwert erwirbt. In diesem Fall werden die Buchwerte fortgeführt und die Aufdeckung der stillen Reserven unterbleibt. Sofern die Gegenleistung des übernehmenden Tochterunternehmens im Rahmen einer konzerninternen Einbringung oder Verschmelzung des 100%igen Tochterunternehmens jedoch von den tatsächlichen Wertverhältnissen der übertragenden Anteile bzw. des übertragenden (Rein-)Vermögens abweicht, ist der Differenzbetrag mit der Kapitalrücklage zu verrechnen bzw. in die Kapitalrücklage einzustellen. Der Antrag eines Geschäfts- oder Firmenwertes oder der Ausweis eines Ertrages scheidet aus.
 ii) Ausschnitt aus dem Gesamtkonzernabschluss: Wird der Teilkonzernabschluss lediglich als Ausschnitt aus dem Konzernabschluss des übergeordneten Mutterunternehmens angesehen, ist auch, aufgrund der Regelungslücke nach IFRS, eine Lösung nach den Grundsätzen des IAS 8.12 möglich. Hier werden die im Rahmen der Verschmelzung übernommenen Vermögenswerte, Schulden und Eventualschulden mit den Konzernbuchwerten des Mutterunternehmens zum Zeitpunkt der Transaktion bewertet. Der Differenzbetrag zwischen der gewährten Gegenleistung und den übernommenen Vermögenswerten, Schulden und Eventualschulden ist mit dem Eigenkapital zu verrechnen.
Auf derartige besondere Konstellationen und deren bilanzielle Abbildung im Konzern nach IFRS wird in den folgenden Kapiteln nicht näher eingegangen

III. Steuerrechtliche Bewertung nach dem UmwStG

1. Verschmelzung und Spaltung von Körperschaften

a) Zuordnung des Bewertungswahlrechts

Bei Verschmelzung oder Spaltung einer Körperschaft sind die übergehenden Wirtschaftsgüter, einschließlich nicht entgeltlich erworbener und selbst geschaffener Wirtschaftsgüter mit Ausnahme der Pensionsrückstellungen, die nach § 6a EStG zu bewerten sind, beim übertragenden Rechtsträger in der steuerlichen Schlussbilanz zum gemeinen Wert anzusetzen (§§ 3 I, 11 I UmwStG). Auf Antrag kann unter bestimmten Voraussetzungen weiterhin die Bewertung zu Buchwerten oder einem Zwischenwert erfolgen (§ 3 II, § 11 II UmwStG). Die übernehmende Gesellschaft hat nach §§ 4 I, 12 I UmwStG die auf sie übergegangenen Wirtschaftsgüter mit dem in der steuerlichen Schlussbilanz der übertragenden Körperschaft enthaltenen Wert zu übernehmen. Das Bewertungswahlrecht obliegt somit hier dem übertragenden Rechtsträger. 28

Diese Bewertungsregelungen gelten bei der Verschmelzung oder Spaltung einer Körperschaft auf eine Personengesellschaft, §§ 3, 4, 16 UmwStG. Ebenso liegt das Bewertungswahlrecht bei der Verschmelzung auf eine Körperschaft, §§ 11, 12 UmwStG sowie bei der Aufspaltung oder Abspaltung von Körperschaften auf andere Körperschaften, §§ 15, 16 UmwStG bei der übertragenden Gesellschaft.

Davon abweichend hat **handelsrechtlich** nach § 24 UmwG allein der übernehmende Rechtsträger ein Bewertungswahlrecht. Insofern fallen das handelsrechtliche und das steuerliche Bewertungswahlrecht in den vorgenannten Fällen auseinander. 29

In Tab. 5–1 werden die maßgebenden handelsrechtlichen und steuerlichen Wahlrechte sowie die Wertansätze nach IFRS für Verschmelzung und Spaltung, jeweils für den Einzelabschluss, einander gegenübergestellt. 30

	Handelsbilanz (HGB)		Steuerbilanz		IFRS	
	Schluss-bilanz	Übernahme-bilanz	Schlussbilanz	Übernahme-bilanz	Schluss-bilanz	Übernahmebi-lanz
Verschmelzung						
Körperschaft auf Personen-gesellschaft	§ 17 II UmwG Buch-werte	§ 24 UmwG Wahlrecht Buchwerte/ Anschaffungs-kosten	§ 3 UmwStG Grundsatz Ge-meiner Wert* Ausnahme/ Antrag: Buch-wert/Zwi-schenwert	§ 4 I UmwStG Fortführung der Werte aus der Schluss-bilanz Ausnah-me: § 4 IV UmwStG	Buch-werte	Grundsatz beizulegender Zeitwert (fair value) Aus-nahme umge-kehrter Un-ternehmens-zusammen-schluss

§ 5 2. Teil. Grundzüge des Umwandlungsrechts

	Handelsbilanz (HGB)		Steuerbilanz		IFRS	
	Schlussbilanz	*Übernahmebilanz*	*Schlussbilanz*	*Übernahmebilanz*	*Schlussbilanz*	*Übernahmebilanz*
Körperschaft auf Körperschaft	§ 17 II UmwG Buchwerte	§ 24 UmwG Wahlrecht Buchwerte/ Anschaffungskosten	§ 11 UmStG Grundsatz Gemeiner Wert* Ausnahme/ Antrag: Buchwert/ Zwischenwert	§ 12 I UmwStG Fortführung der Werte aus der Schlussbilanz	Buchwerte	Grundsatz beizulegender Zeitwert (fair value) Ausnahme umgekehrter Unternehmenszusammenschluss
Spaltung Aufspaltung/Abspaltung						
Körperschaft auf Personengesellschaft	§ 125 iVm § 17 II UmwG Buchwerte	§ 125 iVm § 24 UmwG Wahlrecht Buchwerte/ Anschaffungskosten	§ 16 iVm § 3 UmwStG Wahlrecht: Grundsatz Gemeiner Wert* Ausnahme/ Antrag: Buchwert/Zwischenwert	§ 16 iVm § 4 I UmwStG Fortführung der Werte aus der Schlussbilanz Ausnahme: § 4 IV UmwStG	Buchwerte	Grundsatz beizulegender Zeitwert (fair value) Ausnahme umgekehrter Unternehmenszusammenschluss
Körperschaft auf Körperschaft	§ 125 iVm § 17 II UmwG Buchwerte	§ 125 iVm § 24 UmwG Wahlrecht Buchwerte/ Anschaffungskosten	§ 15 iVm § 11 I UmwStG Grundsatz Gemeiner Wert* Ausnahme/Antrag: Buchwert/ Zwischenwert	§ 15 iVm § 12 I UmwStG Fortführung der Werte aus der Schlussbilanz	Buchwerte	Grundsatz beizulegender Zeitwert (fair value) Ausnahme umgekehrter Unternehmenszusammenschluss
Ausgliederung						
Körperschaft auf Kapitalgesellschaft	§ 125 iVm § 17 II UmwG Buchwerte	§ 125 iVm § 24 UmwG Wahlrecht Buchwerte/ Anschaffungskosten	§ 20 III UmwStG Bewertung entsprechend Übernahmebilanz	§ 20 II UmwStG Grundsatz Gemeiner Wert* Ausnahme/ Antrag: Buchwert/Zwischenwert	Buchwerte	Grundsatz beizulegender Zeitwert (fair value) Ausnahme umgekehrter Unternehmenszusammenschluss
Körperschaft auf Personengesellschaft	§ 125 iVm § 17 II UmwG Buchwerte	§ 125 iVm § 24 UmwG Wahlrecht Buchwerte/ Anschaffungskosten	§ 24 III UmwStG Bewertung entsprechend Übernahmebilanz	§ 24 II UmwStG Grundsatz Gemeiner Wert* Ausnahme/ Antrag: Buchwert/Zwischenwert	Buchwerte	Grundsatz beizulegender Zeitwert (fair value) Ausnahme umgekehrter Unternehmenszusammenschluss

* Grundsatz gemeiner Wert unter Berücksichtigung der Bewertung der Pensionsrückstellungen nach § 6a EStG

Tab. 5–1: Wahlrechte bei Verschmelzung und Spaltung von Kapitalgesellschaften in Handelsbilanz und Steuerbilanz und nach IFRS

§ 5. Handelsrechtliche Bewertung und Rechnungslegung § 5

Es ist hierbei anzumerken, dass sowohl handels- als auch steuerrechtlich ein Gestaltungsspielraum besteht, dh politische Regelungen können die Richtung der Verschmelzung beeinflussen. Somit kann durch die Festlegung der Verschmelzungsrichtung bestimmt werden, bei welcher Gesellschaft stille Reserven aufgedeckt werden.[29] Dieser Gestaltungsspielraum ist nach IFRS durch die Figur des umgekehrten Unternehmenserwerbes deutlich eingeschränkt. 31

b) Maßgeblichkeit

Zu der bis zur Einführung des SEStEG geltenden Rechtslage, insbesondere hinsichtlich der Maßgeblichkeit der Handelsbilanz für die Steuerbilanz, verweisen wir auf die dritte Auflage. Bereits nach früherer Rechtslage war der Grundsatz der Maßgeblichkeit der Handelsbilanz für die Steuerbilanz im Rahmen von Umwandlungen nach durch den BFH[30] bestätigter Ansicht entgegen der Auffassung der Finanzverwaltung nicht anzuwenden. Nach der Regierungsbegründung zum SEStEG wird die Anknüpfung der Umwandlungsvorgänge an die Maßgeblichkeit der Handelsbilanz für die Steuerbilanz ausdrücklich aufgegeben.[31] 32

c) Steuerbilanz als selbstständiges Rechenwerk

Die vorstehenden Ausführungen zeigen, dass die **Finanzverwaltung** in den Fällen der Verschmelzung und Spaltung von Kapitalgesellschaften von ihrer bisherigen Auffassung, dh von der materiellen Maßgeblichkeit der handelsrechtlichen Schlussbilanz für die steuerliche Schlussbilanz der Übertragerin abgewichen ist. Die Steuerbilanz hat sich somit von der Handelsbilanz gelöst und ist autonom geworden.[32] Das Grundkonzept des allgemeinen Entstrickungskonzepts sowohl für In- als auch Auslandsfälle sieht eine Aufdeckung der stillen Reserven und ggf. stiller Lasten zum gemeinen Wert, sowohl dem Grunde als auch der Höhe nach, vor. Somit soll auch eine Annäherung an den international üblichen Fremdvergleich erfolgen.[33] 33

2. Verschmelzung und Spaltung von Personengesellschaften

Die Verschmelzung oder Spaltung einer Personengesellschaft auf eine Kapitalgesellschaft oder eine andere Personengesellschaft wird steuerlich als Einbringung behandelt, §§ 20, 24 UmwStG. Daneben fallen unter die Einbringungstatbestände der §§ 20, 24 UmwStG sowohl die Übertra- 34

---

[29] *Knüppel* Bilanzierung von Verschmelzungen S. 31.
[30] Vgl. BFH-Urteil vom 5.6.2007 I R 97/06, DStR. 2007 S. 1767 (Verschmelzung von Kapitalgesellschaften); BFH vom 19.10.2005 – I R 38/04, BStBl. II 2006 S. 568; dazu auch OFD Münster vom 28.8.2006, BB 2006 S. 2130.
[31] Siehe dazu Regierungsbegründung zum SEStEG-E, BT-Drucks. 16/2710 S. 55.
[32] *Damas* Einführung Umwandlungssteuerrecht, DStZ 2007 S. 130.
[33] *Prinz* Wegfall Maßgeblichkeit, StuB 2007 S. 128.

§ 5   2. Teil. Grundzüge des Umwandlungsrechts

gung eines Betriebs, eines Teilbetriebs oder eines Mitunternehmeranteils als nach § 20 UmwStG auch die mehrheitsvermittelnde Übertragung von Anteilen an Kapitalgesellschaften auf einen anderen Rechtsträger durch Einzelrechtsnachfolge.[34]

a) Bewertungswahlrecht des übernehmenden Rechtsträgers

35   Das Bewertungswahlrecht kann bei Verschmelzung und Spaltung von Personengesellschaften handelsrechtlich weiterhin nach § 24 UmwG ausgeübt werden. Steuerrechtlich gilt grundsätzlich gemäß § 20 II, § 24 II UmwStG das Konzept des gemeinen Wertes dem Grunde und der Höhe nach, dh der übernehmende Rechtsträger hat die stillen Reserven aufzudecken. Das Konzept des beizulegenden Zeitwertes gilt nach IFRS rechtsformunabhängig.

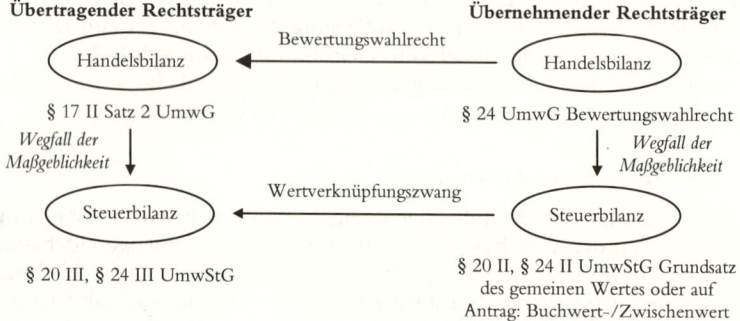

Abb. § 5–1: Wegfall der Maßgeblichkeit bei Verschmelzung und Spaltung von Personengesellschaften

36   Die bei der Verschmelzung, Spaltung und Einbringung maßgebenden Bewertungsregelungen in den Einzelabschlüssen werden in Tab. 5–2 gegenübergestellt.

	Handelsbilanz (HGB)		Steuerbilanz		IFRS	
	Schlussbilanz	*Übernahmebilanz*	*Schlussbilanz*	*Übernahmebilanz*	*Schlussbilanz*	*Übernahmebilanz*
Einbringung in die Kapitalgesellschaft Gesamtrechtsnachfolge Verschmelzung Aufspaltung Abspaltung Ausgliederung Formwechsel (§ 25 UmwStG)	§ 17 II UmwG Buchwerte	§ 24 UmwG Wahlrecht Buchwerte/ Anschaffungskosten	§ 24 III UmwStG entsprechend Übernahmebilanz	§ 20 II UmwStG Grundsatz Gemeiner Wert★ Ausnahme/ Antrag: Buchwert/ Zwischenwert	Buchwerte	Grundsatz beizulegender Zeitwert (fair value) Ausnahme umgekehrter Unternehmenszusammenschluss

---

[34] Vgl. zB *Schaumburg/Rödder* WiB 1995 S. 11.

§ 5. Handelsrechtliche Bewertung und Rechnungslegung § 5

	Handelsbilanz (HGB)		Steuerbilanz		IFRS	
	Schluss-bilanz	Übernahme-bilanz	Schlussbilanz	Übernahme-bilanz	Schluss-bilanz	Übernahme-bilanz
Einbringung in eine Personengesellschaft Gesamtrechtsnachfolge Verschmelzung Ausgliederung	**§ 17 II UmwG** Buchwerte	**§ 24 UmwG** Wahlrecht Buchwerte/ Anschaffungskosten	**§ 24 III UmwStG** entsprechend Übernahmebilanz	**§ 24 II UmwStG** Grundsatz Gemeiner Wert* Ausnahme/ Antrag: Buchwert/ Zwischenwert	Buchwerte	Grundsatz beizulegender Zeitwert (fair value) Ausnahme umgekehrter Unternehmenszusammenschluss
Einzelrechtsnachfolge*	nicht im UmwG geregelt	nicht im UmwG geregelt Buchwerte/Anschaffungskosten	**§ 20 III UmwStG** entsprechend Übernahmebilanz	**§ 20 UmwStG** Grundsatz Gemeiner Wert* Ausnahme/ Antrag: Buchwert Zwischenwert	Buchwerte	Grundsatz beizulegender Zeitwert (fair value) Ausnahme umgekehrter Unternehmenszusammenschluss

* Grundsatz gemeiner Wert unter Berücksichtigung der Bewertung der Pensionsrückstellungen nach § 6a EStG
** Aufnahme neuer Gesellschafter in Einzelunternehmen, Einbringung Einzelunternehmen in bestehende Personengesellschaft, Eintritt weiterer Gesellschafter in bestehende Personengesellschaft, Einbringung von Mitunternehmeranteilen in Personengesellschaft und anschließende Anwachsung, Sacheinlage bei Gründung, Sachkapitalerhöhung

Tab. 5–2: Handels- und steuerrechtliche Bewertung bei Verschmelzung und Spaltung von Personengesellschaften

aa) Deckungsgleiche Bewertungsvorschriften

Nach §§ 20 II, 24 II UmwStG hat der übernehmende Rechtsträger 37 das eingebrachte Betriebsvermögen grundsätzlich mit dem gemeinen Wert anzusetzen. Auf Antrag ist der Ansatz von Buch- und Zwischenwerten weiterhin zulässig nach §§ 20 II, 24 II UmwStG, wenn
– sichergestellt ist, dass es später bei der übernehmenden Körperschaft der Besteuerung mit Körperschaftsteuer unterliegt (bei Einbringung in eine steuerbefreite Gesellschaft ist der Ansatz zum gemeinen Wert zwingend),[35]
– die Passivposten des eingebrachten Betriebsvermögens die Aktivposten nicht übersteigen, dabei ist das Eigenkapital nicht zu berücksichtigen, und
– das Recht der Bundesrepublik Deutschland hinsichtlich der Besteuerung des Gewinns aus der Veräußerung des eingebrachten Betriebs-

---

[35] *Damas* Einführung Umwandlungssteuerrecht, DStZ 2007 S. 137.

vermögens bei der übernehmenden Gesellschaft nicht ausgeschlossen oder beschränkt wird und
- der gemeine Wert von sonstigen Gegenleistungen, die neben den neuen Gesellschaftsanteilen gewährt werden, nicht mehr beträgt als[36]
  a) 25% des Buchwerts des eingebrachten Betriebsvermögens oder
  b) 500.000 Euro, höchstens jedoch den Buchwert des eingebrachten Betriebsvermögens.

38 Soweit diese Voraussetzungen erfüllt sind, kann die Bewertung weiterhin zu Buch- oder Zwischenwerten erfolgen. Die Wertobergrenze bildet der gemeine Wert.

39 Gemäß § 24 UmwG kann in der Handelsbilanz des übernehmenden Rechtsträgers das übertragene Vermögen zu Anschaffungskosten angesetzt werden. Stattdessen kann der übernehmende Rechtsträger auch die Buchwerte aus der Schlussbilanz des übertragenden Rechtsträgers fortführen. Zwischenwerte sind somit nicht zulässig.

40 Bei der Verschmelzung oder Spaltung einer Personengesellschaft kann somit der übernehmende Rechtsträger weiterhin handelsrechtlich als auch steuerbilanziell das übernommene Betriebsvermögen zu Buchwerten bewerten. Wobei hier aber zu unterscheiden ist zwischen den handelsbilanziellen Buchwerten, dh die Bewertung der Vermögensgegenstände und Schulden nach § 253 HGB, und den steuerbilanziellen Buchwerten gemäß § 1 V Nr. 4 UmwStG. Der steuerbilanzielle Buchwert nimmt nur Bezug auf die steuerrechtlichen Vorschriften der Gewinnermittlung. Da diese jedoch nach § 5 I 1 EStG grundsätzlich auf den handelsbilanziellen Werten als Ausgangsbasis beruhen, besteht implizit noch eine Maßgeblichkeit zwischen Handels- und Steuerbilanz bei entsprechender Ausübung des Wahlrechts.

41 So ist das **handelsrechtliche Bewertungswahlrecht** des § 24 UmwG abweichend vom Steuerrecht auf lediglich zwei Wertansätze beschränkt. In der handelsrechtlichen Übernahmebilanz darf der übernehmende Rechtsträger die Buchwerte der Überträgerin fortführen. Er kann alternativ das übernommene Vermögen mit seinen tatsächlichen Anschaffungskosten bewerten. Anstelle des Buchwertes oder der Anschaffungskosten des übernehmenden Rechtsträgers dürfen indes keine Zwischenwerte angesetzt werden.[37]

42 Anders erlaubt das **Steuerrecht** grundsätzlich nur die Bewertung zum gemeinen Wert und auf Antrag zu Buch- oder Zwischenwerten. Bei Antrag des übernehmenden Rechtsträgers auf Bewertung zu Zwischenwerten ist jeder Zwischenwert zulässig.[38] Eine solche Bewertung zu Zwischenwerten ist handelsrechtlich zB dann möglich, soweit das Kapital der aufnehmenden Gesellschaft für die Verschmelzung, Spaltung oder die Einbringung zu erhöhen ist. Dabei beruht die Möglichkeit zur Verwen-

---

[36] Geändert durch Steueränderungsgesetz 2015 vom 2.11.2015, Artikel 6 Änderung des Umwandlungssteuergesetzes; rückwirkende Anwendung zum 1.1.2015.
[37] *Schubert/Gadek* in Beck'scher Bilanzkommentar § 255 HGB Rn. 44.
[38] *Schubert/Gadek* in Beck'scher Bilanzkommentar § 255 HGB Rn. 46 f.

dung von Zwischenwerten einzig auf Ermessensspielräumen und resultiert aus unterschiedlichen Auffassungen im Schrifttum über die Bewertung des eingebrachten Vermögens bei einer Kapitalerhöhung. Soweit die übernehmende Gesellschaft ihr Kapital erhöht, kann der Ausgabebetrag der neuen Anteile bis zur Höhe des Zeitwerts des übertragenen Vermögens festgesetzt werden.[39] Der Ausgabebetrag bestimmt hier die Anschaffungskosten gemäß § 24 UmwG. Je nach Festlegung des Ausgabebetrags kann der übernehmende Rechtsträger somit nach § 24 UmwG in der handelsrechtlichen Übernahmebilanz nach zum Teil vertretener Auffassung faktisch das übergegangene Vermögen mit jedem Wert zwischen Buchwert und seinem Zeitwert bewerten. Daher ergibt sich in diesem Fall handelsbilanziell ein Bewertungsspielraum, der mit dem steuerlichen Bewertungswahlrecht im Wesentlichen deckungsgleich ist. Allerdings handelt es sich bei dem dargestellten Bewertungsspielraum für Sacheinlagen um ein Wahlrecht außerhalb des Geltungsbereiches des § 24 UmwG. Insofern liegen uE hier keine Anhaltspunkte vor, dass der Gesetzgeber an dieser Stelle die umgekehrte Maßgeblichkeit wünscht.

bb) Unterschiedliche Zwecke

Zudem kann uE die handelsrechtliche Ausübung des Bewertungswahlrechts gemäß § 24 UmwG schon infolge der **unterschiedlichen Zwecke** von UmwG und UmwStG nicht für die steuerliche Übernahmebilanz des übernehmenden Rechtsträgers maßgebend sein. So dient die wahlweise Bewertung zu Anschaffungskosten nach § 24 UmwG der Vermeidung handelsbilanzieller Nachteile der Buchwertfortführung. Demgegenüber sollen mit den Regelungen des UmwStG, insbesondere der Entstrickung von stillen Reserven, steuerliche Hemmnisse für die als Folge der zunehmenden internationalen wirtschaftlichen Verflechtung immer wichtiger werdenden grenzüberschreitenden Umstrukturierungen beseitigt werden.[40] Aufgrund dieser Neuregelung innerhalb des UmwStG sind die bis zur Einführung des SEStEG geführten Diskussionen, darüber ob hier eine Maßgeblichkeit zwischen Handels- und Steuerbilanz vorliegt, als hinfällig zu betrachten. Die Neuregelungen drücken eindeutig den Wunsch des Gesetzgebers, dass gerade keine Maßgeblichkeit zwischen Handels- und Steuerbilanz vorliegt, aus. 43

b) Bewertung beim übertragenden Rechtsträger

Nach § 20 III 1, § 24 III 1 UmwStG gilt für den Einbringenden der Wert als Veräußerungspreis, mit dem das eingebrachte Vermögen vom übernehmenden Rechtsträger angesetzt wird. Demzufolge bestimmt der Wertansatz des übernehmenden Rechtsträgers zugleich den Wert in der steuerlichen Schlussbilanz des übertragenden Rechtsträgers. § 20 III, 44

---

[39] *Deubert/Hoffmann* in Winkeljohann/Förschle/Deubert, Teil K, Rn. 45; *Delmas* Sacheinlagen S. 139 f.; *Thiel* DB 1960 S. 300 f; vgl. dazu → § 10 Rn. 134 ff.
[40] BT-Drucks. 16/2710 Regierungsbegründung zum UmwStG S. 1 und zu § 24 UmwStG S. 25.

§ 24 III 1 UmwStG begründete eine strenge Wertverknüpfung zwischen der steuerlichen Schlussbilanz des übertragenden Rechtsträgers und der handelsrechtlichen Übernahmebilanz des übernehmenden Rechtsträgers, die aufgrund des Wegfalls der Maßgeblichkeit nicht mehr besteht.

45 Bewertet der übernehmende Rechtsträger das übernommene Vermögen nach dem Grundsatz mit dem gemeinen Wert in der Steuerbilanz, so ist der Einbringende an diesen Wertansatz gebunden. Der Einbringende hat das übertragene Vermögen dann ebenfalls in seiner steuerlichen Schlussbilanz mit dem gemeinen Wert anzusetzen. Die damit verbundene Aufdeckung stiller Reserven ist zwingend. Dies gilt analog bei Antrag des übernehmenden Rechtsträgers zur Bewertung des übernommenen Vermögens zu Zwischenwerten.

46 Die zwingende Bewertung zu Buchwerten in der handelsrechtlichen Schlussbilanz des Einbringenden nach § 17 II 2 UmwG hat für die steuerliche Übertragungsbilanz keine Bedeutung.

3. Formwechsel

47 Eine besondere Stellung nimmt im Vergleich zur Verschmelzung bzw. Spaltung der Formwechsel ein. Am Formwechsel ist im Unterschied zu den genannten übertragenden Umwandlungen lediglich ein einziger Rechtsträger beteiligt. Insofern wechselt beim Formwechsel der Rechtsträger nicht, § 202 I Nr. 1 UmwG. Der Formwechsel kann daher aus handelsrechtlicher Sicht nicht zu Anschaffungskosten des Rechtsträgers neuer Rechtsform führen. Da die Identität des Rechtsträgers gewahrt bleibt, sind vielmehr die bisherigen Buchwerte des Rechtsträgers alter Rechtsform und die diesen zugrunde liegenden Bewertungsmethoden fortzuführen. Handelsrechtlich bedarf es daher weder einer Schlussbilanz noch einer Eröffnungsbilanz. Auch nach IFRS bedarf es uE weder einer Schluss- noch einer Eröffnungsbilanz.

48 Steuerlich hingegen gelten für den Formwechsel besondere Bewertungsvorschriften. Dadurch wird berücksichtigt, dass die Änderung des Rechtskleides die Steuerpflicht beeinflusst. So sind für den Formwechsel einer **Kapitalgesellschaft in eine Personengesellschaft** gemäß § 9 Satz 1 UmwStG die Regelungen der §§ 3–8 UmwStG entsprechend anzuwenden. Die übertragende Kapitalgesellschaft hat hier für steuerliche Zwecke eine Übertragungsbilanz, die übernehmende Personengesellschaft eine Eröffnungsbilanz aufzustellen, § 9 Satz 2 UmwStG.

49 Beim Formwechsel einer Kapitalgesellschaft in eine Personengesellschaft hat der übertragende Rechtsträger nach § 9 Satz 1 iVm § 3 UmwStG das übergehende Vermögen grundsätzlich zum gemeinen Wert mit Ausnahme der Bewertung der Pensionsverpflichtungen nach § 6a EStG ansetzen. Auf Antrag ist das zu übertragende Vermögen mit steuerlichen Buchwerten oder Zwischenwerten anzusetzen, soweit die stillen Reserven betrieblich verstrickt und das Besteuerungsrecht der Bundesrepublik Deutschland gewahrt bleibt (§ 3 II iVm § 9 Satz 1). Damit ist die Besteuerung stiller Reserven der übertragenden Körperschaft sichergestellt. Die Wertansätze erfolgen unabhängig von den Ansätzen in der

§ 5. Handelsrechtliche Bewertung und Rechnungslegung § 5

Handelsbilanz, der Grundsatz der Maßgeblichkeit der Handelsbilanz für die Steuerbilanz gilt insoweit nicht mehr.[41] Der übernehmende Rechtsträger hat die Werte in der steuerlichen Schlussbilanz dieses übertragenden Rechtsträgers gemäß § 9 Satz 1 iVm § 4 I UmwStG zu übernehmen. Ergänzend wird die Bewertung der Anteile an der übertragenden Gesellschaft beim übernehmenden Rechtsträger geregelt. Der Buchwert der Anteile ist danach um steuerwirksam vorgenommene Teilwertabschreibungen aus den vorangegangenen Jahren und um Bezüge nach § 6b EStG gewinnwirksam zu erhöhen. Die Beträge erhöhen den laufenden Gewinn des übernehmenden Rechtsträgers und unterliegen den Regelungen für die Behandlung von Veräußerungsgewinnen und Beteiligungen.[42]

Nach § 25 Satz 1 UmwStG sind beim Formwechsel einer **Personengesellschaft in eine Kapitalgesellschaft** die Vorschriften der §§ 20–23 UmwStG zu beachten. Beim Formwechsel einer Personengesellschaft in eine Kapitalgesellschaft hat die übertragende Personengesellschaft eine steuerliche Übertragungsbilanz und die übernehmende Kapitalgesellschaft hat nach § 25 Satz 2 iVm § 9 Satz 2 UmwStG eine Eröffnungsbilanz aufzustellen. 50

Der Formwechsel einer Personengesellschaft in eine Kapitalgesellschaft ist steuerlich als Einbringung zu behandeln.[43] 51

---

[41] BT-Drucks. 16/2710 Regierungsbegründung zu § 3 UmwStG S. 37.
[42] BT-Drucks. 16/2710 Regierungsbegründung zu § 4 UmwStG S. 38.
[43] Insofern gelten die Ausführungen der → Rn. 37 ff. hier entsprechend.

§ 6. Arbeitsrecht

1 Die Umstrukturierung eines Unternehmens auf der Grundlage des Umwandlungsgesetzes kann sowohl individual- als auch kollektivarbeitsrechtliche Konsequenzen für die Arbeitnehmer und deren Vertretungen haben. Zu den individualarbeitsrechtlichen Folgen gehören sämtliche Aspekte des einzelnen Arbeitsverhältnisses, wie die Frage, ob und mit welchem Inhalt es weiter gilt. Kollektivarbeitsrechtlich sind insbesondere die Informations- und Beteiligungsrechte des Betriebsrats und die Auswirkungen einer Umwandlung auf den mitbestimmten Aufsichtsrat zu berücksichtigen. Gesondert zu betrachten sind die Folgen für die Mitbestimmung der Arbeitnehmer bei einer grenzüberschreitenden Verschmelzung und der Gründung einer SE.

I. Individualarbeitsrechtliche Bedeutung

2 Bei den Arbeitsverhältnissen sind im Wesentlichen folgende Themen relevant: der Übergang des Arbeitsverhältnisses auf einen anderen Arbeitgeber,[1] der Inhalts-, Haftungs- und Bestandsschutz des Arbeitsverhältnisses[2] sowie die Frage, wie der Übergang von Ansprüchen aus betrieblicher Altersversorgung zu behandeln ist.[3] Daneben ist zu überprüfen, welche Folgen die Umwandlung für die Organstellung von Geschäftsführern und Vorständen und deren Dienstverträge hat.[4]

1. Übergang der Arbeitsverhältnisse

a) Anwendbarkeit von § 613a BGB auf Umwandlungsfälle

3 Umwandlungen stellen zunächst nur gesellschaftsrechtliche Veränderungen dar. Sie können jedoch gleichzeitig zu betrieblichen Änderungen führen, die Auswirkungen auf Arbeitnehmer haben. Die zentrale Vorschrift ist insofern § 613a BGB. Danach gehen die Arbeitsverhältnisse bei einem Betriebs(teil)übergang auf den Erwerber über. Da die Vorschrift nur rechtsgeschäftliche Einzelübertragungen erfasst, Umwandlungen aber keine Einzelsukzession, sondern eine Gesamtsukzession auslösen, bestimmt § 324 UmwG, dass § 613a BGB (Abs. 1 und 4 bis 6) auch bei einer Verschmelzung, Spaltung oder Vermögensübertragung gelten soll. Der Formwechsel wird nicht genannt, da in diesem Fall der Umwandlung kein Wechsel des Betriebsinhabers und damit kein Betriebsübergang stattfinden. Arbeitnehmer müssen daher über den Formwechsel nicht informiert werden und haben auch kein Widerspruchsrecht, da ihr Arbeitgeber nicht ausgetauscht wird, sondern sich lediglich dessen Rechtsform ändert.

---

[1] Vgl. → Rn. 3 ff.
[2] Vgl. → Rn. 19 ff.
[3] Vgl. → Rn. 50 ff.
[4] Vgl. → Rn. 57 ff.

§ 613a BGB gilt jedoch nur dann, wenn ein Betrieb oder Betriebsteil **4** übertragen wurde. Die Voraussetzungen des § 613a BGB sind bei der Umwandlung selbstständig zu prüfen, da § 324 UmwG eine Rechtsgrundverweisung ist.[5] Geht bei der Umwandlung daher eine wirtschaftliche Einheit auf einen anderen Inhaber über und wird diese unter Wahrung ihrer Identität fortgeführt, findet § 613a I, IV–VI BGB Anwendung. Es ist jedoch nicht so, dass nur ein Unternehmen mit bereits vorhandenen eigenständigen Betrieben und/oder Betriebsteilen auf andere Rechtsträger übertragen oder aufgespalten werden kann. Eine gesellschaftsrechtliche Umwandlung kann vielmehr auch erfolgen, wenn parallel durch eine Betriebsspaltung erst verschiedene Einheiten geschaffen werden.

Letztlich ist es für § 613a BGB entscheidend, ob diese Einheiten **5** Betriebe, Betriebsteile oder bloße Abteilungen darstellen, die keine eigenständige Betriebsteilqualität haben. Wird eine wirtschaftliche Einheit identitätswahrend übertragen, greift § 613a BGB ein. Erfolgt eine Betriebsspaltung jedoch dergestalt, dass zunächst ohne Inhaberwechsel eine frühere organisatorische Einheit zerschlagen wird, ist der Anwendungsbereich von § 613a BGB nicht eröffnet. Selbst wenn die Betriebsspaltung dazu dient, die spätere Umwandlung vorzubereiten, soll es möglich sein, im Interessenausgleich mit dem Betriebsrat eine freie Aufteilung der Mitarbeiter vorzunehmen. Werden diese aufgespaltenen Teile anschließend im Wege der Unternehmensspaltung auf neue Rechtsträger übertragen, soll wegen der Zerschlagung und fehlender Wahrung der Identität der usprünglichen Einheit kein Fall der Umgehung des § 613a BGB vorliegen.[6]

b) Zuordnung von Arbeitsverhältnissen in Spaltungsfällen

Im Umwandlungsvertrag wird gemäß § 126 I Nr. 9 UmwG festgelegt, **6** welcher Betrieb oder Betriebsteil auf den übernehmenden Rechtsträger übergehen soll. Insoweit besteht Vertragsfreiheit. Keine Vertragsfreiheit besteht indessen bei der Zuordnung der Arbeitsverhältnisse zu den Betrieben bzw. Betriebsteilen. Im Anwendungsbereich von § 613a I BGB gehen die Arbeitsverhältnisse zwingend mit derjenigen wirtschaftlichen Einheit auf den übernehmenden Rechtsträger über, der die Arbeitnehmer angehören.[7] Eine davon abweichende Zuordnung im Umwandlungsvertrag ist nur mit Zustimmung der betroffenen Arbeitnehmer möglich.[8]

Etwas anderes gilt für solche Arbeitnehmer, die keiner Einheit angehö- **7** ren, etwa weil sie einen übergreifenden Tätigkeitsbereich haben und nicht in einen Betrieb(steil) eingegliedert sind (etwa sog. Springer, Overhead-Mitarbeiter). § 613a I BGB ist in diesem Fall nicht einschlägig. Ein

---

[5] BAG NZA 2000 S. 1115; BAG NZA 2006 S. 990.
[6] Vgl. LAG Schleswig-Holstein BeckRS 2016, 66460 (Revision anhängig unter BAG 8 AZR 63/16) und *Mückl/Götte* GWR 2016 S. 106.
[7] BAG BeckRS 2013, 65579 Rn. 39.
[8] *Willemsen* in HWK UmwG § 324 Rn. 27.

§ 6   2. Teil. Grundzüge des Umwandlungsrechts

gesetzlicher Übergang der Arbeitsverhältnisse findet nicht statt. Insoweit können die Vertragsparteien im Umwandlungsvertrag eine Zuordnung treffen.[9] Dies geschieht, indem die Namen der übergehenden Arbeitnehmer im Umwandlungsvertrag oder einer anliegenden Personalliste genannt werden.[10] Da zu den „Gegenständen" des Aktiv- und Passivvermögens im Sinne des § 126 I Nr. 9 UmwG auch Arbeitsverhältnisse und die hiermit zusammenhängenden Forderungen und Verbindlichkeiten gehören,[11] geht auch der Gesetzgeber von einer Dispositions- und Übertragungsfreiheit des Arbeitgebers aus. Das Gleiche gilt im Übrigen für Organmitglieder, deren Dienstverhältnisse ebenfalls nicht automatisch auf den übernehmenden Rechtsträger übergehen.[12]

8   Hieraus folgt, dass die Rechtsgrundlage für den Übergang von Arbeitsverhältnissen unterschiedlich ist, je nachdem, ob die Tatbestandsvoraussetzungen des **§ 613a I BGB erfüllt** sind oder nicht. Wird im Rahmen der Spaltung ein Betrieb oder Betriebsteil übertragen, ist wie bisher § 613a I BGB maßgeblich, dh die jeweiligen Arbeitsverhältnisse gehen mit dem Betrieb oder Betriebsteil auf den übernehmenden Rechtsträger über. Da es sich wegen des Schutzcharakters der Vorschrift um eine zwingende Regelung handelt, kann eine abweichende Zuordnung der Arbeitsverhältnisse nach § 126 I Nr. 9 UmwG – jedenfalls ohne Zustimmung der Arbeitnehmer – nicht wirksam vereinbart werden.[13] Ungeachtet einer etwaigen anders lautenden Zuordnung im Spaltungs- und Übernahmevertrag bzw. Spaltungsplan tritt der nach § 613a I BGB als „Übernehmer" geltende Rechtsträger in die Rechte und Pflichten aus dem betreffenden Arbeitsverhältnis ein. Hieraus folgt, dass der jeweilige Arbeitnehmer einen Vergütungsanspruch nach § 615 BGB gegen den übernehmenden Rechtsträger hat. Dabei muss er sich jedoch den Wert dessen anrechnen lassen, was er im Rahmen des „fehlerhaften" Arbeitsverhältnisses gegenüber dem Arbeitgeber, dem er im Spaltungsvertrag oder Spaltungsplan zugeordnet worden ist, durch Verwendung seiner Dienste erwirbt. Weitergehende Konsequenzen für die Wirksamkeit der Spaltung an sich ergeben sich aus der fehlerhaften Zuordnung von Arbeitsverhältnissen allerdings nicht, da gemäß § 131 II UmwG Mängel der Spaltung die Wirkungen der Eintragung in das Handelsregister unberührt lassen.[14]

9   Liegen die Voraussetzungen des **§ 613a I BGB nicht** vor, kommt es zu einer umwandlungsrechtlichen Übertragung der Arbeitsverhältnisse im Wege der partiellen Gesamtrechtsnachfolge gemäß §§ 126 I Nr. 9, 131 I Nr. 1 UmwG. Dies ist bei folgenden Konstellationen gegeben:
– es wird kein Betrieb oder Betriebsteil übertragen,

---

[9] *Simon* in Semler/Stengel UmwG § 126 Rn. 87
[10] *Willemsen* in HWK UmwG § 324 Rn. 26.
[11] BR-Drucks. 75/94 zu § 126 UmwG S. 118, zu § 132 UmwG S. 121 sowie BT-Drucks. 12/6699 S. 118.
[12] Vgl. → Rn. 57 ff.
[13] *Simon* in Semler/Stengel UmwG § 323 Rn. 38 (für ein Widerspruchsrecht)
[14] *Boecken* Unternehmensumwandlungen und Arbeitsrecht Rn. 70.

§ 6. Arbeitsrecht § 6

– es sollen solche Arbeitsverhältnisse übertragen werden, die zu einem zurückbleibenden Betrieb oder Betriebsteil gehören,
– es sollen solche Arbeitsverhältnisse übertragen werden, die den übertragenden Betrieben oder Betriebsteilen übergeordnet sind und keinem speziellen Betrieb oder Betriebsteil angehören.

In diesen Fällen besteht die Möglichkeit der **freien Zuordnung** im Spaltungsvertrag nach § 126 I Nr. 9 UmwG. Die Arbeitnehmer haben – sofern sie nicht bereits zuvor um Zustimmung gebeten wurden – die Möglichkeit, der im Spaltungs- und Übernahmevertrag getroffenen Zuordnung ihrer Arbeitsverhältnisse zu widersprechen.[15] 10

Auch im Hinblick auf Pensionsverpflichtungen besteht die Möglichkeit der freien Zuordnung im Spaltungsvertrag, da § 613a BGB nach hM auf die Pensionsverhältnisse bereits ausgeschiedener Arbeitnehmer nicht anzuwenden ist.[16] 11

c) Folgen unterbliebener Zuordnung in Spaltungsfällen

Erfasst der Spaltungs- und Übernahmevertrag nicht alle Arbeitsverhältnisse, stellt sich bei der umwandlungsrechtlichen Übertragung die Frage nach der Zuordnung dieser Arbeitsverhältnisse. Bei der Abspaltung und der Ausgliederung hat ein derartiges Versäumnis den Verbleib der Arbeitsverhältnisse bei dem übertragenden Rechtsträger zur Folge. In den Fällen, in denen die Übertragung § 613a I BGB unterliegt, folgen die Arbeitsverhältnisse ohnehin automatisch dem Betrieb oder Betriebsteil. 12

Problematisch ist die Frage der Zuordnung allerdings in den Fällen der Aufspaltung des Rechtsträgers. Nach § 131 I Nr. 2 UmwG erlischt der übertragende Rechtsträger mit Eintragung der Umwandlung. Dies führt grundsätzlich zur (automatischen) Beendigung aller Vertragsverhältnisse mit Dritten. Dieses Ergebnis wäre hingegen im Fall der Arbeitsverhältnisse nicht tragbar. Vielmehr ist in Anlehnung an § 131 III UmwG zunächst eine Auslegung des Spaltungs- und Übernahmevertrages vorzunehmen. Ergibt auch die Vertragsauslegung keine Anhaltspunkte für eine Zuordnung, so dürfte auf den **Willen des betroffenen Arbeitnehmers** abzustellen sein.[17] Das Gleiche dürfte bei unklarer Zugehörigkeit eines Arbeitnehmers zu einem Betrieb(steil) gelten. 13

d) Zuordnung von Arbeitsverhältnissen im Interessenausgleich, § 323 II UmwG

Aus § 323 II UmwG folgt, dass Arbeitsverhältnisse von Springern oder aus Overhead-Bereichen durch Vereinbarung zwischen Arbeitgeber und Betriebsrat (Interessenausgleich) einem Betrieb oder Betriebsteil zugeordnet werden können. Ein solcher Interessenausgleich ist nicht erzwingbar, sondern muss auf freiwilliger Basis zustande kommen. Die 14

---

[15] *Joost* in Lutter UmwG § 323 Rn. 30 (Wahlrecht des Arbeitnehmers hinsichtlich des Betriebs).
[16] Vgl. → Rn. 52.
[17] So auch *Boecken* Unternehmensumwandlungen und Arbeitsrecht Rn. 77.

Schmidt

§ 6   2. Teil. Grundzüge des Umwandlungsrechts

Möglichkeit der freien Zuordnung im Interessenausgleich ist wegen § 613a BGB beschränkt auf solche Arbeitnehmer, die nicht ohnehin mit ihrem Betrieb oder Betriebsteil übergehen.[18]

15   Ein Interessenausgleich nach § 112 BetrVG gilt nach der bisherigen Rechtsprechung des BAG anders als ein Sozialplan nicht unmittelbar gegenüber den Arbeitnehmern. § 323 II UmwG verleiht dem Interessenausgleich aber ein gewisses Gewicht, da die namentliche Zuordnung der Arbeitnehmer von den Gerichten nur eingeschränkt (**„grobe Fehlerhaftigkeit"**) überprüfbar sein soll. Eine grob fehlerhafte Zuordnung soll gegeben sein, wenn sie allein unter Zweckmäßigkeitsgesichtspunkten erfolgt, etwa im Hinblick auf eine ohnehin geplante Rationalisierung oder Umstrukturierung, oder wenn sie sachlich nicht gerechtfertigt ist.[19] Die Qualifikation des Arbeitnehmers sowie die eventuell durch schriftliche Vereinbarung oder tatsächliche Übung konkretisierte Tätigkeit können insofern als Maßstab herangezogen werden.[20]

16   Zu berücksichtigen ist jedoch, dass der betroffene Arbeitnehmer die Zuordnung verhindern kann, indem er dem Übergang seines Arbeitsverhältnisses nach 613a VI BGB widerspricht.[21] Eine andere Zuordnung wird er aber nicht durchsetzen können.[22] Stimmen die Zuordnung einzelner Arbeitsverhältnisse im Umwandlungsvertrag und im Interessenausgleich nach § 323 II UmwG nicht überein, soll dem Interessenausgleich der Vorrang gebühren.[23]

e) Unterrichtung der Arbeitnehmer

17   Führt die Umwandlung zu einem Betriebs(teil)übergang, besteht neben den umwandlungsrechtlichen Unterrichtungspflichten in §§ 5 I Nr. 9 und 126 I Nr. 11 UmwG sowie den betriebsverfassungsrechtlichen Beteiligungsrechten der Arbeitnehmervertretungen (etwa § 106 III Nr. 8 und Nr. 9a BetrVG) auch eine Unterrichtungspflicht gegenüber den Arbeitnehmern nach § 613a V BGB.[24] Der übertragende oder der übernehmende Rechtsträger müssen die vom Betriebs(teil)übergang betroffenen Arbeitnehmer in Textform (E-Mail, Computerfax genügen) grundsätzlich vor dem Übergang über den (geplanten) Zeitpunkt und den Grund für den Übergang, die Folgen des Übergangs und die hinsichtlich der Arbeitnehmer vorgesehenen Maßnahmen informieren. Dabei ist be-

---

[18] *Joost* in Lutter UmwG § 323 Rn. 39; *Willemsen* in HWK § 324 UmwG Rn. 29.
[19] *Willemsen* in HWK § 324 Rn. 30; *Bauer/Lingemann* NZA 1994 S. 1057 (1061).
[20] *Boecken* Unternehmensumwandlungen und Arbeitsrecht Rn. 131; *Bauer/Lingemann* NZA 1994 S. 1057 (1061).
[21] *Willemsen* in HWK § 324 UmwG Rn. 31.
[22] *Willemsen* in HWK § 324 UmwG Rn. 31; *Joost* in Lutter § 323 UmwG Rn. 35.
[23] *Willemsen* in HWK § 324 UmwG Rn. 31; *Simon* in Semler/Stengel § 323 UmwG Rn. 40.
[24] *Nießen* NJW-Spezial 2008 S. 623; aA *Neufeld* BB 2008 S. 1739.

sonderes Augenmerk auch auf die mittelbaren Folgen der Umwandlung zu legen. Insoweit gelten neben § 613a V BGB und der ausführlichen Rechtsprechung hierzu[25] die Grundsätze für die Information nach §§ 5 I Nr. 9 und 126 I Nr. 11 UmwG.[26]

f) Widerspruchsrecht des Arbeitnehmers

Im Fall der arbeitsrechtlichen Übertragung von Arbeitsverhältnissen gemäß § 613a I BGB können die Arbeitnehmer dem Übergang ihres Arbeitsverhältnisses nach § 613a VI innerhalb eines Monats nach Zugang der (wirksamen) Unterrichtung über den Betriebsübergang widersprechen. 18

Widerspricht ein Arbeitnehmer, bleibt bei Abspaltung und Ausgliederung das Arbeitsverhältnis zum übertragenden Rechtsträger zunächst bestehen und kann sodann nach den allgemeinen Grundsätzen betriebsbedingt gekündigt werden. Dort, wo die Umwandlung das Erlöschen des übertragenden Rechtsträgers zur Folge hat (Verschmelzung, Aufspaltung, Vollübertragung), läuft das Widerspruchsrecht allerdings ins Leere.[27] Nach Auffassung des BAG besteht in diesen Fällen kein Widerspruchsrecht nach § 613a VI BGB.[28] Will der Arbeitnehmer dessen ungeachtet sein Arbeitsverhältnis mit dem übernehmenden Rechtsträger nicht fortsetzen, muss er das übergegangene Arbeitsverhältnis kündigen.[29] Daneben wird jedoch auch weiter vertreten, dass ein Widerspruch möglich ist, der sodann auszulegen ist und zur automatischen Beendigung des Arbeitsverhältnisses führt.[30]

2. Inhaltsschutz

Geht ein Arbeitsverhältnis auf ein anderes Unternehmen über, kommt es nicht zu einer inhaltlichen Änderung. Der neue Rechtsträger tritt in sämtliche Rechte und Pflichten aus dem Arbeitsverhältnis, einschließlich der Versorgungsanwartschaften aktiver Arbeitnehmer, ein. Auch die bisherige Betriebszugehörigkeit ist vom neuen Rechsträger zu übernehmen. 19

a) Weitergeltung individualvertraglicher Rechte und Pflichten

Nach § 613a I Satz 1 BGB geht ein Arbeitsverhältnis mit dem Inhalt auf den Erwerber über, den es vor dem Übergang hatte. Individualrechtlicher Inhalt des Arbeitsverhältnisses sind neben den im einzelnen Arbeitsvertrag festgeschriebenen Rechten und Pflichten auch solche, die auf 20

---

[25] BAG NZA 2010 S. 89; BAG NZA 2014, S. 610; s. auch LAG Düsseldorf AuR 2016 S. 80 (L).
[26] Vgl. → § 9 Rn. 161 ff.
[27] BT-Drucks. 12/6699 S. 121; *Wlotzke* DB 1995 S. 40 (43); *Hennrichs* ZIP 1995 S. 794 (799); *Bachner* NJW 1995 S. 2881 (2882).
[28] BAG NZA 2008 S. 815.
[29] BAG NZA 2008 S. 815.
[30] *Simon* in Semler/Stengel, § 324 UmwG Rn. 51; ArbG Münster DB 2000 S. 1182.

§ 6 2. Teil. Grundzüge des Umwandlungsrechts

einer sog. Gesamtzusage oder einer betrieblichen Übung beruhen.[31] Auch derartige Rechte und Pflichten gehen auf den übernehmenden Rechtsträger über.[32] Nach dem Übergang können sie zB im Wege der Änderungskündigung angepasst werden.

21 Sind die Voraussetzungen eines Betriebsüberganges nicht gegeben, so erfolgt der Übergang des Arbeitsverhältnisses und der hieraus resultierenden Rechte und Pflichten **umwandlungsrechtlich**, dh im Wege der (partiellen) Gesamtrechtsnachfolge. Wie im Fall des arbeitsrechtlichen Überganges hat der übernehmende Rechtsträger den „Status quo" der Arbeitsverhältnisse zur Zeit der Umwandlung zu übernehmen.[33]

b) Weitergeltung von Tarifverträgen

22 Nach § 324 UmwG, § 613a I 2 BGB werden Rechte und Pflichten, die ihre Grundlage in einem Tarifvertrag haben, nach neuerer Rechtsprechung „unter Beibehaltung ihres kollektivrechtlichen Charakters" in das Arbeitsverhältnis zwischen dem aufnehmenden Rechtsträger und dem Arbeitnehmer **transformiert**[34] und dürfen nicht vor Ablauf eines Jahres zum Nachteil des Arbeitnehmers geändert werden (**Veränderungssperre**). Ob die transformierten Regelungen kollektivrechtlichen Charakter haben oder § 613a I 2 BGB nur die Nachfolge des Erwerbers in die kollektivrechtliche Bindung anordnet (**Sukzession**),[35] kann dahingestellt bleiben, denn in jedem Fall gelten nachträgliche Änderungen dieser Regelungen für den Erwerber nicht (statische Weitergeltung); es kommt dann zum Wegfall der Veränderungssperre nach § 613a I 4 BGB.

Der Mechanismus des § 613a I 2 BGB einschließlich der Veränderungssperre greift zum Schutz der Arbeitnehmer aber nur dann ein, wenn der betreffende Tarifvertrag nicht ohnehin schon **normativ** weitergilt.

23 Dies ist zum einen der Fall beim **Firmentarifvertrag/Haustarifvertrag**.[36] Der übernehmende Rechtsträger tritt im Wege der (partiellen) Gesamtrechtsnachfolge als Partei in den Tarifvertrag ein.[37] Der Firmentarifvertrag gilt jedoch nur für die übergehenden Arbeitsverhältnisse.[38] Er erstreckt sich nicht auf die bereits vor der Umwandlung mit dem übernehmenden Rechtsträger begründeten Arbeitsverhältnisse,[39] insbesondere nicht auf diejenigen von Arbeitnehmern anderer Betriebe.[40] Es kann daher zur sog. **Tarifpluralität** kommen: Nach der Umwandlung gelten

---

[31] *Schaub* Arbeitsrechtshandbuch § 204, § 231 Ziff. 7.
[32] LAG Mecklenburg-Vorpommern BeckRS 2012, 66774; BAG NZA 2008, S. 1360.
[33] *Boecken* Unternehmensumwandlungen und Arbeitsrecht Rn. 150.
[34] BAG NZA 2014 S. 613 mwN
[35] *Preis* Erfurter Kommentar zum Arbeitsrecht, § 613a BGB Rn. 112.
[36] BAG NZA 1998 S. 1346 (Verschmelzung zur Neugründung); *Willemsen* in HWK § 324 UmwG Rn. 20.
[37] BAG NZA 2008 S. 307 (Verschmelzung durch Aufnahme).
[38] Offengelassen in BAG NZA 2008 S. 307.
[39] *Willemsen* in HWK § 324 UmwG Rn. 20; *Hjort* ArbR aktuell 2010, S. 638.
[40] Differenzierend *Müller-Bonanni/Mehrens* ZIP 2012, S. 1217 (1218 f.)

unterschiedliche Tarifverträge für die übergegangenen Arbeitsverhältnisse und die Arbeitsverhältnisse, die bereits vor der Umwandlung mit dem übernehmenden Rechtsträger begründet wurden. § 613a I 3 BGB greift nicht ein, da der Tarifvertrag in diesem Fall kollektivrechtliche Geltung beansprucht.[41] Selbst wenn der übernehmende Rechtsträger einem Verbandstarifvertrag unterliegt, soll für die übergegangenen Arbeitsverhältnisse der Firmentarifvertrag maßgeblich bleiben, da er den stärkeren Bezug zu den Arbeitnehmern aufweist.[42] Unterlagen die Arbeitnehmer des übertragenden Rechtsträgers vor der Umwandlung allerdings keinem Tarifvertrag, dann gilt ein beim übernehmenden Rechtsträger wirksamer Firmentarifvertrag auch für die neu hinzutretenden Arbeitnehmer.[43]

Bei Spaltungen bzw. Ausgliederungen hängt die Weitergeltung eines 24 Firmen- oder Haustarifvertrages davon ab, welchem Rechtsträger die Rechtsposition aus dem Tarifvertrag im Spaltungs- und Übernahmevertrag nach § 126 I Nr. 9 UmwG zugewiesen worden ist. Unterbleibt eine Zuweisung, so behält der übertragende Rechtsträger diese Position.[44] In diesem Fall kann es nicht zu einer Vervielfältigung von Firmenverträgen kommen, da die Rechtsposition („Partner des Firmentarifvertrages") nur einmal vergeben werden kann.[45] Dieses Prinzip setzt dem Gestaltungswillen der an der Spaltung beteiligten Rechtsträger daher Grenzen.[46] Bei denjenigen Arbeitsverhältnissen, die auf einen Rechtsträger übergehen, ohne dass diesem zugleich die Rechtsposition aus dem Firmentarifvertrag zugewiesen wird, werden die Rechte und Pflichten aus dem Tarifvertrag als sog. transformierte Normen Inhalt des Arbeitsverhältnisses nach § 613a I 2 BGB und behalten – so das BAG – ihren kollektivrechtlichen Charakter.[47]

Ein **Verbands-(Flächen-)Tarifvertrag** wirkt zum einen normativ 25 fort, wenn er nach § 5 TVG für allgemeinverbindlich erklärt wurde. Zum anderen ist die kollektivrechtliche Geltung dann zu bejahen, wenn übernehmender und übertragender Rechtsträger Mitglied desselben Arbeitgeberverbandes sind. In diesem Fällen findet § 613a I 2–4 BGB ebenfalls keine Anwendung.

Die Mitgliedschaft im Arbeitgeberverband ist gemäß § 38 Satz 1 BGB 26 aufgrund ihres höchstpersönlichen Charakters nicht übertragbar.[48] Ist der Tarifvertrag daher weder für allgemeinverbindlich erklärt worden noch

---

[41] BAG NZA 1998 S. 1346; *Joost* EWiR § 324 UmwG 1/99, 184; aA LAG Baden-Württemberg BeckRS 2010, 75067.
[42] *Boecken* Unternehmensumwandlungen und Arbeitsrecht Rn. 205.
[43] LAG Nürnberg BeckRS 2011, 65305 und LAG Baden-Württemberg BeckRS 2010, 75067.
[44] BAG NZA 2013 S. 512.
[45] BAG NZA 2013 S. 512; wie hier *Boecken* Unternehmensumwandlungen und Arbeitsrecht Rn. 207; *Willemsen* in HWK § 324 UmwG Rn. 20; aA *Heidenhain* NJW 1995 S. 2873 ff. (2877).
[46] AA *Gaul/Otto* BB 2014 S. 500.
[47] BAG NZA 2014 S. 613.
[48] BAG NZA 1995 S. 479 ff.; LG Hanau ZGR 1990 S. 548 (553 ff.); *Gaul* NZA 1995 S. 717 ff.

§ 6   2. Teil. Grundzüge des Umwandlungsrechts

der übernehmende Rechtsträger Mitglied desselben Arbeitgeberverbandes wie der übertragende Rechtsträger, werden die ursprünglich tarifvertraglichen Rechte und Pflichten gemäß § 613a I 2 BGB transformiert. Eine Änderung der Vertragskonditionen ist dann individualrechtlich nur nach Ablauf eines Jahres möglich bzw. wenn die Voraussetzungen des § 613a I 4 BGB gegeben sind.

27   Eine Besonderheit gilt schließlich für die Arbeitsverhältnisse von nicht gewerkschaftlich organisierten Arbeitnehmern, bei denen Tarifverträge nur aufgrund **individualvertraglicher Bezugnahme angewendet werden**. Die Arbeitsverträge gehen nach § 613a I 1 BGB über. Die darin in Bezug genommenen Tarifnormen gelten vertraglich weiter. Dies gilt auch, wenn es sich bei der Bezugnahmeklausel um eine Gleichstellungsabrede handelt.[49] Es liegt kein Fall des § 613a I 2 BGB vor.

Keine Weitergeltung des bisher angewendeten Tarifvertrages tritt nach Maßgabe von § 613a I 3 BGB ein, wenn bei dem übernehmenden Rechtsträger bereits ein anderer Tarifvertrag mit demselben Regelungsgegenstand gilt, an den der neue Arbeitgeber und der Arbeitnehmer gebunden sind. Dann ist jener Tarifvertrag maßgeblich, und zwar selbst dann, wenn er ungünstigere Konditionen vorsieht als der ursprünglich einschlägige Tarifvertrag.[50] Ob durch das Scattolon-Urteil des EuGH ein allgemeines Verschlechterungsverbot eingeführt werden sollte, bleibt abzuwarten.[51]

c) Weitergeltung von Betriebsvereinbarungen

28   Bleibt die **Identität des Betriebs** bei der Umwandlung gewahrt, wird der übernehmende Rechtsträger Partei der (Einzel)Betriebsvereinbarung. Die Betriebsvereinbarung gilt dann unverändert (**normativ**), dh nach § 77 IV BetrVG zwingend weiter.[52] § 613a I 2 BGB greift nicht ein, da die Vorschrift einen bloßen Auffangtatbestand zum Schutz der Arbeitnehmer darstellt.[53] Dieser Schutz wird nicht benötigt, wenn die Betriebsvereinbarung ohnehin normativ weitergilt.

29   Wird dagegen der bisherige Betrieb als **Einheit aufgelöst**, werden die Rechte und Pflichten aus den Einzelbetriebsvereinbarungen nach § 613a I 2 BGB **in das Arbeitsverhältnis transformiert**. Dies gilt jedoch nicht, wenn es beim übernehmenden Rechtsträger eine Betriebsvereinbarung mit demselben Regelungsgegenstand gibt oder eine solche abgeschlossen wird.[54] Dann ist Letztere nach § 613a I 3 BGB maßgeblich.

30   Hieraus folgt für die Praxis: Eine normativ geltende Betriebsvereinbarung erstreckt sich auch auf solche Arbeitnehmer, die erst nach der Umwandlung in den Betrieb eintreten. Will der übernehmende Rechts-

---

[49] BAG BeckRS 2011 78903, BAG NZA 2007 S. 965.
[50] BAG NZA 2010 S. 41.
[51] EuGH NZA 2011 S. 1077; offen gelassen BAG NZA-RR 2014 S. 154; vgl. *Preis* in Erfurter Kommentar Arbeitsrecht § 613a BGB Rn. 125.
[52] BAG NZA 2015 S. 1331; BAG NZA 2003 S. 670.
[53] *Boecken* Unternehmensumwandlungen und Arbeitsrecht Rn. 156; BAG NZA 1991 S. 639 (641) und NZA 1995 S. 222 (224 f.).
[54] LAG Rh-Pf. BeckRS 2012, 68376.

träger dies ausschließen, kann er die Betriebsvereinbarung – ohne dies rechtfertigen zu müssen – nach § 77 V BetrVG mit Wirkung für die Zukunft kündigen.[55] Wird die Betriebsvereinbarung dagegen in das Arbeitsverhältnis transformiert, gilt sie nur für die übergegangenen Arbeitnehmer. Neu eintretende Arbeitnehmer erwerben insoweit keinen Anspruch. Ein weiterer Unterschied gilt hinsichtlich der Änderungsmöglichkeit: Eine normativ geltende Betriebsvereinbarung kann unmittelbar nach der Umwandlung durch eine neue Betriebsvereinbarung ersetzt werden, da insoweit die Zeitkollisionsregel gilt.[56] Verschlechterungen der Rechtsposition der Arbeitnehmer kommen allerdings nur unter Berücksichtigung des Verhältnismäßigkeitsgrundsatzes in Betracht.[57] In das Arbeitsverhältnis transformierte Betriebsvereinbarungen unterliegen demgegenüber § 613a I 2–4 BGB, dh können innerhalb eines Jahres nach der Umwandlung nicht zum Nachteil der Arbeitnehmer geändert werden.

Gesamtbetriebsvereinbarungen gelten gleichfalls kollektivrechtlich 31 weiter. Dem steht die Herauslösung des übertragenen Betriebs aus dem Unternehmen nicht entgegen, da es auf die Wahrung der „Unternehmensidentität" nicht ankommt.[58] Bezugsobjekt der Gesamtbetriebsvereinbarung ist der einzelne Betrieb. Im Betrieb gelten verschiedene Regelwerke nebeneinander; so tritt der Inhalt einer (ursprünglichen) Gesamtbetriebsvereinbarung normativ neben die übrigen Betriebsvereinbarungen. Wird nur ein Betrieb übertragen, bleiben die Gesamtbetriebsvereinbarungen als Einzelbetriebsvereinbarungen bestehen und gelten nur für den übergehenden Betrieb, ohne sich auf die bereits beim übernehmenden Rechtsträger vorhandenen Betriebe zu erstrecken. Sogar wenn nur ein Betriebsteil übergeht, der vom übernehmenden Rechtsträger als selbstständiger Betrieb geführt wird, sollen die Betriebsvereinbarungen normativ weitergelten.[59] Werden alle oder mehrere Betriebe eines Unternehmens auf einen anderen Rechtsträger übertragen, behalten die Gesamtbetriebsvereinbarungen als solche ihre Wirksamkeit.

Weiter offen ist das Schicksal von **Konzernbetriebsvereinbarungen**. 32 Folgt man der Auffassung des BAG zu Gesamtbetriebsvereinbarungen, müsste man entsprechend dem oben dargestellten von einer Weitergeltung jedenfalls als Einzelbetriebsvereinbarung ausgehen.[60]

3. Haftungsschutz

Für die von einer Umwandlung betroffenen Arbeitnehmer kann sich 33 ein Umwandlungsvorgang negativ auswirken. Dies gilt sowohl für die auf den übernehmenden Rechtsträger übergehenden oder bereits bei diesem

---

[55] BAG NZA 2015 S. 1331.
[56] BAG DB 1990 S. 2174.
[57] BAG NZA 1987 S. 855 (856 ff.).
[58] BAG NZA 2015 S. 1331; BAG NZA 2003 S. 670; aA *Hohenstatt/Müller-Bonanni* NZA 2003 S. 766.
[59] BAG NZA 2003 S. 670; aA *Willemsen/Müller-Bonanni* in HWK § 613a BGB Rn. 258.
[60] *Preis* in Erfurter Kommentar Arbeitsrecht § 613a BGB Rn. 113 ff.

angestellten als auch die bei dem übertragenden Rechtsträger verbleibenden Beschäftigten. Zu denken ist dabei etwa an das Risiko, dass Forderungen gegenüber dem Arbeitgeber nicht (mehr) realisiert werden können, weil das **Haftungssubstrat** durch die Umwandlung geschmälert wird. Der Gesetzgeber hat daher verschiedene Regelungen zum Schutz der Gläubiger vorgesehen, die nachfolgend – im Hinblick auf ihre Auswirkungen für die Arbeitnehmer – kurz dargestellt werden sollen.

a) Verschmelzung

34 Nach § **22 UmwG** hat der übernehmende Rechtsträger den Gläubigern der an einer Verschmelzung beteiligten Rechtsträger unter bestimmten Voraussetzungen **Sicherheit zu leisten**. Die zu sichernden Ansprüche müssen zur Zeit der Eintragung der Verschmelzung in das Handelsregister bereits entstanden, dürfen aber nicht schon fällig sein.[61] Damit haben Arbeitnehmer keinen Anspruch auf Sicherheitsleistung wegen ihrer laufenden Lohn- und Gehaltsforderungen. Auch für Ansprüche aus betrieblicher Altersversorgung kann nur zum Teil Sicherheit verlangt werden: Bei fälligen Versorgungsansprüchen müssen Arbeitnehmer ihren Anspruch unmittelbar auf Zahlung richten, § 22 I 1 UmwG. Für unverfallbare Anwartschaften gilt § 22 II UmwG: Da Arbeitnehmer im Insolvenzfall nach § 7 BetrAVG durch den Pensionssicherungsverein abgesichert sind, ist ein zusätzlicher Schutz durch Sicherheitsleistung nicht erforderlich.[62] Der Pensionssicherungsverein haftet allerdings nicht für den Anspruch auf regelmäßige Anpassung der Betriebsrenten nach § 16 BetrAVG, für eine vertraglich vereinbarte Dynamik und für Zusagen, die eine bestimmte Höhe überschreiten. Auch Anwartschaften, die nach § 1 BetrAVG noch verfallbar sind, und Zusagen an Unternehmer sind nicht abgesichert. Wegen dieser Ansprüche können die Berechtigten daher Sicherheit verlangen.[63]

35 Für die Verschmelzung einer Personenhandelsgesellschaft auf einen Rechtsträger, dessen Anteilsinhaber für die Verbindlichkeiten dieses Rechtsträgers nicht unbeschränkt haften, sieht § **45 UmwG** unter bestimmten Umständen eine **Haftung der ehemaligen Gesellschafter** der Personenhandelsgesellschaft vor. Diese Haftung beschränkt sich auf solche Verbindlichkeiten, die innerhalb von fünf Jahren nach der Verschmelzung fällig werden und gerichtlich gegen den Gesellschafter geltend gemacht worden sind. Damit können die oben genannten Berechtigten auch ehemals persönliche haftende Gesellschafter zeitlich begrenzt in Anspruch nehmen.

b) Spaltung

36 Das Haftungsschutzsystem gilt grundsätzlich auch für die von einer Spaltung betroffenen Arbeitnehmer (§§ 125, 133 I 2 in Verbindung mit

---
[61] Zu den Voraussetzungen im Einzelnen → § 3 Rn. 31.
[62] BAG NZA 2009 S. 790.
[63] *Langohr-Plato* NZA 2005 S. 966; *Boecken* Unternehmensumwandlungen und Arbeitsrecht Rn. 220.

§ 22 UmwG bzw. § 45 UmwG). Allerdings ist gemäß § 133 I 2 2. Hs. UmwG nur derjenige Rechtsträger zur Sicherheitsleistung verpflichtet, gegen den sich der Anspruch richtet.

Darüber hinaus regelt § 133 UmwG eine **gesamtschuldnerische Haftung** der an der Spaltung beteiligten Rechtsträger. Diese Haftung erstreckt sich auf alle Verbindlichkeiten des übertragenden Rechtsträgers, die vor Eintragung der Spaltung in das Handelsregister begründet wurden. Da auch § 613a II BGB eine gesamtschuldnerische Haftung vorsieht, die jedoch abweichend von § 133 UmwG geregelt und insgesamt ungünstiger für Arbeitnehmer ist, stellt sich die Frage nach dem Verhältnis dieser beiden Vorschriften zueinander. 37

Das Gesetz lässt verschiedene Interpretationen zu. § 613a III BGB bestimmt ausdrücklich, dass § 613a II BGB nicht anwendbar ist, wenn eine juristische Person oder Personenhandelsgesellschaft durch Umwandlung erlischt. Man könnte daher argumentieren, dass § 613a II BGB immer dann gelten soll, wenn der übertragende Rechtsträger bestehen bleibt.[64] Dagegen könnte sprechen, dass § 613a II BGB in § 324 UmwG nicht zitiert wird. Auch ist die Haftung nach § 613a II BGB für einen besonderen Zweck konzipiert: Sie soll den Arbeitnehmer schützen, der ansonsten aufgrund des Betriebsübergangs den Veräußerer als Haftenden verlieren würde. Diese Situation ist bei der Umwandlung aufgrund des eigenständigen Haftungskonzepts der §§ 22, 133 UmwG nicht gegeben. Im Gegenteil würde es zu einer Benachteiligung der Arbeitnehmer gegenüber den anderen Umwandlungsgläubigern kommen, wenn man die Arbeitnehmer auf § 613a II BGB verweisen würde. Demnach muss **§ 133 UmwG Vorrang gegenüber § 613a II BGB** eingeräumt werden.[65] Den Arbeitnehmern haften daher auch die weiteren an der Spaltung beteiligten Rechtsträger für die Dauer von fünf Jahren (bzw. zehn Jahren bei Versorgungsverpflichtungen nach § 133 III 2 UmwG). 38

Die Haftung erstreckt sich auf alle vor der Eintragung der Spaltung in das Register am Sitz des übertragenden Rechtsträgers begründeten, dh entstandenen, Verbindlichkeiten des übertragenden Rechtsträgers. Im Gegensatz zu § 22 UmwG kann es sich dabei sowohl um bereits fällige als auch noch nicht fällige Ansprüche handeln. 39

Eine spezielle Haftungsregelung für den Fall der **„Betriebsaufspaltung"** enthält § 134 UmwG.[66] Wird ein Unternehmen in eine Anlagegesellschaft und eine Betriebsgesellschaft aufgespalten, haftet die Anlagegesellschaft gesamtschuldnerisch für bestimmte Forderungen der Arbeitnehmer der Betriebsgesellschaft, die binnen fünf Jahren nach dem Wirksamwerden der Spaltung begründet werden. Abgesichert werden dadurch die betriebsverfassungsrechtlich begründeten Sozialplan-, Abfindungs- und Ausgleichsansprüche der Arbeitnehmer der Betriebsgesell- 40

---

[64] *Boecken* Unternehmensumwandlungen und Arbeitsrecht Rn. 228; *Bachner/Köstler/Trittin/Trümner* Arbeitsrecht bei Unternehmensumwandlung S. 158; *Däubler* RdA 1995 S. 136 ff.
[65] *Langohr-Plato* NZA 2005 S. 966; *Joost* in Lutter UmwG § 324 Rn. 81.
[66] Zu den gesellschaftsrechtlichen Regelungen → § 18 Rn. 106 ff.

schaft, selbst wenn diese erst nach der Spaltung entstehen und nicht durch die Spaltung verursacht worden sind. Außerdem gesichert sind die vor dem Wirksamwerden der Spaltung begründeten Versorgungsverpflichtungen aufgrund des Betriebsrentengesetzes.[67] Für alle anderen Ansprüche gilt der Schutz nach § 133 UmwG.

41 Auf diese Weise ermöglicht der Gesetzgeber die Trennung von Produktionsmitteln und Belegschaft durch Zuweisung zu verschiedenen Rechtsträgern und kompensiert die dadurch eintretende Verkleinerung der Haftungsmasse durch Anordnung der gesamtschuldnerischen Haftung für die Dauer von zehn Jahren.

42 Anders als nach § 133 UmwG kommen mangels einer entsprechenden Einschränkung auch solche Arbeitnehmer der Betriebsgesellschaft in den Genuss der Haftung nach § 134 UmwG, die erst nach der Spaltung in die Betriebsgesellschaft eingetreten sind.[68] Die Arbeitnehmer der Anlagegesellschaft, leitende Angestellte[69] und Organmitglieder der Betriebsgesellschaft genießen diesen Schutz allerdings nicht.

43 Nach § 134 II UmwG sind auch Versorgungsverpflichtungen, die vor dem Wirksamwerden der Spaltung begründet worden sind, erfasst. Wann eine Versorgungsverpflichtung begründet wird, ist umstritten. Vieles spricht dafür, sie bereits mit Erteilung als begründet anzusehen.[70] Die Haftung erstreckt sich dabei auf den Teil der Versorgungsanwartschaften, den die Arbeitnehmer nach Wirksamwerden der Spaltung bis zum Ende der Enthaftungsfrist (zehn Jahre) erdient haben.[71]

c) Formwechsel

44 Der Gläubigerschutz beim Formwechsel richtet sich gemäß § 204 UmwG nach § 22 UmwG. Es kann daher insoweit auf die Ausführungen zur Verschmelzung verwiesen werden.[72]

45 Beim Formwechsel einer Personenhandelsgesellschaft in eine Kapitalgesellschaft oder eine eingetragene Genossenschaft findet darüber hinaus § 224 UmwG Anwendung. Der Formwechsel berührt nicht die Ansprüche der Gesellschaftsgläubiger aus Verbindlichkeiten der formwechselnden Gesellschaft, für die der persönlich haftende Gesellschafter nach § 128 HGB haftet. Die Haftung ist im Übrigen im gleichen Umfang zeitlich beschränkt wie bei § 22 UmwG.

46 § 224 UmwG ist gemäß §§ 237, 249, 257 UmwG entsprechend anwendbar auf den Formwechsel einer KGaA in eine KG, wenn der persönlich haftende Gesellschafter in die Stellung eines Kommanditisten

---

[67] *Schwab* in Lutter UmwG § 134 Rn. 7.
[68] *Boecken* Unternehmensumwandlungen und Arbeitsrecht Rn. 250; *Schwab* in Lutter UmwG § 134 Rn. 74.
[69] *Schwab* in Lutter UmwG § 134 Rn. 71.
[70] *Schwab* in Lutter UmwG § 134 Rn. 90.
[71] *Hörtnagl* in Schmitt/Hörtnagl/Stratz UmwG § 134 Rn. 45; *Schwab* in Lutter UmwG § 134 Rn. 91.
[72] Vgl. → Rn. 34 ff.

§ 6. Arbeitsrecht § 6

wechselt, ferner auf den Formwechsel einer KGaA in eine GmbH, AG oder eingetragene Genossenschaft.

4. Bestandsschutz

a) Kündigungsverbot

§ 324 UmwG erklärt ausdrücklich § 613a IV BGB für anwendbar. Eine **Kündigung wegen der Umwandlung** (Betriebsübergang) ist danach **unwirksam**. Arbeitnehmer sind daher gegen solche Kündigungen geschützt, die ihre Ursache in dem Betriebsinhaberwechsel haben. Dies gilt sowohl für den Fall, dass Arbeitsverhältnisse nach § 613a BGB übergehen als auch im Fall des umwandlungsrechtlichen Überganges (ohne dass gleichzeitig ein Betriebsübergang vorliegt). Kündigungen, die nur **anlässlich der Umwandlung** erklärt werden, ihre Ursache aber außerhalb dieser Maßnahme haben („aus anderen Gründen"), sind **zulässig**. Damit können auch im Umwandlungsfall betriebsbedingte Kündigungen erklärt werden, wenn zum Beispiel gleichzeitig eine Restrukturierung durchgeführt werden soll.

47

b) Sicherung der kündigungsrechtlichen Stellung, § 323 I UmwG

§ 323 I UmwG sieht vor, dass sich die kündigungsrechtliche Stellung eines Arbeitnehmers, der vor dem Wirksamwerden einer Spaltung oder Teilübertragung zu dem übertragenden Rechtsträger in einem Arbeitsverhältnis steht, aufgrund der Spaltung oder Teilübertragung für die Dauer von zwei Jahren ab dem Zeitpunkt ihres Wirksamwerdens nicht verschlechtert. Es herrschen verschiedene Auffassungen darüber, was unter der „kündigungsrechtlichen Stellung" eines Arbeitnehmers zu verstehen ist.

48

Ausgehend von der ursprünglich im Gesetzesentwurf gewählten Regelung wird damit auf jeden Fall gewährleistet, dass die betroffenen Arbeitnehmer weiter unter den Anwendungsbereich des Kündigungsschutzgesetzes fallen, auch wenn der Schwellenwert des § 23 KSchG nach der Umwandlung im Beschäftigungsbetrieb nicht mehr erreicht wird. Zum Teil wird vertreten, das Verschlechterungsverbot beträfe die gesamte kündigungsrechtliche Stellung des Arbeitnehmers über die Vorschriften des Kündigungsschutzrechts hinaus.[73] So ist etwa fraglich, ob eine Sozialauswahl innerhalb des Zwei-Jahres-Zeitraums im Betrieb in den Grenzen durchgeführt werden müsste, wie er vor der Spaltung bestand. Ein gemeinsamer Betrieb besteht nach § 322 UmwG aber nur unter der Voraussetzung der gemeinsamen Führung; der Rechtsträger des abgespaltenen Unternehmens kann Arbeitnehmern des Ursprungsbetriebs grundsätzlich nicht kündigen. Das Bundesarbeitsgericht hat daher entschieden, dass hinsichtlich der Sozialauswahl nicht auf die Verhältnisse vor Wirksamwerden der Spaltung abzustellen ist.[74] Außerdem gilt

---

[73] *Joost* in Lutter UmwG § 323 Rn. 9.
[74] BAG NZA 2006 S. 658.

§ 323 I UmwG nur für solche Verschlechterungen, die auf Grund der Spaltung eingetreten sind und deren unmittelbare Folge darstellen. Nachfolgende Entwicklungen werden von § 323 I UmwG nicht erfasst. Wird etwa ein abgespaltener Betrieb von dem neuen Rechtsträger später stillgelegt, ist eine Kündigung auf Grund der Stilllegung möglich, weil diese die Ursache der Kündigung darstellt und nicht die zuvor vorgenommene Umwandlung.[75]

c) Anerkennung des gemeinsamen Betriebs, § 322 UmwG

49   Nach § 322 UmwG gilt ein Betrieb, der von den an einer Spaltung oder Teilübertragung beteiligten Rechtsträgern gemeinsam geführt wird, als ein Betrieb im Sinne des Kündigungsschutzrechts. Halten nach der Umwandlung daher zwei verschiedene Unternehmen Teile des ursprünglichen Betriebes und wird ein einheitlicher Leitungsapparat für diese neuen Einheiten etabliert, tritt die Fiktion des gemeinsamen Betriebes ein. Ausreichend ist nach Auffassung des BAG die **tatsächlich** einheitliche Ausübung der Arbeitgeberfunktion; eine ausdrückliche Vereinbarung soll entbehrlich sein.[76] Als Folge des gemeinsamen Betriebes sind vor Ausspruch einer Kündigung anderweitige Beschäftigungsmöglichkeiten (§ 1 II 2 Nr. 1b, Satz 3 KSchG) zu prüfen und die Sozialauswahl (§ 1 III KSchG) im gemeinsamen Betrieb durchzuführen.

Die gemeinsame Führung kann durch gestalterische Maßnahmen verhindert werden.[77]

5. Übergang von Ansprüchen aus betrieblicher Altersversorgung

50   Bei **Ansprüchen aus betrieblicher Altersversorgung** ist zwischen aktiv tätigen Arbeitnehmern und bereits ausgeschiedenen Arbeitnehmern (mit Versorgungsanwartschaft) sowie Versorgungsempfängern zu unterscheiden. Bei aktiv tätigen Arbeitnehmern gehört die Versorgungszusage – unabhängig davon, ob diese bereits zur unverfallbaren Anwartschaft erstarkt ist oder nicht – zu den Rechten und Pflichten aus dem Arbeitsverhältnis. Sie geht mithin gebunden an das jeweilige Arbeitsverhältnis nach § 613a I BGB bzw. §§ 20, 131 UmwG auf den übernehmenden Rechtsträger über. Ein Auseinanderfallen von Arbeitgebereigenschaft und Stellung als Schuldner der Versorgungszusage kommt nicht in Betracht, da § 1 I BetrAVG eine Akzessorietät zwischen Arbeitsverhältnis und betrieblicher Altersversorgung begründet.[78]

51   Versorgungsansprüche von Arbeitnehmern, die bereits vor der Umwandlung mit unverfallbarer Anwartschaft ausgeschieden sind sowie Ansprüche von Versorgungsempfängern fallen nicht unter § 613a I BGB.[79]

---

[75] BAG NZA 2006 S. 658.
[76] BAG NZA 2005 S. 1248.
[77] Zur Vermutung des gemeinsamen Betriebs nach § 1 II Nr. 2 BetrVG vgl. Rn. 72.
[78] *Hill* BetrAVG 1995 S. 114 ff. (116).
[79] BAG NZA 2005 S. 639; *Langohr-Plato* NZA 2005 S. 966 (969).

Bei diesen Versorgungsberechtigten ist eine **freie Zuordnung der** 52 **Pensionsverbindlichkeiten**, dh auch deren Ausgliederung oder Abspaltung auf eine **Rentnergesellschaft** möglich.[80] Es bedarf hierzu weder der Zustimmung der betroffenen Versorgungsberechtigten noch der des Pensionssicherungsvereins. §§ 414, 415 BGB sind bei einer Umwandlung nicht anwendbar.[81] Diese Bestimmungen gelten nur bei der einzelvertraglichen, befreienden Schuldübernahme.

Auch § 4 BetrAVG steht der Übertragung nicht entgegen, denn er 53 sieht lediglich Beschränkungen für einzelvertragliche Übernahmen von Versorgungsverbindlichkeiten vor.[82] Die Übertragung der Pensionsverbindlichkeiten im Wege der Gesamtrechtsnachfolge ist nicht erfasst. Daneben scheitert die Anwendung von § 4 BetrAVG aber bereits daran, dass das besondere Haftungskonzept der §§ 22, 133, 134 UmwG gegenüber dem Schutzzweck des § 4 BetrAVG vorrangig ist.[83] Diese Auffassung wird durch § 134 II UmwG sowie die Streichung von § 132 UmwG aF und Schaffung des § 133 III 2 UmwG bestätigt. Darin heißt es, dass die an der Spaltung beteiligten Rechtsträger für vor dem Wirksamwerden der Spaltung begründete Versorgungsverpflichtungen aufgrund des Betriebsrentengesetzes zehn Jahre lang als Gesamtschuldner haften. Das UmwG bildet damit ein eigenständiges Haftungssystem, in das die Versorgungsverbindlichkeiten einbezogen sind. Der Pensionssicherungsverein, der im Insolvenzfall nach den Vorschriften des Betriebsrentengesetzes in die Versorgungszusage eintritt, hat zwar ein erhöhtes Interesse an der Übertragung der Pensionsverpflichtungen auf solvente Rechtsträger. Er verdient aber grundsätzlich **keine Bevorzugung gegenüber anderen Gläubigern** der an einer Umwandlung beteiligten Rechtsträger, sondern genießt lediglich nach §§ 133, 134 UmwG denselben Schutz wie diese.

Die Versorgungsberechtigten haben keine Möglichkeit, die Übertra- 54 gung der Verbindlichkeiten auf andere Rechtsträger zu verhindern. Mangels Arbeitnehmereigenschaft besteht kein Widerspruchsrecht nach § 613a VI BGB.

Damit kann eine Zuordnung der Pensionsverpflichtungen ungeachtet 55 der Beschränkungen des § 4 BetrAVG erfolgen. Die an der Spaltung beteiligten Rechtsträger können im Spaltungs- und Übernahmevertrag nach § 126 I Ziff. 9 UmwG vereinbaren, auf welchen Rechtsträger die Pensionsverpflichtungen übergehen sollen. Unterbleibt eine Zuordnung, greift § 131 III UmwG ein, dh lässt sich die Zuteilung nicht durch Auslegung ermitteln, gehen die Verpflichtungen in dem Verhältnis auf alle Rechtsträger über, das der Quote der Rechtsträger am bilanziellen Überschuss des übernommenen Aktivvermögens gegenüber Verbindlichkeiten und Rückstellungen entspricht.

---

[80] BAG NZA 2005 S. 639; BAG NZA 2009 S. 790; BAG BB 2015 S. 190; BAG NZA-RR 2015 S. 539.
[81] BAG NZA 2009 S. 790; *Willemsen* in HWK § 324 UmwG Rn. 35.
[82] BAG BB 2015 S. 190; *Steinmeyer* in Erfurter Kommentar Arbeitsrecht § 4 BetrAVG Rn. 2.
[83] BAG NZA 2009 S. 790.

Das BAG hatte in den letzten Jahren mehrfach Gelegenheit, sich mit **Rentnergesellschaften und deren finanzieller Ausstattung** auseinanderzusetzen. Im März 2008 hatte das BAG entschieden, dass den bisher versorgungspflichtigen Rechtsträger eine vertragliche Nebenpflicht zur hinreichenden Ausstattung der die Versorgungsverbindlichkeiten übernehmenden Gesellschaft trifft.[84] Grundsätzlich muss die Ausstattung auch Anpassungen nach § 16 BetrAVG ermöglichen; die Nichtanpassung darf nicht planmäßig durch unzureichende Kapitalausstattung herbeigeführt werden. Wird der (neu gegründeten) Rentnergesellschaft kein ausreichendes Aktivvermögen übertragen, liegt ein Mangel der Spaltung vor; aus der oben dargestellten Verletzung der vertraglichen Nebenpflicht gegenüber den Versorgungsberechtigten folgen **Schadenersatzansprüche** gegen den übertragenden Rechtsträger (früheren Arbeitgeber) nach §§ 280 I 1, 241 II, 31, 278 BGB.[85] Die Rechtsprechung verpflichtet den Versorgungsschuldner mithin dazu, eine Rentnergesellschaft finanziell so auszustatten, dass sie die Pensionsansprüche bedienen und die vorgeschriebenen Anpassungen nach § 16 BetrAVG bei realistischer betriebswirtschaftlicher Betrachtung vornehmen kann.[86] Dies kann durch Zurverfügungstellen von Mitteln (etwa Grundvermögen, Wertpapiere) oder Abgabe eines Garantieversprechens geschehen. Ergebnisabführungsverträge, die zwar eine Verlustübernahme beinhalten, aber jederzeit gekündigt werden können, reichen nach Ansicht des BAG indessen nicht aus.[87] 2013 entschied das BAG, dass der Versorgungsschuldner, der aus einer Verschmelzung von zwei Unternehmen hervorgegangen ist, bei der Anpassungsprüfung auf die wirtschaftliche Lage des gesamten Unternehmens abstellen muss und nicht gesonderte Bewertungen von Bereichen vornehmen darf, die den Ursprungsunternehmen entsprechen.[88]

Mit Urteil vom 17.6.2014 hat das BAG überraschend entschieden, dass der Versorgungsschuldner **keine Verpflichtung** hat, eine Gesellschaft, die durch Veräußerung des operativen Geschäfts zur Rentnergesellschaft wird, finanziell so auszustatten, dass sie sowohl zur Zahlung der laufenden Renten als auch zu den erforderlichen Anpassungen nach § 16 BetrAVG in der Lage ist.[89] Die Grundsätze des Urteils aus 2008 seien auf den Fall einer Rentnergesellschaft, die durch Übertragung ihres operativen Geschäfts entstünde, nicht übertragbar, da in diesem Fall die „Gefahr der Beeinträchtigung der schutzwürdigen Interessen der Versorgungsberechtigten durch die Gestaltungsmöglichkeiten des Umwandlungsgesetzes nicht bestehe".[90] Mangels einer entsprechenden Pflicht des Versorgungsschuldners zur Ausstattung der Rentnergesellschaft mit genügenden fi-

---

[84] BAG NZA 2009 S. 790.
[85] BAG NZA 2009 S. 790.
[86] LAG Köln BeckRS 2009, 75032.
[87] BAG NZA 2009 S. 790.
[88] BAG BB 2013 S. 2489.
[89] BAG BB 2015 S. 190.
[90] BAG BeckRS 2014, 72951.

nanziellen Mitteln sei auch für Schadenersatzansprüche der Versorgungsberechtigten kein Raum.
In diese Linie reiht sich auch die Entscheidung des BAG vom 14.7.2015 zur Anpassungsprüfung nach § 16 BetrAVG ein. Danach ist die Rentnergesellschaft selbst dann nicht daran gehindert, sich auf ihre mangelnde Leistungsfähigkeit zu berufen, wenn die frühere Versorgungsschuldnerin nicht für eine ausreichende finanzielle Ausstattung gesorgt hat.[91] Einen Schadenersatzanspruch gegen die Rentnergesellschaft lehnte das BAG ab, da diese hinsichtlich ihrer finanziellen Dotierung nur „Handlungsobjekt" sei und es daher insoweit an einem schadensverursachenden Verhalten der Rentnergesellschaft fehlt.[92] Da die Rentnergesellschaft durch Abspaltung des Teilbetriebs „Pensionen" auf eine neu gegründete Gesellschaft entstanden war, scheint das BAG von seiner oben darstellten Rechtsprechung aus dem Jahre 2008 abgerückt zu sein.

56

6. Übergang der Organstellung und der Dienstverhältnisse von Geschäftsführern und Vorständen

Das UmwG sieht **keine speziellen Regelungen** für Geschäftsführer und Vorstände vor. Es gelten daher die allgemeinen Regeln. Zu unterscheiden ist jeweils zwischen Organstellung und Anstellungsverhältnis. Die Organstellung von Geschäftsführern und Vorständen endet automatisch im Fall des Erlöschens des übertragenden Rechtsträgers bzw. mit Wirksamwerden des Formwechsels.[93] Es ist daher grundsätzlich keine gesonderte Abberufung erforderlich.[94] In den Fällen, in denen der übertragende Rechtsträger bestehen bleibt, dh bei Abspaltung, Ausgliederung und Teilübertragung, behalten auch die entsprechenden Organmitglieder ihr Amt.

57

Unabhängig von der Organstellung beurteilt sich das „Schicksal" der Dienstverträge der betroffenen Organmitglieder. Die Verträge gehen – mangels Anwendbarkeit von § 613a BGB – im Wege der Gesamtrechtsnachfolge auf den übernehmenden Rechtsträger über.[95] Die Rechtsnatur des Vertrages ändert sich hierdurch nicht, dh das Dienstverhältnis mutiert nicht zum Arbeitsverhältnis.[96] Eine Ausnahme gilt dann, wenn die Wirksamkeit des Dienstvertrages an die Organstellung geknüpft ist. In diesem Fall endet der Dienstvertrag mit dem Verlust der Organstellung. Die Frage, ob Organmitglieder ihr Amt im Zusammenhang mit der Umwandlung – etwa wenn kein Interesse an der Fortführung des Amtes besteht – niederlegen können sowie ferner die Möglichkeit der Abberufung vom Amt und der Kündigung des Dienstvertrages, richtet sich nach den allgemeinen Vorschriften.

58

---

[91] BAG NZA-RR 2015, 539.
[92] BAG NZA-RR 2015, 539.
[93] *Grunewald* in Lutter UmwG § 20 Rn. 28; BGH NZA 2007 S. 1174; BAG NZA 2003 S. 552.
[94] Anders bei der Prokura.
[95] BGH NZA 2007 S. 1174; BAG NZA 2003 S. 552.
[96] BGH NZA 2007 S. 1174.

II. Kollektivarbeitsrechtliche Bedeutung

59 Hier sind zunächst die Informations- und Beteiligungsrechte des Betriebsrats zu berücksichtigen sowie zu klären, welche Auswirkung die verschiedenen Umwandlungsvorgänge auf den Betriebsrat als solchen haben. Des Weiteren geht es um die Folgen für den mitbestimmten Aufsichtsrat.

1. Betriebsverfassungsrechtliche Folgen

a) Unterrichtung des Betriebsrats

aa) Umwandlungsrechtliches Informationsrecht

60 Nach §§ 5 III, 126 III UmwG ist eine vollständige Fassung des Umwandlungsvertrages (Verschmelzungsvertrag, Spaltungs- und Übernahmevertrag oder Spaltungsplan) spätestens einen Monat vor der Versammlung der Anteilseigner jedes beteiligten Rechtsträgers dem jeweiligen Betriebsrat zuzuleiten.[97] Gegebenenfalls ist auch der Gesellschaftsvertrag einer neu gegründeten Gesellschaft beizufügen.[98] Die **rechtzeitige Zuleitung** stellt eine Eintragungsvoraussetzung dar und ist dem Handelsregister nach 17 I UmwG in geeigneter Form nachzuweisen, zB durch Vorlage des Übersendungsschreibens oder einer datierten Empfangsbestätigung des Betriebsratsvorsitzenden.[99] Darin sollten das Datum des Vertrages oder Entwurfs, die Art des Umwandlungsvorganges, Firma und Sitz der beteiligten Rechtsträger genau bezeichnet sein.[100] Wird der zugeleitete Entwurf später in veränderter Form beschlossen, bedarf es einer erneuten Zuleitung an den Betriebsrat, sofern es sich nicht lediglich um redaktionelle Änderungen handelt.[101] Dies kann auch erforderlich sein, wenn im Eintragungsverfahren Änderungen des Vertragswortlautes durch den Registerrichter verlangt werden. Der Betriebsrat kann nicht auf die Zuleitung des Vertrages, wohl aber auf die Einhaltung der Monatsfrist verzichten.[102] Vorsorglich sollte die Wirksamkeit eines derartigen Verzichts mit dem zuständigen Registergericht abgestimmt werden.

61 Gibt es bei einem Rechtsträger keinen Betriebsrat, entfällt die Zuleitungs- und Nachweispflicht. Stattdessen ist jedoch das „Nichtbestehen" des Betriebsrats dem Registergericht glaubhaft zu machen, etwa durch Abgabe einer eidesstattlichen Versicherung der Vertretungsorgane des Rechtsträgers.[103]

---

[97] Wegen der Einzelheiten der Angaben im Vertrag → § 9 Rn. 161 ff.
[98] *Melchior* GmbHR 1996 S. 833 (835).
[99] *Drygala* in Lutter UmwG § 5 Rn. 150; *Willemsen* in HWK § 5 UmwG Rn. 13.
[100] *Melchior* GmbHR 1996 S. 833 (837).
[101] *Melchior* GmbHR 1996 S. 833 (836).
[102] *Drygala* in Lutter UmwG § 5 Rn. 148; *Willemsen* in HWK § 5 UmwG Rn. 15; OLG Naumburg NZG 2004 S. 734.
[103] So AG Duisburg GmbHR 1996 S. 372; vgl. auch *Melchior* GmbHR 1996 S. 833 (834).

§ 6. Arbeitsrecht § 6

Auf der Basis des UmwG ergibt sich für den Betriebsrat mithin nur ein Informationsrecht. Ein Anspruch auf Beratung bzw. Beteiligung besteht nicht.[104]   62

bb) Betriebsverfassungsrechtliche Informations- und Beteiligungsrechte

Der Betriebsrat sowie der Wirtschaftsausschuss haben neben den oben genannten Ansprüchen – soweit die jeweiligen Voraussetzungen gegeben sind, also bei einer Betriebsänderung – folgende Rechte: 63
– Information des Betriebsrats nach §§ 80 II und 109a BetrVG;
– Information und Beratung im Wirtschaftsausschuss nach § 106 BetrVG;
– Unterrichtung, Vereinbarung Interessenausgleich und Sozialplan nach §§ 111 ff. BetrVG.

Die genannten Vorschriften setzen sämtlich eine **rechtzeitige und umfassende Unterrichtung** voraus. Da eine Beratung nur möglich ist, wenn die geplante Maßnahme noch nicht abschließend feststeht, wird die auf den Vorschriften des BetrVG beruhende Unterrichtung regelmäßig früher als die Unterrichtung auf der Grundlage des UmwG erfolgen müssen.[105] Festzuhalten bleibt jedoch, dass auch insoweit der Betriebsrat den Arbeitgeber nicht zwingen kann, von der geplanten Maßnahme abzusehen oder die Konditionen zu verändern.   64

Erzwingbar ist unter bestimmten Umständen jedoch ein Sozialplan, der die wirtschaftlichen Nachteile einer Betriebsänderung für die Belegschaft ausgleichen oder abmildern soll. Nach wie vor umstritten ist, ob der Betriebsrat einen Anspruch auf die zeitlich befristete Unterlassung betriebsändernder Maßnahmen hat.[106] Die Rechtsprechung in den Instanzgerichten ist unterschiedlich. Der Unterlassungsanspruch ist jedoch abzulehnen, da die Sanktionen in § 113 III BetrVG abschließend sind.[107]   65

b) Übergangsmandat

Nach § 21a BetrVG (§ 321 UmwG aF) gibt es bei Betriebsspaltungen und Zusammenfassungen von Betrieben ein **allgemeines Übergangsmandat** für den Betriebsrat. In § 21a III BetrVG hat der Gesetzgeber ausdrücklich klargestellt, dass das Übergangsmandat auch dann gilt, wenn die Spaltung oder Zusammenlegung von Betrieben und Betriebsteilen im Zusammenhang mit einer Umwandlung erfolgt.   66

Das Übergangsmandat setzt voraus, dass entweder die **Spaltung** eines Betriebs (nicht ausreichend ist die Spaltung auf Rechtsträgerebene) in zwei neue betriebsratsfähige Einheiten vorliegt oder zwei oder mehr selbstständige Einheiten zu einer **Organisationseinheit** zusammenge-   67

---

[104] *Blechmann* NZA 2005 S. 1143 (1144); vgl. auch *Melchior* GmbHR 1996 S. 833 (837).
[105] Vgl. auch *Boecken* Unternehmensumwandlungen und Arbeitsrecht Rn. 353.
[106] *Kania* in Erfurter Kommentar Arbeitsrecht § 111 BetrVG Rn. 27 mwN.
[107] *Hohenstatt/Willemsen* in HWK § 111 BetrVG Rn. 80; vgl. LAG Rheinland-Pfalz NZA-RR 2015, 197.

fasst werden. Es müssen Organisationsänderungen auf betrieblicher Ebene vorgenommen worden sein, die zu einer Änderung der Betriebsidentität führen.[108] Davon zu unterscheiden sind Organisationsänderungen auf Unternehmensebene, für die § 21a BetrVG nicht gilt. Die Vorschrift greift nur subsidiär ein, wenn der Fortbestand des Betriebsrats nicht bereits auf anderer Grundlage gewährleistet ist. Ändert sich die Identität des aufnehmenden Betriebs nicht, bleibt dessen Betriebsrat im Amt und ist zuständig für die übernommenen Arbeitnehmer.[109]

68 Umstritten ist, welche Folgen die Eingliederung eines Betriebsteils in einen **betriebsratslosen Betrieb** hat. Nach einer Auffassung ist der Betriebsrat des übertragenden Rechtsträgers in diesem Fall auch für sämtliche Arbeitnehmer des betriebsratslosen Betriebs zuständig.[110] Dies ist jedoch zu verneinen, da das Übergangsmandat nur dazu dienen soll, eine bereits gegebene Repräsentation im Rahmen der bisherigen Zuständigkeiten weiterzuführen. Die Gegenmeinung geht davon aus, dass § 21a BetrVG mangels eines Identitätsverlusts des aufnehmenden Betriebs nicht eingreift und es daher auch nicht zu einem Übergangsmandat beschränkt auf die übergehenden Arbeitnehmer kommt.[111] Zu folgen ist einer dritten Meinung, die in diesem Fall von einem Übergangsmandat des Betriebsrats beschränkt auf die Arbeitnehmer ausgeht, die er bereits vor der Eingliederung vertreten hat.[112]

69 Das Übergangsmandat wird vom Betriebsrat in der personellen Zusammensetzung ausgeübt, die vor der Umwandlung bestanden hat.[113] Als Folge der Spaltung eines Betriebes ist der (ursprüngliche) Betriebsrat daher für die (von ihm schon vor der Eingliederung vertretene) Belegschaft aller Einheiten zuständig, die aus der Umwandlung hervorgegangen sind, ohne Rücksicht darauf, dass die Betriebsratsmitglieder ggf. einer anderen Einheit angehören als die von ihnen repräsentierten Arbeitnehmer.[114]

70 Das Übergangsmandat ist nach hM ein zeitlich befristetes **Vollmandat**.[115] § 21a I 2 BetrVG nennt zwar ausdrücklich als Aufgabe insbesondere die unverzügliche Bestellung von Wahlvorständen. Daraus kann allerdings nicht geschlossen werden, der Betriebsrat habe daneben während dieser Zeit keine anderen Beteiligungsrechte. Sein Amt endet mit der Wahl eines neuen Betriebsrats und Bekanntgabe des Wahlergebnisses, spätestens jedoch nach § 21a I 3 UmwG sechs Monate nach Eintragung der Umwandlung in das Handelsregister. Durch Tarifvertrag oder Be-

---

[108] *Koch* in Erfurter Kommentar Arbeitsrecht § 21a BetrVG Rn. 2; BAG NZA 2013, 277.
[109] *Richardi/Thüsing* § 21a BetrVG Rn. 5.
[110] *Koch* in Erfurter Kommentar Arbeitsrecht § 21a BetrVG Rn. 3; *Reichold* in HWK § 21a BetrVG Rn. 7.
[111] *Richardi/Thüsing* Betriebsverfassungsgesetz § 21a BetrVG Rn. 13.
[112] *Kittner* NZA 2012, 541.
[113] *Eisemann/Koch* in Erfurter Kommentar Arbeitsrecht § 21a BetrVG Rn. 7.
[114] *Reichold* in HWK § 21a BetrVG Rn. 14.
[115] *Koch* in Erfurter Kommentar Arbeitsrecht § 21a BetrVG Rn. 5; *Reichold* in HWK § 21a BetrVG Rn. 10.

§ 6. Arbeitsrecht § 6

triebsvereinbarung kann die Frist um weitere sechs Monate verlängert werden.

Neben dem Übergangsmandant gibt es gemäß § 21b BetrVG darüber 71 hinaus ein **Restmandat** für den Betriebsrat. Dieses Restmandat besteht, wenn ein Betrieb aufgrund organisatorischer Änderungen durch Stilllegung, Spaltung oder Zusammenlegung untergeht. Zweck ist wiederum der Schutz der Mitarbeiter in „kritischen" Phasen. Das Restmandat ist allerdings kein Vollmandat, sondern seinem Zweck nach beschränkt auf alle im Zusammenhang mit dem Ende des Betriebes bestehenden Beteiligungsrechte, wie typischerweise die Vereinbarung von Interessenausgleich und Sozialplan.[116]

c) Gemeinsamer Betrieb nach Spaltung eines Unternehmens

Nach § 1 II Nr. 2 BetrVG (§ 322 I UmwG aF) wird ein gemeinsamer 72 Betrieb mehrerer Unternehmen vermutet, wenn die Spaltung eines Unternehmens zur Folge hat, dass von einem Betrieb ein oder mehrere Betriebsteile einem anderen Rechtsträger zugeordnet werden, ohne dass sich die Organisation des betroffenen Betriebs wesentlich ändert.

In diesen Fällen der Unternehmensspaltung kommt es daher nicht zu einem Übergangsmandat, da der ursprüngliche Betriebsrat unverändert im Amt bleibt. Neuwahlen erfolgen erst zum Ende der Amtszeit einheitlich für den gemeinsamen Betrieb.

Die Vermutung kann widerlegt werden. Wollen die beteiligten 73 Rechtsträger die Fiktion eines gemeinsamen Betriebs verhindern, müssen insbesondere zeitgleich mit der Spaltung Änderungen an der Leitungsbzw. Organisationsstruktur vorgenommen werden. Werden lediglich Personalservicleistungen wie Lohn- und Gehaltsabrechnungen gemeinsam genutzt, dürfte dies unschädlich sein, solange die sonstigen Arbeitgeberfunktionen, insbesondere das Direktionsrecht oder das Recht, mit dem Betriebsrat zu verhandeln, nicht übertragen werden.[117] Die Beweislast liegt bei den beteiligten Rechtsträgern.

d) Vereinbarung der Fortgeltung, § 325 II UmwG

Nach § 325 II UmwG kann durch Betriebsvereinbarung oder Tarif- 74 vertrag vereinbart werden, dass Rechte oder Beteiligungsrechte des Betriebsrats, die aufgrund einer Spaltung des Betriebs durch Spaltung oder Teilübertragung eines Rechtsträgers entfallen würden, zeitlich unbefristet weiter gelten. Gemeint sind alle Rechte aufgrund des Betriebsverfassungsrechts (etwa Beteiligungsrechte nach §§ 111 ff. BetrVG) und solche, die bislang durch Tarifvertrag oder Betriebsvereinbarung geregelt waren. Die zwingenden Regelungen des Betriebsverfassungsrechts werden damit in gewissem Umfang zur Disposition der Parteien gestellt. Dies ergänzt die Gestaltungsmöglichkeiten der Tarif- bzw. Betriebspartner in § 3 BetrVG. §§ 9 (Größe des Betriebsrats) und 27 BetrVG (Betriebsaus-

---

[116] *Koch* in Erfurter Kommentar Arbeitsrecht § 21b BetrVG Rn. 3.
[117] *Rieble/Gistel* NZA 2005 S. 242.

schuss) bleiben hingegen unberührt. Daraus lässt sich ableiten, dass eine Fortgeltungsvereinbarung nicht in Betracht kommt, wenn die übertragenen Betriebsteile nach § 1 BetrVG nicht betriebsratsfähig sind.[118]

2. Mitbestimmungsrechtliche Folgen

a) § 325 I UmwG

75   § 325 I UmwG regelt die befristete Beibehaltung der Mitbestimmung in bestimmten Spaltungsfällen: Entfallen beim übertragenden Rechtsträger die gesetzlichen Voraussetzungen für die Beteiligung der **Arbeitnehmer im Aufsichtsrat**, finden die zuvor geltenden Vorschriften ungeachtet dessen für weitere fünf Jahre Anwendung. Die Vorschrift gilt nur für die Abspaltung und Ausgliederung im Sinne von § 123 II, III UmwG. Voraussetzung ist, dass der Abspaltungs- oder Ausgliederungsvorgang kausal für den Verlust der Mitbestimmung war. Die Beibehaltung der Mitbestimmung kommt allerdings nicht in Betracht, wenn die zugrunde liegenden Vorschriften eine bestimmte Mitarbeiterzahl voraussetzen und der übertragende Rechtsträger nur ein Viertel dieses Wertes erreicht. Das bedeutet zB für eine nach § 1 DrittelbG mitbestimmte GmbH mit 600 Arbeitnehmern, dass eine Fortdauer der Mitbestimmung nur in Betracht kommt, wenn nach der Spaltung noch mehr als 125 Arbeitnehmer – und damit mehr als ein Viertel von 500 – bei dem übertragenden Rechtsträger verbleiben.

b) § 203 UmwG

76   Nach § 203 UmwG behalten die Mitglieder eines Aufsichtsrats im Fall eines Formwechsels ihr Amt bis zum regulären Ende ihrer Amtszeit, sofern bei dem Rechtsträger neuer Rechtsform in gleicher Weise wie bei dem formwechselnden Rechtsträger ein Aufsichtsrat gebildet und zusammengesetzt wird. Die Anteilsinhaber des formwechselnden Rechtsträgers können jedoch im Beschluss über den Formwechsel bestimmen, dass das Amt ihrer Aufsichtsratsmitglieder beendet wird. In den Fällen, in denen nach dem Formwechsel kein Aufsichtsrat zu bilden wäre, etwa bei einer Personengesellschaft oder einer GmbH mit nicht mehr als 500 Arbeitnehmern, kann es auch über die Vorschrift des § 203 UmwG nicht zur Beibehaltung eines Aufsichtsrats kommen.

c) Aufsichtsratsbesetzung nach Änderung des Mitbestimmungsstatus

77   Infolge einer Verschmelzung oder Spaltung kann sich die Anzahl der Arbeitnehmer beim übernehmenden Rechtsträger derart verändern, dass dieser erstmals mitbestimmungspflichtig wird oder nicht länger der Mitbestimmung nach dem Drittelbeteiligungsgesetz unterliegt, sondern auf diesen die Regeln des Mitbestimmungsgesetzes Anwendung finden. Die Eintragung der Verschmelzung hat unmittelbar keine Auswirkung auf die Anzahl und die Bestellung der Aufsichtsratsmitglieder des übernehmen-

---

[118] *Joost* in Lutter UmwG § 325 Rn. 49.

den Rechtsträgers. Allerdings führt die Änderung des Mitbestimmungsstatusses zu einer fehlerhaften Besetzung des Aufsichtsrats, die durch das Statusverfahren gemäß §§ 97–99 AktG zu korrigieren ist. Hiernach hat der Vorstand der übernehmenden AG ohne schuldhaftes Zögern das Verfahren der neuen Zusammensetzung des Aufsichtsrats bekannt zu geben, nachdem er zu der Einschätzung der fehlerhaften Besetzung gelangt ist, § 97 I AktG. Ist streitig oder ungewiss, nach welchen gesetzlichen Vorschriften der Aufsichtsrat zusammenzusetzen ist, kann innerhalb eines Monats nach Bekanntgabe durch den Vorstand das zuständige Landgericht um Entscheidung ersucht werden.

Der Vorstand mag bestrebt sein, möglichst frühzeitig, somit eventuell bereits vor Anmeldung oder Eintragung der Verschmelzung, das Statusverfahren durch die Bekanntgabe iSd § 97 I AktG in Gang zu setzen, um eine rasche Durchführung der üblicherweise langwierigen Wahl der Aufsichtsräte durch die Arbeitnehmer zu erreichen. Meint der Vorstand, dass das Wirksamwerden der Verschmelzung und damit die Erhöhung der Arbeitnehmeranzahl mit Sicherheit zu erwarten ist, soll er bereits vor Eintragung der Verschmelzung zur Einleitung des Statusverfahrens berechtigt sein.[119] Richtigerweise wird jedoch das Statusverfahren erst dann einzuleiten sein, wenn sich der Aufsichtsrat nicht (mehr) nach den für ihn maßgebenden gesetzlichen Vorschriften zusammensetzt, somit erst nach Eintragung und Wirksamwerden der Verschmelzung.[120] **78**

Davon zu unterscheiden ist, ob die Hauptversammlung bereits vor dem Ende der einmonatigen Frist nach § 97 II AktG zur Anrufung des Gerichts die Satzungsänderung sowie die Neubestellung der Aufsichtsräte beschließen kann. Nach der Vorstellung des Gesetzgebers ist innerhalb von sechs Monaten nach Abschluss des Statusverfahrens eine Hauptversammlung abzuhalten. In der Praxis möchten jedoch insbesondere die Publikumsgesellschaften diesen Aufwand vermeiden, indem die Änderungen durch das Statusverfahren bereits in der Hauptversammlung, die über die Zustimmung zur Verschmelzung befindet, vorweggenommen werden. Obgleich in diesem Zeitpunkt ein Statusverfahren noch nicht in Gang gesetzt werden könnte, ist dies gleichwohl unter der Bedingung zulässig, dass die Hauptversammlung den Vorstand anweist, die beschlossene Änderung der Satzung bezüglich der Größe und der Zusammensetzung des Aufsichtsrats erst nach widerspruchslosem Ablauf der Monatsfrist gemäß § 97 II AktG zur Eintragung in das Handelsregister anzumelden.[121] **79**

III. Mitbestimmung bei grenzüberschreitender Verschmelzung

Das Mitbestimmungsrecht der Arbeitnehmer richtet sich bei einer grenzüberschreitenden Verschmelzung nach dem MgVG. Ziel des Ge- **80**

---

[119] *Drygala* in Schmidt/Lutter AktG § 97 Rn. 8.
[120] *Hoffmann-Becking* in Münchener Handbuch des Gesellschaftsrechts Band 4, § 28 Rn. 59, 66.
[121] *Hoffmann-Becking* in Münchener Handbuch des Gesellschaftsrechts Band 4, § 28 Rn. 71.

setzes ist die Sicherung der Mitbestimmungsrechte der Arbeitnehmer und Erhaltung des zuvor erreichten Mitbestimmungsniveaus in den an der Verschmelzung beteiligten Gesellschaften, indem das Mitbestimmungsniveau vor und nach der Verschmelzung nach § 5 MgVG miteinander verglichen wird („Vorher-Nachher-Prinzip"). Das Gesetz gilt für die aus einer grenzüberschreitenden Verschmelzung hervorgehende Gesellschaft mit Sitz im Inland und ferner für die im Inland beschäftigten Arbeitnehmer einer Gesellschaft mit Sitz im Ausland. Zwar wird grundsätzlich in § 4 MgVG betont, dass die jeweiligen nationalen Mitbestimmungsregelungen auf die Gesellschaft Anwendung finden sollen, die am Sitz dieser Gesellschaft gelten. Der Gesetzgeber ist indessen selbst davon ausgegangen, dass das Sitzstaatsrecht nur selten Anwendung finden wird.[122]

81 Vorrang hat vielmehr die sog. **Verhandlungslösung** nach § 5 MgVG. Dabei haben die Organe der beteiligten Rechtsträger zunächst die Arbeitnehmervertretungen (oder falls es solche nicht gibt, die Arbeitnehmer direkt) in den jeweiligen Gesellschaften unaufgefordert und unverzüglich nach Offenlegung des Verschmelzungsplans über das Verschmelzungsvorhaben zu informieren (§ 6 II MgVG). Die Organe der beteiligten Unternehmen sollen die Arbeitnehmervertretungen im Übrigen auffordern, das **besondere Verhandlungsgremium** zu bilden. Die Zusammensetzung des besonderen Verhandlungsgremiums ist in § 7 MgVG geregelt. In Deutschland sind nach § 8 MgVG Arbeitnehmer und Gewerkschaftsvertreter wählbar. Das Gremium hat die Aufgabe, in max. sechs Monaten mit den beteiligten Geschäftsleitungen zu einer Vereinbarung über die Mitbestimmung zu kommen. Diese Vereinbarung umfasst die in § 22 MgVG geregelten Punkte und bedarf der Schriftform. Alternativ steht es dem Gremium nach § 18 MgVG jedoch auch zu, von Verhandlungen abzusehen, diese abzubrechen oder die Mitbestimmung nach § 23 MgVG nach gesetzlichem Vorbild auszugestalten. Für die gesetzliche Mitbestimmung können auch die Organe der beteiligten Rechtsträger einstimmig ohne vorhergehende Verhandlung nach § 23 I Ziff. 3 MgVG unmittelbar optieren und so die Bildung des besonderen Verhandlungsgremiums und die Information der Arbeitnehmervertretungen vermeiden,[123] was aus zeitlichen Gründen in manchen Fällen attraktiv sein kann.

82 Kommt es nicht zum Abschluss einer Vereinbarung greift als **Auffanglösung** nach § 23 MgVG folgende **gesetzliche Mitbestimmungsregelung** ein: Sofern zuvor mindestens ein Drittel der Arbeitnehmer sämtlicher Gesellschaften der Mitbestimmung unterlag, gilt diese Form der Mitbestimmung für die aus der Verschmelzung hervorgegangene Gesellschaft. Bestand mehr als eine Form der Mitbestimmung in den verschiedenen Gesellschaften, ist – sofern vorhanden – die inländische Mitbestimmungsform maßgebend. Ohne inländische Beteiligung setzt sich nach § 23 II MgVG die Form der Mitbestimmung durch, die sich auf die

---

[122] BT-Drucks. 16/2922 S. 20 linke Spalte.
[123] *Thüsing/Forst* in Habersack/Drinhausen § 23 MgVG Rn. 10; vgl. → § 13 Rn. 11 ff.

§ 6. Arbeitsrecht

höchste Zahl der in den beteiligten Gesellschaften beschäftigten Arbeitnehmer erstreckt.

Sowohl Verhandlungslösung als auch Auffanglösung sind jedoch nur 83 dann anzuwenden, wenn:
- eine der beteiligten Gesellschaften mehr als 500 Arbeitnehmer beschäftigt hat und in dieser Gesellschaft ein Mitbestimmungssystem besteht;
- das maßgebliche innerstaatliche Recht für die aus einer Verschmelzung hervorgehende Gesellschaft nicht mindestens den gleichen Umfang an Mitbestimmung vorsieht wie er zuvor bestanden hat;
- das für die aus einer Verschmelzung hervorgehende Gesellschaft maßgebliche innerstaatliche Recht für die in anderen Staaten beschäftigten Arbeitnehmer nicht das gleiche Mitbestimmungsniveau vorsieht, wie es im Sitzstaat gewährt wird.

Für Tendenzunternehmen gilt die Auffanglösung nach § 28 MgVG nicht.

IV. Mitbestimmung bei Gründung einer SE

Die SE mit Sitz in Deutschland unterliegt nicht den deutschen Mit- 84 bestimmungsvorschriften des Drittelbeteiligungsgesetzes oder der Mitbestimmungsgesetze (MitBestG, Montan-MitBestG, Montan-MitBestErgG). Anwendbar sind jedoch die Vorschriften des SEBG. Die Regelungen sind im Grundsatz vergleichbar mit dem oben dargestellten Mechanismus der MgVG. Wie dort gilt auch im SEBG der Vorrang der Verhandlungslösung gegenüber der Anwendung der gesetzlichen Vorschriften als Auffanglösung. Anders als das MgVG, das nur die Mitbestimmung durch Beteiligung im Aufsichts- oder Verwaltungsrecht regelt, erfasst das SEBG neben der Mitbestimmung auf Unternehmensebene aber auch die betriebliche Mitbestimmung durch Betriebsräte. Beschließt das besondere Verhandlungsgremium jedoch nach § 16 SEBG, die Verhandlungen nicht aufzunehmen oder diese abzubrechen, gelten im Hinblick auf die betriebliche Mitstimmung die nationalen Vorschriften für die Unterrichtung und Anhörung der Arbeitnehmer gem. § 16 I 3 SEBG.

Einzelheiten zum besonderen Verhandlungsgremium, dessen Bildung, Beschlussfassung und zu den Informationspflichten der Unternehmensorgane sind im SEBG, Teil 2, geregelt.[124] Kommt es unter den Voraussetzungen des § 22 SEBG nicht zum Abschluss einer Vereinbarung, wird ein SE-Betriebsrat entsprechend §§ 23 ff. SEBG gebildet sowie die Mitbestimmung nach §§ 34 ff. SEBG angeordnet.

Für Tendenzunternehmen gilt die Auffanglösung nach § 39 SEBG nicht bzw. auf betrieblicher Ebene nur in beschränktem Umfang.

---

[124] Zu Einzelheiten → § 14 Rn. 154 ff.

§ 7. Kartellrecht

1   Umwandlungen können der kartellrechtlichen Zusammenschlusskontrolle unterfallen. Ist die Umwandlung kartellrechtlich relevant, dh finden die deutsche Zusammenschlusskontrolle (§§ 35 ff. GWB)[1] oder die europäische Zusammenschlusskontrolle (die Verordnung über die Kontrolle von Unternehmenszusammenschlüssen, die FKVO)[2], Anwendung und/oder die Fusionskontrolle dritter Staaten,[3] so hat dies erhebliche praktische Bedeutung für die Vorbereitung und die Durchführung der Umstrukturierung.

2   Kann die Umwandlung kartellrechtsrelevant sein, so müssen die Vorgaben des Kartellrechts frühzeitig bei der Planung des Vorhabens, sowohl hinsichtlich der inhaltlichen Gestaltung als auch hinsichtlich des gegebenenfalls einzuhaltenden Verfahrens und des damit verbundenen zeitlichen und organisatorischen Aufwandes berücksichtigt werden.

3   Das Vorhaben der Umwandlung ist gegebenenfalls vor Vollzug bei den zuständigen Behörden anzumelden und das aufwendige Verfahren wäre durchzuführen. Die Umwandlung darf bis zur Entscheidung der Kartellbehörde zunächst nicht vollzogen werden. Unter bestimmten Voraussetzungen können die Kartellbehörden die Umstrukturierung in der geplanten Form untersagen oder nur unter Auflagen und Bedingungen genehmigen. Der Verstoß gegen die Vorschriften des Kartellrechts kann zur Unwirksamkeit der Umwandlung führen und mit Bußgeldern sanktioniert werden. Eine der Zusammenschlusskontrolle unterfallende, nicht genehmigte, aber bereits vollzogene Umwandlung wäre gegebenenfalls aufzulösen.

4   Nachfolgend werden die einschlägigen Vorschriften des deutschen Rechts (dazu I.) und des europäischen Rechts (dazu II.) dargestellt.

I. Deutsches Recht

5   Das Vorhaben einer Umwandlung ist beim Bundeskartellamt anzumelden, wenn bestimmte Voraussetzungen erfüllt sind (dazu 1.). Ist das Vorhaben anmeldepflichtig, so wird die Umstrukturierung vom Bundeskartellamt im Einzelfall auf ihre Wettbewerbswirkungen untersucht und genehmigt oder untersagt (dazu 2.).

---

[1] Siebenter Abschnitt unter Überschrift „Zusammenschlusskontrolle" des Gesetzes gegen Wettbewerbsbeschränkungen in der ab dem 30.6.2013 geltenden Fassung der 8. Novelle, zuletzt geändert durch Art. 5 des Gesetzes vom 21.7.2014; → Rn. 5 ff.
[2] Verordnung (EG) Nr. 139/2004 des Rates vom 20.1.2004 über die Kontrolle von Unternehmenszusammenschlüssen (ABl. L 24 vom 29.1.2004 S. 1; → Rn. 64 ff.
[3] → Rn. 93 ff.

§ 7. Kartellrecht

1. Anmeldepflicht und Vollzugsverbot

a) Voraussetzungen der Anmeldepflicht

Das Vorhaben einer Umwandlung muss beim Bundeskartellamt vor Vollzug angemeldet werden, wenn folgende Voraussetzungen erfüllt sind: 6
- Der Sachverhalt unterfällt nicht der europäischen Fusionskontrolle (dazu aa),
- die Umwandlung ist ein „Zusammenschluss" im Sinne des Kartellrechts (dazu bb),
- soweit bereits vor dem Zusammenschluss Unternehmensverbindungen zwischen den beteiligten Unternehmen bestanden, führt der Zusammenschluss zu einer wesentlichen Verstärkung der Verbindung (dazu cc) und
- bestimmte Umsatzschwellen sind überschritten (dazu dd).

aa) Vorrang des europäischen Fusionskontrollrechtes

Die kartellrechtliche Beurteilung einer Umwandlung richtet sich nur dann nach deutschem Recht, wenn nicht die ausschließliche Zuständigkeit der europäischen Fusionskontrolle nach der FKVO gegeben ist (dazu II.). Dieser Vorrang der europäischen gegenüber der deutschen Fusionskontrolle ergibt sich aus Art. 21 II FKVO („Die Mitgliedstaaten wenden ihr innerstaatliches Wettbewerbsrecht nicht auf Zusammenschlüsse von gemeinschaftsweiter Bedeutung an") und wurde bereits mit der 6. Novelle auch im GWB[4] klargestellt (§ 35 III GWB). 7

Zu den Voraussetzungen der Anwendbarkeit des europäischen Fusionskontrollrechts siehe unten II. Da die europäische Zusammenschlusskontrolle insoweit von relativ geringerer praktischer Bedeutung ist, als von ihr weniger (wenn auch größere) Fälle als von der deutschen Zusammenschlusskontrolle erfasst werden, wird hier zunächst das deutsche Kartellrecht erläutert (I.). 8

bb) Zusammenschlusstatbestand

Von entscheidender Bedeutung für die Anwendbarkeit der Zusammenschlusskontrolle auf Umwandlungen ist zunächst, ob eine Umwandlung überhaupt ein „Zusammenschluss" im Sinne des Kartellrechtes ist. Das GWB definiert in § 37 I GWB abschließend verschiedene Sachverhalte, die als Zusammenschluss angesehen werden. Dazu gehören der Vermögenserwerb (§ 37 I Nr. 1 GWB), der Kontrollerwerb (§ 37 I Nr. 2 GWB), der Anteilserwerb (§ 37 I Nr. 3 GWB) und sonstige Unternehmensverbindungen, die zu wettbewerblich erheblichem Einfluss führen können (§ 37 I Nr. 4 GWB). 9

Für Umwandlungen ist zunächst der Vermögenserwerb von besonderer Bedeutung (§ 37 I Nr. 1 GWB), der den Erwerb des Vermögens eines anderen Unternehmens ganz oder zu einem wesentlichen Teil erfasst. Bevor das GWB durch die 6. Novelle neu gefasst wurde, enthielt die nun 10

---

[4] GWB auf dem Stand von Januar 2017.

in § 37 I Nr. 1 GWB stehende Definition des Zusammenschlusses durch Vermögenserwerb (in § 23 II Nr. 1 GWB aF) die Worte „durch Umwandlung oder in sonstiger Weise". Aus der Streichung dieser Worte können keinerlei Rückschlüsse für die kartellrechtliche Behandlung von Umwandlungen gezogen werden. Die Streichung war rein redaktioneller Natur; § 37 I Nr. 1 GWB übernimmt inhaltlich § 23 II Nr. 1 GWB aF.[5] Mit der Formulierung „durch Umwandlung oder in sonstiger Weise" wollte man ursprünglich nur klarstellen, dass auch eine Umwandlung ein Vermögenserwerb sein kann. Die Umwandlung wurde, wie sich schon aus den Worten „oder in sonstiger Weise" ergibt, beispielhaft als eine der denkbaren Formen des Vermögenserwerbs angesehen.

11 Darüber hinaus sind Umwandlungen auch häufig mit einem Anteilserwerb verbunden, der vom GWB nach § 37 I Nr. 3 GWB als Zusammenschluss erfasst wird, wenn die Anteile allein oder zusammen mit sonstigen, dem Unternehmen bereits gehörenden Anteilen 50% (lit. a) oder 25% (lit. b) des Kapitals oder der Stimmrechte des anderen Unternehmens erreichen.

12 Soweit ein einheitlicher tatsächlicher Vorgang aus mehreren Einzelvorgängen besteht und insoweit mehrere Zusammenschlusstatbestände verwirklicht werden (zB Vermögens- und gleichzeitig Anteilserwerb), wird der Gesamtvorgang kartellrechtlich als ein einziger Zusammenschluss behandelt. Dieser Vorgang wird dann kartellrechtlich einer einheitlichen Gesamtbeurteilung unterzogen.[6]

13 (1) Grundsätzliche Überlegungen zum Verhältnis vom Umwandlungs- zum Kartellrecht. Eine Umstrukturierung unterfällt nicht allein aufgrund der gesellschaftsrechtlichen Qualifizierung als „Umwandlung" der Zusammenschlusskontrolle. Eine Umwandlung kann – muss aber nicht – als Zusammenschluss im Sinne des Kartellrechts anzusehen sein. Die kartellrechtliche Beurteilung einer Umwandlung richtet sich im Einzelfall nach den wirtschaftlichen Ergebnissen des gesellschaftsrechtlichen Vorgangs. Da es für die Fusionskontrolle nur auf das Ergebnis eines Vorgangs, nicht auf den Geschehensablauf ankommt, wird der „Erwerb" von Vermögen, Kontrolle oder Anteilen ohne Rücksicht auf die im Einzelfall gewählte Übertragungsform vom Zusammenschlusstatbestand erfasst.[7] Die gesellschaftsrechtlichen Begrifflichkeiten des UmwG lassen somit keine schematischen Rückschlüsse auf die kartellrechtliche Beurteilung des Sachverhaltes zu. Allerdings können allgemeine Aussagen zu den Grundformen von Umwandlungen getroffen werden.

---

[5] Begründung des Gesetzentwurfes der Bundesregierung zum Entwurf eines sechsten Gesetzes zur Änderung des Gesetzes gegen Wettbewerbsbeschränkungen vom 29.1.1998, BT-Drucks. 13/9720 S. 57.
[6] *Kallfaß* in Langen/Bunte, Band 1, 12. Aufl. 2014, § 37 GWB Rn. 6.
[7] Vgl. *Kallfaß* in Langen/Bunte, Band 1, 12. Aufl. 2014, § 37 GWB Rn. 11; *Bechtold*, 7. Aufl. 2013, § 37 GWB Rn. 3; *Thomas* in Immenga/Mestmäcker, Wettbewerbsrecht, Band 2, 2014, § 37 GWB Rn. 15 (Rechtsnatur ist ohne Belang); *Bach* in MünchKomm Kartellrecht Band 2 (GWB), 2. Aufl. 2015, § 37 Rn. 12 (Rechtsgrund).

§ 7. Kartellrecht § 7

(2) Beteiligung von mindestens zwei Unternehmen. Ein Zusammenschluss setzt voraus, dass an dem Vorgang mindestens zwei Unternehmen beteiligt sind. 14

Die Beteiligten müssen als „Unternehmen" im Sinne des Kartellrechts zu qualifizieren sein. Die Unternehmenseigenschaft wird im Kartellrecht funktional bestimmt. Von dem kartellrechtlich relevanten Unternehmensbegriff wird jede wirtschaftliche Teilnahme am geschäftlichen Verkehr außerhalb der privaten Haushaltsführung erfasst.[8] Die Rechtsform der Handelnden ist insoweit bei der Beurteilung der Unternehmenseigenschaft nicht entscheidend. „Rechtsträger", die im Sinne des UmwG umgewandelt werden können (§§ 3, 124, 175 UmwG), sind regelmäßig als Unternehmen im kartellrechtlichen Sinne anzusehen, da sie am geschäftlichen Verkehr teilnehmen. 15

Allerdings muss der Erwerber – unabhängig vom Umwandlungsgeschäft – bereits die Unternehmenseigenschaft haben.[9] Im Falle einer „errichtenden" Umwandlung auf eine neu gegründete Gesellschaft ist dieser neue Rechtsträger nicht notwendig als Unternehmen im Sinne der Zusammenschlusskontrolle anzusehen. Die neu gegründete, übernehmende Gesellschaft ist nur dann Unternehmen im kartellrechtlichen Sinne, wenn, was regelmäßig der Fall sein dürfte, ihre Gesellschafter bereits ihrerseits Unternehmen im Sinne des Kartellrechts gewesen sind.[10] 16

(3) Formen der Umwandlung. Je nachdem, welche Art der Umwandlung durchgeführt werden soll, lassen sich mehr oder weniger grundsätzliche Aussagen darüber treffen, ob der Vorgang als Zusammenschluss im Sinne des Kartellrechts angesehen werden könnte. Solche grundsätzlichen Aussagen ersetzen keine Prüfung der Umwandlung im Einzelfall. 17

Die Umwandlung durch **Formwechsel** (§§ 190 ff. UmwG) erfüllt den Zusammenschlusstatbestand im Regelfall nicht.[11] Die rechtliche und wirtschaftliche Identität des Rechtsträgers bleibt bestehen, es ändert sich lediglich die Rechtsform. Mangels Vermögensübertragung kommt § 37 I Nr. 1 GWB nicht in Betracht. Auch ein Anteilserwerb ist mit dem reinen Formwechsel in der Regel nicht verbunden, so dass § 37 I Nr. 3 GWB ebenso keine Anwendung findet. Ein Zusammenschluss kann uU vorliegen, wenn sich in Folge des Austritts eines dem Umwandlungsbeschluss widersprechenden Anteilsinhabers die bisherigen Beteiligungsverhältnisse ändern. Mit dem Formwechsel könnte allenfalls ein Kontrollerwerb im Sinne von § 37 I Nr. 2 GWB verbunden sein, wenn er dem Anteilseigner wesentlich mehr Kontrollrechte gewährt. Dies könnte zB 18

---

[8] *Bunte* in Langen/Bunte, Band 1, 12. Aufl. 2014, § 1 GWB Rn. 32.
[9] *Kallfaß* in Langen/Bunte, Band 1, 12. Aufl. 2014, § 37 GWB Rn. 30; *Thomas* in Immenga/Mestmäcker, Wettbewerbsrecht, Band 2, 2014, § 37 GWB Rn. 231.
[10] *Thomas* in Immenga/Mestmäcker, Wettbewerbsrecht, Band 2, 2014, § 37 GWB Rn. 231 f.
[11] In diesem Sinne: *Thomas* in Immenga/Mestmäcker, Wettbewerbsrecht, Band 2, 2014, § 37 GWB Rn. 24; ebenfalls weitergehend (Formwechsel stellt keinen Vermögenserwerb dar) *Kallfaß* in Langen/Bunte, Band 1, 12. Aufl. 2014, § 37 GWB Rn. 14; *Riesenkampf/Lehr* in Loewenheim/Meesen/Riesenkampff, Kartellrecht, Band 2: GWB, 2. Aufl. 2009, § 37 Rn. 6.

§ 7   2. Teil. Grundzüge des Umwandlungsrechts

der Fall sein, wenn der Hauptaktionär im Rahmen der Umwandlung einer AG in eine KGaA Komplementär wird und damit die Geschäftsführung übernimmt.

19   Die **Verschmelzung** (§§ 2 ff. UmwG) ist gewissermaßen der klassische Fall eines kartellrechtsrelevanten Zusammenschlusses.

20   Im Falle der **Verschmelzung durch Aufnahme** (§ 2 Nr. 1, § 4 ff. UmwG) liegt zunächst ein Vermögenserwerb im Sinne des § 37 I Nr. 1 GWB vor, da das Vermögen des übertragenden Rechtsträgers von dem übernehmenden Rechtsträger übernommen wird. Zugleich ist die Verschmelzung durch Aufnahme als Anteilserwerb im Sinne des § 37 I Nr. 3 GWB zu werten, da die Vermögensübertragung gegen die Gewährung von Anteilen oder Mitgliedschaften des übernehmenden Rechtsträgers erfolgt (§ 2 UmwG). Obwohl – bei formaler Betrachtung – die Verschmelzung durch Aufnahme zwei verschiedene Zusammenschlusstatbestände erfüllt (Vermögens- und Anteilserwerb), liegt wegen des engen wirtschaftlichen Zusammenhanges nur ein Zusammenschluss vor (→ Rn. 12).[12] Dementsprechend bedarf es gegebenenfalls nur einer Anmeldung des Gesamtvorgangs und das Bundeskartellamt führt nur ein Verwaltungsverfahren durch.

21   Im Falle der **Verschmelzung im Wege der Neugründung** (§ 2 Nr. 2 UmwG) stellt sich zunächst die Frage, ob die neu gegründete Gesellschaft, der übernehmende Rechtsträger, als Unternehmen im kartellrechtlichen Sinne anzusehen ist (→ Rn. 16). Ist dies der Fall, so liegt regelmäßig ein Fall des Vermögenserwerbes iSv § 37 I Nr. 1 GWB vor, da die neue Gesellschaft die Vermögen anderer Rechtsträger übernimmt.[13] Zugleich liegen mehrere Anteilserwerbe iSd § 37 I Nr. 3 GWB vor, da die Anteilsinhaber der (mindestens zwei) Gesellschaften, deren Vermögen übertragen wird, als Gegenleistung Anteile oder Mitgliedschaften des neuen Rechtsträgers erhalten (§ 2 UmwG). Aufgrund des engen wirtschaftlichen Zusammenhanges zwischen den Vermögens- und Anteilserwerben liegt wiederum nur ein Zusammenschluss vor (→ Rn. 12).

22   Bei der Umwandlung durch **Spaltung** (§§ 123 ff. UmwG) kann ein Zusammenschluss sowohl durch Vermögenserwerb (§ 37 I Nr. 1 GWB) als auch durch Anteilserwerb (§ 37 I Nr. 3 GWB) vorliegen:

23   Bei der **Aufspaltung durch Aufnahme** (§ 123 I Nr. 1 UmwG) liegen zunächst mehrere Vermögenserwerbe im Sinne des § 37 I Nr. 1 GWB vor, da das Vermögen eines Unternehmens von anderen Rechtsträgern übernommen wird. Auch liegen Anteilserwerbe im Sinne des § 37 I Nr. 3 GWB vor, da Anteile oder Mitgliedschaften der übernehmenden Rechtsträger als Gegenleistung für die Vermögensübertragungen an die Anteilsinhaber des übertragenden Rechtsträgers gewährt werden.

---

[12] So ausdrücklich zur Verschmelzung: *Kallfaß* in Langen/Bunte, Band 1, 12. Aufl. 2014, § 37 GWB Rn. 13.

[13] *Kallfaß* in Langen/Bunte, Band 1, 12. Aufl. 2014, § 37 GWB Rn. 13; *Thomas* in Immenga/Mestmäcker, Wettbewerbsrecht, Band 2, 2014, § 37 GWB Rnn. 20, 231.

§ 7. Kartellrecht § 7

Der Gesamtvorgang wird, obwohl es sich formell um verschiedene kartellrechtsrelevante Erwerbsvorgänge handelt, wiederum, wie in den Fällen der Verschmelzung, als ein Zusammenschluss behandelt.[14]

Wird die Umwandlung in der Form einer **Aufspaltung durch Neugründung** (§ 123 I Nr. 2 UmwG) durchgeführt, so dürfte der Vorgang nicht als kartellrechtlich relevanter Zusammenschluss anzusehen sein. Rechtstechnisch finden hier zwar eine Vermögensübertragung von einem Rechtsträger auf andere Rechtsträger und Anteilserwerbe an den übernehmenden Rechtsträgern durch die Anteilsinhaber des übertragenden Rechtsträgers statt. Die übernehmenden Rechtsträger werden jedoch vom übertragenden Rechtsträger durch die Übertragung gegründet und die Anteile oder Mitgliedschaften der übernehmenden Rechtsträger werden den Anteilsinhabern der übertragenden Rechtsträgers in dem Verhältnis zugeteilt, das ihrer Beteiligung an dem übertragenden Rechtsträger entspricht, so dass die Aufspaltung durch Neugründung bei wirtschaftlicher Betrachtung wie bei einer formwechselnden Umwandlung eine interne Umstrukturierung ist, die nicht als Zusammenschluss gewertet werden kann.[15] 24

Im Falle der **Auseinandersetzung von Gesellschafterstämmen bei der Aufspaltung durch Neugründung** kann ein kartellrechtlich relevanter Zusammenschluss vorliegen. Werden die Anteile oder Mitgliedschaften der übernehmenden Rechtsträger den Anteilsinhabern des übertragenden Rechtsträgers nicht in dem Verhältnis zugeteilt, das ihrer Beteiligung an dem übertragenden Rechtsträger entspricht (§ 128 UmwG), kann die Aufspaltung wirtschaftlich anders als im Regelfall der Aufspaltung durch Neugründung (→ Rn. 24) nicht mehr lediglich mit einem „Formwechsel" verglichen werden, da sich in diesem Fall durch die anlässlich der Umwandlung durchgeführte Auseinandersetzung die Zusammensetzung der Gesellschafter der übernehmenden Rechtsträger gegenüber der Zusammensetzung der Gesellschafter des übertragenden Rechtsträgers ändert.[16] Wie bei der Aufspaltung durch Aufnahme kann es sich um einen Zusammenschluss handeln, der sowohl den Charakter eines Vermögenserwerbes durch die übernehmenden Rechtsträger als auch den von Anteilserwerben durch die Anteilseigner des übertragenden Rechtsträgers hat. 25

Bei der **Abspaltung durch Aufnahme** (§ 123 II Nr. 1 UmwG) kann der Vorgang als Zusammenschluss durch den Erwerb eines Teiles des Vermögens des übertragenden Rechtsträgers durch den übernehmenden Rechtsträger anzusehen sein. Entscheidend ist insoweit, ob der Vermögensteil als „wesentlich" im Sinne des § 37 I Nr. 1 GWB anzusehen ist, denn von der Zusammenschlusskontrolle wird nur der Erwerb des Vermögens eines anderen Unternehmens „ganz oder zu einem wesentlichen Teil" erfasst. Darüber hinaus könnte die als Gegenleistung für die 26

---
[14] Vgl. → Rn. 12, 21.
[15] Wie hier *Bach* in MünchKomm Kartellrecht Band 2 (GWB), 2. Aufl. 2015, § 37 Rn. 14.
[16] *Kallfaß* in Langen/Bunte, Band 1, 12. Aufl. 2014, § 37 GWB Rn. 14.

§ 7   2. Teil. Grundzüge des Umwandlungsrechts

Vermögensübertragung zu gewährende Übertragung von Anteilen der übernehmenden Gesellschaft an die Anteilseigner der übertragenden Gesellschaft als Anteilserwerb im Sinne des § 37 I Nr. 3 GWB anzusehen sein.

27　Bei der **Abspaltung durch Neugründung** (§ 123 II Nr. 2 UmwG) dürfte entsprechend den Ausführungen zur Aufspaltung durch Neugründung (→ Rn. 24) kein kartellrechtlich relevanter Zusammenschluss vorliegen, es sei denn, dass es zu einer Auseinandersetzung der Gesellschafterstämme kommt (→ Rn. 25).[17]

28　Die Umwandlung mittels **Ausgliederung durch Aufnahme** (§ 123 III Nr. 1 UmwG) ist kartellrechtlich entsprechend der Abspaltung durch Aufnahme (→ Rn. 26) zu behandeln. Der Unterschied beider Vorgänge, nämlich die Übertragung der Anteile des übernehmenden Rechtsträgers auf den übertragenden Rechtsträger statt auf die Anteilseigner des übertragenden Rechtsträgers, kann zwar bei der kartellrechtlichen Beurteilung im Einzelfall von entscheidender Bedeutung sein, ändert aber an den grundsätzlichen Überlegungen zur Frage der Anwendbarkeit der Zusammenschlusskontrolle auf die Ausgliederung durch Aufnahme nichts.

29　Die **Ausgliederung durch Neugründung** (§ 123 III Nr. 2 UmwG) entspricht in der kartellrechtlichen Beurteilung der Auf- und Abspaltung durch Neugründung; diese Form der Umwandlung unterfällt grundsätzlich nicht der Zusammenschlusskontrolle (→ Rn. 24; → Rn. 26 f.).

Im Falle der Umwandlungen durch **Vermögensübertragung** (§§ 174 ff. UmwG) liegt zunächst ein Vermögenserwerb im Sinne des § 37 I Nr. 1 GWB durch den übernehmenden Rechtsträger vor. Darüber hinaus kann auch ein Vermögenserwerb durch die Anteilsinhaber des übertragenden Rechtsträgers vorliegen, wenn die Gegenleistung des übernehmenden Rechtsträgers in einem wesentlichen Teil seines Vermögens besteht.

30　Die Zusammenschlusskontrolle kann schon im Vorfeld einer Umwandlung Bedeutung gewinnen, zB wenn erst durch einen Erwerb von Beteiligungen an einem umzuwandelnden Unternehmen die Voraussetzungen für die Umwandlung (Allein- oder Mehrheitsanteilsbesitz) geschaffen werden. Bereits ein solcher **Erwerb zur Vorbereitung einer Umwandlung** kann als Zusammenschluss anzusehen sein. Dementsprechend muss bereits bei der Vorbereitung einer Umwandlung darauf geachtet werden, ob die Fusionskontrolle Anwendung findet.

cc) Bereits bestehende Unternehmensverbindungen

31　Eine Umwandlung kann auch dann als kartellrechtlich relevanter Zusammenschluss qualifiziert werden, wenn die beteiligten Unternehmen bereits vorher zusammengeschlossen waren. Der Sachverhalt unterfällt jedoch dann nicht der Fusionskontrolle, wenn der Zusammenschluss

---

[17] Wie hier *Bach* in MünchKomm Kartellrecht Band 2 (GWB), 5. Auflage 2015, § 37 Rn. 14.

§ 7. Kartellrecht § 7

nicht zu einer wesentlichen Verstärkung der bestehenden Unternehmensverbindung führt (§ 37 II GWB).

Für die Beurteilung der „wesentlichen Verstärkung der bestehenden 32 Unternehmensverbindung" kommt es in erster Linie auf das Verhältnis der beteiligten Unternehmen zueinander an, dh auf die Frage, ob durch den erneuten Zusammenschluss eine intensivere Einflussnahme möglich ist.[18] Soweit bereits vor dem Zusammenschluss die herrschende Gesellschaft auf Dauer die Möglichkeit hatte, ihre Auffassung in allen Gremien des beherrschten Unternehmens ggf. auf dem Umweg über die entsprechende Besetzung der Gremien durchzusetzen, berührt die weitere Absicherung dieses Einflusses, zB durch eine Verschmelzung, die wettbewerbliche Stellung der Unternehmen untereinander nicht, stellt also keine iSd Fusionsrechts wesentliche Verstärkung der Unternehmensverbindung dar.[19] Konzerninterne Umstrukturierungen ändern nichts an der bereits bisher bestehenden Zusammenfassung zu einer wettbewerblichen Einheit.[20]

dd) Umsatzschwellen

Nicht jede Umwandlung, die als Zusammenschluss im Sinne des 33 Fusionskontrollrechts anzusehen ist (→ Rn. 9 ff.), unterfällt der Fusionskontrolle. Die Vorschriften über die Zusammenschlusskontrolle finden nur Anwendung, wenn die Umsätze der beteiligten Unternehmen bestimmte Schwellen überschreiten: Im letzten Geschäftsjahr vor dem Zusammenschluss müssen die beteiligten Unternehmen insgesamt weltweit Umsatzerlöse von mehr als 500 Mio. Euro erzielt haben (§ 35 I Nr. 1 GWB). Darüber hinaus muss mindestens eines der beteiligten Unternehmen Umsatzerlöse von mehr als 25 Mio. Euro in Deutschland sowie ein weiteres beteiligtes Unternehmen deutsche Umsatzerlöse von mehr als 5 Mio. Euro erzielt haben.

Für die Ermittlung der Umsatzerlöse gilt § 277 I HGB, Innenumsatz- 34 erlöse sowie Verbrauchsteuern bleiben jedoch außer Betracht (§ 38 I GWB). Sonderregeln zur Umsatzberechnung bestehen für den Handel mit Waren (§ 38 II GWB), den Verlag, die Herstellung und den Vertrieb von Zeitungen und Zeitschriften, die Herstellung, den Vertrieb und die Veranstaltung von Rundfunkprogrammen und den Absatz von Rundfunkwerbezeiten (§ 38 III GWB) sowie für Kreditinstitute, Finanzinstitute, Bausparkassen und Versicherungsunternehmen (§ 38 IV GWB).

Nach der sogenannten „Bagatellklausel" findet die Zusammenschlusskontrolle nach § 35 I GWB keine Anwendung, soweit sich ein Unternehmen, das nicht im Sinne des § 36 II GWB abhängig ist und im letzten Geschäftsjahr weltweit Umsatzerlöse von weniger als 10 Mio. Euro erzielt hat, mit einem anderen Unternehmen zusammenschließt (§ 36 II GWB). Die Bagatellklausel umfasst auch die Fälle des Erwerbes eines abhängigen Unternehmens und den Erwerb durch ein abhängiges Unternehmen,

---

[18] *Kallfaß* in Langen/Bunte, Band 1, 12. Aufl. 2014, § 37 GWB Rn. 55.
[19] *Kallfaß* in Langen/Bunte, Band 1, 12. Aufl. 2014, § 37 GWB Rn. 60.
[20] *Kallfaß* in Langen/Bunte, Band 1, 12. Aufl. 2014, § 23 GWB Rn. 60.

soweit deren jeweiliger Gruppenumsatz im letzten Geschäftsjahr weniger als 10 Mio. Euro betrug.[21] Zudem ist die Zusammenschlusskontrolle nach § 35 I GWB, seit der 8. GWB-Novelle, nicht auf Zusammenschlüsse durch die Zusammenlegung öffentlicher Einrichtungen und Betriebe, die mit einer kommunalen Gebietsreform einhergehen, anwendbar (§ 35 II S. 2 GWB).[22]

b) Konsequenzen der Anmeldepflicht

35 Ist eine Umwandlung gemäß den Ausführungen unter a) anmeldepflichtig, so sind die Anmeldeformalitäten zu beachten (dazu aa) und darf der Zusammenschluss vor Genehmigung nicht vollzogen werden (dazu bb). Wird eine Umwandlung entgegen der Verpflichtung zur Anmeldung vollzogen, so kann dies erhebliche zivil-, ordnungswidrigkeits- und öffentlich-rechtliche Konsequenzen haben (dazu cc).

aa) Anmeldung

36 Der Zusammenschluss muss vor Vollzug beim Bundeskartellamt angemeldet werden (§ 39 I GWB).

37 Zur Anmeldung verpflichtet sind die an der Umwandlung beteiligten Unternehmen und in den Fällen des Vermögens- oder Anteilserwerbs auch der Veräußerer des Unternehmensvermögens (§ 39 II GWB). Das Erfordernis bestimmter Angaben betreffend den Veräußerer dient der Sicherstellung der formalen Voraussetzungen für die Verfahrensbeteiligung des Veräußerers.[23]

38 Für die Anmeldung eines Zusammenschlusses müssen keine besonderen Formulare verwendet werden. Der Katalog der Angaben, die in der Anmeldung enthalten sein müssen, ergibt sich jedoch aus § 39 III 1 und 2 Nr. 1 bis 6 GWB:
 – die Form des Zusammenschlusses (§ 39 III 1),
 – die Firma oder sonstige Bezeichnung und der Ort des Sitzes (§ 39 III 1 Nr. 1),
 – die Art des Geschäftsbetriebes (§ 39 III 1 Nr. 2),
 – die Umsatzerlöse in Deutschland, in der Europäischen Union und weltweit (§ 39 III 1 Nr. 3),
 – die Marktanteile (§ 39 III 1 Nr. 4),
 – bei Erwerb von Anteilen die Höhe der erworbenen und insgesamt gehaltenen Beteiligung (§ 39 III 1 Nr. 5),
 – einen inländischen Zustellungsbevollmächtigten, wenn der Sitz des Unternehmens außerhalb Deutschlands liegt (§ 39 III 1 Nr. 6).
Gegebenenfalls sind entsprechende Konzernangaben zu machen.

---

[21] *Kallfaß* in Langen/Bunte, Band 1, 12. Aufl. 2014, § 35 GWB Rn. 31.
[22] Vertiefend: *Kallfaß* in Langen/Bunte, Band 1, 12. Aufl. 2014, § 35 GWB Rn. 34.
[23] *Mäger* in MünchKomm Kartellrecht Band 2 (GWB), 2. Aufl. 2015, § 39 Rn. 44.

§ 7. Kartellrecht § 7

Sind in den Fällen des Vermögens- oder Anteilserwerbs auch Angaben zum Veräußerer zu machen, so beschränken sich diese gemäß § 39 III 3 auf Angaben nach § 39 III 2 Nr. 1 und Nr. 6. 39

Die Angaben müssen gewissenhaft gemacht werden. Die nicht richtige oder nicht vollständige Anmeldung eines Zusammenschlusses kann als Ordnungswidrigkeit mit einer Geldbuße bis zu 100 000 Euro geahndet werden (§ 81 II Nr. 3, IV). 40

Darüber hinaus können unvollständige Angaben zur Verzögerung des Prüfverfahrens führen. Die zugunsten der beteiligten Unternehmen laufenden Fristen (→ Rn. 59) beginnen erst, nachdem die vollständigen Angaben beim Bundeskartellamt eingegangen sind. 41

bb) Vollzugsverbot

Aus der Anmeldepflicht einer Umwandlung folgt das Verbot des Vollzuges der Umwandlung vor einer Entscheidung des Bundeskartellamtes. Die Unternehmen dürfen einen Zusammenschluss, der vom Bundeskartellamt nicht freigegeben ist, nicht vor Ablauf der für die Entscheidung vorgesehenen Fristen (→ Rn. 59) vollziehen oder am Vollzug dieses Zusammenschlusses mitwirken (§ 41 I Satz 1 GWB). 42

Bei der Beurteilung, wann ein Zusammenschluss als „vollzogen" anzusehen ist, muss entscheidend auf den Zeitpunkt, zu dem das Verhalten der beteiligten Unternehmen wesentliche wettbewerbsrelevante Zusammenschlusswirkungen entfaltet, abgestellt werden. Dieses primäre Anknüpfen an wirtschaftliche Wirkungen und nicht an rechtliche Schritte gebietet sich vor dem Hintergrund des Sinns des Vollzugsverbotes; es dient dazu, die tatsächlichen Schwierigkeiten, die mit der eventuellen Entflechtung vollzogener Unternehmensverbindungen einhergehen, zu verhindern.[24] Die funktionale Bestimmung des Vorliegens eines Zusammenschlusses erfordert daher eine Prüfung des Einzelfalls unter Berücksichtigung aller wettbewerbsrelevanten Wirkungen, die von den beteiligten Unternehmen ausgehen. Die wirtschaftliche Wirkung eines Zusammenschlusses kann bereits durch faktische Handlungen, wie die tatsächliche Einflussnahme auf die Geschäftsdisposition des anderen Unternehmens, eintreten. Lediglich vorläufige Maßnahmen zur Sicherung und Vorbereitung des späteren Vollzugs sind jedoch unschädlich.[25] Der tatsächliche, kartellrechtlich verbotene Vollzug liegt in der Herbeiführung des Zustandes, der durch den Zusammenschluss geschaffen werden soll. Aus den Verfahrensetappen einer Umwandlung können für die Frage, wann ein Vollzug iSd kartellrechtlichen Vollzugsverbots vorliegt, keine eindeutigen Rückschlüsse gezogen werden. Allerdings können Regelsätze zur Bestimmung des Zeitpunktes eines Zusammenschlussvollzugs aufgestellt werden, die als Leitfaden für die Praxis dienen mögen. Im Folgenden wird allein auf die Verschmelzung 43

---

[24] *Kallfaß* in Langen/Bunte, Band 1, 12. Aufl. 2014, § 41 GWB Rn. 1.
[25] *Kallfaß* in Langen/Bunte, Band 1, 12. Aufl. 2014, § 39 GWB Rn. 6.

als den wichtigsten Fall einer kartellrechtlichen Umwandlung eingegangen.

44 Spätestens mit der Eintragung ins Handelsregister ist eine Umwandlung vollzogen, da sich mit dieser die Umwandlung rechtlich und wirtschaftlich realisiert. Nach § 20 I Nr. 1 UmwG geht mit der Eintragung der Umwandlung in das Register des Sitzes des übernehmenden Rechtsträgers das Vermögen des übertragenden Rechtsträgers auf ihn über.

45 Auf der anderen Seite ist das Aushandeln, die Anfertigung und der wegen § 13 I 1 UmwG noch nicht wirksame Abschluss des Umwandlungsvertrages für sich genommen unproblematisch. Nur die Durchführung und nicht die allgemeine Vorbereitung eines Zusammenschlusses soll durch das Vollzugsverbot verhindert werden.

46 Eine Umwandlung kann auch dann als entgegen dem Vollzugsverbot vollzogen anzusehen sein, wenn noch nicht alle gesellschaftsrechtlichen Voraussetzungen der Umwandlung vorliegen.[26] In der Literatur wird vertreten, dass ein Zusammenschluss bereits dann gegeben sei, wenn die maßgebenden vertretungsberechtigten Organe die Umwandlung so weit überprüft und vorbereitet haben, dass sie auf die Tagesordnung der Gesellschafterversammlung gesetzt werden kann, auf der die Umwandlung beschlossen werden soll; es dürfe nicht abgewartet werden, welches Ergebnis die Gesellschafterversammlung erbringt, insbesondere ob überhaupt die notwendige Stimmenzahl erreicht ist.[27]

47 UE dürfte ein Vollzug erst bei Vorliegen übereinstimmender Umwandlungsbeschlüsse, jedenfalls soweit diese tatsächlich durchgeführt werden, gegeben sein. Aus dem Vorliegen übereinstimmender Umwandlungsbeschlüsse ergeben sich zwei Rechtsfolgen: Erstens leitet sich aus diesen die nur interne Verpflichtung der Organe der beteiligten Rechtsträger ab, den Entwurf des Umwandlungsvertrages zu unterzeichnen, die Umwandlung anzumelden und rechtswirksam zu machen. Diese interne Verpflichtung zur Durchführung der Umwandlung kann bei genehmigungsbedürftigen Zusammenschlüssen mit dem fusionsrechtlichen Vollzugsverbot kollidieren und ist dementsprechend restriktiv dahingehend auszulegen, dass eine Pflicht zur Vornahme von Handlungen, die als kartellrechtlicher Vollzug anzusehen sind, nicht besteht. Zweitens wird ein schon abgeschlossener Umwandlungsvertrag infolge der Beschlussfassung nach § 13 I 1 UmwG wirksam. Aus einem wirksamen Umwandlungsvertrag folgt nach hM nur eine schuldrechtliche Verpflichtung der Vertragsparteien zur Umwandlung,[28] die mangels Verfügungscharakter per se zunächst keine wettbewerblich relevante Wirkung entfaltet. Um den beteiligten Unternehmen und den für sie handelnden Personen ihren

---

[26] AA zur Verschmelzung: *Kallfaß* in Langen/Bunte, Band 1, 12. Aufl. 2014, § 37 GWB Rn. 13.
[27] So *Mayer* in Widmann-Mayer, 144. Ergänzungslieferung, Juni 2014, § 126 UmwG Rn. 344.
[28] *Lutter* in Lutter, UmwG, 5. Auflage 2014, § 4 UmwG Rn. 6; *Stratz* in Schmitt/Hörtnagl/Stratz, 6. Aufl. 2013, § 4 UmwG Rnn. 7–9; *Mayer* in Widmann/Mayer, 136. Ergänzungslieferung, April 2013, § 4 UmwG Rn. 26, 28.

§ 7. Kartellrecht § 7

aus dem fusionsrechtlichen Vollzugsverbot folgenden eingeschränkten Handlungsspielraum bei der Durchführung einer Umwandlung zu vergegenwärtigen und rechtlichen Risiken aus einer abweichenden Beurteilung des Vorliegens eines Zusammenschlussvollzugs vorzubeugen, ist es sinnvoll, bereits bei der Vertragsgestaltung darauf zu achten, dass es zu keinem Verstoß gegen das Vollzugsverbot kommen kann. Ist das Rechtsgeschäft aufschiebend bedingt, liegt in jedem Fall noch kein Vollzug vor.[29] Enthält der Umwandlungsvertrag einen entsprechenden Kartellrechtsvorbehalt (und wird dieser auch tatsächlich respektiert), so kann kein Verstoß gegen das Vollzugsverbot vorliegen, wenn die Umwandlungsbeschlüsse daraufhin gefasst werden, um nicht eine Verpflichtung der Organe zu begründen, die sie unmittelbar nur unter Verstoß gegen die Vorschriften des GWB erfüllen können (→ Rn. 93). Enthält der Entwurf des Umwandlungsvertrages bzw. der schon abgeschlossene Umwandlungsvertrag keinen Kartellrechtsvorbehalt, so sollte jedenfalls ein Umwandlungsbeschluss unter diesem Vorbehalt gefasst werden.

Bei wichtigen Gründen kann das Bundeskartellamt auf Antrag eine 48 Befreiung vom Vollzugsverbot erteilen (§ 41 II 1 GWB).

cc) Konsequenzen des Verstoßes gegen die Anmeldepflicht

(1) Zivilrechtliche Unwirksamkeit. Wird eine Umwandlung, die der 49 Anmeldepflicht unterfällt, entgegen dem Vollzugsverbot durchgeführt, so können die Konsequenzen sehr erheblich sein.

Laut § 41 I 2 GWB sind Rechtsgeschäfte, die gegen das Vollzugsverbot 50 verstoßen, **unwirksam**. Die Unwirksamkeit von rechtsgeschäftlichen Vollzugshandlungen ist schwebend. Wird der Zusammenschluss vom Bundeskartellamt genehmigt bzw. läuft nach Anmeldung des Zusammenschlusses beim Bundeskartellamt die Entscheidungsfrist ohne Untersagung ab (→ Rn. 59), so werden die Rechtsgeschäfte wirksam.[30] Dies ergibt sich nach der 8. GWB-Novelle auch direkt aus § 41 I 3 Nr. 3 GWB für zunächst nicht angemeldete Zusammenschlüsse, soweit das Entflechtungsverfahren eingestellt wird, weil die Untersagungsvoraussetzungen des § 41 III GWB nicht vorlagen.[31] Wird eine Untersagungsverfügung des Bundeskartellamtes rechtskräftig, so werden die Rechtsgeschäfte endgültig nichtig.[32] Auch notariell abgeschlossene Verträge werden von der Unwirksamkeit erfasst.

Das GWB sieht jedoch für Umwandlungen eine entscheidende Aus- 51 nahme von der Unwirksamkeit entgegen dem Vollzugsverbot durchgeführter Rechtsgeschäfte vor: Ein Vollzugsgeschäft wird rechtswirksam, wenn die Eintragung in das entsprechende Register erfolgt (§ 41 I 3 Nr. 2 GWB). Das GWB respektiert insoweit die Publizitätsfunktion des

---

[29] *Kallfaß* in Langen/Bunte, Band 1, 12. Aufl. 2014, § 39 GWB Rn. 6.
[30] *Kallfaß* in Langen/Bunte, Band 1, 12. Aufl. 2014, § 41 GWB Rn. 2; BGH „Metzeler Schaum" vom 31.10.1978 WuW/E BGH S. 1547 f.
[31] *Thomas* in Immenga/Mestmäcker, Wettbewerbsrecht, Band 2, 5. Aufl. 2014, § 37 GWB Rn. 61.
[32] *Kallfaß* in Langen/Bunte, Band 1, 12. Aufl. 2014, § 41 GWB Rn. 2.

Handelsregisters, des Genossenschaftsregisters sowie des Grundbuches und gibt den Interessen Dritter, die in ihrem Vertrauen auf die Richtigkeit öffentlicher Register geschützt werden, den Vorrang vor dem öffentlichen Interesse an der Auflösbarkeit eines verbotswidrigen Zusammenschlusses. Die Regelung hinsichtlich der durch Eintragung bewirkten Wirksamkeit von Grundstücksgeschäften wurde mit der 7. GWB-Novelle eingeführt und betrifft nur den Vermögenserwerb in dessen Rahmen auch Grundstücke erworben werden.[33] Bis zur konstitutiven Eintragung in das jeweilige Register verbleibt es jedoch bei der Regelung des § 41 I 2 GWB, und alle sich auf die Umwandlung beziehenden rechtsgeschäftlichen Vollzugshandlungen sind bis zur Entscheidung über den Zusammenschluss schwebend unwirksam.

Zur Absicherung der zivilrechtlichen Wirksamkeit der mit der Umwandlung verbundenen Rechtsgeschäfte ist es in der Praxis empfehlenswert, die frühzeitige Eintragung der Umwandlung ins Handelsregister zu betreiben.

52 (2) Risiko der Entflechtung. Die Eintragung ins Handelsregister begrenzt die Kompetenz des Bundeskartellamtes, den Zusammenschluss zu untersagen nicht, da die Handelsregistereintragung lediglich zivilrechtliche Bedeutung hat. Die sich nach den öffentlich-rechtlichen Regeln der Zusammenschlusskontrolle richtende Beurteilung von Zusammenschlüssen ist unabhängig von der Frage der zivilrechtlichen Wirksamkeit der dem Zusammenschluss zugrunde liegenden Verträge. Ist die Umwandlung ins Handelsregister eingetragen, so berührt dementsprechend auch eine eventuelle Untersagungsverfügung des Bundeskartellamtes die zivilrechtliche Wirksamkeit der Rechtsgeschäfte nicht. Aus der Untersagungsverfügung ergibt sich jedoch für die Adressaten die öffentlich-rechtliche Verpflichtung, die Verträge nach den allgemeinen Regeln des Gesellschaftsrechts zu beenden oder aufzulösen (§ 41 III 1, 2 GWB).[34]

53 Das Bundeskartellamt ordnet in diesem Fall die zur Auflösung, der sog. Entflechtung, erforderlichen Maßnahmen an (§ 41 III 2 GWB). Zur Durchsetzung seiner Anordnung kann das Bundeskartellamt insbesondere einmalig oder mehrfach Zwangsgelder von mindestens 1000 Euro und höchstens 10 Millionen Euro festsetzen (§ 86a Satz 2 GWB). Die 7. Novelle hat im Bereich des materiellen Bußgeldrechtes wesentliche Änderungen gebracht. Die vormals bestehende spezielle Zwangsgeldregelung im Entflechtungsverfahren in § 41 IV Nr. 1 GWB ist aufgehoben worden. Die Festsetzung von Zwangsgeld richtet sich nunmehr nach der allgemeinen Regelung des § 86a GWB.[35]

54 (3) Ordnungswidrigkeit. Die Zuwiderhandlung gegen das Vollzugsverbot ist nicht nur bei Vorsatz, sondern auch bei Fahrlässigkeit eine Ordnungswidrigkeit (§ 81 II Nr. 1 GWB). Die vorsätzliche Zuwiderhand-

---

[33] *Bechtold*, 7. Aufl. 2013, § 41 Rn. 9.
[34] *Bechtold*, 7. Aufl. 2013, § 41 Rn. 26; *Bach* in MünchKomm Kartellrecht Band 2 (GWB), 5. Aufl. 2015, § 37 Rn. 68, 71.
[35] *Thomas* in Immenga/Mestmäcker, Wettbewerbsrecht, Band 2, 5. Aufl. 2014, § 41 GWB Rn. 175.

lung ist mit einer Geldbuße bis zu 1 Million Euro bewährt (§ 81 IV GWB). Die fahrlässige Zuwiderhandlung ist mit einer Geldbuße bis zu 500 Tausend Euro bewährt (§ 81 IV GWB in Verbindung mit § 17 II OWiG).[36] Auch deutlich höhere Geldbußen außerhalb dieses starren Rahmens sind jedoch nach § 81 IV 2, 3 GWB möglich. Danach darf eine Geldbuße verhängt werden, die zwischen 5 Euro (§ 17 I OWiG) bis zu 10% des der Behördenentscheidung vorausgegangenen weltweiten Gesamtumsatzes des Unternehmens beträgt.[37] Nachdem zunächst umstritten war, ob § 81 IV 2 GWB als Kappungsgrenze, oder als Sanktionsrahmen zur Bußgeldbemessung zu verstehen ist, hat inzwischen der BGH die Auslegung als Bußgeldrahmen bestätigt.[38] Das Bundeskartellamt hat sich der Auslegung der Rechtsprechung angepasst und seine Bußgeldleitlinien entsprechend angepasst.[39] In konsequenter Anwendung des § 17 II OWiG kann daher das Bußgeld im Falle der fahrlässigen Begehung im Höchstmaß lediglich zwischen 5 Euro (§ 17 I OWiG) und bis zu 5% des in dem der Behördenentscheidung vorausgegangenen Geschäftsjahres erzielten Gesamtumsatzes betragen.[40]

(4) Einstweilige Anordnung des Bundeskartellamtes. Das Bundeskartellamt kann, wenn es von der Absicht des Vollzuges einer Umwandlung zB aus der Presse erfährt, bis zur endgültigen Entscheidung über den Vorgang eine einstweilige Anordnung zur Untersagung der Durchführung der Umwandlung treffen (§§ 32a und 60 GWB). 55

2. Prüfung des Zusammenschlusses

Im Rahmen eines vorgegebenen Prüfverfahrens (dazu b) untersucht das Bundeskartellamt die Umwandlung auf ihre Genehmigungsfähigkeit (dazu a).

a) Inhaltliche Beurteilung

Die inhaltliche Beurteilung eines Zusammenschlusses richtet sich nach § 36 I GWB. Danach ist ein Zusammenschluss, durch den **wirksamer Wettbewerb erheblich behindert** würde, vom Bundeskartellamt zu untersagen. Für die Untersagung eines Zusammenschluss kommt es also seit der 8. GWB-Novelle nicht mehr zwingend darauf an, ob eine markt- 56

---

[36] *Thomas* in Immenga/Mestmäcker, Wettbewerbsrecht, Band 2, 5. Aufl. 2014, § 41 GWB Rn. 85.
[37] Leitlinien für die Bußgeldzumessung in Kartellordnungswidrigkeitenverfahren, 25.6.2013, S. 4 Rn. 8.
[38] BGH, Beschluss vom 26.2.2013, KRB 20/12 – Grauzementkartell, NZKart 2013, S. 195–202 (198), Rn. 55; bestätigt OLG Düsseldorf, Urteil vom 26.6.2009, 2a Kart 2–6/08 – Grauzementkartell, BeckRS 2010, 04805.
[39] Pressemitteilung des Bundeskartellamtes vom 25.6.2013; Leitlinien für die Bußgeldzumessung in Kartellordnungswidrigkeitenverfahren, 25.6.2013 S. 4 Rn. 8.
[40] *Thomas* in Immenga/Mestmäcker, Wettbewerbsrecht, Band 2, 5. Aufl. 2014, § 41 GWB Rn. 85; Leitlinien für die Bußgeldzumessung in Kartellordnungswidrigkeitenverfahren, 25.6.2013 S. 4 Rn. 8.

beherrschende Stellung begründet oder verstärkt wird. Allerding ist ein Zusammenschluss weiterhin insbesondere zu untersagen, wenn von diesem zu erwarten ist, dass hierdurch eine **marktbeherrschende Stellung begründet oder verstärkt** wird, so dass dieses Kriterium als „Regelbeispiel" erhalten bleibt.[41] Die Aufnahme des neuen offenen Kriteriums für den Untersagungstatbestand entspricht der Regelung in Art. 4 (2) der FKVO auf EU-Ebene.

57 Marktbeherrschung liegt vor, wenn das bzw. die Unternehmen als Anbieter oder Nachfrager einer bestimmten Art von Waren oder Leistungen ohne Wettbewerber ist oder keinem wesentlichen Wettbewerb ausgesetzt ist (§ 18 I Nr. 1, 2 GWB) oder eine im Verhältnis zu seinen Wettbewerbern überragende Marktstellung hat (§ 18 I Nr. 3 GWB). Bei einem Marktanteil von mindestens einem Drittel wurde bis zur 8. GWB-Novelle eine Marktbeherrschung widerlegbar vermutet (§ 19 III 1 GWB aF). Seit der 8. GWB-Novelle wird Marktbeherrschung erst bei einem Marktanteil von mindestens 40% widerlegbar vermutet (§ 18 IV GWB).

58 Eine Untersagung kommt, obwohl durch diesen wirksamer Wettbewerb erheblich behindert würde, dann nicht in Betracht, wenn die beteiligten Unternehmen nachweisen, dass durch den Zusammenschluss auch Verbesserungen der Wettbewerbsbedingungen eintreten und diese Verbesserungen die Behinderung des Wettbewerbs überwiegen (§ 36 I Nr. 1 GWB).

59 Ferner ist der Zusammenschluss nicht durch das Bundeskartellamt zu untersagen, wenn, obwohl durch diesen wirksamer Wettbewerb erheblich behindert wird, die Untersagungsvoraussetzungen des Satzes 1 auf einem Markt vorliegen, auf dem seit mindestens fünf Jahren Waren oder gewerbliche Leistungen angeboten werden und auf dem im letzten Kalenderjahr weniger als 15 Millionen umgesetzt wurden (§ 36 I Nr. 2 GWB). Diese sogenannte „Bagatellmarktklausel" wurde durch die 8. GWB-Novelle aus § 35 II GWB aF (Geltungsbereich der Zusammenschlusskontrolle) in § 36 I Nr. 2 GWB, und damit wieder in die materielle Fusionskontrolle überführt.[42]

60 Auch ein Zusammenschluss, der die „die marktbeherrschende Stellung eines Zeitungs- oder Zeitschriftenverlags verstärkt" (sic), der einen kleinen oder mittleren Zeitungs- oder Zeitschriftenverlag übernimmt, der in den letzten drei Jahren einen erheblichen Jahresfehlbetrag im Sinne des § 275 II Nr. 20 HGB hatte und ohne den Zusammenschluss in seiner Existenz gefährdet wäre, und bei welchem „vor dem Zusammenschluss" kein anderer Erwerber gefunden wurde, der eine wettbewerbskonforme Lösung sichergestellt hätte, ist seit der 8. GWB-Novelle nicht durch das Bundeskartellamt zu untersagen (§ 36 I Nr. 3 GWB). Der Wortlaut der Vorschrift setzt die Verstärkung einer marktbeherrschenden Stellung eines

---

[41] Vertiefend: *Kallfaß* in Langen/Bunte, Band 1, 12. Aufl. 2014, § 36 GWB Rn. 27.
[42] Vertiefend: *Kallfaß* in Langen/Bunte, Band 1, 12. Aufl. 2014, § 36 GWB Rn. 130 ff.

§ 7. Kartellrecht § 7

Zeitungs- und Zeitschriftenverlages für die Annahme der Sektorenausnahme voraus. Die Ratio der Regelung lässt jedoch darauf schließen, dass, im Erst-Recht-Schluss, auch solche Zusammenschlüsse erfasst werden, in denen zwar nicht die marktbeherrschende Stellung eines Zeitungs- oder Zeitschriftenverlages verstärkt wird, aber entweder eine marktbeherrschende Stellung begründet wird,[43] oder zumindest der (seit der 8. GWB-Novelle auch im deutschen Kartellrecht anwendbare) Grunduntersagungstatbestand der erheblichen Behinderung wirksamen Wettbewerbes durch den Zusammenschluss erfüllt ist.[44]

b) Prüfverfahren

Nach der Anmeldung der Umwandlung hat das Bundeskartellamt eine 61 Frist von einem Monat, um zu untersuchen, ob eine weitere Prüfung des Zusammenschlusses erforderlich ist. Innerhalb dieses Monats kann das Bundeskartellamt den anmeldenden Unternehmen durch einen sog. „Monatsbrief" mitteilen, dass es in die weitere Prüfung, das sogenannte Hauptprüfverfahren, eingetreten ist (§ 40 I 1 GWB). Binnen vier Monaten nach Eingang der Anmeldung kann das Bundeskartellamt den Zusammenschluss untersagen. Hat das Bundeskartellamt binnen dieser Frist keine Entscheidung getroffen, gilt der Zusammenschluss als freigegeben (§ 40 II 2 GWB). Dabei ist nach der 8. GWB-Novelle zu beachten, dass nach § 40 II 3 GWB eine Hemmung der Viermonatsfrist des Hauptprüfverfahrens eintritt, wenn das Bundeskartellamt von einem am Zusammenschluss beteiligten Unternehmen eine Auskunft erneut anfordern muss, nachdem das Unternehmen ein vorheriges Auskunftsverlangen nach § 59 GWB aus Umständen, die von ihm zu vertreten sind, nicht rechtzeitig oder nicht vollständig beantwortet hat. Zudem verlängert sich die Hauptprüfungsfrist nunmehr um einen Monat, wenn ein anmeldendes Unternehmen in einem Verfahren dem Bundeskartellamt erstmals Vorschläge für Bedingungen oder Auflagen nach § 40 III GWB unterbreitet (§ 40 II 5 GWB). Zu beachten ist, dass sowohl die Monatsfrist zur Eröffnung des Hauptprüfverfahrens, als auch die Viermonatsfrist für eine belastende Entscheidung erst zu laufen beginnen, wenn die Angaben zur Anmeldung vollständig beim Bundeskartellamt eingegangen sind.

Das Bundeskartellamt kann zu einem Zusammenschluss verschiedene 62 Entscheidungen treffen: Es kann ihn untersagen, ihn ohne Nebenbestimmungen freigeben (§ 40 II 1 GWB) oder die Freigabe mit Bedingungen und Auflagen verbinden (§ 40 III 1 GWB).

Hat das Bundeskartellamt die Umwandlung untersagt, kann gegebe- 63 nenfalls beim Bundesminister für Wirtschaft eine sogenannte „Ministererlaubnis" beantragt werden, mit welcher der Zusammenschluss aufgrund der von ihm ausgehenden gesamtwirtschaftlichen Vorteile oder eines überragenden Interesses der Allgemeinheit erlaubt wird (§ 42 I 1 GWB).

---

[43] *Bechtold*, 7. Aufl. 2013, § 36 GWB Rn. 56; *Kallfaß* in Langen/Bunte, Band 1, 12. Aufl. 2014, § 36 GWB Rn. 134.
[44] *Kallfaß* in Langen/Bunte, Band 1, 12. Aufl. 2014, § 36 GWB Rn. 134.

II. Europäisches Recht

64 Ist eine Umwandlung als Zusammenschluss von gemeinschaftsweiter Bedeutung im Sinne der FKVO zu qualifizieren, so ist sie bei der Europäischen Kommission anzumelden (dazu 1.). Die Umstrukturierung wird im Einzelfall von der Europäischen Kommission inhaltlich auf die Genehmigungsfähigkeit untersucht (dazu 2.).

1. Anmeldepflicht und Vollzugsverbot

a) Voraussetzungen der Anmeldepflicht

65 Das Vorhaben einer Umwandlung ist bei der Europäischen Kommission anzumelden, wenn folgende Voraussetzungen erfüllt sind: Die Umwandlung ist ein „Zusammenschluss" im Sinne der FKVO (dazu aa) und bestimmte Umsatzschwellen sind überschritten (dazu bb).

aa) Zusammenschlusstatbestand

66 (1) Allgemein. Ob eine Umwandlung der europäischen Zusammenschlusskontrolle unterfällt, hängt zunächst davon ab, ob der Vorgang der Definition des Zusammenschlusses im Sinne der FKVO unterfällt.

67 Der Zusammenschlussbegriff der europäischen Fusionskontrolle umfasst neben Fusionen auch die Fälle des Kontrollerwerbes. Gemäß Art. 3 I FKVO wird ein Zusammenschluss „dadurch bewirkt, dass (a) zwei oder mehr bisher voneinander unabhängige Unternehmen oder Unternehmensteile fusionieren oder dass (b) eine oder mehrere Personen, die bereits mindestens ein Unternehmen kontrollieren, oder ein oder mehrere Unternehmen durch den Erwerb von Anteilsrechten oder Vermögenswerten, durch Vertrag oder in sonstiger Weise die unmittelbare oder mittelbare Kontrolle über die Gesamtheit oder über Teile eines oder mehrerer anderer Unternehmen erwerben".

68 Der Begriff des Zusammenschlusses ist so zu definieren, dass er Vorgänge erfasst, welche zu einer dauerhaften Veränderung der Kontrolle an den beteiligten Unternehmen und damit zu einer Veränderung der Marktstruktur führen.[45]

69 Ein Zusammenschluss im Sinne der FKVO liegt nur vor, wenn die Kontrolle über ein Unternehmen in die Hände eines anderen Unternehmens übergeht. Eine interne Reorganisation in einer Unternehmensgruppe ist daher kein Zusammenschluss.[46]

70 (2) Formen der Umwandlung. Die Umwandlung durch **Verschmelzung** im Sinne der §§ 2 ff. UmwG ist im Regelfall ein Zusammenschluss

---

[45] Erwägungsgrund Nr. 20 FKVO (Rn. 2).
[46] Kommission konsolidierte Mitteilung zu Zuständigkeitsfragen gemäß Verordnung (EG) Nr. 139/2004 des Rates über die Kontrolle von Unternehmenszusammenschlüssen, vom 16.4.2008 (Konsolidierte Zuständigkeitsmitteilung): B. II. 1. 6.

durch Fusion im Sinne der europäischen Fusionskontrolle. In der konsolidierten Mitteilung der Kommission zu Zuständigkeitsfragen, die den Charakter eines „verbindlichen Leitfadens zur Auslegung" zu Art. 3 FKVO hat,[47] führt die Kommission aus, dass eine Fusion dann vorliegt, „wenn zwei oder mehr bisher voneinander unabhängige Unternehmen so miteinander **verschmelzen**, dass sie ihre Rechtspersönlichkeit verlieren".[48] Der Begriff der Verschmelzung wurde von der Kommission an dieser Stelle nicht zwangsläufig mit der selben Bedeutung verwendet, die ihm das deutsche Umwandlungsrecht gibt. Dies zeigt sich (abgesehen von der grundsätzlichen Eigenständigkeit des Europarechts gegenüber dem nationalen Recht) daran, dass die Kommission auch in den Fällen von Verschmelzung spricht, in denen eine wirtschaftliche Einheit entsteht, „ohne dass rechtlich von einer Fusion gesprochen werden kann".[49] Der Regelfall einer Umwandlung durch Verschmelzung im Sinne des Umwandlungsrechts dürfte aber als Fusion dem Zusammenschlusstatbestand des Art. 3 I a FKVO unterfallen.

Eine Fusion liegt auch vor, wenn ein Unternehmen in einem anderen aufgeht, wobei das letztere seine Rechtspersönlichkeit behält, während das erstere als juristische Person untergeht,[50] so bei der Spaltung durch Aufnahme.

Die **Spaltung** im umwandlungsrechtlichen Sinne (§§ 123 ff. UmwG) kann ebenso wie die **Vermögensübertragung** im Sinne der §§ 174 ff. UmwG ein Zusammenschluss durch Kontrollerwerb im Sinne des Art. 3 I lit. b FKVO sein, soweit durch diesen Vorgang die Kontrolle über ein anderes oder mehrere andere Unternehmen erworben wird.

Kontrolle im Sinne der FKVO wird „durch Rechte, Verträge oder andere Mittel begründet, die einzeln oder zusammen unter Berücksichtigung aller tatsächlichen oder rechtlichen Umstände die Möglichkeit gewähren, einen bestimmenden Einfluss auf die Tätigkeit eines Unternehmens auszuüben" (Art. 3 II FKVO). Ob ein solcher Kontrollerwerb vorliegt, ist im Einzelfall zu untersuchen.

Der **Formwechsel** im Sinne der §§ 190 ff. UmwG erfüllt den Zusammenschlusstatbestand normalerweise nicht, da an ihm nur ein Unternehmen beteiligt ist, eine Fusion und der Kontrollerwerb im Sinne der FKVO aber notwendigerweise mindestens zwei beteiligte Unternehmen voraussetzt.

bb) Umsatzschwellen

Der europäischen Fusionskontrolle unterfallen nur Zusammenschlüsse von „gemeinschaftsweiter Bedeutung". Die gemeinschaftsweite Bedeutung wird in der Verordnung unwiderleglich vermutet, wenn bestimmte Umsatzschwellen sowohl bezogen auf den weltweiten Gesamtumsatz als

---

[47] Konsolidierte Zuständigkeitsmitteilung: A. 1. und A. 3.
[48] Konsolidierte Zuständigkeitsmitteilung: B. I. 9.
[49] Konsolidierte Zuständigkeitsmitteilung: B. I. 10.
[50] Konsolidierte Zuständigkeitsmitteilung: B. I. 9.

auch bezogen auf den gemeinschaftsweiten Gesamtumsatz überschritten werden:

76 Ein Zusammenschluss hat gemeinschaftsweite Bedeutung, wenn der weltweite Gesamtumsatz aller beteiligten Unternehmen zusammen mehr als 5 Mrd. Euro beträgt und darüber hinaus der Umsatz in der EG von mindestens zwei beteiligten Unternehmen jeweils mehr als 250 Mio. Euro beträgt (Art. 1 II FKVO).

77 Auch wenn diese Umsatzschwellen nicht erreicht werden, unterfällt ein Zusammenschluss gemäß Art. 1 III FKVO der Verordnung, wenn folgende vier Schwellen überschritten werden: (i) der weltweite Gesamtumsatz aller beteiligten Unternehmen beträgt zusammen mehr als 2,5 Mrd. Euro, (ii) der Gesamtumsatz aller beteiligten Unternehmen in mindestens drei EU-Mitgliedstaaten beträgt jeweils mindestens 100 Mio. Euro, (iii) in jedem von mindestens drei der vorgenannten EU-Mitgliedstaaten beträgt der Gesamtumsatz von mindestens zwei beteiligten Unternehmen jeweils mehr als 25 Mio. Euro und (iv) der gemeinschaftsweite Gesamtumsatz von mindestens zwei beteiligten Unternehmen übersteigt jeweils 100 Mio. Euro.

78 Wenn die am Zusammenschluss beteiligten Unternehmen jeweils mehr als zwei Drittel ihres Gesamtumsatzes in einem und demselben Mitgliedstaat erzielen, ist die FKVO jedoch nicht anwendbar (Art. 1 II und III FKVO).

79 Die Berechnung der Umsätze richtet sich nach den Grundsätzen des Art. 5 FKVO und den dazu von der Kommission veröffentlichten Erläuterungen.[51]

b) Konsequenzen der Anmeldepflicht

80 Von einer ordnungsgemäßen Anmeldung eines Zusammenschlusses hängen einerseits wichtige für die an einem Zusammenschlussvorhaben Beteiligten vorteilhafte Rechtsfolgen ab. Andererseits stellt die Verletzung der Anmeldepflicht einen mit Geldbuße bedrohten schweren Verstoß dar; sie kann für die Anmeldenden auch nachteilige Rechtsfolgen zivilrechtlicher Art mit sich bringen.

aa) Anmeldung

81 Ist eine Umwandlung ein Zusammenschluss von gemeinschaftsweiter Bedeutung im Sinne der FKVO, so ist diese nach Abschluss einer verbindlichen Vereinbarung oder unter Glaubhaftmachung, eine solche verbindliche Vereinbarung eingehen zu wollen, anzumelden (Art. 4 I Unterabsätze 1 und 2 FKVO). Der Umwandlungsvertrag muss sinnvollerweise die aufschiebende Bedingung der Genehmigung des Vorhabens enthalten, um nicht gegen das Vollzugsverbot (→ Rn. 84) zu verstoßen. Zur Anmeldung ist die Person oder das Unternehmen verpflichtet, die oder das die Kontrolle über die Gesamtheit oder über Teile eines Unternehmens erwirbt (Art. 4 II 1 FKVO).

---

[51] Konsolidierte Zuständigkeitsmitteilung: C. IV.

§ 7. Kartellrecht § 7

Die Einzelheiten der Anmeldung werden in der Verordnung Nr. 802/ 82
2004[52] geregelt. Die Anmeldung hat auf dem sogenannten „Formblatt
CO"[53] zu erfolgen (Art. 3 I VO 802/2004). Die in diesem Formblatt
anzugebenden Informationen sind sehr umfangreich, umfassen zB die
Angebots- und Nachfragestruktur in den betroffenen Märkten oder Angaben zu realisierten oder zu erwartenden Markteintritten am Zusammenschluss nicht beteiligter Unternehmen. Das Formblatt CO und seine
Anlagen sind der Kommission in dem Format und mit der Zahl von
Kopien bzw. CDs zu übermitteln, die die Kommission im Amtsblatt der
Europäischen Union festgelegt hat; die Kommission kann diese Festlegung nach Bedarf ändern (Art. 3 II VO 802/2004). Der mit der
Anmeldung verbundene Aufwand ist sehr erheblich und bedarf gründlicher Vorbereitung. Es liegt aufgrund der aufschiebenden Wirkung von
Art. 7 I im eigenen Interesse der beteiligten Unternehmen, so schnell
wie möglich die Genehmigung für den Vollzug des Zusammenschlusses
zu erhalten.

Der Lauf der Entscheidungsfristen (→ Rn. 89 ff.) beginnt erst mit dem 83
auf den Eingang der vollständigen Unterlagen folgenden Arbeitstag
(Art. 10 I FKVO).

bb) Vollzugsverbot

Aus der Verpflichtung zur Anmeldung einer Umwandlung bei der 84
Europäischen Kommission folgt das Verbot des Vollzuges der Umwandlung bis zur Entscheidung der Europäischen Kommission. Ein Zusammenschluss darf solange nicht vollzogen werden, bis er aufgrund einer
Entscheidung oder der Vermutung nach Art. 10 VI FKVO freigegeben
wurde bzw. als freigegeben gilt (Art. 7 I FKVO). Ein Zusammenschlussvollzug liegt – entsprechend zur Rechtslage nach dem GWB (→
Rn. 43 ff.) – zu dem Zeitpunkt vor, zu dem das Verhalten der beteiligten
Unternehmen wesentliche wettbewerbsrelevante Zusammenschlusswirkungen entfaltet. Dieser Zeitpunkt beurteilt sich unter Berücksichtigung
aller wettbewerbsrelevanten Umstände des Einzelfalls. Mit dem Abschluss
eines Umwandlungsvertrages bzw. dem Vorliegen der übereinstimmenden Umwandlungsbeschlüsse sind die Voraussetzungen für den Vollzug
eines Zusammenschlusses in der Regel nicht gegeben, da sie noch keine
dinglichen Wirkungen und damit grundsätzlich auch keine wettbewerblich relevanten Zusammenschlusswirkungen entfalten. Der Vollzug des
Zusammenschlusses liegt spätestens mit Eintragung der Umwandlung in
das jeweilige Register des Sitzes des übernehmenden Rechtsträgers vor

---

[52] Verordnung (EG) Nr. 802/2004 der Kommission vom 7.4.2004 zur Durchführung der Verordnung (EG) Nr. 139/2004 des Rates über die Kontrolle von
Unternehmenszusammenschlüssen (ABl. L 133 vom 30.4.2004 S. 1) in der Fassung vom 1.1.2014.
[53] Abgedruckt im Anhang I zur Verordnung Nr. 802/2004 (ABl. L 133 vom
30.4.2004 S. 9). In bestimmten Fällen kann auch das „Vereinfachte Formblatt
CO" mit geringeren Informationsanforderungen verwendet werden.

§ 7　　　　2. Teil. Grundzüge des Umwandlungsrechts

(ausführlich → Rn. 44 ff.).[54] Gegebenenfalls kann die Kommission auf Antrag eine Befreiung vom Vollzugsverbot erteilen (Art. 7 III FKVO).

cc) Konsequenzen des Verstoßes gegen die Anmeldepflicht

85　Die zivilrechtliche Wirksamkeit von entgegen dem Vollzugsverbot abgeschlossenen Rechtsgeschäften hängt von der das Prüfverfahren abschließenden Kommissionsentscheidung bzw. dem Eintritt der Vermutung der Vereinbarkeit des Zusammenschlusses mit dem Gemeinsamen Markt (→ Rn. 90 ff.) ab (Art. 7 IV FKVO). Bis zur Entscheidung bzw. bis zum Eintritt der Vermutung sind die Rechtsgeschäfte schwebend unwirksam. Wird der Zusammenschluss genehmigt, so werden die Rechtsgeschäfte wirksam, wird der Zusammenschluss nicht freigegeben, so werden sie endgültig unwirksam. Ausgangspunkt dieser Regelung ist die Überlegung, dass die Wirksamkeit von Rechtsgeschäften im Interesse der Rechtssicherheit zu schützen ist, soweit dies erforderlich ist (Erwägungsgrund 34 FKVO).

86　Es kann nicht davon ausgegangen werden, dass die Eintragung der Umwandlung ins Handelsregister die zivilrechtliche Unwirksamkeit aufgrund des Verstoßes gegen das Vollzugsverbot aus Art. 7 I FKVO heilen würde.[55] Anders als im deutschen Recht (§ 41 I 2 GWB, → Rn. 51) ist in der FKVO eine entsprechende Ausnahme nicht vorgesehen. Da das europäische Recht eine eigenständige Rechtsordnung darstellt, die darüber hinaus dem deutschen Recht vorgeht, kann § 41 I 2 GWB auch nicht analog angewendet werden.

87　Bei Unterlassen der Anmeldung des Zusammenschlusses sowie bei einem Verstoß gegen das Vollzugsverbot kann die Kommission Geldbußen in Höhe von bis zu 10% des von den beteiligten Unternehmen erzielten Gesamtumsatzes festsetzen (Art. 14 II lit. a und lit. b FKVO). Trotz der dem Wortlaut nach weiterhin bestehenden Unterscheidung zwischen Geldbußen wegen Verletzung der Anmeldepflicht und solchen wegen Verstoßes gegen das Vollzugsverbot ist festzustellen, dass ein isolierter Verstoß gegen die Anmeldepflicht nunmehr nicht mehr denkbar ist. Eine Geldbuße wegen Verletzung der Anmeldepflicht kann nunmehr nur neben eine für den Vollzug eines Zusammenschlusses verhängte Sanktion treten.[56]

2. Prüfung des Zusammenschlusses

a) Inhaltliche Beurteilung

88　Nach Art. 2 III FKVO sind Zusammenschlüsse, die wirksamen Wettbewerb im Gemeinsamen Markt oder in einem wesentlichen Teil desselben erheblich behindern würden, insbesondere durch Begründung oder

---

[54] AA *Vossius* in Widmann/Mayer, 65. Ergänzungslieferung Juni 2002, § 20 UmwG Rn. 386: nur schuldrechtliche Wirkung.
[55] So aber *Vossius* in Widmann/Mayer, 65. Ergänzungslieferung Juni 2002, § 20 UmwG Rn. 386.
[56] *Körber* in Immenga/Mestmäcker, EU Wettbewerbsrecht, Band 1, 5. Aufl. 2012, Art. 4 FKVO Rn. 46.

§ 7. Kartellrecht § 7

Verstärkung einer beherrschenden Stellung für mit dem Gemeinsamen Markt unvereinbar zu erklären. Bei der Prüfung des Zusammenschlusses muss die Kommission bestimmte, in der Verordnung aufgezählte Aspekte (Art. 2 I FKVO) berücksichtigen, wie zB die Notwendigkeit, im Gemeinsamen Markt wirksamen Wettbewerb aufrechtzuerhalten oder die wirtschaftliche Macht und die Finanzkraft der beteiligten Unternehmen.

b) Prüfverfahren

Die Kommission begrüßt es, bereits vor der Einreichung einer Zusammenschlussanmeldung in einem sogenannten Pränotifizierungsverfahren kontaktiert zu werden. Dies ist in der Praxis Usus und gilt auch für scheinbar unproblematische Fälle.[57] Die Kommission begrüßt die Aufnahme des Kontaktes mindestens zwei Wochen vor der Einreichung der Anmeldung.[58] Das wöchentliche organisatorische Treffen, in dem die Verteilung der jeweiligen „Case Teams" in der Kommission erfolgt, findet regelmäßig montags statt. Daher wird regelmäßig vor Freitag zwölf Uhr ein „Case Team Allocation Request" an die Kommission versandt, der kurz den Hintergrund der anzumeldenden Transaktion, sowie die relevanten (insbesondere sachlichen) Märkte und den möglichen Einfluss auf den Wettbewerb umschreibt.[59] Regelmäßig erfolgt im Laufe der auf das „Case Team Allocation Request" folgenden Woche die Zuteilung eines Case Teams. Diesem wird ein Entwurf des Formblatt CO zugeleitet. Nach Absprache und der Klärung etwaiger Rückfragen des Case Teams erfolgt die Einreichung der Anmeldung. Das Pränotifizierungsverfahren ist nicht an strikte Fristen gebunden. Die Kommission behandelt im Rahmen des Pränotifizierungsverfahrens erhaltene Informationen vertraulich.[60] Die Bearbeitungsfristen für die Kommission beginnen erst mit dem auf die offizielle Einreichung der Anmeldung folgenden Kommissionsarbeitstag.

89

Gelangt die Kommission zu dem Schluss, dass der angemeldete Zusammenschluss nicht unter die FKVO fällt, so stellt sie dies durch Entscheidung fest (Art. 6 I lit. a FKVO). Diese Entscheidung muss binnen höchstens 25 Arbeitstagen der Kommission, in besonderen Fällen binnen 35 Arbeitstagen der Kommission nach Eingang der vollständigen Unterlagen ergehen (Art. 10 I FKVO). Hat die Kommission nicht binnen der Frist eine Entscheidung erlassen, so gilt der Zusammenschluss als genehmigt (Art. 10 VI FKVO). Auch auf europäischer Ebene ist zu beachten, dass die Frist zur Entscheidung nach Art. 10 Abs. 4 FKVO gehemmt ist, soweit die Kommission aufgrund von Umständen, die ein am Zusammenschluss beteiligtes Unternehmen zu vertreten hat, eine Auskunft im Wege einer Entscheidung nach Art. 11 FKVO anfordern, oder im Wege einer Entscheidung nach Artikel 13 FKVO eine Nachprüfung anordnen musste.

90

---

[57] Mitteilung der Generaldirektion Wettbewerb, *DG Competition Best Practices on the conduct of EC merger proceedings* 20.1.2004, (Best Practice Mitteilung) Rn. 5.
[58] Best Practice Mitteilung Rn. 10.
[59] Zum Inhalt des „Case Team Allocation Request": Best Practice Mitteilung Rn. 11.
[60] Best Practice Mitteilung Rn. 8.

91 Stellt die Kommission fest, dass eine als Zusammenschluss zu qualifizierende Umwandlung unter die FKVO fällt, so veröffentlicht sie die Tatsache der Anmeldung unter Angabe der Namen der Beteiligten, ihres Herkunftslandes, der Art des Zusammenschlusses sowie der betroffenen Wirtschaftszweige (Art. 4 III 1 FKVO). Stellt die Kommission fest, dass es keinen Anlass zu ernsthaften Bedenken hinsichtlich der Vereinbarkeit mit dem Gemeinsamen Markt gibt, so trifft sie die Entscheidung, keine Einwände zu erheben und erklärt den Zusammenschluss für mit dem Gemeinsamen Markt vereinbar (Art. 6 I lit. b FKVO).

92 Hat die Kommission ernsthafte Bedenken hinsichtlich der Vereinbarkeit des Zusammenschlusses mit dem Gemeinsamen Markt, so leitet sie das Hauptprüfverfahren ein (Art. 6 I lit. c FKVO). Im Rahmen dieses Verfahrens wird den betroffenen Personen, Unternehmen und Unternehmensvereinigungen Gelegenheit gegeben, sich zu äußern (Art. 18 I FKVO). Am Ende dieses Verfahrens kann sie den Zusammenschluss, gegebenenfalls mit Bedingungen und Auflagen, für vereinbar (Art. 8 II FKVO) oder unvereinbar (Art. 8 III FKVO) erklären. Diese Entscheidungen müssen spätestens binnen einer Frist von 90 und in besonderen Fällen von 125 Arbeitstagen der Kommission ergehen (Art. 10 III FKVO), bei Untätigkeit der Kommission über die genannten Fristen hinaus gilt der Zusammenschluss als genehmigt (Art. 10 VI FKVO). Wurde der Zusammenschluss – entgegen dem Vollzugsverbot – bereits vollzogen, kann die Kommission Maßnahmen zur „Entflechtung" anordnen (Art. 8 IV FKVO).

III. Fusionskontrolle dritter Staaten

93 Zu beachten ist, dass gegebenenfalls auch die Fusionskontrolle dritter Staaten auf eine Umwandlung Anwendung finden kann.

94 Ist die FKVO anwendbar, so schließt dies die Anwendbarkeit der nationalen Fusionskontrollen der Mitgliedstaaten der EU aus (Art. 21 III FKVO). Soweit die Kriterien der Verordnung erfüllt sind, kann daneben jedoch auch die nationale Fusionskontrolle eines anderen, nicht zur EU gehörenden Staates (zB der USA) Anwendung finden.

95 Ist die FKVO nicht anwendbar, so beurteilt sich ein Zusammenschluss nach verschiedenen nationalen Fusionskontrollordnungen von EU-Mitgliedstaaten und/oder Nicht-EU-Mitgliedstaaten.

96 Die Frage der anwendbaren Rechtsordnung(en), kann nur im Einzelfall geklärt werden. Zu beachten ist jedoch, dass uU auch dann ein Zusammenschluss in einem Land anzumelden ist, obwohl keines der beteiligten Unternehmen seinen Sitz in diesem Land hat, wenn bestimmte Umsatz- und Marktanteilsschwellen in diesem Land erfüllt sind. Sollten die Beteiligten auch außerhalb Deutschlands und/oder der EU starke Marktpositionen haben, so sollte rechtzeitig daran gedacht werden, zu klären, in welchen Ländern der Zusammenschluss anzumelden ist.[61]

---

[61] Zur Wirkung ausländischen Kartellrechts auf inländische Fusionen → § 2 Rn. 47.

3. Teil. Verschmelzung

§ 8. Beweggründe für eine Verschmelzung

I. Unternehmerische Ziele und Motive

Die Verschmelzung ist die zentrale Form der Unternehmensreorganisation, da sie Ausdruck wirtschaftlichen Wachstums und einer Unternehmenskonzentration zur Bewältigung von Kostennachteilen kleinerer Organisationsformen ist. Neben ihrer nationalen Dimension gewinnt die Verschmelzung zunehmend grenzüberschreitende Bedeutung aufgrund der weiter fortschreitenden europäischen Harmonisierung des Kapitalgesellschaftsrechts.[1] Bei der Verschmelzung geht das Vermögen des übertragenden Rechtsträgers im Wege der Gesamtrechtsnachfolge auf den übernehmenden Rechtsträger über, während der übertragende Rechtsträger ohne Abwicklung erlischt. Die Verschmelzung führt somit zu einer **Bündelung der Ressourcen** der Rechtsträger bei einem der beiden.[2] Eine solche Konzentration von Ressourcen kann auf bestimmten Märkten von erheblichem Vorteil sein, sei es, weil durch die Verschmelzung eine Machtstellung zur Sicherung des Absatz- oder Beschaffungsmarktes erlangt wird, sei es, weil sich die Finanzierungsbasis erweitert. Weitere Motive sind zB die gemeinsame Verwertung von Patenten, die Vereinheitlichung und somit leichtere Durchführung des Produktionsprogrammes oder die leichtere Durchführung von Rationalisierungsmaßnahmen. 1

Unterscheidet man die konzerninterne Verschmelzung von der Verschmelzung unter Beteiligung unterschiedlicher Gesellschafterkreise, so werden, abgesehen von der Konzentrationsfunktion, weitere wirtschaftliche Motive sichtbar. 2

So bildet die **konzerninterne Verschmelzung** regelmäßig den Abschluss einer stufenweise intensivierten Unternehmensverbindung:[3] Zunächst wird eine erworbene Unternehmensbeteiligung faktisch in den Erwerber eingebunden, später wird dieses Verhältnis durch einen Beherrschungsvertrag in einen Vertragskonzern verwandelt und mündet schließlich in die Verschmelzung. 3

Dabei ist die Verschmelzung der Tochtergesellschaft auf das Mutterunternehmen (sog. *upstream merger*) die traditionell verbreitete Form der konzerninternen Verschmelzung.[4] Hintergrund eines solchen *upstream* 4

---

[1] Vgl. nur Erwägungsgrund 1 der Richtlinie 2005/56/EG über die Verschmelzung von Kapitalgesellschaften aus verschiedenen Mitgliedstaaten, ABl. EG 2001 Nr. L 294 S. 1. Zur heutigen Rechtslage der grenzüberschreitenden Verschmelzung einführend *Spahlinger/Wegen* NZG 2006 S. 721 und ausführlich §§ 12 f.
[2] Vgl. *Semler/Stengel* in Semler/Stengel UmwG Einl. A Rn. 4; *Lutter* in Lutter UmwG Einl. I Rn. 1–4; *Ossadnik/Maus* DB 1995 S. 105 f.
[3] Vgl. auch *Küting* BB 1994 S. 1383.
[4] Vgl. auch *Küting* BB 1994 S. 1383.

merger ist vielfach das Bestreben, die Verwaltungskosten mehrstufiger Strukturen zu reduzieren (Management-, Jahresabschluss-, Prüfungskosten etc.) und verbleibende Minderheitsgesellschafter auf einer höheren Gesellschafterebene „zu sammeln". In besonderen Fällen mag das Interesse bestehen die Mutter- auf die Tochtergesellschaft zu verschmelzen (sog. *downstream merger*), so zB um Verluste bei der Tochtergesellschaft zu erhalten oder um im Rahmen eines fremdfinanzierten Unternehmenskaufes das Akquisitionsdarlehen auf die Zielgesellschaft zu übertragen und dadurch den Zinsaufwand mit den positiven Cashflows des Zielunternehmens verrechnen zu können (sog. *debt push down*). Es kann sich hieraus aber eine verdeckte Gewinnausschüttung ergeben, die dieser Gestaltungsform im Einzelfall entgegensteht.[5]

5 Ein *downstream merger* kann allerdings weiterhin sinnvoll sein, um Grunderwerbsteuern für die von der Tochtergesellschaft gehaltenen Grundstücke zu vermeiden oder schlicht, um die Tochtergesellschaft als Rechtsträger fortzuführen, da sich an ihre Rechtsform besondere Rechte knüpfen, die bei einem *upstream merger* untergingen, wie zB eine bestehende Börsennotierung.[6]

6 Bei Fällen der **Verschmelzung mit unterschiedlichem Gesellschafterkreis** steht die Konzentrationsfunktion offensichtlich im Vordergrund. Es ist offensichtlich, dass die Verschmelzung zweier Gesellschaften bei einem im Wesentlichen unterschiedlichen Gesellschafterkreis den Charakter einer Übernahme durch die einen oder anderen Gesellschafter der Verschmelzung in sich trägt. Konsequenterweise steht daher die Frage des Umtauschverhältnisses im Mittelpunkt des Interesses der beteiligten Gesellschafter. Die Gewährung neuer Anteile ersetzt die Zahlung des Kaufpreises.

7 Ein weiteres Motiv der Verschmelzung mit unterschiedlichem Gesellschafterkreis kann in einem Going Private[7] liegen, bei dem eine börsennotierte Aktiengesellschaft auf eine Gesellschaft, die selbst nicht börsennotiert ist, verschmolzen wird und dadurch die Börsennotierung entfällt.[8]

II. Vor- und Nachteile der Verschmelzung und Gestaltungsalternativen

1. Bedarf an Gestaltungsalternativen

8 Es wurde bereits dargelegt, dass das UmwG lediglich die im Wege der Gesamtrechtsnachfolge erfolgenden Unternehmensumstrukturierungen

---

[5] Vgl. → § 11 Rn. 242.
[6] Vgl. *Schröer* in Semler/Stengel UmwG § 5 Rn. 134; *Heckschen* GmbHR 2008 S. 803.
[7] Häufig auch als Delisting bezeichnet; vgl. nur *Pfüller/Anders* NZG 2003 S. 459.
[8] Form des sog. „kalten Delistings". Seit dem Zweiten Umwandlungsänderungsgesetz vom 19.4.2007 verlangt der geänderte § 29 I 1 UmwG auch Barabfindungsgebote bei Verschmelzung einer börsennotierten Aktiengesellschaft auf eine nicht börsennotierte Aktiengesellschaft, vgl. BT-Drucks. 16/2919 S. 5 und 13; → § 9 Rn. 74.

§ 8. Beweggründe für eine Verschmelzung § 8

erfasst.[9] Unberührt bleiben mithin die Gestaltungsmöglichkeiten, die einen der Verschmelzung identischen oder wenigstens ähnlichen Effekt im Wege der Einzelrechtsnachfolge erzeugen und verfahrenstechnisch einfacher und kostengünstiger sind.[10]

Während es bei Verschmelzungsvorgängen unter Beteiligung deutscher Rechtsträger, die weitestgehend vom UmwG erfasst sind, letztlich nur noch um die Frage geht, ob bei Vermeidung einer Umstrukturierung nach den Regeln des UmwG dessen Wertungen gleichwohl einzuhalten sind,[11] besteht für grenzüberschreitende Verschmelzungen weiterhin Bedarf für alternative Umstrukturierungsformen. Selbst nach Umsetzung der Verschmelzungsrichtlinie erfasst das deutsche Recht grenzüberschreitende Verschmelzungen nur ausschnittsweise. Die Verschmelzungsrichtlinie ist in ihrem Anwendungsbereich auf Verschmelzungen europäischer Kapitalgesellschaften beschränkt und das weiterreichende *SEVIC*-Urteil, dass eine Ausdehnung auf weitere Rechtsformen und Umwandlungsformen nach sich ziehen sollte, lässt mangels der Schaffung nationaler Verfahrensvorschriften erhebliche Rechtsunsicherheiten fortbestehen. Zumindest für europäische Personengesellschaften und ausländische Gesellschaften aus Drittstaaten werden Unternehmenskonzentrationen auf absehbare Zeit außerhalb des UmwG gestaltet werden müssen.[12]

9

2. Anderweitige Möglichkeiten der Unternehmenskonzentration

Ein der Verschmelzung vergleichbarer Effekt lässt sich durch die **Einbringung** eines Unternehmens als Sacheinlage im Wege der Einzelrechtsnachfolge gegen Anteilsgewährung erzielen. Eine solche Einzelübertragung ist mühselig und kostspielig. Außerdem bleibt bei einer solchen Konstellation der ehemalige Unternehmensträger bestehen oder muss ggf. gesondert liquidiert werden. Zudem ist die vollständige Übernahme von der Zustimmung einer Mehrheit von drei Vierteln der Gesellschafter des Unternehmensträgers abhängig, da es sich inhaltlich um die Änderung des Unternehmenszweckes handelt.

10

Anders als bei Verschmelzungen, die mit einer vereinfachten Kapitalerhöhung verbunden sind (§ 69 UmwG), kann ferner problematisch sein, dass bei einer übernehmenden Kapitalgesellschaft für die Schaffung der Anteile ein Kapitalerhöhungsbeschluss der Hauptversammlung unter Bezugsrechtsausschluss der bislang beteiligten Anteilseigner notwendig

11

---

[9] → § 2 Rn. 1.
[10] Siehe §§ 29 ff.
[11] *Lutter/Drygala* in Lutter § 1 UmwG Rn. 35 mwN; vgl. so zB die Überlegung zur Vermeidung der Differenzhaftung im Rahmen des Anwachsungsmodells bei *Schlitt* in Semler/Stengel UmwG § 219 Rn. 18.
[12] Zur Bedeutung auch nach Umsetzung der IntVerschmRL und *SEVIC*-Urteil für den europäischen Wirtschaftsraum *Spahlinger/Wegen* in NZG 2006 S. 721 (728); *Winter* in Der Konzern 2007 S. 24 (30); *Heckschen* in Widmann/Mayer UmwG Vor §§ 122a ff. Rn. 144.

ist.[13] Der BGH[14] verlangt für einen solchen Beschluss nicht nur die formelle Mehrheit von 75%, sondern darüber hinaus eine „ungeschriebene **sachliche Wirksamkeitsvoraussetzung**" derart, dass der Bezugsrechtsausschluss im Interesse der Gesellschaft liegt und zudem erforderlich, verhältnismäßig und angemessen ist.[15] Für genehmigtes Kapital iSd §§ 202 ff. AktG wurden diese Anforderungen durch das Siemens/Nold-Urteil des BGH[16] vom 23.6.1997 zwar immer weiter entschärft:[17] Die Rechtfertigungsanforderungen an den Ermächtigungsbeschluss der Hauptversammlung, der auf unbestimmte Kapitalmaßnahmen abzielt, sowie an den begleitenden Bezugsrechtsausschluss wurden ebenso erheblich abgesenkt wie die Berichtspflichten über solche Beschlüsse.[18] Mit der Entscheidung „Mangusta/Commerzbank I" wurden jedoch gleichzeitig neue Möglichkeiten des Rechtsmittelgebrauchs durch Minderheitsaktionäre auf Sekundäransprüche zu Lasten der Rechtssicherheit geschaffen, wenn auch die Eintragung der Kapitalerhöhung nicht rückgängig zu machen ist.[19] Nach wie vor ist somit eine Verschmelzung in rechtlicher Hinsicht weniger störanfällig als die Einbringung eines Unternehmens als Sacheinlage im Wege der Einzelrechtsnachfolge.[20]

12 Für Aktiengesellschaften bleibt als weitere Möglichkeit der Unternehmenskonzentration schließlich die Eingliederung nach §§ 319 ff. AktG. Voraussetzung hierfür ist, dass die einzugliedernde Aktiengesellschaft bereits mindestens zu 95% in Besitz der eingliedernden Aktiengesellschaft ist, § 320 AktG. Anders als bei der Verschmelzung behält die einge-

---

[13] Der Hauptanwendungsfall des Bezugsrechtsausschlusses ist die Kapitalerhöhung mit Sacheinlagen und hierbei wiederum die Einbringung von Unternehmen oder größeren Beteiligungen, vgl. *Peifer* in Münchner Kommentar zum AktG § 186 Rn. 90; *Hüffer* in Hüffer AktG § 186 Rn. 34 und § 183 Rn. 8.
[14] Für reguläre Kapitalerhöhungen grundlegend BGH vom 13.3.1978, BGHZ 71 S. 40 (46) [Kali + Salz]; dazu *Timm* DB 1982 S. 211 (213 f.). Die Folgeurteile des BGH nehmen diese Grundsätze auf, betreffen aber das genehmigte Kapital.
[15] Für die Fortgeltung der Kali + Salz-Formel nach der Siemens/Nold-Entscheidung des BGH für reguläre Kapitalerhöhungen spricht sich eine verbreitete Auffassung der Literatur (*Bayer* in Münchner Kommentar zum AktG § 203 Rn. 114 mwN in Fußn. 297) und LG Darmstadt NJW-RR 1999 S. 1122 (1123) aus.
[16] BGH vom 23.6.1997, BGHZ 136 S. 133 ff. [Siemens/Nold], bestätigt und konkretisiert durch BGH vom 10.10.2005, NZG 2006 S. 18 ff. [Mangusta/Commerzbank I] und BGH vom 10.10.2005, NZG 2006 S. 20 ff. [Mangusta/Commerzbank II].
[17] Die richterlich geschaffene Flexibilität verschafft dem genehmigten Kapital in der Praxis heute große Bedeutung: vgl. *Busch* NZG 2006 S. 81 ff.; *Bürgers/Holzborn* BKR 2006 S. 202 ff.
[18] Die rechtliche Prüfung findet aber weiterhin – verlagert auf die Ausübung der Ermächtigung durch den Vorstand – statt: *Hüffer* in AktG § 203 Rn. 29 und 33 ff. mwN.
[19] *Bürgers/Holzborn* BKR 2006 S. 202 (205).
[20] Hierzu näher *Kirchner* NZG 2002 S. 305 ff.

§ 8. Beweggründe für eine Verschmelzung § 8

gliederte Gesellschaft ihre eigene Rechtspersönlichkeit, verliert aber dennoch ihre Selbstständigkeit gegenüber der Hauptgesellschaft.[21] Bei der Mehrheitseingliederung (Regelfall des § 320b I 2 AktG) wie bei der Verschmelzung (§ 20 I Nr. 3 UmwG) erwerben die Minderheitsgesellschafter Anteile an der *aufnehmenden* Gesellschaft. Hinzu kommt, dass sowohl die eingliedernde/aufnehmende als auch die einzugliedernde/übertragende Gesellschaft bewertet werden müssen.[22]

Als besondere Form der Einbringung und praktisch äußerst relevante 13 Alternative zur Verschmelzung bietet sich für Verschmelzungen von Personengesellschaften die Anwachsung an: Hier lässt das Umwandlungsgesetz ohne Weiteres die Möglichkeit der **Anwachsung** gemäß § 738 I 1 BGB des Vermögens der Personengesellschaft beim letzten Gesellschafter fortbestehen.[23] Die praktische Relevanz dieser Verschmelzung liegt in der gesetzlich angeordneten Gesamtrechtsnachfolge verbunden mit niedrigen formalen Anforderungen und entsprechend geringeren Kosten. Auch sind Verschmelzungen auf Rechtsträger denkbar, die im UmwG nicht als aufnahmefähige Rechtsträger vorgesehen sind.

Für bestimmte Rechtsträger, insbesondere für die öffentliche Hand als 14 übernehmenden Rechtsträger, ist anstelle der Verschmelzung nur eine Vermögensübertragung gemäß §§ 176 ff. UmwG denkbar (§§ 359 ff. AktG aF).[24]

Für Aktiengesellschaften bleibt als weitere Möglichkeit der Unterneh- 15 menskonzentration schließlich die **Eingliederung** nach §§ 319 ff. AktG. Voraussetzung hierfür ist, dass die einzugliedernde Aktiengesellschaft bereits mindestens zu 95% in Besitz der eingliedernden Aktiengesellschaft ist, § 320 AktG. Anders als bei der Verschmelzung behält die eingegliederte Gesellschaft ihre eigene Rechtspersönlichkeit, verliert aber dennoch ihre Selbstständigkeit gegenüber der Hauptgesellschaft.[25] Bei der Mehrheitseingliederung (Regelfall des § 320b I 2 AktG) wie bei der Verschmelzung (§ 20 I Nr. 3 UmwG) erwerben die Minderheitengesellschafter Anteile an der *aufnehmenden* Gesellschaft. Hinzu kommt, dass sowohl die eingliedernde/aufnehmende als auch die einzugliedernde/übertragende Gesellschaft bewertet werden müssen.[26]

Beide Verfahren stehen in Konkurrenz mit dem sog. **Squeeze-out** 16 gemäß § 327a ff. AktG. Dieses ermöglicht den vollständigen Ausschluss

---

[21] Insoweit wird von einer „rechtlich selbständigen Betriebsabteilung" gesprochen, *Koppensteiner* in Kölner Kommentar zum AktG Vor § 319 Rn. 6 mwN in FN 12.
[22] *Grunewald* in Münchner Kommentar zum AktG Vorbem § 327a Rn. 10 mwN in FN. 28.
[23] Vgl. ausführlich § 29.
[24] Siehe unten §§ 21 ff.
[25] Insoweit wird von einer „rechtlich selbständigen Betriebsabteilung" gesprochen, *Koppensteiner* in Kölner Kommentar zum AktG Vor § 319 Rn. 6 mwN in FN 12.
[26] *Grunewald* in Münchner Kommentar zum AktG Vorbem § 327a Rn. 10 mwN in FN 28.

§ 8 3. Teil. Verschmelzung

der Minderheitsaktionäre gegen Barabfindung (§ 327b AktG), ohne dass den Aktionären alternativ eine Anteilsgewährung eingeräumt wird. Dadurch wird dem Hauptaktionär zwar Liquidität abgezogen, aber es entfällt die risikobehaftete Ermittlung des Umtauschverhältnisses (wenngleich es typischerweise Rechtsstreit über die Berechnung der Abfindung gibt) sowie der Gläubigerschutz nach §§ 322, 324 AktG. Weiterer Vorteil ist seine Rechtsformoffenheit für den Hauptaktionär.[27] Geht es also bei der Unternehmenskonzentration lediglich darum, alle Aktien in einer Hand zu halten und bestehen keine besonderen Gründe für eine Anteilsgewährung, wird das Ausschlussverfahren nach §§ 327a ff. AktG künftig vorzuziehen sein.[28]

3. Nachteile einer Verschmelzung

17 Ihrer Natur entsprechend ist die Verschmelzung dort nachteilig, wo die Gesamtrechtsnachfolge zu unerwünschten Ergebnissen führt. Dies betrifft zum einen die Haftung des übernehmenden Rechtsträgers für sämtliche Verbindlichkeiten des übertragenden Rechtsträgers. Die Möglichkeit der Abschirmung gewisser Risiken im übertragenden Rechtsträger entfällt. Zum anderen entfällt die Möglichkeit der gezielten Beteiligung von Partnern/Investoren an dem Unternehmen des übertragenden Rechtsträgers. *Tracking-Stocks* und ähnliche Gestaltungen sind zwar nach der Verschmelzung denkbar, ihre Komplexität spricht aber dann eher gegen die Durchführung einer Verschmelzung. Allerdings sind einige als nachteilig beurteilte Folgen einer Verschmelzung im Zuge der Reformen des UmwG bzw. des UmwStG beseitigt worden. Die meisten Nachteile ergaben sich tatsächlich aus steuerrechtlichen oder handelsbilanziellen Konsequenzen der Verschmelzung.

18 Die mit dem SEStEG in Kraft getretenen Änderungen des UmwStG werden zum Teil als „Umwandlungssperre" kritisiert. Im Unterschied zur Rechtslage vor dem SEStEG geht das neue Umwandlungssteuerrecht konzeptionell von einer Verschmelzung unter Aufdeckung stiller Reserven aus. Die Verschmelzung von Körperschaften untereinander durch Buchwertfortführung ist nur unter bestimmten Voraussetzungen auf Antrag möglich. Nicht zu Unrecht wird die Einschränkung der Steuerneutralität beanstandet, die sich aus einer weitgehenden Beschränkung der Übertragung von Verlustvorträgen und einer teilweisen Abkehr vom Prinzip der Buchwertfortführung ergibt.[29]

19 Verfügt der übertragende Rechtsträger über erheblichen Grundbesitz und kann dieser Rechtsträger aus anderen Gestaltungserwägungen nicht als der übernehmende Rechtsträger fungieren, so kann die Verschmelzung zu erheblichen Belastungen in Form der **Grunderwerbsteuer,** die

---

[27] *Hüffer* AktG § 327a Rn. 7.
[28] Vgl. *Hüffer* AktG § 327a Rn. 3; *Koppensteiner* in Kölner Kommentar zum AktG Vor § 319 Rn. 7; *Ziemons* in Münchner Kommentar zum AktG § 319 Rn. 2.
[29] Vgl. *Haritz* DStR 2006 S. 977; *Rödder/Schumacher* DStR 2006 S. 1525; *Maiterth/Müller* DStR 2006 S. 1861; *Strahl* DStR 2006 S. 2194.

§ 8. Beweggründe für eine Verschmelzung § 8

sich gegenwärtig auf 3,5%[30] des Verkehrswertes des Grundbesitzes beläuft, führen.[31] Die unmittelbare oder mittelbare Vereinigung von mindestens 95% der Gesellschaft bzw. der Übergang der Anteile auf einen anderen Rechtsträger lösen stets Grunderwerbsteuer aus.

Bei der Fusion von Banken kann sich als Nachteil erweisen, dass 20
Kreditnehmer die Darlehensverträge innerhalb einer angemessenen Frist kündigen können, ohne dabei eine Vorfälligkeitsentschädigung zahlen zu müssen.[32]

Nach wie vor geblieben sind die **personalpolitischen Probleme** vor 21
allem im Bereich der Führungskräfte. Oftmals kann qualifiziertes Management des übertragenden Rechtsträgers nicht gehalten werden, weil sich die ehemaligen Organe nicht mit der im neuen Rechtsträger angebotenen Stellung begnügen. Im Einzelfall kann die Verschmelzung auch aus arbeits- bzw. kündigungsrechtlicher Sicht problematisch sein. Im Zuge der Gesamtrechtsnachfolge gehen **Anstellungsverträge der Organe** der übertragenden Gesellschaft auf den übernehmenden Rechtsträger über.[33] Bei der Kündigung dieser Anstellungsverträge könnte ein Arbeitsverhältnis wieder aufleben, das vor der Organbestellung bestand und nicht ausdrücklich aufgehoben wurde. Nach mittlerweile gefestigter Rechtsprechung des BAG[34] liegt aber im Abschluss des Geschäftsführerdienstvertrages im Zweifel die konkludente Aufhebung eines zuvor bestehenden Arbeitsverhältnisses. Eine Ausnahme von dieser Zweifelsregelung sei nur bei entgegenstehenden eindeutigen Anhaltspunkten denkbar. Insoweit lebt ein vollumfänglicher Kündigungsschutz nur in seltenen Fällen wieder auf.[35] Ebenfalls unerwünschte Nebenfolge einer Verschmelzung kann sein, dass das aufnehmende oder neu gebildete Unternehmen nun dem MitbestG unterfällt oder aber betriebsverfassungsrechtliche Grenzen überschritten werden.

Im Vergleich zu den anderen Möglichkeiten der Unternehmenskon- 22
zentration ist der Verschmelzung die **Offenlegungspflicht** der beteiligten Rechtsträger als unangenehm anzulasten. Europäische Richtlinien und die Rechtsprechung haben dazu beigetragen, dass die Berichtspflichten der Vertretungsorgane im Verhältnis zu den aktienrechtlichen Vorschriften im Zuge der Reformen des UmwG erweitert wurden. Zwar versucht der Gesetzgeber den Schutz der Stellung der Unternehmen im

---

[30] Für Berlin gilt mit Wirkung vom 1.1.2007 ein Steuersatz von 4,5%. Im Zuge der Föderalismusreform wurde den Bundesländern mit Wirkung zum 1.9.2006 die Möglichkeit eingeräumt, den Steuersatz der Grunderwerbsteuer eigenständig festzulegen.
[31] Vgl. dazu *Gottwald* BB 2000 S. 69; *Gärtner* DB 2000 S. 409; *Pahlke* GrEStG § 1 Rn. 317 ff.
[32] OLG Karlsruhe WM 2001 S. 1803: Angemessenheit im Fall eines zweimonatigen Zuwartens verneint.
[33] → § 6 Rn. 3 ff.
[34] Zuletzt BAG vom 19.7.2007, NZA 2007 S. 1095 bereits unter Berücksichtigung des Schriftformerfordernisses des § 613a BGB.
[35] Eingehend *Goll-Müller/Langenhan-Komus* NZA 2008 S. 687; *Langner* DStR 2007 S. 535.

§ 8   3. Teil. Verschmelzung

Wettbewerb in § 8 II UmwG hinsichtlich solcher Informationen zu gewährleisten, deren Bekanntwerden geeignet ist, den beteiligten Rechtsträgern oder verbundenen Unternehmen einen nicht unerheblichen Nachteil zuzufügen.[36] Allerdings hat die Rechtsprechung,[37] die die Berichtspflicht des § 8 I 1 UmwG am Maßstab einer Plausibilitätskontrolle durch die Anteilsinhaber misst, den Mindestinhalt des Verschmelzungsberichts nicht wesentlich eingeschränkt. Ferner verlangt § 8 II 2 UmwG eine Begründung für die Geheimhaltungsbedürftigkeit, was auch bei berechtigter Geheimhaltung die an der Verschmelzung beteiligten Unternehmen in Schwierigkeiten bringen kann. Der mangelnde Geheimnisschutz der Unternehmen, der einem bisweilen fragwürdigen Informationsbedürfnis der Anteilseigner untergeordnet wurde, wird manches Unternehmen zu einem Weg der Unternehmenskonzentration außerhalb des UmwG motivieren.

4. Vorteile einer Verschmelzung

23   Vorteil der Verschmelzung gegenüber anderen Möglichkeiten der Unternehmenskonzentration ist die Ausgestaltung als Gesamtrechtsnachfolge, somit die Möglichkeit der Zusammenfassung einzelner Unternehmen ohne die Notwendigkeit der förmlichen Liquidation des oder der übertragenden Rechtsträger. Die Vereinfachung des Übertragungsvorgangs gerade im Konzern bzw. dann, wenn unter den Anteilsinhabern Einigkeit über die Umstrukturierung besteht, ist nicht von der Hand zu weisen. Durch die vollständige Übernahme werden darüber hinaus unternehmensinterne Organisationen geschaffen, die der uneingeschränkten Weisungsmacht der Organe des übernehmenden Rechtsträgers unterliegen.

24   Ein weiterer Vorteil der Verschmelzung gründet sich auf ihrer Konzeption der Gegenleistung in Form der Anteilsgewähr.[38] Diese Art der Gegenleistung beansprucht weit **weniger Liquidität** als ein Anteilserwerb am zu integrierenden Unternehmen durch entgeltlichen Erwerb; daher dürfte die Verschmelzung unter Finanzierungsgesichtspunkten als das günstigste Modell der Unternehmenskonzentration anzusehen sein. Außerdem sind Verschmelzungen oftmals leichter zu vereinbaren als Akquisitionen, da die Gesellschafter des übertragenden Unternehmens ihre Gesellschafterstellung nicht aufgeben müssen.[39]

25   Hinsichtlich des Risikos einer Fehlinvestition zeigen sich die Vorteile einer Verschmelzung darin, dass alle Beteiligten die Konsequenzen eines Misserfolges zu tragen haben, während das Risiko bei einer Akquisition allein vom Übernehmer zu tragen ist.

26   Auch kann die Verschmelzung idR **gegen den Willen von Minderheitsgesellschaftern** durchgesetzt werden. Dies kommt jedenfalls dann in Betracht, wenn die Minderheitsbeteiligung die 25%-Grenze nicht überschreitet und dem Minderheitsgesellschafter auch sonst keine Son-

---

[36] → § 9 Rn. 92.
[37] → § 9 Rn. 82.
[38] *Ossadnik/Maus* DB 1995 S. 105 (107).
[39] *Ossadnik/Maus* DB 1995 S. 105 (108).

§ 8. Beweggründe für eine Verschmelzung § 8

derrechte zustehen, die eine gesonderte Zustimmung erfordern.[40] Der Weg der Verschmelzung ist auch deshalb erwägenswert, da nach Überwindung des Minderheitsgesellschafters das aufgenommene Unternehmen wieder im Wege der Spaltung ausgegliedert werden, die Verschmelzung also verhältnismäßig einfach gelöst werden kann.[41]

---

[40] *Heckschen* WM 1990 S. 377 (378).
[41] Dies war im alten Recht vielfach als nachteilig angesehen worden, vgl. *Koppensteiner* in Kölner Kommentar zum AktG Vorb. § 319 Rn. 3 mwN.

§ 9. Umwandlungsrechtliche Regelungen

I. Verschmelzung im Umwandlungsgesetz

1. Begriff und Systematik

1   Nach § 2 UmwG ist die Verschmelzung definiert als die Übertragung des gesamten Vermögens eines Rechtsträgers auf einen anderen, entweder schon bestehenden („Verschmelzung durch Aufnahme") oder neu gegründeten („Verschmelzung durch Neugründung") Rechtsträger im Wege der Gesamtrechtsnachfolge unter Auflösung ohne Abwicklung, wobei den Anteilsinhabern des übertragenden und erlöschenden Rechtsträgers im Wege des Anteilstausches eine Beteiligung an dem übernehmenden Rechtsträger gewährt wird.[1]

2   Als wesentliche Elemente der Verschmelzung kann man daher anführen:[2]
(1) die Übertragung des Vermögens eines oder mehrerer Rechtsträger als Ganzes,
(2) die Auflösung des übertragenden Rechtsträgers ohne Abwicklung,
(3) die Gesamtrechtsnachfolge des übernehmenden Rechtsträgers in die Rechtsposition des übertragenden Rechtsträgers
(4) sowie die Anteilsgewähr an die Anteilsinhaber des übertragenden Rechtsträgers.

3   Das UmwG regelt die Verschmelzung im 2. Buch und zwar für die nationale Verschmelzung in den §§ 2–122 (dazu im Folgenden) und für die grenzüberschreitende Verschmelzung von Kapitalgesellschaften in den §§ 122a–122l (dazu § 13). Dabei stellt es den Regelungen, die die einzelnen Rechtsformen der an der Verschmelzung beteiligten Rechtsträger betreffen, in den §§ 2–38 UmwG einen allgemeinen Teil voran, der rechtsformübergreifend allgemeine Anforderungen an einen Verschmelzungsvorgang formuliert. Dieser allgemeine Teil gliedert sich wiederum in zwei Abschnitte, von denen der erste die Verschmelzung durch Aufnahme, der zweite die Verschmelzung durch Neugründung regelt.[3] Ergänzend zu den Regelungen des allgemeinen Teils sind somit bei der Beurteilung der Verschmelzungsanforderungen jeweils die besonderen Regelungen der §§ 39–122 UmwG mit heranzuziehen, wobei diese als lex specialis vorrangig Anwendung finden. So sind beispielsweise bei einer Verschmelzung durch Aufnahme einer Kommanditgesellschaft auf eine Aktiengesellschaft die allgemeinen Vorschriften der §§ 2–35 UmwG sowie die rechtsformspezifischen Vorschriften der §§ 39–45 UmwG (für die Kommanditgesellschaft) und der §§ 60–72 UmwG (für die Aktiengesellschaft) anzuwenden.

---

[1] → § 2 Rn. 4.
[2] *Drygala* in Lutter UmwG § 2 Rn. 28–33.
[3] → Rn. 28 ff.

§ 9. Umwandlungsrechtliche Regelungen § 9

2. Die Änderungen durch das Umwandlungsgesetz 1994
Die Verschmelzungsregelungen des UmwG, insbesondere die §§ 2–38, 4
wurden weitgehend den §§ 339 ff. AktG aF nachgebildet. Bisweilen wurden die dort enthaltenen Regelungen wortlautgleich übernommen, zum Teil nur sprachlich entflochten und insgesamt durch ihre Übernahme in den allgemeinen Teil des Verschmelzungsrechts für alle Rechtsformen anwendbar gemacht. Dies führte zu einer vom Gesetzgeber gewollten[4] **Verschärfung** der Anforderungen für alle Rechtsformen, die bis dahin nicht unter die durch die VerschmRL[5] geänderten Normen des AktG fielen, namentlich also bei der GmbH, deren Verschmelzung sich nach dem KapErhG richtete. Auch die GmbH hatte danach, wenn auch nicht im Ausmaß der Aktiengesellschaft, Verschmelzungsberichte und -prüfungen durchzuführen sowie vielfältige Informationen in den Verschmelzungsvertrag aufzunehmen. Obgleich die §§ 2–38 UmwG seit 1994 für alle Rechtsformen die allgemeinen Regeln der Verschmelzung bestimmen, sind bei ihrer Auslegung rechtsformspezifische Besonderheiten zu beachten.[6]

Von wesentlicher Bedeutung war die Erweiterung der Zahl der ver- 5 schmelzungsfähigen Rechtsträger und der Verschmelzungskombinationen. Seit 1994 sind insbesondere die Personenhandelsgesellschaften OHG und KG, die Vereine,[7] die Gesellschafter von Ein-Mann-Kapitalgesellschaften sowie seit 1998 auch die Partnerschaftsgesellschaft verschmelzungsfähig.[8] Wesentlich erweitert wurden damals auch die Verschmelzungsmöglichkeiten der Genossenschaft und jüngst des genossenschaftlichen Prüfungsverbandes.[9] Mangels praktischer Notwendigkeit nicht mehr aufgenommen wurden die bergrechtlichen Gewerkschaften, deren Verschmelzung noch in den §§ 357 ff. AktG aF und § 35 KapErhG geregelt war. Für das allgemeine Verschmelzungsrecht neu waren die Regelungen zur Barabfindung (§ 29) geschaffen, die früher nur für die Verschmelzung einer AG oder KGaA mit einer GmbH galten, § 33 III KapErhG aF iVm §§ 369, 375 AktG aF. Gänzlich neu war auch das Unbedenklichkeitsverfahren nach § 16 III UmwG zur Überwindung einer Registersperre.[10]

3. Wesentliche Änderungen des UmwG seit 1995
Das am 1.1.1995 in Kraft getretene UmwG hat sich nach Ansicht des 6 Gesetzgebers[11] bei Umstrukturierungsmaßnahmen hervorragend bewährt

---

[4] Zum Verschmelzungsbericht → Rn. 45, → Rn. 188.
[5] ABl. EG vom 20.10.1978 L 295 S. 36 ff.; umgesetzt durch das Verschmelzungsrichtlinie-Gesetz vom 25.10.1982, BGBl. I 1982 S. 1425 ff.; s. dazu *Ganske* DB 1981 S. 1551 ff.; *Priester* NJW 1983 S. 1459 ff.
[6] *Schöne* GmbHR 1995 S. 325 ff.; *Mayer* in Widmann/Mayer UmwG § 8 Rn. 12.
[7] Vgl. hierzu *Hadding/Hennrichs* in Festschrift Boujong S. 203 ff.
[8] → Rn. 7, → Rn. 20.
[9] Möglichkeit des genossenschaftlichen Prüfungsverbandes zur Aufnahme eines Vereins als übernehmender Verband, eingeführt durch das Zweite Umwandlungsänderungsgesetz vom 19.4.2007, BGBl. I 2007 S. 542 ff.
[10] → § 3 Rn. 20 ff.
[11] Vgl. Regierungsentwurf vom 12.10.2006, BT-Drucks. 16/2919 S. 11.

und wird von der Praxis als „großer Wurf"[12] bezeichnet. Die seither wichtigsten punktuellen Gesetzesänderungen sind:
- (1) Gesetz über die Zulassung von Stückaktien,[13]
- (2) Gesetz zur Einführung des Euro,[14]
- (3) Gesetz zur Neuregelung des Kaufmanns- und Firmenrechts und zur Änderung anderer handels- und gesellschaftsrechtlicher Vorschriften,[15]
- (4) Gesetz zur Änderung des Umwandlungsgesetzes, des Partnerschaftsgesellschaftsgesetzes und anderer Gesetze,[16]
- (5) Gesetz zur Neuordnung des gesellschaftlichen Spruchverfahrens (Spruchverfahrensneuordnungsgesetz),[17]
- (6) Gesetz zur Einführung der Europäischen Genossenschaft und zur Änderung des Genossenschaftsrechts,[18]
- (7) Gesetz über elektronische Handelsregister und Genossenschaftsregister sowie das Unternehmensregister (EHUG),[19]
- (8) Zweites Umwandlungsänderungsgesetz,[20]
- (9) Gesetz zur Umsetzung der Aktionärsrechterichtlinie,[21]
- (10) Gesetz zur Erleichterung elektronischer Anmeldungen zum Vereinsregister und andere vereinsrechtlicher Änderungen,[22]
- (11) Drittes Umwandlungsänderungsgesetz,[23]
- (12) Gesetz über die gleichberechtigte Teilhabe von Frauen und Männern an Führungspositionen in der Privatwirtschaft und im öffentlichen Dienst.[24]

7   Materiell von größter Bedeutung für das UmwG waren sicherlich die Reform des Spruchverfahrensrechts im Jahr 2003 die sowie im Weiteren das Zweite und Dritte Umwandlungsänderungsgesetz im Jahr 2007 bzw. 2011. Die übrigen genannten Gesetze betreffen Änderungen im Handels- und Gesellschaftsrecht, welche im UmwG im Wesentlichen technisch nachvollzogen werden.

a) Die Bedeutung des Spruchverfahrensgesetzes[25]

8   Seit dem 1.9.2003 ist das gesellschaftsrechtliche Spruchverfahren in einem eigenen Verfahrensgesetz geregelt. Mit dem Spruchverfahrens-

---

[12] Heckschen DNotZ 2007 S. 444. Ähnlich *Mayer/Weiler* DB 2007 S. 1235; *Kiem* WM 2006 S. 1091.
[13] Gesetz vom 25.3.1998, BGBl. I 1998 S. 590.
[14] Gesetz vom 9.6.1998, BGBl. I 1998 S. 1242.
[15] Gesetz vom 22.6.1998, BGBl. I 1998 S. 1474.
[16] Gesetz vom 22.7.1998, BGBl. I 1998 S. 1878.
[17] Gesetz vom 12.6.2003, BGBl. I 2003 S. 838.
[18] Gesetz vom 14.8.2006, BGBl. I 2006 S. 1911.
[19] Gesetz vom 10.11.2006, BGBl. I 2006 S. 2553.
[20] Gesetz vom 19.4.2007, BGBl. I 2007 S. 542.
[21] ARUG, Gesetz vom 30.7.2009, BGBl. I 2009 S. 1102.
[22] Gesetz vom 24.9.2009, BGBl. I 2009 S. 3145.
[23] Gesetz vom 11.7.2011, BGBl. I 2011 S. 1338.
[24] → Gesetz vom 24.4.2015, BGBl. I S. 642.
[25] → § 3 Rn. 25 ff.

gesetz („SpruchG") verfolgte der Gesetzgeber im Wesentlichen das Ziel, das frühere Verfahren von zT mehr als zehn Jahren zu beschleunigen.[26] Das Spruchverfahren, welches nach dem nunmehrigen FamFG (vormals FFG) von dem Amtsermittlungsgrundsatz geprägt ist, sollte durch eine stärkere Betonung der Verfahrensförderungspflicht der Beteiligten und einen sinnvolleren Gebrauch der Bewertungsgutachten gestrafft werden.[27] Erreicht werden sollte dies vor allem durch die neu eingeführte Begründungspflicht (§ 4 II SpruchG).[28] Eine vom DAI[29] vorgeschlagene und bis heute[30] geforderte Eingangszuständigkeit des OLG als wirksamstes Mittel griff der Gesetzgeber dagegen nicht auf. Mit den durch das SpruchG herbeigeführten Veränderungen ließ sich in der Praxis jedoch keine Verfahrensverkürzung feststellen,[31] was es in seinen Folgen aber zu relativieren gilt. Für das Spruchverfahren besteht nicht dieselbe Missbrauchsgefahr wie für blockierende Anfechtungsklagen sog. räuberischer Aktionäre.[32] Dem sog. Auskaufen eines missbräuchlichen Antragstellers wird vielmehr ein „Lästigkeitswert"[33] bescheinigt. Nichtsdestotrotz weist die Praxis auf den Reformdruck insoweit hin, als durch die „Popularität" der aktienrechtlichen Squeeze-out-Regelung sowie umwandlungsspezifisch des sog. kalten Delisting in der Unternehmenspraxis die Verfahrenszahl stark angestiegen sei.[34] Zudem kann die Inter-omnes-Wirkung sowie die Zinsregelung des § 15 II UmwG den übernehmenden Rechtsträger nach Abschluss eines oft jahrelangen Spruchverfahrens vor erhebliche Probleme stellen.[35] Trotz aller Kritik wird das Spruchverfahren als ein angemessenes und wirkungsvolles Instrument zur Vermeidung von Anfechtungsklagen gepriesen und die Praxis wünscht sich eine erhebliche Ausweitung seines Anwendungsbereichs.[36]

b) Das Zweite Umwandlungsänderungsgesetz

Das Zweite Umwandlungsänderungsgesetz diente in erster Linie der Umsetzung der IntVerschmRL vom 26.10.2005. Die Regelung **grenz-**

---

[26] Zu den Ursachen überlanger Verfahren *Bilda* in NZG 2000 S. 296.
[27] → § 3 Rn. 26 f.; *Lutter/Bezzenberger* AG 2000 S. 433 ff.
[28] *Hüffer* AktG § 1 SpruchG Rn. 3; *Neye* ZIP 2002 S. 2097 (2100).
[29] Stellungnahme Nr. 3/02 des DAI NZG 2001 S. 199; aufgegriffen wurde die Zuständigkeit des OLG durch das ARUG nun für die Freigabeverfahren, § 16 III.
[30] Ablehnende Stellungnahme der BReg über den Gesetzesentwurf des BT über eine Eingangszuständigkeit des OLG, BT-Drucks. 16/9020 S. 19. Vgl. auch *Krieger/Mennicke* in Lutter UmwG Anhang I SpruchG Einl Rn. 4.
[31] *Mennicke* in Lutter UmwG Anhang I SpruchG Einl Rn. 4.
[32] *Van Kann/Hirschmann* DStR 2003 S. 1488 (1489); *Hüffer* AktG § 1 SpruchG Rn. 2.
[33] *Van Kann/Hirschmann* DStR 2003 S. 1488 (1489).
[34] Vgl. Stellungnahmen des DAI NZG 2007 S. 497 und NZG 2008 S. 534 (544); *Van Kann/Hirschmann* DStR 2003 S. 1488; *Mennicke* in Lutter UmwG Anhang I SpruchG Einl Rn. 4; *Goll/Schwörer* ZRP 2008 S. 245 ff.
[35] *Philipp* AG 1998 S. 264.
[36] Vgl. nur Stellungnahmen des DAI NZG 2008 S. 534 (544) und NZG 2007 S. 497 ff; *Bayer* Gutachten E zum 67. DJT S. 107 f.

überschreitender **Verschmelzungen** von Kapitalgesellschaften hat ihren entscheidenden Anstoß durch europäische Rechtsentwicklungen erhalten. Der deutsche Gesetzgeber hat die Umsetzung mit der Einfügung der §§ 122a–122l in das Umwandlungsgesetz vorgenommen. Unter den Voraussetzungen der §§ 122a ff. ist die grenzüberschreitende Herein- und Hinausverschmelzung deutscher auf europäische Kapitalgesellschaften im UmwG geregelt. Ungeregelt blieben andere grenzüberschreitende Umwandlungsvarianten von Kapitalgesellschaften (insbesondere die Spaltung) sowie diejenige von Personengesellschaften.[37]

10 Für die Umwandlungspraxis nicht weniger bedeutend waren die weiteren Änderungen, die mit dem Gesetz einhergingen. Im Wesentlichen führten sie zu einer **Deregulierung** des Umwandlungsrechts.[38] Zunächst wurden Maßnahmen zur Beschleunigung und Erweiterung des Verfahrens in den §§ 16 III, 19 I, 35, 44, 48, 67, 141, 245 UmwG ergriffen. Das vom BGH verordnete Barabfindungsgebot beim sog. regulären Delisting wurde vom Gesetzgeber in § 29 I UmwG auf das sog. kalte Delisting ausgeweitet.[39] Zur Klärung der widersprüchlichen Rechtsprechung wurde die Verzichtsmöglichkeit auf die Anteilsgewährung in §§ 54 I, 68 I UmwG geregelt. Weiterhin wurden die als Spaltungsbremse bezeichneten §§ 132 und 192 UmwG gestrichen.

Der Gesetzgeber ist in weiten Teilen den Vorschlägen der Praxis zur Änderung des UmwG gefolgt.[40]

c) Das Dritte Umwandlungsänderungsgesetz

11 Die VerschmRL in ihrer Fassung vom 16.9.2009[41] enthielt einige zwingende Vorschriften, welche bis zum 30.6.2011 in das nationale Recht umgesetzt werden mussten. Einige der Änderungen waren schon Bestandteil des deutschen Rechts.[42] Des Weiteren wurden neue Optionen eröffnet. Das Ziel des Dritten Gesetzes zur Änderung des Umwandlungsgesetzes war deshalb in erster Linie die Umsetzung des geänderten EU-Rechts. Die Änderungen betrafen zunächst Vereinfachungen für die Vorbereitung der Hauptversammlung durch erweiterte Nutzung der elektronischen Kommunikation und Erleichterungen für die Konzernverschmelzung sowie bei der Bestellung des Verschmelzungs- und Sacheinlage- bzw. Gründungsprüfers, § 62 I 4 UmwG. Die größte Neuerung des Dritten Umwandlungsänderungsgesetzes in Umsetzung der Verschm-

---

[37] Ausführlich § 12 und § 13.
[38] Zu den einzelnen Punkten *Bayer/Schmidt* NZG 2006 S. 841; *Mayer/Weiler* DB 2007 S. 1235 ff.; *Mayer/Weiler* MittBayNot 2007 S. 368 ff.; *Heckschen* DNotZ 2007 S. 444 ff.; *Heckschen* DB 2008 S. 1363 ff.
[39] → Rn. 156.
[40] Zu den Abweichungen von den Vorschlägen siehe Vorauflage § 9 Rn. 10.
[41] ABl. EG vom 20.10.1978 L 295 S. 36 f., geändert durch Richtlinie zur Änderung der Kapital-, Verschmelzungs- und Spaltungsrichtlinie sowie zur Richtlinie über grenzüberschreitende Verschmelzungen vom 16.9.2009, ABl. EU vom 2.10.2009 L 259 S. 14 ff.
[42] Einen Überblick darüber geben *Neye/Jäckel* AG 2010 S. 237 (238).

§ 9. Umwandlungsrechtliche Regelungen § 9

RL bestand aber in der Einführung eines speziellen umwandlungsrechtlichen Squeeze-out: Nach § 62 V UmwG kann im Falle der Verschmelzung einer Tochtergesellschaft auf die Muttergesellschaft, sofern die Muttergesellschaft mindestens 90% des Stammkapitals an der Tochter hält, der Ausschluss der Minderheitsaktionäre nach § 327a AktG beschlossen werden. Der Beschluss ist innerhalb von drei Monaten nach Abschluss des Verschmelzungsvertrages zu fassen. Diesem neuen „verschmelzungsspezifischen"[43] Squeeze-out-Verfahren wird für die Praxis mehr Bedeutung zugemessen als dem übernahmerechtlichen Squeeze-out-Verfahren.[44] Eine Ausweitung des Squeeze-out-Verfahrens auf andere Gesellschaften als die AG, KGaA sowie SE, insbesondere GmbH, wurde jedoch nicht aufgenommen und wird in der Praxis bemängelt.[45]

Auch das Dritte Umwandlungsänderungsgesetz, insbesondere das Squeeze-out-Verfahren, wirft in der Praxis verschiedene Fragen auf, auf die im Folgenden jeweils eingegangen wird.

4. Europarechtliche Vorgaben

a) Richtlinienkonforme Auslegung des UmwG

Das aktuelle deutsche Umwandlungsrecht wurde wesentlich durch die Umsetzung der VerschmRL vom 9.10.1978 und der IntVerschmRL[46] vom 26.10.2005, unter Anpassung an ihre jeweiligen Fassungen, geschaffen. Bei der Auslegung der Normen ist daher die Frage nach der richtlinienkonformen Auslegung zu stellen. Betrachtet man die Vorschriften, die die VerschmRL 1994 im Rahmen des UmwG umsetzten, ist zu berücksichtigen, dass die Regelungen im UmwG deutlich über die Inhalte der Richtlinie hinausgingen, der deutsche Gesetzgeber also den Weg einer sog. überschießenden Umsetzung wählte.[47] 12

Mit der VerschmRL schuf der europäische Gesetzgeber weitreichende verbindliche Vorgaben für die Regelung von Verschmelzungen unter Beteiligung von Aktiengesellschaften. Die Richtlinie ist durch das 1983 in Kraft getretene Verschmelzungsrichtlinie-Gesetz in Deutschland umgesetzt worden, insbesondere durch die Novellierung der §§ 339 ff. AktG. Durch den Erlass des UmwG und das Außerkrafttreten der §§ 339 ff. AktG ist eine erneute Umsetzung der VerschmRL erfolgt. Der deutsche Gesetzgeber hat die Richtlinie auch als Vorlage für weitergehende Regelungen genommen, denn das UmwG erfasst seiner Konzepti- 13

---

[43] *Diekmann* in Semler/Stengel UmwG § 62 Rn. 32c.
[44] *Heckschen* NJW 2011 S. 2390 (2392), *Mayer* NZG 2012 S. 561 (562).
[45] *Koch* in Hüffer AktG § 327a Rn. 2; *Diekmann* in Semler/Stengel UmwG § 62 Rn. 32d.
[46] Zehnte gesellschaftsrechtliche Richtlinie 2005/56/EG vom 26.10.2005 über die Verschmelzung von Kapitalgesellschaften aus verschiedenen Mitgliedstaaten, ABl. EG 2005 Nr. L 310 S. 1, abgedruckt bei *Lutter* UmwG Anh. V S. 3518 ff.; geändert durch die Richtlinie zur Änderung der Kapital-, Verschmelzungs- und Spaltungsrichtlinie sowie zur Richtlinie über grenzüberschreitende Verschmelzungen vom 16.9.2009, ABl. EU vom 2.10.2009 L 259 S. 14 ff.
[47] *Lutter/Bayer* in Lutter UmwG Einl I Rn. 40.

§ 9 3. Teil. Verschmelzung

on nach alle Verschmelzungsvorgänge in rechtsformübergreifender Weise, soweit nicht ausnahmsweise Vorschriften der §§ 39–122 UmwG vorrangig anzuwenden sind.

14 Obgleich sich die europarechtlichen Vorgaben zunächst nur unmittelbar auf die Aktiengesellschaft beziehen, sind nach dem BGH[48] und der Literatur[49] auch die Bestimmungen, die sich zwar auf richtlinienfremde Rechtsformen beziehen, jedoch im vom Gesetzgeber gewollten Regelungszusammenhang mit der Richtlinie stehen, ebenfalls richtlinienkonform auszulegen. Bestehen Zweifel an der Vereinbarkeit der §§ 2–122 UmwG mit der höherrangigen VerschmRL oder bestehen Auslegungsfragen hinsichtlich dieser Richtlinie, so ist in einem Gerichtsverfahren, jedenfalls im letzten Instanzenzug, das Verfahren auszusetzen und die Frage im Rahmen des Vorabentscheidungsverfahrens nach Art. 267 AEUV dem Europäischen Gerichtshof vorzulegen.[50] Insgesamt betrachtet werden somit im weitesten Sinne die europarechtlichen Anforderungen an eine Verschmelzung betreffend den Schutz der Anteilseigner und Arbeitnehmer auf alle verschmelzungsfähigen Rechtsformen erstreckt.

15 Anders als die §§ 2–122 UmwG dienen die Vorschriften der §§ 122a ff. UmwG alleine der Umsetzung der IntVerschmRL; hinsichtlich ihrer Auslegung sind die allgemeinen Grundsätze der richtlinienkonformen Auslegung anzuwenden.[51]

b) Richtlinienkonformität des UmwG

16 Hinsichtlich der Umsetzung der VerschmRL durch das UmwG besteht Einvernehmen, dass diese mit einigen wenigen, im Einzelnen umstrittenen Ausnahmen vollständig erfolgt sind.[52] Besonders ist hier die Richtlinienkonformität der gesetzlich eingeräumten Verzichtsmöglichkeiten der Anteilsinhaber zu nennen, die für den Verschmelzungsbericht in § 8 III UmwG und neuerdings in §§ 54 I 3, 68 I 3 UmwG[53] für die Anteilsgewähr vorgesehen sind. Für Konzernverschmelzungen hält die Praxis diese Verfahrenserleichterungen für wünschenswert.[54]

17 Betreffend § 8 III UmwG werden von *Habersack*[55] Bedenken gegen die Vereinbarkeit mit der VerschmRL vorgetragen. § 8 III UmwG regelt die Möglichkeit des einvernehmlichen Verzichts *aller* Anteilsinhaber auf den

---
[48] BGH ZIP 2002 S. 1075 (3. Leitsatz).
[49] *Lutter/Bayer* in Lutter UmwG Einl I Rn. 41 Fußn. 4 mwN.
[50] *Lutter/Bayer* in Lutter UmwG Einl. I Rn. 30; *Drygala* in Lutter UmwG, Rn. 28 ff., § 2 Rn. 10.
[51] *Lutter/Bayer* in Lutter UmwG Einl. I Rn. 27.
[52] *Lutter/Bayer* in Lutter UmwG Einl. I Rn. 26.
[53] Eingeführt durch das Zweite Umwandlungsänderungsgesetz vom 24.4.2007, BGBl. I 2007 Nr. 15.
[54] Vgl. Handelsrechtsausschuss des DAV NZG 2006 S. 737 (739), *Bayer/Schmidt* NZG 2006 S. 841 (845); *Kallmeyer* GmbHR S. 418 (419); *Drinhausen* BB 2006 S. 2313 (2315); *M. Winter/ J. Vetter* in Lutter UmwG § 54 Rn. 76; zum Dritten Umwandlungsänderungsgesetz auch statt vieler *Wagner* DStR 2010 S. 1629 (1635) Rn. 21.
[55] *Habersack* Europäisches Gesellschaftsrecht Rn. 228.

§ 9. Umwandlungsrechtliche Regelungen § 9

Verschmelzungsbericht und die Verschmelzungsprüfung. Art. 24 der Richtlinie bestimmt zwar ausdrücklich die Entbehrlichkeit des Verschmelzungsberichtes und der Verschmelzungsprüfung bei einer hundertprozentigen Tochtergesellschaft. Der Wortlaut der Richtlinie deckt aber nicht die Möglichkeit des einvernehmlichen Verzichtes aller Anteilsinhaber der an der Verschmelzung beteiligten Rechtsträger. Hiergegen stellt *Lutter*[56] den individual schützenden Charakter der Schutznormen in den Vordergrund. Auf ihren eigenen Schutz durch Information könnten die Aktionäre verzichten. Überdies sei die Norm in ihrem Anwendungsbereich beschränkt. Ein Verzicht bei einer Gesellschaft mit größerem Gesellschafterkreis, wie es häufig bei der AG der Fall ist, sei praxisfremd. § 62 IV UmwG sieht nunmehr vor, dass ein Beschluss im Falle der Verschmelzung der 100%-igen Tochter auf die Mutter gar nicht mehr erforderlich ist.

Auf derselben Linie greifen *Widmann/Weiler*[57] die Neuregelungen der 18 §§ 54 I 3, 68 I 3 UmwG zum Verzicht auf die Anteilsgewähr *aller* Anteilsinhaber an. Wie bereits dargestellt sieht die VerschmRL in Art. 24 eine Ausnahme der Anteilsgewähr nur im Falle der Verschmelzung einer hundertprozentigen Tochtergesellschaft auf ihre Muttergesellschaft vor. Hinzu tritt hier noch die aus § 20 I Nr. 3 Satz 1 UmwG bekannte Ausnahme für den Fall eigener Anteile der übertragenden oder übernehmenden Gesellschaft. Zur Konformität der Verzichtsregelung zieht *Grunewald*[58] wiederum die Dispositionsfreiheit der Anteilsinhaber heran. Zu Recht weist sie darauf hin, dass nur der außerhalb der Richtlinie liegende Gläubigerschutz eine Rolle spielen könnte.

Das europäische Recht knüpft seine Verfahrenserleichterungen an die 19 besondere Form der Konzernverschmelzung an. Ein Blick auf das außereuropäische Recht zeigt jedoch, dass diese Beschränkung nicht selbstverständlich ist. So sehen insbesondere das amerikanische Recht der Bundesstaaten,[59] das koreanische,[60] und japanische[61] Recht Verfahrenserleichterungen bei sogenannten „small scale mergers" vor, somit bei Verschmelzungen, bei denen – üblicherweise auf die Bilanzsumme bezogen – die übernehmende Gesellschaft wesentlich größer ist als die übertragende Gesellschaft. In diesem Fall muss die übernehmende Gesellschaft zur Durchführung der Verschmelzung Anteile in einem nur geringen Umfang an die Anteilsinhaber der übertragenden Gesellschaft ausgeben. Die Verschmelzung führt zu keiner nennenswerten Verwässerung der Anteilsinhaber der übernehmenden Gesellschaft und berührt sie materiell so gut wie nicht. Aus dieser rechtspolitischen Erwägung heraus sehen das Gesellschaftsrecht der Mehrzahl der amerikanischen Bundesstaaten sowie das koreanische und japanische Recht vor, dass ein Zustimmungs-

---

[56] *Drygala* in Lutter UmwG § 8 Rn. 50.
[57] *Widmann/Weiler* MittBayNot 2007 S. 368 (370).
[58] *Grunewald* in Lutter UmwG § 68 Rn. 4, § 20 Rn. 64.
[59] Das Umwandlungsrecht ist in den USA bundesstaatlich geregelt; als Beispiel vgl. § 251 (f) Delaware Corporation Law.
[60] Vgl. *Jong Koo Park, Hyun Ho Eun & Michael Yu*, The Merger and Acquisition Review 2009, Chapter 29 Korea, S. 270, 272.
[61] Art. 796 para. 2 Companies Act of Japan.

beschluss der Anteilsinhaber der übernehmenden Gesellschaft entbehrlich ist. Die Antwort auf die kritischen Stimmen in der Literatur kann letztlich nur eine Entscheidung des EuGH geben.

5. Verschmelzungsfähige Rechtsträger

20 Gemäß § 3 I UmwG können an der Verschmelzung als übertragende, übernehmende oder neue Rechtsträger teilnehmen:
(1) Personenhandelsgesellschaften (OHG, KG) und Partnerschaftsgesellschaften[62]
(2) Kapitalgesellschaften (GmbH, AG und KGaA)
(3) Eingetragene Genossenschaften
(4) Eingetragene Vereine
(5) Genossenschaftliche Prüfungsverbände
(6) Versicherungsvereine auf Gegenseitigkeit.

21 **Natürliche Personen** können das Vermögen einer von ihnen betriebenen Ein-Mann-Kapitalgesellschaft *übernehmen* (§ 3 II Nr. 2 UmwG), um eine Fortsetzung der unternehmerischen Tätigkeit zu gewährleisten. Das Gegenstück bildet die in §§ 123 III, 124, 125 ff. UmwG vorgesehene Erleichterung der Sachgründung von Kapitalgesellschaften durch eine natürliche Person im Wege der Ausgliederung von Teilen des Vermögens eines Einzelkaufmanns.[63] Unbeachtlich ist seit Einführung des § 122 II UmwG,[64] ob die natürliche Person Kaufmann iSd § 1 HGB ist oder ob sie im Handelsregister eingetragen ist.

22 Nach § 3 II Nr. 1 UmwG können ferner **wirtschaftliche Vereine** iSd § 22 BGB *übertragende* Rechtsträger sein.[65] Die **EWIV** ist nach hM durch § 1 EWIV-AusführungsG der OHG gleichgestellt und damit kraft Verweisung verschmelzungsfähig.[66] Die Unternehmergesellschaft als Form einer GmbH kann an sich an einer Verschmelzung teilnehmen, allerdings mit einigen Einschränkungen: Eine Verschmelzung durch Neugründung ist nicht möglich, da die UG dadurch entstünde, dass sie sozusagen eine Sacheinlage übernimmt, was § 5a GmbHG widerspricht. In anderen Fällen kommt sie jedoch als Zielgesellschaft in Frage, wenngleich dies in der Praxis nicht sehr häufig vorkommen dürfte.[67]

23 Die Aufzählung in § 3 I und II UmwG ist abschließend.[68] **Nicht als verschmelzungsfähig** anerkannt sind daher die rechtsfähige Stiftung, die **Gesellschaft des bürgerlichen Rechts** (Sozietäten, Architekten-

---

[62] Vgl. *Neye* DB 1998 S. 1649 ff.
[63] *Fronhöfer* in Widmann/Mayer UmwG § 3 Rn. 25.
[64] Änderung eingeführt durch Art. 7 HandelsrechtsreformG vom 22.6.1998, BGBl. I 1998 S. 1474. Vor der Einführung des § 122 II UmwG wurde vereinzelt (LG Zweibrücken DB 1996 S. 418 und LG Koblenz DB 1996 S. 267) eine andere Auffassung vertreten. Ausführlich hierzu noch die 3. Auflage unter J Rn. 4.
[65] Vgl. BT-Drucks. 12/6699 S. 81 zu § 3 UmwG; *Lüttge* NJW 1995 S. 417 (419).
[66] Vgl. im Einzelnen → § 2 Rn. 22; ferner *Drygala* in Lutter UmwG § 3 Rn. 4.
[67] *Miras* in Michalski GmbHG § 5a Rn. 13, 14 ff.
[68] *Drygala* in Lutter UmwG § 3 Rn. 3.

§ 9. Umwandlungsrechtliche Regelungen § 9

Gemeinschaften etc.), die stille Gesellschaft oder die **Erbengemeinschaft**.[69]

Etwas anderes gilt jedoch für die **Societas Europaea** (SE). Vorrangig bestimmen sich die Rechtsverhältnisse der SE durch die SE-VO und die nationalen Ausführungsgesetze. In den von der SE-VO nicht geregelten Bereichen findet das auf Aktiengesellschaften anwendbare Recht des Sitzstaates der SE Anwendung, vgl. Art. 9 I lit. c (ii) SE-VO, bei einer SE mit Sitz in Deutschland mithin die auf deutsche Aktiengesellschaften anwendbaren Normen. Während die SE-VO die Gründung einer SE im Wege der Verschmelzung regelt,[70] enthält sie zur Umwandlung einer bestehenden SE lediglich eine Regelung in Art. 66 SE-VO, nach der ein Formwechsel der SE in eine AG ihres Sitzstaates nur unter Einschränkungen erfolgen kann. Ob nun aber bei Verschmelzungen die Beschränkungen des Art. 66 I SE-VO analog beachtet werden müssen, dh eine Verschmelzung erst nach Ablauf von zwei Jahren möglich ist und die Zielrechtsform eine AG sein muss, ist umstritten.[71] Noch weitergehend wird teilweise[72] vertreten, dass Art. 66 SE-VO abschließend andere Umwandlungen als den dort vorgesehenen Formwechsel in eine AG des Sitzstaates für nicht zulässig erkläre. Überzeugend wird von *Drinhausen*[73] hierzu vertreten, dass Art. 66 SE-VO systematisch nur den Formwechsel betreffen könne und ein weitergehender Regelungswille des europäischen Gesetzgebers, insbesondere eine Schlechterstellung der SE gegenüber nationalen Gesellschaftsformen, nicht erkennbar sei. Nach richtiger Ansicht[74] ist die SE damit **voll verschmelzungsfähig** und kann sowohl übertragender als auch übernehmender Rechtsträger nach dem UmwG sein. Anwendung findet der für deutsche Aktiengesellschaften bestimmte § 3 I Nr. 2 UmwG, ohne dass die SE als verschmelzungsfähiger Rechtsträger ausdrücklich genannt werden müsste.

Zur Parallelvorschrift des § 76 SCE-VO für die **Europäische Genossenschaft** (Societas Cooperativa Europaea, SCE) gelten die vorherigen Ausführungen zur Verschmelzungsfähigkeit entsprechend.

24

25

---

[69] Vgl. im Einzelnen → § 2 Rn. 25; *Drygala* in Lutter UmwG § 3 Rn. 7 sowie DNotI Gutachten S. 1 ff., welches die analoge Anwendbarkeit des OHG-Rechts auf eine Erbengesellschaft untersucht, welche zwar unternehmerisch, nach der herkömmlichen Terminologie jedoch nicht vollkaufmännisch tätig gewesen war; im Ergebnis wird auch in dieser Konstellation eine Verschmelzungsfähigkeit abgelehnt.

[70] § 14.

[71] Vgl. *Drinhausen* in Semler/Stengel UmwG Einl C Rn. 57 f. mwN in Fußn. 117.

[72] *Hirte* NZG 2002 S. 1 (9 f.); *ders.* DStR 2005 S. 700 (704).

[73] *Drinhausen* in Semler/Stengel UmwG Einl C Rn. 57.

[74] *Drinhausen* in Semler/Stengel UmwG Einl C Rn. 58; *J.Schmidt* in Lutter/Hommelhoff/Teichmann, SE-Kommentar Art. 66 SE-VO Rn. 8; *Vossius* in Widmann/Mayer UmwG § 20 Rn. 402; *Marsch/Barner* in Kallmeyer § 3 UmwG Rn. 11; *Kossmann/Heinrich* ZIP S. 164 (165); *Drygala* in Lutter UmwG § 3 Rn. 21 mwN zur Gegenauffassung Fußn. 2.

§ 9 3. Teil. Verschmelzung

26 Die Verschmelzung verschmelzungsfähiger Rechtsträger ist nicht auf Rechtsträger derselben Rechtsform beschränkt. Nach § 3 IV UmwG kann die Verschmelzung auch unter Rechtsträgern unterschiedlicher Rechtsform erfolgen (sog. „**Mischverschmelzung**"), soweit nicht im besonderen Teil für einzelne Rechtsformen, so insbesondere für die genossenschaftlichen Prüfungsverbände (§ 105 UmwG) und die VVaG (§ 109 UmwG), abweichende Regelungen vorzufinden sind. Damit steht die Verschmelzung teilweise in Konkurrenz zum Formwechsel.

27 An der Verschmelzung können als *übertragende* Rechtsträger nach § 3 III UmwG auch **aufgelöste Rechtsträger** beteiligt sein, soweit ihre Fortsetzung beschlossen werden könnte, was grundsätzlich stets dann der Fall ist, wenn kein Insolvenzverfahren anhängig ist und noch nicht mit der Verteilung des Vermögens an die Anteilsinhaber begonnen wurde.[75] Auch sind die Rechtsträger ausgeschlossen, bei denen wegen einer Überschuldung die Fortsetzung nicht mehr beschlossen werden könnte.[76] Die Fortsetzung selbst muss nicht beschlossen werden, es reicht der Verschmelzungsbeschluss,[77] der ebenfalls zur Auflösung führt. Trotz der eindeutigen Formulierung des § 3 III UmwG („übertragende Rechtsträger") gibt es über die Frage, ob auch der *übernehmende* Rechtsträger aufgelöst sein darf oder zuvor durch einen wirksamen Fortsetzungsbeschluss wieder zum werbenden Rechtsträger geworden sein muss, wie unter der alten Rechtslage,[78] im Schrifttum unterschiedliche Auffassungen.[79] Die Rechtsprechung[80] fordert jedenfalls einheitlich, dass vor dem Verschmelzungsbeschluss ein Fortsetzungsbeschluss gefasst wird. Auch wenn in der Gesetzesbegründung auf diese Frage nicht eingegangen wird,[81] so hat der Gesetzgeber gleichwohl in Kenntnis dieser Auseinandersetzung die Regelung des § 19 II KapErhG aF sprachlich genauer in § 3 III UmwG gefasst.[82] Von einer auslegungsbedürftigen Regelungslücke ist somit nicht auszugehen. § 3 III UmwG stellt eine nicht analogiefähige Ausnahmevorschrift dar, die nur Sanierungsfusionen erleichtert, nicht aber reine Abwicklungsfusionen ermöglichen will,[83] auch wenn in bestimmten Konstellationen hierfür ein praktisches Bedürfnis vorhanden

---

[75] *Drygala* in Lutter UmwG § 3 Rn. 23; seit Inkrafttreten des ESUG selbst nach Insolvenzeröffnung, soweit nach § 225a III InsO im Insolvenzplan die Fortsetzung beschlossen werden kann, OLG Brandenburg DStR 2015 S. 1262;
[76] BayObLG ZIP 1998 S. 739.
[77] *Marsch-Barner* in Kallmeyer UmwG § 3 Rn. 24.
[78] *Kraft* in Kölner Kommentar zum AktG § 339 Rn. 45 mwN.
[79] *Bayer* ZIP 1997 S. 1613 ff. (1614) m. w. N; *DNotI* Gutachten S. 7 ff; *Heckschen* DB 1998 S. 1385 (1387).
[80] AG Erfurt GmbHR 1996 S. 373; OLG Naumburg NJW-RR 1998 S. 178; gegen die Verschmelzung auf einen aufgelösten Rechtsträger jetzt OLG Brandenburg DStR 2015, 1262.
[81] So der Hinweis von *Stratz* in Schmitt/Hörtnagl/Stratz UmwG § 3 Rn. 47.
[82] *Drygala* in Lutter UmwG § 3 Rn. 31; so auch OLG Brandenburg DStR 2015, 1262.
[83] In Anschluss an *Drygala* in Lutter UmwG § 3 Rn. 31; OLG Naumburg EWiR 1997 S. 807 m. ablehnender Anm. *Bayer*.

sein mag.[84] Zur Verschmelzung bedarf es daher eines vorherigen wirksamen Fortsetzungsbeschlusses, der in der Praxis gegebenenfalls in derselben Anteilsinhaberversammlung vor dem Verschmelzungsbeschluss beschlossen werden kann.[85]

6. Verschmelzung durch Aufnahme und Neugründung

a) Grundformen des Verschmelzungsvorganges

Verschmelzung im Sinne des UmwG ist die Übertragung des Vermögens eines oder mehrerer Rechtsträger als Ganzes auf einen anderen Rechtsträger gegen Gewährung von Anteilen oder Mitgliedschaften an dem übernehmenden Rechtsträger und unter Ausschluss der Liquidation der beteiligten Rechtsträger. 28

Das UmwG sieht in § 2 Nr. 1 und 2 die Verschmelzung durch Aufnahme und die Verschmelzung durch Neugründung vor: 29
a) Bei der Verschmelzung durch Aufnahme erfolgt die Übertragung des Vermögens einer oder mehrerer Rechtsträger als Ganzes auf einen schon bestehenden Rechtsträger.
b) Bei der Verschmelzung durch Neugründung gehen die übertragenden – mindestens zwei – Rechtsträger als Rechtspersonen unter, während ihr Vermögen im Ganzen auf einen dadurch neu gebildeten Rechtsträger übergeht.

Die Verschmelzung durch Aufnahme, in den §§ 4–35 UmwG geregelt, stellt weiterhin den **Grundfall** der Verschmelzung dar, auf dessen Regelungen § 36 I UmwG für die Verschmelzung durch Neugründung verweist und nunmehr auch für grenzüberschreitende Verschmelzungen von Kapitalgesellschaften Anwendung findet (§ 122a II UmwG). 30

Die Verschmelzung durch Neugründung, die seit dem AktG 1937 zulässig ist, bildet einen **Sonderfall**, da zum Verschmelzungsvorgang als solchem noch die Errichtung eines neuen Rechtsträgers hinzukommt. Dementsprechend muss der Verschmelzungsvertrag neben den sonst erforderlichen Angaben auch den Gesellschaftsvertrag bzw. die Satzung des zu errichtenden Rechtsträgers enthalten, § 37 UmwG. Daneben sind jeweils die rechtsformspezifischen Gründungsvorschriften zu beachten (§ 36 II UmwG), wobei den Gründern die übertragenden Rechtsträger gleichstehen. Nicht nur aufgrund der erhöhten Komplexität dieses Vorgangs tritt die Verschmelzung durch Neugründung hinter die Verschmelzung durch Aufnahme zurück. Vor allem erhöhte Kosten der Verschmelzung durch Neugründung sind hierfür verantwortlich, die etwa aus erhöhten Notariatskosten wegen Zugrundelegung beider Rechtsträgervermögen[86] oder auch daraus resultieren, dass Grunderwerbsteuer für die Übertragung aller Grundstücke der verschiedenen beteiligten Rechtsträger anfällt. 31

---

[84] *Heckschen* DB 1998 S. 1385 (1387).
[85] *Fronhöfer* in Widmann/Mayer UmwG § 3 Rn. 73.
[86] *Reimann* MittBayNot 1995 S. 1 ff.

b) Besondere Erwägungsgründe für eine Verschmelzung durch Neugründung

32 Trotz der Mehrkosten interessiert sich die Praxis[87] für eine Verschmelzung zur Neugründung insbesondere bei sog. „mergers of equals" im Rahmen grenzüberschreitender Verschmelzungen und in den Fällen, in denen ein zuvor erkanntes Anfechtungsrisiko der Aktionäre des übernehmenden Rechtsträgers reduziert werden soll.

33 Die Neugründung ermöglicht eine Gleichbehandlung beider Unternehmen und bannt damit die Gefahr, dass ein einseitiges Umtauschangebot von der Öffentlichkeit als Übernahme gewertet wird. Dies möchten Vorstände von öffentlich viel beachteten Unternehmen häufig vermeiden.[88] Jenseits von Großfusionen werden diese Beweggründe aber wenig Beachtung finden.

34 Aus taktischen Erwägungen kann es gewünscht sein, dass beide Rechtsträger als *übertragende* Rechtsträger gelten. Bei einer Verschmelzung zur Neugründung sind alle beteiligten Rechtsträger als Übertragende zu behandeln. Nach § 14 II UmwG kann eine Anfechtungsklage gegen den Verschmelzungsbeschluss eines übertragenden Rechtsträgers nicht darauf gestützt werden, dass das Umtauschverhältnis zu gering ist. Bezüglich der Anpassung des Umtauschverhältnisses, der oft der störanfälligste und sensibelste Regelungspunkt des Verschmelzungsvertrages ist, werden die Anteilsinhaber des übertragenden Rechtsträgers auf das Spruchverfahren nach dem Spruchverfahrensgesetz von 2003 verwiesen. Überdies schließt der Gesetzgeber[89] dem BGH[90] folgend nunmehr in § 243 IV 2 AktG in den Fällen, in denen das Gesetz (oder die Rechtsprechung) ein Spruchverfahren für Bewertungsrügen vorsieht, die Anfechtung wegen in der Hauptversammlung verweigerter bzw. unzureichender Auskünfte über Ausgleichszahlungen oder andere Kompensationen aus.[91] Zumindest bezüglich des Umtauschverhältnisses können die Anteilsinhaber der beteiligten Rechtsträger, da es sich um *übertragende* Rechtsträger handelt, das Wirksamwerden der Verschmelzung nicht verhindern.[92] Bei einer Verschmelzung unter Beteiligung großer Publikumsaktiengesellschaften mit einem Kreis potenzieller „räuberischer Aktionäre" ist dies dringend zu empfehlen.

35 Anders stellt sich die Rechtslage bei einer Verschmelzung durch Aufnahme dar. Für die Anteilsinhaber des *übernehmenden* Rechtsträgers gilt

---

[87] Mit Blick auf die Mehrkosten wird eine Verschmelzung zur Neugründung eher selten durchgeführt, vgl. *Marsch-Barschner* in Kallmeyer § 36 UmwG Rn. 2; *Scholderer* in Semler/Stengel UmwG § 96 Rn. 2.

[88] Zur Bedeutung des Fusionsmanagements bei „Fusionen unter Gleichen" in Frankfurter Allgemeine Zeitung „Die Managementkultur als Zünglein an der Waage" vom 3.11.2008.

[89] Gesetz zur Unternehmensintegrität und Modernisierung des Anfechtungsrechts (UMAG) vom 22.9.2005, BGBl. I 2005 S. 2802.

[90] BGH NJW 2001 S. 1425, bestätigt durch BGH NJW 2001 S. 1428.

[91] Ausgeschlossen sind aber nur Informationsmängel, die in der HV aufgetreten sind. Zu den Folgen vgl. *Hüffer* AktG § 243 Rn. 47c; *Spindler* NZG 2005 S. 388 (392).

[92] *Lenz* GmbHR 2001 S. 717.

§ 9. Umwandlungsrechtliche Regelungen

§ 14 II UmwG nicht, sodass diese gegen ein sie benachteiligendes Umtauschverhältnis mit der Anfechtungsklage vorgehen können. Diese ungleiche Behandlung der Anteilsinhaber, die sich nicht nur verfahrensmäßig, sondern auch in der Darlegungslast auswirkt, ist stark kritisiert worden.[93] Trotz wiederholter Forderungen der Praxis[94] fand eine Gesetzeserweiterung des § 14 II UmwG auf übernehmende Rechtsträger weder im UMAG noch im Zweiten bzw. Dritten Umwandlungsänderungsgesetz Eingang.

Sollen außerdem beide Gesellschaftergruppen das Recht auf Nachbesserung nach den §§ 15, 29 UmwG erhalten, kommt nur eine Verschmelzung zur Neugründung in Betracht, da bare Zuzahlungen bzw. eine Barabfindung lediglich Gesellschaftern des übertragenden Rechtsträgers eingeräumt werden.[95] Hierbei können allerdings Probleme mit den Verboten der Kapital- bzw. Einlagenrückgewähr entstehen, wenn im Spruchverfahren bare Zuzahlungen festgesetzt werden und diese aus dem Eigenkapital erbracht werden müssten. Das Spruchverfahren ist nämlich auf die Festsetzung barer Zuzahlungen beschränkt (§ 15 I UmwG), eine Veränderung des Umtauschverhältnisses oder auch eine alternative Gewährung von Anteilen sind ausgeschlossen.[96]

II. Der Ablauf der Verschmelzung im Überblick

Der Zeitplan einer Verschmelzung wird wesentlich durch § 17 II UmwG bestimmt. Danach ist der Anmeldung beim Registergericht eine Schlussbilanz des übertragenden Rechtsträgers beizufügen, die auf einen höchstens acht Monate vor der Anmeldung liegenden Stichtag datiert ist, da andernfalls die Eintragung der Verschmelzung nicht erfolgt und somit sie daher nicht vollzogen wird. Die Verschmelzung ist mithin stringent durchzuführen, um keine unnötigen Kosten zu verursachen. Dies stellt an alle an der Verschmelzung beteiligten Personen hohe Anforderungen, insbesondere dann, wenn an der Verschmelzung Rechtsträger mit unterschiedlichem Wirtschaftsjahr beteiligt sind.

Bei grober Einteilung einer Verschmelzung lassen sich vier Phasen unterscheiden, nämlich
(1) die Planungsphase,
(2) die Vorbereitungsphase,
(3) die Beschlussphase
(4) und die Vollzugsphase.

1. Planungsphase

Die Planungsphase schließt sich an den grundsätzlichen Entschluss zur Verschmelzung an, sei es, dass dieser von den beteiligten Vertretungs-

---

[93] *Stratz* in Schmitt/Hörtnagl/Stratz UmwG § 14 Rn. 31 ff. mit kritischer Anmerkung insbesondere nach Inkrafttreten des UMAG; → Rn. 10.
[94] → Rn. 10.
[95] → § 3 Rn. 13 ff.
[96] → Rn. 10.

§ 9   3. Teil. Verschmelzung

organen gefasst worden ist, sei es, dass er von der Konzernleitung angeordnet wurde.

40   Ausgehend von der Acht-Monats-Frist ist nunmehr ein Zeitplan für den Verschmelzungsablauf zu entwerfen. In diesen Plan sind möglichst Berater, Wirtschaftsprüfer und Notare mit einzubeziehen, damit eine optimale Terminabstimmung gewährleistet ist. Die mögliche Abfolge der wichtigsten Maßnahmen ist dem nachstehenden Schaubild zu entnehmen.

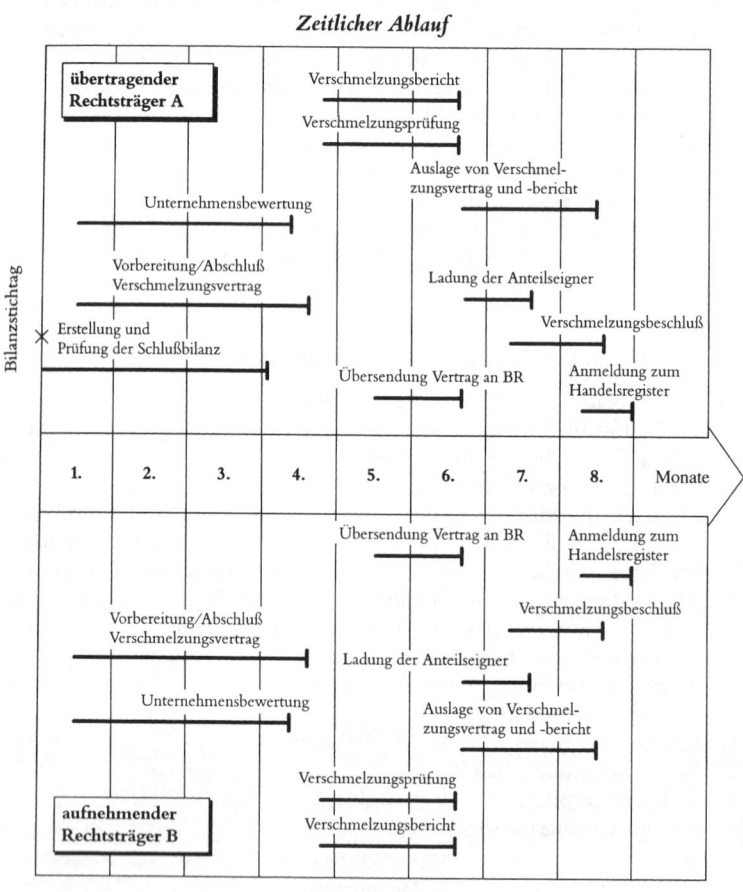

Tab. § 9–1: Zeitlicher Ablauf der Verschmelzung

41   In der Regel ist die Schlussbilanz des übertragenden Rechtsträgers zum Ende des Wirtschaftsjahres Ausgangspunkt aller Planungsüberlegungen, da die Verschmelzung bis zum Ende des achten Monats des folgenden Wirtschaftsjahres anzumelden ist. Stützt man das Umtauschverhältnis auf die Wertrelationen und Ertragsverhältnisse im Zeitpunkt der Schlussbilanz des übertragenden Rechtsträgers, so sind ebenfalls die Aufstellung und ggf. die Prüfung der Schlussbilanz des übernehmenden Rechtsträgers bzw. bei abweichendem Wirtschaftsjahr der Zwischenbilanz in die Planung einzubeziehen. Nicht selten besteht allerdings der Wunsch der Anteilseigner, das Umtauschverhältnis auf einen dem Abschluss des Verschmelzungsvertrages nahen Zeitpunkt zu beziehen.[97] Auch müssen Rechtsträger, die idR eine Vielzahl von Anteilsinhabern aufweisen (so insbesondere AG, § 63 I UmwG, Genossenschaften, § 83 I UmwG, eingetragener Verein, § 102 UmwG), in der beschlussfassenden Versammlung Jahresabschlüsse vorlegen, wobei sich der letzte Jahresabschluss auf ein Geschäftsjahr beziehen muss, das nicht mehr als sechs Monate zurückliegt; andernfalls ist ein höchstens drei Monate alter Zwischenabschluss vorzulegen.[98]

2. Vorbereitungsphase

a) Erstellung und ggf Prüfung der Schlussbilanz[99]

Zunächst ist die Schlussbilanz des übertragenden Rechtsträgers zu erstellen und ggf. prüfen zu lassen. Nach § 17 II 2 UmwG gelten für diese Bilanz die Vorschriften über die Jahresbilanz und die Prüfung entsprechend; eine Bekanntmachung kann hingegen entfallen. Zur Vorbereitung der Unternehmensbewertung des übernehmenden Rechtsträgers wird idR parallel die Erstellung bzw. Prüfung des Abschlusses zum gleichen Zeitpunkt erfolgen. **42**

b) Unternehmensbewertung[100]

Schon zu einem relativ frühen Zeitpunkt hat auch die konkrete Unternehmensbewertung der beteiligten Rechtsträger zu erfolgen. Sodann sind Entwürfe des Verschmelzungsvertrages und des Verschmelzungsberichtes zu erstellen. Bei Verschmelzungen zur Neugründung ist außerdem der Gesellschaftsvertrag des neuen Rechtsträgers zu entwerfen. **43**

c) Verschmelzungsvertrag[101]

Der Verschmelzungsvertrag kann, jeweils nach den Umständen, schon jetzt nach § 6 UmwG beurkundet werden. Ist das Abstimmungsergebnis in den Gesellschafterversammlungen noch unklar, besteht nach dem UmwG die Möglichkeit, nur über einen Vertragsentwurf Beschluss fassen zu lassen und die Beurkundung dann nachzuholen. So lassen sich unnötige Notarkosten vermeiden. Selbstverständlich **44**

---

[97] Zur Bestimmung des Zeitpunktes des Umtauschverhältnisses → Rn. 81.
[98] Nach § 63 II UmwG muss eine Zwischenbilanz nicht aufgestellt werden, wenn die Gesellschaft einen Halbjahresfinanzbericht nach § 37w WpHG veröffentlicht hat. Des Weiteren kann nach § 62 II 5 iVm § 8 III auf die Zwischenbilanz verzichtet werden.
[99] → § 10 Rn. 3 ff.
[100] → Rn. 84–137.
[101] → Rn. 64–187.

muss dann der Vertrag beurkundet werden, über den der Beschluss gefasst worden ist.[102] Ist an der Verschmelzung eine AG beteiligt, so ist nach § 61 UmwG der Verschmelzungsvertrag oder sein Entwurf vor der Einberufung der Hauptversammlung zum Handelsregister einzureichen.

d) Verschmelzungsbericht[103]

45 Nach § 8 I UmwG haben die Vertretungsorgane jedes der an der Verschmelzung beteiligten Rechtsträger einen ausführlichen schriftlichen Bericht zu erstatten, in dem die Verschmelzung, der Verschmelzungsvertrag oder sein Entwurf im Einzelnen und insbesondere das Umtauschverhältnis der Anteile oder die Angaben über die Mitgliedschaft bei dem übernehmenden Rechtsträger sowie die Höhe einer anzubietenden Barabfindung rechtlich und wirtschaftlich erläutert und begründet werden. Der Verschmelzungsbericht dient der Plausibilitätskontrolle durch die Anteilsinhaber und muss alle Angaben enthalten, um diesen eine Schlüssigkeitsprüfung der geplanten Verschmelzung sowie insbesondere der festgesetzten Umtauschverhältnisse zu ermöglichen.

e) Unterrichtung des Betriebsrates[104]

46 Die Arbeitnehmervertretung ist durch Übersendung des Verschmelzungsvertrages von den Folgen der Verschmelzung für Arbeitnehmer und deren Vertretungen zu unterrichten. Die Zustellung hat wenigstens einen Monat vor der Versammlung der Anteilseigner zu erfolgen, § 5 III UmwG. Weitere Mitbestimmungsrechte räumt das UmwG den Betriebsräten zwar nicht ein; unberührt bleiben aber die allgemeinen Vorschriften des Betriebsverfassungs- und Mitbestimmungsrechts.

f) Verschmelzungsprüfung[105]

47 Für die AG (§ 9 I iVm §§ 60, 78 UmwG) ist, soweit die Anteilsinhaber nicht verzichten, eine Verschmelzungsprüfung vorgeschrieben. Bei Personengesellschaften (§ 44 UmwG) und GmbH (§ 48 UmwG) findet hingegen eine Prüfung nur auf Antrag einer der Gesellschafter statt, der nunmehr binnen einer Woche ab Zugang der Einladung zur Anteilseignerversammlung zu stellen ist.[106] Dabei ist der Verschmelzungsprüfer ausschließlich durch das Gericht zu bestellen (§ 10 I UmwG), da dieser bei den Anteilsinhabern eher als objektiv anerkannt ist als ein von den Ver-

---

[102] BGHZ 82 S. 188 (194).
[103] → Rn. 188–227.
[104] → Rn. 148–154 sowie → § 6 Rn. 60 ff.
[105] → Rn. 214–281.
[106] Der Gesetzgeber des Zweiten Umwandlungsänderungsgesetzes beseitigte damit die frühere Gefahr einer Blockade der Verschmelzung, wenn die Anteilseigner das Verlangen der Prüfung erst bei Beschlussfassung äußerten, vgl. *Heckschen* DNotZ 2007 S. 444 (448).

§ 9. Umwandlungsrechtliche Regelungen   § 9

tretungsorganen bestellter Prüfer.[107] Kernstück der Verschmelzungsprüfung ist die Kontrolle der Angemessenheit des Umtauschverhältnisses. Die Prüfung ergänzt insoweit den Verschmelzungsbericht, der nur eine Plausibilitätskontrolle der Anteilsinhaber ermöglichen soll.[108] Aufgrund der Prüfungsergebnisse sind gegebenenfalls die Umtauschverhältnisse und Barabfindungen zu korrigieren.

g) Vorbereitung der Kapitalerhöhung[109]

Soweit kein Fall der §§ 54, 68 UmwG vorliegt, dh für die Verschmelzung beim übernehmenden Rechtsträger eine Kapitalerhöhung notwendig ist, ist diese parallel vorzubereiten, da sie vor der Verschmelzung in das Handelsregister eingetragen werden muss, §§ 53, 66 UmwG. Die Kapitalerhöhung, die zur Durchführung einer Verschmelzung dient, unterliegt vereinfachten Bedingungen, §§ 55, 66 UmwG.[110] 48

h) Ladung der Anteilsinhaber[111]

Bei der GmbH müssen die Anteilsinhaber unter Angabe des Tagesordnungspunktes „Verschmelzung" zur Gesellschafterversammlung geladen werden (§ 49 I UmwG). Sodann sind teilweise mit der Einladung der Verschmelzungsvertrag und der Verschmelzungsbericht zu versenden, so geregelt für die GmbH (§ 47 UmwG) und Personengesellschaften (§ 42 UmwG). Bei Unternehmen anderer Rechtsform, so bei der AG, tritt die Bekanntmachung oder die Auslegung in den Geschäftsräumen an diese Stelle, vgl. § 61 UmwG. Bei Letzteren sowie bei Genossenschaften und rechtsfähigen Vereinen müssen vom Tag der Einberufung an außerdem in den Geschäftsräumen die drei letzten Jahresbilanzen sowie die Verschmelzungsverträge und -berichte ausgelegt werden, §§ 63, 82, 101 UmwG.[112] Seit dem Dritten Umwandlungsänderungsgesetz können die Unterlagen mit Einwilligung, dh vorheriger Zustimmung, des Aktionärs elektronisch übermittelt werden, § 62 III 7 UmwG. 49

3. Beschlussphase

a) Zustimmungsbeschlüsse[113]

Die beteiligten Rechtsträger haben nunmehr jeweils gesondert die Zustimmungsbeschlüsse ihrer Anteilseigner einzuholen. In der Regel ist mindestens eine ³/₄-Mehrheit des erschienenen Kapitals bzw. der erschienenen Gesellschafter erforderlich. Zum Teil sind einstimmige Be- 50

---

[107] Vgl. BT-Drucks. 15/371 S. 18 zum Spruchverfahrensneuordnungsgesetz vom 12.6.2003.
[108] *Drygala* in Lutter UmwG § 9 Rn. 10.
[109] → Rn. 291–304.
[110] → Rn. 293.
[111] → Rn. 293.
[112] Seit Inkrafttreten des ARUG können die Unterlagen alternativ auf der Internetseite der Gesellschaft zur Verfügung gestellt werden, § 62 III 8.
[113] → Rn. 282–290.

Sagasser/Luke   171

schlüsse erforderlich, etwa bei der Personengesellschaft, wenn der Gesellschaftsvertrag keine niedrigere Mehrheit bestimmt, § 43 UmwG, oder bei der Verschmelzung, an der eine GmbH mit nicht voll einbezahlten Stammeinlagen oder eine Personenhandelsgesellschaft als übernehmende Rechtsträger beteiligt sind, § 51 UmwG. Aufgrund in der Vergangenheit aufgetretener Unklarheiten über den Gesetzeswortlaut des § 51 I 3 UmwG aF stellt § 51 I 3 UmwG nF nunmehr klar, dass dem Verschmelzungsbeschluss ebenso alle Gesellschafter der übernehmenden Gesellschaft zustimmen müssen, wenn eine GmbH mit nicht in voller Höhe bewirkten Stammeinlagen von einer GmbH durch Verschmelzung aufgenommen wird. In der Anmeldung der Verschmelzung ist zu erklären, dass diese Zustimmung vorliegt, § 52 I 2 UmwG nF. In diesen Fällen ist teilweise auch die Zustimmung der nicht erschienenen Gesellschafter erforderlich. Bei der Aktiengesellschaft muss gemäß § 65 II UmwG nach Aktiengattungen gesondert abgestimmt werden, allerdings nur insoweit, als diese stimmberechtigt sind. Erleichterungen gibt es bei Konzernverschmelzungen: Nach § 62 I ist ein Beschluss der übernehmenden Aktiengesellschaft, die mindestens 90% an der zu übertragenden Gesellschaft hält, nicht erforderlich. Nach dem Dritten Umwandlungsänderungsgesetz ist auch kein Beschluss der übertragenden Kapitalgesellschaft mehr erforderlich, die zu 100% von einer Aktiengesellschaft gehalten wird.[114]

51 Vor Beginn der Versammlung haben die Organe die Verschmelzung sowie den Verschmelzungsvertrag teils obligatorisch, teils auf Aufforderung zu **erläutern**, §§ 64 II, 49 III UmwG. Auch während der Versammlung sind der Verschmelzungsvertrag, -bericht sowie gegebenenfalls die Bilanzen und Lageberichte der letzten Jahre weiter auszulegen, §§ 64 I, 49 II UmwG.

b) Kapitalerhöhungsbeschluss[115]

52 Bei aufnehmenden Rechtsträgern in Form einer Kapitalgesellschaft ist gegebenenfalls ein Kapitalerhöhungsbeschluss erforderlich, §§ 55, 69 UmwG.

53 Als wesentliche Neuerung hat der Gesetzgeber mit dem Zweiten Umwandlungsänderungsgesetz die Verzichtsmöglichkeit auf eine Anteilsgewährung der Gesellschafter des übertragenden Rechtsträgers eingeführt, §§ 54 I 3, 68 I 3 UmwG nF. Hiernach steht eine Kapitalerhöhung bei einer übernehmenden GmbH, AG oder KGaA nunmehr zur Disposition aller Anteilsinhaber des übertragenden Rechtsträgers.[116]

---

[114] § 62 IV, dies gilt auch im Hinblick auf ein noch zu erfolgendes Squeeze-out-Verfahren. Dazu *Heckschen* NJW 2011 S. 2390 (52391); *Wagner* DStR 2010 S. 1629 (1630).
[115] → Rn. 293 ff.
[116] Ausführlich hierzu → Rn. 354 ff.

c) Notarielle Beurkundung[117]

Der Beschluss sowie die gegebenenfalls erforderlichen Zustimmungserklärungen der Anteilsinhaber sind **notariell** zu beurkunden, § 13 III UmwG. Sofern dies aus Kostengründen noch nicht erfolgt ist, muss nunmehr auch der Verschmelzungsvertrag notariell beurkundet werden.   54

4. Vollzugsphase

a) Anmeldung der Verschmelzung und ggf. der Kapitalerhöhung[118]

Die Vertretungsorgane des übernehmenden sowie des übertragenden Rechtsträgers haben die Verschmelzung zum Handelsregister anzumelden. Ist der übernehmende Rechtsträger eine Kapitalgesellschaft, welche zur Durchführung der Verschmelzung eine Kapitalerhöhung zu bewirken hat, so empfiehlt es sich wegen der Eintragungsreihenfolge der §§ 53, 66 UmwG dringend, in entsprechender Reihenfolge den Kapitalerhöhungsbeschluss vor der Verschmelzung zur Eintragung in das Handelsregister anzumelden.   55

b) Registersperre und Unbedenklichkeitsverfahren[119]

Nach § 16 II 1 UmwG haben die Vertretungsorgane bei der Anmeldung zu erklären, dass eine Klage gegen die Wirksamkeit eines Verschmelzungsbeschlusses nicht oder nicht fristgemäß erhoben oder eine solche Klage rechtskräftig abgewiesen oder zurückgenommen worden ist. Liegt die Erklärung nicht vor, so darf die Verschmelzung nicht eingetragen werden, es sei denn, dass die klageberechtigten Anteilsinhaber durch notariell beurkundete Verzichtserklärung auf die Klage gegen die Wirksamkeit des Verschmelzungsbeschlusses verzichten, § 16 II 2 Halbs. 2 UmwG. In Ermangelung dieser Erklärung tritt die Registersperre des § 16 II 2 Halbs. 1 ein, welche bis zu ihrer Aufhebung den Vollzug der Verschmelzung aufhält.   56

Um die Registersperre über den Willen der klagenden Anteilsinhaber hinweg überwinden zu können, ist im UmwG 1994 das Freigabeverfahren nach § 16 III UmwG eingeführt worden.[120] Speziell für das umwandlungsrechtliche Verfahren kann diesbezüglich von einem durchaus effektiven Rechtsschutz gegenüber blockierenden Anfechtungsklagen sog. „räuberischer Aktionäre" gesprochen werden.[121] Das Freigabeverfahren ist durch das Zweite Umwandlungsänderungsgesetz noch dadurch verstärkt worden, dass der Beschluss des Gerichts in Parallele zu dem durch das UMAG eingeführten aktienrechtlichen Freigabeverfah-   57

---

[117] → Rn. 290.
[118] → Rn. 305–310.
[119] Hierzu ausführlich → § 3 Rn. 21 f. und zum Verschmelzungsbericht → Rn. 188–227.
[120] Sowohl zum umwandlungsrechtlichen Freigabeverfahren allgemein als auch zu seinem Verhältnis zum aktienrechtlichen Freigabeverfahren → Rn. 57 und → § 3 Rn. 21 ff.
[121] Zur Umwandlungspraxis → Rn. 174, 180.

ren[122] innerhalb einer Frist von drei Monaten zu erfolgen hat (§ 16 III 5 UmwG nF).[123] Von den Gerichten wurde im Verfahren gemäß § 246a AktG die Drei-Monats-Frist bereits durchgehend eingehalten.[124] Diese Änderung des UmwG wurde trotz Kritik durch den Bundesrat[125] vorgenommen. Allerdings handelt es sich um eine Soll-Vorschrift, dh das Gericht wird bei besonderen rechtlichen oder tatsächlichen Schwierigkeiten die Frist angemessen verlängern können und hat dies lediglich in einem (unanfechtbaren) Beschluss zu begründen.[126] Durch das ARUG wurde das Freigabeverfahren nochmals verstärkt. Die Bedingungen, unter denen die Freigabe erfolgen kann, wurden klarer gefasst, zuständig ist nun das Oberlandesgericht und der Beschluss ist unanfechtbar.[127]

c) *Eintragung im Handelsregister*[128]

58 Die Verschmelzung muss in die Handelsregister aller beteiligten Rechtsträger, und zwar zunächst in das Register des übertragenden und dann in das Register des übernehmenden Rechtsträgers eingetragen werden, § 19 I 1 UmwG. Erst durch die Registereintragung der Verschmelzung beim *übernehmenden* Rechtsträger wird die Verschmelzungswirkung herbeigeführt, die Gesamtrechtsnachfolge des übernehmenden Rechtsträgers tritt in diesem Zeitpunkt ein, vgl. § 20 I UmwG. Gleichzeitig werden die Anteilseigner des erloschenen übertragenden Rechtsträgers Anteilseigner am neuen Rechtsträger, § 20 I Nr. 3 UmwG. Die vorherige Eintragung der Verschmelzung der übertragenden Rechtsträger war nach § 19 I 2 UmwG aF stets mit dem Vermerk zu versehen, dass die Verschmelzung erst mit Eintragung im Register des Sitzes des übernehmenden Rechtsträgers wirksam wird. Seit dem Zweiten Umwandlungsänderungsgesetz sieht § 19 I 2 letzter Halbs. UmwG nF nunmehr vor, dass der Vermerk unterbleiben kann, wenn die Eintragungen am selben Tag vorgenommen werden, sog. taggleiche Eintragung. Ein zusätzliches Eintragungserfordernis besteht im Falle der Kapitalerhöhung des aufnehmenden Rechtsträgers, soweit es sich hierbei um eine Kapitalgesellschaft handelt. Die Kapitalerhöhung ist vorher zwingend im Handelsregister der übernehmenden Kapitalgesellschaft einzutragen, vgl. § 53 UmwG für die GmbH und § 66 UmwG für die AG.[129]

59 Die Parteien des Verschmelzungsvertrages können im Innenverhältnis bestimmen, ab welchem Datum die Verschmelzung schuldrechtlich wir-

---

[122] § 246a AktG.
[123] Hiermit wurden die Vorgaben des BGH in seinem Beschluss vom 29.5.2006, DB 2006 S. 1362 [T-Online/Deutsche Telekom] umgesetzt, vgl. *Mayer/Weiler* DB 2007 S. 1235.
[124] Vgl. *Baums/Keinath/Gajek* ZIP 2007 S. 1629 (1649).
[125] Vgl. Stellungnahme des Bundesrats vom 22.9.2006, BR-Drucks. 548/06 S. 1.
[126] *Heckschen* DNotZ 2007 S. 444 (447).
[127] § 16 III 3 und 7, 8 UmwG; → § 3 Rn. 21 ff.
[128] → Rn. 316 ff.
[129] → Rn. 294 f.

ken soll. Dieser in § 5 I Nr. 6 UmwG als Verschmelzungsstichtag bezeichneter Zeitpunkt kann wegen seiner Verknüpfung mit dem Stichtag der Schlussbilanz des übertragenden Rechtsträgers jedoch nicht mehr als acht Monate vor der Anmeldung der Verschmelzung zum Handelsregister liegen.[130]

d) Annahmefrist für Abfindungsangebot[131]

Liegt eine Mischverschmelzung vor, somit eine Verschmelzung unter Beteiligung verschiedener Rechtsformen beim übertragenden und übernehmenden Rechtsträger, oder werden Anteilsinhaber des übertragenden Rechtsträgers beim übernehmenden Rechtsträger erstmals einer Verfügungsbeschränkung bezüglich ihrer Anteile unterworfen, oder liegt der Fall des sog. kalten Delisting vor, so ist nach § 29 I UmwG den Anteilsinhabern des übertragenden Rechtsträgers eine angemessene Barabfindung anzubieten. Dieses Abfindungsgebot kann nur innerhalb von zwei Monaten ab Bekanntmachung der Eintragung der Verschmelzung in das Register des übernehmenden Rechtsträgers angenommen werden, § 31 UmwG. 60

e) Gläubigerschutz[132]

Die Lage der Gesellschaftsgläubiger kann durch eine Verschmelzung nachhaltig beeinträchtigt werden. Unter bestimmten Voraussetzungen ist im Rahmen des Gläubigersicherungsverfahrens nach § 22 UmwG den Gläubigern Sicherheit zu leisten. Dieses Recht steht den Gläubigern nicht bereits vor Wirksamwerden der Verschmelzung,[133] sondern erst innerhalb einer Frist von sechs Monaten ab Eintragung der Verschmelzung in das Register des übernehmenden Rechtsträgers zu. 61

f) Spruchverfahren[134]

Das Spruchverfahren, welches seit dem Gesetz zur Neuordnung des gesellschaftsrechtlichen Spruchverfahrens[135] durch das SpruchG geregelt wird, dient der gerichtlichen Verbesserung des Umtauschverhältnisses (§ 15 I UmwG) bzw. der gerichtlichen Nachprüfung des Barabfindungsangebotes (§ 34 UmwG). Die antragsberechtigten Anteilsinhaber des übertragenden Rechtsträgers müssen den Antrag auf Einleitung des 62

---

[130] → Rn. 139; aA *Lanfermann* in Kallmeyer UmwG § 5 Rn. 34 f.
[131] → Rn. 155 ff.
[132] → § 3 Rn. 32 ff.
[133] Verfahrensrechte der Gläubiger bereits vor dem Wirksamwerden der Verschmelzung waren denkbar und von Art. 13 der VerschmRL (RL 78/855/EWG vom 9.10.1978, ABl. EG L 295 S. 36) auch gedeckt, da dieser zum Zeitpunkt der Gläubigersicherung keine Aussage trifft. Im außereuropäischen Ausland sind die Gläubigerrechte gelegentlich im Vorfeld der Verschmelzung zu sichern, siehe *Ködderitzsch* ZJapanR Heft 11 (2001) S. 50 (61).
[134] → § 3 Rn. 25 f.
[135] Gesetz vom 12.6.2003, BGBl. I 2003 S. 5702.

§ 9 3. Teil. Verschmelzung

Spruchverfahrens innerhalb von drei Monaten ab Bekanntmachung der Eintragung der Verschmelzung in das Register des übernehmenden Rechtsträgers stellen, § 4 I SpruchG.

III. Verschmelzung durch Aufnahme

63   Nachfolgend werden als Grundfall die für eine Verschmelzung durch Aufnahme notwendigen Schritte im Einzelnen erörtert.

1. Verschmelzungsvertrag

64   Der Gesetzgeber hat die Verschmelzung von Unternehmen als **rechtsgeschäftlichen** Akt der Gesamtrechtsnachfolge konstruiert, § 4 I UmwG. Deshalb ist für jede Verschmelzung – auch für solche in Konzernlagen – ein Verschmelzungsvertrag zu schließen.

65   Das UmwG überlässt den Vertragsschluss den Verwaltungsorganen der Gesellschaft und insbesondere auch die Entscheidung, ob sie die nach § 6 UmwG notwendige Beurkundung vor oder nach dem Votum der Anteilsinhaber vornehmen lassen, § 4 II UmwG.[136]

a) Zuständigkeit für den Abschluss des Verschmelzungsvertrages

66   Nach § 4 I UmwG sind zum Abschluss des Verschmelzungsvertrages idR die **Vertretungsorgane** der beteiligten Rechtsträger zuständig. Die Vertretungsmacht richtet sich dabei nach der jeweiligen Rechtsform. Prokuristen dürfen – soweit die Gesellschaftsverträge dies vorsehen – gemeinschaftlich mit Organvertretern den Verschmelzungsvertrag abschließen. Die Prokura allein dürfte jedoch nicht für den Abschluss ausreichen, da die gesellschaftsrechtlichen Wirkungen des Verschmelzungsvertrages nicht zu den Geschäften gehören, die der Betrieb eines Handelsgewerbes mit sich bringt, § 49 HGB.[137] Die Verschmelzung dürfte auch typischerweise einem satzungsmäßigen oder gesellschaftsvertraglichen Zustimmungsvorbehalt des Aufsichtsrates (§ 111 IV 2 AktG bzw. iVm § 52 I GmbHG[138]) Beirates oder sonstigen Kontrollgremiums unterliegen, der jedoch keine Außenwirkung entfaltet.[139] Der Zustimmungsbeschluss nach § 13 I UmwG deckt sich mit dem Beschluss der Haupt- bzw. Gesellschafterversammlung nach § 111 IV 3 AktG bzw. § 37 I GmbHG.[140]

---

[136] *Drygala* in Lutter UmwG § 6 Rn. 5; vgl. auch Art. 5 I der VerschmRL (RL 78/855/EWG vom 9.10.1978, ABl. EG L 295 S. 36).
[137] *Stratz* in Schmitt/Hörtnagl/Stratz UmwG § 4 Rn. 14; *Marsch-Barner* in Kallmeyer UmwG § 4 Rn. 5.
[138] Diese Vorschrift gilt gemäß § 52 GmbHG auch für den Aufsichtsrat der GmbH, vgl. *Schneider* in Scholz GmbHG § 52 Rn. 77.
[139] *Drygala* in Lutter UmwG § 4 Rn. 13.
[140] *Drygala* in Lutter UmwG § 4 Rn. 13.

b) Inhalt des Verschmelzungsvertrages

Das UmwG enthält in § 5 I Nrn. 1–9 einen **Katalog von Mindestangaben**, die in den Verschmelzungsvertrag oder seinen Entwurf aufgenommen werden müssen. Der für alle Rechtsformen geltende Katalog wird durch die Sonderregelungen in §§ 40, 46, 57, 80, 110 UmwG ergänzt, die nur auf die Rechtsträger der angesprochenen Rechtsform Anwendung finden. Weitere Erfordernisse ergeben sich aus anderen Normen des UmwG, etwa aus § 29 I UmwG für ein Barabfindungsangebot oder aus § 35 UmwG nF[141] für die nunmehr erleichterte Bezeichnung unbekannter Aktionäre in einem Sammelvermerk. 67

Der Verschmelzungsvertrag enthält einerseits Vertragsklauseln mit Regelungscharakter, andererseits jedoch auch **deskriptive** Teile.[142] Durch diesen Mindestinhalt des Verschmelzungsvertrages soll im Interesse der Verbesserung der Information der Anteilseigner sichergestellt werden, dass den Anteilsinhabern bei der Beschlussfassung über die Verschmelzung die wesentlichen Daten der Verschmelzung bekannt sind. Insbesondere vor dem Hintergrund der Verzichtsmöglichkeit der Anteilsinhaber auf den nachgelagerten Verschmelzungsbericht, der eigentlich richtige Ort für eine Erläuterung des Verschmelzungsvertrages, wird die vom Gesetzgeber angeordnete beschreibende Funktion des Verschmelzungsvertrages verständlich.[143] 68

Nach ihrer umstrittenen Einführung im UmwG 1994 ist heute die in § 5 I Nr. 9 UmwG geregelte Pflicht die Arbeitnehmer und ihre Vertretungen im Verschmelzungsvertrag über die Folgen der Verschmelzung zu informieren weithin anerkannt. Inhaltlich ähnlich ausgestaltet findet sich die Informationspflicht auch in § 122e UmwG für grenzüberschreitende Verschmelzungen, hier allerdings als Teil des Verschmelzungsberichts. Das Risikobegrenzungsgesetz sieht Gleichnamiges für Finanzinvestitionen im Betriebverfassungsgesetz vor, vgl. §§ 106, 109a BetrVG. Insoweit wird zu Recht kritisiert, dass die Informationspflichten nicht an einem Standort und in einem Verfahren einheitlich geregelt worden sind.[144] Die Angaben im Verschmelzungsvertrag erscheinen dort jedenfalls eher als „Fremdkörper". 69

aa) Firma und Sitz der beteiligten Rechtsträger, § 5 I Nr. 1 UmwG

Diese Norm dürfte lediglich deklaratorischen Charakter haben, ist die Festlegung des aufnehmenden sowie der beteiligten Rechtsträger doch eine Selbstverständlichkeit. Die Vereinbarung eines Doppelsitzes bei der Verschmelzung ist grundsätzlich nicht zulässig.[145] Wird ein Sitz im Aus- 70

---

[141] Seit dem Zweiten Umwandlungsänderungsgesetz verzichtet § 35 UmwG auf die Angabe von Aktienurkunden.
[142] *Kiem* Muster Rn. 23.
[143] *Bermel/Hannappel* in Goutier/Knopf/Tulloch UmwG § 5 Rn. 2.
[144] *Drygala* in Lutter UmwG § 5 Rn. 85; *Willemsen* in Kallmeyer UmwG § 5 Rn. 47.
[145] *Drygala* in Lutter UmwG § 5 Rn. 12; *Katschinski* ZIP 1997 S. 620.

§ 9 3. Teil. Verschmelzung

land festgelegt, handelt es sich um eine grenzüberschreitende Verschmelzung. Betrifft sie EU-Kapitalgesellschaften iSd § 122b UmwG, ist dies seit der Umsetzung der IntVerschmRL[146] durch das Zweite Umwandlungsänderungsgesetz gemäß den §§ 122a ff. UmwG zulässig. Aus dem Anwendungsbereich der IntVerschmRL ausgeschlossene Rechtsformen und Umwandlungsvorgänge können nach den vom EuGH in der SEVIC-Entscheidung niedergelegten Grundsätzen zulässig sein. Diesbezüglich fehlt es aber bis heute an einem für die Praxis notwendigen rechtssicheren Verfahren.[147]

bb) Vermögensübertragung als Ganzes gegen Anteilsgewähr, § 5 I Nr. 2 UmwG

71 (1) Vermögensübertragung. In diesem Punkt dient § 5 I Nr. 2 UmwG im Wesentlichen der Klarstellung des Vertragscharakters. Nicht notwendig ist die wortwörtliche Wiederholung des Gesetzestextes; sie wird jedoch verschiedentlich angeraten, um Missverständnissen vorzubeugen und eine eindeutige Zuordnung zu den gesetzlichen Regelungen der §§ 2f., 4ff., 36ff. UmwG zu ermöglichen.[148] Eine Ausnahme einzelner Vermögensgegenstände von der Gesamtrechtsnachfolge ist unwirksam; das Schicksal des Vertrages richtet sich dann nach § 139 BGB.[149]

72 (2) Gegen Anteile. Der Verschmelzungsvertrag muss festlegen, dass als **Gegenleistung** der Vermögensübertragung den Anteilsinhabern des übertragenden Rechtsträgers Anteile oder Mitgliedschaften an dem übernehmenden oder neugegründeten Rechtsträger gewährt werden.

73 Hintergrund ist der Grundsatz der Anteilskontinuität, der vom BGH[150] dahin definiert wurde, dass Berechtigte, die zum Zeitpunkt der Eintragung der Umwandlung Anteilsinhaber der Ausgangsgesellschaft sind, auch Anteilsinhaber der Zielgesellschaft werden. Das Verschmelzungsverfahren ist in seinen einzelnen Abschnitten stark von diesem Grundsatz geprägt. Das UmwG greift den Grundsatz und seine Ausnahmen an mehreren Stellen auf, zB bezüglich der Informationspflichten im Verschmelzungsvertrag (§ 5 I Nr. 2 und II UmwG), im Verschmelzungsbericht (§ 8 I 1 und III UmwG) und in der Verschmelzungsprüfung (§ 9 I und II UmwG); weiter regelt das UmwG die Gewähr der Anteile in § 20 I Nr. 3 und rechtsformspezifisch für Kapitalgesellschaften die Kapitalerhöhung in den §§ 55, 54 UmwG (GmbH) und §§ 69, 68 UmwG (AG). Bezogen auf § 5 I Nr. 2 UmwG sollen

---

[146] Richtlinie 2005/56/EG des Europäischen Parlaments und des Rates vom 26.10.2005 über die Verschmelzung von Kapitalgesellschaften aus verschiedenen Mitgliedstaaten, ABl. EG Nr. L 310/1 vom 25.11.2005.
[147] Ausführlich § 12 und § 13.
[148] *Stratz* in Schmitt/Hörtnagl/Stratz UmwG § 5 Rn. 4; *Heckschen* WM 1990 S. 377 (380); *Drygala* in Lutter UmwG § 5 Rn. 14.
[149] *Marsch-Barner* in Kallmeyer UmwG § 5 Rn. 4.
[150] BGH [zum Formwechsel] vom 9.5.2005 – II ZR 29/03, AG 2005 S. 613; *Kallmeyer/Marsch-Barner* in Kallmeyer UmwG § 1 Rn. 9.

die Anteilsinhaber der übertragenden Rechtsträger und insbesondere die „gefährdeten" Minderheitengesellschafter nicht nur vermögensmäßig, sondern durch Gewährung der entsprechenden Art und Gattung von Anteilen auch in ihrer Rechtsstellung, insbesondere in der aus den Anteilen abgeleiteten Verwaltungs- bzw. Herrschaftsmacht, gleichgestellt werden.[151] Ausgelöst werden die Angabepflichten des § 5 I Nr. 2 UmwG durch den Anteilstausch. Für die Verschmelzung einer 100%igen Tochtergesellschaft auf das Mutterunternehmen (sog. *upstream merger*) regelt der Gesetzgeber in § 5 II UmwG eine Ausnahme, da Anteilsrecht und -gewähr durch Konfusion erlöschen.[152] Erforderlich ist, dass die Tochtergesellschaft im Zeitpunkt der Eintragung der Verschmelzung ins Register zu 100% der Muttergesellschaft gehört. Während die zweistufige Konzernverschmelzung unter diesem Gesichtspunkt als zulässig anerkannt wird,[153] ist nach herrschender Meinung auch in diesem Fall eine Kapitalerhöhung zulässig.[154] Beim neu eingeführten Squeeze-out-Verfahren ist nicht klar geregelt, ob die Ausnahme des § 5 II UmwG schon, das Squeeze-out vorwegnehmend, angewendet werden kann.[155] Werden die Bedingungen für den Verzicht auf den Anteilstausch erst durch den Squeeze out hergestellt, muss der Verschmelzungsvertrag hier den Hinweis auf das Squeeze-out-Verfahren enthalten, § 62 V 2 UmwG. Tatbestandlich regelt § 5 II UmwG allerdings nur den Fall des *upstream merger*s von Kapitalgesellschaften und hat von vornherein keine Bedeutung für übertragende Rechtsträger, bei denen eine alleinige Anteilseignerstellung (zB Personengesellschaften) nicht in Betracht kommt.

74

In den *upstream merger*-Fällen kommt es also zu keinem Anteilstausch, weshalb auch Verschmelzungsbericht und eine Verschmelzungsprüfung entbehrlich sind, vgl. §§ 8 III, 9 II UmwG. Entsprechend besteht bei Kapitalgesellschaften ein Kapitalerhöhungsverbot, §§ 54 I 1 Nr. 1, 68 I Satz 1 Nr. 1 UmwG. An anderer Stelle regelt das UmwG für Konzernverschmelzungen von Kapitalgesellschaften rechtsformspezifisch weitere Fälle, in denen ein Wahlrecht oder eine Verzichtsmöglichkeit bezüglich

75

---

[151] *Drygala* in Lutter UmwG § 5 Rn. 18.
[152] *Schröer* in Semler/Stengel UmwG § 5 Rn. 128; *Kocher* UmwG § 54 Rn. 5; ähnlich *Winter* in Semler/Stengel UmwG § 54 Rn. 6, der schon eine Anspruchsentstehung verneint.
[153] *Schröer* in Semler/Stengel UmwG § 5 Rn. 131 mwN: Unter zweistufiger Konzernverschmelzung wird der Fall einer übernehmenden Muttergesellschaft verstanden, die zunächst alle Anteile an der übertragenden Gesellschaft erlangt, indem sie ihr Kapital unter Ausschluss des Bezugsrechts gegen Sacheinlage erhöht. Unmittelbar im Anschluss daran beschließt sie die Verschmelzung in der vereinfachten Form.
[154] *Schröer* in Semler/Stengel UmwG § 5 Rn. 139; *Grunewald* in Lutter UmwG § 20 Rn. 66.
[155] Wohl dafür *Mayer* NZG 2012 S. 561 (566), so auch der Rechtsausschuss BT-Drucks. 17/5930 S. 8; dagegen *Neye/Kraft* NZG 2011 S. 681 (683), die davon ausgehen, dass die Konzernprivilegien noch keine Anwendung finden.

der Anteilsgewährung besteht.¹⁵⁶ Eine weitere Ausnahme vom Grundsatz der Anteilskontinuität stellt die Möglichkeit des Anteilsverzichts dar. Durch Einführung des § 54 I 3 und § 68 I 3 UmwG durch das Zweite Umwandlungsänderungsgesetz wird die Gewährung von Anteilen als Gegenleistung fakultativ, wenn alle Anteilsinhaber des übertragenden Rechtsträgers darauf verzichten. Der Gesetzgeber hat diese Möglichkeit insbesondere im Hinblick auf die Verschmelzung von Schwestergesellschaften eingeführt, bei denen ein Anteilsverzicht bisher umstritten war.¹⁵⁷ Hiermit hat er die Position der hM in der Literatur aufgegriffen, so dass die neue Vorschrift denn auch größtenteils begrüßt wird.¹⁵⁸ Gleichzeitig wird die Änderung jedoch aus unterschiedlichen Gründen kritisiert: Neben der systematischen Stellung in den §§ 54 und 68 UmwG wird die Verzichtsmöglichkeit im Hinblick auf den Schutz der Minderheitsgesellschafter und der Gläubiger kritisch gesehen und ihre Konformität mit der VerschmRL angezweifelt.¹⁵⁹

76 Bei der Verzichtsmöglichkeit der §§ 54 und 68 UmwG fehlt es zwar an einem Anteilstausch, dennoch kann uE eine Angabe im Verschmelzungsvertrag nicht entfallen. § 5 II UmwG erfasst die gesondert geregelten Wahl- und Verzichtsmöglichkeiten nicht.¹⁶⁰ An die Stelle der anteilsbezogenen Angaben nach Nr. 2 bis 5 tritt der Hinweis auf die später zu folgende Verzichtserklärung.

77 Der Verschmelzungsvertrag muss weiterhin Angaben machen über Art bzw. Gattung der im Gegenzug gewährten Anteile oder Mitgliedschaften sowie über die im neuen Rechtsträger bestehenden Verfügungsbeschränkungen. Insbesondere bei Aktiengesellschaften stellt sich das Problem, welchen Gattungen die eingetauschten Anteile angehören müssen. Während vinkulierte Anteile nur dann als gleichwertig anzusehen sind, wenn bereits in dem übertragenden Rechtsträger eine gleichartige Vinkulierung bestand,¹⁶¹ arg. § 29 I 2 UmwG, stellt sich die Frage, inwieweit Namens- statt Inhaberaktien oder Vorzugs- statt Stammaktien zugeteilt werden dürfen. Der Gesetzgeber wollte zu dieser Frage keine Stellung nehmen und es allein den Aktionären oder anderen Anteilseignern überlassen, ob sie der Verschmelzung zustimmen oder sich nach

---

¹⁵⁶ Siehe im Einzelnen → § 9 Rn. 347 ff.; zu nennen sind insbesondere der *downstream merger*, wenn die Anteile an der übernehmenden Tochtergesellschaft voll eingezahlt sind, § 54 I 2 Nr. 2 UmwG (GmbH) und § 68 I Nr. 2 UmwG (AG) und der *sidestep-merger*, § 54 I 3 UmwG (GmbH) und § 68 I 3 UmwG (AG).
¹⁵⁷ Ausführlich → Rn. 347 ff.
¹⁵⁸ *Bayer/Schmidt* NZG 2006 S. 841, 845; *Kallmeyer* GmbHR 2006 S. 418 f.; *Drinhausen* BB 2006 S. 2313 S. 2315; *DNotV*, Stellungnahme zum Referentenentwurf Nr. 6, www.dnotv.de.
¹⁵⁹ *Mayer/Weiler* DB 2007 S. 1235, S. 1238 ff.
¹⁶⁰ Ähnlich *Drygala* in Lutter UmwG § 5 Rn. 102, die aber eine analoge Anwendung befürworten.
¹⁶¹ *Priester* ZGR 1990 S. 420 (442); zum Austrittsrecht bei ungleichartiger Vinkulierung *Reichert* GmbHR 1995 S. 176 ff. (187); *Bermel/Müller* NZG 1998 S. 331 ff.

§ 9. Umwandlungsrechtliche Regelungen § 9

§ 29 UmwG abfinden lassen wollen.[162] § 29 UmwG gewährt ein Abfindungsrecht nur bei Mischverschmelzungen und Verfügungsbeschränkungen im aufnehmenden Rechtsträger. Aus der Gesetzeskonzeption wird man schließen müssen, dass eine Veränderung der Rechte des Anteilsinhabers grundsätzlich nur dann durch Verschmelzungsbeschluss bewirkt werden kann, wenn entweder ein Satzungsänderungsbeschluss, der die Rechte des Anteilsinhabers ohne Kompensation verändert, mit entsprechender Mehrheit gefasst wird oder das UmwG für diesen Tausch eine Barabfindung vorsieht.[163] So ist eine Verbesserung der Rechtsstellung des Anteilsinhabers, zB die Gewährung von stimmberechtigten Stammaktien für stimmrechtslose Vorzugsaktien grundsätzlich durch Verschmelzungsbeschluss zulässig, während ein Austausch von Stammaktien in stimmrechtslose Vorzugsaktien nur im Ausnahmefall zulässig sein wird, zB wenn hierdurch das Verhältnis von Vorzugs- zu Stammaktien aufrechterhalten werden soll.[164] Dagegen ist der Austausch von Inhaber- in Namensaktien und umgekehrt zuzulassen, weil es sich nicht um verschiedene Aktiengattungen handelt.[165]

Bei der Verschmelzung auf eine Kommanditgesellschaft muss der Verschmelzungsvertrag Angaben über die künftige Stellung des Gesellschafters als Komplementär oder Kommanditist machen, vgl. § 40 I UmwG. Ist der Gesellschafter eines übertragenden Rechtsträgers bereits an einer übernehmenden Personenhandelsgesellschaft beteiligt, stellt sich die Frage, wie eine Anteilsgewährung erfolgen kann und entsprechend in dem Verschmelzungsvertrag aufzunehmen ist. Aus dem Grundsatz der Einheitlichkeit der Beteiligung an einer Personengesellschaft folgt, dass einem Gesellschafter, der bereits an einer solchen Gesellschaft beteiligt ist, kein weiterer Anteil gewährt werden darf.[166] Andererseits geht die herrschende Auffassung in der Literatur, mit Ausnahme des § 5 II UmwG und neuerdings auch der §§ 54 I 3 und 68 I 3 UmwG, von einer unabdingbaren Pflicht der Anteilsgewährung bei einer Verschmelzung aus.[167] § 5 I Nr. 2 und Nr. 3 UmwG zielen darauf ab, dem Gesellschafter des übertragenden Rechtsträgers als Gegenleistung eine angemessene Beteiligung an dem übernehmenden Rechtsträger zu gewähren. Ist dies durch Gewährung neuer Anteile ausnahmsweise nicht möglich, so ist eine Erhöhung der bereits vorhandenen Beteiligung geboten. Im Fall einer KG erfolgt dies durch Erhöhung der Festkapitalkonten, die jedoch nicht zwingend eine Erhöhung der im Handelsregister einzutragenden Haftsumme zur Folge hat.[168]

78

---

[162] BT-Drucks. 12/6699 S. 103 zu § 65 UmwG.
[163] *Schröer* in Semler/Stengel UmwG § 5 Rn. 23.
[164] *Schröer* in Semler/Stengel UmwG § 5 Rn. 24; *Drygala* in Lutter UmwG § 5 Rn. 20; *Heckschen* Verschmelzung S. 18.
[165] *Schröer* in Semler/Stengel UmwG § 5 Rn. 23.
[166] *Vossius* in Widmann/Mayer UmwG §§ 39 ff. Rn. 75.
[167] → Rn. 72 und → Rn. 365.
[168] Vgl. auch *Vossius* in *Widmann/Mayer* UmwG §§ 39 ff. Rn. 75; *DNotI* Gutachten S. 126 ff.

cc) Umtauschverhältnis der Anteile/Mitgliedschaften und bare Zuzahlungen, § 5 I Nr. 3 UmwG

79 (1) Angaben im Verschmelzungsvertrag. Der wichtigste Punkt des Verschmelzungsvertrages ist für die Anteilsinhaber die Festlegung des **Umtauschverhältnisses** ihrer alten Anteile am übertragenden Rechtsträger gegen Anteile bzw. Mitgliedschaftsrechte am übernehmenden Rechtsträger, entspricht dies doch dem Kaufpreis für die künftige Beteiligung am übernehmenden Rechtsträger. Dieses Verhältnis ist im Verschmelzungsvertrag genau anzugeben. Die Ermittlung der angemessenen Verschmelzungswertrelationen reicht allerdings nicht aus, wenn neben dem Umtauschverhältnis gemäß. §§ 29 I, 30 UmwG auch die Höhe einer angemessenen **Barabfindung** im Verschmelzungsvertrag konkret zu beziffern ist, die anhand des Unternehmenswertes des übertragenden Rechtsträgers ermittelt werden muss.[169]

(2) Ermittlung der Unternehmenswerte als Ausgangspunkt des Umtauschverhältnisses. Die Bestimmung des Umtauschverhältnisses stellt den wohl kompliziertesten und fehleranfälligsten Teil des gesamten Verschmelzungsvorgangs dar. Denn für das Umtauschverhältnis der Anteile des bei der Verschmelzung untergehenden Rechtsträgers gegen Anteile des aufnehmenden Rechtsträgers sind die Unternehmenswerte der beteiligten Rechtsträger maßgebend. Insofern ist die Festlegung des Umtauschverhältnisses mit allen denjenigen Unwägbarkeiten belastet, die die Unternehmensbewertung bzw. die Bewertung der Mitgliedschaft mit sich bringt. Allerdings, das folgt aus § 12 II UmwG für die Prüfung des Umtauschverhältnisses, muss das Umtauschverhältnis lediglich **„angemessen"** sein. Somit müssen die erhaltenen Anteile den Wert der hingegebenen Anteile im Wesentlichen erreichen[170] bzw. der Wert der Anteile am untergegangenen übertragenden Rechtsträger muss dem Wert der Anteile am übernehmenden Rechtsträger entsprechen.[171] Der Gesetzgeber gibt damit der Erkenntnis nach, dass es einen einzig richtigen Unternehmenswert nicht gibt und insofern eine prognoseabhängige Bandbreite verbleibt.

80 Folglich kommt es weniger auf eine exakte Ermittlung der Unternehmenswerte an, als vielmehr auf die richtige Relation[172] der Unternehmenswerte der beteiligten Rechtsträger zueinander. Wesentliche Voraussetzung für die richtige Relation ist die Anwendung gleicher Bewertungsmethoden[173] ebenso wie die Wahl eines einheitlichen Bewertungsstichtages. Ein Gericht darf bei der gerichtlichen Überprüfung eines zwischen zwei unabhängigen Unternehmen frei vereinbartem Umtauschverhältnis nicht ohne weitere Prüfung davon ausgehen, dieses sei

---

[169] *Grunewald* in Lutter UmwG § 29 Rn. 18, § 30 Rn. 2.
[170] *Drygala* in Lutter UmwG § 5 Rn. 27.
[171] OLG Stuttgart vom 8.3.2006 – 20 W 5/05, DStR 2006 S. 626.
[172] BayObLG vom 18.12.2002, ZIP 2003 S. 253; *Drygala* in Lutter UmwG § 5 Rn. 28.
[173] *Drygala* in Lutter UmwG § 5 Rn. 28.

§ 9 Umwandlungsrechtliche Regelungen § 9

marktkonform und nur den ordnungsgemässen Verhandlungsprozess prüfen, sondern hat die Angemessenheit durchaus zu überprüfen.[174]

(a) Bewertungsstichtag. Problematisch an der Bestimmung des Umtauschverhältnisses ist bereits die Festlegung des Bewertungsstichtages. Der Bewertungsstichtag muss für alle an der Verschmelzung beteiligten Rechtsträger einheitlich bestimmt sein.[175] Sämtliche an der Verschmelzung beteiligten Rechtsträger sind somit auf den gleichen **Stichtag** zu bewerten. Dabei ist fraglich, welcher Stichtag für die Bewertung maßgeblich sein soll. Einerseits müssen der Verschmelzungsvertrag und somit auch das Umtauschverhältnis bereits einen Monat vor der Beschlussfassung dem jeweiligen Anteilseigner mitgeteilt werden. Andererseits liegt zwischen dem Beschluss und dem tatsächlichen Inkrafttreten der Verschmelzung durch die Registereintragung nochmals ein Zeitraum von mindestens zwei bis drei Monaten. Vom Gesetzgeber wird der Bewertungsstichtag nicht vorgegeben. Die Vorschläge im Schrifttum für den maßgebenden Bewertungsstichtag reichen vom Verschmelzungsstichtag[176] bis zum Zeitpunkt der Eintragung[177] der Verschmelzung in das Handelsregister. 81

Die herrschende Meinung[178] geht davon aus, dass der Bewertungsstichtag weder zwingend auf den Tag des Wirksamwerdens des Verschmelzungsvertrages bei Vorliegen aller Zustimmungsbeschlüsse zu legen ist, noch dem Tag des Wirksamwerdens der Verschmelzung entsprechen muss. Der Bewertungsstichtag kann vielmehr von den Parteien des Verschmelzungsvertrages frei bestimmt werden, solange er vor dem Zeitpunkt der Beschlussfassung durch die Anteilseigner liegt.[179] 82

Nach überwiegender Auffassung ist der Zeitpunkt der Gesellschafterversammlung des übertragenden Rechtsträgers der maßgebliche Bewertungszeitpunkt. So haben nämlich die Anteilseigner des übertragenden Rechtsträgers zu diesem Zeitpunkt über die Angemessenheit des Umtauschverhältnisses zu entscheiden. Aus diesem Grunde sollten die beteiligten Rechtsträger möglichst zeitnah zum Tag der Beschlussfassung bewertet werden.[180] Wird ein von dem Tag der Beschlussfassung abweichender Bewertungsstichtag gewählt, so müssen besondere Entwicklungen und Einflüsse zwischen einem der Beschlussfassung vorangehenden Verschmelzungsstichtag und dem Tag der Gesellschafterversammlung des übertragenden Rechtsträgers in das Umtauschverhältnis einflie- 83

---

[174] BVerfG Beschl. v. 24.5.2012 NZG 20121036 f.; kritisch zur mangelnden Berücksichtigung der Privatautonomie *Drygala* in Lutter UmwG § 5 Rn. 40.
[175] *Hoffmann-Becking* Festschrift Fleck 1988 S. 105 ff.; *Drygala* in Lutter UmwG § 5 Rn. 32.
[176] *Seetzen* WM 1994 S. 46.
[177] *Hoffmann-Becking* FS *Fleck* S. 115.
[178] AA *Mayer* in *Widmann/Mayer* § 5 Rn. 131.
[179] *Drygala* in Lutter UmwG § 5 Rn. 32.
[180] *Engelmeyer* in Spaltung von AG S. 38 f.; *Castedello* in WP-Handbuch 2014, Teil A, Rn. 482; aA *Drygala* in Lutter UmwG § 5 Rn. 32, wonach auf den Tag der Schlussbilanzen abzustellen ist, der zugleich den Zeitpunkt des Wechsels der Rechnungslegung darstellt.

ßen.¹⁸¹ Dies ist in der Praxis deshalb zu beobachten, da typischerweise zwischen dem Abschluss der Bewertungsarbeiten und dem Tag der Beschlussfassung häufig ein Zeitraum von mehreren Wochen liegt. In diesem Falle bietet sich die Abgabe einer Stichtagserklärung an, die bestätigt, dass die Angemessenheit des Umtauschverhältnisses weiterhin gegeben ist.¹⁸²

84 **(b) Methoden der Unternehmensbewertung.** Die **Methoden** der Bewertung von Unternehmen sind gesetzlich nicht geregelt. Der Gesetzgeber hat bewusst davon abgesehen, die Vorgehensweise bei der Unternehmensbewertung zu normieren. Damit werden Entwicklung und Differenzierung der Methoden der Unternehmensbewertung weitgehend der Betriebswirtschaftslehre überlassen. Einigkeit besteht in Theorie und Praxis darüber, dass der Buchwert der Anteile keinen brauchbaren Maßstab für die Unternehmensbewertung liefert. Als verfassungskonforme Methode zur Ermittlung der Unternehmenswerte wird vielmehr in Rechtsprechung¹⁸³ und Schrifttum¹⁸⁴ das Ertragswertverfahren angesehen. Daneben ist in der Praxis der Unternehmensbewertung auch die Discounted Cash-flow-Methode als Verfahren zulässig.¹⁸⁵ Jedoch basieren sowohl das Ertragswertverfahren als auch das Discounted Cash-flow-Verfahren auf den gleichen konzeptionellen Grundlagen, dh beide basieren auf dem Kapitalwertkalkül und es wird der Barwert der finanziellen Überschüsse ermittelt. Beide Verfahren sind im IDW S1 idF 2008 erläutert und führen bei gleichen Bewertungsannahmen zu gleichen Unternehmenswerten.¹⁸⁶ Bedeutung hat auch der Börsenkurs für die Ermittlung des Umtauschverhältnisses gewonnen.

85 **(aa) Börsenkurs als empirischer Unternehmenswert.** Nach früher im Schrifttum vertretener Auffassung¹⁸⁷ ist der Börsenkurs zur Ableitung des Unternehmenswerts nicht geeignet. Demgegenüber hat das BVerfG allerdings in seinem Urteil vom 27.4.1999 entschieden, dass zumindest bei der Bestimmung der Abfindung oder des Ausgleichs ausgeschiedener oder ausscheidender Aktionäre im Spruchstellenverfahren der Börsenkurs ihrer Aktien nicht außer Acht gelassen werden darf.¹⁸⁸

---

¹⁸¹ *Hoffmann-Becking* Festschrift Fleck 1988 S. 117.
¹⁸² *Castedello* in WP-Handbuch 2014, Teil A, Rn. 483.
¹⁸³ BayObLG vom 11.12.1995 – 3Z BR 36/91, NJW 1996 S. 687; OLG Zweibrücken vom 5.3.1999 – 3 W 263/38, WM 1995 S. 981; LG Dortmund vom 14.2.1996 – 20 AktE 3/94, AG 1996 S. 278; OLG Düsseldorf vom 12.2.1992 – 19 W 3/91, WM 1992 S. 986 (990); OLG Frankfurt vom 24.1.1989 – 20 W 291/87, AG 1989 S. 442; BVerfG vom 27.4.1999 – 1 BvR 1613/94, DB 1999, 1693 ff.; BVerfG Beschl. v. 24.5.2012 NZG 2012 S. 1035.
¹⁸⁴ *Drygala* in Lutter UmwG § 5 Rn. 52 ff; *Stratz* in Schmitt/Hörtnagl/Stratz UmwG § 5 Rn. 11; *Mayer* in Widmann/Mayer UmwG § 5 Rn. 98.
¹⁸⁵ *Castedello* in WP-Handbuch 2014, Teil A, Rn. 479; *Mayer* in Widmann/Mayer UmwG § 5 Rn. 99.
¹⁸⁶ IDW S 1 idF 2008, Rn. 101.
¹⁸⁷ *Kraft* in Kölner Kommentar zum AktG § 340 Rn. 21; *Marsch-Barner* in Kallmeyer UmwG § 8 Rn. 14.
¹⁸⁸ BVerfG vom 27.1.1999 – 1 BvR 1805/94, DB 1999 S. 576.

§ 9. Umwandlungsrechtliche Regelungen § 9

Mit Beschluss vom 20.12.2010 hat das BVerfG seine Auffassung zwar relativiert, aber im Wesentlichen bestätigt.[189] Nach Auffassung des BVerfG ergibt sich dieses Erfordernis aus der Eigentumsgarantie des Art. 14 I GG. Daraus ist abzuleiten, dass dem Minderheitsaktionär als Entschädigung für den Verlust seiner Rechtsposition deren voller wirtschaftlicher Wert zu ersetzen ist. Diese Entschädigung darf nicht unter dem Verkehrswert der Aktie liegen. Dabei entspricht der Verkehrswert einer Aktie angesichts der besonderen Verkehrsfähigkeit des Aktieneigentums nach Ansicht des BVerfG regelmäßig dem Börsenkurs. Insofern muss nach Auffassung des BVerfG die Abfindung des Minderheitsaktionärs mindestens dem Börsenkurs der Aktie entsprechen, sofern dieser höher als der anteilige Unternehmenswert ist. Das BVerfG bestätigte damit einen Beschluss des Bayerischen Obersten Landesgerichts vom 29.9.1998,[190] räumt aber im Beschluss vom 20.12.2010 ein, dass es mehrere „Variante(n) der Unmaßgeblichkeit des Börsenwertes" gebe.

Mittlerweile wird im Schrifttum anerkannt, dass der Börsenkurs über 86 die dem Beschluss des BVerfG vom 27.4.1999 zugrunde liegenden Fälle der Abfindung hinaus auch bei der Ermittlung des Umtauschverhältnisses bei der Verschmelzung als Indikator heranzuziehen ist.[191] Allerdings lässt sich gegen die Verwendung des Börsenkurses einwenden, dass dieser schon wegen fehlender vollständiger Transparenz der Kapitalmärkte den „wahren" Unternehmenswert nicht widerspiegeln kann. Vielmehr hängt der Börsenkurs einer Aktie vor allem auch von zufallsbedingten Umsätzen, von spekulativen Einflüssen und von sonstigen nicht wertbezogenen Faktoren ab, wie politischen Ereignissen, Gerüchten, psychologischen Momenten oder allgemeinen Tendenzen. Diese und viele andere Faktoren können dazu führen, dass der Börsenwert des Unternehmens dessen „wahren" Wert nicht zutreffend abbildet.[192]

Das BVerfG versteht den Börsenkurs indes weniger als Indiz für den 87 inneren Wert eines Unternehmens. Ausgangspunkt der Überlegung dürfte vielmehr der Gedanke sein, dass die Abfindung des Aktionärs nicht unter dem Preis liegen soll, der bei einer Veräußerung seiner Aktien am Kapitalmarkt erzielbar gewesen wäre.[193] Dieser Gedanke abstrahiert vom tatsächlichen inneren Wert des Unternehmens. Grundgedanken der Entscheidung des BVerfG sind letztlich alternative Investitionsentscheidungen des Aktionärs. Somit bildet der Börsenkurs die Wertuntergrenze. Liegt der Ertragswert über dem Börsenkurs, so ist hingegen fraglich, ob

---

[189] BVerfG vom 20.12.2010 – 1 BvR 2323/07, DB 2011 S. 289.
[190] BayObLG vom 29.9.1998 – 3Z BR 159/94, DB 1998 S. 2315.
[191] *Drygala* in Lutter UmwG § 5 Rn. 35; *Stratz* in Schmitt/Hörtnagl/Stratz UmwG § 5 Rn. 49 ff.; *Mayer* in Widmann/Mayer UmwG § 5 Rn. 100 ff; *Castedello* in WP-Handbuch 2014, Teil A, Rn. 516; IDW S 1 idF 2008 Rn. 16.
[192] BVerfG vom 20.12.2011 – 1 BvR 2323/07, BB 2011, S. 459; vgl. auch *Rodloff* DB 1999 S. 1149 ff.
[193] Vgl. *Castedello* in WP-Handbuch 2014, Teil A, Rn. 517; ist an der Verschmelzung keine oder nur eine börsennotierte AG beteiligt, so scheidet der Börsenkurs für die Festlegung des Umtauschverhältnisses aus, vgl. *Drygala* in Lutter UmwG § 5 Rn. 35.

zwingend der höhere Ertragswert anzusetzen ist. Zwar hat der BGH in seinem Urteil am 21.3.2001 zur Frage der angemessenen Abfindung von Minderheiten bestätigt, dass ein Anspruch auf den höheren der beiden Werte besteht.[194] Allerdings besteht ua nach Auffassung des OLG Stuttgart kein verfassungsrechtliches Gebot der Meistbegünstigung der Minderheitsaktionäre in Bezug auf das Verhältnis von Börsenkurs und anteiligem Ertragswert.[195] Das BVerfG hat die Ablehnung des Meistbegünstigungsprinzips bezugnehmend auf verschiedene Bewertungsmethoden bestätigt.[196] Die weiteren Entwicklungen hierzu bleiben abzuwarten.

88 Die Beschlüsse des BVerfG können auch bei der Ermittlung des Umtauschverhältnisses bei Verschmelzungen nicht unbeachtet bleiben. Voraussetzung ist uE allerdings hier, dass sowohl der übertragende als auch der übernehmende Rechtsträger an derselben Börse notiert sind. Ist die Gesellschaft nur im Freiverkehr notiert, ist nach Auffassung des OLG München auch zu prüfen, ob der Börsenkurs tatsächlich wertrelevante Informationen widerspiegelt.[197] Maßgeblicher Börsenkurs ist nach hM der durchschnittliche Börsenkurs. Der BGH hat mittlerweile hierzu in einem grundlegenden Urteil entschieden, dass zur Ermittlung angemessener Abfindungen und demnach auch zur Bestimmung von Umtauschverhältnissen der zugrunde liegende Börsenwert einer Aktie auf Basis eines nach dem Umsatz gewichteten Durchschnittskurses innerhalb eines dreimonatigen Referenzzeitraums abzustellen ist. Nach einer hierzu kontrovers und kritisch geführten Diskussion und unter teilweiser Aufgabe der bisherigen Rechtsprechung hat der BGH am 19.7.2010 nunmehr auch bestätigt, dass der dreimonatige Referenzzeitraum vor der Bekanntgabe der Strukturmaßnahme und nicht unmittelbar vor der Hauptversammlung zu ermitteln ist.[198] Argumentiert wird, dass der Börsenkurs durch die Bekanntgabe der Maßnahme als solche und insbesondere durch die Bekanntgabe der zu erwartenden Abfindung maßgeblich beeinflusst wird. Es handelt sich hierbei um allgemeine Marktmechanismen, die typischerweise nicht auf die Synergieeffekte, sondern auf die Abfindungserwartungen abzielen. Insbesondere bei geringen Handelsvolumen macht sich dieser Effekt bemerkbar.[199] Die Auffassung des BGH folgt somit den Grundsätzen des § 5 I WpÜG-Angebots-VO. Unklar bleibt jedoch noch, wann der Börsenkurs konkret nicht als Verkehrswert der Aktie, zB mangels Handel, aufgrund von Marktmanipulationen oder in Folge einer Marktenge, angesehen werden kann und somit unbeachtlich bleibt. Es besteht zumindest Einigkeit darüber, dass es keine fixen Kriterien hierzu gibt. Umfassende Untersuchungen im Einzelfall anhand zB des Handelsvolumens oder der Umschlagshäufigkeit sowie unseres Erachtens auch

---

[194] BGH vom 12.3.2001 – II ZB 15/00, NJW 2001 S. 2080.
[195] OLG Stuttgart vom 17.10.2011 – 20 W 7/11, NZG 2011 S. 1346.
[196] BVerfG vom 16.5.2012 – 1 BvR 96/09, NZG 2012 S. 907.
[197] OLG München vom 17.7.2014, NZG 2014 S. 1230 (allerdings bei einem Verfahren im Rahmen des Squeeze-out nach § 327a AktG).
[198] *Pfitzer* in WP-Handbuch 2014, Teil F, Rn. 237 mwN.
[199] OLG Stuttgart vom 16.2.2007 – 20 W 6/06, BB 2007 Heft 13 S. 682 ff; *Großfeld* Unternehmens- und Anteilsbewertung 2002 S. 195 f.

eine analoge Anwendung von § 5 IV WpÜG-Angebots-VO erscheinen hierzu unabdingbar.[200] Die Festlegung des Börsenkurses auf der Basis einer dreimonatigen Referenzperiode vor Bekanntgabe der Maßnahme kann dann problematisch sein, wenn zwischen dem Tag der Bekanntgabe der Strukturmaßnahme und dem Tag der maßgeblichen Gesellschafterversammlung ein längerer Zeitraum liegt. In diesem Falle soll der Börsenwert entsprechend der allgemeinen oder branchentypischen Wertentwicklung unter Berücksichtigung der seitherigen Kursentwicklung hochgerechnet werden. Nicht richterlich geklärt wurde, wann ein „längerer Zeitraum" vorliegt. Laut BGH vom 19.7.2010 soll zumindest ein Zeitraum von siebeneinhalb Monaten einen längeren Zeitraum darstellen.[201]

(bb) Liquidationswert als maßgebliche Wertuntergrenze. Bei einer ungünstigen Ergebnislage des Unternehmens kann der Barwert der finanziellen Überschüsse aus der Liquidation des gesamten Unternehmens höher sein, als der Wert bei Fortführung des gesamten Unternehmens. Wird rationales Handeln unterstellt, müsste dann ein Unternehmen liquidiert werden, wenn der Fortführungswert niedriger als der Liquidationswert ist. Wenn dennoch in der Realität Unternehmen mit niedrigen Überschüssen fortgeführt werden, so ist dies nicht mit rationalem Verhalten zu erklären, sondern mit subjektiven Wertvorstellungen. Demnach ergibt sich daraus abgeleitet die Forderung, dass der Liquidationswert stets die Wertuntergrenze darstellt.[202] Allerdings wird in Teilen der Fachliteratur und in der Rechtsprechung der Ansatz des Liquidationswertes von den tatsächlich vorliegenden Zielvorstellungen und Handlungsmöglichkeiten der Parteien abhängig gemacht. Nur sofern die tatsächliche Absicht besteht, ein Unternehmen zu liquidieren und die Ertragsaussichten des Unternehmens auf Dauer negativ sind, ist der Liquidationswert als Wertuntergrenze zu berücksichtigen.[203] Unseres Erachtens widerspricht diese Auffassung eindeutig der Wertermittlung nach objektivierten Gesichtspunkten und muss demzufolge unberücksichtigt bleiben.

(cc) Rechnerische Ermittlung des Unternehmenswerts. Neben dem Börsenkurs als Untergrenze stehen rechnerische Verfahren zur Ermittlung des Unternehmenswerts zur Verfügung. Dabei wird statt des in der Vergangenheit favorisierten Ertragswertverfahrens heute häufig die Discounted Cash-flow-Methode angewandt. Hierbei ist entscheidend, dass grundsätzlich eine einheitliche Methode für die einzelnen zu verschmelzenden Gesellschaften angewendet wird. Der anhand dieser Verfahren ermittelte Unternehmenswert beruht auf dem Gedanken, dass sich der Wert eines Unternehmens in erster Linie durch die künftig erzielbaren Erträge bzw. finanziellen Überschüsse bestimmt.

---

[200] *Castedello* in WP-Handbuch 2014, Teil A, Rn. 520 mwN.
[201] *Castedello* in WP-Handbuch 2014, Teil A, Rn. 523 mwN.
[202] *Castedello* in WP-Handbuch 2014, Teil A, Rn. 193 ff.
[203] BGH vom 18.9.2006, BB 2006 S. 2543 ff.; OLG Düsseldorf vom 10.6.2009 – 26 W 1/07, AG 2009 S. 907 ff.; OLG Düsseldorf vom 29.7.2009 – 26 W 1/08, BeckRS 2009, 87264.

91 (α) **Planzahlen.** Die Planzahlen von Unternehmen sollten stets auf Basis einer bestmöglichen Verwertung der Aktiva beruhen. Diese Vorgabe ist insbesondere auch für die Abfindung von Minderheitsaktionären mittlerweile in der Rechtsprechung fest verankert.[204] Insbesondere größere Konzerne erstellen ihre Planungsrechnungen, auch aufgrund der Bilanzierung nach IFRS im Rahmen eines befreienden IFRS-Konzernabschlusses nach § 315a HGB, immer häufiger auf Basis der IFRS. Diese Planzahlen werden auch für die Bewertung nach internationaler Rechnungslegung im Hinblick auf die Ermittlung von beizulegenden Zeitwerten benötigt, da diese häufig nach diskontierten Zahlungsströmen ermittelt werden. Fraglich ist, ob sich der nach IFRS ermittelte Unternehmenswert von dem auf Basis von HGB-Planzahlen ermittelten Wert unterscheidet. Die Gleichwertigkeit verschiedener Rechnungslegungssysteme, zB HGB, IFRS oder US-GAAP ist hierbei für Zwecke der Unternehmensbewertung bzw. für die der Ergebnisprognose zugrunde liegende Planungsrechnung mittlerweile in der Rechtsprechung anerkannt wobei allerdings sicherzustellen ist, dass sich aus dem Rechnungslegungssystem keine Effekte auf den Unternehmenswert und den Barabfindungsbetrag ergeben.[205]

92 (β) **Objektivierter Unternehmenswert.** Gegenüber der Unternehmensbewertung beim Unternehmenskauf sind bei der Unternehmensbewertung zur Bestimmung von Umtauschverhältnissen bei der Verschmelzung strengere **Objektivierungserfordernisse** zu beachten. Aus Objektivierungsgründen dürfen bei der Unternehmensbewertung zur Bestimmung der Umtauschverhältnisse sämtliche individuellen Entscheidungsmerkmale der einzelnen Gesellschafter der beteiligten Rechtsträger nicht erfasst werden.[206] Es handelt sich somit um einen intersubjektiv nachprüfbaren Zukunftserfolgswert aus Sicht der Anteilseigner der sich bei Fortführung des Unternehmens in unverändertem Konzept und mit allen realistischen Zukunftserwartungen im Rahmen seiner Marktchancen und Marktrisiken, finanziellen Möglichkeiten sowie sonstigen Einflussfaktoren ergibt („stand alone"-Prinzip).

93 Abschläge auf den Unternehmenswert zur Erfassung von **Einflussmöglichkeiten** der Anteilseigner auf Geschäftsführung und Ausschüttungspolitik bei Minderheitsbeteiligungen sind nicht mit dem objektivierten Unternehmenswert vereinbar und müssen demzufolge unberücksichtigt bleiben. Die Berücksichtigung derartiger Faktoren würde die Unternehmensbewertung kaum noch nachvollziehbar machen.

94 Streitig ist, ob demgegenüber **Synergieeffekte** aus der Verschmelzung bei der Ermittlung des Umtauschverhältnisses zu berücksichtigen sind. Mit Synergien bzw. Synergieeffekten wird allgemein das Phänomen bezeichnet, dass das Ergebnis aus dem Zusammentreffen einzelner Teile die Summe der Einzelergebnisse dieser Teile übersteigt oder aber auch

---

[204] *Knoll* BB 2006 S. 369; BVerfG vom 7.8.1962 – 1 BVL 16/60, NJW 1962 S. 1667; BGH vom 30.3.1967, NJW 1967 S. 1464.
[205] Hentzen, DB 2005, S. 1891–1893.
[206] *Heurung* DB 1997 S. 837 ff.

unterschreitet.²⁰⁷ Übertragen auf die Unternehmensbewertung ist unter Synergie ein finanzieller Vorteil oder Nachteil zu verstehen, der erst durch das Zusammenwirken der betrachteten Unternehmen neu entsteht. Synergien können etwa im Absatzbereich, aber auch in der Forschung und Entwicklung, der Beschaffung, im Personalbereich oder der Produktion auftreten. Ähnlich wie bei den Synergieeffekten stellt sich außerdem die Frage, ob Auswirkungen aus dem Erlöschen von Unternehmensverträgen, wie etwa Beherrschungsverträge oder Ergebnisabführungsverträgen bei der Bestimmung von Umtauschverhältnissen erfasst werden sollen.

Bei den Synergieeffekten ist unseres Erachtens zunächst eine Unterscheidung zwischen echten und unechten Synergieeffekten notwendig. So genannte **unechte Synergieeffekte** sind dadurch gekennzeichnet, dass sie sich ohne Durchführung der dem Bewertungsanlass zugrunde liegenden Maßnahme bereits realisieren lassen. Solche unechten Synergieeffekte sind entsprechend dem IDW S 1 bei der Bestimmung objektivierter Unternehmenswerte insoweit zu berücksichtigen, als dass die Synergien stiftenden Maßnahmen bereits eingeleitet oder tatsächlich im Unternehmenskonzept dokumentiert sind.²⁰⁸ Hingegen wird in der bisherigen Rechtsprechung²⁰⁹ zur Unternehmensbewertung, im IDW S 1 sowie in der herrschenden Meinung in der Fachliteratur, die Einbeziehung von **echten Synergieeffekten** weitgehend generell abgelehnt. Bei den echten Synergieeffekten im Rahmen von Verschmelzungen handelt es sich um Synergie stiftende Maßnahmen die erst durch Wirksamwerden der gesellschaftsrechtlichen Struktur erzielt werden können. Demgegenüber vertritt ein geringerer Teil des Schrifttums²¹⁰ ua die Ansicht, dass eine Gleichbehandlung aller Anteilseigner nur bei Einbeziehung aller Synergien in das Umtauschverhältnis sichergestellt ist. Da jedes der zu verschmelzenden Unternehmen ein bestimmtes Potenzial zur künftigen Realisierung von Synergien mit sich bringt, würde ohne eine Erfassung dieser Synergiepotenziale im Umtauschverhältnis den bisherigen Anteilseignern des übertragenden Rechtsträgers entweder zu viele oder zu wenige Anteile an dem übernehmenden Rechtsträger gewährt. Sie würden demzufolge gegenüber den Altgesellschaftern in unangemessenem Umfang an der Realisation der Synergiepotenziale des übernehmenden Rechtsträgers partizipieren. Diese Sichtweise entspricht der subjektiven Betrachtungsweise, die nicht objektivierte Unternehmenswerte, sondern

95

---

²⁰⁷ *Ansoff* Corporate Strategy 1987 S. 75 ff.; *Mayer* in Widmann/Mayer UmwG § 5 Rn. 107.
²⁰⁸ IDW S 1 idF 2008, Rn. 34.
²⁰⁹ BayObLG vom 19.10.1995 – 3 Z BR 17/90 [Paulaner], WM 1996 S. 526; OLG Düsseldorf vom 17.2.1984 – 19 W 1/81, ZIP 1984 S. 586; OLG Hamburg vom 17.8.79 – 11 W 2/79, AG 1980 S. 163 ff. (165); siehe auch *Drygala* in Lutter UmwG § 5 Rn. 36 f.
²¹⁰ *Busse von Colbe* ZGR 1994 S. 605; *Castedello* in WP-Handbuch 2014, Teil A, Rn. 89 ff.; *Mayer* in *Widmann/Mayer* UmwG § 5 Rn. 107; differenzierend *Stratz* in Schmitt/Hörtnagl/Stratz UmwG § 5 Rn. 30 ff. (nach echten und unechten Synergieeffekten unterscheidend).

vielmehr Schiedswerte bzw. faire Einigungswerte beabsichtigt.[211] Ob sich für eine weitere Berücksichtigung von echten Synergieeffekten ein Wandel abzeichnet, bleibt abzuwarten.[212] Unseres Erachtens muss es bei der Berücksichtigung von ausschließlich unechten Synergieeffekten auch aus Objektivierungsgründen bleiben.

96 Auch für Zwecke der Berechnung der **Barabfindung** sind uE echte Synergieeffekte ausscheidender Anteilseigner des übertragenden Rechtsträgers nicht einzubeziehen. Der ausscheidende Gesellschafter hat Anspruch auf den vollen Gegenwert seines Anteils zum Zeitpunkt des Wirksamwerdens der Verschmelzung. Dieser Wert kann gerade die echten Synergieeffekte aus der Verschmelzung noch nicht berücksichtigen.[213] Nach teilweise vertretener Auffassung in der Literatur sollen hingegen bei der baren Zuzahlung echte Synergieeffekte zu berücksichtigen sein. Hier soll nicht der Verkehrswert im Zeitpunkt der Verschmelzung im Vordergrund stehen, sondern es sind die Nachteile auszugleichen, die dem Anteilseigner künftig durch die zu geringe Beteiligung am übernommenen Rechtsträger zustehen.[214]

97 (γ) Struktur des Prozesses der Unternehmenswertermittlung. Sowohl das Ertragswertverfahren als auch die Discounted Cash-Flow-Methode beruhen auf dem sogenannten Kapitalwertkalkül. Konzeptionelle Grundlage beider Berechnungsverfahren ist demnach der abgezinste Wert (Barwert) künftiger finanzieller Überschüsse. Zur Ermittlung des Barwerts ist es erforderlich,
– die finanziellen Überschüsse aus dem betriebsnotwendigen Vermögen und dem nicht betriebsnotwendigen Vermögen zu prognostizieren und
– einen Diskontierungsfaktor zu bestimmen.

Die einzelnen erforderlichen Komponenten zur Ermittlung des Unternehmenswerts unterscheiden sich nach dem gewählten Berechnungsverfahren. Identisch ist beiden Berechnungsverfahren die Struktur des Prozesses.

98 (αα) Prognose der künftigen finanziellen Überschüsse. In der Prognose künftiger Einnahmeüberschüsse liegt das eigentliche Kernproblem der Unternehmensbewertung. Dieser Prognose werden – soweit vorhanden – Planungen der künftigen Unternehmensentwicklung zugrunde gelegt. Die Schwierigkeit besteht dabei darin, dass die zugrunde liegenden Planfaktoren umso weniger konkret sind, je weiter die Planung in die Zukunft reicht. Diesem Problem der Prognose der abzuzinsenden Einnahmeüberschüsse wird in der aktuellen Praxis mit der **Phasenmethode** begegnet.[215] Bei der Phasenmethode wird die Planung in den meisten Fällen in zwei Phasen vorgenommen. Für die nähere erste Phase (sog. Detailpla-

---

[211] IDW S 1 idF 2008, Rn. 50 f.
[212] Ua *Reuter*, DB 2001, S. 2487 f. mwN; OLG Stuttgart vom 6.7.2007, AG 2007 S. 707; OLG Stuttgart vom 14.10.2010, ZIP 2010, S. 2404.
[213] *Stratz* in Schmitt/Hörtnagl/Stratz UmwG § 5 Rn. 30 f.
[214] *Stratz* in Schmitt/Hörtnagl/Stratz UmwG § 5 Rn. 32.
[215] IDW S 1 idF 2008 Rn. 75 ff.

§ 9. Umwandlungsrechtliche Regelungen § 9

nungsphase), die häufig einen überschaubaren Zeitraum von drei bis fünf Jahren umfasst, werden detaillierte Planungsrechnungen zur Grunde gelegt. In dieser zeitlich näheren Phase werden die zahlreichen Einflussgrößen (zB Umsatzerlöse, Personalaufwand etc.) meist einzeln ausgehend von einer Vergangenheitsanalyse zur Prognose der finanziellen Überschüsse veranschlagt. Ergänzend sind zu erwartende leistungs- und finanzwirtschaftliche Entwicklungen des Unternehmens unter Berücksichtigung des Marktes und der Umwelt zu analysieren und in die prognostizierten finanziellen Überschüsse einzubeziehen. Insbesondere auch längerfristige Investitions- oder Produktlebenszyklen können eine Verlängerung der Detailplanungsphase notwendig machen. Die Planungsjahre der ferneren zweiten Phase idR – ausgehend von der Detailplanung der ersten Phase – basieren unter der Annahme einer unbegrenzten Unternehmenslebensdauer hingegen auf langfristigen Fortschreibungen von Trendentwicklungen (sog. „ewige Rente"). Dabei ist insbesondere zu untersuchen, ob sich die Vermögens-, Finanz- und Ertragslage des zu bewertenden Unternehmens nach der Phase der detaillierten Planung im sog. Gleichgewichts- oder Beharrungszustand befindet oder ob sich die jährlichen finanziellen Überschüsse zwar noch verändern, jedoch eine als konstant oder mit konstanter Rate wachsend angesetzte Größe die sich ändernden finanziellen Überschüsse (finanzmathematisch) angemessen repräsentiert.[216] Abhängig vom Einzelfall kann es deshalb auch sinnvoll sein, die Detailplanungsphase um eine Konvergenz- oder Grobplanungsphase zu verlängern und erst anschließend eine ewige Rente zu berücksichtigen.[217] Auch wenn bei der Bestimmung des Umtauschverhältnisses gleiche Bewertungsmethoden und -verfahren gefordert werden, so kann es unseres Erachtens durchaus sinnvoll und notwendig sein, den Detailplanungszeitraum für die beteiligten Rechtsträger unterschiedlich festzulegen um letztlich eine sachgerechte Ermittlung der ewigen Rente vorzunehmen, die normalerweise wegen des starken Gewichts der finanziellen Überschüsse für den Unternehmenswert einer besonderen Bedeutung zukommt. Hier handelt sich nicht um eine konzeptionelle Abweichung als vielmehr um ein notwendiges Korrektiv zur sachgerechten Unternehmenswertermittlung.

(ββ) Diskontierung. Zur Bestimmung des Unternehmenswerts sind 99 die finanziellen prognostizierten Überschüsse auf den Bewertungsstichtag zu diskontieren. Der dazu verwendete Zinssatz wird auch als Kapitalisierungszins bezeichnet.

Ökonomisch verbirgt sich hinter dem Kapitalisierungszins die Absicht, 100 eines Vergleichs von Entscheidungsalternativen. Ein potentieller Unternehmenskäufer kann die verfügbaren Mittel statt für den Unternehmenskauf für eine Alternativinvestition verwenden. Die beste durch den Unternehmenserwerb verdrängte Handlungsalternative bestimmt den Kapitalisierungszins.

---

[216] IDW S 1 idF 2008, Rn. 76 ff.
[217] *Castedello* in WP-Handbuch 2014, Teil A, Rn. 238.

101 (γγ) *Prognose der künftigen finanziellen Überschüsse aus dem nicht betriebsnotwendigen Vermögen.* In der Regel wird bei der Ermittlung von Unternehmenswerten von einer unbegrenzten Lebensdauer ausgegangen. Insofern sind Liquidations- oder Substanzwerte für die dem Unternehmen gehörenden Vermögenswerte und Schulden nicht relevant. Die betriebsnotwendige Substanz ist lediglich eine notwendige Voraussetzung für die Erzielung künftiger finanzieller Überschüsse und geht im Unternehmenswert auf. Allerdings verfügt ein Unternehmen häufig über Vermögensteile die frei veräußert werden können, ohne dass davon die eigentliche Unternehmensaufgabe berührt wird. Bei der Bewertung des gesamten Unternehmens zum Zukunftserfolgswert müssen die nicht betriebsnotwendigen Vermögensgegenstände einschließlich der dazugehörigen Schulden unter Berücksichtigung ihrer bestmöglichen Verwertung gesondert bewertet werden. Sofern der Liquidationswert dieser Vermögensgegenstände einer Veräußerung den Barwert ihrer finanziellen Überschüsse bei Verbleib im Unternehmen übersteigt, stellt nicht die anderenfalls zu unterstellende Fortführung der bisherigen Nutzung, sondern die Liquidation die vorteilhaftere Verwertung dar. Für die Ermittlung des Gesamtwerts ist dann der Liquidationswert des nicht betriebsnotwendigen Vermögens dem Barwert der finanziellen Überschüsse des betriebsnotwendigen Vermögens hinzuzuaddieren.[218]

102 (δ) *Bewertungsverfahren.* Zur Ermittlung des Unternehmenswerts sind nach dem in der Praxis vorwiegend anzuwendenden IDW S 1 das Ertragswertverfahren oder das Discounted Cash-flow-Verfahren zugelassen. Der Unterschied zwischen dem Ertragswertverfahren und dem Discounted Cash-flow-Verfahren besteht zunächst darin, dass beim Ertragswertverfahren Ertragsüberschüsse, die potenziell an die Anteilseigner ausgezahlt werden, beim Discounted Cash-flow-Verfahren hingegen disponible liquide Mittel abgezinst werden.[219] Ferner handelt es sich beim Discounted Cash-flow-Verfahren in der im Folgenden dargestellten Form um ein Bruttoverfahren, während dem Ertragswertverfahren eine Nettorechnung zugrunde liegt. Auf diese Unterscheidung gehen wir nachstehend noch näher ein. Der Kapitalisierungszinssatz für die Eigenkapitalkosten setzt sich dabei aus dem um die typisierte persönliche Ertragsteuer gekürzten Basiszinssatz und der auf Basis des Tax-Capital Asset Pricing Modells („Tax-CAPM") ermittelten Risikoprämie zusammen.[220] Trotz konzeptioneller Unterschiede müssen das Ertragswertverfahren und das Discounted Cash-flow-Verfahren bei gleichen Annahmen zum selben Unternehmenswert gelangen.[221] Werden in der Praxis unterschiedliche Unternehmenswerte aufgrund der beiden Verfahren beobachtet, so ist dies regelmäßig auf unterschiedliche Annahmen – insbesondere hinsicht-

---

[218] IDW S 1 idF 2008, Rn. 59 ff.
[219] *Schmidt* ZfbF 1995 S. 1092 f.
[220] IDW S 1 idF 2008 Rn. 114 ff.
[221] Ausführlich *Sieben* Unternehmensbewertung in *Lanfermann* Internationale Wirtschaftsprüfung S. 721–732, IDW S 1 idF 2008 Rn. 101.

lich Zielkapitalstruktur, Risikozuschlag und sonstiger Plandaten – zurückzuführen.

(αα) **Ertragswertverfahren.** In der Ertragswertmethode wird der Wert eines Unternehmens durch Diskontierung der den Anteilseignern künftig in Form von Dividenden bzw. Gewinnanteilen zufließenden finanziellen Überschüsse ermittelt. Diese Zahlungen an Anteilseigner sind anhand der nachhaltigen künftigen Ertragsüberschüsse des Unternehmens zu bestimmen. In der Detailplanungsphase wird hierbei grundsätzlich von der geplanten Ausschüttungspolitik des Unternehmens ausgegangen. In der zweiten Phase (ewige Rente) tritt hingegen die Objektivierung zugunsten des individuellen Unternehmenskonzeptes in den Vordergrund. Dort wird regelmäßig die Annahme getroffen, dass das Ausschüttungsverhalten des zu bewertenden Unternehmens äquivalent zum Ausschüttungsverhalten der Alternativanlage ist. Ausgangsgröße zur Bemessung der Ausschüttungsquoten bilden regelmäßig Marktausschüttungsquoten, die je nach zugrunde gelegtem Marktindex in der Regel zwischen 40% und 60% betragen oder es erfolgt eine Orientierung an vergleichbaren Unternehmen. Das bedeutet jedoch nicht, dass die nicht ausgeschütteten und thesaurierten Gewinne nicht ertragswerterhöhend zu berücksichtigen sind. Die thesaurierten Mittel werden normalerweise im Rahmen einer integrierten Vermögens-, Finanz- und Ertragsplanung zu Investitionen genutzt, die wiederum über eine entsprechende Rendite die Ertragsüberschüsse im Detailplanungszeitraum ansteigen lassen. Sofern für die Verwendung thesaurierter Beträge hingegen keine Detailplanungen vorliegen, hat sich in der Praxis die fiktive unmittelbare Zurechnung der thesaurierten Beträge an die Anteilseigner[222] durchgesetzt. Diese Grundsätze gelten ebenso für die zweite Phase. Die Abkehr von der bisher vorherrschenden Vollausschüttungshypothese beruht im Wesentlichen auf steuerlichen Gesichtspunkten. Denn anders als bei dem früher geltenden steuerlichen Anrechnungsverfahren, führen Abgeltungsteuer und Teileinkünfteverfahren c. p. zu einer Unternehmenswertsteigerung durch Gewinnthesaurierung statt den jährlichen Ausschüttungen.[223]

Ertragsüberschüsse. Die künftigen Ertragsüberschüsse ergeben sich dabei durch den **Überschuss der Erträge über die Aufwendungen des Unternehmens.**[224] Die Aufwendungen und Erträge sind aus den künftigen rechnungslegungsbezogenen Erfolgen der zu bewertenden Unternehmen abzuleiten. Insofern werden bei Anwendung des Ertragswertverfahrens Aufwendungen und Erträge der künftigen Perioden anhand der oben dargestellten Verfahren[225] geplant.[226]

---

[222] Unter Berücksichtigung einer fiktiven Veräußerungsgewinnbesteuerung.
[223] *Castedello* in WP-Handbuch 2014, Teil A, Rn. 92 ff.; IDW S 1 idF 2008, Rn. 35–37.
[224] *Mertens* AG 1992 S. 334 f; zur Diskussion *Piltz* Unternehmensbewertung S. 17 ff.
[225] → Rn. 84 ff.
[226] IDW S 1 idF 2008, Rn. 103 ff.

105 Die ermittelten Ertragsüberschüsse sind um die Gewerbesteuer und die Körperschaftsteuer zuzüglich Solidaritätszuschlag sowie die **persönlichen Ertragsteuern** des Anteilseigners zu mindern. Die persönlichen Ertragsteuern sind bei objektivierten Unternehmenswerten sachgerecht zu typisieren.[227]

106 In der Praxis wird daher eine Typisierung hinsichtlich des effektiven persönlichen Steuersatzes als Ausfluss seiner steuerlich relevanten Verhältnisse vorgenommen. Bei Kapitalgesellschaften sind somit Annahmen hinsichtlich der Besteuerung von Dividenden und Veräußerungsgewinnen unter Berücksichtigung der Haltedauer der Anteile zu treffen.[228]

107 **Kapitalisierungszins.** Die erwarteten künftigen Ertragsüberschüsse sind auf den Bewertungsstichtag mit einem Kapitalisierungszinsfuß abzuzinsen. Der dafür heranzuziehende Kapitalisierungszins hat für die Höhe des Unternehmenswerts zur Bestimmung des Umtauschverhältnisses ebenso entscheidende Bedeutung wie beim Kauf eines Unternehmens.[229] Er repräsentiert die Rendite aus einer zur Investition in das zu bewertende Unternehmen adäquaten Alternativanlage und muss dem zu kapitalisierenden Zahlungsstrom hinsichtlich Fristigkeit, Risiko und auch Besteuerung äquivalent sein. Hinsichtlich der Besteuerung hat dies zur Folge, dass nicht nur die Ertragsüberschüsse, sondern auch der Kapitalisierungszinssatz um die persönliche Einkommensteuer zu kürzen ist.

108 Der Kapitalisierungszinssatz bei Anwendung des Ertragswertverfahrens zur Ermittlung eines objektivierten Unternehmenswertes setzt sich aus dem Basiszins sowie einem Zuschlag für das Unternehmerrisiko (Risikozuschlag) zusammen.

109 Als **Basiszins** wird regelmäßig auf die langfristig erzielbare Rendite öffentlicher Anleihen abgestellt, da von dem landesüblichen Zinssatz für eine (quasi-)risikofreie Kapitalmarktanlage auszugehen ist.[230] Der verwendete Zinssatz muss theoretisch laufzeitadäquat zum bei der Unternehmensbewertung unterstellten Betrachtungszeitraum sein. Diese erforderliche Laufzeitäquivalenz bereitet indes bei unterstellter unbegrenzter Lebensdauer des Unternehmens Schwierigkeiten. Hier müsste eigentlich zur Wahrung der Fristenkongruenz die Rendite einer nicht zeitlich begrenzten Anleihe herangezogen werden. Vereinfachend wird in der Praxis indes auf die Rendite öffentlicher Anleihen mit langer Laufzeit zurückgegriffen. Der Zinssatz für die dabei erforderliche Wiederanlage orientiert sich an der aktuellen Zinsstrukturkurve. Hat das Unternehmen eine begrenzte Lebensdauer ist ein für diesen Zeitraum adäquater Zinssatz heranzuziehen.[231] Der Basiszinssatz ist jeweils noch um die Einkommensteuerbelastung zu kürzen.

---

[227] IDW S 1 idF 2008, Rn. 43.
[228] IDW S 1 idF 2008, Rn. 44.
[229] OLG Düsseldorf vom 17.2.1984 – 19 W 1/81, BB 1984 S. 742 ff.; OLG Frankfurt vom 24.1.1989 – 20 W 477/86, AG 1989 S. 442.
[230] IDW S 1 idF 2008, Rn. 116.
[231] IDW S 1 idF 2008, Rn. 117.

§ 9. Umwandlungsrechtliche Regelungen § 9

Die Unsicherheit der zukünftigen finanziellen Überschüsse kann grundsätzlich durch zwei Methoden in die Bewertung eingehen. Erstens als Abschlag vom Erwartungswert der finanziellen Überschüsse (Sicherheitsäquivalenzmethode) oder zweitens als Zuschlag zum Kapitalisierungszinssatz (Zinszuschlagsmethode, Risikozuschlagsmethode), wobei die zweite Methode in der Praxis am weitesten verbreitet ist. Die Bemessung der Höhe des Risikozuschlags erfolgt bei Unternehmensbewertungen aufgrund gesetzlicher Vorschriften regelmäßig über das sogenannte **Tax-CAPM**, das auch für Zwecke einer objektivierten Unternehmensbewertung eine intersubjektive Nachvollziehbarkeit der Ermittlung des Kapitalisierungszinssatzes ermöglicht. Das Tax-CAPM beruht auf einem Vergleich der unternehmensindividuellen Aktienrendite mit der Rendite des gesamten Aktienmarktes und stellt eine Erweiterung des bisher vorherrschenden **CAPM** um die Berücksichtigung von persönlichen Ertragsteuern dar. 110

Der **Risikozuschlag** setzt sich beim Tax-CAPM zusammen aus dem Produkt aus **Marktrisikoprämie** nach persönlichen Einkommensteuern und dem unternehmensindividuellen Risiko (dem sog. Beta-Faktor). Durch den Risikozuschlag zum Zins soll letztlich die Übernahme des unternehmerischen Risikos gegenüber einer Kapitalanlage in öffentlichen Anleihen abgebildet werden. Die Marktrisikoprämie ist die marktdurchschnittliche, von Investoren geforderte Überrendite von Aktienanlagen gegenüber der Rendite risikofreier Wertpapiere. Der Aktienmarkt kann dabei durch einen breiten Aktienindex wie zum Beispiel den DAX oder den CDAX oder auch den MSCI World abgebildet werden. Die für die deutsche Unternehmensbewertungspraxis bedeutsamen Studien von Stehle und Reese geben empirisch ermittelte Marktrisikoprämien vor und nach persönlicher Einkommensteuer wieder.[232] Aufgrund jedoch einer im Zuge der Finanz- und Kapitalmarktkrise veränderten Risikotoleranz ist in der derzeitigen gesamtwirtschaftlichen Lage gegenüber den empirisch zu beobachtenden Marktrisikoprämien der Vergangenheit, allerdings von einer eher erhöhten Marktrisikoprämie auszugehen. Diese Einschätzung wird auch vom Fachausschuss für Unternehmensbewertung und Betriebswirtschaft des IDW („FAUB") bestätigt. Am 19.9.2012 verkündete der FAUB demzufolge, dass eine sinnvolle Orientierung an den Marktrisikoprämien nach persönlichen Steuern zukünftig in der Bandbreite zwischen 5% und 6% (zuvor: 4% bis 5%) zu sehen ist. 111

Das unternehmens- und branchenbezogene Risiko wird dann im Tax-CAPM durch den Beta-Faktor ausgedrückt. Der Beta-Faktor ist ein Maß für das Unternehmensrisiko im Verhältnis zum Marktrisiko. Er stellt die relative Renditeschwankung der spezifischen Aktie gegenüber der Gesamtheit aller Aktien im Marktportfolio dar. Ein Beta-Faktor größer eins bedeutet letztlich, dass der Börsenkurs des betrachteten Unternehmens im Durchschnitt überproportional auf Schwankungen des Marktes reagiert, ein Beta-Faktor kleiner eins, dass der Börsenkurs sich im Durch- 112

---

[232] Franken/Schulte/Dörschell, Kapitalkosten für die Unternehmensbewertung, S. 34 ff.

schnitt unterproportional verändert. In der Praxis wird der unternehmensindividuelle Beta-Faktor aus einer Regression zwischen den Aktienrenditen des zu bewertenden Unternehmens und der Rendite eines Aktienindex ermittelt. Teilweise werden auch Prognosen für Beta-Faktoren durch darauf spezialisierte Unternehmen (zB Bloomberg) angeboten.

Ist das zu bewertende Unternehmen hingegen nicht börsennotiert oder kann der Beta-Faktor zB mangels statistischer Signifikanz nicht berücksichtigt werden, so muss der Beta-Faktor anhand einer Analyse von Vergleichsunternehmen ermittelt werden (sog. **Peer Group**). Insbesondere das Auffinden wirklich vergleichbarer Unternehmen und somit die Zusammenstellung der Peer Group und somit die Berücksichtigung des unternehmensindividuellen Risikos erweist sich in der Praxis häufig als Gegenstandspunkt zahlreicher Auseinandersetzungen und Klagen.

113 Der sich so ergebende synthetische Kapitalisierungszinssatz aus Basiszins und Risikozuschlag ist periodenspezifisch zu ermitteln. Insbesondere Veränderungen der Verschuldungsstruktur des zu bewertenden Unternehmens führen zu periodenspezifisch unterschiedlichen Kapitalisierungszinssätzen. Rechnerisch stellt sich der Kapitalisierungszinssatz dann wie folgt dar:

$$r_{EK}^{nSt} = r_f \times (1 - est) + \beta \times r_M^{nSt}$$

r_{EK}^{nSt}	=	Eigenkapitalkosten nach Unternehmens- und persönlichen Ertragsteuern
r_f	=	risikoloser Basiszins
est	=	typisierter Einkommensteuersatz
β	=	unternehmensindividueller Beta-Faktor
r_M^{nSt}	=	Marktrisikoprämie nach Steuern

In der Phase der ewigen Rente ist darüber hinaus im Kapitalisierungszinssatz zumeist noch ein **Wachstumsabschlag** vorzunehmen, der das nachhaltige Wachstum der finanziellen Überschüsse unter Berücksichtigung langfristiger Inflationserwartungen berücksichtigt. Die Wachstumsabschläge liegen in der Regel zwischen 0,5% bis 2%, wobei oftmals Wachstumsabschläge von 1% in der Praxis zu beobachten sind.[233]

114 (ββ) Discounted Cash-flow-Verfahren. Überblick. Im Discounted Cash-flow-Verfahren werden zur Ermittlung des Unternehmenswertes Cash-flows abgezinst. Dabei umfasst der Cash-flow die erwarteten Zahlungen an die Kapitalgeber. Je nach angewendetem Verfahren umfasst der Cash-flow Zahlungen sowohl an die Eigenkapitalgeber als auch an die Fremdkapitalgeber.[234] Die Discounted Cash-flow-Verfahren werden nach Netto-Ansatz sowie Brutto-Ansatz unterschieden. Im **Netto-Ansatz** (Equity-Approach) wird der Barwert der den Eigentümern zufließenden Zahlungsströme direkt bestimmt. Dazu wird der um die Fremdkapitalkosten geminderte Cash-flow mit der Rendite des Eigenkapitals abgezinst.[235]

---

[233] Vgl. *Hachmeister/Ruthardt/Eitel* WPg 2013, S. 762–774 (773); FG Köln vom 1.3.2012 – 10 K 688/10, EFG 2012, 1485–1486.
[234] Zu einer Übersicht mwN vgl. *Ballwieser* Unternehmensbewertung S. 81.
[235] IDW S 1 idF 2008, Rn. 138.

§ 9. Umwandlungsrechtliche Regelungen § 9

Nach dem in der amerikanischen Bewertungspraxis vorherrschenden **115** und hier näher betrachteten **Brutto-Ansatz** (Entity-Ansatz) wird der Wert des Eigenkapitals eines Unternehmens, dh der Unternehmenswert im engeren Sinne, als Differenz aus dem Gesamtwert des Unternehmens und dem Wert des Fremdkapitals ermittelt.[236] Bei dieser indirekten Ermittlung des Werts des Eigenkapitals sind vor allem das Konzept der gewogenen Kapitalkosten („Weighted Average Cost of Capital"-Ansatz: „WACC-Ansatz") sowie das Konzept des angepassten Barwerts („Adjusted Present Value"-Ansatz: „APV-Ansatz") zu unterscheiden. Beim APV-Ansatz wird der Gesamtwert eines Unternehmens aus der Summe des Marktwertes eines nicht verschuldeten Unternehmens und dem Wertbeitrag der Verschuldung bestimmt. Dazu werden die künftigen Cash-flows eines unverschuldeten Unternehmens mit den Eigenkapitalkosten eines unverschuldeten Unternehmens kapitalisiert. Zudem wird der Wertbeitrag der Verschuldung des Unternehmens unter Heranziehung des Fremdkapitalkostensatzes ermittelt. Die Summe beider Werte ergibt den Gesamtwert des Unternehmens. Mindert man den Gesamtwert des Unternehmens um den Marktwert der Ansprüche der Fremdkapitalgeber, so ergibt sich nach diesem Ansatz der Wert des Eigenkapitals.

WACC-Ansatz. Nach dem WACC-Ansatz wird zunächst der Ge- **116** samtkapitalwert unabhängig von der Finanzierung des Unternehmens errechnet.

Zur Bestimmung des Gesamtkapitalwerts sind die Cash-flows des be- **117** trachteten Unternehmens zu prognostizieren. Maßgebend sind dabei die Cash-flows vor Abzug von Zinsen (Free Cash-flow). Diese Cash-flows sind mit einem gewogenen Kapitalisierungszins auf den Bewertungsstichtag zu diskontieren. Von dem so ermittelten Gesamtkapitalwert ist der Marktwert des Fremdkapitals abzuziehen. Aus der Differenz zwischen dem Gesamtkapitalwert und dem Wert des Fremdkapitals ergibt sich der Wert des Eigenkapitals.

Free Cash-flow: Der **Free Cash-flow** umfasst in dem hier betrachte- **118** ten WACC-Ansatz sowohl Zahlungen des Unternehmens an die Eigenkapitalgeber als auch Zahlungen an die Fremdkapitalgeber. Es handelt sich hierbei um finanzielle Überschüsse nach angepassten Ertragsteuern und Investitionen sowie Veränderungen des Working Capitals, aber vor Zinsen. Diese errechnen sich allgemein wie folgt:

	Jahresergebnis
+	Fremdkapitalzinsen
+	Abschreibungen und andere zahlungsunwirksame Aufwendungen
–	Zahlungsunwirksame Erträge Rückstellungen
–	Unternehmenssteuerersparnis infolge der Abzugsfähigkeit der Fremdkapitalzinsen (tax-shield) Steuern
–	Investitionsauszahlungen
–/+	Erhöhung/Verminderung des Working Capitals
=	Free Cash-flow

---

[236] IDW S 1 idF 2008, Rn. 125 ff.

119 Der Free Cash-flow wird üblicherweise ebenso nach dem Phasenmodell geplant.[237]

120 **Gewogener Kapitalkostensatz:** Zur Ermittlung des Gesamtunternehmenswertes wird der Free Cash-flow mit dem gewogenen **Kapitalkostensatz** diskontiert. Der gewogene Kapitalkostensatz dient wie der Kapitalisierungszins beim Ertragswertverfahren der Abzinsung künftiger Zahlungsgrößen.

121 Besondere technische Schwierigkeiten des Discounted Cash-flow-Verfahrens liegen in der Ermittlung dieses gewogenen Kapitalkostensatzes. In diesem gewogenen Kapitalkostensatz wird berücksichtigt, dass ein Unternehmen regelmäßig eigen- wie fremdfinanziert ist und sich Eigen- und Fremdkapital hinsichtlich der Höhe der Anteile an den Zielbeiträgen eines Unternehmens unterscheiden. Für Fremdkapital sind regelmäßig Zinsen in bestimmter Höhe zu leisten. Eigenkapital hingegen wird normalerweise proportional zum Erfolg des Unternehmens bedient, aber erst nach Abzug der Fremdkapitalkosten. Bestimmt wird der Kapitalkostensatz von der Höhe der Eigenkapital- und der Fremdkapitalkosten sowie durch den Verschuldungsgrad.[238] Der Verschuldungsgrad wird abgeleitet aus dem Verhältnis des Marktwerts des Fremdkapitals zum Marktwert des Eigenkapitals.

122 Der in den gewogenen Kapitalkostensatz einfließende **Fremdkapitalkostensatz** ist als gewogener durchschnittlicher Kostensatz der einzelnen Fremdkapitalformen zu ermitteln. Seine Bestimmung kann relativ einfach sein, wenn feste Zahlungen an Fremdkapitalgeber vereinbart sind. Der Fremdkapitalkostensatz ergibt sich dann aus dem Fremdkapitalzins multipliziert mit dem jeweiligen Anteil einer Fremdfinanzierungsform am Gesamtfremdkapital vermindert um den Unternehmenssteuersatz.[239] Sind für einzelne Schuldposten keine Zinsen vereinbart, ist vereinfachend von einem Marktzins für Kredite mit entsprechender Laufzeit auszugehen.[240]

123 Bezüglich des **Eigenkapitalkostensatzes** wird typischerweise wie beim Ertragswertverfahren auf einen kapitalmarktgestützten Ansatz zurückgegriffen. Als solcher wird wiederum das Tax-CAPM herangezogen.

124 (3) Ermittlung des Umtauschverhältnisses und der baren Zuzahlung. Sind die Unternehmenswerte festgestellt, dann müssen zur Ermittlung des Umtauschverhältnisses der Anteile zunächst die festgestellten Unternehmenswerte zu den Neubeträgen des gezeichneten Kapitals ins Verhältnis gesetzt werden. Hieraus ergibt sich der innere Wert, den zB ein Anteil im Nennbetrag von 50 Euro repräsentiert.[241] Aus dem Wertverhältnis der auf den gleichen Nennbetrag berechneten Anteile ergibt sich dann das Umtauschverhältnis. Verbleibende Spitzenbeträge können in

---

[237] → Rn. 97 ff.
[238] IDW S 1 idF 2008, Rn. 133 ff.
[239] *Prietze/Walker* DBW 1995 S. 200.
[240] IDW S 1 idF 2008 Rn. 133 ff.
[241] Die Stückelung der Geschäftsanteile einer GmbH ist durch das MoMiG erheblich erleichtert worden, das nunmehr eine durch 1 Euro teilbare Stückelung erlaubt, vgl. § 5 II GmbHG nF und eingehend *Zirngibl* in Bunnemann/Zirngibl, Auswirkungen des MoMiG auf bestehende GmbHs; → § 1 Rn. 69.

§ 9. Umwandlungsrechtliche Regelungen § 9

Höhe von 10% des Gesamtnennbetrages der gewährten Gesellschaftsrechte oder Geschäftsanteile (§§ 54 IV, 68 III, 87 II UmwG) durch bare Zuzahlungen ausgeglichen werden.

Keine Barzahlung ist hingegen dann zu gewähren, wenn bei der Verschmelzung von Aktiengesellschaften nach dem vertraglichen Umtauschverhältnis erst für zwei oder mehr Aktien der übertragenden Aktiengesellschaft eine Aktie der übernehmenden Gesellschaft zu gewähren ist. In diesem Fall hat derjenige Anteilsinhaber, der nur einen Anteil einreicht, keinen Anspruch auf Barzahlung. Denn das UmwG sieht eine Barzahlung nur als bare Zuzahlung vor.[242] Hier gelten dann die § 72 I, II UmwG, § 226 I, II AktG, wonach der Aktionär die Aktien zur Verwertung für seine Rechnung zur Zusammenlegung zur Verfügung stellen muss, andernfalls sie als nicht eingereichte Aktien für kraftlos erklärt und sonach vernichtet werden. Der betroffene Aktionär bleibt bis zur Kraftloserklärung Inhaber eines Teilrechts und Inhaber der meisten Mitgliedschaftsrechte mit Ausnahme des Stimmrechts.[243]

125

(4) Besonderheiten der Mischverschmelzung. Besonderheiten bei der Berechnung des Umtauschverhältnisses können sich dann ergeben, wenn Rechtsträger unterschiedlicher Rechtsformen miteinander verschmolzen werden. Neben dem rein rechnerischen Wertverhältnis der Unternehmenswerte treten in diesen Fällen oftmals qualitative Unterschiede in der Art der gewährten Anteile auf.[244] Beispiele hierfür sind die Verschmelzung einer Genossenschaft auf eine Kapitalgesellschaft, bei der die unterdurchschnittlich beteiligten Anteilseigner Nachteile hinsichtlich des anteiligen Einflusses ihrer Stimmrechte hinnehmen müssen oder die Verschmelzung einer Kapitalgesellschaft auf eine Kommanditgesellschaft, bei der der Komplementär ein zusätzliches Haftungsrisiko zu tragen hat. Die Bemessung des für diese Nachteile zu gewährenden Ausgleichs entzieht sich in der Regel einer schematischen Berechnungsmethode. Bei einer Verschmelzung auf eine Personengesellschaft ist zu beachten, dass das HGB in seinen §§ 120–122 von einem variablen Kapital als bloßer Rechnungsziffer ausgeht, somit für Zwecke der Bestimmung des rechnerischen Wertverhältnisses im Verschmelzungsvertrag definiert werden muss, worauf sich das errechnete Umtauschverhältnis beziehen soll. Erforderlich ist daher die genaue, namentliche Zuordnung von Höhe und Art der Kapitalkonten der übernehmenden Personengesellschaften zu den beitretenden Gesellschaftern.[245]

126

dd) Einzelheiten für den Erwerb der Anteile bzw. Mitgliedschaften, § 5 I Nr. 4 UmwG

(1) Anteile/Mitgliedschaften. Der Verschmelzungsvertrag muss Einzelheiten für die Übertragung der Anteile des übernehmenden Rechtsträ-

127

---

[242] *Hoffmann-Becking* in Heidenhain/Meister, Münchener Vertragshandbuch Band 1 XI. 9 Anm. 5.
[243] *Lutter* in Kölner Kommentar zum AktG § 224 Rn. 11 ff.
[244] Zur qualitativen Verschiedenartigkeit vgl. zB *Piltz* Die Unternehmensbewertung in der Rechtsprechung S. 237 f.
[245] *Lanfermann* in Kallmeyer UmwG § 5 Rn. 20.

gers bzw. über den Erwerb der Mitgliedschaft bei dem übernehmenden Rechtsträger regeln, soweit nicht die oben genannten Ausnahmeregelungen des § 5 II UmwG (100%ige Tochtergesellschaft) oder neuerdings der §§ 54 I 3, 68 I 3 UmwG (Anteilsverzicht) eingreifen.[246] Der Übertragung der Anteile bzw. dem Erwerb der Mitgliedschaft logisch vorgeschaltet ist allerdings die Frage, wie die Anteile bzw. Mitgliedschaften am übernehmenden Rechtsträger begründet werden. Nur bei Kapitalgesellschaften vorstellbar ist die Situation, dass diese **eigene Anteile** hält und diese eigenen Anteile selbst überträgt. Die Möglichkeiten des Erwerbs eigener Anteile sind im Aktienrecht (§§ 71 ff. AktG) und im GmbH-Gesetz (§ 33 GmbHG) beschränkt. Durch Neufassung der Kapitalrichtlinie[247] 2006 hat der europäische Gesetzgeber die Erlaubnisschranken für den Erwerb eigener Aktien gelockert; der deutsche Gesetzgeber hat davon im ARUG[248] Gebrauch gemacht. Die Höchstgeltungsdauer der Ermächtigung zum Erwerb eigener Aktien beträgt nunmehr fünf Jahre statt bisher 18 Monate. Soweit die übernehmende Gesellschaft (GmbH bzw. AG) in diesem Rahmen eigene Geschäftsanteile innehat bzw. der übertragende Rechtsträger Geschäftsanteile der übernehmenden Gesellschaft hält, kann die übernehmende Gesellschaft ihre eigenen Anteile bzw. aufgrund der wechselseitigen Beteiligung eigene Anteile für den Umtausch verwenden. Eine Kapitalerhöhung ist insoweit nicht notwendig (vgl. § 54 I und § 68 I UmwG).[249]

128 Im Übrigen vollzieht sich die **Kapitalerhöhung** nach den rechtsformspezifischen Vorschriften, für die allerdings bestimmte Erleichterungen gelten, da sie im Zusammenhang mit der Verschmelzung angewandt werden und es ansonsten zu einer doppelten Anwendung von Schutzvorschriften käme (vgl. §§ 55, 69 UmwG). Besonderheiten hinsichtlich der Kapitalerhöhung ergeben sich bei Konzernverschmelzungen. Soweit der übernehmende Rechtsträger am übertragenden Rechtsträger beteiligt ist, ist eine Kapitalerhöhung gemäß §§ 54 I 1 Nr. 1, 68 I 1 Nr. 1 UmwG unzulässig.

129 § 5 I Nr. 4 UmwG regelt auch die Angabe von Einzelheiten über den Erwerb von **Mitgliedschaften**. Dabei trägt der Gesetzgeber den Fällen Rechnung, in denen es nicht zu einem Umtausch von Anteilen an Gesellschaften, sondern zum Erlöschen einer Mitgliedschaft und dem gleichzeitigen Erwerb einer neuen Mitgliedschaft kommt, wie dies zB bei Genossenschaften und Vereinen der Fall ist.[250] Schließlich sind Verluste von besonderen Rechtspositionen einzelner Gesellschafter des übertragenden Rechtsträgers iSd §§ 13 II, 50 II UmwG im übernehmenden

---

[246] → Rn. 72 sowie → Rn. 359.
[247] Richtlinie 2006/68/EG des Europäischen Parlaments und des Rates vom 6.9.2006 zur Änderung der Richtlinie 77/91/EWG des Rates in Bezug auf die Gründung von Aktiengesellschaften und die Erhaltung und Änderung ihres Kapitals, ABl. EG Nr. L 264 vom 25.9.2006 S. 32 ff.
[248] Gesetz vom 30.7.2009, BGBl. I S. 2479; vgl. auch *Böttcher* NZG 2008 S. 481 (484).
[249] → Rn. 359 ff.
[250] BT-Drucks. 12/6699 S. 82 zu § 5 UmwG.

Rechtsträger in den Verschmelzungsvertrag aufzunehmen. So können etwa Anteilsvinkulierungen zugunsten einzelner Gesellschafter oder Mehrstimmrechte oder besondere Geschäftsführungsrechte einzelner Anteilsinhaber entfallen. Zu beachten ist dann deren gesonderte Zustimmungspflicht. Rechtseinräumungen im übernehmenden Rechtsträger sind dagegen unter § 5 I Nr. 7 UmwG zu erläutern.[251]

(2) Übertragung/Erwerb. Die Modalitäten der Übertragung der Anteile bzw. des Erwerbes der Mitgliedschaften sind zT **rechtsformspezifisch** geregelt. 130

Bei der **AG** und der KGaA ist nach §§ 71 I, 73, 78 UmwG ein Treuhänder für die Inempfangnahme der zu gewährenden Anteile und baren Zuzahlungen zu bestellen. Der Verschmelzungsvertrag muss dann eine genaue Bezeichnung dieses Treuhänders, der auch eine juristische Person sein kann,[252] enthalten. Die Praxis bedient sich hierzu in der Regel Banken, Treuhandgesellschaften oder Notaren. Mit diesen muss ein gesonderter Vertrag geschlossen werden; der Verschmelzungsvertrag wirkt insoweit nur deklaratorisch und schafft kein Rechtsverhältnis zum Treuhänder. Nicht erforderlich, aber zweckmäßig ist die Angabe, dass die Anteilsinhaber der übertragenden Gesellschaft die neuen Aktien gegen Vorlage der alten Aktien erhalten. 131

Bei der **GmbH** muss für jeden Gesellschafter der übertragenden Gesellschaft der Nennbetrag der Geschäftsanteile angegeben werden, den ihm die übernehmende Gesellschaft zu gewähren hat. Die Gesellschafter sind namentlich zu nennen. 132

Soweit mit der Anteilsübertragung Kosten verbunden sind, hat der Verschmelzungsvertrag die Kostentragungslast zu bestimmen.[253] Nicht aufzunehmen sind Bestimmungen, die Aussagen darüber treffen, was nach der Umwandlung mit den Anteilen bzw. Mitgliedschaften zu geschehen hat. In dem Verschmelzungsvertrag sind nur die aktuellen Modalitäten des Anteilstausches darzulegen, nicht solche Umstände, die erst nach der Anteilsübertragung akut werden; weder braucht aufgenommen zu werden, was mit den alten Aktien geschieht, noch eine Prognose bezüglich der Entwicklung der ausgegebenen Anteile.[254] 133

(3) Besonderheiten bei Mischverschmelzung. Die Formulierung des § 5 I Nr. 4 UmwG soll auch die Fälle der **Mischverschmelzung** betreffen, dh Fälle, in denen es zu einem Ersatz eines Anteils durch eine Mitgliedschaft oder umgekehrt kommt.[255] 134

Daneben sind bei der Mischverschmelzung eintretende **Rechtsverluste der Anteilsinhaber** im Verschmelzungsvertrag zu erläutern, die mit 135

---

[251] → Rn. 154 ff.
[252] *Hoffmann-Becking* in Heidenhain/Meister, Münchener Vertragshandbuch Band 1 IX 13 Anm. 15.
[253] *Drygala* in Lutter UmwG § 5 Rn. 37 mwN in FN 2 zur Gegenansicht.
[254] *Drygala* in Lutter UmwG § 5 Rn. 39.
[255] Vgl. Begründung RegE BT-Drucks. 12/6699 S. 82 zu § 5 UmwG. Zur Verschmelzung unter Beteiligung von Vereinen, vgl. *Hadding/Henrichs* Festschrift Boujong S. 203 ff.

dem Rechtsformwechsel einhergehen, beispielsweise der Verlust von Weisungsbefugnissen gegenüber der Geschäftsführung oder das Entfallen von Nebenleistungspflichten.[256] Zu beachten ist, dass trotz des zwingenden Barabfindungsangebotes nach § 29 I 1 UmwG für die Fälle der §§ 13 II, 40 II, 43 II, 50 II UmwG eine gesetzliche Zustimmungspflicht der betroffenen Gesellschafter angeordnet ist.

ee) Zeitpunkt der Gewinnbeteiligung, § 5 I Nr. 5 UmwG

136 Der Verschmelzungsvertrag hat den Zeitpunkt der Gewinnbeteiligung am übernehmenden Rechtsträger sowie Besonderheiten in Bezug auf diesen Anspruch darzulegen. Da er von den beteiligten Rechtsträgern **beliebig festgelegt** werden kann,[257] kann ein später Zeitpunkt die Anteilsinhaber des übertragenden Rechtsträgers benachteiligen. Insoweit ist der Gewinnbeteiligungszeitpunkt im Umtauschverhältnis zu berücksichtigen und dies zu begründen. Entsprechend kann etwa eine auf einen späten Zeitpunkt festgelegte Gewinnbeteiligung durch ein für die Anteilseigner besonders günstig ausgestaltetes Umtauschverhältnis kompensiert werden.[258]

137 Die Festlegung des Zeitpunktes der Gewinnberechtigung im Verschmelzungsvertrag bereitet allerdings Probleme. Zum einen ist bei Abschluss des Vertrages nicht absehbar, wann nach § 20 UmwG die Verschmelzung wirksam wird, weil der Zeitpunkt der Handelsregistereintragung schwer bestimmbar ist. Grundsätzlich ist eine variable Stichtagsregelung denkbar.[259] Soweit man diesem Problem dadurch begegnet, dass man das Gewinnbezugsrecht auf einen Termin nach der Handelsregistereintragung aufschiebend befristet,[260] so dass bis zur Eintragung ein Gewinnbezugsrecht gegenüber der übertragenden Gesellschaft besteht, ergibt sich daraus jedoch das Folgeproblem, wie die entsprechenden Dividenden zu berechnen sind. Stellt man darauf ab, dass der Verschmelzungsvertrag mit der Zustimmung der Anteilsinhaber wirksam wird,[261] so liegt es nahe, die Dividendenberechtigung schon so zu berechnen, als wäre die Verschmelzung erfolgt.[262] Dies birgt wiederum die Gefahr der Überzahlung, wenn der Verschmelzungsbeschluss rückwirkend durch Anfechtung vernichtet wird. Man wird deshalb nicht umhin können, im Verschmelzungsvertrag explizit festzulegen, dass die neuen Anteilsinhaber erst zu einem Zeitpunkt beim übernehmenden Rechtsträger gewinn-

---

[256] Vgl. dazu im Einzelnen die Erläuterungen zum Umwandlungsbeschluss nach § 194 I Nr. 4 UmwG, u. → § 26 Rn. 50 ff.
[257] BT-Drucks. 12/6699 S. 82 zu § 5 UmwG.
[258] *Drygala* in Lutter UmwG § 5 Rn. 68; *Mayer* in Widmann/Mayer UmwG § 5 Rn. 144.
[259] *Drygala* in Lutter UmwG § 5 Rn. 69 f. mit Verweis auf BGH v. 4.12.2012, AG 2013 S. 165.
[260] *Drygala* in Lutter UmwG § 5 Rn. 41.
[261] Soweit er bereits beurkundet ist, § 6 UmwG.
[262] *Drygala* in Lutter UmwG § 5 Rn. 68, 73; *Mayer* in Widmann/Mayer UmwG § 5 Rn. 146.

berechtigt sind, der dem Anfang des der Eintragung der Verschmelzung nachfolgenden Geschäftsjahres entspricht und sie bis dahin nur an dem vom übertragenden Rechtsträger erwirtschafteten Gewinn und mit anderen Worten nicht am Gesamtgewinn beteiligt sind.[263] Die dadurch verlorene Gesamtgewinnberechtigung ist den neuen Anteilsinhabern gegebenenfalls für dieses Geschäftsjahr als Bonus auszuloben. Am Gewinn des laufenden Geschäftsjahrs können junge Aktien rückwirkend beteiligt werden, was bis zum Gewinnverwendungsbeschluss der Hauptversammlung (§ 174 AktG) nach überwiegenden Teilen der Literatur[264] auch für ein schon abgelaufenes Geschäftsjahr gelten soll. Sinnvollerweise erfolgt die abweichende Gewinnberechtigung junger Aktien im Kapitalerhöhungsbeschluss, der eben nicht der Zustimmung aller nachteilig betroffenen Altaktionäre bedarf.[265]

Empfiehlt es sich also, den Beginn der *verschmelzungs*bezogenen Gewinnberechtigung auf den Beginn des Geschäftsjahres zu legen und den Ausgleich über die rückwirkende Gewinnbeteiligung junger Aktien zu suchen, löst dies nicht das Problem einer etwaigen Verzögerung der Verschmelzungen, insbesondere auf Grund von Anfechtungsklagen. Sind solche zu erwarten, ist die Vereinbarung eines **variablen** Stichtages zu erwägen.[266] Hierdurch erwächst aber die Gefahr, dass sich die getrennte Gewinnschöpfung der Rechtsträger in der Zeit vom Verschmelzungsbeschluss zur Eintragung auseinanderentwickelt. Für die Schwebezeit kann im Verschmelzungsvertrag dahin gehend zB die Abstimmung wichtiger Geschäfts- und Gewinnverwendungsmaßnahmen zwischen den beteiligten Rechtsträgern bestimmt werden.[267]

138

ff) Verschmelzungsstichtag, § 5 I Nr. 6 UmwG

Ebenfalls zum obligatorischen Inhalt des Verschmelzungsvertrages gehört die Angabe des Verschmelzungsstichtages, dh des Termins, von welchem an die Handlungen des übertragenden Rechtsträgers im **Innenverhältnis** als für Rechnung der Übernehmerin vorgenommen gelten. Der Termin ist grundsätzlich **frei bestimmbar**.[268] Er betrifft das Innenverhältnis der Rechtsträger, namentlich die Überleitung der Rechnungslegung.[269] Der Stichtag muss mit dem Tag der Gewinnberechtigung nicht

139

---

[263] *Drygala* in Lutter UmwG § 5 Rn. 86, 73.
[264] Für eine Gewinnberechtigung neuer Aktien bis zum Gewinnverwendungsbeschluss *Hüffer* AktG § 60 Rn. 10; *Lutter* in KölnKomm AktG § 60 Rn. 22; *Drygala* in Lutter UmwG § 5 Rn. 73; *Fleischer* in Schmidt/Lutter AktG § 60 Rn. 19; *Henze* in GroßKomm AktG § 60 Rn. 38; *Priester* BB 1992 S. 1594 (1595). Abw. *Mertens* in FS Wiedemann, 2002 S. 1114; *Hefermehl-Bungeroth* in Geßler/Hefermehl/Eckardt/Kropff AktG § 60 Rn. 27.
[265] *Lutter* in KölnKomm AktG § 60 Rn. 17 mwN.
[266] *Mayer* in Widmann/Mayer UmwG § 5 Rn. 146; *Drygala* in Lutter UmwG § 5 Rn. 69 f.
[267] Ausführlich *Mayer* in Widmann/Mayer UmwG § 5 Rn. 146 a. E.
[268] BT-Drucks. 12/6699 S. 82 zu § 5 UmwG.
[269] *Drygala* in Lutter UmwG § 5 Rn. 74.

notwendig identisch sein,[270] wohl aber nach hM mit dem Stichtag der Schlussbilanz.[271] Es muss jedoch sichergestellt werden, dass eine Rechnungslegung des übertragenden Rechtsträgers noch so lange erfolgt, wie die Anteilseigner an ihm gewinnberechtigt sind. Hinsichtlich der Einhaltung des Termins ergeben sich dieselben Schwierigkeiten, wie bei der eben unter ee) dargelegten Terminierung der Gewinnberechtigung. Insofern empfiehlt sich eine variable Stichtagsregelung.[272]

gg) Rechte einzelner Anteils- und Rechtsinhaber, § 5 I Nr. 7 UmwG

140 Der Verschmelzungsvertrag hat über diejenigen Rechte, Rechtspositionen und Maßnahmen zu berichten, die der übernehmende Rechtsträger bestimmten Personen gewährt. Der Wortlaut der Vorschrift beschränkt sich dabei nicht auf Rechte oder Rechtspositionen, die „anlässlich der Verschmelzung" gewährt werden, sondern verlangt eine generelle Angabe derartiger Rechte oder Rechtspositionen. Ein Fehlen derartiger Rechte muss übrigens nicht im Wege einer Negativerklärung gesondert erwähnt werden.[273]

141 Inhaltlich bezieht sich die Angabepflicht auf Sonderrechte der Anteilsinhaber oder sonstiger durch den neuen Rechtsträger gewährten „Rechte wie Anteile ohne Stimmrecht, Vorzugsaktien, Mehrstimmrechtsaktien, Schuldverschreibungen und Genussrechte sowie ähnlicher Maßnahmen.". Damit wird deutlich, dass jede Form des gesellschaftsrechtlichen Sonderrechts oder des gegenüber der Gesellschaft bestehenden schuldrechtlichen Sondervorteils[274] anzugeben ist. Maßgeblich für die Bestimmung der Sonderrechte bzw. Sondervorteile ist damit das darin zum Ausdruck kommende Abweichen vom gesellschaftsrechtlichen Gleichbehandlungsgebot. Es kann sich hierbei um vermögensrechtliche wie auch herrschaftsrechtliche Sonderstellungen handeln wie zB Vorzugsrechte auf Gewinn oder Liquidationserlös, Bestellungs- oder Entsendungsrechte oder Vorerwerbsrechte. Nicht erfasst werden hingegen zwischen den einzelnen Anteilsinhabern vereinbarte schuldrechtliche Sonderstellungen wie zB Optionen oder Stimmbindungsvereinbarungen.

142 Der Wortlaut dieser Vorschrift schränkt die Angabe der vorgenannten Rechte im Verschmelzungsvertrag ein auf die „einzelnen Anteilsinhaber" sowie auf „die Inhaber besonderer Rechte", denen diese gewährt werden. Die Bezugnahme auf einzelne Anteilsinhaber unterstreicht, dass es sich hierbei um einen Fall der **Abweichung** vom gesellschaftsrechtlichen **Gleichbehandlungsgrundsatz** handeln muss.

---

[270] *Drygala* in Lutter UmwG § 5 Rn. 74.
[271] *Drygala* in Lutter UmwG § 5 Rn. 74 mwN in FN 2.
[272] *Hoffmann-Becking* in Heidenhain/Meister Münchener Vertragshandbuch Band 1 IX. 13 Anm. 6 f.; *Kiem* Muster Rn. 32, der jedoch auch auf nachteilige Auswirkungen variabler Verschmelzungsstichtage bei kurzfristigem Überschreiten eines Termins, der den Verschmelzungsstichtag auf das Folgejahr verschiebt.
[273] OLG Frankfurt Beschl. vom 4.4.2011, NZG 2011 S. 1278.
[274] Zur Unterscheidung auch *Sagasser* Sondervorteile S. 36 ff.

§ 9. Umwandlungsrechtliche Regelungen § 9

Die Gewährung von Schuldverschreibungen oder Genussrechten an alle Anteilsinhaber wäre insoweit nicht aufzuführen. Unter „Anteilsinhaber" sind aber insofern nicht nur die Anteilsinhaber des übertragenden Rechtsträgers, sondern auch die des übernehmenden Rechtsträgers zu verstehen. Es wäre zB vorstellbar, dass sich ein Anteilsinhaber eines übernehmenden Rechtsträgers seinen Widerstand gegen die Verschmelzung durch Gewährung eines Sonderrechtes „abkaufen lässt". 143

Die Personengruppe der „Inhaber besonderer Rechte" entspricht offenbar dem Kreis der Personen, der auch durch § 23 UmwG geschützt werden soll. Hierbei muss es sich also nicht um Anteilsinhaber handeln, da auch Inhaber von Wandelschuldverschreibungen, Gewinnschuldverschreibungen und Genussrechten nach § 23 UmwG einen Anspruch auf gleichwertige Rechte im übernehmenden Rechtsträger besitzen.[275] Nach der in der Gesetzesbegründung zu § 23 UmwG niedergelegten Definition geht die Rechtsstellung der „Inhaber von Rechten in einem Rechtsträger" über die schuldrechtliche Gläubigereigenschaft hinaus.[276] Es dürfte sich damit nicht um jegliche Form des Sondervorteils handeln (zB Liefer- und Bezugsrechte, Verträge zu Vorzugskonditionen), sondern nur um mitgliedschaftsähnliche oder gesellschaftsrechtlich typisierte Vermögensrechte.[277] Schuldrechtliche Rechtspositionen außerhalb des Schutzbereichs des § 23 UmwG unterfallen daher allein den Gläubigerschutzvorschriften;[278] hierfür gewährte Rechte oder Vorteile sind nicht im Rahmen des § 5 I Nr. 7 UmwG anzugeben, soweit der Berechtigte nicht gleichzeitig Anteilsinhaber des übernehmenden Rechtsträgers wird. 144

Soweit Aktienoptionen („stock-options") als Wandelschuldverschreibungen ausgestaltet sind, greifen vom Wortlaut her die §§ 5 Nr. 7, 23 UmwG,[279] mit der Folge, dass der übernehmende Rechtsträger den Inhabern der Aktienoptionsrechte, die ihnen durch den übertragenden Rechtsträger gewährt worden sind, gleichwertige Rechte einräumen muss. Gleichwertigkeit ist dabei nicht als formale, sondern als wirtschaftliche Gleichwertigkeit zu verstehen.[280] Die Optionsrechte müssen sich daher auf die Aktien der übernehmenden Gesellschaft beziehen und die Optionsbedingungen sind entsprechend anzupassen, wobei für die Umrechnung des Wertes der Optionen in der Regel das Umtauschverhältnis für die Aktien selbst maßgeblich ist.[281] Aktienoptionen werden oft auch als isolierte Optionsrechte (naked warrants) nach § 192 II Nr. 3 AktG ausgestaltet. Obgleich die §§ 5 Nr. 7, 23 UmwG diese Rechte nicht ausdrücklich erwähnen, sind diese Optionsrechte in gleicher Weise zu 145

---

[275] BT-Drucks. 12/6699 S. 17 zu § 50 UmwG; *Grunewald/Winter* in Lutter Kölner Umwandlungsrechtstage S. 55; *Drygala* in Lutter UmwG § 5 Rn. 77 f.
[276] BT-Drucks. 12/6699 S. 13 zu § 23 UmwG.
[277] Vgl. im Einzelnen *Sagasser* Sondervorteile S. 8 f., 68 f. mwN.
[278] → § 3 Rn. 32 ff.
[279] *Hüffer* in FS *Lutter* S. 1227 ff.
[280] *Vossius* in Widmann/Mayer Umwandlungsrecht § 23 UmwG Rn. 29.
[281] *Ettinger* Stock-options S. 70.

behandeln wie durch Wandelschuldverschreibungen unterfütterte Optionsrechte.[282]

hh) Besondere Vorteile für Vertretungsorgane, Aufsichtsräte usw., § 5 I Nr. 8 UmwG

146 Aufgenommen werden müssen in den Vertrag auch die besonderen Vorteile, die Verwaltungsorganen, Aufsichtsräten, geschäftsführenden Gesellschaftern und seit dem UmwG 1994[283] auch Abschluss- und Verschmelzungsprüfern gewährt wurden.[284] Ziel dieser Vorschrift ist es, den Anteilsinhabern zu ermöglichen, sich darüber zu informieren, in welchem Umfang Personen aus dem in Nr. 8 genannten Kreis von der Verschmelzung Vorteile erlangen, die möglicherweise Zweifel an ihrer Objektivität begründen könnten.[285] Dabei sind Vergünstigungen jeglicher Art aufzuführen. Zu nennen sind etwa Abfindungszahlungen, zB an ausscheidende Geschäftsführer oder auch Prüfungsgesellschaften, nicht aber die üblichen Prüfungshonorare.[286] Ferner sind jedwede Zusagen an Verwaltungsorgane des übertragenden Rechtsträgers zu nennen, nach denen sie in der übernehmenden Gesellschaft wiederum Organfunktionen zugewiesen bekommen, selbst wenn diese nur als unverbindliche[287] Willensbekundungen angesehen werden.[288]

ii) Arbeitnehmerbelange, § 5 I Nr. 9 UmwG

147 Mit § 5 I Nr. 9 UmwG hat der Gesetzgeber eine Informationspflicht der Verwaltungsorgane gegenüber den Arbeitnehmern und ihren Vertretungen in das Gesetz eingefügt. Danach hat der Verschmelzungsvertrag Angaben über die Folgen der Verschmelzung für die Arbeitnehmer und ihre Vertretungen sowie die insoweit vorgesehenen Maßnahmen zu enthalten. Die Vorschrift wirft nicht unerhebliche Probleme

---

[282] *Ettinger* Stock-options S. 69.
[283] BT-Drucks. 12/6699 S. 82 zu § 5 UmwG.
[284] *Sagasser* Sondervorteile S. 11 f.
[285] *Drygala* in Lutter UmwG, § 5 Rn. 84 ff.; *Stratz/Langner* in Schmitt/Hörtnagl/Stratz UmwG § 5 Rn. 86, der den Gläubigerschutz als Zweck der Vorschrift einbezieht.
[286] *Schröer* in Semler/Stengel UmwG § 5 Rn. 72.
[287] Verbindlich kann die Zusage nur dann sein, wenn sie durch das für die Bestellung zuständige Organ erfolgt. Für die AG bedürfte es eines Beschlusses des Aufsichtsrates der übernehmenden AG, um einzelne Vorstandsmitglieder der übertragenden AG mit Wirkung ab einem bestimmten Zeitpunkt zu Vorstandsmitgliedern der übernehmenden AG zu bestellen, vgl. *Drygala* in Lutter UmwG § 5 Rn; *Schröer* in Semler/Stengel UmwG § 5 Rn. 73; *Mayer* in Widmann/Mayer UmwG § 5 Rn. 172.
[288] So aus Gründen der Information *Drygala* in Lutter UmwG § 5 Rn. 84 ff. aE; *Schröer* in Semler/Stengel UmwG § 5 Rn. 73; *Mayer* in Widmann/Mayer UmwG § 5 Rn. 172; *Marsch-Barner* in Kallmeyer UmwG § 5 Rn. 44 (Die Aufnahme der Zusage über die Bestellung in das Vertretungsorgan „verpflichtet in der Regel auch die zuständigen Organe nicht".).

§ 9. Umwandlungsrechtliche Regelungen

auf, insbesondere hinsichtlich ihrer Reichweite und hinsichtlich der Rechtsfolgen einer Nichtbeachtung.[289] Von der Literatur werden im Einzelnen recht unterschiedliche Auffassungen vertreten. Kritik wird auch daran geübt, dass der Gesetzgeber diese Angaben im Verschmelzungsvertrag – und damit aus rechtsdogmatischer Sicht an der falschen Stelle – verlangt. Der Verschmelzungsvertrag enthalte nur Regelungen, so dass die verlangten Informationen zu den arbeitsrechtlichen Konsequenzen der Verschmelzung, denen eher Berichtscharakter zukommt, besser in den Umwandlungsbericht hätten integriert werden können.[290]

(1) Informationsumfang. Zweifelhaft ist, was das Gesetz unter „Folgen der Verschmelzung" versteht. Aus der Begründung zu § 5 UmwG lässt sich entnehmen, dass die eintretenden individual- und kollektivarbeitsrechtlichen Änderungen im Verschmelzungsvertrag darzulegen sind. Die Vorschrift soll eine frühzeitige Information des Betriebsrates über die Verschmelzung und die durch sie bewirkten Folgen für die Arbeitnehmer sicherstellen, um bereits im Vorfeld des Verschmelzungsvorganges seine möglichst sozialverträgliche Durchführung zu erleichtern. Aus dieser Begründung könnte geschlossen werden, dass der Gesetzgeber eine Aufklärung der Arbeitnehmer auch über solche Folgen erreichen wollte, die nur mittelbar mit der Verschmelzung verbunden sind, etwa eine bereits bei Abschluss des Verschmelzungsvertrages geplante Werksschließung.[291] Jedoch ergibt eine Auslegung der Norm im Gesamtkontext des UmwG sowie nach Sinn und Zweck, dass in den Verschmelzungsvertrag nur die Auswirkungen aufzunehmen sind, die sich unmittelbar durch den gesellschaftsrechtlichen Vorgang der Verschmelzung ergeben. Hierfür spricht, dass der Betriebsrat eigenständige Informations- und Beteiligungsrechte auf der Grundlage des BetrVG hat. Der Betriebsrat wird daher auch unabhängig von dem eigentlichen Verschmelzungsvorgang über arbeitnehmerrelevante Planungen unterrichtet. Eine Aufnahme dieser Informationen in den Verschmelzungsvertrag wäre insofern ein Pleonasmus.[292] Auch dient der Verschmelzungsvertrag im Wesentlichen der Unterrichtung der Anteilseigner. Dabei ist aber anerkannt, dass lediglich mittelbare Auswirkungen der Verschmelzung jedenfalls im Verschmelzungsvertrag nicht erläutert werden müssen.[293] Es ist nicht einsichtig, warum dies bezüglich der Arbeitnehmer anders sein sollte. Schließlich ergibt sich die Beschränkung auf unmittelbar durch die Verschmelzung bewirkte arbeitsrechtliche Veränderungen auch aus dem vom Gesetzgeber respektierten Geheimhaltungsinteresse der beteiligten Unternehmen. So bestimmt § 8 II UmwG für den Verschmel-

---

[289] Kritisch zB *Stratz/Langner* in Stratz/Hörtnagl/Stratz UmwG § 5 Rn. 87 ff.; *Drygala* in Lutter UmwG § 5 Rn. 84 ff.
[290] *Schröer* in Semler/Stengel UmwG § 5 Rn. 76; *Bungert* DB 1997 S. 2209; *Willemsen* NZA 1996 S. 791 (796).
[291] Ausführlich zu dieser Problematik: *Schröer* in Semler/Stengel UmwG § 5 Rn. 82 ff.
[292] AA *Mayer* DB 1995 S. 861 (864).
[293] *Drygala* in Lutter UmwG § 5 Rn. 107.

zungsbericht,²⁹⁴ der den Verschmelzungsvertrag ergänzend erläutern soll, dass dort Angaben, deren Bekanntwerden einem Unternehmen erheblichen Nachteil zufügen kann, nicht aufgenommen zu werden brauchen. Dies muss erst recht für strategische Überlegungen der Unternehmen gelten, die klassischerweise im Zusammenhang mit Betriebsänderungen iSd BetrVG angestellt werden. Die Rechte der Arbeitnehmer sind insoweit hinreichend durch die zwingenden Beteiligungsrechte des Betriebsrates nach dem BetrVG geschützt.

149 Festzuhalten bleibt somit, dass allein **unmittelbar wirkende** Konsequenzen individual- oder kollektivarbeitsrechtlicher Natur in den Verschmelzungsvertrag aufzunehmen sind. Mithin sind zwingend darzustellen der Übergang von Arbeitsverhältnissen, die Fortgeltung oder Beendigung von Betriebsvereinbarungen, die Auswirkungen der Verschmelzung auf Tarifverträge und Fragen der Tarifbindung sowie qualitative oder quantitative Veränderungen des Betriebsrates und der Arbeitnehmervertretungen im Aufsichtsrat.²⁹⁵

150 (2) Rechtsfolgen bei unterlassener oder nicht rechtzeitiger Unterrichtung. Unklarheit besteht weiter hinsichtlich der **Rechtsfolgen** einer unterlassenen Darstellung der Folgen für die Arbeitnehmer im Verschmelzungsvertrag. Gemäß § 17 I UmwG ist dem Registergericht ein Nachweis der rechtzeitigen Zuleitung des Verschmelzungsvertrages an den Betriebsrat mit den Unterlagen zur Anmeldung einzureichen. Ohne diese Empfangsbescheinigung wird die Verschmelzung nicht in das Handelsregister eingetragen. Die Behauptung, ein an der Verschmelzung beteiligter Rechtsträger habe keinen Betriebsrat, ist dem Registergericht uU durch eidesstattliche Versicherung glaubhaft zu machen.²⁹⁶ Eine Erwähnung der Verschmelzungsfolgen soll in diesem Fall entbehrlich sein.²⁹⁷ Hiergegen spricht allerdings, dass sich die Informationen im Verschmelzungsvertrag in erster Linie an die Anteilseigner richten und der Mindestinhalt des Verschmelzungsvertrages von der Weiterleitungspflicht an den Betriebsrat unabhängig ist.²⁹⁸ Ungeachtet der Existenz eines Betriebsrates sollten daher die Folgen für die Arbeitnehmer im Vertrag genannt werden. Eindeutig entfällt diese Verpflichtung jedoch dann, wenn beide beteiligten Gesellschaften keine Arbeitnehmer haben.²⁹⁹

151 Fraglich ist weiter, welche Rechtsfolgen eine nur unzureichende Information im Verschmelzungsvertrag hat. Nach wohl herrschender Auffassung kann der Registerrichter das gänzliche Fehlen der Angaben sowie

---

²⁹⁴ → Rn. 174 ff.
²⁹⁵ Der Umfang der Berichtspflichten ist konkretisiert worden in OLG Düsseldorf ZIP 1998 S. 1190; siehe ferner Muster bei *Drygala* in Lutter UmwG § 5 Rn. 118.
²⁹⁶ So AG Duisburg GmbHR 1996 S. 372.
²⁹⁷ LG Stuttgart WIB 1996 S. 994; aA *Mayer* in Widmann/Mayer UmwG § 5 Rn. 202 mit weiteren Nachweisen zur Gegenmeinung; *Trölitzsch* WiB 1996 S. 994; *Pfaff* DB 2002 S. 1604 (1605 ff.); *Willemsen* in Kallmeyer UmwG § 5 Rn. 79.
²⁹⁸ *Simon* in Semler/Stengel UmwG § 5 Rn. 93.
²⁹⁹ LG Stuttgart DNotZ 1996 S. 701.

§ 9. Umwandlungsrechtliche Regelungen § 9

offensichtlich unrichtige Angaben beanstanden.[300] Werden die Beanstandungen nicht fristgerecht beseitigt, droht ein Verstreichen der Acht-Monats-Frist zwischen Aufstellung der Schlussbilanz und dem Anmeldetag.[301] Raum für eine Klage gegen den Umwandlungsbeschluss nach § 14 UmwG dürfte demgegenüber nur in eingeschränktem Umfang bestehen. Der Betriebsrat hat keine eigene **Klagebefugnis,** da weder die Vorschriften des UmwG noch die allgemeinen Regelungen des AktG diese Möglichkeit eröffnen.[302] Auch für die Anteilseigner ergibt sich aus der Unrichtigkeit der Angaben zu den Verschmelzungsfolgen für die Arbeitnehmer kein Anfechtungsrecht.[303] Grund hierfür ist der lediglich berichtende, nicht jedoch regelnde Charakter der arbeitsrechtlichen Angaben. Sie dienen darüber hinaus ausschließlich dem Schutz der Arbeitnehmerinteressen.[304] Auch wenn das UmwG hierzu keine ausdrückliche Regelung enthält, ist ferner die Möglichkeit einer Heilung des Verstoßes gegen die Informationsrechte des Betriebsrates gegeben, wenn dieser nachträglich auf die Unterrichtung oder auf die rechtzeitige Unterrichtung verzichtet.[305]

Schadensersatzansprüche der Arbeitnehmer gegen die Rechtsträger oder deren Verwaltungsorgane dürften zumindest bei der Verschmelzung mangels Kausalität ausscheiden. Fraglich ist darüber hinaus, ob die Arbeitnehmer sich überhaupt wegen einer Verletzung bloßer Informationsobliegenheiten auf die §§ 25, 26 UmwG stützen könnten, die grundsätzlich nur dem Schutz vermögensrechtlicher Ansprüche dienen sollen.[306] 152

(3) Zuständiger Betriebsrat. Dem Gesetz ist nicht zu entnehmen, welchem Betriebsrat der Verschmelzungsvertrag nach § 5 III UmwG zuzuleiten ist. Die Gesetzesbegründung verweist insoweit auf die Vorschriften des BetrVG, insbesondere §§ 50, 58 BetrVG. In der Regel wird daher der Gesamtbetriebsrat oder der Konzernbetriebsrat zuständig sein. 153

Bei Abänderungen des Verschmelzungsvertrages oder seines Entwurfs nach dessen erstmaliger Zuleitung an den Betriebsrat, wird darauf abzustellen sein, ob die Änderungen wesentlich sind. Bei nur unwesentlichen Änderungen dürfte eine nochmalige Zuleitung an den Betriebsrat nicht geboten sein.[307] 154

---

[300] *Simon* in Semler/Stengel UmwG § 5 Rn. 95 f., der allerdings ein materielles Prüfungsrecht bzgl. unrichtiger Angaben verneint; *Bungert* DB 1997 S. 2209 (2211); *Joost* ZIP 1995 S. 976 (984).
[301] AG Duisburg GmbHR 1996 S. 372.
[302] OLG Naumburg DB 1997 S. 466 (467); *Drygala* in Lutter UmwG § 5 Rn. 156; *Simon* in Semler/Stengel UmwG § 5 Rn. 98.
[303] *Simon* in Semler/Stengel UmwG § 5 Rn. 98; *Bungert* DB 1997 S. 2209 (2212).
[304] *Drygala* in Lutter UmwG § 5 Rn. 156.
[305] DNotI Gutachten S. 63, 67 ff.
[306] *Simon* in Semler/Stengel UmwG § 5 Rn. 99; *Bungert* DB 1997 S. 2209 (2214).
[307] So auch der Rechtsausschuss, abgedruckt in *Ganske* Umwandlungsrecht S. 50 f.

c) *Besonderen Angaben im Verschmelzungsvertrag*

aa) *Barabfindungsangebot*

155 Nach § 29 I UmwG hat der Verschmelzungsvertrag neben den im § 5 I UmwG genannten Angaben zwingend ein Barabfindungsangebot für jeden Anteilsinhaber des übertragenden Rechtsträgers zu enthalten, der gegen den Verschmelzungsbeschluss Widerspruch zu Protokoll erklärt, wenn
- der übernehmende Rechtsträger eine andere Rechtsform als der übertragende Rechtsträger hat **(Mischverschmelzung)**,
- eine börsennotierte Aktiengesellschaft auf eine nicht börsennotierte Aktiengesellschaft verschmolzen wird,
- die Anteile am übernehmenden Rechtsträger **Verfügungsbeschränkungen** unterworfen sind,[308]
- oder, ohne dass es eines Widerspruchs bedürfte, für den Fall, dass der übernehmende Rechtsträger kraft seiner Rechtsform eigene Anteile oder Mitgliedschaften nicht erwerben kann (§ 29 I 3 UmwG).

156 Das Erfordernis des Barabfindungsangebots im Fall des sog. „kalten Delisting" in der Variante einer Verschmelzung ist durch das Zweite Umwandlungsänderungsgesetz eingeführt worden und folgt damit Anregungen der Literatur.[309] Unter Berufung auf die Rechtsprechung des BGH [Macrotron][310] zum regulären Delisting, forderten diese Autoren ein Abfindungsrecht ebenso für das „kalte Delisting". Nunmehr erfasst der geänderte § 29 I 1 UmwG auch Barabfindungsgebote bei Verschmelzung einer börsennotierten Aktiengesellschaft auf eine nicht börsennotierte Aktiengesellschaft.[311] Ebenso dürfte dieses Erfordernis analog für das Delisting einer KGaA gelten, da die Motivation des Gesetzgebers für diese genauso gilt wie für die AG.[312]

157 Allgemein bezeichnet Delisting den Rückzug der bisher börsennotierten AG bzw. KGaA vom regulierten Handel. Anders als das reguläre Delisting, das ein börsenrechtliches Verfahren beschreibt (§ 39 II BörsG, nun ergänzt durch erweitere Bestimmungen zum Anlegerschutz durch das Transparenzrichtlinie-Änderungsrichtlinie Umsetzungsgesetz vom 20.11.2015[313]), wird von „kaltem Delisting" gesprochen, wenn eine Umwandlungsmaßnahme des UmwG die Börsennotierung entfallen lässt, dh die Börsen-

---

[308] Durch das am 1.7.1998 in Kraft getretene Gesetz zur Änderung des Umwandlungsgesetzes, des Partnerschaftsgesetzes und anderer Gesetze hat der Gesetzgeber in § 29 I 2 UmwG den Anwendungsbereich dieser Regelung erweitert, die nunmehr nicht nur auf vertragliche Verfügungsbeschränkungen begrenzt ist, sondern auch alle Fälle der gesetzlichen Verfügungsbeschränkungen erfasst, vgl. *Neye* DB 1998 S. 1649 (1651).
[309] ZB *Hüffer* AktG, 7. Auflage 2006, § 119 Rn. 26; *Kubis* in MünchKomm AktG, 2. Aufl. 2002, § 119 Rn. 89; *Grunewald* ZIP 2004 S. 542 (544); *Adolf/Tieves* BB 2003 S. 797 (805).
[310] Urteil des BGH vom 25.11.2002 [Macrotron], DNotZ 2003 S. 364.
[311] Vgl. BT-Drucks. 16/2919 S. 5 und 13.
[312] Ebenso *Grunewald* in Lutter UmwG § 29 Rn. 4; *Mayer/Weiler* DB 2007 S. 1235 (1236) unter Hinweis auf die Interessenlage.

§ 9. Umwandlungsrechtliche Regelungen § 9

fähigkeit durch Verschmelzung, Formwechsel, Spaltung oÄ entfällt. Unter bestimmten Umständen kann ein kaltes Delisting ohne Börsenverfahren für das „Going Private" vorzugswürdig sein.[314] Mit Einführung des Abfindungsangebots bei Verschmelzungen ist dies über die Verweisungsnorm des § 125 UmwG nunmehr auch für die Spaltungstatbestände des § 123 UmwG, mit einer Ausnahme für die Ausgliederung,[315] mitgeregelt.[316] Für den Formwechsel ist das Abfindungsgebot bereits seit UmwG 1994 in § 226 iVm §§ 207, 231 UmwG mit Besonderheiten für die KGaA geregelt.[317]

Soll die übernehmende Gesellschaft, insbesondere bei der Verschmelzung zur Neugründung, jedoch unmittelbar wieder börsennotiert werden, ist bisher weitgehend ungeklärt, ob ein Abfindungsangebot der Anteilsinhaber entbehrlich ist; schließlich verlören die Anteilsinhaber die Handelbarkeit ihrer Aktien an der Börse nur vorübergehend. Daher wird teilweise[318] eine teleologische Reduzierung der neuen Vorschrift vorgeschlagen. Dass das Schutzbedürfnis der Anteilsinhaber in diesen Fällen weniger hoch ist, ist zwar nachvollziehbar, dennoch kann schwerlich *contra legem* gegen den klaren Wortlaut ein Austrittsrecht verneint werden.[319] Auf ein Austrittsrecht kann uE vielmehr nur dann verzichtet werden, wenn hinreichend gesichert ist, dass der übernehmende Rechtsträger tatsächlich börsennotiert sein wird. Befindet sich die Börsennotierung nur in der Planung, ist dies nicht gewährleistet. Ohne konkrete Anhaltspunkte müsste schon das Registergericht die Eintragung der Verschmelzung verweigern, weil es die Rechtmäßigkeit des fehlenden Abfindungsangebots nicht mit Sicherheit prüfen kann, vgl. §§ 17 I, 29 I UmwG. Selbst wenn das Gericht die Verschmelzung einträgt, wäre bei einem späteren Scheitern der Notierung der Verschmelzungsvertrag an-

158

---

[313] Gesetz zur Umsetzung der Transparenzrichtlinie-Änderungsrichtlinie vom 20.11.2015 (BGBl. I S. 2029). Durch dieses Gesetz wurden nach Aufgabe der Macrotron-Rechtsprechung durch den BGH (Entscheidung vom 8.10.2013, NZG 2013 S. 1342 ff. – [Frosta]) neue Vorschriften zum Delisting in das Börsengesetz eingeführt. Danach ist den Anlegern im Falle des regulären Delisting ein Erwerbsangebot nach den Vorschriften des WpÜG vorzulegen. Damit hatte der Gesetzgeber sich gegen eine analoge Anwendungs des § 29 UmwG entschieden, vgl. zu den Überlegungen im Vorfeld nur *Weber* NJW 2015 S. 2307 ff.; *Koch/Harnas* NZG 2015 S. 729 ff.; *Bayer* ZIP 2015 S. 853 ff.
[314] Zu den Vor- und Nachteilen der jeweiligen Varianten des „Going Private" vgl. *Kemper* Börsenrückzüge in Deutschland, 2006 S. 196 ff.
[315] Da der übertragende Rechtsträger fortbesteht, bedarf es keines Abfindungsangebots, vgl. *Stengel* in Semler/Stengel UmwG § 125 Rn. 5.
[316] Vgl. nur *Stengel* in Semler/Stengel UmwG § 125 Rn. 5. Für die Aufspaltung wurde dies bereits gerichtlich anerkannt, vgl. OLG Düsseldorf ZIP 2004 S. 220.
[317] *Ihrig* in Semler/Stengel UmwG § 226 Rn. 11, § 231 Rn. 1 f.; *Kalss* in Semler/Stengel UmwG § 207 Rn. 1 f.
[318] *Drinhausen* BB 2006 S. 2313 (2314); zustimmend *Mayer/Weiler* DB 2007 S. 1235 (1236).
[319] Ebenso *Wälzholz* in Widmann/Mayer UmwG § 29 Rn. 14; *Grunewald* in Lutter UmwG § 29 Rn. 4.

fechtbar. Für eine hinreichend sichere Börsennotierung im Sinne des § 29 I UmwG wird man mit *Wälzholz*[320] verlangen müssen, dass das Börsenzulassungsverfahren bis zur Handelsregistereintragung durchgeführt worden ist und die Börsenzulassungsstelle im Wege eines Vorbescheids den Beginn des Börsenhandels zu dem auf den Eintrag folgenden Börsenhandelstag zusichert. Insoweit ist für § 29 I UmwG nicht der Tag entscheidend, an dem der Verschmelzungsvertrag geschlossen wurde, sondern der, an dem die Verschmelzung durch Eintragung wirksam wird.

159 Außer in den Fällen einer bereits börsennotierten aufnehmenden Gesellschaft ist der Praxis dringend zu empfehlen, ein Abfindungsangebot in den Verschmelzungsvertrag aufzunehmen. Trotz der offenen Auslegungsfragen kann sich aber dann, wenn das Börsennotierungsverfahren entsprechend weit gelangt ist, anbieten, das Abfindungsangebot im Verschmelzungsvertrag auf die Börsennotierung vor Wirksamwerden der Verschmelzung aufschiebend zu bedingen.[321] Befindet sich die Börsennotierung lediglich in der Planung, kann der Verschmelzungsvertrag zumindest Anreize schaffen, um die Anteilsinhaber zum Verbleib in der Gesellschaft zu bewegen und so den befürchteten Abzug von Liquidität verhindern. Beispielsweise könnte der Verschmelzungsvertrag verbindliche Zusagen des Vorstandes des übernehmenden Rechtsträgers über eine spätere Börsennotierung treffen.

160 Anders als beim Formwechsel[322] muss der Verschmelzungsvertrag bzw. sein Entwurf ein konkretes Barabfindungsangebot enthalten, weil dieses den Anteilseignern im Zeitpunkt des Verschmelzungsbeschlusses bekannt sein muss und nicht wie beim rein gesellschaftsinternen Formwechselbeschluss noch ausgehandelt werden kann. Je nach Rechtsform des übernehmenden Rechtsträgers hat der Verschmelzungsvertrag zu bestimmen, dass der übernehmende Rechtsträger die Anteile vom ausscheidungswilligen Anteilsinhaber des übertragenden Rechtsträgers übernimmt.

161 Die Anteilsinhaber sind auf die Regelungen des § 31 UmwG hinzuweisen, nach dem das im Verschmelzungsvertrag enthaltene Barabfindungsangebot nur innerhalb von zwei Monaten angenommen werden kann, nachdem die Verschmelzung am Sitz des übernehmenden Rechtsträgers als bekanntgemacht gilt.[323]

bb) Rechtsformspezifische Angaben

162 Im besonderen Teil des Verschmelzungsrechts bestimmt das UmwG weitere notwendige Inhalte des Verschmelzungsvertrages.
Bei der **Personenhandelsgesellschaft** als übernehmender Rechtsträger:
– Bestimmung der Art der Haftung in der übernehmenden Personengesellschaft, § 40 I UmwG,

---

[320] *Wälzholz* in Widmann/Mayer UmwG § 29 Rn. 14.
[321] Ähnlich *Wälzholz* in Widmann/Mayer UmwG § 29 Rn. 16.
[322] → § 26 Rn. 66 ff.
[323] Auf das Spruchverfahren ist dagegen nicht hinzuweisen, ebenso wenig auf die Möglichkeit der anderweitigen Veräußerung nach § 33 UmwG.

§ 9. Umwandlungsrechtliche Regelungen § 9

– Betrag der Einlage eines jeden hinzutretenden Gesellschafters, § 40 I UmwG.

Bei der **Partnerschaftsgesellschaft** als übernehmender Rechtsträger:
– Name und Vorname sowie den in der übernehmenden Partnerschaftsgesellschaft ausgeübten Beruf, § 45b UmwG.

Bei der **GmbH** als übernehmender Rechtsträger:
– Nennbetrag des Geschäftsanteils eines jeden hinzutretenden Gesellschafters,[324] § 46 I UmwG,
– Abweichungen durch Kapitalerhöhung geschaffener gegenüber originären Anteilen an der GmbH, § 46 II UmwG,
– besondere Bestimmungen für Gesellschafter, die vorhandene Geschäftsanteile übernehmen sollen, § 46 III UmwG.

Bei der **AG/KGaA:**
– Benennung eines Treuhänders zur Entgegennahme von Aktien und baren Zuzahlungen, §§ 71 I, 73, 78 UmwG,
– Benennung unbekannter Aktionäre, § 35 UmwG nF.[325]

Bei Genossenschaften:
– Abweichende Angaben zu § 5 I Nr. 3 UmwG, § 80 I UmwG,
– Angaben über die Stichtage der Schlussbilanzen der übertragenden Genossenschaften, § 80 II UmwG.

cc) Weitere Regelungsmöglichkeiten

Die im UmwG enthaltenen Regelungen des Inhaltes des Verschmelzungsvertrages stellen lediglich einen Mindeststandard dar. Hierüber hinausgehend kann der Verschmelzungsvertrag beliebige weitere Regelungen aufnehmen, sei es vertraglich konstitutiv oder nur deklaratorisch. Aufgenommen werden kann eine Bestimmung über die künftige Firmierung nach § 18 UmwG, wenn etwa ein Firmentausch oder eine gemeinsame Firma geführt werden soll. Soweit mehrere übertragende Rechtsträger beteiligt sind, sollte klargestellt werden, ob die verschiedenen Verschmelzungsvorgänge voneinander unabhängig sein sollen oder ob bei endgültigem Fehlschlagen der Verschmelzung mit einem übertragenden Rechtsträger die Verschmelzungen der anderen Rechtsträger fortbestehen oder ebenfalls unwirksam werden.[326] Ist eine sog. Kettenverschmelzungen beabsichtigt, ist anzuraten im Verschmelzungsvertrag über die nachfolgende Verschmelzung zu informieren oder zum Schutz der Anteilseigner des übertragenden Rechtsträgers die Bedingung aufzunehmen, dass die Anteilsinhaber des übernehmenden Rechtsträgers bis zur Eintragung der Verschmelzung ohne die Zustimmung der Anteilsinhaber des erstübertragenden Rechtsträgers keine Satzungsänderungen bzw. Umwandlungen beschließen.[327]

163

---

[324] Nicht anzugeben ist der Ausgabekurs der zu schaffenden Anteile, vgl. *Ihrig* GmbHR 1995 S. 622 ff.
[325] Seit dem Zweiten Umwandlungsänderungsgesetz genügt die Angabe des auf die unbekannten Aktionäre entfallenden Teils des Grundkapitals.
[326] *Schröer* in Semler/Stengel UmwG § 5 Rn. 123.

164 Ferner kommen Regelungen über die Tragung der mit der Verschmelzung verbundenen Kosten, über Zustimmungsvorbehalte, die Einräumung von Sonderrechten oder besonderen Verpflichtungen durch den übernehmenden Rechtsträger, über auflösende Bedingungen oder Kündigungsrechte in Betracht.[328]

165 Der Verschmelzungsvertrag sollte im Weiteren **kartellrechtliche Regelungen** enthalten, soweit die Verschmelzung in den Anwendungsbereich des Gesetzes gegen Wettbewerbsbeschränkungen (GWB) sowie von sonstigen etwaig anwendbaren nationalen Fusionskontrollvorschriften oder bei gemeinschaftsweiter Bedeutung unter den der Verordnung (EG) Nr. 139/2004 des Rates vom 20.1.2004 über die Kontrolle von Unternehmenszusammenschlüssen (FKVO)[329] fällt.[330]

d) Form des Verschmelzungsvertrages

166 Der Verschmelzungsvertrag kann vor, muss jedoch spätestens nach Beschlussfassung durch die Anteilseigner **notariell beurkundet** werden, § 6 UmwG. Formbedürftig sind nicht nur der Verschmelzungsvertrag an sich, sondern auch alle Nebenabreden, die nach dem Willen der Parteien mit dem Verschmelzungsvertrag ein „unzertrennbares Ganzes" darstellen.[331] Notariell zu beurkunden sind ferner die Verzichtserklärungen nach §§ 8 III, 9 III, 54 I 3, 68 I 3 UmwG sowie die Zustimmungserklärungen nach § 13 III UmwG.

167 Von den Gerichten nicht abschließend geklärt ist, ob die Beurkundung des Verschmelzungsvertrages durch einen ausländischen Notar zulässig ist. Die Beurkundung im Ausland ist nach einer frühen Grundsatzentscheidung des BGH[332] zulässig, wenn die Gleichwertigkeit mit einer inländischen Beurkundung vorliegt. Das ist der Fall, wenn die Urkundsperson nach Vorbildung und Stellung im Rechtsleben eine der Tätigkeit des deutschen Notars entsprechende Funktion ausübt und ein Verfahrensrecht zu beachten hat, das den tragenden Grundsätzen des deutschen Beurkundungsrechts entspricht. Insbesondere ist die in § 17 BeurkG vorgesehene Prüfungs- und Belehrungsfunktion nach Ansicht des BGH keine Wirksamkeitsvoraussetzung, da es den Beteiligten unbenommen sei, darauf zu verzichten. Aufgrund der „Supermarkt"-Entscheidung des BGH,[333] die feststellt, dass die notarielle Beurkundung der Einhaltung des materiellen Rechts dient, sind an die Prüfung der

---

[327] → Rn. 368 ff.
[328] *Drygala* in Lutter UmwG § 5 Rn. 131 ff.
[329] ABl. EG Nr. L 24/1 vom 29.1.2004 S. 1 ff.
[330] Zur kartellrechtlichen Behandlung im Einzelnen mit Hinweisen zur Vertragsgestaltung → § 7 Rn. 1 ff., insbesondere 93, zur registergerichtlichen Kontrolle → Rn. 140 f. und → § 3 Rn. 16.
[331] BGHZ 82 S. 188 (195); *Heinrichs* in Palandt BGB § 313 Rn. 25, 32 ff.
[332] BGHZ 80 S. 76 (78) [Züricher Notar].
[333] *Drygala* in Lutter UmwG § 6 Rn. 10; *Zimmermann* in Kallmeyer UmwG § 6 Rn. 11.

Gleichwertigkeit aber eher höhere Anforderungen zu stellen. Auch *Goette*[334] deutet auf eine zunehmend ablehnende Haltung der Rechtsprechung bezüglich der Anerkennung der Beurkundung von Verschmelzungsverträgen durch ausländische Notare. Unter Berufung auf vorbenannte Äußerungen des Vorsitzenden des II. Senats des BGH hat das LG Augsburg[335] die **Auslandsbeurkundung** in Zürich in Verschmelzungsfällen für unzulässig erklärt, mit der Begründung, dass es Aufgabe des Notars sei, bei der Beurkundung von Verschmelzungsvorgängen und entsprechenden Zustimmungsbeschlüssen eine Rechtmäßigkeitskontrolle durchzuführen. Da Schweizer Notare keine umfassende Aus- und Weiterbildung im deutschen Gesellschafts- und Umwandlungsrecht erhielten, können diese die erforderliche Rechtmäßigkeitskontrolle nicht gewährleisten. Zusätzlich gibt *Drygala*[336] zu bedenken, dass die in der Schweiz zulässige Haftungsbeschränkung der Beurkundungstätigkeit schon die Gleichwertigkeit beseitige. Dem LG Augsburg folgend hat das AG Kiel[337] Gleiches für die Beurkundung in Österreich entschieden, während das LG Kiel[338] in der Folgeinstanz dieselbe für zulässig erachtet. Letztere Entscheidung betraf die Verschmelzung von Genossenschaften, für die erst durch das UmwG die Pflicht zur notariellen Beurkundung von Umwandlungsverträgen eingeführt worden ist.[339] Die Besonderheit dieses Falles lag jedoch darin, dass die Genossenschaften nach §§ 53 ff. GenG einer besonderen Prüfungspflicht unterliegen und der Prüfungsverband ein Gutachten zur Verschmelzung nach § 81 UmwG erstellt hatte, somit eine sonst dem Notar obliegende Rechtmäßigkeitskontrolle bereits erfolgt war.

Der Gesetzgeber hatte auf die im Schrifttum geäußerte Kritik an der Höhe der Beurkundungskosten reagiert und durch Neufassung des § 39 V KostO den Geschäftswert bei der Beurkundung von Verträgen nach dem Umwandlungsgesetz auf 5 Mio. Euro begrenzt, so dass Beurkundungsgebühren von höchstens 15.114 Euro anfielen.[340] Diese Gebühr erhöht sich seit Inkrafttreten des Gerichts- und Notarkostengesetz[341] jedoch wieder, denn die Obergrenze für die Beurkundung eines Verschmelzungsvertrages wurde auf 10 Mio. Euro heraufgesetzt. Obgleich die in der Schweiz und Österreich anfallenden Beurkundungsgebühren im Regelfall wesentlich niedriger sind als die an sich begrüßenswerte neue Höchstgebühr, kann ein Berater nicht ohne Haftungsrisiko zu einer

168

---

[334] *Goette* in FS Boujong S. 131 ff. = DStR 1996 S. 709 ff., der wohl nach Absprache mit seinen Kollegen im II. Senat des BGH zu dieser Frage Stellung genommen hat. Krit. hierzu *Drygala* in Lutter UmwG § 6 Rn. 10.
[335] LG Augsburg DB 1996 S. 1666.
[336] *Drygala* in Lutter UmwG § 6 Rn. 10.
[337] AG Kiel GmbHR 1997 S. 506.
[338] LG Kiel DB 1997 S. 1223.
[339] *Schaffland* DB 1997 S. 863.
[340] BGBl. I 1997 S. 1443 ff.; *Funke* DB 1997 S. 1120; *Neye* GmbHR 1997 S. R153 f.
[341] Gerichts- und Notarkostengesetz vom 23.7.2013 welches die Notargebühren neu geordnet hat.

Auslandsbeurkundung raten, wenn er die Beteiligten nicht auf die geänderte Handhabung der Anerkennungsfragen durch eine Reihe von Registerrichtern und auf die sich abzeichnende Änderung der Rechtsprechung des BGH hinweist.[342] Soll gleichwohl eine Auslandsbeurkundung erfolgen, empfiehlt es sich, dies rechtzeitig mit dem zuständigen Handelsregisterrichter abzusprechen.

e) Mängel des Verschmelzungsvertrages

169 Mängel des Verschmelzungsvertrages können als Inhalts- oder Abschlussmängel auftreten.

170 **Inhaltsmängel,** worunter hier auch Mängel in der Beurkundung gezählt werden, werden gemäß § 20 I Nr. 4, II UmwG geheilt, wenn die Verschmelzung in das Handelsregister des übernehmenden Rechtsträgers eingetragen worden ist. Bei offensichtlichen Inhaltsmängeln, die von Amts wegen[343] vom Registergericht zu beachten sind, wird die Eintragung jedoch verweigert werden.[344] Unberührt von der Eintragung bleiben etwaige Schadensersatzansprüche. Werden mangelhafte Verschmelzungen eingetragen, ergibt sich möglicherweise auch ein Amtshaftungsanspruch wegen Verletzung der Registergerichtspflichten; das Spruchrichterprivileg greift hier nicht ein.[345]

171 Gleichsam durch die Handelsregistereintragung geheilt werden **Abschlussmängel.** Der Verschmelzungsvertrag wird nach Eintragung der Verschmelzung in das Handelsregister etwa durch § 123 BGB nicht mehr berührt.[346] Allerdings können Haftungsansprüche für den übertragenden Rechtsträger nach der Eintragung nur von einem besonderen Vertreter geltend gemacht werden, der auf Antrag eines Anteilsinhabers oder Gläubigers des übertragenden Rechtsträgers vom zuständigen Gericht seines Sitzes zu bestellen ist, § 26 I UmwG.

f) Kündigung des Verschmelzungsvertrages

172 § 7 UmwG sieht die Kündigungsmöglichkeit eines Verschmelzungsvertrages dann vor, wenn eine im Verschmelzungsvertrag vereinbarte (aufschiebende)[347] Bedingung nicht innerhalb einer vereinbarten Frist, längstens fünf Jahre, eingetreten ist. Die Kündigungsfrist beträgt ein halbes Jahr. In der Praxis wird man weit kürzere Fristen vereinbaren.

---

[342] Vgl. dazu *Koch* in Hüffer AktG § 121 Rn. 14 ff. mwN; *Biehler* NJW 2000 S. 1243 f.

[343] *Hüffer* in Geßler/Hefermehl/Eckardt/Kropff AktG § 243 Rn. 128; *Kraft* in Kölner Kommentar zum AktG § 352a Rn. 4.

[344] *Marsch-Barner* in Kallmeyer UmwG § 5 Rn. 63.

[345] *Kraft* in Kölner Kommentar zum AktG § 352a Rn 4; *Papier* in Münchener Kommentar BGB § 839 Rn. 281.

[346] *Kübler* in Semler/Stengel UmwG § 20 Rn. 90 ff.; *Drygala* in Lutter UmwG § 20 Rn. 73.

[347] Eine auflösende Befristung bzw. Bedingung kann nur für die Zeit bis zum Wirksamwerden der Verschmelzung vereinbart werden, § 20 I UmwG; vgl. *Stratz* in Schmitt/Hörtnagl/Stratz UmwG § 7 Rn. 4.

§ 9. Umwandlungsrechtliche Regelungen § 9

Eine damit zusammenhängende Frage ergibt sich hinsichtlich der Bindungsdauer eines Angebotes, welches in einem Zustimmungsbeschluss zum Verschmelzungsvertrag zu erblicken ist. Man wird davon ausgehen können, dass dieses bindende Angebot nur solange Bestand hat, wie die darin festgelegten Umtauschverhältnisse noch angemessen sind.[348] Danach wäre die Annahme dieses Angebots eine Abgabe eines neuen Angebots nach § 150 I BGB.

173

2. Verschmelzungsbericht

a) Allgemeines

Die Verpflichtung zur Aufstellung des Verschmelzungsberichts aus § 8 I UmwG steht im Spannungsfeld zwischen Gesellschafts- und Gesellschafterinteressen. Für die verschmelzungswilligen Rechtsträger steht dabei im Vordergrund, einen Informationsabfluss an Konkurrenten zu verhindern[349] und gleichzeitig dem Mindestinhalt des Verschmelzungsberichts zu genügen, um sich nicht in die Gefahr von Anfechtungsklagen zu begeben.[350] Im Schatten des aktienrechtlichen Minderheitenschutzes können bislang sog. „räuberische"[351] Aktionäre bzw. „Berufskläger" vom Druckmittel einer das Verfahren blockierenden Anfechtungsklage profitieren, um das Anfechtungsverfahren für sie vorteilhaft im Wege des Vergleichs zu beenden.[352] Die mögliche zeitliche Verzögerung wird in der Praxis aktuell auf neun bis zwölf Monate beziffert.[353]

174

Trotz Kenntnis und Möglichkeit dieses für Unternehmen unbefriedigenden Zustandes brachte der Gesetzgeber 1994 anlässlich des neuen Umwandlungsgesetzes keine Klärung. Er behielt nicht nur die weite Umschreibung des Berichtsinhalts bei, sondern erweiterte vielmehr die Berichtspflichten hinsichtlich verbundener Unternehmen nach § 15 AktG.[354] An der Stelle des Gesetzgebers waren die Gerichte berufen, das Schweigen inhaltlich auszufüllen. Aus heutiger Sicht kann man zwar von einem „weitestgehenden Konsens"[355] über den Umfang der Berichtspflicht sprechen, es bedurfte hierfür jedoch einiger Zeit.

175

Zugunsten der Unternehmen sollte nach dem Willen des damaligen Gesetzgebers allerdings die Gefahr eines blockierten Verschmelzungsverfahrens teilweise dadurch gebannt werden, dass die ausgelöste Registersperre gemäß § 16 II 2 UmwG durch das sog. Unbedenklichkeits- oder

176

---

[348] *Hoffmann-Becking* Festschrift Fleck S. 105, 117 ff.
[349] → Rn. 187.
[350] Vgl. nur *Mayer* in Widmann/Mayer UmwG § 8 Rn. 4.
[351] Der Begriff dürfte auf *Lutter* Wertpapier 1988 S. 192 zurückgehen.
[352] Hierzu das Gesetz zur Umsetzung der Aktionärsrichtlinie (ARUG) vom 6.11.2008, vgl. *Goette* DStR 2009 S. 51 (54 f.).
[353] Empirische Angaben bei *Baums/Keinath/Gajek* ZIP 2007 S. 1629 (1648 f.). Zu den volkswirtschaftlichen Schäden: *Vetter* AG 2008 S. 177 (179 f.).
[354] *Mayer* in Widmann/Mayer UmwG § 8 Rn. 4.
[355] *Drygala* in Lutter UmwG § 8 Rn. 11.

Freigabeverfahren³⁵⁶ des § 16 III UmwG³⁵⁷ überwunden wird.³⁵⁸ Für die Umwandlungspraxis wird diesbezüglich von verschiedenen Autoren von einem durchaus zügigen und effektiven Rechtsschutz gegenüber blockierenden Anfechtungsklagen gesprochen.³⁵⁹ Dem entsprechen auch die empirischen Angaben bei *Baums/Keinath/Gajek,*³⁶⁰ die von lediglich sieben Umwandlungsmaßnahmen im Rahmen der insgesamt 46 untersuchten Freigabeverfahren berichten. In den untersuchten Verfahren wurde der Freigabe der Umwandlung in drei von vier Fällen stattgegeben, während knapp die Hälfte vergleichsweise endete. Betrachtet man allerdings die Gesamtzahl aller Anfechtungsverfahren, ist die Zahl der Anfechtungskläger mit Kleinstbeteiligungen insgesamt heute so hoch wie nie zuvor.³⁶¹ Der Hauptteil der Freigabeverfahren bzw. -beschlüsse fällt nach obiger Studie dabei in das aktienrechtliche Squeeze-out-Verfahren nach §§ 327a f. AktG. Da die Maßnahmen des Gesetzes zur Unternehmensintegrität und Modernisierung des Anfechtungsrechts 2005 (UMAG) nicht ausreichend waren, hat der Gesetzgeber mit dem ARUG die Freigabeverfahren nachgebessert.³⁶² Zu bemerken ist auch, dass Gerichte zunehmend missbräuchlichen Anfechtungsklagen gegensteuern, indem sie beispielsweise einen Missbrauch mit Schadensersatz sanktionieren.³⁶³ Eine sehr scharfe Regelung beinhaltet für den Finanzsektor im Nachgang zur Finanzkrise § 7 VII S. 1 FMStBG, demgemäß unbegründete Mittel gegen für den Fortbestand der Gesellschaft erforderliche Kapitalmaßnahmen Schadensersatz begründen können.³⁶⁴ Nichtsdestotrotz lässt sich für Umwandlungsverfahren nicht in gleichem Maße wie für andere Verfahren eine Häufung der Anfechtungsklagen feststellen.

177 Überdies können Anteilsinhaber übertragender Rechtsträger sich entgegen § 14 II UmwG nicht in die Anfechtungsklage „einschleichen", indem sie die Klage auf mangelnde Auskunft hinsichtlich des Verschmelzungsvorganges berufen.³⁶⁵

b) Berichtspflicht und Zeitpunkt

178 Nach § 8 I UmwG haben die Vertretungsorgane jedes der an der Verschmelzung beteiligten Rechtsträger ohne Rücksicht auf die Rechtsform einen ausführlichen schriftlichen Bericht über die Verschmelzung

---

³⁵⁶ *Fronhöfer* in Widmann/Mayer UmwG § 16 Rn. 104.
³⁵⁷ Zum Konkurrenzverhältnis mit den anderen Freigabeverfahren: *Schwab* in *Schmidt/Lutter* AktG § 246a Rn. 1.
³⁵⁸ *Marsch-Barner* in Kallmeyer UmwG § 8 Rn. 1.
³⁵⁹ *Keil* EWiR 1999 S. 1185/1186; *Heermann* ZIP 1999 S. 1861 mwN in FN. 2.
³⁶⁰ *Baums/Keinath/Gajek* ZIP 2007 S. 1629 (1648).
³⁶¹ *Baums/Keinath/Gajek* ZIP 2007 S. 1629 (1649).
³⁶² Zum Entwurf *Waclawic* ZIP 2008 S. 1141; *Dörte* DStR 2008 S. 1538; zum verbleibenden Reformbedarf und einen Überblick über Reformansätze gebend *Koch* in Hüffer/Koch AktG § 245 Rn. 31 ff.
³⁶³ LG Frankfurt NZG 2007 S. 949; LG Hamburg WM 2009 S. 1330.
³⁶⁴ Vgl. zum Ganzen *Servatius* in Spindler/Stilz AktG § 184 Rn. 42 f.
³⁶⁵ BGH ZIP 2001 S. 412; *Sinewe* DB 2001 S. 690.

§ 9. Umwandlungsrechtliche Regelungen § 9

zu erstatten (§ 8 I 1 Halbs. 1 UmwG). In diesem Bericht ist die Verschmelzung, der Verschmelzungsvertrag bzw. sein Entwurf im Einzelnen zu erläutern und zu begründen (§ 8 I 1 Halbs. 2 UmwG). Vor allem sind dabei das Umtauschverhältnis der Anteile oder die Angaben über die Mitgliedschaft bei dem übernehmenden Rechtsträger sowie die Höhe einer anzubietenden Barabfindung rechtlich und wirtschaftlich darzulegen (§ 8 I 1 Halbs. 2 UmwG).

Für jeden an der Verschmelzung beteiligten Rechtsträger kann ein gesonderter Verschmelzungsbericht erstellt werden. Zulässig (nunmehr § 8 I 1 Halbs. 3 UmwG) und zweckmäßig[366] ist indes die Anfertigung eines gemeinsamen Verschmelzungsberichtes für alle beteiligten Rechtsträger. Der Gesetzgeber des Umwandlungsrechts 1994 hat damit die nach § 340a AktG aF nur bei der Verschmelzung von AG, KGaA oder bei entsprechender Beteiligung einer GmbH erforderliche Erstellung eines Verschmelzungsberichtes auch auf die Verschmelzung aller übrigen Rechtsformen ausgedehnt. Betrifft die Berichtspflicht personalistisch strukturierte Gesellschaften, ist dies daher bei Bestimmung des Umfangs zu beachten.[367] 179

Über den **Zeitpunkt der Erstellung** des Verschmelzungsberichtes trifft der Gesetzgeber keine ausdrückliche Anordnung. Nach §§ 42, 45e, 47 sowie 49 UmwG ist bei Personengesellschaften sowie bei der GmbH mit der Ladung zur Gesellschafterversammlung, die über die Verschmelzung beschließt, den Gesellschaftern unter anderem auch der Verschmelzungsbericht zu übersenden. Anstelle der Übersendung sieht das UmwG in §§ 63, 78, 82, 101 und 112 bei AG, Genossenschaft, dem rechtsfähigen Verein und den VVaG die Auslegung des Verschmelzungsberichtes ab Einberufung der Hauptversammlung vor. Hieraus folgt, dass spätestens bis zur Einberufung der Versammlung der Anteilsinhaber der Verschmelzungsbericht zu erstellen ist. 180

Der Verschmelzungsbericht dient dem Schutz der Anteilsinhaber. Der Verschmelzungsvertrag bzw. sein Entwurf allein kann den Anteilsinhabern keine ausreichende Grundlage für eine Entscheidung über die Verschmelzung liefern. In ihnen wird lediglich ein Verhandlungsergebnis festgeschrieben, ohne über die Beweggründe und den genauen Inhalt des Vorhabens zu informieren.[368] Damit der Verschmelzungsbericht eine ausreichende Informationsquelle liefert, ist er den Anteilsinhabern vor der Beschlussfassung bekannt zu machen. Bei personalistischen Gesellschaften erfolgt die Bekanntgabe durch Versendung an die Anteilsinhaber gemeinsam mit der Einberufung der Gesellschafterversammlung, die über die Verschmelzung befinden soll, §§ 42, 47 UmwG. Bei Rechtsträgern mit einer typischerweise großen Zahl von Anteilsinhabern ist der Verschmelzungsbericht durch Auslegen in den Räumen der Gesellschaft bekannt zu machen, §§ 63 I Nr. 4, 78, 82 I, 101 I, 112 I UmwG. Auf Verlangen ist der Verschmelzungsbericht dem Mitglied zuzusenden. Bei der AG kann 181

---

[366] *Marsch-Barner* in Kallmeyer UmwG § 8 Rn. 4.
[367] → Rn. 2; *Mayer* in Widmann/Mayer UmwG § 8 Rn. 12.
[368] *Stratz* in Schmitt/Hörtnagl/Stratz UmwG § 8 Rn. 5.

§ 9 3. Teil. Verschmelzung

der Bericht mit Einwilligung des Aktionärs seit Inkrafttreten des Dritten Umwandlungsänderungsgesetzes ebenso elektronisch übermittelt werden, § 63 II S. 2 UmwG.

182 Nach § 64 I UmwG haben die Vertretungsorgane jedes an der Verschmelzung beteiligten Rechtsträger die Anteilsinhaber vor der Beschlussfassung in der Hauptversammlung über jede wesentliche Veränderung des Vermögens des Rechtsträgers zu unterrichten, die zwischen dem Abschluss des Verschmelzungsvertrags oder der Aufstellung des Entwurfs und dem Zeitpunkt der Beschlussfassung eingetreten ist. Auf diese Berichtspflicht kann unter den gleichen Umständen wie auf den Verschmelzungsbericht selbst verzichtet werden. Damit wurde die Änderung der VerschmRL nachvollzogen. Nachdem diese neue Vorschrift entgegen dem Regierungsentwurf nicht in § 8 III UmwG, sondern in § 64 I UmwG eingefügt wurde, hat der Gesetzgeber klargestellt, dass sie sich nur auf eine Verschmelzung unter Beteiligung von Aktiengesellschaften bezieht.[369]

c) Entbehrlichkeit des Verschmelzungsberichtes

183 Die Erstellung kann nach § 8 III UmwG **unterbleiben,** wenn sich alle Anteile am übertragenden Rechtsträger in der Hand des übernehmenden Rechtsträgers befinden, mithin bei der Verschmelzung einer Tochtergesellschaft auf eine **100%ige Muttergesellschaft.**[370]

184 Ein Verschmelzungsbericht ist weiterhin nicht erforderlich, wenn alle Anteilseigner aller beteiligten Rechtsträger hierauf in notarieller Form verzichten, § 8 III UmwG.[371] Gerade in kleineren Gesellschaften wird es sich anbieten, die Gesellschafter zu befragen; bei einhelligem **Verzicht** kann dieser in einem Termin mit dem Verschmelzungsbeschluss beurkundet werden.[372]

185 Weitere Erleichterungen sieht das besondere Verschmelzungsrecht vor. So braucht bei der Verschmelzung einer Personengesellschaft für diese ein Verschmelzungsbericht nicht erstellt zu werden, wenn alle Gesellschafter zur Geschäftsführung berechtigt sind, § 41 UmwG. Nach *Drygala*[373] enthält diese Regelung einen allgemeinen Rechtsgedanken, der im Wege der Analogie auch auf eine GmbH mit ausschließlich geschäftsführungsbefugten Gesellschaftern anzuwenden sei. Des Weiteren ist zweifelhaft, ob in der Konstellation des § 62 UmwG, dh der Verschmelzung auf eine mindestens 90%ige Mutteraktiengesellschaft,[374] bei der in der Regel kein

---

[369] *Neye* NZG 2011 S. 681 (683).
[370] Zur Konzernverschmelzung → Rn. 300 ff.
[371] Zur Vereinbarkeit der Verzichtsmöglichkeit mit der Verschmelzungsrichtlinie → Rn. 18.
[372] Die Beurkundung hat dann nach §§ 8 ff. BeurkG (einseitige Willenserklärung) zu erfolgen.
[373] *Drygala* in Lutter UmwG § 8 Rn. 58; aA hingegen *Schmidt* in Lutter UmwG § 41 Rn. 3; *Bayer* ZIP 1997 S. 1613 ff. (1620) mit Hinweis auf § 1 III UmwG.
[374] → Rn. 352.

§ 9. Umwandlungsrechtliche Regelungen § 9

Verschmelzungsbeschluss des übernehmenden Rechtsträgers notwendig ist, es eines Verschmelzungsberichtes bedarf. § 62 III UmwG nimmt dabei Bezug auf die Regelung des § 63 I Nr. 1–4 UmwG, der die Unterlagen auflistet, die – auf die Hauptversammlung vorbereitend – ausgelegt bzw. zur Verfügung gestellt werden müssen. Damit ist klargestellt, dass die Pflicht zur Erstellung eines Verschmelzungsberichtes auch die übernehmende Gesellschaft trifft, die bereits zu 90% an der übertragenden Gesellschaft beteiligt ist.[375]

186

d) Inhalt des Verschmelzungsberichtes

Die fehlende Konkretisierung der Berichtspflichten in § 8 I UmwG ist heute weitestgehend durch die Rechtsprechung überwunden worden. Der näheren Bestimmung des Mindestinhaltes des Verschmelzungsberichtes kommt jedoch nach wie vor grundlegende Bedeutung zu.[376] Bei den Anforderungen an den Verschmelzungsbericht sind die jeweiligen Adressaten im Blick zu behalten. Da gemäß § 8 I UmwG der Bericht nicht mehr nur von Aktiengesellschaften, sondern auch von Rechtsträgern mit nur wenigen Anteilsinhabern zu erstellen ist, ist der Umfang der Berichtspflicht anzupassen.[377]

187

Vor dem Umwandlungsgesetz 1994 nutzten Aktionäre zum Teil die auslegungsbedingte Rechtsunsicherheit, indem sie mit Anfechtungsklagen in immer gleicher Weise Mängel des Verschmelzungs- und Verschmelzungsprüfungsberichtes rügten.[378] Diese Klagen hatten zum Teil Erfolg. Zwar bemühte sich die Rechtsprechung, den „räuberischen" Anfechtungsklagen mit dem Einwand des Rechtsmissbrauchs zu begegnen, der BGH[379] hat es in den einschlägigen Entscheidungen aber vermieden, sich zum positiven **Mindestinhalt** eines Verschmelzungsberichtes zu äußern.[380] Dahingegen umriss das OLG Karlsruhe[381] die Anforde-

188

---

[375] → Rn. 355.
[376] Ebenfalls in diesem Sinne zu einem ablehnenden Beschluss des LG Darmstadt im Freigabeverfahren *Krolop* EWiR 2006 S. 57.
[377] *M. Winter* Kölner Umwandlungsrechtstage S. 30; auch *Drygala* in Lutter UmwG § 8 Rn. 12 aE mit Hinweis in FN 4 darauf, dass die Erstellung eines Verschmelzungsberichts von über 250 Seiten wie im Falle Krupp/Hoesch bzw. von knapp 200 Seiten wie im Fall Thyssen/Krupp mittelständischen Unternehmen nicht zugemutet werden kann.
[378] Vgl. aus der uferlosen Rechtsprechung unter der alten Rechtslage: LG Bielefeld DB 1988 S. 385; LG Köln AG 1988 S. 145; LG Mannheim AG 1988 S. 248; OLG Karlsruhe ZIP 1989 S. 988; LG Frankenthal ZIP 1990 S. 232 (236 f.).
[379] BGHZ 107, 296 (308 f.) [Kochs-Adler]; BGH AG 1991 S. 102 (104) [SEN].
[380] Der BGH hat sich darauf beschränkt festzustellen, dass ein Bericht, in dem zur Darlegung der Unternehmenswerte und der darauf beruhenden Umtauschverhältnisse der Gesellschaftsanteile nur die Grundsätze erläutert werden, nach denen die Unternehmenswerte und das Umtauschverhältnis ermittelt worden sind, auf keinen Fall den Anforderungen des § 340a AktG aF genüge.
[381] OLG Karlsruhe ZIP 1989 S. 988 (993); OLG Karlsruhe ZIP 1989 S. 1388 (1389).

rungen an einen Umwandlungsbericht. Nach dessen Rechtsauffassung sei dem Anteilsinhaber mitzuteilen, welche Unternehmenswerte auf welcher Grundlage ermittelt worden sind; dabei seien die Wertverhältnisse der beteiligten Rechtsträger soweit darzulegen, „dass das insgesamt vorhandene Material eine Stichhaltigkeitskontrolle der vorgesehenen **Umtauschwerte** erlaubt."[382]

189 Die Oberlandesgerichte[383] haben die grundlegende Rechtsprechung des BGH und des OLG Karlsruhe zu § 340a AktG aF fortgeführt und geben heute vor, dass der Verschmelzungsbericht „nur eine Plausibilitätskontrolle zu ermöglichen braucht".[384] Zur Auslegung der Norm sei der Zweck des Verschmelzungsberichts, den Aktionären eine zuverlässige Beurteilungsgrundlage zur Zustimmung zum Verschmelzungsvertrag zu verschaffen, heranzuziehen. Der Bericht müsse die Aktionäre nicht in die Lage versetzen, den Verschmelzungsvorgang auf seine inhaltliche Richtigkeit, rechtliche Korrektheit und die Angemessenheit des Umtauschverhältnisses zu kontrollieren, bzw. braucht sie nicht in die Lage zu versetzen, alle Einzelheiten nachvollziehen zu können.[385] Diese Kontrolle sei vielmehr den vom Gericht bestellten Verschmelzungsprüfern zugewiesen. Zweck sei es dagegen, „den Verschmelzungsvorgang und seine Hintergründe für außenstehende Aktionäre transparent zu gestalten".[386]

190 Die einzelnen Berichtspflichten sind am Maßstab der Rechtsprechung zu messen. Für den Mindestinhalt des Berichts ist die äußerste Grenze die Möglichkeit der Plausibilitätskontrolle durch die Anteilsinhaber. Eine ähnliche Richtschnur dürfte nun für die Auslegung der erweiterten Berichtspflicht über „wesentliche Vermögensveränderungen" nach 64 I 2 UmwG gelten.[387]

aa) Rechtliche und wirtschaftliche Erläuterung der Verschmelzung

191 Der Verschmelzungsbericht hat die Verschmelzung rechtlich und wirtschaftlich zu erläutern und zu begründen. Die Adressaten müssen die erwarteten **Vorteile** und die möglicherweise bestehenden **Risiken** der Verschmelzung erkennen und gegeneinander abwägen können.[388]

---

[382] OLG Karlsruhe WM 1989 S. 1134 (1137) [SEN]. Die Entscheidung wurde vom BGH AG 1991 S. 102 [SEN] aufgehoben und die Klage wegen Rechtsmißbrauchs an das OLG zurückverwiesen; der BGH befaßte sich nicht mit den Ausführungen des OLG Karlsruhe. Ob aus einigen Formulierungen eine Billigung des OLG-Urteils folgt, wie *Heckschen* ZIP 1989 S. 1168 (1170) meint, bleibt zweifelhaft.
[383] OLG Düsseldorf ZIP 1999 S. 793; OLG Hamm ZIP 1999 S. 798; OLG Frankfurt/M. ZIP 2000 S. 1928.
[384] OLG Düsseldorf ZIP 1999 S. 793 (795).
[385] OLG Saarbrücken NZG 2011 S. 358 (359 f.).
[386] OLG Düsseldorf ZIP 1999 S. 793 (795).
[387] *Wagner* DStR 2010 S. 1629 (1632) (noch zum Reg-Entwurf); vgl. auch *Diekmann* in Semler/Stengel UmwG § 64 Rn. 12b, der allerdings von einem schriftlichen Bericht auszugehen scheint.
[388] Vgl. grundlegend BGH AG 1989 S. 399 (400) [Kochs-Adler].

§ 9. Umwandlungsrechtliche Regelungen § 9

Darzulegen sind die **betriebswirtschaftlichen Ziele**[389] der Verschmelzung. Da der Bericht die Entscheidungsgrundlage der Anteilsinhaber ist, sollten auch die tatsächlich zu erwägenden **Alternativen** aufgezeigt werden.[390]

Eine Plausibilitätskontrolle erfordert nach Teilen der Literatur[391] ein **192** Vorgehen in drei Schritten: Die wirtschaftliche Ausgangslage der beteiligten Unternehmen ist zunächst darzulegen. Sodann ist über die wirtschaftlichen Auswirkungen der Verschmelzung zu berichten. In einem dritten Schritt schließlich sind die Vor- und Nachteile **abzuwägen** und es ist zu berichten, warum die Umwandlungsmaßnahme zur Verfolgung des unternehmerischen Zwecks geboten ist.

Im Einzelnen sind zur wirtschaftlichen Ausgangslage zumindest folgen- **193** de Punkte darzulegen: Umsatz, Unternehmensgegenstand, wesentliche Beteiligungen, Mitarbeiter, Kapital, Gesellschafterstruktur, konkrete Haftungsgesichtspunkte.[392]

Hinsichtlich der wirtschaftlichen Auswirkungen sind die betriebswirt- **194** schaftlichen Ziele und Vorteile der Verschmelzung darzustellen, insbesondere Synergieeffekte. Eine bis ins Detail gehende Einzeldarstellung der Vorhaben und der hierdurch beabsichtigten Synergieeffekte („Synergiefahrplan") wird aber nicht gefordert.[393] Daneben sind auch Nachteile wie zB durch eine Betriebsstilllegung offenzulegen.

Bei der anschließenden Abwägung muss lediglich aufgezeigt werden, **195** dass die Umwandlungsmaßnahme im Gesellschaftsinteresse liegt. Eine umfassende Interessenabwägung im Sinne der Erforderlichkeit, Geeignetheit und Verhältnismäßigkeit ist keine Wirksamkeitsvoraussetzung der Verschmelzung.[394] Vielmehr sind den Anteilsinhabern nachvollziehbare Tatsachen zu nennen, die sie in die Lage versetzen, selbst darüber zu entscheiden, ob sie die Fusion mittragen wollen oder nicht.

bb) Erläuterung des Verschmelzungsvertrages

Neben den rechtlichen und wirtschaftlichen Einzelheiten der Ver- **196** schmelzung selbst sind auch die **einzelnen Bestimmungen des Verschmelzungsvertrages** zu erläutern,[395] und zwar hinsichtlich der wesentlichen Regelungspunkte derart, dass ein juristisch nicht vorgebildeter Anteilsinhaber diese in den Grundzügen nachvollziehen kann.[396]

---

[389] *Mayer* in Widmann/Mayer § 8 Rn. 19. Ausführlich *Ossadnik/Maus* DB 1995 S. 105.
[390] LG München AG 2000 S. 86 (87); *Mayer* in Widmann/Mayer § 8 Rn. 19; *Marsch-Barner* in Kallmeyer UmwG § 8 Rn. 7.
[391] Vgl. *Lutter/Drygala* in Lutter UmwG § 8 Rn. 13–16; *Mayer* in Widmann/ Mayer § 8 Rn. 21/22.
[392] Ausführlich *Mayer* in Widmann/Mayer § 8 Rn. 21.
[393] OLG Düsseldorf ZIP 1999 S. 793 (795).
[394] LG München AG 2000 S. 86 (87); *Marsch-Barner* in Kallmeyer UmwG § 8 Rn. 7/8; *Drygala* in Lutter UmwG § 8 Rn. 16.
[395] *Stratz* in Schmitt/Hörtnagl/Stratz UmwG § 8 Rn. 14.
[396] *Drygala* in Lutter UmwG § 8 Rn. 17.

§ 9 3. Teil. Verschmelzung

Erläuterungsbedürftig sind insbesondere abweichende Gewinnbezugs- und Verschmelzungsstichtage, die Festlegung des Bewertungsstichtages, Angaben über die Mitgliedschaft bei dem übernehmenden Rechtsträger sowie in dem Zusammenhang veränderte Rechtspositionen der Anteilsinhaber im alten und neuen Rechtsträger, Sitzveränderungen, Begründungen für Rechtseinräumungen an einzelne Anteilsinhaber oder Verwaltungsorgane und Aufsichtsräte. Ferner ist auf besondere Schwierigkeiten bei der Unternehmensbewertung hinzuweisen. Gemeint sind hiermit nicht die allgemeinen Schwierigkeiten, die sich bei allen Unternehmensbewertungen ergeben, sondern die Bewertungsprobleme, die sich aus der besonderen Lage des Unternehmens (beispielsweise eines jungen Unternehmens in einer Wachstumsbranche mit geringen Erfahrungs- oder Vergleichswerten) oder aus dem Betätigungsumfeld des Unternehmens (stark regulierte, aber im Umbruch befindliche Märkte) heraus ergeben.[397]

cc) Umtauschverhältnis und Barabfindung

197 Kernstück des Berichtes sind die Erläuterungen zur Ermittlung des Umtauschverhältnisses bzw. der Barabfindung. Beide Punkte sind für die Anteilsinhaber von unmittelbarem wirtschaftlichem Interesse, sind insofern fehlerempfindlich und bieten Klageanreize. Wiederum stellt sich also die Frage um den Mindestinhalt des Berichts (§ 8 I 1 UmwG), da jeder potenzielle Mangel die Möglichkeit zur Klage eröffnet. Ausgehend von den Anforderungen, die die Rechtsprechung aufgestellt hat, haben sich im Schrifttum mittlerweile Leitlinien herausgebildet, die im Anschluss an die Rechtsprechungsanalyse dargestellt werden.[398]

198 (1) Maßstab der Plausibilitätskontrolle. Nach dem Wortlaut des § 8 I 1 Halbs. 1 UmwG sind „insbesondere" das Umtauschverhältnis sowie gegebenenfalls ergänzend die Barabfindung „ausführlich" zu erläutern. Wie weit diese ausführliche Erläuterung zu reichen hat, war unklar. Die unterinstanzliche Rechtsprechung[399] und Teile des Schrifttums[400] vertraten zunächst unter Hinweis auf die Gesetzesbegründung[401] bzw. auf die zugrunde liegende VerschmRL[402] die Ansicht, dass das Umtauschverhältnis durch allgemeine Darstellung der zugrunde gelegten Bewertungsmethode ohne Angabe konkreter Zahlen den gesetzlichen Anforderungen entsprechend ausreichend dargelegt ist. Diese Auffassung muss inzwi-

---

[397] *Drygala* in Lutter UmwG § 8 Rn. 32.
[398] *Drygala* in Lutter UmwG § 8 Rn. 18 ff.; *Marsch-Barner* in Kallmeyer UmwG § 8 Rn. 10 ff.; *Stratz* in Schmitt/Hörtnagl/Stratz UmwG § 8 Rn. 19 ff.
[399] LG Bielefeld DB 1988 S. 385; LG Köln AG 1988 S. 145; LG Mannheim AG 1988 S. 248.
[400] *Nierk* in Festschrift Steindorff S. 187 (199) mwN.
[401] Dort hieß es, die Praxis der deutschen Unternehmen entspricht offenbar schon heute weitgehend diesem System [des neu eingeführten § 340a AktG aF], wie Veröffentlichungen im Bundesanzeiger beweisen, vgl. BT-Drucks. 9/1065 S. 14 f. *Ganske* DB 1981 S. 1551.
[402] RL 78/855/EWG ABl. EG L 295 S. 36 ff.

§ 9. Umwandlungsrechtliche Regelungen § 9

schen nach dem klaren Gegenvotum des BGH[403] sowie einiger Obergerichte[404] als obsolet bezeichnet werden. Der BGH vertritt unter Verweis auf die Begründung zum Regierungsentwurf des Verschmelzungsrichtlinie-Gesetzes vom 23.11.1981[405] die Auffassung, die Berichterstattung durch den Vorstand solle „den Schutz der außenstehenden Aktionäre der ihr Vermögen übertragenden Gesellschaft dadurch gewährleisten, dass die Einzelheiten des Verschmelzungsvorhabens bereits vor der Beschlussfassung der Hauptversammlung weitgehend offengelegt werden. Auf diese Weise soll erreicht werden, dass sich die Aktionäre gleichermaßen über alle für das Verschmelzungsvorhaben maßgebenden Umstände unterrichten und in Kenntnis dieser Umstände sachgerecht abstimmen können."[406] Diese Zwecksetzung ist auch in die Begründung des Regierungsentwurfs des Umwandlungsbereinigungs-Gesetzes aufgenommen worden.[407]

Dieser Zwecksetzung, dem Anteilseigner als Erkenntnisquelle für das Abstimmungsverhalten zu dienen, wird im Verschmelzungsbericht erst dann genügt, wenn die Wertverhältnisse der beteiligten Rechtsträger so dargelegt sind, dass Anteilseigner den vorgesehenen Umtauschwert auf Plausibilität prüfen können.[408] Hierzu muss nach den Ausführungen des OLG Hamm „der Verschmelzungsbericht tatsächliche Angaben zur Bewertung des Gesellschaftsvermögens enthalten [...], die den Aktionär in die Lage versetzen, von sich aus – notfalls mit Mithilfe eines Fachkundigen – die Bewertungsgrundlagen für die Festlegung des Umtauschverhältnisses nachzuvollziehen."[409] Letztlich geht es also darum, welche konkreten Zahlen dem Anteilsinhaber mitgeteilt werden müssen, damit dieser die Ermittlung des Umtauschverhältnisses einer **Plausibilitätskontrolle** unterziehen kann. Dazu reicht es nicht aus, wenn den Anteilseignern lediglich die Ergebnisse der Unternehmensbewertung der beteiligten Rechtsträger genannt werden. Vielmehr ist es erforderlich, die gewählte Bewertungsmethode hinreichend zu erläutern. Zusätzlich müssen aussagekräftige Größen der geplanten Unternehmensentwicklung in den Verschmelzungsbericht aufgenommen werden.[410] Die Angabe dieser Plandaten muss dem Anteilseigner die dargelegten Bewertungen nachvollziehbar machen. Allerdings, hierauf weisen das OLG Düsseldorf und OLG Hamm in Beschlüssen aus 1999 hin, müssen dem Anteilseigner nicht so umfangreiche Informationen gegeben werden, dass er anhand der angegebenen Zahlen den Unternehmenswert selbst berechnen[411]

199

---

[403] BGH AG 1989 S. 399 (400) [Kochs-Adler]; BGH AG 1991 S. 102 [SEN].
[404] OLG Hamm WM 1988 S. 1164 (1167); OLG Karlsruhe WM 1989 S. 1134 (1137).
[405] BT-Drucks. 9/1065 S. 14 f.
[406] BGH AG 1990 S. 259 (260).
[407] BT-Drucks. 12/6699 S. 84 zu § 8 UmwG.
[408] OLG Karlsruhe AG 1990 S. 35 (36).
[409] OLG Hamm WM 1988 S. 1164 (1167).
[410] OLG Karlsruhe AG 1990 S. 35 (37).
[411] OLG Hamm ZIP 1999 S. 798 [Thyssen/Krupp], OLG Düsseldorf ZIP 1999 S. 793 [Thyssen/Krupp]; *Drygala* in Lutter UmwG § 8 Rn. 23–26; *Mertens* AG 1990 S. 20 (22).

oder kraft eigener Sachkunde oder unter Heranziehen eines Sachverständigen ein eigenes Gutachten über die Unternehmenswerte erstellen könnte.[412]

200 Die Berichterstattungspflicht der Vertretungsorgane wird durch die in § 9 I UmwG vorgesehene Prüfung der Verschmelzung in sachlicher Hinsicht nicht eingeschränkt. Die Tatsache, dass die Angemessenheit des Umtauschverhältnisses durch einen Sachverständigen zu prüfen ist, entbindet die Vertretungsorgane nicht von ihrer Informationspflicht.[413] Denn die im Verschmelzungsbericht zu bestätigende Angemessenheit des Umtauschverhältnisses vollzieht sich in einem Rahmen, „innerhalb dessen durchaus verschiedene Ergebnisse möglich sind. Demzufolge kann die Angemessenheitsprüfung nur auf die Wahrung dieses Rahmens gehen und die Stichhaltigkeitsprüfung, die der Verschmelzungsbericht dem Aktionär ermöglichen soll, gleichfalls nur auf die Angemessenheit der Verschmelzungsrelation in dem hier dargelegten Sinn bezogen sein."[414]

201 Ausgehend von der oben dargestellten Methode der Unternehmensbewertung[415] gliedert sich die **Darstellung des Umtauschverhältnisses** im Verschmelzungsbericht in drei Abschnitte, nämlich:
– Erläuterung der zur Bewertung der Rechtsträger angewandten Methode,
– Ermittlung der zur Bewertung herangezogenen künftigen Einnahmenüberschüsse/Einzahlungsüberschüsse,
– Erläuterung des Kapitalisierungszinssatzes.

202 (2) Erläuterungen im Einzelnen. **(a) Erläuterung der Methode der Unternehmensbewertung.** Ausgangspunkt der Bestimmung des Umtauschverhältnisses ist das Verhältnis der Unternehmenswerte der beteiligten Rechtsträger. Die herangezogene Methode zur Unternehmensbewertung ist im Verschmelzungsbericht detailliert zu beschreiben. Im Einzelfall kann es ferner erforderlich sein, die Wahl der einen oder anderen Bewertungsmethode zu begründen. In diesem Fall ist es meist geboten, abweichende Ergebnisse der anderen Bewertungsmethode offen zu legen und zu beschreiben. Zur Beschreibung der gewählten Unternehmensbewertungsmethode genügt idR kein bloßer Hinweis auf die angewandte Bewertungsmethode und/oder auf den Standard S 1 des Hauptfachausschusses des Instituts der Wirtschaftsprüfer in Deutschland e. V. (IDW) zur Unternehmensbewertung.[416] Im Standard S 1 des IDW sind zwar als grundsätzliche Bewertungsmethoden das Ertragswertverfahren sowie das Discounted Cash-flow-Verfahren genannt. Doch werden

---

[412] OLG Karlsruhe AG 1990 S. 35 (36).
[413] BGH AG 1989 S. 399 (400).
[414] *Mertens* AG 1990 S. 20 (26).
[415] → Rn. 84 ff.
[416] AA *Drygala* in Lutter UmwG § 8 Rn. 20 und *Marsch-Barner* in Kallmeyer UmwG § 8 Rn. 10 ff., welche eine Begründung nur bei Abweichung von der Ertragswertmethode fordern.
Lediglich bei der Beteiligung von börsennotierten Gesellschaften sei ein Vergleich nach gemittelten Börsenkursen als Wertuntergrenze mit heranzuziehen.

§ 9. Umwandlungsrechtliche Regelungen § 9

im genannten Standard lediglich die Methoden im Grundsatz beschrieben. Die Unternehmensbewertung ist kein für alle Einzelfälle standardisiertes Verfahren. Vielmehr handelt es sich lediglich um einen allgemeinen Rechenweg. Insoweit ist es erforderlich, im jeweiligen Einzelfall unternehmensspezifische Besonderheiten bei der Ermittlung des Unternehmenswerts zu berücksichtigen. Daher genügt die bloße Benennung der angewandten Methode der Unternehmensbewertung und der Hinweis auf den Standard S 1 des IDW im Verschmelzungsbericht zumindest dann nicht, wenn sich aufgrund des Einzelfalls erhebliche Abweichungen von den im Standard S 1 dargestellten Methoden ergeben.

Zur Erläuterung der angewandten Bewertungsmethode gehört es, die 203 einzelnen Schritte zur Bewertung der beteiligten Rechtsträger darzustellen. Vor allem sind den Anteilseignern die Grundlagen und Prämissen offen zu legen, die der Planung der künftigen Unternehmensentwicklung zugrunde liegen.

(b) **Ermittlung der zur Bewertung herangezogenen Einnahmen-** 204 **überschüsse.** Der Unternehmenswert basiert auf abgezinsten künftigen Einnahmeüberschüssen bzw. einem abgezinsten Cash-flow. Diese künftigen Einnahmeüberschüsse bzw. die künftig erwarteten Cash-flow werden regelmäßig aus den entsprechenden Daten der Vergangenheit abgeleitet. Diese Daten der Vergangenheit sind im Verschmelzungsbericht zu beziffern. Vor allem ist darzulegen, um welche außerordentlichen und aperiodischen Aufwendungen und Erträge die Vergangenheitsergebnisse bereinigt wurden. Wird das Discounted Cash-flow-Verfahren angewandt, ist der Weg zur Bestimmung des Cash-flow zu erläutern. Bei der Anwendung des Ertragswertverfahrens ist die Überleitung von Aufwendungen und Erträgen zu Einnahmen und Ausgaben darzulegen.

Ausgehend von diesen Vergangenheitsdaten werden die Plangrößen in 205 die Zukunft extrapoliert. Der Ermittlung der Planzahlen für die Zukunft liegen bestimmte Annahmen zugrunde, die im Verschmelzungsbericht anzugeben sind. Hier empfiehlt es sich uE, die Prämissen zur Entwicklung der Umsatzerlöse, des Material- und Personalaufwandes, der Zinserträge und Zinsaufwendungen, die Annahmen über den künftigen Investitionsbedarf sowie die Steuerbelastungen[417] zu bezeichnen.

Die Plausibilität der zugrunde gelegten Annahmen muss für den An- 206 teilseigner überprüfbar sein. Dementsprechend sind den Annahmen genügende Tatsacheninformationen beizufügen. Dies gilt umso mehr, wenn ein Rechtsträger an der Verschmelzung beteiligt ist, der in der Vergangenheit nur Verluste erwirtschaftet hat und für den aber bei der Unternehmensbewertung künftig Einnahmeüberschüsse geplant werden. Die im Verschmelzungsbericht erläuterten Prämissen der Planung sollten insgesamt so ausreichend sein, dass die Anteilseigner zumindest unter Zuhilfenahme eines sachkundigen Beraters die Angaben nachvollziehen können. Die Grenze der Darlegungspflicht ist indes dort erreicht, wo die Geheimhaltungsinteressen des Unternehmens Vorrang genießen.

---

[417] Zur Angabe der Steuerbelastung vgl. *Engelmeyer* Spaltung S. 82; aA *Drygalla* in Lutter UmwG § 8 Rn. 25.

207 **(c) Erläuterung des Kapitalisierungszinssatzes.** Schließlich ist im Verschmelzungsbericht die Ermittlung des Kapitalisierungszinses[418] zu erläutern und zu begründen. Dazu gehört zunächst die Nennung der Höhe des Kapitalisierungszinssatzes. Des Weiteren ist anzugeben, auf welche Weise der Kapitalisierungszinssatz bestimmt wurde. So sollte der Kapitalisierungszinssatz nach dem Tax Capital Asset Pricing Model (Tax-CAPM) ermittelt worden sein.[419] Stattdessen wurde in der Vergangenheit häufig auf einen um Risikozuschläge und Inflationsabschläge bereinigten Zins abgestellt, dem als Basiszins die Durchschnittsrendite inländischer Staatsanleihen zugrunde liegt. Bei Anwendung des Tax-CAPM sollte der herangezogene Beta-Faktor beziffert werden.

208 **(d) Umtauschverhältnis.** Neben der Erläuterung der Methode der Unternehmensbewertung und der einzelnen Komponenten des Unternehmenswertes ist der Wert jedes einzelnen der verschmolzenen Unternehmen im Verschmelzungsbericht zu beziffern. Des Weiteren sind die Unternehmenswerte der einzelnen beteiligten Rechtsträger im Verschmelzungsbericht zueinander in Relation zu setzen. Diese Relation der Unternehmenswerte ist die Grundlage für das ebenfalls im Verschmelzungsbericht schließlich zu nennende Umtauschverhältnis der Anteile der an der Verschmelzung beteiligten Rechtsträger.

209 **(e) Wesentliche Angelegenheiten verbundener Unternehmen.** Ist ein an der Verschmelzung beteiligter Rechtsträger ein verbundenes Unternehmen, hat der Verschmelzungsbericht auch Angaben über alle für die Verschmelzung wesentlichen Angelegenheiten der anderen verbundenen Unternehmen im Sinne des § 15 AktG zu enthalten, § 8 I 3 UmwG. Diese Angabe macht durchaus Sinn, bedenkt man, dass **Unternehmensverträge** des übertragenden Rechtsträgers idR fortbestehen, wenn er sich in herrschender Stellung befindet.[420] Gleiches gilt für Unternehmensverträge des übernehmenden Rechtsträgers. Schon alleine durch das Bestehen von Unternehmensverträgen erwachsen dem einzelnen Anteilsinhaber durch eine Verschmelzung zusätzliche Chancen und Risiken.[421]

210 Die Vorschrift des § 8 I 3 UmwG unterscheidet sich insoweit deutlich von jener des § 131 I 2 AktG.[422] Nach § 131 I 2 AktG sind Angelegenheiten der verbundenen Unternehmen nur dann zu erläutern, wenn sie wegen ihrer Bedeutung zu Angelegenheiten der Gesellschaft selbst werden.[423] Demgemäß ist nach § 8 I 3 UmwG über alle für die Verschmelzung bedeutsamen rechtlichen und wirtschaftlichen Gegebenheiten der verbundenen Unternehmen zu berichten. Hierunter fällt

---

[418] → Rn. 110 ff.
[419] → Rn. 110 ff.
[420] *Müller* BB 2002 S. 157–161; ggf. besteht ein Kündigungsrecht, vgl. hierzu OLG Karlsruhe vom 29.8.1994 – 15 W 19/94, WM 1994 S. 2023.
[421] → Rn. 94 ff.
[422] *Drygala* in Lutter UmwG § 8 Rn. 43.
[423] OLG Düsseldorf vom 5.11.1987 – 19 W 6/87, NJW 1988 S. 1034; *Koch* in Hüffer/Koch AktG § 131 Rn. 16.

zunächst die Nennung und Bezeichnung der bestehenden Unternehmensverträge. Sodann ist auf besondere Haftungsrisiken aus diesen Verträgen bzw. auf besondere Ertragschancen hinzuweisen. In diesem Zusammenhang ist die Lage der verbundenen Unternehmen sowie die künftige Ertragssituation wenigstens grob darzustellen. Kurz gesagt, dem Anteilsinhaber müssen alle Risiken und Chancen sichtbar gemacht werden, die sich aus den hinzukommenden verbundenen Unternehmen für ihn ergeben.

e) Grenzen der Darlegungspflicht

Auf eine Offenlegung der Tatsachen kann gemäß § 8 II UmwG dann verzichtet werden, wenn deren Bekanntwerden geeignet ist, einem der beteiligten Rechtsträger einen nicht unerheblichen **Nachteil** zuzufügen. Der Gesetzgeber hat mit der Einführung dieser Regelung die bislang bestehende Rechtsunsicherheit darüber beseitigt, ob § 131 AktG entsprechend auch auf den Verschmelzungsbericht anzuwenden war. 211

Fraglich ist jedoch, ob § 8 II UmwG für alle Rechtsformen gleichermaßen Anwendung findet. Bedenken gegen eine solche Verallgemeinerung können sich beispielsweise aus dem Auskunftsanspruch der Gesellschafter gemäß § 51a GmbHG bei der GmbH ergeben.[424] 212

Eine Geheimhaltung kommt nach der bisher ergangenen Rechtsprechung nur in Betracht, wenn konkrete Umstände dargelegt werden, aus denen sich – ohne Offenbarung der Tatsachen selbst – die schädlichen Auswirkungen einer solchen Offenbarung ergeben.[425] An die Verweigerung von Informationen aufgrund des Geheimhaltungsinteresses des Unternehmens sind angesichts der Interessen der Anteilsinhaber hohe Anforderungen zu stellen. Soweit die Unternehmen von der Möglichkeit des § 8 II UmwG Gebrauch machen, müssen sie die Nichtaufnahme von Tatsachen begründen, § 8 II 2 UmwG. Ein pauschaler Hinweis auf die Anwendung des § 8 II 1 UmwG genügt daher in keinem Fall. Vielmehr muss es die angegebene Begründung dem Anteilsinhaber ermöglichen, das berechtigte Interesse an der Geheimhaltung des Unternehmens nachzuvollziehen.[426] 213

3. Verschmelzungsprüfung

a) Prüfungspflicht

Gemäß § 9 I UmwG ist der Verschmelzungsvertrag oder sein Entwurf durch einen oder mehrere **sachverständige Prüfer** zu prüfen, soweit sich dies aus den Bestimmungen des UmwG ergibt. Ob dann tatsächlich abhängig von der Rechtsform der beteiligten Rechtsträger eine Prüfung stattzufinden hat, ergibt sich aus den besonderen Vorschriften für die einzelnen Arten der Umwandlung. 214

---

[424] *Drygala* in Lutter UmwG § 8 Rn. 48.
[425] BGH vom 29.10.1990 – II ZR 146/89, AG 1991 S. 103.
[426] BGH vom 18.12.1989 – II ZR 254/88, AG 1990 S. 261.

215 Neben der Prüfungspflicht des Verschmelzungsvertrages werden in den Regelungen der §§ 10–12 UmwG die Bestellung des Verschmelzungsprüfers, seine Stellung und Verantwortlichkeit sowie der Prüfungsbericht normiert.

216 Die Verschmelzungsprüfung dient dem **Schutz** der von der Verschmelzung betroffenen Anteilseigner sowohl des übertragenden als auch des übernehmenden Rechtsträgers.[427] Die Anteilseigner sollen vor der Beschlussfassung über die Verschmelzung von einem unabhängigen Sachverständigen ein zuverlässiges Urteil über die Angemessenheit desjenigen Ausgleichs erhalten, der ihnen aufgrund des Eingriffs in ihre gesellschaftsrechtliche Stellung gewährt wird. Vor allem soll die Angemessenheit des Umtauschverhältnisses durch den Verschmelzungsprüfer beurteilt werden.

217 Die Verschmelzungsprüfung dient demgegenüber nicht dem Schutz der Gläubiger der zu verschmelzenden Unternehmen oder gar dem Schutz der Öffentlichkeit.[428] Insofern ist die Verschmelzungsprüfung ein Instrument des ex-ante-Schutzes. Neben der Verschmelzungsprüfung steht das gerichtliche Verfahren zur Nachprüfung der Angemessenheit des Umtauschverhältnisses gemäß dem SpruchG als ex-post Schutz. Beide Maßnahmen dienen der Stärkung der Stellung der außenstehenden Anteilseigner der am Verschmelzungsprozess beteiligten Rechtsträger.

218 Im Gesetz wird die Prüfung für jeden einzelnen an der Verschmelzung beteiligten Rechtsträger gesondert geregelt. Die Prüfungspflicht hängt von der Rechtsform des beteiligten Rechtsträgers ab und ist für jeden der beteiligten Rechtsträger separat zu beurteilen. Werden Rechtsträger unterschiedlicher Rechtsform verschmolzen, richtet sich die Prüfungspflicht jedes Rechtsträgers nach den für ihn geltenden speziellen Vorschriften.[429]

219 Eine Pflicht zur Verschmelzungsprüfung je nach beteiligtem Rechtsträger ergibt sich aus den besonderen Vorschriften des UmwG wie folgt:[430]

Beteiligte Rechtsträger	Verschmelzungs-Prüfungspflicht	Verschmelzung durch Aufnahme	Verschmelzung durch Neugründung
AG	Ja	§ 60	§§ 73 iVm § 60
KGaA	Ja	§ 78 Satz 1 iVm § 60	§ 78 Satz 1 iVm §§ 73, 60
GmbH	Auf Verlangen eines Gesellschafters	§ 48 Satz 1	§ 36 I Satz 1 iVm § 48 Satz 1
Personenhandelsgesellschaft (OHG, KG, GmbH & Co. KG)	Auf Verlangen eines Gesellschafters/Partners, falls im Gesellschaftsvertrag eine	§ 44 Satz 1 iVm § 43 II	§ 44 Satz 1 iVm § 43 II

---

[427] *Stratz* in Schmitt/Hörtnagl/Stratz UmwG § 9 Rn. 1; *Drygala* in Lutter UmwG § 9 Rn. 4; *Mayer* in Widmann/Mayer UmwG § 9 Rn. 13; *Pfitzer* in WP-Handbuch 2014, Teil F, Rn. 202.
[428] Vgl. *Schaal* Umwandlungsprüfer S. 36.
[429] *Mayer* in Widmann/Mayer UmwG § 9 Rn. 4.
[430] *Pfitzer* in WP-Handbuch 2014, Teil F, Rn. 205.

§ 9. Umwandlungsrechtliche Regelungen § 9

Beteiligte Rechts-träger	Verschmelzungs-Prüfungspflicht	Verschmelzung durch Aufnahme	Verschmelzung durch Neugründung
Partnerschaftsgesellschaft	Mehrheitsentscheidung der Gesellschafter/Partner vorgesehen ist		
Genossenschaft	Prüfungsgutachten gemäß § 81 I	§ 81 I	§ 96 iVm § 81 I
rechtsfähiger wirtschaftlicher Verein	Ja	§ 100 Satz 1	§ 100 Satz 1
eingetragener Verein	Auf Verlangen von mind. 10% der Mitglieder	§ 100 Satz 2	§ 100 Satz 2
VVG	Nein[431]	Umkehrschluss zu § 9 I	Umkehrschluss zu § 9 I
Kapitalgesellschaft, die mit Vermögen einer natürlichen Person als Alleingesellschafter verschmolzen wird	Nein	§ 121	–

Tab. § 9–2: Prüfungspflicht bei Verschmelzungsprüfung

Ausgehend von Tab. § 9–2 ist zu differenzieren zwischen:
- Antragsprüfung,
- Pflichtprüfung mit Verzichtsmöglichkeit und
- Pflichtprüfung ohne Verzichtsmöglichkeit.

Um eine **Antragsprüfung** handelt es sich bei der Verschmelzungs- 220 prüfung immer dann, wenn die Verschmelzungsprüfung für den betreffenden Rechtsträger gesetzlich nicht zwingend vorgesehen ist. Vielmehr findet eine Verschmelzungsprüfung dann nur statt, wenn sie von mindestens einem Gesellschafter verlangt wird. Die Verschmelzungsprüfung als Antragsprüfung ist vorgesehen für personalistisch strukturierte Rechtsträger wie Personengesellschaften (§ 44 Satz 1 UmwG), Partnergesellschaften (§ 45c UmwG) sowie für die GmbH (§ 48 Satz 1 UmwG). Durch das Zweite Umwandlungsänderungsgesetz wurde neu in § 44 Satz 1 und § 48 Satz 1 UmwG eingeführt, dass die Prüfung innerhalb einer Ausschlussfrist von einer Woche ab Erhalt des Verschmelzungsvertrages und -berichts zu beantragen ist. Fraglich ist, warum der Gesetzgeber die Ausschlussfrist nicht auch für den eingetragenen Verein eingeführt hat.[432]

Demgegenüber besteht vor allem bei der AG sowie der KGaA eine 221 gesetzliche **Prüfungspflicht**. So ist der Verschmelzungsvertrag oder sein Entwurf bei der AG bzw. KGaA durch einen oder mehrere Verschmelzungsprüfer gemäß §§ 9–12 UmwG zu prüfen, §§ 60, 78 Satz 1. Auf diese Verschmelzungsprüfung kann nach § 9 III UmwG verzichtet werden. Für einen solchen wirksamen Verzicht auf eine Verschmelzungs-

---
[431] So auch *Schaal* Umwandlungsprüfer S. 67.
[432] *Mayer/Weiler* DB 2007 S. 1237.

§ 9   3. Teil. Verschmelzung

prüfung bedarf es gemäß § 9 III iVm § 8 III UmwG einer Erklärung aller Anteilseigner. Diese Verzichtserklärung ist notariell zu beurkunden. Verzichtet werden kann gemäß § 9 III UmwG auf die Verschmelzungsprüfung des Weiteren auch dann, wenn sich alle Anteile des übertragenden Rechtsträgers in der Hand des übernehmenden Rechtsträgers befinden.[433] Im Unterschied dazu kann bei einer Verschmelzung der Muttergesellschaft auf ihre 100%ige Tochtergesellschaft, wie auch bei einer Verschmelzung von Schwestergesellschaften die Prüfungspflicht nur durch notariell erklärten Verzicht gemäß § 9 III iVm § 8 III UmwG umgangen werden.

222   Des Weiteren besteht nach § 30 II 1 UmwG immer eine Prüfungspflicht, unabhängig von der Rechtsform, wenn eine Barabfindung erfolgt.

223   Eine **Pflichtprüfung ohne Verzichtsmöglichkeit** ist für Genossenschaften normiert, § 81 I UmwG. So ist nach § 81 I Satz 1 UmwG vor Einberufung der Generalversammlung, die über die Verschmelzung beschließen soll, für jede der beteiligten Genossenschaften eine gutachterliche Äußerung des Prüfungsverbandes einzuholen. Diese gutachterliche Äußerung des Prüfungsverbandes ersetzt die Verschmelzungsprüfung nach §§ 9–12 UmwG. Der Prüfungsverband führt die Verschmelzungsprüfung anstelle des externen Verschmelzungsprüfers durch. Er bedient sich dazu eigener angestellter Prüfer. Ausnahmsweise können auch qualifizierte externe Prüfer zu der Verschmelzungsprüfung hinzugezogen werden, § 55 III GenG. Die Verschmelzungsprüfung einer Genossenschaft hat somit einen besonderen Status. Sie richtet sich nicht nach §§ 9–12 UmwG.

b) Bestellung des Verschmelzungsprüfers

224   Der für die Verschmelzungsprüfung zuständige Prüfer ist zu bestellen. Die Bestellung umfasst die Wahl, die Erteilung des Auftrags an den Verschmelzungsprüfer sowie den Abschluss des Geschäftsbesorgungsvertrages, durch den der Prüfer tätig wird. Die Zahl der zu bestellenden Verschmelzungsprüfer steht dem beteiligten Rechtsträger frei. Die Auswahl und Bestellung erfolgt durch das Gericht auf Antrag des Vertretungsorgans (§ 10 I UmwG). Zudem können sie auf gemeinsamen Antrag der Vertretungsorgane für mehrere oder alle beteiligten Rechtsträger gemeinsam bestellt werden.

aa) Bestellungskompetenz

225   Nach § 10 II UmwG sind die Verschmelzungsprüfer von dem Landgericht, in dessen Bezirk ein übertragender Rechtsträger seinen Sitz hat, zu bestellen. Ist bei dem Landgericht eine Kammer für Handelssachen gebildet, so entscheidet deren Vorsitzender an Stelle der Zivilkammer (§ 10 II 2 UmwG). Diese Bestellungsbefugnis des Gerichts ist unabhängig von der Rechtsform der beteiligten Rechtsträger.

---

[433] *Stratz* in Schmitt/Hörtnagl/Stratz UmwG § 9 Rn. 7.

§ 9. Umwandlungsrechtliche Regelungen § 9

So soll die gerichtliche Bestellung dazu dienen, das **Vertrauen der** **226**
Anteilseigner in die Verschmelzungsprüfung zu stärken. Es soll dem
Eindruck der Parteinähe der Prüfer entgegengewirkt und damit die
Akzeptanz des Prüfungsergebnisses erhöht werden.[434]

Fraglich ist aber, welches Gericht zuständig ist, wenn an einer Ver- **227**
schmelzung mehrere übertragende Rechtsträger beteiligt und für diese
verschiedene Landgerichte zuständig sind. Hier besteht ein Wahlrecht,
welches für einen der beteiligten übertragenden Rechtsträger zuständige
Gericht die Prüferbestellung vornehmen soll. Zu einem solchen Fall lässt
sich aus § 10 II 1 UmwG nicht entnehmen, dass jeder übertragende
Rechtsträger zwingend das für ihn zuständige Gericht anzugehen hat.[435]
Das gilt auch dann, wenn kein gemeinsamer Verschmelzungsprüfer bestellt wird.[436]

Das Gericht wird nur auf Antrag des Vertretungsorgans eines jeweils **228**
beteiligten Rechtsträgers tätig. Der Antrag ist schriftlich einzureichen
oder bei der Geschäftsstelle des zuständigen Landgerichts zu Protokoll
zu erklären, § 25 FamFG. Der Antrag kann auch mit fernschriftlichen
oder elektronischen Übermittlungsformen (Telefax/E-Mail) gestellt
werden, sofern die technische Ausstattung der Gerichte dies erlaubt.
Für diesen Antrag besteht kein Anwaltszwang. Der Antrag sollte durch
das zuständige Vertretungsorgan unterzeichnet sein.[437] Dem Antrag ist
der Entwurf oder die endgültige Fassung des Verschmelzungsvertrages
beizufügen. Für das Bestellungsverfahren gelten die Vorschriften des
FamFG; Rechtsmittel gegen die Auswahl durch das Gericht ist die
sofortige Beschwerde zum OLG, § 10 V 1 UmwG iVm § 12 I
SpruchG.

Die gerichtliche Bestellung umfasst lediglich die Auswahl sowie den **229**
Auftrag an den Verschmelzungsprüfer.[438] Voraussetzung für das Tätigwerden des Verschmelzungsprüfers ist es indes, dass er die Bestellung des
Gerichtes annimmt. Durch die Annahme der gerichtlichen Bestellung
und des Auftrags kommt kraft Gesetz ein Schuldverhältnis mit dem Inhalt
eines Prüfungsvertrages zwischen dem Rechtsträger und dem Verschmelzungsprüfer zustande.

Ziel einer beantragten gerichtlichen Bestellung ist es letztlich, ein **230**
mögliches Spruchstellenverfahren nach § 11 SpruchG[439] zu vermeiden.

---

[434] *Drygala* in Lutter UmwG § 10 Rn. 3.
[435] *Lanfermann* in Kallmeyer UmwG § 10 Rn. 8; *Stratz* in Schmitt/Hörtnagl/Stratz UmwG § 10 Rn. 11.
[436] *Fronhöfer* in Widmann/Mayer UmwG § 10 Rn. 6; *Drygala* in Lutter UmwG § 10 Rn. 5.
[437] *Drygala* in Lutter UmwG § 10 Rn. 9; üblich, aber nicht zwingend: *Stratz* in Schmitt/Hörtnagl/Stratz UmwG § 10 Rn. 18; *Lanfermann* in Kallmeyer UmwG § 10 Rn. 10.
[438] *Lanfermann* in Kallmeyer UmwG § 10 Rn. 18.
[439] Gesetz zur Neuordnung des gesellschaftsrechtlichen Spruchverfahrens vom 12.6.2003 (BGBl. I 2003 S. 838).

bb) Getrennte Bestellung versus Bestellung eines gemeinsamen Prüfers

231 Grundsätzlich ist die Bestellung jeweils eines Prüfers für jeden an einer Verschmelzung beteiligten Rechtsträger vorgesehen.

232 In § 10 I 2 UmwG wird davon abweichend auch eine Bestellung eines gemeinsamen Prüfers zugelassen. Demnach kann für mehrere oder alle an der Verschmelzung beteiligten Rechtsträger ein gemeinsamer Prüfer bestellt werden.

233 Eingeschränkt wird dieses Wahlrecht bei der Prüfung der Verschmelzung unter Beteiligung mehrerer AG. Für jede beteiligte AG ist der Verschmelzungsvertrag oder sein Entwurf nach § 60 UmwG zu prüfen. Auswahl und Bestellung erfolgen auf Antrag des Vorstands durch das Gericht. Grundsätzlich ist für jede beteiligte AG ein eigener Prüfer zu bestellen. Eine gemeinsame Prüfung aller oder mehrerer beteiligter Rechtsträger ist nur bei einem gemeinsamen Antrag der Vorstände aller oder der Mehrheit der beteiligten Gesellschaften möglich. In allen anderen Fällen eines gemeinsamen Verschmelzungsprüfers bedarf es eines gemeinsamen Auftrages der Vertretungsorgane aller beteiligten Rechtsträger.

cc) Auswahl, Stellung und Verantwortlichkeit des Verschmelzungsprüfers

234 (1) Auswahl des Verschmelzungsprüfers. Gemäß § 11 I UmwG gelten für die Auswahl der Verschmelzungsprüfer die Regelungen der §§ 319 I–IV, 319a I, 319b I, 320 I 2, II 1 und 2 HGB entsprechend. Unmittelbar anzuwenden ist die Regelung des § 11 I 1 UmwG zunächst nur für solche Kapitalgesellschaften und Personengesellschaften iSv § 264a HGB, deren Jahresabschluss nach § 316 HGB prüfungspflichtig ist. Das sind große und mittelgroße Gesellschaften iSv § 267 II, III HGB. Die Regelung des § 11 1 UmwG ist zudem von solchen Rechtsträgern zu beachten, deren Jahresabschluss zwar nicht nach § 316 HGB, aber gemäß § 6 PublG prüfungspflichtig ist. Durch Verweis auf § 319 I HGB können für diese Gesellschaften nur Wirtschaftsprüfer oder Wirtschaftsprüfungsgesellschaften Verschmelzungsprüfer sein. Sind mittelgroße GmbH iSv § 267 II HGB oder mittelgroße Personengesellschaften iSv § 264a iVm § 267 II HGB an der Verschmelzung beteiligt, kann statt dessen auch ein vereidigter Buchprüfer bzw. eine Buchprüfungsgesellschaft zum Verschmelzungsprüfer bestellt werden. Wird ein gemeinsamer Verschmelzungsprüfer bestellt, so ist bei der Auswahl des Verschmelzungsprüfers auf Rechtsform und Größe des Zielrechtsträgers abzustellen.

235 Für Rechtsträger, deren Jahresabschluss nicht nach § 316 HGB, § 6 PublG prüfungspflichtig ist, sind nach § 11 I 2 und 3 UmwG die Regelung des § 319 I HGB entsprechend anzuwenden. Auch hier sind die Größenklassenregelungen des § 267 I–III HGB zu beachten.[440] Betroffen hiervon sind kleine Kapitalgesellschaften und Personengesellschaften iSv § 264a HGB sowie andere Personengesellschaften, die nicht unter § 264a HGB und § 6 PublG fallen.

---

[440] *Pfitzer* in WP-Handbuch 2014, Teil F, Rn. 215.

§ 9. Umwandlungsrechtliche Regelungen § 9

Angemessen erscheint es, lediglich zur Verschmelzungsprüfung von 236
kleinen AG bzw. KGaA isv § 267 I HGB ausschließlich Wirtschaftsprüfer und Wirtschaftsprüfungsgesellschaften zuzulassen.[441] Demgegenüber kann die Verschmelzung kleiner GmbH oder Personengesellschaften iVm § 264a HGB sowie anderer Personengesellschaften uE auch von vereidigten Buchprüfern und Buchprüfungsgesellschaften geprüft werden. Denn nach § 11 I 1 UmwG iVm § 319 I 2 HGB ist bereits die Durchführung einer Verschmelzungsprüfung mittelgroßer GmbH und Personengesellschaften nicht auf Wirtschaftsprüfer bzw. eine Wirtschaftsprüfungsgesellschaft beschränkt.

Durch den Verweis in § 11 I 1 UmwG auf die Regelungen des § 319 237
II, III, IV HGB sind die dort genannten Ausschlusstatbestände bei der Wahl des Verschmelzungsprüfers zu beachten. Die in § 319 II, III, IV HGB normierten Ausschlussgründe müssen bei der Verschmelzungsprüfung aber nicht nur gegenüber dem Unternehmen erfüllt sein, das den Prüfer bestellt. Vielmehr hat der Verschmelzungsprüfer zu beachten, ob Abhängigkeitsgründe gegenüber irgendeinem der an der Verschmelzung beteiligten Rechtsträger bestehen, die die Annahme des Prüfungsauftrags ausschließen.[442]

Besonders bedeutend ist hier die Frage, ob der Prüfer dann nach § 11 238
1 UmwG iSv § 319 HGB von der Verschmelzungsprüfung ausgeschlossen ist, wenn er Jahresabschlüsse der an der Verschmelzung beteiligten Rechtsträger geprüft hat. Im Schrifttum wird hier überwiegend die Ansicht vertreten, dass der Abschlussprüfer sehr wohl zugleich Verschmelzungsprüfer sein kann.[443] Auch liegt hier kein Grund für eine allgemeine Befangenheit vor.[444] Nach der Rechtsprechung schließt jedenfalls die Tatsache, dass eine Wirtschaftsprüfungsgesellschaft als Verschmelzungsprüfer agiert hat, nicht ihre spätere Ernennung als Abschlussprüfer der aus der Verschmelzung hervorgegangenen neuen Gesellschaft aus.[445]

(2) Auskunftsrecht des Verschmelzungsprüfers. Nach § 11 I 1 UmwG 239
gelten die Regelungen des § 320 I 2 und II 1 und 2 HGB über das Auskunftsrecht des Abschlussprüfers für den Verschmelzungsprüfer entsprechend. Insofern kann der Verschmelzungsprüfer von den gesetzlichen Vertretern des zu prüfenden Rechtsträgers alle Aufklärungen und Nachweise verlangen, die für eine sorgfältige Prüfung notwendig sind.

Eine Beschränkung des Auskunftsrechts allein gegenüber dem betei- 240
ligten Rechtsträger, durch den der Verschmelzungsprüfer bestellt wird,

---

[441] *Drygala* in Lutter UmwG § 11 Rn. 3.
[442] *Pfitzer* in WP-Handbuch 2014, Teil F, Rn. 222; *Drygala* in Lutter UmwG § 11 Rn. 4; ausführlich zudem *Schaal* Umwandlungsprüfer S. 377–387.
[443] *Pfitzer* in WP Handbuch 2014, Teil F, Rn. 222; *Drygala* in Lutter UmwG § 11 Rn. 4; OLG München vom 8.11.2000 – 7 U 5995/99, DB 2001 S. 259 (n. rkr.); aA *Lamla* Umwandlungsprüfung S. 89; *Schmidt* in Beck'scher Bilanzkommentar § 319 Rn. 65: gilt zumindest dann nicht, wenn von der Buchwertfortführung Gebrauch gemacht wird.
[444] LG Köln vom 1.4.1997 – 3 O 504/96, WM 1997 S. 921.
[445] BGH vom 25.11.2002 – II ZR 49/01, BB 2003 S. 462 ff.

wird indes den Zwecken der Verschmelzungsprüfung nicht gerecht. Daher wird das Auskunftsrecht des Verschmelzungsprüfers durch § 11 I 4 UmwG erweitert. Demzufolge besteht das Auskunftsrecht des Verschmelzungsprüfers gegenüber allen beteiligten Rechtsträgern und gegenüber einem Konzernunternehmen sowie einem abhängigen und herrschenden Unternehmen.

241 (3) Verantwortlichkeit und Haftung des Verschmelzungsprüfers. Für die Verantwortlichkeit des Prüfers, seiner Gehilfen sowie der bei der Prüfung mitwirkenden gesetzlichen Vertreter von Prüfungsgesellschaften gilt § 323 HGB entsprechend, § 11 II 1 UmwG. Danach sind die genannten Beteiligten der Verschmelzungsprüfung zur gewissenhaften und unparteiischen Prüfung sowie zur Verschwiegenheit verpflichtet.

242 Wird gegen diese Pflichten vorsätzlich oder fahrlässig verstoßen, so entstehen daraus Schadenersatzansprüche aller an der Verschmelzung beteiligten Rechtsträger sowie deren Anteilsinhaber, § 11 II 2 UmwG. Schadensersatzberechtigt sind zudem verbundene Unternehmen der an der Verschmelzung beteiligten Rechtsträger.

243 Für diese Schadensersatzansprüche haften der Verschmelzungsprüfer sowie Prüfungsgehilfen und bei der Prüfung mitwirkende gesetzliche Vertreter einer Prüfungsgesellschaft. Die Ersatzpflicht von Personen, die gegen ihre Prüfungspflichten fahrlässig verstoßen haben, beschränkt sich nach § 323 II HGB auf 1 Mio. Euro bzw. bei der Prüfung von börsennotierten AG auf einen Betrag von 4 Mio. Euro. Diese Haftung kann nicht durch Vertrag ausgeschlossen werden. Bei vorsätzlichem Handeln haftet der Prüfer unbeschränkt. Die Ersatzansprüche verjähren nach fünf Jahren.

c) Gegenstand und Umfang der Verschmelzungsprüfung

aa) Prüfung des Umwandlungsvertrages

244 Der Gegenstand der Verschmelzungsprüfung ergibt sich aus § 9 I UmwG. Danach hat der Verschmelzungsprüfer den Verschmelzungsvertrag oder seinen Entwurf zu prüfen.

245 (1) Prüfung des Zustandekommens des Verschmelzungsvertrages. Unklar bleibt nach dem Wortlaut des § 9 I UmwG, ob der Verschmelzungsprüfer das Zustandekommen des Verschmelzungsvertrages zu prüfen hat. Insofern käme dem Verschmelzungsprüfer die Aufgabe zu, die Wirksamkeit des Verschmelzungsvertrages zu beurteilen.

246 Eine solche Beurteilung geht indes weit über den Zweck der Verschmelzungsprüfung hinaus. Die Aufgabe des Verschmelzungsprüfers beschränkt sich auf die Prüfung der Angemessenheit der den Anteilseignern zu gewährenden Ersatzrechte. Eine Rechtsmäßigkeitsprüfung und damit eine Beurteilung des wirksamen Zustandekommens des Vertrages obliegt hingegen dem Verschmelzungsprüfer nicht.[446]

247 (2) Prüfung der Vollständigkeit und Richtigkeit der Angaben im Verschmelzungsvertrag. Die nach § 9 I UmwG geforderte Prüfung bezieht

---

[446] *Schaal* Umwandlungsprüfer S. 87.

§ 9. Umwandlungsrechtliche Regelungen § 9

sich auf die materielle und formelle Vollständigkeit sowie die Richtigkeit des Verschmelzungsvertrages.

Zur Prüfung der **Richtigkeit** des Verschmelzungsvertrages hat sich der Verschmelzungsprüfer damit zu beschäftigen, ob die Angaben im Verschmelzungsvertrag sachlich zutreffen und in sich widerspruchsfrei sind. Demgegenüber hat der Prüfer nicht die Zweckmäßigkeit der Verschmelzung zu beurteilen. Auch wird von dem Verschmelzungsprüfer keine Beurteilung verlangt, ob die rechtlichen oder wirtschaftlichen Interessen der Gesellschafter durch die Verschmelzung gewahrt sind. Gleichwohl unterliegt der Verschmelzungsprüfer einer **Redepflicht**,[447] wenn auch in einem gegenüber der Jahresabschlussprüfung eingeschränkten Umfang. Sofern der Verschmelzungsprüfer bei seiner Prüfung auf besondere Risiken stößt, etwa hinsichtlich der zu erwartenden Lebensdauer beteiligter Unternehmen, obliegt ihm die Pflicht zu einem Hinweis auf diese Bestandsgefahren. Gleiches gilt, wenn er bei seiner Prüfung nicht unwesentliche negative Verbundeffekte feststellt. Des Weiteren sind die für die Gründungsprüfung nach §§ 33, 34 AktG entwickelten Grundsätze bei der Verschmelzungsprüfung entsprechend anzuwenden. Insofern kann sich auch hieraus eine Warn- oder Hinweispflicht für den Verschmelzungsprüfer ergeben.[448]

248

249

250

(3) Prüfung der Pflichtangaben im Verschmelzungsvertrag. Der Prüfer hat zur Prüfung der **Vollständigkeit** festzustellen, ob der Verschmelzungsvertrag den gesetzlich vorgesehenen Mindestinhalt umfasst.[449] Nicht zur formellen Vollständigkeit gehören die fakultativen Bestandteile des Verschmelzungsvertrages.[450] Als fakultative Bestandteile ist etwa eine Vereinbarung darüber zu verstehen, wer die Kosten der Verschmelzung trägt.

251

(4) Prüfung des angemessenen Umtauschverhältnisses. Der Schwerpunkt der Prüfung der Verschmelzung liegt auf der **Angemessenheit des Umtauschverhältnisses sowie der Angemessenheit einer anteiligen Barabfindung**.[451] Dieses ergibt sich aus der Regelung des § 12 II UmwG, der zufolge im Verschmelzungsbericht auf das Umtauschverhältnis und seine Ermittlung besonders einzugehen ist. Wird eine Barabfindung angeboten, ist auch die Angemessenheit dieser Barabfindung Gegenstand der Verschmelzungsprüfung, § 30 II 1 UmwG. Dabei bezieht sich die Aufgabe des Verschmelzungsprüfers nicht nur auf die rechnerische Richtigkeit des ermittelten Umtauschverhältnisses. Er hat zudem die Prämissen auf ihre Angemessenheit zu prüfen, die der notwendigen Unternehmensbewertung, der Prognose der Zukunftserfolge sowie dem Kalkulationszinssatz zugrunde liegen.

252

Der Verschmelzungsprüfer hat die Angemessenheit des durch die Vertretungsorgane der beteiligten Rechtsträger bestimmten Umtauschver-

253

---

[447] BGH vom 27.2.1975 – II ZR 111/72, NJW 1975 S. 974.
[448] *Lanfermann* in Kallmeyer UmwG § 9 Rn. 20.
[449] → Rn. 67 ff.
[450] *Pfitzer* in WP-Handbuch 2014, Teil F, Rn. 208; *Schaal* Umwandlungsprüfer S. 89–133.
[451] *Müller* in Kallmeyer UmwG § 9 Rn. 23; *Schaal* Umwandlungsprüfer S. 133.

hältnisses bzw. die Höhe der angebotenen Barabfindung zu beurteilen. Er darf indes das Umtauschverhältnis nicht selbst berechnen.[452] Wirkt der Verschmelzungsprüfer an der Ermittlung des Umtauschverhältnisses mit, ist dies ein Ausschlussgrund für die Annahme des Prüfungsauftrags nach § 319 II, III, IV HGB iVm § 11 I 1 UmwG.

254 Bei der Beurteilung der Angemessenheit von Umtauschverhältnis bzw. Höhe einer angebotenen Barabfindung hat sich der Verschmelzungsprüfer von folgenden **Grundsätzen** leiten zu lassen:[453]
1. Gleichbehandlung aller Gesellschafter/Mitglieder,
2. Typisierung der Gesellschafter-/Mitgliederinteressen,
3. Ansatz gleicher Risiko-/Chancenparameter bei übertragendem und übernehmendem Rechtsträger,
4. Gleichheit der Bewertungsmethode,
5. Identität des Bewertungsstichtages.

Ad 1.) Die Gesellschafter/Mitglieder des übertragenden Rechtsträgers sind gleich zu behandeln. Dieser **Gleichbehandlungsgrundsatz** betrifft vor allem die unterschiedlichen Interessen von Mehrheits- und Minderheitsgesellschaftern. Besonders bedeutend ist der Gleichbehandlungsgrundsatz für die im Zuge der Verschmelzung ausscheidenden Aktionäre. Sie dürfen gegenüber dem aufnehmenden Rechtsträger nicht benachteiligt, aber auch nicht bevorzugt werden.[454]

255 Ad 2.) An den beteiligten Rechtsträgern sind regelmäßig viele Gesellschafter/Mitglieder beteiligt, für die die Beteiligung eine unterschiedliche Bedeutung hat. Das kann sich etwa in der Höhe der Beteiligungsquote oder in sonstigen Möglichkeiten zur Einflussnahme auf die Geschäftsführung verdeutlichen. Bei der Unternehmensbewertung lässt sich diesen unterschiedlichen subjektiven Interessen nicht Rechnung tragen. Zum Ausgleich der unterschiedlichen Interessen sind die Gesellschafter vielmehr zu **typisieren.**[455] Demzufolge ist eine einheitliche Unternehmensbewertungsmethode anzuwenden, innerhalb derer mit einheitlichen Größen für alle Beteiligten gearbeitet wird.

256 Ad 3.) Bei der Beurteilung des Zukunftsertrages des zu bewertenden Unternehmens, aber auch bei der Ermittlung des der Abzinsung zugrunde zu legenden Kalkulationszinsfußes ist darauf zu achten, dass die **Risiko-/Chancen-Parameter** der einzelnen beteiligten Rechtsträger gleichgewichtig einbezogen werden. Das bedeutet vor allem, dass die Zukunftschancen des übertragenden Rechtsträgers nicht vorsichtiger bewertet werden, als die des übernehmenden Rechtsträgers.

257 Ad 4. und 5.) Die Anwendung gleicher **Unternehmensbewertungsmethoden**[456] sowie die Bezugnahme auf einen **identischen Stichtag**[457] sind die entscheidenden Voraussetzungen für die Angemessenheit des

---

[452] IDW Stellungnahme 6/1988 WPg 1989 S. 42.
[453] *Bitzer* Prüfung des Umtauschverhältnisses S. 48 ff.
[454] *Pfitzer* in WP-Handbuch 2014, Teil F, Rn. 227.
[455] → Rn. 92 ff.
[456] Ausführlich zu den Methoden der Unternehmensbewertung → Rn. 84 ff.
[457] → Rn. 81 ff.

Umtauschverhältnisses. Denn bei der Bestimmung des Umtauschverhältnisses sind die Unternehmenswerte der beteiligten Rechtsträger in Relation zueinander zu setzen. Das so ermittelte Verhältnis der Unternehmenswerte kann nur angemessen sein, wenn gleiche Sachverhalte miteinander verglichen werden.

Der Verschmelzungsprüfer hat nicht nur festzustellen, ob gleiche Unternehmensbewertungsmethoden für alle beteiligten Rechtsträger angewendet wurden. Darüber hinaus hat er zu beurteilen, ob die angewandte Methode für den Bewertungszweck überhaupt geeignet ist. Aus rein praktischer Sicht eignen sich auch die Substanzwertmethode oder kombinierte Verfahren zur Ermittlung eines Unternehmenswertes. Regelmäßig sind indes diese Methoden für eine Unternehmensbewertung zur Bestimmung des Umtauschverhältnisses nicht brauchbar, da sie die tatsächlichen Verhältnisse der zu bewertenden Rechtsträger nicht zutreffend widerspiegeln. 258

bb) Prüfung des Umwandlungsberichts

Umstritten ist, ob der Verschmelzungsprüfer auch den Verschmelzungsbericht zu prüfen hat, der nach § 8 I UmwG von den Vertretungsorganen der beteiligten Rechtsträger zu erstellen ist, wobei die herrschende Meinung sich dagegen ausspricht.[458] 259

Schrifttum und Rechtsprechung stellen es dem Verschmelzungsprüfer allerdings anheim, die Aussagen im Verschmelzungsbericht für die Prüfung des Umtauschverhältnisses heranzuziehen, die für die Beurteilung relevant sind.[459] Liegt ein aussagekräftiger Verschmelzungsbericht vor, genügt dabei im Prüfungsbericht eine Bezugnahme, Ergänzung und wertende Feststellung eines so bestehenden tatsächlichen Informationsstandes.[460] 260

Nach dem Wortlaut des § 9 I UmwG ist indes eine Prüfung des Verschmelzungsberichts durch den Verschmelzungsprüfer nicht geboten. Insofern wird die Prüfung des Verschmelzungsberichts nicht als Aufgabe des Verschmelzungsprüfers angesehen.[461] 261

d) Prüfungsbericht

aa) Anforderungen an den Prüfungsbericht

Die Verschmelzungsprüfer haben nach § 12 I UmwG über das **Ergebnis der Verschmelzungsprüfung** schriftlich zu berichten. Gerichtet ist dieser Bericht zunächst an die Anteilseigner des Rechtsträgers, für den 262

---

[458] Dazu IDW Stellungnahme 6/1988 WPg 1989 S. 43; *Müller* in Kallmeyer UmwG § 9 Rn. 10 mwN; *Zeidler* in Semler/Stengel § 9 Rn. 18 f.; befürwortend *Bayer* ZIP 1997 S. 1621.
[459] Vgl. *Zeidler* in Semler/Stengel UmwG § 9 Rn. 17 ff.
[460] OLG Frankfurt vom 22.8.2000 – 14 W 23/00, ZIP 2000 S. 1932.
[461] *Stratz* in Schmitt/Hörtnagl/Stratz UmwG § 9 Rn. 5; *Pfitzer* in WP-Handbuch 2014, Teil F, Rn. 209, 256; *Drygala* in Lutter UmwG § 9 Rn. 13; *Müller* in Kallmeyer UmwG § 9 Rn. 11.

der Prüfer bestellt ist. Zudem obliegt dem Verschmelzungsprüfer aber auch eine Berichtspflicht gegenüber den Anteilsinhabern der übrigen beteiligten Rechtsträger.

263 Grundsätzlich berichtet jeder Verschmelzungsprüfer über die von ihm durchgeführte Prüfung gesondert. Demgegenüber wird es durch die Regelung der § 12 I 2 UmwG erlaubt, dass auch gesondert bestellte Prüfer über die Verschmelzungsprüfung einen gemeinsamen Bericht abfassen. Ist ein gemeinsamer Prüfer bestellt, wird üblicherweise nur ein Prüfungsbericht vorgelegt.

264 Der Prüfungsbericht ist ein Ergebnisbericht. Gesetzlich ist lediglich der **Mindestinhalt** des Prüfungsberichtes geregelt.[462] In der Vorschrift des § 12 II UmwG wird allein verlangt, dass der Prüfungsbericht mit einer Erklärung darüber abzuschließen hat, ob das vorgeschlagene Umtauschverhältnis der Anteile, gegebenenfalls die Höhe der baren Zuzahlungen oder die Mitgliedschaft bei dem übernehmenden Rechtsträger als Gegenwert angemessen ist. Dabei ist nach § 12 II 2 UmwG anzugeben,
1. nach welchen Methoden das vorgeschlagene Umtauschverhältnis ermittelt worden ist;
2. aus welchen Gründen die Anwendung dieser Methoden angemessen ist;
3. welches Umtauschverhältnis oder welcher Gegenwert sich bei der Anwendung verschiedener Methoden jeweils ergeben würde, sofern mehrere angewandt worden sind.

Zugleich ist darzulegen, welches Gewicht den verschiedenen Methoden bei der Bestimmung des vorgeschlagenen Umtauschverhältnisses oder des Gegenwertes und der ihnen zugrunde liegenden Werte beigemessen worden ist und welche besonderen Schwierigkeiten bei der Bewertung der Rechtsträger aufgetreten sind.

265 Mangels abschließender gesetzlicher Regelungen über den Inhalt des Prüfungsberichtes wird es weitgehend dem pflichtgemäßen Ermessen des Prüfers überlassen, wie der Prüfungsbericht inhaltlich gestaltet ist. Dabei hat sich indes der Verschmelzungsprüfer an den Empfehlungen[463] des IDW zu orientieren. Der **Stellungnahme HFA 6/1988** des IDW zufolge soll der Prüfungsbericht wie folgt gegliedert werden:[464]

A. Auftrag und Auftragsdurchführung
B. Prüfung des (Entwurf eines) Verschmelzungsvertrages
   I. Vollständigkeit und Richtigkeit des Verschmelzungsvertrages
   II. Methodik zur Ermittlung des vorgeschlagenen Umtauschverhältnisses
   III. Angemessenheit der angewandten Bewertungsmethoden
C. Erklärung zur Angemessenheit des vorgeschlagenen Umtauschverhältnisses

266 Daneben sollte der Prüfungsbericht eine Schlusserklärung (Testat) enthalten. Bei der inhaltlichen Gestaltung des Prüfungsberichtes ist zu be-

---

[462] OLG Karlsruhe vom 30.6.1989 – 15 U 76/88, ZIP 1989 S. 992.
[463] IDW Stellungnahme HFA 6/1988 WPg 1989 S. 43; *Pfitzer* in WP-Handbuch 2014, Teil F, Rn. 265.
[464] IDW Stellungnahme HFA 6/1988 Abschn. III.

§ 9. Umwandlungsrechtliche Regelungen § 9

achten, dass Verschmelzungsbericht und Prüfungsbericht einander ergänzen und beide zusammen dem Schutz der Anteilseigner dienen sollen. Beide Instrumentarien zusammen müssen den Verschmelzungsvorgang rechtlich und wirtschaftlich so transparent wie möglich machen. Durch das Zusammenspiel beider Instrumentarien sollen die Anteilseigner entscheiden können, ob die Verschmelzung wirtschaftlich zweckmäßig ist, den gesetzlichen Anforderungen genügt und ihre subjektiven Vorstellungen berücksichtigt.[465] Insgesamt sollte der Prüfungsbericht so gefasst sein, dass der Berichtsleser das Ergebnis im Wesentlichen nachvollziehen kann.[466]

bb) Wesentliche Berichtsgegenstände

(1) Verschmelzungsvertrag. Im Prüfungsbericht ist zunächst darüber zu berichten, ob der Verschmelzungsvertrag oder sein Entwurf den gesetzlichen Anforderungen entspricht. Grundsätzlich reicht eine kurze Stellungnahme zur Vollständigkeit und Richtigkeit des Verschmelzungsvertrages. Umfangreichere Ausführungen sind nur geboten, soweit der Verschmelzungsvertrag den gesetzlichen Anforderungen nicht genügt.[467] 267

(2) Verschmelzungsbericht. Der Verschmelzungsbericht ist nicht Gegenstand der Verschmelzungsprüfung. Klarstellend sollte im Prüfungsbericht darauf hingewiesen werden. 268

Zwar wird der erforderliche Inhalt des Verschmelzungsberichts nicht durch die Angaben im Prüfungsbericht eingeschränkt. Umkehrt brauchen hingegen im Prüfungsbericht nicht solche Sachverhalte erneut erläutert zu werden, die bereits im Verschmelzungsbericht ausführlich dargelegt sind.[468] Ausreichend ist es vielmehr, an diesen Stellen im Prüfungsbericht zur Vermeidung von Redundanzen auf den Verschmelzungsbericht zu verweisen. Das gilt allerdings nicht für die Mindestbestandteile des Prüfungsberichtes nach § 12 II UmwG. 269

(3) Angemessenheit des Umtauschverhältnisses. Die für die Beurteilung des Umtauschverhältnisses erforderlichen Mindestangaben werden ausdrücklich in § 12 II 2 UmwG normiert. 270

Danach hat der Verschmelzungsprüfer zunächst über die angewandte **Methode** der Unternehmensbewertung zu berichten. Dabei hat er zu begründen, warum die gewählte Methode angemessen ist, § 12 II 2 Nr. 1 und 2 UmwG. Dieser Anforderung genügt der Verschmelzungsprüfer regelmäßig mit der Beurteilung, ob das von den Vertretungsorganen angewandte Bewertungsverfahren dem Ertragswertverfahren bzw. dem Discounted Cash-flow-Verfahren entspricht. Ergänzend sollte das angewandte Bewertungsverfahren im Prüfungsbericht in seinen Grundzügen erläutert werden.[469] Wurde die Ertragswertmethode gemäß IDW S 1 271

---

[465] *Lanfermann* in Kallmeyer UmwG § 12 Rn. 6.
[466] OLG Karlsruhe vom 30.6.1989 – 15 U 76/88, AG 1990 S. 37 f.
[467] *Pfitzer* in WP-Handbuch 2014, Teil F, Rn. 255.
[468] *Müller* in Kallmeyer UmwG § 12 Rn. 6.
[469] *Lanfermann* in Widmann/Mayer UmwG § 12 Rn. 17.

angewendet, bedarf es keiner zusätzlichen Begründung, ein Hinweis im Prüfungsbericht, dass die angewendete Methode im Einklang mit IDW S 1 steht, genügt.[470] Etwas anderes gilt indes dann, wenn das dem Umtauschverhältnis zugrunde liegende Bewertungsverfahren den genannten Standardverfahren nicht entspricht. Kommt der Verschmelzungsprüfer in diesem Fall dennoch zu dem Ergebnis, dass das Umtauschverhältnis angemessen ist, bedarf es ausführlicher Begründungen im Prüfungsbericht.[471]

272 Zu den Erläuterungen der Unternehmensbewertungsmethode gehört auch ein Hinweis, ob für die beteiligten Rechtsträger identische Bewertungsmethoden angewendet und identische Bewertungsstichtage gewählt wurden.

273 Ausführliche Erläuterungen sind ferner dann in den Prüfungsbericht aufzunehmen, wenn das Umtauschverhältnis nicht basierend auf einer Bewertungsmethode, sondern anhand der **Kombination mehrerer Unternehmensbewertungsmethoden** ermittelt wurde, § 12 II 2 Nr. 3 UmwG. Wurde das Umtauschverhältnis anhand einer Kombination von Bewertungsmethoden ermittelt, wird vom Verschmelzungsprüfer die selbstständige Berechnung von Unternehmenswerten verlangt. Denn nach dem Wortlaut der genannten Regelung hat er das jeweilige Umtauschverhältnis anzugeben, das sich bei alleiniger Anwendung der jeweiligen Methoden ergeben würde. Er hat somit alternative Berechnungen durchzuführen. Des Weiteren hat er bei Kombination mehrerer Unternehmensbewertungsmethoden im Prüfungsbericht über die Gewichtung der verschiedenen Methoden bei der Bestimmung des Umtauschverhältnisses zu berichten.

274 Verwenden die an der Verschmelzung beteiligten Rechtsträger lediglich eine Bewertungsmethode zur Bestimmung des Umtauschverhältnisses, genügt den Anforderungen des § 12 II 2 Nr. 3 UmwG eine Negativerklärung.

275 Schließlich hat der Verschmelzungsprüfer auch auf besondere **Schwierigkeiten bei der Bewertung** hinzuweisen, die für das Umtauschverhältnis oder eine Barabfindung bedeutend sind, § 12 II 2 Nr. 3 UmwG. Zu diesen Berichtspflichten gehören nicht die allgemeinen Bewertungsschwierigkeiten, die bei einer Unternehmensbewertung regelmäßig auftreten. Unter besonderen Schwierigkeiten für die Unternehmensbewertung sind vielmehr etwa bedeutende schwebende Rechtsstreitigkeiten, entschiedene, aber noch nicht realisierte Sanierungsmaßnahmen sowie erforderliche, aber der Höhe nach noch nicht abschätzbare Umweltmaßnahmen zu verstehen. Diese Besonderheiten sind anzugeben, wenn sie je nach unterstellten Konsequenzen zu unterschiedlichen Unternehmenswerten und damit zu abweichenden Umtauschverhältnissen bzw. Barabfindungen führen würden.[472] Da die zu nennenden Sachverhalte den Unternehmenswert nicht unwesentlich beeinflussen können, sollte der

---

[470] *Mayer* in Widmann/Mayer UmwG § 12 Rn. 18.
[471] *Mayer* in Widmann/Mayer UmwG § 12 Rn. 19.
[472] *Bitzer* Prüfung des Umtauschverhältnisses S. 106.

§ 9. Umwandlungsrechtliche Regelungen § 9

Verschmelzungsprüfer die Gegebenheiten so ausführlich im Prüfungsbericht darlegen, dass sich der Berichtsadressat ein eigenes Bild über die möglichen Risiken machen kann.

Fraglich hierbei ist, ob insbesondere bei lange andauernden Spruchverfahren der IDW S 1 in der Fassung vom 2.4.2008 angewendet werden sollte, bzw. die Bewertungsmethode in einem laufenden Verfahren geändert werden sollte und neuere Erkenntnisse berücksichtigt werden müssten. Einerseits könnte uU ein mehrfacher Methodenwechsel zu nicht hinnehmbaren Verfahrensverzögerungen führen. Andererseits handelt es sich bei dem IDW S 1 um eine Expertenauffassung der Wirtschaftsprüfer, die verbesserte Schätzmethoden und Erkenntnisse zu einzelnen Parametern, enthält. Der Standard stellt keine Rechtsnorm dar, insofern sind die Gerichte weder daran gehalten noch gehindert, die neue Erkenntnis zu berücksichtigen.[473] Die bisherigen Urteile hierzu sind auch unterschiedlich ausgefallen.[474] Ob ein Methodenwechsel zulässig ist, hängt von verschiedenen Faktoren ab, ob sich zB die Steuergesetzgebung im Einzelfall geändert hat (Umstellung Anrechnungsverfahren auf Halbeinkünfteverfahren etc.). Auch ist zu klären, ob nur Einzelfragen gerichtlich überprüft werden oder eine vollständige Neubewertung durchgeführt wird. Bei Einzelfragen ist ein Methodenwechsel nicht zulässig, da sonst unterschiedliche Standards innerhalb einer Bewertung zur Anwendung kommen würden.[475] Wird eine vollständige Überprüfung angeordnet, ist davon auszugehen, dass ein Methodenwechsel zulässig ist. 276

In seinem Urteil vom 29.9.2015 hat der BGH aktuell entschieden, dass der Schätzung des Unternehmenswerts im Spruchverfahren fachliche Berechnungsweisen zugrunde gelegt werden können, die erst nach der Strukturmaßnahme, die den Anlass für die Bewertung gibt, und dem dafür bestimmten Bewertungsstichtag entwickelt wurden. Dem stehen weder der Gedanke der Rechtssicherheit noch der Vertrauensschutz entgegen. Das Stichtagsprinzip wird von der Schätzung aufgrund einer neuen Berechnungsweise nicht verletzt, solange die neue Berechnungsweise nicht eine Reaktion auf nach dem Stichtag eingetretene und zuvor nicht angelegte wirtschaftliche oder rechtliche Veränderungen, insbesondere in steuerlicher Hinsicht, ist.[476] Der BGH bestätigt damit seine bisherige Rechtsprechung, nach der die Anwendung neuer Bewertungsmethoden auf vergangene Bewertungsstichtage bereits in der Vergangenheit ohne Bedenken möglich war.[477]

(4) Schlusserklärung. Der Verschmelzungsprüfer hat über seine Prüfung ein abschließendes Urteil in Form einer Erklärung abzugeben. In 277

---

[473] OLG Stuttgart vom 16.2.2007 – 20 W 6/06 (nicht rechtskräftig), NZG 2007 S. 309 f.; Bay ObLG vom 28.10.2005 – 3Z BR 71/00, NZG 2006 S. 156/157.
[474] Bungert WPG 2008 S. 813 f. unter Darstellung der unterschiedlichen Urteile.
[475] Bungert WPG 2008 S. 815.
[476] BGH vom 29.9.2015 – II ZB 23/14, ZIP 2016, S. 110–117.
[477] BGH vom 12.3.2001 – II ZB 15/00, BGHZ 147, S. 108–125.

dieser Erklärung hat er nach § 12 II 1 UmwG auszudrücken, ob er das vorgeschlagene Umtauschverhältnis der Anteile bzw. die Höhe einer möglichen Barzahlung für angemessen hält. Vom Verschmelzungsprüfer wird insoweit ein zusammenfassendes **Gesamturteil** in Form eines Testats erwartet.

278 Befindet der Prüfer die vorgeschlagene Bewertung als angemessen, sollte ein Testat mit folgendem Wortlaut erteilt werden:[478]

„*Nach meinen/unseren Feststellungen ist aus den dargelegten Gründen das vorgeschlagene Umtauschverhältnis, nach dem die Gesellschafter der *** für *** Anteile ihrer Gesellschaft im Nennbetrag von (zum geringsten Ausgabebetrag von) Euro *** Anteile der *** im Nennbetrag von (zum geringsten Ausgabebetrag von) Euro *** erhalten, auf der Grundlage der Verschmelzungsrelation zum *** angemessen. Bare Zuzahlungen wurden (nicht) gewährt.*"

279 Beurteilt der Verschmelzungsprüfer demgegenüber den Verschmelzungsvertrag als unvollständig oder unrichtig bzw. das Umtauschverhältnis als unangemessen, hat er dieses Ergebnis in die Schlusserklärung aufzunehmen und zu begründen.

280 Die Schlussbemerkung kann zudem ergänzt oder eingeschränkt werden, wenn die Prüfungsfeststellungen dies im Hinblick auf eine ausreichende Information der Anteilseigner erforderlich machen. Im Extremfall ist das Testat zu versagen.

cc) Verzicht auf den Prüfungsbericht

281 Auf einem schriftlichen Prüfungsbericht kann durch Erklärung aller Anteilsinhaber aller beteiligten Rechtsträger verzichtet werden, § 12 III iVm § 8 1 UmwG. Die Verzichtserklärung ist notariell zu beurkunden. Doch auch bei Vorliegen derartiger Verzichtserklärungen ist der Verschmelzungsprüfer nicht von einer Berichtspflicht befreit. Vielmehr hat der Verschmelzungsprüfer auch hier über die Ergebnisse seiner Prüfung zu berichten, allerdings nur gegenüber seinem Auftraggeber. Denn die Vertretungsorgane müssen im Verschmelzungsvertrag auf die Ergebnisse der Verschmelzungsprüfung eingehen. Dazu benötigen sie einen Bericht des Verschmelzungsprüfers. Durch die Verzichtserklärung des § 12 iVm § 8 III UmwG entfällt somit lediglich die Pflicht des Verschmelzungsprüfers, an die Anteilseigner des Auftraggebers zu berichten.

4. Verschmelzungsbeschluss

282 Die Verschmelzung kann ohne Beschluss der Anteilseigner nach § 13 UmwG nicht wirksam werden, mit Ausnahme der der Konzernverschmelzung nach § 62 I 1 und § 62 IV UmwG, bei dem der Beschluss der Anteilseigner übertragenden Gesellschaft nicht erforderlich ist. Dabei stellt das UmwG klar, dass die Entscheidung zwingend in einer **Versammlung** der Anteilseigner erfolgen muss, die Zustimmung der An-

---

[478] IDW Stellungnahme HFA 6/1988 Kapitel IV; *Pfitzer* in WP-Handbuch 2014, Teil F, Rn. 272.

teilseigner mithin nicht im Umlaufverfahren erfolgen darf, § 13 I 2 UmwG.

a) Ladung zur Versammlung

Der allgemeine Teil des Verschmelzungsrechts enthält keine Regelungen zur Ladung der Anteilseigner. Für die Ladungsfristen gelten mithin die gesetzlichen oder gesellschaftsrechtlich vereinbarten Fristen. In der Ladung ist der Verschmelzungsbeschluss als Tagesordnungspunkt zu bezeichnen. Bei der Personengesellschaft und der GmbH sind spätestens mit der Ladung der Verschmelzungsvertrag und der Verschmelzungsbericht zu übersenden, §§ 42, 47 UmwG. Bei den übrigen Gesellschaftsformen tritt an die Stelle der Übersendung die Auslegung, §§ 63, 82, 101 UmwG; bei der Aktiengesellschaft muss der Verschmelzungsvertrag zudem nach § 61 UmwG bekanntgemacht werden. Sofern in der Verschmelzung eine Satzungsänderung beim übertragenden Rechtsträger gesehen wird, sind ferner die gesetzlichen und statutarischen Anforderungen an die Ladung zu einer Versammlung, die auf eine Satzungsänderung abzielt, einzuhalten.[479]

283

b) Vorbereitung der beschlussfassenden Versammlung

Mit Ausnahme der Personengesellschaft sind zur Vorbereitung der Gesellschafterversammlung in den Geschäftsräumen der jeweiligen Rechtsträger neben dem Verschmelzungsvertrag und -bericht auch die letzten drei Jahresabschlüsse der beteiligten Rechtsträger nebst Lageberichten auszulegen, §§ 49 II, 63 I, 82 I, 101 I UmwG. Seit Inkrafttreten des ARUG können statt dessen die Unterlagen auf der Internetseite der Gesellschaft zugänglich gemacht werden, § 63 IV. Außer im Fall der GmbH sind den Anteilseignern auf Verlangen Abschriften zu erteilen, seit Inkrafttreten des Dritten Umwandlungsänderungsgesetzes können die Unterlagen mit Einwilligung dem Aktionär auf dem Wege elektronischer Kommunikation übermittelt werden, § 63 III 2 UmwG. Die Einwilligung sollte, obwohl das Gesetz keine besondere Form vorsieht, aus Beweiszwecken klar schriftlich dokumentiert werden.[480] Den Anteilseignern der GmbH steht jedoch das Recht zu Abschriften selbst anzufertigen. Bei den Publikumsgesellschaften sieht das UmwG durchweg die Pflicht der Verwaltungsorgane vor, zu Beginn der Versammlung die Verschmelzung als solche sowie den Verschmelzungsvertrag und den Verschmelzungsbericht mündlich zu erläutern. Dabei sind den Anteilsinhabern auch Informationen über die anderen an der Verschmelzung beteiligten Rechtsträger zu geben, vgl. §§ 64, 83, 102 UmwG. Bei der Personenhandelsgesellschaft und der GmbH besteht neben der Informationspflicht jedoch keine Pflicht des Geschäftsführers, den Verschmelzungsvertrag mündlich zu erläutern.[481] Inwieweit eine verbesserte

284

---

[479] So *Drygala* in Lutter UmwG § 13 Rn. 5; → Rn. 299.
[480] *Wagner* DStR 2010 S. 1629 (1630).
[481] *M. Winter/J. Vetter* in Lutter UmwG § 49 Rn. 46; siehe auch *Schmidt* in Lutter UmwG § 42 Rn. 12.

mündliche **Aufklärung** in der Gesellschafterversammlung mangelhafte Verschmelzungsverträge und -berichte heilen kann, ist auch nach Erlass des UmwG unklar. Hiergegen spricht, dass das UmwG in § 8 gerade eine schriftliche Berichtsform vorschreibt. Der damit verfolgte Zweck einer gründlichen Information vor der Hauptversammlung lässt sich mit einer mündlichen Erläuterung in der Versammlung nicht mehr erreichen.[482] Anders ist es allerdings für die mit dem Dritten Umwandlungsänderungsgesetz neu eingeführte Pflicht zur Nachinformation, die nach wohl hM mündlich erfolgen kann und nicht zwingend in schriftlicher Form vorzunehmen ist.[483] Rechtsfolge einer Verletzung des Auskunftsrechts ist die Anfechtbarkeit des Beschlusses, die jedoch dann beschränkt ist, wenn kein konkretes Informationsinteresse des Anteilseigners verletzt ist, weil er von seiner Möglichkeit zur Informationserlangung in der Hauptversammlung keinen Gebrauch gemacht hat. Hier dürfte der Anteilseigner sein Anfechtungsrecht verwirkt haben.[484]

c) Beschlussfassung

285 Die Anteilseigner haben in einer Versammlung über den Verschmelzungsvertrag Beschluss zu fassen.[485] Das UmwG verlangt dafür grundsätzlich eine **qualifizierte ³/₄-Mehrheit,** die nicht unterschritten werden kann, §§ 43, 50, 65, 78, 84, 103, 106, 112, 118 UmwG.[486] Jedoch lässt das UmwG größere Mehrheiten und weitere Erfordernisse zu, wenn dies durch Gesellschaftsvertrag oder Satzung bestimmt ist, vgl. §§ 50 I, 65 I, 84 UmwG. Die Satzung kann daher die erforderlichen Mehrheiten nur vergrößern; eine Ausnahme gilt bei der Personenhandelsgesellschaft, dort kann die grundsätzlich einstimmige Entscheidung nach § 43 II UmwG durch den Gesellschaftsvertrag auf eine ³/₄-Mehrheit der abgegebenen[487] Stimmen abgemindert werden. Sieht der Gesellschaftsvertrag für Satzungsänderungen eine höhere als die ³/₄-Mehrheit vor, ohne die Umwandlung ausdrücklich hierbei einzuschließen, ist davon auszugehen, dass diese mit der gesetzlich vorgesehenen Mehrheit beschlossen werden

---

[482] *Marsch-Barner* in Kallmeyer UmwG § 8 Rn. 35; *Mayer* in Widmann/Mayer § 8 Rn. 73; *Kraft* in Luther UmwG K Rn. 60; aA *Bayer* AG 1988 S. 323 (330); *Mertens* AG 1990 S. 20 (29).
[483] *Wagner* DStR 2010 S. 1629 (1632); *Neye* NZG 2011 S. 681 (683); für einen Bericht *Diekmann* in Semler/Stengel UmwG § 64 Rn. 12b ff.
[484] *Grunewald* in Lutter UmwG § 63 Rn. 14.
[485] Zur Frage der Notwendigkeit der sachlichen Rechtfertigung des Verschmelzungsbeschlusses → § 3 Rn. 10; *Drygala* in Lutter UmwG § 13 Rn. 38 ff.
[486] Der deutsche Gesetzgeber ist dabei in zulässiger Weise über die in der VerschmRL (78/855/EWG) vorgesehene ²/₃-Mehrheit (Art. 7 I) hinausgegangen.
[487] Durch das am 1.7.1998 in Kraft getretene Gesetz zur Änderung des Umwandlungsgesetzes, des Partnerschaftsgesetzes und anderer Gesetze ist § 43 II 2 UmwG um das Wort „abgegebenen" ergänzt worden, um einen in der Literatur geführten Streit über die genaue Bestimmung der erforderlichen Mehrheit zu klären; vgl. *Neye* DB 1998 S. 1649 (1652).

kann.[488] Weder beim übertragenden noch in der Regel beim übernehmenden Rechtsträger stellt die Verschmelzung eine Satzungsänderung dar.[489] Lediglich wenn durch die Verschmelzung die Satzung der Übernehmerin geändert wird, etwa durch Firmenänderung oder Sitzverlegung, müssen die Vorschriften über die Satzungsänderung eingehalten werden.[490] Im Falle des übertragenden Rechtsträgers müssen die Liquidationsvorschriften, die der Gesellschaftsvertrag oder die Satzung enthält, beachtet werden.[491] Anteile, die die Rechtsträger gegenseitig aneinander innehaben, können ausgeübt werden, ein Stimmrechtsausschluss existiert nicht.[492] Zu beachten ist, dass bei der Aktiengesellschaft nach Aktiengattungen gesonderter Beschluss zu fassen ist, § 65 II UmwG, wobei ein Sonderbeschluss der Inhaber stimmrechtsloser Vorzugsaktien nicht erforderlich ist.[493]

d) Weitere Zustimmungserfordernisse

Neben der 3/4-Mehrheit sieht das UmwG weitere Zustimmungserfordernisse vor. Grundsätzlich müssen diejenigen Anteilsinhaber zustimmen, deren **Sonderrechte** etwa bei der Geschäftsführung oder der Bestellung der Geschäftsführung berührt werden, vgl. die §§ 50 II, 13 II UmwG. Daneben müssen stets die Anteilsinhaber zustimmen, deren Haftungsrisiko sich durch die Verschmelzung vergrößert, § 51 UmwG. In diesem Zusammenhang wurde durch das 2. UmwÄndG im Wege der Neufassung des § 51 II 3 klargestellt, dass es bei der Verschmelzung zweier GmbH im Falle der nicht vollständigen Bewirkung aller auf die übertragende GmbH zu leistenden Einlagen der Zustimmung aller Gesellschafter der übernehmenden GmbH bedarf.[494]

Umstritten ist, ob eine Zustimmung der Anteilsinhaber des übertragenden Rechtsträgers erforderlich ist, wenn diesen durch den Gesellschaftsvertrag des übernehmenden Rechtsträgers höhere Pflichten als bisher, etwa ein **Wettbewerbsverbot** oder eine **Nachschusspflicht**, auferlegt werden. Anders als die vorherrschende Auffassung unter dem alten Recht, die bei durch Verschmelzung eingeführten statutarischen Nebenpflichten eine Zustimmungspflicht der betroffenen Gesellschafter annahm,[495] ging der Gesetzgeber bei Erlass des UmwG davon aus, dass dem Bestehen von Nebenleistungspflichten durch die Bestimmung des

---

[488] AA *Drygala* in Lutter UmwG § 13 Rn. 27; *Stratz* in Schmitt/Hörtnagl/Stratz UmwG § 65 Rn. 12.
[489] *Zimmermann* in Kallmeyer UmwG § 13 Rn. 20; aA *Heckschen* Verschmelzung S. 29; *Drygala* in Lutter UmwG § 13 Rn. 27, spricht insoweit von einer „faktischen Satzungsänderung".
[490] *Zimmermann* in Kallmeyer UmwG § 13 Rn. 20.
[491] Ein Ausschluss der Verschmelzung durch den Gesellschaftsvertrag dagegen wäre unwirksam, vgl. *Drygala* in Lutter UmwG § 13 Rn. 27.
[492] *Heckschen* Verschmelzung S. 29; *Godin/Wilhelmi* AktG § 340 Anm. 4.
[493] *Grunewald* in Lutter UmwG § 65 Rn. 8; teilw. aA *Kiem* ZIP 1997 S. 1627.
[494] Vgl. die Nachweise bei *Mayer* in Widmann/Mayer UmwG § 51 Rn. 24 f.
[495] *Semler/Grunewald* in Geßler/Hefermehl/Eckardt/Kropff AktG § 376 Rn. 21; in Lutter/Hommelhoff GmbHG, 13. Aufl. § 20 KapErhG Rn. 8.

§ 9 3. Teil. Verschmelzung

Umtauschverhältnisses und dessen gerichtlicher Nachprüfung hinreichend Rechnung getragen werde könne.[496] Die Verweisung des historischen Gesetzgebers auf die Nachbesserung des Umtauschverhältnisses im Spruchverfahren führt nicht zu einer praktikablen Lösung.[497] Dies würde bei einer beteiligungsproportionalen Nachschusspflicht in Höhe des angehobenen Umtauschverhältnisses zu einer weiteren Leistungsvermehrung führen und somit den Anteilsinhaber des übertragenden Rechtsträgers umso schwerer belasten.[498] Auch eignet sich der am Ertragswert ausgerichtete Ansatz zur Ermittlung des Wertes der an der Verschmelzung beteiligten Unternehmen bei der Bestimmung des Umtauschverhältnisses nicht, um den ausgleichspflichtigen „Wert" eines Wettbewerbsverbotes zu bestimmen.[499] Auch wenn man der Ansicht sein sollte, ein Wettbewerbsverbot im Rahmen des Umtauschverhältnisses wertmäßig bestimmen zu können, würde eine Veränderung der Umtauschverhältnisse zu unbilligen Verschiebungen zu Lasten anderer Gesellschafter führen.[500] Zur Lösung der vom historischen Gesetzgeber nicht hinreichend bedachten Problematik wird eine analoge Anwendung des § 29 UmwG bzw. die Anwendung der allgemeinen Rechtsgedanken der §§ 707 BGB, 53 III GmbHG vorgeschlagen.[501] Gegen eine entsprechende Anwendung des § 29 UmwG spricht nicht nur die bewusst enge Gesetzesformulierung dieser Vorschrift,[502] sondern auch, dass auf diesem Wege Minderheitsgesellschafter gezielt durch Mehrheitsgesellschafter mittels entsprechend nachteiliger Gestaltung der Satzung des übernehmenden Rechtsträger aus der Gesellschaft verdrängt werden können.[503] Für eine Ausdehnung des Zustimmungsrechts gemäß 13 II UmwG in den beschriebenen Fällen der Leistungsvermehrung unter Anwendung der allgemeinen Rechtsgedanken der §§ 707 BGB, 53 III GmbHG spricht hingegen, dass der Gesetzgeber für den Entzug von Sonderrechten und für haftungserweiternde Eingriffe eine Zustimmungspflicht vorgesehen hat. Sowohl eine erhöhte Nachschusspflicht als auch ein Wettbewerbsverbot steht diesen Fallgruppen der Leistungsvermehrung näher als den Nachteilen, die sich durch den Rechtsformwechsel oder die Anteilsvinkulierung nach § 29 UmwG ergeben.[504]

e) Vollversammlung

288 Soweit es nicht besondere Regelungen anordnet, beseitigt das UmwG nicht die Geltung des allgemeinen Gesellschaftsrechts. Dementsprechend gelten die Grundsätze zur Vollversammlung nach §§ 51 III GmbHG, 121

---

[496] Begr. RegE bei *Ganske* Umwandlungsrecht S. 49.
[497] *Mayer* in Widmann/Mayer UmwG § 50 Rn. 113.
[498] *Drygala* in Lutter UmwG § 13 Rn. 35 f.
[499] *M. Winter* in Kölner Umwandlungsrechtstage S. 47.
[500] *M. Winter* in Kölner Umwandlungsrechtstage S. 48.
[501] *H. Schmidt* in Kölner Umwandlungsrechtstage S. 84.
[502] *Grunewald* in Kölner Umwandlungsrechtstage S. 67.
[503] *Lutter/Drygala* in Lutter UmwG § 13 Rn. 37.
[504] *Lutter/Drygala* in Lutter UmwG § 13 Rn. 37.

VI AktG, dh, dass Mängel der Ladung bei Erscheinen oder Vertretung aller Gesellschafter geheilt werden bzw. nicht relevant sind, sofern diese der Beschlussfassung nicht widersprechen.[505] Entsprechendes gilt für Mängel hinsichtlich der Tagesordnung. Unter Beachtung dieser Grundsätze ist es demnach durchaus möglich, in kurzer Zeit eine Verschmelzung durchzuführen, wenn die Gesellschafter insoweit einig sind; es kann dann auf die meisten Formalitäten verzichtet werden.

f) Anfechtungsverzicht

Da die Eintragung der Verschmelzung gemäß § 16 II 1 UmwG grundsätzlich erst nach Ablauf der Anfechtungsfrist für Klagen (§ 14 I UmwG) der Gesellschafter gegen den Umwandlungsbeschluss erfolgt, wird in der Gesellschafterversammlung üblicherweise ein Anfechtungsverzicht der klagebefugten Gesellschafter mitbeurkundet, der das Verstreichen der **Anfechtungsfrist** gemäß § 16 II 2 ersetzt. Dies ist dann nicht erforderlich, wenn sämtliche Gesellschafter dem Verschmelzungsbeschluss zugestimmt haben.[506] Eine entsprechende Verzichtserklärung muss zwar alle Klagetypen erfassen, mit denen die Nichtigkeit, Unwirksamkeit oder Anfechtbarkeit des Beschlusses geltend gemacht werden kann; ein pauschaler Verzicht „auf die Anfechtung des Beschlusses" ist in diesem Sinne jedoch ausreichend.[507] Eine so zu einem früheren Zeitpunkt mögliche Anmeldung der Verschmelzung[508] wird in der Praxis jedoch zu keiner nennenswerten Verfahrensbeschleunigung führen, da die Register im Zweifel geneigt sind, das Ende der Frist abzuwarten.

289

g) Form

Das UmwG schreibt sowohl für den **Verschmelzungsbeschluss** wie auch für die einzelnen ggf. erforderlichen Zustimmungen die notarielle Beurkundung in § 13 III zwingend vor. Aufgrund der zunehmend restriktiven Haltung gewisser Registergerichte bezüglich der **Auslandsbeurkundung** von Verschmelzungsverträgen[509] stellt sich die Frage, ob die Beurkundung des Verschmelzungsbeschlusses durch einen ausländischen Notar zulässig ist. Im Ergebnis ist dies aufgrund der damit verbundenen Rechtsunsicherheit nicht zweckmäßig. Die gegen eine Auslandsbeurkundung von Verschmelzungsverträgen vorgebrachten Gründe stellen in erster Linie auf die erhöhte Notwendigkeit der Belehrung sowie der Rechtmäßigkeitskontrolle durch einen inländischen Notar bei Vorgängen, die in den Kernbereich einer Gesellschaft einwirken, ab.[510] Dies lässt sich auf die Beurkundung eines Verschmelzungsbeschlusses in dieser

290

---

[505] *Zöllner* in Baumbach/Hueck GmbHG § 51 Rn. 29 ff.; *Koch* in Hüffer AktG § 212 Rn. 19 ff., § 241 Rn. 12, jeweils mwN.
[506] *Bork* in Lutter UmwG § 16 Rn. 23.
[507] *Fronhöfer* in Widmann/Mayer UmwG § 16 Rn. 87.
[508] *Fronhöfer* in Widmann/Mayer UmwG § 16 Rn. 32.
[509] → Rn. 167.
[510] *Goette* in Festschrift Boujong S. 131.

Form nicht übertragen. Ungeachtet dessen setzt die Auslandsbeurkundung des Verschmelzungsbeschlusses voraus, dass die Versammlung der Anteilseigner, die den zu beurkundenden Beschluss fasst, ebenfalls im Ausland stattfinden darf. Dies ist insbesondere bei der AG umstritten.[511] Aufgrund der Anfechtungsgefahr von im Ausland gefassten Versammlungsbeschlüssen sowie der Kosten der Abhaltung einer Vollversammlung im Ausland und angesichts der mittlerweile erfolgten – allerdings wiederum relativierten – Kostenbegrenzung (§ 107 GNotKG) für eine Beurkundung im Bundesgebiet erscheint eine Auslandsbeurkundung des Verschmelzungsbeschlusses weniger zweckmäßig. Gemäß § 13 III UmwG ist der Verschmelzungsvertrag dem Protokoll der Anteilsinhaberversammlung als Anlage beizufügen.

5. Kapitalerhöhung

a) Zweck und Anwendungsbereich der verschmelzungsbedingten Kapitalerhöhung

291 Im Rahmen einer Verschmelzung auf einen bestehenden Rechtsträger muss die Beteiligung der Anteilsinhaber des übertragenden an dem übernehmenden Rechtsträger sichergestellt werden. Handelt es sich bei dem übernehmenden Rechtsträger um eine Kapitalgesellschaft, so geschieht dies durch die Gewährung von Anteilen. Weil im Regelfall vor der Verschmelzung keine ausreichende Anzahl **auskehrbarer Anteile** an der übernehmenden Gesellschaft zur Verfügung steht, müssen diese erst mittels einer Kapitalerhöhung geschaffen werden.

292 Für die GmbH regeln die §§ 53–55 UmwG die verschmelzungsbedingte Kapitalerhöhung, für die AG die §§ 66–69 UmwG. Die Möglichkeit und Notwendigkeit einer solchen, durch die Verschmelzung veranlassten Kapitalerhöhung besteht unabhängig von der Rechtsform des übertragenden Rechtsträgers.

b) Verfahren

293 Die verschmelzungsbedingte Kapitalerhöhung findet in einem **vereinfachten Verfahren** statt. Das UmwG regelt dieses Verfahren nicht selbst, vielmehr verweist es auf die Verfahren des GmbHG und des AktG und nimmt im Hinblick auf eine Verfahrensvereinfachung einzelne Normen von der Verweisung aus. Der strukturelle Unterschied liegt hierbei in der Möglichkeit der Bezugnahme auf den Verschmelzungsvertrag, durch den Rahmen und Ziel der Kapitalerhöhung vorgegeben ist. Die Wirksamkeit der Kapitalerhöhung ist von der Verschmelzung abhängig.[512] Im Verschmelzungsvertrag sind die Empfänger der neu geschaffenen Anteile bereits festgelegt. Deshalb entfällt eine Übernah-

---

[511] Vgl. dazu *Koch* in Hüffer AktG § 121 Rn. 14 ff. mwN; eingehend *Schiessl* DB 1992 S. 823 ff. und *Biehler* NJW 2000 S. 1243 f.

[512] *Stratz* in Schmitt/Hörtnagl/Stratz UmwG § 55 Rn. 28; *Mayer* in Widmann/Mayer UmwG § 55 Rn. 108 ff.; *Kocher* in Kallmeyer UmwG § 55 Rn. 2; *Winter/Vetter* in Lutter UmwG § 55 Rn. 8 ff.

§ 9. Umwandlungsrechtliche Regelungen § 9

meerklärung nach § 55 I GmbHG bzw. die Zeichnung nach § 185 I AktG sowie die daran anknüpfenden Schritte. Erforderlich sind zur Anmeldung der Kapitalerhöhung hingegen beglaubigte Abschriften des Verschmelzungsvertrages sowie der Zustimmungsbeschlüsse der beteiligten Rechtsträger. Der Verschmelzungsvertrag legt ebenfalls die Gegenleistung der Anteilseigner, nämlich das Vermögen des übertragenden Rechtsträgers, fest.

Bei der GmbH ergibt sich als erster Schritt der Kapitalerhöhung der satzungsändernde Kapitalerhöhungsbeschluss nach § 53 GmbHG, der mit einer Mehrheit von $^{3}/_{4}$ der Altgesellschafter der übernehmenden Gesellschaft getroffen wird. Er kann vor, aber auch nach dem Zustimmungsbeschluss zum Verschmelzungsvertrag gefasst werden; er muss jedoch spätestens vor der Anmeldung der Verschmelzung zum Handelsregister erfolgen.[513] In der Praxis wird er gewöhnlich in derselben Gesellschafterversammlung wie der Zustimmungsbeschluss zum Verschmelzungsvertrag gefasst. Dem Kapitalerhöhungsbeschluss folgt die Anmeldung der Kapitalerhöhung zum Handelsregister nach § 57 GmbHG und die Eintragung. Diese muss nach § 53 UmwG vor der Eintragung der Verschmelzung erfolgen. 294

Die Kapitalerhöhung in der AG ist insbesondere insoweit vereinfacht, als § 182 IV AktG nicht anwendbar ist. Eine Kapitalerhöhung ist deshalb auch dann möglich, wenn noch ausstehende Einlagen erlangt werden könnten. Ferner entfällt das Bezugsrecht der Altaktionäre (§ 186 AktG) gemäß § 69 I 1 UmwG, ohne dass es einer besonderen Begründung für den Ausschluss des Bezugsrechts bedürfte. Im Übrigen erfolgt die Kapitalerhöhung nach den allgemeinen Normen des Aktienrechts §§ 182 ff. AktG. Obgleich die Verschmelzung eine Kapitalerhöhung gegen Sacheinlagen darstellt, verweist § 69 I 1 Halbs. 2 UmwG nur in eingeschränkter Weise auf die Pflicht zu einer **Prüfung der Sacheinlagen** gemäß § 183 III AktG.[514] Diese ist demzufolge nur in vier Fällen erforderlich: a) der übertragende Rechtsträger ist eine Personenhandelsgesellschaft, eine Partnerschaftsgesellschaft oder ein rechtsfähiger Verein, b) Vermögensgegenstände des übertragenden Rechtsträgers werden in der Schlussbilanz höher als in der letzten Jahresbilanz bewertet, c) die in der Schlussbilanz angesetzten Werte werden nicht als Anschaffungskosten in den Jahresbilanzen der übernehmenden Gesellschaft angesetzt oder d) das Gericht hat Zweifel, ob der Wert der Sacheinlagen den Nennbetrag der dafür zu gewährenden Aktien erreicht. Diese Verfahrenserleichterungen sind vor dem Hintergrund der Anknüpfung an die Schlussbilanz des übertragenden Rechtsträgers gemäß § 17 II UmwG zu sehen. Da nach § 17 II 4 zwischen dem Stichtag der Schlussbilanz und der Anmeldung zum Handelsregister bis zu acht Monate liegen können, sind entsprechend erhebliche Wertverschiebungen möglich. Es ist daher zu Recht kritisiert worden, dass die Schlussbilanz nicht den Wert des übertragenden Unternehmens zu dem für die Kapitalerhöhung maßgeblichen Zeitpunkt 295

---

[513] *Mayer* in Widmann/Mayer UmwG § 55 Rn. 40.
[514] *Grunewald* in Lutter UmwG § 69 Rn. 8 ff.

§ 9 3. Teil. Verschmelzung

wiedergibt.⁵¹⁵ Die Kapitalerhöhung wurde durch das Dritte Umwandlungsänderungsgesetz noch dadurch erleichtert, dass der Verschmelzungsprüfer zum Prüfer der Kapitalerhöhung bestellt werden kann, § 69 I 4 UmwG, wie auch beim Gründungsprüfer bei Verschmelzung durch Neugründung, § 75 I 2 UmwG.

296 Die übernehmende Aktiengesellschaft kann zur Durchführung der Verschmelzung die erforderlichen Aktien durch eine Kapitalerhöhung sowohl im Rahmen des **genehmigten Kapitals** als auch des **bedingten Kapitals** bereitstellen.⁵¹⁶ Hinsichtlich des genehmigten Kapitals setzt dies allerdings voraus, dass die Satzung eine Ermächtigung enthält, die auch die Ausgabe von Aktien gegen Sacheinlagen deckt. Eine Kapitalerhöhung aus bedingtem Kapital kann sich anbieten, wenn der genaue Umfang der für die Durchführung der Verschmelzung erforderlichen Kapitalerhöhung noch nicht feststeht, ein Kapitalerhöhungsbeschluss aber bereits in einem frühen Stadium erfolgen soll.⁵¹⁷ Der Nachteil ist jedoch ein frühes Bekanntwerden der Verschmelzung.⁵¹⁸

c) Berechnung des Erhöhungsbetrages

297 Die verschmelzungsbedingte Kapitalerhöhung dient lediglich der Bereitstellung von Anteilen zur Übertragung an die Anteilsinhaber des übertragenden Rechtsträgers. Durch die neuen Anteile sollen sie an der übernehmenden Gesellschaft in dem Verhältnis beteiligt werden, der dem Wert der Rechtsträger zueinander entspricht. Deshalb ist der Umfang der Kapitalerhöhung grundsätzlich durch das **Verhältnis der tatsächlichen Unternehmenswerte** vorgegeben. Das Vermögen des übertragenden Rechtsträgers wird als Sacheinlage in die übernehmende Gesellschaft eingebracht.

298 Hieraus ergeben sich wichtige Konsequenzen. Die wohl überwiegende Meinung hält die Vorschriften der **Differenzhaftung** aus § 55 iVm § 56 II GmbHG und § 9 GmbHG auf die Verschmelzung einer GmbH anwendbar.⁵¹⁹ Diese trifft die Anteilsinhaber des übertragenden Rechtsträgers, die die neu geschaffenen Anteile übernehmen, obwohl diese formell betrachtet keine weitere Rechtshandlung vornehmen. Bei der AG war diese Frage umstritten, jedoch lässt sich die Differenzhaftung bei der Verschmelzung von Aktiengesellschaften im Wege der Aufnahme

---

⁵¹⁵ *Marsch-Barner* in Kallmeyer UmwG § 69 Rn. 6; *Grunewald* in Lutter UmwG § 69 Rn. 8.
⁵¹⁶ *Grunewald* in Lutter UmwG § 69 Rn. 24 f.; siehe auch *Stratz* in Schmitt/Hörtnagl/Stratz UmwG § 69 Rn. 19, 27.
⁵¹⁷ *Hoffmann-Becking* in Heidenhain/Meister Münchener Vertragshandbuch Band 1 X. 1 Anm. 13.
⁵¹⁸ *Grunewald* in Lutter UmwG § 69 Rn. 25.
⁵¹⁹ *Mayer* in Widmann/Mayer UmwG § 55 Rn. 80; *Winter/Vetter* in Lutter UmwG § 55 Rn. 35; *Reichert* in Semler/Stengel UmwG § 55 Rn. 11; *Diekmann* in Semler/Stengel UmwG § 69 Rn. 33; *Stratz* in Schmitt/Hörtnagl/Stratz UmwG § 55 Rn. 5 f.; *Bermel* in Goutier/Knopf/Tulloch UmwG § 69 Rn. 31.

seit Stellungnahme des BGH in seinem Urteil vom 12.3.2007[520] nicht mehr vertreten.[521] Der BGH begründet seine Auffassung vor allem damit, dass die Differenzhaftung des Erbringers einer Sacheinlage im Aktienrecht hier nicht anwendbar sei, da das Umwandlungsgesetz ausdrücklich nicht auf § 188 II AktG iVm § 36a II 3 AktG verweise. Die Aktien würden außerdem ohne Zutun des Aktionärs per Gesetz erworben. Im Übrigen würden die Aktionäre, hätten sie einmal ihre Einlage geleistet, von ihrer Einlagenpflicht frei. Ferner ergibt sich aus der Vorgabe, dass die Beteiligung der Gesellschafter an der übernehmenden Gesellschaft dem Verhältnis der Unternehmenswerte entsprechen muss, grundsätzlich die Unzulässigkeit der Verschmelzung eines überschuldeten Rechtsträgers auf eine andere Gesellschaft, sofern hierfür eine Kapitalerhöhung erforderlich ist.[522] In diesem Fall würde bereits die Neuausgabe eines Anteils in der vorgeschriebenen Mindestgröße 1 Euro bei der GmbH nach § 55 IV GmbHG bzw. 1 Euro § 8 II AktG zu einer nach §§ 9c, 57a GmbHG bzw. § 9 I AktG verbotenen Unter-pari-Emission führen.

Als Ausweichmöglichkeiten blieben insoweit ursprünglich nur die vorhergehende Sanierung des übertragenden Rechtsträgers oder die Verschmelzung der gesunden Gesellschaft auf den überschuldeten Rechtsträger, die als zulässig erachtet wird,[523] obwohl hier die Anteilseigner der übernehmenden überschuldeten Gesellschaft gegenüber denen der übertragenden bevorteilt werden. Das Zweite Umwandlungsänderungsgesetz eröffnete noch eine weitere Möglichkeit der Umgehung dieses Grundsatzes: Ein Verzicht der Anteilsinhaber des übertragenden Rechtsträgers auf die Gewährung von Anteilen an der übernehmenden Gesellschaft lässt die Notwendigkeit einer Kapitalerhöhung entfallen, so dass eine entsprechende Verschmelzung auch keiner Registerkontrolle mehr unterliegt.

Aufgrund der Mindeststückelung der Anteile lässt sich allein durch die Ausgabe neuer Anteile nicht der genaue, an die Anteilsinhaber der übertragenden Gesellschaft zu leistende Betrag zusammenstellen. Deshalb geben §§ 54 IV bzw. 68 III UmwG die Möglichkeit **barer Zuzahlungen**. Diese Möglichkeit ist jedoch auf 10% der von der übernehmenden Gesellschaft gewährten Anteile begrenzt.[524] Diese direkt aus dem Vermögen der übernehmenden Gesellschaft abfließenden Zuzahlungen dürfen nicht dazu führen, dass die Gewährung der neuen Anteile eine Unter-pari-Emission darstellt.

299

300

---

[520] BGH Urteil vom 12.3.2007 – II ZR 302/05 DB 2007 S. 1241 ff.
[521] *Grunewald* in Lutter UmwG § 69 Rn. 28; *Stratz* in Schmitt/Hörtnagl/Stratz UmwG § 69 Rn. 29; *Diekmann* in Semler/Stengel UmwG § 69 Rn. 33.
[522] *Stratz* in Schmitt/Hörtnagl/Stratz UmwG § 55 Rn. 29.
[523] *Limmer* in Neye/Limmer/Frenz/Harnacke Handbuch der Unternehmensumwandlung Rn. 242; *Mayer* in Widmann/Mayer UmwG § 55 Rn. 83.10.
[524] Durch die Änderung der Mindeststückelung von GmbH-Anteilen durch das MoMiG auf nun 1 Euro ist dieses Problem allerdings etwas entschärft worden.

d) Kapitalerhöhungsverbote

301 Die vom Regelungsinhalt identischen Normen §§ 54 und 68 UmwG schließen die Möglichkeit der Kapitalerhöhung insoweit aus, als die Übertragung des Vermögens auf die übernehmende Gesellschaft zu keiner realen Einlage bei dieser führt. Dies ist der Fall, wenn die übernehmende Gesellschaft Anteile der übertragenden hält, §§ 54 bzw. 68 I 1 Nr. 1 UmwG, der übertragende Rechtsträger eigene Anteile hält, §§ 54 bzw. 68 I 1 Nr. 2 UmwG oder der Übertragende Geschäftsanteile der übernehmenden Gesellschaft innehat, auf welche die Einlagen noch nicht voll bewirkt sind, §§ 54 bzw. 68 I 1 Nr. 3 UmwG.

302 Probleme mit den Kapitalerhöhungsvorschriften können sich bei einem **Kapitalerhöhungsbeschluss** mit **festem Betrag** ergeben, wenn nach Zustimmung zum Verschmelzungsvertrag aber vor Wirksamwerden der Kapitalerhöhung der übernehmende Rechtsträger Anteile an dem übertragenden Rechtsträger hinzu erwirbt (Fall der §§ 54 bzw. 68 I 1 Nr. 1 UmwG) oder der übertragende Rechtsträger, beispielsweise im Rahmen von laufenden Rückkaufprogrammen, eigene Anteile erwirbt (Fall der §§ 54 bzw. 68 I 1 Nr. 2 UmwG).[525] In beiden Konstellationen würde in Höhe der zwischenzeitlichen Anteilserwerbe ein Kapitalerhöhungsverbot eintreten. Um dieses Problem zu vermeiden, gleichwohl aber die Flexibilität der Erwerbsmöglichkeit zu wahren, bietet sich ein Kapitalerhöhungsbeschluss mit genehmigtem oder bedingtem Kapital an.[526]

e) Fakultative Kapitalerhöhungen

303 Nicht erforderlich ist eine Kapitalerhöhung, soweit die übernehmende Gesellschaft eigene Anteile innehat, § 54 bzw. 68 I 2 Nr. 1 UmwG, oder der übertragende Rechtsträger voll eingezahlte Anteile der übernehmenden Gesellschaft hält, § 54 bzw. 68 I 2 Nr. 2 UmwG. Diese können dann an die Anteilsinhaber des übertragenden Rechtsträgers abgegeben werden. Gleiches gilt, wenn Dritte veranlasst werden können, ihre Anteile an der übernehmenden Gesellschaft an die Anteilsinhaber des übertragenden Rechtsträgers abzutreten. Im Falle des Verzicht der Anteilsinhaber des übertragenden Rechtsträgers auf die Gewährung von Anteilen an der übernehmenden Gesellschaft als Gegenleistung ist eine Kapitalerhöhung ebenfalls nicht erforderlich.

f) Verfahrensmängel und Heilungsmöglichkeiten

304 Während die anlässlich einer Verschmelzung erfolgte, ebenso wie die gewöhnliche Kapitalerhöhung an Verfahrensmängeln leiden kann, die die Nichtigkeit, Anfechtbarkeit oder Unwirksamkeit der Kapitalerhöhung zur Folge haben, so beurteilt sich die Angreifbarkeit der Kapitalerhöhung nach erfolgter Eintragung der Verschmelzung nach § 20 UmwG. Analog

---
[525] *Bungert/Hentzen* DB 1999 S. 2501 ff.
[526] *Kiem* Muster Rn. 106, 136, 185 ff.; vgl. § 192 II Nr. 2 AktG, dazu *Veil* in Schmidt/Lutter AktG, § 192 Rn. 15 ff.

§ 9. Umwandlungsrechtliche Regelungen § 9

§ 20 II UmwG heilt die Eintragung der Verschmelzung grundsätzlich sämtliche Mängel der Kapitalerhöhung,[527] da eine „Entschmelzung" ebenso wenig in Betracht kommt, wie die Entziehung der den Anteilsinhabern des übertragenden Rechtsträgers gewährten Anteile. Die Eintragung steht jedoch nicht einer Nichtigkeitsklage entgegen. Trotz der Heilungswirkung der Eintragung kann die Nichtigkeitsklage von Interesse sein, um in etwa Schadensersatzansprüche geltend zu machen.[528] Bei einem Verstoß gegen das Verbot der Unter-pari-Emission oder gegen § 33 I GmbHG ist die Kapitalerhöhung jedoch unheilbar nichtig.[529]

6. Registereintragung

a) Registeranmeldung

aa) Zuständige Organe

Die Verschmelzung muss zu ihrer Wirksamkeit in die Register der Sitze **aller beteiligten Rechtsträger** eingetragen werden. Dabei haben die Vertretungsorgane der beteiligten Rechtsträger die Verschmelzung jeweils am Sitz ihres Rechtsträgers zum Register anzumelden. Darüber hinaus ist das Vertretungsorgan des übernehmenden Rechtsträgers auch berechtigt, die Verschmelzung am Ort des übertragenden Rechtsträgers zum Register anzumelden, § 16 I 2 UmwG. 305

bb) Zuständige Gerichte

Zuständig sind jeweils die Registergerichte am Sitz der an der Verschmelzung beteiligten Rechtsträger. 306

cc) Notwendige Erklärungen

Bei der Anmeldung zum Register haben die jeweiligen Vertretungsorgane diverse Erklärungen und Negativerklärungen abzugeben. Hervorzuheben ist die Verpflichtung der Organe nach § 16 II UmwG zu erklären, dass eine Anfechtungsklage gegen den Verschmelzungsbeschluss nicht anhängig gemacht worden ist.[530] Die Negativerklärung kann von den Vertretungsorganen wirksam erst nach Ablauf der für Klagen bestimmten Monatsfrist abgegeben werden.[531] Ist eine Anfechtungsklage erhoben worden, führt dies zu einer Registersperre, die nur im Rahmen des Unbedenklichkeitsverfahrens nach § 16 III UmwG überwunden werden kann.[532] Daneben sehen die Vorschriften des besonderen Teils weitere Erklärungen vor, etwa § 52 I UmwG eine Erklärung, dass in den 307

---

[527] BGH vom 21.5.2007, AG 2007 S. 625; *Winter/Vetter* in Lutter UmwG § 55 Rn. 82.
[528] OLG München vom 14.4.2010, ZIP 2010, 927; Anm. in NJW-Spezial 2010 S. 337.
[529] *Stratz* in Schmitt/Hörtnagl/Stratz UmwG § 55 Rn. 30.
[530] Zum Ersatz dieser Erklärung durch das Prozeßgericht → § 3 Rn. 23.
[531] OLG Hamm vom 25.4.2014 NZG 2014 S. 1430 ff.
[532] → § 3 Rn. 21 ff.

Fällen, in denen der Verschmelzungsbeschluss bei der GmbH der Zustimmung aller Gesellschafter nach § 51 UmwG bedarf, diese Zustimmungen auch tatsächlich abgegeben wurden.

dd) Beizufügende Unterlagen

308 Gemäß § 17 UmwG ist der Anmeldung zum Register ein umfangreiches Anlagenkonvolut beizufügen. Grundsätzlich mit der Anmeldung vorzulegen sind in Ausfertigung oder öffentlich beglaubigter Abschrift oder, soweit sie nicht notariell zu beurkunden sind, in Urschrift oder Abschrift:
 – der Verschmelzungsvertrag
 – die Niederschriften der Verschmelzungsbeschlüsse
 – soweit kein Beschluss erforderlich ist, die Nachweise der entsprechenden Bekanntmachungen nach § 62 III bzw. IV UmwG
 – die ggf. notwendigen weiteren Zustimmungserklärungen einzelner Anteilsinhaber einschließlich der Zustimmungserklärungen nicht erschienener Anteilsinhaber in notariell beurkundeter Form
 – der Verschmelzungsbericht
 – der Prüfungsbericht bzw. die entsprechenden Verzichtserklärungen
 – ein Nachweis über die rechtzeitige Zuleitung des Verschmelzungsvertrages an die zuständigen Betriebsräte bzw., soweit ein solcher nicht besteht, eine Negativerklärung der Vertretungsorgane
 – eine ggf. erforderliche staatliche Genehmigungsurkunde (zB nach GWB oder GewO)
 – die Schlussbilanz des jeweiligen Rechtsträgers, beim übertragenden Rechtsträger höchstens acht Monate alt; die Vorlage der Gewinn- und Verlustrechnung verlangt das Gesetz nicht.[533]

309 Der besondere Teil des Verschmelzungsrechts erweitert den Umfang der beizulegenden Unterlagen nochmals bezüglich einzelner rechtsformspezifischer Unterlagen. So ist bei der Verschmelzung, an der eine Aktiengesellschaft als übernehmender Rechtsträger beteiligt ist, noch eine Erklärung des zu bestellenden Treuhänders beizufügen, dass die auszugebenden Aktien und baren Zuzahlungen dort eingegangen sind, § 71 UmwG.

310 Die beizufügenden Unterlagen sind im Überblick Tabelle § 9–4 zu entnehmen.

	PersHG	GmbH	AG/KGaA	Gen	Verein	VVaG	nat. P.
Verschmelzungsvertrag	x	x	x	x	x	x	x
Niederschriften der Verschmelzungsbeschlüsse	x	x	x	x	x	x	x
Weitere Zustimmungserklärungen	x	x	x	x	x	x	x
Verschmelzungsbericht	x 1	x 1	x 1	x 1	x 1	x 1	x
Verschmelzungsprüfungsbericht	x 1	x 1	x 1	x 2	x 1	x 1	x 1
Nachweis Vertragszuleitung an Betriebsrat	(x)	(x)	x	(x)	(x)	(x)	(x)
Etwaige staatliche Genehmigung	x	x	x	x	x	x	x

---

[533] *Decher* in Lutter UmwG § 17 Rn. 4.

§ 9. Umwandlungsrechtliche Regelungen § 9

	PersH-G	GmbH	AG/KGaA	Gen	Verein	VVaG	nat. P.
Schlussbilanz	x	x	x	x 3	x		x
Anfechtungsverzicht	(x)	(x)	(x)	(x)	(x)	(x)	(x)
Verzicht auf Anteilsgewährung		(x)	(x)				
Treuhändererklärung			x				
Berichtigte Gesellschafterliste		x					
Nachweis über Bekanntmachung der Verschmelzung			x 4				
Prüfungsgutachten				x			

Tab. § 9–4: Beizufügende Unterlagen bei einer Verschmelzung

1 oder entsprechende Verzichtserklärungen
2 nach § 86 UmwG das Prüfungsgutachten
3 ggf. nach § 104 II UmwG beim übernehmenden Rechtsträger
4 im Falle des § 62 UmwG
(x) fakultativ, soweit vorhanden

ee) Materielle Inhaltskontrolle des Registergerichtes

Neben zu befürchtenden Anfechtungsklagen der Anteilseigner kann die Verweigerung der Registereintragung durch das Registergericht aufgrund rechtlicher Bedenken gegen die Verschmelzung die Fusion erschweren. 311

Der Gesetzgeber hat dem Registerrichter im Zusammenhang mit der Verschmelzung weitreichende Aufgaben zugewiesen. Zunächst obliegt ihm die **Vollständigkeitskontrolle** bezüglich der der Handelsregisteranmeldung beizufügenden Unterlagen, wie sie sich aus dem vorangegangenen Abschnitt ergeben. Daneben ordnet das UmwG an einigen Stellen ausdrücklich ein Eintragungsverbot an, etwa in § 17 II UmwG hinsichtlich der Schlussbilanz oder in den §§ 53, 66 UmwG hinsichtlich zuvor einzutragender Kapitalerhöhung. 312

Das Registergericht treffen aber auch Pflichten der **materiellrechtlichen Überprüfung**,[534] etwa im Bereich der kartellrechtlichen Würdigung der Verschmelzung. Das kartellrechtliche Vollzugsverbot untersagt den Unternehmen die Herbeiführung der Registereintragung im Falle der Einschlägigkeit der präventiven Fusionskontrolle.[535] Soweit das Registergericht im Gegensatz zu den Unternehmen eine präventive Anmeldepflicht nach deutschem oder europäischem Kartellrecht annimmt und die Eintragung verweigert, stehen insoweit die Rechtsmittel des FamFG zur Verfügung. 313

Dem Registergericht steht ein formelles und – im Rahmen des § 398 FamFG – auch ein materielles Prüfungsrecht bezüglich der gesetzlichen Voraussetzungen für die Verschmelzung zu.[536] Dieses bezieht sich in formeller Hinsicht insbesondere auf die formellen Voraussetzungen für 314

---

[534] Zum Prüfungsumfang des Registergerichts OLG Naumburg EWiR 1997 S. 807 mit Anmerkung *Bayer*.
[535] → § 7 Rn. 42 ff.
[536] *Schwanna* in Semler/Stengel UmwG § 19 Rn. 3 ff.; *Zimmermann* in Kallmeyer UmwG § 19 Rn. 5 f.

die Eintragung (örtliche und sachliche Zuständigkeit Gericht, Vollständigkeit der beizufügenden Unterlagen, Rechtzeitigkeit der Anmeldung im Vergleich der 8-Monatsfrist für die Schlussbilanz). Die materielle Prüfung umfasst vor allem die Wirksamkeit des Verschmelzungsvertrags (Form, Vertretungsbefugnis, gesetzlicher Mindestinhalt, Wirksamkeit der Beschlüsse, Vorliegen eventueller Zustimmungserfordernisse, ...).

315 Die wirtschaftlichen Grundlagen der Verschmelzung wie die Berechnung des Umtauschverhältnisses oder die wirtschaftliche Sinnhaftigkeit der Verschmelzung unterliegen hingegen selbstverständlich nicht der Registerkontrolle. Soweit den Registergerichten ein Prüfungsrecht zukommt, wird diesen in der Regel auch ein Recht zur Anforderung weiterer Unterlagen, die nach pflichtgemäßem Ermessen für die Prüfung sachdienlich sind, zustehen.[537]

b) Eintragung in das Register

316 Die Eintragung der Verschmelzung in die jeweiligen Register der Rechtsträger ist ein komplexer Vorgang, der dringend der Überwachung durch den rechtlichen Berater oder Notar bedarf. Zusätzliche Komplikationen bestehen beim mit dem Dritten Umwandlungsänderungsgesetz eingeführten verschmelzungsrechtlichen Squeeze-out-Verfahren.[538]

317 Soweit beim übernehmenden Rechtsträger zur Aufnahme eine Kapitalerhöhung beschlossen wurde, muss zunächst diese in das Register des übernehmenden Rechtsträgers eingetragen werden, §§ 53, 66 UmwG. Den Anmeldungen des neuen Stamm- bzw. Grundkapitals sind neben den in § 57 III Nrn. 2, 3 GmbHG, § 188 III Nrn. 2, 3 AktG genannten Unterlagen der Verschmelzungsvertrag sowie die Verschmelzungsbeschlüsse aller an der Verschmelzung beteiligten Rechtsträger beizulegen.

318 Sodann ist die Eintragung beim Register des Sitzes des übertragenden Rechtsträgers zu beantragen. Dort wird die Verschmelzung mit dem Vermerk eingetragen, dass sie erst wirksam wird, sobald sie in das Register des übernehmenden Rechtsträgers eingetragen ist, § 19 I UmwG, es sei denn, die Eintragungen in den Registern aller beteiligten Rechtsträger erfolgen am selben Tag. Mit dieser Ergänzung des § 19 I hat der Gesetzgeber im Zweiten Umwandlungsänderungsgesetz die Anregung aus der Praxis angenommen, durch Absprachen zwischen den Registergerichten eine gleichzeitige Eintragung zu ermöglichen.[539]

319 Nach Eintragung der Verschmelzung in das Register des übernehmenden Rechtsträgers übersendet dieses Register eine Kontrollmitteilung an das Register des übertragenden Rechtsträgers; dort ist das Datum der Eintragung beim übernehmenden Rechtsträger von Amts wegen zu vermerken. Anschließend werden sämtliche beim Register des übertragenden Rechtsträgers vorliegenden Urkunden an das Register des übernehmenden Rechtsträgers übersandt.

---

[537] OLG Düsseldorf GmbHR 1996 S. 369; *DNotI* Gutachten S. 134 (140).
[538] → Rn. 344 ff.; sehr ausführlich *Mayer* NZG 2012 S. 561 (567, 571 ff.).
[539] *Mayer/Weiler* DB 2007 S. 1235.

§ 9. Umwandlungsrechtliche Regelungen § 9

Sodann hat jedes Registergericht nach § 19 III UmwG die Verschmel- 320
zung nach § 10 HGB, dh im Wege der Bekanntmachung im elektronischen Handelsregister bekanntzumachen. Mit Einstellen auf der Internetseite (www. handelsregisterbekanntmachungen.de) gilt die Verschmelzung als bekanntgemacht; dadurch werden wichtige Fristen in Lauf gesetzt.

c) Rechtswirkungen der Eintragung

aa) Vollzug der Verschmelzung

Mit der Eintragung der Verschmelzung in das Register des überneh- 321
menden Rechtsträgers treten die Wirkungen der Verschmelzung ein. Das Vermögen der übertragenden Rechtsträger geht im Wege der **Gesamtrechtsnachfolge** auf den übernehmenden Rechtsträger über. Gleichzeitig werden die ehemaligen Anteilseigner der übertragenden Rechtsträger Anteilseigner am übernehmenden Rechtsträger. Der übertragende Rechtsträger erlischt ohne gesonderte Liquidation.

Rechte Dritter an den Anteilen setzen sich im Wege der **dinglichen** 322
Surrogation an den neuen Anteilen fort, § 20 I Nr. 3 Satz 2 UmwG, und müssen somit nicht neu begründet werden. Dies gilt auch für den Nießbrauch und das Pfandrecht, §§ 1075, 1287 BGB. Werden keine neuen Anteile ausgegeben, weil zB der Übernehmende bereits am übertragenden Rechtsträger beteiligt ist, so fallen die Rechte Dritter weg; der Dritte hat dann eventuell Schadensersatzansprüche.[540] Bei schuldrechtlichen Vereinbarungen in Bezug auf die Anteile an dem übertragenden Rechtsträger (zB Vorkaufsrecht, Treubesitz, Unterbeteiligung, Verpfändungsversprechen) muss durch ergänzende Vertragsauslegung ermittelt werden, ob die jeweilige Vereinbarung auch für die neuen Anteile gilt, was in der Regel nicht der Fall sein wird.[541]

Die Gesamtrechtsnachfolge erfasst auch im **Ausland belegenes Ver-** 323
mögen.[542] Dies wird innerhalb der EU aufgrund des durch die VerschmRL[543] harmonisierten Rechts in der Praxis zu keinen Schwierigkeiten führen. Anders mag es sich im außereuropäischen Ausland darstellen. Hier empfiehlt sich bei Anmeldung der Verschmelzung eine auf ihre Eintragung aufschiebend bedingte Einzelübertragung von im Ausland belegenen Vermögen, sofern dieses von wesentlicher Bedeutung ist und somit den Aufwand zur Beseitigung etwaiger Rechtsunsicherheiten rechtfertigt.

Öffentlich-rechtliche Erlaubnisse und sonstige Rechtsverhältnisse 324
werden grundsätzlich ebenfalls von der Gesamtrechtsnachfolge erfasst.[544] Einschränkungen können sich ergeben, wenn die Erlaubnis an eine be-

---

[540] *Grunewald* in Lutter UmwG § 20 Rn. 71.
[541] *Marsch-Barner* in Kallmeyer UmwG § 20 Rn. 31.
[542] *Marsch-Barner* in Kallmeyer UmwG § 20 Rn. 5; *Grunewald* in Lutter UmwG § 20 Rn. 11.
[543] RL 78/855/EWG.
[544] *Grunewald* in Lutter UmwG § 20 Rn. 13.

bb) Einfluss auf schwebende Verträge

325   Durch die Gesamtrechtsnachfolge kann es durch die Verschmelzung beim übernehmenden Rechtsträger zu unbilligen **Kollisionen von vertraglichen Verpflichtungen** kommen, wenn Verpflichtungen der übertragenden Rechtsträger gegenüber Dritten auf den übernehmenden Rechtsträger übergehen. Grundsätzlich kann sich der übernehmende Rechtsträger diesen Verpflichtungen nicht entziehen. Nur für einen eng umgrenzten Ausnahmebereich sieht § 21 UmwG eine Korrekturmöglichkeit vor, wenn bei Abnahme-, Lieferungs- oder ähnlichen Verpflichtungen Vertragspflichten beim übernehmenden Rechtsträger kumuliert sind, die miteinander unvereinbar wären oder beide zu erfüllen für den Rechtsträger eine schwere Unbilligkeit bedeuten würde. Die Reichweite dieser Vorschrift ist bis heute nicht abschließend geklärt. Anwendbar ist die Vorschrift ihrem Wortlaut nach auf nicht erfüllte, gegenseitige Verträge. Das Merkmal „ähnlich" ist nach allgemeiner Meinung weit auszulegen.[546] Aufgrund des extremen Ausnahmecharakters dieser Vorschrift ist eine Ausdehnung auf „ähnliche Verträge" nur auf andere gegenseitige Verträge zu begrenzen. Sonstige Korrekturen für offenbare Unbilligkeiten sind im allgemeinen Schuldrecht zu suchen.[547]

326   Strittig ist, ob **Dienstleistungsverträge** des übertragenden Rechtsträgers mit Dritten bzw. von diesen erteilte Aufträge und Vollmachten durch das Erlöschen dieses Rechtsträgers nach §§ 675, 673 BGB „im Zweifel durch den Tod des Beauftragten" erlöschen[548] oder ob diese Rechtsverhältnisse nicht unmittelbar von der Gesamtrechtsnachfolge erfasst werden.[549] Die besseren Argumente sprechen dafür, dass § 20 UmwG ganze Rechtsverhältnisse umfasst, somit auch (unentgeltliche wie entgeltliche) Geschäftsbesorgungsverträge, womit § 673 BGB bei Verschmelzungen nicht anwendbar ist. Allerdings gelangen die Vertreter der Gegenansicht bei juristischen Personen oder Personengesellschaften als Auftragnehmerin zu dem Ergebnis, dass „im Zweifel" ein besonderes Vertrauensverhältnis nicht vorliege und daher eben doch das Rechtsverhältnis im Wege der Gesamtrechtsnachfolge übergehe.[550]

cc) Heilung von Verfahrensmängeln

327   Etwa unterlassene notarielle Beurkundungen des Verschmelzungsvertrages oder von notwendigen Zustimmungserklärungen werden geheilt,

---

[545] *Gaiser* DB 2000 S. 361 ff.
[546] *Grunewald* in Lutter UmwG § 21 Rn. 4.
[547] *Grunewald* in Lutter UmwG § 21 Rn. 8 ff.
[548] *Grunewald* in Lutter UmwG § 20 Rn. 24 ff.
[549] *K. Schmidt* DB 2001 S. 1019.
[550] *Grunewald* in Lutter UmwG § 20 Rn. 24.

§ 9. Umwandlungsrechtliche Regelungen

§ 20 I Nr. 4 UmwG. Auch andere Mängel der Verschmelzung lassen die Eintragungswirkungen unberührt. Eine „Entschmelzung" hat danach außer Betracht zu bleiben.[551]

IV. Verschmelzung durch Neugründung

1. Anzuwendende Vorschriften

Im allgemeinen Teil des Verschmelzungsrechts finden sich mit den §§ 36–38 UmwG lediglich drei Normen, die sich mit der Verschmelzung durch Neugründung befassen. Dabei beschränkt sich das UmwG darauf, die allgemeinen Vorschriften der Verschmelzung durch Aufnahme für anwendbar zu erklären, mit Ausnahme des § 16 I UmwG, an dessen Stelle § 38 UmwG tritt, sowie des § 27 UmwG, der bei einer Neugründung schon begriffsnotwendig ausscheidet. Die Verschmelzung durch Neugründung ist gegenüber dem Normalfall der Verschmelzung durch Aufnahme vor allem deshalb kompliziert, weil nach § 36 II UmwG die jeweiligen **Gründungsvorschriften** eingehalten werden müssen. In jedem Falle sind bei der Verschmelzung durch Neugründung die Vorschriften des besonderen Verschmelzungsrechts zu beachten: §§ 56–59 UmwG bei der GmbH; §§ 73–78 UmwG bei der AG/KaAG; §§ 96–98 UmwG bei der Genossenschaft sowie §§ 114–117 UmwG beim VVaG.

328

2. Erweiterung des Inhalts des Verschmelzungsvertrages

a) Gesellschaftsvertrag, Satzung, Statut

Gemäß § 37 UmwG hat der Verschmelzungsvertrag, der von den Vertretungsorganen der übertragenden Rechtsträger geschlossen wird, den neuen Gesellschaftsvertrag bzw. die Satzung oder das Statut des neuen Rechtsträgers zu enthalten. Mit dem Umwandlungsbeschluss wird die neue Satzung bzw. das neue Statut festgestellt. Der Inhalt des Verschmelzungsvertrages muss darüber hinaus § 5 I UmwG entsprechen.

329

b) Übernahme von Satzungsfestsetzungen

Ist der neue Rechtsträger eine Kapitalgesellschaft, so müssen in die neue Satzung bzw. den neuen Gesellschaftsvertrag Festsetzungen über Sondervorteile, Gründungsaufwand, Sacheinlagen und -übernahmen, die in den Gesellschaftsverträgen, Satzungen oder Statuten übertragender Rechtsträger enthalten waren, übernommen werden, vgl. §§ 57, 74 UmwG. Zweck der Aufnahme in den neuen Gesellschaftsvertrag ist es, eine Umgehung der §§ 26, 27 AktG über die Offenlegung derartiger Vereinbarungen mittels Verschmelzung im Wege der Neugründung zu verhindern. Die Vorschriften des § 26 IV, V AktG bleiben bei der Verschmelzung durch Neugründung einer AG unberührt. Die Festsetzungen können also erst fünf Jahre nach Eintragung der jeweiligen (alten) Gesell-

330

---

[551] BGH vom 21.5.2007, AG 2007 S. 625; *Marsch-Barner* in Kallmeyer UmwG § 20 Rn. 47; *Priester* NJW 1983 S. 1459 (1465).

schaft ins Handelsregister geändert werden. Ihre Beseitigung durch Satzungsänderung oder bei Feststellung der Satzung der neuen Gesellschaft ist sogar erst möglich, wenn seit der Eintragung der alten Gesellschaft ins Handelsregister dreißig Jahre vergangen und wenn die Rechtsverhältnisse, die den Festsetzungen zugrunde liegen, seit mindestens fünf Jahren abgewickelt sind.[552] In entsprechender Anwendung des § 26 I, II AktG müssen auch bei der Verschmelzung neubegründete Sondervorteile und der aus dem Vermögen der neuen Gesellschaft zu zahlende Gründungsaufwand in die Satzung aufgenommen werden.[553]

3. Anwendung der Gründungsvorschriften

a) Gründungsbericht/-prüfung

331 Gemäß § 75 II UmwG brauchen ein Gründungsbericht und eine Gründungsprüfung nach § 33 II des AktG nicht zu erfolgen, soweit übertragender Rechtsträger eine Kapitalgesellschaft oder eine eingetragene Genossenschaft ist. Entsprechendes gilt nach § 58 III UmwG für die GmbH bzw. deren Sachgründungsbericht. Soweit nach den §§ 58 I, 75 I UmwG im Übrigen ein Gründungsbericht zu erstellen ist, sind in ihm auch der Geschäftsverlauf und die Lage der übertragenden Rechtsträger darzustellen. Der Aufwand für die Gründungsprüfung wurde im Rahmen des Dritten Umwandlungsänderungsgesetzes dahingehend verringert, dass als Gründungsprüfer der Verschmelzungsprüfer bestellt werden kann.[554]

b) Mitbestimmung

332 Hinsichtlich der Bestellung des ersten Aufsichtsrates gilt § 30 AktG entsprechend. Demgemäß ist im Verschmelzungsvertrag der erste Aufsichtsrat und der erste Abschlussprüfer zu bestellen. Dabei stehen nach § 36 II UmwG den Gründern die übertragenden Rechtsträger gleich. Nach § 30 II AktG finden auf die Zusammensetzung nach Bestellung des ersten Aufsichtsrates die Vorschriften über Arbeitnehmeraufsichtsräte keine Anwendung. Zur Amtsdauer vgl. § 30 III AktG. Die Regelungen gelten für die GmbH entsprechend.[555]

V. Verschmelzung im Konzern

333 Bereits einleitend wurde festgestellt, dass die weitaus größte Zahl von Verschmelzungen innerhalb eines Konzerns vollzogen wird. Damit ist gerade für die Praxis die Konzernverschmelzung von höchstem Interesse. Nachfolgend sollen deshalb zusammengefasst die konzernrechtlichen Fragen einer Verschmelzung behandelt werden.

---

[552] *Sagasser* Sondervorteile S. 9.
[553] *Sagasser* Sondervorteile S. 10; *Grunewald* in Lutter UmwG § 74 Rn. 7.
[554] § 69 I 4 UmwG.
[555] *Stratz* in Schmitt/Hörtnagl/Stratz UmwG § 56 Rn. 20.

§ 9. Umwandlungsrechtliche Regelungen § 9

1. Konstellationen der Konzernverschmelzung

Die Konzernverschmelzung, dh eine Verschmelzung unter Beteiligung von Mutter- und Tochterunternehmen, tritt idR in drei Fällen auf: 334
- als Verschmelzung der Tochtergesellschaft auf die Muttergesellschaft (sog. *upstream merger*),
- als Verschmelzung der Muttergesellschaft auf die Tochtergesellschaft (sog. *downstream merger*),
- als Verschmelzung zweier Schwestergesellschaften (sog. *sidestream merger*).

Die Konzernverschmelzung weist sowohl gesellschaftsrechtlich als auch handelsbilanziell und steuerrechtlich Besonderheiten auf.[556] Das Dritte Umwandlungsänderungsgesetz hat diesem Umstand noch mehr Rechnung tragen. So wurde § 62 UmwG mit einer neuen Überschrift „Konzernverschmelzungen" versehen. Auf die weiteren Vorschriften wird im Folgenden eingegangen. 335

2. Erleichterungen für die Verschmelzung der Tochtergesellschaft auf die Muttergesellschaft

a) Verschmelzung bei 100%iger Beteiligung am übertragenden Rechtsträger

Der Gesetzgeber ist im UmwG 1994 den berechtigten Forderungen der Praxis nach **Erleichterungen** bei der Konzernverschmelzung zunächst nur zum Teil nachgekommen.[557] Grundsätzlich gewährte der Gesetzgeber 1994 Erleichterungen nur dort, wo die Anteile am übertragenden Rechtsträger sämtlich in einer Hand liegen, mithin eine 100%ige Mutter-Tochter-Konstellation gegeben ist. Gemäß § 5 II UmwG sind in diesen Fällen die Angaben nach § 5 I Nr. 1 bis 5 UmwG im Verschmelzungsvertrag entbehrlich, nach § 8 III UmwG entfällt der Verschmelzungsbericht, nach § 9 II, III UmwG die Prüfung der Verschmelzung und der als Ergebnis zu erstellende Prüfungsbericht. Diese Erleichterung gilt nicht nur wie früher allein für die AG, sondern grundsätzlich für alle verschmelzungsfähigen Rechtsformen, sofern diese eine Alleingesellschafterstellung erlauben.[558] Eine weitere Erleichterung der Konzernverschmelzung ergibt sich daraus, dass bei einer Verschmelzung der Tochtergesellschaft auf die Mutter ein Anteilstausch nicht stattfindet. Führte dies unter Geltung des aktienrechtlichen Verschmelzungsrechts noch bisweilen zu Irritationen dergestalt, dass eine Verschmelzung einer Tochtergesellschaft auf die Muttergesellschaft mangels Anteilsgewähr als unzulässig erachtet wurde,[559] so ergibt sich seit Erlass des Umwandlungsgesetzes 1994 die Zulässigkeit des **„upstream merger"** aus § 5 II 336

---

[556] Siehe zur handelsbilanziellen Behandlung und zur steuerrechtlichen Behandlung → § 10 Rn. 231 ff., 264 ff., 274; → § 11 Rn. 50 ff., 224 ff., 245 ff.
[557] → Rn. 72 ff.
[558] *Drygala* in Lutter UmwG § 5 Rn. 139.
[559] Vgl. Vorinstanzen zu BayObLG BB 1984 S. 12 (13); *Priester* BB 1985 S. 363 (364).

UmwG. Danach brauchen Regelungen bezüglich des Anteilstausches in den Verschmelzungsvertrag nicht aufgenommen zu werden, wenn die Anteile am übertragenden Rechtsträger sämtlich in einer Hand liegen und dieser Rechtsträger aufgenommen werden soll. Überdies ergibt sich aus den §§ 54 I 1 Nr. 1, 68 I 2 Nr. 1 UmwG ein Verbot der Kapitalerhöhung für den aufnehmenden Rechtsträger, so dass eine Anteilsgewähr ohnehin nur aus eigenen Anteilen der Muttergesellschaft erfolgen könnte.

337 § 62 IV UmwG sieht in Umsetzung der VerschmRL seit Inkrafttreten des Dritten Umwandlungsänderungsgesetzes nun zusätzlich vor, dass ein Verschmelzungsbeschluss des Anteilsinhabers der übertragenden Kapitalgesellschaft bei einem upstream merger auf eine 100%-ige Muttergesellschaft (Aktiengesellschaft) nicht erforderlich ist. Damit wird die Umwandlung in einem solchen Fall zu einer Geschäftsführungsmaßnahme.[560] Die Beteiligung muss unmittelbar gehalten werden.[561] Während bei der Ausnahme nach § 62 I UmwG die Aktionäre der übernehmenden Gesellschaft, die 5% des Kapitals erreichen, trotzdem die Einberufung einer Hauptversammlung beantragen können, gilt diese Ausnahme nicht für den Tatbestand des § 62 IV UmwG. Diese Erleichterung kann sogar Anwendung finden wenn die 100%-ige Beteiligung erst nachträglich sozusagen durch das neu eingeführte verschmelzungsrechtliche Squeeze-out-Verfahren hergestellt wird. Dort bedarf es jedoch eines gefassten und eingetragenen Übertragungsbeschlusses nach § 63 V, § 62 IV S. 2 UmwG.

Weitergehende Erleichterungen für Konzernverschmelzungen gewährt das UmwG trotz dahingehender Wünsche im Gesetzgebungsverfahren nicht.

b) Verschmelzung auf mehrheitlich beteiligte Aktiengesellschaft

338 § 62 UmwG sieht für die Verschmelzung einer Kapitalgesellschaft auf eine herrschende Aktiengesellschaft iSd § 17 AktG eine Erleichterung dann vor, wenn sich zumindest 90% der Anteile in der Hand der herrschenden Aktiengesellschaft befinden.[562] Ein Verschmelzungsbeschluss der übernehmenden Aktiengesellschaft ist dann nicht erforderlich. Zu beachten ist aber, dass die übrigen bereits erwähnten Erleichterungen der Konzernverschmelzung erst dann Platz greifen, wenn das abhängige Unternehmen zu 100% in der Hand der Aktiengesellschaft ist.

339 Nach § 62 II UmwG haben die Aktionäre der herrschenden Aktiengesellschaft, deren Anteile wenigstens 5% des Grundkapitals ausmachen, die Möglichkeit, durch dieses Quorum die Einberufung der Hauptversammlung zum Beschluss über die Verschmelzung zu verlangen. Die Entscheidungsbefugnis der Hauptversammlung bleibt insofern bestehen. Den nötigen Informationsstand der Aktionäre soll § 62 III UmwG garan-

---

[560] *Neye/Jäckel* AG 2010 S. 237 (239).
[561] *Heckschen* NJW 2011 2390 (2391).
[562] Zu Geschichte und Zweck der Regelung, die auf § 352b AktG zurückgeht, vgl. *Grunewald* in Lutter UmwG § 62 Rn. 1.

§ 9. Umwandlungsrechtliche Regelungen § 9

tieren, der eine Bekanntmachung der Verschmelzungsabsicht in den Gesellschaftsblättern einen Monat vor dem Verschmelzungsbeschluss der übertragenden Kapitalgesellschaft vorsieht.

Überdies verpflichtet § 62 III 1 UmwG unter Verweis auf § 63 I **340** UmwG die übernehmende Aktiengesellschaft zur Auslage der gleichen Unterlagen, die auch zur Vorbereitung auf eine die Verschmelzung beschließende Hauptversammlung der Übernehmerin ausgelegt werden müssten. All dies muss einen Monat vor dem Termin des Verschmelzungsbeschlusses der übertragenden Gesellschaft geschehen.[563] Anknüpfungspunkt für die Fristen zur Auslage der Unterlagen und zur Weiterleitung an den Betriebsrat (§§ 62 III und 5 III UmwG) ist mangels Gesellschafterbeschlusses der Abschluss des Verschmelzungsvertrages, § 62 IV 3 u. 4 UmwG.

Entbehrlich ist deshalb lediglich der **Verschmelzungsbeschluss** der **341** übernehmenden Aktiengesellschaft.[564] Die zusätzliche Erleichterung in § 62 IV UmwG gelten nur für die Fälle einer Verschmelzung auf eine 100%-ige Muttergesellschaft in Form der Aktiengesellschaft gelten. Alle sonstigen Verschmelzungsvoraussetzungen müssen auch in diesem Fall erfüllt sein.

Abgesehen von den zuvor dargestellten Erleichterungen vollzieht sich **342** der Anteilstausch unter Berücksichtigung der eingeschränkten Möglichkeit der Kapitalerhöhung beim übernehmenden Rechtsträger. § 54 I 1 Nr. 1 und § 68 I 1 Nr. 1 UmwG verhindern, dass in diesen Fällen der übernehmende Rechtsträger insoweit sein Kapital erhöht und eigene Anteile übernimmt, als er selbst am übertragenden Rechtsträger beteiligt ist.

Unklar ist allerdings, zu welchem Zeitpunkt der Anteilsbesitz von **343** mindestens 90% bzw. nun für § 62 IV UmwG von 100% vorliegen muss.[565] Im Zusammenhang mit einer sog. zweistufigen Konzernverschmelzung hatte bereits das OLG Karlsruhe[566] zur entsprechenden Vorschrift des § 352 AktG aF entschieden, dass die Erleichterungen der Konzernverschmelzungen nicht gewährt werden, wenn die 100%ige Beteiligung erst nach Einleitung des Verschmelzungsverfahrens von der übernehmenden Gesellschaft erlangt wird. Nach einer Ansicht kommt es auf den Zeitpunkt der Beschlussfassung der übertragenden Gesellschaft an, da zu diesem Zeitpunkt bekannt sein müsse, ob die Gesellschaft das Privileg des § 62 UmwG genießt oder nicht.[567] Nach anderer Ansicht kommt es auf den Zeitpunkt zumindest der Anmeldung an, da dort eine Bestätigung zum Vorliegen der Voraussetzungen mit eingereicht werden muss,[568] und schließlich auf den Zeitpunkt des Wirksamwerdens der Verschmelzung, um ein Herabsetzen der Beteiligung vor Wirksamwerden

---

[563] § 62 III 1 iVm § 63 I UmwG.
[564] *Grunewald* in Lutter UmwG § 62 Rn. 3.
[565] Zu dieser Frage bei § 62 IV UmwG *Heckschen* NJW 2011 S. 2390 (2391).
[566] OLG Karlsruhe WM 1991 S. 1759 (1761).
[567] *Grunewald* in Lutter UmwG § 62 Rn. 8.
[568] *Marsch-Barner* in Kallmeyer UmwG § 62 Rn. 9.

zu verhindern.[569] Bei der Ausnahmevorschrift des § 62 IV UmwG wird zudem auf den Vertragsabschluss abgestellt.[570] Das Abstellen auf den Zeitpunkt des Beschlusses verdient den Vorzug. Aus den Erläuterungen des Referentenentwurfs zu § 62 V RegE-UmwG wird deutlich, dass auch der Gesetzgeber auf den Zeitpunkt des Beschlusses abstellt.[571] Da die Rechtslage bisher nicht geklärt ist, ist zur Sicherheit ein Vorliegen zum Zeitpunkt der Unterzeichnung des Vertrages zu empfehlen,[572] und eine Rückübertragung von Anteilen nach Vertragsunterzeichnung sollte nicht vorgenommen werden. Eine andere im Rahmen der zweistufigen Konzernverschmelzung diskutierte Frage ist die, ob der erste Schritt (Kapitalerhöhung bei der zukünftigen Obergesellschaft) schon den Verschmelzungsvorschriften unterworfen ist. Das OLG Karlsruhe hatte hierzu vertreten, es handele sich um eine Verschmelzung, auf die die Umwandlungsvorschriften schon anwendbar seien. Dagegen wendet sich mit Recht die wohl hM, denn der Aktionär ist durch andere Vorschriften des Aktienrechts ausreichend geschützt.[573]

c) Das verschmelzungsrechtliche Squeeze-out-Verfahren

344 Das Dritte Umwandlungsänderungsgesetz hat in § 62 V UmwG ein umwandlungsspezifisches Squeeze-out eingeführt. Das Squeeze-out steht einer übertragenden Aktiengesellschaft im Rahmen einer Verschmelzung auf eine andere Aktiengesellschaft offen, wenn die übernehmende Aktiengesellschaft an der übertragenden Gesellschaft mindestens 90% der Anteile innehat, § 62 V 1 UmwG mit Verweis auf § 62 I 1 UmwG. Diese Vorschrift setzt die neue Fassung der Art. 27 und 28 der Verschm-RL um.[574] Danach ist beim *upstream merger* auf eine Muttergesellschaft mit mindestens 90% Beteiligung auf das Erfordernis des Verschmelzungsberichts, der Verschmelzungsprüfung und der Auslegung von Unterlagen zu verzichten, wenn bestimmte Voraussetzungen vorliegen. Die Mitgliedstaaten mussten diese Voraussetzungen schaffen. Dazu konnten die Mitgliedstaaten entweder ein Andienungsrecht der Minderheitsaktionäre der Tochtergesellschaft schaffen oder alternativ ein Squeeze-out vorsehen.

---

[569] *Diekmann* in Semler/Stengel UmwG § 62 Rn. 20.
[570] *Diekmann* in Semler/Stengel UmwG § 62 Rn. 32a: Zeitpunkt Vertragsschluss.
[571] Begründung zu § 62 RefE-UmwG, der davon ausgeht, dass ein Squeezeout nach Unterzeichnung des Verschmelzungsvertrages vorgenommen werden kann, um für den Fortgang der Verschmelzung von den weitergehenden Erleichterungen der Verschmelzung auf eine 100%-ige Muttergesellschaft zu profitieren.
[572] *Heckschen* NJW 2011 S. 2390 (2391).
[573] *Henze* AG 1993 S. 341 (345): Der Aktionär ist im Rahmen des Verfahrens der Sachkapitalerhöhung unter Bezugsrechtsausschluss in ausreichendem Maße gegen die Unangemessenheit einer Bewertung der übertragenen Anteile geschützt. Die Eigenständigkeit des Kapitalerhöhungsverfahrens ist insoweit nicht in Frage zu ziehen und eine Verschmelzungsprüfung iSd § 340b AktG zum Gegenstand dieses Kapitalerhöhungsverfahrens zu machen; *Diekmann* in Semler/Stengel UmwG § 62 Rn. 14 ff.
[574] Zum Hintergrund *Wagner* DStR 2010 S. 1629 (1633).

§ 9. Umwandlungsrechtliche Regelungen § 9

Der Gesetzgeber entschied sich anstelle des Andienungsrechts für das Squeeze-out-Verfahren, welches dem Aktienrecht schon bekannt ist.[575] Des Weiteren hat der Gesetzgeber sich dafür entschieden, einen engen verschmelzungsrechtlichen Tatbestand im Umwandlungsrecht zu schaffen, statt die allgemeine 95%-Schwelle nach § 327a AktG auf 90% abzusenken. Gegen letztere Lösung gab es auf Seiten des Gesetzgebers verfassungsrechtliche Bedenken bzw. sie war zum damaligen Zeitpunkt politisch nicht erwünscht.[576]

Die Regelung wird als verfassungskonform angesehen[577] und es bedarf keiner besonderen Rechtfertigung für ihre Durchführung.[578] Das verschmelzungsrechtliche Squeeze-out ist nur anwendbar, wenn sowohl die übertragende als auch die aufnehmende Gesellschaft Aktiengesellschaften sind bzw. KGaA oder SE.[579] Verschiedene Gestaltungen, zB der vorhergehende Formwechsel einer GmbH in eine AG, sind jedoch möglich, werden jedoch vereinzelt als rechtsmissbräuchlich angesehen.[580] Bezüglich der 90%-Schwelle müssen die Anteile direkt gehalten werden, denn eine Zurechnung nach §§ 16 IV, 327a AktG ist nicht möglich (Argument „in der Hand").[581] Für die Gestaltungspraxis stellt sich auch zur Behebung dieses Hindernisses die Frage, ob Anteile, die innerhalb eines Konzerns bei mehreren Gesellschaften hängen, lediglich für das Squeezeout auf eine Holding konzentriert werden können (um sie anschließend eventuell wieder umzuhängen). Die Schaffung dieser Voraussetzung durch ein derartiges Umhängen dürfte unseres Erachtens nur ausnahmsweise als treuwidrig angesehen werden.[582] Unklar ist des Weiteren, auf welchen Zeitpunkt für das Halten der Beteiligung abzustellen ist. Die Mindestbeteiligung sollte auf jeden Fall zum Zeitpunkt des Übertragungsbeschlusses der Hauptversammlung vorliegen und ebenso zum Zeitpunkt der Eintragung des Übertragungsbeschlusses und der Verschmelzung noch vorhanden sein.[583]

345

---

[575] Dies wird ausdrücklich vom *DNotV* begrüßt, Stellungnahme vom 29.4.2010 zum Referentenentwurf S. 3, veröffentlicht auf der Internetseite www.dnotv.de.
[576] Begründung zu § 62 RefE-UmwG; *Neye/Jäckel* AG 2010 S. 237 (240); *Heckschen* NJW 2011 S. 2390 (2391); *Austmann* NZG 2011 S. 684 (688 f., 690).
[577] *Junker* in Hensler/Strohn Gesellschaftsrecht § 63 Rn. 18; *Austmann* NZG 2011 S. 684 (689); OLG Hamburg v. 14.6.2012, NZG 2012 S. 944 f.
[578] *Heckschen* NJW 2011 S. 2390 (2393); *Wagner* DStR 2010 S. 1629 (1634).
[579] *Koch* in Hüffer AktG § 327a Rn. 3; *Austmann* NZG 2011 S. 684 (686 f.).
[580] Zu den diversen Gestaltungen für die Schaffung der Voraussetzungen des Squeeze-out einschließlich Aktienleihe *Florstedt* NZG 2015 S. 1212 ff. unter Heranziehung eines unionsrechtlichen Rechtsmissbrauchsverbots; mit Hinweis auf das Anfechtungsrisiko *Koch* in Hüffer AktG § 327a Rn. 3.
[581] *Koch* in Hüffer AktG § 327a Rn. 3; *Austmann* NZG 2011 S. 684 (689); *Leitzen* DNotZ 2011 S. 526 (539).
[582] *Leitzen* DNotZ 2011 S. 526 (538 f.); *Diekmann* in Semler/Stengel UmwG § 62 Rn. 32d; *Freytag/Müller-Etienne* BB 2011 S. 1731 (1734); aA *Austmann* für den Fall einer dafür geschaffenen Zwischenholding NZG 2011 S. 684 (689); *Florstedt* NZG 2015 S. 1212 (1218).
[583] *Austmann* NZG 2011 S. 684 (689); zur Mindestbeteiligung und zur Rechtsform der AG *Mayer* NZG 2012 S. 561 (563 f.).

346 Das Squeeze-out ist innerhalb einer Frist von drei Monaten nach Abschluss des Verschmelzungsvertrages möglich, um einen nahen zeitlichen Zusammenhang zur Verschmelzung zu gewährleisten.[584] Der Entwurf eines Verschmelzungsvertrages reicht nach dem Gesetzeswortlaut nicht[585]. Der Verschmelzungsvertrag hat vorzusehen, dass ein Ausschluss der Minderheitsaktionäre stattfinden soll, § 62 V 2 UmwG. Da der Squeeze-out jedoch erst nach dem Verschmelzungsvertrag beschlossen und sogar erst unter der Bedingung der Verschmelzung wirksam wird, stellt sich die Frage, ob der Verschmelzungsvertrag dennoch Bestimmungen zu den Minderheitsgesellschaftern enthalten muss. Dies ist nicht erforderlich, da nach der Konzeption des Gesetzes die Verschmelzung als Verschmelzung mit dem 100%igen Gesellschafter gilt.[586] Der Squeeze-out-Beschluss selbst untersteht den Vorschriften der §§ 327a ff. AktG; die jeweiligen Berichtpflichten sind anzuwenden, § 62 V 8 UmwG. Der Übertragungsbeschluss wird jedoch erst mit der Eintragung der Verschmelzung wirksam, § 62 V 7 UmwG. Diese erst im Laufe des Gesetzgebungsverfahrens eingeführte Vorschrift soll verhindern, dass im Ergebnis die Verschmelzung nicht stattfindet, obwohl zunächst ein Verschmelzungsvertrag abgeschlossen wurde.[587] Die anschließende Verschmelzung erfolgt nunmehr ohne Verschmelzungsbeschluss des übertragenden Rechtsträgers, selbst wenn das Squeeze-out wegen der Bedingung der Verschmelzung noch nicht vollständig wirksam geworden ist, § 62 IV 2 UmwG. Aufgrund des § 62 V 7 UmwG, demgemäß das Squeeze-out formell gesehen erst mit Eintragung der Verschmelzung wirksam wird, war diese besondere Klarstellung im Gesetz notwendig, denn das gesamte Kapital ist im Zeitpunkt des Verschmelzungsbeschlusses rechtlich gesehen noch nicht in einer Hand vereinigt.[588] Bei dem übernehmenden Rechtsträger ist ein Beschluss nicht erforderlich, § 62 I UmwG. Aktionäre der übernehmenden Gesellschaft, die zusammen 5% des Grundkapitals halten, können jedoch nach § 62 II 1 UmwG die Einberufung einer Hauptversammlung verlangen.[589] Fraglich ist, ob für eine juristische Sekunde die Anteile der Minderheitsaktionäre erst auf den Hauptaktionär übergehen, bevor sie dann aufgrund der Verschmelzung erlöschen.[590] Dies ist jedoch insbesondere aufgrund von Grunderwerbsteuer problematisch und rechtlich gesehen besteht für den Durchgangserwerb keine Notwendigkeit.[591]

---

[584] Ausführlich zum Ablauf des Verfahrens *Mayer* NZG 2012 S. 561 (565 f.).
[585] Im Referentenentwurf wurde hingegen noch der Entwurf als genügend angesehen, *Austmann* NZG 2011 S. 684 (687).
[586] *Heckschen* NJW 2011 S. 2390 (2392); *Austmann* NZG 2011 S. 684 (687); *Mayer* NZG 2012 S. 561 (566 f.).
[587] Rechtsausschuss BT-Drucks. 17/5930, S. 8; *Heckschen* NJW 2011 S. 2390 (2392).
[588] *Heckschen* NJW 2011 S. 2390 (2392);
[589] *Mayer* NZG 2012 S. 561 (572).
[590] *Neye/Kraft* NZG 2011 S. 681 (683).
[591] *Austmann* NZG 2011 S. 684 (687).

§ 9. Umwandlungsrechtliche Regelungen § 9

3. Verschmelzung der Muttergesellschaft auf die Tochtergesellschaft

Das Umwandlungsgesetz enthält keine ausdrückliche Regelung der 347 Verschmelzung einer Muttergesellschaft auf die Tochtergesellschaft[592] *(downstream merger).* Man wird aber wie nach alter Rechtslage ohne Weiteres davon ausgehen können, dass der Gesetzgeber die Möglichkeit des *downstream merger* gesehen und in den Anwendungsbereich aufgenommen hat; insbesondere § 1 II UmwG dürfte dem *downstream merger* nicht entgegenstehen. Die Auffassung, dass der *downstream merger* ohne Weiteres vom Gesetzgeber vorgesehen ist kann auch unmittelbar aus § 54 I 2 Nr. 2 und § 68 I 2 Nr. 2 UmwG hergeleitet werden, die die Zulässigkeit des *downstream merger* (ohne Kapitalerhöhung) voraussetzen.

Der Fall der Verschmelzung der Muttergesellschaft auf die Tochterge- 348 sellschaft stellte in der Vergangenheit ein Gestaltungsmodell dar, das oftmals steuerlich motiviert war. Dies lag darin begründet, dass der *downstream merger* im UmwStG in keiner Weise Erwähnung fand und sich entsprechende Regelungslücken auftaten.[593] Soweit es sich um die Nutzung von Verlusten einer Tochtergesellschaft oder ihrer Zinsvorträgen nach § 4h I 5 EStG oder EBITDA-Vorträge nach § 4h I 3 EStG handelt, die durch die Verschmelzung der Muttergesellschaft auf die Tochtergesellschaft in der Vergangenheit erhalten blieben, haben das SEStEG und im Weiteren zwei Änderungen des § 2 IV UmwStG zu Einschränkungen geführt. Gleichwohl kann es immer noch Fälle geben, bei denen der *downstream merger* gegenüber dem *upstream merger* vorteilhaft ist.[594] Auch die Grunderwerbsteuer läßt sich durch einen *downstream merger* auf die Immobilien-Tochtergesellschaft vermeiden. Die Motive einer Verschmelzung der Muttergesellschaft auf ihre Tochtergesellschaft liegen aber heute vielmehr im unternehmensorganisatorischen und gesellschaftsrechtlichen Bereich. Ein *downstream merger* bietet sich zB an, wenn eine Börsennotierung der Tochtergesellschaft aufrechterhalten werden soll oder eine Holdinggesellschaft eine marktbekannte Gesellschaft erwirbt und durch Verschmelzung auf die Tochtergesellschaft die bei der Akquisition auftretenden Verbindlichkeiten auf diese verlagert. Unter Umständen kann ein *downstream merger* aber auch von Vorteil sein, wenn ein unliebsamer Minderheitsaktionär der Muttergesellschaft zum Ausscheiden gegen Barabfindung nach § 29 UmwG motiviert werden soll.[595]

Der *downstream merger* vollzieht sich im Übrigen nach den allgemeinen 349 Bestimmungen des UmwG. Danach bedarf es in beiden Gesellschaften eines Verschmelzungsbeschlusses. In der aufnehmenden Gesellschaft kann ein Verschmelzungsbericht und eine Prüfung nach den §§ 8 III, 9 III UmwG nur dann unterbleiben, wenn alle Gesellschafter der beteiligten Rechtsträger hierauf in notariell beurkundeter Form verzichten.

Der Ablauf einer Verschmelzung der Muttergesellschaft auf die Toch- 350 tergesellschaft wird nach zwei Rechtsfiguren erwogen. Nach der heute

---

[592] Zur handelsbilanziellen Behandlung → § 10 Rn. 288 ff.
[593] Vgl. hierzu in der Vorauflage § 9 Rn. 359.
[594] → § 11 Rn. 242; vgl. auch *Slabon* in Haritz/Menner § 2 Rn. 114
[595] *Schröer* in Semler/Stengel § 5 Rn. 134.

wohl vorwiegenden Auffassung sollen die Anteile an der Tochtergesellschaft im Wege des **Direkterwerbes** unmittelbar nach Maßgabe des Verschmelzungsvertrages kraft Gesetzes auf die Anteilsinhaber der übertragenden Muttergesellschaft übergehen.[596] Nach zum Teil in der Literatur vertretener Auffassung soll unter der neuen Gesetzeslage nur noch der Durchgangserwerb zulässig sein, bei dem vor dem Erwerb der Anteile durch die Anteilsinhaber der übertragenden Muttergesellschaft ein **Durchgangserwerb** bei der übernehmenden Tochtergesellschaft stattfindet.[597] Ist der *downstream merger* auf eine Personengesellschaft im Wege des Direkterwerbes unproblematisch, ist dies im Wege des Durchgangserwerbes hingegen nicht möglich, da die Personengesellschaft für eine logische Sekunde beim Erwerb der eigenen Anteile nur noch einen Gesellschafter hätte und somit in sich zusammenfiele. Ein *downstream merger* auf eine Personengesellschaft ist jedoch auch dann im Wege des Durchgangserwerbes möglich, wenn man vor der Verschmelzung an der Tochtergesellschaft eine weitere Kapitalgesellschaft beteiligt.[598]

351 Der *downstream merger* kann zu Konflikten mit Kapitalerhaltungsregeln führen, wenn der Übergang der Verbindlichkeiten der Muttergesellschaft auf die Tochterkapitalgesellschaft zu einer bilanziellen Überschuldung der übernehmenden Gesellschaft führt. Dies kann der Fall sein, wenn die Muttergesellschaft als Akquisitionsvehikel gegründet wurde, für Finanzierungszwecke Darlehen aufgenommen hat und neben der Beteiligung an der Tochtergesellschaft über keine weiteren Aktiva verfügt. Hat in diesem Fall der Übergang der Passiva der Muttergesellschaft auf die Tochter-GmbH zur Folge, dass das Eigenkapital der Tochter-GmbH nach der Verschmelzung geringer ist als ihr Stammkapital, so muss dieser Vorgang einer Einlagenrückgewähr nach §§ 30, 31 GmbHG gleichgestellt werden.[599] Dies führt jedoch nicht zur Nichtigkeit des Verschmelzungsvertrages. Die Rechtsfolgen eines Verstoßes gegen das Kapitalerhaltungsgebot des § 30 GmbHG richten sich ausschließlich nach § 31 GmbHG; für die Anwendung des § 134 BGB ist daneben kein Raum.[600] Bei der AG würde ein *downstream merger* ausscheiden, wenn per Saldo ein negatives Vermögen übertragen wird, da dies einer nach § 57 AktG verbotenen Einlagenrückgewähr gleichkommen würde.[601]

---

[596] *Grunewald* in Lutter UmwG § 20 Rn. 60; *Mayer* in Widmann/Mayer § 5 UmwG Rn. 38; *Marsch-Barner* in Kallmeyer UmwG § 20 Rn. 29.
[597] *Bärwaldt* in Haritz/Benkert Umwandlungsrecht vor §§ 11–13 UmwStG Anm. 12–14.
[598] AA *Bärwaldt* in Haritz/Benkert Umwandlungsrecht vor §§ 11–13 UmwG Anm. 12–14, für den nach dem neuen Umwandlungsrecht ein *downstream merger* nur noch bei Kapitalgesellschaften durchführbar ist, und dies auch nur, wenn bei der übernehmenden Kapitalgesellschaft die Möglichkeit zur Rücklagenbildung gemäß § 272 IV HGB besteht.
[599] *Ballreich* Fallkommentar UmwG S. 181; *Mayer* in Widmann/Mayer UmwG § 5 Rn. 40. 1.; *Schröer* in Semler/Stengel § 5 Rn. 135.
[600] BGHZ 136, 125.
[601] *Schröer* in Semler/Stengel § 5 Rn. 135.

4. *Verschmelzung von Schwestergesellschaften*

Auch im Hinblick auf die Verschmelzung von Tochtergesellschaften[602] kam das UmwG den berechtigten Interessen der Praxis nach Erleichterung der Verschmelzung im Konzern nicht entgegen. Diese Verschmelzungsform hatte keine besondere Berücksichtigung gefunden, obwohl gerade für diese Form der Umstrukturierung mit dem Ergebnis gestraffter betriebswirtschaftlicher Organisation ein Regelungsbedürfnis bestanden hätte. Gemeint ist damit folgende Konstellation:

352

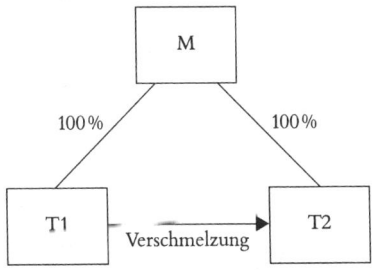

Obwohl vorliegend keinerlei Interessen von Minderheitsgesellschaftern berührt sein können, unterwirft das Umwandlungsgesetz den Vorgang der Schwesternverschmelzung den allgemeinen Vorschriften. Es bedarf daher in beiden Tochtergesellschaften T1 und T2 eines Umwandlungsbeschlusses. In dieser Konstellation entfällt der Umwandlungsbericht bzw. die Umwandlungsprüfung und der Prüfungsbericht nicht schon von Gesetzes wegen, sondern die Muttergesellschaft muss gemäß §§ 8 III, 9 III UmwG in beiden Rechtsträgern hierauf in notariell beurkundeter Form verzichten.

353

Ein wesentliches praktisches Problem ergab sich jedoch daraus, dass formell gesehen die §§ 54, 68 aF UmwG vorliegend nicht griffen, da T2 keine Anteile an T1 hält. Die bisherige Rechtsprechung und Teile der Literatur waren daher der Ansicht,[603] dass bei der Verschmelzung von Schwestergesellschaften eine Anteilsgewähr stattfinden müsste. Demzufolge müsste T2 gemäß den allgemeinen Regeln zwingend eine **Kapitalerhöhung** durchführen und die hierdurch geschaffenen Anteile an die Muttergesellschaft M auskehren. Die M hat hieraus keinen Nutzen. Lediglich für außenstehende Gläubiger hat die Pflicht zur Kapitalerhöhung den Vorteil, dass ihnen bei T2, die auch für Verbindlichkeiten von T1 haftet, ein höheres Stammkapital zur Verfügung steht.[604] Insoweit erhöhte sich für M jedoch das Haftungsrisiko. Motiv des Gesetzgebers, auf eine gesetzliche Regelung der Schwesternverschmelzung zu verzichten, war die Befürchtung, dass zwingende Rückzahlungsverbote nach

354

---

[602] Zur handelsbilanziellen Behandlung → § 10 Rn. 168, 274 ff.
[603] Vgl. nur zahlreiche Nachweise bei *Mayer* in Widmann/Mayer UmwR § 5 UmwG Rn. 41 ff.; *Reichert* in Semler/Stengel § 54 Rn. 19 ff.
[604] Zustimmend *Mayer* in Widmann/Mayer § 5 Rn. 43; BayObLG DB 1989 S. 1558 (1561).

§ 9   3. Teil. Verschmelzung

den §§ 30 I GmbHG, 57 I AktG unterlaufen werden könnten.[605] Aufgrund der dadurch entstehenden praktischen Probleme vertraten Stimmen in der Literatur und vereinzelt auch Gerichtsentscheidungen die Ansicht, dass ein Anteilsverzicht möglich sei.[606]

355   Mit dem Zweiten Umwandlungsänderungsgesetz hat sich der Gesetzgeber nun dafür entschieden, zumindest bei der Verschmelzung auf eine GmbH und eine AG die Möglichkeit des Verzichts der Anteilsgewährung vorzusehen. Nach § 54 I 3 und § 68 I 2 nF darf die übernehmende Gesellschaft auf eine Kapitalerhöhung verzichten, wenn alle Anteilsinhaber des übertragenden Rechtsträgers in notariell beurkundeter Form auf die Anteilsgewährung verzichten. Diese neue Regelung ist eines der Herzstücke des Zweiten Umwandlungsänderungsgesetzes.

356   Die Verzichtsmöglichkeit entspricht einem tatsächlichen Bedürfnis in der Praxis, wie die schon vorher befürwortenden Literaturstimmen zeigen, und wurde folglich in der Fachliteratur begrüßt.[607] Es gibt jedoch auch kritische Stimmen.[608] Zu bemängeln ist in erster Linie die Beschränkung der Regelung auf die GmbH und die AG, so dass auf einen Anteilsverzicht bei einer Personengesellschaft oder einer Genossenschaft jedenfalls vom Wortlaut her kein Raum verbleibt.[609] In der Tat fehlt für die anderen Gesellschaftsformen eine Regelung. Da sich der Gesetzgeber nun aber ausdrücklich für die Möglichkeit des Anteilsverzichts nur bei der GmbH und der AG ausgesprochen hat, fragt sich, ob nach der Neufassung des UmwG für eine analoge Anwendung bei den anderen Rechtsformen noch Platz bleibt.

357   Auf der anderen Seite wird als negativ bewertet, dass die neue Regelung den Verzicht allgemein und nicht nur für Konzernsituationen vorsieht. Der Verzicht auf die Anteilsgewähr durch die Anteilseigner der übertragenden ist ausreichend. So könnten nach der Meinung einiger Autoren überschuldete Rechtsträger verschmolzen werden, ohne dass sich die Minderheitsgesellschafter der übernehmenden Gesellschafter dagegen ausreichend wehren könnten.[610] Aufgrund des Ausnahmecharak-

---

[605] BT-Drucks. 12/6699 S. 101 zu § 54 UmwG.
[606] *Marsch-Barner* in Kallmeyer (3. Auflage) UmwG § 68 Rn. 15; *Grunewald* in Lutter UmwG § 20 Rn. 64; *Winter* in Lutter UmwG § 54 Rn. 16 ff. (19); *Bayer* ZIP 1997 S. 1613 (1615); aus der Rechtsprechung LG München BB 1998 S. 2331 f.
[607] *DNotV,* Stellungnahme vom 28.4.2006 zum Referentenentwurf (www.dnotv.de); *Bayer/Schmidt* NZG 2006 S. 841 (845); *Drinhausen* BB 2006 S. 2313 (2315) und *Kallmeyer* GmbHR 2006 S. 418 (419); *Reichert* in Semler/Stengel § 54 Rn. 24.
[608] Insbesondere *Mayer/Weiler* DB 2007 S. 1235 (1238 f.); *Mayer* in Widmann/Mayer Umwandlungsrecht § 5 Rn. 44 ff. und § 54 Rn. 10. 2; *Stratz* in Schmitt/Hörtnagl/Stratz UmwG § 54 Rn. 12 f.; ausführlich hierzu *Keller/Klett* DB 2010 S. 1220 ff.
[609] *Mayer/Weiler* DB 2007 S. 1235 (1238); *Mayer* in Widmann/Mayer Umwandlungsrecht § 54 Rn. 10. 2; *Heckschen* DNotZ 2006 S. 444 (450).
[610] *Mayer/Weiler* DB 2007 S. 1235 (1239); *Mayer* in Widmann/Mayer Umwandlungsrecht § 54 Rn. 10. 2; *Stratz* in Schmitt/Hörtnagl/Stratz UmwG § 2 Rn. 24; s. zu den Aspekten der Anfechtbarkeit in der Insolvenz *Keller/Klett* DB 2010 S. 1220 (1223 ff.).

ters der Verzichtsmöglichkeit hätte der Gesetzgeber in der Tat einen Verzicht aller beteiligten Anteilsinhaber vorsehen können. Ein weiterer Einwand liegt in dem Vorwurf, dem Gläubigerschutz werden nicht Genüge getan. Eine „vereinfachte" Liquidation einer Gesellschaft oder „Firmenbestattung" sei nun vereinfacht möglich und werde dadurch verstärkt, dass eine Registerkontrolle der Werthaltigkeit der eingebrachten Vermögensgegenstände aufgrund der unterbliebenen Kapitalerhöhung beim Verzicht entfällt.[611] Dagegen lässt sich allerdings einwenden, dass der Gläubigerschutz im UmwG primär durch § 22 erfolgt und weniger durch die Kapitalerhöhung. Es wird zudem auf die einfachen Umgehungsmöglichkeiten durch andere Gestaltungen aufmerksam gemacht.[612]

Schließlich wird die Richtlinienkonformität der Regelung bezweifelt, 358 da die Verschmelzungsrichtlinie keine allgemeine Möglichkeit des Anteilsverzichts vorsieht.[613]

Wird die Verschmelzung unter Ausgabe von Anteilen vorgenommen, 359 stellt sich nach wie vor die Frage, in welcher Höhe diese zu erfolgen hat. Auch dies ist strittig. Das BayObLG forderte aufgrund seiner Ausführungen zu den Kapitalerhaltungsvorschriften eine Kapitalerhöhung in Höhe des Nennwertes des übertragenden Stammkapitals.[614] Die hM in der Literatur geht hingegen davon aus, dass ein Mindestbetrag der Kapitalerhöhung im UmwG nicht vorgesehen sei und sich insbesondere nicht aus der allgemeinen Pflicht zur Anteilsgewährung nach § 5 I Nr. 2 UmwG herleiten lasse.[615] Es empfiehlt sich für diese Frage nach wie vor eine Rücksprache mit dem zuständigen Registerrichter, falls eine Kapitalerhöhung unterhalb des Nennwertes des übertragenden Stammkapitals erfolgen soll.[616]

5. Auswirkungen auf Unternehmensverträge

a) Die Verschmelzung von durch Unternehmensvertrag miteinander 360 verbundenen Unternehmen wirft keine besonderen Probleme auf. Grundsätzlich hindert das Bestehen eines Unternehmensvertrages die Verschmelzung des beherrschten auf das herrschende Unternehmen nicht. Weil Gläubiger und Schuldner der sich aus dem Unternehmensvertrag ergebenden Verpflichtungen nunmehr personenidentisch sind, erlischt das zuvor bestehende Schuldverhältnis durch **Konfusi-**

---

[611] *Mayer/Weiler* DB 2007 S. 1235 (1239); *Mayer* in Widmann/Mayer Umwandlungsrecht § 5 Rn. 47, § 54 Rn. 10. 2.
[612] *M. Winter/J. Vetter* in Lutter UmwG § 54 Rn. 78 ff; *Reichert* in Semler/Stengel UmwG § 54 Rn. 24.
[613] Bereits oben die Nachweise → Rn. 3; *Mayer/Weiler* DB 2007 S. 1235 (1239); *Heckschen* DNotZ 2007 S. 444 (450).
[614] BayObLG ZIP 1989 S. 1122.
[615] *Winter/Vetter* in Lutter UmwG § 54 Rn. 76 ff.; *Reichert* in Semler/Stengel UmwG § 54 Rn. 27 mwN.
[616] *Kiem* Muster Rn. 116.

§ 9 3. Teil. Verschmelzung

on.⁶¹⁷ Der Unternehmensvertrag wird durch die Verschmelzung beendet.⁶¹⁸

361 b) Problematisch ist hingegen, welchen Einfluss eine Verschmelzung auf bestehende **Unternehmensverträge** zwischen der übertragenden Gesellschaft und einer **dritten Gesellschaft** hat.

362 Würde ein Beherrschungs- oder Gewinnabführungsvertrag nach der Verschmelzung mit der übernehmenden Gesellschaft fortbestehen, dann müssten sich die Weisungs- und Gewinnabführungspflichten auf den ursprünglichen Bereich der übertragenden Gesellschaft beschränken lassen oder sich auf die übernehmende Gesellschaft ausweiten.

363 Ersteres ist aber wegen der unternehmenspolitischen Ausstrahlungen des Weisungsrechts nicht möglich.⁶¹⁹ Letzteres würde eine mit dem Prinzip der Privatautonomie nicht zu vereinbarende Rechtsänderung darstellen, denn die übernehmende Gesellschaft will lediglich die in der übertragenden Gesellschaft begründeten Rechte und Pflichten in deren ursprünglichen Umfang übernehmen.⁶²⁰ Die gesetzliche Regelung darf aber nicht über den typisierten Parteiwillen hinausreichen.⁶²¹

364 Unternehmensverträge, die das übertragende Unternehmen mit einer dritten Gesellschaft hatte, erlöschen deshalb, gleichviel, ob ein Beherrschungs- oder Gewinnabführungsvertrag bestand, wenn das übertragende Unternehmen eine abhängige Gesellschaft war.⁶²²

365 c) Befindet sich das übertragende Unternehmen in herrschender Stellung, dann erheben sich grundsätzlich keine Bedenken gegen den Fortbestand des Unternehmensvertrages.⁶²³

366 Allerdings kommt für das von der übertragenden Gesellschaft beherrschte Unternehmen im Falle eines Beherrschungsvertrages ein Kündigungsrecht aus wichtigem Grund in Betracht, wenn sich die Geschäftsgrundlage des Beherrschungsvertrages durch die Verschmelzung wesentlich verändert.⁶²⁴

367 d) Befindet sich die übernehmende Gesellschaft in einer abhängigen Unternehmensverbindung, dann besteht dieser Unternehmensvertrag

---

⁶¹⁷ Ganz allgemein zur Konfusion *Grüneberg* in Palandt BGB vor § 362 BGB Rn. 4.
⁶¹⁸ *Grunewald* in Lutter UmwG § 20 Rn. 37 ff.; *Marsch-Barner* in Kallmeyer UmwG § 20 Rn. 18.
⁶¹⁹ *Martens* AG 1986 S. 57 (61); *Koch* in Hüffer AktG § 291 Rn. 32 mwN.
⁶²⁰ *Martens* AG 1986 S. 57 (61); *Müller* BB 2002 S. 157.
⁶²¹ *Martens* AG 1986 S. 57 (61) in Bezug auf den bisherigen, inhaltlich durch § 20 I Nr. 1 UmwG nicht veränderten Rechtsgedanken des § 346 III AktG.
⁶²² LG Mannheim ZIP 1994 S. 1024 (1025) (SEN); OLG Celle WM 1972 S. 1011; *Grunewald* in Lutter UmwG § 20 Rn. 38; *Marsch-Barner* in Kallmeyer UmwG § 20 Rn. 21; aA *Vossius* in Festschrift Widmann S. 133 ff., 138 ff.
⁶²³ OLG Karlsruhe ZIP 1991 S. 101 ff.; LG Bonn GmbHR 1996 S. 774; *Lutter/Hommelhoff* GmbHG, 13. Auflage zu § 25 KapErhG Rn. 13; *Geßler* in Geßler/Hefermehl/Eckardt/Kropff AktG § 297 Rn. 48; *Kübler* in Semler/Stengel UmwG § 20 Rn. 30.
⁶²⁴ *Martens* AG 1986 S. 57 (62); *Marsch-Barner* in Kallmeyer UmwG § 20 Rn. 19 f.; *Kübler* in Semler/Stengel UmwG § 20 Rn. 30.

§ 9. Umwandlungsrechtliche Regelungen § 9

ebenfalls fort.[625] Unter Umständen kommt aber auch hier die Kündigung des Vertrages aus wichtigem Grund in Betracht.[626]

VI. Kettenverschmelzung

1. Begriff

Die Kettenverschmelzung beschreibt als gesetzlich nicht definierter 368 Begriff die Verschmelzung von drei oder mehr Rechtsträgern, wobei vor Wirksamwerden der ersten Verschmelzung der übernehmende Rechtsträger im Rahmen einer zweiten Verschmelzung als übertragender Rechtsträger einen Verschmelzungsvertrag mit einem weiteren übernehmenden Rechtsträger abschließt.[627] Kettenverschmelzungen als Konzernierungsvorgänge, insbesondere bei 100%igen Enkel- und Tochtergesellschaften, führen in der Praxis nicht zu nennenswerten Schwierigkeiten. In diesen Fällen ist lediglich eine sorgfältige Planung der Vertragsabschlüsse und der Anmeldungen beim Handelsregister erforderlich.[628] Probleme können auftreten, wenn Minderheitsgesellschaften an dem ersten übertragenden Rechtsträger beteiligt sind, die nach der ersten Verschmelzung noch eine Sperrminorität beim übernehmenden Rechtsträger erhalten, diese dann im Rahmen der zweiten Verschmelzung verlieren. Es stellt sich dann die Frage der **Mitwirkungsrechte** der Gesellschafter des ersten übertragenden Rechtsträgers im Rahmen der zweiten oder weiteren Verschmelzung.

2. Zulässigkeit und Rechtsfolgen

Eine gesetzliche Regelung, die einem übernehmenden Rechtsträger 369 in der Zeit zwischen Verschmelzungsbeschluss und der Eintragung der Verschmelzung den Abschluss eines weiteren Verschmelzungsvertrages, bei dem er seinerseits übertragender Rechtsträger ist, versagt, besteht nicht. Ebenso wenig ist eine Beteiligung der erst künftig hinzutretenden Anteilseigner an der den Zustimmungsbeschluss fassenden Versammlung vorgesehen. Vielmehr ergibt sich aus dem UmwG (für die AG § 65 I UmwG, für die GmbH § 50 UmwG), dass es für die ordnungsgemäße Beschlussfassung allein auf die im Zeitpunkt der Versammlung der Gesellschaft angehörigen Anteilseigner ankommt. Eine Beteiligung zukünftiger Anteilseigner ist nicht vorgesehen.

---

[625] *Kübler* in Semler/Stengel UmwG § 20 Rn. 29.
[626] *Grunewald* in Lutter UmwG § 20 Rn. 37; *Stratz* in Schmitt/Hörtnagl/Stratz UmwG § 20 Rn. 57; kritisch zum Kündigungsrecht, da das herrschende Unternehmen diesen selbst herbeigeführt habe, *Kübler* in Semler/Stengel UmwG § 20 Rn. 29.
[627] *Maier-Reimer/Seulen* in Semler/Stengel UmwG § 120 Rn. 42.
[628] In kostenrechtlicher Hinsicht ist zu beachten, dass sich keine Reduzierung des Geschäftswerts und somit der Notarkosten daraus ergibt, dass durch die Erstverschmelzung Forderungen, welche die übertragende Gesellschaft gegen die aufnehmende hat, wegfallen; OLG Düsseldorf DB 1998 S. 2004.

§ 9 3. Teil. Verschmelzung

370 Hieraus folgt, dass ein vor Wirksamwerden der ersten Verschmelzung abgeschlossener zweiter Verschmelzungsvertrag ohne die Beteiligung der künftigen Anteilseigner wirksam ist. Aus dem Verschmelzungsvertrag ergeben sich jedoch **Treuepflichten,** die die Anteilsinhaber des übernehmenden Rechtsträgers durch eine die Anteilsinhaber des übertragenden Rechtsträgers beeinträchtigende zweite Verschmelzung verletzen können.

371 Die Situation der in ihren Rechten betroffenen Anteilseigner ähnelt derjenigen der Zeichner einer Kapitalerhöhung, die durch Beschlüsse einer zwischen Zeichnung und Eintragung der Kapitalerhöhung stattfindenden Hauptversammlung zu ihrem Nachteil gebunden werden können. Aus einer solchen Situation können Schadensersatzansprüche resultieren,[629] ferner kommt die Möglichkeit der Anfechtung nach § 255 II AktG in Betracht. Einer analogen Anwendung des § 255 II AktG steht jedoch § 14 II UmwG entgegen. Übertragbar erscheint demgegenüber die Gewährung von Schadensersatz. Dieser wäre mit dem System des Umwandlungsrechts, das die Angriffsmöglichkeiten gegen fehlerhafte Beschlüsse stark einschränkt und die Betroffenen auf Ersatzansprüche verweist, vereinbar.

372 Um sich vor einer solchen zweiten Verschmelzung zu schützen, sollten die Anteilseigner den ersten Verschmelzungsvertrag unter der Bedingung abschließen, dass die Anteilsinhaber des übernehmenden Rechtsträgers bis zur Eintragung der Verschmelzung ohne die Zustimmung der Anteilsinhaber des erstübertragenden Rechtsträgers keine Satzungsänderungen bzw. Umwandlungen beschließen.[630]

373 Ein Schadenersatzanspruch kommt nicht in Betracht, wenn die Anteilsinhaber des übertragenden Rechtsträgers in Kenntnis der geplanten zweiten Verschmelzung der ersten Verschmelzung zugestimmt haben. Eine solche geplante zweite Verschmelzung sollte in den Protokollen zur Beschlussfassung über die erste Verschmelzung dokumentiert werden.

VII. Rechtsformspezifische Verschmelzungsfälle im UmwG

1. Verschmelzung von Kapitalgesellschaften untereinander

Fall: Verschmelzung einer Tochter-GmbH auf die Mutter-GmbH durch Aufnahme

374 *Die M-GmbH hält alle Geschäftsanteile an der T-GmbH. Die T-GmbH soll auf die M-GmbH verschmolzen werden. Alleiniger Gesellschafter der M-GmbH und einzelvertretungsberechtigter Geschäftsführer beider Gesellschaften ist der O.*

Hierzu folgende Muster:
– Verschmelzungsvertrag nebst Zustimmungsbeschlüssen und Verzichtserklärungen, Rn. 374 A
– Anschreiben an den Betriebsrat, Rn. 374 B
– Handelsregisteranmeldung der übernehmenden Gesellschaft, Rn. 374 C
– Handelsregisteranmeldung der übertragenden Gesellschaft, Rn. 374 D

---
[629] *Lutter* in Kölner Kommentar zum AktG § 189 Rn. 11 f.
[630] Zur Zulässigkeit siehe *Zimmermann* in Kallmeyer UmwG § 13 Rn. 4, 8.

§ 9. Umwandlungsrechtliche Regelungen § 9

Verschmelzung einer Tochter-GmbH auf die Mutter-GmbH durch Aufnahme, §§ 4 ff., 46 ff. UmwG; Verschmelzungsvertrag nebst Zustimmungsbeschlüssen und Verzichtserklärungen

UR. Nr. ..... für ..... 374 A
Verhandelt
zu Musterort am .....
Vor mir, ... Notar

für den Oberlandesgerichtsbezirk Musterort mit dem Amtssitz in Musterort, erschien, ausgewiesen durch Vorlage seines Bundespersonalausweises:

O

hier handelnd:
a) als einzelvertretungsberechtigter und von den Beschränkungen des § 181 BGB befreiter Geschäftsführer der T-GmbH mit Sitz in Musterort, eingetragen im Handelsregister des Amtsgerichts Musterort unter HR B 123,
b) als einzelvertretungsberechtigter und von den Beschränkungen des § 181 BGB befreiter Geschäftsführer der M-GmbH mit Sitz in Musterort, eingetragen im Handelsregister des Amtsgerichts Musterort unter HR B 456,
c) im eigenen Namen.

Der amtierende Notar hat sich durch heutige Einsichtnahme in das elektronische Handelsregister des Amtsgerichts Musterort HR B 123 sowie in das elektronische Handelsregister des Amtsgerichts Musterort HR B 456 überzeugt, dass dort die T-GmbH mit Sitz in Musterort bzw. die M-GmbH mit Sitz in Musterort eingetragen ist und O als einzelvertretungsberechtigter und von den Beschränkungen des § 181 BGB befreiter Geschäftsführer zur Vertretung sowohl der T-GmbH als auch der M-GmbH berechtigt ist.

Der Erschienene, handelnd wie angegeben, erklärte:

I. Vorbemerkungen

1. O ist alleiniger Gesellschafter der im Handelsregister des Amtsgerichts Musterort unter HR B 456 eingetragenen M-GmbH mit Sitz in Musterort.
2. Die zuvor genannte M-GmbH ist alleinige Gesellschafterin der im Handelsregister des Amtsgerichts Musterort unter HR B 123 eingetragenen T-GmbH mit Sitz in Musterort.
3. Die M-GmbH ist demnach Muttergesellschaft der T-GmbH.
4. Der Notar hat die letzten vom Handelsregister aufgenommenen Gesellschafterlisten eingesehen.

§ 9   3. Teil. Verschmelzung

Die Liste der Gesellschafter der T-GmbH hat das Datum vom (Datum) (**ggf.**: und die Bestätigung des Notars (Name, Amtssitz)). Die M-GmbH ist in dieser Liste als Inhaber aller Geschäftsanteile eingetragen.
Die Liste der Gesellschafter der M-GmbH hat das Datum vom (Datum) (**ggf.**: und die Bestätigung des Notars (Name, Amtssitz)). O ist in dieser Liste als Inhaber aller Geschäftsanteile eingetragen.
5. Nach Angaben des O sind sämtliche Stammeinlagen bei beiden Gesellschaften voll erbracht.[631]
6. Mit diesem Vertrag soll die T-GmbH auf die M-GmbH verschmolzen werden.

II. Verschmelzungsvertrag

Die M-GmbH als übernehmende Gesellschaft und die T-GmbH als übertragende Gesellschaft schließen folgenden Verschmelzungsvertrag:

§ 1
Vermögensübertragung, Bilanzstichtag, Verschmelzungsstichtag

1. Die T-GmbH mit Sitz in Musterort überträgt ihr Vermögen als Ganzes mit allen Rechten und Pflichten als übertragende Gesellschaft unter Auflösung ohne Abwicklung gemäß § 2 Nr. 1 UmwG auf die M-GmbH mit Sitz in Musterort als übernehmende Gesellschaft im Wege der Verschmelzung durch Aufnahme.
2. Der Verschmelzung der Gesellschaften wird die Bilanz der T-GmbH zum (Datum) als Schlussbilanz zugrunde gelegt. Ein Exemplar dieser festgestellten und unterzeichneten Bilanz nebst Gewinn- und Verlustrechnung, Anhang und Lagebericht und dem uneingeschränkten Bestätigungsvermerk des Abschlussprüfers vom (Datum) ist dieser Niederschrift – lediglich zu Dokumentationszwecken – als **Anlage 1** beigefügt.[632]
3. Die Verschmelzung soll mit Wirkung von der Eintragung in das Handelsregister der übernehmenden Gesellschaft wirksam sein.
Die Übernahme des Vermögens der übertragenden Gesellschaft erfolgt im Innenverhältnis mit Wirkung zum Ablauf des (Datum). Vom (Datum), 0.00 Uhr, an (Verschmelzungsstichtag) gelten alle Handlungen und Geschäfte der T-GmbH als für Rechnung der M-GmbH vorgenommen.

---

[631] Beachte andernfalls § 51 UmwG; bei Upstream-Merger aufgrund teleologischer Reduktion wohl kein Zustimmungserfordernis, wenn bei der Tochter-GmbH Geschäftsanteile nicht voll eingezahlt sind.

[632] Das Beifügen als Anlage zum Verschmelzungsvertrag ist nicht zwingend, erst recht nicht als echte Anlage iSd BeurkG. Der Anmeldung zum Handelsregister des übertragenden Rechtsträgers hingegen ist die Schlussbilanz zwingend als Anlage beizufügen, § 17 II UmwG.

§ 9. Umwandlungsrechtliche Regelungen § 9

§ 2
Gegenleistung, Abfindungsangebot

1. Da die übernehmende Gesellschaft, die M-GmbH, alleinige Gesellschafterin der T-GmbH ist, findet die Verschmelzung gemäß § 54 Abs. 1 S. 1 Nr. 1 UmwG ohne eine Kapitalerhöhung bei der übernehmenden M-GmbH und gemäß § 20 Abs. 1 Nr. 3 S. 1 Halbsatz 2 UmwG ohne Ausgabe neuer Geschäftsanteile statt. Die Übertragung des Vermögens der T-GmbH im Wege der Verschmelzung erfolgt daher ohne Gegenleistung. Die Angaben über den Umtausch der Anteile nach § 5 Abs. 1 Nrn. 2 bis 5 UmwG entfallen gemäß § 5 Abs. 2 UmwG.
2. Ein Abfindungsangebot gem. § 29 UmwG ist nicht erforderlich.[633]

§ 3
Besondere Rechte oder Vorteile

Besondere Rechte nach § 5 Abs. 1 Nr. 7 UmwG oder besondere Vorteile nach § 5 Abs. 1 Nr. 8 UmwG werden nicht gewährt.

§ 4
Folgen für die Arbeitnehmer und ihre Vertretungen

1. Die Verschmelzung hat keine Auswirkungen auf die Arbeitnehmer oder ihre Vertreter bei den beteiligten Gesellschaften.
2. Weder die übertragende Gesellschaft noch die übernehmende Gesellschaft hat Arbeitnehmer und folglich auch keine Arbeitnehmervertretung. Es existieren auch keine Ausschüsse, Organe oder sonstige Gremien, zu deren Mitgliedern Arbeitnehmer gehören, insbesondere kein Wirtschaftsausschuss und kein Aufsichtsrat.

Oder:
1. Die bei der T-GmbH bestehenden Dienst- und Anstellungsverträge gehen gemäß § 324 UmwG in Verbindung mit § 613a Abs. 1 BGB unverändert in der Weise auf die M-GmbH über, dass die Arbeitsverträge der bisher bei der T-GmbH beschäftigten Arbeitnehmer so behandelt werden, als seien diese Arbeitnehmer vom Beginn ihrer jeweiligen Arbeitsverhältnisse an bei der M-GmbH beschäftigt gewesen. Die zeitliche Zusammenfassung der Arbeitsverhältnisse gilt insbesondere im Hinblick auf Kündigungsfristen der Arbeitsverträge und etwaige vertraglich mit der T-GmbH vereinbarte betriebliche Altersversorgungen der betroffenen Arbeitnehmer. Der Anstellungsvertrag des hier erschienenen Geschäftsführers mit der T-GmbH geht jedoch im Hinblick darauf, dass er bereits Geschäftsführer der übernehmenden Gesellschaft M-GmbH ist, nicht auf die M-GmbH über.

---

[633] § 29 I UmwG scheidet mangels Mischverschmelzung aus. In Betracht käme nur § 29 I UmwG, wenn die Geschäftsanteile an der M-GmbH vinkuliert wären.

Brünger

§ 9   3. Teil. Verschmelzung

2. Die Arbeitnehmer behalten den gleichen Dienstort. Ihre Tätigkeit wird wie bisher auf dem Gebiet der ...... liegen. Betriebsstilllegungen, Betriebszusammenlegungen, Personalrationalisierungen und/oder Versetzungen als mittelbare Folgen der Verschmelzung sind nicht beabsichtigt.
3. Die M-GmbH hat einen Betriebsrat, die T-GmbH hat keinen Betriebsrat. Gesamt-, Konzern- und/oder Europäische Betriebsräte sowie Jugend- und Auszubildendenvertretungen oder Sprecherausschüsse existieren in beiden Gesellschaften nicht. Die übertragende Gesellschaft hat keinen Wirtschaftsausschuss. Keine der Gesellschaften hat einen Aufsichtsrat. Dem Betriebsrat der M-GmbH ist der Entwurf dieses Verschmelzungsvertrages am (Datum) zugeleitet worden. Eine Kopie dieses Schreibens, auf der der Betriebsrat den Empfang quittiert hat, wird dieser Urkunde zu Dokumentationszwecken als **Anlage 2** beigefügt. Die Verschmelzung hat keine Auswirkungen auf den Betriebsrat der M-GmbH und/oder auf seine Mitglieder und deren Zahl oder Amtszeit.
4. In beiden Gesellschaften gelten dieselben kollektivrechtlichen Bestimmungen. Die M-GmbH unterliegt der gleichen tariflichen Bindung wie die T-GmbH. Auswirkungen kollektivrechtlicher Art, insbesondere tarifrechtlicher oder mitbestimmungsrechtlicher Art, ergeben sich nicht.

§ 5
Sonstiges, Kosten

1. Die übertragende Gesellschaft hat keinen Grundbesitz[634] und ist ihrerseits nicht Gesellschafterin einer GmbH.[635]
2. Die mit der Durchführung des Verschmelzungsvertrages verbundenen Kosten trägt die übernehmende Gesellschaft.

§ 6
Rücktritt[636]

Beide Vertragsparteien sind zum Rücktritt von diesem Verschmelzungsvertrag berechtigt, wenn die Verschmelzung nicht spätestens am (Datum) in das Handelsregister der übernehmenden Gesellschaft eingetragen worden ist. Der Rücktritt ist durch schriftliche Erklärung gegenüber der jeweils anderen Vertragspartei zu erklären. Die Ausübung des Rücktrittsrechts bedarf nicht der Zustimmung der Gesellschafterversammlungen der beteiligten Gesellschaften. Das Rück-

---

[634] Andernfalls vgl. Muster 375 A (Verschmelzung Mutter-GmbH auf Tochter-GmbH zur Aufnahme).

[635] Andernfalls ist das Einreichen einer neuen Gesellschafterliste zum Handelsregister für diese GmbH veranlasst.

[636] Ein Recht zum Rücktritt ist nur fakultativer, nicht zwingender Inhalt des Verschmelzungsvertrages.

§ 9. Umwandlungsrechtliche Regelungen § 9

trittsrecht erlischt mit der Eintragung der Verschmelzung in das Handelsregister der übernehmenden Gesellschaft, wenn nicht bis dahin die Rücktrittserklärung zugegangen ist. § 7 Satz 2 UmwG findet auf diesen Rücktritt keine Anwendung. Die vorstehende Kostenregelung gilt auch für den Fall des Rücktritts.

III. Zustimmungsbeschlüsse

1. Die M-GmbH ist alleinige Gesellschafterin der T-GmbH, und zwar mit Geschäftsanteilen im Nennbetrag von € ..... und im Nennbetrag von € ...., auf die die Stammeinlagen voll erbracht sind.
2. O ist alleiniger Gesellschafter der M-GmbH mit einem Geschäftsanteil im Nennbetrag von € ..., auf den die Stammeinlage voll erbracht ist.
3. Unter Verzicht auf die Einhaltung aller Formen und Fristen für die Einberufung und Abhaltung einer Gesellschafterversammlung einschließlich der Einhaltung der Vorschriften der §§ 47, 48 und 49 UmwG hält O, handelnd im eigenen Namen als alleiniger Gesellschafter der M-GmbH, hiermit eine Gesellschaftervollversammlung der M-GmbH ab und beschließt mit allen Stimmen:
   a) Dem Verschmelzungsvertrag zwischen der T-GmbH als der übertragenden Gesellschaft und der M-GmbH als der übernehmenden Gesellschaft, wie er in Abschnitt II. dieser Urkunde abgeschlossen worden ist, wird zugestimmt.
   b) Aufgrund des hier vorliegenden Mutter-/Tochterverhältnisses beider Gesellschaften sind gemäß §§ 8 Abs. 3, 9 Abs. 2 und 12 Abs. 3 UmwG ein Verschmelzungsbericht, eine Verschmelzungsprüfung und ein Prüfungsbericht nicht erforderlich. Freiwillig sollen diese Berichte und Prüfungen nicht erfolgen.
   Damit ist die Gesellschafterversammlung der M-GmbH beendet.
4. Unter Verzicht auf die Einhaltung aller Formen und Fristen für die Einberufung und Abhaltung einer Gesellschafterversammlung einschließlich der Einhaltung der Vorschriften der §§ 47, 48 und 49 UmwG hält O, handelnd als einzelvertretungsberechtigter und von den Beschränkungen des § 181 BGB befreiter Geschäftsführer der M-GmbH, diese wiederum handelnd als alleinige Gesellschafterin der T-GmbH, hiermit eine Gesellschaftervollversammlung der T-GmbH ab und beschließt mit allen Stimmen:
   a) Dem Verschmelzungsvertrag zwischen der T-GmbH als der übertragenden Gesellschaft und der M-GmbH als der übernehmenden Gesellschaft, wie er in Abschnitt II. dieser Urkunde abgeschlossen worden ist, wird zugestimmt.
   b) Aufgrund des hier vorliegenden Mutter-/Tochterverhältnisses beider Gesellschaften sind gemäß §§ 8 Abs. 3, 9 Abs. 2 und 12 Abs. 3 UmwG ein Verschmelzungsbericht, eine Verschmelzungsprüfung und ein Prüfungsbericht nicht erforderlich. Freiwillig sollen diese Berichte und Prüfungen nicht erfolgen.
   Damit ist die Gesellschafterversammlung der T-GmbH beendet.

IV. Verzichtserklärungen

1. O, handelnd im eigenen Namen als alleiniger Gesellschafter der M-GmbH, erklärt:
Ich verzichte hiermit ausdrücklich auf die Geltendmachung eines etwaigen Anfechtungsrechts bezüglich des vorstehenden Verschmelzungsbeschlusses, insbesondere auf eine Klage gegen die Wirksamkeit des Verschmelzungsbeschlusses (§ 16 Abs. 2 UmwG). Vorsorglich verzichte ich außerdem auf einen Verschmelzungsbericht, eine Verschmelzungsprüfung und einen Prüfungsbericht (§§ 8 Abs. 3, 9 Abs. 3, 12 Abs. 3 UmwG).[637]

2. O, handelnd als einzelvertretungsberechtigter und von den Beschränkungen des § 181 BGB befreiter Geschäftsführer der M-GmbH, diese wiederum handelnd als alleinige Gesellschafterin der T-GmbH erklärt:
Ich verzichte hiermit ausdrücklich auf die Geltendmachung eines etwaigen Anfechtungsrechts bezüglich des vorstehenden Verschmelzungsbeschlusses, insbesondere auf eine Klage gegen die Wirksamkeit des Verschmelzungsbeschlusses (§ 16 Abs. 2 UmwG). Vorsorglich verzichte ich außerdem auf einen Verschmelzungsbericht, eine Verschmelzungsprüfung und einen Prüfungsbericht (§§ 8 Abs. 3, 9 Abs. 3, 12 Abs. 3 UmwG).[637]

V. Hinweise

Der Notar wies den Erschienenen darauf hin, dass
– zum Vollzug dieser Urkunde gesonderte Handelsregisteranmeldungen bei der übertragenden und bei der übernehmenden Gesellschaft erforderlich sind,
– die der Verschmelzung zugrundegelegte Bilanz nicht auf einen Stichtag aufgestellt sein darf, der länger als acht Monate vor der Anmeldung zum Handelsregister liegt,
– die Verschmelzung erst mit der Eintragung im Handelsregister der übernehmenden Gesellschaft wirksam wird,
– die übertragende Gesellschaft mit Wirksamwerden der Verschmelzung erlischt.
Diese Niederschrift wurde dem Erschienenen vom Notar vorgelesen, die Anlagen wurden ihm zur Durchsicht vorgelegt, alles wurde von dem Erschienenen genehmigt und von ihm und dem Notar eigenhändig wie folgt unterschrieben:

---

[637] Durch den Verzicht ist ein Verlangen gem. § 48 UmwG ausgeschlossen.

§ 9. Umwandlungsrechtliche Regelungen § 9

Anschreiben an Betriebsrat gemäß § 5 Abs. 3 UmwG

M-GmbH 374 B
Betriebsrat der M-GmbH
im Hause
z.Hd. des (Vorsitzenden des Betriebsrats)
– gegen Empfangsbekenntnis –
Betr.: Übersendung des Entwurfes des Verschmelzungsvertrages mit der T-GmbH gem. § 5 Abs. 3 UmwG
Sehr geehrter (Vorsitzender),
sehr geehrte Damen und Herren,
hiermit leiten wir Ihnen gem. § 5 Abs. 3 UmwG den Entwurf des Verschmelzungsvertrages zwischen der M-GmbH und der T-GmbH mit der Bitte um Kenntnisnahme zu.

Wir dürfen Sie als den Vorsitzenden des Betriebsrats bitten, den Erhalt dieses Schreibens nebst anliegendem Entwurf auf der beiliegenden Kopie dieses Schreibens zu bestätigen.[638]

Mit freundlichen Grüßen
O
Geschäftsführer

Handelsregisteranmeldung der übernehmenden Gesellschaft

UR. Nr. ..... für ..... 374 C
An das
Amtsgericht
– Handelsregister –
Musterort
HR B 456
Gesellschaft unter der Firma M-GmbH
Ich, O,
handelnd in meiner Eigenschaft als einzelvertretungsberechtigter Geschäftsführer der vorgenannten Gesellschaft, melde zur Eintragung in das Handelsregister an:
Auf die Gesellschaft ist im Wege der Verschmelzung durch Aufnahme gemäß § 2 Nr. 1 UmwG als übernehmende Gesellschaft das Ver-

---

[638] Auf die Einhaltung der Monatsfrist des § 5 III UmwG kann der Betriebsrat verzichten, auf die Zuleitung selbst hingegen nicht.

§ 9 3. Teil. Verschmelzung

mögen der T-GmbH mit dem Sitz in Musterort, eingetragen im Handelsregister des Amtsgerichts Musterort unter HR B 123, als übertragende Gesellschaft als Ganzes ohne Abwicklung übergegangen.[639]
Als Anlage überreiche ich eine Ausfertigung der Niederschrift vom (Datum) – UR. Nr. ..... des Notars ..... in ..... –, enthaltend:
a) den Verschmelzungsvertrag zwischen der T-GmbH als übertragender Gesellschaft und der M-GmbH als übernehmender Gesellschaft,
b) den Zustimmungsbeschluss der Gesellschafter der T-GmbH zur Verschmelzung,
c) den Zustimmungsbeschluss der Gesellschafter der M-GmbH zur Verschmelzung,
d) die Verzichtserklärungen der Gesellschafter der T-GmbH und der M-GmbH nach den §§ 8 Abs. 3, 9 Abs. 3 und 12 Abs. 3 UmwG,
e) die Verzichtserklärungen der Gesellschafter der T-GmbH und der M-GmbH nach § 16 Abs. 2 UmwG,
f) die Empfangsbestätigung des Betriebsrates der M-GmbH als Nachweis der Zuleitung des Entwurfs des Verschmelzungsvertrages gem. § 17 Abs. 1 UmwG,
g) die Schlussbilanz der T-GmbH zum (Datum).[640]

Ich erkläre weiter:
1. Da die übernehmende Gesellschaft, die M-GmbH, alleinige Gesellschafterin der T-GmbH ist, findet die Verschmelzung gemäß § 54 Abs. 1 S. 1 Nr. 1 UmwG ohne eine Kapitalerhöhung bei der übernehmenden M-GmbH und gemäß § 20 Abs. 1 Nr. 3 S. 1 Halbsatz 2 UmwG ohne Ausgabe neuer Geschäftsanteile statt.
2. Aufgrund des hier vorliegenden Mutter-/Tochterverhältnisses beider Gesellschaften sind gemäß §§ 8 Abs. 3, 9 Abs. 2 und 12 Abs. 3 UmwG ein Verschmelzungsbericht, eine Verschmelzungsprüfung und ein Prüfungsbericht nicht erforderlich. Darüber hinaus haben sämtliche Gesellschafter beider Gesellschaften auf einen Verschmelzungsbericht, eine Verschmelzungsprüfung und einen Prüfungsbericht verzichtet. Freiwillige Berichte und Prüfungen erfolgen nicht.
3. Die T-GmbH hat keinen Betriebsrat.
4. Besondere Zustimmungserklärungen einzelner Anteilsinhaber sind nicht erforderlich.
5. Staatliche Genehmigungen sind nicht erforderlich.

Es wird versichert, dass die Verschmelzungsbeschlüsse bis heute nicht angefochten worden sind und darüber hinaus auf das Recht

---

[639] Als Anmeldungstext sind andere Formulierungen denkbar. So genügt auch anzumelden, dass „die T-GmbH im Wege der Verschmelzung durch Aufnahme auf die M-GmbH verschmolzen wurde." Die hier gewählte ausführliche Formulierung entspricht dem Wortlaut des § 2 Nr. 1 UmwG.

[640] Der Handelsregisteranmeldung der übernehmenden Gesellschaft muss die Schlussbilanz nicht zwingend beigefügt werden, § 17 II UmwG.

§ 9. Umwandlungsrechtliche Regelungen § 9

der Anfechtung dieser Beschlüsse ausdrücklich verzichtet wurde
(§ 16 Abs. 2 UmwG).

(Ort, Datum)

(Beglaubigungsvermerk)

Handelsregisteranmeldung der übertragenden Gesellschaft

UR. Nr. ..... für ..... 374 D
An das
Amtsgericht
– Handelsregister –
Musterort
HR B 123
Gesellschaft unter der Firma T-GmbH
Ich, O,
handelnd in meiner Eigenschaft als einzelvertretungsberechtigter Geschäftsführer der vorgenannten Gesellschaft, melde zur Eintragung in das Handelsregister an:

Das Vermögen der Gesellschaft ist im Wege der Verschmelzung durch Aufnahme gemäß § 2 Nr. 1 UmwG als Ganzes ohne Abwicklung auf die M-GmbH mit Sitz in Musterort, eingetragen im Handelsregister des Amtsgerichts Musterort unter HR B 456, als übernehmende Gesellschaft übergegangen.[641]

Die Gesellschaft ist mit Durchführung der Verschmelzung erloschen.

Als Anlage überreiche ich eine Ausfertigung der Niederschrift vom (Datum) – UR. Nr. ..... des Notars ..... in ..... –, enthaltend:
a) den Verschmelzungsvertrag zwischen der T-GmbH als übertragender Gesellschaft und der M-GmbH als übernehmender Gesellschaft,
b) den Zustimmungsbeschluss der Gesellschafter der T-GmbH zur Verschmelzung,
c) den Zustimmungsbeschluss der Gesellschafter der M-GmbH zur Verschmelzung,
d) die Verzichtserklärungen der Gesellschafter der T-GmbH und der M-GmbH nach den §§ 8 Abs. 3, 9 Abs. 3 und 12 Abs. 3 UmwG,
e) die Verzichtserklärungen der Gesellschafter der T-GmbH und der M-GmbH nach § 16 Abs. 2 UmwG,

---

[641] Als Anmeldungstext sind andere Formulierungen denkbar. So genügt auch anzumelden, dass „die T-GmbH im Wege der Verschmelzung durch Aufnahme auf die M-GmbH verschmolzen wurde." Die hier gewählte ausführliche Formulierung entspricht dem Wortlaut des § 2 Nr. 1 UmwG.

Brünger

§ 9 3. Teil. Verschmelzung

f) die Empfangsbestätigung des Betriebsrates der M-GmbH als Nachweis der Zuleitung des Entwurfs des Verschmelzungsvertrages gem. § 17 Abs. 1 UmwG,
g) die Schlussbilanz der T-GmbH zum (Datum).
Ich erkläre weiter:
1. Aufgrund des hier vorliegenden Mutter-/Tochterverhältnisses beider Gesellschaften sind gemäß §§ 8 Abs. 3, 9 Abs. 2 und 12 Abs. 3 UmwG ein Verschmelzungsbericht, eine Verschmelzungsprüfung und ein Prüfungsbericht nicht erforderlich. Darüber hinaus haben sämtliche Gesellschafter beider Gesellschaften auf einen Verschmelzungsbericht, eine Verschmelzungsprüfung und einen Prüfungsbericht verzichtet. Freiwillige Berichte und Prüfungen erfolgen nicht.
2. Die T-GmbH hat keinen Betriebsrat.
3. Besondere Zustimmungserklärungen einzelner Anteilsinhaber sind nicht erforderlich.
4. Staatliche Genehmigungen sind nicht erforderlich.

Es wird versichert, dass die Verschmelzungsbeschlüsse bis heute nicht angefochten worden sind und darüber hinaus auf das Recht der Anfechtung dieser Beschlüsse ausdrücklich verzichtet wurde (§ 16 Abs. 2 UmwG).

(Ort, Datum)

(Beglaubigungsvermerk)

Fall: Verschmelzung einer Mutter-GmbH auf die Tochter-GmbH durch Aufnahme

375 *Die M-GmbH hält alle Geschäftsanteile an der T-GmbH. Die M-GmbH soll auf die T-GmbH verschmolzen werden. Alleiniger Gesellschafter der M-GmbH und einzelvertretungsberechtigter Geschäftsführer beider Gesellschaften ist der O.*

Hierzu folgende Muster:
– Verschmelzungsvertrag nebst Zustimmungsbeschlüssen und Verzichtserklärungen, Rn. 375 A
– Handelsregisteranmeldung der übernehmenden Gesellschaft, Rn. 375 B
– Handelsregisteranmeldung der übertragenden Gesellschaft, Rn. 375 C

§ 9. Umwandlungsrechtliche Regelungen § 9

Verschmelzung einer Mutter-GmbH auf die Tochter-GmbH durch Aufnahme, §§ 4 ff., 46 ff. UmwG; Verschmelzungsvertrag nebst Zustimmungsbeschlüssen und Verzichtserklärungen

UR. Nr. ..... für ..... 375 A
Verhandelt
zu Musterort am .....
Vor mir, ...
Notar

für den Oberlandesgerichtsbezirk Musterort mit dem Amtssitz in Musterort, erschien, ausgewiesen durch Vorlage seines Bundespersonalausweises:

O

hier handelnd.
a) als einzelvertretungsberechtigter und von den Beschränkungen des § 181 BGB befreiter Geschäftsführer der T-GmbH mit Sitz in Musterort, eingetragen im Handelsregister des Amtsgerichts Musterort unter HR B 123,
b) als einzelvertretungsberechtigter und von den Beschränkungen des § 181 BGB befreiter Geschäftsführer der M-GmbH mit Sitz in Musterort, eingetragen im Handelsregister des Amtsgerichts Musterort unter HR B 456,
c) im eigenen Namen.

Der amtierende Notar hat sich durch heutige Einsichtnahme in das elektronische Handelsregister des Amtsgerichts Musterort HR B 123 sowie in das elektronische Handelsregister des Amtsgerichts Musterort HR B 456 überzeugt, dass dort die T-GmbH mit Sitz in Musterort bzw. die M-GmbH mit Sitz in Musterort eingetragen ist und O als einzelvertretungsberechtigter und von den Beschränkungen des § 181 BGB befreiter Geschäftsführer zur Vertretung sowohl der T-GmbH als auch der M-GmbH berechtigt ist.

Der Erschienene, handelnd wie angegeben, erklärte:

I. Vorbemerkungen

1. O ist alleiniger Gesellschafter der im Handelsregister des Amtsgerichts Musterort unter HR B 456 eingetragenen M-GmbH mit Sitz in Musterort.
2. Die zuvor genannte M-GmbH ist alleinige Gesellschafterin der im Handelsregister des Amtsgerichts Musterort unter HR B 123 eingetragenen T-GmbH mit Sitz in Musterort.
3. Die M-GmbH ist demnach Muttergesellschaft der T-GmbH.
4. Der Notar hat die letzten vom Handelsregister aufgenommenen Gesellschafterlisten eingesehen.

§ 9 3. Teil. Verschmelzung

Die Liste der Gesellschafter der T-GmbH hat das Datum vom (Datum) (**ggf.**: und die Bestätigung des Notars (Name, Amtssitz)). Die M-GmbH ist in dieser Liste als Inhaber aller Geschäftsanteile eingetragen.
Die Liste der Gesellschafter der M-GmbH hat das Datum vom (Datum) (**ggf.**: und die Bestätigung des Notars (Name, Amtssitz)). O ist in dieser Liste als Inhaber aller Geschäftsanteile eingetragen.
5. Nach Angaben des O sind sämtliche Stammeinlagen bei beiden Gesellschaften voll erbracht.[642]
6. Mit diesem Vertrag soll die M-GmbH auf die T-GmbH verschmolzen werden.

II. Verschmelzungsvertrag

Die T-GmbH als übernehmende Gesellschaft und die M-GmbH als übertragende Gesellschaft schließen folgenden Verschmelzungsvertrag:

§ 1
Vermögensübertragung, Bilanzstichtag, Verschmelzungsstichtag

1. Die M-GmbH mit Sitz in Musterort überträgt ihr Vermögen als Ganzes mit allen Rechten und Pflichten als übertragende Gesellschaft unter Auflösung ohne Abwicklung gemäß § 2 Nr. 1 UmwG auf die T-GmbH mit Sitz in Musterort als übernehmende Gesellschaft im Wege der Verschmelzung durch Aufnahme.
2. Der Verschmelzung der Gesellschaften wird die Bilanz der M-GmbH zum (Datum) als Schlussbilanz zugrunde gelegt. Ein Exemplar dieser festgestellten und unterzeichneten Bilanz nebst Gewinn- und Verlustrechnung, Anhang und Lagebericht und dem uneingeschränkten Bestätigungsvermerk des Abschlussprüfers vom (Datum) ist dieser Niederschrift – lediglich zu Dokumentationszwecken – als **Anlage 1** beigefügt.[643]
3. Die Verschmelzung soll mit Wirkung von der Eintragung in das Handelsregister der übernehmenden Gesellschaft an wirksam sein.
Die Übernahme des Vermögens der übertragenden Gesellschaft erfolgt im Innenverhältnis mit Wirkung zum Ablauf des (Datum).
Vom (Datum), 0.00 Uhr, an (Verschmelzungsstichtag) gelten alle Handlungen und Geschäfte der M-GmbH als für Rechnung der T-GmbH vorgenommen.

---

[642] Beachte andernfalls § 51.
[643] Das Beifügen als Anlage zum Verschmelzungsvertrag ist nicht zwingend, erst recht nicht als echte Anlage iSd BeurkG. Der Anmeldung zum Handelsregister des übertragenden Rechtsträgers hingegen ist die Schlussbilanz zwingend als Anlage beizufügen, § 17 II UmwG.

§ 9. Umwandlungsrechtliche Regelungen § 9

§ 2
Gegenleistung[644], Abfindungsangebot

1. Da die übertragende M-GmbH den einzigen Geschäftsanteil an der T-GmbH innehat, auf welchen die Einlage in voller Höhe erbracht ist,[645] soll die Verschmelzung gemäß § 54 Abs. 1 S. 2 Nr. 2 UmwG ohne Kapitalerhöhung stattfinden.[646]
2. Die Übertragung des Vermögens im Wege der Verschmelzung erfolgt vielmehr gegen Gewährung aller Geschäftsanteile an der übernehmenden T-GmbH an den Gesellschafter der M-GmbH. Mit Wirksamwerden der Verschmelzung durch Eintragung im Handelsregister erhält O als Gesellschafter der M-GmbH, daher die Geschäftsanteile im Nennbetrag von € ... und im Nennbetrag von € ...
3. Der Erwerb des Anteils an der übernehmenden T-GmbH durch den Gesellschafter der M-GmbH vollzieht sich gemäß § 20 Abs. 1 Nr. 1 UmwG kraft Gesetzes uno actu unmittelbar mit Eintragung der Verschmelzung im Handelsregister. Ein gesondertes Übertragungsgeschäft ist nicht erforderlich.
4. Dem vorstehend als Gegenleistung gewährten Geschäftsanteil steht das Gewinnbezugsrecht ab dem (Datum) zu.
5. Ein Abfindungsangebot gem. § 29 UmwG ist nicht erforderlich.[647]

§ 3
Besondere Rechte oder Vorteile

Besondere Rechte nach § 5 Abs. 1 Nr. 7 UmwG oder besondere Vorteile nach § 5 Abs. 1 Nr. 8 UmwG werden nicht gewährt.

§ 4
Folgen für die Arbeitnehmer und ihre Vertretungen

1. Die Verschmelzung hat keine Auswirkungen auf die Arbeitnehmer oder ihre Vertreter bei den beteiligten Gesellschaften.
2. Weder die übertragende Gesellschaft noch die übernehmende Gesellschaft hat Arbeitnehmer und folglich auch keine Arbeitnehmervertretung. Es existieren auch keine Ausschüsse, Organe oder sonstige Gremien, zu deren Mitgliedern Arbeitnehmer gehören, insbesondere kein Wirtschaftsausschuss und kein Aufsichtsrat.

---

[644] Die Erleichterungen des § 5 II UmwG findet bei der Verschmelzung einer Mutter- auf die Tochtergesellschaft keine Anwendung.
[645] Sonst würde das Kapitalerhöhungsverbot des § 54 I 1 Nr 3 UmwG gelten.
[646] Hier besteht seitens der T-GmbH ein Kapitalerhöhungswahlrecht, dass allerdings durch die Kapitalerhaltungsvorschriften der §§ 30 ff. GmbHG eingeschränkt sein kann. Findet eine Kapitalerhöhung statt, muss der T-GmbH auch wirklich positives Vermögen zugeführt werden.
[647] § 29 I 1 UmwG scheidet mangels Mischverschmelzung aus. In Betracht käme nur § 29 I 2 UmwG, wenn die Geschäftsanteile an der T-GmbH vinkuliert wären.

Oder:
1. Die bei der M-GmbH bestehenden Dienst- und Anstellungsverträge gehen gemäß § 324 UmwG in Verbindung mit § 613a Abs. 1 BGB unverändert in der Weise auf die T-GmbH über, dass die Arbeitsverträge der bisher bei der M-GmbH beschäftigten Arbeitnehmer so behandelt werden, als seien diese Arbeitnehmer vom Beginn ihrer jeweiligen Arbeitsverhältnisse an bei der T-GmbH beschäftigt gewesen. Die zeitliche Zusammenfassung der Arbeitsverhältnisse gilt insbesondere im Hinblick auf Kündigungsfristen der Arbeitsverträge und etwaige vertraglich mit der M-GmbH vereinbarte betriebliche Altersversorgungen der betroffenen Arbeitnehmer. Der Anstellungsvertrag des hier erschienenen Geschäftsführers mit der M-GmbH geht jedoch im Hinblick darauf, dass er bereits Geschäftsführer der übernehmenden Gesellschaft T-GmbH ist, nicht auf die M-GmbH über.
2. Die Arbeitnehmer behalten den gleichen Dienstort. Ihre Tätigkeit wird wie bisher auf dem Gebiet der ...... liegen. Betriebsstilllegungen, Betriebszusammenlegungen, Personalrationalisierungen und/oder Versetzungen als mittelbare Folgen der Verschmelzung sind nicht beabsichtigt.
3. Die M-GmbH hat einen Betriebsrat, die T-GmbH hat keinen Betriebsrat. Gesamt-, Konzern- und/oder Europäische Betriebsräte sowie Jugend- und Auszubildendenvertretungen oder Sprecherausschüsse existieren in beiden Gesellschaften nicht. Die übertragende Gesellschaft hat keinen Wirtschaftsausschuss. Keine der Gesellschaften hat einen Aufsichtsrat.
Dem Betriebsrat der M-GmbH ist der Entwurf dieses Verschmelzungsvertrages am (Datum) zugeleitet worden.[648] Eine Kopie dieses Schreibens, auf der der Betriebsrat den Empfang quittiert hat, wird dieser Urkunde zu Dokumentationszwecken als **Anlage 2** beigefügt. Die Verschmelzung hat keine Auswirkungen auf den Betriebsrat der M-GmbH und/oder auf seine Mitglieder und deren Zahl oder Amtszeit. Die übertragende Gesellschaft bleibt als eigenständiger Betrieb erhalten.
4. In beiden Gesellschaften gelten dieselben kollektivrechtlichen Bestimmungen. Die M-GmbH unterliegt der gleichen tariflichen Bindung wie die T-GmbH. Auswirkungen kollektivrechtlicher Art, insbesondere tarifrechtlicher oder mitbestimmungsrechtlicher Art, ergeben sich nicht.

---

[648] Vgl. Muster 374 B (Verschmelzung Tochter-GmbH auf Mutter-GmbH zur Aufnahme).

§ 9. Umwandlungsrechtliche Regelungen § 9

§ 5
Sonstiges, Kosten

1. Die übertragende Gesellschaft hat keinen Grundbesitz.

Oder:

1. Die übertragende Gesellschaft ist Eigentümerin des im Grundbuch des Amtsgerichts Musterort von Musterort Blatt 789 eingetragenen Grundbesitzes, Gemarkung..., Flur ... Flurstück... (Lagebezeichnung, Größe).
Der Erschienene, handelnd wie angegeben, bewilligt und beantragt bereits jetzt die Berichtigung aller Grundbücher, in denen die M-GmbH als Eigentümer oder Inhaber eines sonstigen Rechts eingetragen ist, insb. das Vorgenannte dahingehend, dass die T-GmbH anstelle der M-GmbH als Eigentümerin/Berechtigte eingetragen wird.
Der beurkundende Notar ist befugt, Anträge aus dieser Urkunde einzeln und eingeschränkt zu stellen und sie in gleicher Weise wieder zurückzuziehen.
2. Die M-GmbH ist ausschließlich Gesellschafterin der T-GmbH, aber nicht Gesellschafterin weiterer GmbH ls.[649]
3. Die mit der Durchführung des Verschmelzungsvertrages verbundenen Kosten trägt die übernehmende Gesellschaft.

§ 6
Rücktritt[650]

Beide Vertragsparteien sind zum Rücktritt von diesem Verschmelzungsvertrag berechtigt, wenn die Verschmelzung nicht spätestens am (Datum) in das Handelsregister der übernehmenden Gesellschaft eingetragen worden ist. Der Rücktritt ist durch schriftliche Erklärung gegenüber der jeweils anderen Vertragspartei zu erklären. Die Ausübung des Rücktrittsrechts bedarf nicht der Zustimmung der Gesellschafterversammlungen der beteiligten Gesellschaften. Das Rücktrittsrecht erlischt mit der Eintragung der Verschmelzung in das Handelsregister der übernehmenden Gesellschaft, wenn nicht bis dahin die Rücktrittserklärung zugegangen ist. § 7 Satz 2 UmwG findet auf diesen Rücktritt keine Anwendung. Die vorstehende Kostenregelung gilt auch für den Fall des Rücktritts.

III. Zustimmungsbeschlüsse

1. Die M-GmbH ist alleinige Gesellschafterin der T-GmbH, und zwar mit Geschäftsanteilen im Nennbetrag von € ..... und im Nennbetrag von € ...., auf die die Stammeinlagen voll erbracht sind.

---

[649] Andernfalls ist das Einreichen einer neuen Gesellschafterliste zum Handelsregister auch für diese GmbHs veranlasst.
[650] Ein Recht zum Rücktritt ist nur fakultativer, nicht zwingender Inhalt des Verschmelzungsvertrages.

§ 9 3. Teil. Verschmelzung

2. O ist alleiniger Gesellschafter der M-GmbH mit einem Geschäftsanteil im Nennbetrag von € ..., auf den die Stammeinlage voll erbracht ist.
3. Unter Verzicht auf die Einhaltung aller Formen und Fristen für die Einberufung und Abhaltung einer Gesellschafterversammlung einschließlich der Einhaltung der Vorschriften der §§ 47, 48 und 49 UmwG hält O, handelnd im eigenen Namen als alleiniger Gesellschafter der M-GmbH, hiermit eine Gesellschaftervollversammlung der M-GmbH ab und beschließt mit allen Stimmen:
Dem Verschmelzungsvertrag zwischen der M-GmbH als der übertragenden Gesellschaft und der T-GmbH als der übernehmenden Gesellschaft, wie er in Abschnitt II. dieser Urkunde abgeschlossen worden ist, wird zugestimmt.
Damit ist die Gesellschafterversammlung der T-GmbH beendet.
4. Unter Verzicht auf die Einhaltung aller Formen und Fristen für die Einberufung und Abhaltung einer Gesellschafterversammlung einschließlich der Einhaltung der Vorschriften der §§ 47, 48 und 49 UmwG hält O, handelnd als einzelvertretungsberechtigter und von den Beschränkungen des § 181 BGB befreiter Geschäftsführer der M-GmbH, diese wiederum handelnd als alleinige Gesellschafterin der T-GmbH, hiermit eine Gesellschaftervollversammlung der T-GmbH ab und beschließt mit allen Stimmen:
Dem Verschmelzungsvertrag zwischen der M-GmbH als der übertragenden Gesellschaft und der T-GmbH als der übernehmenden Gesellschaft, wie er in Abschnitt II. dieser Urkunde abgeschlossen worden ist, wird zugestimmt.
Damit ist die Gesellschafterversammlung der M-GmbH beendet.

IV. Verzichtserklärungen

1. O, handelnd im eigenen Namen als alleiniger Gesellschafter der M-GmbH, erklärt:
Ich verzichte hiermit auf einen Verschmelzungsbericht, eine Verschmelzungsprüfung und einen Prüfungsbericht (§§ 8 Abs. 3, 9 Abs. 3, 12 Abs. 3 UmwG).[651]
Ich verzichte hiermit außerdem ausdrücklich auf die Geltendmachung eines etwaigen Anfechtungsrechts bezüglich des vorstehenden Verschmelzungsbeschlusses, insbesondere auf eine Klage gegen die Wirksamkeit des Verschmelzungsbeschlusses (§ 16 Abs. 2 UmwG).
2. O, handelnd als einzelvertretungsberechtigter und von den Beschränkungen des § 181 BGB befreiter Geschäftsführer der M-GmbH, diese wiederum handelnd als alleinige Gesellschafterin der T-GmbH erklärt:

---

[651] Durch den Verzicht ist ein Verlangen gem. § 48 UmwG ausgeschlossen.

§ 9. Umwandlungsrechtliche Regelungen § 9

Ich verzichte hiermit auf einen Verschmelzungsbericht, eine Verschmelzungsprüfung und einen Prüfungsbericht (§§ 8 Abs. 3, 9 Abs. 3, 12 Abs. 3 UmwG).[652]
Ich verzichte hiermit außerdem ausdrücklich auf die Geltendmachung eines etwaigen Anfechtungsrechts bezüglich des vorstehenden Verschmelzungsbeschlusses, insbesondere auf eine Klage gegen die Wirksamkeit des Verschmelzungsbeschlusses (§ 16 Abs. 2 UmwG).

V. Hinweise

Der Notar wies den Erschienenen darauf hin, dass
- zum Vollzug dieser Urkunde gesonderte Handelsregisteranmeldungen bei der übertragenden und bei der übernehmenden Gesellschaft erforderlich sind,
- die der Verschmelzung zugrundegelegte Bilanz nicht auf einen Stichtag aufgestellt sein darf, der länger als acht Monate vor der Anmeldung zum Handelsregister liegt,
- die Verschmelzung erst mit der Eintragung im Handelsregister der übernehmenden Gesellschaft wirksam wird,
- die übertragende Gesellschaft mit Wirksamwerden der Verschmelzung erlischt,
- der Notar verpflichtet ist, die Verschmelzung der Grunderwerbsteuerstelle anzuzeigen, durch die hier vereinbarte Verschmelzung Grunderwerbsteuer ausgelöst werden kann und zur Grundbuchberichtigung die Vorlage der Unbedenklichkeitsbescheinigung erforderlich ist.

Diese Niederschrift wurde dem Erschienenen vom Notar vorgelesen, die Anlagen wurden ihm zur Durchsicht vorgelegt, alles wurde von dem Erschienenen genehmigt und von ihm und dem Notar eigenhändig wie folgt unterschrieben:

---

[652] Durch den Verzicht ist ein Verlangen gem. § 48 UmwG ausgeschlossen.

§ 9   3. Teil. Verschmelzung

Handelsregisteranmeldung der übernehmenden Gesellschaft

375 B UR. Nr. ...... für .....
An das
Amtsgericht
– Handelsregister –
Musterort
HR B 123
Gesellschaft unter der Firma T-GmbH
Ich, O,
handelnd in meiner Eigenschaft als einzelvertretungsberechtigter Geschäftsführer der vorgenannten Gesellschaft, melde zur Eintragung in das Handelsregister an:
Auf die Gesellschaft ist im Wege der Verschmelzung durch Aufnahme gemäß § 2 Nr. 1 UmwG als übernehmende Gesellschaft das Vermögen der M-GmbH mit dem Sitz in Musterort, eingetragen im Handelsregister des Amtsgerichts Musterort unter HR B 456, als übertragende Gesellschaft als Ganzes ohne Abwicklung übergegangen.[653]
Als Anlage überreiche ich eine Ausfertigung der Niederschrift vom (Datum) – UR. Nr. ..... des Notars ..... in ..... –, enthaltend:
a) den Verschmelzungsvertrag zwischen der M-GmbH als übertragender Gesellschaft und der T-GmbH als übernehmender Gesellschaft,
b) den Zustimmungsbeschluss der Gesellschafter der T-GmbH zur Verschmelzung,
c) den Zustimmungsbeschluss der Gesellschafter der M-GmbH zur Verschmelzung,
d) die Verzichtserklärungen der Gesellschafter der T-GmbH und der M-GmbH nach den §§ 8 Abs. 3, 9 Abs. 3 und 12 Abs. 3 UmwG,
e) die Verzichtserklärungen der Gesellschafter der T-GmbH und der M-GmbH nach § 16 Abs. 2 UmwG,
f) die Empfangsbestätigung des Betriebsrates der M-GmbH als Nachweis der Zuleitung des Entwurfs des Verschmelzungsvertrages gem. § 17 Abs. 1 UmwG,
g) die Schlussbilanz der M-GmbH zum (Datum).[654]

---

[653] Als Anmeldungstext sind andere Formulierungen denkbar. So genügt auch anzumelden, dass „die M-GmbH im Wege der Verschmelzung durch Aufnahme auf die T-GmbH verschmolzen wurde." Die hier gewählte ausführliche Formulierung entspricht dem Wortlaut des § 2 Nr. 1 UmwG.
[654] Der Handelsregisteranmeldung der übernehmenden Gesellschaft muss die Schlussbilanz nicht zwingend beigefügt werden, § 17 II UmwG.

§ 9. Umwandlungsrechtliche Regelungen § 9

Ich erkläre weiter:
1. Da die übernehmende Gesellschaft, die T-GmbH, 100%ige Tochter der M-GmbH ist, findet die Verschmelzung gemäß § 54 Abs. 1 S. 2 Nr. 2 UmwG ohne eine Kapitalerhöhung bei der übernehmenden T-GmbH statt.
2. Sämtliche Gesellschafter beider Gesellschaften haben auf einen Verschmelzungsbericht, eine Verschmelzungsprüfung und einen Prüfungsbericht verzichtet.
3. Die T-GmbH hat keinen Betriebsrat.
4. Besondere Zustimmungserklärungen einzelner Anteilsinhaber sind nicht erforderlich.
5. Staatliche Genehmigungen sind nicht erforderlich.

Es wird versichert, dass die Verschmelzungsbeschlüsse bis heute nicht angefochten worden sind und darüber hinaus auf das Recht der Anfechtung dieser Beschlüsse ausdrücklich verzichtet wurde (§ 16 Abs. 2 UmwG).

(Ort, Datum)

(Beglaubigungsvermerk)

Handelsregisteranmeldung der übertragenden Gesellschaft

UR. Nr. ..... für ..... 375 C

An das

Amtsgericht

– Handelsregister –

Musterort

HR B 456

Gesellschaft unter der Firma M-GmbH

Ich, O,

handelnd in meiner Eigenschaft als einzelvertretungsberechtigter Geschäftsführer der vorgenannten Gesellschaft, melde zur Eintragung in das Handelsregister an:

Das Vermögen der Gesellschaft ist im Wege der Verschmelzung durch Aufnahme gemäß §§ 2 Nr. 1 UmwG als Ganzes ohne Abwicklung auf die T-GmbH mit Sitz in Musterort, eingetragen im Handelsregister des Amtsgerichts Musterort unter HR B 456, als übernehmende Gesellschaft übergegangen.

Die Gesellschaft ist mit Durchführung der Verschmelzung erloschen.

Als Anlage überreiche ich eine Ausfertigung der Niederschrift vom (Datum) – UR. Nr. ..... des Notars ..... in ..... –, enthaltend:
a) den Verschmelzungsvertrag zwischen der M-GmbH als übertragender Gesellschaft und der T-GmbH als übernehmender Gesellschaft,

§ 9   3. Teil. Verschmelzung

b) den Zustimmungsbeschluss der Gesellschafter der T-GmbH zur Verschmelzung,
c) den Zustimmungsbeschluss der Gesellschafter der M-GmbH zur Verschmelzung,
d) die Verzichtserklärungen der Gesellschafter der T-GmbH und der M-GmbH nach den §§ 8 Abs. 3, 9 Abs. 3 und 12 Abs. 3 UmwG,
e) die Verzichtserklärungen der Gesellschafter der T-GmbH und der M-GmbH nach § 16 Abs. 2 UmwG,
f) die Empfangsbestätigung des Betriebsrates der M-GmbH als Nachweis der Zuleitung des Entwurfs des Verschmelzungsvertrages gem. § 17 Abs. 1 UmwG,
g) die Schlussbilanz der M-GmbH zum (Datum).

Ich erkläre weiter:
1. Sämtliche Gesellschafter beider Gesellschaften haben auf einen Verschmelzungsbericht, eine Verschmelzungsprüfung und einen Prüfungsbericht verzichtet.
2. Die T-GmbH hat keinen Betriebsrat.
3. Besondere Zustimmungserklärungen einzelner Anteilsinhaber sind nicht erforderlich.
4. Staatliche Genehmigungen sind nicht erforderlich.

Es wird versichert, dass die Verschmelzungsbeschlüsse bis heute nicht angefochten worden sind und darüber hinaus auf das Recht der Anfechtung dieser Beschlüsse ausdrücklich verzichtet wurde (§ 16 Abs. 2 UmwG).

(Ort, Datum)

(Beglaubigungsvermerk)

Fall: Verschmelzung zweier Aktiengesellschaften durch Aufnahme

376 Die G-AG ist mit 75,00% an der E-AG beteiligt. Die restlichen 25,00% sind Streubesitz. Unbekannte Aktionäre gibt es nicht. Die Vorstände der Gesellschaften beabsichtigen die Verschmelzung der E-AG auf die G-AG, wobei vinkulierte Namensaktien der G-AG ausgegeben werden sollen.

Hierzu folgende Muster:
– Verschmelzungsvertrag, Rn. 376 A
– Zustimmungsbeschluss der übernehmenden Gesellschaft, Hauptversammlung, Rn. 376 B
– Handelsregisteranmeldung der übernehmenden Gesellschaft, Rn. 376 C
– Handelsregisteranmeldung der übertragenden Gesellschaft, Rn. 376 D

§ 9. Umwandlungsrechtliche Regelungen § 9

Verschmelzung zweier Aktiengesellschaften durch Aufnahme, §§ 4 ff., 60 ff. UmwG; Verschmelzungsvertrag

UR. Nr. ..... für ..... 376 A
Verhandelt
zu Musterort am .....
Vor mir, ... Notar
für den Oberlandesgerichtsbezirk Musterort mit dem Amtssitz in Musterort, erschienen, von Person bekannt:
1) A
2) B
3) C
hier handelnd als gemeinsam vertretungsberechtigte Vorstandsmitglieder der G-AG mit Sitz in Musterort.
Der amtierende Notar hat sich durch heutige Einsichtnahme in das elektronische Handelsregister des Amtsgerichts Musterort HR B 123 überzeugt, dass dort die G-AG mit Sitz in Musterort eingetragen ist und die A, B und C als gemeinsam vertretungsberechtigte Vorstandsmitglieder zur Vertretung der G-AG berechtigt sind,
4) X
5) Y
hier handelnd als gemeinsam vertretungsberechtigte Vorstandsmitglieder der E-AG mit Sitz in Musterort.
Der amtierende Notar hat sich durch heutige Einsichtnahme in das elektronische Handelsregister des Amtsgerichts Musterort HR B 456 überzeugt, dass dort die E-AG mit Sitz in Musterort eingetragen ist und die Herren X und Y als gemeinsam vertretungsberechtigte Vorstandsmitglieder zur Vertretung der G-AG berechtigt sind,
Die Erschienenen erklärten, handelnd wie angegeben:

I. Vorbemerkungen

1. Die G-AG hält 75,00% der Aktien der E-AG. 25,00% sind Streubesitz.[655]
2. Mit diesem Vertrag soll die E-AG auf die G-AG verschmolzen werden.

II. Verschmelzungsvertrag

Die G-AG als übernehmende Gesellschaft[656] und die E-AG als übertragende Gesellschaft schließen folgenden Verschmelzungsvertrag:

---
[655] Sind Aktionäre unbekannt, ist § 35 UmwG zu beachten.
[656] Ist die übernehmende Gesellschaft zum Zeitpunkt des Vertragsschlusses noch nicht mindestens seit zwei Jahren im Handelsregister, beachte § 67 UmwG.

§ 1
Vermögensübertragung, Bilanzstichtag, Verschmelzungsstichtag

1. Die E-AG mit Sitz in Musterort überträgt ihr Vermögen als Ganzes mit allen Rechten und Pflichten als übertragende Gesellschaft unter Auflösung ohne Abwicklung nach § 2 Nr. 1 UmwG auf die G-AG mit Sitz in Musterort als übernehmende Gesellschaft im Wege der Verschmelzung durch Aufnahme.
2. Der Verschmelzung der Gesellschaften wird die Bilanz der E-AG zum (Datum) als Schlussbilanz zugrunde gelegt. Ein Exemplar dieser festgestellten und unterzeichneten Bilanz nebst Gewinn- und Verlustrechnung, Anhang und Lagebericht und dem uneingeschränkten Bestätigungsvermerk des Abschlussprüfers vom (Datum) ist dieser Niederschrift – lediglich zu Dokumentationszwecken – als **Anlage 1** beigefügt.[657]
3. Die Verschmelzung soll mit Wirkung von der Eintragung in das Handelsregister der übernehmenden Gesellschaft wirksam sein. Die Übernahme des Vermögens der übertragenden Gesellschaft erfolgt im Innenverhältnis mit Wirkung zum Ablauf des (Datum). Vom (Datum), 0.00 Uhr an, (Verschmelzungsstichtag) gelten alle Handlungen und Geschäfte der E-AG als für Rechnung der G-AG vorgenommen.

§ 2
Gegenleistung, Abfindungsangebot

1. Die G-AG gewährt als Gegenleistung allen außenstehenden Aktionären der E-AG für jeweils ..... Inhaberaktien der E-AG (Nennbetrag: jeweils € .....) eine vinkulierte Namensaktie der G-AG im Nennbetrag von € ....., wobei bare Zuzahlungen nicht geleistet werden. Das Gewinnbezugsrecht aus diesen Aktien wird ab dem (Datum) gewährt.
2. Das Umtauschverhältnis beträgt somit .....
3. Im Hinblick auf § 29 Abs. 1 S. (1 oder 2)[658] UmwG macht die G-AG bereits jetzt jedem Aktionär der E-AG, der gegen den Verschmelzungsbeschluss der übertragenden Gesellschaft Widerspruch zur Niederschrift erklärt, das Angebot, ihm für jede Inhaberaktie der E-AG € ..... zu bezahlen. Das Angebot kann gemäß § 31 UmwG nur innerhalb einer Frist von zwei Monaten nach dem Tag angenommen werden, an dem die Eintragung der Verschmel-

---

[657] Das Beifügen als Anlage zum Verschmelzungsvertrag ist nicht zwingend, erst recht nicht als echte Anlage iSd BeurkG. Der Anmeldung zum Handelsregister des übertragenden Rechtsträgers hingegen ist die Schlussbilanz zwingend als Anlage beizufügen, § 17 II UmwG.

[658] Diese Regelung ist nur erforderlich, wenn die E-AG börsennotiert und die G-AG nicht börsennotiert ist (vgl. § 29 I 1 UmwG) oder wenn Aktien der G-AG Verfügungsbeschränkungen unterworfen sind, in diesem Beispiel die Vinkulierung (vgl. § 29 I 2 UmwG).

§ 9. Umwandlungsrechtliche Regelungen § 9

zung in das Register der E-AG bekannt gemacht worden ist. § 31 Satz 2 UmwG bleibt unberührt. Die Kosten der Abfindung trägt die G-AG.

4. Gem. § 71 Abs. 1 UmwG bestellt hiermit die E-AG für den Empfang der zu gewährenden Aktien und deren Aushändigung an die Aktionäre die (Bank) mit dem Sitz in ..... als Treuhänderin, der die G-AG die Aktien vor Eintragung der Verschmelzung in das Handelsregister übergeben wird mit der Anweisung, die Aktien nach Eintragung der Verschmelzung Zug um Zug gegen Herausgabe der Aktien der E-AG an die ehemaligen Aktionäre dieser Gesellschaft auszuhändigen. Die Zuteilung der Aktien erfolgt für die Aktionäre kostenfrei.

§ 3
Kapitalerhöhung der G-AG[659]

Zum Zwecke der Durchführung der Verschmelzung wird die G-AG ihr Stammkapital von derzeit € .... um € ..... auf € ..... erhöhen durch Ausgabe von ..... neuen vinkulierten Namensaktien im Nennbetrag von je € ..... mit dem Gewinnbezugsrecht ab dem ......

§ 4
Besondere Rechte oder Vorteile

1. Es werden keine besonderen Rechte gem. § 5 Abs. 1 Ziff. 7 UmwG für einzelne Aktionäre oder für Inhaber besonderer Rechte gewährt und es sind auch keine besonderen Maßnahmen für solche Personen vorgesehen. Besondere Rechte im Sinne des § 5 Abs. 1 Ziff. 7 UmwG bestehen bei der G-AG auch nicht.
2. Besondere Vorteile im Sinne des § 5 Abs. 1 Ziff. 8 UmwG für ein Vorstands- oder Aufsichtsratsmitglied oder einen Abschlussprüfer der beiden Gesellschaften oder einen Verschmelzungsprüfer werden nicht gewährt.

§ 5
Folgen für die Arbeitnehmer und ihre Vertretungen

1. Die bei der E-AG bestehenden Dienst- und Anstellungsverträge gehen gemäß § 324 UmwG in Verbindung mit § 613a Abs. 1 BGB unverändert in der Weise auf die G-AG über, dass die Arbeitsverträge der bisher bei der E-AG beschäftigten Arbeitnehmer so behandelt werden, als seien diese Arbeitnehmer vom Beginn ihrer jeweiligen Arbeitsverhältnisse an bei der G-AG beschäftigt gewesen. Die zeitliche Zusammenfassung der Arbeitsverhältnisse gilt insbesondere im Hinblick auf Kündigungsfristen der Arbeitsver-

---

[659] Die Kapitalerhöhung ist nicht zulässig, soweit die G-AG Anteile an der E-AG hält, § 68 I Nr. 1 UmwG.

§ 9 3. Teil. Verschmelzung

träge und etwaige vertraglich mit der E-AG vereinbarte betriebliche Altersversorgungen der betroffenen Arbeitnehmer.

Die bisher bei der E-AG geltenden tarifvertraglichen Regelungen gelten unverändert weiter, da auch die G-AG an die Tarifverträge gebunden ist.

Die bei der E-AG bestehenden Betriebsvereinbarungen werden nach Maßgabe von § 613a Abs. 1 BGB Inhalt der auf G-AG übergegangenen Arbeitsverhältnisse.

2. Für die Arbeitnehmer, deren Arbeitsverhältnisse auf die G-AG übergehen, gelten die bei der E-AG erreichten Dienstzeiten als bei der G-AG verbrachte Dienstzeiten.

3. Mit dem Wirksamwerden der Verschmelzung gehen auch die Rechte und Pflichten der E-AG und ihrer Pensionäre wegen der zu diesem Zeitpunkt laufenden Betriebsrenten auf die G-AG über und außerdem die Anwartschaften der Arbeitnehmer der E-AG wegen ihrer betrieblichen Altersversorgung. Die dafür maßgebenden Betriebsvereinbarungen der E-AG bleiben von der Verschmelzung unberührt.

4. Die Betriebsräte der E-AG bleiben im Amt. Die Ämter der Mitglieder des Gesamtbetriebsrates der E-AG erlöschen von Gesetzes wegen.

5. Der Gesamtbetriebsrat der G-AG wird von Gesetzes wegen gemäß § 47 des Betriebsverfassungsgesetzes (BetrVG) aufgestockt, und zwar im Wege der Entsendung von einem Mitglied für die Angestellten und einem Mitglied für die gewerblichen Arbeitnehmer aus jedem Betriebsrat der früheren E-AG in den Gesamtbetriebsrat der G-AG.

6. Ob und gegebenenfalls in welchem Umfang der Wirtschaftsausschuss der G-AG aufgestockt oder seine Zusammensetzung geändert wird, entscheidet der Gesamtbetriebsrat der G-AG in seiner neuen Zusammensetzung selbst.

7. Mit dem Wirksamwerden der Verschmelzung enden die Mandate der Mitglieder des Aufsichtsrates von E-AG. Bei der G-AG existiert ein drittelparitätisch besetzter Aufsichtsrat mit 15 Mitgliedern nach dem Drittelbeteiligungsgesetz. Die Arbeitnehmer der E-AG sind nach dem Übergang ihrer Arbeitsverhältnisse auf die G-AG bei den nächsten Wahlen zum Aufsichtsrat der G-AG aktiv und passiv wahlberechtigt.

8. Betriebsveränderungen und personelle Maßnahmen im Anschluss an die Verschmelzung sind bis zum (Datum) nicht vorgesehen. Über eventuelle spätere Änderungen und Maßnahmen wird gegebenenfalls entsprechend den gesetzlichen Bestimmungen rechtzeitig informiert und werden rechtzeitig die erforderlichen Gespräche aufgenommen.

§ 9 Umwandlungsrechtliche Regelungen § 9

§ 6
Verschmelzungsbericht und Verschmelzungsprüfung

Ein gemeinsamer Verschmelzungsbericht der Vorstände der G-AG und der E-AG wurde am (Datum) erstellt. Die Prüfung der Verschmelzung gem. § 9 Abs. 1 UmwG ist durch Prüfung des Entwurfs dieses Verschmelzungsvertrages durch die ..... als Verschmelzungsprüfer erfolgt.

§ 7
Kosten

Die durch den Abschluss dieses Vertrages und seine Ausführung entstehenden Kosten – mit Ausnahme der Kosten der Hauptversammlung der E-AG, die über die Verschmelzung beschließt – werden von der G-AG getragen. Dies gilt auch im Falle des Scheiterns der Verschmelzung. Die durch die Vorbereitung dieses Vertrages entstandenen Kosten trägt jeder Vertragspartner selbst.

§ 8
Rücktritt[660]

Beide Vertragsparteien sind zum Rücktritt von diesem Verschmelzungsvertrag berechtigt, wenn die Verschmelzung nicht spätestens am (Datum) in das Handelsregister der übernehmenden Gesellschaft eingetragen worden ist. Der Rücktritt ist schriftlich gegenüber der jeweils anderen Vertragspartei zu erklären. Die Ausübung des Rücktrittsrechts bedarf nicht der Zustimmung der Hauptversammlungen der beteiligten Gesellschaften. Das Rücktrittsrecht erlischt mit der Eintragung der Verschmelzung in das Handelsregister der übernehmenden Gesellschaft, wenn nicht bis dahin die Rücktrittserklärung zugegangen ist. § 7 Abs. 2 UmwG findet auf diesen Rücktritt keine Anwendung. Die vorstehende Kostenregelung gilt auch für den Fall des Rücktritts.

§ 9
Hinweise

Der Notar wies die Erschienenen darauf hin, dass
- die Hauptversammlungen der beteiligten Gesellschaften der Verschmelzung zustimmen müssen, wobei er auch über die Erfordernisse zu deren Vorbereitung, Durchführung und Beschlussfassung (§§ 61, 63 bis 65 UmwG) belehrt hat,
- zum Vollzug dieser Urkunde gesonderte Handelsregisteranmeldungen bei der übertragenden und bei der übernehmenden Gesellschaft erforderlich sind,

---

[660] Denkbar wäre stattdessen auch eine Bedingung, insbesondere die, dass die notwendigen Zustimmungsbeschlüsse ausbleiben, vgl. Muster 380 A (Verschmelzung KG auf GmbH zur Aufnahme).

§ 9 3. Teil. Verschmelzung

- die der Verschmelzung zugrundegelegte Bilanz nicht auf einen Stichtag aufgestellt sein darf, der länger als acht Monate vor der Anmeldung zum Handelsregister liegt,
- die Verschmelzung erst mit der Eintragung im Handelsregister der übernehmenden Gesellschaft wirksam wird,
- die übertragende Gesellschaft mit Wirksamwerden der Verschmelzung erlischt.

Diese Niederschrift wurde den Erschienenen vom Notar vorgelesen, die Anlage wurde ihnen zur Durchsicht vorgelegt, alles wurde von den Erschienenen genehmigt und von ihnen und dem Notar eigenhändig wie folgt unterschrieben:

Zustimmungsbeschluss der übernehmenden Gesellschaft, Hauptversammlungsprotokoll

Niederschrift über eine Hauptversammlung

376 B Geschehen zu Musterort

am . . . . .

auf Ersuchen des Vorstandes der G-AG mit dem Sitz in Musterort begab sich

. . . . .
Notar

für den Oberlandesgerichtsbezirk Musterort mit dem Amtssitz in Musterort heute in die Geschäftsräume der Hauptverwaltung der G-AG mit dem Sitz in Musterort, um in der Hauptversammlung der G-AG das Protokoll zu führen gemäß § 130 Abs. 1 AktG.

Über den Verlauf der Hauptversammlung habe ich folgende Niederschrift errichtet:

Der Notar traf dort an:
   I. vom Aufsichtsrat, der besteht aus
      1. . . . . .
      2. . . . . .
      3. . . . . .
      4. . . . . .
      die Herren . . . . .
      und
  II. vom Vorstand, der besteht aus
      1. . . . . .
      2. . . . . .
      3. . . . . .
      4. . . . . .
      die vorgenannten Herren und
 III. die in dem anliegenden Teilnehmerverzeichnis – **Anlage 1** – aufgeführten Aktionäre und Aktionärsvertreter.

§ 9. Umwandlungsrechtliche Regelungen § 9

Der Vorsitzende des Aufsichtsrates, ...
übernahm gemäß § .... der Satzung den Vorsitz in der Versammlung und eröffnete diese um ..... Uhr.
Er begrüßte die erschienenen Aktionäre und Vertreter von Aktionären, die Mitglieder des Aufsichtsrates und des Vorstandes sowie die Vertreter der Presse.
Der Herr Vorsitzende stellte fest, dass die Hauptversammlung form- und fristgemäß durch Bekanntmachung im Bundesanzeiger Nr. ..... vom ..... einberufen worden ist, von dem ein Belegexemplar als **Anlage 2** ..... dieser Niederschrift beigefügt ist.
Die Bekanntmachung enthält folgende Tagesordnung:
1. Erläuterungen des Verschmelzungsvertrages durch den Vorstand;
2. Beschluss über die Zustimmung zum Verschmelzungsvertrag mit der E-AG;
3. Beschluss über die Erhöhung des Grundkapitals von € ....
um € ..... auf € .... durch Ausgabe von ..... vinkulierten Namensaktien im Betrag von je € .....,
die als Gegenleistung für die Übertragung des Vermögens der E-AG im Wege der Verschmelzung ausgegeben werden, und zwar im Verhältnis von Aktien der G-AG im Betrag von € ..... zu Aktien der E-AG im Nennbetrag von € .....
Die Aktien sind gewinnbezugsberechtigt ab dem .....
Der Vorstand wird ermächtigt, die Einzelheiten der Kapitalerhöhung und ihrer Durchführung festzulegen;
4. Beschluss über die Änderung von § ..... Abs. 1 der Satzung (Grundkapital). Diese Vorschrift wird vollständig neu gefasst und lautet nunmehr:
„§ ..... Absatz 1
Das Grundkapital beträgt € ..... und ist eingeteilt in .....
Stück Aktien im Nennbetrag von je € ....
als vinkulierte Namensaktien."
Der Vorsitzende stellte fest:
1. Der Verschmelzungsvertrag der E-AG mit der G-AG vom (Datum) lag vom Zeitpunkt der Einberufung der Hauptversammlung an in den Geschäftsräumen der G-AG aus, ebenso wie die Jahresabschlüsse und die Lageberichte der am Verschmelzungsvertrag beteiligten Gesellschaften für die letzten drei Geschäftsjahre.
2. In gleicher Weise ausgelegt wurden die Verschmelzungsberichte der Vorstände der beteiligten Aktiengesellschaften und die Berichte der Verschmelzungsprüfer beider Aktiengesellschaften.
3. Der Verschmelzungsvertrag wurde dem Registergericht vor der Einberufung der Hauptversammlung eingereicht und von diesem bekanntgemacht.
Der Vorsitzende erklärt, dass gemäß § ..... der Satzung mit Stimmkarten abgestimmt werde, die jeder Aktionär bereits erhalten habe.

§ 9 3. Teil. Verschmelzung

Er erklärt weiter, dass bei der Hauptversammlung die Stimmenzählung nach dem sogenannten „Subtraktionsverfahren" erfolge, wonach die Nein-Stimmen und die Stimmenthaltungen gezählt und so die Ja-Stimmen aus der Präsenz rechnerisch ermittelt werden. Wer mit Nein stimmen oder sich der Stimme enthalten wolle, müsse sich bei Durchführung der Abstimmungen im Versammlungssaal aufhalten, da hier die Stimmkarten eingesetzt würden.

Der Vorsitzende erklärt weiter, dass er zunächst über die Anträge der Verwaltung abstimmen lassen werde, falls zu einem Tagesordnungspunkt verschiedene Anträge gestellt würden.

Weiter bat der Vorsitzende diejenigen Aktionäre, die die Hauptversammlung vorzeitig verlassen wollen, ihren Stimmkartenblock der Ausgangskontrolle am Saaleingang zu übergeben, damit das Teilnehmerverzeichnis berichtigt werden könne. Er wies ferner darauf hin, dass ein Aktionär stattdessen sein Stimmrecht beim Verlassen der Hauptversammlung durch schriftliche Vollmacht übertragen könne. Entsprechende Vollmachtsvordrucke würden seitens der Ausgangskontrolle bereitgehalten.

Der Herr Vorsitzende machte darauf aufmerksam, dass die Verwendung von Tonbandgeräten in dieser Hauptversammlung nicht gestattet sei.

Der Verschmelzungsvertrag vom (Datum) wird dieser Niederschrift als **Anlage 3** beigefügt.

Der Vorsitzende trat danach in die Tagesordnung ein:

Zu Punkt 1 der Tagesordnung:

Erläuterung des Verschmelzungsvertrages.

Hierzu erteilte der Versammlungsleiter dem Vorsitzenden des Vorstandes das Wort.

Dieser begründete ausführlich die Überlegungen, die die zur Abstimmung anstehende Verschmelzung zweckmäßig erscheinen lassen. Darüber hinaus erläuterte er anhand der Geschäftsberichte der beteiligten Gesellschaften und der bilanziellen Merkmale das Umtauschverhältnis.

Nachdem auf die Verlesung des Verschmelzungsvertrages von der Versammlung einstimmig verzichtet wurde, gab der Vorstandsvorsitzende einige erläuternde Anmerkungen zu bestimmten weiteren Punkten des Verschmelzungsvertrages.

Anschließend wurden aus dem Kreise der Aktionärsvertreter verschiedene Fragen zum Verschmelzungsvertrag gestellt, die vom Vorstand umfassend beantwortet wurden.

Als zu dem Tagesordnungspunkt 1 keine Wortmeldungen mehr vorlagen, wurde dieser Tagesordnungspunkt vom Versammlungsleiter abgeschlossen.

§ 9. Umwandlungsrechtliche Regelungen § 9

Zu Punkt 2 der Tagesordnung
Vorschlag:
Vorstand und Aufsichtsrat der G-AG schlagen vor, dem Verschmelzungsvertrag vom (Datum) – UR. Nr. ..... des Notars ..... – mit der E-AG zuzustimmen.

Gegenanträge wurden nicht gestellt.

Der Versammlungsleiter trat daraufhin in die Abstimmung ein und stellte anhand des Teilnehmerverzeichnisses fest, dass um ..... Uhr von dem Grundkapital der Gesellschaft von € ..... Aktien im Nennbetrag von € ..... mit Stimmen, das sind ..... % des Grundkapitals, vertreten seien.

Der Versammlungsleiter unterzeichnete das Teilnehmerverzeichnis und legte es zur Einsicht aus, es wird bei der Gesellschaft verwahrt. Das Teilnehmerverzeichnis lag während der ganzen Dauer der Hauptversammlung zur Einsicht aus.

Nachträgliche Veränderungen in der Stimmenzahl durch späteres Erscheinen von Aktionären oder Aktionärsvertretern oder durch vorzeitiges Verlassen der Hauptversammlung sind in insgesamt ..... Nachträgen zum Teilnehmerverzeichnis erfasst, die fortlaufend numeriert sind und ebenfalls vom Vorsitzenden unterzeichnet wurden.

Vor jeder Abstimmung wurde der Nachtrag zum Teilnehmerverzeichnis vom Vorsitzenden unterzeichnet und zur Einsicht ausgelegt.

Die Abstimmung ergab Folgendes:

Gegen die Zustimmung zum Verschmelzungsvertrag stimmten Aktionäre mit ..... Grundkapital und ..... Stimmen.

Stimmenthaltungen gab es keine.

Dementsprechend stimmten für den Vorschlag von Vorstand und Aufsichtsrat, ... Stimmen mit € ..... des Grundkapitals.

Der Versammlungsleiter stellte das Abstimmungsergebnis fest, gab es bekannt und erklärte, dass der Verschmelzungsvertrag zwischen der G-AG und der E-AG vom (Datum) die erforderliche Zustimmung der Hauptversammlung der G-AG gefunden und daher mit mehr als ³/₄ Mehrheit des vertretenen Grundkapitals beschlossen sei.

Zu Punkt 3 der Tagesordnung:
Erhöhung des Grundkapitals:
Vorschlag:
Vorstand und Aufsichtsrat schlagen vor, das Grundkapital der Gesellschaft von zur Zeit € ....., um € ..... auf € ..... zu erhöhen durch Ausgabe von ..... Stück vinkulierter Namensaktien im Nennbetrag von je € ..... Die Aktien sind gewinnbezugsberechtigt ab dem (Datum) und werden als Gegenleistung für die Übertragung des Vermögens der E-AG im Wege der Verschmelzung an die Aktionäre der E-AG (nicht aber an die G-AG) ausgegeben, und zwar im Verhältnis

§ 9 3. Teil. Verschmelzung

von ..... Aktien der E-AG im Nennbetrag von je € .... zu ..... Aktien der E-AG im Nennbetrag von € .... wobei der Vorstand ermächtigt ist, weitere Einzelheiten der Kapitalerhöhung und ihrer Durchführung festzusetzen.

Eine Veränderung der Präsenz in der Hauptversammlung im Verhältnis zur Abstimmung zu Tagesordnungspunkt 2 fand nicht statt.

Die Kapitalerhöhung wurde einstimmig und ohne Gegenstimmen beschlossen.

Nachdem der Versammlungsleiter das Abstimmungsergebnis bekanntgegeben hatte, stellte er fest, dass damit die Kapitalerhöhung zum Zwecke der Durchführung der Verschmelzung mit der erforderlichen Mehrheit beschlossen worden ist.

Zu Punkt 4 der Tagesordnung:

Satzungsänderung:

Vorschlag:

Vorstand und Aufsichtsrat schlagen vor, § ..... Absatz ..... der Satzung wie folgt vollständig neu zu fassen:

Das Stammkapital der Gesellschaft beträgt € .... und ist in ..... Stück vinkulierter Namensaktien im Nennbetrag von je € .... eingeteilt.

Der Vorsitzende stellte zunächst fest, dass nunmehr um ..... Uhr vom Grundkapital der Gesellschaft von € ..... Aktien im Nennbetrag von € .... entsprechend ..... Stimmen, das sind ..... % des Grundkapitals vertreten seien. Er unterzeichnete den ersten Nachtrag zum Teilnehmerverzeichnis.

Gegenanträge wurden nicht gestellt.

Die Hauptversammlung beschloss einstimmig entsprechend dem Vorschlag von Vorstand und Aufsichtsrat.

Nachdem der Versammlungsleiter das Abstimmungsergebnis bekanntgegeben hat, stellte er fest, dass Folge dieses Beschlusses die Satzung in § ..... Absatz ..... entsprechend geändert sei.

Nachdem weitere Wortmeldungen nicht vorlagen und gegen keinen der Beschlüsse Widerspruch zur Niederschrift erklärt wurde, schloss der Versammlungsleiter die Hauptversammlung um ..... Uhr.

Hierüber wurde diese Niederschrift aufgenommen und vom Notar wie folgt unterschrieben:

§ 9. Umwandlungsrechtliche Regelungen § 9

Handelsregisteranmeldung der übernehmenden Gesellschaft

UR. Nr. ..... für ..... 376 C
An das
Amtsgericht
– Handelsregister –
Musterort
HR B 123
Gesellschaft unter der Firma G-AG
Wir, A, B und C,
handelnd in unserer Eigenschaft als gemeinsam vertretungsberechtigte Vorstandsmitglieder der G-AG, und
ich, R,
handelnd in meiner Eigenschaft als Vorsitzender des Aufsichtsrats der G-AG,
melden zur Eintragung in das Handelsregister an:
1. Auf die Gesellschaft ist im Wege der Verschmelzung durch Aufnahme gemäß § 2 Nr. 1 UmwG als übernehmende Gesellschaft das Vermögen der E-AG mit dem Sitz in Musterort, eingetragen im Handelsregister des Amtsgerichts Musterort unter HR B 456, als übertragende Gesellschaft als Ganzes ohne Abwicklung übergegangen[661].
2. Die Hauptversammlung der G-AG vom (Datum) hat die Erhöhung des Grundkapitals von € ..... um € ..... auf € ..... beschlossen. Die Kapitalerhöhung ist aufgrund der Zustimmungsbeschlüsse der Hauptversammlungen beider beteiligten Rechtsträger zum Verschmelzungsvertrag durchgeführt. § ..... Absatz ..... der Satzung ist entsprechend geändert.
Wir überreichen als Anlagen:
1. Ausfertigung des Verschmelzungsvertrages vom (Datum), UR.Nr. ..... des Notars ..... in .....,
2. beglaubigte Abschrift der Niederschrift über die Hauptversammlung der E-AG vom (Datum), UR. Nr. ..... des Notars ..... in ..... mit dem Beschluss der Hauptversammlung über die Zustimmung zu dem Verschmelzungsvertrag zwischen der E-AG und der G-AG
3. beglaubigte Abschrift der Niederschrift über die Hauptversammlung der G-AG vom (Datum), UR. Nr. ..... des Notars ..... in ..... mit

---

[661] Als Anmeldungstext sind andere Formulierungen denkbar. So genügt auch anzumelden, dass „die E-AG im Wege der Verschmelzung durch Aufnahme auf die G-AG verschmolzen wurde." Die hier gewählte ausführliche Formulierung entspricht dem Wortlaut des § 2 Nr. 1 UmwG.

§ 9   3. Teil. Verschmelzung

– dem Beschluss der Hauptversammlung über die Zustimmung zu dem Verschmelzungsvertrag mit der E-AG,
– dem Kapitalerhöhungsbeschluss und dem Beschluss über die daraus folgende Satzungsänderung,
3. beglaubigte Abschrift der vom jeweiligen Betriebsratsvorsitzenden unterzeichnete Empfangsbestätigung als Nachweis über die rechtzeitige Zuleitung des Entwurfes des Verschmelzungsvertrages an die Gesamtbetriebsräte der E-AG und der G-AG,
4. den Verschmelzungsbericht,
5. den Bericht der Verschmelzungsprüfer,
6. Anzeige des Treuhänders gem. § 71 Abs. 1 S. 2 UmwG,
7. Schlussbilanz der E-AG zum (Datum),[662]
8. vollständiger Wortlaut der Satzung der G-AG mit der Bestätigung des Notars gem. § 181 Abs. 1 S. 2 AktG,
9. Berechnung der Kosten der Ausgabe neuer Aktien gem. § 188 Abs. 3 AktG.

Wir erklären weiter:
1. Besondere Zustimmungserklärungen einzelner Anteilsinhaber sind nicht erforderlich.
2. Staatliche Genehmigungen sind nicht erforderlich.

Wir versichern, dass weder der Verschmelzungsbeschluss der Hauptversammlung der E-AG noch der Verschmelzungsbeschluss der Hauptversammlung der G-AG angefochten worden ist.[663]

Im Hinblick auf § 66 UmwG wird zunächst um Eintragung des Kapitalerhöhungsbeschlusses und seiner Durchführung nebst Satzungsänderung sowie nach Vollzug des Antrages um Übersendung von fünf beglaubigten Handelsregisterauszügen an den beglaubigenden Notar gebeten.

(Ort, Datum)

(Beglaubigungsvermerk)

Handelsregisteranmeldung der übertragenden Gesellschaft

376 D   UR. Nr. . . . . . für . . . . .

An das

Amtsgericht

– Handelsregister –

Musterort

---

[662] Ein Beifügen ist hier zwar nicht nach § 17 II UmwG, ggf. wohl aber zwecks Möglichkeit der Überprüfung der Werthaltigkeit nötig, Letzteres str.

[663] Geben sämtliche Aktionäre eine entsprechende Verzichtserklärung ab, muss sie als Willenserklärung notariell beurkundet werden; dafür genügt ein HV-Protokoll als Tatsachenbeurkundung nicht. Diese Verzichtserklärungen wären der Handelsregisteranmeldung gleichfalls in Ausfertigung beizufügen.

§ 9. Umwandlungsrechtliche Regelungen § 9

HR B 456
Gesellschaft unter der Firma E-AG
Wir, X und Y,
handelnd in unserer Eigenschaft als gemeinsam vertretungsberechtigte Vorstandsmitglieder der E-AG, melden zur Eintragung in das Handelsregister an:
Das Vermögen der Gesellschaft ist im Wege der Verschmelzung durch Aufnahme gemäß § 2 Nr. 1 UmwG als Ganzes ohne Abwicklung auf die G-AG mit Sitz in Musterort, eingetragen im Handelsregister des Amtsgerichts Musterort unter HR B 123, als übernehmende Gesellschaft übergegangen.[664]
Die Gesellschaft ist mit Durchführung der Verschmelzung erloschen.
Wir überreichen als Anlagen:
1. Ausfertigung des Verschmelzungsvertrages vom (Datum)
   – UR. Nr...... des beglaubigenden Notars
2. beglaubigte Abschrift der Niederschrift über die Hauptversammlung der E-AG vom (Datum) – UR. Nr...... des Notars.....
   mit dem Beschluss der Hauptversammlung über die Zustimmung zu dem Verschmelzungsvertrag zwischen der E-AG und der G-AG
3. beglaubigte Abschrift der Niederschrift über die Hauptversammlung der G-AG vom (Datum) – UR. Nr..... des Notars.....
   mit
   – dem Beschluss der Hauptversammlung über die Zustimmung zu dem Verschmelzungsvertrag mit der E-AG,
   – dem Kapitalerhöhungsbeschluss und dem Beschluss über die daraus folgende Satzungsänderung,
4. beglaubigte Abschrift der vom jeweiligen Betriebsratsvorsitzenden unterzeichnete Empfangsbestätigung als Nachweis über die rechtzeitige Zuleitung des Entwurfes des Verschmelzungsvertrages an die Gesamtbetriebsräte der E-AG und der G-AG,
5. den Verschmelzungsbericht,
6. den Bericht der Verschmelzungsprüfer,
7. Anzeige des Treuhänders gem. § 71 Abs. 1 Satz 2 UmwG,
8. Schlussbilanz der E-AG zum (Datum),
9. Berechnung der Kosten der Ausgabe neuer Aktien gem. § 188 Abs. 3 AktG.
Wir erklären weiter:
1. Besondere Zustimmungserklärungen einzelner Anteilsinhaber sind nicht erforderlich.
2. Staatliche Genehmigungen sind nicht erforderlich.

---

[664] Als Anmeldungstext sind andere Formulierungen denkbar. So genügt auch anzumelden, dass „die E-AG im Wege der Verschmelzung durch Aufnahme auf die G-AG verschmolzen wurde." Die hier gewählte ausführliche Formulierung entspricht dem Wortlaut des § 2 Nr. 1 UmwG.

§ 9 3. Teil. Verschmelzung

Wir versichern, dass weder der Verschmelzungsbeschluss der Hauptversammlung der E-AG noch der Verschmelzungsbeschluss der Hauptversammlung der G-AG angefochten worden ist.[665]
Nach Vollzug des Antrages wird um Übersendung von fünf beglaubigten Handelsregisterauszügen an den beglaubigenden Notar gebeten.

(Ort, Datum)

(Beglaubigungsvermerk)

2. Verschmelzung von Personengesellschaften untereinander

Fall: Verschmelzung zweier oHG durch Aufnahme

377 Die E-oHG und die F-oHG sollen miteinander verschmolzen werden. Dabei soll die F-oHG von der E-oHG aufgenommen werden. Da aber auch die F-oHG über einen guten Ruf verfügt, soll die E-oHG umfirmieren in E & F-oHG.

Hierzu folgende Muster:
- Verschmelzungsvertrag nebst Zustimmungsbeschlüssen und Verzichtserklärungen, Rn. 377 A
- Handelsregisteranmeldung der übernehmenden Gesellschaft, Rn. 377 B
- Handelsregisteranmeldung der übertragenden Gesellschaft, Rn. 377 C

Verschmelzung zweier oHG durch Aufnahme, §§ 4 ff., 39 ff. UmwG; Verschmelzungsvertrag nebst Zustimmungsbeschlüssen und Verzichtserklärungen

377 A UR. Nr. ...... für .....

Verhandelt
zu Musterort am .....
Vor mir, ...
       Notar

für den Oberlandesgerichtsbezirk Musterort mit dem Amtssitz in Musterort, erschienen, von Person bekannt:
1. A
 und
 B
 hier handelnd
 a) im eigenen Namen,
 b) als gemeinsam vertretungsberechtigte persönlich haftende Gesellschafter der E-oHG mit Sitz in Musterort, eingetragen im Handelsregister des Amtsgerichts Musterort unter HRA 1234,

---

[665] Geben sämtliche Aktionäre eine entsprechende Verzichtserklärung ab, muss sie als Willenserklärung notariell beurkundet werden; dafür genügt ein HV-Protokoll als Tatsachenbeurkundung nicht. Diese Verzichtserklärungen wären der Handelsregisteranmeldung gleichfalls in Ausfertigung beizufügen.

§ 9. Umwandlungsrechtliche Regelungen § 9

2. C
und
D
hier handelnd
a) im eigenen Namen,
b) als gemeinsam vertretungsberechtigte persönlich haftende Gesellschafter der F-oHG mit Sitz in Musterort, eingetragen im Handelsregister des Amtsgerichts Musterort unter HRA 5678.

Der amtierende Notar bescheinigt aufgrund heutiger Einsichtnahme in das elektronische Handelsregister des Amtsgerichts Musterort – HR A 1234 und HR A 5678 –, dass dort die E-oHG mit Sitz in Musterort bzw. die F-oHG mit Sitz in Musterort eingetragen sind und A und B als persönlich haftende Gesellschafter gemeinsam zur Vertretung der E-oHG und C und D als persönlich haftende Gesellschafter gemeinsam zur Vertretung der F-oHG berechtigt sind.

Die Erschienenen erklärten, handelnd wie angegeben:

I. Vorbemerkungen:

1. A und B sind die alleinigen persönlich haftenden Gesellschafter der E-oHG.
A und B sind jeweils mit einem festen Kapitalanteil von .... an der Gesellschaft beteiligt.
2. C und D sind die alleinigen persönlich haftenden Gesellschafter der F-oHG.
C und D sind jeweils mit einem festen Kapitalanteil von .... an der Gesellschaft beteiligt.
3. Mit diesem Vertrag soll die F-oHG auf die E-oHG verschmolzen werden.

II. Verschmelzungsvertrag

Die E-oHG als übernehmende Gesellschaft und die F-oHG als übertragende Gesellschaft schließen sodann folgenden Verschmelzungsvertrag:

§ 1
Vermögensübertragung, Bilanzstichtag, Verschmelzungsstichtag

1. Die F-oHG mit Sitz in Musterort überträgt ihr Vermögen als Ganzes mit allen Rechten und Pflichten als übertragende Gesellschaft unter Auflösung ohne Abwicklung gemäß § 2 Nr. 1 UmwG auf die E-oHG mit Sitz in Musterort als übernehmende Gesellschaft im Wege der Verschmelzung durch Aufnahme.
2. Der Verschmelzung der Gesellschaften wird die Bilanz der F-oHG zum (Datum) als Schlussbilanz zugrunde gelegt. Ein Exemplar

§ 9　3. Teil. Verschmelzung

dieser festgestellten und unterzeichneten Bilanz nebst Gewinn- und Verlustrechnung, Anhang und Lagebericht und dem uneingeschränkten Bestätigungsvermerk des Abschlussprüfers vom (Datum) ist dieser Niederschrift – lediglich zu Dokumentationszwecken – als **Anlage** beigefügt.[666]

3. Die Verschmelzung soll mit Wirkung von der Eintragung in das Handelsregister der übernehmenden Gesellschaft wirksam sein. Die Übernahme des Vermögens der übertragenden Gesellschaft erfolgt im Innenverhältnis mit Wirkung zum Ablauf des (Datum). Vom (Datum), 0.00 Uhr, an (Verschmelzungsstichtag) gelten alle Handlungen und Geschäfte der F-oHG als für Rechnung der E-oHG vorgenommen.

§ 2
Gegenleistungen,[667] Abfindungsangebot

1. C und D als Gesellschafter der übertragenden Gesellschaft erhalten als Gegenleistung für die Übertragung des Vermögens gem. § 40 UmwG in der E-oHG als übernehmende Gesellschaft die Stellung von persönlich haftenden Gesellschaftern.
2. C und D erhalten weiterhin bei der übernehmenden Gesellschaft – entsprechend ihren Kapitalkonten bei der übertragenden Gesellschaft – kostenfrei folgende Beteiligungen:
   a) C einen festen Kapitalanteil in Höhe von: € ....
   (in Worten: Euro ...)
   b) D einen festen Kapitalanteil in Höhe von: € ....
   (in Worten: Euro ...).
   Das Umtauschverhältnis der Beteiligungen beträgt daher ....
3. Die Beteiligungen gewähren ab dem (Datum) die Beteiligung am Gewinn und Verlust sowie am Gesellschaftsvermögen der übernehmenden Gesellschaft nach Maßgabe des § 3 dieses Vertrages.
4. Die Kapitalanteile der bisherigen Gesellschafter der E-oHG bleiben unverändert.
5. Angesichts dessen, dass mit den Erschienenen sämtliche Gesellschafter der übertragenden Gesellschaft an dieser Urkunde beteiligt sind, von ihnen keiner gegen den im nachstehenden Abschnitt III. dieser Urkunde gefassten Verschmelzungsbeschluss Widerspruch zur Niederschrift erklärt und – im nachstehenden Abschnitt IV. – sämtliche Gesellschafter auf das Recht zur Anfechtung des Verschmelzungsbeschlusses verzich-

---

[666] Das Beifügen als Anlage zum Verschmelzungsvertrag ist nicht zwingend, erst recht nicht als echte Anlage iSd BeurkG. Der Anmeldung zum Handelsregister des übertragenden Rechtsträgers hingegen ist die Schlussbilanz zwingend als Anlage beizufügen, § 17 II UmwG.

[667] Ob ein Verzicht darauf gem. §§ 54 I 3, 68 I 3 UmwG analog möglich ist, ist streitig.

§ 9. Umwandlungsrechtliche Regelungen § 9

ten, ist ein Abfindungsangebot gemäß § 29 Abs. 1 S. 2 UmwG entbehrlich.[668]

**§ 3
Besondere Rechte oder Vorteile**

Besondere Rechte im Sinne des § 5 Abs. 1 Nr. 7 UmwG werden einzelnen Anteilsinhabern nicht gewährt und bestehen bei der F-oHG nicht. Besondere Vorteile im Sinne des § 5 Abs. 1 Nr. 8 UmwG werden weder einem Mitglied eines Vertretungs- oder Aufsichtsorgans noch einem geschäftsführenden Gesellschafter noch einem Abschlussprüfer noch einem Verschmelzungsprüfer gewährt.

**§ 4
Folgen für die Arbeitnehmer und ihre Vertretungen**

1. Die Verschmelzung hat keine Auswirkungen auf die Arbeitnehmer oder ihre Vertreter bei den beteiligten Gesellschaften.
2. Weder die übertragende Gesellschaft noch die übernehmende Gesellschaft hat Arbeitnehmer und folglich auch keine Arbeitnehmervertretung. Es existieren auch keine Ausschüsse, Organe oder sonstige Gremien, zu deren Mitgliedern Arbeitnehmer gehören, insbesondere kein Wirtschaftsausschuss und kein Aufsichtsrat.

Oder:
1. Die bei der F-oHG bestehenden Dienst- und Anstellungsverträge gehen gemäß § 324 UmwG in Verbindung mit § 613a Abs. 1 BGB unverändert in der Weise auf die E-oHG über, dass die Arbeitsverträge der bisher bei der F-oHG beschäftigten Arbeitnehmer so behandelt werden, als seien diese Arbeitnehmer vom Beginn ihrer jeweiligen Arbeitsverhältnisse an bei der E-oHG beschäftigt gewesen. Die zeitliche Zusammenfassung der Arbeitsverhältnisse gilt insbesondere im Hinblick auf Kündigungsfristen der Arbeitsverträge und etwaige vertraglich mit der F-oHG vereinbarte betriebliche Altersversorgungen der betroffenen Arbeitnehmer.
2. Die Arbeitnehmer behalten den gleichen Dienstort. Ihre Tätigkeit wird wie bisher auf dem Gebiet der ...... liegen. Betriebsstilllegungen, Betriebszusammenlegungen, Personalrationalisierungen und/oder Versetzungen als mittelbare Folgen der Verschmelzung sind nicht beabsichtigt.

---

[668] Grds. ist ein Abfindungsangebot wohl gem. § 29 I 2 UmwG erforderlich, da Beteiligungen an Personengesellschaften stets Verfügungsbeschränkungen unterliegen. Schlägt die hier geäußerte Erwartung fehl, wäre der Verschmelzungsvertrag trotz fehlenden Barabfindungsangebots nicht unwirksam, eine Nachholung (allerdings auch der Zustimmungsbeschlüsse) ist möglich.

3. Weder die F-oHG noch die E-oHG haben Arbeitnehmervertretungen.[669] Es existieren auch keine Ausschüsse, Organe oder sonstige Gremien, zu deren Mitgliedern Arbeitnehmer gehören, insbesondere kein Wirtschaftsausschuss und kein Aufsichtsrat.

4. In beiden Gesellschaften gelten dieselben kollektivrechtlichen Bestimmungen. Die E-oHG unterliegt der gleichen tariflichen Bindung wie die F-oHG. Auswirkungen kollektivrechtlicher Art, insbesondere tarifrechtlicher oder mitbestimmungsrechtlicher Art, ergeben sich nicht.

§ 5
Beteiligung

Nach dem Wirksamwerden der Verschmelzung sind am Gewinn und Verlust sowie am Gesellschaftsvermögen der E-oHG die nachstehenden Gesellschafter wie folgt beteiligt:
a) A zu ....%
b) B zu ....%
c) C zu ....%
d) D zu ....%

§ 6
Firmenneubildung

Die Firma der E-oHG wird geändert in

„E & F-oHG".

§ 7
Rücktritt[670]

Beide Vertragsparteien sind zum Rücktritt von diesem Verschmelzungsvertrag berechtigt, wenn die Verschmelzung nicht spätestens am (Datum) in das Handelsregister der übernehmenden Gesellschaft eingetragen worden ist. Der Rücktritt ist durch schriftliche Erklärung gegenüber der jeweils anderen Vertragspartei zu erklären. Die Ausübung des Rücktrittsrechts bedarf nicht der Zustimmung der Gesellschafterversammlungen der beteiligten Gesellschaften. Das Rücktrittsrecht erlischt mit der Eintragung der Verschmelzung in das Handelsregister der übernehmenden Gesellschaft, wenn nicht bis dahin die Rücktrittserklärung zugegangen ist. § 7 Satz 2 UmwG findet auf diesen Rücktritt keine Anwendung. Die nachstehende Kostenregelung gilt auch für den Fall des Rücktritts.

---

[669] Beachte sonst § 5 III UmwG, vgl. Muster 374 A und B (Verschmelzung Tochter-GmbH auf Mutter-GmbH zur Aufnahme).

[670] Ein Recht zum Rücktritt ist nur fakultativer, nicht zwingender Inhalt des Verschmelzungsvertrages.

§ 9. Umwandlungsrechtliche Regelungen

III. Zustimmungsbeschlüsse

§ 1
Gesellschafterversammlung der E-oHG

A und B erklärten:
1. Wir sind die alleinigen Gesellschafter der E-oHG mit Sitz in Musterort. Unter Verzicht auf die Einhaltung aller Formen und Fristen für die Einberufung und Abhaltung einer Gesellschafterversammlung einschließlich der Einhaltung des § 42 UmwG halten wir eine Gesellschafterversammlung der E-oHG ab und beschließen einstimmig was folgt:
   a) Dem Verschmelzungsvertrag zwischen der E-oHG als übernehmender Gesellschaft und der F-oHG als übertragender Gesellschaft, wie er in Abschnitt II. dieser Urkunde abgeschlossen worden ist, wird zugestimmt.
   b) Ein Verschmelzungsbericht ist gemäß § 41 UmwG nicht erforderlich, da alle Gesellschafter zur Geschäftsführung berechtigt sind.
   Verschmelzungsprüfung und Prüfungsbericht sind gemäß § 44 UmwG nicht erforderlich, da weder der Gesellschaftsvertrag eine Mehrheitsentscheidung vorsieht, noch ein Gesellschafter die Prüfung verlangt hat. Weiterhin ist ein Barabfindungsangebot gemäß § 29 UmwG in dem Verschmelzungsvertrag nicht enthalten (§ 30 Abs. 2 UmwG).
   Freiwillig sollen diese Berichte und Prüfungen nicht erfolgen.
   c) § 1 Absatz 1 des Gesellschaftsvertrages wird entsprechend § 5 des Verschmelzungsvertrages geändert und wie folgt neu gefasst:

„§ 1
Firma
1. Die Firma der Gesellschaft lautet:
E & F oHG."

   d) § 4 Absatz 1 des Gesellschaftsvertrages wird entsprechend § 2 des Verschmelzungsvertrages geändert und wie folgt neu gefasst:

„§ 4
Gesellschafter und Kapitalbeteiligung
An der Gesellschaft sind beteiligt:
   a) Herr A mit einem festen Kapitalanteil von € ....
      (in Worten: Euro ....)
   b) Herr B mit einem festen Kapitalanteil von € ....
      (in Worten: Euro ....)
   c) Herr C mit einem festen Kapitalanteil von € ....
      (in Worten: Euro ....)
   d) Herr D mit einem festen Kapitalanteil von € ....
      (in Worten: Euro ....)"

Damit ist die Gesellschafterversammlung beendet.

§ 2
Gesellschafterversammlung der F-oHG

C und D erklärten:
1. Wir sind die alleinigen Gesellschafter der F-oHG mit Sitz in Musterort. Unter Verzicht auf die Einhaltung aller Formen und Fristen für die Einberufung und Abhaltung einer Gesellschafterversammlung einschließlich der Einhaltung des § 42 UmwG halten wir eine Gesellschafterversammlung der F-oHG ab und beschließen einstimmig was folgt:
   a) Dem Verschmelzungsvertrag zwischen der E-oHG als übernehmender Gesellschaft und der F-oHG als übertragender Gesellschaft, wie er in Abschnitt II. dieser Urkunde abgeschlossen worden ist, wird zugestimmt.
   b) Ein Verschmelzungsbericht ist gemäß § 41 UmwG nicht erforderlich, da alle Gesellschafter zur Geschäftsführung berechtigt sind.
   Verschmelzungsprüfung und Prüfungsbericht sind gemäß § 44 UmwG nicht erforderlich, da weder der Gesellschaftsvertrag eine Mehrheitsentscheidung vorsieht, noch ein Gesellschafter die Prüfung verlangt hat. Weiterhin ist ein Barabfindungsangebot gemäß § 29 UmwG in dem Verschmelzungsvertrag nicht enthalten (§ 30 Abs. 2 UmwG).
   Freiwillig sollen diese Berichte und Prüfungen nicht erfolgen.
   Damit ist die Gesellschafterversammlung beendet.

IV. Verzichtserklärungen

1. A und B, handelnd jeweils im eigenen Namen als alleinige Gesellschafter der E-oHG, erklärten:
   Wir verzichten hiermit ausdrücklich auf etwa bestehende Rechte zum Widerspruch gegen den vorstehenden Zustimmungsbeschluss und auf die Geltendmachung eines etwaigen Anfechtungsrechts, insbesondere auf eine Klage gegen die Wirksamkeit dieses Beschlusses (§ 16 Abs. 2 UmwG). Vorsorglich verzichten wir außerdem auf einen Verschmelzungsbericht, eine Verschmelzungsprüfung und einen Prüfungsbericht (§§ 8 Abs. 3, 9 Abs. 3, 12 Abs. 3 UmwG).[671]
2. C und D, handelnd jeweils im eigenen Namen als alleinige Gesellschafter der F-oHG, erklärten:
   Wir verzichten hiermit ausdrücklich auf etwa bestehende Rechte zum Widerspruch gegen den vorstehenden Zustimmungsbeschluss und auf die Geltendmachung eines etwaigen Anfechtungsrechts, insbesondere auf eine Klage gegen die Wirksamkeit dieses Beschlusses (§ 16 Abs. 2 UmwG). Vorsorglich verzichten wir außerdem auf einen Verschmelzungsbericht, eine Verschmel-

---

[671] Durch den Verzicht wäre auch ein Verlangen gem. § 44 UmwG ausgeschlossen.

zungsprüfung und einen Prüfungsbericht (§§ 8 Abs. 3, 9 Abs. 3, 12 Abs. 3 UmwG).[672]

V. Kosten und Schlussbestimmungen

Alle Kosten und Abgaben aus und im Zusammenhang mit dem Abschluss und der Durchführung dieses Vertrages trägt die E-oHG. Dies gilt auch – mit Ausnahme der Kosten der Gesellschafterversammlungen – im Falle des Scheiterns der Verschmelzung.

VI. Hinweise

Der Notar wies die Erschienenen darauf hin, dass
- zum Vollzug dieser Urkunde gesonderte Handelsregisteranmeldungen bei der übertragenden und bei der übernehmenden Gesellschaft erforderlich sind,
- die der Verschmelzung zugrundegelegte Bilanz nicht auf einen Stichtag aufgestellt sein darf, der länger als acht Monate vor der Anmeldung zum Handelsregister liegt,
- die Verschmelzung erst mit der Eintragung im Handelsregister der übernehmenden Gesellschaft wirksam wird,
- die übertragende Gesellschaft mit Wirksamwerden der Verschmelzung erlischt.

Diese Niederschrift wurde den Erschienenen vom Notar vorgelesen, die Anlage wurde ihnen zur Durchsicht vorgelegt, alles wurde von den Erschienenen genehmigt und von ihnen und dem Notar eigenhändig wie folgt unterschrieben:

Handelsregisteranmeldung der übernehmenden Gesellschaft

UR. Nr. ..... für ..... 377 B
An das
Amtsgericht Musterort
– Handelsregister –
Musterort
HR A 1234
Gesellschaft unter der Firma E-oHG
Wir, A und B,
handelnd in unserer Eigenschaft als gemeinsam vertretungsberechtigte persönlich haftende Gesellschafter der E-oHG, melden zur Eintragung in das Handelsregister an:

---

[672] Durch den Verzicht wäre auch ein Verlangen gem. § 44 UmwG ausgeschlossen.

§ 9 3. Teil. Verschmelzung

1. Auf die E-oHG ist im Wege der Verschmelzung durch Aufnahme gemäß § 2 Nr. 1 UmwG als übernehmende Gesellschaft das Vermögen der F-oHG mit Sitz in Musterort, eingetragen im Handelsregister des Amtsgerichts Musterort unter HR A 5678, als übertragende Gesellschaft als Ganzes ohne Abwicklung übergegangen.[673]
2. Die Firma der Gesellschaft hat sich geändert und lautet nunmehr:
E & F-oHG
3. Die Gesellschafter der F-oHG, nämlich:
a) C (Geburtsdatum, Wohnort)
b) D (Geburtsdatum, Wohnort)
sind im Rahmen der Verschmelzung als neue persönlich haftende Gesellschafter in die E-oHG eingetreten.
4. Die allgemeine Bestimmung im Gesellschaftsvertrag über die Vertretung der Gesellschaft lautet: Je zwei Gesellschafter vertreten die Gesellschaft gemeinschaftlich.
A, B, C und D sind je mit einem weiteren Gesellschafter zur Vertretung der Gesellschaft berechtigt.[674]

Als Anlage überreichen wir eine Ausfertigung der Niederschrift vom (Datum) – UR. Nr. ..... des beglaubigenden Notars –, enthaltend:
a) den Verschmelzungsvertrag zwischen der F-oHG als übertragender Gesellschaft und der E-oHG als übernehmender Gesellschaft,
b) den Zustimmungsbeschluss der Gesellschafter der E-oHG zur Verschmelzung,
c) den Zustimmungsbeschluss der Gesellschafter der F-oHG zur Verschmelzung,
d) die Verzichtserklärungen der Gesellschafter beider Gesellschaften nach den §§ 8 Abs. 3, 9 Abs. 3 und 12 Abs. 3,
e) die Verzichtserklärungen der Gesellschafter beider Gesellschaften auf etwa bestehende Rechte zum Widerspruch gegen die Zustimmungsbeschlüsse und auf die Geltendmachung eines etwaigen Anfechtungsrechts, insbesondere auf eine Klage gegen die Wirksamkeit der Beschlüsse (§ 16 Abs. 2 UmwG),
f) die Schlussbilanz der F-oHG zum (Datum).[675]

Wir erklären weiter:
1. Ein Verschmelzungsbericht ist gemäß § 41 UmwG nicht erforderlich, da alle Gesellschafter zur Geschäftsführung berechtigt sind. Verschmelzungsprüfung und Prüfungsbericht sind nach Maßgabe des § 44 UmwG nicht erforderlich, da weder der Gesellschafts-

---

[673] Als Anmeldungstext sind andere Formulierungen denkbar. So genügt auch anzumelden, dass „die F-oHG im Wege der Verschmelzung durch Aufnahme auf die E-oHG verschmolzen wurde." Die hier gewählte ausführliche Formulierung entspricht dem Wortlaut des § 2 Nr. 1 UmwG.

[674] Abstrakte und konkrete Vertretungsberechtigung der neuen persönlich haftenden Gesellschafter sind anzumelden.

[675] Der Handelsregisteranmeldung der übernehmenden Gesellschaft muss die Schlussbilanz nicht zwingend beigefügt werden, § 17 Abs. 2 UmwG.

§ 9. Umwandlungsrechtliche Regelungen § 9

vertrag eine Mehrheitsentscheidung vorsieht, noch ein Gesellschafter die Prüfung verlangt hat. Weiterhin ist ein Barabfindungsangebot gemäß § 29 UmwG in dem Verschmelzungsvertrag nicht enthalten (§ 30 Abs. 2 UmwG). Darüber hinaus haben sämtliche Gesellschafter beider Gesellschaften auf einen Verschmelzungsbericht, eine Verschmelzungsprüfung und einen Prüfungsbericht verzichtet. Freiwillige Berichte und Prüfungen erfolgen nicht.

2. Bei keinem der beteiligten Rechtsträger besteht ein Betriebsrat.
3. Besondere Zustimmungserklärungen einzelner Anteilsinhaber sind nicht erforderlich.
4. Staatliche Genehmigungen sind nicht erforderlich.

Es wird versichert, dass die Verschmelzungsbeschlüsse bis heute nicht angefochten worden sind und darüber hinaus auf das Recht der Anfechtung dieser Beschlüsse ausdrücklich verzichtet wurde (§ 16 Abs. 2 UmwG).

(Ort, Datum)

(Beglaubigungsvermerk)

Handelsregisteranmeldung der übertragenden Gesellschaft

UR. Nr. ...... für .....   377 C

An das

Amtsgericht Musterort

– Handelsregister –

Musterort

HR A 5678

Gesellschaft unter der Firma F-oHG

Wir, C und D,

handelnd in unserer Eigenschaft als gemeinsam vertretungsberechtigte persönlich haftende Gesellschafter der F-oHG, melden zur Eintragung in das Handelsregister an:

Auf die E-oHG ist im Wege der Verschmelzung durch Aufnahme gemäß § 2 Nr. 1 UmwG als übernehmende Gesellschaft das Vermögen der F-oHG mit Sitz in Musterort, eingetragen im Handelsregister des Amtsgerichts Musterort unter HR A 5678 als übertragende Gesellschaft als Ganzes ohne Abwicklung übergegangen.[676]

Die Gesellschaft ist mit Durchführung der Verschmelzung erloschen.

---

[676] Als Anmeldungstext sind andere Formulierungen denkbar. So genügt auch anzumelden, dass „die F-oHG im Wege der Verschmelzung durch Aufnahme auf die E-oHG verschmolzen wurde." Die hier gewählte ausführliche Formulierung entspricht dem Wortlaut des § 2 Nr. 1 UmwG.

§ 9 3. Teil. Verschmelzung

Als Anlage überreichen wir eine Ausfertigung der Niederschrift vom (Datum) – UR. Nr. ..... des beglaubigenden Notars –, enthaltend:
a) den Verschmelzungsvertrag zwischen der F-oHG als übertragender Gesellschaft und der E-oHG als übernehmender Gesellschaft,
b) den Zustimmungsbeschluss der Gesellschafter der E-oHG zur Verschmelzung,
c) den Zustimmungsbeschluss der Gesellschafter der F-oHG zur Verschmelzung,
d) die Verzichtserklärungen der Gesellschafter beider Gesellschaften nach den §§ 8 Abs. 3, 9 Abs. 3 und 12 Abs. 3,
e) die Verzichtserklärungen der Gesellschafter beider Gesellschaften auf etwa bestehende Rechte zum Widerspruch gegen die Zustimmungsbeschlüsse und auf die Geltendmachung eines etwaigen Anfechtungsrechts, insbesondere auf eine Klage gegen die Wirksamkeit der Beschlüsse (§ 16 Abs. 2 UmwG),
f) die Schlussbilanz der F-oHG zum (Datum).

Wir erklären weiter:
1. Ein Verschmelzungsbericht ist gemäß § 41 UmwG nicht erforderlich, da alle Gesellschafter zur Geschäftsführung berechtigt sind. Verschmelzungsprüfung und Prüfungsbericht sind nach Maßgabe des § 44 UmwG nicht erforderlich, da weder der Gesellschaftsvertrag eine Mehrheitsentscheidung vorsieht, noch ein Gesellschafter die Prüfung verlangt hat. Weiterhin ist ein Barabfindungsangebot gemäß § 29 UmwG in dem Verschmelzungsvertrag nicht enthalten (§ 30 Abs. 2 UmwG).
Darüber hinaus haben sämtliche Gesellschafter beider Gesellschaften auf einen Verschmelzungsbericht, eine Verschmelzungsprüfung und einen Prüfungsbericht verzichtet.
Freiwillige Berichte und Prüfungen erfolgen nicht.
2. Bei keinem der beteiligten Rechtsträger besteht ein Betriebsrat.
3. Besondere Zustimmungserklärungen einzelner Anteilsinhaber sind nicht erforderlich.
4. Staatliche Genehmigungen sind nicht erforderlich.

Es wird versichert, dass die Verschmelzungsbeschlüsse bis heute nicht angefochten worden sind und darüber hinaus auf das Recht der Anfechtung dieser Beschlüsse ausdrücklich verzichtet wurde (§ 16 Abs. 2 UmwG).

(Ort, Datum)

(Beglaubigungsvermerk)

3. Verschmelzung einer Kapitalgesellschaft auf eine Personengesellschaft

Fall: Verschmelzung einer (Schwester-) GmbH auf eine (Schwester-) GmbH & Co. KG durch Aufnahme

378 *Die Geschäftsanteile der W-GmbH werden je zur Hälfte von der T-GmbH und der D-AG gehalten. Das Stammkapital ist noch nicht voll einbezahlt. Die*

§ 9. Umwandlungsrechtliche Regelungen   § 9

T-GmbH und die D-AG sind gleichzeitig die einzigen Kommanditisten der D-GmbH & Co. KG. Die D-GmbH ist deren Komplementärin. Die W-GmbH soll auf die D-GmbH & Co. KG verschmolzen werden.
Hierzu folgende Muster:
– Verschmelzungsvertrag, Rn. 378 A
– Zustimmungsbeschluss der übernehmenden Gesellschaft, Verzichtserklärungen und besondere Zustimmungserklärungen nach § 51 UmwG, Rn. 378 B
– Zustimmungsbeschluss der übertragenden Gesellschaft und Verzichtserklärung, Rn. 378 C
– Handelsregisteranmeldung der übernehmenden Gesellschaft, Rn. 378 D
– Handelsregisteranmeldung der übertragenden Gesellschaft, Rn. 378 E

Verschmelzung einer (Schwester-) GmbH auf eine (Schwester-) GmbH & Co. KG durch Aufnahme, §§ 4 ff., 39 ff., 46 ff. UmwG; Verschmelzungsvertrag

UR. Nr. ..... für .....   378 A
Verhandelt
zu Musterort am .....
Vor mir, ...
                           Notar

für den Oberlandesgerichtsbezirk Musterort mit dem Amtssitz in Musterort, erschienen, von Person bekannt:
1. X
   hier handelnd als einzelvertretungsberechtigter Geschäftsführer W-GmbH mit Sitz in Musterort, eingetragen im Handelsregister des Amtsgerichts Musterort unter HR B 123.
   Der amtierende Notar hat sich durch heutige Einsichtnahme in das elektronische Handelsregister des Amtsgerichts Musterort HR B 123 überzeugt, dass dort die W-GmbH mit Sitz in Musterort eingetragen ist und X als einzelvertretungsberechtigter Geschäftsführer zur Vertretung der W-GmbH berechtigt ist,
2. Y
3. Z
   hier handelnd als gemeinsam vertretungsberechtigte Geschäftsführer der D-GmbH mit Sitz in Musterort, eingetragen im Handelsregister des Amtsgerichts Musterort HR B 789, die D-GmbH wiederum handelnd als einzelvertretungsberechtigte persönlich haftende Gesellschafterin der D-GmbH & Co. KG mit Sitz in Musterort, eingetragen im Handelsregister des Amtsgerichts Musterort unter HR A 456.
   Der amtierende Notar hat sich durch heutige Einsichtnahme in das elektronische Handelsregister des Amtsgerichts Musterort überzeugt,

§ 9   3. Teil. Verschmelzung

a) dass unter HR A 456 die D-GmbH & Co. KG mit Sitz in Musterort eingetragen ist und die D-GmbH mit Sitz in Musterort als einzelvertretungsberechtigte persönlich haftende Gesellschafterin zur Vertretung der D-GmbH & Co. KG berechtigt ist und
b) dass unter HR B 789 die D-GmbH mit Sitz in Musterort eingetragen ist und Y und Z als gemeinschaftlich vertretungsberechtigte Geschäftsführer zur Vertretung der D-GmbH berechtigt sind.

Die Erschienenen, handelnd wie angegeben, erklärten:

I. Vorbemerkungen

1. An der übernehmenden Gesellschaft, der D-GmbH & Co. KG, sind beteiligt:
   a) Die D-GmbH als Komplementärin.
   Sie hat keine Einlage erbracht und hat mithin keine Beteiligung am Festkapital.
   b) Die T-GmbH als Kommanditistin
   mit einem festen Kapitalanteil (zugleich Haftsumme) von € 500 000,–
   c) Die D-AG als Kommanditistin
   mit einem festen Kapitalanteil (zugleich Haftsumme) von € 500 000,–
   Das Festkapital der D-GmbH & Co. KG beträgt demnach € 1 000 000,-.
2. An der übertragenden Gesellschaft, der W-GmbH, deren Stammkapital € 1 600 000,– beträgt, sind beteiligt:
   a) Die T-GmbH
   mit einem Geschäftsanteil im Nennbetrag von € 800 000,–
   b) Die D-AG
   mit einem Geschäftsanteil im Nennbetrag von € 800 000,–
3. Die übernehmende Gesellschaft ist die Schwestergesellschaft der übertragenden Gesellschaft.
4. Der Notar hat die letzte vom Handelsregister aufgenommene Gesellschafterliste eingesehen.
   Die Liste der Gesellschafter der W-GmbH hat das Datum vom (Datum) (**ggf.**: und die Bestätigung des Notars (Name, Amtssitz)).
   Die T-GmbH und die D-AG sind in dieser Liste als Inhaber der vorbezeichneten Geschäftsanteile eingetragen.
5. Nach Angaben der Beteiligten sind die Stammeinlagen auf die Geschäftsanteile der W-GmbH nicht voll erbracht.[677] Auf jeden Geschäftsanteil ist die Stammeinlage in Höhe von je € 600 000,– erbracht, je € 200 000,– Stammeinlage stehen noch aus.

---

[677] § 51 I 3 UmwG findet keine direkte Anwendung, da der übernehmende Rechtsträger keine GmbH ist, ggf. aber entsprechende.

§ 9. Umwandlungsrechtliche Regelungen § 9

Die Hafteinlagen bei der D-GmbH & Co. KG sind nach Angaben der Beteiligten voll erbracht.
6. Mit diesem Vertrag soll die W-GmbH auf die D-GmbH & Co. KG verschmolzen werden.

II. Verschmelzungsvertrag

Die D-GmbH & Co. KG als übernehmende Gesellschaft und die W-GmbH als übertragende Gesellschaft schließen folgenden Verschmelzungsvertrag:

§ 1
Vermögensübertragung, Bilanzstichtag, Verschmelzungsstichtag

1. Die W-GmbH mit Sitz in Musterort überträgt ihr Vermögen als Ganzes mit allen Rechten und Pflichten als übertragende Gesellschaft unter Auflösung ohne Abwicklung gemäß § 2 Nr. 1 UmwG auf die D-GmbH & Co. KG mit Sitz in Musterort als übernehmende Gesellschaft im Wege der Verschmelzung durch Aufnahme.
2. Der Verschmelzung der Gesellschaften wird die Bilanz der W-GmbH zum (Datum) als Schlussbilanz zugrunde gelegt. Ein Exemplar dieser festgestellten und unterzeichneten Bilanz nebst Gewinn- und Verlustrechnung, Anhang und Lagebericht und dem uneingeschränkten Bestätigungsvermerk des Abschlussprüfers vom (Datum) ist dieser Niederschrift – lediglich zu Dokumentationszwecken – als **Anlage** beigefügt.[678]
3. Die Verschmelzung soll mit Wirkung von der Eintragung in das Handelsregister der übernehmenden Gesellschaft wirksam sein.

Die Übernahme des Vermögens der übertragenden Gesellschaft erfolgt im Innenverhältnis mit Wirkung zum Ablauf des (Datum). Vom (Datum), 0.00 Uhr, an (Verschmelzungsstichtag) gelten alle Handlungen und Geschäfte der übertragenden Gesellschaft für Rechnung der übernehmenden Gesellschaft vorgenommen.

§ 2
Gegenleistung,[679] Abfindungsangebot

1. Die übertragende Gesellschaft wird mit einem Vermögen von € 1 200 000,– angesetzt (vgl. Ziffer I. 5. dieses Vertrages).
2. Die Gesellschafter der übertragenden Gesellschaft sind und bleiben Kommanditisten der übernehmenden Gesellschaft. Als Ge-

---

[678] Das Beifügen als Anlage zum Verschmelzungsvertrag ist nicht zwingend, erst recht nicht als echte Anlage iSd BeurkG. Der Anmeldung zum Handelsregister des übertragenden Rechtsträgers hingegen ist die Schlussbilanz zwingend als Anlage beizufügen, § 17 II UmwG.
[679] § 54 I 3 UmwG ist hier mangels Verschmelzung auf eine GmbH nicht direkt anwendbar. Ob die §§ 54 I 3, § 68 I 3 UmwG entsprechend Anwendung finden können, ist streitig.

§ 9   3. Teil. Verschmelzung

genleistung für die Übertragung des Vermögens der W-GmbH gewährt die D-GmbH & Co. KG den Gesellschaftern der W-GmbH Kommanditanteile an der D-GmbH & Co. KG.

3. Die Anteilsgewährung erfolgt durch kostenfreie Erhöhung der Kommanditanteile (zugleich feste Kapitalanteile und Haftsummen) der Gesellschafter der übertragenden Gesellschaft bei der übernehmenden Gesellschaft.
Die Erhöhung entspricht wertmäßig dem unter § 2 Nr. 1 ermittelten Vermögen der übertragenden Gesellschaft. Dadurch erhöhen sich das Festkapital der übernehmenden Gesellschaft von € 1 000 000,– um € 1 200 000,– auf € 2 200 000,– und die Kapitalkonten und die Kommanditanteile (Haftsummen) wie folgt:
a) fester Kapitalanteil und Haftsumme der
  T-GmbH
  von € 500 000,– um € 600 000,– auf € 1 100 000,–
b) fester Kapitalanteil und Haftsumme der
  D-AG
  von € 500 000,– um € 600 000,– auf € 1 100 000,–.
4. Das Umtauschverhältnis beträgt somit 1:1.
5. Die erhöhten Beteiligungen gewähren ab dem (Datum) eine Beteiligung am Gewinn und Verlust sowie am Festkapital der übernehmenden Gesellschaft.
6. Der Notar hat auf das Erfordernis eines Barabfindungsangebots gemäß § 29 Abs. 1 S. 1 UmwG im Verschmelzungsvertrag hingewiesen. Die Beteiligten erklärten jedoch, von der Aufnahme eines Abfindungsangebots absehen zu wollen, da angesichts dessen, dass es sich bei den Gesellschaften um Schwestergesellschaften handelt, ein Widerspruch eines Gesellschafters gegen die Verschmelzungsbeschlüsse nicht zu erwarten ist.[680]

Oder:
Im Hinblick auf § 29 Abs. 1 S. 1 UmwG macht die D-GmbH & Co. KG bereits jetzt jedem Gesellschafter der W-GmbH, der gegen den Verschmelzungsbeschluss der übertragenden Gesellschaft Widerspruch zur Niederschrift erklärt, das Angebot, ihm für je € .... Nennbetrag seines Geschäftsanteils einen Barbetrag in Höhe von € ... zu bezahlen, wenn der Gesellschafter seinen Austritt aus der übernehmenden Gesellschaft erklärt.[681] Folgende Abfindungsbeträge werden demnach angeboten:
Der T-GmbH € ...
Der D-AG € ...
Die Kosten der Abfindung trägt die D-GmbH & Co. KG.

---

[680] Sollte sich diese Erwartung als unzutreffend herausstellen, wäre der Verschmelzungsvertrag trotz fehlenden Barabfindungsangebots nicht unwirksam; eine Nachholung (allerdings auch der Zustimmungsbeschlüsse) ist möglich.
[681] Vgl. § 29 I 3 UmwG.

§ 3
Besondere Rechte oder Vorteile

Besondere Rechte im Sinne von § 5 Abs. 1 Nr. 7 UmwG oder besondere Vorteile im Sinne von § 5 Abs. 1 Nr. 8 UmwG werden nicht gewährt.

§ 4
Folgen für die Arbeitnehmer und ihre Vertretungen

1. Die Verschmelzung hat keine Auswirkungen auf die Arbeitnehmer oder ihre Vertreter bei den beteiligten Gesellschaften.
2. Weder die übertragende Gesellschaft noch die übernehmende Gesellschaft hat Arbeitnehmer und folglich auch keine Arbeitnehmervertretung. Es existieren auch keine Ausschüsse, Organe oder sonstige Gremien, zu deren Mitgliedern Arbeitnehmer gehören, insbesondere kein Wirtschaftsausschuss und kein Aufsichtsrat.

Oder:
1. Die bei der W-GmbH bestehenden Dienst- und Anstellungsverträge gehen gemäß § 324 UmwG in Verbindung mit § 613a Abs. 1 BGB unverändert in der Weise auf die D-GmbH & Co. KG über, dass die Arbeitsverträge der bisher bei der W-GmbH beschäftigten Arbeitnehmer so behandelt werden, als seien diese Arbeitnehmer vom Beginn ihrer jeweiligen Arbeitsverhältnisse an bei der D-GmbH & Co. KG beschäftigt gewesen. Die zeitliche Zusammenfassung der Arbeitsverhältnisse gilt insbesondere im Hinblick auf Kündigungsfristen der Arbeitsverträge und etwaige vertraglich mit der W-GmbH vereinbarte betriebliche Altersversorgungen der betroffenen Arbeitnehmer. Gleiches gilt für den Anstellungsvertrag des hier erschienenen Geschäftsführers mit der W-GmbH
2. Die Arbeitnehmer behalten den gleichen Dienstort. Ihre Tätigkeit wird wie bisher auf dem Gebiet der ...... liegen. Betriebsstilllegungen, Betriebszusammenlegungen, Personalrationalisierungen und/oder Versetzungen als mittelbare Folgen der Verschmelzung sind nicht beabsichtigt.
3. Weder die W-GmbH noch die D-GmbH & Co. KG haben Arbeitnehmervertretungen.[682] Es existieren auch keine Ausschüsse, Organe oder sonstigen Gremien, zu deren Mitgliedern Arbeitnehmer gehören, insbesondere kein Wirtschaftsausschuss und kein Aufsichtsrat.
4. In beiden Gesellschaften gelten dieselben kollektivrechtlichen Bestimmungen. Die D-GmbH & Co. KG unterliegt der gleichen tariflichen Bindung wie die W-GmbH. Auswirkungen kollektivrechtlicher Art, insbesondere tarifrechtlicher oder mitbestimmungsrechtlicher Art, ergeben sich nicht.

---

[682] Beachte sonst § 5 III UmwG, vgl. Muster 374 A und B (Verschmelzung Tochter-GmbH auf Mutter-GmbH zur Aufnahme).

§ 5
Beteiligung

Nach dem Wirksamwerden der Verschmelzung sind am Gewinn und Verlust sowie am Gesellschaftsvermögen der D-GmbH & Co. KG die nachstehenden Gesellschafter wie folgt beteiligt:
a) die D-GmbH zu 0% als Komplementär ohne Einlage
b) die D-AG zu 50,0%,
c) die T-GmbH zu 50,0%.

§ 6
Sonstiges, Kosten

1. Die übertragende Gesellschaft hat keinen Grundbesitz und ist ihrerseits nicht Gesellschafterin einer GmbH.[683]
2. Alle Kosten und Abgaben aus und im Zusammenhang mit dem Abschluss und der Durchführung dieses Vertrages trägt die D-GmbH & Co. KG. Dies gilt auch – mit Ausnahme der Kosten der Gesellschafterversammlungen – im Falle des Scheiterns der Verschmelzung.

§ 7
Rücktritt[684]

Beide Vertragsparteien sind zum Rücktritt von diesem Verschmelzungsvertrag berechtigt, wenn die Verschmelzung nicht spätestens am (Datum) in das Handelsregister der übernehmenden Gesellschaft eingetragen worden ist. Der Rücktritt ist durch schriftliche Erklärung gegenüber der jeweils anderen Vertragspartei zu erklären. Die Ausübung des Rücktrittsrechts bedarf nicht der Zustimmung der Gesellschafterversammlungen der beteiligten Gesellschaften. Das Rücktrittsrecht erlischt mit der Eintragung der Verschmelzung in das Handelsregister der übernehmenden Gesellschaft, wenn nicht bis dahin die Rücktrittserklärung zugegangen ist. § 7 Satz 2 UmwG findet auf diesen Rücktritt keine Anwendung. Die vorstehende Kostenregelung gilt auch für den Fall des Rücktritts.

§ 8
Hinweise

Der Notar wies die Erschienenen darauf hin, dass
– der Verschmelzungsvertrag zu seiner Wirksamkeit der formgerechten Zustimmung der Gesellschafterversammlungen bedarf

---

[683] Andernfalls ist das Einreichen einer neuen Gesellschafterliste zum Handelsregister für diese GmbH veranlasst.

[684] Denkbar wäre stattdessen auch eine Bedingung, insbesondere die, dass die notwendigen Zustimmungsbeschlüsse ausbleiben, vgl. Muster 379 A (Verschmelzung KG auf GmbH zur Aufnahme).

§ 9. Umwandlungsrechtliche Regelungen §9

– zum Vollzug dieser Urkunde gesonderte Handelsregisteranmeldungen bei der übertragenden und bei der übernehmenden Gesellschaft erforderlich sind,
– die der Verschmelzung zugrundegelegte Bilanz nicht auf einen Stichtag aufgestellt sein darf, der länger als acht Monate vor der Anmeldung zum Handelsregister liegt,
– die Verschmelzung erst mit der Eintragung im Handelsregister der übernehmenden Gesellschaft wirksam wird,
– die übertragende Gesellschaft mit Wirksamwerden der Verschmelzung erlischt.

Diese Niederschrift wurde den Erschienenen vom Notar vorgelesen, die Anlage wurde ihnen zur Durchsicht vorgelegt, alles wurde von den Erschienenen genehmigt und von ihnen und dem Notar eigenhändig wie folgt unterschrieben:

Zustimmungsungsbeschluss der übernehmenden Gesellschaft, Verzichtserklärungen und besondere Zustimmungserklärungen nach § 51 UmwG

UR. Nr. ..... für .....   378 B
Verhandelt
zu Musterort am .....
Vor mir, ...
                                 Notar

für den Oberlandesgerichtsbezirk mit dem Amtssitz in Musterort, erschienen, von Person bekannt:
1. A
   hier handelnd als einzelvertretungsberechtigter und von den Beschränkungen des § 181 BGB befreiter Geschäftsführer der T-GmbH mit dem Sitz in Musterort, eingetragen im Handelsregister des Amtsgerichts Musterort unter HR B 1234,
2. a) B
   b) C
   hier handelnd als gemeinsam vertretungsberechtigte Vorstandsmitglieder der D-AG mit dem Sitz in Musterort, eingetragen im Handelsregister des Amtsgerichts in Musterort unter HR B 5678.
   Der amtierende Notar hat sich durch heutige Einsichtnahme in das elektronische Handelsregister des Amtsgerichts Musterort überzeugt,
   a) dass unter HR B 1234 die T-GmbH mit Sitz in Musterort eingetragen ist und A als ihr einzelvertretungsberechtigter und von den Beschränkungen des § 181 BGB befreiter Geschäftsführer zur Vertretung der T-GmbH berechtigt ist,
   und

§ 9 3. Teil. Verschmelzung

b) dass unter HR B 5678 die D-AG mit Sitz in Musterort eingetragen ist und B und C als ihre gemeinsam vertretungsberechtigten Vorstandsmitglieder zur Vertretung der D-AG berechtigt sind.
3. a) Y
b) Z
hier handelnd als gemeinsam vertretungsberechtigte Geschäftsführer der D-GmbH mit Sitz in Musterort, eingetragen im Handelsregister des Amtsgerichts Musterort HR B 789.

Der amtierende Notar hat sich durch heutige Einsichtnahme in das elektronische Handelsregister des Amtsgerichts Musterort überzeugt, dass unter HR B 789 die D-GmbH eingetragen ist und Y und Z als gemeinsam vertretungsberechtigte Geschäftsführer zur Vertretung der D-GmbH berechtigt sind.

Die Erschienenen – handelnd wie angegeben – baten um die Beurkundung des

**Zustimmungsbeschlusses zur Verschmelzung
und der Verzichtserklärungen**

I. Vorbemerkungen

1. Im Handelsregister des Amtsgerichts Musterort ist unter HR A 456 die Gesellschaft unter der Firma D-GmbH & Co. KG mit Sitz in Musterort eingetragen.
2. An der Gesellschaft sind beteiligt:
   a) Die D-GmbH als Komplementärin.
   Sie hat keine Einlage erbracht und hat mithin keine Beteiligung am Festkapital.
   b) Die T-GmbH als Kommanditistin
   mit einem festen Kapitalanteil (zugleich Haftsumme) von € 500 000,–
   c) Die D-AG als Kommanditistin
   mit einem festen Kapitalanteil (zugleich Haftsumme) von € 500 000,–
   Das Festkapital der D-GmbH & Co. KG beträgt demnach € 1 000 000,–.
3. Die Hafteinlagen bei der D-GmbH & Co. KG sind nach Angaben der Beteiligten voll erbracht.
4. Somit sind alle Gesellschafter der Gesellschaft vertreten.
5. Die W-GmbH mit dem Sitz in Musterort soll auf die D-GmbH & Co.KG verschmolzen werden. Der Verschmelzungsvertrag ist zu UR. Nr...... des amtierenden Notars vom (Datum) beurkundet worden; sein Inhalt ist uns bekannt.

§ 9. Umwandlungsrechtliche Regelungen § 9

II. Zustimmungsbeschluss, Kapitalerhöhung

Dies vorausgeschickt treten die Gesellschafter hiermit unter Verzicht auf die Einhaltung aller Form- und Fristvorschriften für die Einberufung und Abhaltung zu einer

G e s e l l s c h a f t e r v e r s a m m l u n g

der D-GmbH & Co. KG zusammen und beschließen mit allen Stimmen einstimmig was folgt:
1. Dem Verschmelzungsvertrag zwischen der W-GmbH mit Sitz in Musterort als übertragender Gesellschaft und der D-GmbH & Co. KG als übernehmender Gesellschaft vom heutigen Tage – UR. Nr...... des amtierenden Notars – wird zugestimmt. Eine Ausfertigung des Verschmelzungsvertrages lag bei Beurkundung vor und ist dieser Niederschrift als Anlage[685] beigefügt. Auf ein Vorlesen der Anlage wird verzichtet.
2. Verschmelzungsprüfung und Prüfungsbericht sind gemäß § 44 UmwG nicht erforderlich, da weder der Gesellschaftsvertrag eine Mehrheitsentscheidung vorsieht, noch ein Gesellschafter die Prüfung verlangt hat. Freiwillig sollen diese Berichte und Prüfungen nicht erfolgen.
3. Zum Zwecke der Durchführung der Verschmelzung werden das Festkapital von € 1 000 000,– um € 1 200 000,– auf € 2 200 000,– und die Kapitalkonten und die Kommanditanteile (Haftsummen) wie folgt erhöht:
a) der feste Kapitalanteil (Haftsumme) des Kommanditisten T-GmbH wird von € 500 000,– um € 600 000,– auf € 1 100 000,– erhöht,
b) der feste Kapitalanteil (Haftsumme) des Kommanditisten D-AG wird von € 500 000,– um € 600 000,– auf € 1 100 000,– erhöht.
Damit ist die Gesellschafterversammlung beendet.

III. Verzichtserklärungen, besondere Zustimmungserklärung

Sämtliche Erschienenen – handelnd wie angegeben – erklärten weiter:
1. Auf die Erstellung eines Verschmelzungsberichts (§ 8 UmwG), auf Prüfung des Verschmelzungsvertrages (§ 9 UmwG) und auf die Erstellung eines Prüfungsberichts (§ 12 UmwG) wird unwiderruflich verzichtet (§§ 8 Abs. 3, 9 Abs. 3, 12 Abs. 3 UmwG).
2. Ebenso verzichten wir ausdrücklich auf ein Abfindungsangebot gemäß § 29 UmwG sowie auf etwa bestehende Rechte zum Widerspruch gegen diesen Beschluss, seine Anfechtung und zur Klage gegen die Wirksamkeit dieses Beschlusses (§ 16 Abs. 2 UmwG).

---

[685] Wegen § 13 III 2 UmwG entfällt die Verzichtsmöglichkeit nach § 13a II BeurkG.

§ 9   3. Teil. Verschmelzung

3. Die von der Geschäftsführung der D-GmbH & Co. KG ausgeschlossenen Kommanditisten bestätigen, dass ihnen der Verschmelzungsvertrag rechtzeitig zugesandt wurde (§ 42 UmwG). Gleichzeitig wird bestätigt, dass die Jahresabschlüsse und Lageberichte der letzten drei Jahre sowohl der W-GmbH als auch der D-GmbH & Co. KG zur Einsicht ausgelegt worden sind.
4. Vorsorglich stimmt jeder Gesellschafter der übernehmenden Gesellschaft dem Verschmelzungsbeschluss gem. § 51 Abs. 1 Satz 3 UmwG ausdrücklich zu.[686]

IV. Hinweise

Der Notar belehrt die Erschienenen über die Unwiderruflichkeit der Verzichtserklärungen gemäß III. und deren Wirkung und wies sie darauf hin, dass durch diese Erklärungen die Ausübung von Gesellschafterrechten bei der bevorstehenden Verschmelzung beeinträchtigt sein kann.

V. Kosten

Die mit dieser Urkunde verbundenen Kosten trägt die D-GmbH & Co. KG.

Diese Niederschrift wurde den Erschienenen vom Notar vorgelesen, die Anlage zur Durchsicht vorgelegt, von ihnen genehmigt und von ihnen und dem Notar eigenhändig wie folgt unterschrieben:

Zustimmungsbeschluss der übertragenden Gesellschaft und Verzichtserklärungen

378 C UR. Nr. ...... für .....

Verhandelt
zu Musterort am .....
Vor mir,
                                                  .....
                                                  Notar

für den Oberlandesgerichtsbezirk Musterort mit dem Amtssitz in Musterort, erschienen, von Person bekannt:
1. A
   hier handelnd als einzelvertretungsberechtigter und von den Beschränkungen des § 181 BGB befreiter Geschäftsführer der T-GmbH mit dem Sitz in Musterort, eingetragen im Handelsregister des Amtsgerichts Musterort unter HR B 1234,
2. a) B
   b) C

---

[686] § 51 I 3 UmwG findet keine direkte Anwendung, da der übernehmende Rechtsträger keine GmbH ist, ggf. aber entsprechende.

§ 9. Umwandlungsrechtliche Regelungen § 9

hier handelnd als gemeinsam vertretungsberechtigte Vorstandsmitglieder der D-AG mit dem Sitz in Musterort, eingetragen im Handelsregister des Amtsgerichts in Musterort unter HR B 5678.

Der amtierende Notar hat sich durch heutige Einsichtnahme in das elektronische Handelsregister des Amtsgerichts Musterort überzeugt,
a) dass unter HR B 1234 die T-GmbH mit Sitz in Musterort eingetragen ist und A als ihr einzelvertretungsberechtigter und von den Beschränkungen des § 181 BGB befreiter Geschäftsführer zur Vertretung der T-GmbH berechtigt ist,
und
b) dass unter HR B 5678 die D-AG mit Sitz in Musterort eingetragen ist und die B und C als ihre gemeinsam vertretungsberechtigten Vorstandsmitglieder zur Vertretung der D-AG berechtigt sind.

Die Erschienenen – handelnd wie angegeben – baten um die Beurkundung des

Zustimmungsbeschlusses zur Verschmelzung und der Verzichtserklärungen

I. Vorbemerkungen

1. Im Handelsregister des Amtsgerichts Musterort ist unter HR B 123 die W-GmbH mit Sitz in Musterort eingetragen.
2. Das Stammkapital der Gesellschaft beträgt € 1 600 000,–.
3. Die vertretenen Gesellschaften sind die alleinigen Gesellschafter der vorgenannten Gesellschaft, und zwar mit folgenden Geschäftsanteilen:
   a) die T-GmbH mit einem Geschäftsanteil im Nennbetrag von € 800 000,–
   b) die D-AG mit einem Geschäftsanteil im Nennbetrag von € 800 000,–
4. Der Notar hat die letzte vom Handelsregister aufgenommene Gesellschafterliste eingesehen.
   Die Liste der Gesellschafter der W-GmbH hat das Datum vom (Datum) (**ggf.**: und die Bestätigung des Notars (Name, Amtssitz)).
   Die T-GmbH und die D-AG sind in dieser Liste als Inhaber der vorbezeichneten Geschäftsanteile eingetragen.
5. Nach Angaben der Beteiligten sind die Stammeinlagen auf die Geschäftsanteile der W-GmbH nicht voll erbracht. Auf jeden Geschäftsanteil ist die Stammeinlage in Höhe von je € 600000,– erbracht, je € 200000,– Stammeinlage stehen noch aus.
6. Somit ist das gesamte Stammkapital der Gesellschaft vertreten.
7. Die W-GmbH mit dem Sitz in Musterort soll auf die D-GmbH & Co. KG verschmolzen werden. Der Verschmelzungsvertrag ist zu UR. Nr. ..... des amtierenden Notars vom (Datum) beurkundet worden; sein Inhalt ist uns bekannt.

§ 9 3. Teil. Verschmelzung

II. Zustimmungsbeschluss

Dies vorausgeschickt treten die Gesellschafter hiermit unter Verzicht auf die Einhaltung aller Form- und Fristvorschriften für die Einberufung und Abhaltung einschließlich der Vorschriften der §§ 47, 48 und 49 UmwG zu einer

Gesellschafterversammlung

der W-GmbH zusammen und beschließen mit allen Stimmen einstimmig was folgt:

Dem Verschmelzungsvertrag zwischen der W-GmbH mit Sitz in Musterort als übertragender Gesellschaft und der D-GmbH & Co. KG als aufnehmender Gesellschaft vom heutigen Tage – UR. Nr. . . . . . . des amtierenden Notars – wird zugestimmt.

Eine Ausfertigung des Verschmelzungsvertrages lag bei Beurkundung vor und ist dieser Niederschrift als Anlage[687] beigefügt. Auf ein Vorlesen der Anlage wird verzichtet.

Damit ist die Gesellschafterversammlung beendet.

III. Verzichtserklärungen

Sämtliche Erschienenen – handelnd wie angegeben – erklärten weiter:
1. Auf die Erstellung eines Verschmelzungsberichts (§ 8 UmwG), auf die Prüfung des Verschmelzungsvertrages (§ 9 UmwG) und auf die Erstellung eines Prüfungsberichts (§ 12 UmwG) wird unwiderruflich verzichtet (§§ 8 Abs. 3, 9 Abs. 3, 12 Abs. 3 UmwG).
2. Ebenso verzichten wir ausdrücklich auf ein Abfindungsangebot gemäß § 29 UmwG sowie auf etwa bestehende Rechte zum Widerspruch gegen diesen Beschluss, seiner Anfechtung und zur Klage gegen die Wirksamkeit dieses Beschlusses (§ 16 Abs. 2 UmwG).
3. Gleichzeitig bestätigen wir, dass uns der Verschmelzungsvertrag rechtzeitig zugeleitet worden ist (§ 47 UmwG), und dass die Jahresabschlüsse und Lageberichte der letzten drei Jahre sowohl der W-GmbH als auch der D-GmbH & Co. KG zur Einsicht ausgelegt worden sind (§ 49 Abs. 2 UmwG).

IV. Hinweise

Der Notar belehrt die Erschienenen über die Unwiderruflichkeit der Verzichtserklärungen gem. Ziffer III. und deren Wirkung und wies diese darauf hin, dass durch diese Erklärung die Ausübung von Gesellschafterrechten bei der bevorstehenden Verschmelzung beeinträchtigt sein kann.

---

[687] Wegen § 13 III 2 UmwG entfällt die Verzichtsmöglichkeit nach § 13a II BeurkG.

§ 9. Umwandlungsrechtliche Regelungen § 9

V. Kosten

Die mit dieser Urkunde verbundenen Kosten trägt die W-GmbH.

Diese Niederschrift wurde den Erschienenen vom Notar vorgelesen, die Anlage zur Durchsicht vorgelegt, von ihnen genehmigt und von ihnen und dem Notar eigenhändig wie folgt unterschrieben:

Handelsregisteranmeldung der übernehmenden Gesellschaft

UR. Nr. ...... für ..... 378 D

An das
Amtsgericht
– Handelsregister –
Musterort
HR A 456
Gesellschaft unter der Firma D-GmbH & Co. KG
Wir, X und Y,
handelnd in unserer Eigenschaft als gemeinsam vertretungsberechtigte Geschäftsführer der D-GmbH mit Sitz in Musterort, diese wiederum handelnd als Komplementärin der Gesellschaft,

ich, A,

handelnd in meiner Eigenschaft als einzelvertretungsberechtigter Geschäftsführer der T-GmbH mit dem Sitz in Musterort, diese wiederum handelnd als Kommanditistin der Gesellschaft, und

wir, B und C,

handelnd in unserer Eigenschaft als gemeinsam vertretungsberechtigte Vorstandsmitglieder der D-AG mit dem Sitz in Musterort, diese wiederum handelnd als Kommanditistin der Gesellschaft,

melden zur Eintragung in das Handelsregister an:
1. Auf die D-GmbH & Co. KG ist im Wege der Verschmelzung durch Aufnahme gemäß § 2 Nr. 1 UmwG als übernehmende Gesellschaft das Vermögen der W-GmbH mit Sitz in Musterort, eingetragen im Handelsregister des Amtsgerichts Musterort unter HR B 123, als übertragende Gesellschaft als Ganzes ohne Abwicklung übergegangen.[688]
2. Zum Zwecke der Durchführung der Verschmelzung sind die Kommanditeinlagen (Haftsummen) wie folgt erhöht worden:
   a) Die Kommanditeinlage (Haftsumme) des Kommanditisten T-GmbH ist von € .... um € .... auf € .... erhöht worden.

---

[688] Als Anmeldungstext sind andere Formulierungen denkbar. So genügt auch anzumelden, dass „die W-GmbH im Wege der Verschmelzung durch Aufnahme auf die D-GmbH & Co. KG verschmolzen wurde." Die hier gewählte ausführliche Formulierung entspricht dem Wortlaut des § 2 Nr. 1 UmwG.

b) Die Kommanditeinlage (Haftsumme) des Kommanditisten D-AG ist von € .... um € .... auf € .... erhöht worden.

Wir überreichen als Anlagen:
1. Ausfertigung des Verschmelzungsvertrages vom (Datum) – UR. Nr...... des Notars ..... in ...... –,
2. Ausfertigung der Niederschrift über die Gesellschafterversammlung der W-GmbH als der übertragenden Gesellschaft vom (Datum) – UR. Nr...... des Notars ..... in ...... –, enthaltend
 – den Zustimmungsbeschluss zur Verschmelzung,
 – die Verzichtserklärungen der Gesellschafter auf die Erstellung eines Verschmelzungsberichts, auf die Verschmelzungsprüfung und auf die Erstellung eines Verschmelzungsprüfungsberichts,
 – die Verzichtserklärungen der Gesellschafter auf etwa bestehende Rechte zum Widerspruch gegen den Zustimmungsbeschluss, seiner Anfechtung und zur Klage gegen die Wirksamkeit des Verschmelzungsbeschlusses (§ 16 Abs. 2 UmwG),
3. Ausfertigung der Niederschrift über die Gesellschafterversammlung der D-GmbH & Co. KG als der übernehmenden Gesellschaft vom (Datum) – UR. Nr...... des Notars ..... in ...... –, enthaltend
 – den Zustimmungsbeschluss zur Verschmelzung,
 – die Verzichtserklärungen der Gesellschafter auf die Erstellung eines Verschmelzungsberichts, auf die Verschmelzungsprüfung und auf die Erstellung eines Verschmelzungsprüfungsberichts,
 – die Verzichtserklärungen der Gesellschafter auf etwa bestehende Rechte zum Widerspruch gegen den Zustimmungsbeschluss, seiner Anfechtung und zur Klage gegen die Wirksamkeit des Verschmelzungsbeschlusses (§ 16 Abs. 2 UmwG),
 – die Zustimmungserklärungen der Gesellschafter gemäß § 51 Abs. 1 Satz 3 UmwG
4. die Schlussbilanz der W-GmbH zum (Datum).[689]

Wir erklären weiter:
1. Die W-GmbH hat keinen Betriebsrat.
2. Die D-GmbH & Co. KG hat keinen Betriebsrat.
3. Die besonderen Zustimmungserklärungen der Gesellschafter der übernehmenden Gesellschaft gem. § 51 Abs. 1 Satz 3 UmwG sind vorsorglich abgegeben.
4. Staatliche Genehmigungen sind nicht erforderlich.

Wir versichern, dass die Verschmelzungsbeschlüsse bis heute nicht angefochten worden sind und angesichts des ausdrücklichen Verzichts der jeweiligen Gesellschafter auf ihr Anfechtungsrecht auch nicht angefochten werden können.

(Ort, Datum)

(Beglaubigungsvermerk ggf. mit Vertretungsbescheinigung)

---

[689] Der Handelsregisteranmeldung der übernehmenden Gesellschaft muss die Schlussbilanz nicht zwingend beigefügt werden, § 17 II UmwG.

§ 9. Umwandlungsrechtliche Regelungen § 9

Handelsregisteranmeldung der übertragenden Gesellschaft

UR. Nr. ..... für ..... 378 E

An das
Amtsgericht
– Handelsregister –
Musterort

HR B 123

Gesellschaft unter der Firma W-GmbH

Ich, X,

handelnd in meiner Eigenschaft als einzelvertretungsberechtigter Geschäftsführer der vorgenannten Gesellschaft, melde zur Eintragung in das Handelsregister an:

Das Vermögen der Gesellschaft ist im Wege der Verschmelzung durch Aufnahme gemäß §§ 2 Nr. 1 UmwG als Ganzes ohne Abwicklung auf die D-GmbH & Co. KG mit Sitz in Musterort, eingetragen im Handelsregister des Amtsgerichts Musterort unter HR A 456, als übernehmende Gesellschaft übergegangen.

Die Gesellschaft ist mit Durchführung der Verschmelzung erloschen.

Als Anlage überreiche ich:
1. Ausfertigung des Verschmelzungsvertrages vom (Datum) – UR. Nr. ..... des Notars ..... in ..... –,
2. Ausfertigung der Niederschrift über die Gesellschafterversammlung der W-GmbH als der übertragenden Gesellschaft vom (Datum) – UR. Nr. ..... des Notars ..... in ..... –, enthaltend
   – den Zustimmungsbeschluss zur Verschmelzung,
   – die Verzichtserklärungen der Gesellschafter auf die Erstellung eines Verschmelzungsberichts, auf die Verschmelzungsprüfung und auf die Erstellung eines Verschmelzungsprüfungsberichts,
   – die Verzichtserklärungen der Gesellschafter auf etwa bestehende Rechte zum Widerspruch gegen den Zustimmungsbeschluss, seiner Anfechtung und zur Klage gegen die Wirksamkeit des Verschmelzungsbeschlusses (§ 16 Abs. 2 UmwG)
3. Ausfertigung der Niederschrift über die Gesellschafterversammlung der D-GmbH & Co. KG als der übernehmenden Gesellschaft vom (Datum) – UR. Nr. ..... des Notars ..... in ..... –, enthaltend
   – den Zustimmungsbeschluss zur Verschmelzung,
   – die Verzichtserklärungen der Gesellschafter auf die Erstellung eines Verschmelzungsberichts, auf die Verschmelzungsprüfung und auf die Erstellung eines Verschmelzungsprüfungsberichts,
   – die Verzichtserklärungen der Gesellschafter auf etwa bestehende Rechte zum Widerspruch gegen den Zustimmungsbeschluss, seiner Anfechtung und zur Klage gegen die Wirksamkeit des Verschmelzungsbeschlusses (§ 16 Abs. 2 UmwG),

§ 9 3. Teil. Verschmelzung

– die Zustimmungserklärungen der Gesellschafter gemäß § 51 Abs. 1 Satz 3 UmwG
4. die Schlussbilanz der W-GmbH zum (Datum).

Ich erkläre weiter:
1. Die W-GmbH hat keinen Betriebsrat.
2. Die D-GmbH & Co. KG hat keinen Betriebsrat.
3. Die besonderen Zustimmungserklärungen der Gesellschafter der übernehmenden Gesellschaft gem. § 51 Abs. 1 Satz 3 UmwG sind vorsorglich abgegeben.
4. Staatliche Genehmigungen sind nicht erforderlich.

Ich versichere, dass die Verschmelzungsbeschlüsse bis heute nicht angefochten worden sind und angesichts des ausdrücklichen Verzichts der Gesellschafter auf ihr Anfechtungsrecht auch nicht angefochten werden können.

(Ort, Datum)

(Beglaubigungsvermerk)

4. Verschmelzung einer Kapitalgesellschaft auf den Alleingesellschafter

Fall: Verschmelzung einer Ein-Mann-GmbH auf den Alleingesellschafter

379 *A ist alleiniger geschäftsführender Gesellschafter der A-GmbH. Er entschließt sich, die GmbH auf sich selbst als Alleingesellschafter zu verschmelzen.*

Hierzu folgende Muster:
– Verschmelzungsvertrag nebst Zustimmungsbeschluss und Verzichtserklärungen, Rn. 379 A
– Handelsregisteranmeldung des übernehmenden Alleingesellschafters als Einzelkaufmann, Rn. 379 B
– Handelsregisteranmeldung der übertragenden GmbH, Rn. 379 C

Verschmelzung einer Ein-Mann-GmbH auf ihren Alleingesellschafter, §§ 4 ff., 46 ff., 120 ff. UmwG; Verschmelzungsvertrag nebst Zustimmungsbeschluss und Verzichtserklärungen

379 A UR. Nr. ..... für .....

Verhandelt
zu Musterort am .....
Vor mir, ...
                             Notar

für den Oberlandesgerichtsbezirk Musterort mit dem Amtssitz in Musterort, erschien, ausgewiesen durch Vorlage seines Bundespersonalausweises:

A .....
hier handelnd

§ 9. Umwandlungsrechtliche Regelungen § 9

a) im eigenen Namen,
b) als einzelvertretungsberechtigter und von den Beschränkungen des § 181 BGB befreiter[690] Geschäftsführer der A-GmbH mit Sitz in Musterort, eingetragen im Handelsregister des Amtsgerichts Musterort unter HR B 123.

Der amtierende Notar hat sich durch heutige Einsichtnahme in das elektronische Handelsregister des Amtsgerichts Musterort HR B 123 überzeugt, dass dort die A-GmbH mit Sitz in Musterort eingetragen ist und A als einzelvertretungsberechtigter und von den Beschränkungen des § 181 BGB befreiter Geschäftsführer zur Vertretung der A-GmbH berechtigt ist.

Der Erschienene, handelnd wie angegeben, erklärte mit der Bitte um Beurkundung:

I. Vorbemerkungen

1. A ist alleiniger Gesellschafter der im Handelsregister des Amtsgerichts Musterort unter HR B 123 eingetragenen A-GmbH mit Sitz in Musterort, deren Stammkapital € ... beträgt.
2. A hält einen Geschäftsanteil im Nennbetrag von € ... und einen Geschäftsanteil im Nennbetrag von € ....
3. Der Notar hat die letzte vom Handelsregister aufgenommene Gesellschafterliste eingesehen.
   Die Liste der Gesellschafter der A-GmbH hat das Datum vom (Datum) (**ggf.**: und die Bestätigung des Notars (Name, Amtssitz)).
   A ist in dieser Liste als Inhaber der vorbezeichneten Geschäftsanteile eingetragen.
4. Nach Angaben des A sind die Stammeinlagen auf beide Geschäftsanteile voll erbracht.[691]
5. A ist bislang nicht als Einzelkaufmann im Handelsregister eingetragen.[692]
6. Mit diesem Vertrag soll die A-GmbH auf das Vermögen des A verschmolzen werden.

II. Verschmelzungsvertrag

Die A-GmbH als übertragende Gesellschaft und A als Übernehmer schließen sodann folgenden Verschmelzungsvertrag:

---

[690] Besteht diese Befreiung von § 181 BGB nicht, ist sie ggf. noch durch Gesellschafterbeschluss herbeizuführen.
[691] Beachte andernfalls § 51 UmwG.
[692] § 122 I UmwG erlaubt die Verschmelzung auch in diesem Fall ausdrücklich, § 122 II UmwG sogar für auch nach der Verschmelzung nicht eintragungsfähige Alleingesellschafter.

§ 1
Vermögensübertragung, Bilanzstichtag, Verschmelzungsstichtag

1. Die A-GmbH mit Sitz in Musterort überträgt ihr Vermögen als Ganzes mit allen Rechten und Pflichten als übertragende Gesellschaft unter Auflösung ohne Abwicklung gemäß § 2 Nr. 1 UmwG auf ihren Alleingesellschafter A.
2. Der Verschmelzung wird die Bilanz der A-GmbH zum (Datum) als Schlussbilanz zugrunde gelegt. Ein Exemplar dieser festgestellten und unterzeichneten Bilanz nebst Gewinn- und Verlustrechnung, Anhang und Lagebericht und dem uneingeschränkten Bestätigungsvermerk des Abschlussprüfers vom (Datum) ist dieser Niederschrift – lediglich zu Dokumentationszwecken – als **Anlage 1** beigefügt.[693]
3. Die Verschmelzung soll mit Wirkung von der Eintragung des einzelkaufmännischen Unternehmens des A in das Handelsregister wirksam sein.[694]
Die Übernahme des Vermögens der übertragenden Gesellschaft erfolgt im Innenverhältnis mit Wirkung zum Ablauf des (Datum). Vom (Datum), 0.00 Uhr, an (Verschmelzungsstichtag) gelten alle Handlungen und Geschäfte der A-GmbH als für Rechnung des Einzelunternehmens des A vorgenommen.

§ 2
Gegenleistung, Abfindungsangebot

1. Da A der Alleingesellschafter der A-GmbH ist, findet die Verschmelzung gemäß § 20 Abs. 1 Nr. 3 S. 1 Halbsatz 2 UmwG ohne Ausgabe neuer Anteile statt. Die Übertragung des Vermögens der A-GmbH im Wege der Verschmelzung erfolgt daher ohne Gegenleistung.
Die auf die Einzelfirma des A übergehenden Wirtschaftsgüter übernimmt diese in ihrer Steuerbilanz zu den von der A-GmbH in ihrer steuerlichen Schlussbilanz aufgeführten Werten und führt sie fort.
Die Angaben über den Umtausch der Anteile nach § 5 Abs. 1 Nrn. 2 bis 5 UmwG entfallen gemäß § 5 Abs. 2 UmwG.
2. Ein Abfindungsangebot ist entbehrlich.

---

[693] Das Beifügen als Anlage zum Verschmelzungsvertrag ist nicht zwingend, erst recht nicht als echte Anlage iSd BeurkG. Der Anmeldung zum Handelsregister des übertragenden Rechtsträgers hingegen ist die Schlussbilanz zwingend als Anlage beizufügen, § 17 II UmwG.

[694] Wäre A nicht eintragungsfähig, träte gem. § 122 II UmwG Wirksamkeit der Verschmelzung mit ihrer Eintragung in das Handelsregister der A-GmbH ein.

§ 9. Umwandlungsrechtliche Regelungen § 9

§ 3
Besondere Rechte oder Vorteile

Besondere Rechte nach § 5 Abs. 1 Nr. 7 UmwG oder besondere Vorteile nach § 5 Abs. 1 Nr. 8 UmwG werden nicht gewährt.

§ 4
Folgen für die Arbeitnehmer und ihre Vertretungen

1. Die Verschmelzung hat keine Auswirkungen auf die Arbeitnehmer oder ihre Vertreter bei den beteiligten Rechtsträgern
2. Weder die übertragende Gesellschaft noch ihr Alleingesellschafter hat Arbeitnehmer und folglich auch keine Arbeitnehmervertretung. Es existieren auch keine Ausschüsse, Organe oder sonstige Gremien, zu deren Mitgliedern Arbeitnehmer gehören, insbesondere kein Wirtschaftsausschuss und kein Aufsichtsrat.

§ 5
Fortführung des Unternehmens

Das Unternehmen wird künftig als einzelkaufmännisches Unternehmen unter der Firma[695]

A e. K.
Inh. A

fortgeführt.

§ 6
Sonstiges, Kosten

1. Die übertragende Gesellschaft hat keinen Grundbesitz und ist ihrerseits nicht Gesellschafterin einer GmbH.[696]
2. Die mit der Durchführung des Verschmelzungsvertrages verbundenen Kosten trägt A.

III. Zustimmungsbeschluss

1. A ist Alleingesellschafter der A-GmbH mit einem Geschäftsanteil im Nennbetrag von € ..., und einem Geschäftsanteil im Nennbetrag von € ..., auf die die Stammeinlagen voll erbracht sind.
2. Unter Verzicht auf die Einhaltung aller Formen und Fristen für die Einberufung und Abhaltung einer Gesellschafterversammlung einschließlich der Einhaltung der Vorschriften der §§ 47, 48 und 49 UmwG hält A, handelnd im eigenen Namen als alleiniger Gesell-

---

[695] Die Sonderregelung der §§ 122 und 18 UmwG lassen eine Firmenfortführung ausdrücklich zu.
[696] Andernfalls ist das Einreichen einer neuen Gesellschafterliste zum Handelsregister für diese GmbH veranlasst.

schafter der A-GmbH, hiermit eine Gesellschaftervollversammlung der A-GmbH ab und beschließt mit allen Stimmen:
a) Dem Verschmelzungsvertrag zwischen der A-GmbH als der übertragenden Gesellschaft und ihrem Alleingesellschafter A als Übernehmer, wie er in Abschnitt II. dieser Urkunde abgeschlossen worden ist, wird zugestimmt.
b) Aufgrund des hier vorliegenden Mutter-/Tochterverhältnisses der beteiligten Rechtsträger sind gemäß §§ 8 Abs. 3, 9 Abs. 2 und 12 Abs. 3 UmwG ein Verschmelzungsbericht, eine Verschmelzungsprüfung und ein Prüfungsbericht nicht erforderlich. Freiwillig sollen diese Berichte und Prüfungen nicht erfolgen.
Damit ist die Gesellschafterversammlung der A-GmbH beendet.

IV. Zustimmungserklärung, Verzichtserklärungen

1. A, handelnd im eigenen Namen als alleiniger Gesellschafter der A-GmbH, erklärt:
Ich verzichte hiermit ausdrücklich auf die Geltendmachung eines etwaigen Anfechtungsrechts bezüglich des vorstehenden Verschmelzungsbeschlusses, insbesondere auf eine Klage gegen die Wirksamkeit des Verschmelzungsbeschlusses (§ 16 Abs. 2 UmwG). Vorsorglich verzichte ich außerdem auf einen Verschmelzungsbericht, eine Verschmelzungsprüfung und einen Prüfungsbericht (§§ 8 Abs. 3, 9 Abs. 3, 12 Abs. 3 UmwG).[697]
2. Als künftiger Inhaber des einzelkaufmännischen Unternehmens und als Übernehmer stimme ich vorsorglich ebenfalls dem Verschmelzungsvertrag, wie er in Abschnitt II. dieser Urkunde abgeschlossen worden ist, zu[698]

V. Hinweise

Der Notar wies den Erschienenen darauf hin, dass
- zum Vollzug dieser Urkunde gesonderte Handelsregisteranmeldungen bei der übertragenden GmbH und für das neue einzelkaufmännische Unternehmen erforderlich sind,
- die der Verschmelzung zugrundegelegte Bilanz nicht auf einen Stichtag aufgestellt sein darf, der länger als acht Monate vor der Anmeldung zum Handelsregister liegt,
- die Verschmelzung erst mit der Eintragung im Handelsregister des einzelkaufmännischen Unternehmens wirksam wird,
- die übertragende Gesellschaft mit Wirksamwerden der Verschmelzung erlischt,
- A für die Verbindlichkeiten der A-GmbH mit der Eintragung der Verschmelzung unbeschränkt und persönlich haftet.

---

[697] Durch den Verzicht ist ein Verlangen gem. § 48 UmwG ausgeschlossen.

[698] Diese Zustimmung ist eigentlich schon im Verschmelzungsvertrag enthalten und ausdrücklich wohl nicht mehr erforderlich.

§ 9. Umwandlungsrechtliche Regelungen § 9

Diese Niederschrift wurde dem Erschienenen vom Notar vorgelesen, die Anlagen wurden ihm zur Durchsicht vorgelegt, alles wurde von dem Erschienenen genehmigt und von ihm und dem Notar eigenhändig wie folgt unterschrieben:

Handelsregisteranmeldung des übernehmenden Alleingesellschafters als Einzelkaufmann

UR. Nr. ..... für ..... 379 B
An das
Amtsgericht
– Handelsregister –
Musterort
HR A
Neueintragung des Einzelunternehmens unter der Firma A
Ich, A,
melde zur Eintragung in das Handelsregister an:
1. Auf mich als Alleingesellschafter ist im Wege der Verschmelzung durch Aufnahme gemäß § 2 Nr. 1 UmwG das Vermögen der A-GmbH mit dem Sitz in Musterort, eingetragen im Handelsregister des Amtsgerichts Musterort unter HR B 123, als übertragende Gesellschaft als Ganzes ohne Abwicklung übergegangen.[699]
2. Ich, A, führe das Unternehmen künftig als Einzelunternehmen unter der Firma
A e. K.
Inh. A
mit Sitz in Musterort fort.
Das Unternehmen hat als Gegenstand .....
Es erfordert nach Art und Umfang einen kaufmännisch eingerichteten Gewerbebetrieb.
Ich melde diese Firma zur Eintragung an.
Die Geschäftsräume befinden sich in (Adresse).

Ich überreiche als Anlage die Ausfertigung der Niederschrift vom (Datum) des Notars ... in ... – dessen UR. Nr. ....-, enthaltend:
a) den Verschmelzungsvertrag zwischen der A-GmbH als übertragender Gesellschaft und ihrem übernehmenden Alleingesellschafter A,
b) den Zustimmungsbeschluss des Gesellschafters der A-GmbH zur Verschmelzung,

---

[699] Als Anmeldungstext sind andere Formulierungen denkbar. So genügt auch anzumelden, dass „die A-GmbH im Wege der Verschmelzung durch Aufnahme auf ihren Alleingesellschafter A verschmolzen wurde." Die hier gewählte ausführliche Formulierung entspricht dem Wortlaut des § 2 Nr. 1 UmwG.

§ 9 3. Teil. Verschmelzung

c) die Verzichtserklärungen des A nach den §§ 8 Abs. 3, 9 Abs. 3 und 12 Abs. 3 UmwG,
d) die Verzichtserklärungen des A nach § 16 Abs. 2 UmwG,
e) die Schlussbilanz der A-GmbH zum (Datum).[700]

Ich erkläre weiter:
1. Aufgrund des hier vorliegenden Mutter-/Tochterverhältnisses der Beteiligten sind gemäß §§ 8 Abs. 3, 9 Abs. 2 und 12 Abs. 3 UmwG ein Verschmelzungsbericht, eine Verschmelzungsprüfung und ein Prüfungsbericht nicht erforderlich. Darüber hinaus hat A auf einen Verschmelzungsbericht, eine Verschmelzungsprüfung und einen Prüfungsbericht verzichtet. Freiwillige Berichte und Prüfungen erfolgen nicht.
3. Die A-GmbH hat keinen Betriebsrat.
4. Besondere Zustimmungserklärungen einzelner Anteilsinhaber sind nicht erforderlich.
5. Staatliche Genehmigungen sind nicht erforderlich.

Es wird versichert, dass der Verschmelzungsbeschluss bis heute nicht angefochten worden ist und darüber hinaus auf das Recht der Anfechtung dieses Beschlusses ausdrücklich verzichtet wurde (§ 16 Abs. 2 UmwG).

(Ort, Datum)

(Beglaubigungsvermerk)

Handelsregisteranmeldung der übertragenden GmbH

379 C UR. Nr. . . . . . für . . . . .

An das

Amtsgericht

– Handelsregister –

Musterort

HR B 123

Gesellschaft unter der Firma A-GmbH

Ich, A,

hier handelnd in meiner Eigenschaft als einzelvertretungsberechtigter und von den Beschränkungen des § 181 BGB befreiter Geschäftsführer der A-GmbH, melde zur Eintragung in das Handelsregister an:

Das Vermögen der Gesellschaft ist im Wege der Verschmelzung durch Aufnahme gemäß §§ 2 Nr. 1 UmwG als Ganzes ohne Abwick-

---

[700] Der Handelsregisteranmeldung der übernehmenden Gesellschaft muss die Schlussbilanz nicht zwingend beigefügt werden, § 17 II UmwG.

§ 9. Umwandlungsrechtliche Regelungen § 9

lung auf ihren Alleingesellschafter A als Übernehmer übergegangen[701].
Die Gesellschaft ist mit Durchführung der Verschmelzung erloschen.
Als Anlage überreiche ich eine Ausfertigung der Niederschrift vom (Datum) – UR. Nr. ..... des Notars ..... in ..... –, enthaltend:
a) den Verschmelzungsvertrag zwischen der A-GmbH als übertragender Gesellschaft und Ihrem übernehmenden Alleingesellschafter A,
b) den Zustimmungsbeschluss des Gesellschafters der A-GmbH zur Verschmelzung,
c) die Verzichtserklärungen des A nach den §§ 8 Abs. 3, 9 Abs. 3 und 12 Abs. 3 UmwG,
d) die Verzichtserklärungen des A nach § 16 Abs. 2 UmwG,
e) die Schlussbilanz der A-GmbH zum (Datum).
Ich erkläre weiter:
1. Aufgrund des hier vorliegenden Mutter-/Tochterverhältnisses der Beteiligten sind gemäß §§ 8 Abs. 3, 9 Abs. 2 und 12 Abs. 3 UmwG ein Verschmelzungsbericht, eine Verschmelzungsprüfung und ein Prüfungsbericht nicht erforderlich. Darüber hinaus hat A auf einen Verschmelzungsbericht, eine Verschmelzungsprüfung und einen Prüfungsbericht verzichtet. Freiwillige Berichte und Prüfungen erfolgen nicht.
2. Die A-GmbH hat keinen Betriebsrat.
3. Besondere Zustimmungserklärungen einzelner Anteilsinhaber sind nicht erforderlich.
4. Staatliche Genehmigungen sind nicht erforderlich.
Es wird versichert, dass der Verschmelzungsbeschluss bis heute nicht angefochten worden ist und darüber hinaus auf das Recht der Anfechtung dieses Beschlusses ausdrücklich verzichtet wurde (§ 16 Abs. 2 UmwG).
(Ort, Datum)
(Beglaubigungsvermerk)

5. Verschmelzung einer Personengesellschaft auf eine Kapitalgesellschaft

Fall: Verschmelzung einer KG auf eine GmbH durch Aufnahme

A und B sind Geschäftsführer und alleinige Gesellschafter der C-GmbH. E 380
und F sind die persönlich haftenden Gesellschafter der E & F-KG, deren Kommanditisten X und Y sind. Die E & F-KG soll auf die C-GmbH verschmolzen werden. Y widerspricht dem Zustimmungsbeschluss.
  Hierzu folgende Muster:
– Verschmelzungsvertrag, Rn. 380 A

---

[701] Als Anmeldungstext sind andere Formulierungen denkbar. So genügt auch anzumelden, dass „die A-GmbH im Wege der Verschmelzung durch Aufnahme auf ihren Alleingesellschafter A verschmolzen wurde." Die hier gewählte ausführliche Formulierung entspricht dem Wortlaut des § 2 Nr. 1 UmwG.

§ 9   3. Teil. Verschmelzung

– Zustimmungsbeschluss der übernehmenden Gesellschaft und Verzichtserklärungen, Rn. 380 B
– Zustimmungsbeschluss der übertragenden Gesellschaft und Verzichtserklärungen, Rn. 380 C
– Handelsregisteranmeldung der übernehmenden Gesellschaft, Rn. 380 D
– Handelsregisteranmeldung der übertragenden Gesellschaft, Rn. 380 E

Verschmelzung einer KG auf eine GmbH durch Aufnahme, §§ 4 ff., 39 ff., 46 ff. UmwG; Verschmelzungsvertrag

380 A UR. Nr. ..... für .....
Verhandelt
zu Musterort am .....
Vor mir, ...
                              Notar

für den Oberlandesgerichtsbezirk Musterort mit dem Amtssitz in Musterort, erschienen, von Person bekannt:
1. A
2. B
   hier handelnd als gemeinsam vertretungsberechtigte Geschäftsführer der C-GmbH mit dem Sitz in Musterort, eingetragen im Handelsregister des Amtsgerichts Musterort unter HR B 123,
3. E
4. F
   handelnd als gemeinsam vertretungsberechtigte persönliche haftende Gesellschafter der E & F-KG mit dem Sitz in Musterort, eingetragen im Handelsregister des Amtsgerichts Musterort unter HR A 456.
Der amtierende Notar hat sich aufgrund heutiger Einsichtnahme in das elektronische Handelsregister beim Amtsgericht Musterort davon überzeugt,
a) dass dort unter HR B 123 die C-GmbH mit dem Sitz in Musterort eingetragen ist und A und B als gemeinsam vertretungsberechtigte Geschäftsführer zur Vertretung der C-GmbH berechtigt sind, und
b) dass dort unter HR A 456 die E & F-KG mit dem Sitz in Musterort eingetragen ist und E und F als gemeinsam vertretungsberechtigte persönlich haftende Gesellschafter zur Vertretung der E & F-KG berechtigt sind.
Die Erschienenen erklärten, handelnd wie angegeben:

I. Vorbemerkungen

1. A und B sind die alleinigen Gesellschafter der C-GmbH, deren Stammkapital € ..... beträgt.

§ 9. Umwandlungsrechtliche Regelungen § 9

A hält einen Geschäftsanteil im Nennbetrag von € ..... und B hält einen Geschäftsanteil im Nennbetrag von € ......
2. Der Notar hat die letzte vom Handelsregister aufgenommene Gesellschafterliste der C-GmbH eingesehen. Die Liste hat das Datum vom (Datum) (**ggf.**: und die Bestätigung des Notars (Name, Amtssitz)). A und B sind in dieser Liste als Inhaber der vorgenannten Geschäftsanteile eingetragen.
3. Nach Angaben von A und B sind sämtliche Stammeinlagen bei der C-GmbH voll erbracht.[702]
4. An der E & F-KG sind beteiligt:
   a) E als Komplementär mit einem festen Kapitalanteil von € ...
   b) F als Komplementär mit einem festen Kapitalanteil von € ...
   c) X als Kommanditist mit einem festen Kapitalanteil (zugleich Haftsumme) von € .....
   d) Y als Kommanditist mit einem festen Kapitalanteil (zugleich Haftsumme) von € .....
5. Die Hafteinlagen sind nach Angaben von E und F voll erbracht.
6. Mit diesem Vertrag soll die E & F-KG auf die C-GmbH verschmolzen werden.

II. Verschmelzungsvertrag

Die C-GmbH als übernehmende Gesellschaft und die E & F-Kommanditgesellschaft als übertragende Gesellschaft schließen den folgenden Verschmelzungsvertrag:

§ 1
Vermögensübertragung, Bilanzstichtag, Verschmelzungsstichtag

1. Die E & F-KG mit Sitz in Musterort überträgt hiermit ihr Vermögen als Ganzes mit allen Rechten und Pflichten als übertragende Gesellschaft unter Auflösung ohne Abwicklung gemäß § 2 Nr. 1 UmwG auf die C-GmbH mit Sitz in Musterort als übernehmende Gesellschaft im Wege der Verschmelzung durch Aufnahme.
2. Der Verschmelzung der Gesellschaften wird die Bilanz der E & F-Kommanditgesellschaft zum (Datum) als Schlussbilanz zugrunde gelegt. Ein Exemplar dieser festgestellten und unterzeichneten Bilanz nebst Gewinn- und Verlustrechnung, Anhang und Lagebericht und dem uneingeschränkten Bestätigungsvermerk des Abschlussprüfers vom (Datum) ist dieser Niederschrift – lediglich zu Dokumentationszwecken – als **Anlage 1** beigefügt.[703]

---

[702] Beachte andernfalls § 51 UmwG.
[703] Das Beifügen als Anlage zum Verschmelzungsvertrag ist nicht zwingend, erst recht nicht als echte Anlage iSd BeurkG. Der Anmeldung zum Handelsregister des übertragenden Rechtsträgers hingegen ist die Schlussbilanz zwingend als Anlage beizufügen, § 17 II UmwG.

§ 9 3. Teil. Verschmelzung

3. Die Verschmelzung soll mit Wirkung von der Eintragung in das Handelsregister der übernehmenden Gesellschaft an wirksam sein. Die Übernahme des Vermögens der übertragenden Gesellschaft erfolgt im Innenverhältnis mit Wirkung zum Ablauf des (Datum). Vom (Datum), 0.00 Uhr, an (Verschmelzungsstichtag) gelten alle Handlungen und Geschäfte der E & F-Kommanditgesellschaft als für Rechnung der C-GmbH vorgenommen.

§ 2
Gegenleistung, Abfindungsangebot

1. Als Gegenleistung für die Vermögensübertragung gewährt der übernehmende Rechtsträger den Gesellschaftern des übertragenden Rechtsträgers die folgenden Geschäftsanteile:
   a) dem Gesellschafter E einen Geschäftsanteil im Nennbetrag von € ....,
   b) dem Gesellschafter F einen Geschäftsanteil im Nennbetrag von € ....,
   c) dem Gesellschafter X einen Geschäftsanteil im Nennbetrag von € ....,
   d) dem Gesellschafter Y einen Geschäftsanteil im Nennbetrag von € .....
2. Das Umtauschverhältnis beträgt mithin für je € 100,– Beteiligung an dem Festkapital der E & F-KG € ..... Beteiligung am Stammkapital der GmbH.
3. Die Geschäftsanteile werden kostenfrei und mit dem Gewinnbezugsrecht ab dem (Datum) gewährt.
4. Zur Durchführung der Verschmelzung wird die C-GmbH ihr Stammkapital von € ..... um € ..... auf € .... erhöhen, und zwar durch Ausgabe der in Ziffer 1 bezeichneten neuen Geschäftsanteile.
5. Im Hinblick auf § 29 Abs. 1 Satz 1 UmwG macht die C-GmbH bereits jetzt jedem Gesellschafter des übertragenden Rechtsträgers, der bei der Beschlussfassung über die Zustimmung zu dieser Verschmelzung Widerspruch zur Niederschrift erklärt, das Angebot, seine Gesellschaftsanteile gegen eine Barabfindung zu erwerben.
   Die Barabfindung beträgt
   a) für die Beteiligung des E € .....
   b) für die Beteiligung des F € .....
   c) für die Beteiligung des X € .....
   d) für die Beteiligung des Y € .....
   Die Kosten der Abfindung trägt die C-GmbH.
   Wählt ein Gesellschafter der E & F-KG die Barabfindung, so ist diese fällig unmittelbar mit Annahme des Barabfindungsangebotes durch den jeweiligen Gesellschafter, frühestens jedoch mit Eintragung der Verschmelzung in das Handelsregister der übernehmenden Gesellschaft.

§ 9. Umwandlungsrechtliche Regelungen § 9

§ 3
Besondere Rechte oder Vorteile

Besondere Rechte oder Vorteile im Sinne von § 5 Abs. 1 Ziff. 7 oder § 5 Abs. 1 Ziff. 8 UmwG werden nicht gewährt.

§ 4
Folgen für die Arbeitnehmer und ihre Vertretungen

1. Die Verschmelzung hat keine Auswirkungen auf die Arbeitnehmer oder ihre Vertreter bei den beteiligten Gesellschaften.
2. Weder die übertragende Gesellschaft noch die übernehmende Gesellschaft hat Arbeitnehmer und folglich auch keine Arbeitnehmervertretung. Es existieren auch keine Ausschüsse, Organe oder sonstige Gremien, zu deren Mitgliedern Arbeitnehmer gehören, insbesondere kein Wirtschaftsausschuss und kein Aufsichtsrat.

Oder:
1. Die bei der E & F-KG bestehenden Dienst- und Anstellungsverträge gehen gemäß § 324 UmwG in Verbindung mit § 613a Abs. 1 BGB unverändert in der Weise auf die C-GmbH über, dass die Arbeitsverträge der bisher bei der E & F-KG beschäftigten Arbeitnehmer so behandelt werden, als seien diese Arbeitnehmer vom Beginn ihrer jeweiligen Arbeitsverhältnisse an bei der C-GmbH beschäftigt gewesen. Die zeitliche Zusammenfassung der Arbeitsverhältnisse gilt insbesondere im Hinblick auf Kündigungsfristen der Arbeitsverträge und etwaige vertraglich mit der E & F-KG vereinbarte betriebliche Altersversorgungen der betroffenen Arbeitnehmer.
2. Die Arbeitnehmer behalten den gleichen Dienstort. Ihre Tätigkeit wird wie bisher auf dem Gebiet der ...... liegen. Betriebsstilllegungen, Betriebszusammenlegungen, Personalrationalisierungen und/oder Versetzungen als mittelbare Folgen der Verschmelzung sind nicht beabsichtigt.
3. Weder die E & F-KG noch die C-GmbH haben Arbeitnehmervertretungen.[704] Es existieren auch keine Ausschüsse, Organe oder sonstigen Gremien, zu deren Mitgliedern Arbeitnehmer gehören, insbesondere kein Wirtschaftsausschuss und kein Aufsichtsrat.
4. In beiden Gesellschaften gelten dieselben kollektivrechtlichen Bestimmungen. Die C-GmbH unterliegt der gleichen tariflichen Bindung wie die E & F-KG. Auswirkungen kollektivrechtlicher Art, insbesondere tarifrechtlicher oder mitbestimmungsrechtlicher Art, ergeben sich nicht.

---

[704] Beachte sonst § 5 III UmwG, vgl. Muster 374 A und B (Verschmelzung Tochter-GmbH auf Mutter-GmbH zur Aufnahme).

§ 5
Firma

Die Firma des übernehmenden Rechtsträgers wird unverändert fortgeführt.

§ 6
Mehrheitserfordernis beim Zustimmungsbeschluss

E und F erklären, dass nach § ..... Abs. ..... der derzeit gültigen Fassung des Gesellschaftsvertrages der E & F-KG ein Zustimmungsbeschluss zur Verschmelzung mit einer Mehrheit von ³/₄ der vorhandenen Stimmen gefasst werden kann.[705]

§ 7
Verschmelzungsbericht und Verschmelzungsprüfung

1. Die Geschäftsführer des übernehmenden Rechtsträgers und die persönlich haftenden Gesellschafter des übertragenden Rechtsträgers haben einen Verschmelzungsbericht gefertigt. Er ist dieser Niederschrift lediglich zu Dokumentationszwecken als **Anlage 2**[706] beigefügt.
2. Die Prüfung der Verschmelzung gem. § 9 Abs. 1 UmwG ist durch Prüfung des Entwurfes dieses Verschmelzungsvertrages durch die .... Wirtschaftsprüfungs- und Steuerberatungsgesellschaft mbH als Verschmelzungsprüfer erfolgt. Der Prüfungsbericht ist dieser Urkunde lediglich zu Dokumentationszwecken als **Anlage 3**[707] beigefügt.

§ 8
Kosten

Die mit diesem Vertrag und seiner Durchführung verbundenen Kosten trägt für den Fall der Durchführung der Verschmelzung der übernehmende Rechtsträger, ansonsten tragen die Kosten der übernehmende und der übertragende Rechtsträger zu gleichen Teilen.

§ 9
Bedingungen[708]

Der vorliegende Verschmelzungsvertrag steht unter der aufschiebenden Bedingung, dass beide Gesellschafterversammlungen der betei-

---

[705] Beachte daher § 43 II UmwG.
[706] Das Beifügen als Anlage zum Verschmelzungsvertrag ist nicht zwingend, erst recht nicht als echte Anlage iSd BeurkG.
[707] Das Beifügen als Anlage zum Verschmelzungsvertrag ist nicht zwingend, erst recht nicht als echte Anlage iSd BeurkG.
[708] Alternativ kommt auch die Vereinbarung eines Rücktrittsrechts in Betracht, vgl. zB Muster 378 A (Verschmelzung Schwester-GmbH auf Schwester-GmbH & Co. KG zur Aufnahme).

§ 9. Umwandlungsrechtliche Regelungen § 9

ligten Rechtsträger formgerecht ihre Zustimmung zu diesem Verschmelzungsvertrag erklären und die C-GmbH die nach dem Verschmelzungsvertrag erforderliche Kapitalerhöhung beschließt, und zwar jeweils bis zum (Datum).

Diese Niederschrift wurde den Erschienenen vom Notar vorgelesen, die Anlagen zur Durchsicht vorgelegt, alles wurde von den Erschienenen genehmigt und von ihnen und dem Notar eigenhändig wie folgt unterschrieben:

Zustimmungsbeschluss der übernehmenden Gesellschaft und Verzichtserklärungen

UR. Nr. ..... für .....   **380 B**
Verhandelt
zu Musterort

am .....
Vor mir, ...
               Notar

für den Oberlandesgerichtsbezirk Musterort mit dem Amtssitz in Musterort, erschienen, von Person bekannt:
1. A .....
2. B .....
und erklärten mit der Bitte um Beurkundung:

I. Vorbemerkung

1. Wir sind die alleinigen Gesellschafter der C-GmbH mit dem Sitz in Musterort, eingetragen im Handelsregister des Amtsgerichts Musterort unter HRB 123, deren Stammkapital € ..... beträgt. A hält einen Geschäftsanteil im Nennbetrag von € ..... und B hält einen Geschäftsanteil im Nennbetrag von € ......
2. Der Notar hat die letzte vom Handelsregister aufgenommene Gesellschafterliste der C-GmbH eingesehen.
Die Liste hat das Datum vom (Datum) (**ggf.**: und die Bestätigung des Notars (Name, Amtssitz)). A und B sind in dieser Liste als Inhaber der vorgenannten Geschäftsanteile eingetragen.
3. Nach Angaben von A und B sind sämtliche Stammeinlagen bei der C-GmbH voll erbracht.[709]
4. Die E & F-KG mit dem Sitz in Musterort soll auf die C-GmbH verschmolzen werden. Der Verschmelzungsvertrag ist zu UR. Nr. ..... des amtierenden Notars vom (Datum) beurkundet worden; sein Inhalt ist uns bekannt.

---

[709] Beachte andernfalls § 51 UmwG.

II. Zustimmungsbeschluss, Kapitalerhöhung

Dies vorausgeschickt treten wir hiermit unter Verzicht auf die Einhaltung sämtlicher Form- und Fristvorschriften für die Einberufung und Abhaltung einschließlich der Einhaltung der Vorschriften der §§ 47, 48 und 49 UmwG zu einer

G e s e l l s c h a f t e r v e r s a m m l u n g

der C-GmbH zusammen und beschließen einstimmig was folgt:
1. Dem Verschmelzungsvertrag zwischen der E & F-KG mit Sitz in Musterort als übertragender Gesellschaft und der C-GmbH als übernehmender Gesellschaft vom heutigen Tage – UR. Nr...... des amtierenden Notars – wird zugestimmt.
Eine Ausfertigung des Verschmelzungsvertrages lag bei Beurkundung vor und ist dieser Niederschrift als Anlage[710] beigefügt. Auf ein Vorlesen der Anlage wird verzichtet.
2. Zum Zwecke der Durchführung des Verschmelzungsvertrages wird das Stammkapital der Gesellschaft von € ..... um € ..... auf € ..... erhöht (§ 55 UmwG).
Die Kapitalerhöhung erfolgt durch Ausgabe der nachfolgend genannten neuen Geschäftsanteile, die an die jeweils nachfolgend genannten Gesellschafter der E & F-KG als Gegenleistung für die Übertragung des Vermögens der E & F-KG gewährt werden:
a) Der Gesellschafter E erhält einen Geschäftsanteil im Nennbetrag von € .... mit der laufenden Nummer ....
b) Der Gesellschafter F erhält einen Geschäftsanteil im Nennbetrag von € .... mit der laufenden Nummer ....
c) Der Gesellschafter X erhält einen Geschäftsanteil im Nennbetrag von € .... mit der laufenden Nummer ....
d) Der Gesellschafter Y erhält einen Geschäftsanteil im Nennbetrag von € .... mit der laufenden Nummer ....
Die Vorgenannten haben ihre Einlagen auf die von ihnen übernommenen Stammeinlagen geleistet durch die Übertragung des Vermögens der E & F-KG gemäß den Bestimmungen des anliegenden Verschmelzungsvertrages. Mit Wirksamwerden der Verschmelzung sind die neuen Stammeinlagen in voller Höhe erbracht.
Die Verschmelzung erfolgte auf der Basis der Schlussbilanz der übertragenden Gesellschaft zum (Datum), die Anlage des Verschmelzungsvertrages ist.
Die neuen Geschäftsanteile sind ab dem (Datum) gewinnbezugsberechtigt.
3. Dementsprechend wird § ..... des Gesellschaftsvertrages (Stammkapital) der Gesellschaft wie folgt vollständig neu gefasst:
„§ .....
Das Stammkapital der Gesellschaft beträgt € .....

---

[710] Wegen § 13 III 2 UmwG entfällt die Verzichtsmöglichkeit nach § 13a II BeurkG.

§ 9. Umwandlungsrechtliche Regelungen §9

(in Worten: Euro .....)."
4. Der weitere Kommanditist der E & F-KG, Y, hat auf der Gesellschafterversammlung der vorgenannten KG, die über die Zustimmung zum Verschmelzungsvertrag beschlossen hat, erklärt, dass er der Verschmelzung widerspreche. Er hat erklärt, dass er das für diesen Fall im Verschmelzungsvertrag ihm unterbreitete Barabfindungsangebot annehme, so dass er in bar abgefunden wird und er den von ihm übernommenen Geschäftsanteil an der C-GmbH nach Durchführung der Verschmelzung auf die C-GmbH oder einen von ihr benannten Dritten zu den Bedingungen des Barabfindungsangebotes überträgt.
Dies wird von der Gesellschafterversammlung zustimmend zur Kenntnis genommen.
5. Die Gesellschafterversammlung hat den Verschmelzungsbericht und den Verschmelzungsprüfungsbericht, die Anlagen des Verschmelzungsvertrages sind, zustimmend zur Kenntnis genommen.

III. Verzichtserklärungen, weitere Erklärungen

1. A und B erklären, dass ihnen gemäß § 49 Abs. 1 UmwG mit der Einladung zur Gesellschafterversammlung die Verschmelzung als Gegenstand der Beschlussfassung angekündigt worden ist, die gemäß § 49 Abs. 2 UmwG erforderlichen Unterlagen in den Geschäftsräumen der Gesellschaft ausgelegen haben und der Verschmelzungsvertrag, der Verschmelzungsbericht und der Verschmelzungsprüfungsbericht der Einladung zur Gesellschafterversammlung beilagen.
2. A und B verzichten hiermit ausdrücklich auf etwa bestehende Rechte zum Widerspruch gegen diesen Beschluss, seine Anfechtung und zur Klage gegen die Wirksamkeit dieses Beschlusses.

VI. Hinweise, Kosten

1. Der Notar belehrt die Erschienenen über die Unwiderruflichkeit der Verzichtserklärungen gemäß III. und deren Wirkung und wies sie darauf hin, dass durch diese Erklärungen die Ausübung von Gesellschafterrechten bei der bevorstehenden Verschmelzung beeinträchtigt sein kann.
Der Notar hat die Erschienenen über ihre Auskunfts- und Informationsrechte belehrt.
2. Die mit dieser Urkunde verbundenen Kosten trägt die C-GmbH.

Diese Niederschrift wurde den Erschienenen vom Notar vorgelesen, die Anlage zur Durchsicht vorgelegt, von ihnen genehmigt und von ihnen und dem Notar eigenhändig wie folgt unterschrieben:

§ 9　　　　　　　　　　　　　　3. Teil. Verschmelzung

Zustimmungsbeschluss der übertragenden Gesellschaft und Verzichtserklärungen

380 C　UR. Nr. ..... für .....
Verhandelt
zu Musterort
am .....
Vor mir,　　　　　　　　.....
　　　　　　　　　　　　　Notar

für den Oberlandesgerichtsbezirk Musterort mit dem Amtssitz in Musterort, erschienen, von Person bekannt:
1. E .....
2. F .....
3. X .....
4. Y .....
und erklärten mit der Bitte um Beurkundung:

I. Vorbemerkungen

1. Die Erschienenen sind sämtliche Gesellschafter der im Handelsregister des Amtsgerichts Musterort unter HRA 456 eingetragenen E & F-KG mit dem Sitz Musterort, und zwar wie folgt:
   a) E als Komplementär mit einem festen Kapitalanteil von € ...
   b) F als Komplementär mit einem festen Kapitalanteil von € ...
   c) X als Kommanditist mit einem festen Kapitalanteil (zugleich Haftsumme) von € .....
   d) Y als Kommanditist mit einem festen Kapitalanteil (zugleich Haftsumme) von € .....
   Die Hafteinlagen sind nach Angaben von E und F voll erbracht.
2. Die E & F-KG mit dem Sitz in Musterort soll auf die C-GmbH verschmolzen werden. Der Verschmelzungsvertrag ist zu UR. Nr. ..... des amtierenden Notars vom (Datum) beurkundet worden; sein Inhalt ist uns bekannt.

II. Zustimmungsbeschluss, Widerspruch zur Niederschrift

Dies vorausgeschickt treten wir hiermit unter Verzicht auf die Einhaltung sämtlicher Form- und Fristvorschriften für die Einberufung und Abhaltung zu einer

　　　　　　　Gesellschafterversammlung

der E & F-KG zusammen und beschließen was folgt:
1. Dem Verschmelzungsvertrag zwischen der E & F-KG mit Sitz in Musterort als übertragender Gesellschaft und der C-GmbH als übernehmender Gesellschaft vom heutigen Tage – UR. Nr. ..... des amtierenden Notars – von dem eine Ausfertigung bei Beur-

§ 9. Umwandlungsrechtliche Regelungen § 9

kundung vorlag und dieser Niederschrift als Anlage[711] beigefügt ist, auf deren Vorlesen verzichtet wird, wird mit den Stimmen von E, F und X zugestimmt.
Y stimmt mit Nein und widerspricht ausdrücklich der Verschmelzung.
Der Notar stellte daraufhin fest, dass ausweislich des ihm vorliegenden Gesellschaftsvertrages der Kommanditgesellschaft vom (Datum) dort in § ..... vermerkt ist, dass Zustimmungsbeschlüsse zu Verschmelzungsverträgen mit einer Mehrheit von $^3/_4$ der vorhandenen Stimmen getroffen werden können. Sämtliche Gesellschafter, auch Y, erklären, dass dies zutreffend ist.
Gemäß § ..... des Gesellschaftsvertrages der Kommanditgesellschaft stehen den Erschienenen folgende Stimmanteile zu:
E 40%
F 40%
X 10%
Y 10%.
Damit ist die gemäß § ..... des Gesellschaftsvertrages erforderliche Mehrheit erreicht.
Y erklärt hierzu, dass er dem zustimme. Er selbst wolle an der Verschmelzung aber nicht teilnehmen und werde daher das Barabfindungsangebot, das in dem anliegenden Verschmelzungsvertrag enthalten ist, annehmen und seinen Anteil nach Durchführung der Kapitalerhöhung und Eintragung der Verschmelzung in das Handelsregister gegen Zahlung des angebotenen Betrages von € ..... abtreten.
Den dazu erforderlichen Geschäftsanteilsübertragungsvertrag werde er mit der C-GmbH oder einem von ihr benannten Dritten unverzüglich nach Annahme des Barabfindungsangebotes abschließen.
2. Alle Gesellschafter nehmen den Verschmelzungsbericht und Verschmelzungsprüfungsbericht, die Anlage des Verschmelzungsvertrages sind, zustimmend zur Kenntnis. Das Umtauschverhältnis wird akzeptiert.

III. Verzichtserklärungen, weitere Erklärungen
1. Die von der Geschäftsführung der E&F KG ausgeschlossenen Kommanditisten X und Y erklären, dass ihnen die gem. § 42 UmwG erforderlichen Unterlagen (Entwurf des Verschmelzungsvertrags mit anliegendem Verschmelzungsbericht und Verschmelzungsprüfungsbericht) rechtzeitig übersandt worden sind.
2. E, F und X verzichten hiermit ausdrücklich auf etwa bestehende Rechte zum Widerspruch gegen diesen Beschluss.
3. E, F, X und Y verzichten hiermit ausdrücklich auf etwa bestehende Rechte zur Anfechtung dieses Beschlusses und zur Klage gegen die Wirksamkeit dieses Beschlusses.

---

[711] Wegen § 13 III 2 UmwG entfällt die Verzichtsmöglichkeit nach § 13a II BeurkG.

IV. Hinweise, Kosten

1. Der Notar belehrt die Erschienenen über die Unwiderruflichkeit der Verzichtserklärungen gemäß III. und deren Wirkung und wies sie darauf hin, dass durch diese Erklärungen die Ausübung von Gesellschafterrechten bei der bevorstehenden Verschmelzung beeinträchtigt sein kann. Der Notar hat die Erschienenen über ihre Auskunfts- und Informationsrechte belehrt.
2. Die mit dieser Urkunde verbundenen Kosten trägt die E & F-KG.

Diese Niederschrift wurde den Erschienenen vom Notar vorgelesen, die Anlage zur Durchsicht vorgelegt, von ihnen genehmigt und von ihnen und dem Notar eigenhändig wie folgt unterschrieben:

Handelsregisteranmeldung der übernehmenden Gesellschaft

380 D UR. Nr. ...... für .....

An das
Amtsgericht
– Handelsregister –
Musterort

HR B 123
Gesellschaft unter der Firma C-GmbH
Wir, A und B,
handelnd in unserer Eigenschaft als gemeinsam vertretungsberechtigte[712] und zugleich sämtliche[713] Geschäftsführer der vorgenannten C-GmbH,
melden zur Eintragung in das Handelsregister an:
1. Auf die Gesellschaft ist im Wege der Verschmelzung durch Aufnahme gemäß § 2 Nr. 1 UmwG als übernehmende Gesellschaft das Vermögen der E & F-KG mit Sitz in Musterort, eingetragen im Handelsregister des Amtsgerichts Musterort unter HR A456, als übertragende Gesellschaft als Ganzes ohne Abwicklung übergegangen.[714]

---

[712] Die Verschmelzung allein wäre durch die Geschäftsführer in vertretungsberechtigter Zahl anzumelden.

[713] Die Kapitalerhöhung ist durch sämtliche Geschäftsführer anzumelden, § 78 GmbHG.

[714] Als Anmeldungstext sind andere Formulierungen denkbar. So genügt auch anzumelden, dass „die E & F-KG im Wege der Verschmelzung durch Aufnahme auf die C-GmbH verschmolzen wurde." Die hier gewählte ausführliche Formulierung entspricht dem Wortlaut des § 2 Nr. 1 UmwG.

§ 9. Umwandlungsrechtliche Regelungen § 9

2. Das Stammkapital der C-GmbH ist zum Zwecke der Durchführung der Verschmelzung gemäß § 55 UmwG von € ..... um € ..... auf € ..... erhöht worden; § ..... des Gesellschaftsvertrages (Stammkapital) wurde entsprechend geändert.

Wir überreichen als Anlagen:
1. Ausfertigung der Niederschrift vom (Datum) – UR. Nr. ..... des Notars ..... in (Ort) –, enthaltend:
   - den Verschmelzungsvertrag,
   - den Verschmelzungsbericht,
   - den Bericht der Verschmelzungsprüfer,
2. Ausfertigung der Niederschrift vom (Datum) – UR. Nr. ..... des vorgenannten Notars – enthaltend:
   - den Zustimmungsbeschluss der Gesellschafter der C-GmbH zur Verschmelzung,
   - die Verzichtserklärungen der Gesellschafter auf etwa bestehende Rechte zum Widerspruch gegen den Zustimmungsbeschluss, seiner Anfechtung und zur Klage gegen die Wirksamkeit des Verschmelzungsbeschlusses (§ 16 Abs. 2 UmwG),
3. Ausfertigung der Niederschrift vom (Datum) – UR. Nr. ..... des vorgenannten Notars – enthaltend:
   - den Zustimmungsbeschluss der Gesellschafter der E & F-KG zur Verschmelzung,
   - die Verzichtserklärungen der Gesellschafter auf etwa bestehende Rechte zur Anfechtung des Verschmelzungsbeschlusses und zur Klage gegen die Wirksamkeit des Verschmelzungsbeschlusses (§ 16 Abs. 2 UmwG),
4. die Schlussbilanz der E & F-KG zum (Datum),[715]
5. den vollständigen Wortlaut des Gesellschaftsvertrages mit der Bescheinigung des Notars gemäß § 54 Abs. 1 GmbHG,
6. Liste der Übernehmer.[716]

Wir erklären weiterhin:
1. Die C-GmbH hat keinen Betriebsrat.
2. Die E & F-KG hat keinen Betriebsrat.
3. Besondere Zustimmungserklärungen einzelner Anteilsinhaber sind nicht erforderlich.
4. Staatliche Genehmigungen sind nicht erforderlich.

Wir versichern, dass die Zustimmungsbeschlüsse zum Verschmelzungsvertrag nicht angefochten wurden. Sämtliche Gesellschafter aller beteiligten Rechtsträger haben auf ihr Recht zur Anfechtung der Zustimmungsbeschlüsse verzichtet.

Wir beantragen, gemäß § 53 UmwG zunächst die Kapitalerhöhung und dann die Verschmelzung in das Register einzutragen.

---

[715] Ein Beifügen ist hier zwar nicht nach § 17 II UmwG, ggf. wohl aber zwecks Möglichkeit der Überprüfung der Werthaltigkeit nötig, Letzteres streitig.

[716] Ob es stattdessen genügt, die Übernehmer im Verschmelzungsvertrag zu bezeichnen, ist streitig. Die Liste der Übernehmer ist von den Geschäftsführern zu unterzeichnen.

§ 9 3. Teil. Verschmelzung

(Ort, Datum)

(Beglaubigungsvermerk)

Handelsregisteranmeldung der übertragenden Gesellschaft

380 E UR. Nr. ..... für .....

An das

Amtsgericht

– Handelsregister –

Musterort

HR A 456

Gesellschaft unter der Firma E & F-Kommanditgesellschaft

Wir, E, F, X und Y,

handelnd in unserer Eigenschaft als sämtliche Komplementäre und Kommanditisten der E & F-KG, melden zur Eintragung in das Handelsregister an:

Das Vermögen der Gesellschaft ist im Wege der Verschmelzung durch Aufnahme gemäß § 2 Nr. 1 UmwG als Ganzes ohne Abwicklung auf die C-GmbH mit Sitz in Musterort, eingetragen im Handelsregister des Amtsgerichts Musterort unter HR B 123, als übernehmende Gesellschaft übergegangen.[717]

Wir überreichen als Anlagen:

1. Ausfertigung der Niederschrift vom (Datum) – UR. Nr. ..... des Notars ..... in (Ort) –, enthaltend:
– den Verschmelzungsvertrag,
– den Verschmelzungsbericht,
– den Bericht der Verschmelzungsprüfer,
2. Ausfertigung der Niederschrift vom (Datum) – UR. Nr. ..... des vorgenannten Notars – enthaltend:
– den Zustimmungsbeschluss der Gesellschafter der C-GmbH zur Verschmelzung
– die Verzichtserklärungen der Gesellschafter auf etwa bestehende Rechte zum Widerspruch gegen den Zustimmungsbeschluss, seiner Anfechtung und zur Klage gegen die Wirksamkeit des Verschmelzungsbeschlusses (§ 16 Abs. 2 UmwG),
3. Ausfertigung der Niederschrift vom (Datum) – UR. Nr. ..... des vorgenannten Notars – enthaltend:
– den Zustimmungsbeschluss der Gesellschafter der E & F-KG zur Verschmelzung,

---

[717] Als Anmeldungstext sind andere Formulierungen denkbar. So genügt auch anzumelden, dass „die E & F-KG im Wege der Verschmelzung durch Aufnahme auf die C-GmbH verschmolzen wurde." Die hier gewählte ausführliche Formulierung entspricht dem Wortlaut des § 2 Nr. 1 UmwG.

§ 9 Umwandlungsrechtliche Regelungen § 9

– die Verzichtserklärungen der Gesellschafter auf etwa bestehende Rechte zur Anfechtung des Verschmelzungsbeschlusses und zur Klage gegen die Wirksamkeit des Verschmelzungsbeschlusses (§ 16 Abs. 2 UmwG),
4. die Schlussbilanz der E & F-KG zum (Datum).

Wir erklären weiterhin:
1. Die C-GmbH hat keinen Betriebsrat.
2. Die E & F-KG hat keinen Betriebsrat.
3. Besondere Zustimmungserklärungen einzelner Anteilsinhaber sind nicht erforderlich.
4. Staatliche Genehmigungen sind nicht erforderlich.

Wir versichern, dass die Zustimmungsbeschlüsse zum Verschmelzungsvertrag nicht angefochten wurden. Sämtliche Gesellschafter aller beteiligten Rechtsträger haben auf ihr Recht zur Anfechtung der Zustimmungsbeschlüsse verzichtet.

(Ort, Datum)

(Beglaubigungsvermerk)

6. Verschmelzung von Genossenschaften

Fall: Verschmelzung zweier Genossenschaften durch Aufnahme

Die B-Genossenschaft soll auf die A-Genossenschaft verschmolzen werden. 381
Die Satzung der A-Genossenschaft enthält keine Regelung nach § 7a GenG.

Hierzu folgende Muster:
– Verschmelzungsvertrag, Rn. 381 A
– Zustimmungsbeschluss der übernehmenden Gesellschaft, Generalversammlung, Rn. 381 B
– Genossenschaftsregisteranmeldung der übernehmenden Genossenschaft, Rn. 381 C
– Genossenschaftsregisteranmeldung der übertragenden Genossenschaft, Rn. 381 D
– Prüfungsgutachten des zuständigen Prüfungsverbandes für den übertragenden Rechtsträger, Rn. 381 E

Verschmelzung zweier Genossenschaften durch Aufnahme, §§ 4 ff., 79 ff. UmwG; Verschmelzungsvertrag

UR. Nr. ..... für ..... 381 A

Verhandelt
zu Musterort am .....
Vor mir, ...
                    Notar

für den Oberlandesgerichtsbezirk Musterort mit dem Amtssitz in Musterort, erschienen, ausgewiesen durch Vorlage ihrer Bundespersonalausweise:

§ 9
3. Teil. Verschmelzung

1. A
2. B

hier handelnd als gemeinsam vertretungsberechtigte Vorstandsmitglieder der A-Genossenschaft mit dem Sitz in Musterort, eingetragen im Genossenschaftsregister des Amtsgerichts Musterort unter GenR 123,

3. C

hier handelnd als einzelvertretungsberechtigtes Vorstandsmitglied der B-Genossenschaft mit dem Sitz in Musterort, eingetragen im Genossenschaftsregister des Amtsgerichts Musterort unter GenR 456.

Der amtierende Notar hat sich aufgrund heutiger Einsichtnahme in das Genossenschaftsregister beim Amtsgericht Musterort davon überzeugt,

a) dass dort unter GenR 123 die A-Genossenschaft mit dem Sitz in Musterort eingetragen ist und A und B als gemeinsam vertretungsberechtigte Vorstandsmitglieder zur Vertretung der A-Genossenschaft berechtigt sind, und

b) dass dort unter GenR 456 die B-Genossenschaft mit dem Sitz in Musterort eingetragen ist und C als einzelvertretungsberechtigtes Vorstandsmitglied zur Vertretung der B-Genossenschaft berechtigt ist.

Die Erschienenen, handelnd wie angegeben, erklärten:

I. Vorbemerkungen

Mit diesem Vertrag soll die B-Genossenschaft auf die A-Genossenschaft verschmolzen werden.

II. Verschmelzungsvertrag

Die A-Genossenschaft als übernehmender Rechtsträger und die B-Genossenschaft als übertragender Rechtsträger schließen den folgenden Verschmelzungsvertrag:

§ 1
Vermögensübertragung, Bilanzstichtag, Verschmelzungsstichtag

1. Die B-Genossenschaft mit Sitz in Musterort überträgt hiermit ihr Vermögen als Ganzes mit allen Rechten und Pflichten als übertragender Rechtsträger unter Auflösung ohne Abwicklung gemäß § 2 Nr. 1 UmwG auf die A-Genossenschaft mit Sitz in Musterort als übernehmender Rechtsträger im Wege der Verschmelzung durch Aufnahme.

2. Der Verschmelzung der Genossenschaften wird die Bilanz der B-Genossenschaft zum (Datum) als Schlussbilanz zugrunde gelegt. Ein Exemplar dieser festgestellten und unterzeichneten Bilanz nebst Gewinn- und Verlustrechnung, Anhang und Lagebericht

und dem uneingeschränkten Bestätigungsvermerk des Abschlussprüfers vom (Datum) ist dieser Niederschrift – lediglich zu Dokumentationszwecken – als **Anlage 1** beigefügt.[718]

3. Die Verschmelzung soll mit Wirkung von der Eintragung in das Handelsregister der übernehmenden Genossenschaft an wirksam sein. Die Übernahme des Vermögens der übertragenden Genossenschaft erfolgt im Innenverhältnis mit Wirkung zum Ablauf des (Datum). Vom (Datum), 0.00 Uhr, an (Verschmelzungsstichtag) gelten alle Handlungen und Geschäfte der B-Genossenschaft als für Rechnung der A-Genossenschaft vorgenommen.

Beide Genossenschaften verpflichten sich, nach Abschluss dieses Vertrages keine außergewöhnlichen Ausschüttungen an die Mitglieder mehr vorzunehmen und außerhalb des normalen Geschäftsbetriebes liegende Verbindlichkeiten sowie Investitionen miteinander abzustimmen.

§ 2
Gegenleistung, Abfindungsangebot

1. Die A-Genossenschaft gewährt als Ausgleich für die Übertragung des Vermögens der B-Genossenschaft mit Wirksamwerden der Verschmelzung jedem Mitglied der B-Genossenschaft die Mitgliedschaft in der A-Genossenschaft. Bislang ist kein Mitglied der B-Genossenschaft auch Mitglied der A-Genossenschaft.[719]
2. Jedes Mitglied der B-Genossenschaft erhält bei der A-Genossenschaft mit Wirksamwerden der Verschmelzung einen Geschäftsanteil in Höhe von € ......
3. Die Mitgliedschaften werden kostenfrei gewährt und mit Gewinnbezugsberechtigung ab dem (Datum).
4. Die Angaben zu der Mitgliedschaft in der A-Genossenschaft ergeben sich aus der als **Anlage 2** zu dieser Urkunde genommenen geltenden Satzung der A-Genossenschaft. Auf diese Anlage wird verwiesen.[720] Eine Bestimmung gemäß § 7a Abs. 1 oder Abs. 2 GenG enthält die Satzung nicht.[721]

---

[718] Das Beifügen als Anlage zum Verschmelzungsvertrag ist nicht zwingend, erst recht nicht als echte Anlage iSd BeurkG. Der Anmeldung zum Handelsregister des übertragenden Rechtsträgers hingegen ist die Schlussbilanz zwingend als Anlage beizufügen, § 17 II UmwG.

[719] Andernfalls könnte dieses Mitglied nur dann mehr als einen Geschäftsanteil erhalten, wenn die Satzung der A-Genossenschaft dies zulässt oder entsprechend geändert wird. Bleibt es beim Verbot der Doppelmitgliedschaft in der A-Genossenschaft, sollen nach hM die Geschäftsguthaben addiert und die Summe durch den Betrag des Geschäftsanteils bei der übernehmenden Genossenschaft geteilt werden.

[720] Angaben über die Mitgliedschaft sind gem. § 80 I 1 Nr. 1 UmwG erforderlich. Die Mitbeurkundung der Satzung genügt dieser Anforderung in jedem Fall. Es genügt aber wohl auch nur ein Auszug aus der Satzung, aus dem sich die besonderen Rechte (Benutzungs-, Leistungs-, Teilhaberechte) und Pflichten (Beitragspflichten) ergeben.

[721] Andernfalls wäre § 80 I 1 Nr. 2 UmwG zu beachten.

§ 9   3. Teil. Verschmelzung

5. Ein Barabfindungsangebot wird nicht gemacht.[722]

§ 3
Besondere Rechte oder Vorteile

1. Rechte im Sinne von § 5 Abs. 1 Nr. 7 UmwG bestehen bei der A-Genossenschaft nicht. Einzelnen Anteilsinhabern werden im Rahmen der Verschmelzung keine besonderen Rechte gewährt, Maßnahmen sind nicht vorgesehen.
2. Besondere Vorteile iSd § 5 Abs. 1 Nr. 8 UmwG werden weder einem Mitglied eines Vertretungs- oder Aufsichtsorgans, noch dem Abschlussprüfer oder dem Verschmelzungsprüfer gewährt.

§ 4
Folgen für die Arbeitnehmer und ihre Vertretungen

1. Die bei der B-Genossenschaft bestehenden Dienst- und Anstellungsverträge gehen gemäß § 324 UmwG in Verbindung mit § 613a Abs. 1 BGB unverändert in der Weise auf die A-Genossenschaft über, dass die Arbeitsverträge der bisher bei der B-Genossenschaft beschäftigten Arbeitnehmer so behandelt werden, als seien diese Arbeitnehmer vom Beginn ihrer jeweiligen Arbeitsverhältnisse an bei der A-Genossenschaft beschäftigt gewesen. Die zeitliche Zusammenfassung der Arbeitsverhältnisse gilt insbesondere im Hinblick auf Kündigungsfristen der Arbeitsverträge und etwaige vertraglich mit der B-Genossenschaft vereinbarte betriebliche Altersversorgungen der betroffenen Arbeitnehmer.
2. Die Arbeitnehmer behalten den gleichen Dienstort. Ihre Tätigkeit wird wie bisher auf dem Gebiet der ...... liegen. Betriebsstilllegungen, Betriebszusammenlegungen, Personalrationalisierungen und/oder Versetzungen als mittelbare Folgen der Verschmelzung sind nicht beabsichtigt.
3. Die A-Genossenschaft hat keinen Betriebsrat. Der Betriebsrat der B-Genossenschaft besteht weiter, bis bei der A-Genossenschaft unter Mitwirkung der durch Verschmelzung von der B-Genossenschaft hinzugekommenen Arbeitnehmer ein neuer Betriebsrat gewählt worden ist.
4. Es existieren keine weiteren Ausschüsse, Organe oder sonstigen Gremien, zu deren Mitgliedern Arbeitnehmer gehören, insbesondere kein Wirtschaftsausschuss und kein Aufsichtsrat.
5. Auswirkungen kollektivrechtlicher Art, insbesondere tarifrechtlicher oder mitbestimmungsrechtlicher Art, ergeben sich nicht.

---

[722] Statt des Barabfindungsangebots in § 29 UmwG gilt hier § 90 UmwG.

§ 5
Verschmelzungsbericht, Gutachten der Prüfungsverbände

1. Die Vorstände beider Rechtsträger haben einen Verschmelzungsbericht gefertigt. Er ist dieser Niederschrift lediglich zu Dokumentationszwecken als **Anlage 3**[723] beigefügt.
2. Die Gutachten der jeweiligen Prüfungsverbände gemäß § 81 UmwG[724] sind dieser Urkunde ebenfalls lediglich zu Dokumentationszwecken als **Anlagen 4 und 5**[725] beigefügt.

§ 6
Sonstiges, Kosten

Die übertragende Gesellschaft hat keinen Grundbesitz und ist nicht Gesellschafterin einer GmbH.

Die mit diesem Vertrag und seiner Durchführung verbundenen Kosten trägt für den Fall der Durchführung der Verschmelzung der übernehmende Rechtsträger, ansonsten tragen die Kosten der übernehmende und der übertragende Rechtsträger zu gleichen Teilen.

§ 7
Bedingung[726]

Der Verschmelzungsvertrag steht unter der aufschiebenden Bedingung, dass beide Generalversammlungen der beteiligten Rechtsträger formgerecht ihre Zustimmung zu diesem Verschmelzungsvertrag bis zum (Datum) erklären.

§ 8
Hinweise

Der Notar wies die Erschienenen darauf hin, dass
- die Generalversammlungen der beteiligten Genossenschaften der Verschmelzung zustimmen müssen, wobei er auch über die Erfordernisse zu deren Vorbereitung, Durchführung und Beschlussfassung (§§ 82 bis 84 UmwG) belehrt hat,
- zum Vollzug dieser Urkunde gesonderte Genossenschaftsregisteranmeldungen bei der übertragenden und bei der übernehmenden Genossenschaft erforderlich sind,

---

[723] Das Beifügen als Anlage zum Verschmelzungsvertrag ist nicht zwingend, erst recht nicht als echte Anlage iSd BeurkG.

[724] Sind nur Genossenschaften beteiligt, ist § 81 UmwG lex specialis zu den §§ 9 ff. UmwG, sonst treten beide nebeneinander. Auf die Prüfung nach § 81 UmwG kann aber nicht verzichtet werden.

[725] Das Beifügen als Anlage zum Verschmelzungsvertrag ist nicht zwingend, erst recht nicht als echte Anlage iSd BeurkG.

[726] Alternativ kommt auch die Vereinbarung eines Rücktrittsrechts in Betracht, vgl. zB Muster 378 A (Verschmelzung Schwester-GmbH auf Schwester-GmbH & Co. KG zur Aufnahme).

Brünger

§ 9   3. Teil. Verschmelzung

– die der Verschmelzung zugrundegelegte Bilanz nicht auf einen Stichtag aufgestellt sein darf, der länger als acht Monate vor der Anmeldung zum Genossenschaftsregister liegt,
– die Verschmelzung erst mit der Eintragung im Genossenschaftsregister der übernehmenden Genossenschaft wirksam wird,
– die übertragende Genossenschaft mit Wirksamwerden der Verschmelzung erlischt,
– die übernehmende Genossenschaft die Pflichten gem. § 89 UmwG zu erfüllen hat.

Diese Niederschrift nebst Anlage 2 wurde den Erschienenen vom Notar vorgelesen, die übrigen Anlagen wurden ihnen zur Durchsicht vorgelegt, alles wurde von den Erschienenen genehmigt und von ihnen und dem Notar eigenhändig wie folgt unterschrieben:

Zustimmungsbeschluss der übernehmenden Genossenschaft, Generalversammlungsprotokoll

381 B UR. Nr. ..... für .....

Heute, den
begab ich mich, ...
                                  Notar

mit Amtssitz in Musterort auf Ansuchen in die Geschäftsräume der A-Genossenschaft in Musterort, um an der um (Uhrzeit) einberufenen

ordentlichen Generalversammlung

der Mitglieder der A-Genossenschaft teilzunehmen und über den Gang der Verhandlung sowie über die gefassten Beschlüsse die gesetzlich vorgeschriebene Niederschrift wie folgt zu errichten:
I. Anwesend waren:
1. Vom Aufsichtsrat der Genossenschaft:
   a)
   b)
   c)
2. Vom Vorstand der Genossenschaft:
   a) A
   b) B

Dieser Niederschrift ist ein Verzeichnis der erschienenen oder vertretenen Mitglieder und deren Vertreter beigefügt. Bei jedem erschienenen oder vertretenen Mitglied ist dessen Stimmenzahl vermerkt. Das Teilnehmerverzeichnis wurde vom Versammlungsleiter unterzeichnet und bei jeder Abstimmung bei Änderung der Teilnehmerzahl angepasst. Es ist als **Anlage 1** dieser Niederschrift beigefügt.
II.
Den Vorsitz der Versammlung führte entsprechend der Satzung der Vorsitzende des Aufsichtsrates. Er stellte fest, dass die Generalver-

§ 9. Umwandlungsrechtliche Regelungen § 9

sammlung form- und fristgemäß durch Bekanntmachung im (Verkündungsblatt) am (Datum) einberufen worden ist. Ein Belegexemplar dieser Ausgabe wurde mir, dem Notar, übergeben. Es ist der Niederschrift als **Anlage 2** beigefügt.

Anschließend legte der Vorsitzende das anliegende, von ihm unterzeichnete Verzeichnis der erschienenen und vertretenen Mitglieder zur Einsichtnahme aus, nachdem der Vorstand erklärt hatte, das sämtliche, in dem Verzeichnis aufgeführten Mitglieder ihre Berechtigung zur Teilnahme an der Generalversammlung ordnungsgemäß nachgewiesen haben.

Der Vorsitzende erklärte, dass die Abstimmung durch Handaufheben stattfinden werde, soweit nicht eine andere Abstimmungsart für die Abstimmung angeordnet werde.

Der Vorsitzende stellte weiter fest, dass von der Einberufung der Generalversammlung an in dem Geschäftsraum der Genossenschaft folgende Unterlagen zur Einsicht der Mitglieder ausgelegt waren und diese auch während der Generalversammlung im Versammlungssaal ausliegen:
- der Verschmelzungsvertrag;
- die Jahresabschlüsse und die Jahresberichte der übertragenden und der übernehmenden Genossenschaft der letzten drei Geschäftsjahre;
- der Verschmelzungsbericht der beiden Vorstände;
- das Prüfungsgutachten des Prüfungsverbandes bezüglich beider Genossenschaften.

Der Verschmelzungsvertrag wird dieser Niederschrift als **Anlage 3** beigefügt.

Daraufhin wurde die Tagesordnung wie folgt erledigt:

Punkt 1:

Der Vorstandsvorsitzende erläuterte den Verschmelzungsvertrag vom (Datum) und begründete insbesondere die Zweckmäßigkeit der Verschmelzung. Auch die weiteren Punkte des Verschmelzungsvertrages wurden vom Vorstand erläutert. Verschiedenen Mitgliedern wurde Auskunft über wesentliche Angelegenheiten erteilt. Der von den Vorständen der beiden Genossenschaften abgeschlossene Verschmelzungsvertrag wurde wörtlich verlesen. Das Gutachten des Prüfungsverbandes betreffend die A-Genossenschaft, demzufolge die Verschmelzung mit den Belangen der Mitglieder und der Gläubiger der Genossenschaft vereinbar ist, wurde ebenfalls verlesen.

Punkt 2:

Zustimmung zum Verschmelzungsvertrag

Gegen die Zustimmung zu dem abgeschlossenen Verschmelzungsvertrag mit der B-Genossenschaft stimmten 15 Mitglieder. Dafür stimmten entsprechend dem Vorschlag von Vorstand und Aufsichtsrat 200 Mitglieder.

§ 9   3. Teil. Verschmelzung

Der Vorsitzende stellte fest, dass die Verschmelzung mit der B-Genossenschaft durch Zustimmung zum Verschmelzungsvertrag mit einer Mehrheit von mehr als ³/₄ der abgegebenen Stimmen beschlossen ist.

Damit war die Tagesordnung erledigt. Der Vorsitzende schloss die Hauptversammlung um (Uhrzeit).

Die Niederschrift wurde vom Notar und vom Vorsitzenden und den anwesenden Mitgliedern des Vorstandes wie folgt unterschrieben:

Genossenschaftsregisteranmeldung der übernehmenden Genossenschaft

381 C   UR. Nr. ..... für .....

An das

Amtsgericht

– Genossenschaftsregister –

Musterort

GenR 123

A-Genossenschaft

Wir, A und B,

handelnd in unserer Eigenschaft als gemeinsam vertretungsberechtigte Vorstandsmitglieder[727] der vorgenannten A-Genossenschaft, melden zur Eintragung in das Genossenschaftsregister an:

Auf die Genossenschaft ist im Wege der Verschmelzung durch Aufnahme gemäß § 2 Nr. 1 UmwG als übernehmender Rechtsträger das Vermögen der B-Genossenschaft mit Sitz in Musterort, eingetragen im Genossenschaftsregister des Amtsgerichts Musterort unter GenR 456, als übertragender Rechtsträger als Ganzes ohne Abwicklung übergegangen.[728]

Wir überreichen als Anlagen:
1. Ausfertigung des Verschmelzungsvertrages vom (Datum) – UR. Nr. ..... des beglaubigenden Notars –,
2. Ausfertigung des Zustimmungsbeschlusses der Generalversammlung der A-Genossenschaft vom (Datum) – UR. Nr. ..... des beglaubigenden Notars –,

---

[727] Nach der Änderung des § 157 GenG genügt unstr. die Anmeldung durch Vorstandsmitglieder in vertretungsberechtigter Zahl.

[728] Als Anmeldungstext sind andere Formulierungen denkbar. So genügt auch anzumelden, dass „die B-Genossenschaft im Wege der Verschmelzung durch Aufnahme auf die A-Genossenschaft verschmolzen wurde." Die hier gewählte ausführliche Formulierung entspricht dem Wortlaut des § 2 Nr. 1 UmwG.

§ 9. Umwandlungsrechtliche Regelungen § 9

3. Ausfertigung des Zustimmungsbeschlusses der Generalversammlung der B-Genossenschaft vom (Datum) – UR. Nr. ..... des beglaubigenden Notars –,
4. Verschmelzungsbericht,
5. Beglaubigte Abschrift des Prüfungsgutachtens für die A-Genossenschaft des zuständigen Prüfungsverbandes,
6. Beglaubigte Abschrift des Prüfungsgutachtens für die B-Genossenschaft des zuständigen Prüfungsverbandes[729],
7. die Empfangsbestätigung des Betriebsrats der B-Genossenschaft als Nachweis der Zuleitung des Entwurfs des Verschmelzungsvertrages gem. § 17 Abs. 1 UmwG,
8. die Schlussbilanz der B-Genossenschaft zum (Datum).[730]

Wir erklären weiter:
1. Die A-Genossenschaft hat keinen Betriebsrat.
2. Besondere Zustimmungserklärungen einzelner Mitgleider sind nicht erforderlich.
3. Staatliche Genehmigungen sind nicht erforderlich.

Wir versichern, dass weder der Verschmelzungsbeschluss der Generalversammlung der A-Genossenschaft noch der Verschmelzungsbeschluss der Generalversammlung der B-Genossenschaft angefochten worden ist.

(Ort, Datum)

(Beglaubigungsvermerk)

Genossenschaftsregisteranmeldung der übertragenden Genossenschaft

UR. Nr. ..... für ..... 381 D

An das

Amtsgericht

– Genossenschaftsregister –

Musterort

GenR 456

B-Genossenschaft

Ich, C,

handelnd in meiner Eigenschaft als einzelvertretungsberechtigtes Vorstandsmitglied[731] der vorgenannten B-Genossenschaft, melde zur Eintragung in das Genossenschaftsregister an:

---

[729] Vgl. § 86 II UmwG
[730] Ein Beifügen ist hier zwar nicht nach § 17 II UmwG, ggf. wohl aber zwecks Möglichkeit der Überprüfung der Werthaltigkeit nötig, Letzteres streitig.
[731] Nach der Änderung des § 157 GenG genügt unstreitig die Anmeldung durch Vorstandsmitglieder in vertretungsberechtigter Zahl.

§ 9   3. Teil. Verschmelzung

Das Vermögen der Genossenschaft ist im Wege der Verschmelzung durch Aufnahme gem. § 2 Nr. 1 UmwG als Ganzes ohne Abwicklung auf die A-Genossenschaft mit Sitz in Musterort, eingetragen im Genossenschaftsregister des Amtsgerichts Musterort unter GenR 123, als übernehmender Rechtsträger verschmolzen.[732]
Die B-Genossenschaft ist mit Durchführung der Verschmelzung erloschen.
Ich überreiche als Anlagen:
1. Ausfertigung des Verschmelzungsvertrages vom (Datum) – UR. Nr. ..... des beglaubigenden Notars –,
2. Ausfertigung des Zustimmungsbeschlusses der Generalversammlung der A-Genossenschaft vom (Datum) – UR. Nr. ..... des beglaubigenden Notars –,
3. Ausfertigung des Zustimmungsbeschlusses der Generalversammlung der B-Genossenschaft vom (Datum) – UR. Nr. ..... des beglaubigenden Notars –,
4. Verschmelzungsbericht,
5. (beglaubigte Abschrift des) Prüfungsgutachten(s) für die B-Genossenschaft des zuständigen Prüfungsverbandes[733],
6. die Empfangsbestätigung des Betriebsrats der B-Genossenschaft als Nachweis der Zuleitung des Entwurfs des Verschmelzungsvertrages gem. § 17 Abs. 1 UmwG,
7. Schlussbilanz der B-Genossenschaft zum (Datum).

Ich erkläre weiter:
1. Die A-Genossenschaft hat keinen Betriebsrat.
2. Besondere Zustimmungserklärungen einzelner Mitglieder sind nicht erforderlich.
3. Staatliche Genehmigungen sind nicht erforderlich.

Ich versichere, dass weder der Verschmelzungsbeschluss der Generalversammlung der A-Genossenschaft noch der Verschmelzungsbeschluss der Generalversammlung der B-Genossenschaft angefochten worden ist.

(Ort, Datum)

(Beglaubigungsvermerk)

---

[732] Als Anmeldungstext sind andere Formulierungen denkbar. So genügt auch anzumelden, dass „die B-Genossenschaft im Wege der Verschmelzung durch Aufnahme auf die A-Genossenschaft verschmolzen wurde." Die hier gewählte ausführliche Formulierung entspricht dem Wortlaut des § 2 Nr. 1 UmwG.
[733] Vgl. § 86 II UmwG

§ 9. Umwandlungsrechtliche Regelungen § 9

Prüfungsgutachten des zuständigen Prüfungsverbandes für den übertragenden Rechtsträger

Gutachten

Zu der Verschmelzung der B-Genossenschaft (übertragende Gesell- 381 E
schaft)
mit der
A-Genossenschaft (übernehmende Gesellschaft)
Zu der vorgesehenen Verschmelzung nehmen wir gemäß § 81 Abs. 1 UmwG wie folgt Stellung:
Als Grundlage für die Erstattung unseres Gutachtens lagen uns u. a. vor:
- der Verschmelzungsvertrag,
- der gemeinsame Verschmelzungsbericht gemäß § 8 UmwG,
- die Jahresabschlüsse und die Lageberichte der an der Verschmelzung beteiligten Genossenschaften für die letzten drei Geschäftsjahre.

Der Verschmelzungsvertrag wurde von uns rechtlich geprüft. Er enthält alle nach den §§ 5, 80 UmwG notwendigen Angaben. Er trägt sowohl den Belangen der Mitglieder der übertragenden wie auch der übernehmenden Genossenschaft ausreichend Rechnung.

Im Verschmelzungsbericht werden die Verschmelzung, der Verschmelzungsvertrag und die Mitgliedschaftsverhältnisse eingehend rechtlich und wirtschaftlich erläutert und begründet. Die Berichterstattung ist zutreffend.

Die vorgesehene Verschmelzung trägt den sich verändernden Verhältnissen bei den Mitgliedern und den Lieferanten Rechnung. Sie bietet im Rahmen einer zukunftsorientierten Geschäftspolitik eine Lösung, um den Mitgliedern eine leistungsstarke Genossenschaft zu erhalten. Die Verschmelzung ist geeignet, die Marktposition der Genossenschaft insbesondere auf der Beschaffungs- wie auf der Absatzseite zu stärken. Außerdem bietet sie die Möglichkeit der Intensivierung des Leistungsangebotes sowie der Rationalisierung. Aus diesen Vorteilen ergibt sich die Möglichkeit einer weiteren Verstärkung der Förderung der Geschäftsbetriebe der Mitglieder.

Beide Genossenschaften verfügen über geordnete Vermögens-, Finanz- und Ertragsverhältnisse. Die bei der Verschmelzung erfolgte Übernahme der Geschäftsguthaben der Mitglieder zu den bestehenden Buchwerten ist angemessen und mit den Belangen der Mitglieder vereinbar.

Die Verschmelzung ist auch mit den Belangen der Gläubiger vereinbar, da nach der Verschmelzung durch die Zusammenführung des Eigenkapitals der Genossenschaften weiterhin eine geordnete

§ 9 3. Teil. Verschmelzung

Eigenkapitalbasis und ein insgesamt höheres Eigenkapital zur Verfügung steht.

Zusammenfassend bestätigen wir, dass die Verschmelzung mit den Belangen der Mitglieder und der Gläubiger vereinbar ist.

Musterort, den

7. Verschmelzung von Vereinen

Fall: (Verschmelzung zweier Vereine durch Aufnahme)

382 *Das Vermögen des B-Vereins soll auf den A-Verein übertragen werden. Um dem bei Einzelübertragung und Auflösung des B-Vereins möglichen Mitgliederverlust zu vermeiden, wird die Gesamtrechtsnachfolge durch eine Verschmelzung nach dem Umwandlungsgesetz gewählt.*

Hierzu folgende Muster:
- Verschmelzungsvertrag, Rn. 382 A
- Zustimmungsbeschluss des übernehmenden Vereins, Mitgliederversammlung, Rn. 382 B
- Vereinsregisteranmeldung des übernehmenden Vereins, Rn. 382 C
- Vereinsregisteranmeldung des übertragenden Vereins, Rn. 382 D

Verschmelzung zweier Vereine durch Aufnahme, §§ 4 ff., 99 ff. UmwG; Verschmelzungsvertrag

382 A UR. Nr. ..... für .....

Verhandelt
zu Musterort am .....
Vor mir,
.....
Notar

für den Oberlandesgerichtsbezirk Musterort mit dem Amtssitz in Musterort, erschienen, ausgewiesen durch Vorlage ihrer Bundespersonalausweise:
1. A
2. B

hier handelnd als gemeinsam vertretungsberechtigte Vorstandsmitglieder des A-Vereins mit dem Sitz in Musterort, eingetragen im Vereinsregister des Amtsgerichtes Musterort unter VR 123,
3. C

hier handelnd als einzelvertretungsberechtigtes Vorstandsmitglied des B-Vereins mit dem Sitz in Musterort, eingetragen im Vereinsregister des Amtsgerichtes Musterort unter VR 456.

Der amtierende Notar hat sich durch heutige Einsichtnahme in das Vereinsregister des Amtsgerichts Musterort VR 123 sowie in das Vereinsregister des Amtsgerichts Musterort VR 456 überzeugt, dass dort der A-Verein mit Sitz in Musterort bzw. der B-Verein mit Sitz in

§ 9. Umwandlungsrechtliche Regelungen § 9

Musterort eingetragen ist und A und B als gemeinsam vertretungsberechtigte Vorstandsmitglieder zur Vertretung des A-Vereins und C als einzelvertretungsberechtigtes Vorstandsmitglied zur Vertretung des B-Vereins berechtigt sind.
Die Erschienenen, handelnd wie angegeben, erklärten:

I. Vorbemerkungen

1. Der A-Verein ist ein rechtsfähiger, eingetragener Verein mit dem Sitz in Musterort. Er ist eingetragen im Vereinsregister des Amtsgerichts Musterort unter VR 123. Der A-Verein ist kein wirtschaftlicher Verein iSd § 22 BGB.[734]
2. Der B-Verein ist ein rechtsfähiger, eingetragener Verein mit dem Sitz in Musterort. Er ist eingetragen im Vereinsregister des Amtsgerichts Musterort unter VR 456. Die Satzungen der Vereine oder Vorschriften des Landesrechts stehen dem nicht entgegen.
3. Mit diesem Vertrag soll der B-Verein auf den A-Verein verschmolzen werden.

II. Verschmelzungsvertrag

Der A-Verein als übernehmender Rechtsträger und der B-Verein als übertragender Rechtsträger schließen sodann folgenden Verschmelzungsvertrag:

§ 1
Vermögensübertragung, Bilanzstichtag, Verschmelzungsstichtag

1. Der B-Verein mit Sitz in Musterort überträgt sein Vermögen als Ganzes mit allen Rechten und Pflichten als übertragender Rechtsträger unter Auflösung ohne Abwicklung gemäß § 2 Nr. 1 UmwG auf den A-Verein mit Sitz in Musterort als übernehmender Rechtsträger im Wege der Verschmelzung durch Aufnahme.
2. Der Verschmelzung der Vereine wird die Bilanz[735] des B-Vereins zum (Datum) als Schlussbilanz zugrunde gelegt. Ein Exemplar dieser festgestellten und unterzeichneten Bilanz ist dieser Niederschrift – lediglich zu Dokumentationszwecken – als **Anlage 1** beigefügt.[736]

---

[734] Wirtschaftliche Vereine können nur übertragender, nicht aufnehmender Rechtsträger sein, § 3 II Nr. 1 UmwG.
[735] Bei fehlender Bilanzierungspflicht sind auch sonstige Rechnungslegungsunterlagen ausreichend, zB Einnahme-Überschuss-Rechnung
[736] Das Beifügen als Anlage zum Verschmelzungsvertrag ist nicht zwingend, erst recht nicht als echte Anlage iSd BeurkG. Der Anmeldung zum Handelsregister des übertragenden Rechtsträgers hingegen ist die Schlussbilanz zwingend als Anlage beizufügen, § 17 II UmwG.

§ 9   3. Teil. Verschmelzung

3. Die Verschmelzung soll mit Wirkung von der Eintragung in das Vereinsregister des übernehmenden Vereins an wirksam sein. Die Übernahme des Vermögens des übertragenden Vereins erfolgt im Innenverhältnis mit Wirkung zum Ablauf des (Datum). Vom (Datum), 0.00 Uhr, an (Verschmelzungsstichtag) gelten alle Handlungen und Geschäfte des B-Vereins als für Rechnung des A-Vereins vorgenommen.

§ 2
Gegenleistung, Abfindungsangebot

1. Der A-Verein gewährt als Ausgleich für die Übertragung des Vermögens des B-Vereins[737] mit Wirksamwerden der Verschmelzung jedem Mitglied des B-Vereins kostenfrei die Mitgliedschaft im A-Verein. Bislang ist kein Mitglied des B-Vereins auch Mitglied des A-Vereins.[738]
2. Die Angaben zu der Mitgliedschaft im A-Verein ergeben sich aus der als **Anlage 2** zu dieser Urkunde genommenen geltenden Satzung des A-Vereins. Auf diese Anlage wird verwiesen.
3. Der A-Verein macht den Mitgliedern des B-Vereins für den Fall, dass diese gegen den Zustimmungsbeschluss zur Verschmelzung Wiederspruch zur Niederschrift erklären, folgendes Barabfindungsangebot:[739]
Für den Fall, dass diese Mitglieder ihr Ausscheiden aus dem B-Verein erklären,[740] erhalten sie als Gegenleistung €.... Die Kosten der Abfindung trägt der A-Verein.

§ 3
Besondere Rechte oder Vorteile

Besondere Rechte nach § 5 Abs. 1 Nr. 7 UmwG oder besondere Vorteile nach § 5 Abs. 1 Nr. 8 UmwG werden weder den an der Verschmelzung beteiligten Rechtsträgern noch anderen Personen gewährt.

§ 4
Folgen für Arbeitnehmer und ihre Vertretungen

1. Die Verschmelzung hat keine Auswirkungen auf die Arbeitnehmer oder ihre Vertreter bei den beteiligten Vereinen.

---

[737] Eine Auflistung aller Mitglieder ist nicht erforderlich.
[738] Andernfalls könnte diesem Mitglied keine neue Mitgliedschaft gewährt werden, da eine Doppelmitgliedschaft ausscheidet. Ihm wäre als Ersatz für den Verlust der Mitgliedschaft zu zahlen, was auch als Barabfindungsangebot gezahlt würde.
[739] Bei gemeinnützigen Vereinen gelten gem. § 104a UmwG die § 29 ff. UmwG nicht; im Übrigen gelten die allgemeinen Regeln. Hier gilt § 29 I 2 UmwG, da Vereinsmitgliedschaften nicht veräußerlich sind. Dass diese Verfügungsbeschränkung auch für die Mitgliedschaft im B-Verein galt, ist unerheblich.
[740] Vgl. § 29 I 3 UmwG, da der A-Verein nicht seine eigenen Mitgliedschaften übernehmen kann.

§ 9. Umwandlungsrechtliche Regelungen § 9

2. Weder der übertragende Verein noch der übernehmende Verein hat Arbeitnehmer und folglich auch keine Arbeitnehmervertretung. Es existieren auch keine Ausschüsse, Organe oder sonstige Gremien, zu deren Mitgliedern Arbeitnehmer gehören, insbesondere kein Wirtschaftsausschuss und kein Aufsichtsrat.

§ 5
Verschmelzungsbericht, Verschmelzungsprüfung

1. Die Vorstände beider Rechtsträger haben einen Verschmelzungsbericht gefertigt.[741] Er ist dieser Niederschrift lediglich zu Dokumentationszwecken als **Anlage 3**[742] beigefügt.
2. Eine Verschmelzungsprüfung hat gem. § 100 UmwG nur zu erfolgen, wenn mindestens 10% der Mitglieder des jeweiligen Vereins dies verlangen.[743]

§ 6
Bedingungen[744]

Der vorliegende Verschmelzungsvertrag steht unter der aufschiebenden Bedingung, dass beide Mitgliederversammlungen der beteiligten Rechtsträger formgerecht ihre Zustimmung zu diesem Verschmelzungsvertrag erklären, und zwar bis zum (Datum).

§ 7
Sonstiges, Kosten

Der übertragende Verein hat keinen Grundbesitz und ist nicht Gesellschafter einer GmbH.

Die mit diesem Vertrag und seiner Durchführung verbundenen Kosten trägt für den Fall der Durchführung der Verschmelzung der übernehmende Rechtsträger, ansonsten tragen die Kosten der übernehmende und der übertragende Rechtsträger zu gleichen Teilen.

---

[741] Theoretisch gilt auch hier die Verzichtsmöglichkeit nach § 8 III UmwG, praktisch dürften notarielle Verzichtserklärungen sämtlicher Vereinsmitglieder eher ausscheiden.
[742] Das Beifügen als Anlage zum Verschmelzungsvertrag ist nicht zwingend, erst recht nicht als echte Anlage iSd BeurkG.
[743] Unklar ist, wie lange die Mitglieder ihr Verlangen erklären können. Das Recht dazu endet jedenfalls nach Ablauf der Klagefrist des § 14 I UmwG und nach Ablauf der Ausschlussfrist nach § 31 UmwG, nach hM mit Beschlussfassung. Nach hM ist der Vorstand zur Setzung einer Frist berechtigt, muss dann aber auf das Recht zum Verlangen hinweisen. Ohne Fristsetzung besteht auch keine Hinweispflicht. Beim wirtschaftlichen Verein ist die Verschmelzungsprüfung zwingend.
[744] Alternativ kommt auch die Vereinbarung eines Rücktrittsrechts in Betracht, vgl. Muster 378 A (Verschmelzung Schwester-GmbH auf Schwester-GmbH & Co. KG zur Aufnahme).

§ 8
Hinweise

Der Notar wies die Erschienenen darauf hin, dass
- die Mitgliederversammlungen der beteiligten Vereine der Verschmelzung zustimmen müssen, wobei er auch über die Erfordernisse zu deren Vorbereitung, Durchführung und Beschlussfassung (§§ 101 bis 103 UmwG) belehrt hat,
- zum Vollzug dieser Urkunde gesonderte Vereinsregisteranmeldungen beim übertragenden und beim übernehmenden Verein erforderlich sind,
- die der Verschmelzung zugrundegelegte Bilanz nicht auf einen Stichtag aufgestellt sein darf, der länger als acht Monate vor der Anmeldung zum Vereinsregister liegt,
- die Verschmelzung erst mit der Eintragung im Vereinsregister des übernehmenden Vereins wirksam wird,
- der übertragende Verein mit Wirksamwerden der Verschmelzung erlischt.

Diese Niederschrift nebst Anlage 2 wurde den Erschienenen vom Notar vorgelesen, die übrigen Anlagen wurden ihnen zur Durchsicht vorgelegt, alles wurde von den Erschienenen genehmigt und von ihnen und dem Notar eigenhändig wie folgt unterschrieben:

Zustimmungsbeschluss des übernehmenden Vereins, Mitgliederversammlungsprotokoll

382 B UR. Nr. ..... für .....

Heute, den
begab ich mich,
.....
Notar

mit Amtssitz in Musterort auf Ansuchen in die Vereinsräume des A-Vereins in Musterort, um an der um (Uhrzeit) einberufenen

ordentlichen Mitgliederversammlung

der Mitglieder des A-Vereins teilzunehmen und über den Gang der Mitgliederversammlung sowie über die hier gefassten Beschlüsse die gesetzlich vorgeschriebene Niederschrift wie folgt zu errichten:

I.

Vom Vorstand des Vereins waren anwesend:
1. A als Vorsitzender,
2. B
3. X

Ein Verzeichnis der erschienenen Mitglieder ist dieser Niederschrift als **Anlage 1** beigefügt.

II.

Die Leitung der Versammlung führte entsprechend der Satzung der Vorstandsvorsitzende. Er stellte fest, dass die Mitgliederversammlung form- und fristgerecht entsprechend den satzungsgemäßen Bestimmungen durch Bekanntmachung im ..... am (Datum) unter Mitteilung der Tagesordnung ordnungsgemäß einberufen worden ist. Der Vorsitzende stellte fest, dass mit Einberufung der Mitgliederversammlung die Mitglieder darauf hingewiesen worden sind, dass eine Verschmelzungsprüfung durch einen oder mehrere zu bestellende sachverständige Prüfer stattfinden müsse, wenn mindestens 10% der Mitglieder dies schriftlich verlangen.[745]

Ein Belegexemplar der die Einberufung der Mitgliederversammlung enthaltende Ausgabe der ..... vom (Datum) wurde mir, dem Notar, übergeben. Es ist dieser Niederschrift als Anlage 2 beigefügt.

Anschließend legte der Vorsitzende das anliegende, von ihm unterzeichnete Verzeichnis der erschienenen und der vertretenen Mitglieder zur Einsichtnahme aus. Der Vorsitzende stellte fest, dass die Mitgliederversammlung beschlussfähig ist.

Der Vorsitzende erklärte, dass die Abstimmung durch Handaufheben stattfinden werde, soweit nicht eine andere Abstimmungsart für die Abstimmung angeordnet werde.

Der Vorsitzende stellte weiter fest, dass von der Einberufung der Mitgliederversammlung an in den Vereinsräumen folgende Unterlagen zur Einsichtnahme durch die Mitglieder ausgelegt waren und diese auch während der ganzen Dauer der Mitgliederversammlung weiterhin ausliegen:
1. der Verschmelzungsvertrag vom (Datum) – UR. Nr. .... des Notars ..... –,
2. die Jahresabschlüsse und die Lageberichte des übertragenden und des übernehmenden Vereins der letzten drei Geschäftsjahre,[746]
3. der gemeinsam von beiden Vorständen erstellte Verschmelzungsbericht.

Der Verschmelzungsvertrag wird dieser Niederschrift als **Anlage 3** beigefügt.

III.

Der Vorsitzende gab die Tagesordnung wie folgt bekannt:

---

[745] Vgl. zur Hinweispflicht Muster 382 A Fn. 743 (Verschmelzung zweier Vereine durch Aufnahme).
[746] Dies folgt aus § 101 I iVm § 63 I UmwG; da aber Vereine häufig nicht buchführungspflichtig sind, reichen Unterlagen zur Information über die Vermögens- und Finanzlage aus, wie zB Einnahme-Überschuss-Rechnungen.

§ 9 3. Teil. Verschmelzung

TOP 1: Erläuterung des Verschmelzungsvertrages im Hinblick auf dessen Zweckmäßigkeit und Erforderlichkeit durch den Versammlungsleiter und Entbehrlichkeit einer Verschmelzungsprüfung.

TOP 2: Beschlussfassung über die Zustimmung zu dem Verschmelzungsvertrag mit dem B-Verein als übertragender Verein.

IV.

Daraufhin wurde die Tagesordnung wie folgt erledigt:

Zu Punkt 1 der Tagesordnung:

Der Versammlungsleiter erläuterte den Verschmelzungsvertrag vom (Datum) und begründete insbesondere die Zweckmäßigkeit der Verschmelzung. Auch die weiteren Punkte des Verschmelzungsvorganges wurden vom Vorstand erläutert. Verschiedenen Mitgliedern wurde Auskunft über wesentliche Angelegenheiten erteilt. Der von den Vorständen der beiden Vereine abgeschlossene Verschmelzungsvertrag wurde wörtlich verlesen. Der Versammlungsleiter wies darauf hin, dass eine Verschmelzungsprüfung nur dann erforderlich ist, wenn mindestens 10% der Mitglieder sie schriftlich verlangen und stellte nochmals fest, dass kein Mitglied eine Verschmelzungsprüfung verlangt hat.

Zu Punkt 2 der Tagesordnung: Zustimmung zum Verschmelzungsvertrag

Es wurde durch Handaufheben abgestimmt. Gegen die Zustimmung zu dem abgeschlossenen Verschmelzungsvertrag mit dem B-Verein stimmten (Zahl) Mitglieder. Dafür stimmten entsprechend dem Vorschlag des Vorstandes (Zahl) Mitglieder. Stimmenthaltungen gab es nicht.

Der Vorsitzende stellte daraufhin fest, dass die Verschmelzung mit dem B-Verein durch Zustimmung zum Verschmelzungsvertrag durch (Zahl) abgegebene zustimmende Stimmen gegen (Zahl) abgegebenen ablehnenden Stimmen mit mehr als $3/4$ Mehrheit der abgegebenen Stimmen beschlossen ist.

Gegen den Beschluss wurde kein Widerspruch zur Niederschrift erklärt.

V.

Damit war die Tagesordnung erledigt. Weitere Anträge wurden nicht gestellt. Der Vorsitzende schloss die Hauptversammlung um (Uhrzeit).

Die Niederschrift habe ich, der Notar, aufgrund meiner Wahrnehmungen im Anschluss an die Mitgliederversammlung gefertigt und sodann wie folgt unterschrieben:

§ 9. Umwandlungsrechtliche Regelungen § 9

Vereinsregisteranmeldung des übernehmenden Vereins

UR. Nr. ..... für .....   382 C
An das
Amtsgericht
– Vereinsregister –
Musterort
VR 123
A-Verein mit dem Sitz in Musterort
Wir, A und B,
handelnd in unserer Eigenschaft als gemeinsam vertretungsberechtigte Vorstandsmitglieder des vorgenannten A-Vereins, melden zur Eintragung in das Vereinsregister an:
Auf den Verein ist im Wege der Verschmelzung durch Aufnahme gemäß § 2 Nr. 1 UmwG als übernehmender Rechtsträger das Vermögen des B-Vereins mit Sitz in Musterort, eingetragen im Vereinsregister des Amtsgerichts Musterort unter VR 456, als übertragender Rechtsträger als Ganzes ohne Abwicklung übergegangen.[747]
Wir überreichen als Anlagen:
1. Ausfertigung des Verschmelzungsvertrages vom (Datum) – UR. Nr. ..... des beglaubigenden Notars –,
2. Ausfertigung des Zustimmungsbeschlusses der Mitgliederversammlung des A-Vereins vom (Datum) – UR. Nr. ..... des beglaubigenden Notars –,
3. Ausfertigung des Zustimmungsbeschlusses der Mitgliederversammlung des B-Vereins vom (Datum) – UR. Nr. ..... des beglaubigenden Notars –,
4. Verschmelzungsbericht,
5. die Schlussbilanz des B-Vereins zum (Datum).[748]
Wir erklären weiter:
1. Keiner der Vereine hat einen Betriebsrat.
2. Eine Verschmelzungsprüfung wurde nicht verlangt.
3. Besondere Zustimmungserklärungen einzelner Mitglieder sind nicht erforderlich.
4. Staatliche Genehmigungen sind nicht erforderlich.
Wir versichern, dass weder der Verschmelzungsbeschluss der Mitgliederversammlung des A-Vereins noch der Verschmelzungs-

---

[747] Als Anmeldungstext sind andere Formulierungen denkbar. So genügt auch anzumelden, dass „der B-Verein im Wege der Verschmelzung durch Aufnahme auf den A-Verein verschmolzen wurde." Die hier gewählte ausführliche Formulierung entspricht dem Wortlaut des § 2 Nr. 1 UmwG.

[748] Ein Beifügen ist hier zwar nicht nach § 17 Abs. 2 UmwG, ggf. wohl aber zwecks Möglichkeit der Überprüfung der Werthaltigkeit nötig, Letzteres streitig.

beschluss der Mitgliederversammlung des B-Vereins angefochten worden ist.

(Ort, Datum)

(Beglaubigungsvermerk)

Vereinsregisteranmeldung des übertragenden Vereins

UR. Nr. ..... für .....
An das
Amtsgericht
– Vereinsregister –
Musterort
VR 456
B-Verein mit dem Sitz in Musterort
Ich, C,
handelnd in meiner Eigenschaft als einzelvertretungsberechtigtes Vorstandsmitglied des vorgenannten B-Vereins, melde zur Eintragung in das Vereinsregister an:
Das Vermögen des Vereins ist im Wege der Verschmelzung durch Aufnahme gem. § 2 Nr. 1 UmwG als Ganzes ohne Abwicklung auf den A-Verein mit Sitz in Musterort, eingetragen im Genossenschaftsregister des Amtsgerichts Musterort unter VR 123, als übernehmender Rechtsträger verschmolzen.[749]
Der B-Verein ist mit Durchführung der Verschmelzung erloschen.
Ich überreiche als Anlagen:
1. Ausfertigung des Verschmelzungsvertrages vom (Datum) – UR. Nr. ..... des beglaubigenden Notars –,
2. Ausfertigung des Zustimmungsbeschlusses der Mitgliederversammlung des A-Vereins vom (Datum) – UR. Nr. ..... des beglaubigenden Notars –,
3. Ausfertigung des Zustimmungsbeschlusses der Mitgliederversammlung des B-Vereins vom (Datum) – UR. Nr. ..... des beglaubigenden Notars –,
4. Verschmelzungsbericht,
5. die Schlussbilanz des B-Vereins zum (Datum).
Wir erklären weiter:
1. Keiner der Vereine hat einen Betriebsrat.
2. Eine Verschmelzungsprüfung wurde nicht verlangt.

---

[749] Als Anmeldungstext sind andere Formulierungen denkbar. So genügt auch anzumelden, dass „der B-Verein im Wege der Verschmelzung durch Aufnahme auf den A-Verein verschmolzen wurde." Die hier gewählte ausführliche Formulierung entspricht dem Wortlaut des § 2 Nr. 1 UmwG.

§ 9. Umwandlungsrechtliche Regelungen   § 9

3. Besondere Zustimmungserklärungen einzelner Mitglieder sind nicht erforderlich.
4. Staatliche Genehmigungen sind nicht erforderlich.

Wir versichern, dass weder der Verschmelzungsbeschluss der Mitgliederversammlung des A-Vereins noch der Verschmelzungsbeschluss der Mitgliederversammlung des B-Vereins angefochten worden ist.

(Ort, Datum)

(Beglaubigungsvermerk)

§ 10. Handelsbilanzielle Regelungen (HGB/IFRS)

1   Den Ausgangspunkt der handelsbilanziellen Rechnungslegung bei Verschmelzungen bildet die Schlussbilanz des übertragenden Rechtsträgers. Diese handelsrechtliche Schlussbilanz ist zugleich bedeutend für die Bilanzierung bei der aufnehmenden Gesellschaft. Die handelsrechtliche Bilanzierung in der Schlussbilanz der Überträgerin einerseits sowie Ansatz und Bewertung der übertragenen Vermögensgegenstände und Schulden beim übernehmenden Rechtsträger andererseits sind Gegenstand dieses Abschnitts. Steuerliche Gestaltungsüberlegungen werden in § 11 dargestellt.[1]

2   Anders als im UmwStG ist die handelsrechtliche Bilanzierung bei Verschmelzung in § 17 II 2, § 24 UmwG rechtsformneutral geregelt.[2] Aus diesem Grunde wird im Folgenden nur dann nach der Rechtsform der an der Verschmelzung beteiligten Gesellschaften unterschieden, wenn rechtsformspezifische Besonderheiten zu beachten sind.

I. Bilanzierung beim übertragenden Rechtsträger (HGB/IFRS)

1. Gebot zur Aufstellung einer Schlussbilanz

3   Die vom übertragenden Rechtsträger bei der Verschmelzung aufzustellende handelsrechtliche **Schlussbilanz** wird eher beiläufig als eine der einzureichenden Anlagen zur Anmeldung der Verschmelzung beim Handelsregister erwähnt. So hat der übertragende Rechtsträger der Regelung des § 17 II 1 UmwG zufolge der Anmeldung der Verschmelzung zum Register seines Sitzes eine Bilanz beizufügen. Diese Bilanz wird durch einen Klammerzusatz zu § 17 II 2 UmwG als Schlussbilanz bezeichnet. Zur Einreichung einer Schlussbilanz verpflichtet ist nach dem Wortlaut des § 17 II 1 UmwG allein der übertragende Rechtsträger. Demgegenüber hat der aufnehmende Rechtsträger der Anmeldung der Verschmelzung zum Handelsregister seines Sitzes keine Handelsbilanz beizufügen.

4   Die Vorschrift des § 17 II 1 UmwG gilt unmittelbar für die Verschmelzung durch Aufnahme sowie über § 36 I 1 UmwG auch für die Verschmelzung durch Neugründung.

5   Durch § 17 II 1 UmwG wird keine eigenständige Rechnungslegungspflicht begründet. Vielmehr haben nur diejenigen Rechtsträger eine Schlussbilanz aufzustellen, die ohnehin bereits nach § 238 I 1 HGB als Kaufleute zur Rechnungslegung verpflichtet sind. Das sind zunächst vor allem Einzelkaufleute sowie Personenhandelsgesellschaften und Kapitalgesellschaften. Des Weiteren obliegt die handelsrechtliche Pflicht zur Führung von Büchern und Erstellung von Abschlüssen eingetragenen Genossenschaften, § 17 II GenG, und Versicherungsvereinen auf Gegen-

---

[1] Zu einem Überblick über die Verteilung handelsrechtlicher und steuerlicher Wahlrechte als auch über die Wertansätze nach IFRS → § 5 Rn. 30 und → § 5 Rn. 36 ff.

[2] Regierungsbegründung abgedruckt in *Ganske* Umwandlungsrecht S. 71.

seitigkeit, §§ 16, 55 I 3 VAG. Aber auch nicht im Handelsregister eingetragene Vereine haben nach § 104 II UmwG eine handelsrechtliche Schlussbilanz aufzustellen, wenn sie ein unter §§ 1 ff. HGB fallendes Handelsgewerbe betreiben. Entsprechendes gilt für andere juristische Personen, die keine Handelsgesellschaften sind, aber ein Handelsgewerbe iSv § 1 HGB betreiben oder deren Unternehmen nach §§ 2, 3 HGB als Handelsgewerbe gilt. Nicht gemäß § 238 I HGB zur handelsrechtlichen Rechnungslegung verpflichtete Rechtsträger bzw. nach § 241a HGB befreite Rechtsträger haben demgegenüber der Registeranmeldung nur dann eine Schlussbilanz beizufügen, wenn sie nach der Satzung zur Rechnungslegung verpflichtet sind.

Die handelsrechtliche Schlussbilanz ist nach § 17 II 2 UmwG zu **6** prüfen;[3] sie muss aber gemäß § 17 II 3 UmwG **nicht offen gelegt** werden.

Nach **IFRS** besteht keine ausdrückliche Pflicht zur Erstellung einer **7** Schlussbilanz. Jedoch führt die Verschmelzung des übertragenden Rechtsträgers zur Beendigung des Unternehmens. Zur zutreffenden Abgrenzung von Aufwendungen und Erträgen wird jedoch hinsichtlich des Erwerbzeitpunkts nach IFRS 3 eine Schlussbilanz nach IFRS faktisch unabdingbar sein.

Allerdings ist hier auf die unterschiedliche Sichtweise nach IFRS hinzuweisen. **8** Nach Handels- und Steuerrecht werden übertragende und aufnehmende Gesellschaft nach der rechtlichen Struktur ermittelt, wohingegen IFRS rein auf die wirtschaftliche Betrachtungsweise abstellt. Dass heißt es ist nach wirtschaftlichen Gesichtspunkten ein Erwerber zu ermitteln. Für die Identifizierung des Erwerbers, also des Unternehmens, dass die Beherrschung über ein anderes Unternehmen übernimmt und demzufolge auch zur Aufstellung einer Schlussbilanz verpflichtet wäre, sind im Detail die Leitlinien des IFRS 10 und ggf. die ergänzenden Anwendungsleitlinien der IFRS 3 heranzuziehen (IFRS 3.7). Ein Erwerber beherrscht ein Unternehmen demnach, wenn er die Verfügungsgewalt besitzt und einer Risikobelastung durch oder Anrechte auf schwankende Renditen aus seinem Engagement hat sowie die Fähigkeit besitzt, seine Verfügungsgewalt dergestalt zu nutzen, dass dadurch die Höhe der Rendite des Unternehmens beeinflusst wird (IFRS 10.7). Im Regelfall erlangt hierbei derjenige die Verfügungsgewalt, der nach IFRS 10.11 über die Stimmrechtsmehrheit verfügt.

Auch ohne Stimmrechtsmehrheit kann aufgrund von vertraglichen Regelungen, wie zB Stimmrechtsbindungsverträgen ein Beherrschungsverhältnis vorliegen.[4] Grundsätzlich sind diese Regelungen auf die Konsolidierung von Mutter-Tochter-Verhältnissen zugeschnitten. Jedoch fallen bei einer Verschmelzung die Beherrschung des übernommenen Vermögens und der Erwerb der neuen Stimmrechte auseinander. Die Gesellschafter der übertragenden Gesellschaft werden Gesellschafter der übernehmenden Gesellschaft und erhalten Stimmrechte an dieser. Der

---

[3] → Rn. 52 ff.
[4] *Lüdenbach/Hoffmann/Freiberg* Haufe IFRS Kommentar 2015 § 32 Rn. 21.

aufnehmende Rechtsträger erlangt die Beherrschung über das übertragende Vermögen und der übertragende Rechtsträger wird aufgelöst.[5]

9 Als Sonderfall hierbei ist der sog. **umgekehrte Unternehmenserwerb** nach IFRS zu beachten. In diesem Fall ist das Unternehmen, das rechtlich nach formalen Gesichtspunkten erworben wurde, tatsächlich der wirtschaftliche Erwerber.[6] Als Beispiel sei die Einbringung eines großen nicht börsennotierten Unternehmens in einen börsennotierten Mantel genannt.

10 Beim umgekehrten Unternehmenserwerb ist also die Besonderheit zu beachten, dass der Erwerber nicht nach rechtlichen, sondern nach wirtschaftlichen Gesichtspunkten bestimmt wird. Demzufolge hätte der wirtschaftliche Erwerber eine Schlussbilanz aufzustellen. Die Regelungen nach IFRS schränken Gestaltungsspielräume stark ein. Handels- und Steuerrecht lassen Überlegungen zu, welche Gesellschaft aufnehmende und welche übertragende Gesellschaft ist. Diese Überlegungen können die Höhe der aufzudeckenden stillen Reserven und/oder eines Goodwills beeinflussen.[7]

11 IFRS 3 gilt für alle rechtlichen Formen von Unternehmenszusammenschlüssen. Die oben dargestellten Regelungen sind insbesondere auch auf die bilanzielle Abbildung von Verschmelzungen im Einzelabschluss als auch im Konzernabschluss anzuwenden.[8] Besonderheiten ergeben sich jedoch in den Fällen, in denen ein Unternehmenszusammenschluss vorgenommen wird an denen bereits Unternehmen unter gemeinsamer Beherrschung beteiligt sind (zB Verschmelzung von side-, down- und upstream mergers). In diesem Falle ist IFRS 3 nicht heranzuziehen.[9]

2. Stichtag der Schlussbilanz

12 Der **Stichtag** der handelsrechtlichen Schlussbilanz ist gesetzlich nicht ausdrücklich festgelegt. Doch ergibt sich der Stichtag der Schlussbilanz nach überwiegender Auffassung des Schrifttums[10] bereits aus der Notwendigkeit einer zutreffenden Abgrenzung des Ergebnisses, das der übertragende Rechtsträger für eigene bzw. für Rechnung des übernehmenden Rechtsubjekts erwirtschaftet. Diese Abgrenzung wiederum resultiert aus der Vereinbarung zwischen den beteiligten Rechtsträgern über den Zeitpunkt, ab dem die Geschäfte für den übernehmenden Rechtsträger geführt werden.

13 Der Stichtag der Schlussbilanz entspricht daher regelmäßig der logischen Sekunde vor dem **Verschmelzungsstichtag**. Dieser Verschmelzungsstichtag ist nach § 5 I Nr. 6 UmwG der Zeitpunkt, von dem an die Handlungen des übertragenden Rechtsträgers als für den übernehmenden

---

[5] *Knüppel* Bilanzierung von Verschmelzungen 2007 S. 57 f.
[6] *Lüdenbach/Hoffmann/Freiberg* Haufe IFRS Kommentar 2015 § 31 Rn. 3.
[7] *Knüppel* Bilanzierung von Verschmelzungen 2007 S. 31.
[8] *Lüdenbach/Hoffmann/Freiberg* Haufe IFRS Kommentar 2015 § 31 Rn. 1.
[9] *Lüdenbach/Hoffmann/Freiberg* Haufe IFRS Kommentar 2015 § 31 Rn. 188 ff.
[10] *Müller* WPg 1996 S. 859; IDW RS HFA 42 Rn. 10 ff.

Rechtsträger vorgenommen gelten. Wird etwa der 1.1.2017 als Verschmelzungsstichtag gewählt, so ist nach herrschender Meinung die handelsrechtliche Schlussbilanz des übertragenden Rechtsträgers auf den 31.12.2016 aufzustellen. Die Verschmelzung stellt dann das letzte Ereignis des endenden Geschäftsjahres der Überträgerin dar. Der Verschmelzungsstichtag bestimmt somit den Stichtag der Schlussbilanz des übertragenden Rechtsträgers. Im Falle von sogenannten Kettenverschmelzungen ist es nach Auffassung des IDW nicht zu beanstanden, wenn die Schlussbilanzen der beteiligten Rechtsträger auf den gleichen Stichtag aufgestellt werden.[11]

Die **Schlussbilanz** darf gemäß § 17 II 4 UmwG auf einen Stichtag aufgestellt werden, der höchstens acht Monate vor der Anmeldung der Verschmelzung zum Handelsregister liegt. Dabei bezieht sich die Fristenregelung auf die Anmeldung zum Registergericht am Sitz des übertragenden Rechtsträgers. Nicht maßgebend ist demgegenüber die Anmeldung beim für den übernehmenden Rechtsträger zuständigen Registergericht.[12] Ausreichend ist es für die Wahrung der Frist, dass die wesentlichen Unterlagen (erforderlich ist ein Umwandlungsvertrag sowie Umwandlungs- und Zustimmungsbeschlüsse) für die Eintragung dem Handelsregister vorliegen.[13] Die Achtmonatsfrist ist somit gegebenenfalls selbst dann gewahrt, wenn noch Unterlagen nachzureichen sind.[14] Auch die Schlussbilanz selbst kann nachgereicht werden solange ihr Stichtag nicht mehr als acht Monate vor dem Zeitpunkt der Anmeldung liegt.[15]

Die Frist von acht Monaten nach § 17 II 4 UmwG soll es ermöglichen, die Bilanz des letzten Abschlussstichtages als Schlussbilanz zu verwenden.[16] Die **Achtmonatsfrist** wird im Hinblick auf die ordentliche Hauptversammlung bei Aktiengesellschaften nach § 175 I 2 AktG gewählt.[17] Dadurch soll Gelegenheit gegeben werden, über die Verschmelzung in der ordentlichen Hauptversammlung der Gesellschaft zu befinden.

Wurde die letzte Bilanz hingegen mehr als acht Monate vor Anmeldung der Verschmelzung zum Handelsregister erstellt, ist die Aufstellung einer besonderen Schlussbilanz erforderlich.[18] Durch die bloße Aufstellung einer solchen besonderen Schlussbilanz zu einem vom Jahresabschlussstichtag abweichenden Stichtag wird indes kein Rumpfge-

---

[11] IDW RS HFA 42 Rn. 10 ff.
[12] LG Frankfurt GmbHR 1996 S. 542; *Heckschen* NotBZ 1997 S. 132.
[13] *Germann* GmbHR 1999 S. 591; *Müller* in Kallmeyer UmwG § 17 Rn. 26.
[14] Einschränkend AG Duisburg GmbHR 1996 S. 372; ablehnend LG Dresden vom 21.2.1997 – 42 T 85/96.
[15] Vgl. *Widmann* in Widmann/Mayer UmwG § 24 Rn. 68; *Pfitzer* in WP-Handbuch 2014, Teil F, Rn. 23; *Müller* in Kallmeyer UmwG § 17 Rn. 26.
[16] Begründung RegE, BR-Druck 75/94 S. 90; *Müller* in Kallmeyer UmwG § 17 Rn. 9 Fußn. 2; Regierungsbegründung abgedruckt in: *Ganske* Umwandlungsrecht S. 71.
[17] *Hoffmann-Becking* in Festschrift Fleck S. 108.
[18] *Pohl* Handelsbilanzen S. 20.

schäftsjahr begründet.[19] Denn für die Einlegung eines Rumpfwirtschaftsjahrs ist die Satzung der übertragenden Gesellschaft zu ändern.

Zum Teil wird im Schrifttum empfohlen, in Verschmelzungsverträgen einen **variablen Verschmelzungsstichtag** zu vereinbaren.[20] Mit einer solchen Vereinbarung soll der Verschmelzungsstichtag auf einen späteren Zeitpunkt verschoben werden können, wenn die Verschmelzung bis zu einem bestimmten Zeitpunkt nicht im Handelsregister eingetragen ist. Solche Regelungen werden vor allem für die Fälle angeraten, in denen bei der Eintragung der Verschmelzung in das Handelsregister Komplikationen erwartet werden.

17 Enthält der Verschmelzungsvertrag eine solche Regelung zu variablen Verschmelzungsstichtagen und sind die dort formulierten Bedingungen eingetreten, wird im Schrifttum überwiegend die Auffassung vertreten, dass die Rechtsfolgen der Verschmelzung dann auf einen neuen Stichtag gezogen werden müssen. Verschiebt sich die Eintragung ins Handelsregister, dann ist uE eine zweite Schlussbilanz zu erstellen.[21] Die Zulässigkeit solcher vertraglichen Regelungen ist indes umstritten.[22]

18 Der Stichtag nach IFRS weicht von diesem Konzept ab. Der Erwerbszeitpunkt ist nach IFRS 3.8 definiert als der Zeitpunkt, an dem der Erwerber die Beherrschung über das erworbene Unternehmen übernimmt, dieser also die Möglichkeit erlangt, die relevanten Aktivitäten des erworbenen Unternehmens zu bestimmen. Die Beherrschung ist spätestens ab dem dinglichen Übergang erfüllt. Sie kann aufgrund von wirtschaftlicher Beherrschung jedoch auch früher eintreten.[23] Die dingliche Übertragung bei einer Verschmelzung erfolgt erst mit Eintragung der Verschmelzung in das Handelsregister (§ 20 I Nr. 3 UmwG). Der Beschluss der Anteilseigner führt hingegen nur zu einer internen Bindung der Vertretungsorgane. Eine externe Bindung erfolgt dann durch die notarielle Beurkundung des Verschmelzungsvertrages.[24] Zwischen der externen Bindung durch notarielle Beurkundung und der dinglichen Übertragung besteht somit ein Zwischenraum, der jeweils einer Einzelfallwürdigung bedarf. Insofern ist nicht auszuschließen, dass ua durch die Aufnahme von vertraglich vereinbarten Rücktrittsrechten der Erwerbszeitpunkt nach IFRS erst mit dem Tag der Eintragung der Verschmelzung in das Handelsregister vorliegt.

19 Dies würde somit zu erheblichen Abweichungen bei der bilanziellen Abbildung der Verschmelzung beim aufnehmenden Rechtsträger führen. Auch würde die Erfolgsauswirkung in einer anderen Höhe eintreten.

---

[19] Vgl. zB *Meilicke* BB 1986 S. 1958 f; *Fronhöfer* in Widmann/Mayer UmwG § 17 Rn. 88 ff.
[20] *Drygala* in Lutter UmwG § 5 Rn. 75; *Mayer* in Widmann/Mayer UmwG § 5 Rn. 164 f.; *Pfitzer* in WP-Handbuch 2014, Teil F, Rn. 27; kritisch *Schütz/Fett* DB 2002 S. 2696.
[21] IDW RS HFA 42 Rn. 25 f.
[22] *Müller* WPg 1996 S. 859.
[23] *Lüdenbach/Hoffmann/Freiberg* Haufe IFRS Kommentar 2015 § 31 Rn. 28 ff.
[24] *Zimmermann* in Kallmeyer UmwG § 13 Rn. 17 f.

3. Erstellung einer Zwischenbilanz

Neben der Schlussbilanz für die Eintragung der Verschmelzung in das Handelsregister kann im Zuge einer Verschmelzung die Aufstellung einer **Zwischenbilanz** erforderlich werden.

So haben die gesetzlichen Vertreter an der Verschmelzung beteiligter Kapitalgesellschaften in der Rechtsform der AG bzw. GmbH gemäß § 49 II, § 63 I Nr. 2 iVm § 62 III UmwG einen Monat vor dem Tag der Gesellschafterversammlung bzw. Hauptversammlung die Jahresabschlüsse und die Lageberichte der letzten drei Geschäftsjahre der beteiligten Rechtsträger zur Einsicht in den Geschäftsräumen der Gesellschaft auszulegen. Diese Pflicht zur Auslage der genannten Unterlagen besteht nach §§ 82 I, 101 I, 106, 112 I UmwG gleichermaßen, wenn an der Verschmelzung Kommanditgesellschaften auf Aktien, eingetragenen Genossenschaften, rechtsfähige Vereine, genossenschaftliche Prüfungsverbände und Versicherungsvereine auf Gegenseitigkeit beteiligt sind. Die Auslagepflicht ist nach dem Wortlaut des § 63 I Nr. 2 UmwG vom übertragenden Rechtsträger ebenso zu beachten wie vom übernehmenden Rechtsträger.

Sofern sich dabei der letzte der auszulegenden Jahresabschlüsse auf ein Geschäftsjahr bezieht, das mehr als sechs Monate vor dem Abschluss des Verschmelzungsvertrages oder der Aufstellung des Vertragsentwurfs endet, ist gemäß § 63 I Nr. 3 UmwG eine Zwischenbilanz aufzustellen. Mit der Zwischenbilanz wird das Ziel verfolgt, den Anteilseignern einen möglichst aktuellen Einblick in die Vermögenslage der beteiligten Rechtsträger zu gewähren. Daher ist diese Zwischenbilanz nach § 63 I Nr. 3 UmwG auf einen **Stichtag** zu erstellen, der nicht vor dem ersten Tag des dritten Monats liegen darf, dem dem Abschluss des Verschmelzungsvertrages oder der Aufstellung seines Entwurfs vorausgeht.

Gemäß § 63 II UmwG ist nur eine Zwischenbilanz aufzustellen. Auf die Erstellung einer Gewinn- und Verlustrechnung sowie eines Lageberichts und Anhangs kann verzichtet werden. Wird auf die Erstellung eines Anhangs verzichtet, so sind jedoch so genannte Wahlpflichtangaben in die Bilanz aufzunehmen.[25] Bei Wahlpflichtangaben handelt es sich um erläuternde Informationen zu Bilanzposten, die wahlweise in die Bilanz oder den Anhang aufzunehmen sind. Hingegen ist weder eine Gewinn- und Verlustrechnung noch ein Lagebericht zu erstellen.

Die Zwischenbilanz ist gemäß § 63 II 1 UmwG nach den Vorschriften aufzustellen, die auch auf die letzte Jahresbilanz des Rechtsträgers angewendet worden sind. **Ansatz- und Bewertungswahlrechte** dürfen daher nicht abweichend vom letzten Jahresabschluss ausgeübt werden. Für die Aufstellung der Zwischenbilanz kann gemäß § 63 II UmwG auf eine körperliche Bestandsaufnahme verzichtet werden. Außerdem können grundsätzlich die Wertansätze der letzten Jahresbilanz übernommen werden. Dabei sind indes ergänzend Abschreibungen, Wertberichtigun-

---

[25] *Müller* in Kallmeyer UmwG § 63 Rn. 7.

gen und Rückstellungen sowie weitere wesentliche Wertänderungen von Vermögensgegenständen zu berücksichtigen. Die Zwischenbilanz ist nicht prüfungspflichtig.[26]

25 Nach **IFRS** ergibt sich keine Pflicht und keine Notwendigkeit zur Aufstellung einer Zwischenbilanz.

4. Bilanzierung in der Schlussbilanz

26 Ob die umwandlungsrechtliche Schlussbilanz nur aus einer Bilanz oder zudem aus einer Gewinn- und Verlustrechnung und einem Anhang zu bestehen hat, ist gesetzlich nicht ausdrücklich geregelt. Ebensowenig enthält das UmwG konkrete Vorschriften zum Ansatz und zur Bewertung in der Schlussbilanz. In § 17 II 2 UmwG ist lediglich vorgesehen, dass die Vorschriften über die Jahresbilanz und deren Prüfung für die Schlussbilanz entsprechend gelten. Angesicht der nur knappen gesetzlichen Regelungen erschließen sich die Bestandteile sowie Ansatz und Bewertung in der Schlussbilanz aus ihren Zwecken unter Berücksichtigung der handelsrechtlichen Rechnungslegungsvorschriften.

a) Zwecke der Schlussbilanz

27 Die Zwecke der umwandlungsrechtlichen Schlussbilanz sind umstritten. Nach altem Recht diente die Schlussbilanz vor allem der Wahrung der **Kontinuität** zwischen der Bilanz des übernehmenden Rechtsträgers und der Bilanz der Überträgerin. Dieser Zweck der umwandlungsrechtlichen Schlussbilanz hat aber seit der Einführung des Bewertungswahlrechts[27] des § 24 UmwG an Bedeutung verloren. Der Regelung des § 24 UmwG zufolge kann der übernehmende Rechtsträger die Buchwerte des übertragenden Rechtsträgers fortführen oder stattdessen die übernommenen Vermögensgegenstände und Schulden mit seinen tatsächlichen Anschaffungskosten bewerten.[28]

28 Nach anderer Auffassung[29] soll durch die Schlussbilanz sichergestellt werden, dass die auf die aufnehmende Gesellschaft übertragenen Werte auch tatsächlich vorhanden sind. Sofern beim übernehmenden Rechtsträger eine Kapitalerhöhung erforderlich ist, soll dieser Ansicht zufolge mit der handelsrechtlichen Schlussbilanz eine Sacheinlagenprüfung ersetzt werden. Denn nach § 69 I 1 UmwG ist eine Sacheinlagenprüfung nur bei Beteiligung von Personenhandelsgesellschaften, Partnerschaftsgesellschaften und rechtsfähigen Vereinen als übertragende Rechtsträger geboten. Insoweit soll die Schlussbilanz also einer **Kapitalerhöhungskontrolle** dienen.[30] Dem ist indes entgegenzuhalten, dass eine solche Kapitalerhöhungskontrolle nicht anhand der Buchwerte, sondern der Zeitwerte

---

[26] *Pfitzer* in WP-Handbuch 2014, Teil F, Rn. 53 ff.
[27] Ausführlich → § 5 Rn. 9 ff.
[28] Zur Bedeutung des Bewertungswahlrechts siehe § 5.
[29] *Deubert/Henckel* in Winkeljohann/Förschle/Deubert, Teil H, Rn. 90.
[30] *Pohl* Handelsbilanzen S. 14; *Bermel* in Goutier/Knopf/Tulloch UmwG § 17 Rn. 11; *Deubert/Henckel* in Winkeljohann/Förschle/Deubert, Teil H, Rn. 90 f.

der übertragenden Gesellschaft erfolgen müsste.[31] Insofern kann die Schlussbilanz den Anforderungen einer Kapitalerhöhungskontrolle uE nicht gerecht werden. Sie kann allenfalls als Hilfsmittel für eine Kapitalerhöhungskontrolle verstanden werden.

Darüber hinaus wird der Zweck der handelsrechtlichen Schlussbilanz im **Gläubigerschutz** gesehen. Soweit das Vermögen der übertragenden Gesellschaft die Schulden nicht deckt, sollen die Gläubiger nach § 22 UmwG Sicherheiten verlangen können.[32] Allerdings ist für den Gläubigerschutz bei der Verschmelzung nicht die Schlussbilanz des übertragenden Rechtsträgers entscheidend. Ausschlaggebend dürfte vielmehr sein, ob das Vermögen des aufnehmenden Rechtsträgers zur Deckung der Schulden der Übertragerin ausreicht. 29

Unseres Erachtens liegt der vorrangige Zweck der Schlussbilanz vor allem in der **Abgrenzung der Ergebnisse der Geschäftstätigkeit** der Übertragerin von der der Übernehmerin. Denn die Geschäfte der Übertragerin werden ab dem Verschmelzungsstichtag für Rechnung der übernehmenden Gesellschaft ausgeübt. Diese Ergebnisabgrenzung ist auch deshalb bedeutend, da regelmäßig die Anteilseigner des übertragenden Rechtsträgers bis zum Stichtag seiner Schlussbilanz gewinnberechtigt sind. An diesem Zweck der Ergebnisabgrenzung haben sich Bestandteile und Inhalt der Schlussbilanz zu orientieren. 30

b) Bestandteile der Schlussbilanz

Die Bestandteile der umwandlungsrechtlichen Schlussbilanz sind gesetzlich nicht ausdrücklich normiert. Fraglich ist daher, ob die Schlussbilanz tatsächlich nur aus einer Bilanz zu bestehen hat oder vom übertragenden Rechtsträger daneben eine Gewinn- und Verlustrechnung zu erstellen ist. 31

Dem Wortlaut des § 17 II 2 UmwG zufolge reicht die Aufstellung einer Bilanz aus. Dieser Auslegung folgt zum überwiegenden Teil auch das Schrifttum,[33] das die Zwecke der umwandlungsrechtlichen Schlussbilanz allein in der Kapitalerhöhungskontrolle und im Gläubigerschutz erfüllt sieht. Bei dieser Betrachtung handelt es sich bei der Schlussbilanz um eine reine **Vermögensbilanz.** Dann sind weder eine Gewinn- und Verlustrechnung noch ein Anhang des übertragenden Rechtsträgers zur Anmeldung der Verschmelzung beim Handelsregister einzureichen. 32

Sieht man den Zweck der Schlussbilanz hingegen in der Vermögens- und Erfolgsabgrenzung zwischen übertragendem und übernehmendem Rechtsträger, dann ist eine **Erfolgsrechnung** aufzustellen.[34] Denn dem Zweck der Vermögens- und Erfolgsabgrenzung wird eine Bilanz allein 33

---

[31] *Müller* WPg 1996 S. 858.
[32] *Pohl* Handelsbilanzen S. 14.
[33] IDW RS HFA 42, Rn. 10 ff; *Pfitzer* in WP-Handbuch 2014, Teil F, Rn. 20 ff.; *Deubert/Henckel* in Winkeljohann/Förschle/Deubert, Teil H, Rn. 83.
[34] *Pfitzer* WP-Handbuch 2014, Teil F, Rn. 20 ff.; *Decher* in Lutter UmwG § 17 Rn. 8.

nicht gerecht. Daher wäre beim Handelsregister neben einer Bilanz auch eine Gewinn- und Verlustrechnung einzureichen.[35] Berücksichtigt man ferner die Tatsache, dass dem Anhang eine Erläuterungs-, Ergänzungs-, Korrektur- und Entlastungsfunktion zum Jahresabschluss zukommt,[36] dann wäre bei der Anmeldung der Verschmelzung auch die Einreichung eines Anhangs zur Bilanz und einer Gewinn- und Verlustrechnung zu empfehlen.

34 Für den dargestellten Umfang der beim Register einzureichenden „Schlussbilanz" kann der Sinnzusammenhang des § 17 II 2 UmwG mit den handelsrechtlichen Rechnungslegungsvorschriften sprechen. So sind nach § 17 II 2 UmwG die Vorschriften über die Jahresbilanz entsprechend anzuwenden. Durch die Vorschriften der §§ 242–288 HGB werden Ansatz, Bewertung, Ausweis und Gliederung des handelsrechtlichen Jahresabschlusses geregelt. Nach § 242 HGB hat der Kaufmann eine Bilanz und eine Gewinn- und Verlustrechnung aufzustellen. Bei Kapitalgesellschaften und Personengesellschaften gemäß § 264a HGB umfasst der Jahresabschluss nach § 264 I 1 HGB zudem den Anhang. Von den Gliederungs- und Ausweisvorschriften abgesehen, betreffen handelsrechtliche Ansatz- und Bewertungsvorschriften stets sowohl Bilanz als auch Gewinn- und Verlustrechnung. Insofern könnte davon ausgegangen werden, dass der Terminus der „Bilanz" in § 17 II 2 UmwG nicht wortlautgetreu auszulegen ist.

35 Angenommen kann vielmehr, dass der Begriff der „Jahresbilanz" mit dem Jahresabschluss gleichgesetzt werden kann, wie das auch häufig im Sprachgebrauch der Praxis der Fall ist. Die umwandlungsrechtliche Schlussbilanz setzt sich dann aus Bilanz sowie Gewinn- und Verlustrechnung zusammen. Kapitalgesellschaften und Personengesellschaften iSv § 264a HGB haben gemäß § 264 I 1 HGB iVm § 17 II 2 UmwG zusätzlich einen Anhang zu erstellen. Handelt es sich um kapitalmarktorientierte Kapitalgesellschaften die nicht zur Aufstellung eines Konzernabschlusses verpflichtet sind, hätten diese dann zusätzlich eine Kapitalflussrechnung und Eigenkapitalspiegel zu erstellen (§ 264 I 2 HGB). Hingegen wären Kleinstkapitalgesellschaften nach § 267a HGB von der Verpflichtung zur Erstellung eines Anhangs nach § 264 I 6 HGB unter gewissen Voraussetzungen befreit.

36 Uns erscheint die Übertragung dieser Auslegung hinsichtlich des Jahresabschlusses auf die IFRS als sachgerecht. Somit würde die Schlussbilanz gemäß IAS 1.10 grundsätzlich die folgenden Dokumente umfassen:
– Bilanz
– Gewinn- und Verlustrechnung
– Anhangsangaben.

---

[35] Vgl. *Schedlbauer* WPg 1984 S. 39.
[36] *Baetge/Kirsch/Thiele* Bilanzen S. 731 f.

c) Ansatz in der Schlussbilanz

Nach § 17 II 2 UmwG sind in der Schlussbilanz des übertragenden Rechtsträgers die handelsrechtlichen Rechnungslegungsvorschriften entsprechend anzuwenden. Demzufolge ist in der Schlussbilanz so zu bilanzieren wie in einem handelsrechtlichen Jahresabschluss.[37] Das betrifft sowohl Ansatz, Bewertung sowie Ausweis in der Schlussbilanz. Dabei ist von einem Going Concern auszugehen. Die Aufstellung der Schlussbilanz kann allerdings einen begründeten Ausnahmefall im Sinne des § 252 II HGB zur Durchbrechung der Ansatz-, Bewertungs- oder Darstellungsstetigkeit darstellen und ermöglicht demzufolge in Fällen der Buchwertverknüpfung, dass bereits in der Schlussbilanz des übertragenden Rechtsträgers eine Anpassung an die Methoden des übernehmenden Rechtsträgers erfolgen kann; die Aufnahme entsprechender Regelungen im Verschmelzungsvertrag wird empfohlen.[38]

Wegen der gebotenen entsprechenden Anwendung der Rechnungslegungsvorschriften gelten die handelsrechtlichen Ansatzgebote, Ansatzverbote und Ansatzwahlrechte für die handelsrechtliche Schlussbilanz uneingeschränkt. Der übertragende Rechtsträger hat somit sämtliche **Vermögensgegenstände** zu aktivieren.[39] Das Aktivierungsgebot betrifft auch den entgeltlich erworbenen Geschäfts- oder Firmenwert (§ 246 I 4 HGB). Als Wahlrecht besteht gemäß § 248 II 1 HGB die Möglichkeit auch selbstgeschaffene immaterielle Vermögensgegenstände, zB Kosten für konkrete Entwicklungsprojekte zu aktivieren. Zudem können weiterhin gemäß § 274 I HGB aktivische latente Steuern bilanziert werden. Für aktive latente Steuern auf steuerliche Verlust-, Zins- oder EBITDA Vorträge dürfte jedoch ein Ansatz in der handelsrechtlichen Schlussbilanz ausfallen, falls diese Vorträge im Zuge der Umwandlung verlustig gehen.[40]

Nicht angesetzt werden dürfen selbst geschaffene Marken, Drucktitel, Verlagsrechte, Kundenlisten oder vergleichbare selbst geschaffene immaterielle Vermögensgegenstände des Anlagevermögens, § 248 II 2 HGB.[41] Ebenso scheidet die Aktivierung eines originären Geschäfts- oder Firmenwertes aus.

Auf der Passivseite sind sämtliche **Schulden** des übertragenden Rechtsträgers zum Stichtag der umwandlungsrechtlichen Schlussbilanz auszuweisen. Eine Ansatzpflicht besteht dem Passivierungsgrundsatz[42] zufolge für sämtliche Verbindlichkeiten der Übertragerin. Daneben wird in § 249 I 1 HGB die Passivierung von Verbindlichkeitsrückstellungen[43]

---

[37] IDW RS HFA 42 Rn. 13 ff.
[38] IDW RS HFA 42 Rn. 17 f.; WP-Handbuch 2014, Kapitel F, Rn. 38 mwN.
[39] Zum Begriff des Vermögensgegenstandes vgl. *Schubert/Andrejewski/Roscher* in Beck'scher Bilanzkommentar § 253 Rn. 1; *Baetge/Kirsch/Thiele* Bilanzen S. 166 ff.
[40] *Müller* in Kallmeyer UmwG § 17 UmwG Rn. 30.
[41] Vgl. hierzu *Förschle/Usinger* in Beck'scher Bilanzkommentar § 248 Rn. 15.
[42] *Baetge/Kirsch/Thiele* Bilanzen S. 186 f.
[43] *Mayer-Wegelin* in Küting/Weber § 249 HGB Rn. 32–72.

§ 10　　　　　　　　　　　　　　　　3. Teil. Verschmelzung

und Drohverlustrückstellungen[44] verlangt. Verschmelzungsbedingte Ertragsteuern aufgrund eines steuerlichen Übertragungsgewinns sind hingegen ungeachtet der steuerlichen Rückwirkung nicht in der Schlussbilanz zu berücksichtigen; diese mindern vielmehr das auf den übernehmenden Rechtsträger übergehende Reinvermögen.[45] Zudem sind Aufwandsrückstellungen für unterlassene Instandhaltung die in den ersten drei Monaten des folgenden Geschäftsjahres nachgeholt werden sowie für Abraumbeseitigung, die innerhalb des folgenden Geschäftsjahres nachgeholt werden gem. § 249 I Nr. 1 HGB zu passivieren.

40　Neben den Schulden sind nach § 250 II HGB passivische Rechnungsabgrenzungsposten anzusetzen. Ebenfalls anzusetzen sind passivische latente Steuern gemäß § 274 Satz 1 HGB, die sich zB aufgrund unterschiedlicher Wertansätze in Handels- und Steuerbilanz, die sich in späteren Geschäftsjahren voraussichtlich abbauen, ergeben.

41　In der Schlussbilanz hat der übertragende Rechtsträger zudem **Forderungen** an und **Verbindlichkeiten gegenüber dem übernehmenden Rechtsträger** anzusetzen.[46] Diese Forderungen und Verbindlichkeiten sind erst bei der **Konfusion** beim übernehmenden Rechtsträger zu konsolidieren.[47]

42　Auch **eigene Anteile** sind in der umwandlungsrechtlichen Schlussbilanz der Überträgerin ebenso unverändert innerhalb des Eigenkapitals abzubilden (§ 272 I a HGB). Eigene Anteile der Überträgerin bleiben bis zum Stichtag der Schlussbilanz bestehen.[48] Sie gehen erst beim Vermögensübergang auf den übernehmenden Rechtsträger unter.

43　Für die bilanzielle Behandlung von **Gewinnausschüttungen** einer übertragenden Kapitalgesellschaft gilt Folgendes: Wurde die Gewinnausschüttung vor dem Verschmelzungsstichtag beschlossen und ist sie auch bereits vor diesem Stichtag abgeflossen, so mindern die Gewinnausschüttungen das Vermögen in der Schlussbilanz der übertragenden Körperschaft. Nach dem Verschmelzungsstichtag beschlossene, aber noch nicht abgeflossene Ausschüttungen haben hingegen keine Auswirkungen auf die Schlussbilanz des übertragenden Rechtsträgers.[49]

44　Übertragen auf die IFRS ergeben sich hier keine technischen Unterschiede. Die Ansatzgebote und Ansatzverbote sind entsprechend den Regelungen der IFRS zu beachten.

d) Bewertung in der Schlussbilanz

45　Nach § 17 II 2 UmwG gelten für die Schlussbilanz die Vorschriften für die Jahresbilanz entsprechend. Insofern sind in der umwandlungsrechtlichen Schlussbilanz auch die **Grundsätze ordnungsmäßiger Buch-**

---

[44] *Ballwieser* in Münchner Kommentar zum HGB § 249 Rn. 54 ff.; *Schubert* in Beck'scher Bilanzkommentar § 249 Rn. 51 iVm Rn. 58.
[45] IDW RS HFA 42, Rn. 17 ff.
[46] *Deubert/Henckel* in Winkeljohann/Förschle/Deubert, Teil H, Rn. 107.
[47] → Rn. 227.
[48] *Bermel* in Goutier/Knopf/Tulloch UmwG § 17 Rn. 20.
[49] IDW RS HFA 42, Rn. 17 ff.

§ 10. Handelsbilanzielle Regelungen (HGB/IFRS) § 10

führung sowie die allgemeinen gesetzlichen Bewertungsvorschriften der §§ 252 bis 256a HGB sowie die spezielle Bewertungsregel des § 274 HGB für Kapitalgesellschaften und Personengesellschaften iSv § 264a HGB zu beachten.

Die tragenden Prinzipien der Bewertung in der handelsrechtlichen Schlussbilanz bilden das Realisationsprinzip, das Anschaffungs- und Herstellungskostenprinzip sowie das Imparitätsprinzip.

Nach dem in § 252 I Nr. 4 Halbs. 2 HGB geregelten **Realisations- 46 prinzip** dürfen Gewinne erst dann berücksichtigt werden, wenn sie realisiert sind.[50] Bis zum Realisationszeitpunkt sind Vermögensgegenstände in der Schlussbilanz gemäß § 253 I 1 HGB höchstens mit ihren Anschaffungskosten oder Herstellungskosten nach § 255 I, II HGB vermindert um planmäßige Abschreibungen anzusetzen. Zur Vermeidung des Ausweises unrealisierter Gewinne dürfen entsprechend Schulden, mit Ausnahme von kurzfristigen Verbindlichkeiten in fremder Währung (§ 256a HGB), in der Schlussbilanz des übertragenden Rechtsträgers nicht zu einem Wert unter ihrem ursprünglichen Entstehungsbetrag bilanziert werden. Die **fortgeführten Anschaffungs- und Herstellungskosten** von Vermögensgegenständen (und Schulden) bilden somit die Höchstwerte (Mindestwerte) in der umwandlungsrechtlichen Schlussbilanz. Diese Wertansätze dürfen bei der Bewertung nicht überschritten (unterschritten) werden.

Insofern ist es dem übertragenden Rechtsträger in der handelsrecht- 47 lichen Schlussbilanz nicht erlaubt, Zeitwerte anzusetzen. Denn mit dem Verschmelzungsakt ist kein Realisationstatbestand verbunden. Die Verschmelzung selbst kann **nicht** als **Umsatzakt** gesehen werden, in dessen Zuge stille Reserven aufzudecken sind. Denn für einen Umsatzakt fehlt es bei der Verschmelzung an einem Leistungsaustausch zwischen der übertragenden Gesellschaft und der Übernehmerin. Die Verschmelzung könnte allenfalls als Leistungsaustausch und damit als Umsatzakt zwischen den Gesellschaftern der übertragenden Gesellschaft und der Übernehmerin verstanden werden. Die Annahme eines Tauschvorgangs zwischen den Gesellschaftern der beteiligten Rechtsträger aber erlaubt es nicht, stille Reserven in den zu übertragenen Vermögensgegenständen und Schulden des übertragenden Rechtsträgers aufzudecken.

Eine Bewertung zu Zeitwerten wäre darüber hinaus nur dann gerecht- 48 fertigt, wenn in der umwandlungsrechtlichen Schlussbilanz vom **Going-Concern-Prinzip** des § 252 I Nr. 2 HGB abzuweichen wäre. Nach § 252 I Nr. 2 HGB iVm § 17 II 2 UmwG ist allerdings auch bei der Bewertung in der Schlussbilanz von der Fortführung der Unternehmenstätigkeit auszugehen, sofern dem nicht tatsächliche oder rechtliche Gegebenheiten entgegenstehen. Die bevorstehende Verschmelzung ist kein solcher Grund, von der Going-Concern-Prämisse abzuweichen.[51] Zwar geht der rechtliche Mantel der übertragenden Gesellschaft mit der Ver-

---

[50] *Leffson* GoB S. 252; *Ballwieser* in Münchner Kommentar zum HGB § 243 Rn. 24 ff.; *Winkeljohann/Büssow* in Beck'scher Bilanzkommentar § 252 Rn. 43 ff.; *Federmann* Bilanzierung S. 224 ff.
[51] *Pohl* Handelsbilanzen S. 27.

schmelzung unter. Doch wird die wirtschaftliche Tätigkeit der Überträgerin vom übernehmenden Rechtsträger fortgeführt. Sofern daher der Annahme der Fortführung der Unternehmenstätigkeit weder tatsächliche noch wirtschaftliche Gegebenheiten entgegenstehen, kann bei der Verschmelzung auch von der Going-Concern-Prämisse des § 252 I Nr. 2 HGB nicht mit der Konsequenz der Bewertung in der Schlussbilanz über die Anschaffungs- und Herstellungskosten hinaus abgewichen werden.

Demnach sind **Zuschreibungen** (§ 253 V HGB) in der handelsrechtlichen Schlussbilanz nur zulässig, soweit außerplanmäßige Abschreibungen nach § 253 III, IV HGB rückgängig gemacht werden.[52] Wertobergrenze (Wertuntergrenze) bilden bei Vermögensgegenständen (Schulden) die fortgeführten Anschaffungs- oder Herstellungskosten (der Erfüllungsbetrag).

49 Grundsätzlich unterliegt die Bewertung in der Schlussbilanz nach § 252 I Nr. 6 HGB dem Gebot der **Bewertungsstetigkeit**. Nach wohl einhelliger Auffassung des Schrifttums[53] stellt aber die Verschmelzung einen **begründeten Ausnahmefall** nach § 252 II HGB dar. Infolge dessen kann in der umwandlungsrechtlichen Schlussbilanz, analog zu den Ansatzvorschriften,[54] von den bisherigen Bewertungsmethoden der Überträgerin abgewichen werden, um die Bewertung in der Schlussbilanz an die Bewertungsmethoden des übernehmenden Rechtsträgers anzupassen, sofern der übernehmende Rechtsträger die Buchwerte aus der Schlussbilanz der Überträgerin fortführt. Bewertet der übernehmende Rechtsträger hingegen die übernommenen Vermögensgegenstände und Schulden mit seinen tatsächlichen Anschaffungskosten, ist uE eine Abweichung von den bisherigen Bewertungsmethoden des übertragenden Rechtsträgers nicht begründet. In diesem Fall ist der übernehmende Rechtsträger nicht an die Bilanzierungsmethoden des übertragenden Rechtsträgers gebunden. Vielmehr wird eine Anschaffung des übertragenen Vermögens durch den übernehmenden Rechtsträger unterstellt.[55] Bei wahlweiser Bewertung des übertragenen Vermögens durch den übernehmenden Rechtsträger zu Anschaffungskosten ist es für den übertragenden Rechtsträger nicht notwendig, seine Bewertungsmethoden an die Bilanzierungsmethoden des übernehmenden Rechtsträgers anzupassen.

50 Die Änderung der Bewertungsmethoden in der Schlussbilanz beeinflusst den Jahresüberschuss und damit die Bemessungsgrundlage der Ausschüttung sowie das Steuerbilanzergebnis, wenn als Schlussbilanz der handelsrechtliche Jahresabschluss verwendet wird.

---

[52] *Bermel* in Goutier/Knopf/Tulloch UmwG § 17 Rn. 22; IDW RS HFA 42 Rn. 13 ff.
[53] Vgl. etwa *Bermel* in Goutier/Knopf/Tulloch UmwG § 17 Rn. 22; IDW RS HFA 42 Rn. 13 ff; *Pohl* Handelsbilanzen S. 30 f.; *Deubert/Henckel* in Winkeljohann/Förschle/Deubert, Teil H, Rn. 117; *Pfitzer* in WP-Handbuch 2014 Teil F, Rn. 38.
[54] → Rn. 37.
[55] → § 5 Rn. 9 ff.

§ 10. Handelsbilanzielle Regelungen (HGB/IFRS) § 10

Auch nach **IFRS** ist das Stetigkeitsgebot (IAS 8.13), insbesondere für 51
echte und unechte Wahlrechte zu beachten. Diese Regelung gilt auch
für die Schlussbilanz des übertragenden Rechtsträgers, der aufgelöst
wird. Die Schlussbilanz ist aber für die Ermittlung der übergehenden
Vermögenswerte und Schulden nicht relevant. Im Fall einer Verschmelzung hat nach IFRS 3 zwingend eine Bewertung zu Fair Values[56] der
erworbenen Vermögensgegenstände, Schulden und Eventualschulden
sowie aller nicht beherrschenden Anteile an dem erworbenen Unternehmen ausschließlich beim übertragenden Rechtsträger zu erfolgen
(IFRS 3.10 f.).

5. Prüfung der Schlussbilanz

Durch den Verweis in § 17 II 2 UmwG auf den handelsrechtlichen 52
Jahresabschluss gelten für die umwandlungsrechtliche Schlussbilanz bei
der Verschmelzung auch die Vorschriften über die **Prüfung** des Jahresabschlusses entsprechend. Sofern daher der Jahresabschluss des übertragenden Rechtsträgers gesetzlich prüfungspflichtig ist, muss auch die umwandlungsrechtliche Schlussbilanz durch einen Abschlussprüfer geprüft
werden. So sind nach § 316 I 1 HGB die Jahresabschlüsse großer und
mittelgroßer Kapitalgesellschaften sowie von Personengesellschaften nach
§ 264a I HGB prüfungspflichtig.

Unabhängig von ihrer Größe sind daneben die Jahresabschlüsse von 53
Kreditinstituten nach § 340k HGB und Versicherungsunternehmen nach
§ 341k HGB stets durch einen Abschlussprüfer zu prüfen. Ferner besteht
nach § 6 PublG eine Prüfungspflicht für die Jahresabschlüsse der von § 1
PublG erfassten Unternehmen sowie nach § 53 GenG für Genossenschaften.

Sofern der Jahresabschluss einer Gesellschaft hingegen lediglich nach 54
Gesellschaftsvertrag bzw. Satzung und damit **freiwillig** zu prüfen ist,
ergibt sich aus § 17 II 2 UmwG keine originäre Prüfungspflicht der
umwandlungsrechtlichen Schlussbilanz. Wird als Schlussbilanz der geprüfte letzte Jahresabschluss des übertragenden Rechtsträgers in Folge der
Acht-Monatsfrist nach § 17 II 4 verwendet, so wird dadurch die Prüfung
nach § 17 II 2 UmwG ersetzt.

Damit die Prüfung der Schlussbilanz den Anforderungen nach § 17 II 55
2 UmwG genügt, muss die Schlussbilanz durch einen **qualifizierten
Prüfer** iSv §§ 318, 319 HGB geprüft werden. Anderenfalls ist die Eintragung der Verschmelzung in das Handelsregister zurückzuweisen. Innerhalb der Acht-Monatsfrist (§ 17 II 4 UmwG) kann die erforderliche
Prüfung aber nachgeholt werden.[57] Eine Prüfung durch den Aufsichtsrat
des übertragenden Rechtsträgers ist hingegen nicht geboten.

Auf die Prüfung der Schlussbilanz sind die Regelungen der 56
§§ 316–324 HGB anzuwenden. Insofern ist für die Anmeldung der Verschmelzung zum Handelsregister vor allem bedeutend, ob der Schluss-

---

[56] → Rn. 280.
[57] *Müller* in Kallmeyer UmwG § 17 Rn. 39.

bilanz ein **Bestätigungsvermerk** nach § 322 HGB erteilt wurde.[58] Der Bestätigungsvermerk bietet dem Registergericht die Gewissheit, dass die eingereichte Schlussbilanz handelsrechtlichen Vorschriften entspricht. Fehlt ein Vermerk über das Ergebnis der Prüfung oder wurde ein Versagungsvermerk erteilt, muss das Registergericht die Eintragung der Verschmelzung nach vereinzelter Auffassung in der Literatur ablehnen.[59] Denn in diesen Fällen ist die Schlussbilanz entweder nicht ordnungsmäßig oder es fehlt ein Nachweis über ihre Ordnungsmäßigkeit. Unschädlich sein können hingegen Einschränkungen oder Ergänzungen des Bestätigungsvermerks.

57   Die freiwillige Anwendung von IFRS im Sinne von § 325 II a HGB scheidet hingegen für die Schlussbilanz aus.[60]

6. Feststellung der Schlussbilanz

58   In § 17 II UmwG ist eine Feststellung der Schlussbilanz nicht ausdrücklich gefordert. Eine Feststellung ist somit nicht erforderlich.[61]

7. Rechnungslegung zwischen Verschmelzungsstichtag und Eintragung

59   Für den übertragenden Rechtsträger stellt sich die Frage, ob und wie er zwischen Aufstellung der Schlussbilanz und Eintragung der Verschmelzung zu bilanzieren hat. Dabei geht es vor allem um die **Rechnungslegungspflicht** und die **Abbildung des Vermögensübergangs** auf den übernehmenden Rechtsträger.

60   In der umwandlungsrechtlichen Schlussbilanz kann der **Vermögensübergang** regelmäßig zumindest dann nicht berücksichtigt werden, wenn die Verschmelzung im laufenden Geschäftsjahr beschlossen, als Schlussbilanz allerdings der letzte Jahresabschluss vor dem Beschlusszeitpunkt verwendet wird. Der Beschluss über die Verschmelzung im laufenden Geschäftsjahr stellt ein Ereignis dar, das infolge des handelsrechtlichen Stichtagprinzips nach § 252 I Nr. 3 HGB nicht mehr im Jahresabschluss des vorangegangenen Geschäftsjahres und somit in der umwandlungsrechtlichen Schlussbilanz erfasst werden kann. Damit kann der Vermögensübergang grundsätzlich erst in einem der folgenden Abschlüsse des übertragenden Rechtsträgers dargestellt werden.

61   Dabei geht das Vermögen des übertragenden Rechtsträgers rechtlich in dem Zeitpunkt auf den übernehmenden Rechtsträger über, in dem die Verschmelzung in das Handelsregister eingetragen wird. Erst mit dieser Eintragung wird nach § 20 I Nr. 1 und 2 UmwG die Verschmelzung wirksam und der übertragende Rechtsträger erlischt gemäß § 20 I Nr. 2

---

[58] AA LG Hagen GmbHR 1994 S. 714; *Bermel* in Goutier/Knopf/Tulloch UmwG § 17 Rn. 24.
[59] *Widmann* in Widmann/Mayer UmwG § 24 Rn. 145; aA *Müller* in Kallmeyer UmwG § 17 Rn. 39; *Hörtnagl* in Schmitt/Hörtnagl/Stratz § 17 Rn. 23.
[60] *Pfitzer* in WP-Handbuch 2014, Teil F Rn. 32.
[61] *Pfitzer* in WP-Handbuch 2014, Teil F, Rn. 42; IDW RS HFA 42, Rn. 7 ff.; *Müller* WPG 1996 S. 861.

UmwG. Bis zu diesem Zeitpunkt des Wirksamwerdens der Verschmelzung bleibt der übertragende Rechtsträger zur Rechnungslegung verpflichtet. Die handelsrechtliche **Rechnungslegungspflicht** der übertragenden Gesellschaft endet somit nicht mit der Aufstellung der Schlussbilanz.

Liegt zwischen dem Verschmelzungsstichtag und der Eintragung ins Handelsregister ein Bilanzstichtag, hat der übertragende Rechtsträger somit auf diesen Stichtag einen Jahresabschluss zu erstellen. Von der Pflicht zur Aufstellung eines Jahresabschlusses zwischen Verschmelzungsstichtag und Eintragung kann indes dann abgesehen werden, wenn die Umwandlung bis zum Ende des Zeitraums in das Handelsregister eingetragen ist, in dem der Jahresabschluss aufzustellen ist.[62] Stellt der übertragende Rechtsträger zwischen Verschmelzungsstichtag und Eintragung einen Jahresabschluss auf, dann erstreckt sich der Rechnungslegungszeitraum auf das gesamte Geschäftsjahr, unabhängig davon, ob die umwandlungsrechtliche Schlussbilanz mit dem letzten handelsrechtlichen Jahresabschluss zusammenfällt oder eine Schlussbilanz auf einer abweichenden aufgestellt wurde. Denn ein Rumpfwirtschaftsjahr wird durch die Aufstellung einer Schlussbilanz zu einem vom handelsrechtlichen Bilanzstichtag abweichenden Zeitpunkt nicht gebildet.[63]

Der Jahresabschluss zwischen Verschmelzungsstichtag und Eintragung der Verschmelzung ist von der Tatsache geprägt, dass zwar gemäß § 5 I Nr. 6 UmwG die Handlungen des übertragenden Rechtsträgers ab dem Verschmelzungsstichtag als für Rechnung des übernehmenden Rechtsträgers vorgenommen gelten. Diese Zuordnung wird allerdings erst mit der Eintragung der Verschmelzung rechtswirksam und kann demzufolge grundsätzlich auch erst dann bei der Rechnungslegung berücksichtigt werden. Dennoch sind Vermögensgegenstände und Schulden, Aufwendungen und Erträge nach dem Verschmelzungsstichtag, aber vor Eintragung der Verschmelzung möglicherweise bereits dem übertragenden Rechtsträger zuzuordnen. Das ist der Fall, wenn die im Folgenden erläuterten Bedingungen vorliegen.

a) Zuordnung von Vermögensgegenständen und Schulden

Die Zuordnung von Vermögensgegenständen richtet sich in der handelsrechtlichen Rechnungslegung nicht allein nach dem zivilrechtlichen Eigentum. Entscheidend für die Zuordnung von Vermögensgegenständen im handelsrechtlichen Jahresabschluss ist vielmehr das **wirtschaftliche Eigentum** iSd § 39 AO.[64] Entsprechend hat derjenige Rechtsträger Schulden zu passivieren, der mit der Verpflichtung wirtschaftlich belastet ist.

Das wirtschaftliche Eigentum an Vermögensgegenständen bzw. die wirtschaftliche Belastung durch Schulden ist auch für die Bilanzierung in

---

[62] *Müller* WPg 1996 S. 861; IDW RS HFA 42, Rn. 27 ff.; *Priester* BB 1992 S. 1598; aA offenbar *Rödder* DStR 1993 S. 1354.
[63] → Rn. 16.
[64] *Förschle/Ries* in Beck'scher Bilanzkommentar § 246 HGB Rn. 5.

einem Jahresabschluss des übertragenden Rechtsträgers zwischen Verschmelzungsstichtag und Eintragung ins Handelsregister entscheidend. Das wirtschaftliche Eigentum an den Vermögensgegenständen des übertragenden Rechtsträgers geht ebenso wie dessen Schulden bereits vor Eintragung der Verschmelzung in das Handelsregister auf den übernehmenden Rechtsträger über, wenn die folgenden Bedingungen erfüllt sind:[65]

(1) Bis zum Jahresabschlussstichtag der übertragenden Gesellschaft muss der Verschmelzungsvertrag formwirksam geschlossen werden. Zudem müssen die Verschmelzungsbeschlüsse ebenso wie die Zustimmungserklärung der Anteilseigner vorliegen.

(2) Der Verschmelzungsstichtag muss vor dem betreffenden Abschlussstichtag liegen oder mit diesem zusammenfallen.

(3) Die Verschmelzung muss bis zur Aufstellung des Jahresabschlusses in das Handelsregister eingetragen sein. Zumindest aber muss mit an Sicherheit grenzender Wahrscheinlichkeit mit der künftigen Eintragung zu rechnen sein.

(4) Schließlich muss durch den Verschmelzungsvertrag geregelt sein, dass der übertragende Rechtsträger nicht nach eigenem Ermessen, sondern nur mit Einwilligung des übernehmenden Gesellschafters über die Vermögensgegenstände verfügen kann.

66 Allerdings ist zu beachten, dass das wirtschaftliche Eigentum eine Tatsache ist, die nicht rückwirkend begründet werden kann.[66]

67 Mit der kumulativen Erfüllung der genannten Voraussetzungen ist anzunehmen, dass der übernehmende Rechtsträger bereits wirtschaftlicher Eigentümer des zu übertragenen Vermögens geworden ist. Daher hat dieser die Vermögensgegenstände anstelle des übertragenden Rechtsträgers zu bilanzieren.

68 Daneben hat der übernehmende Rechtsträger bei Erfüllung der genannten Voraussetzungen die Verbindlichkeiten des übertragenden Rechtsträgers unmittelbar zu passivieren oder stattdessen eine Ausgleichsverpflichtung gegenüber dem übertragenden Rechtsträger anzusetzen. In diesem Falle entfällt eine Passivierung der Schulden durch den übertragenden Rechtsträger; hierfür bedarf es keiner vertraglichen Schuldübernahme durch den übernehmenden Rechtsträger.[67]

b) Zuordnung von Aufwendungen und Erträgen

69 Auch sämtliche Aufwendungen und Erträge des übertragenden Rechtsträgers werden grundsätzlich ab dem Verschmelzungsstichtag für Rechnung des übernehmenden Rechtsträgers erwirtschaftet. Rechtswirksam wird diese Zuordnung allerdings erst mit Eintragung der Verschmelzung ins Handelsregister.

---

[65] IDW RS HFA 42, Rn. 27 ff.; ähnlich zuvor bereits *Priester* in Lutter UmwG § 24 Rn. 30; *Pfitzer* in WP-Handbuch 2014, Teil F, Rn. 45 f.; *Müller* in Kallmeyer UmwG § 17 Rn. 21.
[66] *Müller* in Kallmeyer UmwG § 17 Rn. 21.
[67] *Pfitzer* in WP-Handbuch 2014, Teil F, Rn. 47; IDW RS HFA 42 Rn. 27 ff.

§ 10. Handelsbilanzielle Regelungen (HGB/IFRS) § 10

Im Idealfall fällt der Verschmelzungsstichtag mit dem Stichtag des 70
Jahresabschlusses zusammen. Dann ist das gesamte Periodenergebnis nach
dem letzten Abschlussstichtag dem übernehmenden Rechtsträger zuzurechnen.

Bei einem Verschmelzungsstichtag hingegen, der vom Jahresabschluss- 71
stichtag abweicht, verteilen sich die Erfolge eines Geschäftsjahres mit der
rechtlich wirksamen Eintragung der Verschmelzung etwa wie folgt:

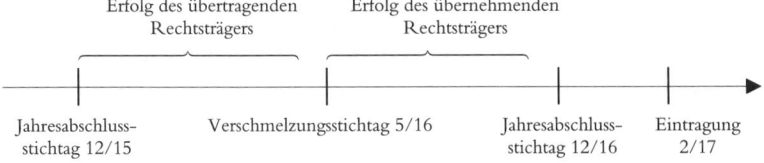

Abb. 10–1: Erfolgsabgrenzung

Bei einem vom Jahresabschlussstichtag abweichenden Verschmelzungs- 72
stichtag muss das Jahresergebnis des letzten Geschäftsjahres zwischen
übernehmendem und übertragendem Rechtsträger aufgeteilt werden.
Dabei entfällt das Ergebnis bis zum Verschmelzungsstichtag auf den übertragenden Rechtsträger. Das Ergebnis nach dem Verschmelzungsstichtag
hingegen ist dem übernehmenden Rechtsträger zuzuweisen.

Im Schrifttum[68] wird zur Abgrenzung der Erfolge empfohlen, sämt- 73
liche Geschäftsvorfälle nach dem Verschmelzungsstichtag in einem gesonderten Buchungskreis zu erfassen. Dieser Buchungskreis kann dann je
nach Eintragung der Verschmelzung dem einen oder dem anderen
Rechtsträger zugeordnet werden.

Fraglich ist indes, wem Aufwendungen und Erträge nach dem Ver- 74
schmelzungsstichtag zuzurechnen sind, wenn bis zum Jahresabschlussstichtag die Verschmelzung noch nicht in das Handelsregister eingetragen
ist. Das entscheidende Kriterium für die Erfolgsabgrenzung bildet hier
ebenfalls das wirtschaftliche Eigentum an den Vermögensgegenständen
und Schulden des übertragenden Rechtsträgers.[69]

Ist das **wirtschaftliche Eigentum** an den Vermögensgegenständen 75
des übertragenden Rechtsträgers den oben genannten Kriterien[70] zufolge
am Bilanzstichtag bereits **übergegangen,** kann der übernehmende
Rechtsträger dieses Vermögen faktisch bereits für seine eigenen wirtschaftlichen Zwecke einsetzen. Insofern hat der übernehmende Rechtsträger anstelle der Überträgerin seit dem Verschmelzungsstichtag mit
diesem Vermögen erwirtschaftete Aufwendungen und Erträge in seiner
Gewinn- und Verlustrechnung auszuweisen.[71] Daneben wirken sich
sämtliche Wertänderungen in den übernommenen Vermögensgegenstän-

---

[68] *Deubert/Henckel* in Winkeljohann/Förschle/Deubert, Teil H, Rn. 61.
[69] *Müller* WPg 1996 S. 862; IDW RS HFA 42, Rn. 31 ff.; *Pfitzer* in WP-Handbuch 2014, Teil F, Rn. 49 ff.
[70] → Rn. 65 f.
[71] *Müller* WPg 1996 S. 862; IDW RS HFA 42 Rn. 31 ff.

den seit dem Verschmelzungsstichtag, wie etwa Abschreibungen, nicht mehr bei der Überträgerin, sondern bereits beim übernehmenden Rechtsträger aus. Entsprechendes gilt für Schulden des übertragenden Rechtsträgers. Ist der übernehmende Rechtsträger seit dem Verschmelzungsstichtag bereits wirtschaftlich mit diesen Schulden belastet, so hat er auch daraus resultierende Aufwendungen und Erträge als eigene zu erfassen.

76 Ist das **wirtschaftliche Eigentum** an den Vermögensgegenständen der Überträgerin am Jahresabschlussstichtag nach dem Verschmelzungsstichtag hingegen noch **nicht** auf den übernehmenden Rechtsträger **übergegangen**, müssen Aufwendungen und Erträge weiterhin beim übertragenden Rechtsträger erfasst werden.

77 Nach Auffassung des Schrifttums[72] besteht allerdings bei fortgesetzter Erfassung der Erfolgsbeiträge beim übertragenden Rechtsträger nach dem Verschmelzungsstichtag die Gefahr, dass diese Gewinne an die bisherigen Gesellschafter der Überträgerin ausgeschüttet werden. Unseres Erachtens ergibt sich daraus kein Risiko, wenn bereits sämtliche Anteile an der Überträgerin vom übernehmenden Rechtsträger gehalten werden. Denn in diesem Fall gelangen die Ausschüttungen in die Hände desjenigen, auf den künftig auch das Vermögen übergeht.

78 Problematisch könnte damit allenfalls eine Ausschüttung an andere Anteilseigner sein. Zur Vermeidung von Gewinnausschüttungen an andere Anteilseigner wurde in der **Vergangenheit** die **Passivierung einer Rückstellung** im Jahresabschluss des übertragenden Rechtsträgers in Höhe der Erfolge vorgeschlagen, die im Innenverhältnis bereits für Rechnung des übernehmenden Rechtsträgers erwirtschaftet werden.[73] Der dabei zu berücksichtigende Aufwand sollte in der Gewinn- und Verlustrechnung mit der Bezeichnung „Für fremde Rechnung erwirtschaftetes Ergebnis" vor dem Jahresergebnis ausgewiesen werden.

79 Rückstellungen werden allgemein für dem Grunde nach und/oder der Höhe nach ungewisse Verpflichtungen gebildet. Unklar ist allerdings, auf welcher Rechtsgrundlage eine solche Rückstellung für das auf fremde Rechnung erwirtschaftete Ergebnis passiviert werden soll. Eine **Drohverlustrückstellung** gemäß § 249 I 1 HGB kann uE nicht gebildet werden. Der Ansatz einer Drohverlustrückstellung setzt ein zweiseitiges, noch schwebendes Geschäft voraus, aus dem ein negativer Erfolgsbeitrag zu erwarten ist. Diese Voraussetzungen sind bei einer Verschmelzung im Verhältnis zwischen Überträgerin und Übernehmerin nicht erfüllt.

80 Ebenso ist der Ansatz einer **Verbindlichkeitsrückstellung** nach § 249 I 1 HGB nicht begründet. Denn am Bilanzstichtag besteht eben gerade noch keine rechtliche oder wirtschaftliche Verpflichtung der übertragenden Gesellschaft gegenüber dem übernehmenden Rechtsträger. An einer **rechtlichen Verpflichtung** mangelt es vor Eintragung der Verschmelzung in das Handelsregister. Denn eine rechtliche Verpflichtung zur Abgabe seit dem Verschmelzungsstichtag erwirtschafteter Erfolge an

---

[72] *Müller* WPg 1996 S. 862.
[73] IDW RS HFA 42, Rn. 31 ff.

den übernehmenden Rechtsträger entsteht erst mit Eintragung der Verschmelzung.

Auch ohne rechtliche Verpflichtung ist eine Verbindlichkeitsrückstellung allerdings dann zu passivieren, wenn die zugrunde liegende Verpflichtung am Bilanzstichtag zumindest **wirtschaftlich verursacht** ist. An die wirtschaftliche Verursachung einer solchen Verpflichtung am Bilanzstichtag sind bestimmte Konkretisierungserfordernisse zu stellen, damit die Passivierung von Verbindlichkeitsrückstellung nicht beliebig wird. Wirtschaftliche Verursachung aber heißt, dass die wirtschaftlich wesentlichen Tatbestandsmerkmale am Bilanzstichtag erfüllt sind und das Entstehen der Verbindlichkeit nur noch von wirtschaftlich unwesentlichen Tatbestandsmerkmalen abhängt.[74] 81

Für die wirtschaftliche Verursachung ist entscheidend, ob sich der übertragende Rechtsträger am Bilanzstichtag der Verpflichtung noch entziehen kann.[75] Wenn im hier betrachteten Fall der noch nicht im Handelsregister eingetragenen Verschmelzung aber noch nicht einmal das wirtschaftliche Eigentum an den Vermögenswerten der übertragenden Gesellschaft nach den oben erläuterten Kriterien[76] auf den übernehmenden Rechtsträger übergegangen ist, dann kann sich der übertragende Rechtsträger faktisch der Verpflichtung am Bilanzstichtag noch entziehen. Insofern ist uE am Bilanzstichtag eine Verpflichtung wirtschaftlich nicht verursacht. 82

Allein zur Vermeidung einer Ausschüttung an die bisherigen anderen Gesellschafter des übertragenden Rechtsträgers erscheint zudem die Bildung einer solchen Rückstellung bereits dem Grunde nach nicht erforderlich. So ist nach § 5 I Nr. 5 UmwG im Verschmelzungsvertrag auch der Zeitpunkt zu bestimmen, von dem an die (neuen) Anteile oder Mitgliedschaftsrechte an den übernehmenden Rechtsträger einen Anspruch auf einen Anteil am Bilanzgewinn gewähren. Dieser Zeitpunkt des Wechsels der Gewinnberechtigung wird regelmäßig dem Verschmelzungsstichtag bzw. dem letzten Jahresabschlussstichtag entsprechen. Insofern können Gewinne des übertragenden Rechtsträgers zwischen Verschmelzungsstichtag und Eintragung in das Handelsregister nicht mehr ohne Weiteres an die bisherigen anderen Anteilseigner ausgeschüttet werden. 83

Aus rein rechtlicher Sicht reicht uE somit ein ergänzender Hinweis im Anhang aus, dass die ausgewiesenen Erfolge des übertragenden Rechtsträgers nach dem Verschmelzungsstichtag im Innenverhältnis für den übernehmenden Rechtsträger erwirtschaftet wurden. Dies entspricht auch der aktuellen Auffassung des IDW nach der die nicht ausschüttbaren Gewinne zu erläutern sind und eine Rückstellungsbildung zu unterbleiben hat. 84

Der übernehmende Rechtsträger kann vor Eintragung der Verschmelzung und ohne Übergang des wirtschaftlichen Eigentums am Vermögen 85

---

[74] BFH vom 13.5.1998 – VIII R 58/96, DStRE 1999 S. 6.
[75] *Schubert* in Beck'scher Bilanzkommentar § 249 HGB Rn. 36.
[76] → Rn. 65.

des übertragenden Rechtsträgers einen Anspruch auf den vom übertragenden Rechtsträger erwirtschafteten Ertrag auch nicht aktivieren, § 252 I Nr. 4 Halbs. 2 HGB. Aus dem gleichen Grund sind Verluste beim übertragenden Rechtsträger in der Zeit zwischen Verschmelzungsstichtag und Abschlussstichtag beim übernehmenden Rechtsträger nicht zu berücksichtigen.[77]

II. Bilanzierung beim übernehmenden Rechtsträger (HGB)

1. Übernahmebilanz

a) Übernahme des übertragenen Vermögens

86 Die Aufstellung einer speziellen Übernahmebilanz des übertragenden Rechtsträgers ist gesetzlich nicht vorgesehen. Vielmehr ist der Übergang des Vermögens bei einer **Verschmelzung durch Aufnahme** iSd § 2 Nr. 1 UmwG als laufender Geschäftsvorfall zu behandeln.[78] Hingegen sind die übernommenen Vermögensgegenstände und Schulden bei der **Verschmelzung durch Neugründung** nach § 2 Nr. 2 UmwG in der Eröffnungsbilanz des übernehmenden Rechtsträgers gemäß § 242 I HGB zu bilanzieren.[79] Daneben ist die Aufstellung einer Eröffnungsbilanz aber auch bei der Verschmelzung einer **Kapitalgesellschaft auf eine natürliche Person** erforderlich, wenn dadurch ein vollkaufmännisches Handelsgewerbe erst entsteht.[80] Die Eröffnungsbilanz gemäß § 242 I HGB ist auf den Verschmelzungsstichtag aufzustellen,[81] wenn auch das wirtschaftliche Eigentum am Vermögen des übertragenden Rechtsträgers zu diesem Stichtag auf den übernehmenden Rechtsträger übergeht. Nur ausnahmsweise kann der Tag des Wirksamwerdens der Verschmelzung der maßgebende Stichtag der Eröffnungsbilanz sein.

b) Bewertungswahlrecht des § 24 UmwG

aa) Bedeutung des Bewertungswahlrechts

87 In § 24 UmwG wird dem übernehmenden Rechtsträger ein **Bewertungswahlrecht** eingeräumt. Der Regelung des § 24 UmwG zufolge können in den Jahresbilanzen des übernehmenden Rechtsträgers als Anschaffungskosten iSd § 253 I HGB auch die in der Schlussbilanz des übertragenden Rechtsträgers angesetzten Werte bilanziert werden. Dem Wortlaut der genannten Regelung zufolge kann somit der übernehmende Rechtsträger die übertragenen Vermögensgegenstände und Schulden wahlweise auch mit seinen tatsächlichen Anschaffungskosten iSd § 255 I HGB bewerten. Stattdessen aber kann der übernehmende Rechtsträger

---

[77] IDW RS HFA 42, Rn. 31 ff.
[78] *Widmann* in Widmann/Mayer UmwG § 24 Rn. 280; IDW RS HFA 42, Rn. 31 ff.
[79] *Naumann* in Festschrift Ludewig S. 685 f.
[80] *Widmann* in Widmann/Mayer UmwG § 24 Rn. 219.
[81] *Priester* in Lutter UmwG § 24 Rn. 22.

auch die Buchwerte des Vermögens übertragenden Rechtsträgers fortführen. Die **Buchwertfortführung** wird wegen ihrer einfachen Handhabung gesetzlich zugelassen.[82] Allerdings entsteht mit der Buchwertfortführung je nach Verhältnis von Buchwerten und Gegenleistung beim übernehmenden Rechtsträger ein Verschmelzungsgewinn bzw. Verschmelzungsverlust.[83] Angesichts dieser Erfolgswirkungen wird bei Fortführung der Buchwerte des übertragenden Rechtsträgers das Anschaffungskostenprinzip des § 253 I 1 HGB durchbrochen. Denn durch das Anschaffungskostenprinzip soll gerade sichergestellt werden, dass Anschaffungsvorgänge erfolgsneutral erfasst werden.[84] Ein solcher erfolgsneutraler Übergang des Vermögens wird nur durch seine Bewertung zu **Anschaffungskosten** möglich. Mit der in § 24 UmwG wahlweise zugelassenen Bewertung des übernommenen Vermögen mit den Anschaffungskosten des übernehmenden Rechtsträgers setzt sich folglich das Anschaffungskostenprinzip auch bei der Verschmelzung durch.[85]

88

Die Bestimmung der Anschaffungskosten iSv § 24 UmwG hängt von der Art der Verschmelzung und der dabei gewährten „Gegenleistung" ab. So wird bei einer Verschmelzung durch Neugründung iSv §§ 56 ff.; 73 ff. UmwG das Nennkapital der errichteten Gesellschaft durch die Übernahme des Vermögens des übertragenden Rechtsträgers überhaupt erst dargestellt. Die neu gegründete Gesellschaft gibt somit mit der Verschmelzung neue Anteile aus. Insoweit gleicht die Verschmelzung durch Neugründung der Verschmelzung durch Aufnahme, sofern und soweit die aufnehmende Gesellschaft für die Verschmelzung ihr Kapital zu erhöhen hat. Von einer Kapitalerhöhung ist bei der Verschmelzung zur Aufnahme allerdings dann abzusehen, wenn und soweit die übernehmende Kapitalgesellschaft bereits an der übertragenden Kapitalgesellschaft beteiligt ist, §§ 54 I Satz 1 Nr. 1, 68 I Nr. 1 Satz 1 UmwG. Das Kapital der aufnehmenden Gesellschaft braucht bei der Verschmelzung durch Aufnahme zudem dann nicht erhöht werden, soweit sie eigene Anteile besitzt, §§ 54 I 2 Nr. 1, 68 I 2 Nr. 1 UmwG. Vor diesem Hintergrund werden im Folgenden vereinfachend als mögliche Gegenleistungen bei der Verschmelzung

89

– die Ausgabe neuer Anteile,
– der Untergang einer bereits bestehenden Beteiligung und
– die Ausgabe eigener Anteile

unterschieden. Bei der Verschmelzung durch Aufnahme sind Mischungen der genannten Gegenleistungen möglich.

Die Art der Gegenleistung bei der Verschmelzung bestimmt die Anschaffungskosten iSv § 24 UmwG. So sind Anschaffungskosten iSd § 24 UmwG dabei entweder die Anschaffungskosten einer bereits gehaltenen Beteiligung am übertragenden Rechtsträger, der Ausgabebetrag der neu-

90

---

[82] IDW Stellungnahme WPg 1989 S. 342; ausführlich → Rn. 220 ff.
[83] Ausführlich → Rn. 230 ff.; *Pfitzer* in WP-Handbuch 2014, Teil F, Rn. 71.
[84] *Baetge/Kirsch/Thiele* Bilanzen S. 138.
[85] BR-Drucks. 75/94 S. 93; *Naumann* Festschrift Ludewig S. 688 f.

§ 10　　　　　　　　　　　　　3. Teil. Verschmelzung

en Anteile aus der für die Verschmelzung erforderlichen Kapitalerhöhung oder der Buchwert der bei der Verschmelzung an die Altgesellschafter des übertragenden Rechtsträgers ausgereichten eigenen Anteile.[86]

91 Die Ausübung des Bewertungswahlrechts nach § 24 UmwG ist zugleich für die Bilanzierung dem Grunde nach entscheidend, dh für den Ansatz von Vermögensgegenständen und Schulden beim übernehmenden Rechtsträger. So wird die Verschmelzung bei Ausübung des Bewertungswahlrechts zugunsten der Anschaffungskosten letztlich als ein Anschaffungsvorgang behandelt. Demgegenüber liegt dem Wahlrecht zur Buchwertfortführung der Gedanke der Gesamtrechtsnachfolge zugrunde. Auf die Bedeutung des Wahlrechts für die Bilanzierung dem Grunde nach wird bei der Erläuterung der Bewertungswahlrechte detailliert eingegangen.[87]

92 Im Folgenden werden die Auswirkungen des Bewertungswahlrechts nach § 24 UmwG ausführlich diskutiert. Abhängig von der Art der Gegenleistung sind dabei die nachstehenden Konstellationen zu unterscheiden:

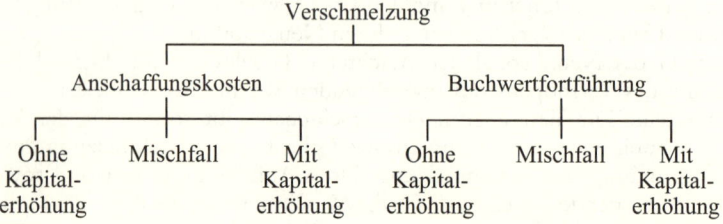

Abb. § 10–2: Bewertungsgrößen und Arten der Gegenleistung bei Verschmelzung

bb) Ausübung des Bewertungswahlrechts.

93 (1) Einheitliche Ausübung. Das Wahlrecht des § 24 UmwG ist vom übernehmenden Rechtsträger **einheitlich auszuüben**.[88] Demzufolge hat er sich zu entscheiden, entweder insgesamt die Buchwerte des Vermögens des übertragenden Rechtsträgers fortzuführen oder aber die übernommenen Vermögensgegenstände und Schulden mit seinen tatsächlichen Anschaffungskosten zu bewerten. Nicht zulässig ist es hingegen, das Wahlrecht des § 24 UmwG bezogen auf einzelne Vermögensgegenstände und Schulden insgesamt gesondert auszuüben.

94 (2) Einschränkung des Wahlrechts durch Rechenschaftszweck. Bei dem Bewertungswahlrecht des § 24 UmwG handelt es sich um ein **echtes Wahlrecht** und nicht lediglich um einen Ermessensspielraum. Grundsätzlich steht die Ausübung des Wahlrechts nach § 24 UmwG im Ermessen des übernehmenden Rechtsträgers. Auch die Generalnormen

---

[86] Dazu ausführlich → Rn. 102 ff.
[87] → Rn. 110 ff. (Anschaffungskosten); → Rn. 225 ff. (Buchwert).
[88] IDW RS HFA 42 Rn. 36 ff; *Naumann* in Festschrift Ludwig S. 709.

§ 10. Handelsbilanzielle Regelungen (HGB/IFRS) § 10

des handelsrechtlichen Jahresabschlusses nach § 242 I, § 264 II 2 HGB können dieses Wahlrecht nicht überlagern. Dennoch gibt es – wie im Folgenden zu zeigen ist – Extremfälle, in denen die Entscheidung für die eine oder die andere Bewertung den Rechenschaftszweck[89] des Jahresabschlusses erheblich beeinträchtigt.

(a) Buchwerte des Vermögens übersteigen Anschaffungskosten der Beteiligung. So erscheint die Ausübung des Wahlrechts zugunsten der Anschaffungskosten uE dann nicht mit dem Rechenschaftszweck des handelsrechtlichen Jahresabschlusses vereinbar, wenn der übernehmende Rechtsträger bereits Anteile der Überträgerin besitzt und die **Buchwerte** der übernommenen Vermögensgegenstände und Schulden die **Anschaffungskosten** des übernehmenden Rechtsträgers **übersteigen**. Eine solche Konstellation ist dann denkbar, wenn der übertragende Rechtsträger zwischen Erwerb der Anteile und Verschmelzung Gewinne thesauriert hat. Soweit die thesaurierten Gewinne die bei Erwerb der Anteile mitbezahlten stillen Reserven übersteigen, überschreiten die Buchwerte des übernommenen Vermögens auch die Anschaffungskosten des übernehmenden Rechtsträgers. 95

Würde das übernommene Vermögen in diesem Fall entsprechend dem Wahlrecht des § 24 UmwG mit den niedrigeren Anschaffungskosten der untergehenden Beteiligung bewertet, würden die Buchwerte des übergehenden Vermögens unterschritten. Die Buchwerte des auf den übernehmenden Rechtsträger übergehenden Vermögens müssten somit abgestockt werden. Bei einer Bewertung zu Anschaffungskosten würde folglich in diesem Fall das Vermögen unterbewertet, so dass damit stille Reserven gelegt werden. 96

Zwar ist die Ausübung des Bewertungswahlrechts des § 24 UmwG in diesem erläuterten Fall gesetzlich nicht eingeschränkt. Eine Bewertung mit den tatsächlichen Anschaffungskosten des übernehmenden Rechtsträgers würde indes kein den tatsächlichen Verhältnissen entsprechendes Bild der wirtschaftlichen Lage des Unternehmens iSv §§ 238 I 1, 242 I, 264 II 1 HGB vermitteln. Unseres Erachtens sollte daher im Interesse der Rechenschaft in der erläuterten Konstellation das Bewertungswahlrecht des § 24 UmwG nur dahingehend ausgeübt werden, dass der übernehmende Rechtsträger die Buchwerte des übertragenden Rechtsträgers fortführt. 97

Die Verschmelzung führt beim übernehmenden Rechtsträger handelsrechtlich dann allerdings zu einem Gewinn. 98

(b) Verschmelzung konzernzugehöriger Gesellschaften. Umgekehrt sollten uE die Buchwerte des übertragenden Rechtsträgers nicht fortgeführt werden, wenn eine übernehmende Kapitalgesellschaft **mehr als 90% der Anteile** der übertragenden Kapitalgesellschaft innehat und zudem die **Buchwerte** des übernommenen Vermögens erheblich **unter** dem **Buchwert der Beteiligung** an der übertragenden Gesellschaft liegen.[90] Ist die aufnehmende Kapitalgesellschaft an der übertragenden 99

---
[89] Baetge/Kirsch/Thiele Bilanzen S. 101.
[90] Vgl. auch Schulze-Osterloh ZGR 1993 S. 426.

Kapitalgesellschaft zu mindestens 90% beteiligt, so ist ein Verschmelzungsbeschluss der übernehmenden Gesellschaft zur Aufnahme des Vermögens der übertragenden Gesellschaft nicht erforderlich, § 62 I 1 UmwG. Liegt nun der Buchwert des übernommenen Vermögens erheblich unter dem Buchwert der Beteiligung, so würde eine Verschmelzung mit Buchwertfortführung einen erheblichen Verschmelzungsverlust bedingen. Der Verschmelzungsverlust ergibt sich dabei aus dem Unterschied zwischen Buchwert des übertragenen Vermögens und Buchwert der untergehenden Beteiligung. Mit der Fortführung der Buchwerte und dem Ausweis eines Verschmelzungsverlustes kann der Gewinnanspruch der Aktionäre der Muttergesellschaft in der erläuterten Konstellation deutlich verkürzt werden.

100 Der BGH[91] hat mit der „Holzmüller-Entscheidung" eine Beeinträchtigung der Aktionärsinteressen einzuschränken versucht. Vor diesem Hintergrund erscheint eine Buchwertfortführung in dem zuvor erläuterten Fall nur zulässig, wenn die Aktionäre der Muttergesellschaft der Verschmelzung zugestimmt haben.

101 Im Folgenden wird zunächst die Bilanzierung bei wahlweiser Bewertung mit den tatsächlichen Anschaffungskosten iSv § 24 UmwG dargestellt (Abschnitt § 10. II. 2).[92] Anschließend werden die bilanziellen Konsequenzen bei Fortführung der Buchwerte durch den übernehmenden Rechtsträger diskutiert (Abschnitt § 10. II. 3).[93]

2. Bilanzierung zu Anschaffungskosten

102 § 24 UmwG eröffnet dem übernehmenden Rechtsträger das Wahlrecht zur Bewertung der übernommenen Vermögensgegenstände und Schulden mit seinen tatsächlichen Anschaffungskosten.

103 Die Anschaffungskosten bei einer Verschmelzung werden dabei bestimmt von der Art der Gegenleistung. Die Art der Gegenleistung an die Anteilseigner des übertragenden Rechtsträgers wiederum wird auch durch die Art der Verschmelzung bestimmt, § 2 UmwG. Zu unterscheiden ist hier zwischen der Verschmelzung durch Aufnahme iSv § 2 Nr. 1 UmwG und der Verschmelzung durch Neugründung gemäß § 2 Nr. 2 UmwG.

104 Als Gegenleistung kommt bei einer Verschmelzung durch Neugründung lediglich die Ausgabe neuer Anteile in Betracht. Demgegenüber kann die Gegenleistung bei der Verschmelzung durch Aufnahme nicht nur in der Ausgabe neuer Anteile, sondern darüber hinaus auch im Untergang bestehender Anteile am übertragenden Rechtsträger oder der Hingabe eigener Anteile bestehen. So darf zunächst das Kapital der übernehmenden Gesellschaft nicht erhöht werden, soweit sie im Zeitpunkt der Verschmelzung bereits sämtliche Anteile der Übertragerin hält. Bei dieser Verschmelzung ohne Kapitalerhöhung nach §§ 54, 68 UmwG geht mit der Übernahme der Vermögensgegenstände und Schulden die

---

[91] BGH vom 25.2.1982 – V ZR 37/78, BB 1982 S. 122–145.
[92] → Rn. 102–219.
[93] → Rn. 220–278.

§ 10. Handelsbilanzielle Regelungen (HGB/IFRS) § 10

bisherige Beteiligung am übertragenden Rechtsträger unter. Daher wird insoweit auch von einer Verschmelzung gegen Untergang der Beteiligung gesprochen.[94] Hält die übernehmende Kapitalgesellschaft eigene Anteile, braucht sie ebenfalls nach §§ 54 I 2, 68 I 2 UmwG ihr Kapital nicht zu erhöhen.

Für die folgende Darstellung der Bewertung des übernommenen Vermögens beim übernehmenden Rechtsträger wird nicht weiter zwischen der Verschmelzung durch Neugründung und der Verschmelzung durch Aufnahme unterschieden. Denn die Konsequenzen der Bewertung nach § 24 UmwG bei einer Verschmelzung durch Neugründung entsprechen denen einer Verschmelzung durch Aufnahme mit ausschließlicher Ausgabe neuer Anteile. Bedeutend für die folgende Darstellung der Bewertung zu Anschaffungskosten ist allein die Art der Gegenleistung. 105

Nach der Gegenleistung ist für die folgende Darstellung der Bewertung zu Anschaffungskosten zu differenzieren zwischen einer Verschmelzung mit Kapitalerhöhung oder einer Verschmelzung ohne Kapitalerhöhung. 106

Bei einer **Verschmelzung mit Kapitalerhöhung** nach §§ 55, 69 UmwG werden an die bisherigen Gesellschafter der übertragenden Gesellschaft neue Anteile ausgegeben.[95] Die Ausgabe neuer Anteile an der aufnehmenden Gesellschaft ist dann erforderlich, wenn und soweit die Anteile der übertragenden Gesellschaft nicht von der aufnehmenden Gesellschaft, sondern von anderen Gesellschaftern gehalten werden. Eine **Verschmelzung ohne Kapitalerhöhung** ist möglich durch Verschmelzung mit Untergang der Beteiligung[96] einerseits und durch Gewährung eigener Anteile[97] andererseits. Bilanzrechtlich gleichgestellt sind diese beiden Konstellationen der Verschmelzung ohne Kapitalerhöhung indes nicht. 107

Die dargestellten Arten der Verschmelzung können in „Reinform", aber auch kombiniert vorkommen.[98] 108

Die Unterscheidung nach der Art der Gegenleistung bei der Verschmelzung ist sowohl bedeutend für den Ansatz als auch für die Bewertung des übernommenen Vermögens. 109

a) Ansatz

Bewertet der übernehmende Rechtsträger das übernommene Vermögen gemäß § 24 UmwG mit seinen Anschaffungskosten, dann wird der Vermögensübergang bei Verschmelzung einen **Anschaffungsvorgang** gleichgestellt.[99] 110

---

[94] Müller WPg 1996 S. 863.
[95] → Rn. 125 ff.
[96] → Rn. 144 ff.
[97] → Rn. 150 ff.
[98] → Rn. 153 ff.
[99] Müller in Kallmeyer UmwG § 24 Rn. 6 ff; Müller WPg 1996 S. 863; Hörtnagl in Schmitt/Hörtnagl/Stratz § 24 Rn. 26.

§ 10   3. Teil. Verschmelzung

111   Bei Verschmelzung mit Kapitalerhöhung[100] erwirbt der übernehmende Rechtsträger gegen Hingabe neuer Anteile an die Altgesellschafter des übertragenden Rechtsträgers das wirtschaftliche Eigentum an den Vermögensgegenständen und Schulden des übertragenden Rechtsträgers. Entsprechendes gilt bei der Hingabe bereits bestehender eigener Anteile. Bei der Verschmelzung ohne Kapitalerhöhung mit Untergang der Beteiligung[101] hat der übernehmende Rechtsträger das Vermögen und die Schulden des übertragenden Rechtsträgers mittelbar bereits mit Erwerb der Beteiligung angeschafft. Mit der Verschmelzung erhält er das wirtschaftliche Eigentum an diesem Vermögen unmittelbar.

aa) Vermögensgegenstände

112   Angesichts des angenommenen Anschaffungsvorgangs bei Ausübung des Wahlrechts nach § 24 UmwG zugunsten der Anschaffungskosten hat der übernehmende Rechtsträger sämtliche Vermögensgegenstände und Schulden des übertragenden Rechtsträgers zu bilanzieren, unabhängig von möglichen Bilanzierungsverboten bei der Überträgerin oder der Nutzung von Bilanzierungswahlrechten durch die Überträgerin. Die Pflicht zur Bilanzierung sämtlicher Vermögensgegenstände und Schulden ergibt sich aus dem Vollständigkeitsgebot des § 246 I 1 HGB.

113   Unzweifelhaft sind somit zunächst all diejenigen **Vermögensgegenstände** zu aktivieren, die bereits beim übertragenden Rechtsträger angesetzt wurden.

114   Nach zum Teil im Schrifttum[102] vertretener Ansicht sollen hingegen die Vermögensgegenstände vom übernehmenden Rechtsträger nicht aktiviert werden, die der übertragende Rechtsträger infolge des Aktivierungsverbotes nach § 248 II 2 HGB nicht ansetzen durfte. Bei den nach § 248 II 2 HGB nicht aktivierungsfähigen Vermögensgegenständen handelt es sich um selbst geschaffene immaterielle Vermögensgegenstände des Anlagevermögens. Für diese Vermögensgegenstände soll der zuvor bezeichneten Auffassung zufolge beim übernehmenden Rechtsträger weiterhin ein Ansatzverbot bestehen, da sie nicht entgeltlich erworben wurden. Der dargestellten Auffassung des Schrifttums kann nicht zugestimmt werden, da sie zu unsystematischen Ergebnissen führt. Zwar wird nach dieser Auffassung für die Bewertung des übernommenen Vermögens ein Anschaffungsvorgang unterstellt, bei dem das Anschaffungskostenprinzip zu beachten ist. Die Frage des Ansatzes des übergegangenen Vermögens wird hingegen faktisch nach dem Gedanken der Gesamtrechtsnachfolge beurteilt, wie er der wahlweisen Buchwertfortführung zugrunde liegt.[103] Bei der aus der Gesamtrechtsnachfolge abgeleiteten Buchwertfortführung tritt der übernehmende Rechtsträger vollumfänglich in die Rechtstellung des übertragenden Rechtsträgers und damit auch in die für ihn geltenden Aktivierungsverbote ein.

---

[100] → Rn. 106 f.
[101] → Rn. 106 f.
[102] Vgl. etwa Pohl Handelsbilanzen S. 58.
[103] → Rn. 220 ff.

§ 10. Handelsbilanzielle Regelungen (HGB/IFRS) § 10

Der dargestellten Auffassung ist zudem entgegen zu halten, dass es sich bei der Verschmelzung für den übernehmenden Rechtsträger sehr wohl um einen entgeltlichen Anschaffungsvorgang handelt. Das Entgelt des übernehmenden Rechtsträgers bilden dabei bei der Verschmelzung mit Kapitalerhöhung die ausgegebenen neuen Anteile die Gegenleistung; bei der Verschmelzung ohne Kapitalerhöhung stellt die Aufgabe von Anteilen am übertragenden Rechtsträger bzw. die Hingabe eigener Anteile die Gegenleistung dar.[104] Insofern sind die Anwendungsvoraussetzungen des Aktivierungsverbots nach § 248 II 2 HGB nicht erfüllt. 115

Im Zuge dieser entgeltlichen Anschaffung werden auch die Vermögensgegenstände entgeltlich erworben, die der übertragende Rechtsträger bislang nach § 248 II 2 HGB nicht ansetzen durfte. Für vom übertragenden Rechtsträger selbst geschaffene **immaterielle Vermögensgegenstände** des Anlagevermögens besteht somit nach dem Vollständigkeitsgebot des § 246 I HGB iVm § 248 II 2 HGB vielmehr Aktivierungsgebot. Zudem besteht gemäß § 246 I 4 HGB für den übernehmenden Rechtsträger ein Aktivierungsgebot für den entgeltlich erworbenen **Geschäfts- und Firmenwert**, der jedoch nicht mehr gesondert auszuweisen ist, sondern in dem anlässlich des Vermögensübergangs zu ermittelnden Geschäfts- oder Firmenwert aufgeht.[105] 116

bb) Schulden

Der Grundgedanke des Anschaffungsvorgangs bei der Ausübung des Wahlrechts nach § 24 UmwG zugunsten der Anschaffungskosten schlägt auch auf die Passivseite durch. Vom übernehmenden Rechtsträger sind nach dem Vollständigkeitsprinzip gemäß § 246 I HGB alle diejenigen Verpflichtungen des übertragenden Rechtsträgers zu passivieren, die ihn wirtschaftlich belasten. 117

Zu passivieren hat der übernehmende Rechtsträger demnach auch Pensionsverpflichtungen des übertragenden Rechtsträgers. So braucht der übertragende Rechtsträger eine **Pensionsrückstellung** gemäß § 249 I 1 HGB iVm Art. 28 EGHGB nicht bilden, wenn der Pensionsberechtigte seinen Anspruch vor dem 1.1.1987 erworben hat. Dieses Passivierungswahlrecht für die bezeichneten Altzusagen nach der Übergangsregelung des Art. 28 EGHGB wurde mit Einführung des BiRiLiG aufgenommen. Denn nach altem Recht mussten keine Rückstellungen für Pensionsverpflichtungen gebildet werden. Demgegenüber besteht heute nach § 249 Satz 1 HGB für Pensionsverpflichtungen eine Passivierungspflicht. Gehen Pensionsverpflichtungen bei der Verschmelzung auf den übernehmenden Rechtsträger über, so handelt es sich für den übernehmenden Rechtsträger nicht mehr um eine Altzusage iSd Art. 28 EGHGB. Vielmehr entsteht für den übernehmenden Rechtsträger im Zuge der Anschaffung des Vermögens des übernehmenden Rechtsträgers 118

---

[104] Knop/Küting in Küting/Weber § 255 HGB Rn. 92–96; Müller in Kallmeyer UmwG § 24 Rn. 6 ff.
[105] IDW RS HFA 42 Rn. 36 ff; Pfitzer WP-Handbuch 2014, Teil F, Rn. 74.

die Pensionsverpflichtung neu. Vor diesem Hintergrund hat der übernehmende Rechtsträger auch für vor dem 1.1.1987 erteilte Zusagen eine Pensionsrückstellung zu passivieren.[106]

cc) Latente Steuern

118a Beim übertragenden Rechtsträger bilanzierte aktive oder passive latente Steuern werden vom übernehmenden Rechtsträger nicht übernommen. Vielmehr hat der übernehmende Rechtsträger neu zu prüfen, ob aktive und/oder passive latente Steuern angesetzt werden dürfen bzw. anzusetzen sind. Die Bildung aktiver oder passiver latenter Steuern erfolgt in Bezug auf die übernommenen Vermögensgegenstände und Schulden erfolgsneutral zugunsten bzw. zulasten des Geschäfts- oder Firmenwertes bzw. des Eigenkapitals, wenn der Verschmelzungsvorgang erfolgsneutral ist.[107]

dd) Konfusion von Forderungen und Verbindlichkeiten

119 Beim Übergang des Vermögens des übertragenden Rechtsträgers müssen Forderungen und Verbindlichkeiten der beteiligten Rechtsträger untereinander infolge ihrer Vereinigung in einer Hand entfallen.[108] Angesichts dieser **Konfusion** bei der Verschmelzung stellen diese ursprünglichen Forderungen und Verbindlichkeiten von übertragendem und übernehmendem Rechtsträger untereinander Ansprüche und Verpflichtungen des übernehmenden Rechtsträgers gegen sich selbst dar.

120 Derartige Ansprüche und Verpflichtungen gegenüber sich selbst können im handelsrechtlichen Jahresabschluss nicht ausgewiesen werden. Entsprechendes gilt für Rückstellungen des übertragenden oder des übernehmenden Rechtsträgers aus ungewissen Verpflichtungen gegenüber dem jeweils anderen an der Verschmelzung beteiligtem Rechtsträger.

121 Soweit sich Forderungen und Verbindlichkeiten bei der Konfusion gleichwertig gegenüberstehen, können sie erfolgsneutral gegeneinander ausgebucht werden. Hingegen ergeben sich immer dann Erfolgswirkungen, wenn die Verbindlichkeit die aktivierte Forderung etwa infolge der außerplanmäßigen Abschreibung der Forderung gemäß § 253 III, IV HGB überschreitet oder eine Rückstellung aufzulösen ist.

b) Bewertung

122 Bewertet der übernehmende Rechtsträger die übernommenen Vermögensgegenstände und Schulden nach § 24 UmwG mit seinen Anschaffungskosten, so sollte die Verschmelzung selbst erfolgsneutral verlaufen.[109] Erfolgswirkungen können sich lediglich aus der Folgebewer-

---

[106] *Naumann* in Festschrift Ludewig S. 697; *Pohl* Handelsbilanzen S. 41.
[107] IDW RS HFA 42 Rn. 36 ff.
[108] *Deubert/Hoffmann* in Winkeljohann/Förschel/Deubert, Teil K, Rn. 30.

tung der übernommenen Vermögensgegenstände und Schulden des übertragenen Rechtsträgers ergeben. Die Anschaffungskosten gemäß § 24 UmwG bilden die Wertobergrenze iSv § 253 I 1 HGB im Jahresabschluss des übernehmenden Rechtsträgers bei der Folgebewertung. Die Bestimmung der Anschaffungskosten des übernehmenden Rechtsträgers wird im folgenden Abschnitt näher beschrieben.[110] Die ermittelten Anschaffungskosten und mögliche Unterschiedsbeträge sind auf die einzelnen übernommenen Vermögensgegenstände und Schulden des übertragenden Rechtsträgers zu verteilen.[111]

aa) Bestimmung der Anschaffungskosten

Unter **Anschaffungskosten** iSd § 24 UmwG iVm § 255 I HGB sind sämtliche Aufwendungen zu verstehen, die zum Erwerb der Vermögensgegenstände und Schulden des übertragenden Rechtsträgers geleistet werden. Umfang und Höhe der Anschaffungskosten hängen von der Art der Gegenleistung für das übernommene Vermögen ab.[112] Für die Art der Gegenleistung wiederum ist die Art der Verschmelzung[113] nach § 2 UmwG sowie die Verschmelzungsrichtung ausschlaggebend. Dabei sind drei mögliche Verschmelzungsrichtungen zu unterscheiden:
- Von einem **upstream merger**[114] wird gesprochen, wenn die Untergesellschaft auf die Obergesellschaft verschmolzen wird.
- Dem gegenüber handelt es sich um einen sog. **downstream merger**,[115] wenn umgekehrt die Obergesellschaft auf die Untergesellschaft verschmolzen wird.

Der dritte Fall der Verschmelzung wird als **Side-Step Merger**[116] bezeichnet. Dabei handelt es sich um die Verschmelzung zweier Schwestergesellschaften.

(1) Upstream Merger. Nach der Art der Gegenleistung[117] werden bei der folgenden Darstellung zur Bewertung zu Anschaffungskosten nach § 24 UmwG beim upstream merger drei Konstellationen unterschieden und jeweils gesondert erläutert. Besitzt die aufnehmende Gesellschaft vor einer Verschmelzung durch Aufnahme keine Anteile an der übertragenden Gesellschaft oder handelt es sich um eine Verschmelzung durch Neugründung, ist für die Verschmelzung das Kapital der aufnehmenden Gesellschaft zu erhöhen.[118] Statt einer Kapitalerhöhung oder ergänzend dazu kann der übernehmende Rechtsträger bei der Verschmelzung durch Aufnahme den Gesellschaftern der übertragenden

123

124

---

[109] Allerdings in Bezug auf andere Meinungen im Schrifttum → Rn. 145 ff.
[110] → Rn. 123 ff.
[111] → Rn. 174 ff.
[112] → Rn. 103 f.
[113] → Rn. 89; → Rn. 103 f.
[114] → Rn. 124 ff.
[115] → Rn. 157 ff.
[116] → Rn. 168.
[117] Ausführlich → Rn. 89; → Rn. 103 f.
[118] → Rn. 125 ff.

Gesellschaft bereits bestehende eigene Anteile gewähren. Hingegen handelt es sich vollumfänglich um eine Verschmelzung ohne Kapitalerhöhung, sofern die aufnehmende Gesellschaft bereits sämtliche Anteile der übertragenden Gesellschaft besitzt.[119] Schließlich sind Mischfälle denkbar, in denen ein Teil der Anteile der übertragenden Gesellschaft von der Übernehmerin, ein anderer Teil hingegen von anderen Gesellschaftern gehalten wird.[120]

125 **(a) Verschmelzung mit Kapitalerhöhung.** Das **Kapital der aufnehmenden Gesellschaft** ist immer dann **zu erhöhen,** wenn es sich um eine Verschmelzung zur Neugründung handelt. Daneben ist das Kapital bei der Verschmelzung durch Aufnahme zu erhöhen, sofern die aufnehmende Gesellschaft keine oder nicht alle Anteile der übertragenden Gesellschaft besitzt und an die Gesellschafter der übertragenden Gesellschaft keine eigenen, sondern ausschließlich neue Anteile ausgegeben werden, §§ 54 I, 68 I UmwG.

126 Die Verschmelzung mit Kapitalerhöhung stellt dem Grunde nach eine **mittelbare**[121] **Sacheinlage** der Gesellschafter der übertragenden Gesellschaft in die übernehmende Gesellschaft dar.[122] Die Gesellschafter der übertragenden Gesellschaft legen Vermögensgegenstände und Schulden der Überträgerin in die aufnehmende Gesellschaft ein. Nicht die Überträgerin, sondern ihre Gesellschafter erhalten für diese Sacheinlage neue Anteile an der aufnehmenden Gesellschaft sowie gegebenenfalls bare Zuzahlungen zum Ausgleich von Spitzenbeträgen.

127 Dieser Gedanke der mittelbaren Sacheinlage ist bedeutend für die Ermittlung der Anschaffungskosten des übertragenen Vermögens nach § 24 UmwG.

128 **(aa) Kapitalgesellschaft als aufnehmende Gesellschaft.** Die formalrechtlichen Bedingungen einer Sacheinlage ergeben sich für Kapitalgesellschaften aus den Vorschriften der §§ 27, 183 AktG bzw. §§ 5, 56 GmbHG. Die **Bewertung von Sacheinlagen** selbst hingegen ist gesetzlich nicht geregelt.

129 Insofern haben sich im Schrifttum[123] Grundsätze für die Bewertung von Sacheinlagen entwickelt. Diese Grundsätze liegen auch für die Anschaffungskosten des übernehmenden Rechtsträgers bei der Verschmelzung mit Kapitalerhöhung zu Grunde.[124] Die Leistung barer Zuzahlungen ändert an diesen Bewertungsgrundsätzen nichts.[125]

---

[119] → Rn. 144 ff.
[120] → Rn. 153 ff.
[121] *Pohl* Handelsbilanzen S. 71; *Naumann* in Festschrift Ludewig S. 690.
[122] *Angermayer* WPg 1995 S. 683; *Hense* in IDW Reform des Umwandlungsrechts S. 184; *Knop/Küting* in Küting/Weber § 255 HGB Rn. 92.
[123] Vgl. zum Folgenden vor allem ADS § 255 HGB Rn. 95 ff.; *Schubert/Gadek* in Beck'scher Bilanzkommentar § 255 Rn. 144 ff; *Knop/Küting* in Küting/Weber § 255 HGB Rn. 93.
[124] *Hense* in IDW Reform des Umwandlungsrechts S. 184; *Schulze-Osterloh* ZGR 1993 S. 428; *Widmann* in Widmann/Mayer UmwG § 24 Rn. 286; *Deubert/Hoffmann* in Winkeljohann/Förschle/Deubert, Teil K, Rn. 41.
[125] *Schulze-Osterloh* ZGR 1993 S. 437.

§ 10. Handelsbilanzielle Regelungen (HGB/IFRS) § 10

Die Bewertung der Gegenleistung bei Sacheinlagen richtet sich diesen 130
Grundsätzen zufolge nach dem so genannten Ausgabebetrag für die bei
einer Kapitalerhöhung ausgegebenen neuen Anteile. Dieser Ausgabebetrag neuer Anteile kann dem Nennwert oder dem Nennwert zuzüglich eines Aufgelds entsprechen. Ein Aufgeld (Agio) ist bei der aufnehmenden Gesellschaft in die Kapitalrücklage nach § 272 II Nr. 1 HGB einzustellen. Den Höchstbetrag des Ausgabebetrags neuer Anteile bildet allerdings der Zeitwert der Sacheinlage.[126]

Der Ausgabebetrag stellt bei der Verschmelzung mit Kapitalerhöhung 131
die Gegenleistung des aufnehmenden Rechtsträgers für das übernommene Vermögen des übertragenden Rechtsträgers dar. Was als Ausgabebetrag neuer Anteile und damit als Anschaffungskosten bei Sacheinlagen anzusehen ist, richtet sich nach dem Kapitalerhöhungsbeschluss.

– Im Kapitalerhöhungsbeschluss kann ein betraglich bestimmtes Agio festgesetzt sein. Dann bildet zwingend der Nennbetrag zuzüglich des vertraglich konkretisierten Agios die Anschaffungskosten der Sacheinlage.

– Im Kapitalerhöhungsbeschluss kann stattdessen vorgesehen werden, dass eine positive Differenz zwischen dem Zeitwert der Sacheinlage und dem Nominalwert der Kapitalerhöhung in die Kapitalrücklage einzustellen ist. Das Agio ist vertraglich hier somit nicht beziffert. In diesem Fall werden die Anschaffungskosten durch die Nominalkapitalerhöhung zuzüglich Dotierung der Kapitalrücklage bestimmt.

– Im Kapitalerhöhungsbeschluss kann auch allein der Nominalbetrag der Kapitalerhöhung genannt werden. Wie in diesem Fall die Anschaffungskosten der Sacheinlage zu ermitteln sind, ist durch Auslegung zu bestimmen.

Sowohl in der zweiten als auch in der dritten oben erläuterten Form 132
des Kapitalerhöhungsbeschlusses ergeben sich die Anschaffungskosten uE aus dem tatsächlichen Zeitwert des übernommenen Vermögens im Zeitpunkt der Verschmelzung. Umstritten ist die Bewertung von Sacheinlagen bzw. des übernommenen Vermögens indes dann, wenn im Kapitalerhöhungsbeschluss ein Agio der Höhe nach festgesetzt ist.

Wird im Kapitalerhöhungsbeschluss ein Agio der Höhe nach fest- 133
gesetzt und **entspricht** der **Zeitwert** der Sacheinlage dem **Ausgabebetrag** der neuen Anteile, dann stellt der Ausgabebetrag die Anschaffungskosten iSv § 24 UmwG des übernommenen Vermögens dar. Die übernommenen Vermögensgegenstände und Schulden des übertragenden Rechtsträgers sind somit mit dem Ausgabebetrag der neuen Anteile im Rechnungswesen des übernehmenden Rechtsträgers anzusetzen.

Erreicht der **Zeitwert** der Sacheinlage zwar den Nennbetrag, **nicht** 134
aber den **Ausgabebetrag** der neuen Anteile, dann müssen zwar das Nennkapital sowie gegebenenfalls die Kapitalrücklage wie im Kapitalerhöhungsbeschluss vorgesehen dotiert werden. Die übernommenen

---

[126] Vgl. etwa *Förschle/Hoffmann* in Beck'scher Bilanzkommentar § 247 HGB Rn. 190 ff.; *Wiedemann* in Großkommentar AktG § 183 Rn. 81.

§ 10　　　　　　　　　　　　　　　　3. Teil. Verschmelzung

Vermögensgegenstände und Schulden dürfen allerdings höchstens mit ihrem Zeitwert angesetzt werden. Zugleich muss daher in Höhe des Differenzbetrages zwischen Ausgabebetrag der neuen Anteile und Zeitwert des übergegangenen Vermögens eine Ausgleichsforderung gegen die Gesellschafter des übertragenden Rechtsträgers aktiviert werden.[127] Die Anschaffungskosten gemäß § 24 UmwG des übernehmenden Rechtsträgers entsprechen hier dem Zeitwert des Vermögens.

135　Sofern hingegen der **Zeitwert** der Sacheinlage den **Ausgabebetrag** der neuen Anteile **übersteigt**, besteht im Schrifttum keine Einigkeit über die Bewertung der Sacheinlage.[128] Nach zum Teil vertretener Auffassung[129] soll der übernehmende Rechtsträger das übernommene Vermögen des übertragenden Rechtsträgers in diesem Fall wahlweise entweder mit dem Ausgabebetrag der Anteile oder mit seinem Zeitwert bewerten können. Nach anderer Ansicht[130] werden die Anschaffungskosten gemäß § 24 UmwG auch in diesem Fall ungeachtet des höheren Zeitwerts durch den vertraglich festgelegten Ausgabebetrag bestimmt. Der höhere Zeitwert soll dieser Auffassung zufolge nicht angesetzt werden dürfen. Folgt man dieser letzten Auffassung und bewertet das eingelegte Vermögen mit dem niedrigeren Ausgabebetrag der Anteile, dann entstehen angesichts des tatsächlich höheren Zeitwerts stille Reserven in dem übernommenen Vermögen. Zusätzlich wird die Kapitalrücklage nicht im angemessenen Umfang dotiert.[131]

136　Die bewusste Legung von stillen Reserven in dem zuletzt betrachteten Fall[132] widerspricht eindeutig dem Rechenschaftszweck des handelsrechtlichen Jahresabschlusses. Eine Bewertung der Sacheinlage unter dem Zeitwert ist daher im angloamerikanischen Rechtsraum unzulässig. Wegen des Widerspruchs zum Rechenschaftszweck des Jahresabschlusses und der unzutreffenden Dotierung der Kapitalrücklage hat die aufnehmende Gesellschaft das übernommene Vermögen uE vielmehr mit seinem höheren Zeitwert statt mit dem niedrigeren Ausgabebetrag der neuen Anteile anzusetzen.[133] Die Anschaffungskosten des übernehmenden Rechtsträgers entsprechen hier dem Zeitwert des Vermögens. Diese Sichtweise entspricht grundsätzlich auch dem Vorgehen im Falle eines handelsrechtlichen Konzernabschlusses. Denn demnach sind in dem Konzernabschluss die Vermögenswerte und Schulden des erworbenen Unternehmens zwingend auf der Grundlage der beizulegenden Zeitwerte anzusetzen (§ 301 I 2 HGB), wobei die Aufdeckung der stillen Re-

---

[127] *Veil* in Scholz GmbHG § 5 Rn. 60.
[128] Zu einer ausführlichen Darstellung der Auffassungen des Schrifttums vgl. *Widmann* in Widmann/Mayer UmwG § 24 Rn. 288.
[129] Vgl. *Hense* in IDW Reform des Umwandlungsrechts S. 184 f.; *Knop/Küting* BB 1995 S. 1024; *Claussen/Korth* in Kölner Kommentar zum AktG § 255 HGB Rn. 33.
[130] *Müller* WPg 1996 S. 864; *Pfitzer* in WP-Handbuch 2014, Teil F, Rn. 76 ff.
[131] *Schulze-Osterloh* ZGR 1993 S. 432.
[132] *Naumann* in Festschrift Ludewig S. 690 f.
[133] *Widmann* in Widmann/Mayer UmwG § 24 Rn. 289; *Küting/Hayn/Hütten* BB 1997 S. 565 ff; dazu auch *Schulze-Osterloh* ZGR 1993 S. 429 mwN.

§ 10. Handelsbilanzielle Regelungen (HGB/IFRS) § 10

serven nicht durch die Anschaffungskosten der Beteiligung begrenzt wird.[134]

Dabei muss dann ebenfalls der Teil des Zeitwertes, der den vorgesehenen Ausgabekurs übersteigt, der Kapitalrücklage zugeführt werden. Allerdings erscheint hier eine Einstellung in die Kapitalrücklage nach § 272 II Nr. 4 HGB geboten. In der Kapitalrücklage nach § 272 II Nr. 4 HGB werden andere Zuzahlungen der Gesellschafter in das Eigenkapital erfasst. 137

Diese Bewertungsalternative erscheint zumindest dann zulässig und erforderlich, wenn im Kapitalerhöhungsbeschluss eine höhere Dotierung der Kapitalrücklage nicht ausdrücklich ausgeschlossen ist. 138

Die beiden dargestellten Bewertungsalternativen bei einem den **Ausgabekurs übersteigenden Zeitwert** des Vermögens unterscheiden sich im Zeitablauf durch Verschiebungen zwischen Kapitalrücklage und Gewinnrücklagen. Wird nämlich die Sacheinlage entgegen der hier vertretenen Auffassung mit dem niedrigeren Ausgabebetrag bewertet, so ist auch die Kapitalrücklage entsprechend niedriger dotiert als bei alternativer Bewertung der Sacheinlage mit ihrem tatsächlichen Zeitwert. Bei Bewertung des eingebrachten Vermögens mit dem niedrigeren Ausgabekurs sind indes künftig niedrigere Abschreibungen aufwandswirksam zu verrechnen. Ferner wird bei Veräußerung des eingebrachten Vermögens infolge des niedrigeren Buchwerts ceteris paribus ein höherer positiver Erfolgsbeitrag realisiert. Wird die Sacheinlage hingegen wie hier empfohlen mit dem tatsächlichen Zeitwert bewertet, werden Abschreibungen von einem höheren Ausgangsbetrag ermittelt. Dadurch wird das Jahresergebnis um höhere Abschreibungen verringert als bei einer Bewertung des eingebrachten Vermögens mit dem niedrigeren Ausgabebetrag. Entsprechend niedriger ist der Betrag, der der Gewinnrücklage zugeführt werden kann. Im Ergebnis wird die Kapitalrücklage bei einer Bewertung mit dem niedrigeren Ausgabebetrag zugunsten der Gewinnrücklagen geringer ausgewiesen als bei einer Bewertung mit dem tatsächlichen Zeitwert. Zudem ist zu berücksichtigen, dass im Falle der Bewertung von Sacheinlagen bei einem Ausgabekurs übersteigenden Zeitwert dies dann auch ggf. zu einer Diskrepanz in der Bewertung zwischen dem handelsrechtlichen Einzelabschluss und dem handelsrechtlichen Konzernabschluss führen kann.[135] 139

---

[134] DRS 4 Rn. 23 f.
[135] *Förschle/Deubert* in Beck'scher Bilanzkommentar § 301 HGB Rn. 25 f.

§ 10 3. Teil. Verschmelzung

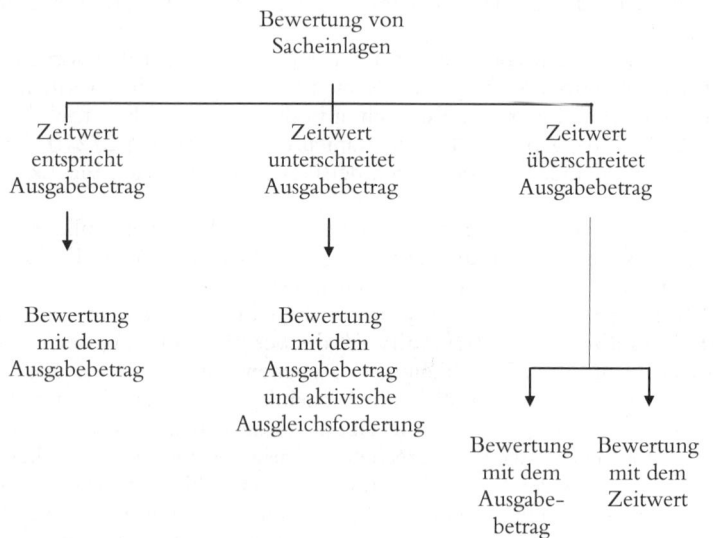

Abb. § 10–3: Bewertung von Sacheinlagen

140 Die Verschmelzung mit Kapitalerhöhung wird anhand des Beispiels § 10–1 erläutert.[136]

141 **(bb) Personengesellschaft als aufnehmende Gesellschaft:** Die dargestellten Bewertungsgrundsätze gelten für Sacheinlagen in **Personengesellschaften** entsprechend.[137] Sie unterscheidet sich von der Bewertung bei Kapitalgesellschaft nur insoweit, als es zwar keine Nennbeträge der Anteile an Personengesellschaften gibt.

142 Doch muss bei Personengesellschaften zwischen Einlagenkonto, Rücklagenkonto, Kapitalkonto II und Darlehenskonto differenziert werden. So ist der Wert des übergegangenen Vermögens bei Personengesellschaften auf dem Kapitalkonto zu erfassen. Ein das Kapitalkonto I (Einlagenkonto) übersteigender Betrag kann etwa den gesamthänderisch gebundenen Rücklagen,[138] einem nicht gesamthänderisch gebundenen Kapitalkonto II oder gegebenenfalls auch dem Darlehenskonto gutgeschrieben werden.

143 Die Kapitalkonten der Gesellschafter sind bei Personengesellschaften bereits im Verschmelzungsvertrag beteiligungsproportional den tatsächlichen Wertverhältnissen der Sacheinlage anzupassen, gegebenenfalls unter Aufstellung von Ergänzungsbilanzen. Der Einlagewert des Vermögens

---

[136] → Rn. 180 ff.
[137] *Schubert/Gadek* in Beck'scher Bilanzkommentar § 255 HGB Rn. 158; *Müller* in Kallmeyer UmwG § 24 Rn. 26.
[138] Zur Gliederung des Eigenkapitals bei Personengesellschaften vgl. auch IDW RS HFA 7, Rn. 42 ff.

§ 10. Handelsbilanzielle Regelungen (HGB/IFRS) § 10

soll nach im Schrifttum vertretener Auffassung bis zur Höhe des Zeitwerts zwischen den Vertragsparteien frei ausgehandelt werden können.[139]

(b) Verschmelzung ohne Kapitalerhöhung: Das Kapital der übernehmenden Gesellschaft darf bei der Verschmelzung durch Aufnahme nicht erhöht werden, wenn und soweit sie im Zeitpunkt der Verschmelzung bereits Anteile an der Überträgerin hält, §§ 54 I 1 Nr. 1, 68 I 1 Nr. 1 UmwG. Eine Kapitalerhöhung ist im Zuge der Verschmelzung durch Aufnahme aber auch dann nach §§ 54 I 2 Nr. 1, 68 I 2 Nr. 1 UmwG nicht zwingend erforderlich, wenn den Gesellschaftern der übertragenden Gesellschaft bereits vorhandene eigene Anteile der Übernehmerin gewährt werden.[140] In diesen Fällen besteht die Gegenleistung in den untergehenden Anteilen an der übertragenden Gesellschaft bzw. in den bestehenden eigenen Anteilen. 144

(aa) Verschmelzung bei Untergang der Beteiligung: Das Schrifttum[141] sieht in der Verschmelzung ohne Kapitalerhöhung einen **tauschähnlichen Vorgang** mit der Folge, dass die Bewertungsgrundsätze bei Tauschvorgängen anzuwenden sein sollen. Nach den Bewertungsgrundsätzen beim Tausch könnte das vom übertragenden Rechtsträger übernommene Vermögen entweder mit dem Buchwert, dem Zeitwert oder einem steuerneutralen Zwischenwert der untergehenden Anteile bewertet werden.[142] Beliebige Zwischenwerte sind hingegen unzulässig. Wird dabei das Wahlrecht zugunsten des höheren Zeitwerts der untergehenden Beteiligung ausgeübt, ergibt sich ein Verschmelzungserfolg, der handelsrechtlich im Ergebnis zu erfassen ist.[143] 145

Angesichts dieser Erfolgswirkungen widerspricht eine solche Bewertung mit dem Zeitwert der untergehenden Anteile dem Zweck der wahlweisen Bewertung zu Anschaffungskosten nach § 24 UmwG. Die wahlweise Bewertung zu Anschaffungskosten nach § 24 UmwG soll dem übernehmenden Rechtsträger entsprechend dem Anschaffungskostenprinzip eine erfolgsneutrale Verschmelzung ermöglichen. Die Verschmelzung kann indes nur dann erfolgsneutral vollzogen werden, wenn das übernommene Vermögen mit dem Buchwert der untergehenden Anteile an der Überträgerin als Anschaffungskosten bewertet wird. 146

Die dargestellten Erfolgswirkungen bei Anwendung der Bewertungsgrundsätze beim Tausch sind aber nicht nur mit dem in § 24 UmwG aufgenommenen Grundgedanken des Anschaffungskostenprinzips unvereinbar. Sie sind zudem aber auch gerade deshalb schwer zu rechtfertigen, weil es sich um eine Verschmelzung im Konzernverbund handelt, wenn 147

---

[139] *Pfitzer* in WP-Handbuch 2014, Teil F, Rn. 78.
[140] *Hannappel* in Goutier/Knopf/Tulloch UmwG § 24 Rn. 26.
[141] IDW RS HFA 42 Rn. 41 ff.; *Müller* in Kallmeyer UmwG § 24 Rn. 31; *Müller* WPg 1996 S. 864; *Naumann* in Festschrift Ludewig S. 691; *Pfitzer* in WP-Handbuch 2014, Teil F, Rn. 81.
[142] IDW RS HFA 42 Rn. 41 ff. Bei dem erfolgsneutralen Zwischenwert handelt es sich um den Buchwert der untergehenden Anteile, zzgl. Ertragsteuerbelastung, falls der Tausch ertragsteuerlich zu einer Gewinnrealisierung führt.
[143] Zur Diskussion eines negativen Geschäfts- oder Firmenwerts → Rn. 191 ff.

der übernehmende Rechtsträger bereits sämtliche Anteile am übertragenden Rechtsträger besitzt.

148 So ist die Bewertung eines erhaltenen Vermögensgegenstandes mit dem Zeitwert des eingetauschten Vermögensgegenstandes beim Tausch allein darin begründet, dass in der Hingabe des Vermögensgegenstandes ein **Umsatzakt** gesehen wird.[144] Ein solcher Umsatzakt findet allerdings bei Verschmelzung ohne Kapitalerhöhung aus Sicht der übernehmenden Gesellschaft nicht statt.[145] Der übernehmende Rechtsträger ersetzt vielmehr allein seine bisher aktivierten Anteile an der übertragenden Gesellschaft durch deren einzelne Vermögensgegenstände und Schulden. Mittelbar gehörten ihm diese Vermögensgegenstände und Schulden bereits mit Erwerb der Beteiligung. Die Verschmelzung kann für den übernehmenden Rechtsträger zwar als Anschaffungsvorgang verstanden werden. Sie stellt für ihn nicht aber auch einen Umsatzvorgang dar, mit dem ein Wertsprung zum Markt geschafft wird. Der Untergang der Beteiligung kann somit einen Tausch und demzufolge eine erfolgswirksame Verschmelzung nicht begründen. Daher können uE die Bewertungsgrundsätze beim Tausch auf die Verschmelzung ohne Kapitalerhöhung gegen Untergang der Beteiligung nicht angewendet werden.

149 Vielmehr bemessen sich uE die **Anschaffungskosten** des übernommenen Vermögens des übertragenden Rechtsträgers bei der Verschmelzung gegen Untergang der Beteiligung in Höhe des Buchwerts bzw. der historischen Anschaffungskosten der Beteiligung am übertragenden Rechtsträger.[146] Setzt man voraus, dass das Wahlrecht zur Bewertung mit den Anschaffungskosten nach § 24 UmwG nur ausgeübt werden kann, wenn die Buchwerte des übertragenen Vermögens nicht höher sind als die Anschaffungskosten (Buchwert) der Beteiligung am übertragenden Rechtsträger,[147] dann kann bei der Verschmelzung weder ein Verschmelzungsverlust noch ein Verschmelzungsgewinn entstehen. Die Vermeidung einer Erfolgswirkung entspricht auch der Sichtweise im handelsrechtlichen Konzernabschluss auf Ebene des übernehmenden Rechtsträgers, sofern eine 100%-ige Tochtergesellschaft auf die Muttergesellschaft verschmolzen wird. Denn hierdurch ergibt sich keine materielle Änderung im Konzernverbund.

Die Verschmelzung ohne Kapitalerhöhung bei Untergang der Beteiligung wird anhand des Beispiels § 10–2 erläutert.[148]

150 **(bb) Verschmelzung gegen Ausgabe bestehender eigener Anteile.** Da eine (Wieder-) Ausgabe erworbener Anteile nach dem BilMoG „wie eine Kapitalerhöhung" abzubilden ist (§ 272 I b HGB), bemessen sich die Anschaffungskosten des erworbenen (Rein-)vermögens nach den

---

[144] *Niehus* Rechnungslegung und Prüfung der GmbH nach neuem Recht Rn. 76; *Knop/Küting* in *Küting/Weber* § 255 HGB Rn. 109.
[145] *Schulze-Osterloh* ZGR 1993 S. 438; *Priester* in Lutter UmwG § 24 Rn. 43.
[146] Vgl. auch Arbeitskreis Umwandlungsrecht ZGR 1993 S. 329; *Priester* in Lutter UmwG § 24 Rn. 61.
[147] → Rn. 95 ff.
[148] → Rn. 185.

obigen Sacheinlagegrundsätzen. Demnach ist ein den Nennbetrag oder den rechnerischen Wert übersteigender Differenzbetrag aus der Ausgabe der Anteile bis zur Höhe der bisher mit den frei verfügbaren Rücklagen verrechneten Betrages (nach § 272 Ia HGB) in die jeweilige Rücklage und der darüber hinausgehende Differenzbetrag in die Kapitalrücklage nach § 272 II Nr. 1 HGB einzustellen. Die Anschaffungskosten sind durch den für die eigenen Anteile erzielten Betrag, dh maximal den vorsichtig geschätzten Zeitwert des übergehenden Reinvermögens bestimmt.[149]

Wirtschaftlich kann es keinen Unterschied machen, ob die übernehmende Kapitalgesellschaft ihr Kapital im Zuge der Verschmelzung erhöht und die neuen Anteile den Gesellschaftern der übertragenden Gesellschaft gewährt, oder ob sie stattdessen bereits bestehende eigene Anteile ausgibt. Bei der Hingabe eigener Anteile im Gegenzug zur Übertragung des Vermögens handelt es sich daher um einen Umsatzakt. Insofern ist es folgerichtig die **Anschaffungskosten** bei der Verschmelzung gegen Hingabe bestehender eigener Anteile anhand der Bewertungsmethoden für Sacheinlagen zu bestimmen. 151

Im Interesse eines zutreffenden[150] Kapitalausweises ist hierbei bedeutsam, dass der Zeitwert des übernommenen Vermögens ermittelt wird, um die **Anschaffungskosten** iSv § 24 UmwG möglichst marktgerecht darzustellen. Denn nur wenn die Anschaffungskosten nach dem Zeitwert des eingebrachten Vermögens bemessen werden, können die Beziehungen der Gesellschafter untereinander zutreffend erfasst werden. 152

(c) Mischfall. Bei der vorstehend erläuterten Bestimmung der Anschaffungskosten des übernehmenden Rechtsträgers wurde unterstellt, dass der übertragende Rechtsträger entweder ausschließlich durch Kapitalerhöhung der übernehmenden Gesellschaft oder allein ohne Kapitalerhöhung auf die Übernehmerin verschmolzen wird. 153

Neben diesen Reinformen der Verschmelzung mit oder ohne Kapitalerhöhung sind auch Mischformen denkbar. So kann der übernehmende Rechtsträger bereits einen Teil der Anteile der Übertragerin innehaben, während die restlichen Anteile von außenstehenden Aktionären gehalten werden. In diesem Fall stellt sich die Verschmelzung als Mischform dar. Soweit der übernehmende Rechtsträger an der Übertragerin beteiligt ist, darf ihr Kapital für Verschmelzung nach §§ 54 I 1, 68 I 1 UmwG nicht erhöht werden. Hingegen ist das Kapital der aufnehmenden Gesellschaft zwingend in dem Umfang zu erhöhen, in dem außenstehende Gesellschafter an der übertragenden Gesellschaft beteiligt sind und ihnen keine bestehenden eigenen Anteile der aufnehmenden Gesellschaft gewährt werden. 154

Eine solche Verschmelzung ist als Kombination der Verschmelzung mit und ohne Kapitalerhöhung abzubilden.[151] Dabei werden die Anschaffungskosten nach den Grundsätzen der Bewertung von Sacheinlagen 155

---

[149] IDW RS HFA 42 Rn. 53.
[150] *Schulze-Osterloh* ZGR 1993 S. 436 f.
[151] IDW RS HFA 42 Rn. 54 ff.

§ 10   3. Teil. Verschmelzung

bestimmt, soweit die aufnehmende Gesellschaft ihr Kapital erhöht. Der andere Teil der Anschaffungskosten des übernommenen Vermögens leitet sich dann uE im Regelfall aus dem Buchwert der untergehenden Anteile an der Überträgerin ab.

156 Nachdem im vorangegangenen Abschnitt die Ermittlung der Anschaffungskosten bei einem upstream merger dargestellt wurde, geht es im Folgenden um den downstream merger.

157 **(2) Downstream Merger. (a) Allgemeines.** Im Unterschied zum upstream merger wird bei einem downstream merger die Obergesellschaft auf eine untergeordnete Gesellschaft verschmolzen. Somit ist die übertragende Kapitalgesellschaft an der aufnehmenden Kapitalgesellschaft beteiligt. Vereinfachend wird im Folgenden die übernehmende Gesellschaft auch als Tochtergesellschaft und die übertragende Gesellschaft als Muttergesellschaft bezeichnet. Es handelt sich hierbei stets um eine Verschmelzung durch Aufnahme iSv § 2 Nr. 1 UmwG.

158 Während der upstream merger den Regelfall darstellt, kommen downstream merger in der Praxis eher seltener vor. Zumindest die steuerliche Zulässigkeit des downstream merger war lange umstritten. Sie ist mittlerweile indes grundsätzlich als steuerneutral zulässig geklärt.[152]

159 Gründe für einen downstream merger können etwa in der Vermeidung von Grunderwerbsteuer oder in der Erhaltenswürdigkeit der Tochtergesellschaft liegen, weil diese börsennotiert ist. Auch in der steuerlich eingeschränkten Nutzung von Verlustvorträgen nach § 8c KStG bzw. § 12 III 2 UmwStG kann ein Grund für einen downstream merger liegen. Im Handelsrecht ist der downstream merger nicht ausdrücklich geregelt, wird jedoch gemäß §§ 54 I 2 Nr. 2, 68 I 2 Nr. 2 UmwG als zulässig angesehen.

160 **(b) Gegenleistung. (aa) Verschmelzung mit Kapitalerhöhung.** Auch bei einem downstream merger ist eine Verschmelzung mit oder ohne Kapitalerhöhung denkbar.

161 Die Tochtergesellschaft muss ihr **Nennkapital erhöhen,** soweit die Muttergesellschaft keine Anteile an der Übernehmerin hat, sondern andere Gesellschafter an der Tochtergesellschaft beteiligt sind, §§ 54 I 2 Nr. 2, 68 I 2 Nr. 2 UmwG. Mit dieser Kapitalerhöhung soll die Beteiligung der bisherigen Gesellschafter der Muttergesellschaft an den stillen Reserven des auf die Tochtergesellschaft übergehenden Vermögens sichergestellt werden. Soweit das Kapital der aufnehmenden Gesellschaft erhöht wird und die neuen Anteile daraus von den Gesellschaftern der Muttergesellschaft übernommen werden, sind die Anschaffungskosten auch bei einem downstream merger nach den Grundsätzen der Sacheinlage[153] zu ermitteln. Entsprechendes gilt auch, wenn die Tochtergesellschaft den Anteilsinhabern der Muttergesellschaft eigene Anteile gewährt.[154]

---

[152] Folgend aus § 11 II 2 UmwStG.
[153] → Rn. 128 ff.
[154] *Pfitzer* in WP-Handbuch 2014, Teil F, Rn. 86.

(bb) **Verschmelzung ohne Kapitalerhöhung.** (α) Durchgangerwerb oder Direkterwerb: Die Muttergesellschaft kann nach §§ 54 I 2 Nr. 2, 68 I 2 Nr. 2 UmwG **ohne Kapitalerhöhung** auf die Tochtergesellschaft verschmolzen werden, soweit die übertragende Gesellschaft Anteile an der übernehmenden Gesellschaft innehat. Das setzt allerdings voraus, dass die Anteile voll eingezahlt sind. Soweit zur Verschmelzung der Muttergesellschaft das **Kapital** der aufnehmenden Tochtergesellschaft nicht zu erhöhen ist, werden die bisherigen Anteile der übertragenden Gesellschaft an der übernehmenden Gesellschaft den Gesellschaftern des Mutterunternehmens als Abfindung gewährt. 162

Gedanklich kann sich diese Gewährung der Anteile der Muttergesellschaft an ihre Gesellschafter entweder als Durchgangserwerb oder als Direkterwerb vollziehen.[155] 163

Bei einem **Durchgangserwerb** übernimmt die Tochtergesellschaft gedanklich zunächst die Anteile der Muttergesellschaft an der Tochtergesellschaft als eigene Anteile. Daran anschließend werden diese Anteile an die bisherigen Anteilseigner der Muttergesellschaft weitergegeben. Die bisherigen Anteilseigner der Muttergesellschaft werden damit Anteilseigner der Tochtergesellschaft. Bei einem **Direkterwerb** hingegen werden die Anteile an der Tochtergesellschaft unmittelbar von der Muttergesellschaft an ihre Gesellschafter ausgekehrt. 164

Lange Zeit bestand keine Einigkeit, wie sich der downstream merger ohne Kapitalerhöhung der untergeordneten Gesellschaft gestaltet. Aus der Regelung des § 20 I Nr. 3 UmwG wird nunmehr geschlossen, dass die bisherigen Anteilseigner der Muttergesellschaft die Anteile an der Tochtergesellschaft im Wege des Direkterwerbs erhalten.[156] So ist als Wirkung der Eintragung der Verschmelzung in § 20 I Nr. 3 UmwG ausdrücklich vorgesehen, dass die Anteilsinhaber der übertragenden Rechtsträger Anteilsinhaber des übernehmenden Rechtsträgers werden. Ein Übergang der Anteile zunächst auf die Tochtergesellschaft, die dann die Anteile an die Gesellschafter der Muttergesellschaft weitergibt, kann der genannten Regelung des § 20 I Nr. 3 UmwG nicht entnommen werden. Nach dem Wortlaut des § 20 I Nr. 3 UmwG ist damit für die Annahme eines Durchgangserwerbs kein Raum. Vielmehr gelten die Anteile der übertragenden Muttergesellschaft an der Tochtergesellschaft mit der Eintragung der Verschmelzung wirtschaftlich als an ihre Anteilseigner ausgekehrt. Die Anteile der Muttergesellschaft an der Tochtergesellschaft berühren somit den Jahresabschluss der Tochtergesellschaft nicht. 165

(β) Bestimmung der Anschaffungskosten. Die Tochtergesellschaft erwirbt das (Rein-) Vermögen der Muttergesellschaft ohne Gegenleistung. Dieser Vermögenstransfer ist als erfolgsneutrale Sachzuzahlung zu qualifizieren. Die Anschaffungskosten des von der Tochtergesellschaft erworbe- 166

---

[155] Vgl. etwa *Dreissig* DB 1997 S. 1302.
[156] *Grunewald* in Lutter UmwG § 20 Rn. 60; *Marsch-Barner* in Kallmeyer UmwG § 20 Rn. 29; IDW RS HFA 42, Rn. 47 ff.; *Pfitzer* in WP-Handbuch 2014, Teil F, Rn. 84 ff.

nen Reinvermögens ermitteln sich folglich nach dessen vorsichtig ermittelten Zeitwert unter Dotierung der Kapitalrücklage nach § 272 II Nr. 4 HGB. Bei der Bewertung des übergegangenen Vermögens des Mutterunternehmens sind die Anteile an der aufnehmenden Gesellschaft auszuscheiden. Auch ein etwaiger Konfusionsgewinn oder -verlust ist in die Kapitalrücklage einzustellen.[157] Dieser Anschaffungskostenermittlung liegt der Gedanke zugrunde, dass die Tochtergesellschaft bei einem downstream merger ohne Kapitalerhöhung faktisch die Anteile an der Muttergesellschaft von deren Gesellschaftern übernimmt. Diese Anteile an der Muttergesellschaft, über die die aufnehmende Tochtergesellschaft eine logische Sekunde vor dem downstream merger verfügt, gehen mit dem Übergang des Vermögens der übertragenden Muttergesellschaft unter. Als Abfindung für die Anteile an der Muttergesellschaft erhalten die Gesellschafter die Anteile der Muttergesellschaft an der übernehmenden Tochtergesellschaft.

167 Problematisch ist ein downstream merger dann, wenn das zu Zeitwerten bewertete Reinvermögen der übertragenden Muttergesellschaft abzüglich der ausgekehrten Anteile an der Tochtergesellschaft negativ ist. Das ist etwa der Fall, wenn die Beteiligung der Muttergesellschaft an der Tochtergesellschaft fremdfinanziert war und die Mutter neben der Beteiligung an der Tochter keine weiteren Vermögensgegenstände besitzt. Im Zuge des downstream merger geht das negative Reinvermögen der Muttergesellschaft auf die Tochtergesellschaft über, ohne dass ihr ein entsprechender Aktivposten gegenüber steht. Der Übergang des negativen Reinvermögens reduziert das Eigenkapital der Tochtergesellschaft und bedingt daher das Risiko einer verbotenen Einlagenrückgewähr. Kann diese Verringerung des Eigenkapitals der Tochtergesellschaft nicht durch ausreichend frei verfügbare Eigenkapitalien der Tochtergesellschaft abgefangen werden, besteht die Gefahr einer Unterbilanz bei der Tochtergesellschaft. Daher erscheint dieser downstream merger wegen des Verstoßes gegen Kapitalerhaltungsgrundsätze (§ 62 AktG, §§ 30 ff. GmbHG) in diesem Falle nicht zulässig. Dabei soll sogar dann ein Verstoß gegen § 30 GmbHG vorliegen, wenn das von der Mutter auf die Tochter übertragene Reinvermögen lediglich zu Buchwerten negativ, zu Zeitwerten aber positiv ist. Dies beruht auf dem Gedanken, dass stille Reserven und/oder ein originärer Geschäfts- oder Firmenwert der Muttergesellschaft, die auf die Tochtergesellschaft übergehen, bei der Ermittlung einer Unterbilanz der Tochter unberücksichtigt bleiben soll.[158] Diese Auffassung ist unseres Erachtens jedoch ua vor dem Hintergrund, dass es sich bei der Bewertung zu Anschaffungskosten eben nicht um einen originären Geschäfts- oder Firmenwert handelt kritisch zu hinterfragen. Vermieden werden kann dieses Risiko der verbotenen Einlagenrückgewähr dadurch, dass die aufnehmende Tochtergesellschaft eine angemessene Gegenleistung von den Anteilseignern der Muttergesellschaft dafür erhält, dass sie Verbindlichkeiten der Muttergesellschaft übernimmt. Das dargelegte Ri-

---

[157] *Pfitzer* in WP-Handbuch 2014, Teil F, Rn. 87; IDW RS HFA 42 Rn. 47 ff.
[158] *Hörtnagl* in Schmitt/Hörtnagl/Stratz UmwG § 139 UmwG Rn. 6 mwN.

siko lässt sich ggf. ferner auch dadurch vermeiden, dass vor Durchführung der Verschmelzung eine Kapitalherabsetzung bei der übernehmenden Gesellschaft erfolgt.[159]

(3) Verschmelzung von Schwestergesellschaften *(side-step merger)*. Vor allem bei der Umstrukturierung in einem Konzern werden häufig Schwestergesellschaften miteinander verschmolzen. Werden hierzu Anteile ausgegeben, dann gelten die für die Verschmelzung mit Kapitalerhöhung entwickelten Grundsätze auch hier.[160] Von der Gewährung von Anteilen darf allerdings dann abgesehen werden, wenn alle Anteilsinhaber eines übertragenden Rechtsträgers auf die Anteilsgewährung in notariell beurkundeter Form verzichten (§§ 54 I 4, 68 I 3 UmwG), was typischerweise bei der Verschmelzung von Tochtergesellschaften der Fall ist. In diesem Falle gelten die Ausführungen zur Behandlung eines downstream merger entsprechend.[161]

(4) Aufwendungen im Zusammenhang mit der Umwandlung. Bei der Verschmelzung entstehen im Zuge der Vermögensübertragung für den übernehmenden Rechtsträger Aufwendungen. Dabei ist zu unterscheiden zwischen objektbezogenen Aufwendungen und sonstigen Aufwendungen.

Als **objektbezogener Aufwand** etwa kann bei Übergang von Grundvermögen Grunderwerbsteuer anfallen. Objektbezogene Aufwendungen sind bei Ausübung des Wahlrechts zur Bewertung mit den tatsächlichen Anschaffungskosten zwingend zu aktivieren.[162]

Ein Meinungsstreit besteht im Schrifttum hingegen über die Behandlung der **sonstigen Aufwendungen.** Bei den sonstigen Aufwendungen im Zuge der Verschmelzung handelt es sich vor allem um Rechts- und Beratungskosten für die Erstellung des Verschmelzungsvertrages, für die Erstellung und Prüfung der Schlussbilanz etc.[163]

So wird zum Teil die Auffassung[164] vertreten, dass die sonstigen Aufwendungen als Anschaffungsnebenkosten zu aktivieren sind. Begründet wird dies mit dem handelsrechtlichen Verständnis der Verschmelzung als Anschaffungsvorgang für den übernehmenden Rechtsträger. Demzufolge sollen die sonstigen verschmelzungsbedingten Aufwendungen zumindest dann als Anschaffungsnebenkosten aktiviert werden, wenn der übernehmende Rechtsträger das übernommene Vermögen entsprechend dem Bewertungswahlrecht nach § 24 UmwG iVm § 253 I 1 HGB mit seinen Anschaffungskosten bewertet. Mit der Aktivierung auch sonstiger verschmelzungsbedingter Aufwendungen würde dem Grundgedanken des

---

[159] *Mayer* in Widmann/Mayer UmwG § 5 Rn. 40.1.
[160] → Rn. 125 ff.
[161] IDW RS HFA 42 Rn. 50 f.
[162] Vgl. etwa *Widmann* in Widmann/Mayer UmwG § 24 Rn. 406.
[163] Vgl. etwa *Widmann* in Widmann/Mayer UmwG § 24 Rn. 404; *Neumann* DStR 1997 S. 2041.
[164] *Deubert/Hoffmann* in Winkeljohann/Förschle/Deubert, Teil K, Rn. 55; *Müller* in Kallmeyer UmwG § 24 Rn. 12.

Anschaffungskostenprinzips genügt, demzufolge die Anschaffung erfolgsneutral verlaufen soll.

173 Zu beachten ist allerdings, dass nach § 255 I HGB Aufwendungen nur als Anschaffungskosten behandelt werden dürfen, soweit sie einem Vermögensgegenstand einzeln zugeordnet werden können. Eine Behandlung als Anschaffungskosten scheidet indes schon aus Vereinfachungsgründen dann aus, wenn Aufwendungen den Vermögensgegenständen nur durch Schlüsselung zugeordnet werden können.[165] Von objektbezogenen Aufwendungen abgesehen, sind verschmelzungsbedingte Aufwendungen regelmäßig den übernommenen Vermögensgegenständen nicht einzeln zuzuordnen. Insofern sind uE sonstige verschmelzungsbedingte Aufwendungen nicht als Anschaffungsnebenkosten zu aktivieren.[166]

bb) Verteilung der Anschaffungskosten

174 Entscheidet sich der übernehmende Rechtsträger nach § 24 UmwG für eine Bewertung mit seinen Anschaffungskosten, sind diese Anschaffungskosten nach § 24 UmwG auf das vom aufnehmenden Rechtsträger übernommene Vermögen zu verteilen. Maßgebend für die Verteilung sind die Grundsätze zum Erwerb von Sachgesamtheiten.[167]

175 Bei der Verteilung der Anschaffungskosten auf die vom übertragenden Rechtsträger übernommenen Vermögensgegenstände und Schulden ist der **Grundsatz der Einzelbewertung** des § 252 I Nr. 3 HGB zu beachten. Dabei sind wie erläutert auch beim übertragenden Rechtsträger bisher nicht bilanzierte Vermögensgegenstände und Schulden einzubeziehen.[168] Bei der Verteilung der Anschaffungskosten bilden die Zeitwerte die Wertobergrenze.[169] Die den einzelnen Vermögensgegenständen zugeordneten Anschaffungskosten sind im **Anlagespiegel** als Zugangswerte auszuweisen.[170]

176 Die Bewertung des übernommenen Vermögens ist unproblematisch, wenn im Idealfall die Anschaffungskosten des übernehmenden Rechtsträgers den Zeitwerten der übernommenen Vermögensgegenstände und Schulden entsprechen. In diesem Fall lassen sich die Anschaffungskosten der Übernehmerin vollständig auf das übernommene Vermögen verteilen. Daneben aber können die Anschaffungskosten die Zeitwerte des übernommenen Vermögens überschreiten oder sie unterschreiten. Die Vorgehensweise in diesen Fällen ist im Folgenden näher zu betrachten.

177 (1) Behandlung eines positiven Unterschiedsbetrags. Überschreiten die Anschaffungskosten die Zeitwerte des übernommenen Vermögens, dann verbleibt nach Bewertung der übernommenen Vermögensgegenstände und Schulden ein **positiver** Unterschiedsbetrag.

---

[165] BT-Drucks. 10/317 Regierungsbegründung zu § 260 HGB-RegE S. 88.
[166] *Widmann* in Widmann/Mayer UmwG § 24 Rn. 406; *Orth* GmbHR 1998 S. 513.
[167] *Pfitzer* in WP-Handbuch 2014, Teil F, Rn. 94.
[168] → Rn. 112.
[169] *ADS* § 255 HGB Rn. 106.
[170] IDW RS HFA 42 Rn. 56.

§ 10. Handelsbilanzielle Regelungen (HGB/IFRS) § 10

Dieser positive Unterschiedsbetrag darf nicht etwa durch eine Bewertung des übernommenen Vermögens über die Zeitwerte hinaus ausgeglichen werden.[171] Vielmehr ist ein positiver Unterschiedsbetrag nach § 246 I Satz 4 HGB als zeitlich begrenzter **Geschäfts- oder Firmenwert** zu aktivieren.[172]

178

Die Behandlung eines positiven Unterschiedsbetrags wird anhand der folgenden Beispiele § 10–1 sowie § 10–2 erläutert.

179

Fall § 10–1 Verschmelzung mit Kapitalerhöhung zu Anschaffungskosten

180

Die Ü-GmbH (übertragende Gesellschaft) soll auf die A-GmbH (aufnehmende Gesellschaft) verschmolzen werden. Sämtliche Anteile an der Ü-GmbH werden von anderen Gesellschaftern gehalten. Die A-GmbH ist somit nicht an der Ü-GmbH beteiligt. Zur Verschmelzung soll das Kapital der A-GmbH um nominal TEUR 200 erhöht werden. Im Verschmelzungsvertrag wird geregelt, dass ein möglicher Unterschiedsbetrag zwischen dem Zeitwert des Vermögens der Ü-GmbH und dem Nennbetrag der Kapitalerhöhung in die Kapitalrücklage einzustellen ist.

Die Bilanz der A-GmbH zeigt vor der Verschmelzung das folgende Bild:

A–GMBH

AKTIVA	TEUR	PASSIVA	TEUR
Anlagevermögen	400	Stammkapital	100
Umlaufvermögen	300	Kapitalrücklage	50
		Fremdkapital	550
	700		700

Im Vermögen der A-GmbH sind stille Reserven in Höhe von TEUR 50 enthalten.

Die Bilanz der Ü-GmbH hat folgendes Aussehen:

Ü–GmbH

AKTIVA	TEUR	PASSIVA	TEUR
Anlagevermögen	400	Stammkapital	100
Umlaufvermögen	500	Gewinnrücklage	200
		Fremdkapital	600
	900		900

---

[171] ADS § 255 HGB Rn. 106.
[172] Knop/Küting BB 1995 S. 1024; IDW RS HFA 42 Rn. 58.

§ 10 3. Teil. Verschmelzung

Im Vermögen der Ü-GmbH sind stille Reserven in Höhe von TEUR 100 enthalten. Diese verteilen sich zu TEUR 40 auf das Umlaufvermögen und zu TEUR 60 auf den originären Geschäfts- und Firmenwert.

Bei der Verschmelzung soll das Wahlrecht des § 24 UmwG zugunsten einer Bewertung des übernommenen Vermögens mit den Anschaffungskosten ausgeübt werden.

181 Die Anschaffungskosten nach § 24 UmwG bestimmen sich hier durch den Ausgabebetrag der neuen Anteile der A-GmbH, da im Zuge dieser Verschmelzung das Nennkapital der A-GmbH zu erhöhen ist. Das Nennkapital der A-GmbH wird hier um TEUR 200 erhöht. Daneben soll der Unterschiedsbetrag zwischen dem Zeitwert des eingebrachten Vermögens und dem Nennwert der neuen Anteile als Agio in die Kapitalrücklage nach § 272 II Nr. 1 HGB eingestellt werden. Der Zeitwert des übertragenen Vermögens ergibt sich hier mit TEUR 400 als Summe aus Eigenkapital der Ü-GmbH sowie der in ihrem Vermögen enthaltenen stillen Reserven. Der Nennbetrag der Anteile zuzüglich des in die Kapitalrücklage eingestellten Betrags stellt die Anschaffungskosten des übertragenen Vermögens der Ü-GmbH dar. Die Anschaffungskosten betragen hier somit TEUR 400.

182 Mit diesen Anschaffungskosten von TEUR 400 soll im betrachteten Fall § 10–1 das übernommene Vermögen der Ü-GmbH bewertet werden. Insofern sind die Buchwerte des übernommenen Vermögens bis zu den Anschaffungskosten aufzustocken. Der Aufstockungsbetrag ergibt sich als Unterschied zwischen Anschaffungskosten des übernehmenden Rechtsträgers und dem Buchwert des übernommenen Vermögens:

	TEUR
Anschaffungskosten	400
− Buchwert des Vermögens der Ü-GmbH (= Eigenkapital)	300
= Aufstockungsbetrag	100

183 Da hier der Unterschiedsbetrag zwischen dem Nennwert der Anteile und dem Zeitwert des eingebrachten Vermögens in voller Höhe in die Kapitalrücklage eingestellt wurde, sind auch sämtliche stillen Reserven im Vermögen der Ü-GmbH aufzudecken. Diese stillen Reserven verteilen sich mit TEUR 40 auf das Umlaufvermögen der übertragenden Gesellschaft. Der verbleibende positive Unterschiedsbetrag von TEUR 60 ist als Geschäfts- oder Firmenwert (GoF) auszuweisen.

184 Nach der Verschmelzung stellt sich die Bilanz der A-GmbH wie folgt dar:

A-GmbH (nach Verschmelzung)

AKTIVA	TEUR	PASSIVA	TEUR
Anlagevermögen	860	Stammkapital	300
(davon GoF	60)	Kapitalrücklage	250
Umlaufvermögen	840	Fremdkapital	1150
	1700		1700

§ 10. Handelsbilanzielle Regelungen (HGB/IFRS) § 10

Fall § 10–2 Verschmelzung bei Untergang der Beteiligung zu Anschaffungskosten

Die Muttergesellschaft (A-GmbH) hält sämtliche Anteile an der Ü-GmbH. 185
Für den Erwerb der Anteile hat die A-GmbH TEUR 400 aufgewendet. Vereinfachend wird hier angenommen, dass das Anlagevermögen der A-GmbH ausschließlich aus der Beteiligung an der Ü-GmbH besteht.

Die Bilanz der Muttergesellschaft zeigt vor der Verschmelzung das folgende Bild:

A-GMBH

AKTIVA	TEUR	PASSIVA	TEUR
Anlagevermögen	400	Stammkapital	100
Umlaufvermögen	300	Kapitalrücklage	50
		Fremdkapital	550
	700		700

Im Vermögen der A-GmbH sind stille Reserven in Höhe von TEUR 50 enthalten.

Die Bilanz der Tochtergesellschaft hat folgendes Aussehen:

Ü-GmbH

AKTIVA	TEUR	PASSIVA	TEUR
Anlagevermögen	400	Stammkapital	100
Umlaufvermögen	500	Kapitalrücklage	200
		Fremdkapital	600
	900		900

Im Vermögen der Ü-GmbH sind stille Reserven in Höhe von TEUR 100 enthalten. Diese verteilen sich zu TEUR 40 auf das Umlaufvermögen und zu TEUR 60 auf den originären Geschäfts- oder Firmenwert.

Die Ü-GmbH soll auf die A-GmbH verschmolzen werden. Dabei soll das Wahlrecht des § 24 UmwG dergestalt ausgeübt werden, dass das übernommene Vermögen mit den Anschaffungskosten bewertet wird.

Für die Übernehmerin führt die Verschmelzung zu Anschaffungskosten zu 186
folgenden bilanziellen Konsequenzen:

Das übernommene Vermögen der Ü-GmbH ist im Jahresabschluss der A- 187
GmbH mit seinen Anschaffungskosten, höchstens aber mit seinen Zeitwerten zu bewerten. Insofern sind die Buchwerte des übernommenen Vermögens aufzustocken. Der Buchwert des übernommenen Vermögens der Ü-GmbH beträgt TEUR 300 (= Aktiva von TEUR 900 – Schulden von TEUR 600).

§ 10　　　　　　　　　　　　　　　　　　3. Teil. Verschmelzung

188　Der Betrag, um den das übernommene Vermögen höchstens aufzustocken ist, ergibt sich als Unterschiedsbetrag zwischen den Anschaffungskosten des übernehmenden Rechtsträgers und dem Buchwert des übernommenen Vermögens. Da die A-GmbH sämtliche Anteile an der Ü-GmbH hält, darf das Kapital der A-GmbH bei der Verschmelzung nach § 54 I 1 Nr. 1 UmwG nicht erhöht werden. Vielmehr geht im Zuge der Verschmelzung die Beteiligung der A-GmbH an der Ü-GmbH unter. Insofern entsprechen die Anschaffungskosten der übernehmenden Gesellschaft nach unserer Auffassung hier dem Buchwert der Beteiligung an der Ü-GmbH. Die Beteiligung an der Ü-GmbH ist mit TEUR 400 in der Bilanz der A-GmbH ausgewiesen. Aus dem Vergleich von Buchwert des übernommenen Vermögens und dem Buchwert der Gegenleistung ergibt sich der folgende Aufstockungsbetrag:

		TEUR
	Beteiligung Ü-GmbH (Buchwert)	400
–	Buchwert des übernommenen Vermögens	300
=	Aufstockungsbetrag	100

189　Der Aufstockungsbetrag ist auf die übernommenen Vermögensgegenstände der Ü-GmbH zu verteilen, soweit stille Reserven enthalten sind. Im Beispiel sind lediglich stille Reserven im Umlaufvermögen von TEUR 40 enthalten. Nach Aufdeckung dieser stillen Reserven verbleibt ein Unterschiedsbetrag von TEUR 60. In Höhe dieses Betrages muss nach § 246 I 4 HGB ein zeitlich begrenzter Geschäfts- oder Firmenwert (GoF) aktiviert werden.

190　Die Bilanz der A-GmbH stellt sich nach der Verschmelzung wie folgt dar:

A-GmbH (nach Verschmelzung)

AKTIVA	TEUR	PASSIVA	TEUR
Anlagevermögen	460	Stammkapital	100
(davon GoF	60)	Kapitalrücklage	50
Umlaufvermögen	840	Fremdkapital	1150
	1300		1300

191　(2) Behandlung eines negativen Unterschiedsbetrags.

192　**(a) Passivierung eines negativen Geschäfts- oder Firmenwerts oder Abstockung der Zeitwerte?** Umstritten ist die Behandlung eines **negativen** Unterschiedsbetrages bei der Verschmelzung unter Bewertung zu Anschaffungskosten gemäß § 24 UmwG. Ein solcher negativer Unterschiedsbetrag entsteht, wenn die Zeitwerte des übernommenen Vermögens die Anschaffungskosten gemäß § 24 UmwG des übernehmenden Rechtsträgers überschreiten. Entstehen würde ein solcher negativer Unterschiedsbetrag, wenn das übernommene Vermögen in der genannten Konstellation mit seinem höheren Zeitwert bewertet werden würde.

193　Anders als bei einem positiven Unterschiedsbetrag ist die Behandlung eines negativen Unterschiedsbetrages gesetzlich nicht geregelt. Die Auf-

§ 10. Handelsbilanzielle Regelungen (HGB/IFRS) § 10

fassungen im Schrifttum schwanken zwischen dem Erfordernis einer Abstockung der Zeitwerte des übernommenen Vermögens[173] und der Passivierung[174] eines negativen Geschäftswertes. Daneben wird auch eine ertragswirksame Erfassung des negativen Unterschiedsbetrages bei gleichzeitiger Bewertung des Vermögens zu Zeitwerten als möglich erachtet.[175]

Die letztgenannte Auffassung der **erfolgswirksamen Erfassung** eines negativen Unterschiedsbetrages als Ertrag widerspricht dem Anschaffungskostenprinzip und damit eindeutig dem Zweck des § 24 UmwG bei Ausübung des Wahlrechts zugunsten der Anschaffungskosten. Eine erfolgswirksame Behandlung eines negativen Unterschiedsbetrages scheidet daher nach der hier vertretenen Ansicht aus.[176] 194

Fraglich ist dann, ob eine Passivierung des Unterschiedsbetrags als negativer Geschäfts- oder Firmenwert zulässig ist. Ein **negativer Geschäfts- oder Firmenwert** liegt vor, wenn der Kaufpreis für Anteile an einer Gesellschaft den Zeitwert der einzelnen Vermögensgegenstände abzüglich Schulden unterschreitet. Unterstellt man, dass der Kaufpreis dem Ertragswert entspricht, dann ist in dem hier betrachteten Fall der Ertragswert geringer als der Substanzwert des Vermögens der Gesellschaft. 195

Auf diesem Verständnis basierend wird die Passivierung eines negativen Geschäftswertes damit begründet, dass der unter den Zeitwerten des Vermögens liegende Kaufpreis künftige Verlusterwartungen widerspiegelt. Diese sich im geringeren Kaufpreis niederschlagende erwartete Verluste sollen durch die Passivierung des negativen Geschäfts- oder Firmenwerts als eine Art „Drohverlustrückstellung" abgebildet werden. Der Posten soll ertragswirksam aufgelöst werden, sobald die erwarteten Verluste tatsächlich realisiert werden. 196

Diese Auffassung berücksichtigt nicht, dass auch ein „lucky buy" Ursache für einen negativen Unterschiedsbetrag sein kann. Insofern lässt sich eine Passivierung nicht allein mit Verlusterwartungen rechtfertigen. 197

Gegen die Passivierung eines negativen Geschäfts- oder Firmenwertes spricht aber vor allem, dass ihm die Eigenschaft einer passivierungsfähigen Schuld[177] fehlt und er auch den gesetzlichen Anforderungen des § 249 HGB nicht genügt. Dieser Mangel könnte nur durch eine ausdrückliche gesetzliche Passivierungsmöglichkeit für einen negativen Geschäfts- oder Firmenwert geheilt werden. An einer gesetzlich vorgesehenen Passivierung eines negativen Geschäfts- oder Firmenwertes aber fehlt es; die 198

---

[173] *Siegel/Bareis* BB 1993 S. 1477–1485; *Siegel/Bareis* BB 1994 S. 317–322; *Knobbe-Keuk* Bilanz- und Unternehmenssteuerrecht S. 97; *Ossadnik* BB 1994 S. 747–752.
[174] *Bachem* BB 1993 S. 969 f.; *Bachem* BB 1995 S. 350–353; *Geiger* DB 1996 S. 1533–1535; *Hartung* in Festschrift *Beisse* S. 240–245 mwN in FN 6; *Mujkanovic* WPg 1994 S. 526 f.
[175] *Breidert* Abschreibungen S. 196.
[176] Der gleichen Ansicht ist auch *Winnefeld* Bilanz-Handbuch, Kapitel M, Rn. 481.
[177] Zu den Voraussetzungen einer Schuld vgl. vor allem *Hüttemann* Grundsätze ordnungsgemäßer Bilanzierung für Verbindlichkeiten S. 6 f.

§ 10   3. Teil. Verschmelzung

Regelung des § 246 I 3 HGB bietet für die Anwendung auf einen negativen Geschäfts- oder Firmenwert keinen Raum.[178]

199 Nach der hier vertretenen Auffassung bilden vielmehr die Anschaffungskosten gemäß § 24 UmwG iVm § 253 I 1 HGB die Wertobergrenze und damit den maximal auf die übernommenen Vermögensgegenstände und Schulden verteilbaren Betrag.[179] Insofern können die übernommenen Vermögensgegenstände und Schulden vom übernehmenden Rechtsträger nicht mit ihren Zeitwerten bewertet werden, wenn diese Zeitwerte die Anschaffungskosten des übernehmenden Rechtsträgers iSd § 24 UmwG überschreiten. Ergibt sich daher bei einer Bewertung des übernommenen Vermögens zu Zeitwerten ein negativer Unterschiedsbetrag, sind die **Zeitwerte** des übernommenen Vermögens **abzustocken**.

200 Nur dann, wenn das Abstockungspotenzial des übernommenen Vermögens nicht ausreicht, etwa wegen des Nominalwertcharakters von Geldposten, darf uE ein negativer Geschäfts- oder Firmenwert angesetzt werden.[180]

201 Dieses Ergebnis wird auch durch die folgenden Überlegungen unterstützt. Unterschreiten die Anschaffungskosten bei der **Verschmelzung mit Kapitalerhöhung** die Zeitwerte des übernommenen Vermögens, ist dies regelmäßig durch eine unzureichende Dotierung der Kapitalrücklage bedingt.[181] In diesem Fall werden bewusst stille Reserven in den übernommenen Vermögensgegenständen gelegt. Hier erscheint es nicht gerechtfertigt, die unzureichende Dotierung der Kapitalrücklage durch die Passivierung eines negativen Geschäfts- oder Firmenwerts zu korrigieren.

202 Bei der **Verschmelzung ohne Kapitalerhöhung** ergibt sich dann ein negativer Unterschiedsbetrag, wenn die Zeitwerte des übernommenen Vermögens den Buchwert der bisherigen Beteiligung des übernehmenden Rechtsträgers an der Überträgerin überschreiten. Ein solcher negativer Unterschiedsbetrag wird hier regelmäßig dann auftreten, wenn die Beteiligung an der Überträgerin längere Zeit vor der Verschmelzung erworben wurde. Der Ansatz des übernommenen Vermögens zu Zeitwerten über den Buchwert der untergehenden Beteiligung hinaus bei gleichzeitiger Passivierung eines negativen Unterschiedsbetrages widerspricht hier eindeutig dem Anschaffungskostenprinzip des § 24 UmwG iVm § 253 I 1 HGB. Denn faktisch wurden die Vermögensgegenstände und Schulden der Überträgerin bereits bei Eingehen der Beteiligung erworben. Die Anschaffungskosten der Beteiligung bilden damit hier den Höchstbetrag für die Bewertung des übernommenen Vermögens.

---

[178] *Pusecker/Schruff* BB 1996 S. 739.
[179] Ausführlich → Rn. 145 ff.
[180] *Weilep* DB 1998 S. 2130 f.; so im Ergebnis auch beim Unternehmenskauf; *Pusecker/Schruff* BB 1996 S. 741; aA *Förschle/Kropp* in Budde/Förschle/Winkeljohann, Teil B, Rn. 109.
[181] → Rn. 135.

(b) Konzeptionen der Verteilung stiller Reserven. Sofern nicht 203
sämtliche stille Reserven im übernommenen Vermögen aufgedeckt werden können, stellt sich die Frage nach einer angemessenen Verteilung eines ermittelten Unterschiedsbetrags zwischen Anschaffungskosten und dem Buchwert des übernommenen Vermögens, dh der aufzudeckenden stillen Reserven.

Steuerlich hat sich für die Verteilung stiller Reserven die sog. **Stufen-** 204
theorie durchgesetzt. Dieses Verfahren wurde vom BFH[182] entwickelt. **Handelsrechtlich** ist hingegen kein bestimmtes Verteilungsverfahren vorgesehen.

Handelsrechtliche Konzeptionen für die Zuordnung stiller Reserven 205
auf übernommene Vermögensgegenstände und Schulden werden vor allem für den Unternehmenskauf diskutiert. Diese wiederum sind an die analoge Problematik bei der Kapitalkonsolidierung im Konzernabschluss angelehnt.[183] Demnach müssen sämtliche übernommenen Vermögensgegenstände **gleichrangig behandelt** werden. Insofern ist uE die Anwendung der sog. **Restwertmethode** unzulässig. Danach werden zunächst allein besonders bedeutende Vermögensgegenstände zu Zeitwerten bewertet und den übrigen Vermögensgegenständen die verbleibenden Anschaffungskosten nach Abzug dieser Zeitwerte zugeordnet. Diese übrigen Vermögensgegenstände werden somit lediglich in geringem Umfang, im Extremfall gar nicht aufgestockt.

Den im Schrifttum diskutierten Verteilungskonzeptionen zufolge kön- 206
nen die stillen Reserven etwa nach der **Liquidierbarkeit** der übernommenen Vermögensgegenstände verteilt werden.[184] Danach können die stillen Reserven etwa zunächst den Vermögensgegenständen des Umlaufvermögens zugeordnet werden, die möglichst schnell liquidiert werden. Insofern werden die aufzudeckenden stillen Reserven kurzfristig realisiert. Sollen hingegen stille Reserven erst möglichst spät realisiert werden, bietet sich eine vorrangige Verteilung auf Vermögensgegenstände des Anlagevermögens mit niedrigerer Liquidierbarkeit wie Grundstücke an.

Die stillen Reserven können stattdessen aber auch **proportional** zu 207
den enthaltenen stillen Reserven auf die übernommenen Vermögensgegenstände und Schulden verteilt werden.[185] Dabei werden regelmäßig die im übernommenen Vermögen enthaltenen stillen Reserven als Verteilungsmaßstab herangezogen. Wegen ihrer einfachen Handhabbarkeit und der Nachvollziehbarkeit wird diese Verteilungskonzeption in der Praxis präferiert.

---

[182] BFH vom 21.5.1970 – IV R 131/68, BStBl. II 1970 S. 740; BFH vom 11.7.1973 – I R 126/71, BStBl. II 1974 S. 50; BFH vom 31.7.1974 – I R 226/70, BStBl. II 1975 S. 236; BFH vom 25.1.1979 – IV R 56/75, BStBl. II 1979 S. 302; darauf basierend *Hörger/Rapp* in Littmann/Bitz/Pust EStG § 16 Rn. 162 f.
[183] *Mujkanovic* WPg 1994 S. 524.
[184] *Küting/Zündorf* BB 1985 S. 1307.
[185] *Schruff* Aussagefähigkeit S. 213; so auch *Naumann* in Festschrift Ludewig S. 698.

208 Daneben könnten die stillen Reserven nach der **Rentabilität** der Vermögensgegenstände zugeordnet werden.[186] Dieser Zuordnungskonzeption liegt die Annahme einer ertragswertorientierten Bewertung der übernommenen Vermögensgegenstände und Schulden zugrunde. Abgesehen davon, dass eine solche ertragswertorientierte Bewertung des Vermögens dem handelsrechtlichen Einzelbewertungsgrundsatz nach § 252 I Nr. 4 HGB widerspricht, ist die Zuordnung nach der Rentabilität nicht praktizierbar.

209 Schließlich wird eine Zuordnung nach der **Bedeutung der stillen Reserven** vorgeschlagen.[187] Damit werden die stillen Reserven zunächst bei dem Vermögensgegenstand mit den höchsten Reserven aufgedeckt. Diese Methode ähnelt der Restwertmethode, die im Schrifttum als unzulässig angesehen wird.

210 Die dargelegten Zuordnungskonzeptionen eröffnen dem bilanzierenden Rechtsträger erhebliche Bewertungsspielräume. Die Vorgehensweise der Zuordnung stiller Reserven auf die übernommenen Vermögensgegenstände und Schulden des übertragenden Rechtsträgers sollte daher im Anhang der Übernehmerin nach § 284 II Nr. 1 HGB ausführlich erläutert werden.[188]

211 Die Vorgehensweise bei Aufdeckung stiller Reserven proportional zu den enthaltenen stillen Reserven wird anhand des folgenden Beispiels verdeutlicht.

212 **Fall § 10–3 Verschmelzung ohne Kapitalerhöhung zu Anschaffungskosten**

Die Muttergesellschaft (A-GmbH) hält sämtliche Anteile an der Ü-GmbH. Für den Erwerb der Anteile hat die A-GmbH TEUR 330 aufgewendet.

Die Bilanz der Muttergesellschaft zeigt vor der Verschmelzung das folgende Bild:

A-GMBH

AKTIVA	TEUR	PASSIVA	TEUR
Anlagevermögen	400	Stammkapital	100
(darin Beteiligung Ü-GmbH)	330	Kapitalrücklage	50
Umlaufvermögen	300	Fremdkapital	550
	700		700

Im Vermögen der A-GmbH sind stille Reserven in Höhe von TEUR 50 enthalten.

---

[186] Dusemond/*Weber*/*Zündorf* in Küting/Weber HGB § 301 Rn. 110.
[187] *Küting*/*Zündorf* BB 1985 S. 1307.
[188] IDW RS HFA 42 Rn. 56 f.

§ 10. Handelsbilanzielle Regelungen (HGB/IFRS) § 10

Die Bilanz der Tochtergesellschaft hat folgendes Aussehen:

Ü-GmbH

AKTIVA	TEUR	PASSIVA	TEUR
Anlagevermögen	400	Stammkapital	100
Umlaufvermögen	500	Kapitalrücklage	200
		Fremdkapital	600
	900		900

Im Vermögen der Ü-GmbH sind stille Reserven in Höhe von TEUR 100 enthalten. Diese verteilen sich zu TEUR 40 auf das Anlagevermögen, zu TEUR 10 auf das Umlaufvermögen und zu TEUR 50 auf den originären Geschäftswert.

Die Ü-GmbH soll auf die A GmbH verschmolzen werden. Dabei soll das Wahlrecht des § 24 UmwG dergestalt ausgeübt werden, dass das übernommene Vermögen mit den Anschaffungskosten bewertet wird.

Für die Übernehmerin führt die Verschmelzung zu Anschaffungskosten zu 213 folgenden bilanziellen Konsequenzen:

Das übernommene Vermögen der Ü-GmbH ist im Jahresabschluss der A- 214 GmbH mit seinen Anschaffungskosten, höchstens aber mit seinen Zeitwerten zu bewerten. Soweit die Anschaffungskosten die Buchwerte des übernommenen Vermögens übersteigen, sind die Buchwerte aufzustocken.

Der Betrag, um den das übernommene Vermögen höchstens aufzustocken ist, 215 ergibt sich als Unterschiedsbetrag zwischen den Anschaffungskosten des übernehmenden Rechtsträgers und dem Buchwert des übernommenen Vermögens. Der Buchwert des übernommenen Vermögens der Ü-GmbH beträgt TEUR 300 (= Aktiva von TEUR 900 − Schulden von TEUR 600). Für die Ermittlung der Anschaffungskosten ist entscheidend, dass die A-GmbH sämtliche Anteile an der Ü-GmbH hält und daher das Kapital der A-GmbH nach § 54 I 1 Nr. 1 UmwG nicht erhöht werden darf. Die Verschmelzung vollzieht sich daher ohne Kapitalerhöhung.

Vielmehr geht im Zuge der Verschmelzung die Beteiligung der A-GmbH an 216 der Ü-GmbH unter. Insofern sind als Anschaffungskosten der übernehmenden Gesellschaft hier die Buchwerte der Beteiligung an der Ü-GmbH heranzuziehen. Die Beteiligung an der Ü-GmbH ist mit TEUR 330 in der Bilanz der A-GmbH ausgewiesen. Aus dem Vergleich von Buchwert des übernommenen Vermögens und dem Buchwert der Gegenleistung ergibt sich der folgende Aufstockungsbetrag:

	TEUR
Beteiligung Ü-GmbH (Buchwert)	330
− Buchwert des übernommenen Vermögens	300
= Aufstockungsbetrag	30

§ 10   3. Teil. Verschmelzung

217   Der Aufstockungsbetrag unterschreitet im hier betrachteten Fall die im Vermögen der Ü-GmbH enthaltenen stillen Reserven von TEUR 100. Anders als zum Teil im Schrifttum vertreten, ist das übernommene Vermögen nicht etwa zu Zeitwerten anzusetzen und der Unterschiedsbetrag zwischen den im Vermögen enthaltenen stillen Reserven und dem Aufstockungsbetrag als negativer Geschäfts- oder Firmenwert zu passivieren. Vielmehr dürfen die stillen Reserven der übernommenen Vermögensgegenstände nur teilweise, maximal in Höhe des Aufstockungsbetrages, aufgedeckt werden. Im hier betrachteten Fall werden die stillen Reserven proportional verteilt. Die gesamten stillen Reserven ohne Geschäfts- oder Firmenwert betragen TEUR 50 (Anlagevermögen: TEUR 40, Umlaufvermögen: TEUR 10), so dass der Aufstockungsbetrag wie folgt zu verteilen ist:

	TEUR
Anlagevermögen ⁴/₅ von TEUR 30	24
Umlaufvermögen ¹/₅ von TEUR 30	6
	30

218   Mangels ausreichenden Aufstockungspotentials kann kein Geschäfts- oder Firmenwert aktiviert werden. Der Geschäfts- oder Firmenwert nach § 246 I 4 HGB stellt einen zeitlich begrenzten Vermögenswert dar. Demzufolge kann ein aktivischer Geschäfts- oder Firmenwert erst angesetzt werden, wenn sämtliche stillen Reserven im übernommenen Vermögen aufgedeckt wurden.

219   Die Bilanz der A-GmbH stellt sich nach der Verschmelzung wie folgt dar:

A-GmbH (nach Verschmelzung)

AKTIVA	TEUR	PASSIVA	TEUR
Anlagevermögen	494	Stammkapital	100
Umlaufvermögen	806	Kapitalrücklage	50
		Fremdkapital	1150
	1300		1300

3. Bilanzierung bei Buchwertfortführung

220   Der übernehmende Rechtsträger kann nach § 24 UmwG das übernommene Vermögen wahlweise mit seinen tatsächlichen Anschaffungskosten bewerten oder aber stattdessen die Buchwerte des übertragenden Rechtsträgers fortzuführen. Im vorangegangenen Abschnitt § 10. II. 2. wurde die Bewertung des übernommenen Vermögens zu Anschaffungskosten erläutert.[189] Im folgenden Abschnitt wird die wahlweise Fortführung der Buchwerte des übertragenen Vermögens im Jahresabschluss diskutiert.

221   Mit der Buchwertfortführung wird eine Bewertung zugelassen, die dem Vorgehen nach altem Recht entspricht. Der Fortführung der Buch-

---

[189] → Rn. 102 ff.

werte des übertragenden Rechtsträgers liegt dabei der Gedanke der Gesamtrechtsnachfolge zugrunde.[190] Denn bei einer Verschmelzung geht das Unternehmen des übertragenden Rechtsträgers im Wege der Universalsukzession auf den aufnehmenden Rechtsträger über. Der übernehmende Rechtsträger tritt vollumfänglich in die Rechtsposition der Überträgerin ein und setzt das übertragene Unternehmen fort. Diese Gesamtrechtsnachfolge bei der Verschmelzung soll auch in der Bilanzierung des übernehmenden Rechtsträgers erkennbar werden. Als Konsequenz der Gesamtrechtsnachfolge soll die Kontinuität der Bilanzierung des übertragenden Rechtsträgers gewahrt werden.[191] Der übernehmende Rechtsträger soll insofern die Bilanzierung und damit die Buchwerte des übertragenden Rechtsträgers fortführen. Fortzuführen sind auch die Ansatzwahlrechte, die bei dem übernehmenden Rechtsträger wegen dessen Rechtsform nicht zulässig wären.[192]

222

Mit der geforderten Bilanzierungskontinuität sollte ursprünglich vor allem eine willkürliche Neubewertung der übernommenen Vermögensgegenstände und Schulden durch den übernehmenden Rechtsträger verhindert werden. Dieses Ziel der Vermeidung einer willkürlichen Bewertung kann allerdings bereits durch abweichende Bewertung in der Schlussbilanz des übertragenden Rechtsträgers als begründeter Ausnahmefall iSd § 252 II HGB erheblich unterlaufen werden. Diese Abweichung von der bisherigen Bewertung des übertragenden Rechtsträgers ermöglicht in der Schlussbilanz zumindest eine Zuschreibung bis zu den fortgeführten Anschaffungs- und Herstellungskosten des übertragenden Rechtsträgers als Wertobergrenze.[193] Insofern lässt sich das Ziel einer willkürlichen Bewertung mit der Fortführung der Buchwerte nicht unbedingt erreichen. Zudem ist äußerst fraglich, ob die wahlweise Fortführung der Buchwerte mit der Vierten EG-Richtlinie (Bilanzrichtlinie) vereinbar ist.[194]

223

Mit der erforderlichen Bilanzierungskontinuität geht nicht nur einher, dass der übernehmende Rechtsträger die Buchwerte des übertragenden Rechtsträgers der Höhe nach fortzuführen hat, wie es der im Schrifttum verwendete Begriff der Buchwertfortführung vermuten ließe. Vielmehr beziehen sich der Gedanke der Gesamtrechtsnachfolge und die daraus abgeleitete Bilanzkontinuität auch auf den Ansatz der übernommenen Vermögensgegenstände und Schulden dem Grunde nach. Der übernehmende Rechtsträger ist hingegen nicht an Ausweis-, Bilanzierungs- und Bewertungsmethoden des übertragenden Rechtsträgers an nachfolgenden Abschlussstichtagen gebunden.[195]

224

---

[190] *Hense* in IDW Reform des Umwandlungsrechts S. 182; *Schulze-Osterloh* ZGR 1993 S. 425.
[191] *Priester* in *Lutter* UmwG § 24 Rn. 38.
[192] IDW RS HFA 42 Rn. 60 ff.; *Priester* in Lutter UmwG § 24 Rn. 38.
[193] *Schulze-Osterloh* ZGR 1993 S. 424.
[194] Regierungsbegründung zu § 24 UmwG abgedruckt bei *Ganske* Umwandlungsrecht S. 78.
[195] IDW RS HFA 42, Rn. 56 ff.

§ 10

a) Ansatz

225 Entscheidet sich der übernehmende Rechtsträger nach § 24 UmwG für die Fortführung der Buchwerte des übertragenden Rechtsträgers, dann muss er gegen sich gelten lassen, dass die Übernahme des Vermögens **nicht** mehr als **Anschaffungsvorgang** angesehen werden kann.[196] Demzufolge kann der übernehmende Rechtsträger dem Grunde nach allein diejenigen Vermögensgegenstände und Schulden bilanzieren, die bereits der übertragende Rechtsträger in seiner handelsrechtlichen Schlussbilanz angesetzt hat.

226 Der übernehmende Rechtsträger ist insofern an die Bilanzierungsentscheidungen der Überträgerin gebunden und kann **Ansatzwahlrechte** im Zuge der Verschmelzung nicht neu ausüben.[197] Die Übernehmerin muss Bilanzierungsverbote des übertragenden Rechtsträgers gegen sich gelten lassen. Folglich kann der übernehmende Rechtsträger bisher von der Überträgerin nach § 248 II 2 HGB nicht aktivierte originäre Vermögensgegenstände des Anlagevermögens weiterhin nicht ansetzen, da es an einem Anschaffungsvorgang mangelt.[198] Ebenso aber sind auch Pensions-Altzusagen nach Art. 28 I EGHGB vom übernehmenden Rechtsträger nicht zu passivieren, wenn sie vom übertragenden Rechtsträger nicht angesetzt wurden. Soweit jedoch die Voraussetzungen gegeben sind, können nach Einbuchung der Übernahmewerte diese Rückstellungen erfolgswirksam eingebucht werden.[199]

227 Allerdings werden nicht sämtliche Vermögensgegenstände und Schulden des übertragenden Rechtsträgers in die Bilanz der aufnehmenden Gesellschaft übernommen. Vielmehr entfallen mit der Verschmelzung Forderungen und Verbindlichkeiten der beteiligten Rechtsträger untereinander infolge der **Konfusion,** dh der Vereinigung von Forderungen und Verpflichtungen in einer Hand.[200] Angesichts der Konfusion stellen diese Bilanzpositionen letztlich mit der Verschmelzung Forderungen und Verbindlichkeiten des übernehmenden Rechtsträgers gegen sich selbst dar. Derartige das Innenverhältnis betreffende Sachverhalte können im handelsrechtlichen Jahresabschluss nicht ausgewiesen werden. Gleiches gilt für Rückstellungen des übertragenden oder des übernehmenden Rechtsträgers gegenüber dem jeweils anderen an der Verschmelzung beteiligten Rechtsträgers. Soweit sich Forderungen und Verbindlichkeiten bei der Konfusion gleichwertig gegenüberstehen, können sie erfolgsneutral gegeneinander ausgebucht werden. Hingegen ergeben sich immer dann Erfolgswirkungen, wenn die Verbindlichkeit die aktivierte Forde-

---

[196] AA *Schmitt/Hülsmann* BB 2000 S. 1567 f.
[197] IDW RS HFA 42, Rn. 60 ff.; *Müller* in Kallmeyer UmwG § 24 Rn. 43 f.; *Pfitzer* in WP-Handbuch 2014, Teil F, Rn. 64 f.
[198] *Deubert/Hoffmann* in Winkeljohann/Förschle/Deubert, Teil K Rn. 73; *Naumann* in Festschrift Ludewig S. 704; IDW RS HFA 42, Rn. 60 ff.; *Priester* in Lutter UmwG § 24 Rn. 39; *Müller* in Kallmeyer UmwG § 24 Rn. 45.
[199] *Pfitzer* in WP-Handbuch 2014, Teil F, Rn. 65.
[200] *Deubert/Hoffmann* in Winkeljohann/Förschle/Deubert, Teil K Rn. 42.

§ 10. Handelsbilanzielle Regelungen (HGB/IFRS) § 10

rung überschreitet bzw. ausnahmsweise unterschreitet oder Rückstellungen aufzulösen sind.

b) Bewertung

Die **Buchwerte** in der Schlussbilanz der Überträgerin bilden bei der wahlweisen Buchwertfortführung die Anschaffungskosten der Übernehmerin iSd § 253 I 1 iVm § 255 I HGB.[201] Trotz der Gesamtrechtsnachfolge und der Ablehnung eines Anschaffungsvorgangs sind nach überwiegender Auffassung des Schrifttums[202] die übernommenen Werte im **Anlagespiegel** der übernehmenden Gesellschaft als Zugangswerte auszuweisen. Jedoch können die historischen Anschaffungs-/Herstellungskosten und die kumulierten Abschreibungen des übertragenden Rechtsträgers in den Anlagespiegel des übernehmenden Rechtsträgers einbezogen werden, falls der Zugang zu den historischen Anschaffungs-/Herstellungskosten und der Zugang zu den kumulierten Abschreibungen jeweils in einer Sonderspalte ausgewiesen oder entsprechende Angaben im Anhang gemacht werden.[203] Sie stellen bei der künftigen Bewertung des übernehmenden Rechtsträgers die Wertobergrenzen iSd § 253 I 1 HGB dar. Die Wertaufholung darf nicht über die Anschaffungskosten (Buchwerte aus der Schlussbilanz des übertragenden Rechtsträgers) nach der im Schrifttum überwiegend vertretenen Ansicht hinaus gehen. 228

Der übernehmende Rechtsträger muss auch die Bewertungsmethoden des übertragenden Rechtsträgers fortführen.[204] In der Praxis wird allerdings häufig der übertragende Rechtsträger in seiner Schlussbilanz von seinen bisherigen Bewertungsmethoden nach § 252 II HGB abweichen und bei der Bewertung die Methoden des übernehmenden Rechtsträgers anwenden. Insoweit wird der in § 252 I Nr. 6 HGB normierte Grundsatz der Bewertungsstetigkeit meist vom übertragenden Rechtsträger durchbrochen. Beim übertragenden Rechtsträger bilanzierte aktive und passive latente Steuern sind jedoch nach den steuerlichen Verhältnissen des übernehmenden Rechtsträgers zu bilanzieren und zu bewerten.[205] 229

Bei Fortführung der Buchwerte ergeben sich regelmäßig Unterschiedsbeträge aus dem Vergleich der zu übernehmenden Buchwerte des übertragenden Rechtsträgers und der jeweiligen Gegenleistung. Die jeweilige Gegenleistung und die Ermittlung dieser Unterschiedsbeträge hängen entscheidend von der Verschmelzungsrichtung einerseits und der Art der Verschmelzung andererseits ab. Insoweit ist zwischen einem upstream merger, einem downstream merger und einem side-step merger einerseits und der Art der Gegenleistung andererseits zu unterscheiden. 230

---

[201] *Naumann* in Festschrift Ludewig S. 704 f.
[202] *Hannappel* in Goutier/Knopf/Tulloch UmwG § 24 Rn. 23; *Deubert/Hoffmann* in Winkeljohann/Förschle/Deubert, Teil K, Rn. 99; *Müller* in Kallmeyer UmwG § 24 Rn. 46; *Pfitzer* in WP-Handbuch 2014, Teil F, Rn. 67.
[203] *Pfitzer* in WP-Handbuch 2014, Teil F, Rn. 69; IDW RS HFA 42 Rn. 60 ff.
[204] IDW RS HFA 42 Rn. 60 ff.
[205] IDW RS HFA 42, Rn. 60 ff.

Als Gegenleistung der Verschmelzung wird nachstehend differenziert zwischen einer Verschmelzung mit Kapitalerhöhung, einer Verschmelzung ohne Kapitalerhöhung bei Untergang einer bestehenden Beteiligung und einer Verschmelzung ohne Kapitalerhöhung mit Ausgabe eigener Anteile der aufnehmenden Gesellschaft.[206]

231 Nicht weiter unterschieden wird indes im Folgenden zwischen einer Verschmelzung durch Aufnahme und einer Verschmelzung durch Neugründung. Technisch entspricht die Verschmelzung durch Neugründung der Verschmelzung durch Aufnahme mit Kapitalerhöhung.

aa) Upstream merger

(1) Verschmelzung mit Kapitalerhöhung. Bei einem upstream merger wird die Tochtergesellschaft auf die Muttergesellschaft verschmolzen. Soweit die übernehmende Gesellschaft nicht an der übertragenden Kapitalgesellschaft beteiligt ist, hat sie zur Abfindung der anderen Gesellschafter der übertragenden Gesellschaft ihr Kapital nach §§ 55, 69 UmwG zu erhöhen oder aber bestehende eigene Anteile[207] auszugeben.

232 Wird das Kapital der aufnehmenden Gesellschaft zur Abfindung der Gesellschafter der übertragenden Gesellschaft erhöht, ergibt sich die Gegenleistung der Übernehmerin für die übertragenen Vermögensgegenstände und Schulden aus dem **Ausgabebetrag** der neuen Anteile. Dabei kann der Ausgabebetrag dem Zeitwert des übernommenen Vermögens entsprechen. Der Ausgabebetrag kann aber auch niedriger oder höher sein als der Zeitwert des übernommenen Vermögens.[208] Wird das Vermögen der Überträgerin unter Ausübung des Wahlrechts nach § 24 UmwG nur zu Buchwerten übernommen, ergibt sich in der Bilanz der Übernehmerin regelmäßig ein **Unterschiedsbetrag** zwischen den übernommenen Buchwerten und dem Ausgabebetrag der neuen Anteile.

233 Ein **positiver** Unterschiedsbetrag zeigt sich, soweit der Ausgabebetrag der neuen Anteile die Buchwerte des übernommenen Vermögens übersteigt. Ein solcher positiver Unterschiedsbetrag führt zu einem **Verschmelzungsverlust.** Dieser Verschmelzungsverlust ist in stillen Reserven im übernommenen Vermögen begründet. Er ist zwingend sofort aufwandswirksam zu erfassen.[209]

234 Unterschreiten die Buchwerte des übernommenen Vermögens den Nennbetrag der neuen Anteile, dann ist die Verschmelzung zu Buchwerten selbst dann zulässig, wenn es sich bei der übernehmenden Gesellschaft um eine Kapitalgesellschaft handelt.[210] Bei Fortführung der

---

[206] → Rn. 88 ff.
[207] → Rn. 260 ff.
[208] Zur Bestimmung des Ausgabebetrages bei Sacheinlagen vgl. ausführlich → Rn. 138 ff.
[209] IDW RS HFA 42, Rn. 68 ff.; *Widmann* in Widmann/Mayer UmwG § 4 Rn. 331.
[210] *Priester* GmbHR 1999 S. 1273; *Veil* in Scholz GmbHG § 5 Rn. 59 mwN.

§ 10 Handelsbilanzielle Regelungen (HGB/IFRS) § 10

niedrigeren Buchwerte liegt eine Unterpari-Emission nicht vor, solange nicht der Zeitwert des eingebrachten Vermögens der übertragenden Gesellschaft niedriger ist als der Nennbetrag der neuen Anteile. Insofern kann die Handelsbilanz nicht als Kapitalaufbringungsmaßstab dienen.

Umgekehrt ergibt sich ein **negativer** Unterschiedsbetrag, dh ein **Verschmelzungsgewinn,** wenn die Buchwerte des übernommenen Vermögens über dem Ausgabebetrag der neuen Anteile liegen. Ein solcher negativer Unterschiedsbetrag deutet darauf hin, dass die stillen Reserven der übernehmenden Gesellschaft relativ höher sind als die stillen Reserven bei der übertragenden Gesellschaft. Aus bilanzrechtlicher Sicht der Übernehmerin handelt es sich bei dem entstehenden Unterschiedsbetrag um ein **Agio.** Der negative Unterschiedsbetrag ist daher als weiteres Aufgeld nach § 272 II Nr. 1 HGB in die Kapitalrücklage einzustellen.[211] Soweit bare Zuzahlungen geleistet werden, sind diese zunächst vom negativen Unterschiedsbetrag abzuziehen. 235

Handelt es sich bei dem übernehmenden Rechtsträger um eine Personengesellschaft, ist der negative Unterschiedsbetrag den Kapitalkonten der Gesellschafter entsprechend ihrem Beteiligungsverhältnis zuzuweisen. Stattdessen kann der negative Unterschiedsbetrag auch in eine gesamthänderisch gebundene Rücklage der Personengesellschaft eingestellt werden.[212] 236

Die Behandlung eines negativen Unterschiedsbetrages bei einer Kapitalgesellschaft wird anhand des folgenden Beispiels § 10–4 dargelegt. 237

Fall § 10–4 Verschmelzung mit Kapitalerhöhung zu Buchwerten 238

Ausgangspunkt der folgenden Betrachtung bilden die Bilanzen der A-GmbH (aufnehmende Gesellschaft) sowie der Ü-GmbH (übertragende Gesellschaft) des Falls § 10–1.[213] *Sämtliche Anteile an der Ü-GmbH werden dabei nicht von der A-GmbH, sondern von anderen Gesellschaftern gehalten. Mit der Verschmelzung gehen diese Anteile der anderen Gesellschafter an der Ü-GmbH unter. Für die untergehenden Anteile werden den anderen Gesellschaftern der Ü-GmbH neue Anteile an der A-GmbH gewährt. Zu diesem Zweck muss die A-GmbH ihr Nennkapital erhöhen.*

Zur Bestimmung des Umtauschverhältnisses und der damit erforderlichen Kapitalerhöhung ist zunächst das Wertverhältnis des Vermögens der Ü-GmbH und des Vermögens der A-GmbH zu bestimmen. Das Umtauschverhältnis ergibt sich dabei aus der Gegenüberstellung der Zeitwerte der Vermögen. 239

---

[211] Deubert/Hoffmann in Winkeljohann/Förschle/Deubert, Teil K, Rn. 90; Müller in Kallmeyer UmwG § 24 Rn. 47 f.; IDW RS HFA 42, Rn. 68 ff.; Widmann in Widmann/Mayer UmwG § 24 Rn. 329; Pfitzer in WP-Handbuch 2014, Teil F, Rn. 69.
[212] IDW RS HFA 42 Rn. 68 ff.
[213] → Rn. 180.

§ 10 3. Teil. Verschmelzung

240 Das Vermögen der aufnehmenden A-GmbH hat einen Zeitwert von TEUR 200:

	TEUR
Stammkapital	100
Gewinnrücklagen	50
Stille Reserven	50
	200

241 Demgegenüber beträgt der Zeitwert des Vermögens der Ü-GmbH TEUR 400:

	TEUR
Stammkapital	100
Gewinnrücklagen	200
Stille Reserven	100
	400

242 Aus der Gegenüberstellung der genannten Zeitwerte ergibt sich ein Wertverhältnis von 1 : 2. In diesem Verhältnis ist das Stammkapital der A-GmbH im Zuge der Verschmelzung um TEUR 200 auf TEUR 300 zu erhöhen. Der Ausgabebetrag soll hier dem Nennbetrag entsprechen; ein Agio wurde demnach nicht vereinbart.

243 Zudem beschließt die aufnehmende A-GmbH, die Buchwerte der übertragenen Vermögensgegenstände und Schulden der Ü-GmbH nach § 24 UmwG fortzuführen. Daher kann die A-GmbH das Vermögen der Ü-GmbH ohne Neubewertung in ihre Bilanz übernehmen. Die jeweiligen Bilanzposten des Anlagevermögens, des Umlaufvermögens und des Fremdkapitals der beiden Gesellschaften werden dazu zusammengerechnet.

244 Im Zuge der Übernahme des Vermögens ist der Nennbetrag der neuen Anteile mit dem Buchwert des übernommenen Vermögens zu vergleichen. Bei diesem Vergleich ergibt sich ein Verschmelzungsgewinn (negativer Unterschiedsbetrag) in Höhe von TEUR 100:

	TEUR
Nennbetrag der neuen Anteile	200
Buchwert des übernommenen Vermögens	300
Verschmelzungsgewinn	**100**

245 Dieser Verschmelzungsgewinn ist wie ein Agio zu behandeln und insofern in die Kapitalrücklage nach § 272 II Nr. 1 HGB einzustellen.

246 Nach der Verschmelzung stellt sich die Bilanz der A-GmbH wie folgt dar:

A-GmbH (nach Verschmelzung)

AKTIVA	TEUR	PASSIVA	TEUR
Anlagevermögen	800	Stammkapital	300
		Kapitalrücklagen	150
Umlaufvermögen	800	Fremdkapital	1150
	1600		**1600**

(2) Verschmelzung ohne Kapitalerhöhung. Soweit die übernehmende Kapitalgesellschaft an der übertragenden Gesellschaft beteiligt ist, darf die aufnehmende Kapitalgesellschaft ihr Kapital nach §§ 54 I 1 Nr. 1, 68 I 1 Nr. 1 UmwG nicht erhöhen. Daneben braucht die aufnehmende Gesellschaft ihr Kapital nach §§ 54 I 2 Nr. 1, 68 I 2 Nr. 1 UmwG nicht erhöhen, soweit den anderen Gesellschaftern des übertragenden Rechtsträgers bestehende eigene Anteile als Abfindung gewährt werden. 247

Führt die Übernehmerin in diesen Fällen die Buchwerte des übernommenen Vermögens fort, ergibt sich ein Unterschiedsbetrag zwischen den fortzuführenden Buchwerten und dem Buchwert der Beteiligung bzw. dem Buchwert der eigenen Anteile. Die Behandlung dieses Unterschiedsbetrages wird im Folgenden betrachtet. 248

(a) Verschmelzung bei Untergang der Beteiligung. Bei der Verschmelzung mit Untergang der Beteiligung am übertragenden Rechtsträger ist ein positiver ebenso wie ein negativer Unterschiedsbetrag im Zeitpunkt der Vermögensübernahme erfolgswirksam zu erfassen.[214] 249

Ein **negativer** Unterschiedsbetrag ergibt sich, wenn der Buchwert der untergehenden Beteiligung am übertragenden Rechtsträger niedriger ist als der Buchwert des übernommenen Vermögens. Der negative Unterschiedsbetrag drückt einen **Verschmelzungsgewinn** aus. Dieser darf aber bei der Verschmelzung mit Untergang der Beteiligung nicht in die Kapitalrücklage eingestellt werden.[215] Denn angesichts der bereits bestehenden Beteiligung an der übertragenden Gesellschaft erhöht sich faktisch das Vermögen der übernehmenden Gesellschaft nicht. Daher ist auch eine Einstellung des negativen Unterschiedsbetrags in der Kapitalrücklage bei einer Verschmelzung ohne Kapitalerhöhung mit Untergang der Beteiligung nicht zu rechtfertigen. Der Verschmelzungsgewinn ist vielmehr grundsätzlich als Ertrag in der Gewinn- und Verlustrechnung des übernehmenden Rechtsträgers zu erfassen. 250

Sollte allerdings der niedrigere Beteiligungsbuchwert tatsächlich in einem geringeren Ertragswert der Beteiligung am übertragenden Rechtsträger begründet sein, sind statt der unmittelbaren erfolgswirksamen Erfassung des negativen Unterschiedsbetrags zunächst die übernommenen Vermögensgegenstände nach § 253 III 5 HGB auf den niedrigeren beizulegenden Wert abzuschreiben. Durch diese Abschreibung wird der Verschmelzungsgewinn (teilweise) kompensiert und damit ein Ausweis von Scheingewinnen vermieden. 251

Umgekehrt entsteht ein **positiver** Unterschiedsbetrag, sofern der Buchwert des übergehenden Vermögens den Buchwert der Beteiligung unterschreitet. Ein solcher positiver Unterschiedsbetrag wird regelmäßig 252

---

[214] *Deubert/Hoffmann* in Winkeljohann/Förschle/Deubert, Teil K, Rn. 92; IDW RS HFA 42, Rn. 68 ff.; *Pohl* Handelsbilanzen S. 108 f.
[215] *Hense* in IDW Reform des Umwandlungsrechts S. 180; *Pfitzer* in WP-Handbuch 2014, Teil F, Rn. 71; *Müller* in Kallmeyer UmwG § 24 Rn. 48; aA *Schmitt/Hülsmann* BB 2000 S. 1563–1569, die auch eine Verschmelzung unter Fortführung der Buchwerte gemäß § 24 UmwG als Anschaffungsvorgang ansehen.

§ 10   3. Teil. Verschmelzung

in stillen Reserven im übernommenen Vermögen begründet sein, die zumindest teilweise bei Erwerb der Beteiligung bereits mit bezahlt wurden.[216] Diese stillen Reserven dürfen bei der wahlweisen Fortführung der Buchwerte nicht aufgedeckt werden.[217] Die stillen Reserven schlagen sich daher in einem **Verschmelzungsverlust** nieder, der als Aufwand in der Gewinn- und Verlustrechnung des übernehmenden Rechtsträgers auszuweisen ist. Zum Ausgleich dieses Verschmelzungsverlustes darf kein aktivischer Ausgleichsposten gebildet werden.[218]

253   Die Verschmelzung zu Buchwerten mit Untergang der Beteiligung wird anhand des folgenden Beispiels § 10–5 erläutert.

254   *Fall § 10–5 Verschmelzung ohne Kapitalerhöhung zu Buchwerten*

Die A-GmbH hält sämtliche Anteile an der Ü-GmbH. Für den Erwerb dieser Anteile hat die A-GmbH TEUR 400 aufgewendet. Vereinfachend wird hier angenommen, dass das Anlagevermögen der A-GmbH allein aus der Beteiligung an der Ü-GmbH besteht.

Die Bilanz der Muttergesellschaft zeigt vor der Verschmelzung das folgende Bild:

A-GmbH

AKTIVA	TEUR	PASSIVA	TEUR
Anlagevermögen	400	Stammkapital	100
Umlaufvermögen	300	Kapitalrücklage	50
		Fremdkapital	550
	700		700

Im Vermögen der A-GmbH sind stille Reserven in Höhe von TEUR 50 enthalten.

Die Bilanz der Tochtergesellschaft hat folgendes Aussehen:

Ü-GmbH

AKTIVA	TEUR	PASSIVA	TEUR
Anlagevermögen	400	Stammkapital	100
Umlaufvermögen	500	Gewinnrücklage	200
		Fremdkapital	600
	900		900

---

[216] *Priester* in Lutter UmwG § 24 Rn. 69 ff.
[217] *Widmann* in Widmann/Mayer UmwG § 24 Rn. 338.
[218] *Hense* in IDW Reform des Umwandlungsrechts S. 179.

§ 10. Handelsbilanzielle Regelungen (HGB/IFRS) § 10

Im Vermögen der Ü-GmbH sind stille Reserven in Höhe von TEUR 100 enthalten. Diese verteilen sich zu TEUR 40 auf das Umlaufvermögen und zu TEUR 60 auf den originären Geschäfts- und Firmenwert.

Die Ü-GmbH soll auf die A-GmbH unter Fortführung der Buchwerte verschmolzen werden.

Für die Übernehmerin führt die Verschmelzung zu Buchwerten zu folgenden bilanziellen Konsequenzen. 255

Da die A-GmbH sämtliche Anteile der Ü-GmbH hält, darf die A-GmbH im Zuge der Verschmelzung ihr Nennkapital nach § 54 I 1 Nr. 1 UmwG nicht erhöhen. Mit der Verschmelzung geht das Vermögen der Ü-GmbH auf die A-GmbH zu Buchwerten über. Der Buchwert des übernommenen Vermögens der Ü-GmbH ermittelt sich als Saldo des Buchwertes der Vermögensgegenstände von TEUR 900 und der Schulden von TEUR 600. Er entspricht dem Eigenkapital der übertragenden Ü-GmbH. 256

Mit der Übernahme des Vermögens geht zugleich die Beteiligung der A-GmbH an der Ü-GmbH unter. Der Buchwert der untergehenden Beteiligung an der Ü-GmbH ist mit den Buchwerten des übernommenen Vermögens zu vergleichen. Dabei ergibt sich ein Verschmelzungsverlust von TEUR 100: 257

	TEUR
Beteiligung Ü-GmbH (Buchwert)	400
– Eigenkapital A-GmbH	300
= Verschmelzungsverlust	100

Der Verschmelzungsverlust ist in der Gewinn- und Verlustrechnung der A-GmbH als Aufwand auszuweisen. 258

Nach der Verschmelzung stellt sich die Bilanz der A-GmbH wie folgt dar: 259

A-GmbH (nach Verschmelzung)

AKTIVA	TEUR	PASSIVA	TEUR
Anlagevermögen	400	Stammkapital	100
Umlaufvermögen	800	Kapitalrücklagen	50
		Verschmelzungsverlust	(100)
		Fremdkapital	1150
	1200		1200

(b) Verschmelzung gegen Ausgabe bestehender eigener Anteile: 260

Mit Verabschiedung des BilMoG sind eigene Anteile mit ihrem Nennbetrag unabhängig von ihrem Erwerbszweck offen vom gezeichneten Kapital abzusetzen. Darüber hinausgehende Anschaffungskosten sind erfolgsneutral mit den freien Rücklagen zu verrechnen (§ 272 I a HGB). Bei Veräußerung werden zuerst die Rücklagen wieder aufgelöst und der darüber hinausgehende Veräußerungserlös ist **erfolgsneutral** in die Ka- 261 pitalrücklage einzustellen (§ 272 I b HGB).[219] Der Veräußerungserlös wird durch den Betrag des zu Buchwerten übernommenen Reinvermögens determiniert.

262 Das Bestehen eigener Anteile macht es der aufnehmenden Gesellschaft möglich, auf eine Kapitalerhöhung im Zuge der Verschmelzung zu verzichten. Wirtschaftlich aber ist die Verschmelzung gegen Ausgabe bestehender eigener Anteile der Verschmelzung mit Kapitalerhöhung ähnlich. Erhalten die Gesellschafter des übertragenden Rechtsträgers eigene Anteile der aufnehmenden Gesellschaft, dann wird der Charakter eigener Anteile als Korrekturposten zum Eigenkapital dadurch aufgehoben, dass der aufnehmenden Gesellschaft mit dem Vermögen des übertragenden Rechtsträgers eine Gegenleistung zugewendet wird. Die eigenen Anteile werden bei Hingabe als Gegenleistung bei einer Verschmelzung wieder mit Einlagen von Gesellschaftern unterlegt.

263 Diese Sichtweise führt dazu, einen Gewinn aus der Verschmelzung auf eine Kapitalgesellschaft gegen Ausgabe bestehender eigener Anteile unter Buchwertfortführung in die Kapitalrücklage nach § 272 II Nr. 1 HGB einzustellen.[220] Bei Personengesellschaften ist es entsprechend erforderlich, die Gesellschafterkonten beteiligungsproportional zu dotieren.

bb) Downstream merger

264 In umgekehrter Richtung zum upstream merger wird bei einem downstream merger die Obergesellschaft auf die Untergesellschaft verschmolzen. Der downstream merger wird handelsrechtlich mit Rückgriff auf die Regelungen der §§ 54 I 2 Nr. 2, 68 I 2 Nr. 2 UmwG überwiegend als zulässig angesehen.[221] Nach §§ 54 I 2 Nr. 2, 68 I 2 Nr. 2 braucht die übernehmende Gesellschaft ihr Kapital nicht zu erhöhen, soweit ein übertragender Rechtsträger Anteile dieser Gesellschaft innehat.

265 Auch bei einem downstream merger hat der übernehmende Rechtsträger das **Wahlrecht** nach § 24 UmwG, die Buchwerte des übertragenden Rechtsträgers fortzuführen. Entscheidet sich der übernehmende Rechtsträger bei einem downstream merger für die Fortführung der Buchwerte des übertragenden Rechtsträgers, wird der Verschmelzungserfolg durch den Buchwert der Beteiligung des übertragenden Rechtsträgers am übernehmenden Rechtsträger sowie durch das Eigenkapital des übertragenden Rechtsträgers bestimmt.

266 Übersteigt das Eigenkapital der übertragenden Gesellschaft den Buchwert der Anteile der übertragenden Gesellschaft an der übernehmenden Gesellschaft, ergibt sich ein negativer Differenzbetrag der nach § 272 II Nr. 4 HGB in die Kapitalrücklage einzustellen ist. Hingegen ergibt sich ein positiver Differenzbetrag, wenn der Buchwert der Beteiligung das Eigenkapital der übertragenden Gesellschaft übersteigt. Dieser positive

---

[219] IDW RS HFA 42 Rn. 68 ff. Rn.
[220] *Pfitzer* in WP-Handbuch 2014, Teil F, Rn. 69.
[221] *Dreissig* DB 1997 S. 1301; *Widmann* in Widmann/Mayer UmwG § 24 Rn. 349.

§ 10 Handelsbilanzielle Regelungen (HGB/IFRS) § 10

Differenzbetrag ist unmittelbar, dh ohne Berührung der Gewinn- und Verlustrechnung, mit frei verfügbaren Eigenkapitalien zu verrechnen.[222]

Die Bilanzierung eines downstream merger bei Buchwertfortführung 267 wird anhand des folgenden Beispiels § 10–6 dargestellt.

Fall § 10–6 Downstream merger mit Fortführung der Buchwerte 268
Die A-GmbH hält sämtliche Anteile ihrer Tochtergesellschaft (B-GmbH). Die Anteile wurden ursprünglich zum Preis von TEUR 300 erworben. Die Muttergesellschaft A-GmbH soll auf die Tochtergesellschaft verschmolzen werden. Die Bilanz der Muttergesellschaft stellt sich vor der Verschmelzung wie folgt dar:

A-GmbH

AKTIVA	TEUR	PASSIVA	TEUR
Anlagevermögen	400	Stammkapital	500
Beteiligung B-GmbH	300	Fremdkapital	300
Umlaufvermögen	100		
	800		800

Die Bilanz der Tochtergesellschaft hat folgendes Bild:

B-GmbH

AKTIVA	TEUR	PASSIVA	TEUR
Anlagevermögen	100	Stammkapital	200
Umlaufvermögen	400	Fremdkapital	300
	500		500

Für die übernehmende B-GmbH führt die Verschmelzung zu folgenden Konsequenzen: 269

Im Zuge der Verschmelzung braucht die aufnehmende B-GmbH nach § 54 I 270 *2 Nr. 2 UmwG ihr Stammkapital nicht zu erhöhen, da die A-GmbH sämtliche Anteile an der B-GmbH innehat.*

Als aufnehmende Gesellschaft übt die B-GmbH ihr Wahlrecht nach § 24 271 *UmwG dahingehend aus, dass sie die Vermögensgegenstände und Schulden ihrer Muttergesellschaft zu Buchwerten übernimmt. Dabei gehen allerdings die Anteile der A-GmbH an der B-GmbH nicht auf die aufnehmende B-GmbH über. Diese Anteile an ihrer bisherigen Tochtergesellschaft gewährt die A-GmbH ihren Gesellschaftern vielmehr im Wege des Direkterwerbs als Abfindung.[223] Da diese Anteile an der B-GmbH nicht mit übergehen, entsteht bei der Verschmelzung ein Unter-*

---
[222] IDW RS HFA 42 Rn. 74; zur gesellschaftsrechtlichen Zulässigkeit → Rn. 167.
[223] → Rn. 162 ff.

schiedsbetrag in Höhe der Differenz zwischen dem Buchwert der Beteiligung an der B-GmbH und dem Eigenkapital der A-GmbH:

	TEUR
Beteiligung B-GmbH (Buchwert)	300
− Eigenkapital A-GmbH	500
= Negativer Unterschiedsbetrag	**200**

272 Dieser negative Unterschiedsbetrag ist in die Kapitalrücklage nach § 272 II Nr. 4 HGB einzustellen.

273 Nach der Verschmelzung zu Buchwerten zeigt die Bilanz der übernehmenden B-GmbH folgendes Bild:

B-GmbH (nach Verschmelzung)

AKTIVA	TEUR	PASSIVA	TEUR
Anlagevermögen	500	Stammkapital	200
Umlaufvermögen	500	Kapitalrücklage	200
		Fremdkapital	600
	1000		**1000**

cc) Verschmelzung von Schwestergesellschaften

274 Von der Gewährung von Geschäftsanteilen bzw. Aktien darf dann abgesehen werden, wenn alle Anteilsinhaber eines übertragenden Rechtsträgers auf die Anteilsgewährung in notariell beurkundeter Form verzichten (§§ 54 I 3, 68 I 3 UmwG). Erhöht die übernehmende Schwestergesellschaft ihr Kapital gelten die für die Verschmelzung mit Kapitalerhöhung geltenden Grundsätze[224] hier entsprechend. Im Falle eine Verschmelzung von Schwestergesellschaften ohne Kapitalerhöhung aufgrund eines Anteilsverzichtes ist es sachgerecht, den Differenzbetrag wie bei einem downstream merger zu behandeln.[225]

dd) Aufwendungen im Zusammenhang mit der Umwandlung

275 Im Zuge einer Verschmelzung entstehen dem übernehmenden Rechtsträger Aufwendungen. Dabei kann es sich um sog. objektbezogene Aufwendungen oder aber um sonstige umwandlungsbedingte Aufwendungen handeln. So stellt etwa die bei Übergang von Grundvermögen anfallende Grunderwerbsteuer objektbezogenen Aufwand dar. Die daneben anfallenden sonstigen Aufwendungen, wie vor allem Rechts- und Beratungskosten für die Erstellung des Verschmelzungsvertrages, für die Erstellung und Prüfung der Schlussbilanz etc. begründen demgegenüber sonstige Aufwendungen.[226]

---

[224] → Rn. 232 ff.
[225] IDW RS HFA 42 Rn. 68 ff.
[226] *Neumann* DStR 1997 S. 2041; → Rn. 169 ff.

§ 10. Handelsbilanzielle Regelungen (HGB/IFRS) § 10

Die bilanzielle Behandlung dieser Aufwendungen im Zusammenhang 276
mit der Verschmelzung unter Fortführen der Buchwerte ist umstritten.
Nach zum Teil im Schrifttum[227] vertretener Auffassung sind zumindest
objektbezogene Aufwendungen im Zusammenhang mit der Verschmelzung als Anschaffungsnebenkosten zu aktivieren. Eine weitere Auffassung[228] spricht sich bei wahlweiser Fortführung der Buchwerte generell
gegen eine Aktivierung von Umwandlungskosten als Anschaffungsnebenkosten aus.

Die letzte Auffassung folgt streng dem Gedanken der Gesamtrechts- 277
nachfolge, durch den allein die Fortführung der Buchwerte durch den
übernehmenden Rechtsträger gerechtfertigt werden kann. Dem Verständnis der Gesamtrechtsnachfolge zufolge stellt die Vermögensübernahme durch den übernehmenden Rechtsträger keine Anschaffung dar.
Konsequenterweise können dann auch keine aktivierungspflichtigen Anschaffungsnebenkosten entstehen. Dieser Auffassung ist grundsätzlich beizupflichten.

Nicht zuzustimmen ist dieser Ansicht uE indes dann, wenn die Ent- 278
stehung bestimmter Aufwendungen selbst an einen anderen Rechtsgedanken anknüpft. Das ist bei vielen objektbezogenen Aufwendungen,
vor allem aber bei der Grunderwerbsteuer, der Fall. So kann eine Verschmelzung Grunderwerbsteuer auslösen (§ 1 I Nr. 3 GrEStG), wenn
Grundvermögen auf einen anderen Rechtsträger übergeht[229] und keine
Befreiungsvorschrift greift (bspw. § 6a GrEStG; Steuervergünstigung bei
Umstrukturierungen im Konzern). Unseres Erachtens muss diese Tatsache handelsbilanziell dahin gehend berücksichtigt werden, dass die
Grunderwerbsteuer bei dem betreffenden übernommenen Grundstück
aktiviert wird.

III. Bilanzierung beim übernehmenden Rechtsträger (IFRS)

1. Ansatz

Die übernehmende Gesellschaft muss zum **Erwerbs- bzw. Akquisiti-** 279
onszeitpunkt alle identifizierbaren Vermögenswerte, Schulden und
Eventualschulden der übertragenden Gesellschaft sowie Anteile ohne
beherrschenden Einfluss ansetzen. Dies gilt insbesondere auch für Vermögenswerte und Schulden, die bisher bei dem übertragenden Rechtsträger nicht bilanziert worden sind, wie zB immaterielle Vermögenswerte. Die Bestimmung des Ansatzes der Vermögenswerte und Schulden
erfolgt anhand der vertraglichen Regelungen, ökonomischen Bedingungen sowie Bilanzierungs- und Bewertungsgrundsätzen. Im Gegensatz zu
den handelsbilanziellen Regelungen, wonach § 24 UmwG ein Bewertungswahlrecht einräumt, besteht dieses nach IFRS nicht. Der übernehmende Rechtsträger hat gemäß IFRS 3, sofern es sich nicht um eine

---

[227] *Widmann* in Widmann/Mayer UmwG § 24 Rn. 406.
[228] *Orth* GmbHR 1998 S. 513 f.; *Müller* in Kallmeyer UmwG § 24 Rn. 16.
[229] Vgl. etwa auch BFH vom 15.10.1997 – I R 22/96, DB 1998 S. 287.

Bula/Thees 443

konzerninterne Transaktion handelt,[230] zwingend die Fair-Value-Bewertung anzuwenden.[231]

2. Höhe und Umfang der Anschaffungskosten

a) Bewertungsmaßstab

280 Gesellschaftsrechtlich handelt es sich bei einer Verschmelzung gegen Gewährung neuer Anteile um eine Sacheinlage. Die Sacheinlage in Form des Unternehmenszusammenschlusses (und implizit die Verschmelzung) ist in IFRS 3.3 geregelt.[232] Der Unternehmenszusammenschluss ist definiert als Vermögenswerte und Schulden, die einen Geschäftsbetrieb darstellen. Allgemeiner Bewertungsmaßstab für die übergehenden Vermögenswerte und Schulden ist der **Fair Value** (IFRS 3.18). Der Fair Value ist definiert als Preis, der in einem geordneten Geschäftsvorfall zwischen Marktteilnehmern am Bemessungsstichtag für den Verkauf eines Vermögenswerts eingenommen bzw. für die Übertragung einer Schuld gezahlt würde (IFRS 13).[233] Die Bewertung der Vermögenswerte und Schulden erfolgt immer auf den **Akquisitionszeitpunkt**, dh dann wenn der Erwerber die Beherrschung über das Unternehmen erhält (IFRS 3.8).

Der Ansatz von Vermögenswerten und Schulden bei Unternehmenszusammenschlüssen erfolgt unabhängig vom Ansatz in der Bilanz des erworbenen Unternehmens. Insbesondere im Fall selbst erstellter immaterieller Vermögenswerte, bei denen nach IAS 38 die Aktivierung auf Einzelabschlussebene ausgeschlossen war, können sich Unterschiede ergeben (IFRS 3.13). In diesem Zusammenhang ist daher auf die Änderungen der Ansatzregeln beim Erwerb im Rahmen eines Unternehmenszusammenschlusses hinzuweisen: Früher wurde davon ausgegangen, dass das Wahrscheinlichkeitskriterium automatisch erfüllt sei und eine verlässliche Bewertung normalerweise möglich war. Für Vermögenswerte mit begrenzter Nutzungsdauer galt eine widerlegbare Vermutung einer verlässlichen Bewertung. Seit Veröffentlichung des IAS 38 (2008) sind die Ansatzkriterien für die Wahrscheinlichkeit des Nutzenzuflusses und die verlässliche Bewertung im Sinne des IAS 38.21b automatisch erfüllt (IAS 38.33). Dies gilt auch für erworbene in-process research and development projects (IAS 38.34).

b) Immaterielle Vermögensgegenstände

281 Besondere Regelungen, auch hinsichtlich des Ansatzes und der Bewertung gelten für **immaterielle Vermögenswerte,** die über die allgemeinen Regelungen des IAS 38 hinaus gehen mit dem Ziel der weitestgehenden Aufteilung des Goodwills und Separierung der immateriellen

---

[230] → § 5 Rn. 26 ff.
[231] → Rn. 280.
[232] → § 5 Rn. 24.
[233] IFRS 3 Anhang A.

Vermögenswerte vom Goodwill.²³⁴ Hier sind insbesondere die selbsterstellten immateriellen Vermögenswerte zu nennen, die im Einzelabschluss des zu verschmelzenden Unternehmens nicht aktiviert werden dürfen (IFRS 3.13).²³⁵

Ein im Rahmen der Verschmelzung erworbener immaterieller Vermögenswert ist zu aktivieren, wenn der fair value verlässlich bewertet werden kann und er identifizierbar ist. Für die erstmalige Identifizierung ist ein Verständnis für das Geschäftsmodell der übertragenden Gesellschaft und der Unternehmensplanung sowie des rechtlichen Umfelds erforderlich.²³⁶ Auf dieser Grundlage können die wesentlichen Werttreiber ermittelt und geprüft werden, ob sie die Voraussetzungen für eine selbstständige Aktivierung als immaterieller Vermögenswert erfüllen. Identifizierbarkeit ist gegeben, wenn die Position auf einer vertraglichen oder gesetzlichen Grundlage beruht oder separierbar ist. Ein immaterieller Vermögenswert ist separierbar, wenn er vom Unternehmen getrennt verkauft, übertragen, lizenziert, vermietet oder getauscht werden kann.²³⁷ Als weitere Voraussetzung gilt die Beherrschung (IAS 38.13). Diese ist in der Regel erfüllt, wenn das Kriterium der Identifizierbarkeit nachgewiesen werden kann. Das Wahrscheinlichkeitskriterium für den Zufluss eines künftigen wirtschaftlichen Nutzens gilt für immaterielle Vermögenswerte, die durch einen Unternehmenszusammenschluss erworben wurden, als erfüllt²³⁸ und spiegelt sich in der Bewertung des fair values wider (IAS 38.33). Der eigentliche Prüfstein für den Ansatz von immateriellen Vermögenswerten ist die Frage der Identifizierbarkeit, dh der Abgrenzung vom Goodwill. Dabei ist zwischen immateriellen Vermögenswerten, die

– auf einer **vertraglich-rechtlichen Grundlage** beruhen und deshalb ohne Weiteres als **identifizierbar** gelten, und
– **sonstigen** Werten, die nur angesetzt werden dürfen, wenn sie durch Verkauf, Übertragung, Lizenzierung, Verpachtung, Tausch usw. vom Unternehmen **separiert** werden können,

zu unterscheiden.

So repräsentiert zB der **Auftragsbestand** die antizipierten abgezinsten künftigen Erträge. Er wird im Rahmen der Verteilung der Anschaffungskosten erfolgsneutral angesetzt und reduziert somit den Goodwill bzw. es entsteht ein passivischer Unterschiedsbetrag. In den Folgeperioden fallen neben den Erträgen aus der Auftragsabwicklung zusätzlich die Abschreibungen auf den Auftragsbestand an. Somit werden nicht nur ungewöhnliche immaterielle Vermögenswerte im Rahmen der Verschmelzung bilanziert, sondern auch die Gewinn- und Verlustrechnung verzerrt.²³⁹

---

²³⁴ *Knüppel* Bilanzierung von Verschmelzungen 2007 S. 141.
²³⁵ *Hachmeister* Neuregelung der Bilanzierung von Unternehmenszusammenschlüssen nach IFRS 3 (2008) S. 118.
²³⁶ IDW RS HFA 16 Rn. 43.
²³⁷ *Knüppel* Bilanzierung von Verschmelzungen 2007 S. 141 f.
²³⁸ *Knüppel* Bilanzierung von Verschmelzungen 2007 S. 142.
²³⁹ *Knüppel* Bilanzierung von Verschmelzungen 2007 S. 157.

§ 10 3. Teil. Verschmelzung

Somit wird der Goodwill reduziert, damit verbunden werden jedoch die Ergebnisse der Folgeperioden belastet.

c) Ausnahmen von der Fair-Value-Bewertung

284 In den IFRS 3.22–3.31 sind Ausnahmen von den Ansatz- und Bewertungsgrundsätzen des IFRS 3 normiert. Vom Ansatzgrundsatz sind gemäß IFRS 3.22 und 3.23 die Eventualverbindlichkeiten ausgenommen. Der grundsätzlich für **Eventualverbindlichkeiten** geltende IAS 37 ist nicht für die Bestimmung, welche Eventualverbindlichkeiten zum Erwerbszeitpunkt anzusetzen sind, anzuwenden (IFRS 3.23). Grundsätzlich erfolgt der Ansatz, nur dann, wenn das ungewisse Ereignis die Definition einer Schuld erfüllt. Das heißt es muss eine aus einem Ereignis der Vergangenheit resultierende gegenwärtige Verpflichtung bestehen, deren beizulegender Zeitwert verlässlich bewertet werden kann. Entgegen des IAS 37 ist ein Ansatz der Eventualverbindlichkeiten selbst dann notwendig, wenn ein späterer Abfluss von Ressourcen mit wirtschaftlichem Nutzen zur Erfüllung der Verpflichtung unwahrscheinlich ist.

285 Ausnahmen von Ansatzgrundsätzen bestehen gemäß IFRS 3.24–3.26 für **Ertragsteuern** (Ansatz und Bewertung nach IAS 12) und für **Leistungen an Arbeitnehmer** (Ansatz und Bewertung nach IAS 19). Gleiches gilt für **Entschädigungsleistungen,** die dem Erwerber aufgrund von vertraglichen Vereinbarungen (zB bei Unsicherheiten hinsichtlich der Steuerposition) zustehen (IFRS 3.27 und 28). Diese stellen aus Sicht des Erwerbers einen Vermögenswert dar. Der Ansatz und Bewertung dieser Vermögenswerte für Entschädigungsleistungen richtet sich nach dem Posten, auf den sich die Entschädigung bezieht.

286 Ausnahmen von den Bewertungsgrundsätzen des IFRS 3 bestehen gemäß IFRS 3.29–3.31 für **anteilsbasierte Vergütungen** (Bewertung nach IFRS 2), für **zur Veräußerung gehaltene Vermögenswerte** (*non-current assets held for sale*; Bewertung nach IFRS 5) und für **zurückerworbene Rechte**. Letzteres betrifft den Fall, in dem im Rahmen der Verschmelzung ein Vermögenswert vom Erwerber zurückerworben wird. Dieser kann das Recht auf Nutzung eines Vermögenswertes des Erwerbers enthalten (zB Patente, Lizenzen). Das Recht wird dann als immaterieller Vermögenswert erfasst und über die Restlaufzeit (ohne Verlängerungsoption) abgeschrieben.

d) Konfusionsgewinne

287 Gehört zu den Vermögenswerten des erworbenen (zu verschmelzenden) Unternehmens eine **wertberichtigte Forderung gegenüber dem Erwerber** (aufnehmendes Unternehmen), stellt sich auch hier die Frage nach der Reichweite des Fair-Value-Prinzips. Eine Aufrechnungsdifferenz könnte im Rahmen der Konfusion der Forderungen und Verbindlichkeiten zu einem **sofortigen Ertrag** (settlement gain) führen. Die entsprechende Buchung wäre gewöhnungsbedürftig, da der Anschaffungsvorgang/Verschmelzungsvorgang ansonsten ein erfolgsneutraler Vorgang ist.

§ 10. Handelsbilanzielle Regelungen (HGB/IFRS) § 10

Die Erfolgswirksamkeit lässt sich bei Betrachtung des Übernahmefolgegewinns des UmwStG begründen. So ist ein entstehender Gewinn in Verschmelzungsfällen aus der Vereinigung von Forderungen und Verbindlichkeiten nach § 6 UmwStG grundsätzlich als laufender Gewinn bei der aufnehmenden Gesellschaft zu erfassen. Daran ändert auch nicht das Wahlrecht der Bildung einer den steuerlichen Gewinnen mindernden Rücklage, da die Rücklage in den folgenden drei Wirtschaftsjahren aufzulösen ist und somit nur Steuerstundungscharakter hat. Die Anpassung der unterschiedlichen Wertansätze im Anschaffungszeitpunkt ist demnach erfolgswirksam. Ein Unterschied zum Handelsrecht besteht ausschließlich durch den Fokus der steuerlichen Regeln auf die rechtliche Konfusion von Forderungen und Verbindlichkeiten, während konzernbilanziell die wirtschaftliche Konfusion betrachtet wird. Der Grund ist in der konzeptionellen Abweichung zwischen Steuerrecht (Fokus auf dem einzelnen rechtlich definierten Steuersubjekt) und dem Konzernbilanzrecht (Fokus auf der wirtschaftlichen, aus mehreren Rechtssubjekten bestehenden Einheit) zu finden.[240] 288

Unseres Erachtens ist der erfolgsneutralen Aufrechnung von Differenzen mit Gewinnrücklagen der Vorzug zu geben. Dies hätte dann jedoch wieder Implikationen auf den Goodwill. Somit würde der gesamte Vorgang erfolgsneutral abgebildet werden, was dem Prinzip des Anschaffungsvorgangs entsprechen würde. So werden auch Kosten der Eigenkapitalbeschaffung erfolgsneutral behandelt und direkt mit Eigenkapital verrechnet.[241] Es erfolgt keine Berücksichtigung in der Gewinn- und Verlustrechnung. Dieser Fall ist analog zu sehen, da auch hier das Verhältnis Gesellschaft zu Gesellschafter betroffen ist und ggf. auch bei einer Kapitalerhöhung neue Anteile ausgegeben werden. 289

e) Latente Steuern

Die latenten Steuern nach IFRS werden auch nach dem sogenannten temporary concept ermittelt.[242] Das temporary concept stellt auf die Bilanzunterschiede ab.[243] Das heißt, es wird auf die unterschiedlichen Bilanzansätze zwischen der IFRS-Bilanz und der Handels- bzw. Steuerbilanz abgestellt. Latente Steuern werden jedoch nur berücksichtigt, soweit es sich um temporäre und quasi-permanente Differenzen handelt. Der Grund hierfür liegt darin, dass die permanenten Differenzen sich nicht über die verschiedenen Perioden hinweg ausgleichen, sondern nur ein Geschäftsjahr betreffen.[244] Die Umkehrung von Steuerbe- und -entlastungen ist jedoch ein Grundelement der Steuerabgrenzung, da das Ziel der Steuerabgrenzung darin besteht, den richtigen Steueraufwand zum 290

---

[240] Lüdenbach/Hoffmann/Freiberg Haufe IFRS Kommentar 2015 § 31 Rn. 121.
[241] Lüdenbach in Lüdenbach/Hoffmann/Freiberg Haufe IFRS Kommentar 2015 § 31 Rn. 122.
[242] Grottel/Larenz in Beck'scher Bilanzkommentar § 274 Rn. 4 ff.
[243] Hoffmann in Lüdenbach/Hoffmann/Freiberg Haufe IFRS Kommentar 2015 § 26 Rn. 43.
[244] Knüppel Bilanzierung von Verschmelzungen 2007 S. 182.

entsprechenden Jahresergebnis zuzuweisen.[245] Der Ansatz der latenten Steuern erfolgt nach IFRS grundsätzlich erfolgsneutral, die aktive oder passive Steuerlatenz wird dann im Zeitablauf erfolgswirksam aufgelöst.

291 Im Rahmen der Verschmelzung sind die Regelungen des IAS 12.19 zu beachten. Auch hier greift das temporary concept beim erstmaligen Ansatz der Vermögenswerte, Schulden und Eventualschulden zu ihrem Fair Value. Aktive oder passive Steuerlatenzen werden angesetzt, wenn die Vermögenswerte und Schulden vom steuerlichen Wertansatz abweichen. Wenn im Rahmen der Steuerbilanz die Vermögensgegenstände und Schulden zum gemeinen Wert angesetzt werden, dürfte für die Mehrheit der Bilanzposten die Steuerlatenz wegfallen. Problematisch gestaltet sich dies ggf. beim Ansatz von immateriellen Vermögenswerten. Bei Unternehmenszusammenschlüssen weisen die IFRS im Vergleich zum Handels- und Steuerrecht aufgeweichte Regelungen auf, damit der Goodwill weiter separiert wird. Diese immateriellen Vermögenswerte sind im Steuerrecht nicht ansatzfähig. Insofern können hier, abhängig vom Geschäftsmodell der übertragenden Gesellschaft größere Differenzen auftreten. Auch beeinflusst die Steuerlatenz den Unterschiedsbetrag (IAS 12.66). Auf den Goodwill werden zum Zeitpunkt des erstmaligen Ansatzes jedoch keine latenten Steuern berücksichtigt, da es sich um eine Residualgröße handelt und der Ansatz der latenten Steuerschuld wiederum eine Erhöhung des Buchwertes des Geschäfts- oder Firmenwertes zur Folge hätte. Dies gilt uneingeschränkt für die Fälle, in denen in der Steuerbilanz kein (abzugsfähiger) Goodwill entsteht, also insbesondere für alle Fälle des share deals.[246] Auch die Verschmelzung ist von dieser Regelung eingeschlossen.

292 Die Verschmelzung kann dazu führen, dass ein steuerlicher Verlustvortrag (IFRS 3.25, IAS 12.24) der aufnehmenden Gesellschaft (IAS 12.67) aktiviert werden muss. Zu einer erstmaligen Aktivierung des **Verlustvortrags** kommt es, wenn sich erst aus der Verschmelzung die Wahrscheinlichkeit ergibt, dass der steuerliche Verlustvortrag mit steuerpflichtigen Gewinnen der übertragenden Gesellschaft verrechnet werden kann. Der erstmalige Ansatz ist erfolgsneutral, wenn die Aktivierung der latenten Steuern zum Zeitpunkt der Verschmelzung oder innerhalb des Bewertungszeitraums identifiziert wird und sich auf einen Sachverhalt bezieht, der schon zum Erwerbszeitpunkt bestanden hat (IFRS 3.44, IAS 12.68). Korrespondierend dazu ist der Goodwill um den entsprechenden Betrag zu mindern. Ein negativer Unterschiedsbetrag darf aus der nachträglichen Aktivierung von latenten Steueransprüchen nicht entstehen (IAS 12.68).[247]

293 Die Bewertung der Steuerlatenzen erfolgt anhand der Steuersätze, deren Gültigkeit für die Periode, in der ein Vermögenswert realisiert oder eine Schuld erfüllt wird, erwartet wird. Dabei werden die Steuersätze

---

[245] *Grottel/Larenz* in Beck'scher Bilanzkommentar § 274 Rn. 4.
[246] *Lüdenbach* in Lüdenbach/Hoffmann/Freiberg Haufe IFRS Kommentar 2015 § 31 Rn. 211.
[247] *Knüppel* Bilanzierung von Verschmelzungen 2007 S. 189.

§ 10. Handelsbilanzielle Regelungen (HGB/IFRS) § 10

und Steuervorschriften angewendet, die zum Erwerbszeitpunkt gültig oder angekündigt sind.[248] Steuerlatenzen sind auch bei Laufzeiten größer als ein Jahr nicht abzuzinsen.[249]

f) Behandlung des Unterschiedsbetrags

Bei der Verschmelzung entsteht idR eine positive oder eine negative Differenz von Anschaffungskosten und Fair Value der erworbenen identifizierbaren Vermögenswerte und Schulden. 294
– eine positive Differenz ist als **Goodwill** anzusetzen (IFRS 3.32),
– ein **negativer Unterschiedsbetrag** führt nach kritischer Überprüfung (reassessment) zu sofortigem Ertrag (IFRS 3.34).

Anschaffungsbezogene Kosten (acquisition-related costs) sind seit der 2009 anwendbaren Fassung der IFRS gemäß IFRS 3.53 stets als Aufwand zu erfassen. Dies gilt unabhängig ob es sich um direkt zurechenbare (zB Honorare für Wirtschaftsprüfer, Rechtsberater, Notare sowie Grunderwerbsteuer) oder indirekt zurechenbare Kosten handelt.[250]

Kosten für die **Emission von Eigenkapitalinstrumenten** (zB Kapitalerhöhung bei Verschmelzung) sind ein integraler Bestandteil der Verschmelzung, sind jedoch der Verschmelzung nicht direkt zurechenbar, auch wenn diese für die Durchführung der Verschmelzung emittiert wurden. Es handelt sich ebenfalls um verbundene Kosten im Sinne des IFRS 3.53. Für die Kosten der Emission von Eigenkapitalinstrumenten gilt aber die Ausnahme, dass diese gemäß den Regelungen der IAS 32 und IAS 39 zu bewerten sind. Das heißt diese Kosten werden erfolgsneutral behandelt und direkt mit Eigenkapital verrechnet.[251]

Der Goodwill bzw. negative Unterschiedsbetrag stellt eine rechnerische Saldogröße dar. Es handelt sich nicht um die Differenz von Anschaffungskosten und Buchwerten, sondern die Differenz von Anschaffungskosten und Zeitwerten. Somit kann anders als im Handelsrecht ein negativer Unterschiedsbetrag auch dann entstehen, wenn der Gegenwert der Anschaffungskosten über dem Buchwert liegt.[252] Im Gegensatz zum handelsrechtlichen Konzernabschluss existiert in den IFRS zudem das Wahlrecht, auch die Minderheiten (nicht beherrschende Anteile) zum Fair Value nach IFRS 3.19 zu bewerten und somit auch den auf die Minderheiten entfallenden Goodwill zu aktivieren. 295

Nach IFRS 3.49 und 3.51 ist der Goodwill bzw. der negative Unterschiedsbetrag demnach wie folgt zu ermitteln:[253] 296

---

[248] IAS 12.47.
[249] IAS 12.53.
[250] *Lüdenbach* in Lüdenbach/Hoffmann/Freiberg Haufe IFRS Kommentar 2015 § 31 Rn. 39.
[251] *Lüdenbach* in Lüdenbach/Hoffmann/Freiberg Haufe IFRS Kommentar 2015 § 31 Rn. 41.
[252] *Lüdenbach* in Lüdenbach/Hoffmann/Freiberg Haufe IFRS Kommentar 2015 § 31 Rn. 131.
[253] *Lüdenbach* in Lüdenbach/Hoffmann/Freiberg Haufe IFRS Kommentar 2015 § 31 Rn. 134.

Anschaffungskosten
+ nicht beherrschende Anteile (Wahlrecht: Bewertung zum Fair Value oder als Anteil am Fair Value des Nettovermögens)
+ Fair Value der Altanteile
− Fair Value des erworbenen Nettovermögens (unter Berücksichtigung latenter Steuern).

297 Bleibt der negative Unterschiedsbetrag nach dem reassessment bestehen, so muss dieser Betrag sofort erfolgswirksam erfasst werden (IFRS 3.34). Es entsteht somit ein **Verschmelzungsgewinn**. Eine Abstockung der fair values der übernommenen Vermögenswerte findet nicht statt.[254]

298 Die planmäßige Abschreibung des Goodwills wurde durch den impairment-only approach ersetzt. Danach werden nur außerplanmäßige Abschreibungen vorgenommen, wenn auf Basis des jährlich durchzuführenden Impairmenttests Wertminderungsbedarf besteht.

299 Zunächst ist der Goodwill auf zahlungsmittelgenerierende Einheiten zu verteilen.[255] Eine zahlungsmittelgenerierende Einheit ist die kleinste identifizierbare Gruppe von Vermögenswerten, die Mittelzuflüsse erzeugen, die weitgehend unabhängig von den Mittelzuflüssen anderer Vermögenswerte oder anderer Gruppen von Vermögenswerten sind.[256] Der Buchwert der zahlungsmittelgenerierenden Einheit ist dann jeweils mit dem erzielbaren Betrag zu vergleichen. Der erzielbare Betrag einer zahlungsmittelgenerierenden Einheit ist der höhere der beiden Beträge aus beizulegendem Wert abzüglich Verkaufskosten und Nutzungswert.[257] Bei dem Nutzungswert handelt es sich um den Barwert der künftigen Cashflows, der voraussichtlich aus einem Vermögenswert oder einer zahlungsmittelgenerierenden Einheit auf Basis der jeweils aktuellen Unternehmensplanung abgeleitet werden kann. Besteht Wertminderungsbedarf bei einer zahlungsmittelgenerierenden Einheit ist der Wertminderungsbedarf zuerst beim Goodwill zu erfassen und im zweiten Schritt auf die anderen Vermögenswerte zu verteilen.[258] Eine Wertaufholung ist für den Goodwill unzulässig.[259] Die gesamte Goodwill-Bilanzierung eröffnet dem Management insbesondere hinsichtlich der Abgrenzung der zahlungsmittelgenerierenden Einheit Bewertungsspielräume, die jedoch hier durch die Verschmelzung des übertragenden Rechtsträgers eingeschränkt sind, sofern dieser eine zahlungsmittelgenerierende Einheit für sich betrachtet darstellt.

---

[254] *Knüppel* Bilanzierung von Verschmelzungen 2007 S. 215.
[255] IAS 36.80.
[256] IAS 36.6.
[257] IAS 36.6.
[258] IAS 36.104.
[259] IAS 36.124.

IV. Bilanzierung beim Anteilseigner des übertragenden Rechtsträgers

1. Handelsrecht

Eine Verschmelzung führt für die Anteilseigner des übertragenden Rechtsträgers stets zur Anwendung der Tauschgrundsätze. **300**

Bei einem upstream merger, ohne Kapitalerhöhung bzw. ohne Ausgabe neuer Anteile, erhält alleine die Muttergesellschaft für die Aufgabe der Beteiligung an der Tochtergesellschaft das gesamte Reinvermögen im Wege des Tausches. Erfolgt der upstream merger hingegen auch durch die Ausgabe neuer Anteile oder eigener Anteile, so stellt auch dies einen Tauschvorgang für die außenstehenden Gesellschafter dar, weil diese neue Anteile erhalten während die alten Anteile unter gehen. Demnach bestimmen sich die Anschaffungskosten für das erworbene Reinvermögen bei der Muttergesellschaft bzw. für die erhaltenen Anteile bei den außenstehenden Gesellschaftern wahlweise nach dem Buchwert, Zwischenwert oder dem erfolgsneutralen Zwischenwert. **301**

Entsprechende Überlegungen lassen sich auf den downstream merger und auf den sidestream merger transferieren mit der Folge der ebenfalls anzuwendenden Tauschgrundsätze.[260]

2. IFRS

Auch nach IFRS sind Tauschgrundsätze anzuwenden. Die Bewertung erfolgt allerdings stets mit dem fair value der ausgegebenen Anteile. Nur in Ausnahmefällen kommt eine umgekehrte Wertermittlung[261] in Frage, wenn sich der Wert des erworbenen Unternehmens verlässlicher bestimmen lässt. **302**

V. Abbildung der Verschmelzung im Konzernabschluss

1. Handelsrecht

Sofern der verschmolzene Rechtsträger vor der Verschmelzung zum Konsolidierungskreis des aufnehmenden Rechtsträgers nach § 294 HGB gehörte, ist fraglich, ob und wie sich die Verschmelzung auf den Konzernabschluss auswirkt. **303**

Hierzu ist für Geschäftsjahre, die vor dem oder am 31.12.2016 beginnen, noch der DRS 4 „Unternehmenserwerbe im Konzernabschluss" heranzuziehen. Für danach beginnende Geschäftsjahre ist hingegen zukünftig der DRS 23 „Kapitalkonsolidierung (Einbeziehung von Tochterunternehmen in den Konzernabschluss)" relevant.[262] Bei Anwendung der durch das BMJ verabschiedeten DRS wird hierbei grundsätzlich die Beachtung der Konzernrechnungslegung betreffenden Grundsätze ord- **304**

---

[260] IDW RS HFA 42, Rn. 77 ff.; *Pfitzer* in WP-Handbuch 2014, Teil F, Rn. 106 ff.
[261] *Lüdenbach/Hoffmann/Freiberg* Haufe IFRS Kommentar 2015 § 20 Rn. 79; *Lüdenbach/Hoffmann/Freiberg* Haufe IFRS Kommentar 2015 § 31 Rn. 43.
[262] → § 5 Rn. 20.

§ 10   3. Teil. Verschmelzung

nungsgemäßer Buchführung vermutet (§ 342 II HGB).²⁶³ Eine Abweichung von den DRS führt zwar nicht zur Einschränkung des Bestätigungsvermerks, solange die Bilanzierung im Einklang mit den entsprechenden HGB-Regelungen erfolgt. Es besteht allerdings eine Hinweispflicht gemäß IDW PS 450 im Prüfungsbericht des Abschlussprüfers zum Jahresabschluss.

305   Die Frage der Auswirkungen der Verschmelzung auf den Konzernabschluss ist unter Heranziehen der Generalnorm für den Konzernabschluss nach § 297 II 2 HGB zu beantworten. Danach soll der Konzernabschluss unter Beachtung der Grundsätze ordnungsmäßiger Buchführung ein den tatsächlichen Verhältnissen entsprechendes Bild der Vermögens-, Finanz- und Ertragslage des Konzerns vermitteln. Zu diesem Zweck wird in der Regelung des § 297 III 1 HGB eine Konsolidierung sämtlicher konzerninterner Beziehungen verlangt. Danach ist im Konzernabschluss die Vermögens-, Finanz- und Ertragslage der einbezogenen Unternehmen so darzustellen, als ob diese Unternehmen insgesamt ein einziges Unternehmen wären. Vor diesem Hintergrund werden die rechtlichen Grenzen der einzubeziehenden Unternehmen bereits bei erstmaliger Aufstellung des Konzernabschlusses bzw. bei Erwerb einer neuen Beteiligung aufgehoben. Statt der Beteiligung an einem untergeordneten Unternehmen werden im Zuge der Erstkonsolidierung dessen Vermögensgegenstände und Schulden in den Konzernabschluss einbezogen.

306   Insofern kann die Verschmelzung eines **bereits vollkonsolidierten Unternehmens** nicht zu einer Entkonsolidierung führen. Eine solche Entkonsolidierung kann lediglich bei Änderungen des Konsolidierungskreises erforderlich werden.²⁶⁴ Durch eine Verschmelzung ändert sich hingegen der Konsolidierungskreis zwar rechtlich dadurch, dass ein Unternehmen nicht mehr zu konsolidieren ist. Wirtschaftlich hingegen ändert sich der Umfang der in den Konzernabschluss einzubeziehenden Vermögensgegenstände und Schulden nicht. Wurde das verschmolzene Unternehmen vor Verschmelzung nämlich bereits vollkonsolidiert, enthält der Konzernabschluss die seit dem Zeitpunkt der Erstkonsolidierung fortgeführten Bilanzwerte der Vermögensgegenstände und Schulden des betreffenden Unternehmens. In diesem Fall ändert die Verschmelzung letztlich nichts an den in den Konzernabschluss einzubeziehenden Vermögensgegenständen und Schulden.

307   Aus diesem Grunde müssen vielmehr sämtliche Auswirkungen bei der Aufstellung des Konzernabschlusses eliminiert werden, die die Verschmelzung auf den Einzelabschluss gehabt hat. Wurde der bereits im Konzernabschluss konsolidierte, übertragende Rechtsträger unter Ausübung des Wahlrechts nach § 24 UmwG zu Anschaffungskosten verschmolzen, sind die übernommenen Vermögensgegenstände und Schulden mit diesen Anschaffungskosten bei der Aufstellung des Konzernabschlusses herauszurechnen. Gleiches gilt für einen Geschäfts- oder

---
²⁶³ DRS 4 A.
²⁶⁴ IDW RS HFA 44 Rn. 20 ff.

§ 10. Handelsbilanzielle Regelungen (HGB/IFRS) § 10

Firmenwert aus der Verschmelzung im Einzelabschluss des übernehmenden Rechtsträgers. Anstelle dieser sich aus der Verschmelzung ergebenden Werte sind die fortgeführten Werte aus der Erstkonsolidierung des übertragenden Unternehmens im Konzernabschluss fortzuführen.

Sofern der übertragende Rechtsträger hingegen nach § 24 UmwG zu Buchwerten verschmolzen wurde, sind die Erfolgswirkungen dieser Verschmelzung bei Aufstellung des Konzernabschlusses zu eliminieren.[265]

308

Sofern es sich bei der Verschmelzung **nicht um ein 100%-iges, im Besitz des Mutterunternehmens befindliches vollkonsolidiertes Tochterunternehmen** handelt, sind für die nicht beherrschenden, fremden Anteile des Weiteren Besonderheiten im Rahmen der Kapitalkonsolidierung bei Abfindungen zu beachten.[266]

309

Eine **Verschmelzung von bisher nicht bereits im Konzernabschluss konsolidierten Unternehmen** kann sich im Rahmen einer Vollkonsolidierung unter Beachtung des DRS 4 auf den Konzernabschluss auswirken, da sich die Anschaffungskosten stets nach der Gegenleistung des erwerbenden Unternehmens bestimmen sollen. Eine Bewertung zu Buchwerten ist demnach nach DRS 4 unzulässig. Diese entsprechen dem beizulegenden Wert der hingegebenen Vermögensgegenstände oder Anteile zuzüglich Anschaffungsnebenkosten einschließlich sonstiger direkt dem Erwerb zuzurechnenden Kosten (DRS 4.12). Diese Bewertungsanweisung ist unabhängig von der Finanzierung des Erwerbs (Ausgabe neuer Anteile, Hingabe eigener Anteile oder Untergang einer bestehenden Beteiligung) und kann zu einer anderen Dotierung der Kapitalrücklage im Vergleich zum Einzelabschluss führen. Dies ist zB bei einer Kapitalerhöhung der Fall, da der Ausgabebetrag der neuen Anteile nicht zwingend dem beizulegenden Zeitwert entsprechen muss. Dies führt dann im Konzernabschluss zum Ausweis von Rücklagen mit Ausschüttungssperre, die de facto nicht bestehen.[267] Unseres Erachtens sollte zu Informationszwecken bei Anwendung dieser Regelungen zumindest im Konzernanhang ein deutlicher Hinweis auf diese Regelung sowie eine Angabe über die Höhe der tatsächlichen Rücklagen, die nicht der Ausschüttungssperre unterliegen, erfolgen. Zu beachten ist jedoch, dass der Einzelabschluss maßgeblich für die Bemessung der Ausschüttung ist und nicht der Konzernabschluss.

310

Sofern es sich bei der Verschmelzung um einen übertragenden Rechtsträger handelt, an dem die übernehmende Muttergesellschaft **bereits beteiligt war ohne dass dies zu einer Vollkonsolidierung** geführt hätte, können sich Abweichungen in Bezug auf die Bilanzierung und damit einhergehenden Erfolgswirkungen in Bezug auf die Alt-Tranche

311

---

[265] *Widmann* in Widmann/Mayer UmwG § 24 Rn. 409; *Küting/Zündorf* BB 1994 S. 1383–1390, ausführlich *Kahling* Bilanzierung bei konzerninternen Verschmelzungen S. 130 ff.
[266] *Deubert/Hoffmann* in Winkeljohann/Förschle/Deubert Kapitel K, Rn. 101–103.
[267] *Pfitzer* in WP-Handbuch 2014, Teil F, Rn. 93.

und die Neu-Tranche ergeben, wobei dann in der Regel von Erfolgswirkungen auszugehen sein soll.[268]

2. IAS/IFRS

312 Zu der Darstellung der Bilanzierung nach IFRS im Konzernabschluss verweisen wir auf die bisherigen Erläuterungen in § 5[269] und § 10[270].

---

[268] *Deubert/Hoffmann* in Winkeljohann/Förschle/Deubert Kapitel K, Rn. 107.
[269] → § 5 Rn. 23–27.
[270] → Rn. 3–85; → Rn. 279–299; → Rn. 302.

§ 11. Steuerrechtliche Regelungen

Die folgende Betrachtung richtet sich auf Inlandsverschmelzungen mit 1
ggf. Auslandsbezug von
- Körperschaften untereinander (Rn. 46 – 286),
- Kapitalgesellschaften auf Personengesellschaften (Rn. 287 – 559),
- Kapitalgesellschaften auf eine natürliche Person (Rn. 560 – 574),
- Personengesellschaften auf Kapitalgesellschaften (Rn. 575 – 818) und
- Personengesellschaften untereinander (Rn. 819 – 894).

Den Ausführungen wird eine Abgrenzung des räumlichen, sachlichen 2
sowie persönlichen Anwendungsbereichs der steuerlichen Vorschriften
der Verschmelzung (Rn. 3 – 24) sowie der Regelungen zum steuerlichen Übertragungsstichtag (Rn. 25 – 45) vorangestellt. Abschließend
werden die Implikationen von Verschmelzungen auf Nebensteuern, insb.
Umsatz- und Grunderwerbsteuer, dargestellt (Rn. 895 – 958). Zur
Erläuterung der steuerlichen Rahmenbedingungen für grenzüberschreitenden Umwandlungen bzw. Auslandsumwandlungen wird auf § 16
verwiesen.

I. Anwendungsbereich

1. Räumlicher Anwendungsbereich

Der Anwendungsbereich der steuerlichen Vorschriften zur Verschmel- 3
zung wurde durch das SEStEG vom 7.12.2006[1] erheblich erweitert. Ziel
war es, neben inländischen Umwandlungen auch ausländische sowie
grenzüberschreitende europäische Umwandlungen ohne Aufdeckung
stiller Reserven (Entstrickung) zu ermöglichen. Insofern erstreckt sich
der Anwendungsbereich des UmwStG nunmehr nicht mehr nur auf
inländische Umwandlungen. Vielmehr können die Vorschriften des
UmwStG auch auf inländische Umwandlungen mit Auslandsberührung,
grenzüberschreitende Umwandlungen bzw. Auslandsumwandlungen anzuwenden sein. Das UmwStG erfasst mithin seit dem SEStEG Umwandlungsvorgänge zwischen solchen Rechtsträgern, die in einem (oder in
verschiedenen) Mitgliedstaaten der Europäischen Union (EU) oder des
Europäischen Wirtschaftsraums (EWR) ansässig sind.[2]

Bei grenzüberschreitenden Verschmelzungen iSd SEStEG unterliegt 4
mindestens einer der beteiligten Rechtsträger dem Recht eines anderen
EU-/EWR-Mitgliedstaats bzw. hat in einem dieser Staaten seinen Sitz.
Grenzüberschreitende Verschmelzungen können sich als Hinausverschmelzung eines inländischen Rechtsträgers auf einen ausländischen
Rechtsträger oder als Hereinverschmelzung eines ausländischen Rechtsträgers auf einen inländischen Rechtsträger darstellen. Von einer Auslandsumwandlung spricht man bei Verschmelzung (mindestens) zweier
ausländischer Rechtsträger.

---
[1] BGBl. I 2007 S. 2782.
[2] Im Einzelnen → § 2 Rn. 50 ff., 54; § 16.

§ 11 3. Teil. Verschmelzung

5 Auf Verschmelzungen außerhalb der EU/EWR (Drittstaatenverschmelzungen) ist das UmwStG prinzipiell nicht anzuwenden. Einzige Ausnahme davon ist die Verschmelzung von ausländischen Körperschaften iSd § 12 II 1 KStG. Sind die Voraussetzungen des § 12 II 1 KStG erfüllt, kann das zu einer inländischen Betriebstätte gehörende Vermögen bei dieser Verschmelzung ohne Aufdeckung stiller Reserven übergehen. Auf die deutschen Anteilseigner der an der ausländischen Verschmelzung beteiligten beschränkt steuerpflichtigen Körperschaften ist § 13 UmwStG anzuwenden, § 12 II 2 KStG.

6 Die Ausführungen des § 11 beschränken sich auf inländische Verschmelzungen. Der sachliche und persönliche Anwendungsbereich des Umwandlungssteuergesetzes in Bezug auf Verschmelzungen ergibt sich aus § 1 I UmwStG.

2. Sachlicher Anwendungsbereich

7 Ob eine nationale (inländische) Umwandlung unter das UmwStG fällt, richtet sich vorrangig danach, ob das UmwG auf den Vorgang anzuwenden ist (Akzessorietät). Umwandlungen und Einbringungen müssen zudem zivilrechtlich zulässig und wirksam sein. § 1 I Nr. 1 UmwStG stellt auf Verschmelzungen nach § 2 UmwG ab. Zivilrechtlich wird bei der Verschmelzung gemäß § 2 UmwG das gesamte Vermögen eines oder mehrerer Rechtsträger im Wege der Gesamtrechtsnachfolge ohne Abwicklung auf einen anderen Rechtsträger gegen Gewährung von Anteilen an dem übernehmenden Rechtsträger an die Anteilseigner des übertragenden Rechtsträgers übertragen. Die Verschmelzung kann durch Aufnahme oder durch Neugründung erfolgen. Abweichend von der vorstehenden Charakterisierung der Verschmelzung kann bei einer Aufwärtsverschmelzung (upstream merger) einer 100%-igen Tochtergesellschaft auf ihre Muttergesellschaft von der Anteilsgewährung abgesehen werden, §§ 54, 68 UmwG.

8 Unter das UmwStG fallen des Weiteren Umwandlungen nach § 1 II UmwG, § 1 I Nr. 3 UmwStG. Dies sind Umwandlungen, die entweder durch ein Bundes- oder Landesgesetz ausdrücklich zugelassen sind oder einer Umwandlung iSd § 1 I UmwG entsprechen. Ein Vorgang entspricht einer Umwandlung iSd § 1 I UmwStG, wenn er mit dieser vergleichbar ist. Zur Feststellung dieser Vergleichbarkeit ist ein Vergleichbarkeitstest erforderlich.[3] Dieser Vergleichbarkeitstest betrifft die Umwandlungsfähigkeit der beteiligten Rechtsträger sowie die Strukturmerkmale der Verschmelzung. Erfasst werden von der zuvor genannten Vorschrift etwa Verschmelzungen von Sparkassen nach den Sparkassengesetzen der einzelnen Länder oder von öffentlichen Versicherungsunternehmen.

9 Bei einer Inlandsverschmelzung haben die beteiligten Rechtsträger ihren Sitz im Inland. Bei inländischen Verschmelzungen mit Auslands-

---

[3] Vgl. BMF Schreiben vom 11.11.2011, BStBl. I 2011 S. 1314 Tz. 01.07 mit Verweis auf Tz. 01.24.

§ 11. Steuerrechtliche Regelungen § 11

bezug verfügt der übertragende inländische Rechtsträger über ausländisches Vermögen. Bei grenzüberschreitenden Verschmelzungen oder Auslandsverschmelzungen muss es sich nach § 1 I Nr. 1 UmwStG um vergleichbare ausländische Vorgänge nach den Vorschriften von EU-/ EWR-Mitgliedstaaten handeln oder die Verschmelzung muss nach Art. 17 bzw. Art. 19 der EU-Verordnung zur SE/SCE erfolgen. Ob es sich um eine vergleichbare ausländische oder grenzüberschreitende Umwandlung handelt, richtet sich danach, ob der betreffende Vorgang der Verschmelzung dem UmwG entspricht. Siehe dazu ausführlich § 16.

3. Persönlicher Anwendungsbereich

Die steuerrechtlichen Regelungen der Verschmelzung sind im Umw- 10 StG – anders als im UmwG – nicht unter einem gemeinsamen Titel „Verschmelzung" zusammengefasst. Vielmehr sind sie abhängig von der Rechtsform des übertragenden sowie des übernehmenden Rechtsträgers in verschiedenen Teilen des UmwStG zu finden.

a) Körperschaften

aa) Verschmelzung von Körperschaften als übertragende Rechtsträger

Bei einer Inlandsverschmelzung werden zwei (oder mehrere) Körper- 11 schaften mit Sitz oder Geschäftsleitung im Inland iSv § 1 I KStG miteinander verschmolzen. Die Ansässigkeit der Gesellschafter der beteiligten Körperschaften ist für diese Beurteilung unerheblich.

Das UmwStG regelt im zweiten und dritten Teil die Verschmelzung von Körperschaften als übertragende Rechtsträger. Die Verschmelzung von Körperschaften auf eine Personengesellschaft oder auf eine natürliche Person wird im zweiten Teil des UmwStG behandelt, §§ 3 ff. UmwStG. Die Vorschriften zur Verschmelzung einer Körperschaft auf eine andere Körperschaft finden sich im dritten Teil des UmwStG, §§ 11–13 UmwStG.

Übertragende Rechtsträger iSd § 1 I UmwStG können zunächst alle 12 körperschaftlich organisierten Rechtsträger sein. Nach § 1 I 1, II UmwStG iVm § 3 UmwG kann es sich dabei um Kapitalgesellschaften (AG, KGaA, GmbH), eingetragene Genossenschaften, eingetragene Vereine isd § 21 BGB, wirtschaftliche Vereine iSd § 22 BGB, genossenschaftliche Prüfungsverbände gemäß § 63b GenG sowie Versicherungsvereine auf Gegenseitigkeit nach §§ 15 ff. VAG handeln. Gleiches gilt für die Europäische Aktiengesellschaft (SE) sowie die Europäische Genossenschaft (SCE).

Unerheblich für die Anwendung des UmwStG ist dabei eine mögliche 13 Steuerbefreiung der beteiligten Rechtsträger. Ist die Übernehmerin steuerbefreit, kommt es durch die Verschmelzung bei der Übertragerin zwingend zu einer Aufdeckung stiller Reserven. Körperschaften und Anstalten des öffentlichen Rechts können nur formwechselnd umgewandelt werden.

14 Wird eine Kapitalgesellschaft, an deren Betrieb eine atypische stille Beteiligung besteht (Kapitalgesellschaft & atypisch Still) verschmolzen, so handelt es sich dabei zivilrechtlich wie steuerlich um die Verschmelzung einer Kapitalgesellschaft. Dies gilt ungeachtet der steuerlichen Qualifizierung der Kapitalgesellschaft & atypisch Still als steuerliche Mitunternehmerschaft. Die Kapitalgesellschaft & atypisch Still ist zivilrechtlich eine Innengesellschaft. Umgewandelt wird zivilrechtlich nicht die Innengesellschaft, sondern die Inhaberin des Handelsgeschäftes, dh die Kapitalgesellschaft. Die stille Beteiligung setzt sich grundsätzlich bei der Übernehmerin fort.

bb) Körperschaften als übernehmende Rechtsträger

15 Als übernehmende inländische Rechtsträger können an der Verschmelzung von Körperschaften Kapitalgesellschaften (GmbH, AG, KGaA), eingetragene Genossenschaften, eingetragene Vereine iSd § 21 BGB, genossenschaftliche Prüfungsverbände und Versicherungsvereine auf Gegenseitigkeit beteiligt sein, § 1 I 1 Nr. 1 UmwStG iVm §§ 1, 3 I, II UmwG.

16 *einstweilen frei*

b) Personengesellschaften

aa) Verschmelzung von Personengesellschaften als übertragende Rechtsträger

17 Die Verschmelzung einer Personengesellschaft auf einen anderen Rechtsträger wird steuerlich als Einbringung behandelt. Sie unterliegt abhängig von der Rechtsform der aufnehmenden Gesellschaft den steuerlichen Vorschriften des sechsten und siebten Teils des UmwStG über die Einbringung von Betrieben, Teilbetrieben und Mitunternehmeranteilen. Die Verschmelzung auf eine Kapitalgesellschaft oder eine Genossenschaft wird dabei von §§ 20 bis 23 UmwStG erfasst; die Verschmelzung auf eine Personengesellschaft fällt in den Anwendungsbereich des § 24 UmwStG.

18 Gemäß § 1 III Nr. 1 UmwStG gelten die bezeichneten Vorschriften für die Verschmelzung von Personenhandelsgesellschaften und Partnerschaftsgesellschaften oder vergleichbare ausländische Vorgänge. Personenhandelsgesellschaften iSd § 1 III Nr. 1 UmwStG sind die OHG, die KG sowie die GmbH & Co. KG. Nicht verschmelzungsfähig ist demgegenüber eine Gesellschaft bürgerlichen Rechts.

19 Die Regelungen der §§ 20 bis 24 UmwStG sind unabhängig davon anzuwenden, ob der übertragende oder der aufnehmende Rechtsträger im Inland oder in einem EU-/EWR-Mitgliedstaat ansässig ist, § 1 II Nr. 1 UmwStG. Darüber hinaus müssen an der übertragenden Personengesellschaft solche Körperschaften, Personenvereinigungen, Vermögensmassen oder natürliche Personen unmittelbar oder mittelbar über eine Personengesellschaft beteiligt sein, die selbst wiederum die Voraussetzungen des § 1 II Nr. 1 UmwStG erfüllen, § 1 IV Nr. 2 UmwStG. Um eine Inlandsverschmelzung der Personengesellschaft handelt es sich indes nur

§ 11. Steuerrechtliche Regelungen   § 11

dann, wenn die Gesellschafter der übertragenden Personengesellschaft mit ihren Beteiligungen im Inland steuerverhaftet sind.

Die Verschmelzung von Personengesellschaften im umwandlungs- 20
rechtlichen Sinne vollzieht sich im Wege der Gesamtrechtsnachfolge (§§ 2 ff. UmwG und analog), wenngleich unter die steuerlichen Regelungen der §§ 20 bis 24 UmwStG auch Umwandlungen im Wege der Einzelrechtsnachfolge erfasst werden.

bb) Personengesellschaften als aufnehmende Rechtsträger

Die Verschmelzung von Körperschaften auf Personengesellschaften 21
wird durch §§ 3 ff. UmwStG geregelt. Beteiligt sein können an der Verschmelzung von Körperschaften nach §§ 3 ff. UmwStG auf eine Personengesellschaft als übernehmende inländische Rechtsträger Personenhandelsgesellschaften und Partnerschaftsgesellschaften, aber auch natürliche Personen als Alleingesellschafter einer Kapitalgesellschaft, § 1 I 1 Nr. 1 UmwStG iVm §§ 1, 3 I, II UmwG. Zielgesellschaft der Verschmelzung von Körperschaften kann ferner eine Europäische wirtschaftliche Interessenvereinigung (EWIV) sein, sofern eine entsprechende Umwandlung auf eine OHG möglich wäre.[4] Ebenfalls zusammengesetzte Personengesellschaften, wie die GmbH & Co. KG, Ltd. & Co. KG, Stiftung & Co. KG kommen als übernehmende Personengesellschaften bei der Verschmelzung von Kapitalgesellschaften nach §§ 3 ff. UmwStG in Frage.

Nicht als übernehmender Rechtsträger geeignet ist die Gesellschaft 22
bürgerlichen Rechts (GbR). Die GbR kann indes Zielgesellschaft beim Formwechsel einer Körperschaft sein. Auch die Partenreederei sowie eine Erbengemeinschaft können nicht als übernehmende Rechtsträgerin bei der Verschmelzung von Körperschaften fungieren.

Die Umwandlung einer Körperschaft auf eine stille Gesellschaft als 23
reine Innengesellschaft ist handelsrechtlich nicht zulässig, § 3 UmwG. Insofern ist auch das UmwStG auf eine solche Umwandlung nicht anzuwenden.[5]

Unerheblich ist es für die Anwendung der §§ 3 ff. UmwStG, ob an der 24
übernehmenden Personengesellschaft inländische oder ausländische Gesellschafter beteiligt sind. Um eine Inlandsverschmelzung der Personengesellschaft handelt es sich indes nur dann, wenn die Gesellschafter der übernehmenden Personengesellschaft mit ihren Beteiligungen im Inland steuerpflichtig sind.

---

[4] Vgl. *Brinkhaus/Grabbe* in Haritz/Menner, § 3 UmwStG Rn. 41; *Schmitt* in Schmitt/Hörtnagl/Stratz, § 3 UmwStG Rn. 14; *Möhlenbrock/Pung* in Dötsch/Pung/Möhlenbrock, § 3 UmwStG Rn. 9; aA *Vossius* in Widmann/Mayer, vor § 191 UmwG Rn. 8 ff.
[5] Vgl. *Widmann* in Widmann/Mayer vor § 3 UmwStG Rn. 29.

II. Umwandlungsstichtag

1. Handelsrecht

25 Die dinglichen Wirkungen einer Umwandlung treten mit ihrer Eintragung ins Handelsregister ein. Mit der Eintragung wird die Verschmelzung rechtlich wirksam, dh das Vermögen des übertragenden Rechtsträgers geht durch Gesamtrechtsnachfolge auf den übernehmenden Rechtsträger über. Der übertragende Rechtsträger geht unter. Bis zu dem Zeitpunkt des dinglichen Übergangs verbleibt das Vermögen rechtlich beim übertragenden Rechtsträger.

26 Davon zu unterscheiden ist die Möglichkeit der wirtschaftlichen Rückbeziehung der Umwandlung. Gemäß § 5 I Nr. 6 UmwG ist der Zeitpunkt, von dem an die Handlungen des übertragenden Rechtsträgers als für Rechnung des übernehmenden Rechtsträgers vorgenommen gelten, zwingend im Verschmelzungsvertrag festzulegen (Umwandlungsstichtag). Bis zu diesem Umwandlungsstichtag führt der übertragende Rechtsträger sein Unternehmen auf eigene Rechnung. In der Zeit zwischen Umwandlungsstichtag und Eintragung ins Handelsregister handelt der übertragende Rechtsträger für Rechnung des übernehmenden Rechtsträgers.[6]

27 Die Möglichkeit der Rückbeziehung der Umwandlung hat praktische Gründe. Dadurch soll vermieden werden, dass der übertragende Rechtsträger auf einen ihm nicht bekannten Stichtag eine Schlussbilanz aufzustellen hat.

28 Trotz dieser wirtschaftlichen Rückbeziehung bleibt der übertragende Rechtsträger bis zur Eintragung der Verschmelzung in das Handelsregister weiter zur Buchführung und Bilanzierung verpflichtet. In der Praxis führt vielfach die Übernehmerin die Bücher der Übertragerin in deren Auftrag fort.

2. Steuerlicher Übertragungsstichtag

29 Die steuerlichen Konsequenzen der Verschmelzung entstehen im steuerlichen Umwandlungszeitpunkt. Übertragungsgewinne oder -verluste, Übernahmeergebnisse iSd § 4 IV bis VI UmwStG sowie Einnahmen iSd § 20 I Nr. 1 EStG sind in dem Veranlagungszeitraum zu versteuern, in dem das Wirtschaftsjahr endet, in das der steuerliche Übertragungsstichtag fällt.[7]

30 Für steuerliche Zwecke erlauben §§ 2, 20 VI und 24 IV UmwStG eine Rückwirkung, dh eine Bestimmung der umwandlungssteuerlichen Konsequenzen auf einen rückbezogenen Umwandlungszeitpunkt. Die Rückwirkungsfiktion des § 2 I UmwStG betrifft nur den übertragenden sowie den übernehmenden Rechtsträger und zB nicht den Anteilseigner der übertragenden Körperschaft, sofern er nicht auch der übernehmende Rechtsträger ist.[8]

In den Anwendungsbereich der bezeichneten Regelungen fallen Einkommensteuer und Körperschaftsteuer sowie der Solidaritätszuschlag, die

---

[6] Vgl. IDW RSHFA 42, FN-IDW 2012 S. 701, Rn. 11.
[7] Vgl. BMF Schreiben vom 11.11.2011, BStBl. I 2011 S. 1314 Tz. 02.04.
[8] Vgl. BMF Schreiben vom 11.11.2011, BStBl. I 2011 S. 1314 Tz. 02.17.

§ 11. Steuerrechtliche Regelungen § 11

Gewerbesteuer und Vermögensteuern (zB Grundsteuer). Nicht von der Rückwirkung betroffen sind hingegen die Verkehrsteuern wie die Umsatzsteuer oder die Grunderwerbsteuer. Auch die Erbschaft- und Schenkungsteuer ist im Grundsatz nicht von einer Rückwirkung erfasst.[9]

a) Verschmelzung von Körperschaften als übertragende Rechtsträger

§ 2 I UmwStG regelt die steuerliche Rückbeziehung von Umwandlungen nach §§ 3 bis 19 UmwStG, dh die Umwandlung einer Körperschaft auf/in eine andere Körperschaft oder auf/in eine Personengesellschaft. Ist Übernehmerin eine Personengesellschaft, dann gilt § 2 I UmwStG auch für das Einkommen und das Vermögen der Gesellschafter, § 2 II UmwStG. 31

Gemäß § 2 I UmwStG sind bei Verschmelzungen das Einkommen und das Vermögen der beteiligten Rechtsträger so zu ermitteln, als ob das Vermögen der übertragenden Körperschaft mit Ablauf des Stichtags der handelsrechtlichen Schlussbilanz des übertragenden Rechtsträgers auf den übernehmenden Rechtsträger übergegangen wäre. Steuerlicher Übertragungsstichtag ist demnach der Stichtag der handelsrechtlichen Schlussbilanz des übertragenden Rechtsträgers. Der Stichtag der handelsrechtlichen Schlussbilanz ist nach herrschender Meinung der Tag, der dem Umwandlungsstichtag unmittelbar vorangeht.[10] Ist als Umwandlungsstichtag der 1.1.2017 bestimmt, so ist auf den 31.12.2016 eine steuerliche Schlussbilanz aufzustellen. Der 31.12.2016 ist mithin der steuerliche Übertragungsstichtag. 32

Die handelsrechtliche Schlussbilanz ist dem Antrag auf Eintragung der Umwandlung beizufügen. Nach § 17 II 4 UmwG darf das Registergericht eine Verschmelzung nur dann in das Handelsregister eintragen, wenn die Übertragungsbilanz auf einen Stichtag aufgestellt worden ist, der höchstens acht Monate vor der Anmeldung liegt. Unter Beachtung des § 17 II 4 UmwG können mithin die steuerlichen Wirkungen der Verschmelzung auf einen Zeitpunkt zurückbezogen werden, der höchstens acht Monate vor dem Tag der Registeranmeldung der Umwandlung liegt. Diese Rückbeziehung gilt selbst dann, wenn der übernehmende Rechtsträger zum steuerlichen Übertragungsstichtag zivilrechtlich noch nicht besteht.[11] Bei Überschreitung der Acht-Monats-Frist müssen die zuständigen Registergerichte die Eintragung ablehnen. Tragen sie die Verschmelzung dennoch ins Handelsregister ein, so ist die Fristüberschreitung geheilt, § 20 II UmwG. Dies gilt auch gegenüber der Finanzverwaltung.[12] 33

Für die Anwendung der Rückwirkungsregelung des § 2 I UmwStG bedarf es weder eines besonderen Antrags noch der Zustimmung der Finanzverwaltung. 34

---

[9] Vgl. *Slabon* in Haritz/Menner, § 2 UmwStG Rn. 26 f.
[10] Vgl. BMF Schreiben vom 11.11.2011, BStBl. I 2011 S. 1314 Tz. 02.02.
[11] Vgl. BMF Schreiben vom 11.11.2011, BStBl. I 2011 S. 1314 Tz. 02.11.
[12] Vgl. *Dötsch* in Dötsch/Pung/Möhlenbrock, § 2 UmwStG Rn. 20; *van Lishaut* in Rödder/Herlinghaus/van Lishaut, § 2 UmwStG Rn. 24.

§ 11 3. Teil. Verschmelzung

b) Verschmelzung von Personengesellschaften als übertragende Rechtsträger

35 Bei der Verschmelzung einer Personengesellschaft auf eine Kapitalgesellschaft gilt § 20 V 1 UmwStG. Danach sind das Einkommen und das Vermögen des Einbringenden sowie der übernehmenden Gesellschaft so zu ermitteln, als ob das eingebrachte Betriebsvermögen mit Ablauf des steuerlichen Übertragungsstichtags auf die Übernehmerin übergegangen wäre. Anders als bei der Verschmelzung einer Körperschaft ist diese steuerliche Rückwirkung indes nur auf Antrag zulässig. Nach § 20 VI iVm § 2 UmwStG kann für Verschmelzungen von Personengesellschaften auf Kapitalgesellschaften als steuerlicher Übertragungsstichtag der Stichtag angesehen werden, für den die Schlussbilanz iSd § 17 II UmwG jedes der übertragenden Unternehmen aufgestellt wird. Dieser Stichtag darf höchstens acht Monate vor der Anmeldung der Handelsregistereintragung der Verschmelzung liegen.

36 Für die Fälle der Verschmelzung von Personengesellschaften untereinander gelten gemäß § 24 IV Halbs. 2 UmwStG die Regelungen des § 20 V, VI UmwStG analog. Zudem greift in diesen Fällen die Rückwirkung nach § 2 I 1 UmwStG auch für das Einkommen und das Vermögen der Gesellschafter.

37 Bei ausländischen Rechtsträgern kommt es zur Bestimmung des steuerlichen Übertragungsstichtags auf den Stichtag der Bilanz nach ausländischem Gesellschaftsrecht an.

38 Zur Ausnahme von der Rückwirkung bei grenzüberschreitenden Verschmelzungen nach § 2 III UmwStG wird auf § 16 verwiesen.

3. Kettenumwandlung

39 Von einer Kettenumwandlung wird gesprochen, wenn der übernehmende Rechtsträger im zeitlichen Zusammenhang mit der auf ihn erfolgenden Verschmelzung ebenfalls umgewandelt wird. Dabei kann ein Verschmelzungsvertrag unter der aufschiebenden Bedingung geschlossen werden, dass ein zuvor geschlossener Verschmelzungsvertrag, an dem die nunmehr übertragende Kapitalgesellschaft als Übernehmerin beteiligt ist, durch Eintragung in das Handelsregister wirksam wird.[13]

40 Fehlt es bei Kettenverschmelzungen an solchen aufschiebenden Bedingungen, ist zu klären, in welcher Reihenfolge die Umwandlungen zu berücksichtigen sind. Unstreitig ist die Reihenfolge, wenn die Umwandlungen zu unterschiedlichen steuerlichen Übertragungsstichtagen vorgenommen werden. In diesem Fall sind die Umwandlungen in der Reihenfolge zu beurteilen, in der die steuerlichen Übertragungsstichtage liegen.[14] Diese Reihenfolge kann auch etwa für die Beurteilung der Rechtsform der übernehmenden Gesellschaft relevant sein. Wird etwa eine Kapitalgesellschaft auf eine andere Kapitalgesellschaft verschmolzen,

---

[13] Vgl. OLG Hamm, Urteil vom 19.12.2005, GmbHR 2006 S. 255.
[14] Vgl. *Dötsch* in Dötsch/Pung/Möhlenbrock, § 2 UmwStG Rn. 38; *Hörtnagl* in Schmitt/Hörtnagl/Stratz, § 2 UmwStG Rn. 27 ff.; *Slabon* in Haritz/Menner, § 2 UmwStG, Rn. 56.

§ 11. Steuerrechtliche Regelungen § 11

wobei indes die aufnehmende Kapitalgesellschaft zu einem vor dem Verschmelzungsstichtag liegenden Umwandlungsstichtag in eine Personengesellschaft umgewandelt wird, so handelt es sich für steuerliche Zwecke um die Verschmelzung einer Kapitalgesellschaft auf eine Personengesellschaft.[15]

Nicht zweifelsfrei sind indes Fälle, in denen für mehrere Umwandlungen der gleiche Umwandlungsstichtag bestimmt wird. Hier ist fraglich, ob die beteiligten Rechtsträger eine für steuerliche Zwecke zu beachtende Reihenfolge wählen können[16] ob sie an die tatsächliche Reihenfolge der Eintragung oder der zivilrechtlichen Wirksamkeit der Verträge gebunden sind[17] oder ob Verträge mit gleichem Umwandlungsstichtag zwingend zeitgleich als vollzogen gelten.[18] UE steht den Beteiligten in diesen Fällen kein Wahlrecht zu. Entscheidend dürfte vielmehr die Reihenfolge der zivilrechtlichen Wirksamkeit der Verträge sein. 41

4. Konsequenzen

a) Rückwirkung

Die übertragende Rechtsträgerin hat auf den steuerlichen Übertragungsstichtag eine steuerliche Schlussbilanz aufzustellen. Die Steuerpflicht der Übertragerin endet mit dem steuerlichen Übertragungsstichtag. Zugleich geht die Steuerpflicht des übertragenen Vermögens auf die Übernehmerin über. Bei Verschmelzung durch Neugründung beginnt die Steuerpflicht der Übernehmerin mit dem steuerlichen Übertragungsstichtag. Dies gilt ungeachtet der Tatsache, dass die Übernehmerin im bezeichneten Fall rechtlich erst mit der Eintragung ins Handelsregister entsteht.[19] Ab dem steuerlichen Übertragungsstichtag sind die laufenden Einkünfte des übertragenden Rechtsträgers der Übernehmerin zuzurechnen. Geschäftsvorfälle zwischen Übertragerin und Übernehmerin werden ab dem steuerlichen Übertragungsstichtag als steuerlich neutral angesehen. Auch Forderungen und Verbindlichkeiten zwischen Übertragerin und Übernehmerin können infolge Konfusion auf den steuerlichen Übertragungsstichtag nicht mehr bestehen. 42

Zum steuerlichen Übertragungsstichtag endet zwingend ein steuerliches Wirtschaftsjahr. Fällt der Übertragungsstichtag nicht auf das Ende eines Wirtschaftsjahres, entsteht für steuerliche Zwecke ein mit dem Verschmelzungsstichtag endendes Rumpfwirtschaftsjahr und damit ein abgekürzter Erhebungszeitraum.[20] Eine solche unterjährige Verschmelzung begründet indes nach Auffassung des Schrifttums nicht automatisch auch 43

---

[15] Vgl. *Dötsch* in Dötsch/Pung/Möhlenbrock, § 2 UmwStG, Rn. 38; *Hörtnagl* in Schmitt/Hörtnagl/Stratz, § 2 UmwStG Rn. 32; *Slabon* in Haritz/Menner, § 2 UmwStG Rn. 56.
[16] Vgl. *Widmann* in Widmann/Mayer, § 20 UmwStG Rn. 240.
[17] Vgl. *Dötsch* in Dötsch/Pung/Möhlenbrock, § 2 UmwStG Rn. 39.
[18] Vgl. *Hörtnagl* in Schmitt/Hörtnagl/Stratz, § 2 UmwStG Rn. 33 mwN.
[19] Vgl. BMF Schreiben vom 11.11.2011, BStBl. I 2011 S. 1314 Tz. 02.11.
[20] Vgl. BFH-Urteil vom 21.12.2005 – I R 66/05, BStBl. II 2006 S. 469.

ein handelsrechtliches Rumpfwirtschaftsjahr.[21] Vielmehr bedarf es dazu einer Satzungsänderung. Ist die übertragende Kapitalgesellschaft Organgesellschaft, endet eine bestehende Organschaft auf den steuerlichen Übertragungsstichtag.[22]

b) Nutzung steuerlicher Verluste, Zinsvorträge und EBITDA-Vorträge im Rückwirkungszeitraum

44 Die Nutzung steuerlicher Verluste, Zinsvorträge und EBITDA-Vorträge im Rückwirkungszeitraum wird durch § 2 IV UmwStG eingeschränkt. Nach § 2 IV 1 und 2 UmwStG ist der Ausgleich oder die Verrechnung eines Übertragungsgewinns mit verrechenbaren Verlusten, verbleibenden Verlustvorträgen, nicht ausgeglichenen negativen Einkünften, von Zinsvorträgen und von EBITDA-Vorträgen des übertragenden Rechtsträgers nur zulässig, wenn dem übertragenden Rechtsträger dieser Ausgleich auch ohne Anwendung des § 2 I und II UmwStG möglich gewesen wäre. Bedeutung hat diese Regelung des § 2 IV UmwStG vor allem bei iSv § 8c KStG schädlichen Anteilsübertragungen innerhalb des steuerlichen Rückwirkungszeitraums.[23] Nach der Gesetzesbegründung soll durch § 2 IV UmwStG verhindert werden, dass aufgrund der steuerlichen Rückwirkungsfiktion eine Verlustnutzung erreicht werden kann, obwohl der Verlust wegen § 8c KStG bereits untergegangen ist.[24] Anzuwenden ist § 2 IV 1 und 2 UmwStG erstmals auf Umwandlungen, bei denen der schädliche Anteilserwerb oder ein anderes schädliches Ereignis nach dem 28.11.2008 eintritt, § 27 IX 1 UmwStG. Allerdings greift § 2 IV 1 und 2 UmwStG dann nicht, wenn sich der Veräußerer und der Erwerber am 28.11.2008 über den Beteiligungserwerb oder ein anderes schädliches Ereignis einig sind, der übernehmende Rechtsträger dies anhand schriftlicher Unterlagen nachweist und die Verschmelzung bis zum 31.12.2009 zur Eintragung in das Handelsregister angemeldet wird, § 27 IX 2 UmwStG.

45 Die Regelung des § 2 IV UmwStG wurde durch das Amtshilferichtlinie-Umsetzungsgesetz (AmtshilfeRLUmsG) vom 26.6.2013 um die Sätze 3 bis 6 erweitert.[25] Danach ist gem. § 2 IV 3 UmwStG der Ausgleich oder die Verrechnung von positiven Einkünften des übertragenden Rechtsträgers im Rückwirkungszeitraum mit verrechenbaren Verlusten, verbleibenden Verlustvorträgen, nicht ausgeglichenen negativen Einkünften und einem Zinsvortrag nach § 4h I 5 EStG des übernehmenden Rechtsträgers nicht zulässig. Ist der übernehmende Rechtsträger eine Organgesellschaft, gilt Satz 3 gem. § 2 IV 4 UmwStG entsprechend. Die Regelungen des Satzes 3 gelten gem. § 2 IV 5 UmwStG auch für einen Ausgleich oder eine Verrechnung bei den Gesellschaftern, wenn der

---

[21] Vgl. *van Lishaut* in Rödder/Herlinghaus/van Lishaut, § 2 UmwStG, Rn. 37; *Rödder* in Rödder/Herlinghaus/van Lishaut, § 11 UmwStG Rn. 56. Siehe hingegen BFH-Urteil vom 21.12.2005 – I R 66/05, BStBl. II 2006 S. 469.
[22] Vgl. BFH-Urteil vom 21.12.2005 – I R 66/05, BStBl. II 2006 S. 469.
[23] Siehe dazu *Siestermann/Brinkmann* DStR 2008, 2455.
[24] Vgl. BT-Drucks. 16111/08 S. 40.
[25] Vgl. BGBl. I 2013, 1809.

§ 11. Steuerrechtliche Regelungen § 11

übernehmende Rechtsträger eine Personengesellschaft ist. Die Sätze 3 und 5 finden gem. § 2 IV 6 allerdings nur dann Anwendung, wenn der übertragende und der übernehmende Rechtsträger vor Ablauf des steuerlichen Übertragungsstichtags keine verbundenen Unternehmen iSd § 271 II HGB sind.

Die ergänzenden Regelungen des § 2 IV 3 bis 6 UmwStG sind auf Umwandlungen anzuwenden, die nach dem 6.6.2013 in das entsprechende Register eingetragen werden. Mit den bezeichneten Ergänzungen sollen Gestaltungen vermieden werden, bei denen unter Nutzung der steuerlichen Rückwirkung Gewinne von Gesellschaften mit hohen stillen Reserven durch die Verschmelzung auf eine Verlustgesellschaft der Besteuerung entzogen werden sollen.[26] Im Schrifttum werden die ergänzenden Regelungen als nicht ausreichend zur Vermeidung von Gestaltungen gesehen. Werden etwaige mit stillen Reserven behaftete Wirtschaftsgüter im Zuge einer Umwandlung auf die Verlustgesellschaft übertragen und die stillen Reserven erst nach der zivilrechtlichen Wirksamkeit der Umwandlung realisiert, können die durch die Veräußerung realisierten stille Reserven mit den bestehenden Verluste des übernehmenden Rechtsträgers trotz 2 IV 3 bis 6 UmwStG verrechnet werden.[27] Darüber hinaus ist der praktische Anwendungsbereich von § 2 IV 3 bis 5 UmwStG infolge der Konzernklausel des Satzes 6 erheblich eingeschränkt.

III. Verschmelzung von Körperschaften untereinander

1. Anwendungsbereich

Die Verschmelzung von Körperschaften untereinander sowie die Auswirkungen auf die Anteilseigner der übertragenden Körperschaft sind in den §§ 11 bis 13 UmwStG geregelt. Dabei werden durch § 11 UmwStG die Konsequenzen der Verschmelzung für den übertragenden Rechtsträger bestimmt. § 12 UmwStG behandelt die steuerlichen Folgen der Verschmelzung für den übernehmenden Rechtsträger. Die steuerlichen Konsequenzen für die Anteilseigner der übertragenden Rechtsträgerin ergeben sich aus § 13 UmwStG. 46

Die §§ 11 ff. UmwStG gelten auf Grund des erweiterten Anwendungsbereichs des UmwStG für Verschmelzungen inländischer Körperschaften,[28] grenzüberschreitende[29] Verschmelzungen von Körperschaften und Verschmelzungen ausländischer Körperschaften,[30] soweit an der Umstrukturierung Körperschaften mit Sitz und Ort der Geschäftsleitung innerhalb der EU oder des EWR beteiligt sind.[31] Für die Ausführungen 47

---

[26] Vgl. *Behrendt/Klages* BB 2013, 1815.
[27] Vgl. *van Lishaut* in Rödder/Herlinghaus/van Lishaut, § 2 UmwStG Rn. 132 ff.
[28] → Rn. 48 ff.
[29] Zur Hereinverschmelzung → § 16 Rn. 98 ff.; zur Hinausverschmelzung → § 16 Rn. 59 ff.
[30] → § 16 Rn. 115 ff.
[31] Zum räumlichen Anwendungsbereich → § 16 Rn. 26 ff.

§ 11 3. Teil. Verschmelzung

zu grenzüberschreitenden Verschmelzungen sowie Auslandsverschmelzungen wird auf § 16 verwiesen.

2. Verschmelzung inländischer Körperschaften ohne Auslandsbezug

48 Die folgenden Ausführungen behandeln die Rechtsfolgen einer Verschmelzung inländischer Körperschaften, dh mit Sitz oder Geschäftsleitung im Inland, für den übertragenden und für den übernehmenden Rechtsträger sowie für die Anteilseigner des übertragenden Rechtsträgers. Dabei ist zu unterscheiden zwischen der Verschmelzung der Tochtergesellschaft auf die Muttergesellschaft (Aufwärtsverschmelzung oder upstream merger),[32] den umgekehrten Fall der Verschmelzung der Muttergesellschaft auf die Tochtergesellschaft (Abwärtsverschmelzung oder downstream merger)[33] sowie die Verschmelzung von Schwestergesellschaften (sidestream merger).[34] Gesondert erläutert wird die Verschmelzung bei Vorhandensein von Auslandsvermögen (Inlandsverschmelzung mit Auslandsbezug).[35]

49 Im Unterschied zur Rechtslage vor dem SEStEG geht das neue Umwandlungsrecht konzeptionell von einer Verschmelzung unter Aufdeckung stiller Reserven aus. Die Verschmelzung von Körperschaften untereinander durch Buchwertfortführung ist nur unter bestimmten Voraussetzungen auf Antrag möglich.

a) Verschmelzung unabhängiger Rechtsträger oder Aufwärtsverschmelzung (upstream merger)

aa) Vorbemerkung.

50 Von einer Aufwärtsverschmelzung (upstream merger) wird dann gesprochen, wenn die aufnehmende Gesellschaft an der übertragenden Gesellschaft beteiligt ist. Dabei ist keine 100%ige Beteiligung der übernehmenden Gesellschaft an der übertragenden Gesellschaft erforderlich. Die Regelungen der §§ 11 bis 13 UmwStG greifen auch dann, wenn die übernehmende Körperschaft nicht an der übertragenden Körperschaft beteiligt ist, dh unabhängige Gesellschafter miteinander verschmolzen werden.

bb) Steuerliche Auswirkungen auf der Ebene der übertragenden Körperschaft

51 (1) Steuerliche Schlussbilanz. **(a) Überblick.** Bei der Verschmelzung unter ausschließlicher Beteiligung von Körperschaften gehen sämtliche Wirtschaftsgüter der übertragenden Körperschaft auf die übernehmende Körperschaft über. Ausgenommen sind eigene Anteile der übertragenden Körperschaft.[36]

---

[32] → Rn. 50 ff.
[33] → Rn. 224 ff.
[34] → Rn. 245 ff.
[35] → Rn. 254 ff.
[36] Vgl. BMF Schreiben vom 11.11.2011, BStBl. I 2011 S. 1314 Tz. 03.04 ff. iVm 11.03.

§ 11. Steuerrechtliche Regelungen § 11

Die übertragende Körperschaft hat auf den steuerlichen Übertragungs- 52
stichtag eine steuerliche Schlussbilanz aufzustellen. Die Bewertung des
übergehenden Vermögens in dieser Schlussbilanz sowie die darauf resultierenden steuerlichen Folgen richten sich nach § 11 UmwStG.

Gemäß § 11 I 1 UmwStG sind bei einer Verschmelzung auf eine 53
andere Körperschaft die übergehenden Wirtschaftsgüter, einschließlich
nicht entgeltlich erworbener oder selbst geschaffener immaterieller Wirtschaftsgüter, in der steuerlichen Schlussbilanz der übertragenden Körperschaft mit dem gemeinen Wert anzusetzen. Unter den in § 11 II 1
UmwStG genannten Bedingungen können die übergehenden Wirtschaftsgüter abweichend von § 11 I UmwStG einheitlich mit dem Buchwert oder einem höheren Wert, höchstens jedoch mit dem gemeinen
Wert angesetzt werden. Je nach Bewertung in der steuerlichen Schlussbilanz entsteht ein steuerlicher Übertragungsgewinn.

Streitig ist, ob die Nichtvorlage einer nach inländischen Vorschriften 54
erstellten Schlussbilanz zu einer Versagung der Buchwertfortführungen
führen kann. Bedeutend sein kann diese Frage bei Verschmelzungsvorgängen unter Beteiligung ausländischer Gesellschaften. Teilweise wird im
Schrifttum die Auffassung vertreten, die Schlussbilanz sei nur dann entbehrlich, wenn sie für inländische Besteuerungszwecke nicht benötigt
wird. Daneben wird aber ebenfalls die Auffassung vertreten, eine Buchwertfortführung sei auch ohne Vorlage einer Schlussbilanz erfolgt, da eine
Vorlageverpflichtung nicht zu den in § 11 II 1 UmwStG genannten
Voraussetzungen gehöre.[37]

(b) Verhältnis von steuerlicher Schlussbilanz zur handelsrecht- 55
lichen Schlussbilanz. Nach früherer Verwaltungsauffassung zum alten
UmwStG 1995 stand die Ausübung der Bewertungswahlrechte in der
steuerlichen Schlussbilanz unter dem Vorbehalt der Maßgeblichkeit der
Handelsbilanz, § 5 I 2 EStG. Da in der für Umwandlungszwecke zu
erstellenden handelsrechtlichen Schlussbilanz regelmäßig die Buchwerte
fortzuführen sind, hatte der übertragende Rechtsträger in der Vergangenheit auch sein Vermögen in der steuerlichen Schlussbilanz zu Buchwerten
anzusetzen.[38] Demgegenüber vertrat das Schrifttum bereits vor dem SE-
StEG die Auffassung, dass die steuerlichen Wahlrechte nach UmwStG
unabhängig von der Bewertung in der Handelsbilanz ausgeübt werden
können. Der BFH hat in seinen Entscheidungen vom 19.10.2005[39] sowie
vom 5.6.2007[40] diese Auffassung für die Bewertung beim Formwechsel
einer Personengesellschaft in eine Kapitalgesellschaft nach § 25 iVm § 20

---

[37] Vgl. *Ropohl/Sonntag* in Haase/Hruschka, § 11 UmwStG Rn. 63; *Schmitt* in
Schmitt/Hörtnagl/Stratz, § 11 UmwStG Rn. 18; *Bärwaldt* in Haritz/Menner,
§ 11 UmwStG Rn. 13; aA *van Lishaut* in Rödder/Herlinghaus/van Lishaut, § 4
UmwStG Rn. 28 sowie BMF Schreiben vom 11.11.2011, BStBl. I 2011 S. 1314
Tz. 11.02.
[38] Vgl. BMF Schreiben vom 25.3.1998, BStBl. I 1998 S. 268 Tz. 03.01, 11.01,
14.03, 20.30.
[39] Vgl. BFH-Urteil vom 19.10.2005 – I R 38/04, BStBl. II 2006 S. 568. Siehe
dazu OFD Münster Kurz-Info vom 28.8.2006 BB 2006 S. 2130.
[40] BFH-Urteil vom 5.6.2007 – I R 97/06, DStR 2007 S. 1767.

§ 11　　　　　　　　　　　　　　　　　　　3. Teil. Verschmelzung

I UmwStG aF sowie für die Verschmelzung von Körperschaften gemäß § 11 UmwStG aF untereinander bestätigt.

56 Nach der Regierungsbegründung zum SEStEG wird die strikte Anknüpfung der Umwandlungsvorgänge an die Maßgeblichkeit der Handelsbilanz für die Steuerbilanz aufgegeben.[41] Damit können die umwandlungssteuerrechtlichen Bewertungswahlrechte in der Schlussbilanz der übertragenden Körperschaft unabhängig von der Bewertung in der handelsrechtlichen Schlussbilanz des übertragenden Rechtsträgers ausgeübt werden.[42]

57 Infolge der Aufgabe der Maßgeblichkeit der Handelsbilanz besteht nunmehr die Möglichkeit, durch Aufdeckung stiller Reserven in der steuerlichen Schlussbilanz steuerliche Verluste des übertragenden Rechtsträgers zu nutzen und zugleich Abschreibungspotenzial für den übernehmenden Rechtsträger zu schaffen. Zu begrüßen ist diese Handlungsmöglichkeit nicht zuletzt vor dem Hintergrund des Wegfalls der Übertragungsmöglichkeit noch bestehender Verluste des übertragenden auf den übernehmenden Rechtsträgers gemäß § 12 III iVm § 4 II 2 UmwStG.

58 An den dem steuerlichen Übertragungsstichtag folgenden Bilanzstichtagen können steuerliche Wahlrechte auf der Ebene der übernehmenden Körperschaft unabhängig von der handelsrechtlichen Jahresbilanz ausgeübt werden.[43]

59 **(c) Bewertung zum gemeinen Wert. (aa) Regelbewertung.** Bei der Verschmelzung auf eine andere Körperschaft hat die übertragende Körperschaft eine steuerliche Schlussbilanz zu erstellen. In dieser Schlussbilanz sind die übergehenden Wirtschaftsgüter gemäß § 11 I 1 UmwStG prinzipiell mit dem gemeinen Wert anzusetzen, wenn nicht die Anforderungen des § 11 II UmwStG erfüllt werden.

60 Ihren Hintergrund hat die nach § 11 I 1 UmwStG generell erforderliche Bewertung zum gemeinen Wert in der Europäisierung des Umwandlungsrechts. Durch das SEStEG wurden gesetzliche Regelungen in das UmwStG eingefügt, die der gesellschaftsrechtlich zulässigen grenzüberschreitenden Verschmelzung Rechnung trägt. Kommt es durch grenzüberschreitende oder ausländische Umwandlungen zur Ausscheidung von Wirtschaftsgütern aus der Steuerverhaftung im Inland (Entstrickung), sollen diese Wirtschaftsgüter zum gemeinen Wert bewertet werden. Auf diese Weise wird die Besteuerung stiller Reserven der übertragenden Körperschaft sichergestellt.

61 Der gemeine Wert ist immer dann als Bewertungsmaßstab zugrunde zu legen, wenn die Voraussetzungen für einen Antrag auf Bewertung zum Buchwert nach § 11 II 1 UmwStG nicht gegeben sind.[44]

62 Zwingend zum gemeinen Wert ist das Vermögen aber auch anzusetzen bei Vermögensübergang von einer steuerpflichtigen auf eine steuer-

---

[41] Siehe dazu Regierungsbegründung zum SEStEG-E, BT-Drucks. 16/2710 S. 55.
[42] Im Einzelnen vgl. *Haritz* DStR 2006 S. 977.
[43] Vgl. BMF vom 11.11.2011, BStBl. I 2011 S. 1314 Tz. 04.04.
[44] → Rn. 64 ff.

§ 11. Steuerrechtliche Regelungen § 11

befreite Körperschaft oder wenn das Vermögen in den nicht steuerpflichtigen Bereich einer juristischen Person des öffentlichen Rechts übergeht.[45]

Daneben ist eine Bewertung zum gemeinen Wert stets dann erforderlich, wenn bare Zuzahlungen oder Gegenleistungen gewährt werden, die nicht ausschließlich in Gesellschaftsrechten bestehen. In diesem Fall sind die übergehenden Wirtschaftsgüter zwingend mit dem Wert der Gegenleistung anzusetzen. Dabei sind stille Reserven allerdings nur aufzudecken, soweit der Nominalbetrag der baren Zuzahlungen die auf die Zuzahlungen entfallenden anteiligen Buchwerte übersteigt. 63

(bb) Ansatz des übergehenden Vermögens dem Grunde nach. 64
Zum gemeinen Wert zu bewerten ist das übergehende Vermögen des übertragenden Rechtsträgers mit Ausnahme von Pensionsrückstellungen. Zum übergehenden Vermögen gehören auch nicht entgeltlich erworbene oder selbst erstellte immaterielle Wirtschaftsgüter, die in der Handelsbilanz nicht aktiviert sind, § 11 I 1 UmwStG. Zu erfassen ist somit auch ein selbst geschaffener Geschäfts- oder Firmenwert.[46] Der Geschäfts- oder Firmenwert ermittelt sich als Residualgröße zwischen Gesamtwert der Sachgesamtheit einerseits und dem Unterschiedsbetrag der zum gemeinen Wert bewerteten Aktiva und Passiva, § 11 I 1 UmwStG.

Abweichend von der geforderten Bewertung zum gemeinen Wert sind 65
Pensionsrückstellungen nach § 11 I 2 UmwStG mit dem Teilwert isd § 6a EStG und damit ohne Aufdeckung stiller Lasten anzusetzen.[47] Durch diese Ausnahme soll vermieden werden, dass im Zuge der Verschmelzung, insbesondere bei Verlagerung von Betriebstätten ins Ausland, die Bildung von Rückstellungen nachgeholt werden kann.[48] Im Schrifttum[49] wird aus dem Verweis des § 11 I 2 UmwStG auf die Anwendung des § 6a EStG lediglich für die Zwecke der Bewertung geschlossen, dass in der Schlussbilanz auch Pensionsrückstellungen anzusetzen sind, für die außerhalb der Schlussbilanz steuerlich, etwa mangels Erfüllung des Schriftformerfordernisses, ein Passivierungsverbot besteht. Nach anderer Auffassung ist der Verweis des § 11 I 2 UmwStG umfassend und nicht nur auf die Bewertungsvorschrift § 6a III EStG beschränkt. Daher sind für Pensionsrückstellungen auch ohne ausdrückliche Bezeichnung in § 11 I 2 UmwStG die Ansatzregelungen nach § 6a I, II EStG zu beachten.[50]

Wird das übergehende Vermögen in der steuerlichen Schlussbilanz des 66
übertragenden Rechtsträgers nicht zu Buchwerten bewertet, greifen die

---

[45] Vgl. BMF Schreiben vom 11.11.2011, BStBl. I 2011 S. 1314 Tz. 11.07; → Rn. 65.
[46] Vgl. *Dötsch* in Dötsch/Patt/Pung/Möhlenbrock, § 11 UmwStG Tz. 18; *Rödder* in Rödder/Herlinghaus/van Lishaut, § 11 UmwStG Rn. 87.
[47] Kritisch dazu vgl. *Rödder/Schumacher* DStR 2006 S. 1525 (1527).
[48] Vgl. *Ley/Bodden* FR 2007 S. 265 (268); *Dötsch* in Dötsch/Patt/Pung/Möhlenbrock § 11 UmwStG Rn. 32.
[49] Vgl. *Benecke* in PWC, Reform des Umwandlungssteuerrechts, 2007, 175.
[50] Vgl. *Dötsch/Pung* in Dötsch/Patt/Pung/Möhlenbrock, § 3 UmwStG Rn. 22; *Brinkhaus* in Haritz/Menner, § 3 UmwStG Rn. 96.

steuerlichen Ansatzverbote des § 5 EStG nicht. Allerdings sollen nach Auffassung der Finanzverwaltung beim übernehmenden Rechtsträger an den folgenden Bilanzstichtagen die allgemeinen Grundsätze und damit auch die steuerlichen Ansatzverbote des § 5 EStG für das übergehende Vermögen greifen.[51] Nach diesem Konzept der phasenverschobenen Wiedereinsetzung der allgemeinen Bilanzierungsgrundsätze und Bewertungsvorschriften ist ein in der steuerlichen Schlussbilanz des übertragenden Rechtsträgers entgegen § 5 EStG angesetztes Wirtschaftsgut (zB eine Drohverlustrückstellung) zunächst in der Steuerbilanz des übernehmenden Rechtsträgers auszuweisen und in der Folgezeit unter Anwendung des § 5 EStG ertragswirksam aufzulösen.[52] Etwas anderes gilt lediglich für einen in der steuerlichen Schlussbilanz nach § 3 I 1 UmwStG anzusetzenden originären Geschäfts- oder Firmenwert der übertragenden Körperschaft. Dieser gilt als vom übernehmenden Rechtsträger aufgrund der Umwandlung angeschafft. Dieses Konzept steht zwar der Rechtsprechung des BFH[53] entgegen, ist aber für übernommene Verpflichtungen inzwischen durch die Vorschriften des § 4f EStG und § 5 VII EStG gesetzlich kodifiziert.[54]

67 **(cc) Ansatz des übergehenden Vermögens der Höhe nach: Gemeiner Wert der übergehenden Sachgesamtheit.** Der für die Bewertung in der steuerlichen Schlussbilanz relevante gemeine Wert iSd § 11 I 1 UmwStG wird im UmwStG selbst nicht definiert. Legt man die Definition des § 9 II BewG zugrunde, so wird der gemeine Wert durch den Preis bestimmt, der im gewöhnlichen Geschäftsverkehr nach der Beschaffenheit des einzelnen Wirtschaftsguts bei einer Veräußerung zu erzielen wäre. Dabei sind alle Umstände zu berücksichtigen, die den Preis beeinflussen. Unberücksichtigt bleiben müssen ungewöhnliche und persönliche Verhältnisse. Insofern erfordert die Bewertung zum gemeinen Wert, dass für jedes aktivische und passivische Wirtschaftsgut der Einzelveräußerungspreis zu bestimmen ist, der am Absatzmarkt erzielbar ist.

68 Durch diese Einzelbetrachtung unterscheidet sich der gemeine Wert vom Teilwert. Teilwert ist gemäß § 6 I Nr. 1 Satz 3 EStG der Betrag, den der Erwerber des gesamten Betriebs im Rahmen eines Gesamtkaufpreises für das einzelne Wirtschaftsgut bezahlen würde. Dabei ist davon auszugehen, dass der Erwerber den Betrieb fortführt. Insofern enthält der Teilwert eines Wirtschaftsguts regelmäßig auch Synergieeffekte.[55]

69 Bei der Heranziehung des gemeinen Werts im Zuge des § 11 I 1 UmwStG ist zu beachten, dass bei der Verschmelzung nicht einzelne Wirtschaftsgüter der Übertragerin auf die Übernehmerin übergehen. Übertragen wird vielmehr das gesamte Vermögen des zu verschmelzen-

---

[51] BMF vom 11.11.2011, BStBl. I 2011 S. 1314 Tz. 03.06, 11.03.
[52] *Wisniewski* in Haritz/Menner, § 12 UmwStG Rn. 15.
[53] BFH v. 16.12.2009 – I R 102/08, BStBl. II 2010 S. 566 54; BFH v. 14.12.2011 – I R 72/10 DStR 2012 S. 452.
[54] Eingeführt durch Gesetz vom 18.12.2013, BGBl. I 2013, S. 4318.
[55] Vgl. etwa *Ehmcke* in Blümich § 6 EStG Rn. 544 ff.

den Rechtsträgers. Dieses gesamte Vermögen stellt eine Sachgesamtheit dar. Dieser Tatsache ist dadurch Rechnung zu tragen, dass bei der Bestimmung des gemeinen Werts eines Wirtschaftsguts iSv § 11 I 1 UmwStG von einem Gesamtwert iSe erzielbaren Gesamtveräußerungspreises für die Sachgesamtheit auszugehen ist.[56] Dieser Gesamtwert der Sachgesamtheit ist anhand des Ertragswerts zu ermitteln und stellt die Wertobergrenze des übergehenden Vermögens dar.[57] Entsprechend sieht die Finanzverwaltung im UmwStE 2011 vor, dass der gemeine Wert der Sachgesamtheit zu ermitteln und dieser analog zu § 6 I Nr. 7 EStG im Verhältnis der Teilwerte der übertragenden Wirtschaftsgüter zu verteilen ist.[58]

Ausgehend von § 9 BewG wäre der gemeine Wert der übergehenden Sachgesamtheit vorrangig nach den Preisen bei Transaktionen unter fremden Dritten abzuleiten. Im Regelfall wird indes mangels Verkäufen unter fremden Dritten die Bestimmung des gemeinen Wertes durch eine Bewertung notwendig sein. Dies soll mit § 11 II, § 109 I 2 BewG durch eine im Geschäftsverkehr übliche Methode anhand der Ertragsaussichten[59] erfolgen. In der Praxis haben sich dabei IDW S1-Gutachten durchgesetzt. Vor allem bei Übergang von umfangreichem Immobilienvermögen sieht indes die Finanzverwaltung auch im Fall einer IDW S1-Bewertung in Anlehnung an § 11 II 3 BewG den Substanzwert als Wertuntergrenze an.[60] Anerkannt werden in der Praxis zudem Bewertungen nach dem vereinfachten Ertragswertverfahren iSd §§ 199 ff. BewG.[61] Zweifelhaft ist hingegen die Anerkennung einer Bewertung nach dem vereinfachten Ertragswertverfahren bei komplexeren Sachverhalten.[62]

Der Gesamtwert der Sachgesamtheit umfasst auch bisher nicht bilanzierte immaterielle Wirtschaftsgüter einschließlich eines eventuellen Geschäfts- oder Firmenwertes.

(dd) Rechtsfolgen. Bei der Bewertung des übergehenden Vermögens in der steuerlichen Schlussbilanz des übertragenden Rechtsträgers zum vom Buchwert abweichenden gemeinen Wert entsteht ein Über-

---

[56] Vgl. *Ley* FR 2007 S. 109 (112 ff.). Siehe auch BMF vom 11.11.2011, BStBl. I 2011 S. 1314 Tz. 03.07; *Rödder* in Rödder/Herlinghaus/van Lishaut, § 11 UmwStG Rn. 75; *Rödder/Schumacher* DStR 2006 S. 1481/1485.
[57] Vgl. *Ley/Bodden* FR 2007 S. 265 (268).
[58] Vgl. BMF vom 11.11.2011, BStBl. I 2011 S. 1314 Tz. 11.04 iVm 03.09. AA *Schmitt* in Schmitt/Hörtnagl/Stratz, § 11 UmwStG Rn. 44; *Rödder* in Rödder/Herlinghaus/van Lishaut, § 11 UmwStG Rn. 75a.
[59] Vgl. auch BMF-Schreiben vom 11.11.2011, BStBl. I 2011 S. 1314 Tz. 20.17 iVm 03.07.
[60] Vgl. BMF-Schreiben vom 11.11.2011, BStBl. I 2011 S. 1314 Tz. 03.07. Siehe dazu auch *Bogenschütz* Ubg 2011, S. 409; *Drozdzol* DStR 2011 S. 1258; *Piltz* DStR 2009 S. 1830; *Möhlenbrock/Pung* in Dötsch/Pung/Möhlenbrock, § 3 UmwStG Rn. 47.
[61] Vgl. BMF-Schreiben vom 22.9.2011, BStBl. I 2011 S. 859. Vgl. auch zB *Pung* in Dötsch/Pung/Möhlenbrock, § 3 UmwStG Rn. 30. Kritisch *Rödder/Rogall* Ubg 2011, S. 753 (755).
[62] Vgl. koordinierte Erlass vom 17.5.2011, BStBl. I 2011 S. 606.

§ 11 3. Teil. Verschmelzung

nahmeerfolg. Ein Übertragungsgewinn entspricht einem Unterschiedsbetrag zwischen gemeinem Wert und niedrigerem Buchwert des übergehenden Vermögens. Sollte der gemeine Wert des übergehenden Vermögens unter dessen Buchwert liegen, ergibt sich in der Schlussbilanz ein Übertragungsverlust. Der Übertragungserfolg ist nach folgendem Schema zu ermitteln:

Übergehende Wirtschaftsgüter zum gemeinen Wert (Ausnahme: Pensionsrückstellungen zum Wert nach § 6a EStG)
− Buchwert der übergehenden Wirtschaftsgüter lt. Steuerbilanz (fortgeschrieben bis zum steuerlichen Übertragungsstichtag)
= Übertragungserfolg vor Verschmelzungskosten und vor Steuern
− Verschmelzungskosten
= Übertragungserfolg vor Steuern

73 Der Übertragungserfolg gilt als mit Ablauf des steuerlichen Übertragungsstichtags realisiert. Ein Übertragungsgewinn unterliegt bei der übertragenden Körperschaft der Körperschaftsteuer nach den allgemeinen Vorschriften und gemäß § 19 I UmwStG der Gewerbesteuer. Trotz fehlender ausdrücklicher Verweise bleibt ein Übertragungsgewinn steuerfrei, soweit Voraussetzungen des § 8b KStG oder DBA-Freistellungen etc. erfüllt sind.[63] Durch einen Übertragungsgewinn wird bei der Übernehmerin zusätzliches Ausschüttungspotenzial geschaffen. Ein Übertragungsverlust ist steuerlich abzugsfähig.

74 Erwirtschaftet die Übertragerin bis zum Übertragungsstichtag einen laufenden steuerlichen Verlust, so kann dieser mit einem Übertragungsgewinn uneingeschränkt verrechnet werden (Verlustausgleich). Verfügt die übertragende Körperschaft über noch nicht verbrauchte steuerliche Verlustvorträge, so kann ein Übertragungsgewinn dazu genutzt werden, diese Verlustvorträge zu kompensieren (Verlustabzug).[64] Bei dieser Verrechnung von Übertragungsgewinnen ist zu bedenken, dass körperschaftliche und gewerbesteuerliche Verlustvorträge ggf. unterschiedlich hoch sein können. Des Weiteren ist bei der übertragenden Körperschaft die Regelung des § 10d II 1 EStG zur Mindestbesteuerung anzuwenden. Danach sind steuerliche Verlustvorträge in den folgenden Veranlagungszeiträumen bis zu einem Gesamtbetrag der Einkünfte von € 1 Million unbeschränkt, darüber hinaus bis zu 60% des € 1 Million übersteigenden Gesamtbetrags der Einkünfte abzugsfähig. Die Regelungen der Mindestbesteuerung gelten sowohl für die Körperschaft- (§ 8 I 1 KStG) als auch die Gewerbesteuer (§ 10a GewStG). Unter Berücksichtigung dieser Mindestbesteuerung kann eine Bewertung zu Zwischenwerten vorteilhaft sein.

75 Darüber hinaus ist die Verlustnutzung im Rückwirkungszeitraum nach § 2 IV UmwStG beschränkt. Danach ist der Ausgleich oder die Verrechnung eines Übertragungsgewinns mit verrechenbaren Verlusten, verbleibenden Verlustvorträgen, nicht ausgeglichenen negativen Einkünften, einem Zinsvortrag nach § 4h I 5 EStG und einem EBITDA-Vortrag nach § 4h I 3 EStG des übertragenden Rechtsträgers nur zulässig, wenn dem

---

[63] Vgl. *Rödder* in Rödder/Herlinghaus/van Lishaut, § 11 UmwStG Rn. 73.
[64] Vgl. auch *Dörfler/Wittkowski* GmbHR 2007 S. 352.

§ 11. Steuerrechtliche Regelungen § 11

übertragenden Rechtsträger die Verlustnutzung auch ohne Anwendung des § 2 I und II UmwStG möglich gewesen wäre. Gleiches gilt für negative Einkünfte des übertragenden Rechtsträgers, die im Rückwirkungszeitraum entstanden sind. Bedeutung hat die Regelung des § 2 IV UmwStG vor allem bei iSv § 8c KStG schädlichen Anteilsübertragungen innerhalb des steuerlichen Rückwirkungszeitraums.[65] Nach der Gesetzesbegründung soll durch § 2 IV UmwStG verhindert werden, dass aufgrund der steuerlichen Rückwirkungsfiktion eine Verlustnutzung erreicht werden kann, obwohl der Verlust wegen § 8c KStG bereits untergegangen ist.[66]

Im Rahmen des Amtshilferichtlinie-Umsetzungsgesetzes vom 26.6.2013[67] wurde § 2 IV UmwStG um die Sätze 3 bis 6 ergänzt. Erklärtes Ziel der Erweiterung war die Vermeidung von Gestaltungen, bei denen eine Gesellschaft mit Gewinnen auf eine defizitäre Gesellschaft verschmolzen wird und dabei die im Rückwirkungszeitraum entstandenen Gewinne des übertragenden Rechtsträgers mit Verlusten des aufnehmenden Rechtsträgers verrechnet werden sollen (§ 2 IV 3 UmwStG). § 2 IV 5 und 6 UmwStG decken entsprechende Fälle ab, bei denen der übernehmende Rechtsträger eine Organgesellschaft oder Personengesellschaft ist, § 2 IV 6 UmwStG hingegen sieht eine Nichtanwendung der Sätze 3 bis 5 vor, wenn übertragender und übernehmender Rechtsträger vor Ablauf des steuerlichen Übertragungsstichtags verbundene Unternehmen iSd § 271 II HGB waren.[68] 76

(d) Bewertung zum Buchwert oder Zwischenwert auf Antrag. 77
(aa) Überblick. Abweichend von § 11 I 1 UmwStG kann die übertragende Körperschaft die übergehenden Wirtschaftsgüter in ihrer steuerlichen Schlussbilanz auf Antrag unter bestimmten Bedingungen zum Buchwert oder zum Zwischenwert, höchstens aber zum gemeinen Wert bewerten, § 11 II 1 UmwStG (Antragsbewertung). Ein solcher Antrag setzt die kumulative Erfüllung der folgenden Bedingungen voraus:
- Sicherstellung der späteren Besteuerung der übergehenden Wirtschaftsgüter bei der aufnehmenden Körperschaft mit Körperschaftsteuer (Nr. 1) und
- kein Ausschluss und keine Beschränkung des Rechts der Bundesrepublik Deutschland hinsichtlich Besteuerung des Gewinns aus der Veräußerung der übertragenen Wirtschaftsgüter bei der übernehmenden Körperschaft (Nr. 2) und
- keine Gegenleistung oder Gegenleistung in Gesellschaftsrechten (Nr. 3).

Untergrenze der Antragsbewertung nach § 11 II 1 UmwStG ist der 78
Buchwert. Buchwert ist dabei der Wert, der sich nach den steuerrechtlichen Vorschriften über die Gewinnermittlung in einer für den steuerli-

---

[65] Siehe dazu *Sistermann/Brinkmann* DStR 2008 S. 2455.
[66] Vgl. BT-Drucks. 16111/08 S. 40; → Rn. 40.
[67] Vgl. BGBl. I 2013 S. 1809.
[68] Kritisch ggü. der Konzernklausel vgl. *Behrendt/Klages* BB 2013 S. 1815 (1819).

chen Übertragungsstichtag aufgestellten Schlussbilanz ergibt oder ergäbe, § 1 V 4 UmwStG. Eine Bewertung unterhalb des Buchwerts nach § 11 II 1 UmwStG ist ausgeschlossen. Liegt der gemeine Wert des Vermögens (Sachgesamtheit) unterhalb der Summe der Buchwerte des übergehenden Vermögens, ist nach Auffassung der Finanzverwaltung der Ansatz zum Buchwert ausgeschlossen.[69]

79 Beantragt werden kann auch eine Bewertung des übergehenden Vermögens einheitlich zu Zwischenwerten. Bei dem Zwischenwert handelt es sich um einen beliebigen Wert oberhalb des Buchwerts, aber unterhalb des gemeinen Werts. Für Pensionsrückstellungen ist Bewertungsobergrenze der Teilwert nach § 6a EStG. Liegt der gemeine Wert unterhalb des Buchwerts, ist eine Bewertung zu Zwischenwerten ausgeschlossen. Besonderheiten bestehen durch § 11 II 2 UmwStG für die Bewertung von Anteilen der Übertragerin an der Übernehmerin.[70]

80 **(bb) Antragsvoraussetzungen.** Ein Antrag auf Bewertung zu Buchwerten oder zu Zwischenwerten setzt voraus, dass die folgenden Bedingungen eingehalten werden:
(i) die übergehenden Wirtschaftsgüter müssen später bei der übernehmenden Körperschaft der Besteuerung mit Körperschaftsteuer unterliegen, § 11 II 1 Nr. 1 UmwStG;
(ii) das Besteuerungsrechts der Bundesrepublik Deutschland muss sichergestellt sein, § 11 II 1 Nr. 2 UmwStG;
(iii) eine Gegenleistung darf nicht gewährt werden oder muss in Gesellschaftsrechten bestehen, § 11 II 1 Nr. 7 UmwStG.
Maßgeblich für die Erfüllung der bezeichneten Voraussetzungen sind die Verhältnisse am steuerlichen Übertragungsstichtag. Sind die Voraussetzungen des § 11 II 1 Nr. 1 und 2 UmwStG nicht erfüllt, sind die übertragenen Wirtschaftsgüter nach § 11 I UmwStG zum gemeinen Wert zu bewerten. Bei Nichterfüllung der Bedingung des § 11 II 1 Nr. 3 UmwStG sind stille Reserven aufzudecken, soweit der Nominalbetrag der baren Zuzahlungen die auf die Zuzahlungen entfallenden anteiligen Buchwerte übersteigt.[71]

81 (α) **Sicherstellung der späteren Körperschaftbesteuerung (§ 11 II 1 Nr. 1 UmwStG).** Voraussetzung für den Antrag auf Ansatz des übergehenden Vermögens in der steuerlichen Schlussbilanz der Übertragerin zu Buchwerten oder zu Zwischenwerten ist nach § 11 II 1 Nr. 1 UmwStG, dass das übertragene Vermögen später beim übernehmenden Rechtsträger der Besteuerung mit Körperschaftsteuer unterliegt. Zur Erfüllung dieser Voraussetzung müssen die stillen Reserven im übertragenen Vermögen künftig bei der übernehmenden Körperschaft weiterhin der Besteuerung mit Körperschaftsteuer unterliegen. Die Notwendigkeit der Besteuerung mit Körperschaftsteuer ist dabei lediglich „abstrakt" zu ver-

---

[69] Vgl. BMF vom 11.11.2011, BStBl. I 2011 S. 1314 Tz. 03.12, 11.06. Zustimmend *Bogenschütz* Ubg 2011 S. 393 (397); *Rödder* in Rödder/Herlinghaus/van Lishaut, § 11 UmwStG Rn. 154a.
[70] → Rn. 232.
[71] → Rn. 63.

stehen. Die Übernehmerin muss körperschaftsteuerpflichtig sein. Das Vorhandensein steuerlicher Verlustvorträge der übernehmenden Körperschaft, die eine vollständige Verrechnung mit stillen Reserven ermöglichen würde, steht der Erfüllung dieser Bedingung nicht entgegen.[72] Bei subjektiver Körperschaftsteuerbefreiung der übernehmenden Körperschaft ist dagegen eine Fortführung der Buchwerte bei der übertragenden Körperschaft nicht möglich. Gleiches gilt, wenn das übertragene Vermögen in den nicht steuerpflichtigen Bereich einer juristischen Person des öffentlichen Rechts übergeht. Eine Besteuerung mit Körperschaftsteuer ist indes insoweit sichergestellt, als das übergehende Vermögen bei der übernehmenden Körperschaft einen steuerpflichtigen wirtschaftlichen Geschäftsbetrieb bildet oder zu einem bereits vorher bestehenden steuerpflichtigen wirtschaftlichen Geschäftsbetrieb gehört.[73]

Nicht erforderlich ist es, dass die stillen Reserven bei der übernehmenden Körperschaft künftig der Gewerbesteuer unterliegen.[74]

82

Entscheidend ist, dass die spätere Besteuerung mit Körperschaftsteuer nach den Verhältnissen des steuerlichen Übertragungsstichtags sichergestellt ist. Im Schrifttum wird vertreten, dass es für die Erfüllung der genannten Bedingung unschädlich ist, wenn sich die Verhältnisse in der Folgezeit ändern. Streitig ist dabei, ob eine Verschmelzung auf eine Kapitalgesellschaft & atypisch Still als mit § 11 II 1 Nr. 1 UmwStG vereinbar anzusehen ist.[75] Bei dieser Verschmelzung gehen die Wirtschaftsgüter der übertragenden Kapitalgesellschaft im ersten Schritt auf die Kapitalgesellschaft (atypisch stiller Gesellschafter) über. Sie werden indes in einem zweiten Schritt gedanklich zum Buchwert auf die atypisch stille Mitunternehmerschaft übertragen. Dort unterliegen sie je nach steuerlichem Status der atypisch stillen Gesellschafter der Einkommensteuer oder der Körperschaftsteuer. Nach Auffassung der Finanzverwaltung muss eine Besteuerung mit Körperschaftsteuer bei der übernehmenden Körperschaft sichergestellt sein, so dass eine solche Verschmelzung nicht den Anforderungen des § 11 II 1 Nr. 1 UmwStG entsprechen wird.[76]

83

Wird eine Körperschaft auf eine Organgesellschaft iSd §§ 14, 17 KStG verschmolzen, ist infolge der Zurechnung des Einkommens an den Organträger die Besteuerung mit Körperschaftsteuer bei der übernehmenden Körperschaft nur sichergestellt, soweit das so zugerechnete Einkommen der Besteuerung mit Körperschaftsteuer unterliegt. Entsprechendes gilt, wenn der Organträger selbst wiederum Organgesellschaft ist. Soweit das so zugerechnete Einkommen der Besteuerung mit Einkommensteuer unterliegt, können nach Auffassung der Finanzverwaltung aus Billigkeits-

---

[72] Vgl. *Dötsch* in Dötsch/Patt/Pung/Möhlenbrock § 11 UmwStG Tz. 46.
[73] Vgl. BMF vom 11.11.2011, BStBl. I 2011 S. 1314 Tz. 11.07.
[74] Vgl. BMF vom 11.11.2011, BStBl. I 2011 S. 1314 Tz. 3.17, 11.07.
[75] Vgl. *Bärwaldt* in Haritz/Benkert, § 11 UmwStG Rn. 41; *Rödder* in Rödder/Herlinghaus/van Lishaut, § 11 UmwStG Rn. 111; *Schmitt* in Schmitt/Hörtnagl/Stratz, § 11 UmwStG Rn. 103; *Suchanek* Ubg 2012 S. 431.
[76] Vgl. BMF vom 11.11.2011, BStBl. I 2011 S. 1314 Tz. 11.08; *Dötsch* in Dötsch/Patt/Pung/Möhlenbrock § 11 UmwStG Rn. 51.

§ 11   3. Teil. Verschmelzung

gründen die übergehenden Wirtschaftsgüter dennoch einheitlich mit dem Buchwert angesetzt werden, wenn sich alle an der Verschmelzung Beteiligten (übertragender Rechtsträger, übernehmender Rechtsträger und Anteilseigner des übertragenden und übernehmenden Rechtsträgers) übereinstimmend schriftlich damit einverstanden erklären, dass auf die aus der Verschmelzung resultierenden Mehrabführungen § 14 III 1 KStG anzuwenden ist.[77]

84 (β) Sicherstellung des deutschen Besteuerungsrechts (§ 11 II 1 Nr. 2 UmwStG). Voraussetzung für den Ansatz der Buchwerte oder von Zwischenwerten in der steuerlichen Schlussbilanz ist ferner, dass das deutsche Besteuerungsrecht hinsichtlich der Gewinne aus der Veräußerung der übertragenen Wirtschaftsgüter bei der übernehmenden Körperschaft nicht ausgeschlossen oder beschränkt wird, § 11 II 1 Nr. 2 UmwStG. Sichergestellt sein muss also die Erhaltung des deutschen Besteuerungsrechts an den stillen Reserven der übertragenen Wirtschaftsgütern. Hierbei legt die Finanzverwaltung als Maßstab die Voraussetzungen der Entstrickungstatbestände des § 4 I 3 EStG und § 12 KStG an. Ein Ausschluss des Besteuerungsrechts hinsichtlich des Gewinns aus der Veräußerung eines Wirtschaftsguts liegt demnach vor allem dann vor, wenn ein bisher einer inländischen Betriebsstätte zuzuordnendes Wirtschaftsgut entsprechend § 4 I 4 EStG und § 12 I 2 KStG einer ausländischen Betriebsstätte zuzuordnen ist.[78] Ferner wird das Besteuerungsrecht Deutschlands auch dann beschränkt, wenn zwar Deutschland die Gewinne aus der Veräußerung der entsprechenden Wirtschaftsgüter besteuern kann, allerdings die Anrechnung ausländischer Steuer auf die deutscher Steuer zulassen muss.

85 Maßgebend sind die Verhältnisse im steuerlichen Übertragungszeitpunkt. Für die Beurteilung der Anwendung des § 11 II 1 Nr. 2 UmwStG ist ausschließlich die Sicherstellung des Besteuerungsrechts im Hinblick auf die Körperschaftsteuer relevant. Der Ausschluss oder die Beschränkung für Zwecke der Gewerbesteuer stellen keine Beschränkung iSd § 11 II 1 Nr. 2 UmwStG dar.[79] Ein Ausschluss des deutschen Besteuerungsrechts hinsichtlich des Gewinns aus der Veräußerung eines Wirtschaftsguts setzt ferner voraus, dass ein – ggf. auch eingeschränktes – deutsches Besteuerungsrecht hinsichtlich des Gewinns aus der Veräußerung des übertragenen Wirtschaftsguts bestanden hat.

86 Die Besteuerung der stillen Reserven im Inland ist bei Verschmelzung zweier Körperschaften mit Sitz oder Geschäftsleitung im Inland ohne ausländisches Vermögen sichergestellt. Dies gilt unabhängig davon, ob an der unbeschränkt steuerpflichtigen übertragenden Körperschaft unbeschränkt und/oder beschränkt steuerpflichtige Anteilseigner beteiligt sind.[80]

---

[77] Vgl. BMF vom 11.11.2011, BStBl. I 2011 S. 1314 Tz. 11.08.
[78] Vgl. BMF vom 11.11.2011, BStBl. I 2011 S. 1314 Tz. 3.18, 11.09.
[79] *Rödder* in Rödder/Herlinghaus/van Lishaut, § 11 UmwStG Rn. 118.
[80] Vgl. *Hagemann/Jakobs/Ropohl/Viebrock* NWB 2007, Sonderheft 1, 20. Zur Erfüllung dieser Anwendungsvoraussetzung bei inländischen Verschmelzungen mit Auslandsbezug → Rn. 200, bei grenzüberschreitenden Verschmelzungen → § 16 Rn. 66 ff., 254 ff.

§ 11. Steuerrechtliche Regelungen § 11

(γ) Keine Gegenleistung bzw. Gegenleistung nur in Gesellschaftsrech- 87
ten (§ 11 II Satz 1 Nr. 3 UmwStG). Eine Bewertung zu Buchwerten
oder Zwischenwerten ist dann auf Antrag möglich, soweit keine Gegenleistung gewährt wird oder die Gegenleistung ausschließlich in Gesellschaftsrechten besteht.

Unschädlich ist eine Gegenleistung, die in Gesellschaftsrechten besteht. 88
Dabei muss es sich um Gesellschaftsrechte an der übernehmenden Körperschaft handeln.[81] Gesellschaftsrechte können dabei neue Anteile aus
einer Kapitalerhöhung der übernehmenden Körperschaft zur Durchführung der Verschmelzung darstellen. Handeln kann es sich indes auch um
eigene Anteile der übernehmenden Körperschaft. Streitig ist, ob Genussrechte als Gesellschaftsrechte zu qualifizieren sind.[82] Empfänger der Gesellschaftsrechte müssen die bisherigen Anteilseigner der übertragenden
Körperschaft sein. Gesellschaftsrechte als Gegenleistung werden nicht
gewährt, soweit die übernehmende Körperschaft an der übertragenden
Körperschaft beteiligt ist. In diesen Fällen besteht nach § 54 I 2 Nr. 1
UmwG bzw. § 68 I 1 Nr 1 UmwG ein Kapitalerhöhungsverbot. Der
Untergang der Beteiligung an der übertragenden Körperschaft stellt dabei
keine schädliche Gegenleistung iSv § 11 II 1 Nr. 3 UmwStG dar.[83]

Werden demgegenüber bare Zuzahlungen geleistet oder andere Ver- 89
mögenswerte (etwa Darlehensforderungen) als Gegenleistung hingegeben, ist eine Buchwertfortführung soweit[84] ausgeschlossen.[85] Typisches
Beispiel sind bare Zuzahlungen, die bei Verschmelzungen 10% des Gesamtnennbetrags der gewährten Anteile an der Übernehmerin nicht
übersteigen dürfen, §§ 54 IV, 68 III UmwG. Ebenfalls als schädliche
Gegenleistung anzusehen sind zB Ausgleichszahlungen, die Anteilseignern des übertragenden Rechtsträgers gemäß § 15 I UmwG im Spruchverfahren für ein zu niedrig bemessenes Umtauschverhältnis seiner Anteile gewährt werden.[86] Demgegenüber stellen Barabfindungen an ausscheidende Anteilseigner nach §§ 29, 125 oder 207 UmwG keine
schädliche Gegenleistungen iSv § 11 II 1 Nr. 3 UmwStG dar.[87]

Bei Gewährung einer Gegenleistung, die nicht in Gesellschaftsrechten 90
besteht, sind die übergehenden Wirtschaftsgüter in der steuerlichen
Schlussbilanz der übertragenden Körperschaft insoweit mindestens mit
dem Wert der Gegenleistung anzusetzen. Demzufolge ergibt sich in
Höhe der Differenz zwischen dem Wert der Gegenleistung und den auf
die Gegenleistung entfallenden anteiligen Buchwerten ein Übertragungsgewinn. Der maßgebende anteilige Buchwert ist dabei anhand des Verhältnisses des Gesamtwerts der Gegenleistung zum Wert der Sachgesamtheit iSd § 3 I UmwStG zu berechnen. In Höhe des so ermittelten

---

[81] Vgl. *Dötsch* in Dötsch/Patt/Pung/Möhlenbrock, § 11 UmwStG Rn. 68.
[82] Vgl. *Rödder* in Rödder/Herlinghaus/van Lishaut, § 11 UmwStG Rn. 141 mwN.
[83] Vgl. BMF vom 11.11.2011, BStBl. I 2011 S. 1314 Tz. 3.21, 11.10.
[84] Vgl. *Suchan/Peykan* DStR 2003 S. 136 (137).
[85] Vgl. LG Stuttgart Beschluss vom 9.2.2005, DB 2005 S. 1160.
[86] Vgl. BMF vom 11.11.2011, BStBl. I 2011 S. 1314 Tz. 3.21, 11.10.
[87] Vgl. BMF vom 11.11.2011, BStBl. I 2011 S. 1314 Tz. 3.22, 11.10.

§ 11   3. Teil. Verschmelzung

Übertragungsgewinns sind die Wirtschaftsgüter in der steuerlichen Schlussbilanz der übertragenden Körperschaft aufzudecken. Nach Auffassung der Finanzverwaltung ist der jeweilige Aufstockungsbetrag aus dem Verhältnis des Übertragungsgewinns zu den gesamten stillen Reserven und stillen Lasten zu ermitteln, mit Ausnahme der stillen Lasten in Pensionsrückstellungen. In Höhe dieses Prozentsatzes sind die in den jeweiligen Wirtschaftsgütern enthaltenen stillen Reserven aufzudecken. Demzufolge sollen stille Reserven und stille Lasten anteilig über alle Wirtschaftsgüter aufgedeckt werden.[88] Die bisher von der Finanzverwaltung vertretene modifizierte Stufentheorie ist nicht mehr anzuwenden. Insofern hat nunmehr regelmäßig eine anteilige Aufstockung der stillen Reserven des Geschäfts- oder Firmenwerts zu erfolgen.

91 **(cc) Ausübung des Wahlrechts zur Bewertung zum Buchwert oder Zwischenwert – Antragstellung.** Die Bewertung zu Buchwerten oder Zwischenwerten ist bei Erfüllung der Voraussetzungen nach § 11 II 1 UmwStG nur auf Antrag möglich. Gemäß § 11 II 2 iVm § 3 II 2 UmwStG ist der Antrag spätestens bis zur erstmaligen Abgabe der steuerlichen Schlussbilanz bei dem für die Besteuerung der übertragenden Körperschaft zuständigen Finanzamt zu stellen. Antragstellerin ist die übertragende Körperschaft oder der übernehmende Rechtsträger als steuerlicher Rechtsnachfolger.[89]

92 Für Körperschaften zuständig ist nach § 20 AO dasjenige Finanzamt, in dessen Bezirk die Geschäftsleitung liegt. Durch die Verschmelzung auf eine Körperschaft mit Geschäftsleitung in dem Bezirk eines anderen Finanzamts kommt es indes zu einem Zuständigkeitswechsel, § 26 Satz 1 AO. Das für die übernehmende Gesellschaft zuständige Finanzamt wird auch für die Besteuerung der untergehenden Gesellschaft(en) zuständig, sobald eines der Finanzämter von der Verschmelzung erfährt, § 26 Satz 1 AO.[90]

93 Besondere Formvorschriften für den Antrag sind nicht vorgesehen. Allerdings ist Schriftform zu empfehlen. Bei Zwischenwertansatz muss ausdrücklich angegeben werden, in welcher Höhe oder zu welchem Prozentsatz die stillen Reserven aufzudecken sind. Nach Auffassung der Finanzverwaltung ist bei ausdrücklicher Erklärung, dass die Steuerbilanz iSd §§ 4 I, 5 I EStG gleichzeitig die steuerliche Schlussbilanz sein soll,[91] in dieser Erklärung ein konkludenter Antrag auf Ansatz der Buchwerte zu sehen, sofern kein ausdrücklicher gesonderter anderweitiger Antrag gestellt wurde.[92] Im Schrifttum wird demgegenüber mit Verweis auf die Begründung des Regierungsentwurfs des SEStEG zu Recht vertreten, dass eine konkludente Antragstellung durch die Abgabe der Steuererklä-

---

[88] Vgl. BMF vom 11.11.2011, BStBl. I 2011 S. 1314 Tz. 3.23, 11.10.
[89] Vgl. BMF vom 11.11.2011, BStBl. I 2011 S. 1314 Tz. 3.23, 11.10.
[90] Vgl. OFD Magdeburg Verfügung vom 26.4.2001, DStR 2001 S. 1705; OFD Chemnitz, Verf. vom 2.10.2001, DB 2001 S. 2323; BMF vom 11.11.2011, BStBl. I 2011 S. 1314 Tz. 3.28, 11.12.
[91] BMF vom 11.11.2011, BStBl. I 2011 S. 1314 Tz. 3.01.
[92] BMF vom 11.11.2011, BStBl. I 2011 S. 1314 Tz. 3.29, 11.12

§ 11. Steuerrechtliche Regelungen §11

rung für die übertragende Körperschaft für den Veranlagungszeitraum erfolgen kann, in dem der steuerliche Übertragungsstichtag liegt. Dabei muss aus der der Steuererklärung beigefügten steuerlichen Schlussbilanz deutlich werden, dass nicht die gemeinen Werte, sondern Buch bzw. Zwischenwerte anzusetzen werden sollen.[93] Der Antrag ist bedingungsfeindlich und unwiderruflich.[94] Demzufolge **94** kann der einmal wirksam gestellte Antrag nach § 11 II 1 UmwStG weder zurückgenommen, geändert,[95] noch wegen Irrtums angefochten werden. Selbst eine Änderung mit Zustimmung des zuständigen Finanzamts soll ausgeschlossen sein. Das soll selbst dann gelten, wenn die steuerliche Schlussbilanz des übertragenden Rechtsträgers noch nicht beim zuständigen Finanzamt eingereicht wurde.[96] Nach Einreichung der Schlussbilanz ist der Antrag nicht mehr änderbar.[97] Nach davon abweichender Auffassung soll hingegen der einmal gestellte Antrag zumindest anfechtbar sein.[98] Dies hat zur Folge, dass der einmal gestellt Antrag als nicht gestellt gilt. Wurde bereits eine vor der Anfechtungserklärung die steuerliche Schlussbilanz eingereicht, so hat dies zur Folge, dass die übergehenden Wirtschaftsgüter mit dem gemeinen Wert angesetzt werden.

Auch eine Änderung des einmal ausgeübten Bewertungswahlrechts **95** nach Einreichung der Schlussbilanz durch Bilanzänderung gemäß § 4 II 2 EStG ist nicht zulässig.[99] Etwas anderes dürfte nur gelten, wenn die Bilanz später aus anderen Gründen nach § 4 II 1 EStG berichtigt wird. Allerdings ist eine Korrektur fehlerhafter Bilanzansätze nach Eintritt der Festsetzungsverjährung unzulässig. Setzt die übertragende Körperschaft die übergehenden Wirtschaftsgüter in der steuerlichen Schlussbilanz mit dem gemeinen Wert oder dem Buchwert an und ergibt sich zB aufgrund einer späteren Betriebsprüfung, dass die gemeinen Werte oder die Buchwerte höher bzw. niedriger als die von der übertragenden Körperschaft angesetzten Werte sind, ist der Wertansatz in der steuerlichen Schlussbilanz dementsprechend zu berichtigen.

Wird der Antrag nicht oder verspätet gestellt, so ist das übergehende **96** Vermögen zum gemeinen Wert anzusetzen.

(dd) Einheitlichkeit der Bewertung. Der Antrag auf Bewertung zu **97** Buchwerten oder zu Zwischenwerten ist für die Wirtschaftsgüter, die die Voraussetzungen des § 11 II 1 UmwStG erfüllen, einheitlich zu stellen, § 11 II 1 UmwStG. Dies bedeutet, dass die Wirtschaftsgüter in der steuerlichen Schussbilanz der übertragenden Körperschaft einheitlich ent-

---

[93] Vgl. Regierungsbegründung zum SEStEG-E, BT-Drucks. 16/2710 S. 60; *Schaflitzl/Widmayer* BB 2006, Special 8 S. 36 ff. (40); *Ley/Bodden* FR 2007 S. 265 (270); *Rödder* in Rödder/Herlinghaus/van Lishaut, § 11 UmwStG, Rn. 93; *Schmitt* in Schmitt/Hörtnagl/Stratz, § 11 Rn. 64.
[94] BMF vom 11.11.2011, BStBl. I 2011 S. 1314 Tz. 3.28, 11.12.
[95] Vgl. *Rödder* in Rödder/Herlinghaus/van Lishaut, § 11 UmwStG, Rn. 99.
[96] Vgl. *Schmitt* in Schmitt/Hörtnagl/Stratz, § 11 UmwStG, Rn. 66.
[97] Vgl. *Ley/Bodden* FR 2007 S. 265 (270).
[98] Vgl. FG Bln-Bbg EFG 2009 S. 169; *Gosch* BFH/PR 2008, 486; *Koch* BB 2010 S. 2619.
[99] Vgl. BFH-Urteil vom 19.10.2005, BFH/NV 2006 S. 1099.

§ 11 3. Teil. Verschmelzung

weder mit dem Buchwert oder mit dem gemeinen Wert oder mit einem Zwischenwert anzusetzen sind. Die in den einzelnen Wirtschaftsgütern ruhenden stillen Reserven und Lasten sind um einen einheitlichen Prozentsatz aufzulösen.[100] Der Antrag kann unabhängig davon gestellt werden, dass andere Wirtschaftsgüter mangels Erfüllung der Voraussetzungen des § 11 II 1 Nr. 1 oder Nr. 2 UmwStG zwingend zum gemeinen Wert anzusetzen sind. In diesem letzten Fall besteht keine gesetzliche Verpflichtung, sämtliche Wirtschaftsgüter in der steuerlichen Schlussbilanz der übertragenden Körperschaft einheitlich zu bewerten. Diese – auch von der Finanzverwaltung vertretene Auffassung[101] – ergibt sich aus dem Wortlaut des § 11 II 1 UmwStG, demzufolge die Bewertung zum Buchwert oder gemeinen Wert möglich ist, „soweit" die bezeichneten Voraussetzungen erfüllt sind. Sind hingegen die Voraussetzungen des § 11 II 1 Nr. 3 UmwStG nicht erfüllt, da eine Gegenleistung gewährt wird, die nicht in Gesellschaftsrechten besteht, sind die Buchwerte einheitlich aufzustocken.[102]

98 **(ee) Rechtsfolgen bei der übertragenden Körperschaft.** (α) Bewertung zu Buchwerten. Buchwert ist nach § 1 V Nr. 4 UmwStG der Wert, der sich nach den steuerlichen Vorschriften über die Gewinnermittlung in einer für den steuerlichen Übertragungsstichtag aufzustellenden Schlussbilanz ergibt oder ergäbe. Insofern sind bei der Ermittlung der Buchwerte die steuerlichen Bewertungsvorschriften der §§ 6ff. EStG anzuwenden. Dementsprechend kann in der steuerlichen Schlussbilanz eventuell eine Wertaufholung nach § 6 I 1 Nr. 1 Satz 4, § 6 I 1 Nr. 2 Satz 2 EStG erforderlich sein. In diesem Fall handelt es sich nicht um eine Bewertung zu Zwischenwerten.[103] Sollte der Buchwert unter dem gemeinen Wert liegen, ist der gemeine Wert als umwandlungssteuergesetzliche Wertobergrenze maßgeblich.[104]

99 (β) Bewertung zu Zwischenwerten. Bei dem Zwischenwert handelt es sich um einen beliebigen Wert oberhalb des Buchwerts, aber unterhalb des gemeinen Werts. Liegt der gemeine Wert unterhalb des Buchwerts, ist eine Bewertung zu Zwischenwerten ausgeschlossen.

100 Die Finanzverwaltung hat im UmwStE 2011 die bislang vertretene modifizierte Stufentheorie zur partiellen Aufdeckung von stillen Reserven im Rahmen des Zwischenwertansatzes aufgegeben. Bei der Bewertung zu Zwischenwerten sind nach der nunmehr vertretenen Auffassung vielmehr die in den übergehenden Wirtschaftsgütern enthaltenen stillen Reserven gleichmäßig und einheitlich nach dem Verhältnis der gemeinen Werte aufzustocken (zweistufige Stufentheorie).[105] Insofern werden stille

---

[100] Siehe dazu *Schaflitzl/Widmayer* BB 2006, Special 8, 36 (40); *Bärwaldt* in Haritz/Benkert, § 11 UmwStG Rn. 36.
[101] BMF vom 11.11.2011, BStBl. I 2011 S. 1314 Tz. 3.13.
[102] → Rn. 90.
[103] *Rödder* in Rödder/Herlinghaus/van Lishaut, § 11 UmwStG Rn. 153.
[104] BMF vom 11.11.2011, BStBl. I 2011 S. 1314 Tz. 1.57.
[105] Vgl. *Dörfler/Wittkowski* GmbHR 2007 S. 352 (356); *Brinkhaus/Grabbe* in Haritz/Menner, § 3 UmwStG Rn. 139f.

§ 11 Steuerrechtliche Regelungen § 11

Reserven sowohl bei allen bisher aktivierten als auch bei den bisher nicht aktivierten immateriellen Wirtschaftsgütern (einschließlich Firmen- oder Geschäftswert) anhand eines einheitlichen Prozentsatzes aufgedeckt.[106]

Beispiel
Die Buchwerte des übergehenden Vermögens betragen 40; der gemeine Wert des übergehenden Vermögens beläuft sich auf 150. Stille Reserven sollen durch Ansatz von Zwischenwerten iHv 10 aufgedeckt werden.

	BW	GW	Aufzudeckende stille Reserven	Anzusetzender Wert des übergehenden Vermögens
Firmenwert	–	30	2	2
Selbstgeschaffene WG	–	20	1	1
Anlagevermögen	10	40	3	13
Umlaufvermögen	30	60	4	34
	40	150	10	50

Verteilung stiller Reserven:
Verteilungsquote = 10 / 150 = 0, 066667

Legende:
WG   Wirtschaftsgüter
BW   Buchwert
GW   Gemeiner Wert

(γ) **Steuerliche Verluste und Zinsvortrag der übertragenden Körper-** 101
schaft. Verfügt die übertragende Körperschaft über verrechenbare steuerliche Verluste und/oder verbleibende steuerliche Verlustvorträge, so gehen diese bei der Verschmelzung unter, § 12 III Halbs. 2 iVm § 4 II 2 UmwStG. Gleiches gilt für einen vorhandenen Zinsvortrag nach § 4h I 5 EStG sowie einen EBITDA-Vortrag iSv § 4h I 3EStG.

Bei Vorhandensein steuerlicher Verluste kann es ggf. empfehlenswert 102 sein, bei der Übertragerin im Zuge der Verschmelzung stille Reserven aufzudecken und auf diese Weise Ausschüttungspotential bei der Übernehmerin zu schaffen. Erforderlich dafür ist eine Bewertung in der Schlussbilanz zu Zwischenwerten. Dabei zu beachten sind die Regelung des § 10d II 1 EStG zur Mindestbesteuerung sowie des § 2 IV UmwStG zur Beschränkung der Verlustnutzung im Rückwirkungszeitraum.[107]

(2) **Ausschüttungen.** Nach § 2 I 1 UmwStG sind Einkommen und 103 Vermögen der übertragenden Körperschaft so zu ermitteln, als ob ihr Vermögen bereits mit Ablauf des steuerlichen Übertragungsstichtags auf die übernehmende Körperschaft übergegangen wäre.

Diese Rückwirkung gilt indes nicht für Ausschüttungsverbindlichkei- 104 ten der übertragenden Körperschaft, die vor dem steuerlichen Übertragungsstichtag begründet wurden, aber erst danach abgeflossen sind. Hierbei handelt es sich um Ausschüttungen, die noch bei der übertragenden

---
[106] BMF vom 11.11.2011, BStBl. I 2011 S. 1314 Tz. 3.25.
[107] → Rn. 74 sowie → 75 f.

Körperschaft zu erfassen sind. Entsprechendes gilt für Vorabausschüttungen und verdeckte Gewinnausschüttungen, die vor dem steuerlichen Übertragungsstichtag begründet wurden. Sie mindern das steuerliche Eigenkapital der Übertragerin. Diese Ausschüttungsverbindlichkeiten sind in der steuerlichen Schlussbilanz als Schuldposten zu berücksichtigen.[108]

105 Nach dem steuerliche Übertragungsstichtag begründete und im Rückwirkungszeitraum an nicht ausscheidende Gesellschafter abgeflossene (offene und verdeckte) Gewinnausschüttungen sind trotz der Rückwirkungsfiktion zivilrechtlich noch Ausschüttungen der übertragenden Körperschaft. Insofern ist für diese Ausschüttungen nach Auffassung der Finanzverwaltung in der steuerlichen Schlussbilanz der übertragenden Körperschaft ein passivischer Korrekturposten auszuweisen, der einer Ausschüttungsverbindlichkeit gleichkommt.[109] Dieser passivische Korrekturposten mindert den steuerlichen Gewinn der übertragenden Körperschaft. Diese Ausschüttungen gelten spätestens im Zeitpunkt der zivilrechtlichen Wirksamkeit der Verschmelzung als abgeflossen. Soweit indes nach dem steuerlichen Übertragungsstichtag beschlossene Ausschüttungen solchen Gesellschaftern der übertragenden Körperschaft zuzurechnen sind, die nach dem steuerlichen Übertragungsstichtag, aber vor Registereintragung der Verschmelzung aus der Gesellschaft ausscheiden, handelt es sich noch um Ausschüttungen der übertragenden Körperschaft.[110] Dies gilt auch für verdeckte Gewinnausschüttungen der übertragenden Körperschaft im Zeitraum zwischen steuerlichem Übertragungsstichtag und Registereintragung der Verschmelzung.
Anderes gilt für Ausschüttungen an den übernehmenden Rechtsträger. Bei Verschmelzung einer Tochtergesellschaft auf ihre Muttergesellschaft gilt für Gewinnausschüttungen der Tochtergesellschaft an die Muttergesellschaft im Rückwirkungszeitraum die Rückwirkungsfiktion nach § 2 I1 UmwStG mit der Folge, dass eine steuerlich unbeachtliche Vorwegübertragung von Vermögen an die Muttergesellschaft vorliegt. Die Kapitalertragsteueranmeldung kann insoweit berichtigt werden.[111]

106 (3) Körperschaftsteuererhöhung/Körperschaftsteuerminderung. Verfügte die übertragende Körperschaft am 31.12.2006 über einen Altbestand an EK 40, so ist ein daraus resultierendes Körperschaftsteuerguthaben nach § 37 V KStG ratierlich innerhalb eines zehnjährigen Abrechnungszeitraums von 2008 bis 2017 in gleichen Jahresbeträgen auszuzahlen. Der Körperschaftsteuererstattungsanspruch geht mit der Verschmelzung auf die Körperschaft als Gesamtrechtsnachfolgerin über.
Verfügte die übertragende Körperschaft am 31.12.2006 über einen Altbestand an EK 02, so ist ein daraus resultierender Körperschaftsteuererhöhungsbetrag ratierlich innerhalb eines Zeitraums von 2008 bis 2017

---

[108] BMF vom 11.11.2011, BStBl. I 2011 S. 1314 Tz. 2.27, 2.34.
[109] BMF vom 11.11.2011, BStBl. I 2011 S. 1314 Tz. 02.31.
[110] Vgl. *van Lishaut* in Rödder/Herlinghaus/van Lishaut, § 2 UmwStG, Rn. 88.
[111] BMF vom 11.11.2011, BStBl. I 2011 S. 1314 Tz. 2.35.

§ 11. Steuerrechtliche Regelungen § 11

in zehn gleichen Jahresbeiträgen zu entrichten, § 38 VI 1 KStG. Der rechtlich bereits in voller Höhe entstandene Auszahlungsanspruch ist in der steuerlichen Schlussbilanz der übertragenden Körperschaft zum Verpflichtungsbetrag zu passivieren. Durch die Verschmelzung tritt die übernehmende Körperschaft als Rechtsnachfolgerin der übertragenden Körperschaft in deren Verpflichtung auf ratierliche Entrichtung des Körperschaftsteuererhöhungsbetrags ein.

(4) Eigene Anteile der Übertragerin. Eigene Anteile der Übertragerin 107 gehören nicht zu den Wirtschaftsgütern, die auf die Übernehmerin übergehen. Diese eigenen Anteile gehen mit der Verschmelzung unter. Sie sind in der Schlussbilanz der übertragenden Körperschaft nicht mehr zu erfassen, sondern vielmehr erfolgsneutral auszubuchen.

cc) Steuerliche Auswirkungen auf der Ebene der übernehmenden Körperschaft 108

(1) Überblick. Die steuerlichen Konsequenzen der Verschmelzung für den übernehmenden Rechtsträger richten sich nach § 12 UmwStG. Durch § 12 UmwStG werden geregelt:
- die Übernahme der übergegangenen Wirtschaftsgüter mit den Werten aus der steuerlichen Schlussbilanz der Übertragerin, § 12 I 1 UmwStG;[112]
- die Bewertung der von der übernehmenden Körperschaft gehaltenen Anteile an der übertragenden Körperschaft, § 12 I 2 iVm § 4 I 2 und 3 UmwStG;[113]
- die Ermittlung und die steuerliche Behandlung des steuerliche Übernahmeergebnisses, § 12 II 1 und 2 UmwStG;[114]
- den Eintritt der übernehmenden Körperschaft in die Rechtsstellung der übertragenden Körperschaft, § 12 III iVm § 4 II UmwStG;[115]
- die Konsequenzen aus der Konfusion von Forderungen und Verbindlichkeiten zwischen den an der Verschmelzung beteiligten Körperschaften, § 12 IV iVm § 6 UmwStG.[116]

(2) Übernahme des Vermögens der übertragenden Körperschaft durch 109 die aufnehmende Körperschaft. Gemäß § 12 I 1 UmwStG hat die übernehmende Körperschaft die auf sie übergehenden Wirtschaftsgüter mit den in der steuerlichen Schlussbilanz der übertragenden Körperschaft angesetzten Wert iSd § 11 UmwStG zu übernehmen. Gleiches gilt für Bilanzansätze, bei denen es an der Wirtschaftsguteigenschaft fehlt (zB Rechnungsabgrenzungsposten, Sammelposten nach § 6 II a EStG).[117]
Zu übernehmen ist das übergehende Vermögen der übertragenden 110 Körperschaft bei der übernehmenden Körperschaft zum steuerlichen Übertragungsstichtag. Bei einer Verschmelzung durch Neugründung

---
[112] → Rn. 109 ff.
[113] → Rn. 115 ff.
[114] → Rn. 122 ff.
[115] → Rn. 147 ff.
[116] → Rn. 163 ff.
[117] BMF vom 11.11.2011, BStBl. I 2011 S. 1314 Tz. 4.01, 12.02.

stellt die Übernehmerin auf den steuerlichen Übertragungsstichtag eine Eröffnungsbilanz auf. Demgegenüber ist der Vermögensübergang bei der Verschmelzung durch Aufnahme für die Übernehmerin als laufender Geschäftsvorfall zu qualifizieren.[118]

111 Aus § 12 I 1 UmwStG ergibt sich eine Pflicht zur Wertverknüpfung mit der steuerlichen Schlussbilanz der Übertragerin. Hat die übertragende Körperschaft ihr Vermögen in der steuerlichen Schlussbilanz zum gemeinen Wert zu bewerten, so ist die übernehmende Körperschaft an diese Bewertung gebunden. Führt die übernehmende Körperschaft hingegen in ihrer steuerlichen Schlussbilanz auf Antrag die Buchwerte fort oder bewertet sie ihr Vermögen zu Zwischenwerten, so hat die übernehmende Körperschaft das übergehende Vermögen steuerlich zum Buchwert bzw. zum Zwischenwert anzusetzen. Durch diese steuerliche Wertverknüpfung soll eine spätere steuerliche Erfassung stiller Reserven sichergestellt werden. Ausschlaggebend sind die übernommenen Werte für die künftige Abschreibung oder etwaige Veräußerungsgewinne bei dem übernehmenden Rechtsträger sowie für die Ermittlung eines Übernahmeerfolgs.

112 Die steuerliche Bewertung des Vermögens der übertragenden Körperschaft bei der übernehmenden Körperschaft nach § 12 I UmwStG ist unabhängig von der Bewertung in der Handelsbilanz. Eine Maßgeblichkeit der Handelsbilanz für die Steuerbilanz besteht umwandlungsrechtlich nicht.[119] Handelsrechtlich hat die übertragende Körperschaft die bisherigen Buchwerte fortzuführen. Eine die Buchwerte übersteigende Bewertung ist handelsrechtlich nur im Rahmen der Wertaufholung nach § 253 V HGB bis zu den fortgeführten Anschaffungs-/Herstellungskosten zulässig.

113 Das Konzept der phasenverschobenen Wertaufholung wurde von der Finanzverwaltung im UmwStE 2011 mangels Rechtsgrundlage aufgegeben. Nach diesem Konzept hatte der übernehmende Rechtsträger die übernommenen Wirtschaftsgüter an dem der Umwandlung folgenden Bilanzstichtag in der Steuerbilanz bis zur Höhe der fortgeführten steuerlichen Anschaffungs- oder Herstellungskosten der übertragenden Körperschaft erfolgswirksam aufzustocken, wenn der übernehmende Rechtsträger handelsbilanziell nach § 24 UmwG von einer Wertaufholung Gebrauch gemacht hatte. Eine Aufstockung in der Steuerbilanz war dabei bis zur Höhe der ggf. um AfA geminderten steuerlichen Anschaffungskosten oder Herstellkosten des übertragenden Rechtsträgers erforderlich.[120] Nunmehr vertritt die Finanzverwaltung die Auffassung, dass ein für einen übernommenen Wertansatz zu den auf den steuerlichen Übertragungsstichtag folgenden Bilanzstichtagen geltendes steuerliches Wahlrecht (zB Rücklage nach § 6b EStG) auch an den nachfolgenden Bilanzstichtagen unabhängig von der handelsrechtlichen Jahresbilanz ausgeübt

---

[118] BMF vom 11.11.2011, BStBl. I 2011 S. 1314 Tz. 4.03, 12.02.
[119] Vgl. Regierungsentwurf des SEStEG vom 12.7.2006, BT-Drucks. 16/2710 S. 34.
[120] Vgl. BMF vom 25.3.1998, BStBl. I 1998 S. 268 Tz. 11.02.

werden.[121] Im Ergebnis bedeutet dies, dass eine handelsbilanzielle Aufstockung bei dem übernehmenden Rechtsträger für den steuerbilanziellen Schlussbilanzansatz bei dem übertragenden Rechtsträger und die steuerliche Wertverknüpfung bei dem übernehmenden Rechtsträger ohne Bedeutung ist.[122]

Demgegenüber verlangt die Finanzverwaltung nach UmwStE 2011 nunmehr eine sog. phasenverschobene Wiedereinsetzung der allgemeinen Bilanzierungsgrundsätze und Bewertungsvorschriften.[123] Danach gelten die steuerlichen Ansatzverbote des § 5 EStG nicht für die steuerliche Schlussbilanz der Übertragerin, sofern in der Schlussbilanz der Übertragerin nicht die Buchwerte fortgeführt werden. Nach diesem Konzept der phasenverschobenen Wiedereinsetzung der allgemeinen Bilanzierungsgrundsätze und Bewertungsvorschriften sollen dann bei der Übernehmerin zu den folgenden Bilanzstichtagen die allgemeinen Grundsätze gelten.[124] Somit soll ein in der steuerlichen Schlussbilanz entgegen § 5 EStG angesetztes Wirtschaftsgut (zB also eine Drohverlustrückstellung) zunächst in der Steuerbilanz der Übernehmerin ausgewiesen und in der Folgezeit ertragswirksam aufgelöst werden. Diese Auffassung der Finanzverwaltung widerspricht zwar der Rechtsprechung des BFH,[125] ist aber inzwischen für Schuldpositionen durch die neuen Vorschriften in § 4f und § 5 VII EStG gesetzlich geregelt.

Das Vermögen der übertragenden Körperschaft geht bei der Verschmelzung in vollem Umfang auf die übernehmende Körperschaft über. Dies gilt unabhängig davon, ob und in welchem Umfang die übernehmende Körperschaft an der Übertragerin beteiligt ist. Allerdings ist hinsichtlich der steuerlichen Folgen der Übertragung bei der übernehmenden Körperschaft danach zu differenzieren, ob sämtliche oder ein Teil der Anteile an der übertragenden Körperschaft von der übernehmenden Körperschaft[126] oder von einem Dritten[127] gehalten werden. 114

(3) Anteile an der übertragenden Körperschaft (Beteiligungskorrektur). Hält die übernehmende Körperschaft zum Übertragungsstichtag Anteile an der übertragenden Körperschaft, so sind diese Anteile zum steuerlichen Übertragungsstichtag mit dem Buchwert erhöht um steuerwirksame Abschreibungen sowie um Abzüge iSd § 6b EStG oder ähnliche Abzüge 115

---

[121] BMF vom 11.11.2011, BStBl. I 2011 S. 1314 Tz. 4.04, 12.02.
[122] Vgl. *Rödder* in Rödder/Herlinghaus/van Lishaut, § 12 UmwStG Rn. 44.
[123] Vgl. BMF vom 11.11.2011, BStBl. I 2011 S. 1314 Tz. 3.06, 12.02. Ablehnend mit Verweis auf den Gesetzeswortlaut: *Rödder* in Rödder/Herlinghaus/van Lishaut, § 11 UmwStG Rn. 66a.
[124] Vgl. BMF vom 11.11.2011, BStBl. I 2011 S. 1314 Tz. 3.06, 12.02. Ablehnend mit Verweis auf den Gesetzeswortlaut: *Rödder* in Rödder/Herlinghaus/van Lishaut, § 11 UmwStG Rn. 66a.
[125] Vgl. BFH v. 16.12.2009 – I R 102/08, BStBl. II 2010 S. 566: „Passivierung angeschaffter Drohverlustrückstellungen" und v. 14.12.2011 – I R 72/10, DStR 2012 S. 452: „Jubiläumszuwendungen und Beiträge an Pensionssicherungsverein".
[126] → Rn. 115 ff.
[127] → Rn. 138 ff.

anzusetzen, höchstens aber mit dem gemeinen Wert, § 12 I 2 iVm § 4 I 2 UmwStG. Die Anwendung der bezeichneten Regelung ist auf Aufwärtsverschmelzungen (upstream merger) beschränkt. Für den Fall des downstream merger enthält § 11 II 2 eine entsprechende Regelung. Zum Buchwert der Anteile gehört in den Fällen der Verschmelzung der Organgesellschaft auf den Organträger auch ein aktivischer oder passivischer Ausgleichsposten.

Die Regelung des § 12 I 2 iVm § 4 I 2 UmwStG greift für solche Anteile an der Übertragerin, die am steuerlichen Übertragungsstichtag zum Vermögen der übernehmenden Körperschaft gehören. Sie ist ferner anzuwenden auf Anteile an der übertragenden Körperschaft, die die übernehmende Körperschaft nach dem steuerlichen Übertragungsstichtag, aber vor Eintragung der Verschmelzung in das Handelsregister anschafft, § 12 II 3 iVm § 5 I UmwStG.

116 Die Beteiligungskorrektur nach § 12 I 2 iVm § 4 I 2 UmwStG der Übernehmerin ist vor Ermittlung eines Übernahmeerfolgs vorzunehmen.[128] Der Ermittlung des Übernahmeerfolgs der übernehmenden Körperschaft sind somit die Anteile an der übertragenden Körperschaft nach Wertaufholung zugrunde zu legen.

117 Anzuwenden ist § 12 I 2 iVm § 4 I 2 UmwStG auf Teilwertabschreibungen und, anders als vor dem SEStEG, auch auf in früheren Geschäftsjahren vorgenommene und nicht rückgängig gemachte steuerwirksame Abzüge nach § 6b EStG sowie ähnliche Abzüge. Zu den ähnlichen Abzügen gehören etwa Begünstigungen nach § 30 BergbauRatG,[129] von den Anschaffungs- oder Herstellungskosten abgezogene Investitionszuschüsse und übertragene stille Reserven nach R 6.6 EStR.[130]

118 Bezogen auf Teilwertabschreibungen zu beachten ist, dass zum steuerlichen Übertragungsstichtag zunächst das Wertaufholungsgebot des § 6 I 1 Nr. 1 Satz 4, Nr. 2 Satz 3 EStG iVm § 8b II 4 KStG durchgeführt werden muss, bevor es zu Zuschreibungen nach § 12 I 2 kommt.[131]

119 Rückgängig zu machen sind sämtliche Arten von Abschreibungen und ähnlichen Abzügen, die in früheren Jahren steuerwirksam vorgenommen wurden. Insofern kommen vor allem Teilwertabschreibungen auf die Anteile bis zur Einführung des § 8b III KStG durch die Unternehmensteuerreform 2001 in Betracht. Gleiches gilt für die Abzüge, die nach § 6b EStG von Kapitalgesellschaften bis 1999 vorgenommen werden konnten. Zu berücksichtigen sind auch eventuelle Abzüge durch Rechtsvorgänger. Wie nach bisheriger Rechtslage unterbleiben Hinzurechnungen, soweit sich Abschreibungen etwa aufgrund von § 50c EStG aF oder von § 8b III KStG steuerlich nicht ausgewirkt haben.[132] Ebenso wenig dürfte uE

---

[128] Vgl. BMF vom 11.11.2011, BStBl. I 2011 S. 1314 Tz. 4.08, 12.03.
[129] Siehe BT-Drs. 16/2710, S. 27 u. 30.
[130] Vgl. *van Lishaut* in Rödder/Herlinghaus/van Lishaut, § 4 UmwStG Rn. 42.
[131] Vgl. *Bohnhardt* in Haritz/Menner, § 4 UmwStG Rn. 111. Siehe auch BMF vom 11.11.2011, BStBl. I 2011 S. 1314 Tz. 4.07, 12.03.
[132] Vgl. *van Lishaut* in Rödder/Herlinghaus/van Lishaut, § 4 UmwStG Rn. 44 f.

§ 11. Steuerrechtliche Regelungen § 11

eine Minderung des Beteiligungsbuchwerts infolge von Auskehrungen aus dem steuerlichen Einlagenkonto bzw. Kapitalrückzahlungen zu steuerpflichtigen Hinzurechnungen führen.[133] Sind in der Vergangenheit sowohl steuerwirksame Abschreibungen bzw. Abzüge als auch steuerlich nicht wirksame Abschreibungen vorgenommen worden, sind lediglich in der Vergangenheit steuerwirksam vorgenommene Teilwertabschreibungen rückgängig zu machen; während steuerunwirksame Teilwertabschreibungen bei der Anwendung von § 12 I 2 iVm § 4 I 2 UmwStG außer Acht bleiben.[134] Aufgrund des eindeutigen Wortlauts der Vorschrift ändert nach hM daran auch die Rechtsprechung des BFH zur Wertaufholungen auf Kapitalgesellschaftsanteile nach § 6 I Nr. 2 Satz 2 iVm § 8b II 4 KStG vom 19.8.2009[135] nichts.[136]

Im Unterschied zum früheren Zuschreibungsgebot des § 12 II 2 UmwStG aF ist die Beteiligungskorrektur nach § 12 I 2 iVm § 4 I 2 UmwStG durch den gemeinen Wert der Anteile gedeckt.[137] Bei börsennotierten Wertpapieren entspricht der gemeine Wert dem Kurswert, § 11 I BewG. Für andere Wertpapiere ist der gemeine Wert idR anhand eines ertragswertorientierten Verfahrens zu ermitteln, § 11 II BewG. 120

Der sich aus der erforderlichen Zuschreibung ergebende Beteiligungskorrekturgewinn ist steuerpflichtig, § 12 I 2 iVm § 4 I 2 UmwStG, § 8b II 4 u. 5 KStG, § 3 Nr. 40 Satz 1 Buchst. a Sätze 2 u. 3 EStG. Der (steuerpflichtige) Beteiligungskorrekturgewinn gehört zum laufenden Gewinn des Veranlagungszeitraums, in den der steuerliche Übertragungsstichtag fällt. Die Hinzurechnung erfolgt außerhalb der Bilanz.[138] Dies hat zur Folge, dass auch in den Fällen, in denen sich aus der Gegenüberstellung von Buchwert der Anteile und den Buchwerten der übertragenen Wirtschaftsgüter ein Übernahmeverlust ergibt, der nach § 12 I 2 UmwStG ermittelte Beteiligungskorrekturgewinn nicht um den steuerlich nicht verwertbaren Übernahmeverlust gemindert wird.[139] 121

(4) Übernahmegewinn/Übernahmeverlust. (a) **Übernahmeergebnis bei Beteiligung der Übernehmerin an der Übertragerin. (aa) Ermittlung.** Auf der Ebene der übernehmenden Körperschaft ist ein Übernahmeergebnis zu ermitteln, soweit die Übernehmerin an der übertragenden Körperschaft beteiligt ist. Dieses Übernahmeergebnis ist zu bestimmen durch Gegenüberstellung des Buchwerts der Anteile an der 122

---

[133] GlA *Dötsch* in Dötsch/Patt/Pung/Möhlenbrock, § 12 UmwStG Tz. 23; *Rödder* in Rödder/Herlinghaus/van Lishaut, § 12 UmwStG Rn. 53.
[134] Vgl. BMF vom 11.11.2011, BStBl. I 2011 S. 1314 Tz. 4.07, 12.03.
[135] BFH-Urteil vom 19.8.2009 – I R 2/09, DStRE 2009 S. 1527.
[136] Vgl. *Dötsch* in Dötsch/Patt/Pung/Möhlenbrock, § 12 UmwStG, Tz. 21; *Rödder* in Rödder/Herlinghaus/van Lishaut, § 12 UmwStG, Rn. 54; aA *Schmitt* in Schmitt/Hörtnagl/Stratz, § 12 UmwStG Rn. 17.
[137] Vgl. OFD Münster, Bewertung von (Anteilen an) Kapitalgesellschaften für ertragsteuerliche Zwecke, Leitfaden, Stand Januar 2007.
[138] Vgl. *Dötsch* in Dötsch/Patt/Pung/Möhlenbrock, § 12 UmwStG Tz. 25; *Wisniewski* in Haritz/Benkert UmwStG § 12 Rn. 24.
[139] Vgl. *Dötsch* in Dötsch/Patt/Pung/Möhlenbrock, § 12 UmwStG Tz. 25

§ 11
3. Teil. Verschmelzung

übertragenden Körperschaft nach Beteiligungskorrektur einerseits und dem Wert der übernommenen Wirtschaftsgüter andererseits. In Höhe des Unterschiedsbetrags zwischen dem Wert der Anteile an der übertragenden Körperschaft und der Summe der Wertansätze der übertragenen Wirtschaftsgüter ergibt sich ein Übernahmegewinn oder Übernahmeverlust.

123 Der Übernahmegewinn bzw. Übernahmeverlust ist nach folgendem Schema zu ermitteln:

Wert des übergegangenen Vermögens laut Schlussbilanz der Übertragerin
(Buchwerte, gemeiner Wert oder Zwischenwerte)
– *Buchwert der wegfallenden Beteiligung an der übertragenden Körperschaft (nach Beteiligungskorrektur gemäß § 12 I Satz 2 UmwStG; (ggf. einschließlich Anschaffungskosten nach dem steuerlichen Übertragungsstichtag angeschaffter Anteile an der Übertragerin gemäß § 5 I UmwStG)*
– *Kosten des Vermögensübergangs*
= *Übernahmegewinn / Übernahmeverlust*

124 Das Übernahmeergebnis entsteht mit Ablauf des steuerlichen Übertragungsstichtags.[140]

125 Zur Ermittlung des Übernahmeergebnisses, wenn nicht alle Anteile an der übertragenden Körperschaft von der übernehmenden Körperschaft gehalten werden, → Rn. 143 ff.

126 *einstweilen frei*

127 Hat die übernehmende Körperschaft Anteile an der übertragenden Körperschaft nach dem steuerlichen Übertragungsstichtag angeschafft, so ist das Übernahmeergebnis so zu ermitteln, als seien die Anteile am steuerlichen Übertragungsstichtag angeschafft worden, § 12 II 3 iVm § 5 I UmwStG.

128 Anders als nach früherer Rechtslage ist das Übernahmeergebnis nicht um einen Sperrbetrag nach § 50c EStG aF zu erhöhen, mit dem die Anteile der Übernehmerin an der Übertragerin behaftet sein können.

129 **(bb) Rechtsfolgen.** (α) Außerachtlassung nach § 12 I 1 UmwStG. Der Übernahmegewinn oder Übernahmeverlust, abzüglich der Kosten für den Vermögensübergang, bleibt bei der steuerlichen Einkommensermittlung der übernehmenden Körperschaft außer Ansatz, § 12 I 1 UmwStG. Dies bedeutet, dass ein Übernahmegewinn, nach Abzug der Umwandlungskosten, für körperschaftsteuerliche Zwecke als steuerfrei zu behandeln ist. Dies gilt gem. § 19 I UmwStG auch für die Gewerbesteuer. Die Umwandlungskosten (Kosten für den Vermögensübergang) sind demnach im Ergebnis steuerlich nicht abzugsfähig. Allerdings gilt dies nur, soweit es sich um laufende Kosten des Vermögensübergangs handelt. Davon abzugrenzen sind objektbezogene Kosten, deren Aktivierung als Anschaffungsnebenkosten erforderlich ist,[141] wie etwa die

---
[140] Vgl. BMF vom 11.11.2011, BStBl. I 2011 S. 1314 Tz. 12.05.
[141] Zur Zuordnung von Umwandlungskosten vgl. *Schmitt* in Schmitt/Hörtnagl/Stratz UmwG § 12 UmwStG Rn. 21. Vgl. auch BMF-Schreiben vom 18.1.2010 – IV C 2 – S 1978 – b/0, DStR 2010 S. 169.

§ 11. Steuerrechtliche Regelungen § 11

Grunderwerbsteuer beim Übergang von Grundstücken. Letztgenannte stellen Anschaffungsnebenkosten bei dem entsprechenden Grundstück dar.[142] Ein Übernahmeverlust kann steuerlich nicht gewinnmindernd geltend werden.

Für den Fall, dass die übernehmende Körperschaft nicht oder nicht zu 100% an der übertragenden Körperschaft beteiligt ist, stellt sich die Frage, ob der sich ergebende Unterschiedsbetrag ausschließlich als Übernahmeergebnis iSd § 12 II 1 UmwStG zu qualifizieren oder ob der Unterschiedsbetrag in ein Übernahmeergebnis und einen Agiogewinn (Einlage) aufzuteilen ist.[143] Im letzteren Fall ist der Einlagebetrag dem steuerlichen Einlagekonto der übernehmenden Körperschaft zuzuweisen. Demgegenüber vertritt die Finanzverwaltung im UmwStE 2011 die Auffassung, dass auch bei fehlender oder nur teilweiser Beteiligung der übernehmenden Körperschaft an der übertragenden Körperschaft das Übernahmeergebnis als Unterschiedsbetrag zwischen dem gesamten übergegangenen Vermögen und einer evtl. Beteiligung an der Übertragerin als Übernahmeergebnis zu beurteilen ist. Damit scheidet die Annahme eines Agiogewinns und eine damit einhergehende Erhöhung des steuerlichen Einlagekontos im Umfang des übergehenden Vermögens, dem keine Beteiligung gegenübersteht, nach dieser Auffassung aus.[144] **130**

(β) Anwendung von § 8b KStG. Bei der Ermittlung des steuerfreien Übernahmegewinns ist § 8b KStG anzuwenden, soweit der Übernahmegewinn abzüglich der darauf entfallenden Umwandlungskosten dem Anteil der übernehmenden Körperschaft an der übertragenden Körperschaft entspricht, § 12 II 2 UmwStG. Besteht keine Beteiligung der Übernehmerin an der Übertragerin, ist § 8b KStG iVm § 12 II 2 UmwStG nicht anzuwenden. Ein Übernahmeverlust wird von der Vorschrift des § 12 II 2 UmwStG nicht erfasst. **131**

§ 8b KStG soll auf den Übernahmegewinn anzuwenden sein, „soweit der Gewinn iSd Satzes 1 dem Anteil der übernehmenden Körperschaft entspricht." Wie der maßgebende anteilige Übernahmegewinn zur Anwendung des § 8b KStG zu ermitteln ist, ist streitig. Nach Auffassung der Finanzverwaltung ist der Übernahmegewinn – unabhängig vom Umfang der Beteiligung des übernehmenden Rechtsträgers an der Übertragerin – als Unterschiedsbetrag zwischen dem (berichtigten) Buchwert der Beteiligung und dem (vollen) übergegangenen Vermögen, abzüglich der Kosten des Vermögensübergangs, zu ermitteln. Der so bestimmte Übernahmegewinn ist mit dem Prozentsatz der Beteiligung der übernehmenden Körperschaft an der Übertragerin zu multiplizieren. Auf den sich so ergebenen Betrag ist nach Ansicht der Finanzverwaltung § 8b KStG anzuwenden.[145] Die so vertretene Auffassung der Finanzverwaltung ist **132**

---

[142] Vgl. BFH vom 20.4.2011, BStBl. II 2011 S. 761.
[143] Siehe zur Ermittlung des Übernahmeergebnisses → Rn. 102a.
[144] BMF vom 11.11.2011, BStBl. I 2011 S. 1314 Tz. 12.05: „Ein Übernahmeergebnis iSd § 12 Abs. 2 Satz 1 UmwStG ist in allen Fällen […] – ungeachtet einer Beteiligung an der übertragenden Körperschaft – zu ermitteln."
[145] Vgl. BMF vom 11.11.2011, BStBl. I 2011 S. 1314 Tz. 12.06.

§ 11   3. Teil. Verschmelzung

sachlich schwer nachvollziehbar. Naheliegender erscheint hingegen die aus dem Wortlaut des § 12 II 2 UmwStG abgeleitete Auffassung, wonach der anteilige Wert des übergangenen Vermögens abzüglich des Buchwerts der Anteile und der Kosten des Vermögensübergangs der übernehmenden Körperschaft den maßgeblichen Übernahmegewinn des § 12 II 2 UmwStG darstellt.[146] Nur auf diesen „echten" Übernahmegewinn ist demzufolge § 8b KStG anzuwenden. Demgegenüber bleibt der Teilbetrag der sich ergebenden Einlagen bei der Anwendung des § 8b KStG außer Ansatz.[147]

133 Streitig ist daneben die Reichweite der Anwendung des § 8b KStG. Die Regelung des § 12 II 2 UmwStG enthält lediglich einen allgemeinen Verweis auf § 8b KStG, ohne den Übernahmegewinn in dessen Anwendungsbereich (Dividendenbezüge, Veräußerungsgewinn) einzuordnen. Die Finanzverwaltung sieht in der Regelung offenbar eine Einschränkung der vollständigen Steuerbefreiung des Übernahmeergebnisses nach § 12 II 1 UmwStG. Entsprechend soll nicht nur die 95%-Regelung des § 8b III 1 KStG anzuwenden sein. Vielmehr sollen auch die Einschränkungen der Steuerbefreiung nach § 8b VII und VIII KStG gelten.[148] Der Verschmelzungsvorgang wird damit aus der Sicht des übernehmenden Rechtsträgers im Regelungsbereich des § 12 II 2 UmwStG bezogen auf die durch ihn am übertragenden Rechtsträger gehaltenen Anteile einem Veräußerungsvorgang gleichgestellt.[149] Dieses Verständnis der Verschmelzung steht hingegen dem umwandlungsrechtlichen Konzept der Gesamtrechtsnachfolge entgegen. Demgegenüber ist nach im Schrifttum vertretener Auffassung aus dem Verweis des § 12 II 2 UmwStG auf § 8b KStG lediglich zu folgern, dass entsprechend § 8b III KStG 5% des Übernahmegewinns als nicht abzugsfähige Betriebsausgaben gelten. Der Verschmelzungsvorgang wird damit aus der Sicht des übernehmenden Rechtsträgers im Regelungsbereich des § 12 II 2 UmwStG bezogen auf die durch ihn am übertragenden Rechtsträger gehaltenen Anteile einem Veräußerungsvorgang gleichgestellt.[150]

134 Die Regelung des § 12 II 2 UmwStG steht wohl den Vorgaben des Art. 7 der FusionsRL entgegen. Gemäß Art. 7 I 1 FusionsRL dürfen bei einem upstream merger Wertsteigerungen der untergehenden Beteiligung keiner Besteuerung unterliegen. Davon kann gemäß Art. 7 II der FusionsRL nur abgesehen werden, wenn eine Beteiligung an der übertragenden Körperschaft von weniger als 10% vorliegt.[151]

135 Die Regelungen des § 12 II 1 und 2 UmwStG gelten gemäß § 19 I UmwStG auch für die Gewerbesteuer.

---

[146] Vgl. auch *Rödder/Schmidt-Fehrenbacher* in FGS/BDI, UmwStE 2011, S. 259.
[147] Vgl. *Rödder* in Rödder/Herlinghaus/van Lishaut, § 12 UmwStG Rn. 84.
[148] Vgl. *Dötsch* in Dötsch/Patt/Pung/Möhlenbrock, § 12 UmwStG Rn. 43.
[149] Vgl. *Schmitt* in Schmitt/Hörtnagl/Stratz, § 12 UmwStG Rn. 48 mwN.
[150] Vgl. *Schmitt* in Schmitt/Hörtnagl/Stratz, § 12 UmwStG Rn. 48 mwN.
[151] Vgl. *Rödder* in Rödder/Herlinghaus/van Lishaut, § 12 UmwStG Rn. 87; *Wisniewski* in Haritz/Benkert UmwStG § 12 Rn. 58.

§ 11. Steuerrechtliche Regelungen § 11

(cc) Behandlung des Übernahmeergebnisses bei Verschmelzung auf eine Organgesellschaft. Wird eine Körperschaft auf eine Organgesellschaft verschmolzen, so bleibt das bestehende Organschaftverhältnis mit dem Organträger unberührt, wenn die finanzielle Eingliederung der Organgesellschaft in den Organträger auch nach der Verschmelzung der Drittgesellschaft auf die Organgesellschaft fortbesteht. Ein bei der Verschmelzung auf die Organgesellschaft entstehender handelsrechtlicher Übernahmegewinn fällt handelsrechtlich unter den Gewinnabführungsvertrag mit der Organträgerin. Umgekehrt ist ein handelsrechtlicher Übernahmeverlust der Organgesellschaft handelsrechtlich von der Organträgerin unter der Voraussetzung des § 302 AktG auszugleichen.[152] Setzt die übernehmende Organgesellschaft das auf sie übergehende Vermögen in der Steuerbilanz zu Buchwerten und in der Handelsbilanz zu Verkehrswerten an, ist auf die sich daraus ergebende Mehrabführung nach Auffassung der Finanzverwaltung die Regelung des § 14 III 1 KStG anzuwenden.[153]

136

Aus steuerlicher Sicht streitig ist vor allem der Fall der Verschmelzung auf eine Organgesellschaft, an der eine Personengesellschaft mit natürlichen Personen als Gesellschaftern beteiligt ist. Nach Auffassung der Finanzverwaltung ist bei einem upstream merger insofern § 15 Satz 1 Nr 2 KStG zu beachten. Dementsprechend sollen anstelle des § 8b KStG die Vorschriften des Teileinkünfteverfahrens (§ 3 Nr. 40 EStG, § 3c II EStG) angewendet werden, soweit der Übernahmegewinn des § 12 II Satz 2 UmwStG auf die natürlichen Personen entfällt.[154] Demgegenüber verneint das Schrifttum im vorbeschriebenen Fall die Anwendung der Vorschriften des Teileinkünfteverfahrens mit dem Hinweis darauf, dass bei Organschaften die Regelungen des § 8b I bis VI KStG gemäß § 15 Satz 1 Nr. 2 Satz 1 KStG nicht anwendbar sind. Das Schrifttum hebt indes uE zutreffend hervor, dass die Regelung des § 12 II 1 UmwStG bei Verschmelzungen auf Organgesellschaften uneingeschränkt zu beachten ist. Demzufolge bleibt bei der übernehmenden Organgesellschaft ein Übernahmegewinn nach § 12 II 1 UmwStG außer Ansatz.[155]

137

(b) Keine bzw. keine 100%ige Beteiligung der Übernehmerin an der Übertragerin. (aa) Überblick. Das Vermögen der übertragenden Körperschaft geht auch dann in vollem Umfang auf die übernehmende Körperschaft über, wenn die Übernehmerin nicht oder nicht zu 100% an der Übertragerin beteiligt ist. So ist bei der Verschmelzung durch Neugründung oder der Verschmelzung von Schwestergesellschaften[156] sowie bei Verschmelzung voneinander unabhängiger Gesellschaften

138

---

[152] Vgl. *Erle* in Erle/Sauter § 14 KStG, Rn. 703, 706.
[153] Vgl. BMF vom 11.11.2011, BStBl. I 2011 S. 1314 Tz. Org.33; aA *Rödder* in Rödder/Herlinghaus/van Lishaut, § 12 UmwStG Rn. 93.
[154] Vgl. BMF vom 11.11.2011, BStBl. I 2011 S. 1314 Tz. 12.06.
[155] Vgl. *Rödder* in Rödder/Herlinghaus/van Lishaut, § 12 UmwStG Rn. 91; *Wisniewski* in Haritz/Benkert UmwStG § 12 Rn. 60.
[156] Zur Verschmelzung von Schwestergesellschaften → Rn. 245 ff.

§ 11   3. Teil. Verschmelzung

die übernehmende Gesellschaft nicht an der übertragenden Gesellschaft beteiligt.

139 **(bb) Maßnahmen zur Abfindung außenstehender Gesellschafter.** (α) Gewährung von Gesellschaftsrechten aus Kapitalerhöhung. Erhöht die übernehmende Körperschaft zur Abfindung der außenstehenden Gesellschafter der Übertragerin im Zuge der Verschmelzung gemäß §§ 55, 69 UmwG ihr Kapital, stellt der Vermögensübergang insoweit eine gesellschaftsrechtliche Einlage dar.[157]

140 Übersteigt der Wert des übertragenen Vermögens lt. Schlussbilanz der Übertragerin den Nennbetrag der neuen Anteile, dann ist der sich ergebende Mehrbetrag als gesellschaftsrechtliche Einlage bei der Gewinnermittlung nicht zu berücksichtigen. Vielmehr stellt der Mehrbetrag handelsrechtlich ein Agio dar.[158]

141 Ist der Nennbetrag der neuen Anteile höher als der steuerlich anzusetzende Wert des übergehenden Vermögens, liegt in Höhe des Unterschiedsbetrages eine aktienrechtlich unzulässige Unterpariausgabe vor. Nach Auffassung des Schrifttums[159] ist die Differenz zwischen dem Nennbetrag der Anteile und dem anzusetzenden Wert der Wirtschaftsgüter nicht als Aufwand in der steuerlichen Gewinnermittlung zu berücksichtigen. Vielmehr ist der Unterschiedsbetrag spiegelbildlich zu der Behandlung eines Agios als steuerliches Minuskapital auf der Aktivseite der Bilanz auszuweisen. Dieser Ausgleichsposten ist nicht abschreibungsfähig, kann jedoch mit einem künftigen steuerlichen Mehrkapital verrechnet werden.

142 (β) Gewährung bereits bestehender eigener Anteile. Werden den außenstehenden Gesellschaftern der übertragenden Körperschaft anstelle neuer Anteile bereits bestehende eigene Anteile der übernehmenden Körperschaft gewährt, so vertritt die ganz überwiegende Mehrheit im Schrifttum, dass die Gewährung der eigenen Anteile als Tauschgeschäft zu beurteilen ist. Dieser Tausch führt zur Realisierung eines Gewinns in Höhe der Differenz zwischen dem anteiligen Wert der übergehenden Wirtschaftsgüter und dem Buchwert der hingegebenen Anteile. Der so ermittelte Gewinn wird unter Anwendung von § 8b II, III 1 KStG zu 95% steuerfrei gestellt.[160]

143 **(cc) Übernahmeergebnis.** (α) Ermittlung. Umstritten ist die Ermittlung des Übernahmeergebnisses, wenn nicht sämtliche Anteile an der übertragenden Körperschaft von der übernehmenden Körperschaft gehalten werden. Eine Ermittlung eines anteiligen Übernahmeergebnisses, dh eine Gegenüberstellung der Anteile an der Übertragerin und der anteiligen

---

[157] Vgl. *Rödder* in Rödder/Herlinghaus/van Lishaut, § 12 UmwStG Rn. 64.
[158] Vgl. zur steuerlichen Behandlung → Rn. 102 und → Rn. 105a.
[159] Vgl. *Wisniewski* in Haritz/Benkert UmwStG § 12 Rn. 43;
[160] Vgl. *Schmitt* in Schmitt/Hörtnagl/Stratz § 12 UmwStG Rn. 20 und 45; *Dötsch* in Dötsch/Patt/Pung/Möhlenbrock § 12 UmwStG Rn. 34; *Wisniewski* in Haritz/Benkert UmwStG § 12 Rn. 43; aA *Rödder* in Rödder/Herlinghaus/van Lishaut, § 12 UmwStG Rn. 47 „Eigene Anteile der Übernehmerin" für die Zeit nach BilMoG.

§ 11. Steuerrechtliche Regelungen § 11

übernommenen Wirtschaftsgüter entsprechend der Beteiligungsquote an der Übertragerin ist in § 12 II 1 UmwStG, anders als in § 4 IV 3 UmwStG, nicht ausdrücklich vorgesehen. Nach dem Wortlaut des § 12 II 1 UmwStG könnte vielmehr angenommen werden, dass auch bei nicht 100%iger Beteiligung der Übernehmerin an der Übertragerin dem nach § 12 I 2 UmwStG korrigierten Buchwert der Anteile der volle Wert der übergegangenen Wirtschaftsgüter gegenüberzustellen ist. Nach der Konzeption des § 12 II 1 UmwStG ist indes uE wie folgt zu unterscheiden:
(i) Ein Übernahmeergebnis iSv in § 12 II 1 UmwStG kann nur entstehen, soweit die übernehmende Körperschaft an der übertragenden Körperschaft beteiligt ist. Um dieser Tatsache Rechnung zu tragen, ist uE dem Wert der Anteile der Übernehmerin an der Übertragerin lediglich der anteilig auf die Beteiligungsquote entfallende Teil der Wertsätze des übernommenen Vermögens gegenüberzustellen.[161] Maßgebend dabei ist die Beteiligung am Vermögen der Übertragerin, nicht die Quote der Stimmrechtsbeteiligung.
(ii) Im Fall fehlender Beteiligung der übernehmenden Körperschaft an der übertragenden Körperschaft sind die übergegangenen Wirtschaftsgüter als Einlage iSd § 4 I 1, 7 EStG zu behandeln. Insoweit darf demzufolge kein Übernahmeergebnis entstehen. Entsprechendes gilt, soweit die übernehmende Körperschaft nicht an der übertragenden Körperschaft beteiligt ist.

Demgegenüber bestimmt sich nach Auffassung der Finanzverwaltung **144** der Übernahmeerfolg auf Ebene der übernehmenden Körperschaft als Differenz zwischen dem (vollen) Wert der übernommenen Wirtschaftsgüter und dem Buchwert der (auszubuchenden) Anteile an der übertragenden Körperschaft.[162] Ein solches Übernahmeergebnis entsteht demnach nach dieser Auffassung nicht nur bei der sog. Upstream-Verschmelzung einer Tochter- auf ihre Muttergesellschaft, sondern auch in Fällen, in denen gar keine vorherige Beteiligung bestand. Dabei bleibt ein so ermittelter Übernahmegewinn nur steuerfrei, soweit die übernehmende Körperschaft an der übertragenden Körperschaft beteiligt ist. Die von der Finanzverwaltung vertretene Auffassung hat im Ergebnis zur Folge, dass die Kosten der Vermögensübertragung nicht abgezogen werden können. Die Auffassung der Finanzverwaltung wurde vom BFH[163] in seiner Entscheidung vom 9.1.2013 bestätigt.

(β) Rechtsfolgen. (i) Außerachtlassung nach § 12 I 1 UmwStG. Für **145** den Fall, dass die übernehmende Körperschaft nicht oder nicht zu 100% an der übertragenden Körperschaft beteiligt ist, stellt sich die Frage, ob der sich ergebende Unterschiedsbetrag als Differenz zwischen dem (vol-

---

[161] Vgl. *Hagemann/Jakob/Ropohl/Viebrock* NWB 2007, Sonderheft 1, S. 24 (26, 28); *Ley/Bodden* FR 2007 S. 265 (273); *Rödder* in Rödder/Herlinghaus/van Lishaut, § 12 UmwStG Rn. 64; *Wiesniewski* in Haritz/Benkert, § 12 UmwStG Rn. 40 ff.
[162] Vgl. BMF vom 11.11.2011, BStBl. I 2011 S. 1314 Tz. 12.05; ebenso *Dötsch* in Dötsch/Patt/Pung/Möhlenbrock, § 12 UmwStG Rn. 39.
[163] Vgl. BFH vom 9.1.2013 – I R 24/12, BFH/NV 2013, S. 881.

§ 11 3. Teil. Verschmelzung

len) Wert der übernommenen Wirtschaftsgüter und dem Buchwert der (auszubuchenden) Anteile an der übertragenden Kapitalgesellschaft ausschließlich als Übernahmeergebnis iSd § 12 II 1 UmwStG zu qualifizieren oder ob der Unterschiedsbetrag in ein Übernahmeergebnis einerseits sowie einen Agiogewinn (Einlage) andererseits aufzuteilen ist.[164]

146 (ii) Anwendung von § 8b KStG. Bei der Ermittlung des steuerfreien Übernahmegewinns ist § 8b KStG anzuwenden, soweit der Übernahmegewinn abzüglich der darauf entfallenden Umwandlungskosten dem Anteil der übernehmenden Körperschaft an der übertragenden Körperschaft entspricht, § 12 II 2 UmwStG. Wie der maßgebende anteilige Übernahmegewinn zur Anwendung des § 8b KStG bei fehlender oder nicht vollumfänglicher Beteiligung der übernehmenden Körperschaft an der übertragenden Körperschaft zu ermitteln ist, ist streitig.[165]

147 (5) Eintritt in die Rechtsstellung der übertragenden Körperschaft. **(a) Bemessung der AfA und der erhöhten Absetzungen sowie ähnlicher Erleichterungen.** Dem Prinzip der Sonderrechtsnachfolge/Gesamtrechtsnachfolge entsprechend tritt die übernehmende Körperschaft gemäß § 12 III 1 UmwStG in die steuerliche Rechtsstellung der übertragenden Körperschaft ein. Dies gilt insbesondere für die Bewertung der übernommen Wirtschaftsgüter, der Absetzung für Abnutzung (AfA) und die den Gewinn mindernden Rücklagen der übertragenden Gesellschaft, § 12 III iVm § 4 II 1 UmwStG. Der Eintritt in die Rechtsstellung der übernehmenden Körperschaft ist unabhängig davon, ob die übertragende Körperschaft ihr Vermögen in der Schlussbilanz zum Buchwert, gemeinen Wert oder Zwischenwert bewertet.[166]

Die übernehmende Körperschaft tritt zunächst hinsichtlich der historischen Anschaffungskosten in die steuerliche Rechtsstellung der übertragenden Körperschaft ein.[167] Dies ist vor allem vor dem Hintergrund späterer Wertaufholungspflichten iSd § 6 I Nr. 1 Satz 4 und Nr. 2 Satz 3 EStG von Bedeutung.[168]

148 Bewertet die übertragende Gesellschaft ihr Vermögen in der Schlussbilanz zu Buchwerten, so hat die übernehmende Körperschaft nicht nur diese Buchwerte der übertragenen Wirtschaftsgüter fortzuführen, sondern ebenfalls die AfA, erhöhte Absetzungen usw.

149 Hat die übertragende Körperschaft hingegen ihr Vermögen in ihrer steuerlichen Schlussbilanz zum gemeinen Wert oder zu Zwischenwerten bewertet, so hat die übernehmende Körperschaft diese Werte zu übernehmen und über deren Restnutzungsdauer abzuschreiben.[169] Die Rest-

---

[164] Zur Diskussion → Rn. 130 ff.
[165] Zur Diskussion → Rn. 131 ff.
[166] Vgl. BMF vom 11.11.2011, BStBl. I 2011 S. 1314 Tz. 12.04. iVm Tz. 4.10.
[167] Vgl. BMF vom 11.11.2011, BStBl. I 2011 S. 1314 Tz. 12.04. iVm Tz. 4.09.
[168] Vgl. *Kutt/Carstens* in: FGS/BDI, UmwStE 2011, 2011, S. 164.
[169] Vgl. BMF vom 11.11.2011, BStBl. I 2011 S. 1314 Tz. 12.04. iVm Tz. 4.10, 2. Spiegelstrich.

§ 11. Steuerrechtliche Regelungen § 11

nutzungsdauer ist nach den Verhältnissen am steuerlichen Übertragungsstichtag zu schätzen.[170] Ausnahmen von diesem Grundsatz bestehen für Gebäude-AfA nach § 7 I und IV EStG sowie Abschreibungen eines Geschäfts- oder Firmenwerts.

Für auf den übernehmenden Rechtsträger übergehende Gebäude, dh in den Fällen des § 7 IV 1 und V EStG, richtet sich die neue Bemessungsgrundlage nach der bisherigen Bemessungsgrundlage, vermehrt um den Unterschiedsbetrag zwischen dem Buchwert der Gebäude und dem Wert, mit dem die Körperschaft die Gebäude in der steuerlichen Schlussbilanz angesetzt hat. Auf diese Bemessungsgrundlage ist der bisherige Abschreibungssatz weiter anzuwenden. Wird in den Fällen des § 7 IV 1 EStG die volle Absetzung innerhalb der tatsächlichen Nutzungsdauer nicht erreicht, kann die AfA nach der Restnutzungsdauer der übergangenen Gebäude bemessen werden.[171] **150**

Beispiel Gebäude AfA **151**
Die A-GmbH hat am 1.1.2004 ein Gebäude angeschafft, für das lineare AfA nach § 7 IV 1 Nr. 1 EStG vorgenommen worden ist. Die bisherige Bemessungsgrundlage betrug € 500 000 (= Anschaffungskosten). Zum 1.1.2009 wird die A-GmbH auf die B-GmbH verschmolzen; in der steuerlichen Schlussbilanz der A-GmbH wird das Gebäude mit dem gemeinen Wert von € 700 000 angesetzt.

	€
Anschaffungskosten	500 000
./. AfA 2004 – 2008: 5 × 3% von € 500 000	75 000
Restbuchwert 31.12.2008	425 000
Gemeiner Wert 31.12.2008	700 000
Aufstockungsbetrag	275 000
bisherige Bemessungsgrundlage	500 000
neue Bemessungsgrundlage (€ 500 000 + € 275 000)	775 000
jährliche AfA: € 775 000 × 3% =	23 250 p. a.

Die verbleibende Abschreibungsdauer beträgt somit (€ 700 000/€ 23 250 **152**
p. a.) 30 Jahre und 1 Monat. Beläuft sich die tatsächliche Nutzungsdauer des Gebäudes demgegenüber nur noch auf 28 Jahre, dann bemisst sich die AfA nach der tatsächlichen Nutzungsdauer:
€ 700 000/28 Jahre = € 25 000 p. a.

Ein in der Schlussbilanz der Übertragerin ausgewiesener Geschäfts- **153** oder Firmenwerts ist entsprechend § 7 I 3 EStG über 15 Jahre abzuschreiben. Der bestehende Geschäfts- oder Firmenwert ist dann nach der bisherigen Bemessungsgrundlage ggf. vermehrt um einen Aufstockungsbetrag einheitlich über 15 Jahre abzuschreiben.[172]

---
[170] Vgl. BFH vom 29.11.2007 – IV R 73/02, BStBl. II 2008 S. 407.
[171] Vgl. BMF vom 11.11.2011, BStBl. I 2011 S. 1314 Tz. 12.04. iVm Tz. 4.10, 1. Spiegelstrich.

154 **(b) Eintritt in die Rechtstellung der übertragenden Körperschaft – Sonstige.** Eine steuerliche Verstrickung von Wirtschaftsgütern der übertragenden Körperschaft, etwa nach § 2a III, IV EStG,[173] § 8b II 4 KStG, setzt sich bei der übernchmenden Körperschaft fort.[174] Die Vermögensübernahme stellt für Zwecke des § 6b EStG und des § 7g EStG keine begünstige Anschaffung dar.[175] Beim übernehmenden Rechtsträger werden Vorbesitzzeiten angerechnet. Behaltefristen werden durch den Vermögensübergang nicht unterbrochen.[176] Ist die übertragende Körperschaft an einer Mitunternehmerschaft beteiligt, werden die Wirtschaftsgüter der Mitunternehmerschaft, die in der steuerlichen Schlussbilanz mit einem über dem Buchwert liegenden Wert ausgewiesen werden, in der Ergänzungsbilanz dieser Mitunternehmerschaft aufgestockt.[177]

155 **(c) Behandlung eines verbleibenden Verlustabzugs sowie von Zinsvorträgen und EBITDA-Vorträgen. (aa) Verluste.** Mit dem SEStEG wurde die Möglichkeit des Übergangs steuerlicher Verlustvorträge der übertragenden Körperschaft auf die übernehmende Körperschaft vollständig gestrichen. Nach § 12 III Halbs. 2 iVm § 4 II 2 UmwStG gehen verrechenbare Verluste sowie verbleibende Verlustvorträge der Übertragerin nicht auf den übernehmenden Rechtsträger über. Gleiches gilt für die Gewerbesteuer, § 19 II UmwStG.

156 Hintergrund der Streichung des Verlustübergangs ist die Besorgnis des Imports ausländischer Verlustvorträge im Falle der Hereinverschmelzung.[178]

157 Nicht vom Verlustuntergang gemäß § 12 III Halbsatz 2 iVm § 4 II 2 UmwStG betroffen sind Verluste, die nach dem steuerlichen Übertragungsstichtag entstehen. Diese sind bereits dem übernehmenden Rechtsträger zuzurechnen.[179]

158 Bei Bestehen steuerlicher Verluste der übertragenden Körperschaft bleibt die Möglichkeit einer Bewertung zu Zwischenwerten in deren steuerlicher Schlussbilanz und der damit einhergehenden Schaffung von Abschreibungspotenzial für die übernehmende Körperschaft. Zum gleichen Ergebnis führt die Gewährung von Zuzahlungen.[180]

---

[172] Vgl. BMF vom 11.11.2011, BStBl. I 2011 S. 1314 Tz. 12.04. iVm Tz. 4.10, 3. Spiegelstrich.
[173] Vgl. BMF vom 11.11.2011, BStBl. I 2011 S. 1314 Tz. 12.04. iVm Tz. 4.12.
[174] Vgl. *Dötsch* in Dötsch/Patt/Pung/Möhlenbrock § 12 UmwStG Tz. 55.
[175] Vgl. BMF vom 11.11.2011, BStBl. I 2011 S. 1314 Tz. 12.04. iVm Tz. 4.14.
[176] Vgl. BMF vom 11.11.2011, BStBl. I 2011 S. 1314 Tz. 12.04. iVm Tz. 4.15.
[177] Vgl. BMF vom 11.11.2011, BStBl. I 2011 S. 1314 Tz. 12.04. iVm Tz. 4.17.
[178] Vgl. *Dötsch/Pung* DB 2006 S. 2704 (2714); *Rödder/Schumacher* DStR 2006 S. 1525 (1533).
[179] Vgl. *Bohnhardt* in Haritz/Benkert UmwStG § 4 Rn. 206.
[180] → Rn. 87 ff.

§ 11. Steuerrechtliche Regelungen § 11

Auf die Verluste der übernehmenden Gesellschaft ist § 8c KStG an- 159
zuwenden.[181]

(bb) Zins- und EBITDA-Vorträge. Unter Beachtung des § 4 II 2 160
UmwStG gehen ein möglicher Zinsvortrag der Übertragerin aus der
Anwendung der Zinsschranke nach § 4h I 5 EStG sowie ein EBITDA-
Vortrag iSv § 4 I 3 EStG nicht auf die Übernehmerin über, § 12 III 2
UmwStG.

(d) Körperschaftsteuerguthaben/Körperschaftsteuererhöhung. 161
Die übernehmende Rechtsträgerin tritt auch hinsichtlich eines Körperschaftsteuerguthabens iSv § 37 V KStG bzw. eines Körperschaftsteuererhöhungsbetrags iSd § 38 KStG in die Rechtsposition der Übertragerin ein.[182] Begründet ist der Körperschaftsteuererhöhungsbetrag durch einen Altbestand an EK 02 der Übertragerin. Der Endbestand an EK 02 ist letztmalig auf den 31.12.2006 zu ermitteln und festzustellen, § 38 VI 1 KStG. Der Körperschaftsteuererhöhungsbetrag beträgt 3% des festgestellten Endbetrags an EK 02. Die Körperschaft hat den Körperschaftsteuererhöhungsbetrag innerhalb des Zeitraums von 2008 bis 2017 in zehn gleichen Jahresbeträgen zu entrichten. Bei einer Verschmelzung innerhalb dieses Zahlungszeitraums tritt die übernehmende Körperschaft in die Zahlungsverpflichtung der übertragenden Körperschaft ein.

Ebenso geht der Anspruch auf Auszahlung eines Körperschaftsteuer- 162
guthabens iSv § 37 V KStG der übertragenden Körperschaft auf die
übernehmende Körperschaft über. Dieser Auszahlungsanspruch beruht
auf dem zum 31.12.2006 letztmalig festgestellten Körperschaftsteuerguthaben, § 37 IV KStG. Dieses ist ab 2008 in zehn gleichen Jahresraten
auszuzahlen. Mit der Verschmelzung geht der Auszahlungsanspruch auf
die übernehmende Kapitalgesellschaft über.

(6) Auswirkungen auf das Eigenkapital. Die Folgen der Verschmelzung 163
für das steuerliche Eigenkapital werden durch § 29 I, II KStG geregelt.[183]
Die Vorschriften greifen ausschließlich für Umwandlungen unter Beteiligung von Körperschaften mit Sitz im Inland.

Das Eigenkapital der übertragenden Körperschaft wird letztmalig auf 164
den steuerlichen Übertragungsstichtag gesondert festgestellt. Die gesonderte Feststellung betrifft dabei das Eigenkapital vor Vermögensübertragung.

Die Verschmelzung macht Anpassungen des Eigenkapitals der Über- 165
tragerin sowie der Übernehmerin erforderlich. Unter Beachtung des
§ 29 I, II KStG verläuft die Kapitalanpassung durch die Verschmelzung
dreistufig.

1. Schritt: Gemäß § 29 I KStG gilt das Nennkapital der übertragen- 166
den Kapitalgesellschaft als im vollen Umfang unter Beachtung von § 28
II 1 KStG herabgesetzt. Nach § 28 II 1 KStG ist im Fall der Herabsetzung
des Nennkapitals zunächst der Sonderausweis zum Schluss des voran-

---
[181] → Rn. 174 ff.
[182] → Rn. 147 ff.
[183] Vgl. BMF-Schreiben vom 16.12.2003, BStBl. I 2003 S. 786.

Schlösser/Reichl/Rapp 497

§ 11 3. Teil. Verschmelzung

gegangenen Wirtschaftsjahres bis auf Null zu mindern. Ein übersteigender Betrag ist dem steuerlichen Einlagenkonto gutzuschreiben, soweit die Einlage in das Nennkapital geleistet ist.

167 2. **Schritt:** Anschließend werden nach § 29 II 1 KStG die Bestände der steuerlichen Einlagekonten von Übernehmerin und Übertragerin zusammengerechnet. Maßgebend für die Höhe des hinzuzurechnenden steuerlichen Einlagekontos der übertragenden Körperschaft ist der Wert am steuerlichen Übertragungsstichtag.

168 Die Zusammenrechnung der Einlagekonten unterbleibt im Verhältnis des Anteils, in dem die übernehmende Körperschaft an dem übertragenden Rechtsträger beteiligt war, § 29 II 2 KStG. Insoweit werden vorherige Einlagen des übernehmenden Rechtsträgers in das Eigenkapital des übertragenden Rechtsträgers rückgängig gemacht. Soweit der übertragende Rechtsträger am übernehmenden Rechtsträger beteiligt ist, mindert sich das steuerliche Einlagekonto der übernehmenden Körperschaft, denn insoweit liegen nach der Übertragung keine Einlagen mehr vor. Gleiches gilt nach Auffassung der Finanzverwaltung auch bei mittelbarer Beteiligung.[184]

169 3. **Schritt:** Schließlich sind das Nennkapital und ein eventueller Sonderausweis der übernehmenden Körperschaft neu zu bilden, § 29 IV iVm § 28 I u. III KStG.

170 (7) Vereinigung von Forderungen und Verbindlichkeiten durch Konfusion (Übernahmefolgeergebnis). Durch die Verschmelzung werden Forderungen und Verbindlichkeiten der an der Verschmelzung beteiligten Körperschaften bei der übernehmenden Rechtsträgerin vereinigt. Durch diese Vereinigung erlöschen Forderungen und Verbindlichkeiten. Waren Forderung und Verbindlichkeit, etwa infolge von Wertminderung oder Abzinsung, bei den beteiligten Körperschaften zu unterschiedlichen Werten bilanziert, so ergibt sich aus ihrer Vereinigung bei der übernehmenden Körperschaft ein Gewinn. Gleiches gilt für Rückstellungen, die einer der beteiligten Rechtsträger aufgrund von Verpflichtungen gegenüber dem anderen Rechtsträger gebildet hatte. Diese Rückstellungen sind am steuerlichen Übertragungsstichtag erfolgswirksam aufzulösen.

171 Der sich ergebende Gewinn aus der Vereinigung von Forderungen und Verbindlichkeiten bzw. aus der Auflösung von Rückstellungen ist nicht Bestandteil des Übernahmegewinns/Übernahmeverlusts.[185] Insofern ist § 12 II UmwStG nicht auf diesen Gewinn anzuwenden.

172 Nach § 12 IV UmwStG kann die übernehmende Körperschaft für den Gewinn aus der Vereinigung von Forderungen und Verbindlichkeiten die Regelung des § 6 UmwStG anwenden. Trotz des engen Wortlauts des § 12 IV UmwStG gilt die Regelung des § 6 I UmwStG uE entsprechend für einen Gewinn aus der verschmelzungsbedingten Auflösung einer Rückstellung. Die Anwendung des § 6 UmwStG ist indes nur für den Teil des Gewinns möglich, der der Beteiligung der übernehmenden Körperschaft an der übertragenden Körperschaft entspricht, § 12 IV

---

[184] Vgl. BMF-Schreiben vom 16.12.2003, BStBl. I 2003 S. 786 Tz. 37.
[185] Vgl. BMF vom 11.11.2011, BStBl. I 2011 S. 1314 Tz. 6.02.

§ 11. Steuerrechtliche Regelungen § 11

UmwStG. Gemäß § 6 I UmwStG kann der Gewinn aus der Vereinigung von Forderungen und Verbindlichkeiten in eine den steuerlichen Gewinn mindernde Rücklage eingestellt werden. Diese Rücklage ist in den auf ihre Bildung folgenden drei Wirtschaftsjahren zu je einem Drittel gewinnerhöhend aufzulösen.

Die Anwendung des § 6 I UmwStG entfällt rückwirkend, wenn der übernehmende Rechtsträger den auf ihn übergegangenen Betrieb innerhalb von fünf Jahren nach dem steuerlichen Übertragungsstichtag in eine Kapitalgesellschaft einbringt, veräußert oder aufgibt, § 6 III UmwStG. Ein sich aus der Konfusion ergebender Übernahmefolgeverlust kann unmittelbar als Betriebsausgabe abgezogen werden. **173**

(8) Anwendung des § 8c KStG auf die Übernehmerin. Verfügt die übernehmende Körperschaft vor der Verschmelzung über steuerliche Verlustvorträge bzw. erwirtschaftet sie bis zum steuerlichen Übertragungsstichtag laufende steuerliche Verluste, so ist die Regelung des § 8c KStG zu beachten. **174**

Nach § 8c I 2 KStG gehen steuerliche Verluste einer Körperschaft anteilig unter, sofern innerhalb von fünf Jahren 25% und mehr der Anteile übertragen werden. Steuerliche Verluste der Körperschaft können dann vollständig nicht mehr genutzt werden, wenn innerhalb von fünf Jahren mehr als 50% der Anteile übertragen werden. Gemäß § 8c I 3 KStG steht eine Kapitalerhöhung der Übertragung von Anteilen gleich. **175**

Damit wird auch eine im Zuge einer Verschmelzung erforderliche Kapitalerhöhung für die Zwecke des § 8c KStG einer Übertragung von Anteilen gleichgestellt, sofern sie zu einer Veränderung der Beteiligungsquoten am Kapital der Übernehmerin führt.[186] Eine für die Anwendung des § 8c KStG erforderliche Veränderung der Beteiligungsquoten dürfte dann anzunehmen sein, wenn infolge der Kapitalerhöhung ein bisher nicht beteiligter Anteilseigner nach der Verschmelzung zu mindestens 25% beteiligt ist. Gleiches dürfte gelten, wenn ein vor der Verschmelzung bereits beteiligter Anteilseigner seine Beteiligung um mehr als 25%-Punkte erhöht. **176**

dd) Steuerliche Auswirkungen auf der Ebene der Anteilseigner

Die Auswirkungen der Verschmelzung von Körperschaften auf die Anteilseigner der übertragenden Körperschaft werden durch § 13 UmwStG geregelt. Die Vorschrift des § 13 UmwStG wurde durch das SEStEG neu gefasst. Sie ist nur auf Anteile im Betriebsvermögen, Anteile iSd § 17 EStG und einbringungsgeborene Anteile iSd § 21 I UmwStG 1995 anzuwenden. Für alle übrigen Anteile greift die Regelung des § 20 IV a EStG.[187] **177**

(1) Allgemeines. Aus Sicht eines Anteilseigners der übertragenden Körperschaft führt die Verschmelzung zu einem Tausch seiner Anteile an **178**

---
[186] Vgl. *Sistermann/Brinkmann* DStR 2008 S. 897 ff.
[187] Vgl. BMF vom 11.11.2011, BStBl. I 2011 S. 1314 Tz. 13.01. Siehe dazu → Rn. 193.

§ 11 3. Teil. Verschmelzung

der Übertragerin gegen Anteile an der Übernehmerin. Grundsätzlich erfolgt der Tausch zum gemeinen Wert, § 13 I UmwStG. Nur auf Antrag können der Bewertung die Buchwerte bzw. die Anschaffungskosten zugrunde gelegt werden, § 13 II UmwStG. Die Bewertung auf der Ebene des Anteilseigners ist unabhängig von der Bewertung in der Schlussbilanz der Übertragerin nach § 11 UmwStG zum gemeinen Wert, Buchwert oder Zwischenwert. Davon ausgenommen sind Anteilseigner, die die Regelung des § 20 IVa EStG für sich in Anspruch nehmen können.

179 Der Tausch gilt zivilrechtlich wie steuerlich als mit der Eintragung der Verschmelzung ins Handelsregister durchgeführt.[188] Die Regelungen der §§ 2 II, 5 I UmwStG sind im Rahmen des § 13 UmwStG nicht anwendbar. Insofern ist für den Tausch der steuerliche Übertragungsstichtag nicht ausschlaggebend.[189] Vielmehr entsteht das Veräußerungsergebnis im Zeitpunkt der zivilrechtlichen Wirksamkeit der Umwandlung.

180 (2) Anwendungsbereich. Die Regelung des § 13 UmwStG ist auf den Anteilstausch inländischer wie ausländischer Anteilseigner der Übertragerin im Rahmen der Verschmelzung anzuwenden.[190] Erforderlich ist, dass der Anteilseigner Anteile an der Übertragerin abgibt und an deren Stelle (zumindest wertmäßig) Anteile an der Übernehmerin treten. Bei den Anteilen an der übernehmenden Körperschaft kann es sich um neue sowie um alte Anteile handeln.[191] In den Anwendungsbereich des § 13 UmwStG fallen – entgegen dem Wortlaut der Regelung – nicht nur Anteile, sondern ebenfalls Mitgliedschaftsrechte.[192] Nicht von § 13 UmwStG erfasst werden Anteile, die der Anteilseigner bereits vor der Verschmelzung an der Übernehmerin hält.

181 Gesetzlich zulässige Zuzahlungen gemäß §§ 54 IV, 57, 68 III, 73, 78 bzw. 87 II 2 UmwG bis zur Höhe von 10% des Gesamtnennbetrags (Spitzenausgleich) der Anteile an der übernehmenden Körperschaft stehen der Anwendung des § 13 UmwStG nicht entgegen.[193] Die Regelung des § 13 UmwStG findet dabei indes nur insoweit Anwendung, als dem Anteilseigner der übertragenden Körperschaft keine Gegenleistung oder eine in Gesellschaftsrechten bestehende Gegenleistung gewährt wird. Nicht in den Regelungsbereich des § 13 UmwStG fallen andere Gegenleistungen, die im Zuge der Umwandlung gewährt werden.[194] Für diese anderen Gegenleistungen (Ausgleichszahlungen) gelten die allgemeinen ertragsteuerlichen Regelungen. Sie stellen einen Veräußerungserlös beim

---

[188] Vgl. BMF vom 11.11.2011, BStBl. I 2011 S. 1314 Tz. 13.06 iVm Tz. 2.03. Siehe auch *Neumann* in Rödder/Herlinghaus/van Lishaut, § 13 UmwStG Rn. 20.
[189] Vgl. *Schroer* in Haritz/Benkert, § 13 UmwStG Rn. 30; *Dötsch* in Dötsch/Patt/Pung/Möhlenbrock, § 13 UmwStG, Tz. 25.
[190] Vgl. BMF vom 11.11.2011, BStBl. I 2011 S. 1314 Tz. 13.04.; *Schroer* in Haritz/Benkert, § 13 UmwStG Tz. 7 f.
[191] Vgl. *Widmann* in Widmann/Mayer § 13 UmwStG Rn. 5.
[192] Vgl. BMF vom 11.11.2011, BStBl. I 2011 S. 1314 Tz. 13.12.
[193] Vgl. BMF vom 11.11.2011, BStBl. I 2011 S. 1314 Tz. 13.02 iVm Tz. 11.10 iVm Tz. 3.21–3.24.
[194] → Rn. 69 ff.

§ 11. Steuerrechtliche Regelungen § 11

Anteilseigner dar.[195] Bei einer nur anteiligen Veräußerung (zB Spitzenausgleich) sind dem Veräußerungserlös nur die anteiligen Anschaffungskosten dieser Anteile an dem übertragenden Rechtsträger gegenüberzustellen. In diesen Fällen gilt § 13 UmwStG nur für den übrigen Teil der Anteile.[196]

Anzuwenden ist § 13 UmwStG ebenfalls im Fall der Abwärtsverschmelzung (downstream merger)[197] sowie der Seitwärtsverschmelzung (sidestep merger).[198] Keine Anwendung findet § 13 UmwStG hingegen im Fall der Aufwärtsverschmelzung (upstream merger) der Muttergesellschaft auf die Tochtergesellschaft für die von der Muttergesellschaft gehaltenen Anteile an der Übertragerin.[199] Insofern ist § 13 UmwStG im Rahmen eines upstream mergers nur anwendbar, soweit die übernehmende Körperschaft nicht an der übertragenden Körperschaft beteiligt ist.[200] **182**

Die Regelung des § 13 UmwStG ist anzuwenden auf Anteile und Mitgliedschaftsrechte im Betriebsvermögen oder im Privatvermögen des an der übertragenden Körperschaft beteiligten Anteilseigners. Ebenso in den Anwendungsbereich des § 13 UmwStG fallen einbringungsgeborene Anteile, die die Voraussetzungen des § 21 UmwStG aF erfüllen, § 27 III Nr. 3 UmwStG. Nicht von § 13 UmwStG erfasst werden Anteile im Privatvermögen des Anteilseigners, die nicht die Voraussetzungen des § 17 EStG oder die Bedingungen des § 23 I 1 Nrn. 2 oder 3 EStG aF bzw. § 21 UmwStG aF erfüllen. Diese Anteile, selbst wenn sie vor dem 1.1.2009 angeschafft wurden, fallen in den Anwendungsbereich des § 20 IV a EStG i, § 52a X 10 EStG.[201] **183**

Kommt es aufgrund der Umwandlung zu einer Wertverschiebung zwischen den Anteilen der beteiligten Anteilseigner und sind die Voraussetzungen einer verdeckten Gewinnausschüttungen oder einer verdeckten Einlage erfüllt, gilt insoweit § 13 UmwStG nicht. Vielmehr gelten für eine solche Vorteilszuwendung die allgemeinen Grundsätze. Erhält eine an dem übertragenden Rechtsträger beteiligte Kapitalgesellschaft zugunsten eines ihrer Anteilseigner oder einer diesem nahestehenden Person eine geringerwertigere Beteiligung an dem übernehmenden Rechtsträger, kann die Vorteilsgewährung an den Anteilseigner als eine verdeckte Gewinnausschüttungen in Form einer Sachauskehrung zu beurteilen sein; im Umkehrfall kann eine verdeckte Einlage vorliegen.[202] Eine Wertverschiebung liegt demgegenüber nicht vor, wenn das Vermögen des übertragenden Rechtsträgers mehr wert ist, als die von der übernehmenden Gesellschaft gewährten Anteile und es zu keiner interpersonalen Wertverschiebung auf Anteilseignerebene kommt. Bei einer nicht verhältniswahrenden Um- **184**

---

[195] Vgl. BMF vom 11.11.2011, BStBl. I 2011 S. 1314 Tz. 13.02.
[196] Vgl. BMF vom 11.11.2011, BStBl. I 2011 S. 1314 Tz. 13.02.
[197] Vgl. *Neumann* in Rödder/Herlinghaus/van Lishaut, § 13 UmwStG Rn. 9a.
[198] Vgl. *Neumann* in Rödder/Herlinghaus/van Lishaut, § 13 UmwStG Rn. 9.
[199] Vgl. BMF vom 11.11.2011, BStBl. I 2011 S. 1314 Tz. 13.01.
[200] Vgl. BMF vom 11.11.2011, BStBl. I 2011 S. 1314 Tz. 13.01.
[201] Vgl. BMF vom 11.11.2011, BStBl. I 2011 S. 1314 Tz. 13.01.
[202] Vgl. BFH vom 9.11.2010 – IX R 24/09, BStBl. II 2011 S. 799. Siehe auch BMF vom 11.11.2011, BStBl. I 2011 S. 1314 Tz. 13.03.

wandlung ist zudem zu prüfen, ob die Wertverschiebung zwischen dem Anteilseignern eine freigebige Zuwendung darstellt und insofern ggf. schenkungsteuerliche Folgen auslöst.[203] Dies gilt insbesondere im Hinblick auf die Einfügung des § 7 VIII ErbStG durch das BeitrRLUmsG. Danach stellt auch die Werterhöhung von Anteilen an einer Kapitalgesellschaft, die eine an der Gesellschaft unmittelbar oder mittelbar beteiligte natürliche Person durch die Leistung einer anderen Person an die Gesellschaft erlangt, eine freigebige Zuwendung dar.

185 ***Beispiel Wertverschiebungen zwischen Anteilen***
Der unbeschränkt steuerpflichtige A hält sämtl. Anteile an der X-GmbH sowie an der Y-GmbH. Die Y-GmbH ist alleiniger Gesellschafter der Z-GmbH. Der Verkehrswert der Beteiligung des A an der X-GmbH beläuft sich auf 1 Mio. EUR. Der Verkehrswert der Beteiligung des A an der Y-GmbH und der Verkehrswert der Beteiligung der Y-GmbH an der Z-GmbH beträgt jeweils 500.000 EUR. Das Nennkapital der Z-GmbH beläuft sich auf 50.000 EUR. Die W-GmbH soll auf die Z-GmbH verschmolzen werden, wobei sich das Stammkapital der Z-GmbH von 50.000 EUR um 50.000 EUR auf 100.000 EUR erhöht.

186 *Lösungshinweise:*
Durch die Verschmelzung der X-GmbH auf die Z-GmbH hat sich der Wert der Beteiligung der Y-GmbH an der Z-GmbH um 250.000 EUR erhöht. Infolgedessen kommt es auf der Ebene der Anteilseigner der übernehmenden Z-GmbH (A und Y-GmbH) zu einer interpersonalen Wertverschiebung. Damit ist die Regelung des § 13 UmwStG nach herrschender Auffassung auf die Anteile des A nicht anzuwenden. Nach den allgemeinen Grundsätzen ist vielmehr eine verdeckte Einlage des A in die Y-GmbH anzunehmen. Eine solche liegt vor, wenn ein Gesellschafter der Kapitalgesellschaft, an der er beteiligt ist, einen Vermögensgegenstand zuwendet, die Zuwendung außerhalb der gesellschaftsrechtlichen Einlage und ohne wertentsprechende Gegenleistung erfolgt und ferner die Zuwendung ihre Ursache im Gesellschaftsverhältnis hat. Im vorliegenden Fall hat sich angesichts der Verschmelzung der X-GmbH auf die Z-GmbH der Wert des Anteils der Y-GmbH an der Z-GmbH und damit auch der Wert des Anteils des A an der Y-GmbH zu Lasten des Anteils des A an der X-GmbH erhöht. Diese Erhöhung des Wertes der Anteile an der Y-GmbH erfolgte nicht im Rahmen einer gesellschaftsrechtlichen Einlage. Davon auszugehen ist, dass die Wertverschiebung zwischen dem ursprünglichen Anteil des A an der X-GmbH und dem Anteil an der Y-GmbH nur im Hinblick auf das bestehende Gesellschaftsverhältnis zwischen A und Y geduldet wurde. Damit liegen im vorliegenden Fall die Voraussetzungen einer verdeckten Einlage vor. Wäre im Beispielsfall die Z-GmbH auf die X-GmbH verschmolzen worden und wäre dadurch der Anteil des A an der X-GmbH wertvoller geworden, so hätte nach herrschender Meinung die Y-GmbH Anteile an der Z-GmbH verdeckt an A ausgeschüttet.[204]

---

[203] Vgl. BMF vom 11.11.2011, BStBl. I 2011 S. 1314 Tz. 13.03; koordinierter Ländererlass vom 20.10.2010, BStBl. I S. 1208; dazu siehe auch *Neumann* in Rödder/Herlinghaus/van Lishaut, § 13 UmwStG Rn. 9d.

[204] Siehe *Schmitt* in Schmitt/Hörtnagl/Stratz § 13 UmwStG Rn. 14b.

§ 11. Steuerrechtliche Regelungen § 11

(3) Regelbewertung. (a) **Bewertung zum gemeinen Wert.** Im Unterschied zur Rechtslage vor dem SEStEG wird von § 13 UmwStG eine Bewertung zum gemeinen Wert verlangt, wenn nicht auf Antrag eine Bewertung zum Buchwert bzw. zu Anschaffungskosten zulässig ist. Die Regelung des § 13 I UmwStG unterstellt eine Veräußerung der untergehenden Anteile sowie Anschaffung der Anteile an der übernehmenden Körperschaft (Anteilstausch).[205] Nach § 13 I UmwStG gelten die untergehenden Anteile an der übertragenden Körperschaft als zum gemeinen Wert veräußert. Die an ihre Stelle tretenden Anteile an der übernehmenden Körperschaft gelten als zu diesem gemeinen Wert angeschafft. 187

Maßgebend ist der gemeine Wert der als Gegenleistung erhaltenen Anteile an der Übernehmerin. Der gemeine Wert der Anteile ist nach § 9 II BewG zu bestimmen. Bei börsennotierten Wertpapieren entspricht der gemeine Wert dem Kurswert, § 11 I BewG. Für andere Wertpapiere ist der gemeine Wert anhand eines ertragswertorientierten Verfahrens zu ermitteln (zB nach IDW S 1 oder dem vereinfachten Ertragswertverfahren).[206] Bei Genossenschaften richtet sich der gemeine Wert nach dem Entgelt, das bei der Übertragung des Geschäftsguthabens erzielt wird.[207] Der sich aus der Bewertung zum gemeinen Wert für den Anteilseigner ergebende Veräußerungsgewinn bzw. Veräußerungsverlust unterliegt den allgemeinen steuerlichen Vorschriften. 188

(b) **Zeitpunkt.** Der mit der Verschmelzung einhergehende Tausch auf Ebene der Anteilseigner der übertragenden Körperschaft wird sowohl zivilrechtlich als auch steuerlich mit der Eintragung der Verschmelzung ins Handelsregister realisiert. Insofern entsteht ein Veräußerungsgewinn oder Veräußerungsverlust aus diesem Anteilstausch im Zeitpunkt der zivilrechtlichen Wirksamkeit der Umwandlung. Die Regelung des § 2 I UmwStG ist für die Anteilseigner des übertragenden Rechtsträgers nicht anwendbar.[208] 189

(c) **Rechtsfolgen.** Für den Anteilseigner, der seine Anteile im Betriebsvermögen hält, ergibt sich aufgrund der Bewertung nach § 13 I UmwStG zum gemeinen Wert ein steuerlich relevanter Gewinn oder Verlust. Auf diesen Erfolgsbeitrag sind § 8b KStG (Beteiligungsvergünstigung) bzw. § 3 Nr. 40 EStG (Teileinkünfteverfahren) oder ggf. die Vorschriften eines DBA anzuwenden. 190

Daneben ist ein Gewinn aus dem Anteilstausch immer dann steuerpflichtig, wenn die Anteile an der Übertragerin iSv § 21 UmwStG aF einbringungsgeboren sind und die 7-Jahres-Frist nach § 8b IV KStG aF iVm § 34 VII a KStG bzw. § 3 Nr. 40 EStG aF iVm § 52 IVb 2 EStG noch nicht abgelaufen ist. Sich aus dem Tausch dieser Anteile ergebende steuerliche Verluste können uneingeschränkt geltend gemacht werden. 191

---

[205] Vgl. BMF vom 11.11.2011, BStBl. I 2011 S. 1314 Tz. 13.05.
[206] Vgl. BMF vom 11.11.2011, BStBl. I 2011 S. 1314 Tz. 3.07; *Neumann* in Rödder/Herlinghaus/van Lishaut, § 13 UmwStG Rn. 19.
[207] Vgl. BMF vom 11.11.2011, BStBl. I 2011 S. 1314 Tz. 13.05.
[208] Vgl. BMF vom 11.11.2011, BStBl. I 2011 S. 1314 Tz. 2.03, 13.06.

§ 11 3. Teil. Verschmelzung

192 Gehören die Anteile zum Privatvermögen, so erzielte der Anteilseigner für vor dem 1.1.2009 erworbene Anteile an der Übertragerin nur dann einen steuerlich beachtlichen Erfolgsbeitrag aus der erforderlichen Bewertung zum gemeinen Wert, wenn diese Anteile als eine wesentliche Beteiligung isV § 17 EStG oder einbringungsgeborene Anteile nach § 21 UmwStG aF[209] zu qualifizieren sind. Auf Anteile, die die Voraussetzungen des § 17 EStG erfüllen, ist das Teileinkünfteverfahren anzuwenden. Demnach ist ein erzielter Gewinn zu 60% steuerpflichtig, § 3 Nr. 40 Buchst. c EStG. Umgekehrt ist ein erzielter Verlust zu 60% berücksichtigungsfähig, § 3c II EStG.

193 Für Anteile im Privatvermögen, die nicht die Voraussetzungen von § 17 EStG bzw. § 21 UmwStG aF erfüllen, vollziehen sich Verschmelzungen steuerneutral zu Buchwerten, soweit die Voraussetzungen des § 20 IV a EStG erfüllt sind (insbesondere Beibehaltung des Besteuerungsrechts der Bundesrepublik Deutschland).[210]

194 Bei der Bewertung zum gemeinen Wert gehen steuerliche Eigenschaften der untergehenden Anteile an der übertragenden Körperschaft, wie Besitzzeiten, Wertaufholungsverpflichtungen infolge des Wertaufholungsgebots nach § 6 I Nr. 2 Satz 3 EStG, Sperrbeträge nach § 50c EStG aF, nicht auf die erhaltenen Anteile an der aufnehmenden Körperschaft über.[211]

195 (4) Bewertung zum Buchwert auf Antrag. **(a) Anwendungsvoraussetzungen.** Eine Fortführung der Buchwerte der untergehenden Anteile an der übertragenden Körperschaft ist nach § 13 II 1 UmwStG nur bei Erfüllung bestimmter Voraussetzungen auf Antrag möglich. An die Stelle der Buchwerte treten bei Anteilen im Privatvermögen die (historischen) Anschaffungskosten. Ein Zwischenwertansatz ist nicht zulässig.[212] Der Antrag kann für sämtliche Anteile des Anteilseigners an der übertragenden Gesellschaft lediglich einheitlich gestellt werden.

Die Bewertung nach § 13 UmwStG ist unabhängig von der Bewertung des Vermögens der übertragenden Körperschaft nach § 11 UmwStG zum gemeinen Wert, Buchwert oder Zwischenwert.[213] Die Anteilseigner können insofern auch dann einen Antrag auf Bewertung zum Buchwert nach § 13 II UmwStG stellen, wenn die übertragene Körperschaft ihr Vermögen zum gemeinen Wert bewertet.

196 Die Anwendung des § 13 II 1 UmwStG setzt dabei voraus, dass
– das Recht Deutschlands auf eine Besteuerung des Gewinns aus der Veräußerung der Anteile an der übernehmenden Körperschaft nicht ausgeschlossen oder beschränkt ist, oder

---

[209] → Rn. 183.
[210] Vgl. *Schroer* in Haritz/Benkert, § 13 UmwStG Rn. 25, hierzu auch → Rn. 177.
[211] Vgl. *Schumacher* DStR 2004 S. 589 (592); *Schmitt* in Schmitt/Hörtnagl/Stratz, § 13 UmwStG Rn. 23.
[212] Vgl. *Dötsch* in Dötsch/Patt/Pung/Möhlenbrock, § 13 UmwStG Rn. 26; auch BMF vom 11.11.2011, BStBl. I 2011 S. 1314 Tz. 13.10.
[213] Siehe BMF vom 11.11.2011, BStBl. I 2011 S. 1314 Tz. 2.03, 13.08.

§ 11. Steuerrechtliche Regelungen § 11

– die Mitgliedstaaten bei der Verschmelzung Art. 8 der EU-FusionsRL anzuwenden haben.
Die genannten Anwendungsvoraussetzungen müssen nicht kumulativ erfüllt sein. 197

Bei reinen Inlandsverschmelzungen können die inländischen Anteilseigner den Antrag nach § 13 II 1 Nr. 1 UmwStG stellen. Das Recht Deutschlands auf Besteuerung eines Gewinns aus der Veräußerung der Anteile ist insoweit nicht eingeschränkt. Zu der Erfüllung der genannten Bedingung bei Inlandsverschmelzungen unter Beteiligung ausländischer Anteilseigner wird auf die Ausführungen unten verwiesen.[214] 198

Die Bedingung des § 13 II 1 Nr. 2 UmwStG bezieht sich auf grenzüberschreitende Verschmelzungen. Für die Anwendung dieser zweiten Bedingung wird auf die Ausführungen zur grenzüberschreitenden Hineinverschmelzungen und Hinausverschmelzungen verwiesen.[215] 199

(b) Rechtsfolgen. Bei Erfüllung der Anwendungsvoraussetzungen des § 13 II 1 UmwStG können die inländischen Anteilseigner die erhaltenen Anteile an der übernehmenden Körperschaft mit dem Buchwert der Anteile an der übertragenden Körperschaft ansetzen. Gehören die Anteile an der übertragenden Körperschaft nicht zu einem Betriebsvermögen, treten an die Stelle des Buchwerts die Anschaffungskosten, § 13 II 3 UmwStG. Die Verschmelzung verläuft insofern bei Stellung des Antrags auf Buchwertfortführung bzw. Fortführung der Anschaffungskosten erfolgsneutral. 200

Darüber hinaus ist in § 13 II 2 UmwStG vorgesehen, dass die Anteile an der übernehmenden Körperschaft an die Stelle der Anteile an der übertragenden Körperschaft treten. Nach der Rechtslage vor dem SEStEG wurde bei Fortführung der Buchwerte eine Anschaffung der Anteile an der übernehmenden Körperschaft angenommen. Im Unterschied zur Rechtslage vor dem SEStEG wurde somit durch § 13 II 2 UmwStG die Fußstapfentheorie eingeführt. Damit gehen nunmehr bei Buchwertfortführung steuerliche Eigenschaften der Anteile an der übertragenden Körperschaft auf die Anteile an der übernehmenden Körperschaft über. Dem UmwSt-Erlass 2011 zufolge gilt dies insbesondere für:[216] 201

– die Wertaufholungsverpflichtung nach § 6 I Nr. 2 Satz 3 iVm Nr. 1 Satz 4 EStG;
– Einschränkung der Steuerbefreiung nach § 8b II KStG bzw. § 3 Nr. 40 EStG bei vorausgegangener steuerwirksamer Teilwertabschreibung, § 8b II 4 u. 5 KStG bzw. § 3 Nr. 40 Satz 1 Buchst. a Sätze 2 u. 3 EStG;
– die Qualifizierung als steuerverhaftete Beteiligung nach § 17 EStG unabhängig von der Beteiligungshöhe der Anteile an der übernehmenden Kapitalgesellschaft;
– die Qualifizierung als einbringungsgeborene Anteile nach § 21 UmwStG aF;

---
[214] → Rn. 265 ff.
[215] → § 16 Rn. 82 ff.
[216] Vgl. BMF vom 11.11.2011, BStBl. I 2011 S. 1314 Tz. 2.03, 13.11.

- einen Sperrbetrag nach § 50c EStG aF;
- die Qualifizierung als verschmelzungsgeborene Anteile nach § 13 II 2 UmwStG aF;
- die Anrechnung von Besitzzeiten, insbesondere bei der Prüfung der gewerbesteuerlichen Kürzung und Rücklagen nach § 6b EStG.

202 **(c) Antragstellung.** Für die Stellung des Antrags auf Buchwertfortführung nach § 13 II 1 UmwStG sind im Gesetz keine besonderen Fristen oder Formvorschriften vorgesehen. Der Antrag ist bedingungsfeindlich und unwiderruflich.[217] Wird die Beteiligung im Betriebsvermögen gehalten, gilt der Antrag mit der Einreichung der Bilanz des Geschäftsjahres, in dem der steuerliche Übertragungsstichtag liegt, beim zuständigen Finanzamt als gestellt. Bei Anteilen im Privatvermögen ist der Antrag mit Einreichung der Einkommensteuererklärung für den Veranlagungszeitraum zu stellen, in dem die Verschmelzung ins Handelsregister eingetragen wird. Der Antrag kann bis zur Bestandskraft der Veranlagung des betroffenen Anteilseigners gestellt werden.

203 Stellt der Anteilseigner demgegenüber keinen Antrag, gelten die Anteile nach § 13 I UmwStG als zum gemeinen Wert veräußert.

204 **(5) Zuzahlungen.** Für die steuerliche Behandlung von Zuzahlungen neben der Gewährung von Gesellschaftsrechten ist danach zu unterscheiden, wer Leistender und wer Leistungsempfänger der Zuzahlung ist.

205 Zahlungen der Anteilseigner der übertragenden und der übernehmenden Körperschaft untereinander führen bei diesen zu Anschaffungskosten bzw. Veräußerungserlösen.

206 Leistet die übertragende Körperschaft Zuzahlungen an ausscheidende Anteilseigner, handelt es sich für die übertragende Körperschaft um Anschaffungskosten für eigene Anteile; auf der Ebene des Anteilseigners entsteht ein Veräußerungserlös. Zahlungen der übertragenden Körperschaft an verbleibende Anteilseigner sind als sonstige Leistungen zu qualifizieren.[218]

207 § 13 UmwStG findet nur insoweit Anwendung, als dem Anteilseigner der übertragenden Körperschaft keine Gegenleistungen oder eine in Gesellschaftsrechten bestehende Gegenleistung gewährt wird. Gewährt die übernehmende Körperschaft den verbleibenden Anteilseignern der übertragenden Körperschaft neben Gesellschaftsrechten bare Zuzahlungen, führt die Zuzahlung auf Ebene des Anteilseigners zu einem Veräußerungserlös. Bei einer Zuzahlung, die als Spitzenausgleich zu qualifizieren ist, ist eine Teilveräußerung anzunehmen. In diesem Fall ergibt sich der Veräußerungserfolg durch den Unterschiedsbetrag zwischen Veräußerungserlös und den anteiligen Anschaffungskosten dieser Anteile an dem übertragenden Rechtsträger. Die Regelung des § 13 UmwStG gilt nur für den übrigen Teil der Anteile, soweit sie nicht als veräußert gelten.[219]

---

[217] Vgl. BMF vom 11.11.2011, BStBl. I 2011 S. 1314 Tz. 2.03, 13.10.
[218] Vgl. *Dötsch* in Dötsch/Patt/Pung/Möhlenbrock, § 13 UmwStG Rn. 18.
[219] Vgl. BMF vom 11.11.2011, BStBl. I 2011 S. 1314 Tz. 13.02; siehe auch *Dötsch* in Dötsch/Patt/Pung/Möhlenbrock, § 13 UmwStG Rn. 19 sowie *Neumann* in Rödder/Herlinghaus/van Lishaut, § 13 UmwStG Rn. 11.

§ 11. Steuerrechtliche Regelungen § 11

Werden die Zuzahlungen durch die übernehmende Körperschaft an ausscheidende Anteilseigner der übertragenden Körperschaft geleistet, so erzielt der Anteilseigner ihd Unterschiedsbetrags zwischen Barabfindung und Anschaffungskosten bzw. Buchwert seiner Beteiligung einen Veräußerungserfolg.[220]

208

(6) Veräußerung im Rückwirkungszeitraum. Auf einen Anteilseigner, der im Zeitraum zwischen steuerlichem Übertragungsstichtag und Registereintragung der Verschmelzung Anteile an der übertragenden Körperschaft veräußert, ist die Rückwirkungsregelung des § 2 I UmwStG nicht anzuwenden.[221] Demzufolge veräußert der ausscheidende Anteilseigner Anteile an der übertragenden Gesellschaft und nicht bereits Anteile an der übernehmenden Körperschaft. Der Käufer erwirbt Anteile an der übertragenden Körperschaft.

209

(7) Auswirkungen für die Altgesellschafter der übernehmenden Körperschaft. Für die Altgesellschaft geht mit der Verschmelzung typischerweise eine Senkung der prozentualen Beteiligung an der aufnehmenden Körperschaft einher. Dies führt indes nicht dazu, dass Anteile iSd § 17 EStG aus der Steuerverhaftung ausscheiden. Sie gelten vielmehr als Beteiligungen iSd § 17 EStG fort.[222] Entsprechendes gilt für einbringungsgeborene Anteile iSv § 21 UmwStG aF.[223]

210

(8) Nicht wesentlich beteiligte Anteilseigner. Nach den Änderungen durch das JStG 2010 ist auf Anteile unwesentlich beteiligter inländischer Anteilseigner im Fall der Verschmelzung einer inländischen Körperschaft die Regelung des § 20 IV a EStG anzuwenden. Danach treten die übernommenen Anteile an die Stelle der bisherigen Anteile, wenn das Recht Deutschlands hinsichtlich der Besteuerung des Gewinns aus der Veräußerung der erhaltenen Anteile nicht ausgeschlossen oder beschränkt ist. Die Anschaffungskosten der hingegebenen Anteile werden somit in den erhaltenen Anteilen fortgeführt.[224]

211

Damit verläuft der Tausch im Zuge der Verschmelzung für die nicht wesentlich beteiligten Anteilseigner zunächst steuerneutral. Der Stellung eines Antrags dafür bedarf es somit nicht mehr. Die (zeitlich befristete) Aussetzung der Besteuerung endet mit der Veräußerung der jeweils erhaltenen Anteile oder bei Realisierung von Ersatztatbeständen. Der Veräußerungsgewinn ist so zu besteuern wie Gewinne aus der Veräußerung der hingegebenen Anteile.

212

Erhält der Anteilseigner zusätzlich eine Gegenleistung, ist diese nach § 20 I Nr. 1 EStG wie eine Dividende zu besteuern, § 20 IVa 2 EStG.

---

[220] Siehe dazu auch *Dötsch* in Dötsch/Patt/Pung/Möhlenbrock, § 11 UmwStG Tz. 18.
[221] Vgl. BMF vom 11.11.2011, BStBl. I 2011 S. 1314 Tz. 2.03.
[222] Vgl. *Schroer* in Haritz/Benkert, § 13 UmwStG Rn. 58.
[223] Vgl. *Prinz zu Hohenlohe/Rautenstrauch*, GmbHR 2006, S. 623, 629.
[224] Vgl. *Weber-Grellet* in Schmidt, § 20 EStG Rn. 163.

§ 11 3. Teil. Verschmelzung

ee) Fallbeispiel

213 Sachverhalt:

Die M-GmbH ist alleinige Gesellschafterin der T-GmbH. Sowohl die M-GmbH als auch die T-GmbH sind Kapitalgesellschaften mit Sitz und Geschäftsleitung im Inland. Keine der Gesellschaften unterhält ausländische Betriebstätten. Die Anteile an der M-GmbH an der T-GmbH sind nicht einbringungsgeboren isd § 21 UmwStG aF. Sämtliche Anteile der M-GmbH werden von der O-GmbH gehalten. Das Geschäftsjahr sämtlicher Gesellschaften entspricht dem Kalenderjahr.

Vorgesehen ist es, die T-GmbH zum 31.12.2015 auf die M-GmbH zu verschmelzen.

Die Handels- und Steuerbilanzen der zu verschmelzenden Gesellschaften stellen sich wie folgt dar:

M-GmbH

AKTIVA	€	PASSIVA	€
Beteiligung T-GmbH	1 600 000	Gezeichnetes Kapital	2 500 000
Übriges Anlagevermögen	2 400 000	Gewinnrücklagen	1 500 000
Umlaufvermögen	6 000 000	Kapitalrücklage	2 000 000
		Verbindlichkeiten	4 000 000
	10 000 000		10 000 000

T-GmbH

AKTIVA	€	PASSIVA	€
Anlagevermögen	2 400 000	Gezeichnetes Kapital	200 000
Umlaufvermögen	1 600 000	Gewinnrücklagen	1 100 000
		Kapitalrücklage	700 000
		Verbindlichkeiten	2 000 000
	4 000 000		4 000 000

Stille Reserven im Vermögen der T-GmbH:

Anlagevermögen	€ 2 000 000
Geschäfts- und Firmenwert	€ 1 000 000

214 Lösungshinweise:

Auf die Verschmelzung einer nach den Rechtsvorschriften eines Mitgliedsstaats der EU bzw. des EWR gegründeten Kapitalgesellschaft auf eine andere nach den Rechtsvorschriften eines Mitgliedsstaats der EU bzw. des EWR gegründeten Kapitalgesellschaft finden die Vorschriften der §§ 11 bis 13 UmwStG Anwendung, § 1 I Nr. 1, II Nr. 1 UmwStG.

§ 11. Steuerrechtliche Regelungen § 11

Bewertung bei der Übertragerin (T-GmbH): 215

Nach § 11 I UmwStG sind die Wirtschaftsgüter in der Übertragungsbilanz der T-GmbH mit dem gemeinen Wert anzusetzen. Danach müsste das Anlagevermögen mit € 4 400 000 bewertet werden. Ferner müsste ein Geschäfts- oder Firmenwert von € 1 000 000 ausgewiesen werden. Die insoweit aufgedeckten stillen Reserven von insgesamt € 3 000 000 wären in voller Höhe steuerpflichtig, sofern die T-GmbH nicht über steuerliche Verluste verfügt. Doch selbst dann kommt es in den Grenzen des § 10d II 1 EStG zu einer Mindestbesteuerung.

Zur Vermeidung eines steuerpflichtigen Übertragungsgewinns kann die T-GmbH unter den Voraussetzungen des § 11 II UmwStG auf Antrag die Buchwerte des übergehenden Vermögens fortführen oder das Vermögen zu Zwischenwerten ansetzen. Da beide Gesellschaften im Inland unbeschränkt steuerpflichtig sind und kein ausländisches Betriebsvermögen unterhalten, sind die Voraussetzungen des § 11 II UmwStG als erfüllt anzusehen. Im Folgenden wird davon ausgegangen, dass die T-GmbH einen Antrag auf Fortführung der Buchwerte stellt.

Auswirkungen bei der Übernehmerin (T-GmbH): 216

Nach § 12 I UmwStG hat die Übernehmerin die Wertansätze aus der Schlussbilanz der Übertragerin fortzuführen. Aufgrund der Beteiligung der M-GmbH (Übernehmerin) an der T-GmbH (Übertragerin) ist ein Übernahmeerfolg zu ermitteln:

	€
Buchwert des Vermögens der T-GmbH	2 000 000
– Buchwert der Beteiligung an der T-GmbH	1 600 000
Verschmelzungsgewinn	400 000

Der Verschmelzungsgewinn (Übernahmegewinn) ist steuerfrei. Nach § 8b III 217 KStG iVm § 12 II 1 UmwStG ist indes ein Betrag iHv 5% des um Verschmelzungskosten gekürzten Übernahmegewinns dem steuerlichen Gewinn der Übernehmerin als nicht abzugsfähige Betriebsausgaben wieder hinzuzurechnen.[225] Eine Hinzurechnung ist erforderlich, soweit der Gewinn dem Anteil der übernehmenden Körperschaft an der übertragenden Körperschaft entspricht. Aufgrund der 100%igen Beteiligung der M-GmbH an der T-GmbH ist der Übernahmegewinn der Berechnung der nicht abzugsfähigen Betriebsausgaben in voller Höhe zugrunde zu legen.

	€
Verschmelzungsgewinn	400 000
davon 5%	20 000
Gewerbe- und Körperschaftsteuer (Annahme 30%)	6000

---

[225] → Rn. 106 ff.

§ 11   3. Teil. Verschmelzung

218 Die Steuerbilanz der M-GmbH stellt sich damit nach der Verschmelzung zum 31.12.2015 wie folgt dar:

M-GmbH

AKTIVA	€	PASSIVA	€
Anlagevermögen	4 800 000	Gezeichnetes Kapital	2 500 000
Umlaufvermögen	7 600 000	Gewinnrücklagen	1 500 000
		Kapitalrücklage	2 000 000
		Verschmelzungsgewinn	394 000
		Steuerrückstellung	6000
		Verbindlichkeiten	6 000 000
	12 400 000		12 400 000

Auswirkungen auf das steuerliche Eigenkapital der Übernehmerin:

219 Mit der Verschmelzung zweier Kapitalgesellschaften sind auch die steuerlichen Eigenkapitalbestandteile der übernehmenden Gesellschaft anzupassen. Die Eigenkapitalbestandteile der beiden Gesellschaften stellen sich zum 31.12.2015 wie folgt dar:

€	KSt-Guthaben	Neutrales Vermögen	Einlagekonto
T-GmbH	140 000	1 100 000	700 000
M-GmbH	90 000	1 500 000	2 000 000
	230 000	2 600 000	2 700 000

T-GmbH:

220 In einem ersten Schritt ist das Nennkapital der übertragenden Gesellschaft dem Einlagekonto gemäß § 29 I iVm § 28 II 1 KStG hinzuzurechnen.

T-GmbH	€
Einlagekonto vor Umbuchung nach § 29 UmwStG	700 000
Umbuchung Nennkapital nach § 29 I UmwStG	200 000
Einlagekonto nach Umbuchung	900 000

M-GmbH:

221 In einem nächsten Schritt ist das steuerliche Einlagekonto der übertragenden Gesellschaft im Prinzip dem steuerlichen Einlagekonto der aufnehmenden Gesellschaft zuzuschreiben, § 29 II 1 KStG. Diese Zurechnung unterbleibt indes in dem Umfang, in dem der übernehmende Rechtsträger am übertragenden Rechtsträger beteiligt ist. Infolge der 100%igen Beteiligung der übernehmenden M-GmbH an der übertragenden T-GmbH ist das steuerliche Einlagekonto der T-GmbH nicht bei der M-GmbH zu erfassen.

M-GmbH	€
Einlagekonto vor Verschmelzung	2 000 000
Einlagekonto nach Verschmelzung	2 000 000

§ 11. Steuerrechtliche Regelungen § 11

In einem weiteren Schritt ist das neutrale Vermögen der beiden Gesellschaften 222
zusammen zu rechnen:

M-GmbH	€
Neutrales Vermögen vor Verschmelzung	1 500 000
Neutrales Vermögen T-GmbH	1 100 000
Steuerbelastung	(6000)
Neutrales Vermögen nach Verschmelzung	2 594 000

Abstimmung des steuerlichen Eigenkapitals

M-GmbH	€
Eigenkapital lt. Steuerbilanz	6 394 000
Nennkapital	(2 500 000)
	3 894 000

Teilbeträge des steuerlichen Eigenkapitals	€
Neutrales Vermögen	2 594 000
Steuerliches Einlagekonto	2 000 000
	4 594 000

Bei der Abstimmung des steuerlichen Eigenkapitals der M-GmbH nach Um- 223
buchung zeigt sich eine Abstimmungsdifferenz von € 700 000 (= € 3 894 000
− € 4 594 000). Diese Abstimmungsdifferenz ist in der Tatsache begründet, dass
der Buchwert der Beteiligung an der T-GmbH (€ 1 600 000) den Betrag ihres
steuerlichen Einlagekontos nach Umbuchung des Nennkapitals (€ 900 000) übersteigt.
Insofern ist das neutrale Vermögen um den Betrag der Abstimmungsdifferenz (= Unterschiedsbetrag zwischen steuerlichem Einlagekonto nach Umbuchung und Buchwert der Beteiligung) anzupassen. Dieses neutrale Vermögen
ergibt sich aus der Differenz zwischen steuerbilanziellem Eigenkapital einerseits
und der Summe aus Nennkapital und steuerlichem Einlagekonto andererseits.

b) Abwärtsverschmelzung (downstream merger)

Bei der Abwärtsverschmelzung wird die Muttergesellschaft auf ihre 224
Tochtergesellschaft verschmolzen. Ein solcher Verschmelzungsweg kann
aus betriebswirtschaftlichen oder rechtlichen Gründen einer Aufwärtsverschmelzung vorzugswürdig sein. Betriebswirtschaftliche Gründe für
eine Abwärtsverschmelzung können durch Sanierungserfordernisse, Eigen- und Fremdkapitalfinanzierung, Kreditsicherung oder Ausschüttungsbesteuerung gegeben sein. Rechtlich können für eine Abwärtsverschmelzung etwa die Vermeidung von Grunderwerbsteuer oder die gesellschaftsrechtlich notwendige Anpassung des Grundkapitals sprechen.

Die folgenden Ausführungen sind sowohl bei einer vollständigen 225
(100%ige Beteiligung an der Tochtergesellschaft) als auch bei einer partiellen Abwärtsverschmelzung (keine 100%ige Beteiligung an der Tochtergesellschaft) anzuwenden.

aa) Handelsrechtliche Grundlagen

226 (1) *Kapitalerhöhungswahlrecht.* Die Regelungen der §§ 54 I 2 Nr. 2, 68 I 2 Nr. 2 UmwG gewähren der übernehmenden Gesellschaft im Rahmen der Verschmelzung ein Wahlrecht. Danach braucht die übernehmende Gesellschaft ihr Stamm- bzw. Grundkapital nicht zu erhöhen, wenn „... ein übertragender Rechtsträger Geschäftsanteile dieser Gesellschaft innehat, auf welche die Einlagen bereits in voller Höhe bewirkt sind." Insofern kann die Tochtergesellschaft bei Abwärtsverschmelzung ihr Nennkapital erhöhen. Eine Kapitalerhöhung der Tochtergesellschaft ist indes nicht zwingend.

227 (2) *Direkterwerb.* Erhöht die aufnehmende Körperschaft bei der Abwärtsverschmelzung ihr Nennkapital nicht, werden die Anteile der übertragenden Körperschaft an der übernehmenden Körperschaft den Gesellschaftern der Übertragerin als Gegenleistung für ihre untergehenden Anteile ausgekehrt. Fraglich ist, ob die Anteile an der Tochtergesellschaft an die Gesellschafter der Muttergesellschaft aus rechtlicher Sicht unmittelbar, dh im Wege des Direkterwerbs übergehen, oder ob es zu einem Durchgangserwerb kommt.[226] Beim Durchgangserwerb übernimmt die Tochtergesellschaft gedanklich zunächst die Anteile der Muttergesellschaft für eine logische Sekunde als eigene Anteile. In einem weiteren Schritt gibt die Tochtergesellschaft diese eigenen Anteile an die Gesellschafter der Muttergesellschaft aus. Aus der Regelung des § 20 I Nr. 3 UmwG wird von der herrschenden Meinung geschlossen, dass mit Wirkung der Eintragung der Verschmelzung die Anteile an der übernehmenden Gesellschaft im Wege des Direkterwerbs übergehen. Durch § 20 I Nr. 3 UmwG wird bestimmt „die Eintragung der Verschmelzung ... hat folgende Wirkungen: ... Die Anteilsinhaber der übertragenden Rechtsträger werden Anteilsinhaber des übernehmenden Rechtsträgers". Bei einem Direkterwerb berühren folglich die Anteile der Muttergesellschaft das Betriebsvermögen der Tochtergesellschaft nicht.

228 Nachdem die Finanzverwaltung zunächst einen Durchgangserwerb angenommen hatte, geht sie nunmehr von einem Direkterwerb[227] der Anteile an der aufnehmenden Tochtergesellschaft durch die Anteilseigner der Muttergesellschaft aus und folgt damit der Auffassung des BFH.[228]

bb) Kein Antragserfordernis

229 Nach ursprünglicher Auffassung der Finanzverwaltung sollte eine Abwärtsverschmelzung der Muttergesellschaft auf die Tochtergesellschaft

---

[226] Vgl. dazu *Dreissig* StBJb 1994/95 S. 209; *Dreissig* DB 1997 S. 1302; *Neu* GmbH-StB 1998 S. 169; *Rödder/Wochinger* FR 1999 S. 1.
[227] Vgl. *Rödder/Wochinger* FR 1999 S. 1; *Dötsch* in Dötsch/Patt/Pung/Möhlenbrock, Vor §§ 11–13 UmwStG, Rn. 14 ff.; *Schmitt* in Schmitt/Hörtnagl/Stratz, § 11 UmwStG Rn. 75.
[228] Vgl. BFH vom 28.10.2009, I R 4/09, BStBl. II 2011 S. 315; BMF vom 11.11.2011, BStBl. I 2011 S. 1314 Tz. 11.18.

§ 11. Steuerrechtliche Regelungen § 11

nur auf gemeinsamen Antrag aller Beteiligten aus Billigkeitsgründen steuerneutral zulässig sein.[229] Diese Auffassung fand im Gesetz keine Grundlage und wurde daher vom Schrifttum[230] nicht geteilt. Die Auffassung der Finanzverwaltung hatte ihren Grund in der Besorgnis, die Besteuerung eines evtl. Beteiligungskorrekturgewinnes, der auf einer vorangegangenen (steuerwirksamen) Teilwertabschreibung der Mutterkapitalgesellschaft auf die Anteile der Tochterkapitalgesellschaft beruhte, könnte nicht sichergestellt werden.

Im Gesetz wird der downstream merger nicht ausdrücklich behandelt. 230 Lediglich in § 11 II 2 UmwStG findet sich eine Regelung zur Bewertung der Anteile an der übernehmenden Tochtergesellschaft durch die übertragende Muttergesellschaft. Damit wird der downstream merger vom Gesetz indirekt als zulässige Verschmelzungsform angenommen. Zusätzliche Anforderungen an die Zulässigkeit des downstream merger finden sich im UmwStG nicht. Insofern ist der von der Finanzverwaltung bisherige geforderte übereinstimmende Antrag sämtlicher Beteiligter für die Abwärtsverschmelzung hinfällig.[231]

cc) Steuerliche Konsequenzen bei der Übertragerin

(1) Bewertung in der Schlussbilanz. Analog zur Aufwärtsverschmel- 231 zung einer Tochtergesellschaft auf die Muttergesellschaft sind auch auf die Abwärtsverschmelzung die Regelungen des § 11 I und II UmwStG anzuwenden. Die übertragende Muttergesellschaft hat demnach ihr Vermögen in ihrer steuerlichen Schlussbilanz nach § 11 I 1 UmwStG prinzipiell zum gemeinen Wert anzusetzen.

Ob dies auch für die Anteile der Muttergesellschaft an der übernch- 232 menden Tochtergesellschaft gilt, ist hingegen streitig. Übereinstimmend mit der herrschenden Auffassung des Schrifttums gehören die Anteile des übernehmenden Rechtsträgers an der Übertragerin infolge des Direkterwerbs[232] nicht zu den übergehenden Wirtschaftsgütern.[233] Aus § 11 II 2 UmwStG kann eine solche Zuordnung der Beteiligung am übernehmenden Rechtsträger nicht abgeleitet werden. Dieser Auffassung zufolge greift § 11 I 1 UmwStG für diese Anteile nicht. Mithin besteht keine Verpflichtung, die Anteile der Übertragerin an der Übernehmerin zum gemeinen Wert anzusetzen.[234] Stille Reserven in diesen Anteilen müssen demzufolge insoweit nicht aufgedeckt werden. Entsprechend werden stille Reserven nicht aufgedeckt, wenn die Übertragerin die übergehenden Wirtschaftsgüter wahlweise zum Zwischenwert bewer-

---

[229] Vgl. BMF vom 25.3.1998, BStBl. I 1998 S. 268 Tz. 11.24. Ebenso BMF vom 16.12.2003, BStBl. I 2003 S. 786, Tz. 15.
[230] Vgl. etwa *Widmann* in Widmann/Mayer, UmwStG, Vor 3. Teil Rn. 23 ff.
[231] So auch *Rödder/Schumacher* DStR 2006 S. 1525 (1532); *Dötsch* in Dötsch/Patt/Pung/Möhlenbrock, Vor §§ 11–13 UmwStG Rn. 15.
[232] → Rn. 227.
[233] Vgl. *Rödder* in Rödder/Herlinghaus/van Lishaut, § 11 UmwStG Rn. 69b.
[234] Vgl. *Rödder* in Rödder/Herlinghaus/van Lishaut, § 11 UmwStG Rn. 171; *Bärwaldt* in Haritz/Benkert, § 11 UmwStG Rn. 66.

tet.²³⁵ Die Anteile der Übertragerin an der Übernehmerin sind dieser Auffassung zufolge vielmehr erfolgsneutral auszubuchen. Auf die Sicherstellung der Besteuerung stillen Reserven in den Anteilen im Inland kommt es dabei nicht an.²³⁶

233 Demgegenüber sind nach Auffassung der Finanzverwaltung die Anteile an der übernehmenden Körperschaft in der steuerlichen Schlussbilanz des übertragenden Rechtsträger angesichts der Regelung des § 11 II 2 UmwStG zu erfassen. Demzufolge dürfen diese Anteile in der Schlussbilanz der Übertragerin nach Auffassung der Finanzverwaltung nur dann mit einem Wert unterhalb des gemeinen Werts angesetzt werden, wenn die Voraussetzung des § 11 II 1 Nr. 2 und 3 UmwStG erfüllt sind. Dabei verlangt die Finanzverwaltung, dass zur Beurteilung der Erfüllung der vorbezeichneten Voraussetzungen nicht auf den übernehmenden Rechtsträger, sondern auf die Verhältnisse auf der Ebene der Anteilseigner der übertragenden Körperschaft abzustellen ist.²³⁷ Wäre dieser Auffassung der Finanzverwaltung zu folgen, wäre ein downstream merger mit ausländischen Gesellschaftern der Muttergesellschaft hinsichtlich der Anteile an der Tochtergesellschaft nicht steuerneutral durchführbar, da Deutschland das Besteuerungsrecht an diesen Anteilen verliert.

234 (2) Beteiligungskorrektur. Nach § 11 II 2 UmwStG sind die Anteile an der übernehmenden Körperschaft in der Schlussbilanz der übertragenden Körperschaft mindestens mit dem Buchwert erhöht um Abschreibungen sowie Abzüge nach § 6b EStG und ähnliche Abzüge, die in früheren Jahren steuerwirksam vorgenommen sind, höchstens aber mit dem gemeinen Wert anzusetzen.

235 Steuerwirksame Teilwertabschreibungen auf Anteile an Körperschaften konnten lediglich bis zur Einführung des § 8b III KStG durch die Unternehmensteuerreform 2001 vorgenommen werden. Steuerwirksame Abzüge nach § 6b EStG konnten durch Kapitalgesellschaft lediglich bis 1999 geltend gemacht werden. Zu berücksichtigen sind auch evtl. Teilwertabschreibungen und Abzüge durch Rechtsvorgänger. Wurden sowohl steuerwirksame als auch steuerlich nicht wirksame Teilwertabschreibungen vorgenommen und ist der gemeine Wert der Anteile niedriger als die Summe dieser Korrekturen, stellt sich ein Reihenfolgeproblem.²³⁸ Aufgrund des eindeutigen Wortlauts der Vorschrift sind nur die steuerwirksamen Teilwertabschreibungen zuzuschreiben.²³⁹

236 Obergrenze der erforderlichen Zuschreibungen ist der gemeine Wert der Anteile. Für börsennotierte Anteile wird der gemeine Wert durch

---

²³⁵ Vgl. *Schmitt/Schlossmacher* DStR 2010 S. 673 (673).
²³⁶ Vgl. *Rödder* in Rödder/Herlinghaus/van Lishaut, § 11 UmwStG, Rn. 69 ff.; *Schmitt/Schlossmacher* DStR 2010 S. 673 (675). Siehe zuvor bereits *Rödder/Wochinger* FR 1999 S. 1 (4 ff.).
²³⁷ Vgl. BMF vom 11.11.2011, BStBl. I 2011 S. 1314 Tz. 11.19. GlA *Dötsch* in Dötsch/Patt/Pung/Möhlenbrock, § 11 UmwStG Rn. 65.
²³⁸ Vgl. *Schmitt* in Schmitt/Hörtnagl/Stratz, § 11 UmwStG Rn. 150.
²³⁹ Vgl. BMF vom 11.11.2011, BStBl. I 2011 S. 1314 Tz. 11.17; *Rödder* in Rödder/Herlinghaus/van Lishaut, § 11 UmwStG Rn. 169.

§ 11. Steuerrechtliche Regelungen § 11

den Kurswert bestimmt, § 11 II 2 BewG. Bei Beteiligungspaketen ist der abweichende gemeine Wert maßgebend, § 11 III BewG. Der gemeine Wert nicht börsennotierter Anteile wird in der Praxis meist nach dem Ertragswertverfahren ermittelt.[240] Dabei kann das vereinfachte Ertragswertverfahren zugrundegelegt werden.

Auf einen sich aus der Anwendung des § 11 II 2 UmwStG ergebenden 237 positiven Erfolgsbeitrag (Beteiligungskorrekturgewinn) ist § 8b II 4 u. 5 KStG anzuwenden. Durch Verweis auf § 8b II 4 u. 5 KStG wird die Inanspruchnahme des Beteiligungsprivilegs des § 8b II 1 KStG auf den Beteiligungskorrekturgewinn ausgeschlossen. Vielmehr ist der Beteiligungskorrekturgewinn infolge der Anwendung des § 8b II 4 KStG voll steuerpflichtig. Er unterliegt bei der Übertragerin sowohl der Körperschaftsteuer als auch der Gewerbesteuer.

dd) Steuerliche Konsequenzen bei der Übernehmerin

Die übernehmende Tochtergesellschaft hat das auf sie übergehende 238 Vermögen der Muttergesellschaft mit dem Wert aus deren Schlussbilanz anzusetzen, § 12 I 1 UmwStG. Der Vermögensübergang stellt bei der übernehmenden Tochtergesellschaft eine gesellschaftsrechtliche Einlage dar. Erhöht die aufnehmende Tochtergesellschaft ihr Eigenkapital nicht, ist der gesamte Vermögensübergang im steuerlichen Einlagekonto der Übernehmerin zu erfassen.

Ist die übernehmende Tochtergesellschaft an der übertragenden Mut- 239 tergesellschaft nicht beteiligt, ist bei der übernehmenden Tochtergesellschaft kein steuerlicher Übernahmeerfolg iSv § 12 II 1 UmwStG zu ermitteln. Dementsprechend fehlt auch die Anwendungsvoraussetzung für die Regelung des § 12 II 2 UmwStG. Danach ist auf den steuerlichen Übertragungsgewinn die Vorschrift des § 8b KStG anzuwenden. Bei der Abwärtsverschmelzung kommt es daher nicht zu einer Pauschalierung nicht abzugfähiger Betriebsausgaben.[241]

Zur Anwendung der Vorschriften über den Eintritt in die Rechts- 240 position der Übertragerin nach § 12 III UmwStG sowie zum Übernahmefolgegewinn gemäß § 12 IV UmwStG bei der Abwärtsverschmelzung wird auf die Ausführungen zur Aufwärtsverschmelzung verwiesen.[242]

ee) Debt-Push-Down: Verdeckte Gewinnausschüttung bei Schuldenüberhang?

In der Praxis wird die Abwärtsverschmelzung häufig dazu genutzt, 241 nach fremdfinanziertem Erwerb der Anteile an einer Körperschaft die Erwerbergesellschaft auf ihre Tochtergesellschaft zu verschmelzen. Ziel dabei ist es, die negativen Zahlungsströme der Muttergesellschaft aus

---

[240] Vgl. OFD Münster und Rheinland, Leitfaden vom 15.11.2007: Bewertung von (Anteilen an) Kapitalgesellschaften für ertragsteuerliche Zwecke, GmbHR 2008 S. 112.
[241] Vgl. *Rödder/Schumacher* DStR 2007 S. 369 (373); *Dötsch/Pung* DB 2006, 2704 (2713); *Dötsch* in Dötsch/Patt/Pung/Möhlenbrock, § 12 UmwStG Tz. 44.
[242] → Rn. 147 ff.

der Kaufpreisfinanzierung mit den positiven Zahlungsströmen der Tochtergesellschaft zusammenzuführen. Gehen mit der Abwärtsverschmelzung Verbindlichkeiten der Muttergesellschaft aus der Fremdfinanzierung auf die Tochtergesellschaft über, so reicht das zu Buchwerten bewertete Vermögen der aufnehmenden Tochtergesellschaft häufig nicht zur Kompensierung des Verschmelzungsverlustes aus. Vielmehr ist es zur Kompensierung des Verschmelzungsverlustes handelsrechtlich häufig notwendig, die Buchwerte des Vermögens der Tochtergesellschaft aufzustocken. Zu diesem Zweck kann die aufnehmende Tochtergesellschaft in eine Personengesellschaft umgewandelt werden. Ist dies nicht gewollt, wird das Vermögen der aufnehmenden Tochtergesellschaft vor Eintragung der Abwärtsverschmelzung in eine Tochterpersonengesellschaft eingebracht.

242 Steuerlich stellt sich bei einer solchen Verschmelzung mit Schuldenüberhang (bei Außerachtlassung der Beteiligung an der Tochtergesellschaft) die Frage nach einer verdeckten Gewinnausschüttung isv § 8 III KStG. Eine solche verdeckte Gewinnausschüttung könnte in der Übernahme der Verbindlichkeiten der Muttergesellschaft ohne Gegenleistung gesehen werden. Die Finanzverwaltung[243] hat sich bei einer Abwärtsverschmelzung mit Fortführung der Buchwerte der übertragenden Gesellschaft für das Vorliegen einer verdeckten Gewinnausschüttung ausgesprochen, sofern es dabei bei der übernehmenden Tochtergesellschaft zu einer unzulässigen Unterdeckung des Stammkapitals kommt, insbesondere unter Missachtung der Kapitalerhaltungsvorschriften nach §§ 30, 31 GmbHG.[244]

ff) Eigenkapital

243 Die Folgen der Verschmelzung für das steuerliche Eigenkapital werden durch § 29 I, II KStG geregelt.[245] Wie bei der Aufwärtsverschmelzung vollzieht sich die Anpassung des steuerlichen Eigenkapitals auch bei der Abwärtsverschmelzung in drei Schritten.[246] Im Unterschied zur Aufwärtsverschmelzung muss bei der Abwärtsverschmelzung allerdings auch die aufnehmende Körperschaft ihr Nennkapital fiktiv auf Null herabsetzen, § 29 I iVm § 28 II KStG. Dies gilt der zutreffenden Ermittlung des Einlagekontos bei der übernehmenden Tochtergesellschaft. Verhindert werden soll dadurch die Entstehung von Scheinbestandteilen im steuerlichen Eigenkapital der Übernehmerin. Im Übrigen kann auf die Ausführungen zur Aufwärtsverschmelzung verwiesen werden.[247]

---

[243] Siehe OFD Koblenz Verfügung vom 9.1.2006, GmbHR 2006 S. 503; OFD Hannover Verfügung vom 5.1.2007, DB 2007 S. 428.
[244] Siehe dazu auch *Rödder/Wochinger* DStR 2006 S. 684.
[245] Vgl. BMF-Schreiben vom 16.12.2003, BStBl. I 2003 S. 786.
[246] → Rn. 165 ff.
[247] → Rn. 65 ff.

§ 11. Steuerrechtliche Regelungen § 11

gg) Steuerliche Konsequenzen für die Anteilseigner der Muttergesellschaft
Die Regelung des § 13 UmwStG ist auf den Fall der Abwärtsverschmelzung anzuwenden, in dem die Anteilseigner der Muttergesellschaft im Austausch Anteile an der übernehmenden Tochtergesellschaft erhalten.[248] **244**

c) Seitwärtsverschmelzung (sidestream merger)

aa) Kapitalerhöhungserfordernis

Werden Schwestergesellschaften miteinander verschmolzen (sidestream merger), muss nach bisheriger registergerichtlicher Praxis und Rechtsprechung[249] die aufnehmende Körperschaft ihr Kapital erhöhen. Nicht erforderlich ist es indes, dass die Kapitalerhöhung den gesamten Wert des übertragenen Vermögens umfassen. In der Praxis wird das Kapital der aufnehmenden Gesellschaft daher, losgelöst von den tatsächlichen Wertverhältnissen, um einen Anteil in Höhe des gesetzlichen Mindestbetrags erhöht. Streitig ist die Rechtslage vor allem bei der Verschmelzung von Schwestergesellschaften mit identischem Gesellschafterkreis, etwa bei gemeinsamer Muttergesellschaft mit je 100%-iger Beteiligung. Hier wird im Schrifttum[250] überwiegend die Auffassung vertreten, dass eine Kapitalerhöhung bei der aufnehmenden Körperschaft unterbleiben kann. **245**

Durch des Zweite Gesetz zur Änderung des UmwG vom 24.4.2007[251] hat der Gesetzgeber die Möglichkeit geschaffen, bei der Verschmelzung von Kapitalgesellschaften auf eine Kapitalerhöhung zu verzichten, §§ 54 I, 68 I UmwG. Danach darf die übernehmende Gesellschaft von der Gewährung von Geschäftsanteilen absehen, wenn alle Anteilsinhaber eines übertragenden Rechtsträgers darauf verzichten; die Verzichtserklärungen sind notariell zu beurkunden. Nach der Gesetzesbegründung soll dadurch vor allem die Verschmelzung von Kapitalgesellschaften innerhalb eines Konzerns vereinfacht werden, sofern die Anteile an Übertragerin und Übernehmerin von einer gemeinsamen Muttergesellschaft gehalten werden. **246**

bb) Verschmelzung von Schwestergesellschaften mit Kapitalerhöhung

(1) Übertragende Körperschaft. Bei der Verschmelzung von Schwestergesellschaften mit Kapitalerhöhung sind auf die übertragende Körperschaft die Regelungen des § 11 I, II UmwStG anzuwenden.[252] **247**

---
[248] Im Einzelnen → Rn. 177 ff. Zur Beteiligung ausländischer Anteilseigner → Rn. 265.
[249] Vgl. OLG Hamm Urteil vom 3.8.2004, GmbHR 2004 S. 1533; OLG Frankfurt am Main Urteil vom 10.3.1998, DB 1998 S. 917; OLG Hamm Urteil vom 20.4.1988, DB 1988 S. 1538.
[250] Vgl. *Reichert* in Semler/Stengel § 54 UmwG Rn. 20 mwN; siehe auch LG München Urteil vom 22.1.1998, GmbHR 1998 S. 35.
[251] BGBl. I 2007 S. 542.
[252] → Rn. 50 ff.

248 (2) **Übernehmende Körperschaft.** Die übernehmende Körperschaft hat die Vorschriften des § 12 UmwStG zu beachten. Nach § 12 I 1 UmwStG hat die aufnehmende Körperschaft die auf sie übergehenden Wirtschaftsgüter mit dem Wert zu übernehmen, mit dem diese Wirtschaftsgüter in der steuerlichen Schlussbilanz der Übertragerin nach § 11 UmwStG angesetzt worden sind. Der Vermögensübergang stellt bei der aufnehmenden Körperschaft eine Einlage dar. Mangels Beteiligung der übernehmenden Körperschaft an der Übertragerin ist nach überwiegender Auffassung des Schrifttums ein Übernahmeerfolg iSd § 12 II 1 UmwStG nicht zu ermitteln.[253] Demgegenüber ist nach Auffassung der Finanzverwaltung auch bei einem sidestream merger unabhängig davon ein Übernahmeergebnis zu ermitteln, dass der übernehmende Rechtsträger keine Beteiligung am übertragenden Rechtsträger hält.[254] Diese Auffassung der Finanzverwaltung wurde mittlerweile vom BFH[255] bestätigt. Vor dem Hintergrund der Verwaltungsauffassung und Rechtsprechung ist damit § 12 II 2 UmwStG auch beim sidestream merger zu beachten. Demzufolge ist § 8b KStG anzuwenden, soweit der Übernahmegewinn iSv § 12 II 1 abzüglich der anteilig darauf entfallenden Kosten für den Vermögensübergang dem Anteil der übernehmenden Körperschaft an der übertragenden Körperschaft entspricht. Soweit keine Beteiligung des übernehmenden Rechtsträgers am übertragenden Rechtsträger besteht, bleibt § 8b KStG indes unbeachtet.[256]

249 Fraglich ist, ob auch im Fall der Verschmelzung von Schwestergesellschaften ein Erfordernis zur Beteiligungskorrektur nach § 12 I 2 iVm § 4 I 2 u. 3 UmwStG besteht.[257] Dem Wortlaut des § 4 I 2 u. 3 UmwStG zufolge ist für eine solche Korrektur eine Beteiligung der übernehmenden Körperschaft an der übertragenden Körperschaft erforderlich. Mangels Beteiligung der übernehmenden Gesellschaft an der übertragenden Gesellschaft dürfte demnach bei der Verschmelzung von Schwestergesellschaft eine Beteiligungskorrektur nach § 12 I 2 iVm § 4 I 2 u. 3 UmwStG ausscheiden. Demgegenüber vertrat die Finanzverwaltung[258] zur Rechtslage vor SEStEG die Auffassung, dass bei der Verschmelzung einer Verlusttochter T_1, auf deren Beteiligung die Muttergesellschaft eine Teilwertabschreibung vorgenommen hat, auf eine Gewinntochter T_2 bei der gemeinsamen Muttergesellschaft zunächst zwar keine Wertaufholung auf die Beteiligung vorzunehmen ist. Vielmehr soll der Beteiligungskorrekturgewinn zunächst als Merkposten festzuhalten sein. Wird indes später die Tochtergesellschaft T_2 auf die Muttergesellschaft verschmolzen oder die Beteiligung an der Tochtergesellschaft T_2 veräußert,[259] soll der Beteiligungskorrekturgewinn erfolgswirksam zu berücksichtigen sein.

---

[253] Vgl. *Rödder* in Rödder/Herlinghaus/van Lishaut, § 12 UmwStG Rn. 64a mwN.
[254] Vgl. BMF vom 11.11.2011, BStBl. I 2011 S. 1314 Tz. 12.05.
[255] Vgl. BFH vom 9.1.2013 – I R 24/12, DB 2013 S. 615.
[256] Vgl. BMF vom 11.11.2011, BStBl. I 2011 S. 1314 Tz. 12.06.
[257] → Rn. 125.
[258] Siehe BMF vom 25.3.1998, BStBl. I 1998 S. 268 Tz. 12.08.
[259] Vgl. BMF vom 16.12.2003, BStBl. I 2003 S. 786 Tz. 19.

§ 11. Steuerrechtliche Regelungen § 11

Diese Vorgehensweise soll nach im Schrifttum vertretener Ansicht auch nach dem SEStEG weiterhin anzuwenden sein.[260] Dies soll sich aus § 13 II 2 UmwStG ableiten lassen, demzufolge die Anteile an der übernehmenden Körperschaft an die Stelle der Anteile an der übertragenden Körperschaft treten. Angesicht der nach § 6 I Nr. 2 Satz 3 iVm Nr. 1 Satz 4 EStG erforderlichen laufenden Überprüfung des Wertansatzes der Beteiligung an jedem Bilanzstichtag, hat diese Diskussion lediglich eingeschränkte praktische Bedeutung.

(3) Anteilseigner. Bei der Verschmelzung von Schwestergesellschaften 250 mit Kapitalerhöhung ist auf den gemeinsamen Gesellschafter die Regelung des § 13 UmwStG anzuwenden. Nach § 13 I UmwStG gelten die Anteile an der übertragenden Körperschaft als zum gemeinen Wert veräußert und die an ihre Stelle tretenden Anteile an der übernehmenden Körperschaft als zum gemeinen Wert angeschafft. Abweichend davon kann auf Antrag auf eine Bewertung zum gemeinen Wert verzichtet werden, wenn eine der in § 13 II 1 UmwStG genannten Voraussetzungen erfüllt ist.[261] Im Einzelnen kann auf die Ausführungen zur Aufwärtsverschmelzung verwiesen werden.[262]

cc) Verschmelzung von Schwesterkapitalgesellschaften ohne Kapitalerhöhung

(1) Übertragende Körperschaft. Bei der Verschmelzung von Schwes- 251 tergesellschaften ohne Kapitalerhöhung ergeben sich für die übertragende Körperschaft keine Besonderheiten im Vergleich zur Verschmelzung von Schwestergesellschaften mit Kapitalerhöhung. Die Regelungen des § 11 I, II UmwStG sind auf die Bewertung in der Schlussbilanz der Übertragerin unverändert anzuwenden.[263]

(2) Übernehmende Körperschaft. Die aufnehmende Körperschaft hat 252 das Vermögen der übertragenden Körperschaft mit dem Wert aus der Schlussbilanz zu übernehmen, § 12 I 1 UmwStG. Mangels Kapitalerhöhung ist der gesamte Vermögenszugang bei der Übernehmerin als Zuführung zum steuerlichen Einlagekonto auszuweisen. Ein Übernahmeerfolg entsteht bei der Übernehmerin nicht. Insofern ist auch hier für die Anwendung des § 8b KStG iVm § 12 II 2 UmwStG[264] kein Raum.

(3) Anteilseigner. Die Anwendung des § 13 UmwStG auf die Ver- 253 schmelzung von Schwestergesellschaften ohne Kapitalerhöhung wird im Schrifttum[265] uE zutreffend bejaht. Wird im Rahmen eines sidestream merger auf eine Kapitalerhöhung verzichtet, so gilt die Summe der Anschaffungskosten der Anteile an der übertragenden und an der übernehmenden Schwestergesellschaft vor der Verschmelzung auf Ebene des

---

[260] Vgl. *Dötsch* in Dötsch/Patt/Pung/Möhlenbrock, § 12 UmwStG Rn. 27.
[261] → Rn. 177 ff.
[262] → Rn. 177 ff.
[263] → Rn. 51 ff.
[264] → Rn. 131.
[265] Vgl. *Schmitt* in Schmitt/Hörtnagl/Stratz, § 13 UmwStG Rn. 13.

§ 11   3. Teil. Verschmelzung

gemeinsamen Anteilseigners als Anschaffungskosten der Anteile an der übernehmenden Schwestergesellschaft nach der Verschmelzung.[266]

3. Verschmelzung inländischer Körperschaften mit Auslandsbezug

a) Verschmelzung inländischer Körperschaften mit ausländischem Vermögen auf eine inländische Körperschaft

254 Die folgende Betrachtung richtet sich auf die Verschmelzung von Körperschaft mit Sitz oder Geschäftsleitung im Inland, wobei die übertragende Körperschaft über im Ausland belegenes Vermögen verfügt.

aa) Schlussbilanz der Übertragerin

255 Das ausländische Vermögen ist in der steuerlichen Schlussbilanz der übertragenden Rechtsträgerin auszuweisen. Für die steuerliche Behandlung dieses Vermögens ist ausschlaggebend, ob das Recht des ausländischen Belegenheitsstaates die Gesamtrechtsnachfolge anerkennt, die mit der nach deutschem UmwG erfolgenden Verschmelzung einhergeht.

256 (1) Übergang des ausländischen Vermögens durch Einzelrechtsnachfolge. Versteht das ausländische Recht die Verschmelzung nicht als Gesamtrechtsnachfolge, ist für die steuerliche Behandlung des ausländischen Vermögens entscheidend, ob es auf die übernehmende Rechtsträgerin durch Einzelrechtsnachfolge übergeht, oder ob eine Übertragung unterbleibt. Wird das ausländische Vermögen durch Einzelrechtsnachfolge in zeitlicher Nähe der Eintragung der Verschmelzung in das Handelsregister[267] auf die Übernehmerin übertragen, so kann die Übertragerin in ihrer steuerlichen Schlussbilanz bei Erfüllung der Anwendungsvoraussetzungen des § 11 II 1 UmwStG auf Antrag die Buchwerte des Vermögens fortführen bzw. das übertragene Vermögen zu Zwischenwerten ansetzen, § 11 II 1 UmwStG.[268] Nach § 11 II 1 Nr. 2 UmwStG darf das deutsche Recht hinsichtlich der Besteuerung des Gewinns aus der Veräußerung des übertragenen Wirtschaftsgüter nicht ausgeschlossen oder beschränkt werden. Auf die Wirtschaftsgüter, die auf die Übernehmerin durch Einzelrechtsnachfolge übertragen werden, sind die allgemeinen Grundsätze anzuwenden.

257 Wird das ausländische Vermögen hingegen nicht oder nicht in zeitlicher Nähe der Eintragung der Verschmelzung in das Handelsregister[269] durch Einzelrechtsnachfolge auf die Übernehmerin übertragen, so besteht die übertragende Körperschaft hinsichtlich des ausländischen Vermögens auch nach der Verschmelzung fort. Das ausländische Vermögen wird in diesem Fall durch die Verschmelzung verselbstständigt.

---

[266] Vgl. BMF vom 11.11.2011, BStBl. I 2011 S. 1314 Tz. 13.09.
[267] Vgl. Widmann in Widmann/Mayer, § 3 UmwStG Rn. 90.
[268] Vgl. dazu im Einzelnen → Rn. 80 ff.
[269] Vgl. Widmann in Widmann/Mayer, § 3 UmwStG Rn. 90.

§ 11 Steuerrechtliche Regelungen § 11

Wird in einem solchen Fall die geschäftliche Oberleitung der übertragenden Körperschaft ins Ausland verlagert,[270] so ergeben sich die in §§ 12, 11 KStG vorgesehenen Besteuerungsfolgen. Durch die Anwendung der §§ 12, 11 KStG kommt es mithin zu einer steuerlichen Entstrickung mit Aufdeckung der stillen Reserven im ausländischen Vermögen. Fehlt ein DBA oder weist das DBA mit dem ausländischen Belegenheitsstaat das Besteuerungsrecht Deutschland zu, unterliegen entstehende Erfolgsbeiträge der inländischen Besteuerung.[271]

(2) Übergang des ausländischen Vermögens durch Gesamtrechtsnachfolge. Geht hingegen mit der Verschmelzung der inländischen Übertragerin das ausländische Vermögen durch Gesamtrechtsnachfolge auf die übernehmende Körperschaft über, so kann die übertragende Körperschaft das ausländische Vermögen bei Erfüllung der Anwendungsvoraussetzungen des § 11 II 1 Nr. 2 UmwStG auf Antrag mit dem Buchwert oder einem Zwischenwert ansetzen.[272]

Nach § 11 II 1 Nr. 2 UmwStG darf das deutsche Recht hinsichtlich der Besteuerung des Gewinns aus der Veräußerung des übertragenen Wirtschaftsgüter nicht ausgeschlossen oder beschränkt werden. Der Antrag ist für inländisches Vermögen und für ausländisches Vermögen, das die Bedingungen des § 11 II 1 UmwStG erfüllt, einheitlich zu stellen (Einheitlichkeit der Bewertung).[273] Für die Beurteilung des Ausschlusses oder der Beschränkung des deutschen Besteuerungsrechts ist allein auf die einkommensteuerliche bzw. körperschaftsteuerliche Behandlung abzustellen. Die Besteuerung mit Gewerbesteuer ist insofern unerheblich.

Eine Beschränkung des deutschen Besteuerungsrechts setzt voraus, dass zuvor überhaupt ein inländisches Besteuerungsrecht bestanden hat. Nicht eingeschränkt wird das inländische Besteuerungsrecht insofern in den Fällen, in denen Deutschland bereits bei der übertragenden Körperschaft an der Besteuerung der stillen Reserven gehindert war. Das ist etwa der Fall, wenn die übertragende Körperschaft eine Betriebstätte in einem DBA-Staat mit Freistellungsmethode unterhält.[274] Ein sich durch Ansatz des gemeinen Werts ergebender Übertragungsgewinn unterliegt in diesem Fall bei der übertragenden Körperschaft bezogen auf das ausländische Betriebstättenvermögen nicht dem inländischen Besteuerungsrecht.[275]

Auch dann, wenn im Inland unbeschränkt steuerpflichtige Körperschaften mit Betriebstätten in Nicht-DBA-Staaten oder DBA-Staaten mit Anrechnungsmethode miteinander verschmolzen werden, wird das deutsche

258

259

260

261

262

---

[270] *Widmann* in Widmann/Mayer, § 3 UmwStG Rn. 119, geht davon aus, dass der Verlegung von Sitz oder Geschäftsleitung zu unterstellen ist.
[271] Vgl. *Widmann* in Widmann/Mayer, § 3 UmwStG Rn. 119, 337.
[272] → Rn. 80 ff.
[273] So BMF vom 25.3.1998, BStBl. I 1998 S. 268 Tz. 03.05 zur Rechtslage vor dem SEStEG.
[274] Vgl. *Schaflitzl/Widmayer* BB 2006, Special Nr. 8, (36) 42.
[275] Vgl. *Lemaitre/Schönherr* GmbHR 2007 S. 175; *Schaflitzl/Widmayer* BB 2006, Special Nr. 8 S. 41; *Trossen* FR 2006 S. 620; *Dötsch* in Dötsch/Patt/Pung/Möhlenbrock, § 11 UmwStG Rn. 39.

§ 11   3. Teil. Verschmelzung

Besteuerungsrecht durch die Verschmelzung nicht eingeschränkt. Auf Antrag können daher die inländischen wie die ausländischen Wirtschaftsgüter zu Buchwerten oder Zwischenwerten bewertet werden, § 11 II UmwStG. Eine Bindung der Bewertung im Inland an den Wertansatz nach ausländischem Recht besteht nicht.[276] Besteht kein DBA oder ein DBA mit Anrechnungsverfahren, kann ein bei Bewertung des übertragenden Vermögens zum gemeinen Wert oder Zwischenwert entstehender Übertragungsgewinn sowohl im Belegenheitsstaat als auch im Inland besteuert werden. Die dabei verursachte ausländische Steuer ist auf die deutsche Steuer anzurechnen, § 26 KStG. Führt die übertragende Gesellschaft die Buchwerte des ausländischen Vermögens auf Antrag fort, erkennt indes der ausländische Staat diese Buchwertfortführung nicht an, so kann im Ausland erhobene Steuer mangels inländischer Einkünfte nicht auf eine deutsche Steuer angerechnet werden. Werden später die stillen Reserven im ausländischen Vermögen nach deutschem Recht realisiert, so ist der dabei entstehende Erfolgsbeitrag in Deutschland uneingeschränkt und ohne Möglichkeit einer Anrechnung ausländischer Steuer steuerpflichtig.[277]

263   Demgegenüber wird das Recht Deutschlands an der Besteuerung der übertragenen Wirtschaftsgüter eingeschränkt, wenn das inländische Besteuerungsrecht durch Übertragung von Vermögen ins Ausland vollständig entfällt. Gleiches gilt, wenn die Doppelbesteuerung auf Grund eines DBA (Aktivitätsvorbehalt) oder einer vergleichbaren Regelung (§ 20 II AStG) vor der Verschmelzung durch Anrechnung, nach der Verschmelzung beim übernehmenden Rechtsträger indes durch Freistellung vermieden wird.[278] Von einer Beschränkung des deutschen Besteuerungsrechts soll auch dann auszugehen sein, wenn das deutsche Besteuerungsrecht zwar erhalten bleibt, nach der Verschmelzung allerdings ausländische Steuern im Inland anzurechnen sind.[279] Nicht als Beschränkung des inländischen Besteuerungsrechts anzusehen sein dürfte es hingegen, wenn nach der Umwandlung die Regelungen der §§ 7–14 AStG nicht mehr anzuwenden sind.[280]

bb) Nachversteuerung abgezogener und noch nicht ausgeglichener Verluste

264   Wurden in der Vergangenheit negative Einkünfte einer ausländischen Betriebstätte unter Anwendung des § 2a III EStG aF bzw. § 2a IV 2 EStG[281] aF im Inland abgezogen, so kann die verschmelzungsbedingte Übertragung der ausländischen Betriebstätte zu einer Nachversteuerung

---

[276] Vgl. *Förster/Felcher* DB 2006 S. 1072 (1077); ebenso *Dötsch* in Dötsch/Patt/Pung/Möhlenbrock, § 11 UmwStG Rn. 39.
[277] Siehe dazu bereits *Schaumburg* GmbHR 1996 S. 414 (416).
[278] Vgl. *Schaflitzl/Widmayer* BB 2006, Special Nr. 8, 36 (41).
[279] Vgl. *Rödder/Schumacher* DStR 2006 S. 1525 (1527).
[280] Vgl. *Schaflitzl/Widmayer* BB 2006, Special Nr. 8, 36 (41); *Lemaitre/Schönherr* GmbHR 2007 S. 173 (175). So auch Gesetzesbegründung zum Entwurf des SEStEG vom 19.9.2005; nicht mehr enthalten in der letzten Fassung der Gesetzesbegründung.
[281] Siehe BFH v. 5.2.2014 – I R 48/11, IStR 2014 S. 344.

§ 11. Steuerrechtliche Regelungen § 11

abgezogener und noch nicht ausgeglichener Verluste im Veranlagungszeitraum der Umwandlung führen, § 52 III iVm § 2a IV Nr. 2 EStG. Die bisher von der Finanzverwaltung[282] eingeräumte Billigkeitsregelung ist angesichts dieser ausdrücklichen gesetzlichen Regelung hinfällig.[283]

b) Verschmelzung inländischer Körperschaften mit ausländischen Anteilseignern auf eine inländische Körperschaft

aa) Anwendung des § 13 UmwStG

Sind an der übertragenden unbeschränkt steuerpflichtigen Körperschaft ausländische Anteilseigner beteiligt, so stellt sich für sie die Frage der Anwendung des § 13 UmwStG auf ihre Beteiligung. 265

Sind die Anteile der ausländischen Anteilseigner im Zeitpunkt der Verschmelzung in Deutschland steuerverstrickt, so sind diese Anteile prinzipiell nach § 13 I UmwStG als zum gemeinen Wert veräußert anzusehen. 266

Bei Verschmelzungen unter Beteiligung von inländischen Körperschaften hat der ausländische Anteilseigner indes bei Erfüllung der Voraussetzungen[284] des § 13 II 1 Nr. 1 UmwStG die Möglichkeit, auf Antrag die Anteile an der übernehmenden Körperschaft mit dem Buchwert bzw. den Anschaffungskosten der untergehenden Anteile an der übertragenden Körperschaft fortzuführen. Nach § 13 II 1 Nr. 1 UmwStG ist ein Antrag auf Fortführung der Buchwerte zulässig, wenn das Recht Deutschlands auf Besteuerung des Gewinns aus der Veräußerung der Anteile an der übernehmenden Körperschaft nicht ausgeschlossen oder beschränkt ist. Bei der Verschmelzung inländischer Körperschaften ist dies der Fall, wenn die Anteile des ausländischen Anteilseigners etwa zu einem inländischen Betriebsvermögen gehören bzw. nach dem vom BFH aufgestellten Grundsätzen einer inländischen Betriebstätte zuzuordnen[285] sind. Gleiches gilt, wenn die Anteile im Privatvermögen oder im ausländischen Betriebsvermögen des ausländischen Anteilseigners gehalten werden, aber ein DBA mit dem Wohnsitzstaat des Anteilseigners fehlt und die Anteile – sofern sie vor dem 1.1.2009 erworben wurden – die Voraussetzungen der §§ 17 oder 23 I Nr. 2 EStG aF erfüllen. Ebenso bleibt das Besteuerungsrecht Deutschland auch nach der Verschmelzung unverändert bestehen, wenn das DBA mit dem Wohnsitzstaat des Anteilseigners Deutschland als Sitzort der Körperschaft das Besteuerungsrecht zuweist (etwa DBA mit Slowakei, Tschechien sowie Zypern).

Anders verhält es sich, wenn die Anteile des ausländischen Anteilseigners bereits vor der Verschmelzung nicht im Inland steuerverhaftet waren. Das ist dann der Fall, wenn aufgrund eines DBA das Recht zur Besteuerung von Gewinnen aus Anteilsveräußerungen dem auslän- 267

---

[282] Vgl. BMF vom 25.3.1998, BStBl. I 1998 S. 268 Tz. 04.08.
[283] Vgl. etwa *Lemaitre/Schönherr* GmbHR 2007 S. 173 (178); *Rödder/Schumacher* DStR 2006 S. 1525 (1530).
[284] Zu den Anwendungsvoraussetzungen des § 13 I 1 UmwStG → Rn. 177 ff.
[285] Vgl. *Wassermeyer* in Debatin/Wassermeyer OECD-MA, Art. 10 Rz. 132 ff.

dischen Wohnsitzstaat des Anteilseigners zugewiesen wird. Für die dem Art. 13 V OECD-MA folgenden DBA ist das Besteuerungsrecht von Gewinnen aus Verschmelzungsvorgängen ebenso zu behandeln wie die Besteuerung von Gewinnen aus Anteilsveräußerungen. Nach dem OECD-MA fallen sowohl reine Veräußerungsgewinne als auch Tausch- und Einbringungsgewinne unter den Begriff des „Veräußerungsgewinns".[286] In diesen Fällen wird durch die Verschmelzung das Besteuerungsrecht Deutschlands hinsichtlich der Veräußerungsgewinne nicht berührt. Die steuerlichen Auswirkungen der Verschmelzung auf die Anteilseigner werden durch die steuerrechtlichen Vorschriften des anderen Vertragsstaates geregelt. Für diese Fälle greift daher § 13 UmwStG nicht. Eines Antrags auf Fortführung der Buchwerte nach § 13 II UmwStG bedarf es in diesen Fällen demzufolge nicht.[287]

268 Artikel 13 IV OECD-MA räumt dem Belegenheitsstaat des Grundbesitzes ein Recht auf Besteuerung von Gewinnen aus der Veräußerung von Beteiligungen an Grundstücksgesellschaften ein, wenn der Wert des veräußerten Anteils „... zu mehr als 50 vom Hundert unmittelbar oder mittelbar auf unbeweglichem Vermögen beruht, das im anderen Vertragsstaat liegt ...". Durch die Verschmelzung der Grundstückgesellschaft kann sich deren Qualifikation ändern und damit eine Einschränkung des Besteuerungsrechts Deutschlands an der Beteiligung einhergehen.

bb) Besonderheiten bei der Abwärtsverschmelzung

269 (1) Übertragende Körperschaft. Erhöht bei der Abwärtsverschmelzung die Übernehmerin ihr Nennkapital nicht, so werden den (ausländischen) Anteilseignern der Übertragerin die von ihr gehaltenen Anteile an der Übernehmerin als Gegenleistung ausgekehrt. Dies geschieht im Zuge eines Direkterwerbs.[288] Ein Durchgangserwerb dieser Anteile findet nicht statt. Insofern gehören die Anteile an der Übernehmerin nicht zu den übergehenden Wirtschaftsgütern der Übertragerin iSd § 11 I UmwStG. Gesetzessystematisch könnte daraus gefolgert werden, dass die Anteile an der Übernehmerin in der Schlussbilanz der Übertragerin nicht aufgrund von § 11 I 1 UmwStG mit dem gemeinen Wert anzusetzen sind.[289] Folgt man dieser Auffassung, würde keine Notwendigkeit zur Aufdeckung stiller Reserven in den an die Anteilseigner ausgekehrten Anteilen an der Übernehmerin bestehen, wenn die Übertragerin die übergehenden Wirtschaftsgüter wahlweise zum Zwischenwert bewertet.[290] Mit dem Verweis darauf, dass die Anteile an der Übertragerin nicht zum übergehenden Vermögen gehören, könnte die Wahrung des deutschen Besteue-

---

[286] Vgl. *Reimer* in Vogel/Lehner, DBA Art. 13 Rn. 24; *Wassermeyer* in Wassermeyer, DBA, Art. 13 OECD-MA, Rn. 30.
[287] Vgl. *Neumann* in Rödder/Herlinghaus/van Lishaut, § 13 UmwStG Rn. 32.
[288] → Rn. 227 f.
[289] Vgl. *Rödder* in Rödder/Herlinghaus/van Lishaut, § 11 UmwStG Rn. 69 ff., 112; *Schmitt/Schlossmacher* DStR 2010 S. 673 (673).
[290] Vgl. *Schmitt/Schlossmacher* DStR 2010 S. 673 (673).

§ 11. Steuerrechtliche Regelungen § 11

rungsrechts an den an ausländische Anteilseigner ausgekehrten Anteilen als Voraussetzung für eine Buchwertfortführung nach § 11 II UmwStG als unbeachtlich angesehen werden.[291] Hingegen kann bei einer solchen Betrachtung der Entzug des deutschen Besteuerungsrechts hinsichtlich der stillen Reserven in den an ausländische Anteilseigner ausgekehrten Anteilen nicht durch § 13 II UmwStG geheilt werden.[292] Dies erklärt die von den obigen Darstellungen abweichende Auffassung der Finanzverwaltung. Danach können die Anteile an der Tochtergesellschaft entsprechend § 11 II 2 UmwStG in der steuerlichen Schlussbilanz der Muttergesellschaft nur dann mit einem Wert unterhalb des gemeinen Werts angesetzt werden, wenn die übrigen Voraussetzungen des § 11 II 1 Nr. 2 und 3 UmwStG vorliegen. Bei einem downstream merger sind für die Erfüllung der bezeichneten Voraussetzungen statt auf die übernehmende Körperschaft auf den die Anteile an der Tochtergesellschaft übernehmenden Anteilseigner der Muttergesellschaft abzustellen.[293] Ist demzufolge das deutsche Besteuerungsrecht an an ausländische Anteilseigner ausgekehrten Anteilen nach der Verschmelzung nicht gewahrt, sind die Anteile an der Übernehmerin in der steuerlichen Schlussbilanz der Übertragerin zum gemeinen Wert anzusetzen (Änderung der Auffassung).

(2) *Anteilseigner.* Die Regelung des § 13 UmwStG greift auch bei der Abwärtsverschmelzung einer Muttergesellschaft auf ihre Tochtergesellschaft. Hier stellt sich die Frage, ob und in welchen Fällen von ausländischen Anteilseignern der Muttergesellschaft die Regelung des § 13 II 1 Nr. 1 UmwStG zu beachten ist. Nach § 13 II 1 Nr. 1 UmwStG ist ein Antrag auf Fortführung der Buchwerte zulässig, wenn das Recht Deutschlands auf Besteuerung des Gewinns aus der Veräußerung der Anteile an der übernehmenden Körperschaft nicht ausgeschlossen oder beschränkt ist. Eine Einschränkung des deutschen Besteuerungsrechtes § 13 II 1 Nr. 1 UmwStG ist nur dann möglich, wenn an den Anteilen des übertragenden Rechtsträgers zuvor ein inländisches Besteuerungsrecht bestanden hat. Bestand vor der Verschmelzung kein inländisches Besteuerungsrecht an den Anteilen des übertragenden Rechtsträgers, wird dieses durch die Verschmelzung weder ausgeschlossen noch beschränkt. Ein deutsches Besteuerungsrecht an den Anteilen an der Übertragerin fehlt immer dann, wenn mit dem ausländischen Sitzstaat des Anteilseigners ein DBA besteht, das Art. 13 V OECD-MA folgt. Danach steht das Besteuerungsrecht an den Anteilen dem Sitzstaat des Anteilseigners zu. In diesen Fällen kommt es bei einen downstream merger mit ausländischen Anteilseignern nicht zur Beschränkung des deutschen Besteuerungsrechts. Anträge auf Buchwertfortführung nach § 13 II 1 Nr. 1 UmwStG sind somit nicht erforderlich. Auf das Vorliegen der Voraussetzungen des § 13 II 1 Nr. 1 UmwStG kommt es in diesen Fällen mithin

270

---

[291] Vgl. *Rödder* in Rödder/Herlinghaus/van Lishaut, § 11 UmwStG Rn. 69 ff., Rn. 112; *Schmitt/Schlossmacher* DStR 2010 S. 673 (673).
[292] → Rn. 266.
[293] Vgl. BMF vom 11.11.2011, BStBl. I 2011 S. 1314 Tz. 11.19. Gl. A. *Dötsch* in Dötsch/Patt/Pung/Möhlenbrock, § 11 UmwStG Rn. 65; → Rn. 233.

nicht an.²⁹⁴ Infolge des downstream merger geht zwar das unmittelbare Besteuerungsrecht Deutschlands hinsichtlich der stillen Reserven an den Anteilen der Tochtergesellschaft verloren. Dies kann indes im Rahmen des § 13 UmwStG nicht „korrigiert" werden, denn die Norm hat die steuerliche Erfassung der stillen Reserven in den Anteilen an der „untergehenden" Muttergesellschaft zum Gegenstand.

271 Bedeutung hat § 13 UmwStG hingegen in den Fällen, in denen die Anteile des ausländischen Anteilseigners der Übertragerin einem inländischen Betriebsvermögen bzw. einer inländischen Betriebstätte zuzuordnen sind, oder mit dem ausländischen Sitzstaat des Anteilseigners kein DBA oder ein solches DBA besteht, durch das das Besteuerungsrecht an den Anteilen dem Sitzstaat der Kapitalgesellschaft zugewiesen wird, an der die Anteile bestehen. Gleiches gilt, wenn die übertragende Körperschaft vor der Verschmelzung als Immobiliengesellschaft iSv Art. 13 IV OECD-MA zu qualifizieren war und demzufolge Deutschland als Sitzstaat der Immobiliengesellschaft das Besteuerungsrecht an den Anteilen dieser Gesellschaft zustand. Hier kommt es auf die Qualifikation der übernehmenden Körperschaft nach der Verschmelzung als Immobiliengesellschaft an.

4. Auswirkung der Verschmelzung auf die steuerliche Organschaft

a) Verschmelzung des Organträgers

aa) Gewinnabführungsvertrag

272 Wird der Organträger auf einen Dritten (Nicht-Organgesellschaft) verschmolzen und handelt es sich bei dem Dritten um ein gewerbliches Unternehmen iSd § 14 I Nr. 2 KStG, so gehen die Rechte und Pflichten aus dem Gewinnabführungsvertrag auf die übernehmende Gesellschaft über.²⁹⁵ Ggf. aber hat die abhängige Organgesellschaft ein außerordentliches Kündigungsrecht nach § 297 I AktG und kann demzufolge den Gewinnabführungsvertrag aus wichtigem Grund kündigen. Ein wichtiger Grund liegt namentlich vor, sofern der übernehmende Rechtsträger wirtschaftlich nicht fähig ist, seine Verpflichtungen aus dem Gewinnabführungsvertrag zu erfüllen, § 297 I 2 AktG. Steuerlich liegt im Fall der Verschmelzung des Organträgers ein wichtiger Grund für eine Beendigung des Gewinnabführungsvertrags vor.²⁹⁶ Auch bei Beendigung des Gewinnabführungsvertrags vor Ablauf des Fünf-Jahres-Zeitraums ist in einem solchen Fall der Gewinnabführungsvertrag für die Jahre seiner Durchführung vor der Verschmelzung steuerlich anzuerkennen. Etwas anderes gilt indes dann, wenn schon im Zeitpunkt seines Abschlusses eine

---

²⁹⁴ Neumann in Rödder/Herlinghaus/van Lishaut, § 13 UmwStG Rn. 32, Beispiele, Abb. 2.
²⁹⁵ Vgl. BMF vom 11.11.2011, BStBl. I 2011 S. 1314 Tz. Org.01; Müller BB 2002 S. 157.
²⁹⁶ Vgl. R 14.5 VI 2 KStR 2015; BMF vom 11.11.2011, BStBl. I 2011 S. 1314, Tz. Org. 12.

§ 11. Steuerrechtliche Regelungen § 11

Beendigung des Gewinnabführungsvertrags vor Ablauf des Fünf-Jahres-Zeitraums feststand.[297] Wird das Unternehmen des Organträgers auf die Organgesellschaft verschmolzen, so erlischt der Gewinnabführungsvertrag durch Konfusion.[298] Nach Auffassung der Finanzverwaltung ist auch im Rahmen eines solchen downstream mergers ein wichtiger Grund für eine Kündigung anzunehmen. Die Organschaft endet dann mit Wirkung zum steuerlichen Übertragungsstichtag.[299]

273

bb) Finanzielle Eingliederung und erstmalige Begründung der Organschaft

Wird ein Organträger auf eine andere Kapitalgesellschaft verschmolzen, kann eine bestehende Organschaft zur Organgesellschaft uneingeschränkt fortgesetzt werden.[300]

274

Besteht bisher keine Organschaft, so soll nach Auffassung der Finanzverwaltung ein Organschaftverhältnis erstmals ab Beginn des Wirtschaftsjahres begründet werden, zu dem die Eingliederungsvoraussetzungen vorliegen. Der Finanzverwaltung zufolge soll die Rückbeziehung einer finanziellen Eingliederung und damit die rückwirkende Begründung eines Organschaftverhältnisses nur dann zulässig sein, wenn dem übernehmenden Rechtsträger die Anteile an der künftigen Organgesellschaft auch steuerlich rückwirkend zum Beginn des Wirtschaftsjahres zuzurechnen sind. Werden die Voraussetzungen der finanziellen Eingliederung erst infolge der Umwandlung geschaffen, so soll die rückwirkende erstmalige Begründung einer Organschaft mangels Eintritt in die steuerliche Rechtsstellung hinsichtlich einer beim übertragenden Rechtsträger zum steuerlichen Übertragungsstichtag bestehenden finanziellen Eingliederung nicht möglich sein.[301] Die Auffassung der Finanzverwaltung steht im Widerspruch zur Rechtsprechung des BFH.[302]

275

Werden Organträger und Organgesellschaft miteinander verschmolzen, endet die Organschaft zwingend. Fällt der steuerliche Übertragungsstichtag auf das Ende des Wirtschaftsjahres der Organgesellschaft, ist deren finanzielle Eingliederung bis zu diesem Zeitpunkt gegeben.

276

cc) Zurechnung des Organeinkommens

Das Einkommen der Organgesellschaft ist dem Organträger für das Kalenderjahr zuzurechnen, in dem die Organgesellschaft das Einkommen bezogen hat.[303] Wird der Organträger auf einen anderen Rechtsträger verschmolzen, ist für die Zurechnung des Organeinkommens entscheidend, wem die Beteiligung an der Organgesellschaft am Ende ihres Wirt-

277

---
[297] Vgl. R 14.5 VI 3 KStR 2015.
[298] Vgl. Müller BB 2002 S. 157 (158).
[299] Vgl. BMF vom 11.11.2011, BStBl. I 2011 S. 1314, Tz. Org.04.
[300] Vgl. BMF vom 11.11.2011, BStBl. I 2011 S. 1314, Tz. Org.02.
[301] Vgl. BMF vom 11.11.2011, BStBl. I 2011 S. 1314, Tz. Org.03.
[302] Vgl. BFH v. 28.7.2010 – I R 89/09, BStBl. II 2011, S. 529.
[303] Vgl. BMF vom 11.11.2011, BStBl. I 2011 S. 1314 Tz. Org.19.

schaftsjahrs zuzuordnen ist. Fällt der steuerliche Übertragungsstichtag auf das Ende des Wirtschaftsjahres der Organgesellschaft, so ist deren Einkommen noch dem übertragenden Rechtsträger als Organträger zuzurechnen.[304]

b) Verschmelzung auf den Organträger

278 Wird ein dritter Rechtsträger auf den Organträger als übernehmender Rechtsträger verschmolzen, so hat dies auf den Fortbestand eines Gewinnabführungsvertrags keinen Einfluss und berührt das Organschaftsverhältnis nicht.[305] Etwas anderes gilt nur dann, wenn die Organgesellschaft auf den Organträger verschmolzen wird. In diesem Fall endet der Gewinnabführungsvertrag zum steuerlichen Übertragungsstichtag.

c) Verschmelzung der Organgesellschaft

aa) Gewinnabführungsvertrag

279 Mit Verschmelzung der Organgesellschaft auf den Organträger oder einen anderen Rechtsträger endet der Gewinnabführungsvertrag zwingend. Eine Rechtsnachfolge durch die übernehmende Gesellschaft ist insoweit ausgeschlossen. Das Organschaftverhältnis endet damit auf den wirtschaftlichen Übertragungsstichtag. Der Gewinnabführungsvertrag ist demzufolge letztmals auf das am Verschmelzungsstichtag endende Wirtschaftsjahr der Organgesellschaft anzuwenden. Durch die Verschmelzung der Organgesellschaft auf eine andere Kapitalgesellschaft endet das Wirtschaftsjahr der untergehenden Organgesellschaft steuerlich mit dem steuerlichen Übertragungsstichtag. Aus dieser Beendigung ergeben sich für die abgelaufenen Wirtschaftsjahre selbst dann keine nachteiligen Folgen, wenn der Gewinnabführungsvertrag noch keine fünf Jahre durchgeführt wurde. Vielmehr stellt die Verschmelzung einen wichtigen Grund für die Beendigung des Gewinnabführungsvertrags dar.[306]

bb) Finanzielle Eingliederung und Organgesellschaftsfähigkeit

280 Wird eine Organgesellschaft auf eine andere Kapitalgesellschaft verschmolzen, kann eine finanzielle Eingliederung zwischen dem bisherigen Organträger und dem übernehmenden Rechtsträger frühestens ab dem Zeitpunkt der Wirksamkeit der Verschmelzung bestehen.[307] Demzufolge ist eine rückbezogene Begründung eines Organschaftverhältnisses zwischen bisherigem Organträger und der übernehmenden Drittgesellschaft ausgeschlossen. Wird hingegen eine Organgesellschaft auf eine Schwesterkapitalgesellschaft verschmolzen (sidestream merger), kann durch Abschluss eines neuen Gewinnabführungsvertrags mit der übernehmenden

---

[304] Vgl. BMF vom 11.11.2011, BStBl. I 2011 S. 1314 Tz. Org.02.
[305] Vgl. BMF vom 11.11.2011, BStBl. I 2011 S. 1314 Tz. Org.20.
[306] Vgl. R 14.5 VI 2 KStR 2015; BMF vom 11.11.2011, BStBl. I 2011 S. 1314, Tz. Org.26.
[307] Vgl. BMF vom 11.11.2011, BStBl. I 2011 S. 1314, Tz. Org.21.

§ 11. Steuerrechtliche Regelungen § 11

Schwestergesellschaft im Verhältnis zur Muttergesellschaft ein Organschaftverhältnis begründet werden, wenn die Muttergesellschaft bereits seit dem Beginn des Wirtschaftsjahres an der übernehmenden Körperschaft in ausreichendem Maße an dieser finanziell beteiligt war.

cc) Behandlung des Übernahmeergebnisses

Streitig ist die Frage, ob ein steuerlicher Übertragungsgewinn nach § 11 I, II UmwStG von der Abführungspflicht des Gewinnabführungsvertrags erfasst wird. Der Übertragungsgewinn der durch Aufstockung der Wirtschaftsgüter auf den gemeinen Wert oder Zwischenwert noch bei der Organgesellschaft entsteht, gehört nicht zum handelsrechtlichen Jahresüberschuss iSd § 301 AktG und kann daher zivilrechtlich nicht abgeführt werden. Nach Auffassung der Finanzverwaltung[308] soll die Organgesellschaft diesen Übertragungsgewinn selbst als Einkommen zu versteuern haben. Der Gewinn aus der Bewertung des übergehenden Vermögens zum gemeinen Wert oder zum Zwischenwert nach § 11 I oder II UmwStG soll demnach nicht mehr als Vorgang der organschaftlichen Zeit anzusehen sei. Diese Auffassung ist dann vorteilhaft, wenn die Organgesellschaft noch über vororganschaftliche steuerliche Verlustvorträge verfügt, die während der Wirksamkeit des Gewinnabführungsvertrags nach § 15 Satz 1 Nr. 1 KStG nicht verrechnet werden können. Nach anderer im Schrifttum[309] vertretener Ansicht ist der Übertragungsgewinn dem Organträger zuzurechnen und von ihm zu versteuern. Grund dafür ist, dass das Einkommen der Organgesellschaft dem Organträger nach § 14 Satz 1 KStG zuzurechnen ist. Diese Zurechnung ist unabhängig vom Umfang der handelsrechtlichen Gewinnabführungspflicht.

Besonderheiten können sich bei Mehr- oder Minderabführung ergeben, dh aus Bewertungsunterschieden zwischen Handels- und Steuerbilanz.

281

dd) Konsequenzen für die Beteiligung des Organträgers an der Organgesellschaft

Die Verschmelzung ist auf Ebene des Organträgers als Veräußerung (Tausch) der Beteiligung der Organgesellschaft im Zeitpunkt der Wirksamkeit der Verschmelzung bzw. bei Aufwärtsverschmelzung mit Ablauf des steuerlichen Übertragungsstichtags zu behandeln.[310] Somit greifen die Regelungen des § 13 UmwStG für die Beteiligung des Organträgers an der Organgesellschaft.

282

---

[308] Vgl. BMF vom 11.11.2011, BStBl. I 2011 S. 1314, Tz. Org.27.
[309] Siehe *Herlinghaus* in Rödder/Herlinghaus/van Lishaut, UmwStG, Anh. 4 Rn. 63; siehe ebenfalls BFH-Urteil vom 24.1.2001 – I R 103/99, BFH/NV 2001 S. 1455.
[310] Vgl. BMF vom 11.11.2011, BStBl. I 2011 S. 1314 Tz. Org.21.

§ 11　　　　　　　　　　　　　　　　　3. Teil. Verschmelzung

d) Verschmelzung auf eine Organgesellschaft

aa) Gewinnabführungsvertrag

283　Wird eine Kapitalgesellschaft auf eine Organgesellschaft verschmolzen, so wird ein Gewinnabführungsvertrag zwischen dem Organträger und der Organgesellschaft als übernehmendem Rechtsträger von dieser Verschmelzung nicht berührt. Dementsprechend wird in einem solchen Fall ein außerordentliches Kündigungsrechts des Gewinnabführungsvertrags wohl allenfalls dann bestehen, wenn infolge der Verschmelzung die Organgesellschaft nicht mehr finanziell in den Organträger eingegliedert ist.

bb) Finanzielle Eingliederung und Organgesellschaftsfähigkeit

284　Für ein bestehendes Organschaftsverhältnis zwischen dem Organträger und der Organgesellschaft als übernehmendem Rechtsträger ist die Umwandlung einer anderen Gesellschaft auf die Organgesellschaft unbeachtlich, wenn die finanzielle Eingliederung auch nach der Umwandlung fortbesteht.[311] Die Verschmelzung einer Tochtergesellschaft auf die Organgesellschaft hat auf die finanzielle Eingliederung und auf die bisherige Zugehörigkeit der Beteiligung an der Organgesellschaft zu einer inländischen Betriebsstätte des Organträgers keinen Einfluss. Demgegenüber hat die Verschmelzung einer Schwestergesellschaft auf einen Organträger dann Einfluss auf die finanzielle Eingliederung, wenn an der Organgesellschaft Dritte beteiligt sind und durch den Verschmelzungsvorgang die bisherige Mehrheitsbeteiligung des Organträger entfällt.

cc) Behandlung des Übernahmeergebnisses

285　Durch die Verschmelzung einer dritten Kapitalgesellschaft auf die Organgesellschaft entsteht auf Ebene der Organgesellschaft ein Übernahmeerfolg. Für die steuerliche Behandlung dieses Übernahmeergebnisses im Rahmen der bestehenden Organschaft zwischen Organträger und Organgesellschaft als aufnehmendem Rechtsträger kommt es auf die handelsrechtliche Abführungsverpflichtung an.
Ist die Organgesellschaft an dem übertragenden Rechtsträger beteiligt und wird die nachgeordneten Gesellschaft auf die Organgesellschaft im Zuge eines upstream merger verschmolzen, erstreckt sich die Gewinnabführungsverpflichtung der Organgesellschaft auch auf einen handelsrechtlichen Übernahmegewinn.[312] Der Übernahmeerfolg stellt in diesem Fall ein laufendes Ergebnis der übernehmenden Organgesellschaft dar. Ein Übernahmegewinn entsteht auf Ebene der Organgesellschaft dann, wenn das übertragende Nettobuchwertvermögen höher ist als der Buchwertansatz der Anteile des übernehmenden Rechtsträgers am übertragenden Rechtsträger. Ergibt sich bei der Verschmelzung für die Organgesellschaft als übernehmendem Rechtsträger ein Übernahmever-

---

[311] Vgl. BMF vom 11.11.2011, BStBl. I 2011 S. 1314, Tz. Org.29.
[312] Vgl. BMF vom 11.11.2011, BStBl. I 2011 S. 1314, Tz. Org.30 Nr. 1.

§ 11. Steuerrechtliche Regelungen § 11

lust, wirkt dieser sich handelsrechtlich ergebnismindernd aus und unterliegt der Ausgleichsverpflichtung durch den Organträger nach § 302 AktG. Zu beachten ist, dass ein Übernahmegewinn bzw. Übernahmeverlust nach § 12 II UmwStG bei der Einkommensermittlung der übernehmenden Organgesellschaft steuerlich außer Ansatz bleibt und insoweit außerbilanziell zu korrigieren ist.[313] Bestehen Bewertungsunterschiede zwischen Handels- und Steuerbilanz und gehen mit dem Übernahmeergebnis Mehr- oder Minderabführungen einher, so haben diese nach Auffassung der Finanzverwaltung ihre Ursache in vororganschaftlicher Zeiten hat. Nach Auffassung der Finanzverwaltung sind diese Mehr- oder Minderabführungen daher übereinstimmend mit § 14 III 1, 2 KStG als Gewinnausschüttung bzw. Einlage zu behandeln.[314]

Anders verhält es sich, wenn die Organgesellschaft als übernehmender Rechtsträger keine Beteiligung an der übertragenden Gesellschaft hält, wie bei der Verschmelzung einer Schwestergesellschaft durch sidestream merger. In diesem Fall hat die Organgesellschaft im Zuge der Verschmelzung neue Anteile auszugeben. In diesem Fall unterliegt ein Übernahmegewinn nicht der Pflicht zur Gewinnabführung, soweit er zur Aufstockung des Nennkapitals verwendet oder in die Kapitalrücklage eingestellt wird.[315] Soweit die übernehmende Organgesellschaft als Gegenleistung eigene Anteile gewährt, die nach der Rechtslage in § 272 HGB idF vor Inkrafttreten des BilMoG[316] bei der Übernehmerin bilanziert waren, soll der handelsrechtliche Übernahmegewinn nach Auffassung der Finanzverwaltung in dem Betrag enthalten sein, der nach § 301 AktG an den Organträger abzuführen ist.[317] Demgegenüber wird im Schrifttum die Auffassung vertreten, dass sich die Hingabe eigener Anteile bei einem sidestream merger auf gesellschaftsrechtlicher Ebene vollzieht. Insofern ist nach dieser uE zutreffenden Auffassung ein entstehender Übernahmegewinn in die Kapitalrücklage einzustellen.[318] Ein bei der Organgesellschaft entstehender handelsrechtlicher Übernahmeverlust unterliegt der Verlustübernahme nach § 302 AktG bzw. mindert den Abführungsbetrag nach § 301 AktG.[319]

286

IV. Verschmelzung einer Körperschaft auf eine Personengesellschaft

1. Vorbemerkung

Die steuerlichen Folgen der Verschmelzung von Körperschaften auf Personengesellschaften oder natürliche Personen sind in den §§ 3 bis 8,

287

---

[313] Vgl. *Rödder* DStR 2011 S. 1053 (1059); *Herlinghaus* in Rödder/Herlinghaus/van Lishaut, UmwStG, Anh. 4 Rn. 65 f.
[314] Vgl. BMF vom 11.11.2011, BStBl. I 2011 S. 1314, Tz. Org.33 f.
[315] Vgl. BMF vom 11.11.2011, BStBl. I 2011 S. 1314, Tz. Org.30 Nr. 2.
[316] BGBl. I 2009 S. 1102.
[317] Vgl. BMF vom 11.11.2011, BStBl. I 2011 S. 1314, Tz. Org.31.
[318] Vgl. *Herlinghaus* in Rödder/Herlinghaus/van Lishaut, UmwStG, Anh. 4 Rn. 66.
[319] Vgl. BMF vom 11.11.2011, BStBl. I 2011 S. 1314, Tz. Org.32.

18 UmwStG geregelt. Besonderheit dieser Verschmelzung ist, dass damit ein steuerlicher Regimewechsel stattfindet. Unterlag die übertragende Körperschaft bisher der Körperschaftsteuer, so ist die übernehmende Gesellschaft vielmehr selbst nicht mehr Körperschaftsteuer- bzw. Einkommensteuersubjekt. Für steuerliche Zwecke ist das Einkommen der Personengesellschaft ihren Gesellschaftern zuzurechnen und unterliegt dort der Einkommensteuer bzw. Körperschaftsteuer. Die Personengesellschaft selbst hat zu diesem Zweck eine einheitliche und gesonderte Gewinnermittlung zu erstellen. Lediglich für Zwecke der Gewerbesteuer ist die Personengesellschaft selbst Steuersubjekt.

288 Das UmwStG 1977 behandelte die Verschmelzung einer Körperschaft auf eine Personengesellschaft wie eine Veräußerung der Wirtschaftsgüter der Körperschaft, wenn auch ohne Berücksichtigung selbst geschaffener immaterieller Wirtschaftsgüter sowie eines originären Geschäfts- oder Firmenwertes.[320] Um betriebswirtschaftlich erwünschte Umstrukturierungen nicht durch deren steuerliche Folgen zu behindern,[321] wurde durch das UmwStG 1995 die Möglichkeit einer weitestgehend steuerneutralen Verschmelzung von Körperschaften auf eine Personengesellschaft eingeräumt. Dabei wurde ein Wahlrecht eröffnet, stille Reserven in der Schlussbilanz der übertragenden Körperschaft aufzudecken oder die Buchwerte beizubehalten. Bei Nichtaufdeckung der stillen Reserven führte die Verschmelzung einer Körperschaft auf eine Personengesellschaft lediglich durch eine angenommene Vollausschüttung von thesaurierten Gewinnen zu steuerlichen Belastungen.

289 Mit dem Steuersenkungsgesetz (StSenkG) wurde die Möglichkeit einer steuerneutralen Verschmelzung von Körperschaften auf Personengesellschaften beibehalten. Ausgeschlossen wurde indes die Zulässigkeit einer steuerfreien „Transformation" („step-up") von Anschaffungskosten in Abschreibungsvolumen, wie dies zuvor im Anschluss an den Erwerb von Kapitalgesellschaftsanteilen durch das sog. „Umwandlungsmodell" gelang.

290 Durch das SEStEG wurde der Anwendungsbereich der Regelungen der §§ 3 bis 8, 18 UmwStG über inländische Verschmelzungen hinaus auf grenzüberschreitende Verschmelzungen unter Beteiligung von EU-/EWR-Gesellschaften sowie auf Auslandsverschmelzungen ausgedehnt.[322] Dabei ist es unerheblich, ob an der aufnehmenden Personengesellschaft in- oder ausländische Gesellschafter beteiligt sind.[323] Die Regelungen der §§ 3 bis 5 UmwStG sind daher auch dann anzuwenden, wenn an der übernehmenden Personengesellschaft in Drittstaaten ansässige Gesellschafter beteiligt sind.[324] Wesentliche konzeptionelle Änderung bei der Verschmelzung von Körperschaften auf Personengesellschaften durch das SEStEG gegenüber dem bisherigen Recht ist die Aufteilung des

---

[320] Vgl. BMF BStBl. I 1986 S. 164 Rn. 8.
[321] Vgl. BT-Drucks. 12/6885 S. 14 Allgemeine Begründung.
[322] → Rn. 3 ff.
[323] Vgl. *Widmann* in Widmann/Mayer, § 1 UmwStG Rn. 47.
[324] Vgl. zB *Birkemeier* in Rödder/Herlinghaus/van Lishaut, § 3 UmwStG Rn. 45; *Schmitt* in Schmitt/Hörtnagl/Stratz, Vor §§ 3–9 UmwStG Rn. 2.

§ 11. Steuerrechtliche Regelungen   § 11

Übernahmeergebnisses in einen Dividendenteil (steuerbilanzielle Gewinnrücklage) und einen Veräußerungsteil. Diese Aufteilung dient der Sicherstellung des deutschen Quellenbesteuerungsrechts. Der Dividendenanteil wird wie eine Gewinnausschüttung besteuert; er unterliegt der Kapitalertragsteuer.

2. Anwendungsbereich

Der sachliche und persönliche Anwendungsbereich des UmwStG auf 291 Verschmelzungen wird durch § 1 I Nr. 1 UmwStG geregelt. Ergänzend sind § 1 II und IV UmwStG zu beachten.[325] Für die Verschmelzung von Körperschaften auf Personengesellschaften bzw. auf eine natürliche Person unter Anwendung der §§ 3 bis 8 UmwStG müssen der übertragende Rechtsträger und der übernehmende Rechtsträger nach dem Recht eines EU-Mitgliedstaats oder eines EWR-Staats gegründet sein und ihren Sitz (§ 11 AO) sowie ihren Ort der Geschäftsleitung (§ 10 AO) in einem dieser Staaten haben § 1 II 1 Nr. 1 UmwStG. Nicht erforderlich ist es, dass sich der Sitz (§ 11 AO) und der Ort der Geschäftsleitung (§ 10 AO) in ein und demselben EU-Mitgliedstaat oder EWR-Staat befinden. Die natürliche Person als übernehmender Rechtsträger muss ihren Wohnsitz oder gewöhnlichen Aufenthalt innerhalb der EU/EWR unterhalten. Die persönlichen Anwendungsvoraussetzungen müssen nach Ansicht der Finanzverwaltung[326] bereits am steuerlichen Übertragungsstichtag gegeben sein. Bei Verschmelzung zur Neugründung ist auf den Zeitpunkt der zivilrechtlichen Wirksamkeit der Umwandlung abzustellen.[327] Fallen die persönlichen Ansässigkeitsvoraussetzungen nach der Umwandlung weg, sollte dies – von missbräuchlichen Gestaltungen abgesehen – keine Auswirkungen auf die Verschmelzung haben.

Die folgenden Ausführungen beschränken sich auf reine Inlandsver- 292 schmelzungen, dh die Verschmelzung einer unbeschränkt steuerpflichtigen Körperschaft auf eine inländische Personengesellschaft unter ausschließlicher Beteiligung inländischer Gesellschafter[328] sowie auf Inlandsverschmelzungen mit Auslandsbezug.[329] Zu grenzüberschreitenden Verschmelzungen unter Beteiligung von EU-/EWR-Gesellschaften sowie Auslandsverschmelzungen wird auf § 16 verwiesen.[330]

Zu betrachten sind dabei zunächst die Auswirkungen nach § 3 293 UmwStG bei der übertragenden Körperschaft.[331] Die Rechtsfolgen für die übernehmende Personengesellschaft werden durch §§ 4, 6 UmwStG geregelt.[332] Auf die Anteilseigner der übertragenden Körperschaft sind

---
[325] → Rn. 3 ff.
[326] Vgl. BMF-Schreiben vom 11.11.2011, BStBl. I 2011 S. 1314 Tz. 01.52.
[327] Vgl. BMF-Schreiben vom 11.11.2011, BStBl. I 2011 S. 1314 Tz. 01.52.
[328] → Rn. 294 ff.
[329] → Rn. 518 ff.
[330] → § 16 Rn. 152.
[331] → Rn. 294 ff.
[332] → Rn. 290 ff.

§ 11   3. Teil. Verschmelzung

die Regelungen der §§ 5, 7 UmwStG anzuwenden.[333] Besonderheiten bestehen bei der Verschmelzung einer vermögensverwaltenden Kapitalgesellschaft auf eine Personengesellschaft ohne Betriebsvermögen, § 8 UmwStG.[334] Getrennt betrachtet wird die Abwärtsverschmelzung (downstream merger) einer Körperschaft auf ihre Tochterpersonengesellschaft.[335]

3. Inlandsumwandlung ohne Auslandsbezug

a) Verschmelzung unabhängiger Rechtsträger oder Aufwärtsverschmelzung

aa) Steuerliche Auswirkungen auf der Ebene der übertragenden Körperschaft

294 (1) Steuerliche Schlussbilanz. Die übertragende Körperschaft hat auf den steuerlichen Übertragungsstichtag iSv § 2 I 1 UmwStG eine steuerliche Schlussbilanz aufzustellen. Die für die Zeit vor SEStEG von der Finanzverwaltung[336] vertretene Auffassung der Maßgeblichkeit der handelsrechtlichen Schlussbilanz für die steuerliche Schlussbilanz der übertragenden Körperschaft wurde aufgegeben.[337] Als steuerliche Schlussbilanz iSv § 3 I UmwStG kann auch eine Überleitungsrechnung gemäß § 60 II EStDV angesehen werden können, sofern diese ausdrücklich als eine solche steuerliche Schlussbilanz erklärt wird.[338]

295 Die steuerliche Behandlung der übertragenden Körperschaft wird in § 3 UmwStG geregelt. Nach § 3 I UmwStG sind die übergebenden Wirtschaftsgüter in der Schlussbilanz der übertragenden Körperschaft zum gemeinen Wert anzusetzen.[339] Bei Erfüllung der Voraussetzungen des § 3 II UmwStG können die übergehenden Wirtschaftsgüter auf Antrag in der Schlussbilanz zu Buchwerten oder zu Zwischenwerten angesetzt werden.[340]

296 (2) Bewertung zum gemeinen Wert. **(a) Regelbewertung.** In der steuerlichen Schlussbilanz sind die übergehenden Wirtschaftsgüter, einschließlich nicht entgeltlich erworbener und selbst geschaffener immaterieller Wirtschaftsgüter, einschließlich nicht entgeltlich erworbener und selbst geschaffener immaterieller Wirtschaftsgüter, mit dem gemeinen Wert anzusetzen, § 3 I 1 UmwStG. Die Bewertung mit dem gemeinen

---

[333] → Rn. 337 ff.
[334] → Rn. 425 ff.
[335] → Rn. 418 ff.
[336] Zur bisherigen Auffassung siehe BMF-Schreiben vom 25.3.1998, BStBl. I 1998, 268 Tz. 03.01. Zur gegenteiligen jetzigen Auffassung vgl. BMF-Schreiben vom 11.11.2011, BStBl. I 2011 S. 1314 Tz. 03.04, 03.10.
[337] Vgl. Regierungsbegründung zum SEStEG-E, BT-Drucks. 16/2710 S. 43, 55. So zuvor BFH vom 28.5.2008 – I R 98/06, GmbHR 2008 S. 1105. Vgl. auch BMF-Schreiben vom 11.11.2011, BStBl. I 2011 S. 1314 Tz. 03.04, 03.10.
[338] Vgl. *Birkemeier* in Rödder/Herlinghaus/van Lishaut, § 3 UmwStG Rn. 61; *Schmitt* in Schmitt/Hörtnagl/Stratz, § 3 UmwStG Rn. 22.
[339] → Rn. 308 ff.
[340] → Rn. 318 ff.

§ 11. Steuerrechtliche Regelungen § 11

Wert hat nach den Verhältnissen zum steuerlichen Übertragungsstichtag zu erfolgen.

(b) Ansatz dem Grunde nach. Bei Bewertung zum gemeinen Wert gelten die steuerlichen Ansatzverbote des § 5 EStG nicht.[341] Demzufolge ist bei Bewertung zum gemeinen Wert auch ein originärer Geschäfts- oder Firmenwert in der Schlussbilanz der Übertragerin anzusetzen.   297

Fraglich ist, wie stille Lasten im Vermögen des übertragenden Rechtsträgers bei Bewertung in dessen steuerlicher Schlussbilanz zum gemeinen Wert abzubilden sind. Nach der wohl bisher im Schrifttum vertretenen Auffassung[342] sollen stille Lasten im Rahmen des Geschäfts- oder Firmenwerts zu berücksichtigen sein. Demgegenüber sind nach neuerer Auffassung[343] im übergehenden Vermögen enthaltene stille Lasten in der steuerlichen Schlussbilanz der Übertragerin als ungewisse Verbindlichkeiten zu passivieren. Die Auffassung stützt sich dabei auf die neuere BFH-Rechtsprechung[344] zur Passivierung im Zuge eines Betriebserwerbs angeschaffter Rückstellungen. Dieser Rechtsprechung zufolge sind betriebliche Verbindlichkeiten, welche in der Schlussbilanz des Veräußerers aufgrund steuerlicher Passivierungsverbote nicht bilanziert worden sind, beim Erwerber der Verbindlichkeit als ungewisse Verbindlichkeit auszuweisen.   298

Werden für stille Lasten in der steuerlichen Schlussbilanz des übertragenden Rechtsträgers Rückstellungen passiviert, stellt sich weiterhin die Frage einer Anwendung von § 4 f EStG.[345] Nach § 4 f EStG ist der Aufwand aus Verpflichtungen, die beim ursprünglich Verpflichteten Ansatzverboten, Ansatzbeschränkungen oder Bewertungsvorbehalten unterlegen haben, im Wirtschaftsjahr der Übertragung und den nachfolgenden 14 Jahren gleichmäßig verteilt als Betriebsausgabe abziehbar. Die Vorschrift des § 4 f EStG gilt gemäß § 52 VIII EStG erstmals für Wirtschaftsjahre, die nach dem 28.11.2013 enden. Damit wäre § 4 f EStG auf Verschmelzungen anzuwenden, deren Verschmelzungsstichtag nach dem 28.11.2013 liegt. Die Anwendung des § 4 f EStG beim Übertragenden würde dazu führen, dass der aus der Passivierung stiller Lasten resultierende Aufwand zu $1/15$ erfolgswirksam zu berücksichtigen ist.[346]   299

---

[341] Vgl. BMF-Schreiben vom 11.11.2011, BStBl. I 2011 S. 1314 Tz. 03.06. Vgl. auch *Brinkaus/Grabbe* in Haritz/Menner, § 3 UmwStG Rn. 87; *Schmitt* in Schmitt/Hörtnagl/Stratz, § 3 UmwStG Rn. 29. AA hinsichtlich der steuerlichen Aktivierungs- und Passivierungsverbote *Birkemeier* in Rödder/Herlinghaus/van Lishaut, § 3 UmwStG Rn. 59 mwN.
[342] Vgl. zB *Birkemeier* in Rödder/Herlinghaus/van Lishaut, § 3, Rn. 59; *Rödder/Schmidt-Fehrenbacher* in FGS/BDI, UmwStE 2011, S. 234 f.; *Stadler/Elser/Bindl* DB Beilage 1/2012 S. 14.
[343] Vgl. *Schmitt* in Schmitt/Hörtnagl/Stratz, § 3 UmwStG, Rn. 36a.
[344] Vgl. BFH vom 14.12.2011 – I R 72/10, BFH/NV 2012, S. 635; BFH vom 16.12.2009 – I R 102/08, BFH/NV 2010, S. 517.
[345] Vgl. dazu *Schmitt/Keuthen* DStR 2015 S. 2521; *Schmitt* in Schmitt/Hörtnagl/Stratz, § 3 UmwStG Rn. 36 f.
[346] Vgl. *Möhlenbrock/Pung* in Dötsch/Pung/Möhlenbrock, § 3 UmwStG Rn. 40.

§ 11   3. Teil. Verschmelzung

Die hM[347] geht davon aus, dass § 4f EStG auch bei Verschmelzungen Anwendung findet. Gestützt wird diese Auffassung dadurch, dass nach der Gesetzesbegründung[348] die Ausnahmeregelungen des § 4f I 3 bis 6 EStG im Fall von Umwandlungsvorgängen mit Übergang auf einen neuen Rechtsträger nicht greifen. Nach § 4f I 3 bis 6 EStG unterbleibt eine Verteilung des Aufwands aus der Schuldübernahme ua in Fällen der (Teil-)Veräußerung des Betriebs. Der dargestellten Auffassung ist entgegenzuhalten, dass die Anwendungsvoraussetzungen des § 4f EStG bei Verschmelzungen nicht erfüllt sind. Die Regelung des § 4f I EStG knüpft an die Übertragung einer Verpflichtung an; die amtliche Überschrift spricht von einer „Verpflichtungsübernahme". Dem gleichgestellt werden in § 4f II EStG Schuldbeitritt und Erfüllungsübernahme mit ganzer oder teilweiser Schuldfreistellung. Die Übertragung einer Verpflichtung iSv § 4f EStG liegt vor, wenn die Verpflichtung zivilrechtlich auf eine andere Person übergeht, wobei die Übertragung im Wege der Einzelrechts-, Sonderrechts- oder Gesamtrechtsnachfolge erfolgen kann.[349] Diese Voraussetzungen sind indes im Fall der Passivierung von Verpflichtungen aufgrund der Bewertung zum gemeinen Wert (oder zu Zwischenwerten) in der Schlussbilanz des übertragenden Rechtsträgers nicht erfüllt. Der übertragende Rechtsträger ist gerade nicht die Rechtsperson, die die Verpflichtung übernimmt. Vielmehr geht diese Verpflichtung im Zuge der Verschmelzung auf den übernehmenden Rechtsträger über. Insofern ist nach der hier vertretenen Auffassung die Regelung des § 4f EStG in der Schlussbilanz des Übertragenden bei Bewertung des übergehenden Vermögens zum gemeinen Wert oder zu Zwischenwerten mangels Erfüllung der Anwendungsvoraussetzungen nicht anwendbar.[350] Vielmehr ist nach hier vertretener Auffassung der Aufwand aus der Passivierung stiller Lasten in der Schlussbilanz des Übertragenden in vollem Umfang erfolgswirksam zu erfassen. Eine Verteilung des bezeichneten Aufwands in der Schlussbilanz des Übertragenden scheidet demnach uE aus.[351] Dies kann in der Praxis allerdings auch dazu führen, dass sich lediglich Verlustvorträge des übertragenden Rechtsträgers erhöhen.

300   **(c) Ansatz des übergehenden Vermögens der Höhe nach: Gemeiner Wert der übergehenden Sachgesamtheit.** Das übergehende Vermögen ist in der Schlussbilanz der übertragenden Körperschaft bei der Verschmelzung auf eine Personengesellschaft nach § 3 I UmwStG zum gemeinen Wert zu bewerten. Nach § 9 II BewG wird der gemeine Wert

---

[347] Vgl. zB *Möhlenbrock/Pung* in Dötsch/Pung/Möhlenbrock, § 3 UmwStG Rn. 40; *Dötsch* in Dötsch/Pung/Möhlenbrock, § 11 UmwStG Rn. 25a; *Gosch* in Kirchhof, § 4f EStG Rn. 12; *Schober* in Herrmann/Heuer/Raupach, § 4f EStG Rn. 5; *Förster/Staaden* Ubg 2014 S. 1.
[348] Vgl. BT-Drs. 18/68 [neu] S. 73.
[349] Vgl. BT-Drs 18/68 [neu] S. 73.
[350] Vgl. *Schmitt/Keuthen* DStR 2015 S. 2521.
[351] Vgl. *Möhlenbrock/Pung* in Dötsch/Pung/Möhlenbrock, § 3 UmwStG Rn. 40.

§ 11 Steuerrechtliche Regelungen § 11

durch den Preis bestimmt, der im gewöhnlichen Geschäftsverkehr nach der Beschaffenheit eines Wirtschaftsguts bei einer Veräußerung zu erzielen wäre. Dabei sind alle Umstände zu berücksichtigen, die den Preis beeinflussen. Ungewöhnliche oder persönliche Verhältnisse bleiben unberücksichtigt. Der gemeine Wert entspricht regelmäßig dem Verkehrswert. Der gemeine Wert ist indes nach der vorbezeichneten Definition auf die Bewertung von Einzelwirtschaftsgütern ausgerichtet. Bei der Verschmelzung hingegen werden Sachgesamtheiten übertragen. Diesen Besonderheiten wird die o. g. Definition des gemeinen Werts bei Abstellung auf Einzelwirtschaftsgüter nicht gerecht. Insofern kann es sich bei dem gemeinen Wert für die Zwecke des § 3 I UmwStG – abweichend von § 9 II BewG – nicht lediglich um die Summe der gemeinen Werte der einzelnen Wirtschaftsgüter des übergehenden Vermögens handeln. Ein gedachter Erwerber wird nicht bereit sein, für den Erwerb einer Sachgesamtheit die Summe der gemeinen Werte der Einzelwirtschaftsgüter zu zahlen.[352] Vielmehr muss unter dem gemeinen Wert für die Zwecke des § 3 I UmwStG ein „Gesamtwert" des übergehenden Vermögens verstanden werden.[353] Dementsprechend geht auch die Finanzverwaltung davon aus, dass der gemeinen Werte der übergehenden Wirtschaftsgüter als Sachgesamtheit zu ermitteln ist.[354] Ausgehend von § 9 II BewG ist der gemeine Wert der übergehenden Sachgesamtheit vorrangig nach den Preisen bei Transaktionen unter fremden Dritten abzuleiten. Im Regelfall wird indes mangels Verkäufen unter fremden Dritten die Bestimmung des gemeinen Wertes bei Umwandlungen durch eine rechnerische Bewertung notwendig sein. Dies soll entsprechend § 11 II, § 109 I 2 BewG durch eine im Geschäftsverkehr übliche Methode unter Berücksichtigung der Ertragsaussichten[355] erfolgen. In der Praxis haben sich dabei sog. IDW S1-Gutachten durchgesetzt. Vor allem bei Übergang von umfangreichem Immobilienvermögen sieht indes die Finanzverwaltung auch im Fall einer IDW S1-Bewertung in Anlehnung an § 11 II 3 BewG den Substanzwert als Wertuntergrenze an.[356] Anerkannt werden in der Praxis zudem Bewertungen nach dem vereinfachten Ertragswertverfahren iSd §§ 199 ff. BewG.[357]

---

[352] Vgl. *Lemaitre/Schönherr* GmbHR 2007 S. 173 (174).
[353] Vgl. *Dötsch/Pung* DB 2006 S. 2704 (2705); *Hagemann/Jakob/Ropohl/Viebrock* NWB 2007, Sonderheft 1 S. 13.
[354] Vgl. BMF-Schreiben vom 11.11.2011, BStBl. I 2011 S. 1314 Tz. 20.17 iVm Tz. 03.07. Vgl. auch zB *Pung* in Dötsch/Pung/Möhlenbrock, § 3 UmwStG Rn. 29; *Schmitt* in Schmitt/Hörtnagl/Stratz, § 3 UmwStG Rn. 44; *Bogenschütz* Ubg 2011 S. 393; *Kahle/Vogel* Ubg 2012 S. 393.
[355] Vgl. auch BMF-Schreiben vom 11.11.2011, BStBl. I 2011 S. 1314 Tz. 20.17 iVm 03.07.
[356] Vgl. BMF-Schreiben vom 11.11.2011, BStBl. I 2011 S. 1314 Tz. 03.07. Siehe dazu auch *Bogenschütz* Ubg 2011 S. 409; *Drosdzol* DStR 2011 S. 1258; *Piltz* DStR 2009 S. 1830; *Möhlenbrock/Pung* in Dötsch/Pung/Möhlenbrock, § 3 UmwStG Rn. 47.
[357] Vgl. BMF-Schreiben vom 22.9.2011, BStBl. I 2011 S. 859. Vgl. auch zB *Pung* in Dötsch/Pung/Möhlenbrock, § 3 UmwStG Rn. 30. Kritisch *Rödder/Rogall* Ubg 2011 S. 753 (755).

§ 11   3. Teil. Verschmelzung

Zweifelhaft ist hingegen die Anerkennung einer Bewertung nach dem vereinfachten Ertragswertverfahren bei komplexeren Sachverhalten.[358]

301 Abweichend von § 3 I 1 UmwStG sind Pensionsrückstellungen in der Schlussbilanz der Übertragerin mit dem Teilwert nach § 6a EStG zu bewerten, § 3 I 2 UmwStG. Auf diese Weise werden stille Lasten bei der Bewertung von Pensionsrückstellungen nicht aufgedeckt.[359] Im Schrifttum[360] wird aus dem Verweis des § 3 I 1 UmwStG auf die Anwendung des § 6a EStG lediglich für die Zwecke der Bewertung geschlossen, dass in der Schlussbilanz auch Pensionsrückstellungen anzusetzen sind, für die steuerlich außerhalb der Schlussbilanz, etwa mangels Erfüllung des Schriftformerfordernisses, ein Passivierungsverbot besteht. Nach anderer Auffassung ist der Verweis des § 3 I 1 UmwStG umfassend und nicht nur auf die Bewertungsvorschrift des § 6a III EStG beschränkt. Demnach sind für Pensionsrückstellungen abweichend von § 3 I 1 auch die Ansatzregelungen aus § 6a I, II EStG zu beachten.[361]

301a Hinsichtlich der Pensionszusagen an Gesellschafter der übertragenden Kapitalgesellschaft, die nach Verschmelzung für die Personengesellschaft tätig werden, stellt sich die Frage, ob bisher passivierte Pensionsrückstellungen in der Schlussbilanz der Übertragerin anzusetzen sind. Diese Frage stellt sich vor dem Hintergrund, dass Pensionszusagen an Gesellschafter einer Personengesellschaft steuerlich als bloße Gewinnverteilungsabreden anzusehen sind. Demzufolge sind Pensionsrückstellungen zwar in der Gesamthandsbilanz einer Personengesellschaft gewinnmindernd zu passivieren. Korrespondierend ist indes eine gewinnerhöhende Forderung in der Sonderbilanz des begünstigten Gesellschafters zu erfassen. Nach ursprünglicher Auffassung des BFH[362] sollte die Übertragung der Pensionsrückstellung auf die übernehmende Personengesellschaft im Rahmen des § 6a III Nr. 2 EStG als Beendigung des Dienstverhältnisses zu qualifizieren sein. Die Finanzverwaltung[363] stellt hingegen in einem Schreiben vom 23.10.2009 klar, dass ein zwischen dem Gesellschaftergeschäftsführer und der übertragenden Kapitalgesellschaft bestehendes Dienstverhältnis auf die übernehmende Personengesellschaft übergeht und damit nicht im steuerlichen Sinne mit der Verschmelzung endet. Daher ist eine von der Kapitalgesellschaft zugunsten des Gesellschaftergeschäftsführers zulässigerweise gebildete Pensionsrückstellung von der übernehmenden Personengesellschaft fortzuführen und mit dem Teilwert gemäß § 6a III 2 Nr. 1 EStG zu bewerten. Mithin ist auch eine Pensionsrückstellung zugunsten

---

[358] Vgl. koordinierte Erlass vom 17.5.2011, BStBl. I 2011 S. 606.
[359] Zum Vorschlag der Kürzung des Firmenwerts um stille Lasten aus Pensionsrückstellungen vgl. *Schaflitzl/Widmayer* BB 2006, Special 8, 36 (39).
[360] Vgl. *Benecke* in PWC, Reform des Umwandlungssteuerrechts, 2007 S. 175.
[361] Vgl. *Möhlenbrock/Pung* in Dötsch/Patt/Pung/Möhlenbrock, § 3 UmwStG Rn. 16; *Brinkhaus/Grabbe* in Haritz/Menner, § 3 UmwStG Rn. 95.
[362] Vgl. BFH vom 16.2.1967 – IV R 62/66, BStBl. III 1967, 222.
[363] Vgl. Bayerisches Landesamt für Steuern, Verfügung vom 23.10.2009, BB 2009 S. 2588.

§ 11. Steuerrechtliche Regelungen § 11

des Gesellschafter-Geschäftsführers in der Schlussbilanz der übertragenden Körperschaft mit dem Teilwert nach § 6a EStG anzusetzen.[364]

Ein bei Bewertung zum gemeinen Wert entstehender Übertragungsgewinn unterliegt bei der übertragenden Körperschaft als laufender Gewinn in voller Höhe der Körperschaftsteuer sowie nach § 18 I 1 UmwStG der Gewerbesteuer. Er kann mit laufenden körperschaftsteuerlichen und gewerbesteuerlichen Verlusten der übertragenden Körperschaft uneingeschränkt verrechnet werden (Verlustausgleich). Bei der Verrechnung mit Verlustvorträgen (Verlustabzug) der Übertragerin ist die Regelung des § 10d II EStG zur Mindestbesteuerung zu beachten. 302

Ein Übertragungsgewinn bleibt zu 95% steuerfrei, soweit er auf Beteiligungen der Übertragerin an anderen Körperschaften entfällt, § 8b II, III KStG.[365] UU kann sich bei der Bewertung zum gemeinen Wert auch ein Übertragungsverlust ergeben.[366] Dieser ist vollumfänglich abzugsfähig. 303

Die Aufdeckung stiller Reserven beeinflusst die Höhe offener Rücklagen der Übertragerin. Diese sind bei den Anteilseignern als Gewinnausschüttungen nach § 7 UmwStG zu versteuern.[367] 304

(3) Bewertung zum Buchwert oder Zwischenwert auf Antrag. 305
(a) Überblick. Auf Antrag können die Wirtschaftsgüter in der Schlussbilanz der übertragenden Körperschaft nach § 3 II 1 UmwStG einheitlich mit dem Buchwert oder einem Zwischenwert, höchstens jedoch mit dem gemeinen Wert[368] angesetzt werden, soweit
– sie Betriebsvermögen der übernehmenden Personengesellschaft oder natürlichen Person werden und sichergestellt ist, dass sie später der Besteuerung mit Einkommensteuer oder Körperschaftsteuer unterliegen (Nr. 1) und
– das Recht der Bundesrepublik Deutschland hinsichtlich der Besteuerung des Gewinns aus der Veräußerung der übertragenen Wirtschaftsgüter bei den Gesellschaftern der übernehmenden Personengesellschaft oder bei der natürlichen Person nicht ausgeschlossen oder beschränkt wird (Nr. 2) und
– eine Gegenleistung[369] nicht gewährt wird oder in Gesellschaftsrechten besteht (Nr. 3).

Sind die genannten Voraussetzungen erfüllt, hat die übertragende Körperschaft ein Wahlrecht zur Bewertung des übergehenden Vermögens zum Buchwert, gemeinen Wert oder Zwischenwert. Untergrenze der Bewertung nach § 3 II 1 UmwStG ist der Buchwert, Obergrenze der gemeine Wert.[370] Buchwert ist nach § 1 V Nr. 4 UmwStG der Wert, der sich nach den steuerrechtlichen Vorschriften über die Gewinnermittlung in einer für den steuerlichen Übertragungsstichtag aufzustellenden Steu- 306

---

[364] Vgl. auch → Rn. 399 ff.
[365] Dazu Rn. → 72 f.
[366] Zu den Rechtsfolgen im Einzelnen → Rn. 72 f.
[367] → Rn. 401 f., → Rn. 406.
[368] Zum Begriff des gemeinen Werts → Rn. 300.
[369] Zur Gegenleistung → Rn. 87 ff.
[370] → Rn. 78.

§ 11   3. Teil. Verschmelzung

erbilanz ergibt oder ergäbe. Für den Ansatz des Buchwerts sind die Ansätze in der Handelsbilanz nicht maßgeblich.[371] Unterscheiden sich die Buchwerte für Zwecke der Gewerbesteuer und der Körperschaftsteuer, sind die unterschiedlichen Buchwerte für die entsprechenden steuerlichen Zwecke fortzuführen.[372] Gemäß § 3 II Satz 1 UmwStG ist der Antrag einheitlich für alle übergehenden Wirtschaftsgüter zu stellen,[373] die die bezeichneten Voraussetzungen erfüllen. Eine Aufstockung nur einzelner Wirtschaftsgüter ist nicht zulässig. Einem Antrag auf Buchwertfortführung steht nicht entgegen, dass einige Wirtschaftsgüter in der steuerlichen Schlussbilanz mit dem gemeinen Wert anzusetzen sind, weil insoweit die Voraussetzungen des § 3 II 1 Nr. 1 oder 2 UmwStG nicht gegeben sind. Bei Gewährung einer anderen Gegenleistung iSd § 3 II 1 Nr. 3 UmwStG ist eine Fortführung der Buchwerte ausgeschlossen.[374]

307 Bei Bewertung zum Zwischenwert sind stille Reserven in den übergehenden Wirtschaftsgütern gleichmäßig unter Zugrundelegung eines einheitlichen Prozentsatzes aufzustocken. Diese Aufstockung betrifft auch immaterielle Wirtschaftsgüter, die bisher nicht aktiviert werden durften.[375] Dabei sind die stillen Reserven im Verhältnis des gemeinen Werts eines Einzelwirtschaftsguts zum gemeinen Wert der gesamten übergehenden Wirtschaftsgüter aufzudecken.[376] Die für die Zeit vor SEStEG von der Finanzverwaltung vertretene sog. modifizierte Stufentheorie[377] wurde zwischenzeitlich aufgegeben.[378] Für den Ansatz eines Zwischenwerts sind die Ansätze in der Handelsbilanz nicht maßgeblich.[379]

308 Das Antragswahlrecht nach § 3 II 1 UmwStG kann uU durch § 50i EStG eingeschränkt sein. Nach § 50i II EStG sind Sachgesamtheiten im Rahmen von Umwandlungen abweichend von den Regelungen des UmwStG mit dem gemeinen Wert anzusetzen, sofern die Sachgesamtheit Wirtschaftsgüter iSd § 50i I EStG enthält.[380] Wirtschaftsgüter iSd § 50i I

---

[371] Vgl. BMF-Schreiben vom 11.11.2011, BStBl. I 2011 S. 1314 Tz. 03.10.
[372] Vgl. *Schmitt* in Schmitt/Hörtnagl/Stratz, § 3 UmwStG Rn. 52.
[373] Vgl. BMF-Schreiben vom 11.11.2011, BStBl. I 2011 S. 1314 Tz. 03.13.
[374] Vgl. BMF-Schreiben vom 11.11.2011, BStBl. I 2011 S. 1314 Tz. 03.13. Dazu → Rn. 318 ff. sowie → Rn. 63.
[375] Zur Frage des Vorgehens bei Bewertung zu Zwischenwerten → Rn. 100 ff. Zur Ablehnung der „(modifizierten) Stufentheorie" siehe *Birkemeier* in Rödder/Herlinghaus/van Lishaut, § 3 UmwStG Rn. 126 ff.; *Brinkhaus/Grabbe* in Haritz/Menner, § 3 UmwStG Rn. 139. Befürwortend *Möhlenbrock/Pung* in Dötsch/Patt/Pung/Möhlenbrock, § 3 UmwStG Tz. 51.
[376] Vgl. *Brinkhaus/Grabbe* in Haritz/Menner, § 3 UmwStG, Rn. 139; *Birkemeier* in Rödder/Herlinhaus/van Lishaut, § 3 UmwStG Rn. 127. Siehe BMF-Schreiben vom 11.11.2011, BStBl. I 2011 S. 1314 Tz. 03.25.
[377] Dh zunächst gleichmäßige Aufstockung der stillen Reserven in den bilanzierten und nicht bilanzierten Wirtschaftsgütern und erst dann Ansatz eines Geschäfts- oder Firmenwerts.
[378] Vgl. BMF-Schreiben vom 11.11.2011, BStBl. I 2011 S. 1314 Tz. 03.26, Tz. 03.23 und 03.24. Vgl. auch *Brinkhaus/Grabbe* in Haritz/Menner, § 3, Rn. 140; *Birkemeier* in Rödder/Herlinghaus/van Lishaut, § 3 UmwStG Rn. 127.
[379] Vgl. BMF-Schreiben vom 11.11.2011, BStBl. I 2011 S. 1314 Tz. 03.25.
[380] Zu Einzelheiten → Rn. 640.

§ 11. Steuerrechtliche Regelungen § 11

EStG sind solche, die vor dem 29.6.2013 nach nationalem Steuerrecht Teil des Betriebsvermögens einer gewerblichen Mitunternehmerschaft iSd § 15 III EStG geworden sind und eine Besteuerung der in diesen Wirtschaftsgütern enthaltenen stillen Reserven im Zeitpunkt der Übertragung oder Überführung unterblieben ist. Die Regelung des § 50i II EStG ergänzt die Vorschrift des § 50i I EStG. Nach § 50i I EStG ist der Gewinn, den ein Steuerpflichtiger, der iS eines DBA im anderen Vertragsstaat ansässig ist, aus der späteren Veräußerung oder Entnahme der vorbezeichneten Wirtschaftsgüter oder Anteile erzielt, ungeachtet entgegenstehender Bestimmungen des DBA zu versteuern. Durch § 50i II EStG soll vermieden werden, dass die Besteuerung nach § 50i I EStG steuerverhafteter Mitunternehmerbeteiligungen (§ 50i-Beteiligung) mittels steuerneutraler Umwandlung umgangen wird. Die Regelung des § 50i II EStG umfasst nach dem Wortlaut auch reine Inlandsfälle, in denen der Gesellschafter vor und nach einer Umwandlung im Inland ansässig ist und in denen demzufolge das deutsche Besteuerungsrecht hinsichtlich der Wirtschaftsgüter der § 50i EStG-Mitunternehmerschaft gar nicht verloren gehen kann.[381] Dennoch stellt die Finanzverwaltung[382] in ihrem Schreiben vom 21.12.2015 klar, dass die Regelung des § 50i II EStG auch in Inlandsfällen anzuwenden ist. Demzufolge ist eine Buchwertfortführung selbst in dem bezeichneten Inlandsfall nicht möglich, in dem das deutsche Besteuerungsrecht hinsichtlich von Wirtschaftsgütern der § 50i EStG-Mitunternehmerschaft nicht verloren gehen kann. Bisher räumte die Finanzverwaltung aufgrund des überschießenden Charakters[383] der Norm eine Billigkeitsregelung ein. Demnach konnte auf übereinstimmenden Antrag des übertragenden und des übernehmenden Rechtsträgers von einer Anwendung des § 50i II EStG abgesehen werden, soweit das deutsche Besteuerungsrecht am übertragenen Vermögen nicht ausgeschlossen oder beschränkt ist.[384] Durch das Gesetz zur Umsetzung der Änderungen der EU-Amtshilferichtlinie und von weiteren Maßnahmen gegen Gewinnkürzungen und -verlagerungen vom 20.12.2016 (BGBl. I 2016 S. 3000) wurde § 50i EStG neu gefasst. Zunächst wurde die Anwendung des § 50i I EStG auf diejenigen Fälle eingeschränkt, in denen der Ausschluss oder die Beschränkung des deutschen Besteuerungsrechts vor dem 1.1.2017 eingetreten ist. Für spätere Vorgänge gelten die allgemeinen Regeln des § 4 I 3 EStG etc. Ferner wird der Wortlaut der Vorschrift in Einklang mit ihrer eigentlichen Zielsetzung gebracht, nämlich Steuergestaltungsstrategien über § 20 UmwStG zur Umgehung des Tatbestands des § 50i I EStG zu verhindern. Insofern ist nunmehr in § 50i II EStG vorgesehen, dass bei der Einbringung von Betrieben, Teilbetrieben oder Mitunternehmeranteilen nach § 20 I UmwStG zwingend mit dem gemeinen Wert angesetzt werden müssen, sofern diese Wirtschaftsgüter und Anteile umfassen, die vor dem 29.6.2013 in das Betriebsvermögen einer gewerblich geprägten Personengesellschaft

---
[381] Zu § 50i EStG im reinen Inlandsfall ausführlich → Rn. 640.
[382] Vgl. BMF-Schreiben vom 21.12.2015, BStBl. I 2016, S. 7.
[383] Zur Kritik an der Norm ebenfalls → Rn. 640.
[384] Vgl. BMF-Schreiben vom 21.12.2015, BStBl. I 2016, S. 290.

übertragen oder überführt worden sind. Demzufolge bezieht sich nunmehr die Pflicht zur Bewertung zum gemeinen Wert nicht auf die Sachgesamtheit. Vielmehr sind lediglich die betroffenen Wirtschaftsgüter und Anteile iSd § 50i I EStG zum gemeinen Wert zu bewerten. Die Neufassung des § 50i II EStG ist gemäß § 52 XXXVIII erstmals für Einbringungen anzuwenden, bei denen der Einbringungsvertrag nach dem 31.12.2013 geschlossen worden ist.

309 **(b) Gesellschafterbezogene Prüfung.** Die bezeichneten Voraussetzungen nach § 3 II 1 UmwStG für eine wahlweise Bewertung zu Buchwerten oder zu Zwischenwerten sind bezogen auf jeden Gesellschafter der übernehmenden Personengesellschafter gesondert zu prüfen.[385] Diese gesellschafterbezogene Prüfung kann zur Folge haben, dass Wirtschaftsgüter der übertragenden Kapitalgesellschaft (anteilig) mit dem gemeinen Wert anzusetzen sind, soweit sie etwa nicht unbeschränkt steuerpflichtigen Mitunternehmern zuzurechnen sind.[386] Gleichwohl kann, soweit die Voraussetzungen nach § 3 II 1 UmwStG vorliegen, der Buchwertantrag nur einheitlich gestellt werden.[387] Maßgebend sind die Verhältnisse am steuerlichen Übertragungsstichtag.[388]

310 **(c) Antragsvoraussetzungen. (aa) Betriebsvermögen bei übernehmender Personengesellschaft und Sicherstellung der Besteuerung (§ 3 II 1 Nr. 1 UmwStG).** Der Antrag auf Bewertung zu Buchwerten oder Zwischenwerten setzt nach § 3 II 1 Nr. 1 UmwStG voraus, dass die übergehenden Wirtschaftsgüter Betriebsvermögen der übernehmenden Personengesellschaft oder natürlichen Person werden. Ferner muss sichergestellt sein, dass sie später der Besteuerung mit Einkommensteuer oder Körperschaftsteuer unterliegen. Für die Erfüllung der Bedingung des § 3 II 1 Nr. 1 Halbs. 1 UmwStG hinsichtlich des Übergangs in ein Betriebsvermögen ist es nicht erforderlich, dass die übergehenden Wirtschaftsgüter bei einer übernehmenden Personengesellschaft gewerbliches Betriebsvermögen werden. Auch eine Zuordnung zum land- und forstwirtschaftlichen oder einer selbstständigen Tätigkeit dienenden Betriebsvermögen ist ausreichend.[389] Dabei ist auf die Betätigung der Personengesellschaft selbst abzustellen. Der Erfüllung der Anwendungsvoraussetzungen des § 3 II 1 Nr. 1 UmwStG steht nicht entgegen, dass

---

[385] Vgl. Regierungsbegründung zu § 3 II UmwStG idF des SEStEG-E, BT-Drucks. 16/2710. Siehe BMF-Schreiben vom 11.11.2011, BStBl. I 2011 S. 1314 Tz. 03.12. Siehe ebenfalls *Lemaitre/Schönherr* GmbHR 2007 S. 173 (174).
[386] Vgl. *Schmitt* in Schmitt/Hörtnagl/Stratz, § 3 UmwStG Rn. 57; *Birkemeier* in Rödder/Herlinghaus/van Lishaut, § 3 UmwStG Rn. 133; *Möhlenbrock/Pung* in Dötsch/Pung/Möhlenbrock, § 3 UmwStG Rn. 50.
[387] Vgl. BMF-Schreiben vom 11.11.2011, BStBl. I 2011 S. 1314 Tz. 03.13; *Möhlenbrock/Pung* in Dötsch/Pung/Möhlenbrock, § 3 UmwStG, Rn. 66; *Schmitt* in Schmitt/Hörtnagl/Stratz, § 3 UmwStG Rn. 57.
[388] Siehe BMF-Schreiben vom 11.11.2011, BStBl. I 2011 S. 1314 Tz. 03.11.
[389] Vgl. BMF-Schreiben vom 11.11.20011, BStBl. I 2011 S. 1314 Tz. 03.15, 03.16; *Widmann* in Widmann/Mayer, § 3 UmwStG Rn. 16; *Schmitt* in Schmitt/Hörtnagl/Stratz, § 3 UmwStG Rn. 75; *Birkemeier* in Rödder/Herlinghaus/van Lishaut, § 3 UmwStG Rn. 81.

§ 11. Steuerrechtliche Regelungen § 11

das übergehende Vermögen bei der Übernehmerin nicht der Gewerbesteuer unterliegt.[390] Betriebsvermögen ist auch dann gegeben, wenn es sich bei der Übernehmerin um eine gewerblich geprägte Personengesellschaft iSd § 15 III Nr. 2 EStG[391] oder um das Besitzunternehmen[392] in einer Betriebsaufspaltung handelt. Ausreichend für die Annahme von Betriebsvermögen ist, dass die Personengesellschaft nach § 15 I Nr. 3 EStG auch eine (mehr als äußerst geringfügige) gewerbliche Tätigkeit ausübt oder an einer gewerblichen Personengesellschaft beteiligt ist (sog. Abfärbung).[393]

Die Voraussetzung nach § 3 II 1 Nr. 1 UmwStG ist bei Verschmelzung 311 auf eine Personengesellschaft ohne Betriebsvermögen nicht erfüllt.[394] In diesem Fall ist eine Bewertung des übergehenden Vermögens zum gemeinen Wert zwingend. Insofern ist eine Bewertung zum gemeinen Wert erforderlich bei Verschmelzung auf eine vermögensverwaltende Personengesellschaft. Auch bei Verschmelzung auf eine sog. Zebragesellschaft ist die Voraussetzung des § 3 II 1 Nr. 1 Halbs. 1 UmwStG nach Auffassung der Finanzverwaltung nicht erfüllt. Das übergehende Vermögen wird in diesem Fall streng genommen nicht Betriebsvermögen der übernehmenden Personengesellschaft.[395] Dem ist indes entgegen zu halten, dass das übergehende Vermögen zumindest hinsichtlich der gewerblichen Gesellschafter der übernehmenden Personengesellschaft steuerlich als Betriebsvermögen zu qualifizieren ist. Unter Beachtung von Sinn und Zweck des § 3 II UmwStG sollte daher die Erfüllung des § 3 II 1 Nr. 1 Halbs. 1 UmwStG gesellschafterbezogen geprüft werden. Insofern erscheint eine Buchwertfortführung zulässig, soweit die Gesellschafter der Zebragesellschaft Gewinneinkünfte erzielen.[396]

Neben dem Übergang in ein Betriebsvermögen ist für eine Bewertung 312 zu Buchwerten oder Zwischenwerten ferner erforderlich, dass die übergehenden Wirtschaftsgüter später der Besteuerung mit Einkommensteuer oder Körperschaftsteuer unterliegen, § 3 II 1 Nr. 1 Halbs. 2 UmwStG. Die Besteuerung des übertragenen Vermögens mit Einkommen- oder Körperschaftsteuer ist sichergestellt, wenn künftig Wertsteuerungen des übertragenen Vermögens bei den Mitunternehmern der übernehmenden

---

[390] Siehe *Birkemeier* in Rödder/Herlinghaus/van Lishaut, § 3 UmwStG, Rn. 81.
[391] Vgl. BMF-Schreiben vom 11.11.2011, BStBl. I 2011 S. 1314 Tz. 03.15; *Brinkhaus/Grabbe* in Haritz/Menner, § 3 UmwStG Rdnr. 107; *Schmitt* in Schmitt/Hörtnagl/Stratz, § 3 UmwStG Rn. 77.
[392] Vgl. *Birkemeier* in Rödder/Herlinghaus/van Lishaut, § 3 UmwStG Rn. 82.
[393] Siehe *Möhlenbrock/Pung* in Dötsch/Patt/Pung/Möhlenbrock, § 3 UmwStG Tz. 31; *Schmitt* in Schmitt/Hörtnagl/Stratz, § 3 UmwStG Rn. 77.
[394] Zur Verschmelzung einer vermögensverwaltenden Kapitalgesellschaft auf eine vermögensverwaltende Personengesellschaft → Rn. 505 ff.
[395] Vgl. BMF-Schreiben vom 11.11.2011, BStBl. I 2011 S. 1314 Tz. 03.16, Tz. 08.03.
[396] Siehe *Schmitt* in Schmitt/Hörtnagl/Stratz, § 3 UmwStG Rn. 139, Rn. 77; *Widmann* in Widmann/Mayer, § 3 UmwStG Rn. 34. AA *Birkemeier* in Rödder/Herlinghaus/van Lishaut, § 3 UmwStG Rn. 93.

§ 11 3. Teil. Verschmelzung

Personengesellschaft oder der übernehmenden natürlichen Person weiterhin einer Besteuerung mit Einkommen- oder Körperschaftsteuer unterliegt. Die Bedingung des § 3 II 1 Nr. 1 Halbs. 2 UmwStG ist erfüllt, wenn das Vermögen einer unbeschränkt steuerpflichtigen Körperschaft auf eine Personengesellschaft übergeht, an der ausschließlich unbeschränkt steuerpflichtige natürliche Personen oder Körperschaften beteiligt sind.

313 Demgegenüber ist die Bedingung des § 3 II 1 Nr. 1 Halbs. 2 UmwStG als nicht erfüllt anzusehen, wenn einer der Gesellschafter der übernehmenden Personengesellschaft persönlich von der Einkommensteuer oder Körperschaftsteuer befreit ist. Insofern ist eine Bewertung zu Buchwerten oder Zwischenwerten ausgeschlossen, soweit an der übernehmenden Personengesellschaft eine steuerbefreite REIT oder ein steuerbefreites Zweckvermögen iSd InvStG beteiligt ist.[397] Demgegenüber ist die erforderliche Besteuerung sichergestellt, soweit die Beteiligung an der übernehmenden Personengesellschaft dem wirtschaftlichen Geschäftsbetrieb einer steuerbefreiten Körperschaft zuzuordnen ist. Nicht erforderlich ist es, dass die übertragenen Wirtschaftsgüter später der deutschen Einkommensteuer oder Körperschaftsteuer unterliegen. Ausreichend ist die Besteuerung mit einer der deutschen Einkommensteuer oder Körperschaftsteuer entsprechenden ausländischen Steuer.[398]

314 Die Tatsache, dass das übergehende Vermögen bei der Übernehmerin nicht mehr der Gewerbesteuer unterliegt, ist für die Anwendung des § 3 II 1 Nr. 1 UmwStG unschädlich.[399]

315 **(bb) Sicherstellung des deutschen Besteuerungsrechts (§ 3 II 1 Nr. 2 UmwStG).** Der Antrag auf Bewertung zu Buchwerten oder Zwischenwerten setzt nach § 3 II 1 Nr. 2 UmwStG ferner voraus, dass das Recht Deutschlands hinsichtlich der Besteuerung des Gewinns aus der Veräußerung der übertragenen Wirtschaftsgüter bei den Gesellschaftern der übernehmenden Personengesellschaft oder bei der natürlichen Person nicht ausgeschlossen oder beschränkt wird. Die Voraussetzung gemäß § 3 II 1 Nr. 2 UmwStG wurde durch das SEStEG neu eingeführt.

316 Wesentliche Bedingung für die Anwendung des § 3 II 1 Nr. 2 UmwStG ist, dass ein deutsches Besteuerungsrecht vor der Umwandlung überhaupt bestanden hat. Fehlte es vor der Umwandlung an einem deutschen Besteuerungsrecht, ist die Regelung des § 3 II 1 Nr. 2 UmwStG nicht anwendbar.[400] Eine Beschränkung des deutschen Steuerrechts ist ua in den folgenden Fällen gegeben:

---

[397] BMF-Schreiben vom 11.11.20011, BStBl. I 2011 S. 1314 Tz. 03.17.
[398] Siehe *Brinkhaus/Grabbe* in Haritz/Menner, § 3 UmwStG Rn. 116; *Schmitt* in Schmitt/Hörtnagl/Stratz, § 3 UmwStG Rn. 79; aA *Widmann* in Widmann/Mayer, § 3 UmwStG Rn. R 63.25. Differenzierend *Birkemeier* in Rödder/Herlinghaus/van Lishaut, § 3 UmwStG Rn. 95.
[399] Vgl. BMF-Schreiben vom 11.11.2011, BStBl. I 2011 S. 1413 Tz. 03.18. Siehe auch *Birkemeier* in Rödder/Herlinghaus/van Lishaut, § 3 UmwStG Rn. 96; *Schmitt* in Schmitt/Hörtnagl/Stratz, § 3 UmwStG Rn. 85.
[400] Vgl. *Lemaitre/Schönherr* GmbHR 2007 S. 173 (175); *Trossen* FR 2006 S. 617 (620).

§ 11 Steuerrechtliche Regelungen § 11

- ein Wirtschaftsgut scheidet endgültig aus dem deutschen Besteuerungsrecht aus;
- das deutsche Besteuerungsrecht bleibt zwar erhalten, aber auf die deutsche Steuer ist ausländische Steuer anzurechnen;
- die Doppelbesteuerung wird vor der Verschmelzung durch Anrechnung, nach der Umwandlung durch Freistellung vermieden.

Der Ausschluss bzw. die Beschränkung des Besteuerungsrechts ist gesellschafterbezogen sowie objektbezogen zu prüfen.[401] Das gilt auch, soweit Gesellschafter zwar nicht an der übertragenden Körperschaft, wohl aber an der übernehmenden Personengesellschaft beteiligt sind. Diese gesellschafterbezogene Betrachtungsweise kann dazu führen, dass bezogen auf einen Gesellschafter die anteilig übergehenden Wirtschaftsgüter mit dem gemeinen Wert anzusetzen sind und bezogen auf einen anderen Gesellschafter die Buchwerte fortgeführt werden können. Entscheidend für diese Prüfung sind die Beteiligungsverhältnisse im Zeitpunkt des Wirksamwerdens der Verschmelzung. Eine Beschränkung des inländischen Besteuerungsrechts ist bei Verschmelzung im Inland ansässiger Gesellschaften ohne ausländisches Vermögen mit ausschließlich im Inland unbeschränkt steuerpflichtigen Anteilseignern regelmäßig nicht gegeben. Ist hingegen nur bei einigen Gesellschaftern die künftige Steuerverhaftung der stillen Reserven im Inland sichergestellt, ist eine Buchwertfortführung für die übergehenden Wirtschaftsgüter nur anteilig möglich.[402] Die Frage des Ausschlusses oder der Beschränkung des Besteuerungsrechts kann auch eine objektbezogene Prüfung für einzelne Wirtschaftsgüter notwendig machen.[403] Hierbei ist zu prüfen, inwieweit bei einem einzelnen Wirtschaftsgut das deutsche Besteuerungsrecht ausgeschlossen oder beschränkt wird.[404] Vor dem Hintergrund von § 4 I 4 EStG und § 12 I 2 KStG liegt ein Ausschluss oder eine Beschränkung des Besteuerungsrechts hinsichtlich des Gewinns aus der Veräußerung eines Wirtschaftsguts vor allem vor, wenn ein bisher einer inländischen Betriebsstätte des Steuerpflichtigen zuzuordnendes Wirtschaftsgut im Zuge der Umwandlung einer ausländischen Betriebsstätte zuzuordnen ist, Allein der Ausschluss oder die Beschränkung des deutschen Rechts der Besteuerung mit Gewerbesteuer stellt keine Beschränkung iSd § 3 II 1 Nr. 2 UmwStG dar.[405]

(cc) Keine Gegenleistung bzw. Gegenleistung nur in Gesellschaftsrechten (§ 3 II 1 Nr. 3 UmwStG). Soll das übergehende Vermögen zu Buchwerten bzw. Zwischenwerten bewertet werden, darf nach § 3 II 1 Nr. 3 UmwStG eine Gegenleistung nicht gewährt werden oder muss in Gesellschaftsrechten bestehen. 318

317

---
[401] Dazu auch → Rn. 309.
[402] Vgl. BMF-Schreiben vom 11.11.2011, BStBl. I 2011 S. 1314 Tz. 02.18 ff.
[403] Vgl. BMF-Schreiben vom 11.11.2011, BStBl. I 2011 S. 1314 Tz. 03.18, 04.24; *Schmitt* in Schmitt/Hörtnagl/Stratz, § 3 UmwStG Rn. 84.
[404] Vgl. *Stimpel* GmbHR 2012 S. 123.
[405] Vgl. BMF-Schreiben vom 11.11.2011, BStBl. I 2011 S. 1314 Tz. 03.18.

§ 11 3. Teil. Verschmelzung

Unschädlich ist die Gewährung von Gesellschaftsrechten an der übernehmenden Rechtsträgerin. Unerheblich ist, ob es sich dabei um neue Anteile oder bereits bestehende Anteile an der Übernehmerin handelt.

319 Nicht in Gesellschaftsrechten bestehende schädliche Gegenleistungen iSd § 3 II 1 Nr. 3 UmwStG können etwa in baren Zuzahlungen bestehen. Als solche zu qualifizieren sind beispielsweise ein Spitzenausgleich nach §§ 54 IV, 68 III UmwG sowie Zuzahlungen zur Angleichung von Kapitalkonten. Auch bei der Gewährung anderer Wirtschaftsgüter, wie der Einräumung von Gesellschafterdarlehen durch den übernehmenden Rechtsträger oder eine diesem nahestehende Personen, handelt es sich um schädliche Gegenleistungen iSd § 3 II 1 Nr. 3 UmwStG.[406] Bare Zuzahlungen, die zunächst in das Betriebsvermögen geleistet und zeitnah entnommen werden, stellen schädliche Gegenleistungen dar.[407] Nicht um schädliche Gegenleistungen iSd § 3 II 1 Nr. 3 UmwStG handelt es sich bei der auf die unterstellte Ausschüttung nach § 7 UmwStG entfallende Kapitalertragsteuer, die der übernehmende Rechtsträger als steuerlicher Rechtsnachfolger des übertragenden Rechtsträgers zu entrichten hat.[408] Ebenfalls nicht als Gegenleistung zu qualifizieren ist der Untergang der Beteiligung an der übertragenden Körperschaft durch die übernehmende Personengesellschaft im Zuge eines upstream mergers.[409]

320 Für die Anwendung des § 3 II 1 Nr. 3 UmwStG ist danach zu unterscheiden, ob die sonstigen Gegenleistungen an ausscheidende oder an verbleibende Anteilseigner der übertragenden Körperschaft gewährt werden. Von der Anwendung des § 3 II 1 Nr. 3 UmwStG betroffen und damit als schädliche Gegenleistungen zu qualifizieren sind Leistungen der Übernehmerin an die verbleibenden Anteilseigner der Übertragerin in Form eines Spitzenausgleichs. Davon abzugrenzen sind Zahlungen der übernehmenden Personengesellschaft an verbleibende Anteilseigner der Übertragerin für den Teilverkauf ihrer Anteile.[410] Letztere fallen nicht in den Anwendungsbereich des § 3 II 1 Nr. 3 UmwStG. Ebenso stellen Leistungen an ausscheidende Anteilseigner der übertragenden Körperschaft aufgrund von Barabfindung nach §§ 29, 125 oder 207 UmwG keine schädlichen Gegenleistungen iSd § 3 II 1 Nr. 3 UmwStG dar.[411] Dies gilt unabhängig davon, ob die Zahlungen durch die aufnehmende

---

[406] Vgl. *Brinkhaus/Grabbe* in Haritz/Menner, § 3 UmwStG Rn. 126 f.; *Schmitt* in Schmitt/Hörtnagl/Stratz, § 3 UmwStG Rn. 106; *Birkemeier* in Rödder/Herlinghaus/van Lishaut, § 3 UmwStG Rn. 111.
[407] Vgl. BMF-Schreiben vom 11.11.2011, BStBl. I 2011 S. 1314 Tz. 03.21 iVm 24.11; *Möhlenbrock/Pung* in Dötsch/Pung/Möhlenbrock, § 3 UmwStG Rn. 122.
[408] Vgl. *Möhlenbrock/Pung* in Dötsch/Pung/Möhlenbrock, § 3 UmwStG Rn. 122; *Birkemeier* in Rödder/Herlinghaus/van Lishaut, § 3 UmwStG, Rn. 112; *Schmitt* in Schmitt/Hörtnagl/Stratz, § 3 UmwStG Rn. 109.
[409] Vgl. BMF-Schreiben vom 11.11.2011, BStBl. I 2011 S. 1314 Tz. 03.21.
[410] Siehe auch *Birkemeier* in Rödder/Herlinghaus/van Lishaut, § 3 UmwStG Rn. 113.
[411] Siehe auch *Birkemeier* in Rödder/Herlinghaus/van Lishaut, § 3 UmwStG Rn. 113.

§ 11. Steuerrechtliche Regelungen § 11

Personengesellschaft bzw. ihre Gesellschafter oder durch die übertragende Körperschaft entrichtet werden. Im letzten Fall ist von einer (verdeckten) Gewinnausschüttung isd § 8b III 2 KStG oder dem Erwerb von eigenen Anteilen auszugehen.[412]

Unschädlich für die Bewertung zu Buchwerten oder Zwischenwerten ist die Gutschrift im Zusammenhang mit dem übergehenden Vermögen auf einem handelsrechtlichen (Eigen-)Kapitalkonto bei der übernehmenden Personengesellschaft. Schädlich ist demgegenüber die Einräumung eines Darlehenskontos bei der übernehmenden Personengesellschaft.[413] Für die Abgrenzung zwischen Eigen- und Fremdkapitalkonten gelten die allgemeinen Grundsätze. Danach ist ein Konto als Eigenkapitalkonto zu qualifizieren, wenn auf ihm auch Verluste gebucht werden bzw. es nach den Regelungen des Gesellschaftsvertrags zur Verlustdeckung zur Verfügung steht.[414] Bei Gewährung einer Gegenleistung isd § 3 II 1 Nr. 3 UmwStG ist eine Fortführung der Buchwerte ausgeschlossen.[415] Bei Gewährung einer Gegenleistung, die nicht in Gesellschaftsrechten besteht, sind mithin die übergehenden Wirtschaftsgüter in der steuerlichen Schlussbilanz der übertragenden Körperschaft insoweit mindestens mit dem Wert der Gegenleistung anzusetzen.[416] Dazu ist zunächst die Differenz zwischen dem Wert der Gegenleistung und den auf die Gegenleistung entfallenden (anteiligen) Buchwerten der übergehenden Wirtschaftsgüter zu ermitteln (Übertragungsgewinn). Der Berechnung des anteiligen Buchwerts ist dabei das Verhältnis des Gesamtwerts der Gegenleistung zum Wert der Sachgesamtheit isd § 3 I UmwStG zu Grunde zu legen. Im Umfang des Übertragungsgewinns sind die Wirtschaftsgüter in der steuerlichen Schlussbilanz aufzustocken. Der jeweilige Aufstockungsbetrag ermittelt sich aus dem Verhältnis des Übertragungsgewinns zu den gesamten stillen Reserven und stillen Lasten, mit Ausnahme der stillen Lasten in Pensionsrückstellungen. In Höhe dieses Prozentsatzes sind die in den jeweiligen Wirtschaftsgütern enthaltenen stillen Reserven und stillen Lasten aufzudecken.[417]

(d) Antragstellung. Soll das übergehende Vermögen der Übertragerin in ihrer Schlussbilanz zu Buchwerten oder Zwischenwerten bewertet werden, ist ein Antrag zu stellen. Der Antrag ist Vorbedingung für den Ansatz des übergehenden Vermögens mit dem Buch- oder Zwischenwert. Setzt der übertragende Rechtsträger die Wirtschaftsgüter in seiner Schlussbilanz unter dem gemeinen Wert an, wird indes ein Antrag nach § 3 II 1 UmwStG nicht gestellt, ist der Ansatz unrichtig.[418] Aus dem

---

[412] Vgl. *Birkemeier* in Rödder/Herlinghaus/van Lishaut, § 3 UmwStG Rn. 113.
[413] Vgl. BMF-Schreiben vom 11.11.2011, BStBl. I 2011 S. 1314 Tz. 03.21.
[414] Vgl. zur Abgrenzung von Eigen- und Fremdkapitalkonten bei der Personengesellschaft → Rn. 679.
[415] Vgl. BMF-Schreiben vom 11.11.2011, BStBl. I 2011 S. 1314 Tz. 03.13.
[416] Vgl. BMF-Schreiben vom 11.11.2011, BStBl. I 2011 S. 1314 Tz. 03.23.
[417] Vgl. BMF-Schreiben vom 11.11.2011, BStBl. I 2011 S. 1314 Tz. 03.23.
[418] Vgl. *Birkemeier* in Rödder/Herlinghaus/van Lishaut, § 3 UmwStG Rn. 131; *Schmitt* in Schmitt/Hörtnagl/Stratz, § 3 UmwStG Rn. 65.

§ 11 3. Teil. Verschmelzung

Antrag muss sich ergeben, ob das übergehende Vermögen mit dem Buch- oder einem Zwischenwert anzusetzen ist. Bei Ansatz zu Zwischenwerten ist anzugeben, in welcher Höhe und zu welchem Prozentsatz die stillen Reserven aufgedeckt werden sollen.[419] Die Ausübung des Wahlrechts nach § 3 II 1 UmwStG steht ausschließlich der übertragenden Körperschaft zu. Der Antrag ist von der übertragenden Körperschaft zu stellen bzw. von der übernehmenden Personengesellschaft als deren Gesamtrechtsnachfolgerin.

323 Der Antrag ist für alle Wirtschaftsgüter einheitlich zu stellen, soweit die Wirtschaftsgüter die Voraussetzungen des § 3 II 1 UmwStG erfüllen. Eine selektive Beschränkung des Antrags auf Buchwertfortführung oder Zwischenwertansatz einzelner Wirtschaftsgüter ist ausgeschlossen. Das Erfordernis der einheitlichen Bewertung zu Buchwerten oder Zwischenwerten gilt nicht für solche Wirtschaftsgüter, die die Voraussetzungen des § 3 II 1 UmwStG nicht erfüllen. Dies kann etwa bei Beteiligung auch ausländischer Gesellschafter an der Personengesellschaft der Fall sein.[420]

323a Der Antrag nach § 3 II 1 UmwStG ist bis zur erstmaligen Einreichung der steuerlichen Schlussbilanz bei dem für die Besteuerung der übertragenden Körperschaft zuständigen Finanzamt zu stellen, § 3 II 2 UmwStG. Er gilt durch die (erstmalige) Einreichung der steuerlichen Schlussbilanz als gestellt. Für den Antrag bestehen keine besonderen Formvorschriften. Aus Gründen des Nachweises empfiehlt sich die Schriftform. Wenn die ausdrückliche Erklärung abgegeben wird, dass die Steuerbilanz iSd §§ 4 I, 5 I EStG gleichzeitig die steuerliche Schlussbilanz sein soll und kein ausdrücklicher gesonderter anderweitiger Antrag gestellt wurde, ist in dieser Erklärung gleichzeitig ein konkludenter Antrag auf Ansatz der Buchwerte zu sehen.[421]

324 Der Antrag ist bedingungsfeindlich. Die Änderung eines gestellten Antrags ist nach Einreichung der Schlussbilanz nicht mehr möglich. Er kann ferner weder widerrufen noch geändert werden. Selbst eine Änderung mit Zustimmung der Finanzverwaltung ist ausgeschlossen. Auch eine Anfechtung wegen Irrtums scheidet nach überwiegender Auffassung aus. Die Änderung des ausgeübten Wahlrechts durch Bilanzänderung iSv § 4 II 2 EStG ist nicht zulässig.[422] Eine Bilanzberichtigung ist unter den Bedingungen des § 4 II 1 EStG möglich[423] Fehlerhafte Bilanzansätze sind nach § 153 AO zu korrigieren. Ergeben sich durch eine Außenprüfung Korrekturen bei den Bilanzansätzen, ist sowohl die Schlussbilanz als auch die Übernahmebilanz entsprechend zu ändern.[424] Weichen die Ansätze in der steuerlichen Schlussbilanz in den genannten Fällen von den durch wirksamen Antrag bestimmten Werten ab, sind sie entsprechend dem

---

[419] Vgl. BMF-Schreiben vom 11.11.2011, BStBl. I 2011 S. 1314 Tz. 03.29.
[420] Vgl. dazu bereits → Rn. 309, → Rn. 317 und *Schaflitzl/Widmayer* BB 2006, Special 8 S. 36 (40).
[421] Vgl. BMF-Schreiben vom 11.11.2011, BStBl. I 2011 S. 1314 Tz. 03.29.
[422] Vgl. *Möhlenbrock/Pung* in Dötsch/Pung/Möhlenbrock, § 3 UmwStG Rn. 65.
[423] Vgl. BMF-Schreiben vom 11.11.2011, BStBl. I 2011 S. 1314 Tz. 03.30.
[424] Vgl. *Schmitt* in Schmitt/Hörtnagl/Stratz, § 3 UmwStG Rn. 74.

§ 11. Steuerrechtliche Regelungen § 11

Antrag zu berichtigen. Dies führt indes nicht dazu, dass ein ursprünglich
gestellter Antrag auf Bewertung zu Buchwerten oder Zwischenwerten
dem Grunde nach geändert werden kann.[425] Der einmal gestellte Antrag
nach § 3 II 2 UmwStG bleibt auch in diesen Fällen unwiderruflich und
nicht änderbar.

Der Antrag ist gegenüber dem für die Ertragsbesteuerung der über- 325
tragenden Körperschaft nach § 20 AO zuständigen Finanzamt zu stellen.
Im Fall der Verschmelzung einer Körperschaft auf eine Personengesellschaft ist nach Eintragung der Umwandlung in das Handelsregister das
Finanzamt zuständig, das auch für die Besteuerung des übernehmenden
Rechtsträgers zuständig ist (wird).[426] Ist das für die Übertragerin zuständige Finanzamt nicht mit dem Finanzamt identisch, das für die übernehmende Personengesellschaft zuständig ist, so tritt ein Zuständigkeitswechsel in dem Zeitpunkt ein, in dem eines der Finanzämter von der
Verschmelzung erfährt, § 26 Satz 1 AO.[427]

(4) Körperschaftsteuererhöhung/Körperschaftsteuerminderung. 326
(a) **Körperschaftsteuererhöhung.** Nach § 10 UmwStG aF erhöhte
sich die Körperschaftsteuerschuld der übertragenden Körperschaft im
Veranlagungszeitraum der Umwandlung um den Körperschaftsteuererhöhungsbetrag aus einem Altbestand an EK 02 nach § 38 KStG. Dabei
handelte es sich um den Betrag, der sich bei einer Vollausschüttung von
Gewinnrücklagen in der Steuerbilanz ergeben hätte. § 10 UmwStG aF ist
letztmals auf Umwandlungen anzuwenden, bei denen der steuerliche
Übertragungsstichtag vor dem 1.1.2007 liegt.

Durch die Änderungen des § 38 KStG ist die Regelung des § 10 327
UmwStG aF für Umwandlungen nach dem 31.12.2006 überflüssig geworden. Anstelle einer ausschüttungsabhängigen Körperschaftsteuererhöhung bei Altbeständen an EK 02 ist nunmehr in § 38 V, VI KStG eine
ratierliche Entrichtung des Körperschaftsteuererhöhungsbetrags in zehn
Jahresraten vorgesehen. Zur Ermittlung des Körperschaftsteuererhöhungsbetrags ist der Endbetrag des ehemaligen EK 02 letztmalig zum
31.12.2006 festzusetzen. Der Körperschaftsteuererhöhungsbetrags beträgt
3% des festgestellten Endbetrags, § 38 V 1 KStG. Die Körperschaft hat
den sich ergebenden Körperschaftsteuererhöhungsbetrag innerhalb eines
Zeitraums von 2008 bis 2017 in zehn gleichen Jahresbeträgen zu entrichten.

Die übertragende Körperschaft hat den Steuererstattungsanspruch in 328
ihrer steuerlichen Schlussbilanz als Verbindlichkeit zu passivieren. Durch
die Verschmelzung tritt die übernehmende Personengesellschaft als
Rechtsnachfolgerin der übertragenden Körperschaft in die Verpflichtung
auf ratierliche Entrichtung des Körperschaftsteuererhöhungsbetrags ein.

---

[425] Vgl. *Schmitt* in Schmitt/Hörtnagl/Stratz, § 3 UmwStG Rn. 74; *Möhlenbrock/Pung* in Dötsch/Pung/Möhlenbrock, § 3 UmwStG Rn. 65.
[426] Vgl. FG Nürnberg Urteil vom 27.11.1984, EFG 1985 S. 273.
[427] Vgl. auch BMF-Schreiben vom 11.11.2011, BStBl. I 2011 S. 1314 Tz. 03.27.

§ 11   3. Teil. Verschmelzung

329   **(b) Körperschaftsteuerminderung.** Verfügte die übertragende Körperschaft bei Übergang zum Halbeinkünfteverfahren über einen Altbestand an EK 40, so ist ein daraus resultierendes Körperschaftsteuerguthaben ratierlich innerhalb eines zehnjährigen Abrechnungszeitraum von 2008 bis 2017 gleichmäßig verteilt auszuzahlen, § 37 V KStG.

330   Der rechtlich bereits in voller Höhe entstandene Auszahlungsanspruch ist in der steuerlichen Schlussbilanz der übertragenden Körperschaft zum Barwert zu aktivieren. Der Körperschaftsteuererstattungsanspruch geht mit der Verschmelzung auf die Personengesellschaft als Gesamtrechtsnachfolgerin über.

331   **(5) Steuerliche Verluste der Übertragerin.** Nach §§ 4 II 2, 18 I UmwStG gehen die körperschaftsteuerlichen und gewerbesteuerlichen Verluste der Übertragerin nicht auf die Übernehmerin über. Die Bewertung zum gemeinen Wert oder zum Zwischenwert ermöglicht der Übertragerin die Aufdeckung stiller Reserven zur Kompensation steuerlicher Verluste, die durch die Verschmelzung verloren gehen würden. Zu berücksichtigen ist dabei indes, dass körperschaftsteuerliche und gewerbesteuerliche Verluste der Übertragerin in unterschiedlicher Höhe bestehen können.

332   Bei der Nutzung der steuerlichen Verlustvorträge durch die Übertragerin durch Verlustabzug sind die Regelungen zur Mindestbesteuerung nach § 10d II EStG, § 10a GewStG zu beachten.[428] Danach können Verlustvorträge bis zu einem Gesamtbetrag der Einkünfte von € 1 Mio. unbeschränkt, darüber hinaus bis zu 60% des € 1 Mio. übersteigenden Gesamtbetrags der Einkünfte abgezogen werden. Die Regelungen zur Mindestbesteuerung finden Anwendung bei einem Übernahmegewinn, der den Betrag von € 1 Mio. übersteigt und der nicht durch laufende Verluste des Wirtschaftsjahres kompensiert werden kann. Zur Vermeidung eines steuerpflichtigen Übertragungsgewinns kann eine Bewertung zu Zwischenwerten nach § 3 II 1 UmwStG in Betracht kommen. Zu beachten ist die Regelung des § 2 IV UmwStG zur Beschränkung der Verlustnutzung im Rückwirkungszeitraum.[429] Danach ist der Ausgleich oder die Verrechnung eines Übertragungsgewinns mit verrechenbaren Verlusten, verbleibenden Verlustvorträgen, nicht ausgeglichenen negativen Einkünften, einem Zinsvortrag nach § 4h I 5 EStG und einem EBITDA-Vortrag nach § 4h I 3 EStG des übertragenden Rechtsträgers nur zulässig, wenn dem übertragenden Rechtsträger die Verlustnutzung auch ohne Anwendung des § 2 I und II UmwStG möglich gewesen wäre. Gleiches gilt für negative Einkünfte des übertragenden Rechtsträgers, die im Rückwirkungszeitraum entstanden sind, § 2 IV 2 UmwStG.

333   **(6) Eigene Anteile der Übertragerin.** Hält die übertragende Körperschaft am steuerlichen Übertragungsstichtag eigene Anteile, so gehen diese mit der Umwandlung unter.[430] Nach der Rechtslage vor BilMoG

---

[428] Kritisch dazu Förster/Felcher DB 2006 S. 1072 (1073).
[429] → Rn. 40.
[430] Vgl. BMF-Schreiben vom 25.3.1998, BStBl. I 1998 S. 268 Tz. 04.19.

§ 11. Steuerrechtliche Regelungen § 11

waren die eigenen Anteile daher in der steuerlichen Schlussbilanz der Übertragerin nicht mehr zu erfassen. Der entstehende Buchverlust war außerhalb der Bilanz in der steuerlichen Gewinnermittlung hinzuzurechnen[431] oder in der Bilanz gewinnneutral auszubuchen. Entsprechend war ist das steuerliche Einlagekonto zu mindern, soweit es auf die weggefallenen Anteile entfällt. Mit dem BilMoG ist der Ausweis eigener Anteile entfallen. Dementsprechend stellt sich die Problematik der Behandlung eigener Anteile nicht mehr.[432]

(7) Ereignisse im Rückwirkungszeitraum. **(a) Veräußerung von Anteilen an der übertragenden Körperschaft.** Nach Auffassung der Finanzverwaltung sind Anteilseigner der übertragenden Körperschaft, die in der Zeit zwischen steuerlichem Übertragungszeitraum und Eintragung der Verschmelzung in das Handelsregister ihre Anteile an der Körperschaft veräußern, von der steuerlichen Rückwirkung nach § 2 I UmwStG ausgenommen.[433] Diese Anteilseigner werden zivilrechtlich nicht Gesellschafter der übernehmenden Personengesellschaft. Sie veräußern daher zivilrechtlich wie steuerlich – noch Anteile an der übertragenden Körperschaft.[434] Bis zur Eintragung der Verschmelzung bleibt der Veräußerer Anteilseigner der übertragenden Körperschaft. Zahlungen nach dem steuerlichen Übertragungsstichtag an diese ausscheidenden Anteilseigner, wie Gehälter, Mieter oder Zinsen, stellen in vollem Umfang Betriebsausgaben der übernehmenden Personengesellschaft dar. 334

(b) Ausscheiden gegen angemessene Abfindung. Wie durch Veräußerung ausscheidende Anteilseigner sind steuerlich auch solche Anteilseigner zu behandeln, die gegen die Verschmelzung Widerspruch einlegen und gegen angemessene Abfindung ausscheiden.[435] Der widersprechende Anteilseigner kann das Abfindungsangebot lediglich innerhalb von zwei Monaten nach Bekanntgabe der Handelsregistereintragung der Verschmelzung annehmen, §§ 31, 209 UmwG. Zivilrechtlich wird der ausscheidende Anteilseigner zunächst Gesellschafter der Personengesellschaft. Er scheidet daher zivilrechtlich aus der übernehmenden Personengesellschaft aus. Steuerlich wird er behandelt, als würde er Anteile an der übertragenden Kapitalgesellschaft veräußern.[436] 335

(c) Offene und verdeckte Gewinnausschüttungen. Die Behandlung ordentlicher oder verdeckter Gewinnausschüttungen sowie Vorabausschüttungen hängt davon ab, ob der zugrunde liegende rechtliche Anspruch vor dem steuerlichen Übertragungsstichtag begründet wurde und wann der tatsächliche Abfluss stattfindet. Weiter ist danach zu unterscheiden, ob der die Ausschüttung empfangende Anteilseigner aus der 336

---

[431] Vgl. *Schmitt* in Schmitt/Hörtnagl/Stratz, § 3 UmwStG Rn. 121; *Birkemeier* in Rödder/Herlinghaus/van Lishaut, § 3 UmwStG Rn. 78.
[432]
[433] Vgl. BMF-Schreiben vom 11.11.2011, BStBl. I 2011 S. 1314 Tz. 02.19.
[434] Vgl. BFH vom 5.11.2009 – IV B 51/08, BFH/NV 2008, 2057.
[435] Vgl. BMF-Schreiben vom 11.11.2011, BStBl. I 2011 S. 1314 Tz. 02.19.
[436] Vgl. auch BMF-Schreiben vom 11.11.2011, BStBl. I 2011 S. 1314 Tz. 02.19; *Slabon* in Haritz/Menner, § 3 UmwStG Rn. 38.

übertragenden Körperschaft ausscheidet oder Gesellschafter der übernehmenden Personengesellschaft wird.

337 Ausschüttungen, die vor dem steuerlichen Übertragungsstichtag beschlossen wurden und abgeflossen sind, sind noch bei der übertragenden Körperschaft zu erfassen. Sie mindern das Vermögen in der steuerlichen Schlussbilanz der Übertragerin.[437] Entsprechendes gilt für verdeckte Gewinnausschüttungen und Vorabausschüttungen in dem Wirtschaftsjahr, in dem der steuerliche Übertragungsstichtag liegt. Dementsprechend ist (für Vorabausschüttungen) noch bei der übertragenden Körperschaft das steuerliche Einlagekonto zu mindern. Die übertragende Körperschaft hat nach den allgemeinen Grundsätzen die Kapitalertragsteuer einzubehalten und abzuführen.[438] Beim Anteilseigner sind diese Ausschüttungen als Einnahmen iSd § 20 I Nr. 1 EStG zu erfassen und unterliegen der Besteuerung nach den allgemeinen Grundsätzen.

338 Offene Ausschüttungen, die zwar vor dem steuerlichen Übertragungsstichtag beschlossen, aber noch nicht abgeflossen sind, sind in der steuerlichen Schlussbilanz der übertragenden Körperschaft als Verbindlichkeiten zu erfassen.[439] Gleiches gilt für vor dem steuerlichen Übertragungsstichtag beschlossene, aber noch nicht abgeflossene Vorabausschüttungen sowie für verdeckte Gewinnausschüttungen, die ihre Ursache vor dem steuerlichen Übertragungsstichtag haben, aber erst nach dem Stichtag zahlungswirksam werden.[440]

339 Die Ausschüttungen gelten nach Auffassung der Finanzverwaltung[441] für steuerbilanzielle Zwecke als zum steuerlichen Übertragungsstichtag durch die übertragende Körperschaft geleistet. Bei der übernehmenden Personengesellschaft stellt der Abfluss der Ausschüttung insofern lediglich eine erfolgsneutrale Erfüllung der Ausschüttungsverbindlichkeit dar. Die entsprechenden Steuerbescheinigung nach § 27 III KStG ist daher durch die übertragende Körperschaft bzw. die übernehmende Personengesellschaft als Rechtsnachfolgerin auszustellen.[442] Je nach dem Zeitpunkt der Auszahlung ist die übertragende Körperschaft oder die übernehmende Personengesellschaft zum Einbehalt und zur Abführung der Kapitalertragsteuer verpflichtet.[443]

340 Beim Anteilseigner, der durch die Verschmelzung Gesellschafter der übernehmenden Personengesellschaft wird, gelten Gewinnausschüttungen als am steuerlichen Übertragungsstichtag zugeflossen.[444]

341 Die steuerliche Qualifizierung von Ausschüttungen, die nach dem steuerlichen Übertragungsstichtag, aber vor Handelsregistereintragung

---

[437] Vgl. BMF-Schreiben vom 11.11.2011, BStBl. I 2011 S. 1314 Tz. 02.25.
[438] Vgl. BMF-Schreiben vom 11.11.2011, BStBl. I 2011 S. 1314 Tz. 02.27.
[439] Vgl. BMF-Schreiben vom 11.11.2011, BStBl. I 2011 S. 1314 Tz. 02.27.
[440] Vgl. BMF-Schreiben vom 11.11.2011, BStBl. I 2011 S. 1314 Tz. 02.27.
Siehe auch *Hörtnagl* in Schmitt/Hörtnagl/Stratz, § 2 UmwStG Rn. 74 mwN
[441] Vgl. BMF-Schreiben vom 11.11.2011, BStBl. I 2011 S. 1314 Tz. 02.27.
[442] Vgl. BMF-Schreiben vom 11.11.2011, BStBl. I 2011 S. 1314 Rz. 02.27.
[443] Vgl. BMF-Schreiben vom 11.11.2011, BStBl. I 2011 S. 1314 Tz. 02.30.
Vgl. auch *Schmitt* in Schmitt/Hörtnagl/Stratz, § 2 UmwStG Rn. 75.
[444] Vgl. BMF-Schreiben vom 11.11.2011, BStBl. I 2011 S. 1314 Tz. 02.28.

§ 11. Steuerrechtliche Regelungen § 11

(dh im Rückwirkungszeitraum) beschlossen wurden, hängt davon ab, ob der empfangende Anteilseigner aus der übertragenden Körperschaft ausscheidet oder ob er Gesellschafter der übernehmenden Personengesellschaft wird.[445] Für aus der zu verschmelzenden Körperschaft ausscheidende Gesellschafter greift die Rückwirkungsfiktion des § 2 I UmwStG nicht.[446] Werden im Rückwirkungszeitraum beschlossene Ausschüttungen, Vorabausschüttungen für frühere Wirtschaftsjahre oder verdeckte Gewinnausschüttungen im Rückwirkungszeitraum an ausscheidende Anteilseigner geleistet, werden diese Ausschüttungen mithin noch als Ausschüttungen der übertragenden Körperschaft behandelt.[447] Die sich ergebende Ausschüttungsverpflichtung ist in der steuerlichen Schlussbilanz der übertragenden Körperschaft als Korrekturposten zu passivieren.[448] Die durch diese Passivierung eintretende Vermögensminderung ist durch eine Korrektur außerhalb der Steuerbilanz zu neutralisieren.[449] Der Korrekturposten mindert allerdings das Eigenkapital für Zwecke des § 7 UmwStG.[450] Die spätere Gewinnausschüttung ist gewinnneutral mit dem passiven Korrekturposten zu verrechnen.[451] Beim ausscheidenden Gesellschafter sind die Ausschüttung als Einnahmen nach § 20 I Nr. 1 EStG zu behandeln und nach den allgemeinen Grundsätzen zu besteuern (zB § 3 Nr. 40 EStG oder § 8b KStG bzw. bei Zufluss nach dem 31.12.2008 auch §§ 32d, 43 V EStG).[452] Die übertragende Körperschaft hat die Kapitalertragsteuer einzubehalten und abzuführen. Auch die Steuerbescheinigung ist durch sie bzw. ihren Rechtsnachfolger auszustellen.[453]

Anders werden im Rückwirkungszeitraum beschlossene Ausschüttungen an Anteilseigner der übertragenden Körperschaft behandelt, die Gesellschafter der übernehmenden Personengesellschaft werden. Gleiches gilt, wenn der Anteilseigner iSd § 20 V EStG der übertragenden Körperschaft zugleich der übernehmende Rechtsträger ist. Für diese Anteilseigner greifen die Rückwirkungsfiktionen des § 2 I bzw. II UmwStG. Für beschlossene Ausschüttungen an die vorbezeichneten Anteilseigner hat die übertragende Körperschaft in ihrer steuerlichen Schlussbilanz keinen Korrekturposten zu passivieren. Vielmehr ist der Abfluss dieser im Rückwirkungszeitraum beschlossenen Ausschüttungen als Entnahme nach § 4 I 2 EStG aus der übernehmenden Personengesellschaft zu behandeln.[454] Aufgrund dieser Qualifikation unterliegt die Entnahme

342

---

[445] Vgl. BMF-Schreiben vom 11.11.2011, BStBl. I 2011 S. 1314 Tz. 02.17 ff.
[446] Vgl. BMF-Schreiben vom 11.11.2011, BStBl. I 2011 S. 1314 Tz. 02.17 ff.
[447] Vgl. BMF-Schreiben vom 11.11.2011, BStBl. I 2011 S. 1314 Tz. 02.31.
[448] Vgl. BMF-Schreiben vom 11.11.2011, BStBl. I 2011 S. 1314 Tz. 02.31.
[449] Vgl. BMF-Schreiben vom 11.11.2011, BStBl. I 2011 S. 1314 Tz. 02.31.
[450] Vgl. BMF-Schreiben vom 11.11.2011, BStBl. I 2011 S. 1314 Tz. 02.31, 02.33.
[451] Vgl. *Widmann* in Widmann/Mayer, § 2 UmwStG Rn. 177; *Schmitt* in Schmitt/Hörtnagl/Stratz, § 2 UmwStG Rn. 82.
[452] Vgl. BMF-Schreiben vom 11.11.2011, BStBl. I 2011 S. 1314 Tz. 02.31.
[453] Vgl. BMF-Schreiben vom 11.11.2011, BStBl. I 2011 S. 1314 Tz. 02.33, 02.33.
[454] Vgl. BMF-Schreiben vom 11.11.2011, BStBl. I 2011 S. 1314 Tz. 02.32.

§ 11   3. Teil. Verschmelzung

nicht der Kapitalertragsteuer. Rechtlich wird indes die im Rückwirkungszeitraum beschlossene Ausschüttung erst mit Wirksamwerden der Verschmelzung, dh mit deren Eintragung, in eine Entnahme umqualifiziert. Insofern ist etwaige (zu Unrecht) bereits einbehaltene und abgeführte Kapitalertragsteuer zu erstatten.[455] Ist das Wirksamwerden der Verschmelzung hinreichend sicher, kann ggf. eine Verständigung mit dem Finanzamt dahingehend getroffen werden, dass der Kapitalertragsteuerabzug unterbleibt.[456]

343 **(d) Positive oder negative Einkünfte im Rückwirkungszeitraum.** Für negative Einkünfte des übertragenden Rechtsträgers im Rückwirkungszeitraum gilt § 2 IV 1, 2 UmwStG. Darüber hinaus ist nach § 2 IV 3 UmwStG der Ausgleich oder die Verrechnung von positiven Einkünften des übertragenden Rechtsträgers im Rückwirkungszeitraum mit verrechenbaren Verlusten, verbleibenden Verlustvorträgen, nicht ausgeglichenen negativen Einkünften und einem Zinsvortrag nach § 4h I 5 EStG des übernehmenden Rechtsträgers nicht zulässig.[457]

bb) Steuerliche Auswirkungen auf der Ebene der übernehmenden Personengesellschaft

344 (1) **Überblick.** Die steuerlichen Folgen der Verschmelzung für die übernehmende Personengesellschaft werden durch §§ 4 und 6 UmwStG geregelt.

345 In § 4 I UmwStG wird der Wertansatz des übergehenden Vermögens in der Steuerbilanz der Übernehmerin bestimmt. Aus § 4 II UmwStG ergibt sich der Eintritt der Übernehmerin in die Rechtsstellung der Übertragerin sowie die davon geltenden Ausnahmen.[458] In § 4 III UmwStG wird die Abschreibung des übergehenden Vermögens bei der Übernehmerin behandelt. Ergänzend dazu bestimmt § 6 UmwStG die Konsequenzen der Konfusion von Forderungen und Verbindlichkeiten der verschmolzenen Unternehmen.[459]

346 (2) **Übernahme des Vermögens. (a) Zeitpunkt und bilanzielle Erfassung.** Die übernehmende Personengesellschaft hat das übergehende Vermögen der übertragenden Körperschaft im steuerlichen Übertragungszeitpunkt zu erfassen. Dies geschieht bei Verschmelzung durch Neugründung in einer auf den steuerlichen Übertragungsstichtag aufzustellenden Eröffnungsbilanz. Diese ist zugleich Übernahmebilanz.[460] Im Fall der Verschmelzung durch Aufnahme auf eine bestehende Personengesellschaft stellt die Verschmelzung für die Übernehmerin einen laufenden Geschäftsvorfall dar. Eine besondere Übernahmebilanz ist da-

---

[455] Vgl. *Dötsch* in Dötsch/Pung/Möhlenbrock, § 2 UmwStG Rn. 59.
[456] Vgl. *Berg* DStR 1999 S. 1219. Vgl. dazu auch *Schmitt* in Schmitt/Hörtnagl/Stratz, § 2 UmwStG Rn. 82.
[457] → Rn. 44 f.
[458] Dazu → Rn. 368 ff.
[459] Dazu → Rn. 384 ff.
[460] Vgl. *van Lishaut* in Rödder/Herlinghaus/van Lishaut, § 4 UmwStG Rn. 8.

§ 11. Steuerrechtliche Regelungen § 11

bei von der aufnehmenden Personengesellschaft nur dann aufzustellen, wenn sie ihren Gewinn bisher nach § 4 III EStG anhand einer Einnahme-/Überschuss-Rechnung ermittelt hat.[461] Eine Rückkehr zur Einnahme-/Überschuss-Rechnung nach der Erstellung der Übernahmebilanz ist möglich.[462]

Zu buchen ist der Vermögensübergang durch Erfassung der übergehenden Vermögensgegenstände und Schulden mit Gegenbuchung auf Kapitalkonten, die für die bisherigen Anteilseigner der übertragenden Körperschaft neu einzurichten sind.[463] Sind die bisherigen Gesellschafter der Personengesellschaft zugleich an der übertragenden Körperschaft beteiligt, erhöhen sich durch die Vermögensübernahme ihre Kapitalkonten bei der Personengesellschaft. 347

Zu den übergegangenen Wirtschaftsgütern iSd § 4 I UmwStG gehören auch Bilanzansätze in der steuerlichen Schlussbilanz, denen die Wirtschaftsguteigenschaft fehlt.[464] 348

Hat ein Anteilseigner der übertragenden Körperschaft bisher Wirtschaftsgüter zur Nutzung überlassen, so werden diese Wirtschaftsgüter mit Verschmelzung zu Sonderbetriebsvermögen des Gesellschafters bei der übernehmenden Personengesellschaft. Waren diese Wirtschaftsgüter bisher als Privatvermögen zu qualifizieren, gelten sie als zum Übertragungsstichtag in das Sonderbetriebsvermögen eingelegt.[465] Hat der Anteilseigner der übertragenden Körperschaft ein Darlehen gewährt, sind daraus resultierende Forderungen Sonderbetriebsvermögen. Diese Behandlung der Darlehensforderung als Sonderbetriebsvermögen stellt für die Anwendung der Überentnahmeregelung des § 4 IVa EStG und des damit verbundenen Schuldzinsenabzugs eine Einlage nach § 4 I 8 EStG dar.[466] Entsprechend werden Darlehen zur Finanzierung der Beteiligung an der übertragenden Körperschaft zu negativem Sonderbetriebsvermögen bei der übernehmenden Personengesellschaft. Die nach dem steuerlichen Übertragungsstichtag entstehenden Darlehenszinsen sind Sonderbetriebsausgaben.[467] Umgekehrt stellen Zinsen auf Darlehensforderungen des Gesellschafters Sonderbetriebseinnahmen dar. Das infolge der Umwandlung entstehende Sonderbetriebsvermögen nimmt an der Ermittlung des Übernahmeerfolgs nicht teil.[468] 349

---

[461] Vgl. *Widmann* in Widmann/Mayer, § 4 UmwStG Rn. 32.
[462] Vgl. *van Lishaut* in Rödder/Herlinghaus/van Lishaut, § 4 UmwStG Rn. 7.
[463] Vgl. *van Lishaut* in Rödder/Herlinghaus/van Lishaut, § 4 UmwStG Rn. 7.
[464] Vgl. BMF-Schreiben vom 11.11.2011, BStBl. I 2011 S. 1314, Tz. 04.01; *Schmitt* in Schmitt/Hörtnagl/Stratz, § 4 UmwStG Rn. 11; *van Lishaut* in Rödder/Herlinghaus/van Lishaut, § 4 UmwStG Rn. 14.
[465] Vgl. *Schmitt* in Schmitt/Hörtnagl/Stratz, § 4 UmwStG Rn. 42; *van Lishaut* in Rödder/Herlinghaus/van Lishaut, § 4 UmwStG Rn. 36.
[466] Vgl. OFD Rheinland DStR 2011 S. 1666; *Schmitt* in Schmitt/Hörtnagl/Stratz, § 4 UmwStG Rn. 42.
[467] Vgl. BMF-Schreiben vom 11.11.2011, BStBl. I 2011 S. 1314 Tz. 04.36.
[468] Vgl. *Schmitt* in Schmitt/Hörtnagl/Stratz, § 4 UmwStG Rn. 42; *van Lishaut* in Rödder/Herlinghaus/van Lishaut, § 4 UmwStG Rn. 36.

§ 11   3. Teil. Verschmelzung

350   **(b) Steuerliche Wertverknüpfung.** Bei der Verschmelzung einer Körperschaft auf eine Personengesellschaft wird in § 4 I 1 UmwStG eine steuerliche Wertverknüpfung bei der Übernehmerin mit der Schlussbilanz der Übertragerin verlangt. Die übernehmende Personengesellschaft hat demnach die übergegangenen Wirtschaftsgüter zwingend zu den Wertansätzen zu übernehmen, mit denen die übertragenden Körperschaft das übergehende Vermögen in ihrer steuerlichen Schlussbilanz angesetzt hat, § 4 I 1 UmwStG. Insofern ist die übernehmende Personengesellschaft an die Bewertung in der Schlussbilanz der übertragenden Körperschaft nach § 3 I, II UmwStG gebunden. Hat die übertragende Körperschaft das übergehende Vermögen in ihrer steuerlichen Schlussbilanz zum gemeinen Wert bewertet, so hat die Personengesellschaft das übergehende Vermögen mit diesem gemeinen Wert zu übernehmen. Entsprechend ist die übernehmende Personengesellschaft an die Bewertung des übergehenden Vermögens in der steuerlichen Schlussbilanz der Übertragerin zum Buchwert oder zu Zwischenwerten gebunden. Durch die Wertverknüpfung wird eine spätere Besteuerung im übertragenen Vermögen enthaltener stiller Reserven sichergestellt.

351   Der nach § 4 I 1 UmwStG geforderte Wertansatz ist ausschlaggebend für
- die Höhe der Kapitalkonten der Gesellschafter der Übernehmerin,
- die Ermittlung des Übernahmeergebnisses sowie
- die Abschreibung des übergehenden Vermögens.

352   Zur Erfüllung der in § 4 I 1 UmwStG erforderlichen Wertverknüpfung ist es nicht erforderlich, dass die übernehmende Personengesellschaft die Werte aus der Schlussbilanz der Übertragerin in ihrer steuerlichen Gesamthandbilanz fortführt. Vielmehr kann das übernommene Vermögen in der Gesamthandbilanz der Personengesellschaft zu einem höheren bzw. niedrigeren Wert ausgewiesen werden, wenn dieser Wert unter Berücksichtigung von Ergänzungsbilanzen auf den Wert in der Schlussbilanz der übertragenden Körperschaft berichtigt und damit die in § 4 I 1 UmwStG geforderte Wertverknüpfung erreicht wird.[469] Die Erstellung von Ergänzungsbilanzen kann ua zur zutreffenden Darstellung der Wertverhältnisse zwischen bisherigen und neuen Gesellschaftern der übernehmenden Personengesellschaft erforderlich sein.[470] Die erstellten Ergänzungsbilanzen sind dann allerdings auch bei der Ermittlung des Übernahmeergebnisses zu berücksichtigen.

353   Durch die in § 4 I 1 UmwStG geforderte Wertverknüpfung können die steuerlichen Wertansätze von den Wertansätzen in der Handelsbilanz der Übernehmerin abweichen. In der Handelsbilanz hat die übernehmende Personengesellschaft nach § 24 UmwG das übernommene Vermögen zum Buchwert zu übernehmen, oder die Verschmelzung als Anschaffungsgeschäft zu bewerten und das übernommene Vermögen mit höheren Werten, maximal mit dem Zeitwert anzusetzen. Eine Maßgeb-

---

[469] Siehe dazu ausführlich mit Beispielen *van Lishaut* in Rödder/Herlinghaus/van Lishaut, § 4 UmwStG Rn. 11.
[470] Vgl. *van Lishaut* in Rödder/Herlinghaus/van Lishaut, § 4 UmwStG Rn. 11.

§ 11. Steuerrechtliche Regelungen § 11

lichkeit der Handelsbilanz für die Steuerbilanz besteht auch für die Übernehmerin im steuerlichen Übertragungszeitpunkt nicht.

Streitig ist, wie entgegen den Ansatzverboten nach § 5 EStG bei Bewertung zum gemeinen Wert oder zu Zwischenwerten in der Schlussbilanz der übertragenden Körperschaft bilanzierten stille Reserven und stille Lasten bei der übernehmenden Personengesellschaft zu behandeln sind.[471] Dazu gehören ua selbstgeschaffene immaterielle Wirtschaftsgüter sowie Drohverlustrückstellungen. Infolge der Verpflichtung des übernehmenden Rechtsträgers zum Ansatz der übergegangenen Wirtschaftsgüter mit dem Wert aus der steuerlichen Schlussbilanz sind auch solche aktivischen und passivischen Wirtschaftsgüter zu übernehmen, die in der steuerlichen Schlussbilanz der Übertragerin entgegen § 5 EStG angesetzt wurden. Allerdings sollen nach Auffassung der Finanzverwaltung beim übernehmenden Rechtsträger an den folgenden Bilanzstichtagen die allgemeinen Grundsätze und damit auch die steuerlichen Ansatzverbote des § 5 EStG für das übergehende Vermögen greifen.[472] Nach diesem Konzept der phasenverschobenen Wiedereinsetzung der allgemeinen Bilanzierungsgrundsätze und Bewertungsvorschriften ist ein in der steuerlichen Schlussbilanz des übertragenden Rechtsträgers entgegen § 5 EStG angesetztes Wirtschaftsgut (zB eine Drohverlustrückstellung) zunächst im Übernahmezeitpunkt in der Steuerbilanz des übernehmenden Rechtsträgers auszuweisen und zum darauffolgenden Bilanzstichtag unter Anwendung des § 5 EStG wieder erfolgswirksam aufzulösen.[473] Gemäß § 5 VII 5 EStG kann die übernehmende Personengesellschaft zur (teilweisen) Neutralisation des sich hieraus ergebenden Ertrags eine aufwandswirksame Rücklage iHv $14/15$ bilden, die in den folgenden 14 Wirtschaftsjahren zu mindestens $1/14$ gewinnhöhend aufzulösen ist. Etwas anderes gilt lediglich für einen in der steuerlichen Schlussbilanz nach § 3 I 1 UmwStG anzusetzenden originären Geschäfts- oder Firmenwert der übertragenden Körperschaft. Dieser gilt als vom übernehmenden Rechtsträger aufgrund der Umwandlung angeschafft.[474] Dieses Konzept steht zwar der Rechtsprechung des BFH[475] entgegen, ist aber für übernommene Verpflichtungen inzwischen durch die Vorschriften des §§ 4 f und 5 VII EStG gesetzlich kodifiziert.[476] Indes ist umstritten, ob die Regelung des § 5 VII EStG auf Umwandlungsvorgänge Anwendung findet.[477] Ferner ist der oben dargelegten Auffassung der Finanzverwaltung die Ungleichbehandlung von aktivischen und passivischen Wirtschaftsgütern bei der Übernehmerin entgegenzuhalten.

354

---

[471] → Rn. 113f.
[472] BMF vom 11.11.2011, BStBl. I 2011 S. 1314 Tz. 03.06, 11.03, 04.16.
[473] Vgl. BMF vom 11.11.2011, BStBl. I 2011 S. 1314 Tz. 04.16; *Wisniewski* in Haritz/Menner, § 12 UmwStG Rn. 15.
[474] Vgl. BMF vom 11.11.2011, BStBl. I 2011 S. 1314 Tz. 04.16.
[475] BFH v. 16.12.2009 – I R 102/08, BStBl. II 2010 S. 566; v. 14.12.2011 – I R 72/10, DStR 2012 S. 452.
[476] Eingeführt durch Gesetz vom 18.12.2013, BGBl. I 2013 S. 4318.
[477] Vgl. *Schmitt* in Schmitt/Hörtnagl/Stratz, § 4 UmwStG Rn. 12a.

§ 11 3. Teil. Verschmelzung

355 **(c) Anteile an der übertragenden Körperschaft – Beteiligungskorrektur.** Ist die übernehmende Personengesellschaft an der übertragenden Körperschaft beteiligt, kommt die Regelung des § 4 I Satz 2 UmwStG zu Anwendung. Die Anwendung des § 4 I Satz 2 UmwStG ist nach dem Gesetzeswortlaut auf Fälle der Aufwärtsverschmelzung (upstream merger) beschränkt.[478] Von der Regelung nicht erfasst werden soll der sog. downstream merger.[479]

356 Gemäß § 4 I 2 UmwStG sind die Anteile an der übertragenden Körperschaft bei dem übernehmenden Rechtsträger zum steuerlichen Übertragungsstichtag mit dem Buchwert erhöht um Abschreibungen, die in früheren Jahren steuerwirksam vorgenommen worden sind, sowie um Abzüge nach § 6b EStG und ähnliche Abzüge, höchstens jedoch mit dem gemeinen Wert anzusetzen. Die Anwendung des § 4 I 2 UmwStG setzt voraus, dass die Anteile am steuerlichen Übertragungsstichtag zum Betriebsvermögen gehören. Insofern werden von § 4 I 2 UmwStG Anteile im Gesamthandvermögen sowie im Sonderbetriebsvermögen der aufnehmenden Personengesellschaft erfasst. Eine Regelung analog zu § 4 I 2 UmwStG ist in § 5 III UmwStG zudem für solche Anteile normiert, die bisher zum Betriebsvermögen des Gesellschafters der Personengesellschaft gehörten und nach § 5 III UmwStG als in das Betriebsvermögen der übernehmenden Personengesellschaft überführt gelten.[480] Demgegenüber ist § 4 I 2 UmwStG nicht auf Anteile iSv § 17 EStG eines Gesellschafters anzuwenden, die nach § 5 II UmwStG als in das Betriebsvermögen der übernehmenden Personengesellschaft überführt gelten. Ebenso scheiden einbringungsgeborene Anteile iSv § 21 UmwStG aF aus dem Anwendungsbereich des § 4 I 2 UmwStG aus, die nach § 5 IV UmwStG aF iVm § 27 III UmwStG als in das Betriebsvermögen der Personengesellschaft eingelegt gelten.

357 Maßgebend sind die Verhältnisse am steuerlichen Übertragungsstichtag. Erst nach dem steuerlichen Übertragungsstichtag erworbene Anteile an der übertragenden Körperschaft gelten nach § 5 I UmwStG als zum steuerlichen Übertragungsstichtag angeschafft. Wertminderungen in früheren Jahren können sich demzufolge insoweit nicht ergeben.[481]

358 In den Anwendungsbereich des § 4 I 2 UmwStG fallen in der Vergangenheit vorgenommene steuerwirksame Teilwertabschreibungen, Abzüge nach § 6b EStG[482] sowie „ähnlich" steuerwirksame Abzüge. Zu den ähnlichen Abzügen gehören etwa Begünstigungen nach § 30 Bergbau-RatG,[483] von den Anschaffungs- oder Herstellungskosten abgezogene Investitionszuschüsse und übertragene stille Reserven nach R 6.6

---

[478] Vgl. BMF-Schreiben vom 11.11.2011, BStBl. I 2011 S. 1314 Tz. 04.06.
[479] Vgl. *Pung/Werner* in Dötsch/Pung/Möhlenbrock, § 4 UmwStG Rn. 16; *Pyszka/Jüngling*, BB-Spezial 1/2011, S. 4 (6). AA *van Lishaut* in Rödder/Herlinghaus/van Lishaut, § 4 UmwStG Rn. 40.
[480] → Rn. 422 ff.
[481] Vgl. *Bohnhardt* in Haritz/Menner, § 4 UmwStG Rn. 104.
[482] Zur Anwendung auf Anteile an Kapitalgesellschaften vgl. *Schlenker* in Blümich, § 6b EStG Rn. 71 ff. sowie Rn. 101 ff.
[483] Siehe BT-Drucks. 16/2710, S. 27 u. 30.

§ 11. Steuerrechtliche Regelungen § 11

EStR.[484] Die Zuschreibung ist nur bis zur Höhe des gemeinen Werts der Anteile erforderlich (Deckelung).

Bezogen auf Teilwertabschreibungen findet die Regelung des § 4 I 2 UmwStG nur dann Anwendung, wenn und soweit nicht bereits in der steuerlichen Schlussbilanz der Übertragerin eine Wertaufholung nach § 6 I Nr. 2 Satz 3 iVm Nr. 1 Satz 4 EStG erforderlich war.[485] Die Anwendung des § 4 I 2 UmwStG beschränkt sich auf die Rückgängigmachung steuerwirksamer Teilwertabschreibungen. Wurden in der Vergangenheit sowohl steuerwirksame als auch steuerunwirksame Teilwertabschreibungen vorgenommen, und liegt der gemeine Wert unter dem Wert nach vollumfänglicher Zuschreibung, ist zu klären, in welcher Reihenfolge diese Teilwertabschreibungen durch Zuschreibungen rückgängig zu machen sind. Nach Auffassung der Finanzverwaltung[486] – und entgegen der Rechtsprechung des BFH[487] zur Wertaufholungen auf Kapitalgesellschaftsanteile nach § 6 I Nr. 2 Satz 2 iVm § 8b II 4 KStG – sind zunächst die in der Vergangenheit vorgenommenen steuerwirksamen Abschreibungen und dann die nicht steuerwirksamen rückgängig zu machen.[488]

359

Zum Buchwert der Anteile gehört in den Fällen der Verschmelzung einer Organgesellschaft auf den Organträger uE auch ein aktivischer oder passivischer Ausgleichsposten.

360

Der bei Anwendung von § 4 I 2 UmwStG entstehende Beteiligungskorrekturgewinn erhöht den laufenden Gewinn der Übernehmerin und unterliegt damit der vollen Besteuerung.[489] Die Regelungen des § 8b II KStG bzw. § 3 Nr. 40 EStG sind auf diesen Beteiligungskorrekturgewinn nicht anzuwenden, § 8b II 4 u. 5 KStG, § 3 Nr. 40 Satz 1 Buchst. a Sätze 2 u. 3 EStG iVm § 4 I 3 UmwStG.

361

Ist der gemeine Wert der Beteiligung an der übertragenden Körperschaft (zB wegen nur vorübergehender Wertminderung) niedriger als der Buchwert, stellt sich die Frage, ob die Regelung des § 4 I 2 UmwStG am steuerlichen Übertragungsstichtag eine Abstockung des Beteiligungsbuchwerts erforderlich macht. Nach zum Teil im Schrifttum vertretener Auffassung regelt § 4 I 2 UmwStG nicht nur die Obergrenze einer Zuschreibung, sondern bestimmt auch, dass die Anteile an der übertragenden Körperschaft höchstens mit dem gemeinen Wert anzusetzen sind. Liegt mithin der gemeine Wert der Anteile an der übertragenden Körperschaft unter dem Buchwert, so sind dieser Auffassung zufolge eine

362

---

[484] Vgl. *van Lishaut* in Rödder/Herlinghaus/van Lishaut, § 4 UmwStG Rn. 42.
[485] Vgl. BMF-Schreiben vom 11.11.2011, BStBl. I 2011 S. 1314 Tz. 04.07; *Bohnhardt* in Haritz/Menner, § 4 UmwStG Rn. 111. Siehe auch *van Lishaut* in Rödder/Herlinghaus/van Lishaut, § 4 UmwStG Rn. 44.
[486] Vgl. BMF-Schreiben vom 11.11.2011, BStBl. I 2011 S. 1314 Tz. 04.07. Vgl zu dieser Frage auch *van Lishaut* in Rödder/Herlinghaus/van Lishaut, § 4 UmwStG Rn. 45; *Pung/Werner* in Dötsch/Pung/Möhlenbrock, § 4 UmwStG Rn. 15; *Schmitt* in Schmitt/Hörtnagl/Stratz, § 4 UmwStG Rn. 50.
[487] Vgl. BFH-Urteil vom 19.8.2009 – I R 2/09, DStRE 2009 S. 1527.
[488] Siehe auch *Dötsch/Pung* DB 2003 S. 1016 (1019). Nunmehr auch *Schmitt* in Schmitt/Hörtnagl/Stratz, § 4 UmwStG Rn. 50.
[489] Vgl. *Bodden* FR 2007 S. 66 (71); *Ott* GmbH-StPr 2007 S. 201 (202).

§ 11   3. Teil. Verschmelzung

logische Sekunde vor der Verschmelzung die Anteile auf den niedrigeren gemeinen Wert abzustocken.[490] Dieser Auffassung hat sich der BFH[491] in seiner Entscheidung vom 30.7.2014 im Fall einer Aufwärtsverschmelzung angeschlossen. Zwar ist der sich aus einer solchen Abstockung ergebende Beteiligungskorrekturverlust bei der Ermittlung des Einkommens nach § 8b III 3 iVm § 8b II KStG im Allgemeinen nicht zu berücksichtigen. Dem o. g. BFH-Urteil lag indes eine Verschmelzung eines Lebensversicherungsunternehmens zugrunde. Für einen solchen Fall hat der BFH in der genannten Entscheidung vom 30.7.2014 eine erfolgswirksame Berücksichtigung des Abstockungsbetrags unter Beachtung des § 8b VIII 1 KStG für Anteile eines Lebensversicherungsunternehmens zugelassen, die bei einem den Kapitalanlagen zuzurechnen sind. Nach anderer Auffassung[492] des Schrifttums soll sich die Formulierung „höchstens mit dem gemeinen Wert anzusetzen" nur auf die Begrenzung der Zuschreibung beziehen.

363   (3) Eintritt in die Rechtsstellung der Übertragerin. **(a) Überblick.** Trotz der Betrachtung der Verschmelzung als Anschaffungsvorgang tritt die übernehmende Personengesellschaft nach § 4 II Satz 1 UmwStG in die steuerliche Rechtsstellung der übertragenden Körperschaft ein (Fußstapfentheorie). Dies gilt nicht nur für die Bewertung der übernommenen Wirtschaftsgüter, sondern insbesondere für die Absetzung für Abnutzung (AfA) sowie den steuerlichen Gewinn mindernde Rücklagen der Übertragerin. Der in § 4 II 1 UmwStG geforderte Eintritt in die steuerliche Rechtsstellung der Übertragerin entspricht dem Grundsatz der Gesamtrechtsnachfolge bei der Verschmelzung. Allerdings ist ein Eintreten in die steuerliche Rechtsposition der Übertragerin wegen des steuerlichen Leistungsfähigkeitsprinzips nur aufgrund der ausdrücklichen gesetzlichen Regelung des § 4 II 1 UmwStG möglich.

364   Die übernehmende Personengesellschaft tritt hinsichtlich des durch die Verschmelzung übergehenden Vermögens der übertragenden Körperschaft in deren Rechtsstellung ein. Entsteht durch die Verschmelzung Sonderbetriebsvermögen,[493] weil ein Gesellschafter der übertragenden Körperschaft Wirtschaftsgüter zur Nutzung überlassen hatte, so kommt es insoweit nicht zu einem Eintritt in die Rechtsposition.[494]

365   Der Eintritt in die Rechtsstellung der übernehmenden Körperschaft ist unabhängig davon, ob die übertragende Körperschaft ihr Vermögen in der Schlussbilanz zum Buchwert, gemeinen Wert oder Zwischenwert

---

[490] Vgl. *Schmitt* in Schmitt/Hörtnagl/Stratz, § 4 UmwStG Rn. 52; *Schönherr/ Krüger* in Haase/Hruschka, § 4 UmwStG Rn. 51; *Krohn/Greulich* DStR 2008 S. 646.
[491] Vgl. BFH vom 30.7.2014 – I R 58/12, BStBl. II 2015 S. 199.
[492] Vgl. *Bohnhardt* in Haritz/Menner, § 4 UmwStG Rn. 105; *van Lishaut* in Rödder/Herlinghaus/van Lishaut, § 4 UmwStG Rn. 47; *Pung/Werner* in Dötsch/ Pung/Möhlenbrock, § 4 UmwStG Rn. 14a.
[493] → Rn. 349.
[494] Vgl. *Schmitt* in Schmitt/Hörtnagl/Stratz, § 4 UmwStG Rn. 59.

§ 11. Steuerrechtliche Regelungen § 11

bewertet.[495] Die Aufzählung in § 4 II 1 UmwStG hinsichtlich des Eintritts in die Rechtstellung der Übernehmerin ist nicht abschließend.

Der Eintritt in die steuerliche Rechtstellung ist indes nur möglich, 366 soweit die übernehmende Personengesellschaft bzw. deren Gesellschafter diese Rechtsposition innehaben kann. So kommt es etwa nicht zu einem Eintritt in die Rechtstellung der übertragenden Körperschaft im Hinblick auf eine Anwendung des § 8b KStG bezogen auf Anteile an einer Kapitalgesellschaft im übertragenen Vermögen. Auch hinsichtlich der Betriebsvermögenseigenschaft des übergehenden Vermögens tritt die übernehmende Personengesellschaft nicht in die Rechtstellung der übertragenden Körperschaft ein.

Ausgeschlossen vom Eintritt in die Rechtstellung der Übertragerin 367 sind Verluste sowie ein EBITDA- und Zinsvortrag, § 4 II 2 UmwStG.[496]

(b) Bewertung. Die Übernehmerin tritt nach § 4 II 1 UmwStG 368 hinsichtlich der Bewertung in die Rechtstellung der Übertragerin ein. Dies gilt etwa für Abschreibungen für außergewöhnliche technische oder wirtschaftliche Abnutzungen und andere Teilwertabschreibungen. Insofern hat die Übernehmerin das Wertaufholungsgebot nach § 6 I Nr. 1 Satz 4, § 6 I Nr. 2 Satz 3 iVm Nr. 1 Satz 4 EStG für durch die Übertragerin vorgenommene Teilwertabschreibungen auf das übernommene Vermögen zu beachten. Dieses Wertaufholungsgebot greift nach im Schrifttum[497] überwiegend vertretener Auffassung auch dann, wenn die übertragende Körperschaft das übergehende Vermögen in ihrer steuerlichen Schlussbilanz zu Zwischenwerten oder zum gemeinen Wert angesetzt hat. Dafür spricht, dass nach dem Wortlaut des § 4 II 1 UmwStG der Eintritt in die Rechtstellung der Übertragerin unabhängig von der Bewertung in der Schlussbilanz ist.

Der Eintritt in die Rechtstellung gilt etwa für Abschreibungen für 369 außergewöhnliche technische oder wirtschaftliche Abnutzungen. Hat die übertragende Körperschaft eine Bewertungsfreiheit (etwa § 82f EStDV für Handelsschiffe, für Schiffe, die der Seefischerei dienen, und für Luftfahrzeuge) beansprucht, so tritt die übernehmende Personengesellschaft in die Rechtstellung der übertragenden Körperschaft ein.[498] Entsprechendes gilt, wenn der übertragende Rechtsträger die Bewertungsfreiheit gemäß § 6 II EStG bzw. das Wahlrecht zur Bildung eines Sammelpostens für geringwertige Wirtschaftsgüter wahrgenommen hat.

Ferner tritt die übernehmende Personengesellschaft etwa hinsichtlich 370 der Möglichkeit einer Sonderabschreibung in die Rechtstellung der übertragenden Körperschaft ein. Sie kann damit Sonderabschreibung noch in

---

[495] Siehe BMF Schreiben vom 11.11.2011, BStBl. I 2011 S. 1314 Tz. 04.10.
[496] → Rn. 381 ff.
[497] Vgl. *van Lishaut* in Rödder/Herlinghaus/van Lishaut, § 4 UmwStG Rn. 50; *Pung* in Dötsch/Patt/Pung/Möhlenbrock, § 4 UmwStG Tz. 18; *Schmitt* in Schmitt/Hörtnagl/Stratz, § 4 UmwStG Rn. 72; *Bohnhardt* in Haritz/Menner, § 4 UmwStG Rn. 151.
[498] Vgl. *Bohnhardt* in Haritz/Menner, § 4 UmwStG Rn. 154 f., Rn. 60.

§ 11 3. Teil. Verschmelzung

der Höhe und in dem Zeitraum vornehmen, wie es auch die übertragende Körperschaft hätte tun können.[499]

371 **(c) Absetzung für Abnutzung.** Bewertet die übertragende Gesellschaft ihr Vermögen in der Schlussbilanz zu Buchwerten, so hat die übernehmende Personengesellschaft nicht nur diese Buchwerte der übertragenen Wirtschaftsgüter fortzuführen, sondern ebenfalls die von der Übertragerin angewandte AfA, erhöhte Absetzungen usw.

372 Bewertet die übertragende Körperschaft ihre Vermögen in ihrer steuerlichen Schlussbilanz zum gemeinen Wert oder zu Zwischenwerten, so ist die übernehmende Personengesellschaft auch in diesem Fall an die von der übertragenden Körperschaft angewandten Bewertungsprinzipien und die Abschreibungsmethode gebunden, § 4 III UmwStG. In Abhängigkeit von der Art der übergegangenen Wirtschaftsgüter stellt sich die Bewertung durch die übernehmende Personengesellschaft wie folgt dar:[500]

– Für die Abschreibung von übergehenden Gebäude nach § 7 IV 1 und V EStG richtet sich die neue Bemessungsgrundlage nach der bisherigen Bemessungsgrundlage, vermehrt um den Unterschiedsbetrag zwischen dem Buchwert der Gebäude und dem Wert, mit dem die Körperschaft die Gebäude in der steuerlichen Schlussbilanz angesetzt hat. Auf diese Bemessungsgrundlage ist der bisherige Abschreibungssatz weiter anzuwenden. Wird in den Fällen des § 7 IV 1 EStG die volle Absetzung innerhalb der tatsächlichen Nutzungsdauer nicht erreicht, kann die AfA nach der Restnutzungsdauer der Gebäude bemessen werden.

– Für alle anderen Wirtschaftsgüter richtet sich die neue Bemessungsgrundlage nach dem Buchwert vermehrt um den Unterschiedsbetrag zwischen dem Buchwert der einzelnen Wirtschaftsgüter und dem Wert, mit dem die Körperschaft die Wirtschaftsgüter in der steuerlichen Schlussbilanz angesetzt hat, und der Restnutzungsdauer der Wirtschaftsgüter. Das gilt auch für übergehende immaterielle Wirtschaftsgüter mit Ausnahme eines Geschäfts- oder Firmenwerts.

– Die AfA eines Geschäfts- oder Firmenwerts richtet sich nach § 7 I 3 EStG. Der Geschäfts- oder Firmenwert ist nach der bisherigen Bemessungsgrundlage, ggf. vermehrt um einen Aufstockungsbetrag, einheitlich mit $1/15$ abzuschreiben.

373 Nicht zweifelsfrei geklärt ist die Frage, ob die übernehmende Personengesellschaft an die von der übertragenden Körperschaft zugrunde gelegte betriebsgewöhnliche Nutzungsdauer der übertragenen Wirtschaftsgüter gebunden ist. Nach Auffassung der Finanzverwaltung[501], des BFH[502] und der überwiegenden Ansicht im Schrifttum[503] ist die Restnut-

---

[499] Vgl. BMF-Schreiben vom 14.7.1995, DB 1995 S. 1439.
[500] Siehe BMF-Schreiben vom 25.3.1998, BStBl. I 1998 S. 268 Tz. 04.03 und 04.04.
[501] BMF-Schreiben vom 25.3.1998, BStBl. I 1998 S. 268 Tz. 04.10.
[502] Vgl. BFH vom 29.11.2007 –IV R 73/02, BStBl. II 2008 S. 407.
[503] Vgl. *Pung* in Dötsch/Patt/Pung/Möhlenbrock, § 4 UmwStG Rn. 35; *Bohnhardt* in Haritz/Menner, § 4 UmwStG Rn. 170; *Schnitter* in Frotscher/Maas, § 4 UmwStG Rn. 86.

zungsdauer der übernommenen Wirtschaftsgüter zum Umwandlungsstichtag neu zu bestimmen ist, wenn die übertragende Körperschaft das übergehende Vermögen zu Zwischenwerten oder zum gemeinen Wert bewertet. Diese Auffassung stützt sich auf das Verständnis der Verschmelzung aus Sicht des übernehmenden Rechtsträgers als Anschaffungsgeschäft. Dieser Auffassung wird im Schrifttum zum Teil[504] entgegengehalten, dass der Wortlaut des § 4 UmwStG eine Neuschatzung der Restnutzungsdauer nicht hergibt. Demzufolge soll die übernehmende Personengesellschaft an den von der übertragenden Körperschaft zugrunde gelegten Abschreibungszeitraum gebunden ist.

(d) Gewinnmindernde Rücklage. Die übernehmende Personengesellschaft tritt ferner hinsichtlich Gewinn mindernder Rücklagen in die Rechtstellung der übertragenden Körperschaft ein, § 4 II 1 EStG. Zu den den Gewinn mindernden Rücklagen gehören ua: 374
– Zuschussrücklage (R 6.5 IV EStR),
– Rücklage für Ersatzbeschaffung (R 6.6 EStR),
– Rücklage für Reinvestitionen (§ 6b III EStG),
– Ansparabschreibung (§ 7g III–VI EStG),
– Rücklage für Übernahmefolgegewinne iSd § 6 UmwStG,
– Wertaufholungsrücklage nach § 52 XVI 3 EStG,
– Verbindlichkeits- und Rückstellungsneubewertungsrücklage (§ 52 XVI 8 EStG).

Derartige von der übertragenden Körperschaft gebildete gewinnmindernde Rücklagen sind von der übernehmenden Personengesellschaft so fortzuführen, wie es der Übertragerin obliegen würde. Dies gilt auch für den Fall, dass bei ihr die entsprechenden Voraussetzungen für eine Bildung nicht vorliegen.[505] 375

(e) Sonstige Sachverhalte. Die Aufzählung in § 4 II 1 UmwStG hinsichtlich der Konsequenzen des Eintritts in die Rechtstellung der Übernehmerin ist nicht abschließend. Vielmehr werden § 4 II 1 UmwStG aufgrund des Wortlauts „insbesondere" nur einige der steuerlichen Folgen beispielhaft aufgezählt. Die Regelung des § 4 II 1 UmwStG hat mithin Bedeutung für weitere, dort nicht ausdrücklich aufgeführte Fälle. 376

(aa) Sperrbetrag nach § 50c EStG aF. So hat die übernehmende Personengesellschaft etwa einen Sperrbetrag in Anteilen an Kapitalgesellschaften zu berücksichtigen, die zum Vermögen der übertragenden Körperschaft gehören und durch die Verschmelzung auf die Übernehmerin übergehen.[506] 377

(bb) Organschaft. Bedeutend sein kann die Regelung des § 4 II 1 UmwStG ferner für eine bestehende Organschaft oder für die Erfüllung 378

---

[504] So *Widmann* in Widmann/Mayer, § 4 UmwStG Rn. 878.
[505] Vgl. *Bohnhardt* in Haritz/Menner, § 4 UmwStG Rn. 180; *van Lishaut* in Rödder/Herlinghaus/van Lishaut, § 4 UmwStG Rn. 53; *Schmitt* in Schmitt/Hörtnagl/Stratz, § 4 UmwStG Rn. 68.
[506] Siehe *Widmann* in Widmann/Mayer, § 4 UmwStG Rn. 1031.

§ 11　3. Teil. Verschmelzung

der Beteiligungsvoraussetzungen. Ist die übertragende Körperschaft Organträgerin, geht ein bestehender Gewinnabführungsvertrag auf die übernehmende Personengesellschaft über. Die übernehmende Personengesellschaft tritt in den Gewinnabführungsvertrag ein.[507] Infolge der Verschmelzung kann die Laufzeit des Gewinnabführungsvertrags bei der übertragenden Körperschaft mit der bei der übernehmenden Personengesellschaft zusammengerechnet werden. Die übernehmende Personengesellschaft kann indes gemäß § 14 I 1 Nr. 2 KStG nur dann Organträgerin sein, wenn sie (auch) eine gewerbliche Tätigkeit ausübt.[508] Eine gewerbliche Prägung iSv § 15 III Nr. 1 EStG ist für die Erfüllung der Organträgereigenschaft nicht ausreichend.

379　Gehören zum Vermögen der übertragenden Körperschaft Anteile an einer Kapitalgesellschaft und soll erstmalig mit der aufnehmenden Personengesellschaft eine Organschaft begründet werden, so ist eine gegenüber dem übertragenden Rechtsträger bestehende finanzielle Eingliederung der betreffenden Kapitalgesellschaft ab dem steuerlichen Übertragungsstichtag der übernehmenden Personengesellschaft zuzurechnen. Nach Auffassung der Finanzverwaltung kann eine Organschaft mit der übernehmenden Personengesellschaft mit steuerlicher Rückwirkung aber nur begründet werden, wenn der Übernehmerin auch die Anteile an der künftigen Organgesellschaft steuerlich rückwirkend zum Beginn des Wirtschaftsjahres der Organgesellschaft zuzurechnen sind.[509] Werden die Voraussetzungen der finanziellen Eingliederung erst infolge der Umwandlung geschaffen (zB übertragender Rechtsträger und übernehmender Rechtsträger besitzen vor der Umwandlung eine Beteiligung von jeweils unter 50%), ist die rückwirkende erstmalige Begründung einer Organschaft mangels Eintritt in die steuerliche Rechtsstellung hinsichtlich einer beim übertragenden Rechtsträger zum steuerlichen Übertragungsstichtag bestehenden finanziellen Eingliederung somit nicht möglich.[510]

380　**(cc) Hinzurechnungsbetrag nach § 2a III EStG aF.** Nach früherer Rechtslage konnten negative Einkünfte aus ausländischen Betriebstätten in DBA-Staaten unter bestimmten Voraussetzungen bei der Ermittlung des steuerpflichtigen Einkommens des inländischen Stammhauses abgezogen werden, § 2a III EStG aF. In späteren Jahren waren die geltend gemachten Verluste dem Einkommen des inländischen Stammhauses wieder hinzuzurechnen. Bei Verschmelzung des Stammhauses ist unter Anwendung des § 52 III 8 iVm § 2a IV Nr. 2 EStG (unentgeltliche Übertragung) ein abgezogener, aber noch nicht wieder hinzugerechneter Verlust im Veranlagungszeitraum der Übertragung dem Einkommen der Übertragerin (Körperschaft) hinzuzurechnen. Mangels ausdrücklicher Aufzählung der Verschmelzung in § 2a IV Nr. 2 EStG hatte die Finanzverwaltung in der Vergangenheit zugelassen, dass der Hinzurechnungsbetrag im Zuge der Verschmelzung nicht unmittelbar von der übertra-

---

[507] Vgl. BMF-Schreiben vom 11.11.2011, BStBl. I 2011 S. 1314 Tz. Org. 01.
[508] Vgl. BMF-Schreiben vom 11.11.2011, BStBl. I 20111314 Tz. Org. 03.
[509] Vgl. BMF-Schreiben vom 11.11.2011, BStBl. I 20111314 Tz. Org. 03.
[510] Vgl. BMF-Schreiben vom 11.11.2011, BStBl. I 20111314 Tz. Org. 03.

§ 11. Steuerrechtliche Regelungen § 11

genden Körperschaft zu berücksichtigen war. Vielmehr konnte er infolge des Eintritts in die Rechtstellung der übertragenden Körperschaft auf die aufnehmende Personengesellschaft übergehen und dort fortgeführt werden.[511] Dieser Auffassung folgt die Finanzverwaltung nach dem SEStEG nicht mehr.[512] Insofern sind nunmehr geltend gemachte ausländische Verluste am steuerlichen Übertragungsstichtag von der übertragenden Körperschaft nach zu versteuern.[513]

(f) Ausnahmen. (aa) Steuerliche Verluste. Verrechenbare Verluste, 381 verbleibende Verlustvorträge sowie nicht ausgeglichene negative Einkünfte der übertragenden Körperschaft gehen gemäß § 4 II 2 UmwStG nicht auf die übernehmende Personengesellschaft über. Gleiches gilt für gewerbesteuerliche Fehlbeträge des laufenden Erhebungszeitraums sowie für gewerbesteuerliche Verlustvorträge iSd § 10a GewStG der übertragenden Körperschaft, § 18 I 2 UmwStG. Bei den „verrechenbaren Verlusten" handelt es sich um solche iSd § 15a IV EStG oder § 15b IV EStG. „Verbleibende Verlustvorträge" sind alle förmlich festgestellten Abzugsbeträge, insbesondere nach §§ 2a, 10d, 15 IV, 15a EStG, § 10 III 5 AStG iVm § 10d EStG. Bei den laufenden Verlusten handelt es sich um Verluste, welche von der übertragenden Körperschaft im Wirtschaftsjahr der Verschmelzung bis zum steuerlichen Umwandlungsstichtag erzielt wurden. Nach dem steuerlichen Übertragungsstichtag entstandene Verluste sind hingegen bereits der übernehmenden Personengesellschaft zuzuordnen, § 2 I 1 UmwStG. Gehören zum übergehenden Betriebsvermögen Anteile an Kapitalgesellschaften, ist § 8c KStG zu beachten.

(bb) Zinsvortrag und EBITDA-Vortrag. Nach § 4 II 2 UmwStG 382 gehen auch ein Zinsvortrag iSv § 4h I 5 EStG sowie ein EBITDA-Vortrag nach § 4h I 3 EStG nicht auf die übernehmende Personengesellschaft über.

(g) Besitzzeitanrechnung. Ist die Dauer der Zugehörigkeit eines 383 Wirtschaftsguts zum Betriebsvermögen für die Besteuerung bedeutend, so ist der Zeitraum seiner Zugehörigkeit zum Betriebsvermögen der übertragenden Körperschaft dem übernehmenden Rechtsträger zuzurechnen, § 4 II 3 UmwStG. Aufgrund der Gesamtrechtsnachfolge werden Behaltefristen demzufolge nicht durch die Verschmelzung unterbrochen.

(4) Forderungen und Verpflichtungen zwischen Übertragerin, Über- 384 nehmerin oder Gesellschafter. (a) Forderungen und Verbindlichkeiten zwischen Übertragerin und Übernehmerin – Rückstellungen. (aa) Entstehung von Übernahmefolgeergebnissen. Durch die Verschmelzung werden gegenseitige Forderungen und Verbindlichkeiten der an der Verschmelzung beteiligten Gesellschaften bei der übernehmenden Rechtsträgerin vereinigt. Durch diese Vereinigung erlöschen Forderungen und Verbindlichkeiten im Zeitpunkt der Eintragung der Verschmelzung durch Konfusion. Die „Konfusion" ist in der Übernahmebilanz der

---

[511] Vgl. BMF-Schreiben vom 25.3.1998, BStBl. I 1998 S. 268 Tz. 04.08.
[512] Vgl. Regierungsbegründung zum SEStEG-E, BT-Drucks. 16/2710, S. 38.
[513] Vgl. *Prinz zu Hohenlohe/Rautenstrauch/Adrian* GmbHR 2006 S. 623 (626).

§ 11　　　　　　　　　　　　　　　　　3. Teil. Verschmelzung

übernehmenden Personengesellschaft abzubilden. Steuerlich findet die Konfusion infolge der Rückwirkung am steuerlichen Übertragungsstichtag statt. Waren Forderung und Verbindlichkeit, etwa infolge von Wertminderung, Währungsdifferenzen oder Abzinsung wegen Unverzinslichkeit bzw. Unterverzinsung, bei den beteiligten Rechtsträgern zu unterschiedlichen Werten bilanziert, so ergibt sich aus ihrer Vereinigung bei der übernehmenden Personengesellschaft ein positiver oder negativer Erfolgsbeitrag (Übernahmefolgeergebnis). Übersteigt der Wertansatz der Forderung denjenigen der Verbindlichkeit, ergibt sich bei der Übernehmerin ein Gewinn. Durch einen Forderungsverzicht nach dem steuerlichen Übertragungsstichtag kann ein solcher Konfusionsgewinn nicht vermieden werden. Übersteigt demgegenüber der Wertansatz der Verbindlichkeit (ausnahmsweise) den Wert der bilanzierten Forderung ergibt sich ein Verlust.

385　Übernahmefolgegewinne entstehen ebenfalls durch Auflösung von Rückstellungen, die einer der beteiligten Rechtsträger aufgrund von ungewissen Verpflichtungen gegenüber dem anderen Rechtsträger gebildet hatte. Diese Rückstellungen sind am steuerlichen Übertragungsstichtag erfolgswirksam aufzulösen.

386　Forderungen und Verbindlichkeiten bzw. Rückstellungen, die durch die Verschmelzung wegfallen, müssen nicht zwingend zwischen übertragender Körperschaft und übernehmender Personengesellschaft bestehen. Zu Übernahmefolgeergebnissen kommt es ebenfalls bei Forderungen und Verbindlichkeiten bzw. Rückstellungen verschiedener Körperschaften untereinander, die auf eine aufnehmende Personengesellschaft verschmolzen werden.

387　**(bb) Rechtsfolgen.** Übernahmefolgeergebnisse werden im Prinzip unmittelbar erfolgswirksam. Sie entstehen eine logische Sekunde nach dem steuerlichen Übertragungsstichtag. Insofern sind sie nicht Bestandteil des Übernahmegewinns/Übernahmeverlusts. § 4 IV, V UmwStG ist nicht auf diesen Gewinn anzuwenden.
　　Ein entstehender Übernahmefolgeverlust ist steuerlich unmittelbar absetzbar.

388　Der durch Konfusion entstehende Gewinn unterliegt prinzipiell als laufender Gewinn der Einkommensteuer bzw. Körperschaftsteuer sowie nach § 18 I 1 UmwStG der Gewerbesteuer.

389　Davon abweichend kann die übernehmende Personengesellschaft gemäß § 6 I UmwStG für den Übernahmefolgegewinn aus der Vereinigung von Forderungen und Verbindlichkeiten zwischen der übertragenden Körperschaft und der aufnehmenden Personengesellschaft sowie für den Übernahmefolgegewinn aus der Auflösung von Rückstellungen eine den steuerlichen Gewinn mindernde Rücklage bilden. Wird das Wahlrecht für die Bildung der Rücklage ausgeübt, so ist nicht zwingend der Übernahmefolgegewinn in voller Höhe in diese Rücklage einzustellen. Die Rücklage kann vielmehr auch nur für einen Teilbetrag des Übernahmefolgegewinns gebildet werden. Die Rücklage ist in den auf die Bildung folgenden drei Wirtschaftsjahren zu je einem Drittel gewinnerhöhend aufzulösen.

§ 11. Steuerrechtliche Regelungen § 11

Die Anwendung des § 6 I UmwStG entfällt rückwirkend, wenn der 390
übernehmende Rechtsträger den auf ihn übergegangenen Betrieb innerhalb von fünf Jahren nach dem steuerlichen Übertragungsstichtag in eine Kapitalgesellschaft einbringt, veräußert oder aufgibt, § 6 III UmwStG. Veräußerung oder Aufgabe des Betriebs sind indes nur dann für die Fortführung der Rücklage schädlich, wenn dies ohne triftigen Grund erfolgt. Ein solcher triftiger Grund ist nach der Rechtsprechung des BFH zumindest dann zu verneinen, wenn die Veräußerung oder Aufgabe des Betriebs bereits im Zeitpunkt der Verschmelzung absehbar war.[514] Im Übrigen ist nach der Rechtsprechung darauf abzustellen, ob die Veräußerung oder Aufgabe eine vernünftige wirtschaftliche Reaktion auf seit der Verschmelzung veränderte Verhältnisse darstellt.[515] Als triftige Gründe in diesem Sinne kommen mithin Krankheit (bei persönlicher Mitarbeit), notwendige Anpassungen des Geschäftsmodells ohne entsprechende finanzielle Mittel, Tod des Unternehmers und Veräußerung durch die Erben in Betracht.[516]

(b) Übernahmefolgeergebnisse auf Ebene der Gesellschafter 391
der aufnehmenden Personengesellschaften. Steuerliche Übernahmefolgegewinne können infolge der Verschmelzung auch auf der Ebene eines Gesellschafters des übernehmenden Rechtsträgers entstehen.

(aa) Forderung eines Gesellschafters der übernehmenden Per- 392
sonengesellschaft gegen die übertragende Körperschaft. Bestand vor der Verschmelzung eine Forderung eines Gesellschafters der übernehmenden Personengesellschaft gegen die übertragende Körperschaft, so geht die Verbindlichkeit auf die übernehmende Personengesellschaft über. Zivilrechtlich kommt es durch die Verschmelzung zu keiner Konfusion von Forderung und Verbindlichkeit.

Handelt es sich um eine private Forderung, gilt die Forderung des 393
Gesellschafters steuerlich mit Ablauf des steuerlichen Übertragungsstichtags zum Teilwert iSd § 6 I Nr. 5 EStG in das Sonderbetriebsvermögen des Gesellschafters bei der übernehmenden Personengesellschaft eingelegt. Steht die Forderung des Gesellschafters im Zusammenhang mit steuerpflichtigen Einkünften (etwa Mietforderungen), gelten diese mit Ablauf des steuerlichen Übertragungsstichtags als zugeflossen.

Stellt die Forderung beim Gesellschafter Betriebsvermögen dar, gilt sie 394
zum steuerlichen Übertragungsstichtag zwingend als mit dem Buchwert in das steuerliche Sonderbetriebsvermögen bei der Personengesellschaft überführt, § 6 V 2 EStG.

Bei der Bewertung der Forderung des Mitunternehmers und der Ver- 395
bindlichkeit der Personengesellschaft ist nach der Rechtsprechung des

---

[514] Vgl. BFH-Urteil vom 19.12.1984 – I R 275/81, BStBl. II 1985 S. 342.
[515] Vgl. BFH vom 19.12.1984 – I R 275/81, BStBl. II 1985 S. 342. Vgl. auch BMF-Schreiben vom 11.11.2011, BStBl. I 1314 Tz. 06.11.
[516] Vgl. *Schmitt* in Schmitt/Hörtnagl/Stratz, § 6 UmwStG Rn. 46 und *Widmann* in Widmann/Mayer, § 6 UmwStG Rn. 289 ff.

§ 11   3. Teil. Verschmelzung

BFH[517] das Prinzip der korrespondierenden Bilanzierung anzuwenden. Wurde die Forderung im Sonderbetriebsvermögen des Gesellschafters zu einem unter dem Nennwert liegenden Betrag erworben, eingelegt oder aus einem anderen Betriebsvermögen überführt, ist unmittelbar nach dem Zugang eine Höherbewertung der Forderung bis zu ihrem Nennwert geboten.

396 Bei dem aus dieser Bewertung resultierenden positiven Erfolgsbeitrag handelt es sich um einen Übernahmefolgegewinn. Diese Übernahmefolgegewinne werden von § 6 II UmwStG erfasst. Danach ist § 6 I UmwStG entsprechend anzuwenden. Insofern kann auch für die aus der korrespondierenden Bewertung resultierenden Gewinne eine den steuerlichen Gewinn mindernde Rücklage gebildet werden. Voraussetzung für diese entsprechende Anwendung des § 6 I UmwStG ist, dass der Gesellschafter im Zeitpunkt der Registereintragung der Verschmelzung an der übernehmenden Personengesellschaft beteiligt ist.

397 **(bb) Forderung der übertragenden Körperschaft gegen einen Gesellschafter der übernehmenden Personengesellschaft.** Durch die Verschmelzung geht die Forderung der Körperschaft auf die übernehmende Personengesellschaft über. Die Verbindlichkeit des Gesellschafters stellt regelmäßig kein (negatives) Sonderbetriebsvermögen dar. Sie verbleibt vielmehr im Privatvermögen oder Betriebsvermögen des Gesellschafters. Etwas anderes gilt lediglich für Darlehen zur Finanzierung von Wirtschaftsgütern, die der Personengesellschaft durch den Gesellschafter überlassen wurden und insofern bei ihr Sonderbetriebsvermögen darstellen, sowie für Darlehen zur Finanzierung der Anteile an der übertragenden Körperschaft. In diesen letzten Fällen können sich durch die erforderliche korrespondierende Bewertung Übernahmefolgeergebnisse ergeben.

398 Resultiert die Forderung der übertragenden Körperschaft gegen den Gesellschafter der Personengesellschaft aus einem Darlehen ohne betriebliche Veranlassung, geht die Darlehensforderung zunächst im Zuge der Verschmelzung auf die übernehmende Personengesellschaft über. Zwar gehört diese Darlehensforderung zivilrechtlich zum Gesamthandvermögen der Personengesellschaft. Sie wird dort indes nicht Betriebsvermögen. Vielmehr ist die Darlehensforderung steuerlich eine Sekunde nach dem steuerlichen Vermögensübergang durch Verschmelzung als Entnahme zu behandeln, die allen Gesellschaftern anteilig unter Minderung ihrer Kapitalkonten zuzurechnen ist.[518] Aufgrund des fehlenden Charakters als Betriebsvermögen ist die Forderung in der Schlussbilanz der übertragenden Körperschaft zum gemeinen Wert anzusetzen, § 3 I iVm II Satz 1 Nr. 1 UmwStG. Die Entnahme der Forderung erfolgt zum Teilwert, § 6 I Nr. 4 EStG. Sollten sich gemeiner Wert und Teilwert der

---

[517] Siehe BFH-Urteil vom 19.5.1993 – IV R 105/94, BStBl. II 1993 S. 714; BFH-Urteil vom 28.3.2000 – VIII R 28/98, BStBl. II 2000 S. 347; BFH-Urteil vom 3.2.2005 – VIII R 25/04, BFH/NV 2005 S. 1257.
[518] Vgl. BFH-Urteil vom 9.5.1996 – IV R 64/93, BStBl. II 1996 S. 642. Siehe auch H 4.3 II bis IV EStH (Personengesellschaften).

§ 11. Steuerrechtliche Regelungen § 11

Forderung nicht entsprechen, entsteht ein Übernahmefolgeergebnis. Dieses Übernahmefolgeergebnis ergibt sich bei der übernehmenden Personengesellschaft. Auf einen Übernahmefolgegewinn ist die Regelung des § 6 I UmwStG anzuwenden. Ein Übernahmefolgeverlust ist in voller Höhe sofort abzugsfähig.

(cc) Pensionsverpflichtung der übertragenden Körperschaft gegenüber einem Gesellschafter. Hat die übertragende Körperschaft eine zulässige Pensionsverpflichtung gegenüber ihrem Gesellschaftergeschäftsführer passiviert, so geht die dafür zu bildende Pensionsrückstellung mit der Verschmelzung auf die übernehmende Personengesellschaft über. Der Pensionsberechtigte wird Gesellschafter der übernehmenden Personengesellschaft. 399

Nach ursprünglicher Auffassung des BFH[519] sollte die Übertragung der Pensionsrückstellung auf die übernehmende Personengesellschaft im Rahmen des § 6a III Nr. 2 EStG als Beendigung des Dienstverhältnisses zu qualifizieren sein. Die Finanzverwaltung[520] stellt hingegen in einem Schreiben vom 23.10.2009 klar, dass ein zwischen dem Geschäftsführer und der übertragenden Kapitalgesellschaft bestehendes Dienstverhältnis auf die übernehmende Personengesellschaft übergeht und damit nicht im steuerlichen Sinne mit der Verschmelzung endet. Daher ist eine von der Kapitalgesellschaft zugunsten des (Gesellschafter-)Geschäftsführers zulässigerweise gebildete Pensionsrückstellung von der übernehmenden Personengesellschaft fortzuführen und mit dem Teilwert gemäß § 6a III 2 Nr. 1 EStG zu bewerten.[521] Insofern ergibt sich bei der übernehmenden Personengesellschaft aus der Fortführung der Pensionsrückstellung kein Übernahmefolgegewinn.[522] Die während des Dienstverhältnisses mit der übertragenden Körperschaft bereits erdiente Anwartschaft ist nicht im Sonderbetriebsvermögen des Gesellschaftergeschäftsführers zu aktivieren.[523] Die Fortentwicklung dieses Teils der Pensionsanwartschaft iHv 6% pro Jahr nach § 6a III EStG ist bei der Personengesellschaft Betriebsausgabe. Diese Fortentwicklung der bestehenden Pensionsrückstellung erfordert keine korrespondierende Erfassung als Sonderbetriebseinnahmen des betreffenden Gesellschafters.[524] Im Unterschied dazu sind Zuführungen zu der Pensionsrückstellung des Gesellschaftergeschäftsführers für seine Tätigkeit nach dem steuerlichen Übertragungsstichtag als Vergütungen iSd § 15 I 1 Nr. EStG zu erfassen.[525] 400

---

[519] Vgl. BFH-Urteil vom 16.2.1967 – IV R 62/66, BStBl. III 1967, 222.
[520] Vgl. Bayerisches Landesamt für Steuern, Verfügung vom 23.10.2009, BB 2009 S. 2701.
[521] Vgl. BMF-Schreiben vom 11.11.2011, BStBl. I 2011 S. 1314 Tz. 06.05. Ebenso zB *Bohnhardt* in Haritz/Menner, § 4 UmwStG Rn. 82.
[522] Vgl. *Birkemeier* in Rödder/Herlinghaus/van Lishaut, § 6 UmwStG Rn. 21
[523] Vgl. *Birkemeier* in Rödder/Herlinghaus/van Lishaut, § 6 UmwStG Rn. 24.
[524] Vgl. *Birkemeier* in Rödder/Herlinghaus/van Lishaut, § 6 UmwStG, Rn. 24; *Schmitt* in Schmitt/Hörtnagl/Stratz, § 4 UmwStG Rn. 38.
[525] Vgl. BMF-Schreiben vom 11.11.2011, BStBl. I 2011 S. 1314 Tz. 06.06.

cc) Besteuerung der Anteilseigner der übertragenden Körperschaft

401 (1) Spaltung des Übernahmeergebnisses. Während die Verschmelzung auf Ebene der beteiligten Gesellschaften steuerneutral verlaufen kann, kommt es beim Anteilseigner der übertragenden Körperschaft regelmäßig zu steuerpflichtigen Einnahmen. Dies hat seine Ursache darin, dass durch die Verschmelzung der Körperschaft auf eine Personengesellschaft die Besteuerungsebene der Körperschaft entfällt. Während zuvor die Körperschaft eigenständiges Besteuerungssubjekt war, unterliegen die Erfolge der Personengesellschaft der Besteuerung auf Ebene der Gesellschafter. Dies führt dazu, dass zum einen von der Körperschaft gebildete Gewinnrücklagen im Zuge der Verschmelzung nach zu versteuern sind. Zum anderen müssen die stillen Reserven in den steuerverhafteten Anteilen an der Körperschaft realisiert und den stillen Reserven im Vermögen der Körperschaft angeglichen werden.

402 Diesen Erfordernissen wird dadurch Rechnung getragen, dass es bei den Anteilseignern der Übertragerin zu einer Spaltung des Übernahmeergebnisses kommt. Für den Anteilseigner der übertragenden Körperschaft setzt sich das Übernahmeergebnis aus einerseits einem „Dividendenanteil"[526] und anderseits einem „Veräußerungsteil"[527] zusammen. So sind gemäß § 7 UmwStG die offenen Rücklagen der übertragenden Körperschaft sämtlichen Anteilseignern als Bezüge iSv § 20 I Nr. 1 EStG zuzurechnen („Dividendenanteil"). Auf diese Weise soll das deutsche Besteuerungsrecht an den offenen Rücklagen der übertragenden Körperschaft sichergestellt werden.[528]

403 Ferner ist für Anteilseigner, die ihre Anteile im Betriebsvermögen halten bzw. deren Anteile im Privatvermögen die Anforderungen des § 17 EStG erfüllen oder als einbringungsgeborene Anteile iSv § 21 UmwStG aF zu qualifizieren sind, ein Übernahmegewinn bzw. ein Übernahmeverlust zu ermitteln („Veräußerungsteil").

404 (2) Besteuerung offener Rücklagen – Dividendenanteil. Nach § 7 Satz 1 UmwStG ist dem Anteilseigner der seinem Anteil am Nennkapital entsprechende Teil des in der Steuerbilanz der übertragenden Körperschaft ausgewiesenen Eigenkapitals abzüglich des Bestands des steuerlichen Einlagekontos, welcher sich nach Anwendung des § 29 I KStG ergibt, als Einnahmen aus Kapitalvermögen iSv § 20 I Nr. 1 EStG zuzurechnen.

405 **(a) Anteilseigner der übertragenden Körperschaft.** Anzuwenden ist die Regelung des § 7 UmwStG auf solche Anteilseigner der Übertragerin, die an der Verschmelzung teilnehmen, dh auch Gesellschafter der übernehmenden Personengesellschaft werden.[529] Maßgebend ist insoweit die Anteilseignereigenschaft zum Zeitpunkt der Eintragung der Ver-

---

[526] Im Detail → Rn. 404 ff.
[527] Im Detail → Rn. 420 ff.
[528] Siehe Regierungsbegründung zum SEStEG-E, BT-Drucks. 16/2710 S. 64. Zur Kritik vgl. *Förster/Felcher* DB 2006 S. 1072 (1074).
[529] Vgl. BMF-Schreiben vom 11.11.2011, BStBl. I 2011 S. 1314 Tz. 07.02.

schmelzung in das Handelsregister.⁵³⁰ Scheidet ein Anteilseigner nach der Eintragung der Verschmelzung gemäß §§ 29, 207 UmwG aus, gilt er als am steuerlichen Übertragungsstichtag ausgeschieden. Diesem Anteilseigner sind keine Einkünfte iSv § 7 UmwStG zuzurechnen.⁵³¹ Die Zurechnung ist unabhängig davon, ob für den Anteilseigner auch ein Übernahmeerfolg iSv §§ 4, 5 UmwStG zu ermitteln ist, § 7 Satz 2 UmwStG. Die Regelung des § 7 UmwStG ist mithin auf sämtliche Anteilseigner der übertragenden Körperschaft anzuwenden, die Gesellschafter der übernehmenden Personengesellschaft werden, unabhängig von der Qualität ihrer Beteiligung. Die Anwendung des § 7 UmwStG ist gleichermaßen unabhängig von der Rechtsform des Anteilseigners. Zu beachten ist § 7 UmwStG sowohl von unbeschränkt als auch von beschränkt steuerpflichtigen Anteilseignern.

(b) Bestimmung der Einnahmen aus Kapitalvermögen. Für die Anwendung des § 7 UmwStG wird gedanklich eine Vollausschüttung des Eigenkapitals der übertragenden Körperschaft unterstellt. Zur Ermittlung der unterstellten Ausschüttung knüpft die Regelung des § 7 UmwStG an das steuerliche Eigenkapital der übertragenden Kapitalgesellschaft am steuerlichen Übertragungsstichtag. Die Höhe des steuerlichen Eigenkapitals ist abhängig davon, ob die übertragende Körperschaft das übergehende Vermögen in der Schlussbilanz zu Buchwerten, Zwischenwerten oder zum gemeinen Wert ausweist.⁵³² Das maßgebende Eigenkapital ist zu mindern um Ausschüttungen, die nach dem steuerlichen Übertragungsstichtag beschlossen wurden.⁵³³

Zur Ermittlung des maßgebenden steuerlichen Eigenkapitals ist zunächst das Nennkapital der übertragenden Körperschaft nach § 29 I iVm § 28 II 1 KStG dem steuerlichen Einlagekonto hinzuzurechnen, soweit kein Sonderausweis vorhanden ist. Das Nennkapital der übertragenden Körperschaft gilt als in vollem Umfang herabgesetzt. Dabei ist das Nennkapital dem steuerlichen Einlagekonto nur zuzurechnen, soweit die Einlagen tatsächlich geleistet wurden, § 28 II 1 KStG. Ausstehende Einlagen hingegen erhöhen das steuerliche Einlagekonto nicht, unabhängig davon, ob sie eingefordert wurden oder nicht.⁵³⁴ Als nach § 7 Satz 1 UmwStG ausgeschüttet gilt das so ermittelte steuerliche Eigenkapital abzüglich des Bestands des steuerlichen Einlagekontos iSd § 27 KStG. Zugerechnet

---

⁵³⁰ Vgl. BMF-Schreiben vom 11.11.2011, BStBl. I 2011 S. 1314 Tz. 07.02, 07.05.
⁵³¹ Vgl. *Widmann* in Widmann/Mayer, § 7 UmwStG Rn. 7; *Schmitt* in Schmitt/Hörtnagl/Stratz, § 7 UmwStG Rn. 3.
⁵³² Vgl. *Schaflitzl/Widmeyer* BB Spezial 8/2006 S. 36 (43); *Schmitt* in Schmitt/Hörtnagl/Stratz, § 7 UmwStG Rn. 8; *Pung* in Dötsch/Pung/Möhlenbrock, § 7 UmwStG Rn. 8.
⁵³³ Vgl. BMF-Schreiben vom 11.11.2011, BStBl. I 2011 S. 1314 Tz. 07.04; *Pung* in Dötsch/Pung/Möhlenbrock § 7 UmwStG Rn. 13; *Birkemeier* in Rödder/Herlinghaus/van Lishaut, § 7 UmwStG Rn. 12, 16.
⁵³⁴ Vgl. BMF-Schreiben vom 11.11.2011, BStBl. I 1314 Tz. 07.04; *Dötsch* in Dötsch/Pung/Möhlenbrock, § 7 UmwStG Rn. 11; *Schmitt* in Schmitt/Hörtnagl/Stratz, § 7 UmwStG Rn. 11.

§ 11 3. Teil. Verschmelzung

werden dem Anteilseigner mithin die offenen Rücklagen der übertragenden Körperschaft, soweit sie nicht aus Einlagen stammen, sowie der Teil des Eigenkapitals, der aus einer Kapitalerhöhung aus Gesellschaftsmitteln durch Umwandlung von sonstigen Rücklagen resultiert (Sonderausweis). Zu mindern ist das Eigenkapital lt. steuerlicher Schlussbilanz durch Ausschüttungsverbindlichkeiten[535] sowie um passivische Korrekturposten.[536]

408 Dem Anteilseigner ist der Teil des als ausgeschüttet geltenden steuerlichen Eigenkapitals zuzurechnen, der dem Verhältnis seiner Anteile zum Nennkapital der übertragenden Körperschaft entspricht. Maßgebend sind die Verhältnisse bei Eintragung der Verschmelzung in das Handelsregister.[537]

409 **(c) Einkommen-/körperschaftsteuerliche Behandlung.** Der Anteilseigner erzielt mit den angenommenen Ausschüttungen Einnahmen aus Kapitalvermögen nach § 20 I Nr. 1 EStG, § 7 Satz 1 UmwStG.[538] Diese sind in dem Veranlagungszeitraum zu besteuern, in dem das Wirtschaftsjahr endet, in das der steuerliche Übertragungsstichtag fällt.[539] Die Einnahmen gelten als mit Ablauf des steuerlichen Übertragungsstichtags zugeflossen.[540] Ist steuerlicher Umwandlungsstichtag der 31.12.2016, 24:00 Uhr, werden dem Anteilseigner die Einnahmen iSd § 7 UmwStG im Jahr 2016 zugerechnet.

410 Bei der Qualifizierung der Einkünfte nach § 7 UmwStG ist das Subsidiaritätsprinzip des § 20 VIII EStG zu beachten. Danach sind Einkünfte als solche aus Land- und Forstwirtschaft, aus Gewerbebetrieb, aus selbstständiger Arbeit oder aus Vermietung und Verpachtung zu behandeln, sofern sie zu diesen Einkünften gehören. Nach überwiegend im Schrifttum sowie von der Finanzverwaltung vertretener Auffassung soll für die Qualifizierung des Dividendenanteils nach § 7 UmwStG entscheidend sein, ob die Anteile an der übertragenden Körperschaft zum Betriebsvermögen der übernehmenden Personengesellschaft gehören oder aber nach § 5 II, III UmwStG als zum Umwandlungsstichtag in das Betriebsvermögen der übernehmenden Personengesellschaft eingelegt gelten und für den betreffenden Anteilseigner mithin ein Übernahmeergebnis zu ermitteln ist. Ist dies der Fall, sollen dieser Auffassung zufolge die Einkünfte nach § 7 UmwStG aufgrund von § 20 VIII EStG als gewerbliche Einkünfte zu behandeln sein (sog. weites Verständnis der Einlagehypothese nach § 5 UmwStG).[541] Insofern unterliegen die Einkünfte iSd § 7

---

[535] Vgl. → Rn. 333.
[536] Vgl. → Rn. 341.
[537] Vgl. BMF-Schreiben vom 11.11.2011, BStBl. I 20111314 Tz. 07.05; siehe auch *Widmann* in Widmann/Mayer, § 7 UmwStG Rn. 31; *Pung* in Dötsch/Pung/Möhlenbrock, § 7 UmwStG Rn. 15.
[538] Zur Diskussion ob Einkünfteerziehung durch Anteilseigner oder Personengesellschaft vgl. *Behrendt/Arjes* DB 2007 S. 824; *Dötsch/Pung* DB 2007 S. 2710; *Blöchle/Weggenmann* IStR 2008 S. 87 (93).
[539] Vgl. BMF-Schreiben vom 11.11.2011, BStBl. I 2011 S. 1314 Tz. 07.07.
[540] Vgl. BMF-Schreiben vom 11.11.2011, BStBl. I 2011 S. 1314 Tz. 07.07.
[541] Vgl. BMF-Schreiben vom 11.11.2011, BStBl. I 2011 S. 1314 Tz. 07.07. Vgl. auch *Birkemeier* in Rödder/Herlinghaus/van Lishaut, § 7 UmwStG Rn. 20;

§ 11. Steuerrechtliche Regelungen   § 11

UmwStG im Grundsatz ebenfalls der Gewerbesteuer.[542] Nach anderer Ansicht soll die Einlagehypothese des § 5 UmwStG nur für Zwecke der Ermittlung des Übernahmeergebnisses nach § 4 UmwStG gelten, nicht aber für § 7 UmwStG.[543] Die Reichweite der Einlagefiktion ist ferner bedeutend für die Frage, ob der Kapitalertragsteuereinbehalt[544] für die Bezüge iSd § 7 UmwStG bei ausländischen Anteilseignern abgeltende Wirkung entfaltet.[545]

Handelt es sich bei dem Anteilseigner um eine körperschaftsteuer- **411** pflichtige Körperschaft, so ist auf die dem Anteilseigner zuzurechnenden Bezüge iSv § 20 I Nr. 1 EStG die Dividendenbegünstigung nach § 8b I, V KStG anzuwenden. Demzufolge bleiben de facto 95% der dem Anteilseigner zuzurechnenden Bezüge steuerfrei.

Bezüge iSd § 7 UmwStG, die auf natürliche Personen entfallen, unter- **412** liegen nach der hM dem Teileinkünfteverfahren gemäß § 3 Nr. 40 EStG. Ist Gesellschafter der übernehmenden Personengesellschaft wiederum eine Personengesellschaft (doppel- oder mehrstöckige Struktur) ist für die Besteuerung der Bezüge iSd § 7 UmwStG auf die Anteilseigner der obersten Personengesellschaft abzustellen.

Abkommensrechtlich werden die Bezüge iSd § 7 UmwStG nach **413** hM als Dividendeneinkünfte und nicht als Veräußerungsgewinne quali fiziert.[546] Insofern erzielen ausländische Anteilseigner unter Beachtung des Art. 10 III DBA-MA iVm § 7 UmwStG Dividenden gleichgestellte Einnahmen. Ob Deutschland das volle Besteuerungsrecht oder lediglich ein Recht auf Einbehaltung von Quellensteuern auf diese Dividenden hat, hängt vom jeweiligen DBA mit dem ausländischen Sitzstaat des Anteilseigners ab. Deutsches Besteuerungsrecht besteht vor allem dann, wenn die Anteile des ausländischen Anteilseigners einer inländischen gewerblichen Betriebstätte zuzurechnen sind, Art. 7 I OECD-MA, § 49 I Nr. 2 Buchst. a EStG.[547] Entsprechendes gilt nach einigen DBA für Anteile an Immobiliengesellschaften, Art. 13 IV OECD-MA.

(d) Steuererhebung. Die Bezüge iSv § 20 I Nr. 1 EStG iVm § 7 **414** Satz 1 UmwStG unterliegen dem Kapitalertragsteuerabzug gemäß § 43 I Nr. 1 und Nr. 6 EStG.[548] Die Kapitalertragsteuer beträgt 25%, § 43a I Nr. 1 EStG. Sie entsteht mit dem zivilrechtlichen Wirksamwerden der Umwandlung, dh mit Eintragung der Verschmelzung in das Handels-

---

Schmitt in Schmitt/Hörtnagl/Stratz, § 7 UmwStG Rn. 14a; *Börst* in Haritz/Menner, § 7 UmwStG Rn. 81; *Stöber* in Lademann, § 7 UmwStG Rn. 26; *Bogenschütz* Ubg 2011 S. 393.
[542] Vgl. *Schmitt* in Schmitt/Hörtnagl/Stratz, § 7 UmwStG Rn. 20 ff.
[543] Vgl. zB *Förster* in FS Schaumburg 2009, S. 929; *Förster/Felchner* DB 2008 S. 245; *Blöchle/Weggemann* IStR 2008 S. 87; *Bohnhardt* in Haritz/Menner, § 18 UmwStG Rn. 91.
[544] → Rn. 414.
[545] → Rn. 415.
[546] Vgl. *Schmitt* in Schmitt/Hörtnagl/Stratz, § 7 UmwStG Rn. 3.
[547] Vgl. *Lemaitre/Schönherr* GmbHR 2007 S. 173 (177).
[548] Vgl. BMF-Schreiben vom 11.11.2011, BStBl. I 2011 S. 1314 Tz. 07.08.

§ 11 3. Teil. Verschmelzung

register des übernehmenden Rechtsträgers.⁵⁴⁹ Rechnungslegungstechnisch wird die Kapitalertragsteuer nicht in der steuerlichen Schlussbilanz der übertragenden Körperschaft, sondern erst auf Ebene der übernehmenden Personengesellschaft als Entnahme des jeweiligen Gesellschafters erfasst.⁵⁵⁰ In der Abführung der Kapitalertragsteuer ist keine Gegenleistung iSd § 3 II Nr. 3 UmwStG zu sehen.⁵⁵¹

415 Eine Befreiung vom Kapitalertragsteuerabzug nach § 43b EStG im Rahmen der Mutter-Tochter-Richtlinie ist ausgeschlossen, § 43b I 4 EStG.⁵⁵² Ausländische Anteilseigner können ggf. einen durch DBA reduzierten Kapitalertragsteuersatz geltend machen. Gehören die Anteile dieser Anteilseigner nicht zu einer inländischen Betriebstätte, ist die erhobene Kapitalertragsteuer im Grundsatz definitiv, § 50 II 1 EStG. Etwas anderes gilt, wenn man der weiten Einlagehypothese⁵⁵³ folgt und demnach die Anteile nach § 5 II, III UmwStG als zum Umwandlungsstichtag in das Betriebsvermögen der übernehmenden Personengesellschaft eingelegt gelten. In diesen Fällen sind Bezüge iSd § 7 UmwStG als gewerbliche Einkünfte iSd § 49 I Nr. 2 Buchst. a EStG zu qualifizieren. In diesem Fall hat die Kapitalertragsteuer keine abgeltende Wirkung, sondern ist ggf. anrechenbar.

416 Bei inländischen Anteilseignern wird die einbehaltene Kapitalertragsteuer im Veranlagungszeitraum der Umwandlung angerechnet, § 31 KStG, § 36 II Nr. 2 EStG. Eine solche Anrechnung ist ausgeschlossen für natürliche Personen mit Anteilen im Privatvermögen, die nicht die Voraussetzungen des § 17 EStG erfüllen. Für diese Anteilseigner gilt die Einkommensteuer mit der Erhebung der Kapitalertragsteuer als abgegolten, § 43 V 1 EStG. Die Möglichkeit einer Option nach § 32d II Nr. 3 EStG scheidet mangels qualifizierter Beteiligungshöhe aus.

417 **(e) Gewerbesteuer.** Soweit die Anteile an der übertragenden Körperschaft unter Berücksichtigung des § 5 UmwStG⁵⁵⁴ zum Betriebsvermögen der übernehmenden Personengesellschaft gehören,⁵⁵⁵ unterliegen die entstehenden Einnahmen iSv § 20 I Nr. 1 EStG iVm § 7 Satz 1 UmwStG dem Grunde nach der Gewerbesteuer, wenn die übernehmende Personengesellschaft einen steuerlichen Gewerbebetrieb unterhält.⁵⁵⁶ Maßgebend für die Beurteilung der Gewerbesteuerpflicht ist allein die Einkunftsart der übernehmenden Personengesellschaft. Auf die Tätigkeit des Anteilseigners kommt es nicht an. Unterhält die übernehmende Personengesellschaft einen Gewerbebetrieb, gehören die Einkünfte nach § 7 UmwStG zum Gewerbeertrag iSv § 7 GewStG der übernehmenden

---

⁵⁴⁹ Vgl. BMF-Schreiben vom 16.12.2003, BStBl. I 2003 S. 786 Tz. 10.
⁵⁵⁰ Vgl. BMF-Schreiben vom 11.11.2011, BStBl. I 2011 S. 1314 Tz. 07.08. Vgl. auch *Schmitt* in Schmitt/Hörtnagl/Stratz, § 7 UmwStG Rn. 15.
⁵⁵¹ → Rn. 319.
⁵⁵² Vgl. BMF-Schreiben vom 11.11.2011, BStBl. I 2011 S. 1314 Tz. 07.09.
⁵⁵³ → Rn. 410.
⁵⁵⁴ → Rn. 422 ff.
⁵⁵⁵ Zum Verhältnis von §§ 7 und 5 UmwStG → Rn. 345.
⁵⁵⁶ Vgl. *Hagemann/Jakob/Ropohl/Viebrock* NWB 2007, Sonderheft 1, 18.

Personengesellschaft. Nicht der Gewerbesteuer unterliegen hingegen Einnahmen iSv § 7 UmwStG, die Anteilseigner erzielen, für die kein Übernahmeergebnis zu ermitteln ist.

Ausgenommen von der Gewerbesteuer werden durch § 18 II 2 UmwStG diejenigen Einkünfte iSv § 7 UmwStG, die auf Anteile entfallen, welche nach § 5 II UmwStG als in das Betriebsvermögen eingelegt gelten.[557] Dabei handelt es sich um Anteile nach § 17 EStG und evtl. um einbringungsgeborene Anteile[558] iSv § 21 EStG aF, die beim Anteilseigner nicht zu einem Betriebsvermögen gehören. Ausschüttungen aus offenen Rücklagen der übertragenden Kapitalgesellschaft hätten bei diesen Anteilseignern nicht der Gewerbesteuer unterlegen. Keine dem § 18 II 2 UmwStG entsprechende Begünstigung erfahren Anteile, die zu einem land- und forstwirtschaftlichen oder zu einem freiberuflichen Betriebsvermögen gehören.[559]

418

Gewerbesteuerpflichtige Einkünfte iSd § 7 UmwStG ergeben sich für die übernehmende Personengesellschaft mithin für Anteile, die vor der Verschmelzung zu ihrem Gesamthandvermögen gehört haben, sowie für Anteile im Sonderbetriebsvermögen oder Betriebsvermögen eines Gesellschafters, die nach § 5 III UmwStG in das Betriebsvermögen der Personengesellschaft eingelegt[560] gelten. Auf diese Einkünfte iSd § 7 UmwStG kann die übernehmende Personengesellschaft abhängig von der Rechtsform des Mitunternehmers die Regelungen der § 8b I KStG, § 3 Nr. 40 EStG anwenden. Daneben greifen bei der übernehmenden Personengesellschaft §§ 8 Nr. 5, 9 Nr. 2a GewStG.

419

(3) Gesellschafterbezogenes Übernahmeergebnis – Veräußerungsteil. Auf der Ebene der übernehmenden Personengesellschaft ist gesellschafterbezogen ein Übernahmeergebnis zu ermitteln. So ergibt sich nach § 4 IV 1 UmwStG infolge des Vermögensübergangs ein Übernahmegewinn oder Übernahmeverlust in Höhe des Unterschiedsbetrags zwischen dem Wert, mit dem die übergegangenen Wirtschaftsgüter zu übernehmen sind, abzüglich der Umwandlungskosten, einerseits und dem Wert der Anteile an der übertragenden Körperschaft andererseits. Zu ermitteln ist der Übernahmeerfolg lediglich für steuerverstrickte Anteile iSd § 5 UmwStG.

420

(a) In die Ermittlung des Übernahmeergebnisses einzubeziehende Anteile. Einbezogen in die Ermittlung des Übernahmeergebnisses iSv § 4 IV 1 UmwStG werden diejenigen Anteile an der übertragenden Körperschaft, die am steuerlichen Übertragungsstichtag zum Betriebsvermögen der Personengesellschaft gehören oder aufgrund des § 5 UmwStG als zum Übertragungsstichtag in dieses Betriebsvermögen überführt oder eingelegt gelten.

421

(aa) Anteile im Betriebsvermögen der Übernehmerin. Zu ermitteln ist ein Übernahmeergebnis zunächst für die Anteile an der Über-

422

---
[557] → Rn. 427 ff.
[558] → Rn. 429, 436.
[559] Vgl. *Trossen* in Rödder/Herlinghaus/van Lishaut, § 18 UmwStG Rn. 22.
[560] → Rn. 433 ff.

trägerin, die bereits vor der Verschmelzung von der übernehmenden Personengesellschaft gehalten werden.

423 Einzubeziehen sind ebenfalls Anteile an der übertragenden Körperschaft, die der übernehmende Rechtsträger nach dem steuerlichen Übertragungsstichtag, aber vor Eintragung der Verschmelzung in das Handelsregister angeschafft hat. Diese Anteile sowie solche Anteile aus der Abfindung von ausscheidenden Anteilseignern sind so zu behandeln, als wären sie bereits am steuerlichen Übertragungsstichtag angeschafft worden, § 5 I UmwStG. Durch diese Rückbeziehung fließen Wertänderungen zwischen dem steuerlichen Übertragungsstichtag und dem Anschaffungszeitpunkt in die Ermittlung des Übernahmeergebnisses ein.[561] Als „Anschaffung" anzusehen ist, neben dem entgeltlichen Erwerb von Anteilen, auch die offene Einlage gegen Gewährung von Gesellschaftsanteilen.[562] Gleiches gilt für den Fall der Einbringung von Anteilen nach § 24 UmwStG. Bei Gewährung von Gesellschaftsrechten liegt eine Anschaffung ferner in den Fällen der Überführung zwischen Betriebsvermögen bzw. Sonderbetriebsvermögen und Gesamthandvermögen iSv § 6 V 3 Nr. 1 iVm Satz 1 EStG vor.[563] In Abweichung zu ihrer früheren Auffassung[564] erkennt die Finanzverwaltung nunmehr auch den unentgeltlichen Erwerb für Zwecke des § 5 I UmwStG als Anschaffung an.[565] Damit würde § 5 I UmwStG für verdeckte Einlagen greifen. Zutreffenderweise dürfte in diesen Fällen indes eher die Regelung des § 5 III UmwStG anzuwenden sein.

424 Nach dem Wortlaut des § 5 I UmwStG müssen die Anteile durch die Personengesellschaft selbst angeschafft worden sein.[566] Dazu gehören Anteile an der Übertragerin im Gesamthandvermögen der übernehmenden Personengesellschaft. Die Regelung des § 5 I UmwStG ist zudem anzuwenden, wenn die übernehmende Personengesellschaft von einem ihrer Gesellschafter nach dem steuerlichen Übertragungsstichtag einen Anteil an der übertragenden Körperschaft erwirbt, selbst wenn dieser Anteil bereits vor dem Erwerb zum Sonderbetriebsvermögen des Gesellschafters bei der übernehmenden Personengesellschaft gehört hat.[567]

425 Über den Wortlaut hinaus soll die Regelung des § 5 I UmwStG nach Auffassung der Finanzverwaltung[568] ferner bei Anschaffung durch einen Gesellschafter nach dem steuerlichen Übertragungsstichtag in dessen Sonderbetriebsvermögen unmittelbar anwendbar sein. Nach anderer Auffassung ist auf Anteile im Sonderbetriebsvermögen eines Gesellschaf-

---

[561] Vgl. *van Lishaut* in Rödder/Herlinghaus/van Lishaut, § 5 UmwStG Rn. 6.
[562] Vgl. BFH-Urteil vom 19.10.1998, BStBl. I 2000 S. 230.
[563] Vgl. *Schmitt* in Schmitt/Hörtnagl/Stratz, § 5 UmwStG Rn. 11 mwN.
[564] Vgl. BMF-Schreiben vom 25.3.1998, BStBl. I 1998 S. 268 Tz. 05.01.
[565] Vgl. BMF-Schreiben vom 11.11.2011, BStBl. I 2011 S. 1314 Tz. 05.01. AA *Schmitt* in Schmitt/Hörtnagl/Stratz, § 5 UmwStG Rn. 9 mwN.
[566] Vgl. *van Lishaut* in Rödder/Herlinghaus/van Lishaut, § 5 UmwStG Rn. 10.
[567] Vgl. *Widmann* in Widmann/Mayer, § 5 UmwStG Rn. 9 ff.; *van Lishaut* in Röddder/Herlinghaus/van Lishaut, § 5 UmwStG Rn. 9; *Schmitt* in Schmitt/Hörtnagls/Stratz, § 5 UmwStG Rn. 13.
[568] Vgl. BMF-Schreiben vom 11.11.2011, BStBl. I 2011 S. 1314 Tz. 05.01.

ters bei der übernehmenden Personengesellschaft die Vorschrift des § 5 III UmwStG anzuwenden.[569]

(bb) Anteile der Anteilseigner der übertragenden Körperschaft. 426
(α) Überblick. In die Ermittlung eines Übernahmeergebnisses einbezogen werden auch solche Anteile an der übertragenden Körperschaft, die am Übertragungsstichtag zum inländischen Betriebsvermögen eines Gesellschafters gehören, § 5 III UmwStG. Gleiches gilt für Anteile iSd § 17 EStG. Voraussetzung dafür ist, dass der betreffende Anteilseigner Mitunternehmer der übernehmenden Personengesellschaft ist bzw. durch die Verschmelzung Mitunternehmer wird. Nicht in den Anwendungsbereich des § 5 II, III UmwStG fallen Anteile im Privatvermögen, die nicht die Voraussetzungen des § 17 EStG zu erfüllen und deren Veräußerung damit in den Bereich der Abgeltungsteuer fällt, § 20 II Nr. 1 EStG.

(β) Anteile iSd § 17 EStG. Nach § 5 II UmwStG gelten Anteile iSd 427 § 17 EStG als am steuerlichen Übertragungsstichtag mit den Anschaffungskosten in das Betriebsvermögen der übernehmenden Personengesellschaft eingelegt. Anzuwenden ist § 5 II EStG selbst für solche Anteile iSd § 17 EStG, die nach dem steuerlichen Übertragungsstichtag vom Anteilseigner angeschafft werden.[570] Die Anwendung des § 5 II UmwStG setzt voraus, dass die Anteile am steuerlichen Übertragungsstichtag nicht zum Betriebsvermögen eines Gesellschafters der übernehmenden Personengesellschaft gehören. Unschädlich für die Anwendung des § 5 II UmwStG ist, wenn die Anteile am steuerlichen Übertragungsstichtag zum Betriebsvermögen einer anderen Person gehören und anschließend, indes vor Wirksamwerden der Umwandlung, von einem Gesellschafter entgeltlich oder unentgeltlich im Privatvermögen erworben wurden.[571]

Für eine Qualifizierung als Anteile iSd § 17 EStG ist es erforderlich, 428 dass der Anteilseigner innerhalb der letzten fünf Jahre vor dem Wirksamwerden der Verschmelzung zu mindestens 1% an der übertragenden Körperschaft beteiligt war, § 17 I EStG.[572] Die Einlagehypothese des § 5 II UmwStG erfasst auch Anteile an der übertragenden Körperschaft, für die ein Veräußerungsverlust nach § 17 II 6 EStG nicht zu berücksichtigen ist.[573] Des Weiteren fallen in den Anwendungsbereich des § 5 II UmwStG Anteile iSd § 17 VI EStG. Dabei handelt es sich um Anteile, die durch einen Einbringungsvorgang iSd UmwStG erworben wurden, bei denen nicht der gemeine Wert angesetzt wurde (sog. einlagequalifizierte Anteile). Bei diesen einlagequalifizierten Anteilen kommt es auf den Umfang der Beteiligung nicht an.

---

[569] Vgl. *van Lishaut* in Rödder/Herlinghaus/van Lishaut, § 5 UmwStG Rn. 10.
[570] Vgl. BMF-Schreiben vom 11.11.2011, BStBl. I 2011 S. 1314 Tz. 05.05. Vgl. auch *Widmann* in Widmann/Mayer, § 5 UmwStG Rn. 154; *Schmitt* in Schmitt/Hörtnagl/Stratz, § 5 UmwStG Rn. 23.
[571] Vgl. *van Lishaut* in Rödder/Herlinghaus/van Lishaut, § 5 UmwStG Rn. 17.
[572] Vgl. BMF-Schreiben vom 11.11.2011, BStBl. I 2011 S. 1314 Tz. 22.
[573] Vgl. BMF-Schreiben vom 11.11.2011, BStBl. I 2011 S. 1314 Tz. 05.05.

§ 11 3. Teil. Verschmelzung

429 Nicht unter § 5 II UmwStG fallen einbringungsgeborene Anteile; für diese Anteile gilt § 5 IV UmwStG aF fort, § 27 III Nr. 1 UmwStG.[574]

430 Nach früherer Auffassung der Finanzverwaltung war § 5 II UmwStG lediglich dann anzuwenden, wenn eine Veräußerung der Anteile iSd § 17 EStG im Zeitpunkt der Eintragung der Verschmelzung im Inland steuerpflichtig gewesen wäre.[575] Nach nunmehr von der Finanzverwaltung vertretener Ansicht greift die Einlagehypothese des § 5 II UmwStG unabhängig davon, ob eine Veräußerung der Anteile im Rahmen einer unbeschränkten oder beschränkten Steuerpflicht zu erfassen oder ob das deutsche Besteuerungsrecht auf Grund eines DBA ausgeschlossen ist.[576] Dieser geänderten Auffassung zufolge ist mithin auch für ausländische Anteilseignern ein Übernahmeergebnis zu ermitteln. Entsprechend erzielt der ausländische Anteilseigner Einkünfte iSd § 49 I Nr. 2 Buchst. a EStG. Besteht kein DBA mit dem Ansässigkeitsstaat des Anteilseigners, ist Letzterer mit seinen Einkünfte iSd § 49 I Nr. 2 Buchst. a EStG in Deutschland steuerpflichtig. Bei Bestehen eines DBA ist das ermittelte Übernahmeergebnis des ausländischen Anteilseigners ungeachtet der Anwendung des § 5 II UmwStG als Gewinn aus der Veräußerung von Anteilen an einer Körperschaft zu qualifizieren. Die Anwendung des § 5 II UmwStG führt in DBA-Fällen nicht dazu, dass das für den ausländischen Anteilseigner ermittelte Übernahmeergebnis in inländische Betriebsstätteneinkünfte umqualifiziert werden kann.

431 Bei Anwendung des § 5 II UmwStG gelten die Anteile als mit den Anschaffungskosten in das Betriebsvermögen der übernehmenden Personengesellschaft überführt. Der Begriff der Anschaffungskosten entspricht dem in § 17 II 1 EStG. Maßgebend sind die historischen Anschaffungskosten des Beteiligten. Zu den Anschaffungskosten gehören auch nachträgliche Anschaffungskosten. Zu beachten ist die Entscheidung des BVerfG vom 7.7.2010.[577] Danach sind Wertsteigerungen, die bis zu der Verkündung des StEntlG 1999/2000/2002 entstanden sind und bei einer Veräußerung nach Verkündung des Gesetzes sowohl zum Zeitpunkt der Verkündung als auch zum Zeitpunkt der Veräußerung nach der zuvor geltenden Rechtslage steuerfrei hätten realisiert werden können, in der Form zu berücksichtigen, dass insoweit der gemeine Wert anzusetzen ist.

432 Streitig ist, ob die Anschaffungskosten auch dann maßgebend sind, wenn der gemeine Wert niedriger ist.[578]

433 (γ) Anteile im Betriebsvermögen des Anteilseigners. Ebenfalls als in das Betriebsvermögen des übernehmenden Rechtsträgers überführt gel-

---
[574] → Rn. 436.
[575] Vgl. BMF-Schreiben vom 25.3.1998, BStBl. I 1998, 268, Tz. 05.12.
[576] Vgl. BMF-Schreiben vom 11.11.2011, BStBl. I 2011 S. 1314 Tz. 05.07. Vgl. auch *Widmann* in Widmann/Mayer, § 5 UmwStG Rn. 547; *Behrens/Jäschke* in Lademann, § 5 UmwStG Rn. 12; *Schmitt* in Schmitt/Hörtnagl/Stratz, § 5 UmwStG Rn. 28.
[577] Siehe BVerfG vom 7.7.2010, BStBl. II 2011 S. 86.
[578] Für Maßgabe der Anschaffungskosten etwa *Widmann* in Widmann/Mayer, § 5 UmwStG Rn. 385.

ten nach § 5 III UmwStG solche Anteile an der übertragenden Körperschaft, die zum Betriebsvermögen eines Anteilseigners gehören. Dieses Betriebsvermögen des Anteilseigners kann gewerblicher, land- und forstwirtschaftlicher oder selbstständiger Natur sein. Von der Regelung des § 5 III 1 UmwStG betroffen sind Anteile einer natürlichen Person im Betriebsvermögen eines Einzelunternehmens sowie Anteile im Betriebsvermögen einer Körperschaft oder einer gewerblichen Personengesellschaft. Zum Betriebsvermögen gehören auch Anteile, die dem Betrieb gewerblicher Art einer juristischen Person des öffentlichen Rechts oder dem wirtschaftlichen Geschäftsbetrieb einer steuerbefreiten Körperschaft zuzuordnen sind. Unerheblich ist, ob es sich um ein inländisches oder ausländisches Betriebsvermögen handelt. Im letzten Fall ist unbeachtlich, ob ein Besteuerungsrecht Deutschlands an diesen Anteilen besteht oder aufgrund eines DBA ausgeschlossen ist.[579] Die Zuordnung einer Beteiligung zum Betriebs- oder Privatvermögen bestimmt sich dabei nach deutschem Steuerrecht.[580] Nicht in den Anwendungsbereich des § 5 III UmwStG sollen Anteile im Sonderbetriebsvermögen des Gesellschafters bei der übernehmenden Personengesellschaft fallen.[581] Nach dieser Auffassung gehört das Sonderbetriebsvermögen zum Betriebsvermögen der übernehmenden Personengesellschaft, so dass für die Anteile in diesem Sonderbetriebsvermögen die Vorschrift des § 5 I UmwStG greift.

Zeitliche Voraussetzung für die Anwendung des § 5 III 1 UmwStG ist, dass die Anteile am steuerlichen Übertragungsstichtag zum Betriebsvermögen des Anteilseigners gehören.[582] Werden die Anteile erst nach dem steuerlichen Übertragungsstichtag, aber vor Eintragung der Verschmelzung in das Handelsregister der übertragenden Körperschaft in das Betriebsvermögen des Anteilseigners erworben, gelten sie entsprechend § 5 I UmwStG als zum steuerlichen Übertragungsstichtag angeschafft und nach § 5 III UmwStG in das Betriebsvermögen der übernehmenden Personengesellschaft überführt.[583] Eine Entnahme aus dem steuerlichen Betriebsvermögen nach dem steuerlichen Übertragungsstichtag steht der Anwendung des § 5 III 1 UmwStG nicht entgegen.[584]

Für die Anteile im Betriebsvermögen des Anteilseigners wird durch § 5 III 1 UmwStG angenommen, dass sie am steuerlichen Übertragungs-

434

435

---

[579] Vgl. BMF-Schreiben vom 11.11.2011, BStBl. I 2011 S. 1314 Tz. 05.07.
[580] Vgl. BMF-Schreiben vom 11.11.2011, BStBl. I 2011 S. 1314 Tz. 05.07.
[581] Vgl. BMF-Schreiben vom 11.11.2011, BStBl. I 2011 S. 1314 Tz. 05.02; *Schmitt* in Schmitt/Hörtnagl/Stratz, § 5 UmwStG Rn. 33; *Haritz* in Haritz/Menner, § 5 UmwStG Rn. 53. AA *van Lishaut* in Rödder/Herlinghaus/van Lishaut, § 5 UmwStG Rn. 10, 29.
[582] Vgl. BMF-Schreiben vom 11.11.2011, BStBl. I 2011 S. 1314 Tz. 05.08.
[583] Vgl. bereits → Rn. 427; *Schmitt* in Schmitt/Hörtnagl/Stratz, § 5 UmwStG Rn. 33.
[584] Vgl. *Widmann* in Widmann/Mayer, § 5 UmwStG Rn. 66; *van Lishaut* in Rödder/Herlinghaus/van Lishaut, § 4 UmwStG Rn. 35; *Schmitt* in Schmitt/Hörtnagl/Stratz, § 5 UmwStG Rn. 34.

§ 11 3. Teil. Verschmelzung

stichtag zum Buchwert, erhöht um Abschreibungen sowie um Abzüge nach § 6b EStG und ähnliche Abzüge, die in früheren Jahren steuerwirksam vorgenommen worden sind, höchstens mit dem gemeinen Wert in das Betriebsvermögen des übernehmenden Rechtsträgers überführt werden. Insofern können sich durch die Anwendung des § 5 III 1 UmwStG Beteiligungskorrekturgewinne ergeben. Diese Beteiligungskorrekturgewinne entstehen im Betriebsvermögen des Anteilseigners. Auf die Beteiligungskorrekturgewinne sind abhängig von der Rechtsform des Anteilseigners die Regelungen des § 8b II 4 u. 5 KStG bzw. § 3 Nr. 40 Satz 1 Buchst. a Sätze 2 u. 3 EStG anzuwenden.[585]

436 Für einbringungsgeborene Anteile iSv § 21 UmwStG aF greift die Regelung des § 27 III Nr. 1 UmwStG iVm § 5 IV UmwStG aF. Gemäß § 5 IV UmwStG aF gelten einbringungsgeborene Anteile nach Maßgabe der Regelungen des § 5 II oder III UmwStG in das Betriebsvermögen überführt.[586] Nach § 27 III Nr. 1 UmwStG ist § 5 IV UmwStG aF für einbringungsgeborene Anteile weiterhin anzuwenden. Gehören die einbringungsgeborenen Anteile zum Privatvermögen, gelten sie nach § 5 II UmwStG als mit ihren Anschaffungskosten eingelegt. Entsprechendes gilt für Anteile im steuerneutralen Bereich juristischer Personen des öffentlichen Rechts oder Anteile einer steuerbefreiten Körperschaft.[587] Stellen die einbringungsgeborenen Anteile hingegen Betriebsvermögen des Anteilseigners dar, greift § 5 III 1 UmwStG. Ob einbringungsgeborene Anteile vorliegen, richtet sich nach den Verhältnissen bei Eintragung der Verschmelzung in das Handelsregister.[588] Auch für die Frage der Anteilsinhaberschaft von einbringungsgeborenen Anteilen soll es – abweichend von § 5 II, III UmwStG – auf die Verhältnisse bei Eintragung im Handelsregister ankommen.[589]

437 **(b) Ermittlung des Übernahmeergebnisses. (aa) Überblick.** Nach § 4 VI 1 UmwStG ist ein Übernahmegewinn bzw. Übernahmeverlust zu ermitteln. Dieser entspricht dem Unterschiedsbetrag zwischen dem Wert des übergegangenen Vermögens, abzüglich der Umwandlungskosten, und dem Wert der Anteile an der übertragenden Körperschaft. Ein Übernahmegewinn vermindert sich, ein Übernahmeverlust erhöht sich um die Bezüge, die nach § 7 UmwStG zu den Einkünften aus Kapitalvermögen iSv § 20 I Nr. 1 EStG gehören, § 4 V 2 UmwStG (Dividendenanteil).

438 Das Übernahmeergebnis ist gesellschafterbezogen zu bestimmen.[590] Demnach kann bei einem Gesellschafter ein Übernahmegewinn und bei einem anderen Gesellschafter ein Übernahmeverlust entstehen. Eine solche gesellschafterbezogene Ermittlung des Übernahmeergebnisses ist nur dann nicht erforderlich, wenn sämtliche Anteile an der übertragenden

---

[585] Zum Vorgehen der Ermittlung eines Beteiligungskorrekturgewinns → Rn. 356 ff.
[586] Vgl. BMF-Schreiben vom 11.11.2011, BStBl. I 2011 S. 1314 Tz. 05.12.
[587] Vgl. van Lishaut in Rödder/Herlinghaus/van Lishaut, § 5 UmwStG Rn. 38.
[588] Vgl. van Lishaut in Rödder/Herlinghaus/van Lishaut, § 5 UmwStG Rn. 39; Haritz in Haritz/Menner, § 5 UmwStG Rn. 71.
[589] Vgl. Haritz in Haritz/Menner, § 5 UmwStG Rn. 68.
[590] Vgl. BMF-Schreiben vom 11.11.2011, BStBl. I 2011 S. 1314 Tz. 04.19.

§ 11. Steuerrechtliche Regelungen § 11

Körperschaft zum Gesamthandvermögen der übernehmenden Personengesellschaft gehören.[591] Ebenso soll eine gesellschafterbezogene Ermittlung des Übernahmeergebnisses unterbleiben können, wenn sämtliche Anteilseigner ihre Anteile an der übertragenden Körperschaft zum gleichen Preis erworben haben.[592] Diese Ausnahme soll indes dann nicht zum Zuge kommen, wenn die Beteiligung an der übertragenden Körperschaft zu Ergänzungsbilanzen des Gesellschafters bei der übernehmenden Personengesellschaft führt oder die Anteile zum Sonderbetriebsvermögen des Gesellschafters bei der übernehmenden Personengesellschaft gehören.[593] Besitzt ein Anteilseigner mehrere Anteile an der übertragenden Körperschaft, ist für die Ermittlung des Übernahmeergebnisses für diesen Gesellschafter prinzipiell von einem einheitlichen Wirtschaftsgut „Beteiligung" auszugehen, selbst wenn die Anteile zu unterschiedliche Zeitpunkten erworben wurden.[594] Dies gilt indes nicht, wenn die Anteile unterschiedlichen steuerlichen Bedingungen unterliegen, etwa einige Anteile mit einem Sperrbetrag nach § 50c EStG aF behaftet sind.[595]

Ein Übernahmeergebnis ist nur zu ermitteln, soweit sich die Anteile an 439 der übertragenden Kapitalgesellschaft unter Beachtung des § 5 UmwStG im Betriebsvermögen der übernehmenden Personengesellschaft befinden. Gehören am steuerlichen Übertragungsstichtag unter Beachtung des § 5 UmwStG nicht alle Anteile an der übertragenden Körperschaft zum Betriebsvermögen der übernehmenden Personengesellschaft, bleibt der auf diese Anteile entfallende Wert der übergegangenen Wirtschaftsgüter bei der Ermittlung des Übernahmeergebnisses gemäß § 4 IV 3 UmwStG außer Ansatz.[596]

Der Ermittlung des Übernahmeerfolgs ist folgendes Schema zugrunde 440 zu legen:[597]

	(Anteiliger) Wert des übergegangenen Vermögens lt. Schlussbilanz der Übertragerin (§ 4 I -1 UmwStG) (Buchwerte, gemeiner Wert, Zwischenwerte)
–	(korrigierter) Wert der Anteile an der übertragenden Körperschaft, die unter Berücksichtigung des § 5 UmwStG zum Betriebsvermögen der Übernehmerin gehören
–	Kosten des Vermögensübergangs
=	Übernahmegewinn/Übernahmeverlust 1. Stufe (§ 4 IV UmwStG)
+	Sperrbetrag gemäß § 50c EStG aF (§ 4 V 1 UmwStG)
–	Bezüge gemäß § 7 UmwStG (§ 4 V 2 UmwStG)
=	Übernahmegewinn/Übernahmeverlust 2. Stufe (§ 4 V UmwStG)

Nicht zum Übernahmeergebnis gehört ein Übernahmefolgeergebnis 441 aus der Vereinigung von gegenseitigen Forderungen und Verbindlich-

---

[591] Vgl. Pung/Werner in Dötsch/Patt/Pung/Möhlenbrock, § 4 UmwStG Tz. 78.
[592] Vgl. Pung/Werner in Dötsch/Patt/Pung/Möhlenbrock, § 4 UmwStG Tz. 78.
[593] Vgl. Pung/Werner in Dötsch/Patt/Pung/Möhlenbrock, § 4 UmwStG Tz. 78.
[594] Vgl. BMF-Schreiben vom 11.11.2011, BStBl. I 2011 S. 1314 Tz. 04.21; *Widmann* in Widmann/Mayer, § 4 UmwStG Rn. 96; *Pung* in Dötsch/Patt/Pung/Möhlenbrock, § 4 UmwStG, Tz. 51; *Bohnhardt* in Haritz/Menner, § 4 UmwStG Rn. 251
[595] Vgl. *van Lishaut* in Rödder/Herlinghaus/van Lishaut, § 4 UmwStG Rn. 81.
[596] Vgl. BMF-Schreiben vom 11.11.2011, BStBl. I 2011 S. 1314 Tz. 04.18 u. 04.30.
[597] Vgl. BMF-Schreiben vom 11.11.2011, BStBl. I 2011 S. 1314 Tz. 04.27.

keiten der an der Verschmelzung beteiligten Rechtsträger nach § 6 UmwStG.[598]

442 Das Übernahmeergebnis entsteht mit Ablauf des steuerlichen Übertragungsstichtags.[599] Das Übernahmeergebnis der Personengesellschaft ergibt sich aus der Zusammenfassung der Übernahmeergebnisse der einzelnen Gesellschafter. Der Gesamtbetrag des Übernahmeergebnisses sowie seine Aufteilung auf die einzelnen Gesellschafter werden von dem für die Personengesellschaft zuständigen Finanzamt nach § 180 AO einheitlich und gesondert festgestellt.[600] In dieser einheitlichen und gesonderten Feststellung werden der Übernahmeerfolg der 1. Stufe und der 2. Stufe getrennt ausgewiesen.[601]

443 **(bb) Wert des von der Körperschaft übernommenen Vermögens.** Das von der verschmolzenen Körperschaft übertragene Vermögen ist bei der Ermittlung des Übernahmeergebnisses mit dem Wert anzusetzen, mit dem die übertragenen Wirtschaftsgüter aus der Schlussbilanz der Übertragerin von der Personengesellschaft übernommen wurden, § 4 IV 1 UmwStG. Wirtschaftsgüter, die ein Gesellschafter der übertragenden Körperschaft überlässt und die Sonderbetriebsvermögen des betreffenden Gesellschafters bei der übernehmenden Personengesellschaft werden, stellen keine übergegangenen Wirtschaftsgüter iSd § 4 IV 1 UmwStG dar. Entsprechend haben Verbindlichkeiten im Sonderbetriebsvermögen eines Gesellschafters bei der übernehmenden Personengesellschaft, etwa aus der Fremdfinanzierung der Anteile, keinen Einfluss auf die Höhe des Übernahmeergebnisses.[602]

444 Der nach § 4 IV 1 UmwStG heranzuziehende Wert der übertragenen Wirtschaftsgüter aus der Schlussbilanz der Übertragerin ist nicht für solche Wirtschaftsgüter maßgebend, für die vor der Verschmelzung kein deutsches Besteuerungsrecht bestand (sog. neutrales Vermögen).[603] Diese Wirtschaftsgüter, für die ein Gewinn aus der Veräußerung bei der übertragenden Körperschaft in Deutschland nicht besteuert werden konnte, sind für die Zwecke der Ermittlung des Übernahmeergebnisses nach § 4 II 2 UmwStG zwingend mit dem gemeinen Wert anzusetzen. Der daraus resultierende Zuschlag für neutrales Vermögen entspricht der Differenz zwischen dem gemeinen Wert des Auslandsvermögens und dessen Wert in der steuerlichen Schlussbilanz des übertragenden Rechtsträgers.[604] Die Regelung des § 4 II 2 UmwStG greift indes nur, soweit in der steuerlichen Schlussbilanz der übertragenden Körperschaft nicht bereits der gemeine Wert angesetzt wurde.

---

[598] Vgl. BMF-Schreiben vom 11.11.2011, BStBl. I 2011 S. 1314 Tz. 06.02. Zum Übernahmefolgeergebnis → Rn. 391 ff.
[599] Vgl. BMF-Schreiben vom 11.11.2011, BStBl. I 2011 S. 1314 Tz. 04.26.
[600] Vgl. BMF-Schreiben vom 11.11.2011, BStBl. I 2011 S. 1314 Tz. 04.27.
[601] Vgl. BMF-Schreiben vom 25.3.1998, BStBl. I 1998 S. 268 Tz. 04.15.
[602] Vgl. BMF-Schreiben vom 11.11.2011, BStBl. I 2011 S. 1314 Tz. 04.36.
[603] → Rn. 316 ff. sowie → Rn. 522.
[604] Vgl. BMF-Schreiben vom 11.11.2011, BStBl. I 2011 S. 1314 Tz. 04.29.

§ 11. Steuerrechtliche Regelungen § 11

Die gesellschafterbezogene Ermittlung des Übernahmeergebnisses erfordert es, den Wert des übergehenden Betriebsvermögens nach Maßgabe der Beteiligungsverhältnisse auf die einzelnen Anteilseigner zu verteilen. Diese gesellschafterbezogene Ermittlung des Übernahmeergebnisses erklärt, dass der Wert der übergegangenen Wirtschaftsgüter außer Ansatz bleibt, soweit er auf Anteile an der übertragenden Körperschaft entfällt, die am steuerlichen Übertragungsstichtag nicht zum Betriebsvermögen des übernehmenden Rechtsträgers gehören, § 4 IV 3 UmwStG. Die zum Betriebsvermögen der übernehmenden Personengesellschaft gehörenden Anteile sind dabei unter Berücksichtigung des § 5 UmwStG zu bestimmen.[605] Eigene Anteile der Übertragerin sind bei der Verhältnisrechnung zur Ermittlung des Übernahmeergebnisses auszuscheiden.[606]

(cc) **Wert der in die Ermittlung des Übernahmeergebnisses einzubeziehenden Anteile.** Anteile an der Übertragerin, die zum steuerlichen Betriebsvermögen der übernehmenden Personengesellschaft gehören bzw. nach Maßgabe des § 5 UmwStG als solche gelten, sind bei der Ermittlung des Übernahmeergebnisses mit dem zugeschriebenen Wert nach § 4 I 2 UmwStG zu berücksichtigen.[607] Letzterer entspricht dem Buchwert, erhöht um Abschreibungen, die in früheren Jahren steuerwirksam vorgenommen worden sind, sowie um Abzüge nach § 6b des EStG und ähnliche Abzüge. Maßgebend ist dabei der Wert, der sich aus der Gesamthandbilanz unter Berücksichtigung von Ergänzungsbilanzen ergibt. Auszugehen ist vom Wert am steuerlichen Übertragungsstichtag. Insofern sind im maßgebenden Buchwert der Anteile ausschließlich solche Ereignisse zu berücksichtigen, die ihre Ursache vor dem steuerlichen Übertragungsstichtag haben. Nicht berührt wird dieser Wert durch nach dem Übertragungsstichtag in die übertragende Körperschaft geleistete offene oder verdeckte Einlagen.[608] Gleiches gilt für Kapitalerhöhungen oder Kapitalherabsetzungen der Übertragerin. Auch ein Forderungsverzicht eines Gesellschafters nach dem steuerlichen Übertragungsstichtag gegenüber der zu diesem Zeitpunkt noch zivilrechtlich bestehenden Kapitalgesellschaft beeinflusst den maßgebenden Wert der Anteile nicht.[609] Demgegenüber wirken sich nachträgliche Minderungen oder Erhöhungen des Kaufpreises auf den für die Ermittlung des Übernahmeergebnisses maßgebenden Wert der Anteile an der Übertragerin aus.[610]

Die aus einem Betriebsvermögen des Anteilseigners nach § 5 III UmwStG als in das Betriebsvermögen der Personengesellschaft überführt

---

[605] → Rn. 316 ff.
[606] Vgl. BMF-Schreiben vom 11.11.2011, BStBl. I 2011 S. 1314 Tz. 04.32.
[607] Zum Zuschreibungsgebot → Rn. 356 ff.
[608] Vgl. *Pung/Werner* in Dötsch/Pung/Möhlenbrock, § 4 UmwStG Rn. 53 ff.; *Schmitt* in Schmitt/Hörtnagl/Stratz, § 4 UmwStG Rn. 104.
[609] Vgl. *Widmann* in Widmann/Mayer, § 4 UmwStG Rn. 142; *Pung/Werner* in Dötsch/Pung/Möhlenbrock, § 4 UmwStG Rn. 55.
[610] Vgl. *Pung/Werner* in Dötsch/Pung/Möhlenbrock, § 4 UmwStG Rn. 53; *Schmitt* in Schmitt/Hörtnagl/Stratz, § 4 UmwStG Rn. 104.

§ 11　　　　　　　　　　　　　　　　　　3. Teil. Verschmelzung

geltenden Anteile an der Übertragerin sind mit dem zugeschriebenen Buchwert zu berücksichtigen.[611]

447　Die von Anteilseignern nach § 5 II UmwStG als eingelegt geltenden Anteile isd § 17 EStG sind mit ihren Anschaffungskosten zu erfassen.[612]

448　**(dd) Kosten des Vermögensübergangs.** Bei der Ermittlung des Übernahmeergebnisses abzuziehen sind nicht objektbezogene Umwandlungskosten des übernehmenden Rechtsträgers – unabhängig vom Zeitpunkt der Entstehung – sowie nicht objektbezogene Umwandlungskosten, die dem übertragenden Rechtsträger zuzuordnen und nach dem steuerlichen Übertragungsstichtag entstanden sind.[613] Sie stellen keine laufenden Aufwendungen dar. Nicht zu diesen im Übernahmeergebnis zu erfassenden Umwandlungskosten gehören objektbezogene Aufwendungen[614] wie die Grunderwerbsteuer.[615]

448a　Eine verhältnismäßige Zuordnung der nicht objektbezogenen Umwandlungskosten zum Übernahmeergebnis und zum Dividendenanteil gemäß § 7 UmwStG ist ausgeschlossen. Ein Gesellschafter, der lediglich der Besteuerung des Dividendenanteils gemäß § 7 UmwStG unterliegt, indes an der Ermittlung eines Übernahmeergebnisses nicht teilnimmt, kann seine Übernahmekosten steuerlich nicht geltend machen.

449　Infolge des (teilweisen) Abzugsverbots eines Übernahmeverlustes nach § 4 VI UmwStG bzw. der Anwendung des Teileinkünfteverfahrens auf einen Übernahmegewinn unter Beachtung von § 4 VII UmwStG werden diese Umwandungskosten indes faktisch steuerlich vollumfänglich bzw. teilweise nicht berücksichtigt.

450　**(ee) Korrekturen nach § 4 V UmwStG – Übernahmeergebnis 2. Stufe.** (α) Sperrbetrag nach § 50c EStG aF. Ein nach § 4 VI UmwStG ermittelter Übernahmegewinn bzw. Übernahmeverlust erhöht sich bzw. vermindert sich gemäß § 4 V 1 UmwStG um einen Sperrbetrag isd § 50c EStG aF, soweit die Anteile an der übertragenen Körperschaft zum Betriebsvermögen der übernehmenden Personengesellschaft gehören bzw. unter Beachtung des § 5 UmwStG als zu diesem gehörend gelten.[616]

451　Die Anwendung des § 50c EStG aF ist indes durch die EuGH-Entscheidung[617] vom 17.9.2009 und die Anschlussentscheidung des BFH[618] vom 3.2.2010 eingeschränkt. Dem bezeichneten EuGH-Urteil zufolge steht § 50c EStG aF nur mit Gemeinschaftsrecht in Einklang, soweit die nachstehenden Bedingungen erfüllt sind. Zunächst muss sich diese Re-

---

[611] → Rn. 435.
[612] → Rn. 431.
[613] Vgl. BMF-Schreiben vom 11.11.2011, BStBl. I 2011 S. 1314 Tz. 04.34. Siehe zuvor BFH-Urteil vom 22.4.1998 – I R 83/96, BStBl. II 1998 S. 698.
[614] Vgl. BMF-Schreiben vom 11.11.2011, BStBl. I 2011 S. 1314 Tz. 04.34.
[615] Zur Grunderwerbsteuer → Rn. 896 ff.
[616] Vgl. *Wochinger/Dötsch* DB 1994 Beilage Nr. 14, 7.
[617] Vgl. EuGH-Urteil vom 17.9.2009 – C 182/08, IStR 2009 S. 691.
[618] Vgl. BFH vom 3.2.2010 – I R 21/06, IStR 2010 S. 403.

§ 11 Steuerrechtliche Regelungen § 11

gelung auf das beschränkt, was zur Wahrung der ausgewogenen Aufteilung der Besteuerungsbefugnis zwischen den Mitgliedstaaten erforderlich ist. Ferner darf die Regelung nicht darüber hinausgehen, was zur Verhinderung rein künstlicher, jeder wirtschaftlichen Realität bare Gestaltungen erforderlich ist, die allein zu dem Zweck geschaffen wurden, ungerechtfertigt in den Genuss eines Steuervorteils zu kommen. Unter Beachtung dieser Entscheidungen können ggf. bisher versagte Teilwertabschreibungen (partiell) steuerwirksam werden. In Umwandlungsfällen würde damit eine Korrektur des Übernahmeergebnisses 1. Stufe nach § 4 VI UmwStG nicht mehr erforderlich werden. Allerdings wäre für die betreffenden Anteile eine Beteiligungskorrektur nach § 4 I 2 UmwStG erforderlich, in deren Zuge der Buchwert des Anteils um Teilwertabschreibungen zu korrigieren ist.[619]

(β) Dividendenanteil. Daneben ist das Übernahmeergebnis um 452 Bezüge zu mindern, die nach § 7 UmwStG zu den Einkünften aus Kapitalvermögen nach § 20 I Nr. 1 EStG der Anteilseigner gehören, § 4 V 2 UmwStG (Dividendenanteil).[620] Die Bezüge nach § 7 UmwStG sind beim Anteilseigner selbstständig steuerpflichtig. Durch diese Korrektur des Übernahmeergebnisses wird eine Doppelbesteuerung der offenen Gewinnrücklagen der übertragenden Körperschaft vermieden.

(c) Steuerliche Behandlung des Übernahmeergebnisses. 453
(aa) Übernahmegewinn. Bei dem Übernahmegewinn zweiter Stufe handelt es sich um einen laufenden Gewinn, der mit Ablauf des steuerlichen Übertragungsstichtags entsteht und den Gesellschaftern personenbezogen zuzurechnen ist. Die steuerliche Behandlung eines Übernahmegewinns beim Gesellschafter der Personengesellschaft entspricht im Ergebnis der eines Gewinns aus der Veräußerung von Anteilen an der übertragenen Körperschaft. Auf einen Übernahmegewinn ist § 8b KStG anzuwenden, soweit er auf eine Körperschaft, Personenvereinigung oder Vermögensmasse als Mitunternehmerin entfällt, § 4 VII 1 UmwStG. Insofern ist der Übernahmegewinn unter Beachtung von § 8b II, III KStG de facto zu 95% von der Körperschaftsteuer befreit. Die Steuerbefreiung greift nicht für einbringungsgeborene Anteile iSd § 21 UmwStG aF. Gemäß § 8b IV Nr. 1 KStG aF ist die Beteiligungsvergünstigung des § 8b II KStG auf einbringungsgeborene Anteile nicht anwendbar. Die Regelung des § 8b IV Nr. 1 KStG aF ist nach § 34 VIIa KStG weiterhin anwendbar. Eine früher vertretbare abweichende Auffassung ist nach den Änderungen durch das JStG 2009 nicht mehr haltbar.[621] Des Weiteren ist § 4 VII 1 UmwStG auch auf solche Körperschaften, Personenvereinigung oder Vermögensmassen anzuwenden, die lediglich mittelbar über

---

[619] Siehe auch *Haritz* in Haritz/Menner, § 6 UmwStG Rn. 61.
[620] Vgl. BMF-Schreiben vom 11.11.2011, BStBl. I 2011 S. 1314 Tz. 04.38. Zum Dividendenanteil → Rn. 404 ff.
[621] Vgl. *Pung/Werner* in Dötsch/Pung/Möhlenbrock, § 4 UmwStG Rn. 165; *Schmitt* in Schmitt/Hörtnagl/Stratz, § 4 UmwStG Rn. 147; *Förster* DB 2006 S. 1072. AA *van Lishaut* in Rödder/Herlinghaus/van Lishaut, § 4 UmwStG Rn. 133 ff.

§ 11   3. Teil. Verschmelzung

eine Personengesellschaft an der übertragenden Körperschaft beteiligt sind.[622] Handelt es sich bei dem Anteilseigner um eine Organgesellschaft, ist die Regelung des § 15 Nr. 2 Satz 2 KStG zu beachten. Danach ist § 4 VI 1 UmwStG nicht auf die Organgesellschaft, sondern auf den Organträger nach Maßgabe der für ihn geltenden Vorschriften anzuwenden.

454 Nicht anzuwenden ist § 4 VII 1 UmwStG iVm § 8b II, III KStG auf Anteile iSd § 8b VII, VIII KStG.

455 Entfällt der Übernahmegewinn hingegen auf eine natürliche Person, greift die Vorschrift des § 3 Nr. 40 Satz 1 EStG, § 4 VII 2 UmwStG.

456 Der Übernahmegewinn unterliegt nicht der Gewerbesteuer, § 18 II 1 UmwStG.

457 **(bb) Übernahmeverlust.** Entsteht durch die Verschmelzung der Körperschaft auf die Personengesellschaft ein Übernahmeverlust, so ist dieser steuerlich unbeachtlich, soweit er auf eine Körperschaft, Personenvereinigung oder Vermögensmasse als Mitunternehmerin der übernehmenden Personengesellschaft entfällt, § 4 VI 1 UmwStG. Das gilt auch dann, wenn die Körperschaft, Personenvereinigung oder Vermögensmasse lediglich mittelbar über eine Personengesellschaft an der übertragenden Körperschaft beteiligt ist. Ist die Gesellschafterin eine Organgesellschaft, ist die Regelung des § 4 VI 1 UmwStG nach Maßgabe der für den Organträger geltenden Vorschriften anzuwenden, § 15 Nr. 2 Satz 2 KStG.

458 Das Abzugsverbot des § 4 VI 1 UmwStG greift dann nicht, wenn die Anteile an der übertragenden Körperschaft die Voraussetzungen des § 8b VII, VIII 1 KStG erfüllen, § 4 VI 2 UmwStG. In diesem Fall ist der Übernahmeverlust bis zur Höhe der Bezüge nach § 7 UmwStG zu berücksichtigen, § 4 VI 3 UmwStG.

459 Soweit der Übernahmeverlust auf natürliche Personen als Mitunternehmer der Personengesellschaft entfällt, ist er zu 60%, höchstens aber iHv 60% der Bezüge nach § 7 UmwStG steuerlich zu erfassen, § 4 VI 4 UmwStG. Ein darüber hinausgehender Übernahmeverlust bleibt außer Ansatz.

460 Davon abweichend bleibt ein Übernahmeverlust nach § 4 VI 5 UmwStG steuerlich unbeachtlich,
– soweit bei Veräußerung der Anteile ein Veräußerungsverlust nach § 17 II 6 EStG nicht zu berücksichtigen wäre (Fall 1),
– oder soweit die Anteile an der übertragenden Körperschaft innerhalb der letzten fünf Jahre vor dem steuerlichen Übertragungsstichtag entgeltlich erworben wurden (Fall 2).[623]

461 Die Regelungen des § 4 VI 5 UmwStG dienen der Vermeidung von Missbrauchsfällen. In den Anwendungsbereich des Falls 1 iSv § 4 VI 5 UmwStG fallen ausschließlich Anteile im Privatvermögen, die nach § 5 II UmwStG als in das Betriebsvermögen der Übernehmerin eingelegt gelten. Nicht betroffen sind hingegen Anteile im Betriebsvermögen des

---

[622] Vgl. *Pung/Werner* in Dötsch/Pung/Möhlenbrock, § 4 UmwStG Rn. 166.
[623] Für eine Anwendung lediglich auf natürliche Personen siehe *Förster/Felcher* DB 2006 S. 1072 (1075).

§ 11. Steuerrechtliche Regelungen § 11

Anteilseigners iSv § 5 III UmwStG sowie einbringungsgeborene Anteile.[624] Maßgebend sind die Verhältnisse im Zeitpunkt der Eintragung der Verschmelzung im Handelsregister. Demgegenüber betrifft das Verbot der Berücksichtigung eines Übernahmeverlustes bei Erwerb von Anteilen innerhalb von fünf Jahren vor dem steuerlichen Übertragungsstichtag (Fall 2 iSv § 4 VI 5 UmwStG) sämtliche Anteile, unabhängig davon, ob sie im Privatvermögen oder in einem Betriebsvermögen des Anteilseigners gehalten wurden. Dabei setzt die Anwendung des Verbots der Berücksichtigung eines Übernahmeverlusts allerdings voraus, dass die Anteile entgeltlich angeschafft wurden. Teilentgeltlich erworbene Anteile sind für die Anwendung des § 4 VI 5 UmwStG aufzuspalten in entgeltlich erworbene sowie unentgeltlich erworbene Anteile.

Ferner bleibt ein Übernahmeverlust nach § 4 VI 6 UmwStG außer 462 Ansatz, wenn und soweit Anteile an dem übertragenden Rechtsträger erst nach dem steuerlichen Übertragungsstichtag entgeltlich erworben werden.

Gewerbesteuerlich ist ein Übernahmeverlust nicht zu erfassen, § 18 II 463 1 UmwStG.

dd) Steuerlicher Umgehungsschutz nach § 18 III UmwStG – Sperrfrist

(1) Überblick. Wird innerhalb von fünf Jahren nach der Verschmel- 464 zung einer Kapitalgesellschaft auf eine Personengesellschaft der Betrieb oder ein Teilbetrieb der Personengesellschaft oder ein Anteil an der Personengesellschaft aufgegeben oder veräußert, unterliegt ein Veräußerungs- oder Aufgabegewinn der Gewerbesteuer, § 18 III 1 UmwStG.

Nach § 27 VII UmwStG idF des JStG 2008 greift diese Regelung 465 erstmals für Umwandlungen, die nach dem 31.12.2007 zur Eintragung in das für die Wirksamkeit der Umwandlung maßgebende öffentliche Register angemeldet werden. Für Altumwandlungen vor dem bezeichneten Stichtag erstreckt sich die Gewerbesteuer nur auf das übergegangene Vermögen, nicht hingegen auf das Vermögen der Übernehmerin.[625] Für die Anwendung der Neuregelung ist demgegenüber unerheblich, ob übergegangenes Vermögen oder eigenes Vermögen der übernehmenden Personengesellschaft aufgegeben oder veräußert wird.

Die Regelung des § 18 III UmwStG dient der Missbrauchsvermei- 466 dung. Durch § 18 III UmwStG soll verhindert werden, dass eine Kapitalgesellschaft zur Vermeidung von Gewerbesteuer vor Betriebsveräußerung oder Liquidation in eine Personengesellschaft umgewandelt wird.[626] Während bei der Auflösung und Abwicklung einer Kapitalgesellschaft der Auflösungsgewinn iSv § 11 KStG der Gewerbesteuer unterliegt, ist dies bei Gewinnen aus der Veräußerung oder Aufgabe des ganzen Gewerbebetriebs einer Personengesellschaft nicht der Fall, soweit

---

[624] Siehe *Pung* in Dötsch/Pung/Möhlenbrock, § 4 UmwStG Tz. 146; *Schmitt* in Schmitt/Hörtnagl/Stratz, § 4 UmwStG Rn. 132.
[625] Vgl. *Häuselmann* BB 2008 S. 23. BFH-Urteil vom 20.11.2006 – VIII R 47/05, BStBl. II 2008 S. 69.
[626] Vgl. *Schmitt* in Schmitt/Hörtnagl/Stratz, § 18 UmwStG Rn. 31.

§ 11   3. Teil. Verschmelzung

an der Personengesellschaft natürliche Personen als unmittelbare Gesellschafter beteiligt sind, § 7 Satz 2 Nr. 1 GewStG. Darüber hinaus wird durch § 18 III 3 UmwStG die Anwendung der Steuerermäßigung bei gewerblichen Einkünften nach § 35 EStG ausgeschlossen. Durch § 18 III UmwStG wird nicht rückwirkend der ursprüngliche Umwandlungsvorgang besteuert. Vielmehr unterliegt der Besteuerung der Gewinn aus der Aufgabe oder Veräußerung des Betriebs, Teilbetriebs oder Anteils an der übernehmenden Personengesellschaft.[627] Insofern werden auch die vom Zeitpunkt der Umwandlung bis zur späteren Veräußerung bzw. Aufgabe entstandenen stillen Reserven der Besteuerung unterworfen.[628] Dies gilt zumindest für die Fälle, in denen die Verschmelzung nach dem 31.12.2007 zur Eintragung in das maßgebende öffentliche Register angemeldet wird.[629]

467 Für die Anwendung des § 18 III UmwStG ist unerheblich, ob die Anteile an der übertragenden Körperschaft zum Betriebsvermögen oder Privatvermögen des Anteilseigners gehört haben und damit gewerbesteuerlich verstrickt waren.[630]

468 Liegt zugleich eine Veräußerung nach § 7 Satz 2 GewStG vor, so geht § 18 III UmwStG der Anwendung des § 7 Satz 2 GewStG vor.[631] Damit kann die Steuerermäßigung des § 35 EStG für die betrachtete Veräußerung oder Aufgabe nicht geltend gemacht werden, § 18 III 3 UmwStG.

469 (2) Sachlicher Anwendungsbereich. **(a) Personengesellschaft mit Betriebsvermögen.** Seinem Wortlaut nach bezieht sich § 18 III 1 UmwStG auf den Betrieb der Personengesellschaft. Demzufolge ist § 18 III UmwStG ausschließlich anzuwenden auf Personengesellschaften mit Betriebsvermögen. Das gilt auch dann, wenn der Betrieb oder Teilbetrieb der übertragenden Körperschaft etwa nach § 3 GewStG gewerbesteuerbefreit war. Unerheblich ist, ob die übernehmende Personengesellschaft einen gewerblichen, land- und forstwirtschaftlichen oder einen freiberuflichen Betrieb unterhält. Insofern ist die Regelung des § 18 III UmwStG selbst dann anzuwenden, wenn der Betrieb der übernehmenden Personengesellschaft nicht der Gewerbesteuer unterliegt.[632]

470 Keine Anwendung findet § 18 III UmwStG hingegen für Umwandlungen auf eine vermögensverwaltende Personengesellschaft ohne Be-

---

[627] Vgl. BMF-Schreiben vom 11.11.2011, BStBl. I 2011 S. 1314 Tz. 18.05.
[628] Vgl. BFH-Urteil vom 17.7.2013 – X R 40/10, BStBl. II 2013 S. 883; BFH-Urteil vom 16.11.2005 – X R 6/04, DStR 2006 S. 175; BFH-Urteil vom 11.12.2001 – VIII R 23/01, BStBl. II 2004 S. 474. Siehe auch *Schmitt* in Schmitt/Hörtnagl/Stratz, § 18 UmwStG Rn. 31; *Hörger* DStR 1995 S. 905 (910).
[629] Für Umwandlungen vor diesem Stichtag vgl. BFH-Urteil vom 20.11.2006 – VIII R 47/05, BStBl. II 2008 S. 69.
[630] Vgl. BFH vom 11.12.2001 – VIII R 23/01, BStBl. II 2004 S. 474; FG München Urteil vom 26.10.2005 – 10 K 5637/02, EFG 2006 S. 1296.
[631] Vgl. BMF-Schreiben vom 11.11.2011, BStBl. I 2011 S. 1314 Tz. 18.09.
[632] Vgl. BMF-Schreiben vom 11.11.2011, BStBl. I 2011 S. 1314 Tz. 18.11. Vgl. auch BMF-Schreiben vom 25.3.1998, BStBl. I 1998 S. 268 Tz. 18.08. Siehe auch *Trossen* in Rödder/Herlinghaus/van Lishaut, § 18 UmwStG Rn. 41; *Bohnhardt* in Haritz/Menner, § 18 UmwStG Rn. 135.

triebsvermögen.[633] Die Regelung des § 18 III UmwStG greift ferner dann nicht, wenn die übernehmende Personengesellschaft als „Zebragesellschaft" zu qualifizieren ist.[634]

Nach dem Wortlaut des § 18 III UmwStG ist die Regelung ungeachtet 471 der Bewertung des übergehenden Vermögens durch die übertragende Personengesellschaft anzuwenden. Insofern könnte § 18 III UmwStG auch dann greifen, wenn die übertragende Körperschaft das übergehende Vermögen zum gemeinen Wert bewertet. Nach dem Sinn und Zweck des § 18 III UmwStG dürfte hingegen die Anwendung des § 18 III UmwStG in diesem Fall ausscheiden.

(b) Veräußerung oder Aufgabe. Das Vorliegen einer Aufgabe oder 472 Veräußerung des Betriebs, Teilbetriebs oder Mitunternehmeranteils ist nach allgemeinen Grundsätzen zu beurteilen.

(aa) Veräußerung. Veräußerung bedeutet die entgeltliche Übertra- 473 gung des rechtlichen oder wirtschaftlichen Eigentums durch den übernehmenden Rechtsträger bezogen auf einen Betrieb, Teilbetrieb bzw. entgeltliche Übertragung eines Mitunternehmeranteils. Unerheblich für die Anwendung des § 18 III UmwStG ist, ob die Veräußerung freiwillig oder aus einer Zwangs- oder Notlage heraus erfolgt. Von § 18 III UmwStG erfasst wird auch die Veräußerung gegen wiederkehrende Bezüge.[635] Besteht die Gegenleistung dabei allerdings aus umsatz- oder gewinnabhängigen Bezügen, soll § 18 III UmwStG keine Anwendung finden, da nachträgliche Einkünfte vorliegen und damit kein Veräußerungsgewinn erzielt wird.[636]

Als Veräußerung anzusehen ist ferner die Einbringung zum gemeinen 474 Wert in eine Kapitalgesellschaft nach § 20 UmwStG oder in eine Personengesellschaft nach § 24 UmwStG gegen Gewährung von Gesellschaftsrechten.[637] Wird der Betrieb, Teilbetrieb oder Mitunternehmeranteil nach §§ 20, 24 UmwStG zum Buch- oder Zwischenwert eingebracht, tritt die übernehmende Gesellschaft in die Rechtsstellung des übertragenden Rechtsträgers ein und ist daher für den Rest der Fünfjahresfrist der Vorschrift des § 18 III UmwStG unterworfen (vgl. §§ 23 I, 24 IV UmwStG). Kommt es bei Einbringung zum Zwischenwert zu einem Übertragungsgewinn, unterliegt dieser Gewinn ungeachtet des Eintritts in die steuerliche Rechtsstellung insoweit der Anwendung des § 18 III UmwStG.

Keine Veräußerung ist hingegen die unentgeltliche Übertragung nach 475 § 6 III EStG sowie die Überführung gemäß § 6 V 1 und 2 EStG. Wird der

---

[633] Vgl. BMF-Schreiben vom 11.11.2011, BStBl. I 2011 S. 1314 Tz. 18.05; Widmann in Widmann/Mayer, § 18 UmwStG Rn. 145.
[634] Vgl. BMF-Schreiben vom 11.11.2011, BStBl. I 2011 S. 1314 Tz. 18.05 iVm 03.16. Siehe auch Trossen in Rödder/Herlinghaus/van Lishaut, § 18 UmwStG Rn. 42; Schmitt in Schmitt/Hörtnagl/Stratz, § 18 UmwStG Rn. 35 u. 48.
[635] Vgl. BMF-Schreiben vom 11.11.2011, BStBl. I 2011 S. 1314 Tz. 18.06.
[636] Vgl. Neu/Hamacher GmbHR 2012 S. 280.
[637] Vgl. BMF-Schreiben vom 11.11.2011, BStBl. I 2011 S. 1314 Tz. 18.06.

§ 11　　　　　　　　　　　　　　　　　　　　3. Teil. Verschmelzung

im Wege der Umwandlung übergegangene Betrieb innerhalb der Fünfjahresfrist durch vorweggenommene Erbfolge oder Erbfall (§§ 19a, 13a ErbStG) übertragen, so liegt keine Veräußerung des Betriebs iSd § 18 III UmwStG vor. Der Rechtsnachfolger hat indes in diesem Fall für den Rest der Fünfjahresfrist die Anwendung des § 18 III UmwStG zu beachten.

476　**(bb) Aufgabe.** Die von § 18 III UmwStG erfasste Betriebsaufgabe erfordert einen nach außen eindeutig in Erscheinung tretenden Entschluss, die gewerbliche Tätigkeit endgültig einzustellen.[638] Eine Betriebsaufgabe im Ganzen liegt vor, wenn alle wesentlichen Betriebsgrundlagen innerhalb kurzer Zeit in einem einheitlichen Vorgang entweder in das Privatvermögen überführt oder an verschiedene Erwerber veräußert werden. Der Betrieb muss sodann als eigenständiger Organismus des Wirtschaftslebens zu bestehen aufgehört haben.[639]

477　Die Entnahme einzelner Wirtschaftsgüter verbunden mit der Aufgabe des Betriebs fällt unter § 18 III UmwStG.[640] Keine Betriebsaufgabe ist hingegen die bloße Entnahme einzelner Wirtschaftsgüter. Etwas anderes gilt indes dann, wenn innerhalb der Fünfjahresfrist das gesamte Vermögen der übernehmenden Personengesellschaft sukzessiv entnommen wird. Wird die übernehmende Personengesellschaft im Anschluss an die Verschmelzung einer Realteilung iSv § 16 III 3 EStG zu Buchwerten unterworfen, kommt es nicht zu einer gewerbesteuerlichen Realisierung iSv § 18 III UmwStG. Die Übernehmer treten in diesen Fällen in die verbleibende Fünfjahresfrist ein.[641] Werden hingegen bei der Realteilung die stillen Reserven aufgedeckt, greift § 18 III UmwStG.

478　Als Betriebsaufgabe ist für die Zwecke des § 18 III UmwStG auch die verdeckte Einlage in eine Kapitalgesellschaft zu verstehen.[642]

479　**(c) Gegenstand der Veräußerung oder Aufgabe.** Von § 18 III UmwStG erfasst wird ein Gewinn aus der Veräußerung oder Aufgabe des Betriebs, eines Teilbetriebs der übernehmenden Personengesellschaft oder eines Anteils an der Personengesellschaft innerhalb eines Zeitraums von fünf Jahren nach der Verschmelzung.

480　**(aa) Betriebsveräußerung/Betriebsaufgabe.** In den Anwendungsbereich des § 18 III 1 UmwStG fällt die Veräußerung oder Aufgabe des Betriebs der Personengesellschaft innerhalb von fünf Jahren nach der Umwandlung. Der Begriff des „Betriebs" entspricht dem in §§ 20, 24 UmwStG, § 16 EStG verwendeten Begriff.[643] Von einer Veräußerung des Betriebs der Personengesellschaft iSd § 18 III UmwStG ist auszugehen, wenn der Betrieb mit seinen wesentlichen Grundlagen gegen

---

[638] Vgl. *Schallmoser* in Blümich, § 16 EStG Rn. 482.
[639] Vgl. Hinweis 16 (2) EStR „Allgemeines".
[640] Vgl. OFD Frankfurt/Main Verfügung vom 7.9.2000, DB 2000 S. 2350.
[641] Bejahend *Klingberg* in Blümich, § 18 UmwStG Rn. 45; *Bohnhardt* in Haritz/Menner, § 18 UwStG Rn. 161.
[642] Vgl. BFH vom 18.12.1990 – VIII R 17/85, BStBl. II 1991 S. 512; *Trossen* in Rödder/Herlinghaus/van Lishaut, § 18 UmwStG Rn. 53. AA *Schmitt* in Schmitt/Hörtnagl/Stratz, § 18 UmwStG Rn. 55.
[643] Vgl. *Bohnhardt* in Haritz/Menner, § 18 UmwStG Rn. 141.

§ 11. Steuerrechtliche Regelungen § 11

Entgelt in einem einheitlichen Vorgang in der Weise auf einen Erwerber übertragen wird, dass der Betrieb von diesem als lebender Organismus fortgeführt werden kann.[644] Was als wesentliche Betriebsgrundlage anzusehen ist,[645] richtet sich sowohl nach der quantitativen als auch nach der funktionalen Betrachtungsweise.[646]

(bb) Veräußerung bzw. Aufgabe eines Teilbetriebs. Von der Anwendung des § 18 III Satz 1 UmwStG betroffen ist auch ein Gewinn aus der Veräußerung bzw. Aufgabe eines Teilbetriebs innerhalb von fünf Jahren nach der Umwandlung, § 18 III 2 UmwStG. Der Begriff des „Teilbetriebs" orientiert sich an der Definition in Art. 2i der FusionsRL 2009/133/EG.[647] Demnach entspricht ein Teilbetrieb der Gesamtheit der in einem Unternehmensteil einer Gesellschaft vorhandenen aktiven und passiven Wirtschaftsgüter, die in organisatorischer Hinsicht einen selbstständigen Betrieb darstellen, dh eine aus eigenen Mitteln funktionsfähige Einheit. Demnach kann auch die 100%ige Beteiligung an einer Kapitalgesellschaft für die Zwecke des § 18 III 2 UmwStG einen Teilbetrieb bilden.[648]

Fraglich ist, ob die Rechtsfolgen des § 18 III UmwStG auch dann eingreifen, wenn ein Teilbetrieb der Personengesellschaft veräußert oder aufgegeben wird, der nicht zum Vermögen der übertragenden Körperschaft gehörte. Der Wortlaut des § 18 III 2 UmwStG würde eine solche weite Auslegung zwar erlauben. Die Ergänzung in § 18 III 1 UmwStG durch das JStG 2008[649] („auch soweit er auf das Betriebsvermögen entfällt, das bereits vor der Umwandlung im Betrieb der Übernehmenden Personengesellschaft vorhanden war") stellt aber lediglich die Rechtsfolge dar. Als Anwendungsvoraussetzung, wie dies für die Inanspruchnahme des § 18 III 1 UmwStG im vorliegenden Fall erforderlich wäre, kann die Ergänzung u E nicht ausgelegt werden. Nach dem Zweck der Regelung dürfte die Anwendung des § 18 III 2 UmwStG bei der Veräußerung oder Aufgabe eines Teilbetriebs der Personengesellschaft, der nicht von der übertragenden Körperschaft stammt, nicht anzuwenden sein.[650]

(cc) Veräußerung bzw. Aufgabe eines Anteils an der Personengesellschaft. Von § 18 III 2 UmwStG erfasst wird auch die Veräußerung oder Aufgabe eines Anteils an der übernehmenden Personengesellschaft. Anteil iSd § 18 III 2 UmwStG ist der Mitunternehmeranteil an der übernehmenden Personengesellschaft. Ebenso greift die Regelung für die

---

[644] Vgl. BFH-Urteil vom 7.11.1991 – IV R 50/90, BStBl. II 1992 S. 380; BFH-Urteil vom 1.8.2007 – XI R 47/06, BStBl. II 2008 S. 106.
[645] Vgl. *Trossen* in Rödder/Herlinghaus/van Lishaut, § 18 UmwStG Rn. 45; *Pung* in Dötsch/Patt/Pung/Möhlenbrock, § 18 UmwStG Tz. 35.
[646] Vgl. *Schallmoser* in Blümich, § 16 EStG Rn. 151.
[647] Vgl. BMF Schreiben vom 11.11.2011, DStBl. I 2011 S. 1314 Tz. 18.05 iVm Tz. 15.02. Siehe auch *Klingberg* in Blümich, § 18 UmwStG Rn. 48. AA *Schmitt* in Schmitt/Hörtnagl/Stratz § 18 UmwStG Rn. 44 f. (mwN).
[648] Vgl. *Patt* FR 2000 S. 1115 (1119).
[649] → Rn. 410.
[650] Vgl. *Trossen* in Rödder/Herlinghaus/van Lishaut, § 18 UmwStG Rn. 62; *Schmitt* in Schmitt/Hörtnagl/Stratz, § 18 UmwStG Rn. 45;

§ 11 3. Teil. Verschmelzung

Veräußerung oder Aufgabe eines Teils eines Mitunternehmeranteils.[651] Zwar unterliegt die Veräußerung eines Teils eines Mitunternehmeranteils bereits nach § 7 Satz 2 GewStG der Gewerbesteuer. Dabei geht indes nach Auffassung der Finanzverwaltung die Regelung des § 18 III UmwStG der Anwendung des § 7 Satz 2 GewStG vor. War der Anteilseigner der übertragenden Körperschaft bereits vor der Verschmelzung an der übernehmenden Personengesellschaft beteiligt und wurde die Verschmelzung vor dem 1.1.2008 zum maßgebenden Register angemeldet, ist § 18 III 2 UmwStG anzuwenden, sofern der als Gegenleistung für die Verschmelzung erhaltene Anteil an der übernehmenden Personengesellschaft veräußert oder aufgegeben wird.[652]

484 Die Anwendung des § 18 III UmwStG bei Veräußerung oder Aufgabe eines Mitunternehmeranteils umfasst auch das Sonderbetriebsvermögen des betreffenden Gesellschafters. Nicht von § 18 III UmwStG erfasst wird Sonderbetriebsvermögen, das bereits vor der Verschmelzung bei der übernehmenden Personengesellschaft bestanden hat und die Verschmelzung vor dem 1.1.2008 zur Eintragung in das Handelsregister angemeldet wurde.[653] Die isolierte Veräußerung von Sonderbetriebsvermögen ist kein Fall des § 18 UmwStG.[654]

485 Stammen bei doppelstöckigen Personengesellschaften die Anteile an der Untergesellschaft aus einer Umwandlung und werden die Anteile an der Obergesellschaft veräußert, ist § 18 III 2 UmwStG nicht anwendbar.[655] Wird im Fall doppelstöckiger Personengesellschaften der Anteil an der Untergesellschaft veräußert, ist § 18 III 2 UmwStG wegen der Betriebsbetrachtung der Gewerbesteuer auf den Veräußerungsgewinn nicht anzuwenden. Dieser fällt gewerbesteuerlich auf Ebene der Unterpersonengesellschaft an. Dies sollte unabhängig davon gelten, ob die Unterpersonengesellschaft Gegenstand des übertragenen Vermögens war oder bereits vor der Umwandlung zum Vermögen der übernehmenden Personengesellschaft gehörte.[656]

486 (3) Zeitlicher Anwendungsbereich. Die Rechtsfolgen des § 18 III UmwStG treten dann ein, wenn der Betrieb oder Teilbetrieb oder der

---

[651] Vgl. BMF-Schreiben vom 11.11.2011, BStBl. I 2011 S. 1314 Tz. 18.06.
[652] Vgl. BFH-Urteil vom 16.11.2005 – X R 6/04, BStBl. II 2008 S. 62. Siehe auch *Trossen* in Rödder/Herlinghaus/van Lishaut, § 18 UmwStG Rn. 65; *Schmitt* in Schmitt/Hörtnagl/Stratz, § 18 UmwStG Rn. 49. AA *Pung* in Dötsch/Pung/Möhlenbrock, § 18 UmwStG Rn. 65 ff.
[653] Vgl. *Schmitt* in Schmitt/Hörtnagl/Stratz, § 18 UmwStG Rn. 50; *Pung* in Dötsch/Pung/Möhlenbrock, § 18 UmwStG Rn. 69. AA auch für die Zeit nach dem JStG 2008 *Trossen* in Rödder/Herlinghaus/van Lishaut, § 18 UmwStG Rn. 64.
[654] Vgl. *Schmitt* in Schmitt/Hörtnagl/Stratz, § 18 UmwStG Rn. 50; *Trossen* in Rödder/Herlinghaus/van Lishaut, § 18 UmwStG Rn. 64. AA uU *Pung* in Dötsch/Pung/Möhlenbrock, § 18 UmwStG Rn. 69.
[655] Vgl. OFD Koblenz, Schreiben vom 27.12.2004, DB 2005 S. 78 Tz. 2. Zustimmend, aber mit Hinweis auf die Gesamtplanrechtsprechung *Pung* in Dötsch/Pung/Möhlenbrock, § 18 UmwStG Rn. 67.
[656] Vgl. *Klingberg* in Blümich, § 18 UmwStG Rn. 49.

§ 11 Steuerrechtliche Regelungen § 11

Anteil an der übernehmenden Personengesellschaft innerhalb von fünf Jahren nach der Umwandlung veräußert oder aufgegeben wird. Maßgebend für den Beginn der Fünfjahresfrist ist der steuerliche Übertragungsstichtag.[657] Die Eintragung der Verschmelzung ins Handelsregister ist für die Anwendung des § 18 III UmwStG ohne Bedeutung. Für den Zeitpunkt der Veräußerung oder Aufgabe des Betriebs, Teilbetriebs oder Anteils an der Personengesellschaft ist auf den Übergang des wirtschaftlichen Eigentums abzustellen.[658]

487

(4) Gewerbesteuerpflichtiger Veräußerung- oder Aufgabegewinn. Bei Veräußerung oder Aufgabe des Betriebs oder Teilbetriebs ist der Gewinn unter Anwendung der Grundsätze des § 16 EStG zu ermitteln. Der Gewinn ist bezogen auf den Zeitpunkt der Veräußerung oder Aufgabe zu bestimmen.

488

Bei Veräußerung oder Aufgabe des Betriebs wird von § 18 III 1 UmwStG nicht nur das Vermögen erfasst, das durch Umwandlung auf die Personengesellschaft übergegangen ist. Die Regelung des § 18 III 1 UmwStG wurde durch das JStG 2008 vielmehr dahingehend ergänzt, dass in die Besteuerung der gesamte Veräußerungs- oder Aufgabegewinn einbezogen wird, auch soweit er auf Betriebsvermögen der übernehmenden Personengesellschaft vor Umwandlung entfällt.[659] Ein Veräußerungs oder Aufgabegewinn ist unter den Voraussetzungen des § 18 III UmwStG auch dann gewerbesteuerpflichtig, wenn der aus der Umwandlung einer Kapitalgesellschaft hervorgegangene Betrieb der Personengesellschaft oder natürlichen Person als solcher nicht Gegenstand der Gewerbesteuer ist.[660]

489

Gegenstand der Besteuerung nach § 18 III UmwStG ist allein das im Inland belegene Vermögen. Nicht erfasst wird demgegenüber Vermögen, das einer ausländischen Betriebsstätte der übernehmenden Personengesellschaft zuzuordnen ist. Abzustellen ist auch hier auf den Zeitpunkt der Veräußerung oder Aufgabe. Entsprechend muss das betreffende Vermögen auch noch im Zeitpunkt der Veräußerung oder Aufgabe der ausländischen Betriebsstätte zuzuordnen sein.[661]

490

Gehören zum Vermögen der Personengesellschaft auch Beteiligungen an Kapitalgesellschaften, ist für Zwecke des § 18 UmwStG auf den insoweit entstehenden Veräußerungsgewinn abhängig von der Rechts-

491

---

[657] Vgl. BMF-Schreiben vom 11.11.2011, BStBl. I 2011 S. 1314 Tz. 18.05. iVm 06.10.
[658] Vgl. BFH vom 17.7.2013 – X R 40/10, BStBl. II 2013 S. 883. Vgl. auch H 16 I EStR „Maßgebender Zeitpunkt".
[659] Siehe dazu oben sowie *Neumann/Stimpel* GmbHR 2008 S. 57. Anders noch BFH-Urteil vom 16.11.2005 – X R 6/04, BStBl. II 2008 S. 62; BFH-Urteil vom 20.11.2006 – VIII R 47/05, BStBl. II 2008 S. 69; BFH-Urteil vom 26.6.2007 – IV R 58/06, BStBl. II 2008 S. 73. Vgl. auch OFD Münster Kurzinformation Gewerbesteuer Nr. 001/2008 vom 18.3.2008, BB 2008 S. 824.
[660] Vgl. BFH vom 17.7.2013 – X R 40/10, BStBl. II 2013 S. 883.
[661] Vgl. *Trossen* in Rödder/Herlinghaus/van Lishaut, § 18 UmwStG Rn. 58; *Schmitt* in Schmitt/Hörtnagl/Stratz, § 18 UmwStG Rn. 38; *Pung* in Dötsch/Pung/Möhlenbrock, § 18 UmwStG, Rn. 57.

§ 11 3. Teil. Verschmelzung

form des Gesellschafters der übernehmenden Personengesellschaft § 8b II, III, VI KStG bzw. § 3 Nr. 40 EStG anzuwenden, § 7 Satz 4 GewStG.[662]

492 Ein Veräußerung- oder Aufgabegewinn iSv § 18 III UmwStG kann mit vortragsfähigen Gewerbeverlusten der übernehmenden Personengesellschaft verrechnet werden.[663]

493 In den Anwendungsbereich des § 18 III UmwStG fällt nach dem Wortlaut der Regelung lediglich ein Aufgabe- bzw. Veräußerungsgewinn. Ein Verlust aus der Aufgabe oder Veräußerung kann nicht mit einem Gewerbeertrag verrechnet werden.[664]

494 (5) Besteuerung. Schuldner der durch § 18 III UmwStG entstehenden Gewerbesteuer ist die übernehmende Personengesellschaft.[665] Das gilt auch im Fall der Veräußerung von Anteilen an der Personengesellschaft. Die Gewerbesteuer entsteht hier ebenfalls auf der Ebene der Personengesellschaft.

495 Die entstehende Gewerbesteuer kann nicht als Betriebsausgabe abgezogen werden, § 4 Vb EStG.

496 Die Inanspruchnahme der Steuerermäßigung bei Einkünften aus Gewerbebetrieb nach § 35 EStG ist ausgeschlossen, § 18 III 3 UmwStG.

b) *Abwärtsverschmelzung (downstream merger)*

497 Die Abwärtsverschmelzung einer Mutterkapitalgesellschaft auf ihre Tochterpersonengesellschaft ist in §§ 3 bis 8 UmwStG nicht ausdrücklich geregelt. Die bezeichneten Regelungen greifen indes im Fall der Abwärtsverschmelzung analog.[666]

498 Fraglich ist auch hier, wie bei der Verschmelzung von Kapitalgesellschaften,[667] ob von einem Direkterwerb[668] oder von einem Durchgangserwerb der Anteile an der übernehmenden Tochtergesellschaft auszugehen ist. Finanzverwaltung[669] und Schrifttum gehen von einem Direkterwerb aus.

499 Für die Bewertung des Vermögens der übertragenden Körperschaft gilt auch für den downstream merger die Regelung des § 3 UmwStG. Zu dem übergehenden Vermögen gehören auch die Anteile an der Tochterper-

---

[662] Vgl. *Trossen* in Rödder/Herlinghaus/van Lishaut, § 18 UmwStG, Rn. 71; *Schmitt* in Schmitt/Hörtnagl/Stratz, § 18 UmwStG Rn. 40; *Pung* in Dötsch/Pung/Möhlenbrock, § 18 UmwStG Rn. 57.
[663] Vgl. *Pung* in Dötsch/Pung/Möhlenbrock, § 18 UmwStG Rn. 53.
[664] Vgl. BMF-Schreiben vom 11.11.2011, BStBl. I 2011 S. 1314 Tz. 18.10. AA *Neu/Schiffers/Watermeyer* GmbHR 2011 S. 729.
[665] Vgl. BMF-Schreiben vom 11.11.2011, BStBl. I 2011 S. 1314 Tz. 18.10.
[666] Vgl. *van Lishaut* in Rödder/Herlinghaus/van Lishaut, § 4 UmwStG Rn. 78; *Pung/Werner* in Dötsch/Pung/Möhlenbrock, § 4 UmwStG Rn. 118 f.; *Schmitt* in Schmitt/Hörtnagl/Stratz, § 4 UmwStG Rn. 120. AA wohl *Dieterlein/Schaden* BB 2000 S. 2552.
[667] → Rn. 227 f.
[668] Siehe dazu *Hannemann* DB 2000 S. 2497 (2498); *Pluskat* DB 2001 S. 2216 (2221).
[669] Vgl. BMF-Schreiben vom 11.11.2011, BStBl. I 2011 S. 1314 Tz. 11.18.

§ 11. Steuerrechtliche Regelungen § 11

sonengesellschaft.[670] Dies begründet sich in der Tatsache, dass steuerlich keine Beteiligung an der übernehmenden Personengesellschaft besteht, sondern der übertragenden Körperschaft die Wirtschaftsgüter der Personengesellschaft anteilig zuzurechnen sind. Entsprechend ist die mitunternehmerische Beteiligung an der aufnehmenden Personengesellschaft in der steuerlichen Schlussbilanz iHd steuerlichen Kapitalkontos der Übertragerin bei der Übernehmerin nach der Spiegelbildmethode zu erfassen. Das steuerliche Kapitalkonto ergibt sich aus der Summe der Kapitalkonten laut Gesamthandbilanz, Ergänzungsbilanz und Sonderbilanzen.[671] Wird das Vermögen der Übertragerin in ihrer Schlussbilanz zu einem über dem Buchwert liegenden Wert bewertet, so sind die stillen Reserven in der mitunternehmerischen Beteiligung an der übernehmenden Personengesellschaft in einer Ergänzungsbilanz der Übertragerin bei der Übernehmerin aufzudecken.[672]

Die Personengesellschaft hat das übergehende Vermögen mit dem Wert aus der Schlussbilanz der Muttergesellschaft zu übernehmen, § 4 I 1 UmwStG. Die Übernehmerin tritt in die Rechtsstellung der Mutterkapitalgesellschaft ein, § 4 II 1 UmwStG.[673] Auf Ebene der übernehmenden Personengesellschaft ist ein Übernahmeerfolg isd § 4 IV UmwStG zu ermitteln.[674] 500

Die Anteile an der übertragenden Körperschaft gelten unter Beachtung des § 5 UmwStG als in das Betriebsvermögen der übernehmenden Personengesellschaft eingelegt.[675] IHd Differenz zwischen dem Wert der als eingelegt geltenden Anteile an der übertragenden Körperschaft und dem Wert des Betriebsvermögens der Übertragerin unter Berücksichtigung des steuerlichen Kapitalkontos der Übertragerin bei der Übernehmerin ergibt sich ein Übernahmeerfolg. 501

Beispiel 502
Die M-GmbH wird auf die T-KG verschmolzen, an der sie beteiligt ist. Alleiniger Gesellschafter der M-GmbH ist A.

		€
Beteiligung A an M-GmbH	AK	450
Wirtschaftsgüter der M-GmbH ohne Mitunternehmeranteil	BW	200
	GW	460
Anteilige Wirtschaftsgüter der M-GmbH bei T-KG	BW	100
	GW	150

---

[670] Vgl. BMF-Schreiben vom 11.11.2011, BStBl. I 2013 S. 1314 Tz. 04.02. iVm 03.10. Dies entspricht auch der wohl hM: *Schmitt* in Schmitt/Hörtnagl/Stratz, § 4 UmwStG Rn. 120; *Pung/Werner* in Dötsch/Pung/Möhlenbrock, § 4 UmwStG Rn. 118; *Bohnhardt* in Haritz/Menner, § 4 UmwStG Rn. 415 ff.; *van Lishaut* in Rödder/Herlinghaus/van Lishaut, § 4 UmwStG Rn. 78.
[671] Vgl. *Bohnhardt* in Haritz/Menner, § 4 UmwStG Rn. 415.
[672] Vgl. BMF-Schreiben vom 11.11.2011, BStBl. I 2011 S. 1314 Tz. 04.17; *Schmitt* in Schmitt/Hörtnagl/Stratz, § 4 UmwStG Rn. 120; *Bohnhardt* in Haritz/Menner, § 4 UmwStG Rn. 417.
[673] → Rn. 308 ff.
[674] Vgl. *van Lishaut* in Rödder/Herlinghaus/van Lishaut, § 4 UmwStG Rn. 79; *Pung* in Dötsch/Pung/Möhlenbrock, § 4 UmwStG Tz. 119 mwN.
[675] → Rn. 359 ff.

§ 11   3. Teil. Verschmelzung

503   *Fall 1: Bewertung des übertragenen Vermögens in der Schlussbilanz der M-GmbH zu Buchwerten (BW).*
Bei der Verschmelzung zu Buchwerten gehen die Wirtschaftsgüter der M-GmbH auf die T-KG zum Wert von 300 (= 200 + 100) über. Die Beteiligung des A an der M-GmbH gilt als zu 450 in die T-KG eingelegt. Bei der T-KG ergibt sich durch die Verschmelzung ein Übernahmeverlust[676] von 150 (= 450–300).

504   *Fall 2: Bewertung des übertragenen Vermögens in der Schlussbilanz der M-GmbH zum gemeinen Wert (GW).*
Bei der Verschmelzung zum gemeinen Wert gehen die Wirtschaftsgüter der M-GmbH auf die T-KG zum Wert von 610 (= 460 + 150) über. In der mitunternehmerischen Beteiligung enthaltene stille Reserven von 50 sind in einer Ergänzungsbilanz bei der T-KG aufzudecken. Die Beteiligung des A an der M-GmbH gilt als zu 450 in die T-KG eingelegt. Bei der T-KG ergibt sich durch die Verschmelzung ein Übernahmegewinn[677] von 160 (= 450–610).

c) Verschmelzung auf eine Personengesellschaft ohne Betriebsvermögen

aa) Überblick

505   Für die Verschmelzung einer vermögensverwaltenden Kapitalgesellschaft auf eine Personengesellschaft ohne Betriebsvermögen finden sich in § 8 UmwStG besondere Regelungen.

bb) Anwendungsbereich

506   Anwendbar ist § 8 UmwStG, wenn die übernehmende Personengesellschaft – vor und nach der Verschmelzung – über kein Betriebsvermögen verfügt. Betriebsvermögen kann dabei aus einer gewerblichen, land- und forstwirtschaftlichen oder einer freiberuflichen Tätigkeit resultieren. Insofern greift § 8 UmwStG auf die Verschmelzung einer vermögensverwaltenden Körperschaft auf eine vermögensverwaltende OHG oder KG, die in das Handelsregister eingetragen ist, §§ 105 II, 161 II HGB. Maßgebend für die Beurteilung, ob das übertragene Vermögen Betriebsvermögen wird, sind die Verhältnisse am steuerlichen Übertragungsstichtag. Die bloße Absicht des übernehmenden Rechtsträgers, sich in diesem Zeitpunkt gewerblich zu betätigen, ist nicht ausreichend.[678] Die Verschmelzung einer vermögensverwaltenden Körperschaft auf eine GbR ist handelsrechtlich unzulässig.

507   Streitig ist die Anwendung des § 8 UmwStG, wenn die übernehmende Personengesellschaft steuerlich als Zebragesellschaft zu qualifizieren ist.[679] Im Schrifttum wird die zwingende Bewertung mit dem gemeinen Wert

---

[676] Zur Behandlung eines Übernahmeverlustes → Rn. 453 ff.
[677] Zur Behandlung eines Übernahmegewinns → Rn. 457 ff.
[678] Vgl. BMF-Schreiben vom 11.11.2011, BStBl. I 2011 S. 1314 Tz. 08.02.
[679] Vgl. BMF-Schreiben vom 11.11.2011, BStBl. I 2011 S. 1314 Tz. 08.03.
Ebenso *Trossen* in Rödder/Herlinghaus/van Lishaut, § 8 UmwStG Rn. 52 ff.; *Greve* in Haritz/Menner, § 8 UmwStG Rn. 45 f.

§ 11. Steuerrechtliche Regelungen § 11

nach § 8 UmStG bei Zebragesellschaften mit Hinweis auf den Sinn und Zweck des § 3 II UmwStG kritisch gesehen.[680] Die Regelung des § 3 II UmwStG dient der Sicherstellung der Besteuerung stiller Reserven im Vermögen der übertragenden Körperschaft. Diesem Erfordernis kann durch die gebotene gesellschafterbezogene Betrachtung Rechnung getragen werden.

Keine Anwendung findet § 8 UmwStG bei Verschmelzung auf eine Partnerschaftsgesellschaft[681] oder eine gewerblich geprägte Personengesellschaft, da die aufnehmende Gesellschaft in diesen Fällen über Betriebsvermögen verfügt.[682] Ebenfalls nicht anwendbar ist § 8 UmwStG, wenn zwar die aufnehmende Personengesellschaft vor der Verschmelzung vermögensverwaltend tätig ist, sie aber durch die Verschmelzung von der übertragenden Körperschaft einen Betrieb erwirbt. Keine Anwendung findet § 8 UmwStG ferner auf eine Verschmelzung auf eine gewerbliche Personengesellschaft mit Entnahme von Wirtschaftsgütern ins Privatvermögen.[683] Hierbei handelt es sich vielmehr um eine Entnahme zum Teilwert nach § 4 I 2 EStG im Anschluss an die Verschmelzung. Auch bei der Beendigung einer Betriebsaufspaltung durch Verschmelzung der Betriebskapitalgesellschaft auf die Besitzpersonengesellschaft greift § 8 UmwStG nicht.[684]

508

cc) Übertragende Kapitalgesellschaft

Werden die zu übertragenden Wirtschaftsgüter bei der übernehmenden Personengesellschaft nicht zu Betriebsvermögen, hat die übertragende Körperschaft das übergehende Vermögen in ihrer steuerlichen Schlussbilanz zum gemeinen Wert anzusetzen, § 3 I UmwStG. Das Wahlrecht, auf Antrag Buchwerte oder Zwischenwerte anzusetzen, scheidet mangels Erfüllung der Bedingung des § 3 II Satz 1 Nr. 1 UmwStG aus.[685] Danach kann das übergehende Vermögen nur dann zum Buchwert oder Zwischenwert angesetzt werden, wenn das übergehende Vermögen bei der Übernehmerin zu Betriebsvermögen wird. Die Pflicht zur Bewertung zum gemeinen Wert betrifft auch originäre immaterielle Wirtschaftsgüter einschließlich eines möglichen Geschäfts- oder Firmenwerts.[686] Ein durch die Bewertung zum gemeinen Wert entstehender Übertragungsgewinn unterliegt bei der Übertragerin der Körperschaftsteuer sowie der Gewerbesteuer.

509

---

[680] Vgl. *Cordes/Dremel/Carstens* in FGS/BDI, UmwStE 2011, S. 224; *Schmitt* in Schmitt/Hörtnagl/Stratz, § 8 UmwStG Rn. 10, § 3 UmwStG Rn. 139.
[681] Vgl. *Möhlenbrock* in Dötsch/Patt/Pung/Möhlenbrock, § 8 UmwStG Tz. 9.
[682] Vgl. *Trossen* in Rödder/Herlinghaus/van Lishaut, § 8 UmwStG Rn. 6; *Greve* in Haritz/Menner, § 8 UmwStG Rn. 3.
[683] Vgl. *Trossen* in Rödder/Herlinghaus/van Lishaut, § 8 UmwStG Rn. 21.
[684] Vgl. *Trossen* in Rödder/Herlinghaus/van Lishaut, § 8 UmwStG Rn. 20; *Möhlenbrock* in Dötsch/Pung/Möhlenbrock, § 8 UmwStG Rn. 12.
[685] Vgl. *Greve* in Haritz/Menner, § 8 UmwStG Rn. 23 f.
[686] Vgl. BMF-Schreiben vom 11.11.2011, BStBl. I 2011 S. 1314 Tz. 08.01.

dd) Übernehmende Personengesellschaft

510 Wird das Vermögen der übertragenden Körperschaft nicht Betriebsvermögen der übernehmenden Personengesellschaft, sind nach § 8 I 1 UmwStG die infolge des Vermögensübergangs entstehenden Einkünfte bei dem übernehmenden Rechtsträger oder dessen Gesellschaftern zu ermitteln. Bei der Verschmelzung auf eine vermögensverwaltende Personengesellschaft bedeutet dies, dass die aus der Verschmelzung resultierenden Einkünfte infolge der Transparenz der Personengesellschaft für deren Gesellschafter zu ermitteln und von diesen zu versteuern sind.

511 Dabei gelten die Regelungen der §§ 4, 5 und 7 UmwStG entsprechend, § 8 I 2 UmwStG. Insofern hat die Personengesellschaft das übernommene Vermögen mit den Werten aus der Schlussbilanz der Übertragerin anzusetzen, § 4 I 1 UmwStG.[687] Sie tritt in die Rechtsstellung der Übernehmerin ein, § 4 II 1, III UmwStG.[688] Die Regelung des § 18 III UmwStG greift bei Verschmelzung auf eine Personengesellschaft ohne Betriebsvermögen nicht.[689]

ee) Gesellschafter der übertragenden Kapitalgesellschaft

512 Bei den Anteilseignern der übertragenden Kapitalgesellschaft, die Gesellschafter der aufnehmenden Personengesellschaft werden, sind nach § 7 UmwStG die offenen Rücklagen der übertragenden Körperschaft als Einnahmen aus Kapitalvermögen besteuert (Dividendenanteil). Auf die Einnahmen iSv § 7 UmwStG ist Kapitalertragsteuer einzubehalten und abzuführen.

513 Ferner ist auf Ebene der übernehmenden Personengesellschaft gesellschafterbezogen ein Übernahmeerfolg zu ermitteln, § 4 IV, V UmwStG.[690] Das Übernahmeergebnis 1. Stufe errechnet sich durch Gegenüberstellung des gemeinen Werts des (anteiligen) übernommenen Vermögens und der Anschaffungskosten der Anteile an der Kapitalgesellschaft. Von diesem Übernahmeergebnis sind die Kosten des Vermögensübergangs abzuziehen. Ferner ist dieses Übernahmeergebnis nach § 4 V UmwStG zu berichtigen.[691] Nach § 4 V UmwStG ist der Übernahmeerfolg zur Vermeidung einer Doppelerfassung insbesondere um den Dividendenanteil zu mindern.

In die Ermittlung des Übernahmeerfolgs sind die Anteile an der übertragenen Körperschaft einzubeziehen, die der übernehmenden Personengesellschaft unter Beachtung von § 5 UmwStG zuzurechnen sind. Das sind zunächst die Anteile, die der übernehmenden Personengesellschaft nach § 5 I UmwStG gehören. Daneben gelten nach §§ 5 II, III, 8 I 2 UmwStG Anteile an der übertragenden Körperschaft iSd § 17 I, VI

---
[687] → Rn. 350 ff.
[688] → Rn. 363 ff.
[689] Siehe BMF-Schreiben vom 11.11.2011, BStBl. I 2011 S. 1314 Tz. 18.11.
[690] → Rn. 401 ff., → Rn. 437 f.
[691] → Rn. 450 ff.

§ 11. Steuerrechtliche Regelungen §11

EStG, einbringungsgeborene Anteile nach § 21 UmwStG aF iVm § 27 III Nr. 1 UmwStG sowie Anteile in einem Betriebsvermögen als in das Vermögen der übernehmenden Personengesellschaft überführt.[692] Andere in § 5 UmwStG nicht aufgeführte Anteile sind nicht in die Ermittlung eines Übernahmeergebnisses einzubeziehen.

Die Behandlung des Übernahmeerfolgs richtet sich nach der steuerlichen Qualität der Anteile sowie der Rechtsform des Anteilseigners.[693] 514

Ein nach § 17 EStG an der übertragenden Kapitalgesellschaft beteiligter Gesellschafter der übernehmenden Personengesellschaft erzielt dabei Einkünfte iSv § 17 IV EStG.[694] Der Freibetrag nach § 17 III EStG wird nicht gewährt, § 8 II UmwStG. Auf die erzielten Einnahmen ist das Teileinkünfteverfahren anzuwenden, § 3 Nr. 40 EStG. Ein Übernahmeverlust ist innerhalb der Grenzen des § 4 V 4 und 6 UmwStG anteilig abzugsfähig.[695] 515

Gehörten die Anteile an der übertragenden Körperschaft zum Betriebsvermögen des Anteilseigners und folgt man der Auffassung der Finanzverwaltung bezüglich der Anwendung von § 8 UmwStG,[696] ist ein Übernahmegewinn beim Anteilseigner als Einkünfte aus Gewerbebetrieb, aus Land- und Forstwirtschaft oder aus selbstständiger Tätigkeit zu erfassen. Je nach Rechtsform des Anteilseigners unterliegt der Übernahmegewinn dann der Einkommensteuer bzw. Körperschaftsteuer, indes nicht der Gewerbesteuer, § 18 II UmwStG. 516

Ein Anteilseigner mit einbringungsgeborenen Anteilen iSv § 21 UmwStG aF iVm § 27 III Nr. 1 UmwStG erzielt iHd Übernahmegewinns gewerbliche Einkünfte nach § 16 EStG.[697] 517

4. Inlandsverschmelzung mit Auslandsbezug

Im Folgenden werden die steuerlichen Besonderheiten dargelegt, die sich im Inland 518
– bei der Verschmelzung einer inländischen Körperschaft mit ausländischem Vermögen auf eine inländische Personengesellschaft bzw.
– bei der der Verschmelzung einer inländischen Körperschaft mit ausländischen Anteilseignern auf eine inländische Personengesellschaft ergeben.

---

[692] → Rn. 426 ff., 445 ff.
[693] → Rn. 453 ff.
[694] Vgl. *Greve* in Haritz/Menner, § 8 UmwStG Rn. 41; aA *Trossen* in Rödder/Herlinghaus/van Lishaut, § 8 UmwStG Rn. 33; *Schmitt* in Schmitt/Hörtnagl/Stratz, § 8 UmwStG Rn. 21.
[695] Vgl. *Trossen* in Rödder/Herlinghaus/van Lishaut, § 8 UmwStG Rn. 33.
[696] → Rn. 406 und → Rn. 433.
[697] Vgl. *Trossen* in Rödder/Herlinghaus/van Lishaut, § 8 UmwStG Rn. 35; *Möhlenbrock* in Dötsch/Patt/Pung/Möhlenbrock, § 8 UmwStG Tz. 30. AA *Greve* in Haritz/Menner, § 8 UmwStG Rn. 43.

§ 11　3. Teil. Verschmelzung

a) Verschmelzung inländischer Körperschaften mit ausländischem Vermögen auf eine inländische Personengesellschaft

aa) Übertragende Körperschaft

519　(1) Bewertung in der Schlussbilanz. Gehört zu dem auf die Personengesellschaft im Wege der Verschmelzung übergehenden Vermögen der übertragenden Körperschaft auch ausländisches Vermögen, so ist dieses in der steuerliche Übertragungsbilanz (Schlussbilanz) der Übertragerin auszuweisen. Bestehen kann dieses ausländische Vermögen etwa in einer ausländischen Betriebstätte oder in einem ausländischen Grundstück.

520　Das inländische Betriebsvermögen der übertragenden Körperschaft kann in diesem Fall wahlweise zum Buchwert, gemeinen Wert oder Zwischenwert bewertet werden, § 3 I, II UmwStG. Voraussetzung für eine Antragsbewertung zum Buchwert oder zu Zwischenwerten ist, dass dieses inländische Vermögen auch nach der Verschmelzung weiterhin im Inland steuerverhaftet ist. Erfüllt ist diese Voraussetzung regelmäßig bei Beteiligung ausschließlich inländischer Gesellschafter bzw. solcher Gesellschafter, die mit ihren Einkünften aus der Beteiligung an der übernehmenden Personengesellschaft im Inland beschränkt steuerpflichtig sind. Indes kann auch in diesen Fällen eine Bewertung zum gemeinen Wert erforderlich sein, wenn es durch die Verschmelzung zu einer abweichenden Zuordnung des bisherigen Inlandsvermögens kommt. Nicht abschließend geklärt ist die Frage, ob es bei einer Verschmelzung auf eine lediglich gewerblich geprägte Personengesellschaft mit ausländischen Anteilseignern zu einem Ausschluss oder einer Beschränkung des deutschen Besteuerungsrechts iSd § 3 II UmwStG kommen kann.[698] Mit der neueren BFH-Rechtsprechung[699] dürfte davon auszugehen sein, dass in einem solchen Fall das deutsche Besteuerungsrecht nicht mehr gesichert ist und daher die stillen Reserven aufzudecken wären.

521　Die Bewertung des ausländischen Vermögens ist davon abhängig, ob das deutsche Besteuerungsrecht hinsichtlich der Veräußerung dieses Vermögens bei den Gesellschaftern der übernehmenden Personengesellschaft durch die Umwandlung ausgeschlossen oder beschränkt wird, § 3 II 1 Nr. 2 UmwStG. Dabei ist auf das deutsche Besteuerungsrecht mit Körperschaftsteuer und Einkommensteuer abzustellen. Die Besteuerung mit Gewerbesteuer ist insoweit unerheblich.[700] Ferner kommt ausschließlich auf das deutsche Besteuerungsrecht hinsichtlich eines Veräußerungsgewinns der übergehenden Wirtschaftsgüter an. Hingegen ist es unerheblich, ob Deutschland nach der Verschmelzung das Recht zur Besteuerung von Erträgen aus der Nutzung der Wirtschaftsgüter zusteht. Ob es durch

---

[698] Vgl. dazu *Schmitt* in Schmitt/Hörtnagl/Stratz, § 3 UmwStG Rn. 90. Vgl. auch BMF-Schreiben vom 16.4.2010, BStBl. I 2010 S 354 Rn. 2.2.3; *Möhlenbrock/Pung* in Dötsch/Pung/Möhlenbrock, § 3 UmwStG Rn. 100 f.
[699] Vgl. BFH vom 25.5.2011, BStBl. II 2014 S. 760.
[700] Vgl. *Rödder/Schumacher* DStR 2006 S. 1525.

§ 11. Steuerrechtliche Regelungen § 11

die Verschmelzung zum Ausschluss oder zu einer Beschränkung des deutschen Besteuerungsrechts kommt, ist wiederum davon abhängig, ob das ausländische Vermögen in einem DBA-Staat mit Freistellungsmethode, mit Anrechnungsmethode oder in einem Nicht-DBA-Staat belegen ist. Die Voraussetzungen des § 3 II 1 Nr. 2 UmwStG sind bei jedem einzelnen Gesellschafter der übernehmenden Personengesellschaft subjekt- und objektbezogen zu prüfen. Diese gesellschafterbezogene Betrachtungsweise kann dazu führen, dass bezogen auf einen Gesellschafter die anteilig übergehenden Wirtschaftsgüter mit dem gemeinen Wert anzusetzen sind und bezogen auf einen anderen Gesellschafter die Buchwerte fortgeführt werden können[701] Maßgebender Betrachtungszeitpunkt ist der steuerliche Übertragungsstichtag.

Ein Ausschluss des deutschen Besteuerungsrechts hinsichtlich des Gewinns aus der Veräußerung eines Wirtschaftsguts setzt voraus, dass vor der Verschmelzung ein – ggf. auch eingeschränktes – deutsches Besteuerungsrecht hinsichtlich des Gewinns aus der Veräußerung des übertragenen Wirtschaftsguts bestanden hat und dies in vollem Umfang entfällt.[702] Ist das ausländische Vermögen der übertragenden Körperschaft in einem DBA-Staat mit Freistellungsmethode belegen, so wird das deutsche Besteuerungsrecht durch die Verschmelzung nicht beschränkt. Vielmehr handelt es sich hier um „neutrales Vermögen", an dem Deutschland weder vor noch nach der Verschmelzung ein Besteuerungsrecht zusteht. In diesem Fall ist umstritten, ob das ausländische Vermögen zum gemeinen Wert oder gemeinsam mit dem Inlandsvermögen einheitlich zum Buchwert, gemeinen Wert oder Zwischenwert anzusetzen ist. Gemäß § 3 II 1 UmwStG ist der Antrag einheitlich für alle übergehenden Wirtschaftsgüter zu stellen. Dies bedeutet uE, dass bei Erfüllung der Voraussetzungen des § 3 II 1 Nrn. 1 bis 3 UmwStG die übertragenen ausländischen wie inländischen Wirtschaftsgüter nur einheitlich entweder zum gemeinen Wert oder zum Buchwert bzw. zum Zwischenwert bewertet werden können (Einheitlichkeit der Bewertung).[703] Unter Beachtung des Grundsatzes der Einheitlichkeit der Bewertung ist daher bei Bewertung des Inlandsvermögens zum Buchwert bzw. Zwischenwert auch das ausländische Vermögen mit dem Buchwert bzw. Zwischenwert anzusetzen.[704] Die übertragende Gesellschaft ist bei der Bewertung des ausländischen Vermögens nicht an die Wertansätze nach ausländischem Recht gebunden.[705]

Die Verschmelzung auf eine inländische Personengesellschaft mit natürlichen Personen als Mitunternehmern führt dazu, dass die stillen Re-

522

523

---

[701] Vgl. BMF-Schreiben vom 11.11.2011, BStBl. I 2011 S. 1314 Tz. 03.18.
[702] Vgl. BMF-Schreiben vom 11.11.2011, BStBl. I 2011 S. 1314 Tz. 03.19.
[703] Zur Bewertung wenn der ausländische Staat die Umwandlung nicht als Gesamtrechtsnachfolge ansieht → Rn. 256 ff.
[704] Vgl. *Möhlenbrock/Pung* in Dötsch/Pung/Möhlenbrock, § 3 UmwStG Rn. 113; *Birkemeier* in Rödder/Herlinghaus/van Lishaut, § 3 UmwStG Rn. 104. AA *Schaflitzl/Widmayer* BB 2006 Special 8, 36, (40, 42).
[705] Vgl. Regierungsbegründung zu § 3 II UmwStG SEStEG-E, BT-Drucks. 16/2710. Siehe auch *Förster/Felcher* DB 2006 S. 1072 (1077).

§ 11 3. Teil. Verschmelzung

serven in nicht in Drittstaaten[706] belegenem Vermögen für den Progressionsvorbehalt nach § 32b I 1 Nr. 3 Satz 2 EStG erstmals in Deutschland steuerverstrickt werden.

524 Ist demgegenüber das ausländische Vermögen in einem DBA-Staat mit Anrechnungsmethode oder in einem Nicht-DBA-Staat belegen oder kommt es durch die Verschmelzung zur Anwendung des § 20 II AStG, so ist eine Fortführung der Buchwerte oder ein Ansatz zu Zwischenwerten nach § 3 II 1 UmwStG auf Antrag nur möglich, soweit an der aufnehmenden Personengesellschaft nach der Verschmelzung ausschließlich im Inland unbeschränkt steuerpflichtige Gesellschafter beteiligt sind.[707] Nur in diesem Fall hat Deutschland am Vermögen der ausländischen Betriebstätte nach der Verschmelzung der Körperschaft auf eine inländische Personengesellschaft unverändert ein Besteuerungsrecht. Soweit hingegen ausländische in Deutschland nicht steuerpflichtige Gesellschafter an der übernehmenden Personengesellschaft beteiligt sind, ist das deutsche Besteuerungsrecht am ausländischen Vermögen nach der Verschmelzung beschränkt. Insoweit hat die übertragende Körperschaft das ausländische Vermögen in ihrer steuerlichen Schlussbilanz zum gemeinen Wert zu bewerten.[708]

525 Nach Auffassung der Finanzverwaltung sind darüber hinaus die Entstrickungstatbestände in § 4 I 3 EStG und § 12 I KStG bei der Verschmelzung zu beachten.[709] Gemäß § 4 I 4 EStG und § 12 I KStG liegt ein Ausschluss oder eine Beschränkung des Besteuerungsrechts hinsichtlich dieses Gewinns aus der Veräußerung eines Wirtschaftsguts insbesondere vor, wenn ein bisher einer inländischen Betriebstätte des Steuerpflichtigen zuzurechnendes Wirtschaftsgut einer ausländischen Betriebstätte zuzuordnen ist.[710]
Keine Beschränkung des deutschen Besteuerungsrechts ergibt sich uE aus der Nichtanwendbarkeit der §§ 7 ff. AStG nach der Umwandlung. Das AStG begründet kein gesondertes Besteuerungsrecht.[711]

---

[706] Zu den Einschränkungen durch das JStG 2009 vgl. *Holthaus* DStZ 2009 S. 188; *Wichert* NWB 2009 S. 532; *Wittkowski/Lindscheid* IStR 2009 S. 229 u. 621; *Schmidt/Heintz* IStR 2009 S. 43.
[707] Vgl. *Birkemeier* in Rödder/Herlinghaus/van Lishaut, § 3 UmwStG Rn. 104; *Schmitt* in Schmitt/Hörtnagl/Stratz, § 3 UmwStG Rn. 92; *Möhlenbrock/Pung* in Dötsch/Herlinghaus/van Lishaut, § 3 UmwStG Rn. 112. AA *Köhler* IStR 2010 S. 337 mit Verweis auf die Aufgabe der finalen Entnahmetheorie durch BFH-Urteil vom 17.7.2008 – I R 77/06, BStBl. II 2009 S. 464, BMF vom 20.5.2009 „Nichtanwendungserlass", BStBl. II 2009, 671, BeckVerw 161 145; BFH-Urteil vom 28.10.2009 – I R 99/08, BFH/NV 2010 S. 346, IStR 2010, 98; BFH-Urteil vom 28.10.2009 – I R 28/08, BFH/NV 2010 S. 432.
[708] Vgl. *Schaflitzl/Widmayer* BB 2006, Special 8, (36), 40; 42; *Möhlenbrock/Pung* in Dötsch/Pung/Möhlenbrock, § 3 UmwStG Tz. 112.
[709] Vgl. BMF-Schreiben vom 11.11.2011, BStBl. I 2011 S. 1314 Tz. 03.18.
[710] Siehe dazu BMF-Schreiben vom 24.12.1999, BStBl. I 1999 S. 1076, zuletzt geändert durch BMF-Schreiben vom 25.8.2009, BStBl. I 2009 S. 888.
[711] Vgl. *Brinkhaus/Grabbe* in Haritz/Menner, § 3 UmwStG Rn. 119.

§ 11. Steuerrechtliche Regelungen § 11

(2) Behandlung des Übertragungsgewinns. Gehört zum Vermögen der übertragenden Körperschaft ausländisches Vermögen, so stellt sich die Frage nach der abkommensrechtlichen Behandlung eines möglichen Übertragungsgewinns. 526

Entfällt der Übertragungsgewinn auf ausländisches Vermögen in einem Nicht-DBA-Staat oder einem Staat mit Anrechnungsmethode, so unterliegt der Übertragungsgewinn der inländischen Besteuerung. Nur soweit das ausländische Vermögen als Betriebstätte zu qualifizieren ist, kann für gewerbesteuerliche Zwecke ggf. die Kürzung nach § 9 Nr. 3 GewStG in Anspruch genommen werden. 527

Soweit der Übertragungsgewinn hingegen auf eine ausländische Betriebstätte oder ausländisches unbewegliches Vermögen in einem DBA-Staat mit Freistellungsmethode entfällt, gehört dieser Übertragungsgewinn regelmäßig nach Art. 7 DBA-MA bzw. Art. 6 DBA-MA nicht zum im Inland steuerpflichtigen Übertragungsgewinn. Der Übertragungsgewinn unterliegt mithin insoweit nicht der inländischen Besteuerung. 528

(3) Anrechnung ausländischer Steuern. Ist die übertragende Körperschaft im Inland unbeschränkt steuerpflichtig und unterhält sie in einem EU-Mitgliedsstaat eine Betriebstätte, dann kann unter den o. g.[712] Bedingungen das ausländische Betriebsvermögen in der steuerlichen Schlussbilanz der Übertragerin nach inländischem wie nach ausländischem Recht zum gemeinen Wert anzusetzen sein. Die aufgrund einer entsprechenden Bewertung im Ausland erhobene Steuer kann auf die deutsche Körperschaftsteuer der übertragenden inländischen Körperschaft unter den Bedingungen des § 26 KStG angerechnet werden, vorausgesetzt der auf das ausländische Vermögen entfallende Übertragungsgewinn ist im Inland nicht steuerfreigestellt. Anrechenbar ist die ausländische Steuer auf die deutsche Steuer auf den ausländischen Übertragungsgewinn. Die Anrechnung der ausländischen Steuer setzt uE damit voraus, dass auch aufgrund der Bewertung des inländischen Vermögens zum Zwischenwert oder zum gemeinen Wert ein Übertragungsgewinn im Inland entsteht.[713] 529

bb) Übernehmende Personengesellschaft

Die übernehmende Personengesellschaft hat die auf sie übergehenden Wirtschaftsgüter mit dem in der steuerlichen Schlussbilanz der Übertragerin angesetzten Werten zu übernehmen, § 4 I 1 UmwStG.[714] Die Wertverknüpfung ist unabhängig von dem Wertansatz nach ausländischem Recht. Die Übernehmerin tritt in die steuerliche Rechtsstellung der Übertragerin ein, § 4 II 1 UmwStG.[715] 530

---
[712] → Rn. 305 f., → Rn. 309 ff., → Rn. 521 ff.
[713] Vgl. Viebrock/Hagemann FR 2009 S. 738 (739).
[714] → Rn. 350 ff.
[715] → Rn. 363 ff.

cc) Gesellschafter der übertragenden Kapitalgesellschaft

531 Bei den Gesellschaftern der aufnehmenden Personengesellschaft führt die Verschmelzung zu einer Besteuerung der offenen Rücklagen der übertragenden Körperschaft sowie ggf. zur Zurechnung eines Übernahmeerfolgs.[716] Nach § 7 UmwStG sind die offenen Rücklagen der übertragenden Körperschaft bei ihren Gesellschaftern als Einnahmen aus Kapitalvermögen besteuert (Dividendenanteil). Auf die Einnahmen isv § 7 UmwStG ist Kapitalertragsteuer einzubehalten und abzuführen.

532 Auf der Ebene der übernehmenden Personengesellschaft ist gesellschafterbezogen ein Übernahmeerfolg zu ermitteln, § 4 IV 1 UmwStG.[717] Zur Vermeidung einer Doppelerfassung ist der Übernahmeerfolg isv § 4 IV UmwStG um den Dividendenanteil zu mindern. Keine Besonderheiten ergeben sich bei der Ermittlung des Übernahmeerfolgs, wenn das ausländische Vermögen in einem Nicht-DBA-Staat oder in einem DBA-Staat mit Anrechnungsmethode belegen ist. Das ausländische Vermögen ist in diesem Fall in die Ermittlung des Übernahmeergebnisses mit dem Wert einzubeziehen, mit dem auch das inländische Vermögen bewertet wird (Buchwert, gemeiner Wert, Zwischenwert).

533 Besteht hingegen mit dem ausländischen Belegenheitsstaat ein DBA mit Freistellungsmethode und hat die übertragende Körperschaft ausländisches Vermögen in ihrer steuerlichen Schlussbilanz zum Buchwert oder Zwischenwert angesetzt, so hat die Übernehmerin für die Ermittlung des Übernahmeerfolgs abweichend von § 4 I 1 UmwStG das übergegangene ausländische Vermögen mit dem gemeinen Wert zu bewerten, § 4 IV 2 UmwStG.[718] Die Regelung des § 4 IV 2 UmwStG bezieht sich ausschließlich auf die Ermittlung des Übernahmeergebnisses. Das übrige übernommene Vermögen ist ungeachtet des § 4 IV UmwStG bei der Übernehmerin mit dem Wert aus der Schlussbilanz der Übernehmerin anzusetzen.[719] Die Regelung des § 4 IV 2 UmwStG ist nur anzuwenden, soweit das betreffende Vermögen nicht bereits bei der übertragenden Kapitalgesellschaft zum gemeinen Wert bewertet wurde. Sie bezieht sich ausschließlich auf das Vermögen, für das auf der Ebene der Übertragerin kein inländisches Besteuerungsrecht bestand (neutrales Vermögen).

534 Bei Anwendung des § 4 IV 2 UmwStG ist das Schema zur Ermittlung des Übernahmeerfolgs[720] bei der übernehmenden Personengesellschaft wie folgt zu ergänzen:

---

[716] Dazu → Rn. 401 ff.
[717] → Rn. 420 ff.
[718] Vgl. BMF-Schreiben vom 11.11.2011, BStBl. I 2011 S. 1314 Tz. 04.29.
[719] Zur Frage der Behandlung von Vermögen, welches durch die Verschmelzung erstmals steuerverstrickt wird → § 16 Rn. 108.
[720] → Rn. 440 f.

§ 11. Steuerrechtliche Regelungen § 11

Wert des übergegangenes Vermögens lt. Schlussbilanz der Übertragerin (§ 4 I 1 UmwStG)
(Buchwerte, gemeiner Wert, Zwischenwerte)
+ Differenz zwischen dem gemeinen Wert und dem Übernahmewert nach § 4 I 1 UmwStG bei Wirtschaftsgütern, für die das inländische Besteuerungsrecht durch ein DBA mit Freistellungsmethode eingeschränkt ist (§ 4 IV 2 UmwStG)
− Übernahmekosten
− (korrigierter) Wert der Anteile an der übertragenden Körperschaft
= Übernahmegewinn/Übernahmeverlust 1. Stufe (§ 4 IV UmwStG)
┤ Sperrbetrag gemäß § 50c EStG (§ 4 V 1 UmwStG)
− Bezüge gemäß § 7 UmwStG (§ 4 V 2 UmwStG)
= Übernahmegewinn/Übernahmeverlust 2. Stufe (§ 4 V UmwStG)

Infolge der Bewertung des ausländischen Vermögens nach § 4 IV 2 **535** UmwStG zum gemeinen Wert erhöht sich ein Übernahmegewinn bzw. verringert sich ein Übernahmeverlust.

Begründet ist die Regelung des § 4 IV 2 UmwStG in der Tatsache, **536** dass die stillen Reserven in Anteilen eines inländischen Gesellschafter an der übertragenden Körperschaft im Inland vollumfänglich steuerpflichtig sind, auch soweit sie auf ausländisches Vermögen in einem DBA-Staat mit Freistellungsmethode entfallen. Ohne die Anwendung des § 4 IV 2 UmwStG würde mit der Verschmelzung der Körperschaft auf eine Personengesellschaft dieses inländische Besteuerungsrecht an den stillen Reserven im bezeichneten ausländischen Vermögen entfallen. Durch § 4 IV 2 UmwStG wird die Besteuerung der stillen Reserven in der untergehenden Beteiligung an der Übertragerin sichergestellt. Die im ausländischen Vermögen haftenden stillen Reserven werden im letzten Augenblick der deutschen Besteuerung unterworfen, in dem Deutschland auf Gesellschafterebene noch ein Besteuerungsrecht hat.[721]

b) Verschmelzung inländischer Körperschaften mit ausländischen Anteilseignern auf eine inländische Personengesellschaft

Besonderheiten sind zu beachten, wenn an der übertragenden Körper- **537** schaft ausländische Anteilseigner beteiligt sind. Für die steuerliche Bewertung des Vermögens der übertragenden Kapitalgesellschaft ist in diesen Fällen danach zu unterscheiden, ob die inländische Körperschaft ausschließlich über inländisches Betriebsvermögen[722] oder zusätzlich über ausländisches Betriebsvermögen[723] verfügt.

aa) Inländische Körperschaft mit ausschließlich inländischem Betriebsvermögen

Der folgenden Betrachtung liegt die Verschmelzung einer unbe- **538** schränkt steuerpflichtigen Kapitalgesellschaft mit ausschließlich inländi-

---

[721] Vgl. *Pung/Werner* in Dötsch/Pung/Möhlenbrock, § 4 UmwStG Rn. 59. Zur Kritik (Verstoß gegen die Niederlassungsfreiheit) vgl. etwa *Förster/Felcher* DB 2006 S. 1072 (1078); *Lemaitre/Schönherr* GmbHR 2007 S. 173 (175); *Blöchle/Weggenmann* IStR 2008 S. 87 (92); *Benecke/Beinert* FR 2009 S. 1120 (1123); *Förster* in FS Schaumburg 2009 S. 629 (637). Keine Europarechtswidrigkeit annehmen zB *van Lishaut* in Rödder/Herlinghaus/van Lishaut, § 4 UmwStG Rn. 96; *Widmann* in Widmann/Mayer, § 4 UmwStG Rn. 74.1.
[722] → Rn. 520 ff.
[723] → Rn. 521 ff.

§ 11　3. Teil. Verschmelzung

schem Vermögen auf eine inländische Personengesellschaft mit Betriebsvermögen zugrunde. An der Kapitalgesellschaft sind auch ausländische Anteilseigner beteiligt.

539 (1) Übertragende Körperschaft. Bei Beteiligung ausländischer Anteilseigner stellt sich die Frage, ob in der steuerlichen Schlussbilanz der übertragenden Körperschaft insoweit zwingend die gemeinen Werte der übergehenden Wirtschaftsgüter anzusetzen sind, oder ob auf Antrag eine Bewertung zu Buchwerten oder Zwischenwerten möglich ist. Für die Ausübung des Antragswahlrechts nach § 3 II UmwStG ist ua entscheidend, dass das deutsche Besteuerungsrecht an den stillen Reserven im Vermögen der Übertragerin durch die Verschmelzung auf die Personengesellschaft nicht ausgeschlossen oder beschränkt wird, § 3 II Nr. 2 UmwStG. Dabei ist auf das deutsche Besteuerungsrecht mit Körperschaftsteuer und Einkommensteuer abzustellen. Die Besteuerung mit Gewerbesteuer ist insoweit unerheblich.[724]

540 Das deutsche Besteuerungsrecht ist nicht beschränkt, wenn die stillen Reserven in Deutschland verstrickt bleiben. Insofern ist zu prüfen, ob nach der Verschmelzung das deutsche Besteuerungsrecht bei einer möglichen Veräußerung gewahrt bleibt. Die Voraussetzungen des § 3 II UmwStG sind gesellschafterbezogen zu prüfen. Daher kann abhängig vom Umfang der Beteiligung ausländischer Anteilseigner auch eine nur anteilige Bewertung zum gemeinen Wert erforderlich werden.[725]

541 Ist der ausländische Anteilseigner in einem Nicht-DBA-Staat ansässig, so erzielt er nach der Verschmelzung als beschränkt steuerpflichtiger Mitunternehmer der übernehmenden Personengesellschaft inländische Einkünfte nach § 49 I Nr. 1 EStG (Einkünfte aus Land- und Forstwirtschaft), § 49 I Nr. 2a EStG (Einkünfte aus Gewerbebetrieb aus einer inländischen Betriebstätte) oder § 49 I Nr. 3 EStG (Einkünfte aus selbstständiger Tätigkeit). Insoweit ist demzufolge ein Antrag auf Bewertung zu Buchwerten oder Zwischenwerten zulässig. Ist der ausländische Anteilseigner demgegenüber in einem DBA-Staat ansässig, ist zu prüfen, ob nach dem jeweiligen DBA das Besteuerungsrecht an den inländischen Betriebstätteneinkünften Deutschland zusteht. Regelmäßig wird nach den DBA das Besteuerungsrecht am Betriebstättenvermögen dem Betriebstättenstaat zugewiesen. Insofern bleiben die auf die Personengesellschaft übergehenden Wirtschaftsgüter im Regelfall in Deutschland steuerverhaftet. Die übertragende Körperschaft kann daher das übergehende Vermögen zu Buchwerten oder Zwischenwerten bewerten und dadurch einen eventuellen Übertragungsgewinn vermeiden.[726]

542 (2) Übernehmende Personengesellschaft. Die übernehmende Personengesellschaft hat die auf sie übergegangenen Wirtschaftsgüter mit dem in der steuerlichen Schlussbilanz der Übertragerin angesetzten Wer-

---

[724] Vgl. Rödder/Schumacher DStR 2006 S. 1525.
[725] Vgl. Schaflitzl/Widmayer BB 2006 Special 8, 40; Damas DStZ 2007 S. 129 (130).
[726] Im Ergebnis auch Pung/Werner in Dötsch/Pung/Möhlenbrock, § 4 UmwStG Tz. 6.

ten zu übernehmen, § 4 I 1 UmwStG.⁷²⁷ Sie tritt in die steuerliche Rechtstellung der Übertragerin ein, § 4 II 1 UmwStG.⁷²⁸

(3) **Ausländischer Anteilseigner.** Bei der Verschmelzung einer Körper- 543
schaft auf eine Personengesellschaft wird dem Anteilseigner der übertragenden Körperschaft ein „Dividendenteil" zugewiesen. Ferner ist zu prüfen, ob er an der Ermittlung des gesellschafterbezogenen Übernahmeergebnisses teilnimmt.

(a) **Besteuerung offener Rücklagen – Dividendenanteil.** Die of- 544
fenen Rücklagen der übertragenden Körperschaft sind den Anteilseignern als Einkünfte aus Kapitalvermögen iSd § 20 I Nr. 1 EStG zuzuweisen, § 7 UmwStG (Dividendenanteil).⁷²⁹ Für die Besteuerung dieser Bezüge ist danach zu unterscheiden, ob die offenen Rücklagen unmittelbar bei den Anteilseignern der übertragenden Körperschaft oder bei der übernehmenden Personengesellschaft zu erfassen sind. Maßgebend dafür soll sein, wieweit die Überführungshypothesen des § 5 II, III UmwStG reichen bzw. anders ausgedrückt, ob für den Anteilseigner ein Übernahmeergebnis zu ermitteln ist.⁷³⁰

(aa) **Anteilseigner nimmt an der Ermittlung eines Übernahme-** 545
ergebnisses teil. Auch bei diesen Anteilseignern handelt es sich bei den Bezügen iSd § 7 UmwStG dem Grunde nach um Einkünfte iSd § 20 I Nr. 1 EStG. Gehören die Anteile an der übertragenden Körperschaft – ungeachtet der Regelungen des § 5 II, III UmwStG – zum Betriebsvermögen der übernehmenden Personengesellschaft, ist § 20 VIII EStG zu beachten. Demnach sind in diesen Fällen die Bezüge iSv § 7 UmwStG den Einkünften aus Land- und Forstwirtschaft, aus Gewerbebetrieb selbstständiger Tätigkeit zuzurechnen.

Umstritten ist, ob die Hypothesen des § 5 II, III UmwStG auch für 546
Zwecke der Anwendung des § 7 UmwStG gelten (sog. weites Verständnis) oder ausschließlich für Zwecke der Ermittlung eines Übernahmeergebnisses nach § 4 IV UmwStG (sog. enges Verständnis).⁷³¹ Nach derzeit überwiegenden Meinung des Schrifttums⁷³² und Auffassung der Finanzverwaltung⁷³³ sollen die Anteile an der übertragenden Körperschaft infolge der Einlagehypothesen des § 5 II und III zum Betriebsvermögen der übernehmenden Personengesellschaft gehören. Auf der

---

⁷²⁷ → Rn. 350 ff.
⁷²⁸ → Rn. 363 ff.
⁷²⁹ Dazu → Rn. 404 ff.
⁷³⁰ Dazu → Rn. 546.
⁷³¹ → Rn. 410.
⁷³² Vgl. *Pung* in Dötsch/Pung/Möhlenbrock, § 7 UmwStG Rn. 22; *Birkemeier* in Rödder/Herlinghaus/van Lishaut, § 7 UmwStG Rn. 20; *Börst* in Harıtz/Menner, § 7 UmwStG Rn. 81; *Stöber* in Lademann, § 7 UmwStG Rn. 26; *Früchtl* in Eisgruber, § 7 UmwStG Rn. 33; *Bogenschütz* Ubg 2011 S. 393; *Benecke/Beinert* FR 2010 S. 1120; *Schell* IStR 2011 S. 704. AA (enges Verständnis) zB *Hölzemann* in Haase/Hruschka, § 7 UmwStG Rn. 63; *Klingberg* in Blümich, § 7 UmwStG Rn. 7; *Förster/Felchner* DB 2006 S. 1072; *Blöche/Weggenmann* IStR 2008 S. 87.
⁷³³ Vgl. BMF-Schreiben vom 11.11.2011, BStBl. I 2011 S. 1314 Tz. 07.07.

§ 11 3. Teil. Verschmelzung

Grundlage der Einlage- (bzw. Überführungs-)hypothesen erzielen die betreffenden Gesellschafter konsequenterweise wegen § 20 VIII EStG abhängig von der Tätigkeit[734] der Personengesellschaft Einkünfte aus Gewerbetrieb nach § 15 EStG oder nach § 13 bzw. § 18 EStG. Folgt man dieser Auffassung, sind die Bezüge iSd § 7 UmwStG in der einheitlichen und gesonderten Feststellung der übernehmenden Personengesellschaft zu erfassen.[735] Die bezeichneten Bezüge unterliegen der Kapitalertragsteuer.[736] Anzuwenden sein sollen die Einlagehypothesen des § 5 II und III UmwStG sowohl für inländische als auch für ausländische Anteilseigner.[737] Die Anwendung der Einlagehypothesen des § 5 II, III UmwStG hat für ausländische Anteilseigner zur Folge, dass der Kapitalertragsteuerabzug keine abgeltende Wirkung hat.[738] Allerdings kann aus den Einlagehypothesen des § 5 II, III UmwStG keine abkommensrechtliche Zuordnung der Beteiligung zu einer inländischen Betriebstätte geschlossen werden.[739] Besteht mit dem Wohnsitzstaat des ausländischen Anteilseigners ein DBA, so sind die Bezüge nach § 7 UmwStG ungeachtet des § 5 II, III UmwStG abkommensrechtlich nach Art. 10 OECD-MA als Dividenden zu behandeln.

547 Das dargelegt weite Verständnis der Einlagehypothesen des § 5 II, III UmwStG geht indes uE über den klaren Wortlaut der Regelungen des § 5 II, III UmwStG sowie des § 7 UmwStG hinaus.[740] Die Einlagehypothesen des § 5 II, III UmwStG gelten nach dem Wortlaut der Regelung „für die Ermittlung des Gewinns". Nach § 7 Satz 1 UmwStG sind „dem Anteilseigner" die offenen Rücklagen zuzuweisen. Des Weiteren ergibt sich aus § 7 Satz 2 UmwStG eindeutig die Unabhängigkeit der Ermittlung der Bezüge nach § 7 Satz 1 UmwStG von der Bestimmung eines Übernahmegewinn oder Übernahmeverlust nach § 4 oder § 5 UmwStG. Folgt man mithin dem engen Einlagebegriff, wird durch die Verschmelzung die steuerliche Einordnung der Bezüge nach § 7 Satz 1 UmwStG nicht beeinflusst. Bei Kapitalgesellschaften als Anteilseignern findet das Beteiligungsprivileg nach § 8b I und V KStG, unter Beachtung von § 8b VII, VIII KStG Anwendung. Handelt es sich bei den Anteilseignern um natürliche Personen greift das Teileinkünfteverfahren, sofern die Beteiligung zum Betriebsvermögen gehört, § 3 Nr. 40 Satz 1 Buchst. d EStG. Gehören die Anteilen zum Privatvermögen,

---

[734] Vgl. *Schmitt* in Schmitt/Hörtnagl/Stratz, § 7 UmwStG Rn. 14b.
[735] Vgl. BMF-Schreiben vom 11.11.2011, BStBl. I 2011 S. 1314 Tz. 07.07.
[736] Vgl. BMF-Schreiben vom 11.11.2011, BStBl. I 2011 S. 1314 Tz. 07.08. Zur buchhalterischen Behandlung → Rn. 349.
[737] Vgl. BMF-Schreiben vom 11.11.2011, BStBl. I 2011 S. 1314 Tz. 05.07. und 05.09. Vgl. auch zB *Pung* in Dötsch/Pung/Möhlenbrock, § 7 UmwStG Rn. 24.
[738] Vgl. *Pung* in Dötsch/Pung/Möhlenbrock, § 7 UmwStG Rn. 24; *Schmitt* in Schmitt/Hörtnagl/Stratz, § 7 UmwStG Rn. 17; *Birkemeier* in Rödder/Herlinghaus/van Lishaut, § 7 UmwStG Rn. 29; *van Lishaut* in Rödder/Herlinghaus/van Lishaut, § 7 UmwStG Rn. 115.
[739] Vgl. *Schmitt* in Schmitt/Hörtnagl/Stratz, § 5 UmwStG Rn. 3.
[740] Vgl. *Klingberg* in Blümich, § 7 UmwStG Rn. 18.

unterliegen die Bezüge nach § 7 Satz 1 UmwStG der „Abgeltungssteuer". Je nach Zuordnung der Anteile – ungeachtet des § 5 II, III UmwStG – kann damit die erhobene Kapitalertragsteuer für einen ausländischen Anteilseigner abgeltende Wirkung haben.[741]

(bb) **Anteilseigner nimmt nicht an der Ermittlung eines Übernahmeergebnisses teil.** Ist für den Anteilseigner kein Übernahmeergebnis zu ermitteln, kommt es nicht zu einer Umqualifizierung der Bezüge isd § 7 UmwStG. Die Bezüge sind nicht in der einheitlichen und gesonderten Feststellung der Personengesellschaft zu erfassen.[742] Die Besteuerung erfolgt nach den allgemeinen Grundsätzen. 548

Besteht mit dem Sitzstaat des ausländischen Anteilseigners der übertragenden Körperschaft kein DBA, so sind diese Einkünfte im Inland nach § 49 I Nr. 5a EStG steuerpflichtig. Besteht mit dem Wohnsitzstaat des ausländischen Anteilseigners hingegen ein DBA, so sind diese Bezüge nach § 7 UmwStG als Dividenden zu behandeln, die von Art. 10 OECD-MA erfasst werden. Die im Inland auf diese Einkünfte zu erhebende Kapitalertragsteuer von 25% kann ggf. durch ein DBA mit dem Ansässigkeitsstaat des Anteilseigners reduziert werden. Von dieser Belastung mit Kapitalertragsteuer kann auch im Rahmen der Mutter-Tochter-Richtlinie nicht abgesehen werden. Gemäß § 43b I 4 EStG gelten die Regelungen des § 43b EStG nicht in Umwandlungsfällen. Für ausländische (wie inländische) Anteilseigner hat der Kapitalertragsteuerabzug abgeltende Wirkung.

(b) **Übernahmeergebnis.** Auf der Ebene der übernehmenden Personengesellschaft ist ein Übernahmeerfolg zu ermitteln. Dabei sind die Regelungen des § 5 UmwStG zu beachten, durch die der Umfang der Anteile bestimmt wird, die an der Ermittlung des Übernahmeerfolgs teilnehmen.[743] 549

(aa) **Anteile isd § 17 EStG.** Nach früherer Auffassung der Finanzverwaltung sollte § 5 II UmwStG nur auf solche Anteile anzuwenden sein, deren Veräußerung zu einer Besteuerung nach § 17 EStG oder nach § 49 I Nr. 2 Buchst. e EStG geführt hätte. Die Finanzverwaltung hat ihre Auffassung dahingehend geändert, dass nunmehr die Einlagehypothesen des § 5 II UmwStG auch für beschränkt steuerpflichtige Anteilseigner unabhängig davon gilt, ob eine Veräußerung der Anteile bei dem ausländischen Anteilseigner im Rahmen der beschränkten Steuerpflicht zu erfassen bzw. ob ein deutsches Besteuerungsrecht nach dem jeweils anwendbaren DBA ausgeschlossen ist.[744] Entsprechendes gilt für einen beschränkt steuerpflichtigen Anteilseigner, der solche Anteile nach dem Übertragungsstichtag unter den genannten Voraussetzungen anschafft. Daraus ergibt sich für einen iSv § 17 EStG beteiligten ausländischen 550

---
[741] → Rn. 415.
[742] Vgl. BMF-Schreiben vom 11.11.2011, BStBl. I 2011 S. 1314 Tz. 07.07.
[743] Im Einzelnen → Rn. 420 ff.
[744] Vgl. BMF-Schreiben vom 11.11.2011, BStBl. I 2011 S. 1314 Tz. 05.07. Vgl. auch zB *Schmitt* in Schmitt/Hörtnagl/Stratz, § 5 UmwStG Rn. 28; Köhler/Kaeshammer GmbHR 2012 S. 301.

§ 11 3. Teil. Verschmelzung

Anteilseigner, dass nach nationalem Recht ein Übernahmeergebnis zu ermitteln ist und hieraus Einkünfte iSd § 49 I Nr. 2 Buchst. a EStG entstehen. Mit den aus dem Übernahmeergebnis nach § 4 IV UmwStG resultierenden Einkünfte iSd § 49 I Nr. 2 Buchst. a EStG ist der ausländische Anteilseigner dann in Deutschland steuerpflichtig, wenn mit dem ausländischen Sitzstaat des Anteilseigners kein DBA besteht oder ein DBA, das nicht dem Wohnsitzstaat des Anteilseigners, sondern dem Sitzstaat der Kapitalgesellschaft das Besteuerungsrecht zuweist. Letzteres ist nach einigen DBA für Anteile an Immobiliengesellschaften gegeben.

551 Sind die Anteile eines ausländischen Anteilseigners funktional einer inländischen Betriebsstätte zuzurechnen, ist das Übernahmeergebnis nach § 4 IV UmwStG als beschränkt steuerpflichtige Einkünfte gemäß § 49 I Nr. 2a EStG zu erfassen. Diese Einkünfte sind – auch bei Bestehen eines DBA – regelmäßig in Deutschland steuerpflichtig. Zu beachten ist indes, dass die Einlagehypothese des § 5 III UmwStG nicht ausreicht, um die Anteile des ausländischen Anteilseigners an der Übertragerin einer inländischen Betriebsstätte zuzuordnen.[745]

552 Für Anteile im Privatvermögen, die nicht die Voraussetzungen des § 17 EStG oder § 21 UmwStG aF erfüllen, ist kein Übernahmeergebnis zu ermitteln. Ebenso wird kein Übernahmeergebnis ermittelt, wenn ein Anteilseigner im Rückwirkungszeitraum seinen Anteil an der übertragenden Körperschaft veräußert.[746] Ein solcher Anteilseigner nimmt an der Rückwirkung nicht teil.[747]

bb) Inländische Körperschaft mit ausländischem Vermögen

553 Im Folgenden wird die Verschmelzung einer unbeschränkt steuerpflichtigen Körperschaft mit ausländischem Vermögen auf eine inländische Personengesellschaft betrachtet. An der Kapitalgesellschaft oder an der übernehmenden Personengesellschaft sind ausländische Anteilseigner beteiligt.

554 (1) Übertragende Körperschaft. Mit der Verschmelzung geht auch ausländisches Betriebsvermögen der übertragenden Körperschaft auf die übernehmende Personengesellschaft über.

555 Bei der Bewertung dieses ausländischen Vermögens in der Schlussbilanz der übertragenden Körperschaft ist § 3 I, II 1 Nr. 2 UmwStG zu beachten. Danach können die übergehenden Wirtschaftsgüter einheitlich mit dem Buchwert, einem Zwischenwert, höchstens aber mit dem gemeinen Wert angesetzt werden, soweit das deutsche Besteuerungsrecht des Gewinns aus der Veräußerung der übertragenen Wirtschaftsgüter bei den Gesellschaftern der übernehmenden Personengesellschaft oder bei der natürlichen Person nicht ausgeschlossen oder beschränkt wird. Liegt das ausländische Betriebsvermögen entweder in einem Nicht-DBA-Staat oder in einem DBA-Staat mit Anrechnungsverfahren, wird infolge der

---
[745] Vgl. *Schmitt* in Schmitt/Hörtnagl/Stratz, § 5 UmwStG Rn. 3.
[746] Vgl. BMF-Schreiben vom 11.11.2011, BStBl. I 2011 S. 1314 Tz. 05.03.
[747] Vgl. BMF-Schreiben vom 11.11.2011, BStBl. I 2011 S. 1314 Tz. 02.17.

§ 11. Steuerrechtliche Regelungen §11

steuerlichen Transparenz der aufnehmenden Personengesellschaft das Besteuerungsrecht Deutschlands durch die Verschmelzung eingeschränkt, soweit beschränkt Steuerpflichtige an der Übertragerin und an der Übernehmerin beteiligt sind. Dies gilt auch, wenn § 20 II AStG greift. Im Umfang der Beteiligung beschränkt Steuerpflichtiger verliert Deutschland mit der Verschmelzung sein Besteuerungsrecht an dem ausländischen Vermögen. Insofern ist das betreffende ausländische Vermögen beim übertragenden Rechtsträger anteilig mit dem gemeinen Wert anzusetzen, soweit es auf ausländische Anteilseigner entfällt, § 3 II Nr. 2 UmwStG. Der im ausländischen Vermögen entstehende Übertragungsgewinn ist nach allgemeinen Grundsätzen steuerpflichtig. Dieser Gewinn erhöht die offenen Rücklagen der übertragenden Kapitalgesellschaft. Er wirkt sich damit auch auf die Bezüge nach § 7 UmwStG aus.

Ferner kommt es nach Auffassung der Finanzverwaltung zu einem 556 Ausschluss oder einer Beschränkung des inländischen Besteuerungsrechts, wenn ein bisher einer inländischen Betriebsstätte zuzuordnendes Wirtschaftsgut nach der Verschmelzung einer ausländischen Betriebstätte zuzuordnen ist.[748]

Ist das ausländische Betriebsvermögen der übertragenen Körperschaft 557 hingegen in einem DBA-Staat mit Freistellungsmethode belegen, wird das inländische Besteuerungsrecht durch die Verschmelzung bei Beteiligung ausländischer Anteilseigner nicht beschränkt.[749] Dieses Vermögen kann daher auf Antrag in der steuerlichen Schlussbilanz der übertragenden Kapitalgesellschaft zum Buchwert oder zu Zwischenwerten angesetzt werden, § 3 II Nr. 2 UmwStG.

(2) Übernehmende Personengesellschaft. Die übernehmende Per- 558 sonengesellschaft hat die auf sie übergegangenen Wirtschaftsgüter mit dem in der steuerlichen Schlussbilanz der Übertragerin angesetzten Werten zu übernehmen, § 4 I 1 UmwStG.[750] Sie tritt in die steuerliche Rechtstellung der Übertragerin ein, § 4 II 1 UmwStG.[751]

(3) Ausländischer Anteilseigner. Zu den Auswirkungen für den auslän- 559 dischen Anteilseigner kann auf die Ausführungen zur Verschmelzung einer inländischen Kapitalgesellschaft mit ausschließlich inländischem Vermögen auf eine inländische Personengesellschaft verwiesen werden.[752] Auf der Ebene der übernehmenden Personengesellschaft ist nach allgemeinen Grundsätzen ein Übernahmeerfolg zu ermitteln, § 4 IV 1 UmwStG. Dabei ist ausländisches Betriebstättenvermögen, das in einem DBA-Staat mit Freistellungsmethode belegen ist, bei der Ermittlung des Übernahmeerfolgs zwingend zum gemeinen Wert anzusetzen, § 4 IV 2 UmwStG.[753]

---

[748] Vgl. BMF-Schreiben vom 11.11.2011, BStBl. I 2011 S. 1314 Tz. 03.19.
[749] Vgl. *Birkemeier* in Rödder/Herlinghaus/van Lishaut, § 3 UmwStG Rn. 104; *Schmitt* in Schmitt/Hörtnagl/Stratz, § 3 UmwStG Rn. 90; *Schaflitzl/Widmayer* BB Special 8/2006 S. 42.
[750] → Rn. 350 ff.
[751] → Rn. 363 ff.
[752] → Rn. 401 ff.
[753] → Rn. 533 ff.

§ 11 3. Teil. Verschmelzung

V. Verschmelzung einer Kapitalgesellschaft auf eine natürliche Person

1. Anwendungsbereich

560 Die Verschmelzung durch Aufnahme einer Kapitalgesellschaft auf eine natürliche Person wird von §§ 3 ff. UmwStG erfasst.

561 Als übertragende Rechtsträger kommen bei Verschmelzung auf eine natürliche Person gemäß §§ 120 ff. UmwG allein Kapitalgesellschaften (AG, SE, GmbH, KGaA) in Betracht, § 3 I Nr. 2, II Nr. 2 UmwG. Voraussetzung ist ferner, dass die natürliche Person spätestens unmittelbar vor Wirksamwerden der Verschmelzung, dh Eintragung im Handelsregister, alleinige Anteilseignerin der übertragenden Kapitalgesellschaft ist.[754] Der Alleingesellschafter muss rechtlicher Inhaber der Anteile sein.[755] Bei der KGaA muss der Alleingesellschafter einziger Komplementär und alleiniger Kommanditaktionär sein.[756] Eigene Anteile der übertragenden Kapitalgesellschaft werden dem Alleingesellschafter zugerechnet, § 120 II UmwG.

562 Die natürliche Person als Übernehmerin muss spätestens am Tag der Eintragung der Verschmelzung ins Handelsregister ihren Wohnsitz oder gewöhnlichen Aufenthalt innerhalb des Hoheitsgebiets eines EU-/EWR-Mitgliedstaats haben. Sie darf nicht aufgrund eines DBA mit einem Drittstaat als außerhalb des EU-/EWR-Hoheitsgebiets ansässig angesehen werden, § 1 II 1 Nr. 2 UmwStG. Die natürliche Person als Übernehmerin muss weder die deutsche Staatsangehörigkeit besitzen noch einen gewöhnlichen Aufenthalt im Inland haben. Nach Auffassung der Finanzverwaltung soll für die Erfüllung der persönlichen Anwendungsvoraussetzungen auf den Zeitpunkt des steuerlichen Übertragungsstichtags abzustellen sein.[757]

563 Die Anwendung von §§ 3 ff. UmwStG setzt nicht voraus, dass die Übernehmerin Kaufmann iSd § 1 HGB ist. Gemäß § 122 II UmwG treten die in § 20 UmwG genannten Wirkungen durch die Eintragung der Verschmelzung in das Register der übertragenden Kapitalgesellschaft auch ein, sofern der übernehmende Alleingesellschafter nicht in das Handelsregister eingetragen werden kann.[758] Bei der Regelung des

---

[754] Vgl. *Simon* in Kölner Komm. § 120 UmwG Rn. 43; *Karollus* in Lutter, § 120 UmwG Rn. 41; *Marsch-Barner* in Kallmeyer, § 120 UmwG Rn. 5; *Heckschen* in Widmann/Mayer, § 120 UmwG Rn. 11; *Stratz* in Schmitt/Hörtnagl/Stratz, § 120 UmwG Rn. 4; aA BMF-Schreiben vom 11.11.2011, BStBl. I 2011 S. 1314 Tz. 01.52: steuerlicher Übertragungsstichtag.
[755] Ausführlich vgl. *Maier-Reimer/Seulen* in Semler/Stengel, § 120 UmwG Rn. 27 ff.
[756] Vgl. *Wardenbach* in Henssler/Strohn, § 120 UmwG Rn. 1.
[757] Vgl. BMF-Schreiben vom 11.11.2011, BStBl. I 2011 S. 1314 Tz. 01.52. Ebenso zB *Klingberg* in Blümich, § 1 UmwStG Rn. 15. AA (Tag der Wirksamkeit der Verschmelzung) zB *Brinkmann/Grabbe* in Haritz/Menner, § 3 UmwStG Rn. 22; *Schönherr/Krüger* in Haase/Hruschka, § 3 UmwStG Rn. 19; *Neu/Schiffers/Watermeyer* GmbHR 2011 S. 729.
[758] Vgl. *Stratz* in Schmitt/Hörtnagl/Stratz, § 122 UmwG Rn. 4.

11. Steuerrechtliche Regelungen § 11

§ 122 II UmwG handelt es sich um eine Ausnahmevorschrift zu § 19 II 2 UmwG, derzufolge der Eintragung der Verschmelzung in das Register des übernehmenden Rechtsträgers entscheidende Bedeutung zukommt. Insofern kann auch eine freiberuflich oder land- und forstwirtschaftlich tätige Kapitalgesellschaft auf ihren Alleingesellschafter verschmolzen werden.

Wird das übergehende Vermögen der Kapitalgesellschaft beim übernehmenden Anteilseigner Privatvermögen, ist die Regelung des § 8 UmwStG zu beachten.[759] **564**

2. Steuerliche Auswirkungen auf der Ebene der übertragenden Kapitalgesellschaft

a) Verschmelzung in das Betriebsvermögen

Wird das Vermögen der übertragenden Kapitalgesellschaft Betriebsvermögen des Alleingesellschafters, hat die übertragende Kapitalgesellschaft das Antragswahlrecht, das übergehende Vermögen zum Buchwert, gemeinen Wert oder Zwischenwert zu bewerten, § 3 I, II UmwStG. **565**

Betriebsvermögen iSd § 3 II 1 Nr. 1 UmwStG umfasst das gewerbliche Betriebsvermögen iSv § 15 II EStG, das land- und forstwirtschaftliche Vermögen gemäß § 13 sowie das Vermögen, das der selbstständigen Arbeit iSv § 18 EStG dient. **566**

Im Einzelnen kann auf die Ausführungen zur Verschmelzung von Körperschaften auf Personengesellschaften verwiesen werden.[760] **567**

b) Verschmelzung in das Privatvermögen

Eine Verschmelzung einer Kapitalgesellschaft auf das Privatvermögen des Alleingesellschafters ist dann gegeben, wenn das Vermögen der Kapitalgesellschaft auf der Ebene des Alleingesellschafters kein notwendiges Betriebsvermögen darstellt und der Alleingesellschafter dieses auch nicht als gewillkürtes Betriebsvermögen behandelt. Dies ist etwa denkbar, wenn die übertragende Kapitalgesellschaft eine rein vermögensverwaltende Tätigkeit ausübt. Ein Beispiel dafür ist die Vermietung von in ihrem Eigentum stehenden Grundstücken oder Gebäuden, vorausgesetzt diese Tätigkeit hat keinen Bezug zu einer gewerblichen, land- und forstwirtschaftlichen oder freiberuflichen Tätigkeit des Alleingesellschafters. In diesem Fall können die Grundstücke und Gebäude von dem übernehmenden Alleingesellschafter als Privatvermögen behandelt werden. **568**

Wird das übertragene Vermögen Privatvermögen des Alleingesellschafters, hat die übertragende Kapitalgesellschaft die übergehenden Wirtschaftsgüter in ihrer Schlussbilanz nach § 3 I UmwStG zwingend mit dem gemeinen Wert anzusetzen, § 3 II 1 Nr. 1 UmwStG. Ebenfalls nach § 3 I UmwStG mit dem gemeinen Wert anzusetzen sind dabei nicht entgeltlich erworbene und selbst geschaffene immaterielle Wirtschaftsgüter. Dazu gehört auch ein selbst geschaffener Geschäfts- oder Firmen- **569**

---
[759] Dazu → Rn. 505 ff.
[760] → Rn. 296 ff.

§ 11 3. Teil. Verschmelzung

wert, sofern ein solcher bei rein vermögensverwaltenden Kapitalgesellschaften überhaupt besteht. Der entstehende Übertragungsgewinn unterliegt bei der übertragenden Kapitalgesellschaft der Körperschaftsteuer sowie nach § 18 I UmwStG der Gewerbesteuer, soweit er nicht mit bestehenden Verlustvorträgen bzw. laufenden Verlusten verrechnet werden kann.[761]

3. Steuerliche Auswirkungen auf der Ebene des Alleingesellschafters

a) Übergang in das Betriebsvermögen des Alleingesellschafters

570 Geht das Vermögen der übertragenden Kapitalgesellschaft in das Betriebsvermögen des Alleingesellschafters über, sind die Regelungen der §§ 4, 5, 6 und 7 UmwStG zu beachten. Insoweit kann auf die Ausführungen zu den Rechtsfolgen bei der Übernehmerin im Fall der Verschmelzung von Körperschaften auf Personengesellschaften verwiesen werden.[762]

b) Übergang in das Privatvermögen des Alleingesellschafters

571 Geht das Vermögen der übertragenden Kapitalgesellschaft in das Privatvermögen des Alleingesellschafters über, ist § 8 UmwStG zu beachten. Gemäß § 8 UmwStG gelten beim Vermögensübergang auf eine natürliche Person ohne Betriebsvermögen die Regelungen der §§ 4, 5 und 7 UmwStG entsprechend.[763]

572 Dem Alleingesellschafter sind die offenen Gewinnrücklagen der übertragenden Kapitalgesellschaft nach § 7 UmwStG als Einkünfte aus Kapitalvermögen zuzurechnen (Dividendenanteil).[764]

573 Ferner ist für den übernehmenden Alleingesellschafter ein Übernahmeerfolg unter Beachtung der Regelungen der §§ 4 IV, 5 UmwStG zu ermitteln.[765] Nach §§ 4 IV, 5 II UmwStG ist ein Übernahmeerfolg für die Anteile zu ermitteln, die die Voraussetzungen des § 17 I, VI EStG erfüllen bzw. einbringungsgeboren iSd § 21 UmwStG aF sind. Bei der Ermittlung des Übernahmeerfolgs hat der aufnehmende Alleingesellschafter die übernommenen Wirtschaftsgüter mit dem Wert lt. Schlussbilanz der übertragenden Kapitalgesellschaft anzusetzen, § 4 I Satz 1 UmwStG. Mithin ergibt sich der Übernahmeerfolg als Unterschiedsbetrag zwischen dem gemeinen Wert des übergegangenen Vermögens und den Anschaffungskosten der Anteile an der übertragenden Kapitalgesellschaft.

574 Ein entstehender Übernahmeerfolg stellt für den Alleingesellschafter, der seine Anteile an der übertragenden Kapitalgesellschaft im Privatvermögen hält, einen Veräußerungserfolg iSd § 17 EStG dar. Der Freibetrag nach § 17 III UmwStG ist nicht zu gewähren, § 8 II UmwStG. Auf

---

[761] → Rn. 344 ff.
[762] → Rn. 505 ff.
[763] → Rn. 401 ff.
[764] → Rn. 404 ff.
[765] → Rn. 420 ff.

einen entstehenden Übertragungsgewinn ist das Teileinkünfteverfahren des § 3 Nr. 40 EStG anzuwenden. Handelt es sich hingegen um einbringungsgeborene Anteile iSd § 21 UmwStG aF ist der Übertragungserfolg nach § 16 EStG unter Anwendung des Teileinkünfteverfahren des § 3 Nr. 40 EStG zu versteuern. Dem Anteilseigner steht in diesem Fall der Freibetrag nach § 16 IV EStG zu. Ein Übertragungsverlust kann lediglich in den Grenzen des § 4 VI 4 UmwStG steuerlich geltend gemacht werden.[766]

VI. Verschmelzung einer Personengesellschaft auf eine Kapitalgesellschaft oder Genossenschaft

1. Überblick

Die Verschmelzung einer Personengesellschaft auf eine Kapitalgesellschaft oder Genossenschaft gemäß §§ 39 bis 45 UmwG stellt sich steuerlich als Einbringung dar. Auf diese Verschmelzung sind die Regelungen der §§ 20, 22, 23 UmwStG anzuwenden. Wird demzufolge ein Betrieb in eine Kapitalgesellschaft oder eine Genossenschaft (übernehmende Gesellschaft) eingebracht und erhält der Einbringende dafür neue Anteile an der Gesellschaft (Sacheinlage), hat die übernehmende Gesellschaft das eingebrachte Betriebsvermögen mit dem gemeinen Wert anzusetzen, § 20 I und II 1 UmwStG. Auf Antrag kann das eingebrachte Vermögen bei Erfüllung bestimmter Voraussetzungen einheitlich mit dem Buchwert oder einem höheren Wert (Zwischenwert), höchstens jedoch mit dem gemeinen Wert angesetzt werden, § 20 II 2 UmwStG. Der Wert, mit dem die übernehmende Gesellschaft das eingebrachte Betriebsvermögen ansetzt, gilt für den Einbringenden als Veräußerungspreis und als Anschaffungskosten der Gesellschaftsanteile, § 20 III 1 UmwStG. Das Einkommen und das Vermögen des Einbringenden und der übernehmenden Gesellschaft sind auf Antrag so zu ermitteln, als ob das eingebrachte Betriebsvermögen mit Ablauf des steuerlichen Übertragungsstichtags (Absatz 6) auf die Übernehmerin übergegangen wäre, § 20 V UmwStG. Als steuerlicher Übertragungsstichtag (Einbringungszeitpunkt) darf in den Fällen der Sacheinlage durch Verschmelzung iSd § 2 UmwG der Stichtag angesehen werden, für den die Schlussbilanz jedes der übertragenden Unternehmen iSd § 17 II UmwG aufgestellt ist; dieser Stichtag darf höchstens acht Monate vor der Anmeldung der Verschmelzung zur Eintragung in das Handelsregister liegen, § 20 VI 1 2. Halbs. UmwStG. 575

2. Anwendungsbereich

Gemäß § 1 III Nr. 1 UmwStG beschränkt sich die Anwendung der §§ 20, 22, 23 UmwStG auf die Verschmelzung von Personenhandelsgesellschaften und Partnerschaftsgesellschaften sowie vergleichbare ausländische Vorgänge. 576

---

[766] → Rn. 457 ff.

§ 11　3. Teil. Verschmelzung

577　Fraglich ist, ob auch die Anwachsung einer Personengesellschaft auf eine Kapitalgesellschaft in den Anwendungsbereich des § 20 UmwStG fällt. Dabei ist zu unterscheiden zwischen der einfachen Anwachsung sowie der erweiterten Anwachsung. Nicht anzuwenden ist § 20 UmwStG auf die einfache Anwachsung.[767] Bei der einfachen Anwachsung scheidet ein Gesellschafter aus einer Personengesellschaft aus. Sein Anteil am Gesellschaftsvermögen wächst den übrigen Gesellschaftern der Personengesellschaft zu. Der Ausscheidende erhält dafür von den verbleibenden Gesellschaftern regelmäßig eine Abfindung. Die im Gesellschaftsanteil verkörperten Vermögenswerte gehen unmittelbar auf die verbleibenden Gesellschafter über. Einzelübertragungen sind rechtlich nicht möglich. Nach herrschender Auffassung vollzieht sich die Anwachsung durch Gesamtrechtsnachfolge. Eines besonderen Übertragungsakts bedarf es nicht. Typischer Anwendungsfall ist der einer GmbH & Co. KG, bei die Kommanditisten zugleich Gesellschafter der Komplementär-GmbH sind. Scheiden sämtliche Kommanditisten aus der GmbH & Co. KG aus, so wachsen die Anteile der austretenden Gesellschafter am Vermögen der Personengesellschaft nach § 738 I 1 BGB iVm §§ 105 III, 161 II HGB der verbleibenden Kapitalgesellschaft an. Der Austritt aller Kommanditisten führt im vorliegenden Beispiel zur Beendigung der Personengesellschaft. Abhängig davon, ob die ausscheidenden Mitunternehmer eine Abfindung bekommen oder nicht, ist die einfache Anwachsung als Veräußerung bzw. Aufgabe eines Mitunternehmeranteils bzw. als verdeckte Einlage zu behandeln.

578　Anzuwenden ist § 20 UmwStG demgegenüber bei der erweiterten Anwachsung in Form des sog. Übertragungsmodells. Die Voraussetzungen der Anwendung des § 20 UmwStG sind dabei zB dann gegeben, wenn die Gesellschafter der Personengesellschaft ihre Gesellschaftsanteile im Rahmen einer Kapitalerhöhung in die bisherige Komplementär-GmbH einbringen.[768] In diesem Fall werden neue Gesellschaftsanteile als Gegenleistung für die Einbringung von Mitunternehmeranteilen gewährt. Erst eine logische Sekunde danach wächst dann das Vermögen der Mitunternehmerschaft bei ihrem letzten verbleibenden Gesellschafter an.

579　Anders als bei der Verschmelzung von Körperschaften stehen die Bewertungswahlrechte nach § 20 UmwStG der aufnehmenden Kapitalgesellschaft zu. Die steuerlichen Konsequenzen der Ausübung bestehender Wahlrechte durch die aufnehmende Gesellschaft sind indes von der übertragenden Personengesellschaft bzw. ihren Gesellschaftern zu tragen. Insofern werden im Folgenden nach einer Darstellung des Einbringungsgegenstands sowie der Gegenleistung zunächst die Bewertungswahlrechte der aufnehmenden Gesellschaft und anschließend die steuerlichen Folgen für die übertragende Personengesellschaft und ihrer Gesellschafter erläu-

---

[767] Vgl. *Menner* in Haritz/Menner, § 20 UmwStG Rn. 243 mwN. Ausführlich *Ege/Klett* DStR 2010 S. 2463; *Möhlenbrock* in Dötsch/Patt/Pung/Möhlenbruck, § 1 UmwStG Tz. 67, 125. Vgl. auch BMF-Schreiben vom 11.11.2011, BStBl. I 2011 S. 1314 Tz. E 20.10.
[768] Vgl. BMF-Schreiben vom 11.11.2011, BStBl. I 2011 S. 1314 Tz. 01.44.

§ 11. Steuerrechtliche Regelungen § 11

tert. Aus zivilrechtlicher Sicht empfiehlt es sich, dass die Gesellschafter der übertragenden Personengesellschaft vertraglich regeln, wie die aufnehmende Kapitalgesellschaft ihr Wahlrecht auszuüben hat.[769]

3. Einbringungsgegenstand „Betrieb"

a) Überblick

Zivilrechtlich wird bei der Verschmelzung einer Personengesellschaft 580 auf eine Kapitalgesellschaft oder Genossenschaft das gesamte Vermögen der Personengesellschaft gegen Gewährung von Anteilen des übernehmenden oder neuen Rechtsträgers an Gesellschafter bzw. Partner des übertragenden Rechtsträger im Wege der Gesamtrechtsnachfolge auf die aufnehmende Gesellschaft übertragen. Steuerrechtlich hingegen ist diese Verschmelzung als tauschähnlicher Vorgang bzw. als Veräußerungsvorgang[770] zu behandeln, bei dem die übernehmende Kapitalgesellschaft als Gegenleistung für das eingebrachte Betriebsvermögen neue Anteile gewährt. Zu klären ist insofern vorab, ob bei einer Verschmelzung einer Personengesellschaft auf eine Kapitalgesellschaft das Betriebsvermögen der Personengesellschaft selbst oder die Mitunternehmeranteile durch deren Gesellschafter eingebracht wird (Einbringungsgegenstand). Des Weiteren ist fraglich, ob das eingebrachte Vermögen neben dem Gesamthandvermögen der Personengesellschaft auch Sonderbetriebsvermögen der einzelnen Mitunternehmer zu erfassen hat (Einbringungsumfang).

b) Einbringungsgegenstand

Die Regelung des § 20 UmwStG greift für die Einbringung eines 581 Betriebs, Teilbetriebs oder Mitunternehmeranteils, § 20 I UmwStG. Nach Auffassung der Finanzverwaltung beurteilt sich der Gegenstand der Einbringung unabhängig davon, wer Einbringender iSd § 20 UmwStG ist.

Zu klären ist zunächst, ob Einbringungsgegenstand bei der Verschmel- 582 zung einer Personengesellschaft iSd § 20 UmwStG der Betrieb der Personengesellschaft oder die Mitunternehmeranteile der einzelnen Mitunternehmer sind. Der Gegenstand der Einbringung richtet sich nach Auffassung der Finanzverwaltung nach dem zu Grunde liegenden Rechtsgeschäft.[771] Zivilrechtlich stellt sich die Verschmelzung einer Personengesellschaft auf eine Kapitalgesellschaft als die Übertragung des gesamten Vermögens („Betriebs") der Personengesellschaft auf die aufnehmende Kapitalgesellschaft dar. Mithin beurteilt sich die Verschmelzung einer Personengesellschaft auf eine Kapitalgesellschaft steuerlich als Einbringung eines Betriebs im Ganzen im Zuge einer Gesamtrechtsnachfolge.[772]

---
[769] Vgl. hierzu auch BMF-Schreiben vom 16.6.1978 BStBl. I 1978 S. 235 Rn. 17.
[770] Vgl. BMF-Schreiben vom 11.11.2011, BStBl. I 2011 S. 1314 Tz. 20.01.
[771] Vgl. BMF-Schreiben vom 11.11.2011, BStBl. I 2011 S. 1314 Tz. 20.05.
[772] Vgl. BMF-Schreiben vom 11.11.2011, BStBl. I 2011 S. 1314 Tz. 20.05.

c) Einbringender

583 Einbringender ist nach Auffassung der Finanzverwaltung der Rechtsträger, dem die Gegenleistung, dh[773] die neuen Anteile am übernehmenden Rechtsträger zustehen. Bei der Einbringung des gesamten Betriebs ohne Fortbestehen der Mitunternehmerschaft – wie dies aus steuerlicher Sicht bei der Verschmelzung einer Personengesellschaft auf eine Kapitalgesellschaft oder Genossenschaft der Fall ist – wird von der hM im Schrifttum[774] sowie von Rechtsprechung[775] und Finanzverwaltung[776] davon ausgegangen, dass eine Einbringung durch die einzelnen Gesellschafter vorliegt. Dies wird daraus abgeleitet, dass die Mitunternehmerschaft nach der Einbringung nicht mehr besteht und die Gegenleistung in Form neuer Anteile den Gesellschaftern zugute kommt. Einbringende sind mithin die einzelnen Mitunternehmer (Änderung der Auffassung).[777]

d) Einbringungsumfang

aa) Betrieb

584 Die Verschmelzung einer Personengesellschaft stellt sich steuerlich wie oben dargelegt als Einbringung eines Betriebs im Ganzen dar.[778] Dabei kann es sich um einen land- und forstwirtschaftlichen, einen gewerblichen oder einen Betrieb handeln, der aus einer freiberuflichen Tätigkeit resultiert

585 Im UmwStG selbst wird der Begriff des Betriebs nicht definiert. Bei der Auslegung des Begriffs sind daher die allgemeinen ertragsteuerlichen Grundsätze nach §§ 13, 15, und 18 EStG heranzuziehen,[779] wobei das Gesamtkonzept des UmwStG und in vorliegendem Zusammenhang der Regelungszweck des § 20 UmwStG zu beachten sind (normspezifische Auslegung[780]).[781] Deshalb erfordert die Einbringung eines Be-

---

[773] Vgl. BMF-Schreiben vom 11.11.2011, BStBl. I 2011 S. 1314 Tz. 20.02.
[774] Vgl.; *Widmann* in Widmann/Mayer, § 20 UmwStG Rn. 427 sowie § 20 (SEStEG) Rn. 46 ff.; *Schaumburg* FR 1995 S. 211 ff.; *Wacker* BB 1996 S. 2224 (2227). Siehe auch *Patt* in Dötsch/Patt/Pung/Möhlenbrock, § 20 UmwStG Rn. 39; *Menner* in Haritz/Menner, § 20 UmwStG Rn. 243 mwN; *Hruschka/Hellmann* in Haase/Hruschka, § 20 UmwStG, Rn. 36. Herlinghaus in Rödder/Herlinghaus/van Lishaut, § 20 UmwStG Rn. 34, 34a; *Schmitt/Keuthen* DStR 2015 S. 860 (861). AA *Jäschke* in Lademann, § 20 UmwStG Rn. 21 mwN.
[775] Vgl. BFH-Urteil vom 16.2.1996 – I R 183/94, BStBl. II 1996 S. 342.
[776] Vgl. BMF-Schreiben vom 11.11.2011, BStBl. I 2011 S. 1314 Tz. 20.03.
[777] Vgl. *Schmitt/Keuthen* DStR 2015 S. 860.
[778] Vgl. BMF-Schreiben vom 11.11.2011, BStBl. I 2011 S. 1314 Tz. 20.05.
[779] Vgl. *Widmann* in Widmann/Mayer, § 20 UmwStG Rn. 2 f.; *Nitzschke* in Blümich, § 20 UmwStG Rn. 39.
[780] Vgl. BFH-Urteil vom 4.7.2007 – I R 96/08, BStBl. II 2007 S. 772.
[781] Vgl. *Schmitt* in Schmitt/Hörnagl/Stratz, § 20 UmwStG Rn. 12 f.; *Nitzschke* in Blümich, § 20 UmwStG Rn. 39; *Menner* Haritz/Menner, § 20 UmwStG Rn. 61, 65; *Herlinghaus* in Rödder/Herlinghaus/van Lishaut, § 20 UmwStG Rn. 25 (jeweils mwN); *Oenings/Lienicke* DStR 2014 S. 1997 (1998).

§ 11. Steuerrechtliche Regelungen § 11

triebs im Ganzen die Einbringung sämtlicher wesentlicher Betriebsgrundlagen.[782] Vor dem Hintergrund, dass die Regelungen des § 20 UmwStG Umstrukturierungen erleichtern und damit – im Gegensatz zu § 16 EStG – den Fortbestand der wirtschaftlichen Einheit „Betrieb" sichern sollen, ist bei der Begriffsauslegung eine funktionale Betrachtungsweise heranzuziehen.[783] Zu den wesentlichen Betriebsgrundlagen gehören nach der funktionalen Betrachtungsweise all diejenigen Wirtschaftsgüter, die zur Erreichung des Betriebszwecks erforderlich sind und denen ein besonderes wirtschaftliches Gewicht für die Betriebsführung zukommt.[784] Wann ein Wirtschaftsgut funktional wesentlich ist, orientiert sich mithin am konkreten Einzelfall und Geschäftsmodell.[785] Nicht entscheidend für die Qualifizierung als wesentliche Betriebsgrundlage ist demgegenüber der Umstand, dass in einem Wirtschaftsgut erhebliche stille Reserven ruhen (quantitative Betrachtungsweise).[786]

Gehören zum Gesamthandsvermögen der übertragenden Personengesellschaft auch Anteile an der übernehmenden Kapitalgesellschaft, werden diese im Zuge der Verschmelzung zu eigenen Anteilen der Übernehmerin. Der Erwerb eigener Anteile ist indes durch § 33 GmbHG bzw. §§ 71 ff AktG beschränkt.[787] Soweit die Anteile an der Kapitalgesellschaft miteingebracht werden, würde der Einbringende dafür als Gegenleistung neue Anteile an der Kapitalgesellschaft erhalten. In diesem Fall wird es von der Finanzverwaltung nicht beanstandet, wenn die Anteile an der Kapitalgesellschaft auf unwiderruflichen Antrag des Einbringenden nicht miteingebracht werden. Der Einbringende muss sich allerdings damit einverstanden erklären, dass die zurückbehaltenen Anteile an der übernehmenden Gesellschaft künftig in vollem Umfang als Anteile iSd § 22 I UmwStG zu behandeln sind, die durch eine Sacheinlage erworben wor-

586

---

[782] Vgl. BFH-Urteil vom 16.2.1996 – I R 183/94, BStBl. II 1996 S. 342; BMF-Schreiben vom 25.3.1998, BStBl. I 1998 S. 268 Tz. 20.08.
[783] Vgl. BMF-Schreiben vom 11.11.2011, BStBl. I 2011 S. 1314 Tz. 20.06; BFH-Urteil vom 16.12.2009 – I R 97/08, BStBl. II 2010 S. 808; BFH-Urteil vom 25.11.2009 – I R 72/08, BStBl. II 2010 S. 471. Vgl. auch *Herlinghaus* in Rödder/Herlinghaus/van Lishaut, § 20 UmwStG Rn. 26; *Brandstetter* in Eisgruber, § 20 UmwStG Rn. 115.
[784] Vgl. BFH-Urteil vom 14.7.1993 – X R 74–75/90, BStBl. II 1994 S. 15; BFH-Urteil vom 16.12.1992 – X R 52/90, BStBl. II 1994 S. 838; BFH-Urteil vom 26.5.1993 – X R 101/90, BStBl. II 1993 S. 710 (713).
[785] Vgl. *Patt* in Dötsch/Patt/Pung/Möhlenbrock, UmwStG, § 20 Rn. 47 ff.; *Brandstetter* in Eisgruber, § 20 UmwStG Rn. 117.
[786] Vgl. *Menner* in Haritz/Menner, § 20 UmwStG Rn. 63; so ebenfalls *Herlinghaus* in Rödder/Herlinghaus/van Lishaut, § 20 UmwStG Rn. 26; *Patt* in Dötsch/Patt/Pung/Möhlenbrock, § 20 UmwStG Tz. 43; *Schmitt* in Schmitt/Hortnagl/Stratz, § 20 UmwStG Rn. 14; *Nitzschke* in Blümich, § 20 UmwStG Rn. 42. Siehe auch Regierungsbegründung zu § 20 I UmwStG idF des SEStEG-E, BT-Drucks. 16/2710. Ferner BFH-Urteil vom 2.10.1997 – IV R 84/96, BStBl. II 1998 S. 104 (allerdings nicht entscheidungserhebliche Äußerung).
[787] Vgl. *Schmitt* in Schmitt/Hörtnagl/Stratz, 6. Ausflage, 2013, § 20 UmwStG Rn. 78.

den sind (erhaltene Anteile).[788] In diesem Fall gelten die Anteile an der Übernehmerin indes nicht als entnommen bzw. als schädlich zurückbehalten. Bei der dargestellten Auffassung der Finanzverwaltung handelt es sich um eine Billigkeitsregel.[789]

587 Maßgebend für die Beurteilung, ob ein Wirtschaftsgut wesentliche Betriebsgrundlage der zu verschmelzenden Personengesellschaft ist, ist der Zeitpunkt der Fassung des Verschmelzungsbeschlusses.[790] Die abweichende Auffassung der Finanzverwaltung,[791] derzufolge auf den steuerlichen Übertragungsstichtag abzustellen ist, ist nicht überzeugend. Bei der steuerlichen Rückwirkung nach § 20 V, VI UmwStG handelt es sich um eine Rechtsfolge und nicht um eine Tatbestandsvoraussetzung iSv § 20 I UmwStG.[792] Nach der Sichtweise der Finanzverwaltung hätten Veränderungen im übertragenen Vermögen des Betriebes im Rückwirkungszeitraum keine Auswirkungen auf den Einbringungsvorgang. Wird indes eine wesentliche Betriebsgrundlage des eingebrachten Betriebs im Rückwirkungszeitraum auf einen anderen Rechtsträger übertragen, so steht dies der Steuerneutralität des Einbringungsvorgangs nicht entgegen. Die Übertragung erfolgt auf Rechnung der übernehmenden Kapitalgesellschaft. Für die Steuerneutralität der Verschmelzung ist es ohne Bedeutung, ob der eingebrachte Betrieb durch die übernehmende Kapitalgesellschaft fortgeführt wird oder wesentliche Betriebsgrundlagen veräußert werden.

bb) Sonderbetriebsvermögen

588 Bedeutend ist der Begriff der „wesentlichen Betriebsgrundlagen" bei der Verschmelzung einer Personengesellschaft auf eine Kapitalgesellschaft oder eine Genossenschaft für die Abgrenzung des einzubeziehenden Sonderbetriebsvermögens. Für die Beurteilung der wesentlichen Betriebsgrundlagen einer Personengesellschaft ist es unerheblich, dass ein Vermögensgegenstand zivilrechtlich nicht der Gesellschaft gehört, sondern zum Sonderbetriebsvermögen, welches der Gesellschafter der Personengesellschaft zB zur Nutzung überlässt.[793] Zur Erfüllung der Anwen-

---

[788] Vgl. BMF-Schreiben vom 11.11.2011, BStBl. I 2011 S. 1314 Tz. 20.09; *Schmitt* in Schmitt/Hörtnagl/Stratz, § 20 UmwStG Rn. 78 mwN.
[789] Vgl. BMF-Schreiben vom 11.11.2011, BStBl. I 2011 S. 1314 Tz. 20.09. Kritisch *Schmitt* in Schmitt/Hörtnagl/Stratz, § 20 UmwStG Rn. 78 mwN. Zu den sich aus der Finanzverwaltungsansicht ergebenden Problemen *Schmitt* in Schmitt/Hörtnagl/Stratz, § 22 UmwStG Rn. 35c.
[790] *Hötzel/Kaeser* in FGS/BDI, UmwStG 2011, S. 338; *Herlinghaus* in Rödder/Herlinghaus/van Lishaut, § 20 UmwStG Rn. 42.
[791] BMF-Schreiben vom 11.11.2011, BStBl. I 2011, S. 1314, Tz. 20.06 iVm Tz. 15.07.
[792] Vgl. bereits *Stangl/Grundke* DB 2010 S. 1851 (1852 ff.); *Weber/Hahne* Ubg 2011 S. 420 (421); *Kessler/Moritz* DStR 2011 S. 1065 ff.; *Kotyrba/Scheunemann* BB 2012 S. 223 (225); *Rode/Teufel* in Schneider/Ruoff/Sistermann, UmwStE, 2011, H 20.26. Vgl. auch *Herlinghaus* in Rödder/Herlinghaus/van Lishaut, § 20 UmwStG Rn. 42 mwN.
[793] Vgl. BFH-Urteil vom 16.2.1996 – I R 183/94, BStBl. II 1996, 342; BFH-Urteil vom 19.3.1991 – VIII R 76/87, BStBl. II 1991 S. 635. Zur Übertragung

§ 11. Steuerrechtliche Regelungen § 11

dungsvoraussetzungen des § 20 UmwStG bei der Verschmelzung einer Personengesellschaft auf eine Kapitalgesellschaft oder Genossenschaft muss mithin auch Sonderbetriebsvermögen miteingebracht werden, wenn und soweit dieses zu den funktional wesentlichen Betriebsgrundlagen der Personengesellschaft gehört.[794] Dabei ist unerheblich, ob das Sonderbetriebsvermögen vor der Einbringung bilanziell als solches bereits erfasst war.[795] Ist ein Wirtschaftsgut zwar Sonderbetriebsvermögen, aber nicht funktional wesentlich, so kann es – muss aber nicht – miteingebracht werden und wird dann auch von § 20 UmwStG erfasst.[796] Dabei kann sowohl Sonderbetriebsvermögen I als auch – wenn auch nur ausnahmsweise[797] – Sonderbetriebsvermögen II[798] zu den funktional wesentlichen Betriebsgrundlagen gehören. Sonderbetriebsvermögen I stellen dabei solche Wirtschaftsgüter dar, die einem Mitunternehmer gehören bzw. diesem steuerlich zuzuordnen sind, welche aber unmittelbar dem Betrieb der Mitunternehmerschaft dienen oder mittelbar dazu geeignet oder bestimmt sind.[799] Sonderbetriebsvermögen II ist anzunehmen, wenn die im Eigentum des Mitunternehmers stehenden Wirtschaftsguter unmittelbar zur Begründung oder Stärkung seiner Beteiligung an der Personengesellschaft eingesetzt werden oder insoweit förderlich sind. Sonderbetriebsvermögen II stellt regelmäßig keine wesentliche Betriebsgrundlage dar. Etwas anderes gilt beispielsweise für die Beteiligung an der Komplementär-GmbH, wenn sie den Einfluss des Mitunternehmers auf die Geschäftsführung der KG wesentlich erweitert. Gleiches gilt für Anteile an wirtschaftlich verflochtenen Kapitalgesellschaften, etwa wenn deren Vertriebstätigkeit von erheblichem wirtschaftlichem Gewicht für die Personengesellschaft ist.[800]

Gewillkürtes Sonderbetriebsvermögen gehört dagegen nicht zu den funktional wesentlichen Betriebsgrundlagen. 589

Zur Erfüllung des Erfordernisses der Einbringung sämtlicher wesentlicher Betriebsgrundlagen ist bei der Verschmelzung einer Personengesellschaft auf eine Kapitalgesellschaft aus steuerlicher Sicht damit nicht nur Gesamthandvermögen zu übertragen, sondern ggf. auch Sonderbetriebsvermögen. Das Gesamthandvermögen geht dabei durch den zivilrecht- 590

---

von Anteilen an der Komplementär-GmbH (Sonderbetriebsvermögen II) vgl. BFH-Urteil vom 25.11.2009 – I R 72/08, DStR 2010, 269. Dazu auch *Stangl/Grundke* DStR 2010 S. 1871 ff.
[794] Vgl. BFH-Urteil vom 25.9.2009 – I R 72/08, BStBl. II 2010 S. 471; BFH-Urteil vom 16.12.2009 – I R 97/08, BStBl. II 2010 S. 808.
[795] Vgl. *Herlinghaus* in Rödder/Herlinghaus/van Lishaut, § 20 UmwStG Rn. 110; *Menner* in Haritz/Menner, § 20 UmwStG Rn. 153.
[796] Vgl. *Menner* Haritz/Menner, § 20 UmwStG Rn. 154.
[797] Vgl. BFH-Urteil vom 16.2.1996 – I R 183/94, BStBl. II 1996 S. 342 mwN.
[798] Vgl. BMF-Schreiben vom 16.8.2000, BStBl. I 2000 S. 1253.
[799] Vgl. *Menner* in Haritz/Menner, § 20 UmwStG Rn. 154; *Patt* in Dötsch/Patt/Pung/Möhlenbrock, § 20 UmwStG Tz. 135.
[800] Vgl. zum Fall BFH-Urteil vom 6.7.1989 – IV R 62/86, BStBl. II 1989 S. 890. Vgl. auch *Menner* in Haritz/Menner, § 20 UmwStG Rn. 157.

§ 11 3. Teil. Verschmelzung

lichen Vorgang der Verschmelzung auf die aufnehmende Kapitalgesellschaft über. Demgegenüber nimmt Sonderbetriebsvermögen nicht unmittelbar an der Umwandlung teil. Vielmehr ist das funktional wesentliche Sonderbetriebsvermögen zur Wahrung der Anwendung des § 20 UmwStG durch gesonderte Vereinbarung zwischen dem Mitunternehmer und der aufnehmenden Kapitalgesellschaft zum selben steuerlichen Übertragungsstichtag auf die übernehmende Kapitalgesellschaft zu übertragen.[801] Die Voraussetzungen an den qualifizierten Einbringungsgegenstand „Betrieb" müssen am steuerlichen Übertragungsstichtag erfüllt sein. Der Rechtsakt der Übertragung des Sonderbetriebsvermögens muss zeitnah mit dem Verschmelzungsvertrag erfolgen. Die handelsrechtliche Umwandlung und der Übertragungsakt hinsichtlich des Sonderbetriebsvermögens müssen sich als einheitlicher Vorgang darstellen.[802] Insofern sollte die Übertragung des Sonderbetriebsvermögens zusammen mit der Fassung des Umwandlungsbeschlusses vereinbart werden. Umwandlungsurkunde und gesonderter Vertrag zur Übertragung des Sonderbetriebsvermögens sollten gegenseitig aufeinander Bezug nehmen.[803] Gegebenenfalls ist die Übertragungsvereinbarung für das Sonderbetriebsvermögen notariell zu beurkunden. Sofern die Verschmelzung rückwirkend auf den steuerlichen Übertragungsstichtag erfolgen soll, umfasst die Rückwirkung auch die Übertragung des Sonderbetriebsvermögens.[804]

591 Für die Einbringung des Sonderbetriebsvermögens müssen keine zusätzlichen neuen Anteile an der Übernehmerin gewährt werden.[805] Verfügen nicht sämtliche Mitunternehmer über Sonderbetriebsvermögen, sind Wertunterschiede zwischen den Mitunternehmern ggf. durch individuelle Lösungen auszugleichen.[806] Möglich ist insoweit etwa eine „freiwillige" Gewährung von zusätzlichen Anteilen an den jeweiligen Einbringenden, eine Vereinbarung von zukünftigen disquotalen Gewinnausschüttungen oder die Leistung eines angemessenen Aufgelds durch die Einbringenden ohne Sonderbetriebsvermögen in die Kapitalrücklage der aufnehmenden Kapitalgesellschaft. Daneben besteht die – neuerdings allerdings stark eingeschränkte Möglichkeit[807] – dem Einbringenden mit Sonderbetriebsvermögen sonstige Gegenleistungen zu gewähren.[808]

592 Bei der Übertragung funktional wesentlichen Sonderbetriebsvermögens ist umstritten, ob es für die Anwendung des § 20 UmwStG

---

[801] Vgl. BFH-Urteil vom 11.12.2001 – VIII R 23/01, BStBl. II 2004 S. 474. *Patt* in Dötsch/Patt/Pung/Möhlenbrock, § 20 UmwStG Rn. 167; *Hruschka/Hellmann* in Haase/Hruschka, § 20 UmwStG Rn. 75.
[802] Vgl. *Menner* in Haritz/Menner, § 20 UmwStG Rn. 162.
[803] Vgl. *Meissner/Bron* SteuK 2011 S. 69.
[804] Vgl. *Menner* in Haritz/Menner, § 20 UmwStG Rn. 162.
[805] Vgl. *Hruschka/Hellmann* in Haase/Hruschka, § 20 UmwStG Rn. 77 mit Beispiel; *Menner* in Haritz/Menner, § 20 UmwStG Rn. 162.
[806] Ohne Wertausgleich wären ggf. schenkungsteuerliche Konsequenzen (§ 7 VIII ErbStG) zu prüfen.
[807] → Rn. 495.
[808] Zu Möglichkeiten des Ausgleichs mit Beispiel vgl. *Hruschka/Hellmann* in Haase/Hruschka, § 20 UmwStG Rn. 77.

§ 11. Steuerrechtliche Regelungen   § 11

anstelle einer rechtlichen oder wirtschaftlichen Eigentumsübertragung ausreicht, der übernehmenden Kapitalgesellschaft das wesentliche Sonderbetriebsvermögens zur Nutzung zu überlassen. Für die Zeit vor SEStEG wurde dies bejaht.[809] Ausreichend war, der übernehmenden Kapitalgesellschaft ein hinreichend gesichertes und dauerhaftes Nutzungsrecht einzuräumen. Für die Zeit nach dem SEStEG gehen Finanzverwaltung[810] und Schrifttum[811] ganz überwiegend davon aus, dass die bloße Gebrauchs- oder Nutzungsüberlassung von funktional wesentlichem Sonderbetriebsvermögens für die Anwendung des § 20 UmwStG nicht ausreicht.

Vermieden werden sollte vor dem Hintergrund des § 6 V 6 EStG eine   593
Übertragung des Sonderbetriebsvermögens in das Gesamthandvermögen der Personengesellschaft vor Verschmelzung. Infolge der anschließenden Verschmelzung der Personengesellschaft innerhalb der Sperrfrist von sieben Jahren ist für die Einbringung in das Gesamthandvermögen rückwirkend der Teilwert anzusetzen.

Werden funktional wesentliche Betriebsgrundlagen zurückbehalten,   594
sind die Voraussetzungen einer Betriebsübertragung des § 20 UmwStG nicht erfüllt.[812] In diesem Fall stellt sich die Übertragung als Veräußerung sämtlicher übergehender Wirtschaftsgüter dar. Insofern sind auf Ebene der verschmelzenden Personengesellschaft sämtliche stille Reserven in den übergehenden Wirtschaftsgütern aufzudecken. Ein entstehender Gewinn ist den beteiligten Mitunternehmern nach Maßgabe des allgemeinen Gewinnverteilungsschlüssels zuzurechnen. Unschädlich für die Anwendung des § 20 UmwStG ist indes das Zurückbehalten funktional nicht wesentlicher Wirtschaftsgüter.

Fraglich ist, ob im Wege der Verschmelzung auf die übernehmende   595
Kapitalgesellschaft übergehende Wirtschaftsgüter nach § 20 UmwStG zum Buchwert übertragen werden können, wenn funktional wesentliche Betriebsgrundlagen (Sonderbetriebsvermögen) im zeitlichen und wirtschaftlichen Zusammenhang mit der Verschmelzung in ein anderes Betriebsvermögen überführt oder übertragen werden. Ein solcher Sachverhalt liegt vor, wenn etwa im Vorfeld der Verschmelzung ein funktional wesentliches Grundstück des Sonderbetriebsvermögens zum Buchwert auf eine andere Personengesellschaft übertragen wird. Nach Auffassung der Finanzverwaltung ist in diesen Fällen die Anwendung der Gesamt-

---

[809] Vgl. BFH-Urteil vom 7.4.2010 – I R 96/08, BFH/NV 2010 S. 1749; *Widmann* in Widmann/Mayer, § 20 UmwStG Rn. 9. Siehe auch Bayerisches Landesamt für Steuern, Verfügung vom 6.3.2006, DB 2006, S. 644; *Herlinghaus* FR 2007 S. 286 ff.
[810] BMF-Schreiben vom 11.11.2011, BStBl. I 2011 S. 1314 Tz. 20.06.
[811] Vgl. zB *Mohlenbrock* in Dötsch/Patt/Pung/Möhlenbrock, § 1 UmwStG Tz. 66; *Patt* in Dötsch/Patt/Pung/Möhlenbrock, § 20 UmwStG Rn. 7; *Patt*, Der Konzern 2006 S. 730 (736); *Menner* in Haritz/Menner, § 20 UmwStG Rn. 160; *Schmitt* in Schmitt/Hörtnagl/Stratz, § 20 UmwStG Rn. 71; *Widmann* in Widmann/Mayer, § 20 UmwStG Rn. 9. AA *Nitzschke* DStR 2011 S. 1068; *Götz* DStZ 1997 S. 551.
[812] Vgl. BMF-Schreiben vom 11.11.2011, BStBl. I 2011 S. 1314 Tz. 20.07.

§ 11   3. Teil. Verschmelzung

planrechtsprechung[813] zu prüfen.[814] Diese Prüfung kann dazu führen, dass das Buchwertprivileg nach § 20 UmwStG für den vorliegenden Fall zu versagen ist.

4. Gegenleistung

a) Neue Anteile als Gegenleistung

596 In den Anwendungsbereich des § 20 UmwStG fällt die Einbringung des Betriebs einer Personengesellschaft durch Verschmelzung nur dann, wenn die übernehmende Gesellschaft dem Einbringenden als Gegenleistung zumindest zum Teil neue Gesellschaftsanteile gewährt.[815] Nur unter der Voraussetzung der Gewährung neuer Anteile erfüllt die Einbringung die Bedingungen einer Sacheinlage, die für die Anwendung des § 20 UmwStG erforderlich ist. Ob neue Anteile idS vorliegen, ist nicht aus der Sicht des Einbringenden, sondern aus der Sicht der übernehmenden Gesellschaft zu beurteilen.[816] Neue Anteile idS sind solche, die erstmals bei der Sachgründung bzw. bei Kapitalerhöhung durch Sacheinlagen der aufnehmenden Kapitalgesellschaft oder Genossenschaft entstehen und ausgegeben werden. Dabei ist es ausreichend, dass die Sacheinlage als Aufgeld erbracht wird und das eingebrachte Vermögen teilweise in die Kapitalrücklage iSv § 272 II Nr. 4 HGB, § 27 I KStG eingestellt wird.[817]

597 Der Gewährung neuer Anteile gleichzusetzen ist für die Anwendung des § 20 UmwStG die Aufstockung eines bereits bestehenden Anteils durch Sachkapitalerhöhung iSv § 55 III GmbHG.[818] Bei der Übernehmerin entsteht hier zusätzliches Nennkapital, wenn auch zivilrechtlich kein identifizierbarer neuer Gesellschaftsanteil ausgegeben wird.[819]

598 Auf die konkrete gesellschaftsrechtliche Ausgestaltung der neuen Anteile kommt es nicht an. Insofern ist es zB nicht erforderlich, dass die Anteile Stimmrechte einräumen.[820] Auch auf die Höhe sowie den Wert der neuen Anteile kommt es für Zwecke des § 20 UmwStG nicht an.[821]

599 Die ausschließliche Gewährung bereits bestehender Anteile reicht nach Auffassung der Finanzverwaltung und des Schrifttums[822] für die Anwendung des § 20 UmwStG nicht aus. Dies gilt für die Hingabe schon vor der Einbringung vorhandener Anteile, seien es eigene Anteile oder von

---

[813] Siehe BFH-Urteil vom 11.12.2001 – VIII R 23/01, BStBl. II 2004 S. 474; BFH-Urteil vom 25.2.2010 – IV R 49/08, BStBl. II 2010 S. 726.
[814] Vgl. BMF-Schreiben vom 11.11.2011, BStBl. I 2011 S. 1314 Tz. 20.07.
[815] Vgl. BMF-Schreiben vom 11.11.2011, BStBl. I 2011 S. 1314 Tz. E 20.09.
[816] Vgl. *Menner* in in Haritz/Menner, § 20 UmwStG, Rn. 191.
[817] Vgl. BMF-Schreiben vom 11.11.2011, BStBl. I 2011 S. 1314 Tz. E 20.09.
[818] Vgl. *Patt* in Dötsch/Patt/Pung/Möhlenbrock, § 20 UmwStG Tz. 171; *Herlinghaus* in Rödder/Herlinghaus/van Lishaut, § 20 UmwStG Rn. 130; *Menner* in Haritz/Menner, § 20 UmwStG Rn. 184.
[819] Vgl. *Schmitt* in Schmitt/Hörtnagl/Stratz, § 20 UmwStG Rn. 204.
[820] Vgl. *Menner* in Haritz/Menner, § 20 UmwStG Rn. 183.
[821] Vgl. *Patt* EStB 2012 S. 420.
[822] Vgl. *Schmitt* in Schmitt/Hörtnagl/Stratz, § 20 UmwStG Rdnr. 208 mwN zur hM.

§ 11. Steuerrechtliche Regelungen § 11

Gesellschaftern gehaltene Anteile an der übernehmenden Kapitalgesellschaft. Die Anwendung des § 20 UmwStG scheidet ferner aus, wenn als Gegenleistung ausschließlich eine typische oder atypische stille Beteiligung,[823] (eigenkapitalersetzende) Darlehen und/oder, Genussrechte gewährt werden, unabhängig davon, ob Letztere beteiligungsähnlich ausgestaltet sind. Auch bei verdeckter Einlage werden keine neuen Anteile gewährt, so dass hier die Anwendung des § 20 UmwStG ausscheidet. Auch das Ausscheiden der Kommanditisten aus einer Kapitalgesellschaft & Co. KG unter Anwachsung[824] ihrer Anteile gemäß §§ 161 II, 105 III HGB, § 738 I 1 BGB, ohne dass die Kommanditisten einen Ausgleich in Form neuer Gesellschaftsrechte an der Kapitalgesellschaft erhalten, fällt nach Ansicht der Finanzverwaltung nicht unter § 20 UmwStG. Mangels Gewährung neuer Anteile fallen nach Auffassung der Finanzverwaltung[825] desweiteren die verschleierte Sachgründung bzw. die verschleierte Sachkapitalerhöhung nicht in den Anwendungsbereich des § 20 UmwStG. Für Fälle der verschleierten Sachgründung oder der verschleierten Sachkapitalerhöhung nach § 19 IV GmbHG idF des MoMiG[826] kann dieser Auffassung der Finanzverwaltung nicht gefolgt werden, vorausgesetzt Gegenstand der verdeckten Sacheinlage ist ein Betrieb und die Eintragung ins Handelsregister erfolgt.[827]

Die Regelung des § 20 UmwStG greift auch dann nicht ein, wenn ein **600** gesetzliches Kapitalerhöhungsverbot besteht.[828] Dies gilt etwa bei der Aufwärtsverschmelzung einer Tochterpersonengesellschaft auf ihre 100%ige Mutterkapitalgesellschaft, §§ 54 I 1 Nr. 1, 68 UmwG.[829] Entsprechendes gilt bei der Abwärtsverschmelzung einer Personengesellschaft auf ihre 100%ige Tochterkapitalgesellschaft, §§ 54 I 1 Nr. 1, 68 I 2 Nr. 2 UmwG.[830] §§ 54 I 1, 68 I 1 UmwG verbieten eine Kapitalerhöhung, soweit die übernehmende Gesellschaft Anteile eines übertragenden Rechtsträgers innehat, sie eigene Anteile innehat oder ein übertragender Rechtsträger Anteile an der übernehmenden Gesellschaft innehat, auf welche die Einlagen nicht in voller Höhe bewirkt sind.

---

[823] Bei Begründung einer atypisch stillen Beteiligung liegt ggf. ein Fall des § 24 UmwStG vor.
[824] Für Einzelheiten zur Anwachsung → Rn. 482.
[825] Vgl. BMF-Schreiben vom 11.11.2011, BStBl. I 2011 S. 1314 Tz. E 20.10.
[826] Gesetz zur Modernisierung des GmbH-Rechts und zur Bekämpfung von Missbräuchen (MoMiG) vom 23.10.2008, BGBl. I S. 2026.
[827] Vgl. dazu ausführlich jeweils mwN zB *Jäschke* in Lademann, § 20 UmwStG Rn. 42; *Menner* in Haritz/Menner, § 20 UmwStG Rn. 199 ff. Vgl. auch *Schießl* UmwStE, E 20.10, S. 309; *Schneider* in Schneider/Ruoff/Sistermann, UmwStE H E 20.16.
[828] Vgl. *Schmitt* in Schmitt/Hörtnagl/Stratz, § 20 UmwStG Rn. 211; *Herlinghaus* in Rödder/Herlinghaus/van Lishaut, § 20 UmwStG Rn. 132h; *Patt* in Dötsch/Patt/Pung/Möhlenbrock, § 20 UmwStG Tz. 176; *Menner* in Haritz/Menner, § 20 UmwStG Rn. 211.
[829] Vgl. BMF-Schreiben vom 11.11.2011, BStBl. I 2011 S. 1314 Tz. E 20.10.
[830] Vgl. BMF-Schreiben vom 11.11.2011, BStBl. I 2011 S. 1314 Tz. E 20.10. Vgl. auch *Jäschke* in Lademann, § 20 UmwStG Anm. 41; *Menner* in Haritz/Menner, § 20 UmwStG Rn. 182.

§ 11 3. Teil. Verschmelzung

601 Soweit an der Verschmelzung Gesellschaften aus verschiedenen EU-Mitgliedstaaten beteiligt[831] sind und damit der Einbringungsvorgang von der FusionsRL[832] erfasst wird, darf die Erfolgsneutralität der Umwandlung nicht von einer Gewährung neuer Anteile abhängig gemacht werden.[833] Die Anforderung des § 20 UmwStG verstößt insoweit gegen die FusionsRL.[834]

b) Sonstige Gegenleistungen

602 Für die Anwendung des § 20 UmwStG ist es hingegen nicht erforderlich, dass als Gegenleistung für die Einbringung ausschließlich neue Anteile gewährt werden. Insofern ist es für die Anwendung des § 20 UmwStG unschädlich, wenn zusätzlich zu neuen Anteilen andere Wirtschaftsgüter als Gegenleistung gewährt werden.[835] Als solche sonstigen Gegenleistungen in Betracht kommen etwa die Einräumung eines Gesellschafterdarlehens, die Übernahme eines Gesellschafterdarlehens, die Gewährung von Geld- oder Sachwerten, die Übernahme privater Schulden des Einbringenden, die Gewährung eigener Anteile oder die Einräumung einer stillen Beteiligung oder von Genussrechten. Keine sonstige Gegenleistung stellt die Übernahme von Verbindlichkeiten dar, die Bestandteil des eingebrachten Betriebsvermögens sind. Streitig ist, ob derartige zusätzliche Gegenleistungen auch von dritter Seite geleistet werden können.[836]

603 Steuerrechtlich stand die Gewährung sonstiger Gegenleistungen bis zum Steueränderungsgesetz 2015[837] selbst in Extremfällen der Anwendung des § 20 UmwStG nicht entgegen,[838] etwa bei der Gewährung lediglich einer Aktie und Auszahlung des Differenzbetrags zum gemeinen Wert der Einbringung sowie bei der Gewährung von Gegenleistungen durch Dritte. Allerdings musste der übernehmende Rechtsträger das eingebrachte Betriebsvermögen bei Gewährung von sonstigen Gegenleistungen nach § 20 II 4 UmwStG idF vor dem Steueränderungsgesetz 2015 mindestens mit dem gemeinen Wert der anderen Wirtschaftsgüter ansetzen. Insofern bestand nach der Rechtslage bis zum 31.12.2014 ein Zwang zur Aufstockung der Buchwerte des eingebrachten Betriebsvermögens dann, wenn und soweit der gemeine Wert der zusätzlichen

---

[831] Siehe dazu ausführlich § 16.
[832] Richtlinie 2009/133/EG des Rates vom 19.10.2009 über das gemeinsame Steuersystem für Fusionen, Spaltungen, Abspaltungen, die Einbringung von Unternehmensteilen und den Austausch von Anteilen, die Gesellschaften verschiedener Mitgliedstaaten betreffen, sowie für die Verlegung des Sitzes einer Europäischen Gesellschaft oder einer Europäischen Genossenschaft von einem Mitgliedstaat in einen anderen Mitgliedstaat, ABl. L 310 vom 25.11.2009, S. 34.
[833] Vgl. zB *Jäschke* in Lademann, § 20 UmwStG Rn. 41; *Schneider* in Schneider/Ruoff/Sistermann, UmwStE 2011, E 20.13 mwN
[834] Vgl. *Schmitt* in Schmitt/Hörtnagl/Stratz, § 20 UmwStG Rn. 204.
[835] Vgl. BMF-Schreiben vom 11.11.2011, BStBl. I 2011 S. 1314 Tz. E 20.09.
[836] Vgl. *Widmann* in Widmann/Mayer, § 20 UmwStG Rn. 153; aA *Herlinghaus* in Rödder/Herlinghaus/van Lishaut, § 20 UmwStG Rn. 182.
[837] Steueränderungsgesetz vom 2.11.2015, BGBl. I 2015 S. 1834.
[838] Vgl. *Menner* in in Haritz/Menner, § 20 UmwStG Rn. 214

Gegenleistung den Buchwert des eingebrachten Betriebsvermögens überstiegen. Blieb der gemeine Wert der sonstigen Gegenleistungen unter dem Buchwert des eingebrachten Vermögens, reduzierten sich im Ergebnis auf Seiten der übernehmenden Gesellschaft der Betrag des übernommenen buchmäßigen Eigenkapitals und auf der Seite des Einbringenden die Anschaffungskosten für die übernommenen Anteile.[839] Im Übrigen waren und sind auch hier die zivilrechtlichen Rahmenbedingungen der §§ 29 I, 30 UmwG zu beachten.

Durch das Steueränderungsgesetz 2015[840] wurde § 20 II 1 UmwStG durch eine neue Nr. 4 ergänzt. Ferner wurde der bisherige § 20 II 4 UmwStG neu gefasst. Insofern können nach der Rechtslage seit dem 1.1.2015 neben neuen Gesellschaftsanteilen nur noch in begrenztem Umfang auch andere Wirtschaftsgüter gewährt werden. Hintergrund der Gesetzesänderung ist die Vermeidung steuerreduzierender Gestaltungen.[841] Diese Änderung sind nach § 27 XIV UmwStG erstmals auf Einbringungen im Wege der Gesamtrechtsnachfolge anzuwenden, für die der Umwandlungsbeschluss nach dem 31.12.2014 gefasst wurde.[842]

Gemäß § 20 II Satz 2 Nr. 4 UmwStG nF kann das eingebrachte Vermögen auf Antrag mit dem Buchwert oder einem Zwischenwert angesetzt werden, vorausgesetzt der gemeine Wert von sonstigen Gegenleistungen, die neben den neuen Gesellschaftsanteilen gewährt werden, beträgt nicht mehr als
(i) 25% des Buchwerts des eingebrachten Betriebsvermögens oder
(ii) € 500 000, höchstens jedoch den Buchwert des eingebrachten Betriebsvermögens.

Erhält der Einbringende neben den neuen Gesellschaftsanteilen auch sonstige Gegenleistungen, ist das eingebrachte Betriebsvermögen nach § 20 II 4 UmwStG, abweichend von Satz 2, mindestens mit dem gemeinen Wert der sonstigen Gegenleistungen anzusetzen, wenn dieser den sich nach Satz 2 ergebenden Wert übersteigt.

Mithin wird die Möglichkeit einer steuerneutralen Einbringung bei der Gewährung sonstiger Gegenleistungen durch die Neuregelungen des § 20 II 2 Nr. 4 UmwStG auf die Höhe des Nettobuchwertvermögens beschränkt:
– Wird ein Betrieb mit einem Nettobuchwertvermögen von bis zu € 500.000 (absolute Grenze) gegen Gewährung neuer Anteile in eine Kapitalgesellschaft eingebracht, kann der gemeine Wert der sonstigen Gegenleistung einen Betrag bis zum übertragenen Nettobuchwertvermögen erreichen, ohne dass die Steuerneutralität des Einbringungsvorganges in Frage steht, § 20 II 2 Nr. 4 Buchst. b UmwStG.

---

[839] Vgl. Ritzer/Stangl DStR 2015 S. 849 (852).
[840] BGBl. I 2015 S. 1834.
[841] BGBl. I 2015 S. 1834.
[842] Vgl. BT-Drs. 18/4902, S. 51. Zu den verfassungsrechtlichen Bedenken vgl. etwa Ettinger/Mörz GmbHR 2016 S. 154 (158); IDW-Schreiben vom 25.6.2016 S. 6; Bron DB 2015 S. 940 (943); Gläser/Zöller BB 2015 S. 1117 (1121); Ritzer/Stangl DStR 2015 S. 849 (858); Wälzholz DStZ 2015 S. 449 (456).

§ 11   3. Teil. Verschmelzung

- Hat das eingebrachte Betriebsvermögen einen Buchwert von mehr als € 500.000, aber unter € 2 Mio., greift die absolute Grenze von € 500.000 des § 20 II 2 Nr. 4 Buchst. b UmwStG ein. Der übernehmende Rechtsträger kann damit dem Einbringenden eine sonstige Gegenleistung von maximal € 500.000 gewähren, ohne dass dadurch die Steuerneutralität des Einbringungsvorgangs gefährdet wird.[843]
- Beträgt der Nettobuchwertvermögen des eingebrachten Betriebsvermögens mehr als € 2 Mio., wird die sonstige Gegenleistung auf 25% des übertragenen Nettobuchwertvermögens begrenzt (relative Grenze), § 20 II 2 Nr. 4 Buchst. b UmwStG.[844]
- Wird eine Gegenleistung gewährt, die die relative Grenze von 25% des Buchwerts (Nettobuchwertvermögen) übersteigt, sind insoweit zwingend stille Reserven im übertragenen Vermögen aufzudecken.

607 Fallbeispiel[845]
Sachverhalt
Eine Personengesellschaft wird auf eine Kapitalgesellschaft verschmolzen. Das im Wege der Gesamtrechtsnachfolge eingebrachte Betriebsvermögen hat einen Buchwert von € 2 000 000 und einen gemeinen Wert von € 5 000 000. Der Einbringende erhält neue Anteile mit einem gemeinen Wert von € 4 000 000 sowie eine Barzahlung iHv € 1 000 000. Die aufnehmende Kapitalgesellschaft stellt einen Antrag auf Fortführung der Buchwerte des eingebrachten Vermögens. Die Voraussetzungen für einen Buchwertansatz in § 20 II 2 Nr. 1 bis 3 und II 3 UmwStG liegen vor.

Lösungshinweise
Auf die Verschmelzung einer Personengesellschaft auf eine Kapitalgesellschaft ist § 20 UmwStG anzuwenden. Dabei ist eine Fortführung der Buchwerte des eingebrachten Vermögens auf Antrag der übernehmenden Kapitalgesellschaft unter Beachtung der Voraussetzungen des § 20 II 2 UmwStG möglich, wobei im Folgenden auf die Erfüllung der Bedingungen des § 20 II 2 Nr. 4 UmwStG abzustellen ist.
Die Lösung des Beispiels erfolgt anhand der Gesetzesbegründung in fünf Schritten, wobei sich Schritte 1 bis 3 mit dem Wertansatz bei der Übernehmerin und Schritte 4 und 5 mit den Folgen beim Einbringenden beschäftigen.
Schritt 1: Prüfung der Grenzen des § 20 II 2 Nr. 4 UmwStG auf Ebene der Übernehmerin und Ermittlung eines etwaig übersteigenden Betrags
Die Möglichkeit der Fortführung der Buchwerte des eingebrachten Vermögens setzt voraus, dass die Grenzen des § 20 II 2 Nr. 4 UmwStG nicht überschritten sind.
Überschreitet der Betrag der Gegenleistung den nach § 20 II 2 Nr. 4 UmwStG zulässigen Betrag der unschädlichen Gegenleistung, ist insoweit, dh in Höhe des überschreitenden Betrags, ein Ansatz des Buch- oder Zwischenwerts ausgeschlossen. In Höhe dieses Betrags wird eine entgeltliche Veräußerung des

---
[843] Vgl. Ettinger/Mörz GmbHR 2016 S. 154 (155).
[844] Vgl. Geberth/Bartelt DB 2015 S. 774.
[845] Analog BT-Drs. 18/4902, S. 49. Zu weiteren Beispielen siehe zB *Ettinger/Mörz* GmbHR 2016 S. 154 (156).

§ 11. Steuerrechtliche Regelungen § 11

eingebrachten Betriebsvermögens angenommen, bei der insoweit die stillen Reserven aufzudecken sind (Trennungstheorie).

	€
Gemeiner Wert der zusätzlichen Gegenleistung (Barzahlung)	1000000
Grenzen des § 20 II 2 Nr. 4 UmwStG	500000
(-) absolute Grenze: € 500 000, höchstens jedoch der Buchwert	
(-) relative Grenze: 25% des Buchwerts des eingebrachten Betriebsvermögens	
Übersteigender Betrag	**500000**

Im vorliegenden Fall übersteigt die gewährte zusätzliche Gegenleistung den nach § 20 II 2 Nr. 4 UmwStG zulässigen Höchstbetrag um € 500 000. Demzufolge sind unter Beachtung des § 20 II 4 UmwStG stille Reserven im eingebrachten Betriebsvermögen teilweise aufzudecken.

<u>Schritt 2:</u> Ermittlung des anteiligen Werts des Betriebsvermögens, für den die Buchwertfortführung möglich ist.

Das Verhältnis des Wertes des Betriebsvermögens, für das nach § 20 II 2 UmwStG in Abweichung von § 20 II 1 UmwStG die Buchwerte fortgeführt werden können, ergibt sich durch Gegenüberstellung der Differenz zwischen dem gemeinen Wert des eingebrachten Vermögens und dem die Grenze übersteigenden Wert der Gegenleistung einerseits und dem (ungekürzten) gemeinen Wert des eingebrachten Betriebsvermögens.

$$\frac{\text{Gemeiner Wert des eingebrachten Betriebsvermögens} - \text{übersteigende Gegenleistung}}{\text{Gemeinen Wert des eingebrachten Betriebsvermögens}} = \frac{(€\ 5\ 000000 - €\ 500\ 000)}{€\ 5\ 000000} = 90\%$$

Im vorliegenden Fallbeispiel können – trotz Überschreitung der Grenzen des § 20 II 2 UmwStG – 90% des eingebrachten Betriebsvermögens zu Buchwerten fortgeführt werden.

Anders ausgedrückt sind im Ergebnis stille Reserven in dem Verhältnis des Werts der übersteigenden sonstigen Gegenleistung (€ 500.000) zum Gesamtwert des eingebrachten Betriebsvermögens (€ 5 000 000), dh es sind 10% der stillen Reserven von € 3.000.000 aufzudecken.

<u>Schritt 3:</u> Bestimmung des Wertansatzes des übernommenen Betriebsvermögens bei der Übernehmerin

Unter Beachtung von § 20 II 4 UmwStG ist das eingebrachte Betriebsvermögen abweichend von § 20 II 2 UmwStG mindestens mit dem gemeinen Wert der sonstigen Gegenleistungen anzusetzen, sofern der Einbringende neben den neuen Gesellschaftsanteilen auch sonstige Gegenleistungen erhält und diese Gegenleistungen den sich nach § 20 II 2 UmwStG ergebenden Wert übersteigen.

Der Wert, mit dem die übernehmende Kapitalgesellschaft auf Antrag das eingebrachte Vermögen ansetzen kann, ergibt sich wie folgt:

	€
Buchwertfortführung: 90% von € 2 000000	1800000
zzgl. übrige Gegenleistung, soweit § 20 II 2 Nr. 4 UmwStG überschritten	500000
Ansatz des übergehenden Vermögens bei der Übernehmerin	**2300000**

Im Ergebnis ist das eingebrachte Betriebsvermögen im vorliegenden Beispiel zu Zwischenwerten anzusetzen. Die stillen Reserven sind in den einzelnen Wirt-

§ 11 3. Teil. Verschmelzung

schaftsgütern anteilig aufzudecken und nach einem einheitlichen Schlüssel auf die einzelnen Wirtschaftsgüter zu verteilen.[846]

Schritt 4: Ermittlung des Übertragungsgewinns beim Einbringenden

	€
Ansatz des übergehenden Vermögens bei der Übernehmerin (=Veräußerungspreis)	2300000
abzgl. Buchwert des eingebrachten Betriebsvermögens	2000000
Einbringungsgewinn	**300000**

Schritt 5: Bestimmung der Anschaffungskosten der erhaltenen Anteile an der übernehmenden Kapitalgesellschaft.

	€
Anschaffungskosten der erhaltenen Anteile (§ 20 III 1 UmwStG)	2300000
abzgl. Wert der sonstigen Gegenleistung (§ 20 III 3 UmwStG)	1000000
Anschaffungskosten der erhaltenen Anteile	**1300000**

Würden die erhaltenen neuen Anteile später zu ihrem gemeinen Wert von € 4 Mio. veräußert, würde ungeachtet des § 22 UmwStG ein Veräußerungsgewinn iHv € 2,7 Mio. realisiert. Dies entspricht den auf die Übernehmerin übergegangenen stillen Reserven (€ 5 Mio. − € 2,3 Mio. = € 2,7 Mio.). Durch den Abzug des gesamten Betrages der sonstigen Gegenleistung bei der Ermittlung der Anschaffungskosten der erhaltenen Anteile bleibt die dem Einbringungsteil zugrunde liegende Systematik der sog. Verdopplung stiller Reserven gewahrt.

5. Verschmelzung inländischer Gesellschaften ohne Auslandsbezug

a) Steuerliche Auswirkungen auf der Ebene der übernehmenden Kapitalgesellschaft

aa) Bewertung des eingebrachten Vermögens

608 (1) Regelbewertung zum gemeinen Wert. Nach § 20 II 1 UmwStG hat die übernehmende Gesellschaft das eingebrachte Betriebsvermögen mit dem gemeinen Wert[847] anzusetzen. Eine Bewertung zum gemeinen Wert kann ferner nach § 50i II 1 EStG bei Einbringung eines Betriebs abweichend von § 20 II 1 UmwStG zwingend erforderlich sein, sofern Wirtschaftsgüter des Betriebsvermögens oder Anteile iSd § 17 EStG enthalten sind, die vor dem 29.6.2013 in das Betriebsvermögen einer Personengesellschaft iSd § 15 III EStG übertragen oder überführt worden sind.

609 Infolge der Bewertung zum gemeinen Wert gelten die steuerlichen Ansatzverbote des § 5 EStG nicht.[848] Demzufolge sind von der über-

---

[846] Vgl. BMF-Schreiben vom 11.11.2011, BStBl. I 2011 S. 1314 Tz. 20.18 iVm Tz. 03.25.
[847] Zum Begriff → Rn. 55 ff.
[848] Vgl. BMF-Schreiben vom 11.11.2011, BStBl. I 2011 S. 1314 Tz. 03.06. Vgl. auch *Brinkaus/Grabbe* in Haritz/Menner, § 3 UmwStG Rn. 87; *Schmitt* in Schmitt/Hörtnagl/Stratz, § 3 UmwStG Rn. 29. AA hinsichtlich der steuerlichen Aktivierungs- und Passivierungsverbote *Birkemeier* in Rödder/Herlinghaus/van Lishaut, § 3 UmwStG Rn. 59 mwN.

§ 11. Steuerrechtliche Regelungen § 11

nehmenden Gesellschaft mit dem eingebrachten Vermögen auch selbst geschaffene immaterielle Wirtschaftsgüter, wie Geschäfts- oder Firmenwert oder Patente zu aktivieren.

Desweiteren sind stille Lasten im eingebrachten Vermögen, die aufgrund von Ansatz- und Bewertungsvorbehalten beim Übertragenden in der Steuerbilanz nicht oder mit einem niedrigeren Wert zu passivieren waren, zu berücksichtigen.[849] Soweit diese stillen Lasten passivierungsfähig sind, sind bei der übernehmenden Kapitalgesellschaft Rückstellungen zu bilden. Nicht in Rückstellungen passivierungsfähige negative Ertragserwartungen mindern die Residualgröße Geschäfts- oder Firmenwert.[850] Werden für stille Lasten Rückstellungen passiviert, stellt sich weiterhin die Frage einer Anwendung von § 4f EStG, wenn der Verschmelzungsstichtag nach dem 28.11.2013 liegt. Nach § 4f EStG ist der Aufwand aus Verpflichtungen, die beim ursprünglich Verpflichteten Ansatzverboten, Ansatzbeschränkungen oder Bewertungsvorbehalten unterlegen haben, im Wirtschaftsjahr der Übertragung und den nachfolgenden 14 Jahren gleichmäßig verteilt als Betriebsausgabe abziehbar. Die Vorschrift des § 4f EStG gilt gemäß § 52 VIII EStG erstmals für Wirtschaftsjahre, die nach dem 28.11.2013 enden. Eine Übertragung einer Verpflichtung iSd § 4f I EStG liegt vor, wenn die Verpflichtung zivilrechtlich auf eine andere Person übergeht, wobei die Übertragung im Wege der Einzelrechts-, Sonderrechts- oder Gesamtrechtsnachfolge vorgenommen werden kann. Diese Bedingung ist bei Verschmelzung einer Personengesellschaft auf eine Kapitalgesellschaft erfüllt. Zwar enthält § 4f I 3 EStG eine Ausnahme von der angeordneten zeitlichen Streckung des realisierten Verlustes, wenn die Schuldenübernahme im Rahmen einer Veräußerung oder Aufgabe des ganzen Betriebes erfolgt; in diesem Fall ist der Aufwand unmittelbar im Wirtschaftsjahr seiner Realisation in voller Höhe durch den übertragenden Rechtsträger geltend zu machen. Allerdings soll diese Ausnahme nach dem Willen des Gesetzgebers nicht greifen, wenn die unternehmerische Tätigkeit auf Grund von Umwandlungsvorgängen nach dem UmwStG in andere Rechtsform oder durch einen anderen Rechtsträger fortgesetzt wird.[851] Vor diesem Hintergrund ist die Regelung des § 4f I 3 EStG nach überwiegender Auffassung des Schrifttum[852] auch bei Einbringungen iSd § 20 UmwStG im Wege der Gesamtrechtsnachfolge anzuwenden, vorausgesetzt die Buchwerte werden im Zuge der Umwandlung nicht fortgeführt. Die Nichtanwendbarkeit des § 4f I 3 EStG geht aus der Vorschrift selbst indes nicht hervor.

610

---

[849] Vgl. BMF-Schreiben vom 11.11.2011, BStBl. I 2011 S. 1314 Tz. 20.20.
[850] Vgl. *Herlinghaus* in Rödder/Herlinghaus/van Lishaut, § 20 UmwStG Rn. 143; Rödder/Schumacher DStR 2006 S. 1525; *Jäschke* in Lademann, § 20 UmwStG Rn. 51. AA BMF-Schreiben vom 11.11.2011, BStBl. I 2011 S. 1314 Tz. 03.08.
[851] Vgl. BT-Drs. 18/68 (neu) S. 73.
[852] Vgl. *Gosch* in Kirchhof, § 4f EStG Rn. 12; *Schober* in Herrmann/Heuer/Raupach, § 4f EStG Rn. J 13–26; *Krumm* in Blümich § 4f EStG Rn. 34; *Hoffmann* in Littmann/Bitz/Pust, § 4f EStG Rn. 5; *Förster/Staaden* Ubg 2014 S. 1; *Benz/Placke* DStR 2013 S. 2653.

§ 11 3. Teil. Verschmelzung

Zudem würde die Nichtanwendung des § 4 f I 3 EStG auf Umwandlungsvorgänge den eigentlichen Sinn und Zweck des UmwStG konterkarrieren.[853] Das UmwStG soll gerade Umwandlungen im Verhältnis zu normalen Veräußerungsvorgängen privilegieren. Gegen die Anwendung des § 4 f EStG spricht ferner, dass die Vorschriften des UmwStG insoweit im Vergleich zu § 4 f EStG die spezielleren Regelungen sind und damit allgemeinere Vorschrift des EStG verdrängen. Die Regelung des § 20 UmwStG enthält keinen Verweis auf § 4 f EStG.

611 Daneben hat die übernehmende Kapitalgesellschaft die Regelung des § 5 VII EStG zu beachten. Nach § 5 VII EStG muss der übernehmende Rechtsträger die ursprünglichen Passivierungsbeschränkungen, die für den übertragenden Rechtsträger galten, in der Steuerbilanz wieder rückgängig machen, die auf das Wirtschaftsjahr aufzustellen ist, in das die Übertragung der stillen Lasten fällt. Infolge der Anwendung der Ansatzverbote, Ansatzbeschränkungen bzw. Bewertungsvorbehalte kommt es beim übernehmenden Rechtsträger zum Ende des Wirtschaftsjahres, welches der Übernahme folgt, zu einer Gewinnrealisierung. Nach § 5 VII 5 EStG kann der so entstandene Gewinn iHv $^{14}/_{15}$ durch eine Rücklage neutralisiert werden. Wird eine solche Rücklage gebildet, ist sie in den folgenden 14 Wirtschaftsjahren jedenfalls mit mindestens einem weiteren 14tel gewinnerhöhend aufzulösen. Wahlweise kann die Rücklage in höherem Umfang aufgelöst werden. Nach Auffassung des Schrifttums[854] ist § 5 VII EStG auch in Umwandlungsfällen anzuwenden. Zumindest in den Fällen, in denen der übernehmende Rechtsträger das eingebrachte Vermögen zum gemeinen Wert ansetzt und die Einbringung einen Anschaffungsvorgang darstellt, ist diese Auffassung uE nicht vertretbar.[855]

612 Abweichend davon ist für die Bewertung von Pensionsrückstellungen die Regelung des § 6a EStG zu beachten. Dies verhindert die Berücksichtigung der in Pensionsrückstellungen ruhenden stillen Lasten.

613 Besonderheiten sind zu beachten bei Pensionsrückstellungen gegenüber Mitunternehmern der zu verschmelzenden Personengesellschaft. Die Übernahme der in der Gesamthandsbilanz der Mitunternehmerschaft ausgewiesenen Pensionsverpflichtung durch die übernehmende Kapitalgesellschaft stellt keine zusätzliche Gegenleistung iSd § 20 II 4 UmwStG dar. Die Pensionsverpflichtung geht als unselbstständige Bilanzposition des eingebrachten Betriebs auf die übernehmende Kapitalgesellschaft über. Die übernehmende Körperschaft vollzieht mit der Übernahme der Verpflichtung keine Gewinnverteilungsentscheidung, sondern übernimmt im Zuge der Einbringung eine dem Betrieb der übertragenden Personengesellschaft zuzurechnende betriebliche Verbindlichkeit (sog.

---

[853] Vgl. *Schmitt* in Schmitt/Hörtnagl/Stratz, § 20 UmwStG Rn. 279a f.; Schmitt/Keuthen DStR 2015 S. 2521 (2525).
[854] Vgl. *Rödder* in Rödder/Herlinghaus/van Lishaut, § 12 UmwStG Rn. 24d; *Bohnhardt* in Haritz/Menner, § 4 UmwStG Rn. 98.
[855] Vgl. *Schmitt* in Schmitt/Hörtnagl/Stratz, § 20 UmwStG Rn. 279d; Schmitt/Keuthen DStR 2015 S. 2521 (2525).

§ 11. Steuerrechtliche Regelungen § 11

Einheitstheorie). Die übernommene Pensionsverpflichtung ist in den Fällen der Verschmelzung bei der Übernehmerin gem. § 6a III 1 Nr. 1 EStG so zu bewerten, als wenn das Dienstverhältnis unverändert fortgeführt worden wäre, § 20 II 1 2. Halbsatz UmwStG. Dies gilt auch für die der Umwandlung folgenden Bilanzstichtage. Werden die Ansprüche aus einer solchen Pensionszusage in den Sonderbilanzen aller Gesellschafter erfasst, ist bei der übernehmenden Kapitalgesellschaft nicht von einer Neuzusage im Zeitpunkt der Einbringung auszugehen. Für Zwecke der Erdienensdauer können in diesem Fall die Dienstzeiten in der Mitunternehmerschaft mit berücksichtigt werden.[856] Wird hingegen die Pensionszusage als steuerlich unbeachtliche Gewinnverteilungsabrede behandelt,[857] beginnt der Erdienenszeitraum am steuerlichen Übertragungsstichtag neu zu laufen.[858]

Werden die Ansprüche aus einer solchen Pensionszusage in den Sonderbilanzen aller Gesellschafter erfasst, steht der in der steuerlichen Schlussbilanz der übertragenden Mitunternehmerschaft nach § 6a EStG gebildeten Pensionsrückstellung eine Forderung in der Sonderbilanz des übertragenden Mitunternehmers bzw. der übertragenden Mitunternehmer gegenüber. Auf Antrag gilt diese Forderung im Zuge der Verschmelzung der Personengesellschaft auf eine Kapitalgesellschaft als nicht entnommen; sie bleibt in diesem Fall Restbetriebsvermögen des ehemaligen Mitunternehmers bzw. der ehemaligen Mitunternehmer iSv § 15 EStG.[859] **614**

(2) Bewertung zum Buchwert oder Zwischenwert auf Antrag. **615**
(a) **Überblick.** Abweichend von § 20 II 1 UmwStG kann die aufnehmende Gesellschaft das eingebrachte Vermögen auf Antrag einheitlich mit dem Buchwert oder einem höheren Wert ansetzen, höchstens jedoch mit dem gemeinen Wert bewerten, § 20 II 2 UmwStG. Dabei ist auf „das eingebrachte Betriebsvermögen" insgesamt abzustellen.[860] Dementsprechend kommt ein über dessen Buchwert liegender Wertansatz nicht in Betracht, falls der Wert des eingebrachten Betriebs wegen eines vorhandenen negativen Geschäftswerts den Buchwert des eingebrachten Betriebsvermögens nicht übersteigt.[861]

Das Wahlrecht steht ausschließlich dem übernehmenden Rechtsträger zu. Dem Einbringenden wird durch § 20 UmwStG kein Mitwirkungsrecht bei der Ausübung des Wahlrechts eingeräumt.[862] Der Antrag auf die Bewertung zu Buchwerten oder Zwischenwerten ist indes an die kumulative[863] Erfüllung der Voraussetzungen des § 20 II 2 Nrn. 1 bis 4 UmwStG geknüpft: **616**

---

[856] Vgl. BMF-Schreiben vom 11.11.2011, BStBl. I 2011 S. 1314 Tz. 20.30.
[857] Vgl. BMF-Schreiben vom 25.3.1998, BStBl. I 1998 S. 268 Tz. 20.41–20.47.
[858] Vgl. BMF-Schreiben vom 11.11.2011, BStBl. I 2011 S. 1314 Tz. 20.31.
[859] Vgl. BMF-Schreiben vom 11.11.2011, BStBl. I 2011 S. 1314 Tz. 20.31.
[860] Vgl. BFH-Urteil vom 28.4.2016 – I R 33/14, DStR 2016 S. 1801.
[861] Vgl. BFH-Urteil vom 28.4.2016 – I R 33/14, DStR 2016 S. 1801.
[862] Vgl. BMF-Schreiben vom 11.11.2011, BStBl. I 2011 S. 1314 Tz. 20.21.
[863] Siehe Regierungsbegründung zum SEStEG-E, BT-Drucks. 16/2710 S. 43.

§ 11　3. Teil. Verschmelzung

– Sicherstellung der Besteuerung des eingebrachten Vermögens bei der übernehmenden Körperschaft mit Körperschaftsteuer (Nr. 1);[864]
– keine Überschreitung der Aktivposten durch die Passivposten des eingebrachten Vermögens (Nr. 2);[865]
– kein Ausschluss und keine Beschränkung des deutschen Rechts auf die Besteuerung des Gewinns aus der Veräußerung des eingebrachten Vermögens bei der übernehmenden Gesellschaft (Nr. 3)[866] und
Der gemeine Wert von sonstigen Gegenleistungen, die neben den neuen Gesellschaftsanteilen gewährt werden, darf nicht mehr betragen als
(i) 25% des Buchwerts des eingebrachten Betriebsvermögens oder
(ii) € 500000, höchstens jedoch den Buchwert des eingebrachten Betriebsvermögens.

617　Nur sofern die genannten Voraussetzungen kumulativ erfüllt sind, kann das eingebrachte Betriebsvermögen zum Buchwert oder zum Zwischenwert, höchstens aber zum gemeinen Wert angesetzt werden.

618　Erhält der Einbringende neben den neuen Gesellschaftsanteilen auch sonstige Gegenleistungen, ist das eingebrachte Betriebsvermögen abweichend von Satz 2 mindestens mit dem gemeinen Wert der sonstigen Gegenleistungen anzusetzen, wenn dieser den sich nach Satz 2 ergebenden Wert übersteigt, § 20 II 4 UmwStG.

619　Das Antragswahlrecht des § 20 II 2 UmwStG kann durch § 50i EStG eingeschränkt sein. Danach ist eine Bewertung zum gemeinen Wert zwingend erforderlich, sofern Wirtschaftsgüter des Betriebsvermögens oder Anteile iSd § 17 EStG enthalten sind, die vor dem 29.6.2013 in das Betriebsvermögen einer Personengesellschaft iSd § 15 III EStG übertragen oder überführt worden sind.[867] Die Bewertung ist einheitlich vorzunehmen.

620　Eine Bindung an die Handelsbilanz der übernehmenden Kapitalgesellschaft infolge des Maßgeblichkeitsgrundsatzes besteht nicht. Formal betrachtet besteht seit dem SEStEG kein eigentliches Wahlrecht mehr zur Bewertung mit dem Buchwert oder Zwischenwert. Daher ist nach der Gesetzesbegründung bei der Bewertung des eingebrachten Vermögens in der Steuerbilanz nach § 20 II EStG der Maßgeblichkeitsgrundsatz des § 5 I 2 EStG nicht (mehr) zu beachten.[868] Insofern kann es zu permanenten Abweichungen zwischen Handelsbilanz und Steuerbilanz kommen, denen durch Bildung steuerlicher Ausgleichsposten Rechnung zu tragen ist.

621　Übersteigt der Wertansatz der eingebrachten Wirtschaftsgüter den Nennbetrag bzw. höheren Ausgabebetrag der für die Einbringung gewährten Anteile (zzgl. etwaiger barer Zuzahlungen oder Abfindungen), so stellt der Differenzbetrag ein Agio dar, das handelsrechtlich in die

---

[864] → Rn. 505 f.
[865] → Rn. 507 f.
[866] → Rn. 509 ff.
[867] Ausführlich → Rn. 640.
[868] Siehe Regierungsbegründung zum SEStEG-E, BT-Drucks. 16/2710 S. 43. Ausführlich *Haritz* DStR 2006 S. 977 (979). Ebenso BMF-Schreiben vom 11.11.2011, BStBl. I 2011 S. 1314 Tz. 20.20.

§ 11. Steuerrechtliche Regelungen § 11

Kapitalrücklage einzustellen und im steuerlichen Einlagekonto iSd § 27 KStG zu erfassen ist.[869]

(b) Antrag auf Bewertung zum Buchwert oder Zwischenwert. 622
(aa) Antragstellung. Der Antrag[870] auf Bewertung zu Buchwerten oder Zwischenwerten ist nach § 20 II 3 EStG spätestens bis zur erstmaligen Abgabe der steuerlichen Schlussbilanz bei dem für die Besteuerung der übernehmenden Gesellschaft zuständigen Finanzamt zu stellen.[871] Ist die übernehmende Gesellschaft ein ausländischer Rechtsträger ohne Sitz oder Geschäftsleitung im Inland, ist der Antrag bei dem Finanzamt einzureichen, das nach der Einbringung für die Besteuerung der eingebrachten Betriebsstätte zuständig ist.[872]

Nach § 20 II 3 UmwStG ist der Antrag spätestens bis zur erstmaligen 623 Abgabe der steuerlichen Schlussbilanz zu stellen. Mit der steuerlichen Schlussbilanz ist die Bilanz des übernehmenden Rechtsträgers zum Ende des Wirtschaftsjahres gemeint, in der das übernommene Betriebsvermögen erstmals anzusetzen ist.[873] Wird die Steuerbilanz ohne weitere Erklärung bezüglich eines etwaig bestehenden Wahlrechts abgegeben, so ist nach Ansicht der Finanzverwaltung die Antragsfrist des § 20 II 3 UmwStG verstrichen und der in der Jahresbilanz angesetzte Wert maßgebend.[874] Wird nur eine Handelsbilanz mit den oU notwendigen Korrekturen nach § 60 II EStDV eingereicht, gilt das Bewertungsrecht ebenfalls als ausgeübt.[875] Nach erstmaliger Abgabe der Steuerbilanz kann daher kein Antrag mehr gestellt werden. Die einmal ausgeübte Wahl zwischen Buchwert, Zwischenwert und gemeinem Wert kann nicht mehr geändert werden; sie ist endgültig. Eine nachträgliche Änderung des Antrags – selbst mit Zustimmung des Finanzamts – ist unzulässig.[876]

Zu stellen ist der Antrag durch die übernehmende Gesellschaft.[877] Er 624 ist für das eingebrachte Betriebsvermögen inklusive Sonderbetriebsvermögen einheitlich zu stellen. Eine selektive Aufstockung einzelner Wirtschaftsgüter ist unzulässig. Die stillen Reserven sind vielmehr über sämtliche Wirtschaftsgüter unter Anwendung eines einheitlichen Prozentsatzes aufzulösen.[878] Die sog. Stufentheorie wurde mittlerweile auf-

---

[869] Vgl. *Widmann* in Widmann/Mayer, § 20 UmwStG Rn. 480 ff.
[870] Zu Einzelheiten zum Antrag → Rn. 73 ff.
[871] Vgl. auch LfSt Bayern, Vfg. vom 11.11.2014 – S 1978d.2.1–17/10 St32, DStR 2015, 429.
[872] Vgl. *Benz/Rosenberg* BB 2006, Special 8 S. 51 (55), FN 38; *Widmann* in Widmann/Mayer, § 20 UmwStG Rn. 440; *Schmitt* in Schmitt/Hörtnagl/Stratz, § 20 UmwStG Rn. 317.
[873] Vgl. BMF-Schreiben vom 11.11.2011, BStBl. I 2011 S. 1314 Tz. 20.21.
[874] Vgl. LfSt Bayern, Vfg. vom 11.11.2014, DStR 2015 S. 429.
[875] Vgl. LfSt Bayern, Vfg. vom 11.11.2014 DStR 2015 S. 429. Ebenso FG München vom 22.10.2013 – 6 K 3548/12, EFG 2014 S. 235 (vgl. auch BFH vom 30.9.2015 – I R 77/13, BFH/NV 2016 S. 959).
[876] Im Einzelnen → Rn. 73 ff.
[877] Siehe Regierungsbegründung zum SEStEG-E, BT-Drucks. 16/2710 S. 43.
[878] Vgl. BMF-Schreiben vom 11.11.2011, BStBl. I 2011 S. 1314 Tz. 20.18 iVm 03.25.

§ 11 3. Teil. Verschmelzung

gegeben.[879] Trotz des Einheitlichkeitsgebots ist zu beachten, dass § 20 II 2 UmwStG das Wahlrecht nur eröffnet, „soweit" die Voraussetzungen der Nr. 1 bis 4 erfüllt sind. Dies bedeutet, dass das Wahlrecht für solche Wirtschaftsgüter des eingebrachten Betriebsvermögens nicht besteht, die die in § 20 II 2 Nr. 1 bis 4 UmwStG genannten Voraussetzungen nicht erfüllen; die übrigen Wirtschaftsgüter dürfen mit einem unter dem gemeinen Wert liegenden Wert angesetzt werden.

625 Fraglich ist, ob im Falle einer Verschmelzung einer Personengesellschaft das Wahlrecht nur einheitlich für den Einbringungsgegenstand „Betrieb" oder für jeden einzelnen einbringenden Mitunternehmer unterschiedlich ausgeübt werden kann. Die Frage stellt sich vor allem vor dem Hintergrund, dass nach Auffassung der Finanzverwaltung Einbringungsgegenstand bei der Verschmelzung einer Personengesellschaft auf eine Kapitalgesellschaft zwar der Betrieb ist; Einbringende sind dieser Auffassung zufolge hingegen die einzelnen Mitunternehmer.[880] Nach der hier vertretenen Auffassung ist entsprechend § 20 II 2 UmwStG aus Sicht der übernehmenden Körperschaft auf den Einbringungsgegenstand insgesamt abzustellen. Einbringungsgegenstand ist bei der Verschmelzung einer Personengesellschaft die einheitliche Sachgesamtheit „Betrieb" dieser Personengesellschaft. Dies spricht uE dafür, dass das Wahlrecht nur einheitlich auf den Einbringungsgegenstand „Betrieb" ausgeübt werden kann. Nach anderer Ansicht kann die übernehmende Kapitalgesellschaft das Wahlrecht für jeden Mitunternehmer (Einbringenden) unterschiedlich ausüben.[881]

626 **(bb) Antragsvoraussetzungen.** (α) Sicherstellung der späteren Besteuerung des eingebrachten Vermögens mit Körperschaftsteuer. Gemäß § 20 II 2 Nr. 1 UmwStG kann das eingebrachte Vermögen von der aufnehmenden Körperschaft einheitlich mit dem Buchwert oder einem höheren Wert, höchstens jedoch mit dem gemeinen Wert bewertet werden, soweit sichergestellt ist, dass es später bei der übernehmenden Körperschaft der Besteuerung mit Körperschaftsteuer unterliegt. Körperschaftsteuer iSd § 20 II 2 Nr. 1 UmwStG ist nicht nur die inländische Körperschaftsteuer, sondern auch eine einer der deutschen Körperschaftsteuer entsprechenden ausländische Steuer.[882] Eine Besteuerung mit Gewerbesteuer ist nicht erforderlich.[883] Nach dem Sinn und Zweck der Regelung des § 20 II 2 Nr. 1 UmwStG sind sachliche Steuerbefreiungen für die Erfüllung dieser Voraussetzung unbeachtlich. Insofern ist eine Bewertung zum gemeinen Wert nicht bereits deshalb erforderlich, weil

---

[879] Vgl. BMF-Schreiben vom 11.11.2011, BStBl. I 2011 S. 1314 Tz. 20.18 iVm 03.25; *Schlößer/Schley* in Haritz/Menner, § 24 UmwStG Rn. 124; *Klingberg* in Blümich, § 3 UmwStG Rn. 35; *Schmitt* in Schmitt/Hörtnagl/Stratz, § 20 UmwStG Rn. 193; *Hruschka* Beihefter zu DStR 22012 S. 5.
[880] Vgl. *Schmitt/Keuthen* DStR 2015 S. 860.
[881] Vgl. *Rode/Teufel* in Schneider/Ruoff/Sistermann, UmwStE 2011 H 20.8.
[882] Vgl. BMF-Schreiben vom 11.11.2011, BStBl. I 2011 S. 1314 Tz. 20.19 Tz. 03.17.
[883] Vgl. BMF-Schreiben vom 11.11.2011, BStBl. I 2011 S. 1314 Tz. 20.19 Tz. 03.17.

§ 11. Steuerrechtliche Regelungen § 11

die übernehmende Körperschaft aufgrund vorhandener Verlustvorträge faktisch keine Körperschaftsteuer zahlt[884] bzw. die übernehmende Körperschaft in den Genuss des § 8b II KStG oder von Freibeträgen kommt.

Nicht zulässig ist hingegen eine Bewertung zu Buch- oder Zwischenwerten bei Einbringung in eine nach § 5 KStG von der Körperschaftsteuer befreite Gesellschaft, etwa eine steuerbefreite REIT.[885] In diesen Fällen ist das eingebrachte Betriebsvermögen vielmehr zwingend zum gemeinen Wert nach § 20 II 1 UmwStG anzusetzen. 627

Entscheidend für die Sicherstellung der späteren Besteuerung mit inländischer oder ausländischer Körperschaftsteuer sind die Verhältnisse am steuerlichen Übertragungsstichtag.[886] 628

Fraglich ist, wie die Bedingung der „Sicherstellung der späteren Besteuerung mit Körperschaftsteuer" in Fällen der Verschmelzung auf eine Organgesellschaft auszulegen ist. Nach Auffassung der Finanzverwaltung ist infolge der Zurechnung des Einkommens der Organgesellschaft beim Organträger die Besteuerung mit Körperschaftsteuer nur sichergestellt, wenn und soweit das zugerechnete Einkommen beim Organträger der Körperschaftsteuer unterliegt.[887] Unterliegt hingegen das Einkommen des Organträgers der Einkommensteuer, können nach Auffassung der Finanzverwaltung die übergehenden Wirtschaftsgüter aus Billigkeitsgründen einheitlich mit dem Buch- oder Zwischenwert angesetzt werden, sofern sich alle an der Einbringung Beteiligten übereinstimmend schriftlich damit einverstanden erklären, dass auf die aus der Einbringung resultierenden Mehrabführungen § 14 III 1 KStG anzuwenden ist.[888] An der erforderlichen Einverständniserklärung müssten demnach übertragender Rechtsträger, übernehmender Rechtsträger sowie die Anteilseigner des übertragenden und des übernehmenden Rechtsträgers beteiligt sein. Diese Auffassung wird indes im Schrifttum[889] mit dem Verweis darauf abgelehnt, dass es auf die künftige Besteuerung der übergehenden stillen Reserven an sich ankommt, und nicht darauf, ob es sich dabei um eine Besteuerung mit Körperschaftsteuer oder mit Einkommensteuer handelt. Dies sollte für Zwecke des § 20 II 2 Nr. 1 UmwStG ausreichend sein.[890] 629

---

[884] Vgl. *Herlinghaus* in Rödder/Herlinghaus/van Lishaut, § 20 UmwStG Rn. 160a; *Haritz* in Haritz/Menner, § 20 UmwStG Rn. 321 mwN.
[885] Vgl. BT-Drucks. 16/3369 S. 25; vgl. *Bron* BB 2009 S. 84.
[886] Vgl. *Schmitt* in Schmitt/Hörtnagl/Stratz, § 20 UmwStG Rn. 327; *Herlinghaus* in Rödder/Herlinghaus/van Lishaut, § 20 UmwStG Rn. 160. AA *Menner* in Haritz/Menner, § 20 UmwStG Rn. 322.
[887] Vgl. BMF-Schreiben vom 11.11.2011 BStBl. I 2011 S. 1314 Tz. 20.19.
[888] Vgl. BMF-Schreiben vom 11.11.2011 BStBl. I 2011 S. 1314 Tz. 20.19.
[889] Vgl. *Herlinghaus* in Rödder/Herlinghaus/van Lishaut, § 11 UmwStG Rn. 106; *Schmitt* in Schmitt/Hörtnagl/Stratz, § 20 UmwStG Rn. 330; *Behrens* in Haritz/Menner, UmwStG, Anhang Org, Rn. 118; *Jäschke* in Lademann, § 20 UmwStG Rn. 55; *Ruoff* in Schneider/Ruoff/Sistermann, UmwStE 2011, H 11.15; *Noll/Schiffers/Watermeyer* GmbHR 2011 S. 729; *Rödder* DStR 2011 S. 1059.
[890] Vgl. bereits *Rödder* DStR 2011 S. 1059.

630 (β) **Keine steuerliche Unterbilanz.** Eine Bewertung zum Buchwert oder einem höheren Wert, höchstens jedoch mit dem gemeinen Wert kommt ferner nur in Betracht, soweit die Passivposten des eingebrachten Betriebsvermögens ohne Berücksichtigung des Eigenkapitals die Aktivposten buchmäßig nicht übersteigen, § 20 II 2 Nr. 2 UmwStG. In dem Fall, dass die Passivposten die Aktivposten des eingebrachten Vermögens („negatives Betriebsvermögen") überschreiten, muss die übernehmende Gesellschaft die im eingebrachten Betriebsvermögen ruhenden stillen Reserven in ihrer Steuerbilanz aufdecken, soweit dies zum Ausgleich des auf die Sacheinlage bezogenen Negativkapitals erforderlich ist. Nach der Aufstockung müssen sich die eingebrachten Aktiv- und Passivposten mindestens ausgleichen, dh das eingebrachte Betriebsvermögen muss nach dieser Aufstockung (per saldo) mindestens mit Null angesetzt werden. Übersteigen die stillen Reserven in den eingebrachten Wirtschaftsgütern das negative Kapital, kann ein Zwischenwertansatz gewählt werden. Eine Aufstockung über den gemeinen Wert des eingebrachten Vermögens ist dabei indes nicht möglich. Ist das eingebrachte Betriebsvermögen trotz Aufstockung bis zum gemeinen Wert negativ, ist eine Einbringung nach § 20 UmwStG ausgeschlossen. Maßgeblich für die Frage, ob die Passivposten die Aktivposten übersteigen, ist die Bewertung in der Steuerbilanz zum steuerlichen Übertragungsstichtag.

631 Die Regelung ist vor dem Hintergrund der Verhinderung von negativen Anschaffungskosten der in Folge der Einbringung zu gewährenden neuen Anteile zu sehen.[891] Durch eine solche Aufstockung entstehen steuerpflichtige Erfolgsbeiträge für den Einbringenden. Vermieden werden kann die Anwendung des § 20 II 2 Nr. 2 UmwStG dadurch, dass ein eventuell vorhandenes Negativkapital der Übertragerin noch vor der Einbringung durch Einlagen ausgeglichen wird. Alternativ könnten ggf. nicht betriebsnotwendige Schulden bei der Einbringung zurückbehalten werden.[892]

632 Fraglich ist, ob im Falle der Verschmelzung einer Personengesellschaft obige Prüfung für jeden Mitunternehmer gesondert durchzuführen oder ob auf das eingebrachte Betriebsvermögen der Personengesellschaft in Summe abzustellen ist. Entscheidend für diese Betrachtung ist, dass – wie hier vertreten – Einbringungsgegenstand (bei Verschmelzung ist dies der Betrieb der Personengesellschaft) und Einbringender (im Fall der Verschmelzung die Mitunternehmer) unabhängig voneinander zu bestimmen sind. Unseres Erachtens ist bei der Verschmelzung einer Personengesellschaft für Zwecke des § 20 II Nr. 2 UmwStG nicht auf den einzelnen (positiven oder negativen) Mitunternehmeranteil abzustellen, sondern auf das eingebrachte Betriebsvermögen der Personengesellschaft. Denn Einbringungsgegenstand ist die Sachgesamtheit „Betrieb". Gestützt wird diese Betrachtung auch durch die Tatsache, dass die aufnehmende Kapitalgesellschaft das Bewertungswahlrecht nach § 20 II UmwStG aus-

---

[891] Vgl. *Hruschka/Hellmann* in Haase/Hruschka, § 20 UmwStG Rn. 115.
[892] Vgl. *Hruschka/Hellmann* in Haase/Hruschka, § 20 UmwStG Rn. 117.

§ 11. Steuerrechtliche Regelungen § 11

übt.[893] Ausreichend sollte damit sein, dass das Gesamtkapital der Personengesellschaft positiv ist. In die Prüfung einzubeziehen sind die Ergänzungsbilanzen der Mitunternehmer sowie miteingebrachtes Sonderbetriebsvermögen.

(γ) Kein Ausschluss bzw. keine Beschränkung des deutschen Besteuerungsrechts. Nach § 20 II 2 Nr. 3 UmwStG kann das eingebrachte Vermögen von der aufnehmenden Körperschaft einheitlich mit dem Buchwert oder einem höheren Wert, höchstens jedoch mit dem gemeinen Wert angesetzt werden, soweit das Recht Deutschlands auf die Besteuerung des Gewinns aus der Veräußerung des eingebrachten Betriebsvermögens bei der übernehmenden Gesellschaft nicht ausgeschlossen oder beschränkt wird. Das deutsche Besteuerungsrecht ist bei der übernehmenden Gesellschaft dann ausgeschlossen, wenn nach der Einbringung auf das eingebrachte Betriebsvermögen überhaupt kein deutsches Besteuerungsrecht bezogen mehr besteht. Dies kann der Fall sein, wenn Deutschland vor der Einbringung ein volles Besteuerungsrecht hatte oder immerhin ein Besteuerungsrecht mit Anrechnungsverpflichtung bestand, nach der Einbringung hingegen Deutschland auf sein Besteuerungsrecht vollständig verzichten muss, etwa infolge eines DBA mit Freistellungsklausel. 633

Demgegenüber ist das deutsche Besteuerungsrecht im Hinblick auf das eingebrachte Vermögen beschränkt, wenn vor der Einbringung etwa ein uneingeschränktes Besteuerungsrecht (ohne Anrechnungsverpflichtung) bestand, nach der Einbringung Deutschland zwar noch ein Besteuerungsrecht eingeräumt wird, indes eine Anrechnungsverpflichtung besteht. 634

Keine Beschränkung des deutschen Besteuerungsrechts liegt demgegenüber vor, wenn ein solches durch die Einbringung erst begründet wird. 635

(δ) Begrenzung sonstiger Gegenleistungen. Nach § 20 II 2 Nr. 4 UmwStG idF des Steueränderungsgesetzes 2015[894] kann das übernommene Betriebsvermögen auf Antrag einheitlich mit dem Buchwert oder einem höheren Wert, höchstens jedoch mit dem gemeinen Wert angesetzt werden, soweit der gemeine Wert von sonstigen Gegenleistungen, die neben den neuen Gesellschaftsanteilen gewährt werden, nicht mehr beträgt als 25% des Buchwerts des eingebrachten Betriebsvermögens oder € 500000, höchstens jedoch den Buchwert des eingebrachten Betriebsvermögens. Erhält der Einbringende neben den neuen Gesellschaftsanteilen auch sonstige Gegenleistungen, ist das eingebrachte Betriebsvermögen abweichend von Satz 2 mindestens mit dem gemeinen Wert der sonstigen Gegenleistungen anzusetzen, wenn dieser den sich nach Satz 2 636

---

[893] Vgl. *Menner* in Haritz/Menner, § 20 UmwStG Rn. 335. Vgl. zur Diskussion auch *Schmitt* in Schmitt/Hörtnagl/Stratz, § 20 UmwStG Rn. 339; *Nitzschke* in Blümich, § 20 UmwStG Rn. 82; *Herlinghaus* in Rödder/Herlinghaus/van Lishaut, § 20 UmwStG Rn. 164.
[894] BGBl. I 2015 S. 1834.

§ 11   3. Teil. Verschmelzung

ergebenden Wert übersteigt, § 20 II 4 UmwStG. Zu den Regelungen im Einzelnen siehe die Ausführungen oben.[895]

637 Keine sonstige Gegenleistung stellen Entnahmen im Rückwirkungszeitraum dar. Auch Gegenleistungen von Dritten stellen keine sonstigen Gegenleistungen iSv § 20 II 2 Nr. 4 UmwStG dar.[896] Voraussetzung dürfte indes sein, dass die sonstigen Gegenleistungen von dritter Seite für Rechnung der aufnehmenden Gesellschaft erfolgen.[897] Dabei wird im Schrifttum für die Qualifizierung als sonstige Gegenleistung iSv § 20 II 2 Nr. 4 UmwStG teilweise ergänzend gefordert, dass die Leistungen von einer der aufnehmenden Gesellschaft nahestehenden Person erbracht wird.[898] Nach anderer Auffassung soll eine Leistung von dritter Seite selbst dann als Gegenleistung anzuerkennen sein, wenn diese nicht für Rechnung der aufnehmenden Gesellschaft erfolgt.[899]

638 Fraglich ist, welche Bedeutung der Änderung des Wortlauts des § 20 II 2 Nr. 4 UmwStG nF im Vergleich zur Rechtslage bis zum 31.12.2014 zukommt.[900] So bezieht sich § 20 II 2 Nr. 4 UmwStG nF auf sonstige Gegenleistungen, während nach früherer Rechtslage von „anderen Wirtschaftsgütern" die Rede war. Unklarheiten ergeben sich dabei zunächst dahingehend, ob nunmehr von § 20 II 2 Nr. 4 UmwStG auch solche Gegenleistungen erfasst werden, die keinen Wirtschaftsgutcharakter haben.[901] Nach bisheriger Rechtslage wurde die Behandlung nicht bilanzierungsfähiger, rein schuldrechtlicher Absprachen als sonstige Gegenleistung verneint.[902] Dafür, dass weiterhin Gegenleistungen ohne Wirtschaftsgutcharakter nicht als Gegenleistung iSv § 20 II 2 Nr. 4 UmwStG zu qualifizieren sind, spricht, dass die Terminologie in § 20 UmwStG nicht durchgängig geändert wurde. So ist in § 20 III 3 unverändert eine Kürzung der Anschaffungskosten der erhaltenen Anteile um den gemeinen Wert anderer Wirtschaftsgüter vorgesehen.[903] Durch die begriffliche Neufassung wird der Kausalzusammenhang zwischen der Einbringung und der sonstigen Gegenleistung stärker betont.[904] Fraglich ist, ob sich

---

[895] → Rn. 495.
[896] Vgl. *Herlinghaus* in Rödder/Herlinghaus/van Lishaut, § 20 UmwStG Rn. 182; *Schmitt* in Schmitt/Hörtnagl/Stratz, § 20 UmwStG Rn. 360; *Nöcker* DB 2016 S. 72 (74).
[897] Vgl. *Schmitt* in Schmitt/Hörtnagl/Stratz, § 20 UmwStG Rn. 360; *Nöcker* DB 2016 S. 72 (74).
[898] Vgl. *Menner* in Haritz/Menner, § 20 UmwStG Rn. 187; *Hötzel/Kaeser* in FGS/BDI, UmwStE, 2011, S. 317 Rn. 20.11.
[899] Vgl. *Patt* in Dötsch/Pung/Möhlenbrock, § 20 UmwStG Rn. 187 (Stand April 2014); *Widmann* in Widmann/Mayer, § 20 UmwStG Rn. 472.
[900] Vgl. dazu *Ritzer/Stangl* DStR 2015 S. 849 (856) und *Ettinger/Mörz* GmbHR 2016 S. 154 (158).
[901] Vgl. *Ritzer/Stangl* DStR 2015 S. 849 (856); *Ettinger/Mörz* GmbHR 2016 S. 154 (158).
[902] Vgl. *Schmitt* in Schmitt/Hörtnagl/Stratz, § 20 UmwStG Rn. 218.
[903] Vgl. *Bilitewski/Heinemann* Ubg 2015 S. 513; *Nitzschke* in Blümich, § 20 UmwStG Rn. 84e.
[904] Vgl. *Ritzer/Stangl* DStR 2015 S. 849 (856); *Ettinger/Mörz* GmbHR 2016 S. 154 (158).

§ 11. Steuerrechtliche Regelungen § 11

dadurch in der Praxis eine Verschärfung[905] dahingehend ergeben könnte, dass auch Leistungen, die zeitlich vor oder nach dem Einbringungsvorgang zwischen den an der Verschmelzung Beteiligten vereinbart wurden, als mit der Sacheinlage verknüpft angesehen werden könnten. Werden in diesen Fällen sonstige Gegenleistungen angenommen, könnte die Steuerunschädlichkeit unerwartet oder erst im Nachhinein durch Überschreitung der relativen oder absoluten Grenzen des § 20 II 2 Nr. 4 UmwStG nF gefährdet werden.[906] Dem ist entgegenzuhalten, dass bereits vor der Neuregelung für die Gewährung „anderer Wirtschaftsgüter" ein Kausalzusammenhang mit der Einbringung erforderlich ist, so dass auch insoweit der rechtliche Anwendungsbereich des § 20 II 2 Nr. 4 UmwStG unverändert bleibt.

In den Fällen, in denen ein Wertausgleich durch Gewährung zusätzlicher Gegenleistungen infolge der Neuregelung nicht bzw. nicht in ausreichendem Maße möglich ist, kann sich ein Wertausgleich vor der Verschmelzung anbieten. Zum Wertausgleich sind insoweit denkbar die Entnahme von (Bar-) Mitteln (wie Forderungen[907]) bzw. (Sonder-) Betriebsvermögen aus der zu verschmelzenden Personengesellschaft. Als weitere Gestaltungsmöglichkeit kommt ggf. eine Ausschüttung aus dem steuerlichen Einlagekonto unter Beachtung der Verwendungsfiktion des § 27 I 3, 5 KStG nach der Verschmelzung in Betracht. Vorsicht ist in diesem Zusammenhang aber im Hinblick auf den Ersatzrealisationstatbestand iSd § 22 I 6 Nr. 3 UmwStG geboten.[908] In jedem Fall gewinnt die Vorabplanung von Umstrukturierungen durch die Neuregelung an Bedeutung. Dabei ist zu berücksichtigen, dass jede vorhergehende Entnahme den nach § 20 II 2 Nr. 4 UmwStG maßgebenden Buchwert des eingebrachten Betriebsvermögens und damit auch die Höhe der steuerunschädlich möglichen sonstigen Gegenleistungen reduziert. Im Übrigen ist in diesem Zusammenhang insbesondere darauf zu achten, dass vorhergehende Entnahmen nach der Rechtsprechung zum Gesamtplan auf Dauer erfolgen, um nicht Gefahr zu laufen, den Anwendungsbereich des § 42 AO zu eröffnen. Zu beachten sind dabei die neuere Rechtsprechung zur sog. Gesamtplanrechtsprechung[909] sowie zum maßgeblichen Einbringungsstichtag.[910]

639

(c) Einschränkung des Bewertungswahlrechts nach § 20 II UmwStG durch § 50i II EStG. Durch das sog. Kroatien-Anpassungs- 640

---

[905] So *Ettinger/Mörz* GmbHR 2016 S. 154 (158).
[906] Vgl. *Ettinger/Mörz* GmbHR 2016 S. 154 (158). Vgl. dazu auch *Rapp* DStR 2017 S. 580.
[907] Die entsprechende Liquidität kann anschließend mittels eines Gesellschafterdarlehens ggf. wieder zur Verfügung gestellt werden. Vgl. *Ettinger/Mörz* GmbHR 2016 S. 154 (160). In diesem Fall wäre jedoch zweifelhaft, ob die Entnahme iSd Rechtsprechung zum Gesamtplan (→ Rn. 490) dauerhaft ist und, bei Verneinung, nicht doch § 42 AO greifen könne. Vgl. *Ettinger/Mörz* GmbHR 2016 S. 154 (161).
[908] → Rn. 618.
[909] → Rn. 490.
[910] → Rn. 490.

§ 11 3. Teil. Verschmelzung

gesetz[911] wurde § 50i II EStG eingeführt. Die Regelung des § 50i II EStG ergänzt die Regelung des § 50i I EStG. Zweck der Regelung des § 50i I EStG ist es, die Steuerverstrickung von Anteilen an Kapitalgesellschaften iSv § 17 EStG oder Wirtschaftsgütern des Betriebsvermögens sicher zu stellen, bei denen eine Entstrickung vor dem 29.6.2013 durch Überführung in eine gewerbliche geprägte Personengesellschaft ohne Realisierung der stillen Reserven erfolgte. Betroffen sind vor allem die Fälle, in denen zur Vermeidung der sog. Wegzugsbesteuerung vor einem Wegzug einer natürlichen Person ins Ausland Anteile iSd § 17 EStG in eine gewerblich geprägte oder infizierte Personengesellschaft eingebracht wurden. Die Finanzverwaltung war ursprünglich davon ausgegangen, dass die gewerblich geprägte oder infizierte Personengesellschaft dem Wegziehenden eine inländische Betriebsstätte vermittelt, und damit das deutsche Besteuerungsrecht sichert. Insofern wurde von einer Besteuerung des Wegzugs abgesehen.[912] Zur Vermeidung von Steuerausfällen in „Milliardenhöhe",[913] soll § 50i I EStG in den bezeichneten Fällen im Wege eines sog. Treaty Override[914] nachträglich das deutsche Besteuerungsrecht sichern. Demzufolge sollen bei Beteiligung im DBA-Ausland ansässiger Gesellschafter der Personengesellschaft Gewinne aus der späteren Veräußerung oder Entnahme der bezeichneten Wirtschaftsgüter des Betriebsvermögens oder der Anteile iSd § 17 EStG ungeachtet des DBA in Deutschland steuerpflichtig sein, § 50i I 1 EStG. Gleiches soll für sämtliche laufenden Einkünfte aus der Beteiligung an der Personengesellschaft gelten, § 50i I 1 EStG.

Die Steuerpflicht nach § 50i I EStG lässt sich durch steuerneutrale Umwandlungen oder Einbringungen vermeiden. Mit dem Ziel diesen Maßnahmen einen Riegel vorzuschieben, wurde § 50i EStG um einen Absatz 2 ergänzt. Nach § 50i II 1 EStG sind bei Umwandlungen und Einbringungen iSd § 1 UmwStG von Sachgesamtheiten, die Wirtschaftsgüter und Anteile iSd § 50i I EStG enthalten, abweichend von den Bestimmungen des UmwStG, stets die gemeinen Werte anzusetzen. Nach dem Wortlaut des § 50i II 1 EStG ist damit bei Verschmelzung einer Personengesellschaft iSd § 15 III EStG, zu deren Betriebsvermögen vor dem 29.6.2013 ohne Aufdeckung der stillen Reserven überführte oder übertragene Wirtschaftsgüter gehören, eine Bewertung zu Buchwerten oder Zwischenwerten nach § 20 II UmwStG ausgeschlossen. Dem Wortlaut des § 50i II 1 EStG zufolge ist in diesen Fällen zwingend der gemeine Wert anzusetzen. Davon sind nach dem klaren Wortlaut der Vorschrift nicht nur die steuerfrei überführten oder übertragenen Wirtschaftsgüter erfasst, sondern sämtliche Wirtschaftsgüter betroffen. Das gilt

---

[911] Gesetz zur Anpassung des nationalen Steuerrechts an den Beitritt Kroatiens zur EU und zur Änderung weiterer steuerlicher Vorschriften, BGBl. I 2014, S. 1266.
[912] Vgl. allgemein zu § 50i EStG zB *Loschelder* in Schmidt, § 50i EStG Rn. 1 ff.; *Gosch* in Kirchhof, § 50i EStG, Rn. 1 ff.
[913] BR-Drs. 632/1/12 S. 18.
[914] Zur verfassungsrechtlichen Zulässigkeit des Treaty Override vgl. BVerfG vom 15.12.2015 – 2 BvL 1/12, IStR 2016 S. 191.

§ 11 Steuerrechtliche Regelungen § 11

nach dem Wortlaut des § 50i II 1 EStG selbst bei Verschmelzung einer inländischen Personengesellschaft iSd § 15 III EStG auf eine inländische Kapitalgesellschaft mit ausschließlich inländischen Gesellschaftern. Die Regelung trifft damit nach ihrem Wortlaut auch reine Inlandsfälle.[915] Dieses Ergebnis widerspricht dem Sinn und Zweck der Regelung und der Intention des Gesetzgebers.[916] Aufgrund des klaren Wortlauts ist eine im Schrifttum[917] geforderte teleologische Reduktion des Anwendungsbereichs der Vorschrift nicht möglich. Die Finanzverwaltung[918] will daher die Anwendung des § 50i II EStG aus Gründen sachlicher Unbilligkeit einschränken. Demnach soll in den Fällen des § 20 UmwStG auf übereinstimmenden Antrag des Einbringenden und der übernehmenden Gesellschaft die Regelung des § 50i II EStG nicht anzuwenden sein, wenn das deutsche Besteuerungsrecht hinsichtlich der laufenden Einkünfte und des Gewinns aus der Veräußerung oder Entnahme der erhaltenen Anteile nicht ausgeschlossen oder beschränkt ist. Eine verwaltungsseitige Regelung kann indes nur der Anfang sein.[919] Vielmehr ist hier der Gesetzgeber gefordert. In der Praxis empfiehlt sich die Einholung einer verbindliche Auskunft dahingehend, dass entweder § 50i II EStG nicht anwendbar ist oder die Voraussetzungen eines Billigkeitserlass gegeben sind.[920]

(d) Ausübung des Wahlrechts zur Bewertung zu Zwischenwerten. Entscheidet sich die übernehmende Gesellschaft für die Bewertung des eingebrachten Vermögens zu Zwischenwerten, so sind vorhandene stille Reserven des eingebrachten Vermögens auf Antrag teilweise aufzudecken. Liegt indes der gemeine Wert des Vermögens unter dessen Buchwert, scheidet eine Bewertung zu Zwischenwerten aus.[921] 641

Die stillen Reserven im eingebrachten Vermögen sind einheitlich, dh über sämtliche Wirtschaftsgüter der eingebrachten Sachgesamtheit gleichmäßig aufzudecken (Grundsatz der Einheitlichkeit).[922] Eine selektive Aufstockung nur einzelner ausgewählter Wirtschaftsgüter ist unzuläs- 642

---

[915] Vgl. *Hruschka* DStR 2014 S. 2421 (2423).
[916] In der Gesetzesbegründung zu § 50i II EStG wird noch von einem „im anderen Vertragsstaat ansässigen Steuerpflichtigen" gesprochen. Vgl. BT-Drs. 18/1995 S. 106.
[917] Vgl. *Rödder/Kuhr/Heimig* Ubg 2014 S. 479; *Kudert/Kahlenberg/Mroz* ISR 2014 S. 263; *Roderburg/Richter* IStR 2015 S. 227.
[918] Vgl. BMF-Schreiben vom 21.12.2015, BStBl. I 2016 S. 7.
[919] Das Erlassverfahren hat weder den Sinn und Zweck, gesetzliche Unzulänglichkeiten auszugleichen. Es bedarf insoweit einer gesetzlichen Korrektur. Vgl. *Weber-Grellet* in Schmidt, § 50i EStG Rn. 16 mwN.
[920] Vgl. *Liekenbrok* DB 2016 S. 436 (437), *Dorfmüller* StuB 2016 Heft Nr. 4 S. 1 (2f.).
[921] Vgl. *Patt* in Dötsch/Patt/Pung/Möhlenbrock, § 20 UmwStG Tz. 205.
[922] BMF-Schreiben vom 11.11.2011, BStBl. I 2011 S. 1314 Tz. 20.18, Tz. 03.25; *Menner* in Haritz/Menner, § 20 UmwStG Rn. 406; *Schmitt* in Schmitt/Hörtnagl/Stratz, § 20 UmwStG Rn. 302; *Hruschka/Hellmann* in Haase/Hruschka, § 20 UmwStG Rn. 109 f.

§ 11   3. Teil. Verschmelzung

sig.[923] Aufzustocken sind dabei sowohl die Wirtschaftsgüter des Anlagevermögens als auch die des Umlaufvermögens einschließlich steuerfreier Rücklagen. Ein originärer, dh selbst geschaffener Geschäfts- oder Firmenwert ist dabei iHd anteiligen stillen Reserven zu berücksichtigen.[924] Steuerfreie Rücklagen (§ 6b-Rücklage, Rücklage für Ersatzbeschaffung nach EStR R 6.6.) sind anzusetzen, aber anteilig aufzulösen.[925] Stille Lasten sind anteilig zu berücksichtigen. Für die Bewertung von Pensionsrückstellung gilt trotz dem Zwischenwertansatz § 6a EStG. Die Auffassung,[926] dass originäre immaterielle Wirtschaftsgüter erst dann zu berücksichtigen sind, wenn die übrigen Wirtschaftsgüter bis zum gemeinen Wert aufgestockt sind (sog. Stufentheorie), steht nach der hier vertretenen Ansicht nicht mit dem Grundsatz der Einheitlichkeit der Bewertung in Einklang. Auch die Finanzverwaltung hat sich insoweit mittlerweile der hM angeschlossen und die (modifizierte) Stufentheorie aufgegeben.[927]

643   Bilanztechnisch ist bei der Aufstockung so zu verfahren, dass zunächst die Höhe der in den Wirtschaftsgütern der übertragenden Kapitalgesellschaft oder Genossenschaft vorhandenen stillen Reserven ermittelt wird. In einem nächsten Schritt ist der Betrag der aufzudeckenden stillen Reserven dem Gesamtbetrag der vorhandenen stillen Reserven im eingebrachten Vermögen gegenüber zu stellen. Der sich anhand dieses Verhältnisses ergebende Prozentsatz der aufzudeckenden stillen Reserven ist einheitlich auf alle Wirtschaftsgüter anzuwenden.[928]

(3) Gewährung sonstiger Gegenleistungen. Erhält der Einbringende neben den neuen Gesellschaftsanteilen auch sonstige Gegenleistungen, ist das eingebrachte Betriebsvermögen abweichend von § 20 II 2 UmwStG mindestens mit dem gemeinen Wert der sonstigen Gegenleistungen anzusetzen, wenn dieser den sich nach § 20 II 2 UmwStG ergebenden Wert übersteigt, § 20 II 4 UmwStG.[929]

---

[923] Vgl. BFH-Urteil vom 10.7.2002 – I R 79/01, BStBl. II 2002 S. 784; BStBl. II 2002 S. 784; BFH-Urteil vom 24.5.1984 – I R 166/78, BStBl. II 1985 S. 747. Siehe auch BMF-Schreiben vom 25.3.1998, BStBl. I 1998 S. 268 Tz. 20.23 iVm Tz. 22.08.
[924] BMF-Schreiben vom 11.11.2011, BStBl. I 2011 S. 1314 Tz. 20.18, Tz. 03.25
[925] Vgl. BFH-Urteil vom 22.8.2012 – X R 21/09, BFH/NV 2012 S. 2060; BMF-Schreiben vom 11.11.2011, BStBl. I 2011 S. 1314 Tz. 20.18, Tz. 20.20 iVm Tz. 03.25; *Schmitt* in Schmitt/Hörtnagl/Stratz, § 20 UmwStG Rn. 308.
[926] Vgl. BMF-Schreiben vom 25.3.1998, BStBl. I 1998, 268 Tz. 22.08; BFH-Urteil vom 24.5.1984 – I R 166/78, BStBl. II 1985 S. 747; *Patt* in Dötsch/Patt/Pung/Möhlenbrock, § 20 UmwStG Tz. 207.
[927] Vgl. BMF-Schreiben vom 11.11.2011, BStBl. I 2011 S. 1314 Tz. 20.18, Tz. 03.25.
[928] Beispiel → Rn. 80.
[929] → Rn. 636.

§ 11 Steuerrechtliche Regelungen § 11

bb) Folgen aus der Übernahme des Vermögens der übertragenden Personengesellschaft

Die weiteren Rechtsfolgen der Verschmelzung bei der aufnehmenden Gesellschaft werden in § 23 I, III bis VI UmwStG § 23 UmwStG geregelt. Dabei kommt es entscheidend darauf an, zu welchem Wert die übernehmende Gesellschaft die übertragenen Wirtschaftsgüter in der Steuerbilanz einschließlich Ergänzungsbilanzen ansetzt (Buchwert, Zwischenwert, gemeiner Wert). Ausschlaggebend für die weitere Behandlung der übernommenen Wirtschaftsgüter ist überdies die Tatsache, dass die Umwandlung durch Verschmelzung und damit im Wege der Gesamtrechtsnachfolge erfolgt. 644

(1) Bewertung des eingebrachten Vermögens zu Buchwerten oder Zwischenwert. Für die übernehmende Kapitalgesellschaft stellt die Einbringung einen Anschaffungsvorgang dar.⁹³⁰ Setzt die übernehmende Gesellschaft das eingebrachte Betriebsvermögen zu einem unter dem gemeinen Wert liegenden Wert an, gelten die Regelungen der §§ 4 II 3, 12 III Halbs. 1 UmwStG entsprechend, § 23 I UmwStG. Bei der Bewertung des eingebrachten Betriebsvermögens zu Zwischenwerten ist zudem § 23 III UmwStG zu beachten.⁹³¹ 645

(a) Eintritt in die steuerliche Rechtsstellung. Nach § 12 III iVm § 23 I UmwStG tritt die übernehmende Gesellschaft in die Rechtsstellung des Einbringenden ein. Zwar greift § 12 III iVm § 23 I UmwStG sowohl bei der Bewertung zu Buchwerten als auch bei der Bewertung zu Zwischenwerten. Allerdings sind nach § 23 III UmwStG im Fall der Bewertung zu Zwischenwerten modifizierte Regelungen zu beachten. 646

Mit der Einbringung übernimmt der übernehmende Rechtsträger sämtliche für die Besteuerung relevanten Merkmale, die auf Seiten des Einbringenden mit den eingebrachten Wirtschaftsgütern verbunden waren.⁹³² Dies gilt vor allem für die Bewertungsgrundsätze, die Herstellereigenschaft, den Anschaffungs- bzw. Herstellungszeitpunkt, die Höhe der historischen Anschaffungs- und Herstellungskosten, den Veranlassungszusammenhang bei der Aufnahme von Fremdkapital sowie steuerfreie Rücklagen. Die übernehmende Gesellschaft hat die Abschreibungsmethode, den Abschreibungssatz sowie die ursprünglich zugrunde gelegte betriebsgewöhnliche Nutzungsdauer der eingebrachten Wirtschaftsgüter fortzuführen. Ebenso tritt die übernehmende Gesellschaft in eine evtl. Wertaufholungsverpflichtung nach § 6 I Nr. 1 Satz 4, Nr. 2 Satz 3 EStG des Einbringenden ein. 647

Ebenfalls von der Übernehmerin fortzuführen ist die Einbringungsgeborenheit iSv § 21 UmwStG aF von übernommenen Anteilen und deren Steuerverhaftung nach § 8b IV KStG aF.⁹³³ 648

---

⁹³⁰ Vgl. BFH-Urteil vom 5.6.2002 – I R 6/01, BFH/NV 2003 S. 88; BFH-Urteil vom 17.9.2003 – I R 97/02, BStBl. II 2004 S. 686.
⁹³¹ Vgl. → Rn. 530.
⁹³² Vgl. → Rn. 118.
⁹³³ Vgl. *Ritzer* in Rödder/Herlinghaus/van Lishaut, § 23 UmwStG, Rn. 33.

§ 11　　　　　　　　　　　　　　　3. Teil. Verschmelzung

649　Gehen im Zuge der Verschmelzung Pensionsrückstellungen über, so tritt die übernehmende Gesellschaft in die Rechtsstellung des übertragenden Rechtsträgers ein. Dies gilt ebenfalls für Pensionszusagen der einbringenden Personengesellschaft an ihre Gesellschafter.[934]

650　**(b) Verluste.** Nicht auf die Übernehmerin gehen über verrechenbare Verluste, verbleibende Verlustvorträge sowie vom Einbringenden nicht ausgeglichene negative Einkünfte.[935] Zwar wird in § 23 I UmwStG nicht ausdrücklich auf § 4 II 2 UmwStG verwiesen, durch den der Übergang steuerlicher Verluste der Übertragerin ausdrücklich ausgeschlossen wird. Der fehlende Eintritt in die steuerlichen Verluste der übertragenden Personengesellschaft begründet sich indes in der Tatsache, dass die steuerlichen Verluste persönlich auf die Gesellschafter der übertragenen Personengesellschaft bezogen sind. Insofern können weder ein laufender Verlust noch ein Verlustvortrag nach § 10d EStG der übertragenden Personengesellschaft von der übernehmenden Gesellschaft verrechnet bzw. abgezogen werden. Entsprechendes gilt für Verluste nach § 15 IV EStG, Verluste aus Steuerstundungsmodellen gemäß § 15b EStG sowie verrechenbare Verluste nach § 15a EStG.

651　Ferner kann der maßgebende Gewerbeertrag der übernehmenden Gesellschaft nicht um vortragsfähige Fehlbeträge iSv § 10a GewStG des Einbringenden gekürzt werden, § 23 V UmwStG. Der Gewerbeverlust der übertragenden Personengesellschaft geht nicht auf die Übernehmerin über.

652　**(c) Zinsvortrag und EBITDA-Vortrag.** Nach § 20 IX UmwStG gehen ein Zinsvortrag gemäß § 4h I 2 EStG sowie ein EBITDA-Vortrag iSv § 4h I 3 EStG des eingebrachten Betriebs nicht auf die übernehmende Gesellschaft über. Durch die bezeichneten Vorschriften soll verhindert werden, dass die betriebsbezogene Zinsschrankenregelung durch Umwandlungen unterlaufen werden kann.

653　**(d) Besitzzeitanrechnung.** Nach § 23 I UmwStG greift für die übernehmende Kapitalgesellschaft bzw. Genossenschaft die Regelung des § 4 II 3 UmwStG zur Besitzzeitanrechnung. Danach ist der Zeitraum der Zugehörigkeit eines Wirtschaftsguts zum Betriebsvermögen des Einbringenden dem übernehmenden Rechtsträger anzurechnen, wenn die Dauer der Zugehörigkeit zum Betriebsvermögen für die Besteuerung bedeutsam ist. Die übernehmende Gesellschaft wird dadurch so gestellt, als hätte sich das betreffende Wirtschaftsgut bereits während der Besitzzeit beim Einbringenden in ihrem Betriebsvermögen befunden. Bedeutend ist die Regelung vor allem etwa für internationale oder gewerbesteuerliche Schachtelprivilegien, Verbleibensfristen nach InvZulG sowie Vorbesitzzeiten, wie nach § 6b EStG.

---

[934] Vgl. *Patt* in Dötsch/Patt/Pung/Möhlenbrock, § 23 UmwStG, Tz. 35.
[935] Vgl. *Widmann* in Widmann/Mayer, § 23 UmwStG, Rn. 564; *Ritzer* in Rödder/Herlinghaus/van Lishaut,§ 23 UmwStG, Rn. 37; *Bilitewski* in Haritz/Menner, § 23 UmwStG, Rn. 50; BMF-Schreiben vom 25.3.1998, BStBl. I 1998, 268, Tz. 22.02.

§ 11 Steuerrechtliche Regelungen § 11

Fragen der Besitzzeitanrechnung stellen sich insbesondere auch im 654
Hinblick auf das Merkmal der finanziellen Eingliederung bei der ertragsteuerlichen Organschaft nach § 14 KStG. Handelt es sich bei der zu verschmelzenden Personengesellschaft um eine Organträgerpersonengesellschaft und geht mithin ein Gewinnabführungsvertrag mit dem eingebrachten Vermögen auf die übernehmende Kapitalgesellschaft über, so gilt die Besitzzeitanrechnung nach § 4 II 3, § 23 I UmwStG auch für die fünfjährige Mindestlaufzeit nach § 14 I 1 Nr. 3 KStG. Die übernehmende Kapitalgesellschaft tritt in den bestehenden Gewinnabführungsvertrag ein.[936] Der übernehmenden Kapitalgesellschaft ist in Folge des Eintritts in die steuerliche Rechtsstellung der übertragenden Personengesellschaft mit Wirkung ab dem steuerlichen Übertragungsstichtag auch die im Verhältnis zwischen der Organträgerpersonengesellschaft und einer Organgesellschaft bestehende finanzielle Eingliederung zuzurechnen.[937] Die Voraussetzungen der ertragsteuerlichen Organschaft zwischen der übernehmenden Kapitalgesellschaft und „ihrer" Organgesellschaft können danach von Beginn des Wirtschaftsjahres der Organgesellschaft an erfüllt werden.[938] Die Voraussetzung der finanziellen Eingliederung kann allerdings nicht erst rückwirkend geschaffen werden.[939] Dies betrifft etwa den Fall, in dem die Anteile an der potentiellen Organgesellschaft zu je 50% von der zu verschmelzende Personengesellschaft sowie der übernehmenden Kapitalgesellschaft gehalten werden. Soll zwischen dem einbringenden Mitunternehmer der Personengesellschaft und der übernehmenden Kapitalgesellschaft rückwirkend eine ertragsteuerliche Organschaft begründet werden, so ist dies – unter den weiteren Voraussetzungen des § 14 KStG – ebenfalls mit Rückwirkung auf den steuerlichen Übertragungsstichtag grundsätzlich möglich, da die im Zuge der Einbringung entstehenden neuen Anteile an der übernehmenden Kapitalgesellschaft dem Einbringenden ebenfalls mit Wirkung zum steuerlichen Übertragungsstichtag zugerechnet werden.[940]

(2) Besonderheiten bei der Bewertung des eingebrachten Vermögens 655
zu Zwischenwerten. Setzt die übernehmende Gesellschaft das eingebrachte Betriebsvermögen mit einem über dem Buchwert, aber unter dem gemeinen Wert liegenden Wert an, so ist die Regelung des § 12 III Halbs. 1 UmwStG mit den in § 23 III 1 UmwStG aufgeführten Einschränkungen anzuwenden. Von den in § 23 III 1 UmwStG aufgeführten Modifikationen beim Eintritt in die Rechtstellung des Einbringenden abgesehen, sind § 4 II 3, § 12 III Halbs. 1 iVm § 23 I UmwStG uneingeschränkt auch bei der Bewertung des eingebrachten Vermögens zu

---

[936] Vgl. BMF-Schreiben vom 11.11.2011, BStBl. I 2011 S. 1314 Tz. Org. 01.
[937] Vgl. BFH vom 28.7.2010 – I R 89/09, BStBl. II 2011 S. 528. Vgl. auch BMF-Schreiben vom 11.11.2011, BStBl. I 2011 S. 1314 Tz. Org. 02.
[938] Vgl. BMF-Schreiben vom 11.11.2011, BStBl. I 2011 S. 1314 Tz. Org. 02.
[939] Vgl. BMF-Schreiben vom 11.11.2011, BStBl. I 2011 S. 1314 Tz. Org. 03.
[940] Befürwortend *Ritzer* in Rödder/Herlinghaus/van Lishaut, § 23 UmwStG, Rn. 54; *Patt* in Dötsch/Patt/Pung/Möhlenbrock, UmwStG, Anh. 3, Tz. 48. AA OFD Frankfurt/Main, Verf. vom 21.11.2005, DStR 2006 S. 41.

§ 11 3. Teil. Verschmelzung

Zwischenwerten anzuwenden. Insbesondere kommt es auch bei der Bewertung zu Zwischenwerten zu einer Besitzzeitanrechnung nach § 4 II 3 UmwStG.

656 Nach § 23 III 1 Nr. 1 UmwStG sind bei der Bewertung zu Zwischenwerten die lineare AfA nach § 7 I, IV EStG, die degressive AfA auf Gebäude nach § 7 V EStG sowie die Absetzung für Substanzverringerung nach § 7 VI EStG vom Zeitpunkt der Einbringung an nach den bisherigen Anschaffungs- bzw. Herstellungskosten des Einbringenden, vermehrt um den Unterschiedsbetrag zwischen Buchwert der einzelnen Wirtschaftsgüter und dem Wert zu bemessen, mit dem die übernehmende Gesellschaft die Wirtschaftsgüter ansetzt (Aufstockungsbetrag). Auf die sich ergebenden erhöhten Anschaffungs- oder Herstellungskosten ist der bisherige AfA-Satz anzuwenden, mit der Folge, dass sich der ursprüngliche AfA-Zeitraum verlängert.[941]

657 Beispiel
Verlängerung der Abschreibungsdauer in den Fällen der linearen AfA nach § 7 I EStG
Die A-OHG wird zum 1.1.2012 auf die B-GmbH gegen Gewährung von Gesellschaftsrechten zu Zwischenwerten verschmolzen. Zu dem übertragenen Vermögen der A-OHG gehört ein bewegliches Wirtschaftsgut des Anlagevermögens, das am 1.1.2008 zu Anschaffungskosten iHv € 50 000 erworben wurde und dessen betriebsgewöhnliche Nutzungsdauer 10 Jahre beträgt. Das Wirtschaftsgut wurde von der A-OHG linear nach § 7 I EStG abgeschrieben, so dass der Buchwert am 1.1.2010 € 30 000 beträgt. Der Wertansatz wird von der übernehmenden B-GmbH um € 7 000 auf einen Zwischenwert von € 37 000 aufgestockt.
658 *Die lineare AfA bemisst sich ab dem Verschmelzungsstichtag nach den um den Aufstockungsbetrag iHv € 7 000 erhöhten ursprünglichen Anschaffungskosten von € 50 000, also nach einem Betrag von € 57 000. Die jährliche AfA beträgt damit ab dem 1.1.2012 € 5 700, so dass das Wirtschaftsgut zum Ende der ursprünglich angesetzten betriebsgewöhnlichen Nutzungsdauer, also am 31.12.2017, noch einen Restbuchwert von € 2 800 aufweist. Ggf. ist zu prüfen, ob eine Absetzung für außergewöhnliche technische oder wirtschaftliche Abnutzung nach § 7 I 5 EStG in Frage kommt.*

659 Bei Anwendung der degressiven AfA nach § 7 II EStG tritt im Zeitpunkt der Einbringung an die Stelle des Buchwerts der einzelnen Wirtschaftsgüter der Wert, mit dem die übernehmende Gesellschaft die Wirtschaftsgüter ansetzt, § 23 III 1 Nr. 2 UmwStG. Der bisherige AfA-Satz wird unverändert weitergeführt, so dass sich der AfA-Zeitraum nicht verlängert.[942]

---

[941] Vgl. *Widmann* in Widmann/Mayer, § 23 UmwStG, Rn. 253; *Bilitewski* in Haritz/Menner, § 23 UmwStG, Rn. 61. Siehe auch BMF-Schreiben vom 11.11.2011, BStBl. I 2011 S. 1314 Tz. 22.10.
[942] Vgl. *Bilitewski* in Haritz/Menner, § 23 UmwStG, Rn. 64.

§ 11. Steuerrechtliche Regelungen § 11

(3) Bewertung des eingebrachten Vermögens zum gemeinen Wert. 660
Wird das im Zuge der Verschmelzung der Personengesellschaft auf die
Kapitalgesellschaft oder Genossenschaft nach den Vorschriften des
UmwG eingebrachte Vermögen von der übernehmenden Gesellschaft
mit dem gemeinen Wert angesetzt, dann sind die für den Ansatz zum
Zwischenwert geltenden Vorschriften des § 23 III UmwStG entsprechend anzuwenden, § 23 IV Halbs. 2 UmwStG. Aufgrund der Gesamtrechtsnachfolge bei der Verschmelzung gelten die übernommenen Wirtschaftsgüter nicht als durch die aufnehmende Gesellschaft angeschafft.
Vielmehr gilt § 12 III Halbs. 1 iVm § 23 III UmwStG entsprechend,
wobei die Besonderheiten zu beachten sind, die auch bei der Bewertung
zu Zwischenwerten greifen. Nach § 12 III Halbs. 1 UmwStG tritt die
übernehmende Gesellschaft in die steuerliche Rechtstellung des Einbringenden ein.[943] Bei der Bemessung der Abschreibungsgrundlage sind die
Aufstockungsbeträge auf den gemeinen Wert nach Maßgabe des § 23 II
Satz 1 Nrn. 1 u. 2 UmwStG zu berücksichtigen. Insoweit kann auf die
Ausführungen oben zur Vorgehensweise bei der Bewertung des übernommenen Vermögens zu Zwischenwerten verwiesen werden.[944]

Anders als bei der Bewertung zum Buchwert oder zum Zwischenwert 661
kommt es indes bei der Bewertung zum gemeinen Wert nicht zu einer
Besitzzeitanrechnung nach § 4 III 3 UmwStG. In § 23 IV Halbs. 2 bzw.
§ 23 III UmwStG fehlt ein Verweis auf § 23 I UmwStG bzw. § 4 III 3
UmwStG.

cc) Einbringungsfolgegewinn

Bei der Verschmelzung einer Personengesellschaft auf eine Kapitalge- 662
sellschaft oder Genossenschaft kann es auf Ebene der übernehmenden
Gesellschaft durch die Vereinigung von Forderungen und Verbindlichkeiten oder die Auflösung von Rückstellungen zu Erfolgsbeiträgen kommen.[945] Auf einen bei dieser Konfusion entstehenden Einbringungsfolgegewinn sind die Regelungen des § 6 I, III UmwStG bei der Verschmelzung auf eine Kapitalgesellschaft entsprechend anzuwenden, § 23 VI
UmwStG. Nach § 6 I UmwStG darf der übernehmende Rechtsträger in
Höhe eines solchen Einbringungsfolgegewinnes eine den steuerlichen
Gewinn mindernde Rücklage bilden. Die Rücklage ist in den auf ihre
Bildung folgenden drei Wirtschaftsjahren zu mindestens je einem Drittel
gewinnerhöhend aufzulösen. Der Auflösungsgewinn unterliegt der Gewerbesteuer. Entstehungszeitpunkt ist der steuerliche Übertragungsstichtag. Ist zB steuerlicher Übertragungsstichtag (Einbringungszeitpunkt) der
31.12.2017, entsteht der Gewinn mit Ablauf des 31.12.2017.[946]

Nach § 6 III UmwStG entfällt die Anwendung des § 6 I UmwStG 663
rückwirkend, wenn der übernehmende Rechtsträger den auf ihn überge-

---
[943] Vgl. → Rn. 521 ff.
[944] Vgl. → Rn. 582.
[945] Zu den Einzelheiten → Rn. 141 ff.
[946] *Patt* in Dötsch/Patt/Pung/Möhlenbrock, § 20 UmwStG Rn. 232; *Menner* in Haritz/Menner, § 20 UmwStG Rn. 459.

§ 11　　　　　　　　　　　　　　　　　　　　3. Teil. Verschmelzung

gangenen Betrieb innerhalb von fünf Jahren nach dem steuerlichen Übertragungsstichtag in eine Kapitalgesellschaft einbringt oder ohne triftigen Grund veräußert oder aufgibt. Bereits erteilte Steuerbescheide, Steuermessbescheide, Freistellungsbescheide oder Feststellungsbescheide sind zu ändern, soweit sie auf der Anwendung des § 6 I UmwStG beruhen.

664　Ein infolge der Konfusion entstehender Einbringungsfolgeverlust kann unmittelbar als Betriebsausgabe abgezogen werden.

b) Steuerliche Auswirkungen beim Einbringenden

aa) Einbringender

665　Bei der Verschmelzung einer Personengesellschaft auf eine Kapitalgesellschaft wird aus steuerlicher Sicht der Betrieb der zu verschmelzenden Personengesellschaft im Ganzen in die Kapitalgesellschaft eingebracht. Einbringender ist dabei nach Auffassung der Finanzverwaltung[947] der Rechtsträger, dem die Gegenleistung, dh die neuen Anteile am übernehmenden Rechtsträger zustehen. Die einbringenden Mitunternehmer der Personengesellschaft erhalten im Gegenzug für die Sacheinlage neue Anteile. Einbringende sind mithin die einzelnen Mitunternehmer.

666　Die übertragende Personengesellschaft hat auf den steuerlichen Übertragungsstichtag eine Schlussbilanz aufzustellen. Unter dem Begriff der steuerlichen Schlussbilanz ist keine eigenständige von der Gewinnermittlung nach §§ 4 I, 5 I EStG zu unterscheidende Bilanz des übernehmenden Rechtsträgers zu verstehen.[948] Vielmehr handelt es sich um die reguläre Steuerbilanz.[949]

667　Anders als bei der Verschmelzung von Kapitalgesellschaften ist bei Verschmelzung einer Personengesellschaft nicht die Bewertung in der Schlussbilanz der Übertragerin, sondern die Bewertung des eingebrachten Vermögens durch die Übernehmerin für die steuerlichen Rechtsfolgen beim Einbringenden ausschlaggebend. Abhängig von der Bewertung des übertragenen Vermögens bei der Unternehmerin kann für den Einbringenden aus der Verschmelzung ein Gewinn resultieren.[950]

668　#### bb) Verknüpfung mit dem Wertansatz der übernehmenden Gesellschaft

Die steuerlichen Folgen der Verschmelzung auf eine Kapitalgesellschaft oder Genossenschaft für den Einbringenden richten sich nach § 20 III UmwStG.

669　Nach § 20 III 1 UmwStG gilt der Wert, mit dem die übernehmende Gesellschaft das eingebrachte Betriebsvermögen ansetzt, für den Einbringenden als Veräußerungspreis und als Anschaffungskosten der Gesellschaftsanteile. Insofern wird die Höhe des Veräußerungspreises bzw. der Anschaffungskosten der Gesellschaftsanteile an den Wertansatz bei der

---

[947] Vgl. BMF-Schreiben vom 11.11.2011, BStBl. I 2011 S. 1314 Tz. 20.02.
[948] Vgl. FG München vom 22.10.2013 – 6 K 3548/12, EFG 2014 S. 235.
[949] Vgl. LfSt Bayern, Vfg. vom 11.11.2014, DStR 2015 S. 429. Anders noch (eigenständige Bilanz) LfSt Bayern, Vfg. vom 7.7.2014, DStR 2014 S. 1971.
[950] → Rn. 484.

§ 11. Steuerrechtliche Regelungen § 11

aufnehmenden Gesellschaft geknüpft. Damit bleibt es auch nach dem SEStEG – zumindest bei inländischen Verschmelzungen – bei der sog. „doppelten Buchwertverknüpfung".[951] Durch die Einbringung kommt es zu einer Verdoppelung der im eingebrachten Vermögen ruhenden stillen Reserven. Die stillen Reserven im übertragenen Vermögen setzen sich bei der Übernehmerin sowie in den Anteilen an der Übernehmerin fort. Die Einbringung wird in § 20 III 1 UmwStG als Tauschvorgang **670** behandelt. Sie stellt damit für den Einbringenden einen Veräußerungsvorgang sowie einen Anschaffungsvorgang dar.[952]
Der Wertansatz bei der aufnehmenden Kapitalgesellschaft ist für den **671** Einbringenden verbindlich.[953] Die Ausübung des Bewertungswahlrechts auf Ebene der aufnehmenden Kapitalgesellschaft sollte zwischen ihr und den Einbringenden vorab zivilrechtlich geregelt werden. Abweichungen zwischen dem zivilrechtlich vereinbarten und dem tatsächlichen Wertansatz auf Ebene der aufnehmenden Kapitalgesellschaft führen dann ggf. zivilrechtliche Schadensersatzansprüchen.[954] Für steuerliche Zwecke ist die Nichteinhaltung der zivilrechtlichen Vereinbarung ohne Bedeutung.[955]

cc) *Veräußerungspreis des eingebrachten Vermögens*

Der für den Einbringenden anzusetzende Veräußerungspreis des über- **672** tragenen Vermögens ergibt sich zwingend aus dem Wert, zu dem die übernehmende Gesellschaft das eingebrachte Vermögen ansetzt, § 20 III 1 UmwStG. Setzt die übernehmende Gesellschaft das eingebrachte Vermögen zu Buchwerten an, so entsteht beim Einbringenden ein Veräußerungsgewinn von Null. Bewertet die übernehmende Gesellschaft das eingebrachte Vermögen hingegen zum gemeinen Wert oder zu einem Zwischenwert, so ergibt sich daraus für den Einbringenden ein Veräußerungsgewinn iHd Unterschiedsbetrags zum Buchwert des eingebrachten Vermögens.
Erhält der Einbringende zusätzlich zu neuen Gesellschaftsanteilen sons- **673** tige Gegenleistung, sind § 20 II 2 sowie 4 UmwStG zu beachten.[956] Erhält der Einbringende neben den neuen Gesellschaftsanteilen auch sonstige Gegenleistungen, ist das eingebrachte Betriebsvermögen abweichend von § 20 II 2 UmwStG mindestens mit dem gemeinen Wert der sonstigen Gegenleistungen anzusetzen, wenn dieser den sich nach Satz 2 ergebenden Wert übersteigt. Soweit der gemeine Wert der sonstigen Gegenleistungen die Grenzen des § 20 II 2 Nr. 4 UmwStG übersteigt, erhöht sich für den Einbringenden der Veräußerungspreis. Ferner ist der

---
[951] Vgl. Regierungsbegründung zum SEStEG-E vom 12.7.2006, BT-Drucks. 16/2710 S. 44.
[952] Vgl. *Damas* DStZ 2007 S. 129 (135).
[953] Vgl. BMF-Schreiben vom 11.11.2011, BStBl. I 2011 S. 1314 Tz. 20.23.
[954] Vgl. *Jäschke* in Lademann, § 20 UmwStG Rn. 75.
[955] Vgl. *Jäschke* in Lademann, § 20 UmwStG Rn. 75.
[956] Im Einzelnen → Rn. 495.

§ 11   3. Teil. Verschmelzung

Wert dieser Gegenleistungen bei der Ermittlung der Anschaffungskosten der erhaltenen Anteile abzuziehen, § 20 III 3 UmwStG.[957]

dd) Ermittlung und steuerliche Behandlung des Einbringungserfolgs

674 (1) Ermittlung des Einbringungserfolgs. Für die Ermittlung des Einbringungsgewinns gelten die allgemeinen Regelungen. Dies bedeutet, dass dem Veräußerungspreis die Buchwerte der übergehenden Wirtschaftsgüter gegenüber zu stellen sind. Der sich so ergebende Unterschiedsbetrag ist ferner um die mit der Verschmelzung in Zusammenhang stehenden Kosten zu mindern. Schematisch lässt sich die Ermittlung des Einbringungsgewinns wie folgt darstellen:

Veräußerungspreis
– Buchwert der eingebrachten Wirtschaftsgüter
– Einbringungskosten, die vom Einbringenden getragen wurden
– ggf. Freibetrag nach § 16 IV EStG, § 20 IV 1 UmwStG
= Einbringungsgewinn/Einbringungsverlust

675 Der Buchwert des Vermögens der übertragenden Personengesellschaft im Zeitpunkt der Verschmelzung setzt sich zusammen aus dem Wert des Nettovermögens lt. Gesamthandbilanz zuzüglich Ergänzungsbilanzen und Sonderbilanzen.

676 Ein Einbringungsgewinn entsteht für den Einbringenden, wenn die übernehmende Gesellschaft das eingebrachte Vermögen zu einem über dem Buchwert liegenden Wert (Zwischenwert, gemeiner Wert) ansetzt.

677 Ein Einbringungsverlust kann sich demgegenüber entweder aufgrund hoher Einbringungskosten oder infolge eines unter dem Buchwert liegenden gemeinen Werts des eingebrachten Vermögens ergeben.[958] Der Verlust ist auf Ebene des Gesellschafters mit ggf. vorhandenen anderen positiven Einkünften verrechenbar und kann nach § 10d EStG vor- oder zurückgetragen werden.[959]

678 Verfahrenstechnisch wird die Höhe des Einbringungsgewinns bzw. Einbringungsverlusts in einer einheitlichen und gesonderten Feststellung nach § 180 I Nr. 2 Buchst. a AO festgestellt. Sofern nicht-wesentliche Betriebsgrundlagen in Zusammenhang mit der Einbringung in das Privatvermögen überführt werden, ist dies ebenfalls in der Feststellung nach § 180 I Nr. 2 Buchst. a AO zu berücksichtigen. Die Zurechnung eines Einbringungsgewinns erfolgt nach dem allgemeinen Gewinnverteilungsschlüssel der zu verschmelzenden Personengesellschaft.

679 (2) Besteuerung. **(a) Besteuerung eines Einbringungsgewinns. (aa) Einkommensteuer/Körperschaftsteuer.** Ein Einbringungsgewinn unterfällt nach den allgemeinen Regelungen des Ertragsteuerrechts bei den Gesellschaftern der zu verschmelzenden Personengesellschaft

---
[957] → Rn. 568.
[958] Vgl. *Menner* in Haritz/Menner, § 20 UmwStG Rn. 478.
[959] *Schmitt* in Schmitt/Hörtnagl/Stratz, § 20 UmwStG Rn. 415; *Menner* in Haritz/Menner, § 20 UmwStG Rn. 478.

§ 11. Steuerrechtliche Regelungen § 11

abhängig von der Rechtsform der Einkommensteuer oder Körperschaftsteuer, soweit er nicht im Einzelfall steuerbefreit ist (zB durch § 8b II KStG, § 3 Nr. 40 EStG). Der Einbringungsgewinn ist der Einkunftsart zuzuordnen, die die Personengesellschaft vor der Einbringung mit dem eingebrachten Betriebsvermögen erzielt hat.

Der Einbringungsgewinn kann mit evtl. steuerlichen Verlusten der Gesellschafter der übertragenden Personengesellschaft verrechnet werden. Dabei sind die Beschränkungen der §§ 10d, 15a, 15 IV EStG zu beachten. **680**

Soweit der Einbringungsgewinn auf natürliche Personen als Gesellschafter der Personengesellschaft entfällt, können der Freibetrag nach § 16 IV EStG und die Tarifermäßigung nach § 34 I oder III EStG in Anspruch genommen werden. Der Freibetrag nach § 16 IV EStG ist auf den Einbringungsgewinn nur anzuwenden, wenn der Einbringende eine natürliche Person ist und die Kapitalgesellschaft das eingebrachte Vermögen zum gemeinen Wert ansetzt, § 20 IV 1 UmwStG. Nicht gewährt wird der Freibetrag bei einer Bewertung zum Buchwert oder zu Zwischenwerten. Liegen die Voraussetzungen des §§ 20 IV, 16 IV EStG vor, wird der Einbringungsgewinn nur insoweit zur Einkommensteuer herangezogen, als er höher ist als € 45 000. Gemäß § 16 IV 3 EStG ermäßigt sich der Freibetrag jedoch um den Betrag, um den der Veräußerungsgewinn € 136 000 übersteigt. **681**

Unter den oben bezeichneten Voraussetzungen kann auch die Tarifermäßigung nach § 34 I oder III EStG geltend gemacht werden. Indes ist diese nach § 34 I oder III EStG nur anzuwenden, soweit der Veräußerungsgewinn nicht bereits durch das Teileinkünfteverfahren begünstigt ist, § 20 IV 2 UmwStG. Liegen die Voraussetzungen des § 34 I, III EStG vor, kommt für den Teil des Einbringungsgewinns, der € 5 Mio. nicht übersteigt, der nach § 34 I EStG zu berechnende ermäßigte Steuersatz zur Anwendung. **682**

Die Tarifbegünstigung des §§ 16, 34 EStG setzt voraus, dass sämtliche stille Reserven in den Wirtschaftsgütern aufgedeckt werden. Vorsicht ist daher geboten, sofern unmittelbar vor der Einbringung Wirtschaftsgüter des Betriebsvermögens der zu verschmelzenden Personengesellschaft zum Buchwert in ein anderes Betriebsvermögen überführt oder übertragen wird. Dies gilt insbesondere vor dem Hintergrund, dass im Bereich der §§ 16, 34 EStG im Gegensatz zur stichtagsbezogenen Regelung des § 20 UmwStG[960] eine zeitraumbezogene Betrachtung gilt. Im Übrigen gilt für die Anwendung der §§ 16, 34 EStG die sog. funktional-quantitative Betrachtungsweise. Die Begünstigungen greifen daher uE auch in Zusammenhang mit einer Verschmelzung nur, sofern auch sämtliche stille Reserven in den in quantitativer Hinsicht wesentlichen Wirtschaftsgütern aufgedeckt werden.[961] **683**

Die Begünstigungen nach §§ 16 IV und 34 EStG sind antragsgebunden. **684**

---

[960] → Rn. 490.
[961] Vgl. *Jäschke* in Lademann, § 20 UmwStG Rn. 81.

§ 11   3. Teil. Verschmelzung

685   **(bb) Gewerbesteuer.** Das von der übernehmenden Kapitalgesellschaft ausgeübte Bewertungswahlrecht nach § 20 II UmwStG wirkt sich auch auf die Gewerbesteuer aus. Der Gewerbesteuer unterliegt allerdings nur der laufende Gewinn aus dem tätigen Betrieb.[962] Soweit der Gewinn auf eine natürliche Person als Einbringenden entfällt, scheidet eine Besteuerung mit Gewerbesteuer indes nach § 7 Satz 2 GewStG aus. Von der Gewerbesteuer befreit sind auch solche Gewinne, die im Zusammenhang mit der Einbringung aus Entnahmen nicht wesentlicher Betriebsgrundlagen entstehen, und zwar selbst dann, wenn die Verschmelzung gemäß § 20 II UmwStG zum Buchwert durchgeführt wird.[963]

686   Davon abweichend unterliegt der Einbringungsgewinn indes dann der Gewerbesteuer nach § 7 Satz 2 Nr. 1 GewStG, wenn und soweit er nicht ausschließlich auf natürliche Personen als unmittelbar beteiligte Mitunternehmer entfällt. Dies ist der Fall, soweit an der einbringenden Personengesellschaft als Mitunternehmer Kapitalgesellschaften, andere Körperschaften, Personenvereinigungen oder Vermögensmassen oder andere Personengesellschaften unmittelbar beteiligt sind.[964] Im Ergebnis nur zu 5% unterliegt der Einbringungsgewinn der Gewerbesteuer in diesen Fällen indes dann, wenn und soweit die Voraussetzungen des § 8b II, III KStG erfüllt sind.

687   **(b) Steuerliche Behandlung eines Einbringungsverlusts.** Ein beim Einbringenden entstehender Einbringungsverlust kann für einkommensteuerliche bzw. körperschaftsteuerliche Zwecke von den Gesellschaftern der Personengesellschaft mit anderen positiven Einkünften verrechnet bzw. nach § 10d EStG vor- oder zurückgetragen werden.[965]

688   Für gewerbesteuerliche Zwecke ist indes die Regelung des § 7 Satz 2 Nr. 1 GewStG zu beachten. Die Regelung § 7 Satz 2 Nr. 1 GewStG gilt nicht nur für Gewinne, sondern auch für Verluste.[966] Insofern kann ein Einbringungsverlust gewerbesteuerlich nur geltend gemacht werden, soweit er nicht auf natürliche Personen als unmittelbar beteiligte Gesellschafter der einbringenden Personengesellschaft entfällt.

c) Anteile an der übernehmenden Gesellschaft

689   Bei der Verschmelzung einer Personengesellschaft auf eine Kapitalgesellschaft oder Genossenschaft werden die bisherigen Gesellschafter der übertragenden Personengesellschaft zu Anteilseignern der Übernehmerin.

---

[962] Vgl. BFH-Urteil vom vom 27.3.1996 – I R 89/95, BStBl. II 1997 S. 224.
[963] Vgl. *Schmitt* in Schmitt/Hörtnagl/Stratz, § 20 UmwStG Rn. 433 mwN.
[964] Siehe *Schmitt* in Schmitt/Hörtnagl/Stratz, § 20 UmwStG Rn. 437 mwN.
[965] Vgl. *Schmitt* in Schmitt/Hörtnagl/Stratz, § 20 UmwStG Rn. 415; *Widmann* in Widmann/Mayer, § 20 UmwStG Rn. 1129.
[966] Vgl. *Behrens/Schmitt* BB 2002 S. 862; *Neu* DStR 2002 S. 1078 (1081); aA *Beußer* FR 2001, 880 (884).

§ 11. Steuerrechtliche Regelungen § 11

aa) Anschaffungskosten der erhaltenen Anteile

Der Wert, mit dem die übernehmende Gesellschaft das eingebrachte 690
Betriebsvermögen ansetzt, gilt für die Gesellschafter der übertragenden
Personengesellschaft als Anschaffungskosten der erhaltenen Gesellschaftsanteile an der Übernehmerin, § 20 III 1 UmwStG.

Leistet der Einbringende zusätzlich Aufgelder oder Ausgleichszahlun- 691
gen oder übernimmt er sonstige Aufwendungen im Zusammenhang
mit der Einbringung oder Gründung der übernehmenden Gesellschaft,
so erhöhen diese als Anschaffungsnebenkosten die Anschaffungskosten
der als Gegenleistung für die Einbringung erhaltenen Gesellschaftsanteile. Die Anschaffungskosten der neuen Anteile müssen im Grundsatz
mindestens Null betragen. Nach der Berechnungssystematik der gesetzlichen Neuregelung von § 20 II 2 Nr. 4, Satz 4 UmwStG, die von
einer relativen Aufteilung der Buchwerte ausgeht, kann es jedoch im
Einzelfall auch zur negativen Anschaffungskosten der durch die übernehmende Kapitalgesellschaft ausgegeben neuen Anteilen kommen.[967]
Fraglich ist, wie hiermit in der Praxis umzugehen ist. Gehören die
Anteile zu einem Betriebsvermögen, kann sich durch Bildung eines
passivischen Ausgleichspostens geholfen werden.[968] Gehören hingegen
die neuen Anteile zum Privatvermögen des Einbringenden, stellt sich
die Problematik einer eventuell notwendigen Sofortversteuerung des
negativen Anschaffungsbetrags. Gegen eine solche Sofortversteuerung
spricht indes, dass es sich insoweit nicht um eine Rückzahlung von
Kapital und nicht um Leistungen aus dem steuerlichen Eigenkapital
handelt.[969] Die Entstehung negativer Anschaffungskosten ist vielmehr
ausschließlich in der Berechnungssystematik des § 20 II 2 Nr. 4, Satz 4
UmwStG nF begründet.

bb) Ausnahmen

Von der Anknüpfung der Anschaffungskosten der als Gegenleistung 692
erhaltenen Anteile an die Bewertung des übernommenen Vermögens bei
der übernehmenden Gesellschaft bestehen nach § 20 III 2, 3 UmwStG
bestimmte Ausnahmen.

(1) Ausschluss des deutschen Besteuerungsrechts. Ist das Recht 693
Deutschlands auf Besteuerung des Gewinns aus der Veräußerung des
eingebrachten Vermögens im Zeitpunkt der Einbringung ausgeschlossen
und wird dieses auch nicht durch die Einbringung begründet, gilt für den
Einbringenden insoweit der gemeine Wert des Betriebsvermögens im
Zeitpunkt der Einbringung als Anschaffungskosten der Anteile, § 20 II 2
UmwStG. Durch § 20 II 2 UmwStG soll verhindert werden, dass die in
dem ausländischen Vermögen ruhenden und vor der Verschmelzung ausschließlich im Ausland steuerpflichtigen stillen Reserven auf die als Ge-

---

[967] Vgl. *Ritzer/Stangl* DStR 2015 S. 849 (855); *Ott* StuB 2015 S. 488 (588).
[968] Vgl. *Ritzer/Stangl* DStR 2015 S. 849 (855); *Ott* StuB 2015 S. 488 (588).
[969] Vgl. *Ritzer/Stangl* DStR 2015 S. 849 (855).

§ 11　　　　　　　　　　　　　　　　　　3. Teil. Verschmelzung

genleistung ausgegebenen neuen Anteile überspringen, die im Inland steuerpflichtig sind.[970]

694 Die bezeichnete Regelung betrifft Wirtschaftsgüter des sog. neutralen Vermögens, für welche ein deutsches Besteuerungsrecht weder vor der Einbringung bestand noch durch die Einbringung begründet wird. Typischer Anwendungsfall der Regelung des § 20 II 2 UmwStG ist Vermögen einer ausländischen Betriebstätte, das in einem DBA-Staat mit Freistellungsklausel belegen ist. In diesen Fällen sind die Anschaffungskosten der erhaltenen Gesellschaftsanteile um den gemeinen Wert des neutralen Vermögens zu erhöhen.

695 Die Regelung des § 20 III 2 UmwStG hat keine Auswirkung auf die Bewertung des übertragenen Vermögens bei der Übernehmerin.

696 (2) Gewährung sonstiger Gegenleistungen. Werden neben neuen Gesellschaftsrechten auch sonstige Gegenleistungen gewährt, so ist deren gemeiner Wert bei der Bemessung der Anschaffungskosten der Gesellschaftsanteile nach § 20 III 1 UmwStG abzuziehen, § 20 III 3 UmwStG. Insofern sind die Anschaffungskosten der neuen Anteile um den gemeinen Wert der sonstigen Gegenleistungen zu mindern.

697 Die Regelung des § 20 III 3 UmwStG ist auch dann anzuwenden, wenn der gemeine Wert der sonstigen Gegenleistung die relative und die absolute Grenze des § 20 II 2 Nr. 4 UmwStG nicht übersteigt und daher die übernehmende Gesellschaft nach § 20 II 4 UmwStG keine stillen Reserven im eingebrachten Vermögen aufzudecken hat.

698 Entgegen der Rechtslage vor dem Steueränderungsgesetz 2015 kann es nach der Berechnungssystematik der gesetzlichen Neuregelung in § 20 II 2 Nr. 4, Satz 4 UmwStG, die von einer relativen Aufteilung der Buchwerte ausgeht, im Einzelfall auch zu negativen Anschaffungskosten bei den durch die übernehmende Kapitalgesellschaft ausgegeben neuen Anteilen kommen.[971]

699 Die Anschaffungskosten der neuen Anteile sind nach folgendem Schema zu ermitteln:

Wert, zu dem die übernehmende Gesellschaft das eingebrachte Vermögen ansetzt (§ 20 II UmwStG), unter Beachtung von § 20 II 2 Nr. 4 UmwStG	
+ gemeiner Wert	der vom Einbringenden neben der Sacheinlage erbrachten Leistungen an die Übernehmerin
+ gemeiner Wert	der eingebrachten Wirtschaftsgüter, für die vor und nach der Sacheinlage kein inländisches Besteuerungsrecht besteht, § 20 III 2 UmwStG (neutrales Vermögen)
− gemeiner Wert	Gemeiner Wert der (gesamten) sonstigen Gegenleistung gemäß § 20 III 3 UmwStG
+ Teilwert, fortgeführte AK/HK oder gemeiner Wert	der Einlagen, die nach dem Umwandlungsstichtag im Rückbezugszeitpunkt getätigt wurden, § 20 V 3 UmwStG
− Buchwert	der Entnahmen, die nach dem Umwandlungsstichtag im Rückbezugszeitpunkt getätigt wurden, § 20 V 3 UmwStG
= Anschaffungskosten	

---

[970] Siehe *Förster/Wendland* BB 2007 S. 631 (634).
[971] → Rn. 495.

§ 11. Steuerrechtliche Regelungen § 11

cc) Einbringungsgeborene Anteile (§ 21 I UmwStG aF)

Umfasst das eingebrachte Betriebsvermögen auch einbringungsgeborene Anteile isv § 21 I UmwStG aF, so gelten die erhaltenen Anteile an der Übernehmerin insoweit (dh anteilig) ebenfalls als einbringungsgeboren isV § 21 I UmwStG aF, § 20 III 4 UmwStG. Auf diese Weise soll sicher gestellt werden, dass bei späterer Veräußerung der als Gegenleistung erhaltenen neuen Anteile die Regelungen des § 8b IV KStG aF bzw. § 3 Nr. 40 Sätze 3 und 4 EStG aF angewendet werden. Einbringungsgeborene Anteile iSv § 21 I 1 UmwStG aF sind Anteile an einer Kapitalgesellschaft, die der Veräußerer oder dessen Rechtsvorgänger im Zuge einer Sacheinlage gemäß § 20 I UmwStG aF oder § 23 I–IV UmwStG aF erworben hat, bei der das eingebrachte Vermögen bei der übernehmenden Kapitalgesellschaft unterhalb des Teilwerts angesetzt worden ist. 700

Umstritten ist, in welcher Form sich die Einbringungsgeborenheit eingebrachter Anteile in den neuen Anteilen fortsetzt. So kann die Ansicht[972] vertreten werden, dass nur ein Teil der neuen Anteile als einbringungsgeboren anzusehen sind. Nach anderer im Schrifttum vertretener Auffassung sind sämtliche als Gegenleistung erhaltenen neuen Anteile in Höhe einer Verstrickungsquote als einbringungsgeboren zu qualifizieren.[973] Für letztere Auffassung spricht, dass es sich bei der Umwandlung im Rahmen des § 20 UmwStG um einen einheitlichen Einbringungsvorgang handelt. Im Übrigen lässt sich dem Gesetz eine Aufteilung in nicht „neugeborene"[974] und „neugeborene" einbringungsgeborene Anteile nicht entnehmen.[975] Die Anwendung einer Verstrickungsquote auf sämtliche neuen Anteile entspricht wohl auch der hM im Schrifttum.[976] Die Bestimmung der Verstrickungsquote sämtlicher Anteile erfordert eine Gegenüberstellung des gemeinen Werts der eingebrachten einbringungsgeborenen Anteile zum gemeinen Wert des übrigen eingebrachten Vermögens.[977] 701

Die „neuen" einbringungsgeborenen Anteile bleiben auch nach Ablauf der Sperrfrist steuerverhaftet; § 21 UmwStG 1995 bleibt zeitlich unbegrenzt gültig, § 27 III Nr. 3 Satz 1 UmwStG.[978] 702

---

[972] Vgl. *Patt* in Dötsch/Patt/Pung/Möhlenbrock, § 20 UmwStG Tz. 147; *Herlinghaus* in Rödder/Herlinghaus/van Lishaut, § 20 UmwStG Rn. 199.
[973] Vgl. *Nitzschke* in Blümich, § 20 UmwStG, Rn. 99; *Widmann* in Widmann/Mayer § 20 UmwStG, Rn. R 1127; *Schmitt/Schlossmacher* DStR 2008 S. 2242; *Menner* in Haritz/Menner, § 20 UmwStG Rn. 566.
[974] Vgl. *Schmitt/Schlossmacher* DStR 2008 S. 2242.
[975] Vgl. *Menner* in Haritz/Menner, § 20 UmwStG Rn. 566.
[976] Vgl. *Schmitt/Schlossmacher* DStR 2008 S. 2242; *Hruschka/Hellmann* in Haase/Hruschka, § 20 UmwStG Rn. 157; *Schmitt* in Schmitt/Hörtnagl/Stratz, § 20 UmwStG, Rn. 398. AA wohl *Jäschke* in Lademann, § 20 UmwStG Rn. 86.
[977] Vgl. *Nitzschke* in Blümich, § 20 UmwStG Rn. 99; *Patt* in Dötsch/Patt/Pung/Möhlenbrock, § 20 UmwStG Tz. 147; *Widmann* in Widmann/Mayer, § 20 UmwStG Rn. 1127; *Menner* in Haritz/Menner, § 20 UmwStG Rn. 566. AA *Schmitt/Schlossmacher* DStR 2008 S. 2242: Aufteilung nach dem Verhältnis der stillen Reserven.
[978] Vgl. BMF-Schreiben vom 11.11.2011, BStBl. I 2011 S. 1314 Tz. 20.38.

§ 11   3. Teil. Verschmelzung

703 Mit der wohl hM ist davon auszugehen, dass sich die Einbringungsgeborenheit nur bei Einbringung zum Buch- oder Zwischenwert in den neuen Anteilen fortsetzt. Bei Bewertung des eingebrachten Betriebsvermögens bei der übernehmenden Gesellschaft mit dem gemeinen Wert kommt die Infektionswirkung nicht zum Tragen, weil insoweit wirtschaftlich eine Veräußerung vorliegt. Mit dieser Veräußerung endet die Steuerverhaftung.[979] Unklar ist weiterhin, ob die einbringungsgeborenen Altanteile in der Hand der übernehmenden Gesellschaft ihre Einbringungsgeborenheit mit der Verschmelzung verlieren. Dies kann uE zumindest dann vertreten werden, wenn im Rahmen der Verschmelzung der gemeine Wert angesetzt wird. Denn im Fall der Aufdeckung sämtlicher stiller Reserven in den Anteilen ist die Notwendigkeit der Einbringungsgeborenheit entfallen.[980]

704 In den Fällen des Buch- oder Zwischenwertansatzes kann es demgegenüber durch § 20 III 4 UmwStG in den Fällen der Gesamtrechtsnachfolge zu einer „Verdoppelung" der Einbringungsgeborenheit der eingebrachten Anteile kommen.[981] Einerseits setzt sich die Einbringungsgeborenheit der eingebrachten Anteile bei der übernehmenden Gesellschaft fort, andererseits werden zusätzlich die als Gegenleistung ausgegebenen neuen Anteile einbringungsgeboren. Zur Vermeidung der damit einhergehenden Doppelbesteuerung wird im Schrifttum bei der Bewertung des eingebrachten Vermögens zum Buchwert oder Zwischenwert die teleologische Reduktion der Regelung des § 20 III 4 UmwStG vorgeschlagen.[982]

705 Werden einbringungsgeborene Anteile oder „neu-einbringungsgeborene" Anteile innerhalb der siebenjährigen Sperrfrist nach § 22 UmwStG veräußert, bestimmen sich die Rechtsfolgen der Veräußerung anteilig nach § 8b IV KStG aF, § 3 Nr. 40 Sätze 3, 4 EStG aF:[983] Im Fall der Veräußerung der mit der Einbringungsgeborenheit infizierten erhaltenen Anteile kommt § 22 UmwStG nicht zur Anwendung, soweit die Steuerfreistellung nach § 8b IV KStG aF oder § 3 Nr. 40 Satz 3 und 4 EStG aF ausgeschlossen ist, § 27 IV KStG. Werden die Anteile nach Ablauf der Sperrfrist für die einbringungsgeborenen Anteile iSd § 21 UmwStG 1995, aber noch innerhalb des für die erhaltenen Anteile geltenden Sperrfrist nach § 22 UmwStG veräußert, kommt die rückwirkende Einbringungsgewinnbesteuerung nach § 22 UmwStG zur Anwendung. Für die Ermittlung des Veräußerungsgewinns aus den erhaltenen Anteilen ist

---

[979] Vgl. stellvertretend mit weiteren Nachweisen *Menner* in Haritz/Menner, § 20 UmwStG Rn. 563.
[980] Vgl. *Benz/Rosenberg* BB Special 8/2006 S. 61; *Förster/Wendland* BB 2007 S. 631; *Schmitt* in Schmitt/Hörtnagl/Stratz, § 20 UmwStG Rn. 397.
[981] AA wohl im Hinblick auf Fälle der Einzelrechtsnachfolge siehe *Menner* in Haritz/Menner, § 20 UmwStG Rn. 567.
[982] Siehe *Herlinghaus* in Rödder/Herlinghaus/van Lishaut, § 20 UmwStG Rn. 197b f.
[983] Vgl. BMF-Schreiben vom 11.11.2011, BStBl. I 2011 S. 1314 Tz. 20.40 und das Beispiel in Tz. 20.41.

§ 11. Steuerrechtliche Regelungen § 11

aber insoweit weiterhin § 21 UmwStG 1995 anzuwenden. Der Veräußerungsgewinn ist daher teilweise nach § 16 EStG und teilweise nach § 17 EStG zu ermitteln.[984]

dd) Qualifizierung der erhaltenen Anteile nach § 17 VI EStG

Gehören die aufgrund der Einbringung erhaltenen Anteile nicht zu einem Betriebsvermögen, sondern zum Privatvermögen, ist die Regelung des § 17 VI EStG zu beachten. Gemäß § 17 VI EStG gelten als Anteile iSd § 17 EStG auch solche Anteile an Kapitalgesellschaften, an denen der Veräußerer innerhalb der letzten fünf Jahre nicht unmittelbar oder mittelbar zu mindestens 1% beteiligt war, wenn die Anteile aufgrund eines Einbringungsvorgangs iSd UmwStG erworben wurden, bei dem nicht der gemeine Wert zum Ansatz kam (verschmelzungsgeborene Anteile). Insofern sind die als Gegenleistung für die Einbringung erhaltenen neuen Anteile an der übernehmenden Gesellschaft unabhängig von Beteiligungshöhe und Haltedauer bei einer Bewertung des übernommenen Vermögens durch die Übernehmerin zu Buchwerten oder Zwischenwerten stets als Anteile iSv § 17 EStG zu beurteilen. Ihre Veräußerung führt daher beim Anteilseigner zu Einkünften aus Gewerbebetrieb. Der Zweck des § 17 VI EStG besteht darin, die Besteuerung der vor der Verschmelzung iSd § 17 EStG steuerverstrickten Anteile auf die im Rahmen der Verschmelzung erhaltenen Anteile auszudehnen, ohne dass die erhaltenen Anteile die 1%-Beteiligungsquote erfüllen müssen.

706

d) Zeitpunkt der Sacheinlage und Rückbeziehung

aa) Steuerlicher Einbringungszeitpunkt

Der steuerliche Übertragungszeitpunkt bei der Verschmelzung einer Personengesellschaft auf eine Kapitalgesellschaft oder eine Genossenschaft ergibt sich aus § 20 V, VI 1 UmwStG. Als lex specialis gehen die genannten Regelungen dem § 2 UmwStG vor.

707

Gemäß § 20 V UmwStG sind das Einkommen und das Vermögen des Einbringenden und der übernehmenden Gesellschaft auf Antrag so zu ermitteln, als ob das eingebrachte Betriebsvermögen mit dem steuerlichen Übertragungsstichtag iSv § 20 VI UmwStG auf die Übernehmerin übergegangen wäre.

708

Als steuerlicher Übertragungsstichtag (Einbringungszeitpunkt) darf in den Fällen der Verschmelzung iSd § 2 UmwG der Stichtag angesehen werden, für den die Schlussbilanz jedes der übertragenden Unternehmen iSd § 17 II UmwG aufgestellt ist. Dieser Stichtag darf höchstens acht Monate vor der Anmeldung der Verschmelzung zur Eintragung in das Handelsregister liegen, § 20 VI 1 UmwStG. Insofern kann der steuerliche Übertragungsstichtag auf einen beliebigen Zeitpunkt innerhalb der be-

709

---

[984] Vgl. BMF-Schreiben vom 11.11.2011, BStBl. I 2011 S. 1314 Tz. 20.40 und das Beispiel in Tz. 20.41.

§ 11   3. Teil. Verschmelzung

zeichneten Acht-Monats-Frist gelegt werden.[985] Erfolgt die Einbringung durch Gesamt- und Einzelrechtsnachfolge, da beispielsweise auch Sonderbetriebsvermögen eingebracht wird, das nicht von der Gesamtrechtsnachfolge erfasst ist, gilt zwingend der für die Gesamtrechtsnachfolge maßgebende Stichtag.

710 Im Fall der sog. erweiterten Anwachsung,[986] die sich nicht im Rahmen des UmwG vollzieht, kommt § 20 VI Satz 3 UmwStG zur Anwendung.

711 Wird die Schlussbilanz auf einen außerhalb der Acht-Monats-Frist liegenden Tag erstellt und die Verschmelzung gleichwohl im Handels- oder Genossenschaftsregister eingetragen, ist die Verschmelzung gemäß § 20 II UmwG zivilrechtlich wirksam und endgültig vollzogen. Der steuerrechtliche Übertragungsstichtag hingegen fällt zwingend mit dem Tag der Eintragung der Verschmelzung in das Handelsregister zusammen.[987]

712 Sind an der Verschmelzung mehrere übertragende Rechtsträger beteiligt, so kann der Stichtag für jeden verschmolzenen Rechtsträger unabhängig gewählt werden.[988] Nicht erforderlich ist es, einen einheitlichen Stichtag für sämtliche verschmolzene Rechtsträger zu bestimmen.[989] Besonderheiten sind bei Kettenverschmelzungen zu beachten.[990]

713 Die Rückbeziehung auf den steuerlichen Übertragungsstichtag erfordert nach § 20 V UmwStG einen Antrag. Das Antragsrecht obliegt der übernehmenden Gesellschaft.[991] Der Antrag kann ausdrücklich oder konkludent, etwa durch Einreichung der Steuererklärung nebst Steuerbilanz, gestellt werden.

bb) Rechtsfolgen

714 (1) Einbringungsvorgang. Das Einkommen und das Vermögen des Einbringenden und der übernehmenden Gesellschaft sind so zu ermitteln, als ob das eingebrachte Betriebsvermögen mit Ablauf des steuerlichen Übertragungsstichtags auf die Übernehmerin übergegangen wäre,

---

[985] Vgl. BMF-Schreiben vom 11.11.2011, BStBl. I 2011 S. 1314 Tz. 20.14. So FG Köln vom 26.10.2004 – 1 K 5268/00, EFG 2005 S. 1153; offen gelassen: BFH-Urteil vom 24.4.2008 – IV R 69/05, BFH/NV 2008 S. 1550. Vgl. auch *Menner* in Haritz/Menner, § 20 UmwStG Rn. 589; *Widmann* in Widmann/Mayer, § 20 UmwStG Rn. R 294 (Stand April 2007); *Klingberg* in Blümich, § 20 UmwStG Rn. 19.
[986] → Rn. 482.
[987] Vgl. *Menner* in Haritz/Menner, § 20 UmwStG Rn. 590.
[988] Vgl. *Menner* in Haritz/Menner, § 20 UmwStG Rn. 591. AA *Patt* in Dötsch/Patt/Pung/Möhlenbrock, § 20 UmwStG Tz. 308.
[989] So indes *Patt* in Dötsch/Patt/Pung/Möhlenbrock, § 20 UmwStG Tz. 308.
[990] Zu Kettenübertragungen siehe auch FG Hamburg vom 25.11.2015 – 2 K 203/13 (Revision zugelassen), wonach die Beteiligung für lediglich eine logische Sekunde keine Mitunternehmerstellung vermittelt. Zur Kettenverschmelzung → Rn. 36.
[991] Vgl. *Schmitt* in Schmitt/Hörtnagl/Stratz, § 20 UmwStG Rn. 240; *Patt* in Dötsch/Patt/Pung/Möhlenbrock, § 20 UmwStG Tz. 304; *Herlinghaus* in Rödder/Herlinghaus/van Lishaut, § 20 UmwStG Rn. 225.

§ 11. Steuerrechtliche Regelungen   § 11

§ 20 V UmwStG. Das Gesetz unterstellt mithin in den Fällen der Rückbeziehung einen Vermögensübergang zum Ablauf des steuerlichen Übertragungsstichtags. Bis zum Ablauf des steuerlichen Übertragungsstichtags wird das Vermögen der zu verschmelzenden Personengesellschaft zugerechnet (zB 31.12. 24:00 Uhr). Der übernehmenden Gesellschaft wird das eingebrachte Betriebsvermögen steuerlich mit Ablauf des steuerlichen Übertragungsstichtags zugerechnet (zB 1.1. 00.00 Uhr). Der gewählte steuerliche Übertragungsstichtag bestimmt den Zeitpunkt, zu dem die Wirtschaftsgüter des eingebrachten Vermögens nach § 20 II UmwStG zu bewerten sind. Der Einbringende erzielt auf den steuerlichen Übertragungsstichtag einen Einbringungserfolg. Mit dem steuerlichen Übertragungsstichtag beginnt die Sperrfrist nach § 22 UmwStG.[992]

Die steuerliche Rückwirkung nach § 20 V, VI UmwStG betrifft „das **715** Einkommen" und das „Vermögen". Sie hat daher Bedeutung für die Einkommensteuer bzw. Körperschaftsteuer sowie die Gewerbesteuer. Die Regelung zur steuerlichen Rückwirkung findet ebenfalls Anwendung auf die Kirchensteuer[993] sowie die Grundsteuer.[994] Als Stichtag für die Einheitsbewertung nach § 19 I BewG ist der steuerliche Übertragungsstichtag anzusehen.[995] Die Rückwirkungregelung ist demgegenüber unbeachtlich für die Grunderwerbsteuer, die Umsatzsteuer und Investitionszulagen. Umstritten ist, ob die Rückwirkung nach § 20 V, VI UmwStG für die Erbschaftsteuer und Schenkungsteuer relevant ist. Nach Auffassung der Finanzverwaltung haben die umwandlungssteuerlichen Regelungen keine steuerlichen Folgen für die Erbschaftsteuer und Schenkungsteuer.[996] Auch der Rechtsprechung zufolge hat die Rückwirkungsfiktion keine Auswirkungen auf die Frage, was Gegenstand einer erbschaftsteuerlichen Übertragung ist.[997] Der Gegenstand einer erbschaftsteuerlichen Übertragung kann nach Verwirklichung des erbschaftsteuerlichen Tatbestands nicht mit Wirkung für die Erbschaftsteuer nachträglich verändert werden. Hat allerdings der Erblasser oder Schenker bis zum Eintritt des erbschaftsteuerlichen relevanten Tatbestands die Umwandlung bereits vollständig eingeleitet, ist Gegenstand der erbschaftsteuerlichen Übertragung dann bereits das umgewandelte Vermögen. War mithin die Um-

---

[992] → Rn. 605 ff.
[993] Vgl. *Menner* in Haritz/Menner, § 20 UmwStG Rn. 633.
[994] Vgl. OFD Hannover, Verf. vom 15.10.1998, S 3106 – 111 – StH 267, S 3106 – 91 – StO 251; *Schmitt* in Schmitt/Hörtnagl/Stratz, § 20 UmwStG Rn. 242; *Herlinghaus* in Rödder/Herlinghaus/van Lishaut, § 20 UmwStG Rn. 227.
[995] Vgl. FG Nürnberg, 12.2.1998 – IV 218/86, GmbHR 1998 S. 851 (rkr.); OFD Hannover 15.10.1998, S 3106 – 111 – StH 267, S 3106 – 91 – StO 251; *Menner* in Haritz/Menner, § 20 UmwStG Rn. 634 mwN
[996] Vgl. BMF-Schreiben vom 11.11.2011, BStBl. I 2011 S. 1314 Tz. 01.01; OFD Koblenz v. 23.12.1996 S 3811 A – St 535, GmbHR 1997 S. 471. Ebenso zB *Patt* in Dötsch/Patt/Möhlenbrock, KStG, Vor §§ 20–23 UmwStG, Rn. 49, 49a; *Klingberg* in Winkeljohann/Förschle/Deubert, Sonderbilanzen, Kapital K, Rn. 116; *Slabon* in Haritz/Menner, § 2 UmwStG Rn. 27.
[997] Vgl. BFH-Urteil vom 4.7.1984 – II R 73/81, BStBl. II 1984 S. 772.

§ 11 3. Teil. Verschmelzung

wandlung zum Zeitpunkt des Erbfalls bereits beschlossen und zur Eintragung im Handelsregister angemeldet, ist Gegenstand der Zuwendung bereits der umgewandelte Rechtsträger. In diesem Fall wird nach Eintritt des Erbfalls nicht rückwirkend über den Gegenstand der Zuwendung disponiert.[998] Mithin ist unter derartigen Umständen im Fall der Verschmelzung einer Personengesellschaft auf eine Kapitalgesellschaft auch für Zwecke der Erbschaftsteuer von der Zuwendung von Anteilen an der übernehmenden Kapitalgesellschaft auszugehen.[999]

716 Bedeutend ist die Rückwirkungsregelung des § 20 V 1 UmwStG lediglich für diejenigen Gesellschafter, die im Zeitpunkt der Eintragung der Verschmelzung an der übertragenden Personengesellschaft beteiligt sind. Die Rückwirkungsregelung gilt damit nicht für Gesellschafter, welche im Rückwirkungszeitraum aus der zu verschmelzenden Personengesellschaft ausscheiden. Diesen werden keine Gegenleistungen in Form von neuen Anteilen gewährt; sie sind daher nicht als Einbringende[1000] iSd § 20 UmwStG anzusehen.[1001] Dies gilt unabhängig vom Rechtsgrund des Ausscheidens, also zB auch im Fall des Ausscheidens durch Tod. Die im Rückwirkungszeitraum ausscheidenden Gesellschafter sind bei der Ermittlung ihres Einkommens und ihres Vermögens steuerlich bis zum rechtlichen Wirksamwerden der Verschmelzung mit Eintragung ins Handelsregister als Gesellschafter der Personengesellschaft zu behandeln.[1002]

717 (2) Rechtsgeschäfte im Rückwirkungszeitraum. Die steuerliche Rückbeziehung der Einbringung auf den steuerlichen Übertragungsstichtag hat zur Folge, dass im Rückwirkungszeitraum vollzogene Rechtsgeschäfte der übernehmenden Gesellschaft zugerechnet werden. Der Zeitpunkt, zu dem ein bestimmter Sachverhalt innerhalb des Rückwirkungszeitraums verwirklicht wird, bleibt von der Rückwirkung unberührt.[1003] Die Rückbeziehung hat daher nicht zur Folge, dass im Rückwirkungszeitraum geschlossene Verträge als bereits im Zeitpunkt des steuerlichen Übertragungsstichtags abgeschlossen gelten. Dies gilt auch für Verträge zwischen der zu verschmelzenden Personengesellschaft und ihren Mitunternehmern.[1004]

718 **(a) Verträge in Erfüllung. (aa) Verträge zwischen Personengesellschaft und Gesellschafter.** Im Fall der Verschmelzung einer Personengesellschaft auf eine Kapitalgesellschaft oder Genossenschaft gehen Verträge zwischen der Personengesellschaft und ihren Gesellschaftern mit Ablauf des steuerlichen Übertragungsstichtags auf die übernehmende

---

[998] Vgl. *v. Rechenberg* GmbHR 1998 S. 978; *Slabon* in Haritz/Menner, § 2 UmwStG Rn. 27.
[999] *Slabon* in Haritz/Menner, § 2 UmwStG Rn. 27.
[1000] → Rn. 484.
[1001] Vgl. BMF-Schreiben vom 11.11.2011, BStBl. I 2011 S. 1314 Tz. 20.16.
[1002] Vgl. *Jäschke* in Lademann, § 20 UmwStG, Rn. 92 mwN
[1003] Vgl. BMF-Schreiben vom 11.11.2011, BStBl. I 2011 S. 1314 Tz. 20.16. Siehe auch *Menner* in Haritz/Menner, § 20 UmwStG, Rn. 638 mit Beispielen.
[1004] Vgl. BMF-Schreiben vom 11.11.2011, BStBl. I 2011 S. 1314 Tz. 20.16.

§ 11. Steuerrechtliche Regelungen § 11

Gesellschaft über. Ab diesem Zeitpunkt sind die Verträge nach körperschaftsteuerlichen Grundsätzen zu beurteilen.[1005] Die steuerliche Rückwirkungsregelung führt dabei dazu, dass im Rückwirkungszeitraum die Vorschrift des § 15 I 1 Nr. 2 EStG nicht anwendbar ist:[1006] Vergütungen aufgrund von Vereinbarungen zwischen Personengesellschaft und ihren Gesellschaftern mindern vor dem steuerlichen Übertragungsstichtag den Gewinn der Personengesellschaft nicht. Vielmehr stellen diese Vergütungen vor dem steuerlichen Übertragungsstichtag Sonderbetriebseinnahmen dar. Mit dem steuerlichen Übertragungsstichtag können diese Leistungsvergütungen von der übernehmenden Gesellschaft als Betriebsausgaben abzugsfähig sein. Voraussetzung dafür ist indes, dass die Vergütung angemessen ist.[1007] Im Verhältnis zu beherrschenden Gesellschaftern muss zudem eine zivilrechtlich wirksame, klare, eindeutige und im Voraus abgeschlossene Vereinbarung vorliegen, R 36 II KStG. Entsprechen die Vergütungen nicht diesem formellen Fremdvergleich, sind im Prinzip verdeckte Gewinnausschüttungen anzunehmen. Für der Höhe nach unangemessene Vergütungen gilt dies anteilig. Für Vergütungen im Rückwirkungszeitraum geht indes § 20 V 2 UmwStG als lex specialis der Regelung des § 8 III KStG vor.[1008] Danach gilt die Rückwirkungsregelung, derzufolge das Einkommen und das Vermögen des Einbringenden und der übernehmenden Gesellschaft auf Antrag sind so zu ermitteln, als ob das eingebrachte Betriebsvermögen mit Ablauf des steuerlichen Übertragungsstichtags auf die Übernehmerin übergegangen ist, nicht für Entnahmen und Einlagen, die nach dem steuerlichen Übertragungsstichtag erfolgen. Einlagen oder Entnahmen stellen insofern keine verdeckten Gewinnausschüttungen bzw. verdeckten Einlagen dar, sondern gelten daher nach § 20 V 2 UmwStG noch bei dem einzubringenden Vermögen vor Übertragung als bewirkt.[1009] Sie ändern mithin den Wert des eingebrachten Vermögens. Entsprechend sind die Anschaffungskosten der Anteile iSv § 20 III UmwStG um den Buchwert der Entnahmen zu vermindern und um den sich nach § 6 I Nr. 5 EStG ergebenden Wert der Einlagen zu erhöhen, § 20 V 3 UmwStG.

Die erläuterten Grundsätze gelten für Vereinbarungen, die nach dem steuerlichen Übertragungsstichtag, aber vor Eintragung der Verschmelzung in das Handelsregister getroffen wurden.

(bb) Verträge zwischen Personengesellschaft und Dritten. Von 719
Dritten mit der übertragenden Personengesellschaft geschlossene Vereinbarungen gehen mit dem steuerlichen Übertragungsstichtag auf die

---

[1005] Vgl. *Herlinghaus* in Rödder/Herlinghaus/van Lishaut, § 20 UmwStG, Rn. 229; *Menner* in Haritz/Menner, § 20 UmwStG, Rn. 652.
[1006] Vgl. BMF-Schreiben vom 11.11.2011, BStBl. I 2011 S. 1314 Tz. 20.16.
[1007] Vgl. BMF-Schreiben vom 11.11.2011, BStBl. I 2011 S. 1314 Tz. 20.16.
[1008] Vgl. *Menner* in Haritz/Menner, § 20 UmwStG, Rn. 653. Vgl. dazu auch *Hruschka/Hellmann* in Haase/Hruschka, § 20 UmwStG Rn. 183 ff. mit Beispielen.
[1009] Vgl. BMF-Schreiben vom 11.11.2011, BStBl. I 2011 S. 1314 Tz. 20.16. Vgl. dazu auch *Hruschka/Hellmann* in Haase/Hruschka, § 20 UmwStG Rn. 183 ff. mit Beispielen.

§ 11   3. Teil. Verschmelzung

Übernehmerin über. Nach dem steuerlichen Übertragungsstichtag geschlossene Vereinbarungen gelten als bereits mit der übernehmenden Kapitalgesellschaft oder Genossenschaft getroffen. Insoweit kommt es also zu keinen Besonderheiten.

720   **(cc) Verträge zwischen Personengesellschaft und Übernehmerin.** Mit dem steuerlichen Übertragungsstichtag erlöschen Rechte und Pflichten aus Vereinbarungen zwischen übertragender Personengesellschaft und Übernehmerin. Auswirkungen auf den jeweiligen Gewinn bzw. das Betriebsvermögen der beteiligten Rechtsträger sind daher zu neutralisieren.

721   **(b) Organschaft. (aa) Verschmelzung einer Organträgerpersonengesellschaft.** Wird eine Organträgerpersonengesellschaft auf eine Kapitalgesellschaft oder Genossenschaft verschmolzen, so geht das Vermögen und damit auch die Beteiligung der Organträgerpersonengesellschaft an der Organgesellschaft auf die Übernehmerin. Erfüllt die Übernehmerin die Voraussetzungen des § 14 II 1 KStG, kann sie als Organträgerin fungieren. Die Übernehmerin tritt angesichts der Gesamtrechtsnachfolge in einen bestehenden Gewinnabführungsvertrag ein. Die ertragsteuerliche Organschaft kann mithin unter bestimmten Voraussetzungen zur die Übernehmerin fortgesetzt werden.[1010] Dabei ist zunächst streitig, ob die finanzielle Eingliederung der Übernehmerin mit Wirkung ab dem steuerlichen Übertragungsstichtag[1011] oder ab Beginn[1012] des Wirtschaftsjahres zuzurechnen ist, in dem der steuerliche Übertragungsstichtag liegt. Die Finanzverwaltung macht die Fortsetzung der Organschaft zusätzlich davon abhängig, dass der Übernehmerin die Beteiligung an der Organgesellschaft steuerlich rückwirkend zum Beginn des Wirtschaftsjahres der Organgesellschaft zuzurechnen ist.[1013] Entspricht das Wirtschaftsjahr der Organgesellschaft dem Kalenderjahr, ist nach dieser Auffassung bei unterjährigem steuerlichem Übertragungsstichtag die Begründung einer Organschaft erstmals für das Wirtschaftsjahr der Organgesellschaft möglich, das nach dem steuerlichen Übertragungsstichtag beginnt.[1014] Zur Fortführung der bestehenden Organschaft sollte insofern wenn möglich der steuerliche Übertragungsstichtag auf einen Zeitpunkt vor Beginn des Wirtschaftsjahres der Organgesellschaft festgelegt werden.

722   Besteht zum steuerlichen Übertragungsstichtag zwischen der zu verschmelzenden Personengesellschaft und einer Tochterkapitalgesellschaft bereits finanzielle Eingliederung, ist aber noch kein Gewinnabführungsvertrag geschlossen, so kann ggf. rückwirkend ein ertragsteuerliches Or-

---

[1010] Vgl. BMF-Schreiben vom 11.11.2011, BStBl. I 2011 S. 1314 Tz. Org. 01, Org. 02.
[1011] Vgl. BMF-Schreiben vom 11.11.2011, BStBl. I 2011 S. 1314 Tz. Org. 02 mit Verweis auf BFH-Urteil vom 28.7.2010 – I R 89/09, DStRE 2010 S. 1186.
[1012] Vgl. *Haritz* in Haritz/Menner UmwStG Anh. Organschaft Rn. 106.
[1013] Vgl. BMF-Schreiben vom 11.11.2011, BStBl. I 2011 S. 1314 Tz. Org. 02.
[1014] Vgl. zur Kritik an dieser Auffassung zB *Sistermann* in Schneider/Ruoff/Sistermann, UmwStE 2011, H Org. 2; *Schießl* in Schießl, UmwStE, Erl. zu Org. 01-Org. 34, S. 437.

ganschaftsverhältnis zu der Übernehmerin geschlossen werden.[1015] Eine gegenüber dem übertragenden Rechtsträger bestehende finanzielle Eingliederung zum steuerlichen Übertragungsstichtag ist dem übernehmenden Rechtsträger infolge des in § 12 II 1 UmwStG angeordneten Eintritts in die steuerliche Rechtsstellung mit Wirkung ab dem steuerlichen Übertragungsstichtag zuzurechnen.[1016] Voraussetzung für die Begründung einer Organschaft zum übernehmenden Rechtsträger als Organträger mit dem steuerlichen Übertragungsstichtag ist in diesem Fall allerdings, dass der Gewinnabführungsvertrag vor Ablauf des Wirtschaftsjahres der Organgesellschaft ins Handelsregister eingetragen wird. Werden demgegenüber die Voraussetzungen der finanziellen Eingliederung erst durch die Verschmelzung geschaffen, ist die rückwirkende erstmalige Begründung einer Organschaft nach Ansicht der Finanzverwaltung mangels Eintritt in die steuerliche Rechtsstellung hinsichtlich einer beim übertragenden Rechtsträger zum steuerlichen Übertragungsstichtag bestehenden finanziellen Eingliederung nicht möglich.[1017]

(bb) Fortsetzung der Organschaft bei Anwachsung der Organträgerpersonengesellschaft. Wächst das Vermögen einer Organträgerpersonengesellschaft im Rahmen einer sog. erweiterten Anwachsung[1018] (Anwachsung in Folge einer übertragenden Umwandlung) der einzig verbleibenden Kapitalgesellschaft mit steuerlicher Rückwirkung an, ist die im Verhältnis zwischen der untergehenden Organträgerpersonengesellschaft und ihrer Organgesellschaft bestehende finanzielle Eingliederung der übernehmenden Kapitalgesellschaft rückwirkend zuzurechnen.[1019] Die übernehmende Kapitalgesellschaft tritt im Zuge der erweiterten Anwachsung ferner in den bereits bestehenden Gewinnabführungsvertrag ein. Die Finanzverwaltung erkennt die finanzielle Eingliederung für das laufende Wirtschaftsjahr der Organgesellschaft nur an, wenn der steuerliche Übertragungsstichtag der die Anwachsung auslösenden Übertragung auf einen Stichtag vor Beginn des Wirtschaftsjahres oder das Ende des vorangegangenen Wirtschaftsjahres der Organgesellschaft fällt.[1020]

Bei Vermögensübergang im Rahmen einer sog. einfachen Anwachsung[1021] kann demgegenüber die finanzielle Eingliederung der Organgesellschaft mangels Rückwirkung erst mit Übertragung des wirtschaftlichen Eigentums an den Anteilen der Organgesellschaft zugerechnet werden.[1022]

723

[1015] Vgl. BMF-Schreiben vom 11.11.2011, BStBl. I 2011 S. 1314 Tz. Org. 01, Org. 03.
[1016] Vgl. BMF-Schreiben vom 11.11.2011, BStBl. I 2011 S. 1314 Tz. Org. 02.
[1017] Vgl. BMF-Schreiben vom 11.11.2011, BStBl. I 2011 S. 1314 Tz. Org. 03.
[1018] → Rn. 482.
[1019] Vgl. BMF-Schreiben vom 11.11.2011, BStBl. I 2011 S. 1314 Tz. Org. 18.
[1020] Vgl. *Sistermann* in Schneider/Ruoff/Sistermann, UmwStE 2011 H Org. 44.
[1021] → Rn. 482.
[1022] Vgl. BMF-Schreiben vom 11.11.2011, BStBl. I 2011 S. 1314 Tz. Org. 18.

§ 11　3. Teil. Verschmelzung

724　**(cc) Verschmelzung einer Personengesellschaft auf eine Organgesellschaft.** Bei Verschmelzung einer außenstehenden Personengesellschaft auf eine Organgesellschaft ist nach Verwaltungsansicht infolge der Zurechnung des Einkommens der Organgesellschaft zum Organträger die Besteuerung mit Körperschaftsteuer bei der übernehmenden Körperschaft nur sichergestellt, soweit das so zugerechnete Einkommen der Besteuerung mit Körperschaftsteuer unterliegt. Die Verschmelzung an sich ist für die bestehende Organschaft insofern unproblematisch, als das Organschaftsverhältnis unverändert fortbesteht. Die Eingliederungsvoraussetzungen sind als erfüllt anzusehen, wenn die Personengesellschaft auf eine bestehende Kapitalgesellschaft verschmolzen wird, an der die Obergesellschaft bereits qualifiziert beteiligt ist.

725　**(dd) Verschmelzung der Organgesellschaft.** Wird die Organgesellschaft auf einen anderen Rechtsträger verschmolzen, wird ein bestehender Gewinnabführungsvertrag beendet. Die Verschmelzung stellt auf der Ebene des Organträgers eine Veräußerung der Beteiligung an der Organgesellschaft im Zeitpunkt der Wirksamkeit der Verschmelzung. Nach Auffassung der Finanzverwaltung kann eine finanzielle Eingliederung zwischen dem bisherigen Organträger und dem übernehmenden Rechtsträger frühestens ab dem Zeitpunkt der Wirksamkeit der Verschmelzung bestehen.[1023] Auf dieses Organschaftsverhältnis entfallende organschaftliche Ausgleichsposten sind nach § 14 IV 2 KStG in voller Höhe aufzulösen.[1024]

726　Die Aufwärtsverschmelzung der Organgesellschaft auf den Organträger ist selbst bei Buchwertfortführung als veräußerungsgleicher Vorgang zu qualifizieren.[1025] Als realisiert gilt diese Veräußerung mit Ablauf des steuerlichen Übertragungsstichtags.[1026] Streitig ist, ob die aus der Auflösung der Ausgleichsposten resultierende Gewinnauswirkung separat zu berücksichtigen ist oder ob eine Verrechnung mit dem Übernahmegewinn bzw. Übernahmeverlust gemäß § 12 II 2 UmwStG zulässig ist.

727　**(c) Zum Betriebsvermögen gehörende Beteiligung an einer Kapitalgesellschaft.** Gehören zum eingebrachten Betriebsvermögen der Personengesellschaft Anteile an einer Kapitalgesellschaft, so gilt diese Beteiligung als am steuerlichen Übertragungsstichtag auf die Übernehmerin übergegangen, § 20 V 1 UmwStG.

728　Schüttet die Kapitalgesellschaft, deren Anteile übertragen werden, im Rückwirkungszeitraum Gewinne aus, so ist für die Zurechnung dieser Ausschüttung und deren Versteuerung danach zu unterscheiden, wann diese Ausschüttung beschlossen wurde. Wurde der Ausschüttungsbeschluss vor dem steuerlichen Übertragungsstichtag gefasst, wird die Ausschüttung indes nach diesem Stichtag vereinnahmt, so ist die Gewinn-

---

[1023] Vgl. BMF-Schreiben vom 11.11.2011, BStBl. I 2011 S. 1314 Tz. Org. 21.
[1024] Vgl. BMF-Schreiben vom 11.11.2011, BStBl. I 2011 S. 1314 Tz. Org. 21.
[1025] Vgl. BFH-Urteil vom 23.1.2002 – IX R 48/99, BStBl. II 2002 S. 875.
[1026] Vgl. BMF-Schreiben vom 11.11.2011, BStBl. I 2011 S. 1314 Tz. Org. 21.

§ 11. Steuerrechtliche Regelungen § 11

ausschüttung steuerlich dem Einbringenden (Gesellschafter der Personengesellschaft)[1027] nach § 24 Nr. 2 iVm § 20 I Nr. 1 EStG zuzurechnen. Die Gewinnausschüttung ist daher, sofern es sich beim Gesellschafter der Personengesellschaft um eine natürliche Person handelt, dem Teileinkünfteverfahren nach § 3 Nr. 40 EStG zu unterwerfen. Handelt es sich bei dem Gesellschafter der Personengesellschaft um eine Kapitalgesellschaft, greift § 8b KStG. Das gilt selbst dann, wenn die Ausschüttung tatsächlich von der Übernehmerin vereinnahmt wird. In diesem Fall geht mit dem übertragenen Betriebsvermögen der Personengesellschaft auch eine Forderung auf Gewinnausschüttung auf die übernehmende Gesellschaft über. Durch diese Forderung erhöhen sich der Wert des eingebrachten Betriebsvermögens und damit zugleich auch die Anschaffungskosten der dem Einbringenden gewährten Anteile.[1028] Bei Zahlung der Dividende erlischt die Forderung. Für die Übernehmerin handelt es sich insoweit um einen neutralen Vorgang.

Wird die Gewinnausschüttung demgegenüber erst nach dem steuerlichen Übertragungsstichtag beschlossen, ist die Ausschüttung unter Beachtung des § 20 V 1 UmwStG steuerlich der übernehmenden Gesellschaft als Anteilsinhaberin zuzurechnen.[1029] Auf die Ausschüttung ist bei der Übernehmerin § 8b KStG anzuwenden. Dies gilt selbst dann, wenn die Ausschüttung tatsächlich noch der Personengesellschaft zufließt, da Letztere im Zeitpunkt der Ausschüttung noch rechtliche Gesellschafterin ist. In diesem letzten Fall ist für die weiteren Konsequenzen zu unterscheiden, ob die Personengesellschaft die erhaltene Ausschüttung behält oder ob die Ausschüttung tatsächlich der Übernehmerin zustehen soll. Behält der Einbringende die Ausschüttung, so bleibt die Übernehmerin mit der Ausschüttung unverändert steuerpflichtig. Die Überlassung der Ausschüttung an die Personengesellschaft ist als Gewährung einer anderen Gegenleistung isd § 20 II 2 Nr. 4 UmwStG durch die Übernehmerin zu qualifizieren.[1030] Soll die Ausschüttung hingegen auch tatsächlich der Übernehmerin zustehen, hat diese bilanziell eine Forderung gegen die Übertragerin zu aktivieren. Die übertragende Personengesellschaft muss die Ausschüttung an die Übernehmerin weiterleiten. Ungeachtet dessen, ob der Ausschüttungsbetrag bei der Übertragerin verbleibt oder an die Übernehmerin auszukehren ist, hat die Übertragerin die Kapitalertragsteuerbescheinigung an die Übernehmerin weiterzugeben. Gleiches gilt für eine etwaige Bescheinigung nach § 27 III KStG. Der übernehmenden Kapitalgesellschaft steht die Möglichkeit der Kapitalertragsteueranrechnung offen.[1031]

Werden die Anteile an der Kapitalgesellschaft erst im Rückwirkungszeitraum erworben, sind Ausschüttungen der Kapitalgesellschaft, deren

729

730

[1027] → Rn. 484.
[1028] Siehe *Menner* in Haritz/Menner, § 20 UmwStG Rn. 658.
[1029] *Widmann* in Widmann/Mayer, § 20 UmwStG Rn. R 363.
[1030] Vgl. *Widmann* in Widmann/Mayer, § 20 UmwStG Rn. R 363; *Patt* in Dötsch/Pung/Möhlenbrock, KStG, § 20 UmwStG Rn. 318.
[1031] Vgl. *Widmann* in Widmann/Mayer, § 20 UmwStG Rn. R 363.

§ 11　　　　　　　　　　　　　　　　3. Teil. Verschmelzung

Anteile erworben wurden, der Übernehmerin zuzurechnen.[1032] Dies gilt unabhängig vom Zeitpunkt, in dem der Ausschüttungsbeschluss gefasst wurde.

731　(3) **Ausnahmen.** Von der Rückwirkung auf den steuerlichen Übertragungsstichtag nach § 20 V, VI 1 UmwStG bestehen gesetzlich geregelte Ausnahmen.

732　(a) **Entnahmen und Einlagen im Rückwirkungszeitraum.** Die Wirkungen der steuerlichen Rückbeziehung gelten nicht für Entnahmen und Einlagen, die nach dem steuerlichen Übertragungsstichtag erfolgen, § 20 V 2 UmwStG. Ohne diese Ausnahmeregelung wären Entnahmen und Einlagen bei der übernehmenden Gesellschaft als verdeckte Gewinnausschüttungen bzw. verdeckte Einlagen zu behandeln.[1033] Entsprechendes gilt für Vergütungen aufgrund von Verträgen zwischen Gesellschafter und Personengesellschaft.[1034] Aufgrund des § 20 V 2 UmwStG sind Einlagen im Rückwirkungszeitraum als Zuführung eines Wirtschaftsguts zum Betriebsvermögen der zu verschmelzenden Personengesellschaft zu behandeln. Entsprechend sind nach § 20 V 3 UmwStG die Anschaffungskosten der als Gegenleistung für die Einbringung erhaltenen neuen Anteile um den Wert der Einlage zu erhöhen, der sich gemäß § 6 I Nr. 5 EStG ergibt (Teilwert, fortgeführte AK/HK oder gemeiner Wert). Umgekehrt sind Entnahmen innerhalb des Rückwirkungszeitraums noch bei der übertragenden Personengesellschaft zu erfassen. Daraus folgt, dass nach § 20 V 3 UmwStG die Anschaffungskosten der als Gegenleistung für die Einbringung erhaltenen neuen Anteile um den Buchwert der Entnahme zu mindern sind.

733　Die Regelung des § 20 V 2 UmwStG greift lediglich für Entnahmen und Einlagen bis zur Eintragung der Verschmelzung im Handelsregister.

734　Nicht anzuwenden ist § 20 V 2 UmwStG auf Betriebsvermögen, welches zulässigerweise nicht auf die übernehmende Gesellschaft übertragen, sondern vom Gesellschafter zurückbehalten bzw. vor der Verschmelzung entnommen wird. Dieses Betriebsvermögen gilt als am steuerlichen Übertragungsstichtag entnommen.[1035]

735　(b) **Tarifbegünstigung des § 34 EStG.** Nimmt ein Gesellschafter der übertragenden Personengesellschaft für die Besteuerung seines Einbringungsgewinns die Tarifbegünstigung des § 34 EStG in Anspruch, entsteht der Gewinn grundsätzlich im Zeitpunkt der Sacheinlage, sprich mit Übertragung des wirtschaftlichen Eigentums an den einzubringenden Wirtschaftsgütern.[1036] Erfolgt die Verschmelzung mit Rückwirkung, so gilt nach § 20 V 1 UmwStG das Vermögen als mit Ablauf des steuerlichen Übertragungsstichtags auf die übernehmende Kapitalgesellschaft

---

[1032] Vgl. *Menner* in Haritz/Menner, § 20 UmwStG Rn. 659; *Widmann* Widmann/Mayer, § 20 UmwStG Rn. R 364.
[1033] Vgl. *Damas* DStZ 2007 S. 129 (137); *Menner* in Haritz/Menner, § 20 UmwStG Rn. 661 ff.
[1034] → Rn. 588.
[1035] Vgl. *Menner* in Haritz/Menner, § 20 UmwStG Rn. 666.
[1036] Vgl. *Menner* in Haritz/Menner, § 20 UmwStG Rn. 676.

(c) Verluste – Zinsvortrag – EBITDA-Vortrag: Anwendung des **736**
§ 2 IV UmwStG.[1038] Der Ausgleich oder die Verrechnung eines Übertragungsgewinns mit verrechenbaren Verlusten, verbleibenden Verlustvorträgen, nicht ausgeglichenen negativen Einkünften, eines Zinsvortrags nach § 4h I 5 EStG und eines EBITDA-Vortrags nach § 4h I 3 EStG des übertragenden Rechtsträgers ist nur zulässig, wenn dem übertragenden Rechtsträger diese Verrechnung auch ohne steuerliche Rückwirkung möglich gewesen wäre, § 20 VI 4 iVm § 2 IV UmwStG.[1039] Im Rahmen der Verschmelzung einer Personengesellschaft hat die Regelung des § 20 VI 4 iVm § 2 IV UmwStG etwa Bedeutung, wenn die Anteile an der übertragenden Personengesellschaft mittelbar vor der Verschmelzung erworben wurden und der Gewerbeverlust, Zinsvortrag und EBITDA-Vortrag durch diesen Erwerb untergegangen ist. In diesem Fall können der Gewerbeverlust, Zinsvortrag und EBITDA-Vortrag nicht durch eine rückwirkende Verschmelzung auf einen Zeitpunkt vor dem mittelbaren Anteilserwerb nutzbar gemacht werden.

Durch das sog. Amtshilferichtlinie-Umsetzungsgesetz[1040] wurde § 2 IV **737** um die Sätze 3 bis 6 erweitert. Adressat der Neuregelung in Satz 3 ist wie in Satz 2 der übernehmende Rechtsträger bzw. dessen Organträger (Satz 4). Nach § 2 IV 3 UmwStG ist der Ausgleich oder die Verrechnung von positiven Einkünften des übertragenden Rechtsträgers im Rückwirkungszeitraum mit verrechenbaren Verlusten, verbleibenden Verlustvorträgen, nicht ausgeglichenen negativen Einkünften und einem Zinsvortrag des übernehmenden Rechtsträgers nicht möglich. § 2 IV 3 UmwStG beschränkt somit eine Verlustnutzung durch Verschmelzung einer Gewinngesellschaft auf eine Verlustgesellschaft. Demgegenüber betrifft die Regelung des § 2 IV 1 UmwStG den umgekehrten Fall. § 2 IV 6 UmwStG sieht eine Art „Konzernklausel" für verbundene Unternehmen vor. Die Regelungen der § 2 IV 3–6 UmwStG sind erstmals auf Umwandlungen und Einbringungen anwendbar, bei denen die Anmeldung zur Eintragung in das für die Wirksamkeit des jeweiligen Vorganges maßgebliche Register nach dem 6.6.2013 erfolgt. Für Einbringungen, deren Wirksamkeit keine Eintragung in ein öffentliches Register voraussetzt, gilt die Neuregelung erstmals das wirtschaftliche Eigentum an den eingebrachten Wirtschaftsgütern nach dem 6.6.2013 übergegangen ist (§ 27 XII UmwStG).

[1037] Vgl. *Menner* in Haritz/Menner, § 20 UmwStG Rn. 676. Zur Rechtslage vor Streichung des § 52 XLVII 4 EStG durch das sog. Kroatien-Steueranpassungsgesetz vom 25.7.2014 (BGBl. I 2014 S. 1266) vgl. die Vorauflage und *Patt* in Dötsch/Pung/Möhlenbrock, KStG, § 20 UmwStG Tz. 329.
[1038] Vgl. BMF-Schreiben vom 24.5.2004, BStBl. I 2004549 (zum Formwechsel).
[1039] → Rn. 40.
[1040] „Gesetz zur Umsetzung der Amtshilferichtlinie sowie zur Änderung steuerlicher Vorschriften", Amtshilferichtlinie-Umsetzungsgesetz (AmtshilfeRLUmsG, BGBl. 2013 I S. 1809).

e) Steuerlicher Umgehungsschutz nach § 22 UmwStG

aa) Überblick

738 Nach der Rechtslage vor dem SEStEG wurden die als Gegenleistung ausgegebenen neuen Anteile bei Bewertung des eingebrachten Vermögens durch die übernehmende Gesellschaft zum Buchwert oder Zwischenwert als einbringungsgeborene Anteile iSv § 21 UmwStG aF qualifiziert. Die Veräußerung oder anderweitige Übertragung dieser Anteile innerhalb einer Frist von sieben Jahren löste eine Besteuerung aus. Das Halb-/Teileinkünfteverfahren nach § 3 Nr. 40 EStG bzw. das Beteiligungsprivileg nach § 8b KStG war auf diese Anteile nicht anzuwenden. Für alt-einbringungsgeborene Anteile sind die bisherigen Regelungen weiterhin zu beachten, § 52 IVb 2, § 52 VIII a 2 EStG, § 34 VII a KStG, § 21 II, III Nr. 3 UmwStG.[1041]

739 Mit dem SEStEG wurde die Regelung des § 21 UmwStG aF aufgehoben und durch § 22 UmwStG ersetzt.[1042] Danach entfällt die ursprüngliche Steuerneutralität der Einbringung nach §§ 20, 21 UmwStG (anteilig) rückwirkend, sofern die Tatbestandsvoraussetzungen des § 22 I, II UmwStG innerhalb einer Frist von sieben Jahren nach der Einbringung erfüllt werden (sog. Einbringungsgewinn I bzw. II). Sinn und Zweck des § 22 UmwStG ist es zu verhindern, dass stille Reserven in steuerlich nicht begünstigtem Betriebsvermögen durch umwandlungsrechtliche Maßnahmen der deutschen Besteuerung entzogen werden können.

740 Die Veräußerung der erhaltenen Anteile oder ein gleichgestellter Vorgang in der siebenjährigen Sperrfrist hat zwei Wirkungen:
– Die Einbringung gilt rückwirkend als zu gemeinen Werten vollzogen, § 22 I 1 UmwStG. Entsprechend erhöhen sich rückwirkend die Anschaffungskosten der erhaltenen Anteile, § 22 I 4 UmwStG. Ferner kann die übernehmende Gesellschaft den Wert des eingebrachten Vermögens aufstocken, § 23 II UmwStG.
– Der entstehende Gewinn oder Verlust aus der Veräußerung der erhaltenen Anteile unterliegt nach den allgemeinen Regelungen gemäß §§ 17 VI Nr. 1, 20 II, 3 Nr. 40, 3c II EStG bzw. § 8b KStG der Besteuerung.

741 Eine Veräußerung der erhaltenen Anteile nach Ablauf der Sperrfrist von sieben Jahren löst keine rückwirkende Besteuerung eines Einbringungsgewinns nach § 22 I, II UmwStG mehr aus.

742 In den Fällen der Verschmelzung einer Personengesellschaft auf eine Kapitalgesellschaft erstreckt sich die Anwendung des § 22 UmwStG auf Anteilseigner, die Einbringende einer Sacheinlage nach § 20 UmwStG sind. Die Regelung des 22 UmwStG greift sowohl für rein nationale Umwandlungen als auch für grenzüberschreitende sowie ausländische Vorgänge.

[1041] Vgl. *Haritz* GmbHR 2007 S. 170.
[1042] Zur fehlenden Vereinbarkeit des § 22 UmwStG mit Art. 11 der FusionsRL vgl. etwa *Körner* IStR 2006 S. 112; *Thömmes/Schulz/Eismayr/Müller* IWB Gr. 2 Fach 11 S. 756; *Werra/Teiche* DB 2006 S. 1461; *Rödder/Schumacher* DStR 2006 S. 1538; *Hahn* IStR 2006 S. 804 f.

§ 11. Steuerrechtliche Regelungen § 11

bb) Anwendungsvoraussetzungen

(1) *Allgemeines.* Soweit in den Fällen einer Sacheinlage unter dem gemeinen Wert nach § 20 II 2 UmwStG der Einbringende die erhaltenen Anteile innerhalb eines Zeitraums von sieben Jahren nach dem Einbringungszeitpunkt veräußert, ist der Gewinn aus der Einbringung rückwirkend im Wirtschaftsjahr der Einbringung als Gewinn des Einbringenden iSv § 16 EStG zu versteuern, § 22 I 1 UmwStG. Der so rückwirkend steuerpflichtige Gewinn aus der Einbringung wird als Einbringungsgewinn I bezeichnet. Bei einer Veräußerung erst nach Ablauf von sieben Jahren ist § 22 I UmwStG nicht anzuwenden.[1043] 743

(2) *Einbringung unter dem gemeinen Wert.* Anzuwenden ist § 22 I UmwStG bei Verschmelzung einer Personengesellschaft auf eine Kapitalgesellschaft oder Genossenschaft zum Buchwert oder Zwischenwert. 744

(3) *Anwendung auf „erhaltene" Anteile.* Steuerschädlich ist nach dem Wortlaut des § 22 I 1 UmwStG die Veräußerung der für die Einbringung „erhaltenen" Anteile. Das sind die Anteile an der übernehmenden Gesellschaft, die im Zuge der Verschmelzung der Personengesellschaft als Gegenleistung gewährt werden. 745

Bei Einbringung zu Zwischenwerten unterliegen die erhaltenen Anteile sämtlich der Anwendung des § 22 I 1 UmwStG. Eine Aufteilung des Einbringungsvorgangs in einen entgeltlichen und in einen unentgeltlichen Teil erfolgt nicht.[1044] 746

Werden bei der Einbringung keine neuen Anteile gewährt, sondern bereits bestehende Anteile aufgestockt,[1045] wird der aufgestockte Anteil insoweit den Regelungen des § 22 UmwStG unterworfen.[1046] 747

Durch die Verschmelzung kann es zu einem Überspringen stiller Reserven von den erhaltenen Anteilen auf „andere" Anteile an der übernehmenden Gesellschaft kommen. So können nach § 22 VII UmwStG bei einer Verschmelzung unter dem gemeinen Wert stille Reserven auf Grund einer Gesellschaftsgründung oder Kapitalerhöhung von den erhaltenen oder eingebrachten Anteilen oder von auf diesen Anteilen beruhenden Anteilen auf andere Anteile verlagert werden. Zu einem solchen Überspringen von stillen Reserven kommt es etwa dann, wenn das Umtauschverhältnis unangemessen war und demzufolge der gemeine Wert der erhaltenen Anteile unter dem gemeinen Wert des eingebrachten Betriebsvermögens liegt.[1047] In diesem Fall gelten auch diese „anderen Anteile" als „erhaltene Anteile". Sie gelten als „mitverstrickt" und fallen ebenfalls in den Anwendungsbereich des § 22 I UmwStG. 748

Anwendung findet § 22 UmwStG daneben auch auf sperrfristverhaftete Anteile, die unentgeltlich erworben wurden (§ 22 VI UmwStG). Bei einer Kapitalerhöhung aus Gesellschaftsmitteln gelten die jungen Anteile 749

[1043] → Rn. 631.
[1044] Vgl. *Bilitewski* in Haritz/Menner, § 22 UmwStG Rn. 13.
[1045] → Rn. 491.
[1046] Vgl. *Wulff-Dohmen* in Haase/Hruschka, § 22 UmwStG Rn. 42.
[1047] Vgl. *Bilitewski* in Haritz/Menner, § 22 UmwStG Rn. 331 ff.

§ 11　3. Teil. Verschmelzung

als sperrfristverhaftete Anteile, soweit sie ihrerseits auf sperrfristverhaftete Altanteile zurückgehen.[1048]

750　(4) **Veräußerung und Ersatztatbestände. (a) Veräußerung.** Ausgelöst wird § 22 I 1 UmwStG durch die Veräußerung von erhaltenen Anteilen innerhalb von sieben Jahren nach der Verschmelzung.[1049] Veräußerung ist die entgeltliche Übertragung des wirtschaftlichen Eigentums an diesen Anteilen. Darunter fallen der Verkauf, Tausch sowie die offene Sacheinlage in eine Kapitalgesellschaft oder Personengesellschaft[1050] gegen Gewährung von Gesellschaftsrechten.

751　Ausgelöst wird die Anwendung des § 22 I 1 UmwStG ferner durch den Erwerb eigener Anteile[1051] sowie die Ausübung oder Veräußerung von Bezugsrechten[1052] im Zuge einer Kapitalerhöhung. Beim Erwerb eigener Anteile zur Einziehung könnte auch der Tatbestand des § 22 I 6 Nr. 3 (Kapitalherabsetzung) greifen, was regelmäßig günstigere Konsequenzen nach sich zieht.[1053]

752　Nach Ansicht der Finanzverwaltung stellen auch Umwandlungen und Einbringungen Veräußerungen iSd § 22 I 1 UmwStG dar.[1054] Konsequenz dieser Auffassung ist, dass jegliche Übertragung oder jeglicher Anteilstausch der sperrfristbehafteten Anteile im Zuge von Folgeumwandlungen innerhalb der siebenjährigen Sperrfrist als schädlicher Tatbestand qualifiziert wird. Betroffen sind Folgeumwandlungen sowohl auf der Ebene des übertragenden Rechtsträgers, des übernehmenden Rechtsträgers als auch auf der Ebene der Gesellschafter. Etwas anderes gilt nach Auffassung der Finanzverwaltung nur dann, wenn eine nachfolgende Einbringung der sperrfristbehafteten Anteile nach §§ 20 I, 21 I UmwStG bzw. aufgrund eines mit diesen Vorgängen vergleichbaren ausländischen Vorgangs zum Buchwert durchgeführt wird.[1055] Demgegenüber wird im Schrifttum uE zutreffend die Auffassung vertreten, dass der Ansicht der Finanzverwaltung lediglich bei Umwandlung der übernehmenden Kapi-

---

[1048] Vgl. BMF-Schreiben vom 11.11.2011, BStBl. I 2011 S. 1314 Tz. 22.46.
[1049] → Rn. 631.
[1050] Vgl. *Bilitewski* in Haritz/Menner, § 22 UmwStG Rn. 35.
[1051] Vgl. *Bilitewski* in Haritz/Menner, § 22 UmwStG Rn. 28; *Widmann* in Widmann/Mayer, § 22 UmwStG Rn. 18; *Stangl* in Rödder/Herlinghaus/van Lishaut, § 22 UmwStG Rn. 35.
[1052] Vgl. BMF-Schreiben vom 11.11.2011, BStBl. I 2011 S. 1314 Tz. 22.45. Mit dem Urteil des BFH vom 23.1.2008 (I R 101/06, BStBl. II 2008 S. 719), wonach eine Bezugsrechtsveräußerung nicht unter § 8b II KStG fällt, könnten an dieser Auffassung Zweifel angemeldet werden. Vgl. hierzu *Schmitt* in Schmitt/Hörtnagl/Stratz, § 22 UmwStG Rn. 29 sowie *Stangl* in Rödder/Herlinghaus/van Lishaut, § 22 UmwStG Rn. 36.
[1053] Vgl. zu dieser Diskussion auch *Stangl* in Rödder/Herlinghaus/van Lishaut, § 22 UmwStG Rn. 35.
[1054] Vgl. BMF-Schreiben vom 11.11.2011, BStBl. I 2011 S. 1314 Tz. 22.22, 22.07, 00.02. Für eine einschränkende Auslegung des Begriffs siehe zB FG Hamburg vom 21.5.2015 – 2 K 12/13, EFG 2015, S. 1876 (Revision anhängig beim BFH unter I R 48/15).
[1055] BMF-Schreiben vom 11.11.2011, BStBl. I 2011 S. 1314 Tz. 22.23.

§ 11 Steuerrechtliche Regelungen § 11

talgesellschaft auf eine andere Kapitalgesellschaft zum gemeinen Wert,[1056] bei Umwandlung der übernehmenden Kapitalgesellschaft auf eine Personengesellschaft[1057] sowie bei Einbringung der Anteile durch den Einbringenden[1058] zu Zwischenwerten oder zum gemeinen Wert zuzustimmen ist.

Mit dem Ziel, die von der Finanzverwaltung vertretene sehr weite Interpretation des Veräußerungsbegriffs nach § 22 I UmwStG[1059] im Einzelfall abzumildern, sieht der Umwandlungssteuererlass eine Billigkeitsregelung für Folgeumwandlungen vor. Danach kann neben den gesetzlich normierten Ausnahmetatbeständen des § 22 I 6 Nr. 2, 4 und 5 jeweils zweiter Halbsatz UmwStG auch bei Umwandlungen zu Buchwerten auf übereinstimmenden Antrag aller Personen, bei denen ansonsten infolge des Umwandlungsvorgangs ein Einbringungsgewinn rückwirkend zu versteuern wäre, von einer rückwirkenden Einbringungsgewinnbesteuerung abgesehen werden.[1060] Voraussetzung dafür ist, dass[1061] 753

(i) keine steuerliche Statusverbesserung hinsichtlich der sperrfristverhafteten Anteile eintritt, also die Besteuerung eines etwaigen Einbringungsgewinns I oder II nicht verhindert wird,
(ii) sich keine stillen Reserven von den sperrfristverhafteten Anteilen auf Anteile eines Dritten verlagern,
(iii) das deutsche Besteuerungsrecht an den sperrfristverhafteten Anteilen nicht ausgeschlossen oder beschränkt wird,
(iv) die Antragsteller sich damit einverstanden erklären, dass auf alle unmittelbaren oder mittelbaren Anteile der an der Umwandlung beteiligten Rechtsträger § 22 UmwStG entsprechend anzuwenden ist,
(v) der konkrete Einzelfall in jeder Hinsicht mit den gesetzlich normierten Ausnahmen in § 22 I 6 Nr. 2, 4 und 5 jeweils zweiter Halbsatz UmwStG vergleichbar ist und
(vi) die Umwandlungsmaßnahme im Einzelfall im Rahmen einer Gesamtschau nicht der Veräußerung des eingebrachten Vermögens dient.

Ausdrücklich keiner Billigkeitsregelung zugänglich ist nach Ansicht der Finanzverwaltung die Einbringung von sperrfristverhafteten Anteilen in 754

[1056] Vgl. *Bilitewski* in Haritz/Menner § 22 UmwStG Rn. 44.
[1057] Vgl. *Bilitewski* in Haritz/Menner § 22 UmwStG Rn. 50.
[1058] Vgl. *Bilitewski* in Haritz/Menner § 22 UmwStG Rn. 51.
[1059] Zur Einschränkung für den Fall der Aufwärtsverschmelzung bereits FG Hamburg Urteil vom 21.5.2015 – 2 K 12/13, EFG 2015 S. 1876 (Revision beim BFH anhängig unter I R 48/15).
[1060] Vgl. BMF-Schreiben vom 11.11.2011 BStBl. I 2011 S. 1413 Tz. 22.23. Vgl. zur Kritik an der Regelung zB *Hageböke* Ubg 2011 S. 689 (704); *Graw* Ubg 2011 S. 603 (607); *Kessler* Ubg 2011 S. 34 (35); *Stangl* Ubg 2009 S. 698 (700 f.); *Drüen* DStR 2012 Beihefter zu Heft 2 S. 22 f.
[1061] Vgl. für Einzelheiten zu den einzelnen Voraussetzungen zB OFD Niedersachsen, Vfg. v. 22.8.2014, DStR 2014 S. 2397. Vgl. auch *Franz/Winkler/Polatzki* BB Special 1 zu Heft 35 BB 2011 S. 15 (20); *Kortendick/Peters* DStR 2014 S. 1578 (1580 f.); *Bilitewski* in Haritz/Menner, § 22 UmwStG Rn. 57 ff.; *Schneider/Roderburg* in Schneider/Ruoff/Sistermann, UmwStE 2011 H 22. 51 ff.

§ 11   3. Teil. Verschmelzung

eine Personengesellschaft nach § 24 UmwStG.[1062] In verfahrensrechtlicher Hinsicht war insbesondere fraglich, ob für Zwecke der Gewerbesteuer die hebeberechtigte Gemeinde einem Billigkeitserlass durch das Finanzamt zustimmen musste. Für die Zeit vor dem sog. Zollkodexanpassungsgesetz[1063] war dies uE zu bejahen, da der Umwandlungssteuererlass als Verwaltungsvorschrift der obersten Bundesfinanzbehörde von § 184 II 1 AO aF nicht erfasst war. Mit der expliziten Aufnahme von Verwaltungsvorschriften der obersten Bundesfinanzbehörde in den Katalog des § 184 II 1 AO sollte sich dies nun jedoch geändert haben.

755 Bei teilentgeltlicher Veräußerung ist eine Aufteilung in einen voll entgeltlichen und einen voll unentgeltlichen Vorgang erforderlich (sog. Trennungstheorie).[1064] Der voll entgeltliche Teil führt zu einer anteiligen rückwirkenden Besteuerung eines Einbringungsgewinns I. Hinsichtlich des voll unentgeltlichen Teils tritt der Erwerber in die Rechtsstellung des Einbringenden ein, § 22 VI UmwStG.[1065] Werden die „erhaltenen" Anteile auf eine vermögensverwaltende Personengesellschaft übertragen, an der der Übertragende ebenfalls beteiligt ist, so ist der Tatbestand der Veräußerung iSv § 22 I 1 UmwStG nur gegeben, soweit andere Personen an der erwerbenden Personengesellschaft beteiligt sind.

756 Als schädlich angesehen wird der Formwechsel der übernehmenden Kapitalgesellschaft oder Genossenschaft in eine Personengesellschaft.[1066]

757 Keine Veräußerung isd § 22 I 1 UmwStG stellt die Einlage der „erhaltenen" Anteile in ein Einzelunternehmen dar. Diese vollzieht sich nach § 6 I Nr. 5 Buchst. b EStG stets zum Buchwert.[1067] Die unentgeltliche Übertragung nach § 6 III EStG, Überführung nach § 6 V 1, 2 EStG oder Realteilung zum Buchwert (§ 16 III 2 ff. EStG) von sperrfristverhafteten Anteilen sind ebenfalls keine Veräußerungen isd § 22 I 1 UmwStG.[1068] Gleiches sollte für Übertragungen nach § 6 V 3 EStG

[1062] Vgl. BMF-Schreiben vom 11.11.2011, BStBl. I 2011 S. 1314 Tz. 22.23.
[1063] Gesetz zur Anpassung der Abgabenordnung an den Zollkodex der Union und zur Änderung weiterer steuerlicher Vorschriften vom 22.12.2014 (BGBl. I S. 2417).
[1064] Vgl. FG Münster, Urt. vom 18.12.1997 – 6 K 3972/95, EEFG 1998 S. 769; *Patt* in Dötsch/Patt/Möhlenbrock, KStG, § 22 UmwStG Rn. 30; *Bilitewski* in Haritz/Menner, § 22 UmwStG Rn. 28 f.
[1065] Fraglich ist, ob und inwieweit sich die derzeitigen Diskussionen um die sog. strenge oder modifizierten Trennungstheorie im Bereich des § 6 V 3 EStG (vgl. dazu BFH-Urteil vom 19.9.2012 – IV R 11/12, BFH/NV 2012 S. 1880 und BFH-Urteil vom 27.10.2015 – X R 28/12, BStBl. II 2016 S. 81) auf die hier diskutierten Fälle der schädlichen Verfügung über sperrfristbehaftete Anteile hat, denn der insgesamt steuerpflichtige Betrag setzt sich ja zusammen aus dem rückwirkend zu besteuernden Einbringungsgewinn I und dem verbleibenden Veräußerungsgewinn. Vgl. dazu *Bilitewski* in Haritz/Menner, § 22 UmwStG Rn. 29.
[1066] Vgl. BMF-Schreiben vom 11.11.2011, BStBl. I 2011 S. 1314 Tz. 22.23, wonach der Formwechsel nicht von einer etwaigen Billigkeitsregel nicht erfasst wird.
[1067] Vgl. *Widmann* in Widmann/Mayer, § 22 UmwStG, Rn. 30; *Bilitewski* in Haritz/Menner, § 22 UmwStG Rn. 34.
[1068] Vgl. BMF-Schreiben vom 11.11.2011, BStBl. I 2011 S. 1314 Tz. 22.41.

§ 11. Steuerrechtliche Regelungen § 11

gelten, sofern und soweit diese unentgeltlich erfolgen. Werden dagegen im Rahmen einer Übertragung nach § 6 V 3 EStG Gesellschaftsrechte gewährt, handelt es sich insoweit um einen Tausch und damit um eine schädliche Veräußerung isd § 22 I UmwStG.[1069]

(b) Ersatztatbestände. (aa) Überblick. Einer schädlichen Veräußerung isv § 22 I 1 UmwStG sind die Ersatztatbestände des § 22 I 6 UmwStG gleichgestellt. Danach kommt es zu einer rückwirkenden Besteuerung der Verschmelzung der Personengesellschaft auf eine Kapitalgesellschaft oder Genossenschaft nach § 20 UmwStG, wenn 758

– der Einbringende die erhaltenen Anteile unmittelbar oder mittelbar unentgeltlich auf eine Kapitalgesellschaft oder eine Genossenschaft überträgt (§ 22 I 6 Nr. 1 UmwStG);
– der Einbringende die erhaltenen Anteile entgeltlich überträgt, es sei denn, er weist nach, dass die Übertragung durch einen Vorgang im Sinne des § 20 I oder § 21 I oder auf Grund vergleichbarer ausländischer Vorgänge zu Buchwerten erfolgte und keine sonstigen Gegenleistungen erbracht wurden, die die Grenze des § 20 II 2 Nr. 4 oder die Grenze des § 21 I 2 Nr. 2 UmwStG übersteigen (§ 22 I 6 Nr. 2 UmwStG);
– die Kapitalgesellschaft, an der die Anteile bestehen, aufgelöst und abgewickelt wird oder das Kapital dieser Gesellschaft herabgesetzt und an die Anteilseigner zurückgezahlt wird oder Beträge aus dem steuerlichen Einlagekonto isd § 27 KStG ausgeschüttet oder zurückgezahlt werden (§ 22 I 6 Nr. 3 UmwStG);
– der Einbringende die erhaltenen Anteile durch einen Vorgang isd § 21 I UmwStG oder einen Vorgang isd § 20 I UmwStG oder auf Grund vergleichbarer ausländischer Vorgänge zum Buchwert in eine Kapitalgesellschaft oder eine Genossenschaft eingebracht hat und diese Anteile anschließend unmittelbar oder mittelbar veräußert oder durch einen Vorgang im Sinne der Nr. 1 oder 2 unmittelbar oder mittelbar übertragen werden, es sei denn, er weist nach, dass diese Anteile zu Buchwerten übertragen wurden und keine sonstigen Gegenleistungen erbracht wurden, die die Grenze des § 20 II 2 Nr. 4 UmwStG oder die Grenze des § 21 I 2 Nr. 2 UmwStG übersteigen (Ketteneinbringung) (§ 22 I 6 Nr. 4 UmwStG);
– der Einbringende die erhaltenen Anteile in eine Kapitalgesellschaft oder eine Genossenschaft durch einen Vorgang isd § 20 I UmwStG oder einen Vorgang isd § 21 I UmwStG oder auf Grund vergleichbarer ausländischer Vorgänge zu Buchwerten einbringt und die aus dieser Einbringung erhaltenen Anteile anschließend unmittelbar oder mittelbar veräußert oder durch einen Vorgang isd Nr. 1 oder 2 unmittelbar oder mittelbar übertragen werden, es sei denn, er weist nach, dass die Einbringung zu Buchwerten erfolgte und keine sonstigen Gegenleistungen erbracht wurden, die die Grenze des § 20 II 2 Nr. 4

[1069] Vgl. *Wulff-Dohmen* in Haase/Hruschka, § 22 UmwStG Rn. 58; *Jäschke* in Lademann, § 22 UmwStG Rn. 6.

§ 11 3. Teil. Verschmelzung

UmwStG oder die Grenze des § 21 I 2 Nr. 2 UmwStG übersteigen (§ 22 I 6 Nr. 5 UmwStG) oder
– für den Einbringenden oder die übernehmende Gesellschaft iSd Nr. 4 die Voraussetzungen iSv § 1 IV UmwStG nicht mehr erfüllt sind (§ 22 I 6 Nr. 6 UmwStG).

759 Zu einer rückwirkenden Besteuerung eines Einbringungsgewinns I kommt es dann, wenn einer der genannten Ersatztatbestände innerhalb des Zeitraums von sieben Jahren nach der ursprünglichen Verschmelzung realisiert wird.

760 **(bb) Unentgeltliche Übertragung – § 22 I 6 Nr. 1 UmwStG.** Nach § 22 I 6 Nr. 1 UmwStG ist ein Einbringungsgewinn I zu versteuern, wenn der Einbringende die erhaltenen Anteile unmittelbar oder mittelbar unentgeltlich auf eine Kapitalgesellschaft oder eine Genossenschaft überträgt. Der Tatbestand des § 22 I 6 Nr. 1 UmwStG ist lex specialis zu § 22 VI UmwStG.[1070] In den Anwendungsbereich des § 22 I 6 Nr. 1 UmwStG fallen insbesondere die verdeckte Einlage in eine Kapitalgesellschaft, die verdecke oder offene Sachausschüttung einer Kapitalgesellschaft an ihre Mutterkapitalgesellschaft, Zuteilung der Anteile bei einer Realteilung an eine Kapitalgesellschaft als Realteiler sowie die Entnahme aus einer Personengesellschaft durch eine Kapitalgesellschaft.[1071] Erfasst wird auch die mittelbare unentgeltliche Übertragung der „erhaltenen" Anteile durch den Einbringenden. Dies ist zB der Fall, wenn die erhaltenen Anteile auf eine Personengesellschaft unentgeltlich übertragen werden, an der mindestens eine Kapitalgesellschaft beteiligt ist oder wenn die erhaltenen Anteile zunächst unentgeltlich auf eine Personengesellschaft übertragen werden, deren Mitunternehmeranteile anschließend auf eine Kapitalgesellschaft übertragen werden.[1072]

761 **(cc) Entgeltliche Übertragung – § 22 I 6 Nr. 2 UmwStG.** Die Regelung des § 22 I 1–6 UmwStG greift analog, wenn der Einbringende die erhaltenen Anteile entgeltlich überträgt, es sei denn, er weist nach, dass die Übertragung durch einen Vorgang iSd § 20 I UmwStG oder § 21 I UmwStG oder auf Grund vergleichbarer ausländischer Vorgänge zu Buchwerten erfolgte und – seit dem Steueränderungsgesetz 2015 – ferner keine sonstigen Gegenleistungen erbracht wurden, die die Grenze[1073] des § 20 II 2 Nr. 4 UmwStG oder die Grenze des § 21 I 2 Nr. 2 UmwStG übersteigen. Der Anwendungsbereich des § 22 I 6 Nr. 2 UmwStG deckt sich mit dem Grundfall der Veräußerung iSv § 22 I 1 UmwStG. Anders als nach § 22 I 1 UmwStG hat indes der Einbringende nach § 22 I 6 Nr. 2 UmwStG die Möglichkeit des Nachweises der Übertragung zum Buchwert, vorausgesetzt es handelt sich um eine Übertragung iSd §§ 20, 21 UmwStG oder um vergleichbare ausländische Vorgänge und es werden keine sonstigen Gegenleistungen erbracht, die

---

[1070] Vgl. *Patt* in Dötsch/Pung/Möhlenbrock, KStG, § 22 UmwStG, Tz. 143; *Schmitt* in Schmitt/Hörtnagl/Stratz, § 22 UmwStG, RRn. 75.
[1071] Vgl. *Patt* in Dötsch/Pung/Möhlenbrock, KStG, § 22 UmwStG, Tz. 40.
[1072] Vgl. *Patt* in Dötsch/Pung/Möhlenbrock, KStG, § 22 UmwStG, Tz. 40.
[1073] Detailliert → Rn. 495.

§ 11. Steuerrechtliche Regelungen § 11

die Grenze des § 20 II 2 Nr. 4 oder die Grenze des § 21 I 2 Nr. 2 UmwStG übersteigen. Im Grunde handelt es sich bei § 22 I 6 Nr. 2 UmwStG damit nicht um einen Ersatztatbestand, sondern – wegen § 22 I 1 Nr. 2 zweiter Halbsatz UmwStG – um eine Ausnahme vom Grundsatz des § 22 I 1 UmwStG.[1074] Eine Übertragung zum Buchwert iSd § 22 I 6 Nr. 2 UmwStG liegt 762 dabei vor, wenn beim Einbringenden keine stillen Reserven aufzudecken sind.[1075] Entscheidend sollte damit für die Anwendung der Ausnahme des § 22 I 6 Nr. 2 UmwStG sein, dass die erhaltenen Anteile nach der Übertragung mit dem Buchwert angesetzt werden.[1076] Nicht ausschlaggebend dürfte demzufolge sein, mit welchem Wert die übernehmende Gesellschaft die eingebrachten Anteile ansetzt. Insbesondere bei der Frage der Vergleichbarkeit ausländischer Umwandlungen dürfte mithin eine sog. doppelte Buchwertverknüpfung nicht erforderlich sein.

Werden die Anteile teilweise entgeltlich, teilweise unentgeltlich über- 763 tragen, kann für den entgeltlichen Teil § 22 I 6 Nr. 2 zweiter Halbsatz UmwStG zur Anwendung kommen. Für den unentgeltlichen Teil ist § 22 I 6 Nr. 1 UmwStG zu prüfen.

Erbracht werden kann der Nachweis der Fortführung der Buchwerte 764 lediglich in Fällen einer Übertragung nach §§ 20, 21 UmwStG oder bei vergleichbaren ausländischen Vorgängen. Bei Übertragungen nach § 20, 21 UmwStG handelt es die Einbringung in eine Kapitalgesellschaft sowie den Formwechsel in eine Kapitalgesellschaft, § 25 iVm § 20 UmwStG. Bei ausländischen Vorgängen muss die Umwandlung mit §§ 20, 21 UmwStG vergleichbar sein. Eine solche Vergleichbarkeit ist im Grundsatz gegeben, wenn die ausländische Umwandlung die wesentlichen in den Vorschriften der §§ 20, 21 UmwStG normierten Merkmale aufweist.[1077] Die diesbezügliche Beweislast trägt der (Weiter-) Einbringende. Gleiches gilt für die Frage, ob die jeweilige Übertragung zum Buchwert erfolgt ist[1078] und keine über § 20 II 2 Nr. 4 UmwStG oder die Grenze des § 21 I 2 Nr. 2 UmwStG hinausgehenden Gegenleistungen gewährt wurden. Die durch die Übertragung geänderte Zuordnung der erhaltenen Anteile ist anzuzeigen, § 22 III UmwStG.[1079]

(dd) Auflösung, Kapitalherabsetzung, Ausschüttung aus dem 765 **steuerlichen Einlagekonto – § 22 I 6 Nr. 3 UmwStG.** Nach § 22 I 6 Nr. 3 UmwStG kommt es zu einer rückwirkenden Besteuerung des Einbringungsgewinns I, wenn die Kapitalgesellschaft, an der die erhaltenen Anteile bestehen,[1080] aufgelöst und abgewickelt wird oder das Kapital

---

[1074] Vgl. *Bilitewski* in Haritz/Menner, § 22 UmwStG, Rn. 123. Vgl. auch *Wulff-Dohmen* in Haase/Hruschka, § 22 UmwStG, Rn. 137.
[1075] Vgl. BMF-Schreiben vom 11.11.2011, BStBl. I 2011 S. 1314 Tz. 22.22.
[1076] Vgl. *Bilitewski* in Haritz/Menner, § 22 UmwStG Rn. 162.
[1077] Vgl. *Bilitewski* in Haritz/Menner, § 22 UmwStG Rn. 127. Vgl. dazu auch *Wulff-Dohmen* in Haase/Hruschka, § 22 UmwStG Rn. 141 ff.
[1078] Vgl. *Patt* in Dötsch/Pung/Möhlenbrock, KStG, § 22 UmwStG Rn. 42.
[1079] Vgl. *Patt* in Dötsch/Pung/Möhlenbrock, KStG, § 22 UmwStG Rn. 42.
[1080] Vgl. BMF-Schreiben vom 11.11.2011, BStBl. I 2011 S. 1314 Tz. 22.24.

§ 11   3. Teil. Verschmelzung

dieser Gesellschaft herabgesetzt und an die Anteilseigner zurückgezahlt wird oder Beträge aus dem steuerlichen Einlagekonto iSd § 27 KStG ausgeschüttet oder zurückgezahlt werden. Die Tatbestände des § 22 I 6 Nr. 2 UmwStG sind nicht überschneidungsfrei. Nicht nur deshalb wird die Regelung im Schrifttum teilweise heftig kritisiert.[1081]

765a (α) Auflösung und Abwicklung der Übernehmerin. Erforderlich ist eine rückwirkende Besteuerung des Einbringungsgewinns I bei Auflösung und Abwicklung der Übernehmerin innerhalb des siebenjährigen Zeitraums. Maßgeblich ist die zivilrechtliche Betrachtung. Nicht ausreichend für die Anwendung des 22 I 6 Nr. 3 UmwStG ist allein die Auflösung der Übernehmerin. Vielmehr muss sich eine Liquidation anschließen, bei der ein Schlussverteilungsanspruch entsteht. Insofern fallen unter die Regelung des § 22 I 6 Nr. 3 UmwStG die freiwillige Liquidation, nicht indes die Liquidation infolge Überschuldung oder Zahlungsunfähigkeit.[1082] Auch Verschmelzung, Spaltung oder Formwechsel werden nicht vom Anwendungsbereich des § 22 I 6 Nr. 3 UmwStG umfasst. Ferner löst auch die Anwachsung keine Sperrfristverletzung nach § 22 I 6 UmwStG aus. In den letztgenannten Fällen fehlt es an der notwendigen Abwicklung der Kapitalgesellschaft.[1083] Die Auflösung und Abwicklung der Kapitalgesellschaft, an der die sperrfristbehafteten Anteile bestehen, löst dabei in vollem Umfang die rückwirkende Einbringungsgewinnbesteuerung auf den Zeitpunkt der Schlussverteilung des Vermögens aus.[1084]

766 (β) Kapitalherabsetzung oder Kapitalrückzahlung. Voraussetzung für die Kapitalherabsetzung und Rückzahlung iSv § 22 I 6 Nr. 3 UmwStG ist eine handelsrechtlich wirksame Kapitalherabsetzung nach §§ 222–239 AktG, §§ 58, 58a ff. GmbHG sowie die Auskehrung des freigewordenen Kapitals.[1085] Die steuerliche Behandlung der Kapitalherabsetzung richtet sich nach § 28 II KStG. Nicht anzuwenden ist die Regelung des § 22 I 6 Nr. 3 UmwStG auf Auskehrungen des Sonderausweises, § 28 II 2 KStG. Erfüllt ist der Tatbestand des § 22 I 6 Nr. 3 UmwStG analog zu § 17 IV EStG im Zeitpunkt der Eintragung der Kapitalherabsetzung in das Handelsregister, wenn die anschließende Rückzahlung beschlossen ist oder im Zeitpunkt einer vorhergehenden Auskehrung des Vermögens.[1086] Erforderlich ist des Weiteren eine Rückzahlung der Einlagen an die Anteilseigner; keine Anwendung findet die Vorschrift, soweit keine Auskehrung des Vermögens an die Anteilseigner erfolgt.[1087]

[1081] Vgl. hierzu zB *Schönfeld/Lemaitre* GmbHR 2007 S. 459 (466); *Förster/Wendland* BB 2007 S. 631 (637); *Rödder/Stangl* Ubg 2008 S. 39; *Oesterwinter/Pellmann* BB 2008 S. 2769 (2770); *Bilitewski* in Haritz/Menner, § 22 UmwStG Rn. 171.
[1082] Vgl. BMF-Schreiben vom 11.11.2011, BStBl. I 2011 S. 1314 Tz. 22.24.
[1083] Vgl. *Bilitewski* in Haritz/Menner, § 22 UmwStG Rn. 172.
[1084] Vgl. BMF-Schreiben vom 11.11.2011, BStBl. I 2011 S. 1314 Tz. 22.24.
[1085] Vgl. *Stangl* in Rödder/Herlinghaus/van Lishaut, § 22 UmwStG Rn. 114b.
[1086] Vgl. *Bilitewski* in Haritz/Menner, § 22 UmwStG Rn. 182.
[1087] Vgl. *Stangl* in Rödder/Herlinghaus/van Lishaut, § 22 UmwStG Rn. 111a; *Nitzschke* in Blümich, § 22 UmwStG Rn. 65a.

§ 11. Steuerrechtliche Regelungen § 11

Die rückwirkende Einbringungsgewinnbesteuerung wird bei der Kapitalherabsetzung und Einlagenrückgewähr nach Auffassung der Finanzverwaltung nur ausgelöst, soweit der tatsächlich aus dem steuerlichen Einlagekonto iSv § 27 KStG ausgekehrte Betrag den Buchwert bzw. die Anschaffungskosten der sperrfristbehafteten Anteile im Zeitpunkt der Einlagenrückgewähr übersteigt.[1088] Der übersteigende Betrag gilt dabei unter Anwendung der Siebtelregelung als Einbringungsgewinn, wenn dieser den tatsächlichen Einbringungsgewinn nicht übersteigt.[1089]

767

(γ) Ausschüttung oder Rückzahlung von Beträgen aus dem steuerlichen Einlagekonto. Als Rückzahlung von Beträgen aus dem steuerlichen Einlagekonto zu erfassen sind sämtliche Ausschüttungen, die den zum Schluss des vorangegangenen Wirtschaftsjahres ermittelten steuerlich ausschüttbaren Gewinn übersteigen. Voraussetzung ist, dass das steuerliche Einlagekonto einen positiven Bestand ausweist und dessen Verwendung nach § 27 IV KStG bescheinigt wird.

768

Empfänger einer nach § 22 I 6 Nr. 3 UmwStG schädlichen Einlagenrückgewähr kann nach der der hM nur der Halter von sperrfristverhafteten Anteilen sein.[1090] Dies entspricht wohl auch der Finanzverwaltungsauffassung.[1091] Wird der Tatbestand der Auszahlung aus dem steuerlichen Einlagekonto demgegenüber etwa durch eine verdeckte Gewinnausschüttung realisiert, die ausschließlich anderen Gesellschaftern zugutekommt, nicht jedoch den Gesellschaftern der übertragenden Personengesellschaft, dürfte dadurch keine rückwirkende Besteuerung eines Einbringungsgewinns ausgelöst werden.

769

Zur Bestimmung des zu versteuernden Einbringungsgewinns I wird im Schrifttum[1092] eine teleologische Reduktion der Anwendung des § 22 I 6 Nr. 3 UmwStG verbunden mit einer Einteilung des steuerlichen Einlagekontos in verschiedene „Töpfe" gefordert.[1093] Demgegenüber vertritt die Finanzverwaltung die Auffassung, dass durch die Einlagerückgewähr eine rückwirkende Besteuerung des Einbringungsgewinns I ausgelöst wird, soweit der tatsächlich aus dem steuerlichen Einlagekonto iSv § 27 KStG ausgekehrte Betrag den Buchwert bzw. die Anschaffungskosten der sperrfristbehafteten Anteile im Zeitpunkt der Einlagenrückgewähr übersteigt.[1094] Weiter ist die Höhe des steuerpflichtigen Einbrin-

770

[1088] Vgl. BMF-Schreiben vom 11.11.2011, BStBl. I 2011 S. 1314 Tz. 22.24.
[1089] Vgl. BMF-Schreiben vom 11.11.2011, BStBl. I 2011 S. 1314 Tz. 22.24.
[1090] Vgl. zB *Bilitewski* in Haritz/Menner, § 22 UmwStG, Rn. 192 f.; *Stangl* in Rödder/Herlinghaus/van Lishaut, § 22 UmwStG Rn. 113.
[1091] Vgl. BMF-Schreiben vom 11.11.2011, BStBl. I 2011 S. 1314 Tz. 22.24, wonach eine Verrechnung mit dem Buchwert bzw. den Anschaffungskosten der *sperrfristverhafteten Anteile* erfolgen soll.
[1092] Vgl. *Patt* in Dötsch/Pung/Möhlenbrock, KStG, § 22 UmwStG Rn. 48c; *Stangl* in Rödder/Herlinghaus/van Lishaut, § 22 UmwStG Rn. 114; *Förster/ Wendland* BB 2007 S. 631 (637 f.).
[1093] Vgl. *Förster/Wendland*, BB 2007, S. 631 (637); *Stangl* in Rödder/Herlinghaus/van Lishaut, § 22 UmwStG Rn. 114. Siehe dazu auch *Jäschke* in Lademann, § 22 UmwStG Rn. 17 mwN.
[1094] Vgl. BMF-Schreiben vom 11.11.2011, BStBl. I 2011 S. 1314 Tz. 22.24.

§ 11　3. Teil. Verschmelzung

gungsgewinns auf den durch eine Vergleichsrechnung zu ermittelnden tatsächlichen Einbringungsgewinn I nach § 22 I 3 und II 3 UmwStG gedeckelt.[1095]

771 Im Schrifttum wird neben der unsystematischen, unsachgemäßen und überschießenden Wirkung[1096] insbesondere des Ersatztatbestands „Rückzahlung aus dem steuerlichen Einlagekonto" dessen Unberechenbarkeit kritisiert.[1097] Bei enger Auslegung könnte jede nachträglich aufgedeckte verdeckte Gewinnausschüttung zu einem schädlichen Ereignis iSd § 22 I 6 Nr. 3 UmwStG führen. Die ungewollte Auslösung des Ersatzrealisationstatbestands kann dabei durch die Nichterteilung einer Bescheinigung iSd § 27 KStG bzw. durch eine Nullbescheinigung verhindert werden.[1098] Nach § 27 V 2 KStG gilt bei fehlender Bescheinigung über die Verwendung des steuerlichen Einlagekontos die Verwendung als mit € 0 bescheinigt. Liegt – wie es bei einer nachträglich entdeckten verdeckten Gewinnausschüttung regelmäßig der Fall sein wird – keine Bescheinigung vor, gilt das steuerliche Einlagekonto nicht als verwendet.

772 Besondere Schwierigkeiten aus der dritten Anwendungsalternative des § 22 I 6 Nr. 3 UmwStG ergeben sich in den Fällen der Organschaft.[1099] Gemäß § 27 VI KStG führen sämtliche sog. Mehrabführungen, deren Ursache in organschaftlicher Zeit liegt, zu einer Minderung des steuerlichen Einlagekontos der Organgesellschaft. Im Schrifttum wird dafür plädiert, die gesetzliche Anweisung des § 27 VI KStG nicht als tatsächliche „Verwendung" des steuerlichen Einlagekontos zu interpretieren, sondern als eine bloße „Verrechnungsvorgabe", die den Tatbestand des § 22 I 6 Nr. 3 UmwStG eben nicht erfüllt.[1100] Demgegenüber sollen nach Auffassung der Finanzverwaltung[1101] organschaftliche Mehrabführungen stets den Ersatzrealisationstatbestand des § 22 I 6 Nr. 3 UmwStG auslösen können. Dabei sollen bei der Bestimmung der Höhe eines etwaigen rückwirkenden Einbringungsgewinns I die vorgenannten Grundsätze[1102] gelten. Der Buchwert der sperrfristbehafteten Anteile ist dabei nach Ansicht der Finanzverwaltung im Zeitpunkt der Mehrabführung um aktivische und passivische Ausgleichsposten zu kor-

---

[1095] Vgl. *Wulff-Dohmen* in Haase/Hruschka, § 22 UmwStG Rn. 158.
[1096] Vgl. zB *Oesterwinter/Pellmann* BB 2008 S. 2769.
[1097] Vgl. *Patt* in Dötsch/Pung/Möhlenbrock, KStG, § 22 UmwStG, Tz. 48; *Bilitewski* in Haritz/Menner, § 22 UmwStG Rn. 184.
[1098] Vgl. *Bilitewski* in Haritz/Menner, § 22 UmwStG, Rn. 184; *Stangl* in Rödder/Herlinghaus/van Lishaut, § 22 UmwStG Rn. 112. Vgl. auch *Eisgruber* in Eisgruber, § 22 UmwStG Rn. 190.
[1099] Vgl. dazu zB *Schumacher/Neumann* DStR 2008 S. 325 (332 f.); *Rödder/Stangl* Ubg 2008 S. 39 (41).
[1100] Vgl. *Stangl* in Rödder/Herlinghaus/van Lishaut, § 22 UmwStG Rn. 112; *Kessler* Ubg 2011 S. 34 (37); *Schumacher* in FS Schaumburg 2009, S. 477 (483); *Schmitt* in Schmitt/Hörtnagl/Stratz, § 22 UmwStG Rn. 94. Vgl. auch *Jäschke* in Lademann, § 22 UmwStG Rn. 118b mwN.
[1101] Vgl. BMF-Schreiben vom 11.11.2011, BStBl. I 2011 S. 1314 Tz. 22.24. Vgl. auch *Eisgruber* in Eisgruber, § 22 UmwStG Rn. 192.
[1102] Vgl. BMF-Schreiben vom 11.11.2011, BStBl. I 2011 S. 1314 Tz. 22.24.

§ 11. Steuerrechtliche Regelungen § 11

rigieren.[1103] Hierbei erhöhen aktivische organschaftliche Ausgleichsposten den Buchwert der erhaltenen Anteile (höherer „Puffer"[1104]), während passivische Ausgleichsposten den Buchwert mindern. Dabei soll die Auslösung des Ersatzrealisationstatbestands im Gegensatz zum Fall der verdeckten Gewinnausschüttung auch nicht durch die bewusste Nichterteilung einer Bescheinigung iSd § 27 KStG bzw. die Erteilung einer Nullbescheinigung verhindert werden können.[1105] Begründet wird dies damit, dass im Falle einer organschaftlichen Mehrabführung das steuerliche Einlagekonto auch ohne entsprechende Bescheinigung ggf. als verwendet gilt.[1106]

(ee) Ketteneinbringung mit anschließender Veräußerung der eingebrachten Anteile – § 22 I 6 Nr. 4 UmwStG. Zu einer rückwirkenden Besteuerung des Einbringungsgewinns I kommt es nach § 22 I 6 Nr. 4 UmwStG, wenn der Einbringende die erhaltenen Anteile durch einen Vorgang iSd § 21 I UmwStG oder einen Vorgang iSv § 20 I UmwStG oder aufgrund vergleichbarer ausländischer Vorgänge zum Buchwert in eine Kapitalgesellschaft oder Genossenschaft eingebracht hat und diese Anteile – durch die aufnehmende Gesellschaft – anschließend unmittelbar oder mittelbar veräußert oder durch einen Vorgang iSv § 22 I 6 Nr. 1 oder 2 UmwStG unmittelbar oder mittelbar übertragen werden, es sei denn, der Gesellschafter weist nach, dass diese Einbringung wiederum zu Buchwerten erfolgte und keine sonstigen Gegenleistungen erbracht wurden, die die Grenze des § 20 II 2 Nr. 4 oder § 21 I 2 Nr. 2 UmwStG übersteigen. Durch § 22 I 6 Nr. 4 UmwStG soll verhindert werden, dass der Einbringende die Tatbestände der § 22 I 6 Nr. 1 und 2 UmwStG durch sog. Ketteneinbringungen umgeht. Dazu wird eine weitere Kapitalgesellschaft oder Genossenschaft zwischengeschaltet, in die die erhaltenen Anteile zu Buchwerten eingebracht werden. Die übernehmende Kapitalgesellschaft bzw. Genossenschaft veräußert anschließend die erhaltenen Anteile oder überträgt Letztere anderweitig entgeltlich oder unentgeltlich. Von einer Besteuerung eines Einbringungsgewinns I kann in diesen Fällen lediglich bei Nachweis der Einbringung durch den Gesellschafter zum Buchwert abgesehen werden.[1107] Verpflichtet zum Nachweis iSd § 22 I 6 Nr. 4 UmwStG ist der Einbringender aus dem ersten Einbringungsvorgang und damit bei Verschmelzung der Personengesellschaft auf eine Kapitalgesellschaft der jeweilige Mitunternehmer der zu verschmelzenden Personengesellschaft.[1108]

773

[1103] Vgl. BMF-Schreiben vom 11.11.2011, BStBl. I 2011 S. 1314 Tz. 22.24.
[1104] Vgl. *Stangl* in Rödder/Herlinghaus/van Lishaut, § 22 UmwStG Rn. 115c.
[1105] Vgl. *Eisgruber* in Eisgruber, § 22 UmwStG Rn. 192. AA *Stangl* in Rödder/Herlinghaus/van Lishaut, § 22 UmwStG Rn. 112.
[1106] Vgl. *Eisgruber* in Eisgruber, § 22 UmwStG Rn. 192. Vgl. auch *Dötsch* in Dötsch/Pung/Möhlenbrock, § 27 KStG Rn. 214.
[1107] Vgl. BMF-Schreiben vom 11.11.2011, BStBl. I 2011 S. 1314 Tz. 22.25.
[1108] Vgl. dazu auch im Folgenden.

§ 11 3. Teil. Verschmelzung

774 **(ff) Ketteneinbringung mit anschließender Veräußerung der erhaltenen Anteile – § 22 I 6 Nr. 5 UmwStG.** In Erweiterung des § 22 I 6 Nr. 4 UmwStG wird durch § 22 I 6 Nr. 5 UmwStG die Übertragung der durch die Ketteneinbringung erhaltenen Anteile durch den Einbringenden als schädlich behandelt. Nach § 22 I 6 Nr. 5 UmwStG ist rückwirkend ein Einbringungsgewinn I zu versteuern, wenn der Einbringende die erhaltenen Anteile zu Buchwerten in eine andere Kapitalgesellschaft oder Genossenschaft einbringt und dann anschließend die aus diesem Anteilstausch hervorgegangenen erhaltenen Anteile unmittelbar oder mittelbar veräußert oder durch einen Vorgang iSd § 22 I 6 Nr. 1 oder 2 UmwStG unmittelbar oder mittelbar übertragen werden. Von einer Besteuerung des Einbringungsgewinn I kann dann abgesehen werden, wenn der Einbringende nachweist, dass die Einbringung zu Buchwerten erfolgte und ferner keine sonstige Gegenleistungen erbracht wurden, die die Grenze des § 20 II 2 Nr. 4 oder § 21 I 1 Nr. 2 UmwStG übersteigen.[1109] Durch die Verlängerung der Beteiligungskette lässt sich die Versteuerung eines Einbringungsgewinn I damit nicht vermeiden.[1110]

775 **(gg) Wegfall der Ansässigkeitsvoraussetzung – § 22 I 6 Nr. 6 UmwStG.** Nach § 22 I 6 Nr. 6 UmwStG kommt es zur rückwirkenden Besteuerung eines Einbringungsgewinns I, wenn entweder der Einbringende[1111] oder die übernehmende Gesellschaft die Voraussetzungen des § 1 IV UmwStG nicht mehr erfüllen. Handelt es sich bei dem Einbringenden um eine Kapitalgesellschaft, wird § 22 I 6 Nr. 6 UmwStG durch die Verlegung des Sitzes oder der Geschäftsleitung in einen Nicht-EU-/EWR-Staat ausgelöst. Bei Wegzug einer Kapitalgesellschaft in einen EU-/EWR-Staat wird zwar durch § 12 I KStG eine Veräußerung unterstellt. Dadurch werden indes nach allgemeiner Auffassung des Schrifttums[1112] die Rechtsfolgen des § 22 I 1 UmwStG nicht ausgelöst. Vielmehr wird durch § 22 I 6 Nr. 6 UmwStG als lex specialis die rückwirkende Besteuerung eines Einbringungsgewinns auf die Fälle des Wegzugs in einen Drittstaat beschränkt. Auch ein Austritt eines Mitgliedstaats aus dem EU-/EWR-Raum, wie er aktuell[1113] für Großbritannien im Raum steht (sog. „Brexit"), könnte nach dem Wortlaut uU einen Ersatzrealisationstatbestand nach § 22 I 6 Nr. 6 UmwStG auslösen.[1114]

776 Ist Einbringender eine natürliche Person, sind die Anforderungen des § 1 IV UmwStG bei Verlegung von Wohnsitz und gewöhnlichem Aufenthalt in einen Nicht-EU-/EWR-Staat nicht mehr erfüllt. Gleiches gilt, wenn die natürliche Person nach einem DBA als in einem Drittstaat als ansässig gilt. Auch die Änderung eines DBA kann somit zur Auslösung des Ersatzrealisationstatbestandes nach § 22 I 6 Nr. 6 UmwStG füh-

---

[1109] Vgl. BMF-Schreiben vom 11.11.2011, BStBl. I 2011, S. 1314 Tz. 22.26.
[1110] Vgl. *Bilitewski* in Haritz/Menner, § 22 UmwStG Rn. 206.
[1111] → Rn. 484 sowie → Rn. 629.
[1112] Vgl. *Bilitewski* in Haritz/Menner, § 22 UmwStG Rn. 209 mwN; *Stangl* in Rödder/Herlinghaus/van Lishaut, § 22 UmwStG Rn. 41.
[1113] Stand Mitte November 2016.
[1114] Vgl. *Bode et al.* BB 2016 S. 1367.

§ 11. Steuerrechtliche Regelungen § 11

ren.¹¹¹⁵ Bei Wegzug in einen EU-/EWR-Staat bleiben nach § 6 I 3 AStG die Vorschriften des UmwStG unberührt. Insofern ist auch hier davon auszugehen, dass ein Wegzug innerhalb der EU/EWR keine Besteuerung eines Einbringungsgewinns I auslöst.¹¹¹⁶ Unklar ist, ob § 22 I 6 Nr. 6 UmwStG lediglich auf die persönlichen Voraussetzungen des Einbringenden bzw. der übernehmenden Gesellschaft abstellt oder zusätzlich auch die Steuerverhaftung der gewährten Anteile in die Betrachtung einzuschließen sind. So ist nach § 1 IV 1 Nr. 2 Buchst. b UmwStG die Einbringung durch einen nicht in einem EU-/EWR-Staat Ansässigen möglich, wenn die Besteuerung der erhaltenen Anteile in Deutschland weder ausgeschlossen noch beschränkt ist. Fällt nachträglich das Besteuerungsrecht an den Anteilen weg, ist fraglich, ob dieser Vorgang in den Anwendungsbereich des § 22 I 6 Nr. 6 UmwStG fällt und mithin eine nachträgliche Besteuerung auslöst. Erfüllt umgekehrt ein Einbringender infolge des Wegzugs in einen Drittstaat nicht mehr die Voraussetzungen des § 1 IV Nr. 2 Buchst. a UmwStG, ist unklar, ob eine nachträgliche Besteuerung des Einbringungsgewinns unterbleibt, wenn die Anteile weiterhin im Inland uneingeschränkt besteuert werden können. 777

Erfüllen nur einzelne Mitunternehmer der verschmolzenen Personengesellschaft die Voraussetzungen des § 1 IV UmwStG nicht mehr, kommt es nur zu einem anteiligen Auslösen der Einbringungsgewinnbesteuerung.¹¹¹⁷ 778

(c) Einbringender. Nach § 22 I 1 kommt es nur dann zu einer rückwirkenden Besteuerung des Einbringungsgewinns I, wenn die erhaltenen Anteile innerhalb der Sieben-Jahres-Frist durch den Einbringenden veräußert werden. Im Fall der Verschmelzung einer Personengesellschaft auf eine Kapitalgesellschaft oder Genossenschaft ist nach der hier vertretenen Auffassung der jeweilige Mitunternehmer als „Einbringender" anzusehen.¹¹¹⁸ Für die Frage der Erfüllung der Tatbestandsvoraussetzungen des § 22 I 1, 6 UmwStG ist somit auf die Gesellschafter der übertragenden Personengesellschaft abzustellen. 779

In den Fällen der unentgeltlichen Rechtsnachfolge durch Schenkung oder Erbfall gilt der Rechtsnachfolger des Einbringenden als Einbringender iSd § 22 I–V UmwStG, § 22 VI UmwStG.¹¹¹⁹ 780

(d) Sieben-Jahres-Frist. Zu einer rückwirkenden Besteuerung eines Einbringungsgewinns I kommt es, wenn der Einbringende die erhaltenen Anteile innerhalb eines Zeitraums von sieben Jahren nach einer Sacheinlage (Verschmelzung) unter dem gemeinen Wert veräußert, § 22 I 1 UmwStG. Ebenso ist die Anwendung der Ersatztatbestände iSv § 22 I 6 781

---

¹¹¹⁵ Vgl. *Stangl* in Rödder/Herlinghaus/van Lishaut, § 22 UmwStG Rn. 128.
¹¹¹⁶ Vgl. *Bilitewski* in Haritz/Menner, § 22 UmwStG Rn. 210.
¹¹¹⁷ Vgl. *Schneider/Roderburg* in Schneider/Ruoff/Sistermann, UmwStE 2011, 2012, H 22.86.
¹¹¹⁸ → Rn. 484
¹¹¹⁹ → Rn. 648 f.

§ 11   3. Teil. Verschmelzung

UmwStG auf deren Erfüllung innerhalb der Sieben-Jahres-Frist des § 22 I 1 UmwStG beschränkt.

782 Die Sieben-Jahres-Frist beginnt nach § 22 I 1 UmwStG mit dem Einbringungszeitpunkt. Dieser entspricht unter Berücksichtigung des § 20 VI UmwStG dem steuerlichen Übertragungsstichtag. Die gilt auch für mitverstrickte „andere" Anteile iSv § 22 VII UmwStG.

783 Werden die im Zuge einer Einbringung nach § 20 UmwStG erhaltene Anteile innerhalb der Sieben-Jahres-Frist zu Buchwerten nach §§ 20, 21 UmwStG in eine andere Kapitalgesellschaft eingebracht, so läuft die Sieben-Jahres-Frist für die als Gegenleistung erhaltenen Anteile weiter. Zugleich beginnt jedoch für dieselben Anteile auf Ebene der Gesellschaft, in die die Anteile eingebracht werden, eine neue Sieben-Jahres-Frist zu laufen, wenn der Einbringende eine nicht durch § 8b II KStG begünstigte Person ist, § 22 II 1 UmwStG.

cc) Steuerliche Konsequenzen

784 (1) Überblick. Bei Erfüllung der Tatbestandsvoraussetzungen des § 22 I 1 oder 6 UmwStG ist der Gewinn aus der Einbringung rückwirkend im Wirtschaftsjahr der Einbringung als Gewinn des Einbringenden nach § 16 EStG zu versteuern (Einbringungsgewinn I). Die Veräußerung der erhaltenen Anteile gilt insoweit als rückwirkendes Ereignis iSv § 175 I 1 Nr. 2 AO, § 22 I 2 UmwStG. Der Einbringungsgewinn I gilt als nachträgliche Anschaffungskosten der erhaltenen Anteile, § 22 I 4 UmwStG. Insofern werden die Beteiligten rückwirkend so gestellt, als wäre die Betriebseinbringung ursprünglich zum gemeinen Wert unter Aufdeckung sämtlicher stiller Reserven durchgeführt worden.

785 (2) Einbringungsgewinn I. **(a) Ermittlung.** Nach § 22 I 3 UmwStG ist Einbringungsgewinn I der Betrag, um den der gemeine Wert des eingebrachten Betriebsvermögens im steuerlichen Übertragungszeitpunkt nach Abzug der Kosten für diesen Vermögensübergang den Wert übersteigt, mit dem die übernehmende Gesellschaft dieses eingebrachte Betriebsvermögen angesetzt hat. Für jedes seit dem Einbringungszeitpunkt abgelaufene Zeitjahr ist dieser Einbringungsgewinn um ein Siebtel zu vermindern (Siebtelungsregelung).

	Gemeiner Wert des eingebrachten Vermögens im steuerlichen Übertragungszeitpunkt
−	Wert, mit dem die übernehmende Gesellschaft das eingebrachte Betriebsvermögen angesetzt hat
−	Kosten der Verschmelzung
=	Einbringungsgewinn I bezogen auf den steuerlichen Übertragungszeitpunkt Verringerung um $1/7$ für jedes seit dem steuerlichen Übertragungszeitpunkt bis zum Zeitpunkt der Veräußerung der Anteile abgelaufene Zeitjahr
=	Zu versteuernder Einbringungsgewinn I (Gewinn aus Gewerbebetrieb)

786 Wertänderungen des eingebrachten Vermögens innerhalb der Sieben-Jahres-Frist seit dem steuerlichen Übertragungsstichtag haben auf den Einbringungsgewinn keine Auswirkung. Die Ermittlung des Einbringungsgewinns setzt vielmehr eine rückwirkende Bestimmung der gemeinen Werte des eingebrachten Vermögens auf den steuerlichen Übertra-

§ 11. Steuerrechtliche Regelungen § 11

gungszeitpunkt voraus. Zur Vermeidung nachträglicher Unklarheiten empfiehlt es sich, vorsorglich den Einbringungsgegenstand zeitnah zum steuerlichen Übertragungszeitpunkt zu bewerten und diese Bewertung zu dokumentieren.

(b) Steuerliche Behandlung. Der sich ergebende Einbringungsgewinn I ist in voller Höhe steuerpflichtig. Er gehört zu den Einkünften iSd §§ 14, 16, 18 III EStG.[1120] Der Einbringungsgewinn unterliegt abhängig von der Rechtsform des Anteilseigners der Einkommensteuer bzw. der Körperschaftsteuer. Er unterliegt ferner der Gewerbesteuer, soweit er nicht auf natürliche Personen als unmittelbare Gesellschafter der verschmolzenen Personengesellschaft entfällt, § 7 Satz 2 Nr. 1 GewStG. Der Freibetrag nach § 16 IV EStG oder die Tarifvergünstigung des § 34 EStG werden nicht gewährt, § 22 I 1 Halbs. 2 UmwStG. 787

einstweilen frei 788

(c) Miteinbringung von Anteilen an Kapitalgesellschaften. Sind in dem eingebrachten Betrieb Anteile an Kapitalgesellschaften oder Genossenschaften enthalten, stellt sich die Frage nach dem Verhältnis von §§ 20 und 21 UmwStG und demzufolge einer notwendigen Anwendung des § 21 II UmwStG. Das Konkurrenzverhältnis zwischen § 21 I UmwStG (Einbringungsgewinn I) und § 21 II UmwStG (Einbringungsgewinn II) wird durch § 22 I 5 UmwStG geregelt. Danach ist § 22 II UmwStG anzuwenden, wenn das eingebrachte Betriebsvermögen auch Anteile an Kapitalgesellschaften oder Genossenschaften umfasst. 789

Gemäß § 22 II 1 UmwStG ist der Gewinn aus der Einbringung im Wirtschaftsjahr der Einbringung rückwirkend als Gewinn des Einbringenden aus der Veräußerung von Anteilen zu versteuern (Einbringungsgewinn II), soweit im Rahmen einer Sacheinlage unter dem gemeinen Wert eingebrachte Anteile innerhalb eines Zeitraums von sieben Jahren nach dem steuerlichen Übertragungszeitpunkt durch die übernehmende Gesellschaft unmittelbar oder mittelbar veräußert werden und soweit beim Einbringenden der Gewinn aus der Veräußerung dieser Anteile im Einbringungszeitpunkt nicht nach § 8b II KStG steuerfrei gewesen wäre. Die Qualifizierung des Gewinns aus der Veräußerung der eingebrachten Anteile als Einbringungsgewinn II ermöglicht es, auf die rückwirkend aufzudeckenden stillen Reserven in den in Rede stehenden Anteilen die Vorschriften der § 8b II KStG, § 3 Nr. 40 EStG anzuwenden. 790

(3) **Rückwirkendes Ereignis.** Nach § 22 I 2 gilt die Veräußerung der erhaltenen Anteile als rückwirkendes Ereignis iSv § 175 I 1 Nr. 2 AO. Entsprechend sind die Feststellungsbescheide und der Gewerbesteuerbescheid der übertragenden Personengesellschaft sowie der Einkommenbzw. Körperschaftsteuerbescheid der Gesellschafter desjenigen Veranlagungszeitraums rückwirkend zu ändern, in dem der Einbringungszeitpunkt bzw. der steuerliche Übertragungsstichtag liegt. 791

Der Zinslauf für die Steuernachforderung auf den Einbringungsgewinn I setzt erst 15 Monate nach Ablauf des Kalenderjahres ein, in 792

[1120] Vgl. BMF-Schreiben vom 11.11.2011, BStBl. I 2011 S. 1314 Tz. 22.07.

§ 11   3. Teil. Verschmelzung

dem das rückwirkende Ereignis eingetreten ist, und nicht bereits 15 Monate nach Ablauf des Einbringungsjahres, § 233a II a AO.[1121] Durch die Behandlung als rückwirkendes Ereignis wird eine Besteuerung des Einbringenden auch dann sichergestellt, wenn mit der Einbringung ein Ausscheiden aus der beschränkten Steuerpflicht einhergeht.[1122]

dd) Nachträgliche Anschaffungskosten der erhaltenen Anteile

793   Gemäß § 22 I 4 UmwStG gilt der Einbringungsgewinn I als nachträgliche Anschaffungskosten der erhaltenen Anteile. Dies gilt unabhängig davon, ob der Einbringende die Steuer auf den Einbringungsgewinn I entrichtet hat.[1123] Der Einbringungsgewinn mindert mithin den Veräußerungsgewinn der als Gegenleistung für die ursprüngliche Einbringung erhaltenen Anteile.[1124] Wird nur ein Teil der Anteile veräußert, erhöht der zu versteuernde Einbringungsgewinn nur die Anschaffungskosten der veräußerten Anteile.[1125]

794   Aufgrund der umfassenden Reichweite der Rückwirkung des § 22 I 4 UmwStG entstehen auch die nachträglichen Anschaffungskosten nach Auffassung der Finanzverwaltung im Einbringungszeitpunkt.[1126] Die rückwirkende Erfassung der nachträglichen Anschaffungskosten entspricht der Absicht des Gesetzgebers, den Einbringenden steuerlich so zu stellen, als wäre das übertragene Vermögen insoweit bereits ursprünglich zum gemeinen Wert bewertet worden.

ee) Wertaufstockung des eingebrachten Vermögens

795   Gemäß § 23 II UmwStG kann die übernehmende Gesellschaft auf Antrag den Einbringungsgewinn I im Wirtschaftsjahr der Veräußerung der erhaltenen Anteile als Erhöhungsbetrag ansetzen. Diese Aufstockung setzt indes voraus, dass der Einbringende die auf den Einbringungsgewinn I entfallende Steuer entrichtet hat und dies durch Vorlage einer Bescheinigung des zuständigen Finanzamts iSv § 22 V UmwStG nachgewiesen wurde. Unschädlich ist, wenn die Steuer auf den Einbringungsgewinn I aufgrund einer Verrechnung mit vorhandenen Verlusten Null beträgt.[1127] Streitig ist derzeit, ob es sich bei der auf den Einbringungsgewinn entfallenden Steuer ausschließlich um Einkommensteuer bzw. Körperschaftsteuer handelt,[1128] oder ob auch die Ge-

---

[1121] Vgl. *Förster/Wendland* BB 2007 S. 631 (635); *Ley* FR 2007 S. 109 (115); *Stangl* in Rödder/Herlinghaus/van Lishaut, § 22 UmwStG Rn. 79 mwN.
[1122] Vgl. *Nitschke* in Blümich, § 22 UmwStG Rn. 44.
[1123] Vgl. *Ley* FR 2007 S. 109 (115); *Förster/Wendland* BB 2007 S. 631 (634).
[1124] Vgl. BMF-Schreiben vom 11.11.2011, BStBl. I 2011 S. 1314 Tz. 22.10.
[1125] Vgl. BMF-Schreiben vom 11.11.2011, BStBl. I 2011 S. 1314 Tz. 22.04.
[1126] Vgl. BMF-Schreiben vom 11.11.2011, BStBl. I 2011 S. 1314 Tz. 22.10.
[1127] Vgl. BMF-Schreiben vom 11.11.2011, BStBl. I 2011 S. 1314 Tz. 23.12.
[1128] Vgl. *Mutscher* in Frotscher/Maas, § 23 UmwStG Rn. 162; *Patt* in Dötsch/Patt/Pung/Möhlenbrock § 23 UmwStG Rn. 16; *Schmitt* in Schmitt/Hörtnagl/Stratz, § 23 UmwStG Rn. 39; BMF-Schreiben vom 11.11.2011, BStBl. I 2011 S. 1314 Tz. 22.38.

§ 11. Steuerrechtliche Regelungen § 11

werbesteuer[1129] entrichtet sein muss. Die Gewerbesteuer ist nicht Gegenstand der Bescheinigung iSd § 22 V UmwStG, da die Bezahlung der Gewerbesteuer nicht gegenüber dem für den Einbringenden[1130] zuständige Finanzamt erfolgt.

Der Erhöhungsbetrag führt zu Wertaufstockungen der Buchwerte des eingebrachten Vermögens im Wirtschaftsjahr der Veräußerung oder eines gleichgestellten Ereignisses, § 23 III 1 UmwStG. Der Erhöhungsbetrag ist mithin nicht rückwirkend zum Einbringungszeitpunkt zu berücksichtigen. Die sich daraus ergebende Vermögensmehrung ist für die übernehmende Gesellschaft steuerneutral, § 23 II 1 2. HS UmwStG. Der Berücksichtigung des Erhöhungsbetrags durch die übernehmende Gesellschaft liegt die Betrachtung zugrunde, dass das Vermögen der übertragenden Personengesellschaft zum gemeinen Wert eingebracht wurde. Dementsprechend ist der Erhöhungsbetrag auch als Zugang zum steuerlichen Einlagekonto iSv § 27 KStG der übernehmenden Gesellschaft zu erfassen.[1131] Als Zugang im steuerlichen Einlagekonto ist allerdings nur der Teil des Einbringungsgewinn I zu erfassen, der tatsächlich zu einer Buchwertaufstockung führt oder sofort als Betriebsausgabe abzugsfähig ist. Demgegenüber berührt der steuerlich unwirksame Teil das steuerliche Einlagekonto nicht.[1132] 796

Die steuerneutrale Wertaufstockung des übergegangenen Vermögens bei der Übernehmerin hat nach der Gesetzesbegründung wirtschaftsgutbezogen zu erfolgen.[1133] Der Erhöhungsbetrag wirkt sich auf die Abschreibungen des eingebrachten Betriebsvermögens bei der übernehmenden Gesellschaft ab Beginn des Wirtschaftsjahres aus, in welches die steuerschädliche Veräußerung der Anteile fällt, § 23 III 2 UmwStG. 797

Voraussetzung für die Anwendung des § 23 II UmwStG ist, dass das eingebrachte Wirtschaftsgut im Betriebsvermögen der übernehmenden Gesellschaft im Zeitpunkt der erforderlichen Wertaufstockung noch vorhanden ist. Wurde das eingebrachte Vermögen durch die übernehmende Gesellschaft indes bereits veräußert oder sind die betreffenden Wirtschaftsgüter funktionsunfähig bzw. wurden sie zerstört, ist der Erhöhungsbetrag bei der übernehmenden Gesellschaft als Betriebsausgabe abzuziehen.[1134] Wurde das betreffende Wirtschaftsgut zwischenzeitlich zu einem unter dem gemeinen Wert liegenden Wert weiter übertragen, ist weder eine Buchwertaufstockung noch der Abzug als Aufwand zulässig. Der auf die unter dem gemeinen Wert ausgeschiedenen Wirtschaftsgüter entfallende Aufstockungsbetrag bleibt steuerlich unwirksam und kann von der Übernehmerin nicht mehr geltend gemacht werden. Dies gilt 798

[1129] Vgl. *Bilitewski* in Haritz/Menner, § 23 UmwStG Rn. 84.
[1130] → Rn. 484.
[1131] Vgl. *Dötsch/Pung* DB 2006 S. 2766; *Ley* FR 2007 S. 116; *Förster/Wendland* BB 2007 S. 631 (636).
[1132] Vgl. *Bilitewski* in Haritz/Menner, § 23 UmwStG Rn. 117 mwN.
[1133] Siehe Regierungsbegründung zum SEStEG-E, BT-Drucks. 16/2710 S. 50.
[1134] Siehe Regierungsbegründung zum SEStEG-E, BT-Drucks. 16/2710 S. 50. Vgl. auch *Widmann* in Widmann/Mayer, § 23 UmwStG Rn. 629.

§ 11 3. Teil. Verschmelzung

insbesondere in den Fällen der offenen und verdeckten Einlage in Personengesellschaften.[1135] Nach § 23 II 2 UmwStG ist es in diesem Zusammenhang unerheblich, ob der neue wirtschaftliche Eigentümer des betreffenden Wirtschaftsguts im Rahmen der steuerlichen Rechtsnachfolge in die Rechtstellung der dieses Wirtschaftsgut übertragenden Kapitalgesellschaft (Übernehmerin im Rahmen der Verschmelzung) eingetreten ist. Der Aufstockungsbetrag geht in diesen Fällen nicht auf den neuen wirtschaftlichen Eigentümer über.[1136]

ff) Unentgeltliche Übertragung

799 In den Fällen der unentgeltlichen Rechtsnachfolge der im Zuge der Verschmelzung der Personengesellschaft erhaltenen Anteile gilt der Rechtsnachfolger des Einbringenden als Einbringender iSv § 22 I bis V UmwStG. Unentgeltlicher Rechtsnachfolger ist der Erbe oder Beschenkte sowie eventuell eine Stiftung oder ein Trust. Ebenso greift § 22 VI UmwStG im Fall der unentgeltlichen Übertragung nach § 6 III EStG, der unentgeltlichen Überführung nach § 6 V 1 und 2 EStG, der unentgeltlichen Übertragung nach § 6 V 3 EStG sowie der Realteilung nach § 16 III 2 EStG.[1137] Kein Anwendungsfall des § 22 V UmwStG ist hingegen die verdeckte Einlage in eine Kapitalgesellschaft.

800 Mit § 22 I bis V UmwStG geht einher, dass bei Veräußerung der für eine Sacheinlage gewährten Anteile durch den Rechtsnachfolger die nachträgliche Besteuerung des Einbringungsvorgangs ausgelöst wird. Allerdings treten nach Auffassung der Finanzverwaltung[1138] in diesen Fällen die Besteuerungsfolgen beim Einbringenden und nicht beim Rechtsnachfolger ein. Dieser Ansicht ist entgegen zu halten, dass die Regelung des § 22 VI UmwStG den Rechtsnachfolger nicht nur für das die nachträgliche Besteuerung auslösende Ereignis dem Einbringenden gleichstellt. Vielmehr erfasst der durch § 22 VII UmwStG unterstellte Eintritt in die Rechtstellung die gesamten Vorschriften des § 22 I bis VII UmwStG. Mithin tritt uE der Rechtsnachfolger auch hinsichtlich der Besteuerung des Einbringungsgewinns I in die Rechtstellung des Einbringenden ein. Der Einbringungsgewinn I ist somit durch den Rechtsnachfolger zu besteuern.[1139]

801 Durch die unentgeltliche Übertragung beginnt nicht etwa eine neue Sieben-Jahres-Frist zu laufen. Vielmehr tritt der unentgeltliche Rechtsnachfolger in die siebenjährige Sperrfrist des Übertragers ein.

gg) Nachweispflicht

802 Gemäß § 22 III UmwStG hat der Einbringende in den auf den steuerlichen Übertragungsstichtag folgenden sieben Jahren jährlich spätes-

---

[1135] Vgl. *Widmann* in Widmann/Mayer, § 23 UmwStG Rn. 629.
[1136] Vgl. *Bilitewski* in Haritz/Menner, § 23 UmwStG Rn. 104 mwN.
[1137] Vgl. BMF-Schreiben vom 11.11.2011, BStBl. I 2011 S. 1314 Tz. 22.41.
[1138] Vgl. BMF-Schreiben vom 11.11.2011, BStBl. I 2011 S. 1314 Tz. 22.41.
[1139] Siehe *Nitzschke* in Blümich § 22 UmwStG Rn. 93.

tens bis zum 31.5. den Nachweis darüber zu erbringen, wem mit Ablauf des Tages, der dem steuerlichen Übertragungsstichtag entspricht, die sperrfristverhafteten Anteile zuzurechnen sind. Nachweispflichtig sind im Fall der Verschmelzung einer Personengesellschaft auf eine Kapitalgesellschaft oder Genossenschaft die Gesellschafter der übertragenden Personengesellschaft als Empfänger der „erhaltenen" Anteile. Handelt es sich bei der Verschmelzung einer Personengesellschaft bei einem Mitunternehmer um eine Personengesellschaft, so hat diese nach Auffassung der Finanzverwaltung nachzuweisen, wem die an ihr bestehenden Mitunternehmeranteile zuzurechnen sind.[1140] In mehrstöckigen Strukturen sollte dies dann auf jeder Ebene gelten.[1141] Im Fall von Ketteneinbringungen ist der Nachweis auch für die auf einer vorangegangenen Buch- oder Zwischenwerteinbringung „beruhenden Anteile" (§ 22 I 7 UmwStG) zu führen. Im Falle der unentgeltlichen Rechtsnachfolge (§ 22 VI UmwStG) ist der Nachweis vom Rechtsnachfolger und im Falle der Mitverstrickung von Anteilen (§ 22 VII UmwStG) neben dem Einbringenden auch vom Anteilseigner der mitverstrickten Anteile zu erbringen.[1142]

In den Fällen der Sacheinlage hat der Einbringende eine schriftliche Erklärung darüber abzugeben, wem seit der Einbringung die erhaltenen Anteile als wirtschaftlichem Eigentümer zuzurechnen sind.[1143] Sind die Anteile zum maßgebenden Zeitpunkt dem Einbringenden zuzurechnen, hat er darüber hinaus eine Bestätigung der übernehmenden Gesellschaft über seine Gesellschafterstellung vorzulegen. Der Nachweis der Gesellschafterstellung kann auch anderweitig, etwa durch Vorlage eines Auszugs aus dem Aktienregister (§ 67 AktG), einer Gesellschafterliste (§ 40 GmbHG) oder einer Mitgliederliste (§ 15 II GenG), zum jeweiligen Stichtag erbracht werden.[1144] In allen anderen Fällen hat er nachzuweisen, an wen und auf welche Weise die Anteile übertragen worden sind.[1145]

Wird der Nachweis nicht erbracht, gelten die Anteile als am Tag nach dem steuerlichen Übertragungsstichtag oder als an dem entsprechenden Tag eines Folgejahres veräußert. Die Veräußerungsfiktion gilt damit wegen § 22 III 2 2. HS UmwStG nur für das Jahr, in dem der Nachweis nicht erbracht wurde. Vorjahre, in denen der Nachweis dagegen ordnungsgemäß erfolgte, bleiben von der Unterstellung unberührt. Bei Verletzung der Nachweispflicht kommt es zu einer Versteuerung des Einbringungsgewinns I, der korrespondierenden Erhöhung der Anschaffungskosten für die erhaltenen Anteile und der Aufstockung der Wertansätze bei der übernehmenden Gesellschaft. Die Verletzung der Nachweispflicht führt nach hM indes nicht zu einer Versteuerung eines fikti-

---

[1140] Vgl. BMF-Schreiben vom 11.11.2011, BStBl. I 2011 S. 1314 Tz. 22.28.
[1141] Vgl. Kröner/Momen DB 2012 S. 71 (78); Bilitewski in Haritz/Menner, § 22 UmwStG Rn. 281.
[1142] Vgl. BMF-Schreiben vom 11.11.2011, BStBl. I 2011 S. 1314 Tz. 22.28.
[1143] Vgl. BMF-Schreiben vom 11.11.2011, BStBl. I 2011 S. 1314 Tz. 22.30.
[1144] Vgl. BMF-Schreiben vom 11.11.2011, BStBl. I 2011 S. 1314 Tz. 22.30.
[1145] Vgl. BMF-Schreiben vom 11.11.2011, BStBl. I 2011 S. 1314 Tz. 22.30.

§ 11 3. Teil. Verschmelzung

ven Anteilsveräußerungsgewinns.[1146] Der gegenteiligen Auffassung der Finanzverwaltung[1147] kann nicht gefolgt werden.

805 Erbringt der Einbringende den Nachweis erst nach Ablauf der Frist, können die Angaben noch berücksichtigt werden, wenn eine Änderung der betroffenen Bescheide verfahrensrechtlich möglich ist. Dies bedeutet, dass im Falle eines Rechtsbehelfsverfahrens der Nachweis längstens noch bis zum Abschluss des Klageverfahrens erbracht werden kann.

6. Verschmelzung inländischer Gesellschaften mit Auslandsbezug

806 Im Folgenden werden die Besonderheiten erläutert, die bei der Verschmelzung einer inländischen Personengesellschaft auf eine inländische Kapitalgesellschaft zu beachten sind, wobei die Personengesellschaft über ausländisches Vermögen verfügt oder ausländische Gesellschafter an der übertragenden inländischen Personengesellschaft beteiligt sind.

a) Ausländisches Vermögen

807 Verfügt die übertragende Personengesellschaft über ausländisches Vermögen bzw. wird inländisches Betriebsvermögen nach der Verschmelzung einer ausländischen Betriebstätte zugeordnet, so stellt sich für die übernehmende Kapitalgesellschaft oder Genossenschaft die Frage nach der Möglichkeit der Ausübung der Antragswahlrechte nach § 20 II 2 UmwStG. Danach kann die übernehmende Gesellschaft das eingebrachte Betriebsvermögen einheitlich mit dem Buchwert oder einem höheren Wert ansetzen, höchstens jedoch dem gemeinen Wert, soweit das deutsche Besteuerungsrecht aus der Veräußerung des eingebrachten Vermögens bei der übernehmenden Gesellschaft nicht ausgeschlossen oder beschränkt ist.

808 Sind an der übertragenden sowie an der übernehmenden Gesellschaft ausschließlich im Inland ansässige Personen beteiligt, kommt es durch die Verschmelzung regelmäßig nicht zu einer Beschränkung des inländischen Besteuerungsrechts. Etwas anderes kann lediglich dann gelten, wenn durch die Verschmelzung bisher als inländisches Vermögen behandelte Wirtschaftsgüter dem Auslandsvermögen zuzuordnen sind.

809 Bei Vorhandensein von Auslandsvermögen kann der ausländische Belegenheitsstaat durch die Verschmelzung einen Rechtsträgerwechsel annehmen, der für die Bewertung im Inland ggf. relevant sein kann.

[1146] Vgl. *Rödder/Schumacher* DStR 2007 S. 375; *Widmann* in Widmann/Mayer, § 22 UmwStG Rn. 373; *Förster/Wendland* BB 2007 S. 631 (638); *Söffing/Lange* DStR 2007 S. 1607 (1611); *Desens* Beihefter zu DStR 46/2010 S. 80 (88); *Graw* Ubg 2011 S. 603 (608); *Bilitewski* in Haritz/Menner, § 22 UmwStG Rn. 297; *Stangl* in Rödder/Herlinghaus/van Lishaut, § 22 UmwStG Rn. 193 mwN; *Jäschke* in Lademann, § 22 UmwStG Rn. 27 mwN; *Schneider/Roderburg* in Schneider/Ruoff/Sistermann, UmwStE 2011, H 22.97; *Eisgruber* in Eisgruber, § 22 UmwStG Rn. 299.
[1147] Vgl. BMF-Schreiben vom 11.11.2011, BStBl. I 2011 S. 1314 Tz. 22.32.

§ 11. Steuerrechtliche Regelungen § 11

Kein Anwendungsfall des § 20 II 2 Nr. 3 UmwStG liegt vor, wenn das 810
deutsche Besteuerungsrecht infolge des Abschlusses eines DBA oder einer
unilateralen gesetzlichen Regelung in einem späteren Zeitpunkt eingeschränkt oder ausgeschlossen wird. Eine nachträgliche Beschränkung des
deutschen Besteuerungsrechts hat keine (rückwirkenden) Auswirkungen
auf den Wertansatz des zu einem früheren Zeitpunkt eingebrachten
Betriebsvermögens.[1148]

aa) Ausschluss oder Beschränkung des deutschen Besteuerungsrechts

Der Ausschluss oder die Beschränkung des deutschen Steuerrechts setzt 811
voraus, dass vor der Einbringung bereits ein Besteuerungsrecht bestand.[1149]
Das deutsche Besteuerungsrecht wird ausgeschlossen, wenn nach der Einbringung bezogen auf das eingebrachte Vermögen überhaupt kein deutsches Besteuerungsrecht mehr besteht.[1150] Das kann etwa der Fall sein,
wenn bisher – etwa mangels eines DBA – Deutschland das volle Besteuerungsrecht hinsichtlich des ausländischen Vermögens zustand oder zumindest ein Besteuerungsrecht mit Anrechnungsverpflichtung bestand, und
dieses Besteuerungsrecht nach der Einbringung wegfällt.[1151] Entsprechendes gilt, wenn vor der Einbringung Deutschland das uneingeschränkte
Besteuerungsrecht zustand, nach der Einbringung aber eine Anrechnung
der ausländischen Steuern erforderlich ist.[1152] Eine Beschränkung des
Besteuerungsrechts iSd § 20 II 2 Nr. 3 UmwStG liegt auch vor, wenn der
Steuerpflichtige von der Möglichkeit des § 34c II EStG Gebrauch macht
und statt der Steueranrechnung den Steuerabzug wählt.[1153] In diesen Fällen
ist das ausländische Vermögen zum gemeinen Wert anzusetzen. Eine
Antragsbewertung nach § 20 I 2 UmwStG zum Buchwert oder zu Zwischenwerten scheidet aus.[1154] Allein der Ausschluss oder die Beschränkung
des deutschen Besteuerungsrechts für Zwecke der Gewerbesteuer stellt
jedoch keine Beschränkung iSd § 20 II 2 Nr. 2 UmwStG dar.[1155]

bb) Fehlendes inländisches Besteuerungsrecht

Ist das bei Verschmelzung einer inländischen Personengesellschaft auf 812
eine inländische Kapitalgesellschaft übertragene ausländische Vermögen

---

[1148] Vgl. *Schmitt* in Schmitt/Hörtnagl/Stratz, § 20 UmwStG Rn. 352.
[1149] Vgl. BMF-Schreiben vom 11.11.2011, BStBl. I 2011 S. 1314 Tz. 20.19, 03.19.
[1150] Vgl. BMF-Schreiben vom 11.11.2011, BStBl. I 2011 S. 1314 Tz. 20.19, 03.19.
[1151] Vgl. BMF-Schreiben vom 11.11.2011, BStBl. I 2011 S. 1314 Tz. 20.19, 03.18; *Menner* in Haritz/Menner, § 20 UmwStG Rn. 342 ff.
[1152] Vgl. *Menner* in Haritz/Menner, § 20 UmwStG Rn. 346.
[1153] Vgl. *Schmitt* in Schmitt/Hörtnagl/Stratz, § 20 UmwStG Rn. 345; *Menner* in Haritz/Menner, § 20 UmwStG Rn. 347; *Becker/Pennrich* IStR 2007 S. 684 (686). AA *Wassermeyer* DB 2006 S. 1176; *Bilitewski* FR 2007 S. 57 (58).
[1154] Vgl. für Beispielsfälle zB *Menner* in Haritz/Menner, § 20 UmwStG Rn. 351 ff.
[1155] BMF-Schreiben vom 11.11.2011, BStBl. I 2011 S. 1314 Tz. 20.19, 03.19.

§ 11 3. Teil. Verschmelzung

hingegen in Deutschland vor und nach der Umwandlung aufgrund eines DBA von der inländischen Besteuerung freigestellt, so können die Buchwerte des ausländischen Vermögens auf Antrag fortgeführt werden, § 20 II 2 UmwStG. Deutsches Besteuerungsrecht geht hierdurch nicht verloren, § 20 II 2 Nr. 3 UmwStG. In diesem Fall bestand bereits vor der Verschmelzung kein deutsches Besteuerungsrecht, welches durch die Umwandlung eingeschränkt werden könnte.[1156]

cc) Erstmalige Begründung des deutschen Besteuerungsrechts

812a Streitig ist die Bewertung, wenn durch die Verschmelzung inländisches Besteuerungsrecht erstmals begründet wird. Hierzu wird zum Teil die Auffassung[1157] vertreten, eine Bewertung zum gemeinen Wert sei unter Beachtung von §§ 4 I 7 Halbs. 2, 6 I Nr. 5 Buchst. a EStG, § 8 I KStG zwingend. Nach anderer Ansicht besteht auch für bisher nicht steuerverstricktes Vermögen das Antragswahlrecht nach § 20 II 2 UmwStG.[1158] Zu beachten ist allerdings, dass das Antragswahlrecht nur einheitlich ausgeübt werden kann.[1159] In der Praxis würde dies bedeuten, dass man sich entscheiden müsste zwischen dem Import ausländischer stiller Reserven oder der Versteuerung inländischer Reserven.[1160]

dd) Rechtsträgerwechsel nach ausländischem Recht

813 Wird die Verschmelzung nach ausländischem Recht als Rechtsträgerwechsel interpretiert, sind demzufolge nach ausländischem Recht ggf. die stillen Reserven im ausländischen Vermögen aufzudecken und zu versteuern. In diesem Fall ist zu prüfen, ob eine Bewertung zum gemeinen Wert nach § 20 II 1 UmwStG auch für deutsche Besteuerungszwecke nachzuvollziehen ist.[1161] Dies würde eine Anrechnung der ausländischen Steuern auf die aufzudeckenden stillen Reserven ermöglichen. Dabei ist indes der Grundsatz der Einheitlichkeit der Bewertung von inländischem und ausländischem Vermögen zu beachten. Dieser Grundsatz macht es erforderlich, das Antragswahlrecht auf Bewertung zum Buchwert oder zu Zwischenwerten einheitlich für sämtliches Vermögen auszuüben, das die erforderlichen Voraussetzungen erfüllt. Eine einheitliche Bewertung des eingebrachten inländischen und ausländischen Vermögens zum gemeinen Wert ist häufig aus steuerlicher Sicht nur dann zweckmäßig, wenn ent-

---

[1156] Vgl. BMF-Schreiben vom 11.11.2011, BStBl. I 2011 S. 1314 Tz. 20.19, 03.19.
[1157] Vgl. *Menner* in Haritz/Menner, § 20 UmwStG Rn. 348; *Ley* FR 2007 S. 109 (112); *Patt* in Dötsch/Patt/Pung/Möhlenbrock, § 20 UmwStG Tz. 228.
[1158] Vgl. *Herlinghaus* in Rödder/Herlinghaus/van Lishaut, § 20 UmwStG Rn. 167.
[1159] Vgl. *Herlinghaus* in Rödder/Herlinghaus/van Lishaut, § 20 UmwStG Rn. 167; *Hruschka/Hellmann* in Haase/Hruschka, § 20 UmwStG Rn. 131; *Benz/Rosenberg* BB-Special 8/2006 S. 55.
[1160] *Hruschka/Hellmann* in Haase/Hruschka, § 20 UmwStG Rn. 131.
[1161] Vgl. *Schönherr/Lemaitre* GmbHR 2007 S. 459 (463 f.).

§ 11. Steuerrechtliche Regelungen § 11

stehende Einbringungsgewinne beim Einbringenden bzw. dessen Gesellschaftern mit vorhandenen Verlusten verrechnet werden können.

b) Besteuerung ausländischer Anteilseigner

aa) Personengesellschaft mit ausschließlich inländischem Vermögen

Sind an der übertragenden inländischen Personengesellschaft ausländische Gesellschafter beteiligt, so sind diese Gesellschafter mit ihren Beteiligungen im Inland nach § 49 I Nr. 2a EStG bzw. Art. 13 OECD-MA beschränkt steuerpflichtig. Wird nun die inländische Personengesellschaft auf eine inländische Kapitalgesellschaft oder Genossenschaft verschmolzen, so kann das eingebrachte Vermögen von der übernehmenden Gesellschaft nach § 20 II 2 UmwStG auf Antrag zum Buchwert angesetzt werden. Das Besteuerungsrecht Deutschland an dem Vermögen der Personengesellschaft wird durch die Verschmelzung nicht beschränkt, § 20 II 2 Nr. 3 UmwStG.[1162] 814

Allerdings setzt die Anwendung des § 20 UmwStG voraus, dass die Bedingungen des § 1 IV Nr. 2 Buchst. a UmwStG erfüllt sind. Danach ist es bei der Verschmelzung einer inländischen Personengesellschaft auf eine inländische Kapitalgesellschaft erforderlich, dass 815
– entweder das Recht Deutschlands auf Besteuerung des Gewinns aus einer Veräußerung der erhaltenen Anteile nicht ausgeschlossen oder beschränkt ist, oder
– die ausländischen Gesellschafter der verschmolzenen Personengesellschaft entweder EU-/EWR-Gesellschaften iSv § 1 II Nr. 1 UmwStG oder natürliche Personen mit Wohnsitz oder gewöhnlichem Aufenthaltsort innerhalb der EU-/EWR-Mitgliedsstaaten sind.

Da das Besteuerungsrecht für die im Rahmen der Verschmelzung gewährten Anteilen bei den ausländischen Anteilseignern zumindest im DBA-Fall regelmäßig ausgeschlossen sein wird, kommt im Regelfall für eine Buchwertfortführung nur die zweitgenannte Alternative in Frage. 816

Zu beachten ist in diesem Zusammenhang die Regelung des § 50i II EStG.[1163] Dies gilt insbesondere vor dem Hintergrund, dass von einem möglichen Ansatz der übergehenden Wirtschaftsgüter mit dem gemeinen Wert nicht nur die ausländischen Anteilseigner sondern sämtliche Gesellschafter betroffen sind.[1164] 817

bb) Personengesellschaft mit ausländischem Vermögen

Bei der Verschmelzung einer inländischen Personengesellschaft mit ausländischen Gesellschaftern auf eine inländische Kapitalgesellschaft oder Genossenschaft kann es hinsichtlich des ausländischen Vermögens der 818

[1162] Siehe *Hagemann/Jakob/Ropohl/Viebrock* NWB 2007, Sonderheft 1, 37; *Herlinghaus* in Rödder/Herlinghaus/van Lishaut, § 20 UmwStG Rn. 168 ff.
[1163] → Rn. 511e.
[1164] *Bodden* DB 2014 S. 2371 (2374); *Gosch* in Kirchhof, § 50i EStG Rn. 27. Zweifelnd *Rödder/Kuhr/Heimig* Ubg 2014 S. 477 (479); *Kudert/Kahlenberg/Mroz* ISR 2014 S. 257 (262).

§ 11 3. Teil. Verschmelzung

übertragenden Personengesellschaft zu Änderungen des deutschen Besteuerungsrechts kommen. Zur der Frage der Bewertung des übertragenen Vermögens bei der Übernehmerin ist auf die Ausführungen oben[1165] zu verweisen.

VII. Verschmelzung von Personengesellschaften untereinander

1. Anwendungsbereich

819 Umwandlungsrechtlich kann sich die Verschmelzung einer Personengesellschaft gemäß § 2 Nr. 1 UmwG auf eine bereits bestehende Personenhandels-/Partnerschaftsgesellschaft durch Aufnahme oder nach § 2 Nr. 2 UmwG durch Neugründung vollziehen. Durch die Verschmelzung wird das Vermögen des bzw. der übertragenden Rechtsträger(s) im Ganzen im Wege der Gesamtrechtsnachfolge auf die übernehmende Gesellschaft übertragen.

820 Die Verschmelzung von Personengesellschaften untereinander vollzieht sich steuerlich als Einbringung in das Vermögen des übernehmenden Rechtsträgers. Anzuwenden ist auf diese Verschmelzung die Regelung des § 24 UmwStG.

821 Ebenfalls unter § 24 UmwStG fällt eine Abwärtsverschmelzung (downstream merger) einer Personengesellschaft auf eine andere Personengesellschaft, wenn den Gesellschaftern der Obergesellschaft neue Gesellschaftsrechte an der Tochterpersonengesellschaft gewährt werden.[1166]

822 Nicht in den Anwendungsbereich des § 24 UmwStG fällt hingegen die Aufwärtsverschmelzung (upstream merger). Diese vollzieht sich im Rahmen der sog. Anwachsung.[1167] Zum einen wird die Anwachsung in § 1 III UmwStG nicht ausdrücklich aufgeführt. Zum anderen fehlt es bei der Anwachsung an einer für die Anwendung des § 24 UmwStG erforderlichen Gegenleistung in Form der Einräumung einer Mitunternehmerstellung.

823 Personengesellschaften iSd § 24 UmwStG können lediglich Mitunternehmerschaften sein. Dabei handelt es sich um zur Erzielung von Gewinneinkünften tätige Gebilde, bei denen die Gesellschafter als Mitunternehmer iSd § 15 I 1 Nr. 2 Satz 1 EStG anzusehen sind, also Mitunternehmerinitiative entfalten und Mitunternehmerrisiko tragen.[1168] Dazu gehören die betrieblich – also land- und forstwirtschaftlich, gewerblich und freiberuflich – tätigen OHG, KG und GbR, die EWIV sowie die für Freiberufler geschaffene Partnerschaftsgesellschaft. Nicht in den Anwen-

---

[1165] → Rn. 659 ff.
[1166] Vgl. *Fuhrmann* in Widmann/Mayer, § 24 UmwStG Rn. 99.
[1167] So *Rasche* in Rödder/Herlinghaus/van Lishaut, § 24 UmwStG Rn. 9 ff.; *Patt* in Dötsch/Patt/Pung/Möhlenbrock, § 24 UmwStG Rn. 14. AA zumindest für die erweiterte Anwachsung siehe *Kowallik/Merklein/Scheipers* DStR 2008 S. 173 ff.; zur Rechtslage vor dem SEStEG vgl. *Schlößer/Schley* in Haritz/Menner, § 24 UmwStG Rn. 73 ff. Zur (erweiterten) Anwachsung → Rn. 482.
[1168] Vgl. *Bode* in Blümich, § 15 EStG Rn. 222 ff.

§ 11. Steuerrechtliche Regelungen § 11

dungsbereich des § 24 UmwStG fallen vermögensverwaltende Personengesellschaften als übertragende bzw. aufnehmende Rechtsträger.[1169] Etwas anderes gilt lediglich, wenn die Personengesellschaft isv § 15 III Nr. 1 EStG gewerblich geprägt ist.

2. Einbringungstatbestand

Handelsrechtlich geht infolge der Verschmelzung das Vermögen der übertragenden Personengesellschaft auf die übernehmende Personengesellschaft kraft Gesetz über (§ 20 I Nr. 1 UmwG). Die übertragende Personengesellschaft erlischt. Steuerlich wird die Verschmelzung als Einbringung behandelt. Der Begriff der Einbringung ist gesetzlich nicht definiert. Nach der hM handelt es sich im Grundsatz um die Übertragung zivilrechtlichen oder wirtschaftlichen Eigentums an Wirtschaftsgütern aus einem Betriebsvermögen oder Sonderbetriebsvermögen in das Betriebsvermögen oder Sonderbetriebsvermögen einer Personengesellschaft gegen Begründung oder Erweiterung der gesellschaftsrechtlichen Stellung des Einbringenden.[1170] Für Zwecke des § 24 UmwStG ist es ausreichend, wenn bereits vor der Verschmelzung bei der zu verschmelzenden Personengesellschaft bestehendes Sonderbetriebsvermögen bei der Übernehmerin Sonderbetriebsvermögen wird.[1171] Die Einräumung wirtschaftlichen Eigentums ist – wie im Rahmen des § 20 UmwStG[1172] – ausreichend. 824

3. Einräumung einer Mitunternehmerstellung

Voraussetzung für die Anwendung des § 24 UmwStG ist, dass der Einbringende Mitunternehmer der aufnehmenden Gesellschaft wird, § 24 I UmwStG. Die Mitunternehmerstellung muss dem Einbringenden als Gegenleistung für die Einbringung des Betriebs eingeräumt werden. 825

a) Einbringender

Parallel zu der Diskussion bei der Verschmelzung einer Personengesellschaft auf eine Kapitalgesellschaft[1173] stellt sich die Frage, ob in Abhängigkeit von der konkreten zivilrechtlichen Gestaltung im Falle der Verschmelzung von Personengesellschaften die übertragende Personengesellschaft selbst Einbringende iSv § 24 UmwStG sein kann. Nach der hier vertretenen Auffassung sind Einbringungsgegenstand und Person des Einbringenden getrennt voneinander zu bestimmen.[1174] Einbringender iSd § 24 UmwStG kann dabei nur derjenige sein, der Mitunternehmer bei der aufnehmenden Mitunternehmerschaft wird. Auch im Rahmen der 826

[1169] Vgl. *Schlößer/Schley* in Haritz/Menner, § 24 UmwStG Rn. 12.
[1170] Vgl. *Schmitt* in Schmitt/Hörtnagl/Stratz, § 24 UmwStG Rn. 33; *Schlößer/Schley* in Haritz/Menner, § 24 UmwStG Rn. 14.
[1171] Vgl. BMF-Schreiben vom 11.11.2011, BStBl. I 2011, S. 1413 Tz. 24.05.
[1172] → Rn. 592.
[1173] → Rn. 583.
[1174] → Rn. 581.

§ 11 3. Teil. Verschmelzung

Verschmelzung zweier Personengesellschaften sind Einbringende iSd § 24 UmwStG damit die Mitunternehmer der zu verschmelzenden Personengesellschaft. Dies entspricht auch der Finanzverwaltungsauffassung.[1175]

b) Mitunternehmerstellung

827 Der Einbringende wird Mitunternehmer, wenn er Gesellschafter der aufnehmenden Personengesellschaft wird, und dadurch Mitunternehmerinitiative entwickelt sowie Mitunternehmerrisiko trägt.[1176] Dazu muss der Einbringende in aller Regel Stimmrechte und ein Gewinnbezugsrecht erlangen. Auf die zivilrechtliche Stellung des Einbringenden als Gesellschafter kommt es für § 24 UmwStG nicht an. Entscheidend ist, dass der Einbringende in steuerlicher Hinsicht eine Mitunternehmerstellung erlangt.[1177] Bei Treuhandverhältnissen ist zivilrechtlich allein der Treuhänder Gesellschafter der Personengesellschaft, wenn der Treuhänder im Innenverhältnis nach Weisung des Treugebers und ausschließlich auf dessen Rechnung handelt.[1178] Mitunternehmer iSd § 24 I UmwStG ist indes wegen § 39 II Nr. 1 AO der Treugeber, ggf. neben dem Treuhänder.[1179]

828 Der Gesellschafter einer EWIV wird bei Vorliegen der übrigen Voraussetzungen Mitunternehmer iSv § 24 I UmwStG, wenn die EWIV steuerlich wie eine Personengesellschaft iSd § 15 I Nr. 2 EStG zu behandeln ist.

829 Ausreichend für die Anwendung des § 24 UmwStG sein kann die Einräumung einer verdeckten Mitunternehmerstellung.[1180] Dahingegen genügt die Einräumung einer typischen stillen Beteiligung oder typischen stillen Unterbeteiligung für die Anwendung des § 24 UmwStG nicht.[1181]

830 Die Regelung des § 24 UmwStG ist auch dann anzuwenden, wenn der Einbringende bereits Mitunternehmer der übernehmenden Personengesellschaft ist und seine bisherige Mitunternehmerstellung erweitert.[1182] In diesem Fall muss sich durch die Verschmelzung sein Kapitalkonto entsprechend erhöhen oder ihm müssen weitere Gesellschaftsrech-

---

[1175] Vgl. BMF-Schreiben vom 11.11.2011, BStBl. I 2011 S. 1314 Tz. 24.03 iVm Tz. 20.03. AA zB *Rasche* in Rödder/Herlinghaus/van Lishaut, UmwStG, 2. Auflage, 2013, § 24 Rn. 56.
[1176] Vgl. BFH-Urteil vom 3.5.1993 – GrS 3/92, BStBl. II 1993 S. 621; BFH-Urteil vom 21.4.1988 – IV R 47/85, BStBl. II 1989 S. 722.
[1177] Vgl. *Patt* in Dötsch/Patt/Pung/Möhlenbrock, § 24 UmwStG Rn. 106; *Schlößer/Schley* in Haritz/Menner, § 24 UmwStG Rn. 64.
[1178] Vgl. BFH-Urteil vom 25.2.1991 – GrS 7/89, BStBl. II 1991 S. 691 ff.; *Wacker* in Schmidt, § 15 EStG Rn. 296 mwN.
[1179] Vgl. BFH-Urteil vom 17.11.1987, BB 1988 S. 750.
[1180] Vgl. *Schlößer/Schley* in Haritz/Menner, § 24 UmwStG Rn. 73.
[1181] Vgl. *Schlößer/Schley* in Haritz/Menner, § 24 UmwStG Rn. 74.
[1182] Vgl. BFH-Urteil vom 16.12.2004 – III R 38/00, BStBl. II 2005 S. 554; BFH-Urteil vom 25.4.2006 – VIII R 52/04, BStBl. II 2006 S. 847; BFH-Urteil vom 11.12.2001 – VIII R 58/98, BStBl. II 2002 S. 420; BFH-Urteil vom 15.7.1976 – I R 17/74, BStBl. II 1976 S. 748; BMF-Schreiben vom 11.11.2011, BStBl. I 2011 S. 1413 Tz. 24.07.

te eingeräumt werden (Aufstockung).[1183] Notwendig ist die Erhöhung eines Eigenkapitalkontos, wobei es nicht auf die Bezeichnung des Kontos, sondern allein auf die Qualifikation als steuerliches Eigenkapitalkonto ankommt.[1184] Die Buchung auf einem (Gesellschafter-) Darlehenskonto reicht für Zwecke des § 24 UmwStG isoliert nicht aus.[1185] Soweit in Zusammenhang mit einer Buchung auf einem Kapitalkonto auch eine Buchung auf dem Darlehenskonto erfolgt, handelt es sich um einen Fall des sog. Mischentgelts und es dürfte sich nach neuer Rechtslage um sog. sonstige Gegenleistungen handeln.[1186] Nach Auffassung der Finanzverwaltung ist die teilweise Buchung auf einem Kapitalkonto und der sog. gesamthänderisch gebundenen Rücklage für die Anwendung von § 24 UmwStG ebenso unschädlich wie die ausschließliche Buchung auf einem variablen Kapitalkonto (zB Kapitalkonto II).[1187] Letzteres dürfte durch BFH vom 29.7.2015[1188] überholt sein.[1189] Danach soll keine Einbringung gegen Gewährung von Gesellschaftsrechten vorliegen, wenn der Gegenwert eines übertragenen Wirtschaftsguts allein auf dem Kapitalkonto II erfasst wird, wenn sich die maßgeblichen Gesellschaftsrechte nach dem Kapitalkonto I richten. Die Entscheidung ist allerdings nicht zu § 24 UmwStG ergangen.[1190]

4. Sonstige Gegenleistungen

831 Mit dem sog. Steueränderungsgesetz 2015[1191] ist auch[1192] in § 24 UmwStG eine Regelung zur steuerunschädlichen Gewährung von sog. sonstigen Gegenleistungen aufgenommen worden. So ist in § 24 II 2 Nr. 2 UmwStG mit Wirkung für alle Sachverhalte, in denen die Einbringung nach dem 31.12.2014 erfolgt, eine zu § 20 II 2 und § 21 I 2 UmwStG vergleichbare Regelung aufgenommen worden, nach der sonstige Gegenleistungen entweder bis zur Höhe von 25% des Buchwerts oder bis zur Höhe von € 500 000, höchstens aber bis zum Buchwert steuerunschädlich gewährt werden können. Erstmals wird damit bei Einbringun-

---

[1183] Vgl. BFH-Urteil vom 25.4.2006 – VIII R 52/04, BStBl. II 2006 S. 847; BFH-Urteil vom 15.7.1976 – I R 17/74, BStBl. II 1976 S. 748; BMF-Schreiben vom 11.11.2011, BStBl. I 2011 S. 1413 Tz. 24.07.
[1184] *Demuth* in Eisgruber, § 24 UmwStG Rn. 81 ff.; *Rasche* in Rödder/Herlinghaus/van Lishaut, § 24 UmwStG Rn. 56.
[1185] Vgl. BMF-Schreiben vom 11.11.2011, BStBl. I 2011, S. 1413 Tz. 24.07.
[1186] → Rn. 831 ff.
[1187] Vgl. BMF-Schreiben vom 11.11.2011, BStBl. I 2011 S. 1314 Tz. 24.07.
[1188] BFH-Urteil vom 29.7.2015 – IV R 15/14, BFH/NV 2016 S. 453.
[1189] Vgl. auch *Demuth* in Eisgruber, § 24 UmwStG Rn. 81, wonach die vollständige Buchung auf einem gesamthänderisch gebundenen Rücklagenkonto für Zwecke des § 24 UmwStG nicht ausreicht, weil die hierdurch eintretende Wertsteigerung des Mitunternehmeranteils nur einen Reflex darstellt.
[1190] Dem Vernehmen nach wird innerhalb der Finanzverwaltung gleichwohl über eine diesbezügliche Änderung nachgedacht.
[1191] BGBl. I 2015 S. 1834.
[1192] Vgl. zu den Änderungen im Rahmen des § 20 UmwStG sowie für Hintergründe und Einzelheiten → Rn. 602 ff.

§ 11　　　　　　　　　　　　　　　　　3. Teil. Verschmelzung

gen isd § 24 UmwStG gegen Mischentgelt gesetzlich geregelt, dass – wenn auch in limitiertem Umfang – sonstige Gegenleistungen gewährt werden können. Die Neufassung des § 24 II 2 Nr. 2 UmwStG wirkt dabei gegenüber der BFH-Rechtsprechung,[1193] wonach auch bei Einbringungen isd § 24 UmwStG aufgrund der sog. Einheitstheorie dann kein Gewinn realisiert wird, wenn die Summe aus dem Nominalbetrag der Gutschrift auf dem Kapitalkonto des Einbringenden bei der Personengesellschaft und dem gemeinen Wert der eingeräumten sonstigen Gegenleistung den steuerlichen Buchwert des eingebrachten Vermögens nicht übersteigt, im Einzelfall verschärfend. Gegenüber der bisherigen Finanzverwaltungsauffassung,[1194] wonach bei Einbringungen gegen Mischentgelt der Vorgang nur soweit steuerneutral erfolgen konnte, wie als Gegenleistung Gesellschaftsrechte gewährt worden waren, werden die Gestaltungsmöglichkeiten jedoch erweitert.[1195] Die Neuregelung ist nach § 27 XIV UmwStG für alle Verschmelzungen anzuwenden, für die der Verschmelzungsbeschluss (§ 13 UmwG) nach dem 31.12.2014 gefasst wurde.

832　Voraussetzung für die steuerunschädliche Gewährung der sonstigen Gegenleistungen wird sein, dass diese in kausalem Zusammenhang mit einer Einbringung nach § 24 UmwStG stehen.[1196] Zur Art der sonstigen Gegenleistung äußert sich die Neuregelung nicht. Als sonstige Gegenleistungen sollten daher insbesondere Geldbestände, Sachmittel (Forderungen, Grundstücke und Gebäude, Maschinen, Beteiligungen etc.) sowie auch die Gewährung von Darlehen durch Verbuchung auf dem Darlehenskonto, die Übernahme von Verbindlichkeiten oder die Einräumung einer typisch stillen Beteiligung in Frage kommen.[1197] Nicht zu sonstigen Gegenleistungen führt die Fortführung bisherigen Sonderbetriebsvermögens bei der zu verschmelzenden Personengesellschaft im Sonderbetriebsvermögen der aufnehmenden Mitunternehmerschaft.[1198] Entnahmen des Einbringenden bei der übernehmenden Personengesellschaft gehören ebenso nicht zu den sonstigen Gegenleistungen.[1199] Fraglich ist, ob der Begriff der sonstigen Gegenleistung auch schuldrechtliche

---

[1193] Vgl. BFH-Urteil vom 18.9.2013 – X R 42/10, BFH/NV 2013 S. 2006. Vgl. dazu zB *Fuhrmann* NZG 2014 S. 137; *Möllmann/Kempelmann* SteuK 2014 S. 35.
[1194] Vgl. BMF-Schreiben vom 11.11.2011, BStBl. I 2011 S. 1314 Tz. 24.07.
[1195] Vgl. *Rogall/Dreßler* DB 2015 S. 1981.
[1196] Vgl. *Patt* in Dötsch/Pung/Möhlenbrock, KSt, § 24 UmwStG Vorab-Komm. Rn. 6. Die zwingende Verknüpfung kann in der Praxis zu erheblicher Rechtsunsicherheit bei der Frage führen, ob zB eine Verbindlichkeit dem eingebrachten Vermögen zuzuordnen ist (dann keine sonstige Gegenleistung, sondern Teil des eingebrachten Vermögens) oder ob die Verbindlichkeit nicht zuzuordnen ist (dann sonstige Gegenleistung). Bei der Verschmelzung von Personengesellschaften sollte diese Frage dagegen im Regelfall wohl kein Problem darstellen.
[1197] Vgl. *Patt* in Dötsch/Pung/Möhlenbrock, KSt, § 24 UmwStG Vorab-Komm. Rn. 7.
[1198] Vgl. *Rogall/Dreßler* DB 2015 S. 1981 (1988); *Patt* in Dötsch/Pung/Möhlenbrock, KSt, § 24 UmwStG Vorab-Komm. Rn. 8.
[1199] Vgl. *Patt* in Dötsch/Pung/Möhlenbrock, KSt, § 24 UmwStG Vorab-Komm. Rn. 8.

Ansprüche erfasst.[1200] Der Wortlaut könnte dies zulassen.[1201] Gewährt werden können die sonstigen Gegenleistungen grundsätzlich in das Privatvermögen, das Sonderbetriebsvermögen wie auch in ein anderes Betriebsvermögen.[1202] Vor dem Hintergrund des insoweit weiten Wortlauts des § 24 II 2 Nr. 2 UmwStG wird vertreten, dass nun auch echte „Zuzahlungen", dh Zahlungen durch den Neugesellschafter in das Privatvermögen oder ein anderes Betriebsvermögen des Altgesellschafters geleistet werden können.[1203]

5. Steuerliche Auswirkungen auf der Ebene der übernehmenden Personengesellschaft

a) Bewertung des eingebrachten Vermögens

aa) Regelbewertung: Gemeiner Wert

Nach § 24 II 1 UmwStG hat die übernehmende Personengesellschaft 833 das eingebrachte Betriebsvermögen in ihrer Bilanz einschließlich der Ergänzungsbilanzen für ihre Gesellschafter mit dem gemeinen Wert anzusetzen. Diese Bewertungsregel gilt ausschließlich für das Vermögen, welches durch Sacheinlage iSv § 24 I UmwStG auf die Personengesellschaft übergeht. Werden demgegenüber andere Wirtschaftsgüter durch Vorgänge außerhalb des Anwendungsbereichs des § 24 UmwStG iVm § 1 III UmwStG auf die Übernehmerin übertragen, so greift hierfür § 24 II UmwStG nicht.[1204]

Ausgenommen von der Bewertung zum gemeinen Wert sind Pensions- 834 rückstellungen der übertragenden Personengesellschaft. Diese sind bei der übernehmenden Personengesellschaft mit ihrem Wert nach § 6a EStG zu bemessen, § 24 II 1 Halbs. 2 UmwStG.

bb) Bewertung zu Buchwerten oder Zwischenwerten auf Antrag

(1) Bewertungskonzept. Abweichend von § 24 II 1 UmwStG kann das 835 übernommene Betriebsvermögen auf Antrag mit dem Buchwert oder einem höheren Wert, höchstens jedoch mit dem gemeinen Wert, angesetzt werden, soweit das Recht Deutschlands auf Besteuerung des eingebrachten Betriebsvermögens nicht ausgeschlossen oder beschränkt wird (§ 24 II 2 Nr. 1 UmwStG) und der gemeine Wert von sonstigen Gegenleistungen, die neben den neuen Gesellschaftsanteilen gewährt werden, nicht mehr beträgt als 25% des Buchwerts des eingebrachten Vermögens

---

[1200] → Rn. 602 ff.; bisher wurde dies im Bereich des § 20 UmwStG wegen des Begriffs andere „Wirtschaftsgüter" verneint.
[1201] Ablehnend *Patt* in Dötsch/Pung/Möhlenbrock, KSt, § 24 UmwStG Vorab-Komm. Rn. 9.
[1202] Vgl. *Rogall/Dreßler* DB 2015 S. 1981 (1982); *Patt* in Dötsch/Pung/Möhlenbrock, KSt, § 24 UmwStG Vorab-Komm. Rn. 8.
[1203] Vgl. *Nöcker* DB 2016 S. 72 (75). Ablehnend *Strahl* KÖSDI 2016 S. 19679 (19688).
[1204] Vgl. *Schlößer/Schley* in Haritz/Menner, § 24 UmwStG Rn. 6 ff.; *Patt* in Dötsch/Pung/Möhlenbrock, KSt, § 24 UmwStG Rn. 12, Rn. 40 ff.

§ 11   3. Teil. Verschmelzung

(§ 24 II 2 Nr. 2 Buchst. a UmwStG) oder € 500 000, höchstens jedoch den Buchwert des eingebrachten Betriebsvermögens (§ 24 II 2 Nr. 2 Buchst. b UmwStG).

836 Maßgebend ist die tatsächliche Bilanzierung in der Steuerbilanz der übernehmenden[1205] Personengesellschaft einschließlich eventuell ebenfalls von ihr aufzustellender Ergänzungsbilanzen.[1206] Ergänzungsbilanzen enthalten steuerliche Wertkorrekturen zu den Bilanzansätzen der einzelnen, in der Steuerbilanz der Personengesellschaft ausgewiesenen Wirtschaftsgüter. Insofern kann die übernehmende Personengesellschaft das eingebrachte Vermögen in ihrer Gesamthandbilanz zum gemeinen Wert ausweisen und diesen Wert durch negative Ergänzungsbilanzen korrigieren, so dass im Ergebnis der Buchwert angesetzt wird.[1207]

837 Das Bewertungswahlrecht erstreckt sich auch auf Wirtschaftsgüter, die im Rahmen der Verschmelzung im zivilrechtlichen Eigentum eines Gesellschafters verbleiben, jedoch als Sonderbetriebsvermögen steuerlich zum Betriebsvermögen der aufnehmenden Personengesellschaft gehören.[1208]

838 Anders als gemäß § 20 II 2 Nr. 2 UmwStG erfordert die Bewertung zum Buchwert oder Zwischenwert nach § 24 II UmwStG keine Einhaltung eines Mindestansatzwertes.[1209] Allerdings scheidet eine Verschmelzung einer Personengesellschaft mit negativem Kapitalkonto umwandlungsrechtlich aus. Ergibt sich indes lediglich steuerlich ein negatives Kapitalkonto, so können die Buchwerte der übertragenden Personengesellschaft von der übernehmenden Personengesellschaft uneingeschränkt fortgeführt werden.

839 Eine Bewertung zum Buchwert oder Zwischenwert ist auch nicht deshalb ausgeschlossen, weil eine spätere Besteuerung der stillen Reserven im Rahmen der Gewerbesteuer nicht mehr sichergestellt ist.[1210] Insofern kann bei der Verschmelzung einer gewerblichen Personengesellschaft auf eine Personengesellschaft mit Einkünften aus Land- und Forstwirtschaft (§ 13 EStG), oder aus selbstständiger Arbeit (§ 18 EStG) das Antragswahlrecht nach §§ 24 II 2 UmwStG uneingeschränkt ausgeübt werden.

[1205] Vgl. BFH-Urteil vom 30.4.2003 – I R 102/01, BStBl. II 2004 S. 804 (805). Vgl. auch BMF-Schreiben vom 11.11.2011, BStBl. I 2011 S. 1413 Tz. 24.13.
[1206] Vgl. BFH-Urteil vom 26.1.1994 – III R 39/91, BStBl. II 1994 S. 458. Vgl. auch BMF-Schreiben vom 11.11.2011, BStBl. I 2011 S. 1413 Tz. 24.13.
[1207] Siehe *Schlößer/Schley* in Haritz/Menner, § 24 UmwStG Rn. 135. Vgl. auch BMF-Schreiben vom 11.11.2011, BStBl. I 2011 S. 1413 Tz. 24.13 ff.
[1208] Vgl. BFH-Urteil vom 4.5.2004, BStBl. II 2004 S. 893; *Schmitt* in Schmitt/Hörtnagl/Stratz, § 24 UmwStG Rn. 176; *Patt* in Dötsch/Pung/Möhlenbrock, KSt, § 24 UmwStG Rn. 16.
[1209] Vgl. BMF-Schreiben vom 11.11.2011, BStBl. I 2011, S. 1413 Tz. 24.04.
[1210] Vgl. BFH-Urteil vom 14.6.1988 – VIII R 387/83, BStBl. II 1989 S. 187 (189); *Schmitt* in Schmitt/Hörtnagl/Stratz § 24 UmwStG Rn. 210; *Patt* in Dötsch/Pung/Möhlenbrock, KSt, § 24 UmwStG Rn. 128.

§ 11. Steuerrechtliche Regelungen § 11

(2) Bewertung zu Buchwerten. Die übernehmende Personengesell- 840
schaft kann auf Antrag die Buchwerte fortführen. Buchwert ist dabei der
Wert, der sich nach den steuerrechtlichen Vorschriften über die Gewinnermittlung in einer für den steuerlichen Übertragungsstichtag aufzustellenden Steuerbilanz der Übertragerin ergibt oder ergäbe, § 1 V Nr. 4 UmwStG. Durch die Bewertung zu Buchwerten wird ein Einbringungsgewinn für die übertragende Personengesellschaft vermieden.

Bilanztechnisch bestehen für die Fortführung der Buchwerte durch die 841
Übernehmerin zwei darstellungstechnische Möglichkeiten:[1211]
- In der Gesamthandsbilanz werden die Wirtschaftsgüter mit dem gemeinen Wert angesetzt; für die Gesellschafter der Übertragerin werden negative Ergänzungsbilanzen aufgestellt. Diese Darstellungsweise führt zu einem höheren Eigenkapital in der Handelsbilanz.
- In der Gesamthandsbilanz werden die Wirtschaftsgüter mit den Buchwerten aus der Schlussbilanz der übertragenden Personengesellschaft angesetzt. Ferner sind die Kapitalkonten anzupassen. Für Altgesellschafter und eventuell auch die Gesellschafter werden zum Ausweis vorhandenen Mehrkapitals/Minderkapitals positive bzw. negative Ergänzungsbilanzen aufgestellt.

(3) Bewertung zu Zwischenwerten. Entscheidet sich die übernehmen- 842
de Gesellschaft für die Bewertung des eingebrachten Vermögens zu
Zwischenwerten, so sind vorhandene stille Reserven des eingebrachten
Vermögens auf Antrag teilweise aufzudecken. Trotz fehlender ausdrücklicher gesetzlicher Regelung sind dabei die stillen Reserven in übertragenen Wirtschaftsgütern einheitlich, dh über sämtliche Wirtschaftsgüter der eingebrachten Sachgesamtheit gleichmäßig aufzudecken.[1212]
Dazu ist ein einheitlicher Schlüssel anzuwenden.[1213] Dies betrifft einen
etwaigen Geschäfts- oder Firmenwert wie auch andere selbst geschaffene
immaterielle Wirtschaftsgüter.[1214] Die von der Finanzverwaltung früher[1215] vertretene sog. Stufentheorie wurde zwischenzeitlich aufgegeben.
Liegt indes der gemeine Wert des Vermögens unter dessen Buchwert, 843
scheidet eine Bewertung zu Zwischenwerten aus.[1216]

(4) Ausübung des Antragswahlrechts. Der Antrag auf Bewertung zu 844
Buchwerten oder Zwischenwerten ist spätestens bis zur erstmaligen Abgabe der steuerlichen Schlussbilanz bei dem für die Besteuerung der

---

[1211] Vgl. BMF-Schreiben vom 11.11.2011, BStBl. I 2011 S. 1314 Tz. 24.14.
Vgl. auch *Schlößer/Schley* in Haritz/Menner, § 24 UmwStG Rn. 122.
[1212] Vgl. BMF-Schreiben vom 11.11.2011, BStBl. I 2011 S. 1314 Tz. 24.03
iVm Tz. 20.18 und 03.25.
[1213] Vgl. BMF-Schreiben vom 11.11.2011, BStBl. I 2011 S. 1314 Tz. 24.03
iVm Tz. 23.14.
[1214] Vgl. *Schlößer/Schley* in Haritz/Menner, § 24 UmwStG Rn. 123a; *Schmitt* in
Schmitt/Hörtnagl/Stratz, § 24 UmwStG Rn. 193; *Hruschka* Beihefter 2 zu DStR
2012 S. 4 (5).
[1215] Vgl. BMF-Schreiben vom 25.3.1998, BStBl. I 1998 S. 268 Tz. 24.04 iVm
Tz. 22.08.
[1216] Vgl. *Patt* in Dötsch/Patt/Pung/Möhlenbrock, § 20 UmwStG Rn. 205.

§ 11   3. Teil. Verschmelzung

übernehmenden Gesellschaft zuständigen Finanzamt zu stellen, § 20 II 3 iVm § 24 II 3 UmwStG.[1217]

845 Das Bewertungswahlrecht des § 24 II 2 UmwStG ist einheitlich für sämtliche zum Einbringungsgegenstand gehörende Wirtschaftsgüter auszuüben. Dies betrifft auch etwaig im Rahmen der Verschmelzung übergehendes Sonderbetriebsvermögen.[1218] Handelsrechtlich hat die übertragende Personengesellschaft die Möglichkeit zur Neubewertung nach § 24 UmwG. Eine Maßgeblichkeit der Handelsbilanz für die Steuerbilanz besteht nicht.[1219] Dies ermöglicht eine Aufstockung in der Handelsbilanz bei gleichzeitiger Buchwertfortführung für steuerliche Zwecke.

846 Das Antragswahlrecht des § 24 II 2 UmwStG steht ausschließlich der aufnehmenden Personengesellschaft zu.[1220] Die übertragende Personengesellschaft hat kein Veto- oder Mitspracherecht.[1221] Die tatsächliche Ausübung des Wahlrechts durch die übernehmende Personengesellschaft ist selbst dann maßgebend, wenn diese den Gesellschaftern der Übertragerin im Hinblick auf die sie treffenden Konsequenzen eine bestimmte abweichende Bewertung zugesagt hat.[1222] Auch bezogen auf das mit übertragene Sonderbetriebsvermögen steht das Bewertungswahlrecht ausschließlich der aufnehmenden Personengesellschaft zu.[1223]

847 Der Antrag ist spätestens bis zur erstmaligen Abgabe der steuerlichen Schlussbilanz zu stellen.[1224] Fallen der steuerliche Übertragungsstichtag und der Bilanzstichtag auf denselben Tag und gibt die übernehmende Gesellschaft bzw. Personengesellschaft keine Bilanz auf diesen Tag ab bzw. korrigiert sie nicht eine bereits bestehende Bilanz (bei rückwirkender Einbringung in einen bestehenden Rechtsträger), ist eine steuerliche Schlussbilanz der übernehmenden Gesellschaft/Personengesellschaft anzufordern. Gleichzeitig ist die Gesellschaft aufzufordern, sich zur Ausübung des Bewertungswahlrechts iSd § 24 II 2 UmwStG ausdrücklich zu

---

[1217] Zu Einzelheiten hinsichtlich der Antragstellung → Rn. 73 ff., → 502 ff.
[1218] Vgl. *Rasche* in Rödder/Herlinghaus/van Lishaut, § 24 UmwStG Rn. 71, 78.
[1219] Vgl. BMF-Schreiben vom 11.11.2011, BStBl. I 2011 S. 1314 Tz. 24.03 iVm 20.20. *Rasche* in Rödder/Herlinghaus/van Lishaut, § 24 UmwStG Rn. 67, 81.
[1220] Vgl. BFH-Urteil vom 26.1.1994 – III R 39/91, BStBl. II 1994 S. 458. Vgl. auch BMF-Schreiben vom 11.11.2011, BStBl. I 2011 S. 1314 Tz. 24.13; *Rasche* in Rödder/Herlinghaus/van Lishaut, § 24 UmwStG, Rn. 67.
[1221] Siehe BFH-Urteil vom 25.4.2006 – VIII R 52/04, BStBl. II 2006 S. 847; BFH-Urteil vom 12.10.2011, BStBl. II 2012 S. 381; *Patt* in Dötsch/Pung/Möhlenbrock, KSt, § 24 UmwStG Rn. 116
[1222] Siehe BFH-Urteil vom 25.4.2006 – VIII R 52/04, BStBl. II 2006 S. 847; BFH-Urteil vom 26.1.1994 – III R 39/91, BStBl. II 1994 S. 458; BFH-Urteil vom 12.10.2011, BStBl. II 2012 S. 381. Vgl. zu den Möglichkeiten der Drittanfechtung FinMin. Mecklenburg-Vorpommern, Schreiben vom 1.11.2012, DStR 2013 S. 973. Vgl. dazu auch *Demuth* in Eisgruber, § 24 UmwStG Rn. 117; *Patt* in Dötsch/Pung/Möhlenbrock, KSt, § 24 UmwStG Rn. 116.
[1223] Vgl. *Demuth* in Eisgruber, § 24 UmwStG, Rn. 117; *Patt* in Dötsch/Pung/Möhlenbrock, KSt, § 24 UmwStG Tz. 116.
[1224] Analog → Rn. 622.

ést. äußern.[1225] Liegt der steuerliche Übertragungsstichtag vor dem Bilanzstichtag, gibt die übernehmende Gesellschaft lediglich die Steuerbilanz auf den Bilanzstichtag ohne weitere Erklärung ab und bestehen hinsichtlich der Ausübung des Wahlrechts Zweifel, so ist die Gesellschaft ebenfalls aufzufordern, sich zur Ausübung des Bewertungswahlrechts ausdrücklich zu äußern.[1226] Im Fall der rückwirkenden Verschmelzung,[1227] zB zur Neugründung auf den 31.12.01 (steuerlicher Übertragungsstichtag) bzw. 1.1.02 (handelsrechtlicher Verschmelzungsstichtag) des Vorjahres, stellt die Übernahme des Betriebsvermögens aus steuerlicher Sicht den einzigen Geschäftsvorfall der übernehmenden Personengesellschaft im Geschäftsjahr 01 dar. Maßgebende Bilanz für die Ausübung des Bewertungswahlrechts ist mithin die Schlussbilanz auf den 31.12.01, selbst wenn die Übernahme des Vermögens handelsbilanziell erst im Jahr 02 erfasst wird.[1228]

b) Folgen aus der Übernahme des Vermögens der übertragenden Personengesellschaft

(1) Rechtsfolgen für die übernehmende Personengesellschaft in Abhängigkeit von der Bewertung des übernommenen Vermögens. Der Übergang des Vermögens im Rahmen der Verschmelzung stellt aus Sicht der aufnehmenden Personengesellschaft einen Anschaffungsvorgang dar.[1229] Die Konsequenzen der Verschmelzung bei der aufnehmenden Personengesellschaft werden in § 24 IV UmwStG durch Verweisung auf § 23 UmwStG geregelt. Dabei kommt es entscheidend darauf an, zu welchem Wert die übernehmende Personengesellschaft die übertragenen Wirtschaftsgüter in der Steuerbilanz einschließlich der Ergänzungsbilanzen für ihre Gesellschafter ansetzt (Buchwert, Zwischenwert, gemeiner Wert). Ausschlaggebend für die weitere Behandlung dieser Wirtschaftsgüter ist die Tatsache, dass die Umwandlung durch Verschmelzung und damit im Wege der Gesamtrechtsnachfolge erfolgt. Geht bei einer Verschmelzung bereits bei der übertragenden Personengesellschaft bestehendes Sonderbetriebsvermögen in das Sonderbetriebsvermögen der aufnehmenden Personengesellschaft über, erfolgt dies insoweit durch Einzelrechtsnachfolgen. Für Zwecke des § 23 IV UmwStG kann der Vermögensübergang insoweit einheitlich nach den Regeln der Gesamtrechtsnachfolge behandelt werden. Es gilt damit einheitlich § 24 IV UmwStG und insbesondere § 24 IV 2 UmwStG auch in Bezug auf das Sonderbetriebsvermögen. 848

Anlässlich der Einbringung aufgestellte positive oder negative Ergänzungsbilanzen sind diese in der Folgezeit korrespondierend zur Gesamt- 849

[1225] Vgl. LfSt Bayern, Vfg. vom 11.11.2014, DStR 2015 S. 429.
[1226] Vgl. LfSt Bayern, Vfg. vom 11.11.2014, DStR 2015 S. 429.
[1227] Siehe dazu im Folgenden.
[1228] Vgl. LfSt Bayern, Vfg. vom 11.11.2014, DStR 2015, S. 429 (430).
[1229] Vgl. BFH-Urteil vom 5.6.2002 – I R 6/03, BFH/NV 2003 S. 88; BFH-Urteil vom 17.9.2003 – I R 97/02, BStBl. II 2004 S. 686. Vgl. auch *Rasche* in Rödder/Herlinghaus/van Lishaut, § 24 UmwStG Rn. 97.

§ 11　　　　　　　　　　　　　　　　　　　　3. Teil. Verschmelzung

handbilanz weiterzuentwickeln.[1230] Nicht abschließend geklärt ist aber, ob bezüglich der Abschreibung in der positiven Ergänzungsbilanz die Restnutzungsdauer selbstständig neu bestimmt werden kann.[1231]

850　**(a) Bewertung zum gemeinen Wert.** Setzt die Personengesellschaft das übernommene Vermögen nach § 24 II 1 UmwStG zum gemeinen Wert an, stellt die Einbringung für die übernehmende Personengesellschaft einen Anschaffungsvorgang dar, §§ 24 IV, 23 IV UmwStG.[1232] Nach § 24 IV UmwStG gelten bei der Verschmelzung von Personengesellschaft untereinander die Regelungen des § 23 IV UmwStG entsprechend. Insofern kann hinsichtlich des Eintritts in die Rechtsstellung der übertragenden Gesellschaft, die Bemessung von Abschreibungen und die Anrechnung von Besitzzeiten auf die entsprechenden Ausführungen zur Verschmelzung von Personengesellschaften auf Kapitalgesellschaften verwiesen werden.[1233] Insoweit gilt die sog. modifizierte steuerliche Rechtsnachfolge.

851　Die aufnehmende Personengesellschaft tritt in bestehende Über-/Unterentnahmen nach § 4 IVa EStG ein, wobei ein etwaiger Einbringungsgewinn zunächst beim Endbestand der Über-/Unterentnahmen berücksichtigt wird.[1234] Der nachversteuerungspflichtige Betrag iSd § 34a EStG ist im Jahr der Verschmelzung in voller Höhe nachzuversteuern.[1235]

852　**(b) Bewertung zum Buchwert oder Zwischenwert.** Bewertet die aufnehmende Personengesellschaft das übernommene Vermögen zum Buchwert oder zu Zwischenwerten, gelten § 23 I, III UmwStG entsprechend. Insofern kann hinsichtlich des Eintritts in die Rechtsstellung der übertragenden Gesellschaft, die Bemessung von Abschreibungen und die Anrechnung von Besitzzeiten auf die entsprechenden Ausführungen zur Verschmelzung von Personengesellschaften auf Kapitalgesellschaften verwiesen werden.[1236] Die Buchwertfortführung hat auch zur Folge, dass die Grundsätze des formellen Bilanzzusammenhangs auch für die übernehmende Personengesellschaft gelten.[1237] Im Fall des Zwischenwertansatzes kommt es zur sog. modifizierten steuerlichen Rechtsnachfolge[1238]

[1230] Vgl. ua BFH-Urteil vom 25.4.2006 – VIII R 52/04, BStBl. II 2006 S. 847 ff.; BMF-Schreiben vom 11.11.2011, BStBl. I 2011 S. 1314 Tz. 24.24. Vgl. allgemein *Wacker* in Schmidt, § 15 EStG Rn. 472.
[1231] Bejahend zB *Schmitt* in Schmitt/Hörtnagl/Stratz, § 24 UmwStG Rn. 225, 268.
[1232] Vgl. BFH-Urteil vom 5.6.2002 – I R 6/01, BFH/NV 2003 S. 88; BFH-Urteil vom 17.9.2003 – I R 97/02, BStBl. II 2004 S. 686.
[1233] → Rn. 646 ff.
[1234] Vgl. *Patt* in Dötsch/Pung/Möhlenbrock, KSt, § 24 UmwStG Tz. 188 (Stand Dezember 2015).
[1235] Vgl. BMF-Schreiben vom 11.8.2008, BStBl. I 2008 S. 838 Tz. 47.
[1236] → Rn. 646.
[1237] Vgl. zuletzt BFH-Urteil vom 20.10.2015 – VIII R 33/13, DStR 2016, S. 904. Vgl. für Einzelheiten zB *Schlößer/Schley* in Haritz/Menner, § 24 UmwStG Rn. 192.
[1238] Vgl. *Patt* in Dötsch/Pung/Möhlenbrock, KSt, § 24 UmwStG Rn. 185.

§ 11. Steuerrechtliche Regelungen § 11

und zu sog. Aufstockungsbeträgen.[1239] Diese erhöhen bei der linearen Abschreibung die Bemessungsgrundlage. Der Satz richtet sich wie bei Buchwertfortführung nach der ursprünglichen Nutzungsdauer. Im Fall der degressiven Abschreibung ist der Zwischenwert als neue Bemessungsgrundlage anzusetzen. Der Abschreibungssatz richtet sich nach der Restnutzungsdauer im Einbringungszeitpunkt. Die jeweilige Methode ist beizubehalten.

Sowohl im Fall der Buchwertfortführung als auch beim Zwischenwertansatz sind die Über-/Unterentnahmen der übertragenden Personengesellschaft von der Übernehmerin fortzuführen.[1240] Dagegen kann die Nachversteuerung des nachversteuerungspflichtigen Betrags iSd § 34a EStG nur im Fall der Buchwertfortführung vermieden werden.[1241] Wird der Zwischenwertansatz gewählt, kommt es nach Auffassung der Finanzverwaltung zur vollen Nachversteuerung des nachversteuerungspflichtigen Betrags.[1242] 853

(2) Steuerliche Verluste. **(a) Verluste iSv §§ 2a, 10d, 15 IV, 15a EStG.** Keine ausdrücklichen Regelungen bestehen nach § 24 UmwStG zur Behandlung steuerlicher Verluste der übertragenden Personengesellschaft bzw. ihrer Gesellschafter. In § 24 UmwStG wird nicht auf § 4 II 2 UmwStG verwiesen. Verluste iSv §§ 2a, 10d und 15 IV EStG verbleiben beim Einbringenden (Mitunternehmer) der zu verschmelzenden Personengesellschaft und können unter den jeweiligen Voraussetzungen weiter genutzt werden. Im Fall der Verschmelzung einer Kommanditgesellschaft auf eine andere Kommanditgesellschaft gilt Letzteres auch für einen Verlust nach § 15a EStG.[1243] 854

(b) Gewerbeverluste. Ein Verweis in § 24 IV UmwStG auf das Übertragungsverbot vortragsfähiger Gewerbeverluste nach § 25 V UmwStG fehlt. Insofern kann der Gewerbeertrag der übernehmenden Personengesellschaft unter den Voraussetzungen des § 10a GewStG um evtl. gewerbesteuerliche Verlustvorträge der übertragenden Personengesellschaft gekürzt werden.[1244] Die Kürzung um die gewerbesteuerliche Verlustvorträge der übertragenden Personengesellschaft setzt nach § 10a GewStG Unternehmeridentität und Unternehmensidentität voraus. Zur Wahrung der Unternehmensidentität muss die Tätigkeit des eingebrachten Betriebs wirtschaftlich, organisatorisch und finanziell fortgesetzt werden. Sie muss von der übrigen Tätigkeit der übernehmenden Personen- 855

[1239] Zur Behandlung der Aufstockungsbeträge im Rahmen der Abschreibung siehe BMF-Schreiben vom 11.11.2011, BStBl. I 2011 S. 1314 Tz. 23.15 mit Beispielen.
[1240] Vgl. *Patt* in Dötsch/Pung/Möhlenbrock, KSt, § 24 UmwStG Rn. 180, 185.
[1241] Vgl. BMF-Schreiben vom 11.8.2008, BStBl. I 2008 S. 838 Tz. 47.
[1242] Vgl. BMF-Schreiben vom 11.8.2008, BStBl. I 2008 S. 838 Tz. 47.
[1243] Vgl. *Fuhrmann* in Widmann/Mayer, § 24 UmwStG Rn. 2164; Rödder/Schumacher DB 1998 S. 99.
[1244] Vgl. *Rasche* in Rödder/Herlinghaus/van Lishaut, § 24 UmwStG Rn. 127.

gesellschaft abgrenzbar erkennbar sein.[1245] Die Unternehmeridentität erfordert es, dass Gesellschafter der einbringenden Personengesellschaft an der übernehmenden Personengesellschaft beteiligt sind. Soweit an der übertragenden und der aufnehmenden Personengesellschaft dieselben Gesellschafter beteiligt sind, besteht Unternehmeridentität und die Verluste können weiterhin genutzt werden.[1246] Soweit an der übernehmenden Personengesellschaft auch andere Gesellschafter beteiligt sind, können die gewerbesteuerlichen Verlustvorträge nur anteilig[1247] vom gesamten Gewerbeertrag der übernehmenden Personengesellschaft abgezogen werden.[1248]

856 (3) Zins- und EBITDA-Vortrag. Nach § 24 VI iVm § 20 IX UmwStG gehen eine Zinsvortrag nach § 4h I 5 EStG sowie ein EBITDA-Vortrag nach § 4h I 3 EStG nicht auf die übernehmende Personengesellschaft über.

857 (4) Einbringungsfolgegewinn. Bei der Verschmelzung einer Personengesellschaft auf eine andere Personengesellschaft kann es auf Ebene der übernehmenden Gesellschaft durch das zivilrechtliche Erlöschen gegenseitiger Forderungen und Verbindlichkeiten oder die Auflösung von Rückstellungen zu Erfolgsbeiträgen kommen.[1249] Auf einen bei dieser Konfusion entstehenden Einbringungsfolgegewinn sind bei der Verschmelzung von Personengesellschaft die Regelungen des § 6 I, III UmwStG entsprechend anzuwenden, § 23 VI UmwStG iVm § 24 IV Halbs. 1 UmwStG. Nach § 6 I UmwStG darf der übernehmende Rechtsträger in Höhe eines solchen Einbringungsfolgegewinnes eine den steuerlichen Gewinn mindernde Rücklage bilden. Die Rücklage ist in den auf ihre Bildung folgenden drei Wirtschaftsjahren zu mindestens je einem Drittel gewinnerhöhend aufzulösen.

858 Nach § 6 III UmwStG entfällt die Anwendung des § 6 I UmwStG rückwirkend, wenn der übernehmende Rechtsträger den auf ihn übergegangenen Betrieb innerhalb von fünf Jahren nach dem steuerlichen Übertragungsstichtag in eine Kapitalgesellschaft einbringt oder ohne triftigen Grund veräußert oder aufgibt. Bereits erteilte Steuerbescheide, Steuermessbescheide, Freistellungsbescheide oder Feststellungsbescheide sind zu ändern, soweit sie auf der Anwendung des § 6 I UmwStG beruhen.

859 Ein entstehender Einbringungsfolgeverlust kann unmittelbar als Betriebsausgabe abgezogen werden.

[1245] Vgl. BFH-Urteil vom 14.9.1993 – VIII R 84/90, BStBl. II 1994 S. 764.
[1246] R 10a.3 III 9 Nr. 5 S. 2 GewStR 2009.
[1247] Vgl. BFH-Urteil vom 17.1.2006 – VIII R 96/04, DStR 2006 S. 461 ff.; BFH-Urteil vom 27.1.1994 – IV R 137/91, BStBl. II 1994 S. 477; BFH-Urteil vom 16.2.1994 – XI R 50/88, BStBl. II 1994 S. 365; BFH-Urteil vom 14.9.1993 – I R 10/93, BStBl. II 1994 S. 768; BFH-Urteil vom 3.5.1993 – GrS 3/92, BStBl. II 1993 S. 616.
[1248] Vgl. BFH-Urteil vom 3.5.1993 – GrS 3/92, BStBl. II 1993 S. 616.
[1249] Zu den Einzelheiten → Rn. 170 ff., → 662 ff.

§ 11. Steuerrechtliche Regelungen   § 11

6. Steuerliche Auswirkungen auf der Ebene der übertragenden Personengesellschaft und ihrer Gesellschafter

a) Überblick

Abhängig von der Bewertung des eingebrachten Vermögens durch   860
die übernehmende Personengesellschaft hat die übertragende Personengesellschaft nach § 24 III UmwStG einen Einbringungsgewinn zu ermitteln.

b) Ermittlung eines Einbringungserfolgs

Nach der Konzeption des § 24 UmwStG handelt es sich bei der Ver-   861
schmelzung zweier Personengesellschaften um eine Betriebsveräußerung im Ganzen nach § 16 I EStG.

(1) Ermittlung des Veräußerungserfolgs. Der Wert, mit dem das einge-   862
brachte Betriebsvermögen in der Bilanz der Personengesellschaft einschließlich der Ergänzungsbilanzen[1250] für ihre Gesellschafter angesetzt wird, gilt für den Einbringenden als Veräußerungspreis, § 24 III 1 UmwStG. Zur Ermittlung eines Einbringungserfolgs sind dem Veräußerungspreis iSv § 24 III 1 UmwStG die Buchwerte des eingebrachten Vermögens gegenüber zu stellen. Der sich so ergebende Unterschiedsbetrag ist ferner um mit der Verschmelzung zusammenhängende Aufwendungen (Veräußerungskosten) zu mindern.

Veräußerungspreis
− Buchwert der eingebrachten Wirtschaftsgüter
− Veräußerungskosten, die von der Übertragerin getragen wurden
− ggf. Freibetrag nach § 16 IV EStG, § 24 IIII 2 UmwStG
= Veräußerungsgewinn/Veräußerungsverlust

Setzt die übernehmende Personengesellschaft das übernommene Ver-   863
mögen zu einem den Buchwert übersteigenden Wert an, entsteht folglich ein Einbringungsgewinn. Kein Einbringungsgewinn entsteht demgegenüber, wenn die übernehmende Personengesellschaft die Buchwerte des eingebrachten Vermögens fortführt.

Ein zu erfassender Einbringungsgewinn ist beim Einbringenden derje-   864
nigen Einkunftsart zuzurechnen, der das eingebrachte Betriebsvermögen zugeordnet war.[1251] In Betracht kommen insofern Einkünfte aus Gewerbebetrieb, Land- und Forstwirtschaft sowie selbstständiger Arbeit.

c) Steuerliche Behandlung des Einbringungserfolgs

(1) Steuerliche Behandlung eines Einbringungsgewinns. **(a) Entste-**   865
hung. Der Einbringungsgewinn entsteht im Zeitpunkt der Einbringung.

[1250] → Rn. 836.
[1251] Vgl. *Patt* in Dötsch/Pung/Möhlenbrock, KSt, § 24 UmwStG, Tz. 141; *Fuhrmann* in Widmann/Mayer, § 24 UmwStG, Rn. 1105.

§ 11　3. Teil. Verschmelzung

Im Fall der steuerlichen Rückbeziehung[1252] ist der steuerliche Übertragungsstichtag maßgebend.[1253]

866 **(b) Einkommensteuer/Körperschaftsteuer.** Ein Veräußerungsgewinn unterliegt beim Einbringenden je nach Rechtsform der Einkommensteuer/Körperschaftsteuer, sofern die Gesellschafter im Inland unbeschränkt bzw. beschränkt steuerpflichtig sind. Gehören zum übertragenen Vermögen Anteile an Kapitalgesellschaften, ist die Anwendung von § 3 Nr. 30 EStG, § 8b II KStG zu prüfen.

867 Setzt die übernehmende Personengesellschaft die eingebrachten Wirtschaftsgüter in ihrer Steuerbilanz einschließlich Ergänzungsbilanzen[1254] mit dem gemeinen Wert an, so ist auf den Einbringungsgewinn der Freibetrag nach § 16 IV EStG anzuwenden, soweit er auf natürliche Personen als Gesellschafter der einbringenden Personengesellschaft entfällt, § 24 III 2 UmwStG. Ein vorhandener Geschäfts- oder Firmenwert muss hierzu ebenfalls mit dem gemeinen Wert angesetzt werden.[1255] Auch etwaig (noch) vorhandenes Sonderbetriebsvermögen ist mit dem gemeinen Wert zu bewerten.[1256] Der anteilig auf die Einbringung des Sonderbetriebsvermögens entfallende Gewinn gilt als laufender Gewinn.[1257]

868 Soweit indes auf der Seite der Übertragerin und auf der Seite der Übernehmerin dieselben Personen Unternehmer oder Mitunternehmer sind, gilt der Gewinn als laufender Gewinn, § 16 II 3 EStG iVm § 24 III 3 UmwStG.[1258] Nach Ansicht der Finanzverwaltung stellt § 24 III 3 UmwStG bei der Frage, ob eine Veräußerung an sich selbst vorliegt, nicht auf den einzelnen Gesellschafter ab, sondern auf die Einbringenden in ihrer gesamthänderischen Verbundenheit.[1259]

869 Bewertet die übernehmende Personengesellschaft die eingebrachten Wirtschaftsgüter mit dem gemeinen Wert und sind die Voraussetzungen für die Anwendung des § 16 IV EStG erfüllt, greift ferner unter ihren weiteren Voraussetzungen die Tarifvergünstigung des § 34 I, III EStG, § 24 III 2 Halbs. 2 UmwStG. Dies gilt indes nur, soweit der Veräußerungsgewinn nicht nach § 3 Nr. 40 Satz 1 Buchst. b iVm § 3c II EStG teilweise steuerbefreit ist. Wird der gemeine Wert oder der Zwischenwert[1260] angesetzt, kann § 6b EStG in Anspruch genommen werden. In

---

[1252] Siehe dazu im Folgenden.
[1253] Schmitt in Schmitt/Hörtnagl/Stratz, § 24 UmwStG, Rn. 243 mwN; Schlößer/Schley in Haritz/Menner, § 24 UmwStG, Rn. 165 mwN.
[1254] Vgl. BFH-Urteil vom 25.4.2006 – VIII R 52/04, BStBl. II 2006, S. 847.
[1255] Vgl. BMF-Schreiben vom 11.11.2011, BStBl. I 20111314 Tz. 24.15.
[1256] Vgl. BMF-Schreiben vom 11.11.2011, BStBl. I 20111314 Tz. 24.15.
[1257] Vgl. BFH-Urteil vom 21.9.2000 – IV R 54/99, BStBl. II 2001 S. 178; Fuhrmann in Widmann/Mayer, § 24 UmwStG, Rn. 1347; Schlößer/Schley in Haritz/Menner, § 24 UmwStG, Rn. 177.
[1258] Vgl. BMF-Schreiben vom 11.11.2011, BStBl. I 2011 S. 1314 Tz. 24.15.
[1259] Vgl. BMF-Schreiben vom 11.11.2011, BStBl. I 2011 S. 1314 Tz. 24.16 mit Beispiel.
[1260] Vgl. Patt in Dötsch/Pung/Möhlenbrock, KSt, § 24 UmwStG Tz. 135.

diesem Fall scheidet die Anwendung von § 34 I, III EStG jedoch aus. Dagegen kann § 16 IV EStG ggf. weiterhin angewendet werden.

Der Einbringungsgewinn in Folge des Ansatzes mit dem gemeinen Wert oder Zwischenwert kann mit verrechenbaren Verlusten nach § 15a EStG verrechnet werden.[1262] Dies gilt nicht für den Teil des Einbringungsgewinns, der auf das Sonderbetriebsvermögen entfällt.[1263]

(c) Gewerbesteuer. Ein Einbringungsgewinn unterliegt zudem bei gewerblicher Tätigkeit bzw. gewerblicher Prägung der übertragenden Personengesellschaft ggf. der Gewerbesteuer. Dies ist der Fall, soweit an der übertragenden Personengesellschaft als Mitunternehmer Kapitalgesellschaften, andere Körperschaften, Personengesellschaften oder Vermögensmassen oder eine andere Personengesellschaft unmittelbar beteiligt sind.[1264] Dabei ist unerheblich, ob der entstehende Veräußerungsgewinn aus der Bewertung des eingebrachten Vermögens bei der übernehmenden Personengesellschaft zum gemeinen Wert oder zum Zwischenwert resultiert.

Entfällt der Einbringungsgewinn hingegen auf natürliche Personen, unterliegt er nicht der Gewerbesteuer nach § 7 Satz 2 Nr. 1 GewStG. Dies gilt ebenfalls unabhängig davon, ob der Zwischenwertansatz oder Ansatz der gemeinen Werte durch die übernehmende Personengesellschaft gewählt wird.[1265]

(2) Steuerliche Behandlung eines Einbringungsverlusts. Zur steuerlichen Behandlung eines Veräußerungsverlusts kann auf die Ausführungen zur Verschmelzung einer Personengesellschaft auf eine Kapitalgesellschaft verwiesen werden.[1266]

7. Zeitpunkt der Sacheinlage und Rückbeziehung

Im Fall der Verschmelzung einer Personengesellschaft auf eine andere Personengesellschaft (Gesamtrechtsnachfolge) sind die Regelungen des § 20 V, VI UmwStG entsprechend anzuwenden, § 24 IV Halbs. 2 UmStG. Danach sind das Einkommen und das Vermögen des Einbringenden und der übernehmenden Gesellschaft auf Antrag so zu ermitteln, als ob das eingebrachte Betriebsvermögen mit Ablauf des steuerlichen Übertragungsstichtags auf die Übernehmerin übergegangen wäre. Wird Sonderbetriebsvermögen im Rahmen der Verschmelzung übertragen, so nimmt dieses insoweit auch an der Rückbeziehung teil.[1267] Als steuerlicher Übertragungsstichtag (Einbringungszeitpunkt) darf in den Fällen der Sacheinlage durch Verschmelzung iSd § 2 UmwG der Stichtag angesehen werden, für den die Schlussbilanz jedes der übertragenden Unternehmen

---

[1261] Vgl. *Fuhrmann* in Widmann/Mayer, § 24 UmwStG Rn. 1315; *Schlößer/Schley* in Haritz/Menner, § 24 UmwStG Rn. 178.
[1262] Vgl. *Patt* in Dötsch/Patt/Pung, KSt, § 24 UmwStG Rn. 139.
[1263] Vgl. *Patt* in Dötsch/Patt/Pung, KSt, § 24 UmwStG Rn. 139.
[1264] Vgl. *Rasche* in Rödder/Herlinghaus/van Lishaut, § 24 UmwStG Rn. 93.
[1265] Vgl. *Schmitt* in Schmitt/Hörtnagl/Stratz, § 24 UmwStG Rn. 256;
[1266] → Rn. 687 ff.
[1267] Vgl. BMF-Schreiben vom 11.11.2011, BStBl. I 2011 S. 1413 Tz. 24.06.

§ 11　3. Teil. Verschmelzung

iSd § 17 II UmwG aufgestellt ist. Dieser Stichtag darf höchstens acht Monate vor der Anmeldung der Verschmelzung zur Eintragung in das Handelsregister liegen.

875　Einen Sonderfall stellen insoweit Einlagen und Entnahmen dar. Nach § 20 V 2 UmwStG sind Entnahmen und Einlagen nach dem rückbezogenen steuerlichen Übertragungsstichtag, aber vor der tatsächlichen Einbringung nach § 20 UmwStG von der Rückbeziehung ausgenommen. Mit Rücksicht auf die unterschiedliche Besteuerungskonzeption von Kapital- und Personengesellschaften wird im Schrifttum die Auffassung vertreten, dass es sich bei dem Verweis in § 24 IV 2. HS UmwStG auf § 20 V 2 UmwStG um ein Versehen handelt.[1268] Insofern sollen auch Entnahmen und Einlagen im steuerlichen Übertragungszeitraum auf den steuerlichen Übertragungsstichtag zurückzubeziehen sein.[1269]

8. Ausgleichsleistungen

876　Setzt die übernehmende Personengesellschaft das eingebrachte Vermögen nicht zum gemeinen Wert, sondern zum Buchwert oder Zwischenwert an, spiegelt das für den Einbringenden gebildete Kapitalkonto regelmäßig nicht den wahren Wert der eingebrachten Wirtschaftsgüter wider. Im Verhältnis der Gesellschafter untereinander würde es daher zur Benachteiligungen der neuen Gesellschafter bei der Gewinnverteilung, der Ausübung von Stimmrechten sowie bei Ausscheiden aus der Gesellschaft oder deren Liquidation kommen, wenn diese Wirtschaftsgüter mit hohen stillen Reserven, aber niedrigem Buchwert eingebracht haben.

877　Um solche Ungleichbehandlungen zu vermeiden, ist bei Verschmelzung zu Buchwerten oder Zwischenwerten ein Ausgleich der in den eingebrachten Wirtschaftsgütern im Zeitpunkt der Einbringung vorhandenen stillen Reserven unter den Gesellschaftern erforderlich. Dazu bestehen verschiedene im Folgenden erläuterte Möglichkeiten. Ein unterlassener Ausgleich kann schenkungsteuerliche Konsequenzen haben.[1270]

a) Anpassung der Kapitalkonten mittels Ergänzungsbilanzen

878　Ein Ausgleich der Gesellschafter untereinander kann zunächst dadurch erreicht werden, dass die Höhe der Kapitalkonten der einzelnen Gesellschafter nicht nach dem Verhältnis der Buchwerte der eingebrachten Wirtschaftsgüter, sondern nach dem Verhältnis der gemeinen Werte bestimmt wird. Zur Korrektur der Differenzen zwischen dem Buchwert des eingebrachten Vermögens und dem gewährten Kapitalkonto werden positive und negative Ergänzungsbilanzen gebildet; Veräußerungsgewinne entstehen dadurch nicht.

[1268] Vgl. *Rasche* in Rödder/Herlinghaus/van Lishaut, § 24 UmwStG Rn. 125.
[1269] Vgl. *Rasche* in Rödder/Herlinghaus/van Lishaut, § 24 UmwStG Rn. 125; *Patt* in Dötsch/Pung/Möhlenbrock, KSt, § 24 UmwStG Tz. 171.
[1270] Zur Einbringung in eine Kapitalgesellschaft vgl. BFH-Urteil vom 12.7.2005 – II R 8/04, BStBl. II 2005 S. 845.

§ 11. Steuerrechtliche Regelungen § 11

Beispiel 879
A und B sind Gesellschafter der A + B OHG. Die Buchwerte ihrer Anteile betragen je € 25 000. Im Vermögen der A + B OHG sind stille Reserven in Höhe von insgesamt € 30 000 enthalten, so dass der gemeine Wert der Anteile jeweils € 40000 beträgt.
C und D sind Gesellschafter der C + D OHG. Die Buchwerte ihrer Anteile betragen jeweils € 25 000. Die stillen Reserven im Vermögen der C + D OHG belaufen sich auf insgesamt € 70 000; der gemeine Wert der Anteile beträgt damit jeweils € 60 000.
Die A + B OHG wird auf die C + D OHG zu Buchwerten verschmolzen. Der Buchwert der Anteile an der C + D OHG beträgt nach der Verschmelzung € 100 000.

Im dargestellten Beispiel erhalten A und B entsprechend dem Verhältnis 880 der gemeinen Werte zueinander jeweils ein Kapitalkonto iHv € 20 000. C und D erhalten ein Kapitalkonto iHv jeweils € 30 000. Die Herabsetzung der Kapitalkonten von A und B wird durch positive Ergänzungsbilanzen iHv jeweils € 5 000, die Aufstockung der Kapitalkonten von C und D durch negative Ergänzungsbilanzen iHv jeweils € 5 000 ausgeglichen.
Die dargestellte Form des Ausgleichs mittels positiver und negativer 881 Ergänzungsbilanzen ist indes mit unerwünschten steuerlichen Folgewirkungen verbunden. So sind die Ergänzungsbilanzen in Folgejahren steuerwirksam aufzulösen. Dementsprechend erhalten in den Folgejahren C und D aufgrund ihrer negativen Ergänzungsbilanz einen geringeren Anteil an den Abschreibungen des Anlagevermögens der Personengesellschaft zugewiesen als es ihrer Beteiligungsquote entspricht. Umgekehrt erhalten A und B bis zur Auflösung ihrer positiven Ergänzungsbilanz entsprechend höhere Abschreibungen zugewiesen. Die damit einhergehende „Nachversteuerung" der stillen Reserven wird im Schrifttum kritisiert,[1271] wurde indes vom BFH bestätigt.[1272]

b) Leistung von Ausgleichszahlungen

aa) Ausgleichszahlungen in das Privatvermögen der Gesellschafter

Anstelle der Anpassung der Kapitalkonten untereinander kann – im 882 obigen Beispiel – auch vertraglich vereinbart werden, dass A und B Ausgleichszahlungen in das Privatvermögen von C und D iHv jeweils € 5 000 (insgesamt also € 20 000) leisten.
Die Vereinbarung solcher Ausgleichszahlungen, die nicht in das Be- 882a triebsvermögen der aufnehmenden Gesellschaft fließen, war nach bisheriger Auffassung der Finanzverwaltung als Veräußerung eines Teils des Mitunternehmeranteils zu sehen.[1273] Eine Neutralisation mittels Ergän-

---
[1271] Vgl. Pfalzgraf/Meyer DStR 1995 S. 1289 (1291).
[1272] Vgl. BFH-Urteil vom 8.12.1994 – IV R 82/92, BStBl. II 1995 S. 599; BMF-Schreiben vom 25.3.1998, BStBl. I 1998 S. 268 Tz. 24.09. Siehe auch Schlößer/Schley in Haritz/Menner, § 24 UmwStG Rn. 135.
[1273] Vgl. BMF-Schreiben vom 11.11.2011, BStBl. I 2011 S. 1314 Tz. 24.08.

zungsbilanzen war insoweit nicht möglich.[1274] Seit dem Steueränderungsgesetz 2015[1275] können sonstige Gegenleistungen in den Grenzen des § 24 II 2 Nr. 2 UmwStG steuerunschädlich insbesondere auch ins Privatvermögen gewährt werden. Fraglich ist, ob die Ausgleichszahlungen zwingend von der Personengesellschaft selbst kommen müssen. So wird vertreten, dass der Wortlaut der Neuregelung auch Zahlungen von dritter Seite und damit zB aus dem Privatvermögen der Gesellschafter zulässt.[1276] In diesem Fall entstünde bei Gegenleistungen aus dem Privatvermögen in das Privatvermögen in den Grenzen des § 24 II 2 Nr. 2 UmwStG kein Einbringungsgewinn. Hält man die Leistung aus dem Privatvermögen dagegen auch nach der Neuregelung nicht für zulässig, so könnte stattdessen im ersten Schritt eine Einlage in die übernehmende Personengesellschaft erfolgen. In einem zweiten Schritt wird die Gegenleistung durch die Personengesellschaft eingeräumt. Inwieweit dies von der Finanzverwaltung akzeptiert wird, bedarf einer Prüfung im Einzelfall.

883 Geht man davon aus, dass Zahlungen aus dem Privatvermögen nicht von § 24 II Satz 2 Nr. 2 UmwStG erfasst werden, erzielten im hier zugrunde gelegten Beispiel C und D einen Veräußerungsgewinn iHv jeweils € 5 833, sofern die Zahlung aus dem Privatvermögen von A und B erfolgt.

Ausgleichszahlung		C (€)	D (€)
	A → C (D)	5000	5000
	B → C (D)	5000	5000
		10 000	10 000
abzüglich ¹/₆ des Beteiligungsbuchwerts		(4167)	(4167)
Veräußerungsgewinn		5833	5833

884 *Wird die Gegenleistung hingegen durch die aufnehmende Personengesellschaft selbst gewährt (zB durch Einräumung eines Darlehens durch die C + D OHG), so ist dies wohl in den Grenzen des § 24 II Nr. 2 UmwStG steuerunschädlich.*

bb) Ausgleichszahlungen in das Betriebsvermögen der übernehmenden Gesellschaft

885 Eine weitere Möglichkeit zur Vermeidung von Ungleichbehandlungen von Gesellschaftern besteht darin, dass A und B zum Ausgleich eine Bareinlage von jeweils € 20 000 in das Betriebsvermögen/Sonderbetriebsvermögen der übernehmenden Personengesellschaft leisten. Auf diese Weise gelingt es, gleich hohe Kapitalkonten für sämtliche Gesellschafter auszuweisen (jeweils € 35 000).

886 A und B weisen in ihrer Ergänzungsbilanz ein Mehrkapital von jeweils € 20 000 aus. C und D können den erzielten „Veräußerungsgewinn" durch eine negative Ergänzungsbilanz neutralisieren. Die erforderlichen

---

[1274] Vgl. BMF-Schreiben vom 11.11.2011, BStBl. I 2011 S. 1314 Tz. 24.09.
[1275] Ausführlich → Rn. 831 ff.
[1276] Vgl. *Nöcker* DB 2016 S. 72 (74 f.); aA *Strahl* KÖSDI 2016 S. 19679 (19688).

§ 11. Steuerrechtliche Regelungen § 11

Ergänzungsbilanzen sind indes in den Folgejahren steuerwirksam fortzuführen.

9. Steuerlicher Umgehungsschutz nach § 24 V UmwStG

a) Überblick

Soweit im Rahmen einer Einbringung nach § 24 I UmwStG unter dem gemeinen Wert eingebrachte Anteile an einer Körperschaft, Personenvereinigung oder Vermögensmasse innerhalb eines Zeitraums von sieben Jahren nach dem Einbringungszeitpunkt durch die übernehmende Personengesellschaft veräußert oder durch einen Vorgang nach § 22 I 6 Nr. 1 bis 5 UmwStG[1277] weiter übertragen werden und der Einbringende keine durch § 8b II KStG begünstigte Person ist, ist § 22 II, III und V bis VII UmwStG insoweit entsprechend anzuwenden, als der Gewinn aus der Veräußerung der eingebrachten Anteile auf einen von § 8b II KStG begünstigten Mitunternehmer entfällt, § 24 V UmwStG. 887

Anhand der bezeichneten Regelung soll verhindert werden, dass durch eine ganz oder teilweise steuerbefreite Einbringung nach § 24 UmwStG die Voraussetzungen für eine ungerechtfertigte Befreiung eines Gewinns aus der Veräußerung von Anteilen an Kapitalgesellschaften geschaffen werden.[1278] Die vom Gesetzgeber befürchtete Verschiebung stiller Reserven von einem Einkommensteuersubjekt auf ein Körperschaftsteuersubjekt tritt indes nicht ein, soweit durch die Aufstellung und Fortführung von Ergänzungsbilanzen die im Zeitpunkt der Einbringung vorhandenen stillen Reserven jedes einzelnen Wirtschaftsguts der eingebrachten Sachgesamtheit ausschließlich dem Einbringenden als Steuersubjekt zuzuordnen sind.[1279] Daher wird insoweit uE zu Recht eine einschränkende Auslegung des § 24 V UmwStG vertreten,[1280] wonach in derartigen Konstellationen die Regelung nicht anwendbar sei.[1281] Dem folgend wäre die praktische Bedeutung der Norm eher gering.[1282] 888

b) Anwendungsvoraussetzungen

Die Anwendung des § 24 V UmwStG ist an die Erfüllung folgender Voraussetzungen geknüpft: 889
- zum eingebrachten Vermögen gehören Anteile an einer Körperschaft, Personenvereinigung oder Vermögensmasse;
- an der übertragenden Personengesellschaft sind Personen beteiligt, die nicht durch § 8b KStG begünstigt sind;

[1277] → Rn. 738 ff.
[1278] Vgl. Bericht des Finanzausschusses zum SEStEG, BT-Drucks. 16/3369 S. 32.
[1279] Vgl. *Patt* in Dötsch/Pung/Möhlenbrock, KSt, § 24 UmwStG Rn. 224.
[1280] Vgl. *Patt* in Dötsch/Pung/Möhlenbrock, KSt, § 24 UmwStG Rn. 224.
[1281] Vgl. *Rasche* in Rödder/Herlinghaus/van Lishaut, § 24 UmwStG Rn. 128. Eindeutig („nicht anwendbar") *Demuth* in Eisgruber, § 24 UmwStG Rn. 312 f. Der Umwandlungssteuererlass enthält insoweit keine ausdrückliche Regelung. Allerdings könnte Tz. 24.21 dementsprechend interpretiert werden.
[1282] So *Demuth* in Eisgruber, § 24 UmwStG Rn. 312.

- die übernehmende Personengesellschaft hat die eingebrachten Anteile zum Buchwert oder Zwischenwert angesetzt;
- die übernehmende Personengesellschaft veräußert die eingebrachten Anteile innerhalb von sieben Jahren nach dem Einbringungszeitpunkt oder erfüllt einen der Ersatzrealisationstatbestände des § 22 I 6 UmwStG;
- der Gewinn aus der Veräußerung entfällt teilweise auf eine an der übernehmenden Personengesellschaft beteiligte Körperschaft, die durch § 8b KStG begünstigt ist.

c) Rechtsfolgen

890 Sind die Anwendungsvoraussetzungen des § 23 V UmwStG erfüllt und entfällt der Veräußerungsgewinn (anteilig) auf an der übernehmenden Personengesellschaft beteiligte Körperschaften, ist § 22 II, III und V bis VII UmwStG[1283] entsprechend anzuwenden.

891 **10. Verschmelzung inländischer Personengesellschaften mit Auslandsberührung**

a) Ausländisches Vermögen

892 Gehört zum einzubringenden Vermögen der zu verschmelzenden Personengesellschaft ausländisches Vermögen, so hängt die Bewertung des eingebrachten Vermögens durch die übernehmende Personengesellschaft davon ab, dass das Recht Deutschlands hinsichtlich der Besteuerung des eingebrachten Betriebsvermögens nicht ausgeschlossen oder beschränkt wird, § 24 II 2 UmwStG. Kommt es zum Ausschluss oder einer Beschränkung des deutschen Besteuerungsrechts, kann das Antragsrecht auf Bewertung des eingebrachten Vermögens zum Buchwert oder Zwischenwert nicht ausgeübt werden. Vielmehr ist eine Bewertung zum gemeinen Wert zwingend.

893 Sind an der übernehmenden Personengesellschaft ausschließlich inländische Gesellschafter beteiligt, bleibt das deutsche Besteuerungsrecht an evtl. vorhandenem ausländischen Vermögen der einbringenden Personengesellschaft regelmäßig unverändert bestehen. Etwas anderes kann nur gelten, wenn es durch die Verschmelzung zu einer abweichenden Zuordnung von bisherigem Inlandsvermögen zum Auslandsvermögen kommt.[1284]

b) Besteuerung ausländischer Gesellschafter

894 Sind an der übertragenden und/oder der übernehmenden Personengesellschaft ausländische Gesellschafter beteiligt, so unterliegen diese gemäß § 49 I Nr. 2 Buchst. a EStG bzw. Art. 13 II DBA-MA mit Gewinnen aus der Veräußerung ihrer Beteiligung an der inländischen gewerblichen Personengesellschaft der deutschen Besteuerung. Durch eine Verschmelzung der inländischen Personengesellschaften unter Beteiligung auslän-

---
[1283] → Rn. 738 ff.
[1284] → Rn. 808.

§ 11. Steuerrechtliche Regelungen § 11

discher Gesellschafter wird mithin das deutsche Besteuerungsrecht nicht beschränkt. Zu einer Beschränkung des deutschen Besteuerungsrechts kann es hingegen bei Vorhandensein ausländischen Vermögens und Beteiligung ausländischer Gesellschafter kommen.[1285]

VIII. Nebensteuern

1. Umsatzsteuer

Nach § 1 I a UStG ist die Geschäftsveräußerung im Ganzen an einen anderen Unternehmer für dessen Unternehmen nicht umsatzsteuerbar. Umsatzsteuer auf Leistungsbezüge im Zusammenhang mit der Umwandlung, wie zB Beratungs- oder Beurkundungskosten, berechtigen damit zum Vorsteuerabzug.[1286] Nach Auffassung der Finanzverwaltung stellen auch Umwandlungen iSd UmwG Geschäftsveräußerungen dar, so dass diese aus umsatzsteuerlicher Sicht als nicht steuerbar zu behandeln sind, sofern die unternehmerische Tätigkeit bei der Übernehmerin fortgeführt wird.[1287]   895

2. Grunderwerbsteuer

Bei Vorhandensein von Grundvermögen oder mittelbarer und unmittelbarer, mindestens 95%iger Beteiligung an Grundstücksgesellschaften kann die Verschmelzung Grunderwerbsteuer auslösen. Nachdem die Bundesländer seit dem 1.9.2006 den Steuersatz selbst festlegen dürfen (Art. 105 IIa 2 GG) und zahlreiche Bundesländer dieses Recht wahrgenommen und den Steuersatz teilweise bis auf 6,5% erhöht haben, hat die Grunderwerbsteuer bei Umstrukturierungen (noch mehr) an Bedeutung gewonnen. Dies gilt insbesondere auch vor dem Hintergrund der Einführung des § 1 IIIa GrEStG mit dem sog. Amtshilferichtlinie-Umsetzungsgesetz,[1288] durch den sog. RETT-Blocker-Strukturen ebenfalls der Besteuerung unterworfen werden sollen. Daneben wurden mit dem sog. Steueränderungsgesetz 2015[1289] in § 1 IIa GrEStG die Sätze 2 bis 5 GrEStG eingefügt.   896

Die grunderwerbsteuerlichen Grundtatbestände sowie die insoweit in der Praxis relevantesten Ausnahmen werden im Folgenden erläutert.

Zu letzterer Kategorie gehört insbesondere die mit Wachstumsbeschleunigungsgesetz[1290] vom 4.12.2009 eingeführte und seit dem durch sog. Amtshilferichtlinie-Umsetzungsgesetz[1291] sowie das sog. Kroatien-   897

[1285] → Rn. 811 ff.
[1286] Vgl. *Schwarz* UStR 1994 S. 185 (187).
[1287] Vgl. *Robisch* in Bunjes, § 1 UStG Rn. 74. Vgl. auch A 1.5 UStAE.
[1288] „Gesetz zur Umsetzung der Amtshilferichtlinie sowie zur Änderung steuerlicher Vorschriften (Amtshilferichtlinie-Umsetzungsgesetz – AmtshilfeRLUmsG)" vom 26.6.2013 (BGBl. I 2013 S. 1809).
[1289] BGBl. I 2015 S. 1834.
[1290] BGBl. I 2009 S. 3950.
[1291] Gesetz zur Anpassung des nationalen Steuerrechts an den Beitritt Kroatiens zur EU und zur Änderung weiterer steuerlicher Vorschriften (StÄnd-AnpG-Kroatien) vom 25.7.2014 (BGBl. I 2014, BGBl. 2014 I S. 1266).

§ 11　　　　　　　　　　　　　　　　　3. Teil. Verschmelzung

Steueranpassungsgesetz[1292] mehrmals geänderte sog. Konzernklausel des § 6a GrEStG.

a) Vorbemerkung

898　Die Verschmelzung als übertragende Umwandlung führt zum Vermögensübergang kraft Gesetz. Grunderwerbsteuerbare und – ohne Eingreifen einer Befreiung – -steuerpflichtige Vorgänge können sich ergeben, sofern der übertragenden Gesellschaft ein Grundstück unmittelbar gehört oder die zu verschmelzende Gesellschaft mittelbar an grundbesitzenden Gesellschaften beteiligt bzw. der Gesellschaft grunderwerbsteuerlich Grundbesitz zuzurechnen ist. Keine Grunderwerbsteuer löst dagegen der Formwechsel aus, da hier nur das Rechtskleid der formwechselnden Gesellschaft geändert wird. Dies kann anders indes zu beurteilen sein, wenn dem Formwechsel einer Personengesellschaft in eine Kapitalgesellschaft ein grunderwerbsteuerbarer aber nach §§ 5, 6 GrEStG grunderwerbsteuerbefreiter Vorgang vorausging und durch den Formwechsel die gesamthänderische Mitberechtigung innerhalb von fünf Jahren nach dem Vorgang verloren geht.

899　Im Rahmen von Verschmelzungen ist insbesondere zu beachten, dass auch die mittelbare Übertragung von Anteilen an grundbesitzenden Gesellschaften nach § 1 IIa, III und IIIa GrEStG – bei Kettenübertragungen ggf. sogar mehrfach – Grunderwerbsteuer auslösen kann, sofern die zu verschmelzende Gesellschaft mehr als 95% der Anteile an den grundbesitzenden Gesellschaften hält. Bisher in diesem Zusammenhang oftmals implementierte sog. RETT-Blocker, bei denen durch Zwischenschaltung idR von Personengesellschaften, an denen eine Beteiligung von formal unter 95% bestand, sind durch die Einführung von § 1 IIIa GrEStG wesentlich erschwert worden.[1293]

900　In der Praxis[1294] kann die zusätzliche Belastung mit Grunderwerbsteuer gezielt gesteuert werden. Das gilt vor allem dann, wenn keine Vergünstigungen wie § 6a GrEStG in Anspruch genommen werden können. Allgemein sollte der im Rahmen der Verschmelzung zu „bewegende" Grundbesitz so gering wie möglich gehalten werden. Sind mehrere Umstrukturierungsschritte angedacht, kann eine Direktübertragung der Grundstücke an das Zielunternehmen durch Verkauf vor der Verschmelzung vorteilhaft sein.[1295] Dabei zu beachten ist, dass sich

---

[1292] Gesetz zur Umsetzung der Amtshilferichtlinie sowie zur Änderung steuerlicher Vorschriften (Amtshilferichtlinie-Umsetzungsgesetz – AmtshilfeRLUmsG) vom 26.6.2013 (BGBl. I 2013 S. 1809).
[1293] Vgl. zu RETT-Blocker-Strukturen und § 1 IIIa GrEStG zB *Behrens* DStR 2013 S. 1405; *Schaflitzl/Schrade* BB 2013 S. 343; *Wagner/Mayer* BB 2014 S. 279; *Arnold* BB 2013 S. 3031.
[1294] Vgl. dazu zB *Behrens* Grunderwerbsteuer, 5. Auflage, 2015, S. 44 ff.; *Pahlke* in Widmann/Mayer, UmwR, Anhang 12, Rn. 38.2; *Fischer* in Boruttau, § 1 GrEStG Rn. 538.
[1295] Vgl. *Fleischer* DStR 1996 S. 1390 (1391); *Jacobsen* UVR 2009 S. 145 (151).

§ 11. Steuerrechtliche Regelungen § 11

die Grunderwerbsteuer gemäß §§ 8 I, 9 GrEStG nach dem Wert der Gegenleistung bemisst. Dies gilt nach der Rechtsprechung des BFH selbst dann, wenn der Kaufpreis außergewöhnlich niedrig ist und damit unter dem Verkehrswert liegt.[1296] Zur Reduzierung der Beteiligung an nachgeordneten grundbesitzenden Gesellschaften auf unter 95% werden vor der Umwandlung häufig Anteile an grundbesitzenden Gesellschaften an Außenstehende veräußert. Auch durch die Wahl der Verschmelzungsrichtung lässt sich ggf. die Grunderwerbsteuerbelastung beeinflussen.

b) Grunderwerbsteuer bei Verschmelzung und unmittelbarem Grundbesitz

aa) Überblick. Bei der Verschmelzung geht das Vermögen der übertragenden Gesellschaft kraft Gesetz auf die Übernehmerin über. Gehört zum übergehenden Vermögen zivilrechtlich[1297] ein inländisches Grundstück iSd § 2 GrEStG, wird der Tatbestand des § 1 I Nr. 3 GrEStG verwirklicht. Gleiches gilt für den Übergang eines Grundstücks im Rahmen der Anwachsung.[1298] Unter Grundstücken iSd GrEStG sind Grundstücke nach bürgerlichem Recht zu verstehen, § 2 I 1 GrEStG. Den Grundstücken stehen Gebäude auf fremdem Grund und Boden sowie Erbbaurechte gleich. Nicht zu den Grundstücken gehören etwa Betriebsvorrichtungen.   901

bb) Umfang des übergehenden Grundvermögens.

Entscheidend ist für Zwecke des § 1 I Nr. 3 GrEStG, welche Grundstücke sich im Zeitpunkt der Steuerentstehung im zivilrechtlichen[1299] Eigentum der zu verschmelzenden Gesellschaft befinden. Dies hat ua zur Folge, dass auch ein im Zeitpunkt der Steuerentstehung bereits verkauftes Grundstück der Besteuerung mit Grunderwerbsteuer unterliegt, wenn die Eintragung des Eigentumsübergangs auf Grund dieser Veräußerung im Grundbuch zum Zeitpunkt der Eintragung der Umwandlung im Handelsregister noch nicht vollzogen ist.[1300] Die Tatsache, dass das Grundstück vor der zivilrechtlichen Wirksamkeit der Umwandlung schuldrechtlich an einen Dritten verkauft wurden, kann die Tatbestandsmäßigkeit des Eigentumsübergangs dieses Grundstückes kraft Gesetzes nicht ausschließen. Denn solange die Veräußerung noch nicht im Grundbuch eingetragen ist, ist der Veräußerer noch zivilrechtlicher Eigentümer   902

[1296] Vgl. BFH-Urteil vom 6.12.1989 – II R 95/86, BStBl. II 1990 S. 186; BFH-Urteil vom 26.2.2003 – II B 54/02, BStBl. II 2003 S. 483. Vgl. für Einzelheiten *Pahlke* § 8 GrEStG Rn. 8 ff.
[1297] Vgl. BFH-Urteil vom 16.2.1994 – II R 125/90, BStBl. II 1994 S. 866; *Schwerin* RNotZ 2003 S. 480 (482); *Fumi* DStZ 2015 S. 432 (433); *Behrens*, Grunderwerbsteuer, 5. Auflage, 2015, S. 43.
[1298] Vgl. BFH-Urteil vom 13.11.1974 – II R 26/74, BStBl. II 1975 S. 249; BFH-Urteil vom 13.9.1995 – II R 80/92, BStBl. II 1995 S. 903.
[1299] Siehe vorstehend.
[1300] Vgl. BFH-Urteil vom 16.2.1994 – II R 125/90, BStBl. II 1994 S. 866; *Fischer* in Boruttau, § 1 GrEStG, Rn. 534.

des Grundstückes, § 873 BGB. In derartigen Fällen ist allerdings entweder die Bemessungsgrundlage iSd § 8 II GrEStG insoweit mit € 0 anzusetzen[1301] oder – so die Finanzverwaltung[1302] – ein Anspruch auf Erlass aus Billigkeitsgründen gegeben.

cc) Steuerentstehung

903 Die steuerliche Rückwirkung §§ 2 I, 20 V, VI UmwStG finden bei der Grunderwerbsteuer keine Anwendung.[1303] Die Grunderwerbsteuer entsteht mit der Eintragung der Verschmelzung in das Handelsregister.[1304]

dd) Steuerschuldner und Anzeigepflichten

904 Entsteht bei einer Verschmelzung einer grundbesitzenden Gesellschaft Grunderwerbsteuer, so sind Steuerschuldner gemäß § 13 Nr. 2 iVm § 1 I Nr. 3 GrEStG der bisherige Eigentümer und der Erwerber. Da mit der verschmelzenden Gesellschaft der bisherige Eigentümer mit Eintragung der Verschmelzung ins Handelsregister untergeht, verbleibt als möglicher Steuerschuldner einzig der aufnehmende Rechtsträger als Erwerber.[1305]

905 Für inländische Notare besteht eine Anzeigepflicht nach § 18 I 1 Nr. 1 GrEStG.[1306] Die Anzeigepflicht gilt für steuerbare Vorgänge und greift daher auch, wenn ein Vorgang zwar grunderwerbsteuerbar, aber steuerbefreit ist. Die Frage einer Anzeigepflicht für ausländische Notare nach dem GrEStG ist nicht gänzlich geklärt.[1307] Gegen eine solche Anzeigepflicht spricht,[1308] dass ein ausländischer Notar nicht der deutschen Hoheitsgewalt unterliegt.[1309] Soweit eine Anzeigepflicht des Notars besteht, entfällt eine Anzeigepflicht des aufnehmenden Rechtsträgers. Besteht keine Anzeigepflicht durch den Notar, ist der grundsteuerbare Vorgang gemäß § 19 III GrEStG innerhalb von zwei Wochen nach Kenntnis des anzeigepflichtigen Vorgangs anzuzeigen. Mit dem Gesetz zur Modernisierung des Besteuerungsverfahrens[1310] wurde die Frist durch § 19 III GrEStG nF auf vier Wochen verlängert. Die Neuregelung soll für alle

---

[1301] Vgl. *Pahlke* in Widmann/Mayer, UmwR, Anhang 12, Rn. 57.
[1302] Vgl. FinMin Baden-Württemberg, Erlass vom 16.9.2003, DStR 2003, S. 1794. Vgl. dazu auch *Franz/Golücke* DStR 2003 S. 1153.
[1303] Vgl. *Fischer* in Boruttau, § 1 GrEStG, Rn. 528 und 533.
[1304] Vgl. BFH-Urteil vom 29.9.2005 – II R 23/04, BStBl. II 2006 S. 137.
[1305] Vgl. BFH-Urteil vom 15.10.1997 – I R 22/96, BStBl. II 1998 S. 168; *Viskorf* in Boruttau, § 13 GrEStG Rn. 28; *Hofmann* in Hofmann, § 13 GrEStG Rn. 12.
[1306] AA *Schwerin* RNotZ 2003 S. 480 (499). Wie hier zB *Gottwald/Behrens* GrESt S. 489 Rn. 1043; *Küpperkoch* RNotZ 2002 S. 302 ff.
[1307] Vgl. dazu zB *Pilger* BB 2005 S. 1285; *Ulrich/Böhle* GmbHR 2007 S. 566; *Küperkoch* RNotZ 2002 S. 297 (299); *Fischer/Waßmer* BB 2002 S. 969
[1308] Vgl. *Küperkoch* RnotZ 2002 S. 297 (299); *Pahlke* in Widmann/Mayer, UmwR, Anhang 12, Rn. 93.
[1309] Vgl. BVerfG vom 22.3.1983 – 2 BvR 475/78, BVerfGE 63 S. 343 (358).
[1310] Gesetz zur Modernisierung des Besteuerungsverfahrens vom 18.7.2016 (BGBl. I 2016 S. 1679).

§ 11. Steuerrechtliche Regelungen § 11

Vorgänge gelten, die nach Verkündigung des Gesetzes verwirklicht werden, § 23 XV GrEStG nF.

c) Grunderwerbsteuer bei Verschmelzung und mittelbarem Grundbesitz

Zu einem grunderwerbsteuerbaren Vorgang kann es auch kommen, 906
wenn zwar zum Vermögen der zu verschmelzenden Gesellschaft nicht
unmittelbar Grundbesitz gehört, sich durch die Verschmelzung aber ein
grunderwerbsteuerbarer Wechsel im Gesellschafterbestand einer Personengesellschaft isd § 1 IIa GrEStG ergibt, oder es zu einer Anteilsvereinigung isd § 1 III GrEStG bzw. zum Erwerb einer wirtschaftlichen Beteiligung isd § 1 IIIa GrEStG kommt.

aa) Änderung des Gesellschafterbestands einer Personengesellschaft (§ 1 IIa GrEStG)

(1) Überblick. Gehört zum Vermögen einer Personengesellschaft ein 907
inländisches Grundstück und gehen innerhalb von fünf Jahren mittel-
oder unmittelbar mindestens 95% der Anteile am Gesellschaftsvermögen
auf neue Gesellschafter über, so unterstellt § 1 IIa GrEStG den Übergang
des Grundbesitzes dieser Personengesellschaft auf eine neue Personengesellschaft. Die Voraussetzungen des § 1 IIa GrEStG sind etwa erfüllt,
wenn eine Kapitalgesellschaft, welche mindestens 95% der Anteile am
Gesellschaftsvermögen einer grundbesitzenden Personengesellschaft hält,
auf eine andere, bisher nicht an der Personengesellschaft beteiligte Kapitalgesellschaft verschmolzen wird.

(2) Umfang des übergehenden Grundvermögens. Von § 1 IIa GrEStG 908
erfasst werden sämtliche inländischen Grundstücke, die der Personengesellschaft während des Zeitraums gehören, in dem sich der Gesellschafterbestand maßgeblich isd § 1 IIa GrEStG ändert. Maßgeblich ist insoweit
im Gegensatz zu § 1 I Nr. 3 GrEStG[1311] die grunderwerbsteuerrechtliche
Zuordnung von Grundstücken und nicht das zivilrechtliche Eigentum.[1312] Der Personengesellschaft gehören damit insbesondere sämtliche
in ihrem rechtlichen Eigentum stehenden Grundstücke, Grundstücke bei
denen auf Grund eines Verpflichtungsgeschäft ein Anspruch auf Übereignung erworben wurde oder für die ein Meistgebot im Zwangsversteigerungsverfahren (§ 1 I Nr. 4 GrEStG) abgegeben wurde. Ein Grundstück, welches unter einer (echten) aufschiebenden Bedingung erworben
oder verkauft wurde, gehört erst dann zum Vermögen bzw. scheidet erst
dann aus dem maßgeblichen Vermögen für Zwecke des § 1 IIa GrEStG
aus, wenn die Bedingung tatsächlich eintritt. Der Personengesellschaft
gehört ein Grundstück idS auch, wenn sie sich die Verwertungsbefugnis
hieran verschafft hat, § 1 II GrEStG. Gleiches gilt nach Verwaltungsauf-

---

[1311] Zur Zurechnung eines Grundstücks bei Verwirklichung eines grunderwerbsteuerlichen Tatbestands vgl. *Gottwald/Behrens* GrESt, S. 48, Rn. 227.
[1312] Vgl. BFH-Urteil vom 11.12.2014 – II R 26/12, BStBl. II 2015 S. 402; *Schwerin* RNotZ 2003 S. 480 (484); *Fischer* in Boruttau, § 1 GrEStG Rn. 881 ff.; *Gottwald/Behrens* GrESt S. 48 Rn. 227.

§ 11   3. Teil. Verschmelzung

fassung[1313] für Grundstücke, die der Personengesellschaft nach § 1 III oder IIIa GrEStG zugerechnet werden.[1314]

909 (3) Änderung des Gesellschafterbestands. Die Regelung des § 1 IIa GrEStG kommt zur Anwendung, wenn innerhalb von fünf Jahren mittel- oder unmittelbar mindestens 95% der Anteile am Gesellschaftsvermögen auf neue Gesellschafter übergehen. Anteil am Gesellschaftsvermögen isd § 1 IIa GrEStG ist der den einzelnen Gesellschaftern zustehende Wertanteil am Reinvermögen.[1315] Entscheidend sind damit im Regelfall die gesellschaftsvertraglichen Vereinbarungen und damit in der Praxis oftmals die vereinbarten festen Kapitalanteile. Unerheblich sind dagegen der Stand der individuellen Rücklagenkonten,[1316] Stimm-, Mitsprache- und Kontrollrechte.[1317]

910 Steuerbar ist der Übergang von mindestens 95% der Anteile am Gesellschaftsvermögen auf neue Gesellschafter. Anteilsverschiebungen zwischen Altgesellschaftern sind dagegen nicht von § 1 IIa GrEStG erfasst.[1318] Ergänzend ist indes § 1 IIIa GrEStG zu beachten. Führt eine Verschmelzung daher ausschließlich zu einer Änderung der Anteilsverhältnisse innerhalb des Altgesellschafterkreises, greift § 1 IIa GrEStG nicht.[1319] Altgesellschafter idS sind insbesondere die Gründungsgesellschafter, Gesellschafter, die vor Beginn des Fünf-Jahreszeitraums des § 1 IIa GrEStG unmittelbar oder mittelbar beteiligt waren, sowie Gesellschafter, deren Eintritt in die Gesellschaft schon einmal den Tatbestand des § 1 IIa GrEStG erfüllt hat.[1320] § 1 IIa GrEStG erfasst sowohl den unmittelbaren als auch den mittelbaren Übergang der Anteile am Gesellschaftsvermögen:

911 Gehört der aufnehmenden Personengesellschaft Grundbesitz im oben erläuterten Sinne[1321] und ändert sich in Folge der Verschmelzung deren unmittelbarer Gesellschafterbestand dahingehend, dass mindestens 95% der Anteile am Gesellschaftsvermögen auf neue Gesellschafter übergehen, handelt es sich um einen grunderwerbsteuerbaren Vorgang nach § 1 IIa GrEStG. In Höhe der Beteiligung der Altgesellschafter kann die Steuerbefreiung nach § 6 III GrEStG in Fragen kommen.

[1313] Vgl. gleichlautender Erlass vom 18.2.2014, BStBl. I 2014 S. 561 Tz. 2.
[1314] Vgl. zur Kritik an dieser Auffassung *Gottwald/Behrens*, GrESt, S. 80 Rn. 229.
[1315] Vgl. koordinierter Länder-Erlass vom 25.2.2010, Tz. 1.3., DStR 2010 S. 697 ff.
[1316] Vgl. *Behrens/Hofmann* UVR 2004 S. 27; *Fischer* in Boruttau, § 1 GrEStG Rn. 842.
[1317] Vgl. *Behrens/Hofmann* UVR 2005 S. 385 ff.; *Fischer* in Boruttau, § 1 GrEStG Rn. 842.
[1318] Vgl. *Pahlke* in Widmann/Mayer, UmwR, Anhang 12, Rn. 133.1.
[1319] Vgl. gleichlautender Erlass vom 18.2.2014, BStBl. I 2014 S. 561 Tz. 2.1. Satz 1 und 2.
[1320] Vgl. gleichlautender Erlass vom 18.2.2014, BStBl. I 2014 S. 561 Tz. 2.1.; *Gottwald/Behrens* GrESt, S. 80 Rn. 239; *Fischer* in Boruttau, § 1 GrEStG Rn. 837 ff.
[1321] → Rn. 908.

§ 11. Steuerrechtliche Regelungen § 11

§ 1 IIa GrEStG erfasst ebenfalls die mittelbare Änderung des Gesellschafterbestands einer grundbesitzenden Personengesellschaft. Insofern kann der Steuertatbestand nach § 1 IIa GrEStG ebenfalls in einer mehrstöckigen Struktur ausgelöst werden, in der von den an der Verschmelzung beteiligten Rechtsträgern eine grundbesitzende Personengesellschaftsbeteiligung gehalten wird.

912

Unklar war in diesem Zusammenhang lange Zeit die Auslegung des Tatbestandsmerkmals „mittelbare Änderung des Gesellschafterbestands". Dem im Prinzip für die Grunderwerbsteuer maßgeblichen Zivilrecht ist diese Rechtsfigur fremd. Nach Auffassung des BFH bedarf es insoweit einer wirtschaftlichen Betrachtungsweise.[1322] Bei der Frage, wann sich mittelbar der Gesellschafterbestand einer Grundbesitz haltenden Personengesellschaft maßgeblich geändert hat, war nach ursprünglicher Auffassung der Finanzverwaltung danach zu differenzieren, ob an der grundbesitzenden Personengesellschaft eine Kapital- oder eine Personengesellschaft beteiligt war. Änderungen im Gesellschafterbestand einer Personengesellschaft, die ihrerseits an der grundbesitzenden Personengesellschaft beteiligt war, sollten nach dieser Auffassung im Wege der sog. Durchrechnungsmethode als mittelbare Änderungen zu behandelt werden.[1323] Bestand die mittelbare Beteiligung an der grundbesitzenden Personengesellschaft dagegen über eine Kapitalgesellschaft, so sollte nach ursprünglicher Auffassung der Finanzverwaltung eine mittelbare Änderung des Gesellschafterbestands bei der grundbesitzenden Personengesellschaft nur vorliegen, wenn sich die Beteiligungsverhältnisse bei der Kapitalgesellschaft zu mindestens 95% änderten.[1324] Dieser rechtsformspezifischen Unterscheidung ist der BFH[1325] nicht gefolgt. Als Reaktion darauf hat der Gesetzgeber mit dem Steueränderungsgesetz 2015[1326] die bisherige Verwaltungsauffassung in § 1 IIa 2–5 GrEStG gesetzlich verankert.[1327] Danach werden gemäß § 1 IIa 2 GrEStG mittelbare Änderungen im Gesellschafterbestand von den an einer Personengesellschaft beteiligten Personengesellschaften durch Multiplikation der Prozentsätze der Anteile am Gesellschaftsvermögen anteilig berücksichtigt (sog. Durchrechnungsmethode). Insoweit ist die Oberpersonengesellschaft als transparent zu betrachten. Besteht die mittelbare Beteiligung über eine Kapitalgesellschaft, so gilt diese gemäß § 1 IIa 4 GrEStG für Zwecke des § 1 IIa GrEStG bei der grundbesitzenden Personengesellschaft als Neugesellschafter, wenn bei ihr eine Änderung der Beteiligungsverhältnisse von mindestens 95% eintritt. Ist Letzteres der Fall, wird die Beteiligung der

913

[1322] Vgl. BFH-Urteil vom 24.4.2013 – II R 17/10, BStBl. II 2013 S. 833 und BFH-Urteil vom 9.7.2014 – II R 49/12, BStBl. II 2016 S. 57.
[1323] Vgl. gleichlautender Ländererlass vom 18.2.2014, BStBl. I 2014 S. 561 Tz. 2.2., 3 und 3.3.
[1324] Vgl. gleichlautender Ländererlass vom 18.2.2014, BStBl. I 2014 S. 561 Tz. 2.2., 3, 3.3. und 3.5.
[1325] Vgl. BFH-Urteil vom 24.4.2013 – II R 17/10, BStBl. II 2013 S. 833.
[1326] BGBl. I 2015 S. 1834.
[1327] Vgl. dazu zB *Loose* DB 2015 S. 1003; *Ritzer/Stangl* DStR 2015 S. 849; *Behrens* UVR 2015 S. 138.

§ 11   3. Teil. Verschmelzung

Kapitalgesellschaft an der grundbesitzenden Personengesellschaft für Zwecke des § 1 IIa GrEStG voll und nicht nur anteilig berücksichtigt. In mehrstufigen Beteiligungsketten über Kapitalgesellschaften ist § 1 IIa 4 GrEStG gemäß § 1 IIa 5 GrEStG auf jeder Stufe anzuwenden.

914 (4) **Steuerentstehung.** Die Grunderwerbsteuer entsteht im Zeitpunkt der Verwirklichung des unmittelbaren oder mittelbaren Gesellschafterwechsels iSv § 1 IIa GrEStG. Wird der Tatbestand durch eine Verschmelzung ausgelöst, entsteht die Steuer mit Eintragung der Verschmelzung ins Handelsregister.[1328]

915 (5) **Steuerbefreiung.**[1329] Bleibt im Fall der unmittelbaren Änderung der Anteile am Gesamthandvermögen einer grundbesitzenden Personengesellschaft durch eine Verschmelzung ein Altgesellschafter an der Personengesellschaft auch nach der Verschmelzung beteiligt, so kommt insoweit die Steuerbefreiung des § 6 III GrEStG in Betracht. Die Regelung des § 6 III, I GrEStG findet auf den durch § 1 IIa GrEStG unterstellten Grundstücksübergang auf eine neue Personengesellschaft analog Anwendung.[1330] Die Grunderwerbsteuer kann in diesem Fall zu höchstens 5% nicht zu erheben sein.[1331]

916 Auch bei Verschmelzungen[1332] in mehrstöckigen Strukturen kann § 6 III GrEStG zur Anwendung kommen. In diesen Fällen sind insoweit Besonderheiten zu beachten.[1333] Handelt es sich um eine mehrstöckige Personengesellschaftsstruktur, kommt es für Zwecke des § 6 III GrEStG auf die Beteiligungsquoten an der grundbesitzenden Personengesellschaft vor und nach der Verschmelzung an.[1334] Maßgebend ist damit für Zwecke des § 6 III GrEStG, inwieweit ein Gesellschafter vor und nach der Verschmelzung durchgerechnet am Vermögen der grundbesitzenden Personengesellschaft beteiligt ist. Besteht die mittelbare Beteiligung an der grundbesitzenden Personengesellschaft über eine Kapitalgesellschaft, ist für Zwecke des § 6 III GrEStG nicht nur auf die unmittelbare Beteiligung der Kapitalgesellschaft an der grundbesitzenden Personengesellschaft abzustellen.[1335] Eine Betrachtung allein der unmittelbare Beteiligungsebene würde den Tatbestand des § 1 IIa GrEStG aushebeln, soweit die Kapitalgesellschaft unmittelbar beteiligt

---

[1328] → Rn. 903.
[1329] Zur sog. grunderwerbsteuerlichen Konzernklausel → Rn. 946.
[1330] Vgl. gleichlautender Ländererlass vom 18.2.2014, BStBl. I 2014 S. 561 Tz. 8. Vgl. auch BFH-Urteil vom 27.4.2005 – II R 61/03, BStBl. II 2005 S. 649; BFH-Urteil vom 29.2.2012 – II R 57/09, BStBl. II 2012 S. 917; BFH-Urteil vom 3.6.2014 – II R 1/13, BStBl. II 2014 S. 855.
[1331] Gleichwohl liegt auch insoweit weiterhin ein grunderwerbsteuerbarer Tatbestand vor.
[1332] Vgl. allgemein dazu *Gottwald/Behrens* GrESt S. 295 Rn. 227.
[1333] Vgl. *Viskorf* in Boruttau, § 6 GrEStG Rn. 43 ff.
[1334] Vgl. BFH-Urteil vom 24.9.1985 – II R 65/83, BStBl. II 1985 S. 714; BFH-Urteil vom 27.4.2005 – II R 61/03, BStBl. II 2005 S. 649; *Viskorf* in Boruttau, § 6 GrEStG Rn. 48; *Hofmann* in Hofmann, § 6 GrEStG Rn. 16.
[1335] Vgl. *Boruttau*, § 6 GrEStG Rn. 45; *Salzmann/Loose* DStR 2004 S. 1941 (1943); *Götz* BB 2006 S. 578 (581).

§ 11. Steuerrechtliche Regelungen § 11

ist.[1336] Deshalb sind für Zwecke des § 6 III GrEStG auch die Änderungen auf Gesellschafterebene der unmittelbar beteiligten Kapitalgesellschaft miteinzubeziehen. Eine Kapitalgesellschaft, deren Gesellschafterbestand sich um mindestens 95% ändert, gilt daher für Zwecke des § 6 III GrEStG nicht mehr als vor- und nachher am Vermögen beteiligt. Soweit eine Befreiung nach § 6 III GrEStG in Frage kommt, ist § 6 IV GrEStG zu beachten.

Beispiel 917
An der grundbesitzenden Immo-KG ist die A-GmbH zu 4% und die B-GmbH zu 96% vermögensmäßig beteiligt. Sämtliche Anteile an der B-GmbH hält die C-GmbH. Die C-GmbH wird auf die D-GmbH verschmolzen.

Lösungshinweis
Die Verschmelzung der C-GmbH auf die D-GmbH löst eine mittelbare Änderung in Bezug auf die Anteile am Gesellschaftsvermögen der Immo-KG iSd § 1 IIa GrEStG aus. Trotz der Tatsache, dass die B-GmbH vor und nach der Verschmelzung zu 96% unmittelbar am Vermögen der Immo-KG beteiligt ist, ist der unterstellte Grundstücksübergang nach § 1 IIa GrEStG nach § 6 III GrEStG von der Grunderwerbsteuer nur befreit, soweit die A-GmbH beteiligt ist.

(6) Steuerschuldner und Anzeigepflicht. Schuldner der durch § 1 IIa 918
GrEStG ausgelösten Grunderwerbsteuer ist die Personengesellschaft, auf deren Ebene § 1 IIa GrEStG verwirklicht wird.

Für inländische[1337] Notare besteht nach § 18 I 1 Nr. 1, II GrEStG eine 919
Anzeigepflicht, wenn zum Vermögen einer Personengesellschaft, deren Anteile im Rahmen der Verschmelzung übertragen werden, ein Grundstück gehört. Daneben haben die zur Geschäftsführung befugten Personen der Personengesellschaft, auf deren Ebene § 1 IIa GrEStG verwirklicht wird, hierüber gemäß § 19 I 1 Nr. 3a GrEStG Anzeige zu erstatten.[1338]

bb) Anteilsvereinigung und -übertragung iSd § 1 III GrEStG

(1) Überblick. Nach § 1 III GrEStG unterliegt die unmittelbare oder 920
mittelbare Vereinigung von 95% der Anteile an einer grundbesitzenden Gesellschaft in einer Hand (§ 1 III Nr. 1 und 2 GrEStG) oder die unmittelbare oder mittelbare Übertragung von schon vereinigten Anteilen (§ 1 III Nr. 3 und 4 GrEStG) der Grunderwerbsteuer. Bei einer Verschmelzung kommen die Anteilsvereinigung oder der Übergang von mindestens 95% der Anteile kraft Gesetz und damit die Besteuerung nach § 1 III Nr. 2 und 4 GrEStG in Frage.[1339] § 1 III GrEStG ist subsidiär zu § 1 IIa GrEStG.[1340]

[1336] Vgl. *Boruttau*, § 6 GrEStG Rn. 45.
[1337] → Rn. 905.
[1338] Vgl. gleichlautender Ländererlass vom 18.2.2014, BStBl. I 2014 S. 561 Tz. 12.
[1339] Vgl. *Pahlke* in Pahlke, § 1 GrEStG Rn. 330, 390.
[1340] Vgl. *Fischer* in Boruttau, § 1 GrEStG Rn. 1116.

§ 11 3. Teil. Verschmelzung

921 Gesellschaften iSd § 1 III GrEStG sind sowohl die Personen- als auch die Kapitalgesellschaft.[1341] Unter dem Anteil an der Gesellschaft ist bei Kapitalgesellschaften der Anteil am Nenn- oder Stammkapital zu verstehen.[1342] Bei Personengesellschaften ist die gesellschaftsrechtliche Beteiligung gemeint.[1343] Dementsprechend hat auch ein vermögensmäßig nicht beteiligter Gesellschafter einen Anteil an einer grundbesitzenden Personengesellschaft iSd § 1 III GrEStG inne. Eine unmittelbare Vereinigung von 95% der Anteile bzw. eine Übertragung der vereinigten Anteile an einer grundbesitzenden Personengesellschaft und damit eine Anwendung des § 1 III GrEStG ist daher ausgeschlossen.[1344] Auf diesem Gedanken beruhten regelmäßig die als RETT-Blocker bekannten Strukturen. Bei diesen Strukturen wurde eine Besteuerung nach § 1 III GrEStG bei der Übertragung von Anteilen an einer grundbesitzenden Kapitalgesellschaft zB dadurch vermieden, dass lediglich 94,9% der Anteile an dieser Kapitalgesellschaft übertragen wurden. Die verbleibenden 5,1% der Anteile wurden von einer Personengesellschaft gehalten, an der zumindest ein Dritter ohne vermögensmäßige Beteiligung beteiligt war. Diese und ähnliche Gestaltungen waren Anlass für die Einführung von § 1 IIIa GrEStG. Die Regelung des § 1 IIIa GrEStG wird unten[1345] detailliert erläutert.

922 (2) Umfang des übergehenden Grundvermögens. Zum Umfang des Grundvermögens gelten die gleichen Grundsätze wie bei § 1 IIa GrEStG.[1346]

923 (3) Unmittelbare und mittelbare Anteilsvereinigung oder Übertragung. Steuerbar sind die unmittelbare und die mittelbare Vereinigung sowie die Übertragung bereits vereinigter Anteile.

924 Nicht steuerbar ist hingegen die bloße Verstärkung einer bereits bestehenden Anteilsvereinigung von 95%.

925 Im Fall der von einer zwischengeschalteten Kapitalgesellschaft gehaltenen Beteiligung von mindestens 95% an der grundbesitzenden Kapitalgesellschaft kommt es zu einer mittelbaren Vereinigung, wenn der Erwerber mindestens 95% der Anteile an der Zwischengesellschaft erwirbt. Bei einer mehrstufigen Kette ist für Zwecke des § 1 III GrEStG die maßgebliche Quote von 95% erfüllt, wenn diese auf jeder einzelnen Beteiligungsstufe erreicht wird. Insofern kommt es nicht zu einer Durchrechnung der anteiligen Beteiligungsquoten.[1347]

[1341] Vgl. *Fischer* in Boruttau, § 1 GrEStG Rn. 925.
[1342] Vgl. *Fischer* in Boruttau, § 1 GrEStG Rn. 935.
[1343] Vgl. *Fischer* in Boruttau, § 1 GrEStG Rn. 937 ff.
[1344] Vgl. *Fischer* in Boruttau, § 1 GrEStG Rn. 937 ff.
[1345] → Rn. 931.
[1346] → Rn. 908.
[1347] Vgl. BFH-Urteil vom 25.8.2010 – II R 65/08, BFH/NV 2011 S. 379; *Fischer* in Boruttau, § 1 GrEStG Rn. 966.

§ 11. Steuerrechtliche Regelungen § 11

Beispiel[1348]
Die A-AG ist an der B-GmbH zu 96% beteiligt. Die verbleibenden 4% hält die X-AG. Die B-GmbH hält 97% der Anteile an der C-GmbH. Die C-GmbH ist an der grundbesitzenden D-GmbH mit 96% beteiligt. Die A-AG wird auf die X-AG verschmolzen.

Lösungshinweis
*Infolge der Verschmelzung vereinigen sich mittelbar mehr als 95% der Anteile an der D-GmbH in der Hand der X-AG. Unerheblich ist, dass die X-AG nach der Verschmelzung durchgerechnet (96% * 97% * 96%) nur zu ca. 89% an der D-GmbH beteiligt ist.*

Die vorgenannten Grundsätze sind für Zwecke des § 1 III GrEStG auch bei mittelbarer Beteiligung über Personengesellschaften anzuwenden.[1349] 926
Im Rahmen einer Verschmelzung kann es ferner durch sog. Anteils- 927
verschiebungen zu einem grunderwerbsteuerbaren Vorgang kommen.[1350] Dies ist der Fall, wenn es durch die Verschmelzung zu einem Übergang von Anteilen an grundbesitzenden Gesellschaften kommt und diese Anteile zusammen mit den bereits vor der Verschmelzung bei der Übernehmerin vorhandenen Anteilen die 95%-Grenze erreichen.[1351] Vorsicht ist in diesem Zusammenhang bei Bestehen einer sog. grunderwerbsteuerlichen Organschaft iSv § 1 IV GrEStG geboten.[1352] § 1 III GrEStG erfasst auch die Vereinigung in der Hand von herrschenden und abhängigen Unternehmen oder in der Hand von abhängigen Unternehmen oder Personen.[1353] Insofern kann Grunderwerbsteuer durch Anteilsverschiebungen und Anteilsübertragungen innerhalb des Organkreises ausgelöst werden.

(4) Steuerentstehung. Zur Steuerentstehung siehe zu § 1 IIa GrEStG 928
analog.[1354]

(5) Steuerbefreiung. Die Steuerbefreiungen des §§ 5, 6 GrEStG sind 929
in Zusammenhang mit § 1 III GrEStG nur dann anwendbar, wenn der Steuertatbestand bei einer grundbesitzenden Personengesellschaft erfüllt wird.[1355] In der Praxis kommt ggf. eine Anwendung von § 6a GrEStG in Betracht.[1356]

[1348] Vgl. *Pahlke* in Widmann/Mayer, UmwR, Anhang 12 Rn. 189.1.
[1349] Vgl. *Pahlke* in Widmann/Mayer, UmwR, Anhang 12 Rn. 189.1.
[1350] Vgl. *Eder* DStR 1994 S. 735 (737); *Pahlke* in Widmann/Mayer, UmwR, Anhang 12 Rn. 197 ff.
[1351] Vgl. für Einzelheiten und Beispiele zB *Pahlke* in Widmann/Mayer, UmwR, Anhang 12 Rn. 189.1.
[1352] Vgl. *Fischer* in Boruttau, § 1 GrEStG Rn. 1039 ff.; *Pahlke* § 1 GrEStG Rn. 351 ff.
[1353] Vgl. für Einzelheiten zB *Fischer* in Boruttau, § 1 GrEStG Rn. 1039 ff.; *Pahlke* § 1 GrEStG Rn. 351 ff.; *Pahlke* in Widmann/Mayer, UmwR, Anhang 12 Rn. 191 ff.
[1354] → Rn. 914.
[1355] Dazu aber → Rn. 921.
[1356] → Rn. 946.

§ 11 3. Teil. Verschmelzung

930 (6) Steuerschuldner und Anzeigepflicht. Steuerschuldner bei einer Anteilsvereinigung ist im Fall der Verschmelzung nach § 1 III Nr. 2 GrEStG gemäß § 13 Nr. 5a GrEStG der übernehmende Rechtsträger. Bei der Anteilsübertragung im Rahmen einer Verschmelzung iSv § 1 III Nr. 4 GrEStG sind Steuerschuldner nach § 13 Nr. 1 GrEStG die an der Verschmelzung beteiligten Personen. Bei einer grunderwerbsteuerlich relevanten Anteilsverschiebung im Organkreis sind Steuerschuldner die Mitglieder des Organkreises, die zusammen die notwendigen Anteile halten, § 13 Nr. 5b GrEStG.

cc) Wirtschaftliche Beteiligung iSd § 1 IIIa GrEStG

931 (1) Überblick. Nach dem gegenüber § 1 IIa und III GrEStG subsidiären § 1 IIIa GrEStG gilt als steuerbarer Tatbestand auch ein Rechtsvorgang, aufgrund dessen ein Rechtsträger unmittel- oder mittelbar oder teils unmittelbar und teils mittelbar eine wirtschaftliche Beteiligung iHv mindestens 95% an einer grundbesitzenden Gesellschaft innehat. Der mit Steueränderungsgesetz 2015[1357] eingeführte Tatbestand soll vor allem sog. RETT-Blocker-Strukturen[1358] treffen.[1359]

932 (2) Tatbestand. Die Regelung des § 1 IIIa GrEStG sieht vor, einem Rechtsträger ein Grundstück einer nachgeordneten Gesellschaft grunderwerbsteuerlich auch dann zuzurechnen, wenn dessen wirtschaftliche Beteiligung an der Gesellschaft mittelbar und unmittelbar mindestens 95% beträgt. Damit wird die wirtschaftliche Betrachtungsweise in das Grunderwerbsteuerrecht eingeführt.[1360]

Die wirtschaftliche Beteiligung ergibt sich dabei gemäß § 1 IIIa 2 GrEStG aus der Summe der unmittelbaren und mittelbaren Beteiligung am Kapital oder Vermögen einer Gesellschaft. Dabei ist gemäß § 1 IIIa 3 GrEStG für die Ermittlung der mittelbaren Beteiligung auf die Durchrechnungsmethode abzustellen. Nach dem Wortlaut ist die Regelung rechtsformunabhängig. Gesellschaften iSd § 1 IIIa GrEStG sind daher vor allem die Kapitalgesellschaft sowie die Personengesellschaft.

933 Die Regelung soll vor allem sog. RETT-Blocker-Strukturen treffen, welche in der Praxis in der Vergangenheit bei Akquisition einer grundbesitzenden Gesellschaft oder zur Verhinderung von grunderwerbsteuerbaren Tatbeständen bei der Umstrukturierung mehrstufiger Beteiligungsstrukturen eingesetzt wurden. Die in der Praxis anzutreffenden Gestaltungen waren dabei häufig wie folgt strukturiert:[1361] Die K-GmbH erwirbt unmittelbar 94,9% der Anteile an der grundbesitzenden Immo-GmbH. Weitere 5,1% der Anteile an der Immo-GmbH werden von der RETT-KG erworben. Vermögensmäßig sind an der RETT-KG die Komplementär-GmbH mit 0%, ein fremder Dritter mit

---
[1357] BGBl. I 2015 S. 1834.
[1358] → Rn. 899, → Rn. 933.
[1359] Vgl. BR-Drs. 139/13 vom 22.2.2013, S. 218.
[1360] Vgl. *Gottwald/Behrens* Grunderwerbsteuer S. 173 Rn. 366.1.
[1361] Vgl. dazu auch *Gottwald/Behrens* Grunderwerbsteuer S. 175 Rn. 366.3.

§ 11. Steuerrechtliche Regelungen § 11

5,1%[1362] sowie die K-GmbH mit 94,9% beteiligt. Nach der Rechtslage vor Einführung des § 1 IIIa GrEStG wurde im vorliegenden Beispiel durch die K-GmbH kein Erwerb iSd § 1 III GrEStG ausgelöst. Würde die K-GmbH aber nun nach Einführung des § 1 IIIa GrEStG auf eine weitere Gesellschaft verschmolzen, würde § 1 IIIa GrEStG ausgelöst, da die aufnehmende Gesellschaft nach der Verschmelzung eine wirtschaftliche Beteiligung iSd § 1 IIIa GrEStG innehat. Die Regelung ist erstmals auf Erwerbsvorgänge anzuwenden, die nach dem 6.6.2013 verwirklicht werden, § 23 XI GrEStG. Für die Praxis bedeutet dies, dass vor einer Verschmelzung die vorhandene Gruppenstruktur auf bereits vor dem 6.6.2013 implementierte RETT-Blocker-Strukturen zu untersuchen sind. Durch eine Verschmelzung kann der Tatbestand des § 1 IIIa GrEStG aber auch ohne bereits bestehende wirtschaftliche Beteiligung iSd § 1 IIIa GrEStG verwirklicht werden.

Beispiel[1363] 934
Die B-GmbH ist mit 94,9%, die K-GmbH mit 5,1% der Anteile an der M-GmbH beteiligt. Die M-GmbH hält unmittelbar 94,9% der Anteile an Vermögen der grundbesitzenden T-KG. Daneben ist die M-GmbH vermögensmäßig zu 100% an der M-KG beteiligt. Weiterer Gesellschafter ohne vermögensmäßige Beteiligung der M-KG ist ein fremder Dritter. Die M-KG hält die verbleibenden 5,1% der Anteile am Vermögen der T-KG. Die B-GmbH wird auf die K-GmbH verschmolzen.[1364]
Lösungshinweis
Vor der Verschmelzung war die B-GmbH am Vermögen der T-KG durchgerechnet zu 94,9% beteiligt. In Folge der Verschmelzung werden 94,9% der Anteile an der M-GmbH übertragen, so dass § 1 IIa GrEStG nicht erfüllt wird. Ebenso kommt eine Besteuerung nach § 1 III GrEStG nicht in Betracht, weil der B-GmbH bzw. der K-GmbH der 5,1%-Anteil der M-KG aufgrund der gesamthänderischen Mitberechtigung des fremden Dritten an der M-KG nicht zugerechnet werden kann. Durch die Verschmelzung wird jedoch § 1 IIIa GrEStG auf Ebene der K-GmbH erstmals verwirklicht, weil diese nach der Verschmelzung eine wirtschaftliche Beteiligung von durchgerechnet mindestens 95% an der T-KG innehat. Abhängig von der Beteiligungssituation bei der B-GmbH und der K-GmbH kann jedoch eine Befreiung der Verschmelzung nach § 6a GrEStG geltend gemacht werden.

(3) Steuerentstehung. Im Rahmen der Verschmelzung entsteht die 935
Steuer im Zeitpunkt der Eintragung ins Handelsregister.
(4) Steuerbefreiung. Die Steuerbefreiungen der §§ 3, 6 und 6a 936
GrEStG sind unter bei Erfüllung der Anwendungsvoraussetzungen auf

---
[1362] Rein formal könnte der fremde Dritte auch weniger halten, ohne dass der Tatbestand des § 1 III GrEStG erfüllt wäre.
[1363] Vgl. Oberste Finanzbehörden der Länder vom 9.10.2013, BStBl. 2013 I S. 1364 Bsp. 6.
[1364] Vgl. Oberste Finanzbehörden der Länder vom 9.10.2013, BStBl. 2013 I S. 1364 Bsp. 6.

§ 11   3. Teil. Verschmelzung

Fälle des § 1 IIIa GrEStG entsprechend anwendbar.[1365] Daneben sollte jedoch auch § 5 II GrEStG unter seinen Voraussetzungen entsprechend zur Anwendung kommen können.[1366]

937 (5) Steuerschuldner und Anzeigepflicht. Steuerschuldner gemäß § 13 Nr. 7 GrEStG ist der Rechtsträger, der nach der Verschmelzung die wirtschaftliche Beteiligung iSd § 1 IIIa GrEStG innehat. Dieser hat nach § 19 I 1 Nr. 7a GrEStG die Verschmelzung anzuzeigen, aufgrund derer er die wirtschaftliche Beteiligung iSd § 1 IIIa GrEStG erwirbt.

d) Bemessungsgrundlage der Grunderwerbsteuer bei Verschmelzungen

938 Bemessungsgrundlage der Grunderwerbsteuer sind gemäß § 8 II 1 Nr. 2 GrEStG bei Verschmelzungen seit dem sog. Steueränderungsgesetz 2015[1367] die Grundbesitzwerte iSd § 151 I 1 iVm § 157 I–III BewG (sog. Ersatzbemessungsgrundlage). Dabei handelt es sich um eine zwingende Regelung.[1368] Vor dem Steueränderungsgesetz 2015 waren als Bemessungsgrundlage die Werte iSd § 138 II–IV BewG anzusetzen. Nach Auffassung des Bundesverfassungsgerichts[1369] führten diese Werte zu einer im Vergleich zur Regelbemessungsgrundlage nach § 8 I iVm § 9 GrEStG wesentlich niedrigeren Bemessungsgrundlage, was einen nicht zu rechtfertigenden Verstoß gegen den Gleichheitsgrundsatz darstellte.

939 Mit der Neuregelung kommt es insoweit zu einer Anwendung der Bewertungsregeln, die schon zur Ermittlung der Bemessungsgrundlage bei der Erbschaft- und Schenkungsteuer gelten. Abhängig von der Art des Grundstücks ist eine Bewertung im sog. Vergleichs-, Ertrags- oder Sachwertverfahren vorzunehmen. Die Neuregelung soll im Regelfall zu höheren Grunderwerbsteuerbelastungen führen[1370] und gilt rückwirkend für alle relevanten Erwerbsvorgänge, die nach dem 31.12.2008 verwirklicht wurden, § 23 XIV 1 GrEStG. In bestimmten Fällen soll auch nach Auffassung der Finanzverwaltung[1371] Vertrauensschutz gemäß § 176 AO gewährt werden.[1372]

[1365] Vgl. Oberste Finanzbehörden der Länder vom 9.10.2013, BStBl. 2013 I S. 1364 Tz. 7.
[1366] Vgl. *Gottwald/Behrens* Grunderwerbsteuer S. 195, Rn. 366.24.
[1367] BGBl. I 2015 S. 1834.
[1368] Vgl. BFH-Urteil vom 25.9.2013 – II R 2/12, BStBl. II 2014 S. 329.
[1369] Vgl. Beschluss vom 18.7.2012 – 1 BvL 16/11, DStR 2012 S. 1649.
[1370] Vgl. zB *Engers/Schäber* BB 2015 S. 2465; *Schade/Rapp* DStR 2015 S. 2166 und DStR 2016 S. 657; *Loose* DB 2016 S. 75 (77). Im Einzelfall kann sich jedoch auch eine niedrigere Bemessungsgrundlage ergeben. Vgl. dazu auch *Schade/Rapp* DStR 2016 S. 657 (661).
[1371] Vgl. Gleichlautender Erlass der Länder vom 16.12.2015, BStBl. I 2015 S. 790.
[1372] Kritisch dazu mit Beispielfällen *Schade/Rapp* DStR 2015 S. 2166 und DStR 2016 S. 657.

§ 11. Steuerrechtliche Regelungen § 11

e) Steuersatz

Gemäß § 11 GrEStG beträgt die Grunderwerbsteuer 3,5% der Bemessungsgrundlage. Seit dem 1.9.2006 dürfen die Bundesländer indes den Steuersatz selbst festlegen, Art. 105 II a 2 GG. Von dieser Möglichkeit haben zahlreiche Länder mit Ausnahmevon Bayern und Sachsen Gebrauch gemacht.[1373]

f) Umwandlungen innerhalb eines Konzerns

aa) Prinzip: Keine wirtschaftliche Betrachtungsweise

Fraglich ist, ob bei Verschmelzungen innerhalb des Konzerns aufgrund eine wirtschaftlichen Betrachtungsweise von der Belastung mit Grunderwerbsteuer abgesehen werden kann. Diese Frage stellt sich immer dann, wenn die Anteile an der übertragenden sowie an der aufnehmenden Gesellschaft von einer Obergesellschaft gehalten werden. Dies ist insbesondere der Fall bei Bestehen einer grunderwerbsteuerlichen Organschaft sowie im Fall des aktienrechtlichen Konzerns iSv § 18 AktG. Betroffen sind also sowohl der downstream merger einer Tochtergesellschaft auf die Enkelgesellschaft bzw. der umgekehrte Fall des upstream mergers einer Enkelgesellschaft auf die Tochtergesellschaft sowie beim sidestream merger zweier Schwestergesellschaften.

Von der Rechtsprechung[1374] wird eine solche wirtschaftliche Betrachtungsweise indes abgelehnt. Demnach ist Grunderwerbsteuer auch in den Fällen der konzerninternen Verschmelzung zu erheben.

bb) Ausnahme: Verkürzung der Beteiligungsstruktur

Wenn auch die Verschmelzung im Konzern unabhängig von der Bündelung der Anteile an den verschmolzenen Gesellschaften bei einer Obergesellschaft der Grunderwerbsteuer unterliegt, so lässt die Rechtsprechung doch in den Fällen der Verkürzung der Beteiligungskette (Anteilsverstärkung) eine Ausnahme zu.[1375]

Beispiel
Kommanditistin der B-KG ist die X-GmbH (50%); Komplementärin die V-GmbH (50%). Sämtliche Anteile an der V-GmbH werden durch die X-GmbH gehalten. Zum Vermögen der B-KG gehören Grundstücke.
Die B-KG wird formwechselnd in die B-GmbH umgewandelt. Gesellschafter der B-GmbH sind zu gleichen Teilen die X-GmbH sowie die V-GmbH.
Im Anschluss an die formwechselnde Umwandlung wird die V-GmbH auf die X-GmbH verschmolzen.

[1373] Stand Mai 2016.
[1374] Vgl. BFH-Urteil vom 15.1.2003 – II R 50/00, BStBl. II 2003 S. 320 (zur Anteilsübertragung im Konzern).
[1375] Siehe etwa BFH-Urteil vom 12.1.1994 – II R 130/91, BStBl. II 1994 S. 408.

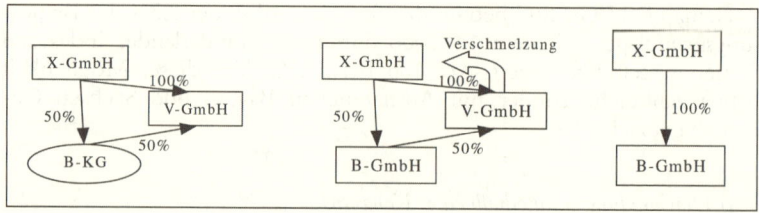

945 Die Anteile an der B-GmbH sind bereits vor der Verschmelzung der V-GmbH in der Hand der X-GmbH teils unmittelbar, teils mittelbar vereinigt, § 1 III Nrn. 1 und 3 GrEStG. Eine Veränderung der Rechtszuständigkeit dadurch, dass die dem Alleingesellschafter X-GmbH grunderwerbsteuerlich bereits zuzurechnenden Anteile auf ihn übergehen und dadurch unmittelbar in seiner Hand vereinigt werden, löst keine Grunderwerbsteuer aus.

cc) Ausnahme: § 6a GrEStG

946 (1) Überblick. Mit § 6a GrEStG wurde durch das Wachstumsbeschleunigungsgesetz[1376] eine Ausnahme von der Grunderwerbsteuer bei Umwandlungen innerhalb des Konzerns eingeführt (sog. grunderwerbsteuerliche Konzernklausel).[1377] Die Regelung ist erstmals auf Erwerbsvorgänge anzuwenden, die nach dem 31.12.2009 realisiert werden, § 23 VIII GrEStG. Durch das AmtshilfeRLUmsG[1378] ist § 6a GrEStG mit Wirkung ab dem 7.6.2013 (§ 23 XI GrEStG) dahingehend erweitert worden, dass auch § 1 IIIa GrEStG sowie Einbringungen und andere Erwerbsvorgänge auf gesellschaftsvertraglicher Grundlage begünstigungsfähig sind. Durch das sog. Kroatien-Steueranpassungsgesetz[1379] wurde insbesondere rückwirkend (§ 23 XII GrEStG) „klargestellt", dass die Regelung des § 6a GrEStG auch auf Umwandlungen auf Grundlage des Rechts eines EU- oder EWR-Staats anwendbar ist (§ 6a Satz 2 GrEStG).

947 (2) Anwendungsvoraussetzungen. **(a) Umwandlung.** Nach § 6a GrEStG wird für einen gemäß § 1 I Nr. 3 GrEStG, § 1 II, IIa, III oder IIIa GrEStG steuerbaren Rechtsvorgang Grunderwerbsteuer nicht erhoben, wenn dieser Vorgang durch eine Umwandlung iSd § 1 I Nr. 1 bis 3 UmwStG, eine Einbringung oder einen anderen Erwerbsvorgang auf gesellschaftsvertraglicher Grundlage ausgelöst wird. Nicht erhoben wird

---

[1376] BGBl. I 2009, 3950.
[1377] Vgl. dazu etwa *Mensching/Tyarks* BB 2010 S. 87; *Stadler/Schaflitzl* DB 2009 S. 2621; *Wischott/Schönweiss* DStR 2009 S. 2638.
[1378] Gesetz zur Umsetzung der Amtshilferichtlinie sowie zur Änderung steuerliche Vorschriften (Amtshilferichtlinien-Umsetzungsgesetz) vom 29.6.2013, BGBl. I 2013 S. 1809.
[1379] Gesetz zur Anpassung des nationalen Steuerrechts an den Beitritt Kroatiens zur EU und zur Änderung weiterer steuerlicher Vorschriften, BGBl. I 2014 S. 1266.

§ 11. Steuerrechtliche Regelungen

daher unter den weiteren Voraussetzungen insbesondere die durch eine Verschmelzung aufgrund der §§ 1 IIa, III, und IIIa GrEStG ausgelöste Grunderwerbsteuer.

(b) Vor- und Nachbehaltensfrist. Die Voraussetzungen der Begünstigung nach § 6a Satz 1 oder 2 GrEStG ergeben sich aus § 6a Satz 3 ff. GrEStG, welche auf alle in § 6a Satz 1 und 2 GrEStG genannten Vorgänge nach Verwaltungsauffassung Anwendung finden.[1380] Die Inanspruchnahme des § 6a Satz 1 oder 2 GrEStG setzt dabei nach § 6a Satz 3 GrEStG voraus, dass an dem Vorgang ausschließlich ein herrschendes Unternehmen[1381] und ein oder mehrere von diesem herrschenden Unternehmen abhängige[1382] Gesellschaften oder mehrere von einem herrschenden Unternehmen abhängige Gesellschaften beteiligt sind. Dabei ist eine Gesellschaft gemäß § 6a Satz 4 GrEStG als iSv § 6a Satz 3 GrEStG als „abhängig" zu qualifizieren, wenn an deren Kapital oder Gesellschaftsvermögen das herrschende Unternehmen innerhalb von fünf Jahren vor dem Rechtsvorgang und fünf Jahren nach dem Rechtsvorgang unmittelbar oder mittelbar oder teils unmittelbar, teils mittelbar zu mindestens 95% ununterbrochen beteiligt ist. Als abhängige Gesellschaften iSv § 6 Satz 3 GrEStG kommen sowohl Kapitalgesellschaften als auch Personengesellschaften in Betracht. Die Beteiligung muss zur Erfüllung des § 6a Satz 3 GrEStG ununterbrochen bestanden haben. 948

Die spätere Absenkung der Beteiligung unter das erforderliche Maß ist für die Inanspruchnahme der Vergünstigung schädlich.[1383] Zur Bestimmung der Beteiligung an einer Personengesellschaft ist auf die gesamthänderische Mitberechtigung und nicht die vermögensmäßige Beteiligung am Gesellschaftskapital abzustellen.[1384] Insbesondere der Begriff des „herrschenden Unternehmens" wie auch die fünfjährige Vor- und Nachbehaltensfrist sind strittig. Der Begriff des (herrschenden) Unternehmens iSd § 6a GrEStG ist gesetzlich nicht definiert. 949

Nach Ansicht der Finanzverwaltung[1385] kann herrschendes Unternehmen eine natürliche oder juristische Person oder eine Personengesellschaft sein. Voraussetzung soll weiter sein, dass das herrschende Unternehmen als umsatzsteuerlicher Unternehmer iSd § 2 I UStG zu qualifizieren ist. Aus dem Erlass geht nicht klar hervor, ob – sofern die umsatzsteuerliche Unternehmereigenschaft gegeben ist – die Beteiligung an der abhängigen Gesellschaft für die Anwendung des § 6a GrEStG auch 950

[1380] Vgl. gleichlautender Ländererlass vom 9.10.2013, BStBl. I 2013 S. 1375.
[1381] Vgl. gleichlautender Ländererlass vom 19.6.2012, BStBl. I 2012 S. 662 Tz. 2.2.
[1382] Vgl. gleichlautender Ländererlass vom 19.6.2012, BStBl. I 2012 S. 662 Tz. 2.3.
[1383] Vgl. *Mensching/Tyarks* BB 2010 S. 87 (91).
[1384] Vgl. BFH-Urteil vom 26.7.1995 – II R 68/92, BStBl. II 1995, 736; BFH-Urteil vom 8.8.2001 – II R 66/98, BStBl. II 2002 S. 156; FinMin. Baden-Württemberg koordinierter Ländererlass vom 28.4.2005 S. 3 – S 4505/18, Beck-Verw 63 770.
[1385] Vgl. gleichlautender Ländererlass vom 19.6.2012, BStBl. I 2012 S. 662 Tz. 2.2.

dem unternehmerischen Bereich zugeordnet sein muss. Im Schrifttum wird Letzteres wohl überwiegend bejaht.[1386] Dieser Auffassung folgend könnten insbesondere natürliche Personen, die die Beteiligung an der „abhängigen" Gesellschaften im Privatvermögen halten, sowie sog. Finanzholdinggesellschaften (wohl aber Führungsholdings) nicht herrschendes Unternehmen iSd § 6a GrEStG sein.

951 Zu den aufgeworfenen Streitfragen hat der BFH mit veröffentlichen Beschlüssen das BMF um Stellungnahme gebeten.[1387] Den Beschlüssen lagen zwei in Teilen abweichende Entscheidungen des FG Niedersachsen bzw. des FG Münster zu Grunde: Nach Ansicht des FG Niedersachsen setzt der Begriff des herrschenden Unternehmens iSd § 6a GrEStG nicht die umsatzsteuerliche Unternehmereigenschaft voraus.[1388] Konkret ging es im Streitfall um eine gemeinnützige Stiftung. Nach dieser Ansicht sollte dann uE auch eine Finanzholding grundsätzlich „herrschendes Unternehmen" isd § 6a GrEStG sein können. Der BFH zweifelt im Beschluss ferner die Auslegung der Finanzverwaltung an, derzufolge herrschendes Unternehmen ausschließlich ein umsatzsteuerlicher Unternehmer sein könne, und bittet das BMF dazu um Stellungnahme. Nach Ansicht des FG Münster soll die Begünstigung des § 6a GrEStG nur greifen, sofern die Beteiligung an der abhängigen Gesellschaft dem unternehmerischen Bereich zugeordnet ist.[1389] Im Streitfall wurden die Anteile an einer Tochtergesellschaft mit Grundbesitz durch eine natürliche Person im Privatvermögen gehalten. Der BFH hat nun in seinem diesbezüglichen Beschluss insbesondere die Frage aufgeworfen, (i) ob herrschendes Unternehmen nur ein umsatzsteuerlicher Unternehmer sein könne und ii) ob Anteile an einer oder mehreren abhängigen Gesellschaften zwingend im Betriebsvermögen gehalten werden müssen. Sollten sich die Zweifel des BFH an der Auffassung der Finanzverwaltung durchsetzen, könnten uU auch natürliche Personen, die Anteile an grundbesitzenden Gesellschaften im Privatvermögen halten, als „herrschendes Unternehmen" iSd § 6a GrEStG qualifizieren.

952 Nach § 6a Satz 4 GrEStG muss die Mindestbeteiligung von 95% an der/den abhängigen Gesellschaft(en) bereits fünf Jahre vor dem fraglichen Rechtsvorgang ununterbrochen bestanden haben. Nach Ansicht der Finanzverwaltung können insofern Gesellschaften, die weniger als fünf Jahre vor dem fraglichen Rechtsvorgang entstanden sind oder durch den fraglichen Rechtsvorgang entstehen, nicht abhängige Gesellschaften iSd § 6a GrEStG sein. Die Auffassung der Finanzverwaltung stützt sich insoweit auf den Wortlaut. Ausgenommen sind nach Auffassung der Verwaltung lediglich sog. „verbundgeborene" Gesellschaften.[1390] Im

---

[1386] Vgl. zB *Pahlke* in Pahlke, § 6a GrEStG Rn. 43.
[1387] Vgl. BFH-Beschluss vom 25.11.2015 – II R 63/14, DStR 2016 S. 56; BFH-Beschluss vom 25.11.2015 – II R 50/13, BFH/NV 2016 S. 236.
[1388] FG Niedersachsen vom 9.7.2014 – 7 K 135/12, EFG 2015 S. 1739.
[1389] FG Münster vom 15.11.2013 – 8 K 1507/11 GrE, EFG 2014 S. 306.
[1390] Siehe dazu im Einzelnen koord. Ländererlass vom 19.6.2012, BStBl. I 2012 S. 662 Tz. 4 mit zugehörigen Beispielen.

§ 11. Steuerrechtliche Regelungen § 11

Schrifttum[1391] wird diese strikte Auffassung mit Hinblick auf den Sinn und Zweck des § 6a GrEStG überwiegend kritisiert. Mit dem am 30.12.2015 veröffentlichten Beschluss II R 36/14[1392] bittet der BFH das BMF um Stellungnahme zur Frage der Vorbehaltensfristen bei neu gegründeten Gesellschaften. Dem Beschluss liegt das Urteil des FG Düsseldorf vom 7.5.2014[1393] zu Grunde. Nach Ansicht des FG Düsseldorf und entgegen der Auffassung der Finanzverwaltung ist nach dem Sinn und Zweck des § 6a GrEStG sowie vor dem Hintergrund, dass ein Missbrauch insoweit objektiv ausgeschlossen ist, auch die Übertragung eines Grundstücks auf eine neu gegründete Konzerngesellschaft durch Ausgliederung[1394] bzw. Abspaltung[1395] von § 6a GrEStG begünstigt.

Nach § 6a Satz 4 GrEStG muss die Beteiligung des herrschenden Unternehmens an den/der abhängigen Gesellschaft fünf Jahre nach dem fraglichen Rechtsvorgang fortbestehen. Die Finanzverwaltung leitet hieraus insbesondere auch ab, dass der Verbund (aus herrschendem Unternehmen und der abhängigen Gesellschaft) mindestens fünf weitere Jahre bestehen muss. Diese Auffassung zu Grunde gelegt, wäre ein upstream merger einer Tochtergesellschaft auf das herrschende Unternehmen begünstigungsschädlich, da nach der Verschmelzung insoweit kein Verbund mehr besteht. Dagegen wäre ein upstream merger einer grundbesitzenden Enkelgesellschaft auf eine Tochter (unter den weiteren Voraussetzungen des § 6a GrEStG) für die Begünstigung unschädlich.[1396] In der Literatur[1397] wird der Verbundbegriff der Finanzverwaltung (insbesondere mangels gesetzlicher Grundlage) überwiegend kritisch gesehen. Für den Fall der Upstream-Verschmelzung der einzigen Tochter auf die Muttergesellschaft hat sich dieser kritischen Sichtweise auch das FG Nürnberg[1398] angeschlossen. Dem Fall lag die Verschmelzung einer grundbesitzenden Tochtergesellschaft auf die Muttergesellschaft vor. Die Tochtergesellschaft hielt ihrerseits sämtliche Anteile an einer Enkelgesellschaft. Im Gegensatz zur Finanzverwaltung sah das FG Nürnberg den upstream merger der Tochter auf die Mutter als begünstigungsfähig an. Auch der BFH sieht die Auslegung der Finanzverwaltung wohl eher kritisch und hat das BMF im Beschluss II R

953

[1391] Vgl. zB *Rödder/Schönfeld* DStR 2010 S. 415; *Schaflitzl/Stadler* DB 2010 S. 185; *Hofmann* in Hofmann, § 6a GrEStG Rn. 16.
[1392] BFH vom 22.7.2014 – II R 36/14, DStRE 2014 S. 1254.
[1393] FG Düsseldorf vom 7.5.2014 – 7 K 281/14 GE, EFG 2014 S. 1424, anhängig beim BFH unter Az. II R 36/14.
[1394] FG Düsseldorf vom 7.5.2014 – 7 K 281/14 GE, EFG 2014 S. 1424, anhängig beim BFH unter Az. II R 36/14.
[1395] FG Düsseldorf vom 4.11.2015 – 7 K 1553/15 GE, EFG 2014 S. 142, anhängig beim BFH unter Az. II R 56/15.
[1396] Siehe dazu koord. Ländererlass vom 19.6.2012, BStBl. I 2012 S. 662 Tz. 5, insbesondere Beispiel 1.
[1397] ZB *Teiche* BB 2012 S. 2659; *Behrens* DStR 2012 S. 2149; *Wösthoff* DStR 2016 S. 721.
[1398] FG Nürnberg vom 16.10.2014 – 4 K 1059/13, EFG 2015 S. 424, anhängig beim BFH unter Az. II R 62/14.

62/14 aufgefordert, Stellung zur verfassungsrechtlichen Abgrenzung des § 6a GrEStG zu nehmen.[1399]

g) Behandlung der Grunderwerbsteuer im Rechnungswesen

954 Die ertragsteuerliche Behandlung der im Rahmen einer Verschmelzung ggf. nach den § 1 IIa und 3 GrEStG entstehenden Grunderwerbsteuer war lange Zeit streitig.

955 Sofern und soweit bei der Verschmelzung einer unmittelbar grundbesitzenden Gesellschaft Grunderwerbsteuer nach § 1 I Nr. 3 GrEStG ausgelöst wird, besteht ein unmittelbarer wirtschaftlicher Zusammenhang zwischen der Steuerentstehung und dem Erwerb des Grundstücks kraft Gesetz durch den übernehmenden Rechtsträger. Die durch die Verschmelzung ausgelöste Grunderwerbsteuer gehört daher zu den Anschaffungsnebenkosten und ist zu aktivieren.

956 Anders ist dies für den Fall zu beurteilen, dass Grunderwerbsteuer im Rahmen des § 1 IIa, III und (neuerdings) IIIa GrEStG ausgelöst wird. Allen drei Tatbeständen ist gemeinsam, dass ihnen lediglich ein unterstellter Erwerb des Grundbesitzes für Zwecke der Grunderwerbsteuer zu Grunde liegt, der ertragsteuerlich nicht nachvollzogen wird. Mit Urteil vom 20.4.2011[1400] hat der BFH daher für § 1 III GrEStG entschieden, dass die infolge einer Anteilsvereinigung ausgelöste Grunderwerbsteuer von der aufnehmenden Gesellschaft nicht als Anschaffungsnebenkosten zu aktivieren ist. In seiner Begründung führt der BFH aus, dass Anschaffungskosten eines Wirtschaftsguts nur solche Kosten sein können, die nach wirtschaftlichen Gesichtspunkten dessen Beschaffung tatsächlich zuzuordnen seien. Ein bloßer kausaler oder zeitlicher Zusammenhang mit der Anschaffung soll nach der Entscheidung des BFH hingegen nicht ausreichen. Vielmehr kommt es der Entscheidung des BFH zufolge auf die Zweckbestimmung der Aufwendungen an (finaler Begriff der Anschaffungskosten). Der durch das GrEStG unterstellte Erwerb der zum Gesellschaftsvermögen gehörenden Grundstücke findet nach der bezeichneten Entscheidung des BFH im Ertragsteuerrecht keine Entsprechung.

957 Mit einer vergleichbaren Argumentation hat der BFH[1401] hinsichtlich der ertragsteuerlichen Behandlung der Grunderwerbsteuer bei einem Wechsel im Gesellschafterbestand einer Personengesellschaft iSv § 1 IIa GrEStG entschieden, dass die durch diesen Vorgang ausgelösten Grunderwerbsteuer keine Anschaffungskosten, sondern sofort abzugsfähige Betriebsausgaben darstellen. Gegenstand der Besteuerung ist demnach nicht die geänderte Sachherrschaft in Form einer gesamthänderische Mitberechtigung bzw. Beteiligung am Vermögen der Gesamthand in der Person der Neugesellschafter, sondern die geänderte Zuordnung eines Grundstücks auf der Gesellschaftsebene. Auch hier unterstellt dem BFH zufolge das Grunderwerbsteuergesetz einen zivil- und ertragsteuerrechtlich nicht vorhandenen Erwerbsvorgang. Insofern fehlt es nach der Ent-

---

[1399] Vgl. BFH-Urteil vom 25.11.2015 – II R 62/14, BStBl. II 2016 S. 167.
[1400] Vgl. BFH-Urteil vom 20.4.2011 – I R 2/10, BStBl. II 2011 S. 761.
[1401] Vgl. BFH-Urteil vom 2.9.2014 – IX R 50/13, BStBl. II 2015 S. 260.

§ 11 Steuerrechtliche Regelungen § 11

scheidung des BFH auch hier ertragsteuerlich an einem über die reine Kausalität hinausgehenden inhaltlichen Zusammenhang zwischen der Anschaffung der Gesellschaftsanteile und der Grunderwerbsteuer (finaler Begriff der Anschaffungskosten).

Aufgrund des Verweises von § 1 IIIa GrEStG auf § 1 III GrEStG **958** gelten obige Grundsätze uE auch für Zwecke des § 1 IIIa GrEStG. Sollte daher bei einer Verschmelzung Grunderwerbsteuer nach § 1 IIIa GrEStG ausgelöst werden, ist die Grunderwerbsteuer ertragsteuerlich ebenfalls als sofort abzugsfähige Betriebsausgabe zu behandeln.[1402]

[1402] Vgl. auch zB *Keller/Petersen* BB 2016 S. 151 (159).

4. Teil. Grenzüberschreitende Verschmelzungen europäischer Kapitalgesellschaften

§ 12. Europäische Grundlagen und deutsches Recht

Die Rahmenbedingungen für grenzüberschreitende Umwandlungen und insbesondere für grenzüberschreitende Verschmelzungen haben sich im Jahre 2005 grundlegend gewandelt. Während Rechtsprechung und herrschende Meinung im deutschen Schrifttum **aufgrund von § 1 UmwG grenzüberschreitende Umwandlungen zuvor für unzulässig** erachteten,[1] wurde das traditionelle restriktive Verständnis durch die grundlegende Entscheidung des EuGH vom 13.2.2005 in der Rechtssache „*SEVIC*"[2] gekippt. Vor der Entscheidung hatte bereits der europäische Gesetzgeber durch **Einführung der Europäischen Aktiengesellschaft (SE)**[3] das erste Instrument geschaffen, das es den Aktiengesellschaften der europäischen Mitgliedstaaten ermöglichte, grenzüberschreitend zu verschmelzen, jedoch wurde diese Möglichkeit auf den Fall beschränkt, dass durch die Verschmelzung die supranationale Rechtsform der SE geschaffen wurde. Die SE-VO änderte hingegen nichts an dem im deutschen Recht weiterhin vorherrschenden Grundsatz, dass grenzüberschreitende Verschmelzungen jenseits der SE-Verschmelzung als unzulässig erachtet wurden.

Mit seiner grundlegenden Entscheidung in der Rechtssache „*SEVIC*" hat der EuGH höchstrichterlich geklärt, dass es mit der europäischen Niederlassungsfreiheit nicht vereinbar sei, Beschränkungen für grenzüberschreitende Umwandlungsvorgänge vorzusehen, wenn innerstaatliche Verschmelzungen unter vergleichbaren Voraussetzungen zulässig sind.[4] Nahezu zeitgleich mit der *SEVIC*-Entscheidung trat die Richtlinie über die Verschmelzung von Kapitalgesellschaften aus verschiedenen Mitgliedstaaten **(IntVerschmRL)**[5] in Kraft, durch die der rechtliche Rahmen

1

2

---

[1] Statt aller *Drygala* in Lutter UmwG § 1 Rn. 1 ff.; *Heckschen* in Widmann/Mayer UmwG Vor §§ 122a ff. Rn. 1 und § 1 Rn. 221, 239 ff.; vgl. auch zum Anwendungsbereich des UmwG → § 2 Rn. 38 ff.
[2] EuGH Urteil vom 31.12.2005 Rs. C-411/03 – „*SEVIC* Systems AG" DStR 2006 S. 49.
[3] Durch die Verordnung (EG) Nr. 2157/2001 des Rates vom 8.10.2001 über das Statut der Europäischen Gesellschaft (SE-VO), ABl. EG Nr. L 294 vom 10.11.2001 S. 1; die SE-VO trat am 8.10.2004 in Kraft; vgl. näher zur SE unten § 14.
[4] Dies gilt zumindest für Hereinverschmelzungen nach Deutschland, vgl. *Heckschen* in Widmann/Mayer UmwG Vor §§ 122a ff. Rn. 2 und sogleich unter § 12 Rn. 13 f.
[5] Zehnte gesellschaftsrechtliche Richtlinie 2005/56/EG vom 26.10.2005, ABl. EG Nr. L 310 S. 1; zuletzt geändert durch Richtlinie 2014/59/EU vom 15.5.2014, ABl. L 173 vom 12.6.2014, 190 ff. Gemäß Art. 19 I der Int-

§ 12   4. Teil. Grenzüberschreitende Verschmelzungen

für grenzüberschreitende Verschmelzungen von Kapitalgesellschaften innerhalb der EU bzw. des EWR geschaffen wurde. Zudem ist am 18.8.2006 seit Inkrafttreten der Verordnung über das Statut der Europäischen Genossenschaften die grenzüberschreitende Verschmelzung von Genossenschaften mit dem Ziel der Gründung einer Europäischen Genossenschaft möglich.[6] In der *SEVIC*-Entscheidung einerseits sowie in der SE-VO und der IntVerschmRL andererseits sind **Meilensteine bei der Schaffung des europäischen Binnenmarktes** zu sehen, die einen Zuwachs an Mobilität und wirtschaftlicher Freiheit für deutsche und europäische Unternehmen gebracht haben.[7] Die in der *SEVIC*-Entscheidung entwickelten Grundsätze zur Niederlassungsfreiheit wurden durch die *Cartesio*-Entscheidung[8] und *VALE*-Entscheidung[9] fortentwickelt und gelten nach zutreffender Auffassung auch für Personengesellschaften[10] und allgemein für jeden grenzüberschreitenden Umwandlungsvorgang und ermöglichen somit ebenfalls die grenzüberschreitende Spaltung[11] sowie den grenzüberschreitenden Formwechsel im Wege der Sitzverlegung.[12] Nach dem grundsätzlichen Durchbruch durch die SE-Verordnung und die Richtlinie zu grenzüberschreitenden Verschmelzungen von Kapitalgesellschaften beabsichtigte die EU-Kommission seit 2009 die Schaffung einer Europäischen Privatgesellschaft (SPE), um den Zugang kleinerer und mittlerer Unternehmen zum Binnenmarkt zu verbessern, ihr Wachstum zu erleichtern und ihr Geschäftspotenzial zu entfalten.[13] Dieses Vorhaben wurde 2013 zugunsten des Vorhabens aufgegeben, eine einheitliche Kapitalgesellschaft mit einem Gesellschafter, die Societas Unius Personae (SUP), zu schaffen.[14] Im Falle der Verabschiedung der

---

VerschmRL waren die Mitgliedstaaten verpflichtet selbige bis zum 31.12.2007 umzusetzen.
[6] Art. 2 I Spiegelstrich 4, 80 SCE-VO.
[7] *Heckschen* in Widmann/Mayer UmwG Vor §§ 122a ff. Rn. 36; *Kiem* in Habersack/Drinhausen SE-Recht Vorb UmwG Rn. 1 ff.
[8] Vgl. NZG 2009 S. 61; hierzu → § 12 Rn. 14 f. und 21 ff.
[9] Vgl. NZG 2012 S. 87; hierzu → § 12 Rn. 14 f. und 21 ff.
[10] Vgl. → § 12 Rn. 20.
[11] Vgl. → § 12 Rn. 21.
[12] Vgl. näher → § 12 Rn. 22.
[13] Vgl. hierzu Vorschlag der Europäischen Kommission für eine Verordnung des Rates über das Statut der Europäischen Privatgesellschaft (SPE) vom 25.6.2008; vgl. ua *Hommelhoff* ZHR 173 (2009) S. 255 ff.; *Bücker* ZHR 173 (2009) S. 281 ff.; *Hügel* ZHR 173 (2009) S. 255 ff.; zur Frage der „Wiedergeburt" des SPE-Vorhabens *Hommelhoff* ZIP 2016 S031.
[14] Vgl. hierzu Vorschlag der Europäischen Kommission für eine Richtlinie des Europäischen Parlaments und des Rates über Gesellschaften mit beschränkter Haftung mit einem einzigen Gesellschafter (SUP) vom 9.4.2014 (COM/2014/0212 final – 2014/0120 (COD)); vgl. hierzu *Kalss/Klampfl* in Dauses Handbuch des EU-Wirtschaftsrechts (40. EL 2016) E.III. Gesellschaftsrecht Rn. 475 ff. mwN; *Hommelhoff* GmbHR 2014 S. 1065 ff.; *Jung* GmbHR 2014 S. 579 ff.; *Drygala* EuZW 2014 S. 491 ff.; *Beurskens* GmbHR 2014 S. 738 ff.; *Teichmann* NJW 2014 S. 3561 ff.; sowie die Kompromissvorschläge vom 14.11.2014 und vom 1.12.2014 und das Arbeitsdokument vom 6.2.2015 des Berichterstatters *(Luis*

I. Hintergründe und europäische Rechtsentwicklung

1. Motive grenzüberschreitender Verschmelzungen

Der erste Erwägungsgrund der IntVerschmRL hebt hervor, dass zwi- 3
schen europäischen Kapitalgesellschaften ein Bedürfnis nach Kooperation und Reorganisation bestehe. Insbesondere die fortschreitende Globalisierung und die Internationalisierung der Wirtschaftsbeziehungen machen Verschmelzungen im grenzüberschreitenden Bereich notwendig. Die für innerstaatliche Verschmelzungen bereits eingangs geschilderten Motive der **Konzentration von Ressourcen**[15] machen naturgemäß in einem europäischen Wirtschaftsraum nicht an den Grenzen halt und haben insoweit auch im grenzüberschreitenden Wirtschaftsverkehr ihre Gültigkeit. Ebenso wie im innerstaatlichen Recht besteht ein Bedürfnis nach Reorganisation vor allem bei Konzernen. So zeigen denn auch die ersten SE-Verschmelzungen und die unmittelbar nach der Verabschiedung der IntVerschmRL durchgeführten grenzüberschreitenden Verschmelzungen, dass gerade im Bereich der **Konzernreorganisation** ein **Bedarf der Praxis** nach grenzüberschreitenden Verschmelzungen besteht.[16]

Hingegen kann ein Unternehmen eine Entscheidung für die Ver- 4
schmelzung im grenzüberschreitenden Bereich nur dann treffen, wenn ein geordnetes Verfahren **Rechtssicherheit** einer derartigen Reorganisation gewährt und die damit verbunden Kosten überblickt werden können. Insoweit bedurfte es eines europaweit einheitlichen rechtlichen Rahmens für grenzüberschreitende Verschmelzungen.[17]

2. Die Rechtslage bis 2005

Bei der Durchführung grenzüberschreitender Verschmelzungen von 5
Unternehmen stellt sich gegenüber innerstaatlichem Recht das Problem,[18] dass bei grenzüberschreitenden Verschmelzungen mehrere Rechtsordnungen mit verschiedenen Verschmelzungskonzepten aufeinandertreffen. Hierbei folgten bislang die einzelnen EU- und EWR-Staaten[19] unterschiedlichen Regeln. Bis zur Grundsatzentscheidung SE-

---

de Grandes Pascual) des EP-Rechtsausschusses, sowie dazu *Kindler* ZHR 179 (2015) S. 330; *Böhm* EuZW 2015 S. 451.
[15] Vgl. hierzu → § 8 Rn. 1 f.; ebenso zu Motiven grenzüberschreitender Verschmelzungen *Frenzel* S. 13 ff.
[16] Vgl. näher zu den im Zeitraum 2007 bis 2012 vorgenommenen grenzüberschreitenden Verschmelzungen → § 12 Rn. 24.
[17] Statt vieler *Heckschen* in Widmann/Mayer UmwG Vor §§ 122a ff. Rn. 1 ff.
[18] Vgl. *Heckschen* in Widmann/Mayer UmwG Vor §§ 122a ff. Rn. 5.
[19] Sowie die Dritt- bzw. (einzelnen) Abkommensstaaten außerhalb dieses Wirtschaftsraumes; zu den Drittstaaten *Heckschen* in Widmann/Mayer UmwG § 122b Rn. 80 ff. mit weiteren Hinweisen zur strittigen Frage der Verschmelzungsfähigkeit von Gesellschaften, die nach US-amerikanischem Recht gegründet wurden.

§ 12   4. Teil. Grenzüberschreitende Verschmelzungen

VIC des EuGH und der Verabschiedung der IntVerschmRL durch den europäischen Gesetzgeber wurden in den Niederlanden, Schweden, Irland, Griechenland, Finnland und Dänemark sowie Deutschland grenzüberschreitende Verschmelzungen für unzulässig erachtet.[20] Hingegen erachtete man in Frankreich grenzüberschreitende Verschmelzungen mit Kapitalgesellschaften anderer Länder bereits dann als zulässig, wenn die nationalen Rechtsordnungen *aller* beteiligten Gesellschaften eine solche zuließen.[21] Auch Italien, Portugal und Spanien erlaubten grenzüberschreitende Verschmelzungen.[22] Es bestand insoweit eine **uneinheitliche Regelungslandschaft hinsichtlich der Zulässigkeit von grenzüberschreitenden Verschmelzungen**. Selbst soweit diese als rechtlich zulässig erachtet wurden, waren die Rechtsunterschiede zwischen den einzelnen Mitgliedstaaten zum Teil so groß, dass grenzüberschreitende Verschmelzungen prohibitiv teuer und tatsächlich nicht durchführbar waren.

6   Die **Praxis hat sich daher häufig mit Ausweichkonstruktionen beholfen**.[23] Teils wurden grenzüberschreitende Unternehmenszusammenschlüsse durch sogenannte **synthetische Unternehmenszusammenschlüsse** vollzogen, bei der es nicht zu einem echten, sondern zu einem virtuellen Zusammenschluss kommt. Die verbundenen Unternehmen behalten rechtlich ihre Selbständigkeit, jedoch wird das Betriebsvermögen in eine gemeinsame Tochtergesellschaft eingebracht, an die Muttergesellschaften Stimmrechte halten. Die Gleichbehandlung der Aktionäre wird durch ein *Equalisation Agreement* erreicht. In der Praxis wurde dieses Modell beispielsweise für Zusammenschlüsse wie die Royal Dutch/Shell-Gruppe oder ABB Asea Brown Boveri genutzt.[24] Die Nachteile derartiger virtueller Verschmelzungen liegen in deren Unübersichtlichkeit und Schwerfälligkeit der Verwaltung. Ein beliebtes Instrument der transnationalen Unternehmenszusammenführung wurde in den 90er Jahren bei börsennotierten Gesellschaften die **Übernahme durch öffentliches Übernahmeangebot**, sei es im Wege der Übernahme einer deutschen AG durch einen ausländischen Aktionär,[25] den umgekehrten Fall der öffentlichen Übernahme einer ausländischen Aktiengesellschaft durch eine deutsche AG oder den Fall des parallelen

---

[20] Vgl. *Frenzel* S. 2.
[21] Vgl. *Dorr/Stuckenberg* in BB 2003 S. 647 (650) und in Frankreich vor Einführung des IntVerschmRL Lamy Sociétés Commerciales 2008 Rn. 1830 mwN.
[22] Vgl. *Frenzel* S. 2.
[23] Vgl. hierzu eingehend *Decher* in FS Lutter, S. 1209 ff; *Dorr/Stukenborg* DB 2003 S. 647 ff; *Horn* ZIP 2000 S. 473 ff. Zur Bedeutung auch nach Umsetzung der IntVerschmRL und *SEVIC*-Urteil für den europäischen Wirtschaftsraum *Spahlinger/Wegen* NZG 2006 S. 721 (728); *Winter* Der Konzern 2007 S. 24 (30); *Heckschen* in Widmann/Mayer UmwG Vor §§ 122a ff. Rn. 144 und allgemein *derselbe* UmwG § 1 Rn. 393 ff.
[24] Vgl. eingehend *Reichert*, FS Hüffer, 2010, S. 805, 807 f.
[25] Vgl. aus der Praxis den Fall der Übernahme der Hoechst AG durch die Rhône-Poulenc SA mit anschließender Kapitalerhöhung gegen Sacheinlage. Dazu näher *Reichert* in FS Hüffer, 2010, S. 805, 809 f.

Übernahmeangebots durch eine NewCo. Der letzte Fall wurde in der Praxis vor allem durch den Zusammenschluss von Daimler-Benz und Chrysler[26] bekannt. Rechtstechnisch erfolgt der Zusammenschluss durch die Gründung einer NewCo (DaimlerChrysler), die durch einen neutralen Dritten (Bank) gegründet wurde. Anschließend erfolgte ein Umtauschangebot an die Aktionäre der Daimler-Benz AG durch die NewCo sowie das Einsammeln der Chrysler-Aktien im Wege eines *reverse triangular merger*. In einem folgenden Schritt wurde die Daimler-Benz AG auf die DaimlerChrysler AG verschmolzen. Verschmelzungsähnliche Wirkungen wurden ebenso mit **An- und Abwachsungsmodellen**[27] erreicht, ein Vorgehen, das im deutschen Recht vor allem den Personengesellschaften vorbehalten ist und bei Kapitalgesellschaften einen vorherigen Formwechsel voraussetzt.[28] Beim Austritt eines Gesellschafters aus einer mehrgliederigen Personengesellschaft wächst gemäß § 738 I BGB den verbleibenden Gesellschaftern der Anteil im Wege der Gesamtrechtsnachfolge zu. Nach formwechselnder Umwandlung in eine KG, deren einzige Kommanditistin die Zielgesellschaft ist, besteht die Möglichkeit indirekt eine Verschmelzung zu bewirken, indem der Komplementär austritt und dessen Vermögen im Wege der Gesamtrechtsnachfolge auf den Kommanditisten übergeht.[29] Voraussetzung einer derartigen Verschmelzung war, dass die ausländische Rechtsordnung eine derartige Anwachsung anerkennt. Für Hereinverschmelzungen konnten vergleichbare **gesetzliche Gesamtrechtsnachfolgevorschriften** anderer Mitgliedstaaten nutzbar gemacht werden, zB die im französischen Recht vorgesehene liquidationslose Auflösung im Wege der Gesamtrechtsnachfolge auf den verbleibenden Alleinaktionär, die deutsche Muttergesellschaft, soweit diese aufgrund des Ausscheidens der letzten weiteren Aktionäre als Muttergesellschaft Alleingesellschafter einer französischen SA wird.[30] Die Anwachsungsmodelle werden auch in Zukunft **bei Personengesellschaften** ihren Anwendungsbereich behalten und unterliegen nicht dem Anwendungsbereich der Int-VerschmRL, da dieser auf Kapitalgesellschaften beschränkt ist.[31] Auch **bei Verschmelzungen mit Drittstaaten** bleiben diese Konstruktionen relevant.[32]

---

[26] Vgl. näher *Reichert* in FS Hüffer, 2010, S. 805, 811 ff.; sowie allgemein zu Unternehmenszusammenschlüssen mit den USA *Samson/Flindt* NZG 2006 S. 290.
[27] Vgl. ausführlich zur grenzüberschreitenden Anwachsung *Hoger/Lieder* ZHR 2016 S. 613 ff.
[28] *Heckschen* in Widmann/Mayer UmwG Vor §§ 122a ff. Rn. 144.
[29] Vgl. näher *Haase* IStR 2006 S. 855 f.
[30] Gemäß Art. 1844–5 des Code civil erfolgt auf Antrag eine liquidationslose Gesamtrechtsnachfolge auf den Alleingesellschafter, wenn es sich bei dem Alleingesellschafter um eine juristische Person handelt; vgl. *Cozian/Viandier/Deboissy* Droit des sociétés 2015 Rn. 495 ff.
[31] Vgl. ebenso *Müller-Bonanni/Müntefering* NJW 2009 S. 2347 (2350).
[32] Vgl. *Günes* IStR 2013 S. 213, sowie zu grenzüberschreitenden Dreiecksfusionen mit der Schweiz *Gerhard/Schiwow* GesKR 2009 S. 191 ff.

3. Der Weg zur IntVerschmRL

7 Fast vierzig Jahre ist die Europäische Union damit befasst gewesen, einen einheitlichen gesetzlichen Rahmen für grenzüberschreitende Verschmelzungen im europäischen Binnenmarkt zu erarbeiten.[33] Bereits die alte Fassung des Art. 293 (ex Art. 220) des EG-Vertrages[34] sah vor, dass die Mitgliedstaaten untereinander Verhandlungen einleiten, um „*die Möglichkeit der Verschmelzung von Gesellschaften, die den Rechtsvorschriften verschiedener Mitgliedstaaten unterstehen*" sicherzustellen. Der Grundgedanke war damals wie heute die Verwirklichung der Niederlassungsfreiheit für Gesellschaften. Nach dem ersten Entwurf eines Übereinkommens über die internationale Verschmelzung von Aktiengesellschaften aus dem Jahr 1972, wurden die Arbeiten 1980 suspendiert, da ua die Frage der unternehmerischen Mitbestimmung nicht geklärt werden konnte.[35] Gelungen war hingegen im Oktober 1978 die Verabschiedung der **Dritten gesellschaftsrechtlichen EU-Richtlinie**,[36] die das Gesellschaftsrecht für Verschmelzungen von Aktiengesellschaften in den einzelnen Mitgliedstaaten harmonisierte. Sie gilt als das **Modell der Harmonisierung im Bereich der Strukturmaßnahmen**.[37] Auf den hierin entwickelten Grundsätzen baut – ebenso wie die SE-VO[38] und die SCE-VO[39] – die Zehnte gesellschaftsrechtliche EU-Richtlinie, die IntVerschmRL, hinsichtlich der gesellschaftsrechtlichen Voraussetzungen auf. Der Weg zu einer Einigung hinsichtlich der Mitbestimmungsfrage bei grenzüberschreitenden Verschmelzungen war jedoch noch lang. So sollte der erste Vorschlag für eine Zehnte gesellschaftsrechtliche Richtlinie aus dem Jahr 1984 wiederum an der Frage der Arbeitnehmerbeteiligung im aus der Verschmelzung hervorgehenden Unternehmen scheitern.[40] Wieder aufgenommen wurden die Arbeiten an einem Entwurf zur Regelung grenzüberschreitender Verschmelzungen als für die erste europäische Rechtsform, die Europäische Aktiengesellschaft, auf der **Konferenz in Nizza**

---

[33] Vgl. zur Entstehungsgeschichte *Habersack/Verse* Europäisches Gesellschaftsrecht, § 8 III; *Drinhausen/Keinath* in RIW 2006 S. 81 ff.; *Frischhut* EWS 2006 S. 55 ff.; *Grohmann/Gruschinsky* GmbHR 2006 S. 191 ff.; *Kallmeyer/Kappes* AG 2006 S. 224 (227); *Nagel* NZG 2006 S. 97 ff.; *Neye/Timm* DB 2006 S. 488 ff.; *Pluskat* EWS 2004 S. 1 ff.; *Wiesner* DB 2005 S. 91 ff.; *Maul/Teichmann/Wenz* BB 2003 S. 2633 ff.; *Frenzel* S. 5 ff.
[34] Der Vertrag zur Gründung der Europäischen Gemeinschaft (EG-Vertrag) ist mit Inkrafttreten des Lissabon-Vertrags zum 1.12.2009 in „Vertrag über die Arbeitsweise der Europäischen Union" (AEUV) umbenannt worden und hat eine neue Artikelabfolge erhalten.
[35] Vgl. *Frenzel* S. 5.
[36] ABl. EG Nr. L 295, vom 20.10.1978 S. 36 ff.
[37] Vgl. *Bayer/J. Schmidt* NJW 2006 S. 401 (402); *Polley* in Henssler/Strohn Gesellschaftsrecht § 122a UmwG Rn. 2; *Kiem* in Habersack/Drinhausen SE-Recht Vorb. UmwG Rn. 2.
[38] *Kiem* in Habersack/Drinhausen SE-Recht Vorb. UmwG Rn 3
[39] Verordnung (EG) Nr. 1435/2003 des Rates vom 22.7.2003 über das Statut der Europäischen Genossenschaft (SCE), ABl. L 207/1 vom 18.8.2003.
[40] *Frenzel* S. 6 f.

im Dezember 2000, der **Durchbruch durch eine Einigung hinsichtlich der Mitbestimmung** erzielt wurde.[41] Nachdem für die SE das Statut in Gestalt einer Verordnung erging, wurden in einer ergänzenden Richtlinie die bisher blockierenden Fragen der Arbeitnehmerbeteiligung gelöst. Den Durchbruch verschaffte eine neue Form der Verhandlungslösung mit ergänzenden Mindeststandards. Zügig nach Vorlage des zweiten Richtlinienvorschlags vom 18.11.2003, der sich nunmehr nicht nur auf Aktiengesellschaften, sondern ebenfalls auf andere Kapitalgesellschaften erstreckte, trat die IntVerschmRL[42] zum 15.12.2005 in Kraft. Die Rechtsgrundlage für den Erlass der IntVerschmRL stellte Art. 44 I EGV (nunmehr Art. 50 AEUV) dar, welche den europäischen Gesetzgeber ermächtigt, zur Verwirklichung der Niederlassungsfreiheit Richtlinien zu erlassen.

4. Regelungsbereich und Inhalt der IntVerschmRL

Die IntVerschmRL verpflichtet nunmehr die Mitgliedstaaten, grenzüberschreitende Verschmelzungen zuzulassen, allerdings unter der Beschränkung, dass es sich bei den verschmelzenden Gesellschaften um Kapitalgesellschaften[43] aus verschiedenen Mitgliedstaaten der EU und des Europäischen Wirtschaftsraumes[44] handelt. Verschmelzungsfähig sind gemäß Art. 4 I Buchst. a der IntVerschmRL nur solche Kapitalgesellschaften, die sich nach dem innerstaatlichem Recht der betroffenen Mitgliedstaaten verschmelzen dürfen.[45] Eine derartige Verschmelzungsmöglichkeit besteht zwar in Deutschland zwischen allen Kapitalgesellschaftsformen, einige Mitgliedstaaten erlauben jedoch beispielsweise nur die Verschmelzung von Aktiengesellschaften.[46] Grenzüberschreitende **Verschmelzungen von Personengesellschaften** sowie anderweitige grenzüberschreitenden Umwandlungsvarianten wie der **Formwechsel**, die **Spaltung oder Vermögensübertragungen** sind vom Regelungsbereich **nicht erfasst**.[47]

Regelungstechnisch bedient sich die IntVerschmRL einer Verweisung auf die innerstaatlichen Rechtsvorschriften über Verschmelzungen und

---

[41] Vgl. *Frenzel* S. 7.
[42] Zehnte gesellschaftsrechtliche Richtlinie 2005/56/EG vom 26.10.2005, ABl. EG Nr. L 310 S. 1.
[43] Hierunter fallen alle Rechtsformen, die in Art. 1 I der Richtlinie 2009/101/EG, ABl. L 258 vom 1.10.2009 S. 11 ff. aufgeführt werden. Die Erste Richtlinie 68/151/EWG des Rates vom 9.3.1968 hingegen, auf welche Art. 1 der IntVerschmRL verweist, wurde aufgehoben und insoweit hinsichtlich der Definition von Kapitalgesellschaften ersetzt.
[44] Durch Beschluss des Gemeinsamen EWR-Ausschusses Nr. 127/2006 vom 22.9.2006 (ABl. EU Nr. L 333/59 vom 30.11.2006) wurde der Anwendungsbereich der IntVerschmRL auf die EWR-Staaten ausgedehnt.
[45] *Bayer* in Lutter UmwG § 122a Rn. 4 mwN; näher → § 13 Rn. 23 f.
[46] Näher → § 13 Rn. 23 f.
[47] *Neye/Timm* in GmbHR 2007 S. 561 (565); *Drinhausen/Keinath* RIW 2006 S. 81 (86). Ausführlicher → Rn. 19 f oder zu den Reformbestrebungen → Rn. 26 f.

§ 12   4. Teil. Grenzüberschreitende Verschmelzungen

regelt selbst nur spezifisch grenzüberschreitende Aspekte.[48] Mit ihren Art. 5 ff. übernimmt die IntVerschmRL im Wesentlichen die von der Dritten gesellschaftsrechtlichen Richtlinie zur Verschmelzung von Aktiengesellschaften (VerschmRL) eingeführten europarechtlich **einheitlichen Regelungen zu Strukturmaßnahmen**,[49] zusammengesetzt aus den Vorschriften zum Verschmelzungsplan (Art. 5), zum Verschmelzungsbericht (Art. 7), zur Verschmelzungsprüfung und dem Verschmelzungsprüfungsbericht (Art. 8) und zum Verschmelzungsbeschluss (Art. 9), als auch zur Prüfung der Rechtmäßigkeit der Verschmelzung (Art. 10 und 11). Die Rechtsfolgen der Verschmelzung (Art. 14), der Bestandschutz (Art. 17) und der Zeitpunkt der Wirksamkeit der Verschmelzung (Art. 12) wurden ebenfalls harmonisiert.

10   Die Regelungskompetenz bzgl. des Minderheitenschutzes wurde hingegen ausdrücklich den Gesetzgebern der Mitgliedstaaten übertragen (Art. 4 II). Hinsichtlich des Gläubigerschutzes erklärt die IntVerschmRL das geltende nationale Gläubigerschutzrecht für innerstaatliche Verschmelzungen der betroffenen Gesellschaften für anwendbar (Art. 4 I Buchst. b Satz 1, Art. 4 II 1). Insoweit besteht weiterer Harmonisierungsbedarf.[50]

11   Bezüglich der Mitbestimmung der Arbeitnehmer in dem Leitungs- oder Verwaltungsorgan des aus der grenzüberschreitenden Verschmelzung hervorgehenden Rechtsträgers beruht die IntVerschmRL auf dem von der SE bekannten Verfahren (Art. 16), wenngleich dieses aufgrund der zur SE geäußerten Kritik insbesondere durch Beseitigung der Verhandlungspflicht modifiziert wurde.[51]

12   Steuerrechtliche Gesichtspunkte werden von der IntVerschmRL nicht behandelt, es sei jedoch auf die Richtlinie 90/434/EWG[52] zur Steuerneutralität und auf das SEStEG[53] verwiesen.[54]

---

[48] *Bayer* in Lutter UmwG § 122a Rn. 5 mwN.
[49] Dritte Gesellschaftsrechtliche Richtlinie 78/855/EWG vom 9.10.1978, ABl. EG Nr. L 295/36 vom 20.10.1978, aufgehoben und neu kodifiziert durch Richtlinie 2011/35/EU vom 5.4.2011, ABl. L 110/1 vom 29.4.2011 und übernommen in den VO (EG) Nr. 2157/2001 vom 8.10.2001 über das Statut der Europäischen Gesellschaft (SE), ABl. EG Nr. L 294/1 vom 10.11.2001 und VO (EG) Nr. 1425/2003 vom 22.7.2003 über das Statut der Europäischen Genossenschaft (SCE), ABl. EU Nr. L 207/1 vom 18.8.2003.
[50] → Rn. 27.
[51] *Behrens*, Die grenzüberschreitende Verschmelzung nach der Richtlinie 2005/56/EG, 2007 S. 177 ff.; vgl. näher zu den Unterschieden zwischen dem Verfahren der Arbeitnehmermitbestimmung in der SE und der grenzüberschreitenden Verschmelzung → § 13 Rn. 236.
[52] RL 90/434/EWG vom 23.7.1990 über das gemeinsame Steuersystem für Fusionen, Spaltungen, die Einbringung von Unternehmensanteilen und den Austausch von Anteilen, die Gesellschaften verschiedener Mitgliedstaaten betreffen, ABl. EG Nr. L 225/1 vom 20.8.1990.
[53] Gesetz über steuerliche Begleitmaßnahmen zur Einführung der Europäischen Gesellschaft und zur Änderung weiterer steuerrechtlicher Vorschriften (SEStEG) vom 7.12.2006, BGBl. I 2782.
[54] Vgl. näher zur steuerlichen Behandlung grenzüberschreitender Verschmelzungen § 16.

5. Die Rechtsprechung des EuGH

Der EuGH entschied in seiner **SEVIC**-Entscheidung vom 13
13.12.2005,[55] also kurz nach Verabschiedung der IntVerschmRL, dass es
mit der Niederlassungsfreiheit gemäß Art. 43 und 48 EGV (nunmehr
Art. 49 und Art. 54 AEUV) unvereinbar sei, in einem Mitgliedstaat die
Eintragung grenzüberschreitender Verschmelzungen in das Handelsregister zu verweigern, wenn die Eintragung einer Verschmelzung unter
Beteiligung ausschließlich inländischer Gesellschaften möglich ist. Der
Einwand, die Interessen Dritter schützen zu wollen, rechtfertige eine
solche generelle Verweigerung nicht. Die **Zulässigkeit grenzüberschreitender Verschmelzungen** ist daher nicht erst durch die IntVerschmRL, sondern bereits **durch** das europäische Primärrecht der
Niederlassungsfreiheit gewährt.

Die Entscheidung betraf die Verschmelzung einer luxemburgischen 14
SA, Security Vision concept SA, auf ihre deutsche Muttergesellschaft,
SEVIC Systems AG, aufgrund eines im Jahre 2002 geschlossenen Verschmelzungsvertrages.[56] Es handelte sich somit um einen Fall einer Hereinverschmelzung. Ob das Urteil auch Geltung für den **Fall der Hinausverschmelzung** beansprucht, ist **im Schrifttum umstritten**.
Während einige Stimmen im Schrifttum[57] davon ausgehen, dass die
SEVIC-Entscheidung ein Wegzugsverbot vorsehe und sich daher nur auf
die Fälle der Hereinverschmelzung beziehe, dürfte wohl aus der weiten
Fassung des Urteils zu folgern sein, dass sich der Schutzbereich der
Art. 43 und 48 EGV (nunmehr Art. 49 und 54 AEUV) auch auf Hinausverschmelzungen[58] und darüber hinaus auf grenzüberschreitende **Spaltungen**[59] erstreckt. Im Gegensatz zur IntVerschmRL beschränkt sich
gemäß der SEVIC-Entscheidung der Schutzbereich der Niederlassungsfreiheit nicht auf Kapitalgesellschaften, sondern **umfasst** auch **Personengesellschaften und Genossenschaften**.[60] Hierfür spricht auch, dass

---

[55] Vgl. hierzu Bayer in Lutter UmwG § 122a Rn. 11 mwN; Kiem in Habersack/Drinhausen SE-Recht Vorb. UmwG Rn. 9.
[56] Näher zum Sachverhalt und Vorlageverfahren Frenzel S. 25.
[57] Vgl. Decher Der Konzern 2006 S. 905 (809); Oechsler NJW 2006 S. 812 (813).
[58] So die hM, vgl. Heckschen in Widmann/Mayer UmwG § 1 Rn. 251; Bayer in Lutter UmwG § 122a Rn. 11; Marsch-Barner in Kallmeyer UmwG Vor §§ 122a–122l Rn. 10 insbesondere zur Interpretation seit „Cartesio" Thümmel/ Heck Der Konzern 2009 S. 12 ff.
[59] Vgl. → Rn. 21; Drygala/von Bressensdorf NZG 2016 S. 1161 (1165); Kiem in Habersack/Drinhausen SE-Recht Vorb. UmwG Rn. 9; Simon/Rubner in Kölner Kommentar UmwG Vor §§ 122a ff Rn. 53 ff; Heckschen in Widmann/Mayer UmwG § 1 Rn. 261.1 mwN; Bayer in Lutter UmwG § 122a Rn. 11 mwN; Marsch-Barner in Kallmeyer UmwG Vor §§ 122a–122l Rn. 11 f.; vgl. zur grenzüberschreitenden Spaltung für Kapitalgesellschaften aus deutscher Sicht Kleba RNotZ 2016 S. 273.
[60] So die hM, → Rn. 20; Kiem in Habersack/Drinhausen SE-Recht Vorb. UmwG Rn. 9; Heckschen in Widmann/Mayer UmwG Vor § 122a ff. Rn. 14; Bayer in Lutter UmwG § 122a Rn. 12 mwN.

nach hM Hereinverschmelzung und Hinausverschmelzung gleichermaßen vom Schutzbereich der Niederlassungsfreiheit erfasst werden.[61] In der Rechtssache **Cartesio** entschied der EuGH, dass grenzüberschreitende Umwandlungsvorgänge auch jenseits der IntVerschmRL unter bestimmten Voraussetzungen zulässig sind, da sie in den Schutzbereich der Niederlassungsfreiheit fallen.[62] Die Entscheidung bezog sich auf den Fall eines Wegzugs eines Unternehmens. In dieser Entscheidung wurde zwar bestätigt, dass der Sitzstaat die Voraussetzungen für einen statutenwahrenden Wegzug einer nach seinem Recht gegründeten Gesellschaft festlegen dürfe. Allerdings sei der grenzüberschreitende **Formwechsel**, dh der Fall des Wegzugs unter Aufgabe des Gesellschaftsstatuts, von der Niederlassungsfreiheit geschützt.[63]

15 Am 12.7.2012 erging durch das Urteil in der **Rechtssache VALE**[64] eine weitere Grundsatzentscheidung mit wesentlichen Aussagen zum Inhalt der Niederlassungsfreiheit. Von der europäischen Niederlassungsfreiheit ebenfalls geschützt ist demnach der **grenzüberschreitende Formwechsel**, zumeist als **grenzüberschreitende Sitzverlegung**[65] bezeichnet. Während in der deutschen Rechtsprechung die Sitzverlegung im Rahmen eines Zuzugs teils abgelehnt wurde,[66] sind seit der Entscheidung in der **Rechtssache VALE**[67] Satzungssitzverlegungen nach Deutschland[68] für zulässig

---

[61] Vgl. *Bayer* in Lutter UmwG § 122a Rn. 11 mwN; sowie *Frenzel* S. 44 ff. – insbesondere unter Aufarbeitung der EuGH-Rechtsprechung; aA jedoch *Kindler* Der Konzern 2006 S. 811 (819 f).

[62] Vgl. EuGH vom 16.12.2008 – C-210/06, NJW 2009 S. 569, ZIP 2009 S. 24; eingehend *Bayer/J.Schmidt* ZHR 173 (2009) S. 735 ff.; *Thümmel/Heck* Der Konzern 2009 S. 12 ff.

[63] Vgl. EuGH vom 16.12.2008 – Cartesio NJW 2009 S. 569, sowie statt aller *Kiem* in Habersack/Drinhausen SE-Recht Vorb. UmwG Rn. 8.

[64] Vgl EuGH vom 12.7.2012 NZG 2012 S. 871 – C-378/10 sowie aus dem Schrifttum *W.-H. Roth* Grenzüberschreitende Rechtsformwechsel nach VALE, FS Hoffmann-Becking, 2013, S. 965 ff.; *Drygala* EuZW 2013 S. 569; *Bayer/J.Schmidt* ZIP 2012 S. 1481; *Wicke* DStR 2012 S. 1756; *Kindler* EuZW 2012 S. 888.

[65] Vgl. zur grenzüberschreitenden Sitzverlegung *Verse* ZEuP 2013 S. 458; *Heckschen* ZIP 2015 S. 2049 ff; *Ege/Klett* DStR 2012 S. 2442 (2446 ff.); sowie → § 32 Rn. 71 ff.

[66] Vgl. die Ablehnung des identitätswahrenden Formwechsel durch Verlegung des Satzungs- und Verwaltungssitzes einer luxemburgischen Sàrl in eine deutsche GmbH OLG Nürnberg vom 13.2.2012 NZG 2012 S. 468 (Die Entscheidung erging vor der VALE-Entscheidung des EuGH.); sa *Wöhlert* GWR 2012, 329865.

[67] Vgl EuGH vom 12.7.2012 NZG 2012 S. 871 – C-378/10 sowie aus dem Schrifttum *W.-H. Roth* Grenzüberschreitende Rechtsformwechsel nach VALE, FS Hoffmann-Becking, 2013, S. 965 ff.; *Drygala* EuZW 2013 S. 569; *Bayer/J.Schmidt* ZIP 2012 S. 1481 ff.; *Wicke* DStR 2012 S. 1756; *Kindler* EuZW 2012 S. 888.

[68] Vgl. zur Sitzverlegung einer GmbH von Frankreich nach Deutschland KG Berlin vom 21.3.2016 NZG 2016 S. 835 ff. – Anm. *Stiegler*; hierzu auch *Winter/Marx/De Decker* DStR 2016 S. 1997; OLG Nürnberg vom 19.6.2013 DStR 2014 S. 812; aA jedoch (vor der VALE-Entscheidung des EuGH) noch den identitätswahrenden Formwechsel durch Verlegung des Satzungs- und Verwaltungssitzes einer luxemburgischen Sàrl in eine deutsche GmbH noch ablehnend das OLG Nürnberg vom 13.2.2012, NZG 2012 S. 468.

erachtet worden.[69] Der bereits in der Rechtssache *SEVIC* bestehende Meinungsstreit, ob dies für Hinausverschmelzungen und Hereinverschmelzungen gleichermaßen gilt, hat sich jedoch auch durch die EuGH-Entscheidung in der Rechtssache *VALE* nicht vollständig gelegt.[70] Seit der *VALE*-Entscheidung ist zumindest die Zulässigkeit von Hineinverlegungen anerkannt, wenn das innerstaatliche Recht des Zuzugsstaates dies für einen innerstaatlichen Formwechsel für zulässig erachtet. Allerdings hat die zuziehende Gesellschaft **alle Voraussetzungen zu erfüllen**, die das innerstaatliche Recht des Aufnahmestaates **für die Gründung** der betroffenen Rechtsform vorsieht.[71] Das innerstaatliche Recht des Aufnahmestaates darf grenzüberschreitende Umwandlungsvorgänge nicht erschweren.[72] Für einen Schutz der grenzüberschreitenden Sitzverlegung durch die Niederlassungsfreiheit ist gemäß der VALE-Entscheidung zudem erforderlich, dass die sich in dem anderen Mitgliedstaat ansiedelnde Gesellschaft **eine tatsächliche wirtschaftliche Tätigkeit im Zuzugsstaat** aufgenommen hat.[73] In der Aufnahme dieses Kriteriums wird zu Recht eine Abkehr von den Rechtsgrundsätzen in den Rechtssachen Centros, Überseering und Inspire Art gesehen.[74]

II. Reform des deutschen Umwandlungsgesetzes: Die Umsetzung der IntVerschmRL

1. Zur früheren Rechtslage im deutschen Recht

Der sachliche Anwendungsbereich des UmwG ist in § 1 I UmwG geregelt. Danach können nur **Rechtsträger mit „Sitz im Inland"** umgewandelt werden. Die bis zur *SEVIC*-Entscheidung in Deutschland vorherrschende Meinung schloss aus dieser Vorschrift, dass die Anwendbarkeit des UmwG von der Voraussetzung abhänge, dass die an der Umwandlung beteiligten Rechtsträger einen Inlandssitz aufweisen können und folglich der Gesetzeswortlaut grenzüberschreitende Verschmelzungen ausschließt.[75] Der Grund für diese Zurückhaltung war, dass man Harmonisierungsbestrebungen in der EU nicht vorgreifen wollte, weil

---

[69] Vgl. Bayer/J. Schmidt ZIP 2012 S. 1481 (1484); *W.-H. Roth* Grenzüberschreitende Rechtsformwechsel nach VALE, FS Hoffmann-Becking, 2013, S. 965 ff.; *Drygala* EuZW 2013 S. 569; *Bayer/J.Schmidt* ZIP 2012 S. 1481; *Wicke* DStR 2012 S. 1756.
[70] Vgl. zum Meinungsstreit *Drygala/von Bressendorf* NZG 2016 S. 1161 (1164) mwN.
[71] Vgl EuGH vom 12.7.2012 NZG 2012 S. 871 – C-378/10 Rn. 54.
[72] Vgl EuGH vom 12.7.2012 NZG 2012 S. 871 – C-378/10 Rn. 55 ff.
[73] Vgl. *Drygala/von Bressendorf* NZG 2016 S. 1161 (1165).
[74] Vgl. *Böttcher/Kraft* NJW 2012 S. 2701 ff.
[75] *Kindler* in MünchKomm BGB IntGesR Rn. 857; *Großfeld* in Staudinger, Internationales Gesellschaftsrecht Rn. 699. In Umsetzung zur IntVerschmRL sind die grenzüberschreitenden Verschmelzungen von Kapitalgesellschaften durch die §§ 122a UmwG geregelt worden. Vgl. näher zur aktuellen Auffassung des Begriffs „Rechtsträger im Inland" *Drygala* in Lutter UmwG § 1 Rn. 1 ff.

§ 12   4. Teil. Grenzüberschreitende Verschmelzungen

dies unter Umständen politisch und rechtstechnisch zu erheblichen Schwierigkeiten hätte führen können.[76]

17 Im Gegensatz dazu vertrat eine Mindermeinung, dass das UmwG sich nicht auf rein innerdeutsche Umwandlungen beschränke. Für den Fall, dass das UmwG aufgrund deutschem oder EU-ausländischem Internationalen Privatrecht anwendbar ist, wurde zum Einen vertreten, dass § 1 I UmwG lediglich klarstelle, dass der deutsche Gesetzgeber keinen Anspruch darauf erhebe, auch den ausländischen Teil einer grenzüberschreitenden Umwandlung durch das UmwG erfassen zu wollen.[77] Zum anderen wurde die Norm dahingehend ausgelegt, dass das UmwG seinen Anwendungsbereich im Falle einer grenzüberschreitenden Umwandlung auf den inländischen Rechtsträger beschränke.[78] Derartige Auslegungen waren jedoch mit dem historischen Willen des Gesetzgebers, der eine grenzüberschreitende Umwandlung offenbar vom Regelungsbereich des UmwG ausnehmen wollte,[79] nur schwer vereinbar.[80]

2. Umsetzung der IntVerschmRL in deutsches Recht

18 Zum 25.4.2007 ist das Zweite Gesetz zur Änderung des Umwandlungsgesetzes in Kraft getreten.[81] Durch die §§ 122a–122l UmwG wurde im Zweiten Teil des Zweiten Buches ein neuer Zehnter Abschnitt zur Regelung grenzüberschreitender Verschmelzungen von Kapitalgesellschaften in das Umwandlungsgesetz eingefügt. Regelungstechnisch gelten über die Verweisung in § 122a II UmwG die Vorschriften über innerstaatliche Verschmelzungen (§§ 2–38, 46–78 UmwG), soweit nicht in den §§ 122a–122l UmwG Sonderregelungen getroffen wurden, die durch den grenzüberschreitenden Charakter der Verschmelzung bedingt sind. Entsprechend dem Aufbau der IntVerschmRL definieren §§ 122a, 122b UmwG den persönlichen und sachlichen Anwendungsbereich. §§ 122c ff. UmwG sehen ua zum Verschmelzungsplan, zum Verschmelzungsbericht und zur Verschmelzungsprüfung Sonderregelungen vor.

III. Verschmelzungen und Umstrukturierungen jenseits der IntVerschmRL

19 Bislang wurde durch die Umsetzung der IntVerschmRL in den §§ 122a ff. UmwG lediglich die grenzüberschreitende Verschmelzung von Kapitalgesellschaften geregelt. Vom Anwendungsbereich der IntVerschmRL ausgeschlossen ist hingegen die grenzüberschreitende Ver-

---

[76] *Neye* ZIP 1994 S. 917; *Ganske* Umwandlungsrecht S. 43 zu § 1.
[77] *Kronke* ZGR 1994 S. 26 (32), siehe dazu ausführlich Teil B Rn. 27 der 3. Auflage.
[78] *Kraft/Bron* in RIW 2005 S. 641.
[79] Dies wird insbesondere durch den Verweis auf § 3 UmwG zum Ausdruck gebracht, welcher als übertragende, übernehmende und neue Rechtsträger bei Verschmelzungen nur deutsche Gesellschaftsformen nennt; vgl. dazu näher *Schaumburg* in GmbHR 1996 S. 501 (502).
[80] Vgl. nur *Ganske* WM 1993 S. 1117 (1120).
[81] BGBl. I 2007 S. 542.

schmelzung von Personengesellschaften,[82] die grenzüberschreitende Spaltung und die grenzüberschreitende Sitzverlegung. Mangels Anwendbarkeit der IntVerschmRL und der §§ 122a ff. UmwG fehlt es bislang an einem rechtlichen Rahmen für die grenzüberschreitende Verschmelzung von **Personengesellschaften**.[83] Zwar ergibt sich ihre Zulässigkeit aus dem im europäischen Primärrecht festgeschriebenen Grundsatz der Niederlassungsfreiheit.[84] Mangels ausdrücklicher Normsetzung im europäischen Sekundärrecht und im innerstaatlichen Recht kann die Verschmelzung von Personengesellschaften jedoch nur auf der Grundlage der Rechtsprechung des EuGH,[85] wie sie insbesondere in der *SEVIC*-Entscheidung und der *VALE*-Entscheidung entwickelt wurde, vorgenommen werden. Die grenzüberschreitende Verschmelzung darf einer dem Recht eines Mitgliedstaates unterliegenden Personengesellschaft nicht verwehrt werden, soweit das innerstaatliche Recht seinen nationalen Gesellschaften diese Möglichkeit eröffnet.[86] Umstritten ist allerdings, ob dies nicht nur für die Hereinverschmelzung, sondern ebenfalls für die Fälle der Hinausverschmelzung gilt und ob eine tatsächliche Geschäftstätigkeit im Aufnahmestaat erforderlich ist.[87] Fällt eine grenzüberschreitende Umwandlung nicht in den Anwendungsbereich der §§ 122a ff. UmwG, können uU die §§ 122a ff. UmwG analog Anwendung finden;[88] soweit sich die Rechtsordnungen der beteiligten Mitgliedstaaten widersprechen, gilt die modifizierte **Vereinigungstheorie**.[89] Danach ist das Recht sämtlicher an der grenzüberschreitenden Verschmelzung beteiligten Unternehmen zu berücksichtigen. Die Zulässigkeit der Umwandlung und das Verfahren richten sich nach dem Personalstatut der jeweiligen Gesellschaft, dies gilt zumindest soweit die Regelung nur einen beteiligten Rechtsträger betrifft.[90] Soweit ein gemeinsames Vorgehen der beteiligten Unternehmen erforderlich wird, so wie etwa beim Abschluss des Verschmelzungsvertrags oder der Erstellung des Verschmel-

20

---

[82] Vgl. *Audretsch* Die grenzüberschreitende Verschmelzung von Personengesellschaften: Regelungsvorschläge unter Berücksichtigung der Interessen der Gesellschafter, Gläubiger und Arbeitnehmer 2008; *Bungert/Schneider* in Gedächtnisschrift Gruson, 2009, S. 37 ff.
[83] Vgl. *Drygala* in Lutter UmwG § 1 Rn. 12 ff. mwN; *Bayer* in Lutter UmwG § 122a Rn. 3 und Rn. 12 f. mwN; *Kiem* in Habersack/Drinhausen SE-Recht § 122b Rn. 2; *Thiermann* S. 220 ff., 299.
[84] Vgl. Art. 49, 54 AEUV.
[85] Vgl. EuGH NJW 1989 S. 2186 – *Daily Mail*; EuGH NZG 1999 S. 298 – *Centros*; EuGH NZG 2002 S. 1164 – *Überseering*; EuGH NZG 2003 S. 1064 – *Inspire Art*; EuGH NZG 2006 S. 112 – *Sevic*; EuGH NZG 2009 S. 61 – *Cartesio*; EuGH NZG 2012 S. 871 – *Vale*.
[86] Vgl. *Kiem* in Habersack/Drinhausen SE-Recht § 122b Rn. 2 mwN.
[87] Vgl. näher zu diesem Fragenkomplex *Drygala* in Bayer UmwG § 1 Rn. 12 ff. mwN.
[88] Vgl. *Drygala* in Bayer UmwG § 1 Rn. 35 mwN; *Drinhausen* in Semler/Stengel UmwG Einl. C Rn. 40.
[89] Vgl. näher *Drygala* in Bayer UmwG § 1 Rn. 44 ff. mwN; *Kindler* in MünchKomm BGB IntGesR Rn. 844 ff.; *Großfeld* in Staudinger IntGesR Rn. 249 ff.
[90] Vgl. *Drygala* in Bayer UmwG § 1 Rn. 44 mwN.

zungsberichts, sind die Anforderungen der **Rechtsordnungen zu kumulieren.**[91] Dabei setzt sich diejenige Rechtsordnung durch, welche die strengeren Anforderungen aufstellt.[92] Im Falle von Normenwidersprüchen oder Normenmängeln ist über die kollisionsrechtliche Methode der Anpassung eine Lösung zu finden.[93] Die sich widersprechenden Regeln sind mittels dieser Methode nach den sachlichen Interessen anzugleichen bzw. bestehende Regeln zur Lückenfüllung anzuwenden. Es kann eine Anpassung der kollidierenden Vorschriften, zB bei Bewertungsfragen, notwendig sein.[94]

21 Eine vergleichbare Rechtsunsicherheit gilt auch für andere Umstrukturierungsmaßnahmen, ua die **grenzüberschreitende Spaltung**, da die IntVerschmRL hierzu keine Regelungen enthält. Zwar hat der europäische Gesetzgeber für innerstaatliche Spaltungen einen Regelungsrahmen geschaffen, dessen inhaltliche Ausgestaltung hinsichtlich der erforderlichen Strukturmaßnahmen wiederum auf der VerschmRL aufbaut.[95] Von der IntVerschmRL werden **grenzüberschreitende Spaltungen** jedoch ebensowenig wie vom innerstaatlichen deutschen Recht der grenzüberschreitenden Verschmelzungen in §§ 122a ff. UmwG erfasst. Sie sollen allerdings aufgrund des in der Praxis geäußerten Regelungsbedarfs im Rahmen der geplanten Reform der IntVerschmRL[96] Einzug in die IntVerschmRL erhalten.[97] Grenzüberschreitende Spaltungen fallen nach ganz hM ebenfalls in den Schutzbereich der Niederlassungsfreiheit und können somit zumindest aufgrund der zur grenzüberschreitenden Verschmelzung und Sitzverlegung entwickelten Rechtsgrundsätze vorgenommen werden.[98] Dafür spricht auch, dass wirtschaftlich betrachtet Spaltungen als „umgekehrte Verschmelzungen" zu erachten sind.[99] Nach den Grundsätzen der EU-Rechtsprechung – wie sie insbesondere in der *SEVIC*-Entscheidung und der *VALE*-Entscheidung zum Ausdruck gekommen sind – müssen Spaltungen dann als zulässig erachtet werden, wenn sie im innerstaatlichen Recht der beteiligten Mitgliedstaaten vorgesehen sind.[100] Ungeklärt ist wiederum, welche Rechtsvorschriften auf

---

[91] Vgl. *Drygala* in Bayer UmwG § 1 Rn. 45 mwN.
[92] Statt vieler *Heckschen* in Widmann/Mayer UmwG § 1 Rn. 270; *Simon/Rubner* in Kölner Kommentar UmwG Vor §§ 122a ff. Rn. 25.
[93] *Drinhausen* in Semler/Stengel UmwG Einl. C Rn. 36; *Kindler* in MünchKomm BGB IntGesR Rn. 844; *Ekkenga/Kuntz* WM 2004 S. 2427 (2432).
[94] Vgl. *Drygala* in Bayer UmwG § 1 Rn. 46 f. mwN.
[95] Vgl. dazu *Habersack/Verse* Europäisches Gesellschaftsrecht § 8 Rn. 28 ff.
[96] Hierzu → Rn. 24 f.
[97] Vgl. Aktionsplan zum Europäischen Gesellschaftsrecht 2012, Kommission Mitteilung vom 12.12.2012 – Aktionsplan: Europäisches Gesellschaftsrecht und Corporate Governance, COM (2012) S. 740/2 S. 15.
[98] Vgl. die ganz hM *Decker* in Hennsler/Strohn § 1 UmwG Rn. 13; *Drinhausen* in Semler/Stengel UmwG Einl. C. Rn. 24 ff.; *Drygala* in Lutter UmwG § 1 Rn. 20 mwN; *Kallmeyer/Kappes* AG 2006 S. 234 ff.; vgl. ausführlich zum anwendbaren Recht und zur Durchführung *Kleba* RNotZ 2016 S. 273; *Kindler* in MünchKomm BGB IntGesR Rn. 909 ff.
[99] → § 17 Rn. 4; ebenso *Kleba* RNotZ 2016 S. 273 (276 ff.) mwN.
[100] Vgl. EuGH – *VALE* NZI 2012 S. 937 – Obiter dictum.

§ 12. Europäische Grundlagen und deutsches Recht § 12

eine grenzüberschreitende Spaltung anzuwenden sind. Erwogen wird im deutschen Schrifttum ua die Regelungen der SE-VO oder der §§ 122a ff. UmwG analog anzuwenden, bzw. eine ergänzende Anwendung der §§ 125 ff. UmwG vorzunehmen.[101] In der Praxis besteht ein Bedarf an der Vornahme von grenzüberschreitenden Spaltungen. Man kann sich derzeit damit behelfen, dass zunächst nach innerstaatlichem Recht eine Abspaltung vorgenommen wird, um anschließend in einem zweiten Schritt den übernehmenden/neuen Rechtsträger grenzüberschreitend zu verschmelzen.[102]

Nicht zuletzt sind auch **grenzüberschreitende Sitzverlegungen** zulässig. Dies gilt zumindest im Falle der Hereinverschmelzung. Zunächst betonte der EuGH in seiner *SEVIC*-Entscheidung,[103] dass grenzüberschreitende Verschmelzungsmaßnahmen durch Sitzverlegung vom Schutzbereich der Art. 43 und 48 EGV (nunmehr Art. 49 und Art. 54 AEUV) erfasst sind und Rechtsträger aus EU-/EWR-Staaten hierauf einen Anspruch haben. In der Entscheidung *Cartesio* wurde über den Wegzug einer Gesellschaft von einem Mitgliedstaat in einen anderen Mitgliedstaat ohne gleichzeitigen Wechsel in eine Rechtsform des Zuzugsstaates entschieden.[104] Mit der *VALE*-Entscheidung erging sodann das Grundsatzurteil für den Fall der identitätswahrenden Sitzverlegung in einen anderen Mitgliedstaat im Wege der Gründung einer dortigen Gesellschaftsform unter Angabe der Rechtsnachfolge und Löschung der ursprünglichen Gesellschaft im Herkunftsstaat.[105] Der EuGH entschied in der Rechtssache *VALE*, dass nationale Regelungen mit der Niederlassungsfreiheit unvereinbar sind, wenn sie zwar für inländische Gesellschaften die Möglichkeit einer Umwandlung vorsehen, aber die Umwandlung einer Gesellschaft, die der Rechtsordnung eines anderen Mitgliedstaats unterliegt, in eine inländische Gesellschaft mittels Gründung der letztgenannten Gesellschaft generell nicht zulassen.[106] Er bestätigte damit die *Cartesio*-Entscheidung. Die Niederlassungsfreiheit umfasst insoweit eine „**Formwechselfreiheit**".[107] Der EuGH verlangt als zusätzliches Kriterium für die Zulässigkeit der grenzüberschreitenden Umwandlung die

22

---

[101] Vgl. eingehend *Kleba* RNotZ 2016 S. 273 (276 ff.) mwN mit umfassendem Praxisleitfaden; *Drinhausen* in Semler/Stengel UmwG Einl. C Rn. 40 zur analogen Rechtsanwendung.
[102] *Kleba* RNotZ 2016 S. 273 (274) mwN.
[103] Ebenso → Rn. 15; eingehend *Behme* Rechtsformwahrende Sitzverlegung und Formwechsel von Gesellschaften über die Grenze, 2015.
[104] Vgl. EuGH vom 16.12.2008 ZIP 2009 S. 24 – *Cartesio*; eingehend *Bayer/J.Schmidt* ZHR 173 (2009) S. 735 ff.
[105] Vgl. EuGH vom 12.7.2012 *VALE* NZI 2012 S. 937, ZIP 2012 S. 1394; eingehend hierzu *Roth* Grenzüberschreitende Rechtsformwechsel nach *VALE*, FS Hoffmann-Becking, 2013, S. 965 ff.; *Drygala* EuZW 2013 S. 569 ff.; *Bayer/J.Schmidt* ZIP 2012 S. 1481 ff.; *Wicke* DStR 2012 S. 1756 ff.; *Kindler* EuZW 2012 S. 888.
[106] Vgl. EuGH vom 12.7.2012 – *VALE* NZI 2012 S. 937, ZIP 2012 S. 1394 – Obiter dictum.
[107] Vgl. *Bayer/J.Schmidt* ZIP 2012 S. 1481 ff.

§ 12 4. Teil. Grenzüberschreitende Verschmelzungen

Absicht, dass eine **tatsächliche wirtschaftliche Tätigkeit im Zuzugsstaat** aufgenommen wird.[108] Auf der Grundlage der *VALE*-Entscheidung wurden sodann auch identitätswahrende **Sitzverlegungen** nach Deutschland durch die deutschen innerstaatlichen Gerichte anerkannt.[109] Das AG Charlottenburg hat zur Vereinfachung zudem einen Katalog entworfen, der die für eine grenzüberschreitende Sitzverlegung nach Deutschland erforderlichen Unterlagen aufführt.[110] Im deutschen Schrifttum ist umstritten, welche Regelungen auf die grenzüberschreitende Sitzverlegung anzuwenden sind. Mangels unionsrechtlicher Vorgaben kommt es zur Anwendung nationalen Rechts. Im deutschen Recht wird die analoge Anwendung des Umwandlungsrechts und des Rechts der SE-VO erwogen,[111] bis die von der Praxis geforderte EU-Sitzverlegungsrichtlinie erlassen wird.[112] In Betracht kommt eine Anwendung der §§ 190 ff. UmwG,[113] eine analoge Anwendung der Vorschriften zur grenzüberschreitenden Verschmelzung (§§ 122a ff. UmwG) oder eine Heranziehung der Vorschriften zur Sitzverlegung der SE (Art. 8 SE-VO).[114] Ungeklärt ist zudem die Frage, ob eine isolierte Satzungssitzverlegung ohne Verlegung des Verwaltungssitzes in den Anwendungsbereich der Niederlassungsfreiheit fällt.[115] In der Praxis bietet sich die Sitzverlegung zuweilen als Alternative zur grenzüberschreitenden Verschmelzung aus steuerrechtlichen Aspekten an.[116] Dies gilt zumindest, soweit es sich um einen Hinein-Formwechsel[117] handelt und der formwechselnde Rechtsträger vom Anwendungsbereich der Niederlassungsfreiheit erfasst wird.[118] So kann eine identitätswahrende Sitzverlegung steuerlich interessanter sein, wenn die Voraussetzungen der Vorschrift des § 6a GrEStG bei der grenzüberschreitenden Verschmelzung nicht grei-

---

[108] Vgl. obiter dictum in der Rechtssache *Vale* NZI 2012 S. 937; näher hierzu *Heckschen* ZIP 2015 S. 2049 (2056).
[109] Vgl. zur Sitzverlegung einer GmbH von Frankreich nach Deutschland KG Berlin vom 21.3.2016 NZG 2016 S. 835 ff – Anm. *Stiegler;* hierzu auch *Winter/Marx/De Decker* DStR 2016 S. 1997; OLG Nürnberg vom 19.6.2013 DStR 2014, 82; aA jedoch (vor der VALE-Entscheidung des EuGH) noch den identitätswahrenden Formwechsel durch Verlegung des Satzungs- und Verwaltungssitzes einer luxemburgischen Sàrl in eine deutsche GmbH noch ablehnend das OLG Nürnberg vom 13.2.2012 NZG 2012 S. 468.
[110] Checkliste der Richterinnen und Richter des AG Charlottenburg bei *Melchior* GmbHR 2014, R311.
[111] Vgl. → § 32 Rn. 93 ff.
[112] Vgl. eingehend *Kiem* ZHR 180 (2016) S. 289 ff.
[113] So für den Hineinformwechsel OLG Nürnberg vom 19.6.2013 ZIP 2014 S. 128, dazu *Heckschen* ZIP 2015 S. 2049 (2051).
[114] So wohl *Hushahn* RNotZ 2014 S. 137 (140 f); *Verse* ZEuP 2013 S. 458 (484 ff). Vgl. näher zum Fragenkomplex *Heckschen* ZIP 2015 S. 2049 ff.
[115] Vgl. näher *Roth* Grenzüberschreitender Rechtsformwechsel nach VALE, FS Hoffmann-Becking, 2013, S. 965 (989); *Heckschen* ZIP 2015 S. 2049 (2054 ff.).
[116] Vgl. *Kiem* ZHR 180 (2016) S. 289 (294) mwN; siehe allgemein zu steuerlichen Aspekten der Sitzverlegung → § 32 Rn. 103 ff.
[117] Vgl. zum Hinausformwechsel *Heckschen* ZIP 2015 S. 2049 (2059 ff.).
[118] Vgl. hierzu näher *Heckschen* ZIP 2015 S. 2049 (2051 f).

fen.[119] Zudem kommt es aufgrund des identitätswahrenden Charakters der Sitzverlegung nicht zu einem Wegfall von Verlustvorträgen.[120] Von der IntVerschmRL nicht zwingend erfasst sind Genossenschaften. Die IntVerschmRL sieht für **Genossenschaften** vor, dass den Mitgliedstaaten ein Optionsrecht zukommt, diese vom Anwendungsbereich der grenzüberschreitenden Verschmelzung auszunehmen.[121] Von diesem Opt-Out-Recht hat der deutsche Gesetzgeber in § 122b II Nr. 1 UmwG Gebrauch gemacht.[122] Eine deutsche Genossenschaft kann jedoch zur grenzüberschreitenden Verschmelzung – nach Formwechsel in eine Kapitalgesellschaft – die supranationale Rechtsform der **europäischen Genossenschaft (SCE)**[123] annehmen.

23

IV. SE und grenzüberschreitende Verschmelzungen in der Praxis

Durch die SE-VO und die IntVerschmRL haben sich die Optionen für internationale Zusammenschlüsse erhöht. In der Praxis werden beide Instrumente genutzt. Die zunächst als Totgeburt behauptete SE, die seit 2004 für Unternehmenszusammenschlüsse zur Verfügung steht, erfreut sich inzwischen großer Beliebtheit. Im Juli 2016 gab es in Europa insgesamt 2574 SE.[124] Allerdings ist nur ein Anteil von **416 SE tatsächlich operativ** tätig. Die Motive für eine SE-Gründung sind unterschiedlich.[125] Fast die Hälfte der operativen SE hat ihren Sitz in Deutschland.[126] Seit zwei Jahren hat jedoch auch Frankreich die Attraktivität dieser Rechtsform erkannt, so dass einige namhafte Unternehmen eine Umwandlung vollzogen haben.[127] Teils verdankt die SE in Deutschland ihre Attraktivität der Möglichkeit des Einfrierens der Mitbestimmung, teils verdankt sie ihren Erfolg der Möglichkeit die monistische Organisationsverfassung einzuführen.[128]

24

---

[119] Vgl. *Kiem* ZHR 180 (2016) S. 289 (294) mwN.
[120] Vgl. *Kiem* ZHR 180 (2016) S. 289 (294) mwN.
[121] Vgl. Art. 3 II IntVerschmRL.
[122] Kritisch *Kiem* in Habersack/Drinhausen SE-Recht § 122b UmwG Rn. 15 mwN.
[123] Vgl. hierzu die Verordnung (EG) Nr. 1435/2003 des Rates vom 22.7.2003 über das Statut der europäischen Genossenschaft (SCE) ABl. L 207 S. 1.
[124] Vgl. ETUI European company (SE) database: http://ecdb.worker-participation.eu.
[125] Vgl. näher *Hohenstatt/Müller-Bonanni* in Habersack/Drinhausen SE-Recht Vor §§ 1–3 SEBG Rn. 87 ff.; *Reichert*, FS Hüffer, 2010, S. 805, 815 ff.
[126] Am 1.7.2016 waren 202 der 416 operativ tätigen SE in Deutschland angesiedelt. Vgl. ETUI European company (SE) database: http://ecdb.worker-participation.eu
[127] Vgl. LVMH SE, Christian Dior SE, Schneider Electrics SE, Atos SE. Ein Zusammenhang mit der im Jahre 2013 in Frankreich vollzogenen Ausweitung der Arbeitnehmermitbestimmung ist nicht auszuschließen. Nach den neuen gesetzlichen Bestimmungen sind alle Unternehmen mit weltweit mindestens 10.000 Beschäftigten oder mindestens 5000 Mitarbeitern in Frankreich zur Unternehmensmitbestimmung verpflichtet.
[128] Von den 202 in Deutschland ansässigen SE haben 70 eine monistische Struktur gewählt. Bei diesen Gesellschaften gibt es jenseits eines Informations- und Konsultationsrechts des Betriebsrats keine Unternehmensmitbestimmung.

§ 12 **4. Teil.** Grenzüberschreitende Verschmelzungen

25   In der Praxis waren zunächst direkt nach Ablauf der Umsetzungsfrist der IntVerschmRL keine vergleichbaren Erfolge bei der grenzüberschreitenden Verschmelzung zu verzeichnen, da ua im Jahre 2008 noch in elf Mitgliedstaaten die Umsetzung der IntVerschmRL ausstand.[129] Diejenigen grenzüberschreitende Verschmelzungen, die direkt im Anschluss an die Verabschiedung der IntVerschmRL erfolgten, betrafen zumeist Konzernverschmelzungen. Im Jahre 2010 stieg jedoch die Anzahl der mit deutschen Gesellschaften wirksam vollzogenen Verschmelzungen bereits auf 82 an und nimmt seither jährlich zu, so dass im Zeitraum von 2007 **bis 2012 insgesamt 381 grenzüberschreitenden Verschmelzungen von bzw. nach Deutschland** rechtswirksam wurden.[130] Bedenkt man, dass im gleichen Zeitraum bis Ende 2012 lediglich 234 operativ tätige SE gegründet wurden,[131] so kann man feststellen, dass **die grenzüberschreitende Verschmelzung der SE-Verschmelzung bereits den Rang abgelaufen** hat. Besonders verbreitet waren die Hineinverschmelzungen von Gesellschaften aus den Niederlanden, Österreich und Großbritannien. Letzteres betraf offensichtlich vorrangig Limiteds, die vor dem Inkrafttreten des MoMiG gegründet worden waren.[132] Die meisten Hinausverschmelzungen betrafen Verschmelzungen nach Luxemburg und Österreich. Der Anteil an mitbestimmungsrelevanten Verschmelzungen war mit 6% sehr gering.[133] Eine umfangreiche europaweite Studie zu den grenzüberschreitenden Verschmelzungen in den Jahren 2008–2012 hat ergeben, dass die Zahl der grenzüberschreitenden Verschmelzungen um 173% gestiegen ist, während die Zahl der innerstaatlichen Verschmelzungen im Vergleichszeitraum nur um 20% stieg.[134] Allein im Jahre 2012 erfolgten insgesamt europaweit 381 grenzüberschreitende Verschmelzungen.[135] Die IntVerschmRL erlaubt es **vor allem GmbHs** den grenzüberschreitenden Zusammenschluss zu vollziehen. Entsprechend handelte es sich bei 85% der im Zeitraum 2007 bis 2012 verschmelzenden deutschen Rechtsträger um GmbHs, hingegen waren nur 10% Aktiengesellschaften

---

[129] Vgl. hierzu Mahnung der Europäischen Kommission vom 5.5.2008 hinsichtlich der fehlenden Umsetzung der IntVerschmRL in elf Mitgliedstaaten (IP/08/872). Eine umfangreiche Studie hat ergeben, dass die IntVerschmRL inzwischen in allen Mitgliedstaaten umgesetzt wurde. Vgl. hierzu *Drygala/von Bressensdorf* NZG 2016 S. 1161 (1166) mwN.
[130] Vgl. *Bayer* Grenzüberschreitende Verschmelzungen im Zeitraum 2007 bis 2012, Studie für die Hans-Böckler-Stiftung April 2013, S. 7ff. abrufbar unter www.boeckler.de/pdf/mbf_2013_06_verschmelzungen_bayer.pdf
[131] Vgl. Hans-Böckler-Stiftung Europäische Aktiengesellschaft abrufbar unter http://www.boeckler.de/34750.htm
[132] Vgl. *Bayer* Grenzüberschreitende Verschmelzungen im Zeitraum 2007 bis 2012, Studie für die Hans-Böckler-Stiftung April 2013, S. 9.
[133] Vgl. *Bayer* Grenzüberschreitende Verschmelzungen im Zeitraum 2007 bis 2012, Studie für die Hans-Böckler-Stiftung April 2013, S. 12.
[134] Vgl. Study on the application oft he Cross-Border Mergers Directive S. 6; abrufbar unter http://ec.europa.eu/internal_market/company/docs/mergers/131007_study-cross-border-merger-directive_en.pdf
[135] http://ec.europa.eu/internal_market/company/docs/mergers/131007_study-cross-border-merger-directive_en.pdf.

und 4% SE.[136] Auch für die **Konzernumstrukturierung** im Wege der Straffung der europäischen Aktivitäten wird die grenzüberschreitende Verschmelzungen gern genutzt, wie sich daran zeigt, dass einige Gesellschaften an mehreren grenzüberschreitenden Verschmelzungen beteiligt waren.[137] Im Rahmen des **Brexit** ist zu erwarten, dass die grenzüberschreitende Verschmelzung als Instrument genutzt wird, um britische Gesellschaften in den EU-Raum zu verlegen.[138]

V. Reformvorhaben zur IntVerschmRL

Der europäische Gesetzgeber widmet sich derzeit nach knapp zehnjährigem Bestehen der IntVerschmRL einem Reformvorhaben.[139] Bei einer in breitem Rahmen von der EU-Kommission durchgeführten Konsultation im Jahre 2014/2015 hat sich eine große Mehrheit der Befragten für eine weitergehende Harmonisierung im Bereich des Rechts der grenzüberschreitenden Verschmelzung ausgesprochen.[140] Es wurde vor allem in folgenden Bereichen ein **weiterer Harmonisierungsbedarf** festgestellt: Der Anwendungsbereich der IntVerschmRL solle auf Gesellschaften ausgedehnt werden, die außerhalb der EU/EWR gegründet wurden, zu einem späteren Zeitpunkt jedoch in eine Rechtsform aus dem EU-/EWR-Raum umgewandelt wurden.[141] Zudem sprach sich eine Mehrheit dafür aus, dass grenzüberschreitende Verschmelzungen zwischen verschiedenen Gesellschaftsformen (Aktiengesellschaft und GmbH) – unabhängig vom innerstaatlichen Verschmelzungsrecht – generell ermöglicht werden sollten.[142] Dies ist zwar aufgrund der entsprechenden innerstaatlichen Gesetzeslage in Deutschland, nicht aber in allen Mitgliedstaaten zulässig. Gewünscht wurde zudem die Einführung einer Regelung zu **grenzüberschreitenden Spaltungen**.[143] Auch die Ergänzung der IntVerschmRL durch Bestimmungen zur Verschmelzung von

26

---

[136] Vgl. *Bayer* Grenzüberschreitende Verschmelzungen im Zeitraum 2007 bis 2012, Studie für die Hans-Böckler-Stiftung April 2013, S. 7.
[137] Vgl. zB ARAG SE; weitere Beispiele bei *Bayer* Grenzüberschreitende Verschmelzungen im Zeitraum 2007 bis 2012, Studie für die Hans-Böckler-Stiftung April 2013, S. 11.
[138] Vgl. zu Rechtsfolgen hinsichtlich des Brexit in Bezug auf Sitzverlegungen → § 32 Rn. 3, 6, 78, 86; vgl. zudem zu den Rechtsfolgen des Brexit *Mayer/Manz* BB 2016 S. 1731 ff.
[139] Vgl. Aktionsplan zum Europäischen Gesellschaftsrecht 2012, Kommission Mitteilung vom 12.12.2012 – Aktionsplan: Europäisches Gesellschaftsrecht und Corporate Governance, COM (2012) 740/2; ausführlich zum Reformvorhaben *Drygala/von Bressensdorf* NZG 2016 S. 1161 (1166 ff.).
[140] Vgl. feedback statement summary of responses to the public consultation on cross border mergers and divisions, october 2015, abrufbar unter http://ec.europa.eu/internal_market/consultations/2014/cross-border-mergers-divisions/docs/summary-of-responses_en.pdf (im Folgenden: Feedback Statement).
[141] Vgl. Feedback Statement S. 4 f.
[142] Vgl. Feedback Statement S. 5.
[143] Vgl. Feedback Statement S. 18 ff.

§ 12　　　4. Teil. Grenzüberschreitende Verschmelzungen

Personengesellschaften wird in der Praxis gewünscht.[144] Die Frage wurde jedoch nicht in die Konsultation aufgenommen,[145] was dem Ansatz des europäischen Gesetzgebers entspricht, diesen gesellschaftsrechtlichen Bereich bei der Harmonisierung weiterhin auszusparen.

27　Ein weiterer **Reformbedarf** wurde vor allem in den Bereichen des **Gläubiger- und Minderheitenschutzes** gesehen.[146] Die **Gläubigerschutzregelungen** der einzelnen Mitgliedstaaten greifen teils vor dem Verschmelzungsbeschluss ein, manche Mitgliedstaaten lassen diesen hingegen nach dem Beschluss oder sogar der Eintragung zu. Dies führt zu unterschiedlichen Fristen, die das Verfahren in die Länge ziehen.[147] Auch bestehen inhaltliche Differenzen (Vetorecht oder Gläubigersicherung). Hinsichtlich des **Minderheitenschutzes** wird ebenfalls eine Harmonisierung befürwortet, wenngleich dies aufgrund der großen Unterschiede der innerstaatlichen Bestimmungen insbesondere auch bei der Unternehmensbewertung[148] erhebliche Änderung des innerstaatlichen Rechts der EU-Mitgliedstaaten erfordern würde. Einfacher wäre es hingegen die Forderung umzusetzen, weitere **Verfahrenserleichterungen,** zB die **Verzichtsmöglichkeit** hinsichtlich der Erstellung des **Verschmelzungsberichts** vorzusehen.[149] Die Arbeitnehmermitbestimmung wurde kritisiert, dürfte jedoch aufgrund des ohnehin nur schwierig zu erzielenden Kompromisses nicht erneut zur Diskussion stehen.[150]

---

[144] Vgl. Drygala/von Bressensdorf NZG 2016 S. 1161 (1166 mwN).
[145] Bei der Konsultation wurde dieser Wunsch von mehreren Beteiligten in Anmerkungen geäußert.
[146] Vgl. Feedback Statement S. 5 ff.
[147] Näher Drygala/von Bressensdorf NZG 2016 S. 1161 (1167 mwN).
[148] Vgl. Fleischer AG 2014 S. 97.
[149] Näher Drygala/von Bressensdorf NZG 2016 S. 1161 (1167 mwN).
[150] Zu Recht Drygala/von Bressensdorf NZG 2016 S. 1161 (1167).

§ 13. Verschmelzung von Kapitalgesellschaften verschiedener Mitgliedstaaten

I. Grundlagen

1. Rechtsquellen und Regelungssystematik

a) Die Richtlinie über die Verschmelzung von Kapitalgesellschaften aus verschiedenen Mitgliedstaaten

Die Rechtslage in Deutschland hinsichtlich grenzüberschreitender Verschmelzungen war bis zum Jahr 2007 undurchsichtig. Die wohl hM sah jede grenzüberschreitende Verschmelzung, ob Herein- oder Hinausverschmelzung, als unzulässig an, da gemäß § 1 I UmwG der Anwendungsbereich des UmwG auf Rechtsträger mit Sitz im Inland beschränkt sei.[1] Seit dem **SEVIC-Urteil** des EuGH[2] war entschieden, dass eine derartige Beschränkung mit Art. 43, 48 EGV (nunmehr Art. 49, 54 AEUV) nicht vereinbar ist. Durch Einführung der Richtlinie zur europäischen Aktiengesellschaft und der damit geschaffenen Möglichkeit der SE-Gründung im Wege der Verschmelzung wurde in Deutschland der erste rechtliche Rahmen für eine grenzüberschreitende Verschmelzung geschaffen.[3]

Kurz darauf gelang nach langer Entstehungsgeschichte[4] die Einigung über die **Richtlinie über die Verschmelzung von Kapitalgesellschaften aus verschiedenen Mitgliedstaaten,** die IntVerschmRL (EG-RL 2005/56/EG), die am 26.10.2005 verabschiedet wurde. Sie stellt die Möglichkeit der grenzüberschreitenden Verschmelzung von Kapitalgesellschaften in der EU und in den Rechtsordnungen des Abkommens über den EWR sicher und legt den rechtlichen Rahmen grenzüberschreitender Verschmelzungen fest. Durch die IntVerschmRL wurde eine gemeinschaftsrechtliche Regelung getroffen, die eine Verschmelzung von Kapitalgesellschaften unterschiedlicher Rechtsform, die dem Recht verschiedener Mitgliedstaaten unterliegen gestattet, **soweit das innerstaatliche Recht** der betreffenden Mitgliedstaaten **Verschmelzungen zwischen Unternehmen solcher Rechtsform erlaubt.**[5] Die grenzüberschreitende Verschmelzung ist ebenso wie die SE-Verschmelzung darüber hinaus ein interessantes **Instrument zur Mitbestimmungsgestaltung.**[6]

Die grenzüberschreitenden Verschmelzungen sind insoweit nur teilweise geregelt worden. Von der IntVerschmRL werden **Verschmelzun-**

1

2

3

---
[1] Vgl. hierzu ausführlich → § 12 Rn. 1, 16 ff.
[2] Vgl. ausführlich zur Rechtsprechung → § 12 Rn. 2, 13 ff.; *Bayer* in Lutter UmwG § 122a Rn. 11.
[3] Vgl. Einzelheiten zur SE-Gründung durch Verschmelzung → § 14 Rn. 11, 23 ff.
[4] Vgl. ausführlich zur historischen Entwicklung → § 12 Rn. 7.
[5] Vgl. IntVerschmRL 2. Erwägungsgrund.
[6] Vgl. Einzelheiten → § 13 Rn. 354 ff.

gen zwischen **Personengesellschaften** – anders als vom **SEVIC**-Urteil – **nicht erfasst**[7] Auch sind grenzüberschreitende Verschmelzungen auf den EU-/EWR-Wirtschaftsraum beschränkt und die IntVerschmRL sieht keine Verschmelzungen mit Drittstaaten vor.[8] Die IntVerschmRL gestattet zudem nur dann grenzüberschreitende Verschmelzungen von Kapitalgesellschaften, wenn die Rechtsordnungen der an der Verschmelzung beteiligten Rechtsträger derartige Verschmelzungen in ihrem innerstaatlichen Recht bereits vorsehen.[9] Es besteht keine Verpflichtung neue Verschmelzungsformen im innerstaatlichen Recht einzuführen. Vom Regelungsbereich der IntVerschmRL **nicht erfasst** sind zudem andere Umstrukturierungen wie **Spaltung oder Formwechsel**,[10] wenngleich selbige nach den Rechtsprechungsgrundsätzen des EuGH (*SEVIC*, *Cartesio*, *Vale*) grundsätzlich möglich sind.[11]

b) Die Umsetzung der IntVerschmRL in deutsches Recht

4   Nach Erlass der IntVerschmRL hat der deutsche Gesetzgeber in kurzem Zeitraum deren Umsetzung vorgenommen und damit die bislang vorherrschende Rechtsunsicherheit hinsichtlich der grenzüberschreitenden Verschmelzung von Kapitalgesellschaften beseitigt. Die IntVerschmRL wurde – mit Ausnahme der mitbestimmungsrechtlichen Fragen – durch das **Zweite Gesetz zur Änderung des Umwandlungsgesetzes** in deutsches Recht umgesetzt. Der deutsche Gesetzgeber hat sich dafür entschieden, die Umsetzung der IntVerschmRL durch **Einfügung der §§ 122a bis 122l UmwG in einem neuen Zehnten Abschnitt** im Zweiten Buch (Verschmelzung) des UmwG vorzunehmen.[12] Das Dritte Gesetz zur Änderung des Umwandlungsgesetzes vom 11.7.2011 hat nur zu geringfügigen Änderungen im Bereich des Rechts der grenzüberschreitenden Verschmelzung geführt.[13]

5   Die Vorgaben der IntVerschmRL bezüglich der unternehmerischen Mitbestimmung der Arbeitnehmer wurden durch das **Gesetz zur Umsetzung der Regelungen über die Mitbestimmung der Arbeitnehmer bei einer Verschmelzung von Kapitalgesellschaften aus verschiedenen Mitgliedstaaten (MgVG)** in deutsches Recht umgesetzt.

---

[7] Vgl. näher zur grenzüberschreitenden Verschmelzung von Personengesellschaften → § 12 Rn. 19 f.
[8] Vgl. → § 13 Rn. 22.
[9] Art. 4 I lit. a) IntVerschmRL, vgl. Einzelheiten → Rn. 23.
[10] Vgl. *Bayer* in Lutter UmwG § 122a Rn. 3 und 15 mwN; *Habersack* in Habersack/Drinhausen SE-Recht Einl MgVG Rn. 12; *Polley* in Henssler/Strohn Gesellschaftsrecht § 122a UmwG Rn. 5.
[11] Vgl. → § 12 Rn. 20.
[12] Das Zweite Gesetz zur Änderung des Umwandlungsgesetzes vom 19.4.2007 ist am 25.4.2007 in Kraft getreten. Vgl. → § 9 Rn. 9 f.
[13] Vgl. zum Dritten Gesetz zur Änderung des Umwandlungsgesetzes vom 11.7.2011 (BGBl. I S. 1338) → § 9 Rn. 11; *Neye/Jäckel* AG 2010 S. 237 ff.; *Dieckmann* NZG 2010 S. 489 ff.; sowie Stellungnahme DAV-Handelsrechtsausschuss NZG 2010 S. 614 ff.

§ 13. Verschmelzung von KapGes versch. Mitgliedstaaten § 13

Steuerrechtliche Vorgaben wurden in der IntVerschmRL nicht gesondert vorgesehen, da das gemeinsame Steuersystem grenzüberschreitender Verschmelzungen bereits in der RL 90/434/EWG sichergestellt wurde. Auch der deutsche Gesetzgeber ist durch das SEStEG seiner Umsetzungsverpflichtung im deutschen Steuerrecht nachgekommen.[14]

6

c) Die Regelungssystematik

Der EU-Gesetzgeber hat sich **nicht** für eine **umfassende einheitliche Regelung der Verschmelzungen in allen Mitgliedstaaten** entschieden. Für eine Erleichterung der Verschmelzungen innerhalb der EU ist es als ausreichend erachtet worden, dass **grundsätzlich** für jede an der grenzüberschreitenden Verschmelzung beteiligte Gesellschaft und jeden beteiligten Dritten weiterhin die Vorschriften und Formalitäten des innerstaatlichen Rechts gelten, die im Falle einer Verschmelzung anwendbar wären, sofern die IntVerschmRL nichts anderes bestimmt.[15] Art. 4 I lit. b) IntVerschmRL ist Kollisionsnorm und sieht entsprechend vor, dass eine Gesellschaft, die sich an einer grenzüberschreitenden Verschmelzung beteiligt, die Vorschriften und Formalitäten des für sie geltenden **innerstaatlichen Rechts** zu beachten hat.

7

Eine **Harmonisierung des Verschmelzungsrechts** hat die IntVerschmRL nur in als wesentlich erachteten **Teilbereichen** gebracht. Das gesetzgeberische Konzept lehnt sich an die VerschmRL und die SE-VO an. So wurden Regelungen für den **Verschmelzungsplan** und **-bericht**, die **Verschmelzungsprüfung** und den **Verschmelzungsbeschluss** geschaffen, die Prinzipien einer – zweistufigen – **Rechtmäßigkeitsprüfung** der Verschmelzung und der Zeitpunkt des Wirksamwerdens kodifiziert, sowie **Rechtsfolgen** und **Bestandsschutz** vereinheitlicht. Hinsichtlich **Gläubiger- und Minderheitenschutz** bleibt es hingegen beim innerstaatlichen Recht, das weiterhin Beachtung finden darf.[16] Es gilt insoweit die kollisionsrechtliche „**modifizierte Vereinigungstheorie**".[17]

8

Diesen Vorgaben der IntVerschmRL folgt auch die Systematik der neuen Regelung im deutschen Recht. So wurde **in § 122a II UmwG** eine entsprechende **partielle Verweisungsnorm** auf innerstaatliches Verschmelzungsrecht aufgenommen. Gemäß § 122a II UmwG finden auf die an einer grenzüberschreitenden Verschmelzung beteiligten Kapitalgesellschaften die Vorschriften des Ersten Teils sowie die Vorschriften des Zweiten, Dritten und Vierten Abschnitts des Zweiten Teils des Zweiten Buches des UmwG Anwendung, soweit sich aus den §§ 122a bis 122l UmwG nichts anderes ergibt.[18] Dies bedeutet, dass die in §§ 2

9

---
[14] Vgl. Einzelheiten → § 16 Rn. 1 ff
[15] Vgl. 3. Erwägungsgrund der IntVerschmRL.
[16] Vgl. → Rn. 83 ff., 168 ff., 187 f.
[17] Vgl. näher *Simon/Rubner* in Kölner Kommentar UmwG Vor §§ 122a ff. Rn. 22 ff; *Polley* in Henssler/Strohn Gesellschaftsrecht § 122a UmwG Rn. 4.
[18] Darüber hinaus wurden wohl aus Klarstellungsgründen noch Spezialverweisungen eingefügt (§ 122i I Satz 4 UmwG; § 122k I S. 2 UmwG); vgl. näher zum sprachlich missglückten § 122a II UmwG *Frenzel* S. 194 ff. mwN.

Gutkès

§ 13   4. Teil. Grenzüberschreitende Verschmelzungen

bis 38 UmwG enthaltenen **allgemeinen Vorschriften zur innerstaatlichen Verschmelzung sowie** die in den §§ 46 bis 78 UmwG enthaltenen **besonderen Vorschriften** für die innerstaatlichen Verschmelzungen der jeweiligen **Kapitalgesellschaften** (GmbH, AG und KGaA, SE[19]) **entsprechende Anwendung finden.** Systematisch gehen jedoch dem darin enthaltenen innerstaatlichen Verschmelzungsrecht die speziellen Regeln in den §§ 122a bis 122l als lex specialis vor. Die **§§ 122a bis 122l UmwG enthalten insoweit nur diejenigen Vorschriften, die europarechtlich harmonisiert wurden** und vom innerstaatlichen Recht abweichen.

10 Grundsätzlich sind bei jeder grenzüberschreitenden Verschmelzung mindestens zwei Rechtsordnungen anzuwenden.[20] Der **Anwendungsbereich der §§ 122a bis 122l UmwG beschränkt** sich ausschließlich auf die an der Verschmelzung beteiligte(n) **Gesellschaft(en) die dem deutschen Recht unterliegt** bzw. unterliegen.[21] Diese Lösung entspricht dem Konzept der IntVerschmRL, das jeweilige innerstaatliche Verschmelzungsrecht grundsätzlich für jeden an der grenzüberschreitenden Verschmelzung beteiligten Rechtsträger für maßgeblich zu belassen. Für jede grenzüberschreitende Verschmelzung ist daneben das Recht derjenigen Rechtsordnung zu beachten, dem der ausländische Rechtsträger unterliegt.

2. Begriff der grenzüberschreitenden Verschmelzung

a) Verschmelzung

11 Art. 2 Nr. 2 der IntVerschmRL betrifft den **sachlichen Anwendungsbereich** der IntVerschmRL, die drei Formen der Verschmelzung vorsieht:
– die Verschmelzung im Wege der Aufnahme (Art. 2 Nr. 2 lit. a)[22]
– die Verschmelzung im Wege der Neugründung (Art. 2 Nr. 2 lit. b)[23]
– den **upstream-merger**, dh den Sonderfall der Konzernverschmelzung bei dem die Tochtergesellschaft auf ihre Muttergesellschaft verschmolzen wird, soweit diese sämtliche Aktien oder Anteile an ihrem Gesellschaftskapital besitzt (Art. 2 Nr. 2 lit. c).

12 Der deutsche Gesetzgeber hat davon abgesehen, diese Regelung zum sachlichen Anwendungsbereich ausdrücklich in deutsches Recht umzusetzen. Über die Generalverweisung in § 122a II UmwG findet **zum Begriff der Umwandlung § 2 UmwG** des innerstaatlichen Rechts

---

[19] Gemäß Art. 9 I lit. c) ii) SE-VO gelten die AG-Vorschriften auch für die SE; ebenso *Bayer* in Lutter UmwG § 122a Rn. 29.
[20] Bei der grenzüberschreitenden Verschmelzung durch Neugründung kann uU die neue Gesellschaft in einer dritten Rechtsordnung angesiedelt werden; → Rn. 16.
[21] *Drinhausen* in Semler/Stengel UmwG § 122a Rn. 8; *Bayer* in Lutter UmwG § 122a Rn. 16; *Teicke* DB 2012 S. 2675.
[22] In diesem Falle bleiben Rechtsform und Sitz der übernehmenden Gesellschaft unverändert.
[23] → Rn. 231 ff.

760   *Gutkès*

§ 13. Verschmelzung von KapGes versch. Mitgliedstaaten   § 13

Anwendung, der weitgehend dem Art. 2 Nr. 2 lit. a) und lit. b) der IntVerschmRL entspricht.[24]

Über den europarechtlichen Rahmen hinaus ist im deutschen innerstaatlichen Verschmelzungsrecht auch der **downstream merger,** dh die Verschmelzung der Mutter- auf die Tochtergesellschaft, zulässig.[25] Der Anwendungsbereich der IntVerschmRL ist insoweit enger gefasst.[26] Fraglich ist, ob die IntVerschmRL andere Verschmelzungsformen untersagen wollte. Mit dem Regelungsziel, die grenzüberschreitenden Verschmelzungen zu erleichtern,[27] dürfte wohl der Inhalt des sachlichen Anwendungsbereichs lediglich als Mindestvorgabe zu werten sein. Daher ist ebenfalls der grenzüberschreitende *downstream merger* für zulässig zu erachten, soweit die Rechtsordnung(en) aller an der grenzüberschreitenden Verschmelzung beteiligten Rechtsträger, einen downstream merger anerkennen.[28] Im Gegensatz zur SE-Gründung ist die gemeinsame Gründung einer Holding nicht vorgesehen. Sie lässt sich aber durch eine vorangehende Ausgliederung erreichen.[29]

13

b) Legaldefinition Grenzüberschreitung

In § 122a I UmwG wird die grenzüberschreitende Verschmelzung als Verschmelzung definiert, bei der mindestens eine der beteiligten Gesellschaften dem Recht eines anderen Mitgliedstaates der EU oder eines anderen Vertragsstaates des Abkommens über den EWR unterliegt. Die Vorschrift legt den **Anwendungsbereich** der §§ 122a ff. UmwG fest. Gemäß dieser Legaldefinition der grenzüberschreitenden Verschmelzung ist es nicht ausreichend, wenn alle beteiligten Gesellschaften dem Gesellschaftsstatut des gleichen Mitgliedstaates unterliegen.

14

---

[24] Abweichend von Art. 2 Nr. 2 lit. c) IntVerschmRL enthält die deutsche Regelung in § 2 UmwG keine gesonderte Erwähnung der Konzernverschmelzung. Da der upstream merger einen Sonderfall der Verschmelzung im Wege der Aufnahme darstellt, besteht auch insoweit kein Umsetzungsdefizit. Vgl. näher *Frenzel* S. 123 ff.; *Bayer* in Lutter UmwG § 122a Rn. 20 mwN. Abweichungen ergeben sich zudem hinsichtlich der Verschmelzung durch Neugründung dahin gehend, dass die IntVerschmRL – anders als die deutsche Regelung in § 2 UmwG – ausdrücklich die Barzuzahlung in Höhe von 10% des Nennwertes erlaubt. Dies wird im deutschen Recht durch die spezialgesetzlichen Vorschriften (§§ 54 IV, 56 UmwG für die GmbH und §§ 68 III, 73, 78 UmwG für AG und KGaA) sichergestellt, so dass kein Umsetzungsdefizit besteht.
[25] → § 9 Rn. 334, 347 ff.
[26] Der downstream merger ist als Unterfall der Verschmelzung im Wege der Aufnahme zu qualifizieren. Vgl. *Hörtnagl* in Schmitt/Hörtnagl/Stratz UmwG § 122a Rn. 4.
[27] Vgl. näher zum Problem des abschließenden Charakters des sachlichen Anwendungsbereichs → § 12 Rn. 19 ff. zur Zulässigkeit von grenzüberschreitenden Verschmelzungen von Personengesellschaften.
[28] Für die Zulässigkeit ebenfalls *Hörtnagl* in Schmitt/Hörtnagl/Stratz UmwG § 122a Rn. 5; *Geyerhalter/Weber* DStR 2006 S. 146 (150).
[29] → Rn. 27.

§ 13   4. Teil. Grenzüberschreitende Verschmelzungen

15   Die an der Verschmelzung beteiligten Gesellschaften müssen mindestens **zwei unterschiedlichen Gesellschaftsstatuten innerhalb der EU oder EWR unterworfen** sein, es wird eine sog. **Mehrstaatlichkeit** gefordert.[30] Entscheidendes Kriterium für die Anwendbarkeit der §§ 122a ff. UmwG ist nicht die Lokalität der Gesellschaft, sondern das auf sie anzuwendende Recht. Ob diese Voraussetzungen erfüllt sind, muss nach den Regeln des internationalen Privatrechts bestimmt werden.[31] Seit der **Überseering**-Entscheidung[32] des EuGH geht die nunmehr ganz hM davon aus, dass grundsätzlich das Gesellschaftsstatut anzuwenden ist, nach dem die Gesellschaft gegründet wurde (sog. **Gründungstheorie).**[33] Die vormals in Deutschland vertretene Sitztheorie, wonach sich das Personalstatut nach dem tatsächlichen Verwaltungssitz richten sollte, ist mit dieser Rechtsprechung überholt.[34] Der deutsche Gesetzgeber verzichtet seit dem MoMiG entsprechend in § 4a GmbHG und § 5 AktG auf eine Verknüpfung von Satzungssitz und Verwaltungssitz. Die nach dem Recht eines Mitgliedstaates gegründete Gesellschaft muss ihren satzungsmäßigen Sitz, ihre Hauptverwaltung oder ihre Hauptniederlassung in der Gemeinschaft haben.[35] Es ist nicht notwendig, dass der Verwaltungssitz in unterschiedlichen Mitgliedstaaten liegt.[36] So besteht zB die Möglichkeit eine nach englischem Recht gegründete *Company limited by Shares (sog. Limited),* die ihren tatsächlichen Verwaltungssitz in Deutschland hat, mit einer deutschen GmbH grenzüberschreitend zu verschmelzen.[37] Nach welcher Rechtsordnung dies zu bestimmen ist, richtet sich nach internationalem Privatrecht. Entsprechend der Gründungstheorie unterliegen Gesellschaften dem Recht des Staates, in dem sie in ein öffentliches Register eingetragen sind. Dementsprechend unterliegen bereits heute die in Deutschland im Register eingetragenen Kapitalgesellschaften unabhängig vom Verwaltungssitz dem deutschen Recht[38] und unterfallen somit den §§ 122a ff. UmwG.[39]

---

[30] Vgl. *Bayer* in Lutter UmwG § 122a Rn. 23; *Kiem* in Habersack/Drinhausen SE-Recht § 122a UmwG Rn. 4; *Polley* in Henssler/Strohn Gesellschaftsrecht § 122a UmwG Rn. 8.
[31] Vgl. *Polley* in Henssler/Strohn Gesellschaftsrecht § 122a UmwG Rn. 8a.
[32] EuGH 5.11.2002 – C-208/00, *Überseering BV,* Slg. 2002, I 9919, ebenso *Inspire Art* (EuGH NJW 2003 S. 3331).
[33] Vgl. BGHZ 154, 185, 188 ff. = NJW 2003 S. 1461; MünchKomm BGB-*Kindler* IntGesR Rn. 361 ff.; *Habersack/Verse* Europäisches Gesellschaftsrecht § 3 Rn. 24; *Kiem* in Habersack/Drinhausen SE-Recht Vorb zu §§ 122a ff. UmwG Rn. 10; *Goette* ZIP 2006 S. 541 (544, 546); anderes gilt hinsichtlich des Delikts- und Insolvenzstatut; vgl. ebenso Art. 10 EGBGB-E vom 7.1.2008 zum internationalen Gesellschaftsrecht, der auf die Eintragung in ein öffentliches Register abstellt; das Reformvorhaben wird jedoch derzeit nicht mehr weiterverfolgt.
[34] Vgl. *Polley* in Henssler/Strohn Gesellschaftsrecht § 122a UmwG Rn. 8 mwN.
[35] Vgl. Art. 1 IntVerschmRL.
[36] Vgl. *Polley* in Henssler/Strohn Gesellschaftsrecht § 122a UmwG Rn. 9.
[37] Vgl. *Kieninger* EWS 2006 S. 49 (54); *H.-F. Müller* NZG 2006 S. 286 (287).
[38] Vgl. § 5 AktG und § 4a GmbHG eingeführt durch MoMiG. Vgl. ausführlicher zum Kollisionsrecht und bestehenden Rechtsunsicherheiten *Krüger* in Beck'sches Handbuch Umwandlungen International, 2. Teil: Verschmelzungen, Rn. 11 mwN.

§ 13 Verschmelzung von KapGes versch. Mitgliedstaaten

16 Damit es überhaupt zur Anwendung deutschen Rechts gelangen kann, ist naturgemäß **mindestens** eine der beteiligten Gesellschaften **eine deutsche Gesellschaft**.[40] Nach hM muss es sich jedoch bei der deutschen Gesellschaft nicht unbedingt um eine der verschmelzenden Ausgangsgesellschaften handeln.[41] Vielmehr handelt es sich auch um eine nach deutschem Recht zulässige grenzüberschreitende Verschmelzung, wenn zwei ausländische EU- oder EWR-Gesellschaften im Wege der Verschmelzung durch Neugründung eine deutsche Gesellschaft gründen (sog. **„NewCo-Fälle"**), denn als „beteiligter Rechtsträger" iSv § 122a I UmwG wird anders als Art. 1 der IntVerschmRL[42] neben der vor dem Verschmelzungsvorgang existierenden übertragenden Gesellschaft auch die bei einer Verschmelzung durch Neugründung hierdurch hervorgehende neue Gesellschaft angesehen. Umgekehrt wird auch eine Verschmelzung durch Neugründung als grenzüberschreitende Verschmelzung anerkannt, wenn lediglich die NewCo ausländischem Recht unterliegt. Die deutsche Umsetzung der IntVerschmRL geht hierbei zwar uU über die europarechtliche Vorgabe hinaus.[43] Da jedoch laut zweitem Erwägungsgrund der IntVerschmRL die Verschmelzung von Kapitalgesellschaften innerhalb der EU erleichtert werden soll, ist mit diesem Ziel auch eine nationale Regelung vereinbar, die weitere Verschmelzungsarten vorsieht.[44] Insoweit ist die überschießende deutsche Regelung richtlinienkonform. Als grenzüberschreitende Verschmelzung zu qualifizieren ist

---

[39] Die Gesellschaften, die nach deutschem internationalen Privatrecht dem Recht eines anderen Mitgliedstaats unterliegen, werden aufgrund der Gründungstheorie des EuGH grundsätzlich auch im anderen Mitgliedstaat nach dortigem internationalen Privatrecht als nicht deutsche Gesellschaften zu betrachten sein. Vgl. zu uU gleichwohl bestehenden Friktionen zwischen den Rechtsordnungen, die der Gründung oder der derzeitigen Registrierung folgen, *Simon/Rubner* in Kölner Kommentar UmwG § 122a Rn. 11.
[40] Vgl. *Bayer* in Lutter UmwG § 122a Rn. 22.
[41] Vgl. *Polley* in Henssler/Strohn Gesellschaftsrecht § 122a UmwG Rn. 10 mwN; *Hörtnagl* in Schmitt/Hörtnagl/Stratz UmwG § 122a Rn. 7; *Frenzel*, S. 127 f.; *H. F. Müller* NZG 2006 S. 286 (287); *Drinhausen* in Semler/Stengel UmwG § 122a Rn. 10 mwN; *Bayer* in Lutter UmwG § 122a Rn. 24 f.; auch *Kiem* in Habersack/Drinhausen SE-Recht § 122a UmwG Rn. 5; aA *Winter* Der Konzern 2007 S. 24 (27) und *Heckschen* in Widmann/Mayer UmwG § 122a Rn. 56, 72 f.; für Zulässigkeit in Österreich *Mitterecker* S. 136 ff.
[42] Den grenzüberschreitenden Charakter der NewCo-Fälle nach Art. 1 IntVerschmRL ablehnend *Bayer* in Lutter UmwG § 122a Rn. 25 f.; *Habersack* in Habersack/Drinhausen SE-Recht Einl MgVG Rn. 11; aA *Oechsler* NZG 2006 S. 162.
[43] Vgl. näher *Bayer* in Lutter UmwG § 122a Rn. 25 f.; auch *Kiem* in Habersack/Drinhausen SE-Recht § 122a UmwG Rn. 5 f.; sowie zu den Zulässigkeitskriterien überschießender Umsetzungen *Habersack/Mayer* in *Riesenhuber*, Europäische Methodenlehre S. 286.
[44] Vgl. näher *Frenzel* S. 127 ff.; ebenso für eine Zulässigkeit der NewCo-Fälle *Bayer* in Lutter UmwG § 122a Rn. 26; *Kiem* in Habersack/Drinhausen SE-Recht § 122a UmwG Rn. 5 f. mwN; *Drinhausen* in Semler/Stengel UmwG § 122a UmwG Rn. 10; *Simon/Rubner* in Kölner Kommentar UmwG § 122a Rn. 13 ff.; *Lutz* BWNotZ 2010 S. 23 ff. (zum Fall der Hinausverschmelzung); aA wohl *Winter*

§ 13   4. Teil. Grenzüberschreitende Verschmelzungen

daher ebenfalls, wenn zwei deutsche Gesellschaften auf eine neue Gesellschaft im EU-Ausland verschmelzen. Denkbar sind jedoch Verschmelzungen, bei der beide Ausgangsgesellschaften der gleichen Rechtsordnung unterliegen, nur dann, wenn alle Rechtsordnungen der an der Verschmelzung beteiligten Rechtsträger derartige Verschmelzungen anerkennen. In der Praxis kann eine Verschmelzung von zwei Gesellschaften gleicher EU-Rechtsordnung durch Neugründung auf eine Gesellschaftsform eines anderen Mitgliedstaates strategisch eingesetzt werden, um eine **indirekte Sitzverlegung**[45] innerhalb der EU bzw. EWR zu bewirken.[46]

3. Verschmelzungsfähige Rechtsträger

a) Aktive Verschmelzungsfähigkeit

17   Verschmelzungsfähige Rechtsträger einer grenzüberschreitenden Verschmelzung sind im deutschen Recht der grenzüberschreitenden Verschmelzung im Gegensatz zum innerstaatlichen Verschmelzungsrecht gemäß § 122b I UmwG ausschließlich **Kapitalgesellschaften** iSd Art. 2 Nr. 1 der IntVerschmRL. Ein Rechtsträger ist aktiv verschmelzungsfähig, wenn er von seinem jeweiligen nationalen Recht zur Verschmelzung zugelassen ist. § 122b I UmwG regelt somit den **persönlichen Anwendungsbereich**. Dies gilt sowohl für die übertragende und die übernehmende Gesellschaft als auch für die aus der Verschmelzung hervorgehende neue Gesellschaft. Erfasst werden zum einen die derzeit bereits **in der Publizitätsrichtlinie**[47] **enumerativ aufgeführten** und daher als Kapitalgesellschaften anerkannten Gesellschaftsformen. Darüber hinaus fallen gemäß der **Generalklausel** in Art. 2 Nr. 1 lit. b) der IntVerschmRL unter den Begriff der Kapitalgesellschaft alle weiteren Gesellschaftsformen, die **Rechtspersönlichkeit** besitzen und über **gesondertes Gesellschaftskapital** verfügen, das allein für die Verbindlichkeiten der Gesellschaft haftet, und die nach dem für sie maßgebenden innerstaatlichen Recht **Schutzbestimmungen im Sinne der Publizitätsrichtlinie** einhalten muss.[48] Durch diese abstrakte Bestimmung werden auch vom nationalen Gesetzgeber eines EU-/EWR-Mitgliedstaates bislang noch nicht geschaffene Kapitalgesellschaftsformen vom persönlichen Anwendungsbereich der IntVerschmRL erfasst.[49]

Der Konzern 2007 S. 24; *Heckschen* in Widmann/Mayer UmwG § 122a Rn. 6, 72.

[45] Zur Sitzverlegung → § 12 Rn. 22.
[46] Eine Sitzverlegung findet hingegen nicht im Falle der Verschmelzung durch Aufnahme statt. Vgl. zur SE-Verschmelzung insoweit *Schäfer* in MünchKomm AktG Art. 17 SE-VO Rn. 10. Zu den Gefahren einer schlichten Verwaltungssitzverlegung statt aller *Kindler* NZG 2009 S. 130 ff. zum Cartesio-Urteil des EuGH.
[47] Vgl. Art. 1 der Ersten Gesellschaftsrechtlichen Richtlinie 68/151/EWG.
[48] Vgl. Art. 2 Nr. 1 lit b) der IntVerschmRL.
[49] *Drinhausen* in Semler/Stengel UmwG § 122b Rn. 3; *Bayer* in Lutter UmwG § 122b Rn. 5; *Kiem* in Habersack/Drinhausen in Habersack/Drinhausen SE-

§ 13. Verschmelzung von KapGes versch. Mitgliedstaaten § 13

Als **Kapitalgesellschaften deutschen Rechts** sind **AG, KGaA und GmbH** anerkannt. Dazu zählt ebenfalls die GmbH in Form der haftungsbeschränkten **Unternehmergesellschaft** gemäß § 5a GmbHG, da es sich bei der haftungsbeschränkten Unternehmergesellschaft nicht um eine neue Rechtsform handelt, sondern um eine GmbH, die ohne das gesetzlich in § 5 GmbHG vorgeschriebene Mindestkapital gegründet werden kann.[50] Die **UG** kann zwar an der Verschmelzung als übertragender Rechtsträger beteiligt sein, da es nicht zu einer Kapitalerhöhung und somit zur Zulässigkeit der Frage der Sachkapitalerhöhung kommt.[51] Nach wohl hM kommt sie hingegen **nicht als aufnehmende Gesellschaft** in Betracht, es sei denn mit dem Wirksamwerden der Verschmelzung wird das gesetzliche Mindeststammkapital des § 5 I GmbHG erreicht.[52] Dies wird mit Hinweis auf das Sacheinlageverbot des § 5a GmbHG begründet. § 5a GmbHG bezweckt – neben der Beschleunigung des Verfahrens – darüber hinaus den Gläubigerschutz. Da das Stammkapital (ohnehin) beliebig unter dem gesetzlichen Mindeststammkapital gewählt werden kann, sind **Sacheinlagen bei der UG und** folglich auch **Verschmelzungen unzulässig**.[53] In Anbetracht der höchstrichterlichen Rechtsprechung sollte die UG insoweit nicht als aufnehmende oder neue Gesellschaft einer grenzüberschreitenden Verschmelzung gewählt werden. Jede der beteiligten Gesellschaften muss nach dem Recht eines EU-/EWR-Mitgliedsstaats ordnungsgemäß gegründet worden sein und ihren aktuellen Satzungssitz, ihre Hauptverwaltung oder ihre Hauptniederlassung in einem EU-/EWR-Mitgliedstaat haben.[54] Die Aufnahme einer Geschäfts-

18

Recht § 122b UmwG Rn. 1; *Polley* in Henssler/Strohn Gesellschaftsrecht § 122b UmwG Rn. 2.
[50] Auch als eigenständige Rechtsform wäre sie zulässig, da Art. 2 der Int-VerschmRL für die Qualifikation als Kapitalgesellschaft lediglich ein gesondertes Gesellschaftskapital vorschreibt, das allein für die Verbindlichkeiten der Gesellschaft haftet, nicht hingegen ein Mindestkapital. Die zunehmende Abkehr vom Mindestkapital zeigt auch die Entwicklung in Frankreich: So ist mit Wirkung zum 1.1.2009 für die *Société par actions simplifiée*, die vereinfachte Aktiengesellschaft, das Mindestgrundkapital auf 1 Euro reduziert worden, nachdem sich die Einführung der 1 Euro-S. a. r. l. (Äquivalent der GmbH) bereits bewährt hatte. Vgl. zum Rückzug des Mindestkapitals in anderen EU-Mitgliedstaaten sowie zum Mindestkapital in Höhe von 1 Euro für die Europäische Privatgesellschaft *Freudenberg* NZG 2010 S. 527 ff. mwN. Siehe auch zum Bedeutungswandel des Mindestkapitals *Schall* Kapitalgesellschaftsrechtlicher Gläubigerschutz, 2009, S. 101 ff.
[51] Vgl. *Paura* in Ulmer/Habersack/Winter GmbHG § 5a Rn. 63 f. mwN.
[52] Vgl. BGH NJW 2011 S. 1883 – die Spaltung zur Neugründung einer UG ablehnend; *Kiem* in Habersack/Drinhausen SE-Recht § 122b UmwG Rn. 6; *Thiermann* Grenzüberschreitende Verschmelzungen S. 164 ff.; *Schäfer* in Bork/Schäfer GmbHG § 5a Rn. 6, 20, 39; *Priester* in Lutter UmwG § 138 Rn. 3.
[53] Vgl. *Schäfer* in Bork/Schäfer GmbHG § 5a Rn. 20 mit Verweis auf die Motive des Gesetzgebers; näher differenzierend *Paura* in Ulmer/Habersack/Winter GmbHG § 5a Rn. 63 ff. mwN – für striktes Verbot der Verschmelzung zur Neugründung (Rn. 67).
[54] Vgl. *Bayer* in Lutter UmwG § 122b Rn. 9 ff.

Gutkès 765

§ 13 4. Teil. Grenzüberschreitende Verschmelzungen

tätigkeit ist nicht Voraussetzung. Insoweit können auch Vorratsgesellschaften erfasst werden.[55] Zu den verschmelzungsfähigen Rechtsträgern zählen, da sie unter den Begriff der Kapitalgesellschaft fallen, auch besondere Erscheinungsformen der GmbH, wie die Anwalts-GmbH oder Anwalts-Aktiengesellschaft. Dies mag für grenzüberschreitende Sozietäten von Interesse sein. In diesem Falle müssten jedoch kumulativ die Anforderungen der standesrechtlichen Vorschriften in den beteiligten Mitgliedstaaten erfüllt werden.[56]

19 Nach zutreffender ganz hM im Schrifttum ist auch die **SE mit Sitz in Deutschland verschmelzungsfähig**, da sie gemäß Art. 10 SE-VO und Art. 9 I lit. c SE-VO im Mitgliedstaat wie eine Aktiengesellschaft zu behandeln ist.[57] Zwar hat der deutsche Gesetzgeber dies nicht ausdrücklich geregelt,[58] gemäß Art. 9 I lit. c) ii SE-VO ist jedoch das mitgliedschaftliche Recht für Aktiengesellschaften anzuwenden und damit auch das Verschmelzungsrecht. Dies gilt jedoch nach wohl hM[59] lediglich wenn die Zweijahresfrist in Art. 66 I 2 SE-VO gewahrt wurde, da andernfalls der Schutzzweck der Norm vereitelt würde, die SE – zumindest für einen beschränkten Zeitraum – nicht als Instrument zur Flucht aus der Mitbestimmung zu verwenden. Einschränkend sei jedoch angemerkt, dass die SE mit Sitz in Deutschland zwar als übertragende oder übernehmende Gesellschaft[60] an einer grenzüberschreitenden Verschmelzung durch Aufnahme teilnehmen kann. Erfolgt jedoch eine Verschmelzung zur Neugründung einer SE, ist ausschließlich SE-Recht maßgeblich,[61] da die Gründung einer SE abschließend in den Art. 2 I, 17 ff. SE-

---

[55] Vgl. *Krüger* in Beck'sches Handbuch Umwandlungen International, 2. Teil: Verschmelzungen, Rn. 7 mwN.

[56] Soweit diese nicht im Widerspruch zu der auch für Freiberufler geltenden Niederlassungsfreiheit innerhalb der EU stehen.

[57] Vgl. *Bayer* in Lutter UmwG § 122a Rn. 28, § 122b Rn. 7; *Polley* in Henssler/Strohn Gesellschaftsrecht § 122b UmwG Rn. 4; *Drinhausen* in Semler/Stengel UmwG § 122b Rn. 5 mwN; ausführlich *Frenzel* S. 137 ff.; *Kiem* WM 2006 S. 1091; *Winter* Der Konzern 2007 S. 24 (27); *Oechsler* NZG 2006 S. 161 f.; *Krüger* in Beck'sches Handbuch Umwandlungen International, 2. Teil: Verschmelzungen, Rn. 8. Ebenso die SE mit Sitz in Österreich, vgl. *Mitterecker* S. 159. In Frankreich wurde die SE als Kapitalgesellschaften ebenso wie die SA, SAS, S. a. r. l., SCA ausdrücklich im Gesetz als verschmelzungsfähiger Rechtsträger aufgeführt; vgl. Art. L. 236–25 *Code de Commerce*.

[58] Andere Rechtsordnungen ordnen teils die Verschmelzungsfähigkeit der SE ausdrücklich an; vgl. beispielhaft zur Verschmelzungsfähigkeit der SE mit Sitz in Frankreich die Regelung in Art. L. 236–25 *Code de Commerce*.

[59] Vgl. *Simon/Rubner* in Kölner Kommentar UmwG § 122b Rn. 14; *Drinhausen* in Semler/Stengler UmwG § 122b Rn. 5; *Polley* in Henssler/Strohn Gesellschaftsrecht § 122b UmwG Rn. 4; *Casper* AG 2007 S. 97 (103 f.); *Seibt* in Lutter/Hommelhoff/Teichmann SE-VO Art. 66 Rn. 4; aA *Kiem* in Habersack/Drinhausen SE-Recht § 122b UmwG Rn. 7 mwN.

[60] Näher *Bayer* in Lutter UmwG § 122b Rn. 7 mwN; *Kiem* in Habersack/Drinhausen SE-Recht § 122b UmwG Rn. 7.

[61] → § 14.

§ 13. Verschmelzung von KapGes versch. Mitgliedstaaten § 13

VO geregelt ist und europäisches Sekundärrecht gegenüber nationalem Recht als höherrangiges spezielles Recht vorrangig ist.[62]

Nicht verschmelzungsfähig sind nach der IntVerschmRL Personengesellschaften und Genossenschaften[63] und nach wohl hM auch Versicherungsvereine auf Gegenseitigkeit.[64] Für diese Organisationsformen besteht nur auf der Grundlage der in der SEVIC-Entscheidung herausgearbeiteten Grundsätze die Möglichkeit, eine grenzüberschreitende Verschmelzung vorzunehmen.[65] Ebenso wenig sind Organismen für gemeinsame Anlagen in Wertpapieren **(OGAW)**[66] verschmelzungsfähige Rechtsträger, da selbige Gegenstand einer eigenständigen EU-Richtlinie sind. Investmentaktiengesellschaften mit veränderlichem Kapital iSv §§ 108 ff. KAGB sind von der Verschmelzung ausgeschlossen. Demgegenüber wird eine Verschmelzungsfähigkeit der Kapitalverwaltungsgesellschaften (KVG) iSv §§ 17, 92 ff. KAGB, die das Vermögen treuhänderisch oder in gesonderten Fonds verwalten, für zulässig erachtet.[67]   20

b) Gemeinschaftsbezug

Gemäß den Bestimmungen zum persönlichen Anwendungsbereich (§ 122b I UmwG) ist erforderlich, dass – im Falle einer grenzüberschreitenden Verschmelzung unter Beteiligung einer deutschen Kapitalgesellschaft – alle an der grenzüberschreitenden Verschmelzung teilhabenden Gesellschaften nach dem Recht eines Mitgliedstaates der EU oder   21

---

[62] *Drinhausen* in Semler/Stengel UmwG § 122b Rn. 5; *Bayer* in Lutter UmwG § 122b Rn. 7 mwN; *Kiem* in Habersack/Drinhausen SE-Recht § 122b UmwG Rn. 7.
[63] Art. 3 (2) der IntVerschmRL gewährt den Mitgliedstaaten insoweit ein Opt-out-Recht. Die Ausnahme von Genossenschaften ist ausdrücklich in § 122b II Nr. 1 UmwG bestimmt und soll verhindern, dass Genossenschaften mit in der Satzung vorgesehenem Mindestkapital unter diese Regelung fallen; näher *Drinhausen* in Semler/Stengel UmwG § 122b Rn. 10 f.; zudem besteht die Möglichkeit der Gründung einer europäischen Genossenschaft (SCE) vgl. *Bayer* in Lutter UmwG § 122b Rn. 15; *Polley* in Henssler/Strohn Gesellschaftsrecht § 122b UmwG Rn. 10.
[64] Vgl. *Drinhausen* in Semler/Stengel UmwG § 122b Rn. 6, *Heckschen* in Widmann/Mayer UmwG § 122b Rn. 73, sowie *Louven* ZIP 2006 S. 2021 (2024); *Kiem* in Habersack/Drinhausen SE-Recht § 122b UmwG Rn. 10; hinsichtlich des Versicherungsvereins auf Gegenseitigkeit zweifelnd *Bayer* in Lutter UmwG § 122b Rn. 6; dafür *Frenzel* S. 137, *Frenzel* RIW 2008 S. 12 (14); *Polley* in Henssler/Strohn Gesellschaftsrecht § 122b UmwG Rn. 7.
[65] → § 12 Rn. 19 ff.
[66] Vgl. Art. 3 (3) der IntVerschmRL, die OGAWs ausdrücklich ausnimmt, sowie § 122b II Nr. 2 UmwG. Betroffen sind in Deutschland die Investmentaktiengesellschaften (InvAG) mit veränderlichem Kapital §§ 108 ff. KAGB, nicht hingegen Kapitalverwaltungsgesellschaften iSv Art. 2 I lit. b OGAW IV-Richtlinie. Vgl. eingehend zu Investmentgesellschaften – insbesondere Alternativer Investmentfonds – *Kiem* in Habersack/Drinhausen SE-Recht § 122b UmwG Rn. 16 ff.; *Bayer* in Lutter UmwG § 122b Rn. 16; *Drinhausen* in Semler/Stengel UmwG § 122b Rn. 12.
[67] *Polley* in Henssler/Strohn Gesellschaftsrecht § 122b UmwG Rn. 11; *Bayer* in Lutter UmwG § 122b Rn. 16 mwN.

§ 13   4. Teil. Grenzüberschreitende Verschmelzungen

EWR[68] **gegründet** worden sind[69] und ihren **satzungsmäßigen Sitz, ihre Hauptverwaltung oder ihre Hauptniederlassung in einem Mitgliedstaat** der EU oder EWR haben. Beide Kriterien müssen kumulativ vorliegen. Unzulässig ist die Verschmelzung mit Gesellschaften, die in Drittstaaten gegründet wurden und ihren Satzungssitz in die EU verlegt haben.[70] Hierdurch wird der tatsächliche Bezug zur EU oder zum EWR nachgewiesen.

22 Nicht zulässig ist mit Blick auf § 122b UmwG, dass neben den EU/EWR-Gesellschaften an der Verschmelzung noch eine Gesellschaft teilnimmt, die nicht dem Regelungsbereich einer EU-Rechtsordnung unterliegt.[71] Transnationale **Fusionen mit Drittstaaten** sind insoweit **nicht vom Regelungsbereich der IntVerschmRL erfasst** und müssen nach den weiterhin unsicheren Grundsätzen grenzüberschreitender Verschmelzungen außerhalb der IntVerschmRL vorgenommen werden.[72] Die bestehenden völkerrechtlichen Abkommen mit Inländergleichbehandlungs- oder Meistbegünstigungsvereinbarung mit Drittstaaten wie zB im Freundschafts-, Handels- und Schifffahrtsvertrag mit den USA, weisen kein vergleichbares spezifisches Näheverhältnis auf wie es unter den Mitgliedstaaten der EU besteht.[73]

c) Passive Verschmelzungsfähigkeit

23 Gemäß Art. 4 I lit. a) der IntVerschmRL ist eine grenzüberschreitende Verschmelzung nur zulässig, soweit die jeweiligen Gesellschaftsstatute der anderen an der grenzüberschreitenden Verschmelzung beteiligten Rechtsträger eine innerstaatliche Verschmelzung des entsprechenden Gesellschaftstyps der ausländischen Rechtsordnung zulassen **(passive Verschmelzungsfähigkeit).** Der europäische Gesetzgeber hat insoweit

---

[68] Beigetreten sind die Republik Island, das Fürstentum Lichtenstein und das Königreich Norwegen, nicht hingegen die Schweiz.
[69] Hierzu ist im deutschen Recht die Eintragung im Handelsregister erforderlich. Vgl. *Polley* in Henssler/Strohn Gesellschaftsrecht § 122b UmwG Rn. 8. Eine Vorgesellschaft kann deshalb nicht Gründerin sein, vgl. *Bayer* in Lutter UmwG § 122b Rn. 9; *Lutz* BWNotZ 2010 S. 23 (27); aA *Heckschen* in Widmann/Mayer UmwG § 122b Rn. 42. Sie erfüllt zudem nicht die in Art. 2 Nr. 1 lit. b) der IntVerschmRL genannten Kriterien, demzufolge unter den Begriff der Kapitalgesellschaft nur diejenigen weiteren Gesellschaftsformen fallen, die Rechtspersönlichkeit besitzen und über gesondertes Gesellschaftskapital verfügen, das allein für die Verbindlichkeiten der Gesellschaft haftet, und die die Schutzbestimmungen im Sinne der Publizitätsrichtlinie einhalten muss und dürfte deshalb im Ausland keine Anerkennung finden.
[70] Vgl. *Polley* in Henssler/Strohn Gesellschaftsrecht § 122b UmwG Rn. 9.
[71] *Drinhausen* in Semler/Stengel UmwG § 122a Rn. 11; *Bayer* in Lutter UmwG § 122b Rn. 12 mwN; sa *Günes* IStR 2013 S. 2013.
[72] Vgl. → § 12 Rn. 6.
[73] *Bayer* in Lutter UmwG § 122b Rn. 11 mwN; ausführlich *Frenzel* S. 190 ff.; aA *Kiem* in Habersack/Drinhausen SE-Recht § 122b UmwG Rn. 12 f.; *Kiem* WM 2006 S. 1091 (1093); für generelle Verschmelzungsfähigkeit *Drinhausen/Keinath* RIW 2006 S. 81 (87).

§ 13. Verschmelzung von KapGes versch. Mitgliedstaaten   § 13

die Mitgliedstaaten nicht verpflichtet, grenzüberschreitende Verschmelzungen zwischen allen Arten von Kapitalgesellschaften zu ermöglichen. Die IntVerschmRL will keinen einheitlichen Standard an Verschmelzungsmöglichkeiten schaffen, sondern lediglich die Diskriminierung grenzüberschreitender Verschmelzungen gegenüber innerstaatlichen Verschmelzungen unterbinden.[74] Es ist jeweils zu prüfen, **ob alle an der grenzüberschreitenden Verschmelzung beteiligten Rechtsordnungen die beabsichtigte Verschmelzungskombination zulassen.**

Aufgrund der VerschmRL besteht in allen Mitgliedstaaten lediglich   24
einheitlich die **Möglichkeit der Verschmelzung von Aktiengesellschaften** (bzw. den vergleichbaren Rechtsformen ausländischen Rechts). Die Mitgliedstaaten wurden nicht verpflichtet, jede Art von grenzüberschreitender Verschmelzung zuzulassen. Hinsichtlich anderer Kapitalgesellschaften und Gesellschaftstypen kombinierenden Verschmelzungen ist hingegen zunächst zu prüfen, ob das innerstaatliche Recht des an der grenzüberschreitenden Verschmelzung beteiligten ausländischen Rechtsträgers Gesellschaften vergleichbarer Art wie die beteiligte deutsche Gesellschaft kennt und Verschmelzungen zwischen Rechtsträgern vergleichbarer Art zulässt.[75] Ebenso wie im deutschen Recht lassen derzeit folgende Rechtsordnungen Gesellschaftstypen kombinierende Verschmelzungen zu:[76] Frankreich, Belgien, Italien, Spanien. Manche Rechtsordnungen hingegen lassen nur Verschmelzungen zwischen gleich gearteten Rechtsformen zu. So kann nur eine GmbH bzw. eine AG mit ihrer entsprechenden ausländischen Rechtsform in den Niederlanden[77] verschmolzen werden. Keine Verschmelzungsfähigkeit mit der deutschen KGaA besteht derzeit mangels entsprechender Rechtsform in den Niederlanden und Tschechien. Hingegen haben Luxemburg und Belgien im Rahmen der Umsetzung der IntVerschmRL die grenzüberschreitende Verschmelzung mit jeder juristischen Person für zulässig erklärt; Österreich mit jeder Kapitalgesellschaft innerhalb der EU.[78]

d) Verbot der Verschmelzung

Art. 4 I lit. b) Satz 2 IntVerschmRL erlaubt es den Mitgliedstaaten   25
grenzüberschreitende Verschmelzungen aus Gründen des öffentlichen

---

[74] Vgl. *Dauses* in Handbuch des EU-Wirtschaftsrecht Erg. 2016 Rn. 186; *Nagel* NZG 2006 S. 97.
[75] *Thömmes/Deridder/Eicker/Verstraelen* in Widmann/Mayer UmwG Anh. 3 B 2 ff., B 13 ff., B 21 ff.; Einzelheiten zu den Rechtsordnungen der EU bei *Frenzel* S. 163 ff.; Beck'sches Handbuch Umwandlungen International, 5. Teil.
[76] Die folgenden Ausführungen gelten vorbehaltlich der Änderungen innerstaatlichen Rechts zur Umsetzung der IntVerschmRL; vgl. zum Stand der Umsetzung der IntVerschmRL *Drygala/von Bressensdorf* NZG 2016 S. 1161 (1166) mwN; vgl. zum Reformvorhaben → § 12 Rn. 26.
[77] In den Niederlanden wird jedoch auch die Verschmelzung zwischen GmbH und AG als zulässig fingiert. Vgl. *Thömmes/Deridder/Eicker/Verstraelen* in Widmann/Mayer UmwG Anh. 3 NL 351.
[78] Vgl. § 3 EU-Verschmelzungsgesetz; siehe näher *Mitterecker* S. 180 ff.; *Kaufmann* RdW 2008/90 S. 123.

Interesses zu verbieten, sofern bereits innerstaatliche Verschmelzungen einem Verbot unterliegen. Diese Ermächtigungsnorm[79] erlaubt es den Mitgliedstaaten zugunsten bestimmter verwaltungsrechtlicher und wettbewerbsrechtlicher Behörden grenzüberschreitende Verschmelzungen von einer **behördlichen Genehmigung** abhängig zu machen. Die Genehmigung ist in diesem Falle Wirksamkeitsvoraussetzung. Sie darf nur aus Gründen öffentlichen Interesses verweigert werden.[80] Diese Verbote können sich im deutschen Recht vor allem aus wettbewerbsrechtlichen Gründen ergeben. Wie auch die innerstaatliche Verschmelzung kann die grenzüberschreitende Verschmelzung der nationalen Fusionskontrolle unterliegen (vgl. § 130 II GWB). Auch die nationalen Genehmigungserfordernisse nach §§ 49 ff. AWV sind zu beachten. Ebenso können andere Mitgliedstaaten ihr innerstaatliches Recht zur Fusionskontrolle in zulässiger Weise auf grenzüberschreitende Verschmelzungen ausdehnen.[81] Insofern kann eine grenzüberschreitende Verschmelzung an den öffentlichen Interessen eines der Mitgliedstaaten scheitern.

II. Der Ablauf einer grenzüberschreitenden Verschmelzung im Überblick

26 Die grenzüberschreitende Verschmelzung ist ein durch mehrere Phasen gekennzeichneter Verschmelzungsvorgang, der gegenüber den innerstaatlichen Verschmelzungen Besonderheiten aufweist.

1. Die Planungsphase

27 Erster Schritt der Planungsphase sollte zunächst die **detaillierte Ermittlung des Verschmelzungsrechts in allen Rechtsordnungen** der an der grenzüberschreitenden Verschmelzung beteiligten Rechtsträger sein. Zwar sind aufgrund der IntVerschmRL im Verschmelzungsrecht viele Vorschriften harmonisiert worden. Gleichwohl hat die IntVerschmRL in weitem Rahmen den nationalen Gesetzgebern Optionen eingeräumt und Spielräume für unterschiedliche Regelungen belassen. Neben der Verschmelzungsfähigkeit und der Analyse, ob ein Verschmelzungsverbot besteht, sollten vor allem die steuerrechtlichen Implikationen untersucht werden. So sind im Vorfeld zuweilen Genehmigungen der Steuerbehörden notwendig, um die Verschmelzung zu ermöglichen.[82] Zu beachten sind

---

[79] Vgl. zur vergleichbaren Regelung im SE-Verschmelzungsrecht *Schäfer* in MünchKomm AktG Art. 19 SE-VO Rn. 1.
[80] Vgl. zur Parallelnorm im SE-Recht *Schäfer* in MünchKomm AktG Art. 19 SE-VO Rn. 1.
[81] → § 7 Rn. 95 ff. soweit die FKVO nicht anwendbar ist.
[82] Vgl. zB die erforderliche Unbedenklichkeitsbescheinigung des Finanzamts gemäß § 160 BAO in Österreich. Dies gilt jedoch nur, soweit die nationale Vorschrift nicht gegen Art. 49 AEUV und Art. 11 I lit. a der Richtlinie 90/434 verstoßen. Der EuGH (Urteil vom 8.3.2017 BeckRS 2017, 103171) hat entschieden, dass hingegen das französische Vorabbewilligungsverfahren *(agrément)*

§ 13. Verschmelzung von KapGes versch. Mitgliedstaaten   § 13

ebenfalls die Regelungen aller beteiligten Mitgliedstaaten, die eine Durchführung der Verschmelzung in einer bestimmten **Frist ab Erstellung der Schlussbilanz** der beteiligten Rechtsträger vorschreiben. Insoweit ist neben der Acht-Monats-Frist des § 17 II UmwG uU eine kürzere Frist anderer Mitgliedstaaten zu beachten. Auch kann die Erstellung einer **Zwischenbilanz** erforderlich sein.[83] Bei der Ermittlung der Verschmelzungsrechte ist ein besonderes Augenmerk auf die jeweiligen **innerstaatlichen Bewertungsmethoden** zu legen.[84] Bei börsennotierten Unternehmen sind zudem die speziellen Regelungen der nationalen Börsenaufsichtsstellen/-organe zu beachten.[85] Nicht zuletzt gestattet die IntVerschmRL unterschiedliche Mitbestimmungsmodelle für die aus der grenzüberschreitenden Verschmelzung hervorgehenden Rechtsträger, die bei der Wahl des Sitzes des übernehmenden Rechtsträgers von Einfluss sein können. Erwogen werden kann auch, ob die grenzüberschreitende Verschmelzung mit anderen Umwandlungsvorgängen verbunden werden sollte.[86] Denkbar ist zB – als Alternative zur Gründung einer Holding-SE – die vorgelagerte Durchführung einer Ausgliederung, um lediglich Holdinggesellschaften zu verschmelzen, wenn nach der Verschmelzung in jedem Land Tochtergesellschaften verbleiben sollen.[87] Sinnvoll kann auch ein der Verschmelzung vorgeschaltetes Übernahmeangebot sein.[88] Im Vorfeld zu untersuchen sind zudem Verträge der verschmelzenden Gesellschaften im Hinblick auf die nach Durchführung der Verschmelzung erfolgende **Gesamtrechtsnachfolge**.[89] So können Verträge aufgrund ihres höchstpersönlichen Charakters vom Rechtsübergang auf die übernehmende Gesellschaft ausgeschlossen sein.[90] Auch sehen manche Verträge **„Change of Control"-Klauseln** vor, die einer Vertragspartei im Falle der Verschmelzung ein außerordentli-

---

gemäß Art. 210 C Nr. 2 *code général des impôts* einen derartigen Verstoß darstelle, da ua der Steuerpflichtige einer nationalen Fusion nicht einem solchen Verfahren unterworfen werde, um einen steuerlichen Vorteil (Aufschub der Besteuerung des Wertzuwachses der Einlagen) gewährt zu bekommen.
[83] Vgl. § 63 I Nr. 3 UmwG, der die Erstellung einer Zwischenbilanz vorschreibt, wenn der letzte Jahresabschluss sich auf mehr als sechs Monate vor der Aufstellung des Verschmelzungsplans abgelaufenes Geschäftsjahr bezieht; vgl. auch die in § 63 II UmwG vorgesehene Erleichterung zur Erstellung der Zwischenbilanz bei börsennotierten Gesellschaften, die gemäß § 37w WPHG einen Halbjahresfinanzbericht veröffentlichen.
[84] Zur Festsetzung des Umtauschverhältnisses § 13 Rn. 61 ff.
[85] Sie erfordern teils längere Fristen und sind mit besonderen Publikationspflichten verbunden.
[86] Vgl. *Kiem* in Habersack/Drinhausen SE-Recht § 122a UmwG Rn. 7 anhand des Beispiels der Fresenius SE zum gleichzeitigen Formwechsel in eine SE & Co. KGaA mit anschließender grenzüberschreitender Verschmelzung durch Aufnahme einer niederländischen Aktiengesellschaft (N. V.).
[87] Vgl. zu diesem Vorgehen die französisch/britische grenzüberschreitende Verschmelzung zwischen Stallergenes und Greer Laboratories.
[88] Vgl. *Kiem* WM 2006 S. 1091 (1098); *Krüger* in Beck'sches Handbuch Umwandlungen International, 2. Teil: Verschmelzungen, Rn. 95.
[89] Vgl. im Einzelnen zur Universalsukzession → Rn. 224 f.
[90] Vgl. im Einzelnen zu Grenzen der Universalsukzession → Rn. 225.

Gutkès

§ 13   4. Teil. Grenzüberschreitende Verschmelzungen

ches Kündigungsrecht gewähren. In diesem Falle wären entsprechende Zustimmungen der Vertragspartner einzuholen. Verschmelzungen können zudem bewirken, dass der aus der Verschmelzung hervorgehende Rechtsträger nach Verschmelzung Verträge mit unvereinbaren Regelungen enthält.[91] Beteiligungen der verschmelzenden Rechtsträger können aufgrund von Vinkulierungsklauseln uU der Übertragung kraft Gesamtrechtsnachfolge entgegenstehen. Zu diesem Zweck empfiehlt sich im Vorfeld eine **Due Diligence**, welche erforderliche Vertragsänderungen und Genehmigungserfordernisse aufdeckt. UU kann auch erwogen werden, eine grenzüberschreitende Sitzverlegung vorzunehmen.[92]

28 Im Rahmen der Ermittlung der Verschmelzungsrechte sollte zeitgleich ein **Zeitplan** für die beabsichtigte grenzüberschreitende Verschmelzung entwickelt werden. Er gibt Aufschluss über die in den jeweiligen beteiligten Rechtsordnungen erforderlichen Handlungen und die zu beachtenden Fristen.

29 In der Planungsphase sollte zudem ein Vorvertrag über die beabsichtigte Verschmelzung, ein **Business Combination Agreement**,[93] geschlossen werden.[94] Ziel ist es, die beabsichtigte Unternehmensstruktur (inkl. Organisationsverfassung) und die Unternehmenspolitik festzulegen, die künftige Firmierung und den Sitz, sowie die Pflichten der beteiligten Rechtsträger zur Durchführung der einzelnen Verschmelzungsschritte festzuhalten, die Bedingungen (zB kartellrechtlicher oder kapitalmarktrechtlicher Art) für den Unternehmenszusammenschluss festzuhalten und Fristen für deren Umsetzung,[95] bzw uU Break-up Fees[96] festzulegen. Teils finden sich auch salvatorische Klauseln und Rücktrittsrechte, welche schuld-

---

[91] Der zur Lösung derartiger Konflikte für innerstaatliche Verschmelzungen vorgesehene § 31 UmwG findet auf grenzüberschreitende Verschmelzungen keine Anwendung.
[92] Näher → § 12 Rn. 20.
[93] Eingehend zu Business Combination Agreements *Reichert* ZGR 2015 S. 1 ff.
[94] So auch *Bayer* in Lutter UmwG § 122c Rn. 4 mwN; *Kiem* in Habersack/Drinnhausen SE-Recht § 122c UmwG Rn. 7; näher *Aha* BB 2001 S. 2225; *Teichmann* ZGR 2002 S. 383, 419.
[95] Vgl. näher *Simon/Rubner* in Kölner Kommentar UmwG Vor §§ 122a ff. Rn. 129 ff. mwN zu zulässigen und unzulässigen Bestimmungen; das Business Combination Agreement ist in der Praxis häufig als schuldrechtlicher Vertrag konzipiert, der unter dem Vorbehalt der Zustimmung der Anteilsinhaber steht und die Verpflichtung zur Vermögensübertragung bereits vorsieht. Ebenfalls Verbreitung finden aber auch Business Combination Agreements die reine Absichtserklärungen darstellen, alles zu tun, um die Strukturmaßnahme erfolgreich umzusetzen. Je nach Inhalt des Business Combination Agreements ist uU die Zustimmung der Anteilsinhaber erforderlich. Zur Rechtsprechung, Anwendungsbeispielen aus der Praxis sowie zu der Frage, ob es sich bei dem Business Combination Agreement um einen verdeckten Beherrschungsvertrag oder sonstigen strukturändernden Vertrag handelt, vgl. *Decher* in Festschrift Hüffer, 2010 S. 145 ff. Vgl. zudem Mustervertrag *Seibt* in Beck'sches Formularbuch Mergers & Acquisitions, 2011, L. II. 2.
[96] Vgl. näher zur Zulässigkeit und Grenzen von Break-up-Fee-Vereinbarungen *Fleischer* AG 2009 S. 345; *Simon/Rubner* in Kölner Kommentar UmwG Vor §§ 122a ff. Rn. 139.

§ 13. Verschmelzung von KapGes versch. Mitgliedstaaten § 13

rechtliche Wirkung neben dem Verschmelzungsplan entfalten können.[97] Derartige Business Combination Agreements können auch schuldrechtliche Nebenabreden der Verschmelzung enthalten, da der Verschmelzungsplan der grenzüberschreitenden Verschmelzung im Gegensatz zum Verschmelzungsvertrag der deutschen innerstaatlichen Verschmelzung keinen schuldrechtlich verbindlichen Charakter aufweist.

Darüber hinaus empfehlen sich Regelungen hinsichtlich der Zusicherungen und Gewährleistungen, zur Dauer und Beendigung, Auslegung, Kostentragung, sowie zum **anwendbaren Recht und Gerichtsstand**, da diese nicht Teil des Verschmelzungsplans sind und uU nach Internationalem Privatrecht zweifelhaft sein können.[98] Auch die maßgebliche Sprache im Falle inhaltlicher Abweichungen sollte festgelegt werden. 30

2. Vorbereitungsphase

Die Vorbereitungsphase ist durch die Anwendung der Vorschriften von mindestens zwei Rechtsordnungen bestimmt. Zum einen sind die innerstaatlichen Regelungen derjenigen Rechtsordnung anzuwenden, der der ausländische Rechtsträger unterliegt. Zum anderen sind naturgemäß die **deutschen Regelungen der §§ 122a ff. UmwG zur grenzüberschreitenden Verschmelzung** zu beachten, die einige Besonderheiten gegenüber dem innerstaatlichen Verschmelzungsrecht aufweisen. 31

a) Gemeinsamer Verschmelzungsplan

Nach **Erstellung der Schlussbilanz und Durchführung der Unternehmensbewertung**[99] ist von allen an der grenzüberschreitenden Verschmelzung beteiligten Rechtsträgern ein gemeinsamer Verschmelzungsplan vorzubereiten.[100] Er enthält gegenüber dem innerstaatlichen Verschmelzungsvertrag einige besondere Angaben und hat im Falle der Hinausverschmelzung eine angemessene Barabfindung für diejenigen Anteilsinhaber vorzusehen, die gegen den später zu fassenden Verschmelzungsbeschluss Widerspruch zur Niederschrift erklären.[101] Der Verschmelzungsplan ist notariell zu beurkunden.[102] In der Praxis sollte die Möglichkeit genutzt werden lediglich den Entwurf des Verschmelzungsplans zu veröffentlichen,[103] da die gesetzlichen Publizitätspflichten mit dem Entwurf verknüpft sind. So können Anmerkungen des Betriebsrats und der Verschmelzungsprüfer berücksichtigt werden, ohne eine zweite notarielle Beurkundung zu veranlassen.[104] 32

---

[97] Kritisch da bei Verschmelzung wenig angemessen *Kiem* in Habersack/Drinhausen SE-Recht § 122c UmwG Rn. 42.
[98] Ebenso *Kiem* in Habersack/Drinhausen SE-Recht § 122c UmwG Rn. 42.
[99] → § 9 Rn. 42 f.
[100] Vgl. § 122c UmwG; → Rn. 51 ff.
[101] Vgl. § 122i UmwG; → Rn. 83 ff.
[102] Vgl. zur Erstellung eines Entwurfs im innerstaatlichen Recht → § 9 Rn. 44.
[103] Der Entwurf unterliegt keiner notariellen Beurkundungspflicht, → § 13 Rn. 100.
[104] Zutreffend *Kulenkamp* S. 169.

§ 13   4. Teil. Grenzüberschreitende Verschmelzungen

b) Hinterlegung und Bekanntmachung des Verschmelzungsplans

33 Der Verschmelzungsplan oder sein Entwurf ist spätestens einen Monat vor dem Beschluss der Anteilsinhaber über die Verschmelzung beim Registergericht zu hinterlegen und wird durch dieses bekannt gemacht.[105] Diese Verpflichtung trifft bei grenzüberschreitenden Verschmelzungen anders als im innerstaatlichen Recht auch die GmbH. In die Bekanntmachung ist zu den Modalitäten für die Ausübung der Rechte der Gläubiger[106] und der Minderheitsgesellschafter[107] ein Hinweis aufzunehmen. Im Gegensatz zum Verschmelzungsvertrag ist der Verschmelzungsplan der grenzüberschreitenden Verschmelzung nicht dem Betriebsrat zuzuleiten.[108]

c) Verschmelzungsbericht

34 Für jede verschmelzende Gesellschaft ist vom Vertretungsorgan ein Verschmelzungsbericht zu erstellen, der wahlweise auch von allen beteiligten Rechtsträgern gemeinsam erstellt werden kann.[109] Gegenüber dem innerstaatlichen Recht enthält der Bericht zusätzliche Angaben. Auf den Verschmelzungsbericht kann anders als im innerstaatlichen Recht auch bei konzerninternen Verschmelzungen nicht verzichtet werden, da er nicht nur dem Schutz der Anteilsinhaber, sondern auch dem Schutz der Arbeitnehmer und der Gläubiger dient.[110]

d) Offenlegung des Verschmelzungsberichts und Unterrichtung des Betriebsrats

35 Der Verschmelzungsbericht ist den Anteilsinhabern und dem Betriebsrat bzw. gegebenenfalls den Arbeitnehmern spätestens einen Monat vor dem Verschmelzungsbeschluss durch Hinterlegung offen zu legen.[111] Eine Verpflichtung zur Zuleitung des Verschmelzungsplans an den Betriebsrat besteht demgegenüber wohl nicht.[112]

e) Verschmelzungsprüfung und Erstellung eines Prüfungsberichts

36 Rechtsformunabhängig ist für jede verschmelzende Gesellschaft eine Verschmelzungsprüfung durch einen unabhängigen Sachverständigen durchzuführen.[113] Über die Verschmelzungsprüfung ist ein Bericht zu erstellen, der den Anteilsinhabern einen Monat vor der über die Verschmelzung beschließenden Versammlung vorliegen muss.[114] Auf die Verschmelzungsprüfung und den Verschmelzungsprüfungsbericht kann,

---

[105] Vgl. § 122d Satz 1 und Satz 2 UmwG; → Rn. 103 ff.
[106] Vgl. § 122d Satz 2 Nr. 4 UmwG; siehe zum Gläubigerschutz → Rn. 168 ff.
[107] Vgl. zum Barabfindungsangebot → Rn. 83 ff.
[108] → Rn. 110.
[109] Vgl. § 122e Satz 1 iVm §§ 122a II, 8 UmwG; → § 13 Rn. 113 ff.
[110] → Rn. 116.
[111] Vgl. § 122e Satz 2 UmwG; → § 13 Rn. 123.
[112] Vgl. hierzu näher → Rn. 110.
[113] Vgl. § 122 f iVm §§ 9 bis 12 UmwG; → Rn. 125 ff.
[114] Vgl. § 122 f Satz 2 UmwG; → Rn. 138 ff.

§ 13. Verschmelzung von KapGes versch. Mitgliedstaaten   § 13

wie im innerstaatlichen Recht bei konzerninternen Verschmelzungen, verzichtet werden.

f) Vorbereitung Kapitalerhöhung, Versammlung der Anteilsinhaber

Wie bei der innerstaatlichen Verschmelzung ist uU eine Kapitalerhöhung beim übernehmenden deutschen Rechtsträger vorzubereiten.[115] In jedem Falle sind die Anteilsinhaber gemäß den allgemeinen Vorschriften des innerstaatlichen Rechts zur Gesellschafterversammlung bzw. Hauptversammlung zu laden, die über die Verschmelzung beschließt.[116]   37

g) Gläubigerschutz

Innerhalb eines Zeitraums von zwei Monaten nach Bekanntmachung des Verschmelzungsplans können Gläubiger Anspruch auf Sicherheitsleistung anmelden. Gegenüber der innerstaatlichen Verschmelzung hat der deutsche Gesetzgeber den Gläubigerschutz bei der grenzüberschreitenden Verschmelzung vorverlagert, da sich der Schutz gegen die Beeinträchtigung der Interessen der Gläubiger der übertragenden Gesellschaft bei der grenzüberschreitenden Verschmelzung ab Eintragung nach der Rechtsordnung des ausländischen übernehmenden Rechtsträgers richten würde. Bei Anmeldung der Verschmelzung zum Register zwecks Antrags auf Verschmelzungsbescheinigung ist die Versicherung abzugeben, dass eine entsprechende Sicherheit geleistet wurde.[117]   38

h) Verfahren zur Festlegung der Arbeitnehmermitbestimmung

Eine Besonderheit der grenzüberschreitenden Verschmelzung ist das Verfahren zur Festlegung der Arbeitnehmermitbestimmung, das parallel zu den oben erläuterten Verfahrensschritten vorzubereiten ist.[118] Das Verfahren zur **Einigung über die Mitbestimmung der Arbeitnehmer richtet sich nach dem Recht des übernehmenden Rechtsträgers** in Umsetzung der europäischen Vorgaben in Art. 16 der IntVerschmRL. Es ist demjenigen zur SE-Verschmelzung nachgebildet, weist jedoch gegenüber dem SE-Verschmelzungsrecht den Vorteil auf, dass das Verhandlungsverfahren nicht zwingend durchzuführen ist.[119] Die Unternehmensleitungen können sich **direkt auf die gesetzliche Auffanglösung ei-**   39

---

[115] → § 9 Rn. 127 ff.
[116] Vgl. § 122a II iVm § 13 UmwG.
[117] Vgl. § 122j UmwG; → Rn. 169 ff.
[118] → Rn. 256 ff. zum Verfahren zur Festlegung der Arbeitnehmermitbestimmung; inzwischen wird auch im innerstaatlichen Mitbestimmungsrecht die Einführung der Möglichkeit des Abschlusses einer Mitbestimmungsvereinbarung befürwortet, vgl. hierzu näher Arbeitskreis „Unternehmerische Mitbestimmung" ZIP 2009 S. 885 ff.; *Hommelhoff* ZGR 2010, S. 48 ff.
[119] Art. 16 IV lit. a) IntVerschmRL. Auch für die SE wird die Einführung einer dem Art. 16 IV lit. a) vergleichbaren Regelung befürwortet; vgl. Arbeitskreis Aktien- und Kapitalmarktrecht (AAK) ZIP 2009 S. 698.

nigen und damit das kostspielige und zeitraubende Verhandlungsverfahren vermeiden.[120]

40 Ist die übernehmende Gesellschaft eine deutsche Gesellschaft, so finden die Vorschriften des **MgVG** Anwendung: Die Leitungsorgane der verschmelzenden Gesellschaften informieren die zuständigen Arbeitnehmervertretungen unverzüglich nach Offenlegung des Verschmelzungsplans über die beabsichtigte Verschmelzung. Es schließt sich – soweit von der Unternehmensleitung gewünscht – das Verfahren zur Gründung eines Besonderen Verhandlungsgremiums an, das mit der konstituierenden Sitzung des Besonderen Verhandlungsgremiums endet. Mit Zeitpunkt der Gründung des Besonderen Verhandlungsgremiums beginnt die **Verhandlungsfrist von sechs Monaten**. Diese Frist kann einvernehmlich einmal um weitere sechs Monate verlängert werden.[121]

3. Beschlussphase

a) Verschmelzungsbeschluss

41 Der Verschmelzungsbeschluss, eine etwaige Kapitalerhöhung und die notarielle Beurkundung des Verschmelzungsbeschlusses der Anteilsinhaber des deutschen Rechtsträgers unterliegen dem innerstaatlichen deutschen Verschmelzungsrecht. Gegenüber dem innerstaatlichen Verschmelzungsrecht besteht die Möglichkeit, die Wirksamkeit des Verschmelzungsbeschlusses von der Bestätigung der Art und Weise der Mitbestimmung der Arbeitnehmer der übernehmenden/neuen Gesellschaft abhängig zu machen.[122] Wird ein derartiger Bestätigungsvorbehalt hinsichtlich der Arbeitnehmermitbestimmung beschlossen,[123] so kann die Anmeldung zum Registergericht erst nach dem Bestätigungsbeschluss hinsichtlich der Mitbestimmung erfolgen.

b) Schutz der Minderheitsgesellschafter, Barabfindung, Widerspruch zur Niederschrift

42 Im Falle der Hinausverschmelzung ist **Minderheitsgesellschaftern ein angemessenes Abfindungsangebot im Verschmelzungsplan** anzubieten.[124] Das Angebot richtet sich an alle Anteilsinhaber, die gegen den Verschmelzungsbeschluss Widerspruch zur Niederschrift erklären. Die Erklärung des Widerspruchs hat in der beschlussfassenden Versammlung zu erfolgen.[125]

---

[120] → Rn. 264, 341 ff.
[121] → Rn. 284 ff.
[122] Siehe § 122g UmwG.
[123] → Rn. 156 ff.
[124] Vgl. § 122i UmwG; Einzelheiten → Rn. 83 ff.
[125] Vgl. Einzelheiten → Rn. 91.

§ 13. Verschmelzung von KapGes versch. Mitgliedstaaten § 13

c) Spruchverfahren

Minderheitsgesellschafter können uU in einem Spruchverfahren die Höhe des Abfindungsanspruchs prüfen lassen.[126] Ein Spruchverfahren zur Regelung der Höhe des Abfindungsanspruchs ist anders als im innerstaatlichen Recht nur dann möglich, wenn entweder die ausländische Rechtsordnung – und dies ist nur selten der Fall – ein derartiges Verfahren kennt und deutsche Gerichte hierfür zuständig sind oder die ausländischen Anteilsinhaber dem **Spruchverfahren im Gesellschafterbeschluss** ausdrücklich zustimmen.[127] 43

4. Prüfungs- und Vollzugsphase

a) Zweistufige Registerprüfung

Die Vertretungsorgane der verschmelzenden deutschen Rechtsträger haben die Verschmelzung zur Eintragung beim Handelsregister anzumelden. Das Registerverfahren ist bei der grenzüberschreitenden Verschmelzung nach Vorgabe der IntVerschmRL in zwei Stufen vorzunehmen. In der ersten Stufe wird die Rechtmäßigkeitsprüfung der Verfahrensschritte jedes Rechtsträgers nach seinem innerstaatlichen Recht vorgenommen und hierüber eine Verschmelzungsbescheinigung erteilt. In einem zweiten Prüfungsschritt prüfen die zuständigen Stellen der Rechtsordnung des übernehmenden Rechtsträgers die Rechtmäßigkeit der Durchführung der Verschmelzung. 44

Im Falle der **Hinausverschmelzung** stellt das deutsche Registergericht nach der Kontrolle der Verschmelzungsschritte die Verschmelzungsbescheinigung des übertragenden Rechtsträgers aus.[128] Die Verschmelzung wird eingetragen mit dem Wirksamkeitsvorbehalt der Bestätigung durch die ausländische Stelle/Behörde.[129] 45

Im Falle der **Hereinverschmelzung** werden beide Prüfungsschritte einstufig im Registerverfahren vom Registergericht hinsichtlich des übernehmenden Rechtsträgers vorgenommen.[130] 46

b) Wirksamwerden der Verschmelzung, Rechtsfolgen, Bestandsschutz

Das Wirksamwerden der grenzüberschreitenden Verschmelzung richtet sich danach, ob es sich um eine Hinein- oder Hinausverschmelzung handelt. Im Falle der Hinausverschmelzung richtet sich das Wirksamwerden nach Durchführung der Rechtmäßigkeitskontrolle nach der ausländischen Rechtsordnung. Die Eintragung des Tags des Wirksamwerdens 47

---

[126] § 122i I UmwG, Einzelheiten → Rn. 95, 213 ff.
[127] § 122i II UmwG, Einzelheiten → Rn. 95, 215 ff.
[128] Vgl. § 122k UmwG sowie → Rn. 181 ff. zur Registerprüfung.
[129] Vgl. § 122k II 3 UmwG.
[130] Vgl. § 122l UmwG; zur Registerprüfung im Falle der Hereinverschmelzung → Rn. 199 ff.

§ 13   4. Teil. Grenzüberschreitende Verschmelzungen

der Verschmelzung erfolgt nach Benachrichtigung durch das ausländische Register über das Wirksamwerden der Verschmelzung.[131]

48 Unterliegt hingegen die aus der Verschmelzung hervorgehende Gesellschaft deutschem Recht, so wird die Verschmelzung mit der Eintragung in dem zuständigen Register wirksam.[132]

49 Rechtsfolge des Wirksamwerdens sind Universalsukzession, automatischer Anteilserwerb und Erlöschen der übertragenden Gesellschaften. Die vollzogene Verschmelzung genießt absoluten Bestandsschutz.[133] Somit ist jede Entschmelzung ausgeschlossen.

III. Verschmelzung durch Aufnahme

50 Grundfall der Verschmelzung ist ebenso wie im innerstaatlichen deutschen Recht die Verschmelzung durch Aufnahme.[134] Insoweit kann hinsichtlich der Behandlung der an der Verschmelzung beteiligten deutschen Gesellschaft(en) grundsätzlich auf die Ausführungen in → § 9 Rn. 63 ff. verwiesen werden, wenn auch unter Berücksichtigung der hierin erläuterten Besonderheiten.

1. Gemeinsamer Verschmelzungsplan

51 Jede grenzüberschreitende Verschmelzung erfolgt gemäß § 122c UmwG aufgrund eines von allen beteiligten Rechtsträgern **gemeinsam** zu erstellenden Verschmelzungsplans oder seines Entwurfs.[135] Er ist **Kernbestandteil** des Verschmelzungsrechts. Der Verschmelzungsplan soll die Information der Gesellschafter sicherstellen, ihnen insbesondere die Prüfung der wirtschaftlichen Eckdaten der Verschmelzung erlauben, aber auch die Prüfung der Rechtmäßigkeit des Verschmelzungsvorgangs ermöglichen.[136] Mit Ausnahme der Fragen zur Arbeitnehmermitbestimmung regelt er alle Aspekte des Verschmelzungsvorgangs. Zwar entspricht der Verschmelzungsplan weder begrifflich noch hinsichtlich der Rechtsnatur dem Verschmelzungsvertrag des § 5 UmwG, er ist diesem jedoch hinsichtlich der inhaltlichen Vorgaben im Wesentlichen angeglichen worden.

52 Der Verschmelzungsplan bestimmt die rechtlich-organisatorische Grundlage der Verschmelzung, legt das Verhältnis der Anteilsinhaber untereinander und im Verhältnis zum übernehmenden Rechtsträger fest. Statt des Verschmelzungsplans kann auch zunächst nur dessen **Entwurf**

---

[131] Vgl. § 122k IV UmwG und Art. 13 Satz 2 IntVerschmRL.
[132] Vgl. § 122a II iVm § 20 I UmwG; → Rn. 220 ff. zum Wirksamwerden der Verschmelzung.
[133] Vgl. Art. 17 IntVerschmRL.
[134] Vgl. § 122a II iVm §§ 2, 4 ff. UmwG.
[135] In Umsetzung von Art. 5 IntVerschmRL.
[136] Hierzu zählen auch Verfahrenserläuterungen hinsichtlich der Bestimmung der Arbeitnehmermitbestimmung, wenngleich die Durchführung des Verfahrens und die hieraus evtl. resultierende Vereinbarung nicht Teil des Verschmelzungsplans sind.

erstellt werden. Hinsichtlich der Erfüllung der Bekanntmachungs- und Informationspflichten ist dies ausreichend.[137]

a) Rechtsnatur des gemeinsamen Verschmelzungsplans

Der Verschmelzungsplan ist ein rein **gesellschaftsrechtlicher Organisationsakt**.[138] Nach wohl hM kommt dem Verschmelzungsplan – anders als dem Verschmelzungsvertrag nach deutschem Recht – **kein schuldrechtlicher Charakter**[139] zu. Dies wird – ähnlich wie beim Verschmelzungsplan einer SE[140] – zum einen damit begründet, dass der Gesetzgeber bewusst nicht die Terminologie „Verschmelzungsvertrag" gewählt habe, zum anderen enthalte der Verschmelzungsplan – im Gegensatz zu der für den Verschmelzungsvertrag in § 5 I Nr. 2 UmwG vorgesehenen Regelung – keine Vereinbarung zum Vermögensübergang. Nicht zuletzt spricht auch der Umstand, dass der Entwurf des Verschmelzungsplans ausreicht, gegen dessen schuldrechtlich verbindlichen Charakter. Eine schuldrechtliche Wirkung entspricht wohl auch nicht dem Willen des europäischen Gesetzgebers.[141] Die IntVerschmRL enthält weder ein Indiz, welches Schuldrecht anzuwenden ist, noch eigenständige schuldrechtliche Regelungen. Sollte der Verschmelzungsplan oder gar sein Entwurf schuldrechtliche Wirkungen entfalten, wären Beendigungsgründe, Rechtsfolgen, Fragen des Schadensersatzes zu regeln, Probleme die mangels einheitlichen europäischen Schuldrechts nur durch Bestimmung des anwendbaren Rechts zu klären sind. Hierzu erfolgten gerade keine gesetzlichen Regelungen. Es ist jedoch möglich, freiwillig schuldrechtliche Regelungen in den Verschmelzungsplan aufzunehmen oder – und hierzu ist in der Praxis zu raten – eine getrennte vertragliche Vereinbarung, ein **Business Combination**

53

---

[137] *Drinhausen* in Semler/Stengel UmwG § 122c Rn. 4.
[138] Vgl. *Bayer* in Lutter UmwG § 122c Rn. 3; *Polley* in Henssler/Strohn Gesellschaftsrecht § 122c UmwG Rn. 9; *Kiem* in Habersack/Drinhausen SE-Recht § 122c UmwG Rn. 4 ff.; *Frenzel* S. 198 ff.; *Kulesand* S. 159 mwN; *Kallmeyer* AG 2007 S. 472 (474); aA *Simon/Rubner* in Kölner Kommentar UmwG § 122c Rn. 6; *M. Winter* Der Konzern 2007 S. 24 (33); angesichts der Unsicherheit empfiehlt sich zumindest die Aufnahme einer schuldrechtlichen Vereinbarung in ein separates Dokument; ebenso *Drinhausen* in Semler/Stengel UmwG § 122c Rn. 6.
[139] Vgl. eingehend *Kulenkamp* S. 159 ff. mwN; ebenso *Bayer* in Lutter UmwG § 122c Rn. 3; *Hörtnagl* in Schmitt/Hörtnagl/Stratz UmwG § 122c Rn. 5; *Beutel* S. 159; *Frenzel* S. 202; *Kiem* WM 2006 S. 1091 (1094); *Mayer* in Widmann/Mayer UmwG § 122c Rn. 17; aA eine Gleichbehandlung von Verschmelzungsplan und Verschmelzungsvertrag befürwortend *Simon/Rubner* in Kölner Kommentar UmwG § 122c Rn. 6; *Behrens* S. 66; *Vetter* AG 2006 S. 613 (617); *Krause/Kulpa* ZHR 171 (2007), 38, 56.
[140] Einen organisationsrechtlichen Charakter des SE-Verschmelzungsplans annehmend *Schäfer* in MünchKomm AktG Art. 20 SE-VO Rn. 3, 8 f.; *Bayer* in Lutter/Hommelhoff/Teichmann SE-Kommentar Art. 20 SE-VO Rn. 5.
[141] Vgl. näher zur Entstehungsgeschichte *Kulenkamp* S. 162 f.

§ 13   4. Teil. Grenzüberschreitende Verschmelzungen

Agreement,[142] abzuschließen, das schuldrechtliche Verpflichtungen vorsieht.[143]

54   Gemäß § 122c I UmwG[144] wird der Verschmelzungsplan oder sein Entwurf **gemeinsam** von den Vertretungsorganen aller an der Verschmelzung beteiligten Gesellschaften erstellt. Es ist ein **einheitlicher Verschmelzungsplan** für alle an der grenzüberschreitenden Verschmelzung beteiligten Gesellschaften aufzustellen. Dies bedeutet, dass ein **einheitliches Dokument** zu erstellen ist.[145] Zudem wird der Verschmelzungsplan häufig **mehrsprachig** erstellt werden müssen, um ihn bei den Registergerichten oder vergleichbaren Behörden in den Mitgliedstaaten aller an der Verschmelzung beteiligten Gesellschaften offenzulegen und die Verschmelzung anmelden zu können.[146] Der Verschmelzungsplan unterliegt als einheitliches Dokument zumindest hinsichtlich der gesetzlich erforderlichen Mindestangaben wohl sowohl dem deutschen Recht als auch der Rechtsordnung des anderen an der Verschmelzung beteiligten Rechtsträgers.[147] Nach der modifizierten Vereinigungstheorie setzt sich das strengere Recht durch.[148]

b) Zuständigkeit für die Erstellung des Verschmelzungsplans

55   Gemäß § 122c I UmwG wird der Verschmelzungsplan **gemeinsam** von den **Vertretungsorganen** aller an der Verschmelzung beteiligten Gesellschaften[149] erstellt. Dieser Wortlaut weicht insoweit von den Vorgaben der IntVerschmRL ab, die die Zuständigkeit dem Leitungs- oder

---

[142] *Kulenkamp* S. 164 f.; *Frenzel* S. 202; *Aha* BB 2001 S. 2225; für die SE-Verschmelzung *Schäfer* in MünchKomm AktG Art. 20 SE-VO Rn. 9; → Rn. 29.

[143] Vgl. näher zu zusätzlichen freiwilligen Vereinbarungen oder dem Abschluss eines Business Combination Agreements → Rn. 97, sowie zum Inhalt des Business Combination Agreement → Rn. 29.

[144] In Umsetzung von Art. 5 Satz 1 der IntVerschmRL.

[145] Vgl. näher zur nunmehr hM *Drinhausen* in Semler/Stengel UmwG § 122c Rn. 5; *Hörtnagl* in Schmitt/Hörtnagl/Stratz UmwG § 122c Rn. 6; *Krüger* in Beck'sches Handbuch Umwandlungen International Rn. 25 ff. mwN, abweichend hingegen noch Art. 20 I I SE-VO, vgl. näher zur SE → 14 Rn. 33 f.

[146] Zur Frage der Sprache des Verschmelzungsplans → Rn. 102.

[147] Vgl. *Simon/Rubner* in Kölner Kommentar § 122c Rn. 8 und implizit wohl auch die ganz hM, die § 122c UmwG im Falle der Hereinverschmelzung und der Hinausverschmelzung anwendet; aA *Krüger* in Beck'sches Handbuch Umwandlungen International, 2. Teil: Verschmelzung, Rn. 27 mwN; *Kallmeyer* AG 2007 S. 472 (474) für Maßgeblichkeit der Rechtsordnung des übernehmenden Rechtsträgers.

[148] Vgl. *Simon/Rubner* in Kölner Kommentar § 122c Rn. 8; aA *Krüger* in Beck'sches Handbuch Umwandlungen International, 2. Teil: Verschmelzung, Rn. 27 mwN; *Kallmeyer* AG 2007 S. 472 (474) für Maßgeblichkeit der Rechtsordnung des übernehmenden Rechtsträgers.

[149] Durch diese Regelung wird lediglich eine Verpflichtung der Vertretungsorgane aller deutschen an der Verschmelzung beteiligten Gesellschaften begründet.

§ 13. Verschmelzung von KapGes versch. Mitgliedstaaten § 13

Verwaltungsorgan zugewiesen wissen möchte[150] und hat deshalb im Schrifttum zu Kontroversen geführt.[151] Bei den klassischen Kapitalgesellschaften deutschen Rechts (GmbH, AG, KGaA) besteht Identität zwischen Vertretungs- und Leitungsorgan, so dass die Europarechtskonformität der deutschen Regelung unproblematisch ist.

Umstritten ist hingegen die Zuständigkeitskompetenz für den Verschmelzungsplan bei der SE mit Sitz in Deutschland, soweit diese **monistisch** organisiert ist.[152] Für sie wird teils eine Zuständigkeitskompetenz der geschäftsführenden Direktoren befürwortet, da diese Vertretungsorgan seien.[153] Nach anderer Auffassung sind die Mitglieder des Verwaltungsrats kompetent, da § 122c UmwG richtlinienkonform auszulegen sei.[154] Eine derartige Kompetenz des Verwaltungsrats sieht auch das französische innerstaatliche Verschmelzungsrecht vor, welches als gesetzgeberisches Vorbild des monistischen Systems der SE diente.[155] Zur Beantwortung dieser Problematik sind zwei Aspekte getrennt zu betrachten. Zum einen ist festzuhalten, dass die deutsche gesetzliche Regelung vom gesetzlichen Wortlaut und Zweck der IntVerschmRL erfasst ist und somit **richtlinienkonform** ist. Davon getrennt zu entscheiden ist die Frage, ob auch **andere Organe** der SE uU für den Verschmelzungsplan kompetent sein können. Soweit im Hinblick auf die erste Frage behauptet wird, die deutsche Regelung sei richtlinienwidrig, kann dieser Auffassung nicht gefolgt werden. Die IntVerschmRL lässt zu, dass der Verschmelzungsplan durch das **Leitungs- oder Verwaltungsorgan**[156] erstellt wird. Der geschäftsführende Direktor ist Organ der SE, dem aufgrund der Ermächtigung in Art. 43 IV SE-VO Funktionen eines Verwaltungsorgans übertragen werden dürfen, und insoweit ist der geschäftsführende Direktor als Verwaltungsorgan zu qualifizieren.[157] § 122c UmwG ist insoweit auch im Hinblick auf die

56

---

[150] Vgl. Art. 5 IntVerschmRL.
[151] Vgl. *Kulenkamp* S. 166 f. mwN.
[152] Bei der dualistischen SE sind Vertretungs- und Leitungsorgan ebenso identisch wie bei der AG.
[153] Vgl. *Krüger* in Beck'sches Handbuch Umwandlungen International, 2. Teil: Verschmelzungen, Rn. 368; *Mayer* in Widmann/Mayer UmwG § 122c Rn. 22; *Frenzel* S. 213 f.
[154] Vgl. *Bayer* in Lutter UmwG § 122c Rn. 6, der von einem offensichtlichen Redaktionsversehen ausgeht und eine contra-legem-Auslegung befürwortet und dem Verwaltungsrat allein die Kompetenz zuweisen möchte; *Kiem* in Habersack/Drinhausen SE-Recht § 122c UmwG Rn. 10; *Marsch-Barner* in Kallmeyer UmwG § 122c Rn. 5; *Hörtnagl* in Schmitt/Hörtnagl/Stratz UmwG § 122c Rn. 8; *Polley* in Henssler/Strohn Gesellschaftsrecht § 122c UmwG Rn. 6; wohl nunmehr auch *Drinhausen* in Semler/Stengel UmwG § 122c Rn. 9.
[155] Vgl. dazu Art R. 236–1 des Décret n° 2007–431 vom 25.3.2007. Eine solche Regelung wäre auch im deutschen Recht zulässig.
[156] Vgl. Art. 5 IntVerschmRL.
[157] Unzulässig wäre lediglich eine Regelung, die einem Aufsichtsorgan die Erstellung des Verschmelzungsplans übertragen würde. Die Ermächtigungsgrundlage des Art. 43 IV SE-VO untersagt keine innerstaatliche Regelung die Funktionen des Verwaltungsrats dem geschäftsführenden Direktor zuweist. Insbeson-

Gutkès 781

monistische SE richtlinienkonform, da die Kompetenz dem Vertretungsorgan und somit bei der monistischen SE dem geschäftsführenden Direktor zugewiesen wird. Hinsichtlich der zweiten Frage, **ob § 122c UmwG eine abschließende Befassungskompetenz** hinsichtlich des Verschmelzungsplans **darstellt**, gibt es keinen Anlass diese Norm im Verhältnis der Organe untereinander anzuwenden. Es handelt sich, wie bereits der Begriff Vertretungsorgan nahelegt, um eine Regelung, die vorrangig im Verhältnis zu Dritten, zB bei Anmeldung der Verschmelzung gegenüber dem Register oder Auftreten gegenüber dem anderen verschmelzenden Rechtsträger, ihre volle Wirkung entfaltet. Im Übrigen ist es naturgemäß dem Verwaltungsrat der monistischen SE nach allgemeinen SE-Grundsätzen unbenommen sich mit der Verschmelzung zu befassen und die Entscheidung an sich zu ziehen.[158] § 122c UmwG ist insoweit **nicht als Norm ausschließlicher Zuständigkeit** zu verstehen, die jegliche Befassungskompetenz anderer Organe mit dem Verschmelzungsplan ausschließt.[159] Daneben sind ebenso wie im innerstaatlichen Verschmelzungsrecht durchaus Zuständigkeiten anderer Organe zulässig, ebenso wie zB satzungsmäßige Zustimmungsvorbehalte.[160] Im Bereich der Zuständigkeitsverteilung zwischen geschäftsführendem Direktor und Verwaltungsrat der monistischen SE begründet § 122c UmwG insoweit keine Verdrängung der Kompetenzen des Verwaltungsrats zugunsten der geschäftsführenden Direktoren, da der Verwaltungsrat den geschäftsführenden Direktoren übergeordnet bleibt[161] und daher den Direktoren diesbezügliche Weisungen erteilen kann. § 122c UmwG trifft keine abschließende Kompetenzzuweisung zwischen den Organen innerhalb der betroffenen Rechtsträger. In der Praxis sollte – zur Vermeidung von Problemen bei der Anmeldung zum Handelsregister – der Verwaltungsrat der SE den Verschmelzungsplan beschließen und den als Vertretungsorgan tätigen geschäftsführenden Direktor entsprechend anweisen.

---

re dürfen ihm auch Funktionen übertragen werden, die über die laufenden Geschäfte hinausgehen. Vgl. näher *Boettcher* S. 35 ff. Siehe eingehend zum Kompetenz- und Pflichtenkreis der geschäftsführenden Direktoren der SE *Ihrig* ZGR 2008 S. 809 (813 ff.); *Reichert/Brandes* in MünchKomm AktG Art. 43 SE-VO Rn. 13 ff.; aA *Kulenkamp* S. 166 f., die zu Unrecht annimmt, es handele sich bei dem Verwaltungsrat um das einzige neben der Hauptversammlung bestehende Organ der SE.
[158] Eingehend zur Weisungsabhängigkeit der geschäftsführenden Direktoren in der monistischen SE *Ihrig* ZGR 2008 S. 809, 818 ff.; *Reichert/Brandes* in MünchKomm AktG Art. 43 SE-VO Rn. 13 ff.; *Verse* FS Hoffmann-Becking, 2013, S. 1277.
[159] Insoweit im Ergebnis noch zutreffend *Drinhausen* in Semler/Stengel UmwG § 122c Rn. 9 (2. Aufl.), der geschäftsführende Direktoren und Verwaltungsrat mit der Erstellung des Verschmelzungsplans betraut wissen will.
[160] Vgl. näher zum innerstaatlichen Recht → 9 Rn. 66.
[161] Vgl. näher zu den Kompetenzen des Verwaltungsrats der deutschen SE *Reichert/Brandes* in MünchKomm AktG Art. 43 SE-VO Rn. 8 ff.; sowie zur Beziehung des Verwaltungsrats zum geschäftsführenden Direktor Art. 43 SE-VO Rn. 13 ff.

§ 13. Verschmelzung von KapGes versch. Mitgliedstaaten § 13

c) Inhalt des Verschmelzungsplans

§ 122c II UmwG legt den Mindestinhalt des Verschmelzungsplans 57 fest.[162] Der **Katalog von Mindestangaben des Verschmelzungsplans** ist im Wesentlichen mit demjenigen des innerstaatlichen Verschmelzungsvertrages (§ 5 UmwG) identisch, enthält jedoch zusätzlich Angaben[163] zur Satzung der übernehmenden bzw. der neuen Gesellschaft, die aus der Verschmelzung hervorgeht, zum Verfahren zur Festlegung der Arbeitnehmermitbestimmung, zur Bewertung des Aktiv- und Passivvermögens und zum Bilanzstichtag der beteiligten Gesellschaften. Zudem ist uU ein Barabfindungsangebot vorzusehen.[164] Nicht vorgesehen ist hingegen die bei innerstaatlichen Verschmelzungen – ohnehin eher klarstellende – Vereinbarung zur Vermögensübertragung.[165] Nach deutschem Recht ist auch das **Barabfindungsangebot** Pflichtbestandteil des Verschmelzungsplans.[166] Darüber hinaus kann der Verschmelzungsplan weitere fakultative Bestandteile enthalten.[167]

Im Sonderfall der Konzernverschmelzung kann gemäß § 122c III 58 UmwG auf bestimmte Angaben des Verschmelzungsplans (Umtauschverhältnis, Einzelheiten der Übertragung von Anteilen, Gewinnbeteiligung) verzichtet werden.[168]

Der Mindestinhalt des Verschmelzungsplans umfasst folgende Angaben: 59

aa) Rechtsform, Firma und Sitz, § 122c II Nr. 1 UmwG[169]

Es sind die Rechtsform, Firma und Sitz aller an der grenzüberschrei- 60 tenden Verschmelzung beteiligten Rechtsträger anzugeben.[170] Zu den beteiligten Rechtsträgern zählt auch die gegebenenfalls neu zu gründende Gesellschaft.[171] Unter Sitz ist der statutarische Satzungssitz zu verste-

---

[162] Die Vorschrift beruht auf Art. 5 Satz 2 IntVerschmRL. Zu Recht hat der deutsche Gesetzgeber trotz der Teilidentität mit § 5 UmwG zur Vermeidung von Unklarheiten von einer schlichten Verweisung auf den Verschmelzungsvertrag abgesehen. Vgl. *Kiem* in Habersack/Drinhausen SE-Recht § 122c UmwG Rn. 20. Dies ist zu begrüßen, da bei Auslegung nicht ohne Weiteres auf die innerstaatlichen Auslegungsgrundsätze zurückgegriffen werden kann. Aufgrund der Maßgeblichkeit des gemeinsam erstellten Verschmelzungsplans in allen beteiligten Rechtsordnungen ist vielmehr eine europarechtlich einheitliche Auslegung zu entwickeln; aA für identische Auslegung *Bayer/J. Schmidt* NZG 2006 S. 841 (842); *Bayer* in Lutter UmwG § 122c Rn. 12 mwN.
[163] Siehe § 122c II Nr. 9 bis 12 UmwG.
[164] → Rn. 83 ff.
[165] Vgl. § 5 I Nr. 2 UmwG.
[166] Siehe § 122i I 1 UmwG.
[167] → Rn. 97.
[168] Vgl. Einzelheiten hierzu → Rn. 248 und zum innerstaatlichen Recht → § 9 Rn. 336.
[169] In Umsetzung von Art. 5 lit. a) IntVerschmRL.
[170] Vgl. auch die entsprechende Regelung in § 5 I Nr. 1 UmwG, sowie → § 9 Rn. 70.
[171] Vgl. Art. 5 lit. a) aE IntVerschmRL; ebenso *Bayer* in Lutter UmwG § 122c Rn. 13.

hen.[172] Die Rechtsform kann bei der Nennung der Firma durchaus abgekürzt werden, gegenüber den Anteilsinhabern ist hingegen zur vollständigen Unterrichtung eine gesonderte Angabe der Rechtsform in ausgeschriebener Form erforderlich, da den ausländischen Anteilsinhabern die deutschen Abkürzungen nicht geläufig sind.[173]

bb) Umtauschverhältnis und bare Zuzahlungen, § 122c II Nr. 2 UmwG

61 **(1) Angaben im Verschmelzungsvertrag.** Wichtigste Information des Verschmelzungsplans für die Anteilsinhaber ist das **Umtauschverhältnis** der Gesellschaftsanteile und ggf. die Höhe der baren Zuzahlung. Das Umtauschverhältnis ist das Kernstück der Verschmelzung.[174] Aus ihm ergibt sich für den Anteilsinhaber der an der Verschmelzung beteiligten Rechtsträger inwieweit er an der übernehmenden oder neuen Gesellschaft beteiligt sein wird. Das Umtauschverhältnis stellt den Kaufpreis für die Beteiligung am übernehmenden Rechtsträger dar.[175] Aufgrund der gewichtigen Bedeutung als **Entscheidungsgrundlage der Anteilsinhaber** für oder gegen die Verschmelzung ist das Umtauschverhältnis und gegebenenfalls die Höhe der baren Zuzahlung zudem Gegenstand einer Verschmelzungsprüfung, über die ein Prüfungsbericht erstellt wird, der mit einer Erklärung zur Frage der Angemessenheit des vorgeschlagenen Umtauschverhältnisses der Anteile und ggf. der baren Zuzahlung abzuschließen hat.[176] Im Verschmelzungsplan bzw. seinem Entwurf ist das Umtauschverhältnis lediglich anzugeben; die Erläuterungen zur Ermittlung des Umtauschverhältnisses sind in den Verschmelzungsbericht aufzunehmen.[177] Bei einer Konzernverschmelzung ist die Angabe iSv § 122c III entbehrlich, da keine Anteile gewährt werden.[178] Darüber hinaus wird im Schrifttum[179] vereinzelt vertreten, dass von der Gewährung von Gesellschaftsanteilen abgesehen werden kann, wenn alle Anteilsinhaber eines übertragenden Rechtsträgers darauf **verzichten**.[180] Diese im innerstaatlichen Recht vorgesehene Möglichkeit[181] sei für grenzüberschreitende Verschmelzungen entsprechend anwendbar (§ 122a II UmwG). Einer Anwendung

---

[172] Vgl. *Polley* in Henssler/Strohn Gesellschaftsrecht § 122c UmwG Rn. 12; *Kiem* in Habersack/Drinhausen SE-Recht § 122c UmwG Rn. 22 mwN; *Kulenkamp* S. 173 mwN.
[173] *Kiem* in Habersack/Drinhausen SE-Recht § 122c UmwG Rn. 22 mwN.
[174] Vgl. eingehend *Kiem* in Habersack/Drinhausen SE-Recht § 122c UmwG Rn. 2 sowie *Kiem* ZGR 2007 S. 542 ff.; *Bayer* in Lutter § 122c Rn. 15; *Kulenkamp* S. 175 ff.
[175] Vgl. insoweit auch die Ausführungen zum innerstaatlichen Recht → § 9 Rn. 79.
[176] § 122 f iVm §§ 9 ff. UmwG.
[177] § 122 f iVm § 8 UmwG; *Hörtnagl* in Schmitt/Hörtnagl/Stratz UmwG § 122c Rn. 14; vgl. *Kiem* ZGR 2007 S. 542 (570); *Krüger* in Beck'sches Handbuch Umwandlungen International, 2. Teil: Verschmelzungen, Rn. 60.
[178] → Rn. 248.
[179] Vgl. *Polley* in Henssler/Strohn Gesellschaftsrecht § 122c UmwG Rn. 13; *Hörtnagl* in Schmitt/Hörtnagl/Stratz UmwG § 122c Rn. 16.

§ 13. Verschmelzung von KapGes versch. Mitgliedstaaten § 13

dieser Verzichtsmöglichkeit im Recht der grenzüberschreitenden Verschmelzung dürfte jedoch entgegenstehen, dass die Ausnahmen vom Pflichtkatalog des Verschmelzungsplans in der IntVerschmRL abschließend geregelt sind. Zudem sieht die IntVerschmRL hinsichtlich der Prüfung des Umtauschverhältnisses und der Erstellung eines Verschmelzungsprüfungsberichts eine ausdrückliche Verzichtsmöglichkeit vor.[182] Die Verzichtsmöglichkeiten sind insoweit in der IntVerschmRL abschließend geregelt und eine weitergehende innerstaatliche Regelung ist nicht richtlinienkonform. Zu den Fragen der Ermittlung und Darstellung des Umtauschverhältnisses kann ansonsten im Wesentlichen auf die Ausführungen zum innerstaatlichen Verschmelzungsrecht verwiesen werden.[183] Folgende Besonderheiten sind jedoch bei der grenzüberschreitenden Verschmelzung zu beachten:

(2) **Ermittlung des Unternehmenswerts als Grundlage des Umtauschverhältnisses.** Die Bestimmung des Umtauschverhältnisses setzt zunächst die Ermittlung des Unternehmenswertes der an der Verschmelzung beteiligten Rechtsträger voraus.[184] Dabei ist für alle an der Verschmelzung beteiligten Rechtsträger zunächst ein einheitlicher Bewertungsstichtag[185] zu bestimmen, der ebenfalls in den Verschmelzungsplan aufzunehmen ist,[186] und die **einheitliche Bewertungsmethode**[187] festzulegen. Gesetzliche Regeln zum Bewertungsstichtag oder zur Unternehmensbewertungsmethode sieht weder das europäische Recht[188] noch das deutsche Recht[189] vor. Insofern haben sich die an der grenzüberschreitenden Verschmelzung beteiligten Gesellschaften zunächst auf eine Methode zu einigen, die in allen Mitgliedstaaten Anerkennung findet, in denen die an der Verschmelzung beteiligten Rechtsträger beheimatet sind.[190] Die in Deutschland für innerstaatliche Verschmelzung zumeist angewandte Ertragswertmethode nach IDW S 1-Grundsätzen findet im Ausland keine Anwendung.[191] Es sind insoweit international gebräuchli-

62

---

[180] Vgl. *Hörtnagl* in Schmitt/Hörtnagl/Stratz UmwG § 122c Rn. 16; *Krüger* in Beck'sches Handbuch Umwandlungen International, 2. Teil: Verschmelzungen, Rn. 80.
[181] Vgl. §§ 54 I 3, 68 I 3 UmwG sowie → § 9 Rn. 75.
[182] Vgl. Art. 8 IV IntVerschmRL.
[183] → § 9 Rn. 79 ff.
[184] Vgl. ausführlich zum innerstaatlichen Recht zur Ermittlung der Unternehmenswerte als Ausgangspunkt der Bestimmung des Umtauschverhältnisses Ausführungen → § 9 Rn. 79 ff.
[185] → § 9 Rn. 81 f.
[186] → Rn. 81.
[187] Vgl. ausführlich zu den Bewertungsfragen bei innerstaatlichen Verschmelzungen → § 9 Rn. 84 ff., sowie *Lutter/Drygala* in Lutter UmwG § 5 Rn. 18 ff.
[188] Die IntVerschmRL trifft keine Regelung zur Bewertung; ebenso wenig die VerschmRL; vgl. hierzu *Kulenkamp* S. 175 ff.
[189] Vgl. *Kiem* ZGR 2007 S. 542 (562); *Grossfeld* NZG 2002 S. 353, 355 ff.
[190] Vgl. *Drinhausen* in Semler/Stengel UmwG § 122c Rn. 16; *Kiem* in Habersack/Drinhausen SE-Recht § 122c UmwG Rn. 24.
[191] Vgl. *Kiem* in Habersack/Drinhausen SE-Recht § 122c UmwG Rn. 24.

che Bewertungsmethoden anzuwenden.[192] Hierbei empfiehlt es sich zu differenzieren, ob es sich um eine Verschmelzung zwischen gleichberechtigten Unternehmen (**Merger of Equals**) oder eine Konzernverschmelzung handelt.[193] Bei börsennotierten Gesellschaften ist zumeist der Börsenkurs maßgeblich, soweit dieser aussagekräftig ist.[194]

63 Dabei sind die verbreiteten **Bewertungsmethoden** in den Mitgliedstaaten **unterschiedlich**.[195] Während in Deutschland bei innerstaatlichen Verschmelzungen vornehmlich der Ertragswert bzw. der Discounted Cash Flow herangezogen wird, steht die Bewertungsmethode im Ermessen der Vertretungsorgane.[196] Hinsichtlich der Maßgeblichkeit des Börsenkurses besteht hingegen weiterhin Uneinigkeit.[197] In **Frankreich** hingegen wird bei börsennotierten Gesellschaften aufgrund der von der französischen Börsenaufsicht AMF (**Autorité des Marchés Financiers**) aufgestellten Grundsätzen eine Verschmelzungswertrelation aufgrund der sogenannten Multi-Kriterienmethode (**approche multi-critères**) vorgenommen. Es müssen mehrere unterschiedliche Bewertungsmethoden angewandt werden, wobei zumeist auf die Ertragskraft, das Nettoreinvermögen, die Börsenbewertung und den Cash Flow abzustellen ist.[198] Diese Methode wird von der Literatur und Rechtsprechung inzwischen auch für nicht börsennotierte Unternehmen angewandt. In **Italien** hingegen entspricht die Rechtslage wohl eher dem deutschen Recht. So steht es im Ermessen des Verwaltungsrats die Bewertung vorzunehmen. Eine gesetzliche Festlegung bestimmter Bewertungsmethoden erfolgte nicht.[199]

64 Zusätzliche Probleme ergeben sich bei der **Festlegung des landesüblichen Kapitalisierungszinssatzes** und des **Risikozuschlags**.[200] Erweisen sich die Bewertungsmethoden als unvereinbar ist die Verschmelzung gleichwohl nicht unmöglich. Der Zweck der IntVerschmRL zwingt die Mitgliedstaaten einen Bewertungsmodus vorzusehen, der die grenzüberschreitende Verschmelzung nicht ausschließt.

---

[192] Vgl. *Kiem* in Habersack/Drinhausen SE-Recht § 122c UmwG Rn. 24. Zur Zulässigkeit von ausländischen Bewertungsstandards OLG Stuttgart AG 2011 S. 49, 52.
[193] Vgl. eingehend zu den konkurrierenden Bewertungssystemen bei der grenzüberschreitenden Verschmelzung *Adolff* ZHR 173 (2009) S. 67 ff. Der Vorschlag das Recht der übernehmenden Rechtsträgers als maßgeblich zu erachten ist jedoch abzulehnen; hiergegen zu Recht *Krüger* in Beck'sches Handbuch Umwandlungen International, 2. Teil: Verschmelzungen, Rn. 83.
[194] Vgl. *Kiem* in Habersack/Drinhausen SE-Recht § 122c UmwG Rn. 24.
[195] Vgl. auch rechtstatsächlich zu den in der Vergangenheit angewandten Bewertungsmethoden *Reuter* AG 2007 S. 881 (888).
[196] → § 9 Rn. 84 (grundsätzlich Ertragswertverfahren).
[197] Vgl. zu dessen Bedeutung im innerstaatlichen Recht → § 9 Rn. 85 ff.
[198] Vgl. Einzelheiten bei *Kiem* ZGR 2007 S. 542 (555 f.) mwN.
[199] Vgl. *Kiem* ZGR 2007 S. 542 (557).
[200] Vgl. *Schäfer* in MünchKomm AktG Art. 20 SE-VO Rn. 14; *Großfeld* NZG 2002 S. 353, 356 f.; *Scheifele* Gründung S. 154 ff.; *Lutter/Drygala* in Lutter UmwG § 5 Rn. 35 ff.; *Kulenkamp* S. 177.

§ 13. Verschmelzung von KapGes versch. Mitgliedstaaten § 13

In der Praxis muss deshalb zunächst ein einheitlicher Bewertungs- 65
modus gefunden werden, der in allen Mitgliedstaaten Anerkennung
findet.[201] Die Methoden der Wertermittlung sowie ihre Angemessenheit
zur Bewertung im konkreten Verschmelzungsfall sind in den Prüfungsbericht aufzunehmen.[202]

(3) **Höhe der baren Zuzahlung.** Unter Umständen sind im Ver- 66
schmelzungsplan auch Angaben zur baren Zuzahlung aufzunehmen. Sie
kann erforderlich sein, wenn sich Spitzenbeträge ergeben, die nicht in
Anteilen ausgeglichen werden können. Die bare Zuzahlung darf in
Deutschland gemäß § 122a II iVm §§ 54 IV, 68 III und 78 UmwG 10% des
Nennwerts bzw. des rechnerischen Werts der gewährten Aktien oder Anteile betragen. Dies entspricht Art. 2 Nr. 2 der IntVerschmRL. Art. 3 I
IntVerschmRL erachtet das Recht der grenzüberschreitenden Verschmelzung auch dann für anwendbar, wenn ein Mitgliedstaat die Option, auch eine bare **Zuzahlung über die 10%-Grenze** zuzulassen,
vorsieht.[203] Dies ist im deutschen innerstaatlichen Verschmelzungsrecht
unzulässig,[204] da Deutschland von dieser Option keinen Gebrauch gemacht hat.

Problematisch kann es sich bei der grenzüberschreitenden Verschmel- 67
zung erweisen, wenn eine deutsche Gesellschaft mit einer **ausländischen** Gesellschaft verschmilzt, deren **Rechtsordnung eine höhere
Barzuzahlung zulässt.** Diesbezüglich ist zwischen den Fällen der
Hereinverschmelzung und der Hinausverschmelzung zu differenzieren.
Welche Rechtsordnung über die Zulässigkeit der höheren Barzahlung
entscheidet hängt vom Regelungszweck der **10%-Beschränkung** ab.
Nach wohl hM soll die Limitierung der baren Zuzahlung vor allem die
Kapitalgrundlage und die Liquidität der aufnehmenden Gesellschaft
schützen.[205] Insoweit handelt es sich bei der Frage der Zulässigkeit einer
höheren Barzuzahlung um eine Rechtsfrage, die nach der **Rechtsordnung des aus der grenzüberschreitenden Verschmelzung hervorgehenden Rechtsträgers** zu beurteilen ist.[206] Das inländische deutsche
Recht ist insoweit im Fall der Hinausverschmelzung teleologisch zu

---

[201] *Polley* in Henssler/Strohn Gesellschaftsrecht § 122c UmwG Rn. 13.
[202] Vgl. § 122 f iVm § 12 II Nr. 1 und 2 UmwG.
[203] Dieses Optionsrecht wird in Art. 30 VerschmRL gewährt.
[204] → § 9 Rn. 122.
[205] Vgl. *Bayer* in Lutter UmwG § 122c Rn. 16; *Kulenkamp* S. 131 mwN; wohl auch *Mayer* in Widmann/Mayer § 122c Rn. 88; aA *Kiem* in Habersack/Drinhausen SE-Recht § 122c UmwG Rn. 25; *Simon/Rubner* in Kölner Kommentar UmwG § 122c Rn. 15, die annehmen, dass neben dem Schutz der Kapitalgrundlage auch der Schutz der Minderheitsgesellschafter des übertragenden Rechtsträgers bezweckt wird und deshalb eine Anwendung der 10%-Grenze auch für den Fall der Hinausverschmelzung annehmen. Dem kann nicht zugestimmt werden, da andernfalls das in Art. 3 I IntVerschmRL gewährte Optionsrecht der anderen Mitgliedstaaten unterlaufen wird.
[206] Vgl. *Bayer* in Lutter UmwG § 122c Rn. 16; *Hörtnagl* in Schmitt/Hörtnagl/Stratz UmwG § 122c Rn. 15; *Kulenkamp* S. 131 mwN; aA *Mayer* in Widmann/Mayer UmwG § 122c Rn. 88; *Lutz* BWNotZ 2010 S. 23 (29).

§ 13   4. Teil. Grenzüberschreitende Verschmelzungen

reduzieren, da die IntVerschmRL in Art. 3 I eine Sonderregel enthält,[207] durch die das Überschreiten der 10%-Grenze als zulässig zu erachten ist.[208] Anders verhält sich die Rechtslage im Falle der Hereinverschmelzung. In diesem Falle richtet sich die Frage der Höhe der baren Zuzahlung nach deutschem Recht, so dass unabhängig davon, ob die ausländische Rechtsordnung eine höhere Limitierung erlaubt, eine Barzuzahlung auf die im deutschen Recht vorgesehene 10%-Schwelle beschränkt ist.

cc) Übertragung der Gesellschaftsanteile, § 122c II Nr. 3 UmwG

68   Der Verschmelzungsplan hat Einzelheiten für die Übertragung der Anteile des übernehmenden oder neuen Rechtsträgers an die Anteilsinhaber des übertragenden Rechtsträgers aufzunehmen.[209] Im Falle der Hinausverschmelzung sind Angaben nach dem Recht des ausländischen Rechtsträgers erforderlich.

69   Soweit hingegen die **übernehmende** oder **neue Gesellschaft** deutschem Recht unterliegt, finden die einschlägigen rechtsformspezifischen Vorschriften des innerstaatlichen Verschmelzungsrechts gemäß § 122a II UmwG Anwendung.[210] Erforderlich sind vor allem Angaben zu den Modalitäten des Erwerbs der neuen Anteile, der Kosten des Anteilstausches, der Herkunft der Anteile (aufgrund Kapitalerhöhung geschaffen oder durch Verkauf eigener Anteile), zur Zulässigkeit des Erwerbs eigener Anteile und der erforderlichen Formalitäten einer Kapitalerhöhung.[211] Dazu zählen aber auch die Angaben in § 46 UmwG bei der GmbH (Nennbetrag eines Geschäftsanteils, Abweichungen durch Kapitalerhöhung geschaffener Anteile gegenüber originären Anteilen, Bestimmungen für Gesellschafter, die vorhandene Geschäftsanteile übernehmen), sowie bei der AG/KGaA die Vorschriften zur Benennung eines Treuhänders.[212]

70   **Umstritten** ist, wann gemäß § 71 ff. AktG ein **Treuhänder** zu bestellen ist, im Falle der Hereinverschmelzung[213] oder auf die übertragende

---

[207] Die Sonderregel zum allgemeinen Anwendungsbereich der IntVerschmRL sieht vor, dass die IntVerschmRL auch dann anwendbar ist, wenn mindestens einer der beteiligten Mitgliedstaaten 10% des Nennwertes oder – soweit dieser nicht vorhanden ist – des rechnerischen Werts der Aktien oder sonstiger Anteile am Kapital der Gesellschaft, die aus der grenzüberschreitenden Verschmelzung hervorgeht, übersteigen darf. Die Möglichkeit eine Barzuzahlung in Höhe von über 10% vorzusehen ist ebenfalls Gegenstand der VerschmRL. Einzelheiten bei *Kulenkamp* S. 127 ff.
[208] AA *Krüger* in Beck'sches Handbuch Umwandlungen International, 2. Teil: Verschmelzungen, Rn. 89 mwN.
[209] Vgl. zum innerstaatlichen Recht § 5 I Nr. 4 UmwG.
[210] Vgl. *Drinhausen* in Semler/Stengel UmwG § 122c Rn. 18.
[211] Vgl. → § 9 Rn. 125 ff. insbesondere auch zu den Änderungen durch ARUG.
[212] Vgl. Einzelheiten → § 9 Rn. 131 ff.
[213] Vgl. *Mayer* in Widmann/Mayer UmwG § 122c Rn. 93, der in jedem Falle der Beteiligung einer deutschen Gesellschaft §§ 71 ff. UmwG anwenden möchte;

§ 13. Verschmelzung von KapGes versch. Mitgliedstaaten § 13

Gesellschaft im Falle der Hinausverschmelzung.[214] Zutreffend ist wohl die Auffassung, demzufolge §§ 71 ff. AktG die Aktionäre der übertragenden Gesellschaft schützen will und zudem die übernehmende deutsche AG davor schützt, dass ihre Aktien ausgehändigt werden, bevor der Verschmelzungsvorgang wirksam wird.[215] Hieraus folgt, dass §§ 71 ff. AktG sowohl im Falle der Hinausverschmelzung als auch im Falle der Hereinverschmelzung Anwendung findet.[216] Dies allerdings nur im Hinblick auf die deutsche Gesellschaft. Daneben kann es im Falle der Hinausverschmelzung zur kumulativen Anwendung mit ausländischem Recht kommen, soweit für die Übertragung der Anteile besondere Vorschriften vorgesehen sind. Die Angaben zu § 122c II Nr. 3 UmwG sind im Falle der Konzernverschmelzung entbehrlich.[217]

dd) Voraussichtliche Auswirkungen auf die Beschäftigung, § 122c II Nr. 4 UmwG

Ebenso wie im innerstaatlichen Recht sind die voraussichtlichen Auswirkungen der Verschmelzung auf die Beschäftigung darzustellen, so dass – unter Beachtung der nachfolgenden Einschränkungen – grundsätzlich auf die dortigen Ausführungen verwiesen werden kann. Gegenüber § 5 Nr. 9 UmwG dient jedoch § 122c Nr. 4 UmwG nicht der Arbeitnehmerinformation, da der Verschmelzungsplan nach hM den Arbeitnehmern nicht zugeleitet wird.[218] Angaben zur Arbeitnehmermitbestimmung und den Folgen für die Arbeitnehmervertretung sind in diesem Zusammenhang nicht aufzunehmen, da insoweit § 122c II Nr. 10 UmwG lex specialis ist. Schwerpunkt der Erörterung sind nach hM diejenigen Auswirkungen auf die Beschäftigung, die **für die Gesellschaft und ihre Gesellschafter** Folgen haben werden, wie zB Maßnahmen zum Arbeitsplatzabbau und damit verbundene Kosten, wohingegen Informationen für die Arbeitnehmervertretungen lediglich in den Verschmelzungsbericht aufzunehmen sind, da nur dieser den Arbeitnehmern bzw. ihren Vertretern zuzuleiten ist.[219] Da sich die Angaben an die

71

Lutz BWNotZ 2010 S. 23, 29 befürwortet, dass sich das strengere Recht durchsetzt.

[214] Vgl. *Bayer* in Lutter UmwG § 122c Rn. 17; *Kiem* in Habersack/Drinhausen SE-Recht § 122c UmwG Rn. 26; *Holzborn/Maystorn* ZIP 2012 S. 2380 (2384); *Drinhausen* in Semler/Stengel UmwG § 122c Rn. 19.
[215] *Mayer* in Widmann/Mayer UmwG § 122c Rn. 93, sowie zur SE-Verschmelzung *Schäfer* in MünchKomm AktG Art. 20 SE-VO Rn. 16.
[216] AA *Polley* in Henssler/Strohn Gesellschaftsrecht § 122c UmwG Rn. 14, der nur im Falle der Hinausverschmelzung die Bestellung eines Treuhänders für erforderlich hält.
[217] Vgl. § 122c III UmwG.
[218] Vgl. *Polley* in Henssler/Strohn Gesellschaftsrecht § 122c UmwG Rn. 15, 28; *Kiem* in Habersack/Drinhausen SE-Recht § 122c UmwG Rn. 27; *Simon/Rubner* in Kölner Kommentar § 122c Rn. 16; *Bayer* in Lutter UmwG § 122c Rn. 19 mwN; aA wohl *Drinhausen* in Semler/Stengel UmwG § 122c Rn. 21; *Mayer* in Widmann/Mayer Rn. 99.
[219] Vgl. *Bayer* in Lutter UmwG § 122c Rn. 19 mwN; *Kiem* in Habersack/Drinhausen SE-Recht § 122c UmwG Rn. 28; *Simon/Rubner* in Kölner Kom-

Gesellschafter richten, diese jedoch keinen Gesellschafterbeschluss fassen, werden die Angaben im Falle der Konzernverschmelzung im Schrifttum vereinzelt für entbehrlich gehalten.[220] Dies widerspricht dem ausdrücklichen Willen des Gesetzgebers, der für die Konzernverschmelzung in § 122c III UmwG abschließend diejenigen Angaben des Verschmelzungsplans aufführt, die als entbehrlich erachtet werden.

ee) Zeitpunkt der Gewinnbeteiligung, § 122c II Nr. 5 UmwG

72 Gemäß § 122c II Nr. 5 UmwG sind der Zeitpunkt der Gewinnbeteiligung, sowie alle Besonderheiten, die eine Auswirkung auf dieses Recht haben, anzugeben. Inhaltlich stimmt diese Regelung mit § 5 I Nr. 5 UmwG des innerstaatlichen Verschmelzungsrechts überein.[221] Während im innerstaatlichen Recht in der Praxis auf den Beginn des Geschäftsjahres des übernehmenden Rechtsträgers abgestellt wird, das auf den Stichtag der letzten Jahresbilanz der übertragenden Gesellschaft folgt, kann bei Unwägbarkeiten bei grenzüberschreitenden Verschmelzungen (insbesondere Anfechtungsrisiko, Zustimmungsvorbehalt der Hauptversammlung nach § 122g UmwG) auch eine variable Bestimmung vorgenommen werden.[222] Wirtschaftlich betrachtet steht der Zeitpunkt der Gewinnberechtigung eng mit dem Verschmelzungsstichtag im Zusammenhang, da nach dem Verschmelzungsstichtag für die übertragende Gesellschaft kein Gewinn mehr entstehen kann. Deshalb erfolgt in der Praxis häufig eine Verknüpfung.[223] Im Falle der Konzernverschmelzung sind die Angaben entbehrlich.[224]

ff) Verschmelzungsstichtag, § 122c II Nr. 6 UmwG

73 § 122c Nr. 6 UmwG sieht vor, dass der Zeitpunkt anzugeben ist, von dem an die Handlungen der übertragenden Gesellschaften für Rechnung der übernehmenden oder neuen Gesellschaft vorgenommen gelten, dem sog. Verschmelzungsstichtag.[225] Der Verschmelzungsstichtag ist bedeutsam für die handels- und steuerrechtliche Gewinnermittlung. Er betrifft

---

mentar § 122c UmwG Rn. 16; einschränkend *Krüger* in Beck'sches Handbuch Umwandlungen International, 2. Teil: Verschmelzung Rn. 67, der aus Vorsichtsgründen zur Aufnahme von umfassenden Angaben rät.
[220] Vgl. *Bayer* in Lutter UmwG § 122c Rn. 20; aA *Hörtnagl* in Schmitt/Hörtnagl/Stratz UmwG § 122c Rn. 19.
[221] Vgl. *Kiem* in Habersack/Drinhausen SE-Recht § 122c UmwG Rn. 30; *Bayer* in Lutter UmwG § 122c Rn. 21; sowie zur innerstaatlichen Regelung → § 9 Rn. 136 ff.
[222] Vgl. *Bayer* in Lutter UmwG § 122c Rn. 21; sowie zur SE-Verschmelzung *Schäfer* in MünchKomm AktG Art. 20 SE-VO Rn. 17.
[223] Vgl. *Kiem* in Habersack/Drinhausen SE-Recht § 122c UmwG Rn. 30; *Hörtnagl* in Schmitt/Hörtnagl/Stratz UmwG § 122c Rn 20.
[224] Vgl. § 122c III UmwG sowie → Rn 248.
[225] Trotz des teils abweichenden Wortlauts deckt sich § 122c II Nr. 6 UmwG inhaltlich mit Art. 5 Satz 2 lit. f) IntVerschmRL, vgl. *Kulenkamp* S. 185 f.

§ 13. Verschmelzung von KapGes versch. Mitgliedstaaten § 13

das Innenverhältnis der beteiligten Rechtsträger.[226] Er kann grundsätzlich frei bestimmt werden, muss jedoch im innerstaatlichen Recht nach Auffassung der Finanzverwaltung zwingend mit **dem Stichtag der Schlussbilanz des übertragenden Rechtsträgers** gekoppelt und auf den dem Stichtag der Schlussbilanz **folgenden Tag** festgesetzt werden, dh soweit die Schlussbilanz am 31.12. erfolgt, ist der Verschmelzungsstichtag auf den 1.1. festzusetzen.[227] Dies gilt im Grundsatz auch bei der grenzüberschreitenden Verschmelzung.[228] Im Falle der Verschmelzung durch Neugründung und bei Verschmelzung durch Aufnahme der Beteiligung mehrerer Rechtsträger muss der Verschmelzungsstichtag nach wohl hM nicht einheitlich festgesetzt werden.[229] Zu prüfen ist jedoch, ob auch die ausländische Rechtsordnung derartige unterschiedliche Verschmelzungsstichtage zulässt. Der Verschmelzungsstichtag betrifft lediglich die Rechnungslegung und damit das Innenverhältnis und muss nicht zwingend dem Gewinnberechnungsstichtag entsprechen. Die im Rahmen der innerstaatlichen Verschmelzung erörterten Probleme zur Terminierung des Stichtags werden auch bei der grenzüberschreitenden Verschmelzung auftreten.[230] Insoweit empfiehlt sich ebenfalls eine variable Lösung.[231]

Die Schlussbilanz des übertragenden deutschen Rechtsträgers darf nicht älter als acht Monate sein.[232] Hinsichtlich des übertragenden ausländischen Rechtsträgers gilt diese Beschränkung nicht. Es ist sein nationales Recht maßgeblich.[233]

74

gg) Gewährung von Rechten an Inhaber von Sonderrechten, § 122c II Nr. 7 UmwG

Soweit die übernehmende oder neue Gesellschaft einzelnen Gesellschaftern, sei es den mit Sonderrechten ausgestatteten Gesellschaftern oder Inhabern von anderen Wertpapieren als Gesellschaftsanteilen, Rechte gewährt oder bestimmte Maßnahmen vorschlägt, so sind diese gemäß § 122c II Nr. 7 UmwG ebenso in den Verschmelzungsplan aufzunehmen.[234] Erfasst werden gleichermaßen Gesellschafter des übertragenden

75

---

[226] Vgl. hierzu *Kiem* in Habersack/Drinhausen SE-Recht § 122c UmwG Rn. 31.
[227] Vgl. *Lutter/Drygala* in Lutter UmwG § 5 Rn. 42.
[228] Vgl. hierzu *Kiem* in Habersack/Drinhausen SE-Recht § 122c UmwG Rn. 33; *Hörtnagl* in Schmitt/Hörtnagl/Stratz UmwStG § 1 Rn. 27.
[229] Vgl. näher *Kulenkamp* S. 187; sowie zum innerstaatlichen Verschmelzungsrecht *Müller* in Kallmeyer UmwG § 5 Rn. 37; *Stratz* in Schmitt/Hörtnagl/Stratz UmwG § 5 Rn. 70.
[230] Vgl. hierzu die Ausführungen → § 9 Rn. 137.
[231] *Bayer* in Lutter UmwG § 122c Rn. 22; *Kiem* in Habersack/Drinhausen SE-Recht § 122c UmwG Rn. 33. sowie zum SE-Recht *Schäfer* in MünchKomm AktG Art. 20 SE-VO Rn. 17.
[232] Vgl. § 122a II iVm § 17, § 122k I 2 UmwG.
[233] *Polley* in Henssler/Strohn Gesellschaftsrecht § 122c UmwG Rn. 17.
[234] Die Vorschrift beruht auf Art. 5 lit. g) IntVerschmRL.

§ 13   4. Teil. Grenzüberschreitende Verschmelzungen

und des übernehmenden Rechtsträgers.[235] Die Angaben erlauben es den Anteilsinhabern die Gleichbehandlung der Anteilsinhaber zu überprüfen. Diese Vorschrift unterscheidet sich in mehrfacher Hinsicht vom Wortlaut des § 5 I Nr. 7 UmwG des innerstaatlichen Verschmelzungsrechts. Im Gegensatz zum Wortlaut des § 5 I Nr. 7 UmwG werden die Arten der Sonderrechte nicht beispielhaft genannt. Gleichwohl werden die in § 5 I Nr. 7 UmwG für innerstaatliches Verschmelzungsrecht genannten Sondervorteile in Form von Anteilen ohne Stimmrecht, Vorzugsaktien, Höchst- und Mehrstimmrechtsaktien, Entsendungsrechten in den Aufsichtsrat, Schuldverschreibungen, und Genussrechten anzugeben sein.[236] Ebenfalls sind sämtliche Rechte im Verschmelzungsplan aufzuführen, die im Austausch für vergleichbare **Sonderrechte oder Wertpapiere anderer Rechtsordnungen** gewährt werden.[237] Die Sonderrechte können sich auch direkt aus der Satzung ergeben und somit aufgrund der Aufnahme der Satzung in den Verschmelzungsplan zugänglich sein.[238] Abweichend vom innerstaatlichen Recht sind zudem auch **Sondervorteile** aufzunehmen, die nicht nur einzelnen Gesellschaftern gewährt werden, sondern auch diejenigen, die alle Gesellschafter in gleichem Maße treffen.[239] Nicht erforderlich ist es erstmals gewährte Sonderrechte aufzunehmen, solange diese **nicht im Austausch für bestehende Sonderrechte** oder Wertpapiere gewährt werden.[240] Aufgrund der diesbezüglich vorgebrachten Kritik empfiehlt sich jedoch zumindest eine freiwillige Angabe.[241]

hh) Besondere Vorteile für Sachverständige, Prüfer und Organe, § 122c II Nr. 8 UmwG

76   Inhaltlich dem innerstaatlichen Verschmelzungsrecht[242] vergleichbar ist auch § 122c Nr. 8 UmwG, demzufolge besondere Vorteile für Sach-

---

[235] So schon *Sagasser* Sondervorteile S. 36 ff.; → § 9 Rn. 141 ff.; *Kulenkamp* S. 188.
[236] *Kulenkamp* S. 187 ff.; *Bayer* in Lutter UmwG § 122c Rn. 23; *Kiem* in Habersack/Drinhausen SE-Recht § 122c UmwG Rn. 34.
[237] *Kiem* in Habersack/Drinhausen SE-Recht § 122c UmwG Rn. 34.
[238] → Rn. 77.
[239] Vgl. *Bayer* in Lutter UmwG § 122c Rn. 23 mwN; *Kiem* in Habersack/Drinhausen SE-Recht § 122c UmwG Rn. 34; *Drinhausen* in Semler/Stengel UmwG § 122c Rn. 26; *Mayer* in Widmann/Mayer UmwG § 122c Rn. 111 unter Hinweis auf den Wortlaut; aA Voraufl.; *Kulenkamp* S. 188 f.; sowie im Hinblick auf den Normzweck (Prüfung der Gleichbehandlung) *Schäfer* in Münch-Komm AktG Art. 20 SE-VO Rn. 18; zur unterschiedlichen Behandlung im innerstaatlichen Recht (Abweichung vom Gleichbehandlungsgrundsatz) → § 9 Rn. 142.
[240] Vgl. auch *Drinhausen* in Semler/Stengel UmwG § 122c Rn. 26; *Kiem* in Habersack/Drinhausen SE-Recht § 122c UmwG Rn. 34; *Krüger* in Beck'sches Handbuch Umwandlungen International, 2. Teil: Verschmelzungen Rn. 64; *Polley* in Henssler/Strohn Gesellschaftsrecht § 122c UmwG Rn. 14 erachtet die Angabe für sinnvoll.
[241] *Bayer* in Lutter UmwG § 122c Rn. 23; *Lutz* BWNotZ 2010 S. 23 (30).
[242] Vgl. Art. 5 lit. h) IntVerschmRL.

§ 13. Verschmelzung von KapGes versch. Mitgliedstaaten § 13

verständige, Prüfer und Organe (Mitglieder der Verwaltungs-, Leitungs-, Aufsichts- oder Kontrollorgane inkl. fakultativer Organe[243]) in den Verschmelzungsplan aufzunehmen sind. In der Praxis werden häufig den Organmitgliedern der übertragenden Gesellschaften Vorteile gewährt, da diese ihr Amt verlieren.[244] Die Vorschrift soll den Gesellschaftern Informationen über **potenzielle Interessenkonflikte, fehlende Objektivität** im Rahmen der Erstellung des Verschmelzungsplans und seiner Durchführung sichern.[245] Diesem Regelungsziel entspricht es auch, dass die Organe **aller an der Verschmelzung beteiligten Gesellschaften** erfasst werden.[246] Hingegen werden Abschlussprüfer – hierin besteht ein Unterschied zu § 5 I Nr. 8 UmwG – von § 122c II Nr. 8 nicht umfasst. Sie dürfen im Regelfall ohnehin aus berufsrechtlichen Gründen nicht gewährt werden.[247] Als „**besonderer Vorteil**" ist jede Art von Vergünstigung zu qualifizieren, die anlässlich der Verschmelzung gewährt wird und nicht lediglich eine übliche Gegenleistung für eine erbrachte Tätigkeit (zB übliche Sachverständigenhonorare) darstellt.[248]

ii) Satzung, § 122c II Nr. 9 UmwG

Die Satzung der übernehmenden oder neuen Gesellschaft ist ebenfalls vollständig aufzunehmen. Anders als im innerstaatlichen Recht gilt dies auch im Falle der Verschmelzung durch Aufnahme.[249] Zwar ist diese in allen Mitgliedstaaten einheitlich der Registerpublizität unterworfen. Dem ausländischen Investor ist jedoch der Zugang zu deutschen Registern weniger vertraut und damit beschwerlicher. Vor allem aber wird ihm durch die Aufnahme in den Verschmelzungsplan die Satzung in seiner Landessprache präsentiert, wodurch für den Gesellschafter der Zugang inhaltlich wesentlich vereinfacht wird. Rechtstech-

77

---

[243] Vgl. *Bayer* in Lutter UmwG § 122c Rn. 23; *Kiem* in Habersack/Drinhausen SE-Recht § 122c UmwG Rn. 35. Dies gilt unabhängig davon, ob diese Organe rein beratende Funktion haben, da eine Einflussnahme auf die Verschmelzungsentscheidung auch ohne Stimm- und Leitungsmacht erfolgen kann und insoweit ebenso ein potentieller Interessenkonflikt besteht; aA *Kulenkamp* S. 191, die Gremien mit lediglich beratender Funktion ausschließen möchte.
[244] Ebenso *Hörtnagl* in Schmitt/Hörtnagl/Stratz UmwG § 122c Rn. 25.
[245] *Bayer* in Lutter UmwG § 122c Rn. 24 mwN; *Kiem* in Habersack/Drinhausen SE-Recht § 122c UmwG Rn. 35; *Drinhausen* in Semler/Stengel UmwG § 122c Rn. 29; vgl. für die SE *Schäfer* in MünchKomm AktG Art. 20 SE-VO Rn. 19.
[246] Vgl. eingehend *Kulenkamp* S. 191 f.
[247] Vgl. *Polley* in Henssler/Strohn Gesellschaftsrecht § 122c UmwG Rn. 19.
[248] Vgl. *Bayer* in Lutter UmwG § 122c Rn. 25; *Hörtnagl* in Schmitt/Hörtnagl/Stratz UmwG § 122c Rn. 25; *Kiem* in Habersack/Drinhausen SE-Recht § 122c UmwG Rn. 35.
[249] Vgl. *Bayer* in Lutter UmwG § 122c Rn. 25; *Drinhausen* in Semler/Stengel UmwG § 122c Rn. 30; *Mayer* in Widmann/Mayer UmwG § 122c Rn. 118; *Marsch-Barner* in Kallmeyer UmwG § 122c Rn. 5; *Frenzel* S. 205; *Kiem* WM 2006 S. 1091 (1094 f.).

§ 13   4. Teil. Grenzüberschreitende Verschmelzungen

nisch kann dies in Form eines Verweises auf die Satzung im Anhang erfolgen.[250] Dies befreit jedoch nicht von der Verpflichtung diese zumindest auch als deutschsprachiges Dokument zu erstellen.[251] Zum Inhalt der Satzung enthält die IntVerschmRL keine Vorgaben. Im Falle der Hereinverschmelzung sind deshalb gemäß § 122a II UmwG die innerstaatlichen spezialgesetzlichen Vorschriften zu beachten.[252] Soweit eine der Anteilsinhaberversammlungen dem Verschmelzungsplan zugestimmt hat, kann die Satzung – als materieller Bestandteil des Verschmelzungsplans – nur unter eingeschränkten Voraussetzungen geändert werden.[253] Es empfiehlt sich insoweit eine Ermächtigung des Satzungsgebers des übernehmenden Rechtsträgers.[254] Die Satzung wird uU nach der Verschmelzung an das ausgehandelte oder gesetzlich vorgesehene Arbeitnehmermitbestimmungsmodell anzupassen sein.[255] Um eine derartige erneute Versammlung der Anteilsinhaber (vor Eintragung der Verschmelzung!)[256] zu vermeiden, sollte versucht werden, die Satzung bereits im Vorfeld kompatibel mit einer Arbeitnehmermitbestimmungslösung zu gestalten.

jj) Verfahren zur Festlegung der Arbeitnehmermitbestimmung, § 122c II Nr. 10 UmwG

78   Gegebenenfalls sind Angaben zum Verfahren zur Festlegung der Mitbestimmung aufzunehmen. Eine entsprechende Vorschrift kennt das innerstaatliche Recht naturgemäß nicht, da bei innerstaatlichen Verschmelzungen keine Verhandlungen zur Arbeitnehmermitbestimmung vorgesehen sind. Trotz der einleitenden Formulierung „gegebenenfalls" ist die Angabe nicht als fakultativer Inhalt zu verstehen. Vielmehr ist die **Angabe** immer dann **zwingend,** soweit ein Verfahren zur Mitbestimmung durchzuführen ist, bzw. Mitbestimmungsrechte vor oder nach der grenzüberschreitenden Verschmelzung bestehen.[257] Die Angabe ist insoweit

---

[250] Vgl. *Bayer* in Lutter UmwG § 122c Rn. 25; *Polley* in Henssler/Strohn Gesellschaftsrecht § 122c UmwG Rn. 20; *Hörtnagl* in Schmitt/Hörtnagl/Stratz UmwG § 122c Rn. 26; *Kiem* in Habersack/Drinhausen SE-Recht § 122c UmwG Rn. 36; *Drinhausen* in Semler/Stengel UmwG § 122c UmwG Rn. 30; *Mayer* in Widmann/Mayer UmwG § 122c Rn. 121.
[251] Vgl. zur Sprache des Verschmelzungsplans → § 13 Rn. 102.
[252] Vgl. § 36 II iVm §§ 56, 73; 78 I UmwG sowie §§ 23, 278 II AktG und § 3 GmbHG; ebenso *Kulenkamp* S. 193.
[253] Vgl. *Bayer* in Lutter UmwG § 122c Rn. 25; *Kiem* in Habersack/Drinhausen SE-Recht § 122c UmwG Rn. 36; eingehend *Drinhausen/Keinath* in FS Maier-Reimer, 2010, S. 89, 96 f.; *Polley* in Henssler/Strohn Gesellschaftsrecht § 122c UmwG Rn. 20 erachtet nachträgliche Satzungsänderungen nur bei der Verschmelzung zur Neugründung für unzulässig.
[254] Vgl. *Kiem* in Habersack/Drinhausen SE-Recht § 122c UmwG Rn. 36; *Drinhausen/Keinath* in FS Maier-Reimer, 2010, S. 89, 96 f.
[255] → Rn. 337.
[256] → Rn. 211.
[257] Soweit hingegen im Schrifttum die Angaben zum Verfahren für den Fall für entbehrlich gehalten wird, dass das Verfahren bereits durchgeführt wurde oder die

§ 13. Verschmelzung von KapGes versch. Mitgliedstaaten   § 13

auch zwingend, wenn es zur Anwendung der gesetzlichen Auffanglösung kommt.²⁵⁸ Die Ausführungen sind hingegen entbehrlich, soweit die Gesellschaft keine Arbeitnehmer beschäftigt.²⁵⁹ Umstritten ist, wie detailliert die Angaben zu erfolgen haben. Teils wird eine grobe Beschreibung der Gesetzeslage für ausreichend gehalten,²⁶⁰ teils die Offenlegung des Ergebnisses der Mitbestimmung²⁶¹ oder zumindest der Verhandlungsstrategie gefordert.²⁶² Hinsichtlich des **Inhalts und des Umfangs** der Angaben ist auch in diesem Zusammenhang daran zu erinnern, dass die Arbeitnehmer umfassend durch den Verschmelzungsbericht informiert werden, wohingegen sich die Information im Verschmelzungsplan vor allem an die Anteilsinhaber richtet.²⁶³ Aufgrund der umfangreichen Angaben im Verschmelzungsbericht für die Arbeitnehmer sind im Verschmelzungsplan zur Information der Anteilsinhaber die Grundzüge der Gesetzeslage wiederzugeben. In diesem Zusammenhang ist hingegen nicht die angestrebte Verhandlungsstrategie mitzuteilen, da diese Angaben die Verhandlungen selbst gefährden würden.²⁶⁴ Dass das angestrebte Arbeitnehmermitbestimmungsmodell nicht im Vorhinein dargestellt werden kann, hat der Gesetzgeber bereits erkannt und insoweit die Möglichkeit eröffnet, den Verschmelzungsbeschluss von der Zustimmung zur getroffenen Vereinbarung hinsichtlich der Arbeitnehmermitbestimmung abhängig zu machen.²⁶⁵ Es ist insoweit als ausreichend zu erachten, auf die **Gefahr der Anwendung der gesetzlichen Auffanglösung** oder darüber hinausgehende Vereinbarungen²⁶⁶ hinzuweisen, deren Auswirkungen auf die Unternehmensverfassung darzustellen und auf die Möglichkeit des Zustimmungsvorbehalts hinzuweisen.²⁶⁷ Inhaltlich sind insoweit Angaben zur konkre-

79

Auffanglösung gewählt wurde (so *Drinhausen* in Semler/Stengel UmwG § 122c Rn. 31), ist diese Einschränkung weder dem Text zu entnehmen noch teleologisch veranlasst.
[258] Vgl. *Bayer* in Lutter UmwG § 122c Rn. 26 mwN.
[259] Vgl. *Polley* in Henssler/Strohn Gesellschaftsrecht § 122c UmwG Rn. 21.
[260] Vgl. *Kulenkamp* S. 195; zum SE-Recht *Schäfer* in MünchKomm AktG Art. 20 SE-VO Rn. 21; aA *Jacobs* in MünchKomm AktG § 4 SEBG Rn. 1.
[261] *Drinhausen* in Semler/Stengel UmwG § 122c UmwG Rn. 31; nach dem Verhandlungsstand mit den Arbeitnehmern differenzierend *Simon/Rubner* in Kölner Kommentar § 122c UmwG Rn. 27; zweifelnd *Bayer* in Lutter UmwG § 122c Rn. 26.
[262] Vgl. *Kiem* in Habersack/Drinhausen SE-Recht § 122c UmwG Rn. 37; *Bayer* in Lutter UmwG § 122c Rn. 26.
[263] Vgl. *Kiem* in Habersack/Drinhausen SE-Recht § 122c UmwG Rn. 37; *Bayer* in Lutter UmwG § 122c Rn. 26.
[264] Zu Recht hervorgehoben von *Simon/Rubner* in Kölner Kommentar § 122c Rn. 25.
[265] → Rn. 156 ff.
[266] Für eine zwingende Erwähnung einer angestrebten statusverschärfenden Regelung *Kiem* in Habersack/Drinhausen SE-Recht § 122c UmwG Rn. 37.
[267] Zu Recht hebt *Kiem* in Habersack/Drinhausen SE-Recht § 122c UmwG Rn. 37 die Bedeutung der umfassenden Information der Anteilsinhaber hervor, damit das Recht vom Gebrauch des Zustimmungsvorbehalts genutzt werden kann. Der

ten mitbestimmungsrechtlichen Situation in den beteiligten Rechtsträgern, sowie die Grundsätze des Verhandlungsverfahrens zur Arbeitnehmermitbestimmung aufzunehmen, so die Schilderung der Bildung und Zusammensetzung des Besonderen Verhandlungsgremiums, der Ablauf des Verfahrens, das Zustandekommen einer Mitbestimmungsvereinbarung, die Fälle der Anwendbarkeit der gesetzlichen Auffangregelung, sowie die jeweiligen einschlägigen Fristen; zudem ist darauf hinzuweisen, dass eine Aufnahme der Verhandlungen über die Arbeitnehmermitbestimmung nicht zwingend ist.[268] Nicht zuletzt ist anzugeben, dass die Möglichkeit besteht, den Verschmelzungsbeschluss von der Zustimmung zur getroffenen Vereinbarung hinsichtlich der Arbeitnehmermitbestimmung abhängig zu machen. Sofern bereits eine Vereinbarung hinsichtlich der Mitbestimmung getroffen wurde, ist diese kurz zu erläutern.[269]

kk) Bewertung des Aktiv- und Passivvermögens, § 122c II Nr. 11 UmwG

80 Zusätzlich zu den Angaben zum Umtauschverhältnis sind weitere Angaben zum Aktiv- und Passivvermögen in den Verschmelzungsplan aufzunehmen, über deren Zweck, Inhalt und Umfang im deutschen Schrifttum Uneinigkeit besteht.[270] Da die Vorschrift auf französischer Initiative beruht und eine vergleichbare innerstaatliche deutsche Regelung fehlt, sollte die Auslegung derjenigen im französischen Recht angeglichen werden, dem sie entsprungen ist. Es sind insoweit ähnlich wie im innerstaatlichen französischen Recht[271] Angaben zur handelsrechtlichen Bewertung des Aktiv- und Passivvermögens aufzunehmen, das auf die übernehmende Gesellschaft übertragen wird. Es sind jedoch nicht ergänzende Angaben zum Umtauschverhältnis vorzunehmen,[272] da selbiges im Verschmelzungsbericht erläutert wird. Bestimmt werden soll vielmehr, **zu welchen handelsrechtlichen Werten Vermögensgegenstände und Verbindlichkeiten** von der aus der Verschmelzung hervor-

---

Rückschluss, es sei die Verhandlungsstrategie darzulegen, schießt jedoch über das Ziel hinaus.
[268] Einzelheiten → Rn. 339 ff.
[269] Vgl. *Polley* in Henssler/Strohn Gesellschaftsrecht § 122c UmwG Rn. 21.
[270] Vgl. *Drinhausen* in Semler/Stengel UmwG § 122c Rn. 32 ff. mwN.
[271] Vgl. Art. R. 236–1n° 3 Code de commerce: „*la désignation et l'évaluation de l'actif et du passif dont la transmission aux sociétés absorbantes ou nouvelles est prévue*". Die ursprüngliche Vorschrift des Art. 254 III in Décret n°67–236 vom 23.3.1967 ist – ohne inhaltliche Änderung – gesetzlich lediglich neu verankert worden. Unzutreffend insoweit *Simon/Rubner* in Kölner Kommentar § 122c UmwG Rn. 30 (Fn. 29) und *Kiem* in Habersack/Drinhausen SE-Recht § 122c UmwG Rn. 38, die erwähnen, der Artikel sei aufgehoben worden.
[272] Vgl. *Bayer* in Lutter UmwG § 122c Rn. 27; *Kiem* in Habersack/Drinhausen SE-Recht § 122c UmwG Rn. 38 mwN; *Drinhausen* in Semler/Stengel UmwG § 122c Rn. 34. Die für die Unternehmensbewertung maßgeblichen wirtschaftlichen Faktoren sind naturgemäß nicht ausschließlich das Aktiv- und Passivvermögen. Vgl. näher zur Ermittlung des Unternehmenswerts → Rn. 62 ff. Die Verschmelzungswertrelation ist Gegenstand des Verschmelzungsberichts.

gehenden Gesellschaft **übernommen werden** sollen, dh ob Buchwerte oder Teil- oder Zwischenwerte angesetzt werden sollen.[273] Das im innerstaatlichen Recht in § 24 UmwG vorgesehene Wahlrecht, die übergehenden Wirtschaftsgüter entweder mit den in der Schlussbilanz gemäß § 17 UmwG ausgewiesenen Werten fortzuführen oder nach dem Anschaffungskostenprinzip zu erfassen, ist insoweit bereits bei Aufstellung des Verschmelzungsplans auszuüben.[274] § 122c UmwG verdrängt insoweit § 24 UmwG als lex specialis. Ein schlichter Verweis auf eine spätere Ausübung des Wahlrechts oder eine Ermächtigung zu einer späteren Ausübung wird als unzulässig zu erachten sein.[275] Ebenso wie in Frankreich[276] sollten Angaben zu den wesentlichen Bilanzposten (Lagerbestand etc.) aufgenommen werden. Eine ausführliche Bilanz kann als Anhang beigefügt werden.

ll) Stichtag der Bilanzen, § 122c II Nr. 12 UmwG

Ebenso wie die vorangehende Vorschrift beruht das Erfordernis der Angabe des Bilanzstichtages der beteiligten Gesellschaften, der für die Festlegung der Verschmelzungsbedingungen gewählt wurde, auf französischem Recht.[277] Diese Angabe dient als Information über Bilanzen, die **für die Verschmelzung relevant sind** und somit auch über diejenigen, auf deren Grundlage das Umtauschverhältnis zu bestimmen ist.[278] Aus der

81

---

[273] Vgl. *Bayer* in Lutter UmwG § 122c Rn. 27; *Kiem* in Habersack/Drinhausen SE-Recht § 122c UmwG Rn. 38 mwN; *Simon/Rubner* in Kölner Kommentar § 122c UmwG Rn. 30; *Drinhausen* in Semler/Stengel UmwG § 122c Rn. 35.

[274] Zutreffend *Kulenkamp* S. 198 f.; *Kiem* in Habersack/Drinhausen SE-Recht § 122c UmwG Rn. 38 mwN; aA *Polley* in Henssler/Strohn Gesellschaftsrecht § 122c UmwG Rn. 23 mwN; *Hörtnagl* in Schmitt/Hörtnagl/Stratz UmwG § 122c Rn. 32; *Simon/Rubner* Der Konzern 2006 S. 835 (838); *Vetter* AG 2006 S. 613 (619) die nur dann diesbezüglich eine Festlegung für erforderlich halten, wenn die ausländische Rechtsordnung dies vorschreibt; sowie *Krüger* in Beck'sches Handbuch Umwandlungen International, 2. Teil: Verschmelzungen, Rn. 73, der das Wahlrecht fortbestehen lässt und die Angabe zur Rechtslage hinsichtlich der bilanziellen Umsetzung der beteiligten Gesellschaften vorsehen möchte.

[275] Ebenso *Kiem* in Habersack/Drinhausen SE-Recht § 122c UmwG Rn. 38 mwN; *Drinhausen* in Semler/Stengel UmwG § 122c Rn. 36; *Bayer* in Lutter UmwG § 122c Rn. 27; *Kulenkamp* S. 198; aA *Vetter* AG 2006 S. 613 (619).

[276] Vgl. Mémento Francis Lefebvre Sociétés commerciales 2016 Rn. 83090.

[277] Vgl. *Frenzel* S. 209 f. Die als Vorbild dienende französische Vorschrift ist ebenso wie die Bestimmung zur Bewertung des Aktiv- und Passivvermögens gesetzlich neu verankert worden; vgl. nunmehr Art. R. 236–1n° 5 Code de commerce: „*les dates auxquelles ont été arrêtés les comptes des sociétés intéressées utilisés pour établir les conditions de l'opération*".

[278] Vgl. *Bayer* in Lutter UmwG § 122c Rn. 29 mwN; *Müller* in Kallmeyer UmwG § 122c Rn. 38; aA *Kiem* in Habersack/Drinhausen SE-Recht § 122c UmwG Rn. 39, der entgegen dem Wortlaut lediglich die Stichtage derjenigen Bilanzen für erforderlich erachtet, die Bilanzansätze enthalten, für die das Bewertungswahlrecht nach Nr. 11 ausgeübt wird.

Vorschrift kann jedoch nicht gefordert werden, dass die gesamten Jahresabschlüsse in den Verschmelzungsplan aufzunehmen sind.[279] Es sind die Stichtage der **Bilanzen** aller an der Verschmelzung **beteiligten Gesellschaften** aufzunehmen.[280] Dem Wortlaut der Vorschrift (der „Stichtag der Bilanzen") kann entnommen werden, dass nicht zwingend ein einheitlicher Bewertungsstichtag von den beteiligten Gesellschaften zu wählen ist, obgleich dies wohl in der Praxis meist der Fall sein wird. Im Schrifttum wird hieraus teils geschlossen, es müsse sich um den Stichtag der Schlussbilanzen handeln.[281] Eine derartige Einschränkung ist nicht erforderlich. Es ist möglich, Zwischenbilanzen zu erstellen. Anzugeben sind die Bilanzstichtage, die der Verschmelzungsbewertung zugrunde liegen. Soweit aus dieser Vorschrift gefordert wird, dass das Umtauschverhältnis aus der Bilanz abgeleitet werden könne oder müsse,[282] ist dies weder dem Wortlaut entnehmbar, noch gesetzeshistorisch oder systematisch veranlasst.[283]

d) Besondere Angaben im Verschmelzungsplan

82 Über den Katalog der Mindestangaben der IntVerschmRL können zudem nach deutschem Recht **weitere Angaben im Verschmelzungsplan** veranlasst sein, insbesondere ein **Abfindungsangebot**. Das Abfindungsangebot unterliegt im Falle der Hinausverschmelzung (vgl. *aa)*) und im Falle der Hereinverschmelzung unterschiedlichen Regelungen (vgl. *bb)*). Darüber hinaus können auch freiwillig Angaben hinzugefügt werden (vgl. *cc)*).

aa) Hinausverschmelzung – Barabfindungsangebot gemäß § 122i UmwG

83 Art. 4 II 2 IntVerschmRL ermächtigt die Mitgliedstaaten Vorschriften zum Schutze der Minderheitsgesellschafter zu erlassen, die die grenzüberschreitende Verschmelzung abgelehnt haben. Ebenso wie für den Fall der Verschmelzung im innerstaatlichen Recht ist auch im deutschen Recht der grenzüberschreitenden Verschmelzung ein **besonderes Austrittsrecht der Gesellschafter** vorgesehen. So ist aufgrund von § 122i UmwG,[284] der insoweit den § 29 UmwG verdrängt, eine deutsche übertragende Gesellschaft einer grenzüberschreitenden Verschmelzung unter bestimmten Voraussetzungen verpflichtet, den Gesellschaftern ein **Bar-**

---

[279] Vgl. *Polley* in Henssler/Strohn Gesellschaftsrecht § 122c UmwG Rn. 24 ff.; *Drinhausen* in Semler/Stengel UmwG § 122c Rn. 37; aA *Haritz/Wolff* GmbHR 2006 S. 340 (341).
[280] Vgl. *Bayer* in Lutter UmwG § 122c Rn. 29.
[281] Vgl. *Drinhausen* in Semler/Stengel UmwG § 122c Rn. 37.
[282] Vgl. *Haritz/von Wolff* GmbHR 2006 S. 340, 341.
[283] Zutreffend *Bayer* in Lutter UmwG § 122c Rn. 29; *Drinhausen* in Semler/Stengel UmwG § 122c Rn. 37; *Kiem* WM 2006 S. 1091 (1095); *Marsch-Barner* in Kallmeyer UmwG § 122c Rn. 8; *Mayer* in Widmann/Mayer UmwG § 122c Rn. 141.
[284] Die Regelung des § 122i UmwG entspricht dem Minderheitenschutz in §§ 29 ff. UmwG und § 7 SEAG. Vgl. näher *Bayer* in Lutter UmwG § 122i Rn. 1.

abfindungsangebot zu unterbreiten.[285] Das Barabfindungsangebot ist einer der Eckpfeiler des **Minderheitenschutzes**.[286] Der übernehmende Rechtsträger wird hingegen den Gefahren eines erheblichen Liquiditätsabflusses ausgesetzt.[287] Dies ist besonders ungünstig, da die tatsächliche Annahme des Barabfindungsangebots und der hierdurch erfolgende Liquiditätsabfluss nicht kalkulierbar sind. Ungeachtet des Umstandes, dass Kapitalgesellschaften verschmolzen werden, sind die Gesellschafter einer grenzüberschreitenden Verschmelzung in keinem Falle verpflichtet, den **Rechtsformwechsel** in eine ausländische Gesellschaft und die damit verbundene Änderung ihrer Rechte und Pflichten hinzunehmen.[288] Ihnen ist **in jedem Falle ein Abfindungsangebot** zu unterbreiten, wenn die übernehmende oder neue Gesellschaft nicht deutschem Recht unterliegt. Dies gilt unabhängig davon, ob die deutsche Rechtsform des übertragenden Rechtsträgers der ausländischen Rechtsform vergleichbar ist, da in jedem Falle keine identische Rechtslage besteht (mangelnde Rechtsformkongruenz).[289] Soweit börsennotierte Gesellschaften verschmolzen werden, ist zur Limitierung der Unwägbarkeiten hinsichtlich der Annahme des Barabfindungsangebots zu erwägen, ob nicht zunächst vor Verschmelzung den Aktionären der übertragenden deutschen Gesellschaft ein freiwilliges Erwerbsangebot unterbreitet wird.[290]

Die Vorschrift des § 122i UmwG beruht auf einem **Optionsrecht** der IntVerschmRL[291] und ist **nicht in allen Mitgliedstaaten umgesetzt** worden.[292] Vereinzelt wird im Schrifttum die Aufnahme des Barabfindungsangebots in den Mindestkatalog des deutschen Verschmelzungsplans für europarechtswidrig erachtet. Der Mindestkatalog in der IntVerschmRL sei nicht durch den nationalen Gesetzgeber erweiterbar.[293] Diese Auffassung ist jedoch im Hinblick auf die ausdrückliche Regelungsermächtigung in Art. 4 II 2 der IntVerschmRL zum Schutze von Minderheitsgesellschaftern abzulehnen.[294] Da die Möglichkeit des Aus-

---

[285] Die Regelung des § 122i UmwG hat §§ 29 ff. UmwG und § 7 SEAG zum Vorbild; vgl. näher *Bayer* in Lutter UmwG § 122i Rn. 1.
[286] Vgl. *Bayer* in Lutter UmwG § 122i Rn. 1; *Kiem* in Habersack/Drinhausen SE-Recht § 122i UmwG Rn. 1.
[287] Vgl. *Bayer* in Lutter UmwG § 122i Rn. 6 mwN.
[288] BegrRegE zu § 122i I UmwG, BT-Drucksache 16/2919 S. 16.
[289] Die Vorschrift wird zumindest bei börsennotierten Gesellschaften als verfehlt erachtet; vgl. insoweit *Kiem* in Habersack/Drinhausen SE-Recht § 122i UmwG Rn. 3; *Bayer* in Lutter UmwG § 122i Rn. 6.
[290] Vgl. *Kiem* in Habersack/Drinhausen SE-Recht § 122i UmwG Rn. 3; *ders.* WM 2006 S. 1091, 1098.
[291] Art. 4 II 2 IntVerschmRL; vgl. auch die äquivalente Regelungen zur SE-Gründung durch Verschmelzung (§ 7 SEAG) und der Gründung einer Holding-SE (§ 9 SEAG).
[292] Die Vorschrift ist zB nicht in Frankreich umgesetzt worden, da auch das französische innerstaatliche Recht kein Barabfindungsangebot kennt.
[293] Vgl. vor allem *Louven* ZIP 2006 S. 2021 (2025); zweifelnd zudem *Brandes* AG 2005 S. 177 (180) (zum vergleichbaren § 7 SEAG).
[294] Ebenso *Bayer* in Lutter UmwG § 122c Rn. 30 mwN; *Drinhausen* in Semler/Stengel UmwG § 122i Rn. 6; *Kulenkamp* S. 356 ff. mwN.

scheidens der Anteilseigner im engen sachlichen Zusammenhang zur angebotenen künftigen Beteiligung steht und diese aus Gründen der Transparenz umfassend hierüber zu informieren sind, ist eine sachliche Einordnung des **Abfindungsangebots in dem Verschmelzungsplan** durch den deutschen Gesetzgeber gerechtfertigt. Das Abfindungsangebot ist mit dem Verschmelzungsplan **bekannt zu machen**.[295]

85 **(1) Anwendungsbereich, Inhalt und Schuldner des Barabfindungsangebots.** Anspruchsberechtigte Anteilsinhaber sind ausschließlich die Anteilsinhaber einer **deutschen übertragenden** Gesellschaft und auch dies nur, wenn die übernehmende oder neue Gesellschaft nicht dem deutschen Recht unterliegt.[296] Unterliegt die übernehmende bzw. neue Gesellschaft deutschem Recht, so richtet sich die Gewährung eines Abfindungsgebots nach dem innerstaatlichen deutschen Recht.[297] Es kommt insoweit zur Anwendung von § 29 UmwG. Im Falle der grenzüberschreitenden **Hereinverschmelzung** findet § 122i I UmwG keine Anwendung, es sei denn eine übertragende deutsche Gesellschaft ist an der grenzüberschreitenden Verschmelzung beteiligt. Vielmehr sind in diesem Falle die innerstaatlichen Vorschriften des § 29 I UmwG über § 122a II UmwG anwendbar.[298]

86 Die Ausgestaltung des Barabfindungsangebots entspricht inhaltlich[299] weitgehend derjenigen des innerstaatlichen Verschmelzungsrechts. Insoweit hat das Barabfindungsangebot **angemessen** zu sein.[300] Die Angemessenheit des Barabfindungsangebots wird – soweit hierauf nicht wirksam verzichtet wurde – durch den Verschmelzungsprüfer im Rahmen der Verschmelzungsprüfung überprüft.[301] Das Angebot ist wörtlich bekannt zu machen. Bei der **Bekanntmachung** des Barabfindungsangebots ist zwischen AG, KGaA und SE einerseits und der GmbH andererseits zu unterscheiden. Bei der AG, KGaA und SE ist das Barabfindungsangebot gemäß § 124 II 2 AktG mit der Tagesordnung in vollem Umfang bekannt zu machen.[302] Bei der GmbH ist die Bekanntmachung im Wege der Zusendung des Verschmelzungsplans an die Anteilsinhaber vorzunehmen. Hingegen wird die Bekanntmachung gemäß § 122d UmwG nicht für erforderlich erachtet.[303] Gegenüber dem innerstaatlichen Recht be-

---

[295] → Rn. 103.
[296] Rechtspolitisch kritisch hierzu *Bayer* in Lutter UmwG § 122i Rn. 5 f.
[297] → § 9 Rn. 155 ff.
[298] → Rn. 96.
[299] Bzgl. der Bemessung des Angebots sind die Verhältnisse der Gesellschaft im Zeitpunkt der Beschlussfassung über die Verschmelzung zu berücksichtigen (§ 122i I 3 iVm § 30 I 1 UmwG). Das Barabfindungsangebot ist zu verzinsen (§§ 122i I 3 iVm 30 I 2 UmwG); vgl. *Zeidler* in Semler/Stengel UmwG § 30 Rn. 20 ff.
[300] Vgl. § 122i I 3 iVm § 30 I 1 UmwG. Hierzu näher → § 9 Rn. 252 ff.; *Kiem* in Habersack/Drinhausen SE-Recht § 122i UmwG Rn. 7.
[301] Vgl. § 122i I 3 iVm § 30 II UmwG; → Rn. 137.
[302] Vgl. *Kiem* in Habersack/Drinhausen SE-Recht § 122i UmwG Rn. 6.
[303] Vgl. *Simon/Rubner* in Kölner Kommentar § 122i Rn. 9; *Kiem* in Habersack/Drinhausen SE-Recht § 122i UmwG Rn. 6; *Krüger* in Beck'sches Hand-

§ 13. Verschmelzung von KapGes versch. Mitgliedstaaten   § 13

steht die Ausnahme, dass durch § 122i I UmwG nicht die übernehmende Gesellschaft, sondern die **übertragende Gesellschaft** zum Ankauf der Anteile gegen angemessene Barabfindung **verpflichtet** wird.[304] Dieser Unterschied gegenüber dem innerstaatlichen Recht hat freilich eher rechtstechnischen Ursprung (der deutsche Gesetzgeber konnte sein Optionsrecht kraft fehlender anderweitiger Gesetzgebungshoheit nur durch Rechtsvorschriften deutschen Rechts ausüben, die naturgemäß nicht die übernehmende Gesellschaft, sondern die übertragende Gesellschaft betreffen). Sachlich dürfte dies gegenüber dem innerstaatlichen Recht keinen Unterschied machen, denn aufgrund der Gesamtrechtsnachfolge[305] geht diese Verpflichtung auf den übernehmenden bzw. neuen Rechtsträger automatisch über.[306] Die **Pflicht ist aufschiebend auf die Wirksamkeit der Verschmelzung bedingt** und trifft damit im Grunde genommen erst den übernehmenden Rechtsträger.[307]

Fraglich ist, inwieweit die Vorschrift ebenso bei einer **aufnehmenden börsennotierten Gesellschaft** anzuwenden ist,[308] Wenn die aufnehmende Gesellschaft börsennotiert ist kann uU dem Interesse des Minderheitsgesellschafters bereits ausreichend dadurch Rechnung getragen werden, dass er seine Anteile am Kapitalmarkt veräußern kann. Diese Überlegung mag ebenso wenig wie bei der gleichartigen Problematik im innerstaatlichen Recht zu überzeugen. Wie im Zusammenhang mit der Berechnung des Umtauschverhältnisses dargestellt,[309] stellt der Börsenkurs allenfalls die Untergrenze für die Bewertung von Aktien dar.[310] Insoweit kann auch bei grenzüberschreitenden Verschmelzungen auf börsennotierte Gesellschaften nicht auf den Minderheitsschutz verzichtet werden.[311]

87

---

buch Umwandlungen International, 2. Teil: Verschmelzungen Rn. 97; aA *Hörtnagl* in Schmitt/Hörtnagl/Stratz UmwG § 122i Rn. 11.
[304] Der Verschmelzungsplan des übernehmenden Rechtsträgers enthält somit kein Abfindungsangebot. Die Verschmelzungspläne sind zwar insoweit unterschiedlich, dies ist jedoch im Hinblick auf Art. 5 II der IntVerschmRL unproblematisch, da die Planinhalte übereinstimmen; vgl. *Kulenkamp* S. 358.
[305] Art. 14 I, II der IntVerschmRL ordnet diese uneingeschränkte Gesamtrechtsnachfolge an und ist in allen Mitgliedstaaten umzusetzen.
[306] Vgl. Begr. RegE BT-Drucks. 16/2919 S. 16. BR-Drucks. 548/06 S. 35; *Drinhausen* in Semler/Stengel UmwG § 122i Rn. 7; *Kiem* in Habersack/Drinhausen SE-Recht § 122i UmwG Rn. 8; *Bayer* in Lutter UmwG § 122i Rn. 15 mwN.
[307] Zutreffend für die SE-Verschmelzung *Schäfer* in MünchKomm AktG Art. 20 SE-VO Rn. 23.
[308] Vgl. näher zu dieser Frage *Kulenkamp* S. 359 f. mwN.
[309] Vgl. → § 9 Rn. 85 ff.; siehe auch OLG Frankfurt a. M. NZG 2014 S. 464; *Bungert/Wettich* FS Hoffmann-Becking, 2013, S. 157 ff. zur zunehmenden Bedeutung des Börsenkurses bei Strukturmassnahmen; ausführlich gegen die Eignung von Börsenkursen zur Bestimmung der Abfindung beim Squeeze-out *Burger* NZG 2012 S. 281 ff.
[310] Vgl. → § 9 Rn. 85.
[311] Zutreffend *Kulenkamp* S. 359 f.; *H.-F. Müller* Der Konzern 2007 S. 81 (87), der zutreffend darauf hinweist, dass die Bekanntmachung der Verschmelzung

§ 13　4. Teil. Grenzüberschreitende Verschmelzungen

88　Nicht zuletzt umstritten ist ebenso wie im innerstaatlichen Recht[312] das **Verhältnis des Verschmelzungsrechts zu § 35 WpÜG.** Ist eine deutsche Aktiengesellschaft, KGaA oder SE verpflichtet im Rahmen der Verschmelzung ein Angebot zum Erwerb der restlichen Aktien der Zielgesellschaft abzugeben, wenn sie aufgrund der Verschmelzung Kontrolle an der Zielgesellschaft erlangt? Die Problematik wird bereits im innerstaatlichen Recht lebhaft diskutiert.[313] Während teils das WpÜG bei Verschmelzungen für unanwendbar gehalten wird,[314] geht die vor allem im kapitalmarktrechtlichen Schrifttum wohl hM davon aus, dass auch bei Verschmelzungen eine Kontrollerlangung im Sinne von § 35 I 1 WpÜG vorliege.[315] Die Mindermeinung erachtet ein Nebeneinander von Verschmelzungsrecht und WpÜG nach teleologischer Betrachtung nicht für erforderlich.[316] Die Aktionäre seien durch Schutzinstrumente wie das qualifizierte Mehrheitserfordernis, die Begründung eines festen Umtauschverhältnisses, die Berichtspflichten der Vertretungsorgane, sowie die Pflicht eine angemessene Barabfindung vorzusehen, hinreichend geschützt. Auch bedürfe es der besonderen Informationspflichten im Sinne des § 3 II WpÜG nicht, da die Interessen der Anteilsinhaber durch die Bekanntmachungspflicht ausreichend gewahrt würden.[317] Dem ist jedoch entgegen zu halten, dass kapitalmarktrechtliche Schutzmechanismen grundsätzlich neben gesellschaftsrechtlichen Schutzinstrumenten stehen und durch diese nicht verdrängt werden. Im Schrifttum wird denn auch vor allem, das Nebeneinander von Vorschriften bemängelt, die die gleiche Schutzrichtung verfolgen.[318] Hieraus kann systematisch noch kein Vorrang des gesellschaftsrechtlichen Rechtsschutzes gefolgert werden. Letztendlich wird der Meinungsstreit nicht lediglich auf nationaler Ebene relevant. Es ist vielmehr bereits auf europarechtlicher Ebene das Verhältnis der IntVerschmRL zur Übernahmerichtlinie zu klären. Das Problem des Nebeneinanders von kapitalmarktrechtlichen und gesellschaftsrechtlichen Schutzmechanismen kann sowohl im Falle der Hereinverschmelzung als auch im Falle der Hinausverschmelzung aktuell werden. Es gibt keinen Anhaltspunkt für einen Vorrang der IntVerschmRL gegenüber der Übernahmerichtlinie.

---

zudem den Börsenkurs beeinflusst und somit in die Preisbildung der Aktien des Minderheitsgesellschafters einfließen würde; im Ergebnis wohl auch *Hörtnagl* in Schmitt/Hörtnagl/Stratz UmwG § 122i Rn. 5; aA *Bayer* in Lutter UmwG § 122i Rn. 6 mwN.
[312] Vgl. → § 3 Rn. 30; *Semler/Stengel* in Semler/Stengel UmwG Einl. A Rn. 67 ff. mwN.
[313] Vgl. *Semler/Stengel* in Semler/Stengel UmwG Einl. A Rn. 67 ff.; vgl. eingehend *Schlitt/Ries* in MünchKomm AktG § 35 WpÜG Rn. 122 ff.
[314] Vgl. *Kulenkamp* S. 363 ff. mwN; *Vetter* AG 2006 S. 613 (625).
[315] Vgl. eingehend *Schlitt/Ries* in MünchKomm AktG § 35 WpÜG Rn. 122 ff.; *Seibt/Heiser* ZHR 165 (2001) S. 466, 475 ff.
[316] Vgl. zur SE-Verschmelzungsgründung *Schäfer* in MünchKomm AktG Art. 24 SE-VO Rn. 24.
[317] Vgl. näher *Kulenkamp* S. 363 ff. mwN.
[318] Vgl. *Kulenkamp* S. 365.

§ **13. Verschmelzung von KapGes versch. Mitgliedstaaten** § **13**

Ganz im Gegenteil. Der Umstand, dass die Geltung des innerstaatlichen Minderheitenschutzes im grenzüberschreitenden Verschmelzungsrecht lediglich ein Optionsrecht darstellt, spricht systematisch dafür, dass die Übernahmerichtlinie aufgrund ihrer ausnahmslosen verbindlichen Geltung in allen Mitgliedstaaten Vorrang genießt. Insoweit ist zumindest im Recht der grenzüberschreitenden Verschmelzung ein **Nebeneinander von Minderheitenschutz nach gesellschaftsrechtlichem Verschmelzungsrecht und Kapitalmarktrecht zwingend**. Nicht zuletzt besteht zwischen den gesellschaftsrechtlichen und den kapitalmarktrechtlichen Vorschriften ein wesentlicher verfahrensrechtlicher Unterschied durch die Zuständigkeit der Börsenaufsicht im Falle eines Übernahmeangebots, die die Identität der beiden Schutzinstrumente widerlegt. In der Praxis kann uU eine Befreiung von der Pflicht zur Abgabe eines Übernahmeangebots gemäß § 37 WpÜG erlangt werden,[319] um das bemängelte Nebeneinander vorab zu klären. Relevant wird das Problem ohnehin nur für die übernehmende Gesellschaft, da Verschmelzungsvorgänge niemals zur Erlangung der Kontrolle über den übertragenden Rechtsträger führen und somit eine Pflicht zur Abgabe eines Angebots auf die Aktien des übertragenden Rechtsträgers nicht auslösen.[320]

Das Problem stellt sich gleichermaßen bei der Frage des Verhältnisses 89 des **Squeeze-out** und **Sell-out** in der Übernahmerichtlinie zum Recht der grenzüberschreitenden Verschmelzung. Gemäß Art. 15 II[321] der Übernahmerichtlinie können Minderheitsaktionäre gegen Abfindung aus der Gesellschaft ausgeschlossen werden, wenn der Bieter entweder (i) 90–95% der Anteile hält, wobei der konkrete Schwellenwert vom jeweiligen Mitgliedstaat festzulegen ist, oder (ii) der Bieter Anteile erworben hat, die 90% des Kapitals der Zielgesellschaft, auf das das Angebot gerichtet war, repräsentieren. Den Minderheitsaktionären ist ein angemessener Preis für ihre Aktien zu gewähren. Umgekehrt können die Minderheitsaktionäre, wenn der Bieter die oben genannten Schwellenwerte erreicht hat, von ihm den Erwerb ihrer Anteile verlangen. Neben dem übernahmerechtlichen Squeeze-out hat der Gesetzgeber zudem in § 62 V UmwG einen **umwandlungsrechtlichen Squeeze-out** für Aktiengesellschaften eingeführt.[322]

In der Praxis kann es in einigen Mitgliedstaaten erwägenswert sein, in 90 den Verschmelzungsplan unter die Bedingung aufzunehmen, dass eine kapitalmarktrechtliche Maßnahme nicht greift. So besteht zB in Frankreich die Möglichkeit, wenn börsennotierte Gesellschaften, die zwar eine Verschmelzung wünschen, aber kein Sell-out-Verfahren durchführen

---

[319] Vgl. eingehend *Schlitt/Ries* in MünchKomm AktG § 37 WpÜG Rn. 26 ff.
[320] Vgl. *Schlitt/Ries* in MünchKomm AktG § 35 WpÜG Rn. 134 mwN.
[321] In Deutschland durch Ausschlussverfahren und Andienungsrecht nach §§ 39a–39c WpÜG umgesetzt. Zu Vor- und Nachteilen gegenüber dem aktienrechtlichen Squeeze-out vgl. *Koch* in Hüffer/Koch AktG § 327a Rn. 2.
[322] Vgl. zum umwandlungsspezifischen Squeeze-out → Rn. 253 und zum innerstaatlichen Recht → § 9 Rn. 344 ff.

Gutkès 803

§ 13   4. Teil. Grenzüberschreitende Verschmelzungen

wollen, den Verschmelzungsplan unter der Bedingung aufzustellen, dass die Börsenaufsicht entscheidet, dass keine Verpflichtung zur Abgabe eines Andienungsangebots besteht.[323] Auch die Verschmelzung auf eine zunächst nicht börsennotierte NewCo stellt ein interessantes Vorgehen dar, um das Problem des Übernahmenangebots zu vermeiden.[324] Im Zeitpunkt der Verschmelzung von zwei börsennotierten Gesellschaften auf eine (zu dem Zeitpunkt noch nicht börsennotierte) NewCo werden die Aktien an die Gesellschafter ausgegeben, bevor die Börsennotierung erfolgt. Da die Börsennotierung der Kontrollerlangung nachfolgt, wird keine Angebotspflicht ausgelöst.[325] Gleiches gilt für die Verschmelzung zur Neugründung.[326]

91 **(2) Erklärung des Widerspruchs zur Niederschrift.** Die Verpflichtung zur Barabfindung besteht gemäß § 122i I UmwG nur im Falle eines **förmlichen Widerspruchs** durch die Minderheitsgesellschafter.[327] Die Erklärung eines Widerspruchs durch den Anteilsinhaber hat **zur Niederschrift beim Verschmelzungsbeschluss** zu erfolgen. Eine Begründung ist nicht erforderlich. Der Widerspruch ist allerdings nur wirksam, soweit der Anteilsinhaber gegen die Verschmelzung gestimmt hat.[328] Inhalt, Form und Rechtsfolgen der Erklärung des Widerspruchs und eines nicht verschuldeten Nicht-Einlegens in der Versammlung, richten sich nach den Grundsätzen in § 29 UmwG.[329] Für § 29 I 2 und 3 UmwG fehlt jedoch bei grenzüberschreitenden Verschmelzungen ein Anwendungsbereich.[330]

92 **(3) Besonderheiten beim Erwerb eigener Anteile.** Durch die Annahme des Barabfindungsangebots erwirbt die übertragende Gesellschaft entgeltlich eigene Aktien bzw. GmbH-Geschäftsanteile. Das Austrittsrecht steht insoweit im Spannungsverhältnis zum Kapitalerhaltungsrecht.

---

[323] Vgl. hierzu aus der Praxis in Frankreich: grenzüberschreitende Verschmelzung zwischen Ciments Français und Italcementi unter der aufschiebenden Bedingung, dass die französischen Börsenaufsicht AMF beschließt, dass kein *offre publique de retrait*, unter Anwendung des *article 236–6 du règlement général* der AMF, vorliegt (vgl. AMF rapport annuel 2009 S. 144 f.). Gleichermaßen bei der französisch/britischen grenzüberschreitenden Verschmelzung zwischen Stallergenes und Greer Laboratories. Vgl. zudem zum umwandlungsspezifischen Squeeze-out in § 62 V UmwG → Rn. 253 und → § 9 Rn. 344 ff.
[324] Zu diesem Vorgehen im Falle Daimler/Chrysler *Schlitt/Ries* in MünchKomm AktG § 35 WpÜG Rn. 145; ebenso wurde bei der französisch/britischen grenzüberschreitenden Verschmelzung zwischen Stallergenes und Greer Laboratories vorgegangen.
[325] Vgl. näher *Schlitt/Ries* in MünchKomm AktG § 35 WpÜG Rn. 145.
[326] Vgl. *Schlitt/Ries* in MünchKomm AktG § 35 WpÜG Rn. 146.
[327] Vgl. *Krüger* in Beck'sches Handbuch Umwandlungen International, 2. Teil: Verschmelzung Rn. 96 mwN.
[328] Vgl. *Bayer* in Lutter UmwG § 122i Rn. 9 mwN; *Kiem* in Habersack/Drinhausen SE-Recht § 122i UmwG Rn. 5.
[329] Vgl. *Grunewald* in Lutter UmwG § 29 Rn. 10 ff., sowie zu § 29 II UmwG in Rn. 13 ff.
[330] Vgl. *Kulenkamp* S. 362.

§ 13. Verschmelzung von KapGes versch. Mitgliedstaaten § 13

Ein derartiger entgeltlicher Erwerb eigener Anteile soll gemäß § 122i UmwG nicht den üblichen Beschränkungen zum Erwerb eigener Anteile unterliegen, die im GmbHG bzw. AktG vorgesehen sind. Der Erwerb eigener Aktien führt insoweit nicht zu einem Verstoß gegen die deutschen Kapitalerhaltungsvorschriften.[331] Weder das schuldrechtliche noch das dingliche Rechtsgeschäft sind in diesem Falle des Erwerbs eigener Anteile nach deutschem Recht nichtig.[332] Dies ist bis zur Verschmelzung unproblematisch, da es sich um einen dem deutschen Recht unterworfenen Rechtsträger handelt.

Problematisch ist, dass aufgrund der Hinausverschmelzung **nach** 93 **Wirksamwerden der Verschmelzung** ausschließlich ein ausländischer Rechtsträger verbleibt und sich die Beschränkungen hinsichtlich des Erwerbs eigener Anteile für den Zeitraum nach Wirksamwerden der Verschmelzung grundsätzlich nur noch nach der Rechtsordnung des ausländischen aus der Verschmelzung hervorgehenden Rechtsträgers richten.[333] Insoweit wurde bemängelt, dass dem deutschen Gesetzgeber die Gesetzgebungskompetenz für den Erlass des § 122i UmwG im Hinblick auf das Recht des übernehmenden Rechtsträgers fehle. Dies trifft zwar grundsätzlich zu, so dass die Regelung des § 122i UmwG am Territorialitätsprinzip scheitern könnte. Der Vorrang des Austrittsrechts des Minderheitsgesellschafters gegenüber dem ausländischen nationalen Kapitalerhaltungsrecht folgt jedoch aus der Ermächtigung in Art. 4 II 2 IntVerschmRL selbst, ohne dass es zu einer Anwendung des § 122i UmwG im ausländischen Recht kommt.[334] Demgemäß hat die ausländische Rechtsordnung aufgrund richtlinienkonformer Auslegung ihres nationalen Rechts im Hinblick auf Art. 4 II 2 IntVerschmRL den zur Erfüllung des Austritts- und Abfindungsrechts erforderlichen Erwerb eigener Anteile zuzulassen, selbst wenn diese Rechtsordnung einen derartigen Erwerb eigener Anteile im innerstaatlichen Recht nicht für zulässig erachten würde.[335] Im Hinblick auf Art. 4 II IntVerschmRL darf keine Rechtsordnung die Effektivität des Minderheitenschutzes durch Gewährung eines Austrittsrechts verhindern.

---

[331] § 71 IV 2 AktG und § 33 II 3 GmbHG.
[332] Näher *Kulenkamp* S. 360 f.
[333] Insoweit kritisch zum Gesamtkonzept *Kiem* in Habersack/Drinhausen SE-Recht § 122i UmwG Rn. 8 mwN.
[334] Rechtstechnisch handelt es sich dabei nicht um eine Wirkung von § 122i UmwG im anderen Mitgliedstaat, sondern um eine richtlinienkonforme Auslegung des ausländischen Rechts im Hinblick auf Art. 4 II IntVerschmRL. Im Ergebnis vergleichbar *Schäfer* in MünchKomm AktG Art. 20 SE-VO Rn. 24; *Kulenkamp* S. 361 f., die jedoch von einer Anwendung der deutschen Norm im Ausland ausgehen. *Kulenkamp* S. 362 will kein Verfahren zum Barabfindungsangebot nach deutschem Recht zulassen, wenn das Recht des ausländischen übernehmenden Rechtsträgers ein eigenes Verfahren vorsieht.
[335] Vgl. *Bayer* in Lutter UmwG § 122i Rn. 18; *Beutel* S. 272 f.; *Frenzel* S. 349; *Polley* in Henssler/Strohn Gesellschaftsrecht § 122i UmwG Rn. 8, der ausschließlich die Kapitalschutzregelungen des ausländischen Rechtsträgers anwenden will.

§ 13   4. Teil. Grenzüberschreitende Verschmelzungen

94 **(4) Annahme des Barabfindungsangebots.** Das Barabfindungsangebot kann nur innerhalb einer Ausschlussfrist von **zwei Monaten** angenommen werden. Umstritten ist, zu welchem Zeitpunkt die **Frist** zur Annahme des Barabfindungsangebots **beginnt.** Aufgrund des Verweises in § 122i I 3 UmwG iVm § 31 I UmwG auf § 19 III UmwG erachtet ein Teil des Schrifttums die Bekanntmachung der Eintragung beim übernehmenden Rechtsträger nach Maßgabe des auf die übernehmende oder neue Gesellschaft anwendbaren Rechts für maßgeblich,[336] andere möchten in Analogie zu § 7 IV 1 SEAG die Frist mit demjenigen Tag beginnen lassen, an dem die Verschmelzung im Sitzstaat der übernehmenden Gesellschaft nach den dort geltenden Vorschriften eingetragen und bekannt gemacht worden ist.[337] In Anbetracht der Tatsache, dass die IntVerschmRL keinen einheitlichen Verschmelzungszeitpunkt festgelegt hat,[338] kommt es insoweit auf die **Rechtsordnung des übernehmenden Rechtsträgers** an.[339] Da diese Rechtsordnung uU die Eintragung nicht als Wirksamkeitsvoraussetzung erachtet, ist derjenigen Auffassung zuzustimmen, die aufgrund des Verweises auf § 31 UmwG die Frist **mit dem Wirksamwerden der Verschmelzung** beginnen lässt.[340] Darüber hinaus wird von einem Teil des Schrifttums die Annahme des Angebots bereits **vor Wirksamwerden** der Verschmelzung für zulässig erachtet, um die Anwendbarkeit der deutschen Regeln zum Erwerb eigener Anteile zu ermöglichen.[341] Eine derartige Auffassung ist jedoch schon wegen der Rückabwicklungsprobleme im Falle des Ausbleibens der Verschmelzung abzulehnen.[342]

---

[336] Vgl. *Drinhausen* in Semler/Stengel UmwG § 122i Rn. 9.
[337] Vgl. *Bayer* in Lutter UmwG § 122i Rn. 17; kritisch *Kiem* in Habersack/Drinhausen SE-Recht § 122i UmwG Rn. 9.
[338] Art. 12 IntVerschmRL bestimmt, dass hinsichtlich des Wirksamwerdens der grenzüberschreitenden Verschmelzung dasjenige Recht maßgeblich ist, dem die aus der grenzüberschreitenden Verschmelzung hervorgehende Gesellschaft unterliegt.
[339] Vgl. *Hörtnagl* in Schmitt/Hörtnagl/Stratz UmwG § 122i Rn. 13.
[340] Vgl. *Drinhausen* in Semler/Stengel UmwG § 122i Rn. 9; aA für Bekanntmachen der Eintragung *Kiem* in Habersack/Drinhausen SE-Recht § 122i UmwG Rn. 9; *Polley* in Henssler/Strohn Gesellschaftsrecht § 122i UmwG Rn. 8.
[341] Vgl. *Drinhausen* in Semler/Stengel UmwG § 122i Rn. 9; *Hörtnagl* in Schmitt/Hörtnagl/Stratz UmwG § 122i Rn. 13.
[342] Vgl. *Kiem* in Habersack/Drinhausen SE-Recht § 122i UmwG Rn. 9; *Simon/Rubner* in Kölner Kommentar UmwG § 122i Rn. 6 FN 6; aA – für eine Abwicklung vor Wirksamwerden der Verschmelzung – *Drinhausen* in Semler/Stengel UmwG § 122i Rn. 9. Letztendlich greift auch der Einwand von *Drinhausen* nicht, der aus der Suspendierung der deutschen Kapitalerhaltungsvorschriften das Recht zur Annahme vor Eintragung der Verschmelzung herleiten will. Rechtstechnisch konnte der deutsche Gesetzgeber nur dadurch ein für die übertragende Gesellschaft verbindliches Angebot schaffen (das anschließend bei Verschmelzung im Wege der Gesamtrechtsnachfolge übergehen kann), indem er die Kapitalerhaltungsvorschriften außer Kraft setzt, andernfalls wäre bereits das Angebot schuldrechtlich als nichtig zu erachten gewesen.

§ 13. Verschmelzung von KapGes versch. Mitgliedstaaten § 13

(5) **Spruchverfahren.** Die Angemessenheit des Barabfindungsange- 95
bots kann unter bestimmten Voraussetzungen im Spruchverfahren geklärt
werden.[343] Ein derartiges Verfahren ist aus dem innerstaatlichen Verschmelzungsrecht bekannt und führt gemäß § 32 UmwG zu einem Ausschluss einer Anfechtungsklage mit dem Argument mangelnder Angemessenheit des Barabfindungsangebots; Vergleichbares ist jedoch nur in wenigen EU-/EWR-Mitgliedstaaten vorgesehen.[344] Gemäß § 122i II UmwG ist das Spruchverfahren für die Anteilsinhaber nur dann ein gangbarer Weg, wenn entweder das Recht des anderen EU-/EWR-Mitgliedstaats ein Verfahren zur Abfindung von Minderheitsgesellschaftern vorsieht oder die **Anteilsinhaber aller ausländischen Rechtsträger** im Verschmelzungsbeschluss diesem Verfahren **ausdrücklich zustimmen**.[345] Andernfalls verbleibt es bei der Möglichkeit einer Anfechtungsklage.[346] Ist die Möglichkeit des Spruchverfahrens nicht eröffnet greift der in § 32 UmwG vorgesehene Klageausschluss nicht.[347] Die Problematik ist mit derjenigen zur Anfechtung des Umtauschverhältnisses im Rahmen des § 122h UmwG vergleichbar.[348]

bb) Hereinverschmelzung – Barabfindungsangebot

Auch im Falle der Hereinverschmelzung kann uU ein Barabfindungs- 96
angebot abzugeben sein, wenn neben der ausländischen Gesellschaft, die auf
die deutsche Gesellschaft verschmolzen wird, auch eine deutsche übertragende Gesellschaft an der Verschmelzung beteiligt ist. Für den Fall der
Hereinverschmelzung stellt § 122i UmwG keine Spezialregelung dar, so
dass den Anteilsinhabern der beteiligten übertragenden deutschen Gesellschaft nach § 122a II iVm § 29 UmwG eine Barabfindung anzubieten ist.[349]

cc) Freiwillige Zusatzangaben

Der Verschmelzungsplan oder sein Entwurf können über den gesetz- 97
lich vorgesehenen Katalog hinaus noch weitere freiwillige Angaben der
verschmelzenden Gesellschaften enthalten.[350] So können insbesondere

---

[343] § 122i II UmwG. Vgl. eingehend zum Minderheitenschutz durch Spruchverfahren hinsichtlich des Umtauschverhältnisses → Rn. 213 ff. sowie zum innerstaatlichen Recht → 3 Rn. 24 ff.
[344] Ein derartiges Verfahren besteht derzeit in den Niederlanden und Österreich, jedoch nicht in Frankreich, Italien, Luxemburg oder England.
[345] Vgl. näher *Bayer* in Lutter UmwG § 122i Rn. 20 ff.; *Kiem* in Habersack/Drinhausen SE-Recht § 122i UmwG Rn. 10; *Polley* in Henssler/Strohn Gesellschaftsrecht § 122i UmwG Rn. 10.
[346] Zur vergleichbaren Rechtslage bei der SE-Verschmelzung (§ 7 V SEAG) *Schäfer* in MünchKomm AktG Art. 20 SE-VO Rn. 33 ff.
[347] *Kiem* in Habersack/Drinhausen SE-Recht § 122i UmwG Rn. 10.
[348] → Rn. 212.
[349] Zutreffend *Bayer* in Lutter UmwG § 122i Rn. 8mwN; *Kiem* in Habersack/Drinhausen SE-Recht § 122i UmwG Rn. 4; *Frenzel* S. 345 ff.
[350] Vgl. BegrRegE zu § 122c II, BT-Drucks. 16/2919 S. 15; *Bayer* in Lutter UmwG § 122c Rn. 31 mwN.

§ 13   4. Teil. Grenzüberschreitende Verschmelzungen

auch schuldrechtliche Verpflichtungen aufgenommen werden. Dass derartige zusätzliche Vereinbarungen in den Verschmelzungsplan aufgenommen werden können, ergibt sich aus dem Wortlaut des § 122c II UmwG bzw. Art. 5 Satz 2 der IntVerschmRL, die jeweils lediglich einen Mindestinhalt vorsehen. Die rechtliche Behandlung von **freiwilligen zusätzlichen privatschriftlichen Vereinbarungen** kann jedoch problematisch sein. Dies gilt nicht nur hinsichtlich der Frage, ob sie überhaupt einen verbindlichen Charakter haben, sondern auch hinsichtlich der Frage, nach welchem Recht derartige Vereinbarungen zu beurteilen sind und wonach sich damit die Fragen ihrer Wirksamkeit und Rechtsfolgen richten.[351] Zur Absicherung derartiger Regelungen ist daher zu empfehlen, sie in einer getrennten Vereinbarung, einem **Business Combination Agreement**,[352] aufzunehmen.[353]

e) Notarielle Beurkundung

98   Der Verschmelzungsplan ist **notariell** zu beurkunden.[354] Die IntVerschmRL sieht zwar keine Beurkundungspflicht für den Verschmelzungsplan vor, so dass die Zulässigkeit neben den Richtlinienanforderungen eine Beurkundungspflicht vorzusehen, zunächst zweifelhaft erscheinen kann.[355] Auch der fehlende schuldrechtliche Charakter scheint auf den ersten Blick gegen eine notarielle Beurkundungspflicht zu sprechen.[356] Diese Einwände treffen jedoch nicht zu,[357] denn die IntVerschmRL erlaubt den Mitgliedstaaten eine Prüfung der Rechtmäßigkeit des Verschmelzungsvorgangs durch Notar anzuordnen.[358] Insoweit ist die in Deutschland in § 122c IV UmwG vorgesehene notarielle Beurkundungspflicht zumindest als Teil der Rechtmäßigkeitsprüfung durch die IntVerschmRL abgedeckt.[359]

---

[351] Ebenso *Kiem* in Habersack/Drinhausen SE-Recht § 122c UmwG Rn. 41, der aufgrund der Unklarheiten hinsichtlich der Regelungen der Leistungsstörungen zum Abschluss einer getrennten Vereinbarung rät.
[352] → Rn. 29 f., → Rn. 53.
[353] Vgl. *Drinhausen* in Semler/Stengel UmwG § 122c Rn. 6 mwN.
[354] Vgl. § 122c IV UmwG; die Vorschrift entspricht der Regelung im innerstaatlichen Recht zum Verschmelzungsvertrag (§ 6 UmwG); vgl. hierzu im innerstaatlichen Recht → § 9 Rn. 166 ff. Rn. 180 ff. Vgl. *Kulenkamp* S. 201 mwN; *Lutz* BWNotZ 2010 S. 23, 28.
[355] So bereits im Rahmen der SE-Gründung zweifelhaft; vgl. für eine Unzulässigkeit *Schulz/Geismar* DStR 2001 S. 1078 (1080), wohl auch *Brandes* AG 2005 S. 177 (182); aA die ganz hM vgl. *Schäfer* in MünchKomm AktG Art. 20 SE-VO Rn. 6 und *Kulenkamp* S. 201 mwN.
[356] Dagegen wendet sich zu Recht *Kulenkamp* S. 204.
[357] Ebenso *Kulenkamp* S. 203 ff., die die Zulässigkeit aus Art. 4 I lit. b) IntVerschmRL herleitet; vgl. auch *Bayer* in Lutter UmwG § 122c Rn. 7.
[358] Vgl. insoweit Art. 10 I IntVerschmRL. Manche Rechtsordnungen erlauben eine notarielle Prüfung anstelle einer Registerprüfung; vgl. in Frankreich Art. L 236–30 Code de Commerce hinsichtlich der Prüfung der Rechtmäßigkeit der Durchführung der Verschmelzung.
[359] Für eine Zulässigkeit aufgrund von Art. 4 I lit. b) IntVerschmRL *Kulenkamp* S. 203 ff.

§ 13. Verschmelzung von KapGes versch. Mitgliedstaaten § 13

Soweit freiwillige Ergänzungen des Verschmelzungsplans[360] erfolgen, ist unklar, ob diese ebenfalls als Nebenvereinbarung der notariellen Beurkundungspflicht unterfallen. Da es ua Zweck des § 6 UmwG ist, den Inhalt des Verschmelzungsplans beweiskräftig festzulegen, damit die Verschmelzungsbedingungen festgehalten werden, ist ebenfalls eine im Verschmelzungsplan freiwillig eingefügte Nebenvereinbarung erfasst. Dies gilt nicht, soweit freiwillige Vereinbarungen im Zusammenhang mit der Verschmelzung in einer getrennten Vereinbarung, zB einem **Business Combination Agreement**[361] enthalten sind. 99

Im Gegensatz zur IntVerschmRL sieht das deutsche Recht der grenzüberschreitenden Verschmelzung vor, dass bereits die **Erstellung eines Entwurfs** des Verschmelzungsplans als Grundlage ausreicht, um die Bekanntmachung und die Verschmelzungsprüfung vorzunehmen. Ein derartiger Entwurf ist **nicht beurkundungspflichtig**.[362] Dies ergibt sich aus § 122c IV UmwG, der keine Beurkundungspflicht für den Entwurf, sondern lediglich für den Verschmelzungsplan vorsieht. In der Praxis ist zur Erstellung eines Entwurfs zu raten, um die uU vorzunehmenden Ergänzungen und Abänderungen unproblematisch vornehmen zu können. Naturgemäß dürfen die Abweichungen des endgültigen Verschmelzungsplans vom Entwurf nicht so erheblich sein, dass die Informationen in der Bekanntmachung unzutreffend werden. Fraglich ist, zu welchem Zeitpunkt der Verschmelzungsplan in notariell beurkundeter Form vorzuliegen hat. Im innerstaatlichen Recht sieht § 4 II UmwG die Möglichkeit vor, im Rahmen der Hauptversammlung noch keinen beurkundeten Verschmelzungsvertrag vorzulegen. Zum Zeitpunkt der Hauptversammlung ist § 4 II UmwG über § 122a II UmwG anwendbar.[363] 100

Umstritten ist – ebenso wie bei der Beurkundungspflicht des Verschmelzungsvertrags im innerstaatlichen Verschmelzungsrecht – die Frage inwieweit die Beurkundung durch einen ausländischen Notar zulässig ist.[364] Gemäß Regierungsbegründung soll eine **Auslandsbeurkundung** dann zulässig sein, wenn diese mit der deutschen Beurkundung **gleichwertig** ist.[365] Dies richtet sich nach den für Auslandsbeurkundungen entwickelten Rechtsprechungsregeln.[366] Diese Auffassung wurde unter 101

---

[360] Da § 122c II UmwG ausschließlich Mindestangaben enthält, sind diese zulässig; vgl. statt aller *Drinhausen* in Semler/Stengel UmwG § 122c Rn. 3.
[361] Vgl. → § 13 Rn. 29 und 53.
[362] Ebenso *Bayer* in Lutter UmwG § 122c Rn. 9; *Hörtnagl* in Schmitt/Hörtnagl/Stratz UmwG § 122c Rn. 7
[363] Ebenso *Bayer* in Lutter UmwG § 122c Rn. 9; *Kulenkamp* S. 209.
[364] Vgl. *Mayer* in Widmann/Mayer UmwG § 122c Rn. 193 ff.; die Doppelbeurkundungspflicht rügend *Bayer* in Lutter UmwG § 122c Rn. 8 mwN; *Bayer/Schmidt* NZG 2006 S. 841 (842).
[365] BT-Drucks. 16/2919 S. 15.
[366] Vgl. grundlegend BGH vom 16.2.1981, BGHZ 80, 76, BGH vom 24.10.1988, BGHZ 105, 324, 338, 341 f.; sowie OLG Düsseldorf NZG 2011, 388. Seit dem OLG Beschluss wird teils bestritten, dass gleichwertige Auslandsbeurkundungen noch möglich sind; vgl. insoweit *Drygala* in Lutter UmwG § 6 Rn. 11 ff. Der BGH hat jedoch in seinem Beschluss vom 17.12.2013 = BGHZ

§ 13   4. Teil. Grenzüberschreitende Verschmelzungen

praktischen Gesichtspunkten bedauert, da sie zu einer Doppelbeurkundungspflicht führen könne, soweit auch die nationale Rechtsordnung des ausländischen Rechtsträgers eine Beurkundungspflicht vorsieht.[367] Aufgrund der in der IntVerschmRL harmonisierten Rechtslage hinsichtlich des Mindestinhalts des Verschmelzungsplans in allen EU Mitgliedstaaten[368] dürfte die **Gleichwertigkeit** einer ausländischen notariellen Beurkundung auf den ersten Blick zwar zu bejahen sein, dabei bleibt jedoch unberücksichtigt, dass den Mitgliedstaaten bei der Umsetzung der IntVerschmRL Spielräume verbleiben. Die Problematik ist vor allem vor dem Hintergrund des **Zwecks** der notariellen Beurkundung zu entscheiden. Die notarielle Beurkundung des Verschmelzungsplans dient nicht nur der Beweissicherung, eine Aufgabe, die in der Tat auch ausländische Notare unproblematisch erfüllen könnten, sondern ist zudem Teil der im deutschen Recht üblichen zweistufigen Rechtmäßigkeitskontrolle durch Notar und Registergericht. Die Beurkundung soll **materielle Richtigkeitsgewähr** sicherstellen und entlastet damit die Registergerichte von einem Teil der Rechtmäßigkeitskontrolle.[369] Eine derartige Aufgabe können ausländische Notare nicht erfüllen. Nicht zuletzt aufgrund des Territorialitätsprinzips hinsichtlich der Rechtmäßigkeitskontrolle ist die **ausschließliche Beurkundung durch einen deutschen Notar** ebenso systemgerecht wie die Prüfung durch ein deutsches Registergericht. Da die Ermächtigung der deutschen Beurkundungspflicht auf Art. 10 IntVerschmRL beruht, würde die Beurkundung durch einen ausländischen Notar eine Verletzung des Territorialitätsprinzips darstellen. Dies ist keine Frage des Vertrauens in andere Rechtsordnungen.[370] Sieht das ausländische Recht ebenfalls eine Beurkundungspflicht vor, so muss grundsätzlich eine **Doppelbeurkundung** erfolgen,[371] es sei denn die ausländische Rechtsordnung erachtet die Beurkundung durch einen deutschen Notar als ausreichend.[372] Die uU auftretende Doppelbeurkundung ist ebenso unvermeidlich, wie die „doppelte" Registerprüfung, sie ist das

---

199, 270 = ZIP 2014 S. 317 die Möglichkeit gleichwertiger Auslandsbeurkundungen nicht ausgeschlossen. Die Entscheidung betraf allerdings keine Verschmelzung.
[367] Vgl. *Bayer* in Lutter UmwG § 122c Rn. 8 mwN.
[368] Es besteht hinsichtlich des Inhalts des Verschmelzungsplans kein Entscheidungsspielraum bei der Umsetzung der Richtlinie.
[369] Zutreffend hervorgehoben von *Kulenkamp* S. 208; den zweistufigen Charakter der Rechtmäßigkeitsprüfung des Verschmelzungsplans der SE durch Notar und Registergericht hervorhebend *Schäfer* in MünchKomm AktG Art. 20 Rn. 6. Andere Länder wie zB Frankreich sehen sogar vor, dass die Rechtmäßigkeitskontrolle alternativ von Register oder Notar vorgenommen werden kann. Vgl. Art. L236-30 Code de Commerce in Umsetzung zu Art. 11 IntVerschmRL.
[370] So aber *Bayer/J. Schmidt* NZG 2006 S. 841 (842).
[371] Vgl. *Simon/Rubner* in Kölner Kommentar UmwG § 122c Rn. 35; *Bayer* in Lutter UmwG § 122c Rn. 7 mwN; *Kiem* in Habersack/Drinhausen SE-Recht § 122c UmwG Rn. 15; aA *Hörtnagl* in Schmitt/Hörtnagl/Stratz UmwG § 122c Rn. 39 bei Gleichwertigkeit des ausländischen Notars.
[372] Dies ist zB in Österreich der Fall. Vgl. *Herrler/S. Schneider* GmbHR 2011 S. 795 (796).

§ 13. Verschmelzung von KapGes versch. Mitgliedstaaten § 13

Ergebnis einer doppelten Rechtmäßigkeitsprüfung, dh die Prüfung der Rechtmäßigkeit einerseits für die übernehmende Gesellschaft, andererseits für die übertragende Gesellschaft. Soweit ausländische Rechtsordnungen die Rechtmäßigkeitskontrolle alternativ durch einen Notar oder das Registergericht vorsehen,[373] kommt ebenso wenig die Prüfung der ausländischen Rechtmäßigkeit durch einen deutschen Notar in Betracht.

f) Sprache des Verschmelzungsplans

Weder § 122c UmwG noch die IntVerschmRL enthalten Angaben zur Sprache des Verschmelzungsplans. Aufgrund der Verpflichtung zur Einreichung bei einem deutschen Handelsregister (§ 122d UmwG) ergibt sich jedoch die Verpflichtung zur Erstellung eines zumindest auch in deutscher Sprache verfassten Verschmelzungsplans[374] und damit eines uU mehrsprachigen Dokuments.[375] Dabei sind inhaltliche Divergenzen in den verschiedenen Sprachen zu vermeiden, damit die „Gemeinsamkeit des Verschmelzungsplans" als eine der Eintragungsvoraussetzungen nicht in Frage gestellt werden kann.[376] Bei mehrsprachig erstelltem Verschmelzungsplan (dies erfolgt häufig in zwei nebeneinander gesetzten Spalten) sollte **durch eine Kollisionsklausel einer Sprache** für den Fall von Auslegungsschwierigkeiten der **Vorrang** erteilt werden.[377] Es besteht kein Vorrang der Amtssprache des Gerichts des aufnehmenden/neuen Rechtsträgers und insoweit könnte es an einem „gemeinsamen Verschmelzungsplan" fehlen.[378] 102

g) Bekanntmachung des Verschmelzungsplans

Der Verschmelzungsplan oder sein Entwurf ist mit den weiteren in § 122d UmwG aufgeführten Unterlagen beim Registergericht[379] einzureichen und von diesem bekannt zu machen. In Umsetzung von 103

---

[373] In Frankreich gemäß Art. L236–30 Code de Commerce hinsichtlich der Prüfung gemäß Art. 11 IntVerschmRL.
[374] Vgl. § 5 I BeurkG, § 488 III FamFG iVm § 184 GVG. Dies setzt nicht zwingend ein Aufstellen des Verschmelzungsplans in deutscher Sprache voraus. *Kiem* in Habersack/Drinhausen SE-Recht § 122c UmwG Rn. 18. Nicht geklärt ist, ob eine beglaubigte deutsche Übersetzung für die Zwecke des Registergerichts reicht. Vgl. näher Nachweise bei *Bayer* in Lutter UmwG § 122c Rn. 10. In der Praxis empfiehlt sich die Erstellung eines mehrsprachigen Dokuments, meist in Form von zwei nebeneinanderstehenden Spalten, soweit Rechtsträger aus andersprachigen Rechtsordnungen beteiligt sind. Der befasst Notar muss der anderen Sprache hinreichend mächtig sein. Vgl. *Polley* in Henssler/Strohn Gesellschaftsrecht § 122c UmwG Rn. 30.
[375] Vgl. auch *Bayer* in Lutter UmwG § 122c Rn. 10 mwN; *Hörtnagl* in Schmitt/Hörtnagl/Stratz UmwG § 122c Rn. 6; *Frenzel* S. 215 ff.; *Kulenkamp* S. 209 f.
[376] *Bayer* in Lutter UmwG § 122c Rn. 10; *Kulenkamp* S. 210.
[377] Zutr. *Mayer* in Widmann/Mayer UmwG § 122c Rn. 24; *Kiem* in Habersack/Drinhausen SE-Recht § 122c UmwG Rn. 19; *Hörtnagl* in Schmitt/Hörtnagl/Stratz UmwG § 122c Rn. 42.
[378] *Bayer* in Lutter UmwG § 122c Rn. 10 mwN; *Kiem* in Habersack/Drinhausen SE-Recht § 122c UmwG Rn. 19.

§ 13   4. Teil. Grenzüberschreitende Verschmelzungen

Art. 6 Satz 2 der IntVerschmRL ist diese dem innerstaatlichen Recht in vergleichbarer Form aus dem Aktienrecht bekannte Regelung[380] für alle grenzüberschreitende Verschmelzungen eingeführt worden. § 122d UmwG bezweckt den **Schutz der Anteilsinhaber und der Gläubiger**.[381] Sie sollen rechtzeitig Informationen über die geplante Verschmelzung erhalten. Ein **Verzicht** der Anteilsinhaber auf die Bekanntmachung ist entsprechend **nicht zulässig**, da auch die Gläubiger geschützt werden sollen.[382] Geschützt werden sollen dabei nicht nur Anteilsinhaber und Gläubiger der deutschen Gesellschaft, sondern Anteilsinhaber und Gläubiger **aller an der Verschmelzung beteiligten Rechtsträger**.[383] Denkbar ist hingegen der Verzicht auf die Einhaltung der Monatsfrist.[384] Nicht erforderlich ist, dass zum Zeitpunkt der Bekanntmachung der Verschmelzungsplan bereits beurkundet wurde. Es kann ein schriftlicher Entwurf eingereicht werden.

104   Der Verschmelzungsplan bzw. sein Entwurf und die weiteren gemäß § 122d UmwG erforderlichen Unterlagen müssen spätestens **einen Monat**[385] **vor der Versammlung der Anteilsinhaber,** die über die Verschmelzung beschließt, eingereicht werden. Zeitgleich ist eine Bekanntmachung in den anderen Mitgliedstaaten der an der grenzüberschreitenden Verschmelzung beteiligten Rechtsträger erforderlich.[386] Neben der Monatsfrist für die Versammlung der Anteilsinhaber beginnt mit der Bekanntmachung zudem die Zwei-Monatsfrist nach § 122j I 2 UmwG, innerhalb derer die Gläubiger der übertragenden Gesellschaft im Falle der Hinausverschmelzung Sicherheitsleistung verlangen können.[387] Soweit ein Entwurf eingereicht wird, muss dieser mit der Fassung identisch sein, über die die Gesellschafterversammlung beschließt, da andernfalls der Gesellschafterbeschluss anfechtbar wäre.[388]

aa) Inhalt und Umfang der einzureichenden Unterlagen

105   Einzureichen sind neben dem **Verschmelzungsplan** oder seinem Entwurf auch alle Angaben, die vom Registergericht gemäß § 122d Satz 2 UmwG bekannt zu machen sind, dh Rechtsform, Firma, Sat-

---

[379] Zuständig ist das Amtsgericht, das für den Bezirk, in dem sich der Satzungssitz befindet, zuständig ist; vgl. *Bayer* in Lutter UmwG § 122d Rn. 3 mwN.
[380] Vgl. § 61 UmwG; § 122d Satz 2 Nr. 2 bis 4 UmwG enthalten jedoch Regelungen, die über den § 61 UmwG hinausgehen.
[381] Anders § 61 UmwG, der lediglich die Anteilsinhaber schützt.
[382] Zutreffend *Bayer* in Lutter UmwG § 122d Rn. 17 mwN; *Kiem* in Habersack/Drinhausen SE-Recht § 122d UmwG Rn. 8; *Kulenkamp* S. 216 f; *Drinhausen* in Semler/Stengel § 122d UmwG Rn. 13; *Mayer* in Widmann/Mayer UmwG § 122d Rn. 30.
[383] Vgl. insoweit Wortlaut von § 122d Nr. 4 UmwG.
[384] → Rn. 108.
[385] Zur Problematik, ob diese Frist europarechtskonform ist, → Rn. 107.
[386] Diese richtet sich nach den nationalen Vorschriften in Umsetzung von Art. 6 IntVerschmRL.
[387] → Rn. 168 ff.
[388] *Polley* in Henssler/Strohn Gesellschaftsrecht § 122d UmwG Rn. 4.

§ 13. Verschmelzung von KapGes versch. Mitgliedstaaten § 13

zungssitz der verschmelzenden Gesellschaften und die Register, bei denen die an der grenzüberschreitenden Verschmelzung beteiligten Gesellschaften eingetragen sind (inkl. ihrer Eintragungsnummer).[389] Zudem sind die **Modalitäten der Ausübung der Rechte der Gläubiger und der Minderheitsgesellschafter** der an der grenzüberschreitenden Verschmelzung beteiligten Gesellschaften anzugeben, sowie die Anschrift,[390] unter der vollständige Auskünfte über diese Modalitäten eingeholt werden können.[391] Dabei beziehen sich diese Angaben aufgrund des klaren Wortlauts des Art. 6 der IntVerschmRL auf die Gläubiger- und Minderheitsschutzrechte **aller** an der Verschmelzung beteiligten Gesellschaften[392] und nicht nur auf die Rechte der Gläubiger und Minderheitsgesellschafter der beteiligten deutschen Gesellschaft.[393] Erforderlich ist eine kurze Erläuterung der Rechte der Gläubiger und Minderheitsgesellschafter. Diese Erläuterungspflicht hat auch Angaben für Anleihegläubiger und Sonderrechtsinhaber zu umfassen.[394] Bei einer Konzernverschmelzung entfallen naturgemäß Angaben zu Rechten der Minderheitsgesellschafter. Es ist bekannt zu machen, wie die Auskünfte einzuholen sind. Zudem ist die Angabe einer postalischen Anschrift erforderlich.[395] Ein schlichter

---

[389] Vgl. § 122d Satz 2 Nr. 2 und 3, Satz 3 UmwG. Zu den beteiligten Gesellschaften zählt gemäß § 122b I UmwG auch die uU neu zu gründende Gesellschaft, deren Angaben jedoch nur soweit bereits vorhanden zu veröffentlichen sind; vgl. näher *Pfeiffer/Heilmeier* GmbHR 2009 S. 1317 (1319).
[390] Gemeint ist wohl eine postalische Anschrift. Eine Internetadresse dürfte grundsätzlich nicht als ausreichend erachtet werden. Vgl. zutreffend *Bayer* in Lutter UmwG § 122d Rn. 16; *Simon/Rubner* in Kölner Kommentar UmwG § 122d Rn. 15; aA *Drinhausen* in Semler/Stengel UmwG § 122d Rn. 18; sowie *Kiem* in Habersack/Drinhausen SE-Recht § 122d UmwG Rn. 19 soweit die Gesellschaft von § 63 IV UmwG Gebrauch macht. § 63 UmwG kann zwar für Anteilsinhaber gelten, nicht hingegen für Gläubiger.
[391] Vgl. § 122d Satz 2 Nr. 4 UmwG.
[392] *Beutel* S. 169; *Marsch-Barner* in Kallmeyer UmwG § 122d Rn. 2; *Krüger* in Beck'sches Handbuch Umwandlungen International, 2. Teil: Verschmelzungen, Rn. 41; *Mayer* in Widmann/Mayer UmwG § 122d Rn. 13; aA *Kiem* in Habersack/Drinhausen SE-Recht § 122d UmwG Rn. 16; *Bayer* in Lutter UmwG § 122d Rn. 14 unter dem unzutreffenden Hinweis auf SE-Recht. Die Formulierung des Art. 6 II lit. c) IntVerschmRL weicht von derjenigen des Art. 21 lit. d) SE-VO deutlich ab.
[393] Zutreffend *Drinhausen* in Semler/Stengel UmwG § 122d Rn. 18; *Simon/Rubner* in Kölner Kommentar UmwG § 122d Rn. 11; aA *Bayer* in Lutter UmwG § 122d Rn. 14 und *Kulenkamp* S. 215; *Grunewald* GmbHR 2007 S. 106 (107) für eine teleologische Reduktion.
[394] *Kiem* in Habersack/Drinhausen SE-Recht § 122d UmwG Rn. 17; *Bayer* in Lutter UmwG § 122d Rn. 14.
[395] Zutreffend *Bayer* in Lutter UmwG § 122d Rn. 16; *Kulenkamp* S. 215; *Simon/Rubner* in Kölner Kommentar UmwG § 122d Rn. 15; *Polley* in Henssler/Strohn Gesellschaftsrecht § 122d UmwG Rn. 13; aA *Drinhausen* in Semler/Stengel UmwG § 122d Rn. 18; sowie *Kiem* in Habersack/Drinhausen SE-Recht § 122d UmwG Rn. 19 soweit die Gesellschaft von § 63 IV UmwG Gebrauch macht. Der Verweis auf § 63 UmwG mag allerdings für Anteilsinhaber gelten,

§ 13   4. Teil. Grenzüberschreitende Verschmelzungen

Hinweis auf die einschlägigen Normen genügt nicht.[396] Die vollständigen Auskünfte sind von den Gesellschaften kostenlos zu gewähren.

bb) Form und Frist

106 Die einzureichenden Unterlagen müssen beim **Registergericht des Sitzes** der an der Verschmelzung beteiligten deutschen Gesellschaft[397] **in elektronischer Form** eingereicht werden.[398] Bei Einreichung eines notariell beurkundeten Verschmelzungsplans ist das mit einem elektronischen Zeugnis versehene Dokument einzureichen.[399]

107 Die gesamten Unterlagen müssen gemäß § 122d Satz 1 UmwG spätestens **einen Monat**[400] **vor der Versammlung der Anteilsinhaber** beim Registergericht eingereicht werden. Entfällt der Gesellschafterbeschluss aufgrund einer Konzernverschmelzung hat die Einreichung innerhalb eines Monats nach Aufstellung des Verschmelzungsplans oder seines Entwurfs zu erfolgen.[401] Die deutsche Regelung zur Umsetzung der Vorgaben der IntVerschmRL ist jedoch nach der wohl hM im Schrifttum **nicht richtlinienkonform,** da die Frist in Art. 6 I IntVerschmRL auf die Bekanntmachung, diejenige in § 122d Satz 1 UmwG auf die **Einreichung** abstellt.[402] Die IntVerschmRL fordert in Art. 6 I eindeutig eine **Bekanntmachung** des Verschmelzungsplans **spätestens einen Monat vor der Versammlung der Anteilsinhaber.** Zwar wurde die fehlende Richtlinienkonformität des § 122d bereits während des Gesetzgebungsverfahrens bemängelt, jedoch von der Bundesregierung mit dem Hinweis auf die vergleichbare Regelung in der VerschmRL abgetan, die in § 61 UmwG richtlinienkonform umgesetzt worden sei.[403] Dieser Einwand ist allerdings unzutreffend, da Art. 6 VerschmRL auf die **Offenle-**

---

nicht hingegen für Gläubiger. Eine deutsche Adresse fordern *Simon/Rubner* in Kölner Kommentar UmwG § 122d Rn. 14.

[396] Zutreffend *Bayer* in Lutter UmwG § 122d Rn. 1; *Polley* in Henssler/Strohn Gesellschaftsrecht § 122d UmwG Rn. 12; *Beutel* S. 170.

[397] §§ 376, 377 FamFG iVm § 23a I Nr. 2, II Nr. 3 GVG iVm § 14 AktG bzw. § 7 I GmHG. Bei Doppelsitz bei beiden Registergerichten vgl. *Drinhausen* in Semler/Stengel UmwG § 122d Rn. 6.

[398] Vgl. § 12 II HGB; *Bayer* in Lutter UmwG § 122d Rn. 5 mwN; *Kiem* in Habersack/Drinhausen SE-Recht § 122d UmwG Rn. 5.

[399] Vgl. § 39a BeurkG.

[400] Die Fristberechnung erfolgt nach den allg. Vorschriften der §§ 187 ff. BGB. Vgl. näher zur Fristberechnung *Polley* in Henssler/Strohn Gesellschaftsrecht § 122d UmwG Rn. 6.

[401] Vgl. § 62 IV 3 UmwG; *Polley* in Henssler/Strohn Gesellschaftsrecht § 122d UmwG Rn. 6.

[402] Vgl. *Bayer* in Lutter UmwG § 122d Rn. 7 mwN; *Frenzel* S. 232; *Beutel* S. 177; *Kiem* in Habersack/Drinhausen SE-Recht § 122d UmwG Rn. 7, wenngleich mit der Einschränkung, es fehle an Auswirkungen auf der Rechtsfolgenseite; aA *Pfeiffer/Heilmeier* GmbHR 2009 S. 1317 (1318) im Hinblick auf die erschwerte Transaktionsplanung *Krüger* in Beckschen Handbuch Umwandlungen International, 2. Teil: Verschmelzungen, Rn. 146; *Drinhausen* in Semler/Stengel UmwG § 122d Rn. 8.

[403] BT-Drucksache 16/2919 S. 60.

§ 13. Verschmelzung von KapGes versch. Mitgliedstaaten   § 13

gung abstellt, eine Handlung, die gemäß Art. 3 II der Publizitätsrichtlinie bereits durch Hinterlegung beim Register erfolgt. Demgegenüber stellt Art. 6 IntVerschmRL auf die **Bekanntmachung** ab, ein Begriff der gemäß Art. 3 IV der Publizitätsrichtlinie nicht mit der Offenlegung identisch ist. Insofern ist § 122d UmwG unanwendbar und eine direkte Anwendung des Art. 6 I IntVerschmRL erforderlich.[404]

Zur **Vermeidung eines Anfechtungsrisikos** des Gesellschafterbeschlusses, ist deshalb bei Einreichung der Unterlagen gemäß § 122d UmwG eine zeitliche Marge einzuplanen, die sicherstellt, dass die Bekanntmachung durch das Registergericht spätestens einen Monat vor der Versammlung der Anteilsinhaber erfolgt. Erfolgt gleichwohl eine verspätete Bekanntmachung, kann die Rechtmäßigkeit der Versammlung der Anteilsinhaber uU durch einen Verzicht aller Anteilsinhaber auf die Monatsfrist bewirkt werden, denn auf die **Einhaltung der Monatsfrist** können nach hM die Anteilsinhaber verzichten, da die Frist ausschließlich die ausreichende Information der Anteilsinhaber vor der Abstimmung sicherstellen soll.[405] Das Anfechtungsrisiko lässt sich auch dadurch mindern, dass der Verschmelzungsplan mit Einreichung beim Handelsregister zugleich gemäß § 63 IV UmwG auf der Internetseite der Gesellschaft veröffentlicht wird.[406] Für die Gläubiger ist selbst bei Fristverzicht durch die Anteilsinhaber die Zwei-Monatsfrist des § 122j I UmwG maßgeblich.   108

cc) Bekanntmachung durch das Gericht

Die ordnungsgemäß eingereichten Unterlagen werden – mit Ausnahme des Verschmelzungsplans selbst – vom Registergericht gemäß § 122d   109

---

[404] Vgl. zutreffend gegen eine richtlinienkonforme Auslegung aufgrund des fehlenden Auslegungsspielraums *Kulenkamp* S. 218.

[405] Zwar wird der Verzicht auf die Bekanntmachung selbst für unzulässig erachtet, dem Gläubigerschutz soll jedoch hinreichend Rechnung getragen werden, wenn die Bekanntmachung später erfolgt, da die Frist in § 122j UmwG erst ab Bekanntmachung läuft und somit eine Gefahr der Verkürzung der Gläubigerrechte nicht besteht. Vgl. näher *Kiem* in Habersack/Drinhausen SE-Recht § 122d UmwG Rn. 8; *Bayer* in Lutter UmwG § 122d Rn. 18; *Drinhausen* in Semler/Stengel UmwG § 122d Rn. 12; aA *Mayer* in Widmann/Mayer UmwG § 122d Rn. 30

[406] Art. 6 I IntVerschmRL ist durch die Änderungsrichtlinie vom 16.9.2009 ABl. L 259 vom 2.10.2009 S. 14 ff. geändert worden: „Jede verschmelzende Gesellschaft ist von der Offenlegungspflicht nach Artikel 3 der Richtlinie 68/151/EWG befreit, wenn sie die Verschmelzungspläne während eines fortlaufenden Zeitraums, der mindestens einen Monat vor dem Tag der Hauptversammlung, die über die Verschmelzungspläne zu beschließen hat, beginnt und nicht vor dem Abschluss dieser Versammlung endet, für die Öffentlichkeit kostenlos auf ihren Internetseiten der Öffentlichkeit zugänglich macht. Die Mitgliedstaaten knüpfen diese Befreiung an keine anderen Erfordernisse und Auflagen als die, die für die Sicherheit der Internetseiten und die Echtheit der Dokumente erforderlich sind, und dürfen solche Erfordernisse und Auflagen nur einführen, soweit sie zur Erreichung dieses Zwecks angemessen sind." Diese im 3. UmwÄndG nicht aufgegriffene Änderung dürfte mangels Umsetzung direkte Anwendung finden.

§ 13   4. Teil. Grenzüberschreitende Verschmelzungen

Satz 2 UmwG iVm § 10 HGB bekannt gemacht. Entsprechend § 10 HGB erfolgt die Bekanntmachung des Hinweises, dass der Verschmelzungsplan oder sein Entwurf eingereicht worden sind, über die von den Landesjustizverwaltungen bestimmten elektronischen Informations- und Kommunikationssysteme. Durch den Hinweis erfährt der Rechtsverkehr, dass der Verschmelzungsplan bzw. sein Entwurf eingesehen werden können.[407] Diese **Bekanntmachung** hat **unverzüglich** zu erfolgen, wenn dem Registergericht[408] alle Unterlagen vorliegen.[409] Das Registergericht hat nicht den Verschmelzungsplan selbst, aber den Hinweis auf dessen Einreichung bzw. auf Einreichung des Entwurfs bekannt zu machen.[410] Soweit im Schrifttum[411] behauptet wird, § 122d UmwG ermögliche es dem Registergericht bereits vor dem Umwandlungsbeschluss die Rechtmäßigkeit des Verschmelzungsplans zu überprüfen, ist dem nur eingeschränkt zuzustimmen. So dürfte zu diesem Zeitpunkt lediglich eine formelle Rechtmäßigkeitskontrolle hinsichtlich der Vollständigkeit der Unterlagen stattfinden, wohingegen die materielle Rechtmäßigkeitsprüfung dem Registerverfahren nach Verschmelzungsbeschluss vorbehalten ist, da andernfalls eine rechtzeitige Bekanntmachung nicht sichergestellt ist.[412]

h) Keine Zuleitung an den Betriebsrat

110   Umstritten ist, inwieweit bei der grenzüberschreitenden Verschmelzung eine Verpflichtung besteht, gemäß § 122a II iVm § 5 III UmwG den Verschmelzungsplan an den Betriebsrat zuzuleiten. Die wohl ganz hM lehnt eine Verpflichtung zu einer derartigen Zuleitung gemäß den innerstaatlichen Rechtsvorschriften mit Hinweis auf die Sonderregelung zur Zuleitung des Verschmelzungsberichts, die insoweit abschließend die Zuleitung von Dokumenten im Rahmen der grenzüberschreitenden Verschmelzung regelt, ab.[413] Zwar werden die Informationen im Verschmel-

---

[407] *Polley* in Henssler/Strohn Gesellschaftsrecht § 122d UmwG Rn. 9.
[408] Für die Bekanntmachung zuständig ist der Rechtspfleger.
[409] *Bayer* in Lutter UmwG § 122d Rn. 8.
[410] *Kiem* in Habersack/Drinhausen SE-Recht § 122d UmwG Rn. 11 f.; vgl. auch § 61 Satz 2 UmwG für die innerstaatliche Verschmelzung von Aktiengesellschaften.
[411] So *Drinhausen* in Semler/Stengel UmwG § 122d Rn. 2.
[412] Im Falle einer materiellen Registerkontrolle könnte uU die Kontrolle über einen Monat dauern und die Bekanntmachung erst nach Versammlung der Anteilsinhaber erfolgen. Auch spricht die Zuständigkeit des Rechtspflegers gegen eine solche Prüfungspflicht. Ebenso für eine rein formelle Registerkontrolle *Kulenkamp* S. 213.
[413] Vgl. *Polley* in Henssler/Strohn Gesellschaftsrecht § 122c UmwG Rn. 28; *Kiem* in Habersack/Drinhausen SE-Recht § 122d UmwG Rn. 8; *Brandes* ZIP 2008 S. 2193 (2199); *Simon/Hinrichs* NZA 2008 S. 391 (392); *Drinhausen* in Semler/Stengel UmwG § 122c Rn. 44; *Bayer* in Lutter UmwG § 122c Rn. 33 mwN; *Krüger* in Beck'sches Handbuch Umwandlungen International, 2. Teil: Verschmelzungen, Rn. 55; *Kulenkamp* S. 219; *Beutel* S. 175; aA *Frenzel* S. 226 ff.; *H. F. Müller* ZIP 2007 S. 1081.

zungsplan keineswegs durch diejenigen des Verschmelzungsberichts ersetzt, sondern lediglich ergänzt. Der Regelungssystematik der Int-VerschmRL entspricht es jedoch, die Information der Arbeitnehmer im Verschmelzungsbericht und nicht im Verschmelzungsplan sicherzustellen.[414] Die Zuleitung des Verschmelzungsplans ist insoweit entbehrlich.[415] In der Praxis ist jedoch aufgrund der noch ungeklärten Streitfrage derzeit noch zu einer Zuleitung gemäß den in § 5 III UmwG geltenden Grundsätzen zu raten.[416]

i) Kapitalmarktrechtliche Publizitätspflichten

Soweit es sich bei der deutschen an der Verschmelzung beteiligten Gesellschaft um eine Aktiengesellschaft oder SE handelt, deren Aktien an der Börse notiert werden, sind kapitalmarktrechtliche Publizitätspflichten zu beachten. Insbesondere kommt eine ad-hoc-Publizität gemäß § 15 I WpHG in Betracht, sowie eine Beteiligungspublizität nach § 21 WpHG. **111**

j) Mängel des Verschmelzungsplans

Mängel des Verschmelzungsplans können bis zum Wirksamwerden der Verschmelzung geltend gemacht werden und sind vom Registergericht wie im innerstaatlichen Verschmelzungsrecht von Amts wegen zu beachten soweit sie offensichtlich sind.[417] Nach dem Wirksamwerden der Verschmelzung kann die Verschmelzung nicht mehr angefochten werden.[418] **112**

2. Verschmelzungsbericht, § 122c UmwG

Der Verschmelzungsplan oder sein Entwurf sind durch die Vertretungsorgane der an der grenzüberschreitenden Verschmelzung beteiligten Gesellschaften in einem ausführlichen schriftlichen Bericht zu erläutern und zu begründen.[419] Wie im innerstaatlichen Recht dient der Bericht – ebenso wie der Verschmelzungsplan – dem **Schutz der Anteilsinhaber,** so dass alle innerstaatlich erforderlichen Angaben auch bei grenzüberschreitenden Verschmelzungsberichten zu beachten sind.[420] Dem primären Schutzzweck der Anteilsinhaber hat der europäische Gesetzgeber jedoch ein weiteres Regelungsziel des Verschmelzungsberichts hinzugefügt: der Verschmelzungsbericht dient der **umfassenden Information** **113**

---
[414] Anders die Rechtslage im SE-Recht, vgl. näher *Schäfer* in MünchKomm AktG Art. 20 SE-VO Rn. 10.
[415] § 5 III UmwG wird insoweit durch §§ 122c II und 122e UmwG verdrängt. Vgl. *Brandes* ZIP 2008 S. 2193 (2199).
[416] Ebenso *Brandes* ZIP 2008 S. 2193 (2199).
[417] → § 9 Rn. 169 ff. und → § 3 Rn. 18.
[418] Vgl. Art. 17 IntVerschmRL; → § 13 Rn. 230.
[419] Vgl. § 122e iVm §§ 122a II, 8 UmwG in Umsetzung von Art. 7 IntVerschmRL.
[420] Vgl. insoweit Ausführungen → § 9 Rn. 174 ff. und → § 3 Rn. 14 zu § 8 UmwG.

der Arbeitnehmer.[421] Darüber hinaus hat sich der Verschmelzungsbericht zudem auf die Auswirkungen der Verschmelzung für die Gläubiger zu beziehen. Ihnen ist der Bericht jedoch nicht zu übermitteln, so dass **kein direkter Gläubigerschutz** mit der Regelung bezweckt wird.[422]

114 Im Gegensatz zum Verschmelzungsplan ist der Verschmelzungsbericht **kein** von allen an der Verschmelzung beteiligten Rechtsträgern zwingend **gemeinschaftlich zu erstellendes Dokument.**[423] Er braucht deshalb auch grundsätzlich nicht mehrsprachig entworfen zu werden. Es ist den an der Verschmelzung teilhabenden Gesellschaften jedoch belassen **freiwillig** einen gemeinsamen Bericht zu erstellen,[424] **wenn die Rechtsordnungen** der beteiligten ausländischen Gesellschaften ebenso wie das deutsche Recht[425] **eine derartige gemeinsame Berichtserstellung zulassen.**[426] In diesem Fall muss jedoch der Bericht den Anforderungen aller Rechtsordnungen genügen, die an der Verschmelzung teilhaben.[427] Selbst bei gemeinsamer Berichtserstellung wird man zwecks uneingeschränkter Zugänglichkeit der Information für die Arbeitnehmer fordern müssen, dass der Verschmelzungsbericht auch in deutscher Sprache erstellt wird.[428] Der Verschmelzungsbericht ist **schriftlich** zu erstellen.[429]

---

[421] Vgl. *Bayer* in Lutter UmwG § 122e Rn. 1 mwN; *Kiem* in Habersack/Drinhausen SE-Recht § 122e UmwG Rn. 2.

[422] Vgl. *Bayer* in Lutter UmwG § 122e Rn. 1 mwN, ebenso *Kulenkamp* S. 220; enger jedoch *Kiem* in Habersack/Drinhausen SE-Recht § 122e UmwG Rn. 2 mwN, der aus der fehlenden Zuleitung des Berichts an die Gläubiger herleitet, dass ein Gläubigerschutz nicht intendiert sei.

[423] Die IntVerschmRL trifft keine Regelung zur Zulässigkeit der gemeinsamen Erstellung eines Verschmelzungsberichts.

[424] Die Zulässigkeit der gemeinsamen Berichterstellung ergibt sich im deutschen Recht aus § 122a II iVm § 8 I 1 aE UmwG. Vgl. auch *Bayer* in Lutter UmwG § 122e Rn. 4; *Hörtnagl* in Schmitt/Hörtnagl/Stratz UmwG § 122e Rn. 4.

[425] Vgl. § 8 I 1 2. Halbsatz UmwG.

[426] Für Zulässigkeit *Kulenkamp* S. 224 ff.; *Simon/Rubner* in Kölner Kommentar UmwG § 122e Rn. 9; *Krüger* in Beck'sches Handbuch Umwandlungen International, 2. Teil: Verschmelzungen Rn. 104.

[427] *Kiem* in Habersack/Drinhausen SE-Recht § 122e UmwG Rn. 5; *Drinhausen* in Semler/Stengel UmwG § 122e Rn. 5; *Hörtnagl* in Schmitt/Hörtnagl/Stratz UmwG § 122e Rn. 4; sowie zur SE-Verschmelzung *Schäfer* in MünchKomm AktG Art. 23 SE-VO Rn. 14.

[428] Ebenso *Frenzel* S. 243 f. unter Hinweis auf die für Gesellschafterinformationen entwickelten Grundsätze; einschränkend *Kiem* in Habersack/Drinhausen SE-Recht § 122e UmwG Rn. 7 und *Krüger* in Beck'sches Handbuch Umwandlungen International, 2. Teil: Verschmelzungen Rn. 103, die zwar die Erstellungspflicht in deutscher Sprache ablehnen, jedoch fordern, dass Anteilsinhabern und Betriebsrat/Arbeitnehmern eine deutsche Übersetzung zugänglich sein müsse.

[429] Vgl. § 122a iVm § 8 I S. 1 UmwG. Vgl. *Kiem* in Habersack/Drinhausen SE-Recht § 122e UmwG Rn. 6

§ 13. Verschmelzung von KapGes versch. Mitgliedstaaten § 13

a) Verpflichtung zur Erstellung, Schuldner der Berichtspflicht
Der Verschmelzungsbericht ist **durch die Vertretungsorgane** der an 115
der Verschmelzung beteiligten Gesellschaften **zu erstellen.** Diese Verpflichtung trifft somit bei der GmbH (inkl. UG) die Geschäftsführer, bei der AG und der dualistischen SE den Vorstand und bei der KGaA den Komplementär. Ebenso wie bei der Erstellung des Verschmelzungsplans weist die hM im Schrifttum diese Kompetenz bei der **SE mit monistischem System** dem Verwaltungsrat zu.[430] Die **geschäftsführenden Direktoren** der SE sind jedoch nicht nur Vertretungs- sondern ebenfalls Geschäftsführungsorgan und somit als Verwaltungsorgane im Sinne der IntVerschmRL zu erachten und damit für die Erstellung des Verschmelzungsberichts **verantwortlich.**[431] Die Vorschrift ist insoweit nicht richtlinienwidrig.[432] Daneben kann und sollte der Verwaltungsrat die geschäftsführenden Direktoren anweisen.[433] Der Verschmelzungsbericht ist vom Organ in seiner Gesamtheit zu erstellen. Es ist jedoch ausreichend, wenn er von den Mitgliedern des Vertretungsorgans in vertretungsberechtigter Anzahl unterzeichnet wird.[434]

b) Keine Entbehrlichkeit des Verschmelzungsberichts bei Verzicht
Der Verschmelzungsbericht soll nicht nur die Anteilsinhaber, sondern 116
zudem die Arbeitnehmer der verschmelzenden Rechtsträger schützen.[435] Dementsprechend kann grundsätzlich auf den Bericht **weder verzichtet** werden **noch** ist er **bei der Konzernverschmelzung entbehrlich.**[436] Die Anwendung der innerstaatlichen Regelung zur Verzichtsmöglichkeit des § 8 III UmwG wird insoweit ausdrücklich ausgeschlossen.[437] Soweit im Schrifttum gefordert wird, dass bei Verzicht der Arbeitnehmer bei einer Konzernverschmelzung der Bericht aufgrund teleologischer Reduktion der Vorschrift entbehrlich sei,[438] dürfte dem unter anderem entgegenstehen, dass die IntVerschmRL einen derartigen Verzicht nicht ausdrücklich vorsieht.[439] Eine Argumentation **e contrario** zu Art. 8 IV IntVerschmRL

---

[430] Vgl. unter Hinweis auf das „offensichtliche Redaktionsversehen" *Bayer* in Lutter UmwG § 122e Rn. 3; im Ergebnis ebenso *Drinhausen* in Semler/Stengel UmwG § 122e Rn. 3, sowie zur gleichgelagerten Problematik bei Erstellung des Verschmelzungsplans → Rn. 56.
[431] Vgl. näher zur gleichgelagerten Problematik bei der Erstellung des Verschmelzungsplans → Rn. 56.
[432] AA *Bayer* in Lutter UmwG § 122e Rn. 3; *Kiem* in Habersack/Drinhausen SE-Recht § 122e UmwG Rn. 5
[433] → Rn. 56.
[434] BGH vom 21.5.2007, NZG 2007 S. 714.
[435] Einen Arbeitnehmerschutzzweck ablehnend *Frenzel* S. 244 ff.
[436] Vgl. § 122e Satz 3 UmwG, der die Anwendbarkeit von § 8 III UmwG ausdrücklich ausschließt. Vgl. *Polley* in Henssler/Strohn Gesellschaftsrecht § 122e Rn 12. UmwG Rn. 28
[437] Vgl. § 122e Satz 3 UmwG.
[438] Vgl. *Drinhausen* in Semler/Stengel UmwG § 122e Rn. 13 mwN; *Bayer* in Lutter UmwG § 122e Rn. 13 mwN.
[439] Dies wurde bislang als versehentliche Nichtregelung erachtet; vgl. näher *Frenzel* S. 252 ff.; *Bayer* in Lutter UmwG § 122e Rn. 14.

§ 13   4. Teil. Grenzüberschreitende Verschmelzungen

(dort ist eine Verzichtsmöglichkeit ausdrücklich vorgesehen) legt eher die Annahme nahe, dass ein Verzicht nicht zulässig wäre. Auch hat der deutsche Gesetzgeber trotz der vor Umsetzung der IntVerschmRL geäußerten Kritik[440] in § 122e Satz 3 UmwG eine **Verzichtbarkeit auf das Informationsrecht** ausdrücklich **ausgeschlossen** und dieses damit wirksam verschärft. Auch hat der europäische Gesetzgeber im Rahmen der Richtlinie hinsichtlich der Berichts- und Dokumentationspflichten bei Verschmelzungen und Spaltungen die Regelung zur Verzichtsmöglichkeit für innerstaatliche Verschmelzungen modifiziert, aber ausdrücklich und in Kenntnis der angebrachten Kritik[441] bei grenzüberschreitenden Verschmelzungen beibehalten. Zutreffend kann deshalb nicht auf die Information verzichtet werden, wenn die Gesellschaft **Arbeitnehmer** hat und selbige, vertreten durch ihre Betriebsräte, auf dieses Erfordernis **verzichten**.[442] Denn durch das Über-/Unterordnungsverhältnis der Gesellschaft zu ihren Arbeitnehmern könnte das Informationsrecht leer laufen, da die Gesellschaft als Arbeitgeber dem Arbeitnehmer den Verzicht tendenziell nahe legen würde, damit dem Unternehmen die Kosten für die Erstellung des Verschmelzungsberichts nicht entstehen. Ein effizientes Informationsrecht der Arbeitnehmer durch Erstellung des Verschmelzungsberichts besteht deshalb nur, soweit dieses nicht als verzichtbar erachtet wird. Soweit hingegen eine **teleologische Reduktion** dieser Vorschrift für den Fall der **arbeitnehmerlosen 100%-Tochtergesellschaft** als zulässig erachtet wird, da weder die Interessen der Anteilsinhaber noch der Arbeitnehmer betroffen seien,[443] kann dieser Ansicht gefolgt werden. Es wäre jedoch mit dem zuständigen Registergericht abzustimmen.[444]

c) Inhalt des Verschmelzungsberichts

117   Der Verschmelzungsbericht hat **alle** für die innerstaatliche Verschmelzung zu erstellenden **Angaben im Interesse der Anteilsinhaber** zu enthalten,[445] damit diese beurteilen können, ob die Verschmelzung wirtschaftlich sinnvoll und rechtmäßig ist.[446] Es kann insoweit im Wesentli-

---

[440] Vgl. *Gesell/Krömker* DB 2006 S. 2558 (2562); *Bayer/Schmidt* NZG 2006 S. 841 (842); *Louven* ZIP 2021 S. 2026.
[441] Vgl. *Sandhaus* NZG 2009 S. 41 (43).
[442] *Simon/Rubner* in Kölner Kommentar UmwG § 122e Rn. 12 ff.; aA *Hörtnagl* in Schmitt/Hörtnagl/Stratz UmwG § 122e Rn. 14; *Drinhausen* in Semler/Stengel UmwG § 122e Rn. 13; *Sandhaus* NZG 2009 S. 41 (43); *Polley* in Henssler/Strohn Gesellschaftsrecht § 122e UmwG Rn. 11, wenngleich er hiervon in der Praxis abrät.
[443] Vgl. *Polley* in Henssler/Strohn Gesellschaftsrecht § 122e UmwG Rn. 11; *Kiem* in Habersack/Drinhausen SE-Recht § 122e UmwG Rn. 23; *Herrler/Schneider* GmbHR 2011 S. 795, 798; *Bayer* in Lutter UmwG § 122e Rn. 13; *Drinhausen* in Semler/Stengel UmwG § 122e Rn. 13; *Kulenkamp* S. 228; *Simon/Rubner* in Kölner Kommentar UmwG § 122e Rn. 11; aA noch Voraufl.
[444] Ebenso *Krüger* in Beck'sches Handbuch Umwandlungen International, 2. Teil: Verschmelzungen Rn. 107.
[445] Vgl. § 122a II iVm § 8 UmwG.
[446] *Polley* in Henssler/Strohn Gesellschaftsrecht § 122e UmwG Rn. 3 mwN.

§ 13. Verschmelzung von KapGes versch. Mitgliedstaaten § 13

chen auf die Ausführungen zu § 8 I UmwG zum Mindestinhalt eines Verschmelzungsberichts innerstaatlichen Rechts verwiesen werden, insbesondere hinsichtlich der rechtlichen und wirtschaftlichen Erläuterung der Verschmelzung, des Verschmelzungsplans, des Umtauschverhältnisses und der Barabfindung.[447] Die **Angaben** müssen sich auch bei getrennter Erstellung von Verschmelzungsberichten auf **alle an der Verschmelzung beteiligten Rechtsträger** beziehen.[448] Ebenfalls aufzunehmen sind Angaben zu wesentlichen Angelegenheiten der verbundenen Unternehmen.[449] Zu beachten sind gegenüber dem innerstaatlichen Recht jedoch die Besonderheiten der grenzüberschreitenden Verschmelzung, die den Informationsbedarf für die Anleger insbesondere im Falle der Hinausverschmelzung erhöhen. So sind bei Erläuterung der **allgemeinen rechtlichen und wirtschaftlichen Einzelheiten** der Verschmelzung und des Verschmelzungsplans nicht nur unternehmens- sondern auch **landesspezifische Besonderheiten** zu erklären, so zB die **Bewertungsmethoden im Ausland** und die Auswahl der Methoden.[450] Ausführlich aufzunehmen sind die rechtlichen Änderungen hinsichtlich der Rechtsstellung der Anteilsinhaber der übertragenden Gesellschaft durch Verschmelzung auf den ausländischen Rechtsträger.[451] Soweit eines der ausländischen Unternehmen ein verbundenes Unternehmen iSd § 15 AktG ist, sind auch Angaben zu den verbundenen Unternehmen aufzunehmen, wobei auch vergleichbare Unternehmensverbindungen ausländischer Rechtsordnungen aufzuzeigen sind. Dabei kann § 15 AktG für ausländische Unternehmen nicht direkte Anwendung finden. Im Sinne des Telos der Berichtspflicht sind vor allem Unternehmensverbindungen ausländischer Gesellschaften aufzuzeigen, die Risiken für das beteiligte Unternehmen mit sich bringen. Es sind alle rechtlichen und wirtschaftlichen Aspekte der grenzüberschreitenden Verschmelzung zu erläutern und dabei auch auf alternative Lösungswege einzugehen.[452] Soweit ein Business Combination Agreement abgeschlossen wurde, ist auch dessen wesentlicher Inhalt aufzunehmen und zu erläutern.[453]

Gegenüber dem innerstaatlichen Recht sind zusätzlich Informationen 118 zur **Auswirkung der Verschmelzung auf die Arbeitnehmer und Gläubiger** der jeweiligen Gesellschaft aufzunehmen.[454] Während bei

---

[447] Vgl. oben § 9 Rn. 187 ff.
[448] *Kiem* in Habersack/Drinhausen SE-Recht § 122e UmwG Rn. 8. Inhaltlich ist jedoch zu differenzieren, → Rn. 118.
[449] Vgl. *Mayer* in Widmann/Mayer UmwG § 122e Rn. 22; *Bayer* in Lutter UmwG § 122e Rn. 6. Zwar gehen §§ 122a II, 8 I UmwG insoweit über die Vorgaben in Art. 7 IntVerschMRL hinaus, jedoch handelt es sich bei Art. 7 nur um einen Mindestinhalt, der vom nationalen Gesetzgeber erweitert werden kann.
[450] *Kiem* in Habersack/Drinhausen SE-Recht § 122e UmwG Rn. 10 ff.; vgl. zu den unterschiedlichen Arten der Bestimmung des Umtauschverhältnisses innerhalb der EU → Rn. 63; *Kiem* ZGR 2007 S. 542 und *Reuter* AG 2007 S. 881.
[451] *Polley* in Henssler/Strohn Gesellschaftsrecht § 122e UmwG Rn. 3.
[452] *Kiem* in Habersack/Drinhausen SE-Recht § 122e UmwG Rn. 10 ff. mwN.
[453] *Kiem* in Habersack/Drinhausen SE-Recht § 122e UmwG Rn. 13.
[454] Vgl. § 122e Satz 1 UmwG.

innerstaatlichen Verschmelzungen die Folgen der Verschmelzung für den Betriebsrat und die Arbeitnehmer im Verschmelzungsvertrag verankert werden[455] und dem Betriebsrat übermittelt werden, sind die Informationen zu den Auswirkungen der Verschmelzung nunmehr bei der grenzüberschreitenden Verschmelzung nur eingeschränkt im Verschmelzungsplan gemäß § 122c II Nr. 4 UmwG enthalten[456] und stattdessen in den Verschmelzungsbericht aufzunehmen und dem Betriebsrat zuzuleiten, bzw. soweit ein Betriebsrat nicht existiert direkt den Arbeitnehmern.[457] Insoweit stellt bei der grenzüberschreitenden Verschmelzung der Verschmelzungsbericht die Informationsgrundlage für den Betriebsrat bzw. die Arbeitnehmer dar.[458] Darzustellen ist die **Lage der Gläubiger und Arbeitnehmer** des *jeweils* betroffenen Rechtsträgers.[459] Wird hingegen die Möglichkeit wahrgenommen, einen gemeinsamen Verschmelzungsbericht zu erstellen, sind naturgemäß die Angaben zu allen verschmelzenden Rechtsträgern aufzunehmen und die Anforderungen der Rechtsordnungen der an der Verschmelzung beteiligten Rechtsträger kumulativ anzuwenden.[460] Soweit jedoch Minderheitsgesellschaftern oder Gläubigern des ausländischen Rechtsträgers Rechte zustehen, die reflexartig auch Auswirkungen auf die finanzielle Situation der deutschen an der Verschmelzung beteiligten Gesellschaft haben – zB bei Gewährung von Abfindungsangeboten an Minderheitsgesellschafter des ausländischen Rechtsträgers –, so sind diese auch für Anteilsinhaber des verschmelzenden deutschen Rechtsträgers relevant und entsprechend als wirtschaftlich relevante Aspekte darzustellen.

119   Inhaltlich sind Angaben zur Gesamtrechtsnachfolge und zum aus der Verschmelzung hervorgehenden Rechtsträger erforderlich, sowie eine Erläuterung seiner Haftungsverfassung und Veränderungen bzgl. der den Gläubigern zur Verfügung stehenden **Haftungsmasse**.[461] Ebenfalls aufzunehmen sind Angaben zu den einschlägigen **Gläubigerschutzregeln**, insbesondere zu § 122j UmwG (im Falle der Hinausverschmelzung) und §§ 122a II, 22 UmwG (im Falle der Hereinverschmelzung), da potentielle Sicherheitsleistungen an die Gläubiger bei der Entscheidung der Gesellschafter für eine Verschmelzung relevant sein können.[462] Wird im Falle der Hereinverschmelzung von der übertragenden Gesellschaft nega-

---

[455] Vgl. kritisch zu dieser Regelung → § 9 Rn. 148.
[456] Vgl. → § 13 Rn. 71.
[457] Siehe § 122e Satz 2 UmwG in Umsetzung von Art. 7 II IntVerschmRL.
[458] Vgl. *Kiem* in Habersack/Drinhausen SE-Recht § 122e UmwG Rn. 2.
[459] Vgl. *Hörtnagl* in Schmitt/Hörtnagl/Stratz UmwG § 122e Rn. 7; *Kiem* in Habersack/Drinhausen SE-Recht § 122e UmwG Rn. 8; *Drinhausen* in Semler/Stengel UmwG § 122e Rn. 9; *Bayer* in Lutter UmwG § 122e Rn. 7.
[460] *Bayer* in Lutter UmwG § 122e Rn. 4 und 7; *Hörtnagl* in Schmitt/Hörtnagl/Stratz UmwG § 122e Rn. 7.
[461] Vgl. *Bayer* in Lutter UmwG § 122e Rn. 8; vgl. *Kiem* in Habersack/Drinhausen SE-Recht § 122e UmwG Rn. 14.
[462] Vgl. *Beutel* S. 181; *Bayer* in Lutter UmwG § 122e Rn. 8; *Drinhausen* in Semler/Stengel UmwG § 122e Rn. 10.

tives Vermögen übernommen, so sind die Gläubiger entsprechend zu informieren.[463]

Die inhaltlichen Angaben zu den **Arbeitnehmern** beziehen sich sowohl auf **individual-rechtliche** Auswirkungen als auch auf **kollektivrechtliche** Auswirkungen,[464] dh auch auf betriebliche und unternehmerische Mitbestimmung. Hinsichtlich der individual-rechtlichen Auswirkungen sind die Konsequenzen des Arbeitgeberwechsels, die Auswirkungen auf die Arbeitsverträge, Anrechnung von Dienstzeiten und der Kündigungsschutz darzustellen; zudem sind für die Arbeitnehmer die Auswirkungen auf die Geltung von Tarifverträgen und Betriebsvereinbarungen, sowie die betriebliche Altersversorgung zu erläutern.[465] Ebenso wie im innerstaatlichen Recht sind auch sonstige verschmelzungsbedingte Maßnahmen, zB geplanter Personalabbau oder Standortverlegung, aufzunehmen. Im Einzelnen gelten die für das innerstaatliche Recht geltenden Grundsätze.[466] 120

Ebenso wie im innerstaatlichen Recht können im Falle der Aufnahme durch eine **börsennotierte deutsche Gesellschaft** in den Verschmelzungsbericht die erforderlichen **Prospektangaben** gemäß WpPG aufgenommen werden. In diesem Falle entfällt die nach § 4 I Nr. 3 WpPG erforderliche getrennte Veröffentlichung eines Prospekts.[467] Vergleichbares gilt für die ausländische börsennotierte Gesellschaft gemäß Art. 4 I lit. c der Prospektrichtlinie im Falle der Erstellung eines gemeinsamen Berichts.[468] 121

d) Grenzen der Darlegungspflicht

Ebenso wie im innerstaatlichen Recht sind der Darlegungspflicht dort Grenzen gesetzt, wo das Bekanntmachen von Tatsachen dem Unternehmen einen Nachteil zufügen kann.[469] Bedenken gegen die Anwendung von § 8 II UmwG[470] bestehen jedoch vor dem Hintergrund des Richtlinientextes, da Art. 7 IntVerschmRL eine derartige Einschränkung des Informationsrechts nicht vorsieht. Eine richtlinienkonforme Auslegung des § 8 II UmwG erfordert insoweit, dass zumindest alle relevanten Informationen hinsichtlich der rechtlichen und wirtschaftlichen Aspekte der Verschmelzung für die Gesellschafter und die Auswirkungen der Verschmelzung auf die Gesellschafter, Arbeitnehmer und Gläubiger uneinge- 122

---

[463] *Polley* in Henssler/Strohn Gesellschaftsrecht § 122e UmwG Rn. 5 mwN.
[464] Vgl. *Bayer* in Lutter UmwG § 122e Rn. 9 mwN; *Frenzel* S. 285 ff.
[465] Vgl. *Bayer* in Lutter UmwG § 122e Rn. 9 mwN; *Kulenkamp* S. 222 f.; *Kiem* in Habersack/Drinhausen SE-Recht § 122e UmwG Rn. 16.
[466] Vgl. *Bayer* in Lutter UmwG § 122e Rn. 9 mwN; vgl. → § 9 Rn. 147 ff.; enger *Kiem* in Habersack/Drinhausen SE-Recht § 122e UmwG Rn. 15, der die Darstellung der Folgen der Verschmelzung für die Arbeitnehmer und ihre Vertretungen nicht für erforderlich erachtet.
[467] Vgl. *Bayer* in Lutter UmwG § 122e Rn. 11; *Holzborn/Mayston* ZIP 2012 S. 2380 (2387).
[468] Vgl. *Bayer* in Lutter UmwG § 122e Rn. 11 mwN.
[469] Vgl. § 122a II iVm § 8 II UmwG.
[470] Vgl. § 122a II iVm § 8 UmwG.

§ 13   4. Teil. Grenzüberschreitende Verschmelzungen

schränkt zu vermitteln sind.[471] Grenzen der Darlegungspflicht aufgrund der Gefahr eines nicht unerheblichen Nachteils bestehen jedoch soweit § 8 UmwG schärfere Berichtspflichten als Art. 7 IntVerschmRL vorsieht, so zB hinsichtlich der Darlegungspflicht bei verbundenen Unternehmen.

e) Offenlegung gegenüber Anteilsinhabern und Betriebsrat oder Arbeitnehmern

123 Der Verschmelzungsbericht ist sowohl den **Anteilsnehmern** als auch dem **Betriebsrat**[472] der an der Verschmelzung beteiligten deutschen Unternehmen **spätestens einen Monat vor Beschluss der Anteilsinhaber** durch **Auslegen des Verschmelzungsberichts zur Einsichtnahme in den Geschäftsräumen**[473] **der Gesellschaft**[474] zugänglich zu machen. Fehlt dem Unternehmen ein Betriebsrat, so können die Arbeitnehmer der Gesellschaft direkt Einsicht nehmen. Soweit ein gemeinsamer Verschmelzungsbericht aller an der grenzüberschreitenden Verschmelzung beteiligten Gesellschaften erstellt wird, ist der Bericht zudem gemäß den zur Umsetzung von Art. 7 II IntVerschmRL erfolgten innerstaatlichen Vorschriften der anderen an der Verschmelzung beteiligten Rechtsträger offen zu legen. Die in Art. 7 III der IntVerschmRL vorgesehene Option, wonach die Mitgliedstaaten vorsehen können, dass auch die Stellungnahme der Arbeitnehmervertreter dem Bericht anzufügen ist, wurde in Deutschland nicht umgesetzt, kann sich jedoch bei gemeinsamer Berichterstellung aus einer anderen Rechtsordnung ergeben.[475]

124 Die Anteilsinhaber können ebenso wie der Betriebsrat bzw. die Arbeitnehmer den Verschmelzungsbericht **ihrer** Gesellschaft einsehen. Darüber hinaus haben die Anteilsinhaber einer AG, KGaA oder SE ein Einsichtsrecht in sämtliche Verschmelzungsberichte.[476] Die **Auslegungspflicht**

---

[471] Die hM sieht demgegenüber die Geheimnisschutzregelung unter Hinweis auf immanente höherrangige Interessen als richtlinienkonform an; vgl. *Bayer* in Lutter UmwG § 122e Rn. 10 mwN; *Polley* in Henssler/Strohn Gesellschaftsrecht § 122e UmwG Rn. 9; *Kiem* in Habersack/Drinhausen SE-Recht § 122e UmwG Rn. 10; *Kulenkamp* S. 223 mwN; *Drinhausen* in Semler/Stengel UmwG § 122e Rn. 13 unter Hinweis auf § 8 II UmwG.
[472] Der für die deutsche Gesellschaft zuständige Betriebsrat bestimmt sich nach §§ 50, 58 BetrVG. Soweit ein Konzernbetriebsrat besteht, sollte auch diesem der Zugang gewährt werden; vgl. *Krüger* in Becksches Handbuch Umwandlungen International, 2. Teil: Verschmelzung Rn. 114.
[473] Näher zum Begriff Geschäftsräume *Krüger* in Becksches Handbuch Umwandlungen International, 2. Teil: Verschmelzung Rn. 119, der ein Auslegen in allen Geschäftsräumen empfiehlt.
[474] Vgl. § 122e Satz 2 UmwG iVm § 63 I Nr. 4 UmwG; der Meinungsstreit um den Inhalt des „Zugänglichmachens" ist hiermit obsolet, vgl. *Kulenkamp* S. 229 mwN. Vgl. *Polley* in Henssler/Strohn Gesellschaftsrecht § 122e UmwG Rn. 13 ff. zu Einzelheiten des Zugänglichmachens.
[475] In Frankreich zB wurde von der Option Gebrauch gemacht, vgl. Art. L236–27 Code de commerce.
[476] Vgl. *Kiem* in Habersack/Drinhausen SE-Recht § 122e UmwG Rn. 20; ebenso *Bayer* in Lutter UmwG § 122e Rn. 8 f.; aA *Marsch-Barner* in Kallmeyer UmwG § 122e Rn. 4.

§ 13. Verschmelzung von KapGes versch. Mitgliedstaaten § 13

beginnt einen Monat vor Versammlung der Anteilsinhaber, die über die Verschmelzung beschließt und endet mit Beginn der Versammlung, und das selbst falls das Verfahren zur Festsetzung der Arbeitnehmermitbestimmung – und dies wird in der Praxis häufig der Fall sein – noch nicht abgeschlossen ist.[477] Zwar bezweckt die Einsichtspflicht den Arbeitnehmerschutz; das Informationsbedürfnis der Arbeitnehmer für die Verhandlungen über die Mitbestimmung wird jedoch durch spezielle Auskunfts- und Informationspflichten im MgVG[478] geregelt.[479] Eine Verlängerung der Auslegungspflicht für den Zeitraum des Verhandlungsverfahrens ist insoweit nicht veranlasst.[480] Soweit die Unterlagen den Aktionären auf der **Internetseite der Gesellschaft** von der Einberufung der Hauptversammlung bis zu ihrem Beginn zugänglich sind, entfällt die Verpflichtung, die Unterlagen den Aktionären durch Einsichtnahme zugänglich zu machen oder eine Abschrift zu erteilen.[481]

3. *Verschmelzungsprüfung und Prüfungsbericht*

a) *Rechtsformunabhängige Prüfungspflicht, Zweck der Prüfung*

Der Verschmelzungsplan oder sein Entwurf ist durch einen unabhängigen Prüfer zu prüfen.[482] Das Ergebnis der Prüfung ist in einem Verschmelzungsprüfungsbericht festzuhalten, der einen Monat vor der Versammlung der Anteilsinhaber vorliegen muss.[483] Die Vorschrift dient **ausschließlich** dem **Anlegerschutz** und soll nicht – wie etwa der Verschmelzungsbericht – die Interessen der Arbeitnehmer schützen. Die Verschmelzungsprüfung und der Verschmelzungsprüfungsbericht sind neben dem Verschmelzungsplan und dem Verschmelzungsbericht Eckpfeiler des **Minderheitenschutzsystems durch Information.**[484] Die Anteilsinhaber sollen über die Wertrelation der an der Verschmelzung beteiligten Gesellschaften informiert werden, um ihre Entscheidung über die Zustimmung zur Verschmelzung sachgerecht treffen zu können. Der Prüfungsbericht sichert insoweit die **Aufklärung über die Angemessenheit des Umtauschverhältnisses.**[485]

125

---

[477] *Bayer* in Lutter UmwG § 122e Rn. 19; *Simon/Rubner* in Kölner Kommentar UmwG § 122e Rn. 18; aA *Mayer* in Widmann/Mayer UmwG § 122e Rn. 15.
[478] Hierzu näher → Rn. 295 ff.
[479] Zutreffend *Bayer* in Lutter UmwG § 122e Rn. 19.
[480] Ebenso *Kiem* in Habersack/Drinhausen SE-Recht § 122e UmwG Rn. 21; *Simon/Rubner* in Kölner Kommentar UmwG § 122e Rn. 18; aA *Mayer* in Widmann/Mayer UmwG § 122e Rn. 15
[481] Vgl. § 122a II iVm § 63 IV UmwG. Näher *Bayer* in Lutter UmwG § 122e Rn. 20 mwN; aA wohl *Simon/Rubner* in Kölner Kommentar UmwG § 122e Rn. 16 FN 2.
[482] § 122f Satz 1 UmwG iVm §§ 9 bis 12 UmwG.
[483] § 122f Satz 2 UmwG.
[484] Vgl. *Bayer* in Lutter UmwG § 122f Rn. 1; *Schäfer* in MünchKomm AktG Art. 22 SE-VO Rn. 3.
[485] Vgl. *Kulenkamp* S. 230.

§ 13   4. Teil. Grenzüberschreitende Verschmelzungen

126   Der deutsche Gesetzgeber konnte grundsätzlich[486] die Vorgaben zur Verschmelzungsprüfung in Art. 8 IntVerschmRL durch schlichten Verweis auf die in §§ 9 bis 12 UmwG verankerten Regelungen des innerstaatlichen Verschmelzungsrechts umsetzen.[487] Insoweit kann im Wesentlichen auf die dortigen Ausführungen verwiesen werden.[488] Verschärfend gegenüber dem innerstaatlichen Verschmelzungsrecht, das grundsätzlich keine Prüfungspflicht bei einer GmbH-Verschmelzung[489] kennt, besteht eine **rechtsformunabhängige Prüfungspflicht** bei der grenzüberschreitenden Verschmelzung.[490]

127   Der auf den Minderheitenschutz beschränkte Schutzzweck der Regelung erlaubt einen **Verzicht auf** die **Verschmelzungsprüfung und** Erstellung des **Verschmelzungsprüfungsberichts** gemäß § 122 f Satz 1 iVm §§ 9 III, 8 III 1 UmwG für den Fall, dass sich alle Anteile in der Hand des übernehmenden Rechtsträgers befinden oder die Anteilsinhaber **aller** an der Verschmelzung beteiligten Gesellschaften in notarieller Urkunde auf die Verschmelzungsprüfung verzichten.[491]

b) Bestellung des Verschmelzungsprüfers

aa) Bestellungskompetenz

128   Der Verschmelzungsprüfer ist bei einer in Deutschland beantragten Verschmelzungsprüfung gemäß § 122 f Satz 1 iVm § 10 I 1 UmwG **auf Antrag** des Vertretungsorgans **gerichtlich zu bestellen**.[492] Die für den Antrag zuständigen Vertretungsorgane sind bei der AG der Vorstand, der KGaA der Komplementär, bei der GmbH der Geschäftsführer und bei der SE je nach Führungsstruktur der Vorstand oder die geschäftsführenden Direktoren.[493]

bb) Wahlrecht zwischen getrennter oder gemeinsamer Prüfung

129   Art. 8 II der IntVerschmRL bestimmt, dass sich die an der grenzüberschreitenden Verschmelzung beteiligten Gesellschaften für eine getrennte oder gemeinsame Verschmelzungsprüfung, entscheiden können. Erfolgt eine **getrennte** Verschmelzungsprüfung so richtet sich die Bestellung und Durchführung der Verschmelzungsprüfung des deutschen Rechtsträgers nach § 122 f Satz 1 iVm § 10 UmwG. Die **gemeinsame Prü-**

---

[486] Zu Ausnahmen für den Fall der gemeinsamen Prüfung → Rn. 136.
[487] Vgl. § 122 f UmwG.
[488] → § 9 Rn. 214 ff.
[489] Diese besteht nur auf Verlangen eines Gesellschafters, vgl. § 48 UmwG. Die Anwendung von § 48 UmwG ist jedoch in § 122 f UmwG ausdrücklich ausgeschlossen.
[490] Die Anwendbarkeit der für die innerstaatlichen Verschmelzungen einer GmbH vorgesehenen Erleichterungen in § 48 UmwG ist ausdrücklich in § 122 f Satz 1 Halbsatz 2 UmwG ausgeschlossen.
[491] → Rn. 140 sowie zum innerstaatlichen Recht → § 9 Rn. 221.
[492] → § 9 Rn. 224.
[493] Vgl. zum Meinungsstreit hinsichtlich der Zuständigkeitskompetenz in der monistischen SE der gleichgelagerte Fall → Rn. 115.

fung kann in jedem Mitgliedstaat erfolgen, dessen Recht eine der an der Verschmelzung beteiligten übertragenden oder übernehmenden bzw. im Sitzstaat der neuen Gesellschaften unterliegt. Bei einer grenzüberschreitenden Verschmelzung kann demnach das Vertretungsorgan der deutschen Gesellschaft grundsätzlich zwischen zwei Alternativen **wählen**: Entweder erfolgt die **gerichtliche Bestellung getrennt oder** aufgrund eines **gemeinsamen Antrags** der deutschen Gesellschaft und des an der Verschmelzung beteiligten ausländischen Rechtsträgers; der gemeinsame Antrag kann in Deutschland oder im Staate des anderen beteiligten Rechtsträgers gestellt werden. Insoweit können sich die Gesellschaften auf einen bestimmten Prüfungsstaat einigen. Der Bestellungsvorgang richtet sich nach dem Recht der Antragstellung. Durch die gemeinsame Bestellung können Kosten gespart werden.

cc) Möglichkeit der Rechtswahl

Umstritten ist, ob das in Art. 8 II IntVerschmRL gewährte Recht zur Wahl des gemeinsamen Berichts auch die **Möglichkeit der Rechtswahl** beinhaltet. Für die gemeinsame Bestellung durch die ausländische Gesellschaft und die deutsche Gesellschaft wird teils vertreten, dass die Parteien insoweit ein Wahlrecht **hinsichtlich des Prüfungsrechts** haben. Üben sie dieses Wahlrecht aus und entscheiden sich uU aufgrund eines im Ausland gestellten Antrags für eine ausländische Rechtsordnung, unterliege die gesamte Verschmelzungsprüfung der betreffenden ausländischen Rechtsordnung.[494] Diese Auffassung ist nur eingeschränkt zutreffend. Hinsichtlich des **Antrags- und Bestellungsverfahrens** kann der Auffassung zugestimmt werden. Es besteht insoweit die Möglichkeit der Rechtswahl durch Wahl des zuständigen Gerichts.[495] Die Leitungs- und Verwaltungsorgane können **frei** bestimmen, **wo** sie den Antrag auf gemeinsame Verschmelzungsprüfung stellen, soweit zumindest eine der verschmelzenden Gesellschaften oder die aus der Verschmelzung hervorgehende Gesellschaft ihren Sitz in diesem Mitgliedstaat hat.[496] Ebenso erachtet die ganz hM für die Auswahl, die Qualifikation[497] und die Verantwortlichkeit der Prüfer das nationale Recht desjenigen Mitgliedstaates für maßgeblich, in dem der Antrag gestellt wurde.[498]

Inhalt und Umfang der Prüfung dürften sich hingegen wohl für jede Gesellschaft nach ihrem jeweiligen nationalen Recht richten, da der

130

131

---

[494] Vgl. *Bayer* in Lutter UmwG § 122 f Rn. 3; *Kiem* in Habersack/Drinhausen SE-Recht § 122 f UmwG Rn. 3 f.; *Hörtnagl* in Schmitt/Hörtnagl/Stratz UmwG § 122 f Rn. 3; *Drinhausen* in Semler/Stengel UmwG § 122 f Rn. 5.
[495] Vgl. *Drinhausen* in Semler/Stengel UmwG § 122 f Rn. 5; *Bayer* in Lutter UmwG § 122 f Rn. 3; *Kiem* in Habersack/Drinhausen SE-Recht § 122e UmwG Rn. 21.
[496] Vgl. *Kulenkamp* S. 232.
[497] Vgl. näher zur Qualifikation der Prüfer → Rn. 135 f.
[498] Vgl. *Kulenkamp* S. 231; *Bayer/Schmidt* NJW 2006 S. 401 (403); *Schäfer* in MünchKomm AktG Art. 22 SE-VO Rn. 8. Nach innerstaatlichem deutschen Recht ist § 11 UmwG maßgeblich.

§ 13   4. Teil. Grenzüberschreitende Verschmelzungen

Verschmelzungsplan auf seine Gesetzmäßigkeit zu prüfen ist und somit zwangsläufig dem Recht zweier Rechtsordnungen unterliegt, soweit zwei Gesellschaften aus unterschiedlichen Mitgliedstaaten miteinander verschmelzen.[499] Es kommt insoweit zu einer **kumulativen Anwendung der Rechte**[500] der an der grenzüberschreitenden Verschmelzung beteiligten Rechtsträger. Soweit behauptet wird, dass die VerschmRL und die IntVerschmRL jegliche kumulative Rechtsanwendung verhindern wollen und einen hinreichend einheitlichen Mindeststandard hinsichtlich der Prüfung bereits vorsehen,[501] ist dem entgegenzuhalten, dass auch hinsichtlich des Verschmelzungsplans einheitliche Regelungen geschaffen wurden, die gleichwohl zudem den uU zusätzlichen Anforderungen der Rechtsordnungen der beteiligten Gesellschaften zu genügen haben.[502] Aufgrund der Gefahr, dass im Falle freier Rechtswahl strengeres Recht zum Schutze der Anteilsinhaber umgangen wird,[503] hat es insoweit bei einer kumulativen Anwendung der Verschmelzungsrechte bei gemeinsamer Erstellung eines Prüfungsberichts zu verbleiben.[504]

dd) Gerichtliche Zuständigkeit

132 **(1) Antrag einer deutschen übertragenden Gesellschaft im Falle getrennter Prüfung.** Erfolgt die gerichtliche Bestellung allein auf Antrag einer deutschen übertragenden Gesellschaft richtet sich dessen Zuständigkeit ausschließlich nach § 10 II UmwG; demgemäß ist das Landgericht des Gesellschaftssitzes der übertragenden Gesellschaft zuständig. Schwieriger stellt sich die Rechtslage bei einer Bestellung durch eine deutsche Gesellschaft dar, die als übernehmender Rechtsträger zu qualifizieren ist, sowie bei einer gemeinsamen Bestellung eines deutschen und eines ausländischen Rechtsträgers.

[499] Zutreffend *Drinhausen* in Semler/Stengel UmwG § 122 f Rn. 5; *Simon/ Rubner* in Kölner Kommentar UmwG § 122 f Rn. 9; *Mayer* in Widmann/Mayer UmwG § 122 f Rn. 10 f.; *Hörtnagl* in Schmitt/Hörtnagl/Stratz UmwG § 122 f Rn. 3; *Kulenkamp* S. 240 f.; sowie zur SE-Verschmelzung *Schäfer* in MünchKomm AktG Art. 22 SE-VO Rn. 8 mwN.
[500] Vgl. näher zur modifizierten Vereinigungstheorie *Simon/Rubner* in Kölner Kommentar UmwG Vor §§ 122a ff. Rn. 20 ff. mwN.
[501] So *Bayer* in Lutter UmwG § 122 f Rn. 3; *Kiem* in Habersack/Drinhausen SE-Recht § 122 f UmwG Rn. 3.
[502] Art. 4 I lit. b) IntVerschmRL kann zur kumulativen Anwendung unterschiedlichen Rechts führen. Die IntVerschmRL unterbindet insoweit keineswegs kumulative Rechtsanwendung. Es gilt die Vereinigungstheorie, derzufolge sich das strengere Recht durchsetzt. Vgl. näher zur kumulativen Rechtsanwendung in der IntVerschmRL *Kulenkamp* S. 240 f.
[503] Zu Recht *Polley* in Henssler/Strohn Gesellschaftsrecht § 122 f UmwG Rn. 4.
[504] Ebenso wenig kann aus der Wahl eines gemeinsamen Berichts hergeleitet werden, dass durch die freie Wahl keine Umgehungsgefahr bestehe, da die Wahl durch die Vertretungsorgane, bzw. Leitungs- und Verwaltungsorgane ausgeübt wird, während die Anleger vor Missbrauch zu schützen sind. Dies hebt zutreffend hervor *Kulenkamp* S. 241.

§ 13. Verschmelzung von KapGes versch. Mitgliedstaaten § 13

(2) **Zuständigkeit bei Antrag eines deutschen übernehmenden** 133
Rechtsträgers im Falle getrennter Prüfung. Bei wörtlicher Interpretation des § 10 II UmwG wäre eine Zuständigkeit deutscher Gerichte bei einem Antrag einer deutschen **übernehmenden** Gesellschaft nicht zu begründen, da die Zuständigkeit ausschließlich der übertragenden Gesellschaft zugewiesen wird. Es ist jedoch zu bezweifeln, dass der deutsche Gesetzgeber die Zuständigkeit für die Verschmelzungsprüfung einer übernehmenden deutschen Gesellschaft, die nicht auf gemeinsamen Antrag mit einer ausländischen Gesellschaft erfolgt und sich somit allein auf die deutsche Gesellschaft bezieht und im Interesse ihrer Anteilsinhaber vorgenommen wird, einem ausländischen Gericht zuweisen wollte. Eine derartige Lösung wäre sachfremd und war vom Gesetzgeber nicht beabsichtigt. Es besteht insoweit eine Regelungslücke.[505] Diese Regelungslücke ist sinnvoll dadurch zu schließen, dass eine **örtliche Zuständigkeit des Landgerichts am Sitz der** Gesellschaft auch dann als gegeben betrachtet wird, wenn es sich bei der deutschen Gesellschaft um eine **übernehmende Gesellschaft** handelt.[506] Es kann jedoch nur dann von einer Regelungslücke ausgegangen werden, wenn neben der übernehmenden deutschen Gesellschaft keine weitere deutsche Gesellschaft an der Verschmelzung beteiligt ist, da in diesem Falle die Zuständigkeit am Sitz der übertragenden Gesellschaft begründet wäre.[507]

(3) **Zuständigkeit bei gemeinsamem Antrag.** Die Vertretungs- 134
organe haben im Falle **gemeinsamer Bestellung eines Prüfers** gemäß Art. 8 II IntVerschmRL die Wahl, bei welchem Gericht (uU ist gemäß der ausländischen Rechtsordnung auch eine Verwaltungsbehörde zuständig) der Antrag auf Bestellung des Prüfers gestellt wird. Das in § 10 UmwG geregelte Verfahren ist hierfür ungeeignet und richtlinienkonform auszulegen.[508] Für den Fall, dass sich die verschmelzenden Gesellschaften für eine deutsche Verschmelzungsprüfung entscheiden, sind die Prüfer nach den soeben erläuterten Grundsätzen vom Landgericht des **Sitzes der** übertragenden **deutschen Gesellschaft** zu bestellen. Ist an der Verschmelzung lediglich eine übernehmende deutsche Gesellschaft beteiligt, ist nach den soeben beschriebenen Grundsätzen zur Lückenfüllung das Landgericht des Sitzes des übernehmenden Rechtsträgers für zuständig zu erachten.[509] Ist insoweit die gemeinsame Bestellung in Deutschland gewünscht, so erfolgt sie am Sitz der beteiligten deutschen Gesellschaft.

---

[505] Ebenso *Frenzel* S. 265; *Drinhausen* in Semler/Stengel UmwG § 122 f Rn. 4; *Bayer* in Lutter UmwG § 122 f Rn. 5.
[506] Ebenso *Bayer* in Lutter UmwG § 122 f Rn. 5; *Hörtnagl* in Schmitt/Hörtnagl/Stratz UmwG § 122 f Rn. 3; *Kulenkamp* S. 238 f.; *Simon/Rubner* in Kölner Kommentar UmwG § 122 f Rn. 4; *Drinhausen* in Semler/Stengel UmwG § 122 f Rn. 4.
[507] Zutreffend *Bayer* in Lutter UmwG § 122 f Rn. 5.
[508] Vgl. *Kulenkamp* S. 239 f.
[509] *Bayer* in Lutter UmwG § 122 f Rn. 6; § 10 II UmwG ist zudem bei gemeinsamem Antrag nicht richtlinienkonform, denn gemäß § 10 II UmwG sind lediglich Gerichte zuständig, in deren Bezirk ein übertragender Rechtsträger seinen Sitz hat. Ist jedoch die deutsche Gesellschaft eine übernehmende Gesell-

§ 13   4. Teil. Grenzüberschreitende Verschmelzungen

ee) Auswahl, Stellung und Verantwortlichkeit des Verschmelzungsprüfers

135 Hinsichtlich der Auswahl des Verschmelzungsprüfers, seiner Stellung und Verantwortlichkeit gelten bei einer **getrennten Bestellung** durch die beteiligten Gesellschaften für die deutsche Gesellschaft § 122 f Satz 1 iVm § 11 I 1 UmwG, sowie die Ausführungen zur innerstaatlichen Verschmelzung uneingeschränkt.[510]

136 Bei **gemeinsamer Bestellung eines Prüfers** ist die erforderliche Qualifikation des Prüfers weitaus problematischer. Die IntVerschmRL enthält selbst keine Vorgaben,[511] wer als unabhängiger Sachverständiger anzusehen ist und verweist schlicht auf das nationale Recht. Es sind die im jeweiligen innerstaatlichen Recht geltenden Anforderungen an die Qualifikation der Prüfer einzuhalten.[512] Man wird insoweit aufgrund des Regelungszwecks eine Sachkompetenz in allen beteiligten Rechtsordnungen erwarten dürfen und aufgrund des zu erwartenden Sachverstandes nur Wirtschaftsprüfer und Wirtschaftsprüfungsgesellschaften mit der Prüfung beauftragen können, die einen Sachverstand in jeder der beteiligten Rechtsordnungen aufweisen können, denn nur so lassen sich die in den Mitgliedstaaten verbreiteten **unterschiedlichen Methoden der Unternehmensbewertung mit dem notwendigen Hintergrundwissen** prüfen. Prüfer mit Zulassung in allen beteiligten Mitgliedstaaten können unproblematisch bestellt werden.[513] Derartige Prüfer dürften jedoch in der Praxis kaum anzutreffen sein, so dass eine Forderung nach allumfassendem Sachverstand nicht möglich ist. Zu Recht wird insoweit für die Praxis gefordert, dass Prüfer aus verschiedenen Mitgliedstaaten zusammenarbeiten, um den gemeinsamen Bericht zu erstellen.[514] Die IntVerschmRL stellt keinerlei Anforderungen hinsichtlich der Zulassung von Prüfern auf. Um den Regelungszweck, eine **gemeinsame Prüfung** zu ermöglichen, nicht zu vereiteln, kann insoweit **auch ein Prüfer bestellt werden,** der **nicht in Deutschland zugelassen ist**.[515] Die

---

schaft, so könnte der gemeinsame Antrag nicht von einem deutschen Gericht beschieden werden. Gemäß Art. 8 II IntVerschmRL kann der gemeinsame Antrag wahlweise bei einem Gericht der übertragenden oder der übernehmenden Gesellschaft gestellt werden. Insoweit muss auch das deutsche Recht dieses Wahlrecht für den Fall einer deutschen übernehmenden Gesellschaft umsetzen. Bei richtlinienkonformer Auslegung ist § 10 II UmwG insofern bei der grenzüberschreitenden Verschmelzung dahin gehend richtlinienkonform zu interpretieren, dass auch ein gemeinsamer Antrag beim Landgericht des Sitzes des übernehmenden deutschen Rechtsträgers für zulässig zu erachten ist.

[510] Vgl. *Bayer* in Lutter UmwG § 122 f Rn. 7; *Kulenkamp* S. 237 f; vgl. zum innerstaatlichen Recht zur Bestellung des Verschmelzungsprüfers → § 9 Rn. 224 ff.

[511] Auch bei der SE wurde der ursprüngliche Entwurf zur Zulassung der Verschmelzungsprüfer (Art. 15 II des Vorschlags einer SE-VO 1970) nicht übernommen. Vgl. hierzu *Kulenkamp* S. 237.

[512] Vgl. *Kulenkamp* S. 231.

[513] *Schäfer* in MünchKomm AktG Art. 22 SE-VO Rn. 5.

[514] Zutreffend *Mayer* in Widmann/Mayer UmwG § 122 f Rn. 17.

[515] Vgl. *Kulenkamp* S. 237 f.

§ 13 Verschmelzung von KapGes versch. Mitgliedstaaten § 13

Zulässigkeit einer gemeinsamen Prüfung soll es jedoch den beteiligten Rechtsträgern nicht ermöglichen, den jeweils im innerstaatlichen Recht vorgeschriebenen Sachverstand zu umgehen. Die Bestellung eines allgemein zugelassenen Prüfers direkt durch die Unternehmensleitung genügt ebenso wenig wie im SE-Recht.[516]

c) Gegenstand und Umfang der Verschmelzungsprüfung

Der **Inhalt der Prüfung** entspricht weitgehend demjenigen der innerstaatlichen Verschmelzungsprüfung.[517] Hinsichtlich der deutschen Kapitalgesellschaft findet insoweit § 12 UmwG Anwendung. Die Prüfung umfasst den **Verschmelzungsplan** bzw. seinen Entwurf, die **Richtigkeit der Angaben**,[518] sowie die **Angemessenheit des Umtauschverhältnisses** und der **etwaigen Barabfindung**.[519] Auch der Umfang des Auskunftsrechts des Sachverständigen ist identisch.[520] Es ist insoweit eine formelle und materielle **Vollständigkeit**sprüfung vorzunehmen,[521] zu beachten ist, dass die Prüfung sich bei einem gemeinsamen Antrag auf den gesamten Verschmelzungsplan bezieht, also auch auf die wirtschaftlichen Angaben der Gesellschaften, die ausländischem Recht und damit uU anderen bilanzrechtlichen Vorschriften unterliegen. Es sind insofern auch bei Erstellung des Prüfungsberichts die Verschmelzungsrechte aller an der Verschmelzung beteiligten Rechtsträger zu beachten.[522] Wie im innerstaatlichen Recht ist umstritten, ob die Verschmelzungsprüfung sich auch auf den Verschmelzungsbericht bezieht.[523] § 9 UmwG sieht im Einklang mit Art. 8 III IntVerschmRL iVm Art. 10 II VerschmRL nur eine ausdrückliche Prüfung des Verschmelzungsplans vor, nicht hingegen eine Prüfung des Verschmelzungsberichts.[524]

137

d) Verschmelzungsprüfungsbericht

Gemäß § 122 f Satz 2 UmwG ist über die Verschmelzungsprüfung ein entsprechender Bericht zu erstellen, der Verschmelzungsprüfungsbericht;

138

---

[516] Vgl. näher *Schäfer* in MünchKomm AktG Art. 22 SE-VO Rn. 7.
[517] Vgl. *Kiem* in Habersack/Drinhausen SE-Recht § 122 f UmwG Rn. 5; *Kulenkamp* S. 232 f., vgl. näher zum innerstaatlichen Recht → § 9 Rn. 244 ff.
[518] Insoweit ist auch die Richtigkeit der Bewertung des Aktiv- und Passivvermögens gemäß § 122c II Nr. 11 UmwG zu prüfen, vgl. *Bayer* in Lutter UmwG § 122 f Rn. 9.
[519] *Kiem* in Habersack/Drinhausen SE-Recht § 122 f UmwG Rn. 5
[520] Zutreffend *Bayer* in Lutter UmwG § 122 f Rn. 8; *Kulenkamp* S. 233 f. mwN.
[521] → § 9 Rn. 251.
[522] → Rn. 131 zur kumulativen Rechtsanwendung; für Berücksichtigung länderspezifischer Besonderheiten *Kiem* in Habersack/Drinhausen SE-Recht § 122 f UmwG Rn. 5.
[523] Vgl. näher *Bayer* in Lutter UmwG § 122 f Rn. 10, der zumindest unstreitig die wirtschaftliche Zweckmäßigkeit als von der Prüfung ausgeschlossen erachtet.
[524] Vgl. *Kiem* in Habersack/Drinhausen SE-Recht § 122 f UmwG Rn. 5; aA *Bayer* in Lutter UmwG § 122 f Rn. 10.

§ 13   4. Teil. Grenzüberschreitende Verschmelzungen

dieser Bericht muss den Anteilsinhabern spätestens **einen Monat vor der Versammlung**, die über die Verschmelzung beschließt, **vorliegen**.[525] Dies gilt unabhängig von der Rechtsform und den etwaigen Ladungsfristen für die Versammlung der Anteilsinhaber, die über die Verschmelzung beschließt.[526] Es ist zu diesem Zeitpunkt noch nicht notwendig, den Prüfungsbericht beim Registergericht zu hinterlegen. Der Bericht muss inhaltlich den gleichen Anforderungen entsprechen wie der Bericht bei innerstaatlichen Verschmelzungen.[527] Dies gilt auch bei gemeinsamer Berichterstellung. Insoweit hat der gemeinsame Bericht den inhaltlichen Anforderungen aller beteiligten Rechtsordnungen zu genügen.[528] Im Gegensatz zum Verschmelzungsplan genügt es nicht einen Entwurf zu erstellen. Der Prüfungsbericht muss das erforderliche **Testat** enthalten, dass das vorgeschlagene Umtauschverhältnis sowie die Höhe der uU angebotenen baren Zuzahlung als Gegenwert angemessen sind.[529] Es sind die **Methode** anzugeben, nach der das **Umtauschverhältnis** bestimmt wurde, zur **Angemessenheit** Stellung zu nehmen und etwaige Bewertungsprobleme aufzuzeigen.[530]

139 Der Bericht ist für die Anteilsinhaber der beteiligten deutschen Gesellschaften **schriftlich**[531] und **in deutscher Sprache** zu erstellen.[532] Eine Erstellung in englischer, französischer oder italienischer Sprache ist nicht ausreichend, da sie den Anteilsinhabern die Übersetzungskosten überbürden würde. Dem Informationsbedürfnis der Anteilsinhaber wird hierdurch nicht ausreichend Rechnung getragen. Der Bericht muss den Anteilsinhabern zugänglich gemacht werden.[533] Das erfolgt bei der AG, KGaA und der SE durch Auslegen in den Geschäftsräumen[534] oder Einstellen auf der Internetseite der Gesellschaft.[535] Bei der GmbH wird

---

[525] Vgl. § 122 f Satz 2 in Umsetzung von Art. 8 I 1 IntVerschmRL.
[526] Dies kann bei der GmbH zu unterschiedlichen Versendungsfristen hinsichtlich der Ladung zur Gesellschafterversammlung einerseits (gemäß § 51 I 2 GmbHG 1 Woche) und des Prüfungsberichts andererseits führen. Vgl. näher zur Ladung bei der GmbH → § 13 Rn. 149.
[527] Vgl. § 122 f Satz 1 iVm § 12 II UmwG.
[528] Vgl. zur kumulativen Rechtsanwendung aufgrund der modifizierten Vereinigungstheorie → Rn. 131.
[529] Vgl. *Mayer* in Widmann/Mayer UmwG § 122 f Rn. 21.
[530] Vgl. bereits Art. 10 II VerschmRL.
[531] Vgl. § 122 f Satz 1, 12 I 1 UmwG.
[532] Nur eine Dokumentation in deutscher Sprache erfüllt die Anforderungen an das Informationsbedürfnis der Anteilsinhaber. Ebenso *Drinhausen* in Semler/Stengel UmwG § 122 f Rn. 6; *Mayer* in Widmann/Mayer UmwG § 122 f Rn. 23; *Polley* in Henssler/Strohn Gesellschaftsrecht § 122 f UmwG Rn. 7; *Kiem* in Habersack/Drinhausen SE-Recht § 122 f UmwG Rn. 6; für die Möglichkeit des Verzichts auf deutsche Fassung *Simon/Rubner* in Kölner Kommentar UmwG § 122 f Rn. 10.
[533] Vgl. *Drinhausen* in Semler/Stengel UmwG § 122 f Rn. 6; *Kiem* in Habersack/Drinhausen SE-Recht § 122 f UmwG Rn. 6.
[534] Vgl. § 122a II iVm § 63 I Nr. 5 UmwG. Vgl. *Kiem* in Habersack/Drinhausen SE-Recht § 122 f UmwG Rn. 6.
[535] Vgl. § 122a II iVm § 63 IV UmwG.

§ 13. Verschmelzung von KapGes versch. Mitgliedstaaten   § 13

der Bericht mit der Einberufung der Gesellschafterversammlung versandt.[536]

e) Verzicht auf Prüfung und Prüfungsbericht

Verschmelzungsprüfung und Prüfungsbericht sind in zwei Fällen nicht erforderlich:[537] Einerseits ist die Verschmelzungsprüfung entbehrlich, wenn sich alle Anteile in der Hand des übernehmenden Rechtsträgers befinden, dh im Falle der **Konzernverschmelzung in Form des upstream merger**,[538] andererseits können die Anteilsinhaber auch auf die Prüfung oder lediglich auf den schriftlichen Bericht verzichten.[539] Ein wirksamer Verzicht setzt die **Verzichtserklärung aller Anteilsinhaber aller an der Verschmelzung beteiligten Rechtsträger**[540] (dh der in- und ausländischen Gesellschaften) **in notarieller Form**[541] voraus. Hierdurch lassen sich nicht unerhebliche Kosten sparen.   140

Fraglich ist, ob es einer **notariellen Beurkundung**[542] des Verzichts nicht nur der Anteilsinhaber des deutschen Rechtsträgers, sondern auch der Anteilsinhaber desjenigen Rechtsträgers bedarf, die dem Recht eines anderen Mitgliedstaates unterliegen, selbst wenn der **Verzicht** gemäß der betroffenen ausländischen Rechtsordnung eine notarielle Beurkundung nicht voraussetzt. Dies wird im Schrifttum teils unter Verweis auf den klaren Wortlaut der §§ 9 III, 8 III und 12 III UmwG befürwortet, wenn auch mit der praxisrelevanten Abschwächung, dass eine notarielle Beurkundung durch einen ausländischen Notar – ausnahmsweise ohne die Anforderung der Gleichwertigkeit zu erfüllen – genügen soll.[543] Gegen diese Auffassung bestehen jedoch Bedenken. So sieht Art. 8 IV IntVerschmRL selbst keine notarielle Beurkundungspflicht vor. Ein nationaler Gesetzgeber kann grundsätzlich die europarechtlich vorgegebenen Anforderungen an eine Verzichtserklärung nicht verschärfen. Rechtsgrundlage des notariellen Beurkundungserfordernisses ist Art. 4 I lit. b) IntVerschmRL und erlaubt im deutschen Recht vorzusehen, dass es eines Verzichts aller Anteilsinhaber aller Rechtsträger bedarf, jedoch stellt die Regelung auch eine Kollisionsnorm dar. Damit sind §§ 9 III, 8 III und 12 III UmwG in jedem Falle **richtlinienkonform auszulegen** und auf   141

---

[536] § 122a II iVm § 47 UmwG analog; vgl. *Kiem* in Habersack/Drinhausen SE-Recht § 122 f UmwG Rn. 6. Vgl. Einzelheiten zur Ladung der Gesellschafter → § 13 Rn. 145 ff.
[537] Vgl. §§ 9 II, III iVm 8 III UmwG.
[538] Vgl. § 122 f Satz 1 iVm § 9 II UmwG im Einklang mit Art. 15 der InVerschmRL, dies gilt naturgemäß nur beim *upstream merger*, nicht hingegen bei der Verschmelzung auf die 100%ige Tochtergesellschaft, dem *downstream merger*, vgl. zur Rechtslage im innerstaatlichen Recht → § 9 Rn. 349.
[539] Vgl. § 122 f Satz 1 iVm §§ 9 III, 8 III 1 UmwG.
[540] Die Vorgabe entspricht Art. 8 IV der IntVerschmRL.
[541] *Polley* in Henssler/Strohn Gesellschaftsrecht § 122 f UmwG Rn. 9 mwN; aA *H. F. Müller* Der Konzern 2007 S. 81 (82).
[542] Vgl. § 122 f Satz 1 iVm §§ 9 III, 8 III Satz 1 UmwG.
[543] Vgl. *Drinhausen* in Semler/Stengel UmwG § 122 f Rn. 7 mwN; *Polley* in Henssler/Strohn Gesellschaftsrecht § 122 f UmwG Rn. 9.

die Anteilsinhaber der an der Verschmelzung beteiligten deutschen Gesellschaft zu beschränken.[544] Für die Anteilsinhaber der ausländischen Gesellschaft verbleibt es bei einem schlichten Verzicht in Schriftform, wenn die Rechtsordnung des Sitzstaates der ausländischen Gesellschaft nicht selbst eine notarielle Beurkundung des Verzichts vorsieht.[545]

4. Verschmelzungsbeschluss

142 Die Anteilsinhaber der an der Verschmelzung beteiligten Rechtsträger haben gemäß den Vorschriften ihres innerstaatlichen Verschmelzungsrechts über die Zustimmung zum gemeinsamen Verschmelzungsplan zu entscheiden.[546] Der Beschluss der beteiligten deutschen Gesellschaft erfolgt zwingend in einer Versammlung[547] und ist notariell zu beurkunden.[548] Die Anforderungen an den Zustimmungsbeschluss der Gesellschaften anderer Rechtsordnungen richten sich mangels einheitlicher Regelung in der IntVerschmRL[549] nach dem für sie maßgeblichen innerstaatlichen Verschmelzungsrecht.

143 Hinsichtlich des Verschmelzungsbeschlusses ist auf verschmelzende deutsche Gesellschaften aufgrund des Generalverweises in § 122a II UmwG grundsätzlich innerstaatliches Verschmelzungsrecht anwendbar.[550] Abweichend vom innerstaatlichen Verschmelzungsrecht musste für die grenzüberschreitende Verschmelzung durch § 122g I UmwG[551] jedoch ein **Genehmigungsvorbehalt hinsichtlich der Mitbestimmung** eingeführt werden, durch den es den Anteilsinhabern ermöglicht wird, die Verschmelzung davon abhängig zu machen, dass die Art und Weise der Mitbestimmung der Arbeitnehmer der übernehmenden bzw. neuen Gesellschaft ausdrücklich von ihnen bestätigt wird.[552]

144 Bei einer **Konzernverschmelzung** einer 100%igen Tochtergesellschaft auf die Muttergesellschaft ist die Gesellschafterversammlung der übertragenden Tochtergesellschaft entbehrlich (§ 122g II UmwG).[553]

---

[544] Vgl. *Bayer* in Lutter UmwG § 122f Rn. 17; *Kiem* in Habersack/Drinhausen SE-Recht § 122f UmwG Rn. 8; *Frenzel* S. 261 ff.; *Beutel* S. 191 ff.; *Simon/Rubner* in Kölner Kommentar UmwG § 122f Rn. 13.
[545] Ausführlich *Frenzel* S. 261 ff.; ebenso *Kulenkamp* S. 246.
[546] Vgl. § 122a II iVm § 13 I UmwG für den deutschen Rechtsträger.
[547] Das Umlaufverfahren ist nicht zulässig; → § 9 Rn. 282 sowie Art. 9 IntVerschmRL, der lediglich die Gesellschafterversammlung erwähnt.
[548] Vgl. § 13 III UmwG.
[549] Art. 9 I IntVerschmRL enthält lediglich Vorgaben hinsichtlich der Möglichkeit der Kenntnisnahme der Anteilsinhaber vom Verschmelzungsbericht und Verschmelzungsprüfungsbericht und Art. 9 II IntVerschmRL zum Genehmigungsvorbehalt bezüglich der Mitbestimmung, → Rn. 156 ff.
[550] Durch Verweis ist § 13 UmwG anwendbar. Vgl. zum innerstaatlichen Recht → § 9 Rn. 282 ff.
[551] In Umsetzung von Art. 9 II IntVerschmRL.
[552] Dazu im Einzelnen → Rn. 156 ff.
[553] Die Vorschrift setzt Art. 15 I 2. Spiegelstrich der IntVerschmRL um; vgl. näher → Rn. 165.

§ 13. Verschmelzung von KapGes versch. Mitgliedstaaten § 13

a) Form-, Frist- und Informationsvorschriften für die Ladung zur beschlussfassenden Versammlung

Die **Modalitäten der Einberufung und Durchführung** der Versammlung der an der Verschmelzung teilhabenden Gesellschaft richten sich hinsichtlich der beteiligten deutschen Gesellschaft(en) nach dem innerstaatlichen Recht,[554] dh nach den gesetzlich oder satzungsmäßig vorgesehenen **Ladungs- und Fristvorschriften** der beteiligten Gesellschaft.[555] Auch sind die Rechtsgrundsätze der **Vollversammlung**, ihrer **Mängel und Heilung** grundsätzlich anwendbar.[556] Besonderheiten bestehen lediglich hinsichtlich des Verschmelzungsberichts, der bereits einen Monat vor Gesellschafterversammlung zugänglich zu machen ist,[557] sowie hinsichtlich der Wirkung von Mängeln nach Eintragung.[558] 145

Hinsichtlich der mit der Ladung verbundenen **Informations- und Publizitätsvorschriften** sind die allgemeinen im innerstaatlichen Verschmelzungsrecht vorgesehenen Regelungen anzuwenden. Bei der AG, KGaA und SE erfolgt die Ladung durch Auslegung der Unterlagen[559] oder Zugänglichmachen auf der Internetseite.[560] Bei der GmbH ist mit der Ladung der Verschmelzungsbericht zu versenden.[561] Die innerstaatlichen Ladungsvorschriften werden **bei der grenzüberschreitenden Verschmelzung ergänzt durch** Bekanntmachung des Verschmelzungsplans,[562] durch Offenlegung des Verschmelzungsberichts[563] und durch Auslage bzw. Zusendung des Verschmelzungsprüfungsberichts.[564] Die Informationspflichten gewährleisten, dass die Gesellschafter rechtzeitig von den Bedingungen des Verschmelzungsvorhabens erfahren und entsprechend sachgerecht das Verschmelzungsvorhaben beurteilen können.[565] Durch das Zusammenspiel der Vorschriften zur grenzüberschreitenden Verschmelzung und dem Verweis auf innerstaatliches Verschmelzungsrecht ergeben sich für die einzelnen Rechtsformen folgende Informationspflichten: 146

---

[554] → § 9 Rn. 283 f.
[555] Bei AG, KGaA und SE §§ 121 ff. AktG, bei GmbH (inkl. UG) §§ 49, 51 GmbHG; → § 9 Rn. 283.
[556] → § 9 Rn. 288; vgl. zu Beschlussmängelklagen bei der SE-Verschmelzung *Götz* ZGR 2008 S. 593 (601 ff.).
[557] → Rn. 123.
[558] Vgl. näher zur Unanfechtbarkeit der Verschmelzung nach Eintragung Art. 17 der IntVerschmRL und → Rn. 230.
[559] Vgl. § 122a II UmwG iVm § 63, 78 UmwG.
[560] Vgl. § 122a II UmwG iVm § 63 IV UmwG.
[561] Siehe § 47 UmwG.
[562] Siehe § 122d UmwG; vgl. näher → Rn. 103 ff.
[563] Siehe § 122e Satz 2 iVm § 63 I Nr. 4 UmwG; näher → Rn. 123 ff.
[564] Siehe § 122 f Satz 2 UmwG; näher → Rn. 138.
[565] Vgl. *Winter/Vetter* in Lutter UmwG § 47 Rn. 1.

§ 13　　4. Teil. Grenzüberschreitende Verschmelzungen

aa) AG, SE und KGaA

147　Gemäß § 122a II ivm § 63 I UmwG[566] sind folgende Unterlagen einen Monat vor der Hauptversammlung **in den Geschäftsräumen auszulegen oder** gemäß § 63 IV UmwG auf der **Internetseite** der Gesellschaft zu veröffentlichen:
- der Verschmelzungsplan oder sein Entwurf,
- die Jahresabschlüsse und Lageberichte aller (nicht nur der deutschen[567]) sich verschmelzenden Gesellschaften für die letzten drei Geschäftsjahre,
- gegebenenfalls Zwischenbilanzen,[568]
- die Verschmelzungsberichte aller verschmelzenden Gesellschaften[569] oder der gemeinsame Verschmelzungsbericht,
- die Verschmelzungsprüfungsberichte aller verschmelzenden Gesellschaften oder der gemeinsame Verschmelzungsprüfungsbericht.

148　Für alle Unterlagen besteht eine **Auslegungsfrist von einem Monat** vor der Gesellschafterversammlung.[570] Jeder Aktionär hat einen Anspruch auf kostenlose Abschrift der aufgeführten Unterlagen. Die Unterlagen können bei Einverständnis auch elektronisch übermittelt werden.[571] Die Verpflichtung zur Auslegung entfällt gemäß § 63 IV UmwG, wenn die Unterlagen über die Internetseite der Gesellschaft zugänglich sind.[572] Erfolgt eine **Verschmelzung** durch Aufnahme einer deutschen **AG, KGaA oder SE innerhalb eines Zeitraums von zwei Jahren seit Eintragung** der Gesellschaft so sind zudem ein **Nachgründungsbericht** und eine gesonderte **Gründungsprüfung** erforderlich.[573]

bb) GmbH

149　Die Informationspflichten im GmbH-Recht[574] sind **teils durch Auslegung** in den Geschäftsräumen, **teils durch Übersendung** zu erfüllen.

---

[566] Gemäß § 78 UmwG für KGaA anwendbar; gemäß Art. 9 I lit. c) ii SE-VO für SE anwendbar.
[567] Näher *Kulenkamp* S. 248 ff. mit dem zutreffenden Hinweis, dass die deutsche Rechtsordnung ausländische Gesellschaften nicht verpflichten kann, jedoch das umfassende Informationsbedürfnis der deutschen Anteilsinhaber das Bereitstellen erfordert; in der Praxis sollte die Übermittlung von Unterlagen im Business Combination Agreement festgehalten werden; vgl. näher → Rn. 29 f., → Rn. 53.
[568] Vgl. § 63 I Nr. 3 UmwG.
[569] Vgl. § 122e Satz 2 UmwG; *Kiem* in Habersack/Drinhausen SE-Recht § 122 f UmwG Rn. 7; *Heckschen* in Widmann/Mayer § 122a Rn. 62; *Bayer* in Lutter UmwG § 122g Rn. 8 (mit Ausführungen zur Friktion zwischen § 63 I Nr. 4 und § 122e Satz 2 UmwG).
[570] Vgl. näher *Bayer* in Lutter UmwG § 122g Rn. 9 ff. (ebenfalls zur Friktion der Einberufungsfrist von 30 Tagen seit UMAG und § 122e Satz 2 UmwG); *Kiem* in Habersack/Drinhausen SE-Recht § 122g UmwG Rn. 7.
[571] Vgl. § 63 III 2 UmwG.
[572] Dies gilt auch für den Verschmelzungsbericht; → Rn. 124.
[573] Näher *Bayer* in Lutter UmwG § 122g Rn. 16.
[574] Vgl. § 122a II ivm §§ 47, 56 UmwG.

§ 13. Verschmelzung von KapGes versch. Mitgliedstaaten § 13

Gemäß den Bestimmungen zur Umsetzung der Vorgaben der Int-VerschmRL sind einige Informationspflichten mindestens einen Monat vor der Versammlung, die über die Verschmelzung beschließt, zu erfüllen. Hieraus ergibt sich, dass aufgrund des Rechts der grenzüberschreitenden Verschmelzung und dem innerstaatlichen GmbH-Recht **widersprüchliche Ladungs- und Auslegungsfristen** zu beachten sind. In den **Geschäftsräumen auszulegen** sind:
– der Verschmelzungsbericht (einen Monat vor Versammlung),[575]
– die Jahresabschlüsse und Lageberichte der an der Verschmelzung beteiligten Rechtsträger der letzten drei Geschäftsjahre (ab Einberufung der Versammlung).[576]
– der Verschmelzungsprüfungsbericht (einen Monat vor der Versammlung).[577]

Der Verschmelzungsplan oder sein Entwurf ist gemäß § 122d UmwG einen Monat vor der Gesellschafterversammlung zum Register einzureichen.

Bei Einberufung der Gesellschafterversammlung, die spätestens eine Woche vor der Versammlung zu erfolgen hat,[578] sind den Gesellschaftern folgende Unterlagen **zuzusenden:**
– der Verschmelzungsplan oder sein Entwurf,[579]
– der Verschmelzungsbericht[580] der betroffenen deutschen Gesellschaft[581] und
– der Verschmelzungsprüfungsbericht.[582]

Da der Verschmelzungsbericht bereits einen Monat vor der Gesellschafterversammlung auszulegen ist und der Verschmelzungsplan ohnehin einen Monat vor der Gesellschafterversammlung beim Handelsregister einzureichen ist, empfiehlt es sich die gesamten Ladungsunterlagen einen Monat vor der Gesellschafterversammlung zu versenden.

---

[575] Vgl. zu § 122e Satz 2 iVm § 63 I Nr. 4 UmwG → Rn. 123.
[576] Vgl. *Kiem* in Habersack/Drinhausen SE-Recht § 122g UmwG Rn. 6.
[577] *Bayer* in Lutter UmwG § 122g Rn. 15 erachtet die Versendung spätestens mit Einberufung für ausreichend, wohingegen der Verschmelzungsprüfungsbericht einen Monat vor der Versammlung ausliegen muss *Bayer* in Lutter UmwG § 122f Rn. 13; → Rn. 138. *Kulenkamp* S. 248 sieht unter analoger Anwendung von § 47 UmwG in Umsetzung zu Art. 8 I IntVerschmRL eine Versendung einen Monat vor der Gesellschafterversammlung für zwingend an.
[578] Vgl. § 47 UmwG iVm § 51 I 2 GmbHG.
[579] Vgl. § 122a II iVm § 47 UmwG.
[580] Vgl. § 122a II iVm § 47 UmwG. Die doppelte Information durch Auslegung einerseits und Zusendung andererseits ist leider gesetzlich vorgesehen; vgl. näher *Bayer* in Lutter UmwG § 122g Rn. 12; *Simon/Rubner* in Kölner Kommentar UmwG § 122e Rn. 17; *Kiem* in Habersack/Drinhausen SE-Recht § 122g UmwG Rn. 6.
[581] Nicht hingegen der ausländischen Gesellschaft. Vgl hierzu *Kiem* in Habersack/Drinhausen SE-Recht § 122g UmwG Rn. 7; *Simon/Rubner* in Kölner Kommentar UmwG § 122g Rn. 4 empfehlen eine vorsorgliche Auslage.
[582] *Kiem* in Habersack/Drinhausen SE-Recht § 122g UmwG Rn. 6.

§ 13 4. Teil. Grenzüberschreitende Verschmelzungen

150 Alle Dokumente sind in **deutscher Sprache** oder zumindest in deutscher Übersetzung auszulegen bzw. zu übersenden, um eine effektive Information zu gewährleisten.[583]

b) Unterrichtungspflicht des Vorstands bei Vermögensverschlechterung

151 Zu Beginn der Hauptversammlung der Aktiengesellschaft hat der Vorstand den Verschmelzungsplan oder seinen Entwurf mündlich zu erläutern und über jede wesentliche Veränderung des Vermögens der Gesellschaft zu unterrichten, die seit der Aufstellung des Verschmelzungsplans oder seines Entwurfs eingetreten ist.[584] Diese Verpflichtung besteht ebenso bei der KGaA[585] und der SE,[586] nicht hingegen bei der GmbH.[587] **Adressat** der Unterrichtungspflicht ist zum einen die Hauptversammlung ihrer Gesellschaft. Hierzu hat der Vorstand einen Nachtragsbericht zu erstellen.[588] Eine mündliche Unterrichtung in der beschlussfassenden Versammlung wird von der wohl hM als ausreichend erachtet.[589] Den Anteilsinhabern sollte jedoch – soweit zeitlich noch möglich – unaufgefordert ein Nachtragsbericht zugeleitet werden,[590] um ein Anfechtungsrisiko zu vermeiden. Der Vorstand hat darüber zu informieren, ob durch zwischenzeitliche Veränderungen das Umtauschverhältnis unzutreffend geworden oder die Verschmelzung nunmehr wirtschaftlich oder rechtlich anders zu beurteilen ist.[591] Zum anderen sind auch die Vertretungsorgane der anderen an der Verschmelzung beteiligten Gesellschaft(en) zu informieren, damit diese wiederum ihre Anteilsinhaber informieren können.[592]

152 Kommt es zu erheblichen Vermögensveränderungen so kann uU auch die **Anpassung des Umtauschverhältnisses** und somit auch des Ver-

---

[583] Vgl. *Bayer* in Lutter UmwG § 122g Rn. 15; *Kiem* in Habersack/Drinhausen SE-Recht § 122g UmwG Rn. 8; *Simon/Rubner* in Kölner Kommentar UmwG § 122g Rn. 4; *Krüger* in Becksches Handbuch Umwandlungen International, 2. Teil: Verschmelzungen Rn. 143; ebenso *Kulenkamp* S. 250 (wohl einschränkend bei englischen, französischen und spanischen Dokumenten).
[584] Vgl. § 122a II iVm § 64 I 2 UmwG eingeführt aufgrund der neuen Fassung von Art. 9 II VerschmRL. Vgl. → § 9 Rn. 182.
[585] Vgl. § 78 UmwG.
[586] Vgl. Art. 9 I c SE-VO.
[587] Anders noch Art. 8 III des RegE. Vgl. hierzu Voraufl. § 13 Rn. 151; vgl. → § 9 Rn. 182. Näher zur Neuregelung der Nachberichterstattung im Rahmen der Novelle des Umwandlungsrechts *Heckschen* NJW 2011 S. 2390 (2393).
[588] Vgl. *Habighorst* in Böttcher/Habighorst/Schulte Umwandlungsrecht § 64 UmwG Rn. 7; *Diekmann* NZG 2010 S. 489 mwN.
[589] Vgl. *Grunewald* in Lutter UmwG § 64 Rn. 6 mwN; *Heckschen* NJW 2011 S. 2390 (2394); aA *Diekmann* NZG 2010 S. 489 mwN.
[590] Vgl. *Habighorst* in Böttcher/Habighorst/Schulte Umwandlungsrecht § 64 UmwG Rn. 7; *Diekmann* in Semler/Stengel UmwG § 64 Rn. 12b, der zutreffend darauf hinweist, dass hierdurch keine neue Ladungsfrist in Gang gesetzt wird.
[591] *Grunewald* in Lutter UmwG § 64 Rn 5 ff.; *Stratz* in Schmitt/Hörtnagl/Stratz UmwG § 64 Rn. 5; *Diekmann* in Semler/Stengel UmwG § 64 Rn 10 ff.
[592] Vgl. 64 I 3 UmwG.

schmelzungsplans erforderlich werden. Aus der Einführung der Berichtspflicht lässt sich nicht herleiten, dass eine derartige Anpassung nicht notwendig sei. Die Einführung der Berichtspflicht bringt jedoch zum Ausdruck, dass nicht automatisch bei jeder Vermögensveränderung eine neue Einberufung der Hauptversammlung zu erfolgen hat. Hierzu ist jedoch dann zu raten, wenn eine wesentliche Veränderung der Vermögensverhältnisse vorliegt, die eine nicht unerheblich Änderung des Umtauschverhältnisses und des Verschmelzungsplans nach sich zieht.

c) Qualifizierte Mehrheit des Verschmelzungsbeschlusses

Hinsichtlich der Durchführung[593] der beschlussfassenden Versammlung und der bei der Beschlussfassung erforderlichen Mehrheiten ist grundsätzlich innerstaatliches Recht maßgeblich, da sich die IntVerschmRL zu diesen Fragen nicht äußert. Für die Zustimmung zum Verschmelzungsplan ist ausschließlich die Versammlung der Anteilsinhaber zuständig. Diese Zuständigkeitskompetenz kann nicht delegiert werden. Ungeachtet der Besonderheiten des Beschlusses über die Arbeitnehmermitbestimmung gilt für den **Verschmelzungsbeschluss** auch bei der grenzüberschreitenden Verschmelzung grundsätzlich die **Dreiviertelmehrheit** des innerstaatlichen Verschmelzungsrechts.[594] Im **Aktienrecht** gilt neben der der einfachen Stimmenmehrheit[595] die vorgesehene Dreiviertelmehrheit des bei Beschlussfassung vertretenen Grundkapitals bzw. eine möglicherweise satzungsmäßig vorgesehene, verschärfte qualifizierte Mehrheit.[596] Bei der KGaA bedarf es zusätzlich der Zustimmung des persönlich haftenden Gesellschafters.[597] Im **SE-Recht** gilt zusätzlich zur erforderlichen Kapitalmehrheit von drei Vierteln nach hM eine qualifizierte Stimmenmehrheit von zwei Dritteln.[598] Diese kann jedoch ebenfalls in der Satzung erhöht werden. Soweit bei der AG, KGaA oder SE weitere Aktiengattungen existieren, bedarf es eines Sonderbeschlusses jeder Aktiengattung.[599] Neben dem Verschmelzungsbeschluss sind uU Zustimmungserklärungen der Inhaber von Sonderrechten abzugeben.[600] Im **GmbH-Recht** bedarf der Beschluss einer Mehrheit von Drei-Viertel der abgegebenen Stimmen, bzw. einer gegebenenfalls im Gesellschaftsvertrag vorgesehenen größeren Mehrheit.[601] Wurden bei der GmbH oder dem ausländischen Rechtsträger die Einlagen noch nicht voll geleistet, so ist

---

[593] Vgl. näher → § 9 Rn. 285; *Bayer* in Lutter UmwG § 122g Rn. 17 ff.
[594] Vgl. § 122a II iVm § 65 I UmwG (AG) oder § 50 UmwG (GmbH).
[595] Vgl. § 133 I AktG.
[596] Vgl. im Einzelnen → § 9 Rn. 285; *Bayer* in Lutter UmwG § 122g Rn. 20.
[597] Vgl. § 122a II iVm § 78 III UmwG.
[598] Vgl. Art. 59 I SE-VO; hierzu näher *Bayer* in Lutter UmwG § 122g Rn. 22; *Kiem* in Habersack/Drinhausen SE-Recht § 122g UmwG Rn. 9; aA *Zimmermann* in Kallmeyer UmwG § 122g Rn. 13, der einfache Stimmenmehrheit ausreichen lässt.
[599] Vgl. § 122a II iVm § 65 II UmwG; *Bayer* in Lutter UmwG § 122g Rn. 24.
[600] Vgl. § 122a II iVm § 13 II UmwG; → § 9 Rn. 286 f.
[601] Vgl. § 122a II iVm § 50 I UmwG; *Bayer* in Lutter UmwG § 122g Rn. 23.

§ 13 4. Teil. Grenzüberschreitende Verschmelzungen

die Zustimmung aller Gesellschafter bzw. aller bei der Beschlussfassung anwesenden Anteilsinhaber erforderlich.[602] Die qualifizierte Mehrheit ist hingegen **nicht erforderlich für den Genehmigungsvorbehalt bezüglich der Arbeitnehmermitbestimmung.**[603]

154 Das innerstaatliche Verschmelzungsverbot für übertragende Aktiengesellschaften, KGaA und SE während eines Zeitraums von zwei Jahren ab Eintragung gilt ebenfalls im grenzüberschreitenden Verschmelzungsrecht.[604]

d) Form und Anfechtungsverzicht

155 Der Verschmelzungsbeschluss und etwaige Zustimmungserklärungen der Inhaber von Sonderrechten sind **notariell zu beurkunden.**[605] Auch auf die Einhaltung von Informationspflichten sowie Form- und Fristerfordernisse für die Einberufung der Versammlung kann wie bei der innerstaatlichen Verschmelzung verzichtet werden.[606]

e) Genehmigungsvorbehalt hinsichtlich der Mitbestimmung und Bestätigungsbeschluss

156 Art. 9 II IntVerschmRL ermöglicht es den Anteilsinhabern, die Verschmelzung von der Bestätigung der Modalitäten der Arbeitnehmermitbestimmung abhängig zu machen. Als **Neuerung im grenzüberschreitenden Verschmelzungsrecht** gegenüber dem SE-Recht ist die Möglichkeit eingeführt worden, den Bestätigungsvorbehalt auch für den Fall des Eingreifens der Auffangregelung vorzusehen.[607] Diese auf der IntVerschmRL beruhende Regelung wurde aufgenommen, um den Anteilsinhabern, die **keinerlei Einfluss auf die mitbestimmungsrechtlichen Verhandlungen** und deren Ergebnis nehmen können, zumindest ein **Vetorecht** bezüglich der ausgehandelten mitbestimmungsrechtlichen Vereinbarung oder der gesetzlichen Auffanglösung zu erteilen.[608] Naturgemäß kommt ein Bestätigungsvorbehalt nur in Betracht, wenn die mitbestimmungsrechtlichen Verhandlungen erst nach Verschmelzungsbeschluss ausgetragen werden.[609] Dies dürfte jedoch in der Praxis regelmäßig der Fall sein, da das Verfahren zur Aushandlung der Arbeitnehmermitbestimmung regelmäßig erst mit Offenlegung des Verschmelzungsplans beginnt.[610] Hat

---

[602] Vgl. § 122a II iVm § 51 I 1 bzw. 3 UmwG; sowie hierzu *Bayer* in Lutter UmwG § 122g Rn. 24.
[603] → Rn. 158.
[604] Vgl. § 122a II iVm § 76 I UmwG.
[605] Vgl. §§ 122a II iVm 13 III UmwG.
[606] Vgl. *Drinhausen* in Semler/Stengel UmwG § 122g Rn. 5; vgl. Einzelheiten zum innerstaatlichen Recht → § 9 Rn. 289.
[607] In Deutschland in § 122g I UmwG umgesetzt.
[608] Vgl. näher zum Verfahren der Arbeitnehmermitbestimmung → Rn. 256 ff., → 284 ff.
[609] Vgl. *Kiem* in Habersack/Drinhausen SE-Recht § 122g UmwG Rn. 10.
[610] Art. 16 III lit. a) IntVerschmRL iVm Art. 3 I der SE-ErgRiL, § 6 II MgVG; vgl. hierzu näher → Rn. 287; vgl. auch *Bayer* in Lutter UmwG § 122g Rn. 2.

§ 13. Verschmelzung von KapGes versch. Mitgliedstaaten § 13

sich die Gesellschafterversammlung für einen Genehmigungsvorbehalt hinsichtlich der Mitbestimmung entschieden, so entfaltet der Verschmelzungsbeschluss noch keine Wirkung; das Registergericht darf weder die Verschmelzungsbescheinigung gemäß § 122k UmwG erteilen noch die Verschmelzung gemäß § 122l UmwG eintragen.[611] Die **Wirksamkeit der Verschmelzung** ist vielmehr **durch den zweiten Beschluss hinsichtlich der Mitbestimmung bedingt**.[612] Bei abschließender Verweigerung ist die Verschmelzung gescheitert.

Der Genehmigungsvorbehalt ist Teil des Verschmelzungsbeschlusses 157 und wird von der wohl nunmehr **hM** als untrennbarer Bestandteil des Verschmelzungsbeschlusses erachtet.[613] Hiergegen spricht bereits formal, dass der Verschmelzungsbeschluss auch ohne Genehmigungsvorbehalt beschlossen werden kann. Insoweit kann und sollte der Genehmigungsvorbehalt als **getrennter Beschlussgegenstand** aufgenommen werden. **Umstritten** sind zudem **die jeweils erforderlichen Mehrheiten** für den Beschluss des Genehmigungsvorbehalts einerseits und des sich anschließenden Bestätigungsbeschlusses hinsichtlich des Mitbestimmungssystems andererseits.

Der **Beschluss** der Anteilsinhaber bzgl. des **Genehmigungsvor-** 158 **behalts** unterfällt nach wohl **nunmehr hM** den Regeln des Zweiten und Dritten Abschnitts des UmwG hinsichtlich der erforderlichen qualifizierten Mehrheit, da es sich um einen **untrennbaren Bestandteil des Verschmelzungsbeschlusses** handele.[614] Diese Auffassung vermag nicht zu überzeugen. Der Beschluss erfolgt gemäß den allgemeinen Vorschriften für Gesellschafterbeschlüsse. Bei der Entscheidung über den Genehmigungsvorbehalt handelt es sich jedoch **nicht** um eine **Grundlagenentscheidung** wie beim Verschmelzungsbeschluss selbst. Dies ergibt sich bereits aus seinem freiwilligen Charakter. Es ist deshalb mit der derzeitigen Mindermeinung **keine qualifizierte Mehrheit** für den Mitbestimmungsvorbehalt erforderlich, da andernfalls der von §§ 65, 50

---

[611] Vgl. *Bayer* in Lutter UmwG § 122g Rn. 31 mwN; *Hörtnagl* in Schmitt/Hörtnagl/Stratz UmwG § 122g Rn. 10.

[612] Vgl. *Kiem* in Habersack/Drinhausen SE-Recht § 122g UmwG Rn. 10; *Kulenkamp* S. 253; für das SE-Recht *Schäfer* in MünchKomm AktG Art. 23 SE-VO Rn. 13.

[613] Vgl. *Kiem* in Habersack/Drinhausen SE-Recht § 122g UmwG Rn. 10; *Polley* in Henssler/Strohn Gesellschaftsrecht § 122g UmwG Rn. 6; *Zimmermann* in Kallmeyer UmwG § 122g Rn. 16; *Simon/Rubner* in Kölner Kommentar UmwG § 122g Rn. 16; *Hörtnagl* in Schmitt/Hörtnagl/Stratz UmwG § 122g Rn. 8; *Althoff* in Böttcher/Habighorst/Schulte Umwandlungsrecht § 122g Rn. 14; aA *Drinhausen* in Semler/Stengel UmwG § 122g Rn. 10 mwN; *Bayer* in Lutter UmwG § 122g Rn. 30, 33 f.; *Beutel* S. 198; *Schäfer* in MünchKomm AktG Art. 23 SE-VO Rn. 11; vgl. für die Parallelnorm im SE-Recht → § 14 Rn. 129.

[614] Vgl. *Kiem* in Habersack/Drinhausen SE-Recht § 122g UmwG Rn. 10; *Zimmermann* in Kallmeyer UmwG § 122g Rn. 16; *Simon/Rubner* in Kölner Kommentar UmwG § 122g Rn. 16; *Hörtnagl* in Schmitt/Hörtnagl/Stratz UmwG § 122g Rn. 8; *Althoff* in Böttcher/Habighorst/Schulte Umwandlungsrecht § 122g Rn. 14; aA *Drinhausen* in Semler/Stengel UmwG § 122g Rn. 10, *Bayer* in Lutter UmwG § 122g Rn. 30, 33 f.; *Schäfer* in MünchKomm AktG Art. 23 SE-VO Rn. 11.

§ 13　　　4. Teil. Grenzüberschreitende Verschmelzungen

UmwG bezweckte Aktionärsschutz bzw. Gesellschafterschutz ausgehöhlt würde.[615] Es genügt deshalb die **einfache Stimmenmehrheit** für den Genehmigungsvorbehalt.[616] Ebenso wenig handelt es sich um eine Entscheidung, die als Satzungsänderung der qualifizierten Mehrheit bedarf. Zwar mag die anschließend vereinbarte Mitbestimmung eine Satzungsänderung erfordern, das vereinbarte Modell selbst stellt aber keinen Satzungsbestandteil dar.[617] Erfolgt ein Verschmelzungsbeschluss unter Bestätigungsvorbehalt kann keine Verschmelzungsbescheinigung erstellt werden bevor ein Bestätigungsbeschluss ergeht.[618] Die Wirksamkeit der Verschmelzung ist vielmehr durch den Bestätigungsbeschluss hinsichtlich der Mitbestimmung bedingt.[619]

159 Ist der Verschmelzungsbeschluss unter Bestätigungsvorbehalt beschlossen worden, so erfolgt nach Durchführung des mitbestimmungsrechtlichen Verfahrens[620] eine **zweite Entscheidung** der Anteilsinhaber der verschmelzenden Gesellschaft, der eigentliche **Bestätigungsbeschluss** über das ausgehandelte **Mitbestimmungssystem**[621] in der neuen bzw. übernehmenden Gesellschaft. Die Genehmigung des Mitbestimmungssystems muss gemäß § 122g I UmwG ausdrücklich erfolgen. Es ist eine neue Versammlung der Anteilsinhaber abzuhalten. Auch für diese Entscheidung stellt sich die Frage nach der erforderlichen Mehrheit.

160 Nach wohl nunmehr hM erfolgt der Bestätigungsbeschluss ebenso wie der Verschmelzungsbeschluss mit **qualifizierter Mehrheit**.[622] Dies ver-

---

[615] Vgl. *Drinhausen* in Semler/Stengel UmwG § 122g Rn. 10; sowie zum SE-Recht *Schäfer* in MünchKomm AktG Art. 23 SE-VO Rn. 11; *Schwarz* SE-VO Art. 23 SE-VO Rn. 27.
[616] Vgl. zutreffend *Drinhausen* in Semler/Stengel UmwG § 122g Rn. 10; *Bayer* in Lutter UmwG § 122g Rn. 30, 33; *Beutel* S. 198; vgl. für die Parallelnorm im SE-Recht *Schäfer* in MünchKomm AktG Art. 23 SE-VO Rn. 27, *Seibt* in Lutter/Hommelhoff/Teichmann SE-Kommentar, Art. 23 SE-VO Rn. 17; aA die wohl hM *Kiem* in Habersack/Drinhausen SE-Recht § 122g UmwG Rn. 10; *Zimmermann* in Kallmeyer UmwG § 122g Rn. 16; *Simon/Rubner* in Kölner Kommentar UmwG § 122g Rn. 16; *Hörtnagl* in Schmitt/Hörtnagl/Stratz UmwG § 122g Rn. 8; *Althoff* in Böttcher/Habighorst/Schulte Umwandlungsrecht § 122g Rn. 14.
[617] Zutreffend hervorgehoben von *Kulenkamp* S. 255.
[618] Vgl. *Bayer* in Lutter UmwG § 122g Rn. 31 mwN.
[619] Vgl. *Kulenkamp* S. 253; für das SE-Recht *Schäfer* in MünchKomm AktG Art. 23 SE-VO Rn. 13; vgl. → § 13 Rn. 156.
[620] Das Verfahren wird gemäß MgVG durchgeführt, soweit die aus der Verschmelzung hervorgehende Gesellschaft eine deutsche Gesellschaft ist (vgl. § 3 MgVG); andernfalls ist das mitbestimmungsrechtliche Verfahren der Rechtsordnung anzuwenden, dem die aus der Verschmelzung hervorgehende Gesellschaft unterliegt. Die Regeln zum mitbestimmungsrechtlichen Verfahren sind in Art. 16 der IntVerschmRL europarechtlich harmonisiert worden. Vgl. Einzelheiten → Rn. 284 ff.
[621] Vgl. § 22 MgVG, bzw. bei Abbruch der Verhandlungen aufgrund Anwendung der gesetzlichen Auffanglösung in §§ 23 ff. MgVG.
[622] Vgl. *Kiem* in Habersack/Drinhausen SE-Recht § 122g UmwG Rn. 11; *Polley* in Henssler/Strohn Gesellschaftsrecht § 122g UmwG Rn. 6; *Zimmermann* in Kallmeyer UmwG § 122g Rn. 20; *Simon/Rubner* in Kölner Kommentar UmwG § 122g Rn. 19; *Hörtnagl* in Schmitt/Hörtnagl/Stratz UmwG § 122g

§ 13. Verschmelzung von KapGes versch. Mitgliedstaaten § 13

mag nicht zu überzeugen, da es sich – anders als bei dem bereits erfolgten Verschmelzungsbeschluss – bei der schlichten Bestätigung des Mitbestimmungssystems nicht um eine Grundlagenentscheidung handelt und das Genehmigungserfordernis nicht unverzichtbar ist.[623] In der Praxis kann sich dadurch beholfen werden, dass bereits bei Schaffung des Vorbehalts das Mehrheitserfordernis des Vorbehaltsbeschlusses herabgesenkt wird. Dies wird im Schrifttum auch von einem Großteil der hM als zulässig erachtet.[624]

Im Schrifttum wird teils vertreten, der Bestätigungsbeschluss könne an den Aufsichtsrat, Verwaltungsrat oder in der GmbH an den Beirat **delegiert** werden.[625] Hiergegen führen andere Stimmen an, dies stehe nicht im Einklang mit den Vorgaben in Art. 9 II der IntVerschmRL, die die Beschlusskompetenz der Gesellschafterversammlung zuweise.[626] Dem ist jedoch entgegenzuhalten, dass sich die IntVerschmRL grundsätzlich nicht zu Fragen der Delegation von Zuständigkeiten innerhalb der Gesellschaften mit erforderlichen innerstaatlichen Beschlussmehrheiten äußert und somit die Delegation von Mehrheiten nicht grundsätzlich ausschließt. Auch ist der Genehmigungsvorbehalt ein freiwilliger, insoweit sprechen die besseren Argumente dafür, dass es sich nicht um eine zwingende Kompetenzzuweisung handelt.[627] Dürfen die Anteilsinhaber auf den Genehmigungsvorbehalt verzichten, dürfen sie erst recht die Zustimmungskompetenz übertragen.[628] Eine Delegation ist insoweit nach den allgemeinen Regeln zulässig, dh wenn mit qualifizierter satzungsändernder Mehrheit der Beschlussgegenstand an den Aufsichtsrat oder Beirat delegiert wird.[629] Aufgrund des aktuellen Meinungsstands im Schrifttum

161

Rn. 10; *Teichmann* in *Van Hulle/Maul/Drinhausen*, SE-Handbuch, 4. Abschnitt § 2 Rn. 64; aA *Drinhausen* in Semler/Stengel UmwG § 122g Rn. 11; *Bayer* in Lutter UmwG § 122g Rn. 33 f.; *Beutel* S. 198; *Schäfer* in MünchKomm AktG Art. 23 SE-VO Rn. 12.

[623] Vgl. *Drinhausen* in Semler/Stengel UmwG § 122g Rn. 11; *Bayer* in Lutter UmwG § 122g Rn. 33; *Kulenkamp* S. 257; vgl. zum SE-Recht *Schäfer* in MünchKomm AktG Art. 23 SE-VO Rn. 12.

[624] Vgl. *Simon/Rubner* in Kölner Kommentar UmwG § 122g Rn. 17; *Krüger* in Becksches Handbuch Umwandlungen International, 2. Teil: Verschmelzungen Rn. 159 mwN.

[625] Vgl. *Simon/Rubner* in Kölner Kommentar UmwG § 122g Rn. 18; *Krüger* in Becksches Handbuch Umwandlungen International, 2. Teil: Verschmelzungen Rn. 160 mwN; *Müller* ZIP 2007 S. 1081 (1085); aus dem SE-Schrifttum *Schäfer* in MünchKomm AktG Art. 23 SE-VO Rn. 2 (Delegation an Aufsichtsrat, soweit dieser nicht mitbestimmt ist); aA nächste Fußnote.

[626] Vgl. *Bayer* in Lutter UmwG § 122g Rn. 34; *Kiem* in Habersack/Drinhausen SE-Recht § 122g UmwG Rn. 11; *Hörtnagl* in Schmitt/Hörtnagl/Stratz UmwG § 122g Rn. 9; *Zimmermann* in Kallmeyer § 122g UmwG Rn. 19; *Frenzel* S. 273; *Heckschen* in Widmann/Mayer UmwG § 122g Rn. 132 f.

[627] So zutreffend hervorgehoben von *Kulenkamp* S. 258; vgl. zum SE-Recht *Schäfer* in MünchKomm AktG Art. 23 SE-VO Rn. 2.

[628] Zutreffend *Kulenkamp* S. 258 f.; ebenso *Schäfer* in MünchKomm AktG Art. 23 SE-VO Rn. 2; *Scheifele* SE-Gründung S. 218.

[629] Vgl. §§ 111 IV 2, 179 II 1 AktG; § 19 SEAG; §§ 48 I, 53 II 1 GmbHG.

Gutkès

162 Ein Mitbestimmungsvorbehalt ist naturgemäß überflüssig, wenn die Leitungen der an der Verschmelzung beteiligten Gesellschaften vor Gesellschafterbeschluss gemäß § 23 I Nr. 3 MgVG bzw. den entsprechenden Gesetzesvorschriften der ausländischen Rechtsordnung in Umsetzung von Art. 16 IV lit. b) IntVerschmRL ohne vorhergehende Verhandlungen beschließen, die gesetzlichen Mitbestimmungsregeln der übernehmenden Gesellschaft anzuwenden.[630] Sollte sich die Gesellschafterversammlung nicht für einen Genehmigungsvorbehalt hinsichtlich der Mitbestimmung entscheiden, ist zu empfehlen dies in den Verschmelzungsbeschluss aufzunehmen, da gemäß § 122g I UmwG die Genehmigung der Mitbestimmung **ausdrücklich** zu erfolgen hat. Hierdurch lassen sich Probleme bei Prüfung der Verschmelzungsvoraussetzungen vermeiden. Dies gilt auch, soweit die verschmelzenden Gesellschaften keine Mitbestimmung vorsehen. UU lässt sich bei grenzüberschreitenden Verschmelzungen das Mitbestimmungsniveau einfrieren.[631] Der Verschmelzungsbericht bleibt jedoch auch bei der Konzernverschmelzung erforderlich.[632]

f) Anlässlich des Verschmelzungsbeschlusses erforderliche weitere Beschlüsse

aa) Verschmelzungsbedingte Kapitalerhöhung

163 Im Falle einer Hereinverschmelzung wird die übernehmende deutsche Kapitalgesellschaft den Anteilsinhabern der übertragenden ausländischen Gesellschaft Anteile gewähren. Da im Regelfall keine ausreichende Anzahl an auskehrbaren Anteilen zur Verfügung steht, erfolgt eine verschmelzungsbedingte Kapitalerhöhung in einem vereinfachten Verfahren.[633] Dieses Verfahren, die Berechnung des Erhöhungsbetrages und die Kapitalerhöhungsverbote folgen den gleichen Grundsätzen wie bei der innerstaatlichen Verschmelzung.[634] Verfahrensmängel des Kapitalerhöhungsbeschlusses werden nach den Grundsätzen des Verschmelzungsbeschlusses geheilt.[635]

bb) Satzungsänderung zur Umsetzung der Mitbestimmungsregelung

164 Die vereinbarte Mitbestimmung macht uU eine Satzungsänderung notwendig, zB die Änderung hinsichtlich der Aufsichtsratszusammensetzung, welche im Rahmen der Versammlung zur Entscheidung über die Genehmigung der Mitbestimmung erfolgen kann. Derartige Satzungsänderungen im Rahmen der Umsetzung der mitbestimmungsrechtlichen

---

[630] → Rn. 339 ff.
[631] Vgl. näher → Rn. 354 ff.
[632] → Rn. 116.
[633] Vgl. § 122a II iVm §§ 53 bis 55 UmwG für die GmbH, bzw. § 122a II iVm §§ 66 bis 69 UmwG für die AktG.
[634] Vgl. → § 9 Rn. 291 ff.
[635] Vgl. näher → § 9 Rn. 304.

§ 13. Verschmelzung von KapGes versch. Mitgliedstaaten § 13

Regelung können bei der Hereinverschmelzung naturgemäß selbst dann erforderlich sein, wenn kein Beschlussvorbehalt hinsichtlich der Mitbestimmung erfolgt. Insoweit wird teils im deutschen Schrifttum im Hinblick auf die Regelung in § 22 IV MgVG als zulässig erachtet, dass die Anteilsinhaber der beteiligten Gesellschaften die Vertretungsorgane dazu **ermächtigen, die Satzung** in Anlage zum Verschmelzungsplan nach ausgehandeltem Mitbestimmungsverfahren entsprechend **anzupassen**.[636] Dies ist zum einen im Hinblick auf die zwingende Kompetenzordnung für Satzungsänderungen abzulehnen.[637] Auch dürfte es generell als unzulässig zu erachten sein, dass die Gesellschafterversammlung eines an der Verschmelzung beteiligten Rechtsträgers Satzungsänderungen – sei es im Wege der Delegation – für den Zeitraum nach der Verschmelzung beschließt. Dadurch würde die dem Verschmelzungsplan beigefügte Satzung der übernehmenden Gesellschaft unzutreffend. Gerade auf diese Satzung haben sich jedoch auch die Anteilseigner der übertragenden Gesellschaft geeinigt. Daraus folgt, dass Satzungsänderungen der beschlussfassenden Versammlung nach Verschmelzung vorbehalten sind, damit auch die Gesellschafter des übertragenden Rechtsträgers am Satzungsänderungsbeschluss beteiligt sind. Dies gilt zumindest, soweit der aus der Verschmelzung hervorgehende Rechtsträger deutschem Recht unterliegt.[638] Die Durchführung eines **Statusverfahrens** nach §§ 97 ff. AktG im Falle der Abweichung von Satzung und Mitbestimmungsvereinbarung ist nicht zulässig.[639]

g) Erleichterungen der Konzernverschmelzung

aa) Gesellschafterbeschluss der übertragenden Gesellschaft

Soweit die übernehmende Gesellschaft 100% der Anteile an der übertragenden Gesellschaft hält, ist gemäß § 122g II UmwG kein Verschmelzungsbeschluss durch die Anteilsinhaber der übertragenden (deutschen) Gesellschaft notwendig, wenn es sich um einen **upstream merger** 165

---

[636] Vgl. *Beutel* S. 198; *Drinhausen* in Semler/Stengel UmwG § 122g Rn. 13; aA *Bayer* in Lutter UmwG § 122g Rn. 29 mwN.
[637] Vgl. *Kiem* in Habersack/Drinhausen SE-Recht § 122g UmwG Rn. 16; wohl ebenso *Bayer* in Lutter UmwG § 122g Rn. 29 mwN; umfassend zum satzungsrelevanten Teil der Mitbestimmungsvereinbarung *Habersack* ZHR 171 (2007) S. 613, 628 f. Zudem hat der deutsche Gesetzgeber von der Option, eine Delegation auf das Leitungs- oder Verwaltungsorgan wie in Art. 12 IV 3 SE-VO vorgesehen (über Art. 16 III IntVerschmRL anwendbar), vorzusehen, weder bei der SE noch bei der grenzüberschreitenden Verschmelzung Gebrauch gemacht.
[638] Ist der hervorgehende Rechtsträger ausländischem Recht unterworfen, so hat die Rechtsordnung uU von dem Optionsrecht, eine Delegation auf das Leitungs- oder Verwaltungsorgan wie in Art. 12 IV 3 SE-VO (über Art. 16 III IntVerschmRL anwendbar), einzuführen, Gebrauch gemacht.
[639] Vgl. *Kiem* in Habersack/Drinhausen SE-Recht § 122g UmwG Rn. 16 mwN; bei Formwechsel in eine SE *Habersack* Der Konzern 2008 S. 67 (72 f.); aA LG Nürnberg-Fürth Der Konzern 2010 S. 326; *Drinhausen* in Semler/Stengel UmwG § 122g Rn. 13; *Seibt* ZIP 2010 S. 1057 (1063 f.).

§ 13   4. Teil. Grenzüberschreitende Verschmelzungen

handelt.⁶⁴⁰ § 122g II UmwG greift zwar lediglich im Falle der Hinausverschmelzung einer deutschen Tochtergesellschaft auf ihre ausländische Muttergesellschaft, die Regelung beruht jedoch auf Art. 15 I 2. Spiegelstrich IntVerschmRL, welcher allen Mitgliedstaaten vorschreibt, eine Erleichterung im Falle der Konzernverschmelzung im nationalen Recht vorzusehen. Im Falle der Hereinverschmelzung durch eine übertragende ausländische Tochtergesellschaft auf eine deutsche Muttergesellschaft ist deshalb aufgrund innerstaatlichen Rechts des ausländischen Rechtsträgers in Umsetzung von Art. 15 I IntVerschmRL bei der Tochtergesellschaft ebenso der Verschmelzungsbeschluss entbehrlich.⁶⁴¹

bb) Gesellschafterbeschluss der übernehmenden Gesellschaft

166   Die §§ 122a ff. UmwG sehen keine ausdrückliche Regelung hinsichtlich einer Beschlusserleichterung für die Muttergesellschaft vor.⁶⁴² Ebenso wie im innerstaatlichen Recht ist jedoch gemäß § 122a II iVm § 62 UmwG bei einer grenzüberschreitenden Verschmelzung von **Aktiengesellschaften, SE oder KGaA** der Hauptversammlungsbeschlusses der **übernehmenden Gesellschaft** entbehrlich, soweit die deutsche AG mindestens 90% der Anteile an der Tochtergesellschaft hält.⁶⁴³ In diesem Falle können jedoch Aktionäre, die mindestens 5% des Grundkapitals halten, die Einberufung einer Hauptversammlung verlangen.⁶⁴⁴ Dieser Fall wird nur bei der Hereinverschmelzung aktuell.⁶⁴⁵

167   Je nach Ausgestaltung der ausländischen Rechtsordnung ist uU weder ein Verschmelzungsbeschluss der übernehmenden, noch ein Verschmelzungsbeschluss der übertragenden Gesellschaft erforderlich.⁶⁴⁶

5. Gläubigerschutz

168   Die IntVerschmRL ordnet an, dass auch bei grenzüberschreitenden Verschmelzungen die Einhaltung der innerstaatlichen Vorschriften und

---

⁶⁴⁰ § 122g II UmwG setzt Art. 15 I 2. Spiegelstrich der IntVerschmRL um. Vgl. *Kiem* in Habersack/Drinhausen SE-Recht § 122g UmwG Rn. 17; *Bayer* in Lutter UmwG § 122g Rn 35.

⁶⁴¹ Vgl. zu den Voraussetzungen und zur Problematik des maßgeblichen Zeitpunkts für eine Konzernverschmelzung sowie zu den weiteren Erleichterungen bei einer Konzernverschmelzung → Rn. 245 ff.

⁶⁴² Im Einklang mit dem Optionsrecht in Art. 9 III der IntVerschmRL iVm Art. 8 der VerschmRL wäre dies zwar möglich gewesen, hiervon hat der deutsche Gesetzgeber jedoch nicht Gebrauch gemacht. Vgl. näher *Kulenkamp* S. 262.

⁶⁴³ So die ganz hM *Kiem* in Habersack/Drinhausen SE-Recht § 122g UmwG Rn. 18; *Drinhausen* in Semler/Stengel *UmwG* § 122g Rn. 15; *Kulenkamp* S. 262 mwN, nunmehr auch *Bayer* in Lutter UmwG § 122g Rn. 36.

⁶⁴⁴ §§ 122a II, 62 II UmwG; vgl. → § 9 Rn. 339.

⁶⁴⁵ Insofern besteht kein Überschneidungsbereich zwischen § 122g II UmwG und § 62 I UmwG. Ebenso *Drinhausen* in Semler/Stengel *UmwG* § 122g Rn. 15.

⁶⁴⁶ Zutreffend *Drinhausen* in Semler/Stengel *UmwG* § 122h Rn. 16; *Kiem* in Habersack/Drinhausen SE-Recht § 122g UmwG Rn. 18. Vgl. zu den Problemen, die aufgrund der Entbehrlichkeit der Beschlüsse entstehen *Ising* NZG 2011 S. 1368 ff.

§ 13. Verschmelzung von KapGes versch. Mitgliedstaaten § 13

Formalitäten und insbesondere die Bestimmungen über den „Schutz der Gläubiger und Anleihegläubiger der sich verschmelzenden Gesellschaften" Anwendung finden.[647] Die Mitgliedstaaten sind insoweit ermächtigt ihr innerstaatliches Recht zum Schutze der Gläubiger auch bei grenzüberschreitenden Verschmelzungen für maßgeblich zu befinden. Es besteht insoweit kein harmonisierter Gläubigerschutzstandard; es ist gemäß dem Personalstatut innerstaatliches Gläubigerschutzrecht der übernehmenden Gesellschaft und der übertragenden Gesellschaft anzuwenden. Im deutschen Recht ist danach zu differenzieren, ob es sich um einen Fall der Hinausverschmelzung handelt oder um einen Fall der Hereinverschmelzung.

a) Gläubigerschutz im Falle der Hinausverschmelzung, § 122j UmwG

Unterliegt die **übernehmende Gesellschaft nicht dem deutschen Recht**, so ist gemäß § 122j UmwG den Gläubigern **Sicherheit zu leisten**, soweit diese nicht Befriedigung verlangen können.[648] Erforderlich ist, dass der Anspruch innerhalb von **zwei Monaten nach der Bekanntmachung des Verschmelzungsplans** dem Grund und der Höhe nach schriftlich angemeldet wird und eine Gefährdung der Forderung durch die Verschmelzung glaubhaft gemacht wird.[649] Diese Vorschrift dient ebenso wie die der Bekanntmachung des Verschmelzungsplans (§ 122d UmwG)[650] dem **Gläubigerschutz**. Aufgrund der Verschmelzung verliert der Gläubiger einen Schuldner, stattdessen wird ihm ein neuer Schuldner aufgezwungen, dessen Zahlungsfähigkeit uU nicht in gleichem Maße gesichert ist.[651] Deshalb bedarf es ebenso wie bei der innerstaatlichen Verschmelzung der Sicherung der Gläubigerinteressen. Für die Ausstellung der Verschmelzungsbescheinigung[652] haben die Mitglieder des Vertretungsorgans die **Versicherung** abzugeben, dass allen Gläubigern, die gemäß § 122j UmwG berechtigte Ansprüche auf Sicherheitsleistung angemeldet haben, die entsprechende **Sicherheitsleistung gewährt wurde**.[653] Die Verpflichtung ist strafbewehrt.[654]

169

---

[647] Vgl. Art. 4 I lit. b) Satz 1 sowie Art. 4 II 1 IntVerschmRL. Vgl. zum Gläubigerschutz in Österreich und im europäischen Vergleich Kalss ZGR 2009 S. 74 ff.
[648] Vgl. auch die vergleichbare Regelung in §§ 8, 13 SEAG.
[649] Vgl. § 122j I 2 UmwG.
[650] Vgl. → Rn. 103 ff., darüber hinaus bewirkt die Verpflichtung zur Erstellung eines Verschmelzungsberichts (§ 122e UmwG) indirekt einen Gläubigerschutz vgl. → Rn. 113.
[651] Vgl. näher → § 3 Rn. 31 ff. zum Gläubigerschutz im innerstaatlichen Recht.
[652] Vgl. → Rn. 194 ff.
[653] Vgl. § 122k I 3 UmwG.
[654] Vgl. § 314a UmwG.

§ 13   4. Teil. Grenzüberschreitende Verschmelzungen

aa) Europarechtliche Grundlage

170 Ihre Rechtfertigung hat die Regelung des § 122j UmwG in **Art. 4 II 1 IntVerschmRL,** demzufolge die an der grenzüberschreitenden Verschmelzung beteiligten Gesellschaften die gläubigerschützenden Regelungen des jeweiligen innerstaatlichen Verschmelzungsrechts der beteiligten Rechtsträger zu beachten haben. In § 122j UmwG hat der deutsche Gesetzgeber den bereits im innerstaatlichen Recht bekannten Gläubigerschutz[655] **zeitlich vorverlagert.**[656]

171 Die Bestimmung des **§ 122j UmwG** wird teils aufgrund der damit verbundenen erheblichen Kosten kritisiert.[657] Da die Vorschrift von der innerstaatlichen Regelung des § 22 UmwG abweicht, wird zudem von einer verbreiteten Auffassung im Schrifttum die **Europarechtskonformität der Regelung** in Frage gestellt.[658] Die jüngste Entscheidung des EuGH[659] zu Anleihegläubigern bestätigt, dass Gläubiger im Falle einer grenzüberschreitenden Verschmelzung keiner vertraglichen Novation ausgesetzt werden, nimmt jedoch keine Stellung zu der Frage, ob innerstaatliche Gläubigerschutzvorschriften einer Verschmelzung auch bei grenzüberschreitenden Verschmelzungen unverändert anzuwenden seien.[660] Art. 4 II 1 IntVerschmRL ermächtigt den nationalen Gesetzgeber dazu, die gläubigerschützenden Vorschriften der innerstaatlichen Verschmelzung auf grenzüberschreitende Verschmelzungen anzuwenden, nicht jedoch den Gläubigerschutz gegenüber den innerstaatlichen Vorschriften **zu verschärfen.**[661] Dies ist bei der Ermittlung der Europarechtskonformität, der Auslegung von § 122j UmwG und insbesondere bei der Bestimmung der Anforderungen an die Glaubhaftmachung zu berücksichtigen. Entgegen der im Schrifttum angebrachten Zweifel erweitert § 122j UmwG jedoch nicht den Gläubigerschutz gegenüber § 22 UmwG, er verlagert ihn lediglich zeitlich vor. Dies ist eine regelungs-

---

[655] Vgl. § 22 UmwG.
[656] Vgl. *Bayer* in Lutter UmwG § 122j Rn. 1 mwN.
[657] Vgl. näher *Bayer* in Lutter UmwG § 122j Rn. 4; aA *Kiem* in Habersack/Drinhausen SE-Recht § 122j UmwG Rn. 3.
[658] Vgl. ausführlich zum Meinungsstand *Bayer* in Lutter UmwG § 122j Rn. 5 ff. mwN; *Behrens* S. 175 f.; aA *Kiem* in Habersack/Drinhausen SE-Recht § 122j UmwG Rn. 4 f.; *Frenzel* S. 358 f.; *Simon/Rubner* in Kölner Kommentar UmwG § 122j Rn. 17 f.
[659] Vgl. EuGH vom 7.4.2016 C-483/14 EuZW 2016 S. 339 (341) Anm. Stieger.
[660] So aber *Bayer/Schmidt* ZIP 2016 S. 814 (846 ff.); eine derartig weitgehende Interpretation der EuGH-Entscheidung ablehnend *Teichmann* LMK 2016, 380518; *Kiem* in Habersack/Drinhausen SE-Recht § 122j UmwG Rn. 5.
[661] Der Erlass von ausschließlich bei grenzüberschreitenden Verschmelzungen anwendbaren oder verschärften Gläubigerschutzvorschriften würde gegen die Niederlassungsfreiheit verstoßen; auch lässt sich aus Art. 4 II 2 IntVerschmRL *e contrario* herleiten, dass die Mitgliedstaaten keine besonderen Gläubigerschutzvorschriften für grenzüberschreitende Verschmelzungen erlassen dürfen; vgl. näher *Bayer/Schmidt* NJW 2006 S. 401 (405) FN 38; *Herrler* EuZW 2007 S. 295 (297); *Frenzel* S. 356 f.

systematisch erforderliche Anpassung, da sich der in § 22 UmwG gewährte Anspruch im innerstaatlichen Recht gegen die verschmolzene übernehmende Gesellschaft richtet, die aufgrund des Personalstatuts bei grenzüberschreitenden Verschmelzungen aber nicht der deutschen Gesetzgebungshoheit unterliegt. Damit der Anspruch nicht leerläuft, war er insoweit systematisch anzupassen. Entgegen der im Schrifttum angebrachten Kritik ist von Art. 4 II 1 IntVerschmRL ebenso eine innerstaatliche Regelung gedeckt, die für den Fall der grenzüberschreitenden Verschmelzung eine innerstaatliche Regelung – unter Beibehaltung der Interessengewichtung – anpasst, um den Besonderheiten der grenzüberschreitenden Verschmelzung Rechnung zu tragen. Es werden hierdurch **nicht spezifische zusätzliche Gefahren der grenzüberschreitenden Verschmelzung berücksichtigt,**[662] sondern unter Beibehaltung des Schutzniveaus die Geltendmachung der Gläubigeransprüche vorverlagert, damit sie in der Rechtsordnung Berücksichtigung finden kann, der der Anspruch zugehörig ist. Dies wäre für Ansprüche bei einer Hinausverschmelzung nicht möglich, soweit sie sich gegen den übernehmenden Rechtsträger richten. Es war insoweit regelungssystematisch erforderlich, den Anspruchsgegner auszutauschen. Durch die Einführung von § 122j UmwG wurde der bereits existierende Gläubigerschutz des § 22 UmwG inhaltlich nicht erweitert, sondern lediglich systematisch angepasst.[663]

bb) Umfang und Inhalt

Vom **Umfang und Inhalt** der Tatbestandsmerkmale **entspricht** 172
§ 122j UmwG grundsätzlich der Regelung des **innerstaatlichen Rechts in § 22 UmwG,** so dass auf die dortigen Ausführungen verwiesen werden kann.[664] **Abweichungen** hinsichtlich des innerstaatlichen Rechts betreffen vor allem den **Zeitpunkt der Geltendmachung,** den **Adressaten** des Anspruches und den **Kreis der anspruchsberechtigten Gläubiger.**

cc) Zeitpunkt der Geltendmachung von Ansprüchen, Adressat

Anspruchsberechtigt ist nach § 122j der Gläubiger einer inländischen 173
übertragenden Gesellschaft im Falle der Hinausverschmelzung, dh wenn die übernehmende Gesellschaft nicht dem deutschen Recht unterliegt.[665]
Der **Gläubigerschutz** ist bei der grenzüberschreitenden Verschmelzung

---

[662] Insofern etwas missverständlich *Kulenkamp* S. 314 f., die eine Anpassung an besondere Gefährdungslagen für zulässig erachtet.
[663] Vgl. zur Europarechtskonformität dieser Anpassung eingehend *Frenzel* S. 356 ff. Ebenso eine Europarechtskonformität bejahend *Beisel/Klumpp,* Der Unternehmenskauf, 2009 S. 6. Kapitel, Rn. 69.
[664] Vgl. → § 3 Rn. 31 ff.
[665] Vgl. *Kiem* in Habersack/Drinhausen SE-Recht § 122j UmwG Rn. 6 mit näheren Ausführungen zur rechtlichen Behandlung von Scheinauslandsgesellschaften (Satzungssitz im Ausland und tatsächlichem Verwaltungssitz im Inland) und Scheininlandsgesellschaften (Satzungssitz im Inland und Verwaltungssitz im Ausland) hierzu auch *Bayer* in Lutter UmwG § 122j Rn. 8 ff.

§ 13   4. Teil. Grenzüberschreitende Verschmelzungen

gegenüber dem innerstaatlichen Recht **vorverlagert** worden.[666] Im Gegensatz zur innerstaatlichen Regelung des § 22 UmwG, die ab Wirksamwerden der Verschmelzung einen Anspruch gegenüber der übernehmenden Gesellschaft gewährt, erfolgt der **Gläubigerschutz bei der grenzüberschreitenden Verschmelzung bereits vor Eintragung** der Verschmelzung durch Gewährung eines materiell-rechtlichen **Anspruchs gegen den übertragenden deutschen Rechtsträger**. Der Anspruch auf Sicherleistung nach § 22 UmwG würde sich bei Hinausverschmelzungen gegen eine Gesellschaft richten, die nicht dem deutschen Gesellschaftsrecht unterliegt und für deren Rechtsordnung keine deutsche Gesetzgebungszuständigkeit herrscht. Insoweit ist die zeitliche Vorverlagerung der Geltendmachung von Ansprüchen rechtssystematisch veranlasst. Die Gläubiger können bereits **ab Bekanntmachung der Verschmelzung gemäß § 122d UmwG** und somit vor Wirksamwerden der Verschmelzung ihre Ansprüche geltend machen.

Adressat der Sicherheitsleistung ist demnach konsequenterweise nach § 122j UmwG – nicht wie bei § 22 UmwG die übernehmende Gesellschaft, sondern – die **übertragende deutsche Gesellschaft**.[667] Besteht ein Anspruch, ist nach § 232 BGB Sicherheit zu leisten.

dd) Form und Frist zur Geltendmachung der Ansprüche

174   Die Gläubigeransprüche auf Sicherheitsleistung sind **schriftlich** anzumelden und müssen den Anspruch nach Grund und Höhe bezeichnen.[668] Gemäß § 122j II UmwG kann die Sicherheitsleistung – anders als bei § 22 UmwG – nur für **Ansprüche** geltend gemacht werden, **die vor oder bis zu 15 Tagen nach Bekanntmachung des Verschmelzungsplans** oder dessen Entwurfs entstanden sind. Ansprüche, die innerhalb der Anmeldefrist fällig werden, können nicht angemeldet werden, da sie geltend zu machen sind. Bedingte und befristete Ansprüche können angemeldet werden.[669] Die **Frist** zur Geltendmachung der Ansprüche beginnt am Tag nach der **Bekanntmachung des Verschmelzungsplans** gemäß § 122d Satz 2 UmwG.[670] Entscheidend ist die Bekanntmachung des Hinweises auf die Einreichung des Verschmelzungsplans, nicht dessen Einreichung beim Handelsregister.[671] Gleichwohl können Ansprüche bereits zuvor angemeldet werden.[672] Die

---

[666] Vgl. *Forsthoff* DStR 2006 S. 613 (615); *Kiem* WM 2006 S. 1091 (1098).
[667] Soweit die Sicherheitsleistung unterblieben ist kann sie nach Eintragung der Verschmelzung von der übernehmenden Gesellschaft aufgrund Gesamtrechtsnachfolge geltend gemacht werden. Vgl. *Drinhausen* in Semler/Stengel UmwG § 122j Rn. 11.
[668] Vgl. *Bayer* in Lutter UmwG § 122j Rn. 12; *Kiem* in Habersack/Drinhausen SE-Recht § 122j UmwG Rn. 7.
[669] → § 3 Rn 32.
[670] → Rn. 103 ff.
[671] Vgl. *Kiem* in Habersack/Drinhausen SE-Recht § 122d UmwG Rn. 9 ff. mwN; *Beutel* S. 168 ff.; *Pfeiffer/Heilmeier* GmbHR 2009 S. 1317 (1318); aA *Krüger* in Becksches Handbuch Umwandlungen International, 2. Teil: Verschmelzungen, Rn. 184 ab Einreichung des Verschmelzungsplans beim Handelsregister.

§ 13. Verschmelzung von KapGes versch. Mitgliedstaaten § 13

Ansprüche sind innerhalb einer Frist von **zwei Monaten** nach Bekanntmachung des Verschmelzungsplans bei der Gesellschaft schriftlich anzumelden. Der Zugang der angemeldeten Ansprüche ist entscheidend.[673] Die Anmeldefrist ist eine materiell-rechtliche Ausschlussfrist.[674] Bei Versäumnis entfällt der Anspruch auf Sicherheitsleistung. Wird die Verschmelzungsbescheinigung verfrüht ausgestellt, geht der Anspruch auf die übernehmende Gesellschaft über.[675]

ee) Glaubhaftmachung der Erfüllungsgefährdung

Der Gläubiger hat die Gefährdung seiner Ansprüche **glaubhaft** zu machen.[676] Die Ansprüche dürfen zum Zeitpunkt der Bekanntmachung noch nicht fällig sein.[677] Es ist ein angemessener Ausgleich zwischen Vollzugsinteresse des verschmelzenden Rechtsträgers einerseits und den Schutzinteressen des Gläubigers andererseits zu treffen. Der Gläubiger hat eine konkrete verschmelzungsbedingte Gefährdungslage darzulegen.[678] **Kein Gefährdungsgrund** ist – für sich genommen – der schlichte **Schuldnerwechsel** oder die durch die Hinausverschmelzung bewirkte Sitzverlegung des Schuldners **ins Ausland**.[679] Zwar wird hierdurch die Geltendmachung aufgrund des allgemeinen internationalen Gerichtsstands am Sitz des Beklagten ins Ausland verlegt. Ein Anspruch auf Sicherheitsleistung wäre jedoch regelmäßig gegeben, da es sich bei § 122j I UmwG um Fälle der Hinausverschmelzung handelt und somit immer ein Schuldnerwechsel ins Ausland erfolgt. Eine Glaubhaftmachung wäre insoweit „bloße Förmelei".[680] Es stellt insoweit keine sicherheitsleistungsbegründende Gefährdung der Gläubiger dar, dass die Ansprüche im Ausland geltend zu machen sind.[681] Zudem gewährt die EuGVVO ausreichende Erleichterungen für eine Vollstreckung im Ausland.[682]

Es bedarf ebenso wie bei der innerstaatlichen Verschmelzung[683] des Nachweises einer **konkreten Gefährdung**. So wird man eine Vermögensverlagerung durch Verlegung bedeutender Vermögensmassen ins

175

176

---

[672] Vgl. *Bayer* in Lutter UmwG § 122j Rn. 14; *Drinhausen* in Semler/Stengel UmwG § 122j Rn. 8.
[673] Siehe § 130 BGB.
[674] Vgl. *Kiem* in Habersack/Drinhausen SE-Recht § 122j UmwG Rn. 7 mwN.
[675] *Polley* in Henssler/Strohn Gesellschaftsrecht § 122j UmwG Rn. 9.
[676] Vgl. insoweit Ausführungen → § 3 Rn. 32.
[677] Vgl. *Kiem* in Habersack/Drinhausen SE-Recht § 122j UmwG Rn. 8.
[678] Vgl. *Bayer* in Lutter UmwG § 122j Rn. 14; *Kiem* in Habersack/Drinhausen SE-Recht § 122j UmwG Rn. 9.
[679] Vgl. *Hörtnagl* in Schmitt/Hörtnagl/Stratz UmwG § 122j Rn. 8.
[680] Zu Recht *Frenzel* S. 363.
[681] Unter zutreffendem Hinweis auf den hinreichenden Schutz durch die EuGVVO *Bayer* in Lutter UmwG § 122j Rn. 14 mwN.
[682] *Polley* in Henssler/Strohn Gesellschaftsrecht § 122j UmwG Rn. 8.
[683] Vgl. BGHZ 150 S. 365, 369 f.; eingehend zu diesem Erfordernis *Maier-Reimer* in Semler/Stengel UmwG § 22 Rn. 20 ff.

Ausland[684] fordern müssen, die eine spätere Durchsetzung faktisch erschweren könnte. Der Verbleib einer Zweigniederlassung nach Verschmelzung spricht hingegen eher gegen eine Gefährdung. Die konkrete Gefährdung kann sich auf die Verschlechterung des Vermögenszugriffs stützen, wenn die Verschmelzung mit einer Schuldnergesellschaft erfolgt, deren Bilanzrelation deutlich schlechter ist.[685] Eine konkrete Gefährdungslage kann sich auch aufgrund einer erschwerten Rechtsdurchsetzung ergeben, wenn die Prozesskosten im Ausland auch im Falle des Obsiegens zu tragen sind oder die Prozessdauer erheblich vom deutschen Recht abweicht.[686] Wohl nicht begründet werden kann die Gefährdung allein mit der Begründung, die Kapitalerhaltungsvorschriften des ausländischen übernehmenden Rechtsträgers seien nicht denjenigen der deutschen Rechtsform gleichwertig.[687] Auch hierzu bedarf es eines Nachweises der konkreten Forderungsgefährdung.

ff) Ausschluss des Anspruchs gemäß § 22 II UmwG

177 Umstritten ist inwieweit § 122j UmwG die Anwendung von § 22 II UmwG ausschließt.[688] Die in § 22 II UmwG enthaltene Ausnahme des Anspruchs auf Sicherheitsleistung bei Bestehen eines **vorzugsweisen Befriedigungsrechts** im Falle der Insolvenz des Rechtsträgers[689] wird zumindest dann veranlasst sein, wenn die ausländische Rechtsordnung ein vergleichbares Vorzugsrecht der Insolvenzgläubiger kennt, da es an einer konkreten Gefährdung fehlt. § 22 II UmwG ist grundsätzlich auch auf die grenzüberschreitende Verschmelzung anwendbar,[690] da eine Verbes-

---

[684] Vgl. näher *Kulenkamp* S. 318 ff.; aA *Kiem* in Habersack/Drinhausen SE-Recht § 122j UmwG Rn. 10; *Passarge/Stark* GmbHR 2007 S. 803 (807), die die Vermögensverlagerung ins Ausland nicht für maßgeblich erachten, da diese auch außerhalb einer Verschmelzung erfolgen könne.
[685] Vgl. *Kiem* in Habersack/Drinhausen SE-Recht § 122j UmwG Rn. 10.
[686] Vgl. *Bayer* in Lutter UmwG § 122j Rn. 14; *Kiem* in Habersack/Drinhausen SE-Recht § 122j UmwG Rn. 11 mwN; *Passarge/Stark* GmbHR 2007 S. 803 (808, 810); *Polley* in Henssler/Strohn Gesellschaftsrecht § 122j UmwG Rn. 8, der zudem ein unangemessen niedriges Nennkapital der übernehmenden Gesellschaft als konkrete Gefährdung erachtet.
[687] Vgl. *Bayer* in Lutter UmwG § 122j Rn. 14; ablehnend wohl auch *Drinhausen* in Semler/Stengel UmwG § 122j Rn. 9. Hinsichtlich des Aktienrechts steht diesem Argument bereits die Richtlinie 2012/30/EU (vormals Zweite Gesellschaftsrechtliche EU-Richtlinie) entgegen; soweit die GmbH betroffen ist, wird man eine derartige Argumentation spätestens nach Lockerung der Kapitalaufbringungsvorschriften durch das MoMiG ebenso ablehnen müssen.
[688] Gegen die Anwendung *Louven* ZIP 2006 S. 2021 (2028); dafür *Frenzel* S. 365 f.; *Passarge/Stark* GmbHR 2007 S. 803 (804).
[689] Vgl. zum innerstaatlichen Recht zB *Grunewald* in Lutter UmwG § 22 Rn. 25; im Ergebnis aufgrund teleologischer Reduktion ebenso *Kulenkamp* S. 322 f. mwN.
[690] Vgl. *Bayer* in Lutter UmwG § 122j Rn. 18; zumindest für hohe Anforderungen an die Glaubhaftmachung *Hörtnagl* in Schmitt/Hörtnagl/Stratz UmwG § 122j Rn. 6; *Krüger* in Becksches Handbuch Umwandlungen International, 2. Teil: Verschmelzungen, Rn. 188; aA die wohl hM *Kiem* in Habersack/Drin-

serung des Gläubigerschutzes bei der grenzüberschreitenden Verschmelzung gegenüber dem innerstaatlichen Verschmelzungsrecht unzulässig ist, da Art. 4 I lit b) IntVerschmRL eine Kongruenz zwischen dem grenzüberschreitenden Gläubigerschutz und dem innerstaatlichen Gläubigerschutz gebietet.

gg) Anspruchsberechtigter Personenkreis

Zum Kreis der anspruchsberechtigten Personen zählen sowohl Gläubiger als auch Anleihegläubiger sowie der dritte im innerstaatlichen Recht anerkannte Gläubigertyp, die Inhaber von Sondervorteilen.[691] Gemäß § 122j UmwG sind ausschließlich **Gläubiger der übertragenden deutschen Gesellschaft** anspruchsberechtigt.[692] Der Kreis der anspruchsberechtigten Gläubiger ist insoweit gegenüber § 22 UmwG eingeschränkt. Dies ist eine konsequente gesetzliche Lösung in Anbetracht des Grundsatzes, dass bei der grenzüberschreitenden Verschmelzung die Rechtsordnungen für die Verschmelzungsregeln ihres jeweiligen nationalen Rechtsträgers zuständig sind. Es ist insoweit Angelegenheit der Rechtsordnung des übernehmenden Rechtsträgers, seinem innerstaatlichen Verschmelzungsrecht entsprechende Gläubigerschutzregeln zu erlassen, die auf die grenzüberschreitende Verschmelzung Anwendung finden. Die Anwendung des § 22 UmwG ist hinsichtlich des übernehmenden ausländischen Rechtsträgers ausgeschlossen.

178

179

b) Gläubigerschutz im Falle der Hereinverschmelzung

§ 122j UmwG verdrängt die Regelung des § 22 UmwG ausschließlich für den Fall, dass die übernehmende Gesellschaft keine deutsche Gesellschaft ist. Die **Gläubiger einer übernehmenden deutschen Gesellschaft** werden durch **§ 122a II UmwG iVm § 22 UmwG** geschützt.[693] Gleiches gilt für die Gläubiger einer übertragenden deutschen Gesellschaft soweit im Rahmen einer grenzüberschreitenden Verschmelzung die übernehmende Gesellschaft ebenso eine deutsche Gesellschaft ist.[694] Grundsätzlich findet innerstaatliches Verschmelzungsrecht auf die **Gläubiger der ausländischen Gesellschaft**, die auf eine übernehmende deutsche Gesellschaft verschmolzen wird, **keine Anwendung**, da sich der Zuständigkeitsbereich des deutschen Gesetzgebers nicht auf das

180

---

hausen SE-Recht § 122j UmwG Rn. 13 mwN; *Drinhausen* in Semler/Stengel UmwG § 122j Rn. 14.
[691] Vgl. für Einbeziehung der Anleihegläubiger *Kiem* in Habersack/Drinhausen SE-Recht § 122d UmwG Rn. 17 mwN; hinsichtlich des Schutzes der Inhaber von Sonderrechten wird die Anwendung von §§ 122a, 23 UmwG befürwortet, vgl. *Bayer* in Lutter UmwG § 122j Rn. 21 ff. mwN.
[692] Vgl. *Bayer* in Lutter UmwG § 122j Rn. 7; *Hörtnagl* in Schmitt/Hörtnagl/Stratz UmwG § 122j Rn. 3;
[693] Vgl. *Bayer* in Lutter UmwG § 122j Rn. 7 mwN; *Drinhausen* in Semler/Stengel UmwG § 122j Rn. 4.
[694] Vgl. *Hörtnagl* in Schmitt/Hörtnagl/Stratz UmwG § 122j Rn. 10; *Kiem* in Habersack/Drinhausen SE-Recht § 122j UmwG Rn. 6; *Frenzel* S. 359.

§ 13 4. Teil. Grenzüberschreitende Verschmelzungen

Recht des ausländischen Rechtsträgers und seine Gläubiger erstreckt.[695] Einen Schutz der Gläubiger der ausländischen Gesellschaft gemäß § 22 UmwG wird man hingegen gewähren müssen, wenn auch das ausländische Recht die Sicherung der Gläubiger eines übertragenden Rechtsträgers durch die übernehmende Gesellschaft vorsieht.

6. Registerverfahren und Eintragung

181 Im Gegensatz zum innerstaatlichen Registerverfahren erfolgt das Registerverfahren der grenzüberschreitenden Verschmelzung inhaltlich getrennt und zeitlich gestreckt in **zwei Stufen:** In einem **ersten Schritt** prüft jede Rechtsordnung die **Rechtmäßigkeit der Verfahrensabschnitte der an der Verschmelzung beteiligten Rechtsträger,** die seinem innerstaatlichen Recht unterliegen.[696] Wird die grenzüberschreitende Verschmelzung als rechtmäßig erachtet, wird hierüber dem innerstaatlichen Rechtsträger eine **Vorabbescheinigung** (im deutschen Recht Verschmelzungsbescheinigung bezeichnet[697]) ausgestellt.[698] Im **zweiten Schritt** prüft die von den jeweiligen Mitgliedstaaten als zuständig bestimmte Stelle des übernehmenden oder neu zu gründenden Rechtsträgers die **Rechtmäßigkeit der Durchführung der Verschmelzung.**[699]

182 Die grenzüberschreitende Verschmelzung erfolgt getrennt für jeden beteiligten Rechtsträger nach seinen innerstaatlichen materiell-rechtlichen Verschmelzungsregeln. Dem entspricht auch eine verfahrensrechtliche Zuständigkeit der jeweiligen innerstaatlichen Prüfungsstelle im ersten Schritt der Verschmelzungsprüfung. Es erfolgt keine einheitliche Prüfung etwa durch ein europäisches Gericht, sondern eine Abgrenzung der zuständigen Verfahrensrechte. Der erste Verfahrensschritt **endet mit** der Ausstellung einer **Vorabbescheinigung.** Der **zweite Prüfungsschritt** hinsichtlich der Durchführung wird von der zuständigen **Stelle des übernehmenden Rechtsträgers** auf der Grundlage der vorgelegten Verschmelzungsbescheinigungen vorgenommen.

183 Rechtstechnisch hat der **deutsche Gesetzgeber** die europarechtlichen Vorgaben **nicht** durch korrespondierende getrennte Regelungen der beiden Verfahrensabschnitte umgesetzt, sondern eine **getrennte Regelung** der Registerprüfung für die **Hinausverschmelzung (§ 122k UmwG) und die Hineinverschmelzung (§ 122l UmwG)** eingeführt, wodurch Lesbarkeit und Verständnis der Regelung vermindert wurden. Dabei umfasst die Regelung zur Hinausverschmelzung in § 122k UmwG den ersten Prüfungsschritt (Rechtmäßigkeit des Verschmelzungsverfahrens) und diejenige zur Hereinverschmelzung beide Prüfungsschritte hin-

---

[695] Vgl. *Hörtnagl* in Schmitt/Hörtnagl/Stratz UmwG § 122j Rn. 10; *Kiem* in Habersack/Drinhausen SE-Recht § 122j UmwG Rn. 6; *Passarge/Stark* GmbHR 2007 S. 803 (804).
[696] Siehe Art. 10 I IntVerschmRL.
[697] Siehe § 122k UmwG.
[698] Siehe Art. 10 II IntVerschmRL.
[699] Siehe Art. 11 IntVerschmRL.

§ 13. Verschmelzung von KapGes versch. Mitgliedstaaten § 13

sichtlich des übernehmenden deutschen Rechtsträgers (Rechtmäßigkeit des Verschmelzungsverfahrens und seine Durchführung). Der Umfang der in § 122k UmwG geregelten Registerprüfung gilt somit gleichermaßen für die Registerprüfung des übernehmenden deutschen Rechtsträgers im Falle der Hereinverschmelzung.[700] Soweit gelegentlich Zweifel zur Vereinbarkeit der deutschen Umsetzung mit den europarechtlichen Vorgaben geäußert wurden, sind diese wohl verstummt.[701]

An die Verschmelzungsprüfung schließen sich Eintragung und Bekanntmachung[702] der Verschmelzung an. Der Zeitpunkt des Wirksamwerdens der Verschmelzung richtet sich nach der Rechtsordnung des übernehmenden Rechtsträgers.[703] 184

a) Überprüfung der Rechtmäßigkeit im Falle der Hinausverschmelzung, § 122k UmwG

Im Falle der **Hinausverschmelzung** wird die Rechtmäßigkeit des Verschmelzungsverfahrens der deutschen übertragenden Gesellschaft gemäß § 122k UmwG vom für die deutsche Gesellschaft zuständigen Registergericht überprüft.[704] Das Verfahren endet mit der Ausstellung der **Verschmelzungsbescheinigung**.[705] Im Falle der Hinausverschmelzung unterliegt somit lediglich der **erste Schritt der Rechtmäßigkeitskontrolle** der deutschen Zuständigkeit. Überprüft wird die Beachtung der **Verfahrensschritte des Verschmelzungsverfahrens hinsichtlich der übertragenden deutschen Gesellschaft**, dh das Registergericht prüft insbesondere, ob Verschmelzungsplan, -bericht, -prüfung und -beschluss den gesetzlichen Anforderungen entsprechen und ob die Rechte der Gläubiger und Minderheitsgesellschafter beachtet wurden. Der **zweite Schritt,** die Prüfung der Rechtmäßigkeit der Durchführung der Verschmelzung, unterliegt der **Rechtsordnung des übernehmenden Rechtsträgers.**[706] 185

---

[700] Vgl. hierzu im Einzelnen → Rn. 200, 206.
[701] Vgl. hierzu näher *Kiem* in Habersack/Drinhausen SE-Recht § 122k UmwG Rn. 3; *Bayer* in Lutter UmwG § 122k Rn. 6.
[702] Gemäß Art. 13 I der IntVerschmRL bestimmt sich nach dem Recht jedes Mitgliedstaates in welcher Form die Offenlegung der Verschmelzung zu erfolgen hat. Das Register der aus der grenzüberschreitenden Verschmelzung hervorgehenden Gesellschaft meldet dem Register der übertragenden Gesellschaft(en), bei dem jede Gesellschaft ihre Unterlagen zu hinterlegen hatte, dass die grenzüberschreitende Verschmelzung wirksam geworden ist (Art. 13 II IntVerschmRL).
[703] Vgl. Art. 12 IntVerschmRL.
[704] Vgl. § 122k UmwG, der insoweit die Vorgaben in Art. 10 I und II IntVerschmRL umsetzt.
[705] Vgl. § 122k II UmwG sowie näher zur Form der Verschmelzungsbescheinigung → Rn. 195.
[706] Im Falle der Verschmelzung durch Neugründung kann uU auch die neue Gesellschaft deutschem Recht unterliegen und somit auch die zweite Etappe der Rechtmäßigkeitsprüfung gemäß § 122l UmwG dem deutschen Recht unterliegen. Vgl. zu den Besonderheiten der Verschmelzung durch Neugründung → Rn. 231 ff.

§ 13 4. Teil. Grenzüberschreitende Verschmelzungen

aa) Registeranmeldung und zuständiges Gericht

186 Die **Registeranmeldung** erfolgt durch die **Vertretungsorgane**[707] der deutschen übertragenden Gesellschaft beim Registergericht.[708] Es genügt die Anmeldung durch die gesetzlich oder satzungsmäßig vorgeschriebene Anzahl an Vertretungsberechtigten.[709] Zuständig ist das Registergericht am Sitz der übertragenden Gesellschaft.[710] Eine Anmeldung durch die Organe des übernehmenden Rechtsträgers ist nicht zulässig.[711] Die Anmeldung ist elektronisch in öffentlich beglaubigter Form einzureichen.[712] Die Vertretungsorgane haben Erklärungen abzugeben und Unterlagen einzureichen, die sich ausschließlich auf die deutsche übertragende Gesellschaft beziehen. Unterlagen und Erklärungen bezüglich der verschmelzenden Rechtsträger ausländischer Rechtsordnungen unterliegen lediglich den Rechtsvorschriften des innerstaatlichen Rechts dieser Rechtsträger, die in Umsetzung von Art. 10 I und II IntVerschmRL erlassen wurden.

bb) Notwendige Erklärungen und Versicherungen, Negativerklärung

187 Ebenso wie im innerstaatlichen Verschmelzungsrecht hat das Vertretungsorgan bestimmte Erklärungen, Versicherungen und **Negativerklärungen** hinsichtlich der übertragenden deutschen Gesellschaft abzugeben. So ist **gemäß § 16 II UmwG** zu erklären, dass **keine Anfechtungsklage** gegen den Verschmelzungsbeschluss der deutschen übertragenden Gesellschaft[713] erhoben wurde.[714] Wurde hingegen eine Anfechtungsklage erhoben, so kann die Registersperre[715] nur durch Verzicht aller klageberechtigten Anteilsinhaber oder im Wege des Freigabeverfahrens gemäß § 16 III UmwG[716] überwunden werden. Auch können uU Erklärungen aufgrund der Vorschriften des besonderen Teils des UmwG erforderlich sein.[717]

---

[707] Vgl. *Bayer* in Lutter UmwG § 122k Rn. 8; *Simon/Rubner* in Kölner Kommentar UmwG § 122k Rn. 6.
[708] Vgl. § 122k I 1 UmwG.
[709] Vgl. *Bayer* in Lutter UmwG § 122k Rn. 8; *Kiem* in Habersack/Drinhausen SE-Recht § 122k UmwG Rn. 4.
[710] Vgl. *Bayer* in Lutter UmwG § 122k Rn. 9.
[711] § 122k I UmwG verweist nur auf §§ 16 II und 16 III und verdrängt insoweit § 16 I UmwG als lex specialis. Vgl. auch *Bayer* in Lutter UmwG § 122k Rn. 8; *Simon/Rubner* in Kölner Kommentar UmwG § 122k Rn. 6.
[712] Vgl. § 12 HGB.
[713] Gemäß dem Willen des Gesetzgebers ist die Erklärung nur auf die deutsche übertragende Gesellschaft zu beziehen. Vgl. Begründung zu § 122k I UmwG BT-Drucksache 16/2919 S. 17.
[714] Vgl. näher → § 9 Rn. 307.
[715] Streng genommen wird nicht die Registereintragung verhindert, sondern die Erteilung einer Verschmelzungsbescheinigung; insoweit spricht *Bayer* in Lutter UmwG § 122k Rn. 14 von einer Bescheinigungssperre.
[716] Gemäß § 122k I 2 UmwG; vgl. näher zum Freigabeverfahren nach ARUG § 3 Rn. 21 ff. und *Simon* in Kölner Kommentar UmwG § 16 Rn. 44 ff.
[717] Vgl. Einzelheiten → § 9 Rn. 307, so zB bei einer GmbH eine Erklärung gemäß § 52 UmwG.

§ **13. Verschmelzung von KapGes versch. Mitgliedstaaten** **§ 13**

Bei der grenzüberschreitenden Verschmelzung müssen die Mitglieder des Vertretungsorgans zudem gemäß § 122k I 3 UmwG eine **Versicherung**[718] abgeben, **dass den Gläubigern**, die gemäß § 122j UmwG berechtigte Ansprüche auf Sicherheitsleistung angemeldet haben,[719] **eine angemessene Sicherheit gewährt wurde**.[720] Die Versicherung kann erst **nach Ablauf der Zwei-Monatsfrist** des § 122j I 2 UmwG erfolgen.[721]

188

cc) Beizufügende Unterlagen, Erklärungen und Versicherungen

Der Anmeldung sind die gemäß § 17 UmwG[722] einzureichenden Unterlagen **hinsichtlich des übertragenden deutschen Rechtsträgers** beizufügen, so dass bzgl. der Einzelheiten auf die Ausführungen zur innerstaatlichen Verschmelzung verwiesen werden kann.[723] Es sind insoweit folgende Unterlagen einzureichen und Erklärungen abzugeben:

189

– der Verschmelzungsplan in Ausfertigung oder öffentlich beglaubigter Abschrift; ggf. – soweit sich diesbezüglich die Mindermeinung durchsetzen sollte – der Nachweis von dessen Zuleitung an den Betriebsrat;
– der Nachweis über Bekanntmachung der Verschmelzung soweit nicht beim gleichen Register erfolgt;
– die Niederschrift des Verschmelzungsbeschlusses und eines Bestätigungsbeschlusses gemäß § 122g I UmwG, soweit der Verschmelzungsbeschluss unter Mitbestimmungsvorbehalt getroffen wurde;
– die ggf. notwendigen weiteren Zustimmungserklärungen einzelner Anteilsinhaber einschließlich der Zustimmungserklärungen nicht erschienener Mitglieder in notariell beurkundeter Form;
– der Verschmelzungsbericht und der Nachweis seiner fristgerechten Zuleitung an die Anteilsinhaber (oder Verzicht darauf) und den Betriebsrat bzw. an die Arbeitnehmer;
– der Verschmelzungsprüfungsbericht oder ggf. entsprechende Verzichtserklärungen der Anteilsinhaber der übertragenden Gesellschaft;
– die Schlussbilanz des übertragenden Rechtsträgers, deren Stichtag zum Zeitpunkt der Anmeldung höchstens acht Monate zurück liegen darf;
– ggf. die Zustimmungserklärungen von einzelnen Anteilsinhabern gemäß §§ 122g I, 13 II UmwG;
– die Negativerklärung, dass keine Anfechtungsklage erhoben wurde, oder Nachweis des Freigabebeschlusses;

---

[718] Eine falsche Versicherung ist strafbewehrt. Vgl. § 314a UmwG.
[719] Vgl. Einzelheiten → Rn. 169 ff.
[720] Vgl. hierzu näher → Rn. 169.
[721] Unter zutreffendem Verweis auf die neue Rechtsprechung zu § 16 I UmwG *Bayer* in Lutter UmwG § 122k Rn. 15; *Hörtnagl* in Schmitt/Hörtnagl/Stratz UmwG § 122k Rn. 11.
[722] § 122k I 2 UmwG sieht die entsprechende Anwendung dieser Norm vor.
[723] → § 9 Rn. 308 ff.

§ 13   4. Teil. Grenzüberschreitende Verschmelzungen

– die Versicherung des Vertretungsorgans, dass allen Gläubigern, die einen Anspruch auf Sicherheitsleistung angemeldet haben, eine angemessene Sicherheit gewährt wurde;
– die Erklärung darüber, ob ein Spruchverfahren anhängig ist;
– ggf. die Erklärung über das Nichtbestehen eines Betriebsrats, über das fristgerechte Zugänglichmachen des Verschmelzungsberichts;
– bei AG und SE als übertragendem Rechtsträger die Erklärung des Treuhänders, dass die auszugebenden Aktien und baren Zuzahlungen dort eingegangen sind;
– ggf. eine erforderliche staatliche Genehmigung.

190 Alle Unterlagen sind in der in § 17 I UmwG vorgesehenen **Form** einzureichen. Die Erklärungen und die Versicherung können formfrei erfolgen.[724] Sie können nicht durch Bevollmächtigte abgegeben werden.[725] Die Erklärungen können nach Anmeldung uU zu einem späteren Zeitpunkt nachgereicht werden.[726]

191 Es kann die Einreichung spezifischer Unterlagen im Zusammenhang mit der grenzüberschreitenden Verschmelzung erforderlich sein. So ist die **Niederschrift des Bestätigungsbeschlusses hinsichtlich der vereinbarten Mitbestimmung** einzureichen, falls der Verschmelzungsbeschluss unter Vorbehalt der Bestätigung des Mitbestimmungssystems geschlossen wurde.[727] **Nicht** beizufügen sind hingegen etwaige **Vereinbarungen über die Arbeitnehmermitbestimmung,** da sie ausschließlich Gegenstand des zweiten Schritts der Registerprüfung sind.[728]

dd) Prüfungsumfang; materielle Inhaltskontrolle

192 Das Registergericht hat die **ordnungsgemäße Durchführung der Verfahrensschritte** der an der grenzüberschreitenden Verschmelzung beteiligten deutschen übertragenden Gesellschaft zu prüfen.[729] Das Registergericht wird zum einen die formelle Rechtmäßigkeit prüfen, dh die Vollständigkeit der eingereichten Unterlagen und Erklärungen. Darüber hinaus obliegt dem Registergericht ebenso wie im innerstaatlichen Verschmelzungsrecht auch die **Kontrolle der materiellen Rechtmäßigkeit des für den deutschen Rechtsträger erfolgten Verschmelzungsverfahrens.**[730] Bei der grenzüberschreitenden Verschmelzung obliegt gemäß

---

[724] Vgl. *Bayer* in Lutter UmwG § 122k Rn. 17; *Zimmermann* in Kallmeyer UmwG § 122k Rn. 9; *Kiem* in Habersack/Drinhausen SE-Recht § 122k UmwG Rn. 10.
[725] Vgl. *Kiem* in Habersack/Drinhausen SE-Recht § 122k UmwG Rn. 10; *Zimmermann* in Kallmeyer UmwG § 122k Rn. 9; *Krüger* in Becksches Handbuch Umwandlungen International, 2. Teil: Verschmelzungen, Rn. 168.
[726] Vgl. *Kiem* in Habersack/Drinhausen SE-Recht § 122k UmwG Rn. 10; *Zimmermann* in Kallmeyer UmwG § 122k Rn. 7 f.
[727] § 122g II UmwG; vgl. → Rn. 159 ff.
[728] Zutreffend *Bayer* in Lutter UmwG § 122k Rn. 13; *Kiem* in Habersack/Drinhausen SE-Recht § 122k UmwG Rn. 8; aA *Vossius* in Widmann/Mayer UmwG § 122k Rn. 22.
[729] Vgl. § 122k II 1 UmwG.
[730] → § 9 Rn. 311 ff.

§ 13. Verschmelzung von KapGes versch. Mitgliedstaaten § 13

Art. 10 II der IntVerschmRL der vom nationalen Gesetzgeber benannten Prüfungsstelle die Kontrolle, dass die **Rechtshandlungen des beteiligten deutschen Rechtsträgers** ordnungsgemäß vollzogen wurden. Die Registerprüfung erstreckt sich auf:
- die Verschmelzungsfähigkeit des übertragenden Rechtsträgers,
- den Verschmelzungsplan,[731] Beachtung des Formerfordernisses, inkl. des darin enthaltenen Abfindungsangebots für die Anteilsinhaber[732] und dessen ordnungsgemäße Bekanntmachung,[733] nicht hingegen dessen Zuleitung an den Betriebsrat,[734]
- den Verschmelzungsbericht[735] und dessen Zuleitung an die Anteilsinhaber und den Betriebsrat bzw. direkt an die Arbeitnehmer bei fehlendem Betriebsrat,
- die Durchführung der Verschmelzungsprüfung[736] und den Verschmelzungsprüfungsberichts,[737] bzw. den diesbezüglich erfolgten Verzicht der Anteilsinhaber,[738]
- die Einhaltung rechtsformspezifischer Informations- und Beteiligungsrechte der Anteilsinhaber,[739]
- den Verschmelzungsbeschluss,[740] und den Bestätigungsbeschluss, soweit der Verschmelzungsbeschluss unter Mitbestimmungsvorbehalt getroffen wurde,[741]
- Abgabe der Versicherung zur Sicherheitsleistung gegenüber Gläubigern,[742]
- Abgabe der Erklärung, dass ein Anfechtungsverfahren gegen den Verschmelzungsbeschluss nicht anhängig ist oder das Vorliegen eines Freigabebeschlusses durch das Prozessgericht.[743]

Nicht zu prüfen ist – ebenso wie im innerstaatlichen Recht[744] – die wirtschaftliche Zweckmäßigkeit der Verschmelzung, die Angemessenheit des Umtauschverhältnisses oder des Barabfindungsangebots.[745] Ebenso

---

[731] Vgl. § 122c UmwG; → Rn. 51 ff.; evtl. inkl. Zustimmung aufgrund von § 122h UmwG.
[732] Vgl. § 122i UmwG; → Rn. 83 ff.
[733] Vgl. § 122d UmwG, → Rn. 103 ff.; wenngleich die Einreichung eines Nachweises der ordnungsgemäßen Bekanntmachung entbehrlich ist, da diese im Regelfall durch das gleiche Registergericht vorgenommen wurde.
[734] Vgl. Nachweise zur Mindermeinung → Rn. 110.
[735] Vgl. § 122e UmwG, → Rn. 113 ff.
[736] Vgl. § 122 f Satz 1 iVm §§ 9 bis 12 UmwG; → Rn. 134 ff.
[737] Vgl. § 122 f Satz 2 UmwG; → Rn. 138 ff.
[738] Vgl. § 122 f Satz 1 iVm §§ 9 II, III, 8 III UmwG; → Rn. 140 ff.
[739] Vgl. § 63 UmwG und §§ 121 ff. AktG für AG, KGaA und SE; §§ 47, 49 ff. GmbHG für die GmbH.
[740] Vgl. § 122g iVm § 13 UmwG; → Rn. 142 ff.
[741] Vgl. § 122g UmwG; → Rn. 159 ff.
[742] Vgl. § 122j UmwG; → Rn. 169, 188; eine Eintragung ist andernfalls gemäß § 122k II 4 UmwG abzulehnen; hingegen ist nicht zu prüfen, ob etwaigen Gläubigern eine Sicherheitsleistung zu Unrecht verweigert wurde.
[743] Vgl. § 122k II 2 UmwG; → Rn. 187.
[744] → § 9 Rn. 215.
[745] Vgl. *Bayer* in Lutter UmwG § 122k Rn. 19.

§ 13 4. Teil. Grenzüberschreitende Verschmelzungen

wenig bedarf es der Prüfung ob ein **Spruchverfahren** anhängig ist, da die Anhängigkeit des Spruchverfahrens der Ausstellung der Vorabbescheinigung nicht entgegensteht.[746] Dies ist jedoch in der Verschmelzungsbescheinigung anzugeben.[747] Ebenso wenig bedarf es der Prüfung, ob das Arbeitnehmermitbestimmungsverfahren ordnungsgemäß durchgeführt wurde. Letzteres ist Gegenstand der zweiten Prüfungsstufe gemäß Art. 11 IntVerschmRL und wird entsprechend von der zuständigen Stelle des übernehmenden oder neuen Rechtsträgers zu prüfen sein.[748]

b) Verschmelzungsbescheinigung

aa) Eintragung der Verschmelzung mit Wirksamkeitsvorbehalt

194 Nach positivem Abschluss der Registerkontrolle erfolgt die Eintragung der Verschmelzung mit dem **Wirksamkeitsvorbehalt**, dh dem Vermerk, dass die grenzüberschreitende Verschmelzung unter den Voraussetzungen des Rechts des Staates wirksam wird, dem die übernehmende oder neue Gesellschaft unterliegt.[749] Der Zeitpunkt der Wirksamkeit ist nicht zwangsläufig mit dem Zeitpunkt der Eintragung des übernehmenden Rechtsträgers identisch.[750] Vielmehr bestimmt das Sitzstaatrecht des übernehmenden Rechtsträgers, zu welchem Zeitpunkt es eine Verschmelzung für wirksam erachtet.[751]

bb) Form und Inhalt der Verschmelzungsbescheinigung

195 Gemäß Art. 10 II IntVerschmRL stellt die vom Mitgliedstaat benannte Prüfungsstelle (in Deutschland das Registergericht) über den positiven Abschluss der Verschmelzungsprüfung eine Bescheinigung aus, aus der zweifelsfrei hervorgeht, dass die der Verschmelzung vorangehenden Rechtshandlungen und Formalitäten ordnungsgemäß erfüllt wurden. Der deutsche Gesetzgeber hat diese Vorgabe dadurch umgesetzt, dass das Registergericht über die **Eintragung** eine **Nachricht** erteilt und dass diese Nachricht gemäß § 122k II 2 UmwG **als Verschmelzungsbescheinigung gilt**. Nach der Vorstellung des deutschen Gesetzgebers scheint **keine gesonderte Verschmelzungsbescheinigung** erforderlich zu

---

[746] Vgl. *Drinhausen* in Semler/Stengel UmwG § 122k Rn. 15; *Bayer* in Lutter UmwG § 122k Rn. 20.

[747] Vgl. § 122k II 5 UmwG, vgl. *Drinhausen* in Semler/Stengel UmwG § 122k Rn. 15; *Bayer* in Lutter UmwG § 122k Rn. 20. Es ist jedoch ein entsprechender Hinweis in die Verschmelzungsbescheinigung aufzunehmen, vgl. § 122k II 5 UmwG.

[748] Die ausschließliche Prüfungskompetenz obliegt auch dann der zuständigen Stelle des übernehmenden Rechtsträgers, wenn ein Mitbestimmungsverfahren durchgeführt wurde und ein Bestätigungsbeschluss erfolgte. Die Kompetenz des deutschen Gerichts bezieht sich nur auf die ordnungsgemäße Fassung des Bestätigungsbeschlusses.

[749] § 122k II 3 UmwG.

[750] Dies kann uU auch mit der Bekanntmachung erfolgen.

[751] Art. 12 I 1 IntVerschmRL.

860 *Gutkès*

§ 13. Verschmelzung von KapGes versch. Mitgliedstaaten § 13

sein.[752] Die Regelung des deutschen Gesetzgebers zur Umsetzung der europarechtlichen Vorgabe stößt deshalb hinsichtlich der Fiktion einer Verschmelzungsbescheinigung auf **Bedenken hinsichtlich ihrer Richtlinienkonformität.** In der Praxis wird man durch Einreichen einer schlichten registergerichtlichen Nachricht über die Eintragung der Verschmelzung (in übersetzter Form) im Ausland nur schwerlich nachweisen können, dass eine Prüfung der Verschmelzungsschritte des übertragenden Rechtsträgers durchgeführt und positiv abgeschlossen wurde. Bereits der Umstand, dass der Terminus „Vorabbescheinigung"[753] oder „Verschmelzungsbescheinigung" in der Eintragungsnachricht selbst nicht angeordnet wird, ist bedauerlich.[754] So steht zu befürchten, dass die ausländische Stelle, die gemäß Art. 11 IntVerschmRL den zweiten Schritt der Rechtmäßigkeitskontrolle vorzunehmen hat, erst weitere Nachforschungen über das deutsche Recht anstellen muss, um die Bedeutung der Bescheinigung zu begreifen, wenn ihr eine schlichte Eintragungsnachricht vorgelegt wird. Möglicherweise wird der deutsche verschmelzende Rechtsträger eine legal opinion hinsichtlich Inhalt, Reichweite und juristischer Bedeutung der Bescheinigung vorlegen müssen. Dies entspricht weder dem Zweck noch dem Wortlaut des Art. 10 II IntVerschmRL, der die Ausstellung einer **Bescheinigung** verlangt, „**aus der zweifelsfrei hervorgeht**", dass die Verfahrensschritte ordnungsgemäß vollzogen wurden.[755] Es ist insoweit nach wohl hM[756] aufgrund **europarechtskonformer Auslegung von § 122k UmwG hinsichtlich Inhalt und Form der Verschmelzungsbescheinigung** erforderlich, dass das Registergericht **ein aus sich heraus**

---

[752] Vgl. BegrRegE BR-Drucksache 538/06, 38; *Bayer* in Lutter UmwG § 122k Rn. 21 mwN.
[753] So der deutsche Titel der Bescheinigung gemäß Art. 10 IntVerschmRL.
[754] Der Gesetzgeber erachtet die Ausstellung einer gesonderten Bescheinigung für entbehrlich, vgl. BT-Drucksache 16/2919 S. 17.
[755] Während es nach Art. 11 I IntVerschmRL den Mitgliedstaaten freisteht, die für die Prüfung zuständige Stelle zu bestimmen und die Durchführung der Prüfung frei zu organisieren, schreibt Art. 11 II IntVerschmRL ausdrücklich eine europaweit einheitliche Form (die Vorabbescheinigung) für den Abschluss der innerstaatlichen Prüfung durch die zuständige Stelle vor und vereinheitlicht deren inhaltliche Anforderungen. Art. 11 II IntVerschmRL will vermeiden, dass Nachforschungen über die rechtliche Bedeutung von Benachrichtigungen, Entscheidungen, Beurkundungen oder anderen Dokumenten von Gerichten, Notaren oder Behörden der anderen Rechtsordnungen anzustellen sind. Diese Anforderungen erfüllt nur ein aus sich heraus für den ausländischen Empfänger verständliches Dokument. Der nationale Gesetzgeber hat insoweit die Form der „Bescheinigung" in seine Rechtsordnung für die internationale Kommunikation zwischen den an der Verschmelzung beteiligten Behörden einzuführen. Eine schlichte Fiktion, ein anderes Dokument, die Nachricht über die Eintragung, erfülle diese Form, entspricht inhaltlich nicht diesen Anforderungen.
[756] Vgl. *Bayer* in Lutter UmwG § 122k Rn. 21 mwN; *Vossius* in Widmann/Mayer UmwG § 122k Rn. 52 ff.; *Frenzel* S. 381 f.; aA *Kiem* in Habersack/Drinhausen SE-Recht § 122k UmwG Rn. 14, die die deutsche Umsetzung der Vorgaben zur Verschmelzungsbescheinigung sogar für die „denkbar klarste Umsetzung" erachtet.

§ 13 4. Teil. Grenzüberschreitende Verschmelzungen

für den ausländischen Empfänger **verständliches Dokument** erstellt, **eine gesonderte Bescheinigung, in der die ordnungsgemäße Durchführung der Verschmelzungsschritte bestätigt wird**.[757] Die vom Registergericht auszustellende Nachricht über die Eintragung ist deshalb zum einen als Verschmelzungsbescheinigung oder Vorabbescheinigung gemäß Art. 10 II IntVerschmRL zu bezeichnen[758] und hat zum anderen inhaltlich die ordnungsgemäße Durchführung der der Verschmelzung vorangehenden Rechtshandlungen und Formalitäten für den deutschen verschmelzenden Rechtsträger zu bestätigen.[759]

196 Die **Verschmelzungsbescheinigung hat Bindungswirkung** für die ausländische Kontrollstelle des zweiten Prüfungsschritts.[760] Die im zweiten Schritt der Verschmelzungskontrolle erfolgende Prüfung ist an das positive Prüfungsergebnis gebunden.

cc) Vorlagefrist der Verschmelzungsbescheinigung

197 § 122k III UmwG bestimmt, dass die **Verschmelzungsbescheinigung innerhalb eines Zeitraums von sechs Monaten nach ihrer Ausstellung** zusammen mit dem Verschmelzungsplan **der zuständigen Stelle** des Staates **vorzulegen** ist, dessen Recht die übernehmende oder neue Gesellschaft unterliegt. Die Frist wiederholt die Vorgaben in Art. 11 II IntVerschmRL und erinnert[761] insoweit an die europarechtlich vor-

---

[757] Ebenso *Frenzel* S. 381 f. Wird demgegenüber aus der IntVerschmRL hergeleitet, dass eine Beschlussform mit Tatbestand und Entscheidungsgründen zu erstellen ist (so *Bayer* in Lutter UmwG § 122k Rn. 21) ergibt sich dies nicht zwingend aus der IntVerschmRL. Insbesondere Entscheidungsgründe sind bei einem positiven Bescheid aufgrund der Bindungswirkung und mangels Rechtsmittel entbehrlich.

[758] Die Registerpraxis hat sich wohl bereits hierauf eingestellt. Vgl. *Bayer* in Lutter UmwG § 122k Rn. 21; *Zimmermann* in Kallmeyer UmwG § 122k Rn. 15. Wird dem nicht Rechnung getragen besteht ein Anspruch auf eine derartige Erklärung; vgl. *Hörtnagl* in Schmitt/Hörtnagl/Stratz UmwG § 122k Rn. 16.

[759] *Bayer* in Lutter UmwG § 122k Rn. 21; im Ergebnis einen Anspruch auf Ausstellung eines solchen Dokuments befürwortend *Drinhausen* in Semler/Stengel UmwG § 122k Rn. 22, soweit die ausländische Stelle eine gesonderte Bescheinigung verlangt, die die Rechtmäßigkeit des durchzuführenden Verfahrens ausspricht. Hiergegen spricht jedoch der Wortlaut der IntVerschmRL, der in Art. 10 II eine „unverzügliche" Ausstellung der Verschmelzungsbescheinigung verlangt; es kann deshalb nicht auf eine vorherige Abweisung durch die ausländische Prüfungsstelle verwiesen werden. Vgl. auch die weitaus klarere Formulierung in Art. L. 236–29 Code de commerce zur Ausstellung einer *attestation de conformité des actes et formalités préalables à la fusion* in Frankreich.

[760] *Bayer* in Lutter UmwG § 122k Rn. 22.

[761] Wäre hingegen diese Frist als Ausschlussfrist deutschen Rechts zu verstehen, hätte der deutsche Gesetzgeber seine Gesetzgebungszuständigkeit im Rahmen der grenzüberschreitenden Verschmelzung überschritten. Nach Ausstellung der Verschmelzungsbescheinigung geht die Gesetzgebungszuständigkeit für die weitere Kontrolle der Durchführung der Verschmelzung gemäß Art. 11 IntVerschmRL vielmehr auf den Staat über, dessen Rechtsordnung die übernehmende oder neue Rechtsträger unterliegt. Insoweit obliegt es dem Staat des übernehmenden

§ 13. Verschmelzung von KapGes versch. Mitgliedstaaten § 13

geschriebene Ausschlussfrist. Nach Ablauf der Frist verfällt die Verschmelzungsbescheinigung.

Nach Vorlage aller Verschmelzungsbescheinigungen nimmt die ausländische Behörde den **zweiten Schritt der Rechtmäßigkeitsprüfung** auf der Grundlage ihres innerstaatlichen Rechts in Umsetzung zu Art. 11 IntVerschmRL vor. Nach positivem Abschluss informiert die zuständige Stelle des ausländischen Rechtsträgers das deutsche Register vom Tag des Wirksamwerdens der Verschmelzung.[762] Das deutsche Registergericht vermerkt daraufhin den Tag des Wirksamwerdens der Verschmelzung im Register des übertragenden deutschen Rechtsträgers.[763]   198

c) Überprüfung der Rechtmäßigkeit der grenzüberschreitenden Verschmelzung im Falle der Hereinverschmelzung, § 122l UmwG

aa) Regelungssystematik

Im Falle der Hereinverschmelzung ist auf der Grundlage von § 122l UmwG die **Registerprüfung der übernehmenden deutschen Gesellschaft** bzw. gegebenenfalls der **neuen** aus der Verschmelzung hervorgehenden **Gesellschaft** vorzunehmen. Hinsichtlich des ersten Prüfungsschritts (die ordnungsgemäße Verschmelzung des ausländischen Rechtsträgers) nimmt das deutsche Registergericht keine Prüfung vor. Es ist insoweit an die Verschmelzungsbescheinigung der ausländischen Stelle gebunden. Wie eingangs erläutert[764] umfasst demgegenüber die Registerkontrolle des **übernehmenden deutschen Rechtsträgers beide Schritte der Rechtmäßigkeitsprüfung:**   199

So ist im **ersten Schritt** die **ordnungsgemäße Verschmelzung des übernehmenden Rechtsträgers** gemäß dem innerstaatlichen Recht für grenzüberschreitende Verschmelzungen zu prüfen. Insoweit entspricht die Prüfung des übernehmenden Rechtsträgers inhaltlich der Prüfung des übertragenden deutschen Rechtsträgers gemäß § 122k UmwG im Falle der Hinausverschmelzung.   200

Im **zweiten** Schritt − wenn auch verfahrensmäßig nicht getrennt − wird die **Rechtmäßigkeit der Durchführung der Verschmelzung** vom Registergericht nach § 122l UmwG geprüft, dh die Rechtmäßigkeit der Verschmelzung hinsichtlich **aller an der Verschmelzung beteiligten Gesellschaften.**[765]   201

Rechtsträgers eine Ausschlussfrist zur Umsetzung von Art. 11 II IntVerschmRL anzuordnen. Zur Frage, ob uU auch der Sitzstaat des ausländischen Rechtsstaats eine verspätete Einreichung der Verschmelzungsbescheinigung akzeptieren kann, *Bayer* in Lutter UmwG § 122k Rn. 23; *Kiem* in Habersack/Drinhausen SE-Recht § 122l UmwG Rn. 15.
[762] Vgl. Art. 13 Satz 2 IntVerschmRL.
[763] Vgl. § 122k IV UmwG, → Rn. 220 f.
[764] Vgl. → Rn. 183.
[765] Es sind zwei Fälle der Hereinverschmelzung denkbar: Zum einen kann eine ausländische Gesellschaft auf eine übernehmende deutsche Gesellschaft verschmolzen werden, zum anderen kann eine deutsche mit einer ausländischen Gesellschaft als übertragende Gesellschaft auf eine neue deutsche Gesellschaft verschmolzen werden.

bb) Europarechtskonformität der deutschen Regelung

202 Beide Schritte der europarechtlich vorgesehenen Rechtmäßigkeitsprüfung erfolgen hinsichtlich des übernehmenden Rechtsträgers in § 122l UmwG in einem einheitlichen Verfahren. Die Ausstellung einer gesonderten Verschmelzungsbescheinigung als Abschluss des ersten Schritts der Verschmelzungsprüfung hat der deutsche Gesetzgeber nicht vorgesehen.[766] Die hierzu geäußerte Kritik an der deutschen Umsetzung von Art. 10 der IntVerschmRL hinsichtlich der Registerprüfung des **übernehmenden** Rechtsträgers ist unberechtigt, da inhaltlich aufgrund des Verweises in § 122a II UmwG die Verschmelzungsprüfung gemäß §§ 16 f. UmwG die europarechtlichen Vorgaben hinreichend umsetzt. Da die Verschmelzungsprüfung gemäß § 122l UmwG bezüglich des übernehmenden Rechtsträgers beide Stufen der Rechtmäßigkeitsprüfung umfasst, ist aufgrund der Identität der Prüfungsstelle die Erteilung einer Verschmelzungsbescheinigung des übernehmenden Rechtsträgers entbehrlich, da sich das Registergericht letztlich eine vorrangig für sich selbst bestimmte Erklärung ausstellen würde.[767]

cc) Anmeldung, einzureichende Unterlagen und Erklärungen

203 Die Verschmelzung ist gemäß § 122l I UmwG im Falle der **Verschmelzung durch Aufnahme** durch die Vertretungsorgane der übernehmenden deutschen Gesellschaft zur Eintragung beim Register des Amtsgerichts des Sitzes der Gesellschaft[768] anzumelden. Bei der Verschmelzung durch **Neugründung** bedarf es hingegen einer Anmeldung durch die Organe aller verschmelzenden Gesellschaften.[769] Ausreichend ist dabei das Handeln durch eine vertretungsberechtigte Anzahl von Organmitgliedern.[770] Für die Anmeldung ist die öffentlich beglaubigte Form erforderlich.[771]

---

[766] Die Umsetzung von Art. 10 II IntVerschmRL, der eine Verschmelzungsbescheinigung für jeden Rechtsträger vorsieht ist insoweit hinsichtlich des übernehmenden deutschen Rechtsträgers nicht erfolgt. Da jedoch die Rechtmäßigkeitsprüfung gemäß Art. 10 und Art. 11 IntVerschmRL von dem gleichen Registergericht durchgeführt wird, wäre eine derartige Pflicht reine „Förmelei", da einziger Zweck der Verschmelzungsbescheinigung die Vorlage beim Registergericht der übernehmenden Gesellschaft, dh das mit der ausstellenden deutsche Registergericht identisches Registergericht wäre. Näher zur Frage der Richtlinienkonformität der deutschen Regelung; *Bayer* in Lutter UmwG § 122k Rn. 6 mwN; *Kiem* in Habersack/Drinhausen SE-Recht § 122l UmwG Rn. 2; *Drinhausen* in Semler/Stengel UmwG § 122k Rn. 5 f.
[767] *Bayer* in Lutter UmwG § 122k Rn. 6 mwN; *Kiem* in Habersack/Drinhausen SE-Recht § 122l UmwG Rn. 2; Ausnahmen sind denkbar im Falle der Sitzverlegung während des Verfahrens.
[768] Vgl. § 122l I 1 UmwG.
[769] Vgl. § 122l I 2 2. Alt. UmwG; vgl. BegrRegE, BR-Drucksache 548/06, 39; *Bayer* in Lutter UmwG § 122l Rn. 4.
[770] Vgl. *Drinhausen* in Semler/Stengel UmwG § 122l Rn. 3.
[771] Der Nachweis der Vertretungsberechtigung des ausländischen Rechtsträgers kann durch Registerauszug oder notarielle Bescheinigung – ggf. mit Apostille –

§ 13. Verschmelzung von KapGes versch. Mitgliedstaaten § 13

Mit der Anmeldung einer Verschmelzung durch Aufnahme sind folgende Unterlagen einzureichen: 204
- der gemeinsame Verschmelzungsplan,[772]
- die Verschmelzungsbescheinigungen aller **übertragenden** Gesellschaften, die jeweils nicht älter als sechs Monate sein dürfen, [773] in deutscher Übersetzung und durch Apostille legalisiert,[774]
- die Niederschrift der Verschmelzungsbeschlüsse der Anteilsinhaberversammlung aller **übertragenden** Gesellschaften in deutscher Fassung,[775]
- die Vereinbarungen über die Beteiligung der Arbeitnehmer oder der Nachweis über Nichtaufnahme oder Abbruch der Verhandlungen über die Arbeitnehmermitbestimmung,[776] soweit einschlägig,
- alle gemäß § 122a II iVm § 17 UmwG[777] einzureichenden Unterlagen hinsichtlich der **übernehmenden**[778] Gesellschaft:[779] die Niederschrift des Verschmelzungsbeschlusses, der Verschmelzungsbericht sowie der Nachweis über das fristgerechte Zugänglichmachen, der Verschmelzungsprüfungsbericht (oder entsprechende Verzichtserklärungen), ggf. die erforderliche Zustimmungserklärungen einzelner Anteilsinhaber, ggf. erforderliche staatliche Genehmigungen;
- der Nachweis über die ordnungsgemäße Bekanntmachung des Verschmelzungsplans des übernehmenden Rechtsträgers gemäß § 122d UmwG, soweit nicht vom Registergericht vorgenommen;
- die gemäß §§ 122a II, 16 II UmwG **erforderliche Negativerklärung** hinsichtlich der **übernehmenden** Gesellschaft,[780] bzw. soweit eine Anfechtungsklage gegen den Verschmelzungsbeschluss erhoben wurde, ein Gerichtsbeschluss im Unbedenklichkeitsverfahren;[781]

---

erfolgen; vgl. *Bayer* in Lutter UmwG § 122l Rn. 4; *Kiem* in Habersack/Drinhausen SE-Recht § 122l UmwG Rn. 3; *Drinhausen* in Semler/Stengel UmwG § 122l Rn. 3.
[772] Vgl. § 122l I 2 UmwG; vgl. → Rn. 51 ff.
[773] Die Frist beginnt mit Erteilung der Bescheinigung für die jeweilige Gesellschaft; *Bayer* in Lutter UmwG § 122l Rn. 7. Bei Verzögerung durch Anfechtungsklagen bei einem übertragenden Rechtsträger kann uU eine erneute Ausstellung hinsichtlich des anderen Rechtsträgers erforderlich sein.
[774] Vgl. *Bayer* in Lutter UmwG § 122l Rn. 7; *Kiem* in Habersack/Drinhausen SE-Recht § 122l UmwG Rn. 5.
[775] Vgl. *Kiem* in Habersack/Drinhausen SE-Recht § 122l UmwG Rn. 5, 10; vgl. → Rn. 205.
[776] Vgl. § 122l I 2 UmwG; vgl. → Rn. 210.
[777] Vgl. insoweit die Ausführungen zur Anmeldung gemäß § 122k UmwG → Rn. 189.
[778] Hinsichtlich der übertragenden Gesellschaft sind diese Unterlagen gemäß § 122l I 3 Halbs. 2 UmwG nicht erforderlich.
[779] Vgl. → § 9 Rn. 308 ff.
[780] Die Erklärung hinsichtlich des übertragenden Rechtsträgers ist gemäß § 122l I 3 Halbs. 2 UmwG nicht erforderlich.
[781] Vgl. zur entsprechenden Lage bei der übertragenden Gesellschaft → Rn. 187; jedoch ist die Ausnahme hinsichtlich des Spruchverfahrens nicht bei der übernehmenden Gesellschaft einschlägig.

Gutkès

§ 13 4. Teil. Grenzüberschreitende Verschmelzungen

— eine Niederschrift des **Bestätigungsbeschlusses** der übernehmenden Gesellschaft im Falle eines Verschmelzungsbeschlusses unter Vorbehalt der Bestätigung des Mitbestimmungssystems.[782]

205 Mit Ausnahme des **Verschmelzungsplans** sind grundsätzlich gemäß § 122l I 3 Halbsatz 2 UmwG[783] keine weiteren Unterlagen einzureichen oder Erklärungen abzugeben, denn insoweit ist die Verschmelzungsbescheinigung verbindlich.[784] Gleichwohl wird von der nunmehr hM im Schrifttum für erforderlich erachtet, dass zudem eine **Niederschrift des Zustimmungsbeschlusses der übertragenden Gesellschaft** einzureichen ist, damit das Registergericht seinem Prüfungsauftrag nachkommen kann.[785] Begründet wird dies damit, dass das Registergericht seinem Prüfungsauftrag durch Vorlage des Verschmelzungsplans und der Verschmelzungsbescheinigung nicht nachkommen könne, da sich hieraus nicht ergibt, ob alle Anteilsinhaber einem **gleichlautenden** Verschmelzungsplan zugestimmt haben.[786] Dem ist im Ergebnis zuzustimmen.[787]

dd) Umfang der Registerprüfung, § 122l II UmwG

206 (1) **Erster Schritt der Registerkontrolle** beim übernehmenden deutschen Rechtsträger. Der Umfang der im Rahmen von § 122l UmwG durchzuführenden Registerprüfung erstreckt sich zunächst auf die Ordnungsmäßigkeit der Verschmelzung im Hinblick auf die übernehmende Gesellschaft. Im Rahmen des **ersten Prüfungsschritts**[788] sind insoweit die Voraussetzungen der Verschmelzung zu untersuchen,[789] dh die gesamten **Verfahrensschritte** in Vorbereitung der Verschmelzung beim **übernehmenden deutschen Rechtsträger**.[790] Für diesen ist zwar im deutschen Recht keine Verschmelzungsbescheinigung vorgesehen, da die Ausstellung einer derartigen Bescheinigung als reine „Förmelei" betrachtet wurde. Das Registergericht prüft jedoch hinsichtlich des übernehmenden deutschen Rechtsträgers die **ordnungsgemäße Vorberei-

---

[782] Vgl. § 122g II UmwG; vgl. → Rn. 159 f.
[783] §§ 16 II, III und 17 UmwG finden auf die übertragenden Gesellschaften keine Anwendung.
[784] Vgl. *Bayer* in Lutter UmwG § 122l Rn. 9; vgl. näher → Rn. 209.
[785] Vgl. *Hörtnagl* in Schmitt/Hörtnagl/Stratz UmwG § 122l Rn. 7; *Kiem* in Habersack/Drinhausen SE-Recht § 122l UmwG Rn. 5, 10; *Kiem* WM 2006 S. 1091 (1099); *Drinhausen* in Semler/Stengel UmwG § 122l Rn. 8; für die SE-Verschmelzung *Schäfer* in MünchKomm AktG § 26 SE-VO Rn. 8, 10; *Oechsler* in MünchKomm AktG Art. 26 SE-VO Rn. 8.
[786] Vgl. → Rn. 211.
[787] Es erfolgt eine formale Prüfung; vgl. näher →Rn. 209; aA noch Vorauflage.
[788] Vgl. zu den beiden Prüfungsschritten der Verschmelzungsprüfung → Rn. 199 f.
[789] Vgl. hierzu ausführlich → Rn. 192.
[790] Vgl. *Bayer* in Lutter UmwG § 122l Rn. 16. Soweit eine neue deutsche Gesellschaft gegründet wurde sind die gesamten rechtsformspezifischen Gründungsvoraussetzungen hinsichtlich der Gründung der neuen Gesellschaft zu prüfen. Vgl. näher zur Verschmelzung durch Neugründung → Rn. 231 ff.

§ 13. Verschmelzung von KapGes versch. Mitgliedstaaten § 13

tung und **Durchführung der Verschmelzungsschritte** (Erstellung Verschmelzungsplan, Bekanntmachung, Verschmelzungsbericht, Verschmelzungsprüfung und Verschmelzungsprüfungsbericht, Vorbereitung und Durchführung des Verschmelzungsbeschlusses etc.) im Rahmen der gemäß Art. 10 I IntVerschmRL erforderlichen Kontrolle. Der im Rahmen von § 122l UmwG erforderliche Prüfungsumfang hinsichtlich des **übernehmenden** deutschen Rechtsträgers ist im ersten Prüfungsschritt mit demjenigen des § 122k UmwG quasi identisch.[791]

(2) **Keine Kontrolle** der Verschmelzungsschritte des übertragenden ausländischen Rechtsträgers. Hinsichtlich des **übertragenden Rechtsträgers** hat das Registergericht nicht die Verschmelzungsschritte zu überprüfen. Dem übertragenden Rechtsträger wurde hinsichtlich der Rechtmäßigkeit dieser Verfahrensschritte gemäß Art. 10 II eine Verschmelzungsbescheinigung ausgestellt.[792] Selbst soweit Bedenken hinsichtlich der Rechtmäßigkeit des Verschmelzungsverfahrens des übertragenden ausländischen Rechtsträgers vorgebracht werden sollten, ist es dem Registergericht aufgrund der **Bindungswirkung der Verschmelzungsbescheinigung** verwehrt, die Rechtmäßigkeit des Verschmelzungsverfahrens des übertragenden ausländischen Rechtsträgers einer erneuten Prüfung zu unterziehen.[793] Dies entspricht der gesetzlichen Regelungssystematik des EU-Gesetzgebers. Alle Verfahrensschritte hinsichtlich Vorbereitung und Durchführung des Verschmelzungsbeschlusses werden vom jeweils nationalen Gesetzgeber des Gesellschaftsstatuts der verschmelzenden Gesellschaften abschließend geregelt. 207

(3) **Zweiter Schritt der Registerkontrolle** beim übernehmenden deutschen Rechtsträger. Darüber hinaus umfasst die Registerprüfung den zweiten Schritt der Registerkontrolle,[794] die Überprüfung der Rechtmäßigkeit der Durchführung der grenzüberschreitenden Verschmelzung hinsichtlich aller verschmelzenden Gesellschaften auf der Grundlage der ausgestellten **Verschmelzungsbescheinigungen**. Die Prüfung ist in Anbetracht der Verbindlichkeit der Verschmelzungsbescheinigung nur noch eine **formale Kontrolle**. Sie bezieht sich darauf, ob die Verschmelzungsbescheinigung von der zuständigen Stelle ausgestellt wurde und die Anmeldung innerhalb der Sechs-Monats-Frist[795] erfolgte.[796] 208

Im Rahmen des zweiten Prüfungsschritts ist zum einen zu untersuchen, ob die verschmelzenden Gesellschaften einem **gemeinsamen gleichlautenden Verschmelzungsplan** zugestimmt haben.[797] Das 209

---
[791] Vgl. → Rn. 192.
[792] Vgl. → Rn. 195.
[793] Vgl. *Bayer* in Lutter UmwG § 122l Rn. 19 mwN.
[794] Vgl. Art. 11 II IntVerschmRL.
[795] Vgl. § 122l I 3 UmwG.
[796] Vgl. *Bayer* in Lutter UmwG § 122l Rn. 20.
[797] Vgl. § 122l II 1. Alternative UmwG in Umsetzung von Art. 11 II 2 und Art. 16 III IntVerschmRL iVm Art. 12 SE-VO; dazu *Bayer* in Lutter UmwG § 122l Rn. 14 mwN.

Gutkès 867

§ 13 4. Teil. Grenzüberschreitende Verschmelzungen

Registergericht prüft die Identität der beschlossenen Verschmelzungspläne anhand des Verschmelzungsplans, der Verschmelzungsbescheinigung(en) und der Beschlüsse der Anteilsinhaber aller beteiligten Gesellschaften, dh auch des Verschmelzungsbeschlusses der übertragenden ausländischen Gesellschaft.[798] Das Registergericht prüft in diesem Rahmen **lediglich formal,** ob ein Verschmelzungsplan vorliegt und ob dieser in beiden Rechtsordnungen identisch ist. Die Wirksamkeit des Zustimmungsbeschlusses des übertragenden Rechtsträgers kann nicht erneut überprüft werden, da dies durch die bindende Verschmelzungsbescheinigung gedeckt ist.[799]

210 Das Registergericht hat zudem zu prüfen, ob eine wirksame Vereinbarung über die **Mitbestimmung der Arbeitnehmer** geschlossen wurde.[800] Einzelheiten sind in diesem Zusammenhang streitig. Das Registergericht prüft zunächst anhand der eingereichten Unterlagen, ob eine Verhandlungspflicht iSv § 5 MgVG vorlag.[801] Dabei kann es sich auf die Angaben der Anmeldenden stützen.[802] In der Praxis kann auch auf entsprechende Angaben im Verschmelzungsbericht verwiesen werden. Besteht eine derartige Verhandlungspflicht und **wurde eine Vereinbarung mit den Arbeitnehmern geschlossen,** so erstreckt sich die Registerkontrolle nach wohl hM auch auf die ordnungsgemäße Durchführung des Verfahrens zur Beteiligung der Arbeitnehmer.[803] Die Registerkontrolle hinsichtlich der vorgelegten Vereinbarung über die Mitbestimmung der Arbeitnehmer ist eine rein formale Kontrolle.[804] Sie erfolgt anhand der im Rahmen der Anmeldung der Verschmelzung beigebrachten Unterlagen. Besteht eine Verhandlungspflicht iSv § 5

---

[798] So *Kiem* in Habersack/Drinhausen SE-Recht § 122l UmwG Rn. 5, 10; *Kiem* WM 2006 S. 1091 (1099); *Drinhausen* in Semler/Stengel UmwG § 122l Rn. 8; *Simon/Rubner* in Kölner Kommentar UmwG § 122l Rn. 11; für die SE-Verschmelzung *Schäfer* in MünchKomm AktG Art. 26 SE-VO Rn. 8, 10; *Oechsler* in MünchKomm AktG Art. 26 SE-VO Rn. 8.

[799] Eine restriktive Auslegung hinsichtlich der Reichweite dieses Prüfungsabschnitts befürwortend *Bayer* in Lutter UmwG § 122h Rn. 7, 19; *Kiem* in Habersack/Drinhausen SE-Recht § 122l UmwG Rn. 5, 10; *Drinhausen* in Semler/Stengel UmwG § 122l Rn. 11; *Simon/Rubner* in Kölner Kommentar UmwG § 122l Rn. 11; ebenso wohl *Frenzel* S. 383 f.

[800] Vgl. § 122l II 2. Alternative in Umsetzung zu Art. 11 I 2 IntVerschmRL; für eine Kontrolle des formal ordnungsgemäßen Abschlusses *Drinhausen* in Semler/Stengel UmwG § 122l Rn. 13; vgl. zur Vereinbarung über die Beteiligung der Arbeitnehmer näher → Rn. 259.

[801] Vgl. *Bayer* in Lutter UmwG § 122l Rn. 15 mwN; *Schubert* RdA 2007 S. 15.

[802] So *Kiem* in Habersack/Drinhausen SE-Recht § 122l UmwG Rn. 12.

[803] Die Verhandlungen haben den Grundsätzen des Art. 16 III IntVerschmRL zu entsprechen. Vgl. *Bayer* in Lutter UmwG § 122l Rn. 15; *Kiem* in Habersack/Drinhausen SE-Recht § 122l UmwG Rn. 11; *Simon/Rubner* in Kölner Kommentar UmwG § 122l Rn. 15 f.; *Oetker* in Erfurter Kommentar zum Europäischen Arbeitsrecht RL 2006/56/EG Art. 16 Rn. 21; *Frenzel* S. 383 f.; aA *Hörtnagl* in Schmitt/Hörtnagl/Stratz UmwG § 122l Rn. 12.

[804] Vgl. näher → Rn. 328.

§ 13. Verschmelzung von KapGes versch. Mitgliedstaaten   § 13

MgVG, wurde jedoch keine Mitarbeitervereinbarung geschlossen, so ist zu prüfen, ob die Voraussetzungen der gesetzlichen Auffanglösung gemäß § 23 MgVG greifen oder das besondere Verhandlungsgremium den Abbruch der Verhandlungen gemäß § 18 MgVG beschlossen hat.[805] Im Rahmen der Anmeldung der Verschmelzung sind entsprechende Unterlagen beizubringen. Haben die Leitungsorgane beispielweise von der Wahl der Auffanglösung gemäß § 23 I Nr. 3 MgVG Gebrauch gemacht, so kann eine Niederschrift gemäß § 19 MgVG vorgelegt werden.[806] Gleiches gilt, soweit das Verhandlungsverfahren vom BVG abgebrochen wurde. Endete das Verhandlungsverfahren durch Zeitablauf gemäß § 23 I 1 Nr. 2, so kann der Beginn der Verhandlungsfrist durch Vorlage der Einladung zur konstituierenden Sitzung des BVG nachgewiesen werden.

Die Prüfungskompetenz des Registergerichts besteht unabhängig von der Frage, ob sich die Arbeitsgerichte mit Fragen des Verfahrens zur Arbeitnehmerbeteiligung zu befassen hat.[807] Eine Abgrenzung zur Prüfungskompetenz der Arbeitsgerichte erfolgt insoweit nicht.[808] Die Prüfung des Registergerichts erstreckt sich auch auf die Übereinstimmung der anzuwendenden Mitbestimmungsregelung mit der **Satzung** der übernehmenden Gesellschaft.[809] Im Falle des Widerspruchs stellt dies ein absolutes Eintragungshindernis dar.[810] Es hat eine Satzungsänderung durch Beschlussfassung der Anteilsinhaber zu erfolgen. Diese haben die Satzung anzupassen.[811] Es besteht hingegen nach nunmehr wohl hM keine Anpassungspflicht.[812]

d) Anfechtung des Gesellschafterbeschlusses während des Registerverfahrens

Wird während des Registerverfahrens im Falle der **Hinausverschmelzung** eine **Anfechtungsklage**[813] gegen den Verschmelzungs-

---

[805] *Kiem* in Habersack/Drinhausen SE-Recht § 122l UmwG Rn. 11; *Hörtnagl* in Schmitt/Hörtnagl/Stratz UmwG § 122l Rn. 12
[806] *Kiem* in Habersack/Drinhausen SE-Recht § 122l UmwG Rn. 12.
[807] Zur Kompetenz der Arbeitsgerichte im Rahmen des MgVG *Oetker* in Erfurter Kommentar zum Europäischen Arbeitsrecht RL 2006/56/EG Art. 16 Rn. 42.
[808] AA *Kiem* in Habersack/Drinhausen SE-Recht § 122l UmwG Rn. 13; hiergegen zu Recht *Schäfer* in MünchKomm AktG Art. 12 SE-VO Rn. 7.
[809] Vgl. *Bayer* in Lutter UmwG § 122l Rn. 15; *Kiem* in Habersack/Drinhausen SE-Recht § 122l UmwG Rn. 14; *Hörtnagl* in Schmitt/Hörtnagl/Stratz UmwG § 122l Rn. 7.
[810] *Oetker* in Erfurter Kommentar zum Europäischen Arbeitsrecht RL 2006/56/EG Art. 16 Rn. 23 mwN; *Kiem* in Habersack/Drinhausen SE-Recht § 122l UmwG Rn. 14.
[811] Vgl. § 22 IV MgVG in Umsetzung zu Art. 16 III IntVerschmRL iVm Art. 12 IV SE-VO.
[812] Vgl. für das SE-Recht *Schäfer* in MünchKomm AktG Art. 12 SE-VO Rn. 10 f.; *Kiem* in Habersack/Drinhausen SE-Recht § 122l UmwG Rn. 14 mwN; aA *Thüsing/Forst* in Habersack/Drinhausen SE-Recht § 22 MgVG Rn. 45 ff.

§ 13   4. Teil. Grenzüberschreitende Verschmelzungen

beschluss der übertragenden deutschen Gesellschaft erhoben, so ist gemäß §§ 122k I 2, 16 II 2 UmwG die Erteilung der **Verschmelzungsbescheinigung** grundsätzlich **ausgeschlossen**. Sie bewirkt eine **Registersperre**,[814] die ebenso wie im innerstaatlichen Recht[815] lediglich durch den Verzicht der Anteilsinhaber[816] oder nach erfolgreichem Abschluss eines Freigabevergabens überwunden werden kann.[817] Die Anfechtungsklage ist **ausgeschlossen,** soweit sie zum einen ausschließlich darauf gestützt wird, dass das **Umtauschverhältnis** unangemessen sei und zum anderen das **Spruchverfahren**[818] **gemäß § 122h UmwG Anwendung** findet.[819] Nach Ausstellung der Verschmelzungsbescheinigung kommt die Sperrwirkung der Anfechtungsklage hingegen nicht mehr in Betracht;[820] etwaige Fehler können nur noch in dem Rahmen geltend gemacht werden, wie dies auch nach Eintragung der Verschmelzung zulässig ist.[821] Im Falle der **Hereinverschmelzung** stellt eine Anfechtungsklage gegen den ausländischen Rechtsträger kein Eintragungshindernis dar. Das Registergericht hat sich ausschließlich davon zu überzeugen, dass eine wirksame Verschmelzungsbescheinigung vorliegt. Erheben jedoch Anteilsinhaber der **übernehmenden** deutschen Gesellschaft Anfechtungsklage, so bewirkt dies eine Registersperre, die ebenso wie im innerstaatlichen Recht lediglich durch den Verzicht der Anteilsinhaber[822] oder aufgrund eines erfolgreichen Freigabeverfahrens überwunden werden kann.[823]

e) Eingeschränkte Anwendbarkeit des Spruchverfahrens

213   (1) Allgemeines zum Minderheitenschutz. Bei einer innerstaatlichen Verschmelzung können Minderheitsgesellschafter des übertragenden Rechtsträgers ihre Ansprüche zur Verbesserung des Umtauschverhältnisses in einem Spruchverfahren geltend machen.[824] Dieses Verfahren ist eine der Ausprägungen des deutschen **Minderheitenschutzes bei Strukturmaßnahmen**, soll jedoch auch dem Umwandlungsverfahren ein beträchtliches Störpotenzial nehmen.[825] Bei grenzüberschreitenden Verschmelzungen ist

---

[813] Vgl. → § 3 Rn. 18 ff.
[814] Vgl. *Bayer* in Lutter UmwG § 122k Rn. 14 spricht von einer Bescheinigungssperre.
[815] Vgl. → § 3 Rn. 20 ff.; insbesondere zum Freigabeverfahren nach ARUG; ebenso → § 9 Rn. 57.
[816] Vgl. § 122k I 2 iVm § 16 II 2 2. Halbsatz UmwG.
[817] Vgl. § 122k I 2, § 16 III UmwG; vgl. hierzu *Bayer* in Lutter UmwG § 122k Rn. 14.
[818] Vgl. näher zum Spruchverfahren im innerstaatlichen Recht → § 3 Rn. 24 ff.
[819] → Rn. 213 ff.
[820] Vgl. zur vergleichbaren Rechtslage bei der SE *Schäfer* in MünchKomm AktG Art. 25 SE-VO Rn. 8.
[821] Vgl. → Rn. 230; sowie *Schäfer* in MünchKomm AktG Art. SE-VO Art. 30 Rn. 3.
[822] Vgl. § 122a iVm § 16 II 2 2. Halbsatz UmwG.
[823] Vgl. § 122a II iVm § 16 III UmwG; *Bayer* in Lutter UmwG § 122l Rn. 11.
[824] §§ 14 f und 29 ff. UmwG zur Barabfindung; → § 3 Rn. 24 ff.
[825] Vgl. → § 3 Rn. 24 ff.

§ 13. Verschmelzung von KapGes versch. Mitgliedstaaten **§ 13**

weder ein Schutz der gegen die Verschmelzung stimmenden Minderheitsgesellschafter zwingend in der IntVerschmRL vorgesehen[826] noch ein Verfahren zur Verbesserung des Umtauschverhältnisses **obligatorisch.** Vielmehr steht beides zur Wahl der Mitgliedstaaten, die insoweit zum Erlass derartiger **minderheitsschützender Regelungen ermächtigt** wurden.[827] Vom Optionsrecht, ein Verfahren zur Verbesserung des Umtauschverhältnisses zu etablieren, wurde nur in wenigen Mitgliedstaaten Gebrauch gemacht.[828]

Der deutsche Gesetzgeber hat dem innerstaatlichen Recht entsprechend auch bei der grenzüberschreitenden Verschmelzung umfassenden Minderheitenschutz durch Anspruch auf Verbesserung des Barabfindungsangebots[829] und Anspruch auf Verbesserung des Umtauschverhältnisses im Spruchverfahren[830] gewährt.[831] Die innerstaatliche Regelung zur **Verbesserung des Umtauschverhältnisses im Spruchverfahren** ist jedoch mangels vergleichbarer Regeln in vielen Mitgliedstaaten gemäß § 122h I UmwG bei der grenzüberschreitenden Verschmelzung **nur eingeschränkt anwendbar.**[832] So ist ein Spruchverfahren bei grenzüberschreitenden Verschmelzungen nur in **zwei Fällen** möglich, die getrennt für den Fall der Hinein- und Hinausverschmelzung geregelt wurden. **214**

(2) Spruchverfahren im Falle der Hinausverschmelzung. Die Minderheitsgesellschafter des deutschen **übertragenden**[833] Rechtsträgers können ihr Umtauschverhältnis im Spruchverfahren kontrollieren und ändern lassen, wenn gemäß § 122h I UmwG entweder die andere an der grenzüberschreitenden Verschmelzung beteiligte Rechtsordnung ein solches Verfahren zur Kontrolle und Änderung des Umtauschverhältnisses kennt oder, falls dies nicht der Fall sein sollte, die **Anteilsinhaber des übernehmenden ausländischen Rechtsträgers** ausdrücklich im Verschmelzungsbeschluss der Durchführung eines solchen Verfahrens nach deutschem Recht **zustimmen.**[834] Nur unter diesen eingeschränkten Voraussetzungen ist ein Klageausschluss gemäß § 14 UmwG und der Anspruch auf Verbesserung des Umtauschverhältnisses gemäß § 15 **215**

---

[826] Verbindlich ist demgegenüber der Minderheitenschutz durch Informations- und Publizitätspflichten; → Rn. 52, 103, 113, 125.
[827] Vgl. Art. 4 II 2 IntVerschmRL. Zum Reformbedarf → § 12 Rn. 27.
[828] So zB neben Deutschland Österreich und Portugal, vgl. *Frenzel* S. 318.
[829] Vgl. § 122i II UmwG; → Rn. 95.
[830] Vgl. §§ 122a II, 15 iVm § 122h UmwG.
[831] Kritisch zur Ausgestaltung des deutschen Minderheitenschutzsystem eingehend *Bayer* in Lutter UmwG § 122h Rn. 2 ff.; *Kiem* in Habersack/Drinhausen SE-Recht § 122h UmwG Rn. 4 f.
[832] Auch das Spruchverfahren zur Überprüfung einer Barabfindung gilt gemäß § 122i II UmwG nur eingeschränkt.
[833] Da bis zum heutigen Tage auch innerstaatlich keine Überprüfung des Umtauschverhältnisses der Anteilsinhaber des übernehmenden Rechtsträgers zulässig ist, wurde der Anwendungsbereich von § 122h UmwG insoweit konsequent auf den Fall der deutschen übertragenden Gesellschaft beschränkt.
[834] § 122h I UmwG.

§ 13   4. Teil. Grenzüberschreitende Verschmelzungen

UmwG gegeben. Liegen die Voraussetzungen des § 122h I UmwG nicht vor, so kann eine Anfechtungsklage gegen den Umwandlungsbeschluss mit der Begründung erfolgen, dass das Umtauschverhältnis unzureichend ist. Vergleichbares gilt gemäß § 122i II UmwG hinsichtlich der gerichtlichen Überprüfung der etwaigen Barabfindung.[835] Aus Sicht der Leitung des Unternehmens hat das Spruchverfahren den Vorteil, dass der Verschmelzungsbeschluss nicht mit dem Argument angefochten werden kann, dass das Umtauschverhältnis unverhältnismäßig sei. Das Risiko, dass sich die Eintragung der Verschmelzung durch eine Anfechtung verzögert, wird hierdurch erheblich vermindert. Es verbleibt jedoch für die übernehmende Gesellschaft das **Risiko eines Liquiditätsabflusses**. Die Bereitschaft, dass sich die ausländische Gesellschaft mit dem Spruchverfahren einverstanden erklärt, dürfte ua auch deshalb gering sein, da keine Verschlechterungsmöglichkeit für die klagenden Minderheitsgesellschafter besteht.[836]

216 Soweit die Rechtsordnung eines **ausländischen** Rechtsträgers ein **Spruchverfahren** vorsieht, muss dies demjenigen der deutschen Rechtsordnung **vergleichbar** sein. Insbesondere muss es sich um ein staatliches Verfahren vor einem Gericht oder einer Behörde handeln, die Überprüfung muss nachträglich sein und auch im konkreten Sachverhalt eröffnet sein.[837] Diese Voraussetzungen sind derzeit lediglich in Österreich gegeben.[838] Besteht hingegen in der Rechtsordnung des übernehmenden Rechtsträgers kein Spruchverfahren, so kommt die Anwendung des Spruchverfahrens nur in Betracht, wenn die Anteilsinhaber der ausländischen Gesellschaft dem Spruchverfahren zustimmen. Hinsichtlich der **Wirksamkeitsvoraussetzungen** eines derartigen Zustimmungsbeschlusses geht die wohl hM davon aus, dass in richtlinienkonformer Auslegung von Art. 10 III IntVerschmRL[839] die **Zustimmung nicht zwingend mit der Abstimmung über den Verschmelzungsplan verbunden** sein muss, sondern auch eine isolierte Beschlussfassung genügt.[840] Die **Beschlussfassung** erfolgt in Übereinstimmung mit den Anforderungen des innerstaatlichen Rechts[841] der jeweils betroffenen

---

[835] Vgl. näher *Bayer* in Lutter UmwG § 122i Rn. 20 ff.
[836] Zu Recht kritisch *Kiem* in Habersack/Drinhausen SE-Recht § 122h UmwG Rn. 4 f.
[837] Vgl. *Kiem* in Habersack/Drinhausen SE-Recht § 122h UmwG Rn. 7.
[838] Vgl. *Kiem* in Habersack/Drinhausen SE-Recht § 122h UmwG Rn. 7.
[839] Der Zustimmungsbeschluss muss „bei der Zustimmung" zum Verschmelzungsplan erfolgen.
[840] Vgl. *Bayer* in Lutter UmwG § 122h Rn. 11; vgl. *Kiem* in Habersack/Drinhausen SE-Recht § 122h UmwG Rn. 8.
[841] In Umsetzung von Art. 10 III der IntVerschmRL. Soweit im Schrifttum inhaltliche Vorgaben hinsichtlich des erforderlichen Mehrheitsverhältnisses der Beschlussfassung des ausländischen Rechtsträgers erörtert werden (vgl. *Bayer* in Lutter UmwG § 122h Rn. 12 mwN), steht dies im Widerspruch zum Prinzip der Zuständigkeit des jeweils nationalen Gesetzgebers für die Wirksamkeitsvoraussetzungen von Verschmelzungsbeschlüssen.

§ 13. Verschmelzung von KapGes versch. Mitgliedstaaten § 13

ausländischen Rechtsordnung, deren Gesellschaft an der grenzüberschreitenden Verschmelzung beteiligt ist.[842]

Liegen die Voraussetzungen des § 122h I UmwG vor, so haben die **Anteilsinhaber der übertragenden deutschen Gesellschaft** einen **Anspruch gegen die übernehmende Gesellschaft**[843] auf **bare Zuzahlung**.[844] Im Gegenzug wird die Klage gegen den Verschmelzungsbeschluss insoweit ausgeschlossen, als sie sich auf die Angemessenheit des Umtauschverhältnisses bezieht.[845] Dieser Anspruch ist durch Einleitung eines Spruchverfahrens nach dem SpruchG geltend zu machen.[846] Soweit das Recht der an der Verschmelzung beteiligten anderen Gesellschaften kein Verfahren zur Verbesserung des Umtauschverhältnisses vorsieht, sind die deutschen Gerichte mittelbar aus Art. 10 III 1, 4 IntVerschmRL für dieses Verfahren **international zuständig**.[847] Durchzuführen ist das Spruchverfahren beim zuständigen Landgericht der übertragenden deutschen Gesellschaft.[848] Im Falle der Durchführung eines Spruchverfahrens richtet sich die Durchführung nach den Bestimmungen des SpruchG. Gesellschafter des übernehmenden ausländischen Rechtsträgers, die nicht antragsberechtigt sind, haben das Recht gemäß § 6c SpruchG einen gemeinsamen Vertreter zu bestellen.[849] **Umstritten** ist, inwieweit auch denjenigen Gesellschaftern ein Anspruch auf Verbesserung des Umtauschverhältnisses zu gewähren ist, die keinen Widerspruch gegen den Verschmelzungsbeschluss eingelegt haben. Die wohl hM im Schrifttum

217

---

[842] Vgl. ebenso *Drinhausen* in Semler/Stengel UmwG § 122h Rn. 6; *Kiem* in Habersack/Drinhausen SE-Recht § 122h UmwG Rn. 8. Ebenso wie die Frage des Bestätigungsvorbehalts hinsichtlich der Mitbestimmung müssen wohl auch hier die Beschlussregeln nicht denjenigen des Verschmelzungsbeschlusses selbst unterworfen sein; aA *Bayer* in Lutter UmwG § 122h Rn. 12; *Simon/Rubner* in Kölner Kommentar UmwG § 122h Rn. 8.
[843] *Bayer* in Lutter UmwG § 122h Rn. 17; *Drinhausen* in Semler/Stengel UmwG § 122h Rn. 9.
[844] Ein Ausgleich in Aktien ist unzulässig, vgl. auch *Bayer* in Lutter UmwG § 122h Rn. 16 mwN. Die bare Zuzahlung ist gemäß § 15 II 1 mit jährlich 2 Prozentpunkten über dem Basiszinssatz zu verzinsen; vgl. näher *Bayer* in Lutter UmwG § 122h Rn. 19.
[845] Vgl. *Bayer* in Lutter UmwG § 122h Rn. 13 ff. mwN; *Kiem* in Habersack/Drinhausen SE-Recht § 122h UmwG Rn. 10 (dort näher zum Umfang der Präklusion).
[846] Vgl. § 122a II iVm § 15 I 2 UmwG.
[847] Vgl. *Bayer* in Lutter UmwG § 122h Rn. 21, soweit die ausländische Rechtsordnung kein Spruchverfahren kennt. Besteht hingegen im ausländischen Recht ebenfalls ein Spruchverfahren, so wohl derzeit nur in Österreich, ist die rechtliche Begründung der Zuständigkeit umstritten. Für eine Zuständigkeit deutscher Gerichte nach § 5 I EuGVVO *Kiem* in Habersack/Drinhausen SE-Recht § 122h UmwG Rn. 9; für eine Zuständigkeit aufgrund von Art. 24 Nr. 2 EuGVVO *Bayer* in Lutter UmwG § 122h Rn. 22 mwN.
[848] Vgl. *Kiem* in Habersack/Drinhausen SE-Recht § 122h UmwG Rn. 9 mwN zum Meinungsstand zur rechtlichen Begründung.
[849] Vgl. näher *Simon/Rubner* in Kölner Kommentar UmwG § 122h Rn. 23 ff.; *Bayer* in Lutter UmwG § 122h Rn. 23.

§ 13   4. Teil. Grenzüberschreitende Verschmelzungen

geht zu Recht davon aus, dass aus systematischen und teleologischen Gründen ein **Widerspruch gegen den Verschmelzungsbeschluss** – anders als beim Anspruch auf Barabfindung[850] – **nicht Voraussetzung des Schutzes durch Verbesserung des Umtauschverhältnisses** ist.[851] Dem entspricht auch die in § 13 SpruchG angeordnete **inter-omnes-Wirkung,** dh die umfassende Bindungswirkung auch für und gegen Anteilsinhaber, die am Verfahren nicht beteiligt waren.[852] Soweit ein **Anspruch auf bare Zuzahlung** besteht, richtet sich dieser **gegen die ausländische übernehmende Gesellschaft.**[853] Seine Durchsetzung wird nicht durch die Anwendung etwaiger Kapitalerhaltungsvorschriften der Rechtsordnung des übernehmenden Rechtsträgers begrenzt, sondern zeitlich lediglich hinausgeschoben.[854]

218   (3) **Spruchverfahren im Falle der Hereinverschmelzung.** Das Spruchverfahren ist im Falle der Hereinverschmelzung zulässig, wenn die Rechtsordnung des übertragenden Rechtsträgers ein Verfahren zur Verbesserung des Umtauschverhältnisses der Anteile vorsieht[855] und das deutsche Gericht für dieses Verfahren international zuständig ist. Unter diesen engen Voraussetzungen können die **Anteilsinhaber der ausländischen übertragenden Rechtsträger** ihre Ansprüche im Spruchverfahren vor einem deutschen Gericht geltend machen. Dabei wird durch § 122h II UmwG **kein materiell-rechtlicher Anspruch,** sondern lediglich eine Antragsbefugnis für ein solches Verfahren gewährt.[856] Der Anspruch muss sich aus der ausländischen Rechtsordnung selbst ergeben.[857] Eine parallele Regelung findet sich in § 122i II UmwG zum Spruchverfahren zur Verbesserung des Barabfindungsangebots. Damit es zur Anwendung deutscher Gerichte kommt, müssen aufgrund Gerichtsstandsvereinbarung oder EuGVVO die deutschen Gerichte international zuständig sein.[858] Für die Anteilsinhaber der übernehmenden deutschen

---

[850] Vgl. § 122i I 1 UmwG, → Rn. 91; im Falle des Abfindungsangebots wäre der Schutz durch Abfindung eines Gesellschafters, der für die Verschmelzung stimmt, widersprüchlich.

[851] Vgl. *Bayer* in Lutter UmwG § 122h Rn. 18; *Drinhausen* in Semler/Stengel UmwG § 122h Rn. 9; *Frenzel* S. 315; es handelt sich insoweit nicht um einen Minderheitenschutz im engeren Sinne, sondern um ein Individualrecht, vgl. näher zur Parallelproblematik im SE-Recht *Schäfer* in MünchKomm AktG Art. 24 SE-VO Rn. 5 und 12.

[852] Vgl. *Bayer* in Lutter UmwG § 122h Rn. 24.

[853] Es kann dahingestellt bleiben, ob der Anspruch bereits vor Wirksamwerden der Verschmelzung entsteht und anschließend auf den übernehmenden Rechtsträger übergeht oder sich originär gegen den übernehmenden Rechtsträger richtet; vgl. ausführlich zur Parallelproblematik hinsichtlich der SE *Schäfer* in MünchKomm AktG Art. 24 SE-VO Rn. 14.

[854] Vgl. unter zutreffendem Hinweis auf den Vorrang von Art. 10 III der IntVerschmRL *Bayer* in Lutter UmwG § 122h Rn. 25.

[855] Vgl. § 122h II UmwG; dies kann zB bei einer deutsch-österreichischen Verschmelzung der Fall sein.

[856] Vgl. *Bayer* in Lutter UmwG § 122h Rn. 27.

[857] Zutreffend *Bayer* in Lutter UmwG § 122h Rn. 27; *Frenzel* S. 319 f.; *Kiem* in Habersack/Drinhausen SE-Recht § 122h UmwG Rn. 11.

§ 13. Verschmelzung von KapGes versch. Mitgliedstaaten § 13

Gesellschaft besteht ebenso wenig wie im innerstaatlichen Recht ein Spruchverfahren.[858]

(4) Spruchverfahren im Falle der Barabfindung. Den Anteilsinhabern einer deutschen übertragenden Gesellschaft steht im Falle der Hinausschmelzung gemäß § 122i UmwG ein Recht zum Austritt gegen **Barabfindung** zu.[860] Soweit Gesellschafter gegen die Höhe der Barabfindung klagen ist im innerstaatlichen Recht das Spruchverfahren eröffnet. Soweit hingegen Anteilsinhaber bei einer grenzüberschreitenden Verschmelzung die Feststellung im Rahmen eines Spruchverfahrens wünschen, ist dies gemäß § 122i II UmwG nur dann möglich, wenn entweder das Recht des anderen EU-/EWR-Mitgliedstaats ein Verfahren zur Abfindung von Minderheitsgesellschaftern vorsieht oder die Anteilsinhaber diesem ausdrücklich zustimmen.[861] Andernfalls verbleibt es bei der Möglichkeit einer Anfechtungsklage.[862] Ist die Möglichkeit des Spruchverfahrens nicht eröffnet, greift ebenso wie bei Überprüfung des Umtauschverhältnisses der in § 32 UmwG vorgesehene Klageausschluss nicht.[863] Die gerichtliche Überprüfung erfolgt insoweit nach den gleichen Grundsätzen wie die Überprüfung des Umtauschverhältnisses nach § 122h UmwG. Die oben erläuterten Grundsätze zum Spruchverfahren gelten insoweit entsprechend. Im Falle der Hereinverschmelzung kommt nur ausnahmsweise ein Barabfindungsangebot in Betracht, wenn auch eine deutsche übertragende Gesellschaft an der Verschmelzung beteiligt ist. Für den Fall der Hereinverschmelzung stellt jedoch § 122i UmwG keine Spezialregelung dar. Die Barabfindung richtet sich nach § 122a II iVm § 29 UmwG.[864]

219

f) Wirksamwerden und Registereintragung

aa) Wirksamwerden der grenzüberschreitenden Verschmelzung

Die IntVerschmRL hat für grenzüberschreitende Verschmelzungen – im Gegensatz zur Regelung der SE-Verschmelzung[865] – **keinen einheitlichen Zeitpunkt hinsichtlich des Wirksamwerdens** der grenzüberschreitenden Verschmelzung festgesetzt. So bestimmt Art. 12 IntVerschmRL lediglich, dass sich der Zeitpunkt des **Wirksamwerdens nach dem Sitzstaatrecht des übernehmenden bzw. neuen Rechts-**

220

---

[858] Vgl. *Bayer* in Lutter UmwG § 122h Rn. 30 mwN; *Simon/Rubner* in Kölner Kommentar UmwG § 122h Rn. 18.
[859] Vgl. *Bayer* in Lutter UmwG § 122h Rn. 15.
[860] Vgl. eingehend zum Barabfindungsangebot → Rn. 83 ff.
[861] Vgl. näher *Bayer* in Lutter UmwG § 122i Rn. 20 ff.; *Kiem* in Habersack/Drinhausen SE-Recht § 122i UmwG Rn. 10.
[862] Zur vergleichbaren Rechtslage bei der SE-Verschmelzung (§ 7 V SEAG) *Schäfer* in MünchKomm AktG Art. 20 SE-VO Rn. 29 ff.
[863] *Kiem* in Habersack/Drinhausen SE-Recht § 122i UmwG Rn. 10.
[864] Vgl. *Bayer* in Lutter UmwG § 122i Rn. 8.
[865] Die SE-Verschmelzung wird gemäß Art. 29, 14, 15 SE-VO mit Eintragung wirksam. Vgl. näher → § 14 Rn. 181.

§ 13   4. Teil. Grenzüberschreitende Verschmelzungen

trägers richtet. Dabei darf die Wirksamkeit der Verschmelzung erst dann eintreten, wenn die zweite Stufe der Rechtmäßigkeitskontrolle abgeschlossen ist.[866] Im Falle der **Hereinverschmelzung** wird die grenzüberschreitende Verschmelzung **mit Eintragung** beim übernehmenden bzw. neuen Rechtsträger **wirksam.**[867] Im Falle der Hinausverschmelzung richtet sich das Wirksamwerden nach der ausländischen Rechtsordnung. So kann eine grenzüberschreitende Verschmelzung uU bereits vor Eintragung der Verschmelzung wirksam werden.

bb) Registereintragung bei Hereinverschmelzung

221   Unterliegt der übernehmende oder neue Rechtsträger deutschem Recht, so erfolgt im Anschluss an die positiv beschiedene Registerprüfung die **Eintragung der Verschmelzung** bei der übernehmenden Gesellschaft.[868] Sie wird gemäß § 122a II iVm § 19 III UmwG bekannt gemacht.[869] Zudem ist das Registergericht von Amts wegen verpflichtet gemäß § 122l III UmwG[870] **unverzüglich**[871] den **Tag der Eintragung** – sinnvollerweise aber auch mit dem Hinweis, dass es sich um den Zeitpunkt der Wirksamkeit handelt – jedem Register **mitzuteilen,** an dem die an der grenzüberschreitenden Verschmelzung beteiligten übertragenden Gesellschaften ihre Unterlagen zu hinterlegen hatten.[872]

cc) Deutsche Registereintragung im Falle der Hinausverschmelzung

222   Unterliegt der übernehmende oder neue Rechtsträger der Rechtsordnung eines anderen Mitgliedstaates, so bestimmt die ausländische Rechtsordnung den Zeitpunkt des Wirksamwerdens der Verschmelzung.[873] Zudem hat das Register des ausländischen Rechtsträgers nach Wirksamwerden der Verschmelzung unverzüglich dem Register des deutschen Rechtsträgers, bei dem die Unterlagen zu hinterlegen waren, vom Wirksamwerden der Verschmelzung Mitteilung zu machen.[874] Das **deutsche Register trägt** nach Eingang der Mitteilung den **Tag des Wirksamwerdens** beim übertragenden Rechtsträger **ein.**[875]

---

[866] Vgl. Art. 12 Satz 2 IntVerschmRL.
[867] §§ 122a II iVm §§ 20, 36 UmwG.
[868] Vgl. § 122l II UmwG; näher *Bayer* in Lutter UmwG § 122l Rn. 21.
[869] Sie erfolgt gemäß § 10 HGB in elektronischer Form; vgl. näher Ausführungen im innerstaatlichen Recht → § 9 Rn. 320.
[870] Die Vorschrift beruht auf Art. 13 Satz 2 IntVerschmRL.
[871] So die Anforderung in Art. 13 Satz 2 IntVerschmRL.
[872] Vgl. *Drinhausen* in Semler/Stengel UmwG § 122l Rn. 15; *Bayer* in Lutter UmwG § 122l Rn. 22.
[873] Vgl. Art. 12 Satz 1 IntVerschmRL.
[874] Jeweilige nationale Umsetzungsvorschrift vgl. Art. 13 Satz 2 IntVerschmRL.
[875] Vgl. § 122k IV UmwG, näher zur zeitgleich erfolgenden Übermittlung von Dokumenten an das Registergericht *Bayer* in Lutter UmwG § 122k Rn. 28 f.

§ 13. Verschmelzung von KapGes versch. Mitgliedstaaten § 13

g) Wirkungen der grenzüberschreitenden Verschmelzung

aa) Rechtsfolgen der Verschmelzung

Der europäische Gesetzgeber hat einheitlich für alle Verschmelzungen 223 in Art. 14 I und II IntVerschmRL folgende Rechtsfolgen angeordnet: (i) Das gesamte Aktiv- und Passivvermögen der übertragenden Rechtsträger geht infolge der Verschmelzung im Wege der **Universalsukzession** auf den übernehmenden oder den aus der Verschmelzung hervorgehenden neuen Rechtsträger über; (ii) die Anteilsinhaber des/der übertragenden Rechtsträger(s) werden **automatisch Anteilsinhaber** des aus der Verschmelzung hervorgehenden Rechtsträgers[876] und (iii) die **übertragenden Rechtsträger erlöschen** ohne gesondertes Liquidationsverfahren. Diese Regelung entspricht bereits innerstaatlichem Recht[877] und findet insoweit über den Verweis in § 122a II UmwG Anwendung. Eine Umsetzung ist im deutschen Recht deshalb unterblieben. Für ausländische Rechtsordnungen richten sich die Rechtsfolgen nach den jeweiligen Vorschriften in Umsetzung von Art. 14 IntVerschmRL.[878]

bb) Grenzen der Gesamtrechtsnachfolge; Formvorschriften – schwebende Verträge, höchstpersönliche Rechte und Pflichten, besonderes Vertrauensverhältnis

Durch die Verschmelzung geht das gesamte Aktiv- und Passivvermögen 224 jeder übertragenden Gesellschaft ohne weiteren Übertragungsakt auf die übernehmende oder neue Gesellschaft über. Die Gesamtrechtsnachfolge betrifft alle Vermögensgegenstände, Rechte und Pflichten, sowie alle Vertragsverhältnisse, soweit sich nicht aufgrund von Art. 14 III IntVerschmRL Besonderheiten ergeben.[879] Die IntVerschmRL bestimmt hingegen nicht, nach welcher Rechtsordnung die Vertragsverhältnisse zu beurteilen sind. Dies bestimmt sich nach den Regeln des Internationalen Privatrechts. Dies gilt für die Auslegung, Erfüllung der Verpflichtung und die Arten des Erlöschens eines von der übertragenden Gesellschaft geschlossenen Vertrages. So hat zB der EuGH für den Schutz von Anleihegläubigern entschieden, dass nach der Verschmelzung durch Aufnahme weiterhin das innerstaatliche Recht, dem die übertragende Gesellschaft unterlag, anwendbar ist.[880] Erfolgt eine **grenzüberschreitende Verschmelzung,** so **ändert** sich zwar der Rechtsträger, **nicht** hingegen **das**

---

[876] Art. 14 V IntVerschmRL schließt einen Anteilstausch aus, wenn der übernehmende Rechtsträger selbst Anteile am übertragenden Rechtsträger hält.
[877] §§ 20, 36 I UmwG; vgl. zur Gesamtrechtsnachfolge im innerstaatlichen Recht → § 9 Rn. 321 ff.
[878] Vgl. *Kiem* in Habersack/Drinhausen SE-Recht § 122l UmwG Rn. 17; *Bayer* in Lutter UmwG § 122l Rn. 25.
[879] Vgl. zur vergleichbaren Rechtslage bei der SE *Schäfer* in MünchKomm AktG Art. 29 SE-VO Rn. 2, 9; *Marsch-Barner* in Habersack/Drinhausen SE-Recht Art. 29 SE-VO Rn. 3 mwN.
[880] Vgl. EuGH vom 7.4.2016 C-483/14 EuZW 2016 S. 339 Anm. *Stieger* – zu Nachranganleihen. Die Gesamtrechtsnachfolge erfasst auch Hybridanleihen, die eine Mischung zwischen Eigenkapital und Fremdkapital darstellen, da sie lediglich wirtschaftlich, nicht aber rechtlich dem Eigenkapital vergleichbar sind.

§ 13 4. Teil. Grenzüberschreitende Verschmelzungen

auf die Vertragsverhältnisse anwendbare Recht.[881] Auch zum Schutz der Gläubiger verbleibt es bei den Vorschriften und Formalitäten des innerstaatlichen Rechts, die im Rahmen einer innerstaatlichen Verschmelzung anwendbar wären.[882] Art. 14 III IntVerschmRL erlaubt es den Mitgliedstaaten die Gesamtrechtsnachfolge von eingebrachten Vermögensgegenständen, Rechten oder Verbindlichkeiten gegenüber Dritten an die Erfüllung von bestimmten **Formalitäten** zu knüpfen.[883] Derartige Formalitäten dürfen insoweit die **Gesamtrechtsnachfolge im Verhältnis zu Dritten einschränken**.[884] In diesem Falle hat der übernehmende Rechtsträger diese Formalitäten vorzunehmen. Erst nach Erfüllung der Formalitäten entfaltet die Universalsukzession auch im Verhältnis zu Dritten vollumfängliche Wirksamkeit.[885] Im deutschen innerstaatlichen Verschmelzungsrecht sind solche Formalitäten nicht bekannt; so bedarf es zB für den Übergang von Grundstücken lediglich einer Berichtigung des Grundbuchs, hingegen keiner Auflassung.[886] Anders kann sich jedoch die Rechtslage im Falle der Hereinverschmelzung für im Ausland belegenes Vermögen darstellen. Hat der Mitgliedstaat, dem der übertragende Rechtsträger angehört, von dem in Art. 14 III der IntVerschmRL verankerten Optionsrecht Gebrauch gemacht, so hat der deutsche übernehmende oder neue Rechtsträger diese Formalitäten zu erfüllen, um den Rechtsübergang auch mit Wirkung gegenüber Dritten herbeizuführen.[887]

225 **Grenzen hinsichtlich der Gesamtrechtsnachfolge** können sich zudem aus innerstaatlichem Recht der verschmelzenden Rechtsträger ergeben, soweit dieses für bestimmte Rechtsgeschäfte jegliche Übertragbarkeit von Rechten und Pflichten ausschließt.[888] So sehen einige Rechtsordnungen bei Verschmelzungen keinen automatischen Rechtsübergang von **höchstpersönlichen Rechten** vor, sondern deren **Erlöschen**.[889] So können uU Aufträge, Patronatserklärungen und Franchi-

---

[881] Vgl. EuGH vom 7.4.2016 C-483/14 EuZW 2016 S. 339 (341) Anm. *Stieger*.
[882] Vgl. EuGH vom 7.4.2016 C-483/14 EuZW 2016 S. 339 (341) Anm. *Stieger*.
[883] Vgl. zur vergleichbaren Rechtslage bei der SE *Schäfer* in MünchKomm AktG Art. 29 SE-VO Rn. 9 mwN; *Marsch-Barner* in Habersack/Drinhausen SE-Recht Art. 29 SE-VO Rn. 9.
[884] Vgl. zur vergleichbaren Rechtslage bei der SE *Marsch-Barner* in Habersack/Drinhausen SE-Recht Art. 29 SE-VO Rn. 9 mwN.
[885] *Marsch-Barner* in Habersack/Drinhausen SE-Recht Art. 29 SE-VO Rn. 9.
[886] Teilweise wird jedoch die Unbedenklichkeitsbescheinigung nach § 22 GrEStG und teilweise auch der Nachweis der Berechtigung für die Grundbuchberichtigung nach § 894 BGB, 22 GBO als derartige Formalität angesehen. Vgl. *Bayer* in Lutter/Hommelhoff/Teichmann SE-Recht Art. 29 SE-VO Rn. 12, dagegen *Marsch-Barner* in Habersack/Drinhausen SE-Recht Art. 29 SE-VO Rn. 9.
[887] Vgl. *Frenzel* S. 393 f.
[888] Vgl. näher zur kollisionsrechtlichen Betrachtung des Vermögensübergangs von ausländischem Vermögen *Fisch* NZG 2016 S. 448.
[889] Vgl. zur vergleichbaren Rechtslage bei der SE *Marsch-Barner* in Habersack/Drinhausen SE-Recht Art. 29 SE-VO Rn. 3 mwN; *Schäfer* in MünchKomm

§ 13. Verschmelzung von KapGes versch. Mitgliedstaaten § 13

severträge aufgrund der jeweiligen nationalen zivilrechtlichen Vorschriften einen höchstpersönlichen Charakter aufweisen und im Falle der Verschmelzung erlöschen. Aus Art. 14 I IntVerschmRL lässt sich nicht herleiten, dass es dem nationalen Gesetzgeber verwehrt sei, hinsichtlich der Gesamtrechtsnachfolge nach zivilrechtlichen Grundsätzen Grenzen zu setzen. Der Gesetzgeber der IntVerschmRL hatte für allgemeine zivilrechtliche Fragen keine Regelungskompetenz zum Einschreiten.[890] Die Mitgliedstaaten sind insoweit befugt, bei der grenzüberschreitenden Verschmelzung keine Gesamtrechtsnachfolge von Rechtsgeschäften zuzulassen, wenn die betroffene Art von Rechtsgeschäften auch nach innerstaatlichem Umwandlungsrecht nicht Gegenstand einer Gesamtrechtsnachfolge sein kann.[891] Ist insoweit die Beschränkung einer Universalsukzession aufgrund des besonderen Charakters eines Rechtsgeschäfts im Grundsatz nicht europarechtswidrig, so gilt eine Besonderheit hinsichtlich des Rechtsübergangs von **Arbeitsverträgen und Beschäftigungsverhältnissen**. Dies ist in Art. 14 IV IntVerschmRL vorgesehen. Für diese Rechtsverhältnisse ist in jedem Falle von den Mitgliedstaaten eine Gesamtrechtsnachfolge vorzusehen.[892]

Im Falle der Hinausverschmelzung sind die im **deutschen innerstaat-** 226 **lichen Umwandlungsrecht** bekannten Grenzen der Universalsukzession zu beachten.[893] So kann wie im **innerstaatlichen Umwandlungsrecht** die Universalsukzession bei Rechtsverhältnissen scheitern, soweit diese ein **besonderes Vertrauensverhältnis** voraussetzen,[894] per **schuldrechtlicher Vereinbarung** für den Fall der Verschmelzung **einen Rechtsübergang ausschließen** oder **höchstpersönlicher Natur** sind.[895] **Öffentlich-rechtliche Erlaubnisse** und **im Ausland belegenes Vermögen** werden hingegen grundsätzlich von der Gesamtrechtsnachfolge erfasst.[896] Insoweit kann auf die Ausführungen zum innerstaatlichen Umwandlungsrecht verwiesen werden.[897]

AktG Art. 29 SE-VO Rn. 2, 9. Zur Problematik der Rechtsgeschäfte mit Charakter *intuiti personae* in Frankreich, vgl. umfassend *Francis Lefebvre* Memento Sociétés commerciales 2016 Rn. 26840 ff.
[890] Vgl. zur vergleichbaren Rechtslage bei der SE *Schäfer* in MünchKomm AktG Art. 29 SE-VO Rn. 9.
[891] Dies folgt aus Art. 4 I lit. b, II IntVerschmRL, der die Regelungskompetenz für Verschmelzungsrecht bei den Mitgliedstaaten belässt, soweit nicht die IntVerschmRL eine einheitliche Regelung getroffen hat.
[892] Vgl. Art. 14 IV IntVerschmRL.
[893] Vgl. ausführlich *Simon* in Kölner Kommentar UmwG § 20 Rn. 3 ff.; *Heidinger* in Henssler/Strohn UmwG § 20 Rn. 4 ff. Vgl. auch die Diskussion zum Ausschluss der Übertragbarkeit im Rahmen der alten Rechtslage zum Spaltungsrecht (§ 132 Satz 1 Alt. 1 UmwG) 3. Auflage Kapitel N Rn. 50 ff.
[894] Vgl. zur Gesamtrechtsnachfolge im innerstaatlichen Recht *Simon* in Kölner Kommentar UmwG § 20 Rn. 3 ff.; *Grunewald* in Lutter UmwG § 20 Rn. 24 ff.
[895] So gehen beispielsweise Mitteilungspflichten gemäß §§ 21 ff. WpHG nicht auf den Rechtsnachfolger über, vgl. näher *Widder* NZG 2010 S. 455 mwN.
[896] Vgl. → § 9 Rn. 324.
[897] Vgl. → § 9 Rn. 323 f.

§ 13   4. Teil. Grenzüberschreitende Verschmelzungen

227 Für deutsche **Unternehmensverträge** stellt sich in Falle der Hinausverschmelzung ebenso die Frage, ob diese nach der Verschmelzung fortbestehen, da ausländische Rechtsordnungen Unternehmensverträge in der Regel nicht kennen. Soweit die Rechtsordnung des übernehmenden Rechtsträgers derartige Unternehmensverträge nicht kennt oder zulässt, enden diese automatisch mit Wirksamwerden der Verschmelzung. Eine Gesamtrechtsnachfolge ist insoweit ausgeschlossen. Lässt hingegen die ausländische Rechtsordnung Unternehmensverträge zu, wird sich hinsichtlich des Fortbestands der Unternehmensverträge dieselbe Problematik ergeben, wie bei einer innerstaatlichen Verschmelzung.[898]

228 Im Falle der **Hereinverschmelzung** ist besonderes Augenmerk auf vergleichbare Grenzen der Universalsukzession der betroffenen ausländischen Rechtsordnung zu richten. Die rechtliche Beurteilung, ob ein Rechtsverhältnis höchstpersönlicher Natur ist oder im Falle der Verschmelzung aus anderen Gründen ein Rechtsübergang ausgeschlossen ist, kann in den Mitgliedstaaten sehr unterschiedlich sein. Gleiches gilt für Beschränkungen der Universalsukzession bei Beteiligungen an Personengesellschaften oder aufgrund von Vinkulierungsklauseln.

229 Soweit die Gesamtrechtsnachfolge begrenzt wird, ist in der Praxis entweder vor Eintragung der Verschmelzung die Erfüllung der erforderlichen Formalitäten vorzunehmen, eine Zustimmung des Vertragspartners einzuholen, um einen Rechtsübergang im Wege der Einzelrechtsnachfolge zu ermöglichen oder ein Neuabschluss mit dem Vertragspartner zu vereinbaren.

cc) Bestandsschutz, Heilung von Verfahrensmängeln

230 Nach Eintragung der grenzüberschreitenden Verschmelzung kann diese – falls sie fehlerhaft sein sollte – nicht mehr für nichtig erklärt werden. Der europäische Gesetzgeber hat ausdrücklich angeordnet, dass eine Entschmelzung ausgeschlossen ist.[899] Art. 17 untersagt somit jede Art der Rückabwicklung der Verschmelzung durch eine ex tunc wirkende Nichtigkeitsklage.[900] Dies ist aufgrund der nicht praktikablen Entschmelzung zu begrüßen und stellt in seiner Klarheit eine Verbesserung gegenüber der Regelung zur SE-Verschmelzung dar.[901] Da die Regelung weitestgehend dem deutschen innerstaatlichen Verschmelzungsrecht entspricht, wurde eine Umsetzung von Art. 17 Int-VerschmRL für entbehrlich erachtet.[902] Es findet insoweit aufgrund von

---

[898] Vgl. → § 9 Rn. 360 ff.
[899] Vgl. Art. 17 IntVerschmRL.
[900] Für einen Ausschluss der Entschmelzung ex nunc *Bayer* in Lutter UmwG § 122l Rn. 26; *Hörtnagl* in Schmitt/Hörtnagl/Stratz UmwG § 122l Rn. 14; zur Frage der Möglichkeit der Anwendung der Grundsätze vom fehlerhaften Verband und einer Entschmelzung ex nunc einer SE *Schäfer* in MünchKomm AktG Art. 30 SE-VO Rn. 2.
[901] Vgl. zur Problematik des Art. 30 SE-VO *Bayer* in Lutter/Hommelhoff/Teichmann SE-Kommentar, Art. 30 SE-VO Rn. 6 ff.
[902] Vgl. *Bayer* in Lutter UmwG § 122l Rn. 26; *Frenzel* S. 391.

§ 13. Verschmelzung von KapGes versch. Mitgliedstaaten § 13

§ 122a II UmwG § 20 II UmwG Anwendung.[903] Art. 17 IntVerschmRL ordnet hingegen nicht ohne Weiteres eine umfassende Heilung an, so dass ebenso wie im SE-Verschmelzungsrecht durchaus **Schadensersatzansprüche** gegen die Mitglieder der Vertretungs- und Aufsichtsorgane in Betracht kommen.[904] Art. 17 IntVerschmRL bezweckt lediglich umfassende Rechtssicherheit.

IV. Verschmelzung durch Neugründung

Im Falle der Verschmelzung von zwei Gesellschaften durch Gründung einer neuen Gesellschaft handelt es sich um eine Verschmelzung durch Neugründung. Die beteiligten Gesellschaften verschmelzen auf eine neu entstehende Kapitalgesellschaft und erlöschen liquidationslos, während die Vermögensmassen der Ausgangsgesellschaften im Wege der Universalsukzession auf die neu gegründete Gesellschaft übergehen. Sie ist als Form grenzüberschreitender Verschmelzung zulässig[905] und kann in unterschiedlichen Fallgestaltungen auftreten. So ist als grenzüberschreitende Verschmelzung nicht nur die Verschmelzung zweier Kapitalgesellschaften unterschiedlicher Rechtsordnungen auf eine neue Kapitalgesellschaft in einem der beteiligten Mitgliedstaaten zulässig, sondern darüber hinaus kann die neue Gesellschaft in einem weiteren Mitgliedstaat angesiedelt werden, in dem die Ausgangsgesellschaften nicht ansässig sind (sogenannte NewCo-Fälle).[906] Hierdurch kann eine **indirekte Sitzverlegung** ins europäische Ausland erfolgen, ohne dass es der formalen Anforderungen einer Sitzverlegung bedarf.[907] Ebenso ist als grenzüberschreitende Verschmelzung zu beurteilen, wenn zwei ausländische Gesellschaften im Wege der Neugründung eine inländische Gesellschaft gründen.[908] Als neue Gesellschaften kommt jede deutsche Kapitalgesellschaft, nicht hingegen die UG und die SE in Betracht.[909] Die rechtliche Behandlung der grenzüberschreitenden Verschmelzung durch Neugründung richtet sich danach, ob sie durch Hereinverschmelzung oder im Wege der Hinausverschmelzung erfolgt.

231

1. Anzuwendende Vorschriften im Falle der Hereinverschmelzung

Im Falle der Hereinverschmelzung durch Gründung einer neuen deutschen Gesellschaft überprüft das Registergericht des Sitzes der Ge-

232

---

[903] Vgl. *Bayer* in Lutter UmwG § 122l Rn. 26; eingehend *Grunewald* in Lutter UmwG § 20 Rn. 76 ff.; *Simon* in Kölner Kommentar UmwG § 20 Rn. 44 ff.
[904] Vgl. Einzelheiten zur Heilung und Haftung bei *Kulenkamp* S. 297 ff.; sowie zur SE *Schäfer* in MünchKomm AktG Art. 30 SE-VO Rn. 4.
[905] Vgl. Art. 2 Nr. 2 lit, b IntVerschmRL.
[906] Vgl. zur Zulässigkeit der NewCo-Fälle näher → Rn. 16.
[907] Vgl. zur vergleichbaren Rechtslage bei der SE *Schäfer* in MünchKomm AktG Art. 17 SE-VO Rn. 11. Näher zur Möglichkeit der Sitzverlegung → § 12 Rn. 20.
[908] Vgl. näher → Rn. 16.
[909] Vgl. → Rn. 19.

§ 13 4. Teil. Grenzüberschreitende Verschmelzungen

sellschaft zum einen die **ordnungsgemäße Gründung der neuen deutschen Gesellschaft** und zum anderen die **ordnungsgemäße Durchführung der grenzüberschreitenden Verschmelzung** gemäß § 122l II UmwG, dh den zweiten Abschnitt des Prüfungsverfahrens der grenzüberschreitenden Verschmelzung, anhand der vorgelegten Verschmelzungsbescheinigungen.[910] Die Rechtmäßigkeit der Verschmelzungsschritte der **übertragenden Rechtsträger** hingegen wird zuvor durch die jeweils zuständigen Stellen der übertragenden Rechtsträger überprüft und durch Ausstellung der **Verschmelzungsbescheinigung** attestiert.

a) Anwendbare Gründungsvorschriften

233 Erfolgt eine grenzüberschreitende Verschmelzung durch Gründung einer neuen deutschen Gesellschaft, so finden gemäß § 122a II iVm §§ 36–38 UmwG weitestgehend die Gründungsvorschriften deutschen **innerstaatlichen** Verschmelzungsrechts Anwendung.[911] Von einigen Ausnahmen abgesehen sind insoweit auch für die Verschmelzung durch Neugründung die für die Verschmelzung durch Aufnahme geltenden Regelungen maßgeblich.[912] Zudem sind grundsätzlich die **Gründungsvorschriften der jeweiligen Rechtsform** maßgeblich.

234 Der **Verschmelzungsplan** im Falle der Neugründung enthält gegenüber dem Verschmelzungsplan der Verschmelzung auf einen übernehmenden Rechtsträger **keine zusätzlichen Angaben,** da die Satzung des aus der Verschmelzung hervorgehenden Rechtsträgers ohnehin Bestandteil des Verschmelzungsplans ist.[913] Hinsichtlich des Inhalts der Satzung bei Festsetzung von Sondervorteilen, Gründungsaufwand und Sacheinlagen kann auf die Ausführungen zum innerstaatlichen Verschmelzungsrecht verwiesen werden.[914]

b) Registerprüfung

235 Die Registerprüfung erstreckt sich zunächst auf die **Rechtmäßigkeit der Neugründung** des deutschen Rechtsträgers. Gemäß § 122a II iVm § 36 II UmwG sind die Gründungsvoraussetzungen des neuen Rechtsträgers zu erfüllen. Das Registergericht prüft insbesondere die jeweils anwendbaren Sachgründungsvorschriften.[915] **Umstritten** ist, ob die in §§ 58 II und 75 II UmwG gewährten Ausnahmen von der Verpflichtung zur Erstellung eines **Sachgründungsberichts** bzw. eines **Gründungsberichts** tatsächlich auf die grenzüberschreitende Verschmelzung angewandt werden können.[916] § 58 II UmwG und § 75 II

---

[910] Vgl. zu den zwei Stufen der Verschmelzungsprüfung → Rn. 181 ff.
[911] Vgl. Einzelheiten → 9 Rn. 328 ff.
[912] Vgl. näher → § 9 Rn. 328.
[913] Vgl. → Rn. 77.
[914] Vgl. → § 9 Rn. 328 ff.
[915] Vgl. *Frenzel* S. 387; näher zur GmbH *M.Winter/Vetter* in Lutter UmwG § 58 Rn. 1 ff.; zur AG, KGaA *Grunewald* in Lutter UmwG § 75 Rn. 2 ff.

§ 13. Verschmelzung von KapGes versch. Mitgliedstaaten   § 13

UmwG liegt insoweit der Rechtsgedanke zu Grunde, dass die Kapitalaufbringung und -sicherung bereits ausreichend durch die vorangegangene Gründungsprüfung der Kapitalgesellschaften und das Kapitalerhaltungsrecht gesichert ist.[917] Insoweit wird aufgrund der zweiten gesellschaftsrechtlichen Richtlinie in Anbetracht der harmonisierten Regeln der Kapitalaufbringung in den Mitgliedstaaten zumindest hinsichtlich der Aktiengesellschaften ebenfalls ein gemeinsamer Standard zu bejahen sein.

Problematischer ist wohl die Behandlung anderer Kapitalgesellschaftsformen ausländischen Rechts als Aktiengesellschaften, insbesondere wenn diese kein Mindestkapital vorsehen oder geringfügigeren Gründungsprüfungen unterliegen; zB die Verschmelzung einer französischen S. a. r. l. oder SAS mit einem Stamm-/Grundkapital von 1 Euro oder einer englischen Limited auf eine deutsche AG. Eine unterschiedliche Behandlung ausländischer Kapitalgesellschaften lässt sich allerdings nicht mehr auf die **Höhe des Mindest-Stamm-/Grundkapitals** stützen, denn seit Einführung der UG ist auch die GmbH mit einem Mindeststammkapital von 1 Euro gründbar. Insoweit sind auch ausländische Kapitalgesellschaften im Hinblick auf die Höhe des Mindeststammkapitals gleich zu behandeln. Spätestens seit Einführung der UG dürfte insoweit aufgrund der Art. 49, 54 des Vertrags über die Arbeitsweise der Europäischen Union (ex 43, 48 EGV) eine unterschiedliche Behandlung ausländischer und inländischer Kapitalgesellschaften nicht mehr zu rechtfertigen sein. In der Praxis erteilen ohnehin die gemäß §§ 122a II, 17 II UmwG vorzulegenden Bilanzen über die **Werthaltigkeit** der übertragenden Gesellschaften Aufschluss.[918] Im Ergebnis wird das Registergericht daher mit guten Gründen zwar die Einhaltung der Sachgründungsvorschriften verlangen, aber in Anwendung von § 58 II und 75 II UmwG auf den Sachgründungsbericht verzichten können. Soweit Zweifel an der Kapitalaufbringung bestehen, wird das Registergericht weitere Nachweise, zB eine Testierung der Bilanz, verlangen.[919]

Hinsichtlich der Verschmelzungsvoraussetzungen selbst **überprüft das Registergericht nicht die Rechtmäßigkeit des Verschmelzungsverfahrens der übertragenden Gesellschaften.** Für die diesbezügliche

236

237

---

[916] Gegen die Anwendung des § 58 II und § 75 II UmwG: *Drinhausen* in Semler/Stengel UmwG § 122l Rn. 9; *Frenzel* S. 388 (für andere Gesellschaften als die Aktiengesellschaft); aA *Bayer* in Lutter UmwG § 122l Rn. 18; *Simon/Rubner* in Kölner Kommentar UmwG § 122l Rn. 12.
[917] Vgl. Begründung zum Umwandlungsgesetz zu §§ 58, 75 UmwG, BR-Drucks. 75/94 S. 55 abgedruckt bei *Widmann/Mayer* UmwG Begr UmwG Rn. 95; kritisch *Winter/Vetter* in Lutter UmwG § 58 Rn. 14, da die Schlussbilanz des übertragenden Unternehmens eine bessere Auskunft über die Werthaltigkeit des Vermögens gibt, wenn selbige geprüft wurde; ebenso *Reichert* in Semler/Stengel UmwG § 58 Rn. 12.
[918] Vgl. hierzu *Winter/Vetter* in Lutter UmwG § 58 Rn. 14; *Reichert* in Semler/Stengel UmwG § 58 Rn. 12.
[919] Vgl. hierzu *Winter/Vetter* in Lutter UmwG § 58 Rn. 14; *Reichert* in Semler/Stengel UmwG § 58 Rn. 12.

§ 13   4. Teil. Grenzüberschreitende Verschmelzungen

Prüfung des ersten Prüfungsschritts[920] sind die Sitzstaaten der übertragenden Gesellschaften ausschließlich und abschließend zuständig. Dem Registergericht der neuen Gesellschaft ist es verwehrt, diese Verfahrensabschnitte erneut zu prüfen. Vorzulegen sind hierzu nur die **Verschmelzungsbescheinigungen** aller übertragenden Gesellschaften sowie der von der Gesellschafterversammlung genehmigte gemeinsame Verschmelzungsplan. Die Verschmelzungsbescheinigungen der übertragenden Rechtsträger haben hinsichtlich der Legalität der Verschmelzungsschritte der übertragenden Gesellschaften umfassende Bindungswirkung.[921] Das Registergericht hat lediglich zu überprüfen, ob den **formalen Anforderungen** des Art. 10 II IntVerschmRL genüge getan wurde.[922] Hinsichtlich der Form der Verschmelzungsbescheinigung ist jede Form ausreichend, die aus sich heraus erkennbar macht, dass es sich um eine gemäß Art. 10 II IntVerschmRL ausgestellte Verschmelzungsbescheinigung für eine grenzüberschreitende Verschmelzung handelt.[923] Zu überprüfen hat das Registergericht, ob die Verschmelzungsbescheinigung innerhalb der Sechs-Monats-Frist vorgelegt wurde.[924] Darüber hinaus überprüft das Registergericht, ob die Anteilsinhaber gemäß § 122l II UmwG einem gleichlautenden Verschmelzungsplan zugestimmt haben.

c) Anmeldung und einzureichende Unterlagen

238   Im Falle der Hereinverschmelzung durch **Neugründung** einer deutschen Gesellschaft sind die **Vertretungsorgane aller übertragenden Gesellschaften für die Anmeldung zuständig**.[925] Anzumelden ist die Gründung der neuen Gesellschaft, nicht die Verschmelzung.[926] Die Un-

---

[920] Vgl. → Rn. 207.
[921] *Bayer* in Lutter UmwG § 122l Rn. 19 mwN; zur Frage, ob ebenfalls die Gesellschafterbeschlüsse vorzulegen sind, vgl. → Rn. 211.
[922] Dabei dürfte es entgegen der hM nicht zulässig sein, dass das Registergericht die Zuständigkeit der Stelle überprüft, die die Verschmelzungsbescheinigung ausstellt, da Zuständigkeitsfragen von der Rechtsordnung des übertragenden Rechtsträgers gemäß Art. 10 II IntVerschmRL zu beurteilen sind; aA *Bayer* in Lutter UmwG § 122l Rn. 122l Rn. 20 mwN; *Vossius* in Widmann/Mayer UmwG § 122l Rn. 27.
[923] Darüber hinaus ist nicht erforderlich, dass diese Vorabbescheinigung einen Tatbestand mit Entscheidungsgründen enthält. Für derartige Anforderungen gibt die IntVerschmRL keinen Anlass. Mangels weiterer Befugnis zur Rechtmäßigkeitsprüfung sind vor allem die im Schrifttum geforderten Entscheidungsgründe überflüssig. Unzulässig ist hingegen eine Verschmelzungsbescheinigung, die aus sich heraus nicht erkennen lässt, dass es sich um eine solche Bescheinigung handelt.
[924] Vgl. hierzu § 122l I 3 UmwG.
[925] Vgl. *Kiem* in Habersack/Drinhausen SE-Recht § 122l UmwG Rn. 3. Die Anmeldung der grenzüberschreitenden Verschmelzung erfolgt – ebenso wie im innerstaatlichen Recht – durch Anmeldung der neuen Gesellschaft zur Eintragung; vgl. § 38 II UmwG.
[926] §§ 122a II iVm § 38 II UmwG.

§ 13 Verschmelzung von KapGes versch. Mitgliedstaaten § 13

terschriften der Anmeldenden bedürfen der notariellen Beglaubigung;[927] allerdings dürfte nach wohl hM[928] die Beglaubigung durch einen ausländischen Notar genügen, es kann jedoch – wenn keine Befreiung aufgrund entsprechender Staatsverträge besteht – eine Apostille erforderlich sein.[929] Zudem ist die Vertretungsbefugnis nachzuweisen. Die Vertretungsberechtigung wird nach dem Gesellschaftsstatut des jeweiligen übertragenden Rechtsträgers bestimmt.[930] Der Nachweis der Vertretungsbefugnis der Vertretungsorgane ausländischer übertragender Rechtsträger kann dann ein Problem darstellen, wenn die Rechtsordnung des übertragenden Rechtsträgers keinen Handelsregisterauszug vorsieht. Eine Bestätigung durch einen ausländischen Notar vermag zu helfen.[931]

Hinsichtlich der einzureichenden Unterlagen kann im Wesentlichen auf die Ausführungen zur Registerprüfung des übernehmenden Rechtsträgers[932] verwiesen werden.

Mit der Anmeldung einer Verschmelzung durch Aufnahme sind folgende Unterlagen einzureichen:
– der gemeinsame Verschmelzungsplan,[933]
– die Verschmelzungsbescheinigungen aller **übertragenden** Gesellschaften, die jeweils nicht älter als sechs Monate sein dürfen,[934] in deutscher Übersetzung und durch Apostille legalisiert,[935]
– die Niederschrift der Verschmelzungsbeschlüsse der Anteilsinhaberversammlung aller **übertragenden** Gesellschaften in deutscher Fassung,[936]
– die Vereinbarung über die Beteiligung der Arbeitnehmer oder der Nachweis über die Nichtaufnahme oder den Abbruch der Verhandlungen über die Arbeitnehmermitbestimmung,[937] soweit einschlägig,
– eine Niederschrift des **Bestätigungsbeschlusses** der übernehmenden Gesellschaft im Falle eines Verschmelzungsbeschlusses unter Vorbehalt der Bestätigung des Mitbestimmungssystems;[938]
– der Nachweis hinsichtlich der Gründung des neuen Rechtsträgers.[939]

239

---

[927] Siehe § 12 HGB.
[928] Vgl. *Drinhausen* in Semler/Stengel UmwG § 122l Rn. 4; *Vossius* in Widmann/Mayer UmwG § 122l Rn. 16.
[929] Vgl. *Kiem* in Habersack/Drinhausen SE-Recht § 122l UmwG Rn. 3.
[930] Vgl. *Kiem* in Habersack/Drinhausen SE-Recht § 122l UmwG Rn. 3.
[931] So wird bei Gesellschaften englischen Rechts die Bestätigung durch den Notar für ausreichend erachtet, vgl. LG Berlin NZG 2004 S. 1014 (1015); *Schaub* NZG 2000 S. 953 (959).
[932] Vgl. → Rn. 204.
[933] Vgl. § 122l I 2 UmwG; vgl. → Rn. 51 ff.
[934] Die Frist beginnt mit Erteilung der Bescheinigung für die jeweilige Gesellschaft; *Bayer* in Lutter UmwG § 122l Rn. 7.
[935] Vgl. *Bayer* in Lutter UmwG § 122l Rn. 7; *Kiem* in Habersack/Drinhausen SE-Recht § 122l UmwG Rn. 6.
[936] Vgl. *Kiem* in Habersack/Drinhausen SE-Recht § 122l UmwG Rn. 6, 10. Vgl. hierzu → Rn. 205.
[937] Vgl. § 122l I 2 UmwG; vgl. → Rn. 210.
[938] Vgl. § 122g II UmwG; vgl. → Rn. 159 f.
[939] Vgl. § 122a II iVm § 36 II UmwG.

§ 13   4. Teil. Grenzüberschreitende Verschmelzungen

Hingegen sind keine weiteren Unterlagen hinsichtlich der übertragenden Rechtsträger einzureichen.[940] Da das Registergericht jedoch die **Rechtmäßigkeit der Neugründung** zu überprüfen hat, sind gemäß § 122a II iVm § 36 II UmwG die Gründungsvorschriften des neuen Rechtsträgers zu beachten. Ein **Gründungsbericht**, eine **Gründungsprüfung** oder ein **Gründungsprüfungsbericht** gemäß §§ 33 f. AktG bzw. ein **Sachgründungsbericht** gemäß § 5 IV UmwG sind gemäß § 58 II bzw. § 75 II UmwG grundsätzlich **nicht erforderlich**.[941]

2. Anzuwendende Vorschriften bei Hinausverschmelzung

240   Erfolgt hingegen eine Verschmelzung durch Gründung einer ausländischen neuen Gesellschaft, eine **Hinausverschmelzung**, so richtet sich sowohl das Gründungsrecht der neuen Gesellschaft als auch der zweite Schritt der Verschmelzungsprüfung[942] nach der Rechtsordnung des neuen Rechtsträgers, d. h. nach ausländischem Recht. Deutsches Recht ist nur für die materiell-rechtlichen verschmelzungsrechtlichen Anforderungen hinsichtlich des **übertragenden deutschen Rechtsträgers** anzuwenden. Die Registerprüfung der Rechtmäßigkeit der Verfahrensschritte des übertragenden Rechtsträgers bis zur Erteilung der Verschmelzungsbescheinigung ist gemäß § 122k UmwG wie im Recht der Verschmelzung durch Aufnahme vorzunehmen.[943] Es bestehen insoweit keine Besonderheiten für die Verschmelzung durch Neugründung.

V. Verschmelzung im Konzern

1. Konstellationen der Konzernverschmelzung

241   Die ersten Fälle grenzüberschreitender Verschmelzungen seit Erlass der IntVerschmRL betrafen vor allem Konzernverschmelzungen. In der Praxis besteht ebenso wie im innerstaatlichen Verschmelzungsrecht ein hoher Bedarf an Konzernumstrukturierungen in Form von Verschmelzungen, die im Wesentlichen in folgenden Gestalten auftreten können:
– Verschmelzung der Tochtergesellschaft auf die Muttergesellschaft, **upstream merger**,
– **Verschmelzung der Muttergesellschaft auf die Tochtergesellschaft, downstream merger**,
– Verschmelzung von Schwestergesellschaften.

242   Ausdrücklich anerkannt hat die IntVerschmRL lediglich die Konzernverschmelzung in Form des **upstream merger**[944] und hierfür entsprechende Erleichterungen in Art. 15 IntVerschmRL für diesen Verschmel-

---

[940] Insoweit entfallen die Negativerklärung (*Kiem* in Habersack/Drinhausen SE-Recht § 122l UmwG Rn. 7), sowie die gemäß § 17 UmwG einzureichenden Unterlagen.
[941] *Oechsler* NZG 2006 S. 161 (163); → Rn. 235; nunmehr auch *Drinhausen* in Semler/Stengel UmwG § 122l Rn. 9. Zum innerstaatlichen Verschmelzungsrecht vgl. → § 9 Rn. 331.
[942] Vgl. Art. 11 I IntVerschmRL.
[943] Vgl. → Rn. 185 f.

§ 13. Verschmelzung von KapGes versch. Mitgliedstaaten   § 13

zungsvorgang vorgesehen. Sie bildet insoweit den Schwerpunkt der folgenden Erörterungen.

2. *Verschmelzung der Tochtergesellschaft auf die Muttergesellschaft, upstream merger*

Die IntVerschmRL hat für zwei Fälle der Konzernverschmelzung 243 Erleichterungen vorgesehen: zum einen für die Konzernverschmelzung der 100%igen Tochtergesellschaft auf ihre Muttergesellschaft (Art. 15 I IntVerschmRL) und zum anderen für die Verschmelzung einer mindestens 90%igen Tochtergesellschaft auf ihre Muttergesellschaft (Art. 15 II IntVerschmRL).

a) 100%ige Tochtergesellschaft

Gegenüber den allgemeinen Anforderungen an eine Verschmelzung 244 durch Aufnahme sind für die Konzernverschmelzung der 100%igen Tochtergesellschaft auf ihre Muttergesellschaft einige Erleichterungen des Verschmelzungsverfahrens vorgesehen. Diese Erleichterungen sind ausdrücklich in den §§ 122a ff. UmwG geregelt worden und weichen teils vom innerstaatlichen Verschmelzungsrecht ab. Rechtsgrund der für Konzernverschmelzungen vorgesehenen Erleichterungen ist das **Fehlen außenstehender Gesellschafter.**[945] Insofern sind einige Vorschriften, die Minderheitsgesellschafter schützen sollen, nicht anwendbar. Hierdurch wird der **Mindestkatalog der Angaben des Verschmelzungsplans reduziert**, so kann zB die **Verschmelzungsprüfung bzw. der Verschmelzungsprüfungsbericht entbehrlich** sein, das obligatorische **Abfindungsangebot** und der **Verschmelzungsbeschluss bei der übertragenden Gesellschaft, sowie uU der übernehmenden Gesellschaft entfallen.**

aa) Voraussetzung für Anwendbarkeit der konzernrechtlichen Erleichterungen

Für eine Anwendung des privilegierten Verschmelzungsverfahrens ge- 245 mäß Art. 15 I IntVerschmRL bedarf es einer **100%igen Inhaberschaft** an **Stimmrechten** der Tochtergesellschaft.[946] Eine Kapitalbeteiligung unter 100% ist deshalb durchaus möglich, entscheidend ist ausschließlich die Anzahl der stimmrechtsgewährenden Anteile.[947] Unschädlich ist es insoweit, ob an der Tochtergesellschaft außenstehende stimmrechtslose Anteilsinhaber beteiligt sind.

---

[944] Vgl. Art. 2 Nr. 2c IntVerschmRL. Gleichermaßen sind bei der Konzernverschmelzung der SE lediglich Vereinfachungen für den upstream merger vorgesehen. Vgl. Art. 31 SE-VO.
[945] Zutreffend *Kulenkamp* S. 300.
[946] Vgl. zur vergleichbaren Rechtslage bei der SE *Schäfer* in MünchKomm AktG Art. 31 SE-VO Rn. 3.
[947] Vgl. zur vergleichbaren Rechtslage bei der SE *Schäfer* in MünchKomm AktG Art. 31 SE-VO Rn. 3.

§ 13   4. Teil. Grenzüberschreitende Verschmelzungen

246   Hinsichtlich des **Zeitpunkts für die Beurteilung**, ob eine Konzernverschmelzung vorliegt, sind der IntVerschmRL keine konkreten Angaben zu entnehmen. Ebenso wie im innerstaatlichen Verschmelzungsrecht[948] wird zum Teil im Schrifttum[949] auf den Zeitpunkt der Eintragung abgestellt. Bei grenzüberschreitenden Verschmelzungen kann dies hingegen nicht der maßgebliche Zeitpunkt sein, da bereits die Prüfungsstelle des übertragenden Rechtsträgers abschließend über die Rechtmäßigkeit der Verschmelzung zu entscheiden hat, wenn sie die Verschmelzungsbescheinigung ausstellt. Zudem ist der Zeitpunkt des Wirksamwerdens in den Mitgliedstaaten durchaus unterschiedlich geregelt.[950] Im vergleichbar gelagerten Fall der SE-Verschmelzung wird denn auch zum Teil auf den Zeitpunkt der Anmeldung der Verschmelzung[951] bzw. den Zeitpunkt der Entscheidung über die Rechtmäßigkeit[952] der Verschmelzung abgestellt. Wenngleich die IntVerschmRL selbst in Art. 15 zur Frage des maßgeblichen Zeitpunkts schweigt, lässt sich bereits aus dem Wortlaut „**Vollzieht** eine Gesellschaft" herleiten, dass es nicht auf den Zeitpunkt des nach Art. 12 vorgesehenen Wirksamwerdens ankommt, sondern auf einen Vorgang, der diesem zeitlich vorausgeht. Zutreffend sollte auf den Zeitpunkt abgestellt werden, in dem über die Rechtmäßigkeit der Verschmelzungsschritte entschieden wird, um eine **Verschmelzungsbescheinigung** im Sinne von Art. 10 IntVerschmRL auszustellen.[953] Da für beide verschmelzende Gesellschaften der Zeitpunkt einheitlich zu wählen ist, gilt dies auch für den aufnehmenden Rechtsträger.

bb) Die konzernrechtlichen Erleichterungen im Einzelnen

247   Beim **upstream merger** sind folgende Besonderheiten gegenüber den allgemeinen Regeln zur Verschmelzung durch Aufnahme zu beachten:

248   (1) Entbehrliche Angaben des Verschmelzungsplans. Gemäß § 122c III UmwG ist der Katalog der Mindestangaben des **Verschmelzungsplans** beim **upstream merger** um Angaben zum Umtausch der Anteile reduziert worden.[954] Dies rechtfertigt sich aufgrund der besonderen Interessenlage bei der Konzernverschmelzung. Da keine neuen Anteile an die

---

[948] Vgl. zu § 5 II UmwG *Schröer* in Semler/Stengel § 5 Rn. 129; für Anknüpfung an den Verschmelzungsbeschluss hingegen *Lutter/Drygala* in Lutter UmwG § 5 Rn. 96; für den Zeitpunkt der Beschlussfassung → § 9 Rn. 343.
[949] Vgl. *Drinhausen* in Semler/Stengel UmwG § 122c Rn. 41; *Bayer* in Lutter UmwG § 122c Rn. 32; *Marsch-Barner* in Kallmeyer § 122c UmwG Rn. 39.
[950] Vgl. Art. 12 IntVerschmRL.
[951] Vgl. *Scheifele* Die Gründung der Europäischen Aktiengesellschaft (SE) S. 282.
[952] Vgl. zur vergleichbaren Rechtslage bei der SE *Schäfer* in MünchKomm AktG Art. 31 SE-VO Rn. 4; *Casper* in Spindler/Stilz AktG Art. 31 SE-VO Rn. 3 (Zeitpunkt der Entscheidung über die Vorabbescheinigung); demgegenüber wollen andere auf den Zeitpunkt des Antrags beim Registergericht abstellen, vgl. *Scheifele* Die Gründung der Europäischen Aktiengesellschaft (SE) S. 282.
[953] Vgl. *Kulenkamp* S. 302 f.
[954] Die konzernrechtlichen Erleichterungen beruhen auf Art. 15 I IntVerschmRL.

§ 13 § 13. Verschmelzung von KapGes versch. Mitgliedstaaten

übernehmende Gesellschaft ausgegeben werden, sind Angaben zum Umtauschverhältnis,[955] zur Übertragung von Anteilen an der übernehmenden bzw. neuen Gesellschaft[956] und zur Gewinnbeteiligung[957] entbehrlich.[958] Gleiches gilt für die rechtsformspezifischen Angaben, die im engen Zusammenhang mit der Übertragung von Anteilen stehen. Zudem ist mangels außenstehender Gesellschafter auch kein Abfindungsangebot im Verschmelzungsplan vorzusehen.[959] In der Praxis verbreitet sind Feststellungsklauseln hinsichtlich des Vorliegens einer Konzernverschmelzung und der Entbehrlichkeit der Angaben im Verschmelzungsplan.[960] Diese Klauseln haben rein deklaratorischen Charakter.

(2) **Keine Entbehrlichkeit des Verschmelzungsberichts.** Im Gegensatz zum deutschen innerstaatlichen Recht ist auch bei der Konzernverschmelzung der Verschmelzungsbericht nicht entbehrlich, da ihm arbeitnehmerschützende Wirkung zukommt.[961] 249

(3) **Entbehrlichkeit von Verschmelzungsprüfung und Verschmelzungsprüfungsbericht.** Gemäß § 122f Satz 1 iVm § 9 II UmwG[962] kann die Verschmelzungsprüfung und entsprechend auch der Verschmelzungsprüfungsbericht bei der Konzernverschmelzung entfallen, da mangels Umtausch von Anteilen auch ihr Zweck entfällt. 250

(4) **Kein Gesellschafterbeschluss der übertragenden Gesellschaft** sowie der übernehmenden AG. Die IntVerschmRL sieht als Erleichterung der Konzernverschmelzung zudem vor, dass der Gesellschafterbeschluss der übertragenden Gesellschaft entbehrlich ist.[963] Hierdurch wird dem Umstand Rechnung getragen, dass an der Tochtergesellschaft keine Minderheitsgesellschafter beteiligt sind. Die Entbehrlichkeit des Verschmelzungsbeschlusses der übertragenden Gesellschaft ist insoweit zwingend. Die IntVerschmRL erlaubt den Mitgliedstaaten eine vergleichbare Erleichterung für die **übernehmende** Gesellschaft vorzusehen, soweit die Bedingungen des Art. 8 VerschmRL erfüllt sind.[964] Es handelt sich um eine fakultative Ausnahme, von der der deutsche Gesetzgeber nur für die Aktiengesellschaft Gebrauch gemacht hat. Insoweit ist der Beschluss der übernehmenden deutschen Gesellschaft gemäß §§ 122a II, 62 AktG für die AG und KGaA entbehrlich, wenn 251

---

[955] Vgl. § 122c II 2 UmwG.
[956] Vgl. § 122c II 3 UmwG.
[957] Vgl. § 122c II 5 UmwG.
[958] Vgl. zum innerstaatlichen Recht → § 9 Rn. 336.
[959] Anderes mag sich allerdings ergeben, wenn außenstehende stimmrechtslose Gesellschafter an der Tochtergesellschaft beteiligt sind.
[960] Vgl. *Böttcher* in Böttcher/Habighorst/Schulte Umwandlungsrecht § 5 Rn. 109.
[961] Vgl. § 122e Satz 3 UmwG, der ausdrücklich anordnet, dass § 8 III UmwG nicht anwendbar ist. Einzelheiten → Rn. 166.
[962] Diese Ausnahme ist gemäß Art. 15 I, 1. Spiegelstrich iVm Art. 8 IntVerschmRL vorgesehen; vgl. näher → Rn. 140.
[963] Vgl. Art. 15 I, 2. Spiegelstrich iVm Art. 9 I IntVerschmRL; im deutschen Recht in § 122g UmwG umgesetzt; vgl. → Rn. 165.
[964] Vgl. Art. 9 III IntVerschmRL.

Gutkès 889

§ 13   4. Teil. Grenzüberschreitende Verschmelzungen

die Offenlegungsvorschriften des § 62 III UmwG eingehalten wurden.[965]

b) Verschmelzung der mehrheitlich beteiligten (mindestens 90%) Tochtergesellschaft auf ihre Muttergesellschaft

252 Für die Verschmelzung einer mindestens 90%igen Tochtergesellschaft auf ihre Muttergesellschaft sieht Art. 15 II IntVerschmRL Erleichterungen hinsichtlich der Berichte, der unabhängigen Sachverständigen und der einzureichenden Unterlagen vor, soweit dies nach dem innerstaatlichen Recht des übernehmenden oder übertragenden Rechtsträgers vorgesehen ist. Auch für diese Vorschrift ist ausschließlich auf die mit Stimmrecht versehenen Anteile abzustellen. Für innerstaatliche Verschmelzungen einer Kapitalgesellschaft auf eine herrschende Aktiengesellschaft sieht § 62 I UmwG vor, dass der Verschmelzungsbeschluss entbehrlich ist, wenn sich mindestens 90% der Anteile in der Hand der herrschenden Aktiengesellschaft befinden.[966] Auch für die grenzüberschreitende Verschmelzung ist in Art. 9 III IntVerschmRL den Mitgliedstaaten die Möglichkeit eröffnet worden, von einem Verschmelzungsbeschluss abzusehen, wenn die Voraussetzungen des Art. 28 VerschmRL vorliegen. Da der deutsche Gesetzgeber die Vorgaben in § 62 UmwG umgesetzt hat, ist die Erleichterung aufgrund des Generalverweises in § 122a II UmwG zulässigerweise auch auf die grenzüberschreitende Verschmelzung anzuwenden. **Entbehrlich** ist jedoch **nur der Verschmelzungsbeschluss** der übernehmenden deutschen Aktiengesellschaft.[967] Hinsichtlich aller anderen Verschmelzungsvoraussetzungen bleibt es bei den allgemeinen Anforderungen für die Verschmelzung durch Aufnahme.

253 Durch das Dritte Gesetz zur Änderung des Umwandlungsgesetzes[968] hat der Gesetzgeber abweichend vom allgemeinen aktienrechtlichen Squeeze-out nach §§ 327a ff. AktG und dem übernahmerechtlichen Squeeze-out nach WpÜG in § 62 V UmwG nunmehr einen **verschmelzungsrechtlichen Squeeze-out** eingeführt.[969] Hierdurch kann eine Restminderheit ausgeschlossen werden. Bei Verschmelzungen mit einer GmbH sind hingegen – anders als im Gesetzentwurf – keine Erleichterungen eingeführt worden. In der Sache handelt es sich

---

[965] Ganz hM, Nachweise → Rn. 166, nunmehr auch *Bayer* in Lutter UmwG § 122g Rn. 36.

[966] Vgl. Einzelheiten → § 9 Rn. 338 f. Diese Erleichterung wurde aufgrund von Art. 28 VerschmRL im innerstaatlichen deutschen Verschmelzungsrecht eingeführt.

[967] Soweit hingegen in der IntVerschmRL die Entbehrlichkeit der „zur Kontrolle notwendigen Unterlagen" angeordnet wird, kann es nicht der Erlass der Unterlagen für die Rechtmäßigkeitsprüfung gemeint sein. Zutreffend *Kulenkamp* S. 305.

[968] Drittes Gesetz zur Änderung des UmwG vom 11.7.2011, BGBl. I 1338; vgl. → § 9 Rn. 11.

[969] Vgl. zum umwandlungsrechtlichen Squeeze-out → § 9 Rn. 344; *Mayer* NZG 2012 S. 561; *Klie/Rödter* DStR 2011 S. 1668.

§ 13. Verschmelzung von KapGes versch. Mitgliedstaaten **§ 13**

um einen bei Gelegenheit einer Konzernverschmelzung erfolgenden aktienrechtlichen Squeeze-out.⁹⁷⁰ Die Regelung des umwandlungsspezifischen Squeeze-outs ist über § 122a II UmwG grundsätzlich auch auf grenzüberschreitende Verschmelzungen anwendbar.⁹⁷¹ Die Zulässigkeit eines grenzüberschreitenden Squeeze-out dürfte sich aus der SEVIC-Entscheidung des EuGH ergeben. So könnte im Falle einer *Hinausverschmelzung* einer deutschen AG, auf eine ausländische, der deutschen AG entsprechende, Rechtsform, wie beispielsweise eine französische SA, ein verschmelzungsrechtlicher Squeeze-out erfolgen.⁹⁷² Bei einem grenzüberschreitenden verschmelzungsrechtlichen Squeezeout wäre der Verschmelzungsplan gemäß § 62 V 2 UmwG um Angaben zum Ausschluss der Aktionäre in den Verschmelzungsplan zu ergänzen.⁹⁷³

3. Verschmelzung der Muttergesellschaft auf die Tochtergesellschaft (downstream merger)

Art. 2 Nr. 2 lit. c) der IntVerschmRL bezeichnet als Konzernverschmelzung nur die Verschmelzung der Tochtergesellschaft auf die Muttergesellschaft und nicht die der Muttergesellschaft auf die Tochtergesellschaft (sog. **downstream merger**). Die in der IntVerschmRL für die Konzernverschmelzung vorgesehenen Erleichterungen finden in diesem Falle keine Anwendung.⁹⁷⁴ Gleichwohl dürfte der *downstream merger* von Art. 2 II lit a) IntVerschmRL abgedeckt sein.⁹⁷⁵ Insofern sind die allgemeinen Vorschriften für die Verschmelzung durch Aufnahme zu beachten. **254**

4. Verschmelzung von Schwestergesellschaften

Für die Verschmelzung von Schwestergesellschaften (**sidestream merger**) enthält die IntVerschmRL keine besonderen Regelungen. Für innerstaatliche Verschmelzungen von zwei Schwestergesellschaften, an denen die Gesellschafter in jeweils gleicher Höhe beteiligt sind, werden teilweise im Schrifttum Erleichterungen gefordert.⁹⁷⁶ Sie dürfte aber ebenfalls **255**

---

⁹⁷⁰ Vgl. *Habersack* in Emmerich/Habersack Aktien- und GmbH-Konzernrecht § 327a AktG Rn. 8b.
⁹⁷¹ Vgl. *Mayer* NZG 2012 S. 561 (564); *Habighorst* in Böttcher/Habighorst/Schulte Umwandlungsrecht § 62 UmwG Rn. 59; *Kiefner/Prügel* AG 2011 S. 525 (533); wohl auch *Krüger* in Becksches Handbuch Umwandlungen International, 2. Teil: Verschmelzungen Rn. 157, der empfiehlt das Vorgehen mit den zuständigen Behörden abzustimmen.
⁹⁷² Vgl. *Mayer* NZG 2012 S. 561 (564); *Kiefner/Prügel* AG 2011 S. 525 (533).
⁹⁷³ Zutreffend *Habighorst* in Böttcher/Habighorst/Schulte Umwandlungsrecht § 62 Rn. 59.
⁹⁷⁴ Zur vergleichbaren Rechtslage bei der SE *Marsch-Barner* in Habersack/Drinhausen SE-Recht Art. 31 SE-VO Rn. 2 mwN.
⁹⁷⁵ Vgl. → Rn. 13; vgl. eingehend zum innerstaatlichen Recht → § 9 Rn. 349 ff.
⁹⁷⁶ Vgl. *Berebrok* in Sudhoff, Unternehmensnachfolge § 64 Rn. 15 ff.

§ 13 4. Teil. Grenzüberschreitende Verschmelzungen

zulässig sein, wenn auch ohne Erleichterungen. Gemäß § 122a II iVm §§ 54, 68 UmwG könnte erwogen werden wie im innerstaatlichen Recht auf die Anteilsgewährung zu verzichten. Soweit dies im Schrifttum für europarechtswidrig gehalten wird, ist dem zuzustimmen.[977] Die in Art. 15 I 1. Spiegelstrich und Art. 14 V der IntVerschmRL gewährten Ausnahmen von der Anteilsgewährungspflicht müssen im Hinblick auf die Definition einer grenzüberschreitenden Verschmelzung,[978] die ausdrücklich eine Anteilsgewährung vorsieht, als abschließend gewertet werden.[979]

VI. Mitbestimmung bei der grenzüberschreitenden Verschmelzung

1. Grundlagen

a) Einleitung

256 Das Zustandekommen der IntVerschmRL war durch erhebliche Kontroversen im Hinblick auf die Regelung zur Arbeitnehmermitbestimmung gekennzeichnet.[980] Nach Einigung auf dem Gipfel von Nizza[981] über die Grundsätze der Arbeitnehmermitbestimmung bei der SE, konnte auch der Kompromiss hinsichtlich der unternehmerischen Mitbestimmung der Arbeitnehmer in dem aus der grenzüberschreitenden Verschmelzung hervorgehenden Rechtsträger sowie das Verfahren zur Aushandlung der Arbeitnehmermitbestimmung erzielt werden.[982] Die Modalitäten und das Verfahren zur Regelung der **Arbeitnehmermitbestimmung** bei grenzüberschreitenden Verschmelzungen wurden wesentlich am Regelungsmodell der SE orientiert und **in Art. 16 IntVerschmRL kodifiziert**.[983] Regelungstechnisch wird dies vor allem durch die weitreichenden Verweisungen in Art. 16 III IntVerschmRL auf die SE-VO und die Richtlinie 2001/86/EG des

---

[977] Vgl. *Mayer* in Widmann/Mayer UmwG § 122c Rn. 69 ff.; aA *Heckschen* in Widmann/Mayer UmwG § 122g UmwG Rn. 159 ff.; *Lutz* BWNotZ 2010 S. 23 (28), der jedoch ebenfalls aufgrund ungeklärter Rechtslage davon abrät auf die Anteilsgewährung zu verzichten.
[978] Siehe Art. 2 Nr. 2 lit. a) IntVerschmRL.
[979] Vgl. näher *Mayer* in Widmann/Mayer UmwG § 122c Rn. 69 ff; zur vergleichbaren Rechtslage bei der SE *Marsch-Barner* in Habersack/Drinhausen SE-Recht Art. 31 SE-VO Rn. 2 mwN.
[980] *Oetker* in Lutter/Hommelhoff/Teichmann, SE-Kommentar, vor § 1 SEBG Rn. 26. Die Orientierung am SE-Modell brachte den entscheidenden Durchbruch im Recht der grenzüberschreitenden Verschmelzung *Schubert* RdA 2007 S. 1.
[981] Vgl. → § 12 Rn. 7.
[982] Vgl. ausführlich *Habersack* in Habersack/Drinhausen SE-Recht Einl MgVG Rn. 2 f.; sowie *Habersack* in Ulmer/Habersack/Henssler Mitbestimmungsrecht MgVG Einl. Rn. 3 ff.
[983] Vgl. *Habersack* in Habersack/Drinhausen SE-Recht Einl MgVG Rn. 20 ff.

§ 13. Verschmelzung von KapGes verschiedener Mitgliedstaaten   § 13

Rates vom 8.10.2001 zur Ergänzung des Statuts der Europäischen Gesellschaft hinsichtlich der Beteiligung der Arbeitnehmer (SE-ErgRiL) deutlich.

In Umsetzung von Art. 16 IntVerschmRL hat der deutsche Gesetz- 257 geber das **Gesetz über die Mitbestimmung der Arbeitnehmer bei einer grenzüberschreitenden Verschmelzung (MgVG)**[984] erlassen. Ebenso wie das Mitbestimmungsrecht der IntVerschmRL weitgehend der SE-ErgRiL nachgeahmt wurde, weist das MgVG Parallelen zum SEGB, dem deutschen Umsetzungsgesetz zur SE-ErgRiL, auf.[985] Im Gegensatz zum SE-Recht ist die aus der Verschmelzung hervorgehende Gesellschaft jedoch eine Rechtsform nationalen Rechts. Diese Gesellschaft unterliegt nach Art. 16 IntVerschmRL grundsätzlich dem Mitbestimmungsrecht des Sitzstaates.[986] Gemäß § 3 I MgVG regelt das MgVG das Verfahren zur Bestimmung der Arbeitnehmerbeteiligung für den Fall der **Hereinverschmelzung,** dh wenn die aus einer grenzüberschreitenden Verschmelzung hervorgehende Gesellschaft deutschem Recht unterliegt.[987] Unterliegt hingegen die übernehmende bzw. neue Gesellschaft bei einer grenzüberschreitenden Verschmelzung ausländischem Recht, so bestimmt sich das Verfahren zur Festlegung der Arbeitnehmermitbestimmung nach den Regelungen der ausländischen Rechtsordnung in Umsetzung zu Art. 16 III IntVerschmRL. Bei den mitbestimmungsrechtlichen Vorgaben in Art. 16 IntVerschmRL handelt es sich um eine Vollharmonisierung, die es den Mitgliedstaaten untersagt, ein höheres oder niedrigeres Mitbestimmungsniveau vorzusehen.[988]

Art. 16 der IntVerschmRL **bezweckt** vorrangig die **Mitbestim-** 258 **mungssicherung,**[989] wenngleich zudem eine Ausweitung der Mitbestimmung innerhalb Europas mitintendiert wird.[990] Ebenso wie im Mitbestimmungsrecht im Rahmen der SE-Verschmelzung legt die IntVerschmRL **keinen einheitlichen Mitbestimmungsstandard in Europa** fest. Ein einheitliches Mitbestimmungsmodell war aufgrund der höchst unterschiedlich ausgestalteten Mitbestimmungssysteme in den einzelnen Mitgliedstaaten nicht konsensfähig. Entscheidendes Grundprinzip der SE-ErgRiL ist insoweit das **Vorher-Nachher-Prinzip,** demzufolge

---

[984] Vom 21.12.2006, BGBl. I S. 3332.
[985] Vgl. *Habersack* ZHR 171 (2007), 613 (618); sowie zur Anlehnung an das SE-Modell und den Abweichungen vom SE-Modell *Habersack* in Ulmer/Habersack/Henssler Mitbestimmungsrecht MgVG Einl. Rn. 20 f.; *Oetker* in Lutter/Hommelhoff/Teichmann SE-Kommentar, vor § 1 SEBG Rn. 31.
[986] Vgl. ebenso § 4 MgVG.
[987] Vgl. § 3 I 1 MgVG in Umsetzung zu Art. 16 I IntVerschmRL. Siehe zudem zum Anwendungsbereich des MgVG für Teilaspekte der Hinausverschmelzung → Rn. 271.
[988] Vgl. *Forst* in Gaul/Ludwig/Forst Europäisches Mitbestimmungsrecht § 5 Mitbestimmung bei der grenzüberschreitenden Verschmelzung Rn. 23.
[989] *Habersack* ZHR 171 (2007) S. 613 (618).
[990] Vgl. EuGH vom 20.6.2013, AG 2013 S. 592; sowie *Forst* in Gaul/Ludwig/Forst Europäisches Mitbestimmungsrecht § 5 Mitbestimmung bei der grenzüberschreitenden Verschmelzung Rn. 34 ff.

Gutkès

§ 13   4. Teil. Grenzüberschreitende Verschmelzungen

der vorhandene Bestand an Beteiligungsrechten sich auch nach der Verschmelzung wiederfinden soll.[991] Gleiches gilt im Grundsatz auch für die grenzüberschreitende Verschmelzung.[992] Ebenso wie im SE-Recht wird bei der grenzüberschreitenden Verschmelzung der **Verhandlungslösung Vorrang** eingeräumt,[993] wohingegen die **Auffanglösung** nur **subsidiär** greift.

259   Gegenüber dem Mitbestimmungsrecht **der SE-Verschmelzung** bestehen bei einer grenzüberschreitenden Verschmelzung interessante **Neuerungen**: Vor Beginn des Verhandlungsverfahrens können sich die Unternehmensleitungen für oder gegen die Durchführung eines Verfahrens zur Bestimmung der Arbeitnehmerbeteiligung entscheiden.[994] Sie können sich entweder entschließen, das europäische Mitbestimmungsrecht der **gesetzlich vorgesehenen Auffanglösung** direkt zu wählen[995] oder ein **Verhandlungsverfahren zur Bestimmung der Arbeitnehmerbeteiligung mit** Vertretern der Arbeitnehmerseite, dem **besonderen Verhandlungsgremium (BVG)**, einzuleiten und durchzuführen. Durch eine derartige Einigung über das Eingreifen der Auffanglösung können viel Zeit und auch Kosten gespart werden. Die Eintragung der aus der grenzüberschreitenden Verschmelzung hervorgehenden Gesellschaft kann insoweit direkt erfolgen,[996] wenn
– sich die Unternehmensleitungen gegen ein Verhandlungsverfahren entschlossen haben und die gesetzliche Auffanglösung unmittelbar ab Eintragung anwenden,[997]
– zwischen dem BVG und den Unternehmensleitungen eine Vereinbarung über die Arbeitnehmerbeteiligung[998] geschlossen wurde,
– vom BVG ein Beschluss über die Nichtaufnahme bzw. den Abbruch der Verhandlungen[999] vorliegt, oder
– nach Aufnahme der Verhandlungen die Verhandlungsfrist fruchtlos abgelaufen ist, wodurch die gesetzliche Auffangregelung greift.[1000]

Eine weitere **wichtige Abweichung** vom Mitbestimmungsrecht der SE besteht in der Normierung des **höchsten Mitbestimmungsniveaus**. Bei der SE setzt sich bei Scheitern der Verhandlungen das höchste Mitbestimmungsniveau durch, wenn ein Viertel der Arbeitnehmer der beteiligten Gesellschaften diesem Mitbestimmungsniveau un-

---

[991] Siehe Erwägungsgrund 18 der SE-ErgRiL; vgl. hierzu *Jacobs* in Münch-Komm AktG Vorbemerkung SEBG Rn. 13, § 1 SEBG Rn. 5.
[992] Erwägungsgrund 13 der IntVerschmRL verweist auf die SE-ErgRiL und damit auch auf Erwägungsgrund 18.
[993] Vgl. *Forst* in Gaul/Ludwig/Forst Europäisches Mitbestimmungsrecht § 5 Mitbestimmung bei der grenzüberschreitenden Verschmelzung Rn. 34.
[994] Vgl. näher → Rn. 265, 341 ff.; vgl. *Habersack* in Ulmer/Habersack/Henssler Mitbestimmungsrecht MgVG Einl. Rn. 24.
[995] Vgl. Art. 16 IV lit. a) IntVerschmRL.
[996] Vgl. Art. 16 III lit. f) IntVerschmRL iVm Art. 12 II SE-VO.
[997] Siehe § 23 I Nr. 3 MgVG.
[998] Im deutschen innerstaatlichen Recht gemäß § 22 MgVG.
[999] Siehe Art. 16 IV lit. b) IntVerschmRL, innerstaatlich gemäß § 18 MgVG.
[1000] Siehe § 23 I Nr. 2 MgVG.

terliegen.[1001] Das **höchste Mitbestimmungsniveau** wird hingegen bei einer grenzüberschreitenden Verschmelzung **nur dann** im Rahmen der Auffanglösung zur **Anwendung** gelangen, wenn mindestens **ein Drittel** der Arbeitnehmer vor der Verschmelzung ein höheres Schutzniveau genossen als in der Rechtsordnung der aus der grenzüberschreitenden Verschmelzung hervorgehenden Gesellschaft. Dies bedeutet, dass bei einer Verschmelzung einer deutschen Gesellschaft auf eine mitbestimmungsfreie ausländische Gesellschaft nur dann deutsches Mitbestimmungsniveau maßgeblich ist, wenn die Arbeitnehmer der deutschen Gesellschaft ein Drittel der Arbeitnehmer der aus der Verschmelzung hervorgehenden Gesellschaft darstellen.[1002] Zudem gibt es im Recht der grenzüberschreitenden Verschmelzung lediglich einen **Schutz** vor Veränderungen des Mitbestimmungsregimes für **drei Jahre** nach Eintragung der grenzüberschreitenden Verschmelzung,[1003] jedoch keine Pflicht bei späteren strukturellen Änderungen erneut Verhandlungen zu führen.[1004] Insoweit bietet die grenzüberschreitende Verschmelzung interessante **Möglichkeiten der Mitbestimmungsgestaltung** sowie der **Mitbestimmungsvermeidung**.[1005]

Um den Rahmen des vorliegenden Werkes nicht zu sprengen, beschrankt sich die folgende Darstellung auf **ausgewählte Probleme des Verfahrens zur Festlegung der Unternehmensmitbestimmung**[1006] durch Einflussnahme der Arbeitnehmer auf die Angelegenheiten einer Gesellschaft durch Wahl oder Bestellung eines Teils der Mitglieder in Aufsichts- und Verwaltungsorganen.[1007] Sie soll einen kurzen Überblick über das Verhandlungsverfahren geben und einige ausgewählte Schwerpunkte behandeln, um die Entscheidung für oder gegen ein Verhandlungsverfahren zu ermöglichen. Fragen der internen Verfassung des besonderen Verhandlungsgremiums, seine Zusammensetzung und die Bildung des Wahlgremiums werden deshalb nicht detailliert erläutert.[1008]

260

[1001] Vgl. Art 7 SE-RL.
[1002] Vgl. näher → Rn. 267.
[1003] Vgl. Art. 16 VII IntVerschmRL, vgl. → Rn. 353; dazu zudem näher *Forst* in Gaul/Ludwig/Forst Europäisches Mitbestimmungsrecht § 5 Rn. 35.
[1004] Vgl. näher *Forst* in Gaul/Ludwig/Forst Europäisches Mitbestimmungsrecht § 5 Rn. 35, 39.
[1005] Vgl. näher → Rn. 354 ff.
[1006] Vgl. ebenso zu ausgewählten Fragen der Mitbestimmung bei der grenzüberschreitenden Verschmelzung *Habersack* ZHR 171 (2007), 613 ff.; *Brandes* ZIP 2008 S. 2193 ff.; *Götze/Winzer/Arnold* ZIP 2009 S. 245 ff.
[1007] Vgl. näher zur Legaldefintion der Mitbestimmung § 2 VII Nr. 1 MgVG. Der in § 2 VII Nr. 2 MgVG genannte Fall ist derzeit in keinem Mitgliedstaat Rechtslage.
[1008] Vgl. hierzu ausführlich die Kommentierung von *Habersack* zum MgVG in Ulmer/Habersack/Henssler Mitbestimmungsrecht.

§ 13   4. Teil. Grenzüberschreitende Verschmelzungen

b) Regelungsziel und -technik der IntVerschmRL

aa) Regelungsziel

261 Ziel der in Art. 16 IntVerschmRL verankerten Regelung ist es, **bestehende Mitbestimmungsrechte** in einer Gesellschaft zu **sichern**, wenn diese an einer grenzüberschreitenden Verschmelzung teilnimmt. Ein derartiger Schutzbedarf der Arbeitnehmer wird vor allem dann anerkannt, wenn eine Gesellschaft mit bestehender Mitbestimmung auf eine Gesellschaft verschmolzen wird, deren Rechtsordnung kein oder nur ein geringeres Mitbestimmungsniveau vorsieht.[1009] Es soll insoweit vermieden werden, dass nationales Mitbestimmungsrecht durch Hinausverschmelzungen umgangen wird.[1010] In diesem Sinne bestimmt auch die deutsche Norm § 1 I 2 MgVG, dass es Ziel des Gesetzes sei, „die in den an der Verschmelzung beteiligten Gesellschaften erworbenen Mitbestimmungsrechte der Arbeitnehmer zu sichern".

262 Im Gegensatz zur SE-ErgRiL ist die Beteiligung der Arbeitnehmer auf der betrieblichen Ebene durch **Unterrichtung und Anhörung nicht Gegenstand der IntVerschmRL**.[1011] Maßgebend sind insoweit die Vorschriften des Sitzstaates des übernehmenden/neuen Rechtsträgers bzw. bei Betriebsstätten in anderen Mitgliedsstaaten die dortigen Bestimmungen.[1012] Gesichert wird ausschließlich die Mitbestimmung, dh die Beteiligung der Arbeitnehmer auf Unternehmensebene durch Wahrnehmung des Rechts, ein Teil der Mitglieder des Aufsichts- bzw. Verwaltungsrats zu wählen oder zu bestellen oder die Bestellung derartiger Mitglieder des Aufsichts- oder Verwaltungsorgans zu empfehlen und/oder abzulehnen.[1013]

[1009] Vgl. näher zu den unterschiedlichen Mitbestimmungsniveaus innerhalb der EU ausführlich *Baums/Ulmer* (Hrsg.), Unternehmens-Mitbestimmung der Arbeitnehmer im Recht der EU-Mitgliedstaaten, 2004; *Frenzel* S. 286.

[1010] Beim Wettbewerb der Rechtsordnungen wird der Anreiz durch niedriges Mitbestimmungsniveau weitgehend verhindert. Vielmehr führt die derzeitige Regelung eher zu einem Export des Mitbestimmungssystems in mitbestimmungsfreie Mitgliedstaaten. Gleichwohl bestehen Spielräume, die es erlauben im Wege der grenzüberschreitenden Verschmelzung die Mitbestimmung zu vermeiden bzw. das Mitbestimmungsniveau zu senken.

[1011] Die Richtlinie 2001/86/EG des Rates vom 8.10.2001 zur Ergänzung des Statuts der Europäischen Gesellschaft hinsichtlich der Beteiligung der Arbeitnehmer (SE-ErgRiL) sieht die Bildung international besetzten SE-Betriebsrats vor, dem Unterrichtungs- und Anhörungsrechte zustehen; deshalb wird das Europäische Betriebsrätegesetz bei der SE nicht angewendet. Einen derartigen Ausschluss des EBRG sieht das MgVG nicht vor, so dass die Bildung eines Europäischen Betriebsrats nach den allgemeinen Grundsätzen erfolgt. Vgl. näher *Müller-Bonanni/Müntefering* BB 2009 S. 1699 S. 1700 f.; *Habersack* ZHR 171 (2007), 613, 624.

[1012] Vgl. *Oetker* in Erfurter Kommentar zum Europäischen Arbeitsrecht RL 2006/56/EG Art. 16 Rn. 1 f. Es kann ebenfalls zur Bildung eines europäischen Betriebsrats kommen. Hierfür ist nach Eintragung ein eigenständiges BVG zu bilden.

§ 13. Verschmelzung von KapGes versch. Mitgliedstaaten § 13

bb) *Verdrängung innerstaatlichen Mitbestimmungsrechts*

Art. 16 bestimmt zunächst, wann nationales oder europäisches Mit- 263
bestimmungsrecht gilt, bzw. wann Verhandlungen über die unternehmerische Mitbestimmung der Arbeitnehmer erforderlich sind. Art. 16 IntVerschmRL sieht vor, dass entweder
– das **nationale Mitbestimmungsrecht** des aus der grenzüberschreitenden Verschmelzung hervorgehenden Rechtsträgers gilt, sog. **Sitzstaatsprinzip,**[1014] so der gesetzlich vorgesehene Regelfall; oder
– eine **Vereinbarung über die Mitbestimmung der Arbeitnehmer** zwischen einem besonderen Verhandlungsgremium der Arbeitnehmer (BVG) und der Unternehmensleitung ausgehandelt wird, sogenannte Verhandlungslösung; oder
– die gesetzliche Auffanglösung des **europäischen Mitbestimmungsrechts** der Rechtsordnung des aus der Verschmelzung hervorgehenden Rechtsträgers gilt, welche das innerstaatliche Mitbestimmungsrecht verdrängt.[1015]

Wann Verhandlungen über die unternehmerische Mitbestimmung der Arbeitnehmer erforderlich sind und welche der obigen Alternativen greift, ist in Art. 16 II IntVerschmRL im Einzelnen durch ein Regel-Ausnahmeprinzip geregelt.[1016] Ebenso wie bei der SE-Verschmelzung hat die Verhandlungslösung Vorrang gegenüber der gesetzlichen Auffanglösung. Die Mitgliedstaaten haben zwingend Verhandlungsautonomie hinsichtlich der Mitbestimmung vorzusehen.

cc) *Fakultative Einleitung eines Verhandlungsverfahrens*

Die Vereinbarung über die Mitbestimmung der Arbeitnehmer ist, 264
soweit Verhandlungen aufgenommen wurden und weder wirksam abgebrochen worden sind, noch die Verhandlungsfrist abgelaufen ist, Eintragungsvoraussetzung der grenzüberschreitenden Verschmelzung. Die Anteilsinhaber können ihre Zustimmung zum Verschmelzungsplan vorbehaltlich der Regelung zur Mitbestimmung erklären.[1017] In diesem Falle kann eine Eintragung der Verschmelzung erst erfolgen, wenn der Zustimmungsbeschluss erfolgt ist.

Die **Aufnahme von Verhandlungen** über die Mitbestimmung ist 265
jedoch grundsätzlich **fakultativ**. Gegenüber den Regelungen zur SE-Verschmelzung weist das Verfahren über die Festlegung der Arbeitnehmermitbestimmung der grenzüberschreitenden Verschmelzung die in der Praxis begrüßte Neuerung auf, dass die **Leitungen** der an der grenzüberschreitenden Verschmelzung beteiligten Gesellschaften **auf die Durchführung eines Verhandlungsverfahrens verzichten** und direkt die

---

[1013] Vgl. näher zur Mitbestimmungsdefinition *Jacobs* in MünchKomm AktG Vorbemerkung SEBG Rn. 13.
[1014] Vgl. Art. 16 I IntVerschmRL.
[1015] Vgl. hierzu Art. 16 III IntVerschmRL sowie §§ 23 ff. MgVG.
[1016] Vgl. → Rn. 272 ff.
[1017] Vgl. → Rn. 156 ff.

Gutkès 897

§ 13   4. Teil. Grenzüberschreitende Verschmelzungen

gesetzliche Auffanglösung des europäischen Mitbestimmungsrechts wählen können.[1018] Hierdurch wird vermieden, dass die Eintragung der Verschmelzung durch ein Verhandlungsverfahren zur Bestimmung des Mitbestimmungssystems hinausgezögert wird.

dd) Vergleich zum Mitbestimmungsrecht der SE-Verschmelzung

266 Das Mitbestimmungsrecht der grenzüberschreitenden Verschmelzung[1019] **orientiert sich weitgehend an der für die SE-Verschmelzung entwickelten Lösung.**[1020] Dies zeigt sich bereits daran, dass Art. 16 III – vorbehaltlich der Regelungen in Art. 16 IV IntVerschmRL – auf wesentliche Vorschriften der SE-ErgRiL zur Arbeitnehmerbeteiligung in der SE verweist. Konzeptionell sind vor allem Parallelen zwischen den Vorschriften zum BVG, der Mitbestimmungsvereinbarung und der gesetzlichen Auffanglösung zu verzeichnen, die sich in teils wortlautidentischen Vorschriften niederschlagen.[1021]

267 Freilich hat der europäische Gesetzgeber die zwischenzeitlich geäußerte Kritik an der Mitbestimmungslösung der SE-Verschmelzung berücksichtigt.[1022] Es bestehen bei einer grenzüberschreitenden Verschmelzung gegenüber der SE **Unterschiede** hinsichtlich der Voraussetzungen, unter denen Verhandlungen über eine Mitbestimmung aufzunehmen sind und hinsichtlich der Ausgestaltung der gesetzlichen Auffanglösung.[1023] So wurde für die grenzüberschreitende Verschmelzung nicht nur die Möglichkeit eröffnet, dass sich die Unternehmensleitungen **direkt ohne Durchführung des Verhandlungsverfahrens für die gesetzliche Auffanglösung entscheiden können.**[1024] Gegenüber dem SE-Verschmelzungsrecht greift zudem die gesetzliche Auffangregelung bei der grenzüberschreitenden Verschmelzung erst bei einem **höheren Schwellenwert** an Mitbestimmung. So ist die am höchsten Mitbestimmungsniveau orientierte gesetzliche **Auffanglösung** nur dann für alle Mitgliedstaaten verbindlich vorzusehen, wenn für **mindestens ein Drittel der Arbeitnehmer**[1025] aller an der grenzüberschreitenden Verschmelzung teilnehmenden Gesellschaften bereits vor der grenzüberschreitenden Verschmelzung eine Form der Mitbestimmung vorgesehen war.[1026] Verschmilzt zB eine deutsche Gesellschaft mit 2000 Arbeitnehmern auf eine ausländische mitbestimmungsfreie Gesellschaft mit 4001

[1018] Vgl. Art. 16 IV lit. a) IntVerschmRL.
[1019] Vgl. Art. 16 IntVerschmRL.
[1020] Eingehend zu den Differenzen zwischen dem Mitbestimmungssystem der SE und der grenzüberschreitenden Verschmelzung *Habersack* ZHR 171 (2007) S. 613 und *Müller-Bonanni/Müntefering* BB 2009 S. 1699.
[1021] *Habersack* ZHR 171 (2007), S. 613 (618).
[1022] *Wiesner* DB 2005 S. 91 ff.; *Drinhausen/Kleinath* RIW 2006 S. 81 (85).
[1023] Näher *Habersack* ZHR 171 (2007), 613, 623 ff.
[1024] Vgl. → Rn. 264 f.
[1025] Bei der SE-Verschmelzung beträgt der Schwellenwert ein Viertel.
[1026] Vgl. Art. 16 III lit. c) iVm Art. 7 II lit. b), III der Richtlinie zur Arbeitnehmerbeteiligung in der SE; hierzu eingehend *Müller-Bonanni/Müntefering* BB 2009 S. 1699 (1702), die die praktische Bedeutung dieses Unterschieds für ver-

§ 13. Verschmelzung von KapGes versch. Mitgliedstaaten   § 13

Arbeitnehmern, so braucht keine Mitbestimmung bei der ausländischen übernehmenden Gesellschaft vorgesehen werden. Auch hinsichtlich der Möglichkeit des **Einfrierens der Mitbestimmung** bestehen zwischen SE und grenzüberschreitender Verschmelzung erhebliche Unterschiede.[1027]

Zum anderen beruhen die Abweichungen gegenüber dem SE-Verschmelzungsrecht aber auch darauf, dass bei einer grenzüberschreitenden Verschmelzung **keine supranationale Rechtsform** geschaffen wird, sondern bei Durchführung der Verschmelzung eine nationale Gesellschaftsform entsteht oder fortbesteht.[1028] Bei der grenzüberschreitenden Verschmelzung ist insoweit grundsätzlich das nationale Mitbestimmungsrecht des Sitzstaates des aus der Verschmelzung hervorgehenden Rechtsträgers anwendbar,[1029] soweit dieses nicht zur Sicherung der Mitbestimmung durch europäisches Mitbestimmungsrecht verdrängt wird. SE-Verschmelzung und grenzüberschreitende Verschmelzung sehen deshalb bei **Nichtaufnahme oder Abbruch des Verhandlungsverfahrens** aufgrund eines Beschlusses des BVG **unterschiedliche Rechtsfolgen** vor. Während das Recht der SE-Verschmelzung hieran die Rechtsfolge knüpft, dass die SE mitbestimmungsfrei bleibt, führt ein Beschluss des BVG bei der grenzüberschreitenden Verschmelzung zur Anwendung des nationalen Mitbestimmungsrechts, dh im Falle der Hereinverschmelzung zur Anwendung des deutschen innerstaatlichen Mitbestimmungsrechts.[1030] Werden im Rahmen der grenzüberschreitenden Verschmelzung Verhandlungen aufgenommen hat das BVG es in der Hand zu bestimmen ob europäisches oder nationales Mitbestimmungsrecht Anwendung findet und kann hierdurch zB einer Verkleinerung des Aufsichtsrats, wie diese aufgrund der Anwendung des europäischen Mitbestimmungsrechts möglich ist, entgegenwirken.[1031] Vor Aufnahme der Verhandlungen können die Unternehmensleitungen sich für die Anwendung des europäischen Mitbestimmungsrechts entscheiden und somit die Anwendung nationalen Mitbestimmungsrechts verhindern.   268

Nicht zuletzt bestehen Unterschiede hinsichtlich der Rechtsfolgen bei **strukturellen Änderungen** im Anschluss an eine SE-Verschmelzung oder eine grenzüberschreitende Verschmelzung. Während derartige strukturelle Änderungen bei der SE eine Neuverhandlungspflicht hinsichtlich der Beteiligungsrechte der Arbeitnehmer auslösen,[1032] besteht eine vergleichbare Regelung bei der grenzüberschreitenden Verschmel-   269

---

nachlässigenswert erachten, da trotz Unterschreitens des Schwellenwerts das BVG einen entsprechenden Beschluss fassen könne.
[1027] Vgl. → Rn. 354.
[1028] *Schubert* RdA 2007 S. 1.
[1029] Vgl. näher zum Sitzstaatprinzip → Rn. 272 ff.
[1030] *Müller-Bonanni/Müntefering* BB 2009 S. 1699 (1701); → Rn. 327.
[1031] *Müller-Bonanni/Müntefering* BB 2009 S. 1699 (1701); vgl. näher zu den Optionen der Mitbestimmungsgestaltung → Rn. 354.
[1032] Vgl. § 18 III SEBG, siehe zur Neuverhandlung in der SE → § 14 Rn. 171 ff.

§ 13   4. Teil. Grenzüberschreitende Verschmelzungen

zung nicht. Demgegenüber wird das Mitbestimmungssystem im Falle anschließender Verschmelzung für einen Zeitraum von drei Jahren perpetuiert.[1033]

c) Ziel und Anwendungsbereich des MgVG

270 Der **Anwendungsbereich** des deutschen Umsetzungsgesetzes zu Art. 16 IntVerschmRL, dem **MgVG**, erstreckt sich gemäß § 3 I MgVG zum einen auf jede aus einer grenzüberschreitenden Verschmelzung hervorgehende Gesellschaft mit Sitz im Inland, dh auf alle **Fälle der Hereinverschmelzung**. Im Falle der Hereinverschmelzung hat insoweit das Verfahren der Festlegung der Arbeitnehmermitbestimmung nach MgVG zu erfolgen.

271 Zum anderen gilt das Gesetz jedoch auch für **Teilaspekte einer Hinausverschmelzung**. Zwar erfolgt das Arbeitnehmermitbestimmungsverfahren im Falle der Hinausverschmelzung nach dem Recht des übernehmenden Rechtsträgers in Einklang mit Art. 16 IntVerschmRL, gleichwohl sieht jedoch das MgVG auch für die in Deutschland beschäftigten Arbeitnehmer einer deutschen Gesellschaft, betroffenen Tochtergesellschaften und Betriebe Regelungen vor, wenn eine deutsche Gesellschaft auf einen ausländischen Rechtsträger verschmolzen wird.[1034]

2. Anwendungsbereich europäischer Mitbestimmung

a) Grundsätzliche Anwendung des Mitbestimmungsrechts des Sitzstaates

272 Das Mitbestimmungsrecht bei der grenzüberschreitenden Verschmelzung ist in Art. 16 IntVerschmRL geregelt und nahezu wortgetreu in §§ 4 und 5 MgVG umgesetzt worden. Gemäß Art. 16 I IntVerschmRL richtet sich das Arbeitnehmermitbestimmungsrecht **grundsätzlich nach dem innerstaatlichen Recht** des aus der grenzüberschreitenden Verschmelzung hervorgehenden Rechtsträgers. Maßgeblich für die Bestimmung der Rechtsordnung ist der Sitz der Gesellschaft (**„Sitzstaatsprinzip"**).[1035] Gemäß den Vorgaben in Art. 16 I IntVerschmRL[1036] finden die Regelungen des innerstaatlichen Rechts über die Mitbestimmung der Arbeitnehmer desjenigen Mitgliedstaats Anwendung, in dem die aus der grenzüberschreitenden Verschmelzung hervorgehende Gesellschaft ihren Sitz hat.[1037] Der Sitz ist dabei – dies bringt die insoweit klarere französische Fassung der IntVerschmRL zum Ausdruck[1038] – der **satzungsmäßi-**

[1033] Vgl. näher → Rn. 353.
[1034] Vgl. näher § 3 I 2 MgVG.
[1035] Vgl. *Oetker* in Erfurter Kommentar zum Europäischen Arbeitsrecht RL 2006/56/EG Art. 16 Rn. 5; *Wiesner* DB 2005 S. 91 (92); *Nagel* NZG 2006 S. 2; *Frenzel* S. 289 f.
[1036] Im deutschen Recht wurde die Regelung durch § 4 MgVG umgesetzt.
[1037] Im Rahmen einer SE-Verschmelzung sieht das SEBG eine solche Regelung nicht vor.
[1038] In der französischen Originalsprache der IntVerschmRL wird der Begriff „*siège statutaire*" verwendet; zutreffend hervorgehoben von *Frenzel* S. 289.

§ 13. Verschmelzung von KapGes versch. Mitgliedstaaten § 13

ge Sitz der Gesellschaft.[1039] Es kommt insoweit nicht auf den Verwaltungssitz an. Das Sitzstaatsprinzip ist jedoch problematisch, wenn es keine oder geringere Mitbestimmung vorsieht als die Rechtsordnung der übertragenden Rechtsträger. Insoweit wird es durch die Ausnahmetatbestände in Art. 16 II IntVerschmRL durchbrochen. Angesichts der weiten Fassung der Ausnahmetatbestände (dazu sogleich unter b)) in Art. 16 II IntVerschmRL sowie der deutschen Bestimmung zur Umsetzung (§ 5 MgVG) wird diese Regelung wohl nur selten eingreifen.[1040]

b) Ausnahmen vom Sitzstaatsprinzip – Wechsel des Mitbestimmungsstatus

Vom Grundsatz des Sitzstaatsprinzips sind in Art. 16 II IntVerschmRL bzw. § 5 MgVG[1041] **drei Ausnahmen** vorgesehen. Durch die Ausnahmetatbestände soll das Mitbestimmungsniveau erhalten werden; es gilt das sog. **Vorher-Nachher-Prinzip.**[1042] Die bei den verschmelzenden Gesellschaften vorhandenen Beteiligungsrechte der Arbeitnehmer aus verschiedenen Mitgliedstaaten sollen auch nach der Verschmelzung erhalten bleiben. Greift eine dieser Ausnahmen, so findet auf die aus der Verschmelzung hervorgehende Gesellschaft kein innerstaatliches Mitbestimmungsrecht Anwendung, sondern **europäisches Mitbestimmungsrecht,** welches ein Verhandlungsverfahren mit anschließendem Abschluss einer Mitbestimmungsvereinbarung bzw. die Anwendung einer Auffanglösung vorsieht.[1043] Es kommt insoweit durch Anwendung einer der drei Ausnahmetatbestände in § 5 MgVG zu einem **Wechsel des Mitbestimmungsstatus.**[1044] In diesen Fällen verdrängt daher die **Verhandlungslösung**[1045] bzw. die **gesetzliche Auffangregelung,**[1046] wie sie sekundärgemeinschaftsrechtlich vorgeschrieben ist, das innerstaatliche Mitbestimmungsrecht. Besteht vor der Verschmelzung Mitbestimmung in einer der verschmelzenden Gesellschaften so führt dies letztendlich dazu, dass das **Regel-Ausnahmeverhältnis umgekehrt** wird.[1047] Es wird im Regelfall europäisches Mitbestimmungsrecht Anwendung finden. Es wird deshalb zu Recht bezweifelt, ob es in Anbetracht der in § 5 MgVG

[1039] Vgl. *Oetker* in Erfurter Kommentar zum Europäischen Arbeitsrecht RL 2006/56/EG Art. 16 Rn. 5 mwN; *Schubert* RdA 2007 S. 2; *Forsthoff* DStR 2006 S. 613 ff.
[1040] Vgl. BT-Drucks. 16/2922 S. 20.
[1041] Bei der SE-Verschmelzung sieht das SEBG eine solche Regelung nicht vor, sondern es kommt stets die Verhandlungslösung bzw. die Auffangregelungen zur Anwendung.
[1042] Vgl. *Frenzel* S. 290, sowie näher zum gleichgelagerten Fall der SE-Verschmelzung *Oetker* in Lutter/Hommelhoff/Teichmann, SE-Kommentar, § 1 SEBG Rn. 5.
[1043] Vgl. Art. 16 III IntVerschmRL.
[1044] Vgl. *Habersack* in Ulmer/Habersack/Henssler Mitbestimmungsrecht § 5 MgVG Rn. 1 und 8.
[1045] Vgl. → Rn 284 ff.
[1046] Vgl. → Rn 339 ff.
[1047] Vgl. *Brandes* ZIP 2008 S. 2193 (2195); *Krause/Janko* BB 2007 S. 2194 (2195).

§ 13   4. Teil. Grenzüberschreitende Verschmelzungen

genannten Ausnahmen bei einer Hereinverschmelzung überhaupt in der Praxis einen Fall geben kann, bei der deutsches innerstaatliches Mitbestimmungsrecht nicht verdrängt wird.[1048] Ist hingegen der Anwendungsbereich des Art. 16 II IntVerschmRL nicht betroffen, so ist es nicht notwendig, ein Verhandlungsverfahren einzuleiten, bzw. sich für die gesetzliche Auffanglösung zu entscheiden. Es verbleibt beim Sitzstaatsprinzip und der Anwendung des nationalen Mitbestimmungsrechts.

274   Die Vorschrift des Art. 16 II IntVerschmRL wurde fast wortlautidentisch ins deutsche Recht in § 5 Nr. 1 bis 3 MgVG übernommen. Die folgenden Ausführungen zum Anwendungsbereich des europäischen Mitbestimmungsrechts gelten deshalb grundsätzlich gleichermaßen für die europäischen Vorgaben und das in MgVG kodifizierte innerstaatliche Recht. Umstritten war bislang, ob die drei Ausnahmefälle vom Sitzstaatprinzip in Art. 16 II IntVerschmRL, sowie in **§ 5 Nr. 1 bis Nr. 3 MgVG im Verhältnis der Alternativität zueinander** stehen[1049] oder ob neben den Voraussetzungen des Art. 16 II 1 IntVerschmRL bzw. § 5 Nr. 1 MgVG noch die weiteren Vorgaben von Art. 16 II IntVerschmRL bzw. § 5 Nr. 2 und 3 MgVG kumulativ vorzuliegen haben. Der **EuGH** hat zu dieser Frage in einem Vertragsverletzungsverfahren[1050] Stellung bezogen und in diesem Rahmen ausdrücklich entschieden, dass die Tatbestände des Art. 16 II IntVerschmRL in einem Verhältnis der Alternativität zueinander stehen. Insoweit besteht eine Verhandlungspflicht – bzw. greift die gesetzliche Auffanglösung – nach europäischem Mitbestimmungsrecht bereits dann, wenn eine der drei Alternativen in Art. 16 II IntVerschmRL bzw. § 5 Nr. 1–3 MgVG betroffen ist.

aa) Bestehende Mitbestimmung vor Verschmelzung

275   Soweit bereits vor der grenzüberschreitenden Verschmelzung bei **einem** der verschmelzenden Rechtsträger ein Mitbestimmungssystem[1051] besteht und durchschnittlich mehr als 500 Arbeitnehmer beschäftigt sind,

---

[1048] Vgl. näher zu dieser Problematik → Rn. 281.
[1049] Vgl. *Gaul/Ludwig* in Gaul/Ludwig/Forst Europäisches Mitbestimmungsrecht § 5 Rn. 82; *Kienast* in Gaul/Ludwig/Forst Europäisches Mitbestimmungsrecht § 5 Rn. 120; *Brandes* ZIP 2008 S. 2193 (2195); *Winter* Der Konzern 2007 S. 24 (32); *Nagel* NZG 2007 S. 57, *Müller-Bonanni/Müntefering* NJW 2009 S. 2347 (2349) mwN; nunmehr auch *Thüsing/Forst* in Habersack/Drinhausen SE-Recht § 5 MgVG Rn. 2; aA *Oetker* in Erfurter Kommentar zum Europäischen Arbeitsrecht RL 2006/56/EG Art. 16 Rn. 7 ff. mwN; *Schubert* RdA 2007 S. 9 (10); *Lunk/Hinrichs* NZA 2007 S. 773 (774), die annehmen, zusätzlich zu den Voraussetzungen des § 5 Nr. 2 MgVG müssten die Voraussetzungen des § 5 Nr. 1 MgVG vorliegen, um europäisches Mitbestimmungsrecht anzuwenden. Dies lässt sich weder vom Wortlaut des Art. 16 IntVerschmRL noch aus der Gesetzessystematik entnehmen.
[1050] Vgl. EuGH vom 20.6.2013, AG 2013 S. 592.
[1051] Vgl. zu den Mitbestimmungssystemen in den einzelnen EU-Mitgliedstaaten die Website der Hans-Böckler-Stiftung zum Europäischen Mitbestimmungsrecht www.boeckler.de; *Baums/Ulmer* (Hrsg.), Unternehmens-Mitbestimmung der Arbeitnehmer im Recht der EU-Mitgliedstaaten, 2004.

§ 13. Verschmelzung von KapGes verschi. Mitgliedstaaten § 13

findet nicht nationales, sondern europäisches Mitbestimmungsrecht Anwendung.¹⁰⁵² Es greift insoweit die Verhandlungslösung bzw. die gesetzliche Auffanglösung und damit nicht Sitzstaatsrecht.

Voraussetzung dieses ersten Ausnahmetatbestands ist, dass in den sechs Monaten vor der Veröffentlichung des Verschmelzungsplans mindestens eine der an der Verschmelzung beteiligten Gesellschaften **durchschnittlich mehr als 500 Arbeitnehmer**¹⁰⁵³ beschäftigt hat und eine Einflussnahme der Arbeitnehmer¹⁰⁵⁴ auf Ebene des Aufsichtsoder Verwaltungsorgans besteht.¹⁰⁵⁵ Es wird dabei ausdrücklich auf die durchschnittliche Arbeitnehmerzahl und damit nicht auf eine regelmäßige abgestellt.¹⁰⁵⁶ **Umstritten** ist, ob für den Schwellenwert der 500 Arbeitnehmer die **verbundenen Unternehmen** gemäß § 2 II DrittelbG, § 5 I MitbestG hinzuzurechnen sind; über die Frage, ob als beteiligte Unternehmen nur die unmittelbar an der Verschmelzung beteiligten Rechtsträger zählen, vermag der Wortlaut des § 5 Nr. 1 MgVG keine Auskunft zu geben,¹⁰⁵⁷ Systematisch sprechen zwar Gründe für deren Einbeziehung, denn selbige sind auch im Verhandlungsverfahren gemäß §§ 6 ff. MgVG zu berücksichtigen.¹⁰⁵⁸ Ebenso hat die deutsche Auffanglösung deren Berücksichtigung vorgesehen.¹⁰⁵⁹ Hingegen sind gerade letztere Vorschriften **nicht richtlinienkonform**, da eine **Einbeziehung der Tochtergesellschaften** bei der europarechtlich vorgesehenen Auffanglösung nicht vorgesehen ist.¹⁰⁶⁰ Vor allem jedoch spricht der eindeutige Wortlaut von § 2 VII MgVG und Art. 16 II IntVerschmRL gegen eine derartige Einbeziehung der Tochtergesellschaften bei der Berechnung des Schwellenwerts der 500 Arbeitnehmer.¹⁰⁶¹

276

---

¹⁰⁵² Vgl. Art. 16 II Hs. 1 IntVerschmRL; ebenso § 5 Nr. 1 MgVG.
¹⁰⁵³ Durch diesen Schwellenwert werden die niedrigeren Schwellen bei Mitgliedstaaten wie Österreich und Ungarn „heraufgesetzt".
¹⁰⁵⁴ Vgl. näher zum Arbeitnehmerbegriff → Rn. 305.
¹⁰⁵⁵ Der Gesetzestext des § 5 Nr. 1 MgVG verweist auf ein Arbeitnehmermitbestimmungssystem iSd § 2 VII MgVG (welches Art. 2 lit. k) der SE-ErgRiL entspricht); näher zur Definition der Mitbestimmung gemäß § 2 VII *Hensslerin* Ulmer/Habersack/Henssler Mitbestimmungsrecht § 2 SEBG Rn. 12; *Jakobs* in MünchKomm AktG § 2 SEBG Rn. 21.
¹⁰⁵⁶ Vgl. *Oetker* in Erfurter Kommentar zum Europäischen Arbeitsrecht RL 2006/56/EG Art. 16 Rn. 11 mwN.
¹⁰⁵⁷ Für eine Einbeziehung aufgrund deutschen Mitbestimmungsrechts hingegen *Müller-Bonanni/Müntefering* NJW 2009 S. 2347 (2350); aA *Oetker* in Erfurter Kommentar zum Europäischen Arbeitsrecht RL 2006/56/EG Art. 16 Rn. 10 mwN; *Brandes* ZIP 2008 S. 2193 (2195); *Schubert* RdA 2007 S. 9 (12).
¹⁰⁵⁸ Hierauf weisen zutreffend hin *Müller-Bonanni/Müntefering* NJW 2009 S. 2347 (2350) mwN.
¹⁰⁵⁹ Vgl. §§ 17 III, 24 I MgVG.
¹⁰⁶⁰ Vgl. näher *Habersack* ZHR 171 (2007) S. 613, 640 im Hinblick auf Art. 16 III lit. e) iVm Art. 3 IV 3 und Art. 7 II 1 lit. b) und lit. c) der SE-ErgRiL.
¹⁰⁶¹ Vgl. *Habersack* in Ulmer/Habersack/Henssler Mitbestimmungsrecht § 5 MgVG Rn. 2; *Gaul/Ludwig* in Gaul/Ludwig/Forst Europäisches Mitbestim-

§ 13 4. Teil. Grenzüberschreitende Verschmelzungen

277 Unabhängig davon, ob sich bei Anwendung innerstaatlichen Rechts das Mitbestimmungsniveau durch die Verschmelzung verschlechtern würde oder die übernehmende Gesellschaft mitbestimmungsfrei wäre, besteht insoweit **immer Vorrang des europäischen Mitbestimmungsrechts** vor dem innerstaatlichen Mitbestimmungsrecht, **soweit bereits ein Mitbestimmungssystem** vor der beabsichtigten Verschmelzung bestand.[1062] Nicht erforderlich ist nach hM, dass die Mitbestimmung auf einer gesetzlichen Regelung beruht. Es kann sich auch um eine freiwillig eingeführte Verschmelzung handeln.[1063] Diese Ausnahme greift folglich in jedem Falle, wenn ein deutsches mitbestimmtes Unternehmen an einer grenzüberschreitenden Verschmelzung beteiligt ist.[1064] Es ist sowohl im Falle der Hinausverschmelzung wie im Falle der Hereinverschmelzung ein Verhandlungsverfahren einzuleiten bzw. die gesetzliche Auffanglösung zu wählen. Es ist nicht zusätzlich zu prüfen, ob sich die Mitbestimmung verschlechtert.[1065]

bb) Verschlechterung des Mitbestimmungsniveaus

278 Die IntVerschmRL[1066] und das innerstaatliche deutsche Umsetzungsgesetz[1067] sehen zudem einen Vorrang des europäischen Mitbestimmungsrechts vor, wenn das innerstaatliche Recht des aus der Verschmelzung hervorgehenden Rechtsträgers „**nicht mindestens den gleichen Umfang an Mitbestimmung der Arbeitnehmer vorsieht,** wie er in den jeweiligen an der Verschmelzung beteiligten Gesellschaften bestand". Auch in diesem Falle ist insoweit notwendig, dass **konkret** einer der beteiligten Rechtsträger bereits ein Mitbestimmungssystem vorsah.[1068] Im Gegensatz zum oben genannten Fall ist es **nicht erforderlich,** dass ein **Schwellenwert** an Arbeitnehmern in Höhe von 500 Arbeitnehmern erreicht wird.[1069] Eine derartige Auffassung würde gegen

mungsrecht § 5 Rn. 87; *Brandes* ZIP 2008 S. 2193 (2195); *Schubert* RdA 2007 S. 9 (12).
[1062] Vgl. *Habersack* in Ulmer/Habersack/Henssler Mitbestimmungsrecht § 5 MgVG Rn. 2; *Oetker* in Erfurter Kommentar zum Europäischen Arbeitsrecht RL 2006/56/EG Art. 16 Rn. 12 f.
[1063] Vgl. *Brandes* ZIP 2008 S. 2193 (2195); *Habersack* in Ulmer/Habersack/Henssler Mitbestimmungsrecht § 5 MgVG Rn. 2 mwN; *Oetker* in Erfurter Kommentar zum Europäischen Arbeitsrecht RL 2006/56/EG Art. 16 Rn. 13 mwN; *Gaul/Ludwig* in Gaul/Ludwig/Forst Europäisches Mitbestimmungsrecht § 5 Rn. 88.
[1064] BT-Drucks. 16/2922 S. 20.
[1065] *Oetker* in Erfurter Kommentar zum Europäischen Arbeitsrecht RL 2006/56/EG Art. 16 Rn. 14.
[1066] Vgl. Art. 16 II lit. a) IntVerschmRL.
[1067] Vgl. § 5 Nr. 2 MgVG.
[1068] *Oetker* in Erfurter Kommentar zum Europäischen Arbeitsrecht RL 2006/56/EG Art. 16 Rn. 15.
[1069] Zu Recht insoweit *Oetker* in Erfurter Kommentar zum Europäischen Arbeitsrecht RL 2006/56/EG Art. 16 Rn. 17; *Brandes* ZIP 2008 S. 2193 (2195); *Habersack* in Ulmer/Habersack/Henssler Mitbestimmungsrecht § 5 MgVG Rn. 4;

§ 13. Verschmelzung von KapGes versch. Mitgliedstaaten § 13

die Sichtweise des EuGH verstoßen, derzufolge die drei Alternativen in Art. 16 II IntVerschmRL im Verhältnis der Alternativität zueinander stehen.[1070] Erfasst wird vor allem der Fall, dass eine mitbestimmte ausländische Gesellschaft auf eine mitbestimmungsfreie deutsche Gesellschaft verschmolzen wird.[1071] Insoweit können vor allem Länder wie Dänemark[1072] oder Österreich betroffen sein, die niedrigere Schwellenwerte für die Mitbestimmung vorsehen.[1073]

Gegenüber dem ersten Ausnahmetatbestand in § 5 I MgVG muss als Tatbestandsmerkmal eine **Verschlechterung des Mitbestimmungsniveaus** vorliegen, damit europäisches Mitbestimmungsrecht Anwendung findet. Die Ausnahme greift, wenn das innerstaatliche Recht nicht den gleichen Umfang an Mitbestimmung bietet, wie er in den an der Verschmelzung beteiligten Gesellschaften bestand. Dabei **bemisst sich der Mitbestimmungsumfang nach dem Anteil der Arbeitnehmervertreter im Verwaltungs- oder Aufsichtsrat** in den beteiligten Gesellschaften (lit. a), in den Ausschüssen, in denen die Mitbestimmung der Arbeitnehmer erfolgt (lit. b), oder im Leitungsgremium, das für die Ergebniseinheiten der Gesellschaften zuständig ist (lit. c).[1074] Damit wird der Rechtslage in anderen Mitgliedstaaten Rechnung getragen. Eine **qualitative Verschlechterung** der Einflussmöglichkeiten durch Unterschiede in der Corporate Governance, zB durch „geringere" Einflussnahme aufgrund einer Repräsentation der Arbeitnehmer in einem Aufsichtsrat statt einem Verwaltungsrat wird hingegen **nicht** für **ausreichend** erachtet.[1075] Der Wechsel von einer monistischen zu einer dualistischen Unternehmensverfassung ist insoweit nicht ausreichend.[1076]

279

Gaul/Ludwig in Gaul/Ludwig/Forst Europäisches Mitbestimmungsrecht § 5 Rn. 93; aA *Schubert* RdA 2007 S. 9 (11 ff.); *Drinhausen/Kleinath* AG 2010 S. 402 f.

[1070] *Oetker* in Erfurter Kommentar zum Europäischen Arbeitsrecht RL 2006/56/EG Art. 16 Rn. 17; *Gaul/Ludwig* in Gaul/Ludwig/Forst Europäisches Mitbestimmungsrecht § 5 Rn. 93 zu EuGH vom 20.6.2013, AG 2013 S. 592.

[1071] Vgl. *Habersack* in Ulmer/Habersack/Henssler Mitbestimmungsrecht § 5 MgVG Rn. 3 f.

[1072] Vgl. hierzu *Frenzel* S. 287, eingehend zum Mitbestimmungsrecht in den EU-Mitgliedstaaten *Baums/Ulmer* (Hrsg.), Unternehmens-Mitbestimmung der Arbeitnehmer im Recht der EU-Mitgliedstaaten, 2004.

[1073] *Kalss* in Baums/Ulmer (Hrsg.), Unternehmens-Mitbestimmung der Arbeitnehmer im Recht der EU-Mitgliedstaaten, 2004 S. 95 ff.

[1074] BT-Drucks. 16/2922 S. 20.

[1075] Vgl. *Oetker* in Erfurter Kommentar zum Europäischen Arbeitsrecht RL 2006/56/EG Art. 16 Rn. 16; *Brandes* ZIP 2008 S. 2193 (2195); *Habersack* in Ulmer/Habersack/Henssler Mitbestimmungsrecht § 5 MgVG Rn. 4; *Gaul/Ludwig* in Gaul/Ludwig/Forst Europäisches Mitbestimmungsrecht § 5 Rn. 90 ff; im Ergebnis auch *Frenzel* S. 291; kritisch *Maul/Teichmann/Wenz* BB 2003 S. 2633 (2636).

[1076] Vgl. *Habersack* in Ulmer/Habersack/Henssler Mitbestimmungsrecht § 5 MgVG Rn. 4; *Gaul/Ludwig* in Gaul/Ludwig/Forst Europäisches Mitbestimmungsrecht § 5 Mitbestimmung bei der grenzüberschreitenden Verschmelzung Rn. 93.

§ 13   4. Teil. Grenzüberschreitende Verschmelzungen

Dies ist zutreffend, da der Wortlaut der IntVerschmRL nur auf den **„Anteil der Arbeitnehmer"** in Verwaltungs- und Aufsichtsorganen, Ausschüssen oder Leitungsgremien abstellt.[1077] Es müssen entweder **quantitativ** weniger oder gar keine Arbeitnehmer in den jeweiligen Organen, Ausschüssen oder Gremien vertreten sein. Auf den nur schwerlich messbaren qualitativen Umfang der Einflussmöglichkeiten kommt es nicht an. Diese Lösung ist zudem systemgerecht, da auch die gesetzliche Auffanglösung nicht hinsichtlich der Corporate Governance der Ausgangsgesellschaften differenziert. Beide Führungssysteme, monistisch und dualistisch, werden insoweit im europäischen Mitbestimmungsrecht als qualitativ gleichwertig behandelt. Im Falle der Hereinverschmelzung kann der zweite Ausnahmetatbestand erfüllt sein, wenn die ausländische zB schwedische Gesellschaft der Mitbestimmung unterliegt, hingegen nicht die übernehmende deutsche Gesellschaft. Als quantitative Verschlechterung ist es nicht zu erachten, wenn der Arbeitsdirektor wegfällt, oder das weitere Mitglied im Aufsichtsrat iSv § 4 II lit. c MontanMitbestG.[1078]

cc) Diskriminierung ausländischer Arbeitnehmer

280 Das innerstaatliche Verschmelzungsrecht wird zudem dann vom europäischen Mitbestimmungsrecht verdrängt, wenn das innerstaatliche Recht des aus der Verschmelzung hervorgehenden Rechtsträgers „für Arbeitnehmer in den Betrieben dieser Gesellschaft, die sich in anderen Mitgliedstaaten befinden, nicht den gleichen Anspruch auf Ausübung von Mitbestimmung vorsieht, wie sie den Arbeitnehmern in demjenigen Mitgliedstaat gewährt werden, in dem die aus der grenzüberschreitenden Verschmelzung hervorgehende Gesellschaft ihren Sitz hat".[1079] Die Vorschrift bezweckt eine **Verdrängung des innerstaatlichen Rechts durch europäisches Mitbestimmungsrecht,** soweit die Rechtsordnung des innerstaatlichen Rechts des aus der Verschmelzung hervorgehenden Rechtsträgers **ausländerdiskriminierende Vorschriften** vorsieht. Geschützt wird sowohl das aktive wie das passive Wahlrecht.[1080] Im deutschen Mitbestimmungsrecht gilt derzeit das Territorialitätsprinzip, demzufolge im innerstaatlichen Recht die Arbeitnehmer in Betrieben ausländischer Tochtergesellschaften von den Wahlen zum Aufsichtsrat einer innerstaatlichen Gesellschaft kraft Gesetz ausgeschlossen sind.[1081]

[1077] Der Arbeitsdirektor ist als Vorstandsmitglied ebenso wenig wie das weitere Mitglied nach § 4 III MontanMitbestG (da nicht Arbeitnehmervertreter) zu berücksichtigen. Vgl. *Gaul/Ludwig* in Gaul/Ludwig/Forst Europäisches Mitbestimmungsrecht § 5 Rn. 91.
[1078] *Oetker* in Erfurter Kommentar zum Europäischen Arbeitsrecht RL 2006/56/EG Art. 16 Rn. 14.
[1079] Vgl. Art. 16 II lit. b) IntVerschmRL, § 5 Nr. 3 MgVG.
[1080] Vgl. *Habersack* in Ulmer/Habersack/Henssler Mitbestimmungsrecht § 5 MgVG Rn. 6; *Gaul/Ludwig* in Gaul/Ludwig/Forst Europäisches Mitbestimmungsrecht § 5 Rn. 96.

§ 13. Verschmelzung von KapGes verschiedener Mitgliedstaaten § 13

Angesichts des deutschen Territorialitätsprinzips im Mitbestimmungsgesetz wird deshalb § 5 Nr. 3 MgVG **regelmäßig einschlägig** sein.[1082]

Im Schrifttum ist **umstritten**, ob es ebenso wie bei den beiden vorangegangenen Fällen erforderlich ist, dass **konkret** bereits vor Verschmelzung eine **Mitbestimmung besteht** oder aufgrund der Verschmelzung zu erwarten wäre. Das Erfordernis einer konkreten Mitbestimmung ist in Art. 16 II lit. b) IntVerschmRL gerade nicht aufgenommen worden. Es genügt insoweit die **abstrakte Gefahr der Diskriminierung**.[1083] Die Gegenauffassung, derzufolge eine richtlinienkonforme Auslegung des § 5 Nr. 3 MgVG notwendig sei, wonach auch in der Variante nach § 5 Nr. 3 MgVG eine konkrete Arbeitnehmermitbestimmung vorliegen müsse,[1084] ist insoweit als richtlinienwidrig abzulehnen. Dem ist nicht nur entgegen zu halten, dass der Wortlaut der IntVerschmRL eine derartige Schwelle nur für den ersten Fall des Art. 16 II 1, Alt. 1 IntVerschmRL vorsieht. Es besteht insoweit innerstaatlich kein Anlass den Anwendungsbereich einzuschränken. Auch ging der deutsche Gesetzgeber davon aus, dass aufgrund von § 5 Nr. 3 MgVG das europäische Mitbestimmungsrecht „regelmäßig Vorrang" habe.[1085] Der Auffassung, dass eine abstrakte Gefährdung ausreichend sei, ist insoweit zuzustimmen, da andernfalls eine Gleichbehandlung der Arbeitnehmer auf europäischer Ebene nicht gewährleistet werden kann. Unberechtigt ist es ebenso, aus dem Umstand, dass in Deutschland § 5 Nr. 3 MgVG immer einschlägig sei, für § 5 Nr. 1 und 2 MgVG ein

281

[1081] Vgl. eingehend *Henssler* in Ulmer/Habersack/Henssler Mitbestimmungsrecht § 3 MitbestG Rn 42 ff. mwN, der nunmehr bereits de lege lata das Territorialitätsprinzip für europarechtswidrig und damit unanwendbar erachtet.
[1082] BT-Drucks. 16/2922 S. 20; ebenso *Brandes* ZIP 2008 S. 2193 (2196) mwN; *Kienast* in Gaul/Ludwig/Forst Europäisches Mitbestimmungsrecht § 5 Rn. 122 ff.; *Habersack* in Ulmer/Habersack/Henssler Mitbestimmungsrecht § 5 MgVG Rn. 6; *Gaul/Ludwig* in Gaul/Ludwig/Forst Europäisches Mitbestimmungsrecht § 5 Rn. 96; LG Düsseldorf DB 1979 S. 1451; kritisch *Henssler* RdA 2005 S. 330 (331).
[1083] Ebenso *Brandes* ZIP 2008 S. 2193 (2196); *Kleinsorge* NWB 2007 S. 1877 (1880); *Oetker* in Erfurter Kommentar zum Europäischen Arbeitsrecht RL 2006/56/EG Art. 16 Rn. 19 mwN; *Winter* Der Konzern 2007 S. 24 (32); sowie für eine abstrakte Betrachtung Gesetzesbegründung BR-Drucks. 540/06 S. 42; *Kienast* in Gaul/Ludwig/Forst Europäisches Mitbestimmungsrecht § 5 Rn. 123; aA *Gaul/Ludwig* in Gaul/Ludwig/Forst Europäisches Mitbestimmungsrecht § 5 Rn. 97 f.; *Habersack* in Ulmer/Habersack/Henssler Mitbestimmungsrecht § 5 MgVG Rn. 6; *Müller-Bonanni/Müntefering* NJW 2009 S. 2347 (2349) unter dem unzutreffenden Hinweis auf den englischen Wortlaut, welcher jedoch ebenfalls auf das anwendbare Recht des übernehmenden Rechtsträgers abstellt und nicht auf die konkreten Mitbestimmungsverhältnisse des Rechtsträgers.
[1084] *Schubert* RdA 2007 S. 5; *Müller-Bonanni/Müntefering* NJW 2347 S. 2349 unter dem unzutreffenden Hinweis auf den engl. Wortlaut, welcher jedoch ebenfalls auf das anwendbare Recht des übernehmenden Rechtsträgers abstellt und nicht auf die konkreten Mitbestimmungsverhältnisse des Rechtsträgers.
[1085] Vgl. RegBegr. Zu § 5 III MgVG BR-Drucks. 540/06 S. 42.

§ 13　　　　4. Teil. Grenzüberschreitende Verschmelzungen

Erfordernis nach konkreter Mitbestimmung abzuleiten.[1086] Das im deutschen Recht geltende **Territorialitätsprinzip**[1087] wird durch Art. 16 II lit. b) **IntVerschmRL wirksam durchbrochen**, um den berechtigten Interessen der ausländischen Arbeitnehmer Geltung zu verleihen.[1088]

282　Dies bedeutet, dass das innerstaatliche deutsche Mitbestimmungsrecht nach einer grenzüberschreitenden Hereinverschmelzung nicht anwendbar sein kann, solange im deutsch Mitbestimmungsrecht das Territorialitätsprinzip gilt. Allerdings wurde dem **EuGH** jüngst vom KG die Frage **vorgelegt, ob das „Territorialitätsprinzip"** im Hinblick auf das Diskriminierungsverbot in Art. 48 AEUV und das Recht der Freizügigkeit der Arbeitnehmer in Art. 45 AEUV **europarechtskonform sei.**[1089] Fällt das Territorialitätsprinzip, so erübrigt sich auch der Meinungsstreit zur Frage, ob „konkret" eine Diskriminierung vorliegen müsse, da eine Diskriminierung nicht mehr abstrakt durch das diskriminierende Territorialitätsprinzip erfolgt. Eine Diskriminierung wäre sodann ohnehin konkret aufgrund einer Mitbestimmungskonstellation zu begründen. Bleibt es jedoch bei der derzeitigen Rechtslage ist insoweit **bei Hineinverschmelzungen** nach der hier vertretenen Auffassung aufgrund von § 5 Nr. 3 MgVG **immer europäisches Mitbestimmungsrecht** einschlägig.[1090] Dies bedeutet auch, dass ein **mitbestimmungsfreies** deutsches Unternehmen im Falle der Hereinverschmelzung dem Anwendungsbereich des europäischen Mitbestimmungsrechts unterfallen muss, da andernfalls bei späterer Schwellenwertüberschreitung die Ausländerdiskriminierung aktuell werden könnte.[1091] Hierin liegt ein interessanter Aspekt zum Einfrieren der Mitbestimmung.[1092]

[1086] So aber *Müller-Bonanni/Müntefering* NJW 2009 S. 2347 (2349).
[1087] Vgl. eingehend und kritisch *Henssler* in Ulmer/Habersack/Henssler Mitbestimmungsrecht § 3 MitbestG Rn. 42 ff. mwN.
[1088] Vgl. *Habersack* ZHR 171 (2007), 613, 622 unter zutreffendem Hinweis auf den 12. Erwägungsgrund der IntVerschmRL; aA *Gaul/Ludwig* in Gaul/Ludwig/Forst Europäisches Mitbestimmungsrecht § 5 Rn. 98.
[1089] Vgl. Vorlagebeschluss des KG vom 16.10.2015 DStR 2015 S. 2507, welches das Territorialitätsprinzip für europarechtswidrig hält; ebenso LG Frankfurt aM NZG 2015 S. 683 (Rechtsmittel anhängig beim OLG Frankfurt aM); sowie hierzu näher *Bayer* NJW 2016 S. 1930 (1934) mwN.
[1090] Vgl. *Kienast* in Gaul/Ludwig/Forst Europäisches Mitbestimmungsrecht § 5 Rn. 124; *Kleinsorge* NWB 2007 S. 1877 (1880), *Winter* Der Konzern 2007 S. 24 (32), *Brandes* ZIP 2008 S. 2193 (2196); aA *Habersack* in Ulmer/Habersack/Henssler Mitbestimmungsrecht § 5 MgVG Rn. 6 f., soweit keine Mitbestimmung in einer der verschmelzenden Gesellschaften besteht, nicht erforderlich sei jedoch, dass Arbeitnehmer bereits vor der Verschmelzung in ausländischen Betrieben beschäftigt worden seien.
[1091] Zu Einzelheiten der Gestaltungsmöglichkeiten durch europäisches Mitbestimmungsrecht → Rn. 355.
[1092] Vgl. → Rn. 361 ff.

§ 13. Verschmelzung von KapGes versch. Mitgliedstaaten § 13

c) Rechtsfolgen hinsichtlich der Arbeitnehmermitbestimmung

In den drei aufgeführten Ausnahmetatbeständen vom Sitzstaatsprinzip 283
greift nach Art. 16 III IntVerschmRL die **Verhandlungslösung**, die
ebenso wie bei einer SE-Verschmelzung Vorrang vor den **gesetzlichen
Auffangregelungen** genießt.[1093] Das bedeutet, dass im Falle der Hereinverschmelzung deutsches innerstaatliches Verschmelzungsrecht die Verhandlungslösung nach § 22 MgVG und die Auffanglösung der §§ 23 ff.
MgVG treten. Verhandlungs- und Auffanglösung verdrängen insoweit das
innerstaatliche Mitbestimmungsrecht. Dieses europäische Mitbestimmungsrecht wird zudem perpetuiert. Wird eine ausländische mitbestimmungsfreie Gesellschaft auf eine deutsche Gesellschaft verschmolzen, die
der Drittelmitbestimmung unterliegt, so bleibt die aus der Verschmelzung
hervorgehende deutsche Gesellschaft drittelmitbestimmt, selbst wenn sie
aufgrund der Verschmelzung oder in der Folgezeit die Schwelle der 2000
Arbeitnehmer überschreitet.[1094] Eine Ausnahme gilt lediglich für den
Fall, dass sich das BVG gemäß § 18 MgVG für die Nichtaufnahme oder
den Abbruch der Verhandlungen über das Mitbestimmungssystem entscheidet bzw. bei gescheiterten Verhandlungen weniger als ein Drittel der
Arbeitnehmer der Verschmelzung von einer Mitbestimmung profitieren und das BVG nicht für die Anwendung der gesetzlichen Auffangregelung votiert. Nur unter dieser Voraussetzung kommt es zu der Anwendung des innerstaatlichen Mitbestimmungsrechts. Allerdings besteht
im Falle einer grenzüberschreitenden Verschmelzung die Möglichkeit,
dass die Leitungen der verschmelzenden Rechtsträger unmittelbar nach
Art. 16 IV lit. a) IntVerschmRL[1095] die Anwendung der gesetzlichen
Auffangregelungen ohne Durchführung eines Verhandlungsverfahrens
beschließen.[1096] Soweit sie von dieser Option Gebrauch machen, ist für
die Option des BVG kein Spielraum mehr.[1097] Beide Optionsrechte
schließen sich aus.

3. Verhandelte Arbeitnehmerbeteiligung

a) Ziel, Gegenstand und Vorrang der Verhandlungen

Ziel des europäischen Gesetzgebers ist, dass Arbeitnehmer und Arbeit- 284
geber die Regeln über die Mitbestimmung grundsätzlich ebenso wie im
Rahmen der SE-Verschmelzung gemeinsam aushandeln. Entsprechend
bestimmt die deutsche Umsetzungsnorm, § 1 II MgVG, dass im Falle

---
[1093] *Nagel* NZG 2006 S. 2 f.
[1094] Vgl. *Habersack* in Ulmer/Habersack/Henssler Mitbestimmungsrecht § 5 MgVG Rn. 8.
[1095] Umgesetzt in Deutschland durch § 23 I 1 Nr. 1 und Satz 2 MgVG.
[1096] Vgl. zu den Voraussetzungen und Rechtsfolgen → Rn. 339 ff.; bei der SE-Verschmelzung besteht diese Möglichkeit nicht; vielmehr muss hier stets vor Eingreifen der gesetzlichen Auffanglösung ein Verhandlungsverfahren durchgeführt werden.
[1097] Vgl. *Habersack* in Ulmer/Habersack/Henssler Mitbestimmungsrecht § 23 MgVG Rn. 4.

nicht ausreichenden Mitbestimmungsschutzes nach dem nationalen Recht des Sitzstaates der aus der Verschmelzung hervorgehenden Gesellschaft eine Vereinbarung zu treffen ist, die die Mitbestimmungsrechte der Arbeitnehmer sichert.

285 Über die konkrete Beteiligung der Arbeitnehmer in der aus der Verschmelzung hervorgehenden Gesellschaft ist eine **schriftliche Vereinbarung**[1098] zu treffen. Diese Vereinbarung ist Leitbild des Gesetzgebers. Der Verhandlungslösung kommt insoweit Vorrang zu. Naturgemäß ist ein Einigungszwang nicht durchsetzbar. Insoweit wurden Regelungen für den Fall getroffen, dass die Verhandlungen nicht gewünscht sind oder scheitern. So können einerseits die Verhandlungen auf Seiten der Leitungen der Unternehmen unterbunden werden, indem direkt die gesetzliche Auffanglösung gemäß §§ 24 ff. MgVG gewählt wird.[1099] Auf der Arbeitnehmerseite kann nach Bildung des BVG durch selbiges ein Beschluss über die Nichtaufnahme gefällt werden oder der Abbruch der Verhandlungen beschlossen werden.[1100] In diesem Falle findet das Sitzstaatsrecht des übernehmenden Rechtsträgers, dh nationales Mitbestimmungsrecht, Anwendung. Werden hingegen Verhandlungen geführt und fehlt es an einer Einigung im vorgegebenen Verhandlungszeitraum,[1101] so tritt das in §§ 24 ff. MgVG angeordnete Mitbestimmungsrecht der gesetzlichen Auffanglösung an die Stelle des innerstaatlichen Rechts.

b) Überblick zum Verhandlungsverfahren im Falle der Hereinverschmelzung

286 Das Verhandlungsverfahren richtet sich nach dem MgVG, soweit der aus der grenzüberschreitenden Verschmelzung hervorgehende Rechtsträger dem deutschen Recht unterliegt, dh im Falle der **Hereinverschmelzung**. Im Falle der Hinausverschmelzung hingegen richtet sich das Verhandlungsverfahren nach der Rechtsordnung des übernehmenden Rechtsträgers in Umsetzung zu Art. 16 II IntVerschmRL. Das Verhandlungsverfahren ist Gegenstand der Regelungen in §§ 6 ff. MgVG (Bildung und Zusammensetzung des besonderen Verhandlungsgremiums und des Wahlgremiums) und §§ 13 ff. MgVG (Verhandlungsverfahren). Das Verfahren ist weitgehend demjenigen der SE nachgebildet worden,[1102] so dass zu Einzelfragen auf die Kommentierungen zum SEBG verwiesen werden kann. Damit es zu einem Verhandlungsverfahren kommt, müssen **zwei Voraussetzungen** kumulativ vorliegen: Zum einen muss gemäß § 5 MgVG der Anwendungsbereich des Gesetzes eröffnet sein. Zum anderen darf als negative Voraussetzung **keine wirksame Entscheidung der Leitungen der** an der grenzüberschreitenden

---

[1098] Nach § 6 I 2 MgVG.
[1099] Vgl. → Rn. 339.
[1100] Vgl. → Rn. 324.
[1101] In den in § 23 I MgVG geregelten Fällen.
[1102] Art. 16 III lit a. IntVerschmRL verweist sowohl für die Bildung als auch für die Arbeitsweise des Besonderen Verhandlungsgremiums auf die Bestimmungen in Art. 3 SE-ErgRiL.

§ 13. Verschmelzung von KapGes versch. Mitgliedstaaten   § 13

Verschmelzung beteiligten **Gesellschaften** für die gesetzliche Auffanglösung vorliegen.[1103] Im Gegensatz zum SE-Verschmelzungsrecht besteht insoweit nur eine **eingeschränkte Verhandlungspflicht**.[1104]

Nach **Offenlegung des Verschmelzungsplans** haben die Leitungen unverzüglich und unaufgefordert die Arbeitnehmervertretungen und Sprecherausschüsse in den beteiligten Gesellschaften, betroffenen Tochtergesellschaften und betroffenen Betrieben über das Verschmelzungsvorhaben zu **informieren**. Entscheiden sich die Unternehmensleitungen für die Durchführung eines Verhandlungsverfahrens, so beginnt dies durch eine schriftliche **Aufforderung zur Bildung des besonderen Verhandlungsgremiums**.[1105] Anschließend wird ein **Wahlgremium** einberufen, um die Mitglieder des besonderen Verhandlungsgremiums (BVG) zu wählen. Die **Wahl oder Bestellung der Mitglieder des BVG** erfolgt nach den jeweiligen Bestimmungen der Mitgliedstaaten. Sie soll im deutschen Recht **innerhalb eines Zeitraums von zehn Wochen** nach Information der Arbeitnehmervertretungen über das Verschmelzungsvorhaben erfolgen.   287

Anschließend laden die Leitungen der verschmelzenden Rechtsträger zur **konstituierenden Sitzung des BVG** ein. Nach Ladung liegt das Verfahren des BVG in den Händen der Arbeitnehmervertreter. Mit dieser Sitzung beginnt ein **Verhandlungszeitraum** von sechs Monaten, der im Einvernehmen mit den Unternehmensleitungen einmal um weitere sechs Monate verlängert werden kann; dh die maximale Verhandlungsdauer beträgt **12 Monate**. Dem besonderen Verhandlungsgremium stehen **drei Optionen** offen: Zum einen kann es beschließen, die **Verhandlungen nicht aufzunehmen oder abzubrechen**. In diesem Falle greift das Sitzstaatsrecht des aus der Verschmelzung hervorgehenden Rechtsträgers. Zum anderen kann es mit den Unternehmensleitungen eine **schriftliche Vereinbarung über die Mitbestimmung** der Arbeitnehmer in der aus der grenzüberschreitenden Verschmelzung hervorgehenden Gesellschaft schließen. Das BVG kann sich zudem mit den Unternehmensleitungen auf die Anwendung der gesetzlichen Auffanglösung einigen. Diese Alternative findet zudem bei fruchtloser Durchführung des Verhandlungsverfahrens Anwendung, wenn die Verhandlungsfrist von 6 bzw. 12 Monaten abgelaufen ist. Entscheiden sich die Leitungen der Unternehmen für ein Verhandlungsverfahren, so stellt sich dies grafisch wie folgt dar: 288

[1103] Vgl. § 23 I Nr. 3 MgVG.
[1104] Vgl. näher *Habersack* ZHR 171 (2007), 613, 624.
[1105] § 6 MgVG, Einzelheiten → Rn. 295.

§ 13 4. Teil. Grenzüberschreitende Verschmelzungen

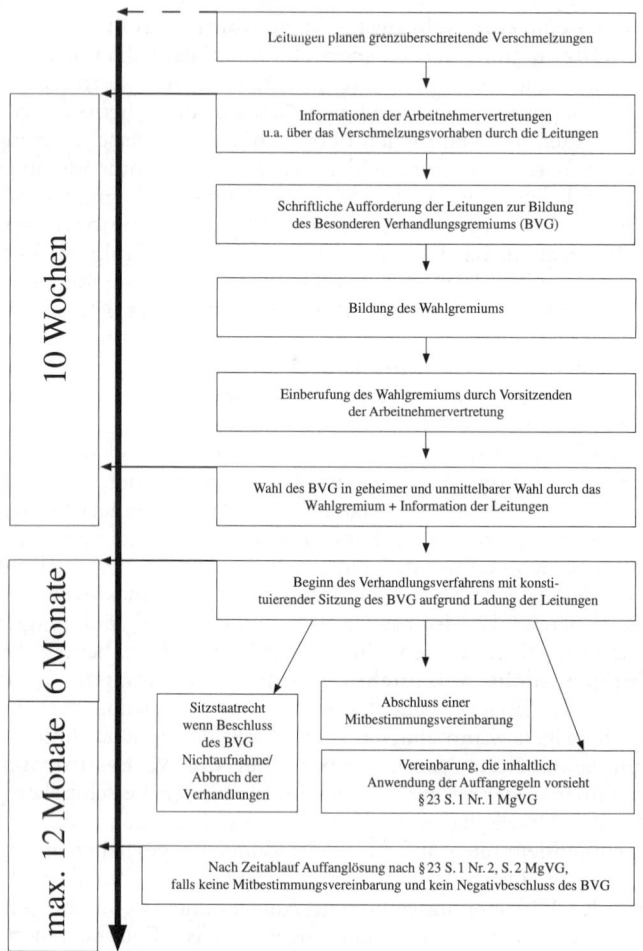

c) Einleitung des Verhandlungsverfahrens durch Bildung des BVG

aa) Entscheidung über die Aufnahme der Verhandlungen

289 Verhandlungen über die Beteiligung der Arbeitnehmer werden aufgrund der Initiative der Unternehmensleitungen vorgenommen. Den Unternehmensleitungen steht es frei das Verhandlungsverfahren einzuleiten oder sich für die gesetzliche Auffanglösung zum europäischen Mitbestimmungsrecht zu entscheiden. Sie können sich hingegen anders als das BVG nicht für das Sitzstaatsrecht des übernehmenden Rechtsträgers entscheiden.

§ 13. Verschmelzung von KapGes versch. Mitgliedstaaten § 13

Es besteht insoweit ein **Wahlrecht** der Unternehmensleitungen. Die **Durchführung eines Verhandlungsverfahrens kann nicht erzwungen werden.** Im Gegensatz zum SE-Verschmelzungsrecht, das in jedem Falle die Durchführung eines Verhandlungsverfahrens vorsieht, hat der Gesetzgeber in § 23 I MgVG vorgesehen, dass die Leitungen sich für die gesetzliche Auffanglösung entscheiden können ohne vorhergehende Verhandlungen durchzuführen. Es steht der Arbeitnehmerseite kein Initiativrecht zu.[1106] Dies gilt auch dann, wenn die Arbeitnehmervertreter das innerstaatliche Sitzstaatsrecht statt dem europäischen Mitbestimmungsrecht wählen und insoweit von § 18 MgVG Gebrauch machen möchten. Da diese Regelung nur im Rahmen des Verhandlungsverfahrens greift, kann sie nicht erfolgen, wenn kein Verhandlungsverfahren eingeleitet wurde.[1107] 290

Wird kein Verhandlungsverfahren eingeleitet und von der Unternehmensleitung eine Entscheidung für die gesetzliche Auffanglösung getroffen, so ist diese Entscheidung beim Handelsregister mit den Verschmelzungsunterlagen einzureichen. 291

bb) Die Verhandlungspartner

Verhandlungspartner des auf den Abschluss einer Vereinbarung nach § 22 MgVG gerichteten Verhandlungsverfahrens sind auf Unternehmerseite die **Leitungen der Gesellschaften** und auf Arbeitnehmerseite das **Besondere Verhandlungsgremium (BVG).** 292

Der Begriff **Leitung** wird gemäß § 2 V MgVG legal definiert und bezeichnet das Organ der unmittelbar an der Verschmelzung beteiligten Gesellschaften oder der aus der grenzüberschreitenden Verschmelzung hervorgehenden Gesellschaft selbst, das die **Geschäfte** der Gesellschaft **führt und zu deren Vertretung berechtigt** ist. Dabei handelt es sich bei einer AG um den Vorstand, bei einer KGaA um die persönlich haftenden Komplementäre, bei einer GmbH um die Geschäftsführer, bei einer dualistischen SE um den Vorstand und bei einer monistischen SE um die geschäftsführenden Direktoren.[1108] 293

Das **Besondere Verhandlungsgremium (BVG)** ist ein Organ, das die Interessen der „Arbeitnehmerseite" wahrnehmen soll. Es ist ein ad hoc Gremium, dem die Aufgabe zukommt, mit der Leitung über eine schriftliche Vereinbarung zur Arbeitnehmerbeteiligung zu verhan- 294

[1106] Insoweit anders das SE-Verschmelzungsrecht, da aus der Durchführung des Verhandlungsverfahrens hinsichtlich der Arbeitnehmermitbestimmung als zwingende Eintragungsvoraussetzung der SE-Verschmelzung teils ein Initiativrecht der Arbeitnehmer hergeleitet wird; vgl. zur Rechtslage bei der SE *Feuerborn* in Kölner Kommentar AktG § 4 SEBG Rn. 8 ff.
[1107] Vgl. hierzu Erörterungen zu den Rechtsfolgen einer Nichtaufnahme der Verhandlungen → § 13 Rn. 339.
[1108] *Frenzel* S. 294; vgl. zum gleichgelagerten Fall der SE-Verschmelzung (§ 2 V SEBG) *Feuerborn* in Kölner Kommentar AktG § 4 SEBG Rn. 26; *Henssler* in Ulmer/Habersack/Henssler Mitbestimmungsrecht § 2 SEBG Rn. 7; aA *Jacobs* in MünchKomm AktG § 2 SEBG Rn. 14 für eine Kompetenz des Verwaltungsorgans insgesamt.

Gutkès 913

§ 13   4. Teil. Grenzüberschreitende Verschmelzungen

deln.[1109] Es unterliegt nicht den Weisungen der Arbeitnehmer, sondern handelt in eigener Verantwortung.[1110] Das BVG ist ein transnationales Gremium, das Arbeitnehmer aus allen Mitgliedstaaten repräsentiert, in denen an der Verschmelzung beteiligte Gesellschaften ansässig sind.

cc) Aufforderung und Information der Arbeitnehmervertreter

295 Entscheiden sich die **Leitungen** der verschmelzenden Gesellschaften für eine Aufnahme der Verhandlungen über eine Arbeitnehmermitbestimmung, so sind die **Arbeitnehmervertretungen** bzw. evtl. direkt die Arbeitnehmer über die beabsichtigte grenzüberschreitende Verschmelzung zu **informieren** und **zur Bildung des BVG aufzufordern**.[1111] Die Information richtet sich gemäß § 6 II 1 MgVG an die Arbeitnehmervertretungen und Sprecherausschüsse in den beteiligten Gesellschaften, den betroffenen Tochtergesellschaften und den betroffenen Betrieben. § 6 II MgVG richtet sich mangels anderweitiger Hoheitsgewalt nur an die Unternehmensleitung des deutschen Rechtsträgers.[1112] Die **Aufforderung** muss **schriftlich** erfolgen.[1113] Sie ist unverzüglich nach Offenlegung der Verschmelzungspläne vorzunehmen.[1114] **Adressat der Aufforderung** ist der **Vorsitzende der entsprechenden Arbeitnehmervertretung**[1115] (Konzernbetriebsrat auf Konzernebene, bzw. soweit dieser nicht besteht Gesamtbetriebsrat auf Unternehmensebene oder soweit dieser wiederum nicht besteht der Betriebsrat). Die jeweiligen untergeordneten Arbeitnehmervertretungen werden zwar nach zutreffender Auffassung durch die Vertretung auf höherer Stufe mitrepräsentiert.[1116] Gleichwohl ist die Rechtslage diesbezüglich nicht geklärt. Zur

---

[1109] Vgl. § 6 I 2 MgVG; zur Rechtsnatur des BVG vgl. näher zur SE-Verschmelzung *Feuerborn* in Kölner Kommentar AktG § 4 SEBG Rn. 3 ff. *Jacobs* in MünchKomm AktG § 4 SEBG Rn. 2; *Hohenstatt/Müller-Bonanni* in Habersack/Drinhausen SE-Recht § 4 SEBG Rn. 2.

[1110] Vgl. *Hohenstatt/Müller-Bonanni* in Habersack/Drinhausen SE-Recht § 4 SEBG Rn. 2.

[1111] Die Information und Aufforderung zur Bildung eines BVG entfällt nicht ohne Weiteres, wenn sich die Unternehmensleitungen für die Auffanglösung entscheiden. Vgl. näher → Rn. 300.

[1112] Zutreffend *Frenzel* S. 294 f.; unzutreffend der Gesetzgeber soweit er in der Gesetzesbegründung davon ausgeht, die Informationspflicht treffe alle Leitungen und damit auch die im Ausland ansässigen Rechtsträger (BT-Drucks. 16/2922 S. 20 f.) da er die kollisionsrechtliche Bestimmung des Art. 3 II lit. b) Richtlinie 2001/86/EG des Rates vom 8.10.2001 zur Ergänzung des Statuts der Europäischen Gesellschaft hinsichtlich der Beteiligung der Arbeitnehmer (SE-ErgRiL) missachtet, die über Art. 16 II, III lit. a) IntVerschmRL Anwendung findet.

[1113] Vgl. näher zum gleichgelagerten Fall der SE-Verschmelzung *Jacobs* in MünchKomm AktG § 4 SEBG Rn. 5; *Hohenstatt/Müller-Bonanni* in Habersack/Drinhausen SE-Recht § 4 SEBG Rn. 5 erachten Textform für ausreichend.

[1114] § 6 II 3 MgVG; vgl. hierzu als gleichgelagert bei der SE *Hohenstatt/Müller-Bonanni* in Habersack/Drinhausen SE-Recht § 4 SEBG Rn. 5.

[1115] Vgl. Legaldefinition in § 2 VI MgVG.

[1116] Vgl. § 11 I MgVG; näher zum gleichgelagerten Fall der SE-Verschmelzung *Feuerborn* in Kölner Kommentar AktG § 4 SEBG Rn. 13; *Henssler* in

§ 13   13. Verschmelzung von KapGes versch. Mitgliedstaaten

Vermeidung eines Anfechtungsrisikos sollte die Information insoweit auch an die Repräsentanten der untergeordneten Arbeitnehmervertretungen gerichtet werden. Aus den gleichen Gründen empfiehlt sich eine Information der mittelbaren Tochtergesellschaften.[1117] Besteht keine Arbeitnehmervertretung sind die Arbeitnehmer unmittelbar aufzufordern.[1118]

Zwecks Bildung des BVG[1119] **informieren die Leitungen** der verschmelzenden Gesellschaften die zuständigen Arbeitnehmervertretungen[1120] über das Vorhaben einer grenzüberschreitenden Verschmelzung.[1121] Die Informationen sind an die **Adressaten** der schriftlichen Aufforderung zu richten.[1122] Sollte keine Arbeitnehmervertretung bestehen, erfolgt die Information direkt gegenüber den Arbeitnehmern.[1123] Die Information über das Verschmelzungsvorhaben und die Aufforderung zur Bildung des Verhandlungsgremiums hat **unverzüglich nach Offenlegung des Verschmelzungsplans** zu erfolgen.[1124] Eine frühere Information wird im Schrifttum für zulässig erachtet.[1125]

296

Ulmer/Habersack/Henssler Mitbestimmungsrecht § 4 SEBG Rn4 mwN; *Jacobs* in MünchKomm AktG § 4 SEBG Rn. 6; *Hohenstatt/Müller-Bonanni* in Habersack/Drinhausen SE-Recht § 4 SEBG Rn. 6; aA *Oetker* in Lutter/Hommelhoff SE-Kommentar § 4 Rn. 16; *Engels* AuR 2009 S. 20; die in jedem Falle eine Information der unteren Ebenen fordert (Gesamtbetriebsrat, Betriebsrat und vereinbarte Vertretung nach § 3 BetrVG) sowie der Sprecherausschüsse in den beteiligten Gesellschaften, betroffenen Tochtergesellschaften und betroffenen Betrieben.

[1117] Für eine Informationspflicht gegenüber mittelbaren Tochtergesellschaften beim gleichgelagerten Fall der SE-Verschmelzung *Oetker* in Lutter/Hommelhoff/Teichmann SE-Kommentar, § 2 Rn. 10; *Rieble* in Schäfer/Rehberg/Rieble/Junker Vereinbarte Mitbestimmung in der SE S. 75 (87); aA *Feuerborn* in Kölner Kommentar AktG § 4 Rn. 18 ff, *Jacobs* in MünchKomm AktG § 2 SEBG Rn. 13.

[1118] Vgl. § 6 II 2 MgVG; näher zum gleichgelagerten Fall der SE-Verschmelzung *Feuerborn* in Kölner Kommentar AktG § 4 SEBG Rn. 13, 22; *Jacobs* in MünchKomm AktG § 4 SEBG Rn. 7.

[1119] Vgl. näher zum gleichgelagerten Fall der SE-Verschmelzung *Jacobs* in MünchKomm AktG § 4 SEBG Rn. 9 f.

[1120] Als Arbeitnehmervertretung gilt nach innerstaatlichem Recht gemäß § 2 VI MgVG jede Vertretung nach dem Betriebsverfassungsgesetz; hierzu zählen nicht die Vertreter im Aufsichts- bzw. Verwaltungsrat, vgl. zur gleichlautenden Regelung im SE-Verschmelzungsrecht *Köklü* in Van Hulle/Maul/Drinhausen SE-Handbuch, Abschnitt 6, Rn. 14.

[1121] Vgl. Informationspflicht gemäß § 6 II MgVG.

[1122] Vgl. → Rn. 295.

[1123] Vgl. § 6 II 2 MgVG.

[1124] Siehe § 6 II 3 MgVG; vgl. zur Offenlegung des Verschmelzungsplans näher → Rn. 103 ff.

[1125] *Müller-Bonanni/Müntefering* BB 2009 S. 1699 (1700); vgl. näher zum gleichgelagerten Fall der SE-Verschmelzung *Feuerborn* in Kölner Kommentar AktG § 4 SEBG Rn. 20; *Oetker* in Lutter/Hommelhoff/Teichmann SE-Kommentar S. 277, 292; *Köklü* in Van Hulle/Maul/Drinhausen SE-Handbuch, Abschnitt 6, Rn. 22; *Seibt/Reinhard* Der Konzern 2005 S. 407 (417).

§ 13 4. Teil. Grenzüberschreitende Verschmelzungen

297 **Inhalt und Umfang der Information** sind vornehmlich durch deren Zweck gekennzeichnet, das BVG zu bilden und anschließend Verhandlungen über die Mitbestimmung zu führen. Die gesetzlichen Mindestangaben erstrecken sich deshalb gemäß § 6 III MgVG:[1126] auf die Identität und Struktur der beteiligten Gesellschaften, betroffenen Tochtergesellschaften und betroffenen Betriebe und deren Verteilung auf die Mitgliedstaaten, zudem auf die in diesen Gesellschaften und Betrieben bestehenden Arbeitnehmervertretungen (Betriebsrat, Gesamtbetriebsrat, Konzernbetriebsrat und die nach § 3 I bis III BetrVG zu bildenden Sprecherausschüsse), ebenso auf die Zahl der in diesen Gesellschaften und Betrieben jeweils beschäftigten Arbeitnehmer,[1127] sowie die daraus zu errechnende Gesamtzahl der in einem Mitgliedstaat beschäftigten Arbeitnehmer und auf die Zahl der Arbeitnehmer, denen Mitbestimmungsrechte in den Organen dieser Gesellschaften zustehen.[1128] Zudem ist das Verhältnis von Frauen und Männern anzugeben. Ohne diese Angaben wäre die Bildung des BVG nicht möglich. In der Praxis erweist sich die Erfassung der europaweit beschäftigten Arbeitnehmerzahlen häufig als schwierig.[1129] Darüber hinaus dürfte die Informationspflicht wohl auch die Angabe des jeweils geltenden Mitbestimmungsrechts der beteiligten Gesellschaften erfassen.[1130]

298 Die Informationspflicht bezieht sich auch auf die in anderen Mitgliedstaaten ansässigen Unternehmen, die sich an der grenzüberschreitenden Verschmelzung einer Gesellschaft mit Sitz in Deutschland beteiligen.[1131] Dies ist angesichts der Bildung des BVG als transnationales Gremium erforderlich.[1132]

299 Eine bestimmte **Form** ist für die Information – anders als für die Aufforderung zur Bildung des BVG selbst[1133] – nicht vorgeschrieben. In Anbetracht der mit dem **Zeitpunkt der Information** verbundenen **Rechtsfolgen** sollte auf Schriftlichkeit und Nachweisbarkeit geachtet werden. Zum einen ist der Zeitpunkt der Information über das Verschmelzungsvorhaben maßgeblicher Zeitpunkt für die Ermittlung der

---

[1126] Vgl. näher zum gleichgelagerten Fall der SE-Verschmelzung *Feuerborn* in Kölner Kommentar AktG § 4 SEBG Rn. 25 ff.; *Jacobs* in MünchKomm AktG § 2 SEBG Rn. 9 ff.

[1127] Vgl. eingehend zum Arbeitnehmerbegriff → Rn. 305; sowie bei der SE-Verschmelzung *Jacobs* in MünchKomm AktG § 2 SEBG Rn. 3 ff.

[1128] Vgl. § 6 III MgVG; sowie die Kommentierung zu SE *Hohenstatt/Müller-Bonanni* in Habersack/Drinhausen SE-Recht § 4 SEBG Rn. 12.

[1129] Vgl. kritisch zu den Anforderungen an die Einleitung des Verfahrens und dem damit verbundenen Risiko von Verfahrensfehlern *Kiem* ZHR 173 (2009) 156, 171.

[1130] Vgl. zum gleichgelagerten Fall der SE-Verschmelzung *Feuerborn* in Kölner Kommentar AktG § 4 SEBG Rn. 22.

[1131] BT-Drucks. 16/2922 S. 21.

[1132] Vgl. näher zum gleichgelagerten Fall der SE-Verschmelzung *Jacobs* in MünchKomm AktG § 4 SEBG Rn. 10; *Oetker* BB 2005 BB Spezial 1/2005/6.

[1133] Vgl. *Hohenstatt/Müller-Bonanni* in Habersack/Drinhausen SE-Recht § 4 SEBG Rn. 9; anders hinsichtlich der Aufforderung § 6 I 1 MgVG demzufolge Schriftlichkeit erforderlich ist.

§ 13. Verschmelzung von KapGes versch. Mitgliedstaaten   § 13

Arbeitnehmerzahlen gemäß § 6 IV MgVG. Insoweit empfiehlt sich eine zeitgleiche Information durch alle Leitungen. Zum anderen beginnt mit Information der Arbeitnehmerseite die zehnwöchige **Frist** zur Wahl oder Bestellung der Mitglieder des BVG.[1134]

Streitig ist, inwieweit die **Bildung des BVG**[1135] einerseits und die **Information** der Arbeitnehmervertretungen[1136] andererseits auch dann erforderlich sind, **wenn sich die Leitungen der Unternehmen für die gesetzliche Auffanglösung entscheiden.** Dies dürfte danach zu entscheiden sein, ob die konkrete Struktur der Auffanglösung eine Beteiligung eines BVG erforderlich macht. Dies ist dann abzulehnen, wenn die betroffenen Regelungen selbstvollziehend sind, da einem BVG kein Entscheidungsspielraum zukäme. Wäre das BVG in seiner Beschlussfassung an gesetzliche Vorgaben gebunden, bedarf es keiner Errichtung.[1137] Die Frage der Informationspflicht im Falle der Wahl der Auffanglösung durch die Leitungen ist anhand des Regelungszwecks zu ermitteln. Zweck des § 6 MgVG ist es, das BVG zu bilden, das anschließend Verhandlungen über die Mitbestimmung führt.[1138] Der Zweck des § 6 MgVG erstreckt sich darauf, die Informationen bereit zu stellen, um die ersten Aufsichtsratsmitglieder zu wählen.[1139] Diesem beschränkten Zweck entsprechend sollte eine eingeschränkte Anwendung des § 6 MgVG folgen. Sowohl der Adressatenkreis als auch der Inhalt ist insoweit auf diejenigen Informationen zu beschränken, die für die Wahl der Aufsichtsrats- bzw. Verwaltungsratsmitglieder notwendig sind. Zu beachten ist zudem, dass ein Teil dieser Informationen bereits im Verschmelzungsbericht enthalten ist. Ist die Bildung eines BVG nicht vorzunehmen, ist § 6 MgVG entsprechend dahin gehend zu reduzieren, dass ausschließlich Informationen mitzuteilen sind, die für die Wahl der Arbeitnehmervertreter erforderlich sind.[1140]

Das MgVG enthält nur Informationspflichten im Hinblick auf die Bildung des BVG. Darüber hinaus können zudem aufgrund BetrVG weitere Unterrichtungspflichten bestehen.[1141]

300

301

[1134] Vgl. § 13 I 1 MgVG; näher → Rn. 308.
[1135] Vgl. zum Streitstand ausführlich *Jacobs* in MünchKomm AktG Vor § 1 SEBG Rn. 45 mwN; *Habersack* in Ulmer/Habersack/Henssler Mitbestimmungsrecht § 6 MgVG Rn. 1; *Fleischmann/Otto* in Gaul/Ludwig/Forst Europäisches Mitbestimmungsrecht § 5 Rn. 102.
[1136] Eine Informationspflicht ablehnend *Krause/Janko* BB 2007 S. 2194 (2197).
[1137] Vgl. *Jacobs* in MünchKomm AktG Vor § 1 SEBG Rn. 45 mwN; *Fleischmann/Otto* in Gaul/Ludwig/Forst Europäisches Mitbestimmungsrecht § 5 Rn. 102. Eingeschränkt zustimmend auch *Habersack* in Ulmer/Habersack/Henssler Mitbestimmungsrecht § 6 MgVG Rn. 1, der eine Bildung des BVG ausnahmsweise erwägenswert erachtet, wenn das BVG ausschließlich für die Sitzverteilung nach § 25 I BVG zuständig wäre.
[1138] Ebenso *Simon/Hinrichs* NZA 2008 S. 391 (395).
[1139] Vgl. zu deren Wahl § 25 I MgVG.
[1140] Hierfür spricht auch die systematische Stellung des Informationsrechts in Absatz 2 und 3 des auf das BVG gerichteten § 6 MgVG.
[1141] Vgl. näher *Simon/Hinrichs* NZA 2008 S. 391 ff.

dd) Bildung des Besonderen Verhandlungsgremiums (BVG)

302 Im Anschluss an die Information der Arbeitnehmervertretungen[1142] ist das Besondere Verhandlungsgremium (BVG) zu bilden. Das BVG ist ein **Repräsentationsorgan aller beschäftigten Arbeitnehmer,** die bei einer der an der grenzüberschreitenden Verschmelzung beteiligten Gesellschaften, betroffenen Tochtergesellschaften oder Betrieben beschäftigt sind.[1143] Es ist Aufgabe des BVG mit den an der Verschmelzung beteiligten Gesellschaften die Beteiligungsrechte der aus der Verschmelzung hervorgehenden Gesellschaft auszuhandeln und hierüber eine Vereinbarung abzuschließen.[1144]

303 Die **Leitungen** sind **nicht verantwortlich** für die tatsächliche Bildung des BVG, sie haben weder die Wahl noch die Bestellung der Mitglieder des BVG durchzuführen. Ihnen obliegt lediglich die umfassende Information zur Bildung des BVG zu vermitteln und die Ladung der konstituierenden Sitzung des BVG vorzunehmen.[1145] Die folgenden Ausführungen zur Bildung des BVG sollen deshalb nur einen Überblick vermitteln, zu Einzelheiten ist auf die Literatur zur SE-Verschmelzung[1146] zu verweisen, da die gesetzlichen Vorgaben zur Zusammensetzung des BVG insoweit denjenigen zur grenzüberschreitenden Verschmelzung entsprechen.[1147]

304 Das Verfahren zur Bildung des BVG dient der Herstellung einer Proportionalität zwischen Mitgliedstaaten, Unternehmen und Arbeitnehmeranzahl. Jede Gesellschaft, die an der Verschmelzung beteiligt ist, erhält mindestens einen Sitz. Die Bildung des BVG erfolgt in zwei Stufen: Zunächst wird ermittelt, wie viele Sitze auf jeden Mitgliedstaat entfallen.[1148] Im Anschluss daran erfolgt die Sitzverteilung auf die einzelnen Personen aus den Mitgliedstaaten.[1149] Die Wahl und Bestellung der Mitglieder des BVG erfolgt nach den jeweils einschlägigen nationa-

---

[1142] Vgl. → Rn. 295 ff.
[1143] BT-Drucks. 16/2922 S. 22.
[1144] Siehe § 6 I 2, 15 I 1 MgVG.
[1145] Vgl. § 12 I 1 MgVG.
[1146] Vgl. zur SE-Verschmelzung die ausführlichen Kommentierungen von *Feuerborn* in Kölner Kommentar AktG §§ 4 ff. SEBG; *Oetker* in Lutter/Hommelhoff/Teichmann, SE-Kommentar, §§ 5 ff. SEBG; *Jacobs* in MünchKomm AktG zu §§ 5 ff. SEBG; *Hohenstatt/Müller-Bonanni* in Habersack/Drinhausen SE-Recht § 4 ff. SEBG; *Gaul/Ludwig/Forst* Europäisches Mitbestimmungsrecht § 2 Mitbestimmung in der Europäischen Aktiengesellschaft Rn. 113; *Henssler* in Ulmer/Habersack/Henssler Mitbestimmungsrecht §§ 4 ff. SEBG und *Köklü* in Van Hulle/Maul/Drinhausen SE-Handbuch, Abschnitt 6, Rn. 27 ff.
[1147] §§ 10 ff. MgVG entsprechen den §§ 8 ff. SEBG. Ein wichtiger Unterschied besteht lediglich in § 8 III MgVG: Gehören dem BVG zwei Mitglieder aus dem Inland an, so ist jedes dritte Mitglied auf Vorschlag einer Gewerkschaft zu wählen. Zur Frage, ob die zwingende Mitgliedschaft von Gewerkschaftsvertretern richtlinienwidrig ist, näher *Thüsing/Forst* in Habersack/Drinhausen SE-Recht § 21 MgVG Rn. 3
[1148] Einzelheiten in § 7 MgVG.
[1149] BT-Drucks. 15/3405 S. 45 f.

§ 13. Verschmelzung von KapGes versch. Mitgliedstaaten § 13

len Vorschriften. Die nach deutschem Recht zu wählenden Personen werden durch ein Wahlgremium gemäß §§ 10 ff. MgVG gewählt.[1150] Die Wahl der auf das Ausland entfallenden Mitglieder richtet sich nach den Umsetzungsvorschriften zu Art. 16 III IntVerschmRL.[1151] Das Wahlgremium (hingegen nicht das dabei gebildete BVG selbst) wird durch den Vorsitzenden der Arbeitnehmervertretung auf Konzernebene einberufen.[1152]

Im **ersten Schritt** der Bildung des BVG ist zunächst die **Gesamtarbeitnehmerzahl der verschmelzenden Gesellschaften zu ermitteln.** Sodann muss die prozentuale Verteilung der Arbeitnehmer der beteiligten Gesellschaften (und der betroffenen Tochtergesellschaften oder Betriebe) der einzelnen Mitgliedstaaten bestimmt werden.[1153] Je angefangenen 10% aus jedem Mitgliedstaat ist ein Sitz zu besetzen.[1154] Voraussetzung ist die präzise Bestimmung der Arbeitnehmerzahlen. Der **Arbeitnehmerbegriff** ist europa-rechtlich nicht einheitlich geregelt und richtet sich nach den Rechtsvorschriften und Gepflogenheiten der jeweiligen Mitgliedstaaten.[1155] Im deutschen Recht sind gemäß § 2 I 1 MgVG als **Arbeitnehmer** sämtliche Arbeiter und Angestellte aufzufassen, einschließlich der zur ihrer Berufsausbildung Beschäftigten und der leitenden Angestellten, unabhängig davon, ob sie im Betrieb, Außendienst oder mit Telearbeit beschäftigt werden. Auch die in Heimarbeit Beschäftigten, die in der Hauptsache für das Unternehmen oder den Betrieb arbeiten, werden erfasst.[1156] Praktisch wichtigstes Kriterium des Arbeitnehmerbegriffs ist die **persönliche Abhängigkeit,** welche insbesondere bei einem Direktionsrecht des Arbeitgebers und einer Eingliederung in eine fremde Arbeitsorganisation vorliegt.[1157] Teilzeitbeschäftigte und geringfügig Beschäftigte[1158] sind ebenfalls Arbeitnehmer, wobei Teilzeitbeschäftigte nicht anteilig, sondern nach hM voll zu zählen sind.[1159] Maßgeblicher **Zeitpunkt für die Ermittlung** der Arbeitnehmerzahlen

305

[1150] Vgl. näher die Kommentierung *Henssler* in Ulmer/Habersack/Henssler Mitbestimmungsrecht §§ 8–10 SEBG Rn. 1 ff.
[1151] Siehe auch § 9 I MgVG.
[1152] Vgl. § 11 I MgVG.
[1153] Siehe § 7 I 2 MgVG. Vgl. *Hohenstatt/Müller-Bonanni* in Habersack/Drinhausen SE-Recht § 5 SEBG Rn. 1 ff.
[1154] Falls ein Mitgliedstaat unter 10% der Arbeitnehmer hat bleibt ihm gleichwohl ein Sitz § 7 I 2 MgVG.
[1155] Vgl. näher zum SE-Recht *Feuerborn* in Kölner Kommentar AktG § 2 SEBG Rn. 3; *Henssler* in Ulmer/Habersack/Henssler Mitbestimmungsrecht § 2 SEBG Rn. 2 sowie § 3 MitbestG Rn. 1 ff.
[1156] Siehe § 2 I 3 MgVG.
[1157] Vgl. näher zum gleichgelegenen Fall der SE-Verschmelzung *Feuerborn* in Kölner Kommentar AktG § 2 SEBG Rn. 5 ff.; *Jacobs* in MünchKomm AktG § 2 SEBG Rn. 3 ff.
[1158] ISv § 8 I SGB IV.
[1159] *Jacobs* in MünchKomm AktG § 2 SEBG Rn. 4; aA *Thüsing/Forst* in Habersack/Drinhausen SE-Recht § 5 MgVG Rn. 10, der eine pro rata temporis Berücksichtigung befürwortet.

§ 13   4. Teil. Grenzüberschreitende Verschmelzungen

ist der Zeitpunkt der Information der Leitungen über das Verschmelzungsvorhaben.[1160]

306   Im zweiten Schritt erfolgt die **Wahl oder Bestellung der Mitglieder des BVG** gemäß den nationalen Bestimmungen der Mitgliedstaaten.[1161] Die auf Deutschland entfallenden Mitglieder des BVG werden durch ein **Wahlgremium** in geheimer und unmittelbarer Wahl gewählt.[1162] Das Wahlgremium setzt sich aus den Mitgliedern der **höchsten** vorhandenen **Arbeitnehmervertretungen** zusammen (Konzernbetriebsrat, Gesamtbetriebsrat oder, falls nicht vorhanden, Betriebsrat).[1163] Das Wahlgremium besteht aus höchstens 40 Mitgliedern.[1164] Lediglich soweit ein Gewerkschaftsmitglied als drittes Mitglied nach § 8 III MgVG zu wählen ist, erfolgt die Wahl direkt durch die Gewerkschaft.[1165]

307   Die **Mindestgröße des BVG beträgt zehn Mitglieder,** wobei diese bei einer Verteilung auf mehrere Mitgliedstaaten überschritten werden kann.[1166] Angesichts des Erlöschens mindestens eines an der Verschmelzung beteiligten Rechtsträgers sind die **Arbeitnehmer aller beteiligten Gesellschaften** durch **mindestens ein Mitglied** im BVG zu vertreten.[1167] Dies wird durch die **Wahl bzw. Bestellung zusätzlicher Mitglieder**[1168] gewährleistet, die jedoch nicht zu einer Doppelvertretung der betroffenen Arbeitnehmer führen darf.[1169]

[1160] Siehe § 6 IV MgVG. Vgl. auch ArbG Stuttgart Beschluss vom 29.4.2008 12 BV 109/07, BeckRS 2008, 55726.
[1161] Siehe § 9 I MgVG.
[1162] Vgl. § 10 I MgVG. Zu Einzelheiten der Zusammensetzung des Wahlgremiums, der Einberufung und den Wahlgrundsätzen vgl. näher §§ 10 bis 12 MgVG sowie die Kommentierungen zum gleichgelagerten Fall der SE-Verschmelzung §§ 5 ff. SEBG von *Feuerborn* in Kölner Kommentar AktG §§ 5 ff. SEBG; *Jacobs* in MünchKomm AktG §§ 5 ff. SEBG; *Köklü* in Van Hulle/Maul/Drinhausen SE-Handbuch, Abschnitt 6, Rn. 111 ff.; *Oetker* in Lutter/Hommelhoff/Teichmann SE-Kommentar, §§ 5 ff. SEBG. Zur Wahl der Mitglieder des BVG in betriebsratslosen Gesellschaften vgl. *Hinrichs/Plitt* NZA 2010 S. 204 ff.
[1163] Siehe § 10 II MgVG.
[1164] Vgl. § 10 VI MgVG.
[1165] Vgl. § 10 I 2 MgVG. Vgl. kritisch zu den Gewerkschaftsmitgliedern *Hohenstatt/Müller-Bonanni* in Habersack/Drinhausen SE-Recht § 6 SEBG Rn. 4
[1166] BT-Drucks. 16/2922 S. 21.
[1167] Vgl. näher zum gleichgelagerten Fall der SE-Verschmelzung *Jacobs* in MünchKomm AktG § 5 SEBG Rn. 3.
[1168] Die Zahl der zusätzlichen Sitze darf gemäß § 7 III 1 MgVG 20% der sich aus § 7 I MgVG ergebenden Mitgliederzahlen nicht überschreiten. Sofern dies dazu führt, dass nicht jede nach § 7 II MgVG zu berücksichtigende Gesellschaft durch ein zusätzliches Mitglied im BVG vertreten wird, werden die Gesellschaften in absteigender Reihenfolge der Zahl ihrer Arbeitnehmer berücksichtigt. Dabei darf nach § 7 III 3 MgVG ein Mitgliedstaat nur mehrere zusätzliche Sitze erhalten, solange nicht alle anderen Gesellschaften, die Arbeitnehmer beschäftigen, mindestens einen Sitz erhalten haben.
[1169] Siehe § 7 II 2 MgVG.

920   *Gutkès*

§ 13. Verschmelzung von KapGes versch. Mitgliedstaaten   § 13

ee) Frist zur Bildung des BVG und ihr Überschreiten

Die IntVerschmRL enthält weder Vorgaben für das Wahlverfahren des BVG noch hinsichtlich des zeitlichen Rahmens für die Wahl der Mitglieder des BVG.[1170] Es findet insoweit jeweils das innerstaatliche Recht Anwendung. Hinsichtlich der Wahl der deutschen BVG-Mitglieder ist das MgVG maßgeblich, welches weitgehend dem SEBG entspricht. Die Wahl oder Bestellung aller Mitglieder des BVG hat nach § 13 I 1 MgVG **innerhalb von zehn Wochen nach der Information der Arbeitnehmervertretungen durch die Unternehmensleitung** zu erfolgen. Die Verpflichtung der Unternehmensleitung betrifft Information und Aufforderung zur Bildung des BVG. Die Ladung des Wahlgremiums ist hingegen nicht von der Unternehmensleitung vorzunehmen, sondern durch den Vorsitzenden der zuständigen Arbeitnehmervertretung.[1171] Die **Frist** der Bildung des BVG beginnt mit Zugang der in § 6 II MgVG vorgesehenen Information bei allen Adressaten.[1172] Für den Fall, dass die Zehn-Wochen-Frist des § 13 I 1 MgVG überschritten wird, ist hinsichtlich der Rechtsfolgen nach der **Verantwortlichkeit** der Arbeitnehmer **für die Fristüberschreitung** zu differenzieren. Sofern ein Verschulden der Arbeitnehmer zu bejahen ist, beginnt das Verhandlungsverfahren gemäß § 13 II 1 MgVG dennoch und die Arbeitnehmer, die noch nicht von einem Mitglied vertreten werden, bleiben bei etwaigen Abstimmungen unberücksichtigt.[1173] Die Fristüberschreitung bewirkt aber nicht den Ausschluss der Mitglieder für das gesamte Verhandlungsverfahren. Vielmehr können sich diese nach ihrer Bestellung jederzeit an den Verhandlungen beteiligen. Dabei müssen sie aber das Stadium, in dem sich die Verhandlungen zu diesem Zeitpunkt befinden, akzeptieren.[1174] Die Verhandlungsfrist wird nicht verlängert. Auch der Boykott der Arbeitnehmervertretungen wird nach hM als Fall des Verschuldens der Arbeitnehmerseite zu qualifizieren sein.[1175] Ist die Fristüberschreitung hingegen von der Arbeitnehmerseite **unverschuldet,** so haben die Leitungen dies hinzunehmen und einen späteren Termin für die konstituierende Sitzung zu bestimmen.[1176] Die Verhandlungsfrist verlängert sich. Die Beweislast

308

[1170] Vgl. *Frenzel* S. 297.
[1171] Vgl. § 11 MgVG, der § 9 SEBG entspricht. Vgl die Kommentierung von *Henssler* in Ulmer/Habersack/Henssler Mitbestimmungsrecht §§ 8–10 SEBG Rn. 11 f.
[1172] Vgl. zum gleichgelagerten Fall der SE-Verschmelzung *Hohenstatt/Müller-Bonanni* in Habersack/Drinhausen SE-Recht § 11 SEBG Rn. 2; *Feuerborn* in Kölner Kommentar AktG § 11 SEBG Rn. 3; *Jacobs* in MünchKomm AktG § 11 SEBG Rn. 3.
[1173] Siehe § 13 II 2 MgVG.
[1174] BT-Drucks. 16/2922 S. 24; *Frenzel* S. 296.
[1175] Vgl. zum gleichgelagerten Fall der SE-Verschmelzung *Feuerborn* in Kölner Kommentar AktG § 11 Rn. 8 mwN.
[1176] BT-Drucks. 16/2922 S. 24; vgl. zum gleichgelagerten Fall der SE-Verschmelzung *Hohenstatt/Müller-Bonanni* in Habersack/Drinhausen SE-Recht § 11 SEBG Rn. 3; *Feuerborn* in Kölner Kommentar AktG § 11 SEBG Rn. 6; *Jacobs* in MünchKomm AktG § 11 SEBG Rn. 4.

§ 13   4. Teil. Grenzüberschreitende Verschmelzungen

für das Vertretenmüssen obliegt den Leitungen der beteiligten Gesellschaften.[1177]

ff) Bekanntmachung der Zusammensetzung des BVG

309   Den Leitungen sind unverzüglich die Namen der Mitglieder des BVG (sowie deren Anschrift und Betriebszugehörigkeit) bekannt zu machen.[1178] Die Leitungen haben insoweit einen Informationsanspruch. Unterbleibt die Mitteilung, steht dies der Wirksamkeit der Wahl oder Bestellung nicht entgegen.[1179] Die Leitungen haben daraufhin die örtlichen Betriebs- und Unternehmensleitungen, die dort bestehenden Arbeitnehmervertretungen und Sprecherausschüsse sowie die in inländischen Betrieben vertretenen Gewerkschaften über diese Angaben zu informieren.[1180] Diese Pflicht betrifft aufgrund des Territorialitätsprinzips nur die Leitungen eines deutschen verschmelzenden Unternehmens.[1181] Aus Gründen der Nachweisbarkeit sollte sie zweckmäßigerweise schriftlich erfolgen.

d) Ablauf des Verhandlungsverfahrens

aa) Konstituierende Sitzung

310   Weder die IntVerschmRL noch die SE-ErgRiL enthalten Vorgaben hinsichtlich einer konstituierenden Sitzung des BVG. Es ist gemäß innerstaatlichem Recht Aufgabe der **Leitungen unverzüglich nach Benennung der Mitglieder des BVG**, spätestens jedoch nach Ablauf der 10-wöchigen Frist zur Bildung des BVG[1182] **zur konstituierenden Sitzung des BVG zu laden** und die örtlichen Betriebs- und Unternehmensleitungen darüber zu informieren. Erst mit der konstituierenden Sitzung ist die Bildung des BVG abgeschlossen.[1183] Mit dem Zeitpunkt der wirksamen Ladung wird der **Lauf der Verhandlungsfrist ausgelöst** und somit auch das etwaige Greifen der gesetzlichen Auffanglösung.[1184] Die Ladung sollte deshalb schriftlich erfolgen und ihr Zugang nachweisbar sein.[1185] Ein Anwesenheitsrecht der Unternehmensleitung bei der konstituierenden Sitzung besteht nicht.[1186] Bei der konstituierenden Sitzung

---

[1177] Vgl. für den gleichgelagerten Fall der SE-Verschmelzung *Feuerborn* in Kölner Kommentar AktG § 11 SEBG Rn. 5.
[1178] Siehe § 13 I 2 MgVG.
[1179] Vgl. zum gleichgelagerten Fall der SE-Verschmelzung *Feuerborn* in Kölner Kommentar AktG § 11 SEBG Rn. 10.
[1180] Siehe § 13 I 3 MgVG.
[1181] Vgl. *Frenzel* S. 297.
[1182] Vgl. § 13 I 1 MgVG.
[1183] BT-Drucks. 16/2922 S. 24.
[1184] Vgl. zum gleichgelagerten Fall der SE-Verschmelzung *Hohenstatt/Müller-Bonanni* in Habersack/Drinhausen SE-Recht § 12 SEBG Rn. 2; *Henssler* in Ulmer/Habersack/Henssler Mitbestimmungsrecht §§ 11 f. SEBG Rn. 4.
[1185] Ebenso *Hohenstatt/Müller-Bonanni* in Habersack/Drinhausen SE-Recht § 12 SEBG Rn. 2.
[1186] Vgl. *Köklü* in Van Hulle/Maul/Drinhausen, SE-Handbuch, Abschnitt 6, Rn. 37 zur SE.

§ 13. Verschmelzung von KapGes versch. Mitgliedstaaten   § 13

hat das BVG zwingend einen Vorsitzenden und zwei Stellvertreter zu wählen.[1187] Die Aufstellung einer schriftlichen Geschäftsordnung ist fakultativ.[1188]

Nach der konstituierenden Sitzung des BVG verhandeln die beteiligten Unternehmensleitungen und das BVG über eine Regelung der Arbeitnehmerbeteiligung in der aus der Verschmelzung hervorgehenden Gesellschaft. Die **Verhandlungsfrist** beträgt **sechs Monate** ab dem in der Ladung bezeichneten Zeitpunkt der konstituierenden Sitzung und kann einvernehmlich um den gleichen Zeitraum dh auf **maximal ein Jahr** verlängert werden.[1189]   311

bb) Zusammenarbeit zwischen BVG und Leitungen

Ziel des Verhandlungsverfahrens ist der Abschluss einer schriftlichen Vereinbarung über die Arbeitnehmermitbestimmung in der aus der grenzüberschreitenden Verschmelzung hervorgehenden Gesellschaft.[1190] Dabei haben die beiden Vertragsseiten **vertrauensvoll zusammenzuarbeiten.**[1191] Strittige Fragen sollen demnach mit dem Willen zur Einigung behandelt werden.[1192] Maßnahmen des Arbeitskampfes sind zur Durchsetzung einer Vereinbarung unzulässig.[1193] Die Mitglieder des BVG genießen den gleichen Schutz wie Arbeitnehmervertreter.[1194] Aus der Pflicht zur vertrauensvollen Zusammenarbeit ergibt sich kein Einigungszwang.[1195] Verhandelt eine der Parteien nicht ernsthaft, so folgt hieraus lediglich die Anwendung der gesetzlichen Auffanglösung nach Ablauf der Verhandlungsfrist. Es bestehen keine weiteren Sanktionen.[1196]   312

Die Verhandlungen sind auf die Mitbestimmung im Rahmen der Mitbestimmungsautonomie zu beschränken.[1197] Es ist **nicht Gegenstand der Verhandlungen, die Unternehmensverfassung** selbst auszuhan-   313

[1187] Siehe § 14 I 2 MgVG.
[1188] Siehe § 14 I 3 MgVG.
[1189] Vgl. → Rn. 316.
[1190] Vgl. § 15 I 1 MgVG.
[1191] Siehe § 15 I MgVG, vgl. näher zum gleichgelagerten Fall der SE-Verschmelzung *Feuerborn* in Kölner Kommentar AktG § 13 SEBG Rn. 6 ff.; *Köklü* in *Van Hulle/Maul/Drinhausen,* SE-Handbuch, Abschnitt 6, Rn. 42 ff.
[1192] BT-Drucks. 16/2922 S. 24.
[1193] Vgl. näher zum gleichgelagerten Fall der SE-Verschmelzung *Hohenstatt/Müller-Bonanni* in Habersack/Drinhausen SE-Recht § 13 SEBG Rn. 3; *Feuerborn* in Kölner Kommentar AktG § 13 SEBG Rn. 7; *Jacobs* in MünchKomm AktG § 13 SEBG Rn. 3.
[1194] Siehe § 32 MgVG; vgl. zum gleichgelagerten Fall der SE-Verschmelzung *Köklü* in Van Hulle/Maul/Drinhausen SE-Handbuch, Abschnitt 6, Rn. 51.
[1195] Vgl. zur SE-Verschmelzung *Hohenstatt/Müller-Bonanni* in Habersack/Drinhausen SE-Recht § 13 SEBG Rn. 3; *Jacobs* in MünchKomm AktG § 13 SEBG Rn. 3; *Feuerborn* in Kölner Kommentar AktG § 13 SEBG Rn. 8.
[1196] Vgl. zur SE-Verschmelzung *Feuerborn* in Kölner Kommentar AktG § 13 SEBG Rn. 9.
[1197] Vgl. Einzelheiten zur Mitbestimmungsautonomie → Rn. 333 ff.

§ 13 4. Teil. Grenzüberschreitende Verschmelzungen

deln. Ebenso wenig vermag die **absolute Größe des Verwaltungs- bzw. Aufsichtsrats** Gegenstand der Arbeitnehmervereinbarung zu bilden.[1198] Sie ist kein zulässiger Gegenstand von Verhandlungen zwischen Unternehmensleitung und BVG. Sie wird allein durch die Gesellschafterversammlung als Satzungsgeber festgelegt.

314 Den Leitungen obliegt die **Pflicht, das BVG zu informieren** und erforderliche Unterlagen auszuhändigen.[1199] Erforderlich sind alle Auskünfte die zur sachgerechten Aufgabenerfüllung des BVG notwendig sind, insbesondere die Unterrichtung über das Verschmelzungsvorhaben und den Verlauf des Verfahrens bis zum Vollzug der Verschmelzung.[1200] Die Leitungen haben das Recht die **Informationserteilung zu verweigern**, wenn bei Zugrundelegung objektiver Kriterien dadurch Geschäfts- und Betriebsgeheimnisse der sich verschmelzenden Gesellschaften, deren Tochtergesellschaften und Betriebe gefährdet sind.[1201] Soweit Informationen von den Leitungen ausdrücklich als geheimhaltungsbedürftig bezeichnet wurden, unterliegen die Mitglieder des BVG einer **Verschwiegenheitspflicht**.[1202] Bei Streitigkeiten findet das arbeitsgerichtliche Beschlussverfahren statt.[1203]

cc) Sachverständige, Kosten des BVG

315 Das BVG kann sich bei seinen Verhandlungen von Sachverständigen, zu denen auch die Vertreter von einschlägigen Gewerkschaften auf Gemeinschaftsebene zählen, unterstützen lassen.[1204] Dies schließt indes

---

[1198] Vgl. ausführlich *Habersack* ZHR 171 (2007) S. 613, 632 ff. mwN; *Habersack* AG 2006 S. 345 (350 ff.); aA *Teichmann* Der Konzern 2007 S. 89 (94 f.); *Oetker* ZIP 2006 S. 1113 ff. Vgl. näher zur Satzungsautonomie → Rn. 333.
[1199] Siehe § 15 II MgVG, gemeinschaftsrechtlich in Art. 16 III lit. a) der Int-VerschmRL iVm Art. 3 III Unterabschnitt 2 vorgegeben; vgl. zum gleichgelagerten Fall der SE-Verschmelzung *Hohenstatt/Müller-Bonanni* in Habersack/Drinhausen SE-Recht § 13 SEBG Rn. 4; *Jacobs* in MünchKomm AktG § 13 SEBG Rn. 4; *Feuerborn* in Kölner Kommentar AktG § 13 SEBG Rn. 10 ff.; *Köklü* in Van Hulle/Maul/Drinhausen SE-Handbuch, Abschnitt 6, Rn. 45.
[1200] Vgl. zur SE-Verschmelzung *Feuerborn* in Kölner Kommentar AktG § 13 SEBG Rn. 12.
[1201] Siehe § 31 I MgVG.
[1202] Siehe § 31 II MgVG; vgl. näher zum gleichgelagerten Fall der SE-Verschmelzung *Köklü* in Van Hulle/Maul/Drinhausen SE-Handbuch, Abschnitt 6, Rn. 48; *Jacobs* in MünchKomm AktG § 13 SEBG Rn. 4.
[1203] Vgl. §§ 2a I Nr. 3e, II, 80 ff. ArbGG. Näher hierzu *Hohenstatt/Müller-Bonanni* in Habersack/Drinhausen SE-Recht § 13 SEBG Rn. 6. Anschauliche Beispiele von Rechtsstreitigkeiten um Fragen der Zusammensetzung des BVG und Informationspflichten der Leitungen: ArbG Stuttgart Beschluss vom 29.4.2008, 12 BV 109/07 BeckRS 2008, 55726; sowie ArbG Heilbronn, Beschluss vom 2.7.2013, 5 BVGa 3/13, BeckRS 2013, 70273 zu den Zulässigkeitsvoraussetzungen der Einleitung eines Beschlussverfahrens.
[1204] Siehe § 16 I MgVG; vgl. zum gleichgelagerten SE-Verschmelzungsrecht *Köklü* in Van Hulle/Maul/Drinhausen, SE-Handbuch, Abschnitt 6, Rn. 52; *Jacobs* in MünchKomm AktG § 14 SEBG Rn. 5.

§ 13 13. Verschmelzung von KapGes versch. Mitgliedstaaten

die Heranziehung von nationalen Gewerkschaftsvertretern als Sachverständigen nicht aus.[1205] Auch Dolmetscher und Übersetzer können aufgrund bestehender Sprachbarrieren erforderlich sein.[1206] Die durch die Bildung und Tätigkeit des BVG entstehenden **erforderlichen Kosten des BVG** sind von den an der Verschmelzung beteiligten Gesellschaften und nach ihrer Verschmelzung von der aus der Verschmelzung hervorgehenden Gesellschaft als Gesamtschuldner zu tragen.[1207] Dies umfasst alle notwendigen Kosten, wie etwa die Kosten für Dolmetscher, Büropersonal, Reisekosten und Unterbringung. Entscheidendes Kriterium für die Kostentragung ist dabei der Grundsatz der **Erforderlichkeit**.[1208]

dd) Verhandlungsdauer

316 Der Zeitrahmen für die Verhandlungen des BVG mit den Leitungen über den Abschluss einer Vereinbarung über die Arbeitnehmermitbestimmung[1209] beträgt **sechs Monate**.[1210] Die Frist beginnt mit dem **Tag der konstituierenden Sitzung des BVG**, zu der die Leitungen wirksam geladen haben.[1211] Dies gilt auch dann, wenn die Sitzung zu einem abweichenden Termin stattfindet.[1212] Die Verhandlungsfrist kann einvernehmlich durch Unternehmensleitung und BVG um weitere sechs Monate, dh **auf insgesamt ein Jahr** verlängert werden.[1213] Darüber hinaus ist eine Verlängerung gesetzlich nicht vorgesehen und dürfte damit selbst bei Einvernehmen ausgeschlossen sein.[1214] Soweit innerhalb der Verhandlungsfrist keine Einigung zwischen den Leitungen und dem BVG zustande gekommen ist und das BVG auch keinen

---

[1205] BT-Drucks. 16/2922 S. 24.
[1206] Zum gleichgelagerten Fall der SE-Verschmelzung *Feuerborn* in Kölner Kommentar AktG § 13 SEBG Rn. 13; *Köklü* in Van Hulle/Maul/Drinhausen SE-Handbuch, Abschnitt 6, Rn. 54.
[1207] Siehe § 20 MgVG.
[1208] BT-Drucks. 16/2922 S. 25 f.; vgl. ausführlich zum gleichgelagerten Fall der SE-Verschmelzung *Hohenstatt/Müller-Bonanni* in Habersack/Drinhausen SE-Recht § 14 SEBG Rn. 2; *Feuerborn* in Kölner Kommentar AktG § 14 SEBG Rn. 7 ff. sowie § 19 Rn. 6 ff.; *Köklü* in Van Hulle/Maul/Drinhausen SE-Handbuch, Abschnitt 6, Rn. 72; *Jacobs* in MünchKomm AktG § 19 SEBG Rn. 2 ff.
[1209] Vgl. § 22 MgVG, näher zum Inhalt unten § 13 Rn. 331 ff.
[1210] Vgl. § 21 I MgVG in Umsetzung zu Art. 16 III lit. c) IntVerschmRL iVm Art. 5 SE-ErgRiL.
[1211] Vgl. § 21 I 2 MgVG.
[1212] BT-Drucks. 16/2922 S. 26; vgl. zum gleichgelagerten Fall der SE-Verschmelzung *Feuerborn* in Kölner Kommentar AktG § 20 SEBG Rn. 3; *Köklü* in Van Hulle/Maul/Drinhausen SE-Handbuch, Abschnitt 6, Rn. 73; *Jacobs* in MünchKomm AktG § 20 SEBG Rn. 2; *Oetker* in Lutter/Hommelhoff/Teichmann, SE-Kommentar, § 20 SEBG Rn. 6.
[1213] Vgl. § 21 II MgVG.
[1214] Vgl. zur SE-Verschmelzung *Feuerborn* in Kölner Kommentar AktG § 20 SEBG Rn. 4; *Hohenstatt/Müller-Bonanni* in Habersack/Drinhausen SE-Recht § 20 SEBG Rn. 2; *Jacobs* in MünchKomm AktG § 20 SEBG Rn. 3.

§ 13 4. Teil. Grenzüberschreitende Verschmelzungen

Beschluss über die Nichtaufnahme oder den Abbruch der Verhandlungen gefasst hat,[1215] greift die Regelung über die Mitbestimmung kraft Gesetz[1216] ein.

ee) Verhandlungsalternativen des BVG

317 Nach seiner konstituierenden Sitzung hat das BVG **drei Verhandlungsoptionen** hinsichtlich der Mitbestimmung der Arbeitnehmer. Zunächst steht es dem BVG offen sich mit den Leitungen auf eine Vereinbarung über die Arbeitnehmermitbestimmung zu einigen.[1217] Naturgemäß sind Einigungen auf eine zufriedenstellende Lösung nicht erzwingbar. Möchte das **BVG** sich nicht auf eine verhandelte Arbeitnehmermitbestimmungslösung einlassen so kann es sich **einseitig,** dh ohne Zustimmung der Leitungen, gegen die Aufnahme der Verhandlungen entscheiden, bzw. während der Verhandlungen einen Abbruch derselben beschließen und damit das **innerstaatliche Mitbestimmungsrecht des Sitzstaats** der aus der grenzüberschreitenden Verschmelzung hervorgehenden Gesellschaft herbeiführen.[1218] Ein solcher Beschluss erfordert eine **qualifizierte Mehrheit.**[1219] In Ermangelung eines derartigen Beschlusses über den Abbruch der Verhandlungen kommt nach fruchtlosem Ablauf der Verhandlungsfrist hingegen die gesetzliche Auffanglösung des aus der Verschmelzung hervorgehenden Rechtsträgers zur Anwendung, welche innerstaatliches Mitbestimmungsrecht verdrängt.[1220] Hierzu genügt schlichtes einseitiges Blockieren der Verhandlungen durch das BVG. Fehlende Verhandlungsbereitschaft wird nicht sanktioniert.

ff) Beschlussfassung im BVG

318 Die Beschlussfassung im BVG erfolgt gemäß den in § 17 MgVG aufgestellten Grundsätzen, die der Proportionalität der Arbeitnehmerzahlen in den verschiedenen Mitgliedstaaten und dem Schutz bestehender Beteiligungsrechte vor Verschlechterung Rechnung tragen.[1221] Die gewählten oder bestellten Mitglieder des BVG in einem Mitgliedstaat vertreten sämtliche in dem jeweiligen Mitgliedstaat beschäftigten Arbeitnehmer.[1222] Sofern aus einem Mitgliedstaat keine Mitglieder in das BVG entsandt wurden, gelten diese Arbeitnehmer als nicht vertreten und sind bei

---

[1215] Nach § 18 MgVG.
[1216] Nach § 23 I 1 Nr. 2 MgVG; vgl. näher zur gesetzlichen Auffangregelung → Rn. 339.
[1217] Vgl. zu ihrem Inhalt → Rn. 331 ff.
[1218] Siehe § 18 Satz 1 MgVG, hierzu näher → Rn. 324 ff.
[1219] Vgl. → Rn. 325.
[1220] Vgl. → Rn. 339 ff.
[1221] Vgl. zum gleichgelagerten Fall der SE-Verschmelzung *Feuerborn* in Kölner Kommentar AktG § 15 SEBG Rn. 1.
[1222] Gemäß § 17 I 1 MgVG. Soweit aus einem Mitgliedstaat keine Mitglieder in das BVG gewählt werden gelten die betroffenen Arbeitnehmer als nicht vertreten und werden auch zahlenmäßig nicht berücksichtigt; vgl. § 17 I 2 MgVG.

§ 13. Verschmelzung von KapGes versch. Mitgliedstaaten § 13

Abstimmungen zahlenmäßig nicht zu berücksichtigen.[1223] Die BVG-Beschlüsse sind in Sitzungen zu fassen, so dass eine Abstimmung im Umlaufverfahren unzulässig ist.[1224]

Für Abstimmungen im BVG ist **grundsätzlich eine doppelte absolute Mehrheit** erforderlich, die sich nach den „Köpfen" der abstimmenden BVG-Mitglieder und nach der Mehrheit der durch sie vertretenen Arbeitnehmer richtet.[1225] Dabei bestimmt jeder Mitgliedstaat die Anzahl der Arbeitnehmer die ein Mitglied im BVG jeweils vertritt. In Deutschland wird die Zahl aller beschäftigten Arbeitnehmer auf die gewählten Mitglieder im BVG gleichmäßig verteilt.[1226] Dies gilt auch für die Verschmelzung zu einer Gesellschaft mit Sitz in einem anderen Mitgliedstaat.[1227] Die erforderliche Mehrheit ist eine absolute Mehrheit, so dass Stimmenthaltung oder Abwesenheit eines BVG-Mitglieds als Ablehnung des Beschlussantrags zu werten sind.[1228] 319

Abweichend vom Erfordernis der doppelten absoluten Mehrheit bedarf es gemäß § 17 III MgVG **unter zwei Voraussetzungen einer dreifach qualifizierten Mehrheit.** Zum einen müssen die in § 17 III MgVG festgesetzten **Schwellenwerte** erreicht werden. Zum anderen muss die Vereinbarung zu einer **Minderung der Mitbestimmungsrechte** führen. Liegt eine Beschlussfassung über eine Vereinbarung zur Mitbestimmung vor, bei der eine Minderung der Mitbestimmungsrechte einzutreten droht, bedarf es der folgenden dreifach qualifizierten Mehrheit:[1229] Zum einen ist eine Mehrheit von zwei Dritteln der Mitglieder des BVG erforderlich, zudem müssen diese Mitglieder insgesamt zwei Drittel der Arbeitnehmer vertreten und drittens selbige in mindestens zwei Mitgliedstaaten vertreten. Das Erfordernis der dreifach qualifizierten Mehrheit für die Minderung von Mitbestimmungsrechten kennt keine Vorgabe in der IntVerschmRL. Es dient jedoch dem Bestandsschutz der Arbeitnehmermitbestimmung und dürfte deshalb nicht als Verstoß gegen die IntVerschmRL zu verstehen sein.[1230] 320

Diese Regelung hinsichtlich der dreifach qualifizierten Mehrheit ist nur anzuwenden, wenn ein gewisser **Schwellenwert** erreicht wird, demzufolge die Mitbestimmung sich auf mindestens 25% der Gesamtzahl der Arbeitnehmer der beteiligten **Gesellschaften und der betroffenen Tochtergesellschaften** erstreckt.[1231] Fraglich ist die Richtlinienkonfor- 321

[1223] Nach § 17 I 2 MgVG, vgl. auch BT-Drucks. 16/2922 S. 25.
[1224] Vgl. zum gleichgelagerten Fall der SE-Verschmelzung *Feuerborn* in Kölner Kommentar AktG § 15 SEBG Rn. 8.
[1225] Vgl. auch BT-Drucks. 16/2922 S. 25 zu § 17 II 1 MgVG.
[1226] Vgl. zum gleichgelagerten Fall der SE-Verschmelzung *Feuerborn* in Kölner Kommentar AktG § 15 SEBG Rn. 7.
[1227] BT-Drucks. 16/2922 S. 25.
[1228] Vgl. *Feuerborn* in Kölner Kommentar AktG § 15 SEBG Rn. 8.
[1229] Nach § 17 III MgVG.
[1230] So im Hinblick auf den Zweck von Art. 16 IV lit. b) IntVerschmRL *Frenzel* S. 301.
[1231] Siehe § 17 III 2 MgVG. Siehe zum Problem der Einbeziehung der Tochtergesellschaften im SE-Recht *Feuerborn* in Kölner Kommentar AktG § 15 SEBG

§ 13   4. Teil.   Grenzüberschreitende Verschmelzungen

mität dieser deutschen Umsetzungsnorm.[1232] Die IntVerschmRL sieht eine Abstimmung nur für den Fall vor, dass für 25% der Arbeitnehmer aller verschmelzenden Gesellschaften Mitbestimmungsrechte bestehen. Bei der Ermittlung des Schwellenwerts weicht die deutsche Regelung infolge der **Einbeziehung der Arbeitnehmer der Tochtergesellschaften** von der IntVerschmRL ab,[1233] die ihrerseits ausschließlich auf die Arbeitnehmer der beteiligten Gesellschaften abstellt. Diese Abweichung in der deutschen Umsetzungsregelung wird teils als **richtlinienwidrig** erachtet, da die IntVerschmRL eine abschließende Regelung beinhalte. So sehen Art. 3 II und IV SE-ErgRiL, auf die Art. 16 III lit. a) IntVerschmRL verweist, eine detaillierte Regelung hinsichtlich der Mehrheitsverhältnisse und der Zusammensetzung des BVG vor. Zudem wird ausdrücklich zwischen den beteiligten Gesellschaften und Tochtergesellschaften in der SE-ErgRiL differenziert.[1234] Nicht zuletzt werden an anderer Stelle die Mitgliedstaaten ausdrücklich zu eigenständigen Regelungen ermächtigt. Auch dies spricht für den abschließenden Charakter. Letztendlich vermag auch das Argument nicht zu überzeugen, dass die Einbeziehung der Tochtergesellschaften im Sinne der SE-ErgRiL bzw. der IntVerschmRL sein soll. Ob die Einbeziehung der Tochtergesellschaften bei der Ermittlung des Schwellenwertes zu einem Erreichen des Schwellenwertes führt, hängt von den konkreten Mehrheitsverhältnissen zwischen den beteiligten Gesellschaften und ihren Tochtergesellschaften ab und führt nicht generell zu einem erleichterten Erreichen des Schwellenwertes.[1235] Abstrakt kann die Berücksichtigung der Tochtergesellschaften ebenso zur Minderung der Arbeitnehmerrechte führen, wenn die Zahl der Arbeitnehmer der ausländischen mitbestimmungsfreien Tochtergesellschaften stärker ist als diejenige der deutschen Tochtergesellschaften. Die hM erachtet gleichwohl die deutsche Umsetzung für richtlinienkonform und berücksichtigt die Tochtergesellschaften bei Bestimmung des Schwellenwerts.[1236] Maßgeblicher Zeitpunkt für die Ermittlung des

---

Rn. 16 ff.; *Oetker* in Erfurter Kommentar zum Europäischen Arbeitsrecht RL 2006/56/EG Art. 16 Rn. 29.

[1232] *Oetker* in Erfurter Kommentar zum Europäischen Arbeitsrecht RL 2006/56/EG Art. 16 Rn. 29, 37 und RL 2001/86/EG Art. 3 Rn. 34 f.

[1233] Die in ihrem Art. 16 III lit. a) eine Verweisung auf Art. 3 IV der SE-ErgRiL enthält. Vgl. näher zur Richtlinienkonfimität *Oetker* in Erfurter Kommentar zum Europäischen Arbeitsrecht RL 2006/56/EG Art. 16 Rn. 29 und RL 2001/86/EG Art. 3 Rn. 34 f.

[1234] Vgl. Art. 3 II lit. b) 2. Unterabsatz der SE-ErgRiL.

[1235] So ist denkbar dass zB ein deutsches mitbestimmtes Unternehmen 26% der Arbeitnehmer der an der Verschmelzung beteiligten Gesellschaften stellt. Hat jedoch das deutsche Unternehmen keine Tochtergesellschaften, hingegen das mitbestimmungsfreie ausländische Unternehmen, so kann uU der Schwellenwert der 25% unterschritten werden, wenn die Tochtergesellschaften miteinbezogen werden; vgl. eingehend *Feuerborn* in Kölner Kommentar AktG § 15 SEBG Rn. 16 ff. mwN.

[1236] Vgl. *Hohenstatt/Müller-Bonanni* in Habersack/Drinhausen SE-Recht § 15 Rn. 7; *Jacobs* in MünchKomm AktG § 15 SEBG Rn. 10.

§ 13. Verschmelzung von KapGes versch. Mitgliedstaaten § 13

Schwellenwerts ist der Tag der Informationserteilung durch die Leitung.[1237]

Die Frage, wann von einer **Minderung der Mitbestimmungsrechte** 322 auszugehen ist, wird in § 17 IV MgVG inhaltlich konkretisiert. Zur Ermittlung ist eine **Vorher-Nachher-Betrachtung** erforderlich. Dabei ist eine rein formale Betrachtung nach quantitativen Merkmalen vorzunehmen.[1238] Gemäß § 17 IV Nr. 1a) MgVG liegt eine Minderung der Mitbestimmungsrechte dann vor, wenn der in der Vereinbarung über die Arbeitnehmerbeteiligung vorgesehene Anteil der Arbeitnehmervertreter im Aufsichts- oder Verwaltungsorgan der aus der Verschmelzung hervorgehenden Gesellschaft geringer ist als der höchste in den an der Verschmelzung beteiligten Gesellschaften bestehende Anteil. Dabei wird **nicht auf die absolute Anzahl der Arbeitnehmervertreter** abgestellt, sondern vielmehr auf das prozentuale Verhältnis zwischen Arbeitnehmervertretern und Vertretern der Anteilseigner. Eine Verkleinerung des Aufsichtsrats ist insoweit nicht als Minderung der Mitbestimmungsrechte zu behandeln, wenn der prozentuale Anteil an Arbeitnehmervertretern beibehalten bleibt.[1239] Die rein formale quantitative Betrachtung schließt ebenso eine Gesamtbetrachtung aus.[1240]

gg) Abschluss des Verhandlungsverfahrens

Die Verhandlungen über die Arbeitnehmermitbestimmung enden ent- 323 weder durch Abschluss einer wirksamen Vereinbarung über die Arbeitnehmerbeteiligung[1241] oder durch Anwendung der gesetzlichen Auffanglösung, dh europäisches Mitbestimmungsrecht nach fruchtlosem Ablauf der Verhandlungsfrist.[1242] Diese Fälle können jedoch nur eintreten, wenn das BVG nicht zuvor den Abbruch der Verhandlungen beschlossen hat und hierdurch nationales Mitbestimmungsrecht zur Anwendung gelangen lässt.

e) Nichtaufnahme oder Abbruch der Verhandlungen

Grundsätzlich ist vorgesehen, dass nach Einsetzung des BVG mit den 324 Leitungen Verhandlungen über die Beteiligung der Arbeitnehmer aufgenommen werden. Das BVG ist jedoch nicht gezwungen, sich tatsächlich auf Verhandlungen einzulassen bzw. diese zum Abschluss zu bringen.[1243] Vielmehr eröffnet § 18 Satz 1 MgVG dem BVG die Möglichkeit

---

[1237] Vgl. *Feuerborn* in Kölner Kommentar AktG § 15 SEBG Rn. 15.
[1238] Vgl. *Feuerborn* in Kölner Kommentar AktG § 15 SEBG Rn. 24; aA für eine Einbeziehung von qualitativen Vergleichskomponenten *Oetker* in Lutter/Hommelhoff/Teichmann § 15 SEBG; *Reichert/Brandes* ZGR 2003 S. 767 (777 ff.).
[1239] Vgl. BT-Drucksache 16/2922 S. 25 sowie zum SE-Verschmelzungsrecht *Feuerborn* in Kölner Kommentar AktG § 15 SEBG Rn. 25 mwN.
[1240] Vgl. zum SE-Verschmelzungsrecht *Feuerborn* in Kölner Kommentar AktG § 15 SEBG Rn. 26 mwN.
[1241] Vgl. → Rn. 330 ff.
[1242] Vgl. → Rn. 339 ff.
[1243] BT-Drucksache 16/2922 S. 25.

§ 13 4. Teil. Grenzüberschreitende Verschmelzungen

eine Nichtaufnahme oder einen Abbruch der Verhandlungen zu beschließen.[1244]

325 Für die Nichtaufnahme oder den Abbruch von Verhandlungen bedarf es eines **Nichtverhandlungs- bzw. Negativbeschlusses des BVG.** Ein derartiger Beschluss bedarf – ebenso wie derjenige hinsichtlich der Minderung von Mitbestimmungsrechten – einer **dreifach qualifizierten Mehrheit,** dh einer Mehrheit von zwei Dritteln der Mitglieder, die mindestens zwei Drittel der Arbeitnehmer in mindestens zwei Mitgliedstaaten vertreten.[1245] Der Beschluss ist gemäß § 19 Nr. 2 MgVG in eine Niederschrift aufzunehmen.

326 **Rechtsfolge** der Nichtaufnahme oder des Abbruchs der Verhandlungen ist die Anwendung der **innerstaatlichen Vorschriften über die Arbeitnehmermitbestimmung des Sitzstaats** der aus der Verschmelzung hervorgehenden Gesellschaft.[1246] Hierbei ist wiederum der Satzungssitz maßgeblich.[1247] Es kommt insoweit **nicht** zu einer Anwendung des europäischen Mitbestimmungsrechts wie sie in der **gesetzlichen Auffanglösung** gemäß § 23 I MgVG vorgesehen ist. Im Falle der Hereinverschmelzung wird innerstaatliches Mitbestimmungsrecht nach MitbestG bzw. DrittelbG Anwendung finden. Im Falle der **Hinausverschmelzung** kann die aus der Verschmelzung hervorgehende Gesellschaft uU **mitbestimmungsfrei** sein, wenn die ausländische Rechtsordnung kein innerstaatliches Mitbestimmungsrecht kennt. Aus diesem Grunde ist für den Beschluss eine qualifizierte Mehrheit erforderlich. Das BVG hat es insoweit in der Hand entweder durch Abbruch der Verhandlungen innerstaatliches Mitbestimmungsrecht zur Anwendung gelangen zu lassen, europäisches Mitbestimmungsrecht durch Anwendung der gesetzlichen Auffanglösung nach Ablauf der Verhandlungsfrist oder eine Mitbestimmungsvereinbarung zu treffen. Wird die gesetzliche Auffanglösung gewählt, so ist eine doppelte absolute Mehrheit erforderlich.[1248]

f) Rechtsfolgen bei fehlerhaftem Verhandlungsverfahren

327 Im Rahmen der ersten SE-Verschmelzungen hat sich in der Praxis aufgrund der durch Arbeitnehmerseite gerügten Verfahrensfehler die Frage gestellt, wie sich Fehler des Verhandlungsverfahrens zur Bestimmung der Arbeitnehmermitbestimmung auf die Eintragung der Ver-

---

[1244] Vgl. zur vergleichbaren Regelung im SE-Verschmelzungsrecht *Feuerborn* in Kölner Kommentar AktG § 16 SEBG Rn. 3 ff.
[1245] Siehe § 18 Satz 2 MgVG. Vgl. zur Berechnung der qualifizierten Mehrheit → Rn. 320 ff.
[1246] Gemäß § 18 Satz 3 MgVG. Die Regelung stellt die Umsetzung des Art. 16 IV lit. b) der IntVerschmRL in nationales Recht dar. Insofern wurde die Richtlinienbestimmung ohne jegliche Abweichung in nationales Recht umgesetzt.
[1247] *Oetker* in Erfurter Kommentar zum Europäischen Arbeitsrecht RL 2006/56/EG Art. 16 Rn. 59.
[1248] *Oetker* in Erfurter Kommentar zum Europäischen Arbeitsrecht RL 2006/56/EG Art. 16 Rn. 36.

schmelzung auswirken.[1249] Dies ist insbesondere deshalb relevant, da aufgrund des Amtsermittlungsgrundsatzes das Registergericht die Rechtmäßigkeit des Verfahrens zu überprüfen hat und somit im Falle der Feststellung eines fehlerhaften Mitbestimmungsverfahrens die Eintragung der Verschmelzung selbst verhindern muss.

Im Rahmen der **Prüfung** der Eintragungsvoraussetzungen hat das **Registergericht** neben dem Vorliegen der gesellschaftsrechtlichen Prüfungsvoraussetzungen die ordnungsgemäße Durchführung des Verfahrens zur Festlegung der Arbeitnehmermitbestimmung für den aus der grenzüberschreitenden Verschmelzung hervorgehenden Rechtsträger bzw. das Vorliegen einer Entscheidung der Unternehmensleitungen, dass direkt die gesetzliche Auffanglösung gewählt wurde, zu prüfen. Die Untersuchung kann sich nur auf Gegenstände beziehen, die im Verantwortungsbereich der Unternehmensleitung stehen. Dabei hat sich das Registergericht nach wohl hM auf die **Untersuchung formeller Aspekte** des Verfahrens zu beschränken.[1250] Dies bedeutet, dass die ordnungsgemäße Verfahrenseinleitung, insbesondere die Information der Arbeitnehmer, zu überprüfen ist. Sie dürfte hingegen keiner Kontrolle unterliegen, soweit eine Vereinbarung über die Arbeitnehmermitbestimmung geschlossen wurde.[1251] Fehlt es an einer solchen Vereinbarung ist zu prüfen, ob entweder die Unternehmensleitung die Nichtaufnahme oder das BVG die Nichtaufnahme bzw. den Abbruch der Vertragsverhandlungen beschlossen haben oder keine Verhandlungspflicht bestand.[1252] Unabhängig davon, ob das Verfahren nicht aufgenommen wurde, weil sich die Unternehmensleitung oder das BVG für eine Nichtaufnahme der Verhandlungen entschieden haben oder das BVG den Abbruch beschlossen hat, ist die Frage, **welches gesetzliche Mitbestimmungsrecht** (innerstaatliches Sitzstaatsrecht oder europäisches Mitbestimmungsrecht) **Anwendung findet, nicht Untersuchungsgegenstand** des Registergerichts. Es handelt sich insoweit nicht um eine Frage, die zur Ordnungsmäßigkeit des Verschmelzungsverfahrens zählt. Die Untersuchung ist gemäß Art. 11 I 2 IntVerschmRL darauf zu beschränken, ob gegebenenfalls eine Vereinbarung über die Mitbestimmung der Arbeitnehmer geschlossen wurde, nicht hingegen welche Mitbestimmungsvorschriften auf die aus der Verschmelzung hervorgehende Gesellschaft Anwendung finden.

Zum anderen stellt sich die Frage nach den Rechtsfolgen einer fehlerhaften Mitbestimmungsvereinbarung.[1253]

[1249] Vgl. eingehend *Kiem* ZHR 173 (2009), 156, 172 ff.; sa ArbG Stuttgart Beschluss vom 29.4.2008, 12 BV 109/07 BeckRS 2008, 55726 zum vom VW-Konzernbetriebsrat eingeleiteten Verfahren im Rahmen der Bestimmung der Repräsentanz im Aufsichtsrat der Porsche Automobil Holdig-SE.
[1250] *Kiem* ZHR 173 (2009), 156, 174 mwN für den gleichgelagerten Fall der SE-Verschmelzung.
[1251] Vgl. *Kiem* ZHR 173 (2009), 156, 175.
[1252] Vgl. Einzelheiten → Rn. 210.
[1253] Vgl. näher zu Rechtsfolgen bei Vereinbarungsmängeln *Feuerborn* in Kölner Kommentar AktG § 21 SEBG Rn. 79 f.; → Rn. 337.

§ 13   4. Teil. Grenzüberschreitende Verschmelzungen

4. Vereinbarung über die Arbeitnehmermitbestimmung

a) Rechtsnatur der Mitbestimmungsvereinbarung

330 Weder die IntVerschmRL noch das MgVG enthalten eine Bestimmung hinsichtlich der Rechtsnatur der Vereinbarung über die Arbeitnehmermitbestimmung. Im deutschen Schrifttum wird die Vereinbarung überwiegend als Organisationsakt aufgefasst, der die Grundlage für eine dauerhafte Arbeitnehmerrepräsentation in der aus der Verschmelzung hervorgehenden Gesellschaft schafft und wird daher als eigenständiger **Kollektivvertrag mit normativer Wirkung** angesehen.[1254] Hinsichtlich der Frage, inwieweit einer Mitbestimmungsvereinbarung vor der Satzungsregelung Vorrang zukommt, wird dies jedoch zu verneinen sein. Insoweit ist gesetzlich verankert, dass die von den Anteilseignern erlassene **Satzung nicht** von der **Mitbestimmungsvereinbarung** zwischen Unternehmensleitung und BVG **verdrängt** wird.[1255] Es besteht eine Pflicht zur Anpassung der Satzung.[1256]

b) Inhalt der Vereinbarung

331 Ergebnis der Verhandlungen soll der Abschluss einer schriftlichen Vereinbarung über die Beteiligung der Arbeitnehmer sein.[1257] Gekennzeichnet ist dieses Ergebnis dadurch, dass die Vereinbarung von den Parteien innerhalb der Grenzen der Vereinbarungsfreiheit im Wesentlichen frei ausgehandelt werden kann.[1258] Hierdurch kann ein sinnvoller Ausgleich zwischen unterschiedlichen mitbestimmungsrechtlichen Situationen in den verschiedenen Mitgliedstaaten gefunden werden.[1259] In der Praxis wirft die Mitbestimmungsvereinbarung[1260] ebenso wie im SE-Verschmelzungsrecht vielfältige Rechtsfragen auf.[1261] Die Vereinbarung über die Beteiligung der Arbeitnehmer hat im Falle der **Hineinverschmelzung**[1262] gemäß § 22 I MgVG[1263] folgende **Mindestangaben**[1264] zu enthalten:

[1254] Vgl. *Köklü* in Van Hulle/Maul/Drinhausen, SE Handbuch, Abschnitt 6, Rn. 157 ff.; *Feuerborn* in Kölner Kommentar AktG § 21 Rn. 11 ff.; *Habersack* ZHR 171 (2007) S. 613, 627 mwN.
[1255] Vgl. Art. 16 III iVm Art. 12 IV Unterabs. 1 SE-VO; näher hierzu *Habersack* ZHR 171 (2007) S. 613, 628.
[1256] *Oetker* in Erfurter Kommentar zum Europäischen Arbeitsrecht RL 2006/56/EG Art. 16 Rn. 23.
[1257] Siehe § 15 I 1 MgVG.
[1258] Vgl. näher zum gleichgelagerten Fall der SE-Verschmelzung *Jacobs* in MünchKomm AktG § 21 SEBG Rn. 2, 9 ff.; *Teichmann* AG 2008 S. 797.
[1259] BT-Drucks. 16/2922 S. 26.
[1260] Vgl. das Modell einer Mitbestimmungsvereinbarung von *Tepass* in Habersack/Drinhausen SE-Recht, 1. Auflage 2013, § 22 MgVG aE (nach Rn. 50).
[1261] Vgl. *Kienast* in Gaul/Ludwig/Forst Europäisches Mitbestimmungsrecht § 5 Rn. 150 ff.; eingehend hierzu *Oetker* Festschrift Konzen, 2005, S. 635 ff.; *Jacobs* Festschrift K. Schmidt, 2009, S. 795 ff. mwN.
[1262] Im Falle der Hinausverschmelzung bestehen aufgrund der nationalen Regelungen des Mitgliedstaates des aus der Verschmelzung hervorgehenden Rechts-

§ 13. Verschmelzung von KapGes versch. Mitgliedstaaten § 13

- den Geltungsbereich der Vereinbarung;[1265]
- den Zeitpunkt des Inkrafttretens der Vereinbarung und ihre Laufzeit (eine Mindest- oder Höchstdauer ist nicht vorgesehen); ferner die Fälle, in denen eine Neuverhandlung der Vereinbarung vorgesehen ist;[1266]
- die Zahl der von Arbeitnehmern bestimmten Mitglieder des Aufsichts- oder Verwaltungsorgans der aus der Verschmelzung hervorgehenden Gesellschaft;[1267]
- das Verfahren, nach dem die von Arbeitnehmern bestimmten Mitglieder des Aufsichts- oder Verwaltungsorgans gewählt bzw. bestellt oder empfohlen werden können;[1268]
- die Rechte dieser Mitglieder.[1269]

Der Gegenstandskatalog wird als zwingend erachtet.[1270] Die **Auslegung** unklarer Regelungen erfolgt nach dem erklärten Parteiwillen. Es besteht keine Veranlassung die mitbestimmungsfördernde Auslegungsregel des § 1 III MgVG anzuwenden.[1271] Im Falle der Hinausverschmelzung bestehen aufgrund der nationalen Regelungen des Mitgliedstaates des aus der Verschmelzung hervorgehenden Rechtsträgers in Umsetzung der zur IntVerschmRL[1272] erlassenen Rechtsvorschriften vergleichbare Vorgaben. 332

Naturgemäß besteht aufgrund der **Privatautonomie** auch die Möglichkeit, dass die Parteien die Anwendung der in § 23 ff. MgVG vorgesehenen gesetzlichen Auffanglösung ganz oder teilweise vereinbaren.[1273] Die gesetzliche Auffangregelung stellt jedoch keine Schranke der Mitbestimmungsautonomie dar. Auch innerstaatliches Mitbestimmungsrecht (zB Drittelbeteiligung) kann vereinbart werden.[1274] Sogar eine Min- 333

---

trägers in Umsetzung der zu Art. 16 III IntVerschmRL erlassenen Rechtsvorschriften vergleichbare Vorgaben.
[1263] Die Regelung des § 22 I MgVG stellt die Umsetzung des Art. 16 III lit. b) IntVerschmRL dar.
[1264] Mit Ausnahme der Regelungen hinsichtlich des SE-Betriebsrates ist der Inhalt der Vereinbarung mit demjenigen der SE-Verschmelzung identisch, vgl. deshalb näher zum Mindestinhalt *Köklü* in Van Hulle/Maul/Drinhausen, SE-Handbuch, Abschnitt 6, Rn. 140.
[1265] Siehe § 22 I Nr. 1 MgVG.
[1266] Siehe § 22 I Nr. 2 MgVG.
[1267] Siehe § 22 I Nr. 3 MgVG. Die Vorschrift wird lediglich als Sollvorschrift erachtet. Vgl. *Kienast* in Gaul/Ludwig/Forst Europäisches Mitbestimmungsrecht § 5 Rn. 148.
[1268] Siehe § 22 I Nr. 4 MgVG. Ebenso eine reine Sollvorschrift.
[1269] Siehe § 22 I Nr. 5 MgVG. Ebenso reine Sollvorschrift.
[1270] *Oetker* in Erfurter Kommentar zum Europäischen Arbeitsrecht RL 2006/56/EG Art. 16 Rn. 34 mwN (streitig).
[1271] *Kienast* in Gaul/Ludwig/Forst Europäisches Mitbestimmungsrecht § 5 Rn. 150; *Thüsing/Forst* in Habersack/Drinhausen SE-Recht § 1 MgVG Rn. 4.
[1272] Vgl. Art 16 III der IntVerschmRL.
[1273] Siehe § 22 III MgVG.
[1274] Vgl. *Kienast* in Gaul/Ludwig/Forst Europäisches Mitbestimmungsrecht § 5 Rn. 151.

derung oder ein vollständiger Verzicht auf Mitbestimmung ist zulässig, unterliegt hingegen besonderen Anforderungen hinsichtlich der erforderlichen Beschlussmehrheit.[1275] **Zwingende gesetzliche Vorschriften** sind zu beachten. Dazu zählt bei Aktiengesellschaften der **Gleichbehandlungsgrundsatz**, der insoweit auch bei Mitbestimmungsvereinbarungen zu beachten ist.[1276] Selbiges gilt zudem für das Gesetz für die gleichberechtigte Teilhabe von Frauen und Männern an Führungspositionen vom 6.3.2015 für die einzuführende **Frauenquote** von 30% in Aufsichtsräten börsennotierter oder voll mitbestimmter Unternehmen.[1277] Widerspricht der Inhalt den vorgegebenen gesetzlichen Grenzen so sind entsprechende Teilregelungen unwirksam.[1278] Im Übrigen ist die **Reichweite der Mitbestimmungsautonomie** streitig. Die Mitbestimmungsautonomie kann nach wohl ganz hM nur im Rahmen der Satzungsautonomie der Anteilseigner bestehen; insoweit kann die Vereinbarung keine Regelung enthalten, die nicht auch Gegenstand einer Satzungsvereinbarung sein könnte.[1279] Dies ergibt sich aus § 24 III MgVG, der im Falle des Konflikts zwischen Satzungsautonomie und Mitbestimmungsautonomie das Letztentscheidungsrecht dem Satzungsgeber überlässt.[1280] Die Struktur der Verwaltung des aus der grenzüberschreitenden Verschmelzung hervorgehenden Rechtsträgers unterliegt nicht der Verhandlungsautonomie der Verhandlungsparteien.[1281] Die Leitungsverfassung wird von den Gesellschaftern beschlossen. Vereinbarungen über die Bildung und Zusammensetzung von Ausschüssen, sowie über die Wahl von Funktionsträgern sind von der Mitbestimmungsvereinbarung ausgeschlossen.[1282] Über sie wird – zumindest für die AG – vom Aufsichts- oder Verwaltungsorgan eigenständig entschieden. Innerhalb einer deutschen GmbH ist ein Aufsichtsrat zur Wahrnehmung der Mitbestimmungsrechte einzuführen.[1283]

334 **Verhandlungsspielraum** besteht **nur** hinsichtlich der Ausgestaltung der Arbeitnehmerbeteiligung **innerhalb** dieser **von den Anteilseig-**

[1275] Vgl. *Kienast* in Gaul/Ludwig/Forst Europäisches Mitbestimmungsrecht § 5 Rn. 152.
[1276] Vgl. *Kienast* in Gaul/Ludwig/Forst Europäisches Mitbestimmungsrecht § 5 Rn. 159.
[1277] Vgl. *Kienast* in Gaul/Ludwig/Forst Europäisches Mitbestimmungsrecht § 5 Rn. 151.
[1278] Vgl. *Kienast* in Gaul/Ludwig/Forst Europäisches Mitbestimmungsrecht § 5 Rn. 162.
[1279] Ausführlich mit weiteren Nachweisen *Habersack* ZHR 171 (2007) S. 613, 629 ff.; *Kiem* ZHR 173 (2009) 156, 175 ff.; *Jacobs*, Festschrift K. Schmidt, 2009, S. 795, 802; aA *Teichmann* Der Konzern 2007 S. 89 (94 f.).
[1280] Vgl. *Habersack* ZHR 171 (2007), 613, 629 ff.; *Kiem* ZHR 173 (2009) 156, 175 ff.
[1281] Gegen eine Organisationsautonomie bei der Mitbestimmungsvereinbarung im Rahmen der SE-Verschmelzung ebenso *Jacobs*, Festschrift K. Schmidt, 2009, S. 799.
[1282] Vgl. *Habersack* ZHR 171 (2007), 613, 631; *Feuerborn* in Kölner Kommentar AktG § 21 SEBG Rn. 65.
[1283] Vgl. § 24 II MgVG.

§ 13. Verschmelzung von KapGes versch. Mitgliedstaaten § 13

nern festgelegten Struktur.[1284] Sollte die Satzung der aus der Verschmelzung hervorgehenden Gesellschaft in Widerspruch zu den gesetzlichen Mitbestimmungsregelungen stehen, bedarf es nach § 22 IV MgVG einer **Anpassung der Satzung.**[1285] Dies ergibt sich für die AG bereits aus dem Grundsatz der Satzungsstrenge. In die **Organisationsautonomie** des Aufsichts- oder Verwaltungsrats kann nicht eingegriffen werden.[1286] So können Fragen der inneren Ordnung des Aufsichts- oder Verwaltungsorgans nicht Gegenstand der Mitbestimmungsvereinbarung sein. Gleiches gilt im Aktienrecht für Zustimmungsvorbehalte. Ebenso wenig darf der Grundsatz der Gleichbehandlung der Aufsichtsratsmitglieder durchbrochen werden.[1287] Im GmbH-Recht gilt bekanntlich nicht der Grundsatz der Satzungsstrenge. Jedoch auch **bei der GmbH** würde es der Funktion des Geschäftsführers als Geschäftsführungs- und Vertretungsorgan einerseits und des Aufsichtsrats als Überwachungsorgan andererseits zuwiderlaufen, wenn die Leitung gemeinsam mit dem BVG auf die Organisation des Prüfungs- oder Personalausschusses Einfluss nehmen könnten.[1288] Es obliegt deshalb auch bei der GmbH ausschließlich der Gesellschafterversammlung die Struktur des Aufsichtsorgans im gesetzlich vorgegebenen Rahmen[1289] festzusetzen. Besteht ein **Widerspruch** der Satzung zur vereinbarten Mitbestimmung stellt dies ein **Eintragungshindernis** dar.[1290]

Hinsichtlich der **Größe des Aufsichtsorgans** besteht keine Mitbestimmungsautonomie.[1291] Sie unterliegt zwar der Satzungsautonomie; die Mitbestimmungsvereinbarung kann jedoch **nur den proportionalen**

[1284] Vgl. *Kienast* in Gaul/Ludwig/Forst Europäisches Mitbestimmungsrecht § 5 Rn. 161 f; sowie zum gleichgelagerten Fall der SE-Verschmelzung *Köklü* in Van Hulle/Maul/Drinhausen SE-Handbuch, Abschnitt 6, Rn. 146; aA *Kleinsorge/Neye* BARBBl. 2001 S. 7.
[1285] Diese Regelung stellt die Umsetzung des Art. 16 III IntVerschmRL iVm Art. 12 IV SE-VO dar. Vgl. BT-Drucks. 16/2922 S. 26. Vgl. hierzu *Oetker* in Erfurter Kommentar zum Europäischen Arbeitsrecht RL 2006/56/EG Art. 16 Rn. 23 mwN.
[1286] Vgl. *Habersack* AG 2006 S. 345 (349); *Jacobs,* Festschrift K. Schmidt, 2009, S. 795, 803, 811 ff.
[1287] Vgl. *Jacobs,* Festschrift K. Schmidt, 2009, S. 795, 803; *Habersack* ZHR 171 (2007), 613 S. 635; aA *Köklü* in Van Hulle/Maul/Drinhausen SE-Handbuch, Abschnitt 6, Rn. 242.
[1288] Zutreffend hervorgehoben von *Habersack* ZHR 171 (2007), 613, 631.
[1289] Vgl. näher zur Anwendung ausgewählter aktienrechtlicher Bestimmungen § 24 II 2 MgVG.
[1290] *Oetker* in Erfurter Kommentar zum Europäischen Arbeitsrecht RL 2006/56/EG Art. 16 Rn. 23 mwN.
[1291] Vgl. ausführlich *Habersack* ZHR 171 (2007) S. 613, 628 ff. mwN; *Habersack* AG 2006 S. 345, 350 ff.; *Bücker* in Habersack/Drinhausen SE-Recht Art. 37 SE-VO Rn. 46; *Jacobs,* Festschrift K. Schmidt, 2009, S. 795, 803 f.; *Oetker* in Erfurter Kommentar zum Europäischen Arbeitsrecht RL 2006/56/EG Art. 16 Rn. 34 mwN; aA *Hommelhoff/Teichmann* in Lutter/Hommelhoff/Teichmann SE-Kommentar, Art. 9 SE-VO Rn. 58; *Teichmann* Der Konzern 2007 S. 89 (94 f.); *Oetker* ZIP 2006 S. 1113 ff.

§ 13   4. Teil. Grenzüberschreitende Verschmelzungen

Anteil der Arbeitnehmer **nicht hingegen die Gesamtzahl der Arbeitnehmervertreter im Aufsichts-** bzw. **Verwaltungsorgan** festlegen. Dies ergibt sich für die SE aus einem Umkehrschluss zu Art. 40 II 3, 43 III 3 SE-VO.[1292] Damit können auch die nach § 7 I MitbestG vorgeschriebenen Mindestzahlen nicht einzuhalten sein.[1293] Ebenso bringt der Wortlaut des § 17 IV Nr. 1 MgVG zum Ausdruck, dass bei einer Verkleinerung des Aufsichtsorgans nicht die absolute Zahl der Arbeitnehmervertreter geschützt ist, sondern nur die Verringerung des Arbeitnehm**eranteils** eine Minderung der Mitbestimmungsrechte darstellt.[1294] Nicht zuletzt bestimmt auch die Auffanglösung in §§ 24 I, 25 I MgVG als „Zahl" der Arbeitnehmervertreter nicht im Sinne einer absoluten Zahl, sondern iS eines Anteils. Die **Mitbestimmungsvereinbarung** kann insoweit bei Festlegung der Zahl der Arbeitnehmervertreter gemäß § 22 I Nr. 3 MgVG **nur den Anteil** der von der Satzung vorgegebenen Arbeitnehmerzahl festlegen. § 22 I Nr. 3 MgVG ist insoweit im Lichte dieser Beschränkungen der Mitbestimmungsautonomie zu verstehen.[1295] Es kann nur der **Anteil der Arbeitnehmer im Rahmen der vorgegebenen Satzung** festgelegt werden. Die Mitbestimmungsvereinbarung kann jedoch frei die **Verteilung der auf die Arbeitnehmer entfallenden Sitze** vornehmen, zB Proportion der einzelnen Mitgliedstaaten. Die Mitbestimmungsvereinbarung kann sich neben den in § 22 I bis III MgVG ausdrücklich aufgeführten Punkten auf die Verteilung der auf die Arbeitnehmerseite entfallenden Sitze beziehen. Weitgehende Gestaltungsfreiheit besteht hinsichtlich der Aufteilung der Sitze der Arbeitnehmervertreter, des Wahlverfahrens und der Bestellung der Arbeitnehmervertreter.[1296]

c) Form der Vereinbarung, Sprache, Mängel

336   Für die Form der Vereinbarung sieht § 15 I MgVG die **Schriftform** vor. Dies ist im Hinblick auf die damit verbundenen Beweismöglichkeiten für beide Parteien sinnvoll und daher von diesen schon in ihrem jeweiligen Eigeninteresse zu beachten. Hinsichtlich ihrer Sprache gibt es keine Vorgaben im IntVerschmRL. Bereits aus praktischen Gründen empfiehlt sich zumindest eine Fassung in der Sprache der aus der Verschmelzung hervorgehenden Gesellschaft. Im Falle der Hereinverschmelzung ist aufgrund von § 488 III FamFG iVm § 184 GVG beim Handelsregister ein Dokument in deutscher Sprache einzureichen.

337   Sollte die Mitbestimmungsvereinbarung teils oder insgesamt **Mängel** aufweisen, stellt sich die Frage nach der Rechtsfolge. Im SE-Recht wird eine innerstaatliche Lösung aufgrund des supra-nationalen Charakters abgelehnt. Anders verhält es sich bei der grenzüberschreitenden

---

[1292] Vgl. näher *Habersack* ZHR 171 (2007), 613, 632 mwN.
[1293] Vgl. *Jacobs*, Festschrift K. Schmidt, 2009, S. 795, 800.
[1294] Vgl. BT-Drucks. 16/2922 S. 25.
[1295] Näher zur mangelnden Maßgeblichkeit der Gesetzesbegründung *Habersack* ZHR 171 (2007), 613, 633 f.
[1296] Einzelheiten ausführlich *Jacobs*, Festschrift K. Schmidt, 2009, S. 795, 804 ff.

§ 13. Verschmelzung von KapGes versch. Mitgliedstaaten § 13

Verschmelzung. Die Mitbestimmungsvereinbarung trifft insoweit eine Regelung für eine nationale Gesellschaftsform. Einer grundsätzlichen Anwendbarkeit der §§ 104 ff BGB steht insoweit im Falle der Hereinverschmelzung nichts entgegen. Zu berücksichtigen ist allerdings der organisations-rechtliche Charakter der Mitbestimmungsvereinbarung, so dass nur eine ex nunc und keine ex tunc Wirkung in Betracht kommt.[1297] Einzelfragen sind weitgehend ungeklärt.

d) Keine Neuverhandlungspflicht bei strukturellen Veränderungen; Beendigung

Eine dem SE-Verschmelzungsrecht entsprechende Regelung, die eine Neuaufnahme der Verhandlungen im Falle struktureller Veränderungen vorsieht,[1298] existiert für den Fall einer grenzüberschreitenden Verschmelzung nicht. Die Parteien sollen zwar gemäß § 22 II MgVG bereits in der Vereinbarung über die Mitbestimmung eine Regelung für den Fall vorsehen, dass infolge struktureller Änderungen eine **Neuverhandlung** der Vereinbarung vorzunehmen ist. Dies ist jedoch lediglich als gesetzliche Aufforderung zu verstehen und hat **keinen verbindlichen Charakter**.[1299] Eine derartige Regelung gehört insoweit auch nicht zum Mindestinhalt der vereinbarten Mitbestimmung. Es ist gleichwohl in der Praxis ratsam, das Verhandlungsgremium auf Arbeitnehmerseite festzulegen.[1300] Für den Sonderfall der nachfolgenden innerstaatlichen Verschmelzung im Anschluss an die grenzüberschreitende Verschmelzung ist das Mitbestimmungssystem zu perpetuieren:[1301] Es kommt innerstaatliches Mitbestimmungsrecht zur Anwendung oder, soweit dieses einen geringeren Umfang an Mitbestimmung vorsieht, zur Perpetuierung der vereinbarten Mitbestimmung gemäß § 30 Satz 2 MgVG. Bei **Beendigung** oder Kündigung einer **Mitbestimmungsvereinbarung** besteht keine gesetzliche Regelung, so dass sich die Frage nach den Rechtsfolgen stellt. Hierbei ist zu berücksichtigen, dass innerstaatliches Mitbestimmungsrecht grundsätzlich immer verdrängt wird. Im Zweifel kommt es deshalb nicht zur Anwendung innerstaatlichen Mitbestimmungsrechts, sondern zur Anwendung der Auffanglösung des § 24 MgVG.[1302]

338

[1297] Vgl. *Kienast* in Gaul/Ludwig/Forst Europäisches Mitbestimmungsrecht § 5 Rn. 160; eingehend zum SE-Recht *Jacobs* in MünchKomm AktG § 21 SEBG Rn. 11 ff.
[1298] Vgl. § 18 SEGB.
[1299] Vgl. *Kienast* in Gaul/Ludwig/Forst Europäisches Mitbestimmungsrecht § 5 Rn. 155; *Frenzel* S. 299; *Teichmann* Der Konzern 2007 S. 89 (93); vgl. auch Gesetzesbegründung zu § 22 III MgVG, BT-Drucks. 16/2922 S. 26.
[1300] Vgl. *Oetker* in Erfurter Kommentar zum Europäischen Arbeitsrecht RL 2006/56/EG Art. 16 Rn. 33.
[1301] Vgl. zur Perpetuierungsklausel → Rn. 353.
[1302] Vgl. *Kienast* in Gaul/Ludwig/Forst Europäisches Mitbestimmungsrecht § 5 Rn. 168; aA *Thüsing/Forst* in Habersack/Drinhausen SE-Recht § 22 MgVG Rn. 16.

§ 13   4. Teil. Grenzüberschreitende Verschmelzungen

5. *Gesetzliche Auffanglösung*

339 Beschließen die **Unternehmensleitungen** der verschmelzenden Gesellschaften, kein Verhandlungsverfahren durchzuführen **oder scheitert eine Einigung** hinsichtlich der Mitbestimmung zwischen Leitung und BVG, so greifen die **europäischen Regelungen zur Mitbestimmung kraft Gesetzes,** die der Sicherung der Beteiligungsrechte der Arbeitnehmer dienen. Diese Regeln europäischer Mitbestimmung fungieren als gesetzliche Auffanglösung und sind **nicht mit dem innerstaatlichen Mitbestimmungsrecht** des Sitzstaats des aus der Verschmelzung hervorgehenden Rechtsträgers **identisch**. Die Regelungen der europäischen Arbeitnehmermitbestimmung sind nicht umfassend in der IntVerschmRL vorgesehen. Vielmehr obliegt es den einzelnen Mitgliedstaaten Regeln für die Mitbestimmung unter Berücksichtigung der in Art. 16 III bis VII der IntVerschmRL aufgeführten Grundsätze zu erlassen. Dabei wird weitgehend auf die Grundsätze des Mitbestimmungsverfahrens der SE-Verschmelzung verwiesen.[1303] Es bestehen bei der Umsetzung des europäischen Mitbestimmungsrechts Gestaltungsrechte.

a) Fälle der Anwendbarkeit der gesetzlichen Auffanglösung

340 Die gesetzlichen europäischen Mitbestimmungsregelungen kommen ab dem Zeitpunkt der Eintragung der aus der Verschmelzung hervorgehenden Gesellschaft gemäß § 23 I MgVG in drei Fallgestaltungen zur Anwendung:[1304] Zum einen greift die gesetzliche Auffanglösung unmittelbar, wenn die Leitungen direkt und somit ohne vorausgehende Verhandlungen die Anwendung der gesetzlichen Mitbestimmungsregeln vereinbaren.[1305] Zudem greift die gesetzliche Auffanglösung, wenn die Parteien des Verhandlungsverfahrens (BVG und Unternehmensleitungen) die Anwendung der gesetzlichen Regelungen vereinbart haben;[1306] schließlich wenn das BVG keinen Nichtverhandlungsbeschluss gefällt hat und innerhalb der Verhandlungsfrist[1307] diese Verhandlungen nicht per Beschluss gemäß § 18 MgVG abgebrochen worden sind[1308] und eine Vereinbarung über die Mitbestimmung nicht geschlossen werden konnte.[1309]

aa) Beschluss der Unternehmensleitungen, auf Verhandlungen zu verzichten

341 Die Leitungen der verschmelzenden Unternehmen können sich direkt ohne ein Verhandlungsverfahren einzuleiten **für die gesetzliche Auf-**

[1303] *Oetker* in Erfurter Kommentar zum Europäischen Arbeitsrecht RL 2006/56/EG Art. 16 Rn. 43.
[1304] Damit hat der Gesetzgeber die Vorgabe des Art. 16 IV lit. a) IntVerschmRL in nationales Recht umgesetzt; vgl. näher *Schubert* RdA 2007 S. 8.
[1305] Vgl. § 23 I 1 Nr. 3 MgVG vor.
[1306] Vgl. § 23 I 1 Nr. 1 MgVG.
[1307] Vgl. § 21 MgVG; vgl. → Rn. 316.
[1308] Vgl. näher → Rn. 324 ff.
[1309] Vgl. § 23 I 1 Nr. 2 MgVG.

§ 13. Verschmelzung von KapGes versch. Mitgliedstaaten § **13**

fanglösung entscheiden.[1310] Hierin besteht im Rahmen des Rechts der grenzüberschreitenden Verschmelzung eine Neuerung gegenüber dem SE-Verschmelzungsrecht. Sie soll es den Unternehmensleitungen ermöglichen, ohne vorhergehende Verhandlungen für die gesetzliche Auffanglösung zu optieren und die Verschmelzung ohne langwierige Verhandlungen zur Eintragung zu bringen.[1311] Im deutschen Recht wurde diese Regelung durch § 23 I Nr. 3 MgVG eingeführt. Erfolgt ein derartiger Beschluss der Leitungen, ist ein Beschluss des BVG gemäß § 18 Satz 1 MgVG nicht mehr möglich. Entscheiden sich die Unternehmensleitungen insoweit unmittelbar für die Anwendung der gesetzlichen Auffanglösung besteht aufgrund eines Exklusivitätsverhältnisses der beiden Vorschriften kein Anwendungsbereich für § 18 MgVG.[1312] Dem zeitlich ersten Beschluss kommt Priorität zu.[1313] Fraglich ist, ob noch nach Bildung des BVG ein derartiger Beschluss der Unternehmensleitungen gefasst werden kann.[1314] Dies gilt wohl zumindest für den Zeitraum bis zum Beginn der Verhandlung,[1315] dürfte jedoch aufgrund des Prioritätsprinzips, das den Konfliktfall widerstreitender Beschlüsse regeln würde, auch danach noch möglich sein.

Ebenso wie im Fall des Scheiterns der Verhandlungen[1316] soll gemäß § 23 I 2 Nr. 1 MgVG bei Beschluss der Unternehmensleitungen für eine unmittelbare Anwendung der gesetzlichen Auffanglösung das Vorliegen **eines weiteren Tatbestandsmerkmals erforderlich sein:** Die Auffanglösung findet – so **§ 23 I 2 MgVG** – nur dann Anwendung, wenn vor der Eintragung der Gesellschaft in einer oder mehreren der beteiligten Gesellschaften eine oder mehrere Formen der Mitbestimmung bestand(en), die sich auf mindestens ein Drittel (33^{1}/$_{3}$%) [1317] der Gesamtzahl der Arbeitnehmer aller beteiligten Gesellschaften und betroffenen Tochtergesellschaften erstrecken. Dies würde bedeuten, dass die gesetzliche Auffanglösung ohne Durchführung von Vertragsverhandlungen nicht gewählt werden könnte, wenn vor der grenzüberschreitender Verschmelzung keine Mitbestimmung bestand. Die **Europarechtskonformität** dieser Vorschrift wird deshalb be-

342

[1310] Vgl. Art. 16 IV lit. a) IntVerschmRL und § 23 I 1 Nr. 3 MgVG.
[1311] Vgl. *Müller-Bonanni/Müntefering* NJW 2009 S. 2347 (2351 f.); *Drinhausen/Keinath* RIW 2006 S. 81 (85); *Kisker* RdA 2006 S. 206 (211); *Wiesner* DB 2005 S. 91 (92).
[1312] Vgl. *Brandes* ZIP 2008 S. 2193 (2197); *Müller-Bonanni/Müntefering* NJW 2009 S. 2347 (2351 f.).
[1313] *Oetker* in Erfurter Kommentar zum Europäischen Arbeitsrecht RL 2006/56/EG Art. 16 Rn. 50, 57 mwN.
[1314] *Oetker* in Erfurter Kommentar zum Europäischen Arbeitsrecht RL 2006/56/EG Art. 16 Rn. 49 mwN.
[1315] *Oetker* in Erfurter Kommentar zum Europäischen Arbeitsrecht RL 2006/56/EG Art. 16 Rn. 49.
[1316] Vgl. § 23 I 1 Nr. 2 MgVG. Zur Frage der Rechtsfolge des Nichterreichens des erforderlichen Quorums vgl. *Oetker* in Erfurter Kommentar zum Europäischen Arbeitsrecht RL 2006/56/EG Art. 16 Rn. 52 f. mwN.
[1317] Abweichend bei der SE-Verschmelzung; dortiger Schwellenwert 25%.

§ 13   4. Teil. Grenzüberschreitende Verschmelzungen

zweifelt.[1318] Art. 16 IV lit. a) der IntVerschmRL will ausdrücklich das aufwendige Verhandlungsverfahren vermeiden, wenn die Unternehmensleitungen die Anwendung der gesetzlichen Auffanglösung für anwendbar befinden. Dies gilt auch dann, wenn vor Verschmelzung keine Mitbestimmung bestand. Auch Anhang Teil 3 lit. b) 2. Absatz der Auffangregelung der SE-ErgRiL ist über Art. 16 III lit. h) IV IntVerschmRL anwendbar und bezieht sich auf den Fall, dass in keiner der beteiligten Gesellschaften Vorschriften über die Mitbestimmung bestanden. In diesem Falle ist die aus der Verschmelzung hervorgehende Gesellschaft nicht verpflichtet, eine Vereinbarung über die Mitbestimmung einzuführen. Es ist insoweit unzulässig, wenn der deutsche Gesetzgeber die Umsetzungsnorm von Art. 16 IV der IntVerschmRL auf die Fälle bestehender Mitbestimmung beschränkt. Art. 16 IV IntVerschmRL knüpft an diese Wahlfreiheit hinsichtlich der unmittelbaren Anwendung der gesetzlichen Auffanglösung keine weiteren Anforderungen. § 23 I 2 MgVG würde eine Verhandlungspflicht auslösen.[1319] Es trifft zu, dass die deutsche Umsetzung des § 23 I 2 MgVG insoweit **richtlinienwidrig** ist, als die Autonomie der Unternehmensleitungen, sich für die gesetzliche Auffanglösung entscheiden zu können, ohne Rechtsgrundlage in der IntVerschmRL beschränkt wird. § 23 I 2 MgVG ist insoweit dahin gehend teleologisch zu reduzieren, dass er nur im Rahmen des § 23 I Nr. 2 MgVG Anwendung findet.[1320] Die Unternehmensleitungen können sich, ohne den Schwellenwert des § 23 Satz 2 Nr. 1 MgVG zu erreichen, für die gesetzliche Auffanglösung entscheiden.

343   **Fraglich** ist zudem, ob selbst **im Falle** der Wahl der **gesetzlichen Auffanglösung** durch die Unternehmensleitungen **gleichwohl ein BVG zu bilden** ist, da dieses gemäß § 25 MgVG noch andere Aufgaben zu erfüllen hat. Hierzu zählt zB die Verteilung der Arbeitnehmersitze im Aufsichtsrat auf die einzelnen Mitgliedstaaten gemäß § 25 I MgVG, sowie die Ernennung ausländischer Aufsichtsratsmitglieder in Ermangelung einschlägiger Wahlvorschriften in der ausländischen Rechtsordnung gemäß § 25 II MgVG.[1321] Aus diesen Vorschriften möchten einige Stimmen im Schrifttum die Erforderlichkeit der Wahl eines BVG selbst für den Fall herleiten, dass sich die Unternehmensleitungen für die gesetzliche Auffanglösung entscheiden.[1322] Auch zur Beantwortung dieser Frage ist die

---

[1318] *Brandes* ZIP 2008 S. 2193 (2197) mwN; aA *Frenzel* S. 302 unter Hinweis auf Art. 16 III lit. e) IntVerschmRL iVm Art. 7 II lit. b) der SE-ErgRiL.
[1319] Vgl. *Kienast* in Gaul/Ludwig/Forst Europäisches Mitbestimmungsrecht § 5 Rn. 142 ff.
[1320] Zutreffend *Brandes* ZIP 2008 S. 2193 (2197); *Müller-Bonanni/Müntefering* NJW 2009 S. 2347 (2352); vgl. *Kienast* in Gaul/Ludwig/Forst Europäisches Mitbestimmungsrecht § 5 Rn. 145 f.; aA *Lunk/Hinrichs* NZA 2007 S. 773 (779); *Thüsing/Forst* in Habersack/Drinhausen SE-Recht § 23 MgVG Rn. 12 ff. mwN.
[1321] Vgl. eingehend zur Bestellung der Arbeitnehmervertreter im Aufsichts- und Verwaltungsorgan bei grenzüberschreitenden Verschmelzungen *Schubert* ZIP 2009 S. 791.
[1322] *Schubert* ZIP 2009 S. 791; *Schubert* RdA 2007 S. 9 (14); *Oetker* in Erfurter Kommentar zum Europäischen Arbeitsrecht RL 2006/56/EG Art. 16 Rn. 54

IntVerschmRL heranzuziehen. Zwar ermächtigt Art. 16 III IntVerschmRL die Mitgliedstaaten die Mitbestimmung unter Beachtung der Richtliniengrundsätze autonom festzulegen. Diese Ermächtigung ist aber wiederum durch den Zweck des Art. 16 IV lit. a) IntVerschmRL beschränkt, der ausdrücklich die Anwendung der gesetzlichen Auffanglösung „ohne **jede** vorhergehende Verhandlung" unmittelbar anordnet, wenn sich die Unternehmensleitungen hierfür entschließen. Die Mitgliedstaaten können insoweit auch für die Lösung von Teilfragen keine Verhandlungen vorsehen. Die nationalen gesetzlichen Auffanglösungen sind insoweit so auszugestalten und auszulegen, dass sich die Unternehmensleitungen ohne jegliche Verhandlungen hierzu entschließen können. Andernfalls würde das Ziel von Art. 16 IV lit. a) IntVerschmRL, durch die Wahl der Auffanglösung Zeit und Kosten zu sparen, nicht erreicht.[1323] Auch die Lösung von Teilfragen der Auffanglösung darf nicht der Autonomie der Unternehmensleitungen entzogen werden, sich für oder gegen die Aufnahme von Verhandlungen zu entscheiden.[1324] Das MgVG ist insoweit richtlinienkonform dahin gehend auszulegen, dass auch Teilfragen, die dem BVG bei Aufnahme von Verhandlungen zugewiesen wurden, im Falle der Nichtaufnahme von Verhandlungen ausschließlich im Kompetenzbereich der Unternehmensleitungen stehen.

bb) Gesetzliche Auffanglösung per Vereinbarung zwischen BVG und Unternehmensleitung

Es steht den Parteien des Verhandlungsverfahrens frei, sich gemäß § 23 I Nr. 1 MgVG direkt für eine gesetzliche Auffanglösung zu entscheiden. Diese Möglichkeit setzt die Eckpunkte des Verhandlungsverfahrens fest, ist jedoch in der Praxis eher unwahrscheinlich. Soweit die Unternehmensleitungen sich für die gesetzliche Auffanglösung entscheiden werden sie vermutlich direkt diese Auffanglösung wählen ohne die Wahl des BVG vorzunehmen, um Verhandlungen aufzunehmen.

344

cc) Gesetzliche Auffanglösung im Falle des Scheiterns der Verhandlungen

Im Fall des Scheiterns der Verhandlungen[1325] findet ebenfalls die gesetzliche Auffanglösung Anwendung. Jedoch bedarf es für eine Anwendung der gesetzlichen europäischen Mitbestimmungsregeln nach § 23 I Satz 2 MgVG weiterer Voraussetzungen. Zum einen darf kein Beschluss des BVG über die Nichtaufnahme der Verhandlungen oder deren Abbruch erfolgt sein, da andernfalls das innerstaatliche Mitbestimmungsrecht des aus der

345

---

mwN; aA *Krause/Janko* BB 2006 S. 2194 (2197); *Brandes* ZIP 2008 S. 2193 (2197), zumindest für die Zuweisung des letzten Aufsichtsratssitzes an einen Mitgliedstaat ebenso *Müller-Bonanni/Müntefering* NJW 2009 S. 2347 (2352).
[1323] *Brandes* ZIP 2008 S. 2193 (2197).
[1324] Zweifelnd insoweit unter Berufung auf das Schrifttum zur SE *Müller-Bonanni/Müntefering* NJW 2009 S. 2347 (2352); aA *Brandes* ZIP 2008 S. 2193 (2197 f.), unter Hinweis auf die ohnehin nach mathematischen Regeln zu erfolgende Besetzung des Aufsichtsrats, bei der kein Ermessensspielraum bestehe.
[1325] Vgl. § 23 I 1 Nr. 2 MgVG.

Verschmelzung hervorgehenden Rechtsträgers Anwendung findet. Zudem knüpft das MgVG die Anwendung der Auffanglösung an weitere Tatbestandsvoraussetzungen: Danach ist gemäß § 23 I 2 MgVG erforderlich, dass vor der Eintragung der Gesellschaft in einer oder mehreren der beteiligten Gesellschaften eine oder mehrere Formen der Mitbestimmung bestand(en), die sich auf mindestens ein Drittel ($33^1/_3$ %)[1326] der Gesamtzahl der Arbeitnehmer aller beteiligten Gesellschaften und betroffenen Tochtergesellschaften erstrecken. Zum andern ist aber auch möglich, dass die vor der Eintragung in einer oder mehreren der beteiligten Gesellschaften bestehenden Formen der Mitbestimmung sich zwar auf weniger als $33^1/_3$ %[1327] der Gesamtzahl der Arbeitnehmer der beteiligten Gesellschaften und betroffenen Tochtergesellschaften erstreckten, das BVG aber einen Beschluss über die Anwendung der gesetzlichen Mitbestimmungsregeln gefasst hat. Soweit bei der Berechnung des Schwellenwertes Tochtergesellschaften einbezogen werden sollen, ist die Regelung nicht richtlinienkonform. Die IntVerschmRL ist insoweit abschließend.[1328]

346 Sofern in diesen Fällen mehr als eine Form der Mitbestimmung im Sinne von § 2 VII MgVG in den verschiedenen beteiligten Gesellschaften bestand, so hat das BVG gemäß § 23 II MgVG zu entscheiden, welche der dort genannten zwei Möglichkeiten der Mitbestimmung gewählt werden soll. Trifft das BVG keine Entscheidung, ist maßgeblich, ob eine inländische Gesellschaft, deren Arbeitnehmer Mitbestimmungsrechte innehaben, an der Verschmelzung beteiligt ist. Ist dies der Fall, gilt die Mitbestimmungsregelung des § 2 VII Nr. 1 MgVG. Im umgekehrten Fall wird auf die Mitbestimmungsform bei der Gesellschaft mit der größten Anzahl an Arbeitnehmern abgestellt.

347 Scheitern die Verhandlungen im Falle der **Hinausverschmelzung** so richtet sich die gesetzliche Auffanglösung nach dem Recht des übernehmenden Rechtsträgers. Diese Rechtsordnung hat uU von der Option in Art. 16 IV Nr. 4 lit c) IntVerschmRL Gebrauch gemacht, die es den Mitgliedstaaten erlaubt, den Anteil der Arbeitnehmervertreter im Verwaltungsorgan zu begrenzen. Das ist jedoch nur dann zulässig, wenn nicht eine der verschmelzenden Gesellschaften bereits vor Verschmelzung mindestens ein Drittel an Arbeitnehmern im Aufsichts- oder Verwaltungsorgan bestellte. In letzterem Falle darf die Begrenzung dann nicht dazu führen, dass die Arbeitnehmervertretung im Verwaltungsorgan weniger als ein Drittel beträgt.

b) Inhalt der gesetzlichen Auffangregelung

348 Die Arbeitnehmer der aus der Verschmelzung hervorgehenden Gesellschaft haben das Recht, einen Teil der Mitglieder des Aufsichts- oder

---

[1326] Abweichend bei der SE-Verschmelzung nur 25%.
[1327] Vgl. bei der SE-Verschmelzung ist der Prozentsatz lediglich auf 25% festgelegt.
[1328] Die Regelung stellt dabei die Umsetzung von Art. 16 III lit. e) IntVerschmRL iVm Art. 7 II lit. b) SE-ErgRiL dar; vgl. zur Parallelproblematik bei § 17 MgVG → Rn. 321.

§ 13. Verschmelzung von KapGes versch. Mitgliedstaaten § 13

Verwaltungsorgans selbst zu wählen oder zu bestellen bzw. deren Bestellung zu empfehlen oder abzulehnen.[1329] Die **Anzahl der Arbeitnehmervertreter** im Aufsichts- oder Verwaltungsorgan bemisst sich nach dem **höchsten Anteil** der Arbeitnehmervertreter, der in den Organen der an der Verschmelzung beteiligten Gesellschaften **vor der Eintragung** bestand[1330] (sog. **Vorher-Nachher-Prinzip**).[1331] Die Arbeitnehmersitze im Aufsichts- oder Verwaltungsorgan werden entsprechend dem Anteil der in den Mitgliedstaaten beschäftigten Arbeitnehmer auf die Mitgliedstaaten verteilt. § 24 I MgVG beschränkt sich auf diesen Anteil, so dass weder die Größe des Aufsichtsrats noch die Zusammensetzung der Arbeitnehmer konserviert werden.[1332] Das Abstellen auf den Anteil hat zur Folge, dass die **bisherige Sitzzahl für die Arbeitnehmervertreter** im Aufsichts- oder Verwaltungsorgan **nicht garantiert** ist.[1333] Die Zahl der Sitze kann vielmehr durch die Satzung festgelegt werden.[1334]

Sofern die aus der Verschmelzung hervorgehende Gesellschaft eine 349 GmbH ist, sieht § 24 II MgVG die Bildung eines Aufsichtsrats vor und verweist auf die Anwendung aktienrechtlicher Regelungen. Eine explizite Umsetzung von Art. 16 VI[1335] IntVerschmRL ist im MgVG nicht erfolgt. Angesichts der Regelung des § 24 II MgVG, der für die GmbH eine eigenständige mitbestimmungsrechtliche Regelung vorsieht, besteht auch kein Umsetzungsbedürfnis hinsichtlich dieser Richtlinienregelung.[1336]

Art 16 IV lit. c) Satz 1 IntVerschmRL erlaubt es den Mitgliedstaaten 350 für den Fall, dass nach vorherigen Verhandlungen die Auffangregelung gilt, eine Beschränkung der Arbeitnehmervertreter im Verwaltungsorgan der aus der grenzüberschreitenden Verschmelzung hervorgehenden Gesellschaft auf ein Drittel zu begrenzen.[1337] Die Optionsmöglichkeit des Art. 16 IV lit. c) IntVerschmRL wurde vom deutschen Gesetzgeber nicht ausgeübt, so dass sich keine entsprechende Umsetzungsregelung im MgVG findet. Eine derartige Regelung kann aber uU im Falle der

---

[1329] Vgl. § 24 I MgVG.
[1330] Vgl. § 24 I 2 MgVG.
[1331] Vgl. Nagel NZG 2006 S. 97 (98).
[1332] Oetker in Erfurter Kommentar zum Europäischen Arbeitsrecht RL 2006/56/EG Art. 16 Rn. 43.
[1333] Vgl. Frenzel S. 303 zweifelnd hinsichtlich der Europarechtskonformität des § 24 I 2 MgVG, da dem BVG kein Wahlrecht hinsichtlich des Mitbestimmungssystems gewährt würde.
[1334] BT-Drucks. 16/2922 S. 27.
[1335] Art. 16 VI IntVerschmRL sieht für den Fall der Arbeitnehmermitbestimmung in dem aus der Verschmelzung hervorgehenden Rechtsträger die Verpflichtung vor, eine Rechtsform anzunehmen, die der Ausübung von Mitbestimmungsrechten ermöglicht.
[1336] Vgl. Schubert RdA 2007 S. 9.
[1337] Einschränkend sieht die IntVerschmRL zudem Folgendes vor: „Bestand jedoch in dem Verwaltungs- oder Aufsichtsorgan einer der an der Verschmelzung beteiligten Gesellschaften zu mindestens einem Drittel aus Arbeitnehmervertretern, so darf die Begrenzung in keinem Fall dazu führen, dass die Arbeitnehmervertretung im Verwaltungsorgan weniger als ein Drittel beträgt."

§ 13   4. Teil. Grenzüberschreitende Verschmelzungen

Hinausverschmelzung gelten. Sie bezieht sich ausdrücklich nur auf das monistische Modell und ist nicht auf den Aufsichtsrat anzuwenden.[1338]

c) Verteilung der Sitze der Arbeitnehmervertreter

351   Durch das BVG erfolgt nach § 25 I MgVG die Verteilung der Sitze im Aufsichts- oder Verwaltungsorgan[1339] unter Beachtung der Anteile der in den einzelnen Mitgliedstaaten beschäftigten Arbeitnehmer der sich verschmelzenden Gesellschaften, ihrer Tochtergesellschaften und Betriebe. Soweit diese Verteilung die Arbeitnehmer eines Mitgliedstaates bei der Sitzvergabe nicht berücksichtigt, muss das BVG den letzten Sitz einem bislang unberücksichtigten Mitgliedstaat, vornehmlich demjenigen in dem die aus der Verschmelzung hervorgehende Gesellschaft ihren Sitz haben wird, zuweisen.[1340] Insoweit sind mindestens zwei Aufsichtsrats- oder Verwaltungsratssitze für Arbeitnehmer vorzusehen, damit die gebotene Internationalisierung gewährleistet ist.[1341] Die Ermittlung der konkreten inländischen Arbeitnehmervertreter ist durch § 25 III MgVG geregelt.[1342] Diejenigen des ausländischen Mitgliedstaates richtet sich nach den Regelungen des betroffenen Mitgliedstaates. Fehlt es an solchen Regelungen, so bestimmt das BVG gemäß § 25 II MgVG die Arbeitnehmervertreter.

d) Rechtsstellung der Arbeitnehmervertreter

352   Die Rechtsstellung der Arbeitnehmervertreter ist derjenigen im innerstaatlichen Mitbestimmungsrecht angeglichen worden. § 27 I MgVG sieht vor, dass die Arbeitnehmervertreter gleichberechtigte Mitglieder im Aufsichts- oder Verwaltungsorgan sind. Dies entspricht den Prinzipien, die auch im deutschen Mitbestimmungsrecht gelten.[1343] Nach § 27 II 1 MgVG beträgt die Anzahl der Mitglieder der Leitung mindestens zwei Personen. Dies gilt jedoch nicht für eine KGaA.

e) Nachfolgende Verschmelzung

353   Der aus der grenzüberschreitenden Verschmelzung hervorgehende Rechtsträger soll sicherstellen, dass die Mitbestimmungsrechte der Arbeitnehmer im Falle nachfolgender innerstaatlicher Verschmelzungen

---

[1338] Der Wortlaut erwähnt lediglich das „Verwaltungsorgan"; vgl. *Wiesner* DB 2005 S. 91, 92 f.; *Frenzel* S. 304; aA – für eine vergleichbare Begrenzung im Aufsichtsrat – *Neye* ZIP 2005 S. 1893 (1897).
[1339] Eingehend zur Bestellung der Arbeitnehmervertreter im Aufsichts- und Verwaltungsorgan – bei grenzüberschreitenden Verschmelzungen auch im Hinblick auf nachfolgende Bestellungen *Schubert* ZIP 2009 S. 791 ff.
[1340] Vgl. § 25 I 3 MgVG.
[1341] Vgl. *Müller-Bonanni/Müntefering* BB 2009 S. 1699 (1700).
[1342] Vgl. zur Auslegung von § 25 III MgVG näher *Oetker* in Erfurter Kommentar zum Europäischen Arbeitsrecht RL 2006/56/EG Art. 16 Rn. 46 sowie Rn. 47 für den Fall einer paritätischen Zusammensetzung des Aufsichtsrats.
[1343] BT-Drucks. 16/2922 S. 28.

während drei Jahren nach Wirksamwerden der grenzüberschreitenden Verschmelzung fortgelten.[1344] Im Falle der innerstaatlichen deutschen Verschmelzung im Anschluss an eine Hereinverschmelzung gilt zwar grundsätzlich das innerstaatliche deutsche Mitbestimmungsrecht. Enthält dieses jedoch ein niedrigeres Niveau an Mitbestimmung der Arbeitnehmer, so haben auch nach der innerstaatlichen Verschmelzung die Mitbestimmungsgrundsätze für einen Zeitraum von **drei Jahren** ab grenzuberschreitender Verschmelzung fortzugelten (sog. **Perpetuierungs-Klausel**[1345]).[1346] Von praktischem Interesse dürfte diese Klausel jedoch im Falle der Herausverschmelzung in eine mitbestimmungsfreie Rechtsordnung sein, da sich die Perpetuierung auf einen Zeitraum von drei Jahren beschränkt und im Falle einer weiteren Verschmelzung nach Ablauf dieses Zeitraums – vorbehaltlich eines etwaigen Missbrauchsvorwurf – jegliche Verpflichtung zur Fortführung einer Mitbestimmung entfällt.

6. Mitbestimmungsgestaltung durch grenzüberschreitende Verschmelzung

a) Vergleich zur Mitbestimmungsgestaltung in der SE

Die SE hat in der deutschen Praxis großteils ihren Erfolg dem Umstand 354 zu verdanken, dass im Wege der Umwandlung in eine SE das deutsche innerstaatliche Mitbestimmungsrecht teils verdrängt wird und insoweit die SE zur **Gestaltung mitbestimmungsrechtlicher Fragen** genutzt wird. So kann zum einen bei arbeitnehmerstarken Großkonzernen durch die Umwandlung in eine **SE der Aufsichtsrat verkleinert** werden. Zum anderen kann bei kleineren Unternehmen das **bestehende Mitbestimmungsniveau** durch Umwandlung in eine SE **eingefroren** werden,[1347] da das Mitbestimmungsniveau bei SE-Errichtung nicht heraufzusetzen ist, wenn nach der SE-Gründung die Anzahl der Arbeitnehmer zunimmt. Das spätere Überschreiten der innerstaatlichen Mitbestimmungs-Schwellenwerte löst insoweit keine Erhöhung des Mitbestimmungsstandards aus. Zudem kann durch Hinausverschmelzung auf eine arbeitnehmerstarke Gesellschaft die Mitbestimmung ganz umgangen werden, wenn das Recht des SE-Sitzstaates keine Mitbestimmung kennt.[1348]

In vergleichbarem Maße kann auch die **grenzüberschreitende Ver-** 355 **schmelzung als Instrument der Mitbestimmungsgestaltung** genutzt werden. Sowohl ein Einfrieren der Mitbestimmung im Falle der Hereinverschmelzung als auch eine Mitbestimmungsvermeidung ist denkbar. Im Falle der Hereinverschmelzung findet innerstaatliches Mitbestimmungsrecht keine Anwendung, so dass das spätere Ansteigen der

---

[1344] Art. 16 VII IntVerschmRL, im deutschen Recht durch § 30 MgVG umgesetzt. Zur Frage der Richtlinienkonformität der deutschen Umsetzungsnorm vgl ausführlich *Oetker* in Erfurter Kommentar zum Europäischen Arbeitsrecht RL 2006/56/EG Art. 16 Rn. 69 ff.
[1345] Vgl. *Wiesner* DB 2005 S. 91 (93).
[1346] Vgl. § 30 Satz 2 MgVG.
[1347] Vgl. *Götze/Winzer/Arnold* ZIP 2009 S. 245 (251).
[1348] Dies setzt voraus, dass die verschmelzende ausländische Gesellschaft mindestens 75% der Arbeitnehmer der verschmelzenden Gesellschaften umfasst.

Arbeitnehmerzahlen für die aus der grenzüberschreitenden Verschmelzung hervorgehende Gesellschaft in Deutschland keine Folgen mit sich bringt.[1349] Liegt somit nach der grenzüberschreitenden Verschmelzung eine Drittelbeteiligung vor, so wird diese nicht später zu einer paritätischen Mitbestimmung. Die grenzüberschreitende Verschmelzung bietet sogar gegenüber der SE-Verschmelzung den Vorteil, dass das schwerfällige Verhandlungsverfahren durch direkte einseitige Einigung auf die gesetzliche Auffanglösung vermieden werden kann. Die grenzüberschreitende Verschmelzung ist insoweit die **kostengünstigere und weniger aufwendige** Lösung. Zudem besteht gegenüber der SE-Verschmelzung der Vorteil der **Wahlfreiheit hinsichtlich der Organisationsstruktur** des aus der grenzüberschreitenden Verschmelzung hervorgehenden Rechtsträgers. Da als aus der Verschmelzung hervorgehender Rechtsträger Kapitalgesellschaften unterschiedlicher Form gewählt werden können, besteht insoweit die Möglichkeit an Gesellschaftsformen mit **Satzungsfreiheit** wie der GmbH festzuhalten. Wählt man im Ausland eine Gesellschaftsform mit vergleichbarer Satzungsfreiheit, so lassen sich auch Sitzverlegungen der GmbH ins Ausland ohne grundlegende Veränderungen der Organisationsstruktur vornehmen.[1350] Mittelfristig wird es insoweit zu einer Banalisierung grenzüberschreitender Verschmelzungen auch für kleinere Unternehmen kommen.

b) Kein Missbrauchsverbot

356 Die SE-Verschmelzung steht unter dem Vorbehalt des Verstoßes gegen das Missbrauchsverbot. Eine Regelung zum Schutz vor missbräuchlicher Verwendung einer grenzüberschreitenden Verschmelzung zum Zweck der Umgehung bzw. Aushebelung der Beteiligungsrechte der Arbeitnehmer sieht das MgVG im Gegensatz zum SEBG[1351] nicht vor. Dies ist angesichts einer fehlenden entsprechenden Vorgabe in der IntVerschmRL auch europarechtskonform. Umstritten ist zwar, ob nicht ohnehin ein allgemeines Missbrauchsverbot gelte, das gleichermaßen bei der grenzüberschreitenden Verschmelzung anzuwenden sei wie bei der SE-Verschmelzung.[1352] Insoweit ist die grenzüberschreitende Verschmelzung nicht im gleichen Maße den Gefahren eines Missbrauchsvorwurfs ausgesetzt wie die SE. Bestandsschutz hinsichtlich der Mitbestimmung besteht lediglich für einen Zeitraum von **drei (3) Jahren** durch die **Per-**

[1349] Vgl. *Kienast* in Gaul/Ludwig/Forst Europäisches Mitbestimmungsrecht § 5 Rn. 171.

[1350] So kennen auch die GmbH in Österreich und die französische SAS (nicht hingegen die Sarl) weitgehende Satzungsfreiheit.

[1351] Vgl. § 43 SEGB.

[1352] Vgl. *Jacobs* in MünchKomm Vor § 1 SEBG Rn. 47; aA *Habersack* ZHR 171 (2007) S. 613 (636). Wenngleich in Deutschland kein Missbrauchsverbot gesetzlich im MgVG aufgenommen wurde, kann sich dieses uU in anderen Rechtsordnungen wiederfinden und würde keinen Verstoß gegen das Vollharmonisierungsprinzip darstellen. Näher hierzu *Forst* in Gaul/Ludwig/Forst Europäisches Mitbestimmungsrecht § 5 Rn. 42 f.

§ 13. Verschmelzung von KapGes versch. Mitgliedstaaten § 13

petuierungs-Klausel in Art. 16 VII IntVerschmRL, in § 30 MgVG[1353] umgesetzt.

c) Mitbestimmungsgestaltung durch Hinausverschmelzung

aa) Einfrieren des Mitbestimmungsniveaus

Die IntVerschmRL verpflichtet die Mitgliedstaaten grundsätzlich, die Mitbestimmung der Arbeitnehmer der an der Verschmelzung beteiligten Gesellschaften in der aus der grenzüberschreitenden Verschmelzung hervorgehenden Gesellschaft sicherzustellen. Dies setzt jedoch voraus, dass bereits Mitbestimmung besteht. Ist dies noch nicht der Fall, kann durch Hinausverschmelzung das **Mitbestimmungsniveau eingefroren** werden, wenn der Sitzstaat des übernehmenden Rechtsträgers kein Mitbestimmungsrecht kennt. 357

bb) Absenken des Mitbestimmungsniveaus

Absenken des Mitbestimmungsniveaus bei Hinausverschmelzung mit arbeitnehmerstarken mitbestimmungsfreien ausländischen (Tochter-)Gesellschaften. $^1/_3$ zu $^2/_3$ -Regel. Absenken lässt sich das Mitbestimmungsniveau zudem, wenn das Verhältnis der Arbeitnehmer der deutschen verschmelzenden Gesellschaft und der Arbeitnehmer in der ausländischen mitbestimmungsfreien Tochtergesellschaften im Verhältnis von $^1/_3$ zu $^2/_3$ steht. So ist gemäß Art. 16 II, III lit. e) der IntVerschmRL iVm Art. 7 II Unterabsatz 1 lit. b der SE-ErgRiL die ausländische aus der grenzüberschreitenden Verschmelzung hervorgehende Gesellschaft mitbestimmungsfrei, wenn einerseits das Sitzstaatsrecht des ausländischen übernehmenden Rechtsträgers keine Mitbestimmung kennt und zudem die Anzahl der Arbeitnehmer in allen an der Verschmelzung beteiligten ausländischen Gesellschaften, die mitbestimmungsfrei sind, doppelt so hoch ist, wie die der deutschen Arbeitnehmer.[1354] Verschmilzt zB eine deutsche Muttergesellschaft mit 2999 Arbeitnehmern in Deutschland und zwei Tochtergesellschaften mit je 3000 Arbeitnehmern im europäischen mitbestimmungsfreien Ausland auf eine dieser Tochtergesellschaften, so ist keine Mitbestimmung für die übernehmende Gesellschaft vorzusehen, wenn zeitgleich mit der Muttergesellschaft die andere Tochtergesellschaft auf die übernehmende Gesellschaft verschmolzen wird. Zwar bestimmt § 23 I 2 Nr. 2 MgVG den Schwellenwert für die gesetzliche Auffangregel danach, ob in einer der verschmelzenden Gesellschaften ein Mitbestimmungssystem vorlag, dass sich auf weniger als ein Drittel der Gesamtzahl der Arbeitnehmer aller beteiligten Gesellschaften und Tochtergesellschaften erstreckte, und stellt somit auf die Arbeitnehmerzahl im Konzern ab;[1355] das MgVG findet 358

[1353] Eine solche Regelung besteht bei der SE-Verschmelzung nach dem SEBG nicht.
[1354] Vgl. insoweit zur $^2/_3$-Schwelle Art. 16 III lit. e) IntVerschmRL.
[1355] Zur Frage der Richtlinienkonformität dieser Regel → Rn. 342, 363 f.; die Einbeziehung der Tochtergesellschaften ist ebenso wie bei § 17 III MgVG richtlinienwidrig; vgl. → Rn. 321.

§ 13   4. Teil. Grenzüberschreitende Verschmelzungen

jedoch bei der Bestimmung der gesetzlichen Auffangregel im Falle der Hinausverschmelzung keine Anwendung. Mitbestimmungsrecht bestimmt sich in dem Falle nach den Umsetzungsvorschriften zu Art. 16 IntVerschmRL des ausländischen übernehmenden Rechtsträgers.

cc) Herabsetzen des Mitbestimmungsniveaus im Verwaltungsrat

359   Im Anwendungsbereich der gesetzlichen Auffangregelung ist es den Mitgliedstaaten gestattet, eine Begrenzung der Anzahl der Vertreter im Verwaltungsorgan auf ein Drittel vorzusehen.[1356] Hiervon werden voraussichtlich diejenigen Mitgliedstaaten, die lediglich das monistische System und keine unternehmerische Mitbestimmung kennen, Gebrauch machen.[1357]

dd) Mittelfristiges Absenken des Mitbestimmungsniveaus

360   Ganz unabhängig vom Anteil der Arbeitnehmer der verschmelzenden Gesellschaften, die einem Mitbestimmungssystem unterliegen, kann die bestehende Mitbestimmung durch Hinausverschmelzung in einen mitbestimmungsfreien Mitgliedstaat mittelfristig vollständig abgeschafft werden. So ist das durch die IntVerschmRL garantierte Mitbestimmungssystem ausschließlich für einen Zeitraum von drei Jahren verbindlich vorzusehen.[1358] Entscheidet sich eine deutsche mitbestimmte Gesellschaft für eine Hinausverschmelzung in einen Mitgliedstaat ohne Mitbestimmungssystem, so ist die Gesellschaft nach der Sperrfrist von drei Jahren mitbestimmungsfrei.

d) Mitbestimmungsgestaltung bei Hereinverschmelzung

361   Die grenzüberschreitende Verschmelzung erlaubt es auch im Falle der **Hereinverschmelzung das Mitbestimmungsniveau einzufrieren**.[1359] Zudem lasse sich nach einigen Stimmen im Schrifttum ebenso wie bei der SE durch grenzüberschreitende Verschmelzung auch im Falle der Hereinverschmelzung der **Aufsichtsrat verkleinern** und darüber hinaus durch grenzüberschreitende Verschmelzung vor Erreichen der Mitbestimmungsschwelle **dauerhaft ausschließen**. Ob diese Auffassung zutrifft, hängt von der Reichweite des europäischen Mitbestimmungsrechts im Falle der Hereinverschmelzung ab. Bei der SE-Verschmelzung lässt sich die Mitbestimmung deshalb nach ganz hM einfrieren, da sich nach Umwandlung in eine SE das Arbeitnehmermitbestimmungsrecht ausschließlich nach dem für die SE vorgesehenen europäischen Mitbestimmungsrecht richtet. Das Überschreiten eines innerstaatlichen Schwellenwertes, löst nach SE-Verschmelzung keine Mitbestimmung mehr aus, da innerstaatliches Mitbestimmungsrecht von europäischem Mitbestimmungsrecht verdrängt werde. In gleichem Ma-

---

[1356] Vgl. Art. 16 IV lit. c) IntVerschmRL.
[1357] Vgl. *Wiesner* DB 2005 S. 91 (93).
[1358] Vgl. Art. 16 VII IntVerschmRL.
[1359] Vgl. eingehend *Brandes* ZIP 2008 S. 2193.

§ 13. Verschmelzung von KapGes versch. Mitgliedstaaten § 13

ße wird nach wohl einhelliger Meinung im Recht der grenzüberschreitenden Verschmelzung[1360] deutsches innerstaatliches Mitbestimmungsrecht im Rahmen des Anwendungsbereichs des MgVG ausgeschlossen.[1361]

aa) Einfrieren der Drittelbeteiligung

Die Anwendung der deutschen Mitbestimmungsgesetze kommt nach der Auffangregel der §§ 23 ff. MgVG nicht in Betracht. Deutsches innerstaatliches Mitbestimmungsrecht wird verdrängt. Ein Hinwachsen in die paritätische Mitbestimmung scheidet insoweit aus. Es kann zB dauerhaft das System der Drittelbeteiligung bestehen. Sie bleibt auch dann erhalten, wenn sich die Zahl der Arbeitnehmer über den Schwellenwert erhöht.[1362] Besteht bereits vor Verschmelzung eine Mitbestimmung so kann von den Unternehmensleitungen gemäß § 23 MgVG direkt die gesetzliche Auffangregel gewählt werden.[1363] Das Einfrieren eines Niveaus der Mitbestimmung ist insoweit möglich. Die drittelmitbestimmte Gesellschaft kann die paritätische Mitbestimmung durch grenzüberschreitende Verschmelzung dauerhaft auch dann vermeiden, wenn die aus der grenzüberschreitenden Verschmelzung hervorgehende Gesellschaft eine deutsche Gesellschaft ist.[1364] 362

bb) Einfrieren des Mitbestimmungsniveaus bei einer mitbestimmungsfreien Gesellschaft

Darüber hinaus wird im Schrifttum[1365] die Auffassung vertreten, dass europäisches Mitbestimmungsrecht auch dann auf den übernehmenden deutschen Rechtsträger Anwendung findet, wenn diese Gesellschaft vor der Verschmelzung mitbestimmungsfrei war. Nach dieser Auffassung ist § 23 Satz 2 MgVG richtlinienwidrig, da die Möglichkeit der Wahl des europäischen Mitbestimmungsrechts als Auffanglösung nicht an das Vorliegen der zusätzlichen Voraussetzung geknüpft werden dürfe, dass bereits vor Verschmelzung eine Mitbestimmung bei einer der verschmelzenden Gesellschaften bestand.[1366] Entgegen dem Wortlaut des § 23 Satz 2 MgVG sei auch für diesen Fall das europäische Mitbestimmungsrecht 363

[1360] Vgl. *Seibt* in *Willemsen/Hohenstatt/Schweibert/Seibt* Umstrukturierung und Übertragung von Unternehmen, 3. Auflage 2008, Rn. 135b, *Brandes* ZIP 2008 S. 2193 (2195 f.), *Götze/Winzer/Arnold* ZIP 2009 S. 245 (253).
[1361] Das MgVG kennt keine dem § 47 I Nr. 1 SEBG vergleichbare Norm.
[1362] Vgl. *Kienast* in Gaul/Ludwig/Forst Europäisches Mitbestimmungsrecht § 5 Rn. 176.
[1363] Dies gilt zumindest soweit die Arbeitnehmer des deutschen übernehmenden Rechtsträgers mehr als ein Drittel repräsentieren.
[1364] Vgl. *Götze/Winzer/Arnold* ZIP 2009 S. 245 (253); vgl. *Kienast* in Gaul/Ludwig/Forst Europäisches Mitbestimmungsrecht § 5 Rn. 171.
[1365] Vgl. *Kienast* in Gaul/Ludwig/Forst Europäisches Mitbestimmungsrecht § 5 Rn. 171.
[1366] Vgl. näher → Rn. 343.

§ 13   4. Teil. Grenzüberschreitende Verschmelzungen

maßgeblich, denn die deutsche Umsetzung stehe im Widerspruch zu den Richtlinienvorgaben in Art. 16 IV lit. a) IntVerschmRL.[1367]

364 Dieser Auffassung scheint zwar zunächst der Richtlinienzweck der Sicherung des Mitbestimmungsniveaus[1368] entgegenzustehen. Andererseits ist jegliche Anwendung nationalen Rechts als Sitzstaatsrecht richtlinienwidrig, soweit es ausländerdiskriminierend ist. Eine solche Diskriminierung wird durch Art. 16 II lit b) IntVerschmRL untersagt, selbst wenn konkret keine Mitbestimmung vorlag. Die IntVerschmRL lässt insoweit auch keine schleichende Diskriminierung zu, die erst im der grenzüberschreitenden Verschmelzung nachfolgenden Zeitraum aktuell wird, da erst zu einem späteren Zeitpunkt die Mitbestimmungsschwelle erreicht wird. Die Möglichkeit des Einfrierens der Mitbestimmung im Rahmen grenzüberschreitender Verschmelzungen ist nur ein Nebeneffekt des Territorialitätsprinzips im innerstaatlichen Mitbestimmungsrecht. Wird die Diskriminierung ausländischer Arbeitnehmer im deutschen Mitbestimmungsrecht vom Gesetzgeber oder vom EuGH[1369] beseitigt, so entfällt auch die Möglichkeit des Einfrierens der Mitbestimmung im Rahmen der grenzüberschreitenden Verschmelzung. Zu beachten bleibt, dass eine Flucht vor der Mitbestimmung uU als rechtsmissbräuchlich gewertet werden könnte.[1370]

VII. Fälle und Musterformulierungen

Fall: (Verschmelzung einer ausländischen Tochter-Kapitalgesellschaft auf ihre deutsche Mutter-GmbH durch Aufnahme)

365 *Die M-GmbH ist alleinige Gesellschafterin der Schweden-AB, einer schwedischen Aktiengesellschaft. Die Schweden-AB soll auf die M-GmbH verschmolzen werden.*

Hierzu folgende Muster:
– Verschmelzungsvertrag, Rn. 365 A
– Zustimmungsbeschluss der übernehmenden Gesellschaft und Verzichtserklärungen, Rn. 365 B
– Handelsregisteranmeldung der übernehmenden Gesellschaft, Rn. 365 C
– Verschmelzungsbericht, Rn. 365 D

[1367] Eine Ergebniskorrektur ablehnend *Kienast* in Gaul/Ludwig/Forst Europäisches Mitbestimmungsrecht § 5 Rn. 182 ff.
[1368] Vgl. Erwägungsgrund 13 der IntVerschmRL.
[1369] Vgl. Vorlagebeschluss des KG vom 16.10.2015 DStR 2015 S. 2507, welches das Territorialitätsprinzip für europarechtswidrig hält; ebenso LG Frankfurt aM NZG 2015 S. 683 (Rechtsmittel anhängig beim OLG Frankfurt aM); sowie hierzu näher *Bayer* NJW 2016 S. 1930 (1934) mwN; vgl. → Rn. 282.
[1370] Vgl. zum Missbrauchsgrundsatz → Rn. 356; *Kienast* in Gaul/Ludwig/Forst Europäisches Mitbestimmungsrecht § 5 Rn. 186 hält dies nur ausnahmsweise für gegeben.

§ 13. Verschmelzung von KapGes versch. Mitgliedstaaten § 13

Verschmelzung einer ausländischen Tochter-Kapitalgesellschaft – hier einer schwedischen Aktiengesellschaft – auf eine deutsche Mutter-GmbH durch Aufnahme, §§ 4 ff., 46 ff., 122a ff. UmwG;[1371] Verschmelzungsvertrag

UR. Nr. ...... für .....   365 A
Verhandelt
zu Musterort am .....
Vor mir, ...
    Notar

für den Oberlandesgerichtsbezirk Musterort mit dem Amtssitz in Musterort, erschienen, ausgewiesen durch Vorlage ihrer amtlichen Lichtbildausweise:
1. A
2. B
hier handelnd als gemeinsam vertretungberechtigte Geschäftsführer der M-GmbH mit Sitz in Musterort, eingetragen im Handelsregister des Amtsgerichts Musterort unter HR B 123,
Der amtierende Notar hat sich durch heutige Einsichtnahme in das elektronische Handelsregister des Amtsgerichts Musterort HR B 123 überzeugt, dass dort die M-GmbH mit Sitz in Musterort eingetragen ist und A und B als gemeinsam vertretungsberechtigte Geschäftsführer zur Vertretung der M-GmbH berechtigt sind.
3. F
4. G
5. H
handelnd als gemeinsam vertretungsberechtigte Mitglieder des Verwaltungsrates der Schweden-AB mit Sitz in Stockholm, eingetragen im Bolagsverket, Schwedisches Registrierungsbüro für Gesellschaften, unter der Registrierungsnummer 123456–7890.

Dem amtierenden Notar lag bei der heutigen Beurkundung ein Auszug vom (Datum) aus dem Bolagsverket, Schwedisches Registrierungsbüro für Gesellschaften unter der Registrierungsnummer 123456–7890, vor, aus dem sich ergibt, dass dort die Schweden-AB mit Sitz in Stockholm eingetragen ist und F, G und H als gemeinsam vertretungsberechtigte Verwaltungsratsmitglieder zur Vertretung der Schweden-AB berechtigt sind.
Die Erschienenen, handelnd wie angegeben, erklärten:

[1371] Ggf. sind auch noch die Vorschriften der ausländischen Rechtsordnung die Verschmelzung betreffend zu beachten, insb. hinsichtlich der Frage, ob es diese Verschmelzungskombination (AB auf GmbH) zulässt. Hier gilt Kapitel 23 §§ 36 ff. des schwedischen Aktiengesetzes (Aktiebolagslagen).

§ 13   4. Teil. Grenzüberschreitende Verschmelzungen

I. Verschmelzungsplan[1372]

A und B als gemeinsam vertretungsberechtigte Geschäftsführer der M-GmbH einerseits und F, G und H als gemeinsam vertretungsberechtigte Mitglieder des Verwaltungsrats der Schweden-AB andererseits stellen gemeinsam folgenden Verschmelzungsplan auf:

§ 1
Rechtsverhältnisse, Vorbemerkung

1. Die M-GmbH ist eine Gesellschaft in der Rechtsform der Gesellschaft mit beschränkter Haftung, errichtet nach dem Recht der Bundesrepublik Deutschland. Sie hat ihren Satzungssitz in Musterort und ist eingetragen im Handelsregister des Amtsgerichts Musterort unter HR B 123.
2. Der Notar hat die letzte vom Handelsregister aufgenommene Gesellschafterliste der M-GmbH eingesehen. Die Liste der Gesellschafter der M-GmbH hat das Datum vom (Datum) (**ggf.**: und die Bestätigung des Notars (Name, Amtssitz)). Y ist in dieser Liste als Inhaber aller Geschäftsanteile eingetragen.
3. Nach Angaben von A und B sind sämtliche Stammeinlagen bei der M-GmbH voll erbracht.[1373]
4. Für die M-GmbH ist maßgeblich die Satzung in der Fassung vom (Datum). Sie ist dieser Urkunde als **Anlage 1** beigefügt. Darauf wird verwiesen. Die Satzung ist Bestandteil der Urkunde des Notars (Name) in (Ort) vom (Datum), dessen UR. Nr. ..., die bei der heutigen Beurkundung in Ausfertigung vorlag und deren Inhalt den Beteiligten bekannt ist. Die Erschienenen verzichten gem. § 13a BeurkG auf das erneute Vorlesen der Satzung.
4. Die Schweden-AB ist eine Gesellschaft in der Rechtsform der Aktiebolag (Aktiengesellschaft), errichtet nach schwedischem Recht. Sie hat ihren Satzungssitz in Stockholm und ist eingetragen im Bolagsverket, Schwedisches Registrierungsbüro für Gesellschaften, unter der Registrierungsnummer 123456–7890.
5. Das Kapital der Schweden-AB beträgt ausweislich des Bolagsverket, Schwedisches Registrierungsbüro für Gesellschaften, € .... Nach Angaben von F, G und H ist es voll erbracht. Die M-GmbH ist nach Angaben aller Beteiligten alleinige Gesellschafterin der Schweden-AB.
6. Die M-GmbH ist demnach Muttergesellschaft der Schweden-AB.
7. Die Schweden-AB als übertragende Gesellschaft soll auf die M-GmbH als übernehmende Gesellschaft verschmolzen werden.

[1372] Der Verschmelzungsplan tritt begrifflich an die Stelle des Verschmelzungsvertrages.
[1373] Beachte andernfalls § 51 UmwG.

§ 13. Verschmelzung von KapGes versch. Mitgliedstaaten § 13

**§ 2
Vermögensübertragung**

Die Schweden-AB mit Sitz in Stockholm überträgt ihr Vermögen als Ganzes mit allen Rechten und Pflichten als übertragende Gesellschaft unter Auflösung ohne Abwicklung gemäß §§ 122a Abs. 2,2 Nr. 1 UmwG auf die M-GmbH mit Sitz in Musterort als übernehmende Gesellschaft im Wege der Verschmelzung durch Aufnahme.

**§ 3
Bilanzstichtage, Verschmelzungsstichtag**

1. Der Verschmelzung der Gesellschaften wird die Bilanz der Schweden-AB zum (Datum) als Schlussbilanz zugrunde gelegt. Ein Exemplar dieser festgestellten und unterzeichneten Bilanz ist dieser Niederschrift – lediglich zu Dokumentationszwecken – als **Anlage 2** beigefügt.[1374]
2. Der maßgebliche Bilanzstichtag für die übernehmende Gesellschaft ist der der Schlussbilanz zum (Datum), für die übertragende Gesellschaft der der Bilanz zum (Datum).
3. Die Verschmelzung soll mit Wirkung von der Eintragung in das Handelsregister der übernehmenden Gesellschaft an wirksam sein.[1375]
Die Übernahme des Vermögens der übertragenden Gesellschaft erfolgt im Innenverhältnis mit Wirkung zum Ablauf des (Datum). Vom (Datum), 0.00 Uhr, an (Verschmelzungsstichtag) gelten alle Handlungen der Schweden-AB unter dem Gesichtspunkt der Rechnungslegung als für Rechnung der M-GmbH vorgenommen.

**§ 4
Gegenleistung, Abfindungsangebot**

1. Da die übernehmende Gesellschaft, die M-GmbH, alleinige Gesellschafterin der Schweden-AB ist, findet die Verschmelzung gemäß §§ 122a Abs. 2, 54 Abs. 1 S. 1 Nr. 1 UmwG ohne eine Kapitalerhöhung bei der übernehmenden M-GmbH und gemäß § 20 Abs. 1 Nr. 3 S. 1 Halbsatz 2 UmwG ohne Ausgabe neuer Geschäftsanteile statt. Die Übertragung des Vermögens der Schweden-AB im Wege der Verschmelzung erfolgt daher ohne Gegenleistung. Die Angaben nach § 122c Abs. 1 Nrn. 2, 3 und 5 UmwG entfallen gemäß § 122c Abs. 2 UmwG.

[1374] Das Beifügen als Anlage zum Verschmelzungsvertrag ist nicht zwingend, erst recht nicht als echte Anlage iSd BeurkG. Der Anmeldung zum Handelsregister des übertragenden Rechtsträgers hingegen ist die Schlussbilanz zwingend als Anlage beizufügen, § 17 II UmwG.
[1375] Gem. § 20 I UmwG, Art. 12 VerschmRL wird die Verschmelzung zu dem Zeitpunkt wirksam, den das für den übernehmenden Rechtsträger maßgebliche Recht bestimmt.

§ 13 4. Teil. Grenzüberschreitende Verschmelzungen

2. Ein Abfindungsangebot gem. § 122i UmwG ist nicht erforderlich.[1376]
Der Notar hat auf das Erfordernis eines Barabfindungsangebots gemäß § 29 Abs. 1 S. 1 UmwG im Verschmelzungsvertrag hingewiesen. Die Beteiligten erklärten jedoch, von der Aufnahme eines Abfindungsangebots absehen zu wollen, da angesichts dessen, dass es sich bei den Gesellschaften um Mutter- und Tochtergesellschaften handelt, ein Widerspruch eines Gesellschafters gegen die Verschmelzungsbeschlüsse nicht zu erwarten ist[1377].

§ 5
Besondere Rechte oder Vorteile

1. Besondere Rechte i. S. d. § 122c Abs. 2 Nr. 7 UmwG bestehen nicht. Keine der Gesellschaften hat mit Sonderrechten ausgestattete Gesellschafter oder Inhaber von anderen Wertpapieren als Gesellschaftsanteilen. Daher werden auch keine besonderen Rechte gewährt. Es erübrigt sich also, für diese Personen Maßnahmen vorzuschlagen.
2. Besondere Vorteile i. S. d. § 122c Abs. 1 Nr. 8 UmwG werden weder Sachverständigen, die den Verschmelzungsplan prüfen, noch den Mitgliedern der Verwaltungs-, Leitungs-, Aufsichts- oder Kontrollorgane der beteiligten Gesellschaften gewährt.

§ 6
Voraussichtliche Auswirkungen der Verschmelzung auf die Beschäftigung

1. Die bei der Schweden-AB bestehenden Dienst- und Anstellungsverträge gehen gemäß § 324 UmwG in Verbindung mit § 613a Abs. 1 BGB unverändert in der Weise auf die M-GmbH über, dass die Arbeitsverträge der bisher bei der Schweden-AB beschäftigten Arbeitnehmer so behandelt werden, als seien diese Arbeitnehmer vom Beginn ihrer jeweiligen Arbeitsverhältnisse an bei der M-GmbH beschäftigt gewesen.
Es gibt daher keine negativen Auswirkungen auf die Beschäftigungsbedingungen der Mitarbeiter der Schweden-AB aufgrund der Verschmelzung.
2. Die rechtliche Position der Beschäftigten bei der M-GmbH wird durch die Verschmelzung nicht betroffen. Die individualrechtlichen wie die kollektivrechtlichen Vereinbarungen bleiben unverändert.
3. Die M-GmbH hat einen Betriebsrat, die Schweden-AB hat keinen Betriebsrat. Gesamt-, Konzern- und/oder Europäische Betriebs-

---

[1376] Da der übernehmende Rechtsträger deutschem Recht unterliegt.
[1377] Sollte sich diese Erwartung als unzutreffend herausstellen, wäre der Verschmelzungsvertrag trotz fehlenden Barabfindungsangebots nicht unwirksam; eine Nachholung (allerdings auch der Zustimmungsbeschlüsse) ist möglich.

§ 13 § 13. Verschmelzung von KapGes versch. Mitgliedstaaten

räte sowie Jugend- und Auszubildendenvertretungen oder Sprecherausschüsse existieren in beiden Gesellschaften nicht. Die übertragende Gesellschaft hat keinen Wirtschaftsausschuss. Keine der Gesellschaften hat einen Aufsichtsrat.
4. Dem Betriebsrat der M-GmbH ist der Entwurf dieses Verschmelzungsvertrages am (Datum) zugeleitet worden. Eine Kopie dieses Schreibens, auf der der Betriebsrat den Empfang quittiert hat, wird dieser Urkunde zu Dokumentationszwecken als **Anlage 3** beigefügt. Die Verschmelzung hat keine Auswirkungen auf den Betriebsrat der M-GmbH und/oder auf seine Mitglieder und deren Zahl oder Amtszeit.
5. Die Beschäftigten der Schweden-AB und, soweit zuständig, ihre jeweiligen Gewerkschaften wurden über die Verschmelzung nach Maßgabe des (ausländischen) Beschäftigungsschutzgesetze informiert.
6. Die Arbeitnehmer der Gesellschaften behalten den gleichen Dienstort. Ihre Tätigkeit wird wie bisher auf dem Gebiet der ...... liegen. Betriebsstilllegungen, Betriebszusammenlegungen, Personalrationalisierungen und/oder Versetzungen als mittelbare Folgen der Verschmelzung sind nicht beabsichtigt.

§ 7
Beteiligung der Arbeitnehmer an der Festlegung der Mitbestimmungsrechte

Nach der Verschmelzung wird die M-GmbH, die zur Zeit etwa (Zahl) Mitarbeiter hat, zusammen mit den etwa (Zahl) Mitarbeitern der Schweden-AB ungefähr (Zahl) Mitarbeiter haben. Die M-GmbH wird daher auch nach der Verschmelzung nicht dem deutschen Mitbestimmungsrecht unterliegen. Dehalb ist kein Verfahren zur Regelung der Einzelheiten der Mitwirkung der Mitarbeiter an der Festlegung ihrer Mitbestimmungsrechte in der M-GmbH bestimmt worden.

§ 8
Voraussichtliche Auswirkungen der Verschmelzung auf die Gläubiger

Die Verschmelzung wird keine negativen Auswirkungen auf die Gläubiger der beteiligten Gesellschaften entfalten. Auch nach der Verschmelzung werden die geschäftlichen Aktivitäten der Schweden-AB in Stockholm als Niederlassung der M-GmbH fortgeführt.

§ 9
Bewertung des Aktiv- und Passivvermögens

Die Übertragung des Vermögens der Schweden-AB (Aktiva und Passiva) erfolgt zu Buchwerten.

§ 13 4. Teil. Grenzüberschreitende Verschmelzungen

§ 10
Sonstiges, Kosten

1. Die übertragende Gesellschaft hat keinen Grundbesitz und ist ihrerseits nicht Gesellschafterin einer GmbH.[1378]
2. Die mit der Durchführung des Verschmelzungsvertrages verbundenen Kosten und Steuern trägt die übernehmende Gesellschaft.

§ 11
Rücktritt[1379]

Beide Vertragsparteien sind zum Rücktritt von diesem Verschmelzungsvertrag berechtigt, wenn die Verschmelzung nicht spätestens am (Datum) in das Handelsregister der übernehmenden Gesellschaft eingetragen worden ist. Der Rücktritt ist durch schriftliche Erklärung gegenüber der jeweils anderen Vertragspartei zu erklären. Die Ausübung des Rücktrittsrechts bedarf nicht der Zustimmung der Gesellschafterversammlungen der beteiligten Gesellschaften. Das Rücktrittsrecht erlischt mit der Eintragung der Verschmelzung in das Handelsregister der übernehmenden Gesellschaft, wenn nicht bis dahin die Rücktrittserklärung zugegangen ist. § 7 Satz 2 UmwG findet auf diesen Rücktritt keine Anwendung. Die vorstehende Kostenregelung gilt auch für den Fall des Rücktritts.

§ 12
Hinweise

Der Notar wies die Erschienenen darauf hin, dass
- die der Verschmelzung zugrundegelegte Bilanz nicht auf einen Stichtag aufgestellt sein darf, der länger als acht Monate vor der Anmeldung zum Handelsregister liegt,
- zum Vollzug dieser Urkunde gesonderte Handelsregisteranmeldungen bei der übertragenden und bei der übernehmenden Gesellschaft erforderlich sind,
- die Verschmelzung erst zur behördlichen Registrierung im Bolagsverket zur Durchführung angemeldet werden kann nach Ablauf eines Monats, nachdem der Verschmelzungsplan den Mitarbeitern der beiden Gesellschaften gem. Kapitel 23 § 43 des schwedischen Aktiengesetzes (Aktiebolagslagen) zur Verfügung gestellt wurde,
- die Verschmelzung erst mit der Eintragung im Handelsregister der übernehmenden Gesellschaft wirksam wird,
- dem Register der übernehmenden Gesellschaft eine Verschmelzungsbescheinigung gem. § 122k UmwG vorzulegen ist, die nicht älter als sechs Monate sein darf,

---

[1378] Andernfalls ist das Einreichen einer neuen Gesellschafterliste zum Handelsregister für diese GmbH veranlasst.
[1379] Ein Recht zum Rücktritt ist nur fakultativer, nicht zwingender Inhalt des Verschmelzungsvertrages.

§ 13. Verschmelzung von KapGes versch. Mitgliedstaaten   § 13

– die übertragende Gesellschaft mit Wirksamwerden der Verschmelzung erlischt.

Diese Niederschrift wurde den Erschienenen vom Notar vorgelesen, die Anlagen wurden ihnen zur Durchsicht vorgelegt, alles wurde von den Erschienenen genehmigt und von ihnen und dem Notar eigenhändig wie folgt unterschrieben:

Zustimmungsbeschluss der übernehmenden Gesellschaft[1380] und Verzichtserklärungen

UR. Nr. . . . . . für . . . . .   365 B

Verhandelt

zu Musterort am . . . . .

Vor mir, ...
             Notar

für den Oberlandesgerichtsbezirk Musterort mit dem Amtssitz in Musterort, erschien, von Person bekannt:

Y

Der Erschienene bat um die Beurkundung des

Zustimmungsbeschlusses zur Verschmelzung und der Verzichtserklärungen

I. Vorbemerkungen

1. Im Handelsregister des Amtsgerichts Musterort ist unter HR B 123 die M-GmbH mit Sitz in Musterort eingetragen.
2. Das Stammkapital der Gesellschaft beträgt € ...
3. Y ist der alleinige Gesellschafter der vorgenannten Gesellschaft, und zwar mit folgenden Geschäftsanteilen:
   a) einem Geschäftsanteil im Nennbetrag von € ... und
   b) einem Geschäftsanteil im Nennbetrag von € ...
4. Der Notar hat die letzte vom Handelsregister aufgenommene Gesellschafterliste eingesehen.
   Die Liste der Gesellschafter der M-GmbH hat das Datum vom (Datum) (**ggf.:** und die Bestätigung des Notars (Name, Amtssitz)).
   Y ist in dieser Liste als Inhaber der vorbezeichneten Geschäftsanteile eingetragen.

[1380] § 122g II UmwG gilt nur für übertragende Gesellschaften, die der deutschen Rechtsordnung unterliegen; ob die AB beschließen muss, richtet sich nach schwedischem Recht.

§ 13   4. Teil. Grenzüberschreitende Verschmelzungen

5. Nach Angaben des Y sind die Stammeinlagen auf die Geschäftsanteile der M-GmbH voll erbracht.[1381]
6. Somit ist das gesamte Stammkapital der Gesellschaft vertreten.
7. Die Schweden-AB mit dem Sitz in Stockholm, eine 100%ige Tochter der M-GmbH, soll auf die M-GmbH verschmolzen werden. Der Verschmelzungsplan ist zur UR. Nr. ..... des amtierenden Notars vom (Datum) beurkundet worden; sein Inhalt ist Y bekannt.[1382]
8. Der Verschmelzungsplan wurde dem Registergericht vor mehr als einem Monat eingereicht und ist von diesem bekannt gemacht worden.

II. Zustimmungsbeschluss

Dies vorausgeschickt tritt Y hiermit unter Verzicht auf die Einhaltung aller Form- und Fristvorschriften für die Einberufung und Abhaltung einschließlich der Vorschriften der §§ 122 f, 122a Abs. 2, 47 und 49 UmwG zu einer

G e s e l l s c h a f t e r v e r s a m m l u n g

der M-GmbH zusammen und beschließt mit allen Stimmen was folgt:

Dem Verschmelzungsplan zwischen der Schweden-AB mit Sitz in Stockholm, eingetragen im Bolagsverket, Schwedisches Registrierungsbüro für Gesellschaften, unter der Registrierungsnummer 123456–7890, als übertragender Gesellschaft und der M-GmbH als übernehmender Gesellschaft vom (Datum) – UR. Nr. ..... des amtierenden Notars – wird zugestimmt.

Eine Ausfertigung des Verschmelzungsplans ist dieser Niederschrift als Anlage[1383] beigefügt. Auf ein Vorlesen der Anlage wird verzichtet.

Einer Abhängigkeit gem. § 122g Abs. 1 UmwG unterliegt der Zustimmungsbeschluss nicht.

Damit ist die Gesellschafterversammlung beendet.

III. Verzichtserklärungen

Y erklärte weiter:
1. Auf die Prüfung des Verschmelzungsplans (§§ 122 f, 9 UmwG) und auf die Erstellung eines Prüfungsberichts (§§ 122 f, 12 UmwG) wird unwiderruflich verzichtet (§§ 122 f, 9 Abs. 3, 12 Abs. 3 UmwG).
2. Ebenso verzichte ich ausdrücklich auf etwa bestehende Rechte zur Anfechtung dieses Beschlusses, insbesondere auf eine Klage gegen die Wirksamkeit dieses Beschlusses (§ 16 Abs. 2 UmwG).

[1381] Beachte andernfalls § 51 UmwG.
[1382] Auf die Einreichung des Verschmelzungsplans und sie ergänzenden Angaben nach § 122d Satz 3 UmwG kann nicht verzichtet werden. Denkbar ist jedoch ein Verzicht auf die Monatsfrist.
[1383] Wegen § 13 III 2 UmwG entfällt die Verzichtsmöglichkeit nach § 13a II BeurkG.

§ 13. Verschmelzung von KapGes versch. Mitgliedstaaten § 13

3. Gleichzeitig bestätige ich, dass mir der Verschmelzungsbericht rechtzeitig zugänglich gemacht wurde,[1384] mir der Verschmelzungsplan rechtzeitig zugeleitet worden ist und dass die Jahresabschlüsse und Lageberichte der letzten drei Jahre sowohl der Schweden-AG als auch der M-GmbH zur Einsicht ausgelegt worden sind.[1385]

IV. Hinweise

Der Notar belehrte den Erschienenen über die Unwiderruflichkeit der Verzichtserklärungen gem. Ziffer III. und deren Wirkung und wies ihn daraufhin, dass durch diese Erklärung die Ausübung von Gesellschafterrechten bei der bevorstehenden Verschmelzung beeinträchtigt sein kann.

V. Kosten

Die mit dieser Urkunde verbundenen Kosten trägt die M-GmbH.

Diese Niederschrift wurde dem Erschienenen vom Notar vorgelesen, die Anlage zur Durchsicht vorgelegt, von ihm genehmigt und von ihm und dem Notar eigenhändig wie folgt unterschrieben:

Handelsregisteranmeldung der übernehmenden Gesellschaft[1386]

UR. Nr. ..... für .....   365 C

An das
Amtsgericht
– Handelsregister –
Musterort
HR B 123
Gesellschaft unter der Firma M-GmbH
Wir, A und B,

handelnd in unserer Eigenschaft als gemeinsam vertretungsberechtigte Geschäftsführer der vorgenannten Gesellschaft, melden zur Eintragung in das Handelsregister an:

Auf die Gesellschaft ist im Wege der Verschmelzung durch Aufnahme gemäß §§ 122a Abs. 2, 2 Nr. 1 UmwG als übernehmende Gesell-

---

[1384] § 122e UmwG, ein Verzicht ist nach dem Gesetzeswortlaut nicht möglich, § 122e Satz 3 UmwG, in der Literatur streitig.
[1385] Auf diese Vorbereitungshandlungen der §§ 47, 49 UmwG kann auch verzichtet werden.
[1386] Die Anmeldung für die übertragende Gesellschaft erfolgt nach deren Recht zu deren Register.

§ 13   4. Teil. Grenzüberschreitende Verschmelzungen

schaft das Vermögen der Schweden-AB dem Sitz in Stockholm, eingetragen im Bolagsverket, Schwedisches Registrierungsbüro für Gesellschaften, unter der Registrierungsnummer 123456–7890, als übertragende Gesellschaft als Ganzes ohne Abwicklung übergegangen.[1387]
Als Anlage überreiche ich:
a) eine Ausfertigung des gemeinsamen Verschmelzungsplans vom (Datum) – UR. Nr. ..... des Notars ..... in ..... –,
b) eine Ausfertigung der Niederschrift vom (Datum) – UR. Nr. ..... des Notars ..... in ..... –, enthaltend:
  – den Zustimmungsbeschluss des Gesellschafters der M-GmbH zur Verschmelzung,
  – die Verzichtserklärungen des Gesellschafters der M-GmbH nach den §§ 122 f, 9 Abs. 3 und 12 Abs. 3 UmwG,
  – die Verzichtserklärungen des Gesellschafters der M-GmbH nach § 16 Abs. 2 UmwG,
c) den Verschmelzungsbericht,
d) die Empfangsbestätigung des Betriebsrates der M-GmbH als Nachweis der Zuleitung des Entwurfs des Verschmelzungsvertrages gem. § 17 Abs. 1 UmwG,
e) die Schlussbilanz der Schweden AB zum (Datum),[1388]
f) die Verschmelzungsbescheinigung gem. § 122k UmwG.
Ich erkläre weiter:
1. Da die übernehmende Gesellschaft, die M-GmbH, alleinige Gesellschafterin der Schweden-AB ist, findet die Verschmelzung gemäß §§ 122a Abs. 2, 54 Abs. 1 S. 1 Nr. 1 UmwG ohne eine Kapitalerhöhung bei der übernehmenden M-GmbH und gemäß § 20 Abs. 1 Nr. 3 S. 1 Halbsatz 2 UmwG ohne Ausgabe neuer Geschäftsanteile statt.
2. Auf die Prüfung der Verschmelzung und einen Prüfbericht ist gem. §§ 122 f, 9 Abs. 3, 12 Abs. 3 UmwG verzichtet worden.
3. Die Schweden-AB hat keinen Betriebsrat.
4. Besondere Zustimmungserklärungen einzelner Anteilsinhaber sind nicht erforderlich.
5. Staatliche Genehmigungen sind nicht erforderlich.

Es wird versichert, dass die Verschmelzungsbeschlüsse bis heute nicht angefochten worden sind und darüber hinaus auf das Recht der Anfechtung dieser Beschlüsse ausdrücklich verzichtet wurde (§ 16 Abs. 2 UmwG).

(Ort, Datum)

(Beglaubigungsvermerk)

[1387] Als Anmeldungstext sind andere Formulierungen denkbar. So genügt auch anzumelden, dass „die Schweden-AB im Wege der Verschmelzung durch Aufnahme auf die M-GmbH verschmolzen wurde." Die hier gewählte ausführliche Formulierung entspricht dem Wortlaut des § 2 Nr. 1 UmwG.

[1388] Der Handelsregisteranmeldung der übernehmenden Gesellschaft muss die Schlussbilanz nicht zwingend beigefügt werden, § 17 II UmwG.

§ 13. Verschmelzung von KapGes versch. Mitgliedstaaten § 13

Verschmelzungsbericht

Die Geschäftsführung
der M-GmbH
(Adresse) und

Die Geschäftsführung 365 D
Schweden-AB
(Adresse)

an
1. Y
2. alle Mitarbeiter
 – der M-GmbH
 – der Schweden-AB
3. den Betriebsrat der M-GmbH, Musterort

Beabsichtigte Verschmelzung der Schweden-AB auf die M-GmbH

Sehr geehrte Damen und Herren,
wir freuen uns als Geschäftsführung der M-GmbH und als Geschäftsführung der Schweden-AB, Ihnen den folgenden Bericht über die beabsichtigte Verschmelzung der Schweden-AB auf die M-GmbH zu erstatten.

I. Die Verschmelzung

1. An der beabsichtigten Verschmelzung nehmen die folgenden Gesellschaften teil:
 a) die Schweden-AB, eine Aktiebolag (Aktiengesellschaft schwedischen Rechts), eingetragen im Bolagsverket, schwedisches Registrierungsbüro für Gesellschaften, unter der Registrierungsnummer 123456–7890, als übertragende Gesellschaft,
 b) die M-GmbH, eine Gesellschaft mit beschränkter Haftung nach deutschem Recht, eingetragen im Handelsregister des Amtsgerichts Musterort unter HRB 123, als übernehmende Gesellschaft.
Die Schweden-AB ist eine hundertprozentige Tochter der M-GmbH.
2. Die Schweden-AB soll auf die M-GmbH verschmolzen werden. Dies bedeutet, dass nach der Verschmelzung die Schweden-AB nicht mehr fortbesteht. Alle Vermögensgegenstände und Schulden der Schweden-AB werden automatisch Vermögensgegenstände und Schulden der M-GmbH sein. Alle Verträge, die zur Zeit mit der Schweden-AB bestehen, werden automatisch solche der M-GmbH sein und ohne Änderungen fortgeführt werden.
3. Die beabsichtigte Verschmelzung hat folgende wirtschaftliche Gründe:

a) Sowohl die Schweden-AB als auch die M-GmbH gehören Y. Durch die Verschmelzung wird die gesellschaftsrechtliche Struktur der Y-Gruppe in Europa vereinfacht. Der Name der M-GmbH, der kürzlich von (alter Name), eine deutsche Bezeichnung, in (neuer Name), eine englische Bezeichnung, geändert wurde, spiegelt wider, dass die M-GmbH künftig die zuständige Gesellschaft der Y-Gruppe für den gesamten europäischen Markt sein soll.
b) Neben der Vereinfachung der gesellschaftsrechtlichen Struktur soll auch die Verkaufsorganisation vereinfacht werden. Eine Reduktion der Mitarbeiterzahl ist nicht beabsichtigt.

II. Der Verschmelzungsplan

Wir möchten den Inhalt des Verschmelzungsplans, der zur Offenlegung im Handelsregister eingereicht wurde, wie folgt erklären und zusammenfassen:
1. Die teilnehmenden Gesellschaften sind die Schweden-AB als übertragende Gesellschaft und ihre Muttergesellschaft, die M-GmbH, als übernehmende Gesellschaft. Das schwedische und das deutsche Recht gestatten die grenzüberschreitende Verschmelzung von schwedischen Gesellschaften auf deutsche Gesellschaften.
2. Die Verschmelzung erfolgt unter dem Gesichtspunkt der Rechnungslegung zum (Datum). Das bedeutet, dass alle Geschäftsvorfälle der Schweden-AB, die nach dem (Datum) stattfinden, Geschäftsvorfälle der M-GmbH werden.
Die Verschmelzung wird rechtlich wirksam mit Eintragung der Verschmelzung in das Handelsregister der M-GmbH, die jedoch die vorherige Eintragung im Handelsregister der Schweden-AB voraussetzt.
3. Die Verschmelzung erfolgt zum Buchwert. Die Vermögensgegenstände und Schulden werden entsprechend ihrer Buchung in der Bilanz der Schweden-AB in die Bilanz der M-GmbH übertragen. Die für die Verschmelzung maßgeblichen Bilanzstichtage der Gesellschaften ist der (Datum).

III. Auswirkungen der Verschmelzung auf die Gläubiger

1. Wir sehen keine negativen Auswirkungen für die Gläubiger einer der beiden Gesellschaften. Nach der Verschmelzung werden die Vermögensgegenstände der M-GmbH für die Schulden der Schweden-AB haften. Die Bilanzen der Gesellschaften wurden konservativ errichtet und geprüft. Alle vorhersehbaren Risiken wurden in den Bilanzen berücksichtigt. Uns sind keine sonstigen Verbindlichkeiten bekannt, die nicht in den Bilanzen berücksichtigt wären. Darüber hinaus arbeiten beide Gesellschaften mit Gewinn, verfügen über erhebliche Gewinnvorträge und können des-

§ 13. Verschmelzung von KapGes versch. Mitgliedstaaten   § 13

halb Risiken, die sich etwa nach dem letzten Bilanzstichtag ergeben, bewältigen. Wir können daher keinen Grund erkennen, warum sich die Situation der Gläubiger einer der Gesellschaften verschlechtern sollte.
2. Die Gläubiger der Schweden-AB können der Verschmelzung innerhalb von zwei Monaten, nachdem der Antrag zur Durchführung der Verschmelzung durch die schwedischen gesellschaftsrechtlichen Behörden bekannt gemacht wurde, widersprechen. Die Mitteilung der Gläubiger, die der Verschmelzung widersprechen, hat schriftlich zu erfolgen und ist der schwedischen gesellschaftsrechtlichen Behörde einzureichen, die die Angelegenheit dem zuständigen erstinstanzlichen Gericht überreichen wird. Das Gericht kann anordnen, dass der Anspruch des Gläubigers vollständig befriedigt wird oder dass dem Gläubiger eine ausreichende Sicherheit für seine Forderung gewährt wird. Wenn diese Anforderungen nicht erfüllt werden, kann das Gericht den Antrag auf Durchführung der Verschmelzung zurückweisen.
3. Die Gläubiger der M-GmbH können die Gewährung einer Sicherheit innerhalb von sechs Monaten verlangen nach dem Tag, an dem die Registrierung der Verschmelzung im Handelsregister der M-GmbH veröffentlicht wurde. Die Bitte um eine Sicherheit hat schriftlich zu erfolgen und der Anspruch des Gläubigers, für den Sicherheit begehrt wird, ist nach Grund und Höhe darzulegen. Die Gläubiger haben darüber hinaus darzulegen, dass die Verschmelzung die zukünftige Erfüllung ihres Anspruchs gefährdet.

IV. Auswirkungen auf die Arbeitnehmer

1. Die Rechtsposition der Mitarbeiter der übernehmenden M-GmbH wird durch die Verschmelzung nicht betroffen. Die Einzelverträge, die Betriebsvereinbarungen und die Tarifverträge bleiben wirksam und ohne Änderungen anwendbar.
Es sind keine Änderungen in der Arbeitnehmerzahl der übernehmenden Gesellschaft M-GmbH wegen der Verschmelzung geplant.
2. Nach Wirksamwerden der Verschmelzung gehen alle Arbeitsverhältnisse der Mitarbeiter mit der übertragenden Schweden-AB automatisch mit allen Rechten und Pflichten auf die übernehmende M-GmbH über. Es gibt keine Änderungen an den Arbeitsbedingungen der Mitarbeiter der Schweden-AB aufgrund der Verschmelzung. Die Arbeitnehmer der Schweden-AB und, soweit anwendbar, ihre jeweiligen Gewerkschaften, wurden über die Verschmelzung nach Maßgabe des schwedischen Beschäftigungsschutzgesetzes unterrichtet.
Bei der Schweden-AB sind zur Zeit oder wegen der Verschmelzung keine wesentlichen Änderungen der Geschäftsorganisation oder Personalmaßnahmen geplant.

§ 13   4. Teil. Grenzüberschreitende Verschmelzungen

Die Geschäftstätigkeit der Schweden-AB wird als Zweigniederlassung der M-GmbH fortgesetzt.

(Errichtungsort), (Datum)

(Unterschrift Geschäftsführer der M-GmbH in vertretungsberechtigter Zahl)

(Unterschrift der Verwaltungsratsmitglieder der Schweden-AB in vertretungsberechtigter Zahl)

Fall: (Verschmelzung einer deutschen GmbH auf eine niederländische BV durch Aufnahme)

366   *Die M-B.V., eine Gesellschaft mit beschränkter Haftung nach niederländischem Recht, ist alleinige Gesellschafterin der T-GmbH. Die deutsche Tochter-GmbH soll auf die niederländische Muttergesellschaft (B. V.) verschmolzen werden.*

Hierzu folgende Muster:
– Verschmelzungsplan und Verzichtserklärungen, Rn. 366 A
– Angaben zur Bekanntmachung nach § 122d UmwG Rn. 366 B
– Beschlussfassung nach MgVG, Rn. 366 C
– Handelsregisteranmeldung der übertragenden Gesellschaft, Rn. 366 D

Verschmelzung einer deutschen Tochter-GmbH auf eine niederländische Muttergesellschaft (B. V.) durch Aufnahme, §§ 4 ff., 46 ff., 122a ff. UmwG;[1389] Verschmelzungsplan

366 A   UR. Nr. ...... für .....
Verhandelt
zu Musterort am .....
Vor mir, ...
        Notar

für den Oberlandesgerichtsbezirk Musterort mit dem Amtssitz in Musterort, erschienen, ausgewiesen durch Vorlage ihrer amtlichen Lichtbildausweise:
1. A
hier handelnd als einzelvertretungberechtigter und von den Beschränkungen des § 181 BGB befreiter Geschäftsführer der T-GmbH mit Sitz in Musterort, eingetragen im Handelsregister des Amtsgerichts Musterort unter HR B 123,
Der amtierende Notar hat sich durch heutige Einsichtnahme in das elektronische Handelsregister des Amtsgerichts Musterort

---

[1389] Ggf. sind auch noch die Vorschriften der ausländischen Rechtsordnung die Verschmelzung betreffend zu beachten, insb. hinsichtlich der Frage, ob es diese Verschmelzungskombination zulässt.

964   *Gageik*

§ 13. Verschmelzung von KapGes versch. Mitgliedstaaten § 13

HR B 123 überzeugt, dass dort die T-GmbH mit Sitz in Musterort eingetragen ist und A als einzelvertretungsberechtigter Geschäftsführer zur Vertretung der T-GmbH berechtigt sind.

2. B
   a) handelnd als einzelvertretungsberechtigter Director der M-B.V. mit Sitz in Amsterdam/Niederlande, eingetragen im Handelsregister der Kamer van Koophandel unter der Registriernummer 456, Geschäftsanschrift ......
   b) handelnd als einzelvertretungsberechtigter Director der Holding-B.V. mit Sitz in Amsterdam/Niederlande, eingetragen im Handelsregister der Kamer van Koophandel unter der Registriernummer 789, Geschäftsanschrift ......
   Dem amtierenden Notar lag bei der heutigen Beurkundung eine Vertretungsbescheinigung des niederländischen Notars ... in (Ort) vor, aus der sich ergibt, dass
   aa) Die M-B.V. Gesellschaft mit beschränkter Haftung niederländischen Rechts (besloten vennootschap met beperkte aansprakelijkheid) ist, diese ordnungsgemäß errichtet wurde, weiterhin existiert und im Handelsregister der Kamer van Koophandel unter der Registriernummer 456 eingetragen ist und dass bei der M-B.V. kein Aufsichtsrat existiert,
   bb) dass die Holding-B.V. ebenfalls eine nach niederländischem Recht errichtete Gesellschaft mit beschränkter Haftung (besloten vennootschap met beperken aansprakelijkheit,) niederländischen Rechts ist, diese ordnungsgemäß errichtet wurde, weiterhin existiert und im Handelsregister der Kamer van Koophandel unter der Registriernummer 789 eingetragen ist,
   cc) B berechtigt ist, die M-B.V. und die Holding-B.V. alleine zu vertreten sowie dass nach niederländischem Recht kein Verbot der Mehrfachvertretung und des Insichgeschäfts besteht.

Die Erschienenen, handelnd wie angegeben, erklärten:

Teil A
GEMEINSAMER VERSCHMELZUNGSPLAN

für die grenzüberschreitende Verschmelzung zwischen der
T-GmbH
Musterort, Bundesrepublik Deutschland
– nachfolgend auch: „Übertragende Gesellschaft" –
und der
M-B.V.
Amsterdam, Niederlande
– nachfolgend auch „Übernehmende Gesellschaft" –

VORBEMERKUNG

A. Die Übernehmende Gesellschaft, M-B.V., eine Gesellschaft mit beschränkter Haftung nach niederländischem Recht (besloten vennootschap met beperkte aansprakelijkheid) hat ihren Sitz in Amsterdam und ist eingetragen im niederländischen Handelsregister unter Nummer: 456.
Alleiniger Gesellschafter der Übernehmenden Gesellschaft ist die Holding-B.V., eine Gesellschaft mit beschränkter Haftung niederländischen Rechts (besloten vennootschap met beperkte aansprakelijkheid) mit Sitz in Amsterdam, eingetragen im niederländischen Handelsregister unter Nummer: 789 (im Nachfolgenden auch der „Gesellschafter" genannt).

B. Die Übertragende Gesellschaft, T-GmbH, eine Gesellschaft mit beschränkter Haftung nach deutschem Recht, hat ihren Sitz in Musterort und ist eingetragen im Handelsregister des Amtsgerichts Musterort unter HRB 123.
Alleiniger Gesellschafter der Übertragenden Gesellschaft ist die M-B.V., eine Gesellschaft mit beschränkter Haftung niederländischen Rechts (besloten vennootschap met beperkte aansprakelijkheid), mit Sitz in Amsterdam, eingetragen im niederländischen Handelsregister unter Nummer: 456.
Die Übernehmende Gesellschaft ist die Muttergesellschaft der Übertragenden Gesellschaft.

C. Die Verschmelzenden Gesellschaften sind zu dem Schluss gekommen, dass die Umsetzung einer grenzüberschreitenden Verschmelzung im Sinne der Richtlinie 2005/56/EG des Europäischen Parlaments und des Rates vom 26. Oktober 2005 über die Verschmelzung von Kapitalgesellschaften aus verschiedenen Mitgliedstaten, der §§ 2:309, 2:333(1) und 2:333c(1) des niederländischen Bürgerlichen Gesetzbuches (Burgerlijk Wetboek; „BW") sowie der §§ 122a ff., 2 Nr. 1 und und 46 ff. des deutschen Umwandlungsgesetzes („UmwG"), im Nachfolgenden die „Verschmelzung" genannt, gewünscht ist.
Sowohl das niederländische wie das deutsche Recht erlauben die Verschmelzung zweier Gesellschaften mit beschränkter Haftung, § 2:333c(1) BW, §§ 122b Abs. 1, 3 Abs. 1 UmwG.

D. Als Folge der Verschmelzung übernimmt die Übernehmende Gesellschaft das gesamte Vermögen der Übertragenden Gesellschaft mit allen Rechten und Pflichten im Wege der Gesamtrechtsnachfolge (onder algemene titel) und die Übertragende Gesellschaft erlischt ohne Abwicklung.

E. Die Übernehmende Gesellschaft ist Inhaber aller Geschäftsanteile der Übertragenden Gesellschaft, so dass § 2:333(1) des BW sowie §§ 122c Abs. 3 und 122g Abs. 2 UmwG auf die Verschmelzung anwendbar sind. Insbesondere entfallen im Verschmelzungsplan die Angaben nach § 122c Abs. 2 Nr. 2, 3 und 5 UmwG (vgl. § 122c Abs. 3 UmwG) sowie die Angaben nach Art. 2:326 bis 2:328 BW.

§ 13. Verschmelzung von KapGes versch. Mitgliedstaaten § 13

F. Keine der zu verschmelzenden Gesellschaften befindet sich in Liquidation oder ist Gegenstand eines Insolvenz- oder Vergleichsverfahrens.

G. Das Geschäftsjahr der Übernehmenden Gesellschaft und das der Übertragenden Gesellschaft beginnt jeweils am 1. Januar eines Jahres und endet am 31. Dezember des Jahres. Die letzten festgestellten Bilanzen der Übernehmenden Gesellschaft und der Übertragenden Gesellschaft sind die Bilanzen für das Geschäftsjahr Januar 2015 bis Dezember 2015.
Die Geschäftsführung der T-GmbH und der M-B.V. stellen den folgenden Verschmelzungsplan auf

1. VERMÖGENSÜBERTRAGUNG DURCH VERSCHMELZUNG

1. Die T-GmbH wird auf Grundlage der Richtlinie 2005/56/EG des Europäischen Parlaments und des Rates vom 26. Oktober 2005 über die Verschmelzung von Kapitalgesellschaften aus verschiedenen Mitgliedstaten, des § 2:309 in Verbindung mit § 2:333 Absatz 1 und § 2:333c Absatz 1 des BW und der §§ 122a Abs. 2 in Verbindung mit § 2 Nr. 1 und §§ 46ff. UmwG auf die M-B.V. als Übernehmende Gesellschaft verschmolzen mit der Folge, dass
   a. das Vermögen der Übertragenden Gesellschaft als Ganzes mit allen Rechten und Pflichten im Wege der Gesamtrechtsnachfolge (onder algemene titel) unter Auflösung ohne Abwicklung auf die Übernehmende Gesellschaft übergeht (Verschmelzung zur Aufnahme);
   b. die Übertragende Gesellschaft ohne Abwicklung kraft Gesetzes erlischt;
   c. die Anteile am Kapital der Übertragenden Gesellschaft untergehen und für keine dieser Anteile neue Anteile durch die Übernehmende Gesellschaft zugewiesen werden.
2. Die Verschmelzung wird am Tag nach dem Tag der Unterzeichnung der niederländischen notariellen Verschmelzungsurkunde wirksam. Mit dem Wirksamwerden der Verschmelzung erlischt die T-GmbH. Nach dem Erlöschen der T-GmbH wird das Handelsregisterblatt der T-GmbH im Handelsregister des Amtsgerichts Köln geschlossen.

2. RECHTSFORM, FIRMA UND SITZ

1. Die Übernehmende Gesellschaft, M-B.V., ist eine Gesellschaft in der Rechtsform der Gesellschaft mit beschränkter Haftung (besloten vennootschap met beperkte aansprakelijkheid), errichtet nach niederländischem Recht mit satzungsmäßigem Sitz in Amsterdam, Niederlande. Sie ist eingetragen im niederländischen Handelsregister unter Nummer: 456. Ihre Geschäftsadresse ist ......
Das ausgegebene Stammkapital (geplaatst kapitaal) der Überneh-

§ 13   4. Teil. Grenzüberschreitende Verschmelzungen

menden Gesellschaft beträgt EUR .... und ist verteilt in .... Anteile mit einem Nennwert von je EUR 1.
Ausweislich des niederländischen Handelsregisters (Kamer van Koophandel) ist alleiniger Gesellschafter der Übernehmenden Gesellschaft die Holding-B.V., eine Gesellschaft mit beschränkter Haftung niederländischen Rechts (besloten vennootschap met beperkte aansprakelijkheid), mit Sitz in Amsterdam, eingetragen im niederländischen Handelsregister unter Nummer: 789 (im Nachfolgenden auch der „Gesellschafter" genannt).
Nach Angaben der Vertragsparteien sind die Anteile am ausgegebenen Kapital der M-B.V. voll eingezahlt und in Bezug auf diese Anteile wurde weder ein Nießbrauchrecht bestellt noch wurde ein Pfandrecht bestellt. Es gibt auch keine Anteilszertifikate.
Die Übernehmende Gesellschaft hält keine eigenen Anteile.

2. Die Übertragende Gesellschaft, T-GmbH, ist eine Gesellschaft in der Rechtsform einer Gesellschaft mit beschränkter Haftung errichtet nach deutschem Recht, mit satzungsmäßigem Sitz in Musterort, Deutschland. Sie ist eingetragen im Handelsregister des Amtsgerichts Musterort unter HRB 123. Ihre Geschäftsadresse ist....
Das Stammkapital der Übertragenden Gesellschaft beträgt nach der Satzung (Stand ....) und der Eintragung im Handelsregister EUR ...... Ausweislich der zuletzt vom Handelsregister aufgenommenen Gesellschafterliste, die das Datum vom .... trägt, ist es eingeteilt in den Geschäftsanteil Nr. 1 im Nennbetrag von EUR ...., den Geschäftsanteil Nr. 2 im Nennbetrag von EUR .... den Geschäftsanteil Nr. 3 im Nennbetrag von EUR .... und den Geschäftsanteil Nr. 4 im Nennbetrag von EUR ....
Alleiniger Gesellschafter der Übertragenden Gesellschaft ist ausweislich der zuletzt vom Handelsregister aufgenommen Gesellschafterliste die Übernehmende Gesellschaft, die M-B.V., eine Gesellschaft mit beschränkter Haftung niederländischen Rechts (besloten vennootschap met beperkte aansprakelijkheid), mit Sitz in Amsterdam, eingetragen im niederländischen Handelsregister unter Nummer: 456.
Der Notar hat die zuletzt vom Handelsregister aufgenommene Gesellschafterliste heute einsehen lassen. Sie trägt das Datum vom .... und weist die vorgenannten Geschäftsanteile Nrn. 1 bis 4 und die M-B.V. als deren einzigen Inhaber aus.
Nach Angaben der Vertragsparteien sind die Geschäftsanteile der T-GmbH voll eingezahlt. Rechte Dritter daran, insbesondere Nießbrauch- oder Pfandrechte, bestehen nicht.

3. VERSCHMELZUNGSBERICHT, VERSCHMELZUNGSPRÜFUNG, VERSCHMELZUNGSPRÜFUNGSBERICHT

1. Der nach §§ 122e, 8 UmwG sowie § 2:313 BW zu fertigende gemeinsame Verschmelzungsbericht wird durch die Geschäfts-

§ 13. Verschmelzung von KapGes versch. Mitgliedstaaten §13

führung der beteiligten Gesellschaften in vertretungsberechtigter Zahl erstellt und dem jeweils einzigen Anteilsinhaber der Verschmelzenden Gesellschaften und dem Betriebsrat bzw. den Arbeitnehmern der Verschmelzenden Gesellschaften entsprechend §§ 122e Satz 2, 63 Abs. 1 Nr. 4 UmwG zugänglich gemacht.

2. Eine Verschmelzungsprüfung findet gemäß §§ 122 f, 9 Abs. 2 UmwG sowie Artikel 2:328 Absatz 6 BW nicht statt, da es sich um die Verschmelzung der 100%igen Tochter auf ihre Mutter handelt. § 48 UmwG findet nach der Bestimmung des § 122 f S1 UmwG ausdrücklich keine Anwendung.

Mangels Verschmelzungsprüfung ist auch kein Prüfungsbericht zu erstellen.

4. KEINE GEWÄHRUNG EINER GEGENLEISTUNG

1. Da die Übernehmende Gesellschaft alleinige Gesellschafterin der Übertragenden Gesellschaft ist, erfolgt die Verschmelzung ohne Gewährung von Anteilen an der Übernehmenden Gesellschaft. Gemäß §§ 54 Abs. 1 S. 1 Nr. 1, 20 Abs. 1 Nr. 3 S. 1 Halbsatz 2 UmwG findet keine Kapitalerhöhung bei der Übernehmenden Gesellschaft und keine Ausgabe neuer Geschäftsanteile statt. Die Übertragung des Vermögens der Übertragenden Gesellschaft im Wege der Verschmelzung erfolgt daher ohne Gegenleistung. Bare Zuzahlungen sind nicht zu leisten.

2. Eine Prüfung oder Verbesserung des Umtauschverhältnisses gemäß §§ 122h, 14, 15 UmwG und Artikel 2:333 Abs. 1 BW i. V. m. Artikel 2:328 Abs. 1 und 2 BW scheiden daher aus.

5. WIRKSAMWERDEN DER VERSCHMELZUNG

Die Verschmelzung wird gem. § 2:318(1) BW am Tag nach dem Tag der Unterzeichnung der notariellen Verschmelzungsurkunde in den Niederlanden wirksam. Mit dem Wirksamwerden der Verschmelzung erlischt die Übertragende Gesellschaft.

Aus Sicht des deutschen Rechts wird die Verschmelzung zunächst im Handelsregister der Übertragenden Gesellschaft eingetragen. Die Nachricht über die Eintragung der Verschmelzung im Register gilt als Bescheinigung darüber, dass die Voraussetzungen für die grenzüberschreitende Verschmelzung aus Sicht des deutschen Rechts vorliegen (Verschmelzungsbescheinigung), § 122k Abs. 2 UmwG.

Die Eintragung im Handelsregister der Übertragenden Gesellschaft wird mit dem Vermerk versehen, dass die grenzüberschreitende Verschmelzung unter den Voraussetzungen des niederländischen Rechts (als dem Recht des Staates, dem die Übernehmende Gesellschaft unterliegt) wirksam wird.

Die Verschmelzungsbescheinigung ist zusammen mit dem Verschmelzungsplan durch das Vertretungsorgan der Übernehmenden

§ 13   4. Teil. Grenzüberschreitende Verschmelzungen

Gesellschaft innerhalb von sechs Monaten nach ihrer Ausstellung der zuständigen Stelle in den Niederlanden, dem niederländischen Handelsregister, vorzulegen. Das niederländische Handelsregister als für die Übernehmende Gesellschaft zuständiges Register macht dem Handelsregister des Amtsgerichts Musterort Mitteilung über das Wirksamwerden der Verschmelzung nach niederländischem Recht.

Daraufhin vermerkt das Handelsregister des Amtsgerichts Musterort den Tag des Wirksamwerdens und übermittelt die bei ihm aufbewahrten elektronischen Dokumente an das niederländische Handelsregister.

Bis zur Wirksamkeit der Verschmelzung wird die Übertragende Gesellschaft über ihre Vermögensgegenstände nur im Rahmen eines ordnungsgemäßen Geschäftsganges oder mit Einwilligung der Übernehmenden Gesellschaft verfügen.

6. VERSCHMELZUNGSSTICHTAG

Im Innenverhältnis zwischen der Übertragenden Gesellschaft und der Übernehmenden Gesellschaft entfaltet die Verschmelzung ihre Wirkung mit Ablauf des 31.12.2015, 24.00 Uhr. Mit Wirkung ab dem 1. Januar 2016, 0.00 Uhr, (nachfolgend auch „Verschmelzungsstichtag") an gelten alle Handlungen und Geschäfte der Übertragenden Gesellschaft als für Rechnung der Übernehmenden Gesellschaft vorgenommen.

Die Angaben zur Vermögens-, Finanz- und Ertragslage der T-GmbH gehen ab dem Verschmelzungsstichtag in den Jahresabschluss der M-B.V. ein.

7. SATZUNG

Die Übernehmende Gesellschaft hat gegenwärtig die als Anlage A beigefügte Satzung, welche im Zusammenhang mit der Verschmelzung nicht geändert werden soll. Die vorerwähnte Anlage ist ein Bestandteil dieses Verschmelzungsplans.

Auf die Anlage A wird gemäß § 9 Abs. 1 Satz 2 deutsches Beurkundungsgesetz verwiesen.

8. BESONDERE RECHTE, ENTSCHÄDIGUNG UND VORTEILE

1. Es gibt keine natürlichen oder juristischen Personen außer dem Gesellschafter selbst, dem gegenüber der Übertragenden Gesellschaft besondere Rechte im Sinne von §§ 2:320 i.V.m. 2:312 Abs. 2 Buchst. c BW zustehen (wie beispielsweise ein Recht auf Gewinnbeteiligung oder auf Bezug von Anteilen), so dass keine Rechte oder Entschädigungen im Sinne der vorgenannten Vorschriften gewährt werden müssen.

§ 13. Verschmelzung von KapGes versch. Mitgliedstaaten   § 13

2. Weder die Übertragende Gesellschaft noch die Übernehmende Gesellschaft hat Vorzugsanteile, Anteile mit Mehrfachstimmrechten oder andere Sonderrechte im Sinne von § 122c Abs. 2 Nr. 7 UmwG ausgegeben. Es bestehen auch keine anderen Wertpapiere als Anteile im Sinne dieses Paragrafen. Besondere Rechte bestehen nicht. Keine der Verschmelzenden Gesellschaften hat mit Sonderrechten ausgestattete Gesellschafter. Daher werden auch keine besonderen Rechte gewährt. Deshalb ist es nicht notwendig, besondere Maßnahmen vorzuschlagen. Es sind auch keine besonderen Maßnahmen für die in § 122c Abs. 2 Nr. 7 UmwG genannten Personen vorgeschlagen oder vorgesehen.

9. SONDERVORTEILE

Weder den Geschäftsführern der Verschmelzenden Gesellschaften noch anderen Personen im Sinne von § 122c Abs. 2 Nr. 8 UmwG, die bei der Verschmelzung involviert sind, werden im Zusammenhang mit der Verschmelzung Vorteile gewährt. Solche Vorteile wurden auch nicht vorgeschlagen und sind auch nicht vorgesehen.

10. ZUSAMMENSETZUNG DES GESCHÄFTSFÜHRUNGSORGANS

Es ist nicht beabsichtigt, nach Wirksamwerden der Verschmelzung die Zusammensetzung des zuständigen Geschäftsführungsorgans der Übernehmenden Gesellschaft zu verändern.

11. BILANZEN

Die der Verschmelzung zugrunde gelegten Bilanzen, deren Stichtag nach § 122c Abs. 2 Ziffer 12 UmwG sowie 2:333d Buchstabe e BW zu bezeichnen ist, sind die Bilanzen zum 31.12.2015.

Die Bedingungen der Verschmelzung wurden auf Grundlage der Bilanzen der Übertragenden Gesellschaft und der Übernehmenden Gesellschaft zum 31.12.2015 festgelegt.

Das Geschäftsjahr der Verschmelzenden Gesellschaften beginnt jeweils mit dem 1. Januar eines Jahres und endet mit dem 31. Dezember desJahres („Bilanzstichtag"). Der letzte festgestellte Jahresabschluss der Verschmelzenden Gesellschaften bezieht sich auf das Geschäftsjahr 2015.

Als Verschmelzungsbilanz der T-GmbH gilt die Bilanz zum 31. Dezember 2015. Sie wird nach den für die Übertragende Gesellschaft geltenden gesetzlichen und satzungsmäßigen Regeln einer Jahresbilanz erstellt. Sie wird der Verschmelzung zugrunde gelegt.

Als Verschmelzungsbilanz der M-B.V. gilt die Bilanz zum 31. Dezember 2015. Sie wird nach den für die Übernehmende Gesellschaft geltenden gesetzlichen und satzungsmäßigen Regeln einer Jahresbilanz erstellt.

§ 13   4. Teil. Grenzüberschreitende Verschmelzungen

12. ANGABEN ZUR BEWERTUNG DES AKTIV- UND PASSIVVERMÖGENS, DAS AUF DIE ÜBERNEHMENDE GESELLSCHAFT ÜBERGEHT

Die Bewertung der Vermögensgegenstände und Schulden der Übertragenden Gesellschaft trägt allen erkennbaren Risiken nach den Grundsätzen vorsichtiger kaufmännischer Buchführung Rechnung. Insbesondere werden Sachanlagen und immaterielle Vermögensgegenstände zu Anschaffungskosten einschließlich Anschaffungsnebenkosten abzüglich etwaiger Preisminderungen und vermindert um planmäßige Abschreibungen angesetzt. Die in den Vorräten enthaltenen Handelswaren werden ebenfalls zu Anschaffungskosten einschließlich Anschaffungsnebenkosten abzüglich etwaiger Preisminderungen bzw. zu gleitenden Durchschnittspreisen oder zu den am Bilanzstichtag beizulegenden niedrigeren Marktpreisen angesetzt. Forderungen und sonstige Vermögensgegenstände werden, unter Berücksichtigung von Wertkorrekturen für alle erkennbaren Risiken, ebenso wie flüssige Mittel mit dem Nennwert angesetzt. Die Rückstellungen berücksichtigen alle erkennbaren Risiken und ungewisse Verbindlichkeiten und sind nach vernünftiger kaufmännischer Beurteilung mit ihrem notwendigen Erfüllungsbetrag angesetzt. Verbindlichkeiten werden mit dem jeweiligen Erfüllungsbetrag angesetzt. Die Rechnungsabgrenzungsposten sind zu Nennbeträgen bewertet und werden entsprechend der jeweiligen Laufzeit aufgelöst.

Die Übertragung des Vermögens der Übertragenden Gesellschaft auf die Übernehmende Gesellschaft erfolgt handelsrechtlich zu Buchwerten, wie sie sich aus der Bilanz der Übertragenden Gesellschaft auf den 31.12.2015 ergeben. In der steuerlichen Schlussbilanz der Übertragenden Gesellschaft auf den 31.12.2015 ist das übergehende Vermögen grundsätzlich mit dem gemeinen Wert anzusetzen, wobei ein Wahlrecht zum Ansatz zu Zwischenwerten oder Buchwerten besteht. Vorliegend ist der Ansatz zu Buchwerten in Übereinstimmung mit den steuerlichen Vorschriften beabsichtigt.

Die Übernehmende Gesellschaft wird nach Wirksamwerden der Verschmelzung für Zwecke der Rechnungslegung die Aktiva und Passiva der Übertragenden Gesellschaft in ihrer Handelsbilanz mit den in der Verschmelzungsbilanz der Übertragenden Gesellschaft angesetzten Buchwerten ansetzen (§ 122c Abs. 2 Nr 11 UmwG und § 2:333d Buchstabe d BW).

13. GRUNDBESITZ, BETEILIGUNGEN

Die Übertragende Gesellschaft hat keinen Grundbesitz. Sie ist an keinen deutschen Handelsgesellschaften beteiligt.

§ 13. Verschmelzung von KapGes versch. Mitgliedstaaten   § 13

14. GEZEICHNETES KAPITAL UND MAßNAHMEN

Das gezeichnete Kapital der Übernehmenden Gesellschaft bleibt unverändert. Aus diesem Grund werden keinerlei Maßnahmen bezüglich des Übergangs des Anteilsbesitzes getroffen.

15. AUSWIRKUNG DER VERSCHMELZUNG AUF FIRMENWERT UND FREIE RÜCKLAGEN

Der Betrag der freien Reserven der Übernehmenden Gesellschaft erhöht sich mindestens in Höhe des Betrages der am Verschmelzungsstichtag vorhandenen freien Rücklagen der Übertragenden Gesellschaft. Die Verschmelzung hat auf den Firmenwert der Übernehmenden Gesellschaft keinen Einfluss.

16. ENTSCHÄDIGUNG / BARABFINDUNG

Die Übertragende Gesellschaft hat keine Minderheitsgesellschafter. Die Übernehmende Gesellschaft ist einziger Gesellschafter der Übertragenden Gesellschaft. Deshalb hat kein Gesellschafter der Übertragenden Gesellschaft Anspruch auf Entschädigung im Sinne von § 2:333h BW. Vor diesem Hintergrund ist ein Barabfindungsangebot nach § 122i Abs. 1 S. 1 UmwG nicht erforderlich.

17. GESCHÄFTSTÄTIGKEIT

Die Übernehmende Gesellschaft hat die Absicht, ihre heutige Geschäftstätigkeit sowie die der Übertragenden Gesellschaft fortzusetzen. Die Geschäftstätigkeit der Übertragenden Gesellschaft soll durch eine Zweigniederlassung in Köln, Deutschland, fortgesetzt werden. Die Übernehmende Gesellschaft hat nicht die Absicht, im Zusammenhang mit der Verschmelzung Geschäftstätigkeiten zu beenden.

18. VORAUSSICHTLICHE AUSWIRKUNGEN DER VERSCHMELZUNG FÜR DIE BESCHÄFTIGUNG

1. Die Übertragende Gesellschaft hat zwei Arbeitnehmer.
Die Folgen der Verschmelzung für die Arbeitnehmer der Übertragenden Gesellschaft ergeben sich aus den § 122a Abs. 2 i. V. m. §§ 20 Abs. 1 Nr. 1 und 2, 324 UmwG sowie § 613a BGB. Mit dem Wirksamwerden der Verschmelzung gehen sämtliche Arbeitsverhältnisse, die mit der Übertragenden Gesellschaft bestehen, gemäß § 613a Abs. 1 BGB mit allen Rechten und Pflichten unverändert in der Weise auf die Übernehmende Gesellschaft über, dass die Arbeitsverträge der bisher bei der Übertragenden Gesellschaft beschäftigten Arbeitnehmer so behandelt werden, als seien diese Arbeitnehmer vom Beginn ihrer jeweiligen Arbeitsverhältnisse an bei der Übernehmenden Gesellschaft beschäftigt

§ 13 4. Teil. Grenzüberschreitende Verschmelzungen

gewesen. Die zeitliche Zusammenfassung der Arbeitsverhältnisse gilt insbesondere im Hinblick auf Kündigungsfristen der Arbeitsverträge und etwaige vertraglich mit der Übertragenden Gesellschaft vereinbarte betriebliche Altersversorgungen der betroffenen Arbeitnehmer. Die Dienstzeiten, die die übergehenden Arbeitnehmer bei der Übertragenden Gesellschaft zurückgelegt haben, werden bei der Übernehmenden Gesellschaft voll angerechnet. Diese Arbeitsverhältnisse können nicht wegen der Verschmelzung gekündigt werden.
Die von dem Übergang betroffenen Arbeitnehmer werden gemäß § 613a Absatz 5 BGB vor dem Übergang in Textform unterrichtet werden über den Zeitpunkt oder den geplanten Zeitpunkt des Übergangs, den Grund für den Übergang, die rechtlichen, wirtschaftlichen und sozialen Folgen des Übergangs für die Arbeitnehmer und die hinsichtlich der Arbeitnehmer in Aussicht genommenen Maßnahmen.
Ein Widerspruchsrecht nach § 613a Abs. 6 BGB gegen den Übergang eines Arbeitsverhältnisses besteht aufgrund der Verschmelzung mit Hinweis auf die Entscheidung des Bundesarbeitsgerichts vom 21. Februar 2008, Az.: 8 AZR 157/07, nicht. Dem Arbeitnehmer steht jedoch ein außerordentliches Kündigungsrecht mit einer 2-Wochen-Frist zu, die mit der Kenntnis von der Wirksamkeit der Verschmelzung zu laufen beginnt.
Betriebsänderungen sind infolge der Verschmelzung derzeit nicht geplant. Der Betrieb der Übertragenden Gesellschaft wird nach Wirksamwerden der Verschmelzung als Zweigniederlassung der Übernehmenden Gesellschaft fortgeführt. Die Mitarbeiter der Übertragenden Gesellschaft behalten daher ihren Beschäftigungsort unverändert bei. Ihre Tätigkeit wird wie bisher auf dem Gebiet der .... liegen. Betriebsstilllegungen, Betriebszusammenlegungen, Personalrationalisierungen und/oder Versetzungen als mittelbare Folgen der Verschmelzung sind nicht beabsichtigt.
2. Die Übernehmende Gesellschaft hat ca. 100 Mitarbeiter. Die Verschmelzung hat auf ihre Beschäftigungsverhältnisse keinerlei Auswirkungen. Der Geschäftsbetrieb der Übernehmenden Gesellschaft wird nach der Verschmelzung unverändert fortgeführt. Die Arbeitsverhältnisse der Arbeitnehmer der Übernehmenden Gesellschaft bestehen unverändert fort, insbesondere wird die kündigungsrechtliche Stellung der Arbeitnehmer nicht verschlechtert. Soweit Tarifverträge, Betriebsvereinbarungen, in separaten Verträgen gemachten Vereinbarungen, sonstige Verträge oder Regelungen bestehen, werden diese durch die Verschmelzung nicht berührt und gelten diese unverändert für die Arbeitnehmer der Übernehmenden Gesellschaft fort. Im Zusammenhang mit der Verschmelzung sind auch keine Personalabbaumaßnahmen, Betriebsänderungen oder Versetzungen vorgesehen.

§ 13. Verschmelzung von KapGes versch. Mitgliedstaaten   § 13

3. Bei der Übertragenden Gesellschaft besteht kein Betriebsrat. Es gibt aber kollektivrechtliche Vereinbarungen, insbesondere Tarifverträge.
Bei der Übernehmenden Gesellschaft besteht ein Betriebsrat. Es gibt ebenfalls kollektivrechtliche Vereinbarungen, insbesondere Tarifverträge.
Andere Arbeitnehmervertretungen gibt es bei beiden Gesellschaften nicht.
Für die Arbeitnehmer der Übernehmenden Gesellschaft ergeben sich durch die Verschmelzung weder Auswirkungen kollektivrechtlicher Art noch hat die Verschmelzung Einfluss auf die betriebliche Mitbestimmung.
Der Betriebsrat der M-B.V. bleibt nach der Verschmelzung unverändert bestehen. Der Bestand und die Befugnisse des Betriebsrats ändern sich durch die Verschmelzung nicht. Im Zusammenhang mit der Verschmelzung sind auch keine Maßnahmen beabsichtigt, die Folgen haben könnten für Arbeitnehmervertreter bei der M-B.V.
Für die Arbeitnehmer der Übertragenden Gesellschaft gelten die bisher auf deren Arbeitsverhältnisse anwendbaren kollektivrechtlichen Vereinbarungen fort. Auch für sie ergeben sich durch die Verschmelzung weder Auswirkungen kollektivrechtlicher Art noch hat die Verschmelzung Einfluss auf die betriebliche Mitbestimmung.
4. Die Übernehmende Gesellschaft hat die Absicht, die heutigen Aktivitäten der Übertragenden Gesellschaft fortzusetzen. Die Übernehmende Gesellschaft hat nicht die Absicht, im Zusammenhang mit der Verschmelzung Aktivitäten zu beenden.
Andere als die oben beschriebenen Folgen und Maßnahmen bestehen im Rahmen dieser Verschmelzung nicht.

19. ANGABEN ZUM VERFAHREN DER ARBEITNEHMERMITBESTIMMUNG

1. Die Übertragende Gesellschaft hat 2 Arbeitnehmer. Die Übernehmende Gesellschaft hat ca. 100 Arbeitnehmer.
2. Aus Sicht des niederländische Rechts gilt:
T Keine der Verschmelzenden Gesellschaften hat in den sechs Monaten vor der Einreichung des Verschmelzungsplans in den Niederlanden durchschnittlich mehr als 500 Arbeitnehmer beschäftigt und keine der Verschmelzenden Gesellschaften unterliegt den Vorschriften hinsichtlich der Mitbestimmung von Mitarbeitern. Angaben zum Verfahren der Arbeitnehmermitbestimmung erübrigen sich daher, da die Voraussetzungen für die Anwendbarkeit von Artikel 2:333k BW nicht vorliegen.
3. Aus Sicht des deutschen Rechts gilt:
§ 5 MgVG regelt, wann statt des nationalen Rechts europäisches Mitbestimmungsrecht auf eine aus einer grenzüberschreitenden

§ 13   4. Teil. Grenzüberschreitende Verschmelzungen

Verschmelzung hervorgegangene Gesellschaft Anwendung findet. Dabei ist umstritten, ob die dort genannten Voraussetzungen alternativ oder kumulativ zu verstehen sind und ob eine konkrete oder abstrakte Anknüpfung zu erfolgen hat. Lediglich dann, wenn man annimmt, dass die Voraussetzungen in § 5 Nrn. 1 bis 3 MgVG auch alternativ die Anwendbarkeit des MgVG eröffnen und wenn man darüber hinaus davon ausgeht, dass für § 5 Nrn. 2 und 3 MgVG eine abstrakte Anknüpfung genügt, könnte der Anwendungsbereich des MgVG eröffnet sein.
Die Geschäftsführungen der Übertragenden Gesellschaft und der Übernehmenden Gesellschaft haben daher am 24.3.2015 gemäß § 23 Abs. 1 Ziffer 3 MgVG beschlossen, für den Fall, dass das MgVG Anwendung finden sollte, ohne vorherige Verhandlung mit einem besonderen Verhandlungsgremium unmittelbar die Regelungen der §§ 23 ff. MgVG ab dem Zeitpunkt der Eintragung der grenzüberschreitenden Verschmelzung anzuwenden.
Da weder bei der Übertragenden Gesellschaft noch bei der Übernehmenden Gesellschaft derzeit eine unternehmerische Mitbestimmung besteht, wird es auch nach der Verschmelzung keine geben.

20. ZUSTIMMUNG ZUR VERSSCHMELZUNG

1. Die Zustimmung anderer Gesellschaftsorgane der Verschmelzenden Gesellschaften oder anderer Personen als der Gesellschafterversammlung der Übernehmenden Gesellschaft zum Verschmelzungsplan ist nicht erforderlich.
2. Gemäß § 122g Abs. 2 UmwG ist wegen der Verschmelzung einer 100%igen Tochter auf ihre Mutter der Zustimmungsbeschluss (Verschmelzungsbeschluss) der Übertragenden Gesellschaft entbehrlich. Er soll auch unterbleiben.
3. Staatliche Genehmigungen sind für die Verschmelzung nicht erforderlich.

21. ZUSTIMMUNG DES AUFSICHTSRATS

Die Verschmelzenden Gesellschaften haben keinen Aufsichtsrat.

22. HINTERLEGUNG / BEKANNTMACHUNG

Dieser Verschmelzungsplan wird zusammen mit den in § 2:314 (1) BW genannten Dokumenten bei der Geschäftsstelle des Handelsregisters der Übernehmenden Gesellschaft hinterlegt. Außerdem wird der Verschmelzungsplan gem. § 122d UmwG beim zuständigen Handelsregister der Übertragenden Gesellschaft in Köln zur Bekanntmachung eingereicht.
Gleichzeitig werden die vorgenannten Dokumente zusammen mit den in § 2:314 (2) BW genannten Dokumenten in den Geschäftsräumen der

§ 13. Verschmelzung von KapGes versch. Mitgliedstaaten § 13

Übertragenden Gesellschaft und der Übernehmenden Gesellschaft hinterlegt. Diese Hinterlegungen werden für Zwecke des niederländischen Rechts außerdem in einer landesweiten Zeitung in den Niederlanden und in den niederländischen Staatsanzeiger bekannt gegeben.

23. KOSTEN

Die durch den Verschmelzungsplan und seine Durchführung entstehenden Kosten trägt die Übernehmende Gesellschaft. Sie trägt auch die Kosten der weiteren Durchführung der Verschmelzung.

24. SALVATORISCHE KLAUSEL

Sollten einzelne Bestimmungen dieses Verschmelzungsplans unwirksam oder nicht durchführbar sein, so bleiben die übrigen Teile insgesamt wirksam. An die Stelle der unwirksamen oder undurchführbaren Bestimmungen werden die Parteien solche vereinbaren, die den mit den unwirksamen oder undurchführbaren Bestimmungen verfolgten wirtschaftlichen Zwecken in zulässiger Weise am nächsten kommen. Dies gilt entsprechend für Lücken.

25. HINWEISE

Der Notar wies die Vertragsschließenden darauf hin, dass
- die Gesellschafterversammlung der Übernehmenden Gesellschaft diesem Verschmelzungsplan zustimmen muss, damit dieser wirksam wird;
- dass dieser Zustimmungsbeschluss frühestens gefasst werden darf nach Ablauf eines Monats, nachdem
  • dieser Verschmelzungsplan nebst den nach § 122d UmwG sowie § 2:314 (1) und (3) BW erforderlichen Angaben im Bundesanzeiger, niederländischen Staatscourant sowie niederländischen Tageszeitung bekannt gemacht worden ist, und
  • der nach §§ 122e, 8 UmwG zu erstellende Verschmelzungsbericht den Anteilsinhabern der an der Verschmelzung beteiligten Gesellschaften und mangels Bestehen eines Betriebsrates ihren Arbeitnehmern nach §§ 122e, 63 Abs. 1 Nr. 4 UmwG zugänglich gemacht wurde;
- die der Verschmelzung zugrunde gelegte Bilanz nicht auf einen Stichtag aufgestellt sein darf, der länger als acht Monate vor der Anmeldung zum Handelsregister liegt;
- zum Vollzug dieser Urkunde eine gesonderte Handelsregisteranmeldung bei der Übertragenden Gesellschaft erforderlich ist;
- die Eintragung im deutschen Handelsregister erst erfolgen und eine Verschmelzungsbescheinigung erst erteilt werden kann, wenn die Geschäftsführung der Übertragenden Gesellschaft versichert hat, dass allen Gläubigern, die nach § 122j UmwG einen Anspruch auf Sicherheitsleistung haben, eine angemessene Sicherheit geleistet wurde bzw., dass keine sicherungsberechtigten Gläubiger

§ 13   4. Teil. Grenzüberschreitende Verschmelzungen

existieren; diese Versicherung kann erst nach Ablauf der 2-Monatsfrist des § 122j UmwG abgegeben werden;
– die Eintragung zwar zunächst im deutschen Handelsregister als dem für die Übertragende Gesellschaft zuständigen Handelsregister erfolgt, die Verschmelzung aber erst mit der Unterzeichnung der Niederländischen Verschmelzungsakte wirksam wird;
– die Übertragende Gesellschaft mit Wirksamwerden der Verschmelzung erlischt.

Teil B
VERZICHTSERKLÄRUNGEN

Sodann erklärten die Holding-B.V. als alleinige Anteilseignerin der Übernehmenden Gesellschaft und die M-B.V. als alleinige Anteilseignerin der Übertragenden Gesellschaft Folgendes:

Unter Bezugnahme auf
a) den in Teil A enthaltenen Verschmelzungsplan,
b) den noch zu fassenden Verschmelzungsbeschluss der Übernehmenden Gesellschaft zum vorbezeichneten Verschmelzungsplan
verzichtet die die Holding-B.V. als alleinige Anteilseignerin der Übernehmenden Gesellschaft und die M-B.V. als alleinige Anteilseignerin der Übertragenden Gesellschaft,
– vorsorglich auf eine Prüfung der Verschmelzung gemäß §§ 122 f, 60, 9 Abs. 3 UmwG iVm § 8 Abs. 3 UmwG und Artikel 2:328 Abs. 1 und 6 BW
– vorsorglich auf die Erstattung eines Prüfungsberichts gemäß §§ 122 f, 60, 12 Abs. 3 UmwG iVm § 8 Abs. 3 UmwG
– auf ein Barabfindungsangebot nach § 122a Abs. 2, 29 UmwG sowie eines nach § 122i UmwG
– eine Prüfung eines Barabfindungsangebotes und einen entsprechenden Prüfungsbericht gemäß § 122a Abs. 2, 29, 30, 122i UmwG,
– auf den nach § 122g Abs. 2 UmwG entbehrlichen Verschmelzungsbeschluss der T-GmbH und somit vorsorglich auf alle Form- und Fristvorschriften für die Einberufung und Abhaltung dieser Gesellschafterversammlung, insbesondere
– auf die Zuleitung des Verschmelzungsplans oder seines Entwurfs sowie des Verschmelzungsberichts spätestens zusammen mit der Einberufung der Gesellschafterversammlung nach §§ 122a Abs. 2, 47 UmwG
– auf die Ankündigung der Verschmelzung als Gegenstand der Gesellschafterversammlung durch die Geschäftsführung, §§ 122a Abs. 2, 49 Abs. 1 UmwG,
– auf die Auslegung und Zugänglichmachung der in § 49 Abs. 2 UmwG genannten Unterlagen,
– auf das Auskunftsverlangen nach §§ 122a Abs. 2, 49 Abs. 3 UmwG und Artikel 2:315 Abs. 1 BW.

§ 13. Verschmelzung von KapGes versch. Mitgliedstaaten § 13

Die Holding-B.V. erklärt zudem, dass sie ihre Zustimmung nicht nach § 13 UmwG davon abhängig macht, dass Art und Weise der Mitbestimmung der übernehmenden Gesellschaft ausdrücklich von ihr bestätigt wird, § 122g UmwG. Ein Verfahren nach § 122c Abs. 10 UmwG war gar nicht erforderlich, da die Geschäftsführungen beider an der Verschmelzung beteiligter Gesellschaften vorsorglich für den Fall der Anwendbarkeit des MgVG erklärt haben, ohne Verhandlung mit einem besonderen Verhandlungsgremium unmittelbar die gesetzlichen Vorschriften anwenden zu wollen.

Diese Niederschrift nebst Anlage A wurde den Erschienenen von dem Notar vorgelesen, alles von ihnen genehmigt und sodann eigenhändig von ihnen und dem Notar wie folgt unterschrieben:

Angaben zur Bekanntmachung nach § 122d UmwG

Amtsgericht 366 B
– Handelsregister –
Musterort

..., den ...

T-GmbH mit dem Sitz in Musterort, HRB 123

Als einzelvertretungsberechtigter Geschäftsführer der T-GmbH („**Gesellschaft**") überreiche ich in den **Anlagen** eine Ausfertigung des gemeinsamen Verschmelzungsplans betreffend die Verschmelzung der T-GmbH mit Sitz in Musterort, Deutschland, eingetragen im Handelsregister des Amtsgerichts Musterort unter HRB 123, als übertragende Gesellschaft mit der M-B.V. als übernehmende Gesellschaft. Bei der M-B.V. handelt es sich um eine Gesellschaft mit beschränkter Haftung niederländischen Rechts (*besloten vennootschap met beperkte aansprakelijkheid*). Die Verschmelzung erfolgt unter Anwendung der §§ 122a ff. 2 Nr. 1., 46 ff. deutsches UmwG und der §§ 2:309, 2:333(1) und 2:333c(1) des niederländischen Bürgerlichen Gesetzbuches (Burgerlijk Wetboek; „BW").

Namens der übertragenden deutschen Gesellschaft bitte ich um Bekanntmachung der nach § 122d UmwG erforderlichen Angaben. Hierzu teile ich gemäß § 122d Satz 3 UmwG den Inhalt der bekannt zu machenden Angaben mit:
1. Es wird gebeten, einen Hinweis gem. § 10 HGB bekannt zu machen, wonach der gemeinsame Verschmelzungsplan beim Handelsregister eingereicht worden ist.
2. An der Verschmelzung sind die T-GmbH, eine nach dem Recht der Bundesrepublik Deutschland errichtete Gesellschaft in der Rechtsform der Gesellschaft mit beschränkter Haftung mit satzungsgemäßem Sitz in Musterort (Deutschland), inländische Ge-

§ 13   4. Teil. Grenzüberschreitende Verschmelzungen

schäftsanschrift ...., als übertragende Gesellschaft und die M-B.V., eine nach dem Recht der Niederlande errichtete Gesellschaft in der Rechtsform der Gesellschaft mit beschränkter Haftung (*besloten vennootschap met beperkte aansprakelijkheid*) mit satzungsmäßigem Sitz in Amsterdam (Niederlande), Geschäftsanschrift: ...., als übernehmende Gesellschaft beteiligt.
3. a) Die übertragende Gesellschaft ist eingetragen im Handelsregister des Amtsgerichts Musterort unter HRB 123.
b) Die übernehmende Gesellschaft ist eingetragen bei der Kamer van Koophandel unter Registriernummer 456.
4. a) aa) Nach deutschem Recht ergeben sich die Rechte der Gläubiger der übertragenden deutschen T-GmbH aus § 122j UmwG. Gläubigern der übertragenden Gesellschaft, die binnen zwei Monaten nach dem Tag dieser Bekanntmachung des Verschmelzungsplans einen Anspruch gegen die übertragende Gesellschaft schriftlich anmelden, nach Grund und Höhe bezeichnen und glaubhaft machen, dass durch die Verschmelzung die Erfüllung ihrer Forderung gefährdet wird, wird Sicherheit für diese Forderung gemäß § 232 BGB geleistet, soweit sie nicht Befriedigung erlangen können. Das Glaubhaftmachen erfordert die Darlegung einer konkreten Gefährdung der Forderung durch die Begleitumstände der Verschmelzung, insbesondere durch erhebliche Bilanzverluste der übernehmenden Gesellschaft, durch eine deutlich längere Prozessdauer im Ausland oder durch den Umstand, dass die Prozesskosten auch im Falle des Obsiegens vom Kläger zu tragen sind oder durch die Verlagerung bedeutender Vermögensmassen ins Ausland.
Der Anspruch auf Sicherheitsleistung besteht nur für solche Forderungen, die vor oder bis zu 15 Tage nach dieser Bekanntmachung des Verschmelzungsplans entstanden sind. Der Anspruch besteht auch nicht, soweit ein Gläubiger Befriedigung verlangen kann, seine Forderung also bereits fällig ist, oder wenn dem Gläubiger bereits ausreichend Sicherheit geleistet wurde. Das Recht, Sicherheitsleistung zu verlangen, steht außerdem den Gläubigern nicht zu, die im Falle der Insolvenz ein Recht auf vorzugsweise Befriedigung aus einer Deckungsmasse haben, die nach gesetzlicher Vorschrift zu ihrem Schutz errichtet und staatlich überwacht ist.
Maßgeblich für die Rechtzeitigkeit der Anmeldung ist deren Zugang bei der übertragenden Gesellschaft.
Die Gläubiger werden darauf hingewiesen, dass mit Wirksamwerden der Verschmelzung die M-B.V., Amsterdam, als übernehmende Gesellschaft Gläubiger bzw. Schuldner aller Ansprüche, Forderungen und Rechte ist, deren Gläu-

§ 13. Verschmelzung von KapGes versch. Mitgliedstaaten § 13

biger bzw. Schuldner vor Wirksamwerden der Verschmelzung die T-GmbH, Musterort, als übertragende Gesellschaft gewesen ist.

bb) Die Rechte der Gläubiger der übernehmenden niederländischen M-B.V. ergeben sich aus Sicht des deutschen Rechts aus § 122a Abs. 2 UmwG iVm § 22 UmwG. Danach ist den Gläubigern der an der Verschmelzung beteiligten Gesellschaften außerhalb des Anwendungsbereichs des § 122j UmwG Sicherheit zu leisten, wenn sie spätestens sechs Monate nach Bekanntmachung der Eintragung der Verschmelzung nach § 122a Abs. 2 iVm § 19 Abs. 3 UmwG in das Register des Sitzes desjenigen Rechtsträgers, dessen Gläubiger sie sind, ihren Anspruch nach Grund und Höhe schriftlich anmelden. Es wird darauf hingewiesen, dass die Sicherheitsleistung spätestens sechs Monate nach Bekanntmachung der Eintragung der Verschmelzung nach § 122a Abs. 2 iVm § 19 Abs. 3 UmwG in das Handelsregister des Sitzes desjenigen Rechtsträgers, der Anspruchsschuldner ist, gefordert werden muss. Dieses Recht steht den Gläubigern nur zu, wenn sie glaubhaft machen, dass durch die Verschmelzung die Erfüllung ihrer Forderungen gefährdet wird. Die Gläubiger sind in der Bekanntmachung der Eintragung der Verschmelzung gem. § 122a Abs. 2 iVm § 22 Abs. 1 Satz 3 UmwG auf dieses Recht hinzuweisen. Das Recht, Sicherheitsleistung zu verlangen, steht Gläubigern nicht zu, die im Falle der Insolvenz ein Recht auf vorzugsweise Befriedigung aus einer Deckungsmasse haben, die nach gesetzlicher Vorschrift zu ihrem Schutz errichtet und staatlich überwacht ist.

cc) Hinsichtlich des Anspruchs eines Gläubigers der übertragenden oder der übernehmenden Gesellschaft ist unerheblich, ob dieser Anspruch auf Vertrag oder Gesetz beruht. Sicherheitsleistungen können aber nur Gläubiger eines so genannten obligatorischen Anspruchs verlangen. Weder § 122j UmwG noch § 22 UmwG erfasst dingliche Ansprüche, da insoweit der Gegenstand des dinglichen Rechts die Sicherheit darstellt. Der Inhalt der Forderung ist nur insoweit von Bedeutung, als diese einen Vermögenswert darstellen muss. Der zu sichernde Anspruch muss deshalb nicht notwendig unmittelbar auf Geld gerichtet sein, vielmehr besteht bei einem Anspruch auf Lieferung von Sachen oder sonstigen Leistungen ein Sicherheitsbedürfnis hinsichtlich eines später eventuell daraus resultierenden Schadensersatzanspruches.
Der Anspruch ist unmittelbar gegenüber der T-GmbH unter deren Geschäftsanschrift ...., geltend zu machen. Hierzu ist

eine genaue Beschreibung der dem Anspruch zu Grunde liegenden Forderung erforderlich, so dass eine Individualisierung ohne weitere Nachforschungen möglich ist. Unter der vorgenannten Anschrift können im Übrigen vollständige kostenlose Auskünfte über die Modalitäten für die Ausübung der Rechte der Gläubiger eingeholt werden.

dd) Inhaber von Sonderrechten nach § 23 UmwG existieren nicht.

b) aa) Nach niederländischem Recht ergeben sich die Rechte der Gläubiger der übertragenden und der übernehmenden Gesellschaft aus Artikel 2:316 BW.

bb) Nach Art. 2:333e, 2:314 Abs. 3 BW müssen die beteiligten Gesellschaften vor Durchführung der Verschmelzung einen Hinweis auf die Einreichung des Verschmelzungsplans und anderer Unterlagen zum Handelsregister der Handelskammer in einer niederländischen Tageszeitung und in den offiziellen niederländischen Mitteilungsblättern (Staatscourant) veröffentlichen. In diesem Hinweis sind u. a. die Gläubiger der T-GmbH und der M-B.V. auf die Modalitäten für die Ausübung ihrer Rechte hinzuweisen.

cc) Die Veröffentlichung setzt eine einmonatige Widerspruchsfrist für die Gläubiger der jeweiligen beteiligten Gesellschaften in Gang (Art. 2:316 Abs. 2 BW). Vor Ablauf dieser Widerspruchsfrist darf die Verschmelzung nicht vollzogen werden.

dd) Wird innerhalb der Widerspruchsfrist von keinem Gläubiger bei dem zuständigen Bezirksgericht Amsterdam Widerspruch gegen die beabsichtigte Verschmelzung eingelegt, so darf die Verschmelzung durchgeführt werden. Liegt ein Widerspruch vor, so kann M-B.V. versuchen, den Gläubiger durch das Angebot einer Sicherheitsleistung zur Rücknahme des Widerspruchs zu bewegen. Falls eine Einigung nicht möglich ist, muss das zuständige niederländische Gericht nach einer mündlichen Verhandlung über den Widerspruch entscheiden. Dieses Verfahren kann mehrere Monate dauern. Es kann durch Rechtsmittel gegebenenfalls weiter verzögert werden. Durch den Gläubigerwiderspruch kann das Verschmelzungsverfahren so lange blockiert werden, bis entweder der Gläubigerwiderspruch zurückgenommen wurde oder eine rechtskräftige Entscheidung darüber vorliegt, ob die M-B.V. dem Gläubiger Sicherheit zu leisten hat. Die Entscheidung des Gerichts hängt davon ab, ob die Erfüllung der Forderung des widersprechenden Gläubigers durch die Verschmelzung gefährdet wird.

c) Ein Verschmelzungsbeschluss ist gemäß § 122g Abs. 2 UmwG entbehrlich, weil die T-GmbH die 100%ige Tochter der M-B.V. ist. Der gemeinsame Verschmelzungsbericht liegt einen Monat vor der Gesellschafterversammlung der M-B.V., die zur Verschmelzung beschließt, zur Einsicht des jeweiligen Anteilsinhabers und

§ 13. Verschmelzung von KapGes versch. Mitgliedstaaten § 13

der jeweiligen Mitarbeiter bzw. des Betriebsrats am Sitz der übertragenden bzw. der übernehmenden Gesellschaft aus. Der Gesellschafter und die Mitarbeiter bzw. der Betriebsrat der jeweiligen Gesellschaft haben das Recht, mindestens einen Monat vor dem Datum der Beschlussfassung über den Verschmelzungsplan, den Verschmelzungsbericht am Sitz der jeweiligen Gesellschaft einzusehen. Bei der übernehmenden Gesellschaft besteht ein Betriebsrat. Die übertragende Gesellschaft hat keinen Betriebsrat. Gemäß Artikel 2:314 BW i. V. m. Artikel 2:317 Paragraph 2 BW liegt der Verschmelzungsplan mit Begleitunterlagen mindestens einen Monat vor der Gesellschafterversammlung der M-B.V., die zur Verschmelzung beschließt, beim Handelsregister zur Einsicht aus sowie am Sitz der übernehmenden Gesellschaft.
d) Ein Hinweis auf die Modalitäten für die Ausübung der Rechte von Minderheitsgesellschaftern gemäß §§ 122h und 122i UmwG ist nicht bekannt zu machen, da es sich um die Verschmelzung einer 100%igen Tochtergesellschaft auf ihre Muttergesellschaft handelt. Außenstehende Minderheitsgesellschafter sind nicht vorhanden.

....

A

handelnd als einzelvertretungsberechtigter und von den Beschränkungen des § 181 BGB befreiter Geschäftsführer der T-GmbH

PROTOKOLL

über die gemeinsame Beschlussfassung der Geschäftsführungen   366 C
der
T-GmbH, Musterort/Deutschland
und der
M-B.V., Amsterdam/Niederlande

Beschluss nach § 23 Abs. 1 S. 1 Nr. 3 MgVG, die Regelungen des MgVG ohne vorhergehende Verhandlung unmittelbar anzuwenden.

I. Sachverhalt:

Die **T-GmbH** mit Sitz in Köln/Deutschland, eingetragen im Handelsregister des Amtsgerichts Musterort unter HRB 123, inländische Geschäftsanschrift: ...., (übertragenden Gesellschaft) soll auf die **M-B.V.** mit Sitz in Amsterdam, eingetragen bei der Kamer van Koophandel unter Registriernummer 456, Geschäftsanschrift: ...., (übernehmende Gesellschaft), im Wege der grenzüberschreitenden Verschmelzung zur Aufnahme verschmolzen werden.

§ 13   4. Teil. Grenzüberschreitende Verschmelzungen

Beide Gesellschaften haben Mitarbeiter, aber keine von ihnen hatte in den letzten sechs Monaten vor der Veröffentlichung des Verschmelzungsplans durchschnittlich mehr als 500 Arbeitnehmer. Keine der Gesellschaften hat einen Aufsichtsrat oder ein anderes Verwaltungsorgan im Sinne des § 2 Abs. 7 MgVG. In keiner der Gesellschaften besteht derzeit eine unternehmerische Mitbestimmung von Arbeitnehmervertretern.

Die T-GmbH hat keinen Betriebsrat. Die M-B.V. hat einen Betriebsrat.

Ob das MgVG dennoch gemäß § 5 Ziffer 2 oder 3 MgVG auf diese Verschmelzung Anwendung findet, ist umstritten.

Ein besonderes Verhandlungsgremium ist bislang nicht bestellt worden.

Der Geschäftsführung der übertragenden Gesellschaft, der **T-GmbH**, gehört nur

A

an.

Der Geschäftsführung der übernehmenden Gesellschaft, der **M-B.V.**, gehört nur die

Holding-B.V., eingetragen bei der Kamer van Koophandel unter der Registriernummer 789

an. Die Holding-B.V. wiederum wird durch jedes ihrer Geschäftsführungsmitglieder einzeln vertreten.

II. Beschluss

Die Geschäftsführungen der **T-GmbH** und der **M-B.V.** beschließen unter Verzicht auf alle satzungs- und gesetzmäßigen Bestimmungen über Fristen und Formen der Einberufung und Durchführung einer Geschäftsführungssitzung gemeinsam und mit allen Stimmen:

Für den Fall, dass das MgVG auf die vorgenannte Verschmelzung Anwendung findet, entscheiden wir als Leitungen der an der Verschmelzung beteiligten Gesellschaften, dass die Regelungen der §§ 23 ff des MgVG ohne vorhergehende Verhandlung unmittelbar ab dem Zeitpunkt der Eintragung anzuwenden sind.

Vorsorglich beschließen wir auch gemäß Artikel 2:333k Absatz 3 BW, auf die Eröffnung von Verhandlungen zur Feststellung von Regelungen zur Mitbestimmung zu verzichten.

(Ort), den (Datum)

_____   _____
A   B
                       für die Holding-B.V.

§ 13. Verschmelzung von KapGes versch. Mitgliedstaaten   § 13

Handelsregisteranmeldung der übertragenden Gesellschaft

UR. Nr. ..... für .....   366 D
An das
Amtsgericht
– Handelsregister –
Musterort
HR B 123
Gesellschaft unter der Firma T-GmbH
Ich, A,
handelnd in meiner Eigenschaft als einziger und einzelvertretungsberechtigter Geschäftsführer der vorgenannten Gesellschaft, melde zur Eintragung in das Handelsregister an:
Die T-GmbH erfüllt die Voraussetzungen für eine grenzüberschreitende Verschmelzung durch Aufnahme gemäß §§ 2 Nr. 1, 122a Abs. 2, 46 ff. UmwG auf die M-B.V. mit Sitz in Amsterdam/Niederlande, eingetragen im Handelsregister der Kamer van Koophandel unter der Registriernummer 456.[1390]
Als Anlage überreiche ich
1. eine beglaubigte Abschrift der Urkunde des Notars .... in .... vom ...., UR-Nr. ....., enthaltend:
a) den Verschmelzungsplan,
b) die (vorsorglichen) Verzichtserklärungen des jeweils einzigen Anteilseigners der beteiligten Gesellschaften nach §§ 122 f, 9 Abs. 3 und 12 Abs. 3 i. V.m mit § 8 Abs. 3 UmwG bzw. Artikel 2:328 Abs. 1 und 6 BW, nach §§ 122a Abs. 2, 29, 30 und 122i UmwG, nach §§ 122a Abs. 2, 47 UmwG, nach § 122a Abs. 2, 49 Abs. 1 UmwG,
2. eine beglaubigte, mit Apostille versehene Kopie des Zustimmungsbeschlusses der M-B.V. vom ....,
3. den gemeinsamen Verschmelzungsbericht nebst Anlagen vom ....,
4. die Schlussbilanz der T-GmbH zum ....,
5. die Empfangsbekenntnisse der Anteilseigner beider Gesellschaften jeweils vom ... als Nachweis über die Zugänglichmachung des Verschmelzungsberichts gemäß § 122e UmwG,
6. die Bestätigung der Arbeitnehmer der T-GmbH als Nachweis über die Zugänglichmachung des Verschmelzungsberichts gemäß § 122e UmwG,
7. das Empfangsbekenntnis des Betriebsrats der M-B.V. vom .... als Nachweis über die Zugänglichmachung des Verschmelzungsberichts gemäß § 122e UmwG,

---

[1390] Gemäß § 122k I 1 UmwG hat das Vertretungsorgan der übertragenden Gesellschaft das Vorliegen der sie betreffenden Voraussetzungen für die grenzüberschreitende Verschmelzung zur Eintragung anzumelden.

§ 13 4. Teil. Grenzüberschreitende Verschmelzungen

8. eine beglaubigte Kopie des Beschlusses der Geschäftsführungen der übertragenden und der übernehmenden Gesellschaft vom …. gemäß § 23 Abs. 1 Ziffer 3 MgVG für den Fall der Anwendbarkeit des MgVG auf diese Verschmelzung ohne vorherige Verhandlung mit einem besonderen Verhandlungsgremium unmittelbar die Regelungen der § 23 ff MgVG anzuwenden.

Ich erkläre weiter:
1. Eine Verschmelzungsprüfung findet gemäß § 122a Abs. 2, 9 Abs. 2 UmwG, Artikel 2:333 Abs. 1 BW i. V. m. Artikel 2:328 Absatz 6 BW nicht statt; vorsorglich ist außerdem auf die Prüfung der Verschmelzung und einen Prüfbericht gem. §§ 122f, 9 Abs. 3 sowie 12 Abs. 3 UmwG i. V. m. § 8 Abs. 3 UmwG verzichtet worden.
2. Bei der M-B.V. besteht ein Betriebsrat; die T-GmbH hat keinen Betriebsrat.
3. Der Verschmelzungsplan ist mit den Angaben des § 122d UmwG durch das Amtsgericht Musterort am …. bekannt gemacht worden. Die Mindestfrist des § 122d Abs. 1 UmwG bis zum Zustimmungsbeschluss der M-B.V. ist damit gewahrt.
4. Ein Zustimmungsbeschluss der Gesellschafterversammlung der T-GmbH ist nach § 122g Abs. 2 UmwG entbehrlich, da sie die 100%ige Tochter der übernehmenden M-B.V. ist.
5. Besondere Zustimmungserklärungen einzelner Anteilsinhaber sind nicht erforderlich.
6. Staatliche Genehmigungen sind nicht erforderlich.
7. Berichtserhebliche Umstände betreffend Vermögensveränderungen der beteiligten Gesellschaften zwischen Abschluss des Verschmelzungsplans und Fassung des Zustimmungsbeschlusses sind nicht eingetreten.
8. Spruchverfahren nach §§ 14, 15 UmwG kommen nicht in Betracht, da keine Gegenleistung für die Vermögensübertragung gewährt wurde; eine Kapitalerhöhung und/oder eine Barabfindung erfolgen nicht.

Ich versichere, dass allen Gläubigern der T-GmbH, die einen Anspruch auf Sicherheitsleistung nach § 122j UmwG haben, eine angemessene Sicherheit geleistet wurde.

Es wird gebeten,
1. die Verschmelzung nach § 122k Abs. 2 UmwG einzutragen,
2. die Verschmelzungsbescheinigung (im Wege eines beglaubigten Handelsregisterauszugs) zu Händen des Notars …. in …. (Adresse), zu übersenden
3. den Wirksamkeitsvermerk nach § 122k Abs. 4 UmwG einzutragen, sobald die Mitteilung der Kamer van Koophandel bzw. des niederländischen Notars über die Wirksamkeit der Verschmelzung dem hiesigen Gericht eingegangen ist.

Die inländische Geschäftsanschrift der Gesellschaft lautet …

(Ort, Datum)

(Beglaubigungsvermerk)

§ 14. Verschmelzung in europäische Gesellschaftsformen

Im Folgenden werden die Verschmelzungen in europäische Gesellschaftsformen behandelt. Dabei handelt es sich um Verschmelzungen, die zur Gründung einer **Europäischen Aktiengesellschaft** – *Societas Europaea* – (im Folgenden „SE") oder einer Europäischen Genossenschaft (im Folgenden „SCE") führen.[1] Diese Verschmelzungen in europäische Gesellschaftsformen haben die Gründung einer supranationalen Gesellschaftsform zum Ergebnis und unterscheiden sich insofern im Ergebnis maßgeblich von den im vorstehenden § 13 behandelten grenzüberschreitenden Verschmelzungen von Kapitalgesellschaften, die dem nationalen Recht verschiedener Mitgliedstaaten unterliegen.

Seit der Einführung der SE im Jahre 2004 beläuft sich ihre Anzahl **europaweit** mittlerweile auf insgesamt 2695 SE.[2] Europaweit sind etwa 2000 SE durch Gründung einer Tochter-SE entstanden, ca. 220 durch Formwechsel, ca. 120 durch Verschmelzung und ca. 17 durch Gründung einer Holding-SE.[3] Zum Stichtag 28.2.2017 waren insgesamt 426 SE im deutschen Handelsregister eingetragen.[4] Zunehmend werden **Statistiken** über die SE erstellt, in denen **zwischen** der operativ tätigen, **sog. „normalen" SE** sowie der Holding-SE, der Micro-SE, der arbeitnehmerlosen Vorrats-SE und der sog. UFO-SE unterschieden wird.[5] Dabei zeichnet sich die **Micro-SE** durch eine geringe Anzahl von Arbeitnehmern aus, wobei die Grenze in der Statistik häufig bei fünf Mitarbeitern gezogen wird. Die **arbeitnehmerlose Vorrats-SE** wird – ebenso wie Vorratsgesellschaften anderer Rechtsform – zunächst als Verwalterin eigenen Vermögens gegründet und zum Kauf angeboten. Über eine – meist tschechische[6] – **UFO-SE** liegen typischerweise insbesondere in Bezug auf Arbeitnehmer(-beteiligung) kaum Daten und Fakten vor, was ihr den Beinamen UFO eingebracht hat. Im Vergleich zwischen den Mitgliedsstaaten innerhalb des EWR ist die SE am häufigsten in Deutschland und Tschechien verbreitet.[7] Die

---

[1] Nicht behandelt werden die Europäische Gegenseitigkeitsgesellschaft, der Europäische Verein und die Europäische Privatgesellschaft, da diese sich zurzeit erst im Entwurfsstadium befinden.

[2] Zum Stichtag 31.12.2015, http://www.boeckler.de/pdf/pb_mitbestimmung_se_2015_12.pdf, abgerufen am 10.2.2017; European Trade Union Institute ETUI (2014), European Company (SE) Database, http://ecdb.worker-participation.eu/, abgerufen am 10.2.2017.

[3] Auswertung der Statistik des European Trade Union Institute ETUI (2014), European Company (SE) Database http://ecdb.worker-participation.eu/show_overview.php?status_id=3&title=Established%20SEs&orderField=se.estmode_id%20asc, abgerufen am 10.2.2017.

[4] Zum selben Stichtag waren 15.035 deutsche Aktiengesellschaften eingetragen.

[5] http://www.worker-participation.eu/European-Company-SE/Latest-developments/500-active-European-Companies-SE, abgerufen am 10.2.2017.

[6] http://www.worker-participation.eu/European-Company-SE/Latest-developments/500-active-European-Companies-SE, abgerufen am 10.2.2017.

[7] http://www.worker-participation.eu/European-Company-SE/Latest-developments/500-active-European-Companies-SE, abgerufen am 10.2.2017.

hohe Anzahl von Vorrats-SE in beiden Staaten lässt sich darauf zurückführen, dass Vorratsgründungen hier im Allgemeinen auch in Bezug auf nationale Gesellschaftsformen bekannt sind und genutzt werden, wohingegen eine solche Vorgehensweise in anderen Mitgliedsstaaten aufgrund der geringeren Gründungsformalitäten unbekannt ist. Vergleicht man ausschließlich operative SE, so hat etwa die Hälfte aller bestehenden normalen SE ihren Sitz in **Deutschland**, zum Stichtag 31.12.2015 waren dies 185 von 385 **operativen SE** europaweit.[8] Nachdem in Deutschland einige Branchenriesen, insbesondere aus der Pharma- und Automobilindustrie und dem Versicherungswesen, bereits kurz nach Einführung der SE den Schritt hin zu dieser Rechtsform gewagt haben, folgten im Laufe von gut zehn Jahren seit der Einführung der Rechtsform der SE Unternehmen aus den Bereichen Bau, Einzelhandel, Energie, Flugzeugbau, Gastronomie, Immobilien, Luxusgüter, Modedesign, Onlineversandhandel, Presse, Rüstung, Telekommunikation und anderen. Längst tritt die SE in Deutschland in verschiedenen gesellschaftsrechtlichen Strukturen auf, sei es als reine SE, als Holding einer Gruppe, als SE & Co. KG[9] oder als SE & Co. KGaA. **Beispielhaft** seien für SE und Konstruktionen unter Einbeziehung einer SE angeführt: Airbus Group SE, Arabella Hospitality SE, Axel Springer SE, BASF SE, Bertelsmann SE & Co. KGaA, Bilfinger SE, Christian Dior SE, Dassault Systèmes SE, Deichmann SE, ESCADA SE, E.ON SE, Fresenius SE & Co. KGaA, LVMH Moët Hennessy Louis Vuitton SE, MAN Diesel & Turbo SE, Porsche SE, PwC Europe SE Wirtschaftsprüfungsgesellschaft, Rocket Internet SE, SAP SE, Vapiano SE, Vonovia SE, Zalando SE, Zott SE & Co. KG, 1&1 Internet SE. Auch gab es bereits vereinzelt Gesellschaften, die diese Rechtsform wieder abgelegt haben, wie etwa die ehemalige Beiten Burkhardt EU-Beteiligungen SE. Mehr als ein Drittel der normalen SE mit Sitz in Deutschland haben diese Rechtsform durch **Aktivierung einer Vorrats-SE** erlangt, ein Fünftel der normalen SE mit Sitz in Deutschland sind **börsennotiert**.[10]

I. Grundvoraussetzungen für die Verschmelzung in eine Europäische Aktiengesellschaft (SE)

1. Überblick

a) Rechtsgrundlagen der SE

3   Die SE findet ihre Rechtsgrundlage in der Verordnung (EG) Nr. 2157/2001 des Rates vom 8.10.2001 über das Statut der Europäi-

---

[8] http://www.boeckler.de/pdf/pb_mitbestimmung_se_2016_12.pdf, abgerufen am 10.2.2017; http://www.worker-participation.eu/European-Company-SE/Latest-developments/500-active-European-Companies-SE, abgerufen am 10.2.2017.

[9] Wobei der SE & Co. KG durchaus der Ruf der Mitbestimmungsvermeidung anhaften kann, so *Bayer* NJW 2016 S. 1930 (1932).

[10] http://www.boeckler.de/pdf/pb_mitbestimmung_se_2016_12.pdf, abgerufen am 10.2.2017.

§ 14. Verschmelzung in europäische Gesellschaftsformen § 14

schen Gesellschaft (SE-VO),[11] die am 8.10.2004 in Kraft trat. Begleitet wird die SE-VO von der Richtlinie 2001/86/EG des Rates vom 8.10.2001 zur Ergänzung des Statuts der Europäischen Gesellschaft hinsichtlich der Beteiligung der Arbeitnehmer (SE-ErgRiL).[12] Die SE-ErgRiL wurde am 29.12.2004 in Deutschland im Gesetz zur Einführung der Europäischen Gesellschaft (SEEG) umgesetzt.[13] Dieses umfasst in seinem Art. 1 das Gesetz zur Ausführung der SE-VO (SEAG) sowie in Art. 2 das Gesetz über die Beteiligung der Arbeitnehmer in der SE (SEBG).

Der europäische Gesetzgeber hat bewusst davon abgesehen, alle die SE betreffenden Einzelheiten in der SE-VO auszugestalten. Die dadurch bestehenden bewussten Regelungslücken sind in Einklang mit der SE-VO nach Art. 9 SE-VO durch die Satzung der SE selbst sowie durch die nationalen Rechtsvorschriften für Aktiengesellschaften, welche am jeweiligen Sitz der SE gelten, zu schließen. Neben den oben genannten europäischen Vorgaben und den darauf beruhenden Rechtsvorschriften finden also weitestgehend die nationalen Vorschriften des Aktien-, Umwandlungs- und allgemeinen Zivilrechts desjenigen Mitgliedstaates Anwendung, in dem der Sitz der SE belegen ist.[14] Verweise auf die Bestimmungen nationaler Rechtsordnungen hinsichtlich der Anforderungen an die Gründung einer SE finden sich in Art. 15 SE-VO hinsichtlich der Verschmelzung von Aktiengesellschaften in Art. 18 SE-VO sowie hinsichtlich der Organisation, des Ablaufs der Hauptversammlung und des Abstimmungsverfahrens in Art. 53 SE-VO. Im Ergebnis ist die supranationale SE daher trotz des supranationalen Regelungsrahmens erheblich durch das jeweils anwendbare nationale Recht geprägt.

4

b) Grundstruktur der SE

Eine SE ist nach Art. 1 SE-VO eine Handelsgesellschaft, die in der Form einer europäischen Aktiengesellschaft besteht, deren Grundkapital also in Aktien zerlegt ist. Als Aktiengesellschaft ist sie börsenfähig. Das Mindestkapital muss gemäß Art. 4 II, III SE-VO stets mindestens 120.000 Euro betragen, sofern aufgrund der von der SE ausgeübten Tätigkeit kein höheres Mindestkapital vorgeschrieben ist. Die SE besitzt eigene Rechtspersönlichkeit, die sie mit Eintragung in das nationale Register in ihrem Sitzstaat erlangt (Art. 16 I iVm Art. 12 SE-VO).

5

Der Sitz der SE muss nach Art. 7 SE-VO in einem Mitgliedstaat der EU bzw. in einem der Mitgliedstaaten des EWR, der nicht der EU angehört (Island, Liechtenstein, Norwegen), liegen.[15] Innerhalb dieses

6

---

[11] ABl. L 294 vom 10.11.2001 S. 1.
[12] ABl. L 294 vom 10.11.2001 S. 22.
[13] BGBl. I 2004 S. 3675.
[14] *Lutter* in Lutter/Hommelhoff/Teichmann, SE-Kommentar, Art. 15 SE-VO Rn. 8; *Marsch-Barner* in Kallmeyer UmwG, Anhang I Rn. 1.
[15] Die EWR-Staaten haben die SE-VO und die ergänzende SE-RL in den Rechtsbestand des Abkommens über EWR übernommen: Beschluss des Gemeinsamen Ausschusses des EWR Nr. 93/2002 vom 25.6.2002.

§ 14   4. Teil. Grenzüberschreitende Verschmelzungen

Wirtschaftsraumes kann sie ihren Sitz nach dem in Art. 8 SE-VO vorgesehenen Verfahren frei verlegen.[16]

7   Als Unternehmensverfassung kann die SE nach Art. 38 SE-VO eine monistische oder eine dualistische Struktur aufweisen. Das dualistische System entspricht dem der deutschen Aktiengesellschaft mit einem Leitungsorgan (Vorstand) und einem Aufsichtsorgan (Aufsichtsrat). Im monistischen System verfügt die SE über ein einheitliches Verwaltungsorgan (Verwaltungsrat), sodass es keine Trennung von Geschäftsleitungs- und Überwachungsorgan gibt.[17] Da letztere Möglichkeit der Unternehmensorganisation in Deutschland für Aktiengesellschaften sonst nicht vorgesehen ist, befinden sich in den §§ 20–39 SEAG auf die monistisch organisierte SE ergänzend anwendbare Regeln, die die §§ 76–116 AktG gegebenenfalls ersetzen. In der monistischen SE leitet und überwacht der Verwaltungsrat die Geschäfte der Gesellschaft. Er kann gemäß Art. 43 I 2 SE-VO iVm § 40 SEAG geschäftsführende Direktoren bestellen, welche unter seiner Aufsicht die Geschäfte der Gesellschaft führen.

c) Beweggründe für die Gründung einer SE

8   Die Verschmelzung zur SE ermöglicht einerseits eine europaweite gesellschaftsrechtliche Strukturierung und andererseits die Gründung einer neuen Gesellschaftsform. Die Wahl dieser Gesellschaftsform und die durch diese eröffneten rechtlichen Möglichkeiten stellen neben den gewünschten Rechtsfolgen einer Verschmelzung uE die grundlegende Motivation für die Verschmelzung zur SE dar. Daneben zählen zu den unternehmerischen Zielen und Motiven einer Verschmelzung zur SE natürlich auch diejenigen Motive, die für eine nationale Verschmelzung angeführt wurden. Insofern kann auf die dort erfolgten Ausführungen verwiesen werden.[18]

aa) Corporate Governance

9   Bei einer SE kann im Gegensatz zu einer deutschen Aktiengesellschaft zwischen einer monistischen und einer dualistischen Verwaltungsstruktur gewählt werden. Auf dem Gebiet der Corporate Governance werden damit einem in Deutschland ansässigen Unternehmen völlig andere Möglichkeiten geboten, als sie das deutsche Gesellschaftsrecht bereithält. So können die Aufgaben von Vorstand und Aufsichtsrat innerhalb eines monistischen Systems in einem Verwaltungsrat gebündelt werden. Auch Familienunternehmen nutzen die Rechtsform der SE, die insbesondere in der Form der SE & Co. KGaA auf deren Bedürfnisse angepasst werden kann.[19]

---

[16] Zur Sitzverlegung § 32.
[17] *Drinhausen* in Van Hulle/Maul/Drinhausen, Handbuch zur Europäischen Gesellschaft (SE), 5. Abschnitt § 1 Rn. 1.
[18] → § 8 Rn. 1 ff.
[19] *Mayer-Uellner/Otto*, Die SE & Co. KGaA als Rechtsform kapitalmarktfinanzierter Familienunternehmen, NZG 2015 S. 737 f.; *Haider-Giangreco/Polte*, Die SE als Rechtsform für den Mittelstand, BB 2014 S. 2947 (2951); so etwa die Fresenius SE & Co. KGaA und die Bertelsmann SE & Co. KGaA.

§ 14. Verschmelzung in europäische Gesellschaftsformen § 14

bb) *European Corporate Identity – Internationalität und Größe*

Gegenüber der Allgemeinheit dokumentiert und signalisiert die Gesellschaftsform der SE eine europäische Ausrichtung des Unternehmens und unterstreicht dessen europäische Wurzeln und seine europaweite Bedeutung.[20] Die Wahl dieser Gesellschaftsform drückt in der Regel neben der länderübergreifenden Tätigkeit der Gesellschaft auch eine gewisse Größe derselben aus.[21] Dies ist insbesondere hinsichtlich des Mindeststammkapitals von 120.000 Euro zutreffend. Was die Anzahl der Arbeitnehmer angeht, so ist festzustellen, dass vermehrt SE oder auch SE & Co. KG mit wenigen Arbeitnehmern auftreten, die eine reine Geschäftsführungs- oder Holdingfunktion einnehmen. 10

cc) *Identitätswahrende Sitzverlegung*

Die SE kann ihren Sitz innerhalb der EU und dem EWR unter Beachtung eines gewissen organisatorischen Aufwandes frei verlegen, ohne dass sie im Wegzugsstaat aufzulösen und im Zuzugsstaat neu zu gründen wäre. Aufgrund der in Art. 8 SE-VO vorgesehenen rechtlichen Rahmenbedingungen besteht hier eine Rechtssicherheit, die bei der grenzüberschreitenden Sitzverlegung anderer Gesellschaftsformen so nicht gegeben ist.[22] Dennoch zeigt die Praxis, dass die Rechtsform der SE weitgehend nicht wegen der grenzüberschreitenden Sitzverlegung gewählt wird. Die Mehrzahl der als SE organisierten Unternehmen behalten ihren Sitz zumindest in den ersten Jahren ihres Bestehens bei: Seit Einführung der Rechtsform der SE haben europaweit insgesamt nur 79 grenzüberschreitende Sitzverlegungen stattgefunden.[23] 11

dd) *Arbeitnehmerbeteiligung und gleichberechtigte Teilhabe*

Die SE-ErgRiL sieht die Möglichkeit vor, die Mitbestimmung der Arbeitnehmer in einer ausgehandelten Beteiligungsvereinbarung zu regeln, die von den nationalen Bestimmungen abweicht. Aus deutscher Sicht besteht dadurch auf dem Gebiet der Arbeitnehmermitbestimmung mehr **Flexibilität**.[24] Häufig wird deutschen Unternehmen – zu Recht 12

---

[20] Das Image der Rechtsform SE wurde laut einer empirischen Analyse der Societas Europaea aus dem Jahre 2008 als häufigster Grund für die Wahl der SE genannt. Siehe: *Eidenmüller/Engert/Hornuf* AG 2009 S. 845.
[21] Der CEO der Rocket Internet SE, die im März 2015 aus der Rocket Internet AG entstand, stellte in der offiziellen Begründung auf eine globale Tätigkeit außerhalb der USA und China als Grund für die Wahl der Rechtsform der SE ab: https://www.rocket-internet.com/investors/ir-news, Bekanntgabe vom 18.3.2015, abgerufen am 10.2.2017.
[22] Zur Sitzverlegung § 32.
[23] http://www.worker-participation.eu/European-Company-SE/Facts-Figures, abgerufen am 10.2.2017, die Daten beziehen sich auf den Zeitraum von Oktober 2004 bis März 2014.
[24] Zur Arbeitnehmermitbestimmung → Rn. 131 ff.; zu einem anderen Ergebnis kommt eine europäische Gesamtbetrachtung, Bericht der Kommission an das

Sagasser/Clasen 991

oder zu Unrecht – die gewünschte „Vermeidung der Mitbestimmung" als wahrer Grund des Rechtsformwechsels unterstellt.[25] Dabei kommt mehr noch als eine Flucht aus der bestehenden Mitbestimmung die Flucht vor dem Hineinwachsen in die Mitbestimmung in Betracht.[26] Die Angst des deutschen Gesetzgebers vor einer Wahl der Rechtsform der SE als Vehikel zur „Flucht vor der Quote" führte zudem nach anfänglichen Bedenken bezüglich der gesetzgeberischen Zuständigkeit[27] zur Verabschiedung von § 17 II SEAG nF[28] für die dualistische SE und § 24 III nF SEAG[29] als entsprechendem Pendant für die monistische SE.

2. Numerus Clausus der Gründungstatbestände

13   Die SE-VO enthält in den in Art. 2 und 3 SE-VO einen **Numerus Clausus der Gründungstatbestände**, der die zur Verfügung stehenden Möglichkeiten, eine Gesellschaft in das Rechtskleid einer SE zu hüllen, abschließend aufzählt. Die direkte Gründung einer SE durch **natürliche Personen** ist danach unzulässig. Allen Gründungstatbeständen ist das **Mehrstaaten-Kriterium** gemeinsam, dh, die Gründung einer SE verlangt grundsätzlich einen direkten oder indirekten Bezugspunkt zu mehreren Mitgliedsstaaten. Eine rein nationale Gründung einer SE ist nur ausgehend von einer bereits bestehenden SE möglich. Folgende Gründungstatbestände sind in der SE-VO vorgesehen:

a) Verschmelzung in eine SE

14   Eine SE kann im Wege der **Verschmelzung durch Aufnahme** oder **durch Neugründung** von nach mitgliedsstaatlichem Recht gegründeten Aktiengesellschaften gegründet werden, die ihren Sitz sowie ihre

---

Europäische Parlament und den Rat vom 17.11.2010 über die Anwendung der Verordnung (EG) Nr. 2157/2001 des Rates vom 8.10.2001 über das Statut der Europäischen Gesellschaft (SE), S. 5.

[25] Die SE und die SE & Co. KG werden von *Bayer*, Die Erosion der deutschen Mitbestimmung, NJW 2016 S. 1930 (1932) anschaulich als „Vehikel zur Mitbestimmungsvermeidung" bezeichnet; *Luke*, Vorrats-SE ohne Arbeitnehmerbeteiligung?, NZA 2013 S. 941 mwN.

[26] *Bayer* NJW 2016 S. 1930 (1931), demzufolge ca. 150.000 inländische Beschäftigte dadurch der Mitbestimmung entzogen sind.

[27] Die Zuständigkeit annehmend: *Weller*, Stellungnahme vom 19.2.2015 zum Entwurf eines Gesetzes für die gleichberechtigte Teilhabe von Frauen und Männern an Führungspositionen in der Privatwirtschaft und im öffentlichen Dienst vom 20.1.2015 (BT-Drucksache 18/3714), Ausschussdrucksache 18(13) 43k; aA *Sagan*, Eine deutsche Geschlechterquote für die europäische Aktiengesellschaft, RdA 2015, 255; vgl. auch *Seibert*, Frauenförderung durch Gesellschaftsrecht – Die Entstehung des Frauenfördergesetzes, NZG 2016 S. 16 (18).

[28] § 17 II eingef., bish. Abs. 2–4 werden Abs. 3–5 mWv 1.1.2016 durch G v. 24.4.2015 (BGBl. I S. 642).

[29] § 24 III angef. mWv 1.1.2016 durch G v. 24.4.2015 (BGBl. I S. 642).

§ 14. Verschmelzung in europäische Gesellschaftsformen § 14

Hauptverwaltung in der Gemeinschaft haben (Art. 2 I SE-VO). Dieser Gründungstatbestand wird in diesem Kapitel als Fall einer grenzüberschreitenden Verschmelzung näher behandelt. Die SE-VO regelt dabei nur die Verschmelzung zur SE als Gründungstatbestand, dh die Entstehung einer SE. Eine bereits bestehende SE kann darüber hinaus an weiteren Verschmelzungen teilnehmen, die sich dann nach den nationalen Vorschriften ihres Gesellschaftsstatuts richten, die auf eine Verschmelzung Anwendung finden. Dabei ist sie nach Art. 10 SE-VO wie eine Aktiengesellschaft zu behandeln, die nach dem Recht des Sitzstaates gegründet wurde.

b) Gründung einer Holding-SE

Ferner sieht die SE-VO vor, dass eine **Holding-SE** von nach mitgliedsstaatlichem Recht gegründeten Aktiengesellschaften und/oder Gesellschaften mit beschränkter Haftung[30] gegründet werden kann (Art. 2 II SE-VO). Es handelt sich bei der Holding-Gründung um eine Strukturierungsmaßnahme, bei der mehrere Gesellschaften eine gemeinsame Muttergesellschaft in der Form einer SE gründen, wobei die Aktionärskreise zusammengeführt werden, ohne dass es wie bei einer Verschmelzung zu einer Vermögensübertragung kommt.[31] Die Gründung vollzieht sich im Wege der Sachgründung unmittelbar durch Einbringung der Anteile an den Gründungsgesellschaften, die zu Tochtergesellschaften der Holding-SE werden.[32] 15

c) Gründung einer Tochter-SE

Die Gründung einer **Tochter-SE** kann nach Art. 2 III SE-VO durch Zeichnung neuer Aktien seitens mindestens zweier nach dem Recht eines Mitgliedsstaates gegründeter **Gesellschaften**[33] iSd Art. 54 II des Vertrages über die Arbeitsweise der Europäischen Union geschehen. Die Gründung der Tochter-SE, bei der die Gründungsgesellschaften eine gemeinsame Tochtergesellschaft schaffen, stellt das Pendant zur Gründung der SE-Holding dar, bei der sich die Gründungsgesellschaften einer gemeinsamen Muttergesellschaft unterstellen.[34] Während jede Gründungsgesellschaft die Schaffung der Tochter nach den Regeln ihres eigenen Gesellschaftsstatuts beschließt und in die Wege leitet, richtet 16

---

[30] Im Sinne des Anhangs II der SE-VO.
[31] *Schwarz* in SE-VO, Vorb. Art. 32–34 Rn. 2; *Schäfer* in MüKo AktG, Art. 32 SE-VO Rn. 1.
[32] *Bayer* in Lutter/Hommelhoff/Teichmann, SE-Kommentar, Art. 32 SE-VO Rn. 1; *Schäfer* in MüKo AktG, Art. 32 SE-VO, Rn. 1.
[33] „Als Gesellschaften gelten die Gesellschaften des bürgerlichen Rechts und des Handelsrechts einschließlich der Genossenschaften und die sonstigen juristischen Personen des öffentlichen und privaten Rechts mit Ausnahme derjenigen, die keinen Erwerbszweck verfolgen."
[34] *Bayer* in Lutter/Hommelhoff/Teichmann, SE-Kommentar, Art. 35 SE-VO Rn. 2; *Schäfer* in MüKo AktG, Art. 36 SE-VO Rn. 1.

sich das Gründungsverfahren selbst nach den aktienrechtlichen Vorschriften des vorgesehenen **Sitzstaates** der **Tochter-Vor-SE**.[35] In Deutschland kann eine Tochter-SE folglich sowohl als Bar- oder Sachgründung als auch im Wege der Ausgliederung durch eine bestehende SE vollzogen werden.

d) Rechtsformwechsel in eine SE

17 Schließlich besteht die Möglichkeit der **Gründung einer SE durch Rechtsformwandel** einer nach dem Recht eines Mitgliedstaates bestehenden Aktiengesellschaft mit Sitz und Hauptverwaltung in der Gemeinschaft, sofern diese eine Tochtergesellschaft hat, die seit mindestens zwei Jahren dem Recht eines anderen Mitgliedstaates unterliegt (Art. 2 IV SE-VO). Diese Entstehungsform wird im Kontext des Formwechsels behandelt.[36]

e) Gründung der Tochter-SE einer SE

18 Nach Art. 3 II SE-VO kann eine bereits bestehende SE **100%-ige SE-Töchter** sowohl im Wege der **Bar-** oder **Sachgründung** als auch im Zuge einer **Ausgliederung** gründen. Diese Form der **sekundären Gründung**[37] ermöglicht die fortwährende Gründung von Tochter-SE durch eine einzige SE. Diese Art der Gründung ist im Vergleich zu den oben genannten Arten der primären Gründung einer SE durch Gesellschaften, die selbst keine SE sind, weniger aufwändig, so besteht hier etwa kein Erfordernis der Mehrstaatlichkeit mehr. Diese Gründungsvariante wird nicht zuletzt zur Bereitstellung von **Vorrats-SE** genutzt.[38] Die Gründung von SE-Vorratsgesellschaften wird nach ganz hM als zulässig erachtet.[39]

3. Verschmelzungsfähige Rechtsträger

a) Aktiengesellschaften im Sinne des Anhangs I der SE-VO

19 Art. 2 I SE-VO bestimmt, dass eine SE durch Verschmelzung von **Aktiengesellschaften** iSd Anhangs I der SE-VO gegründet werden kann. Verschmelzungsberechtigte Gesellschaftsformen sind folglich unstreitig mindestens die dort aufgeführten Aktiengesellschaften der Mit-

---

[35] *Schäfer* in MüKo AktG, Art. 36 SE-VO Rn. 3.
[36] → § 25 Rn. 13.
[37] Zu der Terminologie „primäre" und „sekundäre" Gründung siehe auch *Bayer* in Lutter/Hommelhoff/Teichmann, SE-Kommentar, Art. 2 SE-VO Rn. 2 mwN.
[38] *Austmann* in Münch. Hdb. GesR IV, § 84 Rn. 4.
[39] *Bayer* in Lutter/Hommelhoff/Teichmann, SE-Kommentar, Art. 2 SE-VO Rn. 31; *Oechsler/Mihaylova* in MüKo AktG, Art. 2 SE-VO, Rn. 49; *Austmann* in Münch. Hdb. GesR IV, § 84 Rn. 4.

§ 14. Verschmelzung in europäische Gesellschaftsformen § 14

gliedstaaten.⁴⁰ Auch bereits bestehende SE sind gemäß Art. 3 I, 2 I SE-VO verschmelzungsfähig iSd Norm.⁴¹ Anhang I der SE-VO zählt die AG in den verschiedenen Sprachen der Europäischen Union auf. Für Deutschland ist die AG, nicht aber die **Kommanditgesellschaften auf Aktien** (KGaA) genannt. Es ist umstritten, ob die Nennung der AG im Anhang I der SE-VO auch die KGaA umfasst.⁴² So wird etwa angeführt, eine KGaA falle unter den Begriff der AG, wofür neben § 278 III AktG, der auf die Vorschriften des Ersten Buchs über die Aktiengesellschaft sinngemäß verweist, auch ein Umkehrschluss aus der fehlenden Erwähnung der KGaA in Anhang II zur SE-VO spreche, schließlich hätte die KGaA als dritter deutscher Typus der Kapitalgesellschaft in den Anhängen der SE-VO zwingend Erwähnung finden müssen.⁴³ Größtenteils wird diese weite Auslegung des Anhangs I der SE-VO abgelehnt.⁴⁴ Die Anhänge I und II der SE-VO verfolgen nicht das Ansinnen, alle Formen von Kapitalgesellschaften, die in den einzelnen Mitgliedstaaten zulässig sind, zu SE-Gründungsberechtigten zu erheben.⁴⁵ Die Aufzählung möglicher Verschmelzungsbeteilig-

20

---

⁴⁰ Die genauen Bezeichnungen der nationalen Aktiengesellschaften sind im Anhang I der SE-VO aufgeführt: BELGIEN: la société anonyme/de naamloze vennootschap; BULGARIEN: акционерно дружество; TSCHECHISCHE REPUBLIK: akciová společnost'; DÄNEMARK: Aktieselskaber; DEUTSCHLAND: die Aktiengesellschaft; ESTLAND: aktsiaselts; GRIECHENLAND: ανώνυμη εταιρία; SPANIEN: la sociedad anónima; FRANKREICH: la société anonyme; IRLAND: public companies limited by shares, public companies limited by guarantee having a share capital; KROATIEN: dioničko društvo; ITALIEN: società per azioni; ZYPERN: Δημόσια Εταιρεία περιορισμένης ευθύνης με μετοχές, Δημόσια Εταιρεία περιορισμένης ευθύνης με εγγύηση; LETTLAND: akciju sabiedrība; LITAUEN: akcinės bendrovės; LUXEMBURG: la société anonyme; UNGARN: részvénytársaság; MALTA: kumpaniji pubbliċi/public limited liability companies; NIEDERLANDE: de naamloze vennootschap; ÖSTERREICH: die Aktiengesellschaft; POLEN: spółka akcyjna; PORTUGAL: a sociedade anónima de responsabilidade limitada; RUMÄNIEN: societate pe acțiuni; SLOWENIEN: delniška družba; SLOWAKEI: akciová spoločnos; FINNLAND: julkinen osakeyhtiö/publikt aktiebolag; SCHWEDEN: publikt aktiebolag; VEREINIGTES KÖNIGREICH: public companies limited by shares, public companies limited by guarantee having a share capital.
⁴¹ *Bayer* in Lutter/Hommelhoff/Teichmann, SE-Kommentar, Art. 17 SE-VO Rn. 5.
⁴² zustimmend: *Austmann* in Münch. Hdb. GesR IV, § 84 Rn. 1; *Oechsler* in MüKo AktG, SE-VO Art. 2 Rn. 24; *Casper* in Spindler/Stilz AktG, Art 2 SE-VO Rn. 7; ablehnend: *Schäfer* in MüKo AktG, Art. 17 SE-VO Rn. 8; *Bayer* in Lutter/Hommelhoff/Teichmann, SE-Kommentar, Art. 2 SE-VO Rn. 8; *Hörtnagl* in Schmitt/Hörtnagl/Stratz, Art. 2 SE-VO Rn. 5; *Habersack* in Habersack/Drinhausen, Art. 2 SE-VO Rn. 5; *Schwarz* in SE-VO, Art. 2 Rn. 26.
⁴³ *Oechsler*, in MüKo AktG, Art. 2 Rn. 24
⁴⁴ *Bayer* in Lutter/Hommelhoff/Teichmann, SE-Kommentar, Art. 2 SE-VO Rn. 15.
⁴⁵ Französische Kapitalgesellschaften etwa, die weder in Anhang I noch Anhang II SE-VO genannt werden, sind die SCA (Société en commandite par actions) und die SAS (Société par actions simplifiée).

§ 14   4. Teil. Grenzüberschreitende Verschmelzungen

ter ist insofern abschließend und die KGaA nicht umfasst. Die KGaA ist somit kein verschmelzungsfähiger Rechtsträger iSd Art. 2 I SE-VO.

21 Diskutiert wird, ob sich zusätzlich zu der Mindestzahl von zwei Aktiengesellschaften auch **andere Gesellschaftstypen** oder sogar **natürliche Personen** als weitere Gründer beteiligen können.[46] Dagegen spricht jedoch schon der eindeutige Wortlaut der Norm, welcher sich allein auf Aktiengesellschaften im Sinne des Anhangs I der SE-VO bezieht. Eine „Mischverschmelzung" zwischen verschiedenen Gesellschaftsformen, wie sie etwa § 3 IV UmwG für nationale Verschmelzungen gestattet, ist damit nicht möglich.[47] Es ist aber keinesfalls rechtsmissbräuchlich, zunächst einen Formwechsel einer bestehenden Gesellschaft, etwa einer GmbH, nach nationalem Recht in eine AG durchzuführen, um sie anschließend zur SE zu verschmelzen.

22 Eine AG ist nur dann gründungsberechtigt, wenn sie nach mitgliedsstaatlichem Recht wirksam gegründet wurde. Für eine deutsche AG setzt dies gemäß § 41 AktG die Eintragung ins Handelsregister voraus. Die Errichtung einer **Vor-AG** durch Satzungsfeststellung und Aktienübernahme reicht nicht aus,[48] um die Voraussetzung des Art. 2 SE-VO dem Wortlaut nach zu erfüllen. Folglich kann eine Vor-AG nicht als gründungsfähig angesehen werden.[49]

23 Unstreitig soll eine **AG in Liquidation** verschmelzungsberechtigt sein, solange noch nicht begonnen wurde das Vermögen der AG iL an die Aktionäre zu verteilen und daher gemäß § 274 AktG die Fortsetzung der AG beschlossen werden könnte.[50] Allein auf die Möglichkeit des Fortsetzungsbeschlusses ist abzustellen: Es ist nicht notwendig, dass der Fortsetzungsbeschluss gemäß § 274 IV AktG zunächst mit der erforderlichen Mehrheit gefällt und in das Handelsregister eingetragen wird, bevor die Verschmelzung der AG iL in eine SE stattfinden kann, denn nach zutreffender Meinung ist ein solcher Fortsetzungsbeschluss konkludent im Verschmelzungsbeschluss enthalten.[51]

---

[46] Zustimmend: *Hommelhoff* AG 2001 S. 279 (280); *Schlüter* EuZW 2002 S. 589 (590); *Oechsler* in MüKo AktG, Art. 2 SE-VO Rn. 24; ablehnend: *Bayer* in Lutter/Hommelhoff/Teichmann, SE-Kommentar, Art. 2 SE-VO Rn. 15; *Habersack* in Habersack/Drinhausen, Art. 2 SE-VO Rn. 7.

[47] *Teichmann* in Van Hulle/Maul/Drinhausen, Handbuch zur Europäischen Gesellschaft (SE), 4. Abschnitt § 2 Rn. 6.

[48] *Bayer* in Lutter/Hommelhoff/Teichmann, SE-Kommentar, Art. 2 SE-VO Rn. 9.

[49] *Bayer* in Lutter/Hommelhoff/Teichmann, SE-Kommentar, Art. 2 SE-VO Rn. 9; *Schwarz* in SE-VO, Art. 2 Rn. 25 u. 52.

[50] *Bayer* in Lutter/Hommelhoff/Teichmann, SE-Kommentar, Art. 2 SE-VO Rn. 9; *Schwarz* in SE-VO, Art. 2 Rn. 25; *Casper* in Spindler/Stilz AktG, Art 2 SE-VO Rn. 7; *Oechsler* in MüKo AktG, Art. 2 SE-VO Rn. 24; *Hörtnagl* in Schmitt/Hörtnagl/Stratz, Art. 2 SE-VO Rn. 5; *Hoffmann-Becking* in Münch. Hdb. GesR IV, § 67, Rn. 21.

[51] → § 9 Rn. 27. So zu § 3 UmwG auch *Stengel* in Semler/Stengel, Umwandlungsgesetz, § 3 UmwG, Rn. 44; *Marsch-Barner* in Kallmeyer UmwG, § 3 Rn. 24; aA *Oechsler* in MüKo AktG, Art. 2 SE-VO Rn. 49.

§ 14. Verschmelzung in europäische Gesellschaftsformen § 14

Eine **zeitliche Mindestexistenz** der Gründungsgesellschaften verlangt die SE-VO grundsätzlich nicht. Auch zum Zweck der Verschmelzung neu gegründete AGs und auch Vorrats-AGs können daher Gründerinnen sein.[52] Dabei ist jedoch stets zu beachten, dass eine deutsche AG als Verschmelzungsbeteiligte in den ersten zwei Jahren ab ihrer Eintragung im Handelsregister über Art. 18 SE-VO als übernehmender Rechtsträger den besonderen Vorschriften der **Nachgründung** gemäß § 67 UmwG unterliegt, bzw. als übertragender Rechtsträger bei einer Verschmelzung zur Neugründung gemäß § 76 UmwG einer zweijährigen **Sperrfrist** unterliegt.[53]

24

b) Gemeinschaftszugehörigkeit der verschmelzungswilligen Rechtsträger

Die an der Verschmelzung beteiligten Gründungsgesellschaften müssen nach dem Recht eines Mitgliedsstaates gegründet worden sein und ihren **Sitz** und ihre **Hauptverwaltung** in der **Europäischen Union** haben (Art. 2 I SE-VO). Das Kriterium der Gemeinschaftszugehörigkeit bestimmt sich nach dem Satzungssitz der Gründungsgesellschaften sowie dem Ort, an dem deren Hauptverwaltung belegen ist. Beide müssen in der EU bzw. in einem der Mitgliedsstaaten des EWR (Island, Liechtenstein, Norwegen) liegen.[54]

25

Liegt der **Satzungssitz** einer Gesellschaft in einem **Mitgliedsstaat**, aber deren **Hauptverwaltung** in einem **Drittstaat**, so kommt es darauf an, ob der betreffende Mitgliedsstaat von der nach Art. 2 V SE-VO bestehenden Möglichkeit, auch Gesellschaften, deren Hauptverwaltung nicht in der Gemeinschaft liegt, an der Gründung einer SE zu beteiligen, Gebrauch gemacht hat. Der deutsche Gesetzgeber hat dies nicht getan.[55] Nicht erforderlich ist hingegen, dass sich der Satzungssitz und die Hauptverwaltung des jeweiligen verschmelzungsbeteiligten Rechtsträgers vor der Verschmelzung in demselben Mitgliedsstaat befinden.[56]

26

Gesellschaften mit Satzungssitz in Drittstaaten können nicht an einer SE-Gründung teilnehmen.[57] Anlässlich des EU-Austritts von Großbritan-

27

---

[52] *Bayer* in Lutter/Hommelhoff/Teichmann, SE-Kommentar, Art. 2 SE-VO Rn. 10.

[53] *Habighorst* in Böttcher/Habighorst/Schulte, Umwandlungsrecht, § 76 UmwG Rn. 1; *Bayer* in Lutter/Hommelhoff/Teichmann, SE-Kommentar, Art. 23 SE-VO Rn. 8 u. 12; *ders.* Art. 18 SE-VO Rn. 8; *Schäfer* in MüKo AktG, Art. 23 SE-VO Rn. 7.

[54] Die EWR-Staaten haben die SE-VO und die ergänzende SE-RL in den Rechtsbestand des Abkommens über den EWR übernommen: Beschluss des Gemeinsamen Ausschusses des EWR Nr. 93/2002 vom 25.6.2002; *Diekmann* in Habersack/Drinhausen, Art. 7 SE-VO Rn. 7.

[55] *Teichmann* in Van Hulle/Maul/Drinhausen, Handbuch zur Europäischen Gesellschaft (SE), 4. Abschnitt § 2 Rn. 28.

[56] *Bayer* in Lutter/Hommelhoff/Teichmann, SE-Kommentar, Art. 2 SE-VO Rn. 11; *Schwarz* in SE-VO, Art. 2 Rn. 40.

[57] *Bayer* in Lutter/Hommelhoff/Teichmann, SE-Kommentar, Art. 2 SE-VO Rn. 11; *Marsch-Barner* in Kallmeyer Umwandlungsgesetz, Anhang Rn. 10.

§ 14   4. Teil. Grenzüberschreitende Verschmelzungen

nien (**Brexit**)[58] stellt sich die vormals fernliegende Frage nach der Behandlung von Gesellschaften mit Sitz in austretenden Mitgliedsstaaten, sowie ggf. in ehemaligen Mitgliedsstaaten, die nach Austritt Drittstaaten geworden sind.[59] Ein laufender Austrittsprozess eines Mitgliedsstaates lässt die Möglichkeit einer in ihm ansässigen Gesellschaft, beteiligter Rechtsträger einer SE-Gründung zu sein, unberührt. Ab rechtswirksamen Vollzug des Austritts aus der Europäischen Union durch Inkrafttreten eines Austrittsabkommens oder Verstreichens der Austrittsfrist ab Absichtserklärung des Mitgliedsstaates gem. Art. 50 II, III EU-Vertrag (Lissabon), können sich in diesem ehemaligen Mitgliedsstaat ansässige Gesellschaften vorbehaltlich anderslautender Vereinbarungen in einem eventuellen Austrittsabkommen gem. Art. 50 II EU-Vertrag (Lissabon) oder sonstiger dahingehender Staatsverträge nicht mehr an der Gründung einer SE beteiligen. Unerheblich ist, ob die verschmelzungswillige Gesellschaft bereits gegründet war, als ihr Sitzstaat noch Mitgliedsstaat war. Es ist allein auf den Zeitpunkt der SE-Gründung[60] und den Austrittsstichtag abzustellen.

c) Mehrstaatlichkeit der verschmelzungswilligen Rechtsträger

28   Ferner müssen mindestens zwei an der Verschmelzung beteiligte Gesellschaften verschiedenen Rechtsordnungen unterliegen (**Mehrstaatlichkeit**). Da die SE-VO keine Kollisionsnorm zur Bestimmung des auf die einzelnen Gründungsgesellschaften anwendbaren Rechts enthält, muss auf das internationale Gesellschaftsrecht jedes einzelnen Mitgliedstaates zurückgegriffen werden.[61] Aufgrund fehlender Harmonisierung auf diesem Gebiet ergibt sich die Problematik, dass einige Mitgliedsstaaten zur Bestimmung des Gesellschaftsstatuts der sog. „Sitztheorie" und andere der sog. „Gründungstheorie" folgen.[62] Die unterschiedlichen

---

[58] Referendum vom 23.6.2016 über einen EU-Austritt von Großbritannien; Absichtserklärung Großbritanniens über den Austritt an den Europäischen Rat vom 29.3.2017; über die Ausgestaltung des Austritts von Großbritannien lagen bei Bearbeitungsschluss dieses Werkes keine Erkenntnisse vor, die Mutmaßungen reichen von einem Verbleib Großbritanniens im EWR und der Zollunion bis hin zu einem „harten Brexit" unter weitgehender rechtlicher und wirtschaftlicher Abkoppelung Großbritanniens von der EU. Vgl. *Soltész* EuZW 2017 S. 161; *Wendland*, Die Auswirkungen des Brexit auf das Europäische Wettbewerbsrecht in Kramme/Baldus/Schmidt-Kessel, Brexit und die juristischen Folgen, S. 252 ff.

[59] Praktische Relevanz hätte der Brexit etwa für die Änderung der Anteilseignerstruktur der London Stock Exchange plc und der Deutschen Börse AG durch Einbeziehung einer Holding-SE gehabt, zum börsenrechtlichen Hintergrund vgl. *Christoph* BKR 2016 S. 499. Die Europäische Kommission hat den geplanten Zusammenschluss zwischen der Deutsche Börse AG und London Stock Exchange Group untersagt, Pressemitteilung der Europäischen Kommission vom 29.3.2017, http://europa.eu/rapid/press-release_IP-17-789_de.htm, abgerufen am 30.3.2017

[60] → Rn. 215.

[61] *Teichmann* in Van Hulle/Maul/Drinhausen, Handbuch zur Europäischen Gesellschaft (SE), 4. Abschnitt § 2 Rn. 24.

[62] → § 32 Rn. 80.

§ 14. Verschmelzung in europäische Gesellschaftsformen § 14

Kollisionsregeln können sich zB dann auswirken, wenn der Gründungsort und der Ort der Hauptverwaltung auseinanderfallen und der Gründungsstaat der „Gründungstheorie", der Staat, in dem sich die Hauptverwaltung befindet, aber der „Sitztheorie" folgt. Sofern in diesem Fall eine Gesellschaft mit Verwaltungssitz in einem der „Sitztheorie" folgenden Staat mit einer Gesellschaft mit Satzungssitz im selben Staat zu verschmelzen beabsichtigt, hat jedoch dieser Mitgliedsstaat auf die im EU-Ausland gegründete Gesellschaft die „Gründungstheorie" anzuwenden, sodass dieser nicht zu dem Ergebnis kommt, dass beide Gesellschaften derselben Rechtsordnung unterliegen.[63]

II. Gesellschaftsrechtlicher Teil der Verschmelzung zur SE

Die SE-VO kennt sowohl die Verschmelzung durch Aufnahme gemäß Art. 17 II a) SE-VO als auch die Verschmelzung durch Neugründung gemäß Art. 17 II b) SE-VO. Durch die Verweise auf die Richtlinie 78/855/EWG werden die Begriffe der Verschmelzung durch Aufnahme[64] oder durch Neugründung[65] zum einheitlichen Verständnis in allen Mitgliedsstaaten **definiert**.[66] 29

Eine Verschmelzung zur SE entfaltet im Ergebnis die in Art. 29 SE-VO genannten Rechtsfolgen, dh im Falle einer **Verschmelzung zur Auf-** 30

---

[63] *Teichmann* in Van Hulle/Maul/Drinhausen, Handbuch zur Europäischen Gesellschaft (SE), 4. Abschnitt, § 2 Rn. 25 f. in Anlehnung an EuGH-Urteil vom 9.3.1999 C 212/97; EuGH-Urteil vom 5.11.2002 C-208/00; EuGH-Urteil vom 30.9.2003 C-167/01.

[64] ISd Art. 3 I der Richtlinie 78/855/EWG (Dritte Richtlinie 78/855/EWG des Rates vom 9.10.1978 gemäß Artikel 54 III Buchstabe g des Vertrages betreffend die Verschmelzung von Aktiengesellschaften (ABl. L 295 vom 20.10.1978 S. 36)): „Im Sinne dieser Richtlinie ist die Verschmelzung durch Aufnahme der Vorgang, durch den eine oder mehrere Gesellschaften ihr gesamtes Aktiv- und Passivvermögen im Wege der Auflösung ohne Abwicklung auf eine andere Gesellschaft übertragen, und zwar gegen Gewährung von Aktien der übernehmenden Gesellschaft an die Aktionäre der übertragenden Gesellschaft oder Gesellschaften und gegebenenfalls einer baren Zuzahlung, die den zehnten Teil des Nennbetrags oder, wenn ein Nennbetrag nicht vorhanden ist, des rechnerischen Wertes der gewährten Aktien nicht übersteigt."

[65] ISd Art. 4 I der Richtlinie 78/855/EWG (Dritte Richtlinie 78/855/EWG des Rates vom 9.10.1978 gemäß Artikel 54 III Buchstabe g des Vertrages betreffend die Verschmelzung von Aktiengesellschaften (ABl. L 295 vom 20.10.1978 S. 36)): „Im Sinne dieser Richtlinie ist die Verschmelzung durch Gründung einer neuen Gesellschaft der Vorgang, durch den mehrere Gesellschaften ihr gesamtes Aktiv- und Passivvermögen im Wege der Auflösung ohne Abwicklung auf eine Gesellschaft, die sie gründen, übertragen, und zwar gegen Gewährung von Aktien der neuen Gesellschaft an ihre Aktionäre und gegebenenfalls einer baren Zuzahlung, die den zehnten Teil des Nennbetrags oder, wenn der Nennbetrag nicht vorhanden ist, des rechnerischen Wertes der gewährten Aktien nicht übersteigt."

[66] *Bayer* in Lutter/Hummelhoff/Teichmann, SE-Kommentar, Art. 17 SE-VO Rn. 1; *Schäfer* in MüKo AktG, Art. 17 SE-VO, Rn. 2; *Schwarz*, SE-VO, Art. 17 Rn. 4, 5; *Marsch-Barner* in Habersack/Drinhausen, Art. 17 SE-VO, Rn. 1; *Casper* in Spindler/Stilz AktG, Art 17 SE-VO Rn. 2.

§ 14   4. Teil. Grenzüberschreitende Verschmelzungen

nahme treten ipso iure gleichzeitig folgende Wirkungen ein: Das gesamte Aktiv- und Passivvermögen jeder übertragenden Gesellschaft geht auf die übernehmende Gesellschaft über, die Aktionäre der übertragenden Gesellschaft werden Aktionäre der übernehmenden Gesellschaft, die übertragende Gesellschaft erlischt unter Auflösung ohne Abwicklung und die übernehmende Gesellschaft nimmt die Rechtsform einer SE an. Im Falle einer **Verschmelzung zur Neugründung** treten ipso iure gleichzeitig folgende Wirkungen ein: Das gesamte Aktiv- und Passivvermögen der sich verschmelzenden Gesellschaften geht auf die SE über, die Aktionäre der sich verschmelzenden Gesellschaften werden Aktionäre der SE und die sich verschmelzenden Gesellschaften erlöschen unter Auflösung ohne Abwicklung. Der SE-VO liegt damit dasselbe Verständnis einer Verschmelzung zu Grunde wie dem Umwandlungsgesetz.[67]

31   Es ist hervorzuheben, dass die Systematik der SE-VO **keine getrennte Behandlung** der Verschmelzung durch Aufnahme und der Verschmelzung durch Neugründung vorsieht. Die Verfahrensvorschriften im 2. Abschnitt des 2. Titels der SE-VO finden grundsätzlich auf beide Verschmelzungsarten Anwendung. Die SE-VO regelt die einzelnen Verfahrensschritte der Gründung der SE durch Verschmelzung und besondere Tatbestände in Art. 17–31 SE-VO. Lediglich das erleichterte Verfahren bei einer **Mutter-Tochter-Verschmelzung** (Art. 31 SE-VO) bildet eine Ausnahme, da es nur auf die Verschmelzung durch Aufnahme Anwendung findet. Ergänzend zu den Vorschriften der SE-VO finden bei der Beteiligung deutscher AGs an der Verschmelzung die besonderen Bestimmungen der §§ 5–8 SEAG Anwendung, welche die Bekanntmachungen, die Verbesserung des Umtauschverhältnisses, das Abfindungsangebot im Verschmelzungsplan und den Gläubigerschutz betreffen.

32   Ferner sind in der SE-VO bestehende, **planmäßige Regelungslücken**[68] durch das jeweils zur Anwendung berufene nationale Recht des entsprechenden Mitgliedsstaates zu schließen. Über die **Verweisungsnorm** des Art. 15 SE-VO ist das nationale Aktienrecht desjenigen Mitgliedsstaates, in dem die SE zukünftig ihren Sitz haben soll, bereits in der Vollzugsphase der Gründung der SE auf die **Vor-SE** anwendbar.[69] Über Art. 18 SE-VO[70] sind zudem die Rechtsvorschriften des Mitgliedsstaates, dessen Recht die jeweilige verschmelzungsbeteiligte Gründungsgesellschaft unterliegt, während des Verschmelzungsverfahrens zur Anwendung berufen, sofern die SE-VO keine vorrangige Regelung trifft. Sofern sich eine deutsche Aktiengesellschaft an der Verschmelzung beteiligt, sind folglich die §§ 4–38 und §§ 60–72 UmwG, sowie das Aktiengesetz für in der SE-VO oder im SEAG nicht geregelte Punkte ergänzend heranzuziehen.

---

[67] → § 2 Rn. 4 und → § 9 Rn. 1.
[68] *Austmann* in Münch. Hdb. GesR IV, § 83 Rn. 15.
[69] *Bayer* in Lutter/Hommelhoff/Teichmann, SE-Kommentar, SE-VO Art. 15 Rn. 4, 7.
[70] Nach *Bayer* in Lutter/Hommelhoff/Teichmann, SE-Kommentar, SE-VO Art. 18 Rn. 1 handelt es sich um eine Spezialverweisung.

§ 14. Verschmelzung in europäische Gesellschaftsformen § 14

1. Verschmelzungsplan

Im Unterschied zum deutschen Umwandlungsgesetz, das den Abschluss eines Verschmelzungsvertrages nach § 4 I UmwG durch die Vertreter der sich verschmelzenden Rechtsträger voraussetzt, sieht die SE-VO vor, dass die sich verschmelzenden Gesellschaften nach Art. 20 I SE-VO einen **Verschmelzungsplan** aufstellen. Dieser ist das zentrale Dokument des Verschmelzungsvorgangs.[71] 33

Seiner **Rechtsnatur** nach wird der Verschmelzungsplan aufgrund des Zustimmungserfordernisses der Hauptversammlung gemäß Art. 23 I SE-VO als **gesellschaftsrechtlicher Organisationsakt** qualifiziert, er ist nach ganz hM kein Vertrag und entfaltet keine schuldrechtlichen Verpflichtungen zwischen den Gründungsgesellschaften.[72] Möchten die an der Verschmelzung beteiligten Rechtsträger einander gegenüber schuldrechtliche Verpflichtungen begründen, so schließen sie einen Vertrag, in dem sie verbindliche Absprachen über den Ablauf und die Eckdaten der Verschmelzung regeln. Dieses sog. **Business Combination Agreement** (BCA) hat sich in der Praxis internationaler Unternehmenszusammenführungen durchgesetzt.[73] Zudem wird vertreten, es stehe den Beteiligten frei, anstatt der Verschmelzungspläne einen freiwilligen Verschmelzungsvertrag zu schließen, der zum einen den Inhalt des Verschmelzungsplans abdecken und zum anderen zusätzlich Bindungswirkung *inter partes* entfalten solle.[74] 34

a) Verschmelzungsplan oder Verschmelzungspläne?

In der Literatur ist umstritten, ob die Gesellschaften den Verschmelzungsplan als ein **einziges Dokument** aufstellen müssen oder ob jede Gesellschaft zwar inhaltsgleiche, aber jeweils eigene **gesonderte Verschmelzungspläne** aufstellen kann.[75] Für ein gemeinsames Dokument spreche, dass sowohl in Art. 20 SE-VO als auch in Art. 22 SE-VO nur von einem und nicht von mehreren Verschmelzungsplänen ausgegangen wird.[76] Dagegen wird angeführt, dass im Rahmen der Verschmelzungsprüfung kontrolliert werde, ob einem gleichlautenden Verschmelzungsplan zugestimmt wurde, was einen Vergleich von mehreren Plänen 35

---

[71] *Austmann* in Münch. Hdb. GesR IV, § 84 Rn. 7.
[72] *Austmann* in Münch. Hdb. GesR IV, § 84 Rn. 9; *Schwarz* SE-VO, Art. 20 Rn. 1, 13; *Bayer* in Lutter/Hommelhoff/Teichmann, SE-Kommentar, Art. 20 SE-VO Rn. 3; *Marsch-Barner* in Habersack/Drinhausen, Art. 20 SE-VO Rn. 2, 5; *Schröder* in Manz/Mayer/Schröder, Europäische Aktiengesellschaft SE Art. 20 Rn. 2; *Heckschen* in Widmann/Mayer Umwandlungsrecht Anhang 14 Rn. 146.
[73] *Austmann* in Münch. Hdb. GesR IV, § 84 Rn. 9; *Marsch-Barner* in Kallmeyer UmwG, Anhang Rn. 15; *Bayer* in Lutter/Hommelhoff/Teichmann, SE-Kommentar, Art. 20 SE-VO Rn. 4; *Schwarz* SE-VO, Art. 20 Rn. 14.
[74] *Bayer* in Lutter/Hommelhoff/Teichmann, SE-Kommentar, Art. 20 SE-VO Rn. 4.
[75] *Bayer* in Lutter/Hommelhoff/Teichmann, SE-Kommentar, Art. 20 SE-VO Rn. 2.
[76] *Schwarz* SE-VO, Art. 20 Rn. 10.

§ 14   4. Teil. Grenzüberschreitende Verschmelzungen

voraussetze (Art. 26 III SE-VO).[77] Dagegen wird jedoch eingewandt, Art. 26 III SE-VO beziehe sich auf „gleichlautende" Beschlussvorlagen in der Hauptversammlung.[78]

36 Nach Art. 26 SE-VO lässt sich der künftige Sitzstaat der SE von jeder der sich verschmelzenden Gesellschaften eine Ausfertigung des Verschmelzungsplans, dem sie zugestimmt hat, vorlegen und kontrolliert insbesondere, ob die beteiligten Gesellschaften einem gleich lautenden Verschmelzungsplan zugestimmt haben.

37 Man muss somit mindestens annehmen, dass jede Gründungsgesellschaft, selbst wenn sie einen eigenen Verschmelzungsplan aufstellen darf, zwingend denselben Inhalt angeben muss wie ihre Mitgründerinnen.[79] Im Ergebnis hat sie somit ohnehin keinen Abweichungsspielraum. Daher liefert die Beantwortung von Sprach- und Formfragen den erheblichen Beitrag zur Klärung. Hier liegt das eigentliche Problem, da im Falle von mehreren Verschmelzungsplänen, die ggf. in der jeweiligen Landessprache abgefasst sind, durchaus beabsichtigte oder unbeabsichtigte inhaltliche Abweichungen auftreten können. Dieses Risiko besteht in weitaus geringerem Maße, wenn nur ein verbindlicher Verschmelzungsplan als gemeinsames Dokument der sich verschmelzenden Rechtsträger erstellt wird, da so auch gewährleistet werden kann, dass sich die Gesellschaften tatsächlich auf eine einzige verbindliche Version des Verschmelzungsplanes einigen. Im Hinblick auf die geplante Zukunft der Mitgründerinnen als *eine* SE ist die gemeinsame Erstellung eines Planes, wenn auch nicht zwingend, so doch zumindest ratsam.

b) Form und Sprache des Verschmelzungsplans

38 Weder die Form noch die Sprache des Verschmelzungsplanes werden in der SE-VO geregelt. Für eine Gründungsgesellschaft nach deutschem Recht ist gemäß Art. 18 SE-VO iVm § 6 UmwG die **notarielle Beurkundung** analog des Verschmelzungsvertrags nach UmwG erforderlich.[80] Die Beurkundung selbst kann nach deutschem Recht vor der Hauptversammlung oder auch nach der Hauptversammlung erfolgen, da es ausreicht, wenn die Hauptversammlung dem endgültigen Entwurf des Verschmelzungsplans zustimmt.[81] In dem Fall darf zwischen Abstimmung

---

[77] *Bayer* in Lutter/Hommelhoff/Teichmann, SE-Kommentar, Art. 20 SE-VO Rn. 2. Für mehrere Pläne auch: *Schäfer* in MüKo AktG, Art. 20 SE-VO Rn. 1.

[78] *Schröder* in Manz/Mayer/Schröder, Europäische Aktiengesellschaft SE Art. 20 Rn. 1.

[79] *Bayer* in Lutter/Hommelhoff/Teichmann, SE-Kommentar, Art. 20 SE-VO Rn. 2.

[80] *Jaspers* in Böttcher/Habighorst/Schulte, Umwandlungsrecht, Umwandlungsrecht der Europäischen Aktiengesellschaft Rn. 45; *Teichmann* in Van Hulle/Maul/Drinhausen, Handbuch zur Europäischen Gesellschaft (SE), 4. Abschnitt § 2 Rn. 47; *Bayer* in Lutter/Hommelhoff/Teichmann, SE-Kommentar, Art. 20 SE-VO Rn. 6.

[81] *Schwarz* in SE-VO, Art. 20 Rn. 52; *Schäfer* in MüKo AktG, Art. 20 SE-VO, Rn. 6.

§ 14 Verschmelzung in europäische Gesellschaftsformen § 14

und anschließender Beurkundung aber selbstverständlich keine Änderung mehr am Inhalt des Entwurfes vorgenommen werden.

Sollte das Beurkundungserfordernis in den verschiedenen betroffenen 39 Rechtsordnungen unterschiedlich geregelt sein, so ist fraglich, ob sich die strengere Formvorschrift gegenüber Gründungsgesellschaften durchsetzt, deren nationales Recht lediglich die Schriftform verlangt.[82] So wird etwa vertreten, alle Formerfordernisse aller beteiligten Gründungsgesellschaften seien kumulativ zu erfüllen.[83] Es ginge jedoch zu weit anzunehmen, jede Gründungsgesellschaft müsse zusätzlich zu ihren eigenen mitgliedsstaatlichen Formerfordernissen auch die ihrer Mitgründerinnen erfüllen. Ausreichend ist, dass jede Gründungsgesellschaft den Verschmelzungsplan einzeln nach ihrem eigenen Recht formwirksam erstellt.[84] Soweit eine notarielle Beurkundung erforderlich ist und das Recht der betroffenen Gesellschaft eine Auslandsbeurkundung zulässt,[85] reicht es aus, wenn der Verschmelzungsplan im Ausland beurkundet wird. In diesem Fall können sich mehrere Gründungsgesellschaften zu einer einzigen Beurkundung in einem Staat ihrer Wahl zusammenschließen,[86]

Entsprechend des notariellen Beurkundungserfordernisses wird eine 40 deutsche Gründungsgesellschaft aufgrund des registerrechtlichen Erfordernisses nach § 488 III 1 FamFG iVm § 183 GVG zumindest eine Übersetzung des Verschmelzungsplans in die deutsche Sprache beibringen müssen, da dies allein für die Einreichung des Verschmelzungsplans beim Handelsregister unabdingbar ist.[87] Die originäre Erstellung des Verschmelzungsplans in deutscher Sprache ist jedoch nicht notwendig. Empfehlenswert sind in der Praxis mehrsprachige Fassungen in den Sprachen aller Gründungsgesellschaften,[88] bei der eine der Sprachen für verbindlich erklärt wird. Diese verbindliche Sprachfassung stellt somit das Original dar, welches den maßgeblichen Inhalt vorgibt. Gelten alle Sprachen gleichermaßen als verbindlich kann dies nicht nur die Vertragsinterpretation erschweren,[89] sondern auch das Auftreten von unzulässigen inhaltlichen Abweichungen verursachen. Zutreffend wird vorgeschlagen, einen gemeinsamen Verschmelzungsplan in einer **gemeinsam beherrschten Sprache** wie etwa Englisch zu erstellen, von dem ausgehend Überset-

---

[82] *Bayer* in Lutter/Hommelhoff/Teichmann, SE-Kommentar, Art. 20 SE-VO Rn. 6.
[83] *Jaspers* in Böttcher/Habighorst/Schulte, Umwandlungsrecht, Umwandlungsrecht der Europäischen Aktiengesellschaft Rn. 45.
[84] *Bayer* in Lutter/Hommelhoff/Teichmann, SE-Kommentar, Art. 20 SE-VO Rn. 6.
[85] → § 9 Rn. 181.
[86] *Schwarz* SE-VO, Art. 20 Rn. 51; *Heckschen* in Widmann/Mayer UmwG Anhang 14 Rn. 200; Beurkundung für alle Gründungsgesellschafter: *Schröder* in Manz/Mayer/Schröder, Art. 20 SE-VO Rn. 9.
[87] Vgl. §§ 374, 488 III 1 FamFG iVm 184 GVG sowie §§ 5, 16 BeurkG.
[88] *Bayer* in Lutter/Hommelhoff/Teichmann, SE-Kommentar, Art. 20 SE-VO Rn. 10; *Jaspers* in Böttcher/Habighorst/Schulte, Umwandlungsrecht, Umwandlungsrecht der Europäischen Aktiengesellschaft Rn. 45.
[89] AA *Austmann* in Münch. Hdb. GesR IV, § 84 Rn. 7.

§ 14   4. Teil. Grenzüberschreitende Verschmelzungen

zungen in die jeweils benötigten Amtssprachen angefertigt werden. Angesichts der gemeinsamen Zukunft der Mitgründerinnen als zukünftige SE, aber auch hinsichtlich der Prüfung gemäß Art. 26 SE-VO im **künftigen Sitzstaat der SE** bietet sich zudem die Erstellung des gemeinsamen Verschmelzungsplanes anstatt in Englisch in der Amtssprache des künftigen Sitzstaates an, sofern die Leitungs- oder Verwaltungsorgane der Gründungsgesellschaften mit dieser Sprache vertraut sind.

c) Zuständigkeit für die Aufstellung des Verschmelzungsplans

41   Gemäß Art. 20 I SE-VO sind für die Aufstellung des Verschmelzungsplanes die **Leitungs- oder Verwaltungsorgane** der sich verschmelzenden Gesellschaften zuständig. Im Falle der Beteiligung einer deutschen Aktiengesellschaft ist der Verschmelzungsplan folglich von deren Vorstand als Leitungsorgan gemäß § 76 AktG aufzustellen.

d) Inhalt des Verschmelzungsplans

42   Art. 20 I SE-VO enthält einen abschließenden Katalog von **zwingenden Mindestangaben**, die im Verschmelzungsplan aufgeführt werden müssen.[90] Inhaltlich ähnelt der Verschmelzungsplan iSd SE-VO dem Verschmelzungsvertrag nach § 5 UmwG.[91] Nach Art. 24 II SE-VO kann jeder Mitgliedstaat in Bezug auf die sich verschmelzenden Gesellschaften, die seinem Recht unterliegen, Vorschriften erlassen, um einen angemessenen Schutz der Minderheitsaktionäre, die sich gegen die Verschmelzung ausgesprochen haben, zu gewährleisten. Der deutsche Gesetzgeber hat von dieser Ermächtigung des Art. 24 SE-VO Gebrauch gemacht und in § 7 SEAG angeordnet, dass auch ein **Barabfindungsgebot** an widersprechende Aktionäre in den Verschmelzungsplan aufzunehmen ist.[92] Von der Ermächtigung des Art. 24 II SE-VO nicht vorgesehene, darüber hinausgehende nationale Anforderungen an den Inhalt des Verschmelzungsplanes sind jedoch unzulässig, die zwingenden Mindestangaben in Art. 20 I SE-VO sind insoweit abschließend. Nach Art. 20 II SE-VO steht es den sich verschmelzenden Gesellschaften hingegen frei, dem Verschmelzungsplan darüber hinaus **fakultativ** weitere eigene Punkte hinzuzufügen.[93] Eine parteiautonome Inhaltserweiterung ist also bedenkenlos zulässig.

aa) Firma und Sitz, Art. 20 I 2 lit. a) SE-VO

43   Art. 20 I Satz 2 lit. a) SE-VO sieht vor, dass der Verschmelzungsplan die Firma und den Sitz der **sich verschmelzenden Gesellschaften** angibt. Darüber hinaus ist erforderlich, dass die geplante Firma der **zu-**

---

[90] *Schwarz*, SE-VO, Art. 20 Rn. 16 u. 46.
[91] *Teichmann* in Van Hulle/Maul/Drinhausen, Handbuch zur Europäischen Gesellschaft (SE), 4. Abschnitt § 2 Rn. 3.
[92] *Bayer* in Lutter/Hommelhoff/Teichmann, SE-Kommentar, Art. 20 SE-VO Rn. 28.
[93] *Bayer* in Lutter/Hommelhoff/Teichmann, SE-Kommentar, Art. 20 SE-VO Rn. 14.

§ 14. Verschmelzung in europäische Gesellschaftsformen § 14

künftigen SE sowie ihr geplanter Sitz genannt werden. Der **Firma** der SE ist nach Art. 11 I SE-VO zwingend der Zusatz „SE" beizufügen. Üblicherweise wird dieser nach Art. 11 I 2. Alt. SE-VO der Firma nachgestellt, er kann nach Art. 11 I 1. Alt. SE-VO jedoch auch vorangestellt werden. **Unzulässig** ist das Ausschreiben des Rechtsformzusatzes in „*Societas Europaea*" oder die Übersetzung in die jeweilige Landessprache, wie etwa „*Europäische Aktiengesellschaft*".[94] Über Art. 15 I SE-VO gilt für die Gründung das Recht des Staates in dem die SE ihren Sitz begründen soll. Sofern die SE ihren Sitz in Deutschland begründen soll, gilt daher ergänzend deutsches Firmenrecht, so dass sich die zulässige Namensgebung darüberhinaus nach §§ 17 ff. HGB bestimmt.

Zwingend, aber auch ausreichend ist nach Art. 7 SE-VO, dass der Sitz 44 der SE innerhalb der EU oder des EWR liegt. Ein Staat, der einmal Mitgliedstaat der Europäischen Union war, zum Zeitpunkt der SE-Gründung aber bereits rechtswirksam ausgetreten ist, kommt vorbehaltlich anderslautender Vereinbarungen in einem eventuellen Austrittsabkommen gem. Art. 50 II EU-Vertrag (Lissabon) oder sonstiger dahingehender Staatsverträge als Sitzstaat einer SE nicht in Betracht.[95] Unter dem „Sitz" isd Art. 7 SE-VO ist der Satzungssitz[96] zu verstehen.[97] Die Hauptverwaltung muss nach Art. 7 Satz 1 SE-VO zwingend im selben Mitgliedstaat wie der Satzungssitz liegen, am selben Ort jedoch nur dann, wenn nationales Recht dies vorschreibt. Die Bestimmung eines Doppelsitzes ist unzulässig.[98]

Grundsätzlich besteht **Sitzwahlfreiheit**.[99] Eine Bestimmung des Sitzes 45 der neuen SE in einem **dritten Mitgliedstaat**, dh in einem Mitgliedstaat, zu dem keine der Gründungsgesellschaften der SE eine Verbindung aufweist, ist im Zuge einer Verschmelzung durch Neugründung nach ganz hM unproblematisch möglich.[100] Umstritten ist hingegen, ob im Rahmen der Verschmelzung durch Aufnahme eine Sitzverlegung in einen dritten Mitgliedstaat ebenfalls möglich ist.[101] Zum Teil wird dies

---

[94] *Langhein* in Lutter/Hommelhoff/Teichmann, SE-Kommentar, Art. 11 SE-VO Rn. 4.
[95] Zu den Rechtsfolgen eines Austritts aus der EU (Brexit) für eine bereits bestehende SE → § 32 Rn. 5.
[96] Vgl. Art. 7 SE-VO etwa in den Sprachen Englisch „*registered office*", Französisch „*siège statutaire*", Spanisch „*domicilio social*".
[97] *Schwarz* SE-VO, Art. 20 Rn. 19; *Oechsler* in Münchener Kommentar AktG, Art 7 SE-VO, Rn. 3.
[98] *Schwarz* SE-VO, Art. 7 Rn. 6, *ders.*, SE-VO, Art. 20 Rn. 20.
[99] *Marsch-Barner* in Kallmeyer Umwandlungsgesetz, Anhang Rn. 15, *Bayer* in Lutter/Hommelhoff/Teichmann, SE-Kommentar, Art. 20 SE-VO Rn. 17, *Schwarz*, SE-VO, Art. 20 Rn. 21, so schon *Sagasser/Swienty* DStR 1991 S. 1188, 1191.
[100] *Bayer* in Lutter/Hommelhoff/Teichmann, SE-Kommentar, Art. 17 SE-VO Rn. 4; *Schäfer* in MüKo AktG, Art. 17 SE-VO, Rn. 11; *Heckschen* in Widmann/Mayer Umwandlungsrecht Anhang 14 Rn. 127; *Oechsler* NZG 2005 S. 697, 700; *Ihrig/Wagner* BB 2003 S. 973.
[101] *Teichmann* in Van Hulle/Maul/Drinhausen, Handbuch zur Europäischen Gesellschaft (SE), 4. Abschnitt § 2 Rn. 34.

§ 14   4. Teil. Grenzüberschreitende Verschmelzungen

mit der Begründung abgelehnt, dass die aufnehmende Gesellschaft gleichzeitig einen Formwechsel vollziehe und folglich ein **Sitzverlegungsverbot** analog Art. 37 III SE-VO bestehe.[102] Dagegen spricht jedoch, dass für die Gründung der SE durch Verschmelzung gerade kein ausdrückliches Sitzverlegungsverbot besteht. Die Systematik der SE-VO behandelt in Art. 2 I, 17 ff. SE-VO die Verschmelzung durch Aufnahme trotz des ihr **immanenten Formwechsels** der aufnehmenden Gesellschaft in eine SE weitgehend nicht anders als eine Verschmelzung durch Neugründung, so dass für ein einmaliges Ausweichen auf die Regelungen des Formwechsels einer einzelnen AG in eine SE nach Art. 2 IV, 37 SE-VO kein Anlass besteht. Sitzwahlfreiheit besteht folglich auch im Falle der Verschmelzung durch Aufnahme.[103]

bb) Umtauschverhältnis der Anteile und Höhe der Ausgleichsleistung, Art. 20 I 2 lit. b) SE-VO

46   Gemäß Art. 20 I 2 lit. b) SE-VO muss im Verschmelzungsplan das **Umtauschverhältnis** der Aktien und gegebenenfalls die Höhe der Ausgleichsleistung angegeben werden. Der Verschmelzungsplan enthält folglich die Angabe, wie viele Aktien der SE die Aktionäre der Gründungsgesellschaften für ihre Aktien an der jeweiligen Gründungsgesellschaft erhalten und wie Ausgleich für die Aktien geschaffen wird, die nicht durch ganze SE-Aktien abgegolten werden können. Um ein solches Umtauschverhältnis zu ermitteln, müssen die Werte der Gründungsgesellschaften notwendigerweise ermittelt und ins Verhältnis gesetzt werden. Dabei ist die **Unternehmensbewertung** der Ausgangspunkt für die Festsetzung des Umtauschverhältnisses.[104] Bei börsennotierten Unternehmen sind Börsenwerte allein kein zuverlässiger Ersatz von Unternehmensbewertungen, sie sind jedoch innerhalb der Bewertung als ein Kriterium gebührend in Betracht zu ziehen und gegebenenfalls als Untergrenze zu erachten.[105]

47   (a) **Bewertungsstichtag.** Um die Bewertung der Unternehmen vornehmen zu können, muss ein **einheitlicher Bewertungsstichtag** für alle Gründungsgesellschaften festgelegt werden.[106] Dies ist unverzichtbar wenn

---

[102] *Casper* in Spindler/Stilz, Art. 17 SE-VO, Rn. 7; *Schröder* in Manz/Mayer/Schröder, Art. 8 SE-VO Rn. 15; *Schäfer* in MüKo AktG, Art. 17 SE-VO, Rn. 10; *Ihrig/Wagner* BB 2004 S. 1749 (1752).
[103] *Marsch-Barner* in Kallmeyer UmwG, Anhang Rn. 14; *Bayer* in Lutter/Hummelhoff/Teichmann, SE-Kommentar, Art. 17 SE-VO Rn. 4; *Schwarz* SE-VO Art. 20 Rn. 21; *Heckschen* in Widmann/Mayer Umwandlungsrecht Anhang 14 Rn. 127, 155; siehe auch schon *Sagasser/Swienty* DStR 1991 S. 1188 (1191) zum SE-VOE 1991.
[104] *Jaspers* in Böttcher/Habighorst/Schulte, Umwandlungsrecht, Umwandlungsrecht der Europäischen Aktiengesellschaft Rn. 47.
[105] *Austmann* in Münch. Hdb. GesR IV, § 84 Rn. 10; *Schwarz* SE-VO, Art. 20 Rn. 26; *Jaspers* in Böttcher/Habighorst/Schulte, Umwandlungsrecht, Umwandlungsrecht der Europäischen Aktiengesellschaft Rn. 47; BVerfG NJW 1999 S. 3769; BVerfG NJW 2011 S. 2497.
[106] *Walden/Meyer-Landrut* DB 2005 S. 2122.

§ 14. Verschmelzung in europäische Gesellschaftsformen

es gilt objektive Grundlagen wirtschaftlicher Vergleichbarkeit herzustellen. Bei der Verschmelzung zur SE ist strittig, ob der Bewertungsstichtag frei gewählt werden kann. Nach einer Literaturmeinung muss der Bewertungsstichtag mit dem Tag der Beschlussfassung übereinstimmen.[107] Dies wird damit begründet, dass für den Barabfindungsanspruch, der gemäß § 7 II 1 SEAG den der Verschmelzung widersprechenden Aktionären gewährt werden muss, auf den Tag der Beschlussfassung über die Verschmelzung abzustellen sei. Der Rückgriff auf diese Vorschrift ist jedoch nicht zwingend, zudem der Barabfindungsanspruch erst nachträglich beziffert werden kann.[108] Auch würden die Verschmelzungsbeteiligten hierdurch aufgrund eines rein deutschen Gesetzes ohne Not gezwungen ihre Beschlussfassung auf den gleichen Tag zu legen, wenn sie an einem einheitlichen Bewertungsstichtag festhalten wollen. Darüberhinaus wird vertreten, der Bewertungsstichtag sei wie bei einer innerstaatlichen Verschmelzung von den Verschmelzungsbeteiligten zu bestimmen,[109] er sei somit also frei wählbar. Gelegentlich wird dies dahingehend eingeschränkt, dass eine nationale Vorschrift diesbezüglich eine zwingende Regelung vorsieht. In der Praxis wird die Bestimmung des Bewertungsstichtages ohnehin den Erfahrungen zur innerstaatlichen Festlegung der Bewertungsstichtage folgen. Nach hM zu § 5 I UmwG kann der Bewertungsstichtag von den Parteien frei im Verschmelzungsvertrag bestimmt werden, solange er nicht nach dem Zeitpunkt der Beschlussfassung durch die Anteilseigner liegt.[110] Im Zweifelsfalle bleibt jedoch festzuhalten, dass die Verschmelzungsbeteiligten sich frei auf einen Bewertungsstichtag einigen können. Im Falle von unterschiedlichen und unvereinbaren nationalen Regelungen, die das Finden eines einheitlichen Zeitpunktes unmöglich machen würden, würde das Interesse der Parteien an wirtschaftlich vergleichbaren Unternehmensbewertungen zu stark eingeschränkt.

(b) Methoden der Unternehmensbewertung. Im Rahmen der Unternehmensbewertung ist die Anwendung einer **einheitlichen Bewertungsmethode** erforderlich, um eine Gleichbehandlung aller Aktionäre zu gewährleisten (Grundsatz der Methodengleichheit).[111] Eine bestimmte Bewertungsmethode bzw. Bewertungsgrundsätze werden in der SE-VO jedoch nicht festgeschrieben. Daher dürfte nach Art. 18 SE-VO auf nationales Recht und entsprechend auf die im jeweiligen Mitgliedsstaat üblichen Bewertungsmethoden abzustellen sein.[112] Dies hat jeden-

48

---

[107] *Walden/Meyer-Landrut* DB 2005 S. 2122; *Austmann* in Münch. Hdb. GesR IV, § 84 Rn. 12.

[108] *Teichmann* in Van Hulle/Maul/Drinhausen, Handbuch zur Europäischen Gesellschaft (SE), 4. Abschnitt § 2 Rn. 35.

[109] *Marsch-Barner* in Kallmeyer UmwG, Anhang Rn. 23.

[110] → § 9 Rn. 81 ff.

[111] *Austmann* in Münch. Hdb. GesR IV, § 84 Rn. 11; *Bayer* in Lutter/Hommelhoff/Teichmann, SE-Kommentar, Art. 17 SE-VO Rn. 18; *Marsch-Barner* in Kallmeyer Umwandlungsgesetz, Anhang Rn. 23; *Jaspers* in Böttcher/Habighorst/Schulte, Umwandlungsrecht, Umwandlungsrecht der Europäischen Aktiengesellschaft Rn. 47.

[112] *Schwarz*, SE-VO, Art. 20 Rn. 25.

falls insoweit zu gelten, als dass die auf alle Gründungsgesellschaften gleichermaßen angewandte Bewertungsmethode in allen maßgeblichen Mitgliedsstaaten als Bewertungsmethode anerkannt ist.[113] Für Deutschland werden in diesem Zusammenhang das Ertragswertverfahren und die Discounted Cash Flow-Methode genannt.[114] Da die SE-VO ferner keinen allgemeinen Grundsatz kennt, wonach der Bewertungsmethode der aufnehmenden Gesellschaft bzw. derjenigen am Sitz der SE Vorrang zukommt,[115] müssen sich die Beteiligten auf eine einheitliche Bewertungsmethode einigen. Dieses Problem sollte deshalb frühzeitig bei den Verhandlungen der Gründungsgesellschaften berücksichtigt werden. Falls sich eine Einigung im Wege der Verhandlung als unmöglich erweisen sollte, wird etwa angenommen, die Beteiligten könnten sich mangels Einigungsbereitschaft nicht in eine SE verschmelzen.[116]

49 (c) **Ausgleichsleistungen.** Wenn bei Berechnung des Umtauschverhältnisses Spitzenbeträge verbleiben, auf die keine Anteile entfallen, sind Ausgleichsleistungen zu gewähren. Die SE-VO enthält hinsichtlich der Art, aber auch der Obergrenze der Ausgleichsleistung keine Regelung. Insofern wird teilweise vertreten, dass Art. 3 I der Richtlinie 78/855/EWG (jetzt 2011/35/EU) über den Verweis in Art. 17 II Unterabs. 1 lit. a) SE-VO Anwendung finde: Danach wäre die Ausgleichsleistung also durch die Richtlinie auf eine bare Zuzahlung beschränkt, die dem zehnten Teil des Nennbetrages oder, wenn ein Nennbetrag nicht vorhanden ist, des rechnerischen Werts der gewährten Aktien entspricht.[117] Dagegen wird eingewandt, dass diese Richtlinie keine direkte Anwendung beanspruchen könne, sondern deren Regelungsinhalt allenfalls dem entsprechenden Umsetzungsgesetz der anwendbaren nationalen Rechtsordnung zu entnehmen sei.[118] Dies erscheint zwar naheliegend, zu beachten bleibt jedoch, dass der Verweis in Art. 17 II Unterabs. 1 lit. a) SE-VO nicht etwa der gesamten Richtlinie zu unmittelbarer Geltung im Rahmen der SE-VO verhelfen soll, sondern lediglich auf die **Definition einer Verschmelzung im Sinne der Richtlinie** verweist und eben diese Definition auch einer Verschmelzung im Sinne der SE-VO zu Grunde liegt. Daher wird Art. 17 II Unterabs. 1 lit. a) SE-VO auch als Definitionsnorm verstanden.[119] Die Präzision der möglichen Ausgleichsleistung ist Bestandteil der Definition einer Verschmelzung im Sinne der SE-VO. Würden anderweitige Ausgleichsleistungen gewährt, könnte man nicht mehr von einer Verschmelzung im Sinne der Richtlinie sprechen.

---

[113] *Marsch-Barner* in Habersack/Drinhausen, Art. 20 SE-VO, Rn. 14.
[114] *Marsch-Barner* in Habersack/Drinhausen, Art. 20 SE-VO, Rn. 14.
[115] *Austmann* in Münch. Hdb. GesR IV, § 84 Rn. 11.
[116] *Austmann* in Münch. Hdb. GesR IV, § 84 Rn. 11.
[117] *Schwarz*, SE-VO, Art. 20 Rn. 29.
[118] *Bayer* in Lutter/Hummelhoff/Teichmann, SE-Kommentar, Art. 20 SE-VO Rn. 19.
[119] So auch *Bayer* in Lutter/Hummelhoff/Teichmann, SE-Kommentar, Art. 17 SE-VO Rn. 1; *Schäfer* in MüKo AktG, Art. 17 SE-VO, Rn. 2; *Schwarz*, SE-VO, Art. 17 Rn. 4 f.; *Marsch-Barner* in Habersack/Drinhausen, Art. 17 SE-VO, Rn. 1; *Casper* in Spindler/Stilz AktG, Art 17 SE-VO Rn. 2.

§ 14 Verschmelzung in europäische Gesellschaftsformen § 14

Man kann somit die Frage der konkreten Ausgestaltung von Ausgleichleistungen nicht dem nationalen Recht der Mitgliedsstaaten überlassen und annehmen, Ausgleichsleistungen nach der SE-VO seien nicht auf bare Zuzahlungen beschränkt, sondern könnten auch in anderer Gestalt gewährt werden.[120] Dies zeigt auch der als Folgeproblem geführte Meinungsstreit, ob bei der Bestimmung der auf die Ausgleichszahlungen anwendbaren Rechtsordnung auf die Verweisung des Art. 18 SE-VO zurückgegriffen werden muss, der auf das Recht der jeweiligen Gründungsgesellschaft verweist, oder ob Art. 15 SE-VO zur Schließung dieser Regelungslücke berufen ist, demzufolge auf die Gründung einer SE das für Aktiengesellschaften geltende Recht des Staates Anwendung findet, in dem die SE ihren Sitz begründet.[121] Für eine Anwendung des Rechtes der zukünftigen SE über Art. 15 SE-VO spreche, dass die Gewährung von Ausgleichsleistungen schon der künftigen SE zugerechnet werde, da sie die Schuldnerin der Ausgleichleistung sei.[122] Dem wird entgegengehalten, dass für die Anwendung des Art. 18 SE-VO spreche, dass es die Aktionäre der Gründungsgesellschaften seien, die vom Schutzzweck der Norm umfasst seien und dass es um den Ausgleich der Verwässerung der ursprünglichen Beteiligungsrechte gehe.[123] Auch sei dies kein Grund, die Schutzmechanismen zugunsten der Aktionäre des übertragenden Rechtsträgers außer Kraft zu setzen, zumal Art und Weise der Zusatzleistung nicht notwendigerweise für die Aktionäre aller Gründungsgesellschaften einheitlich geregelt sein müsste.[124]

50

cc) Einzelheiten der Übertragung der SE-Aktien, Art. 20 I 2 lit. c) SE-VO

Gemäß Art. 20 I 2 lit. c) SE-VO ist erforderlich, dass der Verschmelzungsplan die nötigen Angaben enthält, wie die Aktien übertragen werden, selbst wenn die Aktionäre mit Vollzug der Verschmelzung nach Art. 29 I lit. b) SE-VO *ipso iure* Aktionäre der SE werden.[125] Ein derartiges Erfordernis kennt das deutsche Umwandlungsgesetz in § 5 I Nr. 4 UmwG – Erwerb der Anteile bzw. Mitgliedschaftsrechte.

51

In diesem Zusammenhang ist es erforderlich, im Verschmelzungsplan anzugeben, ob eine Kapitalerhöhung zur Durchführung der Verschmelzung erforderlich ist und die übertragenen Aktien aus dieser stammen oder ob es sich um bereits bestehende eigene Aktien der übernehmenden

52

---
[120] *Schäfer* in MüKo AktG, Art. 20 SE-VO, Rn. 14; *Schwarz* SE-VO, Art. 20 Rn. 29.
[121] *Jaspers* in Böttcher/Habighorst/Schulte, Umwandlungsrecht, Umwandlungsrecht der Europäischen Aktiengesellschaft Rn. 48; *Bayer* in Lutter/Hummelhoff/Teichmann, SE-Kommentar, Art. 20 SE-VO Rn. 19.
[122] *Bayer* in Lutter/Hummelhoff/Teichmann, SE-Kommentar, Art. 20 SE-VO Rn. 19.
[123] *Marsch-Barner* in Kallmeyer UmwG, Anhang Rn. 24.
[124] *Schäfer* in MüKo AktG, Art. 20 SE-VO, Rn. 14.
[125] *Teichmann* in Van Hulle/Maul/Drinhausen, Handbuch zur Europäischen Gesellschaft (SE), 4. Abschnitt § 2 Rn. 36.

§ 14   4. Teil. Grenzüberschreitende Verschmelzungen

Gesellschaft handelt.[126] Bei der Beteiligung einer deutschen Gründungsgesellschaft ist die Bestellung eines Treuhänders gemäß Art. 18 SE-VO iVm § 71 UmwG in den Verschmelzungsplan aufzunehmen. Dies gilt jedoch nicht für den ausländischen Verschmelzungspartner.[127] Ein Verstoß gegen das Gebot, gleichlautende Verschmelzungspläne aufzustellen, wird hierin nicht gesehen.[128]

dd) Zeitpunkt der Gewinnbeteiligung, Art. 20 I lit. d) SE-VO

53   Der Verschmelzungsplan muss gemäß Art. 20 I lit. d) SE-VO den Zeitpunkt der Gewinnbeteiligung sowie alle Besonderheiten in Bezug auf diese angeben. Grundsätzlich steht den Aktionären der Gründungsgesellschaft ein Anspruch auf Gewinnbeteiligung ab Eintragung der SE zu, da diese gemäß Art. 29 I lit. b) und d) und II lit. b) SE-VO mit der Eintragung Aktionäre der SE werden.[129] Ein davon abweichender Zeitpunkt kann von den Gründungsgesellschaften jedoch **frei bestimmt** werden.[130] Darüber hinaus ist ohnehin abzuwägen, ob ein **variabler Stichtag** gewählt werden sollte, da so den Unwägbarkeiten einer grenzüberschreitenden Transaktion Rechnung getragen werden kann.[131]

ee) Verschmelzungsstichtag, Art. 20 I 2 lit. e) SE-VO

54   Gemäß Art. 20 I 2 lit. e) SE-VO muss der Verschmelzungsplan den Verschmelzungsstichtag angeben, dh den Zeitpunkt, ab dem die Handlungen des übertragenden Rechtsträgers im Innenverhältnis als für Rechnung der Übernehmerin vorgenommen gelten.[132] Dieser kann wie im nationalen Recht frei gewählt werden. Er muss jedoch unmittelbar an den Stichtag der Schlussbilanz anknüpfen, welche der Verschmelzung zu Grunde liegt.[133] Sinnvoll ist eine variable Regelung zu wählen, wobei

---

[126] *Jaspers* in Böttcher/Habighorst/Schulte, Umwandlungsrecht, Umwandlungsrecht der Europäischen Aktiengesellschaft Rn. 49; *Teichmann* in Van Hulle/Maul/Drinhausen, Handbuch zur Europäischen Gesellschaft (SE), 4. Abschnitt § 2 Rn. 36; *Bayer* in Lutter/Hommelhoff/Teichmann, SE-Kommentar, Art. 20 SE-VO Rn. 20.
[127] *Bayer* in Lutter/Hommelhoff/Teichmann, SE-Kommentar, Art. 20 SE-VO Rn. 20; *Marsch-Barner* in Kallmeyer Umwandlungsgesetz, Anhang Rn. 25; *Schäfer* in MüKo AktG, Art. 20 SE-VO, Rn. 16.
[128] *Heckschen* in Widmann/Mayer Umwandlungsrecht Anhang 14 Rn. 160.
[129] *Schwarz* SE-VO, Art. 20 Rn. 31.
[130] *Bayer* in Lutter/Hommelhoff/Teichmann, SE-Kommentar, Art. 20 SE-VO Rn. 21; *Schwarz* SE-VO, Art. 20 Rn. 31; *Heckschen* in Widmann/Mayer Umwandlungsrecht Anhang 14 Rn. 162; *Schäfer* in MüKo AktG, Art. 20 SE-VO, Rn. 17.
[131] *Bayer* in Lutter/Hommelhoff/Teichmann, SE-Kommentar, Art. 20 SE-VO Rn. 21; *Marsch-Barner* in Kallmeyer Umwandlungsgesetz, Anhang Rn. 26; *Heckschen* in Widmann/Mayer Umwandlungsrecht Anhang 14 Rn. 163.
[132] → § 9 Rn. 160.
[133] *Teichmann* in Van Hulle/Maul/Drinhausen, Handbuch zur Europäischen Gesellschaft (SE), 4. Abschnitt § 2 Rn. 38; *Marsch-Barner* in Kallmeyer Umwandlungsgesetz, Anhang Rn. 27; *Schäfer* in MüKo AktG, Art. 20 SE-VO, Rn. 17.

§ 14. Verschmelzung in europäische Gesellschaftsformen § 14

eine differenzierende Festlegung für die einzelnen Gesellschaften zulässig ist.[134] Ferner ist darauf hinzuweisen, dass mehrere Verschmelzungsstichtage für jede Gesellschaft gewählt werden können, selbst wenn der Wortlaut der SE-VO nur von einem Verschmelzungsstichtag spricht.[135]

ff) Rechte einzelner Anteils- und Rechtsinhaber, Art. 20 I 2 lit. f) SE-VO

Der Verschmelzungsplan hat gemäß Art. 20 I 2 lit. f) SE-VO auch diejenigen Rechte anzugeben, welche die SE den mit Sonderrechten ausgestatteten Aktionären der Gründungsgesellschaften und den Inhabern anderer Wertpapiere als Aktien gewährt. Sollten bezüglich dieser Personen andere Maßnahmen vorgeschlagen werden, so sind auch diese zu nennen. Durch diese Vorschrift soll über die Stellung dieser Aktionäre in der neuen SE und die Einhaltung des **Gleichbehandlungsgrundsatzes** informiert werden.[136] Sollten einzelne Aktien oder Aktiengattungen nach der Rechtsordnung, der die zukünftige SE untersteht, nicht mehr gewährt werden können, muss der Verschmelzungsplan dahingehende Angaben enthalten.[137] Was unter „Sonderrechten" oder „anderen Wertpapieren als Aktien" zu verstehen ist, wird in der SE-VO nicht näher bestimmt, sondern ergibt sich aus dem nationalen Recht, dem die jeweilige Gründungsgesellschaft unterliegt.[138] Im Allgemeinen werden darunter **Begünstigungen** hinsichtlich **Stimmrechtsausübung** und **Gewinnverteilung** verstanden, wie etwa Schuldverschreibungen oder Genussrechte,[139] oder auch Mehrstimmrechte, die nach deutschem Recht zwar nicht mehr bestehen können, gegebenenfalls aber in anderen Staaten gewährt werden könnten.[140]

55

gg) Besondere Vorteile von Vertretungsorganen, Aufsichtsräten usw., Art. 20 I 2 lit. g) SE-VO

Gemäß Art. 20 I 2 lit. g) SE-VO muss der Verschmelzungsplan alle **Vorteile** benennen, die den Sachverständigen, die den Verschmelzungsplan prüfen, oder den Mitgliedern aller Verwaltungs-, Leitungs-, Aufsichts- oder Kontrollorgane, seien sie obligatorisch oder fakultativ, der sich verschmelzenden Gesellschaften gewährt werden.[141] Hierbei han-

56

---

[134] *Bayer* in Lutter/Hommelhoff/Teichmann, SE-Kommentar, Art. 20 SE-VO Rn. 22; *Marsch-Barner* in Kallmeyer UmwG, Anhang Rn. 27.
[135] *Schwarz*, SE-VO, Art. 20 Rn. 33.
[136] *Teichmann* in Van Hulle/Maul/Drinhausen, Handbuch zur Europäischen Gesellschaft (SE), 4. Abschnitt § 2 Rn. 39; *Schäfer* in MüKo AktG, Art. 20 SE-VO, Rn. 18.
[137] *Teichmann* in Van Hulle/Maul/Drinhausen, Handbuch zur Europäischen Gesellschaft (SE), 4. Abschnitt § 2 Rn. 7.
[138] *Schwarz* SE-VO, Art. 20 Rn. 34.
[139] *Schäfer* in MüKo AktG, Art. 20 SE-VO, Rn. 18; *Bayer* in Lutter/Hommelhoff/Teichmann, SE-Kommentar, Art. 20 SE-VO Rn. 23.
[140] *Bayer* in Lutter/Hommelhoff/Teichmann, SE-Kommentar, Art. 20 SE-VO Rn. 23.
[141] *Bayer* in Lutter/Hommelhoff/Teichmann, SE-Kommentar, Art. 20 SE-VO Rn. 24.

delt es sich um eine Schutzvorschrift zugunsten der Aktionäre, denen ein Überblick verschafft wird, inwiefern Personen, die an der Verschmelzung mitwirken durch Sondervorteile möglicherweise in ihrer Entscheidung beeinflusst werden.[142] Abschlussprüfer der Gründungsgesellschaften fallen anders als im deutschen UmwG nicht unter diese Vorschrift.[143] Als „Besondere Vorteile" iSd Art. 20 I 2 lit. g) SE-VO werden jede Art von Vergünstigungen verstanden, die anlässlich der Verschmelzung gewährt werden und nicht Gegenleistung für eine erbrachte Tätigkeit sind.[144]

hh) Satzung der SE, Art. 20 I 2 lit. h) SE-VO

57 Die Satzung der SE ist gemäß Art. 20 I 2 lit. h) SE-VO stets zwingend in den Verschmelzungsplan aufzunehmen. Innerhalb der SE-VO besteht auch in diesem Punkt kein Unterschied zwischen der Verschmelzung durch Aufnahme und der Verschmelzung durch Neugründung. Die Aufnahme der Satzung in den Verschmelzungsplan ist in beiden Fällen erforderlich, da eine Satzungsänderung selbst bei Verschmelzung durch Aufnahme unter Verwendung der Satzung der aufnehmenden Gründungsgesellschaft, die in ihrem ursprünglichen Sitzstaat verbleibt, erforderlich ist, da diese Verschmelzung zumindest mit einem Formwechsel in eine SE verbunden ist und die Satzung also mindestens dahingehend abzuändern ist. Inwiefern weitere Änderungen erforderlich sind, richtet sich nach der SE-VO und nach den Anforderungen des Sitzstaates, dessen Recht gemäß Art. 15 SE-VO heranzuziehen ist, sowie nach dem Willen der verschmelzenden Gesellschaften.[145]

58 Die **Satzungsfeststellung** selbst erfolgt in den Hauptversammlungen der Gründungsgesellschaften, in denen dieser zugestimmt wird.[146] Sie hat in der vom zukünftigen Sitzstaat verlangten **Form** zu erfolgen.[147] Die Satzung einer SE mit Sitz in Deutschland ist folglich nach § 23 I 1 AktG notariell zu beurkunden. Der **Inhalt der Satzung** richtet sich vorrangig nach der SE-VO und nach den Anforderungen des Sitzstaates, dessen Recht gemäß Art. 15 SE-VO heranzuziehen ist.[148] Die **Bestellung des ersten Aufsichtsorgans** kann fakultativ in der Satzung erfolgen. Dies ist

---

[142] Vgl. dazu die Ausführungen zur innerstaatlichen Verschmelzung → § 9 Rn. 160.
[143] *Schwarz* SE-VO, Art. 20 Rn. 38; *Bayer* in Lutter/Hommelhoff/Teichmann, SE-Kommentar, Art. 20 SE-VO Rn. 24.
[144] *Bayer* in Lutter/Hommelhoff/Teichmann, SE-Kommentar, Art. 20 SE-VO Rn. 24; *Marsch-Barner* in Habersack/Drinhausen, Art. 20 SE-VO, Rn. 24; ausführlich zum Begriff des besonderen Vorteils im Rahmen von § 26 I AktG: *Sagasser*, Sondervorteile bei der Gründung einer Aktiengesellschaft, S. 55 ff.
[145] *Teichmann* in Van Hulle/Maul/Drinhausen, Handbuch zur Europäischen Gesellschaft (SE), 4. Abschnitt § 2 Rn. 41.
[146] *Schwarz* SE-VO, Art. 20 Rn. 40; *Teichmann* in Van Hulle/Maul/Drinhausen, Handbuch zur Europäischen Gesellschaft (SE), 4. Abschnitt § 2 Rn. 4.
[147] *Schwarz* SE-VO, Art. 20 Rn. 40.
[148] *Casper* in Spindler/Stilz, AktG, Art. 20 SE-VO, Rn. 9; *Schäfer* in MüKo AktG, Art. 20 SE-VO, Rn. 20 mit einer Aufzählung in Fußnote 60.

jedoch nicht zwingend. Die SE-Satzung darf zudem festlegen, dass der Ort der **Hauptversammlung** in einem anderen Mitgliedsstaat der EU oder dem EWR liegen darf. Nachdem dies lange zweifelhaft war, hat der BGH diese Frage in Bezug auf eine SE mit Satzungssitz in Deutschland entschieden.[149] Bei der Gestaltung der Satzung ist die Wahl des Versammlungsortes jedoch dahingehend einzuschränken, dass sachgerechte, am Teilnahmeinteresse der Aktionäre ausgerichtete Vorgaben das Ermessen des Einberufungsberechtigten binden.[150] Dieses Kriterium legt der BGH streng aus.[151] Wie bei einer innerstaatlichen Verschmelzung durch Neugründung sind für eine neugegründete SE mit Sitz in Deutschland die Regeln zur Satzungsfeststellung nach §§ 23–27 AktG anwendbar. In der neuen Satzung müssen weiter all jene Festsetzungen über Sondervorteile, Gründungsaufwand, Sacheinlagen und -übernahmen übernommen werden, die in den Satzungen der übertragenden Gesellschaften enthalten waren (Art. 15 I SE-VO iVm § 36 II 1 UmwG und § 74 UmwG).[152]

Bei der Errichtung der Satzung der SE ist zu beachten, dass die Satzungsbestimmungen mit der ausgehandelten **Beteiligungsvereinbarung** zur Arbeitnehmermitbestimmung übereinstimmen müssen (Art. 12 IV SE-VO).[153] Dies ist nicht unproblematisch, da die Bestimmungen über die Arbeitnehmerbeteiligung[154] bei der Aufstellung des Verschmelzungsplanes in der Regel noch nicht vollständig ausgehandelt wurden. Im Extremfall kann die SE-Gründung daran sogar scheitern, dass kein Einvernehmen zwischen Satzung und Arbeitnehmerbeteiligungsvereinbarung hergestellt werden kann.[155]

59

ii) Arbeitnehmerbelange – Angaben zum Verfahren über die Beteiligung der Arbeitnehmer, Art. 20 I 2 lit. i) SE-VO

Der Verschmelzungsplan muss lediglich Angaben über das Verfahren hinsichtlich der Verhandlung der Mitbestimmung in der SE enthalten.[156] Der Verschmelzungsplan kann folglich allenfalls eine vorausschauende Einschätzung[157] zu diesem Punkt sowie einen Hinweis auf die sog. Auffanglösung enthalten.[158] Im Unterschied zu § 5 I Nr. 9 UmwG sind

60

---

[149] BGH BB 2015 S. 142 mit Anm. *Bungert/Leyendecker-Lagner*.
[150] BGH BB 2015 S. 142 Rn. 20.
[151] So geht er etwa davon aus, die Einbeziehung aller Städte der Europäischen Union, an denen eine Wertpapierbörse sitzt, werde den Anforderungen nicht gerecht, da die Anzahl solcher Städte unbekannt sei, BGH BB 2015 S. 142 Rn. 21.
[152] *Schwarz* SE-VO, Art. 17–31 Vorb. Rn. 19.
[153] *Kleindiek* in Lutter/Hommelhoff/Teichmann, SE-Kommentar, Art. 12 SE-VO Rn. 31; *Schwarz*, SE-VO, Art. 20 Rn. 42.
[154] → Rn. 157.
[155] *Casper* in Spindler/Stilz, AktG, Art. 12 SE-VO, Rn. 15.
[156] *Bayer* in Lutter/Hommelhoff/Teichmann, SE-Kommentar, Art. 20 SE-VO Rn. 26; *Schäfer* in MüKo AktG, Art. 20 SE-VO, Rn. 21.
[157] *Bayer* in Lutter/Hommelhoff/Teichmann, SE-Kommentar, Art. 20 SE-VO Rn. 26.
[158] *Schwarz* SE-VO, Art. 20 Rn. 45.

§ 14   4. Teil. Grenzüberschreitende Verschmelzungen

folglich im Verschmelzungsplan keine weitreichenden Informationen aufzunehmen. Eine vollumfängliche Information über die Konsequenzen individual- oder kollektivarbeitsrechtlicher Natur ist im Verschmelzungsplan nicht nötig.[159]

61 Gemäß Art. 18 SE-VO findet die Regelung des § 5 III UmwG Anwendung, nach welcher der Verschmelzungsplan bzw. dessen Entwurf den zuständigen Betriebsräten der deutschen Rechtsträger zuzuleiten ist.[160]

jj) Barabfindungsangebot

62 Sofern die SE ihren Sitz in einem anderen Mitgliedsstaat begründet, besteht die **Pflicht zur Aufnahme** eines Barabfindungsangebots in den Verschmelzungsplan einer **übertragenden**[161] **Gründungsgesellschaft** mit Sitz in Deutschland gemäß § 7 I SEAG.[162] Die Vorschrift des § 7 I SEAG ist an § 29 UmwG angelehnt.[163] Diese Ergänzung des in Art. 20 I SE-VO enthaltenen Mindestkataloges ist aufgrund der Ermächtigung des Art. 24 II SE-VO zulässig, nach der jedem Mitgliedsstaat die Möglichkeit eingeräumt wird, Schutznormen zugunsten von Minderheitsaktionären zu erlassen.[164]

63 Bei dem Barabfindungsangebot gemäß § 7 I SEAG handelt es sich inhaltlich um ein Austrittsrecht für die der Verschmelzung **widersprechenden Aktionäre**.[165] Allein denjenigen Aktionären, die gegen den Verschmelzungsbeschluss der Gesellschaft Widerspruch zur Niederschrift erklärt haben, steht die Annahme des Angebots auf Erwerb ihrer Aktien durch die SE gegen eine angemessene Barabfindung, aufschiebend bedingt auf das Wirksamwerden der Verschmelzung, offen.[166]

---

[159] → § 9 Rn. 161 ff.
[160] *Schäfer* in MüKo AktG, Art. 20, Rn. 10; *Schwarz*, SE-VO, Art. 21 Rn. 21.
[161] *Schäfer* in MüKo AktG, Art. 20 SE-VO, Rn. 23; aA *Jaspers* in Böttcher/Habighorst/Schulte, Umwandlungsrecht, Umwandlungsrecht der Europäischen Aktiengesellschaft Rn. 56, der eine Pflicht zum Barabfindungsangebot nach § 7 I SEAG auch dann annimmt, wenn eine aufnehmende deutsche AG anlässlich der Verschmelzung zur SE ihren Sitz über die Grenze ins europäische Ausland verlegt.
[162] *Austmann* in Münch. Hdb. GesR IV, § 84 Rn. 8; *Schäfer* in MüKo AktG, Art. 20 SE-VO, Rn. 22.
[163] *Bayer* in Lutter/Hommelhoff/Teichmann, SE-Kommentar, Art. 24 SE-VO Rn. 45; zu § 29 UmwG → § 9 Rn. 169 ff.
[164] *Schwarz* SE-VO, Art. 20 Rn. 47; *Marsch-Barner* in Kallmeyer UmwG, Anhang Rn. 42.
[165] *Casper* in Spindler/Stilz, AktG, Art. 20 SE-VO, Rn. 11; *Marsch-Barner* in Habersack/Drinhausen, Art. 24 SE-VO, Rn. 44.
[166] *Casper* in Spindler/Stilz, AktG, Art. 20 SE-VO, Rn. 11; *Bayer* in Lutter/Hommelhoff/Teichmann, SE-Kommentar, Art. 20 SE-VO Rn. 45; *Marsch-Barner* in Habersack/Drinhausen, Art. 24 SE-VO, Rn. 47 mit der Erweiterung, dass dies selbstverständlich auch ohne Widerspruch zur Niederschrift gilt bei zu Unrecht bei der Hauptversammlung nicht zugelassenen Aktionären oder wenn Einberufungs- oder Bekanntmachungsfehler aufgetreten sind.

§ 14 Verschmelzung in europäische Gesellschaftsformen § 14

kk) Rechtsformspezifische Angaben

Da die Möglichkeit der Mischverschmelzung verschiedener Gesellschaftsformen bei der Verschmelzung zur SE – abgesehen von den zwangsläufig bestehenden nationalen Unterschieden der verschmelzenden Aktiengesellschaften – nicht besteht, sind hierzu folglich in der SE-VO – anders als im UmwG, welches Mischverschmelzungen erlaubt – keine besonderen Regelungen enthalten und auch keine zusätzliche Angaben im Verschmelzungsplan erforderlich. **64**

ll) Weitere Regelungsmöglichkeiten – Zusätzliche Angaben

Wie sich aus Art. 20 II SE-VO unmittelbar ergibt, können dem Verschmelzungsplan noch weitere Angaben hinzugefügt werden. Diese Erweiterungen sind indes nur fakultativ. Für sinnvolle fakultative Inhalte wird auf die Ausführungen zum nationalen Recht verwiesen.[167] **65**

e) Bekanntmachung des Verschmelzungsplans

Der Verschmelzungsplan ist beim Registergericht nach § 5 SEAG einzureichen.[168] Er unterliegt jedoch keiner Bekanntmachungspflicht, da § 61 UmwG nicht über Art. 18 SE-VO analog auf eine Bekanntmachung des Planes anwendbar ist und Art. 21 SE-VO eine abschließende Aufzählung der bekanntzumachenden Angaben enthält.[169] **66**

f) Kündigung des Verschmelzungsplans

Die SE-VO sieht keine Kündigungs- oder Aufhebungsmöglichkeit des Verschmelzungsplans für den Fall vor, dass eine Bedingung nicht eintritt, wie sie etwa das nationale Umwandlungsrecht in § 7 UmwG vorsieht. Allerdings ist davon auszugehen, dass im Fall des Nichteintretens einer Bedingung der Verschmelzungsplan als gesellschaftsrechtlicher Organisationsakt auch ohne Aufhebung bzw. Kündigung keine Wirksamkeit entfalten kann. Es ist deshalb von entscheidender Bedeutung, dass die Rechtsfolgen im Falle des Nichteintretens einer Bedingung oder für die Folgen eines Mangels des Verschmelzungsplanes in einem etwaigen Business Combination Agreement geregelt sind. **67**

2. Verschmelzungsbericht

a) Pflicht zur Erstellung

Die SE-VO enthält keine ausdrückliche Pflicht zur Erstellung eines Verschmelzungsberichts. Mit der hM muss man eine Berichtspflicht jedoch annehmen, da sich aus Art. 31 II SE-VO *e contrario* ergibt, dass **68**

---

[167] → § 9 Rn. 177 ff.
[168] *Marsch-Barner* in Habersack/Drinhausen, Art. 21 SE-VO, Rn. 7.
[169] *Bayer* in Lutter/Hommelhoff/Teichmann, SE-Kommentar, Art. 21 Rn. 2; aA *Schäfer* in MüKo AktG, Art. 21 SE-VO, Rn. 1.

§ 14   4. Teil. Grenzüberschreitende Verschmelzungen

die SE-VO grundsätzlich von einer Berichtspflicht ausgeht,[170] die zudem aufgrund der Umsetzung des Art. 9 der Verschmelzungsrichtlinie in allen Mitgliedsstaaten bestehen dürften. Mangels eigenständiger Regelung in der SE-VO ist diesbezüglich über Art. 18 SE-VO für jede Gründungsgesellschaft auf die nationalen Vorschriften zur Berichtspflicht zurückzugreifen.[171] Für eine deutsche Gründungsgesellschaft findet folglich § 8 UmwG Anwendung.[172] Dementsprechend muss der Vorstand der deutschen Gründungsgesellschaft einen Verschmelzungsbericht aufstellen.

69 Für innerstaatliche Verschmelzungen ist die Erstellung eines gemeinsamen Verschmelzungsberichts der beteiligten Gesellschaften nach § 8 I Satz 1 aE UmwG zulässig. Sofern die Rechtsordnungen, denen die übrigen Gründungsgesellschaften unterliegen, diese Möglichkeit ebenfalls vorsehen, steht der Erstellung eines gemeinsamen Verschmelzungsberichts im Rahmen der SE-Verschmelzung nichts entgegen.[173] In diesem Fall müssen jedoch kumulativ die Berichtspflichten der beteiligten Staaten beachtet werden.[174] Ob ein solcher gemeinsamer Verschmelzungsbericht vorzugswürdig ist, wird von den Umständen des Einzelfalles abhängen. Insgesamt wird die Anfertigung eines gemeinsamen Berichts aufgrund der Berücksichtigung verschiedener Rechtsordnungen komplexer und auch in sprachlicher Hinsicht aufwendiger sein als die Erstellung zweier getrennter Berichte. Dagegen wird durch einen gemeinsamen Bericht jedoch gewährleistet, dass allen Beteiligten der gleiche Informationsinhalt zukommt.[175] Sollte der Bericht jedoch aufgrund der ebenfalls anwendbaren nationalen Inhalts- und Formvorschriften der anderen Gründungsgesellschaften zu starke Abweichungen von den üblichen nationalen Verschmelzungsberichten enthalten, ist die Erstellung getrennter Verschmelzungsberichte anzuraten.

---

[170] *Schwarz* SE-VO, Art. 20 Rn. 57; *Bayer* in Lutter/Hommelhoff/Teichmann, SE-Kommentar, Art. 20 SE-VO Rn. 29; *Jaspers* in Böttcher/Habighorst/Schulte, Umwandlungsrecht, Umwandlungsrecht der Europäischen Aktiengesellschaft Rn. 59; *Schäfer* in MüKo AktG, Art. 22 SE-VO Rn. 13; *Teichmann* in Van Hulle/Maul/Drinhausen, Handbuch zur Europäischen Gesellschaft (SE), 4. Abschnitt § 2 Rn. 49.
[171] *Schwarz* SE-VO, Art. 20 Rn. 57; *Bayer* in Lutter/Hommelhoff/Teichmann, SE-Kommentar, Art. 20 SE-VO Rn. 29; *Jaspers* in Böttcher/Habighorst/Schulte, Umwandlungsrecht, Umwandlungsrecht der Europäischen Aktiengesellschaft Rn. 59.
[172] *Bayer* in Lutter/Hommelhoff/Teichmann, SE-Kommentar, Art. 20 SE-VO Rn. 29; *Marsch-Barner* in Kallmeyer UmwG, Anhang Rn. 48; *Jaspers* in Böttcher/Habighorst/Schulte, Umwandlungsrecht, Umwandlungsrecht der Europäischen Aktiengesellschaft Rn. 59; *Casper* in Spindler/Stilz, AktG, Art. 22 SE-VO, Rn. 6.
[173] *Marsch-Barner* in Kallmeyer UmwG, Anhang Rn. 48; *Teichmann* in Van Hulle/Maul/Drinhausen, Handbuch zur Europäischen Gesellschaft (SE), 4. Abschnitt § 2 Rn. 50; *Schäfer* in MüKo AktG, Art. 22 SE-VO, Rn. 14.
[174] *Schwarz* SE-VO, Art. 20 Rn. 59.
[175] Insgesamt von gemeinsamen Berichterstattung abratend: *Bayer* in Lutter/Hommelhoff/Teichmann, SE-Kommentar, Art. 20 SE-VO Rn. 30.

§ 14. Verschmelzung in europäische Gesellschaftsformen § 14

b) Entbehrlichkeit des Verschmelzungsberichts

In der SE-VO ist die Entbehrlichkeit der Erstellung eines Verschmel- 70
zungsberichts durch das Leitungs- oder das Verwaltungsorgans nur im
Falle einer Verschmelzung gemäß Art. 31 II SE-VO ausdrücklich vorgesehen, steht jedoch unter der Voraussetzung, dass das nationale Recht
der beteiligten Gesellschaften diese nicht vorschreibt. Im Falle einer
Konzernverschmelzung, bei der eine Gesellschaft durch Aufnahme auf
eine Gesellschaft verschmolzen werden soll, die **mindestens 90%-ige
Hauptaktionärin, nicht aber 100%-ige Mutter** ist, ist der Bericht nur
insoweit erforderlich, als das er entweder in den einzelstaatlichen Rechtsvorschriften, denen die übernehmende Gesellschaft unterliegt, oder in
den für die übertragende Gesellschaft maßgeblichen einzelstaatlichen
Rechtsvorschriften vorgesehen ist.[176]

Darüber hinaus kann ein Verschmelzungsbericht nach Art. 18 SE-VO 71
in Verbindung mit den einschlägigen nationalen Rechtsvorschriften entbehrlich sein.[177] Für eine deutsche Gründungsgesellschaft kommt demnach gemäß § 8 III UmwG ein Verzicht auf den Bericht in Betracht,
wenn dieser von sämtlichen Aktionären aller beteiligten Rechtsträger
erklärt wird.[178] Nach überwiegender Meinung muss diese Bestimmung
jedoch einseitig für die Aktionäre der deutschen Gründungsgesellschaft
ausgelegt werden, dh ein solcher Verzicht ist grundsätzlich möglich, wenn
alle Aktionäre der deutschen Gründungsgesellschaft darauf verzichten, er
wirkt sich aber nur auf die Berichtspflicht der deutschen Gründungsgesellschaft aus und berührt mithin nicht die Pflicht der anderen Gründungsgesellschaften.[179] Nur wenn alle Rechtsordnungen, denen die an
der Verschmelzung unterliegenden Gründungsgesellschaften unterliegen,
die Möglichkeit eines Verzichts auf den Verschmelzungsbericht vorsehen,
ist dieser insgesamt entbehrlich.[180] Ein derartiger Verzicht der Aktionäre
einer deutschen Gründungsgesellschaft ist gemäß Art. 18 SE-VO iVm
§ 8 III 2 UmwG notariell zu beurkunden.

Bei der Verschmelzung durch Neugründung ergibt sich über die Ver- 72
weisungsvorschrift des Art. 15 I SE-VO iVm § 75 II UmwG wie bei
einer innerstaatlichen Verschmelzung durch Neugründung weder die

---

[176] → Rn. 68.
[177] *Bayer* in Lutter/Hommelhoff/Teichmann, SE-Kommentar, Art. 31 Rn. 13; *Marsch-Barner* in Habersack/Drinhausen, SE-VO Art. 31 Rn. 12; *Casper* in Spindler/Stilz, AktG, Art. 31 SE-VO, Rn. 5; *Hörtnagl* in Schmitt/Hörtnagl/Stratz, UmwG, Art. 31 SE-VO Rn. 2; *Schwarz*, SE-VO, Art. 31 Rn. 16; *Schäfer* in MüKo AktG, Art. 31 Rn. 8 f.; *Teichmann* in Van Hulle/Maul/Drinhausen, Handbuch zur Europäischen Gesellschaft (SE), 4. Abschnitt § 2 Rn. 49.
[178] → § 9 Rn. 197 ff.
[179] *Schwarz* SE-VO, Art. 20 Rn. 61; *Bayer* in Lutter/Hommelhoff/Teichmann, SE-Kommentar, Art. 20 SE-VO Rn. 33 f.; *Marsch-Barner* in Kallmeyer UmwG, Anhang Rn. 43; *Schäfer* in MüKo AktG, Art. 22 SE-VO Rn. 15; aA *Austmann* in Münch. Hdb. GesR, Band 4, § 83 Rn. 16, der einen Verzicht aller Gründungsgesellschaften fordert.
[180] *Teichmann* in Van Hulle/Maul/Drinhausen, Handbuch zur Europäischen Gesellschaft (SE), 4. Abschnitt § 2 Rn. 51.

§ 14   4. Teil. Grenzüberschreitende Verschmelzungen

Notwendigkeit, einen Gründungsbericht zu erstellen, noch eine Gründungsprüfung durchzuführen, denn übertragende Rechtsträger sind ausschließlich Aktiengesellschaften.[181]

c) Notwendiger Inhalt des Verschmelzungsberichts

73   Der Inhalt des Verschmelzungsberichts ist ebenfalls gemäß Art. 18 SE-VO den nationalen Rechtsvorschriften, denen die Gründungsgesellschaften unterliegen, zu entnehmen. Für eine deutsche Gründungsgesellschaft muss der Verschmelzungsbericht nach § 8 I 1 UmwG folglich die Verschmelzung, den Verschmelzungsplan oder seinen Entwurf, das Umtauschverhältnis der Anteile oder die Angaben über die Mitgliedschaft bei dem übernehmenden Rechtsträger und die Höhe einer eventuellen Barabfindung rechtlich und wirtschaftlich begründen.[182] Im Folgenden wird deshalb lediglich ein Überblick über die Anforderungen an den Inhalt des Verschmelzungsberichts gegeben und im Übrigen auf die Ausführungen zur innerstaatlichen Verschmelzung verwiesen.[183]

aa) Rechtliche und wirtschaftliche Erläuterung der Verschmelzung

74   Die Verschmelzung an sich muss in rechtlicher und wirtschaftlicher Hinsicht erläutert werden. Dies beinhaltet zum einen Ausführungen zur Wahl der Verschmelzung als Umstrukturierungsmodell und zum anderen zu deren wirtschaftlichen und rechtlichen Besonderheiten.[184] Insbesondere müssen diejenigen Aspekte herausgehoben werden, die bei einer Verschmelzung zur SE von innerstaatlichen Verschmelzungen abweichen, wie zB der ggf. stattfindende Wechsel des Gesellschaftsstatuts.[185]

bb) Erläuterung des Verschmelzungsplanes

75   Der Inhalt des Verschmelzungsplanes ist im Einzelnen zu erläutern.[186] Neben dem Umtauschverhältnis, welchem besondere Bedeutung zukommt, sollte aufgrund der Abweichung zur innerstaatlichen Verschmelzung auf das Verfahren der Arbeitnehmerbeteiligung eingegangen werden. Insbesondere sollte insofern über den Verfahrensstand, die geplante Beteiligungsvereinbarung sowie die ggf. anwendbare Auffanglösung informiert werden. Ferner ist es ratsam, auf die Möglichkeit hinzuweisen, die Verschmelzung unter dem Vorbehalt der Genehmigung der Vereinbarung über die Arbeitnehmerbeteiligung gemäß Art. 23 II 2 SE-VO zu beschließen.[187] Sofern ein Business Combination Agreement zwischen den Gründungsgesellschaften neben dem Verschmelzungsplan geschlossen

---

[181] *Schwarz* SE-VO, Art. 17–31 Vorb. Rn. 21.
[182] *Marsch-Barner* in Kallmeyer UmwG, Anhang Rn. 49.
[183] → § 9 Rn. 201 ff.
[184] *Schwarz* SE-VO, Art. 20 Rn. 65.
[185] *Schwarz* SE-VO, Art. 20 Rn. 66.
[186] *Bayer* in Lutter/Hommelhoff/Teichmann, SE-Kommentar, Art. 20 SE-VO Rn. 31.
[187] *Schwarz* SE-VO, Art. 20 Rn. 67.

§ 14 Verschmelzung in europäische Gesellschaftsformen § 14

wurde, bietet es sich an, auch dieses im Verschmelzungsbericht darzustellen und zu erläutern, damit die Aktionäre umfassend über die Verschmelzung informiert werden, zwingend ist dies jedoch nicht.[188]

cc) Umtauschverhältnis und Barabfindungspflicht

Die Erörterung des Umtauschverhältnisses ist von besonderer Bedeutung, da hiervon unmittelbar die Vermögensinteressen der Aktionäre betroffen sind. Dieses ist folglich im Verschmelzungsplan entsprechend der Praxis, die sich bei der innerstaatlichen Verschmelzung herausgebildet hat, darzustellen und zu erläutern. Insbesondere ist in diesem Zusammenhang auf etwaig bestehende Besonderheiten bzw. Schwierigkeiten, die sich aus der Einigung auf eine einheitliche Bewertungsmethode für alle beteiligten Rechtsträger ergeben, hinzuweisen.[189] Ferner muss der Verschmelzungsbericht die Höhe einer etwaigen Barabfindung, die im Verschmelzungsplan angegeben ist, genau erläutern. 76

d) Grenzen der Darlegungsfrist

Da der Verschmelzungsbericht auch bei einer SE-Verschmelzung dazu dient, die Aktionäre über die geplante Verschmelzung zu informieren, müssen die oben beschriebenen Angaben die Aktionäre in die Lage versetzen, die geplante Verschmelzung nachvollziehen zu können, ohne dass dabei sämtliche Einzelheiten der Verschmelzung dargestellt werden.[190] 77

Inwiefern bei der Darstellung auch § 8 II UmwG für den Bericht der deutschen Gründungsgesellschaft anwendbar ist, wonach Tatsachen, die einem beteiligten Rechtsträger einen Nachteil zufügen können, nicht im Verschmelzungsbericht genannt werden müssen, hat sich in der Literatur noch keine Meinung gebildet. Eine solche Ausnahme wurde in Art. 9 der Verschmelzungsrichtlinie nicht vorgesehen, sodass nicht davon ausgegangen werden kann, dass in jedem Mitgliedstaat ähnliche Bestimmungen gelten. Der einseitigen Anwendung des § 8 II UmwG auf den Bericht der deutschen Gründungsgesellschaft würde insofern nur geringe Bedeutung zukommen, als nachteilige Tatsachen durch die übrigen Berichte bekannt würden. Insofern sollte jedoch aus allgemeinen Grundsätzen im Einzelfall abgewogen werden, ob das Informationsinteresse der Aktionäre tatsächlich dem Interesse der Gesellschaften an Geheimhaltung nachteiliger Tatsachen vorgeht, zumal die Aktionäre durch deren Verbreitung selbst indirekt geschädigt würden. 78

e) Form und Sprache des Verschmelzungsberichts

Der Verschmelzungsbericht ist nach Art. 18 SE-VO iVm § 8 I 1 UmwG in Schriftform zu erstatten. Soll auf die Erstattung eines Ver- 79

---
[188] *Schwarz* SE-VO, Art. 20 Rn. 67.
[189] *Bayer* in Lutter/Hommelhoff/Teichmann, SE-Kommentar, Art. 20 SE-VO Rn. 31.
[190] *Schwarz* SE-VO, Art. 20 Rn. 64 f.

schmelzungsberichtes für eine konkret in Aussicht stehende Verschmelzung verzichtet werden, so sind die Verzichtserklärungen aller Anteilsinhaber aller beteiligten Rechtsträger, die sich nach deutschem Recht richten,[191] nach Art. 18 SE-VO iVm § 8 III 2 UmwG notariell zu beurkunden.[192]

80 Für die Sprache des Verschmelzungsberichts kommt es darauf an, ob ein gemeinsamer Bericht oder getrennte Berichte verfasst werden. Bei einem gemeinsamen Bericht besteht die Schwierigkeit, sich auf eine Sprachfassung zu einigen. Sollten getrennte Berichte angefertigt werden, ist es praktikabel für die Anmeldung der Verschmelzung, dass diese für jede Gesellschaft in der jeweiligen Landesprache abgefasst werden.

3. Prüfung des Verschmelzungsplans

81 Da Art. 22 SE-VO im Gegensatz zu den §§ 9–12 UmwG die Verschmelzungsprüfung nur rudimentär regelt,[193] sind nach allgemeiner Ansicht mit teils unterschiedlicher Begründung für die Verweisung auf das nationale Umwandlungsrecht[194] die nationalen Vorschriften zur Verschmelzungsprüfung heranzuziehen.[195]

a) Prüfungspflicht

82 Im Gegensatz zu § 60 UmwG statuiert Art. 22 SE-VO nicht ausdrücklich die Pflicht zur Prüfung des Verschmelzungsplanes bzw. seines Entwurfs. Dennoch besteht eine solche Prüfungspflicht im Rahmen einer SE-Verschmelzung.[196] Begründet wird dies damit, dass sowohl Art. 22 SE-VO als auch Art. 31 I 1 SE-VO, wonach eine Prüfungspflicht bei einer Konzernverschmelzung unter bestimmten Voraussetzungen entbehrlich ist, diese voraussetzen.[197] Der ausdrücklich geregelte Fall der Entbehrlichkeit der Prüfungspflicht bei einer Konzernverschmelzung (Art. 31 I 1 SE-VO) stellt die einzige gesetzliche Ausnahme von der Prüfungspflicht dar. Die in Art. 31 II SE-VO vorgesehene Möglichkeit einer weiteren Entbehrlichkeit der Prüfung hat in Deutschland keine Bedeutung.[198]

---

[191] → Rn. 186
[192] *Gehling* in Semler/Stengel, § 8 UmwG Rn. 68; siehe auch *Stratz* in Schmitt/Hörtnagl/Stratz § 8 UmwG Rn. 36.
[193] *Bayer* in Lutter/Hommelhoff/Teichmann, SE-Kommentar, Art. 22 SE-VO Rn. 2.
[194] Für eine Verweisung über Art. 18 SE-VO: *Austmann* in Münch. Hdb. GesR IV, § 84 Rn. 18; *Bayer* in Lutter/Hommelhoff/Teichmann, SE-Kommentar, Art. 22 SE-VO Rn. 2; *Heckscher* in Widmann/Mayer, Anhang 14 Rn. 216; *Schäfer* in MüKo AktG, Art. 22 SE-VO Rn. 1; für direkte Anwendung über Art. 22 SE-VO: *Schwarz* SE-VO, Art. 22 Rn. 7.
[195] *Schwarz* SE-VO, Art. 22 Rn. 8.
[196] *Bayer* in Lutter/Hommelhoff/Teichmann, SE-Kommentar, Art. 22 SE-VO Rn. 2.
[197] *Schwarz* SE-VO, Art. 22 Rn. 7.
[198] *Bayer* in Lutter/Hommelhoff/Teichmann, SE-Kommentar, Art. 22 SE-VO Rn. 18; Art. 31 SE-VO Rn. 19 f.

§ 14. Verschmelzung in europäische Gesellschaftsformen § 14

Allerdings soll es den Aktionäre freistehen, auf die Verschmelzungsprüfung zu verzichten.[199] Für die deutsche Gründungsgesellschaft findet ein solcher Verzicht seine Grundlage über die Verweisung des Art. 18 SE-VO auf § 9 III UmwG, der § 8 III UmwG auf die Verschmelzungsprüfung für anwendbar erklärt.[200] Insofern ist folglich auf die entsprechenden Ausführungen zum Verzicht auf den Verschmelzungsbericht zu verweisen. Im Ergebnis wird sich ebenfalls das Problem stellen, dass ein vollständiger Verzicht nur dann möglich ist, wenn er von allen Aktionären der Gründungsgesellschaften erklärt wird,[201] da der Verzicht der Aktionäre einer Gesellschaft die Prüfungspflicht der anderen Gesellschaft nicht erfasst.[202] Hinsichtlich der Form des Verzichts ist für die deutsche Gründungsgesellschaft auf die notarielle Beurkundung der Erklärung hinzuweisen.

83

b) Bestellung des Verschmelzungsprüfers

Gemäß Art. 22 I SE-VO steht den Gründungsgesellschaften die alternative Wahlmöglichkeit zu, entweder getrennt die Bestellung jeweils eines eigenen oder aber gemeinsam eines einzigen Verschmelzungsprüfers zu beantragen. Da die Verschmelzungsprüfung vornehmlich dem Schutz der Aktionäre dient, müssen die Prüfer unabhängig sein.[203] Bei einer deutschen Gründungsgesellschaft sind deshalb nur Wirtschaftsprüfer und Wirtschaftsprüfungsgesellschaften als unabhängige Sachverständige prüfungsberechtigt. Insoweit kann auf die Ausführungen zum nationalen Recht verwiesen werden.[204]

84

aa) Bestellungskompetenz

Die Kompetenz zur Bestellung der Prüfer ist je nach Wahl der getrennten oder gemeinsamen Verschmelzungsprüfung unterschiedlich, erfolgt jedoch immer durch staatliche Instanzen.[205] Sofern eine getrennte Prüfung durchgeführt wird, sind nach Art. 18 SE-VO iVm §§ 60, 73, 10 I 1, § 10 II 1 UmwG die Prüfer für eine deutsche Gründungsgesellschaft durch das Landgericht am Sitz der Gesellschaft auf Antrag des Vorstandes zu ernennen.[206] Bei der gemeinsamen Prüfung erfolgt nach Art. 22 I SE-VO die Bestellung durch „ein Gericht oder eine Verwaltungsbehörde eines Mitgliedstaates". Diese zuständige Stelle bestimmt sich nach dem

85

---

[199] *Schwarz* SE-VO, Art. 22 Rn. 9.
[200] *Bayer* in Lutter/Hommelhoff/Teichmann, SE-Kommentar, Art. 22 SE-VO Rn. 19.
[201] *Bayer* in Lutter/Hommelhoff/Teichmann, SE-Kommentar, Art. 22 SE-VO Rn. 20.
[202] *Schwarz* SE-VO, Art. 22 Rn. 9.
[203] *Schwarz* SE-VO, Art. 22 Rn. 11 f.; *Schäfer* in MüKo AktG, Art. 22 SE-VO Rn. 4.
[204] → § 9 Rn. 238 ff.
[205] *Schwarz* SE-VO, Art. 22 Rn. 13.
[206] *Bayer* in Lutter/Hommelhoff/Teichmann, SE-Kommentar, Art. 22 SE-VO Rn. 7; *Schäfer* in MüKo AktG, Art. 22 SE-VO, Rn. 7.

nationalen Recht des Mitgliedsstaates, in dem die Gesellschaft den Antrag stellt.[207] Sofern ein solcher in Deutschland gestellt wird, erfolgt die Bestellung nach Art. 22 I SE-VO iVm § 10 II UmwG durch das Landgericht, in dessen Bezirk eine der Gesellschaften oder die künftige SE ihren Sitz hat.[208]

bb) Auswahl, Stellung und Verantwortlichkeit des Verschmelzungsprüfers

86 Entscheidend für die **Auswahl der Verschmelzungsprüfer** ist insbesondere deren Unabhängigkeit. Dies gilt gleichermaßen bei einer getrennten, aber auch bei einer gemeinsamen Prüfung. Mangels Regelung in der SE-VO richten sich die Anforderungen an die Unabhängigkeit sowie die Qualifikation der Prüfer nach nationalem Recht.[209] Für die deutschen Gründungsgesellschaften sind daher die Regelungen, die auch für die Verschmelzung nach dem UmwG gelten, heranzuziehen.[210] Nach Art. 22 II SE-VO steht jedem Verschmelzungsprüfer ein **Auskunftsrecht** hinsichtlich aller an der Verschmelzung beteiligten Rechtsträger zu, soweit dieser die geforderte Information zur Beurteilung benötigt. Es handelt sich um ein umfassendes Auskunftsrecht, das auch zur Anforderung von Unterlagen ermächtigt.[211] Das Auskunftsrecht des Prüfers erstreckt sich stets auf alle Gründungsgesellschaften, selbst wenn eine getrennte Prüfung vorgesehen ist.[212] Die zivil- und strafrechtliche **Verantwortlichkeit und Haftung der Verschmelzungsprüfer** ist in der SE-VO selbst nicht geregelt. Insofern findet nationales Recht Anwendung. Es kann daher für die deutsche Gründungsgesellschaft auf die Ausführungen zum nationalen Recht verwiesen werden.[213]

c) Gegenstand und Umfang der Verschmelzungsprüfung

87 Hinsichtlich des Inhalts und des Umfanges der Prüfung enthält die SE-VO keine Regelung, sodass nach Art. 18 bzw. Art. 22 I SE-VO nationales Recht zur Anwendung gelangt. Bei einer deutschen Gesellschaft ist folglich § 9 I UmwG heranzuziehen.[214] Im Mittelpunkt der Prüfung wird jedenfalls die Prüfung des Verschmelzungsplans auf seine Vollständigkeit und Richtigkeit und insbesondere die Angemessenheit des Umtauschverhältnisses stehen.[215] Problematisch ist in diesem Zusammenhang, dass man sich bei einer grenzüberschreitenden Verschmelzung mit even-

---

[207] *Schwarz* SE-VO, Art. 22 Rn. 16.
[208] *Schwarz* SE-VO, Art. 22 Rn. 16.
[209] *Schwarz* SE-VO, Art. 22 Rn. 22 f.
[210] → § 9 Rn. 245 ff.
[211] *Bayer* in Lutter/Hommelhoff/Teichmann, SE-Kommentar, Art. 22 SE-VO Rn. 11; *Schäfer* in MüKo AktG, Art. 22 SE-VO, Rn. 11.
[212] *Schwarz* SE-VO, Art. 22 Rn. 33.
[213] → § 9 Rn. 255 ff.
[214] *Bayer* in Lutter/Hommelhoff/Teichmann, SE-Kommentar, Art. 22 SE-VO Rn. 13.
[215] *Bayer* in Lutter/Hommelhoff/Teichmann, SE-Kommentar, Art. 22 SE-VO Rn. 13; *Schäfer* in MüKo AktG, Art. 22 SE-VO, Rn. 9.

§ 14 Verschmelzung in europäische Gesellschaftsformen § 14

tuell bestehenden unterschiedlichen Bewertungsmethoden auseinanderzusetzen hat, um ein angemessenes Umtauschverhältnisses zu ermitteln.[216] Der Verschmelzungsbericht ist jedoch nach überwiegender Ansicht nicht von der Prüfung umfasst.[217]

d) Prüfungsbericht

Über das Ergebnis der Verschmelzungsprüfung haben die Verschmelzungsprüfer einen Prüfbericht zu erstatten. Sofern eine gemeinsame Prüfung erfolgt, sieht Art. 22 I SE-VO einen gemeinsamen Bericht vor. Mangels entsprechender Regelung in der SE-VO findet hierauf über Art. 18 SE-VO nationales Recht Anwendung. Demnach ist § 12 UmwG heranzuziehen. Danach muss der Prüfbericht mit der Erklärung abschließen, dass das Umtauschverhältnis sowie die ggf. gewährte Zuzahlung angemessen sind. Dabei muss insbesondere die Bewertungsmethode und die Begründung für ihre Anwendung beurteilt werden. Insofern kann auf die Ausführungen zum nationalen Recht verwiesen werden.[218] 88

Ferner ist darauf hinzuweisen, dass wie auch beim Verschmelzungsbericht und der Prüfungspflicht gemäß §§ 12 III, 8 Satz 1 UmwG auf die Erstellung eines Prüfberichts verzichtet werden kann. Insofern wird auf die diesbezüglich erfolgten Erläuterungen verwiesen. 89

4. Hauptversammlungsbeschlüsse

Gemäß Art. 23 I SE-VO muss, wie bei einer Verschmelzung nach dem Umwandlungsgesetz (§ 13 UmwG), die Hauptversammlung jeder der an der Verschmelzung beteiligten Gesellschaften die Verschmelzung zur SE beschließen, dh dem Verschmelzungsplan zustimmen. Durch diese Kompetenzzuweisung werden die Aktionärsrechte, insbesondere diejenigen der Minderheitsaktionäre, auf Information und Mitentscheidung gewährleistet.[219] Folglich ist nach dem klaren Wortlaut des Art. 23 I SE-VO eine Entscheidung der Anteilseigner über die Verschmelzung im Umlaufverfahren nicht möglich.[220] 90

Darüber hinaus enthält die SE-VO selbst jedoch weder Regelungen über die Einberufung und Durchführung der Versammlung noch über das Beschlussverfahren, so dass gemäß Art. 18 SE-VO erneut auf die nationalen Rechtsordnungen zurückgegriffen werden muss.[221] Art. 23 II 91

---

[216] *Van Hulle/Maul/Drinhausen*, Handbuch zur Europäischen Gesellschaft (SE), 4. Abschnitt, § 2 Rn. 3.
[217] So: *Schwarz* SE-VO, Art. 22 Rn. 28; *Schröder* in Manz/Mayer/Schröder, Art. 22 SE-VO Rn. 12; aA: *Bayer* in Lutter/Hommelhoff/Teichmann, SE-Kommentar, Art. 22 SE-VO Rn. 14 unter Verweis auf die Begründung der Kommission zum SE-VOE 1989.
[218] → § 9 Rn. 284 ff.
[219] *Schäfer* in MüKo AktG, Art. 23 SE-VO Rn. 1; *Bayer* in Lutter/Hommelhoff/Teichmann, SE-Kommentar, Art. 23 SE-VO Rn. 1.
[220] → § 9 Rn. 296.
[221] *Bayer* in Lutter/Hommelhoff/Teichmann, SE-Kommentar, Art. 23 SE-VO Rn. 2; *Walden/Meyer-Landrut* DB 2005 S. 2619 (2620).

§ 14   4. Teil. Grenzüberschreitende Verschmelzungen

SE-VO sieht lediglich als Besonderheit zum nationalen Recht vor, dass die Zustimmung zum Verschmelzungsplan unter den Vorbehalt der Genehmigung des Verfahrens zur Arbeitnehmerbeteiligung gestellt werden kann.[222] Im Folgenden werden deshalb die nationalen Vorschriften der Vollständigkeit halber nur genannt. Für Einzelheiten wird hingegen auf die innerstaatliche Verschmelzung nach dem UmwG verwiesen.

a) Ladung zur Hauptversammlung und Gewährung von Einsichtsrechten

92   Die Hauptversammlung einer deutschen Gründungsgesellschaft, die über die Verschmelzung zur SE entscheidet, ist mit einer Ladungsfrist von mindestens dreißig Tagen einzuberufen (Art. 18 SE-VO iVm § 123 I AktG), es denn, es wurde in der Satzung eine längere Frist festgelegt. Bei der Einberufung ist die Tagesordnung bekannt zu machen (Art. 18 SE-VO iVm § 124 AktG), welche insbesondere die Zustimmung zur Verschmelzung zur SE und zur ggf. erforderlichen Kapitalerhöhung enthalten muss.[223]

93   Des Weiteren sind der Verschmelzungsplan bzw. dessen Entwurf, die Jahresabschlüsse, ggf. Zwischenbilanzen, und Lageberichte der Gründungsgesellschaften, dh auch diejenigen des ausländischen Rechtsträgers,[224] der letzten drei Geschäftsjahre,[225] die Verschmelzungsberichte sowie die Verschmelzungsprüfungsberichte vom Tag der Einberufung der Hauptversammlung an zur Einsicht der Aktionäre in den Geschäftsräumen auszulegen und diesen auf Verlangen zuzusenden (Art. 18 SE-VO iVm § 63 UmwG).[226] Diese Verpflichtung kann durch eine Einstellung der Unterlagen auf der Internetseite der Gründungsgesellschaft ersetzt werden (§ 63 IV UmwG).

b) Vorbereitung der beschlussfassenden Versammlung – Bekanntmachung des Verschmelzungsplans

94   Vor der Einberufung ist der Verschmelzungsplan oder sein Entwurf beim Registergericht einzureichen, damit die Bekanntmachung gemäß § 10 HGB erfolgen kann (Art. 18 SE-VO iVm § 61 Satz 1 UmwG).[227] Aus Art. 21 SE-VO iVm § 5 SEAG ergibt sich, dass dem Registergericht mit Einreichung des Verschmelzungsplanes ferner zur Bekanntmachung folgende Angaben mitgeteilt werden müssen:

---

[222] → Rn. 129 f.
[223] *Bayer* in Lutter/Hommelhoff/Teichmann, SE-Kommentar, Art. 23 SE-VO Rn. 5.
[224] *Spitzbart* RNotZ 2006 S. 369, 395.
[225] Insofern soll als Beginn der Frist auf den Tag der Aufstellung des Verschmelzungsplanes abgestellt werden. *Bayer* in Lutter/Hommelhoff/Teichmann, SE-Kommentar, Art. 23 SE-VO Rn. 7 Fußnote 18; *Schäfer* in MüKo AktG, Art. 23 SE-VO Rn. 6.
[226] *Bayer* in Lutter/Hommelhoff/Teichmann, SE-Kommentar, Art. 23 SE-VO Rn. 7.
[227] *Walden/Meyer-Landrut* DB 2005 S. 2619; *Spitzbart* RNotZ 2006 S. 369. Reg. Begr. zum SEEG, BT-Drucks. 15/3405 S. 31.

§ 14. Verschmelzung in europäische Gesellschaftsformen § 14

aa) Rechtsform, Firma und Sitz der sich verschmelzenden Gesellschaften, Art. 21 lit. a) SE-VO

Diese zwingende Angabe von Rechtsform, Firma und Sitz der sich verschmelzenden Gesellschaften dient der Transparenz und nicht zuletzt der Information darüber, dass es sich um eine grenzüberschreitende Verschmelzung handelt.[228] 95

bb) Zuständige Register sowie die Registernummern, Art. 21 lit. b) SE-VO

Als weitere Angabe muss zu Identifizierungszwecken das Register und die Registernummer angegeben werden, bei denen alle die Gründungsgesellschaften betreffenden Urkunden hinterlegt sind. Für eine deutsche AG muss also das zuständige Amtsgericht und die HRB-Nummer bekannt gemacht werden. 96

cc) Hinweis auf die Modalitäten der Ausübung von Gläubigerrechten, Art. 21 lit. c) SE-VO

Durch Art. 21 lit. c) soll gewährleistet werden, dass der in Art. 24 I SE-VO genannte Kreis von Gläubigern von ihren Schutzrechten Kenntnis erlangt. Art. 24 I SE-VO begründet jedoch weder selbst Gläubigerschutzrechte noch enthält diese Vorschrift deren Ausübungsmodalitäten. Vielmehr ist diesbezüglich die Rechtsordnung, der jede Gründungsgesellschaft unterliegt, heranzuziehen. Dies umfasst insbesondere die aufgrund von Art. 24 I SE-VO von den Mitgliedsstaaten erlassenen Rechtsvorschriften. Für eine deutsche Gründungsgesellschaft sind folgende Schutzvorschriften zu nennen: 97

Sofern die SE ihren **Sitz im Ausland** begründet, können Gläubiger schon vor Vollzug der Sitzverlegung die Stellung einer Sicherheit für ihre Ansprüche verlangen. Damit wird der **Gläubigerschutz** präventiv nach vorne verlagert.[229] Dies setzt jedoch voraus, dass die Gläubiger binnen zwei Monaten nach dem Tag, an dem der Verschmelzungsplan bekannt gemacht wurde, ihre Forderung schriftlich angemeldet haben. Diese Frist ist folglich wesentlich kürzer als die sechsmonatige Frist des § 22 UmwG. Dies erklärt sich daraus, dass das Verfahren ansonsten entsprechend verzögert würde. Ferner ist zu beachten, dass die Sicherheitsleistung nur für solche Forderungen verlangt werden kann, die vor der Offenlegung und bis zu 15 Tagen nach Offenlegung des Verschmelzungsplanes entstanden sind. Die zeitliche Begrenzung wird damit begründet, dass spätere Gläubiger durch die Bekanntmachung gewarnt wurden.[230] Der Schutz der Gläubiger wird weiterhin dadurch gewährleistet, dass gemäß § 8 Satz 2 SEAG die Bescheinigung nach Art. 25 II SE-VO erst ausgestellt werden 98

---

[228] Schäfer in MüKo AktG, Art. 21 SE-VO, Rn. 4; Bayer in Lutter/Hommelhoff/Teichmann, SE-Kommentar, Art. 21 SE-VO Rn. 4.

[229] Bayer in Lutter/Hommelhoff/Teichmann, SE-Kommentar, Art. 24 SE-VO Rn. 13.

[230] Bayer in Lutter/Hommelhoff/Teichmann, SE-Kommentar, Art. 24 SE-VO Rn. 13.

§ 14   4. Teil. Grenzüberschreitende Verschmelzungen

darf, wenn der Vorstand der übertragenden deutschen Aktiengesellschaft die Versicherung abgegeben hat, eine **angemessene Sicherheit** gestellt zu haben.

99 Art. 24 I SE-VO verweist für die nicht durch § 8 SEAG geregelten Fälle für Gläubiger einer deutschen Gründungsgesellschaft auf § 22 UmwG.[231] Der Anspruch auf **Sicherheitsleistung** richtet sich gegen die übernehmende bzw. neugegründete SE und wird mit Eintragung der SE fällig. Es handelt sich folglich im Gegensatz zu § 8 SEAG um einen nachgelagerten Anspruch.

100 Über Art. 24 I SE-VO ist ebenfalls für eine deutsche Gründungsgesellschaft § 23 UmwG anwendbar. Danach müssen **Sonderrechtsinhaber** in der übernehmenden Gesellschaft mindestens die Rechte haben, die denen in der übertragenden Gesellschaft gleichwertig sind. Sonderrechtsinhaber sind die in § 23 UmwG genannten Inhaber von Rechten ohne Stimmrecht, insbesondere Inhaber von Wandelschuldverschreibungen, Gewinnschuldverschreibungen und Genussrechten. Inhaber von stimmlosen Vorzugsaktien sollen nicht zu diesen gehören.[232] Für diese Sonderrechtsinhaber müssen wirtschaftlich gleichwertige Rechte in der übernehmenden SE geschaffen werden. Dies ist jedoch bei einer SE mit Sitz im Ausland, die sekundär dem Recht des Sitzstaates unterliegt, oft nicht einfach. Diese Schwierigkeit sollte vor allem im Verschmelzungsplan berücksichtigt werden (Art. 20 I 2 lit. f SE-VO)).[233]

dd) Hinweis auf die Modalitäten der Ausübung von Minderheitsaktionärsrechten, Art. 21 lit. d) SE-VO

101 Wie vorstehend für die Gläubiger dargestellt soll durch die Bekanntmachung der Modalitäten der Ausübung der Minderheitsaktionärsrechte gewährleistet werden, dass diese ihre Rechte im Rahmen der Verschmelzung zur SE durchsetzen können. Insofern verweist Art. 21 lit. d) SE-VO ebenfalls auf Art. 24 SE-VO, über welchen die von den Mitgliedstaaten erlassenen Schutzrechte anwendbar sind.

102 Der deutsche Gesetzgeber hat in § 6 SEAG ein Nachbesserungsanspruch für ein nicht angemessenes Umtauschverhältnis eingeführt, der sich an §§ 14 II und 15 UmwG orientiert.[234] Es kann deshalb für nähere Ausführungen auf die Darstellung dieser Vorschriften bei der innerstaatlichen Verschmelzung verwiesen werden.[235]

103 Ferner wird auch die Anfechtungsklage ausgeschlossen und das Spruchverfahren für anwendbar erklärt. Die Eröffnung des Spruchverfahrens setzt jedoch gemäß Art. 25 III 1 SE-VO voraus, dass die Aktionäre der anderen ausländischen Gründungsgesellschaft, denen nach ihrer

---

[231] → § 9 Rn. 61.
[232] *Bayer* in Lutter/Hommelhoff/Teichmann, SE-Kommentar, Art. 24 SE-VO Rn. 18; *Schwarz* SE-VO, Art. 24, Rn. 13 Fußnote 35.
[233] *Bayer* in Lutter/Hommelhoff/Teichmann, SE-Kommentar, Art. 24 SE-VO Rn. 19; → Rn. 74.
[234] *Schwarz* SE-VO Art. 24 Rn. 24.
[235] → § 9 Rn. 11.

§ 14 Verschmelzung in europäische Gesellschaftsformen § 14

Rechtsordnung ein dem Spruchverfahren ähnliches Verfahren nicht offensteht, der Durchführung des Spruchverfahren anstelle der Anfechtungsklage im Beschluss über den Verschmelzungsplan ausdrücklich zustimmen. Ansonsten findet die Anfechtungsklage Anwendung.[236] Gemäß § 7 SEAG können Aktionäre, die der Verschmelzung widersprechen, eine Barabfindung verlangen, wenn die SE ihren Sitz im Ausland begründen wird. Es besteht folglich ein **Austritts- und Abfindungsrecht** (Barabfindungsrecht) nach dem Vorbild der §§ 29 UmwG.[237] Anspruchsberechtigt ist nur der Aktionär einer deutschen übertragenden Gründungsgesellschaft.[238] Der Anspruch setzt voraus, dass ein Widerspruch gegen den Verschmelzungsbeschluss zur Niederschrift erklärt wurde. Als Rechtsmittel wird dem Aktionär ebenfalls das Spruchverfahren eröffnet (§ 7 V SEAG). Dies gilt jedoch nur unter bereits vorstehend genannten Voraussetzungen des Art. 25 III 1 SE-VO.

104

ee) Künftige Firma und künftiger Sitz, Art. 21 lit e) SE-VO

Schließlich müssen für die SE Angaben zur Firma und zum künftigen Sitz bekannt gemacht werden, damit es dem Rechtsverkehr möglich ist, den übernehmenden Rechtsträger nach der Verschmelzung zu identifizieren.

105

ff) Nachgründungsbericht

Sofern eine deutsche AG im Rahmen einer Verschmelzung zur Aufnahme der aufnehmende Rechtsträger ist und sie seit weniger als zwei Jahren im Handelsregister eingetragen ist, sind die Nachgründungsvorschriften gemäß Art. 18 SE-VO iVm § 67 UmwG zu beachten.[239] Das maßgebliche Ereignis, welches nach § 67 UmwG bei nationalen Umwandlungen innerhalb der Zweijahresfrist ab Eintragung die Beachtung von Nachgründungsvorschriften verlangt, ist der Abschluss des Verschmelzungsvertrages. Bei der entsprechenden Anwendung des § 67 UmwG auf Verschmelzungen nach der SE-VO ist der entsprechend heranzuziehende maßgebliche Zeitpunkt dabei umstritten: zum Teil wird auf den Zeitpunkt der notariellen Beurkundung des Verschmelzungsbeschlusses,[240] zum Teil auf den Zeitpunkt der notariellen Beurkundung des Verschmelzungsplanes abgestellt.[241] Besteht der aufnehmende Rechtsträger seit weniger als zwei Jahren und liegen die weiteren Voraussetzun-

106

---

[236] *Bayer* in Lutter/Hommelhoff/Teichmann, SE-Kommentar, Art. 24 SE-VO Rn. 34.
[237] *Bayer* in Lutter/Hommelhoff/Teichmann, SE-Kommentar, Art. 24 SE-VO Rn. 45.
[238] Wird kritisiert: *Bayer* in Lutter/Hommelhoff/Teichmann, SE-Kommentar, Art. 24 SE-VO Rn. 47, 33.
[239] *Bayer* in Lutter/Hommelhoff, SE-Kommentar, Art. 18 SE-VO Rn. 8; *ders.*, Art. 18 SE-VO Rn. 8; *Schäfer* in MüKo AktG, Art. 23 SE-VO Rn. 7.
[240] *Bayer* in Lutter/Hommelhoff/Teichmann, SE-Kommentar, Art. 23 SE-VO Rn. 8.
[241] *Schwarz* SE-VO, Art. 20 Rn. 55.

gen des § 67 UmwG vor, so ist nach § 52 AktG vor der Beschlussfassung der Hauptversammlung ein Nachgründungsbericht zu erstatten und eine Nachgründungsprüfung hat zu erfolgen.[242] Ein Verzicht hierauf ist nicht möglich.

c) Verschmelzungsbeschluss

107 Für die Beschlussfassung ist eine Mehrheit von mindestens drei Vierteln des bei der Beschlussfassung vertretenen Grundkapitals notwendig (Art. 18 SE-VO iVm § 65 I UmwG).[243] Eine größere Mehrheit und weitere Erfordernisse können sich jedoch aus der Satzung der beteiligten Gesellschaft ergeben.[244] Ferner sind ggf. Sonderabstimmungen nach Aktiengattungen erforderlich.[245]

108 Umstritten ist, ob über Art. 18 SE-VO auch § 62 UmwG anwendbar ist, wonach auf einen zustimmenden Beschluss der übernehmenden Gesellschaft verzichtet werden kann, wenn sich 90% des Kapitals der übertragenden Gesellschaft in der Hand der übernehmenden Gesellschaft befinden und es sich bei Letzterer um eine deutsche Aktiengesellschaft handelt.[246] Unter dem Gesichtspunkt der Rechtssicherheit sollte man sich nicht auf diese Ausnahme stützen, zumal der Wortlaut des Art. 23 I SE-VO ausdrücklich die Zustimmung aller an der Verschmelzung beteiligten Gesellschaften vorsieht, ohne eine entsprechende Einschränkung vorzusehen. Eine solche findet sich auch nicht in Art. 31 SE-VO, welche die Mutter-Tochter-Verschmelzung regelt.[247]

d) Bestellung des ersten Aufsichts-/Verwaltungsorgans

109 Die Mitglieder des ersten Aufsichtsorgans bei einer dualistisch strukturierten SE oder des ersten Verwaltungsorgans bei einer monistisch strukturierten SE werden gemäß Art. 40 II 1, 2 SE-VO bzw. Art. 43 III 1, 2 SE-VO entweder durch die **Hauptversammlung** oder in der **Satzung** bestellt.[248] Bei der Verschmelzung auf eine dualistische AG durch Aufnahme und Formwechsel in eine dualistische SE kann sich gegebenenfalls eine **Ämterkontinuität** ergeben, wenn die ursprüngliche Mitbestimmung erhalten bleibt.[249] Bei der Neugründung einer SE

---

[242] *Bayer* in Lutter/Hommelhoff/Teichmann, SE-Kommentar, Art. 23 SE-VO Rn. 8.
[243] *Walden/Meyer-Landrut* DB 2005 S. 2620; *Brandes* AG 2005 S. 184; *Teichmann* in Van Hulle/Maul/Drinhausen, Handbuch zur Europäischen Gesellschaft (SE), 4. Abschnitt § 2 Rn. 64.
[244] *Bayer* in Lutter/Hommelhoff/Teichmann, SE-Kommentar, Art. 23 SE-VO Rn. 10.
[245] → § 9 Rn. 299.
[246] So *Teichmann* ZRG 2002 431.
[247] *Spitzner* RNotZ 2006 S. 369; *Bayer* in Lutter/Hommelhoff/Teichmann, SE-Kommentar, Art. 23 SE-VO Rn. 1 mwN.
[248] *Schwarz* SE-VO, Art. 17–31 Vorb. Rn. 21.
[249] Vgl. dazu *Drygala* in Lutter/Hommelhoff/Teichmann, SE-Kommentar, Art. 40 SE-VO Rn. 27.

§ 14 Verschmelzung in europäische Gesellschaftsformen § 14

sowie der Verschmelzung zur Aufnahme unter Veränderung des mitbestimmungsrechtlichen Regimes ist die Neubestellung des Aufsichts- oder Verwaltungsorgans erforderlich. Hinsichtlich der Vertretung der Arbeitnehmer in diesen Organen sind die Regelungen der **Beteiligungsvereinbarung** zu beachten, denn im Gegensatz zu nationalem Recht sind auch das erste Aufsichts- bzw. Verwaltungsorgan nicht mitbestimmungsfrei.[250] Bei der Verschmelzungsgründung einer paritätisch mitbestimmten, börsennotierten SE mit Sitz in Deutschland ist daher bereits zu diesem Zeitpunkt auf eine geschlechtergerechte Besetzung der Posten gemäß der **30%-Quote** zu achten.[251]

e) Kapitalerhöhung

Wie im nationalen Recht erfolgt die Beteiligung der Aktionäre des 110 übertragenden Rechtsträgers an dem übernehmenden Rechtsträger durch die Gewährung von Aktien, die idR mittels einer Kapitalerhöhung beim übernehmenden Rechtsträger geschaffen werden.[252] Mangels Regelung in der SE-VO finden die nationalen Vorschriften über die Kapitalerhöhung Anwendung, dh bei einer übernehmenden deutschen Gründungsgesellschaft die §§ 66–69 UmwG iVm §§ 182 ff. AktG.[253] Insbesondere gelten auch die in § 68 UmwG enthaltenen **Kapitalerhöhungsverbote** und **Kapitalerhöhungswahlrechte**.[254] Der Kapitalerhöhungsbeschluss bedarf nach § 182 I AktG einer Mehrheit von mindestens drei Vierteln des vertretenen Grundkapitals.[255] Über Art. 18 SE-VO iVm § 69 I UmwG kann eine Werthaltigkeitsprüfung gemäß § 183 III AktG entbehrlich sein, da übertragende Gesellschaft bei einer SE-Verschmelzung eine Aktiengesellschaft ist.[256] Insgesamt wird auf die Ausführungen zur innerstaatlichen Verschmelzung verwiesen.[257]

f) Zustimmungsvorbehalt – Zustimmungserfordernisse

Ein besonderer Zustimmungsvorbehalt zum Beschluss über den Ver- 111 schmelzungsplan befindet sich in Art. 23 II SE-VO. Nach dieser Vorschrift können die Hauptversammlungen jeder der an der Verschmel-

---

[250] *Schwarz* SE-VO, Art. 40 Rn. 52 u. Art. 43 Rn. 104; *Reichert/Brandes* in MüKo AktG, Art. 40 SE-VO, Rn. 53.
[251] *Eberspächer* in Spindler/Stilz AktG, Art. 40 Rn. 7 u. Art 43 SE-VO Rn. 32; → Rn. 181.
[252] *Jaspers* in Böttcher/Habighorst/Schulte, Umwandlungsrecht, Umwandlungsrecht der Europäischen Aktiengesellschaft Rn. 74; *Schwarz* SE-VO, Art. 17 Rn. 7.
[253] *Bayer* in Lutter/Hommelhoff/Teichmann, SE-Kommentar, Art. 18 SE-VO Rn. 8; *Jaspers* in Böttcher/Habighorst/Schulte, Umwandlungsrecht, Umwandlungsrecht der Europäischen Aktiengesellschaft Rn. 74; *Schwarz* SE-VO, Art. 17 Rn. 7.
[254] *Brandes* AG 2005 S. 185; *Schwarz* SE-VO, Art. 17 Rn. 7.
[255] *Schwarz* SE-VO, Art. 17 Rn. 7.
[256] *Brandes* AG 2005 S. 185.
[257] → § 9 Rn. 305 ff.

§ 14   4. Teil. Grenzüberschreitende Verschmelzungen

zung beteiligten Rechtsträger sich vorbehalten, dass die Eintragung der SE erst erfolgt, nachdem die Vereinbarung über die Arbeitnehmerbeteiligung genehmigt wurde. Umstritten ist, ob im Falle der Erklärung eines solchen Vorbehalts erneut durch Beschluss der Hauptversammlung die Genehmigung der Arbeitnehmerbeteiligung erklärt werden muss oder ob die Zustimmung zB auch auf den Aufsichtsrat delegiert werden kann.[258] Nach dem Wortlaut der Vorschrift selbst wird man eine Übertragung jedoch ablehnen müssen. Dies führt dazu, dass das Verfahren durch einen weiteren Hauptversammlungsbeschluss erschwert wird, welcher zusätzlich das Risiko einer Beschlussanfechtung in sich birgt.[259] Ebenfalls umstritten ist, welche Mehrheit für den Genehmigungsbeschluss erforderlich ist. Überwiegend wird vertreten, dass lediglich die einfache Stimmenmehrheit erforderlich ist.[260] Zum einen sei die Arbeitnehmerbeteiligung gerade nicht Bestandteil des Verschmelzungsplanes, für welchen die qualifizierte Mehrheit erforderlich ist[261], und zum anderen habe die Erklärung keinen Grundlagencharakter, der eine Dreiviertelmehrheit erforderlich macht.[262] Dieser Argumentation ist beizupflichten.

112   Angesichts fehlender Regelungen in der SE-VO ist hinsichtlich ggf. bestehender besonderer Zustimmungserfordernissen auf Ausführungen zum nationalen Recht zu verweisen.[263]

g) Vollversammlung

113   Zu Beginn der Hauptversammlung muss der Verschmelzungsplan bzw. dessen Entwurf vom Vorstand mündlich erläutert werden. Ferner ist jedem Aktionär über alle für die Verschmelzung wesentlichen Angelegenheiten der beteiligten Rechtsträger auf Verlangen Auskunft zu geben. Während der Hauptversammlung sind alle bereits bei der Einberufung zur Verfügung gestellten Unterlagen auszulegen (Art. 18 iVm § 64 UmwG).[264]

---

[258] Bejahend: *Schäfer* in MünchKomm AktG, Art. 23 SE-VO Rn. 2; ablehnend: *Bayer* in Lutter/Hommelhoff/Teichmann, SE-Kommentar, Art. 23 SE-VO Rn. 3; *Heckschen* in Widmann/Mayer UmwG Anhang 14 Rn. 242.
[259] *Walden/Meyer-Landrut* DB 2005 S. 2619 (2620).
[260] *Bayer* in Lutter/Hommelhoff/Teichmann, SE-Kommentar, Art. 23 SE-VO Rn. 17, 20; *Marsch-Barner* in Kallmeyer UmwG, Anhang Rn. 56; *Schwarz* SE-VO, Art. 23 Rn. 27, 32; aA *Hörtnagl* in Schmitt/Hörtnagl/Stratz, UmwG Art, 23 SE-VO, Rn 13.
[261] *Bayer* in Lutter/Hommelhoff/Teichmann, SE-Kommentar, Art. 23 SE-VO Rn. 17.
[262] *Bayer* in Lutter/Hommelhoff/Teichmann, SE-Kommentar, Art. 23 SE-VO Rn. 17; *Schäfer* in MünchKomm AktG, Art. 23 SE-VO Rn. 11.
[263] → § 9 Rn. 300 f.
[264] *Bayer* in Lutter/Hommelhoff/Teichmann, SE-Kommentar, Art. 23 SE-VO Rn. 9; *Marsch-Barner* in Kallmeyer UmwG, Anhang Rn. 52.

§ 14. Verschmelzung in europäische Gesellschaftsformen   § 14

h) Anfechtungsverzicht

Bei einer innerstaatlichen Verschmelzung ist es üblich, im Rahmen der 114
Gesellschafterversammlung, bei der die Umwandlungsbeschlüsse gefasst
werden, einen Anfechtungsverzicht mit zu beurkunden.[265] Da mangels
besonderer Regelung auch bei einer SE-Verschmelzung die Aktionäre
der deutschen Gründungsgesellschaft innerhalb eines Monats nach Beschlussfassung gegen die Wirksamkeit des Beschlusses Klage erheben
können (Art. 18 SE-VO iVm § 14 UmwG), sofern sie gegen diesen auch
Widerspruch zur Niederschrift erhoben haben,[266] sollte ein Anfechtungsverzicht für die Aktionäre der deutschen Gründungsgesellschaft ebenfalls
möglich sein. Davon zu unterscheiden ist jedoch die Anwendung des
bereits erwähnten Spruchverfahrens.

i) Form

Der Zustimmungsbeschluss der Hauptversammlung der deutschen 115
Gründungsgesellschaft und ggf. erforderliche Zustimmungserklärungen
bedürfen der notariellen Beurkundung (Art. 18 SE-VO iVm § 13 III
UmwG).[267] Hinsichtlich weiterer Einzelheiten sowie der Möglichkeit
einer Auslandsbeurkundung kann auf die Ausführungen zum nationalen
Recht verwiesen werden.[268]

5. Verschmelzung im Konzern

Die **Verschmelzungsgründung einer SE im Konzern** ist zuläs- 116
sig.[269] Die SE-VO sieht in Art. 31 SE-VO für konzerninterne Verschmelzungen Erleichterungen in der Gestalt eines vereinfachten Verfahrens vor, sofern es sich um die Verschmelzung einer Tochtergesellschaft auf ihre Muttergesellschaft handelt (*upstream merger*). Nach hM
bezieht sich diese Erleichterung ausschließlich auf die Verschmelzung
einer Tochtergesellschaft auf ihre Muttergesellschaft, Anlass zur Überlegung bietet an dieser Stelle allein die Frage, ob der Wortlaut der
Norm Art. 31 I SE-VO schon eindeutig ist oder der Auslegung bedarf.[270] Für eine Verschmelzung der Muttergesellschaft auf die Tochtergesellschaft (*downstream merger*) sind keinerlei Privilegierungen vorgesehen. Auch hinsichtlich der Verschmelzung zweier Schwestergesellschaften (*sidestream merger*) trifft die SE-VO entgegen eines früheren
Verordnungsvorschlags keine Regelung, die darauf abzielen würde, eine

---

[265] → § 9 Rn. 303.
[266] *Walden/Meyer-Landrut* DB 2005 S. 2620.
[267] *Heckschen* DNotZ 2003 S. 259; *Vossius* ZIP 2005 S. 743.
[268] → § 9 Rn. 304.
[269] *Bayer* in Lutter/Hommelhoff/Teichmann, SE-Kommentar, Art. 2 SE-VO
Rn. 13; aA *Hirte* NZG 2002 S. 1 (3).
[270] *Schäfer* in MüKo AktG, Art. 31 SE-VO, Rn. 2, *Bayer* in Lutter/Hommelhoff/Teichmann, SE-Kommentar, Art. 31 SE-VO Rn. 3; *Marsch-Barner* in Habersack/Drinhausen, Art. 31 SE-VO, Rn. 2; *Casper* in Spindler/Stilz AktG, Art 31
SE-VO, Rn. 1.

§ 14   4. Teil. Grenzüberschreitende Verschmelzungen

solche Transaktion zu vereinfachen.[271] Die beiden letztgenannten Konstellationen werden folglich nach der SE-VO nicht anders als Fälle der Verschmelzungen außerhalb eines Konzerns behandelt.

117 Es ist zulässig, die Voraussetzungen eines *upstream mergers* etwa durch Anteilskäufe oder die Zwischenschaltung einer Holdinggesellschaft zunächst zielgerichtet herbeizuführen, um anschließend in den Genuss der Erleichterungen zu gelangen.[272]

118 Der **Zeitpunkt** des Vorliegens der Voraussetzungen des upstream mergers auf eine 100%-ige Muttergesellschaft ist umstritten.[273] Häufig wird der Rechtssicherheit halber empfohlen, in der praktischen Gestaltung des zeitlichen Ablaufes der geplanten Transaktion darauf zu achten, dass diese Voraussetzungen im Zeitpunkt der Beschlussfassung bereits erfüllt sind und bis zur Eintragung nicht mehr entfallen.[274] Es muss jedoch als ausreichend erachtet werden, wenn diese Voraussetzungen im Zeitpunkt der Eintragung erfüllt sind.[275]

a) Erleichterungen für die Verschmelzung der Tochtergesellschaft auf die Muttergesellschaft bei 100%-iger Beteiligung am übertragenden Rechtsträger

119 Für konzerninterne Verschmelzungen durch Aufnahme, bei der ein *upstream merger* auf eine 100%-ige Muttergesellschaft vollzogen wird, sieht die SE-VO in Art. 31 I SE-VO ein vereinfachtes Verfahren vor. Diese Privilegierung gilt allerdings nicht für die Verschmelzung durch Neugründung.[276] Voraussetzung ist dabei, dass die aufnehmende Gesellschaft Inhaberin sämtlicher Aktien und sonstiger Wertpapiere ist, die **Stimmrechte** in der Hauptversammlung einer anderen Gesellschaft gewähren. Es kommt für das Abhängigkeitsverhältnis somit allein auf das Stimmrecht und nicht auf stimmrechtslose Anteile an.

120 Liegt dieser Fall einer konzerninternen Verschmelzung vor, findet kein Aktientausch statt. Die Anwendung von Art. 29 I lit. b) SE-VO wird

---

[271] *Schwarz* SE-VO, Art. 31 Rn. 2.
[272] *Marsch-Barner* in Habersack/Drinhausen, Art. 31 SE-VO, Rn. 15; *ders.* in Kallmeyer UmwG, § 62 Rn. 36; *Dieckmann* in Semler/Stengel, Umwandlungsgesetz, § 62 UmwG, Rn. 32d; *Habighorst* in Böttcher/Habighorst/Schulte, Umwandlungsrecht, § 62 Rn. 56 ff.; *Florstedt* NZG 2015 S. 1212 ff.
[273] zum Meinungsstreit ausführlich *Marsch-Barner* in Habersack/Drinhausen, Art. 31 SE-VO, Rn. 5; → 9 Rn. 336 zu dem ähnlich gelagerten § 5 II UmwG.
[274] *Bayer* in Lutter/Hommelhoff/Teichmann, SE-Kommentar, Art. 31 SE-VO Rn. 6, zum Meinungsstreit ausführlich *Marsch-Barner* in Habersack/Drinhausen, Art. 31 SE-VO, Rn. 5, der sogar empfiehlt, die Voraussetzungen bereits bei Aufstellung des Verschmelzungsplanes zu erfüllen.
[275] *Schwarz*, SE-VO, Art. 31 Rn. 8; *Schröder* in Manz/Mayer/Schröder, Art. 31 SE-VO, Rn. 7; BayObLG ZIP 2000 S. 230, 231 (zum Formwechsel); *Marsch-Barner* in Kallmeyer, UmwG, § 5 Rn. 70; *Mayer* in Widmann/Mayer, § 5 UmwG, Rn. 213; *Schröer* in Semler/Stengel, UmwG, § 5 UmwG Rn. 129.
[276] *Bayer* in Lutter/Hommelhoff/Teichmann, SE-Kommentar, Art. 31 SE-VO Rn. 2; *Schwarz* SE-VO, Art. 31 Rn. 5; *Schäfer* in MüKo AktG, Art. 31 SE-VO, Rn. 2.

deshalb ausgeschlossen. Dementsprechend muss der Verschmelzungsplan auch nicht das Ausgleichsverhältnis der Aktien, Einzelheiten zur Übertragung der Aktien und den Zeitpunkt der Gewinngewährung enthalten. Art. 31 I SE-VO erklärt insoweit Art. 20 I 2 lit. b), c) und d) SE-VO für unanwendbar. Ferner ist eine Verschmelzungsprüfung gemäß Art. 22 SE-VO nicht erforderlich.

Darüber hinaus sind gemäß Art. 31 I 2 SE-VO nationale Vorschriften **121** anzuwenden, die weitere Erleichterungen vorsehen, sofern diese im Rahmen von Art. 24 der Richtlinie 78/855/EWG[277] erlassen wurden.[278] Dies betrifft für eine deutsche Gründungsgesellschaft zB die Entbehrlichkeit des Verschmelzungsberichts, der nach Art. 31 I 2 SE-VO iVm § 8 III 1, 2. Alt. UmwG nicht erforderlich ist, da der übernehmende Rechtsträger das wirtschaftliche Risiko der aufgenommenen Tochtergesellschaft ohnehin trägt.[279]

b) Erleichterungen für die Verschmelzung auf zu 90% beteiligte Aktiengesellschaft

Eine vereinfachte Konzernverschmelzung ist nach Art. 31 II 1 SE-VO **122** auch in Fällen möglich, in denen die Muttergesellschaft zwar nicht Inhaberin von 100%, aber von mindestens 90% der ein Stimmrecht gewährenden Anteile ist. Diese Vereinfachung kann jedoch nur dann in Anspruch genommen werden, wenn das für die Mutter- oder die Tochtergesellschaft einschlägige nationale Recht es zulässt,[280] denn sie steht nach Art. 31 II 1, 2. HS SE-VO unter dem Vorbehalt nationalen Rechts. Die Regelung des Art. 31 II 1 SE-VO galt in Deutschland deswegen als irrelevant, da § 8 III, 9 II UmwG Erleichterungen nur für den Fall vorsehen, wenn sich die vollen 100% der Anteile des übertragenden Rechtsträgers in der Hand des übernehmenden Rechtsträgers befinden.[281] Auf welche Weise die SE-Gründung durch Verschmelzung zur Aufnahme einer Tochter auf ihre zu mindestens 90% beteiligte Hauptaktionärin nach **Umsetzung der Richtlinie 2009/109/EG**[282] in

---

[277] Richtlinie 78/855/EWG des Rates vom 9.10.1978 gemäß Art. 54 III g) des Vertrages betreffend die Verschmelzung von Aktiengesellschaften, ABl. Nr. L 295 vom 20.10.1978 S. 36–43. Die Richtlinie 78/855/EWG mit ihren Änderungsrichtlinien trat zum 30.6.2011 außer Kraft. Sie wurde von der Richtlinie 2011/35/EU, die zum 1.7.2011 in Kraft trat, der Übersichtlichkeit halber abgelöst.
[278] *Bayer* in Lutter/Hommelhoff/Teichmann, SE-Kommentar, Art. 31 SE-VO Rn. 11; *Schäfer* in MüKo AktG, Art. 31 SE-VO, Rn. 6.
[279] *Gehling* in Semler/Stengel, Umwandlungsgesetz, § 8 UmwG, Rn. 73.
[280] *Bayer* in Lutter/Hommelhoff/Teichmann, SE-Kommentar, Art. 31 SE-VO Rn. 19; *Schäfer* in MüKo AktG, Art. 31 SE-VO, Rn. 8.
[281] So noch *Schäfer* in MüKo AktG, Art. 31 SE-VO, Rn. 8; zur alten Rechtslage *Schwarz*, SE-VO, Art. 31 Rn. 24.
[282] Die Richtlinie 2011/35/EU, die zum 1.7.2011 in Kraft trat, kodifiziert der Übersichtlichkeit halber die Richtlinie 78/855/EWG mit ihren Änderungsrichtlinien insbesondere auch mit der Richtlinie 2009/109/EG des Europäischen Parlaments und des Rates v. 16.9.2009 (ABl. EU L 259 vom 2.10.2009, S. 14), die zum 30.6.2011 außer Kraft traten.

§ 14   4. Teil. Grenzüberschreitende Verschmelzungen

das deutsche Recht nun erleichtert wurde und wie sich die Erleichterung im Einzelnen darstellt, ist noch weitgehend ungeklärt.[283]

aa) Die „90%-Vereinfachung"

123 Der **deutsche Gesetzgeber** hat sich für die Einführung eines *premerger squeeze-out* in § 62 V UmwG entschieden.[284] Art. 31 II 1 SE-VO ist auch nach dieser Gesetzesänderung weiterhin für deutsche übertragende Gesellschaften **irrelevant**,[285] denn das deutsche Recht sieht weiterhin nicht vor, dass die in Art. 31 II 1 SE-VO genannten Unterlagen und Verfahrensschritte bei der Verschmelzung entbehrlich sind, wenn sich an dieser weniger als 10% Minderheitsaktionäre beteiligen. Der Vorbehalt des nationalen Rechts in Art. 31 II 1 SE-VO sperrt auch weiterhin. Stattdessen ermöglicht Art. 18 SE-VO iVm § 62 V UmwG eine SE-Gründung im Wege der Verschmelzung zur Aufnahme unter Ausschluss der Minderheitsaktionäre und Erfüllung der vereinfachten Verschmelzungsschritte des Art. 31 I SE-VO.[286]

124 Nach § 62 V UmwG ist ein umwandlungsrechtlicher *pre-merger squeeze-out* möglich wenn die Hauptaktionärin 90% der Anteile hält und nicht erst ab 95%, wie es § 327a AktG für den aktienrechtlichen *squeezeout* grundsätzlich vorsieht. Dies entspricht dem in Art. 27, 28 der Richtlinie 2011/35/EU vorgegebenen Schwellenwert. Hintergrund der Einführung des verschmelzungsrechtlichen *squeeze-out* war Folgender: Gemäß Art. 28 der Richtlinie 2011/35/EU[287] hatten die Mitgliedsstaaten Erleichterungen für die Verschmelzung zur Aufnahme einer Tochteraktiengesellschaft auf eine Aktiengesellschaft, die mindestens 90% der Anteile hält, zwingend in nationales Recht umzusetzen.[288] Dabei hatten die Mitgliedsstaaten die Wahl zwischen zwei **Umsetzungsalternativen**. Entweder konnten die Mitgliedsstaaten nach Art. 28 I der Richtlinie 2011/35/EU einen sog. *pre-merger sell-out* einführen, dh die rechtlichen

---

[283] *Bayer* in Lutter/Hommelhoff/Teichmann, SE-Kommentar, Art. 31 SE-VO Rn. 19; *Casper* in Spindler/Stilz AktG, Art 31 SE-VO, Rn. 6, unbeantwortet bei *Schäfer* in MüKo AktG, Art. 31 SE-VO, Rn. 8.
[284] Drittes Gesetz zur Änderung des Umwandlungsgesetzes vom 11.7.2011, BGBl. I S. 1338.
[285] So im Ergebnis auch *Casper* in Spindler/Stilz AktG, Art 31 SE-VO, Rn. 6.
[286] Im Ergebnis ähnlich *Heckschen* in Widmann/Mayer Umwandlungsrecht Anhang 14 Rn. 211.1; vgl. auch *Leitzen* DNotZ 2011 S. 526, 537; ablehnend *Casper* in Spindler/Stilz AktG, Art 31 SE-VO, Rn. 6, mit der Begründung, der verschmelzungsrechtliche *squeeze-out* nach § 62 V UmwG sei eine besondere Rechtsfolge, wenn durch die Verschmelzung der Anteil der Minderheit auf unter 10% sinke, aber gerade keine Erleichterung für eine Mutter-Tochter-Verschmelzung, die bereits voraussetze, dass die Mutter bereits vor der Verschmelzung 90% oder mehr der Anteile an der Tochter halte.
[287] Ehem. Richtlinie 2009/109/EG des Europäischen Parlaments und des Rates v. 16.9.2009 (ABl. EU L 259 vom 2.10.2009, S. 14).
[288] Die Umsetzungsfrist der Änderungsrichtlinie 2009/109/EG lief zum 30.6.2011 ab. Diese Frist gilt nach der Richtlinie 2011/35/EU unbeschadet der Aufhebung der Änderungsrichtlinie 2009/109/EG fort.

§ 14. Verschmelzung in europäische Gesellschaftsformen § 14

Voraussetzungen dafür schaffen, dass die Minderheitsaktionäre der übertragenden Gesellschaft (i) ihre Aktien von der übernehmenden Gesellschaft aufkaufen lassen können, (ii) in diesem Fall Anspruch auf ein dem Wert ihrer Aktien entsprechendes Entgelt haben und (iii) sofern hierüber keine Einigung erzielt wird, das Entgelt durch das Gericht oder von einer von dem Mitgliedstaat zu diesem Zweck benannten Verwaltungsbehörde festgesetzt werden kann. In der Rechtsfolge dürfen die Mitgliedsstaaten die Anforderungen der Art. 9, 10 und 11 der Richtlinie 2011/35/EU bei Verschmelzungen im Sinne von Art. 27 der Richtlinie 2011/35/EU nicht mehr auferlegen. Der Verschmelzungsbericht des Leitungs- oder des Verwaltungsorgans, die unabhängige Sachverständigenprüfung, sowie die Auslegung der Unterlagen können somit entfallen. Oder aber die Mitgliedsstaaten konnten nach Art. 28 II einen sog. *pre-merger squeeze-out* einführen, dh die rechtlichen Voraussetzungen schaffen, die die mindestens 90%-ige Mehrheitsaktionärin dazu berechtigen, von allen Minderheitsaktionären der zu übernehmenden Gesellschaft ohne ein vorheriges öffentliches Übernahmeangebot zu verlangen, ihr diese Anteile vor der Verschmelzung zu einem angemessenen Preis zu verkaufen. Kurz: Sieht das nationale Recht einen *pre-merger sell-out* vor, so darf das nationale Recht den Verschmelzungsbericht des Leitungs- oder des Verwaltungsorgans, die unabhängige Sachverständigenprüfung, sowie die Auslegung der Unterlagen nicht mehr verlangen, sieht das nationale Recht einen *pre-merger squeeze-out* vor, so braucht es vorgenannte Erleichterungen nicht bereits ab der Schwelle von 90% zu gewähren.

Die Richtlinie 2009/109/EG hatte zum **Ziel**, die **Kostenbelastung** 125 der in der Europäischen Gemeinschaft ansässigen Unternehmen zu senken und insbesondere diejenigen Kosten, die im Zuge von Verschmelzungsmaßnahmen durch Berichtspflichten während der Transaktion an sich entstehen, zu verringern.[289] Nach **Sinn und Zweck der Richtlinie** muss das nationale Recht der Mitgliedsstaaten daher nicht nur die Verschmelzung nationaler Aktiengesellschaften, sondern auch die Verschmelzung mit dem Ziel der SE-Gründung im Konzern ab einer Beteiligung der Hauptaktionärin von mindestens 90% durch einen *pre-merger sell-out* oder einen *pre-merger squeeze-out* vereinfachen, da die Interessenlage hier der in der Richtlinie bedachten entspricht.[290]

Diese Möglichkeit der Durchführung eines verschmelzungsrechtlichen 126 Squeeze-outs nach § 62 V UmwG im Zusammenhang mit einer **vereinfachten SE-Gründung** nach Art. 31 I SE-VO besteht immer dann, wenn sich die übertragende Gesellschaft nach deutschem **Gesellschaftsstatut** richtet.[291] Auf das Gesellschaftsstatut der aufnehmenden Gesellschaft kommt es nicht an. Ebenso ist unerheblich, ob das Gesellschafts-

---

[289] Richtlinie 2009/09/EG Erwägungsgrund Nr. (1), (2) und (10).
[290] So auch *Heckschen* in Widmann/Mayer Umwandlungsrecht Anhang 14 Rn. 211.1.
[291] Ähnlich *Marsch-Barner* in Kallmeyer UmwG § 62 Rn. 37 und *Habighorst* in Böttcher/Habighorst/Schulte, Umwandlungsrecht, § 62 UmwG Rn. 59 für eine grenzüberschreitende Verschmelzung nach § 122a UmwG.

§ 14   4. Teil. Grenzüberschreitende Verschmelzungen

statut der aufnehmenden Gesellschaft das Rechtsinstitut des *pre-merger squeeze-out* ebenfalls kennt, sowie ob und auf welche Weise der Art. 28 der Richtlinie 2009/109/EG im Sitzstaat der aufnehmenden Gesellschaft oder dem zukünftigen Sitzstaat der SE umgesetzt wurde.[292]

bb) Ablauf der Konzernverschmelzung bei mindestens 90%-iger Mehrheit unter Anwendung des Squeeze-outs

127   Sofern die erforderlichen Mehrheitsverhältnisse zum maßgeblichen **Zeitpunkt** vorliegen, haben die sich auf diese Weise verschmelzenden Gesellschaften nur die Voraussetzungen des Art. 31 I SE-VO zu erfüllen, ganz so als handele es sich um eine „gewöhnliche" Verschmelzung durch Aufnahme einer 100%-igen Tochtergesellschaft.[293] Selbst wenn die Wirksamkeit von *squeeze-out* und Verschmelzungsbeschluss aufgrund der aufschiebenden Bedingung des § 62 V 7 UmwG gleichzeitig wirksam werden, so können die verschmelzenden Gesellschaften bei Verbindung der Verschmelzungstransaktion mit einem *squeeze-out* die gesellschaftsrechtlichen **Vereinfachungen** nutzen. In der Konstellation der SE-Gründung durch Verschmelzung ist notwendigerweise die Anforderung, dass es sich nicht nur bei der übertragenden Gesellschaft, sondern auch bei der übernehmenden Gesellschaft um eine Aktiengesellschaft handeln muss, stets erfüllt.[294]

128   Die von § 62 V 1 UmwG vorausgesetzte mindestens 90%-ige Beteiligungshöhe der Hauptaktionärin muss jedenfalls im **Zeitpunkt der Beschlussfassung** nach §§ 62 V 1 UmwG iVm 327a AktG erreicht sein.[295] Die Wirksamkeit des *squeeze-out*-Beschlusses ist sodann nach § 62 V 7 UmwG aufschiebend bedingt durch die Eintragung der Verschmelzung, so dass in dieser Hinsicht kein Zeitproblem bezüglich der Erfüllung der Voraussetzungen des Art. 31 I SE-VO entsteht. Ein entsprechender Vermerk ist nach § 62 V 7 UmwG in das Register einzutragen. Zusätzlich zu der Erfüllung der Anforderungen des Art. 31 I SE-VO ist dem **Registergericht** am Sitz der übernehmenden Gesellschaft nachzuweisen, dass der *squeeze-out*-Beschluss zusammen mit dem **Vorbehaltsvermerk** nach § 62 V 7 UmwG am Sitz der übertragenden Gesellschaft eingetragen wurde.[296]

129   Wenn der Hauptaktionärin als übernehmende Gesellschaft Aktien in Höhe von neun Zehnteln des Grundkapitals der übertragenden Gesell-

---

[292] Noch zweifelnd *Bayer* in Lutter/Hommelhoff/Teichmann, SE-Kommentar, Art. 31 SE-VO Rn. 19.
[293] Ähnlich *Grunewald* in Lutter UmwG, § 62 Rn. 43 f. für eine rein innerstaatliche Verschmelzung nach § 62 UmwG.
[294] So *Diekmann* in Semler/Stengel, UmwG, § 62 Rn. 32d und *Habighorst* in Böttcher/Habighorst/Schulte, Umwandlungsrecht, § 62 Rn. 44 für eine rein innerstaatliche Verschmelzung nach § 62 UmwG.
[295] So *Grunewald* in MüKo AktG, § 327a Rn. 9 für den Squeeze-out nach § 327a AktG.
[296] So *Marsch-Barner* in Kallmeyer UmwG § 62 UmwG Rn. 44 für eine rein innerstaatliche Verschmelzung nach § 62 UmwG.

§ 14. Verschmelzung in europäische Gesellschaftsformen § 14

schaft gehören, kann die Hauptversammlung einer übertragenden Aktiengesellschaft gemäß § 62 V UmwG innerhalb von drei Monaten nach Aufstellung des Verschmelzungsplanes einen Beschluss nach § 327a I 1 AktG fassen um die SE-Gründung zur Aufnahme durch einen *pre-merger squeeze-out* vorzubereiten. Der Verschmelzungsplan oder sein Entwurf muss die Angabe enthalten, dass im Zusammenhang mit der Verschmelzung ein Ausschluss der Minderheitsaktionäre der übertragenden Gesellschaft erfolgen soll. Die Verpflichtungen nach § 62 III UmwG sind nach Abschluss des Verschmelzungsplan für die Dauer eines Monats zu erfüllen. Spätestens bei Beginn dieser Frist ist die in § 5 III UmwG genannte Zuleitungsverpflichtung zu erfüllen. Der Verschmelzungsplan ist gemäß § 327c III AktG zur Einsicht der Aktionäre auszulegen. Der Anmeldung des Übertragungsbeschlusses ist der Verschmelzungsplan in Ausfertigung oder öffentlich beglaubigter Abschrift oder sein Entwurf beizufügen. Die Eintragung des Übertragungsbeschlusses ist mit dem Vermerk zu versehen, dass er erst gleichzeitig mit der Eintragung der Verschmelzung im Register des Sitzes der übernehmenden Aktiengesellschaft wirksam wird. Im Übrigen bleiben die §§ 327a–327 f AktG unberührt.

cc) Besonderheit der Mehrstimmrechte gem. Art. 31 II 2 SE-VO

Art. 31 II 2 SE-VO erweitert diese Möglichkeit auf Aktionäre, die 130 nicht etwa 90% des stimmberechtigten Kapital innehaben, jedoch 90% der Stimmrechte ausüben dürfen. Diese im Falle von Mehrstimmrechten entstehende Situation kann in Deutschland nicht auftreten, da das Stimmrecht aufgrund von § 12 II AktG stets proportional ist. Die Ausnahme des Art. 31 II 2 SE-VO ist daher bedeutungslos für Gesellschaften, deren Gesellschaftsstatut deutsches Recht ist.[297]

III. Arbeitnehmerbeteiligung als Gründungsvoraussetzung der SE

Der ordnungsgemäßen Durchführung des Arbeitnehmerbeteiligungs- 131 verfahrens kommt bei jeder Gründung einer SE eine entscheidende Bedeutung zu. Die gesellschaftsrechtliche Gründung ist dabei untrennbar mit der ordnungsgemäßen Durchführung des Arbeitnehmerbeteiligungsverfahrens zu einem **zweispurigen Gründungsverfahren** verbunden.[298] Die SE entsteht mit ihrer Eintragung ins Handelsregister, die ohne ordnungsgemäße Durchführung des Arbeitnehmerbeteiligungsverfahrens nicht stattfinden kann.[299] Das heißt, die Eintragung kann nach Art. 12 II SE-VO erst erfolgen, wenn (i) eine Vereinbarung über die Arbeitnehmerbeteiligung geschlossen wurde, oder (ii) ein Beschluss über die Nicht-

---

[297] *Schäfer* in MüKo AktG, Art. 31 SE-VO Rn. 1; *Marsch-Barner* in Habersack/Drinhausen, Art. 31 SE-VO Rn. 18.
[298] *Jaspers* in Böttcher/Habighorst/Schulte, Umwandlungsrecht, Umwandlungsrecht der Europäischen Aktiengesellschaft Rn. 17.
[299] Ausnahme: die arbeitnehmerlose (Vorrats-)SE, → Rn. 173.

§ 14   4. Teil. Grenzüberschreitende Verschmelzungen

aufnahme bzw. den Abbruch der Verhandlungen vorliegt, oder (iii) die im SEBG vorgesehenen Auffangregelungen im Falle einer ergebnislosen Verhandlung eingreifen.

132 Die ordnungsgemäße Durchführung des Arbeitnehmerbeteiligungsverfahrens kann dabei in der Praxis durchaus den **Hauptkostenpunkt** und auch den **größeren zeitlichen Aufwand** im gesamten Gründungsprozess darstellen.[300]

133 Die Arbeitnehmerbeteiligung in einer SE ist im Gesetz über die Beteiligung der Arbeitnehmer in einer Europäischen Gesellschaft (SEBG)[301] als deutschem Umsetzungsgesetz der SE-ErgRiL[302] geregelt. Ziel des Gesetzes ist es, die Rechte der Arbeitnehmer auf Beteiligung an Unternehmensentscheidungen auch in einer SE zu sichern und zwar gemessen an den bestehenden Beteiligungsrechten in den Gründungsgesellschaften (§ 1 I SEBG). Im Rahmen der Verabschiedung der SE-VO war dieses Konzept ein wesentlicher Diskussionspunkt, da die Mitgliedstaaten einerseits weder auf die bestehenden Regelungen zur Mitbestimmung verzichten, noch sich dem weitergehenden Modell der Arbeitnehmerbeteiligung eines anderen Mitgliedstaates unterwerfen wollten.[303]

134 Der **Anwendungsbereich** des SEBG erstreckt sich gemäß § 3 I SEBG zum einen auf jede **SE mit Sitz im Inland**. Ferner findet das Gesetz Anwendung auf **alle im Inland beschäftigten Arbeitnehmer der SE** sowie auf beteiligte Gesellschaften, betroffene Tochtergesellschaften oder Betriebe mit Sitz im Inland.

1. Arbeitnehmerbeteiligung kraft Verhandlung

135 Bei der Arbeitnehmerbeteiligung in einer SE kommt der **Verhandlungsautonomie** große Bedeutung zu. Idealerweise soll nach dem Grundgedanken der SE-VO die Arbeitnehmerbeteiligung in der SE im Wege der einzelfallbezogenen **Verhandlung** zwischen Kapital und Arbeitskraft erreicht werden (Verhandlungslösung).[304] Die SE-VO sieht also als Grundsatz vor, dass Arbeitnehmerseite und Anteilseignerseite die Regeln über die Mitbestimmung der zukünftigen SE in der Gründungsphase gemeinsam aushandeln und hierüber eine schriftliche Beteiligungsvereinbarung iSd §§ 4 I 2, 13 I 1, 21 SEBG schließen. Mit dieser Verhandlungslösung soll die Angleichung der unterschiedlichen Mitbestim-

---

[300] *Middendorf* in Lutter/Hommelhoff/Teichmann, SE-Kommentar, Die SE in der arbeitsrechtlichen Praxis, Rn. 10.
[301] Gesetz über die Beteiligung der Arbeitnehmer in einer Europäischen Gesellschaft vom 22.12.2004, BGBl. I S. 3675, 3686.
[302] Richtline 2001/86/EG des Rates vom 8.10.2001 zur Ergänzung des Statuts der Europäischen Gesellschaft hinsichtlich der Beteiligung der Arbeitnehmer.
[303] *Lutter* in Lutter/Hommelhoff/Teichmann, SE-Kommentar, Einl. SE-VO Rn. 13 ff.
[304] *Köklü* in Van Hulle/Maul/Drinhausen, Handbuch zur Europäischen Gesellschaft (SE), Abschnitt 6 Rn. 2; *Heckschen* in Widmann/Mayer, Umwandlungsrecht, Anhang 14, Rn. 556; *Jaspers* in Böttcher/Habighorst/Schulte, Umwandlungsrecht, Umwandlungsrecht der Europäischen Aktiengesellschaft Rn. 19; *Oetker* in Lutter/Hommelhoff/Teichmann, SE-Kommentar, § 1 SEBG Rn. 26.

mungs- und Mitwirkungsstandards in den einzelnen EU-Mitgliedsstaaten ermöglicht werden.[305] Daher haben die Verhandlungspartner einen weiten Verhandlungsspielraum, der sogar den Verzicht auf jegliche Mitbestimmung in der SE beinhaltet.

a) Verhandlungspartner

Die Verhandlungen über die Arbeitnehmerbeteiligung in der zukünftigen SE werden auf **Anteilseignerseite** von den **Leitungen**, die die Gründung einer SE planen, geführt. § 2 V SEBG definiert den Begriff der Leitung als das Organ der unmittelbar an der SE-Gründung beteiligten Gesellschaften oder der SE selbst, das die Geschäfte der Gesellschaft führt und zu deren Vertretung berechtigt ist. Im Rahmen der Gründung einer SE durch Verschmelzung werden die Verhandlungen folglich auf Arbeitgeberseite von den Leitungs- oder Verwaltungsorganen der Gründungsgesellschaften geführt. Die Einbindung der Anteilseigner selbst in den Verhandlungsprozess ist nicht vorgesehen.[306]

136

Auf **Arbeitnehmerseite** werden die Verhandlungen vom Besonderen Verhandlungsgremium (BVG) geführt. Das BVG ist ein *ad-hoc-Organ*, welches sich zu diesem Zweck konstituiert und seine Funktion mit Abschluss des Gründungsprozesses der SE abschließend erledigt hat.

137

b) Zustandekommen und Besetzung des Besonderen Verhandlungsgremiums

Gemäß § 4 I SEBG ist das BVG auf **schriftliche Aufforderung** der Leitungen der Gründungsgesellschaften zu bilden. Dazu informieren die Leitungen die Arbeitnehmervertretungen und Sprecherausschüsse in den beteiligten Gesellschaften, betroffenen Tochtergesellschaften und betroffenen Betrieben über das Vorhaben der Gründung einer SE (§ 4 II SEBG). Sollte keine Arbeitnehmervertretung bestehen, erfolgt die Information direkt gegenüber den Arbeitnehmern. Die Information über die Verschmelzung und die Aufforderung zur Bildung des Verhandlungsgremiums hat unverzüglich nach Offenlegung des Verschmelzungsplanes zu erfolgen (§ 4 II 3 SEBG). Die Form der Informationserteilung ist nicht gesetzlich geregelt. Zu Beweiszwecken erscheint eine schriftliche Unterrichtung sinnvoll, aber auch Informationspräsenzveranstaltungen können sachdienlich sein. Dabei ist darauf zu achten, dass die Information für die Empfänger verständlich ist und je nach länderübergreifendem Sachverhalt in der Landessprache oder mehrsprachig erfolgt.[307]

138

Die den Arbeitnehmervertretungen **zur Verfügung zu stellenden Informationen** ergeben sich aus dem in § 4 III SEBG enthaltenen Katalog. Danach müssen die Leitungen informieren über (i) die Identität

139

---

[305] *Nagel* DB 2004 S. 1300.
[306] Vgl. *Casper* in Spindler/Stilz AktG, Art. 12 SE-VO Rn. 15, der diese Situation für dringend überarbeitungsbedürftig hält. Problematisch ist in der Tat das Zusammenspiel von Satzung und Beteiligungsvereinbarung, → Rn. 59.
[307] *Oetker* in Lutter/Hommelhoff/Teichmann, SE-Kommentar, § 4 SEBG Rn. 27.

§ 14 4. Teil. Grenzüberschreitende Verschmelzungen

und Struktur der beteiligten Gesellschaften, betroffenen Tochtergesellschaften und betroffenen Betriebe und deren Verteilung auf die Mitgliedstaaten, (ii) die in diesen Gesellschaften und Betrieben bestehenden Arbeitnehmervertretungen, (iii) die Zahl der in diesen Gesellschaften und Betrieben jeweils beschäftigten Arbeitnehmer sowie die daraus zu errechnende Gesamtzahl der in einem Mitgliedstaat beschäftigten Arbeitnehmer und (iv) die Zahl der Arbeitnehmer, denen Mitbestimmungsrechte in den Organen dieser Gesellschaften zustehen. Darüber hinaus können fakultativ weitere Informationen gewährt werden, wie zB Angaben zu den in den Mitgliedsstaaten jeweils geltenden Mitbestimmungsgesetzen.[308]

140 Sofern eine Unternehmensleitung nicht über die nötigen Informationen verfügt, ist sie verpflichtet, diese von anderen Gründungsgesellschaften zu beschaffen.[309] Die in anderen Mitgliedstaaten ansässigen Unternehmen, die sich an der Gründung einer SE beteiligen, sind in diesem Rahmen verpflichtet, ebenfalls Auskünfte zu erteilen.[310] Anhand der der Arbeitnehmervertretung zur Verfügung gestellten Informationen werden die **Anzahl der Mitglieder des BVG** und deren Verteilung auf die betroffenen Mitgliedsstaaten festgestellt. Jeder Mitgliedstaat sieht darüber hinaus Ausführungsregeln vor, wie die Mitglieder aus seinem Hoheitsbereich bestimmt werden.

141 Zur Bestimmung der Zusammensetzung des BVG muss zunächst die **Gesamtzahl der Arbeitnehmer** der beteiligten Gesellschaften und der betroffenen Tochtergesellschaften oder Betriebe ermittelt werden.[311] Arbeitnehmer sind nach § 2 I 1 SEBG sämtliche Arbeiter und Angestellte einschließlich der zur Berufsausbildung Beschäftigten und die leitenden Angestellten, unabhängig davon, ob sie im Betrieb, Außendienst oder mit Telearbeit beschäftigt sind. Auch die in Heimarbeit Beschäftigten, die in der Hauptsache für das Unternehmen oder den Betrieb arbeiten, werden nach § 2 I 3 SEBG als Arbeitnehmer erfasst. Maßgeblicher Zeitpunkt für die Ermittlung der Arbeitnehmerzahlen ist nach § 4 IV SEBG der Zeitpunkt, in dem die Arbeitnehmer gemäß § 4 II SEBG informiert wurden.[312]

142 Nach Bestimmung der Gesamtarbeitnehmerzahl ist der prozentuale Anteil der Arbeitnehmer pro Mitgliedsstaat festzustellen. Zunächst wird für eine Beteiligung von bis zu 10% an der Gesamtarbeitnehmerzahl in einem Mitgliedsstaat ein Mitglied im BVG bestellt. Dadurch wird gewährleistet, dass mindestens **ein Sitz** einem Arbeitnehmervertreter aus **jedem betroffenen Mitgliedsstaat** zugeteilt wird. Sodann wird jeweils ein weiterer Sitz für eine Beteiligung iHv weiteren 0–10% an der Gesamtarbeitnehmerzahl zugeteilt. Befinden sich folglich im Mitglied-

---

[308] *Köklü* in Van Hulle/Maul/Drinhausen, Handbuch zur Europäischen Gesellschaft (SE), Abschnitt 6 Rn. 18; *Oetker* in Lutter/Hommelhoff/Teichmann, SE-Kommentar, § 4 SEBG Rn. 28.
[309] *Oetker* BB-Special 1/2005 6.
[310] BT-Drucks. 15/3405 S. 45.
[311] *Oetker* in Lutter/Hommelhoff/Teichmann, SE-Kommentar, § 5 SEBG Rn. 8.
[312] *Jacobs* in MüKo AktG, § 5 SEBG Rn. 2.

§ 14. Verschmelzung in europäische Gesellschaftsformen   § 14

staat A 3% und im Mitgliedsstaats B 97% der Arbeitnehmer, dann setzt sich das BVG aus einem Mitglied aus dem Mitgliedsstaat A und zehn Mitglieder aus dem Mitgliedsstaat B zusammen.

Darüber hinaus erhöht sich gemäß § 5 II SEBG die Anzahl der Mitglieder im BVG im Falle der Gründung einer SE durch Verschmelzung um **mindestens ein Mitglied pro erloschenem Rechtsträger**. Damit soll dem zusätzlichen Schutzbedürfnis der Arbeitnehmer eines erloschenen Rechtsträgers Rechnung getragen werden. Eine Erhöhung würde sich im soeben genannten Beispielsfall dann ergeben, wenn die Arbeitnehmeranzahl iHv 3% im Mitgliedsstaat A sich auf zwei Gesellschaften verteilt, die beide auf die Gesellschaft im Mitgliedsstaat B verschmolzen werden. Allerdings darf sich durch diese Erhöhung nicht die Mitgliederzahl im BVG um mehr als 20% erhöhen (§ 5 III 1 SEBG). Sollte dies tatsächlich eintreten, werden die zusätzlichen Mitglieder im BVG in absteigender Reihenfolge der Zahl ihrer Arbeitnehmer berücksichtigt. Dabei darf nach § 5 III 3 SEBG ein Mitgliedsstaat nicht mehrere zusätzliche Sitze erhalten, solange nicht alle anderen Gesellschaften, die Arbeitnehmer beschäftigen, mindestens einen Sitz erhalten haben. Ferner darf die Erhöhung nicht zur **Doppelvertretung** der betroffenen Arbeitnehmer führen (§ 5 II 2 SEBG). 143

Sollten sich die Struktur oder die Arbeitnehmerzahl während der laufenden Verhandlungen verändern, muss sich diese **Veränderung** nach § 5 IV SEBG in der Zusammensetzung des BVG widerspiegeln, dh das BVG ist entsprechend den eingetretenen Änderungen neu zusammenzusetzen. Um diese Veränderung vorzunehmen, verpflichtet § 5 IV 2 u. 3 SEBG die Leitungen, das BVG unverzüglich und vollständig über die erfolgten **strukturellen Änderungen** zu informieren. 144

Die Wahl oder Bestellung der Mitglieder des BVG erfolgt gemäß § 7 I SEBG nach der nationalen Bestimmung der Mitgliedsstaaten. Für inländische Gesellschaften regelt § 7 II SEBG insofern, dass jede beteiligte Gesellschaft durch mindestens ein Mitglied im BVG vertreten sein soll.[313] Sofern die Anzahl der auf Deutschland entfallenden Mitglieder geringer ist als die Anzahl der an der SE-Gründung beteiligten Gesellschaften mit Sitz in Deutschland, sieht § 7 III SEBG vor, dass die Gesellschaften in absteigender Reihenfolge ihrer **Arbeitnehmerzahlen** jeweils einen Sitz erlangen. Ist indes die Anzahl der auf Deutschland entfallenden Mitglieder des BVG größer als die Anzahl der Gründungsgesellschaften mit Sitz im Inland, so sind die nach der Verteilung gemäß § 7 III SEBG verbleibenden Sitze nach dem d'Hondtschen Höchstzahlverfahren auf die beteiligten Gesellschaften zu verteilen (§ 7 IV SEBG). 145

Die **persönlichen Voraussetzungen** der Mitglieder im BVG richten sich ebenfalls nach den mitgliedsstaatlichen Regeln, in denen sie gewählt werden. In Deutschland sind nach § 6 II 1 SEBG Arbeitnehmer der Gründungsgesellschaften und Betriebe sowie Gewerkschaftsvertreter wählbar. Sofern dem BVG mehr als zwei Mitglieder aus Deutschland angehören, ist nach § 6 III SEBG jedes dritte Mitglied ein Vertreter einer 146

---

[313] BT-Drucks. 15/3405 S. 46.

§ 14   4. Teil. Grenzüberschreitende Verschmelzungen

Gewerkschaft, die in einem der Gründungsunternehmen vertreten ist.³¹⁴ Bei mehr als sechs Mitgliedern ist mindestens jedes siebte Mitglied ein leitender Angestellter (§ 6 IV SEBG).

147 § 8 I 1 SEBG sieht vor, dass die auf Deutschland entfallenden Mitglieder des BVG durch ein Wahlgremium in **geheimer und unmittelbarer Wahl** gewählt werden.

148 Aus Gründen der Praktikabilität und der Kostenersparnis soll, soweit möglich, das **Wahlgremium** aus den vorhandenen Betriebsstrukturen gebildet werden.³¹⁵ Sofern aus Deutschland an der SE-Gründung nur eine Unternehmensgruppe beteiligt ist, besteht das Wahlgremium nach § 8 II SEBG aus den Mitgliedern des Konzernbetriebsrates oder, falls ein solcher nicht besteht, aus den Mitgliedern der Gesamtbetriebsräte. Wenn kein Gesamtbetriebsrat besteht, setzt sich das Gremium aus den Mitgliedern des Betriebsrates zusammen; betriebsratslose Betriebe und Unternehmen einer Gruppe werden vom Konzernbetriebsrat, Gesamtbetriebsrat oder Betriebsrat mit vertreten. Ist aus dem Inland nur ein Unternehmen beteiligt, besteht das Gremium nach § 8 III SEBG aus den Mitgliedern des Gesamtbetriebsrates oder falls ein solcher nicht vorhanden ist, aus den Mitgliedern des Betriebsrates; betriebsratslose Betriebe eines Unternehmens werden vom Gesamtbetriebsrat oder Betriebsrat mit vertreten. Beim Fehlen jeglicher Arbeitnehmervertretung sieht § 8 VII SEBG vor, dass die Arbeitnehmer die Mitglieder des Wahlgremiums selbst in geheimer und unmittelbarer Wahl bestimmen. Insgesamt ist die Höchstzahl der Mitglieder des Wahlgremiums nach § 8 VI 1 SEBG auf 40 begrenzt. Im Falle einer Überschreitung ist die Anzahl nach dem d'Hondtschen Höchstzahlverfahren zu verringern.

149 Das Wahlgremium wird nach § 9 I SEBG durch den Vorsitzenden der Arbeitnehmervertretung auf der höchsten im Konzern vorhandenen Ebene zur Versammlung eingeladen. Bei mehreren gleichrangigen Arbeitnehmervertretern trifft die **Ladungspflicht** nach § 9 II SEBG den Arbeitnehmervertreter, der die meisten Arbeitnehmer vertritt. Das Gremium ist nach § 10 I 1 SEBG **beschlussfähig**, sofern mindestens zwei Drittel der Mitglieder, die mindestens zwei Drittel der Arbeitnehmer vertreten, anwesend sind. Die Wahl selbst erfolgt mit einfacher Mehrheit, wobei jedes Mitglied so viele Stimmen hat, wie es Arbeitnehmer vertritt (§ 10 I 2, 3 SEBG).

150 Die Wahl bzw. die Bestellung der Mitglieder des BVG haben nach § 11 I 1 SEBG innerhalb einer **Frist** von zehn Wochen nach Zuleitung der Information über die Gründung der SE (§ 4 II, III SEBG) zu erfolgen. Sobald die einzelnen Mitglieder aus den jeweiligen Mitgliedsstaaten feststehen, sind diese den Leitungen nach § 4 I 2 SEBG unverzüglich bekannt zu machen, damit die Leitung diese zur **konstituierenden Sitzung** nach § 12 I SEBG laden kann.³¹⁶ Erst mit der konstituierenden

---

³¹⁴ Zur Nichtbeteiligung der Gewerkschaft ver.di bei der Gründung der Zalando SE vgl. ArbG Berlin, 30.6.2016 – 4 BV 12102/15.
³¹⁵ BT-Drucks. 15/3405 S. 47.
³¹⁶ BT-Drucks. 15/3405 S. 48.

§ 14. Verschmelzung in europäische Gesellschaftsformen § 14

Sitzung ist die Bildung des BVG abgeschlossen.[317] Für den Fall, dass die Frist des § 11 I 1 SEBG überschritten wird, ist entscheidend, ob die **Fristüberschreitung** aus Gründen herrührt, die die Arbeitnehmer zu vertreten haben. Sofern dies zu bejahen ist, beginnt das Verhandlungsverfahren gemäß § 11 II 1 SEBG dennoch und die Arbeitnehmer, die noch nicht von einem Mitglied vertreten werden, bleiben bei etwaigen Abstimmungen unberücksichtigt.[318] Nach Fristablauf durchgeführte Wahlen sind dennoch uneingeschränkt rechtswirksam.[319] Die Fristüberschreitung bewirkt auch nicht nicht den Ausschluss der nach Aufnahme der Verhandlungen **verspätet hinzustoßenden BVG-Mitglieder**. Vielmehr können sich diese nach § 11 II 2 SEBG jederzeit an den Verhandlungen beteiligen. Dabei müssen sie allerdings in das Stadium, in dem sich die Verhandlungen zu diesem Zeitpunkt befinden, eintreten.[320] Haben die Arbeitnehmer die Fristüberschreitung hingegen nicht zu vertreten, so haben die Leitungen einen späteren Termin für die konstituierende Sitzung zu bestimmen.[321]

Das BVG hat gemäß § 12 I 2 SEBG zwingend nur einen Vorsitzenden und zwei Stellvertreter. Die Aufstellung einer schriftlichen Geschäftsordnung ist nach § 12 I 3 SEBG fakultativ. Das BVG kann sich nach § 14 I SEBG bei seinen Verhandlungen von **Sachverständigen**, zu denen auch die Vertreter von einschlägigen **Gewerkschaften** auf Gemeinschaftsebene zählen, unterstützen lassen. Die **Kosten** für das BVG sind gemäß § 19 SEBG von den Gründungsgesellschaften und nach ihrer Entstehung von der SE als Gesamtschuldner zu tragen. Dies umfasst alle notwendigen Kosten, wie etwa die Kosten für Dolmetscher, Büropersonal, Reisekosten und Unterbringung. Entscheidendes Kriterium für die Kostentragung ist dabei der Grundsatz der Erforderlichkeit.[322]

151

c) Zusammenarbeit zwischen BVG und Leitungen

Nach § 13 I 1 SEBG ist Ziel des Verhandlungsverfahrens der Abschluss einer schriftlichen Beteiligungsvereinbarung über die Arbeitnehmerbeteiligung. Dabei haben die beiden Vertragsseiten vertrauensvoll zusammenzuarbeiten. Strittige Fragen sollen demnach mit dem Willen zur Einigung behandelt werden.[323] Den Leitungen obliegt dabei nach § 13 II SEBG die Pflicht, das BVG zu informieren und erforderliche Unterlagen

152

---

[317] BT-Drucks. 15/3405 S. 48.
[318] *Köklü* in Van Hulle/Maul/Drinhausen, Handbuch zur Europäischen Gesellschaft (SE), Abschnitt 6 Rn. 39.
[319] Siehe statt vieler *Oetker* in Lutter/Hommelhoff/Teichmann, SE-Kommentar, § 11 SEBG Rn. 7.
[320] BT-Drucks. 15/3405 S. 48.
[321] *Köklü* in Van Hulle/Maul/Drinhausen, Handbuch zur Europäischen Gesellschaft (SE), Abschnitt 6 Rn. 38.
[322] *Oetker* in Lutter/Hommelhoff/Teichmann, SE-Kommentar, § 19 SEBG Rn. 9, 12; *Köklü* in Van Hulle/Maul/Drinhausen, Handbuch zur Europäischen Gesellschaft (SE), Abschnitt 6 Rn. 72.
[323] BT-Drucks. 15/3405 S. 49.

§ 14   4. Teil. Grenzüberschreitende Verschmelzungen

auszuhändigen. Nach § 41 I SEBG haben die Leitungen jedoch das Recht, die Informationserteilung zu verweigern, wenn bei Zugrundelegung objektiver Kriterien dadurch Geschäfts- und Betriebsgeheimnisse der Gründungsgesellschaften, deren Tochtergesellschaften und Betriebe gefährdet sind. Zudem werden die Leitungen durch § 41 II–IV Nr. 1 SEBG geschützt, der eine Pflicht zur Verschwiegenheit für die Mitglieder des BVG normiert. Bei einem entsprechenden Verstoß drohen nach § 41 I Nr. 1 SEBG Freiheitsstrafen bis zu zwei Jahren oder Geldstrafen. Ein Schutz der Mitglieder des BVG wird durch § 42 SEBG erzielt, wonach für die Mitglieder des BVG der gleiche Sicherheitsstandard gilt wie für Arbeitnehmervertreter nach dem nationalen Recht des Mitgliedsstaats, bei dem sie beschäftigt sind. Einen weiteren Schutzmechanismus stellt der in § 44 Nr. 1 SEBG verankerte strafbewehrte Errichtungs- und Tätigkeitsschutz dar.

d) Beschlussfassung im BVG

153   Die gewählten oder bestellten Mitglieder des BVG in einem Mitgliedsstaat vertreten gemäß § 15 I 1 SEBG sämtliche in dem jeweiligen Mitgliedsstaat beschäftigten Arbeitnehmer. Sofern aus einem Mitgliedsstaat keine Mitglieder im BVG vorhanden sind, gelten diese Arbeitnehmer nach § 15 I 2 SEBG als nicht vertreten und sind bei Abstimmungen zahlenmäßig nicht zu berücksichtigen.[324]

154   Nach § 15 II 1 SEBG ist für Abstimmungen im BVG grundsätzlich eine doppelte absolute Mehrheit erforderlich; eine nach Anzahl der abstimmenden Mitglieder und eine nach den durch sie vertretenen Arbeitnehmern.[325] Dabei bestimmt jeder Mitgliedsstaat die Anzahl der Arbeitnehmer, die ein Mitglied im BVG jeweils vertritt. In Deutschland wird die Zahl aller beschäftigten Arbeitnehmer auf die gewählten Mitglieder im BVG gleichmäßig verteilt.

155   Sofern bei einer Beschlussfassung über eine Beteiligungsvereinbarung zur Mitbestimmung eine Minderung der Mitbestimmungsrechte für mindestens 25% der Arbeitnehmer der an der SE-Verschmelzung beteiligten Gründungsgesellschaften einzutreten droht, bedarf es nach § 15 III SEBG einer doppelt qualifizierten Mehrheit, dh mindestens zwei Drittel der Mitglieder des BVG, die mindestens zwei Drittel der Arbeitnehmer in mindestens zwei Mitgliedstaaten vertreten, müssen einer Minderung der Mitbestimmungsregeln zustimmen.[326] Eine Minderung der Mitbestimmungsrechte ist gemäß § 15 IV SEBG dann anzunehmen, wenn der Anteil der Arbeitnehmervertreter im Aufsichts- oder Verwaltungsorgan der SE geringer ist als der höchste Anteil, der in einer Gründungsgesellschaft besteht oder wenn das Recht, die Mitglieder dieser Organe zu wählen, zu bestellen, zu empfehlen oder abzulehnen, eingeschränkt oder beseitigt wird.

---

[324] BT-Drucks. 15/3405 S. 49.
[325] *Köklü* in Van Hulle/Maul/Drinhausen, Handbuch zur Europäischen Gesellschaft (SE), Abschnitt 6 Rn. 58; *Jacobs* in MüKo AktG, § 15 SEBG, Rn. 3.
[326] *Köklü* in Van Hulle/Maul/Drinhausen, Handbuch zur Europäischen Gesellschaft (SE), Abschnitt 6 Rn. 60; *Jacobs* in MüKo AktG, § 15 SEBG, Rn. 6.

§ 14 Verschmelzung in europäische Gesellschaftsformen § 14

e) *Dauer der Verhandlungen*

Die Zeitspanne bis zum Abschluss einer Beteiligungsvereinbarung nach 156
§ 21 SEBG beträgt nach § 20 I 1 SEBG sechs Monate und beginnt mit
dem Tag, an dem die Leitungen wirksam zur konstituierenden Sitzung
geladen haben. Dies gilt auch dann, wenn die Sitzung zu einem abweichenden Termin stattfindet.[327] Nach § 20 II SEBG kann die Frist **einvernehmlich auf ein Jahr verlängert** werden. Sofern diese Zeitspanne
nicht eingehalten wird, greifen nach § 22 I Nr. 2 SEBG die Regelungen
über die Arbeitnehmermitbestimmung kraft Gesetz ein.

f) *Vereinbarung über die Arbeitnehmerbeteiligung*

aa) *Rechtsnatur der Beteiligungsvereinbarung*

Das SEBG enthält keine Regelung hinsichtlich der Rechtsnatur der 157
Beteiligungsvereinbarung. Die Beurteilung erfolgt bei einer SE mit Sitz
in Deutschland nach deutschem Recht. Nach deutschem Recht ist diese
als kollektivrechtlicher Organisationsakt zu qualifizieren.[328]

bb) *Inhalt der Beteiligungsvereinbarung*

Zum einen sind nach § 21 SEBG einige grundlegende Bestimmungen 158
der Beteiligungsvereinbarung aushandelbar. So ist etwa der **Geltungsbereich** der Beteiligungsvereinbarung anzugeben. Dabei ist zu beachten,
dass sich dieser über das Hoheitsgebiet des Sitzstaates und sogar über den
Binnenmarkt hinaus erstrecken kann, so dass Arbeitnehmer weltweit
eingeschlossen werden können, sofern diese zustimmen.[329] Dadurch kann
insbesondere **internationalen Konzernsachverhalten** Rechnung getragen werden. Die Parteien können nach § 21 I Nr. 6 SEBG den Zeitpunkt des Inkrafttretens der Beteiligungsvereinbarung festlegen. Die Bindungsdauer der Beteiligungsvereinbarung kann festgelegt oder auch offen
gelassen werden. In der Praxis wird davon ausgegangen, dass solche
Beteiligungsvereinbarungen häufig für vier bis sieben Jahre abgeschlossen
werden.[330] Es können **Kündigungsregelungen** vorgesehen werden.[331]
Mangels Kündigungsregelung greift der Tatbestand der **außerordentlichen Kündigung** gemäß § 314 BGB analog.[332] Daneben ist die Angabe
erforderlich, wann eine Neuverhandlung der Beteiligungsvereinbarung
vorgesehen ist und welches Verfahren darauf zur Anwendung kommt.
Fakultativ ist die Aufnahme einer Regelung über die Behandlung von

---

[327] BT-Drucks. 15/3405 S. 51.
[328] *Oetker* in Lutter/Hommelhoff/Teichmann, SE-Kommentar, § 21 SEBG
Rn. 25; *Köklü* in Van Hulle/Maul/Drinhausen, Handbuch zur Europäischen
Gesellschaft (SE), Abschnitt 6 Rn. 157 f.
[329] *Oetker* in Lutter/Hommelhoff/Teichmann, SE-Kommentar, § 21 SEBG
Rn. 31.
[330] *Forst* EuZW 2011 S. 333.
[331] *Seibt* AG 2005 S. 428.
[332] *Oetker* in Lutter/Hommelhoff/Teichmann, SE-Kommentar, § 21 SEBG
Rn. 34; *Jacobs* in MüKo AktG, § 21 SEBG, Rn. 27.

§ 14   4. Teil. Grenzüberschreitende Verschmelzungen

späteren strukturellen Änderungen. Auch bietet sich eine Regelung an, was bei zeitlichem Auslaufen der Bindungsdauer zu geschehen hat.

159 Falls die Beteiligungsvereinbarung die Errichtung eines **SE-Betriebsrates** zum Inhalt hat, muss sie Angaben über die Zusammensetzung des SE-Betriebsrates, seine Mitgliederzahl und die Sitzverteilung, einschließlich der Auswirkungen wesentlicher Änderungen der Arbeitnehmerzahlen in der SE (§ 21 I Nr. 2 SEBG), die Befugnisse und das Verfahren zur Unterrichtung und Anhörung des SE-Betriebsrates (§ 21 I Nr. 3 SEBG), die Häufigkeit der Sitzungen des SE-Betriebsrates (§ 21 I Nr. 4 SEBG) sowie die für den SE-Betriebsrat bereitzustellenden finanziellen und materiellen Mittel (§ 21 I Nr. 5 SEBG) enthalten. Es steht den Parteien nach § 21 II SEBG frei, keinen SE-Betriebsrat zu bilden. In diesem Fall müssen ferner in der Beteiligungsvereinbarung von den Parteien die Modalitäten der Durchführung des Verfahrens zur Unterrichtung und Anhörung genannt werden.

160 Ein weiteres Herzstück der Beteiligungsvereinbarung ist die Regelung über die **Arbeitnehmermitbestimmung** im Aufsichts- oder Verwaltungsorgan der SE nach § 21 III SEBG. Sehr streitig ist dabei, ob die Verhandlungsparteien nur über die Anzahl der Arbeitnehmervertreter im Aufsichts- oder Verwaltungsorgan disponieren können, oder über die **Gesamtzahl** der Mitglieder von Anteilseigner- und Arbeitnehmerseite im mitbestimmten Aufsichts- oder Verwaltungsorgan bestimmen können, und insbesondere die Arbeitnehmer so möglicherweise Einfluss auf unternehmerische Planungsentscheidungen hätten.[333] Kontrovers diskutiert wird als Folgefrage die Reichweite der Verhandlungsautonomie der Parteien in Bezug auf die Größe des mitbestimmten Aufsichts- oder Verwaltungsorgans, welche gegebenenfalls nicht durch drei teilbar sein könnte. Während eine **Abweichung vom Dreiteilbarkeitsgebot** durch die Beteiligungsvereinbarung in der Literatur zum Teil befürwortet wird und sich auch die obergerichtliche die Rechtsprechung bereits zugelassen hat,[334] hält die Gegenauffassung in der Literatur strikt an dessen Beachtung fest.[335]

cc) Form der Beteiligungsvereinbarung

161 Nach § 13 I SEBG ist die Beteiligungsvereinbarung schriftlich niederzulegen. Dabei wird die Beteiligungsvereinbarung auf Seiten der Gründungsgesellschaften von den jeweiligen Leitungs- und Verwaltungsorganen unterzeichnet. Im monistischen System sind dies die geschäftsführen-

---

[333] Ablehnend *Jacobs* in MüKo AktG, § 21 SEBG, Rn. 35; in Bezug auf den Verwaltungsrat einer monistischen SE ablehnend: *Eberspächer* in Spindler/Stilz AktG, Art. 43 Rn. 26.
[334] LG Nürnberg-Fürth BB 2010 S. 1113 (1114) bezüglich eines aus zehn Mitgliedern bestehenden SE-Aufsichtsrates, darunter vier Arbeitnehmervertreter; *Oetker* in Lutter/Hommelhoff/Teichmann, SE-Kommentar, § 21 SEBG Rn. 62 ff.; *Teichmann* BB 2010 S. 1114; *Kiefner/Friebel* NZG 2010 S. 537 (539).
[335] Für die Einhaltung des Dreiteilbarkeitsgebots: *Jacobs* in MüKo AktG, § 21 SEBG, Rn. 36; *Forst* AG 2010 S. 350.

§ 14. Verschmelzung in europäische Gesellschaftsformen § 14

den Direktoren, im dualistischen System das Leitungsorgan.[336] Auf Seiten der Arbeitnehmervertreter wird diese vom BVG unterzeichnet, welches die Beteiligungsvereinbarung zuvor durch Beschluss angenommen hat.

2. Arbeitnehmerbeteiligung bei Nichtaufnahme oder Abbruch der Verhandlungen

Das BVG kann nicht gezwungen werden, sich tatsächlich auf Verhandlungen mit den Leitungen der Gründungsgesellschaften einzulassen.[337] Deshalb eröffnet § 16 I SEBG dem BVG die Möglichkeit, eine Nichtaufnahme oder einen Abbruch der Verhandlungen zu beschließen. Dafür bedarf es einer Mehrheit von zwei Dritteln der Mitglieder, die mindestens zwei Drittel der Arbeitnehmer in mindestens zwei Mitgliedsstaaten vertreten. Ein vorzeitiger Verhandlungsabbruch durch die Leitungen ist hingegen nicht möglich.[338] 162

In Folge eines entsprechenden Beschlusses wird das Verfahren zum Abschluss einer Beteiligungsvereinbarung nach § 21 SEBG beendet, ohne dass die gesetzlichen Auffangregelungen der §§ 22 ff. SEBG Anwendung finden. Nach § 16 I 3 SEBG gelten jedoch die nationalen Vorschriften über die Unterrichtung und Anhörung der Arbeitnehmer fort, allerdings nicht die Vorschriften über die Mitbestimmung. Diese finden auf die SE keine Anwendung.[339] Da dieser Beschluss das Verfahren über die Arbeitnehmerbeteiligung abschließt, ist es möglich, die SE nach Art. 12 II SE-VO einzutragen. 163

Frühestens zwei Jahre nach dem Negativbeschluss des § 16 I SEBG kann auf schriftlichen Antrag von mindestens 10% der Arbeitnehmern der SE, ihrer Tochtergesellschaften und Betriebe oder deren Vertretern ein BVG erneut gebildet werden (§ 18 I 1 SEBG). Dabei ist eine frühere Wiederaufnahme nach entsprechender Vereinbarung der Parteien möglich. 164

Wenn das BVG die Wiederaufnahme der Verhandlungen mit der SE-Leitung beschließt und eine Einigung nicht erzielt wird, greifen nach § 18 II SEBG die gesetzlichen Auffangregelungen nach §§ 22 ff. SEBG ein. 165

3. Arbeitnehmerbeteiligung kraft Gesetz

Das SEBG beinhaltet in §§ 23–33 SEBG (SE-Betriebsrat kraft Gesetz) und in §§ 34–38 SEBG (Mitbestimmung kraft Gesetz) Auffangregelungen, die als sog. **Auffanglösung** der Sicherung der Beteiligungsrechte der Arbeitnehmer dienen.[340] 166

---

[336] *Jacobs* in MüKo AktG, § 21 SEBG, Rn. 6; *Köklü* in Van Hulle/Maul/Drinhausen, Handbuch zur Europäischen Gesellschaft (SE), Abschnitt 6 Rn. 154.
[337] BT-Drucks. 15/3405 S. 50; *Jacobs* in MüKo AktG, § 16 SEBG, Rn. 1.
[338] *Grobys* NZA 2005, 86.
[339] *Oetker* in Lutter/Hommelhoff/Teichmann, SE-Kommentar, § 16 SEBG Rn. 18.
[340] *Oetker* in Lutter/Hommelhoff/Teichmann, SE-Kommentar, § 22 SEBG Rn. 1; *Köklü* in Van Hulle/Maul/Drinhausen, Handbuch zur Europäischen Gesellschaft (SE), Abschnitt 6 Rn. 162.

§ 14   4. Teil. Grenzüberschreitende Verschmelzungen

a) SE-Betriebsrat kraft Gesetz

167 Ein SE-Betriebsrat kraft Gesetz ist nach § 22 I SEBG zu errichten, sofern die Parteien dies vereinbaren oder bis zum Ende des Verhandlungszeitraums nach § 20 SEBG weder eine Beteiligungsvereinbarung getroffen wurde noch ein Beschluss gemäß § 16 SEBG gefasst wurde.[341] Ferner findet diese Regelung Anwendung, wenn aufgrund struktureller Änderungen iSd § 18 III SEBG Neuverhandlungen zu führen waren, in diesen jedoch keine Einigung erzielt werden konnte.

aa) Errichtung und Organisation des SE-Betriebsrates

168 Der SE-Betriebsrat setzt sich nach § 23 I 2 SEBG aus den Arbeitnehmern der SE, deren Tochtergesellschaften und Betrieben zusammen und wird nach denselben Grundsätzen errichtet wie das BVG, wobei nunmehr die SE der entsprechende Bezugspartner ist. Die Mitgliedsdauer in der SE ist für inländische Mitglieder auf vier Jahre beschränkt und beginnt mit der Wahl oder Bestellung zum SE-Betriebsrat. Nach § 23 I S. 3 SEBG erfolgt auch die Konstituierung des SE-Betriebsrates entsprechend den Regelungen für das BVG. Zu beachten ist, dass der Vorsitzende des Betriebsrates nach § 23 III SEBG nicht gesetzlicher Vertreter des Gremiums ist, sondern dieses nur im Rahmen der mehrheitlich gefassten Beschlüsse vertritt.[342] Beschlussfähigkeit erlangt der Betriebsrat nach § 24 III SEBG bei Anwesenheit mindestens der Hälfte seiner Mitglieder. Die Beschlüsse sind mit der Mehrheit der anwesenden Mitglieder zu fassen.

169 Spätestens vier Jahren nach seiner Einsetzung hat der SE-Betriebsrat erneut mit der Mehrheit seiner Mitglieder einen Beschluss darüber zu fassen, ob über eine Beteiligungsvereinbarung nach § 21 SEBG verhandelt werden soll (§ 26 I SEBG). Darin zeigt sich erneut der im Gesetz angelegte Vorrang der Verhandlungslösung.[343]

bb) Zuständigkeit des SE-Betriebsrates

170 Nach § 27 SEBG ist der SE-Betriebsrat nur für grenzüberschreitende Angelegenheiten zuständig. Die einzelnen Aufgaben des SE-Betriebsrates sind in den §§ 28–30 SEBG geregelt. Diese Vorschriften haben für die ordnungsgemäße Durchführung der Arbeitnehmerbeteiligung im Rahmen einer Verschmelzung zur SE keine Bedeutung.

b) Mitbestimmung kraft Gesetz

aa) Anwendbarkeit der Mitbestimmung kraft Gesetz

171 Die Anwendbarkeit der gesetzlichen Mitbestimmungsregeln richten sich neben den allgemeinen Voraussetzungen des § 22 SEBG, die bereits für die Bildung des SE-Betriebsrats dargestellt wurden, nach dem Grün-

---

[341] → Rn. 222.
[342] BT-Drucks. 15/3405 S. 52.
[343] *Waclawik* DB 2004 S. 1198.

§ 14. Verschmelzung in europäische Gesellschaftsformen § 14

dungstatbestand der SE. Für den Fall der Gründung der SE durch Verschmelzung ist gemäß § 34 I Nr. 2 SEBG erforderlich, dass vor der Eintragung der SE in einer oder mehreren der beteiligten Gesellschaften eine oder mehrere Formen der Mitbestimmung, die sich auf mindestens 25% der Gesamtzahl der Arbeitnehmer aller beteiligten Gesellschaften und betroffenen Tochtergesellschaften erstrecken, bestand.

Sofern in diesem Fall mehr als eine Form der Mitbestimmung im **172** Sinne von § 2 XII SEBG in den verschiedenen beteiligten Gesellschaften besteht, hat das BVG gemäß § 34 II SEBG zu entscheiden, welche der dort genannten Möglichkeiten der Mitbestimmung gewählt werden soll. Trifft das BVG keine Entscheidung, ist entscheidend, ob eine inländische Gesellschaft, deren Arbeitnehmer Mitbestimmungsrechte innehaben, an der SE-Gründung beteiligt ist. Ist dies der Fall, gilt die Mitbestimmungsregelung des § 2 XII Nr. 1 SEBG. Im umgekehrten Fall wird auf die Mitbestimmungsform bei der Gesellschaft mit der größten Anzahl an Arbeitnehmern abgestellt. Durch die Regelung des § 34 I SEBG kommt es letztlich zu einer Harmonisierung der Mitbestimmung auf höchstem Niveau.[344]

bb) Umfang der gesetzlichen Mitbestimmung

Im Falle einer SE-Gründung durch Verschmelzung haben die Arbeit- **173** nehmer der SE, ihrer Tochtergesellschaften und Betriebe oder ihrer Vertretungsorgane nach § 35 II SEBG das Recht, einen Teil der Mitglieder des Aufsichts- oder Verwaltungsorgans der SE selbst zu wählen oder zu bestellen bzw. deren Bestellung zu empfehlen oder abzulehnen. Die Anzahl der Arbeitnehmervertreter im Aufsichts- oder Verwaltungsorgan bemisst sich nach dem höchsten Anteil der Arbeitnehmervertreter, der in den Organen der beteiligten Gesellschaften vor der Eintragung der SE bestand.

cc) Verteilung der Sitze der Arbeitnehmervertreter

Durch den SE-Betriebsrat erfolgt nach § 36 I SEBG die Verteilung der **174** Sitze im Aufsichts- oder Verwaltungsorgan unter Beachtung der Anzahl der in den einzelnen Mitgliedsstaaten beschäftigten Arbeitnehmer. Soweit diese Verteilung die Arbeitnehmer eines Mitgliedsstaates bei der Sitzvergabe nicht berücksichtigt, muss der SE-Betriebsrat den letzten Sitz einem bislang unberücksichtigten Mitgliedsstaat, vornehmlich demjenigen, in dem die SE ihren Sitz haben wird, zuweisen.

dd) Rechtsstellung der Arbeitnehmervertreter

§ 38 I SEBG macht deutlich, dass die Arbeitnehmervertreter gleichbe- **175** rechtigte Mitglieder im Aufsichts- oder Verwaltungsorgan sind. Dies ent-

---
[344] *Waclawik* DB 2004 S. 1198; *Jaspers* in Böttcher/Habighorst/Schulte, Umwandlungsrecht, Umwandlungsrecht der Europäischen Aktiengesellschaft Rn. 36.

spricht den Prinzipien, die auch im deutschen Mitbestimmungsrecht gelten.[345]

ee) Tendenzunternehmen

176   Auf Tendenzunternehmen sind nach § 39 I SEBG die Vorschriften über die gesetzlichen Auffangregeln zur Mitbestimmung der Arbeitnehmer nicht anzuwenden. Indes gelten die Vorschriften zur Errichtung eines SE-Betriebsrates, wobei nach § 39 II SEBG aber der Umfang der Anhörungsrechte eingeschränkt ist.[346]

4. Neuverhandlung bei strukturellen Änderungen

177   Bei einer drohenden Minderung der Mitbestimmungsrechte infolge struktureller Änderungen der SE sind auf Veranlassung der Leitung der SE oder des SE-Betriebsrates Verhandlungen über die Beteiligungsrechte der Arbeitnehmer aufzunehmen (§ 18 III SEBG). In diesem Fall können die Verhandlungen auch anstelle eines neu zu bildenden BVG im Einvernehmen mit der SE-Leitung vom SE-Betriebsrat gemeinsam mit Vertretern der von der geplanten strukturellen Änderung betroffenen Arbeitnehmern, die bislang nicht vom SE-Betriebsrat vertreten wurden, geführt werden. Bei Scheitern dieser Verhandlungen greifen nach § 18 III 3 SEBG die gesetzlichen Mitbestimmungsregeln ein.

178   Fraglich ist indes, wann eine strukturelle Änderung zu einer Minderung der Mitbestimmungsrechte führen kann. Die Gesetzesbegründung[347] erwähnt als Beispiel einer derartigen Änderung die Aufnahme eines mitbestimmten Unternehmens mit einer größeren Anzahl von Arbeitnehmern durch eine SE, in der bislang keine Mitbestimmung galt.

179   Im Falle eines Anstiegs oder eines Absinkens des Arbeitnehmerbestandes außerhalb einer strukturellen Änderung sind jedoch keine Neuverhandlungen vorzunehmen. Vielmehr wird die Mitbestimmung einer SE im Zeitpunkt ihrer Gründung für die Dauer der Beteiligungsvereinbarung gleichsam eingefroren.[348]

Nach § 43 Satz 1 SEBG darf eine SE nicht dazu missbraucht werden, den Arbeitnehmern Beteiligungsrechte zu entziehen oder vorzuenthalten. Dabei wird nach § 43 Satz 2 SEBG ein solcher Missbrauch vermutet, wenn ohne Durchführung des Verfahrens nach § 18 III SEBG innerhalb eines Jahres nach Gründung der SE strukturelle Änderungen stattfinden, die bewirken, dass den Arbeitnehmern Beteiligungsrechte vorenthalten oder entzogen werden. Diese Vermutung kann jedoch seitens der Leitungen der SE durch den Beweis des Gegenteils widerlegt werden.[349] Bei der Konkretisierung des Missbrauchsbegriffs ist auch zu berücksichtigen, dass

---

[345] BT-Drucks. 15/3405 S. 56.
[346] BT-Drucks. 15/3405 S. 56.
[347] BT-Drucks. 15/3405 S. 50.
[348] *Wollburg/Banerja* ZIP 2005 S. 283.
[349] *Köklü* in Van Hulle/Maul/Drinhausen, Handbuch zur Europäischen Gesellschaft (SE), Abschnitt 6 Rn. 251.

§ 14 Verschmelzung in europäische Gesellschaftsformen § 14

die SE-VO die grenzüberschreitende Tätigkeit gerade erleichtern will, so dass alleine die Nutzung vorhandener Handlungsmöglichkeiten, wie etwa eine Sitzverlegung, den Vorwurf eines Missbrauchs nicht begründen kann. § 45 I Nr. 2 SEBG sieht im Falle eines Verstoßes gegen das Missbrauchsverbot eine Freiheitsstrafe von bis zu zwei Jahren oder Geldstrafe vor. Zivilrechtlich stellt eine Verletzung des Missbrauchsverbots einen Verstoß gegen Treu und Glauben dar (§ 242 BGB), der zur Unwirksamkeit entsprechender Maßnahmen führt.[350]

180

5. Gleichberechtigte Teilhabe von Frauen und Männern an Führungspositionen

Seit dem 1.1.2016 ist gemäß der Übergangsvorschrift des § 25 II EG-AktG zu beachten, dass im Aufsichtsorgan bzw. Verwaltungsorgan einer börsennotierten SE **Frauen** und **Männer** jeweils mit einem Anteil von mindestens 30% vertreten sein müssen, wenn das Aufsichtsorgan oder der Verwaltungsrat aus derselben Zahl von Anteilseigner- und Arbeitnehmervertretern besteht, also paritätisch mitbestimmt wird (sog. „Frauenquote"). Dies gilt fortan grundsätzlich auch für den Fall der Gründung einer SE durch Verschmelzung,[351] wie § 17 II SEAG nF[352] für dualistische SE und § 24 III nF SEAG[353] für monistische SE gesetzlich normieren. Die genaue Art der Anwendung der „Quote" auf die SE birgt jedoch zahlreiche Schwierigkeiten.[354]

181

Es ist bereits umstritten, ob der **deutsche Gesetzgeber** diese Regelung nicht nur für die Anteilseignerseite, sondern auch für die Arbeitnehmerseite **wirksam erlassen** konnte,[355] oder ob eine europarechtskonforme teleologische Reduktion vorzunehmen ist, die zu dem Ergebnis gelangen würde, die neuen Bestimmungen fänden nur auf Anteilseignerseite Anwendung, da dem deutschen Gesetzgeber der Zugriff auf die europarechtlich abschließend geregelte Materie der Arbeitnehmermitbestimmung verwehrt sei.[356] Diese dogmatische Frage hat einen direkten Einfluss auf die Praxis, da hierdurch Rechtsunsicherheit in Bezug auf die Gesamterfüllung besteht: Müssen die Wahlen und Bestellungen der Vertreter von Anteilseignern und Arbeitnehmern also gemeinsam zur Erfül-

182

---

[350] *Köklü* in Van Hulle/Maul/Drinhausen, Handbuch zur Europäischen Gesellschaft (SE), Abschnitt 6 Rn. 259; zT wird darin auch ein Verstoß gegen § 134 BGB gesehen: *Oetker* in Lutter/Hommelhoff/Teichmann, SE-Kommentar, § 43 SEBG Rn. 13; *Rehberg* ZGR 2005 877.
[351] Gesetzesbegründung BT-Drucks. 18/4227, S. 22; *Eberspächer*, in Spindler/Stilz AktG, Art. 40 SE-VO Rn. 7 u. Art. 43 SE-VO Rn. 32; *Spindler* in Spindler/Stilz AktG, § 96 Rn. 43; *Teichmann/Rüb* BB 2015 S. 898 (904).
[352] § 17 II eingef., bish. Abs. 2–4 werden Abs. 3–5 mWv 1.1.2016 durch G v. 24.4.2015 (BGBl. I S. 642).
[353] § 24 III angef. mWv 1.1.2016 durch G v. 24.4.2015 (BGBl. I S. 642).
[354] Kritisch *Teichmann/Rüb* BB 2015 S. 898 (904); *Sagan* RdA 2015 S. 255.
[355] *Weller* Stellungnahme vom 19.2.2015 zum Entwurf eines Gesetzes für die gleichberechtigte Teilhabe von Frauen und Männern an Führungspositionen in der Privatwirtschaft und im öffentlichen Dienst vom 20.1.2015 (BT-Drucks. 18/3714), Ausschussdrucksache 18(13)43k.
[356] *Teichmann/Rüb* BB 2015 S. 259 (264); *Sagan* RdA 2015 S. 255.

lung der Quote führen, wie gesetzlich angeordnet? Oder ist die Arbeitnehmerseite nach Anwendung der teleologischen Reduktion nicht zur Erfüllung der Quote berufen, während die Anteilseignerseite entweder die Quote nur bezogen auf ihre eigene Bank zu erfüllen hat oder darüber hinaus gegebenenfalls sogar „Fehlgewichtungen" auf Arbeitnehmerseite austarieren müsste, um durch ihre einseitige Kraftanstrengung zu einer Gesamterfüllung zu gelangen?

183 Bei der Gründung der SE ist zu beachten, dass § 17 II SEAG nF[357] bzw. § 24 III nF SEAG[358] nach ihrem Wortlaut nur unter kumulativer Erfüllung zweier Voraussetzungen Anwendung finden sollen, nämlich wenn die SE (i) isd § 3 II AktG börsennotiert ist und (ii) wenn sie paritätisch mitbestimmt ist. Sofern die Arbeitnehmerseite bei der Gründung der SE während der **Verhandlung über die Arbeitnehmerbeteiligung** in der zukünftigen SE zu Zugeständnissen bezüglich der **paritätischen Besetzung des Gremiums** bereit ist, ist die Quote an sich nicht anzuwenden und es kommt in der Folge nicht zu den rechtlichen Unsicherheiten, die aus der Anwendbarkeit der Quote entstehen. Der Anteilseignerseite ist bei den Verhandlungen über die Arbeitnehmerbeteiligung in der zukünftigen SE folglich ein starkes Argument zur allgemeinen Senkung der Mitbestimmung der Arbeitnehmerseite an die Hand gegeben worden.[359] Die Praxis wird in den kommenden Jahren zeigen, ob ein – nicht notwendigerweise geschlechtergerecht besetztes – BVG eher geneigt ist, rechtlich unklare Wege auf dem Weg zur einer „gleichberechtigten Teilhabe" in Führungspositionen zu beschreiten, oder eher auf vollständige Parität im Aufsichts- bzw. Verwaltungsrat verzichtet, um hierdurch den quotenbedingten Auflagen zu entgehen. Die einvernehmliche Einschränkung des Mitbestimmungsregimes im Verhandlungswege ist dabei nicht absurd,[360] sondern kommt in der Praxis gelegentlich vor.[361] Die *de lege lata* bestehende Möglichkeit zur Vermei-

---

[357] § 17 II eingef., bish. Abs. 2–4 werden Abs. 3–5 mWv 1.1.2016 durch G v. 24.4.2015 (BGBl. I S. 642).

[358] § 24 III angef. mWv 1.1.2016 durch G v. 24.4.2015 (BGBl. I S. 642).

[359] Dem zuständigen Ministerium für Familie, Senioren, Frauen und Jugend und Ministerium der Justiz und für Verbraucherschutz war dies aller Wahrscheinlichkeit nach bewusst, da sie in den „Fragen und Antworten zu dem Gesetz für die gleichberechtigte Teilhabe von Frauen und Männern in Führungspositionen – Privatwirtschaft vom 7. Juli 2015" die SE betreffend ausführen, „die Verhandlungspartner [müssten ihren Gestaltungsspielraum nutzen], um gemeinsam mit der Anteilseignerseite eine der Quotenvorgabe entsprechende geschlechtergerechte Besetzung des paritätisch mitbestimmten Aufsichts- oder Verwaltungsorgan der börsennotierten SE zu erreichen", http://www.arbeitgeber.de/www/arbeitgeber.nsf/res/FAQ-Zur-Umsetzung-der-Geschlechterquote.pdf, abgerufen am 13.3.2017.

[360] So *Jaspers* in Böttcher/Habighorst/Schulte, Umwandlungsrecht, Umwandlungsrecht der Europäischen Aktiengesellschaft Rn. 6.

[361] So etwa der Fall bei der dualistisch strukturierten Zalando SE, die mit Eintragung vom 28.4.2014 durch Verschmelzung zur Aufnahme der Zalando plc mit Sitz London/Großbritannien auf die Zalando AG mit Sitz in Berlin entstanden ist, und trotz 4000 Arbeitnehmern allein in Deutschland und insgesamt

§ 14. Verschmelzung in europäische Gesellschaftsformen § 14

dung der Quote gilt in der Literatur als bedenklich.[362] Dem ist zuzustimmen, umso mehr als dass die Vermeidungsmöglichkeit auf einer Einschränkung der Verhandlungsargumente der Arbeitnehmer beruht, die ihrerseits gegebenenfalls weder ein gesteigertes Interesse an der Geltung einer Quote in den Führungsebenen ihres Arbeitgebers aufweisen noch in sonstiger Weise zwingend dem politischen und sozialen Lager der Befürworter der Geschlechtergleichberechtigung zuzurechnen sind.

Ist der Aufsichts- bzw. Verwaltungsrat einer börsennotierten SE jedoch **184** paritätisch besetzt, so ist die Einhaltung der starren 30%-Quote bereits bei der Verschmelzungsgründung der SE zu berücksichtigen. Das erste Aufsichts- bzw. Verwaltungsorgan kann gem. Art. 40 SE-VO bzw. Art. 43 SE-VO bereits mitbestimmt sein,[363] weshalb bei der Verschmelzungsgründung einer paritätisch mitbestimmten, börsennotierten SE mit Sitz in Deutschland daher bereits in diesem Stadium die geschlechtergerechte Besetzung der Posten gemäß der **30%-Quote** zu beachten ist.[364] Die Parteien der Verhandlungen über die **Beteiligungsvereinbarung** können zudem die Gelegenheit ergreifen, die konkrete Ausgestaltung der 30%-Quote auf ihre Bedürfnisse anzupassen, etwa festzulegen, wie sie sich auf Anteilseigner- und Arbeitnehmerseite verteilen soll.[365] In diesem Fall würde die Beteiligungsvereinbarung vor dem nach Art. 9 I c) lit. iii) SE-VO lückenfüllend heranzuziehenden nationalen Aktienrecht die Frage vorrangig regeln. Insbesondere kann dadurch die Unwägbarkeit aus dem Weg geräumt werden, ob das **Widerspruchsrecht** gegen die Gesamterfüllung nach § 96 II 3 AktG auch von Anteilseigner- oder Arbeitnehmerbank einer SE ausgeübt werden darf.[366] Ohne entsprechende Regelung in der Beteiligungsvereinbarung ist **§ 96 II AktG** auch auf die neu durch Verschmelzung gegründete SE ergänzend anwendbar.[367] Dies ergibt sich schon aus dem Gleichbehandlungsgebot des Art. 10 SE-VO. In der Praxis werden der SE große Schwierigkeiten bei der Besetzung der Arbeitnehmerbank vorausgesagt, da die Mitglieder nicht nur die 30%-Quote zu erfüllen, sondern gegebenenfalls bei einer Mitbestimmung kraft Gesetz auch nach § 36 SEBG die verschiedenen Mitgliedsstaaten zu repräsentieren haben.[368] In der Konsequenz ist auch die **Nichtigkeits-**

10.000 Arbeitnehmern eine einheitlichen Aufsichtsrat aus neun Mitgliedern, davon drei Arbeitnehmervertreter bildet, https://corporate.zalando.de/de/aufsichtsrat-0#fc-125, abgerufen am 22.12.2015.

[362] *Teichmann/Rüb* BB 2015 S. 898; *Drygala* in Lutter/Hommelhoff/Teichmann, SE-Kommentar, Art. 40 SE-VO Rn. 8.

[363] *Schwarz*, SE-VO, Art. 40 Rn. 52 u. Art. 43 Rn. 104; *Reichert/Brandes* in MüKo AktG, Art. 40 SE-VO, Rn. 53.

[364] *Eberspächer* in Spindler/Stilz AktG, Art. 40 Rn. 7 u. Art. 43 SE-VO, Rn. 32; → Rn. 181.

[365] Vgl. *Teichmann/Rüb* BB 2015, 898, 904.

[366] Dafür zu Recht *Teichmann/Rüb* BB 2015 S. 898 (904); zweifelnd *Junker/ Schmidt-Pfitzner* NZG 2015 S. 929 (933); dagegen: Gesetzesbegründung BT-Drucks. 18/4227, S. 22.

[367] *Teichmann/Rüb* BB 2015 S. 898 (904).

[368] *Teichmann/Rüb* BB 2015 S. 259 (266).

§ 14 4. Teil. Grenzüberschreitende Verschmelzungen

folge der Wahl gemäß § 96 II 6 AktG auf die SE anzuwenden, so dass es auch im Aufsichts- bzw. Verwaltungsorgan der SE zu einem „leeren Stuhl" kommen kann.[369]

6. Arbeitnehmerlose Vorrats-SE

185 Seit dem Bestehen der Rechtsform der SE werden – insbesondere in Tschechien und Deutschland[370] – zahlreiche Vorrats-SE von professionellen Dienstleistern gegründet und zum Erwerb angeboten. Die Zahl der eingetragenen Vorrats-SE übersteigt dabei EU-/EWR-weit die Zahl der operativen SE.[371] Wenn ein operatives Unternehmen die Rechtsform der SE annehmen möchte, jedoch entweder die strengen Gründungsvoraussetzungen nach der SE-VO, wie etwa des Mehrstaatlichkeitserfordernis, nicht erfüllt[372] oder den mit dem organisatorischen Aufwand verbundenen Kosten und Mühen einer primären Gründung scheut,[373] steht es diesem operativen Unternehmen frei einen alternativen Weg zu wählen: Es kann sich auf eine Vorrats-SE verschmelzen.

a) Gründung der Vorrats-SE

186 Die SE-VO sieht eine Vorratsgründung nicht explizit vor, stellt sich ihr aber auch nicht vehement entgegen, da der numerus clausus der Gründungsformen immerhin die Ein-Personen-Gründung einer Tochter-SE nach Art. 3 II SE-VO als sekundäre Gründung enthält. Die Vorratsgründung einer SE in Deutschland wird nach ganz hM als zulässig angesehen.[374] Typischerweise gründet eine bereits bestehende, primär gegrün-

---

[369] Als „Rasenmäherlösung" bezeichnet von *Teichmann/Rüb* BB 2015 S. 259 (267); *Seibt* in Habersack/Drinhausen, SE-Recht, Art. 40 SE-VO Rn. 44c.

[370] Grund für diese Konzentration mag sein, dass diese Länder grundsätzlich Vorratsgesellschaften kennen und nutzen; Bericht der Kommission an das Europäische Parlament und den Rat vom 17.11.2010 über die Anwendung der Verordnung (EG) Nr. 2157/2001 des Rates vom 8.10.2001 über das Statut der Europäischen Gesellschaft (SE), S. 6.

[371] Zum Stichtag 31.12.2016 waren 2.670 SE in der EU/EWR eingetragen, davon waren 451 SE operativ tätig und beschäftigten mehr als 5 Mitarbeiter, Hans Böckler Stiftung, Statistik: SEs in Europa, Stand: 31.12.2016, http://www.boeckler.de/pdf/pb_mitbestimmung_se_2016_12.pdf, abgerufen am 10.2.2017.

[372] Der Bericht der Kommission an das Europäische Parlament und den Rat vom 17.11.2010 über die Anwendung der Verordnung (EG) Nr. 2157/2001 des Rates vom 8.10.2001 über das Statut der Europäischen Gesellschaft (SE), S. 7 nannte diesen Grund als eine Hauptursache, aufgrund derer Unternehmen in der Praxis von der Gründung einer SE absehen.

[373] Die durchschnittlichen Kosten einer originären SE-Gründung wurden (von Extremfällen abgesehen) auf 100.000 Euro bis 4.000.000 Euro geschätzt: Bericht der Kommission an das Europäische Parlament und den Rat vom 17.11.2010 über die Anwendung der Verordnung (EG) Nr. 2157/2001 des Rates vom 8.10.2001 über das Statut der Europäischen Gesellschaft (SE), S. 5.

[374] OLG Düsseldorf FGPrax 2009 S. 124 (125); *Bayer* in Lutter/Hommelhoff/Teichmann, SE-Kommentar, Art. 2 SE-VO Rn. 31; *Oechsler* in MüKo AktG, Art. 2 SE-VO, Rn. 49; *Austmann* in Münch. Hdb. GesR IV, § 84 Rn. 4.

§ 14. Verschmelzung in europäische Gesellschaftsformen § 14

dete SE eine Tochter-SE nach Art. 3 II SE-VO.[375] Diesen Vorgang kann die Mutter-SE in unbegrenzter Anzahl zur Gründung weiterer Tochter-SE wiederholen.
Die SE entsteht mit Eintragung. Gemäß Art. 12 II SE-VO kann eine **187** SE jedoch erst dann in das betreffende Register eingetragen werden, wenn ein Nachweis über die Beteiligung der Arbeitnehmer beigebracht wird. Grundsätzlich kann eine SE nicht eingetragen werden und gelangt somit nicht zur Entstehung, wenn die Beteiligung der Arbeitnehmer faktisch unmöglich ist.[376] Die Durchführung eines Arbeitnehmerbeteiligungsverfahrens ist jedoch dann entbehrlich, wenn weder die Gründungsgesellschaft(en) noch die zukünftige SE Arbeitnehmer beschäftigen, noch vorhaben solche zu beschäftigen und dies gegenüber dem Register versichern. In diesem Fall ist Art. 12 II SE-VO teleologisch zu reduzieren und es besteht kein Eintragungshindernis.[377] Aus diesem Grund beschäftigen in der Praxis weder die SE-Mutter noch die Vorrats-Töchter Arbeitnehmer.

b) Aktivierung der Vorrats-SE durch Verschmelzung

Die Verschmelzung[378] der operativen Gesellschaft auf die SE erfolgt **188** nach nationalem Umwandlungsrecht, da die SE bereits gegründet ist, die SE-VO somit keine abschließenden Regelungen für ihre weiteren Beteiligungen an umwandlungsrechtlichen Vorgängen trifft. Die Vorrats-SE ist dabei gemäß Art. 9 I c) ii) SE-VO wie eine inländische AG zu behandeln.
Die Ausnahme von der Pflicht zur Durchführung eines Arbeitnehmer- **189** beteiligungsverfahrens gemäß Art. 12 II SE-VO vor der Ersteintragung der arbeitnehmerlosen Vorrats-SE führt bei deren Aktivierung zu der Pflicht dieses nachzuholen. Hierdurch werden Bedenken[379] ausgeräumt, die Nutzung von Vorrats-SE könne im Endeffekt eine Umgehung von Beteiligungsrechten der Arbeitnehmer Vorschub leisten.[380]
Auf die wirtschaftliche Neugründung der Vorrats-SE ist nach hM **190** § 18 III SEBG analog anzuwenden.[381] Demzufolge finden auf Veranlassung der Leitung der SE oder des SE-Betriebsrats Verhandlungen über die Beteiligungsrechte der Arbeitnehmer der SE statt, wenn strukturelle Änderungen der SE geplant sind, die geeignet sind, Beteiligungsrechte

[375] http://www.worker-participation.eu/European-Company-SE/Facts-Figures, mit Stand zum 21.3.2014, abgerufen am 22.12.2015.
[376] *Forst* NZG 2009, 687.
[377] OLG Düsseldorf FGPrax 2009 S. 124 (125); AG Düsseldorf ZIP 2006 S. 287; *Forst* NZG 2009 S. 687; *Schubert* RdA 2012 S. 146.
[378] Ebenso möglich, aber nicht Thema dieses Kapitels, wäre zB die Veräußerung eines Betriebs(-teils) an die Vorrats-SE.
[379] http://www.worker-participation.eu/European-Company-SE/Latest-developments/500-active-European-Companies-SE, abgerufen am 13.3.2017.
[380] OLG Düsseldorf FGPrax 2009 S. 124 (125).
[381] OLG Düsseldorf FGPrax 2009 S. 124 (125); *Luke*, NZA 2013 S. 941 (943); *Forst* NZG 2009 S. 687 (692).

§ 14   4. Teil. Grenzüberschreitende Verschmelzungen

der Arbeitnehmer zu mindern. Die wirtschaftliche Neugründung bzw. Aktivierung einer Vorrats-SE wird dabei als ein Ereignis angesehen, welches einer solchen strukturellen Änderung vergleichbar ist. In dem Fall der Verschmelzung der operativen Gesellschaft auf die neu erworbene Vorrats-SE sind die Arbeitnehmer der operativen Gesellschaft taugliche Verhandlungspartei, da sie die „von der geplanten strukturellen Änderung betroffenen Arbeitnehmer, die bisher nicht von dem SE-Betriebsrat vertreten werden" iSd § 18 III SEBG sind.[382]

191   Das Ergebnis des Arbeitnehmerbeteiligungsverfahrens ist bei Anmeldung der Satzungsänderungen zum Handelsregister mit einzureichen, mit der die Vorrats-SE aktiviert werden soll.[383] Üblicherweise werden bei Aktivierung einer Vorratsgesellschaft zumindest der Name und der Gesellschaftszweck geändert. Anhand dieser Unterlage kann das Registergericht die ordnungsgemäße Durchführung des Verfahrens prüfen und die Eintragungen, die die wirtschaftliche Neugründung zum Gegenstand haben, vornehmen. In der Praxis ist daher auch bei Erwerb und Nutzung einer Vorrats-SE die **erforderliche Zeitspanne**, die für die Durchführung des Arbeitnehmerbeteiligungsverfahrens benötigt wird, in dem Transaktionsplan zwischen Erwerb und Eintragung vorzusehen.

IV. Erlangung der Rechtspersönlichkeit

192   Die SE erlangt ihre Rechtspersönlichkeit gemäß Art. 16 I SE-VO mit **Eintragung**. Im Überblick lässt sich das Eintragungsverfahren wie folgt darstellen: Zunächst überprüfen die von den Mitgliedstaaten zu benennenden Stellen das Verschmelzungsverfahren gemäß Art. 25 SE-VO jeweils getrennt für jede Gründungsgesellschaft hinsichtlich aller bislang durchlaufenen Verfahrensschritte und stellen eine Bescheinigung über die Rechtmäßigkeit des Verfahrens aus. Daran anschließend überprüft die am zukünftigen Satzungssitz der SE zuständige Stelle alle für die Eintragung der SE notwendigen Voraussetzungen gemäß Art. 26 SE-VO. Nach dieser **zweistufigen Rechtmäßigkeitskontrolle** erfolgt die Eintragung der SE in das Register des Sitzstaates gemäß Art. 27 SE-VO, durch welche die SE schließlich Rechtsfähigkeit erlangt. Die übertragenden Gründungsgesellschaften werden sodann gelöscht. Die Durchführung der Verschmelzung muss nach Art. 28 SE-VO schließlich nach den im jeweiligen Sitzstaat geltenden Regeln offengelegt werden.

1. Beantragung der Rechtmäßigkeitsbescheinigung – Registeranmeldung

193   Für jede Gründungsgesellschaft ist im ersten Schritt – unabhängig von der Frage, in welchem Mitgliedsstaat die SE ihren künftigen Sitz wählt – eine Rechtmäßigkeitsprüfung in ihrem eigenen Sitzstaat nach Art. 25 I SE-VO durchzuführen.

---

[382] *Forst* NZG 2009 S. 687 (691).
[383] *Forst* NZG 2009 S. 687 (691).

§ 14. Verschmelzung in europäische Gesellschaftsformen

a) Zuständige mitgliedstaatliche Stelle für die Rechtmäßigkeitsprüfung

Art. 25 II iVm 68 II SE-VO sieht vor, dass jeder Mitgliedstaat das Gericht, den Notar oder eine sonstige Behörde zu benennen hat, welche für die Rechtmäßigkeitsprüfung der Verschmelzung zuständig ist.[384] Der deutsche Gesetzgeber hat diese Aufgabe in § 4 Satz 1 SEAG iVm § 377 I FamFG dem Amtsgericht als Registergericht übertragen.[385] Über die örtliche Zuständigkeit entscheidet der Satzungssitz der deutschen Gründungsgesellschaft nach Art. 25 I SE-VO iVm § 14 AktG.[386]

194

b) Zuständige Organe

Verfahrensvorschriften für die Durchführung der Rechtsmäßigkeitskontrolle enthält die SE-VO nicht. Art. 25 I SE-VO verweist insofern jeweils auf die **nationalen umwandlungsrechtlichen Vorschriften** des Mitgliedsstaates, dessen Recht die jeweilige Gründungsgesellschaft unterliegt. Sofern auf die Gründungsgesellschaft deutsches Recht Anwendung findet, muss die Verschmelzung gemäß § 16 I UmwG durch den Vorstand der Gründungsgesellschaft bei dem für sie zuständigen Registergericht angemeldet werden.[387]

195

c) Notwendige Erklärungen

Infolge der Verweisung ins nationale Umwandlungsrecht hat der Vorstand der deutschen Gründungsgesellschaft gemäß § 16 II UmwG eine **Negativerklärung** abzugeben, dass keine Klagen gegen den Verschmelzungsbeschluss anhängig sind.[388] Insofern kann auf die Ausführungen zur innerstaatlichen Verschmelzung verwiesen werden.[389]

196

Für den Fall, dass die SE ihren Sitz im Ausland begründet, sieht § 8 SEAG vor, dass der Vorstand zudem eine Versicherung darüber abzugeben hat, dass allen Gläubigern der SE, die entsprechend § 13 I und II SEAG Anspruch auf eine **Sicherheitsleistung** haben, angemessene Sicherheit geleistet wurde.[390]

197

d) Beizufügende Unterlagen

Die der Anmeldung beizufügenden Unterlagen sind ebenfalls, soweit sich aus der SE-VO keine Besonderheiten ergeben, dem nationalen Um-

198

---
[384] Schwarz SE-VO, Vorb. Art. 25–28 Rn. 12.
[385] Bayer in Lutter/Hommelhoff/Teichmann, SE-Kommentar, Art. 25 SE-VO Rn. 10; Schäfer in MüKo AktG, Art. 12 SE-VO, Rn. 2.
[386] Bayer in Lutter/Hommelhoff/Teichmann, SE-Kommentar, Art. 25 SE-VO Rn. 10.
[387] Bayer in Lutter/Hommelhoff/Teichmann, SE-Kommentar, Art. 25 SE-VO Rn. 11; Schwarz SE-VO, Art. 25 Rn. 9, 11.
[388] Bayer in Lutter/Hommelhoff/Teichmann, SE-Kommentar, Art. 25 SE-VO Rn. 11; Marsch-Barner in Kallmeyer UmwG, Anhang Rn. 81.
[389] → § 9 Rn. 321.
[390] → § 32 Rn. 48.

§ 14   4. Teil. Grenzüberschreitende Verschmelzungen

wandlungsrecht, dh § 17 UmwG zu entnehmen.[391] Deutsche Gründungsgesellschaften müssen deshalb folgende Unterlagen einreichen: den Verschmelzungsplan, die Niederschrift des Verschmelzungsbeschlusses, die ggf. erforderlichen Genehmigungsurkunden, den Verschmelzungsbericht oder die entsprechenden Verzichtserklärungen, den Verschmelzungsprüfbericht sowie eine Schlussbilanz für den übertragenden Rechtsträger, die nicht älter als acht Monate sein darf. Sofern eine Kapitalerhöhung notwendig ist, sind dem Registergericht auch die diesbezüglichen Unterlagen zu übermitteln.

e) Inhaltskontrolle des Registergerichts – Prüfungsumfang gemäß Art. 25 I SE-VO

199   Die Prüfung des Registergerichts umfasst die formellen Voraussetzungen der Eintragung sowie die sich aus Art. 20–24 SE-VO und den nationalen umwandlungsrechtlichen Vorschriften ergebenden materiellen Eintragungsvoraussetzungen. Im Einzelnen prüft das Registergericht folgende Punkte: die Gründungsberechtigung der Gründungsgesellschaft, dh Bestehen der Gesellschaft in der Rechtsform der AG (Art. 2 I SE-VO), das Vorliegen eines den Anforderungen des Art. 20 SE-VO entsprechenden Verschmelzungsplanes, die Mitteilung des Verschmelzungsplanes und der in Art. 21 lit. a) bis e) SE-VO genannten Angaben an das Registergericht sowie deren Bekanntmachung (Art. 21 SE-VO, § 5 SE-AG iVm § 61 UmwG), die Erstellung eines Verschmelzungsberichts (Art. 18 iVm § 8 UmwG), das Vorliegen einer Sachverständigenprüfung und die Erstellung eines Prüfungsberichts (Art. 22 iVm § 9 UmwG), die Fassung des Verschmelzungsbeschlusses in ordentlich einberufener und durchgeführter Hauptversammlung (Art. 23 SE-VO) sowie das Vorliegen einer Versicherung der Vorstandsmitglieder, dass die erforderliche Sicherheitsleistung erbracht wurde (§ 8 Satz 2 SEAG).[392] Ferner prüft das deutsche Registergericht die Anzeige des Treuhänders, dass er im Besitz der bei der Verschmelzung gewährten Aktien ist (§ 71 I 2 UmwG).[393]

200   Die Anmeldung der Verschmelzung wird man in der Regel zusammen mit der Anmeldung des Kapitalerhöhungsbeschlusses und der Durchführung der Kapitalerhöhung vornehmen. Deren Prüfung und Eintragung wird folglich parallel zur Prüfung nach Art. 25 I SE-VO erfolgen.

201   Wie bei einer innerstaatlichen Verschmelzung ist es dem Registergericht verwehrt, die wirtschaftliche Zweckmäßigkeit der Verschmelzung, die Angemessenheit des Umtauschverhältnisses sowie die Höhe des Barabfindungsgebotes zu prüfen.[394]

---

[391] *Bayer* in Lutter/Hommelhoff/Teichmann, SE-Kommentar, Art. 25 SE-VO Rn. 12; *Schwarz* SE-VO, Art. 25 Rn. 9.
[392] *Bayer* in Lutter/Hommelhoff/Teichmann, SE-Kommentar, Art. 25 SE-VO Rn. 6; *Schwarz* SE-VO, Art. 25 Rn. 13.
[393] *Bayer* in Lutter/Hommelhoff, SE-Kommentar, Art. 25 SE-VO Rn. 9; *Marsch-Barner* in Kallmeyer UmwG, Anhang Rn. 83.
[394] *Bayer* in Lutter/Hommelhoff/Teichmann, SE-Kommentar, Art. 25 SE-VO Rn. 7.

§ 14. Verschmelzung in europäische Gesellschaftsformen   § 14

f) Rechtmäßigkeitsbescheinigung

Gemäß Art. 25 II SE-VO stellt das Registergericht der deutschen 202
Gründungsgesellschaft eine Bescheinigung über die Rechtmäßigkeit der
soeben genannten Verschmelzungsschritte aus. Entsprechende Bescheinigungen sind ebenfalls den übrigen Gründungsgesellschaften durch die
national zuständigen Stellen auszustellen. Nach überwiegender Ansicht
kann der Text der Bescheinigung tenorartig abgefasst werden und braucht
Tatbestand und Entscheidungsgründe nicht zu enthalten.[395] Die Anhängigkeit eines Spruchverfahren hindert die Ausstellung der Bescheinigung
nicht; die Bescheinigung hat dann aber einen entsprechenden Hinweis zu
enthalten (Art. 25 III 3 SE-VO). Bei ordnungsgemäßer Durchführung
der Gründungsschritte besteht ein **Anspruch auf Erteilung** der Bescheinigung.[396]

g) Eintragung der Verschmelzung mit Vorläufigkeitsvermerk

Nach positiv ausfallender Rechtmäßigkeitsprüfung besteht nach hM 203
kein Anspruch der Gründungsgesellschaft auf Eintragung der Verschmelzung mit einem **Vorläufigkeitsvermerk** im Handelsregister neben oder
anstatt der Erteilung der Rechtmäßigkeitsbescheinigung.[397] Art. 28 SE-VO sieht bezüglich der Offenlegung eine abschließende Regelung für die
Gründungsgesellschaften vor, die Reihenfolge des § 19 UmwG ist folglich gerade nicht anzuwenden. Auch passt ein solches Verfahren nicht in
die Konzeption der SE-VO.[398]

2. Eintragung der SE im Sitzstaat gemäß Art. 27 SE-VO und Rechtmäßigkeitskontrolle gemäß Art. 26 SE-VO

Der Eintragung der SE im Sitzstaat ist eine weitere Rechtmäßigkeits- 204
prüfung vorgeschaltet. Gemäß Art. 26 I SE-VO prüft die am Sitz der
künftigen SE zuständige Behörde die Rechtmäßigkeit der Verfahrensabschnitte, die sich auf die Durchführung der Verschmelzung und die
Gründung der SE beziehen.[399] Die Einleitung dieses Verfahrens hat
gemäß Art. 26 II SE-VO binnen einer **Frist von sechs Monaten** ab
Ausstellung der Rechtmäßigkeitsbescheinigungen der Gründungsgesellschaften zu erfolgen. Erst nach Abschluss dieser Prüfung, erfolgt die
Eintragung der SE.

---

[395] *Schwarz* SE-VO, Art. 25 Rn. 20; *Schäfer* in MüKo AktG, Art. 25 SE-VO,
Rn. 6; *Casper* in Spindler/Stilz AktG, Art 25 SE-VO Rn. 5; aA: *Bayer* in Lutter/
Hommelhoff/Teichmann, SE-Kommentar, Art. 25 SE-VO Rn. 15.
[396] *Schwarz* SE-VO, Art. 25 Rn. 23; *Schäfer* in MüKo AktG, Art. 25 SE-VO,
Rn. 3.
[397] *Schwarz* SE-VO, Art. 25 Rn. 25; *Marsch-Barner* in Kallmeyer UmwG, Anhang Rn. 84; *Bayer* in Lutter/Hommelhoff/Teichmann, SE-Kommentar, Art. 25
SE-VO Rn. 18; *Schäfer* in MüKo AktG, Art. 25 SE-VO, Rn. 10.
[398] *Bayer* in Lutter/Hommelhoff/Teichmann, SE-Kommentar, Art. 25 SE-VO
Rn. 18.
[399] *Austmann* in Münch. Hdb. GesR IV, § 84 Rn. 32.

§ 14   4. Teil. Grenzüberschreitende Verschmelzungen

a) Zuständiges Gericht

205 Wie bei der Rechtmäßigkeitskontrolle nach Art. 25 SE-VO muss jeder Mitgliedsstaat eine zuständige Behörde benennen, die die Rechtmäßigkeit der Verschmelzung hinsichtlich ihrer Durchführung sowie der Gründung der SE prüft (Art. 26 I SE-VO iVm Art. 68 II SE-VO). Für eine künftige SE mit Sitz in Deutschland ergibt sich aus § 4 SEAG, dass für die Rechtmäßigkeitsprüfung nach Art. 26 SE-VO das Amtsgericht als Registergericht am zukünftigen Satzungssitz der SE zuständig ist.[400]

b) Zuständige Organe

206 Es ist davon auszugehen, dass beim zuständigen Registergericht lediglich ein Antrag auf Eintragung der SE gestellt werden muss. Im Rahmen dieses Eintragungsverfahrens wird dann die Rechtmäßigkeitsprüfung nach Art. 26 SE-VO durchgeführt. Mangels besonderer Regelungen in der SE-VO und im SEAG stellt sich dabei die Frage, ob dieser Antrag nur durch die Vertretungsorgane aller Gründungsgesellschaften oder ob er auch zusätzlich von allen Organen der SE gestellt werden muss.[401] Die erste Ansicht stützt sich auf den direkten Verweis des Art. 26 II SE-VO auf das nationale Umwandlungsrecht und wendet mithin § 38 II UmwG unter Ausschluss des § 36 I AktG an.[402] Eine andere Ansicht will über Art. 18 SE-VO die §§ 16 und 17 UmwG anwenden und geht deshalb von der Zuständigkeit der Vertreter der übernehmenden Gründungsgesellschaft aus.[403] Nach wiederum anderer Ansicht ist über § 3 SEAG, Art. 15 SE-VO iVm § 36 AktG die Registeranmeldung bei einer dualistisch strukturierten SE durch alle Gründer, dh durch die Vertretungsorgane aller Gründungsgesellschaften, und alle Mitglieder des Vorstandes und des Aufsichtsrats der SE anzumelden. Für eine monistische SE erfolge gemäß § 21 I SEAG die Anmeldung durch alle Vertretungsorgane der Gründungsgesellschaften sowie die Verwaltungsratsmitglieder und die geschäftsführenden Direktoren.[404] Letzterer Meinung ist aus Gründen der Rechtssicherheit und der Praktikabilität der Vorzug zu geben, da die Vertretungsorgane der einzutragenden SE ohnehin die nachstehenden Erklärungen abzugeben haben.

---

[400] *Bayer* in Lutter/Hommelhoff/Teichmann, SE-Kommentar, Art. 26 SE-VO Rn. 5; *Schwarz* SE-VO, Art. 26 Rn. 4; *Schäfer* in MüKo AktG, Art. 26 SE-VO, Rn. 4.
[401] *Bayer* in Lutter/Hommelhoff/Teichmann, SE-Kommentar, Art. 26 SE-VO Rn. 8.
[402] *Bayer* in Lutter/Hommelhoff/Teichmann, SE-Kommentar, Art. 26 SE-VO Rn. 8.
[403] *Heckschen* in *Widmann/Mayer*, Umwandlungsrecht, Anhang 14 Rn. 256.
[404] *Schwarz* SE-VO, Art. 12 Rn. 12; *Austmann* in Münch. Hdb. GesR IV, § 84 Rn. 32.

§ 14 Verschmelzung in europäische Gesellschaftsformen § 14

c) Erklärungen

Bei einer SE mit monistischer Struktur müssen die geschäftsführenden 207
Direktoren versichern, dass keine Umstände vorliegen, die ihrer Bestellung nach § 40 I 4 SEAG entgegenstehen und dass sie über ihre unbeschränkte Auskunftspflicht gegenüber dem Gericht belehrt worden sind. Zudem haben sie anzugeben, welche Vertretungsbefugnis ihnen zusteht (§ 21 II SEAG).

Bei einer SE mit dualistischer Struktur erfolgen diese Erklärungen nach 208
den entsprechenden Regeln des Aktienrechts.

d) Beizufügende Unterlagen

Dem Antrag sind folgende Unterlagen beizufügen: Rechtmäßigkeits- 209
bestätigungen gemäß Art. 25 II SE-VO, die nicht älter als sechs Monate sein dürfen (Art. 26 II SE-VO), die Ausfertigung des bzw. der Verschmelzungspläne, damit die zuständige Stelle deren inhaltliche Übereinstimmung prüfen kann, sowie die Beteiligungsvereinbarung, die über die Arbeitnehmerbeteiligung geschlossen wurde (Art. 26 III SE-VO).[405]

e) Prüfungsumfang

Das Registergericht darf die Tatbestände, die Gegenstand der Beschei- 210
nigung nach Art. 25 II SE-VO sind, nicht erneut prüfen. Teilweise wird in diesem Zusammenhang angenommen, dass bei **evidenten Mängeln** im ersten Verfahrensabschnitt die Eintragung verweigert werden darf.[406]

Geprüft wird gemäß Art. 26 III SE-VO, ob die Gesellschaften einem 211
gleich lautenden Verschmelzungsplan zugestimmt haben. Der Prüfungsumfang erstreckt sich nicht noch einmal auf die Rechtmäßigkeit des Verschmelzungsplanes.

Die zuständige Stelle hat festzustellen, dass das Verfahren der Arbeit- 212
nehmerbeteiligung gemäß Art. 12 II, 26 III SE-VO abgeschlossen wurde. Dessen Abschluss kann entweder durch die Vorlage der Beteiligungsvereinbarung mit den Arbeitnehmern oder durch die Erklärung der Anwendbarkeit der Auffanglösung nachgewiesen werden.[407] Die zuständige Stelle hat in diesem Zusammenhang die Satzung dahingehend zu überprüfen, ob sie in Einklang mit den Regelungen über die Arbeitnehmerbeteiligung steht, wie von Art. 12 IV SE-VO verlangt. In den Ausnahmefällen, in denen kein Arbeitnehmerbeteiligungsverfahren durchzuführen ist, ist die Versicherung abzugeben, dass weder die Gründungsgesellschaften noch die zukünftige SE eine ausreichende Anzahl von Arbeitnehmern beschäftigen oder in absehbarer Zeit beschäftigen werden.

---

[405] *Austmann* in Münch. Hdb. GesR IV, § 84 Rn. 32; *Schäfer* in MüKo AktG, Art. 26 SE-VO, Rn. 8.
[406] *Austmann* in Münch. Hdb. GesR IV, § 84 Rn. 32; *Schwarz* SE-VO, Art. 26 Rn. 11.
[407] *Bayer* in Lutter/Hommelhoff/Teichmann, SE-Kommentar, Art. 26 SE-VO Rn. 12.

§ 14   4. Teil. Grenzüberschreitende Verschmelzungen

213 Ferner hat die zuständige Stelle noch einmal zu prüfen, ob das Mehrstaatlichkeitskriterium des Art. 2 I SE-VO erfüllt ist.⁴⁰⁸

214 Schließlich muss von der zuständigen Stelle gemäß Art. 26 IV iVm Art. 15 I SE-VO kontrolliert werden, ob die nationalen gesetzlichen Anforderungen, die für Aktiengesellschaften im Sitzstaat gelten, eingehalten werden, sofern diese nicht durch Sondervorschriften in der SE-VO verdrängt werden. Zu den formellen und materiellen Eintragungsvoraussetzungen gehört deshalb auch die Gesetzesmäßigkeit der Satzung.⁴⁰⁹ Der Prüfungsumfang ergibt sich insoweit für eine SE mit dualistischer Struktur aus § 38 AktG und für eine monistisch strukturierte SE aus der modifizierenden Regelung in § 21 SEAG.⁴¹⁰

f) Eintragung der SE, Art. 27 SE-VO iVm Art. 12 SE-VO

215 Nach Abschluss der Rechtmäßigkeitsprüfung gemäß Art. 26 SE-VO erfolgt die Eintragung der SE im Register des Sitzstaates (Art. 27 SE-VO iVm Art. 12 SE-VO). Die Registereintragung nach Art. 27 I SE-VO hat konstitutive Wirkung, da erst hierdurch die SE gemäß Art. 16 I SE-VO Rechtspersönlichkeit erlangt. Durch diese Regelung wird sichergestellt, dass keine sich unter Umständen widersprechenden nationalen Bestimmungen über den Entstehungszeitpunkt der SE entscheiden. Zeitgleich mit der Gründung der SE wird die Verschmelzung wirksam.

216 Hinsichtlich des Eintragungsverfahrens wird in Art. 27 I SE-VO auf die allgemeinen Vorschriften zur Eintragung einer SE nach Art. 12 I SE-VO verwiesen. Danach ist die SE in ihrem Sitzstaat in ein nach dem Recht dieses Staates bestimmtes Register einzutragen. Die Eintragung einer SE in Deutschland erfolgt im Handelsregister (§ 3 SEAG). In § 3 SEAG wurde durch den deutschen Gesetzgeber für das Eintragungsverfahren auf das nationale Aktienrecht verwiesen, sodass sich die Eintragung nach § 36 ff. AktG richtet. Diese „reine" Anwendung des nationalen Aktiengesetzes gilt jedoch nur bei einem dualistischen Verwaltungssystem der SE. Sofern diese eine monistische Struktur aufweist, werden die aktienrechtlichen Normen durch § 21 SEAG ergänzt.⁴¹¹

3. Offenlegung der Verschmelzung gemäß Art. 28 SE-VO sowie der Eintragung der SE gemäß Art. 15 II iVm Art. 13 SE-VO

a) Offenlegung der Eintragung der SE

217 Nach Art. 15 II iVm Art. 13 SE-VO ist die Eintragung der SE offen zu legen. Für eine SE mit Sitz in Deutschland richtet sich dies nach § 10 HGB, § 40 AktG. Ferner ist gemäß Art. 14 I SE-VO eine Bekannt-

---

⁴⁰⁸ *Bayer* in Lutter/Hommelhoff/Teichmann, SE-Kommentar, Art. 26 SE-VO Rn. 14; *Schäfer* in MüKo AktG, Art. 26 SE-VO, Rn. 12.
⁴⁰⁹ *Schwarz* SE-VO, Art. 26 Rn. 18; *Bayer* in Lutter/Hommelhoff/Teichmann, SE-Kommentar, Art. 26 SE-VO Rn. 17.
⁴¹⁰ *Schwarz* SE-VO, Art. 26 Rn. 13.
⁴¹¹ *Kleindiek* in Lutter/Hommelhoff/Teichmann, SE-Kommentar, Art. 12 SE-VO Rn. 3.

§ 14. Verschmelzung in europäische Gesellschaftsformen § 14

machung im Amtsblatt der Europäischen Gemeinschaft nötig, der jedoch keine rechtliche Wirkung zukommt.[412]

b) Offenlegung der Verschmelzung

Gemäß Art. 28 SE-VO muss die Durchführung der Verschmelzung 218 zudem auf Seiten jeder der beteiligten Gesellschaften offengelegt werden. Diese Offenlegung darf nicht mit der Offenlegung der Eintragung der SE verwechselt werden, die gemäß Art. 27 I, Art. 12 SE-VO zu erfolgen hat.[413] Das Offenlegungsverfahren der Gründungsgesellschaften gemäß Art. 28 SE-VO findet zeitlich typischerweise nach Eintragung der SE statt und wird von der SE betrieben. Dieser Offenlegung kommt rein **deklaratorischer Charakter** zu.[414]

4. Rechtswirkungen der Eintragung

a) Vollzug der Verschmelzung

Wie im deutschen Umwandlungsgesetz tritt der Vollzug der Ver- 219 schmelzung mit der Eintragung der Verschmelzung, genauer gesagt mit der Eintragung der SE im Register ihres Sitzstaates ein.[415] Die Rechtswirkungen der Verschmelzung durch Aufnahme werden explizit in Art. 29 I SE-VO genannt. Wie im nationalen Recht (§ 20 I Nr. 1 UmwG) geht danach das gesamte Aktiv- und Passivvermögen der übertragenden Gesellschaft auf die übernehmende Gesellschaft über, die übertragene Gesellschaft erlischt infolgedessen ohne Abwicklung. Die Aktionäre der übertragenden Gesellschaft werden *ipso iure* Aktionäre der übernehmenden Gesellschaft, dh es ist weder die Übergabe von Aktienzertifikaten noch eine sonstige Willenserklärung erforderlich.[416] Als Besonderheit findet zusätzlich – ebenfalls *ipso iure* – ein Formwechsel der aufnehmenden Gesellschaft in die Rechtform der SE statt.

Als problematisch wird empfunden, dass es keine dem § 20 I Nr. 3 220 Satz 2 UmwG entsprechende Regelung gibt, nach welcher Rechte Dritter an Aktien einer der Gründungsgesellschaften sich an den von der SE erworbenen Aktien fortsetzen.[417] Insofern wird vertreten, dass der Fortbestand des Rechts nur möglich ist, wenn dies über die Anwendung

---

[412] *Schwarz* SE-VO, Art. 14 Rn. 12; *Schäfer* in MüKo AktG, Art. 14 SE-VO, Rn. 3 f.
[413] *Bayer* in Lutter/Hommelhoff/Teichmann, SE-Kommentar, Art. 28 SE-VO Rn. 1; *Schäfer* in MüKo AktG, Art. 28 SE-VO, Rn. 1.
[414] *Bayer* in Lutter/Hommelhoff/Teichmann, SE-Kommentar, Art. 28 SE-VO Rn. 2, *Schwarz* SE-VO, Art. 28 Rn. 1; *Schäfer* in MüKo AktG Art. 28 SE-VO Rn. 2.
[415] *Bayer* in Lutter/Hommelhoff/Teichmann, SE-Kommentar, Art. 27 SE-VO Rn. 1; *Schäfer* in MuKo AktG Art. 29 SE-VO Rn. 1 f.
[416] *Schwarz* SE-VO, Art. 29 Rn. 19; *Jaspers* in Böttcher/Habighorst/Schulte, Umwandlungsrecht, Umwandlungsrecht der Europäischen Aktiengesellschaft Rn. 98.
[417] *Bayer* in Lutter/Hommelhoff/Teichmann, SE-Kommentar, Art. 29 SE-VO Rn. 9.

§ 14   4. Teil. Grenzüberschreitende Verschmelzungen

nationalen Rechts gewährt wird, welches etwa bei einer SE mit Sitz in Deutschland der Fall wäre.[418] Sofern eine entsprechende Vorschrift in einem ausländischen Sitzstaat nicht gegeben ist, würde dies jedoch dazu führen dass eine dingliche Surrogation nicht gegeben ist.

221   Art. 29 III SE-VO behandelt die Drittwirkung der Übertragung bestimmter von den sich verschmelzenden Gesellschaften eingebrachter Vermögensgegenstände, Rechte und Verbindlichkeiten. Die Vorschrift regelt jedoch nicht die materielle Berechtigung, sondern nur die Möglichkeit, den Rechtsübergang Dritten entgegenhalten zu können.[419] Bezogen auf Deutschland ergibt sich daraus vor allem die Notwendigkeit der Grundbuchberichtigung nach vollzogener Verschmelzung (§ 894 BGB, § 22 GBO) sowie der Vorlage der steuerrechtlichen Unbedenklichkeitsbescheinigungen beim Grundbuchamt nach § 22 GrEStG.[420]

222   In Art. 29 IV SE-VO ist schließlich der Betriebsübergang geregelt. Zwar gehen die arbeitsrechtlichen Beziehungen bereits im Zuge der Gesamtrechtsnachfolge über. Davon werden aber nicht zwangsläufig die bestehenden kollektivrechtlichen Vereinbarungen wie etwa Tarifverträge erfasst. Deren Übergang wird durch diese Vorschrift sichergestellt. Es werden alle einzelstaatlichen Rechtsvorschriften erfasst. Das soll auch für bestehende betriebliche Übungen gelten.[421]

b) *Bestandsschutz*

223   Ist die SE erst einmal im betreffenden Register eingetragen, so ordnet Art. 30 SE-VO insoweit einen weitreichenden **Bestandsschutz** an,[422] als dass eine Verschmelzung gemäß Art. 30 Satz 1 SE-VO nach der Eintragung der SE nicht mehr für nichtig erklärt werden kann. Damit wird den rechtlichen, wirtschaftlichen und tatsächlichen Schwierigkeiten Rechnung getragen, die bei einer **Rückabwicklung** der Verschmelzung und nicht zuletzt der Rückübertragung einzelner Vermögensgegenstände auftreten würden.[423] Die **Entschmelzung** einer SE in ihre Gründungsgesellschaften kann daher weder *ex tunc* noch *ex nunc* angeordnet werden.[424] Eine **Heilung** von (Verfahrens-)Mängeln der Verschmelzung ordnet Art. 30 SE-VO jedoch gerade nicht an.

---

[418] *Schäfer* in MüKo AktG, Art. 29 Rn. 5; *Vossius* in Widmann/Mayer, Umwandlungsrecht, § 20 Rn. 417 ff.
[419] *Bayer* in Lutter/Hommelhoff/Teichmann, SE-Kommentar, Art. 29 SE-VO Rn. 12.
[420] *Schwarz* SE-VO, Art. 29 Rn. 9; *Vossius* in Widmann/Mayer, Umwandlungsrecht, § 20 Rn. 407 f.
[421] *Schwarz* SE-VO, Art. 29 Rn. 15; *Schäfer* in MüKo AktG, Art. 29 SE-VO Rn. 11.
[422] *Bayer* in Lutter/Hommelhoff/Teichmann, SE-Kommentar, Art. 30 SE-VO Rn. 1; *Marsch-Barner* in Habersack/Drinhausen, Art. 30 SE-VO, Rn. 1; *Casper* in Spindler/Stilz AktG, § 2 SE-VO Rn. 1.
[423] *Bayer* in Lutter/Hommelhoff/Teichmann, SE-Kommentar, Art. 30 SE-VO Rn. 1.
[424] *Marsch-Barner* in Habersack/Drinhausen, Art. 30 SE-VO Rn. 1; *Casper* in Spindler/Stilz AktG, § 2 SE-VO Rn. 1.

§ 14. Verschmelzung in europäische Gesellschaftsformen § 14

Die **Auflösung** der SE *ex nunc* ist nach Art. 30 Satz 2 SE-VO allein in einem einzigen Fall möglich, nämlich wenn eine Rechtmäßigkeitskontrolle gemäß Art. 25 und 26 SE-VO fehlte.[425] Da der Anwendungsbereich dieser Vorschrift ohnehin restriktiv ist, geht die hM davon aus, dass es ausreicht, wenn entweder die Rechtmäßigkeitskontrolle nach Art. 25 SE-VO oder diejenige nach Art. 26 SE-VO fehlt, da es zu einem gleichzeitigen Ausfall beider von unterschiedlichen Registern vorzunehmenden Kontrollen in der Praxis wohl niemals kommen würde.[426] Auch des vollständigen Fehlens einer der beiden Kontrollen bedarf es nicht, ausreichend ist, dass eine der Kontrollen derart **gravierende Mängel** aufweist, dass trotz eines irgendwie gearteten Tätigwerdens des Registergerichts von einer eigentlichen Kontrolle iSd Art. 25 oder Art. 26 SE-VO nicht mehr gesprochen werden kann.[427] Art. 30 SE-VO ist darüber hinaus jedoch **abschließend** und lässt die Anwendung weiterer Auflösungsgründe nach nationalem Recht nicht zu.[428] Nach hM lässt sich aus der Verwendung der Formulierung „kann" des Art. 30 Satz 2 SE-VO **kein Ermessen des Registergerichts** bezüglich der Auflösung der SE herleiten.[429] Die Formulierung des Art. 30 Satz 2 SE-VO wird darüber hinaus unterschiedlich interpretiert: Zum einen wird in der Verwendung des Hilfsverbs „kann" eine **Ermächtigung** an den nationalen Gesetzgeber gesehen, die Auflösung der SE in den Fällen des Art. 30 Satz 2 SE-VO national auszugestalten,[430] zum anderen wird dies als **Verweis** auf die Auflösung einer SE nach Art. 63 SE-VO interpretiert,[431] der wiederum auf die EuInsVO und das darüber anwendbare nationale Recht verweist, nach welchem ein grundsätzlicher Auflösungstatbestand in gleichgelagerten Fällen für Aktiengesellschaften bestehen könnte. Beide Auffassungen kommen – wenn auch auf unterschiedlichem Wege – zu dem Ergebnis, dass die Bedeutung des Art. 30 Satz 2 SE-VO *de lege lata* gänzlich entfällt, sofern deutsches Recht anwendbar ist, da eine diesbezügliche nationale Regelung derzeit nicht existiert.[432] Einwendungen gegen die Rechtmäßigkeit der Verschmelzung sind zur wirkungsvollen Verhinderung derselben somit vor der Eintragung durchzusetzen, um eine **(faktische) Registersperre** zu erwirken.[433] Nach Eintragung kann lediglich ein

224

---

[425] *Bayer* in Lutter/Hommelhoff/Teichmann, SE-Kommentar, Art. 30 SE-VO Rn. 6 ff.; *Marsch-Barner* in Habersack/Drinhausen, Art. 30 SE-VO Rn. 4; *Schäfer* in MüKo AktG, Art. 30 SE-VO Rn. 6.
[426] *Bayer* in Lutter/Hommelhoff/Teichmann, SE-Kommentar, Art. 30 SE-VO Rn. 5; *Marsch-Barner* in Habersack/Drinhausen, Art. 30 SE-VO Rn. 5; *Schäfer* in MüKo AktG, Art. 30 SE-VO Rn. 7.
[427] *Marsch-Barner* in Habersack/Drinhausen, Art. 30 SE-VO Rn. 4.
[428] *Casper* in Spindler/Stilz AktG, Art 2 SE-VO Rn. 4.
[429] *Marsch-Barner* in Habersack/Drinhausen, Art. 30 SE-VO Rn. 7.
[430] *Schäfer* in MüKo AktG, Art. 30 SE-VO Rn. 7.
[431] *Bayer* in Lutter/Hommelhoff/Teichmann, SE-Kommentar, Art. 30 SE-VO Rn. 7; *Marsch-Barner* in Habersack/Drinhausen, Art. 30 SE-VO, Rn. 6.
[432] *Bayer* in Lutter/Hommelhoff/Teichmann, SE-Kommentar, Art. 30 SE-VO Rn. 7; *Marsch-Barner* in Habersack/Drinhausen, Art. 30 SE-VO Rn. 7; *Bachmann* in Habersack/Drinhausen, Art. 63 SE-VO Rn. 14.

§ 14   4. Teil. Grenzüberschreitende Verschmelzungen

Schadensersatz in Geld bestehen, nicht jedoch ein Anspruch auf Rückabwicklung der Verschmelzung im Wege der Naturalrestitution. Eine weitere rechtsfortbildende Auffassung geht davon aus, dass die Auflösung der SE in Betracht kommt, wenn einerseits wenigstens ein Abschnitt der Gründungsprüfung fehlt und zudem mindestens ein Verschmelzungsbeschluss mangelhaft ist.[434]

225   Neben Art. 30 SE-VO können über Art. 15 I SE-VO die Heilungsvorschriften des anwendbaren nationalen Rechts Anwendung finden. In Bezug auf deutsches Recht wird nach hM § 20 I Nr. 4 UmwG zur Heilung von Formmängeln durch Eintragung herangezogen.[435] Hier wird zum Teil angenommen, dass auch bei einer Heilung nach nationalem Recht etwaige Schadensersatzansprüche in Geld aufgrund von Mängeln bei der Verschmelzung bestehen bleiben.[436] Die Anwendung von § 20 II UmwG ist hingegen verwehrt, da der hierin geregelte Themenbereich in Art. 30 SE-VO abschließend behandelt wird, in dem Bestandskraft aber eben keine Heilung angeordnet wird und kein Raum für einen Rückgriff auf nationales Recht bleibt.[437]

V. Verschmelzung in eine Europäische Genossenschaft (SCE)

1. Überblick

a) Aktuelle gesellschaftsrechtliche Bedeutung der SCE

226   Bislang wurden in Deutschland **13 SCE** eingetragen, darunter acht mit beschränkter Haftung gemäß Art. 1 II 4. Im Verhältnis zu ihrer kurzen Existenz von zehn Jahren und im Vergleich zu der Zahl von 8738 im Genossenschaftsregister eingetragenen deutschen Genossenschaften ist diese Rechtsform damit zwar äußerst selten, aber keinesfalls obsolet.

b) Rechtlicher Rahmen

227   Durch die Verordnung (EG) Nr. 1435/2003 des Rates vom 22.7.2003 über das Statut der Europäischen Genossenschaft (SCE-VO) wurde als weitere europäische Gesellschaftsform die europäische Genossenschaft (Societas Cooperativa Europaea – SCE) eingeführt. Der Erlass dieser Verordnung war erforderlich, da die Regeln über die SE sowie die Regeln über die EWIV nicht den Besonderheiten der genossenschaftlichen Tätigkeit genügen.[438]

---

[433] *Bayer* in Lutter/Hommelhoff/Teichmann, SE-Kommentar, Art. 25 SE-VO Rn. 11; *Casper* in Spindler/Stilz AktG, Art 2 SE-VO Rn. 5.
[434] *Schäfer* in MüKo AktG, Art. 30 SE-VO Rn. 7; *Casper* in Spindler/Stilz AktG, Art 2 SE-VO Rn. 3; ablehnend *Bayer* in Lutter/Hommelhoff/Teichmann, SE-Kommentar, Art. 30 SE-VO Rn. 7.
[435] *Bayer* in Lutter/Hommelhoff/Teichmann, SE-Kommentar, Art. 30 SE-VO Rn. 5; *Schwarz* SE-VO, Art. 30 Rn. 6; *Schäfer* in MüKo AktG, Art. 30 SE-VO, Rn. 5; *Marsch-Barner* in Habersack/Drinhausen, Art. 30 SE-VO, Rn. 3.
[436] *Marsch-Barner* in Habersack/Drinhausen, Art. 30 SE-VO, Rn. 3.
[437] *Schäfer* in MüKo AktG, Art. 30 SE-VO Rn. 5.

§ 14. Verschmelzung in europäische Gesellschaftsformen § 14

Flankierend trat in Deutschland am 14.8.2006 ein Gesetz zur Ausführung der Verordnung (EG) Nr. 1435/2003 des Rates vom 22.7.2003 über das Statut der Europäischen Genossenschaft (SCE-Ausführungsgesetz – SCEAG) in Kraft. Im Hinblick auf die Beteiligung der Arbeitnehmer in einer SCE ist die Richtlinie 2003/72/EG des Rates vom 22.7.2003 zur Ergänzung des Status der Europäischen Genossenschaft hinsichtlich der Beteiligung der Arbeitnehmer ergangen. Diese wurde durch das Gesetz über die Beteiligung der Arbeitnehmer und Arbeitnehmerinnen in einer Europäischen Genossenschaft (SCE-Beteiligungsgesetz – SCEBG) in nationales Recht umgesetzt. 228

Die SCE-VO sowie die ergänzend anwendbaren Gesetze ähneln in Aufbau und Inhalt in beträchtlichem Umfang dem rechtlichen Rahmen der SE. Zum Teil finden sich in beiden Normtexten wortgleiche Formulierungen. 229

c) *Eckdaten der SCE*

Hauptzweck einer SCE ist es, den Bedarf ihrer Mitglieder zu decken und/oder deren wirtschaftliche und/oder soziale Tätigkeit zu fördern (Art. 1 III SCE-VO). Die SCE ist im Gegensatz zur SE keine Kapitalgesellschaft. Insofern bestehen zum Teil wesentliche Unterschiede zur SE. Diese sind vornehmlich der Vorrang der Person vor dem Kapital, die Beitrittsfreiheit, die demokratische Führungsstruktur, das Prinzip „eine Person, eine Stimme", die Persönlichkeitsentfaltung der Mitglieder oder die Förderung des Allgemeininteresses, die Unteilbarkeit der Rücklagen und der Übergang der Vermögenswerte bei Liquidation auf verwandte Organisationen.[439] 230

Die SCE besitzt nach Art. 1 V SCE-VO Rechtspersönlichkeit. Ihr Mindestkapital beträgt nach Art. 3 II SCE-VO 30.000 Euro. Bezüglich der Verwaltung ist durch die SCE-VO ein Wahlrecht zwischen dualistischem oder monistischem System eröffnet. Dies entspricht der Rechtslage bei der SE.[440] 231

d) *Gründungsvarianten*

Die Gründung einer SCE ist in Art. 2 SCE-VO geregelt. Dieser entspricht teilweise der Regelung des Art. 2 SE-VO. Eine Abweichung besteht indes darin, dass die SCE auch durch natürliche und juristische Personen als Gesellschafter gegründet werden kann. Im Übrigen ist auch eine Gründung durch Verschmelzung und Umwandlung möglich. 232
Ebenso wie bei der SE ist entscheidendes Gründungskriterium stets die Mehrstaatlichkeit. 233

---

[438] Erwägungspunkt Nr. 4 und 5 SCE-VO.
[439] *Schwarz* SE-VO, Einl. Rn. 24.
[440] *Hirte* DStR 2007 S. 2216.

Sagasser/Clasen 1067

§ 14   4. Teil. Grenzüberschreitende Verschmelzungen

2. *Die Verschmelzung zur SCE*

234   Im Hinblick auf das Verfahren der Verschmelzung finden sich die maßgeblichen Regelungen in Art. 19 ff. SCE-VO. Das Verfahren läuft in gleicher Weise wie bei einer Verschmelzung zur SE ab. Insofern kann auf die dort gemachten Ausführungen verwiesen werden, da zum Teil die Vorschriften der SE-VO wörtlich in die SCE-VO übernommen wurden. Im Folgenden werden daher nur die von der SE-Verschmelzung abweichenden Regelungen dargestellt.

a) Verschmelzungsplan

235   Art. 22 und Art. 23 SCE-VO statuieren eine Pflicht zur Erstellung des Verschmelzungsplans.
236   Art. 22 SCE-VO entspricht im Wesentlichen der Regelung des Art. 20 SE-VO. Es bedarf lediglich weiterer Angaben im Verschmelzungsplan, die sich aus dem Rechtscharakter der SCE ergeben. Nach Art. 22 I lit. b) SCE-VO bedarf es – wie auch bei der SE – der Angabe des Umtauschverhältnis der Geschäftsanteile und gegebenenfalls der Höhe der baren Zuzahlungen. In Ermangelung von Geschäftsanteilen hat der Verschmelzungsplan diesbezüglich aber eine genaue Aufteilung der Anteile des Vermögens und seines Gegenwerts in Geschäftsanteilen zu enthalten.
237   Nach Art. 22 I lit. f) SCE-VO ist zusätzlich die Angabe der Besonderheiten oder Vorteile von Schuldverschreibungen und von Wertpapieren, die keine Geschäftsanteile sind, und die gemäß Art. 66 SCE-VO nicht die Mitgliedschaft verleihen, erforderlich. Zudem sieht Art. 22 I lit. h) SCE-VO die Angabe vor, welche Vorkehrungen für den Schutz der Rechte der Gläubiger der sich verschmelzenden Genossenschaften getroffen wurden.[441]

b) Bekanntmachung des Verschmelzungsplans

238   Art. 24 II SCE-VO sieht ähnlich Art. 21 SE-VO Bekanntmachungspflichten für die Genossenschaften vor. Art. 24 I SCE-VO fordert die Bekanntmachung des Plans nach den Anforderungen des jeweiligen Rechts, dem die sich verschmelzenden Genossenschaften unterliegen.[442]
239   Zudem ist nach Art. 24 II lit. f) SCE-VO auch eine Bekanntmachung der Bedingungen nötig, unter denen gemäß Art. 31 SCE-VO die Verschmelzung wirksam wird.

c) Informationsrechte

240   Art. 25 SCE-VO sieht umfassende Informationsrechte für die Mitglieder der SCE vor. Eine solche Regelung findet sich in der SE-VO nicht.

---

[441] *Schöpflin* in Kölner Kommentar zum UmwG, § 79 Rn. 42.
[442] *Schwarz* SE-VO, Art. 21 Rn. 5.

3. Arbeitnehmerbeteiligung in der SCE

Auch im Hinblick auf die Beteiligung der Arbeitnehmer bei der Verschmelzung zur SCE orientieren sich die Regelungsstruktur und die Ausgestaltung der Richtlinie und des SCEBG an den Vorschriften, die bei der SE gelten. Insbesondere die Grundprinzipien des Vorrangs der Verhandlungslösung vor den gesetzlichen Auffangregeln finden bei der Arbeitnehmerbeteiligung in der SCE ebenfalls Anwendung.[443] Der Verfahrensablauf der Arbeitnehmerbeteiligung entspricht dabei dem bei der SE geschilderten Verfahrensgang. Es kann insofern auf die dort erfolgten Ausführungen verwiesen werden.

241

VI. Fall und Musterformulierungen

Fall: (Verschmelzung einer ausländischen Aktiengesellschaft auf eine deutsche Aktiengesellschaft durch Aufnahme zur europäischen Aktiengesellschaft (SE))

Die französische F-SA soll auf die deutsche D-AG grenzüberschreitend zu der europäischen Aktiengesellschaft D-SE mit Sitz in Deutschland verschmolzen werden.

242

Hierzu folgende Muster:
- Verschmelzungsplan, Rn. 242 A
- Zustimmungsbeschluss, Kapitalerhöhungsbeschluss und Satzungsänderung der übernehmenden Gesellschaft, Rn. 242 B
- Handelsregisteranmeldung der übernehmenden Gesellschaft, Rn. 242 C
- Verschmelzungsbericht, Rn. 242 D

---

[443] *Kisker* RdA 2006 S. 208.

Verschmelzungsplan[444] **für eine Verschmelzung einer ausländischen Aktiengesellschaft – hier einer *Société Anonyme* (französische Aktiengesellschaft) – auf eine deutsche Aktiengesellschaft zu einer Europäischen Aktiengesellschaft durch Aufnahme, Art. 2 Abs. 1, Art. 17 II lit. a SE-VO i. V. m. §§ 4 ff. UmwG und Art. L. 229–1 ff. des französischen Handelsgesetzbuches (*Code de Commerce*)**[445]

242 A UR. Nr. ..... für ....[446]
verhandelt
zu Musterort am ......
vor mir, ...
Notar

für den Oberlandesgerichtsbezirk Musterort mit dem Amtssitz in Musterort, erschienen, ausgewiesen durch Vorlage ihrer amtlichen Lichtbildausweise:
1. A
2. B
3. C
hier handelnd als gemeinsam vertretungsberechtigte Vorstandsmitglieder der D-AG mit Sitz in Musterort.

Der amtierende Notar hat sich durch heutige Einsichtnahme in das elektronische Handelsregister des Amtsgerichts Musterort HR B 123 überzeugt, dass dort die D-AG mit Sitz in Musterort eingetragen ist und A, B und C als gemeinsam vertretungsberechtigte Vorstandsmitglieder zur Vertretung der D-AG berechtigt sind.

4. F
handelnd als alleinvertretungsberechtigter Generaldirektor (*Directeur Général*) der F-SA mit Sitz in Paris, eingetragen im französischen Handels- und Gesellschaftenregister (*Registre du Commerce et des Sociétés*) von Paris, unter der Registrierungsnummer RCS 123 345 678, der zur Unterzeichung dieses Verschmelzungsplanes vom Verwaltungsrat (*Conseil d'Administration*) ermächtigt wurde.

---

[444] Die Leitungs- oder Verwaltungsorgane der verschmelzenden Gesellschaften müssen einen gemeinsamen Verschmelzungsplan aufstellen, wobei es sich jedoch nicht um ein einziges Dokument handeln muss (→ Rn. 35). Hier wurde die Variante eines einzigen Dokuments gewählt. Zu den Anforderungen an die Form und die verwandte Sprache → Rn. 38 f.

[445] Aufgrund des grenzüberschreitenden Sachverhalts ist im Rahmen der Aufstellung des Verschmelzungsplanes auch die ausländische Rechtsordnung zu beachten, welcher die an der Verschmelzung beteiligte ausländische Aktiengesellschaft unterliegt.

[446] Da eine deutsche Aktiengesellschaft an der Verschmelzung beteiligt ist, bedarf der Verschmelzungsplan der notariellen Beurkundung (→ Rn. 38).

§ 14. Verschmelzung in europäische Gesellschaftsformen § 14

Dem amtierenden Notar lag bei der heutigen Beurkundung ein Auszug vom (Datum) aus dem französischen Handels- und Gesellschaftenregister von Paris mit der Registrierungsnummer RCS 123 345 678, sowie dessen beglaubigter Übersetzung mit Bestätigungsvermerk eines französischen Notars vor, aus dem sich ergibt, dass F alleinvertretungsberechtigt ist.[447]

Die Erschienenen, handelnd wie angegeben, erklärten:

I. Verschmelzungsplan

A, B und C als gemeinsam vertretungsberechtigte Vorstandsmitglieder der D-AG einerseits und F als alleinvertretungsberechtigter Generaldirektor der F-SA andererseits stellen gemeinsam folgenden Verschmelzungsplan auf:

§ 1
Rechtsverhältnisse, Vorbemerkung

1. Die D-AG ist eine Gesellschaft in der Rechtsform der Aktiengesellschaft, errichtet nach dem Recht der Bundesrepublik Deutschland. Sie hat ihren Satzungssitz in Musterort und ist eingetragen im Handelsregister des Amtsgerichts Musterort unter HR B 123. Ihr Grundkapital beträgt € .... und ist eingeteilt in .... Aktien mit einem Nennbetrag von € ....
2. Die F-SA ist eine Gesellschaft in der Rechtsform der Société Anonyme (französische Aktiengesellschaft), errichtet nach französischem Recht. Sie hat ihren Satzungssitz in Paris und ist eingetragen im französischen Handels- und Gesellschaftenregister von Paris unter der Registrierungsnummer 123 456 789. Das Kapital der F-SA beträgt ausweislich des vorgelegten Auszugs aus dem französischen Handels- und Gesellschaftenregister €.... Es ist eingeteilt in .... Aktien mit einem Nennbetrag von € ....
3. Die F-SA als übertragende Gesellschaft soll auf die D-AG als übernehmende Gesellschaft zu einer europäischen Aktiengesellschaft (SE) verschmolzen werden. [*ggf. weitere Ausführungen zu den Gründen für die Verschmelzung, wie z. B. gemeinsame Gesamtausrichtung des Konzerns durch Schaffung einer gemeinsamen Konzernmutter europäischer Prägung, etc.*]

§ 2
Vermögensübertragung, Entstehung der SE

1. Die F-SA mit Sitz in Paris überträgt ihr Vermögen als Ganzes mit allen Rechten und Pflichten als übertragende Gesellschaft unter

---

[447] Ein Bestätigungsvermerk ist zwar nicht zwingend erforderlich, bietet sich jedoch an, da die Vertretungsbefugnis sich aus der ausländischen Rechtsordnung ergibt. Ferner ist zu prüfen, ob ggf. eine Apostille erforderlich ist, welches im deutsch-französischen Rechtsverkehr nicht der Fall ist.

§ 14   4. Teil. Grenzüberschreitende Verschmelzungen

Auflösung ohne Abwicklung gemäß Art. 2 I i. V. m. 17 II lit. a SE-VO auf die D-AG mit Sitz in Musterort als übernehmende Gesellschaft im Wege der Verschmelzung durch Aufnahme.
2. Mit Eintragung der Verschmelzung der F-SA auf die D-AG im Handelsregister des Amtsgerichts Musterort nimmt die D-AG gemäß Art. 17 II S. 2 i. V. m. 29 I lit. d) SE-VO die Rechtsform der SE an.
3. Die Firma der durch die Verschmelzung entstandenen SE lautet „D-SE" und ihr Sitz ist Musterort.
4. Die neue Satzung der D-SE ist als **Anlage 3** beigefügt. Auf die Anlage wird verwiesen.

§ 3
Bilanzstichtage, Verschmelzungsstichtag

1. Der Verschmelzung der Gesellschaften wird die Bilanz der F-SA zum (Datum) als Schlussbilanz zugrunde gelegt. Ein Exemplar dieser festgestellten und unterzeichneten Bilanz ist dieser Niederschrift – lediglich zu Dokumentationszwecken – als **Anlage 4** beigefügt.[448]
2. Der maßgebliche Bilanzstichtag für die übernehmende Gesellschaft ist der (Datum).[449]
3. Die Verschmelzung wird gemäß Art. 27 SE-VO mit Eintragung in das Handelsregister der übernehmenden Gesellschaft wirksam.
4. Mit Wirksamwerden der Verschmelzung werden die Gesellschafter des übertragenden Rechtsträgers am Gewinn des übernehmenden Rechtsträgers beteiligt.
5. Die Übernahme des Vermögens der übertragenden Gesellschaft erfolgt im Innenverhältnis mit Wirkung zum Ablauf des (Datum). Vom (Datum), 0.00 Uhr, an (Verschmelzungsstichtag) gelten alle Handlungen der F-SA unter dem Gesichtspunkt der Rechnungslegung als für Rechnung der D-SE vorgenommen.

§ 4
Gegenleistung, Kapitalerhöhung, Treuhänder, Abfindungsangebot

1. Zur Durchführung der Verschmelzung wird die D-AG ihr Grundkapital von derzeit € ... um € ... auf €.... erhöhen. Die Kapitalerhöhung erfolgt durch Ausgabe von .... vinkulierten Namensaktien im Nennwert von €.... mit Gewinnbezugsrecht ab dem Verschmelzungsstichtag.

---

[448] Das Beifügen als Anlage zum Verschmelzungsvertrag ist nicht zwingend, erst recht nicht als echte Anlage iSd BeurkG. Der Anmeldung zum Handelsregister des übertragenden Rechtsträgers hingegen ist die Schlussbilanz zwingend als Anlage beizufügen, § 17 II UmwG.
[449] Zur Wahl des Bilanzstichtages → Rn. 68.

2. Den Aktionären der übertragenden Gesellschaft werden die im Rahmen der Kapitalerhöhung neu geschaffenen Aktien als Gegenleistung für die Übertragung des gesamten Vermögens der übertragenden Gesellschaft gewährt.
3. Die Höhe der zu gewährenden Anteile wird wie folgt ermittelt: *[Angaben zur Methode für die Ermittlung der Unternehmenswerte als Grundlage der Festsetzung des Umtauschverhältnisses].*
4. Das Umtauschverhältnis stellt sich daher wie folgt dar: Den Aktionären der F-SA werden für ... Aktien im Nennwert von € .... der F-SA .... Aktien der D-SE im Nennwert von € ... gewährt.
5. Für die Durchführung der Kapitalerhöhung hat die F-SA als Treuhänder die Bank .... bestellt. Die D-AG wird die im Zuge der Kapitalerhöhung geschaffenen Aktien dem Treuhänder nach erfolgter Eintragung der Kapitalerhöhung im Handelsregister am Sitz der D-AG übergeben. Der Treuhänder wird von der D-AG und der F-SA angewiesen, den ehemaligen Aktionären der F-SA die neuen Aktion mit Wirksamwerden der Verschmelzung Zug um Zug gegen Herausgabe der Aktien der F-SA zu übergeben.
6. Ausgleichsleistungen insbesondere wegen Spitzenbeträge sind nicht erforderlich.[450]

§ 5 Besondere Rechte oder Vorteile

1. Besondere Rechte bestehen nicht. Keine der Gesellschaften hat mit Sonderrechten ausgestattete Gesellschafter oder Inhaber von anderen Wertpapieren als Gesellschaftsanteilen. Daher werden auch keine besonderen Rechte gewährt. Deshalb ist es nicht notwendig, besondere Maßnahmen vorzuschlagen.
2. Besondere Vorteile werden weder Sachverständigen, die den Verschmelzungsplan prüfen, noch den Mitgliedern der Verwaltungs-, Leitungs-, Aufsichts- oder Kontrollorgane der beteiligten Gesellschaften gewährt.

§ 6
Verfahren für die Vereinbarung über die Beteiligung der Arbeitnehmer[451]

Das Verfahren für die Vereinbarung über die Beteiligung der Arbeitnehmer richtet sich für die Arbeitnehmer der D-AG nach dem Gesetz über die Beteiligung der Arbeitnehmer in einer Europäischen

---

[450] Da die D-SE ihren Sitz in Deutschland begründet, ist es für die Aktionäre der D-AG nicht erforderlich ein Barabfindungsangebot in den Verschmelzungsplan aufzunehmen (→ Rn. 79). Dies ist jedoch bei einem gemeinsamen Verschmelzungsplan ggf. notwendig, sofern nach dem ausländischen Recht ein solches erforderlich ist.
[451] Eine Darstellung der Folgen der Verschmelzung für Arbeitnehmer und ihre Vertretungen ist nicht erforderlich, da Art. 20 I SE-VO nach hM abschließend ist, wird gleichwohl in der Praxis oft hinzugefügt.

Gesellschaft (SEBG) und für die Arbeitnehmer der F-SA nach den Art. L. 2351–1 ff. und D. 2351–1 ff. des französischen Handelsgesetzbuches (*Code du travail*). Gemäß diesen Vorschriften werden die Arbeitnehmervertreter der D-AG und der F-SA unmittelbar nach Offenlegung dieses Verschmelzungsplanes zur Bildung des Besonderen Verhandlungsgremiums aufgefordert. *[ggf. weitere Beschreibung des konkreten Verfahrens, insbesondere der Bildung und Zusammensetzung des Besonderen Verhandlungsgremiums, des weiteren Fortgangs und des Ziels der Verhandlungen einschließlich der dabei zu beachtenden Fristen, der Voraussetzungen für den Abschluss einer Vereinbarung, der gesetzlichen Auffanglösung und der Kostentragung]*

§ 7
Rechte von Gläubigern und Minderheitsaktionären[452]

Die Rechte von Gläubigern und Minderheitsaktionären der D-AG und der F-SA werden in **Anlage 5** zu dieser Urkunde beschrieben, die den Inhalt der Bekanntmachung gemäß Art. 21 SE-VO enthält. Auf die Anlage wird verwiesen.

§ 8
Bewertung des Aktiv- und Passivvermögens

Die Übertragung des Vermögens der F-SA (Aktiva und Passiva) erfolgt zu Buchwerten.

§ 9
Bestellung Abschlussprüfer

Zum Abschlussprüfer für das erste Geschäftsjahr der D-SE wird die A Wirtschaftsprüfungsgesellschaft, Musterort, bestellt. Das erste Geschäftsjahr der D-SE ist das Geschäftsjahr, in dem die Umwandlung in eine SE im Handelsregister der D-SE eingetragen wird.

§ 10
Sonstiges, Kosten

1. Die übertragende und die übernehmende Gesellschaft haben keinen Grundbesitz und sind nicht Gesellschafter von GmbHs.
2. Die mit der Durchführung des Verschmelzungsplans verbundenen Kosten und Steuern trägt die übernehmende Gesellschaft.

---

[452] Dies ist kein zwingender Inhalt des Verschmelzungsplans, Hinweise auf die Modalitäten für die Ausübung der Rechte der Gläubiger und Minderheitsaktionäre nach Art. 24 SE-VO sind aber nach Art. 21 SE-VO bekannt zu machen.

§ 11
Hinweise

Der Notar wies die Erschienenen darauf hin, dass
- die der Verschmelzung zugrunde gelegte Bilanz nicht auf einen Stichtag aufgestellt sein darf, der länger als acht Monate vor der Anmeldung zum Handelsregister liegt,
- zum Vollzug dieser Urkunde gesonderte Handelsregisteranmeldungen bei der übertragenden und bei der übernehmenden Gesellschaft erforderlich sind,
- die Verschmelzung erst mit der Eintragung im Handelsregister der übernehmenden Gesellschaft wirksam wird,
- dem Register der übernehmenden Gesellschaft eine Verschmelzungsbescheinigung gemäß Art. 25 II SE-VO vorzulegen ist, die nicht älter als sechs Monate sein darf,
- eine Vereinbarung über die Beteiligung der Arbeitnehmer zu treffen ist,
- die übertragende Gesellschaft mit Wirksamwerden der Verschmelzung erlischt.

Diese Niederschrift nebst Anlagen wurde den Erschienenen vom Notar vorgelesen, die nur zu Dokumentationszwecken beigefügten Anlagen wurden ihnen zur Durchsicht vorgelegt, alles wurde von den Erschienenen genehmigt und von ihnen und dem Notar eigenhändig wie folgt unterschrieben:

Zustimmungsbeschluss der Aktionäre der übernehmenden Gesellschaft gemäß Art. 23 I SE-VO,[453] Kapitalerhöhungsbeschluss und Satzungsänderung[454]
Niederschrift über die Hauptversammlung

Geschehen zu Musterort   242 B

am .....

auf Ersuchen des Vorstandes der D-AG mit dem Sitz in Musterort begab sich

.....

Notar

für den Oberlandesgerichtsbezirk Musterort mit dem Amtssitz in Musterort

---

[453] Die SE-VO enthält keine Regelungen zur Einberufung und Durchführung der Hauptversammlung. Es sind folglich gemäß Art. 18 SE-VO die nationalen Vorschriften anwendbar (→ Rn. 110 ff.).

[454] Je nach dem, wie viele Aktionäre vorhanden sind, bietet es sich an, im Anschluss an die Hauptversammlung eine Verzichtserklärung aller Aktionäre zu beurkunden. Dies ist aufgrund des Verweises der SE-VO auf die nationalen Vorschriften für die Aktionäre der deutschen Gründungsgesellschaft grundsätzlich möglich.

§ 14   4. Teil. Grenzüberschreitende Verschmelzungen

heute in die Geschäftsräume der Hauptverwaltung der D-AG mit dem Sitz in Musterort, um in der Hauptversammlung der D-AG das Protokoll zu führen gemäß § 130 Abs. 1 AktG.

Im Rahmen dieser außerordentlichen Hauptversammlung wird der Zustimmungsbeschluss über die Verschmelzung der F-SA mit Sitz in Paris, eingetragen im französischen Handels- und Gesellschaftenregister (*Registre du Commerce et des Sociétés*) unter der Registrierungsnummer 123456789 als übertragender Gesellschaft und der D-AG als übernehmender Gesellschaft zur Gründung der Europäischen Aktiengesellschaft D-SE gemäß Art. 2 I i. V. m. Art. 17 II lit. a SE-VO, der hierfür vorgesehene Beschluss über die Kapitalerhöhung des übernehmenden Rechtsträgers und die Neufassung der Satzung einschließlich der Neubestellung der Aufsichtsratsmiglieder zur Abstimmung gestellt.

Über den Verlauf der Hauptversammlung habe ich folgende Niederschrift errichtet:

Der Notar traf dort an:
I. vom Aufsichtsrat, der aus drei Mitgliedern besteht,
   1. X
   2. Y und
   3. Z
II. vom Vorstand, der aus drei Mitgliedern besteht,
   1. A
   2. B und
   3. C
III. die in dem anliegenden Teilnehmerverzeichnis – **Anlage 1** – aufgeführten Aktionäre und Aktionärsvertreter.

Der Vorsitzende des Aufsichtsrates, ... übernahm gemäß § ..... der Satzung den Vorsitz in der Versammlung und eröffnete diese um ..... Uhr.

Er begrüßte die erschienenen Aktionäre und Vertreter von Aktionären, die Mitglieder des Aufsichtsrates und des Vorstandes sowie die Vertreter der Presse.

Der Vorsitzende stellte fest, dass die Hauptversammlung form- und fristgemäß durch Bekanntmachung im Bundesanzeiger Nr. .....vom ..... einberufen worden ist, von dem ein Belegexemplar als **Anlage 2** ..... dieser Niederschrift beigefügt ist.

Die Bekanntmachung enthält folgende Tagesordnung:
1. Erläuterungen des Verschmelzungsplans durch den Vorstand;
2. Beschluss über die Zustimmung zum Verschmelzungsplan mit der F-SA einschließlich der Neufassung der Satzung und der Neubestellung des Aufsichtsrats;
3. Beschluss über die Erhöhung des Grundkapitals;
4. Beschluss über die Änderung von § ..... Abs. 1 der Satzung (Grundkapital);
5. Beschluss über die vollständige Neufassung der Satzung einschließlich der Neubestellung des Aufsichtsrats

§ 14. Verschmelzung in europäische Gesellschaftsformen § 14

Der Vorsitzende stellte fest, dass von der Einberufung an während eines Monats folgende Unterlagen den Aktionären vorgelegt worden waren:
1. Verschmelzungsplan (UR. Nr. ... des amtierenden Notars vom (Datum) (einschließlich der Satzung der D-SE),[455]
2. Jahresabschlüsse und Lageberichte der F-SA und der D-AG der letzten 3 Geschäftsjahre,
3. Verschmelzungsberichte der F-SA und der D-AG,
4. Verschmelzungsprüfberichte der F-SA und der D-AG.

Des Weiteren stellte der Vorsitzende fest, dass der Verschmelzungsplan dem Registergericht vor der Einberufung der Hauptversammlung eingereicht und von diesem zusammen mit den weiteren Angaben nach § 5 S. 1 SEAG bekanntgemacht wurde.

Der Vorsitzende erklärt, dass gemäß § ..... der Satzung mit Stimmkarten abgestimmt werde, die jeder Aktionär bereits erhalten habe.

Er erklärt weiter, dass bei der Hauptversammlung die Stimmenzählung nach dem sogenannten „Subtraktionsverfahren" erfolge, wonach die Nein-Stimmen und die Stimmenthaltungen gezählt und so die Ja-Stimmen aus der Präsenz rechnerisch ermittelt werden. Wer mit Nein stimmen oder sich der Stimme enthalten wolle, müsse sich bei Durchführung der Abstimmungen im Versammlungssaal aufhalten, da hier die Stimmkarten eingesetzt würden.

Der Vorsitzende erklärt weiter, dass er zunächst über die Anträge der Verwaltung abstimmen lassen werde, falls zu einem Tagesordnungspunkt verschiedene Anträge gestellt würden.

Weiter bat der Vorsitzende diejenigen Aktionäre, die die Hauptversammlung vorzeitig verlassen wollen, ihren Stimmkartenblock der Ausgangskontrolle am Saaleingang zu übergeben, damit das Teilnehmerverzeichnis berichtigt werden könne. Er wies ferner darauf hin, dass ein Aktionär stattdessen sein Stimmrecht beim Verlassen der Hauptversammlung durch schriftliche Vollmacht übertragen könne. Entsprechende Vollmachtsvordrucke würden seitens der Ausgangskontrolle bereitgehalten.

Der Vorsitzende machte darauf aufmerksam, dass die Verwendung von Tonbandgeräten in dieser Hauptversammlung nicht gestattet sei.

Der Verschmelzungsplan vom (Datum) nebst Anlagen ist dieser Niederschrift als **Anlage 3** beigefügt.

Der Vorsitzende trat danach in die Tagesordnung ein:

Zu Punkt 1 der Tagesordnung:

Erläuterung des Verschmelzungsvertrages.

Hierzu erteilte der Versammlungsleiter dem Vorsitzenden des Vorstandes das Wort.

---

[455] Der Entwurf des Verschmelzungsplanes ist ebenfalls ausreichend.

Dieser begründete ausführlich die Überlegungen, die die zur Abstimmung anstehende Verschmelzung und der Umwandlung in eine SE zweckmäßig erscheinen lassen. Darüber hinaus erläuterte er anhand der Geschäftsberichte der beteiligten Gesellschaften und der bilanziellen Merkmale das Umtauschverhältnis.

Nachdem auf die Verlesung des Verschmelzungsplans von der Versammlung einstimmig verzichtet wurde, gab der Vorstandsvorsitzende einige erläuternde Anmerkungen zu bestimmten weiteren Punkten des Verschmelzungsplans.

Anschließend wurden aus dem Kreise der Aktionärsvertreter verschiedene Fragen zum Verschmelzungsplan gestellt, die vom Vorstand umfassend beantwortet wurden.

Als zu dem Tagesordnungspunkt 1 keine Wortmeldungen mehr vorlagen, wurde dieser Tagesordnungspunkt vom Versammlungsleiter abgeschlossen.

Zu Punkt 2 der Tagesordnung

Vorschlag:

Vorstand und Aufsichtsrat der D-AG schlagen vor, wie folgt zu beschließen, wobei gemäß § 124 Abs. 3 Satz 1 AktG nur der Aufsichtsrat den Vorschlag zur Bestellung des Abschlussprüfers für das erste Geschäftsjahr der künftigen D-SE (§ 9 des Verschmelzungsplans) sowie den Vorschlag zur Bestellung der Mitglieder des ersten Aufsichtsrats der künftigen D-SE unterbreitet:

Dem Verschmelzungsplan vom (Datum) – UR. Nr. ..... des Notars ..... – mit der F-SA, in welchem vorgesehen ist, dass die F-SA mit Sitz in Paris ihr Vermögen als Ganzes mit allen Rechten und Pflichten als übertragende Gesellschaft unter Auflösung ohne Abwicklung gemäß Art. 2 Abs. 1, 17 II lit. a SE-VO auf die D-AG als übernehmende Gesellschaft im Wege der Verschmelzung durch Aufnahme überträgt und die D-AG die Rechtsform der Europäischen Gesellschaft (SE) annimmt, wird, unter Vorbehalt der Genehmigung der Vereinbarung über die Beteiligung der Arbeitnehmer[456] zugestimmt, die dem Verschmelzungsplan als Anlage 3 beigefügte Satzung der D-SE, einschließlich der darin enthaltenen Neubestellung des Aufsichtsrats, wird genehmigt.[457]

---

[456] → Rn. 129.

[457] Die neue Satzung der SE muss insbesondere die neue Firma angeben. Ferner sollten Angaben zu den Leitungs- und Kontrollorganen erfolgen. Darüber hinaus sollten in der Satzung die Mitglieder des Aufsichtsrats bestellt werden. Ob bei der Gründung der SE im Wege der Verschmelzung durch Aufnahme eine Neubestellung des Aufsichtsrats (und durch den Aufsichtsrat des Vorstandes) nötig ist oder ob analog § 203 UmwG Organkontinuität besteht, ist umstritten. Überwiegend wird eine Neubestellung für erforderlich gehalten. Diese kann nach Art. 40 II 2 SE-VO in der Satzung erfolgen, nach Art. 6 SE auch im Verschmelzungsplan. In die Einladung zur Hauptversammlung, in der über die Zustimmung zum Verschmelzungsplan beschlossen wird, können vorsorglich die bei der Neuwahl von

§ 14. Verschmelzung in europäische Gesellschaftsformen §14

Der Vorsitzende wies darauf hin, dass für die Annahme dieses Beschlusses eine Mehrheit von mindestens drei Viertel des bei Beschlussfassung vertretenen Grundkapitals notwendig ist.[458]

Gegenanträge wurden nicht gestellt.

Der Versammlungsleiter trat daraufhin in die Abstimmung ein und stellte anhand des Teilnehmerverzeichnisses fest, dass um ..... Uhr von dem Grundkapital der Gesellschaft von € ..... Aktien im Nennbetrag von € ..... mit Stimmen, das sind ..... % des Grundkapitals, vertreten seien.

Der Versammlungsleiter unterzeichnete das Teilnehmerverzeichnis und legte es zur Einsicht aus, es wird bei der Gesellschaft verwahrt. Das Teilnehmerverzeichnis lag während der ganzen Dauer der Hauptversammlung zur Einsicht aus.

Nachträgliche Veränderungen in der Stimmenzahl durch späteres Erscheinen von Aktionären oder Aktionärsvertretern oder durch vorzeitiges Verlassen der Hauptversammlung sind in insgesamt ..... Nachträgen zum Teilnehmerverzeichnis erfasst, die fortlaufend nummeriert sind und ebenfalls vom Vorsitzenden unterzeichnet wurden.

Vor jeder Abstimmung wurde der Nachtrag zum Teilnehmerverzeichnis vom Vorsitzenden unterzeichnet und zur Einsicht ausgelegt.

Die Abstimmung ergab Folgendes:

Gegen die Zustimmung zum Verschmelzungsplan stimmten Aktionäre mit ..... Grundkapital und ..... Stimmen.

Stimmenthaltungen gab es keine.

Dementsprechend stimmten für den Vorschlag von Vorstand und Aufsichtsrat, ... Stimmen mit € ..... des Grundkapitals.

Der Versammlungsleiter stellte das Abstimmungsergebnis fest, gab es bekannt und erklärte, dass der Verschmelzungsplan zwischen der D-AG und der F-SA vom (Datum) die erforderliche Zustimmung der Hauptversammlung der D-AG gefunden und daher mit mehr als ³/₄ Mehrheit des vertretenen Grundkapitals beschlossen sei und die neugefasste Satzung der D-SE einschließlich der Neubestellung des Aufsichtsrats von der Hauptversammlung genehmigt sei.

Zu Punkt 3 der Tagesordnung:

Erhöhung des Grundkapitals:

Vorschlag:

Vorstand und Aufsichtsrat schlagen vor, das Grundkapital der Gesellschaft von zur Zeit € ..... um € ..... auf € ..... zu erhöhen durch Ausgabe von ..... Stück vinkulierter Namensaktien im Nennbetrag von je € ..... Die Aktien sind gewinnbezugsberechtigt ab dem

---

Aufsichtsratsmitgliedern erforderlichen zusätzlichen Angaben (§§ 124 II, III 4, 125 I 5 AktG) aufgenommen werden.
[458] → Rn. 126.

§ 14　　　　4. Teil. Grenzüberschreitende Verschmelzungen

(Datum) und werden als Gegenleistung für die Übertragung des Vermögens der F-SA im Wege der Verschmelzung an die Aktionäre der F-SA ausgegeben, und zwar im Verhältnis von ..... Aktien der F-SA im Nennbetrag von je € .... zu ..... Aktien der D-SE im Nennbetrag von € .... wobei der Vorstand ermächtigt ist, weitere Einzelheiten der Kapitalerhöhung und ihrer Durchführung festzusetzen.

Eine Veränderung der Präsenz in der Hauptversammlung im Verhältnis zur Abstimmung zu Tagesordnungspunkt 2 fand nicht statt.

Die Kapitalerhöhung wurde einstimmig und ohne Gegenstimmen beschlossen.

Nachdem der Versammlungsleiter das Abstimmungsergebnis bekanntgegeben hatte, stellte er fest, dass damit die Kapitalerhöhung zum Zwecke der Durchführung der Verschmelzung mit der erforderlichen Mehrheit beschlossen worden ist.

Zu Punkt 4 der Tagesordnung:

Satzungsänderung:

Vorschlag:

Vorstand und Aufsichtsrat schlagen vor, § ..... Absatz ..... der Satzung wie folgt vollständig neu zu fassen:[459]

Das Stammkapital der Gesellschaft beträgt € .... und ist in ..... Stück vinkulierter Namensaktien im Nennbetrag von je € .... eingeteilt.

Der Vorsitzende wies darauf hin, dass für die Annahme dieses Beschlusses eine Mehrheit von mindestens drei Viertel des bei Beschlussfassung vertretenen Grundkapitals notwendig ist.

Der Vorsitzende stellte zunächst fest, dass nunmehr um ..... Uhr vom Grundkapital der Gesellschaft von € ..... Aktien im Nennbetrag von € .... entsprechend ..... Stimmen, das sind ..... % des Grundkapitals vertreten seien. Er unterzeichnete den ersten Nachtrag zum Teilnehmerverzeichnis.

Gegenanträge wurden nicht gestellt.

Die Hauptversammlung beschloss einstimmig entsprechend dem Vorschlag von Vorstand und Aufsichtsrat.

Nachdem der Versammlungsleiter das Abstimmungsergebnis bekanntgegeben hat, stellte er fest, dass in Folge dieses Beschlusses die Satzung in § ..... Absatz ..... entsprechend geändert sei.

Nachdem weitere Wortmeldungen nicht vorlagen und gegen keinen der Beschlüsse Widerspruch zur Niederschrift erklärt wurde, schloss der Versammlungsleiter die Hauptversammlung um ..... Uhr.

---

[459] Die Satzungsänderung könnte ebenfalls im Rahmen der vollständigen Neufassung der Satzung erfolgen (hier Tagesordnungspunkt 2). Es wurde jedoch aus Gründen der Übersichtlichkeit vorgezogen, die Satzungsänderung hinsichtlich des Grundkapitals im Rahmen der Kapitalerhöhung zu beschließen.

§ 14 Verschmelzung in europäische Gesellschaftsformen § 14

Hierüber wurde diese Niederschrift aufgenommen und vom Notar wie folgt unterschrieben:

Handelsregisteranmeldung der übernehmenden Gesellschaft[460]

UR. Nr. ... für ... 242 C

An das

Amtsgericht

– Handelsregister –

Musterort

HR B 123

Gesellschaft unter der Firma D-AG/
Neugründung der D-SE

Wir, A, B und C,

handelnd in unserer Eigenschaft als gemeinsam vertretungsberechtigte Vorstandsmitglieder der vorgenannten Gesellschaft sowie

handelnd als gemeinsam vertretungsberechtigte Mitglieder des Leitungsorgans der künftigen D-SE,

ich, F,

handelnd als alleinvertretungsberechtigter Generaldirektor (*Directeur Général*), der F-SA, und

wir, X, Y und Z,

handelnd in unserer Eigenschaft als sämtliche Mitglieder des Aufsichtsorgans der künftigen D-SE

melden zur Eintragung in das Handelsregister an:
1. Auf die D-AG ist im Wege der Verschmelzung durch Aufnahme gemäß Art. 2 Abs. 1, Art. 17 II lit. a SE-VO als übernehmende Gesellschaft das Vermögen der F-SA mit Sitz in Paris, eingetragen im französischen Handels- und Gesellschaftenregister (*Registre du Commerce et des Sociétés*) unter der Registrierungsnummer 123 456 789 als übertragende Gesellschaft als Ganzes ohne Abwicklung übergegangen und die Gesellschaft hat die Rechtsform der Europäischen Gesellschaft (SE) angenommen. Zur Durchführung der Verschmelzung und der Annahme der Rechtsform der SE ist die Satzung vollständig neu gefasst worden.
2. Die Hauptversammlung der D-AG vom (Datum) hat die Erhöhung des Grundkapitals von €.... um €.... auf €.... beschlossen. Die Kapitalerhöhung ist aufgrund der Zustimmungsbeschlüsse der

---

[460] Die Anmeldung für die übertragende Gesellschaft erfolgt nach deren Recht bei deren Register.

§ 14   4. Teil. Grenzüberschreitende Verschmelzungen

Hauptversammlungen beider beteiligten Rechtsträger zum Verschmelzungsplan durchgeführt. §.... Absatz.... der Satzung ist entsprechend geändert.
3. Wir melden hiermit die D-SE mit Sitz in Musterort zur Eintragung in das Handelsregister an. Die Geschäftsräume der Gesellschaft befinden sich in ....; dies ist auch die inländische Geschäftsanschrift.
4. Die D-SE behält die dualistische Organisationsstruktur der AG bei.

Die Gesellschaft wird durch zwei Mitglieder des Leitungsorgans oder durch ein Mitglied des Leitungsorgans gemeinsam mit einem Prokuristen gesetzliche vertreten. Das Aufsichtsorgan kann einzelnen Mitgliedern des Leitungsorgans Alleinvertretungsbefugnis erteilen.
Zu Mitgliedern des Leitungsorgans wurden bestellt:
A, geboren am ...., wohnhaft ....
B, geboren am ...., wohnhaft ....
C, geboren am ...., wohnhaft ....
Die bestellten Mitglieder des Leitungsorgans vertreten satzungsgemäß.
Jedes Mitglied des Leitungsorgans, A, B und C versichert:
Es liegen keine Umstände vor, die meiner Bestellung nach § 76 Abs. 3 Satz 2 Nr. 2 und 3 sowie Satz 3 AktG als Mitglied des Leitungsorgans entgegenstehen. Ich wurde niemals wegen einer Straftat im Inland oder Ausland verurteilt. Mir ist weder aufgrund eines gerichtlichen Urteils noch durch eine vollziehbare Entscheidung einer Verwaltungsbehörde untersagt, irgendeinen Beruf, einen Berufszweig, ein Gewerbe oder einen Gewerbezweig auszuüben. Ich wurde von dem beglaubigenden Notar darüber belehrt, dass ich dem Handelsregister gegenüber unbeschränkt auskunftspflichtig bin.
Als Anlage überreichen wir:[461]
1. Ausfertigung des gemeinsamen Verschmelzungsplans[462] vom (Datum) – UR. Nr. ... des Notars ... in ... –, in dem die Kapitalerhöhung enthalten und die Satzung festgestellt ist, in der u. a. der Aufsichtsrat neu bestellt wird
2. beglaubigte Abschrift der Niederschrift vom (Datum) – UR. Nr. ... des Notars ... in ... –, mit
– dem Zustimmungsbeschluss der Aktionäre der D-AG zum Verschmelzungsplan einschließlich der Neufassung der Satzung und der Neubestellung der Aufsichtsratsmitglieder
– dem Kapitalerhöhungsbeschluss und Beschluss über die daraus folgende Satzungsänderung,

---

[461] → Rn. 141.
[462] Falls getrennte Verschmelzungspläne angefertigt wurden, ist eine Ausfertigung des Verschmelzungsplanes des übertragenden Rechtsträgers beizufügen, damit das Gericht die Übereinstimmung beider Pläne vergleichen kann.

3. beglaubigte Abschrift der vom jeweiligen Betriebsratsvorsitzenden unterzeichneten Empfangsbestätigung als Nachweis über die rechtzeitige Zuleitung des Entwurfs des Verschmelzungsvertrags an die Gesamtbetriebsräte der D-AG und der F-SA
4. den Verschmelzungsbericht,
5. den Verschmelzungsprüfbericht,
6. die Schlussbilanz der F-SA zum (Datum),[463]
7. die Rechtmäßigkeitsbescheinigung gemäß Art. 25 II SE-VO des französischen Handels- und Gesellschaftenregisters (Registre du Commerce et des Sociétés) von Paris zur Registrierungsnummer RCS 123 345 678 darüber, dass bei der F-SA mit Sitz in Paris die der Verschmelzung vorangehenden Rechtshandlungen und Formalitäten durchgeführt wurden mit beglaubigter Übersetzung,
8. Vereinbarung, die über die Arbeitnehmerbeteiligung geschlossen wurde,
9. Niederschrift über den Zustimmungsbeschluss der Aktionäre der D-AG zu der Vereinbarung über die Beteiligung der Arbeitnehmer in der SE (falls entsprechender Vorbehalt)
10. Niederschrift über den Zustimmungsbeschluss der Aktionäre der F-SA zu der Vereinbarung über die Beteiligung der Arbeitnehmer in der SE (falls entsprechender Vorbehalt)
11. Niederschrift über die Sitzung des Aufsichtsorgans, in der die Mitglieder des Leitungsorgans bestellt wurden,
12. Liste der Mitglieder des Aufsichtsrats.
13. Anzeige des Treuhänders gemäß § 71 Abs. 1 S. 2 UmwG[464]
14. Vollständiger Wortlaut der Satzung der D-SE mit Bestätigung des Notars gemäß § 181 Abs. 1 S. 2 AktG
15. Berechnung der Kosten der Ausgabe neuer Aktien gemäß § 188 Abs. 3 AktG

Wir erklären weiter:
1. Besondere Zustimmungserklärungen einzelner Anteilsinhaber sind nicht erforderlich.
2. Staatliche Genehmigungen sind nicht erforderlich.

Es wird versichert, dass weder der Verschmelzungsbeschluss der D-AG noch der Verschmelzungsbeschluss der F-SA angefochten worden ist.[465]

[Im Hinblick auf § 66 UmwG wird zunächst um Eintragung des Kapitalerhöhungsbeschlusses und seiner Durchführung nebst

---

[463] Ein Beifügen ist hier zwar nicht nach § 17 II UmwG, ggf. wohl aber zwecks Möglichkeit der Überprüfung der Werthaltigkeit nötig, Letzteres streitig.

[464] Die Anzeige ist erst möglich, wenn der Treuhänder im Besitz der Aktien ist, was im vorliegenden Fall erst nach Eintragung der Kapitalerhöhung der Fall ist, sie ist hier aber als Merkposten aufgenommen.

[465] Geben sämtliche Aktionäre eine entsprechende Verzichtserklärung ab, muss sie als Willenserklärung notariell beurkundet werden; dafür genügt ein HV-Protokoll als Tatsachenbeurkundung nicht. Diese Verzichtserklärungen wären der Handelsregisteranmeldung gleichfalls in Ausfertigung beizufügen.

§ 14   4. Teil. Grenzüberschreitende Verschmelzungen

Satzungsänderung sowie nach Vollzug des Antrages um Übersendung eines beglaubigten Handelsregisterauszuges an den beglaubigenden Notar gebeten]

(Ort, Datum)
(Beglaubigungsvermerk)

Verschmelzungsbericht

242 D   Der Vorstand der D-AG
(Adresse)
an die Aktionäre der D-AG[466]
Beabsichtigte Verschmelzung der F-SA auf die D-AG zur Gründung der D-SE
Sehr geehrte Damen und Herren,
wir freuen uns als Vorstand der D-AG, Ihnen den folgenden Bericht über die beabsichtigte Verschmelzung der F-SA auf die D-AG zur Gründung der D-SE zu erstatten.

I. Die Verschmelzung

1. An der beabsichtigten Verschmelzung nehmen die folgenden Gesellschaften teil:
   a) die F-SA, eine Aktiengesellschaft französischen Rechts (*Société Anonyme*), eingetragen im französischen Handels- und Gesellschaftenregister (*Registre du Commerce et des Sociétés*) von Paris unter der Registernummer RCS 123 456 789 als übertragende Gesellschaft,
   b) die D-AG, eine Aktiengesellschaft nach deutschem Recht, eingetragen im Handelsregister des Amtsgerichts Musterort unter HRB 123, als übernehmende Gesellschaft.
2. Die F-SA soll auf die D-AG zur D-SE verschmolzen werden. Dies bedeutet, dass nach der Verschmelzung die F-SA nicht mehr fortbesteht. Alle Vermögensgegenstände und Schulden der F-SA werden automatisch Vermögensgegenstände und Schulden der D-SE sein. Alle Verträge, die zur Zeit mit der F-SA bestehen, werden automatisch solche der D-SE sein und ohne Änderungen fortgeführt werden.
3. Die D-AG wird im Rahmen der grenzüberschreitenden Verschmelzung die Rechtsform der SE annehmen. Durch diesen Formwechsel treten hinsichtlich der Rechtsbeziehungen der D-AG keine Änderungen ein.

---

[466] Im Gegensatz zum Verschmelzungsplan ist es vorzugswürdig für jede Gesellschaft einen eigenständigen Verschmelzungsbericht anzufertigen (→ Rn. 87).

§ 14. Verschmelzung in europäische Gesellschaftsformen § 14

4. Die beabsichtigte Verschmelzung hat folgende wirtschaftliche Gründe:
   a) Die Aktionäre der F-SA und der D-AG streben eine gemeinsame Kooperation und Bündelung der Tätigkeit in einer Rechtsperson an. Dies soll unter einem gemeinsamen Dach in einer vereinfachten und einheitlichen gesellschaftsrechtliche Struktur in Europa erfolgen. Dazu ist geplant, im Rahmen der Verschmelzung eine Europäischen Aktiengesellschaft (SE) zu gründen.
   b) Neben der Vereinfachung der gesellschaftsrechtlichen Struktur soll auch die Verkaufsorganisation vereinfacht werden. [...]

II. Der Verschmelzungsplan

Wir möchten den Inhalt des Verschmelzungsplans, der zur Offenlegung im Handelsregister eingereicht wurde, wie folgt erklären und zusammenfassen:
1. Die teilnehmenden Gesellschaften sind die F-AG als übertragende Gesellschaft und die D-AG, als übernehmende Gesellschaft. Es soll von den besonderen Bestimmungen der Art. 2 I und Art. 17 II SE-VO Gebrauch gemacht werden, wodurch eine grenzüberschreitende Verschmelzung und die zeitgleiche Schaffung einer Europäischen Aktiengesellschaft ermöglicht wird.
2. Die D-AG wird für die Durchführung der Verschmelzung ihr Grundkapital um € ... auf €.... erhöhen. Dazu werden ... Aktien im Nennwert von € ... neu geschaffen und den Aktionären der F-SA als Gegenleistung für die Übertragung des gesamten Vermögens der F-SA gewährt. Das Umtauschverhältnis ist folglich ... Aktien im Nennwert von € ... der F-SA für ... Aktien der D-SE im Nennwert von €.... Diesem Umtauschverhältnis liegt folgende Methode für die Ermittlung der Unternehmenswerte zugrunde: [...].
3. Die Verschmelzung erfolgt zum Buchwert. Die Vermögensgegenstände und Schulden werden entsprechend ihrer Buchung in der Bilanz der F-SA in die Bilanz der D-SE übertragen. Die für die Verschmelzung maßgeblichen Bilanzstichtage der Gesellschaften sind der (Datum). Die Übernahme des Vermögens der übertragenden Gesellschaft erfolgt jedoch im Innenverhältnis mit Wirkung zum Ablauf des (Datum). Vom (Datum), 0. 00 Uhr, an (Verschmelzungsstichtag) gelten alle Handlungen der F-SA unter dem Gesichtspunkt der Rechnungslegung als für Rechnung der D-SE vorgenommen. [*Dies geschieht insbesondere aus folgenden Gründen ...*]
5. Die Verschmelzung wird rechtlich wirksam mit Eintragung der Verschmelzung in das Handelsregister der D-SE, die jedoch die vorherige Eintragung im Handelsregister der F-SA, die Erteilung der Rechtmäßigkeitsbescheinigung gemäß Art. 25 II SE-VO der zuständigen französischen Stelle sowie dem Abschluss des Verfahrens über die Vereinbarung über die Beteiligung der Arbeitnehmer voraussetzt.

6. Die Satzung der D-AG wird im Rahmen der Verschmelzung und des Formwechsels in die D-SE vollständig neu gefasst. Hierbei handelt es sich jedoch in erster Linie um Anpassungen die aufgrund des Formwechsels und der durchzuführenden Kapitalerhöhung notwendig sind. Die D-SE behält die dualistische Struktur der deutschen Aktiengesellschaft bei. In der Satzung werden die neuen Aufsichtsratsmitglieder der D-SE bestellt. Der Aufsichtsrat bestellt sodann den Vorstand.

III. Auswirkungen der Verschmelzung auf die Gläubiger

Wir sehen keine negativen Auswirkungen für die Gläubiger einer der beiden Gesellschaften. Nach der Verschmelzung werden die Vermögensgegenstände der D-SE für die Schulden der F-SA haften. Die Bilanzen der Gesellschaften wurden konservativ errichtet und geprüft. Alle vorhersehbaren Risiken wurden in den Bilanzen berücksichtigt. Uns sind keine sonstigen Verbindlichkeiten bekannt, die nicht in den Bilanzen berücksichtigt wären. Darüber hinaus arbeiten beide Gesellschaften mit Gewinn, verfügen über erhebliche Gewinnvorträge und können deshalb Risiken, die sich etwa nach dem letzten Bilanzstichtag ergeben, bewältigen. Wir können daher keinen Grund erkennen, warum sich die Situation der Gläubiger einer der Gesellschaften verschlechtern sollte.

IV. Auswirkungen auf die Arbeitnehmer

1. Die individuelle Rechtsposition der Mitarbeiter der übernehmenden Gesellschaft wird durch die Verschmelzung nicht betroffen. Ferner sind keine Änderungen in der Arbeitnehmerzahl der übernehmenden Gesellschaft wegen der Verschmelzung geplant.
2. Nach Wirksamwerden der Verschmelzung gehen alle Arbeitsverhältnisse der Mitarbeiter mit der übertragenden F-SA automatisch mit allen Rechten und Pflichten auf die übernehmende D-AG bzw. D-SE über. Es gibt keine Änderungen der Arbeitsbedingungen der Mitarbeiter der F-SA aufgrund der Verschmelzung. Die Geschäftstätigkeit der F-SA wird als Zweigniederlassung der D-SE fortgesetzt.
3. Die Arbeitnehmerbeteiligung in der SE ist neu zu regeln. Dazu muss auf Seiten der Arbeitnehmervertretung ein Besonderes Verhandlungsgremium gebildet werden, mit welchem die Leitungs- und Verwaltungsorgane der D-AG und F-SA die für die D-SE geltenden Bestimmungen für die Arbeitnehmerbeteiligung aushandeln. Die Verfahren über die Beteiligung der Arbeitnehmer richtet sich für die Arbeitnehmer der D-AG nach dem Gesetz über die Beteiligung der Arbeitnehmer in einer Europäischen Gesellschaft (SEBG) und für die Arbeitnehmer der F-SA nach den Art. L. 2351–1 ff. und D. 2351–1 ff. des französischen Arbeitsgesetzbuches (*Code du travail*). Die Arbeternehmervertreter der

§ 14. Verschmelzung in europäische Gesellschaftsformen § 14

D-AG und der F-SA werden dementsprechend unmittelbar nach Offenlegung dieses Verschmelzungsplanes zur Bildung des Besonderen Verhandlungsgremiums aufgefordert.

(Errichtungsort), (Datum)

_____

(Unterschrift der Vorstandsmitglieder der DAG)

§ 15. Rechnungslegung und Jahresabschluss

I. Rechnungslegung bei grenzüberschreitender Verschmelzung[1]

1. *Bilanzierung beim übertragenden Rechtsträger*

a) Hinausverschmelzung

1   Als Hinausverschmelzung wird der Fall bezeichnet, wenn eine deutsche Kapitalgesellschaft auf eine ausländische in der EU oder EWR ansässige Kapitalgesellschaft (zB SE) verschmolzen wird. Grundsätzlich bestehen zwei Möglichkeiten. Erstens die Verschmelzung durch Aufnahme und zweitens durch Neugründung. Beim übertragenden Rechtsträger mit Sitz im Inland sind dann die Vorgaben des § 17 II UmwG zur Erstellung der Schlussbilanz und zur Prüfung einzuhalten.[2] Es ergeben sich soweit keine Abweichungen zu einer Verschmelzung im Inland. Denn auch in diesen Fällen muss die Schlussbilanz den handelsrechtlichen Regelungen entsprechen.[3] Die Bilanzierung beim aufnehmenden Rechtsträger im Ausland unterliegt den dortigen nationalen Vorschriften. Insofern besteht kein grenzüberschreitender Bilanzenzusammenhang.[4] Sofern durch die grenzüberschreitende Verschmelzung eine Veräußerungsgewinnbesteuerung ausgelöst wird, wird teilweise die Auffassung vertreten, dass die hierdurch zu erwartende Steuerzahlung trotz ausstehendem Vollzug der Verschmelzung als Rückstellung zu erfassen ist.[5] Unseres Erachtens ist eine solche Rückstellungsbildung in der Schlussbilanz kritisch zu sehen.[6]

b) Hereinverschmelzung

2   Bei der Hereinverschmelzung wird eine ausländische in der EU oder EWR ansässige Kapitalgesellschaft auf eine deutsche Kapitalgesellschaft mit Sitz im Inland verschmolzen. Erfolgt die Gründung durch eine Verschmelzung durch Aufnahme, hat der übertragende Rechtsträger die nationalen Vorschriften seines bisherigen Sitzstaates zu befolgen.

2. Bilanzierung beim aufnehmenden Rechtsträger

3   Bei der Übernahmebilanzierung durch die deutsche Gesellschaft kann gewählt werden zwischen den **Anschaffungskosten** und dem Buchwerten aus der Schlussbilanz der ausländischen Gesellschaft. Für die Bestimmung der Anschaffungskosten bestehen keine Besonderheiten im Vergleich zu einer inländischen Verschmelzung.

---

[1] Zum grenzüberschreitenden Formwechsel → § 27 Rn. 37.
[2] → § 10 Rn. 3 ff.
[3] IDW RS HFA 42 Rn. 84.
[4] *Pfitzer* in WP-Handbuch 2014, Teil F, Rn. 197; IDW RS HFA 42 Rn. 85.
[5] *Simon* in Kölner Komm. UmwG, § 24 UmwG Rn. 96.
[6] So wohl auch IDW RS HFA 42 Rn. 20.

§ 15 Rechnungslegung und Jahresabschluss § 15

Voraussetzung für den **Buchwertansatz** aus der Schlussbilanz der ausländischen Gesellschaft ist hingegen, dass die ausländische Gesellschaft nach ihrem nationalen Recht oder kraft Vereinbarung im Verschmelzungsplan eine Schlussbilanz aufstellen muss. Die Aufstellung der Schlussbilanz nach handelsrechtlichen Vorschriften wird hingegen nicht gefordert. Die Werte aus der Schlussbilanz der übertragenden ausländischen Gesellschaft sind grundsätzlich fortzuführen. Anpassungen sind nur dann erforderlich, wenn die Zeitwerte der Aktiva unter den Buchwerten bzw. die Zeitwerte der Schulden über den Buchwerten liegen oder nicht GoB-konforme Bilanzpositionen fortgeführt werden sollen. In diesem Fall sind jedoch keine retrospektiven Anpassungen auf den Stichtag vorzunehmen. Dh die Buchwerte bzw. Ansätze in der Schlussbilanz müssen nicht so ermittelt werden, als ob schon immer eine entsprechende handelsrechtliche Bilanzierung vorgenommen worden ist. Entsprechende Anpassungen sind erfolgsneutral bei Einbuchung in die übernehmende Gesellschaft vorzunehmen.[7]

Bei Hinausverschmelzungen wäre das jeweilige dortige nationale Recht entsprechend anzuwenden.

II. Rechnungslegung der SE

1. Rechnungslegung am Verschmelzungsstichtag

Zur Rechnungslegung enthält das UmwG lediglich zwei Normen: 4 §§ 17 II und 24 UmwG. Die Anwendbarkeit des § 17 II UmwG für die Rechnungslegung einer deutschen AG, die als übertragender Rechtsträger an einer Verschmelzung zu einer SE fungiert, wird im Schrifttum bejaht.[8] Auch die Anwendbarkeit des § 24 UmwG aufgrund der Verweisung in Art. 61 SE-VO ist zu bejahen, sofern die entstehende SE ihren Sitz in Deutschland hat. Die Vorschriften zur Prüfung nach §§ 9–12 UmwG sind ebenfalls anwendbar.[9]

2. Verschmelzungsprüfung

Während bei nationalen Verschmelzungen ein Verschmelzungsvertrag 5 abzuschließen ist, müssen die Vertretungsorgane der beteiligten Gesellschaften bei einer grenzüberschreitenden Verschmelzung gemäß Art. 20 SE-VO einen Verschmelzungsplan aufstellen.

Im Anschluss erfolgt ausnahmslos eine Prüfung des Verschmelzungs- 6 plans gemäß Art. 22 SE-VO, §§ 9–12 UmwG, wobei die Möglichkeit einer gemeinsamen Prüfung besteht (§§ 10 I 2, § 12 I 2 UmwG). Außer im Falle der Verschmelzung einer 100%igen Tochter auf die Mutter (§ 9 II UmwG) ist die Prüfung nur dann entbehrlich, wenn alle Anteilsinhaber aller beteiligten Gesellschaften darauf verzichten und der Verzicht nota-

---
[7] IDW RS HFA 42 Rn. 86 ff.
[8] *Henckel* Grenzüberschreitende Verschmelzung zu einer SE, DStR 2005 S. 1785 (1788).
[9] Für die Bilanzierung beim übertragenden und übernehmenden Rechtsträger § 15.I.

riell beurkundet wird (§§ 9 III, 8 III UmwG). Da sich der Schutzzweck des Beurkundungserfordernisses auf deutsche Gesellschaften beschränkt und um die Kumulierung verschiedener nationaler Formanforderungen zu vermeiden, sind nur die Verzichtserklärungen aller Anteilsinhaber der deutschen Gesellschaft(en) notariell zu beurkunden.[10]

3. Bilanzrecht der SE mit deutschem Sitz

7 Art. 61 SE-VO verweist auf das SEAG, das AktG, das HGB und die IAS-VO als wichtigste Rechtsquellen.[11]

8 Die SE mit Sitz im Inland ist Handelsgesellschaft und gilt als Formkaufmann, dh der satzungsmäßige Unternehmensgegenstand muss nicht im Betrieb eines Handelsgewerbes liegen. Die Buchführungspflicht ergibt sich aus § 6 I iVm §§ 238 ff. HGB.

a) Erstellung der Jahresabschlüsse

9 Für die SE gelten die Vorschriften über den Jahresabschluss gemäß §§ 238 ff. HGB sowie die Vorschriften für Kapitalgesellschaften (§§ 264 ff. HGB) und die besonderen Bestimmungen im AktG. Über den allgemeinen Verweis des Art. 9 SE-VO sind die gläubigerschützenden Bestimmungen des AktG hinsichtlich der Gewinnverwendung auf die SE anwendbar. Die Hauptversammlung einer SE entscheidet im Rahmen des Gewinnverwendungsbeschlusses nur über die Verwendung des Bilanzgewinns (§ 174 I AktG). Aufgrund dieser Regelung sind bei der SE sowohl die Vorschriften hinsichtlich Kapitalerhaltung als auch hinsichtlich des Gläubigerschutzes zur Bildung der gesetzlichen Rücklage (§ 150 AktG) zu beachten. Zudem ist die Ermächtigung des Vorstands und des Aufsichtsrates einen Teil des Jahresüberschusses in die Gewinnrücklagen einzustellen (§ 58 II AktG) zu beachten.

10 Für die Konzernrechnungslegung sind die Vorschriften der §§ 290–315a HGB sowie § 325 II HGB zu beachten. Sind die Wertpapiere der SE zum Handel an einem geregelten Markt zugelassen bzw. die Zulassung beantragt, besteht die Pflicht zur Aufstellung eines befreienden Konzernabschlusses nach den IFRS, wie sie in der EU anzuwenden sind, gemäß § 315a I HGB. Jedoch sind die zusätzlichen Anforderungen und Angaben gemäß § 315a III HGB zu beachten. Insbesondere ist ein Lagebericht nach § 315 HGB aufzustellen sowie die Entsprechenserklärung gemäß § 161 AktG abzugeben. Für alle nicht kapitalmarktorientierten Unternehmen besteht ein Wahlrecht.

11 Auf freiwilliger Basis kann die SE zusätzlich, neben dem Jahresabschluss nach HGB, einen Einzelabschluss nach den IFRS, wie sie in der EU anzuwenden sind, aufstellen. Große Kapitalgesellschaften können diesen befreiend nach § 325 IIa HGB im elektronischen Bundesanzeiger veröffentlichen. Der Jahresabschluss nach HGB ist weiterhin für Zwecke

---

[10] *Herrler* Ermöglichung von Grenzüberschreitenden Verschmelzungen, EuZW 2007 S. 295.
[11] *Fischer* in Münchener Kommentar SE-VO Art. 61 Rn. 7.

§ 15. Rechnungslegung und Jahresabschluss § 15

der Kapitalerhaltung, der Ausschüttungs- und Steuerbemessung sowie des Gläubigerschutzes aufzustellen.

b) Prüfung und Offenlegung

Auch für die Prüfung und Offenlegung des Jahresabschlusses einer SE verweist Art. 61 SE-VO auf die jeweiligen nationalen Vorschriften. Somit sind die gesamten Vorschriften des HGB, die auf eine AG anzuwenden sind, zu berücksichtigen.[12]

Die allgemeinen Vorschriften betreffend Prüfungspflicht, Prüfungsgegenstand sowie Bestellung des Abschlussprüfers finden damit auch bei einer SE mit (Register-)Sitz in Deutschland Anwendung. Mittelgroße und große Kapitalgesellschaften unterliegen der Prüfungspflicht. Der Abschlussprüfer wird durch die Hauptversammlung gewählt.[13] Die Beauftragung erfolgt durch den Aufsichtsrat. Bei einer monoistischen SE erfolgt die Beauftragung durch den Verwaltungsrat (§ 22 IV 3 SEAG).[14]

Ein nicht geprüfter Jahresabschluss darf nicht festgestellt werden (§ 316 I 2 HGB). Wird dieser trotzdem festgestellt, ist der Jahresabschluss nichtig (§ 256 I Nr. 2 AktG). Im monoistischen Leitungssystem sind die Aufgaben des Aufsichtsrates nach § 171 AktG dem Verwaltungsrat unterstellt. § 47 III SEAG verweist ausdrücklich auf § 171 I und II AktG hinsichtlich der internen Prüfung des Jahresabschlusses, des Lageberichts sowie des Gewinnverwendungsvorschlages. Somit hat der Abschlussprüfer dem Verwaltungsrat über die Prüfung in Form eines Prüfungsberichtes Bericht zu erstatten und an der Bilanzsitzung teilzunehmen. Hierüber muss sich der Verwaltungsrat ein selbstständiges Bild über das Prüfungsergebnis machen und darf sich nicht unbesehen dem Urteil des Abschlussprüfers anschließen.[15]

Im Rahmen der monoistischen Struktur ist die erforderliche Prüfungsintensität des Verwaltungsrates fraglich. Er verfügt im Vergleich zum Aufsichtsrat über umfassendere Einflussmöglichkeiten auf die Geschäftsführung (§ 22 I SEAG). Ob dann eine regelmäßige Plausibilitätsüberprüfung ausreichend erscheint, oder ob die weitergehende Kompetenzen zu einer weitergehenden Prüfung verpflichten, bleibt abzuwarten.[16]

Die SE unterliegt den Offenlegungspflichten nach §§ 325 ff. HGB. Bei einer AG oder einer dualistischen SE ist der Vorstand verpflichtet, den Jahresabschluss beim Handelsregister einzureichen. In der monoistischen Struktur ist der geschäftsführende Direktor hierfür zuständig (§ 326 f. HGB).

---

[12] *Fischer* in Münchener Kommentar SE-VO Art. 61, Rn. 18.
[13] *Henckel* Grenzüberschreitende Verschmelzung zu einer SE, DStR 2005 S. 1785 (1791).
[14] *Fischer* in Münchener Kommentar SE-VO Art. 61 Rn. 20.
[15] *Fischer* in Münchener Kommentar SE-VO Art. 61 Rn. 20.
[16] *Fischer* in Münchener Kommentar SE-VO Art. 61 Rn. 18, 20.

§ 15   4. Teil. Grenzüberschreitende Verschmelzungen

III. Bewertung bei grenzüberschreitenden Verschmelzungen

17 Im Rahmen von grenzüberschreitenden Verschmelzungen, insbesondere im Kontext der Gründung einer SE, ist die Frage der Verschmelzungswertrelation (Umtauschverhältnis) von großer Bedeutung. Weder die EU-Verordnung zur grenzüberschreitenden Verschmelzung noch die SE-Verordnung regeln die Ermittlung der Verschmelzungswertrelation. Man glaubte bei Verabschiedung der Richtlinie, die Regelungen zur Unternehmensbewertung als Basis für die Bestimmung der Verschmelzungswertrelation der Betriebswirtschaftslehre überlassen zu können.[17] Dabei wurde das Problem außer Acht gelassen, dass die Festlegung von Verfahren zur Ermittlung von Verschmelzungswertrelationen dem jeweiligen Mitgliedsstaat obliegt und mangels Harmonisierung die jeweiligen nationalen Regelungen häufig divergieren.

18 Die Lösung des Problems wäre nicht die Vorgabe eines einheitlichen, sondern die Anwendung gleicher Bewertungsverfahren.

19 Bei Anwendung von Bewertungsverfahren empfiehlt sich die gleichen Rechnungslegungsgrundsätze bei Erstellung des Business Plans zu berücksichtigen, der als Basis für die Anwendung, wie zB das DCF-Verfahren, dient. Da innerhalb der EU zumindest für Konzernabschlüsse und für Einzelabschlüsse, die IFRS, in der Fassung, wie sie in der EU akzeptiert werden, anzuwenden sind, sollten diese bei den zu verschmelzenden Rechtsträgern einheitlich angewendet werden. Bei Wahlrechten innerhalb der IFRS müssen diese einheitlich ausgeübt werden. Nur durch die weitestgehende Einheitlichkeit der Bewertungsverfahren und der Anpassung der nationalen Rechnungslegungsgrundsätze ist die Aussagekraft der Unternehmensbewertung und damit die Ermittlung einer objektiven Verschmelzungswertrelation vollständig gesichert.

1. Bewertungsverfahren

20 Zur Ermittlung des Unternehmenswertes sind nach IDW S 1 in Deutschland das Ertragswertverfahren oder das DCF-Verfahren zugelassen.[18] Um die Einheitlichkeit, die Vergleichbarkeit und Akzeptanz der Bewertung bei grenzüberschreitenden Verschmelzungen zu gewährleisten, empfiehlt sich die Anwendung des international anerkannten DCF-Verfahrens. Die unterschiedlichen Ansätze des DCF-Verfahrens (WACC- bzw. APV-Ansatz[19]) sind dabei einheitlich für die zu bewertenden Unternehmen anzusetzen.

2. Zinssatz

21 Besondere Bedeutung kommt bei der Unternehmensbewertung der Bestimmung des Zinssatzes zu. Insbesondere die Vereinheitlichung unterschiedlicher Zinsniveaus in den beteiligten Mitgliedsstaaten muss gelöst werden.

---

[17] Kiem ZGR 2007 S. 559 f.
[18] → § 9 Rn. 84 ff.
[19] → § 9 Rn. 114 ff.

Möglich wäre, dass jede Gesellschaft ihren landesüblichen Zinssatz wählt 22
und hieraus ein Mittelwert abgeleitet wird. Dieses führt allerdings zu Wertverwerfungen, da niedrigere landesübliche Zinssätze zu höheren Unternehmenswerten führen. Es empfiehlt sich deshalb auf den Zinssatz des beteiligten Landes mit der höchsten Bonität abzustellen. Dies entspricht konzeptionell auch eher der Methodik des IDW S 1 idF 2008, nachdem der Basiszinssatz im Rahmen des CAPM grundsätzlich risikolos sein soll.[20]

Auch Modelle wie CAPM bereiten weitere Schwierigkeiten, da hier 23
auf die Alternativrendite eines typischen Marktportfolios abgestellt wird. Aus deutscher Sicht wird häufig der DAX oder der EuroStoxx herangezogen.[21] Ob dies für das andere an der Verschmelzung beteiligte Unternehmen adäquat ist, ist zu bezweifeln.

3. Berücksichtigung von persönlichen Ertragsteuern

Ein weiterer offener Punkt ist die Berücksichtigung der von dem 24
Anteilseigner tatsächlich zu tragenden persönlichen Ertragsteuer. Zumindest in Deutschland wird gemäß IDW S 1 auf ein Nachsteuerergebnis abgestellt, das ggf. einen typisierenden Steuersatz berücksichtigt. Dieser typisierte Steuersatz stellt auf einen inländischen Anleger ab. Fraglich ist hierbei, inwieweit dieser Ansatz bei einer immer internationaler werdenden Anlegerstruktur bei Publikumsgesellschaften als sinnvoll erscheint.

4. Börsenkurs als Wertmaßstab

Als Bewertungsalternative, zumindest bei Publikumsgesellschaften, 25
wird diskutiert, auf den durchschnittlichen Börsenkurs unter Berücksichtigung eines genügend langen Referenzzeitraums abzustellen. So würden spekulative Einflüsse ausgeschlossen.[22] Auch sei der Börsenkurs international der Inbegriff der Bewertung zumindest von Publikumsaktiengesellschaften. Es gälte die Gleichstellung von Börsen- und Verkehrswert und es sei keine weitere Wertermittlung geboten. Unserer Ansicht nach würde jedoch dieser Ansatz zu falschen Ergebnissen bzw. Verzerrungen führen, da Börsenkurse häufig auch durch Spekulationen und Marktenge beeinflusst werden und somit kein realistisches Bild von dem Unternehmenswert zeichnen.

5. Fazit

Zusammenfassend erscheint es sinnvoll, jeweils die Verfahren als Maßstab 26
heranzuziehen, die in dem Land des aufnehmenden Rechtsträgers herrschende Praxis und oder vom Berufsstand vorgegeben sind. Somit sollte sich der übertragende Rechtsträger hier nach dem aufnehmenden Rechtsträger richten, um auch Akzeptanzprobleme im Mitgliedsstaat des aufnehmenden Rechtsträgers zB bei Eintragung zu vermeiden. Entscheidend ist jedoch die Einheitlichkeit und damit die Vergleichbarkeit der Verfahren.

---

[20] IDW S 1 idF 2008, Rn. 116 f.
[21] IDW S 1 Anhang.
[22] Kiem ZGR 2007 S. 564 f.

§ 16. Steuerrechtliche Regelungen zu grenzüberschreitenden Verschmelzungen sowie Auslandsverschmelzungen mit Inlandsberührung

I. Anwendungsbereich

1. Vorbemerkung

1   Durch das SEStEG ist der Anwendungsbereich des UmwStG auf europäische Umwandlungen erweitert worden. Hintergrund dieser Öffnung des Anwendungsbereichs ist die Niederlassungsfreiheit nach Art. 49 AEUV[1], die Rechtsprechung[2] des EuGH, die Verordnungen über das Statut der Europäischen Gesellschaft (SE)[3] und der Europäischen Genossenschaft (SCE)[4] sowie die Richtlinie über die Verschmelzung von Kapitalgesellschaften aus verschiedenen Mitgliedstaaten (FRL).[5]

2   In den Anwendungsbereich des UmwStG einbezogen werden nunmehr bestimmte grenzüberschreitende Umwandlungen sowie Auslandsumwandlungen. Diese Vorgänge sind in Deutschland immer dann ertragsteuerlich relevant, wenn auf der Ebene des übertragenen Vermögens deutsches Besteuerungsrecht besteht, verloren geht oder geschaffen wird und/oder eine entsprechende Situation auf Ebene des Gesellschafters gegeben ist.

3   Europäisierung des Umwandlungssteuerrechts bedeutet, dass grenzüberschreitende Umwandlungen sowie Auslandsumwandlungen unter Beteiligung von solchen Rechtsträgern in den Anwendungsbereich des UmwStG einbezogen werden, die in einem oder in verschiedenen EU-/EWR-Staaten ansässig sind. Bei der grenzüberschreitenden Verschmelzung unterliegt mindestens einer der beteiligten Rechtsträger dem Recht

---

[1] Vertrag über die Arbeitsweise der Europäischen Union, ABl. 2008 C 115, 47.
[2] Vgl. EuGH-Urteil vom 13.12.2005, C-411/03 – SEVIC Systems AG, NJW 2006 S. 425 (429).
[3] Verordnung (EG) Nr. 2157 v. 8.10.2001, zuletzt geändert durch Art. 1 Abs. 1 Buchst. c ÄndVO (EU) 517/2013 vom 13.5.2013 (ABl. 2013 L 158, 1). Die SE-VO findet auch für die EWR-Staaten Island, Liechtenstein und Norwegen Anwendung (Beschluss des Gemeinsamen EWR-Ausschusses Nr. 93/2002 v. 25.6.2002 zur Änderung des EWR-Abkommens, ABl. 2002 L 266, 69).
[4] Verordnung (EG) Nr. 1435/2003 v. 22.7.2003. Die SCE-VO findet auch für die in Rn. 9 genannten EWR-Staaten Anwendung (EWR-Ausschuss Nr. 15/2004 v. 6.2.2004, ABl. 2004 L 116, 68).
[5] Richtlinie 2005/19/EG (Fusionsrichtlinie) ABl. 2005, L 58, 19, ersetzt mit Wirkung vom 15.12.2009 durch die Richtlinie 2009/133/EG des Rates vom 19.10.2009 über das gemeinsame Steuersystem für Fusionen, Spaltungen, Abspaltungen, die Einbringung von Unternehmensteilen und den Austausch von Anteilen, die Gesellschaften verschiedener Mitgliedstaaten betreffen, sowie für die Verlegung des Sitzes einer Europäischen Gesellschaft oder einer Europäischen Genossenschaft von einem Mitgliedstaat in einen anderen Mitgliedstaat (ABl. 2009 L 310, 34; zuletzt geändert durch die RL 2013/13/EU des Rates v. 13.5.2013, ABl. 2013 L 141, 30).

§ 16. Steuerliche Regelungen § 16

eines anderen EU-/EWR-Mitgliedstaats bzw. hat in einem dieser Staaten seinen Sitz. Grenzüberschreitende Verschmelzungen können sich als Hinausverschmelzung[6] eines inländischen Rechtsträgers auf einen ausländischen Rechtsträger oder als Hereinverschmelzung[7] eines ausländischen Rechtsträgers auf einen inländischen Rechtsträger darstellen. Von einer Auslandsumwandlung spricht man bei Verschmelzung (mindestens) zweier ausländischer Rechtsträger.

Auf Verschmelzungen außerhalb der EU/EWR (Drittlandverschmelzungen) ist das UmwStG nicht anzuwenden.[8] Lediglich für die Verschmelzung von ausländischen Körperschaften mit inländischem Vermögen besteht mit § 12 II 1 KStG eine Sonderregelung.[9] Sind die Voraussetzungen des § 12 II 1 KStG erfüllt, kann das zu einer inländischen Betriebstätte gehörende Vermögen bei dieser Verschmelzung ohne Aufdeckung stiller Reserven übergehen. Auf die deutschen Anteilseigner der an der ausländischen Verschmelzung beteiligten beschränkt steuerpflichtigen Körperschaften ist § 13 UmwStG anzuwenden, § 12 II 2 KStG. 4

Der sachliche und persönliche Anwendungsbereich des UmwStG auf europäische Verschmelzungen wird durch § 1 I UmwStG geregelt. Liegt eine der Voraussetzungen nicht vor, ist der Anwendungsbereich des UmwStG nicht eröffnet und der jeweilige Vorgang ist nach den allgemeinen steuerlichen Regelungen und damit regelmäßig als Veräußerungs- bzw. Tausch- und Anschaffungsvorgang bzw. als Liquidation zu behandeln.[10] 5

Auf die nicht vom UmwStG erfassten Umwandlungen sind die allgemeinen ertragsteuerlichen Regelungen anzuwenden. 6

2. Sachlicher Anwendungsbereich

a) Überblick

§ 1 I UmwStG bestimmt den sachlichen Anwendungsbereich des Zweiten bis Fünften Teils des UmwStG. Die bezeichneten Teile regeln insbesondere die Umwandlung von Körperschaften untereinander sowie die Umwandlung einer Kapitalgesellschaft in eine Personengesellschaft. § 1 III UmwStG normiert demgegenüber den sachlichen Anwendungsbereich des Sechsten bis Achten Teils des UmwStG (§§ 20 bis 25 UmwStG) und damit die Verschmelzung von Personengesellschaft als übertragender Rechtsträger bzw. die Verschmelzung von Personengesellschaften untereinander. 7

---

[6] → Rn. 59 ff.
[7] → Rn. 98 ff.
[8] Dagegen sah der interne Diskussionsentwurf des SEStEG aus dem September 2005 vor, auch Umstrukturierungsvorgänge in Drittstaaten – also nicht EU- oder EWR-Staaten – in den Anwendungsbereich des deutschen UmwStG einzubeziehen. Vgl. *Haritz* in Haritz/Menner, UmwStG § 1, Rn. 4; *Rödder/Schumacher* DStR 2007 S. 369; *Thiel* DB 2005 S. 2316; *Klepsch* IStR 2016 S. 15.
[9] → Rn. 136 ff.
[10] Vgl. BMF-Schreiben vom 11.11.2011, BStBl. I 2011 S. 1314 Tz. 00.02.

§ 16   4. Teil. Grenzüberschreitende Verschmelzungen

8   In den sachlichen Anwendungsbereich des UmwStG fallen nach § 1 I Nr. 1 4. Alt. UmwStG bestimmte, für Zwecke dieses Kapitels interessierende grenzüberschreitende sowie ausländische Umwandlungen, wenn es sich dabei um vergleichbare ausländische Vorgänge unter Beteiligung von EU-/EWR-Mitgliedstaaten handelt.

9   Ausdrücklich in den Anwendungsbereich des UmwStG einbezogen, werden Verschmelzungen nach Art. 17 der VO (EG) Nr. 2157/2001 (SE-VO) sowie nach Art. 19 der VO (EG) Nr. 1435/2003 (SCE-VO), § 1 I Nr. 1 Alt. 5. u. Alt. 6). Art. 17 SE-VO betrifft die Gründung einer SE durch Verschmelzung. In Art. 19 SCE-VO wird die Gründung einer SCE durch Verschmelzung geregelt. Sowohl die Gründung einer SE als auch die Gründung einer SCE durch Verschmelzung fallen in den Anwendungsbereich der §§ 11 bis 13 UmwStG.

10 Von §§ 3 bis 9 bzw. §§ 11 bis 13 UmwStG erfasst werden insofern[11]
    – die Umwandlung nach ausländischem Recht, die mit einer Umwandlung nach dem UmwG vergleichbar ist und EU/EWR-Bezug hat,
    – die Verschmelzung einer deutschen Kapitalgesellschaft mit einer EU-/EWR-Kapitalgesellschaft,
    – Umwandlungsvorgänge, die vom UmwG erfasst werden und EU-/EWR-Bezug haben,
    – Vorgänge nach Art. 17 SE-VO (Gründung einer SE durch Verschmelzung) und nach Art. 19 SCE-VO (Gründung einer SCE durch Verschmelzung).

11 Immer dann, wenn es sich um einen Vorgang handelt, auf den das UmwG nicht anzuwenden ist, es sich aber um einen mit den im UmwG geregelten Umwandlungen vergleichbaren Vorgang handelt, kommen §§ 3 bis 9 bzw. §§ 11 bis 13 UmwStG zur Anwendung. Die Vergleichbarkeitsprüfung umfasst zum einen die Rechtsfolgen der Umwandlung[12] und zum anderen die beteiligten Rechtsträger[13] (Typenvergleich).[14]

b) Vergleichbarkeit hinsichtlich der Rechtsfolgen der Umwandlung

12 Ob es sich um eine vergleichbare ausländische oder grenzüberschreitende Umwandlung handelt, richtet sich danach, ob der betreffende Vorgang seinem Wesen nach einer im deutschen UmwG geregelten Umwandlungsart entspricht.[15] Nicht erforderlich soll dabei sein, dass die Umwandlung aufgrund einer gesetzlichen Vorschrift erfolgt.[16] Vielmehr ist bei der Vergleichbarkeitsprüfung grenzüberschreitender oder ausländischer Umwandlung auf die wesentlichen Strukturmerkmale der jeweils vergleichbaren inländischen Umwandlung abzustellen. Der nach ausländischem Recht vorgesehene Umwandlungsvorgang muss vor allem hinsichtlich seiner Rechtsfolgen den deutschen Umwandlungsvorschriften entsprechen.

[11] Vgl. *Widmayer* in Widmann/Mayer, § 1 UmwStG Rn. 15.
[12] → Rn. 12 ff.
[13] → Rn. 19 ff.
[14] Vgl. Regierungsbegründung zum SEStEG-E, BT-Drucks. 16/2710, S. 35.
[15] Vgl. Regierungsbegründung zum SEStEG-E, BT-Drucks. 16/2710, S. 35.
[16] Siehe *Trossen* in Rödder/Herlinghaus/van Lishaut, § 1 UmwStG Rn. 84.

§ 16. Steuerliche Regelungen § 16

Bei ausländischen oder grenzüberschreitenden Verschmelzungen ist 13
insofern eine Vergleichbarkeit mit Verschmelzungen nach dem deutschen
UmwG zu prüfen. Zivilrechtlich wird bei der Verschmelzung gemäß § 2
UmwG das gesamte Vermögen eines oder mehrerer Rechtsträger im
Wege der Gesamtrechtsnachfolge ohne Abwicklung auf einen anderen
Rechtsträger gegen Gewährung von Anteilen am übernehmenden
Rechtsträger an die Anteilseigner des übertragenden Rechtsträgers übertragen. Die wesentlichen Strukturmerkmale einer Verschmelzung nach
UmwG sind nach Auffassung der Finanzverwaltung[17]
– die Übertragung des gesamten Aktiv- und Passivvermögens eines oder
mehrerer Rechtsträger auf einen übernehmenden Rechtsträger,
– aufgrund eines Rechtsgeschäfts bzw. kraft Gesetzes,
– im Wege der Gesamtrechtsnachfolge,
– (im Normalfall) gegen Gewährung von Anteilen oder Mitgliedschaftsrechten des übernehmenden oder neuen Rechtsträgers an die Anteilseigner des übertragenden Rechtsträgers,
– die Auflösung des übertragenden Rechtsträgers ohne Abwicklung.[18]

Das für die jeweilige Umwandlung maßgebende Recht bestimmt sich 14
nach dem Recht des Staates, in dem der jeweilige Rechtträger in ein
öffentliches Register eingetragen ist.[19] Um den Anwendungsbereich des
UmwStG zu eröffnen, muss der der Verschmelzung zu Grunde liegende
ausländische Rechtsakt nach dem jeweiligen Landesrecht zivilrechtlich
wirksam sein.[20] Nicht erforderlich ist, dass die Umwandlung aufgrund
einer gesetzlichen Vorschrift erfolgt.[21] Im Rahmen der Vergleichbarkeitsprüfung ist auf den konkreten Vorgang und nicht auf die abstrakten
Regelungen des ausländischen Staats abzustellen.[22]

Damit es sich um einen „vergleichbaren Vorgang" handelt, muss die 15
Vermögensübertragung nach ausländischem Recht im Wege der Gesamtrechtsnachfolge stattfinden.[23] Sieht das ausländische Recht demgegenüber
einen Vermögensübergang durch Gesamtrechtsnachfolge nicht vor, sondern lässt sich die Umstrukturierung nur im Wege der Einzelrechtsnachfolge durchführen, liegt kein mit dem deutschen UmwG vergleichbarer
Vorgang vor. Einschränkend wird indes dazu im Schrifttum[24] die Auffassung vertreten, dass die Umstrukturierung nach ausländischem Recht

---

[17] Vgl. BMF-Schreiben vom 11.11.2011, BStBl. I 2011 S. 1314, Tz. 01.30 f.
[18] → § 2 Rn. 4; → § 9 Rn. 1. Vgl. Hörtnagl in Schmitt/Hörtnagl/Stratz, § 1 UmwStG Rn. 34; Benecke/Schnitger IStR 2006 S. 765 (769).
[19] Vgl. BMF-Schreiben vom 11.11.2011, BStBl. I 2011 S. 1314 Tz. 01.20.
[20] Vgl. BMF-Schreiben vom 11.11.2011, BStBl. I 2011 S. 1314 Tz. 01.20.
[21] Vgl. Graw in Rödder/Herlinghaus/van Lishaut, § 1 UmwStG Rn. 83; Schmitt in Schmitt/Hörtnagl/Stratz, § 1 UmwStG Rn. 32.
[22] BMF Schreiben vom 11.11.2011, BStBl. I 2011 S. 1314, Tz. 01.24.
[23] Vgl. BMF-Schreiben vom 11.11.2011, BStBl. I 2011 S. 1314, Tz. 01.31; Hörtnagl in Schmitt/Hörtnagl/Stratz, § 1 UmwStG Rn. 35; Benecke/Schnitger IStR 2006 S. 765 (769); Möhlenbrock in Dötsch/Patt/Pung/Jost, vor § 1 UmwStG Rn. 46, § 1 UmwStG, Rn. 83.
[24] Vgl. Widmann in Widmann/Mayer, § 1 UmwG, Rn. 17; Graw in Rödder/Herlinghaus/van Lishaut, § 1 UmwStG Rn. 87c.

§ 16   4. Teil. Grenzüberschreitende Verschmelzungen

auch dann als „vergleichbarer Vorgang" anzusehen ist, wenn das ausländische Gesellschaftsrecht zwar keine Gesamtrechtsnachfolge vorsieht, die Umstrukturierung aber zu einem Ergebnis führt, das mit dem einer Verschmelzung vergleichbar ist. Dies erscheint vor allem dann sachgerecht, wenn das ausländische Gesellschaftsrecht keine der Gesamtrechtsnachfolge vergleichbare Regelungstechnik kennt, das wirtschaftliche Ergebnis aber identisch ist.[25]

16 Weiter erforderlich ist für die Vergleichbarkeit die Gewährung von Anteilen bzw. Mitgliedschaftsrechten des übernehmenden Rechtsträgers an die Anteilseigner des übertragenden Rechtsträgers.[26] Von der Erfüllung dieser Bedingung für die Beurteilung als „vergleichbarer Vorgang" dürfte nur in den Fällen abgesehen werden können, in denen auch das deutsche UmwG ein Kapitalerhöhungsverbot oder ein Kapitalerhöhungswahlrecht vorsieht, wie etwa bei der Verschmelzung auf den Alleingesellschafter.[27] Unschädlich dürfte umgekehrt sein, wenn abweichend von §§ 54 I 1 Nr. 1, 68 I Nr. 1 UmwG eine Kapitalerhöhung auch dann gestattet ist, wenn und soweit der übernehmende Rechtsträger am übertragenden Rechtsträger beteiligt ist.[28] Für die Beurteilung als „vergleichbarer Vorgang" ist in Verschmelzungsfällen unter Beteiligung von Kapitalgesellschaften zudem die Grenze barer Zuzahlungen von 10% des Nennbetrags der gewährten Anteile zu beachten. So lässt Art. 2 FusionsRL[29] nur bare Zuzahlungen zu, die den zehnten Teil des Nennbetrags der gewährten Anteile nicht übersteigen. Ferner dürfen die anderen Gegenleistungen der Umwandlung nicht das Gepräge geben, damit noch von einem „vergleichbaren Vorgang" gesprochen werden kann. Keine Vergleichbarkeit ist mehr gegeben, wenn Zuzahlungen von mehr als 50% des Gesamtnennbetrags der gewährten Gesellschaftsanteile der übernehmenden Gesellschaft gewährt werden können.[30]

17 Die Finanzverwaltung fordert für die Vergleichbarkeit weiter, dass die Übertragung im Rahmen eines Rechtsgeschäfts erfolgt. Dazu ist erforderlich, dass ein Verschmelzungsvertrag geschlossen bzw. ein Verschmelzungsplan mit dem Mindestinhalt nach den Vorgaben der Verschmelzungsrichtlinie aufgestellt wird.[31] Nach anderer Auffassung ist dies kein Kriterium der Vergleichbarkeit, sondern lediglich eine Frage der Rege-

---

[25] Vgl. *Graw* in Rödder/Herlinghaus/van Lishaut, § 1 UmwStG Rn. 87c. Vgl. auch *Bogenschütz* Ubg 2011 S. 393 (396).
[26] Vgl. *Benecke/Schnitger* IStR 2006 S. 765 (769). AA *Widmann* in Widmann/Mayer, § 1 UmwG, Rn. 23.
[27] Vgl. *Graw* in Rödder/Herlinghaus/van Lishaut, § 1 UmwStG Rn. 87d.
[28] Vgl. *Widmann* in Widmann/Mayer, § 1 UmwG Rn. 24.
[29] RL 2009/133/EG vom 19.10.2009, ABl L 310, 34, zuletzt geändert durch Art. 1 ÄndRL 2013/13/EU vom 13.5.2013, ABl 2013 L 141, 30). Vgl. auch BMF-Schreiben vom 11.11.2011, BStBl. I 2011 S. 1314 Tz. 01.25, Tz. 01.40.
[30] Vgl. *Widmann* in Widmann/Mayer, § 1 UmwG Rn. 22.
[31] Vgl. BMF-Schreiben vom 11.11.2011, BStBl. I 2011 S. 1314, Tz. 01.30 f. Grundsätzlich zustimmend *Graw* in Rödder/Herlinghaus/van Lishaut, § 1 UmwStG Rn. 87a.

lungstechnik. Dieser Auffassung zufolge lässt sich diese Bedingung nicht aus § 2 UmwG herleiten.³²

Unbeachtlich für die Vergleichbarkeit des ausländischen Vorgangs sind die Dauer des steuerlichen Rückwirkungszeitraums³³ und verfahrensrechtliche Fragen.³⁴ Dies sollte sich schon daraus ergeben, dass insoweit das jeweils ausländische Gesellschaftsrecht maßgebend ist. 18

c) Typenvergleich

Im Zuge der Vergleichbarkeitsprüfung ist ferner zu prüfen, ob die an der Verschmelzung beteiligten Rechtsträger nach dem anwendbaren ausländischen Gesellschaftsrecht umwandlungsfähig sind.³⁵ Des Weiteren ist zu untersuchen, ob die beteiligten Rechtsträger selbst mit den Rechtsträgern iSd UmwG vergleichbar sind.³⁶ 19

Bei der Umwandlung ausländischer Rechtsträger ist durch einen Typenvergleich zu ermitteln, ob es sich aus deutscher Sicht um eine Körperschaft oder um eine Personengesellschaft handelt.³⁷ Für die Einordnung eines ausländischen Rechtsträgers ist demnach nicht die steuerliche Qualifizierung des ausländischen Rechtsträgers in seinem Ansässigkeitsstaat entscheidend.³⁸ Vielmehr ist eine typisierende Sichtweise nach deutschem Rechtsverständnis entscheidend. Dabei kommt es auf den nach ausländischem Recht geregelten Aufbau und die wirtschaftliche Stellung des beteiligten Rechtsträgers an. Für die Abgrenzung der Gesellschaftstypen ist auf das Gesamtbild der nach ausländischem Recht gegründeten Gesellschaft abzustellen. Für die Praxis bietet die Einordnung der ausländischen Gesellschaftsformen nach dem Betriebsstättenerlass³⁹ idR einen guten Anhaltspunkt.⁴⁰ 20

Als Kriterien für die Einordnung eines ausländischen Rechtsträgers als Kapitalgesellschaft können herangezogen werden:⁴¹
- die beschränkte Haftung der Gesellschafter,
- die fehlende Nachschusspflicht der Gesellschafter,
- das Fortbestehen der Gesellschaft unabhängig vom Gesellschafterbestand,
- die Fremdorganschaft, 21

---

³² Vgl. *Hörtnagl* in Schmitt/Hörtnagl/Stratz, § 1 UmwStG Rn. 35 m. w. N.
³³ Vgl. BMF-Schreiben vom 11.11.2011, BStBl. I 2011 S. 1314 Tz. 01.41. Vgl. auch *Graw* in Rödder/Herlinghaus/van Lishaut, § 1 UmwStG Rn. 91.
³⁴ Vgl. *Graw* in Rödder/Herlinghaus/van Lishaut, § 1 UmwStG Rn. 91.
³⁵ Vgl. BMF-Schreiben vom 11.11.2011, BStBl. I 2011 S. 1314 Tz. 01.26.
³⁶ Vgl. *Graw* in Rödder/Herlinghaus/van Lishaut, § 1 UmwStG Rn. 85a.
³⁷ Vgl. BMF-Schreiben vom 11.11.2011, BStBl. I 2011 S. 1314 Tz. 01.27.
³⁸ Vgl. zB *Hörtnagl* in Schmitt/Hörtnagl/Stratz, § 1 UmwStG Rn. 17 m. w. N.
³⁹ Vgl. BMF-Schreiben vom 24.12.1999, BStBl. I 1999 S. 1076, Anlagen Tabelle 1 und 2.
⁴⁰ Gleichwohl sind insbesondere die gesellschaftsrechtlichen und die gesetzlichen Regelungen im Einzelfall zu prüfen.
⁴¹ Vgl. dazu BMF-Schreiben vom 19.3.2004, BStBl. I 2004 S. 411. Vgl. auch *Graw* in Rödder/Herlinghaus/van Lishaut, § 1 UmwStG, Rn. 35; *Hörtnagl* in Schmitt/Hörtnagl/Stratz, § 1 UmwStG Rn. 18.

§ 16   4. Teil. Grenzüberschreitende Verschmelzungen

– die freie Übertragbarkeit der Beteiligung,
– der konstitutive Charakter der Eintragung sowie
– die unbegrenzte Lebensdauer der Gesellschaft.

22 Eine ausländische Gesellschaft ist mit einer Personengesellschaft vergleichbar, wenn die folgenden Merkmale erfüllt sind:[42]
– unbeschränkte Haftung mindestens eines Gesellschafters,
– Ausscheiden eines Gesellschafters als grundsätzlicher[43] Auflösungsgrund,
– Selbstorganschaft,
– Übertragung der Gesellschafterstellung grundsätzlich[44] nur mit Zustimmung der Mitgesellschafter.

23 Gesetzlich eingeräumte steuerliche Optionsrechte bleiben bei diesem Typenvergleich außer Betracht.

24 Nicht als Körperschaften eingeordnet werden sog. transparente Gesellschaften. Dabei handelt es sich um Gesellschaften, die nach dem Recht des ausländischen Ansässigkeitsstaates als Körperschaften behandelt werden und dort der Körperschaftsteuer unterliegen, in Deutschland indes auf Grund der Beurteilung ihrer zivilrechtlichen Merkmale als steuerlich transparent betrachtet werden (steuerlich transparente Gesellschaften).

25 Anders als bei der Verschmelzung von Körperschaften erfassen die §§ 20 bis 25 UmwStG nicht nur den Umwandlungen iSd UmwG vergleichbare Vorgänge, sondern auch Einbringungen. Mithin wird der sachliche Anwendungsbereich des Sechsten bis Achten Teils in den §§ 20 bis 25 UmwStG selbst um Einbringungen und damit Vorgänge durch Einzelrechtsnachfolge ergänzt.

3. Persönlicher Anwendungsbereich

a) Überblick

26 Ergänzt werden die Regelungen zum sachlichen Anwendungsbereich nach § 1 I UmwStG um die Bestimmungen des § 1 II UmStG (persönlicher Anwendungsbereich bei Körperschaften als übertragender Rechtsträger) und des § 1 III (und ggf.) 1 IV UmwStG (persönlicher Anwendungsbereich bei Personengesellschaften als übertragender Rechtsträger). § 1 II UmwStG fordert dabei für die beteiligten Rechtsträger einen doppelten EU-/EWR-Bezug: Zur Anwendung des UmwStG müssen die an einer Verschmelzung beteiligten ausländischen Gesellschaften nach den Rechtsvorschriften eines EU-Mitgliedstaates (Art. 54 AEUV) oder eines EWR-Staates (Art. 34 EWR-Abkommen) gegründet worden sein

---

[42] Vgl. *Graw* in Rödder/Herlinghaus/van Lishaut, § 1 UmStG Rn. 36; *Hörtnagl* in Schmitt/Hörtnagl/Stratz, § 1 UmwStG Rn. 23.

[43] Unschädlich ist, wenn eine Fortführung der Gesellschaftsrecht zB im Rahmen des Gesellschaftsvertrags auch bei Ausscheiden eines Gesellschafters vorgesehen ist.

[44] Unschädlich ist, wenn die Weiterübertragung bereits im Gesellschaftsvertrag vorgesehen ist.

bzw. gegründet werden und in einem dieser Staaten ihren Sitz und den Ort der Geschäftsleitung unterhalten oder nehmen, § 1 II Nr. 1 und 2 UmwStG.[45] Die Belegenheit des von der Verschmelzung betroffenen Vermögens ist unbeachtlich.[46] Für die Verschmelzung auf eine natürliche Person gilt § 1 II Nr. 2 UmwStG.[47]

Sowohl Auslandsverschmelzungen als auch grenzüberschreitende Verschmelzungen können sich insofern unter Beachtung von § 1 II UmwStG nur innerhalb der EU bzw. des EWR vollziehen.[48] 27

Maßgebend für die Erfüllung der genannten Voraussetzungen ist der Zeitpunkt, in dem die Verschmelzung in das relevante Register eingetragen wird. 28

Die Erfüllung der persönlichen Anwendungsvoraussetzungen der an der Umwandlung beteiligten Rechtsträger sind gesellschaftsbezogen zu ermitteln; auf die Gesellschafter oder Anteilseigner kommt es nicht an.[49] 29

Für die Bestimmung des persönlichen Anwendungsbereichs bei der Verschmelzung von Personengesellschaften sind § 1 III und IV UmwStG zu beachten.[50]

b) Gesellschaften

aa) Ort der Gründung

Zentrale Voraussetzung für die Anwendung des UmwStG ist es, dass die an der Verschmelzung beteiligten Rechtsträger nach den Rechtsvorschriften eines EU-/EWR-Mitgliedstaats gegründet wurden, § 1 II 1 UmwStG. Diese Bedingung ist auch dann erfüllt, wenn der Staat im Zeitpunkt der Gründung des beteiligten Rechtsträgers noch nicht Mitgliedstaat der EU war.[51] Ebenso sollte rückwirkend die Anwendung des UmwStG nicht versagt werden können, sofern nach der Eintragung der Verschmelzung ein Mitgliedstaat aus der EU austritt.[52] 30

Eine SE oder eine SCE gelten nach § 1 II 2 UmwStG als in dem EU- bzw. EWR-Staat gegründet, in dem sie ansässig sind. 31

bb) Sitzort und Geschäftsleitung

Gemäß § 1 II 1 UmwStG setzt die Anwendbarkeit der §§ 3 bis 9 UmwStG bzw. §§ 11 bis 13 UmwStG voraus, dass Sitzort und Geschäftsleitung innerhalb der EU/EWR liegen (Kriterium der doppelten Ansässigkeit). 32

---

[45] → Rn. 30 ff.
[46] Vgl. Hörtnagl in Schmitt/Hörtnagl/Stratz, § 1 UmwStG Rn. 56.
[47] → Rn. 39.
[48] Vgl. auch Rn. 3 ff.
[49] Siehe Widmann in Widmann/Mayer, § 1 UmwStG Rn. 26.
[50] → Rn. 41 ff.
[51] Siehe Widmann in Widmann/Mayer, § 1 UmwStG Rn. 30.
[52] Wie es derzeit in Zusammenhang mit Großbritannien („Brexit") im Raum steht.

§ 16   4. Teil. Grenzüberschreitende Verschmelzungen

33   Die Auslegung der Begriffe „Sitz" und „Geschäftsleitung" richtet sich auch für die ausländische Gesellschaft nach deutschem Recht.[53] Ihren Sitz hat eine Gesellschaft an dem Ort, der durch Gesetz, Gesellschaftsvertrag, Satzung, Stiftungsgeschäft oder dergleichen bestimmt ist, § 11 AO. Ort der Geschäftsleitung ist der Ort, an dem sich der Mittelpunkt der geschäftlichen Oberleitung befindet, § 10 AO. Dies ist derjenige Ort, an dem der für die laufende Geschäftsleitung maßgebende Wille gebildet wird. Der steuerliche Begriff der „Geschäftsleitung" und der zivilrechtliche Begriff des „Verwaltungssitzes" stimmen nicht überein.

cc) Kumulative Erfüllung der Bedingungen

34   Gründungsvoraussetzungen sowie das Kriterium der doppelten Ansässigkeit müssen kumulativ erfüllt sein, wenn das deutsche UmwStG auf eine ausländische oder grenzüberschreitende Verschmelzung angewendet werden soll. Maßgeblicher Stichtag für die Frage der Ansässigkeit ist der Zeitpunkt der Eintragung der Verschmelzung in das jeweils maßgebende Register.[54] Nach Auffassung der Finanzverwaltung[55] müssen – mit Ausnahme von Neugründungen – die persönlichen Voraussetzungen dagegen bereits am steuerlichen Übertragungsstichtag gegeben sein.

35   Nicht erforderlich ist es hingegen, dass Gründungsstaat und Sitzstaat identisch sind.

36   Ebenso ist nicht vorauszusetzen, dass sich Sitzort und Geschäftsleitung in ein und demselben Mitgliedstaat befinden.[56] Die Belegenheit des von der Verschmelzung betroffenen Vermögens ist unbeachtlich.[57]

37   Anzuwenden ist das UmwStG insofern auch dann, wenn eine Gesellschaft in einem EU-/EWR-Staat gegründet wurde, der betreffende Staat aber einen identitätswahrenden Wegzug in einen anderen Mitgliedstaat erlaubt und die Gesellschaft insofern ihren Verwaltungssitz oder Sitz der Geschäftsleitung in einem anderen Mitgliedstaat unterhält.

38   Allerdings darf sich für die Anwendung des UmwStG keiner der beiden Anknüpfungspunkte außerhalb des EU- oder EWR-Raums befinden. So sind Gesellschaften, die in einem Drittstaat gegründet wurden und identitätswahrend in einen Mitgliedstaat zugezogen sind, nicht nach §§ 3 ff., §§ 11 ff. UmwStG verschmelzungsfähig.[58] Gleiches gilt für Ge-

---

[53] Vgl. *Hörtnagl* in Schmitt/Hörtnagl/Stratz, UmwG UmwStG, § 1 UmwStG Rn. 66; *Graw* in Rödder/Herlinghaus/van Lishaut, UmwStG, § 1 Rn. 170. AA (vorrangig DBA) *Frotscher* in Frotscher/Maas, KStG GewStG UmwStG, § 1 Rn. 118.
[54] Vgl. *Graw* in Rödder/Herlinghaus/van Lishaut, UmwStG, § 1 Rn. 167; *Hörtnagl* in Schmitt/Hörtnagl/Stratz, § 1 UmwStG Rn. 70.
[55] Vgl. BMF-Schreiben vom 11.11.2011, BStBl. I 2011 S. 1314 Tz. 01.52, 01.55.
[56] Vgl. *Hahn* in Lademann, UmwStG, § 1 Rn. 86; *Graw* in Rödder/Herlinghaus/van Lishaut, UmwStG, § 1 Rn. 171.
[57] Vgl. *Hörtnagl* in Schmitt/Hörtnagl/Stratz, UmwStG § 1 UmwStG Rn. 56.
[58] Vgl. *Haritz/von Wolff* GmbHR 2006 S. 340.

sellschaften, die zwar in einem Mitgliedstaat gegründet wurden, aber in einen Drittstaat weggezogen sind.[59] Ebenso sind §§ 3 ff., §§ 11 ff. UmwStG nicht anwendbar, wenn eine Gesellschaft zwar ihre Geschäftsleitung in einem EU-/EWR-Staat unterhält, ihren Satzungssitz indes in einem Drittstaat hat.

c) Verschmelzung auf eine natürliche Person

Wird eine Gesellschaft iSv § 1 II Nr. 1 UmwStG auf eine natürliche Person als Übernehmerin verschmolzen, sind §§ 3 ff., §§ 11 ff. UmwStG nur anwendbar, wenn sich der Wohnsitz oder der gewöhnliche Aufenthalt der Übernehmerin in einem EU-/EWR-Mitgliedstaat befinden, § 1 II Nr. 2 UmwStG. Unbeschränkte Steuerpflicht wird jedoch nicht vorausgesetzt.[60] Einen Wohnsitz hat eine natürliche Person dort, wo sie eine Wohnung unter Umständen innehat, die darauf schließen lassen, dass sie die Wohnung beibehalten und benutzen wird, § 8 AO. Den gewöhnlichen Aufenthalt hat jemand dort, wo er sich unter Umständen aufhält, die darauf schließen lassen, dass er sich an diesem Ort oder in diesem Gebiet nicht nur vorübergehend aufhält. Ausreichend ist es, dass die natürliche Person auch einen Wohnsitz oder gewöhnlichen Aufenthalt in einem EU-/EWR-Mitgliedstaat hat. Selbst wenn die genannten Voraussetzungen erfüllt sind, können §§ 3 ff., §§ 11 ff. UmwStG auf die Verschmelzung einer Körperschaft auf die natürliche Person nicht angewandt werden, wenn die natürliche Person aufgrund eines DBA als in einem Drittstaat ansässig gilt.[61]

39

4. Vom UmwStG erfasste europäische Verschmelzungen

Vom UmwStG erfasst werden unter Beachtung der bezeichneten Vergleichbarkeits- und Ansässigkeitsvoraussetzungen[62] sowie des Typenvergleichs:[63]
(1) Verschmelzungen einer Kapitalgesellschaft auf eine andere Kapitalgesellschaft durch
– Hereinverschmelzung einer EU-/EWR-Kapitalgesellschaft auf eine inländische Kapitalgesellschaft,
– Hinausverschmelzung einer inländischen Kapitalgesellschaft auf eine EU-/EWR-Kapitalgesellschaft,
– Verschmelzung einer EU-/EWR-Kapitalgesellschaft auf eine andere EU-/EWR-Kapitalgesellschaft;
(2) Verschmelzungen einer Kapitalgesellschaft auf eine Personengesellschaft durch

40

---

[59] Vgl. *Graw* in Rödder/Herlinghaus/van Lishaut, UmwStG, § 1 Rn. 165.
[60] Vgl. *Hörtnagl* in Schmitt/Hörtnagl/Stratz, § 1 UmwStG Rn. 71.
[61] Vgl. *Widmann* in Widmann/Mayer, § 1 UmwStG Rn. 54; *Hörtnagl* in Schmitt/Hörtnagl/Stratz, § 1 UmwStG Rn. 71.
[62] → Rn. 26 ff.
[63] → Rn. 19 ff.

§ 16　4. Teil. Grenzüberschreitende Verschmelzungen

- Hereinverschmelzung einer EU-/EWR-Kapitalgesellschaft auf eine inländische Personengesellschaft,
- Hinausverschmelzung einer inländischen Kapitalgesellschaft auf eine EU-/EWR-Personengesellschaft,
- Verschmelzung einer EU-/EWR-Kapitalgesellschaft auf eine EU-/EWR-Personengesellschaft;

(3) Ausländische Verschmelzungen von Personengesellschaften.

(4) Verschmelzungen von EU-/EWR-Kapitalgesellschaft auf eine natürliche Person mit Wohnsitz oder gewöhnlichem Aufenthalt in der EU/ dem EWR.

5. Grenzüberschreitende Verschmelzungen bzw. Auslandsverschmelzungen unter Beteiligung von Personengesellschaften

a) Zulässigkeit

41　Aus gesellschaftsrechtlicher Sicht ist streitig, ob grenzüberschreitende Verschmelzungen auch unter Beteiligung von Personengesellschaften zulässig sind. Bislang fehlen dazu in Deutschland die gesetzlichen Regelungen.[64] Obwohl der EuGH in der sog. *SEVIC*-Entscheidung[65] vom 13.12.2005 festgestellt hat, dass auch diese Gesellschaftsformen das Recht zur grenzüberschreitenden Verschmelzung haben, hat der deutsche Gesetzgeber mit §§ 122a ff. UmwG bisher nur eine Regelung für Kapitalgesellschaften erlassen. Vor dem Hintergrund der SEVIC- wie auch der VALE-Entscheidung[66] sollte auch die grenzüberschreitende Verschmelzung einer Personengesellschaft gesellschaftsrechtlich zulässig sein.

In der Praxis dürfte diese Frage – im Inland wie im Ausland – meist von der Auffassung der zuständigen Registergerichte abhängen.

42　Ungeachtet der gesellschaftsrechtlichen Diskussion erfasst das UmwStG auch die grenzüberschreitende Verschmelzung unter Beteiligung von Personengesellschaften.

b) Verschmelzung auf eine Personengesellschaft

43　Auch für die Anwendung der Regelungen des §§ 3 ff. UmwStG auf Verschmelzungen unter Beteiligung von Personengesellschaften ist nach § 1 II Nr. 1 UmwStG erforderlich, dass die Personengesellschaft Sitz und Ort der Geschäftsleitung im Inland hat. Insofern geht das Gesetz davon aus, dass auch eine Personengesellschaft einen Ort der Geschäftsleitung hat, der vom Satzungssitz abweichen kann.

---

[64] Vgl. *Drinhausen* in Semler/Stengel, UmwG, § 122b Rn. 1 ff.
[65] Vgl. EuGH v. 13.12.2005 – C-411/03 – *SEVIC* Systems AG, NJW 2006 S. 425.
[66] Vgl. EuGH v. 12.7.2012 – C-378/10, NZG 2012 S. 871. Die Entscheidung erging zu einem grenzüberschreitenden Formwechsel. Der EuGH stellt hier klar, dass auch der grenzüberschreitende Formwechsel in den Schutzbereich der Niederlassungsfreiheit fällt. Eine grenzüberschreitende Sitzverlegung unter gleichzeitiger Umwandlung in eine Rechtsform des Aufnahmestaates muss zugelassen werden, wenn dessen Rechtsordnung einen inländischen Formwechsel kennt.

§ 16. Steuerliche Regelungen § 16

Für deutsche Personengesellschaften geht die herrschende Meinung 44
davon aus, dass sich ihr Sitz allein danach richtet, an welchem Ort die
Verwaltung des Gesellschaftsunternehmens tatsächlich geführt wird.[67]
Insofern kommt für Personengesellschaften, die den Ort ihrer Geschäftsleitung im Inland haben, ein davon abweichender Satzungssitz nicht in
Betracht.

Für ausländische Personengesellschaften ist nach dem jeweils maß- 45
gebenden ausländischen Gesellschaftsrecht zu prüfen, ob deren Satzungssitz vom Ort der Geschäftsleitung abweichen kann. Sind solche
Abweichungen möglich, müssen zur Erfüllung der Voraussetzungen des
§ 1 II 1 Nr. 1 UmwStG sowohl Satzungssitz als auch Ort der Geschäftsleitung in einem EU-/EWR-Staat liegen. Ist es nach dem ausländischen Gesellschaftsrecht zulässig, dass die Personengesellschaft einen
vom Satzungssitz abweichenden Ort der Geschäftsleitung hat, ist der
Anwendungsbereich des UmwStG nicht erfüllt, wenn Letzterer in einem
Drittstaat liegt.[68]

*c) Zusätzliche Bedingungen bei Verschmelzung einer Personengesellschaft als
übertragende Gesellschaft*

Für die Anwendung von §§ 20 ff. UmwStG bzw. § 24 UmwStG ist 46
bei der grenzüberschreitenden Verschmelzung oder Auslandsverschmelzung einer Personenhandelsgesellschaft als übertragende Gesellschaft ergänzend zu § 1 II Nr. 1 UmwStG die Regelung des § 1 IV Nr. 2
UmwStG zu beachten. Danach müssen an der übertragenden Gesellschaft
solche Körperschaften, Personenvereinigungen, Vermögensmassen oder
natürliche Personen unmittelbar oder mittelbar über eine Personengesellschaft beteiligt sein, die selbst wiederum die Voraussetzungen des § 1 II
Nr. 1 UmwStG erfüllen, § 1 IV Nr. 2 UmwStG.[69]

II. Steuerliche Rückwirkung

1. Rückwirkung auf den Stichtag der Schlussbilanz

Gemäß § 2 I UmwStG sind bei Verschmelzungen von Körperschaften 47
auf andere Rechtsträger das Einkommen und das Vermögen der beteiligten Rechtsträger so zu ermitteln, als ob das Vermögen zu dem Stichtag der Schlussbilanz des übertragenden Rechtsträgers auf den übernehmenden Rechtsträger übergegangen wäre. Für die Bestimmung des
steuerlichen Übertragungsstichtags ist damit der Ablauf des Stichtags der
handelsrechtlichen Schlussbilanz entscheidend.[70] Nach § 17 II 4 UmwG

---

[67] Vgl. *Widmann* in Widmann/Mayer, § 1 UmwStG Rn. 41 mit Verweis auf
BGH-Urteil vom 27.5.1957 – II ZR 317/55, WPM 1957 S. 999. Ebenso *Möhlenbrock* in Dötsch/Patt/Pung/Jost, § 1 UmwStG Rn. 149.
[68] Vgl. *Widmann* in Widmann/Mayer, § 1 UmwStG Rn. 41.
[69] → Rn. 186.
[70] Zur Unabhängigkeit dieses Stichtags vom handelsrechtlichen Umwandlungsstichtag vgl. *Springer* Rückwirkung im Umwandlungssteuerrecht, 61 f.

muss die Schlussbilanz auf einen höchstens acht Monate vor der Anmeldung liegenden Stichtag aufgestellt worden sein. Damit können die steuerlichen Wirkungen der Verschmelzung auf einen Zeitpunkt zurückbezogen werden, der höchstens acht Monate vor dem Tag der Registeranmeldung der Umwandlung liegt. Die steuerlichen Wirkungen der Verschmelzung treten mit dem Stichtag der steuerlichen Übertragungsbilanz (Schlussbilanz) ein. Entsprechendes gilt bei Verschmelzung einer Personengesellschaft auf einen anderen Rechtsträger, § 20 VI, § 24 VI UmwStG.[71]

48 Ist Übertragerin eine ausländische Gesellschaft (Hereinverschmelzung oder Auslandsverschmelzung mit Inlandsberührung) kommt es für die Bestimmung des steuerlichen Übertragungsstichtag auf den Stichtag der Bilanz nach dem ausländischen Gesellschaftsrecht an.[72] Auch in Bezug auf Fristen (zB für die Anmeldung) und den Zeitpunkt des Wirksamwerdens der Verschmelzung gilt das ausländische Recht.[73] Bei der Hinausverschmelzung richtet sich die Behandlung der Überträgerin nach deutschem Recht. Allerdings fehlt es an einem unionsrechtlichen Grundsatz, demzufolge sich auch die steuerlichen Wirkungen der Umwandlung nach dem Stichtag der Schlussbilanz des übertragenden Rechtsträgers richten.[74] In der Praxis wird daher eine Verständigung mit den Finanzbehörden der Länder anzuraten sein, die von der Verschmelzung betroffen sind.[75]

2. Ausnahmen bei grenzüberschreitenden Umwandlungen

a) Anwendungsbereich

49 Gemäß § 2 III UmwStG sind die Vorschriften der § 2 I und II UmwStG nicht anzuwenden, soweit Einkünfte aufgrund abweichender Regelungen zur Rückbeziehung eines in § 1 I UmwStG bezeichneten Vorgangs in einem anderen Staat der Besteuerung entzogen werden. Sinn und Zweck der Regelung des § 2 III UmwStG ist die Vermeidung sog. weißer Einkünfte aufgrund abweichender Regelungen zur Rückwirkung von Umwandlungen in den beteiligten Staaten.[76]

50 Die Regelung des § 2 III UmwStG kommt bei sämtlichen Verschmelzungen zur Anwendung.[77] In § 2 III UmwStG wird auf die Verschmelzung iSv § 1 I UmwStG, dh die Verschmelzung von Körperschaften

---

[71] → § 11 Rn. 35 ff., 575, → Rn. 707 ff.
[72] Vgl. BMF-Schreiben vom 11.11.2011, BStBl. I 2011 S. 1314 Tz. 02.07. Vgl. auch *Hörtnagl* in Schmitt/Hörtnagl/Stratz, § 2 UmwStG Rn. 109.
[73] Vgl. *van Lishaut* in Rödder/Herlinghaus/van Lishaut, § 2 Rn. 102; *Hörtnagl* in Schmitt/Hörtnagl/Stratz, § 2 UmwStG Rn. 109.
[74] Vgl. *van Lishaut* in Rödder/Herlinghaus/van Lishaut, § 2 Rn. 102.
[75] Vgl. *van Lishaut* in Rödder/Herlinghaus/van Lishaut, § 2 Rn. 102.
[76] Siehe dazu Regierungsbegründung zum SEStEG-E, BT-Drucks. 16/2710 S. 58.
[77] Siehe *Dötsch/Pung* DB 2006 S. 2704 (2706); *Hörtnagl* in Schmitt/Hörtnagl/Stratz, § 2 UmwStG Rn. 3, 112 ff.; *Slabon* in Haritz/Menner, § 2 UmwStG Rn. 15.

§ 16. Steuerliche Regelungen § 16

verwiesen. Für die Verschmelzung einer Personengesellschaft auf einen anderen Rechtsträger wird in § 20 VI 4, § 24 IV UmwStG auf § 2 III UmwStG Bezug genommen. Bedeutung hat die Regelung des § 2 III UmwStG indes vor allem bei der Hinausverschmelzung.[78] Die Regelung ist beschränkt auf Vorgänge iSd § 1 I UmwStG in einem anderen Staat. Damit ist § 2 III UmwStG nur für grenzüberschreitende Umwandlungen oder Auslandsumwandlungen zu beachten. Nicht in den Anwendungsbereich des § 2 III UmwStG fallen Umwandlungen im Inland. **51**

b) Anwendungsvoraussetzungen

Voraussetzung für die Anwendung des § 2 III UmwStG ist eine Besteuerungslücke. Nach § 2 III UmwStG greift die Ausnahmeregelung *soweit* Einkünfte der Besteuerung entzogen werden. Werden keine Einkünfte der Besteuerung entzogen, ist die Regelung nicht anwendbar.[79] Grund für die Besteuerungslücke müssen unterschiedliche Rückwirkungsregelungen nach dem nationalen Recht der Staaten der an der Umwandlung beteiligten Rechtsträger sein. Stimmen in- und ausländische Regelungen überein, ist der Anwendungsbereich des § 2 III UmwStG nicht eröffnet.[80] Relevante Besteuerungslücken können etwa dann entstehen, wenn die steuerlichen Übertragungsstichtage nach dem nationalen Recht der beteiligten Staaten zeitlich auseinander fallen. Bei der Hinausverschmelzung eines deutschen Rechtsträgers auf einen ausländischen Rechtsträger können derartige Besteuerungslücken entstehen, wenn das ausländische Recht keine Möglichkeit der steuerlichen Rückbeziehung bzw. lediglich eine Rückbeziehung auf einen Zeitpunkt von weniger als acht Monaten einräumt, während nach § 2 I UmwStG eine achtmonatige steuerliche Rückbeziehung für den deutschen Rechtsträger eröffnet ist. Aufgrund dieses Auseinanderfallens des inländischen und ausländischen Übertragungsstichtags würden Einkünfte des übertragenden Rechtsträgers während der Interimszeit der Besteuerung im Inland entzogen. Zur Vermeidung dieser Besteuerungslücke muss in diesem Fall auf den späteren nach ausländischem Recht geltenden Übertragungsstichtag abgestellt werden.[81] **52**

Zu keiner Besteuerungslücke aufgrund unterschiedlicher Rückwirkungszeiträume kann es aus deutscher Sicht im umgekehrten Fall der Hereinverschmelzung eines ausländischen EU-/EWR-Rechtsträgers auf einen deutschen Rechtsträger kommen.[82] Maßgebend für die Bestim- **53**

---

[78] → Rn. 52.
[79] Vgl. *Hörtnagl* in Schmitt/Hörtnagl/Stratz, § 2 UmwStG Rn. 116.
[80] Vgl. *Goebel/Ungemach/Glaser* DStZ 2009 S. 853 (856); *Hörtnagl* in Schmitt/Hörtnagl/Stratz, § 2 UmwStG Rn. 108, 116.
[81] Siehe *Dötsch/Pung* DB 2006 S. 2704 (2706); *Rödder/Schumacher* DStR 2006 S. 1525 (1529); *Ettinger/Königer* GmbHR 2009 S. 590 (593); *Slabon* in Haritz/Menner, § 2 Rn. 108; *Hörtnagl* in Schmitt/Hörtnagl/Stratz, § 2 UmwStG Rn. 119.
[82] Vgl. *Rödder/Schumacher* DStR 2006 S. 1525 (1529); *Hörtnagl* in Schmitt/Hörtnagl/Stratz, § 2 UmwStG Rn. 115.

§ 16   4. Teil. Grenzüberschreitende Verschmelzungen

mung des steuerlichen Übertragungsstichtages ist in einem solchen Fall der Stichtag der Bilanz des übertragenden Rechtsträgers nach dem ausländischen Gesellschaftsrecht.[83] Allerdings kann es im Fall der Hereinverschmelzung zur Doppelbesteuerung kommen.

54 Zu beachten ist § 2 III UmwStG ferner in den Fällen, in denen zwar die Rückwirkungszeiträume nach deutschem Recht und nach dem Recht im Ansässigkeitsstaat des ausländischen EU-/EWR-Rechtsträgers identisch sind, jedoch aufgrund unterschiedlicher Beurteilung von Geschäftsvorfällen im Rückwirkungszeitraum eine Besteuerungslücke entsteht.[84]

55 Keine Anwendung findet § 2 III UmwStG indes, wenn es durch die Rückbeziehung der Umwandlung zu einer Mehrfachbesteuerung im Inland und Ausland kommt.[85] Denkbar ist eine solche Doppelbesteuerung etwa bei der Hinausverschmelzung aufgrund einer Rückwirkungsfrist im Ausland, die über den achtmonatigen Rückwirkungszeitraum nach § 2 I UmwStG hinausgeht. Entsprechendes gilt, wenn Deutschland als Zielstaat den Vermögensübergang und die damit verbundene Steuerverstrickung der Wirtschaftsgüter ab dem Stichtag der (ausländischen) Schlussbilanz, der Sitzstaat hingegen eine Entstrickung erst mit Wirksamkeit der Verschmelzung annimmt. Abhilfe kann in einem solchen Fall nur ein Verständigungsverfahren schaffen.[86] Des Weiteren findet § 2 III UmwStG bei Qualifikationskonflikten aufgrund unterschiedlicher DBA-Regelungen keine Anwendung.[87]

c) Rechtsfolgen

56 Kommt es durch abweichende Regelungen zur Rückbeziehung der Verschmelzung in einem anderen Staat zu Besteuerungslücken, darf § 2 I, II UmwStG nicht angewendet werden, soweit Einkünfte der deutschen Besteuerung entzogen werden.[88] Erfasst werden sowohl positive als auch negative Einkünfte.[89] Durch den „soweit"-Bezug wird zum Ausdruck gebracht, dass sich der Ausschluss von § 2 I, II UmwStG durch § 2 III UmwStG zum einen nur auf die Geschäftsvorfälle bezieht, die wegen der Rückwirkung der Besteuerung entzogen sind.[90] Zum anderen ist der

---

[83] Vgl. Regierungsbegründung zum SEStEG-E vom 12.7.2006, BT-Drucks. 16/2710, S. 36.
[84] Vgl. *Hörtnagl* in Schmitt/Hörtnagl/Stratz, § 2 UmwStG Rn. 118; *van Lishaut* in Rödder/Herlinghaus/van Lishaut, § 2 UmwStG Rn. 105.
[85] Vgl. *Rödder/Schumacher* DStR 2006 S. 1525 (1529); *Widmann* in Widmann/Mayer, § 2 UmwStG (SEStEG) Rn. R 119.
[86] Vgl. *Ettinger/Königer* GmbHR 2009 S. 590 (591); *Hahn* in Lademann, § 2 Rn. 154.
[87] Vgl. *Widmann/Mayer*, § 2 UmwStG (SEStEG) Rn. R 118.
[88] Vgl. *Hörtnagl* in Schmitt/Hörtnagl/Stratz, § 2 UmwStG Rn. 119; *Hahn* in Lademann, § 2 UmwStG Rn. 154.
[89] Vgl. *Ettinger/Königer* GmbHR 2009 S. 590 (591); *von Brocke/Goebel/Ungemach/von Gossel* DStZ 2011 S. 684 (686); *Hörtnagl* in Schmitt/Hörtnagl/Stratz, § 2 UmwStG Rn. 119.
[90] Vgl. *Hahn* in Lademann, § 2 Rn. 154; *Hörtnagl* in Schmitt/Hörtnagl/Stratz, § 2 UmwStG Rn. 119.

§ 16. Steuerliche Regelungen § 16

Anwendungsbereich von § 2 III UmwStG auch in zeitlicher Hinsicht insoweit eingeschränkt, wie es zur Sicherstellung der deutschen Besteuerung notwendig ist.[91]

Entstehen bei der Hinausverschmelzung infolge eines kürzeren ausländischen Rückwirkungszeitraums unbesteuerte Einkünfte, so ist der Rückwirkungszeitraum nach deutschem Recht dem (kürzeren) Rückwirkungszeitraum nach ausländischem Recht anzugleichen.[92] 57

Resultieren Besteuerungslücken aus der abweichenden Beurteilung von Geschäftsvorfällen im Rückwirkungszeitraum im Inland und im Ausland, muss der (inländische) übertragende Rechtsträger die betreffenden Wirtschaftsgüter mit dem gemeinen Wert zum steuerlichen Übertragungsstichtag ansetzen bzw. den entsprechenden Geschäftsvorfall noch in seiner steuerlichen Schlussbilanz erfassen.[93] 58

III. Grenzüberschreitende Verschmelzungen von Kapitalgesellschaften

1. Verschmelzung einer inländischen Kapitalgesellschaft auf eine ausländische Kapitalgesellschaft (Hinausverschmelzung)

a) Anwendungsbereich

Bei der Hinausverschmelzung wird eine inländische Kapitalgesellschaft auf eine ausländische Kapitalgesellschaft verschmolzen. Die inländische Kapitalgesellschaft überträgt ihr Vermögen auf die ausländische Gesellschaft. Nach der Hinausverschmelzung verbleibt im Inland ggf. eine Betriebstätte. 59

Hinausverschmelzungen werden unter den oben erläuterten Voraussetzungen[94] von §§ 11 bis 13 UmwStG erfasst. 60

Im Folgenden werden lediglich die Besonderheiten der Hinausverschmelzung gegenüber einer reinen Inlandsverschmelzung von Kapitalgesellschaften betrachtet. Für die allgemeine Erläuterung der Anwendung der §§ 11 bis 13 UmwStG kann auf die Ausführungen oben verwiesen werden.[95] 61

b) Steuerliche Auswirkungen auf der Ebene der übertragenden Kapitalgesellschaft
aa) Steuerliche Schlussbilanz

(1) Überblick. Die übertragende Kapitalgesellschaft hat im Fall der Hinausverschmelzung eine steuerliche Schlussbilanz unter Beachtung 62

---

[91] Vgl. *Hahn* in Ladenmann, § 2 Rn. 154; *Hörtnagl* in Schmitt/Hörtnagl/Stratz, § 2 UmwStG Rn. 119.
[92] Vgl. *van Lishaut* in Rödder/Herlinghaus/van Lishaut, § 2 UmwStG Rn. 106; *Hörtnagl* in Schmitt/Hörtnagl/Stratz, § 2 UmwStG Rn. 119; *Ettinger/Königer* GmbHR 2009 S. 590 (593); *Slabon* in Haritz/Menner, § 2 Rn. 108.
[93] Vgl. *Slabon* in Haritz/Menner, § 2 UmwStG Rn. 108; *van Lishaut* in Rödder/Herlinghaus/van Lishaut, § 2 Rn. 104.
[94] → Rn. 7 ff.
[95] → § 11 Rn. 46–107.

von § 11 UmwStG aufzustellen. Zu den Einzelheiten der Regelung des § 11 UmwStG kann auf die Ausführungen oben[96] verwiesen werden.

63 In der steuerlichen Schlussbilanz hat die übertragende Kapitalgesellschaft – unabhängig von deutschen Besteuerungsrechten – auch ausländisches Vermögen auszuweisen. Die zu übertragenden Wirtschaftsgüter sind in dieser Schlussbilanz nach § 11 I UmwStG grundsätzlich mit dem gemeinen Wert anzusetzen.

64 Ein durch Bewertung zum gemeinen Wert entstehender Übertragungsgewinn ist bei der übertragenden Körperschaft steuerpflichtig. Eine gestreckte Besteuerung nach § 4g EStG kommt bei der Entstrickung durch Hinausverschmelzung infolge des Wegfalls der unbeschränkten Steuerpflicht nicht in Betracht.[97] Dies ist aus europarechtlicher Sicht bedenklich.[98] Unabhängig von der Anwendbarkeit der Regelung des § 4g EStG wird daher im Schrifttum[99] vertreten, dass insoweit europarechtlich eine Stundungsregelung geboten ist. Dies gilt insbesondere vor dem Hintergrund der Rechtsprechung des BFH zur sog. finalen Entnahmetheorie[100] sowie des EuGH in den Rechtsachen National Grid Indus[101] sowie DMC Beteiligungsgesellschaft mbH.[102]

65 Bei Erfüllung der Voraussetzungen des § 11 II 1 UmwStG können die zu übertragenden Wirtschaftsgüter abweichend von § 11 I UmwStG auf Antrag mit dem Buchwert oder Zwischenwert bewertet werden.[103] Für die Anwendung des § 11 II 1 UmwStG ist zwischen inländischem und ausländischem Vermögen der übertragenden Kapitalgesellschaft zu unterscheiden. Trotz des Grundsatzes der Einheitlichkeit[104] ist es nach Auffassung der Finanzverwaltung zulässig, das übrige Betriebsvermögen zu Buch- oder Zwischenwerten zu bewerten, während die Wirtschaftsgüter, bei denen das deutsche Besteuerungsrecht im Rahmen der Verschmelzung ausgeschlossen oder beschränkt wird, zum gemeinen Wert anzusetzen sind.[105] Ist die übernehmende Gesellschaft ein ausländischer Rechtsträger, ist der Antrag beim deutschen Betriebsstättenfinanzamt zu stellen.[106]

---

[96] → § 11 Rn. 51 ff.
[97] Vgl. *Kußmaul/Richter/Heyd* IStR 2010 S. 73 (76); *Köhler* IStR 2010 S. 337 (339). Siehe dazu auch *Blumers* DB 2006 S. 856.
[98] Vgl. *Heinicke* in Schmidt EStG, § 4g Rn. 2.
[99] Vgl. zB *Rautenstrauch/Seitz* Ubg 2012 S. 14; *Körner* IStR 2012 S. 1; *Rödder/Schumacher* DStR 2006 S. 1481 (1495) und S. 1525 (1528). AA zB *Mitschke* IStR 2012 S. 6.
[100] → Rn. 72.
[101] Vgl. EuGH vom 29.11.2011 – C-371/10, FR 2012 S. 25.
[102] Vgl. EuGH vom 23.1.2014 – C-164/12, DStR 2014 S. 193. Zur europarechtlichen Einordnung → Rn. 69.
[103] → § 11 Rn. 77 ff.
[104] → § 11 Rn. 79 ff.
[105] Vgl. BMF-Schreiben vom 11.11.2011, BStBl. I 2011 S. 1314 Rn. 11.06 iVm 03.13.
[106] Vgl. *Benz/Rosenberg* BB 2006, Beilage 8, 51 (55), Fn. 38.

§ 16. Steuerliche Regelungen § 16

(2) Inländisches Vermögen der übertragenden Körperschaft. Voraussetzung für die Bewertung zum Buchwert ist, dass die künftige Körperschaftsbesteuerung der betreffenden Wirtschaftsgüter bei der übernehmenden Körperschaft sichergestellt ist, § 11 II 1 Nr. 1 UmwStG. Ausreichend ist dafür, dass das übergehende Vermögen einer Besteuerung mit der Körperschaftsteuer des anderen Mitgliedstaats unterliegt.[107] Die fortgesetzte gewerbesteuerliche Erfassung etwaiger stiller Reserven ist für die Ausübung des Wahlrechts dagegen unerheblich.[108] **66**

Ferner darf das Recht Deutschlands auf die Besteuerung des Gewinns aus der Veräußerung der übertragenden Wirtschaftsgüter bei der übernehmenden Körperschaft nicht ausgeschlossen oder beschränkt werden, § 11 II 1 Nr. 2 UmwStG. Ausgeschlossen oder beschränkt werden kann nur ein Besteuerungsrecht, welches bereits vor der Verschmelzung bestand.[109] Für inländisches Vermögen der übertragenden Kapitalgesellschaft hängt die Erfüllung dieser zweiten Bedingung, und damit die Steuerneutralität der Verschmelzung bei der Hinausverschmelzung davon ab, ob im Inland nach der Verschmelzung eine Betriebstätte verbleibt.[110] Des Weiteren ist entscheidend, welche Wirtschaftsgüter der übertragenden Körperschaft dieser Betriebstätte und welche Wirtschaftsgüter dem ausländischen Stammhaus zuzuordnen sind. **67**

Das Antragswahlrecht der Bewertung zum Buchwert besteht für die Wirtschaftsgüter, die in der inländischen Betriebstätte[111] verbleiben bzw. dieser nach der Verschmelzung steuerlich weiterhin zuzurechnen sind. Steht nach dem jeweiligen DBA mit dem Ansässigkeitsstaat der Übernehmerin oder mangels DBA Deutschland das Besteuerungsrecht an diesem Betriebstättenvermögen zu, so wird die ausländische Übernehmerin nach der Verschmelzung mit diesem Betriebstättenvermögen in Deutschland steuerpflichtig. **68**

Nach Art. 4 I Buchst. b der FRL sind der Betriebstätte die Wirtschaftsgüter zuzuordnen, die zur Erzielung des Ergebnisses dieser Betriebstätte beitragen. Nach bisheriger höchstrichterlicher Rechtsprechung[112] richtet sich die Zuordnung von positiven und negativen Wirtschaftsgütern zur Betriebstätte danach, ob sie der Erfüllung der Betriebstättenfunktion dienen. Insofern bedarf es für die Zuordnung eines Wirtschaftsguts zum Vermögen einer Betriebstätte eines ausreichenden funktionalen **69**

---

[107] Vgl. BMF-Schreiben vom 11.11.2011, BStBl. I S. 1314 Tz. 11.07 iVm 03.17; *Schmitt* in Schmitt/Hörtnagl/Stratz, § 11 UmwStG, Rn. 92. Vgl. dazu auch → § 11 Rn. 65.
[108] Vgl. BMF-Schreiben vom 11.11.2011, BStBl. I S. 1314 Tz. 19.01 iVm 03.17.
[109] Vgl. BMF-Schreiben vom 11.11.2011, BStBl. I 2011 S. 1314 Tz. 11.09 iVm 03.19.
[110] Siehe auch Art. 4 I Buchst. b Fusionsrichtlinie.
[111] Zur Diskussion des Begriff der Betriebstätte vgl. *Kussmaul/Richter/Heyd* IStR 2010 S. 73 (74).
[112] Vgl. BFH-Urteil vom 29.7.1992, BStBl. II 1993 S. 63; BFH v. 20.12.2006 – I B 47/05, BStBl. II 2009 S. 766; BFH v. 13.2.2008 – I R 63/06, BStBl. II 2009 S. 414.

§ 16   4. Teil. Grenzüberschreitende Verschmelzungen

Zusammenhangs.[113] Nach Auffassung der Finanzverwaltung[114] zählen dazu vor allem die Wirtschaftsgüter, die zur ausschließlichen Verwertung und Nutzung durch die Betriebstätte bestimmt sind. Der Betriebstätte sind auch solche Wirtschaftsgüter zuzuordnen, aus denen Einkünfte erzielt werden, zu deren Erzielung die Tätigkeit der Betriebstätte überwiegend beigetragen hat.

70   Problematisch ist dabei ggf. die Zuordnung von sog. ungebundenem Vermögen. Dabei handelt es sich um Vermögen, bei dem ein ausreichend funktionaler Zusammenhang mit einer bestimmten Betriebstätte nur schwer bzw. nicht feststellbar ist. Dies betrifft vor allem Beteiligungen an anderen Kapitalgesellschaften, aber auch zB den Firmenwert und weitere immaterielle Wirtschaftsgüter wie Patente, Gebrauchsmuster, Lizenzen oder gar Know-how.

71   Für die Zuordnung dieses ungebundenen Vermögens sollte nach bisheriger Ansicht der Finanzverwaltung im sog. Betriebstättenerlass[115] die Zentralfunktion des Stammhauses maßgeblich sein. Demnach sollen dem Stammhaus in der Regel das Halten der dem Gesamtunternehmen dienenden Finanzmittel sowie Beteiligungen zuzurechnen sein, sofern sie nicht einer in der Betriebstätte ausgeübten Tätigkeit dienen. Gleiches gilt für immaterielle Wirtschaftsgüter, den Geschäftswert sowie durch Stammhaus und Betriebstätte gleichzeitig genutzte Wirtschaftsgüter. Infolge der Zuordnung zum ausländischen Stammhaus verliert Deutschland bei der Hinausverschmelzung einer Kapitalgesellschaft das Besteuerungsrecht an diesem Vermögen. Folgt man der Auffassung der Finanzverwaltung, wäre dieses ungebundene Vermögen bei Hinausverschmelzung in der Schlussbilanz der Übertragerin zwingend mit dem gemeinen Wert zu bewerten.[116] Allerdings dürfte mit der Implementierung des sog. „Authorized OECD Approach" (AOA)[117] im innerstaatlichen Recht sowie dessen verwaltungsseitiger Anerkennung insbesondere in der sog. Betriebstättengewinnaufteilungsverordnung (BSGaV)[118] die These zur Zentralfunktion des Stammhauses auch von Verwaltungsseite überholt sein.[119]

---

[113] Vgl. BFH v. 20.12.2006 – I B 47/05, BStBl. II 2009 S. 766.
[114] Siehe BMF-Schreiben vom 24.12.1999, BStBl. I 1999 S. 1076, Tz. 2.4.
[115] Vgl. BMF-Schreiben vom 24.12.1999, IV B 4 – S 1300 – 111/99, BStBl. I 1999 S. 1076 (Betriebstättenerlass); geändert durch BMF-Schreiben vom 20.11.2000, BStBl. I 2000 S. 1509, BMF-Schreiben vom 25.8.2009 BStBl. I 2009 S. 888, BMF-Schreiben vom 16.4.2010, BStBl. I 2010 S. 354, BMF-Schreiben vom 20.6.2013, BStBl. I 2013 S. 980 und BMF-Schreiben vom 26.9.2014, BStBl. I 2014 S. 1258.
[116] Vgl. *Hagemann/Jakob/Ropohl/Viebrock* NWB 2007, Sonderheft 1, S. 31.
[117] Dazu → Rn. 73.
[118] Verordnung zur Anwendung des Fremdvergleichsgrundsatzes auf Betriebstätten nach § 1 V des Außensteuergesetzes (Betriebstättengewinnaufteilungsverordnung – BsGaV), BGBl. I 2014, 1603, Nr. 47.
[119] Vgl. *Schmitt* in Schmitt/Hörtnagl/Stratz, § 11 UmwStG Rn. 115; *Kahle/Vogel* Ubg 2012 S. 493 (496 Fn. 6); *Prinz* DB 2012 Heft 13 S. 1.

1112

§ 16. Steuerliche Regelungen   § 16

Schon bisher wurde die obig skizzierte Verwaltungsauffassung zur 72
Zentralfunktion des Stammhauses im Schrifttum kritisch gesehen.[120]
Dabei bestanden auch hier unterschiedliche Auffassungen vor allem bei
der Zuordnung von Beteiligungen der übertragenden inländischen Körperschaft. Die entscheidende Frage war dabei, ob eine Betriebstätte ohne
das rechtliche Kleid einer Kapitalgesellschaft die klassischen Funktionen
einer Finanz-, Dienstleistungs- oder Managementholding übernehmen
kann, so dass die Beteiligungen der Holding nach der Verschmelzung
weiterhin dem Betriebstättenvermögen derselben Jurisdiktion zugerechnet werden können (Betriebstättenholding). Nach der bisherigen deutschen Rechtsprechung ist die Erfüllung von Dienstleistungsfunktionen
für Tochterkapitalgesellschaften durch ausländische (Personengesellschafts-) Betriebstätten nicht ausreichend dafür, eine tatsächliche Zugehörigkeit der Beteiligungen zum Betriebstättenvermögen im abkommensrechtlichen Sinne zu begründen.[121] Dementsprechend wurde im
Schrifttum bisher wohl überwiegend angenommen, dass die These von
der Zentralfunktion des Stammhauses geltendem Recht entspricht.[122]
Nach dieser Ansicht sind (bzw. waren)[123] dementsprechend Beteiligungen
tendenziell dem (ausländischen) Stammhaus zuzuordnen. Bei Anwendung der These der Zentralfunktion des Stammhauses besteht mithin das
Risiko, dass ungebundenes Vermögen bei einer Hinausverschmelzung
zwingend dem ausländischen Stammhaus zuzuordnen ist. Mithin kommt
es zu einer Aufdeckung der stillen Reserven im ungebundenen Vermögen.[124] Nach anderer Auffassung im Schrifttum[125] ist diese Holdingfunktion einer Betriebstätte und die damit einhergehende Zuordnung
von Beteiligungen zu dieser Betriebstätte nach Hinausverschmelzung
einer inländischen Holdinggesellschaft zutreffenderweise zu bejahen. In
vielen ausländischen Staaten bleibt eine derartige Zuordnungsmöglichkeit
dem Steuerpflichtigen überlassen. Dabei sind indes zwischenstaatliche
Zuordnungskonflikte nicht ausgeschlossen.

Zum Teil wird im Schrifttum[126] darüber hinaus ausgehend von der
Aufgabe der „finalen Entnahmetheorie" des BFH[127] durch seine Entscheidungen vom 17.7.2008 die Auffassung vertreten, dass Deutschland
ein Nachversteuerungsrecht zusteht. Danach soll Deutschland die Mög-

---

[120] Vgl. zB *Blumers* DB 2006 S. 856; *Kessler/Huck* IStR 2006 S. 436; *Breuninger* FS Schaumburg S. 587.
[121] Vgl. BFH-Urteil vom 17.12.2003 – I R 75/03, BStBl. II 2005 S. 96.
[122] Vgl. zB *Binnewies* GmbH-StB 2007 S. 117 (120); *Dötsch/Pung* DB 2006 S. 2648 (2649); *Hahn* IStR 2006 S. 797 (798). Vgl. dazu auch *Ritzer* in Rödder/Herlinghaus/van Lishaut, Anhang 6 Rn. 123.
[123] → Rn. 73.
[124] Vgl. *Dötsch/Pung* DB 2006 S. 2648 (2650); *Middendorf/Strothenke* StUB 2012 S. 305 (310).
[125] Vgl. *Kessler/Huck* IStR 2006 S. 433; *Viebrock/Hagemann* FR 2009 S. 737 (745).
[126] Vgl. *Körner* IStR 2009 S. 741 (748); *Köhler* IStR 2010 S. 337.
[127] Vgl. BFH-Urteil vom 17.7.2008 – I R 77/06, DStR 2008 S. 2001; BFH-Urteil vom 28.10.2009 – I R 99/08, IStR 2010 S. 103.

lichkeit der Nachversteuerung der bis zur Verschmelzung entstandenen stillen Reserven auch nach einer verschmelzungsbedingten Überführung eines Wirtschaftsguts in die Besteuerungshoheit eines anderen Mitgliedstaats zustehen. Insofern soll die Bedingung des § 11 II 1 Nr. 2 UmwStG unabhängig von der Zuordnung eines Wirtschaftsguts zu einer inländischen Betriebstätte der übertragenden Kapitalgesellschaft erfüllt sein. Die Hinausverschmelzung soll demzufolge stets steuerneutral verlaufen können.[128] Aufgrund der Einführung von § 4 I 4 EStG durch das JStG 2010 soll indes nach dem Willen des Gesetzgebers die vor den Entscheidungen des BFH geltende Rechtslage aufrechterhalten bleiben. Dessen ungeachtet bestehen im Schrifttum weiterhin Zweifel, ob nicht – ggf. nur im Anwendungsbereich des UmwStG – die allgemeinen Entstrickungsregeln leerlaufen.[129]

73 Zumindest für die Zukunft[130] dürfte für die Frage der Zuordnung von Wirtschaftsgütern zu einer Betriebstätte, der sog. „Authorized OECD Approach" (AOA) und damit einhergehend der sog. „Functionally Separate Entity Approach" erheblich an Bedeutung gewinnen. Diese sollen insbesondere bei Hinausverschmelzungen als Argument für eine weiterhin gegebene Zuordnung von Wirtschaftsgütern zu einer inländischen Betriebstätte dienen. Im innerstaatlichen Recht wurde der AOA durch das sog. AmtshilfeRLUmsG[131] vom 26.6.2013 in § 1 IV und V AStG umgesetzt. § 1 IV 1 Nr. 2 AStG qualifiziert dabei Geschäftsvorfälle eines Unternehmens mit seiner ausländischen Betriebstätte als Geschäftsbeziehungen iSd § 1 AStG, dh als anzunehmende schuldrechtliche Beziehungen („Dealings"). § 1 V 2 AStG bestimmt, dass die Betriebstätte wie ein eigenständiges Unternehmen zu behandeln ist („Separate Entity"). Dazu sind nach § 1 V 3 Nr. 1 AStG dem eigenständigen „Unternehmen" Betriebstätte im ersten Schritt Personalfunktionen („Significant People Functions") zuzuordnen. Ausgehend von den in der Betriebstätte ausgeübten Personalfunktionen werden der Betriebstätte Vermögenswerte (§ 1 V 3 Nr. 2 AStG), Chancen und Risiken (§ 1 V 3 Nr. 3 AStG) und ein angemessenes Dotationskapital (§ 1 V 3 Nr. 4 AStG) zugeordnet. Sofern nach den vorbezeichneten Analysen auch nach der Verschmelzung im Inland eine Betriebstätte verbleibt und diese zB in Bezug auf bestimmte Beteiligungen eine geschäftsleitende Funktion wahrnimmt, dürfte nach dem AOA in Zukunft eine Zuordnung dieser Beteiligungen zur inländischen Betriebstätte auch nach der Verschmelzung möglich sein. Dementsprechend sollten Marken und Warenzeichen („Marketing Intangibles") dort zuzurechnen sein, wo die maßgeblichen Personalfunktionen hinsichtlich Markenstrategie, Markenschutz und -weiterentwicklung angesiedelt sind. Demgegenüber sollten zB Patente, Lizenzen („Trade In-

---

[128] Zur Kritik siehe ua *Wassermayer* IStR 2010 S. 461.
[129] Vgl. *Stadler/Elser/Bindl* DB 2012 Beilage 1 S. 14 (18); *Middendorf/Strothenke* StuB 2011 S. 305 (306).
[130] Nach der sog. statischen Betrachtung des BFH kann der AOA keine Wirkung für bereits abgeschlossene DBA entfalten.
[131] BGBl. I 2013 S. 1809.

§ 16. Steuerliche Regelungen § 16

tangibles") danach zuzuordnen sein, wo die Entwicklungsverantwortung angesiedelt ist und die Risikotragung stattfindet.[132]

(3) *Ausländisches Betriebstättenvermögen.* Verfügt die übertragende inländische Kapitalgesellschaft über eine ausländische Betriebstätte, so ist für die Bewertung in der steuerlichen Schlussbilanz nach § 11 II 1 UmwStG zu unterscheiden, ob Deutschland vor Hinausverschmelzung das Besteuerungsrecht am Vermögen dieser ausländischen Betriebstätte zustand oder nicht. 74

Soweit ausländisches Betriebstättenvermögen übergeht, welches bei der übertragenden Kapitalgesellschaft durch ein DBA mit Freistellungsmethode von der deutschen Besteuerung ausgenommen war, wird das deutsche Besteuerungsrecht an diesen ausländischen Wirtschaftsgütern durch die Verschmelzung nicht eingeschränkt. Die Bewertung dieses Vermögens in der steuerlichen Schlussbilanz der Überträgerin zum Buchwert ist nach § 11 II 1 UmwStG auf Antrag möglich. Einschränkend sind indes die Switch-over-Klausel des § 50d IX EStG sowie die Regelung des § 20 II AStG zu beachten. 75

Demgegenüber ist die Steuerverhaftungsbedingung des § 11 II 1 Nr. 2 UmwStG nicht erfüllt, soweit ausländisches Betriebstättenvermögen übertragen wird, welches bei der Überträgerin nicht durch ein DBA mit Freistellungsmethode von der deutschen Besteuerung ausgenommen ist. Gleiches gilt, soweit ungebundenes Vermögen übergeht, welches vor der Umwandlung dem Betriebsvermögen der Überträgerin und nach der Umwandlung einer ausländischen Betriebsstätte zuzuordnen ist. Dies kann der Fall sein, sofern nach der These von der Zentralfunktion des Stammhauses das ungebundene Vermögen nach der Verschmelzung nicht funktional[133] bzw. nach dem AOA[134] nicht einer verbleibenden deutschen Betriebstätte zuordnen kann. Durch die Hinausverschmelzung verliert Deutschland dementsprechend sein Besteuerungsrecht an diesem Vermögen. Aus diesem Grund ist das bezeichnete Vermögen in der Schlussbilanz der Überträgerin zum gemeinen Wert zu bewerten. Der entstehende Übertragungsgewinn ist in Deutschland steuerpflichtig. 76

Ist das ausländische Vermögen auch nach ausländischem Recht zum gemeinen Wert anzusetzen, ist eine darauf erhobene ausländische Steuer von der übertragenden Kapitalgesellschaft nach § 26 KStG auf die deutsche Körperschaftsteuer anrechenbar. 77

Eine Sonderregelung für die Anrechnung einer „fiktiven" ausländischen Steuer ist in § 11 III iVm § 3 III UmwStG enthalten. Die Anwendung des § 11 III iVm § 3 III UmwStG setzt voraus, dass die betroffenen Wirtschaftsgüter einer Betriebstätte zuzuordnen sind, die in einem EU-Mitgliedstaat belegen ist und für die Deutschland nicht auf sein Besteuerungsrecht verzichtet hat. Deutschland muss mithin die Doppelbesteuerung bei der übertragenden Kapitalgesellschaft nicht durch 78

---

[132] Vgl. *Baldamus* IStR 2012 S. 317 (318).
[133] → Rn. 71 ff.
[134] → Rn. 73.

Anwendung der Freistellungsmethode, sondern durch Anwendung der Anrechnungsmethode vermeiden. Gemäß § 11 III iVm § 3 III UmwStG ist in diesem Fall die inländische Körperschaftsteuer auf diesen Übertragungsgewinn um die „fiktive" ausländische Steuer gemäß § 26 KStG zu ermäßigen. Diese „fiktive" ausländische Steuer ist nach den ausländischen Rechtsvorschriften unter der Annahme einer Veräußerung der Wirtschaftsgüter der übergehenden Betriebsstätte zum gemeinen Wert zu ermitteln.

bb) Körperschaftsteuererhöhungsbetrag

79 Bei Hinausverschmelzung einer unbeschränkt steuerpflichtigen Kapitalgesellschaft werden deren entstandene und festgesetzte Körperschaftsteuererhöhungsbeträge an dem 30.9. fällig, der auf den steuerlichen Übertragungsstichtag folgt, § 38 IX 1 KStG.

80 Der Körperschaftsteuererhöhungsbetrag resultiert aus einem Altbestand an EK 02 der Überträgerin. Der Endbestand an EK 02 ist letztmalig auf den 31.12.2006 zu ermitteln und festzustellen, § 38 VI 1 KStG. Der Körperschaftsteuererhöhungsbetrag beträgt $3/100$ des festgestellten Endbetrags an EK 02. Die Kapitalgesellschaft hat den Körperschaftsteuererhöhungsbetrag innerhalb des Zeitraums von 2008 bis 2017 in zehn gleichen Jahresbeträgen zu entrichten. Mit der Hinausverschmelzung auf eine nicht unbeschränkt steuerpflichtige Körperschaft verliert die Überträgerin ihre unbeschränkte Steuerpflicht. Dadurch wird der noch nicht entrichtete Körperschaftsteuererhöhungsbetrag insgesamt fällig.

81 Die zunächst vorgesehene Möglichkeit der zinslosen Stundung des fälligen Körperschaftsteuererhöhungsbetrags nach § 40 VI KStG aF wurde mit Wirkung ab dem Veranlagungszeitraum 2008 aufgehoben.

cc) Regelungen der §§ 11 ff. UmwStG und europarechtliche Grundfreiheiten

82 Angesichts der Bewertung zu Gemeinen Werten verbunden mit der fehlenden Möglichkeit einer Stundung der bei Entstrickung entstehenden Steuer stellt sich die Frage, ob die Regelungen des § 11 UmwStG mit den europarechtlichen Grundfreiheiten vereinbar sind. Die grenzüberschreitende Verschmelzung fällt grundsätzlich in den Anwendungsbereich der Niederlassungsfreiheit nach Art. 49–55 AEUV.[135] Insoweit ist der persönliche Schutzbereich der europarechtlichen Grundfreiheiten bei der Verschmelzung eröffnet. Fraglich ist, ob dies auch für den sachlichen Schutzbereich gilt. Ausgangspunkt der Prüfung ist dabei das in den Grundfreiheiten und hier im Speziellen der Niederlassungsfreiheit spezifizierte Diskriminierungsverbot von Ausländern gegenüber Inländern. Der Zielstaat darf die grenzüberschreitende Betätigung nicht schlechter stellen als den reinen Inlandsfall. Gleiches gilt für den Herkunftsstaat.[136] Soweit bei einer Hinausverschmelzung auf eine EU-Kapi-

---

[135] Vgl. EuGH vom 13.12.2005 – C-411/03, SEVIC Systems AG.
[136] Vgl. EuGH vom 29.11.2011 – C-371/10, National Grid Indus, FR 2012 S. 55.

§ 16. Steuerliche Regelungen § 16

talgesellschaft nach § 11 UmwStG für bestimmte Wirtschaftsgüter zwingend der gemeine Wert (ohne Stundungsregel) angesetzt werden muss, könnte der sachliche Schutzbereich der Niederlassungsfreiheit eröffnet sein. Im Unterschied zu der Hinausverschmelzung findet bei einer rein inländischen Verschmelzung einer unbeschränkt steuerpflichtigen Kapitalgesellschaft auf eine andere unbeschränkt steuerpflichtige Kapitalgesellschaft keine derartige Schlussbesteuerung statt. Insofern wird der Vergleichsfall der EU-Verschmelzung schlechter behandelt als der reine Inlandsfall. Daher könnte bei Hinausverschmelzung von einer Beeinträchtung der Niederlassungsfreiheit auszugehen sein.[137] Fraglich ist in diesem Fall weiter, ob die Beschränkung der Grundfreiheit ggf. gerechtfertigt ist. Letzteres ist gegeben, wenn zwingende Gründe des allgemeinen Interesses vorliegen und die Beschränkung der Grundfreiheit zum Erreichen dieser Ziele geeignet und verhältnismäßig ist.[138] In der Rechtssache National Grid Indus hat der EuGH entschieden, dass die Besteuerung der im Inland entstandenen stillen Reserven im Wegzugsfall mit Art. 49 AEUV vereinbar ist. Im vorliegenden Streitfall hatte eine niederländische Gesellschaft ihren Verwaltungssitz nach Großbritannien verlegt. Die Besteuerung der stillen Reserven beim grenzüberschreitenden Wegzug ist nach Auffassung des EuGH zur Wahrung der Aufteilung der Besteuerungsbefugnisse geeignet. Eine Steuerfestsetzung zum Wegzugszeitpunkt ist daher dieser Entscheidung zufolge verhältnismäßig und akzeptabel. Allerdings sah die im Streitfall zur Anwendung kommende niederländische Regelung keine Stundungsmöglichkeit vor. Diese fehlende Stundungsmöglichkeit sah der EuGH als unverhältnismäßig an. Dem Steuerpflichtigen muss nach Ansicht des EuGH ein Wahlrecht dahingehend eingeräumt werden, die maßgeblichen stillen Reserven entweder sofort im Wegzugszeitpunkt oder erst nachgelagert im Zeitpunkt der tatsächlichen Realisation der stillen Reserven zu versteuern. Wählt der Steuerpflichtige letzteres vorgehen, so kann der Wegzugsstaat eine Verzinsung der im Wegzugszeitpunkt festgesetzten Steuer vorsehen und Bankgarantien verlangen.

Ähnliche Ausführungen des EuGH finden sich auch in der Entscheidung DMC Beteiligungsgesellschaft mbH,[139] in der sich der EuGH mit den Regelungen des § 20 UmwStG aF auseinandergesetzt hat. Nach § 20 III UmwStG aF war bei einer Einbringung eines Betriebs, Teilbetriebs oder Mitunternehmeranteils in eine Kapitalgesellschaft beim übernehmenden Rechtsträger für das eingebrachte Betriebsvermögen der Teilwert anzusetzen, wenn das deutsche Besteuerungsrecht an den im Zuge der Einbringung gewährten Anteilen im Zeitpunkt der Einbringung ausgeschlossen war. Der ggf. für den Einbringenden hieraus resul-

---

[137] Vgl. *Rautenstrauch/Seitz* Ubg 2012 S. 14; *Gosch* IWB 21/2012 S. 779; *Brinkmann/Reiter* DB 2012 S. 16; *Körner* IStR 2012 S. 1; *Hörtnagl* in Schmitt/Hörtnagl/Stratz, § 11 UmwStG, Rn. 10. AA *Mitsche* IStR 2012 S. 6.
[138] Vgl. EuGH v. 29.11.2011 – C-371/10, IStR 2012 S. 27.
[139] Vgl. EuGH v. 23.1.2014, DStR 2014 S. 193. Vgl. dazu auch EuGH v. 21.5.2015, Verder Lab Tec, DStR 2015 S. 1166.

tierende Einbringungsgewinn unterlag nach der Rechtslage 1995 in Deutschland der Besteuerung. Jedoch bestand die Möglichkeit der zinsfreien Stundung und Zahlung der Steuer in fünf Teilbeträgen zu mindestens $^1/_5$. Wie in der Rechtssache National Grid Indus sah der EuGH auch in diesem Fall in der Tatsache der Besteuerung der stillen Reserven im Einbringungszeitpunkt keine Beschränkung der Grundfreiheiten (hier der Kapitalverkehrsfreiheit nach Art. 63 AEUV). Dieses ist begündet mit der Wahrung der Aufteilung der Besteuerungsbefugnisse zwischen den Mitgliedstaaten. Angesichts der eingeräumten Stundung geht die Regelung des § 20 UmwStG aF nach Ansicht des EuGH nicht über das zur Zielerreichung erforderliche Maß hinaus. Die Möglichkeit der Zahlung der Steuer in Raten ist der Entscheidung des EuGH zufolge angemessen und verhältnismäßig.

84 Hält man sich die Entscheidungen National Grid Indus und DMC Beteiligungsgesellschaft mbH vor Augen, dürften erhebliche Zweifel aufkommen, ob die derzeitigen Regelungen des § 11 UmwStG zur umwandlungssteuerrechtlichen Entstrickung den europarechtlichen Grundfreiheiten entsprechen. Dies gilt insbesondere vor dem Hintergrund der fehlenden Stundungsmöglichkeiten.

c) Steuerliche Auswirkungen auf der Ebene der übernehmenden Kapitalgesellschaft

85 Die übernehmende ausländische Körperschaft wird bei Verbleiben einer inländischen Betriebstätte im Inland beschränkt steuerpflichtig. Die auf sie übergegangenen, der inländischen Betriebstätte zuzuordnenden Wirtschaftsgüter hat sie nach § 12 I 1 UmwStG mit dem Wert aus der steuerlichen Schlussbilanz der Übertragerin zu übernehmen.[140]

86 Im Regelfall entsteht ein Übernahmeerfolg[141] isv § 12 II UmwStG auf der Ebene der ausländischen Gesellschaft. Für diesen Übernahmeerfolg hat Deutschland kein Besteuerungsrecht.

87 Ist die ausländische Übernehmerin an der inländischen Übertragerin beteiligt und gehören diese Anteile zu einer inländischen Betriebstätte der Übernehmerin, so kann für diese Anteile eine Zuschreibung nach § 4 I 2 u. 3 iVm § 12 I 2 UmwStG erforderlich sein.[142]

88 Die übernehmende Körperschaft tritt für das auf sie übergehende inländische Betriebstättenvermögen in die Rechtstellung der Übernehmerin ein, § 12 III UmwStG.[143] Verfügt die übertragende Körperschaft über nicht verbrauchte Verluste, einen Zinsvortrag nach § 4h I 2 EStG oder einen EBITDA-Vortrag nach § 4h I 3 EStG, so gehen diese gemäß § 12 III iVm § 4 II 2 UmwStG nicht auf die Übernehmerin über.[144]

---

[140] Zu den Rechtsfolgen im Einzelnen → § 11 Rn. 108 ff.
[141] → § 11 Rn. 122 ff.
[142] Zu Einzelheiten → § 11 Rn. 115 ff.
[143] → § 11 Rn. 147.
[144] → § 11 Rn. 155 ff.

§ 16 Steuerliche Regelungen § 16

d) Steuerliche Auswirkungen auf der Ebene der Anteilseigner

aa) Überblick

Die Anteilseigner der übertragenden Kapitalgesellschaften haben je 89
nach Qualität ihrer Beteiligung die Regelung des § 13 UmwStG bzw.
des § 20 IV a EStG anzuwenden. Zu unterscheiden ist dabei, ob der
Anteilseigner mit seinen Anteilen an der übertragenden Kapitalgesellschaft im Inland unbeschränkt oder beschränkt steuerpflichtig ist.

bb) Inländische Anteilseigner

(1) Anteile im Betriebsvermögen/Wesentliche Beteiligung iSv § 17 90
EStG. Die Anteile der inländischen Anteilseigner der übertragenden
Körperschaft gelten auch bei einer Hinausverschmelzung prinzipiell nach
§ 13 I UmwStG als zum gemeinen Wert veräußert. Für die an ihre Stelle
tretenden Anteile an der übernehmenden Körperschaft wird unterstellt,
dass sie zu diesem gemeinen Wert angeschafft werden.

Davon abweichend kann der betreffende inländische Anteilseigner bei 91
Erfüllung der Voraussetzungen des § 13 I Nr. 1 oder Nr. 2 UmwStG die
erhaltenen Anteile an der Übernehmerin auf Antrag mit den Buchwerten
bzw. den Anschaffungskosten der Anteile an der Übertragerin bewerten.[145] Voraussetzung für die Anwendung des § 13 II 1 UmwStG ist
entweder, dass das Recht Deutschlands auf eine Besteuerung des Gewinns aus der Veräußerung der Anteile an der übernehmenden Körperschaft nicht ausgeschlossen oder beschränkt ist, oder die Mitgliedstaaten
bei der Verschmelzung Art. 8 der FRL anzuwenden haben. Für die
Zulässigkeit der Buchwertfortführung gemäß § 13 II 1 UmwStG ist bei
der Hinausverschmelzung einer inländischen Körperschaft danach zu
unterscheiden, ob das Besteuerungsrecht an den erhaltenden Anteilen an
der ausländischen Übernehmerin unter Beachtung eines DBA dem
Wohnsitzstaat des Anteilseigners oder dem Ansässigkeitsstaat der ausländischen Körperschaft zuzuordnen ist. Die meisten DBA ordnen das
Besteuerungsrecht an Anteilen an einer Körperschaft dem Wohnsitzstaat
des Anteilseigners zu. In diesen Fällen wird dementsprechend bei der
Hinausverschmelzung einer inländischen Körperschaft das Besteuerungsrecht Deutschlands nach dem Anteilstausch nicht eingeschränkt. Die
Anteile des inländischen Anteilseigners an der übernehmenden Körperschaft bleiben in Deutschland steuerverhaftet. Die Bedingung des § 13 II
1 Nr. 1 UmwStG für eine Buchwertfortführung ist in diesem Fall erfüllt.

In einigen anderen Fällen wird indes durch das DBA das Besteuerungs- 92
recht an den Anteilen dem Sitzstaat der Körperschaft zugeordnet. Dies ist
häufig der Fall bei Anteilen an Grundstücksgesellschaften. Gleiches gilt
unabhängig von der Tätigkeit der Körperschaft zB nach den DBA mit
der Slowakei, Tschechien sowie Zypern. In diesen Fällen würde
Deutschland nach der Hinausverschmelzung sein Besteuerungsrecht auf
einen Gewinn aus der Veräußerung der Anteile verlieren. Der Anteils-

---

[145] → § 11 Rn. 195 ff.

eigner kann hier nach § 13 I 1 Nr. 2 UmwStG die Anwendung der Regelung des Art. 8 der FRL auf die erhaltenen Anteile beantragen. Danach darf der Wohnsitzstaat des Anteilseigners einen Gewinn aus der späteren Veräußerung der erworbenen Anteile ungeachtet der Bestimmungen des DBA in der gleichen Art und Weise besteuern, wie die Veräußerung der Anteile an der übertragenden Körperschaft zu besteuern wäre. Insofern kann der inländische Anteilseigner auf Antrag die Anteile an der Übernehmerin mit den Buchwerten der Anteile an der übertragenden Gesellschaft bewerten.[146] Wird dieser Antrag gestellt, ist eine unmittelbare Besteuerung der stillen Reserven der Anteile im Zeitpunkt des Anteilstauschs ausgeschlossen. Vielmehr hat Deutschland bei späterer Veräußerung der erhaltenen Anteile das Recht auf Besteuerung des Veräußerungsgewinns. Entsprechendes gilt bei verdeckter Einlage der erhaltenen Anteile in eine andere Kapitalgesellschaft, der Auflösung der ausländischen Körperschaft, der Herabsetzung und Rückzahlung des Kapitals der ausländischen Körperschaft oder bei Ausschüttung oder Rückzahlungen aus dem steuerlichen Einlagekonto der ausländischen Körperschaft nach § 27 KStG, § 15 Ia 2 EStG iVm § 13 II 1 Nr. 2 Satz 2 UmwStG. Allerdings ist zu beachten, dass es in diesen Fällen bei der späteren Veräußerung zu einer Doppelbesteuerung kommen kann – neben der Besteuerung in Deutschland auch zur Besteuerung im Sitzstaat der Übernehmerin. Die Anwendung des § 13 I 1 Nr. 2 UmwStG ist auf den EU-Raum beschränkt.

93 (2) Nicht wesentliche Beteiligung im Privatvermögen. Nach früher geltender Rechtslage fielen auch Anteile im Privatvermögen unbeschränkt Steuerpflichtiger in den Anwendungsbereich des § 13 UmwStG, wenn diese Anteile nicht die Voraussetzungen des § 17 EStG erfüllen. Bei Bewertung der Anteile an der Übertragerin zum gemeinen Wert nach § 13 I UmwStG unterlag ein entstehender Veräußerungsgewinn der Abgeltungssteuer, § 20 II Nr. 1, § 32d EStG. Dies setzt voraus, dass die Anteile nach dem 31.12.2008 erworben wurden, § 52a X EStG. Ein Gewinn aus der Bewertung vor dem 1.1.2009 erworbener Anteile zum gemeinen Wert nach § 13 I UmwStG bleibt steuerfrei. Etwas anderes gilt lediglich bei alt-einbringungsgeborenen Anteilen iSv § 21 UmStG aF.[147]

94 Durch die Änderungen des JStG 2010 kommt für diese nicht wesentlichen Anteile im Privatvermögen die Regelung des § 20 IV a EStG zur Anwendung. Nach § 20 IV a 1 EStG treten die Anteile an der übernehmenden Gesellschaft, die der Anteilseigner im Zuge der Verschmelzung erhält, an die Stelle der bisherigen Anteile, wenn das Rechts Deutschlands hinsichtlich der Besteuerung des Gewinns aus der Veräußerung der erhaltenen Anteile nicht ausgeschlossen oder beschränkt ist. Bei Erfüllung der genannten Voraussetzung können mithin die Anschaffungskosten der untergehenden Anteile fortgeführt werden. Damit entfällt für den betroffenen Anteilseigner die Notwendigkeit eines Antrags auf Fort-

---

[146] → Rn. 130.
[147] → § 11 Rn. 183 f.

§ 16. Steuerliche Regelungen § 16

führung der Buchwerte gemäß § 13 II UmwStG.[148] Die Regelung des § 20 IV a EStG ist selbst auf Anteile anzuwenden, die vor dem 1.1.2009 erworben wurden, § 52a X 10 EStG.

cc) Ausländische Anteilseigner

Sind bei einer Hinausverschmelzung an der übertragenden inländischen Kapitalgesellschaft ausländische Anteilseigner beteiligt, so kommt § 13 UmwStG nur dann zur Anwendung, wenn diese Anteile an der übertragenden Körperschaft im Inland steuerverhaftet sind. Ferner müssen die Anteile entweder zu einem inländischen Betriebsvermögen gehören oder die Voraussetzungen des § 17 EStG erfüllen. Auf andere im Inland steuerverhaftete Anteile ausländischer Anteilseigner ist § 20 IV a EStG anzuwenden.[149] Ein ausländischer Anteilseigner ist mit seinen Anteilen in Deutschland bei Nichtbestehen eines DBA oder wenn die Anteile an der übertragenden Körperschaft zum Vermögen einer inländischen Betriebstätte gehören nur beschränkt steuerpflichtig. Daneben weisen einige DBA das Besteuerungsrecht an den Anteilen dem Sitzstaat der Körperschaft zu. Dies ist zB der Fall in den DBA mit der Slowakei, Tschechien sowie Zypern. 95

Bei Bestehen eines inländischen Besteuerungsrechts hat der ausländische Anteilseigner prinzipiell nach § 13 I UmwStG die Pflicht, durch Bewertung zum gemeinen Wert die stillen Reserven in den Anteilen an der Überträgerin aufzudecken. 96

Er kann indes davon abweichend auf Antrag die Buchwerte bzw. Anschaffungskosten der Anteile an der übertragenden Körperschaft fortführen, § 13 II 1 UmwStG. Dieses Antragsrecht besteht, wenn mangels DBA oder aufgrund der Zuordnung zu einem inländischen Betriebsvermögen auch die erhaltenen Anteile an der übernehmenden ausländischen Körperschaft im Inland steuerverhaftet sind, § 13 II 1 Nr. 1 UmwStG. In diesem Fall wird das deutsche Besteuerungsrecht durch die Hinausverschmelzung nicht eingeschränkt. Daneben kann ein in der EU ansässiger Anteilseigner auf Antrag die erhaltenen Anteile mit dem Buchwert der Anteile an der übertragenden Körperschaft nach § 13 II 1 Nr. 2 UmwStG fortführen, sofern sich dem DBA zufolge das Besteuerungsrecht auf den Gewinn aus der Veräußerung der Anteile nach dem Sitzort der Gesellschaft richtet. Diese Situation ist zB gegeben nach den DBA mit der Slowakei, Tschechien sowie Zypern. Zwar würde Deutschland durch die Hinausverschmelzung in diesen Fällen das Besteuerungsrecht verlieren. Gemäß § 13 I 1 Nr. 2 UmwStG darf Deutschland indes bei Anwendung von Art. 8 der FRL einen Gewinn aus der späteren Veräußerung der erworbenen Anteile ungeachtet der Bestimmungen des DBA in der gleichen Art und Weise besteuern, wie die Veräußerung der Anteile an der übertragenden Körperschaft zu besteuern wären.[150] Zu beachten ist allerdings, dass es in diesen Fällen bei der späteren Ver- 97

---

[148] Vgl. *Benecke/Schnitger* IStR 2010 S. 432 (435).
[149] → Rn. 93 ff.
[150] → Rn. 92 ff. sowie → Rn. 130 ff.

§ 16 4. Teil. Grenzüberschreitende Verschmelzungen

äußerung zu einer Doppelbesteuerung kommen kann, dh neben der Besteuerung in Deutschland auch zur Besteuerung im Sitzstaat der Übernehmerin.

2. Verschmelzung einer ausländischen Kapitalgesellschaft auf eine inländische Kapitalgesellschaft (Hereinverschmelzung)

a) Anwendungsbereich

98 Bei der Hereinverschmelzung überträgt eine EU-/EWR-Körperschaft ihr Vermögen auf eine im Inland ansässige Körperschaft. Nach der Hereinverschmelzung unterhält die inländische Übernehmerin regelmäßig im ausländischen Ansässigkeitsstaat der Übertragerin eine Betriebstätte.

99 Auf diese Hereinverschmelzung sind unter den oben erläuterten Voraussetzungen[151] die Regelungen der §§ 11 bis 13 UmwStG anzuwenden.

b) Steuerliche Auswirkungen auf der Ebene der übertragenden Kapitalgesellschaft

aa) Pflicht zur Aufstellung einer steuerlichen Schlussbilanz

100 Bei der Hereinverschmelzung einer EU-/EWR-Kapitalgesellschaft richtet es sich nach ausländischem Gesellschaftsrecht, ob und in welcher Form eine handelsrechtliche Schlussbilanz aufzustellen ist.

101 Dessen ungeachtet hat die übertragende Kapitalgesellschaft eine steuerliche Schlussbilanz unter Beachtung des § 11 UmwStG aufzustellen. Dies gilt unabhängig davon, ob die ausländische Kapitalgesellschaft im Inland (beschränkt) steuerpflichtig ist oder eine inländische Buchführungspflicht besteht.[152] Dabei sind inländische Bilanzierungsgrundsätze sowie die Regelung des § 11 UmwStG anzuwenden. Auf die Erstellung einer steuerlichen Schlussbilanz unter Zugrundelegung deutscher Rechtsvorschriften kann nur ausnahmsweise dann verzichtet werden, wenn sie nicht für die inländische Besteuerung benötigt wird.[153]

102 Die Notwendigkeit der Aufstellung einer steuerlichen Schlussbilanz durch die übertragende Kapitalgesellschaft ergibt sich bei inländischem Vermögen bereits dadurch, dass diese Grundlage für die Ausübung des Antragswahlrechts zur Bewertung mit dem Buchwert nach § 11 II 1 UmwStG ist.[154] Verfügt die übertragende EU-/EWR-Kapitalgesellschaft über kein inländisches Vermögen, wird die steuerliche Schlussbilanz der Übertragerin für die Übernahme des übergehenden Vermögens iSv § 12

---

[151] → Rn. 7–40.
[152] Vgl. Regierungsbegründung zum SEStEG-E vom 12.7.2006, BT-Drucks. 16/2710 S. 40. Siehe auch *Rödder/Schumacher* DStR 2006 S. 1525 (1529 f.); *Schaflitzl/Widmayer* BB 2006, Special 8, 36 (41).
[153] Vgl. Regierungsbegründung zum SEStEG-E vom 12.7.2006, BT-Drucks. 16/2710 S. 40. Siehe auch *Rödder/Schumacher* DStR 2006 S. 1525 (1529 f.); *Schaflitzl/Widmayer* BB 2006, Special 8, 36 (41).
[154] Vgl. *Viebrock/Hagemann* FR 2009 S. 737 (743).

§ 16. Steuerliche Regelungen §16

I UmwStG sowie ggf. für die Ermittlung eines Übernahmeergebnisses isv § 12 II UmwStG benötigt.[155] Die Ermittlung eines Übernahmeergebnisses ist immer dann erforderlich, wenn die übernehmende Rechtsträgerin an der Übertragerin beteiligt ist.

bb) Bewertung in der steuerlichen Schlussbilanz

Bei der Hereinverschmelzung richten sich die steuerlichen Konsequenzen auf der Ebene der übertragenden Körperschaft nach ausländischem Recht, soweit die übertragende EU-/EWR-Kapitalgesellschaft über ausländisches Vermögen verfügt. 103

Für die Bewertung des inländischen Betriebsvermögens in der steuerlichen Schlussbilanz der Übertragerin sind die Vorschriften des § 11 UmwStG maßgeblich. Dieses Inlandsvermögen ist grundsätzlich nach § 11 I UmwStG mit dem gemeinen Wert zu bewerten.[156] Regelmäßig bleibt das deutsche Besteuerungsrecht an dem Inlandsvermögen nach der Hereinverschmelzung unverändert bestehen. Daher kann die übertragende Körperschaft für dieses Betriebstättenvermögen das Antragswahlrecht des § 11 II 1 UmwStG zur Fortführung der Buchwerte oder Zwischenwerte ausüben.[157] Auf diese Weise wird eine (regelmäßig) steuerpflichtige Aufdeckung stiller Reserven im Inland vermieden.[158] 104

Infolge des Grundsatzes der Einheitlichkeit[159] der Bewertung ist eine Bewertung des Inlandsvermögens zum Buchwert nach dem Wortlaut des § 11 II 1 UmwStG nur dann auf Antrag zulässig, wenn auch die Buchwerte des ausländischen Vermögen der Übertragerin fortgeführt werden.[160] 105

c) Steuerliche Auswirkungen auf der Ebene der übernehmenden Kapitalgesellschaft

aa) Bewertung des übernommenen Vermögens

Für die Bewertung des übernommenen Vermögens durch die Übernehmerin ist zu unterscheiden, ob es sich um Inlandsvermögen oder Auslandsvermögen der Übertragerin handelt. 106

Vermögen der übertragenden Körperschaft, das zu einer inländischen Betriebstätte gehört, hat die Übernehmerin mit dem Wert aus der steuerlichen Schlussbilanz der Übertragerin zu übernehmen, § 12 I 1 UmwStG.[161] 107

---

[155] Vgl. *Viebrock/Hagemann* FR 2009 S. 737 (743).
[156] → § 11 Rn. 59 ff.
[157] Vgl. auch *Hagemann/Jakob/Ropohl/Viebrock* NWB 2007, Sonderheft 1 S. 32. Auch → § 11 Rn. 77 ff.
[158] Zur Bewertung in der Schlussbilanz nach § 11 II 1 UmwStG → § 11 Rn. 80 ff.
[159] → § 11 Rn. 97.
[160] Vgl. *Viebrock/Hagemann* FR 2009 S. 737 (744).
[161] Im Einzelnen → § 11 Rn. 109 ff.

108 Nach dem Wortlaut des § 12 I 1 UmwStG ist auch ausländisches Vermögen mit dem Wert aus der steuerlichen Schlussbilanz der Übertragerin zu übernehmen. Dies ist für die spätere Besteuerung der Übernehmerin unproblematisch, wenn die Übertragerin das ausländische Vermögen in ihrer Schlussbilanz mit dem gemeinen Wert bewertet hat oder mit dem ausländischen Belegenheitsstaat ein DBA mit Freistellungsmethode geschlossen ist. Besteht hingegen mit dem ausländischen Belegenheitsstaat kein DBA oder ein DBA mit Anrechnungsmethode, führt die Hereinverschmelzung zu einer erstmaligen Steuerverstrickung des ausländischen Vermögens in Deutschland. Hat die übertragende Kapitalgesellschaft in ihrer steuerlichen Schlussbilanz das ausländische Vermögen zu Buchwerten bewertet, kommt es künftig zu einer inländischen Verstrickung der stillen Reserven im ausländischen Vermögen. Diese waren ggf. bereits im Zuge der Verschmelzung im Ausland steuerpflichtig bzw. sind es künftig. Damit ist eine Doppelbesteuerung nicht ausgeschlossen.[162] Im Schrifttum wird dies als nicht sachgerecht[163] kritisiert und verschiedene Lösungsansätze vorgeschlagen. So wird beispielsweise vertreten, dass die allgemeinen Verstrickungsregelungen der §§ 4 I 8, 6 I Nr. 5a EStG selbstständig neben der Wertverknüpfung nach §§ 11, 12 UmwStG stehen bzw. die Vorschriften die umwandlungsteuerlichen Regelungen ergänzen.[164] Demzufolge soll im Ergebnis der Ansatz der neu verstrickten Wirtschaftsgüter mit dem gemeinen Wert ohne Auswirkung auf die Ermittlung des Übernahmeergebnisses[165] nach § 12 II UmwStG bleiben.[166] Eine andere Auffassung setzt bereits auf Ebene der übertragenen Gesellschaft an und reduziert den Wortlaut des § 11 II 1 UmwStG teleologisch dahingehend, dass sich der Buchwert des übergehenden Vermögens um die stillen Reserven in den neu verstrickten Wirtschaftsgütern erhöht.[167] Eine dritte Auffassung will das Problem zumindest für das sog. ungebundene Vermögen dahingehend gelöst wissen, dass es erst dann zu einer Verstrickung kommt, wenn die Geschäftsführung tatsächlich nach Deutschland verlagert wird.[168] Auf die in diesem Zeitpunkt stattfindende Verstrickung wären nach dieser Auffassung dann wohl die allgemeinen Verstrickungsnormen der §§ 4 I 8, 6 I Nr. 5a EStG anzuwenden. Demgegenüber sollen für Zwecke der umwandlungssteuerlichen Schlussbilanz die übergehenden Wirtschaftsgüter einheitlich mit dem Buchwert angesetzt werden können. Daneben wird gefordert, die Finanzverwaltung solle in der Praxis zumindest großzügig eine „Vor-

---

[162] Siehe *Viebrock/Hagemann* FR 2009 S. 737 (744); *Rödder* in Rödder/Herlinghaus/van Lishaut, § 12 UmwStG Rn. 47.
[163] Vgl. zB *Rödder* in Rödder/Herlinghaus/van Lishaut, § 11 Rn. 159
[164] Vgl. zB *Schaflitzl/Widmayer* BB-Spezial 8/2006 S. 36 (42); *Viebrock/Hagemann* FR 2009, S. 737 (774); *Klingberg/Nitzschke* Ubg 2011 S. 451 (456); *Sistermann* in Lüdicke, Praxis und Zukunft des deutschen internationalen Steuerrechts, 2012 S. 161 (177 f.).
[165] So wohl zB *Viebrock/Hagemann* FR 2009 S. 737 (744).
[166] Vgl. *Klingberg/Nitzschke* Ubg 2011 S. 451 (456)
[167] Vgl. *Benecke/Beinert* FR 2010 S. 1120 (1125).
[168] Vgl. *Schmitt* in Schmitt/Hörtnagl/Stratz, § 11 Rn. 122.

abübertragung" der betroffenen Wirtschaftsgüter zum gemeinen Wert zulassen.[169]

bb) Übernahmeergebnis

Ist die übernehmende Körperschaft an der Überträgerin beteiligt und ist diese Beteiligung im Inland steuerverhaftet, so ist durch Vergleich von Buchwert der Beteiligung – nach eventueller Beteiligungskorrektur[170] gemäß §§ 4 I 3, 12 I 2 UmwStG – und übernommenem Vermögen ein Übernahmeerfolg[171] zu ermitteln, § 12 I 1 UmwStG. Auf einen Übernahmegewinn ist § 8b KStG anzuwenden, § 12 I 2 UmwStG.[172] Demnach bleibt ein Übernahmegewinn, nach Abzug der Umwandlungskosten, im Inland zu 95% steuerfrei. 109

Ist demgegenüber die Beteiligung an der Übertragerin nicht im Inland steuerverhaftet, so ist ein Übernahmeerfolg nach § 12 I 1 UmwStG bei der Übernehmerin steuerlich nicht zu berücksichtigen. Das kann etwa dann der Fall sein, wenn die Beteiligung an der Übertragerin einer ausländischen Betriebstätte der Übernehmerin zuzuordnen sein sollte. Gleiches gilt, wenn ein DBA mit dem Ansässigkeitsstaat der Übertragerin das Besteuerungsrecht an den Anteilen dem Sitzstaat der Übertragerin zuordnet. 110

Fehlt es an einer Beteiligung der Übernehmerin an der Übertragerin, ist kein Übernahmeerfolg zu ermitteln. Vielmehr ist das übernommene Vermögen als Einlage zu behandeln. Die Gegenbuchung erfolgt im steuerlichen Einlagekonto der Übernehmerin.[173] Demgegenüber gehen BFH[174] und Finanzverwaltung[175] davon aus, dass auch in diesen Fällen ein Übernahmeerfolg zu bestimmen ist. Dieser soll nach § 12 I 2 UmwStG außer Acht bleiben. 111

cc) Steuerliches Einlagekonto

Im Hinblick auf das steuerliche Einlagekonto in Fällen der grenzüberschreitenden Verschmelzung gilt § 27 VI KStG.[176] War die übertragende Körperschaft vor der Verschmelzung in Deutschland nicht beschränkt steuerpflichtig und wurde für sie daher bisher kein steuerliches Einlagekonto festgestellt, tritt nach § 27 VI KStG für die Anwendung von § 29 II KStG an die Stelle des steuerlichen Einlagekontos der Bestand der nicht in das Nennkapital geleisteten Einlagen zum Zeitpunkt des Vermögensübergangs. Ein entsprechender Antrag ist durch die übertragende Gesellschaft zu stellen, § 29 VI 2 KStG iVm § 27 VIII 4 KStG. Das Einlagekonto der übernehmenden inländischen Körperschaft erhöht sich 112

---

[169] Vgl. *Rödder* in Rödder/Herlinghaus/van Lishaut, § 11 Rn. 159.
[170] → § 11 Rn. 115.
[171] → § 11 Rn. 122.
[172] → § 11 Rn. 131 ff.
[173] → § 11 Rn. 130 ff.
[174] Vgl. BFH v. 9.1.2013 – I R 24/12, DStR 2013 S. 582.
[175] Vgl. BMF-Schreiben v. 11.11.2011, BStBl. I 2011 S. 1314 Tz. 12.05.
[176] *Schießl* DStZ 2008 S. 852.

§ 16 4. Teil. Grenzüberschreitende Verschmelzungen

dann um die im Ausland geleisteten offenen und verdeckten Einlagen der Anteilseigner, soweit diese Einlagen im Verschmelzungszeitpunkt noch vorhanden sind. Unter Zugrundelegung des § 27 II 3 2. Halbsatz KStG ist das Einlagekonto der Übernehmerin nicht bereits zum Schluss des vorangegangenen Wirtschaftsjahres zu erhöhen.[177] Vielmehr erhöhen die Einlagen der Übertragerin das Einlagenkonto der Übernehmerin erstmalig zum Ende des Wirtschaftsjahres, in dem der steuerliche Übertragungsstichtag liegt.

dd) Sonstige Rechtsfolgen

113 Steuerliche Verluste der Übertragerin im inländischen Vermögen gehen nicht auf die Übernehmerin über.[178]

Dessen ungeachtet können ausländische Verluste der übertragenden Kapitalgesellschaft bezogen auf das übernommene ausländische Vermögen ggf. nach ausländischem Recht fortgeführt werden. In einigen ausländischen Staaten ist der Eintritt der Übernehmerin in die Rechtstellung der Übertragerin hinsichtlich steuerlicher Verluste zumindest unter Zustimmung der Finanzverwaltung möglich (etwa Frankreich).

Verbleibt hingegen im Ausland nach der Verschmelzung kein Vermögen, ist unter Anwendung der Rechtsprechung von EuGH[179] und BFH[180] die Verrechnung ausländischer Verluste im Inland zu prüfen.

d) Steuerliche Auswirkungen auf der Ebene der Anteilseigner

114 Die Regelung des § 13 UmwStG ist auf Anteile an der ausländischen übertragenden Körperschaft anzuwenden, die im Inland steuerverhaftet sind. Sie greift ferner, wenn die Anteile an der übernehmenden Körperschaft im Inland erstmals steuerverhaftet werden. Für Einzelheiten kann auf die Ausführungen zur steuerlichen Behandlung der Anteilseigner bei Hinausverschmelzung verwiesen werden.[181] Für Anteilseigner mit Anteilen im Privatvermögen, die nicht die Voraussetzungen des § 17 EStG erfüllen, greift § 20 IV a EStG idF des JStG 2010.[182]

3. Verschmelzung ausländischer Kapitalgesellschaft mit Inlandsbezug (Auslandsverschmelzung)

a) Verschmelzung von EU-Gesellschaften

115 Werden EU-/EWR-Kapitalgesellschaften miteinander verschmolzen, dann kommen die Regelungen der §§ 11–13 UmwStG zur Anwendung, wenn die übertragende EU-/EWR-Kapitalgesellschaft über inländisches

---

[177] Vgl. *Dötsch/Pung* DB 2006 S. 2652.
[178] Vgl. *Rödder* in Rödder/Herlinhaus/van Lishaut, § 12, Rn. 104 ff.
[179] Vgl. EuGH v. 15.5.2008, C-414/06 – Lidl Belgium GmbH & Co KG, IStR 2008 S. 400.
[180] Vgl. BFH v. 9.6.2010 – I R 100/09, DStRE 2010 S. 1059; BFH v. 9.6.2010 – I R 107/09, IStR 2010 S. 663.
[181] → Rn. 89 ff.
[182] → Rn. 93.

§ 16. Steuerliche Regelungen § 16

Betriebsvermögen verfügt oder ihre Anteilseigner im Inland ansässig sind, § 1 I Nr. 1 UmwStG. Voraussetzung für die Anwendung des UmwStG ist die Vergleichbarkeit der ausländischen Verschmelzung mit inländischem Umwandlungsrecht.[183]

aa) Steuerliche Auswirkungen auf der Ebene der übertragenden Kapitalgesellschaft

Verfügt die in einem anderen EU-/EWR-Staat ansässige übertragende Kapitalgesellschaft über inländisches Vermögen, ist sie insoweit im Inland beschränkt steuerpflichtig, § 49 I Nr. 1, 2, 3 EStG. Durch die Verschmelzung geht das im Inland belegene Betriebstättenvermögen von der Übertragerin auf die Übernehmerin über. Für die Verschmelzung hat die übertragende EU-/EWR-Kapitalgesellschaft eine steuerliche Schlussbilanz nach deutschen Bilanzierungsvorschriften aufzustellen.[184] Diese wird wegen des inländischen Vermögens für deutsche Besteuerungszwecke benötigt wird.[185] Für deutsche steuerliche Zwecke ist es ausreichend, wenn die Schlussbilanz nur das inländische Vermögen enthält, ggf. zuzüglich der durch die Verschmelzung erstmals steuerverstrickten Wirtschaftsgüter. Soweit in die Schlussbilanz sowohl in- als auch ausländisches Vermögen aufzunehmen ist, ist dieses einheitlich zu bewerten. Dabei hat die Bewertung des ausländischen Vermögens nach dem ausländischen Recht keine Bindungswirkung für die deutsche Schlussbilanz. 116

Auf das inländische Vermögen der übertragenden Gesellschaft ist die Regelung des § 11 UmwStG anzuwenden. Danach ist zwar das inländische Vermögen prinzipiell zum gemeinen Wert zu bewerten.[186] Davon abweichend ist indes unter den Voraussetzungen des § 11 II 1 UmwStG eine Fortführung der Buchwerte oder eine Bewertung zu Zwischenwerten auf Antrag möglich.[187] Der Antrag ist beim nach § 20 AO zuständigen Finanzamt einzureichen.[188] Für die Ausübung des Antragswahlrechts nach § 11 II UmwStG ist ua Voraussetzung, dass das deutsche Besteuerungsrecht am inländischen Vermögen nicht verloren geht oder eingeschränkt wird, § 11 II 1 Nr. 2 UmwStG. Nicht eingeschränkt wird das deutsche Besteuerungsrecht, wenn sowohl mit dem Sitzstaat der Übertragerin als auch mit dem Sitzstaat der Übernehmerin kein DBA oder ein DBA mit Anrechnungsverfahren geschlossen ist. Das deutsche Besteuerungsrecht an dem inländischen Vermögen bleibt in diesen Fällen auch nach der Verschmelzung bestehen. Insofern kann bei Erfüllung der übrigen Voraussetzungen des § 11 II 1 UmwStG in diesem Fall das 117

---

[183] → Rn. 11–25.
[184] Vgl. Regierungsbegründung zum SEStEG-E vom 12.7.2006, BT-Drucks. 16/2710, S. 40. Auch → Rn. 100 ff.
[185] Vgl. BMF-Schreiben vom 11.11.2011, BStBl. I 2011 S. 1314 Tz. 03.02 iVm 11.02.
[186] → § 11 Rn. 53 ff.
[187] → § 11 Rn. 61 ff.
[188] Vgl. BMF-Schreiben vom 11.11.2011, BStBl. I 2011 S. 1314 Tz. 03.27.

§ 16   4. Teil. Grenzüberschreitende Verschmelzungen

übergehende Vermögen auf Antrag zu Buchwerten oder zum Zwischenwert bewertet werden.

118 Ebenfalls zu keiner Einschränkung des deutschen Besteuerungsrechts kommt es, wenn das Besteuerungsrecht am inländischen Betriebsvermögen aufgrund eines DBA bisher dem Sitzstaat der Übertragerin zustand. Besteht in diesen Fällen mit dem Sitzstaat der Übernehmerin kein DBA bzw. ein DBA mit Anrechnungsverfahren, kommt es durch die Verschmelzung zu einer (erstmaligen) steuerlichen Verstrickung des inländischen Vermögens in Deutschland. In diesem Fall empfiehlt es sich zur Vermeidung einer doppelten Besteuerung im inländischen Vermögen entstandener stiller Reserven angesichts der Wertverknüpfung bei der Übernehmerin, das inländische Vermögen in der steuerlichen Schlussbilanz zum gemeinen Wert zu bewerten.

119 Demgegenüber wird das deutsche Besteuerungsrechts dann eingeschränkt, wenn mit dem Sitzstaat der Übertragerin kein DBA oder ein DBA mit Anrechnungsmethode bestand, nach dem DBA mit dem Sitzstaat der Übernehmerin das Besteuerungsrecht an dem Betriebstättenvermögen hingegen dem ausländischen Staat zugewiesen wird. In diesen Fällen scheidet eine Bewertung zum Buchwert oder Zwischenwert infolge der Nichterfüllung der Voraussetzung des § 11 II 1 Nr. 2 UmwStG aus.

120 Sind die übertragende und die übernehmende Gesellschaft in unterschiedlichen EU-/EWR-Staaten ansässig, so ändert sich in Folge der Verschmelzung das einschlägige DBA. Hierdurch kann es nicht nur zu einer Entstrickung, sondern auch zu einer Verstrickung in Deutschland kommen. Hierzu könnte es zB kommen, wenn die 100%-ige Muttergesellschaft einer deutschen Kapitalgesellschaft auf eine Gesellschaft verschmolzen wird, die einem DBA-Staat ansässig ist, welcher das Besteuerungsrecht dem Sitzort der jeweiligen Kapitalgesellschaft zuordnet (wie zB die DBA mit der Slowakei, Tschechien sowie Zypern). Erstmals in Deutschland steuerverstricktes ausländisches Vermögen ist in der steuerlichen Schlussbilanz – unter Beachtung der Bewertung bei der Übernehmerin nach § 6 Nr. 5a EStG – zum gemeinen Wert anzusetzen.

bb) Steuerliche Auswirkungen auf der Ebene der übernehmenden Kapitalgesellschaft

121 Die übernehmende EU-/EWR-Kapitalgesellschaft hat das inländische Vermögen der Überträgerin mit dem Wert aus der steuerlichen Schlussbilanz zu übernehmen, § 12 I UmwStG.[189] Die steuerliche Wertverknüpfung greift ebenfalls für ausländisches Vermögen, das mit der Verschmelzung in Deutschland erstmals steuerverstrickt wird und insofern in der steuerlichen Schlussbilanz anzusetzen ist.[190] Für die Bewertung dieses Vermögens ist indes zwingend die Regelung des § 6 I Nr. 5a EStG zu beachten. Dieses Vermögen ist zum gemeinen Wert zu bewerten.

---

[189] Vgl. Rödder in Rödder/Herlinghaus/van Lishaut, § 12 UmwStG Rn. 6.
[190] → Rn. 120.

§ 16. Steuerliche Regelungen § 16

Ist die Übernehmerin an der übertragenden EU-/EWR-Kapitalgesell- 122
schaft beteiligt, so steht das Besteuerungsrecht an diesen Anteilen regelmäßig nicht Deutschland zu. Insofern dürfte auf der Ebene der übernehmenden Gesellschaft im Inland kein Übernahmeerfolg entstehen. Etwas anderes kann sich zB beim sog. upstream merger ergeben, wenn die Anteile an der zu verschmelzenden Tochtergesellschaft einer deutschen Betriebsstätte (§ 49 II Nr. 2 Buchst. a EStG) der Mutter zuzuordnen sind. Ein in diesem Fall entstehender Übernahmegewinn unterliegt der Besteuerung nach § 8b II, III KStG.

Im Übrigen tritt die Übernehmerin hinsichtlich des in Deutschland 123
verhafteten Vermögens in die Rechtsstellung der Übertragerin ein.[191]
Etwaige Zins-, EBITDA und Verlustvorträge der Übertragerin gehen unter, § 12 III iVm § 4 II, III UmwStG.[192]

cc) Steuerliche Auswirkungen auf Ebene der inländischen Anteilseigner

Sind an der übertragenden EU-/EWR-Kapitalgesellschaft Anteilseigner 124
beteiligt, die mit ihren Anteilen in Deutschland unbeschränkt oder beschränkt steuerpflichtig sind, ist § 13 UmwStG bzw. § 20 IV a EStG anzuwenden. Die beschränkte Steuerpflicht ausländischer Anteilseigner kann sich daraus ergeben, dass die Anteile an der EU-/EWR-Kapitalgesellschaft zu einem inländischen Betriebsvermögen gehören. Gehören die Anteile zu einem Betriebsvermögen oder sind die Voraussetzungen des § 17 EStG erfüllt, hat der Anteilseigner die Regelung des § 13 UmwStG anzuwenden. Gehören die Anteile hingegen zum Privatvermögen des Anteilseigners, ohne dass § 17 EStG erfüllt wird, ist § 20 IV a EStG zu beachten.

(1) Anteile im Betriebsvermögen sowie Anteile iSv § 17 EStG. 125
(a) Überblick. Auf die Anteile im Betriebsvermögen eines inländischen oder ausländischen Anteilseigners sowie auf die Anteile iSv § 17 EStG eines inländischen Anteilseigners sind die Rechtsvorschriften des § 13 UmwStG anzuwenden. Nach § 13 I UmwStG gelten die Anteile an der übertragenden EU-/EWR-Kapitalgesellschaft als zum gemeinen Wert veräußert. Die an ihre Stelle tretenden Anteile an der übernehmenden EU-/EWR-Kapitalgesellschaft gelten als zum gemeinen Wert angeschafft.[193] Unter Anwendung des § 13 I UmwStG würde es für den Anteilseigner bei über dem Buchwert bzw. den Anschaffungskosten liegendem gemeinen Wert der Anteile mithin durch die ausländische Verschmelzung zur Realisierung eines steuerpflichtigen Veräußerungsgewinns kommen.

Auf Antrag kann der Anteilseigner hingegen die erhaltenen Anteile an 126
der Übernehmerin mit dem Buchwert der Anteile an der Übertragerin fortführen, wenn
– entweder das deutsche Besteuerungsrecht nicht ausgeschlossen oder beschränkt wird, § 13 II 1 Nr. 1 UmwStG,

---
[191] → § 11 Rn. 147.
[192] → § 11 Rn. 155.
[193] → § 11 Rn. 187 ff.

§ 16 4. Teil. Grenzüberschreitende Verschmelzungen

– oder die EU-Mitgliedstaaten bei einer Verschmelzung Art. 8 der Richtlinie 90/434/EWG anzuwenden haben, § 13 II 1 Nr. 2 UmwStG.

127 **(b) Kein Ausschluss und keine Beschränkung des deutschen Besteuerungsrechts.** Nach § 13 II 1 Nr. 1 UmwStG kann der Anteilseigner auf Antrag die Anteile an der übernehmenden EU-/EWR-Kapitalgesellschaft mit dem Buchwert der Anteile an der übertragenden EU-/EWR-Kapitalgesellschaft ansetzen, wenn das deutsche Besteuerungsrecht durch die Verschmelzung nicht ausgeschlossen oder beschränkt wird. Diese Voraussetzung ist stets dann erfüllt, wenn sowohl nach dem DBA mit dem Sitzstaat der Übertragerin als auch nach dem DBA mit dem Sitzstaat der Übernehmerin das Besteuerungsrecht an den Anteilen dem Ansässigkeitsstaat des Anteilseigners zusteht. Unter diesen Voraussetzungen behält Deutschland nach der Verschmelzung das Besteuerungsrecht an den Anteilen der übernehmenden Kapitalgesellschaft.

128 Abweichend davon ist das inländische Besteuerungsrecht dann nicht mehr gewahrt, wenn zwar das DBA mit dem Sitzstaat der Übertragerin das Besteuerungsrecht an den Anteilen dem Ansässigkeitsstaat des Anteilseigners zuweist, das DBA mit dem Sitzstaat der Übernehmerin hingegen das Besteuerungsrecht an den Anteilen dem Sitzstaat der Körperschaft einräumt. Die ist zB der Fall nach den DBA mit der Slowakei, Tschechien sowie Zypern. In gleicher Weise ist das deutsche Besteuerungsrecht dann beschränkt, wenn der Anteilseigner zwar in Deutschland unbeschränkt steuerpflichtig und nach dem DBA mit dem Sitzstaat der übernehmenden Körperschaft als in Deutschland ansässig gilt, aber nach dem DBA mit dem Sitzstaat der übernehmenden Gesellschaft Deutschland zwar das Recht zur Besteuerung eines Gewinns aus der Veräußerung der Anteile zusteht, jedoch die ausländische Steuer anrechnen muss. Gleiches gilt, wenn der Anteilseigner in Deutschland unbeschränkt steuerpflichtig ist und mit dem Sitzstaat der übernehmenden Gesellschaft kein DBA besteht, so dass Deutschland zwar das Recht zur Besteuerung zusteht, jedoch die ausländische Steuer nach § 34c EStG bzw. § 26 KStG anrechnen oder bei der Ermittlung der Einkünfte abziehen muss. Eine Einschränkung des deutschen Besteuerungsrechts liegt auch dann vor, wenn die übernehmende Gesellschaft eine Immobiliengesellschaft iSd DBA etwa mit Finnland, Malta, Österreich oder Zypern ist. In diesen Fällen verliert Deutschland sein Besteuerungsrecht an den Anteilen.

129 **(c) Anwendung von Art. 8 der Richtlinie 90/434/EWG (FRL).** Bei Vorliegen der Voraussetzungen des § 13 II 1 Nr. 2 UmwStG kann die Aufdeckung stiller Reserven in den Anteilen trotz der Beschränkung des deutschen Besteuerungsrechts durch Fortführung der Buchwerte vermieden werden. Die Regelung des § 13 II 1 Nr. 2 UmwStG greift immer dann, wenn die Mitgliedstaaten bei der Verschmelzung Art. 8 der FRL anzuwenden haben.

130 Danach darf die Zuteilung von Anteilen am Gesellschaftskapital der übernehmenden Gesellschaft an einen Gesellschafter der übertragenden Gesellschaft gegen Anteile an deren Gesellschaftskapital aufgrund einer

§ 16. Steuerliche Regelungen § 16

Fusion für sich allein keine Besteuerung des Veräußerungsgewinns dieses Gesellschafters auslösen. Das gilt nach Art. 8 IV der FRL indes nur, wenn der Gesellschafter den erworbenen Anteilen keinen höheren steuerlichen Wert beimisst, als den in Tausch gegebenen Anteilen unmittelbar vor der Fusion beigemessen war. Nach Art. 8 VI der FRL ist der Mitgliedstaat nicht gehindert, den Gewinn aus einer späteren Veräußerung der erworbenen Anteile in gleicher Weise zu besteuern wie den Gewinn aus einer Veräußerung der vor dem Erwerb vorhandenen Anteile. Anzuwenden ist Art. 8 der FRL, wenn es sich bei der übertragenden und der übernehmenden Körperschaft um Kapitalgesellschaften handelt, die im Anhang zu der FRL als Gesellschaften iSv Art. 3 Buchst. a der FRL aufgeführt sind. Ferner setzt die Anwendung des Art. 8 der FRL voraus, dass es sich um eine Verschmelzung iSd FRL handelt. Gemäß Art. 1 I der FRL sind das Verschmelzungen, an denen Gesellschaften iSd FRL aus mindestens zwei oder mehr Mitgliedstaaten beteiligt sind. Mithin greift die Regelung des § 13 II 1 Nr. 2 UmwStG dann, wenn es sich um die Verschmelzung von Kapitalgesellschaften aus zwei unterschiedlichen EU-Mitgliedstaaten handelt. Damit kann der Anteilseigner auch bei der Auslandsverschmelzung einen Antrag auf Fortführung der Buchwerte stellen.

Wendet der Anteilseigner die Regelung des § 13 II 1 Nr. 2 UmwStG an, ist Deutschland berechtigt, Gewinne aus einer späteren Veräußerung der Anteile an der übernehmenden Gesellschaft zu besteuern. Dies gilt ungeachtet der Tatsache, dass Deutschland nach dem jeweiligen DBA mit dem jeweiligen Sitzstaat der übernehmenden Gesellschaft das Besteuerungsrecht in Bezug auf diese Gewinne nicht zustehen würde. Unter Beachtung des § 13 II 1 Nr. 2 UmwStG besitzt Deutschland somit ein Besteuerungsrecht auch an den Anteilen an der übernehmenden Gesellschaft, ohne dass die ausländische Steuer auf eine künftige Veräußerung der Anteile anzurechnen ist. 131

Zu beachten ist indes, dass es in diesen Fällen bei späterer Veräußerung neben der Besteuerung in Deutschland auch zur Besteuerung im Sitzstaat der Übernehmerin, mithin zu einer Doppelbesteuerung kommen kann.[194] Die Besteuerung nach § 13 II 1 Nr. 2 Halbs. 2 UmwStG wird im Falle einer späteren Veräußerung der Anteile an der übernehmenden Kapitalgesellschaft ausgelöst. Einer Veräußerung gleichgestellt sind die verdeckte Einlage der Anteile in eine Kapitalgesellschaft, die Auflösung der übernehmenden Gesellschaft in dem anderen EU-Mitgliedstaat sowie eine Kapitalherabsetzung und Kapitalrückzahlung dieser Gesellschaft, § 15a Ia 2 EStG iVm § 13 II 1 Nr. 2 Halbs. 2 UmwStG. Außerdem gilt als Veräußerung die Ausschüttung und Rückzahlung von Beträgen aus dem steuerlichen Einlagekonto iSd § 27 KStG. Unklar ist derzeit, ob der Besteuerung der zu diesem Zeitpunkt realisierte Veräußerungsgewinn oder der gemeine Wert der Anteile an der übertragenden Gesellschaft zum Zeitpunkt der Verschmelzung zugrunde zu legen ist.[195] Der Wortlaut der Regelung spricht für eine Besteuerung des tatsächlich im Zeit- 132

---

[194] Vgl. *Neumann* in Rödder/Herlinghaus/van Lishaut, § 13 Rn. 42.
[195] Vgl. dazu *Schroer* in Haritz/Menner, § 13 UmwStG Rn. 48 f.

§ 16　　　　　　4. Teil. Grenzüberschreitende Verschmelzungen

punkt der Realisation erzielten Gewinns.[196] Eine mögliche Doppelbesteuerung der nach der Verschmelzung entstandenen stillen Reserven kann einen Verstoß gegen die Niederlassungs- bzw. Kapitalverkehrsfreiheit darstellen.[197]

133　**(d) Rechtsfolgen.** Sind die Voraussetzungen des § 13 II 1 Nrn. 1 oder 2 UmwStG gegeben, so sind die Anteile an der übernehmenden Kapitalgesellschaft in der Steuerbilanz des Anteilseigners auf Antrag mit den steuerlichen Buchwerten der Anteile an der übertragenden Körperschaft anzusetzen. Gehören die Anteile an der übertragenden Kapitalgesellschaft zum Privatvermögen kann der Anteilseigner die erhaltenen Anteile mit den Anschaffungskosten der Anteile an der übertragenden Kapitalgesellschaft bewerten, § 13 II 3 UmwStG. Ferner treten die Anteile an der übernehmenden Kapitalgesellschaft rechtlich an die Stelle der Anteile an der übertragenden Kapitalgesellschaft.[198]

134　(2) Anteile im Privatvermögen, die nicht die Voraussetzungen des § 17 EStG erfüllen. Auf die Anteile im Privatvermögen eines unbeschränkt Steuerpflichtigen, die nicht die Voraussetzungen des § 17 EStG erfüllen, ist § 20 IV a EStG anzuwenden. Nach § 20 IV a 1 EStG treten bei einer Auslandsverschmelzung abweichend von § 13 II UmwStG die übernommenen Anteile steuerlich an die Stelle der bisherigen Anteile, wenn das Recht der Bundesrepublik Deutschland hinsichtlich der Besteuerung des Gewinns aus der Veräußerung der erhaltenen Anteile nicht ausgeschlossen oder beschränkt ist oder die EU-Mitgliedstaaten bei einer Verschmelzung die Regelungen des Art. 8 der FRL anzuwenden haben. Hinsichtlich der Erläuterung der Anwendungsvoraussetzungen des § 20 IV a 1 EStG bezogen auf die Beschränkung des deutschen Besteuerungsrechts[199] bzw. der Anwendung[200] von Art. 8 der FRL kann auf die Ausführungen oben verwiesen werden.

Die Anwendung des § 20 IV a 1 EStG ermöglicht es dem nicht wesentlich beteiligten Anleger im Fall einer Auslandsverschmelzung, die Anschaffungskosten der Anteile an der übertragenden EU-/EWR-Kapitalgesellschaft ohne Antragserfordernis fortzuführen.

135　Bei Anwendung von § 20 IV a 1 EStG ist Deutschland berechtigt, Gewinne aus einer späteren Veräußerung der Anteile an der übernehmenden Gesellschaft zu besteuern. Dies gilt ungeachtet der Tatsache, dass Deutschland nach dem DBA mit dem jeweiligen Sitzstaat der übernehmenden Gesellschaft das Besteuerungsrecht in Bezug auf diese Anteile nicht zustehen würde (treaty override). Unter Beachtung des § 20 IV a EStG besitzt Deutschland somit ein Besteuerungsrecht auch an den An-

---

[196] Vgl. *Schroer* in Haritz/Menner, § 13 UmwStG Rn. 48 f.; *Neumann* in Rödder/Herlinghaus/van Lishaut, § 13 Rn. 42.
[197] Vgl. *Frotscher* in Fotscher/Maas, § 13 UmwStG Rn. 33; *Neumann* in Rödder/Herlinghaus/van Lishaut, § 13 Rn. 42.
[198] Im Einzelnen vgl. BMF-Schreiben vom 11.11.2011, BStBl. I 2011 S. 1314 Tz. 13.11.
[199] → Rn. 91, 127.
[200] → Rn. 129.

§ 16. Steuerliche Regelungen § 16

teilen an der übernehmenden Gesellschaft, ohne dass eine evtl. ausländische Steuer auf eine künftige Veräußerung der Anteile anzurechnen ist. Einer Veräußerung gleichgestellt sind die verdeckte Einlage der Anteile in eine Kapitalgesellschaft, die Auflösung der übernehmenden Gesellschaft in dem anderen EU-Mitgliedstaat sowie eine Kapitalherabsetzung und Kapitalrückzahlung dieser Gesellschaft, § 15 I a 2 iVm § 20 IV a 1 Halbs. 2 EStG. Besteuert auch der Sitzstaat der ausländischen übernehmenden Gesellschaft Gewinne aus der künftigen Veräußerung der Anteile, kommt es zu einer Doppelbesteuerung.

b) Drittstaatenverschmelzungen

aa) Überblick

Drittstaatenverschmelzungen können dann eine inländische Besteuerung der ausländischen übertragenden Körperschaft begründen, wenn die Letztere über im Inland steuerverhaftetes Vermögen verfügt. Gleiches gilt bei Beteiligung im Inland unbeschränkt oder beschränkt steuerpflichtiger Anteilseigner an der übertragenden Körperschaft. Drittlandverschmelzungen fallen nicht in den Anwendungsbereich des UmwStG. Soweit inländisches Vermögen betroffen ist, findet darauf die Regelung des § 12 II 1 KStG Anwendung. Auf die im Inland steuerpflichtigen Anteilseigner der übertragenden Gesellschaft ist § 13 UmwStG anzuwenden, § 12 II 2 UmwStG. Gegebenenfalls kommt stattdessen § 20 IVa EStG zur Anwendung. Sowohl § 12 II KStG als auch § 13 UmwStG bzw. § 20 IVa EStG regeln die Drittlandsverschmelzung nur bruchstückhaft. Insofern ist daneben ein Rückgriff auf die allgemeinen steuerlichen Grundsätze notwendig. 136

bb) Steuerliche Auswirkungen auf Gesellschaftsebene

§ 12 II KStG normiert die steuerlichen Folgen einer Auslandsverschmelzung, die nicht unter das UmwStG fällt, für eine beschränkt steuerpflichtige Körperschaft. Wird das Vermögen einer beschränkt steuerpflichtigen Körperschaft, Personenvereinigung oder Vermögensmasse als Ganzes auf eine andere Körperschaft desselben ausländischen Staates durch einen Vorgang übertragen, der mit einer Verschmelzung iSd § 2 UmwStG vergleichbar ist, so sind nach § 12 II KStG die übergehenden Wirtschaftsgüter mit dem Buchwert anzusetzen, soweit 137
- sichergestellt ist, dass sie später bei der übernehmenden Körperschaft der Körperschaftbesteuerung unterliegen,
- das Recht Deutschlands hinsichtlich der Besteuerung der übertragenen Wirtschaftsgüter bei der übernehmenden Körperschaft nicht beschränkt wird,
- eine Gegenleistung nicht gewährt wird oder in Gesellschaftsrechten besteht und
- wenn der übernehmende und der übertragende Rechtsträger nicht die Voraussetzungen des § 1 II 1 und 2 UmwStG erfüllen.[201]

---
[201] → Rn. 7 ff.

138 Die Regelung des § 12 II KStG gilt nur für Drittstaatenverschmelzungen, also die Verschmelzungen von Körperschaften, die nicht die Voraussetzungen des § 1 II 1 und 2 UmwStG erfüllen, § 12 II 1 Nr. 4 KStG. Dabei müssen die beteiligten Rechtsträger in demselben ausländischen Staat ansässig sein.[202]

139 Begünstigt ist durch § 12 II KStG nicht allein der Übergang einer inländischen Betriebstätte auf einen anderen Rechtsträger. Von § 12 II KStG erfasst wird der Übergang jedweden inländischen steuerverstrickten Vermögens, wenn die sonstigen in § 11 II 1 UmwStG aufgeführten Voraussetzungen erfüllt sind.[203] Bei Verschmelzungen innerhalb derselben ausländischen Staaten ändert sich das deutsche Besteuerungsrecht am inländischen Vermögen im Regelfall nicht. Sind die oben genannten Voraussetzungen des § 12 II KStG gegeben, ist eine Fortführung der Buchwerte zwingend. Ein Bewertungswahlrecht besteht – anders als nach § 11 II 1 UmwStG – nicht.

140 Nicht erforderlich für die Buchwertfortführung im Inland ist, dass – anders als nach früherer Rechtslage – die ausländischen Rechtsträger ihre Buchwerte auch nach ausländischem Recht fortführen.

141 § 12 II KStG setzt einen verschmelzungsgleichen Vorgang voraus. Für die Auslegung dieses Begriffs kann auf die Rechtsfolgen eines vergleichbaren ausländischen Vorgangs verwiesen werden.[204] Zu fordern ist demgemäß vor allem, dass es durch den ausländischen Vorgang zur Vereinigung des Vermögens mehrerer Rechtsträger im Wege der Gesamtrechtsnachfolg ohne Liquidation kommt. Liegen die Voraussetzungen einer begünstigten Drittstaatenverschmelzung nicht vor, sind die übergehenden Wirtschaftsgüter zum gemeinen Wert anzusetzen, § 12 II 1 iVm § 12 I KStG.[205] Dies gilt auch für immaterielle Wirtschaftsgüter einschließlich eines Geschäfts- und Firmenwertes. Eine dem § 11 II 2 UmwStG entsprechende Regelung für Pensionsrückstellungen besteht nach § 12 II KStG nicht.

cc) Steuerliche Auswirkungen auf Ebene der inländischen Anteilseigner

142 Im Fall von Drittstaatenverschmelzungen ist gemäß § 12 II 2 KStG die Regelung des § 13 UmwStG auf die Besteuerung der Anteilseigner der übertragenden Körperschaft entsprechend anzuwenden. Die Anwendung des § 13 UmwStG setzt voraus, dass die Anteile im Inland steuerverhaftet sind. Dabei greift § 13 UmwStG für Anteile im Betriebsvermögen eines Anteilseigners sowie für Anteile, die die Voraussetzungen des § 17 EStG erfüllen. Für nicht wesentlich beteiligte Anteilseigner mit Anteilen im Privatvermögen ist davon abweichend die Regelung des § 20 IV a 1 EStG zu beachten.

---

[202] Vgl. *Lampert* in Gosch, KStG, § 12 Rn. 127; *Pfirrmann* in Blümich, § 12 KStG, Tz. 75.
[203] Vgl. Regierungsbegründung zum SEStEG-E, BT-Drucks. 16/2710 S. 49.
[204] → Rn. 11 ff.
[205] Vgl. *Dötsch/Pung* DB 2006 S. 2648 (2650); *Lampert* in Gosch, KStG, § 12 Rn. 126.

§ 16. Steuerliche Regelungen § 16

Umstritten sind die aus dem Wortlaut des § 12 II 2 KStG mit der 143
Formulierung „durch einen Vorgang im Sinne des Satzes 1" zu ziehenden
Konsequenzen. So soll § 12 II UmwStG demnach lediglich voraussetzen,
dass ein der Verschmelzung vergleichbarer Vorgang gegeben ist, ohne dass
die weiteren dort genannten Tatbestandsvoraussetzungen für die Steuerneutralität auf Gesellschaftsebene (beschränkte Steuerpflicht, derselbe ausländische Staat) angesprochen sind.[206] Nach anderer Auffassung soll der
Verweis in § 12 II 2 UmwStG auch die weiteren in § 12 II 1 UmwStG
geforderten Voraussetzungen umfassen.[207] Der Umwandlungsteuererlass
ist insoweit unklar.[208] Die erste Auffassung[209] kann sich auf die Gesetzesbegründung stützen.[210] Nach der hier vertretenen Auffassung ist damit für
die Anwendung des § 13 UmwStG nicht erforderlich, dass auf Ebene der
übertragenden Kapitalgesellschaft die Voraussetzungen für eine Buchwertfortführung nach § 12 II 1 KStG gegeben sind.[211] Insbesondere ist es nicht
erforderlich, dass die zu verschmelzenden Rechtsträger in demselben
ausländischen Staat ansässig sind. Vielmehr ist die Regelung des § 13
UmwStG selbst bei grenzüberschreitenden Drittlandverschmelzungen anzuwenden.[212] Bei Anwendung des § 13 I UmwStG gelten die Anteile an
der übertragenden Körperschaft als zum gemeinen Wert veräußert und
die an ihre Stelle tretenden Anteile an der übernehmenden Körperschaft
als zu diesem Wert angeschafft, § 13 I UmwStG. Abweichend davon kann
der Anteilseigner die Anteile an der übernehmenden Gesellschaft auf
Antrag mit dem Buchwert der Anteile an der übertragenden Gesellschaft
ansetzen, wenn das deutsche Besteuerungsrecht an den Anteilen nicht
beschränkt wird, § 13 II 1 Nr. 1 UmwStG.[213]

Kommt § 20 IV a 1 EStG zur Anwendung, sind die Anschaffungs- 144
kosten der Anteile an der übertragenden Körperschaft fortzuführen.[214]
Dies erfordert nicht die Stellung eines Antrags.

c) Hinzurechnungsbesteuerung bei Auslandsumwandlung

aa) Überblick

Nach früherer Rechtslage konnte die Übertragung von Vermögen 145
einer ausländischen Zwischengesellschaft durch eine Umwandlung im

---

[206] So zB *Becker/Kamphaus/Loose* IStR 2013 S. 328 (330).
[207] So zB *Sejdija/Trinks* IStR 2013 S. 866. Zumindest im Entwurf zu den KStR 2015 hatte die Finanzverwaltung diese Auffassung vertreten. Vgl. dazu auch *Klepsch* IStR 2016 S. 15.
[208] Vgl. BMF-Schreiben vom 11.11.2011, BStBl. I 2011 S. 1314 Tz. 13.04.
[209] Ebenso *Lampert* in Gosch, KStG, § 12 Rn. 138. Nicht eindeutig *Pfirrmann* in Blümich, § 12 KStG Rn. 85 mwN.
[210] Vgl. BT-Drs. 16/3369.
[211] Vgl. Bericht des Finanzausschusses zum SEStEG, BT-Drucks. 16/3369, S. 8. Ebenso zB *Lampert* in Gosch, KStG, § 12 Rn. 138. Vgl. auch *Benecke/Staats* in Dötsch/Pung/Möhlenbrock, § 12 KStG Rn. 412.
[212] Vgl. *Dötsch/Pung* DB 2006, 2648 (2651, 2704, 2714).
[213] Zu den Einzelheiten → Rn. 124 ff.
[214] Zu den Einzelheiten → Rn. 134 ff.

Ausland eine Hinzurechnungsbesteuerung nach §§ 7 ff. AStG auslösen. Das konnte etwa der Fall sein, wenn infolge der Buchwertfortführung im Ausland eine niedrige Besteuerung angenommen wurde. Zur Vermeidung der daraus resultierenden Besteuerungsfolgen wurde die Regelung § 8 I Nr. 10 AStG eingeführt. Danach liegen keine passiven Einkünfte vor, wenn die Einkünfte stammen „aus Umwandlungen, die ungeachtet des § 1 II und IV UmwStG zu Buchwerten erfolgen könnten". Nach § 8 I Nr. 10 2. Halbsatz AStG gilt dies jedoch nicht, „soweit eine Umwandlung den Anteil an einer Kapitalgesellschaft erfasst, dessen Veräußerung nicht die Voraussetzungen des § 8 I Nr. 9 AStG erfüllen würde." Zudem sind nach § 10 III 4 Halbs. 2 AStG die steuerlichen Vergünstigungen des UmwStG bei der Ermittlung des Hinzurechnungsbetrages nicht anzuwenden, „soweit Einkünfte aus einer Umwandlung nach § 8 I Nr. 10 AStG hinzuzurechnen sind".

bb) Einkünfte aus aktiver Tätigkeit – Anwendung des § 8 I Nr. 10 AStG

146 Durch § 8 I AStG wird die Qualität der Einkünfte bestimmt, für die eine ausländische Gesellschaft Zwischengesellschaft sein kann. Sind die Voraussetzungen des § 8 I Nr. 10 AStG erfüllt, sind Übertragungsgewinne bzw. Übernahmegewinne bei der Verschmelzung ausländischer Zwischengesellschaften als Einkünfte aus aktiver Tätigkeit zu qualifizieren. Für diese Einkünfte kommt es nicht zu einer Hinzurechnungsbesteuerung.

147 (1) Voraussetzungen. Anzuwenden ist § 8 I Nr. 10 AStG auf die Verschmelzung solcher ausländischer Gesellschaften, die i) eine passive Tätigkeit entfalten bzw. ii) Einkünfte mit Kapitalanlagecharakter iSd § 7 VI a AStG oder Veräußerungsgewinne aus Anteilen an REIT-Gesellschaften erzielen. Für die Anwendung des § 8 I Nr. 10 AStG ist es erforderlich, dass die ausländische Umwandlung mit einer Verschmelzung nach inländischem Recht vergleichbar ist.[215] Nach § 8 I Nr. 10 Halbs. 1 AStG lösen Einkünfte aus Umwandlungen, die „ungeachtet des § 1 Abs. 2 und 4 des UmwStG" zu Buchwerten erfolgen könnten, keine Hinzurechnungsbesteuerung aus. Mithin müssen die Ansässigkeitsvoraussetzungen der § 1 II, IV UmwStG für eine Anwendung der Regelung nicht erfüllt sein. Erfasst werden von § 8 I Nr. 10 AStG Umwandlungen innerhalb des EU-/EWR-Raums sowie Umwandlungen unter Beteiligung von Drittstaaten.[216]

148 Voraussetzung für die Anwendung des § 8 I Nr. 10 AStG ist weiter, dass die Verschmelzung in Bezug auf die Wirtschaftsgüter der ausländischen Zwischengesellschaft nach § 11 I 1 UmwStG zu Buchwerten erfolgen könnte, wären die Bedingungen des § 1 II, IV UmwStG nicht zu beachten.[217] Insofern müssen bei der betroffenen Verschmelzung die Voraussetzungen des § 11 II UmwStG erfüllt sein.[218] Die tatsächliche

---

[215] Vgl. *Grotherr* IWB Fach 3 Gr. 1 S. 2175 (2182).
[216] Vgl. *Schnitger* IStR 2010 S. 265 (267); *Vogt* in Blümich, § 8 AStG Rn. 125.
[217] Vgl. *Schnitger* IStR 2010 S. 265 (267).
[218] → § 11 Rn. 80.

§ 16. Steuerliche Regelungen § 16

Bewertung in der steuerlichen Schlussbilanz der Übertragerin sowie bei Übernahme durch die Übernehmerin nach ausländischem Recht ist hingegen für die Anwendung des § 8 I Nr. 10 AStG unerheblich.[219] Für die Zwecke des § 8 I Nr. 10 AStG ist damit zu unterstellen, dass sich der gesamte Umwandlungsvorgang im Inland abspielt.

(2) Ausnahme. Von der Behandlung als aktive Einkünfte besteht nach § 8 I Nr. 10 Halbs. 2 AStG eine Ausnahme. Danach werden im Rahmen der Verschmelzung erzielte Einkünfte als passiv qualifiziert, soweit die Verschmelzung einen Anteil an einer Kapitalgesellschaft erfasst, deren Veräußerung mangels Erfüllung von § 8 I Nr. 9 AStG zu passiven Einkünften führen würde.[220] Die Ausnahmeregelung in § 8 I Nr. 10 Halbsatz 2 AStG soll verhindern, dass eine Qualifizierung gem. § 8 I Nr. 9 AStG als passive Einkünfte aus Beteiligungsveräußerung, Kapitalherabsetzung oder Liquidation mittels entsprechender Umwandlungsvorgänge umgangen wird.[221] Nach derzeit wohl überwiegender Auffassung erfasst die Ausnahme des § 8 I Nr. 10 2. Halbsatz AStG sowohl entsprechende Anteile im Vermögen der übertragenden Gesellschaft als auch die Anteile, die im Rahmen einer entsprechenden Übertragung auf die übernehmende Gesellschaft übergehen.[222] Bei den in § 8 I Nr. 9 AStG aufgeführten Gesellschaften handelt es sich um solche, die – sofern die Anteile durch eine inländische steuerbefreite REIT gehalten werden – andere Tätigkeiten als die Vermietung und Verpachtung von Grundstücken isd § 8 I Nr. 6 Buchst. b AStG, oder keine Kapitalanlagetätigkeiten iSv § 7 VI a AStG ausüben.

149

cc) Rechtsfolgen

(1) Ermittlung des Hinzurechnungsbetrags – Anwendung des § 10 III 4 Halbs. 2 AStG. Rechtsfolge des § 8 I Nr. 10 AStG ist, dass es zu keiner Aufdeckung der stillen Reserven für Zwecke der Hinzurechnungsbesteuerung kommt.[223] Soweit von der Verschmelzung jedoch Gesellschaftsanteile betroffen sind, die nicht die Voraussetzungen des § 8 I Nr. 9 AStG erfüllen, liegen passive Einkünfte vor. Die Höhe des Hinzurechnungsbetrags bestimmt sich nach § 10 AStG. Wird eine ausländische Zwischengesellschaft auf eine andere ausländische Gesellschaft verschmolzen, sind die bei der übertragenden Gesellschaft gebildeten stillen Reserven unter Beachtung von § 8 I KStG iVm §§ 15 I Nr. 1, 16 EStG für die Zwecke der Hinzurechnungsbesteuerung aufzudecken, wenn die ausländische Gesellschaft iSd § 8 I Nr. 9 iVm Nr. 10 Halbs. 2 AStG niedrig besteuerte passive Einkünfte erzielt. Diese aufgedeckten stillen

150

---

[219] Vgl. *Schnitger* IStR 2010 S. 265 (268); *Grotherr* IWB Fach 3 Gr. 1 S. 2175 (2183); *Vogt* in Blümich, § 8 AStG Rn. 128.
[220] Vgl. *Rödel* in Kraft, § 8 AStG Rn. 709 ff.
[221] Vgl. *Rödel* in Kraft, § 8 AStG Rn. 710.
[222] Vgl. *Vogt* in Blümich, § 8 AStG Rn. 132; *Rödel* in Kraft, § 8 AStG Rn. 711; *Wassermeyer/Schönfeld* in Flick/Wassermeyer/Baumhoff/Schönfeld, § 8 AStG Rn. 319.10.
[223] Vgl. *Benecke/Schnitger* IStR 2007 S. 22.

§ 16   4. Teil. Grenzüberschreitende Verschmelzungen

Reserven unterliegen bei der inländischen Anteilseignerin der Hinzurechnungsbesteuerung, § 10 III 4 AStG.[224]

151 (2) Ermittlung des Hinzurechnungsbetrags bei Verschmelzung einer ausländischen Tochter-Zwischengesellschaft auf ihre ausländische Mutter-Zwischengesellschaft. Auf Ebene der übernehmenden ausländischen Muttergesellschaft löst die Verschmelzung einen Anteilstausch aus. Der daraus resultierende Gewinn unterliegt der Hinzurechnungsbesteuerung, wenn die Voraussetzungen des § 8 I Nr. 9 AStG für die Beteiligung an der Tochtergesellschaft nicht erfüllt sind.

IV. Grenzüberschreitende Verschmelzungen von Kapitalgesellschaften auf Personengesellschaften

152 Im Folgenden werden die Hereinverschmelzung, die Hinausverschmelzung sowie die Auslandsverschmelzung von Kapitalgesellschaften auf Personengesellschaften betrachtet.
153 Auf die Verschmelzung sind die §§ 3 ff. UmwStG anzuwenden, sofern die oben erläuterten Voraussetzungen erfüllt sind.[225]

1. Verschmelzung einer inländischen Kapitalgesellschaft auf eine ausländische Personengesellschaft (Hinausverschmelzung)

154 Bei einer grenzüberschreitenden Hinausverschmelzung wird eine inländische Kapitalgesellschaft auf eine ausländische EU-/EWR-Personengesellschaft verschmolzen.[226] Auf diese Hinausverschmelzung sind §§ 3 ff. UmwStG anzuwenden.[227] Eine Verschmelzung auf eine in einem Drittstaat ansässige Übernehmerin ist nicht unter Anwendung der §§ 3 ff. UmwStG möglich.

a) Übertragende Kapitalgesellschaft

155 Die übertragende Kapitalgesellschaft hat eine steuerliche Schlussbilanz unter Anwendung von § 3 UmwStG aufzustellen. In dieser steuerlichen Schlussbilanz ist das übergehende Vermögen grundsätzlich zum gemeinen Wert zu bewerten, § 3 I UmwStG.[228]
156 Davon abweichend kann die übertragende Kapitalgesellschaft bei der Hinausverschmelzung unter den Voraussetzungen des § 3 II 1 UmwStG das übergehende Vermögen auf Antrag zu Buchwerten oder Zwischenwerten ansetzen.[229] Wesentliche Bedingung bei der Hinausverschmelzung ist dabei, dass durch die Verschmelzung das deutsche Besteuerungsrecht hinsichtlich der Besteuerung des Gewinns aus der Veräußerung der übertragenden

---

[224] Vgl. *Wassermeyer/Schönfeld* in Flick/Wassermeyer/Baumhoff, § 10 AStG Rn. 352.
[225] → Rn. 12 ff.
[226] Zur gesellschaftsrechtlichen Zulässigkeit → Rn. 41 f.
[227] Zur Zulässigkeit nach deutschem Recht siehe auch *Vossius* in Widmann/Mayer, vor § 39 UmwG Rn. 24.4 ff.
[228] → § 11 Rn. 294 ff.
[229] → § 11 Rn. 305 ff.

§ 16. Steuerliche Regelungen § 16

Wirtschaftsgüter bei den Gesellschaftern der übernehmenden Personengesellschaft nicht ausgeschlossen oder beschränkt wird, § 3 II 1 UmwStG.[230] Die Voraussetzungen sind gesellschafterbezogen,[231] dh für jeden Gesellschafter der übernehmenden Personengesellschaft gesondert zu prüfen.

Eine Fortführung der Buchwerte in der Schlussbilanz der übertragenden Gesellschaft ist zunächst dann zulässig, wenn inländisches Vermögen einer inländischen Betriebstätte zuzuordnen ist und das deutsche Besteuerungsrecht an diesem Betriebsvermögen erhalten bleibt. Trotz des Fortbestehens einer inländischen Betriebstätte kann es indes dazu kommen, dass einzelne Wirtschaftsgüter nicht der deutschen Betriebstätte, sondern dem ausländischen Stammhaus zuzuordnen sind. Dies gilt vor allem für den Firmenwert, Beteiligungen, Patente etc.[232] In diesem Fall sind die in den übergehenden Wirtschaftsgütern verhafteten stillen Reserven aufzudecken. 157

Bei Vermögen, das einer ausländischen Betriebstätte der übertragenden Gesellschaft zuzuordnen ist, ist die Bewertung in der Schlussbilanz der Übertragerin davon abhängig, ob mit dem Betriebstättenstaat ein DBA besteht. Besteht mit dem ausländischen Betriebstättenstaat ein DBA mit Freistellungsverfahren, so wird durch die Verschmelzung das deutsche Besteuerungsrecht an dem ausländischen Vermögen nicht eingeschränkt. Ein deutsches Besteuerungsrecht bestand vielmehr weder vor noch nach der Verschmelzung. 158

Besteht hingegen mit dem ausländischen Betriebstättenstaat ein DBA mit Anrechnungsmethode oder ist die Betriebstätte in einem Nicht-DBA-Staat belegen, so ist die Steuerverhaftungsbedingung des § 3 II 1 Nr. 2 UmwStG gesellschafterbezogen zu prüfen.[233] Durch die Verschmelzung wird das deutsche Besteuerungsrecht beschränkt, soweit an der übernehmenden Personengesellschaft keine unbeschränkt steuerpflichtigen Gesellschafter beteiligt sind. Im Umfang der Beteiligung nicht unbeschränkt steuerpflichtiger Gesellschafter an der Übernehmerin ist das ausländische Betriebsvermögen nach § 3 II 1 Nr. 2 UmwStG mit dem gemeinen Wert anzusetzen. Ist die Anrechnungsbetriebstätte in einem EU-Mitgliedstaat belegen, so ist nach § 3 III UmwStG bei Erfüllung des Art. 10 der FRL die ausländische Steuer anzurechnen, die sich bei Veräußerung des Betriebstättenvermögens ergeben hätte. Bei der fiktiven ausländischen Steuer handelt es sich um die Steuer, welche erhoben werden würde, wenn das betreffende Betriebstättenvermögen im ausländischen Staat zum gemeinen Wert veräußert worden wäre.[234] Die Anrechnung erfolgt unter analoger Anwendung von § 26 KStG. Erhebt der ausländische Staat aufgrund der Verschmelzung tatsächlich Steuern, sind diese ebenfalls nach den Grundsätzen des § 26 KStG anzurechnen.[235] 159

---

[230] → § 11 Rn. 315.
[231] → § 11 Rn. 309 f.
[232] Ausführlich → Rn. 69 ff.
[233] Vgl. *Förster/Felcher* DB 2006 S. 10/2 (1078).
[234] Vgl. *Schmitt* in Schmitt/Hörtnagl/Stratz, § 3 UmwStG Rn. 153.
[235] Vgl. *Schmitt* in Schmitt/Hörtnagl/Stratz, § 3 UmwStG Rn. 153.

160 Auf Antrag können hingegen die Buchwerte des ausländischen Betriebsvermögens fortgeführt werden, soweit an der übernehmenden Personengesellschaft unbeschränkt steuerpflichtige Gesellschafter beteiligt sind. Die Beteiligung inländischer und ausländischer Gesellschafter an der übernehmenden Personengesellschaft kann daher zur Folge haben, dass die Buchwerte des Vermögens in der Schlussbilanz der übertragenden Kapitalgesellschaft nur quotal fortgeführt werden können.

161 Der Antrag auf Buch- oder Zwischenwertansatz kann – soweit die Voraussetzungen dazu nach § 3 II UmwStG gegeben sind – nur einheitlich für die übergehenden Wirtschaftsgüter gestellt werden.[236] Die Antragstellung kann indes unabhängig davon erfolgen, dass andere Wirtschaftsgüter mangels Erfüllens der Voraussetzungen des § 3 II 1 UmwStG ggf. zwingend mit dem gemeinen Wert anzusetzen sind.[237]

b) Übernehmende Personengesellschaft

162 Die übernehmende Personengesellschaft hat das übergehende Vermögen mit den Werten aus der Schlussbilanz der Übertragerin zu übernehmen.[238] Sie tritt unabhängig von der Bewertung in der Schlussbilanz in die steuerliche Rechtsstellung der Übertragerin ein.[239]

163 Daneben ist gemäß § 4 IV UmwStG unter Beachtung des § 5 UmwStG ein Übernahmeerfolg zu ermitteln.[240] Bei der Ermittlung dieses Übernahmeerfolgs ist Auslandsvermögen, welches durch ein DBA von der deutschen Besteuerung freigestellt ist, mit dem gemeinen Wert anzusetzen, § 4 IV 2 UmwStG.[241] Dadurch erhöht sich ein Übernahmegewinn bzw. verringert sich ein Übernahmeverlust.

Der steuerliche Umgehungsschutz nach § 18 III UmwStG ist bezogen auf das inländische Vermögen zu beachten.[242]

c) Anteilseigner

aa) Spaltung des Übernahmeergebnisses

164 Bei der grenzüberschreitenden Hinausverschmelzung auf eine ausländische Personengesellschaft ist eine Spaltung des Übernahmeergebnisses in einen Dividendenanteil nach § 7 UmwStG und das verbleibende Übernahmeergebnis nach § 4 IV UmwStG erforderlich.[243] Dies gilt unabhängig davon, ob die Anteilseigner des übertragenden Rechtsträgers unbeschränkt oder beschränkt steuerpflichtig sind.

---

[236] Vgl. BMF-Schreiben vom 11.11.2011, BStBl. I 2011 S. 1314 Tz. 03.13.
[237] Vgl. *Schmitt* in Schmitt/Hörtnagl/Stratz, § 3 UmwStG Rn. 66; *Birkemeier* in Rödder/Herlinghaus/van Lishaut, § 3 Rn. 133; *Stimpel* GmbHR 2012 S. 123 (125).
[238] → § 11 Rn. 350 ff.
[239] → § 11 Rn. 363 ff.
[240] → § 11 Rn. 401 ff.; → Rn. 437 ff.
[241] → § 11 Rn. 444 ff.
[242] → § 11 Rn. 464 ff.
[243] → § 11 Rn. 401 ff.

§ 16. Steuerliche Regelungen § 16

Den Anteilseignern der übertragenden Kapitalgesellschaft sind die offenen Rücklagen der Übertragerin gemäß § 7 UmwStG als Einnahmen aus Kapitalvermögen isv § 20 I Nr. 1 EStG zuzurechnen.[244] Daneben wird ihm je nach Art seiner Beteiligung[245] an der übertragenden Kapitalgesellschaft ein Übernahmeerfolg zugewiesen.[246] **165**

bb) Besteuerung

Für inländische Anteilseigner der übertragenden Körperschaft ergeben sich gegenüber einer inländischen Verschmelzung keine Besonderheiten.[247] **166**

Die angenommenen Einnahmen isd § 20 I Nr. 1 EStG iVm § 7 Satz 1 UmwStG gelten bei den Anteilseignern als mit Ablauf des steuerlichen Übertragungsstichtags zugeflossen.[248] Für ausländische Anteilseigner gelten die Bezüge nach der hM für Zwecke der DBA analog zur inländischen Qualifizierung als Dividendeneinkünfte isv Art. 10 OECD-MA. Die DBA greifen idR für die Definition des Dividendenbegriffs auf innerstaatliches Recht zurück.[249] Fraglich ist, ob die Einlagehypothese des § 5 II, IV UmwStG bei Anteilen, die an der Ermittlung des Übernahmeergebnisses teilnehmen, eine Qualifizierung als Einkünfte aus § 15 EStG bzw. §§ 13, 18 EStG bewirkt.[250] Nach dem sog. weiten Verständnis auf Einlagefiktion sind auf Anteile iSd § 17 EStG entfallende Einkünfte gemäß § 20 VIII EStG als betriebliche Einkünfte zu behandeln sein. Die Einlagehypothese schlägt jedoch nicht auf die Abkommensebene durch. Demzufolge sollen aus abkommensrechtlicher Sicht weiterhin Dividendeneinkünfte vorliegen.[251] Auf die Bezüge ist Kapitalertragsteuer einzubehalten. Bei ausländischen Anteilseignern kann deren Höhe durch das DBA beschränkt sein. **167**

---

[244] → § 11 Rn. 404 ff.
[245] → § 11 Rn. 421 ff.
[246] → § 11 Rn. 420 ff.
[247] → § 11 Rn. 421 ff., 453 ff.
[248] Vgl. BMF-Schreiben vom 11.11.2011, BStBl. I 2011 S. 1314, Tz. 07.07.
[249] Vgl. *Stadler/Elser/Bindl* DB Beilage 1/2012 S. 14; *Förster/Felchner* DB 2008 S. 245; *Köhler/Käshammer* GmbHR 2012 S. 301; *Schmitt* in Schmitt/Hörtnagl/Stratz, § 7 UmwStG Rn. 14. Vgl. auch BMF-Schreiben vom 11.11.2011, BStBl. I 2011 S. 1314 Tz. 04.23 und 04.27.
[250] Vgl. BMF-Schreiben vom 11.11.2011, BStBl. I 2011 S. 1314, Tz. 07.07; ebenso *Bogenschütz* Ubg 2011 S. 393 (406); *Benecke/Beinert* FR 2010 S. 1120; *Schell* IStR 2011 S. 704; *Birkemeyer* in Rödder/Herlinghaus/van Lishaut, § 7 Rn. 20; *Schmitt* in Schmitt/Hörtnagl/Stratz, § 7 UmwStG Rn. 14a; *Börst* in Haritz/Menner, § 7 Rn. 81. AA zB *Förster/Felchner* DB 2008 S. 245; *Blöchle/Weggemann* IStR 2008 S. 87; *Hölzemann* in Haase/Hruschka, § 7 Rn. 63 ff. Vgl. zur aA auch die Vorauflage.
[251] Vgl. BMF-Schreiben vom 11.11.2011, BStBl. I 2011 S. 1314, Tz. 07.02.

2. Verschmelzung einer ausländischen Kapitalgesellschaft auf eine inländische Personengesellschaft (Hereinverschmelzung)

168 Bei einer grenzüberschreitenden Hereinverschmelzung wird eine ausländische Kapitalgesellschaft auf eine inländische Personengesellschaft verschmolzen.[252] Auf eine solche Verschmelzung finden die Regelungen der §§ 3 ff. UmwStG Anwendung, sofern die ausländische Umwandlung mit der Verschmelzung vergleichbar ist und es sich bei der übertragenden Gesellschaft um eine EU/EWR-Kapitalgesellschaft handelt, § 1 I Nr. 1, II 1 Nr. 1 UmwStG.[253]

a) Übertragende Kapitalgesellschaft

169 Die übertragende ausländische Gesellschaft hat für ihr gesamtes Inlands- und Auslandsvermögen eine steuerliche Schlussbilanz aufzustellen.[254] Diese steuerliche Schlussbilanz wird für die Wertansätze bei der Übernehmerin, die Ermittlung eines Übernahmeergebnisses nach § 4 IV UmwStG sowie der Bezüge nach § 7 UmwStG benötigt. Sie ist nach deutschen Grundsätzen zu erstellen. In der Praxis ist die Entwicklung der Bilanzansätze der einzelnen Wirtschaftsgüter vom historischen Anschaffungszeitpunkt an mit erheblichen Schwierigkeiten verbunden. Zur Ermittlung der Bilanzansätze kommt daher auch eine Schätzung nach § 162 AO in Betracht.[255]

170 Uneinigkeit besteht im Schrifttum dahingehend, wie das Antragswahlrecht der Bewertung zum gemeinen Wert bzw. zum Buchwert oder Zwischenwert für Inlandsvermögen und Auslandsvermögen auszuüben ist, § 3 I, II UmwStG. Dabei wird teilweise die Auffassung[256] vertreten, dass das Inlandsvermögen zum Buchwert oder Zwischenwert bewertet werden kann, während das Auslandsvermögen zum gemeinen Wert angesetzt wird. Begründet wird dies insbesondere mit der entsprechenden Anwendung von §§ 4 I 7 und 6 I Nr. 5a EStG.[257] Nach anderer Auffassung[258] sind die übergehenden Wirtschaftsgüter bei Erfüllung der Voraussetzungen des § 3 II 1 Nrn. 1 bis 3 UmwStG nach dessen Wortlaut einheitlich zu bewerten. Das Bewertungswahlrecht nach § 3 II 1 UmwStG ist dieser Auffassung folgend einheitlich für das Inlandsvermögen wie für das Auslandsvermögen auszuüben. Nach einer weiteren Auffassung[259] kommt es zur Verstrickung

---

[252] Zur gesellschaftsrechtlichen Zulässigkeit → Rn. 41 f.
[253] Zu den Anwendungsvoraussetzungen → Rn. 7 ff., 12 ff., 26 ff.
[254] Vgl. Regierungsbegründung zum SEStEG-E vom 12.7.2006, BT-Drucks. 16/2710, S. 40. Siehe auch *Förster/Felcher* DB 2006 S. 1072 (1080). Auch → Rn. 100 ff.
[255] Vgl. *Jäschke/Staats* in Prinz, Umwandlungen im internationalen Steuerrecht, S. 367 Rn. 6.195.
[256] Vgl. *Schaflitzl/Widmayer* BB 2006 Special 8, 36 (42).
[257] Vgl. *Widmann* in Widmann/Mayer, § 3 UmwStG (SEStEG) Rn. R 65.1. Die Anwendung von §§ 4 I 7 und 6 I Nr. 5a EStG für vertretbar hält *Staats* in Lademann, § 3 UmwStG Rn. 173.
[258] Vgl. *Birkemeier* in Rödder/Herlinghaus/van Lishaut, § 3 Rn. 102b; *Lemaitre/Schönherr* GmbHR 2007 S. 173 (175).
[259] Vgl. *Schmitt* in Schmitt/Hörtnagl/Stratz, § 3 UmwStG Rn. 99 ff.

§ 16. Steuerliche Regelungen § 16

ausländischen Vermögens in Deutschland erst mit tatsächlicher Verlagerung der Tätigkeiten nach Deutschland. Dieser Auffassung zufolge können mithin in der steuerlichen Schlussbilanz sämtliche Wirtschaftsgüter einheitlich mit dem Buch- oder Zwischenwert angesetzt werden. Erst mit tatsächlicher Zuordnung der ausländischen Wirtschaftsgüter zum inländischen Stammhaus kommt es zu einer Verstrickung. In diesem Zeitpunkt ist auf das verstrickte Vermögen die Regelung des § 4 I 7 EStG anwendbar.

Bei der Hereinverschmelzung ist gesellschafterbezogen, dh für jeden Gesellschafter der übernehmenden Personengesellschaft gesondert zu prüfen, ob die Anforderungen des § 3 II 1 UmwStG erfüllt sind und damit das Antragswahlrecht zur Bewertung mit dem Buchwert oder Zwischenwert ausgeübt werden kann. Dabei kommt es entscheidend darauf an, dass das Recht Deutschlands hinsichtlich der Besteuerung des Gewinns aus der Veräußerung der übertragenen Wirtschaftsgüter bei den Gesellschaftern der übernehmenden Personengesellschaft nicht ausgeschlossen oder beschränkt wird, § 3 II 1 Nr. 2 UmwStG.[260] 171

b) Übernehmende Personengesellschaft

Die übernehmende Personengesellschaft hat das übergehende Vermögen mit dem Wert aus der Schlussbilanz der Übertragerin anzusetzen, § 4 I UmwStG.[261] Sie tritt in die Rechtsstellung der übertragenden Kapitalgesellschaft ein.[262] 172

Infolge des Vermögensübergangs hat die übernehmende Personengesellschaft unter Beachtung des § 5 UmwStG ein Übernahmeergebnis zu ermitteln, § 4 IV UmwStG.[263] Dieses Übernahmeergebnis bestimmt sich iHd Unterschiedsbetrags zwischen dem Wert, mit dem die übergegangenen Wirtschaftsgüter zu übernehmen sind, abzüglich der Kosten für den Vermögensübergang und dem Wert der Anteile an der übertragenden Körperschaft. Abweichend davon ist Vermögen, das vor der Umwandlung nicht in Deutschland steuerverhaftet war und welches auch nach der Umwandlung infolge eines DBA in Deutschland von der Besteuerung freigestellt ist, bei der Ermittlung des Übernahmeergebnisses mit dem gemeinen Wert anzusetzen, § 4 IV 2 UmwStG.[264] Betroffen von dieser Bewertung ist sog. neutrales Vermögen der übertragenden Kapitalgesellschaft. Dabei kann es sich etwa um Vermögen einer in einem Drittstaat belegenen Betriebsstätte der Übertragerin handeln, sofern mit dem Drittstaat ein DBA mit Freistellungsklausel besteht. Entsprechendes gilt bei ausländischem Grundvermögen, das in Deutschland analog zu Art. 13 I, 23A OECD-MA nicht besteuert wurde. Die Regelung des § 4 IV 2 UmwStG greift nur dann, wenn das übergehende Vermögen nicht bereits bei der Übertragerin zum gemeinen Wert bewertet wurde. 173

---

[260] Ausführlich → Rn. 127 ff.
[261] → § 11 Rn. 350 ff.
[262] → § 11 Rn. 363 ff.
[263] → § 11 Rn. 420 ff.
[264] → § 11 Rn. 444 ff.

174 Unklar ist demgegenüber die Bewertung solchen Vermögens bei der Ermittlung des Übernahmeergebnisses, welches zwar vor der Verschmelzung nicht in Deutschland steuerverhaftet war, für das mit der Umwandlung indes deutsches Besteuerungsrecht begründet wird. Das ist etwa der Fall bei Verschmelzung einer ausländischen EU-/EWR-Körperschaft mit Betriebstätte in einem Nicht-DBA-Staat oder einem DBA-Staat mit Anrechnungsmethode auf eine inländische Personengesellschaft. Sind in diesem Fall die Anteilseigner der übertragenden Körperschaft im Inland unbeschränkt steuerpflichtig, so besteht vor der Umwandlung ein deutsches Besteuerungsrecht an ihren Anteilen, nicht aber unmittelbar an den Wirtschaftsgütern der ausländischen Betriebstätte. Nach der Umwandlung besteht ein unmittelbares deutsches Besteuerungsrecht an den Wirtschaftsgütern der ausländischen Betriebstätte. Insofern geht durch die Umwandlung kein deutsches Besteuerungsrecht verloren. Nach dem Wortlaut des § 4 IV 2 UmwStG ist dennoch das Vermögen der ausländischen Betriebstätte bei der Ermittlung des Übernahmeergebnisses mit dem gemeinen Wert zu bewerten.

c) Anteilseigner

175 Bei der grenzüberschreitenden Hereinverschmelzung ist für unbeschränkt steuerpflichtige Anteilseigner der übertragenden Gesellschaft eine Spaltung des Übernahmeergebnisses in einen Dividendenanteil nach § 7 UmwStG und das verbleibende Übernahmeergebnis nach § 4 IV UmwStG erforderlich.[265]

176 Gemäß § 7 UmwStG ist den unbeschränkt steuerpflichtigen Anteilseignern das anteilige Eigenkapital aus der steuerlichen Schlussbilanz der Übertragerin abzüglich des Bestands des steuerlichen Einlagekontos iSd § 27 KStG, welches sich nach Anwendung des § 29 KStG ergibt, als Einnahmen aus Kapitalvermögen zuzurechnen.[266] Für die ausländische Kapitalgesellschaft als Übertragerin war bisher kein steuerliches Einlagekonto festzustellen. Gemäß §§ 29 VI, 27 VIII KStG tritt in diesen Fällen an die Stelle des Einlagekontos der Bestand der nicht in das Nennkapital geleisteten Einlagen zum Zeitpunkt des Vermögensübergangs.[267] Das gesellschafterbezogen zu ermittelnde Übernahmeergebnis ist um diese direkt zurechenbaren offenen Rücklagen iSv § 7 UmwStG zu kürzen.[268]

177 Für die Besteuerung der Bezüge nach § 7 UmwStG sowie des verbleibenden Übernahmeergebnisses ist entscheidend, ob der Ansässigkeitsstaat der ausländischen Kapitalgesellschaft das Übernahmeergebnis ebenfalls aufspaltet. Ist dies der Fall und behandelt der Ansässigkeitsstaat die offenen Rücklagen als Dividenden der Anteilseigner, so hat der Ansässigkeitsstaat regelmäßig ein Quellenbesteuerungsrecht. Deutschland als Ansässigkeitsstaat der Anteilseigner besteuert die Bezüge nach § 7 UmwStG

---

[265] Vgl. *Stöber* in Lademann, § 7 Rn. 41 mwN; *Förster/Felchner* DB 2006 S. 1072 (1080). → § 11 Rn. 401 ff.
[266] → § 11 Rn. 404 ff.
[267] Vgl. BMF-Schreiben vom 11.11.2011, BStBl. I 2011 S. 1314 Tz. 07.04.
[268] → § 11 Rn. 437 f.

§ 16. Steuerliche Regelungen § 16

unter Anrechnung der ausländischen Quellensteuer.[269] Das verbleibende Übernahmeergebnis ist abkommensrechtlich als Veräußerungsgewinn iSv Art. 13 II, V OECD-MA zu qualifizieren. Das Besteuerungsrecht steht regelmäßig Deutschland zu.[270]

Spaltet der Sitzstaat der ausländischen Kapitalgesellschaft hingegen das Übernahmeergebnis nicht auf und besteht mit diesem ausländischen Staat ein DBA, so steht regelmäßig Deutschland das Besteuerungsrecht am gesamten Übernahmegewinn zu, Art. 13 II, V OECD-MA. 178

3. Ausländische Verschmelzung mit Inlandsbezug (Auslandsverschmelzung)

Die Regelungen der §§ 3 ff. UmwStG sind auch auf die Verschmelzung einer EU-/EWR-Kapitalgesellschaft auf eine EU-Personengesellschaft anzuwenden, sofern die ausländische Kapitalgesellschaft über inländisches Vermögen verfügt und/oder im Inland unbeschränkt oder beschränkt steuerpflichtige Anteilseigner beteiligt sind.[271] 179

a) Übertragende Kapitalgesellschaft

Aus deutscher Sicht ist für steuerliche Zwecke eine Schlussbilanz der übertragenden ausländischen EU-/EWR-Kapitalgesellschaft erforderlich, die für ihr gesamtes Inlands- und Auslandsvermögen auszuweisen ist, wenn sie über inländisches Vermögen verfügt oder an ihr unbeschränkt und/oder beschränkt steuerpflichtige Anteilseigner beteiligt sind.[272] Die Abgabe einer steuerlichen Schlussbilanz ist nach Auffassung der Finanzverwaltung nicht notwendig, wenn eine solche für inländische Besteuerungszwecke nicht benötigt wird. Aus praktischer Sicht ist es für einen inländischen Minderheitsgesellschafter einer ausländischen Kapitalgesellschaft schwierig, die Erstellung einer steuerlichen Schlussbilanz unter Beachtung der Vorschriften des § 3 UmwStG zu erwirken. 180

Besteht hingegen lediglich eine inländische Betriebstätte, ohne dass an der übertragenden Kapitalgesellschaft inländische Anteilseigner beteiligt sind, ist eine steuerliche Schlussbilanz lediglich für das inländische Betriebsvermögen aufzustellen.[273] 181

Die steuerliche Schlussbilanz ist unter Beachtung von § 3 UmwStG aufzustellen. Das inländische Vermögen ist dabei grundsätzlich zum gemeinen Wert zu bewerten, sofern nicht die Voraussetzungen des Antragswahlrechts nach § 3 II 1 UmwStG zur Bewertung zum Buchwert oder zu Zwischenwerten erfüllt sind.[274]

---

[269] Vgl. *Stöber* in Lademann, § 7 UmwStG Rn. 36.
[270] Vgl. *Förster/Felchner*, DB 2006 S. 1072 (1080); *Schmitt* in Schmitt/Hörtnagl/Stratz, § 7 UmwStG Rn. 20.
[271] Vgl. zum Anwendungsbereich des UmwStG insoweit BMF-Schreiben vom 11.11.2011, BStBl. I 2011 S. 1314, Tz. 01.49–01.52. → Rn. 7 ff.
[272] Vgl. Regierungsbegründung zu § 3 I SEStFG-E, BT-Drucks. 16/2710, S. 40. Siehe auch *Viebrock/Hagemann* FR 2009 S. 737 (742).
[273] Vgl. *Rödder/Schumacher* DStR 2006 S. 1525 (1529); *Lemaitre/Schönherr* GmbHR 2007 S. 173 (183).
[274] → § 11 Rn. 305 ff., 310 ff.

b) Übernehmende Personengesellschaft

182   Inländisches Vermögen hat die übernehmende Personengesellschaft mit den Werten aus der Schlussbilanz der Übertragerin anzusetzen, § 4 I UmwStG.[275] Sie tritt hinsichtlich dieser Wirtschaftsgüter in die Rechtsstellung der übertragenden Kapitalgesellschaft ein.[276]

c) Anteilseigner

183   Für im Inland unbeschränkt bzw. beschränkt steuerpflichtige Anteilseigner der übertragenden EU-/EWR-Kapitalgesellschaft sind bei deren Auslandsverschmelzung auf eine EU-Personengesellschaft einerseits ein Dividendenanteil nach § 7 UmwStG und andererseits das verbleibende Übernahmeergebnis nach § 4 IV UmwStG zu ermitteln.[277] Die Bestimmung der Bezüge nach § 7 UmwStG erfordert die Kenntnis des steuerlichen Einlagekontos der Übertragerin bzw. ersatzweise die nicht in das Nennkapital geleisteten Einlagen gemäß § 29 VI, 27 VIII KStG.[278]

184   Spaltet der Sitzstaat der ausländischen Kapitalgesellschaft das Übernahmeergebnis wie nach deutschem Recht auf und behandelt der ausländische Ansässigkeitsstaat der übertragenden Kapitalgesellschaft die offenen Rücklagen als Dividenden der Anteilseigner, so hat der ausländische Sitzstaat der Übertragerin regelmäßig ein Quellenbesteuerungsrecht. Deutschland als Ansässigkeitsstaat der Anteilseigner besteuert die Bezüge nach § 7 UmwStG unter Anrechnung der ausländischen Quellensteuer. Das verbleibende Übernahmeergebnis ist abkommensrechtlich als Veräußerungsgewinn iSv Art. 13 II, V OECD-MA zu qualifizieren. Ist der Anteilseigner in Deutschland unbeschränkt steuerpflichtig, steht das Besteuerungsrecht an diesem Veräußerungsgewinn regelmäßig Deutschland zu.

185   Spaltet der Sitzstaat der ausländischen Kapitalgesellschaft hingegen das Übernahmeergebnis nicht auf und besteht mit diesem ausländischen Staat ein DBA, so steht regelmäßig Deutschland das Besteuerungsrecht am gesamten Übernahmegewinn zu, Art. 13 II, V OECD-MA.

V. Ausländische und grenzüberschreitende Verschmelzung einer Personengesellschaft auf eine Kapitalgesellschaft oder Genossenschaft

1. Anwendungsbereich

186   Bislang fehlt es in Deutschland an einer zivilrechtlichen Regelung für die grenzüberschreitende Verschmelzung von Personengesellschaften.[279] Trotzdem lassen viele Registergerichte auch die ausländische bzw. grenzüberschreitende Verschmelzung von Personengesellschaften zu.

---

[275] → § 11 Rn. 350 ff.
[276] → § 11 Rn. 363 ff.
[277] → § 11 Rn. 401 ff.
[278] → Rn. 176.
[279] Vgl. dazu auch → Rn. 41 ff.

§ 16 Steuerliche Regelungen § 16

Aus deutscher steuerlicher Sicht sind auf die ausländische oder grenzüberschreitende Verschmelzung einer Personengesellschaft auf eine Kapitalgesellschaft oder Genossenschaft die Regelungen der §§ 20, 22, 23 UmwStG anzuwenden. Steuerlich stellt sich damit die Verschmelzung aus deutscher Sicht als Einbringung dar.[280] **187**

Gemäß § 1 III Nr. 1 UmwStG beschränkt sich die Anwendung der Regelungen der §§ 20, 22 f. UmwStG auf die Verschmelzung von Personenhandelsgesellschaften und Partnerschaftsgesellschaften sowie vergleichbare ausländische Vorgänge. Voraussetzung dafür ist, dass der ausländische Vorgang seinem Wesen nach einer nationalen Verschmelzung entspricht. Dies erfordert eine Vergleichbarkeit des Rechtstypus der beteiligten Rechtsträger[281] einerseits sowie eine sachliche Vergleichbarkeit im Hinblick auf die durch die Verschmelzung eintretenden Rechtsfolgen[282] andererseits. **188**

Übertragender Rechtsträger kann damit im Hinblick auf die Anwendung des § 20 UmwStG lediglich eine EU-/EWR-Gesellschaft sein, die nach inländischem Recht als Personengesellschaft zu qualifizieren ist. Für die Anwendung des § 20 UmwStG ist ferner § 1 IV 1 Nr. 2 Buchst. a u. b UmwStG zu beachten. Sofern das Recht Deutschlands auf die Besteuerung des Gewinns aus der Veräußerung der durch die Einbringung erhaltenen Anteile ausgeschlossen oder beschränkt wird, kommt es dabei auf die doppelte Ansässigkeit an, dh auf die Ansässigkeit der Personengesellschaft sowie auf die Ansässigkeit ihrer Gesellschafter, § 2 IV 1 Nr. 2 Buchst. a UmwStG. Sowohl die Personengesellschaft als auch deren Gesellschafter müssen die Voraussetzungen des § 1 II 1 Nr. 1 UmwStG erfüllen, § 2 IV 1 Nrn. 1 u. 2 UmwStG. Die an der übertragenden Personengesellschaft unmittelbar oder über eine andere Personengesellschaft mittelbar beteiligten Körperschaften, Personenvereinigungen oder Vermögensmassen müssen demnach in einem EU-/EWR-Mitgliedstaat gegründet und in einem solchen Staat ihren Sitz und Ort der Geschäftsleitung unterhalten. An der übertragenden Personengesellschaft beteiligte natürliche Personen müssen ihren Wohnsitz oder gewöhnlichen Aufenthalt in einem EU-/EWR-Mitgliedstaat unterhalten. Diese Erfordernisse hinsichtlich der Ansässigkeit der Personengesellschaft und ihrer Gesellschafter entfällt, wenn das Recht Deutschlands auf die Besteuerung des Gewinns aus der Veräußerung der durch die Einbringung erhaltenen Anteile nicht ausgeschlossen oder beschränkt wird, § 2 IV 1 Nr. 2 Buchst. b UmwStG. **189**

Als aufnehmende Rechtsträger kommen EU-/EWR-Gesellschaften in Betracht, die nach inländischem Recht als Kapitalgesellschaften bzw. Genossenschaften einzuordnen sind. **190**

Auch bei den im Folgenden erläuterten grenzüberschreitenden oder ausländischen Umwandlungen ist die Regelung des § 22 UmwStG zum steuerlichen Umgehungsschutz zu beachten.[283] **191**

---

[280] Ausführlich → § 11 Rn. 575 ff.
[281] → Rn. 19 ff.
[282] → Rn. 12 ff.
[283] → § 11 Rn. 738 ff.

2. Einbringung von inländischem Betriebsvermögen durch im Inland ansässige Personen in eine ausländische EU-/EWR-Kapitalgesellschaft oder Genossenschaft

192 Wird eine inländische Personengesellschaft mit inländischen Gesellschaftern auf eine ausländische EU-/EWR-Kapitalgesellschaft oder Genossenschaft verschmolzen, so ist auf diese Verschmelzung die Regelung des § 20 UmwStG anzuwenden. Steuerlich stellt sich die Verschmelzung als Einbringung des inländischen Betriebsvermögens[284] in die ausländische EU-/EWR-Kapitalgesellschaft oder Genossenschaft dar.

193 Auf das eingebrachte inländische Vermögen kann die ausländische EU-/EWR-Kapitalgesellschaft oder Genossenschaft die Regelung des § 20 II UmwStG anwenden. Prinzipiell hat die übernehmende Gesellschaft das eingebrachte Betriebsvermögen demnach zum gemeinen Wert zu bewerten, § 20 II 1 UmwStG.[285] Davon abweichend ist eine Bewertung zum Buchwert bzw. zu Zwischenwerten, höchstens indes mit dem gemeinen Wert zulässig, soweit die Anwendungsvoraussetzungen des § 20 II 2 Nrn. 1 bis 3 UmwStG kumulativ erfüllt sind.[286]

194 Für die Ausübung des Antragsrechts nach § 20 II 2 UmwStG ist entscheidend, ob eingebrachtes Vermögen nach Verschmelzung einer inländischen Betriebstätte zuzuordnen ist.[287] Des Weiteren ist bedeutend, dass das Recht Deutschlands auf die Besteuerung des Gewinns aus der Veräußerung des eingebrachten inländischen Betriebsvermögens bei der übernehmenden Gesellschaft nicht ausgeschlossen oder beschränkt wird, § 20 II 2 Nr. 3 UmwStG. So geht deutsches Besteuerungsrecht verloren, wenn die eingebrachten Wirtschaftsgüter nicht der inländischen Betriebstätte der übernehmenden Körperschaft, sondern – auch unter Zugrundelegung des AOA – dem ausländischen Stammhaus zuzuordnen sind.[288] Dies kann etwa für Beteiligungen oder Lizenzen der Fall sein. Deutsches Besteuerungsrecht wird – trotz Zuordnung des eingebrachten Betriebsvermögens zu einer inländischen Betriebstätte – eingeschränkt, wenn vor der Einbringung ein uneingeschränktes Besteuerungsrecht ohne Anrechnungsverpflichtung bestand und durch die Einbringung ein Besteuerungsrecht mit Anrechnungsverpflichtung begründet wird oder das Besteuerungsrecht entfällt. Das deutsche Besteuerungsrecht wird ferner dann eingeschränkt, wenn vor der Einbringung ein Besteuerungsrecht mit Anrechnungsverpflichtung bestand, welches durch die Einbringung entfällt.[289] In den genannten Fällen kann ein Antrag auf Bewertung des inländischen Vermögens zu Buchwerten oder Zwischenwerten nach § 20 II 2 UmwStG nicht gestellt werden.

---

[284] Zur Abgrenzung → § 11 Rn. 580 ff., 584 ff.
[285] → § 11 Rn. 608 ff.
[286] → § 11 Rn. 615 ff.
[287] Vgl. *Hagemann/Jakob/Ropohl/Viebrock* NWB 2007, Sonderheft 1 S. 70.
[288] → Rn. 70 ff.
[289] Vgl. *Herlinghaus* in Rödder/Herlinghaus/van Lishaut, § 20 UmwStG Rn. 165 ff.

§ 16. Steuerliche Regelungen § 16

Zwar ist der Antrag nach dem Wortlaut des § 20 II 2 UmwStG beim 195
für den übernehmenden Rechtsträger zuständigen Finanzamt zu stellen.
Ist die übernehmende Gesellschaft hingegen ein ausländischer Rechtsträger und hat der übernehmende Rechtsträger weder Sitz noch Geschäftsleitungsort in Deutschland, so ist das Finanzamt kompetent, welches nach der Einbringung für die Besteuerung des eingebrachten Betriebsstättenvermögens zuständig ist.[290]

3. Einbringung von ausländischem Betriebsvermögen durch im Inland ansässige Personen in eine ausländische EU-/EWR-Kapitalgesellschaft oder Genossenschaft

Die steuerlichen Konsequenzen dieser Einbringung von ausländischem 196
Vermögen durch im Inland ansässige Personen sind davon abhängig, ob
Deutschland vor der Einbringung überhaupt ein Besteuerungsrecht an
dem ausländischen Vermögen zustand.

Besteht mit dem ausländischen Belegenheitsstaat ein DBA mit Frei- 197
stellungsmethode, so ist auf die bezeichnete Einbringung die Regelung
des § 20 III 2 UmwStG anzuwenden. Danach gilt für den Einbringenden
der gemeine Wert des Betriebsvermögens im Zeitpunkt der Einbringung
als Anschaffungskosten der Anteile, soweit das Recht Deutschlands auf
Besteuerung des Gewinns aus der Veräußerung des eingebrachten Vermögens im Zeitpunkt der Einbringung ausgeschlossen und dieses auch
nicht durch die Einbringung begründet wird.

Ist demgegenüber das ausländische Vermögen in einem DBA-Staat mit 198
Anrechnungsmethode belegen, so wird durch die Einbringung des Vermögens in eine ausländische EU-/EWR-Kapitalgesellschaft oder Genossenschaft deutsches Besteuerungsrecht eingeschränkt. Die Einbringung
erfordert daher eine Bewertung des eingebrachten Vermögens durch die
aufnehmende Gesellschaft für deutsche steuerliche Zwecke zum gemeinen Wert, § 20 II 1 UmwStG. Entsprechend hat der inländische Einbringende einen Einbringungsgewinn zu versteuern. Sofern die ausländische Betriebsstätte in einem Drittstaat belegen ist, ist die in diesem
Drittstaat entstehende ausländische Steuer auf die inländische Steuer anzurechnen.

Handelt es sich bei dem eingebrachten ausländischen Vermögen um 199
eine Betriebsstätte in einem anderen EU-Mitgliedsstaat, so greift die
Regelung des § 3 III iVm § 20 VII UmwStG. Danach ist auf die auf den
Einbringungsgewinn entfallende deutsche Einkommensteuer/Körperschaftsteuer diejenige ausländische Steuer anzurechnen, die nach dem
ausländischen Steuerrecht des Mitgliedsstaates erhoben würde, in dem
die Betriebsstätte belegen ist, wenn das Betriebsstättenvermögen dort zum
gemeinen Wert veräußert worden wäre. Nach den Vorgaben der FRL
können im ausländischen Staat regelmäßig die Buchwerte des dort belegenen Betriebsstättenvermögens fortgeführt werden. Anzurechnen ist also

---

[290] Vgl. *Herlinghaus* in Rödder/Herlinghaus/van Lishaut, § 20 UmwStG Rn. 154; *Schmitt* in Schmitt/Hörtnagl/Stratz, § 20 UmwStG, Rn. 317; *Benz/Rosenberg* BB 2006, Beilage 8 S. 51 (55), Rn. 38.

eine fiktive ausländische Steuer. Die Regelung des § 3 III UmwStG bezieht sich zwar nur auf die Körperschaftsteuer. Indes ist diese Regelung nach § 20 VII UmwStG nur „entsprechend" anzuwenden. Insofern dürfte die Anrechnung einer fiktiven ausländischen Steuer auch bei Einbringungen durch Personengesellschaften unter Beteiligung von natürlichen Personen zulässig sein.[291] Keine Bedeutung hat die Regelung des § 3 III UmwStG hingegen infolge des § 9 Nr. 3 GewStG für die Gewerbesteuer.

4. Verschmelzung einer EU-ausländischen transparenten Gesellschaft auf eine in einem anderen Mitgliedsstaat ansässige EU-Kapitalgesellschaft oder Genossenschaft

200 Eine besondere Regelung findet sich in § 20 VIII UmwStG für den Fall der Verschmelzung einer ausländischen transparenten Gesellschaft auf eine in einem anderen Mitgliedsstaat ansässige EU-Kapitalgesellschaft oder EU-Genossenschaft unter Beteiligung eines Inländers. Bei der zu verschmelzenden transparenten Gesellschaft handelt es sich um eine Gesellschaft, die zwar nach dem nationalen Recht als Körperschaft angesehen und daher von der FRL erfasst wird, nach deutschem Recht aber als transparent behandelt wird (hybride Gesellschaft).

201 Die Regelung des § 20 VIII UmwStG kommt nur dann zur Anwendung, wenn nach dem einschlägigen DBA auf einen Gewinn aus der Veräußerung des Vermögens der transparenten Gesellschaft nicht die Freistellungsmethode anzuwenden ist.[292] Nach nationalem Recht muss bei Bewertung der Sacheinlage infolge des Verlustes des deutschen Besteuerungsrechts zwingend der gemeine Wert angesetzt werden, § 20 II 1, II 2 Nr. 3 UmwStG. Der Einbringende hat folglich in Deutschland einen Einbringungsgewinn zu versteuern. In diesem Fall wird durch § 20 VIII UmwStG die Anrechnung der fiktiven ausländischen Steuer auf einen unterstellten Veräußerungsgewinn aus dem ausländischen Vermögen auf die deutsche Steuer ermöglicht.[293]

202 Nach der Gesetzesbegründung[294] ist von § 20 VIII UmwStG vor allem der folgende Sachverhalt betroffen: Eine im Inland ansässige natürliche Person ist an einer von der FRL geschützten portugiesischen KG beteiligt. Die KG ist nach deutschem Recht als transparent anzusehen. Sie erzielt (auch) passive Einkünfte iSd Protokolls zum DBA-Portugal. Für diese passiven Einkünfte steht Deutschland das Besteuerungsrecht mit Anrechnungsverpflichtung zu. Die KG wird auf eine französische SA verschmolzen.

---

[291] Vgl. *Benz/Rosenberg* BB-Special 8/2006 S. 57. Siehe auch mwN *Herlinghaus* in Rödder/Herlinghaus/van Lishaut, § 20 UmwStG Rn. 168b.

[292] Vgl. *Benz/Rosenberg* BB 2006 Beilage 8 S. 51 (58); *Menner* in Haritz/Menner, § 20 Rn. 743; *Schmitt* in Schmitt/Hörtnagl/Stratz, § 20 UmwStG Rn. 442.

[293] Vgl. *Schmitt* in Schmitt/Hörtnagl/Stratz, § 20 UmwStG Rn. 442; *Herlinghaus* in Rödder/Herlinghaus/van Lishaut, § 20 Rn. 246a.

[294] Siehe Regierungsbegründung zum SEStEG-E, BT-Drucks. 16/2710 S. 72.

§ 16. Steuerliche Regelungen § 16

Durch die Verschmelzung wird das deutsche Besteuerungsrecht an den passiven Einkünften der portugiesischen KG ausgeschlossen. Nach § 20 II 2 Nr. 3 UmwStG kommt es deshalb zwingend zum Ansatz des gemeinen Werts des ausländischen Vermögens und damit beim Einbringenden zur anteiligen Besteuerung eines Einbringungsgewinns. Die auf den Gewinn aus einer angenommenen Veräußerung des Vermögens der KG entfallende fiktive portugiesische Steuer ist nach § 20 VIII UmwStG iVm § 34c EStG auf die auf den Einbringungsgewinn entfallende inländische Einkommensteuer gemäß anzurechnen. 203

5. Einbringung von ausländischem Betriebsvermögen durch eine im Ausland ansässige Person in eine inländische Kapitalgesellschaft oder Genossenschaft

Wird ausländisches Vermögen durch eine im Ausland ansässige Person in eine inländische Kapitalgesellschaft oder Genossenschaft eingebracht, so ist danach zu unterscheiden, ob das eingebrachte Vermögen vor der Einbringung in Deutschland vollständig oder eingeschränkt steuerfreigestellt war. War das ausländische Vermögen in Deutschland vor der Einbringung vollständig freigestellt, so kommt es durch die Einbringung zu keiner Beschränkung des deutschen Besteuerungsrechts iSd § 20 II 2 Nr. 3 UmwStG. Zwar könnte die übernehmende Gesellschaft das eingebrachte Vermögen zum Buchwert oder Zwischenwert ansetzen. Zur Vermeidung einer späteren Besteuerung vor Einbringung entstandener stiller Reserven kann es indes sinnvoll sein, das eingebrachte Vermögen bei der Übernehmerin zum gemeinen Wert zu bewerten.[295] 204

Demgegenüber kann es zu einer Beschränkung des deutschen Besteuerungsrechts kommen, wenn das ausländische Vermögen vor der Einbringung im Inland nicht vollständig steuerfreigestellt war. Ist dies der Fall, scheidet eine Bewertung zum Buchwert oder Zwischenwert nach § 20 II 2 UmwStG aus. Vielmehr ist von der Übernehmerin zwingend der gemeine Wert anzusetzen. 205

6. Einbringung von inländischem Betriebsvermögen durch eine im Ausland ansässige Person in eine ausländische EU-/EWR-Kapitalgesellschaft oder Genossenschaft

Wird inländisches Betriebsvermögen durch eine ausländische Person in eine ausländische EU/EWR-Kapitalgesellschaft oder Genossenschaft eingebracht, so hängen die steuerlichen Rechtsfolgen davon ab, ob im Inland eine Betriebsstätte verbleibt und in welchem Umfang Deutschland das Besteuerungsrecht an diesem Betriebstättenvermögen zusteht. 206

Vor der Einbringung bestand in Deutschland eine beschränkte Steuerpflicht hinsichtlich des inländischen Vermögens nach § 49 I Nr. 2a EStG bzw. Art. 13 OECD-MA. Eine Fortführung der Buchwerte des inländischen Vermögens ist auf Antrag möglich, soweit das inländische Vermögen nach der Verschmelzung einer inländischen Betriebsstätte zu- 207

---

[295] Vgl. Benz/Rosenberg BB-Special 8/2006 S. 51 (54 f.); Herlinghaus in Rödder/Herlinghaus/van Lishaut, § 20 UmwStG Rn. 168d.

zurechnen ist, für die Deutschland das Besteuerungsrecht zusteht. In diesem Fall wird das deutsche Besteuerungsrecht durch die Einbringung nicht beschränkt, § 20 II 2 Nr. 3 UmwStG.[296]

VI. Ausländische und grenzüberschreitende Verschmelzung von Personengesellschaften untereinander

208 Ausdrückliche gesellschaftsrechtliche Regelungen zur grenzüberschreitenden Verschmelzung von Personengesellschaft untereinander bestehen bisher in den EU-Staaten lediglich ausnahmsweise. Im Regelfall wird insofern eine grenzüberschreitende Verschmelzung an den fehlenden gesellschaftsrechtlichen Vorgaben scheitern. Sofern eine grenzüberschreitende „Verschmelzung" von Personengesellschaften untereinander angestrebt wird, wird man sich nach der Entscheidung in der Rechtssache VALE[297] zum Wechsel in eine ausländische Rechtsform auf den unionsrechtlichen Äquivalenz- und Effektivitätsgrundsatz stützen können.[298]

209 Fehlen gesetzliche Regelungen können lediglich Tatbestände der grenzüberschreitenden Einlage in eine Personengesellschaft durch Einzelrechtsnachfolge von § 24 UmwStG erfasst werden. Bei der Einbringung in eine Personengesellschaft bestehen für die Anwendung des § 24 UmwStG keine Ansässigkeitsvoraussetzungen, § 1 IV 2 UmwStG. Insofern ist es unerheblich, ob es sich bei der aufnehmenden Gesellschaft um eine EU-/EWR-Personengesellschaft oder um eine in einem Drittstaat ansässige Personengesellschaft handelt.[299] In den Regelungsbereich des § 24 UmwStG fällt auch die Einbringung in hybride Gesellschaften. Bei Letzteren handelt es sich um solche Gesellschaften, die nach dem nationalen Recht ihres Sitzstaates als Körperschaften qualifiziert werden und damit in den Regelungsbereich der FRL fallen, nach inländischem Recht hingegen als transparent anzusehen sind. Ob die ausländische Gesellschaft nach deutschem Recht und damit für Zwecke des § 24 UmwStG als Personengesellschaft zu qualifizieren ist, ist anhand eines Typenvergleichs festzustellen.

210 Ebenso kann es sich bei dem Einbringenden um eine Person handeln, die in einem EU/EWR-Mitgliedsstaat oder in einem Drittstaat ansässig ist.

211 In den Anwendungsbereich des UmwStG fallen ferner ausländische Verschmelzungen von Personengesellschaften, wenn dieser Vorgang mit

---

[296] Siehe *Hagemann/Jakob/Ropohl/Viebrock* NWB 2007, Sonderheft 1 S. 37; *Herlinghaus* in Rödder/Herlinghaus/van Lishaut, § 20 UmwStG Rn. 168d. Zu der Frage der Zuordnung von Wirtschaftsgütern vgl. → Rn. 71 ff.
[297] EuGH vom 12.7.2012 – C-378/10, (VALE) DB 2012 S. 1614. Hier ging es im Ergebnis um einen grenzüberschreitenden Formwechsel unter Wahrung der zivilrechtlichen Identität.
[298] Vgl. *Prinz* in Prinz, Umwandlungen im Internationalen Steuerrecht S. 607 (Rn. 9.9.).
[299] Vgl. auch *Prinz* in Prinz, Umwandlungen im Internationalen Steuerrecht S. 613 (Rn. 9.17.).

§ 16. Steuerliche Regelungen § 16

der Verschmelzung nach dem UmwG vergleichbar ist.[300] Nach internationalem Recht sind diese Vorgänge im Inland gesellschaftsrechtlich anzuerkennen. Ertragsteuerlich sind diese ausländischen Verschmelzungen dann im Inland relevant, wenn an der übertragenden Personengesellschaft inländische Gesellschafter beteiligt sind bzw. die übertragende Personengesellschaft über inländisches Betriebstättenvermögen verfügt. Auf die ausländische Verschmelzung sind die Regelungen über die Einbringung nach § 24 UmwStG anzuwenden.[301]

VII. Grenzüberschreitende Verschmelzungen und § 50i EStG

Mit dem sog. Kroatienanpassungsgesetz[302] wurde auch § 50i EStG in das EStG aufgenommen.[303] Nach § 50i II 1 und 3 EStG sind insbesondere Sachgesamtheiten bei Umwandlung und Einbringung abweichend von den Bestimmungen des UmwStG mit dem gemeinen Wert anzusetzen, wenn die Sachgesamtheit Wirtschaftsgüter oder Anteile iSd § 50i I EStG umfasst. Nach Auffassung der Finanzverwaltung setzt § 50i II EStG keine Beteiligung eines im DBA-Ausland ansässigen Mitunternehmers voraus.[304] Danach konnte die Regelung nach bisheriger Rechtslage auch bei der (grenzüberschreitenden) Verschmelzung einer sog. § 50i-Personengesellschaft zur Anwendung kommen. Insofern war bei der Verschmelzung eine Bewertung nach § 50i EStG zum gemeinen Wert erforderlich, obwohl die Voraussetzungen für den Buch- oder Zwischenwertansatz nach § 20 UmwStG erfüllt waren. Nach dem bisherigen Wortlaut ging § 50i EStG ggf. den Regelungen des UmwStG vor.[305] Aus Gründen der sachlichen Unbilligkeit[306] ließ die Finanzverwaltung entgegen § 50i II EStG jedoch den Buch- oder Zwischenwertansatz zu, sofern das deutsche Besteuerungsrecht hinsichtlich der laufenden Einkünfte und des Gewinns aus der Veräußerung hinsichtlich der erhaltenen Anteile (Verschmelzung auf eine Kapitalgesellschaft) oder hinsichtlich des eingebrachten Betriebsvermögens (Verschmelzung auf eine Personengesellschaft) nicht ausgeschlossen oder beschränkt wurde.[307]

Durch das Gesetz zur Umsetzung der Änderungen der EU-Amtshilferichtlinie und von weiteren Maßnahmen gegen Gewinnkürzungen und -verlagerungen vom 20.12.2016 (BGBl. I 2016 S. 3000) wurde § 50i EStG neu gefasst. Zunächst wurde die Anwendung des § 50i I EStG auf

212

213

---

[300] → Rn. 11 ff.
[301] → § 11 Rn. 819 ff.
[302] Gesetz zur Anpassung des nationalen Steuerrechts an den Beitritt Kroatiens zur EU und zur Änderung weiterer steuerlicher Vorschriften, BGBl. I 2014, S. 1266.
[303] Zu Einzelheiten zu § 50i EStG vgl. § 11 Rn. 640.
[304] Vgl. → § 11 Rn. 511e und BMF-Schreiben vom 21.12.2015, BStBl. I 2016 S. 7 unter 1. Allgemeines.
[305] Zu Einzelheiten zu § 50i EStG → § 11 Rn. 640.
[306] Vgl. zur Kritik hieran → § 11 Rn. 511e.
[307] Vgl. BMF-Schreiben vom 21.12.2015, BStBl. I 2016 S. 7 unter 2.1. Umwandlungen und Einbringungen.

diejenigen Fälle eingeschränkt, in denen der Ausschluss oder die Beschränkung des deutschen Besteuerungsrechts vor dem 1.1.2017 eingetreten ist. Für spätere Vorgänge gelten die allgemeinen Regeln des § 4 I 3 EStG etc. Ferner wird der Wortlaut der Vorschrift in Einklang mit ihrer eigentlichen Zielsetzung gebracht, nämlich Steuergestaltungsstrategien über § 20 UmwStG zur Umgehung des Tatbestands des § 50i I EStG zu verhindern. Insofern ist nunmehr in § 50i II EStG vorgesehen, dass bei der Einbringung von Betrieben, Teilbetrieben oder Mitunternehmeranteilen nach § 20 I UmwStG zwingend mit dem gemeinen Wert angesetzt werden müssen, sofern diese Wirtschaftsgüter und Anteile umfassen, die vor dem 29.6.2013 in das Betriebsvermögen einer gewerblich geprägten Personengesellschaft übertragen oder überführt worden sind. Demzufolge bezieht sich nunmehr die Pflicht zur Bewertung zum gemeinen Wert nicht auf die Sachgesamtheit. Vielmehr sind lediglich die betroffenen Wirtschaftsgüter und Anteile iSd § 50i I EStG zum gemeinen Wert zu bewerten. Die Neufassung des § 50i II EStG ist gemäß § 52 XXXVIII erstmals für Einbringungen anzuwenden, bei denen der Einbringungsvertrag nach dem 31.12.2013 geschlossen worden ist.

5. Teil. Spaltung

§ 17. Bedeutung der Unternehmensspaltung und Rechtsentwicklung

I. Unternehmerische Ziele und Motive für eine Spaltung

Neben der Verschmelzung, dem Formwechsel und der Vermögensübertragung enthält das UmwG Regelungen zur Spaltung von Rechtsträgern. Der Gesetzgeber trägt damit dem Bedürfnis der Praxis Rechnung, ganze Vermögensteile eines Rechtsträgers jeweils als Gesamtheit auf andere Rechtsträger zu übertragen und damit eine vereinfachte Unternehmensdekonzentration zu ermöglichen. Die Gemeinsamkeit zwischen Verschmelzung und Spaltung liegt in der hierzu vorgesehenen Gesamtrechtsnachfolge. 1

Das UmwG sieht die verschiedenen Möglichkeiten der Spaltung als Aufspaltung, Abspaltung und Ausgliederung vor. Dabei erfasst das Gesetz unter dem Begriff der Spaltung diejenigen dekonzentrierenden Maßnahmen, die im Wege der **partiellen Gesamtrechtsnachfolge** vorgenommen werden. Entsprechend werden Gestaltungen der Unternehmensumstrukturierung, die im Wege der Einzelrechtsnachfolge erfolgen, vom Spaltungsrecht des UmwG grundsätzlich nicht erfasst, jedoch genauso wie im Verschmelzungsrecht auch nicht ausgeschlossen.[1] Im Einzelfall kann der Rückgriff auf Gestaltungen der Einzelrechtsnachfolge allerdings vorteilhafter sein.[2] 2

Das **wirtschaftliche Bedürfnis** für die Teilung und Spaltung von Unternehmen war schon lange vor der Schaffung des UmwG dargelegt worden. Bekannte Spaltungsvorgänge, die Anfang der 1990er Jahre im Wege der Einzelrechtsnachfolge durchgeführt wurden, wie zB die nahezu gescheiterte Reorganisation der Feldmühle Nobel AG machten deutlich, dass das Nichtvorhandensein des Rechtsinstituts der Spaltung im deutschen Handelsrecht einen gravierenden Wettbewerbsnachteil gegenüber Unternehmen in den EU-Mitgliedstaaten darstellte, in denen das Rechtsinstitut der Spaltung bereits kodifiziert war, so etwa in Frankreich, Spanien und Portugal. Die größte Aufmerksamkeit erlangte das Institut der Unternehmensspaltung vor seiner umfassenden Regelung im UmwG des Jahres 1994 allerdings durch die Schaffung zweier Spezialregelungen zur Spaltung von Unternehmenseinheiten in den neuen Bundesländern in Form des Gesetzes über die Spaltung der von der Treuhandanstalt verwalteten Unternehmen[3] 3

---

[1] Vgl. → § 2 Rn. 10, § 29.
[2] Vgl. → § 8 Rn. 7 ff.
[3] Gesetz über die Spaltung der von der Treuhandanstalt verwalteten Unternehmen vom 5.4.1991 (BGBl. I 1991 S. 854), zuletzt geändert durch Artikel 8 Absatz 9 des Gesetzes vom 4.12.2004 (BGBl. I S. 3166).

Sagasser 1155

und des Landwirtschaftsanpassungsgesetzes,[4] ohne die eine Entflechtung der Wirtschaftsstrukturen in den neuen Bundesländern praktisch nicht möglich gewesen wäre.

4 Sieht man einmal von der Umkehrfunktion der Spaltung im Verhältnis zur Verschmelzung ab, kann sich die Entscheidung zur Spaltung von Unternehmen aus einem ganzen „Strauß" von Motiven ergeben. Im Vordergrund stehen idR betriebswirtschaftliche Erwägungen. So kann es etwa vorteilhaft sein, die bislang funktional ausgerichtete Organisation des Unternehmens in eine divisionale, profit-center-orientierte Organisation zu überführen und hierzu gesellschaftsrechtlich getrennte Rechtseinheiten zu schaffen. In gleicher Weise führen betriebswirtschaftliche Erwägungen dazu, durch Spaltung des Unternehmens Haftungsrisiken im Sinne eines „Ring-Fencing-Konzeptes" in einzelnen Betriebskapitalgesellschaften zu isolieren. Die Umstrukturierung im Wege der Betriebsaufspaltung entspricht der Zielsetzung betriebliche Risiken, Haftungen und Chancen zu trennen und wertvolle Vermögensteile als Haftungsgrundlage Gläubigern nicht zur Verfügung zu stellen.[5] Auch steuerliche Motive,[6] etwa die Erlangung einer erweiterten Kürzung für Grundstücksgesellschaften im Gewerbesteuerrecht, sind in diesem Zusammenhang zu nennen. Letztlich dient die Spaltung in vielen Fällen der Vorbereitung einer Veräußerung, der Einbringung eines Unternehmensteiles in ein Joint-Venture oder als Zwischenschritt einer weiterführenden Unternehmensreorganisation. Dabei ist aber zu berücksichtigen, dass der Gesetzgeber durch steuerrechtliche „Missbrauchsvorschriften" eine Spaltung gerade zu diesem Zweck derart unattraktiv macht, dass eine direkte Veräußerung der betrieblichen Einheit im Wege des „Asset-Deals" idR zielführender ist.[7]

5 Es liegt auf der Hand, dass für grenzüberschreitende Spaltungen entsprechende Motive bestehen. Grenzüberschreitenden Spaltungen ist zwar die Regelung im UmwG bislang versagt geblieben, die Rechtsprechung des EuGH bestätigt allerdings die grundsätzliche Zulässigkeit der grenzüberschreitenden Spaltung zwischen Rechtsträgern in den Mitgliedsstaaten im Hinblick auf die europarechtlich geschützte Niederlassungsfreiheit.[8]

II. Entwicklung des Spaltungsrechts

6 Das Spaltungsrecht des UmwG ist in seiner Entwicklung stark geprägt vom französischen bzw. dem darauf aufbauenden europäischen Recht.

---

[4] Landwirtschaftsanpassungsgesetz vom 29.6.1990 (GBl. DDR 1990 I S. 642), geändert durch Art. 7 Abs. 45 des Gesetzes vom 19.6.2001 (BGBl. I S. 1149)
[5] *Knobbe-Keuk* Bilanz- und Unternehmens-StR, 1993 S. 863; *Engelsing/Sievert* SteuerStud 2003 S. 624; ausführlicher *Brandmüller* Betriebsaufspaltung nach HR und StR, 1997, S. 45–62.
[6] Vgl. zB *Jacobs*, Unternehmensbesteuerung, 2002, S. 268; *Crezelius* Steuerrecht II § 6 Rn. 42; zur Qualifizierung: Beschluss des BFH vom 8.11.1971 – GrS 2/71, BStBl. II 1972 S. 63.
[7] Vgl. → § 20 Rn. 5 ff.
[8] Vgl. → § 18 Rn. 194 ff.

§ 17. Bedeutung und Rechtsentwicklung § 17

1. Europäisches Spaltungsrecht

Bereits im Jahre 1966 wurde in **Frankreich** das Rechtsinstitut der Spaltung („scission") geschaffen.[9] Die französische Regelung kennt jedoch nur die Spaltung unter Erlöschen des bisherigen Unternehmensträgers; eine Auslagerung nur eines Unternehmensteiles dagegen ist dem französischen Recht nicht geläufig. Die französischen Spaltungsregelungen fanden Eingang in die 6. Gesellschaftsrechtsrichtlinie der Europäischen Union betreffend die Spaltung von Aktiengesellschaften („Spaltungsrichtlinie").[10] Entsprechend dem französischen Recht ist in dieser Richtlinie nur die Aufspaltung geregelt. Bedeutung erlangte die Richtlinie in Deutschland erst beim Erlass des Gesetzes zur Spaltung von Unternehmen der Treuhandanstalt (SpTrUG),[11] weil Art. 1 der Richtlinie diese nur dann für verbindlich für die Mitgliedstaaten erklärte, wenn diese die Spaltung von Gesellschaften grundsätzlich gestatteten.

2. Entwicklung im deutschen Spaltungsrecht

Das deutsche Recht der Unternehmensspaltung war lange Zeit von 7 Hilfskonstruktionen der Unternehmensdekonzentration geprägt, die von der Praxis auf der Grundlage des geltenden Rechts entwickelt wurden und in einem mehrstufigen Verfahren per Einzelrechtsübertragung zum gewünschten Spaltungserfolg führten.[12] Dabei entwickelten sich unter den Begriffen „Realteilung von Personengesellschaften" und „Spaltung von Kapitalgesellschaften" zwei voneinander wesensverschiedene Wege zur Umstrukturierung von Unternehmen.

a) Realteilung

Der Begriff der **Realteilung von Personengesellschaften** wird 8 weitgehend durch das Steuerrecht geprägt, wenn er auch handelsrechtlich an die „Naturalteilung" anknüpft. Unter einer Realteilung von Personengesellschaften versteht man heute die Auseinandersetzung einer unternehmerisch tätigen Personengesellschaft in der Weise, dass das Gesamthandsvermögen der zwei- oder mehrgliedrigen Personengesellschaft auf die Gesellschafter verteilt wird und jeder der Gesellschafter einen Teil des Gesellschaftsvermögens in sein Betriebsvermögen übernimmt. Das Gesamthandsvermögen wird aufgelöst und die Personengesellschaft geht im Zuge der Realteilung unter;[13] insofern handelt es sich um eine *upstream-Spaltung*. Diese – an sich grundsätzlich als Betriebsaufgabe ge-

---
[9] Vgl. Art. 371 ff. des Loi Nr. 66–537 du 24 juillet 1966 sur 13 sociétés commerciales in Journal Officiel (Spezialausgabe vom 1.3.1969); dazu *Teichmann* AG 1980 S. 84 ff.; *Hahn* GmbHR 1991 S. 242 ff.
[10] Vom 17.12.1982, RL 82/891 EWG ABl. L 378 vom 31.12.1982 S. 47 ff. = ZGR Sonderheft 1 2. Auflage 1984 S. 159 ff. = *Widmann/Mayer* UmwG Band I EG-Richtlinien.
[11] Vom 5.4.1991, BGBl. I 1991, S. 854.
[12] *Dörrie* WiB 1995 S. 1 (2) mwN in FN 8.
[13] Im Einzelnen → § 31 Rn. 170 ff.

mäß § 16 EStG steuerwirksame – Gestaltung konnte nach gefestigter Rechtsprechung des Bundesfinanzhofs[14] steuerneutral durchgeführt werden, wenn wenigstens ein Teilbetrieb übertragen und so die Besteuerung der stillen Reserven gewährleistet wurde. Aufgrund mehrfacher Änderungen des § 16 EStG, insbesondere durch das Gesetz zur Fortentwicklung des Unternehmenssteuerrechts vom 20.12.2001, ist diese Rechtsprechung gesetzlich verankert und auf die Übernahme einzelner Wirtschaftsgüter im Rahmen der Realteilung erweitert worden, soweit diese mindestens drei Jahre in dem sie aufnehmenden Betriebsvermögen verbleiben. Dabei ist in den gesetzlich geregelten Fällen die Buchwertfortführung zwingend vorgeschrieben. Problematisch bei der Realteilung war und ist die Behandlung des sog. Spitzenausgleichs, dh barer Ausgleichszahlungen bei, wie in der Regel, nicht absolut gleichwertig teilbaren Unternehmen.[15]

b) „Spaltung" von Kapitalgesellschaften

9 Die „Spaltung" von Kapitalgesellschaften warf vor Inkrafttreten des UmwG erhebliche zivil- und steuerrechtliche Probleme auf.[16] Im Wege der Einzelrechtsnachfolge war sie nur über einen mehrstufigen Vorgang durch Einbringung, Liquidation bzw. Kapitalherabsetzung möglich. In einem ersten Schritt musste für die Aufspaltung das gesamte Vermögen der Kapitalgesellschaft in mehrere neu gegründete Gesellschaften gegen Gewährung von Gesellschaftsanteilen eingebracht werden. Sodann war die ursprüngliche Kapitalgesellschaft zu liquidieren. Entsprechendes galt bei der Abspaltung eines Unternehmensteils; in diesem Fall musste bei der ursprünglichen Kapitalgesellschaft das Kapital herabgesetzt werden. Steuerlich stellte sich das Problem, dass neben der verkehrssteuerlichen Belastung eine gesetzliche Regelung, die eine wenigstens ertragsteuerneutrale Teilung von Kapitalgesellschaften zuließ, nicht existierte. Dementsprechend wurden diese Fälle in den einzelnen Bundesländern uneinheitlich und einzelfallartig behandelt.[17]

10 Anfang 1992 hat das Schreiben des Bundesministers der Finanzen zur Spaltung von Kapitalgesellschaften[18] den Weg einer Spaltung von Kapitalgesellschaften durch einen **Billigkeitserlass** aufgezeigt. Danach konnte eine „Spaltung" von Kapitalgesellschaften steuerneutral erfolgen, wenn
– von der übertragenden Gesellschaft und der Mehrheit der Gesellschafter ein Antrag bei der zuständigen Finanzverwaltung gestellt wurde,

---

[14] BFH vom 15.7.1976 – I R 17/74, BStBl. II 1976 S. 748; *Knobbe-Keuk* Bilanz- und Unternehmenssteuerrecht § 22 V 2.
[15] Vgl. BMF v. 28.2.2006, BStBl. I 2006 S. 228 Tz. VI; *Wacker* in Schmidt EStG § 16 Rn. 548 ff.
[16] Dazu *Hörger/v. Gronau* DStR 1992 S. 93 ff.; *Mayer* GmbHR 1992 S. 129 ff.; *Herzig* DB 1986 S. 1401 ff.; *Ott* DStR 1989 S. 755 ff.; *Strohm* DStR 1989 S. 483 ff.
[17] *Herzig* DB 1986 S. 1401; *Hörger/v. Gronau* DStR 1992 S. 82 (93).
[18] BMF vom 9.1.1992, GmbHR 1992 S. 123 f.

§ 17. Bedeutung und Rechtsentwicklung   § 17

– sowohl übertragende wie übernehmende Kapitalgesellschaft(en) unbeschränkt steuerpflichtig waren,
– die übernehmende Kapitalgesellschaft neu gegründet und die übertragende Gesellschaft alleinige Gesellschafterin war.

Das BMF-Schreiben galt ausweislich seines Wortlautes nur bis zur Bereinigung des Umwandlungs- und Umwandlungssteuerrechts durch Gesetz, war mithin mit dem 31.12.1994 hinfällig.[19]

c) SpTrUG

Das am 12.4.1991 in Kraft getretene Gesetz über die Spaltung der von der **11**
Treuhandanstalt verwalteten Unternehmen (SpTrUG)[20] führte in Deutschland erstmalig das Rechtsinstitut der Unternehmensspaltung im Wege der partiellen Gesamtrechtsnachfolge ein. Es gilt auch nach Inkrafttreten des UmwG weiter, jedoch nur für Kapitalgesellschaften, die sich noch unmittelbar oder mittelbar zu 100% in der Hand der Treuhandanstalt[21] befinden.

Das SpTrUG lehnt sich eng an den damaligen Entwurf zur Bereinigung des Umwandlungsrechts an bzw. übernimmt weite Teile der §§ 138–151 EUmwG wörtlich. Anders gewendet bedeutet dies, dass ohne den damals existierenden Entwurf des Umwandlungsbereinigungsgesetzes der Erlass des SpTrUG in der vorliegenden Form wohl nicht möglich gewesen wäre. In der Sache selbst gehen das SpTrUG und das UmwG dogmatisch gleiche Wege,[22] so dass bei Zweifelsfällen im Spaltungsrecht des UmwG auch die Kommentierungen und Stellungnahmen[23] zum SpTrUG ergänzend hinzugezogen werden können.

d) Spaltungsrecht im UmwG

Bereits im Jahre 1972 stellte der Rechtsausschuss des Deutschen Bundestages in seiner Stellungnahme zu Art. 21 der vorgeschlagenen **12**
3. Richtlinie über die interne Fusion von Aktiengesellschaften[24] fest, dass man die Spaltung „im Auge behalten müsse", weil wegen der praktischen Bedeutung dieses Vorganges ein Bedürfnis für eine gesetzliche Regelung in naher Zukunft durchaus auftreten könne.[25] Allerdings wurden Bedenken dagegen geäußert, die Spaltungsvorgänge dem Fusionsrecht zu unterwerfen, zumal Erfahrungen mit den oben genannten französischen Regelungen der „scission" noch nicht bestanden.[26]

---
[19] Zur jetzigen steuerlichen Behandlung vgl. → § 20 Rn. 10 ff.
[20] Vom 5.4.1991, BGBl. I 1991 S. 854; vgl. *Hillmann* DB 1995 S. 613 ff.
[21] Mit Wirkung zum 1.1.1995 in „Bundesanstalt für vereinigungsbedingte Sonderaufgaben" umbenannt.
[22] Zu den Abweichungen vgl. *Mayer* in *Widmann/Mayer* UmwG Einf UmwG Rn. 4 Fußn. 6.
[23] *Ganske* DB 1991 S. 791 ff; *Neye* in Rädler/Raupach/Bezzenberger Vermögen in der ehemaligen DDR Teil 3b I Band II SpTrUG.
[24] ABl. EG Nr. C 89/70 vom 14.7.1970 S. 20 ff.; vgl. auch BT-Drucks. 6/1027 und *Sonnenberger* AG 1971 S. 76 ff.
[25] BT-Drucks. 6/3071.
[26] *Duden/Schilling* AG 1974 S. 202 (204).

§ 17   5. Teil. Spaltung

Im Anschluss an den Entwurf der 3. Richtlinie begann in Deutschland eine lebhaftere Diskussion um Erlass und Ausgestaltung eines deutschen Spaltungsrechts.[27] Nach zähem Ringen vor allem um kollektivarbeitsrechtliche Positionen und der Einfügung des die Spaltung betreffenden § 325 UmwG wurde das Spaltungsrecht vom Gesetzgeber verabschiedet.

13 Die entscheidende Neuerung des UmwG 1994 bestand allerdings nicht in einer wesentlichen technischen Vereinfachung des Spaltungsvorgangs durch die partielle Gesamtrechtsnachfolge; im Gegenteil verlangt das UmwG bis heute eine Bezeichnung der übergehenden Vermögensgegenstände in einem Umfang, der den der Spaltung im Wege der Einzelrechtsnachfolge erreicht. Der wesentliche Vorteil bei der Gesamtrechtsnachfolge liegt viel mehr darin, dass Verbindlichkeiten im Grundsatz ohne Zustimmung der Gläubiger auf einen anderen Rechtsträger übertragen werden können. Die §§ 414, 415 BGB gelten mithin nicht.[28] Damit beseitigt das UmwG das nach altem Recht bedeutendste Hindernis für Unternehmensspaltungen.

e) Fortentwicklung des Spaltungsrechts im Rahmen des SEStEG

14 Das Spaltungsrecht präsentierte sich bis zum Jahr 2007 in einer verbesserten Form, erfüllt aber nicht die Erwartungen im Hinblick auf grenzüberschreitende Spaltungen.

Das mit der Spaltung verbundene Prinzip der partiellen Gesamtrechtsnachfolge wurde in der ursprünglichen Fassung des UmwG durch § 132 UmwG eingeschränkt, eine als „Spaltungssperre" bekannte Vorschrift. § 132 UmwG sollte Dritte davor schützen, dass Gegenstände im Wege einer partiellen Gesamtrechtsnachfolge übertragen werden, indem Dritt- oder Allgemeininteressen schützenden Vorschriften Vorrang eingeräumt wurde. § 132 UmwG wurde durch das 2. Gesetz zur Änderung des UmwG vom 19.4.2007 abgeschafft. Auch wenn es nach dieser Revision noch weitere Beschränkungen der partiellen Gesamtrechtsnachfolge geben mag,[29] erscheint es sachgerecht, dass die Spaltung heute weitestgehend den Verschmelzungsregelungen angeglichen ist.

Die Möglichkeit die grenzüberschreitende Spaltung zumindest für Kapitalgesellschaften entsprechend der Spaltungsrichtlinie zu kodifizieren hat der Gesetzgeber nicht wahrgenommen, dies obwohl Spaltungen in der EU unter Berufung auf die Niederlassungsfreiheit die Zulässigkeit im Hinblick auf die Rechtsprechung des EuGH kaum abgesprochen werden kann.[30] Die Regelungen des UmwStG gelten allerdings auch für grenzüberschreitende Umwandlungen,[31] sodass man sich bei grenzüberschreitenden Spaltungen in der EU jedenfalls steuerlich auf gesichertem Boden befindet.

---

[27] Vgl. die Nachweise bei *Teichmann* ZGR 1993 S. 396 (397) FN 4; *Kleindiek* ZGR 1992 S. 513 (514, 515) FN 7, 8. Zu den Entwürfen im Einzelnen → § 1 Rn. 2.
[28] Zur Aufspaltung von Forderungen, Verbindlichkeiten und Verträgen → § 18 Rn. 59 ff.
[29] → § 18 Rn. 56 ff.
[30] → § 18 Rn. 199 ff.
[31] → § 20 Rn. 12.

§ 18. Spaltungsrechtliche Regelungen

I. Spaltung im Umwandlungsgesetz

1. Systematik

Das Spaltungsrecht ist im UmwG in den §§ 123–173 geregelt. Ebenso wie im Recht der Verschmelzung ist dem Spaltungsrecht ein allgemeiner Teil vorangestellt, der allgemein verbindliche Regeln für die Spaltung von Rechtsträgern normiert. Zentrale Norm des gesamten Spaltungsrechts ist **§ 125 UmwG,** der die Verschmelzungsvorschriften des UmwG mit wenigen Ausnahmen für entsprechend anwendbar erklärt.[1] Das Spaltungsrecht beschränkt sich denn auch darauf, die von der Verschmelzung abweichenden Regelungen aufzuführen. Diese Gesetzestechnik hat zwar eine erhebliche Straffung des UmwG zur Folge, führt aber im Einzelfall zur Anwendbarkeit einer Vielzahl sich ergänzender, überlagernder und auch sich widersprechender Normen aus verschiedenen Büchern, Teilen und Abschnitten des UmwG. So sind zB bei der Aufspaltung einer AG zur Neugründung einer GmbH und einer KG folgende Normen angesprochen: §§ 141–146, 138–140, 135–137, 123–134, § 125 iVm §§ 73–77, § 125 iVm §§ 60–72, § 125 iVm §§ 39–45, § 125 iVm §§ 36–38 und § 125 iVm §§ 22–35 UmwG. 1

2. Arten der Spaltung

Das UmwG lässt drei Arten der Spaltung von Unternehmen zu. Nach § 123 I–III UmwG kann ein Rechtsträger gespalten werden durch 2
– Aufspaltung,
– Abspaltung oder
– Ausgliederung.

Das Gesetz regelt im Weiteren, welche Rechtsträger aktiv oder passiv an der Spaltung beteiligt sein können, § 124 UmwG.[2] Offengelassen ist, in welchem Beteiligungsverhältnis die spaltungsfähigen Rechtsträger zueinander stehen. Somit kommen einerseits die bei der Spaltung typischen *downstream*-Spaltungen, andererseits aber auch *upstream*-Spaltungen in Betracht.[3] Es lässt sich auch aufgrund des Schweigens der Gesetzesbegründungen vermuten, dass der historische Gesetzgeber die letztgenannte Fallgruppe nicht gesehen hat. 3

a) Aufspaltung, § 123 I UmwG

Unter Aufspaltung versteht das UmwG die Übertragung des gesamten Vermögens eines Rechtsträgers auf mindestens zwei bestehende oder dadurch gegründete Rechtsträger. Die Anteilsinhaber des übertragenden Rechtsträgers erhalten Anteile an den übernehmenden Rechtsträgern. 4

---
[1] → Rn. 24; → § 2 Rn. 18 ff.
[2] → § 2 Rn. 20 ff.
[3] Vgl. zur Verschmelzung → § 9 Rn. 334 ff.

§ 18 5. Teil. Spaltung

Der übertragende Rechtsträger erlischt. Die Aufspaltung führt zu einer gänzlichen Zerschlagung des spaltenden Rechtsträgers und ist im phänomenologischen Sinne die Umkehrung der Verschmelzung.[4] Die Aufspaltung auf bestehende Rechtsträger unterscheidet sich in ihrer Struktur nur insofern von der Verschmelzung, als das Gesamtvermögen des spaltenden Rechtsträgers nicht auf einen, sondern auf mindestens zwei Rechtsträger übertragen wird. Dabei sind folgende Grundfälle zu unterscheiden:

5 (1) Aufspaltung durch Aufnahme auf Schwestergesellschaften (§ 123 I Nr. 1 UmwG)

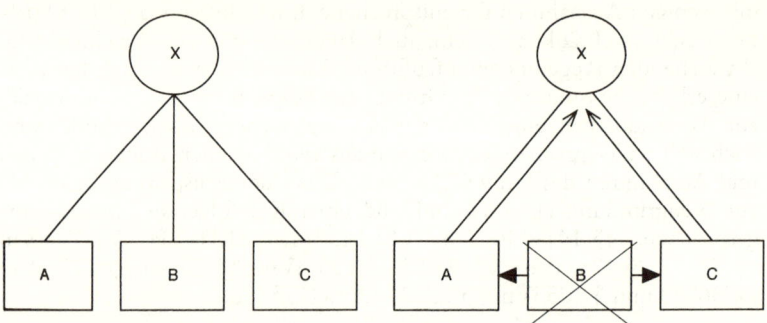

B überträgt ihr Vermögen vollständig auf A und C. A und C gewähren Anteile an X, die Muttergesellschaft von A, B und C.

6 (2) Aufspaltung durch Aufnahme *downstream* (§ 123 I Nr. 1 UmwG)

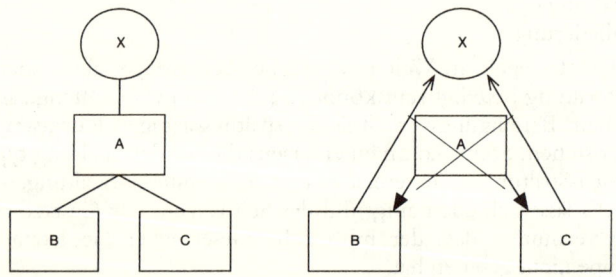

A überträgt ihr Vermögen vollständig auf ihre Tochtergesellschaften B und C. B und C gewähren (die ggf. von A übernommenen) Anteile an X, die vormalige Muttergesellschaft von A.

---

[4] → Rn. 24 ff.

§ 18. Spaltungsrechtliche Regelungen § 18

(3) Aufspaltung durch Aufnahme mit Dritten (§ 123 I Nr. 1 UmwG) 7

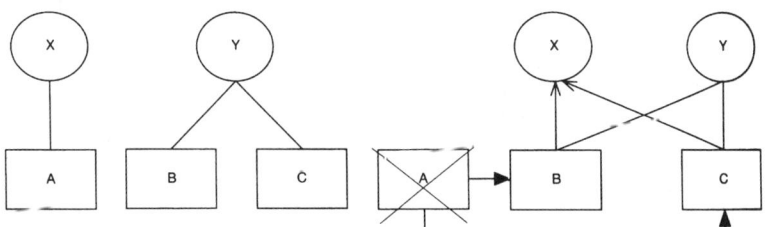

A überträgt ihr Vermögen vollständig auf mit ihr nicht verbundene Drittgesellschaften B und C, die ihrerseits Anteile an X gewähren.

(4) Aufspaltung durch Aufnahme *upstream* (§ 123 I Nr. 1 UmwG) 8

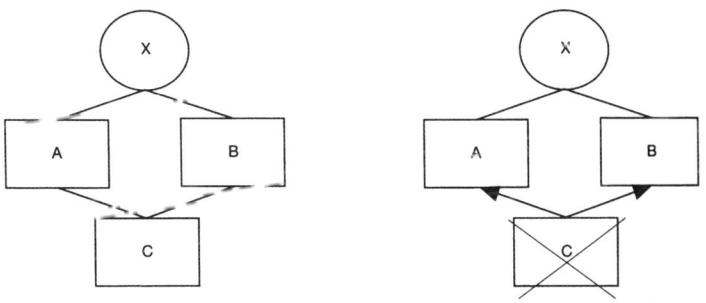

C überträgt ihr Vermögen vollständig auf ihre Gesellschafter A und B. Bei dieser Konstellation müssten sich A und B gemäß § 123 I Nr. 1 UmwG eigene Anteile gewähren. Bei Kapitalgesellschaften ist dies bei entsprechender Anwendung der §§ 54, 68 UmwG unzulässig. Steuerrechtlich stellt diese Konstellation bei Spaltung von Personengesellschaften einen Fall der Realteilung dar.[5]

(5) Aufspaltung durch Neugründung (§ 123 I Nr. 2 UmwG) 9

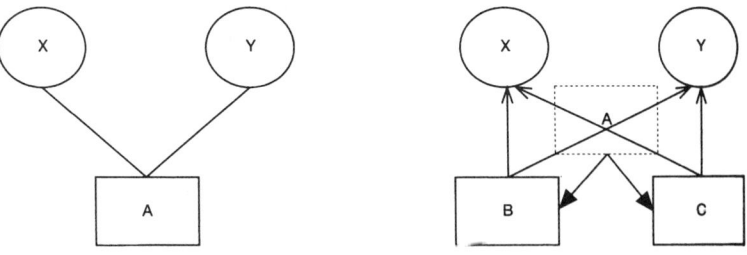

A überträgt das Vermögen auf die neu gegründeten B und C, die ihre Anteile an X und Y, die Gesellschafter von A, gewähren.

---

[5] → § 31 Rn. 170 ff. und → § 17 Rn. 8.

§ 18   5. Teil. Spaltung

b) Abspaltung, § 123 II UmwG

10 In Erweiterung der europarechtlichen Spaltungsvorgaben gestattet das deutsche Recht auch die Abspaltung. Die Abspaltung erfasst nur einen Teil des Vermögens des spaltenden Rechtsträgers und lässt ihn im Übrigen als Rechtssubjekt bestehen. Dementsprechend definiert das UmwG die Abspaltung als Übertragung eines Teils oder mehrerer Teile des Vermögens eines Rechtsträgers im Ganzen („partielle Gesamtrechtsnachfolge") auf einen oder mehrere bestehende oder infolge der Abspaltung errichtete Rechtsträger.[6] Die Anteilsinhaber des übertragenden Rechtsträgers erhalten Anteile des übernehmenden Rechtsträgers. Die Grundfälle sind die gleichen wie bei der Aufspaltung:

11 (1) Abspaltung durch Aufnahme auf Schwestergesellschaften (§ 123 II Nr. 1 UmwG)

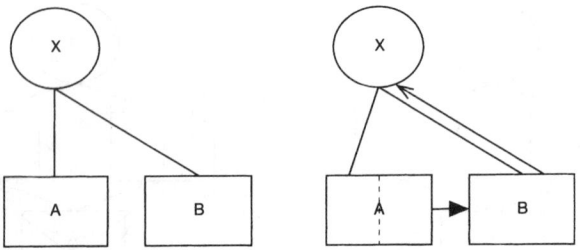

A überträgt einen Vermögensteil auf ihre Schwestergesellschaft B gegen Gewährung von Anteilen durch B an X, die Muttergesellschaft von A und B.

12 (2) Abspaltung durch Aufnahme *downstream* (§ 123 II Nr. 1 UmwG)

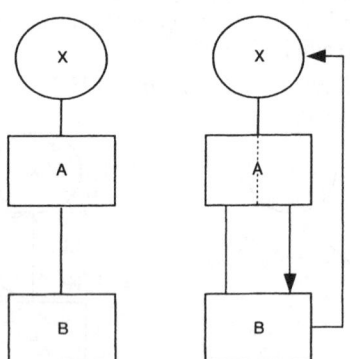

A überträgt einen Vermögensteil auf ihre Tochtergesellschaft B gegen Gewährung von Anteilen durch B an X.

---

[6] Vgl. dazu *Teichmann* in Lutter UmwG § 123 Rn. 6 ff.

§ 18. Spaltungsrechtliche Regelungen § 18

(3) Abspaltung durch Aufnahme mit Dritten (§ 123 II Nr. 1 UmwG) 13

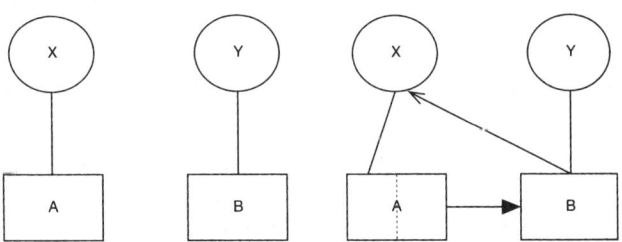

A überträgt einen Vermögensteil auf die mit ihr nicht verbundene B gegen Gewährung von Anteilen durch B an X.

(4) Abspaltung durch Aufnahme *upstream* (§ 123 II Nr. 1 UmwG) 14

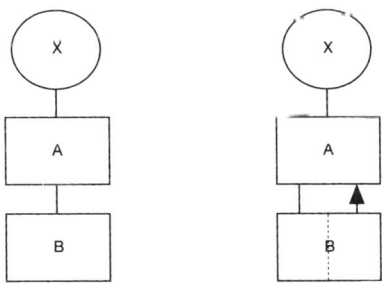

B überträgt einen Vermögensteil auf A. Wie bei der *upstream*-Aufspaltung[7] müsste auch hier eine Anteilsgewährung durch A an sich selbst stattfinden, die bei Kapitalgesellschaften wegen des Verbotes der Kapitalerhöhung gemäß §§ 54, 68 UmwG nicht statthaft ist.

(5) Abspaltung durch Neugründung (§ 123 II Nr. 2 UmwG) 15

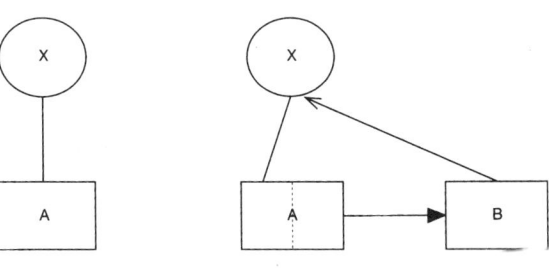

A überträgt einen Vermögensteil auf die neu gegründete B gegen Gewährung der Anteile an X.

---

[7] → Rn. 7.

c) Ausgliederung, § 123 III UmwG

16 Die Ausgliederung unterscheidet sich von der Abspaltung nur durch die Person des Empfängers der zu gewährenden Anteile. Während bei der Abspaltung Anteile an die Anteilsinhaber des übertragenden Rechtsträgers zu gewähren sind, ist bei der Ausgliederung der Empfänger der Anteile der spaltende (ausgliedernde) Rechtsträger selbst. Während die Abspaltung idR zur Entstehung von Schwestergesellschaften führt, ist Ergebnis einer Ausgliederung eine Beteiligung des ausgliedernden am übernehmenden Rechtsträger und damit die Entstehung einer neuen Tochtergesellschaft. Im Rahmen der Ausgliederung kann ein Vermögensteil beim übertragenden Rechtsträger zurückbleiben, es können aber auch alle Vermögensteile übertragen werden, so dass beim übertragenden Rechtsträger als Ersatz nur noch die Anteile am übernehmenden Rechtsträger bleiben, der übertragene Rechtsträger also zur reinen Holding wird.[8] Auch die Ausgliederung ist in den Spielarten der Ausgliederung auf einen oder mehrere bestehende(n) sowie einen oder mehrere neu errichtete(n) Rechtsträger möglich:

17 (1) Ausgliederung durch Aufnahme auf Schwestergesellschaft (§ 123 III Nr. 1 UmwG)

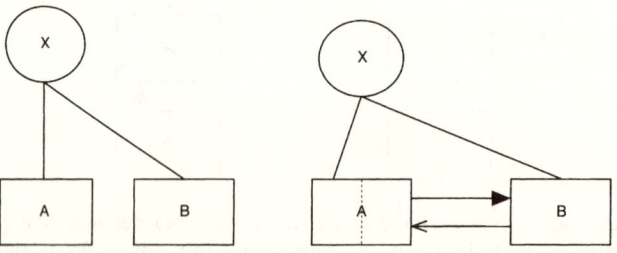

Die Übertragung eines Vermögensteils von A auf ihre Schwestergesellschaft B erfolgt gegen Gewährung von Anteilen an der B an A.

18 (2) Ausgliederung durch Aufnahme *downstream* (§ 123 III Nr. 1 UmwG)

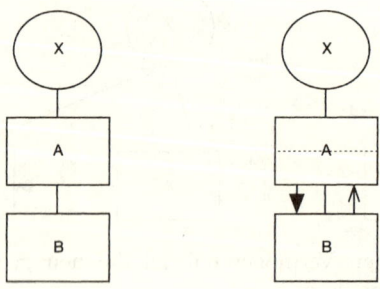

---

[8] Vgl. auch *Teichmann* in Lutter UmwG § 123 Rn. 25; *Stengel* in Semler/Stengel UmwG § 123 Rn. 17.

§ 18. Spaltungsrechtliche Regelungen § 18

Die Übertragung eines Vermögensteils von A auf ihre Tochtergesellschaft B erfolgt gegen Gewährung von Anteilen an der B an A.

(3) Ausgliederung durch Aufnahme auf Dritten (§ 123 III Nr. 1 UmwG) **19**

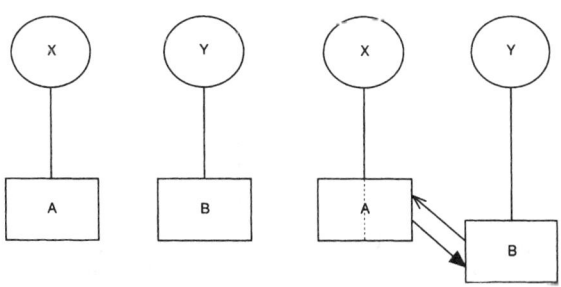

Die Übertragung eines Vermögensteils von A auf die mit ihr nicht verbundene B erfolgt gegen Gewährung von Anteilen an der B an A.

(4) Ausgliederung durch Aufnahme *upstream* (§ 123 III Nr. 1 UmwG) **20**

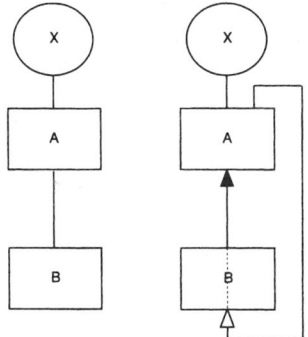

Die Übertragung eines Vermögensteils von B auf A erfolgt gegen Gewährung von Anteilen an der A zugunsten von B. Die Kapitalerhöhung bei A ist nicht durch §§ 54, 68 UmwG ausgeschlossen, da hier – anders als in den Fällen der Abspaltung *upstream* – keine eigenen Anteile geschaffen werden, sondern eine wechselseitige Beteiligung.

21 (5) Ausgliederung durch Neugründung (§ 123 III Nr. 2 UmwG)

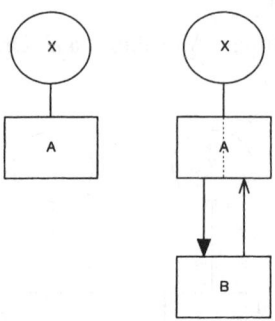

Die Übertragung eines Vermögensteils von A auf die neu gegründete B erfolgt gegen Gewährung von Anteilen an der B an A.

d) Mischformen

22 In § 123 IV UmwG ist die Möglichkeit der Kombination der Spaltung zur Aufnahme und zur Neugründung vorgesehen. Dabei ist allerdings eine Beteiligung mehrerer übertragender Rechtsträger nicht möglich.[9] Obwohl gesetzlich nicht ausdrücklich geregelt, lässt das UmwG auch Mischformen zwischen den einzelnen Spaltungsarten zu. Denkbar ist einmal eine Mischform, bei der aus einem Rechtsträger in einem Vorgang sowohl ein Unternehmensteil abgespalten als auch ein anderer ausgegliedert werden. Die Anteile an dem übernehmenden Rechtsträger werden dann teilweise dem übertragenden Rechtsträger, teilweise dessen Anteilsinhabern gewährt.[10] Zudem können in einem Vorgang Vermögensteile zur Aufnahme oder zur Errichtung eines neuen Rechtsträgers abgespalten oder ausgegliedert werden:

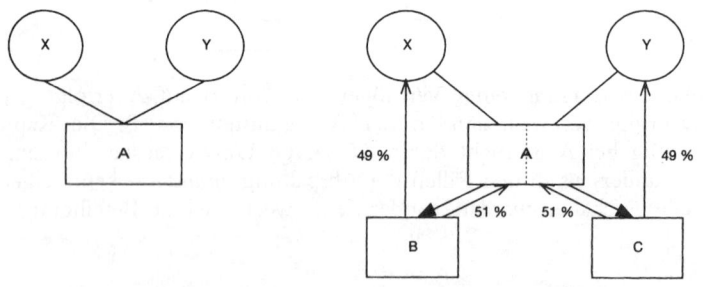

---

[9] Vgl. *Stengel* in Semler/Stengel UmwG § 123 Rn. 18 mwN.
[10] Ebenso *Stengel* in Semler/Stengel UmwG § 123 Rn. 12; *Teichmann* in Lutter UmwG § 123 Rn. 30; *Kallmeyer* DB 1995 S. 83; *Stengel* in Semler/Stengel UmwG § 123 Rn. 20, mit der Einschränkung, dass es sich um unterschiedliche Vermögensteile handeln müsse.

§ 18. Spaltungsrechtliche Regelungen § 18

A überträgt das Vermögen im Wege der Ausgliederung und Abspaltung 23
auf B und C. Die Anteile werden zum Teil an A und zum Teil an die
Gesellschafter von A (X und Y) gewährt, wobei insoweit eine Auseinandersetzung zwischen Gesellschafterstämmen stattfindet. X und Y erhalten
neben den bestehenden Anteilen an A jeweils Anteile nur an einem der
beiden übernehmenden Rechtsträger. Eine Auflösung von A lässt sich
mit der Ausgliederung hingegen nicht verbinden.[11] A bleibt in jedem Fall
bestehen, selbst wenn alle Vermögensteile auf B und C übertragen werden.[12]

3. Entsprechende Geltung des Verschmelzungsrechts

Das Spaltungsrecht ist durch § 125 UmwG auf das Engste mit dem 24
Recht der Verschmelzung verwoben. Mutet diese Verweisung auf den
ersten Blick als rein gesetzgebungstechnische Verweisung an, so erweist
sich bei näherer Betrachtung, dass auch dogmatisch eine enge Verbindung
zwischen Verschmelzung und Spaltung besteht.

Wie bereits oben[13] angedeutet wurde, liegt die wesentliche **Gemein-** 25
samkeit zwischen Verschmelzung und Spaltung im Konzept der vertraglich vereinbarten Gesamtrechtsnachfolge. Die Aufspaltung eines
Rechtsträgers ließe sich deshalb auch als ein Vorgang zweier Verschmelzungen der Teilrechtsträger denken. Andererseits stellt die Aufspaltung
zur Neugründung den spiegelbildlichen Vorgang einer Verschmelzung
von Rechtsträgern zur Neugründung dar. Hier entstehen durch die
Aufspaltung mindestens zwei selbständige Rechtsträger, dort wird ihr
Vermögen unter Erlöschen der übertragenden Rechtsträger bei einem
entstehenden Rechtsträger gebündelt. Dementsprechend ist die Abspaltung als Pendant zur Verschmelzung von Schwestergesellschaften und die
Ausgliederung als gegenläufiger Vorgang der Verschmelzung der 100%-igen Tochtergesellschaft auf die Muttergesellschaft aufzufassen. Bei dieser
Betrachtungsweise erscheint der Aufbau des Spaltungsrechts im UmwG
durchaus zwingend.

Der gravierende **Unterschied** zwischen Verschmelzung und Spaltung 26
besteht in der Notwendigkeit, bei Letzterer vertraglich anzuordnen,
welche Vermögensgegenstände und welche Verbindlichkeiten auf die
jeweiligen übernehmenden Rechtsträger im Wege der **Gesamtrechtsnachfolge** übergehen sollen. Während bei der Verschmelzung notwendigerweise das gesamte Vermögen auf den übernehmenden Rechtsträger
übergehen muss, sieht das Spaltungsrecht die Übertragung des Vermögens
eines Rechtsträgers auf andere Rechtsträger im Wege der partiellen, mithin gegenständlich beschränkten, Gesamtrechtsnachfolge vor, und zwar
einer Gesamtrechtsnachfolge, die (fast)[14] vollumfänglich dem Willen der

---

[11] Vgl. dazu im Allgemeinen *Teichmann* in Lutter UmwG § 123 Rn. 30; *Stengel*
in Semler/Stengel UmwG § 123 Rn. 20.
[12] → Rn. 16.
[13] → § 17 Rn. 1 ff.
[14] Zu den Ausnahmen → Rn. 51 ff.

Sagasser 1169

Parteien des Spaltungsvertrages untersteht.[15] Zentrale Voraussetzung für die partielle Gesamtrechtsnachfolge ist die Erfüllung des Bestimmtheitsgrundsatzes im Rahmen des Spaltungsplanes.[16] Die demnach gewährte „Spaltungsfreiheit" wurde zunächst durch § 132 UmwG eingeschränkt, eine als „Spaltungssperre" bekannte Vorschrift, die durch das 2. Gesetz zur Änderung des UmwG vom 19.4.2007 abgeschafft wurde. Auch wenn es nach dieser Revision noch weitere Beschränkungen der partiellen Gesamtrechtsnachfolge geben mag,[17] erscheint es sachgerecht, die Spaltung weitestgehend entsprechend dem Ablauf einer Verschmelzung zu ermöglichen, weil es sich im Ergebnis um gleichartige Vorgänge handelt, die insofern auch dogmatisch in gleicher Weise zu behandeln sind.

4. Spaltungsfähige Rechtsträger

27 Nach § 124 I UmwG sind spaltungsfähige Rechtsträger zunächst die in § 3 I UmwG genannten Rechtsformen. An einer Spaltung in den drei Arten des § 123 UmwG können daher als übertragende, übernehmende oder neue Rechtsträger teilnehmen:
– Personenhandelsgesellschaften
– Partnerschaftsgesellschaften
– Kapitalgesellschaften[18]
– eingetragene Genossenschaften
– eingetragene Vereine
– genossenschaftliche Prüfungsverbände
– VVaG.

28 Darüber hinaus können als übertragende Rechtsträger eine Ausgliederung von Vermögensteilen durchführen:
– wirtschaftliche Vereine
– Einzelkaufleute[19]
– Stiftungen
– Gebietskörperschaften
– Zusammenschlüsse von Gebietskörperschaften, die selbst keine Gebietskörperschaften sind (Zweckverbände).
Wirtschaftliche Vereine können als übertragende Rechtsträger auch an einer Abspaltung oder Aufspaltung beteiligt sein.

---

[15] Vgl. *Teichmann* in Lutter UmwG § 123 Rn. 7; *Kübler* in Semler/Stengel UmwG § 131 Rn. 7.
[16] Vgl. *Teichmann* in Lutter UmwG § 123 Rn. 8.
[17] → Rn. 51 ff.
[18] Eine Aktiengesellschaft oder eine Kommanditgesellschaft auf Aktien, die noch nicht zwei Jahre im Register eingetragen ist, kann außer durch Ausgliederung zur Neugründung nicht gespalten werden, § 141 UmwG – Spaltungsverbot in der Nachgründungsphase. Soweit das Verbot greift, besteht als Alternativgestaltung (allerdings ohne partielle Gesamtrechtsnachfolge) die Sachausgründung.
[19] Das UmwG fasst den Formwechsel eines Einzelkaufmannes als Ausgliederung des Betriebsvermögens aus dem Gesamtvermögen auf.

§ 18. Spaltungsrechtliche Regelungen § 18

Spaltungsmöglichkeiten nach dem Umwandlungsgesetz

übernehmender/neuer Rechtsträger (Spalten oben) / übertragender Rechtsträger (Zeilen unten)

übertragender \ übernehmender	OHG	PartGes	KG	GmbH	AG	KGaA	e.G.	e.V.	gPV	VVaG	wirt. Verein	Gebietskörp.	ZGebietskörp.	Einzelkfm.	privatrechtliche Stiftung
OHG	x	x	x	x	x	x	x	x			x	x1	x1	x1	x1
PartGes	x4	x4	x4	x4	x4	x4	x4	x4		x4					
KG	x	x	x	x	x	x	x	x		x		x1	x1	x1	x1
GmbH	x	x	x	x	x	x	x	x	x3	x2	x	x3	x3	x3	x3
AG	x	x	x	x	x	x	x	x	x3	x2	x	x3	x3	x3	x3
KGaA	x	x	x	x	x	x	x	x	x3		x	x3	x3	x3	x3
e.G.	x	x	x	x	x	x	x	x			x	x3	x3	x1	
e.V.										x		x			
gPV										x					
V-AG												x4		x4	
VVaG														x4	
wirt. Verein															
Gebietskörp.															
ZGebietskörp.															
Einzelkfm.															
Stiftung															

OHG = offene Handelsgesellschaft
PartGes = Partnergesellschaften
KG = Kommanditgesellschaft
GmbH = Gesellschaft mit beschränkter Haftung
AG = Aktiengesellschaft (inkl. SE)
KGaA = Kommanditgesellschaft auf Aktien
e. G. = eingetragene Genossenschaft (inkl. SCE)
e. V. = eingetragener Verein
gPV = genossenschaftlicher Prüfungsverband
V-AG = Versicherungs-Aktiengesellschaft

Sagasser

§ 18   5. Teil. Spaltung

VVaG	= Versicherungsverein auf Gegenseitigkeit
wirt. Verein	= wirtschaftlicher Verein (§ 22 BGB)
Gebietskörp.	= Gebietskörperschaften
ZGebietskörp.	= Zusammenschlüsse von Gebietskörperschaften
Einzelkfm.	= Einzelkaufmann
x1	= nur Ausgliederung zur Aufnahme
x2	= nur Ausgliederung ohne Übertragung von Versicherungsverträgen
x3	= nur Ausgliederung
x4	= Aufspaltung/Abspaltung
x5	= Spaltung zur Aufnahme sowie Spaltung zur Neugründung nur zusammen mit anderen e. V.
Schraffierung	= nicht übernahmefähige Rechtsträger

29   Bei der **Stiftung** wurde aus rechtspolitischen Gründen die „Einbahnstraße" der Ausgliederung in Rechtsformen gemäß § 3 I UmwG geschaffen. Es soll damit erreicht werden, dass sich die Rechtsform der Stiftung künftig wieder mehr zur Holdingfunktion entwickelt, da man das Stiftungsrecht als für die Unternehmensträgerschaft weitenteils ungeeignet ansieht.[20]

30   Hingegen steht der Ausgliederung von öffentlich-rechtlichen Betriebsteilen in der Form von Regie- oder Eigenbetrieben auf Kapitalgesellschaften als möglicher Rückweg die Vermögensübertragung iSd §§ 174 ff. UmwG von der Kapitalgesellschaft auf Bund, Land, Gebietskörperschaften oder einen Zusammenschluss von Gebietskörperschaften gegenüber.[21]

31   Diese Regelungen des allgemeinen Teils des Spaltungsrechts werden im besonderen Teil noch ergänzt. So kann ein eingetragener Verein etwa an allen Spaltungen teilnehmen, als aufnehmender Rechtsträger jedoch nur, wenn er wiederum andere Vereine aufnimmt, § 149 II UmwG.[22] Eine Ausgliederung aus dem VVaG ist nur auf eine GmbH oder AG möglich und zwar mit der weiteren Einschränkung, dass damit keine Übertragung von Versicherungsverträgen verbunden sein darf (§ 151 2 UmwG). Nach hM soll die Ausgliederung derartiger Hilfsfunktionen aber auf alle in § 3 I UmwG aufgeführten Rechtsträger zulässig sein.[23]

32   Nach zutreffender ganz hM im Schrifttum sind auch die **SE und SCE mit Sitz in Deutschland spaltungsfähig**.[24] Zwar hat der deutsche Gesetzgeber dies nicht ausdrücklich geregelt, gemäß Art. 9 I lit. c ii SE-VO sind jedoch die für Aktiengesellschaften geltenden Normen anzuwenden und damit auch das Spaltungsrecht. Entsprechendes gilt für die SCE. Dabei steht für die SE bzw. SCE jede Spaltungsform (Aufspaltung, Abspaltung oder Ausgliederung) zur Verfügung. Allein soweit eine Spaltung mit dem Ziel der Gründung einer SE bzw. SCE erfolgen soll, ist

---

[20] Vgl. Reg.-Begr. *Ganske* S. 47 S. 151; *Stengel* in Semler/Stengel UmwG § 161 Rn. 10 ff.; *Weitemeyer* in Münchner Kommentar BGB vor § 80 Rn. 14 ff.; *K. Schmidt* Gesellschaftsrecht § 7 II 1b) bb).
[21] → § 21 Rn. 3.
[22] Vgl. auch noch §§ 150, 151, 152, 161, 168 UmwG.
[23] Vgl. *Koerfer* in Semler/Stengel UmwG § 151 Rn. 8 mwN.
[24] → § 2 Rn. 24, 44; *Stengel* in Semler/Stengel UmwG § 124 Rn. 9 mwN; *Teichmann* in Lutter UmwG § 124 Rn. 5 ff.

§ 18. Spaltungsrechtliche Regelungen § 18

ausschließlich SE-Recht bzw. SCE-Recht maßgeblich,[25] da die Gründung einer SE bzw. SCE abschließend in der SE-VO bzw. der SCE-VO geregelt ist, die insoweit gegenüber nationalem Recht als höherrangiges spezielles Recht vorrangig ist.[26] Allerdings ist nach Art. 3 II SE-VO eine Ausgliederung zur Neugründung einer SE möglich, wenn der übertragende Rechtsträger wiederum eine SE ist.[27]
einstweilen frei 33

5. Spaltung zur Aufnahme und zur Neugründung

Ebenso wie bei der Verschmelzung von Rechtsträgern ist auch die 34 Spaltung von Unternehmen in der Form der Spaltung zur Aufnahme und in der Form der Spaltung zur Neugründung möglich. Zulässig ist auch eine Kombination beider Spaltungsarten, § 123 IV UmwG. Dabei sind auf die Spaltung zur Neugründung im Wesentlichen die Normen der Spaltung zur Aufnahme anzuwenden, § 135 I UmwG. Gemäß § 136 UmwG tritt bei der Spaltung zur Neugründung an die Stelle des Spaltungsvertrages der mangels Vertragspartner notwendig einseitige Spaltungsplan, der sich aber nur durch seine Bezeichnung, nicht durch seinen notwendigen Inhalt vom Spaltungsvertrag unterscheidet, wenn man vom Erfordernis der Aufnahme des Gesellschaftsvertrages des neuen Rechtsträgers absieht. Verfahrensmäßige Abweichungen ergeben sich auch hinsichtlich der Anmeldung und Eintragung in das Handelsregister: Statt der §§ 129, 130 II UmwG gilt für die Spaltung zur Neugründung § 137 UmwG. Im Übrigen schließt § 135 I UmwG mit den §§ 4, 7, 16 I und 27 UmwG lediglich klarstellend Verschmelzungsvorschriften aus, die den Verschmelzungsvertrag, die Registereintragung bzw. die Schadensersatzpflicht der – hier nicht existenten – Verwaltungsorgane des übernehmenden Rechtsträgers betreffen.

Zu beachten sind bei der Spaltung zur Neugründung – auch dies 35 gleicht der Verschmelzung[28] – die Gründungsvorschriften der jeweiligen Rechtsform des durch die Spaltung neu errichteten Rechtsträgers, § 135 II UmwG. Diese Verweisung betrifft im Wesentlichen Regelungen über Kapitalaufbringung, Gründungsbericht, -prüfung und -haftung sowie die Nachgründungsvorschriften der §§ 52, 53 AktG. Nicht erforderlich ist dagegen die gesonderte Feststellung der Satzung bzw. der Abschluss eines Gesellschafts- oder Einbringungsvertrages, da diesbezügliche Regelungen im Spaltungsplan erfolgen.[29] Als Gründer gilt gemäß § 135 II 2 UmwG der übertragende Rechtsträger mit der Folge, dass ihn die Gründerhaftung gemäß §§ 46 AktG, 9a GmbHG trifft.[30] Bei der Auf-

---

[25] → § 2 Rn. 44; → § 14 Rn. 16.
[26] Vgl. *Teichmann* in Lutter UmwG § 124 Rn. 7.
[27] Vgl. *Teichmann* in Lutter UmwG § 124 Rn. 7; → § 14 Rn. 16.
[28] Zur Verschmelzung → § 9 Rn. 328 ff.
[29] Vgl. *Bärwaldt* in Semler/Stengel UmwG § 135 Rn. 10; *Sickinger* in Kallmeyer UmwG § 135 Rn. 12.
[30] Vgl. *Bärwaldt* in Semler/Stengel UmwG § 135 Rn. 29; *Sickinger* in Kallmeyer UmwG § 135 Rn. 15; *Heidenhain* GmbHR 1995 S. 264; *Ihrig* GmbHR 1995 S. 622 (633, 638).

und Abspaltung zur Neugründung einer GmbH oder KG kann es allerdings auch zu einer persönlichen Haftung der Anteilsinhaber eines übertragenden Rechtsträgers in Form der Differenzhaftung kommen, §§ 9 GmbHG, 171 HGB, soweit die auf die neugegründete Gesellschaft übertragenen Vermögenswerte nicht dem Nennbetrag des übernommenen Anteils entsprechen.

36 Bei der Spaltung zur Neugründung entsteht eine aus der Spaltung hervorgehende GmbH oder AG erst mit Wirksamkeit der Spaltung, dh mit der Eintragung der Spaltung im Handelsregister der übertragenden Gesellschaft. Zwar ist zunächst die Eintragung der anlässlich der Spaltung neu gegründeten Rechtsträger in das Handelsregister vorzunehmen und erst anschließend die Spaltung in das Register des Sitzes des übertragenden Rechtsträgers einzutragen. Dies hat jedoch nicht zur Folge, dass eine vermögens- und subjektlose Kapitalgesellschaft bis zur Eintragung der Spaltung entsteht.[31] Die **neue Kapitalgesellschaft** entsteht abweichend von § 11 I GmbHG, § 41 I 1 AktG **nicht schon mit ihrer Eintragung** in das Handelsregister. Der in das Handelsregister nach § 130 I 2 UmwG einzutragende Vermerk ist aufgrund der nach § 135 I UmwG vorgeschriebenen entsprechenden Anwendung dahingehend abzufassen, „dass die Eintragung des neuen Rechtsträgers erst mit der Eintragung der Spaltung im Register des Sitzes des übertragenden Rechtsträgers wirksam wird", sofern die Eintragungen in den Registern aller beteiligten Rechtsträger nicht am selben Tag erfolgen.[32] In der Gesetzesbegründung zu § 137 UmwG wird klargestellt, dass der zeitliche Ablauf der Eintragungen allein dem Zweck diene, das gleichzeitige Wirksamwerden der Eintragung der neuen Rechtsträger und der Spaltung insgesamt sicherzustellen.[33]

6. Verhältniswahrende und nicht-verhältniswahrende Spaltung

37 § 128 UmwG lässt die sog. nicht-verhältniswahrende Spaltung zu. Eine solche Spaltung liegt immer dann vor, wenn die Anteilsinhaber an den übernehmenden Rechtsträgern nicht in dem Verhältnis beteiligt werden, das ihrer Beteiligung an dem übertragenden Rechtsträger entspricht.

38 Der Gesetzgeber hat die Regelung zur nicht-verhältniswahrenden Spaltung in das UmwG aufgenommen, um die **Trennung von Gesellschaftergruppen und Familienstämmen** im Wege der Sonderrechtsnachfolge zu ermöglichen,[34] wobei jedoch keine Beschränkung auf diese Fallgruppe vorliegt. Prinzipiell ist diese Möglichkeit zu begrüßen. Jedoch hat sie der Gesetzgeber nur unvollständig ausgestaltet, so dass auf mehreren Ebenen Unklarheiten auftreten.

---

[31] *Heidenhain* GmbHR 1995 S. 264 und S. 566.
[32] *Neye* GmbHR 1995 S. 565 (566).
[33] Abgedruckt bei *Ganske* UmwR S. 170; vgl. auch *Bruski* AG 1997 S. 17 (19).
[34] BT-Drucks. 12/6699 S. 120 zu § 128 UmwG; vgl. zum Einsatz der Spaltung für die Zukunftssicherung von Familienunternehmen *Kallmeyer* DB 1996 S. 28 ff.; *Korte* WiB 1997 S. 953 (954).

§ 18. Spaltungsrechtliche Regelungen § 18

a) Spaltung zu Null

Zum einen hat der Gesetzgeber nicht geregelt, wie bei der Trennung von 39
Gesellschafterstämmen eine vollständige Entflechtung herbeigeführt werden soll. So ist bei einer nicht-verhältniswahrenden Spaltung offensichtlich daran gedacht, dass im Rahmen einer Abspaltung einzelne Gesellschafter Anteile am übernehmenden Rechtsträger erhalten, während andere auf ihre Beteiligung am übertragenden Rechtsträger beschränkt bleiben.[35]

Bsp.: A und B sind jeweils zu 50% an der X-GmbH beteiligt. Nunmehr soll die GmbH zwischen den Gesellschaftern aufgeteilt werden.

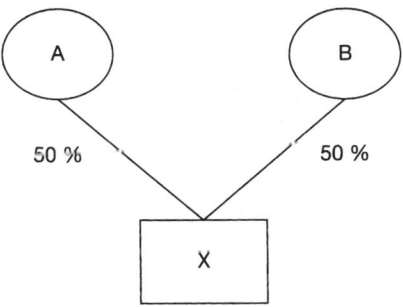

§ 128 UmwG könnte nunmehr eine nicht-verhältniswahrende Spal- 40
tung ermöglichen, bei der B alleiniger Gesellschafter einer neu zu gründenden GmbH X (1) wird. Dies entspricht einer sog. „Spaltung zu Null", bei der ein Gesellschafter der übertragenden Gesellschaft an einer der übernehmenden Gesellschaften überhaupt nicht beteiligt wird. Auch diese Variante der nicht-verhältniswahrenden Spaltung soll gemäß § 128 UmwG zulässig sein.[36]

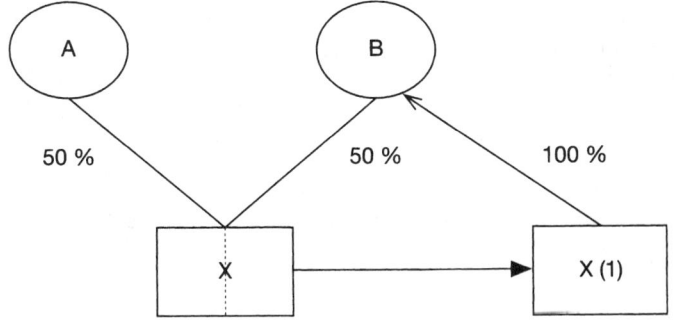

---

[35] *Karollus* in Lutter Kölner Umwandlungsrechtstage S. 180.
[36] LG Essen NZG 2002 S. 736; LG Konstanz DB 1998 S. 1177; *Hörtnagl* in Schmitt/Hörtnagl/Stratz UmwG § 128 Rn. 12 ff.; *Heckschen* DB 1998 S. 1385 (1397); *Priester* in Lutter UmwG § 128 Rn. 13; *Mayer* in Widmann/Mayer UmwG § 128 Rn. 29.

§ 18　　　　　　　　　　　　　　　　　　　　　5. Teil. Spaltung

41　Da das Gesetz eine „**Spaltung zu Null**" nicht ausdrücklich anspricht, wurde diese in der Vergangenheit teilweise nur unter verschiedenen Einschränkungen für zulässig erachtet.[37] Mittlerweile ist jedoch einhellig anerkannt[38] und obergerichtlich bestätigt,[39] dass die Regelung in § 128 Satz 1 UmwG die Möglichkeit eröffnet, mit Zustimmung aller Anteilsinhaber des übertragenden Rechtsträgers einzelnen Anteilsinhabern keine Beteiligung an dem oder den übernehmenden Rechtsträger(n) einzuräumen. § 128 Satz 1 UmwG enthält damit eine Ausnahme vom Grundsatz der Anteilsgewährung des § 123 UmwG; der Grundsatz der Anteilsgewährung ist – im Rahmen des § 128 Satz 1 UmwG – demnach mit Zustimmung aller Betroffenen dispositiv. Der Grundsatz der Privatautonomie geht vor: Die Interessen eines Anteilsinhabers, der auf seine Beteiligung am übernehmenden Rechtsträger verzichtet, müssen durch das Gesetz nicht geschützt werden. Ein finanzieller Ausgleich (zB Barausgleich) durch den übernehmenden Rechtsträger ist – abgesehen vom max. 10%igen Spitzenausgleich – ausgeschlossen,[40] nicht jedoch, dass Anteilsinhaber die Zustimmung eines „widerspenstigen" Anteilsinhabers „erkaufen".[41] Das kann auch durch Zuteilung eines höheren Anteils am übertragenden Rechtsträgers geschehen.[42] Hierfür spricht auch § 126 I Nr. 10 UmwG, nach dem der Spaltungsvertrag als zwingenden Inhalt lediglich „die Aufteilung der Anteile jedes der **beteiligten** Rechtsträger auf die Anteilsinhaber des übertragenden Rechtsträger" enthalten muss. „Beteiligte Rechtsträger" im Sinne des § 126 I Nr. 10 UmwG sind sowohl übertragende als auch übernehmende Rechtsträger.

42　In der Tat ist problematisch, dass im vorstehenden Beispiel B zwar 100%iger Gesellschafter der X(1)-GmbH wird, der Spaltungsvorgang aber seine 50%-Beteiligung an der X-GmbH, die zwar nur noch die Hälfte ihres ursprünglichen Vermögens innehat, unberührt lässt.

43　Letztlich bleibt nichts anderes übrig, als eine Anteilsübertragung von B an A in den Spaltungsplan mit aufzunehmen. Das ist zwar zivilrechtlich unproblematisch, führt aber steuerrechtlich mitunter zu Friktionen.[43] Bei der GmbH kommt insoweit auch eine Einziehung des Geschäftsanteils oder ein Erwerb eigener Anteile durch die Gesellschaft in Betracht. Für die Einziehung ist neben der Zustimmung des betreffenden Gesellschafters aber eine entsprechende Regelung im Gesellschaftsvertrag erforderlich, § 34 I GmbHG, die jedoch auch im Rahmen des Spaltungs-

---

[37] Vgl. 3. Auflage Rn. 31 mit weiteren Nachweisen.
[38] Vgl. eingehend *Weiler* NZG 2013, 1326; *Schröer* in Semler/Stengel UmwG § 128 Rn. 6; *Mayer* in Widmann/Mayer UmwG § 128 Rn. 29; *Priester* in Lutter UmwG § 128 Rn. 13.
[39] Vgl. OLG München NZG 2013 S. 951; siehe auch LG Essen NZG 2002 S. 736; LG Konstanz DB 1998 S. 1177.
[40] *Mayer* in Widmann/Mayer UmwG § 128 Rn. 34.
[41] *Hörtnagl* in Schmitt/Hörtnagl/Stratz UmwG § 128 Rn. 25 f.; *Schröer* in Semler/Stengel UmwG § 128 Rn. 15.
[42] Vgl. *Schröer* in Semler/Stengel UmwG § 128 Rn. 15; *Sickinger* in Kallmeyer UmwG § 128 Rn. 7.
[43] *Herzig/Förster* DB 1995 S. 333 (349).

§ 18. Spaltungsrechtliche Regelungen § 18

beschlusses einstimmig nachgeholt werden kann.[44] Für den Erwerb eigener Anteile sind die Beschränkungen des § 33 GmbHG zu beachten.

b) Bewertungsmaßstab für nicht-verhältniswahrende Spaltung

Ein anderes Problem ergibt sich daraus, dass der Gesetzgeber in § 128 UmwG keinen Bewertungsmaßstab für die Frage vorgibt, wann die gewährte Beteiligung nicht dem Verhältnis der Beteiligung am übertragenden Rechtsträger entspricht. 44

Die Frage ist umso erheblicher, wenn man sich verdeutlicht, dass nach § 128 UmwG bei einer nicht-verhältniswahrenden Spaltung alle Anteilsinhaber zustimmen müssen. Anfechtungsklagen mit der Begründung, die Spaltung hätte einer einstimmigen Zustimmung bedurft, wären somit schon fast vorprogrammiert.[45] Man wird daher den Anwendungsbereich des § 128 UmwG in zweierlei Weise eingrenzen müssen: 45

Zum einen ist die Vorschrift nur auf eine unmittelbar aus dem Spaltungsvertrag oder -plan heraus als solche erkennbare nicht-verhältniswahrende Spaltung anzuwenden. Hierfür ist maßgebend, ob im Falle der Spaltung zur Neugründung nach dem Spaltungsvertrag die **rechnerische Beteiligungsquote** jedes Anteilsinhabers am neuen Rechtsträger mit seiner rechnerischen Beteiligungsquote am alten Rechtsträger übereinstimmt oder dieses Verhältnis nicht gewahrt wird.[46] Bei einer Spaltung zur Aufnahme ist maßgebend, ob nach dem Spaltungsvertrag die rechnerische Beteiligungsquote jedes Anteilsinhabers des übertragenden Rechtsträgers mit seiner Beteiligungsquote an den insgesamt aufgrund der Spaltung gewährten Anteilen am übernehmenden Rechtsträger übereinstimmt oder dieses Verhältnis nicht gewahrt wird.[47] Dagegen kommt es für das Vorliegen einer nicht-verhältniswahrenden Spaltung im Sinne von § 128 UmwG nicht darauf an, ob sich aufgrund der Spaltung Wertverschiebungen ergeben. Letzteres kann insbesondere der Fall sein, wenn im Falle der Spaltung zur Aufnahme die dem einzelnen Anteilsinhaber gewährten Anteile am übernehmenden Rechtsträger wertmäßig nicht dem Wert der Beteiligung des jeweiligen Anteilsinhabers am übertragenen Vermögen entsprechen. Derartige Wertverschiebungen sind allein über das Spruchverfahren nach § 125 iVm §§ 14 II, 15, 305 ff. UmwG zu korrigieren. 46

Andererseits wird man eine zustimmungspflichtige nicht-verhältniswahrende Spaltung auch dann nicht annehmen dürfen, wenn die nicht-verhältnismäßige Anteilszuteilung im Rahmen des zulässigen, dh nach §§ 125 iVm 54, 68 III UmwG in Höhe von maximal 10% des Nenn- 47

---

[44] *Fastrich* in Baumbach/Hueck GmbHG § 34 Rn. 5; *Westermann* in Scholz GmbHG § 34 Rn. 9.
[45] Zum Rechtsschutz allgemein → § 3 Rn. 18 ff.
[46] *Priester* in Lutter UmwG § 128 Rn. 8; *Mayer* in Widmann/Mayer UmwG § 128 Rn. 30 ff.; *Sickinger* in Kallmeyer UmwG § 128 Rn. 2.
[47] *Priester* in Lutter UmwG § 128 Rn. 9; *Sickinger* in Kallmeyer UmwG § 128 Rn. 3.

§ 18 5. Teil. Spaltung

betrages der gewährten Anteile, durch **bare Zuzahlungen** ausgeglichen wird.[48] Auch hier liegt nicht der Anwendungsbereich des § 128 UmwG.

c) Zustimmungserfordernis

48 Soweit nach alledem eine nicht-verhältniswahrende Spaltung vorliegt, müssen alle Anteilsinhaber, auch Inhaber von stimmrechtslosen Anteilen,[49] der Spaltung zustimmen. Auch die nicht erschienenen Anteilsinhaber müssen nach den § 125 iVm 13 III UmwG in notariell beurkundeter Form zustimmen. Daneben sind auch die notariell zu beurkundenden Zustimmungserklärungen etwaiger Nießbrauchsberechtigter oder Pfandrechtsinhaber erforderlich, da ihr Recht durch die Spaltung beeinträchtigt werden kann.[50]

49 Die Vorschrift erscheint relativ starr, sodass vertreten wird, dass aus der Interessenlage der spaltungswilligen Gesellschafter eine Zustimmungspflicht der tatsächlich benachteiligten Anteilseigner ausreichend wäre;[51] eine derartige teleologische Reduktion der Vorschrift ist aber mangels Stütze im Gesetz und der Strenge des UmwG, § 1 III UmwG, nicht möglich.[52] Gestaltungsmöglichkeiten über Verzichtserklärungen gemäß §§ 54 I 3, 68 I 3 UmwG, sind nur in Sonderfällen zielführend und in der Praxis mit großer Unsicherheit behaftet, da der Verzicht auf die Zustimmungspflicht grds. von „allen" Anteilsinhabern erklärt werden muss.[53] Schuldrechtliche Nebenabreden und Kapitalmassnahmen nach einer quotalen Spaltung mögen hier helfen, sind aber komplex.[54]

7. *Partielle Gesamtrechtsnachfolge*

a) Bedeutung und Umfang der partiellen Gesamtrechtsnachfolge

50 Der vollständigen Gesamtrechtsnachfolge bei der Verschmelzung (§ 20 I Nr. 1 UmwG) steht im Fall der Spaltung die in § 131 I Nr. 1 Satz 1 UmwG normierte partielle Gesamtrechtsnachfolge gegenüber: Die Eintragung im Handelsregister des übertragenden Rechtsträgers bewirkt, dass die im Spaltungsvertrag bezeichneten Teile des Vermögens

---

[48] *Hörtnagl* in Schmitt/Hörtnagl/Stratz UmwG § 128 Rn. 21; *Mayer* in Widmann/Mayer UmwG § 128 Rn. 34; *Schröer* in Semler/Stengel UmwG § 128 Rn. 9, einschränkend für den Fall dass sich Spitzen durch Teilungs- oder Stückelungserleichterungen nicht vermeiden lassen; aA *Sickinger* in Kallmeyer UmwG § 128 Rn. 2.
[49] *Priester* in Lutter UmwG § 128 Rn. 18; *Hörtnagl* in Schmitt/Hörtnagl/Stratz UmwG § 128 Rn. 29.
[50] *Schröer* in Semler/Stengel UmwG § 128 Rn. 13; *Priester* in Lutter UmwG § 128 Rn. 18.
[51] *Priester* in Lutter UmwG § 128 Rn. 17; *Rubner/Fischer* NZG 2014 S. 761.
[52] *Rubner/Fischer* NZG 2014 S. 761.
[53] Nach der neueren Literatur wird allerdings ein Verzicht der lediglich betroffenen Anteilseigner für ausreichend erachtet: vgl. *Winter/Vetter* in Lutter UmwG § 54 Rn. 90 ff.; *Kocher* in Kallmeyer § 54 UmwG Rn. 21; aA *Mayer* in Widmann/Mayer § 54 UmwG Rn. 51.2.
[54] Zu den Gestaltungsmöglichkeiten *Rubner/Fischer* NZG 2014 S. 761.

§ 18 Spaltungsrechtliche Regelungen § 18

einschließlich der Verbindlichkeiten auf die übernehmenden Rechtsträger übergehen, ohne dass es einer Einzelrechtsübertragung bedarf. Im Unterschied zur vollkommenen Gesamtrechtsnachfolge, bei welcher der übernehmende Rechtsträger ohne Weiteres in die Rechte und Pflichten des übertragenden Rechtsträgers eintritt mit Ausnahme derjenigen, deren Erlöschen ausdrücklich bestimmt ist oder die ihrer Natur nach nicht auf einen Gesamtrechtsnachfolger übergehen können,[55] ist die Rechtsnachfolge bei der Spaltung auf die Rechtsfolgen einer Sonderrechtsnachfolge beschränkt.[56] Letztlich handelt es sich bei der Spaltung nur um ein Institut, dass es gestattet, anstelle der Einzelübertragung verschiedener Vermögensgegenstände eine allein durch den Parteiwillen zusammengefasste Summe von Vermögensgegenständen in einem Akt zu übertragen. Aus dem Umstand, dass das Gesetz diese Form der Übertragung zulässt resultieren aber keine prozessual anderen Folgen als bei einer Einzelübertragung.[57] Die Ausgliederungsfälle sind trotz des rechtstechnischen Instruments der Universalsukzession mit den typischen Fällen der Gesamtrechtsnachfolge nicht vergleichbar und konnen nicht automatisch auch zum Übergang einschlägiger Prozessrechtsverhältnisse auf den neuen Unternehmensträger führen.[58] Der übernehmende Rechtsträger kann daher nur im Wege des gewillkürten Beteiligtenwechsels in ein gerichtliches Verfahren eintreten. Auch das Steuerschuldverhältnis zum übertragenden Rechtsträger bleibt unberührt.[59]

b) Grundsatz der Spaltungsfreiheit

Welche Gegenstände übergehen und wie sie aufgeteilt werden, muss gemäß § 126 I Nr. 9 UmwG im Spaltungsvertrag genau geregelt werden. Inhaltlich ist die Zuweisung grundsätzlich[60] frei gestaltbar. Die beteiligten Rechtsträger können prinzipiell jeden Gegenstand einem beliebigen übernehmenden Rechtsträger zuweisen.[61]   51

Unwirksam ist die **Trennung von Haupt- und Nebenrechten**, so beispielsweise die Zuordnung akzessorischer Sicherungsrechte zu einem anderen Rechtsträger;[62] insoweit hat das allgemeine Zivilrecht Vorrang.   52

---

[55] RGZ 136, 313.
[56] Vgl. wegen gewerberechtlicher Erlaubnisse: *Odenthal*, Das Schicksal personenbezogener gewerberechtlicher Erlaubnisse bei der Umwandlung von Gesellschaften, GewArch 2005 S. 132 ff.
[57] BFH vom 23.3.2005 – III R 20/03, BStBl. II 2006 S. 432; *Götz* INF 1996 S. 449 (451).
[58] *K. Schmidt*, Handelsrecht, 5. Aufl., § 8 I. 7. c.
[59] BFH vom 7.8.2002 – I R 99/00, BStBl. II 2003 S. 835.
[60] Zu den Beschränkungen → Rn. 52 ff.
[61] BR-Drucks. 75/94; die zivilrechtliche Spaltungsfreiheit wird in der Praxis jedoch durch das Steuerrecht eingeschränkt, welches eine steuerneutrale Spaltung nur bei Übertragung eines Betriebs, Teilbetriebs, fiktiven Teilbetriebs oder einer qualifizierten Beteiligung zulässt.
[62] *Roth/Kieninger* in Münchner Kommentar BGB § 399 Rn. 19 ff.; *Rieble* ZIP 1997 S. 301 (310); *Priester* in Lutter UmwG § 126 Rn. 62; *Mayer* in Widmann/Mayer UmwG § 126 Rn. 200.

§ 18 5. Teil. Spaltung

53 Trotz der gesetzlichen Formulierung im § 123 UmwG, dass die Vermögensteile „als Gesamtheit" übergehen, ist es allgemein anerkannt, dass das zu übertragende Vermögen auch aus nur einem Gegenstand bestehen kann.[63] Weiterhin besteht die Möglichkeit nur Vermögensteile mit einem negativen Wert oder nur eine einzelne Verbindlichkeiten zu übertragen.[64] Bei der Abspaltung von Vermögensteilen mit negativem Wert kann der übernehmende Rechtsträger jedoch nur ausnahmsweise, sofern keine Anteile als Gegenleistung gewährt werden, eine Kapitalgesellschaft sein.[65] Im Hinblick auf die Produkt- und Umwelthaftung wird eine haftungssegmentierende Spaltung grundsätzlich im Rahmen des Gesamtschuldkonzepts mit Recht für möglich gehalten.[66] Verbindlichkeiten, soweit sie ausdrücklich einem Rechtsträger zugewiesen wurden, verjähren damit für den mithaftenden (abspaltenden) Rechtsträger schon nach fünf Jahren. Wird die Verbindlichkeit nicht ausdrücklich zugewiesen, sollen dagegen alle an der Spaltung beteiligten Rechtsträger als Hauptschuldner gesamtschuldnerisch weiterhaften.[67]

54 Ein Sonderproblem ergibt sich aus der Verweisung des § 125 UmwG auf **§ 21 UmwG**. Danach könnte für den übernehmenden Rechtsträger die Möglichkeit zur Kündigung eines gegenseitigen Vertrages bestehen, wenn ihm vom spaltenden Rechtsträger Verpflichtungen zugewiesen werden, deren weitere Erfüllung durch den übernehmenden Rechtsträger zu unbilligen Belastungen führte. Die Gestaltungsmöglichkeiten liegen auf der Hand. Es könnten etwa widersprechende Alleinbezugsvereinbarungen auf einen Rechtsträger konzentriert werden. Aufgrund der freien vertraglichen Zuteilbarkeit erscheint dann aber ein Recht zur Kündigung eines der Verträge „nach Billigkeit und Würdigung der vertraglichen Rechte aller Beteiligten" zumindest zweifelhaft.[68]

55 Eine weitere Beschränkung der Zuordnungsfreiheit enthält **§ 613a BGB**. Diese Vorschrift führt dazu, dass Arbeitsverhältnisse nicht beliebig den beteiligten Rechtsträgern zugewiesen werden können, sondern bei Übergang eines Betriebes oder Teilbetriebes zwingend auf den neuen Rechtsträger übergeleitet werden, ohne dass es einer Zuweisung bedürfte bzw. diese überhaupt möglich wäre.[69] Die Bezeichnung der Arbeitsverhältnisse im Spaltungs- und Übernahmevertrag hat daher insoweit nur

---

[63] *Mayer* in Widmann/Mayer UmwG § 126 Rn. 175; *Hörtnagl* in Schmitt/Hörtnagl/Stratz UmwG § 126 Rn. 64; *Stengel* in Semler/Stengel UmwG § 123 Rn. 6.

[64] *Sickinger* in Kallmeyer UmwG § 123 Rn. 1; *Hörtnagl* in Schmitt/Hörtnagl/Stratz UmwG § 126 Rn. 50 und 64; *Stengel* in Semler/Stengel UmwG § 123 Rn. 6.

[65] *Sickinger* in Kallmeyer UmwG § 123 Rn. 1; *Stengel* in Semler/Stengel UmwG § 123 Rn. 6.

[66] *Priester* in Lutter UmwG § 126 Rn. 47; *Hommelhoff* in Lutter Kölner Umwandlungsrechtstage S. 125 (126).

[67] Zum Meinungsstand Ausführungen → Rn. 135.

[68] Ähnlich *Sickinger* in Kallmeyer UmwG § 125 Rn. 31.

[69] *Haas/Durchlaub* in FS Widmann S. 23 (24 ff.); näher zu § 613a BGB → § 6 Rn. 6 ff.

deklaratorische Bedeutung. Keine Anwendung findet § 613a BGB allerdings, wenn Arbeitsverhältnisse übertragen werden, ohne dass mindestens ein Betriebsteil im Sinne des § 613a BGB übergehen soll, ferner wenn neben dem Übergang eines Betriebs(teils) zusätzlich solche Arbeitsverhältnisse übertragen werden, die zu einem zurückbleibenden Betrieb oder Betriebsteil gehören oder wenn Arbeitsverhältnisse übertragen werden, die keinem der übergehenden Betriebsteile zugeordnet werden können, weil ihr Tätigkeitsbereich übergreifend und alle Betriebsteile betreffend ist. Aus dieser Konzeption folgt, dass eine ausdrückliche Zuweisung einzelner Arbeitsverhältnisse dann erfolgen kann bzw. erfolgen muss, wenn kein Fall des § 613a BGB vorliegt. Diese Konstellation wird jedoch schon aus steuerlichen Gründen seltener auftreten, weil eine Spaltung nach § 15 I UmwStG nur dann steuerneutral vollzogen werden kann, wenn wenigstens ein Teilbetrieb im steuerrechtlichen Sinne übertragen wird, mit der Folge, dass regelmäßig auch der Übergang eines Betriebsteils im arbeitsrechtlichen Sinne vorliegt (§ 613a BGB). Unabhängig davon, ob ein Fall des § 613a BGB vorliegt, steht den Arbeitnehmern stets ein Widerspruchsrecht gegen den spaltungsbedingten Übergang ihrer Arbeitsverhältnisse zu.

c) Einschränkungen der Spaltungsfreiheit nach § 132 UmwG

Die prinzipiell frei gestaltbare Übertragung von Aktiva und Passiva 56 erfuhr eine erhebliche gegenständliche Einschränkung durch § 132 UmwG. Nach dieser Regelung blieb die Geltung der allgemeinen Vorschriften, welche die Übertragbarkeit eines Gegenstandes ausschließen, an bestimmte Voraussetzungen knüpfen oder die Übertragung von staatlichen Genehmigungen abhängig machen, auch im Rahmen der Spaltung unberührt.

Gesetzgeberisches Motiv für diese Einschränkung war die Statuie- 57 rung eines allgemeinen **Umgehungsverbotes**. Es sollte verhindert werden, dass für bestimmte Gegenstände die Übertragung durch Gesamtrechtsnachfolge nur gewählt wird, weil eine Übertragung durch Einzelrechtsnachfolge gar nicht oder nur mit Zustimmung Dritter möglich wäre.[70]

Die inzwischen als „Spaltungsbremse"[71] erkannte Regelung wurde 58 durch das Zweite Gesetz zur Änderung des Umwandlungsgesetzes gestrichen. Damit wird die Gesamtrechtsnachfolge bei Verschmelzung und Spaltung nunmehr denselben Grundsätzen unterworfen, dh von der Rechtsnachfolge ausgeschlossen bleiben lediglich höchstpersönliche Rechte und Pflichten. Ob und inwieweit ein durch den Rechtsübergang betroffener Dritter, der sich durch die Gesamtrechtsnachfolge einem neuen Vertragspartner gegenübersieht, diesen Zustand akzeptieren muss oder sich dagegen durch Kündigung, Rücktritt, Berufung auf den Weg-

---

[70] *Neye* ZIP 1994 S. 165 (168); *Mayer* in Widmann/Mayer UmwG § 132 Rn. 5.
[71] *Heidenhain* ZHR 2004 S. 468 ff.

d) Aufspaltung einzelner Forderungen, Verbindlichkeiten und Verträge

59 Die Spaltungsfreiheit gewährleistet die grundsätzlich freie Zuweisung von Forderungen, Verbindlichkeiten und Verträgen zu einem beliebigen übernehmenden Rechtsträger im Rahmen der Spaltung. Fraglich ist jedoch, ob damit auch die Aufteilung einzelner Forderungen, Verbindlichkeiten oder Verträge auf verschiedene Rechtsträger vom Grundsatz der Spaltungsfreiheit gedeckt ist.

60 Einzelne **teilbare Forderungen** können bei der Spaltung auf verschiedene Rechtsträger verteilt werden, sofern kein Ausschluss der Teilung nach § 399 BGB vereinbart wurde.[73] Ihrem Gegenstand nach teilbar sind insbesondere Geldforderungen.[74]

61 Nicht ausdrücklich geregelt ist im Umwandlungsgesetz die Frage, ob **auch Teile von Verbindlichkeiten** auf einen übernehmenden Rechtsträger übertragen werden können. Der Gesetzgeber begnügt sich mit dem Hinweis in der Gesetzesbegründung, dass es abweichend von der Spaltungs-Richtlinie eine solche Möglichkeit nicht gebe, es vielmehr bei den allgemeinen, die Übertragung einer Teilverbindlichkeit ausschließenden Regeln des Deutschen Bürgerlichen Rechts bleiben solle.[75] Ob diese, dem Gesetzestext nicht zu entnehmende Äußerung des Gesetzgebers hinreicht, die Aufteilung von Verbindlichkeiten auf verschiedene Rechtsträger auszuschließen, muss bezweifelt werden. Nach allgemeinem Recht können nicht nur teilbare Forderungen teilweise abgetreten werden,[76] sondern auch teilbare Verbindlichkeiten teilweise übertragen werden.[77] Dabei ist im letztgenannten Fall die Zustimmung des Gläubigers zur Übertragung des Teils der Verbindlichkeit nicht erforderlich. Dies beruht darauf, dass die §§ 414, 415 BGB durch die partielle Gesamtrechtsnachfolge verdrängt werden.[78] Hinzu kommt, dass auch das System der gesamtschuldnerischen Haftung in § 133 UmwG auf eine Zulässigkeit der Übertragung von Teilverbindlichkeiten hindeutet.[79] Eine andere Betrachtungsweise würde zudem die Übertragung wirtschaftlich zusammenhängender Einheiten erschweren.[80] Vo-

---

[72] BT-Drucks. 16/2919 S. 19.
[73] *Sickinger* in Kallmeyer UmwG § 126 Rn. 24; *Roth/Kieninger* in Münchner Kommentar BGB § 398 Rn. 63; *Mayer* in Widmann/Mayer UmwG § 126 Rn. 218; *Rieble* ZIP 1997 S. 301 (310).
[74] *Roth/Kieninger* in Münchner Kommentar BGB § 398 Rn. 64; *Rieble* ZIP 1997 S. 301 (310).
[75] BT-Drucks. 12/6699 S. 118 zu § 126 UmwG; vgl. auch *Kleindiek* ZGR 1992 S. 513 (520).
[76] So die hM, vgl. nur BGHZ 46 S. 242 ff. (243).
[77] *Heidenhain* NJW 1995 S. 2873 (2877); *Sickinger* in Kallmeyer UmwG § 126 Rn. 25.
[78] So auch *Kleindiek* ZGR 1992 S. 513 (521); *Mayer* in Widmann/Mayer UmwG § 126 Rn. 243; *Schröer* in Semler/Stengel UmwG § 126 Rn. 69.
[79] *Mayer* in Widmann/Mayer UmwG § 126 Rn. 243.
[80] *Mayer* in Widmann/Mayer UmwG § 126 Rn. 243 ff.

§ 18. Spaltungsrechtliche Regelungen § 18

raussetzung für die Übertragung von Teilverbindlichkeiten ist allerdings selbstverständlich, dass die Verbindlichkeiten ihrem Gegenstand nach überhaupt teilbar sind.[81]

Ebenfalls zulässig ist die spaltungsbedingte **Teilung von gegenseitigen Verträgen** derart, dass die Forderungen und Verbindlichkeiten aus einem Vertrag verschiedenen Rechtsträgern zugewiesen werden.[82] Im Einzelnen ist allerdings streitig, ob eine solche Teilbarkeit eines Vertrages von der Auslegung des jeweiligen Vertrages abhängt,[83] eine Teilung zulässig ist, sofern sich der Umfang der vertraglichen Verpflichtung für den Vertragspartner nicht ändert,[84] oder die Teilbarkeit nur unter der Voraussetzung gegeben ist, dass die Interessen des Vertragspartners hinreichend geschützt sind, wobei die gesamtschuldnerische Haftung nach § 133 UmwG „regelmäßig" für einen ausreichenden Schutz spreche.[85] Zu beachten ist, dass bei Zuweisung ausschließlich einer Forderung aus einem gegenseitigen Vertrag kein Wechsel in der Person des Vertragspartners stattfindet.[86] Dementsprechend obliegt die Ausübung von Gestaltungsrechten aus diesem Vertrag nach allgemeinen zivilrechtlichen Grundsätzen dem alten Vertragspartner,[87] so dass der Empfänger der Forderungen für die Ausübung von Gestaltungsrechten wenigstens dessen Zustimmung bedarf. Allerdings können die Befugnisse zur Ausübung von Gestaltungsrechten nach Auffassung der Rechtsprechung[88] mit den Forderungen abgetreten werden, so dass die Problematik durch die Aufnahme entsprechender Erklärungen im Spaltungsvertrag lösbar erscheint.[89] Einer weitergehenden Klausel, dass die korrespondierenden Verbindlichkeiten im Innenverhältnis der beteiligten Rechtsträger durch einen von ihnen zu tragen seien, bedarf es dann nicht mehr,[90] sie ist mit vorstehender Regelung stillschweigend vereinbart.

Daneben ist auch eine horizontale Aufteilung von Verträgen, insbesondere von Dauerschuldverhältnissen wie Miet- oder Darlehensverträgen,

63

62

---

[81] *Teichmann* in Lutter UmwG § 131 Rn. 53; *Schröer* in Semler/Stengel UmwG § 126 Rn. 69; *Hörtnagl* in Schmitt/Hörtnagl/Stratz UmwG § 131 Rn. 47; *Heidenhain* NJW 1995 S. 2873 (2877).
[82] So auch *Mayer* in Widmann/Mayer UmwG § 126 Rn. 227; *Schröer* in Semler/Stengel UmwG § 131 Rn. 38; *Hörtnagl* in Schmitt/Hörtnagl/Stratz UmwG § 131 Rn. 56; *Teichmann* in Lutter UmwG § 131 Rn. 61; *Heidenhain* NJW 1995 S. 2873 (2877); aA *Teichmann* ZGR 1993 S. 396 (413); *Rieble* ZIP 1997 S. 301 (310).
[83] *Sickinger* in Kallmeyer UmwG § 126 Rn. 25.
[84] *Teichmann* in Lutter UmwG § 131 Rn. 61; *Schröer* in Semler/Stengel UmwG § 131 Rn. 38.
[85] *Hörtnagl* in Schmitt/Hörtnagl/Stratz UmwG § 131 Rn. 53.
[86] *Mayer* in Widmann/Mayer UmwG § 126 Rn. 229.
[87] Streitig, vgl. *Roth/Kieninger* in Münchner Kommentar zum BGB § 398 Rn. 96.
[88] BGH NJW 1985 S. 2640.
[89] *Heidenhain* NJW 1995 S. 2873 (2877) scheint von einem automatischen Übergang solcher Haupt- und Nebenrechte auszugehen.
[90] AA wohl *Schwedhelm/Streck/Mack* GmbHR 1995 S. 7 (10).

anlässlich einer Spaltung zulässig,[91] was im Ergebnis zu einer Vervielfältigung des einzelnen Vertragsverhältnisses führt. Dies setzt aber voraus, dass sich durch die horizontale Aufteilung die vertraglichen Verpflichtungen des Vertragspartners nicht ausweiten.[92] Für die Möglichkeit der horizontalen Aufteilung von Verträgen kann in der Praxis ein erhebliches Bedürfnis bestehen, wenn beispielsweise ein angemietetes Gebäude von beiden zu spaltenden Betrieben genutzt wird.[93]

64 Soweit im Einzelfall die Aufteilung des Vertragsverhältnisses für den Vertragspartner unzumutbar ist, ist diesem ein außerordentliches Kündigungsrecht einzuräumen.[94]

8. Spezielles Spaltungsrecht

65 § 125 UmwG, der weitestgehend auf das Verschmelzungsrecht verweist, erklärt diejenigen Verschmelzungsvorschriften für unanwendbar, die mit den einzelnen Spaltungsarten, insbesondere der Ausgliederung, schon logisch nicht vereinbar sind. Insoweit hat die Norm in erster Linie klarstellenden Charakter. Im Übrigen ergeben sich aus der Verweisungsvorschrift einige Auslegungsfragen.

a) Keine Entbehrlichkeit der Spaltungsprüfung

66 Nach § 125 UmwG nicht anwendbar ist die Regelung des § 9 II UmwG, der eine Prüfung für nicht erforderlich erklärt, wenn die Anteile am übertragenden Rechtsträger zu 100% in der Hand des übernehmenden Rechtsträgers liegen.[95] Warum in den von § 9 II UmwG erfassten Fällen eine Prüfung erfolgen soll, zB im Falle einer Abspaltung von einer 100%igen Tochtergesellschaft auf ihre Mutter, ist jedoch unklar.[96] Es empfiehlt sich in jedem Fall, vorsorglich auf die Spaltungsprüfung in notariell beurkundeter Erklärung zu verzichten, da § 125 iVm § 8 III UmwG den Verzicht auf die Prüfung auch bei der Spaltung zulässt. Jedenfalls ist mit der Dritten Änderung des Umwandlungsgesetzes 2011 vom 15.7.2011[97] im Fall der verhältniswahrenden Spaltung einer Aktiengesellschaft auf eine oder mehrere neu gegründete Aktiengesellschaften eine Spaltungsprüfung nicht mehr erforderlich.

---

[91] *Berner/Klett* NZG 2008 S. 601 (604); *Schröer* in Semler/Stengel UmwG § 131 Rn. 38; *Mayer* in Widmann/Mayer UmwG § 126 Rn. 227 ff.; *Heidenhain* NJW 1995 S. 2873 (2877); aA *Teichmann* ZGR 1993 S. 396 (413); *Rieble* ZIP 1997 S. 301 (310).
[92] *Schröer* in Semler/Stengel UmwG § 131 Rn. 38; *Teichmann* in Lutter UmwG § 131 Rn. 61.
[93] Vgl. auch *Mayer* in Widmann/Mayer UmwG § 126 Rn. 228.
[94] *Schröer* in Semler/Stengel UmwG § 131 Rn. 37.
[95] Zu Ausnahmen → Rn. 164.
[96] *Hörtnagl* in Schmitt/Hörtnagl/Stratz UmwG § 125 Rn. 13 f.; *Sickinger* in Kallmeyer UmwG § 125 Rn. 9.
[97] BGBl. I 2011 S. 1338.

§ 18. Spaltungsrechtliche Regelungen § 18

b) Kein aktienrechtlicher Squeeze-out bei der Spaltung

Auch wenn ein aktienrechtlicher Squeeze-out bei *upstream*-Spaltungen 67
theoretisch denkbar gewesen wäre, hatte sich schon der
europäische Gesetzgeber dazu entschieden, den Mitgliedstaaten nur für den Fall der
Verschmelzung von Aktiengesellschaften entsprechende Vorgaben zu machen.[98] Der Squeeze-out nach § 62 V UmwG entspricht damit einer
„Spaltung zu Null", ohne dass eine Zustimmung der Minderheitsaktionäre erforderlich wäre.

c) Firmenrechtliche Sonderregelung

Ebenfalls **unanwendbar ist bei Abspaltung und Ausgliederung** 68
§ 18 UmwG, der eine erleichterte Firmenfortführung des übernehmenden Rechtsträgers gestattet. Dies ergibt sich daraus, dass in den genannten
Fällen der übertragende Rechtsträger fortbesteht.[99]
Der Ausschluss der Anwendbarkeit des § 18 UmwG auf die Abspal- 69
tung und Ausgliederung ergibt allerdings dann wenig Sinn,[100] wenn ein
Einzelkaufmann Unternehmen und Privatvermögen trennt und das Unternehmen auf einen neuen Rechtsträger transferiert oder wenn der
übertragende Rechtsträger nur einen Nebenbetrieb behält. Es kann hier
auf die §§ 22 ff. HGB zurückgegriffen werden, ohne dass die §§ 125, 18
UmwG Sperrwirkung entfalten. Der übernehmende Rechtsträger kann
demnach mit Einwilligung des übertragenden Rechtsträgers die Firma
fortführen, wenn Unternehmenskontinuität gegeben ist.[101]
Für die **Aufspaltung** stellt § 125 UmwG ausdrücklich die **entspre-** 70
chende Anwendbarkeit des § 18 UmwG klar. Anders als bei den
anderen Spaltungsarten besteht der übertragende Rechtsträger hier nicht
fort. Nicht geklärt ist jedoch mit der Verweisung des § 125 UmwG auf
§ 18 UmwG, welcher Rechtsträger die Firma fortführen darf. Zum Teil
wird vertreten,[102] dass wegen § 22 HGB dieses Recht nur demjenigen
übernehmenden oder neuen Rechtsträger zustehen soll, auf den wie bei
der Verschmelzung das Unternehmen des übertragenden Rechtsträgers
im Großen und Ganzen übergeht. Dem steht jedoch entgegen, dass aus
der Verweisung des § 125 UmwG auf § 18 UmwG geschlossen werden
kann, dass gerade abweichend von § 22 I HGB die Firmenfortführung
auch dann zulässig sein soll, wenn nur Teile des Handelsgeschäfts erworben werden.[103] Nach einer weiteren sehr weitgehenden Ansicht darf die
Firma vervielfältigt werden, indem jeder übernehmende oder neue

---
[98] Richtlinie 2009/109/EG; BR-Drucks. 485/10, S. 5.
[99] Siehe hierzu auch *Limmer* NotBZ 2000 S. 101 ff.
[100] *Teichmann* in Lutter UmwG § 131 Rn. 68; so auch *Mayer* DB 1995 S. 861
(863); aA *Sickinger* in Kallmeyer UmwG § 125 Rn. 29, der diese Fälle gerade
nicht von § 22 HGB gedeckt sieht.
[101] Im Ergebnis, wenn auch mit anderer Begründung, auch *Sickinger* in Kallmeyer UmwG § 125 Rn. 29.
[102] *Teichmann* in Lutter UmwG § 125 Rn. 5; *Hopt* in Baumbach/Hopt HGB
§ 22 Rn. 4; *Fronhöfer* in Widmann/Mayer UmwG § 125 Rn. 57.
[103] *Sickinger* in Kallmeyer UmwG § 125 Rn. 28.

Rechtsträger zur Fortführung der ganzen Firma berechtigt sein soll.[104] Im Hinblick auf § 18 I 1 UmwG erscheint diese Lösung zweifelhaft.[105]

d) Umtauschverhältnis bei Ausgliederungen/Abfindungsangebot

71 Auf Ausgliederungen sind die §§ 14 II und 15 UmwG, welche die Anteilsinhaber bei einem zu niedrig bemessenen Umtauschverhältnis auf das Spruchverfahren[106] verweisen, nicht anwendbar, weil dort ein Anteilstausch nicht stattfindet. Auch ein Barabfindungsangebot ist nicht erforderlich. Vielmehr hat das Vertretungsorgan des ausgliedernden Rechtsträgers im Rahmen seiner Sorgfaltspflicht auf die Angemessenheit der Gegenleistung für die übergehenden Werte zu achten.[107]

e) Gläubigerschutzvorschriften

72 Die im UmwG vorgesehene „Spaltungsfreiheit" des übertragenden Rechtsträgers, dh die Möglichkeit, das zu übertragende Aktiv- und Passivvermögen frei zu bestimmen, erfordert als Korrelat einen umfassenden Gläubigerschutz.[108] Das UmwG berücksichtigt dieses Schutzbedürfnis in mehrfacher Hinsicht und geht dabei über die gemeinschaftsrechtlichen Vorgaben der Spaltungsrichtlinie hinaus.[109]

aa) Gesamtschuldnerische Haftung

73 Nach **§ 133 I UmwG** haften alle an der Spaltung beteiligten Rechtsträger für die vor dem Wirksamwerden der Spaltung durch Eintragung in das Register des übertragenden Rechtsträgers begründeten Verbindlichkeiten des übertragenden Rechtsträgers gesamtschuldnerisch. Unterschiedliche Auffassungen bestehen hinsichtlich der Frage, ob die Spaltung eine „echte" Gesamtschuld im Sinne der §§ 421 ff. zur Folge hat[110] oder ob die sog. Mithafter, dh diejenigen an der Spaltung beteiligten Rechtsträger, denen die Verbindlichkeit nicht zugeordnet ist, nur akzessorisch haften.[111] Wesentlicher Unterschied dieser Ansichten ist die Geltung des § 425 BGB im Rahmen der Gesamtschuld, wonach Veränderungen – ausgenommen die in §§ 422–424 BGB genannten – nur für und gegen den Rechtsträger wirken, in dessen Person sie eintreten. Bei der akzesso-

---

[104] Kögel GmbHR 1996 S. 168 (173); *Hörtnagl* in Schmitt/Hörtnagl/Stratz UmwG § 125 Rn. 16.
[105] *Sickinger* in Kallmeyer UmwG § 125 Rn. 28.
[106] → § 3 Rn. 25 ff.
[107] Vgl. Begr. RegE zu § 125 UmwG in *Ganske* Umwandlungsrecht S. 13 ff.
[108] *Hommelhoff* in Lutter Kölner Umwandlungsrechtstage S. 119; *Schwab* in Lutter UmwG § 133 Rn. 12.
[109] Art. 12 III RL 82/891 EWG vom 17.12.1982.
[110] *Hörtnagl* in Schmitt/Hörtnagl/Stratz UmwG § 133 Rn. 2; *Maier-Reimer/Seulen* in Semler/Stengel UmwG § 133 Rn. 31 ff.
[111] *Sickinger* in Kallmeyer UmwG § 133 Rn. 3; *Schwab* in Lutter UmwG § 133 Rn. 23.

rischen Haftung hingegen wirken sich hingegen Änderungen unmittelbar auf die Mithafter aus.

Ist im Spaltungsvertrag nichts anderes vereinbart, sind die mithaftenden Rechtsträger nach hM untereinander gemäß § 426 I 1 BGB zu gleichen Teilen verpflichtet.[112] Nach anderer Auffassung soll sich der Ausgleich im Innenverhältnis auch ohne vertragliche Regelung nach dem Verhältnis des übernommenen Nettovermögens richten.[113] Daneben tritt gegebenenfalls die gesamtschuldnerische Haftung nach den §§ 25, 26, 28 HGB.

Nicht erforderlich ist die Fälligkeit der jeweiligen Forderung bereits im Zeitpunkt des Wirksamwerdens der Spaltung. Lediglich der Rechtsgrund der Forderung muss bereits vorhanden sein. Diejenigen Rechtsträger, denen die Verbindlichkeiten nicht zugewiesen worden sind, haften nach § 133 III UmwG nur für die Dauer von fünf Jahren; die Frist ist eine Ausschlussfrist und beginnt mit der Bekanntmachung der Spaltung für den übertragenden Rechtsträger entsprechend §§ 19 III, 125 UmwG. Wie diese Haftung handelsbilanziell auszuweisen ist, ist umstritten.[114] Für vor dem Wirksamwerden der Spaltung begründete Versorgungsverpflichtungen auf Grund des Betriebsrentengesetztes beträgt die Frist zehn Jahre, § 133 III 2 UmwG.

Haftungsrisiken entstehen auch für die Kommanditisten bei einer Spaltung von und auf Kommanditgesellschaften. Die Haftung nach den allgemeinen Regeln des HGB kann bei Kommanditisten das Problem des Wiederauflebens der Haftung nach § 172 IV 1 HGB bei zurückgezahlten Einlagen mit sich bringen. Die Aufspaltung führt zu einem (vollständigen) Vermögensabfluss bei der übertragenden KG. Die Abspaltung kann zu einem Nettovermögensabfluss bei der übertragenden KG führen, wenn die übertragenen Aktiva den Buchwert der übertragenen Passiva übersteigen. Die Gegenleistung für den Vermögensabfluss erhält in beiden Fällen nicht die KG, sondern der Kommanditist. Folglich liegt bei der Aufspaltung eine vollständige Rückzahlung seiner Einlage, bei der Abspaltung gegebenenfalls – in Abhängigkeit vom Stand des Kapitalkontos vor der Abspaltung – eine teilweise Rückzahlung der Einlage des Kommanditisten vor.[115] Unter Hinweis auf das Ziel des UmwG, die Spaltung gegenüber dem bisherigen Weg der Sachgründung oder der Sachkapitalerhöhung mit nachfolgender Auskehrung der neuen Anteile zu erleichtern, wird allerdings vom überwiegenden Teil des Schrifttums die Anwendung des § 172 IV HGB auf die Spaltung allgemein verneint.[116] Vermittelnd

---

[112] *Sickinger* in Kallmeyer UmwG § 133 Rn. 12; *Schwab* in Lutter UmwG § 133 Rn. 150; *Hommelhoff* in Lutter (Hrsg.) Kölner Umwandlungsrechtstage S. 130.
[113] *Maier-Reimer/Seulen* in Semler/Stengel UmwG § 133 Rn. 67; *Goutier* in Goutier/Knopf/Tulloch UmwG § 133 Rn. 14.
[114] Im Einzelnen → § 19 Rn. 102 ff.
[115] *Naraschewski* DB 1995 S. 1265 ff.; *Hörtnagl* in Schmitt/Hörtnagl/Stratz UmwG § 133 Rn. 42 für den Fall der Abspaltung.
[116] *Sickinger* in Kallmeyer UmwG § 133 Rn. 22; *Teichmann* in Lutter UmwG Anh. nach § 137 Rn. 13; *Maier-Reimer/Seulen* in Semler/Stengel UmwG § 133 Rn. 116; *Vossius* in Widmann/Mayer UmwG § 45 Rn. 121 ff.

wird die Auffassung vertreten, dass § 172 IV HGB im Falle der Spaltung nicht anwendbar sei, wenn die Haftsumme bei der übertragenden Kommanditgesellschaft im Rahmen der Spaltung herabgesetzt und bei der übernehmenden Kommanditgesellschaft eine Haftsumme in Höhe des Herabsetzungsbetrages gebildet werde.[117]

bb) Sicherheitsleistung und Haftung für Gewährung von Sonderrechten

77 Für die Spaltung gelten über § 125 UmwG die **§§ 22 und 23 UmwG** entsprechend. Der Anspruch auf Sicherheitsleistung[118] nach § 22 UmwG ist dabei insofern eingeschränkt, als er sich nur gegen den Rechtsträger richtet, gegen den sich auch der zu sichernde Anspruch richtet, vgl. § 133 I 2 Halbs. 2 UmwG.[119] Im Falle der Übertragung des zu sichernden Anspruchs im Rahmen der Spaltung gilt dies für denjenigen übernehmenden Rechtsträger, dem der Anspruch des Gläubigers als Verbindlichkeit zugewiesen wurde. Andernfalls ist der übertragende Rechtsträger zur Sicherheitsleistung verpflichtet.[120] Dagegen haften die beteiligten Rechtsträger für die Ansprüche auf Gewährung von Sonderrechten nach § 23 UmwG als Gesamtschuldner, § 133 II UmwG. Dies gilt insbesondere auch für Mitarbeiterbeteiligungen, soweit sie als Vermögensrechte in der Form von Gewinnschuldverschreibungen oder Genussrechten ausgestaltet sind.[121] Auch diese Ansprüche verjähren in fünf Jahren.

cc) Kapitalaufbringung beim übernehmenden Rechtsträger

78 Bei Kapitalgesellschaften als übernehmenden Rechtsträgern gelten sowohl im Falle der Spaltung zur Neugründung als auch im Falle der Spaltung zur Aufnahme die für die jeweilige Rechtsform einschlägigen Vorschriften zur Kapitalaufbringung im Gründungsstadium:

79 Nach § 135 II 1 UmwG gelten im Falle der **Spaltung zur Neugründung** die für die jeweilige Rechtsform anzuwendenden Gründungsvorschriften. Ein (Sach-)Gründungsbericht sowie – im Falle einer AG – eine Gründungsprüfung sind bei der Spaltung, abweichend vom Verschmelzungsrecht, nach den §§ 138, 144 UmwG stets erforderlich. Hieraus folgt, dass der Gesetzgeber die Spaltung zur Neugründung stets als Sachgründung begreift.[122] Dies findet seine Rechtfertigung auch in der Haftung des neuen Rechtsträgers für die Verbindlichkeiten des übertragenden Rechtsträgers nach § 133 iVm §§ 22, 23 UmwG. Die nach allgemeinem Gründungsrecht erforderliche Prüfung der Kapitaldeckung muss sich daher auch auf die Feststellung erstrecken, dass die gesamt-

---

[117] *Naraschewski* DB 1995 S. 1265 (1267 ff.).
[118] → § 3 Rn. 32 ff.
[119] Vgl. *Sickinger* in Kallmeyer UmwG § 125 Rn. 32.
[120] *Hörtnagl* in Schmitt/Hörtnagl/Stratz UmwG § 133 Rn. 22 f.
[121] Vgl. *Wilhelm* NZG 2013 S. 1211, der auch „Phantom Stock" unter den Begriff der Genussrechte subsumieren möchte, was im Grundsatz allein von der Ausgestaltung des Vermögensrechtes abhängt; vgl. auch *Grunewald* in Lutter UmwG § 23 Rn 23.
[122] Vgl. *Bärwaldt* in Semler/Stengel UmwG § 135 Rn. 16.

§ 18. Spaltungsrechtliche Regelungen § 18

schuldnerische Mithaftung nach § 133 I 1 UmwG das Reinvermögen des neuen Rechtsträgers nicht unter den Betrag des Nennkapitals absinken lässt. Hierfür ist die Werthaltigkeit des Ausgleichsanspruchs gegen den Primärschuldner erforderlich.[123]

Mit Wirksamwerden des Spaltungsplans aufgrund der Zustimmung der Gesellschafterversammlung des übertragenden Rechtsträgers entsteht die Kapitaldeckungszusage zugunsten des neuen Rechtsträgers, aus der der übertragende Rechtsträger als Gründer im Sinne der nach § 135 II 1 UmwG in Bezug genommenen allgemeinen Gründungsvorschriften verpflichtet ist. Dabei ist streitig, ob mit Wirksamwerden des Spaltungsplans der neue Rechtsträger als **Vorgesellschaft** im Sinne des allgemeinen Gründungsrechts entsteht[124] oder zunächst nur ein **Sondervermögen** geschaffen wird.[125] 80

Für die Kapitalaufbringung beim neuen Rechtsträger haften im Falle der Abspaltung neben dem übertragenden Rechtsträger auch die Gesellschafter des übertragenden Rechtsträgers, welche die neuen Anteile an dem gegründeten Rechtsträger erhalten, als Gesamtschuldner.[126] Dies folgt aus dem Umstand, dass bei der Abspaltung zur Neugründung der Gründer und die Gesellschafter des neuen Rechtsträgers nicht identisch sind. Im Innenverhältnis der **Haftungsadressaten** ist jedoch der abspaltende Rechtsträger Primärschuldner der Einlage, so dass die Anteilseigner des übertragenden Rechtsträgers die neue Gesellschaft auf die vorherige Inanspruchnahme des abspaltenden Rechtsträger verweisen können.[127] 81

Das Nebeneinander verschiedener Haftungsadressaten für die Kapitalaufbringungsverantwortung ist bei der Ausgliederung ausgeschlossen. Hier ist der übertragende Rechtsträger zugleich Gründer und Empfänger der neuen Anteile. 82

Bei der Aufspaltung erlischt der übertragende Rechtsträger. Haftungsadressaten der Kapitalaufbringung und Verpflichtete aus etwaigen Ansprüchen aus der Differenzhaftung sind daher nach Erlöschen des aufspaltenden Rechtsträgers die vormaligen Anteilsinhaber des übertragenden Rechtsträgers, welche die neuen Anteile an dem gegründeten Rechtsträger erhalten.[128] Als weitere Haftungsadressaten kämen jedoch im Hinblick auf die gesamtschuldnerische Haftung aller an der Spaltung 83

---

[123] *Ihrig* GmbHR 1995 S. 622 (637); einschränkend *Sickinger* in Kallmeyer UmwG § 135 Rn. 14, der die gesamtschuldnerische Mithaftung bei der Kapitaldeckung nur berücksichtigen will, wenn sie bereits zu passivieren ist, dh die Inanspruchnahme droht und ihr kein werthaltiger Ausgleichsanspruch gegenübersteht.
[124] So die wohl hM vgl. *Teichmann* in Lutter UmwG § 135 Rn. 6; *K. Schmidt* in Scholz GmbHG § 11 Rn. 147 mwN.
[125] *Heidenhain* GmbHR 1995 S. 264 (265).
[126] Vgl. *Teichmann* in Lutter UmwG § 135 Rn. 4; *Hörtnagl* in Schmitt/Hörtnagl/Stratz UmwG § 126 Rn. 35; vgl. aber zur Differenzhaftung im Aktienrecht BGH AG 2007 S. 487 (488).
[127] *Ihrig* GmbHR 1995 S. 622 (638); *Teichmann* in Lutter UmwG § 135 Rn. 4.
[128] *Teichmann* in Lutter UmwG § 135 Rn. 5; *Sickinger* in Kallmeyer UmwG § 135 Rn. 16.

beteiligten Rechtsträger nach § 133 I 1 UmwG die weiteren Rechtsträger in Betracht, die im Wege der Aufnahme oder durch Neugründung das übrige Vermögen des sich aufspaltenden Rechtsträger erhalten. Gegen die gesamtschuldnerische Haftung der weiteren übernehmenden Rechtsträger spricht jedoch, dass die gesamtschuldnerische Haftung zwar ihren Rechtsgrund im Spaltungsplan hat, bei wertender Betrachtung jedoch eine Spaltungsfolge und nicht eine vor dem Wirksamwerden der Spaltung begründete Verbindlichkeit ist. Zudem passt die in § 133 I 1 UmwG angeordnete gesamtschuldnerische Haftung aller an der Spaltung beteiligten Rechtsträger nicht auf die Kapitalaufbringungsverpflichtung, da die neue Gesellschaft nicht selbst für ihre eigene Kapitalaufbringung haften kann.[129]

84 Die vorstehenden Grundsätze zur Kapitalaufbringung im Falle der Spaltung zur Neugründung gelten entsprechend für die **Spaltung zur Aufnahme**. Bei der Spaltung zur Aufnahme gilt das Gebot der Kapitaldeckung für neu ausgegebene Anteile am übernehmenden Rechtsträger. Primärer Schuldner der Kapitaldeckungsverpflichtung ist der übertragende Rechtsträger. Gemäß § 142 I UmwG ist im Falle der Spaltung auf eine bestehende Aktiengesellschaft stets eine Prüfung der Sacheinlage nach § 183 III AktG erforderlich. Dies gilt selbst dann, wenn die übertragenen Vermögensgegenstände zu Buchwerten übernommen werden.[130] Insofern ist die Prüfungsdichte höher als im Fall der Verschmelzung, in dem die entsprechende Prüfung gemäß § 69 I UmwG nur vorgesehen ist, wenn das Gericht Zweifel hat, ob der Wert der Sacheinlagen den Nennbetrag der dafür zu gewährenden Aktien erreicht. Die Rechtfertigung dieser Prüfungsdichte liegt weniger in der Gefahr der Zuweisung nicht hinreichender Vermögensgegenstände im Wege der Spaltung[131] als vielmehr in der gesamtschuldnerischen Mithaftung der übernehmenden Gesellschaft für die Verbindlichkeiten des spaltenden Rechtsträgers, die eine Prüfung der Werthaltigkeit des Ausgleichsanspruchs erfordert.

85 Hinsichtlich möglicherweise notwendiger **Kapitalerhöhungen** beim übernehmenden Rechtsträger ergeben sich keine Besonderheiten im Vergleich zur Verschmelzung. In beiden Fällen der Spaltung, der Spaltung zur Neugründung und der Spaltung zur Aufnahme, muss die Kapitaldeckung hinsichtlich des neuen bzw. erhöhten gezeichneten Kapitals im Zeitpunkt der Eintragung der Spaltung in das Register des Sitzes des übertragenden Rechtsträgers fortbestehen. Auch dem Registergericht des spaltenden Rechtsträgers obliegt mithin die **Kapitaldeckungsprüfung** hinsichtlich der Kapitalaufbringung bei den übernehmenden Rechtsträgern nach Maßgabe der Verhältnisse im Zeitpunkt seiner Eintragung.[132]

---

[129] *Ihrig* GmbHR 1995 S. 622 (639).
[130] *Angermayer* WPg 1995 S. 681 (688).
[131] *Angermayer* WPg 1995 S. 681 (688).
[132] *Ihrig* GmbHR 1995 S. 622 (638).

§ 18. Spaltungsrechtliche Regelungen § 18

Für Auf- und Abspaltung zur Aufnahme gelten die Vorschriften zu **86**
Kapitalerhöhungsverboten und -wahlrechten, so insbesondere §§ 54, 68
UmwG. So ist vor allem eine Kapitalerhöhung bei der *upstream*-Auf- und
Abspaltung gemäß §§ 54, 68 UmwG ausgeschlossen, soweit die Obergesellschaft Anteile an dem übertragenden Rechtsträger hält.[133] Entsprechend gilt das Verbot der baren Zuzahlung, soweit sie 10% übersteigt,
§§ 54 IV, 68 III UmwG, das entsprechend auf eine Darlehensgewährung
angewandt werden sollte.[134]

Bei der Ausgliederung gelten die Kapitalerhöhungsverbote bzw. -wahl- **87**
rechte der §§ 54, 68 UmwG nicht, da es nicht zur Entstehung eigener
Anteile kommen kann, §§ 125 Satz 1 UmwG.[135] Dies gilt auch für das
Verbot der baren Zuzahlungen, auf die für die Ausgliederung in § 126 I
Nr. 3 UmwG nicht Bezug genommen wird.

Auch im Falle der Ausgliederung zur Neugründung aus dem Ver- **88**
mögen eines Einzelkaufmanns gelten für die Kapitalaufbringung bei der
neuen Gesellschaft die allgemeinen Prüfungsmaßstäbe. **§ 160 II UmwG,**
der die Eintragung der neuen Gesellschaft für unzulässig erklärt, wenn
die Verbindlichkeiten des Einzelkaufmanns sein Vermögen übersteigen,
ist ein zusätzliches, nicht aber ein die übliche Gründungsprüfung erset-
zendes Eintragungskriterium.[136] Da bei der Ausgliederung im Grundsatz
kein Verbot der Leistung barer Zuzahlungen besteht, folgern Rechtsprechung[137] und Literatur[138] für den Fall, dass das eingebrachte Vermögen
den Nennbetrag des Stammkapitals übersteigt, dass zB dem ausgliedernden Einzelkaufmann für die Wertdifferenz ein Darlehen gewährt werden
kann, das auch die 10%-Grenze überschreitet. Insbesondere das Aktienrecht dürfte allerdings eine Festlegung im Ausgliederungsplan oder der
Satzung erfordern.[139]

Bei der Anmeldung der Spaltung zur Eintragung in das Handelsregister
ist eine Versicherung des Inhalts, dass das übergehende Vermögen ab
Eintragung endgültig zur freien Verfügung des übernehmenden Rechtsträgers steht, nicht erforderlich.[140]

---

[133] → § 9 Rn. 301 ff.
[134] *Priester* in Lutter UmwG § 126 Rn. 35; aA *Reichert* in Semler/Stengel § 54 UmwG Rn. 42, der die Darlehensgewährung gänzlich ausschließt.
[135] BT-Drucks. 12/6699 S. 101 zu § 54 UmwG; allerdings kommt es im Falle einer Ausgliederung einer Tochtergesellschaft auf die Muttergesellschaft zum Erwerb mittelbar eigener Anteile, wenn der Tochtergesellschaft Anteile an ihrer Muttergesellschaft gewährt werden, → Rn. 20; vgl. auch *Priester* in Lutter UmwG § 126 Rn. 26, der in bestimmten Fällen §§ 54, 68 UmwG entsprechend anwenden möchte.
[136] Vgl. *Karollus* in Lutter UmwG § 160 Rn. 7; *Zimmermann* in Kallmeyer UmwG § 160 Rn. 7 ff.
[137] Vgl. OLG München NZG 2012 S. 229.
[138] Vgl. *Priester* in Lutter UmwG § 126 Rn. 35 aE.
[139] Vgl. *Karollus* in Lutter UmwG § 159 Rn. 16.
[140] *Zimmermann* in Kallmeyer UmwG § 137 Rn. 9; aA *Fronhöfer* in Widmann/Mayer § 137 Rn. 34.

dd) Kapitalerhaltung und Kapitalherabsetzung bei dem übertragenden Rechtsträger

89 Für die Gläubiger der übertragenden Kapitalgesellschaft stellt sich die Frage, ob die zu ihrem Schutz garantierte Mindestkapitalausstattung (Stammkapital, Grundkapital) nach Vollzug des spaltungsbedingten Vermögensübergangs noch vorhanden ist. Der Abfluss von Nettovermögen kann zur Folge haben, dass das verbleibende Reinvermögen des übertragenden Rechtsträgers sein Grund- oder Stammkapital nicht mehr deckt. Aus diesem Grund enthält das UmwG für die Spaltung unter Beteiligung von GmbH, AG und KGaA Vorschriften zu gesonderten Kapitaldeckungserklärungen der Geschäftsführungsorgane des übertragenden Rechtsträgers gegenüber dem Registergericht (§§ 140, 146 UmwG) und zur Kapitalherabsetzung in vereinfachter Form bei dem übertragenden Rechtsträger (§§ 139, 145 UmwG).

90 Allerdings spielt die Kapitalerhaltung auf der Ebene des übertragenden Rechtsträgers nur bei einem Teil der möglichen Spaltungsvorgänge, insbesondere bei der Abspaltung, eine Rolle. Unerheblich ist sie bei der **Aufspaltung** von Kapitalgesellschaften wie schon bei der Verschmelzung, da in beiden Fällen der übertragende Rechtsträger erlischt. Entsprechendes gilt regelmäßig auch für die **Ausgliederung,** die beim übertragenden Rechtsträger zu einem Aktivtausch führt und daher keinen Einfluss auf die Kapitalausstattung der übertragenden Kapitalgesellschaft hat, wenn und soweit die gewährten Anteile am übernehmenden Rechtsträger wertmäßig dem ausgegliederten Vermögen entsprechen. Die wertmäßige Entsprechung ist jedoch nicht gesichert, wenn Vermögensteile auf einen bestehenden Rechtsträger ausgegliedert werden. Insbesondere wenn bei dem übernehmenden Rechtsträger vor Ausgliederung eine Unterbilanz bestand, werden die an den übertragenden Rechtsträger gewährten Anteile nicht voll werthaltig sein. Vor diesem Hintergrund kann die gesetzliche Regelung der §§ 139, 145 UmwG, eine vereinfachte Herabsetzung des Nennkapitals auch im Falle der Ausgliederung zu ermöglichen, für besondere Fallkonstellationen ihre Berechtigung haben.

91 Nach §§ 140, 146 UmwG ist dem Registergericht gegenüber zu erklären, dass die durch Gesetz und Gesellschaftsvertrag bzw. Satzung vorgesehenen Voraussetzungen für die Gründung dieser Gesellschaft (des übertragenden Rechtsträgers) unter Berücksichtigung der Abspaltung oder der Ausgliederung im Zeitpunkt der Anmeldung vorliegen. Obwohl der Verweis auf das Gründungsrecht eine Regelung zur Kapitalaufbringung vermuten lässt, handelt es sich der Sache nach um einen Aspekt der Kapitalerhaltung.

92 Die nach §§ 140, 146 UmwG abzugebende Erklärung muss nicht alle Gründungsvoraussetzungen, sondern nur diejenigen umfassen, welche die Kapitalausstattung betreffen.[141] Zu erklären ist folglich, dass unter Berücksichtigung der spaltungsbedingten Vermögensübertragung das

---

[141] Vgl. die Begründung zum RegE, BR-Drucks. 75/94 zu § 140 UmwG; *Hörtnagl* in Schmitt/Hörtnagl/Stratz UmwG § 140 Rn. 7; *Zimmermann* in Kallmeyer UmwG § 140 Rn. 3.

§ 18. Spaltungsrechtliche Regelungen § 18

(unveränderte oder gemäß §§ 139, 145 UmwG herabgesetzte) Nennkapital der übertragenden Gesellschaft durch das verbleibende Nettobuchvermögen[142] gedeckt ist. Unrichtige Angaben werden nach § 313 II UmwG strafrechtlich verfolgt. Im Falle einer Kapitalherabsetzung bei der übertragenden Gesellschaft erweitert sich der Kreis der potenziell berührten Gründungsvorschriften. Die Erklärung muss sich in diesem Fall auch darauf erstrecken, dass das gesetzliche Mindestnennkapital nicht unterschritten wird und der Nennbetrag der einzelnen Anteile den gesetzlichen Mindestnennbetrag erreicht.[143] Gesellschaftsvertragliche bzw. satzungsmäßige Gründungsvoraussetzungen im Sinne der §§ 140, 146 I UmwG sind ein vom gesetzlichen Mindestnennkapital abweichendes höheres Grund- oder Stammkapital. Auch Letzteres muss nach Spaltungsvollzug durch Nettovermögen gedeckt sein. Dagegen können die §§ 140, 146 I UmwG nicht derart verstanden werden, dass nach der Gründungssatzung zu leistende Sacheinlagen im Rahmen der Ausgliederung oder Abspaltung nicht übertragen werden dürfen.[144]

Im Falle der Spaltung sieht das UmwG eine ausdrückliche Verpflichtung zur Kapitalherabsetzung nicht vor. Die Verpflichtung zur Abgabe der vorgenannten **Erklärungen über die Deckung des Nennkapitals** und die Ausschüttungssperren der §§ 30 GmbHG, 57 AktG können jedoch eine Kapitalherabsetzung erforderlich machen, wenn die übertragende Gesellschaft durch die Spaltung Nettovermögen verliert. 93

Das UmwG selbst enthält keine Verfahrensvorschriften für die Durchführung von Kapitalherabsetzungen. Es sieht lediglich vor, dass der übertragende Rechtsträger das **vereinfachte Verfahren der Kapitalherabsetzung** wählen kann, §§ 139, 145 UmwG. Eine ordentliche Kapitalherabsetzung nach den §§ 58 GmbHG, 222 AktG scheidet aufgrund der einzuhaltenden Fristen nach § 58 I Nr. 3 GmbHG und § 225 II AktG für eine Spaltung praktisch aus. In Betracht kommt daher regelmäßig nur eine vereinfachte Kapitalherabsetzung nach den §§ 58a ff. GmbHG, 229 ff. AktG. Die vereinfachte Kapitalherabsetzung kann sofort durchgeführt werden, da vorausgehende Aufforderungen an die Gesellschaftsgläubiger, sich zwecks Befriedigung oder Sicherstellung bei der Gesellschaft zu melden (§ 58 I Nr. 1, 2 GmbHG) und der Ablauf eines Sperrjahres nach § 58 I Nr. 3 GmbHG oder der Sechsmonatsfrist des § 225 II AktG entfallen. 94

Aus dem Gesetzeswortlaut der §§ 139, 145 UmwG ergibt sich nicht, ob es sich um **Rechtsgrund- oder Rechtsfolgenverweisungen** handelt; nach hM[145] ist Letzteres der Fall mit der Folge, dass die Voraussetzungen des § 58a I, II GmbHG und der §§ 229 ff. AktG für die 95

---
[142] → § 19 Rn. 49 ff. sowie die Fälle zur Abspaltung → Rn. 172 ff.
[143] *Hörtnagl* in Schmitt/Hörtnagl/Stratz UmwG § 140 Rn. 7.
[144] *Hörtnagl* in Schmitt/Hörtnagl/Stratz UmwG § 140 Rn. 9; *Priester* in Lutter UmwG § 140 Rn. 7.
[145] AG Charlottenburg GmbHR 2008 S. 993; *Sickinger* in Kallmeyer UmwG § 139 Rn. 1; *Priester* in Lutter UmwG § 139 Rn. 5; *Reichert* in Semler/Stengel UmwG § 139 Rn. 6; *Naraschewski* GmbHR 1995 S. 697 (700).

Sagasser 1193

vereinfachte Kapitalherabsetzung im Rahmen der Spaltung nicht gelten. Die Kapitalherabsetzung muss nach dieser Auffassung nicht dazu dienen, Wertminderungen auszugleichen oder sonstige Verluste zu decken und ist auch dann zulässig, wenn die übertragende Gesellschaft vor der Spaltung Kapital- und Gewinnrücklagen ausweist. Die Tatbestandsvoraussetzungen für die Herabsetzung des Nennkapitals bestimmen sich allein nach den §§ 139, 145 UmwG. Für die Auslegung als Rechtsgrundverweisung[146] soll dagegen insbesondere die Formulierung „erforderlich" in den §§ 139, 145 UmwG sprechen. Sie deute darauf hin, dass der durch die Anwendung der Vorschriften über die vereinfachte Kapitalherabsetzung reduzierte Gläubigerschutz nur dann gerechtfertigt sei, wenn die Tatbestandsvoraussetzungen der §§ 58a GmbHG, 229 ff. AktG vorlägen.

96 Im Ergebnis ist eine differenzierende Betrachtung vorzunehmen, bei der sich die Voraussetzungen einer vereinfachten Kapitalherabsetzung im Rahmen der Spaltung in erster Linie aus dem in den §§ 139, 145 UmwG genannten Merkmal der Erforderlichkeit ergeben. Im Übrigen ist eine Einzelfallbetrachtung anzustellen, welche Vorschriften des AktG und des GmbHG über die vereinfachte Kapitalherabsetzung im Rahmen der Spaltung anwendbar sind.[147]

97 Die von den §§ 139, 145 UmwG für die vereinfachte Kapitalherabsetzung vorausgesetzte **Erforderlichkeit der Kapitalherabsetzung** ist gegeben, wenn die Abspaltung oder Ausgliederung bei der übertragenden Gesellschaft einen Abfluss von Nettovermögen zur Folge hat und die Vermögensminderung nicht durch Auflösung bestimmter Rücklagen ausgeglichen werden kann, insbesondere wenn der Vermögensabfluss eine Unterbilanz bei der übertragenden Gesellschaft zur Folge hat.[148] Ohne die Kapitalherabsetzung läge bei der Abspaltung in diesem Fall ein Verstoß gegen die Ausschüttungssperren der §§ 30 GmbHG, 57 AktG vor, da den Gesellschaftern der abspaltenden Gesellschaft als Gegenleistung für die Vermögensübertragung die Anteile an der übernehmenden Gesellschaft zufließen, mithin also eine Ausschüttung im Sinne der §§ 30 GmbHG, 57 AktG vorliegt. Wegen des Regelungszusammenhangs mit § 30 GmbHG kommt es für die Erforderlichkeit der Kapitalherabsetzung nicht auf etwaige stille Reserven bei der übertragenden Gesellschaft, sondern allein auf eine bilanzielle Betrachtung nach fortgeführten Buchwerten an. Dies entspricht der Rechtsprechung zu § 30 GmbHG[149] sowie der herrschenden Meinung im Schrifttum zu der Vorschrift.[150] Maßgebend ist danach die Vermögenssituation der Gesellschaft, wie sie sich aus einer für den Zeitpunkt der Entnahme (Spaltung) aufzustellenden, den Anforderungen

---

[146] *Mayer* in Widmann/Mayer UmwG § 139 Rn. 23 ff.; *Hörtnagl* in Schmitt/Hörtnagl/Stratz UmwG § 139 Rn. 8 ff.
[147] Vgl. auch *Priester* in Lutter UmwG § 139 Rn. 13.
[148] *Hörtnagl* in Schmitt/Hörtnagl/Stratz UmwG § 139 Rn. 5; *Sickinger* in Kallmeyer UmwG § 139 Rn. 2; *Priester* in Lutter UmwG § 139 Rn. 6.
[149] BGH WM 1989 S. 14 (16); BGHZ 109 S. 334 (337); BGH BB 2006 S. 792 (794); OLG Celle GmbHR 2004 S. 309 (310).
[150] Vgl. nur *Goerdeler/Müller* in Hachenburg GmbHG § 30 Rn. 29 ff.; *Westermann* in Scholz GmbHG § 30 Rn. 17.

des § 42 GmbHG entsprechenden ordnungsmäßigen Bilanz zu fortgeführten Buchwerten ergibt.¹⁵¹ Die konsequente Ausrichtung der Vermögensermittlung an der Bilanzierung führt im Sinne des Gläubigerschutzes zu einer einfachen Handhabung der Kapitalerhaltungsregeln und entspricht dem systematischen Zusammenhang der verdeckten Ausschüttung nach § 30 GmbHG mit der offenen Gewinnausschüttung nach § 29 GmbHG. Für die verdeckte Ausschüttung müssen dieselben Einschränkungen gelten wie für die offene Gewinnausschüttung.¹⁵²

Eine erforderliche Kapitalherabsetzung liegt bei der übertragenden GmbH bereits dann vor, wenn der Nettovermögensabfluss nicht mehr durch Auflösung des gesamten Gewinnvortrags und desjenigen Teils der Kapital- und Gewinnrücklagen ausgeglichen werden kann, der zusammen 10% des nach der Herabsetzung verbleibenden Stammkapitals übersteigt (§ 58a II GmbHG).¹⁵³ Bei der übertragenden AG gilt Entsprechendes, wenn der Ausgleich des Vermögensabflusses nicht mehr durch Auflösung des Gewinnvortrages, sämtlicher Gewinnrücklagen und des Teils der gesetzlichen Rücklage und der Kapitalrücklage, um den diese zusammen über 10% des nach der Herabsetzung verbleibenden Grundkapitals hinausgehen, erfolgen kann (§ 229 II AktG). Jedenfalls insoweit sind die §§ 139, 145 UmwG Rechtsgrundverweisungen auf die Zulässigkeitsvoraussetzungen der vereinfachten Kapitalherabsetzung. Andernfalls müsste man die Erforderlichkeit der Kapitalherabsetzung isd §§ 139, 145 UmwG wohl so verstehen, dass sich der Anwendungsbereich der vereinfachten Kapitalherabsetzung im Falle der Spaltung auf Fälle der Entstehung einer Unterbilanz beschränkt.¹⁵⁴ Eine Einschränkung des Anwendungsbereichs der vereinfachten Kapitalherabsetzung durch das UmwG ist jedoch sicherlich nicht beabsichtigt.

Im Falle der Ausgliederung ist eine Kapitalherabsetzung regelmäßig nicht erforderlich, weil die übertragende Gesellschaft die erhaltenen Anteile an der übernehmenden Gesellschaft mit dem Wert des übertragenen Nettobuchvermögens anzusetzen hat. Die zu aktivierenden Anschaffungskosten der erhaltenen Anteile entsprechen dem Wert, mit dem die übernehmende Kapitalgesellschaft (§ 20 III UmwStG) oder die übernehmende Personenhandelsgesellschaft (§ 24 III UmwStG) das übertragene Vermögen ansetzt. Dieser Ansatz ist nach § 20 II bzw. 24 II UmwStG mindestens der Buchwert des Nettovermögens bei der übertragenden Gesellschaft.¹⁵⁵ Daher kann eine Kapitalherabsetzung im Falle der Ausgliederung bei der übertragenden Gesellschaft nur erforderlich sein, wenn auf die erworbenen Anteile sofort eine Teilwertabschreibung vorzunehmen ist, zB weil die übernehmende Gesellschaft überschuldet ist.¹⁵⁶

---

¹⁵¹ BGHZ 109 S. 334 (337).
¹⁵² *Goerdeler/Müller* in Hachenburg GmbHG § 30 Rn. 32 aE.
¹⁵³ *Hörtnagl* in Schmitt/Hörtnagl/Stratz UmwG § 139 Rn. 8; *Mayer* in Widmann/Mayer § 139 Rn. 34.
¹⁵⁴ So aber wohl *Sickinger* in Kallmeyer UmwG § 139 Rn. 2.
¹⁵⁵ *Hörtnagl* in Schmitt/Hörtnagl/Stratz UmwG § 139 Rn. 32.
¹⁵⁶ *Sickinger* in Kallmeyer UmwG § 139 Rn. 4; *Mayer* in Widmann/Mayer UmwG § 139 Rn. 17 ff.

§ 18

100 Eine weitere ungeschriebene Einschränkung der Erforderlichkeit einer Kapitalherabsetzung wird darin gesehen, dass die Höhe der Kapitalherabsetzung durch den Betrag des bei der übernehmenden Gesellschaft neu gebildeten Nennkapitals begrenzt wird.[157] Begründet wird diese Einschränkung des Anwendungsbereichs der vereinfachten Kapitalherabsetzung mit dem Ziel des Gesetzgebers, die Bildung von freiem, ausschüttbaren Eigenkapital bei der übernehmenden Gesellschaft zu verhindern.[158] Das bei der übertragenden Gesellschaft abfließende Nettovermögen kann bei der übernehmenden Gesellschaft Nennkapital oder Rücklage werden. Durch die vorgenannte Einschränkung des Anwendungsbereichs der vereinfachten Kapitalherabsetzung soll vermieden werden, dass eine Gestaltung gewählt wird, bei der über die nach den §§ 139, 145 UmwG erleichterte Kapitalherabsetzung bei der übernehmenden Gesellschaft kurzfristig ein zuvor nicht vorhandenes **Ausschüttungspotenzial** geschaffen wird. Ob sich diese Anforderung tatsächlich aus der Formulierung in § 139 UmwG „... zur Durchführung der Abspaltung ... erforderlich ..." herleiten lässt, ist äußerst zweifelhaft, da der Summengrundsatz bewusst nicht ins deutsche Umwandlungsrecht übernommen wurde.

101 Insbesondere nicht geregelt ist in den §§ 139 und 145 UmwG der Fall der Aufspaltung. So kann etwa bei einer Aufspaltung auf neu gegründete Gesellschaften das gesetzliche Mindestnennkapital für die neuen Gesellschaften frei gewählt werden und in Summe hinter dem Nennkapital des übertragenden Rechtsträgers zurückbleiben.[159] Hierzu hat der Gesetzgeber keine rechtsformspezifischen Einschränkungen angeordnet. Zum Teil wird aus den Grundsätzen der Kapitalerhaltung eine der Rechtsform entsprechende Ausschüttungssperre für erforderlich angesehen, so zB für die Aktiengesellschaft analog § 145 UmwG iVm § 230 AktG.[160]

102 Eine Pflicht zur Sicherheitsleistung an die Gläubiger besteht im Zusammenhang mit der vereinfachten Kapitalherabsetzung nicht, wohl aber wegen der Spaltung als solcher, vgl. § 125 iVm 22 UmwG und § 133 I 2 Halbs. 2 UmwG.

103 Während das AktG nach den § 222 IV iVm 229 III AktG eine Kapitalherabsetzung durch Zusammenlegung von Aktien oder durch Herabsetzung des Nennbetrages zulässt, kommt nach § 58a III 1 GmbHG für die GmbH nur die Herabsetzung der Nennbeträge der Geschäftsanteile in Betracht. Die Kapitalherabsetzung stellt eine Satzungsänderung dar und ist dementsprechend mit qualifizierter Mehrheit zu beschließen.

104 Für den Herabsetzungsbetrag gelten nach den §§ 58b GmbHG, 230 f. AktG **Verwendungsbeschränkungen,** die auch im Fall der Spaltung

---

[157] AG Charlottenburg GmbHR 2008 S. 993; *Priester* in Lutter UmwG § 139 Rn. 10; *Reichert* in Semler/Stengel UmwG § 139 Rn. 10; aA *Kallmeyer/Sickinger* in Kallmeyer UmwG § 139 Rn. 3; *Hörtnagl* in Schmitt/Hörtnagl/Stratz UmwG § 139 Rn. 12; *Mayer* in Widmann/Mayer UmwG § 139 Rn. 51.
[158] Begr. RegE § 139 in *Ganske* Umwandlungsrecht S. 153.
[159] AA *Petersen* Der Konzern 2004 S. 185 (190 f.).
[160] *Schwab* in Lutter UmwG § 145 Rn. 29.

§ 18. Spaltungsrechtliche Regelungen § 18

anwendbar sind.[161] Unzulässig ist die Bildung ausschüttbarer Rücklagen. Eine Kapitalrücklage[162] darf nur in Höhe von 10% des Nennkapitals gebildet und nur zu eng umrissenen Zwecken verwendet werden. Obwohl die §§ 58b GmbHG, 231 f. AktG unmittelbar nur auf die übertragende Gesellschaft anwendbar sind, wird aus den Vorschriften mittelbar auch das Verbot der Bildung ausschüttbarer Rücklagen bei der übernehmenden Gesellschaft abgeleitet.[163]

Auch die §§ 58c GmbHG, 232 AktG sind auf die Spaltung entsprechend anwendbar. Insbesondere, wenn bei der Beschlussfassung über die Kapitalherabsetzung eine Bilanz der übertragenden Gesellschaft noch nicht vorliegt, kann der spaltungsbedingte Abfluss von Nettovermögen beim übertragenden Rechtsträger und damit der Betrag der erforderlichen Kapitalherabsetzung nicht ex ante exakt bestimmt werden. Ergibt sich anschließend, dass der Abfluss des Nettovermögens geringer war als zunächst angenommen, ist der Unterschiedsbetrag zwischen dem Betrag der Kapitalherabsetzung und dem Betrag des übertragenen Nettovermögens nach den §§ 58c GmbHG, 232 AktG in die Kapitalrücklage einzustellen.[164] **105**

Die entsprechende Anwendung der §§ 58d GmbHG, 233 II AktG, welche die **Gewinnausschüttung nach Kapitalherabsetzung** beschränken, wird im Fall der Spaltung überwiegend abgelehnt.[165] Nach beiden Vorschriften dürfte die übertragende Gesellschaft grundsätzlich erst für diejenigen Geschäftsjahre, die später als zwei Jahre nach der Beschlussfassung über die Kapitalherabsetzung beginnen, Gewinnanteile von mehr als 4% zahlen. Die Vorschriften behandeln die Rechtsfolgen, nicht die Voraussetzungen, einer Kapitalherabsetzung. Sie sind daher grundsätzlich auch dann anwendbar, wenn man in den §§ 139, 145 UmwG Rechtsfolgenverweisungen sieht. Ihre Anwendbarkeit kann jedoch verneint werden, wenn man sie als zwingende Voraussetzung der vereinfachten Kapitalherabsetzung ansieht, dass bei der übernehmenden Gesellschaft Nennkapital in Höhe des Betrages gebildet wird, um den bei der übertragenden Gesellschaft das Nennkapital im vereinfachten Verfahren herabgesetzt wird.[166] In diesem Fall bleibt im Ergebnis der Betrag des gebundenen Kapitals in der Gesamtschau des Spaltungsvorgangs unverändert. Ein Anlass für eine Ausschüttungsbeschränkung besteht dann nicht. **106**

---

[161] *Priester* in Lutter UmwG § 139 Rn. 14; *Schwab* in Lutter UmwG § 145 Rn. 22; *Hörtnagl* in Schmitt/Hörtnagl/Stratz UmwG § 139 Rn. 4.
[162] Bei der AG unter Einrechnung der gesetzlichen Rücklage, vgl. § 231 AktG.
[163] *Priester* in Lutter UmwG § 139 Rn. 14; *Reichert* in Semler/Stengel UmwG § 139 Rn. 15.
[164] Ebenso *Priester* in Lutter UmwG § 139 Rn. 15.
[165] *Reichert* in Semler/Stengel UmwG § 139 Rn. 16; *Sickinger* in Kallmeyer UmwG § 139 Rn. 6; *Priester* in Lutter UmwG § 139 Rn. 16; *Schwab* in Lutter UmwG § 145 Rn. 25 f.; aA *Mayer* in Widmann/Mayer § 139 Rn. 74, § 145 Rn. 21; *Hörtnagl* in Schmitt/Hörtnagl/Stratz UmwG § 139 Rn. 29.
[166] → Rn. 95 ff.

§ 18   5. Teil. Spaltung

107   Damit die spaltungsbedingte Vermögensminderung nicht erst nach Vollzug der Spaltung offengelegt wird, bestimmen die §§ 139, 145 UmwG, dass eine Eintragung der Spaltung in das Handelsregister erst erfolgen darf, nachdem die Kapitalherabsetzung in das Handelsregister eingetragen worden ist. Allerdings wird überwiegend die Auffassung vertreten, dass die voreingetragene Kapitalherabsetzung erst mit dem Wirksamwerden der Spaltung ihre Wirksamkeit erlangt. Die Wirksamkeit der Spaltung sei eine gesetzliche Bedingung für das **Wirksamwerden der Kapitalherabsetzung.**[167] Gegen diese Auffassung spricht jedoch insbesondere der Wortlaut des § 145 UmwG, der an die Eintragung der „Durchführung der Herabsetzung des Grundkapitals im Register" anknüpft. Das Gesetz kennt die Eintragung durchgeführter Kapitalmaßnahmen, die (noch) nicht wirksam sind, nicht. Aus Gründen der Rechtsklarheit sollte hiervon auch im Falle der Spaltung keine Ausnahme gemacht werden. Die Kapitalherabsetzung ist folglich mit ihrer Eintragung, im Falle der Aktiengesellschaft mit Eintragung der Durchführung, wirksam.

ee) Nachhaftung

108   Gemäß den §§ 45, 125, 156, 157 UmwG kann der Gläubiger einer Personenhandelsgesellschaft oder eines einzelkaufmännischen Unternehmens im Falle des spaltungsbedingten Übergangs der Passivlegitimation auf eine Kapitalgesellschaft im Wege der Nachhaftung auf den Einzelkaufmann oder die Gesellschafter der Personenhandelsgesellschaft zurückgreifen. Die Nachhaftung erfasst einen Zeitraum von fünf Jahren ab der Bekanntmachung der Eintragung der Spaltung im Sitz des übertragenden Rechtsträgers. Abweichend von der Verschmelzung ist die Eintragung im Handelsregister des übertragenden Rechtsträgers maßgebend, da die Spaltung erst mit dieser Eintragung wirksam wird, § 131 UmwG. Nach zutreffender Auffassung ist die Nachhaftung gemäß § 45 UmwG auf die Abspaltung und Ausgliederung nicht anwendbar.[168] Bei Abspaltung und Ausgliederung erlischt die übertragende Personenhandelsgesellschaft nicht. Sie steht daher schon nach § 133 I 1, III UmwG als mithaftender Rechtsträger zur Verfügung. Die persönlich haftenden Gesellschafter der übertragenden Gesellschaft trifft in diesen Fällen auch die Mithaftung nach § 133 UmwG persönlich.

ff) Sonderfall Betriebsaufspaltung

109   § 134 UmwG schließlich ordnet für die Fälle der sog. Betriebsaufspaltung, dh gewöhnlich der Spaltung eines Rechtsträgers in eine das Betriebsvermögen verwaltende und eine den Produktionsbetrieb betreiben-

---

[167] *Sickinger* in Kallmeyer UmwG § 139 Rn. 7; *Mayer* in Widmann/Mayer UmwG § 139 Rn. 45; *Hörtnagl* in Schmitt/Hörtnagl/Stratz UmwG § 139 Rn. 35.
[168] *Sickinger* in Kallmeyer UmwG § 125 Rn. 49; *Mayer* in Widmann/Mayer UmwG Vor §§ 138–173 Rn. 15.

§ 18. Spaltungsrechtliche Regelungen § 18

de Gesellschaft, eine spezielle **Haftungserweiterung für die Forderungen der Arbeitnehmer** an. Nach § 134 I UmwG haftet auch die Anlagegesellschaft für die Arbeitnehmerforderungen aufgrund der §§ 111 bis 113 BetrVG (insbesondere aus Sozialplänen und Nachteilsausgleich wegen Abweichung von Interessenausgleich über Betriebsänderung) gesamtschuldnerisch neben der Betriebsgesellschaft, wenn die Forderungen binnen fünf Jahren nach dem Wirksamwerden der Spaltung begründet werden oder wenn es sich um vor dem Wirksamwerden der Spaltung begründete Versorgungsverpflichtungen aufgrund des Gesetzes zur Verbesserung der betrieblichen Altersversorgung handelt (§ 134 II UmwG). Die Anlagegesellschaft wird gemäß § 134 III UmwG in Verbindung mit § 133 III UmwG von ihrer gesamtschuldnerischen Haftung frei, wenn die vorbezeichneten Arbeitnehmerforderungen nicht vor Ablauf von zehn Jahren nach Wirksamkeit der Spaltung fällig und gerichtlich gegen die Anlagegesellschaft geltend gemacht sind. Die Verweisungstechnik des § 134 III UmwG ist insofern missglückt, als die Fünfjahresfrist des § 133 III UmwG nicht zeitlich verschoben, sondern auf einen Zehnjahreszeitraum verdoppelt wird.[169]

Vom Wortlaut her umfasst § 134 I UmwG nur die Abspaltung im Sinne des § 123 II UmwG. Abspaltende Gesellschaft kann dabei sowohl die künftige Betriebsgesellschaft wie auch die künftige Anlagegesellschaft sein.[170] Umstritten ist die Anwendbarkeit des § 134 I UmwG auf die anderen Spaltungsarten.

Soweit die Anwendung des § 134 I UmwG auf die **Aufspaltung** abgelehnt wird, wird dies damit begründet, dass der Wortlaut der Vorschrift vom Fortbestand des übertragenden Rechtsträgers ausgeht.[171] Dieses rein am Wortlaut orientierte Verständnis des § 134 I UmwG lässt indes die bei Ab- und Aufspaltung in weiten Teilen vergleichbare Interessenlage außer Acht. Nicht anders als bei der Abspaltung kann es auch bei der Aufspaltung zur Trennung von Anlagevermögen und Arbeitsverhältnissen kommen.[172] Auch die Existenzgefährdung der Betriebsgesellschaft in den ersten Jahren nach der Spaltung kann unabhängig davon eintreten, ob die Spaltung im Wege der Ab- oder Aufspaltung erfolgt.[173] Die Unanwendbarkeit des § 134 I UmwG auf die Aufspaltung hätte zur Folge, dass die Haftungsverschärfung nach dieser Vorschrift durch die Wahl der Aufspaltung anstelle der Abspaltung umgangen werden könnte.[174] Diese Erwägungen sprechen für eine planwidrige Regelungslücke und damit für eine analoge Anwendung des § 134 I UmwG auf die Fälle der Aufspaltung in Anlage- und Betriebsgesellschaft.[175] Allerdings müssen

110

111

---

[169] *Willemsen* in Kallmeyer UmwG § 134 Rn. 27.
[170] *Willemsen* in Kallmeyer UmwG § 134 Rn. 4.
[171] *Hörtnagl* in Schmitt/Hörtnagl/Stratz UmwG § 134 Rn. 18; *Vossius* in Widmann/Mayer UmwG § 134 Rn. 5.
[172] *Schwab* in Lutter UmwG § 134 Rn. 64.
[173] *Schwab* in Lutter UmwG § 134 Rn. 64.
[174] *Willemsen* in Kallmeyer UmwG § 134 Rn. 4.
[175] *Schwab* in Lutter UmwG § 134 Rn. 65; *Willemsen* in Kallmeyer UmwG § 134 Rn. 4; *Maier-Reimer/Seulen* in Semler/Stengel § 134 Rn. 34.

auch bei der Aufspaltung die weiteren tatbestandlichen Voraussetzungen des § 134 I UmwG für den qualifizierten Arbeitnehmerschutz erfüllt sein. Insbesondere ist Personenidentität der Gesellschafter der aus der Aufspaltung hervorgehenden Gesellschaften erforderlich.[176]

112 Auch die **Ausgliederung** wird vom Wortlaut des § 134 I UmwG nicht erfasst. § 134 I UmwG setzt bei den an der Spaltung beteiligten Rechtsträgern eine im Wesentlichen identische Gesellschafterstruktur voraus. Die Ausgliederung führt jedoch bei formaler Betrachtung zu unterschiedlichen Gesellschafterkreisen, da die Anteile an der übernehmenden Gesellschaft der ausgliedernden Gesellschaft gewährt werden. Die Anwendbarkeit des § 134 I UmwG auf die Ausgliederung wird dennoch zutreffend[177] mit dem Hinweis bejaht, dass die in § 134 I UmwG geforderte Beteiligungsidentität auch bei mittelbarer Beteiligung des im Wesentlichen identischen Personenkreises erfüllt sein könne.

113 § 134 UmwG greift ein, wenn entweder die Betriebsgesellschaft als übertragender Rechtsträger die zur Fortführung eines Betriebes notwendigen Vermögensteile im Wesentlichen überträgt (Alt. 1) oder wenn diese Vermögensteile bei dem übertragenden Rechtsträger verbleiben und der durch die Abspaltung entstehenden Betriebsgesellschaft zur Nutzung überlassen werden (Alt. 2). „**Betrieb**" ist hier im arbeitsrechtlichen Sinne als organisatorische Einheit, „innerhalb derer ein Arbeitgeber alleine oder in Gemeinschaft mit seinen Arbeitnehmern bestimmte arbeitstechnische Zwecke fortgesetzt verfolgt"[178] zu verstehen. Nicht gemeint ist der Betrieb im steuerrechtlichen Sinne. Als betriebsnotwendiges Vermögen sind alle Bestandteile des materiellen und immateriellen Anlagevermögens und Umlaufvermögens anzusehen, die zur Erreichung des Betriebszwecks unverzichtbar sind.[179] Abzustellen ist nicht auf einen abstrakten Betriebszweck sondern den Zweck des konkreten Betriebes.[180] Zu weit ginge es, allgemein auf den Gesellschaftszweck oder den statutarischen Unternehmensgegenstand des zu spaltenden Rechtsträgers abzustellen.[181] Dem steht der insoweit eindeutige Wortlaut des § 134 I UmwG entgegen, der von betriebsnotwendigen Vermögensteilen spricht.

---

[176] *Schwab* in Lutter UmwG § 134 Rn. 66; *Willemsen* in Kallmeyer UmwG § 134 Rn. 4.
[177] *Willemsen* in Kallmeyer UmwG § 134 Rn. 5; im Ergebnis auch *Hörtnagl* in Schmitt/Hörtnagl/Stratz UmwG § 134 Rn. 20; *Schwab* in Lutter UmwG § 134 Rn. 67; *Mayer* in Widmann/Mayer UmwG § 134 Rn. 6; *Maier-Reimer/Seulen* in Semler/Stengel § 134 Rn. 34.
[178] *Willemsen* in Kallmeyer UmwG § 134 Rn. 7.
[179] Ebenso *Willemsen* in Kallmeyer UmwG § 134 Rn. 7; *Vossius* in Widmann/Mayer UmwG § 134 Rn. 32; aA *Hörtnagl* in Schmitt/Hörtnagl/Stratz § 134 Rn. 12 f. sowie *Maier-Reimer/Seulen* in Semler/Stengel UmwG § 134 Rn. 12, nach denen notwendige Vermögensteile nur solche des Anlagevermögens sind.
[180] *Willemsen* in Kallmeyer UmwG § 134 Rn. 8; *Hörtnagl* in Schmitt/Hörtnagl/Stratz UmwG § 134 Rn. 11; jetzt auch *Schwab* in Lutter UmwG § 134 Rn. 28.
[181] So noch *Hommelhoff* in Lutter UmwG 2. Auflage § 134 Rn. 27.

§ 18 Spaltungsrechtliche Regelungen § 18

Nach hM[182] ist der Begriff der **Wesentlichkeit der übertragenen** 114
Vermögensteile in § 134 I UmwG ausschließlich wertmäßig, nicht aber qualitativ oder funktional zu verstehen. Wann die betriebsnotwendigen Vermögensteile im Wesentlichen übertragen werden bzw. bei der Anlagegesellschaft verbleiben, wird allerdings uneinheitlich beurteilt. *Kallmeyer*[183] vertritt diesbezüglich die sehr weitgehende Auffassung, nach der von einer Übertragung im Wesentlichen bereits auszugehen ist, wenn zwei Drittel der betriebsnotwendigen Vermögensteile auf die Anlagegesellschaft übertragen bzw. von dieser zurückbehalten werden. Diese Schwelle sieht die überwiegende Auffassung im Schrifttum[184] als nicht mehr vom Gesetzeswortlaut „im Wesentlichen" gedeckt an und legt strengere Kriterien an. Danach kann als wesentlich eine Vermögensübertragung von 85–90% der nach funktionaler Betrachtung zur Führung des Betriebs notwendigen Vermögensteile angesehen werden.[185] *Schwab*[186] hingegen will derartige Prozentsätze bestenfalls als Hilfskriterium heranziehen, fordert jedoch für die Beurteilung der Wesentlichkeit eine nach dem Schutzzweck der Regelung ausgerichtete wertende Einzelfallbetrachtung.

Die erweiterte Haftung nach § 134 UmwG setzt voraus, dass sich die 115
Tätigkeit der Anlagegesellschaft im Wesentlichen auf die **Verwaltung der im Rahmen der Spaltung übertragenen Vermögensteile** beschränkt. Dem Wortlaut nach kommt § 134 UmwG daher nicht zur Anwendung, wenn die Anlagegesellschaft daneben auch anderes Vermögen verwaltet, sofern es sich um Vermögen in nicht unbedeutendem Umfang handelt oder wenn sie einen eigenen Betrieb führt.[187] Zum Teil wird allerdings auch für diese Fälle eine Anwendbarkeit der Vorschrift über den Wortlaut hinaus für den Fall angenommen, dass sich die Tätigkeit des übernehmenden Rechtsträgers bezüglich des übernommenen Vermögens auf dessen Verwaltung beschränkt.[188] Sonstige Tätigkeiten des übernehmenden Rechtsträgers, gleich ob operativ oder verwaltend, sollen unerheblich sein, solange sie nicht das übertragene Vermögen tangieren.[189] Für diese

---

[182] *Willemsen* in Kallmeyer UmwG § 134 Rn. 11; *Hörtnagl* in Schmitt/Hörtnagl/Stratz UmwG § 134 Rn. 15; *Maier-Reimer/Seulen* in Semler/Stengel UmwG § 134 Rn. 13 f.
[183] *Willemsen* in Kallmeyer UmwG § 134 Rn. 11.
[184] *Hörtnagl* in Schmitt/Hörtnagl/Stratz UmwG § 134 Rn. 17; *Vossius* in Widmann/Mayer UmwG § 134 Rn. 44 und FN 3 zu Rn. 44.
[185] *Vossius* in Widmann/Mayer UmwG § 134 Rn. 44; *Hörtnagl* in Schmitt/Hörtnagl/Stratz UmwG § 134 Rn. 16; *Maier-Reimer/Seulen* in Semler/Stengel UmwG § 134 Rn. 14.
[186] *Vossius* in Widmann/Mayer UmwG § 134 Rn. 44.
[187] So *Hörtnagl* in Schmitt/Hörtnagl/Stratz UmwG § 134 Rn. 21 ff.; einschränken *Willemsen* in Kallmeyer UmwG § 134 Rn. 15 der die Anwendung des § 134 nur ablehnt, wenn der übernehmende Rechtsträger operativ tätig ist.
[188] *Vossius* in Widmann/Mayer § 134 Rn. 53; *Maier-Reimer/Seulen* in Semler/Stengel UmwG § 134 Rn. 15 ff.; *Willemsen* in Kallmeyer UmwG § 134 Rn. 15; *Schwab* in Lutter UmwG § 134 Rn. 47 ff.
[189] *Maier-Reimer/Seulen* in Semler/Stengel UmwG § 134 Rn. 16.

erweiterte Anwendung spricht, dass auch in diesen Fällen der Gesetzeszweck, nämlich der Schutz der Arbeitnehmer vor dem mit dem Auseinanderfallen von Betrieb und Haftungssubstrat verbundenen Risiko, berührt wird. Durch die Aufnahme von Zusatzaktivitäten könnte die erweiterte Haftung zudem leicht umgangen werden.

116 Problematisch ist in diesem Zusammenhang, ob sich die Haftungserweiterung auch auf im Wege der **Einzelrechtsnachfolge** vollzogene Betriebsaufspaltungen erstreckt. Dies dürfte wegen des Wortlautes der §§ 123, 134 UmwG, die sich ersichtlich nur auf die Gesamtrechtsnachfolge beziehen, zu verneinen sein.[190] Letztlich ist diese Frage jedoch danach zu entscheiden, inwieweit insgesamt die Regelungen des UmwG auf eine Ausgliederung im Wege der Einzelrechtsnachfolge analog anzuwenden sind.[191]

f) Treuhänderbestellung

117 Schließlich kann bei der Ausgliederung aus Aktiengesellschaften die Bestellung eines Treuhänders unterbleiben, weil die Anteilseigner keine Aktien des übernehmenden Rechtsträgers erhalten.

II. Ablauf der Spaltung im Überblick

1. Grundsätzlicher Gleichklang mit dem Ablauf der Verschmelzung

118 Der Spaltungsablauf folgt grundsätzlich dem Ablauf der Verschmelzung. Auch hier ist nach den §§ 125 iVm 17 II UmwG bei der Anmeldung zum Handelsregister des übertragenden Rechtsträgers eine höchstens acht Monate alte (Schluss-)Bilanz vorzulegen, so dass die Achtmonatsfrist auch den Zeitplan der Spaltung bestimmt. Insofern kann auf die obigen Ausführungen verwiesen werden.[192]

2. Abweichungen des Ablaufs der Spaltung vom Ablauf der Verschmelzung

119 Abweichungen des Spaltungs- vom Verschmelzungsablauf ergeben sich notwendig dort, wo die strukturellen Unterschiede zwischen Spaltung und Verschmelzung dies erfordern. Während die Verschmelzung zur Neugründung mindestens zwei übertragende Rechtsträger erfordert, ist bei einer Spaltung zur Neugründung lediglich ein übertragender Rechtsträger beteiligt. Deshalb bedarf es auch nur eines Spaltungsbeschlusses anstelle eines Vertrages der übertragenden Rechtsträger.

120 Die zweite gravierende Abweichung gegenüber der Verschmelzung liegt in dem Umstand begründet, dass sich die Vermögenszuordnung (und die Zuordnung der Verbindlichkeiten) zu den übernehmenden bzw. neuen Rechtsträgern nicht ipso iure aus der Struktur des Umwandlungs-

---

[190] So auch *Hörtnagl* in Schmitt/Hörtnagl/Stratz UmwG § 134 Rn. 19; *Vossius* in Widmann/Mayer UmwG § 134 Rn. 16 ff.; *Willemsen* in Kallmeyer UmwG § 134 Rn. 6.
[191] → Rn. 193 ff.
[192] → § 9 Rn. 37 ff.

§ 18. Spaltungsrechtliche Regelungen § 18

vorgangs ergibt, sondern der spaltende Rechtsträger sein Vermögen vertraglich bzw. durch Plan den jeweiligen übernehmenden Rechtsträgern zuteilen muss. § 126 II UmwG bestimmt insoweit, dass auch im Falle der Spaltung und der damit einhergehenden Sonderrechtsnachfolge diejenigen Vorschriften zu beachten sind, die im Falle der Einzelrechtsnachfolge für die Bezeichnung der Gegenstände heranzuziehen sind. Insbesondere ist die Regelung des § 28 GBO ist zu beachten; aber auch die anderen Gegenstände müssen im Spaltungsvertrag so **klar gekennzeichnet** sein, dass sie den Anforderungen des sachenrechtlichen Bestimmtheitsgrundsatzes entsprechend zu individualisieren sind. Dabei kann zB auf Inventarlisten Bezug genommen werden, wenn dadurch die Zuweisung einzelner Gegenstände ermöglicht wird; diese Unterlagen sind dem Spaltungsvertrag bzw. -plan beizufügen. Im Gegensatz zur Verschmelzung wird der Spaltungsvorgang daher ganz erheblich von der erforderlichen Vorbereitung des Spaltungsvertrages bzw. -planes geprägt. Zwar sieht das UmwG für „vergessene Vermögensgegenstände" bestimmte Verteilungsregelungen vor, vgl. § 131 III UmwG, doch werden diese nicht unbedingt den Wünschen der Organe des spaltenden Rechtsträgers entsprechen.

Auch im Übrigen bestehen zwischen der Verschmelzung und der 121 Spaltung gewichtige Unterschiede. So wird etwa die konzernexterne Verschmelzung durch die **fusionskontrollrechtlichen Vorschriften** des GWB bzw. der Europäischen Fusionskontrollverordnung erfasst, soweit die jeweiligen Größenmerkmale vorliegen. Im Rahmen der Spaltung dagegen kommt es aufgrund ihres grundsätzlich dekonzentrativen Charakters in der Regel nicht zu Berührungspunkten mit dem Kartellrecht. Konzentrative Wirkung und kartellrechtliche Relevanz können sich jedoch ergeben, wenn Rechtsträger durch Spaltung zur Aufnahme teilweise vereinigt werden.[193]

Andererseits rücken bei der Spaltung im Gegensatz zur Verschmelzung 122 vermehrt Gesichtspunkte des Gläubiger- und Arbeitnehmerschutzes in den Vordergrund, sind doch diese Gruppen von der Spaltung in einem weit größeren Ausmaß betroffen als von einer Verschmelzung. Zu bedenken ist, dass es bei Abspaltungen wegen der für Rechtsträger auf beiden Seiten des Spaltungsvorgangs zu beachtenden Kapitalerhaltungsregelungen sowohl beim spaltenden wie auch beim übernehmenden Rechtsträger zu einer **Kapitalherabsetzung** kommen kann. Diese Kapitaländerungsbeschlüsse können von den Rechtsträgern auch gemeinsam mit den übrigen Unterlagen unter der ausdrücklichen Bedingung des Vollzugs der Kapitalherabsetzung als Voraussetzung der Wirksamkeit der Spaltung zum Handelsregister eingereicht werden, so dass die Spaltung erst nach der Kapitaländerung in das oder die entsprechenden Handelsregister der Kapitalgesellschaften eingetragen werden kann. Für das Handelsregister der übertragenden Gesellschaft folgt diese Reihenfolge der Eintragungen bereits aus den §§ 139 Satz 2, 145 Satz 2 UmwG. Ob die Wirksamkeit der Kapitalherabsetzung erst mit Wirksamkeit der Spaltung eintritt, ist streitig.[194]

---

[193] → § 7 Rn. 23 ff.
[194] → Rn. 107.

123 Soweit § 613a BGB auf die Spaltung im konkreten Fall anwendbar ist,[195] können Arbeitsverhältnisse im Spaltungsvertrag bzw. -plan nicht frei zugeordnet werden. Daher müssen bereits im Vorfeld der Spaltung gegebenenfalls Um- bzw. Versetzungsmaßnahmen in den Betrieben oder Teilbetrieben vorgenommen werden, um nicht ungewollt bestimmte Arbeitsverhältnisse auf den übernehmenden bzw. neuen Rechtsträger überzuleiten. Zu beachten ist auch der in § 323 I UmwG niedergelegte kündigungsrechtliche Bestandsschutz der Arbeitsverhältnisse bei Spaltungen. Gleiches gilt für die in § 325 UmwG geregelte Mitbestimmungsbeibehaltung.[196]

124 Zudem erfordert die Spaltung in nicht wenigen Fällen eine umfängliche Gestaltungsplanung zur Ausnutzung steuerlicher Privilegien.[197]

125 Schließlich folgt auch die Registeranmeldung teilweise abweichenden Regeln, auf die gesondert einzugehen ist.[198]

III. Aufspaltung/Abspaltung

1. Spaltungsvertrag bzw. -plan

a) Zuständigkeit

126 Für den Abschluss des Spaltungsvertrages bzw. die Erstellung des Spaltungsplans sind die jeweiligen Vertretungsorgane des Rechtsträgers zuständig, §§ 125 iVm 4 UmwG.[199]

b) Aufteilung des Vermögens

127 Gemäß § 126 I Nr. 9 UmwG muss der Spaltungsvertrag die genaue Bezeichnung und Aufteilung der Gegenstände des Aktiv- und Passivvermögens, die an jeden der übernehmenden Rechtsträger übertragen werden, enthalten. Zusätzlich ist aufzuführen, welche Betriebe oder Betriebsteile den jeweiligen Rechtsträgern zugeordnet werden.

aa) Bestimmtheitsgrundsatz

128 Gemäß § 126 II UmwG ist auch bei der Sonderrechtsnachfolge der sachenrechtliche Bestimmtheitsgrundsatz einzuhalten. Erforderlich ist die Bezeichnung der übergehenden Vermögensgegenstände in einer Weise, dass sie identifizierbar sind. Dabei verwendet das Umwandlungsgesetz in § 126 II UmwG den Begriff des **„Gegenstandes"** in demselben Sinne wie das BGB (vgl. etwa §§ 135, 161, 185 BGB), meint mithin sowohl Sachen als auch Rechte. Da es bei der Bezeichnung der Gegenstände nur um deren Zuordnung zu bestimmten Rechtsträgern und nicht um ihre Werthaltigkeit oder Bilanzierbarkeit geht, sind auch nicht bilanzierungsfähige Gegenstände zu bezeichnen.

---

[195] → Rn. 55.
[196] → § 6 Rn. 75 ff.
[197] → § 20 Rn. 13 ff.
[198] → Rn. 170 ff., insb. → Rn. 172.
[199] Zu Problemen → § 9 Rn. 66.

§ 18. Spaltungsrechtliche Regelungen § 18

(1) **Grundstücke** müssen so bezeichnet werden wie bei der Einzelauflassung, mithin nach Grundbuchamt, Gemarkung, Band des Grundbuches, Blatt und Flurstücknummer, § 126 II UmwG iVm § 28 GBO. Das Fehlen der Bezeichnung des betreffenden Grundstückes nach § 28 Satz 1 GBO führt zur Unwirksamkeit der Übertragung. Entsprechendes gilt für grundstücksgleiche Rechte;[200] eine Notarbescheinigung im Sinne einer gutachterlichen Feststellung wird nicht ausreichen.[201] Andererseits bedarf es für die Grundstücksübertragung keiner Auflassung, das Eigentum geht durch die Eintragung der Spaltung in das Handelsregister nach § 131 I Nr. 1 UmwG auf den übernehmenden Rechtsträger über.[202] Das Grundbuch ist mithin nur zu berichtigen. Empfehlenswert ist die Aufnahme entsprechender Bewilligungen in den notariell zu beurkundenden Spaltungsvertrag. 129

(2) Hinsichtlich der Übertragung von materiellem Anlagevermögen und Warenvorräten gelten die von Sicherungsübereignungen her bekannten Grundsätze zur Individualisierbarkeit.[203] 130

(3) **Forderungen** sind individualisierbar zu bezeichnen, dh nach Betrag, Schuldner und Fälligkeit. Insbesondere genügt für die Übertragung von Forderungsmehrheiten die Angabe, dass alle Forderungen aus einem bestimmten Geschäftsbetrieb, aus einer bestimmten Art von Rechtsgeschäften oder aus einem bestimmten Zeitraum übertragen werden sollen.[204] Bestimmbarkeit liegt selbst dann vor, wenn die Feststellung der abgetretenen Forderung einen erheblichen Arbeits- und Zeitaufwand erfordert.[205] Die zu Sicherungsabtretungen erarbeiteten Anforderungen an die Individualisierbarkeit können herangezogen werden. Akzessorische Sicherungsrechte und Nebenrechte verbleiben bei der Forderung.[206] Zedierte Forderungen können nicht übertragen werden; durch Aufnahme einer solchen Forderung in den Spaltungsvertrag kann aber die aus dem Sicherungsverhältnis resultierende Rechtsposition übertragen werden.[207] 131

(4) **Verbindlichkeiten** sind in gleicher Weise wie Forderungen zu individualisieren. Eine Zustimmung der Gläubiger nach §§ 414 ff. BGB ist aufgrund der Sonderrechtsnachfolge entbehrlich.[208] 132

Gemäß § 126 II 3 UmwG kann auf Urkunden wie **Bilanzen und Inventare** Bezug genommen werden, wenn deren Inhalt eine Zuweisung des einzelnen Gegenstands ermöglicht und die Urkunden dem Spaltungsvertrag als Anlage beigefügt werden.[209] Allerdings wird eine 133

---

[200] Vgl. OLG Schleswig, ZNotP 2010 S. 108 (109); *Hörtnagl* in Schmitt/Hörtnagl/Stratz § 126 Rn. 81.
[201] Vgl. OLG Frankfurt a. M., NZG 2013 S. 143.
[202] Vgl. BGH WM 2008 S. 607.
[203] *Sickinger* in Kallmeyer UmwG § 126 Rn. 19.
[204] *Hörtnagl* in Schmitt/Hörtnagl/Stratz UmwG § 126 Rn. 88.
[205] BGHZ 70 S. 86 (90); *Hörtnagl* in Schmitt/Hörtnagl/Stratz UmwG § 126 Rn. 87.
[206] *Schröer* in Semler/Stengel UmwG § 126 Rn. 67.
[207] *Schröer* in Semler/Stengel UmwG § 126 Rn. 67.
[208] → Rn. 61 ff.
[209] Vgl. auch BT-Drucks. 12/6699 S. 119 zu § 126 UmwG.

Bilanz oftmals eine hinreichende Konkretisierung des zuzuweisenden Gegenstandes nicht ermöglichen.[210] Dies gilt insbesondere für zuzuweisende Gegenstände, die nicht bilanzierungsfähig sind oder aufgrund von Abschreibungen oder Wertberichtigungen nicht bilanziert werden. Ungeeignet als Grundlage der Zuweisung von Gegenständen ist eine Bilanz auch in den Fällen, in denen aus einem bilanziellen Sammelposten nur Einzelgegenstände im Rahmen der Spaltung übertragen werden sollen.[211] Die Formulierung des § 126 II 3 UmwG zeigt aber auch, dass die Bezeichnung der Vermögensgegenstände im Wege der Auslegung unter Heranziehung außerhalb des Spaltungsvertrages liegender Umstände erfolgen kann, soweit es sich nicht um Grundstücke oder grundstücksgleiche Rechte handelt.[212] Dies soll es insbesondere möglich machen, durch Bezeichnung eines Betriebes oder Teilbetriebes eine Zuordnung von Vermögensgegenständen durchzuführen.[213]

Zur Erleichterung der Bezeichnung der Gegenstände des Aktiv- und Passivvermögens, die im Rahmen der Spaltung übertragen werden sollen, ist daher zB eine Negativabgrenzung im Spaltungsvertrag dahingehend möglich, dass der übertragende Rechtsträger „sein gesamtes Aktiv- und Passivvermögen bis auf ..." überträgt.[214] Insbesondere wenn der Umfang der zu spaltenden Vermögensmasse ungleich ist, bietet es sich an, nur die geringeren Teile, der Aktiva und Passiva zu dokumentieren. Weiterhin ist an die Verwendung einer „All-Klausel" unter Bezugnahme auf einen Betrieb oder Betriebsteil zur Bezeichnung der zu übertragenden Vermögensgegenstände zu denken.[215] Hier ist allerdings ergänzend eine ausdrückliche Auflistung der wesentlichen Vermögensgegenstände zu empfehlen. Im Zweifelsfall verbleiben ansonsten nicht zuordenbare Vermögensgegenstände beim übertragenden Rechtsträger, soweit sie nicht im Falle der Aufspaltung verhältnismäßig zugeteilt werden, § 131 III UmwG.[216]

bb) Nicht zugeordnete Gegenstände

134 Soweit Gegenstände bei der Aufspaltung durch den Spaltungsvertrag nicht eindeutig einem der übernehmenden Rechtsträger zugeordnet worden sind und sich diese Zuordnung auch nicht durch Auslegung des Spaltungsvertrages ermitteln lässt, ordnet **§ 131 III UmwG** an, dass der Gegenstand auf alle übernehmenden Rechtsträger in dem Verhältnis übergeht, das sich aus dem Vertrag für die Aufteilung des Überschusses der Aktivseite der Schlussbilanz über deren Passivseite ergibt; ist die Zuteilung des Gegenstandes auf mehrere Rechtsträger nicht möglich, so ist sein Gegenwert im nämlichen Verhältnis zu verteilen.

---

[210] *Hörtnagl* in Schmitt/Hörtnagl/Stratz UmwG § 126 Rn. 77.
[211] *Hörtnagl* in Schmitt/Hörtnagl/Stratz UmwG § 126 Rn. 77.
[212] → Rn. 129.
[213] Vgl. *Tiele/König* NZG 2015 S. 178.
[214] Vgl. *Tiele/König* NZG 2015 S. 178.
[215] Vgl. *Tiele/König* NZG 2015 S. 178.
[216] Vgl. *Priester* in Lutter UmwG § 126 Rn. 58.

§ 18. Spaltungsrechtliche Regelungen § 18

Eine Zuweisung „**vergessener Verbindlichkeiten**" ist im Falle der 135
Aufspaltung allerdings wohl nur in analoger Anwendung von § 131 III
UmwG möglich. Die Vorschrift betrifft nach Auffassung des Gesetzgebers ausschließlich „vergessene Aktiva".[217] Auch die nach dem Wortlaut des § 131 III UmwG vorgesehene Zuweisung des Gegenstandes an mehrere Rechtsträger nach seinem Gegenwert spricht für eine Beschränkung der Vorschrift auf „vergessene Aktiva". Andererseits ist die gesamtschuldnerische Haftung für Verbindlichkeiten des übertragenden Rechtsträgers nach § 133 I UmwG kein hinreichender Schutz für die Gläubiger „vergessener Verbindlichkeiten". Wird die „vergessene Verbindlichkeit" später als fünf Jahre nach Wirksamkeit der Aufspaltung fällig, greift die Nachhaftungsbegrenzung des § 133 III UmwG. Hier kann den betroffenen Gläubigern durch eine Zuweisung der „vergessenen Verbindlichkeit" in analoger Anwendung des § 131 III UmwG geholfen werden.[218] Die analoge Anwendung des § 131 III UmwG auf vergessene Verbindlichkeiten hat den Vorteil, dass damit der Aufteilungsmaßstab im Innenverhältnis feststeht. Nach anderer Ansicht[219] findet auf vergessene Verbindlichkeiten die Regelung des § 133 I UmwG Anwendung, jedoch ohne Möglichkeit der Enthaftung nach § 133 III UmwG. Hier ergibt sich wiederum die Frage der Aufteilung im Innenverhältnis.[220]

c) Inhalt des Spaltungsvertrages/-plans

Der Inhalt des Spaltungsvertrages ist in weitem Umfang identisch mit 136
dem des Verschmelzungsvertrages. Hier sollen lediglich die abweichenden Regelungen erörtert werden; im Übrigen wird auf die Darstellung des Verschmelzungsvertrages verwiesen.[221] Bei Beteiligung von mehr als zwei Rechtsträgern am Spaltungsvorgang ist ein einheitlicher Spaltungsvertrag oder Spaltungsplan erforderlich. Dies gilt für die Aufspaltung zur Aufnahme oder Neugründung, an der zwingend mehr als zwei bestehende oder neue Rechtsträger beteiligt sind, aber wohl auch für die Fälle der gleichzeitigen Abspaltung oder Ausgliederung auf mehrere Rechtsträger.[222] Im Schrifttum wird demgegenüber für die letztgenannten Fälle aus Praktikabilitätserwägungen gefordert, getrennte Spaltungsverträge zuzulassen.[223] Der notwendige Inhalt des Spaltungsvertrages ist in **§ 126 I UmwG** niedergelegt:

---

[217] Begr RegE BR-Drucks. 75/94 zu § 131 UmwG.
[218] *Hörtnagl* in Schmitt/Hörtnagl/Stratz UmwG § 131 Rn. 109 ff.
[219] *Vossius* in Widmann/Mayer UmwG § 131 Rn. 220; *Sickinger* in Kallmeyer UmwG § 131 Rn. 29; *Kübler* in Semler/Stengel UmwG § 131 Rn. 72.
[220] → Rn. 74 ff.
[221] → § 9 Rn. 67 ff.
[222] *Schröer* in Semler/Stengel UmwG § 126 Rn. 9.
[223] *Borges* BB 1997 S. 589; *Priester* in Lutter UmwG § 126 Rn. 8; *Mayer* in Widmann/Mayer UmwG § 126 Rn. 8.

§ 18   5. Teil. Spaltung

aa) Name oder Firma und Sitz der beteiligten Rechtsträger, § 126 I Nr. 1 UmwG

137 Es gelten die Ausführungen zur Verschmelzung.[224]

bb) Übertragung von Teilen des Vermögens als Gesamtheit gegen Gewährung von Anteilen oder Mitgliedschaften, § 126 I Nr. 2 UmwG

138 Der Spaltungsvertrag sollte ausdrücklich als solcher bezeichnet werden und die ausdrückliche Vereinbarung über die Übertragung der Teile des Vermögens als Gesamtheit enthalten, da sonst zweifelhaft sein kann, ob eine Übertragung im Wege der Sonder- oder Einzelrechtsnachfolge erfolgen soll. Dies ist insbesondere wegen der Übertragbarkeit von Verbindlichkeiten und Verträgen gemäß den §§ 414 ff. BGB wichtig. Es empfiehlt sich mithin die Übernahme der gesetzlichen Formulierung.[225]

cc) Umtauschverhältnis der Anteile, bare Zuzahlungen und Angaben über Mitgliedschaften, § 126 I Nr. 3 UmwG

139 Das Umtauschverhältnis ist nur bei der Auf- oder Abspaltung anzugeben, nicht bei der Ausgliederung. Bei der *upstream*-Spaltung sind die Kapitalerhöhungsverbote der §§ 54, 68 UmwG zu beachten. Im Übrigen gelten die Ausführungen zur Verschmelzung.[226]

dd) Einzelheiten über den Erwerb von Anteilen und Mitgliedschaften, § 126 I Nr. 4 UmwG

140 Diese sind ebenfalls nur bei der Auf- und Abspaltung anzugeben.[227]

ee) Zeitpunkt der Gewinnbeteiligung, § 126 I Nr. 5 UmwG

141 Es gelten die Ausführungen zur Verschmelzung.[228]

ff) Spaltungsstichtag, § 126 I Nr. 6 UmwG

142 Es gelten die Ausführungen zur Verschmelzung.[229]

gg) Rechte einzelner Anteils- und Rechtsinhaber, § 126 I Nr. 7 UmwG

143 Es gelten die Ausführungen zur Verschmelzung.[230]

---

[224] → § 9 Rn. 70.
[225] Sickinger in Kallmeyer UmwG § 126 Rn. 5.
[226] → § 9 Rn. 79.
[227] → § 9 Rn. 127 ff.
[228] → § 9 Rn. 136 ff.
[229] → § 9 Rn. 139.
[230] → § 9 Rn. 140 ff.

§ 18. Spaltungsrechtliche Regelungen § 18

hh) Besondere Vorteile für Vertretungsorgane, Aufsichtsorgane usw., § 126 I Nr. 8 UmwG

Es gelten die Ausführungen zur Verschmelzung.[231]   144

ii) Bezeichnung und Aufteilung der Aktiva und Passiva, Betriebe und Betriebsteile, § 126 I Nr. 9 UmwG

Die Angaben gemäß § 126 I Nr. 9 UmwG bilden den Kern des Spaltungsvertrages. Die Vorbereitung dieses Abschnittes des Vertrages macht den Großteil der Entwurfsarbeiten aus, da die Individualisierung der Aktiva und Passiva bzw. der Betriebe und Betriebsteile den oben dargestellten Bestimmtheitsanforderungen genügen muss.[232]   145

jj) Aufteilung der Anteile und Maßstab der Aufteilung bei Auf- und Abspaltung, § 126 I Nr. 10 UmwG

Diese Bestimmungen im Spaltungsvertrag sind schon deshalb notwendig, weil die Spaltung als nicht-verhältniswahrende Spaltung eine Änderung der bisherigen Beteiligungsverhältnisse zur Folge haben kann. Wird eine verhältniswahrende Spaltung durchgeführt, soll dagegen die allgemeine Angabe genügen, dass die Aufteilung der Anteile nach Maßgabe der bisherigen Beteiligungsverhältnisse erfolgt sei.[233] Handelt es sich um eine Ausgliederung, sind die Angaben nach § 126 I Nr. 10 UmwG nicht erforderlich, da alle Anteile oder Mitgliedschaften an den übertragenden Rechtsträger selbst gewährt werden.   146

kk) Arbeitnehmerbelange, § 126 I Nr. 11 UmwG

Die Folgen der Spaltung für die Arbeitnehmer und ihre Vertretungen sowie die insoweit vorgesehenen Maßnahmen sind gemäß § 126 I Nr. 11 UmwG in den Spaltungs- und Übernahmevertrag oder dessen Entwurf aufzunehmen. Zu den mitteilungspflichtigen Konsequenzen gehören zunächst alle Informationen über unmittelbar mit der Spaltung verbundene **betriebliche Änderungen**, das Schicksal und den Inhalt der **Arbeitsverhältnisse**, die Fortgeltung von **Betriebsvereinbarungen und Tarifverträgen** sowie das Schicksal der **Arbeitnehmervertretungen**. Darüber hinaus wird ein Hinweis auf die besondere kündigungsschutzrechtliche Stellung der Arbeitnehmer nach § 323 UmwG aufzunehmen sein.   147

Da es sich um die Parallelvorschrift zu § 5 I Nr. 9 UmwG handelt, wird hinsichtlich der Einzelheiten auf die diesbezüglichen Ausführungen verweisen.[234]   148

Das Vertragsdokument ist dem zuständigen Betriebsrat spätestens einen Monat vor der Beschlussfassung der Gesellschafterversammlung gemäß § 126 III UmwG zu übersenden. Da dem Registergericht nach den   149

---
[231] → § 9 Rn. 146.
[232] Im Einzelnen → Rn. 127 ff.
[233] *Hörtnagl* in Schmitt/Hörtnagl/Stratz UmwG § 126 Rn. 102.
[234] → § 9 Rn. 147 ff. zur parallelen Situation bei der Verschmelzung.

§§ 125, 17 I UmwG die rechtzeitige Zuleitung des Vertrages oder Vertragsentwurfes nachzuweisen ist, sollte der Empfang vom Betriebsrat schriftlich bestätigt werden.

150 Den betreffenden Arbeitnehmern steht ein **Widerspruchsrecht** gegen den Übergang ihrer Arbeitsverhältnisse zu. Dies ergibt sich aus der Rechtsprechung des BAG zu § 613a BGB, der gemäß § 324 UmwG durch die Wirkung der Spaltung unberührt bleibt. Auch bei spaltungsrechtlichen Zuordnungen gilt der Grundsatz der verfassungsrechtlich garantierten freien Wahl des Arbeitsplatzes.[235] Die Arbeitnehmer sollten daher grundsätzlich auf die Möglichkeit des Widerspruchs aufmerksam gemacht werden.[236]

ll) Spaltungsplan

151 Für Spaltungen zur Neugründung hat der Spaltungsplan als weiteren Punkt den Gesellschaftsvertrag bzw. die Satzung des oder der neuen Rechtsträger zu enthalten, §§ 135, 125 iVm § 37 UmwG. Im Übrigen entspricht der Spaltungsplan dem Spaltungsvertrag.

d) Besondere Angaben im Spaltungsvertrag

152 Der Spaltungsvertrag muss bzw. sollte des Weiteren Regelungen enthalten, die über den Mindeststandard des § 126 I UmwG hinausgehen.

aa) Rechtsformspezifisch zwingende Angaben

153 Das Spaltungsrecht und das über § 125 UmwG anwendbare Verschmelzungsrecht bestimmen rechtsformspezifisch weitere Angaben.

154 Bei der **Personenhandelsgesellschaft** als übernehmender Rechtsträger:
– Bestimmung der Haftung der Gesellschafter (persönlich haftender Gesellschafter, Kommanditist) in der übernehmenden Personenhandelsgesellschaft, § 125 iVm § 40 I 1 UmwG,
– Betrag der Einlage eines jeden Gesellschafters, § 125 iVm § 40 I 2 UmwG.
Bei der **GmbH** als übernehmender Rechtsträger:
– Nennbetrag des Geschäftsanteils eines jeden Gesellschafters, § 125 iVm § 46 I UmwG,
– Abweichungen hinsichtlich der Rechte und Pflichten aus durch Kapitalerhöhung geschaffenen neuen Anteilen an der GmbH, § 125 iVm § 46 II UmwG,
– besondere Bestimmungen hinsichtlich der Gesellschafter, die vorhandene Geschäftsanteile übernehmen sollen, § 125 iVm § 46 III UmwG.
Bei der **AG** als übernehmender Rechtsträger:
– Benennung eines Treuhänders zur Entgegennahme der Aktien und baren Zuzahlungen, § 125 iVm § 71 UmwG.

---

[235] → Rn. 55.
[236] Zu den arbeitsrechtlichen Bestimmungen im Einzelnen vgl. § 6.

§ 18. Spaltungsrechtliche Regelungen § 18

Bei der AG als übertragender Rechtsträger:
- Bezeichnung unbekannter Aktionäre, § 125 iVm § 35 UmwG.

Bei der Spaltung auf einen Rechtsträger anderer Rechtsform und bei Vinkulierung der Anteile am übernehmenden Rechtsträger, ist ein **Barabfindungsangebot** in den Vertrag aufzunehmen, § 125 iVm § 29 I UmwG.

bb) Fakultative Bestandteile

In den Spaltungsvertrag können Zusicherungen zu den **Bewertungsgrundlagen** des Umtauschverhältnisses aufgenommen werden.[237] Derartige Zusicherungen empfehlen sich auch bei der Spaltung zur Aufnahme auf konzernfremde Gesellschaften. Bei nicht-verhältniswahrenden Auf- oder Abspaltungen können **Ausgleichsleistungen** unter den Gesellschaftergruppen erforderlich werden. Die Verpflichtung zur Ausgleichsleistung sollte bereits im Spaltungsvertrag geregelt werden.[238] 155

Hinsichtlich der gesamtschuldnerischen Haftung der spaltungsbeteiligten Rechtsträger nach § 133 I UmwG empfiehlt sich eine Regelung zur **Haftungsfreistellung** im Innenverhältnis.[239] In der Regel sollte auch eine Haftungsfreistellung zugunsten der Kommanditisten einer spaltenden KG erfolgen, um die mögliche Inanspruchnahme nach § 172 IV HGB[240] im Innenverhältnis zu verlagern. 156

Die möglicherweise zur Durchführung der Spaltung von Kapitalgesellschaften erforderlichen **Kapitalherabsetzungen oder Kapitalerhöhungen**[241] sollten ebenfalls bereits im Spaltungsvertrag geregelt sein. Die Kapitalerhöhungs- oder -herabsetzungsbeschlüsse sind jedoch noch gesondert in der Gesellschafterversammlung zu fassen. **Firmenänderungen** im Einklang mit § 18 UmwG sowie weitere Satzungsänderungen, etwa zum Unternehmensgegenstand, sollten gleichfalls bereits im Spaltungsvertrag geregelt werden. Der Sache nach geht es wiederum um eine Verpflichtung zur entsprechenden **Satzungsänderung,** die als solche gesondert von den Anteilsinhabern zu beschließen ist.[242] Ebenso können Regelungen zur **Organbestellung** getroffen werden, während die Bestellungsbeschlüsse als solche außerhalb des Spaltungsvertrages zu ergehen haben. 157

Denkbare Regelungen sind aber auch **Wettbewerbsverbote** bei Übertragung eines Betriebes oder Teilbetriebes sowie die entsprechenden Kompensationsregelungen. Soweit ausnahmsweise **kartellrechtliche Fragen** aufgeworfen werden, sollten entsprechende Regelungen für den Fall des Einschreitens der Kartellbehörden in den Spaltungsvertrag aufgenommen werden. Schließlich sind Absprachen über die Kostentragung sinnvoll. 158

---

[237] *Sickinger* in Kallmeyer UmwG § 126 Rn. 44 ff.
[238] *Sickinger* in Kallmeyer UmwG § 126 Rn. 51.
[239] *Sickinger* in Kallmeyer UmwG § 126 Rn. 58.
[240] → Rn. 76.
[241] → Rn. 78 ff., 89 ff.
[242] *Sickinger* in Kallmeyer UmwG § 126 Rn. 62.

§ 18   5. Teil. Spaltung

e) Form des Spaltungsvertrags

159 Der Spaltungsvertrag ist ebenso wie der Verschmelzungsvertrag nach den § 125 iVm § 6 UmwG **notariell** zu beurkunden; Gleiches gilt gemäß § 125 iVm § 13 III UmwG für die Zustimmungsbeschlüsse der Versammlungen der Anteilsinhaber und für die ggf. notwendigen Zustimmungen einzelner Anteilsinhaber, etwa bei nicht-verhältniswahrenden Spaltungen nach § 128 UmwG, bei Personenhandelsgesellschaften nach den § 125 iVm § 43 I UmwG oder bei der GmbH in den Sonderfällen des § 51 UmwG. Die Beurkundung durch ausländische Notare wird überwiegend als nicht formwahrend angesehen und von einigen Registergerichten nicht anerkannt.[243]

f) Mängel und Kündigung des Spaltungsvertrags

160 Hinsichtlich der Mängel des Spaltungsvertrages entspricht die heilende Wirkung der Eintragung gemäß § 131 I Nr. 4, II UmwG der Regelung des § 20 I Nr. 4, II UmwG für die Verschmelzung.[244] Für die Kündigung des Spaltungsvertrages gilt § 7 UmwG.[245]

2. Spaltungsbericht

161 Nach § 127 UmwG haben die Vertretungsorgane aller beteiligten Rechtsträger auch bei der Spaltung einen ausführlichen schriftlichen Bericht zu erstellen, in dem die Spaltung und der Spaltungsvertrag im Einzelnen sowie bei Auf- und Abspaltung das Umtauschverhältnis sowie dessen Ermittlung, ferner die Höhe einer gegebenenfalls anzubietenden Barabfindung rechtlich und wirtschaftlich zu erläutern sind. Die Vertretungsorgane können den Bericht für die beteiligten Rechtsträger gemeinsam erstellen. Auf besondere Schwierigkeiten bei der Bewertung der Rechtsträger ist gesondert hinzuweisen. Zu weiteren Fragen des Berichts sei auf die Ausführungen zum Verschmelzungsbericht verwiesen.[246]

162 Der Spaltungsbericht kann nach **§ 8 III UmwG**[247] unterbleiben, wenn alle Anteilsinhaber aller beteiligten Rechtsträger hierauf in notariell beurkundeter Form verzichten oder der spaltende Rechtsträger auf seinen alleinigen Gesellschafter abspaltet oder ausgliedert. Der **Wegfall der Berichtspflicht** kommt somit – ausgenommen in Fällen des Verzichts – nach dem Wortlaut des UmwG nur bei *upstream*-Spaltungen in Betracht.[248] Richtigerweise ist die entsprechende Anwendung von § 8 III

---

[243] → § 9 Rn. 166 ff. und *Engelmeyer* AG 1996 S. 193 (197) sowie *Drygala* in Lutter UmwG § 6 Rn. 8 ff.
[244] → § 9 Rn. 169 ff.
[245] → § 9 Rn. 172 ff.
[246] → § 9 Rn. 174 ff.
[247] Vgl. zur Auslegung des § 8 I UmwG bzgl. der verschiedenen Rechtsformen (AG, GmbH, Personenhandelsgesellschaft) *Schöne* GmbHR 1995 S. 325.
[248] *Mayer* in Widmann/Mayer UmwG § 127 Rn. 64; *Dörrie* WiB 1995 S. 1 (5); aA *Schwab* in Lutter UmwG § 127 Rn. 54, der entgegen dem Wortlaut den

§ 18. Spaltungsrechtliche Regelungen § 18

UmwG aber auch auf den Fall der Ausgliederung auf eine hundertprozentige Tochtergesellschaft anzuwenden, so dass auch in diesem Fall der Ausgliederungsbericht entbehrlich ist.[249] Die entsprechende Anwendung von § 8 III UmwG im Falle der Spaltung wird so zur spiegelbildlichen Anwendung. Ferner ist der Bericht gemäß §§ 41, 125 UmwG für die beteiligte Personenhandelsgesellschaft entbehrlich, wenn alle ihre Gesellschafter zur Geschäftsführung berechtigt sind. Nach § 143 UmwG ist ein Spaltungsbericht zudem bei der verhältniswahrenden Spaltung einer Aktiengesellschaft zur Neugründung auf eine oder mehrere Aktiengesellschaften entbehrlich. Die Anordnung § 8 nicht anzuwenden berücksichtigt zwar nicht, dass sich die Berichtspflicht eigentlich aus § 127 UmwG ergibt, ändert aber nichts an dem durch Auslegung zu ermittelnden Ergebnis, dass ein Spaltungsbericht in den genannten Fällen der Spaltung einer Aktiengesellschaft zur Neugründung auf eine oder mehrere Aktiengesellschaften keinen Bericht verlangt.[250]

Nach § 8 III UmwG ist zudem vorgesehen, dass die Vertretungsorgane jedes an der Verschmelzung beteiligten Rechtsträgers dessen Anteilsinhaber vor der Beschlussfassung über jede wesentliche Veränderung des Vermögens des Rechtsträgers unterrichten, die zwischen dem Abschluss des Verschmelzungsvertrages oder der Aufstellung des Entwurfs und dem Zeitpunkt der Beschlussfassung eingetreten sind. Zudem sieht diese Vorschrift vor, dass auch die Vertretungsorgane der weiter beteiligten Rechtsträger über die Veränderung des Vermögens zu informieren sind. Diese haben ihrerseits die Anteilsinhaber des von ihnen vertretenen Rechtsträgers vor der Beschlussfassung zu unterrichten. Nach § 8 IV UmwG kann auf diese Unterrichtungspflicht unter den gleichen Voraussetzungen wie auf den Spaltungsbericht verzichtet werden. 163

3. Spaltungsprüfung

Grundsätzlich hat auch eine Spaltungsprüfung bei der Auf- und Abspaltung zu erfolgen, soweit die rechtsformspezifischen Regelungen eine Prüfung vorsehen, § 125 iVm §§ 9 I, 44, 48, 60, 78, 81 (Gutachten des Prüfungsverbandes bei Genossenschaften), 100 UmwG. **§ 9 II UmwG** soll **gemäß § 125 Satz 1 UmwG nicht anwendbar** sein, da nach Auffassung des Gesetzgebers bei Auf- und Abspaltungen immer ein Anteilstausch stattfindet, so dass für die Erleichterungsvorschrift kein Raum ist. Demgemäß ist eine Spaltungsprüfung auch dann erforderlich, wenn der übernehmende Rechtsträger 100%ige Muttergesellschaft des übertragenden Rechtsträgers ist. Der Gesetzgeber hatte dabei aber offensichtlich nicht die Abspaltung auf die Muttergesellschaft bzw. die Aufspaltung einer Gesellschaft auf ihre Gesellschafter (*upstream*-Spaltung bzw. „Realteilung") im Auge, bei der es offensichtlich nicht zu einem Anteils- 164

Verweis im Wege der teleologischen Reduktion auf § 8 III 1 Alt. 1 beschränken will, so dass nur in Verzichtsfällen ein Spaltungsbericht entbehrlich ist.
[249] Ebenso *Mayer* in Widmann/Mayer UmwG § 127 Rn. 64; aA *Hörtnagl* in Schmitt/Hörtnagl/Stratz UmwG § 127 Rn. 21.
[250] Vgl. *Schwab* in Lutter UmwG § 143 Rn. 4.

tausch kommt. Eine teleologische Reduktion des § 125 UmwG dahingehend, dass § 9 II UmwG auf die vorgenannten Fälle anwendbar bleibt, mithin eine Spaltungsprüfung nicht erforderlich ist, erscheint daher sachgerecht.[251] Jedenfalls ist mit der Dritten Änderung des Umwandlungsgesetzes 2011 vom 15.7.2011[252] mit der Neuformulierung des § 143 UmwG neben dem Spaltungsbericht auch eine Spaltungsprüfung bei der verhältniswahrenden Spaltung einer Aktiengesellschaft zur Neugründung auf eine oder mehrere Aktiengesellschaften entbehrlich geworden. Was als „verhältniswahrend" gilt, ergibt sich aus den Grundsätzen des § 128 UmwG.[253]

165 Der Umfang der Prüfung richtet sich nach den §§ 9 bis 12 UmwG. Auf die Prüfung kann nach den § 9 III iVm § 8 III UmwG verzichtet werden. Bei der Ausgliederung findet eine Spaltungsprüfung nicht statt, § 125 Satz 2 UmwG.

4. Spaltungsbeschluss und Zustimmungserklärungen

166 Die Anteilsinhaber der beteiligten Rechtsträger haben dem Spaltungsvertrag durch Beschluss zuzustimmen, § 125 iVm § 13 UmwG. Wegen § 126 III UmwG ist sicherzustellen, dass die Spaltungsbeschlüsse erst einen Monat nach Zuleitung des Spaltungsvertrages oder seines Entwurfes an den zuständigen Betriebsrat gefasst werden. Der Spaltungsbeschluss ist nach den § 125 iVm § 13 UmwG und den besonderen Verschmelzungs- oder Spaltungsvorschriften mindestens mit einer **Dreiviertelmehrheit** zu fassen, vgl. §§ 43 II, 50, 65, 78, 84, 103, 163 UmwG.

167 Die Gesellschaftsverträge oder Satzungen können höhere Mehrheiten oder sonstige Erschwernisse vorsehen. Bei Spaltung von Personenhandelsgesellschaften stellt die Dreiviertelmehrheit eine zulässige gesellschaftsvertragliche Erleichterung von dem gesetzlich geltenden Einstimmigkeitserfordernis dar, § 125 iVm § 43 I, II UmwG. Hinsichtlich besonderer Zustimmungserfordernisse gelten die Vorschriften des Verschmelzungsrechts entsprechend. Bei der Aktiengesellschaft ist nach § 65 II UmwG für jede Aktiengattung gesondert abzustimmen. Zu beachten ist bei Aktiengesellschaften auch der auf Spaltungen entsprechend anwendbare § 62 UmwG. Nach der Vorschrift ist ein Hauptversammlungsbeschluss der Mutter nicht erforderlich, soweit eine mindestens 90%-ige Tochtergesellschaft im Wege der Verschmelzung aufgenommen wird.[254] Die entsprechende Anwendung der Vorschrift bedeutet jedenfalls, dass die *upstream*-Auf- und -Abspaltung[255] unter diese Erleichterungsregelung fällt. Die entsprechende Anwendung des **§ 62 UmwG** auf die Spaltung ist darüber hinaus dahingehend zu verstehen, dass aufgrund einer **spiegelbildlichen Anwendung** ein Spaltungsbeschluss bei der

---

[251] *Fronhöfer* in Widmann/Mayer UmwG § 125 Rn. 45; aA *Sickinger* in Kallmeyer UmwG § 125 Rn. 9.
[252] BGBl. I S. 1338.
[253] → Rn. 37 ff.
[254] → § 9 Rn. 338 ff.
[255] → Rn. 8, 14.

§ 18. Spaltungsrechtliche Regelungen § 18

übertragenden Aktiengesellschaft unterbleiben kann, wenn die übernehmende Kapitalgesellschaft zu 90% in der Hand der übertragenden Aktiengesellschaft ist.[256] Seit durch die Dritte Änderung des Umwandlungsgesetzes 2011 vom 15.7.2011[257] § 62 IV UmwG eingefügt wurde, welcher über die Verweisung in § 125 Satz 1 UmwG auch für die Spaltung zur Aufnahme gilt, ist ein Spaltungsbeschluss der übertragenden Kapitalgesellschaft nicht erforderlich, wenn die übernehmende Aktiengesellschaft das gesamte Stamm- oder Grundkapital dieser Gesellschaft hält. Des Weiteren ist ein Zustimmungsbeschluss der Vorzugsaktionäre nur erforderlich, wenn ihr Vorzug (teilweise) aufgehoben oder beschränkt wird, insbesondere also, wenn sie Stammaktien erhalten oder Vorzugsaktien mit gegenüber der vormaligen Ausstattung schlechteren Vorzugsrechten.[258] Des Weiteren ist aber eine Anwendung der Vorschriften zum Squeeze-Out, § 62 V UmwG, ausdrücklich ausgeschlossen.

Im Falle einer nicht-verhältniswahrenden Spaltung ist gemäß § 128 **168** UmwG die Zustimmung aller Anteilsinhaber des übertragenden Rechtsträgers erforderlich.[259]

Im Übrigen gilt das oben beschriebene Verschmelzungsrecht entspre- **169** chend.[260]

5. Registereintragung

a) Registeranmeldung

aa) Zuständige Organe

Auch für die Anmeldung der Spaltung zur Eintragung in das Handels- **170** register sind die **Vertretungsorgane** der beteiligten Rechtsträger zuständig. Die §§ 16, 17 UmwG gelten insoweit gemäß § 125 Satz 1 UmwG entsprechend. Nach § 129 UmwG sind zur Anmeldung der Spaltung auch am Sitz des spaltenden Rechtsträgers die Vertretungsorgane des bzw. der übernehmenden Rechtsträger befugt.

bb) Zuständige Gerichte

Zuständige Gerichte sind die jeweiligen Registergerichte an den Ver- **171** waltungssitzen der Rechtsträger.

cc) Notwendige Erklärungen und beizufügende Unterlagen

Aufgrund der entsprechenden Anwendung der §§ 16, 17 UmwG auf **172** die Spaltung kann auf die Darstellung im Verschmelzungsrecht verwiesen werden.[261] § 17 II UmwG ist anwendbar auf alle drei Spaltungs-

---

[256] Einschränkend *Sickinger* in Kallmeyer UmwG § 125 Rn. 71 auf den Fall, dass nur weniger bedeutende Vermögensteile übertragen werden.
[257] BGBl. I, S. 1338.
[258] *Wiert* ZiP 1997 S. 1627 (1629).
[259] Zur nicht-verhältniswahrenden Spaltung → Rn. 37 ff., 41.
[260] → § 9 Rn. 282 ff.
[261] → § 9 Rn. 305 ff.

Sagasser 1215

§ 18   5. Teil. Spaltung

arten, so dass der Registeranmeldung immer eine Schlussbilanz des übertragenden Rechtsträgers beizufügen ist. Im Rahmen der entsprechenden Anwendung des § 17 II UmwG ist im Falle der Abspaltung und der Ausgliederung allerdings unklar, ob eine **Gesamt- oder Teilschlussbilanz** erforderlich ist. Es dürfte wohl bei allen Spaltungsarten genügen, wenn der Anmeldung Gesamtbilanzen beigefügt werden.[262] Verlangt man eine Aufgliederung in Teilbilanzen, kann von der Erleichterung, dass die Bilanz des letzten Jahresabschlusses als Schlussbilanz verwendet werden kann, wenn der Stichtag des Abschlusses bei Anmeldung der Spaltung zum Sitz des übertragenden Rechtsträgers nicht länger als acht Monate zurückliegt, kaum Gebrauch gemacht werden.[263] Bei der Abspaltung von und der Ausgliederung aus Kapitalgesellschaften haben die Vertretungsorgane zu erklären, dass auch bezüglich des übertragenden Rechtsträgers die durch Gesetz und Satzung vorgesehenen Voraussetzungen für die Gründung dieses Rechtsträgers unter Berücksichtigung der Spaltung im Zeitpunkt der Anmeldung vorliegen, §§ 140, 146 UmwG.[264] Hieraus folgt insbesondere, dass das Stamm- oder Grundkapital des übertragenden Rechtsträgers noch durch Reinvermögen gedeckt sein muss.

b) Eintragung in das Register

173   Die Eintragung der Spaltung verläuft **spiegelbildlich zur Eintragung der Verschmelzung.** Nach § 130 I UmwG darf die Spaltung in das Register des Sitzes des übertragenden Rechtsträgers erst eingetragen werden, wenn sie in das Register am jeweiligen Sitz der übernehmenden Rechtsträger eingetragen worden ist. Dort ist die Eintragung mit dem Vermerk zu versehen, dass die Spaltung erst mit Eintragung im Register des übertragenden Rechtsträgers wirksam wird, sofern die Eintragungen in den Registern aller beteiligten Rechtsträger nicht am selben Tag erfolgen. Soweit beim übertragenden Rechtsträger eine Herabsetzung des Stamm- oder Grundkapitals in vereinfachter Form nach den §§ 139, 145 UmwG vorgenommen wurde, muss zunächst diese Kapitalherabsetzung eingetragen werden.

174   Sodann ist die Spaltung beim Register des übertragenden Rechtsträgers anzumelden. Eine gleichzeitige Anmeldung gegebenenfalls unter Einschluss der Anmeldung der Kapitalherabsetzung ist möglich, vorsichtshalber aber durch die Eintragung bei den übernehmenden Rechtsträgern zu bedingen.

175   Nach Eintragung in das Register des Sitzes des übertragenden Rechtsträgers hat das dortige Registergericht von Amts wegen den Registergerichten an den Sitzen der übernehmenden Rechtsträger eine Mitteilung

---

[262] *Sickinger* in Kallmeyer UmwG § 125 Rn. 23; *Hörtnagl* in Schmitt/Hörtnagl/Stratz UmwG § 17 Rn. 51; *Müller* WPg 1996 S. 857 (865); aA *Widmann* in Widmann/Mayer UmwG § 24 Rn. 163, der eine Teilbilanz fordert.
[263] *Sickinger* in Kallmeyer UmwG § 125 Rn. 23.
[264] Vgl. hierzu im Einzelnen *Hörtnagl* in Schmitt/Hörtnagl/Stratz UmwG § 140 Rn. 7 ff.

§ 18. Spaltungsrechtliche Regelungen § 18

von der Eintragung zu machen. Die Eintragung der Spaltung im Register des Sitzes des übertragenden Rechtsträgers ist von Amts wegen im Register der übernehmenden Rechtsträger zu vermerken, § 130 II UmwG. Für die Bekanntmachung der Spaltung gilt § 19 III UmwG. Zur Eintragung der Spaltung zur Neugründung vgl. § 137 UmwG.

c) Rechtswirkungen der Eintragung

Die Eintragung in das Register des Sitzes des übertragenden Rechtsträgers hat zur Folge, dass gemäß § 131 I UmwG 176
- das Vermögen bzw. der oder die Vermögensteil(e) als Gesamtheit auf den oder die übernehmenden Rechtsträger übergehen, § 131 I Nr. 1 UmwG: Der Übergang ohne Einzelrechtsübertragung allein aufgrund der Registereintragung wird für im Ausland befindliches Vermögen nur anerkannt, wenn auch das ausländische Recht eine Spaltung mit partieller Gesamtrechtsnachfolge kennt. Ansonsten ist eine Einzelrechtsübertragung nach den Vorschriften des ausländischen Rechts erforderlich.[265] Zum Einfluss auf schwebende Verträge, des Übergangs von Dienstleistungsverträgen des übertragenden Rechtsträgers mit Dritten und der Unanwendbarkeit von § 673 BGB (Erlöschen des Auftrags bei „Tod" des Beauftragten)[266] sei auf die Ausführungen zur Verschmelzung verwiesen;[267]
- bei der Aufspaltung der übertragende Rechtsträger ohne Liquidation erlischt, § 131 I Nr. 2 UmwG;
- bei Auf- und Abspaltung die Anteilsinhaber des übertragenden Rechtsträgers Anteilsinhaber des übernehmenden Rechtsträgers werden und sich die Rechte Dritter an den Anteilen als Rechte an den neuen Anteilen fortsetzen, § 131 I Nr. 3 UmwG;
- Beurkundungsmängel geheilt werden, § 131 I Nr. 4 UmwG.

Nach § 131 II UmwG bleiben diese Wirkungen der Eintragungen von etwaigen Mängeln der Spaltung unberührt. Daraus folgt auch, dass im Rahmen der Berichtigung des Grundbuches das Grundbuchamt nicht nochmal die materiell-rechtliche Wirksamkeit der Spaltung überprüfen kann, so auch nicht die wirksame Vertretung der beteiligten Unternehmensträger gemäß § 29 GBO. [268]

aa) Gutgläubiger Erwerb

Streitig ist die Möglichkeit des gutgläubigen Erwerbs eines angeblich 177
im Eigentum eines übertragenden Rechtsträgers stehenden Gegenstandes. Zum Teil wird diese Möglichkeit bejaht, sofern nicht der übertragende Rechtsträger eine Nicht-Verkehrsgesellschaft ist, sich also die

---

[265] *Sickinger* in Kallmeyer UmwG § 131 Rn. 4; *Kollmorgen/Feldhaus* BB 2007 S. 2189 (2190).
[266] Str., so: *Karsten Schmidt*, DB 2001 S. 1019 (1022); aA *Grunewald* in Lutter UmwG § 20, Rn. 24 ff.
[267] → § 9 Rn. 321 ff.
[268] Vgl. OLG Hamm, NZG 2015 S. 71.

Spaltung wirtschaftlich als bloße Umstrukturierung darstellt.[269] Richtiger Auffassung nach bleibt es jedoch bei dem Grundsatz, dass ein gutgläubiger Erwerb nur bei der rechtsgeschäftlichen Einzelrechtsnachfolge möglich ist. Bei der Gesamtrechtsnachfolge allgemein und damit auch bei der partiellen Gesamtrechtsnachfolge im Rahmen der Spaltung ist ein gutgläubiger Erwerb abzulehnen.[270]

bb) Spaltung ohne Anteilserwerb

178 Grundsätzlich erfolgt gemäß § 123 UmwG die Spaltung nur „gegen Gewährung von Anteilen". Davon geht auch § 131 I Nr. 3 UmwG aus. Von diesem Grundsatz sind jedoch einige Fallvarianten auszunehmen. Zum einen sind dies die Fälle, in denen ein Anteilsgewährungsverbot normiert ist. Dies ist bei einer Auf- oder Abspaltung der Fall, soweit derjenige, dem die Anteile gewährt werden müssten, am übertragenden Rechtsträger bereits beteiligt ist. Hierbei handelt es sich um die Fälle der **Abspaltung auf die Muttergesellschaft**.[271] Eine Anteilsgewährung findet zudem nicht statt, soweit der übertragende Rechtsträger eigene Anteile innehat, die gemäß dem Spaltungsvertrag übergehen sollen. Hintergrund dieser Regelung des § 131 I Nr. 3 Satz 1 Halbs. 2 UmwG ist die Vermeidung von eigenen Anteilen bei dem übernehmenden Rechtsträger.[272] Zum anderen ist eine Anteilsgewährung entbehrlich, wenn sämtliche Anteilsinhaber des übernehmenden Rechtsträgers hierauf in notariell beurkundeter Form verzichtet haben (§§ 125 Satz 1, 54 I 3, 68 I 3 UmwG).[273] Betroffen sind vor allem Fälle der **Abspaltung auf eine beteiligungsidentische Schwestergesellschaft**.[274] Hier ist eine Gegenleistung für die Vermögensübertragung entbehrlich, weil es sich um dieselben Anteilsinhaber handelt. Streitig ist, ob auch der Fall der Ausgliederung auf eine 100%ige Tochter- oder 100%ige Muttergesellschaft in gleicher Weise vom Erfordernis der Anteilsgewährung auszunehmen ist.[275]

IV. Ausgliederung

179 Die Ausgliederung ist der dogmatisch wohl interessanteste Teilbereich des Spaltungsrechts, führt sie doch nicht wie Auf- und Abspaltung zu einem Anteilstausch bei den beteiligten Gesellschaftern, sondern lediglich zu einem Aktivtausch in der Bilanz des spaltenden Rechtsträgers. Insofern kommt der Ausgliederung im Bereich der Spaltung eine Ausnahme-

---

[269] *K. Schmidt* AcP 191 (1991) S. 523.
[270] *Sickinger* in Kallmeyer UmwG § 131 Rn. 5; *Vossius* in Widmann/Mayer UmwG § 131 Rn. 25; *Mayer* in Widmann/Mayer UmwG § 126 Rn. 176; *Grunewald* in Lutter UmwG § 20 Rn. 10.
[271] Vgl. *Hörtnagl* in Schmitt/Hörtnagl/Stratz UmwG § 126 Rn. 43.
[272] *Hörtnagl* in Schmitt/Hörtnagl/Stratz UmwG § 126 Rn. 106.
[273] *Sickinger* in Kallmeyer UmwG § 126 Rn. 6.
[274] *Sickinger* in Kallmeyer UmwG § 131 Rn. 25; *Hörtnagl* in Schmitt/Hörtnagl/Stratz UmwG § 126 Rn. 49.
[275] → Rn. 189 ff.

§ 18. Spaltungsrechtliche Regelungen § 18

stellung zu, die noch dadurch verstärkt wird, dass mit der Aufnahme dieses Rechtsinstituts in das UmwG ein Vorgang, der vormals grundsätzlich als Geschäftsführungsaufgabe der Vertretungsorgane begriffen wurde und nur in Ausnahmefällen zu einer Hauptversammlungskompetenz führte,[276] allgemein als Angelegenheit der Anteilsinhaber ausgestaltet wurde. Der Gesetzgeber hat damit, wohl geleitet von seiner Ansicht, dass es aufgrund der umwandlungssteuerrechtlichen Vorgaben[277] vornehmlich zur Übertragung von Teilbetrieben kommen wird, den Anteilsinhabern ein prinzipielles Mitspracherecht bei jeder Ausgliederung eingeräumt. Dieses **Mitspracherecht der Anteilsinhaber,** begleitet von § 325 UmwG betreffend die fortbestehende Mitbestimmung der Arbeitnehmer sowie die mit dem UmwG verbundenen, erheblichen Offenlegungspflichten stellen wesentliche Aspekte dar, weshalb die Praxis weiterhin die Alternative der Ausgliederung im Wege der Einzelrechtsnachfolge in Erwägung ziehen wird.[278] Deren Vorzüge schwinden jedoch in dem Umfang, in dem die Form- und Verfahrensanforderungen für die im UmwG geregelte Ausgliederung für die Ausgliederung im Wege der Einzelrechtsnachfolge nach allgemeinen Normen analog Anwendung finden.[279]

Insgesamt folgt das Recht der Ausgliederung als Form der Spaltung 180 den allgemeinen Normen des Spaltungsrechts. Modifikationen ergeben sich dort, wo das Recht der Auf- und Abspaltung spezielle Regelungen bezüglich des Anteilstausches bei den Anteilsinhabern bereithält. Diese sind auf die Ausgliederung nicht anwendbar. Im UmwG kommt der Ausgliederung eine gesteigerte Bedeutung zu, weil sie nicht nur allen spaltungsfähigen Rechtsträgern als alternative Spaltungsform zur Verfügung steht, sondern bei den Rechtsformen etwa des Einzelkaufmanns, der Stiftung oder kommunalen Gebietskörperschaft als einzige Spaltungsform zugelassen ist. Nachfolgend werden die Abweichungen der Ausgliederung von der Auf- und Abspaltung dargestellt.

1. Ausgliederungsvertrag/-plan

Auch für die Ausgliederung ist ein Vertrag oder Plan nach den §§ 126, 181 136 UmwG zu erstellen. Dies gilt selbst für einen ausgliedernden Einzelkaufmann. Im Gegensatz etwa zum Fall der Verschmelzung einer Kapitalgesellschaft auf ihren Alleingesellschafter macht das Erfordernis eines Vertrages oder Planes vorliegend durchaus Sinn, weil eine Auswahl der zu übertragenden Vermögensgegenstände getroffen werden muss. Es besteht aber bei der Ausgliederung, insbesondere beim Einzelkaufmann, auch die Möglichkeit der sog. „Total-Ausgliederung", die das Gesamtvermögen des übertragenden Rechtsträgers umfasst.[280]

---

[276] BGHZ 83 S. 122 ff. (*Holzmüller*); zuletzt *Feddersen/Kiem* ZIP 1994 S. 1078.
[277] → § 20 Rn. 15 ff.
[278] Vgl. *Feddersen/Kiem* ZIP 1994 S. 1078 (1079).
[279] → Rn. 193 ff.
[280] Vgl. *Karollus* in Lutter UmwG § 152 Rn. 42.

§ 18   5. Teil. Spaltung

182   In dem Ausgliederungsvertrag sind alle Angaben entbehrlich, die sich mit dem Umtausch der Anteile befassen. Mithin entfallen für den Ausgliederungsvertrag die Angaben gemäß § 126 I Nr. 3, 4 und 10 UmwG. Nicht ohne Weiteres entbehrlich sind dagegen die Angaben des § 126 I Nr. 7 UmwG.[281] Zwar sind Angaben zum Anteilstausch überflüssig, jedoch müssen Änderungen der gewinnabhängigen Rechte, etwa Genussscheine, in den Spaltungsvertrag aufgenommen werden, soweit solche auftreten. Zudem ist auf eine genaue Formulierung dahin gehend zu achten, dass die Vereinbarung über die Übertragung von Vermögensteilen gegen Anteilsgewähr an den übertragenden Rechtsträger erfolgen soll, um die geplante Ausgliederung von der Abspaltung abzugrenzen. Insoweit ergibt sich die im Folgenden noch zu behandelnde Frage, inwieweit die gewährten Anteile dem Wert der übertragenen Vermögenswerte entsprechen müssen.[282] Auch der Ausgliederungsvertrag bedarf der notariellen Beurkundung.

2. Ausgliederungsbericht

183   Nach § 127 UmwG ist auch im Fall der Ausgliederung sowohl für den übertragenden als auch für den übernehmenden Rechtsträger ein Bericht zu fertigen, der aber von den Vertretungsorganen der beteiligten Rechtsträger auch gemeinsam erstellt werden kann. Die Angaben beschränken sich auf die Erläuterung der Ausgliederung als solcher und auf den Ausgliederungsvertrag. Es sind daher vor allem die wirtschaftlichen Beweggründe für die Ausgliederung zu erläutern. Angaben zum Umtauschverhältnis der Anteile sind gemäß dem Wortlaut des § 127 UmwG bei der Ausgliederung nicht in den Ausgliederungsbericht aufzunehmen. Dies ist folgerichtig für den Fall der Ausgliederung zur Neugründung bei dem der übertragende Rechtsträger sämtliche Anteile an der übernehmenden Gesellschaft erhält und die Vermögenssphäre somit nicht berührt wird. Anders ist aber die Ausgliederung zur Aufnahme zu beurteilen, bei der neben dem übertragenden Rechtsträger Dritte an dem übernehmenden Rechtsträger beteiligt sind. Hier bleibt die Vermögenssphäre nur dann unbeeinflusst, wenn die gewährten Anteile einen angemessenen Ausgleich darstellen. Daher erfordert in den Fällen der Ausgliederung zur Aufnahme eine umfassende rechtliche und wirtschaftliche Erläuterung auch Angaben zur Anzahl der gewährten Anteile und zu deren Angemessenheit.[283] Auch der Ausgliederungsbericht ist entbehrlich, wenn alle Anteilsinhaber aller beteiligten Rechtsträger hierauf in notariell beurkundeter Form verzichten, § 127 iVm § 8 III Alt. 1 UmwG. Hingegen gilt das Konzernprivileg des **§ 8 III Alt. 2 UmwG** dem Wortlaut nach nur, soweit eine 100%ige

---

[281] Vgl. *Schröer* in Semler/Stengel UmwG § 126 Rn. 52; anders aber *Feddersen/Kiem* ZIP 1994 S. 1078 (1079).
[282] → Rn. 189 ff.
[283] *Gehling* in Semler/Stengel UmwG § 127 Rn. 36; *Hörtnagl* in Schmitt/Hörtnagl/Stratz UmwG § 127 Rn. 10; *Sickinger* in Kallmeyer UmwG § 127 Rn. 7.

§ 18. Spaltungsrechtliche Regelungen § 18

Tochtergesellschaft Vermögensgegenstände auf die Muttergesellschaft ausgliedert, nicht aber bei einer Ausgliederung auf eine 100%ige Tochtergesellschaft. Auch im letztgenannten Fall ist der gesetzgeberische Grund für die **Entbehrlichkeit des Spaltungsberichts** bei konzerninternen Ausgliederungen gegeben. Dieser Fall ist zudem der Regelfall der Konzernausgliederung. Die Verweisung auf § 8 III Alt. 2 UmwG muss daher nach der ratio legis so verstanden werden, dass der Spaltungsbericht (auch) bei der konzerninternen *downstream*-Ausgliederung entbehrlich ist.[284]

Ein Ausgliederungsbericht des Einzelkaufmanns ist im Fall der Ausgliederung zur Aufnahme (§ 153 UmwG) und der Ausgliederung zur Neugründung (§ 158 UmwG) entbehrlich. 184

3. Ausgliederungsprüfung

Bei der Ausgliederung ist nach § 125 Satz 2 UmwG eine **Prüfung nicht erforderlich**. 185

4. Ausgliederungsbeschluss

Wesentliches Element des Umwandlungsrechts ist die Überantwortung der Kompetenz zur Entscheidung über eine Unternehmensumstrukturierung an die Anteilsinhaber der beteiligten Rechtsträger. Die Anteilsinhaber des übertragenden Rechtsträgers müssen jeder Ausgliederung, unabhängig davon, ob ein Betrieb oder zumindest ein wesentlicher Betriebsteil ausgegliedert werden soll, mit einer Dreiviertelmehrheit zustimmen, § 125 iVm § 13 I UmwG. 186

Die Erleichterungsvorschrift des § 62 UmwG für Konzernverhältnisse unter Beteiligung einer Aktiengesellschaft konnte über § 125 UmwG zunächst nur bei der *upstream*-Ausgliederung zur Anwendung kommen, ist aber bei richtigem Verständnis der entsprechenden Anwendung auch auf die *downstream*-Ausgliederung anwendbar und jedenfalls durch die Verweisung auf die durch die Dritte Änderung des Umwandlungsgesetzes 2011 vom 15.7.2011[285] geltende Bestimmung des § 62 IV UmwG für den Fall normiert, dass die ausgliedernde Kapitalgesellschaft zu 100% von der übernehmenden Aktiengesellschaft gehalten wird.[286] Die Kernaussage der **„Holzmüller"-Entscheidung des BGH**,[287] dass für den Fall der Ausgliederung des wertvollsten Teils des Betriebsvermögens einer Aktiengesellschaft auf eine 100%ige Tochtergesellschaft die Zustimmung der Hauptversammlung einzuholen ist, wurde damit grundsätzlich auf alle Ausgliederungsfälle erweitert.[288] Dies bedeutet eine entscheidende **Beschneidung der Geschäftsführungsbefugnis** der Vertretungsorgane, die durch den Vorteil der Gesamtrechtsnachfolge schwerlich auszuglei- 187

---

[284] → Rn. 162.
[285] BGBl. I, S. 1338.
[286] → Rn. 167.
[287] BGHZ 83 S. 122 (136 ff.).
[288] *Habersack* WM 2001 S. 545 (547 ff.).

Sagasser 1221

chen ist.²⁸⁹ Dementsprechend wird sich eine Ausgliederung oftmals schneller und kostengünstiger im Wege der Einzelrechtsnachfolge durchführen lassen, wenn kein wesentlicher Betriebsteil ausgegliedert, mithin keine Strukturänderung des ausgliedernden Rechtsträgers im Sinne der „Holzmüller"-Rechtsprechung herbeigeführt wird. Letztlich wird jedoch die Entscheidung zwischen der Ausgliederung nach UmwG und der Ausgliederung im Wege der Einzelrechtsnachfolge aufgrund einer genauen Analyse der Zusammensetzung der zu übertragenden Aktiva und Passiva zu erfolgen haben. Die danach möglichen Erleichterungen der Rechtsübertragung nach dem UmwG sind gegen die verfahrensmäßigen Erschwerungen des UmwG abzuwägen. Dabei wird mitentscheidend sein, inwieweit die Anforderungen des UmwG an das Ausgliederungsverfahren auf die Ausgliederung im Wege der Einzelrechtsnachfolge ausstrahlen und damit die verfahrensmäßigen Unterschiede zwischen beiden Ausgliederungsvorgängen schwinden.²⁹⁰

188 Der Ausgliederungsbeschluss sowie ggf. notwendige Zustimmungen nicht erschienener Anteilsinhaber sind nach den Grundsätzen des § 13 III UmwG zu beurkunden. Zu beachten ist, dass die Regelungen über das Spruchverfahren (§§ 14 II, 15 UmwG) für die Ausgliederung nicht gelten, da ein Anteilstausch auf der Ebene der Anteilsinhaber des übertragenden Rechtsträgers nicht stattfindet. Den Anteilsinhabern des ausgliedernden Rechtsträgers steht daher ohne Weiteres die Anfechtungsklage offen.²⁹¹

5. Kapitalerhaltung und Gläubigerschutz

189 Im Rahmen der Ausgliederung stellt sich die Frage nach der Notwendigkeit einer wertkongruenten Kapitalerhöhung beim übernehmenden Rechtsträger wie auch nach dem Gläubigerschutz im Falle der Aufstockung der Werte, soweit sich diese Vorgänge innerhalb eines Konzerns vollziehen. Streitig ist zunächst, ob das **Gebot der Anteilsgewährung** im Rahmen der Spaltung, das gemäß § 123 III UmwG auch für die Ausgliederung gilt, auch den Fall der Ausgliederung auf eine 100%ige Tochter- oder 100%ige Muttergesellschaft erfasst. Gliedert eine Muttergesellschaft auf ihre 100%ige Tochtergesellschaft aus, sind die Kapitalerhöhungsverbote der §§ 54 und 68 UmwG ausweislich des § 125 Satz 1 UmwG nicht anwendbar. Zugleich steht der Muttergesellschaft auch das Wahlrecht zum Verzicht auf eine Anteilsgewährung (§§ 54 I 3, 68 I 3) nach dem Gesetzeswortlaut nicht zu. Dennoch bejaht die überwiegende Auffassung im Schrifttum bei der Ausgliederung auf eine Tochtergesellschaft die Möglichkeit des Verzichts auf eine Anteilsgewährung.²⁹² Be-

---

²⁸⁹ So wohl auch *Feddersen/Kiem* ZIP 1994 S. 1078 (1081), die allerdings den wesentlichen Vorteil der Gesamtrechtsnachfolge, die Unanwendbarkeit der §§ 414, 415 BGB, nicht ansprechen.
²⁹⁰ → Rn. 193 ff.
²⁹¹ BT-Drucks. 12/6699 S. 119 zu § 127 UmwG.
²⁹² *Hörtnagl* in Schmitt/Hörtnagl/Stratz UmwG § 126 Rn. 47; *Priester* in Lutter UmwG § 126 Rn. 26; *Schröer* in Semler/Stengel UmwG § 126 Rn. 31; *Sickinger*

§ 18. Spaltungsrechtliche Regelungen § 18

gründet wird dies damit, dass die Anteilgewährung kein unverzichtbares Wesensmerkmal sei, wie durch die Aufnahme der §§ 54 I 3 bzw. 68 I 3 UmwG klargestellt worden ist.[293] Eine ausdrückliche Verzichtserklärung wird nicht für erforderlich gehalten.[294] Dem ist zuzustimmen, insbesondere vor dem Hintergrund, dass es bei der Ausgliederung auf eine 100%ige Tochtergesellschaft bereits an der Notwendigkeit zur Anteilsgewährung fehlt, da die Muttergesellschaft mittelbar weiterhin das übertragene Vermögen hält. Auch bleibt die Vermögenslage der Muttergesellschaft insgesamt unverändert, weil der Änderung aufgrund der Vermögensübertragung eine korrespondierende Änderung im Wert der Anteile an der Tochtergesellschaft gegenübersteht.

Bei der **Ausgliederung der 100%igen Tochtergesellschaft auf ihre Muttergesellschaft** würde eine Anteilsgewährung zu einer wechselseitigen Beteiligung führen und damit mittelbar zu eigenen Anteilen der Muttergesellschaft. Auch hier besteht kein Bedürfnis für eine Anteilsgewährung, weil jedenfalls aus Sicht der Anteilsinhaber der übernehmenden Gesellschaft keine Vermögenseinbuße eintreten kann. Hinzu kommt, dass die Entstehung wechselseitiger Beteiligungen und damit mittelbar eigener Anteile der Muttergesellschaft grundsätzlich unerwünscht ist (vgl. § 328 AktG). Im Ergebnis wird daher zutreffend auch bei dieser Fallkonstellation ein Verzicht auf die Anteilsgewährung für zulässig erachtet.[295] 190

Da das Steuerrecht für die steuerneutrale Buchwertfortführung zwingend die Anteilsgewährung fordert, werden derartige Verzichtsfälle in der Praxis kaum Bedeutung haben. 191

Sofern eine Kapitalerhöhung bei der übernehmenden Gesellschaft zur Schaffung der zu gewährenden Anteile durchgeführt wird, ist die **Gewährung eines Anteils im gesetzlichen Mindestnennbetrag** ausreichend, so dass ein etwaiger Mehrwert des übertragenen Vermögens in die Kapitalrücklage eingestellt werden kann.[296] Für die Interessen der Gläubiger der ausgliedernden Muttergesellschaft ist es ohne Belang, um welchen Betrag das gezeichnete Kapital der Tochtergesellschaft erhöht wird, solange die Muttergesellschaft alle Anteile der Tochtergesellschaft hält. Der Wert der Beteiligung ist unabhängig vom nominalen Betrag der gehaltenen Anteile. Zudem wird das Konzept des Gläubigerschutzes im Spaltungsrecht wie auch im Verschmelzungsrecht[297] ohnehin nicht durch Anforderungen an die Höhe des zu bildenden Nennkapitals beim übernehmenden Rechtsträger unterstützt.[298] Hierdurch können sich Aus- 192

---

in Kallmeyer UmwG § 126 Rn. 6; aA *Mayer* in Widmann/Mayer UmwG § 126 Rn. 99.
[293] *Hörtnagl* in Schmitt/Hörtnagl/Stratz UmwG § 126 Rn. 47.
[294] *Schröer* in Semler/Stengel UmwG § 126 Rn. 31; *Priester* in Lutter UmwG § 126 Rn. 26.
[295] *Sickinger* in Kallmeyer UmwG § 126 Rn. 6; *Hörtnagl* in Schmitt/Hörtnagl/Stratz UmwG § 126 Rn. 48; *Priester* in Lutter UmwG § 126 Rn. 26; aA *Mayer* in Widmann/Mayer UmwG § 126 Rn. 95.
[296] → § 19 Rn. 66.
[297] → § 3 Rn. 32 ff.
[298] Zur nicht-verhältniswahrenden Spaltung → Rn. 37 ff.

schüttungsmöglichkeiten der übernehmenden Tochtergesellschaft für bei der Ausgliederung aufgedeckte stille Reserven ergeben; Ausschüttungssperren bestehen allerdings im Aktienrecht, § 150 III, IV AktG. Des Weiteren führt die vom Gesetzgeber wohl für zulässig erachtete **Ausgliederung eines Vermögensteils mit negativem Buchwert** (als Saldo der Buchwerte der ausgegliederten Aktiva und Passiva) zum Ausweis einer Kapitalrücklage bei der ausgliedernden Muttergesellschaft, so dass die entsprechende Ausschüttungsproblematik schon auf dieser Ebene eintritt. Das Schweigen des Gesetzgebers ist allerdings in Anbetracht des Umstandes, dass auch Vermögensübertragungen im Wege der Einzelrechtsübertragung im Konzern zu entsprechenden Ergebnissen führen, verständlich, so dass sich der Gläubigerschutz allein auf die §§ 133, 134 UmwG stützt.

6. Ausgliederung im Wege der Einzelrechtsnachfolge und UmwG

193 Die Zulässigkeit der Ausgliederung durch Einzelrechtsnachfolge nach allgemeinem Recht ist auch nach Inkrafttreten des UmwG unbestritten. Zwischen der Ausgliederung mit partieller Gesamtrechtsnachfolge nach UmwG und der Ausgliederung mit Einzelrechtsnachfolge besteht Wahlfreiheit. Streitig ist jedoch, inwieweit die Ausgliederung durch Einzelrechtsübertragung den verfahrensmäßigen und formalen Anforderungen an eine Ausgliederung nach dem UmwG in analoger Anwendung der Vorschriften des UmwG unterliegt. Zu unterscheiden sind im Wesentlichen drei Auffassungen:

194 Eine vielfach vertretene Auffassung nimmt ein generelles Analogieverbot an und lehnt demnach eine entsprechende Anwendung der Vorschriften des UmwG auf die Ausgliederung im Wege der Einzelrechtsübertragung ab.[299] Begründet wird dies mit der im UmwG angelegten abschließenden Definition der Umwandlungsarten, in denen das Gesetz nach § 1 II UmwG Anwendung findet. Eine Zustimmung der Hauptversammlung oder Gesellschafterversammlung ist danach nur in den Fällen der sog. „**Holzmüller**"-**Rechtsprechung**[300] einzuholen. Nach der „Holzmüller"-Entscheidung des BGH bedarf eine Ausgliederung analog § 119 II AktG der Zustimmung der Hauptversammlung, wenn der betroffene Betrieb den wertvollsten Teil des Gesellschaftsvermögens darstellt.[301] Bei Ausgliederung unwesentlicher Vermögensteile ist die Ausgliederung dagegen nach dieser Auffassung zustimmungsfrei. Im Schrifttum sind Ansätze entwickelt worden, das Kriterium der Wesent-

---

[299] LG Hamburg DB 1997 S. 516; *Semler* in Semler/Stengel UmwG § 1 Rn. 62 ff.; *Bungert* NZG 1998 S. 367 ff.; *Hörtnagl* in Schmitt/Hörtnagl/Stratz UmwG § 1 Rn. 68; *Priester* ZHR 163 (1999) S. 187 (191 ff.); grundsätzlich gegen eine Analogie, aber einschränkend für eine sehr kritische Prüfung im Einzelfall: *Reichert* in Habersack/Koch/Winter, Die Spaltung im neuen Umwandlungsrecht und ihre Folgen S. 25 (35 ff.).
[300] *Priester* ZHR 163 (1999) S. 187 (194 ff.).
[301] BGHZ 83 S. 122 (136 ff.).

§ 18. Spaltungsrechtliche Regelungen § 18

lichkeit zu konkretisieren oder auch allgemein an bestimmte Vermögensrelationen zu binden.[302] Eine einschränkende Auffassung nimmt von dem Analogieverbot die sog. Schutzvorschriften des UmwG aus.[303] Begründet wird dies damit, dass zwischen einem Analogieverbot im engeren Sinne und einem zulässigen Wertungstransfer, wonach Schutzvorschriften analog anwendbar sind, zu differenzieren sei.[304] Das UmwG stelle gerade kein geschlossenes System dar, sondern sei als Teil des Gesamtsystems zu verstehen, so dass ein Wertungstransfer nicht verboten sei.[305]

195

Nach der **Gegenauffassung** sind die verfahrensrechtlichen Anforderungen des UmwG, die für Ausgliederungen im Wege der partiellen Gesamtrechtsnachfolge gelten, auf Ausgliederungen durch Einzelrechtsübertragung allgemein anwendbar.[306] Nach dieser Auffassung müsste nicht nur für eine Ausgliederung eines wesentlichen Vermögensteils, sondern für jede Ausgliederung im Wege der Einzelrechtsübertragung die Zustimmung der Versammlung der Anteilsinhaber eingeholt werden. Auch wäre für die Zustimmung eine Dreiviertelmehrheit erforderlich, während in den „Holzmüller"-Fällen wegen der vom BGH gewählten Analogie zu § 119 II AktG weniger strenge Mehrheitserfordernisse denkbar sind.[307] Hinzu kommt, dass die analoge Anwendung des UmwG strengere Anforderungen an die Informationspflichten begründet als die „Holzmüller"-Rechtsprechung des BGH. Da nach der „Holzmüller"-Rechtsprechung der Strukturmaßnahme, das heißt der Ausgliederung selbst und nicht dem Ausgliederungsvertrag, zugestimmt wird, ist der Vertrag selbst nicht zwingend bekannt zu machen oder auszulegen. Auch die weiteren im Falle der Analogie zum UmwG gegebenenfalls vorzulegenden Unterlagen (Zwischenbilanz der ausgliedernden Gesellschaft gemäß §§ 125, 63 I Nr. 3, § 63 II UmwG, Jahresabschlüsse und Lageberichte der letzten drei Jahre aller an der Ausgliederung beteiligten Rechtsträger gemäß §§ 125, 63 I Nr. 2 UmwG) sind nach der „Holzmüller"-Rechtsprechung nicht erforderlich. Inwieweit ein Ausgliederungsbericht als sogenannter „Holzmüller"-Bericht der Hauptversammlung zu erstatten ist, ist streitig.[308] Ein durch einen gesonderten Prüfer zu erstellender Prüfungsbericht ist dagegen weder im Falle der „Holzmüller"-Maßnahmen noch im Falle der Ausgliederung nach dem UmwG erforderlich.[309]

196

---

[302] Vgl. etwa *Ebenroth* AG 1988 S. 1 (5); *Groß* AG 1994 S. 226 (227) mwN.
[303] *Drygala* in Lutter UmwG § 1 Rn. 58 ff.; wohl auch *Kallmeyer/Marsch-Barner* in Kallmeyer UmwG § 1 Rn. 20.
[304] *Drygala* in Lutter UmwG § 1 Rn. 59.
[305] *Drygala* in Lutter UmwG § 1 Rn. 60.
[306] LG Karlsruhe DB 1998 S. 120; zurückhaltend: OLG Stuttgart DB 2001 S. 854, 858 (den Gesellschaftern stehe ein Informationsrecht zu, das dem bei Umwandlungen nach dem UmwG vergleichbar wäre).
[307] Die in „Holzmüller"-Fällen maßgebende Hauptversammlungsmehrheit ist streitig, vgl. nur *Koch* in Hüffer/Koch AktG § 119 Rn. 16 ff.
[308] Für eine umfassende Information der Anteilsinhaber: *Kallmeyer*, FS Lutter, S. 1245 (1251 ff.); vgl. auch *Groß* AG 1996 S. 111 (116).
[309] *Kallmeyer*, FS Lutter, S. 1245 (1255).

197 Nach einer dritten, **vermittelnden Auffassung** kommt eine Analogie zum UmwG bei der Ausgliederung im Wege der Einzelrechtsübertragung nur in Betracht, wenn ein wesentlicher Vermögensteil ausgegliedert wird,[310] also in den genannten „Holzmüller"-Fällen. Liegt ein derartiger Fall vor, sollen die Anforderungen des UmwG an das Ausgliederungsverfahren und die zu gewährenden Informationen vollinhaltlich Anwendung finden.

198 Die überzeugenderen Gründe sprechen gegen eine analoge Anwendung – auch der Schutzvorschriften – des UmwG auf Ausgliederungen im Wege der Einzelrechtsübertragung. Trotz der vordergründigen Vergleichbarkeit der Sachverhalte überwiegen die Unterschiede im Sachverhalt und in den Rechtsfolgen der beiden Ausgliederungsfälle: Der Gesetzgeber wollte mit den Umwandlungen im Sinne des UmwG eine Gestaltungsalternative anbieten, die auf der Grundlage der Gesamtrechtsnachfolge einen erleichterten Übergang des zu übertragenden Vermögens und damit einen schnelleren Vollzug der Ausgliederung ermöglicht. Diesen verfahrensmäßigen Erleichterungen des Umwandlungsvorganges nach dem UmwG stehen die Schutzvorschriften des UmwG zur Beteiligung von Anteilsinhabern und Arbeitnehmern sowie zur Offenlegung von Informationen und zur Prüfung des Umwandlungsvorganges gegenüber. Die zwingenden Schutzvorschriften des UmwG sollten jedoch nur beachtet werden müssen, wenn auch die verfahrensmäßigen Erleichterungen des UmwG für Umwandlungen genutzt werden.[311] Andererseits ist nicht zu verkennen, dass selbst bei Ablehnung einer analogen Anwendung des UmwG die in Rechtsprechung und Schrifttum entwickelten Standards zur Erfüllung von Informationspflichten und Berichtspflichten nach dem UmwG auf die Erfüllung entsprechender Pflichten im Rahmen der sogenannten „Holzmüller"-Rechtsprechung Auswirkung haben, so dass im Falle der Ausgliederung eines wesentlichen Betriebsteils insbesondere ein sogenannter „Holzmüller"-Bericht im Umfang des Ausgliederungsberichts nach UmwG zu erstellen sein wird.[312]

V. Exkurs: Grenzüberschreitende Spaltungen

199 In der jüngeren Vergangenheit haben sich die Rahmenbedingungen für grenzüberschreitende Umwandlungen gewandelt. Dies gilt in erster Linie für Verschmelzungen.[313] Die Internationale Verschmelzungsrichtlinie von Kapitalgesellschaften ist zum 15.12.2005 in Kraft getreten und wurde durch die Einfügung der §§ 122a–122l UmwG in nationales Recht umgesetzt. Zeitgleich ist am 13.12.2005 die sog. „SEVIC-Entscheidung"[314] des EuGH ergangen, die die Zulässigkeit der grenzüberschreitenden Verschmelzung behandelt.

---

[310] LG Frankfurt ZIP 1997 S. 1698.
[311] Vgl. die Gesetzesbegründung zu § 1 UmwG, BT-Drucks. 12/6699 S. 80; *Neye* UmwG/UmwStG S. 111.
[312] Vgl. LG Frankfurt ZIP 1997 S. 1698.
[313] Im Einzelnen vgl. § 12, § 13.
[314] EuGH BB 2006 S. 11.

§ 18. Spaltungsrechtliche Regelungen § 18

Für die grenzüberschreitende Spaltung existiert weiterhin keine Richtlinie. Auch die Verweisung des § 125 UmwG, welche die Vorschriften des Verschmelzungsrechts mit wenigen Ausnahmen auf die Spaltung für entsprechend anwendbar erklärt, nimmt die §§ 112a–122l UmwG, welche die grenzüberschreitende Spaltung behandelt, von der entsprechenden Anwendung aus. **200**

Dennoch sind grenzüberschreitende Spaltungen als zulässig zu erachten.[315] Dies folgt aus den Art. 43 EG und 48 EG die die Niederlassungsfreiheit garantieren. Das Bestehen von europäischem Sekundärrecht ist hierbei keine Voraussetzung für die Ausübung der Niederlassungsfreiheit. Nach dem SEVIC-Urteil liegt ein Verstoß gegen die Niederlassungsfreiheit vor, wenn ein Mitgliedstaat die Eintragung einer grenzüberschreitenden Verschmelzung in das Handelsregister verweigert, obwohl die Eintragung bei Beteiligung ausschließlich inländischer Gesellschaften erfolgen würde. Denn Sinn und Zweck der Niederlassungsfreiheit gehen dahin, den Gesellschaften die Möglichkeit zu eröffnen, tatsächlich am Wirtschaftsleben eines anderen Mitgliedstaates teilzunehmen, und zwar unter denselben Bedingungen wie die dortigen Wirtschaftsbeteiligten.[316] Der EuGH stellt in seinem Urteil weiter fest, dass grenzüberschreitende Verschmelzungen wie auch andere Gesellschaftsumwandlungen den Zusammenarbeits- und Umgestaltungsbedürfnissen von Gesellschaften mit Sitz in verschiedenen Mitgliedstaaten entsprechen. Sie stellen besondere, für das reibungslose Funktionieren des Binnenmarktes wichtige Modalitäten der Ausübung der Niederlassungsfreiheit dar.[317] Eine Beschränkung der Niederlassungsfreiheit kann nach dem EuGH nur in Betracht kommen, wenn zwingende Gründe des Allgemeininteresses dies erfordern. Hierunter fallen insbesondere der Schutz der Interessen von Gläubigern, Minderheitsgesellschaftern und Arbeitnehmern sowie die Wahrung der Wirksamkeit der Steueraufsicht und der Lauterkeit des Handelsverkehrs. **201**

Auch die grenzüberschreitende Spaltung dient den Zusammenarbeits- und Umgestaltungsbedürfnisse von Gesellschaften mit Sitz in verschiedenen Mitgliedstaaten und fällt daher ebenfalls in den Anwendungsbereich der Niederlassungsfreiheit.[318] Dies ergibt sich mit aller Deutlichkeit auch dadurch aus der SEVIC-Entscheidung, dass in den Entscheidungsgründen die grenzüberschreitende Verschmelzung mit anderen Umwandlungsformen gleichgesetzt wird. Damit ist die grenzüberschreitende Spaltung zulässig, sofern nicht schutzwürdige Interessen deutscher Gläubiger, Minderheitsgesellschafter und Arbeitnehmer entgegenstehen. Dies wird zumindest bei der Herein-Spaltung regelmäßig nicht der Fall sein.[319] **202**

---

[315] Vgl. *Meilicke/Rabback* GmbHR 2006 S. 123 (126); *Leible/Hoffmann* RIW 2006 S. 161 (165); *Drygala* in Lutter UmwG § 1 Rn. 20; *Kallmeyer/Kappes* AG 2006 S. 224 (234); *Siems* EuZW 2006 S. 135 (139); *Bungert* BB 2006 S. 53 (55); *Geyrhalter/Weber* DStR 2006 S. 146 (150).
[316] EuGH BB 2006 S. 11 (12).
[317] EuGH BB 2006 S. 11 (12).
[318] Vgl. *Leible/Hoffmann* RIW 161 (165).
[319] *Drygala* in Lutter UmwG § 1 Rn. 20.

§ 18 5. Teil. Spaltung

203 Für die Praxis verbleibt jedoch trotz der deutlichen Aussage des SEVIC-Urteils eine unsichere Rechtssituation. Ungewiss sind insbesondere Verfahrensfragen. Hier bestehen bezüglich der Spaltung keine einheitlichen Vorschriften, auch besteht keine Vereinbarkeit der in den verschiedenen Mitgliedstaaten diesbezüglich vorhandenen Regelungen. Auch die Vorgehensweise der Registergerichte dürfte durch das SEVIC-Urteil noch nicht abschließend sichergestellt sein. Als weiterer Unsicherheitsfaktor für die Praxis kommt hinzu, dass die Gründe des Allgemeininteresses, welche die Niederlassungsfreiheit beschränken können, einer Einzelfallprüfung unterliegen.

VI. Fälle und Musterfomulierungen

Fall: (Aufspaltung einer Tochter-GmbH auf ihre Mutter-AG und ihre Schwester-GmbH)

204 *Die X-AG ist die alleinige Gesellschafterin der B-GmbH. Die weitere Tochtergesellschaft der X-AG, die Y-GmbH, ist auf dem gleichen Geschäftsfeld wie die B-GmbH tätig. Um Synergieeffekte zu erreichen, soll ein Teilbetrieb der B-GmbH auf die X-AG, der andere auf die Y-GmbH übertragen werden. Die Y-GmbH erhöht zum Zweck der Durchführung der Aufspaltung ihr Stammkapital.*

Hierzu folgende Muster:
- Spaltungsvertrag, Rn. 204 A
- Zustimmungs- und Kapitalerhöhungsbeschluss der übernehmenden GmbH, Rn. 204 B
- Zustimmungsbeschluss der übertragenden Gesellschaft, Rn. 204 C
- Handelsregisteranmeldung der übernehmenden AG, Rn. 204 D
- Handelsregisteranmeldung der übernehmenden GmbH, Rn. 204 E
- Handelsregisteranmeldung der übertragenden Gesellschaft, Rn. 204 F

Aufspaltung einer Tochter-GmbH auf ihre Mutter-AG und ihre Schwester-GmbH zur Aufnahme, §§ 123 ff., 126 ff., 138 ff., 141 ff. UmwG; Spaltungsvertrag

204 A UR. Nr. .... für ......

Verhandelt

zu Musterort am ......

Vor mir, ...
           Notar

für den Oberlandesgerichtsbezirk Musterort mit dem Amtssitz in Musterort erschienen, von Person bekannt:
1. L
2. M
   hier handelnd als
     a) gemeinsam vertretungsberechtigte und von den Beschränkungen des § 181 BGB befreite Geschäftsführer der B-GmbH mit

§ 18. Spaltungsrechtliche Regelungen § 18

dem Sitz in Musterort, eingetragen im Handelsregister des Amtsgerichts Musterort unter HR B 456,
b) gemeinsam vertretungsberechtigte und vom Verbot der Doppelvertretung befreite Vorstandsmitglieder der X-AG mit dem Sitz in Musterort, eingetragen im Handelsregister des Amtsgerichts Musterort unter HR B 123,
c) gemeinsam vertretungsberechtigte und von den Beschränkungen des § 181 BGB befreite Geschäftsführer der Y-GmbH mit dem Sitz in Musterort, eingetragen im Handelsregister des Amtsgerichts Musterort unter HR B 789.

Der amtierende Notar hat sich durch heutige Einsichtnahme in das elektronische Handelsregister des Amtsgerichts Musterort überzeugt,
a) dass unter HR B 456 die B-GmbH mit Sitz in Musterort eingetragen ist und L und M als gemeinsam vertretungsberechtigte und von den Beschränkungen des § 181 BGB befreite Geschäftsführer zur Vertretung der B-GmbH berechtigt sind,
b) dass unter HR B 123 die X-AG mit Sitz in Musterort eingetragen ist und L und M als gemeinsam vertretungsberechtigte und vom Verbot der Doppelvertretung befreite Vorstandsmitglieder zur Vertretung der X-AG berechtigt sind und
c) dass unter HR B 789 die Y-GmbH mit Sitz in Musterort eingetragen ist und L und M als gemeinsam vertretungsberechtigte und von den Beschränkungen des § 181 BGB befreite Geschäftsführer zur Vertretung der Y-GmbH berechtigt sind.
Die Erschienenen, handelnd wie angegeben, erklärten:

I. Vorbemerkungen

1. Die X-AG ist die alleinige Gesellschafterin der im Handelsregister des Amtsgerichts Musterort unter HR B 456 eingetragenen B-GmbH mit Sitz in Musterort.
2. Die X-AG ist darüber hinaus alleinige Gesellschafterin der im Handelsregister des Amtsgerichts Musterort unter HR B 789 eingetragenen Y-GmbH mit Sitz in Musterort.
3. Die B-GmbH und die Y-GmbH sind daher Schwestergesellschaften, die X-AG ist die gemeinsame Muttergesellschaft.
4. Das Grundkapital der X-AG beträgt …€. Es ist eingeteilt in (Anzahl) Aktien im Nennbetrag von …€.
5. Das Stammkapital der B-GmbH beträgt …€. Daran ist die X-AG mit einem Geschäftsanteil im Nennbetrag von …€ beteiligt.
6. Der Notar hat die letzte vom Handelsregister aufgenommene Gesellschafterliste der B-GmbH eingesehen.
Die Liste der Gesellschafter der B-GmbH hat das Datum vom (Datum) (**ggf.**: und die Bestätigung des Notars (Name, Amtssitz)).
Die X-AG ist in dieser Liste als Inhaber des vorgenannten Geschäftsanteils eingetragen.

7. Das Stammkapital der Y-GmbH beträgt ...€. Daran ist die X-AG mit einem Geschäftsanteil im Nennbetrag von ...€ beteiligt.
8. Der Notar hat die letzte vom Handelsregister aufgenommene Geselschafterliste der Y-GmbH eingesehen. Die Liste der Gesellschafter der Y-GmbH hat das Datum vom (Datum) (**ggf.**: und die Bestätigung des Notars (Name, Amtssitz)). Die X-AG ist in dieser Liste als Inhaber des vorgenannten Geschäftsanteils eingetragen.
9. Nach Angaben der Beteiligten sind sämtliche Stammeinlagen bei beiden GmbHs sowie das Grundkapital der AG voll erbracht.[320]
10. Mit diesem Vertrag soll die B-GmbH teilweise auf die X-AG und teilweise auf die Y-GmbH aufgespalten werden.

II. Spaltungsvertrag

Die B-GmbH als übertragender Rechtsträger, die X-AG[321] und die Y-GmbH, die beiden Letzteren als übernehmende Rechtsträger, schließen folgenden Spaltungsvertrag:

§ 1
Aufspaltung

Die B-GmbH mit Sitz in Musterort überträgt unter Auflösung ohne Abwicklung ihr Vermögen als Gesamtheit gemäß § 123 Abs. 1 Nr. 1 im Wege der Aufspaltung zur Aufnahme, wie in § 2 näher beschrieben, zum Teil auf die X-AG mit Sitz in Musterort und zum anderen Teil auf die Y-GmbH mit Sitz in Musterort.

§ 2
Übertragung von Vermögensteilen

1. Vermögensübertragungen von der B-GmbH auf die X-AG:
   a) Die B-GmbH überträgt die nachfolgend in Bstb. b) bezeichneten Teile ihres Vermögens auf die X-AG als Gesamtheit mit allen Rechten und Pflichten unter Ausschluss der Abwicklung im Wege der Aufspaltung zur Aufnahme.
   b) Hierbei handelt es sich um den Teilbetrieb „Schrott-Recycling" und somit um folgende Vermögensteile, die dem Teilbetrieb „Schrott-Recycling" wirtschaftlich zuzuordnen sind[322]:

---

[320] Beachte andernfalls §§ 125 Satz 1, 51 UmwG.

[321] Ist die übernehmende AG zum Zeitpunkt des Vertragsschlusses noch nicht mindestens seit zwei Jahren im Handelsregister, beachte §§ 125 Satz 1, 67 UmwG.

[322] Vgl. § 126 I Nr. 9, II UmwG; danach wäre auch die Bezugnahme auf eine Bilanz möglich; in der Regel setzt die Vermögenszuordnung mit Hilfe einer Bilanz jedoch voraus, dass nach Teilbetrieben getrennte Abspaltungsbilanzen erstellt werden.

§ 18. Spaltungsrechtliche Regelungen § 18

aa) Grundbesitz:
der Grundbesitz, verzeichnet im Grundbuch des Amtsgerichts Musterort von Musterort Blatt ...... als Gemarkung ...... Flur ...... Flurstück ...... Betriebsgelände, groß ...... m², nebst allen aufstehenden Gebäulichkeiten, wesentlichen Bestandteilen und Zubehör;

bb) Gesellschaftsbeteiligungen, Mitgliedschaften:
sämtliche Gesellschaftsbeteiligungen und sonstigen Mitgliedschaften, die zum Teilbetrieb „Schrott-Recycling" gehören, nämlich die Geschäftsanteile an der Z-GmbH, eingetragen im Handelsregister des Amtsgerichts Musterort unter HR B ...... und zwar im Nennbetrag von € ...... und € ......, die jeweils in voller Höhe eingezahlt sind und insgesamt 60% des Stammkapitals der Z-GmbH ausmachen;

cc) Anlage- und Umlaufvermögen:
sämtliche beweglichen Gegenstände des Anlage- und Umlaufvermögens, die zum Teilbetrieb „Schrott-Recycling" gehören, also alle beweglichen Gegenstände, die sich auf dem in aa) genannten Grundbesitz befinden und in der als **Anlage 1** zu dieser Urkunde genommenen Liste der Gegenstände des Umlauf- und Anlagevermögens genannt sind; zum Anlage- und Umlaufvermögen gehört das Alleineigentum, das Miteigentum und jede andere Beteiligung am Eigentum (insbesondere auch eine Beteiligung zur gesamten Hand), das der B-GmbH an diesen beweglichen Gegenständen zusteht, ebenso alle der B-GmbH daran zustehenden Rechte, insbesondere Anwartschaftsrechte;

dd) Finanzanlagen, Patente, Schutzrechte, Nutzungsrechte:
sämtliche Gegenstände des Finanzanlagevermögens, Patente, gewerbliche Schutzrechte und Nutzungsrechte, die dem Teilbetrieb „Schrott-Recycling" zuzuordnen sind und die in der als **Anlage 2** zu dieser Urkunde genommenen Liste der Finanzanlagen, Patente, Schutzrechte, Nutzungsrechte genannt sind;

ee) Schuldverhältnisse:
sämtliche Schuldverhältnisse, die zum Teilbetrieb „Schrott-Recycling" gehören und die in der als **Anlage 3** zu dieser Urkunde genommenen Liste der Schuldverhältnisse genannt sind, insbesondere Dauerschuldverhältnisse wie z. B. Miet-, Leasing-, Versicherungs-, Werk- und Lieferverträge; zu diesen Schuldverhältnissen gehören auch solche, die bedingt oder befristet oder noch nicht vollständig wirksam geworden sind, insbesondere auch solche, bei denen zugunsten der B-GmbH bislang lediglich ein Angebot auf Abschluss eines Vertrages abgegeben worden ist;

ff) Dienst- und Arbeitsverträge:
sämtliche Dienst- und Arbeitsverträge, die dem Teilbetrieb „Schrott-Recycling" zuzuordnen sind und die in der als **Anlage 4** zu dieser Urkunde genommenen Liste der Dienst- und Arbeitsverträge genannt sind; dazu gehören auch alle Verpflichtungen und Zusagen aus der betrieblichen Altersvorsorge;

gg) Verbindlichkeiten:
sämtliche Verbindlichkeiten, die dem Teilbetrieb „Schrott-Recycling" zuzuordnen sind und die in der als **Anlage 5** zu dieser Urkunde genommenen Liste der Verbindlichkeiten genannt sind, insbesondere alle Schulden, Rückstellungen, Verlustrisiken aus schwebenden Geschäften sowie Steuerverbindlichkeiten, gleichgültig, welche Steuer sie betreffen;

hh) Forderungen:
sämtliche Forderungen, die dem Teilbetrieb „Schrott-Recycling" zuzuordnen und in der als **Anlage 6** zu dieser Urkunde genommenen Liste der Forderungen genannt sind, insbesondere solche aus vertraglichen Beziehungen wie aus Guthaben auf Bank- und Girokonten, Lieferung und Leistung, Krediten aller Art, geleisteten Anzahlungen und Schadensersatzansprüchen, ebenso Forderungen gegenüber dem Finanzamt, gleichgültig, welche Steuer sie betreffen;

ii) „All-Klausel":
sowie überhaupt alle Aktiva und Passiva, materiellen wie immateriellen Rechte, Ansprüche, Verbindlichkeiten, Pflichten, Sachen und Schuldverhältnisse, die im weitesten Sinne dem vorgenannten Teilbetrieb „Schrott-Recycling" rechtlich und/oder wirtschaftlich zuzuordnen sind, diesem Teilbetrieb dienen oder zu dienen bestimmt sind, und zwar unabhängig davon, ob die Vermögensposition bilanzierungsfähig ist oder nicht; sollte in den vorstehenden Buchstaben bb) bis mit hh)[323] eine Vermögensposition nicht ausdrücklich genannt oder in der zugehörigen Anlage enthalten sein, ist sie dennoch Gegenstand der Vermögensübertragung, wenn sie dem Teilbetrieb „Schrott-Recycling" im vorstehenden Sinne zugehörig ist;

jj) Surrogate:
sämtliche Surrogate, die an die Stelle der vorgenannten Vermögenspositionen getreten sind, sollten diese bis zum Wirksamwerden der Spaltung im Rahmen des normalen Geschäftsverkehrs veräußert worden sein; ebenso alle etwa noch bis zum Wirksamwerden der Spaltung hinzutre-

---

[323] Wegen des Verweises auf § 28 GBO in § 126 II 2 UmwG dürfte hinsichtlich der Grundstücke und grundstücksgleichen Rechte eine All-Klausel nicht helfen.

tenden Gegenstände, die im vorgenannten Sinne zum Teilbetrieb „Schrott-Recycling"gehören.
2. Vermögensübertragungen von der B-GmbH auf die Y-GmbH:
a) Ihr gesamtes übriges Vermögen überträgt die B-GmbH an die Y-GmbH als Gesamtheit mit allen Rechten und Pflichten unter Ausschluss der Abwicklung im Wege der Aufspaltung zur Aufnahme.
b) Hierbei handelt es sich um den Teilbetrieb „Altlastenentsorgung" und somit um folgende Vermögensteile, die dem Teilbetrieb „Altlastenentsorgung" wirtschaftlich zuzuordnen sind[324]:
aa) <u>Grundbesitz:</u>
der Grundbesitz, verzeichnet im Grundbuch des Amtsgerichts Musterort von Musterort Blatt ...... als Gemarkung ...... Flur ...... Flurstück ...... Betriebsgelände, groß ...... m², nebst allen aufstehenden Gebäulichkeiten, wesentlichen Bestandteilen und Zubehör;
bb) <u>Gesellschaftsbeteiligungen, Mitgliedschaften:</u>
sämtliche Gesellschaftsbeteiligungen und sonstigen Mitgliedschaften, die zum Teilbetrieb „Altlastenentsorgung" gehören, nämlich die Geschäftsanteile an der K-GmbH, eingetragen im Handelsregister des Amtsgerichts Musterort unter HR B ...... und zwar im Nennbetrag von € ...... und € ......, die jeweils in voller Höhe eingezahlt sind und insgesamt 50% des Stammkapitals der K-GmbH ausmachen;
cc) <u>Anlage- und Umlaufvermögen:</u>
sämtliche beweglichen Gegenstände des Anlage- und Umlaufvermögens, die zum Teilbetrieb „Altlastenentsorgung" gehören, also alle beweglichen Gegenstände, die sich auf dem in aa) genannten Grundbesitz befinden und in der als **Anlage 7** zu dieser Urkunde genommenen Liste der Gegenstände des Umlauf- und Anlagevermögens genannt sind; zum Anlage- und Umlaufvermögen gehört das Alleineigentum, das Miteigentum und jede andere Beteiligung am Eigentum (insbesondere auch eine Beteiligung zur gesamten Hand), das der B-GmbH an diesen beweglichen Gegenständen zusteht, ebenso alle der B-GmbH daran zustehenden Rechte, insbesondere Anwartschaftsrechte;
dd) <u>Finanzanlagen, Patente, Schutzrechte, Nutzungsrechte:</u>
sämtliche Gegenstände des Finanzanlagevermögens, Patente, gewerbliche Schutzrechte und Nutzungsrechte, die dem Teilbetrieb „Altlastenentsorgung" zuzuordnen sind und die in der als **Anlage 8** zu dieser Urkunde genom-

---

[324] Vgl. § 126 I Nr. 9, II UmwG; danach wäre auch die Bezugnahme auf eine Bilanz möglich; in der Regel setzt die Vermögenszuordnung mit Hilfe einer Bilanz jedoch voraus, dass nach Teilbetrieben getrennte Abspaltungsbilanzen erstellt werden.

menen Liste der Finanzanlagen, Patente, Schutzrechte, Nutzungsrechte genannt sind;
ee) Schuldverhältnisse:
sämtliche Schuldverhältnisse, die zum Teilbetrieb „Altlastenentsorgung" gehören und die in der als **Anlage 9** zu dieser Urkunde genommenen Liste der Schuldverhältnisse genannt sind, insbesondere Dauerschuldverhältnisse wie z. B. Miet-, Leasing-, Versicherungs-, Werk- und Lieferverträge; zu diesen Schuldverhältnissen gehören auch solche, die bedingt oder befristet oder noch nicht vollständig wirksam geworden sind, insbesondere auch solche, bei denen zugunsten der B-GmbH bislang lediglich ein Angebot auf Abschluss eines Vertrages abgegeben worden ist;
ff) Dienst- und Arbeitsverträge:
sämtliche Dienst- und Arbeitsverträge, die dem Teilbetrieb „Altlastenentsorgung" zuzuordnen sind und die in der als **Anlage 10** zu dieser Urkunde genommenen Liste der Dienst- und Arbeitsverträge genannt sind; dazu gehören auch alle Verpflichtungen und Zusagen aus der betrieblichen Altersvorsorge;
gg) Verbindlichkeiten:
sämtliche Verbindlichkeiten, die dem Teilbetrieb „Altlastenentsorgung" zuzuordnen sind und die in der als **Anlage 11** zu dieser Urkunde genommenen Liste der Verbindlichkeiten genannt sind, insbesondere alle Schulden, Rückstellungen, Verlustrisiken aus schwebenden Geschäften sowie Steuerverbindlichkeiten, gleichgültig, welche Steuer sie betreffen;
hh) Forderungen:
sämtliche Forderungen, die dem Teilbetrieb „Altlastentsorgung" zuzuordnen und in der als **Anlage 12** zu dieser Urkunde genommenen Liste der Forderungen genannt sind, insbesondere solche aus vertraglichen Beziehungen wie aus Guthaben auf Bank- und Girokonten, Lieferung und Leistung, Krediten aller Art, geleisteten Anzahlungen und Schadensersatzansprüchen, ebenso Forderungen gegenüber dem Finanzamt, gleichgültig, welche Steuer sie betreffen;
ii) „All-Klausel":
sowie überhaupt alle Aktiva und Passiva, materiellen wie immateriellen Rechte, Ansprüche, Verbindlichkeiten, Pflichten, Sachen und Schuldverhältnisse, die im weitesten Sinne dem vorgenannten Teilbetrieb „Altlastenentsorgung" rechtlich und/oder wirtschaftlich zuzuordnen sind, diesem Teilbetrieb dienen oder zu dienen bestimmt sind, und zwar unabhängig davon, ob die Vermögensposition bilanzierungsfähig ist oder nicht; sollte in den vorstehen-

§ 18 Spaltungsrechtliche Regelungen § 18

den Buchstaben bb) bis mit hh)[325] eine Vermögensposition nicht ausdrücklich genannt oder in der zugehörigen Anlage enthalten sein, ist sie dennoch Gegenstand der Vermögensübertragung, wenn sie dem Teilbetrieb „Altlastenentsorgung" im vorstehenden Sinne zugehörig ist;
jj) Surrogate:
sämtliche Surrogate, die an die Stelle der vorgenannten Vermögenspositionen getreten sind, sollten diese bis zum Wirksamwerden der Spaltung im Rahmen des normalen Geschäftsverkehrs veräußert worden sein; ebenso alle etwa noch bis zum Wirksamwerden der Spaltung hinzutretenden Gegenstände, die im vorgenannten Sinne zum Teilbetrieb „Altlastenentsorgung"gehören.
3. Bestehen über die Zuordnung der Vermögenswerte Zweifel, die auch nicht im Wege der Vertragsauslegung behoben werden können, ist die X-AG gemäß § 315 BGB nach billigem Ermessen berechtigt, die Zuordnung vorzunehmen.[326] Sollte ein Recht oder ein Rechtsverhältnis mangels Übertragbarkeit erlöschen, stehen den übernehmenden Gesellschaften deswegen keinerlei Rechte oder Ansprüche – gleich aus welchem Rechtsgrund – zu.

§ 3
Bilanzstichtag, Spaltungsstichtag

1. Der Aufspaltung zur Aufnahme wird die Bilanz der B-GmbH zum (Datum) als Schlussbilanz zugrunde gelegt. Ein Exemplar dieser festgestellten und unterzeichneten Bilanz nebst Gewinn- und Verlustrechnung, Anhang und Lagebericht und dem uneingeschränkten Bestätigungsvermerk des Abschlussprüfers vom (Datum) ist dieser Niederschrift – lediglich zu Dokumentationszwecken – als **Anlage 13** beigefügt.[327]
2. Die Spaltung soll mit Wirkung von der Eintragung in das Handelsregister des übertragenden Rechtsträgers wirksam sein.

---

[325] Wegen des Verweises auf § 28 GBO in § 126 II 2 UmwG dürfte hinsichtlich der Grundstücke und grundstücksgleichen Rechte eine All-Klausel nicht helfen.
[326] Durch die ersatzlose Aufhebung der §§ 131 I Nr. 1 Satz 2, 132 UmwG sind sämtliche Regelungen für den Fall, dass eine dingliche Übertragung scheitert, also insbesondere Regelungen einander im Innenverhältnis so zu stellen, als sei die Übertragung erfolgt, entbehrlich. Lediglich höchstpersönliche Rechte gehen nicht über. Da der übertragende Rechtsträger bei der Aufspaltung erlischt, er löschen auch diese nicht übertragbaren Rechte.
[327] Das Beifügen als Anlage zum Spaltungsvertrag ist grds. nicht zwingend, erst recht nicht als echte Anlage iSd BeurkG. Etwas anderes gilt nur, wenn die Bilanz gem. § 126 II 3 UmwG Grundlage für die Bezeichnung der übertragenen Vermögensgegenstände ist. Der Anmeldung zum Handelsregister des übertragenden Rechtsträgers hingegen ist die Schlussbilanz zwingend als Anlage beizufügen, §§ 125 Satz 1, 17 II UmwG.

§ 18 5. Teil. Spaltung

Die Übernahme des Vermögens des übertragenden Rechtsträgers erfolgt im Innenverhältnis mit Wirkung zum Ablauf des (Datum). Vom (Datum), 0.00 Uhr an (Spaltungsstichtag) gelten alle Handlungen und Geschäfte der B-GmbH, soweit sie das an die X-AG übertragene Vermögen betreffen, als mit Wirkung für diese vorgenommen und soweit sie das an die Y-GmbH übertragene Vermögen betreffen, als mit Wirkung für diese vorgenommen.

§ 4
Gegenleistung, Abfindungsangebot

1. Da die übernehmende X-AG alleinige Gesellschafterin der übertragenden B-GmbH ist, findet die Aufspaltung gemäß §§ 125 Satz 1, 68 Abs. 1 Satz 1 Nr. 1 UmwG ohne Kapitalerhöhung bei der übernehmenden X-AG und gemäß § 131 Abs. 1 Nr. 3 Satz 1, 2. HS UmwG ohne Ausgabe neuer Aktien statt. Die Übertragung des Vermögens der B-GmbH im Wege der Aufspaltung zur Aufnahme durch die X-AG erfolgt daher ohne Gegenleistung. Insoweit entfallen auch die Angaben über den Umtausch der Anteile nach § 126 Abs. 1 Nr. 3 und 4 UmwG.
2. Die Y-GmbH gewährt der X-AG als Gegenleistung für die vorstehende Vermögensübertragung einen Geschäftsanteil an der Y-GmbH im Nennbetrag von € ......, und zwar kostenfrei mit dem Gewinnbezugsrecht ab dem (Datum)[328].
Dieser Geschäftsanteil wird durch eine Kapitalerhöhung bei der Y-GmbH zum Zwecke der Durchführung der Aufspaltung gebildet, wobei die Y-GmbH ihr derzeitiges Stammkapital von € ...... um den vorbezeichneten Betrag von € ...... auf € ...... erhöht durch Bildung eines neuen Geschäftsanteils im Nennbetrag von € .... Zu dessen Übernahme wird die X-AG zugelassen. Die Einlage wird durch die Übertragung der in § 2 Nr. 2 bezeichneten Aktiva und Passiva erbracht.
Soweit der Wert des übertragenen Vermögens den Nennbetrag des neu ausgegebenen Geschäftsanteils übersteigt, ist dieser Differenzbetrag in die Kapitalrücklage der Y-GmbH einzustellen. Eine Vergütung des Differenzbetrages ist nicht geschuldet.
Bare Zuzahlungen erfolgen nicht.
3. Das Umtauschverhältnis beträgt mithin für je € ...... Nennbetrag des Geschäftsanteils an der B-GmbH € ...... Nennbetrag eines Geschäftsanteils an der Y-GmbH.

---

[328] Gem. §§ 125, 54 I 3 UmwG wäre eine Kapitalerhöhung entbehrlich, wenn alle Gesellschafter des übertragenden Rechtsträgers (hier die X-AG als Alleingesellschafter der B-GmbH) durch notarielle Verzichtserklärung darauf verzichten würden. Für die Beurkundung der Verzichtserklärung gelten die §§ 8 ff. BeurkG. Die Verzichtserklärung müsste spätestens mit der Anmeldung zum Handelsregister vorliegen.

§ 18. Spaltungsrechtliche Regelungen § 18

4. Ein Abfindungsangebot gemäß §§ 125 Satz 1, 29 UmwG ist nicht erforderlich[329] im Übrigen aus Sicht der Beteiligten entbehrlich, da angesichts des Mutter-Tochter- bzw. Schwesternverhältnisses der beteiligten Gesellschaften ein Widerspruch eines Gesellschafters gegen die Zustimmungsbeschlüsse nicht zu erwarten ist.[330]

§ 5
Besondere Rechte oder Vorteile

1. Keiner der in § 126 Abs. 1 Nr. 7 UmwG genannten Personen stehen am übertragenden Rechtsträger besondere Rechte zu bzw. sind am übernehmenden Rechtsträger besondere Rechte im Sinne dieser Vorschrift gewährt worden.
2. Keiner der in § 126 Abs. 1 Nr. 8 UmwG genannten Personen ist ein Vorteil im Sinne dieser Vorschriften im Zusammenhang mit der Aufspaltung gewährt worden.

§ 6
Folgen für die Arbeitnehmer und ihre Vertretungen

1. Die bei der B-GmbH bestehenden Dienst- und Anstellungsverträge gehen – soweit sie den Teilbetrieb „Schrott-Recycling" betreffen – gemäß § 324 UmwG in Verbindung mit § 613a Abs. 1 BGB unverändert auf die X-AG, soweit sie den Teilbetrieb „Altlastenentsorgung" betreffen, unverändert auf die Y-GmbH über, jeweils in der Weise dass die Arbeitsverträge der bisher bei der B-GmbH beschäftigten Arbeitnehmer so behandelt werden, als seien diese Arbeitnehmer vom Beginn ihrer jeweiligen Arbeitsverhältnisse an bei der X-AG bzw. bei der Y-GmbH beschäftigt gewesen. Die zeitliche Zusammenfassung der Arbeitsverhältnisse gilt insbesondere im Hinblick auf Kündigungsfristen der Arbeitsverträge und etwaige vertraglich mit der B-GmbH vereinbarte betriebliche Altersversorgungen der betroffenen Arbeitnehmer. Die Anstellungsverträge der hier erschienenen Geschäftsführer mit der B-GmbH gehen jedoch im Hinblick darauf, dass sie bereits Geschäftsführer bzw. Vorstandsmitglieder der übernehmenden Gesellschaften sind, nicht auf diese über.
2. Die Arbeitnehmer behalten den gleichen Dienstort. Ihre Tätigkeit wird wie bisher auf dem Gebiet der ...... liegen. Betriebsstilllegungen, Betriebszusammenlegungen, Personalrationalisierungen und/oder Versetzungen als mittelbare Folgen der Aufspaltung sind nicht beabsichtigt.

---

[329] Im Verhältnis der beiden GmbHs fehlt es an der Verschiedenheit der Rechtsträger, so dass hier § 29 I UmwG ausscheidet. In Betracht käme lediglich § 29 Satz 2 UmwG, wenn die Anteile der B-GmbH vinkuliert wären.
[330] Sollte sich diese Erwartung als unzutreffend herausstellen, wäre der Spaltungsvertrag trotz fehlenden Barabfindungsangebots nicht unwirksam; eine Nachholung (allerdings auch der Zustimmungsbeschlüsse) ist möglich.

§ 18

3. Keine der beteiligten Gesellschaften hat einen Betriebsrat. Gesamt-, Konzern- und/oder Europäische Betriebsräte sowie Jugend- und Auszubildendenvertretungen oder Sprecherausschüsse existieren in den Gesellschaften nicht. Die Gesellschaften haben keinen Wirtschaftsausschuss. Nur die X-AG hat einen Aufsichtsrat, der nach dem Drittelbeteiligungsgesetz mit 15 Mitgliedern drittelparitätisch besetzt ist. Die Arbeitnehmer der B-GmbH, die dem Teilbetrieb „Schrott-Recycling" zuzuordnen sind, sind nach dem Übergang ihrer Arbeitsverhältnisse auf die X-AG bei den nächsten Wahlen zum Aufsichtsrat der X-AG aktiv und passiv wahlberechtigt.
4. In allen Gesellschaften gelten dieselben kollektivrechtlichen Bestimmungen. Sie unterliegen der gleichen tariflichen Bindung. Auswirkungen kollektivrechtlicher Art, insbesondere tarifrechtlicher oder mitbestimmungsrechtlicher Art, ergeben sich nicht.

§ 7
Spaltungsbericht und Spaltungsprüfung[331]

Ein gemeinsamer Spaltungsbericht der Geschäftsführung der B-GmbH, der Y-GmbH und der Vorstände der X-AG wurde am (Datum) erstellt.[332] Die Prüfung der Spaltung gem. §§ 125 Satz 1, 60, 9 Abs. 1 UmwG ist durch Prüfung des Entwurfs dieses Spaltungsvertrages durch die ..... als Verschmelzungsprüfer erfolgt.

Spaltungsbericht und Spaltungsprüfbericht sind dieser Niederschrift – lediglich zu Dokumentationszwecken – als **Anlagen 14 und 15** beigefügt.

§ 8
Sonstiges, Kosten

1. Die übertragende Gesellschaft ist Eigentümerin des in § 2 bezeichneten Grundbesitzes.
Die Erschienenen, handelnd wie angegeben, bewilligen und beantragen bereits jetzt die Berichtigung aller Grundbücher, in denen die B-GmbH als Eigentümer oder Inhaber eines sonstigen Rechts eingetragen ist, insbesondere die in § 2 genannten Grundbücher dahingehend, dass die X-AG beftreffend den Teilbetrieb „Schrott-Recycling" und die Y-GmbH betreffend den Teilbetrieb

---

[331] § 142 I, II UmwG gilt nicht, da die AG ihr Kapital nicht erhöht.

[332] Der Bericht wäre entbehrlich, wenn die X-AG als alleinige Anteilseignerin gem. § 127 Satz 2, 8 III 1. Alt UmwG darauf verzichten würde. Im Verhältnis zur X-AG gilt außerdem die Ausnahme des §§ 127 II, 8 III 2. Alt UmwG, so dass ein Verzicht aller Aktionäre auf den Bericht nicht erforderlich ist. Da § 125 UmwG jedoch ausdrücklich die Anwendung des § 9 II UmwG ausschließt, würde eine Entbehrlichkeit auch der Spaltungsprüfung nicht nur Verzichtserklärungen der X-AG als Gesellschafterin beider GmbHs, sondern auch aller Aktionäre der X-AG voraussetzen.

§ 18. Spaltungsrechtliche Regelungen § 18

„Altlastenentsorgung" anstelle der B-GmbH als Eigentümerin/Berechtigte eingetragen werden.
Der beurkundende Notar ist befugt, Anträge aus dieser Urkunde einzeln und eingeschränkt zu stellen und sie in gleicher Weise wieder zurückzuziehen.
2. Die B-GmbH ist ausschließlich Gesellschafterin der in § 2 genannten Gesellschaften, aber nicht Gesellschafterin weiterer GmbHs.[333]
3. Die durch den vorliegenden Vertrag und seine Durchführung entstehenden Kosten trägt für den Fall der Durchführung der Aufspaltung die X-AG zu ...... % und die Y-GmbH zu ...... %, ansonsten tragen die Kosten die beteiligten Rechtsträger zu gleichen Teilen.
Anfallende Steuern und Grundbuchkosten trägt jeder übernehmende Rechtsträger für seinen Erwerb.

§ 9
Bedingungen[334]

Der vorliegende Aufspaltungsvertrag steht unter der aufschiebenden Bedingung, dass die Gesellschafterversammlungen aller beteiligten Rechtsträger formgerecht ihre Zustimmung zu diesem Vertrag erklären und die Y-GmbH die nach dem Aufspaltungsvertrag erforderliche Kapitalerhöhung beschließt, und zwar jeweils bis zum (Datum).

II. Hinweise

Der Notar wies die Erschienenen darauf hin, dass
- die Gesellschafterversammlungen der beteiligten Gesellschaften der Spaltung zustimmen müssen, wobei er auch über die Erfordernisse zu deren Vorbereitung, Durchführung und Beschlussfassung belehrt hat,
- zum Vollzug dieser Urkunde gesonderte Handelsregisteranmeldungen bei der übertragenden und bei den übernehmenden Gesellschaften erforderlich sind,
- die der Spaltung zugrundegelegte Bilanz nicht auf einen Stichtag aufgestellt sein darf, der länger als acht Monate vor der Anmeldung zum Handelsregister liegt,
- die Spaltung erst mit der Eintragung im Handelsregister der übertragenden Gesellschaft wirksam wird,
- die übertragende Gesellschaft mit Wirksamwerden der Spaltung erlischt,
- alle beteiligten Gesellschaften gem. § 133 UmwG gesamtschuldnerisch haften.

---

[333] Andernfalls ist das Einreichen einer neuen Gesellschafterliste zum Handelsregister auch für diese GmbHs veranlasst.
[334] Alternativ kommt auch die Vereinbarung eines Rücktrittsrechts in Betracht.

§ 18

Auf die **Anlagen 1 bis mit 12** wird verwiesen.

Diese Niederschrift nebst Anlagen 1 bis mit 12 wurde den Erschienenen vom Notar vorgelesen,[335] die Anlagen 13 bis mit 15 wurden zur Durchsicht vorgelegt, alles wurde von den Erschienenen genehmigt und von ihnen und dem Notar eigenhändig wie folgt unterschrieben:

Zustimmungs- und Kapitalerhöhungsbeschluss der übernehmenden GmbH, Gesellschafterversammlungsprotokoll[336] **nebst Verzichtserklärungen**

204 B UR. Nr. ..... für ......
Verhandelt
zu Musterort am ......
Vor mir, ...
Notar

für den Oberlandesgerichtsbezirk Musterort mit dem Amtssitz in Musterort erschienen, von Person bekannt:
1. L
2. M
hier handelnd als gemeinsam vertretungsberechtigte und vom Verbot der Doppelvertretung befreite Vorstandsmitglieder der X-AG mit dem Sitz in Musterort, eingetragen im Handelsregister des Amtsgerichts Musterort unter HR B 123.
Der amtierende Notar hat sich durch heutige Einsichtnahme in das elektronische Handelsregister des Amtsgerichts Musterort überzeugt, dass unter HR B 123 die X-AG mit Sitz in Musterort eingetragen ist und L und M als gemeinsam vertretungsberechtigte und vom Verbot der Doppelvertretung befreite Vorstandsmitglieder zur Vertretung der X-AG berechtigt sind.
Die Erschienenen, handelnd wie angegeben, erklärten und ließen folgendes beurkunden:

I. Vorbemerkung

1. Die X-AG ist die alleinige Gesellschafterin der im Handelsregister des Amtsgerichts Musterort unter HR B 789 eingetragenen Y-GmbH mit Sitz in Musterort.
2. Das Stammkapital der Y-GmbH beträgt ...€. Daran ist die X-AG mit einem Geschäftsanteil im Nennbetrag von ...€ beteiligt.

---

[335] Gegebenenfalls kommt auch ein Verweis nach § 14 BeurkG in Betracht.
[336] Ein Zustimmungsbeschluss der übernehmenden AG ist unter den Voraussetzungen der §§ 125 Satz 1, 62 UmwG entbehrlich.

§ 18. Spaltungsrechtliche Regelungen § 18

3. Der Notar hat die letzte vom Handelsregister aufgenommene Gesellschafterliste der Y-GmbH eingesehen. Die Liste der Gesellschafter der Y-GmbH hat das Datum vom (Datum) (**ggf.**: und die Bestätigung des Notars (Name, Amtssitz)). Die X-AG ist in dieser Liste als Inhaber des vorgenannten Geschäftsanteils eingetragen.
4. Nach Angaben der Beteiligten sind sämtliche Stammeinlagen bei der Y-GmbH voll erbracht.

II. Zustimmungsbeschluss, Kapitalerhöhung

Dies vorausgeschickt tritt die X-AG hiermit unter Verzicht auf die Einhaltung aller Form- und Fristvorschriften für die Einberufung und Abhaltung zu einer

Gesellschafterversammlung

der Y-GmbH zusammen und beschließt mit allen Stimmen einstimmig was folgt:
1. Dem Spaltungsvertrag zwischen der B-GmbH mit Sitz in Musterort als übertragender Gesellschaft einerseits und der X-AG mit Sitz in Musterort und der Y-GmbH mit Sitz in Musterort als übernehmenden Gesellschaften andererseits vom (Datum) – UR. Nr. ...... des amtierenden Notars – wird zugestimmt.
Eine Ausfertigung des Spaltungsvertrages ist dieser Niederschrift als **Anlage** beigefügt. Auf ein Vorlesen der Anlage wird verzichtet.
2. Die Gesellschafterversammlung hat den Spaltungsbericht und den Spaltungsprüfbericht, die Anlagen des Spaltungsvertrages sind, zustimmend zur Kenntnis genommen.
3. Zum Zwecke der Durchführung der Aufspaltung wird das Stammkapital der Y-GmbH von € ...... um € ...... auf € ...... erhöht (§§ 125 Satz 1, 55 UmwG). Die Kapitalerhöhung erfolgt durch Ausgabe eines neuen Geschäftsanteils im Nennbetrag von € ... an die X-AG als Gegenleistung für die Übertragung des Vermögens der B-GmbH. Zur Übernahme wird die X-AG zugelassen.
Die X-AG hat ihre Einlage auf die von ihr übernommene Stammeinlage geleistet durch Übertragung eines Teils des Vermögens der B-GmbH als Gesamtheit mit allen Rechten und Pflichten an die Y-GmbH unter Ausschluß der Abwicklung gemäß den Bestimmungen des anliegenden Aufspaltungsvertrages. Mit Wirksamwerden der Spaltung ist die neue Stammeinlage in voller Höhe erbracht.
Soweit der Wert des übertragenen Vermögens den Nennbetrag des neu ausgegebenen Geschäftsanteils übersteigt, ist dieser Differenzbetrag in die Kapitalrücklage der Y-GmbH einzustellen. Eine Vergütung des Differenzbetrages ist nicht geschuldet.

§ 18 5. Teil. Spaltung

Die Aufspaltung erfolgt auf der Basis der Schlussbilanz der übertragenden Gesellschaft zum (Datum), die Anlage des Spaltungsvertrages ist.
Der neue Geschäftsanteil ist ab dem (Datum) gewinnbezugsberechtigt.
4. Dementsprechend wird der Gesellschaftsvertrag der Y-GmbH in § ...... (Stammkapital) wie folgt vollständig neu gefaßt:
„§ ......
Das Stammkapital der Gesellschaft beträgt € ...... (in Worten: Euro ......)."
Damit ist die Gesellschafterversammlung der Y-GmbH beendet.

III. Verzichtserklärungen, weitere Erklärungen

1. Die X-AG erklärt, dass ihr gemäß §§ 125 Satz 1, 47 UmwG der Spaltungsvertrag zur Verfügung gestellt wurde, dass ihr gemäß §§ 125 Satz 1, 49 Abs. 1 UmwG mit der Einladung zur Gesellschafterversammlung die Spaltung als Gegenstand der Beschlussfassung angekündigt worden ist, die gemäß §§ 125 Satz 1, 49 Abs. 2 UmwG erforderlichen Unterlagen in den Geschäftsräumen der Gesellschaft ausgelegen haben und der Spaltungsvertrag, der Spaltungsbericht und der Spaltungsprüfungsbericht der Einladung zur Gesellschafterversammlung beilagen.
2. Die X-AG verzichtet hiermit ausdrücklich auf etwa bestehende Rechte zum Widerspruch gegen diesen Beschluss, seiner Anfechtung und zur Klage gegen die Wirksamkeit dieses Beschlusses.
3. Die X-AG verzichtet vorsorglich auf ein Barabfindungsangebot gem. §§ 125 Satz 1, 29 UmwG.

IV. Hinweise, Kosten

1. Der Notar belehrt die Erschienenen über die Unwiderruflichkeit der Verzichtserklärungen gemäß III. und deren Wirkung und wies sie darauf hin, dass durch diese Erklärungen die Ausübung von Gesellschafterrechten bei der bevorstehenden Spaltung beeinträchtigt sein kann.
Der Notar hat die Erschienenen über ihre Auskunfts- und Informationsrechte belehrt.
2. Die mit dieser Urkunde verbundenen Kosten trägt die Y-GmbH.

Diese Niederschrift wurde den Erschienenen vom Notar vorgelesen, die Anlage zur Durchsicht vorgelegt, von den Erschienenen genehmigt und von ihnen und dem Notar eigenhändig wie folgt unterschrieben:

Zustimmungsbeschluss der übertragenden Gesellschaft, Gesellschafterversammlungsprotokoll nebst Verzichtserklärung[337]

UR. Nr. ...... für ...... 204 C
Verhandelt
zu Musterort am ......
Vor mir, ...
Notar

für den Oberlandesgerichtsbezirk Musterort mit dem Amtssitz in Musterort erschienen, von Person bekannt:
1. Herr L
2. Herr M
hier handelnd als gemeinsam vertretungsberechtigte und vom Verbot der Doppelvertretung befreite Vorstandsmitglieder der X-AG mit dem Sitz in Musterort, eingetragen im Handelsregister des Amtsgerichts Musterort unter HR B 123.
Der amtierende Notar hat sich durch heutige Einsichtnahme in das elektronische Handelsregister des Amtsgerichts Musterort überzeugt, dass unter HR B 123 die X-AG mit Sitz in Musterort eingetragen ist und L und M als gemeinsam vertretungsberechtigte und vom Verbot der Doppelvertretung befreite Vorstandsmitglieder zur Vertretung der X-AG berechtigt sind.

Die Erschienenen, handelnd wie angegeben, erklärten und ließen Folgendes beurkunden:

I. Vorbemerkung

1. Die X-AG ist die alleinige Gesellschafterin der im Handelsregister des Amtsgerichts Musterort unter HR B 456 eingetragenen B-GmbH mit Sitz in Musterort.
2. Das Stammkapital der B-GmbH beträgt ...€. Daran ist die X-AG mit einem Geschäftsanteil im Nennbetrag von ...€ beteiligt.
3. Der Notar hat die letzte vom Handelsregister aufgenommene Gesellschafterliste der B-GmbH eingesehen.
Die Liste der Gesellschafter der B-GmbH hat das Datum vom (Datum) (**ggf.:** und die Bestätigung des Notars (Name, Amtssitz)).
Die X-AG ist in dieser Liste als Inhaber des vorgenannten Geschäftsanteils eingetragen.

---

[337] Nach §§ 125 Satz 1, 62 IV UmwG ist bei einer Spaltung zur Aufnahme kein Zustimmungsbeschluss der Gesellschafter der übertragenden Gesellschaft erforderlich, wenn die übernehmende AG 100% der übertragenden Kapitalgesellschaft hält. Für die Spaltung auf die Y-GmbH ist aber ein Zustimmungsbeschluss erforderlich. Soll kein Zustimmungsbeschluss gefasst werden, bestehen zusätzliche Informationspflichten nach § 62 III, IV S. 3 UmwG.

§ 18   5. Teil. Spaltung

4. Nach Angaben der Beteiligten sind sämtliche Stammeinlagen bei der Y-GmbH voll erbracht.

II. Zustimmungsbeschluss

Dies vorausgeschickt tritt die X-AG hiermit unter Verzicht auf die Einhaltung aller Form- und Fristvorschriften für die Einberufung und Abhaltung zu einer

Gesellschafterversammlung

der B-GmbH zusammen und beschließt mit allen Stimmen einstimmig was folgt:

1. Dem Spaltungsvertrag zwischen der B-GmbH mit Sitz in Musterort als übertragender Gesellschaft einerseits und der X-AG mit Sitz in Musterort und der Y-GmbH mit Sitz in Musterort als übernehmenden Gesellschaften andererseits vom (Datum) – UR. Nr. ...... des amtierenden Notars – wird zugestimmt.
Eine Ausfertigung des Spaltungsvertrages ist dieser Niederschrift als **Anlage** beigefügt. Auf ein Vorlesen der Anlage wird verzichtet.
2. Die Gesellschafterversammlung hat den Spaltungsbericht und den Spaltungsprüfbericht, die Anlagen des Spaltungsvertrages sind, zustimmend zur Kenntnis genommen.

Damit ist die Gesellschafterversammlung der B-GmbH beendet.

III. Verzichtserklärung, weitere Erklärungen

1. Die X-AG erklärt, dass ihr gemäß §§ 125 Satz 1, 47 UmwG der Spaltungsvertrag zur Verfügung gestellt wurde, dass ihr gemäß §§ 125 Satz 1, 49 Abs. 1 UmwG mit der Einladung zur Gesellschafterversammlung die Spaltung als Gegenstand der Beschlussfassung angekündigt worden ist, die gemäß §§ 125 Satz 1, 49 Abs. 2 UmwG erforderlichen Unterlagen in den Geschäftsräumen der Gesellschaft ausgelegen haben und der Spaltungsvertrag, der Spaltungsbericht und der Spaltungsprüfungsbericht der Einladung zur Gesellschafterversammlung beilagen.
2. Die X-AG verzichtet hiermit ausdrücklich auf etwa bestehende Rechte zum Widerspruch gegen diesen Beschluss, seiner Anfechtung und zur Klage gegen die Wirksamkeit dieses Beschlusses.

IV. Hinweise, Kosten

1. Der Notar belehrt die Erschienenen über die Unwiderruflichkeit der Verzichtserklärungen gemäß III. und deren Wirkung und wies sie darauf hin, dass durch diese Erklärungen die Ausübung von Gesellschafterrechten bei der bevorstehenden Spaltung beeinträchtigt sein kann.

§ 18. Spaltungsrechtliche Regelungen § 18

Der Notar hat die Erschienenen über ihre Auskunfts- und Informationsrechte belehrt.
2. Die mit dieser Urkunde verbundenen Kosten trägt die B-GmbH.

Diese Niederschrift wurde den Erschienenen vom Notar vorgelesen, die Anlage zur Durchsicht vorgelegt, von den Erschienenen genehmigt und von ihnen und dem Notar eigenhändig wie folgt unterschrieben:

Handelsregisteranmeldung der übernehmenden AG

UR. Nr. ...... für ...... 204 D
Amtsgericht
– Handelsregister –
Musterort
HR B 123
Gesellschaft unter der Firma X-AG
Wir, L und M,
handelnd in unserer Eigenschaft als gemeinsam vertretungsberechtigte Vorstandsmitglieder der vorgenannten X-AG,
melden zur Eintragung in das Handelsregister an:
Die B-GmbH mit Sitz in Musterort, eingetragen im Handelsregister des Amtsgerichts Musterort unter HR B hat unter Auflösung ohne Abwicklung ihr Vermögen als Gesamtheit gemäß § 123 Abs. 1 Nr. 1 im Wege der Aufspaltung zur Aufnahme zum Teil auf die X-AG mit Sitz in Musterort, und zum anderen Teil auf die Y-GmbH mit Sitz in Musterort, eingetragen im Handelsregister des Amtsgerichts Musterort unter HR B, übertragen.
Wir überreichen als Anlagen:
1. Ausfertigung der Niederschrift vom (Datum) – UR. Nr. ...... des Notars ...... in (Ort) – enthaltend:
   – den Spaltungsvertrag,
   – den Spaltungsbericht,
   – den Bericht der Spaltungsprüfer,
2. Ausfertigung der Niederschrift vom (Datum) – UR. Nr. ...... des Notars ...... in (Ort) – enthaltend:
   – den Zustimmungsbeschluss der Gesellschafterin der Y-GmbH zur Spaltung
   – die Verzichtserklärung der Gesellschafterin auf etwa bestehende Rechte zum Widerspruch gegen den Zustimmungsbeschluss, seine Anfechtung und zur Klage gegen die Wirksamkeit des Spaltungsbeschlusses (§ 16 Abs. 2 UmwG).
3. Ausfertigung der Niederschrift vom (Datum) – UR. Nr. ...... des Notars ...... in (Ort) – enthaltend:
   – den Zustimmungsbeschluss der Gesellschafterin der B-GmbH zur Spaltung

§ 18   5. Teil. Spaltung

– die Verzichtserklärung der Gesellschafterin auf etwa bestehende Rechte zum Widerspruch gegen den Zustimmungsbeschluss, seine Anfechtung und zur Klage gegen die Wirksamkeit des Spaltungsbeschlusses (§ 16 Abs. 2 UmwG).
4. die Schlussbilanz der B-GmbH zum (Datum).[338]

Wir erklären weiterhin:
1. Da die übernehmende X-AG alleinige Gesellschafterin der übertragenden B-GmbH ist, findet die Aufspaltung gemäß §§ 125 Satz 1, 68 Abs. 1 Satz 1 Nr. 1 UmwG ohne Kapitalerhöhung bei der übernehmenden X-AG und gemäß § 131 Abs. 1 Nr. 3 Satz 1 2. HS UmwG ohne Ausgabe neuer Aktien statt.
2. Keine der beteiligten Gesellschaften hat einen Betriebsrat.
3. Besondere Zustimmungserklärungen einzelner Anteilsinhaber sind nicht erforderlich.
4. Staatliche Genehmigungen sind nicht erforderlich.

Wir versichern,
1. dass die Zustimmungsbeschlüsse zum Spaltungsvertrag nicht angefochten wurden. Die X-AG als alleinige Gesellschafterin der Y-GmbH und der B-GmbH hat zudem auf ihr Recht zur Anfechtung verzichtet
2. im Hinblick auf §§ 125 Satz 1, 62 Abs. 1 und 2 UmwG, dass kein Anteilseigner der X-AG die Durchführung einer Hauptversammlung zum Zwecke der Zustimmung zu dem Aufspaltungsvertrag verlangt hat. Auf dieses Recht wurde jeder Anteilseigner hingewiesen. Der Aufspaltungsvertrag ist sämtlichen Anteilseignern übersandt worden und hat, zusammen mit den übrigen erforderlichen Unterlagen, in der gesetzlich vorgeschriebenen Frist in den Räumen der Aktiengesellschaft ausgelegen.

(Ort, Datum)

(Beglaubigungsvermerk)

Handelsregisteranmeldung der übernehmenden GmbH

204 E UR. Nr. ...... für ......

Amtsgericht

– Handelsregister –

Musterort

HR B 789

Gesellschaft unter der Firma Y-GmbH

---

[338] Der Registeranmeldung der übernehmenden Gesellschaft, die auch keine Kapitalerhöhung durchführt, braucht die Schlussbilanz nicht beigefügt zu werden.

§ 18. Spaltungsrechtliche Regelungen § 18

Wir, L und M,

handelnd in unserer Eigenschaft als gemeinsam vertretungsberechtigte[339] und zugleich sämtliche[340] Geschäftsführer der vorgenannten Y-GmbH, melden zur Eintragung in das Handelsregister an:

1. Die B-GmbH mit Sitz in Musterort, eingetragen im Handelsregister des Amtsgerichts Musterort unter HR B hat unter Auflösung ohne Abwicklung ihr Vermögen als Gesamtheit gemäß § 123 Abs. 1 Nr. 1 im Wege der Aufspaltung zur Aufnahme zum Teil auf die X-AG mit Sitz in Musterort, eingetragen im Handelsregister des Amtsgerichts Musterort unter HR B und zum anderen Teil auf die Y-GmbH mit Sitz in Musterort übertragen.
2. Das Stammkapital der Y-GmbH ist zum Zwecke der Durchführung der Aufspaltung von € ...... um € ...... auf € ...... erhöht worden und § ...... des Gesellschaftsvertrages wurde entsprechend geändert.

Wir überreichen als Anlagen:[341]
1. Ausfertigung der Niederschrift vom (Datum) – UR. Nr. ...... des Notars ...... in (Ort) – enthaltend:
   den Spaltungsvertrag,
   – den Spaltungsbericht,
   – den Bericht der Spaltungsprüfer,
2. Ausfertigung der Niederschrift vom (Datum) – UR. Nr. ...... des Notars ...... in (Ort) – enthaltend:
   – den Zustimmungsbeschluss der Gesellschafterin der Y-GmbH zur Spaltung
   – den Kapitalerhöhungsbeschluss mit Beschluss über die entsprechende Satzungsänderung,
   – die Verzichtserklärung der Gesellschafterin auf etwa bestehende Rechte zum Widerspruch gegen den Zustimmungsbeschluss, seine Anfechtung und zur Klage gegen die Wirksamkeit des Spaltungsbeschlusses (§ 16 Abs. 2 UmwG).
3. Ausfertigung der Niederschrift vom (Datum) – UR. Nr. ...... des Notars ...... in (Ort) – enthaltend:
   – den Zustimmungsbeschluss der Gesellschafterin der B-GmbH zur Spaltung
   – die Verzichtserklärung der Gesellschafterin auf etwa bestehende Rechte zum Widerspruch gegen den Zustimmungsbeschluss, seine Anfechtung und zur Klage gegen die Wirksamkeit des Spaltungsbeschlusses (§ 16 Abs. 2 UmwG),

---

[339] Die Spaltung allein wäre durch die Geschäftsführer in vertretungsberechtigter Zahl anzumelden.
[340] Die Kapitalerhöhung ist durch sämtliche Geschäftsführer anzumelden, § 78 GmbHG.
[341] Nach § 138 UmwG ist ein Sachgründungsbericht nur bei der Spaltung zur Neugründung, nicht aber als Kapitalerhöhungsbericht bei der Spaltung zur Aufnahme nötig; einige Registergerichte verfahren jedoch anders.

§ 18   5. Teil. Spaltung

4. die Schlussbilanz der B-GmbH zum (Datum),[342]
5. den vollständigen Wortlaut des Gesellschaftsvertrages mit der Bescheinigung des Notars gemäß § 54 Abs. 1 GmbHG,
6. die Liste der Übernehmer.[343]

Wir erklären weiterhin:
1. Keine der beteiligten Gesellschaften hat einen Betriebsrat.
2. Besondere Zustimmungserklärungen einzelner Anteilsinhaber sind nicht erforderlich.
3. Staatliche Genehmigungen sind nicht erforderlich.
4. Ein Zustimmungsbeschluss der beteiligten X-AG ist nach §§ 125 Satz 1, 62 Abs. 1 UmwG entbehrlich. Ein Verlangen nach §§ 125 Satz 1, 62 Abs. 2 UmwG wurde nicht geäußert.

Wir versichern, dass die Zustimmungsbeschlüsse zum Spaltungsvertrag nicht angefochten wurden. Die X-AG als alleinige Gesellschafterin der Y-GmbH und der B-GmbH hat zudem auf ihr Recht zur Anfechtung verzichtet[344].

Im Hinblick auf §§ 125 Satz 1, 53 UmwG wird zunächst um Eintragung des Kapitalerhöhungsbeschlusses und seiner Durchführung nebst Satzungsänderung gebeten.

(Ort, Datum)

(Beglaubigungsvermerk)

Handelsregisteranmeldung der übertragenden Gesellschaft

204 F UR. Nr. ...... für ......

Amtsgericht

– Handelsregister –

Musterort

HR B 456

Gesellschaft unter der Firma B-GmbH

Wir, L und M,

handelnd in unserer Eigenschaft als gemeinsam vertretungsberechtigte Geschäftsführer der vorgenannten B-GmbH,[345]

---

[342] Ein Beifügen ist hier zwar nicht nach §§ 125 Satz 1, 17 II UmwG, ggf. aber zwecks Möglichkeit der Überprüfung der Werthaltigkeit nötig. Allerdings ist nicht in jedem Fall die Schlussbilanz dazu geeignet, die Werthaltigkeit nachzuweisen; dann wäre anderen Werthaltigkeitsnachweise (zB Abspaltungsbilanzen) beizufügen.

[343] Ob es stattdessen genügt, die Übernehmer im Spaltungsvertrag zu bezeichnen, ist streitig. Die Liste der Übernehmer ist von den Geschäftsführern zu unterzeichnen.

[344] Eine Versicherung nach § 57 II GmbHG ist gem. §§ 125, 55 I 1 UmwG nicht erforderlich.

[345] Gem. § 129 UmwG könnte auch jede übernehmende Gesellschaft für die übertragende anmelden.

§ 18. Spaltungsrechtliche Regelungen § 18

und melden zur Eintragung in das Handelsregister an:
Die B-GmbH mit Sitz in Musterort hat unter Auflösung ohne Abwicklung ihr Vermögen als Gesamtheit gemäß § 123 Abs. 1 Nr. 1 UmwG im Wege der Aufspaltung zur Aufnahme zum Teil auf die X-AG mit Sitz in Musterort, eingetragen im Handelsregister des Amtsgerichts Musterort unter HR B, und zum anderen Teil auf die Y-GmbH mit Sitz in Musterort, eingetragen im Handelsregister des Amtsgerichts Musterort unter HR B, übertragen.
Die B-GmbH ist mit Durchführung der Aufspaltung erloschen.
Wir überreichen als Anlagen:
1. Ausfertigung der Niederschrift vom (Datum) – UR. Nr. .... des Notars ...... in (Ort) – enthaltend:
 – den Spaltungsvertrag,
 – den Spaltungsbericht,
 – den Bericht der Spaltungsprüfer,
2. Ausfertigung der Niederschrift vom (Datum) – UR. Nr. .... des Notars ...... in (Ort) – enthaltend:
 – den Zustimmungsbeschluss der Gesellschafterin der Y-GmbH zur Spaltung,
 – die Verzichtserklärung der Gesellschafterin auf etwa bestehende Rechte zum Widerspruch gegen den Zustimmungsbeschluss, seine Anfechtung und zur Klage gegen die Wirksamkeit des Spaltungsbeschlusses (§ 16 Abs. 2 UmwG).
3. Ausfertigung der Niederschrift vom (Datum) – UR. Nr. .... des Notars ...... in (Ort) – enthaltend:
 – den Zustimmungsbeschluss der Gesellschafterin der B-GmbH zur Spaltung
 – die Verzichtserklärung der Gesellschafterin auf etwa bestehende Rechte zum Widerspruch gegen den Zustimmungsbeschluss, seine Anfechtung und zur Klage gegen die Wirksamkeit des Spaltungsbeschlusses (§ 16 Abs. 2 UmwG).
4. die Schlussbilanz der B-GmbH zum (Datum).
Wir erklären weiterhin:
1. Keine der beteiligten Gesellschaften hat einen Betriebsrat.
2. Besondere Zustimmungserklärungen einzelner Anteilsinhaber sind nicht erforderlich.
3. Staatliche Genehmigungen sind nicht erforderlich.
4. Ein Zustimmungsbeschluss der beteiligten X-AG ist nach §§ 125 Satz 1, 62 Abs. 1 UmwG entbehrlich. Ein Verlangen nach §§ 125 Satz 1, 62 Abs. 2 UmwG wurde nicht geäußert.
Wir versichern, dass die Zustimmungsbeschlüsse zum Spaltungsvertrag nicht angefochten wurden. Die X-AG als alleinige Gesellschafterin der Y-GmbH und der B-GmbH hat zudem auf ihr Recht zur Anfechtung verzichtet.

(Ort, Datum)
(Beglaubigungsvermerk)

§ 18 5. Teil. Spaltung

Fall: (Abspaltung eines Teilbetriebs einer GmbH auf eine neu zu errichtende GmbH)

205 *A und B sind die alleinigen Gesellschafter der C-GmbH. Ein Teilbetrieb, der in der bisherigen unselbstständigen Niederlassung geführt wurde, soll auf eine neu zu errichtende GmbH abgespalten werden.*
Hierzu folgende Muster:
– Spaltungsplan nebst Zustimmungsbeschlüssen und Verzichtserklärungen, Rn. 205 A
– Gesellschaftsvertrag der neu gegründeten GmbH, Rn. 205 B
– Sachgründungsbericht, Rn. 205 C
– Handelsregisteranmeldung der neu errichteten, übernehmenden Gesellschaft, Rn. 205 D
– Handelsregisteranmeldung der übertragenden Gesellschaft, Rn. 205 E

Abspaltung eines Teilbetriebes einer GmbH auf eine GmbH zur Neugründung, §§ 123 ff., 135 ff., 138 ff. UmwG, Spaltungsplan nebst Zustimmungsbeschlüssen und Verzichtserklärungen

205 A UR. Nr. ...... für ......

Verhandelt

zu Musterort am ......
Vor mir, ...
  Notar

für den Oberlandesgerichtsbezirk Musterort mit dem Amtssitz in Musterort erschienen, ausgewiesen durch Vorlage ihrer Bundespersonalausweise:
1. A
2. B
hier handelnd
a) als je einzelvertretungsberechtigte und von den Beschränkungen des § 181 BGB befreite Geschäftsführer der C-GmbH mit Sitz in Musterort, eingetragen im Handelsregister des Amtsgerichts Musterort unter HR B 123,
b) im eigenen Namen.

Der amtierende Notar hat sich durch heutige Einsichtnahme in das elektronische Handelsregister des Amtsgerichts Musterort überzeugt, dass unter HR B 123 die C-GmbH mit Sitz in Musterort eingetragen ist und A und B als je einzelvertretungsberechtigte und von den Beschränkungen des § 181 BGB befreite Geschäftsführer zur Vertretung der C-GmbH berechtigt sind.

Die Erschienenen erklärten, handelnd wie angegeben:

I. Vorbemerkungen

1. Im Handelsregister des Amtsgerichts Musterort ist unter HR B 123 die C-GmbH mit Sitz in Musterort eingetragen.

§ 18. Spaltungsrechtliche Regelungen § 18

2. Das Stammkapital der Gesellschaft beträgt € 100 000,–. Daran sind beteiligt:
   a) A mit einem Geschäftsanteil im Nennbetrag von € 50 000,–,
   b) B mit einem Geschäftsanteil im Nennbetrag von € 50 000,–.
3. Der Notar hat die letzte vom Handelsregister aufgenommene Gesellschafterliste der C-GmbH eingesehen. Die Liste der Gesellschafter der C-GmbH hat das Datum vom (Datum) (**ggf.**: und die Bestätigung des Notars (Name, Amtssitz)). A und B sind in dieser Liste als Inhaber der vorgenannten Geschäftsanteile eingetragen.
4. Nach Angaben der Erschienenen sind sämtliche Stammeinlagen voll erbracht.[346]
5. Mit diesem Spaltungsplan soll ein Teilbetrieb der C-GmbH auf die neu zu gründende D-GmbH abgespalten werden.

II. Spaltungsplan

Die C-GmbH als übertragender Rechtsträger stellt zugunsten der D-GmbH als übernehmendem Rechtsträger folgenden Spaltungsplan auf:

§ 1
Abspaltung

Die C-GmbH mit Sitz in Musterort überträgt einen Teil ihres Vermögens, wie er in § 2 näher beschrieben ist, als Gesamtheit gemäß § 123 Abs. 2 Nr. 2 UmwG auf die neu zugründende D-GmbH mit Sitz in Musterort.

§ 2
Übertragung eines Vermögensteils

1. Die C-GmbH überträgt die nachfolgend in Ziff. 2. bezeichneten Teile ihres Vermögens auf die neu zu gründende D-GmbH als Gesamtheit mit allen Rechten und Pflichten im Wege der Abspaltung zur Neugründung.
2. Hierbei handelt es sich um den Teilbetrieb „Beispielsort", der bislang in der bisherigen unselbstständigen Niederlassung der übertragenden Gesellschaft in Beispielsort geführt wird, und somit um folgende Vermögensgegenstände, die dem Teilbetrieb „Beispielsort" bzw. der dortigen unselbstständigen Niederlassung wirtschaftlich zuzuordnen sind:[347]

---

[346] Beachte andernfalls §§ 125 Satz 1, 51 UmwG.
[347] Vgl. § 126 I Nr. 9, II UmwG; danach wäre auch die Bezugnahme auf eine Bilanz möglich; in der Regel setzt die Vermögenszuordnung mit Hilfe einer Bilanz jedoch voraus, dass nach Teilbetrieben getrennte Abspaltungsbilanzen erstellt werden.

§ 18 5. Teil. Spaltung

a) Grundbesitz:
der Grundbesitz, verzeichnet
aa) im Grundbuch des Amtsgerichts Musterort von Musterort Blatt ...... als Gemarkung ...... Flur ...... Flurstück ...... Betriebsgelände, groß ...... m²,
bb) im Grundbuch des Amtsgerichts Musterort von Musterort Blatt ...... als Gemarkung ...... Flur ...... Flurstück ...... Betriebsgelände, groß ...... m²,
cc) im Grundbuch des Amtsgerichts Musterort von Musterort Blatt ...... als Gemarkung ...... Flur ...... Flurstück ...... Betriebsgelände, groß ...... m²,
nebst allen aufstehenden Gebäulichkeiten, wesentlichen Bestandteilen und Zubehör;

b) Gesellschaftsbeteiligungen, Mitgliedschaften:
sämtliche Gesellschaftsbeteiligungen und sonstigen Mitgliedschaften, die zum Teilbetrieb „Beispielsort" bzw. der dortigen unselbstständigen Niederlassung gehören, nämlich die Geschäftsanteile an der Z-GmbH, eingetragen im Handelsregister des Amtsgerichts Musterort unter HR B ...... und zwar im Nennbetrag von € ...... und € ......, die jeweils in voller Höhe eingezahlt sind und insgesamt 30% des Stammkapitals der Z-GmbH ausmachen;

c) Anlage- und Umlaufvermögen:
sämtliche beweglichen Gegenstände des Anlage- und Umlaufvermögens, die zum Teilbetrieb „Beispielsort" bzw. der dortigen unselbstständigen Niederlassung gehören, also alle beweglichen Gegenstände, die sich auf dem in a) genannten Grundbesitz befinden und in der als **Anlage 1** zu dieser Urkunde genommenen Liste der Gegenstände des Umlauf- und Anlagevermögens genannt sind; zum Anlage- und Umlaufvermögen gehört das Alleineigentum, das Miteigentum und jede andere Beteiligung am Eigentum (insbesondere auch eine Beteiligung zur gesamten Hand), das der C-GmbH an diesen beweglichen Gegenständen zusteht, ebenso alle der C-GmbH daran zustehenden Rechte, insbesondere Anwartschaftsrechte;

d) Finanzanlagen, Patente, Schutzrechte, Nutzungsrechte:
sämtliche Gegenstände des Finanzanlagevermögens, Patente, gewerblichen Schutzrechte und Nutzungsrechte, die dem Teilbetrieb „Beispielsort" bzw. der dortigen unselbstständigen Niederlassung zuzuordnen sind und die in der als **Anlage 2** zu dieser Urkunde genommenen Liste der Finanzanlagen, Patente, Schutzrechte, Nutzungsrechte genannt sind;

e) Schuldverhältnisse:
sämtliche Schuldverhältnisse, die zum Teilbetrieb „Beispielsort" bzw. der dortigen unselbstständigen Niederlassung gehören und die in der als **Anlage 3** zu dieser Urkunde genommenen Liste der Schuldverhältnisse genannt sind, insbesondere Dauerschuldverhältnisse wie z. B. Miet-, Leasing-, Versiche-

§ 18. Spaltungsrechtliche Regelungen § 18

rungs-, Werk- und Lieferverträge; zu diesen Schuldverhältnissen gehören auch solche, die bedingt oder befristet oder noch nicht vollständig wirksam geworden sind, insbesondere auch solche, bei denen zugunsten der C-GmbH bislang lediglich ein Angebot auf Abschluss eines Vertrages abgegeben worden ist;
f) Dienst- und Arbeitsverträge:
sämtliche Dienst- und Arbeitsverträge, die dem Teilbetrieb „Beispielsort" bzw. der dortigen unselbstständigen Niederlassung zuzuordnen sind und die in der als **Anlage 4** zu dieser Urkunde genommenen Liste der Dienst- und Arbeitsverträge genannt sind; dazu gehören auch alle Verpflichtungen und Zusagen aus der betrieblichen Altersvorsorge;
g) Verbindlichkeiten:
sämtliche Verbindlichkeiten, die dem Teilbetrieb „Beispielsort" bzw. der dortigen unselbstständigen Niederlassung zuzuordnen sind und die in der als **Anlage 5** zu dieser Urkunde genommenen Liste der Vorbindlichkeiten genannt sind, insbesondere alle Schulden, Rückstellungen, Verlustrisiken aus schwebenden Geschäften sowie Steuerverbindlichkeiten, gleichgültig, welche Steuer sie betreffen;
h) Forderungen:
sämtliche Forderungen, die dem Teilbetrieb „Beispielsort" bzw. der dortigen unselbstständigen Niederlassung zuzuordnen und in der als **Anlage 6** zu dieser Urkunde genommenen Liste der Forderungen genannt sind, insbesondere solche aus vertraglichen Beziehungen wie aus Guthaben auf Bank- und Girokonten, Lieferung und Leistung, Krediten aller Art, geleisteten Anzahlungen und Schadensersatzansprüchen, ebenso Forderungen gegenüber dem Finanzamt, gleichgültig, welche Steuer sie betreffen;
i) „All-Klausel":
sowie überhaupt alle Aktiva und Passiva, materiellen wie immateriellen Rechte, Ansprüche, Verbindlichkeiten, Pflichten, Sachen und Schuldverhältnisse, die im weitesten Sinne dem vorgenannten Teilbetrieb „Beispielsort" bzw. der dortigen unselbstständigen Niederlassung rechtlich und/oder wirtschaftlich zuzuordnen sind, diesem Teilbetrieb dienen oder zu dienen bestimmt sind, und zwar unabhängig davon, ob die Vermögensposition bilanzierungsfähig ist oder nicht; sollte in den vorstehenden Buchstaben b) bis mit h)[348] eine Vermögensposition nicht ausdrücklich genannt oder in der zugehörigen Anlage enthalten sein, ist sie dennoch Gegenstand der Vermögensübertragung, wenn sie dem Teilbetrieb „Beispielsort" bzw. der dortigen unselbstständigen Niederlassung im vorstehenden Sinne zugehörig ist;

---

[348] Wegen des Verweises auf § 28 GBO in § 126 II 2 UmwG dürfte hinsichtlich der Grundstücke und grundstücksgleichen Rechte eine All-Klausel nicht helfen.

j) Surrogate:
sämtliche Surrogate, die an die Stelle der vorgenannten Vermögenspositionen getreten sind, sollten diese bis zum Wirksamwerden der Spaltung im Rahmen des normalen Geschäftsverkehrs veräußert worden sein; ebenso alle etwa noch bis zum Wirksamwerden der Spaltung hinzutretenden Gegenstände, die im vorgenannten Sinne zum Teilbetrieb „Beispielsort" bzw. der dortigen unselbstständigen Niederlassung gehören.
2. Bestehen über die Zuordnung der Vermögenswerte Zweifel, die auch nicht im Wege der Vertragsauslegung behoben werden können, ist die C-GmbH gemäß § 315 BGB nach billigem Ermessen berechtigt, die Zuordnung vorzunehmen.
3. Sollte ein Recht oder ein Rechtsverhältnis mangels Übertragbarkeit bei der C-GmbH verbleiben, stellen sich übertragender und übernehmender Rechtsträger im Innenverhältnis so, als sei es dennoch übergegangen. Gleiches gilt für Verbindlichkeiten, deren Übertragung scheitert.[349]

§ 3
Bilanzstichtag, Spaltungsstichtag

1. Der Abspaltung zur Neugründung wird die Bilanz der C-GmbH zum (Datum) als Schlussbilanz zugrunde gelegt. Ein Exemplar dieser festgestellten und unterzeichneten Bilanz nebst Gewinn- und Verlustrechnung, Anhang und Lagebericht und dem uneingeschränkten Bestätigungsvermerk des Abschlussprüfers vom (Datum) ist dieser Niederschrift – lediglich zu Dokumentationszwecken – als **Anlage 7** beigefügt.[350]
2. Die Spaltung soll mit Wirkung von der Eintragung in das Handelsregister des übertragenden Rechtsträgers an wirksam sein.
Die Übernahme des Vermögens des übertragenden Rechtsträgers erfolgt im Innenverhältnis mit Wirkung zum Ablauf des (Datum). Vom (Datum), 0.00 Uhr an (Spaltungsstichtag) gelten alle Handlungen und Geschäfte der C-GmbH, soweit sie das an die D-GmbH übertragene Vermögen betreffen, als mit Wirkung für diese vorgenommen.

---

[349] Durch die ersatzlose Aufhebung der §§ 131 I Nr. 1 Satz 2, 132 UmwG gehen lediglich höchstpersönliche Rechte nicht über. Da der übertragende Rechtsträger bei der Abspaltung nicht erlischt, verbleiben sie bei ihm.
[350] Das Beifügen als Anlage zum Spaltungsvertrag ist grds. nicht zwingend, erst recht nicht als echte Anlage iSd BeurkG. Etwas anderes gilt nur, wenn die Bilanz gem. § 126 II 3 UmwG Grundlage für die Bezeichnung der übertragenen Vermögensgegenstände ist. Der Anmeldung zum Handelsregister des übertragenden Rechtsträgers hingegen ist die Schlussbilanz zwingend als Anlage beizufügen, §§ 125 Satz 1, 17 II UmwG.

§ 18. Spaltungsrechtliche Regelungen § 18

**§ 4
Neu gegründete, übernehmende Gesellschaft**

1. Die übernehmende Gesellschaft, die durch die Abspaltung zur Neugründung ensteht, führt die Firma „D-GmbH".
2. Sie hat ihren Sitz in Musterort.
3. Die C-GmbH[351] stellt für die D-GmbH den als Anlage 8 zu dieser Urkunde genommenen Gesellschaftsvertrag fest.

**§ 5
Gegenleistung, Abfindungsangebot**

1. Der abgespaltene Teilbetrieb hat nach der Schlussbilanz der übertragenden Gesellschaft einen Buchwert von € 456 789,–. Der vorgenannte Wert wird der Abspaltung zugrunde gelegt. *(Falls eine Spaltung aus offenen Reserven erfolgen kann:* Die übertragende Gesellschaft verwendet einen dem Wert des übergehenden Teilbetriebs entsprechenden Betrag des Gewinnvortrags zum (Datum).)
2. Die neu zu gründende D-GmbH erhält ein Stammkapital in Höhe von € 400 000,–.
3. Als Gegenleistung für die vorstehende Vermögensübertragung gewährt die D-GmbH den Gesellschaftern der C-GmbH, A und B, folgende Geschäftsanteile:
   a) A einen Geschäftsanteil im Nennbetrag von € 200 000,–,
   b) B einen Geschäftsanteil im Nennbetrag von € 200 000,–,
   und zwar jeweils kostenfrei und mit Gewinnbezugsrecht ab dem (Datum).
   A und B sind daher im selben Verhältnis an der D-GmbH beteiligt, in dem sie auch an der C-GmbH beteiligt sind.[352]
4. Soweit der Wert des übertragenen Vermögens den Nennbetrag des neu ausgegebenen Geschäftsanteils übersteigt, ist dieser Differenzbetrag in die Kapitalrücklage der D-GmbH einzustellen. Eine Vergütung des Differenzbetrages ist nicht geschuldet.
5. Bare Zuzahlungen erfolgen nicht.
6. Das Umtauschverhältnis beträgt mithin für je € ...... Nennbetrag des Geschäftsanteils an der C-GmbH € ...... Nennbetrag eines Geschäftsanteils an der D-GmbH.
7. Ein Abfindungsangebot gemäß §§ 125 Satz 1, 29 UmwG ist nicht erforderlich.[353] Darüber hinaus sind mit den Erschienenen sämtli-

---

[351] Gründer der neuen Gesellschaft ist die übertragende Gesellschaft, nicht deren Gesellschafter.
[352] Das ist nach § 126 I Nr. 10 UmwG nicht zwingend, sogar die Anteile am übertragenden Rechtsträger könnten mit dinglicher Wirkung verändert werden. Findet keine verhältniswahrende Spaltung statt, ist aber § 128 UmwG zu beachten.
[353] § 29 I 1 UmwG scheidet mangels Mischverschmelzung aus. In Betracht käme nur § 29 I 2 UmwG, wenn die Geschäftsanteile an der D-GmbH vinkuliert wären.

Gageik

§ 18   5. Teil. Spaltung

che Gesellschafter der übertragenden Gesellschaft an dieser Urkunde beteiligt. Keiner von ihnen erklärt gegen den im nachstehenden Abschnitt IV. dieser Urkunde gefassten Zustimmungsbeschluss Widerspruch zur Niederschrift und sämtliche Gesellschafter verzichten im nachstehenden Abschnitt V. auf das Recht zur Anfechtung der Zustimmungsbeschlüsse.

§ 6
Besondere Rechte oder Vorteile

1. Keiner der in § 126 Abs. 1 Nr. 7 UmwG genannten Personen stehen am übertragenden Rechtsträger besondere Rechte zu bzw. sind am übernehmenden Rechtsträger besondere Rechte im Sinne dieser Vorschrift gewährt worden.
2. Keiner der in § 126 Abs. 1 Nr. 8 UmwG genannten Personen ist ein Vorteil im Sinne dieser Vorschriften im Zusammenhang mit der Aufspaltung gewährt worden.

§ 7
Folgen für die Arbeitnehmer und ihre Vertretungen

1. Die bei der C-GmbH bestehenden Dienst- und Anstellungsverträge gehen – soweit sie den Teilbetrieb „Beispielsort" bzw. die dortige unselbstständige Niederlassung betreffen – gemäß § 324 UmwG in Verbindung mit § 613a Abs. 1 BGB unverändert auf die D-GmbH über in der Weise dass die Arbeitsverträge der bisher bei der C-GmbH beschäftigten Arbeitnehmer so behandelt werden, als seien diese Arbeitnehmer vom Beginn ihrer jeweiligen Arbeitsverhältnisse an bei der D-GmbH beschäftigt gewesen. Die zeitliche Zusammenfassung der Arbeitsverhältnisse gilt insbesondere im Hinblick auf Kündigungsfristen der Arbeitsverträge und etwaige vertraglich mit der C-GmbH vereinbarte betriebliche Altersversorgungen der betroffenen Arbeitnehmer.
2. Die Arbeitnehmer behalten den gleichen Dienstort. Ihre Tätigkeit wird wie bisher auf dem Gebiet der ...... liegen. Betriebsstilllegungen, Betriebszusammenlegungen, Personalrationalisierungen und/oder Versetzungen als mittelbare Folgen der Abspaltung sind nicht beabsichtigt.
3. Keine der beteiligten Gesellschaften hat einen Betriebsrat. Gesamt-, Konzern- und/oder Europäische Betriebsräte sowie Jugend- und Auszubildendenvertretungen oder Sprecherausschüsse existieren in den Gesellschaften nicht. Die Gesellschaften haben keinen Wirtschaftsausschuss und keinen Aufsichtsrat.
4. Auswirkungen kollektivrechtlicher Art, insbesondere tarifrechtlicher oder mitbestimmungsrechtlicher Art, ergeben sich nicht.

§ 18. Spaltungsrechtliche Regelungen § 18

§ 8
Kapitalherabsetzung

Die Spaltung erfolgt aus den offenen Reserven; die der C-GmbH verbleibenden Aktiva reichen zur Deckung ihres ausgewiesenen Stammkapitals aus. Eine Kapitalherabsetzung ist daher nicht erforderlich.

Oder:
1. Bei der C-GmbH wird zur Durchführung der Abspaltung eine Kapitalherabsetzung erforderlich.
2. Deshalb wird die C-GmbH ihr Stammkapital von € ... um € .... auf € ... herabsetzen.
3. Die Herabsetzung erfolgt zum Zwecks der Anpassung des Stammkapitals, da das nach Spaltung der C-GmbH verbleibende Vermögen das bisherige Stammkapital in Höhe von € ... nicht mehr deckt. Daher findet eine vereinfachte Kapitalherabsetzung gemäß §§ 139 UmwG, 58a ff. GmbHG statt.

§ 9
Sonstiges, Kosten

1. Die übertragende Gesellschaft ist Eigentümerin des in § 2 Ziff. 2a) bezeichneten Grundbesitzes.
Die Erschienenen, handelnd wie angegeben, bewilligen und beantragen bereits jetzt die Berichtigung dieser Grundbücher dahingehend, dass die D-GmbH anstelle der C-GmbH als Eigentümerin/Berechtigte eingetragen wird.
Der beurkundende Notar ist befugt, Anträge aus dieser Urkunde einzeln und eingeschränkt zu stellen und sie in gleicher Weise wieder zurückzuziehen.
2. Zum abgespaltenen Vermögen gehören ausschließlich Beteiligungen an den in § 2 Ziff. 2b) genannten Gesellschaften, nicht aber Beteiligungen an weiteren GmbHs.[354]
3. Die durch den vorliegenden Vertrag und seine Durchführung entstehenden Kosten trägt für den Fall der Durchführung der Abspaltung die D-GmbH, ansonsten die C-GmbH.
Anfallende Steuern und Grundbuchkosten trägt der übernehmende Rechtsträger für seinen Erwerb.

III. Gesellschafterversammlung der D-GmbH

Als Gründer der neu zu errichtenden D-GmbH hält die C-GmbH hiermit unter Verzicht auf die Einhaltung aller Formen und Fristen für die Einberufung und Abhaltung einer Gesellschafterversammlung eine erste
G e s e l l s c h a f t e r v e r s a m m l u n g

---

[354] Andernfalls ist das Einreichen einer neuen Gesellschafterliste zum Handelsregister auch für diese GmbHs veranlasst.

§ 18   5. Teil. Spaltung

der D-GmbH ab und beschließt mit allen Stimmen einstimmig was folgt:
Zu ersten Geschäftsführern der D-GmbH werden A und B bestellt. Sie sind stets einzelvertetungsberechtigt und von den Beschränkungen des § 181 BGB befreit.
Damit ist die Gesellschafterversammlung der D-GmbH beendet.

IV. Gesellschafterversammlung der C-GmbH

A und B sind die alleinigen Gesellschafter der C-GmbH. A ist mit einem Geschäftsanteil im Nennbetrag von € 50 000,–, B mit einem Geschäftsanteil im Nennbetrag von € 50 000,– an der C-GmbH beteiligt. Die Stammeinlagen sind nach Angaben der Erschienenen voll erbracht.

Unter Verzicht auf die Einhaltung aller Formen und Fristen für die Einberufung und Abhaltung einer Gesellschafterversammlung, einschließlich der Einhaltung der Vorschriften der §§ 125 Satz 1, 47, 48 und 49 UmwG, halten A und B hiermit eine

G e s e l l s c h a f t e r v e r s a m m l u n g

der C-GmbH ab und beschließen mit allen Stimmen einstimmig was folgt:
1. Dem Spaltungsplan, wie er vorstehend in Abschnitt II. erklärt wurde, wird zugestimmt.
2. Dem Gesellschaftsvertrag der D-GmbH gemäß **Anlage 8** zu dieser Urkunde wird zugestimmt.
3. Der Geschäftsführerbestellung gemäß Abschnitt III. dieser Urkunde wird zugestimmt.

Entweder:
4. Es wird festgestellt, dass die Spaltung aus den offenen Reserven erfolgt; die der C-GmbH verbleibenden Aktiva reichen zur Deckung ihres ausgewiesenen Stammkapitals aus. Eine Kapitalherabsetzung ist daher nicht erforderlich.

Oder:
4. Das Stammkapital der Gesellschaft wird von € … um € … auf € … herabgesetzt.
Die Kapitalherabsetzung erfolgt zum Ausgleich des Spaltungsverlustes in Höhe von € … im Wege einer vereinfachten Kapitalherabsetzung gemäß §§ 139 UmwG, 58a ff. GmbHG. Sie dient der Anpassung des Stammkapitals, da das nach Spaltung der C-GmbH verbleibende Vermögen das bisherige Stammkapital in Höhe von € … nicht mehr deckt und die C-GmbH in ihrer Bilanz auch keine Beträge in Gewinn- und Kapitalrücklagen ausweist. Ein Gewinnvortrag besteht auch nicht.
Die Kapitalherabsetzung erfolgt durch Herabsetzung der Nennbeträge der Geschäftsanteile, so dass nach erfolgter Herabsetzung

§ 18. Spaltungsrechtliche Regelungen § 18

a) A einen Geschäftsanteil im Nennbetrag von €...,
b) B einen Geschäftsanteil im Nennbetrag von €...
innehat.
5. Dementsprechend wird §... der Satzung wie folgt neu gefasst:
„§ ......
Das Stammkapital der Gesellschaft beträgt € ...... (in Worten: Euro ......).
Damit ist die Gesellschafterversammlung der C-GmbH beendet.

V. Verzichtserklärungen

A und B, handelnd als je einzelvertretungsberechtigte und von den Beschränkungen des § 181 BGB befreite Geschäftsführer der C-GmbH und jeweils im eigenen Namen, erklärten weiter:
1. Auf die Erstellung eines Spaltungsberichts, auf die Prüfung des Spaltungsplans und auf die Erstellung eines Prüfungsberichts wird gemäß §§ 125 Satz 1, 127, 8 Abs. 3, 9 Abs. 3, 12 Abs. 3 UmwG unwiderruflich verzichtet.
2. Ebenso verzichten wir ausdrücklich auf ein Abfindungsangebot gemäß §§ 125 Satz 1, 29 UmwG sowie auf etwa bestehende Rechte zum Widerspruch gegen die Zustimmungsbeschlüsse, ihre Anfechtung und zur Klage gegen die Wirksamkeit dieser Beschlüsse.

VI. Hinweise

Der Notar wies die Erschienenen darauf hin, dass
– zum Vollzug dieser Urkunde gesonderte Handelsregisteranmeldungen bei der übertragenden und bei der neu gegründeten, übernehmenden Gesellschaft erforderlich sind,
– die der Spaltung zugrundegelegte Bilanz nicht auf einen Stichtag aufgestellt sein darf, der länger als acht Monate vor der Anmeldung zum Handelsregister liegt,
– die Spaltung erst mit der Eintragung im Handelsregister der übertragenden Gesellschaft wirksam wird,
– alle beteiligten Gesellschaften gem. § 133 UmwG gesamtschuldnerisch haften,
(wenn eine Kapitalherabsetzung erfolgt:
– wegen der vereinfachten Kapitalherabsetzung Zahlungen an die Gesellschafter und Gewinnausschüttungen unzulässig bzw. beschränkt sind.)
Auf die **Anlagen 1 bis mit 6 und 8** wird verwiesen.

Diese Niederschrift nebst Anlagen 1 bis mit 6 und 8 wurde den Erschienenen vom Notar vorgelesen,[355] die Anlage 7 wurde zur Durchsicht vorgelegt, alles wurde von den Erschienenen genehmigt und von ihnen und dem Notar eigenhändig wie folgt unterschrieben:

---

[355] Gegebenenfalls kommt für die Anlagen 1 bis mit 6 auch ein Verweis nach § 14 BeurkG in Betracht.

Gesellschaftsvertrag der neu gegründeten GmbH

205 B

Gesellschaftsvertrag

§ 1
Firma, Sitz der Gesellschaft

1. Die Firma der Gesellschaft lautet D-GmbH.
2. Der Sitz der Gesellschaft ist in Musterort.

§ 2
Gegenstand des Unternehmens

1. Gegenstand des Unternehmens ist ...
2. Die Gesellschaft ist zu allen Handlungen berechtigt, die unmittelbar oder mittelbar diesen Zwecken zu dienen geeignet sind. Zur Verwirklichung der Unternehmenszwecke kann sich die Gesellschaft Dritter bedienen.
3. Die Gesellschaft ist insbesondere berechtigt, Zweigniederlassungen und Geschäftsstellen im In- und Ausland zu errichten, mit gleichen oder ähnlichen Unternehmungen zusammenzuarbeiten, ähnliche Unternehmungen zu errichten, zu erwerben oder sich an ähnlichen Unternehmen zu beteiligen.

§ 3
Stammkapital, Stammeinlagen

1. Das Stammkapital der Gesellschaft beträgt € 400 000,– (in Worten: Euro vierhunderttausend).
2. Die Gesellschafter übernehmen folgende Geschäftsanteile:
   a) A übernimmt einen Geschäftsanteil im Nennbetrag von 200 000,– € – lfd. Nr. 1,
   b) B übernimmt einen Geschäftsanteil im Nennbetrag von 200 000,– € – lfd. Nr. 2.
Die Stammeinlagen sind nicht in Geld zu erbringen, sondern dadurch, dass die C-GmbH mit Sitz in Musterort einen Teil ihres Vermögens, nämlich den Teilbetrieb „Beispielsort", der bislang in der bisherigen unselbstständigen Niederlassung der übertragenden Gesellschaft in Beispielsort geführt wird, im Wege der Abspaltung zur Neugründung überträgt nach Maßgabe des Spaltungsplans vom (Datum) – UR. Nr. des Notars... in (Ort).

§ 4
Geschäftsjahr

Das Geschäftsjahr der Gesellschaft ist das Kalenderjahr. Das erste Geschäftsjahr beginnt mit der Eintragung der Gesellschaft in das Handelsregister und endet mit dem darauffolgenden 31. Dezember.

§ 18. Spaltungsrechtliche Regelungen § 18

§ 5
Geschäftsführung und Vertretung

1. Die Gesellschaft hat einen oder mehrere Geschäftsführer, die durch die Gesellschafterversammlung bestellt und abberufen werden.
2. Ist nur ein Geschäftsführer bestellt, so vertritt dieser die Gesellschaft allein. Sind mehrere Geschäftsführer bestellt, so wird die Gesellschaft durch zwei Geschäftsführer gemeinsam oder durch einen Geschäftsführer gemeinsam mit einem Prokuristen vertreten. Die Gesellschafterversammlung kann auch bei Vorhandensein mehrerer Geschäftsführer einzelnen von ihnen oder allen Einzelvertretungsbefugnis erteilen und/oder sie von den Beschränkungen des § 181 BGB befreien.
3. Die Gesellschafterversammlung kann allen oder einzelnen Gesellschafter-Geschäftsführern gestatten, allgemein oder im Einzelfall auch außerhalb ihrer Geschäftsführertätigkeit im Geschäftszweig der Gesellschaft im eigenen oder fremden Namen, auf eigene oder für fremde Rechnung, unmittelbar oder mittelbar, direkt oder indirekt tätig zu werden. Die Befreiung vom Wettbewerbsverbot kann unentgeltlich erfolgen. Der Beschluss betreffend die Befreiung vom Wettbewerbsverbot bedarf einer Mehrheit von ²/₃ der abgegebenen Stimmen. Die Teilvereinbarungen zu den Tätigkeitsbereichen können im Übrigen im Anstellungsvertrag niedergelegt werden. Die vorstehende Möglichkeit zur Befreiung vom Wettbewerbsverbot gilt entsprechend für Personen, die ausschließlich Gesellschafter im Sinne sogenannter beherrschender Gesellschafter und nicht gleichzeitig Geschäftsführer sind.
4. Die Gesellschafterversammlung kann allen oder einzelnen Geschäftsführern gestatten, allgemein oder im Einzelfall auch außerhalb ihrer Geschäftsführertätigkeit im Geschäftszweig der Gesellschaft im eigenen oder fremden Namen, auf eigene oder für fremde Rechnung, unmittelbar oder mittelbar, direkt oder indirekt tätig zu werden. Der Beschluß bedarf einer Mehrheit von ²/₃ der abgegebenen Stimmen.
5. Die Geschäftsführer haben unverzüglich nach Wirksamwerden jeder Veränderung in den Personen der Gesellschafter oder des Umfangs ihrer Beteiligung eine von ihnen unterschriebene Gesellschafterliste der Gesellschafter zum Handelsregister einzureichen. Die Veränderungen sind den Geschäftsführern schriftlich mitzuteilen und nachzuweisen. Als Nachweis sind im Allgemeinen entsprechende Urkunden in Urschrift oder beglaubigter Abschrift vorzulegen. Für den Nachweis der Erbfolge gilt § 35 GBO entsprechend. Nach Aufnahme der neuen Gesellschafterliste im Handelsregister haben die Geschäftsführer allen Gesellschaftern unverzüglich eine Abschrift der Gesellschafterliste an die in der Liste genannte Adresse zur Kenntnisnahme zu übersenden.
6. Die vorstehenden Regelungen zu den Ziffern 1.–5. gelten entsprechend auch für Liquidatoren.

§ 6
Stimmrechtsausübung

Befinden sich mehrere Geschäftsanteile in der Hand eines Gesellschafters, so kann er sein Stimmrecht aus verschiedenen Geschäftsanteilen unterschiedlich ausüben.

§ 7
Gesellschafterversammlung, Gesellschafterbeschlüsse

1. Die Beschlüsse der Gesellschafter werden in Versammlungen gefasst. Außerhalb von Versammlungen können sie, soweit nicht zwingendes Recht eine andere Form vorschreibt, durch schriftliche, fernschriftliche, telegrafische oder mündliche, auch fernmündliche Abstimmung gefasst werden, wenn sich jeder Gesellschafter an der Abstimmung beteiligt. Ausdrücklich zulässig ist auch eine Kombination aus beiden Beschlussverfahren und jede andere Art der Beschlussfassung, wenn alle Gesellschafter sich an der Abstimmung beteiligen, ohne zu widersprechen.
2. Die Gesellschafterversammlung findet am Sitz der Gesellschaft statt. Der Vorsitz wird abwechselnd durch die Gesellschafter geführt, wobei die Reihenfolge durch das Alter der Gesellschafter, beginnend mit dem ältesten Gesellschafter, bestimmt wird. Die Gesellschafter können durch Beschluss auch einen Vorsitzenden der Versammlung bestimmen.
3. Die Einberufung einer Gesellschafterversammlung erfolgt durch die Geschäftsführung. Es genügt die Einberufung durch einen Geschäftsführer. Die Einladung hat an jeden Gesellschafter per Einschreiben unter Angabe von Ort, Tag, Zeit und Tagesordnung mit einer Frist von zwei Wochen zu erfolgen. Hierbei sind der Tag der Absendung der Einladungsschreiben und der Tag der Versammlung nicht mitzurechnen.
4. Ist die Gesellschafterversammlung nicht ordnungsgemäß einberufen, können Beschlüsse nur dann gefasst werden, wenn alle Gesellschafter anwesend oder vertreten und mit der Beschlussfassung einverstanden sind oder sich an ihr beteiligen.
5. Mindestens eine ordentliche Gesellschafterversammlung findet jährlich statt.
6. Die Gesellschafterversammlung ist beschlussfähig, wenn stimmberechtigte Gesellschafter anwesend oder vertreten sind, die wenigstens 75% des Stammkapitals besitzen. Ist diese Mehrheit nicht vorhanden, so ist eine neue Gesellschafterversammlung mit derselben Tagesordnung und unter Beachtung der Regelungen in Absatz 3. einzuberufen. Die neue Versammlung ist ungeachtet des anwesenden oder vertretenen Kapitals unbedingt beschlussfähig. In der Einladung ist hierauf hinzuweisen.
7. Gesellschafterbeschlüsse betreffend die Änderung dieses Gesellschaftsvertrags, betreffend den Abschluss von Beherr-

§ 18. Spaltungsrechtliche Regelungen § 18

schungs- oder Gewinnabführungsverträgen oder sonstigen Unternehmensverträgen und betreffend Umwandlungen oder Verschmelzungen bedürfen der Zustimmung von ³/₄ der abgegebenen Stimmen. Im Übrigen werden Gesellschafterbeschlüsse mit Mehrheit der abgegebenen Stimmen gefasst, soweit nicht Gesetz oder Gesellschaftsvertrag eine größere Mehrheit vorsehen.

8. Jeder Gesellschafter ist berechtigt, sich in der Gesellschafterversammlung vertreten zu lassen. Die Person, die die Vertretung übernimmt, muss ein Mitgesellschafter, der Ehegatte eines Gesellschafters oder ein zur Berufsverschwiegenheit Verpflichteter sein. Die Vertretung ist in der Gesellschafterversammlung durch schriftliche Vollmacht des Gesellschafters nachzuweisen.

9. Auf je € 1,– Nennbetrag eines Gesellschaftsanteils entfällt eine Stimme. Stimmenthaltungen gelten als Nein-Stimmen.

10. Soweit rechtlich zulässig, ist ein Gesellschafter abweichend von § 47 Abs. 4 GmbHG auch dann stimmberechtigt, wenn die Beschlussfassung die Vornahme eines Rechtsgeschäfts oder die Erledigung eines Rechtsstreits gegenüber dem Gesellschafter betrifft.

11. Über Verhandlungen der Gesellschafterversammlung und über Gesellschafterbeschlüsse ist, soweit nicht eine notarielle Niederschrift aufgenommen wird, unverzüglich eine Niederschrift anzufertigen, in welcher der Tag der Verhandlung oder Beschlussfassung sowie die gefassten Beschlüsse anzugeben sind. Die Niederschrift ist durch alle Gesellschafter, die an der betreffenden Versammlung bzw. an der Beschlussfassung teilgenommen haben, zu unterzeichnen und allen Gesellschaftern gegen Empfangsbekenntnis auszuhändigen oder an die letztbekannte Anschrift zuzusenden.

12. Die Unwirksamkeit oder Anfechtbarkeit von Gesellschafterbeschlüssen kann, sofern nicht gegen zwingende gesetzliche Vorschriften verstoßen wird, nur innerhalb eines Monats geltend gemacht werden. Die Frist beginnt am Tage nach der Protokollierung zu laufen, soweit der anfechtende Gesellschafter bei der Beschlussfassung anwesend oder vertreten war, anderenfalls am Tage des Erhalts des Beschlussprotokolls. Sie endet auf alle Fälle spätestens sechs Monate nach der Beschlussfassung. Ein Beschluss, der einem Gesellschafter durch eingeschriebenen Brief mitgeteilt worden ist, gilt fünf Tage nach der Absendung des Briefes als zur Kenntnis des Gesellschafters gelangt. Die Frist zur Geltendmachung der Unwirksamkeit oder Anfechtbarkeit eines Gesellschafterbeschlusses endet auf alle Fälle spätestens sechs Monate nach der Beschlussfassung.

§ 7
Jahresabschluss und Ergebnisverwendung

1. Der Jahresabschluss der Gesellschaft ist alljährlich innerhalb der gesetzlichen Fristen von der Geschäftsführung aufzustellen und den Gesellschaftern vorzulegen.
2. Jedes Jahr findet alsbald nach der Erstellung des Jahresabschlusses eine Gesellschafterversammlung statt, in welcher der Jahresabschluss den Gesellschaftern zur Genehmigung vorzulegen und zu erläutern ist.
3. Über die Feststellung des Jahresabschlusses und die Verwendung des Ergebnisses, insbesondere ob und inwieweit dieses auszuschütten, in Rücklage zu stellen oder vorzutragen ist, beschließen die Gesellschafter mit einfacher Mehrheit.

§ 8
Verfügung über Geschäftsanteile

Die Verfügung über Geschäftsanteile oder über Teile von Geschäftsanteilen insbesondere die Veräußerung und die Bestellung von Nießbrauchrechten an Geschäftsanteilen bedarf der Zustimmung aller Gesellschafter.

§ 9
Teilung und Zusammenlegung von Geschäftsanteilen

Über die Teilung und Zusammenlegung von Geschäftsanteilen entscheidet die Gesellschafterversammlung mit einfacher Mehrheit der abgegebenen Stimmen. Die Zusammenlegung von Geschäftsanteilen ist nur dann zulässig, wenn der betroffene Gesellschafter zustimmt, die Einlagen auf die Geschäftsanteile in voller Höhe geleistet sind, keine Nachschusspflicht besteht, die Geschäftsanteile die gleichen Rechte vermitteln und nicht unterschiedlich belastet sind. Über die Gesellschafterversammlung ist eine Niederschrift zu erstellen. Eine Abschrift der Niederschrift ist unverzüglich der Geschäftsführung der Gesellschaft als Nachweis über die Veränderung der Beteiligungsverhältnisse zu übersenden, damit diese eine neue Gesellschafterliste zum Handelsregister einreichen kann.

§ 10
Einziehung von Geschäftsanteilen

1. Die Einziehung von Geschäftsanteilen ist, wenn die gesetzlichen Voraussetzungen im Übrigen dazu vorliegen, mit Zustimmung des betroffenen Gesellschafters jederzeit zulässig.
2. Ohne Zustimmung des betroffenen Gesellschafters ist die Einziehung in folgenden Fällen zulässig:
   a) wenn ein Geschäftsanteil Gegenstand von Vollstreckungsmaßnahmen geworden ist und diese nicht innerhalb von drei Monaten aufgehoben werden,

§ 18. Spaltungsrechtliche Regelungen § 18

b) wenn über das Vermögen des Inhabers des Geschäftsanteils das Insolvenzverfahren eröffnet ist oder die Eröffnung mangels Masse abgelehnt wird,
c) wenn in der Person des Inhabers des Geschäftsanteils ein sonstiger wichtiger Grund gegeben ist, der dessen Ausschließung aus der Gesellschaft rechtfertigt. Ein solcher ist insbesondere dann anzunehmen, wenn der Gesellschafter böswillig gegen die Interessen der Gesellschaft gehandelt hat oder handelt oder ein Gesellschafter trotz Abmahnung wiederholt in grober Weise seine Gesellschafterpflichten verletzt hat.
d) wenn ein Gesellschafter stirbt nach Maßgabe der Bestimmungen in § 11
e) wenn ein Gesellschafter kündigt nach Maßgabe der Bestimmungen in § 12
f) in den sonstigen in dieser Satzung bestimmten Fällen.
Steht ein Geschäftsanteil mehreren Mitberechtigten ungeteilt zu, so ist die Einziehung auch zulässig, wenn deren Voraussetzungen nur in der Person eines Mitberechtigten vorliegen.
3. Die Einziehung ist innerhalb von drei Monaten, nachdem der Einziehungsgrund der Gesellschaft bekannt geworden ist, zu beschließen und dem betreffenden Gesellschafter gegenüber durch die Geschäftsführung zu erklären, anderenfalls erlischt das Recht zur Einziehung aus diesem Grund.
4. Die Einziehungserklärung durch die Geschäftsführung bedarf eines vorherigen Beschlusses der Gesellschafterversammlung mit einer Mehrheit von 75% der abgegebenen Stimmen. Hierbei hat der betroffene Gesellschafter kein Stimmrecht.
5. In der Zeit vom Zugang der Einziehungserklärung bis zur Wirksamkeit der Einziehung hat der ausscheidende Gesellschafter kein Stimmrecht. Die Wirkungen der Einziehung sind auf den Zeitpunkt zurückzubeziehen, in dem die Einziehungsvoraussetzungen eingetreten sind.
6. Statt der Einziehung kann die Gesellschafterversammlung beschließen, dass der Anteil gegen Zahlung des Einziehungsentgelts von der Gesellschaft erworben oder auf eine von ihr benannte Person übertragen wird. Für die Erfüllung der Zahlungsverpflichtung des Erwerbers haftet die Gesellschaft wie ein selbstschuldnerischer Bürge.
7. Auf das Einziehungsentgelt für den Anteil findet § 13 (Abfindungsanspruch) dieses Vertrages Anwendung.
8. Die Einziehung von Geschäftsanteilen ist nur zulässig, wenn im Einziehungsbeschluss geeignete Maßnahmen ergriffen werden, um sicherzustellen, dass die Summe der Nennbeträge aller Geschäftsanteile mit dem Stammkapital übereinstimmt. Zu diesem Zweck ist insbesondere die Neubildung von Geschäftsanteilen und/oder die Aufstockung bestehender Geschäftsanteile zulässig.

§ 11
Tod eines Gesellschafters

1. Beim Tode eines Gesellschafters wird die Gesellschaft mit seinen Erben und, wenn er über seinen Geschäftsanteil durch Vermächtnis verfügt hat, auch mit dem oder den Vermächtnisnehmern fortgesetzt, soweit nicht im Folgenden etwas anderes bestimmt ist.
2. Die verbleibenden Gesellschafter können beschließen, dass die Erben oder Vermächtnisnehmer oder einzelne von ihnen aus der Gesellschaft ausscheiden. Stattdessen können die Gesellschafter auch beschließen, den betroffenen Geschäftsanteil einzuziehen. Diese Beschlüsse sind mit allen Stimmen der stimmberechtigten Gesellschafter zu fassen; die betroffenen Erben und Vermächtnisnehmer haben hierbei kein Stimmrecht. Der Beschluss über das Ausscheiden verpflichtet die Inhaber des betreffenden Geschäftsanteils, diesen an die Gesellschaft oder an Gesellschafter oder Dritte abzutreten, die in dem Beschluss bestimmt sind. Für die Einziehung gelten im Übrigen die Bestimmungen in § 10 (Einziehung von Geschäftsanteilen).
3. Die Rechte der verbleibenden Gesellschafter aus diesem Abschnitt können jederzeit, spätestens bis zum Ablauf von 12 Monaten geltend gemacht werden. Die Frist beginnt, sobald der Gesellschaft die Erbfolge nachgewiesen ist; § 35 GBO gilt entsprechend.
4. Falls ein Geschäftsanteil auf mehrere Personen übergeht, ohne dass er ganz der Verwaltung eines Testamentsvollstreckers unterliegt, können die mehreren Anteilsinhaber ihre Rechte als Gesellschafter nur durch einen der Gesellschaft zu benennenden gemeinsamen Vertreter ausüben, solange der Gesellschaftsanteil nicht in Übereinstimmung mit dem Gesetz oder den Vorschriften dieser Satzung geteilt ist. Diese Vorschrift gilt nicht, soweit zwingende gesetzliche Bestimmungen entgegenstehen. Gemeinsamer Vertreter kann nur eine zur Berufsverschwiegenheit verpflichtete Person oder ein Miterbe sowie jeder andere Gesellschafter sein. Dem Vertreter ist eine entsprechende Vollmacht zu erteilen.
Solange kein Vertreter bestellt und mit entsprechender Vollmacht ausgestattet ist, ruhen sämtliche Gesellschafterrechte des betroffenen Geschäftsanteils, ausgenommen das Gewinnbezugsrecht.
5. Hinsichtlich der Abfindung gilt § 13. Für die Erfüllung der Zahlungsverpflichtung des Erwerbers haftet die Gesellschaft wie ein selbstschuldnerischer Bürge.

§ 12
Kündigung

1. Ein Gesellschafter kann die Gesellschaft unter Einhaltung einer Frist von 12 Monaten zum Ende des Geschäftsjahres durch einge-

schriebenen Brief gegenüber den anderen Gesellschaftern kündigen, erstmalig jedoch zum 31. Dezember.... Das Recht zur fristlosen Kündigung aus wichtigem Grund bleibt unberührt.
2. Die Kündigungserklärung ist allen anderen Gesellschaftern an deren letztbekannte Anschrift per eingeschriebenen Brief zu übermitteln. Für die Rechtzeitigkeit der Kündigung ist maßgebend der Tag der Aufgabe des Briefes zur Post.
3. Bei Kündigung der Gesellschaft wird die Gesellschaft nicht aufgelöst. Die erfolgte Kündigung hat die Wirkung, dass der Gesellschafter, der gekündigt hat, mit Ablauf des betreffenden Geschäftsjahres aus der Gesellschaft ausscheidet, während die Gesellschaft unter den übrigen Gesellschaftern bzw. von dem übrigen Gesellschafter fortgesetzt wird.
4. Der kündigende Gesellschafter ist verpflichtet, nach Wahl der Gesellschaft seinen Anteil auf die Gesellschaft selbst, auf einen oder mehrere Gesellschafter oder auf einen oder mehrere von der Gesellschaft zu benennende Dritte zu übertragen oder die Einziehung des Anteils zu dulden. Bei dieser Beschlussfassung hat der kündigende Gesellschafter kein Stimmrecht.
5. Der Anteil des ausscheidenden Gesellschafters ist zu vergüten. Die Vergütung richtet sich nach § 13 (Abfindung) dieses Vertrages. Diese Vergütung ist jedoch für den Fall der Kündigung aus wichtigem Grund fällig und zahlbar in 2 gleichen Jahresraten, im Übrigen gemäß § 13 Absatz 4. Für die Erfüllung der Zahlungsverpflichtung des Erwerbers haftet die Gesellschaft wie ein selbstschuldnerischer Bürge.
6. Hat ein Gesellschafter gekündigt, so können innerhalb von sechs Monaten nach Zugang die verbleibenden Gesellschafter einstimmig bezogen auf die abgegebenen Stimmen die Auflösung der Gesellschaft beschließen. Der kündigende Gesellschafter nimmt dann an der Liquidation der Gesellschaft teil.

Ohne Einhaltung der in Ziffer 1. genannten Kündigungsfrist kann ein Gesellschafter aus wichtigem Grund aus der Gesellschaft austreten und von der Gesellschaft die Einziehung oder die Abtretung des Geschäftsanteils an die Gesellschaft selbst oder an einen von Seiten der Gesellschaft zu bestimmenden Dritten verlangen, wenn eine Veräußerung der Beteiligung nicht möglich ist, beispielsweise durch Verweigerung der zur Abtretung erforderlichen Genehmigung.
Der Austritt hat zu erfolgen mittels Einschreiben/Rückschein gegenüber der Gesellschaft. Mit Zugang der Austrittserklärung bei der Gesellschaft ruht das Stimmrecht des Gesellschafters. Ein wichtiger Grund zum Austritt aus der Gesellschaft liegt insbesondere dann vor, wenn in der Person eines anderen Gesellschafters ein seine Ausschließung rechtfertigender Grund vorliegen würde

§ 18   5. Teil. Spaltung

und/oder wenn die Gesellschaft Maßnahmen trifft, durch die sich ihre rechtlichen und wirtschaftlichen Verhältnisse in einer für den Gesellschafter nicht zumutbaren Weise ändern.
Ein Gesellschafter ist zum Austritt nicht berechtigt, wenn er die ihm drohenden Nachteile durch andere zumutbare Mittel abwenden kann. Der Anteil des ausgetretenen Gesellschafters ist zu vergüten. Die Höhe der Vergütung und die Zahlungsweise bestimmen sich nach § 13 (Abfindung) dieses Vertrages.

§ 13
Abfindung

1. Sollte ein Gesellschafter – gleich aus welchem Grund – aus der Gesellschaft ausscheiden, so erhält er eine dem Wert seines Geschäftsanteils entsprechende Abfindung.
Maßgeblich ist hierfür der gemeine Wert zum Zeitpunkt des Ausscheidens, welcher – mangels anderweitiger Einigung der Betroffenen – von dem Steuerberater/Wirtschaftsprüfer der Gesellschaft auf den Zeitpunkt des Ausscheidens des betroffenen Gesellschafters auf der Grundlage der zu diesem Zeitpunkt maßgeblichen allgemeinen Empfehlungen des Instituts für Wirtschaftsprüfer e.V. in Düsseldorf zur Durchführung von Unternehmensbewertungen festgesetzt worden ist.
2. Am Ergebnis schwebender Geschäfte nimmt der Ausscheidende nicht teil.
3. Der Ausscheidende hat keinen Anspruch auf Sicherheitsleistung für Verbindlichkeiten der Gesellschaft. Er ist jedoch von jeder Inanspruchnahme für Verbindlichkeiten der Gesellschaft freizustellen.
4. Das Abfindungsguthaben ist zahlbar in fünf gleichen Jahresraten, von denen die erste fällig wird sechs Monate nach dem Ausscheiden und die weiteren Raten je ein Jahr später. Der jeweilige Rest des Abfindungsbetrages ist in Höhe von zwei vom Hundert über dem jeweiligen Basiszinssatz fürs Jahr zu verzinsen. Die Zinsen sind alljährlich am Ende eines jeden Kalenderjahres zu zahlen.
Die Gesellschaft ist berechtigt, die Zahlungen zu einem früheren Zeitpunkt ganz oder in größeren Teilbeträgen zu leisten.
Das Abfindungsguthaben ist in einer Summe fällig, wenn der Zahlungsverpflichtete mit einer Rate länger als drei Monate in Verzug gerät.
5. Sofern bei Fälligkeit die Höhe der einzelnen Raten noch nicht feststeht, sind zunächst Abschlagszahlungen in angemessener Höhe zu leisten, auf der Basis des Anteils des Ausscheidenden am bilanzmäßigen Eigenkapital der letztfestgestellten Handelsbilanz.

§ 14
Kosten

Die Kosten der notariellen Beurkundung und der Anmeldung zur Eintragung im Handelsregister, die Gerichtskosten für die Eintragung und

§ 18. Spaltungsrechtliche Regelungen § 18

die Bekanntmachung trägt bis zur Höhe von insgesamt €... die Gesellschaft. Der Restbetrag ist von den Gesellschaftern zu bezahlen.

Sachgründungsbericht

Sachgründungsbericht[356]

Bei der Errichtung der D-GmbH mit Sitz in Musterort werden die Stammeinlagen nicht in Geld erbracht, sondern dadurch, dass die C-GmbH mit Sitz in Musterort als übertragende Gesellschaft auf die D-GmbH als übernehmende Gesellschaft den Teilbetrieb „Beispielsdorf", der bislang in der bisherigen unselbstständigen Niederlassung der übertragenden Gesellschaft in Beispielsdorf geführt wird, im Wege der Abspaltung gemäß § 123 Abs. 2 Nr. 2 UmwG überträgt.

205 C

Übertragen werden alle Aktiva und Passiva, materiellen wie immateriellen Rechte, Ansprüche, Verbindlichkeiten, Pflichten, Sachen und Schuldverhältnisse, die im weitesten Sinne dem vorgenannten Teilbetrieb „Beispielsort" bzw. der dortigen unselbstständigen Niederlassung rechtlich und/oder wirtschaftlich zuzuordnen sind, diesem Teilbetrieb dienen oder zu dienen bestimmt sind, und zwar unabhängig davon, ob die Vermögensposition bilanzierungsfähig ist oder nicht.

Die Übertragung erfolgt auf der Grundlage der mit dem uneingeschränkten Bestätigungsvermerk des Wirtschaftsprüfers in Musterort versehenen Bilanz der C-GmbH zum (Datum). Die Bilanz ist als Schlussbilanz dem Spaltungsplan vom (Datum) -UR. Nr. ...... des Notars ...... – als Anlage beigefügt. Der Spaltungsplan liegt uns vor, der Inhalt ist uns bekannt.

Die Jahresergebnisse des übertragenden Rechtsträgers, der C-GmbH, betrugen[357]

im Geschäftsjahr 1.1.2015–31.12.2015 € ...

im Geschäftsjahr 1.1.2016–31.12.2016 € ...

Unter Bezugnahme auf die vorgenannte Bilanz zum (Datum) und auf die Werthaltigkeitsbescheinigung der XY Wirtschaftsprüfungsgesellschaft vom (Datum), deren Feststellungen wir uns zu eigen machen, stellen wir fest, dass der Wert der übertragenen Vermögensgegenstände den Nennbetrag der für sie gewährten Geschäftsanteile deutlich übersteigt.

(Ort, Datum)

(A und B als Geschäftsführer der C-GmbH)

---

[356] Zwingend nach § 138 UmwG.
[357] Da § 138 UmwG nur § 58 II UmwG verdrängt, bleibt es bei der nach § 58 I UmwG angeordneten Notwendigkeit, auch Geschäftsverlauf und Lage des übertragenden Rechtsträgers darzulegen.

§ 18

Handelsregisteranmeldung der neu errichteten, übernehmenden Gesellschaft

205 D UR. Nr. ...... für ......
An das
Amtsgericht
– Handelsregister –
Musterort
HR B
Neugründung der Gesellschaft unter der Firma D-GmbH
Wir, A und B,
handelnd in unserer Eigenschaft als
1. je einzelvertretungsberechtigte Geschäftsführer der im Handelsregister des Amtsgerichts Musterort unter HR B 123 eingetragenen C-GmbH,[358]
2. je einzelvertretungsberechtigte Geschäftsführer der neu errichteten vorgenannten D-GmbH,[359]

I.
melden zur Eintragung in das Handeslregister an:
1. Die C-GmbH mit Sitz in Musterort, eingetragen im Handelsregister des Amtsgerichts Musterort, hat im Wege der Abspaltung zur Neugründung gemäß § 123 Abs. 2 Nr. 2 UmwG durch Übertragung eines Teils ihres Vermögens eine Gesellschaft mit beschränkter Haftung unter der Firma D-GmbH gegründet.
Sitz der D-GmbH ist Musterort.
2. Zu ersten Geschäftsführern der D-GmbH wurden wir, A und B bestellt. Wir sind stets einzelvertretungsberechtigt, auch wenn mehrere Geschäftsführer bestellt sind, und von den Beschränkungen des § 181 BGB befreit.
3. Die allgemeine Bestimmung im Gesellschaftsvertrag über die Vertretung der Gesellschaft lautet wie folgt:[360]
Die Gesellschaft hat einen oder mehrere Geschäftsführer. Ist nur ein Geschäftsführer bestellt, vertritt er die Gesellschaft allein. Sind mehrere Geschäftsführer bestellt, wird die Gesellschaft durch zwei Geschäftsführer gemeinschaftlich oder durch einen Geschäftsführer in Gemeinschaft mit einem Prokuristen vertreten.

---

[358] Anmeldebefugt ist gem. § 137 I UmwG das Vertretungsorgan des übertragenden Rechtsträgers.
[359] Alle Versicherungen und Wissenserklärungen haben die Geschäftsführer der neuen GmbH abzugeben.
[360] Je nach Bestimmung in der GmbH-Satzung.

§ 18. Spaltungsrechtliche Regelungen § 18

Die Gesellschafterversammlung kann einzelnen oder allen Geschäftsführern Einzelvertretungsbefugnis erteilen und/oder sie von den Beschränkungen des § 181 BGB befreien.
4. Die Geschäftsräume der GmbH befinden sich in (Adresse). Diese Anschrift wird zugleich als inländische Geschäftsanschrift der GmbH angemeldet.

II.

Wir überreichen als Anlagen:
1. Ausfertigung der Niederschrift vom (Datum) – UR. Nr. ...... des Notars ...... in (Ort) – enthaltend:
   - den Spaltungsplan,
   - den Gesellschaftsvertrag der neu errichteten D-GmbH
   - den Beschluss über die Bestellung der ersten Geschäftsführer der D-GmbH
   - den Zustimmungsbeschluss der Gesellschafter der C-GmbH
   - die Verzichtserklärungen aller Gesellschafter der C-GmbH und der C-GmbH auf etwa bestehende Rechte zum Widerspruch gegen den Zustimmungsbeschluss, seine Anfechtung und zur Klage gegen die Wirksamkeit des Spaltungsbeschlusses (§ 16 Abs. 2 UmwG),
   - die Verzichtserklärungen der Gesellschafter der C-GmbH und der C-GmbH selbst auf die Erstellung eines Spaltungsberichts, der Spaltungsprüfung und eines Prüfberichts gemäß §§ 125 Satz 1, 127, 8 Abs. 3, 9 Abs. 3, 12 Abs. 3 UmwG,
   - die Schlussbilanz der C-GmbH zum (Datum),[361]
2. die Liste der Gesellschafter,[362]
3. Unterlagen über die Werthaltigkeit der übertragenen Vermögensteile,
4. den Sachgründungsbericht vom (Datum).

III.

Wir erklären weiterhin:
1. Keine der beteiligten Gesellschaften hat einen Betriebsrat.
2. Besondere Zustimmungserklärungen einzelner Anteilsinhaber sind nicht erforderlich.
3. Staatliche Genehmigungen sind nicht erforderlich.

---

[361] Ein Beifügen ist hier zwar nicht nach §§ 125 Satz 1, 17 II UmwG, ggf. aber zwecks Möglichkeit der Überprüfung der Werthaltigkeit nötig. Allerdings ist nicht in jedem Fall die Schlussbilanz dazu geeignet, die Werthaltigkeit nachzuweisen; dann wären andere Werthaltigkeitsnachweise (zB Abspaltungsbilanzen) beizufügen.
[362] Diese Liste gem. § 8 I Nr. 3 GmbHG ist eine von den Geschäftsführern der D-GmbH zu unterzeichnende Liste.

§ 18

IV.

Wir versichern, dass keine Umstände vorliegen, aufgrund deren wir nach § 6 Absatz 2 GmbH-Gesetz von dem Amt als Geschäftsführer ausgeschlossen wären:
1. Keiner von uns unterliegt einer Betreuung und/oder bei der Besorgung seiner Vermögensangelegenheiten ganz oder teilweise einem Einwilligungsvorbehalt (§ 1903 des Bürgerlichen Gesetzbuchs).
2. Uns ist weder aufgrund eines gerichtlichen Urteils noch durch eine vollziehbare Entscheidung einer Verwaltungsbehörde untersagt, irgendeinen Beruf, einen Berufszweig, ein Gewerbe oder einen Gewerbezweig auszuüben.
3. Keiner von uns wurde jemals wegen einer oder mehrerer Straftaten
   a) des Unterlassens der Stellung des Antrages auf Eröffnung des Insolvenzverfahrens (Insolvenzverschleppung),
   b) nach den §§ 283 bis 283d des Strafgesetzbuchs (Insolvenzstraftaten),
   c) der falschen Angaben nach § 82 GmbH-Gesetz oder § 399 des Aktiengesetzes,
   d) der unrichtigen Darstellung nach § 400 des Aktiengesetzes, § 331 des Handelsgesetzbuchs, § 313 des Umwandlungsgesetzes oder § 17 des Publizitätsgesetzes oder
   e) nach den §§ 263 bis 264a oder den 265b bis 266a des Strafgesetzbuchs,
   verurteilt, weder im Inland noch im Ausland auch nicht wegen einer Tat, die mit den vorgenannten Taten vergleichbar ist.

Wir wurden von dem beglaubigenden Notar darüber belehrt, dass wir dem Handelsregister gegenüber unbeschränkt auskunftspflichtig sind.
Wir versichern weiter, dass eine Klage gegen die Wirksamkeit des Umwandlungsbeschlusses nicht oder nicht fristgerecht erhoben worden ist und auf das Anfechtungsrecht außerdem verzichtet wurde.
Schließlich versichern wir, dass dem Übergang des Vermögens der C-GmbH auf die neu errichtete D-GmbH keine Hindernisse entgegenstehen, so dass es sich ab dem Zeitpunkt der Eintragung der Spaltung im Handelsregister endgültig zu unserer freien Verfügung als Geschäftsführer befindet.[363]

(Ort, Datum)
(Unterschriftsbeglaubigung)

---

[363] Ob auch diese Versicherung nach § 8 II GmbHG abzugeben ist, ist umstritten die hM hält sie nicht für erforderlich, höchstrichterliche Rspr. fehlt.

Handelsregisteranmeldung der übertragenden Gesellschaft

UR. Nr. ...... für ......   205 E
An das
Amtsgericht
– Handelsregister –
Musterort
HR B 123
Gesellschaft unter der Firma C-GmbH
Wir, A und B,
handelnd in unserer Eigenschaft als sämtliche,[364] je einzelvertretungsberechtigte Geschäftsführer der vorgenannten C-GmbH,

I.

melden zur Eintragung in das Handelsregister an:
1. Die C-GmbH hat im Wege der Abspaltung zur Neugründung gemäß § 123 Abs. 2 Nr. 2 UmwG durch Übertragung eines Teils ihres Vermögens eine Gesellschaft mit beschränkter Haftung unter der Firma D-GmbH gegründet.
Evtl.:
2. Das Stammkapital der C-GmbH ist zur Durchführung der Spaltung von € ... um € ... auf € ... im Wege der vereinfachten Kapitalherabsetzung nach §§ 139 UmwG, 58a ff. GmbHG herabgesetzt worden. Der Gesellschaftsvertrag der C-GmbH wurde in § ... entsprechend geändert.

II.

Wir überreichen als Anlagen:
1. Ausfertigung der Niederschrift vom (Datum) – UR. Nr. ...... des Notars ...... in (Ort) – enthaltend:
 – den Spaltungsplan,
 – den Zustimmungsbeschluss der Gesellschafter der C-GmbH
 – die Verzichtserklärungen aller Gesellschafter der C-GmbH und der C-GmbH auf etwa bestehende Rechte zum Widerspruch gegen den Zustimmungsbeschluss, seine Anfechtung und zur Klage gegen die Wirksamkeit des Spaltungsbeschlusses (§ 16 Abs. 2 UmwG),
 – die Verzichtserklärungen der Gesellschafter der C-GmbH auf die Erstellung eines Spaltungsberichts, der Spaltungsprüfung

---

[364] Die Kapitalherabsetzung ist durch sämtliche Geschäftsführer der übertragenden Gesellschaft anzumelden (str.); die Spaltung nur durch Geschäftsführer in vertretungsberechtigter Zahl.

§ 18　　　　　　　　　　　　　　　　5. Teil. Spaltung

und eines Prüfberichts gemäß §§ 125 Satz 1, 127, 8 Abs. 3, 9 Abs. 3, 12 Abs. 3 UmwG,
– die Schlussbilanz der C-GmbH zum (Datum),
Evtl.
– den Kapitalherabsetzungsbeschluss und den Beschluss über die entsprechende Änderung des Gesellschaftsvertrages,
2. den vollständigen Wortlaut des Gesellschaftsvertrages mit der Bescheinigung des Notars gem. § 54 Abs. 1 GmbHG,

III.

Wir erklären weiterhin:
1. Keine der beteiligten Gesellschaften hat einen Betriebsrat.
2. Besondere Zustimmungserklärungen einzelner Anteilsinhaber sind nicht erforderlich.
3. Staatliche Genehmigungen sind nicht erforderlich.

IV.

Wir versichern nach Maßgabe des § 140 UmwG, dass die durch Gesetz und Gesellschaftsvertrag vorgesehenen Voraussetzungen für die Gründung der Gesellschaft unter Berücksichtigung der Abspaltung im Zeitpunkt dieser Anmeldung vorliegen.

Wir versichern weiter, dass eine Klage gegen die Wirksamkeit des Umwandlungsbeschlusses nicht oder nicht fristgerecht erhoben worden ist und auf das Anfechtungsrecht außerdem verzichtet wurde.

Evtl:
Im Hinblick auf § 139 Satz 2 UmwG wird zunächst um Eintragung der Kapitalherabsetzung nebst Satzungsänderung gebeten.

(Ort, Datum)
(Unterschriftsbeglaubigung)

Fall: (Ausgliederung eines Betriebsteils von der Mutter-AG auf die Tochter-GmbH zur Aufnahme)

206　*Zur Verbesserung der Wettbewerbsfähigkeit und der Entscheidungsabläufe ist eine Reorganisation der D-AG erforderlich. Dadurch sollen kurze Entscheidungswege und eine eindeutige Zuordnung von Verantwortlichkeiten ermöglicht werden. Ein Geschäftsbereich soll künftig von einer selbständigen juristischen Person wahrgenommen werden. Dieser Geschäftsbereich soll als Betriebsteil auf eine Tochtergesellschaft, die D-GmbH, übertragen werden. Nach §§ 111, 112 BetrVG wird ein Interessenausgleich geschlossen, der gem. § 323 II UmwG die Mitarbeiter namentlich zuordnet. Die D-AG hat nur einen Aktionär, die Z-AG.*

§ 18. Spaltungsrechtliche Regelungen § 18

Hierzu folgende Muster:
- Spaltungsvertrag, Rn. 206 A
- Zustimmungs- und Kapitalerhöhungsbeschluss der übernehmenden GmbH nebst Verzichtserklärungen, Rn. 206 B
- Zustimmungsbeschluss der übertragenden AG nebst Verzichtserklärungen, Rn. 206 C
- Bestätigung des Betriebsrats über den rechtzeitigen Erhalt des Spaltungsplans, Rn. 206 D
- Handelsregisteranmeldung der übernehmenden Gesellschaft, Rn. 206 E
- Handelsregisteranmeldung der übertragenden Gesellschaft, Rn. 206 F

Ausgliederung eines Betriebsteils von der Mutter-AG auf die Tochter-GmbH zur Aufnahme; §§ 123 ff., 138 ff., 141 ff. UmwG, Spaltungsvertrag

UR. Nr. ...... für ...... 206 A

Verhandelt

zu Musterort am ......
Vor mir, ...
Notar

für den Oberlandesgerichtsbezirk Musterort mit dem Amtssitz in Musterort erschienen, von Person bekannt:
1. A
2. B
   hier handelnd als gemeinsam vertretungsberechtigte Vorstandsmitglieder der D-AG mit Sitz in Musterort, eingetragen im Handelsregister des Amtsgerichts Musterort unter HRB 123,
3. C
4. D
   hier handelnd als je einzelvertretungsberechtigte Geschäftsführer der D-GmbH mit Sitz in Musterort, eingetragen im Handelsregister des Amtsgerichts Musterort unter HRB 456.

Der amtierende Notar hat sich durch heutige Einsichtnahme in das elektronische Handelsregister des Amtsgerichts Musterort überzeugt, dass
a) unter HR B 123 die D-AG mit Sitz in Musterort eingetragen ist und A und B als gemeinsam vertretungsberechtigte Vorstandsmitglieder zur Vertretung der D-AG berechtigt sind,
b) unter HR B 456 die D-GmbH mit Sitz in Musterort eingetragen ist und C und D als je einzelvertretungsberechtigte Geschäftsführer zur Vertretung der D-GmbH berechtigt sind.
Die Erschienenen, handelnd wie angegeben, erklärten:

I. Vorbemerkungen

1. An der D-GmbH, deren Stammkapital € 100 000,- beträgt, ist die D-AG mit einem Geschäftsanteil im Nennbetrag von € 100 000,- beteiligt.

§ 18   5. Teil. Spaltung

2. Der Notar hat die letzte vom Handelsregister aufgenommene Gesellschafterliste der D-GmbH eingesehen. Die Liste trägt das Datum vom (Datum) (**ggf.** und die Bestätigung des Notars (Name Amtssitz)). Die D-AG ist in dieser Liste als Inhaberin des vorgenannten Geschäftsanteils eingetragen.
3. Die D-AG ist also die alleinige Gesellschafterin und Muttergesellschaft der D-GmbH.
4. Nach Angaben aller Erschienenen ist das Stammkapital der D-GmbH voll erbracht.[365]
5. Das Grundkapital der D-AG beträgt € 100 000 000,–. Es ist eingeteilt in (Anzahl) Aktien zum Nennbetrag von je €... Einziger Aktionär der D-AG ist nach Angaben ihres Vorstands die Z-GmbH mit Sitz in Musterort, eingetragen im Handelsregister des Amtsgerichts Musterort unter HR B 789. Nach Angaben des Vorstands ist das Grundkapital voll erbracht.
6. Die D-AG ist schon seit mehr als zwei Jahren im Handelsregister eingetragen.[366]
7. Mit diesem Vertrag soll ein Betriebsteil der D-AG auf die D-GmbH ausgegliedert werden.

II. Ausgliederungsvertrag

Die D-AG als übertragender Rechtsträger und die D-GmbH als übernehmender Rechtsträger schließen folgenden Ausgliederungsvertrag:

**§ 1
Ausgliederung**

Die D-AG mit Sitz in Musterort überträgt im Wege der Ausgliederung zur Aufnahme gemäß § 123 Abs. 3 Nr. 1 UmwG einen Teil ihres Vermögens, wie er in § 2 näher beschrieben ist, als Gesamtheit auf die D-GmbH mit Sitz in Musterort.

**§ 2
Übertragung eines Vermögensteils**

1. Die D-AG überträgt die nachfolgend in Ziff. 2 bezeichneten Teile ihres Vermögens auf die D-GmbH als Gesamtheit mit allen Rechten und Pflichten im Wege der Ausgliederung zur Aufnahme.
2. Hierbei handelt es sich um das inländische Motorengeschäft der D-AG (nachfolgend auch „Betriebsteil Deutschland" genannt) und somit um folgende Vermögensgegenstände, die dem Betriebsteil Deutschland wirtschaftlich zuzuordnen sind:
a) <u>Grundbesitz:</u>
der Grundbesitz, verzeichnet im Grundbuch des Amtsgerichts Musterort von Musterort Blatt ...... als Gemarkung ......

---
[365] Beachte andernfalls §§ 125, 51 UmwG.
[366] Beachte andernfalls § 141 UmwG.

§ 18. Spaltungsrechtliche Regelungen   § 18

Flur ...... Flurstück ...... Betriebsgelände, groß ...... m², nebst allen aufstehenden Gebäulichkeiten, wesentlichen Bestandteilen und Zubehör;
b) Gesellschaftsbeteiligungen, Mitgliedschaften:
sämtliche Gesellschaftsbeteiligungen und sonstigen Mitgliedschaften, die zum „Betriebsteil Deutschland" gehören, nämlich die Geschäftsanteile an der V-GmbH, eingetragen im Handelsregister des Amtsgerichts Musterort unter HR B ...... und zwar im Nennbetrag von € ...... und € ......, die jeweils in voller Höhe eingezahlt sind und insgesamt 40% des Stammkapitals der V-GmbH ausmachen;
c) Anlage- und Umlaufvermögen:
sämtliche beweglichen Gegenstände des Anlage- und Umlaufvermögens, die zum „Betriebsteil Deutschland" gehören, also alle beweglichen Gegenstände, die sich auf dem in a) genannten Grundbesitz befinden und in der als **Anlage 1** zu dieser Urkunde genommenen Liste der Gegenstände des Umlauf- und Anlagevermögens genannt sind; zum Anlage- und Umlaufvermögen gehört das Alleineigentum, das Miteigentum und jede andere Beteiligung am Eigentum (insbesondere auch eine Beteiligung zur gesamten Hand), das der D-AG an diesen beweglichen Gegenständen zusteht, ebenso alle der D-AG daran zustehenden Rechte, insbesondere Anwartschaftsrechte;
d) Finanzanlagen, Patente, Schutzrechte, Nutzungsrechte:
sämtliche Gegenstände des Finanzanlagevermögens, Patente, gewerblichen Schutzrechte und Nutzungsrechte, die dem „Betriebsteil Deutschland" zuzuordnen sind und die in der als **Anlage 2** zu dieser Urkunde genommenen Liste der Finanzanlagen, Patente, Schutzrechte, Nutzungsrechte genannt sind;
e) Schuldverhältnisse:
sämtliche Schuldverhältnisse, die zum „Betriebsteil Deutschland" gehören und die in der als **Anlage 3** zu dieser Urkunde genommenen Liste der Schuldverhältnisse genannt sind, insbesondere Dauerschuldverhältnisse wie z. B. Miet-, Leasing-, Versicherungs-, Werk- und Lieferverträge; zu diesen Schuldverhältnissen gehören auch solche, die bedingt oder befristet oder noch nicht vollständig wirksam geworden sind, insbesondere auch solche, bei denen zugunsten der D-AG bislang lediglich ein Angebot auf Abschluss eines Vertrages abgegeben worden ist;
f) Dienst- und Arbeitsverträge:
sämtliche Dienst- und Arbeitsverträge, die dem „Betriebsteil Deutschland" zuzuordnen sind und die in **Anhang 1** zum Interessenausgleich, der als **Anlage 8** zu dieser Urkunde genommen ist, genannt sind; dazu gehören auch alle Verpflichtungen und Zusagen aus der betrieblichen Altersvorsorge;

§ 18   5. Teil. Spaltung

g) Verbindlichkeiten:
sämtliche Verbindlichkeiten, die dem „Betriebsteil Deutschland" zuzuordnen sind und die in der als **Anlage 4** zu dieser Urkunde genommenen Liste der Verbindlichkeiten genannt sind, insbesondere alle Schulden, Rückstellungen, Verlustrisiken aus schwebenden Geschäften sowie Steuerverbindlichkeiten, gleichgültig, welche Steuer sie betreffen;

h) Forderungen:
sämtliche Forderungen, die dem „Betriebsteil Deutschland" zuzuordnen und in der als **Anlage 5** zu dieser Urkunde genommenen Liste der Forderungen genannt sind, insbesondere solche aus vertraglichen Beziehungen wie aus Guthaben auf Bank- und Girokonten, Lieferung und Leistung, Krediten aller Art, geleisteten Anzahlungen und Schadensersatzansprüchen, ebenso Forderungen gegenüber dem Finanzamt, gleichgültig, welche Steuer sie betreffen;

i) Rückstellungen und Rechnungsabgrenzungsposten:
sämtliche Rückstellungen und Rechnungsabgrenzungsposten, die dem „Betriebsteil Deutschland" zuzuordnen und in der als **Anlage 6** zu dieser Urkunde genommenen Liste der Rückstellungen und Rechnungsabgrenzungsposten genannt sind,

j) „All-Klausel":
sowie überhaupt alle Aktiva und Passiva, materiellen wie immateriellen Rechte, Ansprüche, Verbindlichkeiten, Pflichten, Sachen und Schuldverhältnisse, die im weitesten Sinne dem vorgenannten „Betriebsteil Deutschland" rechtlich und/oder wirtschaftlich zuzuordnen sind, diesem Betriebsteil dienen oder zu dienen bestimmt sind, und zwar unabhängig davon, ob die Vermögensposition bilanzierungsfähig ist oder nicht; sollte in den vorstehenden Buchstaben b) bis mit i)[367] eine Vermögensposition nicht ausdrücklich genannt oder in der zugehörigen Anlage enthalten sein, ist sie dennoch Gegenstand der Vermögensübertragung, wenn sie dem „Betriebsteil Deutschland" im vorstehenden Sinne zugehörig ist;

k) Surrogate:
sämtliche Surrogate, die an die Stelle der vorgenannten Vermögenspositionen getreten sind, sollten diese bis zum Wirksamwerden der Spaltung im Rahmen des normalen Geschäftsverkehrs veräußert worden sein; ebenso alle etwa noch bis zum Wirksamwerden der Spaltung hinzutretenden Gegenstände, die im vorgenannten Sinne zum „Betriebsteil Deutschland" gehören.

---

[367] Wegen des Verweises auf § 28 GBO in § 126 II 2 UmwG dürfte hinsichtlich der Grundstücke und grundstücksgleichen Rechte eine All-Klausel nicht helfen.

§ 18. Spaltungsrechtliche Regelungen § 18

3. Die D-GmbH wird die von D-AG übernommenen Aktiven und Passiven mit den Buchwerten nach dem Stand der Schlussbilanz fortführen (Buchwertfortführung gemäß § 15 Abs. 1 iVm § 11 Abs. 1 UmwStG).
4. Der Anlagen- und Gerätepark der D-AG ist nicht Bestandteil vorgenannter Übertragung. D-AG bleibt Eigentümerin des Anlagen- und Geräteparks und vermietet die erforderlichen Anlagen und Geräte gemäß einem separaten Vertrag zu marktgerechten Konditionen an die D-GmbH.
5. Bestehen über die Zuordnung der Vermögenswerte Zweifel, die auch nicht im Wege der Vertragsauslegung behoben werden können, ist die D-AG gemäß § 315 BGB nach billigem Ermessen berechtigt, die Zuordnung vorzunehmen.
6. Sollte ein Recht oder ein Rechtsverhältnis mangels Übertragbarkeit bei der D-AG verbleiben, stellen sich übertragender und übernehmender Rechtsträger im Innenverhältnis so, als sei es dennoch übergegangen. Gleiches gilt für Verbindlichkeiten, deren Übertragung scheitert.[368]

§ 3
Bilanzstichtag, Spaltungsstichtag

1. Der Ausgliederung zur Aufnahme wird die Bilanz der D-AG zum (Datum) als Schlussbilanz zugrunde gelegt. Ein Exemplar dieser festgestellten und unterzeichneten Bilanz nebst Gewinn- und Verlustrechnung, Anhang und Lagebericht und dem uneingeschränkten Bestätigungsvermerk des Abschlussprüfers vom (Datum) ist dieser Niederschrift – lediglich zu Dokumentationszwecken – als **Anlage 7** beigefügt.[369]
2. Die Ausgliederung soll mit Wirkung von der Eintragung in das Handelsregister des übertragenden Rechtsträgers wirksam sein.
Die Übernahme des Vermögens des übertragenden Rechtsträgers erfolgt im Innenverhältnis mit Wirkung zum Ablauf des (Datum). Vom (Datum), 0.00 Uhr an (Spaltungsstichtag) gelten alle Handlungen und Geschäfte der D-AG, soweit sie das an die D-GmbH übertragene Vermögen betreffen, als mit Wirkung für diese vorgenommen.

---

[368] Durch die ersatzlose Aufhebung der §§ 131 I Nr. 1 Satz 2, 132 UmwG gehen lediglich höchstpersönliche Rechte nicht über. Da der übertragende Rechtsträger bei der Ausgliederung nicht erlischt, verbleiben sie bei ihm.
[369] Das Beifügen als Anlage zum Ausgliederungsvertrag ist grds. nicht zwingend, erst recht nicht als echte Anlage iSd BeurkG. Etwas anderes gilt nur, wenn die Bilanz gem. § 126 II 3 UmwG Grundlage für die Bezeichnung der übertragenen Vermögensgegenstände ist. Der Anmeldung zum Handelsregister des übertragenden Rechtsträgers hingegen ist die Schlussbilanz zwingend als Anlage beizufügen, §§ 125 Satz 1, 17 II UmwG.

§ 18   5. Teil. Spaltung

§ 4
Gegenleistung, Abfindungsangebot

1. Die D-GmbH gewährt der D-AG[370] als Gegenleistung für die vorstehende Vermögensübertragung einen Geschäftsanteil an der D-GmbH im Nennbetrag von € 3 900 000,–, und zwar kostenfrei mit dem Gewinnbezugsrecht ab dem (Datum).[371] Der Geschäftsanteil ist mit keinen Besonderheiten ausgestattet.
Dieser Geschäftsanteil wird durch eine Kapitalerhöhung bei der D-GmbH zum Zwecke der Durchführung der Ausgliederung gebildet, wobei die D-GmbH ihr derzeitiges Stammkapital von € 100 000,– um den vorbezeichneten Betrag von € 3 900 000,– auf € 4 000 000,– erhöht durch Bildung eines neuen Geschäftsanteils im Nennbetrag von € 3 900 000,–. Zu dessen Übernahme wird die D-AG zugelassen.
Soweit der Wert des übertragenen Vermögens den Nennbetrag des neu ausgegebenen Geschäftsanteils übersteigt, ist dieser Differenzbetrag in die Kapitalrücklage der D-GmbH einzustellen. Eine Vergütung des Differenzbetrages ist nicht geschuldet.
Bare Zuzahlungen erfolgen nicht.
2. Da es sich um eine Ausgliederung handelt, entfallen Angaben gem. § 126 Abs. 1 Nrn. 3, 4 und 10 UmwG.
3. Ein Abfindungsangebot ist gemäß § 125 Satz 1 UmwG nicht erforderlich.[372]

§ 5
Besondere Rechte oder Vorteile

1. Keiner der in § 126 Abs. 1 Ziff. 7 UmwG genannten Personen stehen am übertragenden Rechtsträger besondere Rechte zu bzw. sind am übernehmenden Rechtsträger besondere Rechte im Sinne dieser Vorschrift gewährt worden.
2. Keiner der in § 126 Abs. 1 Ziff. 8 UmwG genannten Personen ist ein Vorteil im Sinne dieser Vorschriften im Zusammenhang mit der Ausgliederung gewährt worden.

§ 6
Folgen für die Arbeitnehmer und ihre Vertretungen

1. Zwischen der D-AG und dem Betriebsrat der D-AG wurde am (Datum) ein Interessensausgleich geschlossen, in dem u. a. eine Zuordnung von Mitarbeitern getroffen wurde, die im Zuge der Ausgliederung des „Betriebsteils Deutschland" von der D-AG auf

---

[370] Daher besteht bei der D-AG keine Pflicht zur Kapitalherabsetzung.
[371] Gem. § 125 Satz 1 UmwG gilt § 68 UmwG bei der Ausgliederung nicht, so dass gemäß § 131 I Nr. 3 Satz 3 UmwG immer Anteile an der übernehmenden Gesellschaft zu gewähren sind. Ob ein Verzicht in analoger Anwendung möglich ist, ist streitig.
[372] § 29 UmwG findet danach bei der Ausgliederung keine Anwendung.

§ 18. Spaltungsrechtliche Regelungen § 18

die D-GmbH übergehen. Es sind dies die in **Anhang 1** des Interessensausgleichs namentlich aufgeführten Mitarbeiter. Insoweit wird auf den Interessensausgleich Bezug genommen, der Bestandteil dieses Vertrages ist und als **Anlage 8** beigefügt ist.
2. Die Arbeitsverhältnisse der wie vorerwähnt zugeordneten Mitarbeiter des inländischen Betriebsteiles und einzelner zentraler Fachbereiche der D-AG gehen gemäß § 613a BGB mit allen Rechten und Pflichten einschließlich etwaiger Versorgungspflichten auf D-GmbH über.
Die D-GmbH tritt in die Rechte und Pflichten der im Zeitpunkt des Überganges des Betriebsteils Deutschland bestehenden vorerwähnten Arbeitsverhältnisse ein. Bei der Berechnung der Betriebszugehörigkeit werden die bei der D-AG verbrachten Betriebszugehörigkeitszeiten angerechnet. Tarifliche und freiwillige außertarifliche Leistungen, die von der D-AG gewährt werden, werden nach den gesetzlichen Bestimmungen von der D-GmbH weiterhin den vorerwähnten, von der D-GmbH übernommenen Mitarbeitern gewährt.
3. Die kündigungsrechtliche Stellung eines Arbeitnehmers, der vor dem Wirksamwerden der Ausgliederung bzw. Übertragung des „Betriebsteils Deutschland" in einem Arbeitsverhältnis zur D-AG steht, verschlechtert sich aufgrund der Ausgliederung bzw. Übertragung des „Betriebsteils Deutschland" für die Dauer von zwei Jahren ab dem Zeitpunkt des Wirksamwerdens nicht (§ 323 Abs. 1 UmwG).
4. D-AG und D-GmbH werden sich im Übrigen wirtschaftlich so stellen, als ob die D-GmbH bereits am (Datum) Vertragspartner der auf die D-GmbH übergehenden Mitarbeiter gewesen wäre. Etwa von diesen Mitarbeitern bestellte Grundpfandrechte zur Sicherung der Rückzahlungsansprüche aus Arbeitgeberdarlehen hält D-AG treuhänderisch für D-GmbH weiter, sofern nicht im Einzelfall ausdrücklich eine Abtretung vereinbart wird.
5. Für den derzeitigen Betriebsrat der D-AG besteht gemäß § 21a BetrVG für den ausgegliederten „Betriebsteil Deutschland" ein Übergangsmandat für längstens 6 Monate ab dem Zeitpunkt der Registereintragung der Ausgliederung des „Betriebsteils Deutschland".
Die für den „Betriebsteil Deutschland" derzeit geltenden Betriebsvereinbarungen bleiben im Rahmen der gesetzlichen und tarifvertraglichen Regelungen kollektivrechtlich erhalten.
Da in dem „Betriebsteil Deutschland" auch nach der Ausgliederung weniger als 500 Mitarbeiter beschäftigt sein werden, ist in der D-GmbH kein Aufsichtsrat zu bilden.
6. Im Übrigen wird Bezug genommen auf den Inhalt des am (Datum) zwischen D-AG und dem Betriebsrat der D-AG geschlossenen Interessensausgleich, soweit dieser die Ausgliederung des „Betriebsteils Deutschland" betrifft.

§ 18   5. Teil. Spaltung

§ 7
Spaltungsbericht und Spaltungsprüfung

Auf einen Spaltungsbericht beabsichtigen alle Anteilseigner der übertragenden und der übernehmenden Gesellschaft gem. § 127 Satz 2, 8 Abs. 3, 1. Alt UmwG zu verzichten.
Eine Prüfung gemäß §§ 9 bis 12 UmwG findet bei der Ausgliederung gem. § 125 Satz 2 UmwG nicht statt.

§ 8
Sonstiges, Kosten

1. Die übertragende Gesellschaft ist Eigentümerin des in § 2 bezeichneten Grundbesitzes.
Die Erschienenen, handelnd wie angegeben, bewilligen und beantragen bereits jetzt die Berichtigung der in § 2 Ziff. 2. a) genannten Grundbücher, in denen die D-AG als Eigentümer oder Inhaber eines sonstigen Rechts eingetragen ist, dahingehend, dass die D-GmbH anstelle der D-AG als Eigentümerin/Berechtigte eingetragen wird.
Der beurkundende Notar ist befugt, Anträge aus dieser Urkunde einzeln und eingeschränkt zu stellen und sie in gleicher Weise wieder zurückzuziehen.
2. Die D-AG ist bezogen auf den „Betriebsteil Deutschland" ausschließlich Gesellschafterin der in § 2 genannten Gesellschaften, aber nicht Gesellschafterin weiterer GmbHs.[373]
3. Die durch den vorliegenden Vertrag und seine Durchführung entstehenden Kosten tragen die beteiligten Rechtsträger zu gleichen Teilen. Dies gilt auch – mit Ausnahme der Kosten der Hauptversammlung bzw. der Gesellschafterversammlung – im Falle des Scheiterns der Ausgliederung.
Anfallende Steuern und Grundbuchkosten trägt der übernehmende Rechtsträger für seinen Erwerb.

§ 9
Bedingungen[374]

Der vorliegende Ausgliederungsvertrag steht unter der aufschiebenden Bedingung, dass die Gesellschafterversammlungen aller beteiligten Rechtsträger formgerecht ihre Zustimmung zu diesem Vertrag erklären und die D-GmbH die nach dem Ausgliederungsvertrag erforderliche Kapitalerhöhung beschließt, und zwar jeweils bis zum (Datum).

---

[373] Andernfalls ist das Einreichen einer neuen Gesellschafterliste zum Handelsregister auch für diese GmbHs veranlasst.
[374] Alternativ kommt auch die Vereinbarung eines Rücktrittsrechts in Betracht.

§ 18. Spaltungsrechtliche Regelungen   § 18

II. Hinweise

Der Notar wies die Erschienenen darauf hin, dass
- die Gesellschafterversammlungen der beteiligten Gesellschaften der Spaltung zustimmen müssen, wobei er auch über die Erfordernisse zu deren Vorbereitung, Durchführung und Beschlussfassung belehrt hat,
- zum Vollzug dieser Urkunde gesonderte Handelsregisteranmeldungen bei der übertragenden und bei der übernehmenden Gesellschaft erforderlich sind,
- die der Spaltung zugrundegelegte Bilanz nicht auf einen Stichtag aufgestellt sein darf, der länger als acht Monate vor der Anmeldung zum Handelsregister liegt,
- die Spaltung erst mit der Eintragung im Handelsregister der übertragenden Gesellschaft wirksam wird,
- alle beteiligten Gesellschaften gem. § 133 UmwG gesamtschuldnerisch haften.

Auf die **Anlagen 1 bis mit 6 und 8** wird verwiesen.

Diese Niederschrift nebst Anlagen 1 bis mit 6 und 8 wurde den Erschienenen vom Notar vorgelesen,[375] die Anlage 7 wurde zur Durchsicht vorgelegt, alles wurde von den Erschienenen genehmigt und von ihnen und dem Notar eigenhändig wie folgt unterschrieben:

Zustimmungs- und Kapitalerhöhungsbeschluss der übernehmenden GmbH, Gesellschafterversammlungsprotokoll nebst Verzichtserklärungen

UR. Nr. ...... für ......   206 B
Verhandelt
zu Musterort am ......
Vor mir, ...
                   Notar

für den Oberlandesgerichtsbezirk mit dem Amtssitz in Musterort erschienen, von Person bekannt:
1. A
2. B
hier handelnd als gemeinsam vertretungsberechtigte Vorstandsmitglieder der D-AG mit Sitz in Musterort, eingetragen im Handelsregister des Amtsgerichts Musterort unter HRB 123.

Der amtierende Notar hat sich durch heutige Einsichtnahme in das elektronische Handelsregister des Amtsgerichts Musterort überzeugt, dass unter HR B 123 die D-AG mit Sitz in Musterort einge-

---

[375] Ggf. kommt für einzelne Anlagen auch ein Verweis nach § 14 BeurkG in Betracht.

tragen ist und A und B als gemeinsam vertretungsberechtigte Vorstandsmitglieder zur Vertretung der D-AG berechtigt sind.

Der Erschienenen, handelnd wie angegeben, erklärten und ließen Folgendes beurkunden:

I. Vorbemerkung

1. Die D-AG ist die alleinige Gesellschafterin der der im Handelsregister des Amtsgerichts Musterort unter HR B 456 eingetragenen D-GmbH mit Sitz in Musterort.
2. Das Stammkapital der D-GmbH beträgt 100 000,– €. Daran ist die D-AG mit einem Geschäftsanteil im Nennbetrag von 100 000,– € beteiligt.
3. Der Notar hat die letzte vom Handelsregister aufgenommene Geselschafterliste der D-GmbH eingesehen.
   Die Liste der Gesellschafter der D-GmbH hat das Datum vom (Datum) (**ggf.**: und die Bestätigung des Notars (Name, Amtssitz)). Die D-AG ist in dieser Liste als Inhaber des vorgenannten Geschäftsanteils eingetragen.
4. Nach Angaben der Beteiligten sind sämtliche Stammeinlagen bei der D-GmbH voll erbracht.

II. Zustimmungsbeschluss, Kapitalerhöhung

Dies vorausgeschickt tritt die D-AG hiermit unter Verzicht auf die Einhaltung aller Form- und Fristvorschriften für die Einberufung und Abhaltung zu einer

G e s e l l s c h a f t e r v e r s a m m l u n g

der D-GmbH zusammen und beschließt mit allen Stimmen einstimmig was folgt:
1. Dem Ausgliederungsvertrag zwischen der D-AG mit Sitz in Musterort als übertragender Gesellschaft einerseits und der D-GmbH mit Sitz in Musterort als übernehmender Gesellschaft vom (Datum) – UR. Nr. ...... des amtierenden Notars – wird zugestimmt.
   Eine Ausfertigung des Ausgliederungsvertrages ist dieser Niederschrift als **Anlage** beigefügt. Auf ein Vorlesen der Anlage wird verzichtet.
2. Zum Zwecke der Durchführung der Ausgliederung wird das Stammkapital der D-GmbH von € 100 000,– um € 3 900 000,– auf € 4 000 000,– erhöht (§§ 125 Satz 1, 55 UmwG). Die Kapitalerhöhung erfolgt durch Ausgabe eines neuen Geschäftsanteils im Nennbetrag von € 3 900 000,– an die D-AG als Gegenleistung für die Übertragung des Vermögens auf die D-GmbH. Zur Übernahme wird die D-AG zugelassen.
   Die D-AG hat ihre Einlage auf die von ihr übernommene Stammeinlage geleistet durch Übertragung eines Teils ihres Vermögens

§ 18. Spaltungsrechtliche Regelungen § 18

als Gesamtheit mit allen Rechten und Pflichten an die D-GmbH gemäß den Bestimmungen des anliegenden Spaltungsvertrages. Mit Wirksamwerden der Spaltung ist die neue Stammeinlage in voller Höhe erbracht.

Soweit der Wert des übertragenen Vermögens den Nennbetrag des neu ausgegebenen Geschäftsanteils übersteigt, ist dieser Differenzbetrag in die Kapitalrücklage der D-GmbH einzustellen. Eine Vergütung des Differenzbetrages ist nicht geschuldet.

Die Aufspaltung erfolgt auf der Basis der Schlussbilanz der übertragenden Gesellschaft zum (Datum), die Anlage des Spaltungsvertrages ist.

Der neue Geschäftsanteil ist ab dem (Datum) gewinnbezugsberechtigt.

4. Dementsprechend wird der Gesellschaftsvertrag der D-GmbH in § ...... (Stammkapital) wie folgt vollständig neu gefasst:

„§ ......

Das Stammkapital der Gesellschaft beträgt € 4 000 000,– (in Worten: Euro vier Millionen).

Damit ist die Gesellschafterversammlung der D-GmbH beendet.

III. Verzichtserklärungen, weitere Erklärungen

1. Die D-AG erklärt, dass ihr gemäß §§ 125 Satz 1, 47 UmwG der Spaltungsvertrag zur Verfügung gestellt wurde, dass ihr gemäß §§ 125 Satz 1, 49 Abs. 1 UmwG mit der Einladung zur Gesellschafterversammlung die Spaltung als Gegenstand der Beschlussfassung angekündigt worden ist, die gemäß §§ 125 Satz 1, 49 Abs. 2 UmwG erforderlichen Unterlagen in den Geschäftsräumen der Gesellschaft ausgelegen haben und der Spaltungsvertrag der Einladung zur Gesellschafterversammlung beilag.
2. Die D-AG verzichtet hiermit ausdrücklich auf etwa bestehende Rechte zum Widerspruch gegen diesen Beschluss, seine Anfechtung und zur Klage gegen die Wirksamkeit dieses Beschlusses.
3. Die D-AG verzichtet gem. §§ 127, 8 Abs. 3 UmwG auf einen Ausgliederungsbericht.

IV. Hinweise, Kosten

1. Der Notar belehrt die Erschienenen über die Unwiderruflichkeit der Verzichtserklärungen gemäß III. und deren Wirkung und wies sie darauf hin, dass durch diese Erklärungen die Ausübung von Gesellschafterrechten bei der bevorstehenden Verschmelzung beeinträchtigt sein kann.
Der Notar hat die Erschienenen über ihre Auskunfts- und Informationsrechte belehrt.
2. Die mit dieser Urkunde verbundenen Kosten trägt die D-GmbH.

§ 18   5. Teil. Spaltung

Diese Niederschrift wurde den Erschienenen vom Notar vorgelesen, die Anlage zur Durchsicht vorgelegt, von den Erschienenen genehmigt und von ihnen und dem Notar eigenhändig wie folgt unterschrieben:

Zustimmungsbeschluss der übertragenden AG, Hauptversammlungsprotokoll in der Form der §§ 8 ff. BeurkG nebst Verzichtserklärungen

206 C UR. Nr. ...... für ......
Verhandelt
zu Musterort am ......
Vor mir, ...
           Notar

für den Oberlandesgerichtsbezirk mit dem Amtssitz in Musterort erschienen, von Person bekannt:
1. Z
   hier handelnd als einzelvertretungsberechtigter Geschäftsführer der Z-GmbH mit Sitz in Musterort, eingetragen im Handelsregister des Amtsgerichts Musterort unter HRB 789,
2. A und B
   hier handelnd als gemeinsam vertretungsberechtigte Vorstandsmitglieder der D-AG mit Sitz in Musterort, eingetragen im Handelsregister des Amtsgerichts Musterort unter HRB 123,
3. H, I und J,
   in ihrer Eigenschaft als Mitglieder, H als Vorsitzender des Aufsichtsrates der D-AG.

Der amtierende Notar hat sich durch heutige Einsichtnahme in das elektronische Handelsregister des Amtsgerichts Musterort überzeugt, dass
   a) unter HR B 789 die Z-GmbH mit Sitz in Musterort eingetragen ist und Z als einzelvertretungsberechtigter Geschäftsführer zur Vertretung der Z-GmbH berechtigt ist,
   b) unter HR B 123 die D-AG mit Sitz in Musterort eingetragen ist und A und B als gemeinsam vertretungsberechtigte Vorstandsmitglieder zur Vertretung der D-AG berechtigt sind.
Der Erschienene, handelnd wie angegeben, erklärte und ließ Folgendes beurkunden:

I. Vorbemerkung

1. Die Z-GmbH mit Sitz in Musterort, eingetragen im Handelsregister des Amtsgerichts Musterort ist die einzige Aktionärin der D-AG, deren Grundkapital € 100 000 000,– beträgt. Es ist nach Angaben des Erschienenen voll erbracht.

§ 18. Spaltungsrechtliche Regelungen § 18

2. An der D-AG ist die Z-GmbH nach Angaben des Erschienenen mit (Anzahl) Aktien im Nennbetrag von je € ... beteiligt. Jede Aktie gewährt eine Stimme. Verschiedene Gattungen von Aktien sind nicht vorhanden.[376]
3. Die Z-GmbH hat ihre Berechtigung zur Teilnahme an der Hauptversammlung und zur Ausübung des Stimmrechts gegenüber den Organen der D-AG ordnungsgemäß nachgewiesen.
4. Unbekannte Aktionäre existieren nicht.[377]
5. Einzige Mitglieder des Vorstands der D-AG sind A und B.
6. Mitglieder des Aufsichtsrates der D-AG sind nach Angaben der Erschienenen ausschließlich H, I und J.

II. Außerordentliche Hauptversammlung

Dies vorausgeschickt hält die Z-GmbH hiermit unter Verzicht auf die Einhaltung aller satzungsmäßigen und gesetzlichen Formen und Fristen der Einberufung und Durchführung (insbesondere der Auslegung und Mitteilung), einschließlich der Vorschriften der §§ 121 ff. AktG, 125 Satz 1, 61 ff. UmwG eine

außerordentliche Hauptversammlung

der D-AG ab. Den Vorsitz der Versammlung übernahm satzungsgemäß der Vorsitzende des Aufsichtsrates, H. H stellte fest, dass es sich um eine Aktionärsvollversammlung handelt da Aktien im Nennbetrag von € 100 000 000,– mit insgesamt (Anzahl) Stimmen und damit das gesamte Grundkapital und alle Stimmen vertreten sind.

Der Aktionär beschloss einstimmig was folgt:

Dem Ausgliederungsvertrag zwischen der D-AG mit Sitz in Musterort als übertragender Gesellschaft einerseits und der D-GmbH mit Sitz in Musterort als übernehmender Gesellschaft vom (Datum) – UR. Nr. ...... des amtierenden Notars – wird zugestimmt.

Eine Ausfertigung des Ausgliederungsvertrages ist dieser Niederschrift als **Anlage** beigefügt. Auf ein Vorlesen der Anlage wird verzichtet.

Der Vorsitzende gab das Abstimmungsergebnis bekannt und stellte es fest. Der Vorsitzende stellte außerdem fest, dass die notwendige Mehrheit von ³/₄ des vertretenen Grundkapitals für den Umwandlungsbeschluss errreicht worden ist. Die Satzung der D-AG verlangt keine größere Mehrheit und keine sonstigen Erfordernisse.

Gegen den Beschluss wurde kein Widerspruch zur Niederschrift erklärt.

Damit ist die Hauptversammlung beendet.

---

[376] Beachte sonst die Erfordernisse der §§ 125 Satz 1, 65 II UmwG.
[377] Beachte andernfalls §§ 125 Satz 1, 35 UmwG.

III. Verzichtserklärungen

1. Die Z-GmbH verzichtet hiermit ausdrücklich auf etwa bestehende Rechte zum Widerspruch gegen diesen Beschluss, seiner Anfechtung und zur Klage gegen die Wirksamkeit dieses Beschlusses.
2. Die Z-GmbH verzichtet gem. §§ 127 Satz 2, 8 Abs. 3 UmwG auf einen Ausgliederungsbericht.

IV. Hinweise, Kosten

1. Der Notar belehrt die Erschienenen über die Unwiderruflichkeit der Verzichtserklärungen gemäß III. und deren Wirkung und wies sie darauf hin, dass durch diese Erklärungen die Ausübung von Gesellschafterrechten bei der bevorstehenden Verschmelzung beeinträchtigt sein kann.
Der Notar hat die Erschienenen über ihre Auskunfts- und Informationsrechte belehrt.
2. Die mit dieser Urkunde verbundenen Kosten trägt die D-AG.

Diese Niederschrift wurde den Erschienenen vom Notar vorgelesen, die Anlage zur Durchsicht vorgelegt, von den Erschienenen genehmigt und von ihnen und dem Notar eigenhändig wie folgt unterschrieben:

Bestätigung des Betriebsrates über den rechtzeitigen Erhalt des Spaltungsplans

206 D Hiermit bestätigen wir den gem. §§ 125 Satz 1, 5 Abs. 3 UmwG rechtzeitigen[378] Erhalt des Entwurfes des zwischen der D-AG und der D-GmbH abzuschließenden Spaltungsplans nebst folgender Anlagen:
– Bilanz der D-AG zu (Datum) nebst Gewinn- und Verlustrechnung, Anhang und Lagebericht, versehen mit dem uneingeschränkten Bestätigungsvermerk des Abschlussprüfers vom (Datum),
– Vermögens- und Schuldpostenübersicht,
– Interessensausgleich zwischen der D-AG und ihrem Betriebsrat vom (Datum)

Musterort, den

....

(Betriebsrat)

---

[378] Auf die Einhaltung der Monatsfrist des § 5 III UmwG kann der Betriebsrat verzichten, auf die Zuleitung selbst hingegen nicht.

§ 18. Spaltungsrechtliche Regelungen § 18

Handelsregisteranmeldung der übernehmenden Gesellschaft

UR. Nr. ...... für ...... 206 E
An das
Amtsgericht Musterort
– Registergericht –
Musterort

HR B 456
D-GmbH

Wir, C und D,

handelnd in unserer Eigenschaft als je einzelvertretungsberechtigte[379] und zugleich sämtliche[380] Geschäftsführer der vorgenannten D-GmbH,

I.

melden zur Eintragung in das Handelsregister an:
1. Die D-AG mit Sitz in Musterort, eingetragen im Handelsregister des Amtsgerichts Musterort unter HR B 123, hat im Wege der Ausgliederung zur Aufnahme gemäß § 123 Abs. 3 Nr. 1 UmwG einen Teil ihres Vermögens als Gesamtheit auf die D-GmbH mit Sitz in Musterort übertragen.
2. Das Stammkapital der D-GmbH ist zum Zwecke der Durchführung der Ausgliederung von € 100 000,– um € 3 900 000,– auf € 4 000 000,– erhöht worden. § ...des Gesellschaftsvertrages wurde entsprechend geändert.

II.

Wir überreichen als Anlagen:[381]
1. Ausfertigung der Niederschrift vom (Datum) – UR. Nr. ...... des Notars ... in (Ort) – enthaltend:
   – den Ausgliederungsvertrag,
2. Ausfertigung der Niederschrift vom (Datum) – UR. Nr. ...... des Notars ... in (Ort) – enthaltend:
   – Zustimmungsbeschluss der Gesellschafterin der D-GmbH zur Ausgliederung,

---

[379] Die Ausgliederung allein wäre durch die Geschäftsführer in vertretungsberechtigter Zahl anzumelden.
[380] Die Kapitalerhöhung ist durch sämtliche Geschäftsführer anzumelden, § 78 GmbHG.
[381] Nach § 138 UmwG ist ein Sachgründungsbericht nur bei der Spaltung zur Neugründung, nicht aber als Kapitalerhöhungsbericht bei der Spaltung zur Aufnahme nötig; einige Registergerichte verfahren jedoch anders.

§ 18   5. Teil. Spaltung

– Kapitalerhöhungsbeschluss mit Beschluss über entsprechende Satzungsänderung,
– die Verzichtserklärung der Gesellschafterin auf etwa bestehende Rechte zum Widerspruch gegen den Zustimmungsbeschluss, seine Anfechtung und zur Klage gegen die Wirksamkeit des Ausgliederungsbeschlusses (§ 16 Abs. 2 UmwG),
– die Verzichtserklärung der Gesellschafterin auf die Erstellung eines Ausgliederungsberichts gemäß §§ 127, 8 Abs. 3 UmwG,
3. Ausfertigung der Niederschrift vom (Datum) – UR. Nr. .... des Notars ... in (Ort) – enthaltend:
– Zustimmungsbeschluss der Aktionärin der D-AG zur Ausgliederung,
– die Verzichtserklärung der Aktionärin auf etwa bestehende Rechte zum Widerspruch gegen den Zustimmungsbschluss, seine Anfechtung und zur Klage gegen die Wirksamkeit des Ausgliederungsbeschlusses (§ 16 Abs. 2 UmwG),
– die Verzichtserklärung der Aktionärin auf die Erstellung eines Ausgliederungsberichts gemäß §§ 127, 8 Abs. 3 UmwG,
4. beglaubigte Kopie der Bestätigung des Betriebsrates der D-AG vom (Datum) über den Erhalt des endgültigen Entwurfes des Spaltungsvertrages,
5. Schlussbilanz der D-AG zum (Datum),[382]
6. die Liste der Übernehmerm,[383]
7. vollständiger Wortlaut des Gesellschaftsvertrages mit der Bescheinigung gemäß § 54 GmbHG.

III.

Wir erklären weiter:
1. Ein Betriebsrat der D-GmbH besteht zur Zeit nicht; es besteht statt dessen das Übergangsmandat des Betriebsrates der D-AG gemäß § 21a BetrVG.
2. Besondere Zustimmungserklärungen einzelner Anteilseigner sind nicht erforderlich.
3. Staatliche Genehmigungen sind nicht erforderlich.
4. Auf einen Ausgliederungsbericht wurde gem. §§ 127, 8 Abs. 3 UmwG verzichtet.
5. Eine Spaltungsprüfung ist nach Maßgabe des § 125 S. 2 UmwG nicht erforderlich.
6. Die Einlage auf den bestehenden Geschäftsanteil der D-GmbH ist in vollem Umfang erbracht. Die Voraussetzungen der §§ 125, 51 Abs. 1 UmwG liegen nicht vor.

---

[382] Ein Beifügen ist hier zwar nicht nach §§ 125 Satz 1, 17 II UmwG, ggf. aber zwecks Möglichkeit der Überprüfung der Werthaltigkeit nötig. Allerdings ist nicht in jedem Fall die Schlussbilanz dazu geeignet, die Werthaltigkeit nachzuweisen; dann wären andere Werthaltigkeitsnachweise (zB Abspaltungsbilanzen) beizufügen.
[383] Ob es stattdessen genügt, die Übernehmer im Spaltungsvertrag zu bezeichnen, ist streitig. Die Liste der Übernehmer ist von den Geschäftsführern zu unterzeichnen.

IV.

Wir versichern, dass die Zustimmungsbeschlüsse zum Spaltungsvertrag nicht angefochten wurden. Die D-AG als alleinige Gesellschafterin der D-GmbH und die Z-GmbH als alleinige Aktionärin der D-AG haben auf ihr Recht zur Anfechtung verzichtet.[384]

Im Hinblick auf §§ 125, 53 UmwG wird zunächst um Eintragung des Kapitalerhöhungbeschlusses und seiner Durchführung nebst Satzungsänderung gebeten.

(Ort, Datum)

(Beglaubigungsvermerk)

Handelsregisteranmeldung der übertragenden Gesellschaft

UR. Nr. ...... für ......   206 F

An das

Amtsgericht Musterort

– Registergericht –

Musterort

HR B 123

D-AG

Wir, A und B,

handelnd in unserer Eingenschaft als gemeinsam vertretungsberechtigte Vorstandsmitglieder der vorgenannten D-AG,

I.

melden zur Eintragung in das Handelsregister an:

Die D-AG mit Sitz in Musterort, eingetragen im Handelsregister des Amtsgerichts Musterort unter HR B 123, hat im Wege der Ausgliederung zur Aufnahme gemäß § 123 Abs. 3 Nr. 1 UmwG einen Teil ihres Vermögens als Gesamtheit auf die D-GmbH mit Sitz in Musterort übertragen.

II.

Wir überreichen als Anlagen:
1. Ausfertigung der Niederschrift vom (Datum) – UR. Nr. ...... des Notars ... in (Ort) – enthaltend:
   – den Ausgliederungsvertrag,

---

[384] Eine Versicherung nach § 57 II GmbHG ist gem. §§ 125, 55 I 1 UmwG nicht erforderlich.

§ 18   5. Teil. Spaltung

2. Ausfertigung der Niederschrift vom (Datum) – UR. Nr. .... des Notars ... in (Ort) – enthaltend:
   - Zustimmungsbeschluss der Gesellschafterin der D-GmbH zur Ausgliederung,
   - die Verzichtserklärung der Gesellschafterin auf etwa bestehende Rechte zum Widerspruch gegen den Zustimmungsbschluss, seine Anfechtung und zur Klage gegen die Wirksamkeit des Ausgliederungsbeschlusses (§ 16 Abs. 2 UmwG),
   - die Verzichtserklärung der Gesellschafterin auf die Erstellung eines Ausgliederungsberichts gemäß §§ 127, 8 Abs. 3 UmwG,
3. Ausfertigung der Niederschrift vom (Datum) – UR. Nr. .... des Notars ... in (Ort) – enthaltend:
   - Zustimmungsbeschluss der Aktionärin der D-AG zur Ausgliederung,
   - die Verzichtserklärung der Aktionärin auf etwa bestehende Rechte zum Widerspruch gegen den Zustimmungsbschluss, seine Anfechtung und zur Klage gegen die Wirksamkeit des Ausgliederungsbeschlusses (§ 16 Abs. 2 UmwG),
   - die Verzichtserklärung der Aktionärin auf die Erstellung eines Ausgliederungsberichts gemäß §§ 127, 8 Abs. 3 UmwG,
4. beglaubigte Kopie der Bestätigung des Betriebsrates der D-AG vom (Datum) über den Erhalt des endgültigen Entwurfes des Spaltungsvertrages,
5. Schlussbilanz der D-AG zum (Datum).

III.

Wir erklären weiter:
1. Ein Betriebsrat der D-GmbH besteht zur Zeit nicht; es besteht statt dessen das Übergangsmandat des Betriebsrates der D-AG gemäß § 21a BetrVG.
2. Besondere Zustimmungserklärungen einzelner Anteilseigner sind nicht erforderlich.
3. Staatliche Genehmigungen sind nicht erforderlich.
4. Auf einen Ausgliederungsbericht wurde gem. §§ 127, 8 Abs. 3 UmwG verzichtet.
5. Eine Spaltungsprüfung ist nach Maßgabe des § 125 S. 2 UmwG nicht erforderlich.

IV.

Wir versichern, dass die Zustimmungsbeschlüsse zum Spaltungsvertrag nicht angefochten wurden. Die D-AG als alleinige Gesellschafterin der D-GmbH und die Z-GmbH als alleinige Aktionärin der D-AG haben auf ihr Recht zur Anfechtung verzichtet.[385]

---

[385] Eine Versicherung nach § 57 II GmbHG ist gem. §§ 125 Satz 1, 55 I 1 UmwG nicht erforderlich.

§ 18. Spaltungsrechtliche Regelungen § 18

Wir versichern weiter nach Maßgabe des § 146 UmwG, dass die durch Gesetz und Gesellschaftsvertrag vorgesehenen Voraussetzungen für die Gründung der Gesellschaft unter Berücksichtigung der Abspaltung im Zeitpunkt dieser Anmeldung vorliegen.

(Ort, Datum)
(Beglaubigungsvermerk)

> **Fall: (Abspaltung eines Teilbetriebs einer oHG auf eine oHG zur Neugründung unter Aufteilung der Gesellschafter)**
>
> *Die Gesellschafter der A & B oHG, A, seine Ehefrau FA, B und seine Ehefrau FB, die nach Köpfen an der Gesellschaft beteiligt sind, möchten das Unternehmen in zwei Teilbetriebe aufteilen und die Gesellschafterstämme dabei von einander trennen. Als problematisch erweist sich jedoch, dass die Teilbetriebe nicht gleichwertig sind.* 207
>
> Hierzu folgende Muster:
> – Spaltungsplan nebst Zustimmungsbeschlüssen und Verzichtserklärungen, Rn. 207 A
> – Handelsregisteranmeldung der neu errichteten, übernehmenden Gesellschaft, Rn. 207 B
> – Handelsregisteranmeldung der übertragenden Gesellschaft, Rn. 207 C

Abspaltung eines Teilbetriebs einer oHG auf eine oHG zur Neugründung unter Aufteilung der Gesellschafter, §§ 123 ff., 135 ff. UmwG, Spaltungsplan nebst Zustimmungsbeschlüssen und Verzichtserklärungen

UR. Nr. ...... für ...... 207 A

Verhandelt
zu Musterort
am ......
Vor mir, ...
            Notar

für den Oberlandesgerichtsbezirk Musterort mit dem Amtssitz in Musterort erschienen, ausgewiesen durch Vorlage ihrer Bundespersonalausweise:
1. A
2. FA
3. B
4. FB

handelnd
a) jeweils im eigenen Namen,
b) als sämtliche, jeweils einzelvertretungsberechtigte und von den Beschränkungen des § 181 BGB befreite persönlich haftende

Gesellschafter der A & B oHG, eingetragen im Handelsregister des Amtsgerichts Musterort unter HR A 123. Der amtierende Notar bescheinigt aufgrund heutiger Einsichtnahme in das elektronische Handelsregister des Amtsgerichts Musterort, dass unter HR A 123 die A & B oHG eingetragen ist und A, FA, B und FB als deren persönlich haftende Gesellschafter je einzeln und unter Befreiung von den Beschränkungen des § 181 BGB zur Vertretung der A & B oHG berechtigt sind.

Die Erschienenen, handelnd wie angegeben, erklärten:

I. Vorbemerkung

1. A, FA, B und FB sind sämtliche Gesellschafter der im Handelsregister des Amtsgerichts Musterort unter HRA 123 eingetragenen A & B oHG mit dem Sitz in Musterort.
2. Alle Gesellschafter sind am Vermögen der A & B oHG zu gleichen Teilen beteiligt.
3. Mit diesem Spaltungsplan soll ein Teilbetrieb der A & B oHG auf die neu zu gründende B-oHG abgespalten werden, wobei im Ergebnis alleinige Gesellschafter der derzeit bestehenden A & B oHG die Eheleute A und alleinige Gesellschafter der neu zu gründenden B-oHG die Eheleute B sein sollen.

II. Spaltungsplan

Die A & B oHG als übertragender Rechtsträger stellt zugunsten der B oHG als übernehmendem Rechtsträger folgenden Spaltungsplan auf:

§ 1
Abspaltung

Die A & B oHG mit Sitz in Musterort überträgt einen Teil ihres Vermögens, wie er in § 2 näher beschrieben ist, als Gesamtheit gemäß § 123 Abs. 2 Nr. 2 UmwG auf die neu zu gründende B-oHG mit Sitz in Musterort.

§ 2
Übertragung eines Vermögensteils

1. Die A & B oHG überträgt die nachfolgend in Ziff. 2 bezeichneten Teile ihres Vermögens auf die neu zu gründende B-oHG als Gesamtheit mit allen Rechten und Pflichten im Wege der Abspaltung zur Neugründung.
2. Hierbei handelt es sich um den Teilbetrieb „Gartenbau", und somit um folgende Vermögensgegenstände, die dem Teilbetrieb „Gartenbau" wirtschaftlich zuzuordnen sind:[386]

---

[386] Vgl. § 126 I Nr. 9, II UmwG; danach wäre auch die Bezugnahme auf eine Bilanz möglich; in der Regel setzt die Vermögenszuordnung mit Hilfe einer Bilanz jedoch voraus, dass nach Teilbetrieben getrennte Abspaltungsbilanzen erstellt werden.

§ 18. Spaltungsrechtliche Regelungen § 18

a) Grundbesitz:
der Grundbesitz, verzeichnet im Grundbuch des Amtsgerichts Musterort von Musterort Blatt ...... als Gemarkung ...... Flur ...... Flurstück ...... Betriebsgelände, groß ...... m², nebst allen aufstehenden Gebäulichkeiten, wesentlichen Bestandteilen und Zubehör;

b) Anlage- und Umlaufvermögen:
sämtliche bewegliche Gegenstände des Anlage- und Umlaufvermögens, die zum Teilbetrieb „Gartenbau" gehören, also alle beweglichen Gegenstände, die sich auf dem in a) genannten Grundbesitz befinden und in der als **Anlage 1** zu dieser Urkunde genommenen Liste der Gegenstände des Umlauf- und Anlagevermögens genannt sind; zum Anlage- und Umlaufvermögen gehört das Alleineigentum, das Miteigentum und jede andere Beteiligung am Eigentum (insbesondere auch eine Beteiligung zur gesamten Hand), das der A & B oHG an diesen beweglichen Gegenständen zusteht, ebenso alle der A & B oHG daran zustehenden Rechte, insbesondere Anwartschaftsrechte;

c) Schuldverhältnisse:
sämtliche Schuldverhältnisse, die zum Teilbetrieb „Gartenbau" gehören und die in der als **Anlage 2** zu dieser Urkunde genommenen Liste der Schuldverhältnisse genannt sind, insbesondere Dauerschuldverhältnisse wie z. B. Miet-, Leasing-, Versicherungs-, Werk- und Lieferverträge; zu diesen Schuldverhältnissen gehören auch solche, die bedingt oder befristet oder noch nicht vollständig wirksam geworden sind, insbesondere auch solche, bei denen zugunsten der A & B oHG bislang lediglich ein Angebot auf Abschluss eines Vertrages abgegeben worden ist;

d) Dienst- und Arbeitsverträge:
sämtliche Dienst- und Arbeitsverträge, die dem Teilbetrieb „Gartenbau" zuzuordnen sind und die in der als **Anlage 3** zu dieser Urkunde genommenen Liste der Dienst- und Arbeitsverträge genannt sind; dazu gehören auch alle Verpflichtungen und Zusagen aus der betrieblichen Altersvorsorge;

e) Verbindlichkeiten:
sämtliche Verbindlichkeiten, die dem Teilbetrieb „Gartenbau" zuzuordnen sind und die in der als **Anlage 4** zu dieser Urkunde genommenen Liste der Verbindlichkeiten genannt sind, insbesondere alle Schulden, Rückstellungen, Verlustrisiken aus schwebenden Geschäften sowie Steuerverbindlichkeiten, gleichgültig, welche Steuer sie betreffen;

f) Forderungen:
sämtliche Forderungen, die dem Teilbetrieb „Gartenbau" zuzuordnen und in der als **Anlage 5** zu dieser Urkunde genommenen Liste der Forderungen genannt sind, insbesondere solche aus vertraglichen Beziehungen wie aus Guthaben auf

Bank- und Girokonten, Lieferung und Leistung, Krediten aller Art, geleisteten Anzahlungen und Schadensersatzansprüchen, ebenso Forderungen gegenüber dem Finanzamt, gleichgültig, welche Steuer sie betreffen;
g) „All-Klausel":
sowie überhaupt alle Aktiva und Passiva, materiellen wie immateriellen Rechte, Ansprüche, Verbindlichkeiten, Plichten, Sachen und Schuldverhältnisse, die im weitesten Sinne dem vorgenannten Teilbetrieb „Gartenbau" rechtlich und/oder wirtschaftlich zuzuordnen sind, diesem Teilbetrieb dienen oder zu dienen bestimmt sind, und zwar unabhängig davon, ob die Vermögensposition bilanzierungsfähig ist oder nicht; sollte in den vorstehenden Buchstaben b) bis mit f)[387] eine Vermögensposition nicht ausdrücklich genannt oder in der zugehörigen Anlage enthalten sein, ist sie dennoch Gegenstand der Vermögensübertragung, wenn sie dem Teilbetrieb „Gartenbau" im vorstehenden Sinne zugehörig ist;
h) Surrogate:
sämtliche Surrogate, die an die Stelle der vorgenannten Vermögenspositionen getreten sind, sollten diese bis zum Wirksamwerden der Spaltung im Rahmen des normalen Geschäftsverkehrs veräußert worden sein; ebenso alle etwa noch bis zum Wirksamwerden der Spaltung hinzutretenden Gegenstände, die im vorgenannten Sinne zum Teilbetrieb „Gartenbau" gehören.
3. Der ausgegliederte Teilbetrieb und das Restvermögen der A & B oHG sind nach Feststellung der Erschienenen nicht gleichwertig. Aus der Schlussbilanz der A & B oHG zum (Datum) ergibt sich, dass sich die Wertverhältnisse wie folgt darstellen:
a) Wert des abgespaltenen Vermögens: €.....
b) Wert des verbleibenden Restvermögens der A & B oHG: € ....
Da somit der Wert des bei der A & B oHG verbleibenden Restvermögens höher ist als der Wert des abgespaltenen Vermögens, erhöhen die Gesellschafter A und FA im Wege der Bareinlage ihre wirtschaftliche Beteiligung an der A & B oHG um € ....
Dieser Betrag wird von den Beteiligten in eine Kapitalrückstellung bei der A & B oHG eingestellt. Diese Kapitalrückstellung der A & B oHG wird bei Durchführung der Spaltung zusätzlich zu den in Ziff. 2 genannten Vermögensgegenständen auf die neu gegründete B-oHG abgespalten und übertragen.
Damit sind das verbleibende Restvermögen der A & B oHG und das abgespaltene Vermögen gleichwertig.
4. Bestehen über die Zuordnung der Vermögenswerte Zweifel, die auch nicht im Wege der Vertragsauslegung behoben werden kön-

---

[387] Wegen des Verweises auf § 28 GBO in § 126 II 2 UmwG dürfte hinsichtlich der Grundstücke und grundstücksgleichen Rechte eine All-Klausel nicht helfen.

§ 18. Spaltungsrechtliche Regelungen   § 18

nen, ist die A & B oHG gemäß § 315 BGB nach billigem Ermessen berechtigt, die Zuordnung vorzunehmen.

5. Sollte ein Recht oder ein Rechtsverhältnis mangels Übertragbarkeit bei der A & B oHG verbleiben, stellen sich übertragender und übernehmender Rechtsträger im Innenverhältnis so, als sei es dennoch übergegangen. Gleiches gilt für Verbindlichkeiten, deren Übertragung scheitert.[388]

§ 3
Bilanzstichtag, Spaltungsstichtag

1. Der Abspaltung zur Neugründung wird die Bilanz der A & B oHG zum (Datum) als Schlussbilanz zugrunde gelegt. Ein Exemplar dieser festgestellten und unterzeichneten Bilanz nebst Gewinn- und Verlustrechnung und dem uneingeschränkten Bestätigungsvermerk des Abschlussprüfers vom (Datum) ist dieser Niederschrift – lediglich zu Dokumentationszwecken – als **Anlage 6** beigefügt.[389]
2. Die Spaltung soll mit Wirkung von der Eintragung in das Handelsregister des übertragenden Rechtsträgers wirksam sein.
Die Übernahme des Vermögens des übertragenden Rechtsträgers erfolgt im Innenverhältnis mit Wirkung zum Ablauf des (Datum). Vom (Datum), 0.00 Uhr an (Spaltungsstichtag) gelten alle Handlungen und Geschäfte der A & B oHG, soweit sie das an die B-oHG übertragene Vermögen betreffen, als mit Wirkung für diese vorgenommen.

§ 4
Neu gegründete, übernehmende Gesellschaft

1. Die übernehmende Gesellschaft, die durch die Abspaltung zur Neugründung ensteht, führt die Firma „B-oHG".
2. Sie hat ihren Sitz in Musterort.
3. Die A & B oHG[390] stellt für die B-oHG den als **Anlage 7** zu dieser Urkunde genommenen Gesellschaftsvertrag fest.

---

[388] Durch die ersatzlose Aufhebung der §§ 131 I Nr. 1 Satz 2, 132 UmwG gehen lediglich höchstpersönliche Rechte nicht über. Da der übertragende Rechtsträger bei der Abspaltung nicht erlischt, verbleiben sie bei ihm.
[389] Das Beifügen als Anlage zum Spaltungsplan ist grds. nicht zwingend, erst recht nicht als echte Anlage iSd BeurkG. Etwas anderes gilt nur, wenn die Bilanz gem. § 126 II 3 UmwG Grundlage für die Bezeichnung der übertragenen Vermögensgegenstände ist. Der Anmeldung zum Handelsregister des übertragenden Rechtsträgers hingegen ist die Schlussbilanz zwingend als Anlage beizufügen, §§ 125 Satz 1, 17 II UmwG.
[390] Gründer der neuen Gesellschaft ist die übertragende Gesellschaft, nicht deren Gesellschafter.

§ 5
Gegenleistung, Abfindungsangebot, Zuweisung von Gesellschaftsbeteiligungen

1. B und FB erhalten in der B-oHG als Gegenleistung für die Übertragung des Vermögens die Stellung von persönlich haftenden Gesellschaftern. Sie werden die einzigen Gesellschafter der B-oHG. Die Anteile an der B-oHG werden B und FB kostenfrei und zu gleichen Anteilen gewährt.
2. Die Beteiligungen an der B-oHG gewähren ab dem (Datum) die Beteiligung am Gewinn und Verlust sowie am Gesellschaftsvermögen der übernehmenden Gesellschaft nach Maßgabe des § 6 dieses Vertrages.
3. Das Umtauschverhältnis beträgt somit 1:2.
4. Wegen dieser nicht verhältniswahrenden Beteiligung an der durch Abspaltung entstandenen B-oHG werden die Gesellschaftsbeteiligungen der Eheleute B an der A & B oHG den Eheleuten A nach §§ 126 Abs. 1 Nr. 10, 128 UmwG wie folgt dinglich zugewiesen:
der Gesellschaftsanteil des B dem A,
der Gesellschaftsanteil der FB der FA.
Mit Wirksamwerden der Spaltung gehen diese Gesellschaftsbeteiligungen nach § 131 Abs. 1 Nr. 3 UmwG ohne Einzelrechtsabtretung mit allen Rechten und Pflichten, insbesondere sämtlichen Gesellschafterkonten, seien es bewegliche oder feste Kapitalkonten auf A und FA über.
5. Angesichts dessen, dass mit den Erschienenen sämtliche Gesellschafter der übertragenden Gesellschaft an dieser Urkunde beteiligt sind, von ihnen keiner gegen den im nachstehenden Abschnitt IV. dieser Urkunde gefassten Spaltungsbeschluss Widerspruch zur Niederschrift erklärt und – im nachstehenden Abschnitt V. – sämtliche Gesellschafter auf das Recht zur Anfechtung des Spaltungsbeschlusses verzichten, ist ein Abfindungsangebot gemäß § 29 Abs. 1 S. 2 UmwG entbehrlich.[391]

§ 6
Beteiligung

1. Nach dem Wirksamwerden der Abspaltung sind am Gewinn und Verlust sowie am Gesellschaftsvermögen der A & B oHG beteiligt:
a) A zu 50%
b) FA zu 50%.

---

[391] Grds. ist ein Abfindungsangebot wohl gem. § 29 I 2 UmwG erforderlich, da Beteiligungen an Personengesellschaften stets Verfügungsbeschränkungen unterliegen. Schlägt die hier geäußerte Erwartung fehl, wäre der Spaltungsplan trotz fehlenden Barabfindungsangebots nicht unwirksam, eine Nachholung (allerdings auch der Zustimmungsbeschlüsse) ist möglich.

§ 18. Spaltungsrechtliche Regelungen § 18

2. Nach dem Wirksamwerden der Abspaltung sind am Gewinn und Verlust sowie am Gesellschaftsvermögen der B-oHG beteiligt:
a) B zu 50%
b) FB zu 50%.

§ 7
Besondere Rechte oder Vorteile

1. Keiner der in § 126 Abs. 1 Ziff. 7 UmwG genannten Personen stehen am übertragenden Rechtsträger besondere Rechte zu bzw. sind am übernehmenden Rechtsträger besondere Rechte im Sinne dieser Vorschrift gewährt worden.
2. Keiner der in § 126 Abs. 1 Ziff. 8 UmwG genannten Personen ist ein Vorteil im Sinne dieser Vorschriften im Zusammenhang mit der Aufspaltung gewährt worden.

§ 8
Folgen für die Arbeitnehmer und ihre Vertretungen

1. Die bei der A & B oHG bestehenden Dienst- und Anstellungsverträge gehen – soweit sie den Teilbetrieb „Gartenbau" – gemäß § 324 UmwG in Verbindung mit § 613a Abs. 1 BGB unverändert auf die B-oHG über in der Weise, dass die Arbeitsverträge der bisher bei der A & B oHG beschäftigten Arbeitnehmer so behandelt werden, als seien diese Arbeitnehmer vom Beginn ihrer jeweiligen Arbeitsverhältnisse an bei der B-oHG beschäftigt gewesen. Die zeitliche Zusammenfassung der Arbeitsverhältnisse gilt insbesondere im Hinblick auf Kündigungsfristen der Arbeitsverträge und etwaige vertraglich mit der A & B oHG vereinbarte betriebliche Altersversorgungen der betroffenen Arbeitnehmer.
2. Die Arbeitnehmer behalten den gleichen Dienstort. Ihre Tätigkeit wird wie bisher auf dem Gebiet der ...... liegen. Betriebsstilllegungen, Betriebszusammenlegungen, Personalrationalisierungen und/oder Versetzungen als mittelbare Folgen der Abspaltung sind nicht beabsichtigt.
3. Keine der beteiligten Gesellschaften hat einen Betriebsrat. Gesamt-, Konzern- und/oder Europäische Betriebsräte sowie Jugend- und Auszubildendenvertretungen oder Sprecherausschüsse existieren in den Gesellschaften nicht. Die Gesellschaften haben keinen Wirtschaftsausschuss und keinen Aufsichtsrat.
4. Auswirkungen kollektivrechtlicher Art, insbesondere tarifrechtlicher oder mitbestimmungsrechtlicher Art, ergeben sich nicht.

§ 9
Firmierung

1. Die A & B oHG führt die Firma mit Zustimmung aller Beteiligten unverändert fort.

§ 18

2. Die neu gegründete Firma firmiert mit Zustimmung aller Beteiligten unter

„B-oHG".

§ 10
Sonstiges, Kosten

1. Die übertragende Gesellschaft ist Eigentümerin des in § 2 Ziff. 2a) bezeichneten Grundbesitzes.
Die Erschienenen, handelnd wie angegeben, bewilligen und beantragen bereits jetzt die Berichtigung dieser Grundbücher dahingehend, dass die B-oHG anstelle der A & B oHG als Eigentümerin/Berechtigte eingetragen wird.
Der beurkundende Notar ist befugt, Anträge aus dieser Urkunde einzeln und eingeschränkt zu stellen und sie in gleicher Weise wieder zurückzuziehen.
2. Zum abgespaltenen Vermögen gehören keine Beteiligungen an GmbHs.[392]
3. Die Kosten dieser Urkunde und ihres Vollzuges tragen die A & B oHG einerseits und die B-oHG andererseits zu gleichen Teilen. Anfallende Steuern und Grundbuchkosten trägt der übernehmende Rechtsträger für seinen Erwerb.

III. Gesellschafterversammlung der B-oHG

Als Gründer der neu zu errichtenden B-oHG hält die A & B oHG hiermit unter Verzicht auf die Einhaltung aller Formen und Fristen für die Einberufung und Abhaltung einer Gesellschafterversammlung eine erste

G e s e l l s c h a f t e r v e r s a m m l u n g

der B-ohG ab und beschließt mit allen Stimmen einstimmig was folgt:
Die persönlich haftenden Gesellschafter B und FB sind stets einzelvertretungsberechtigt und von den Beschränkungen des § 181 BGB befreit.
Damit ist die Gesellschafterversammlung der B-oHG beendet.

IV. Gesellschafterversammlung der A & B oHG

A, FA, B und FB sind die alleinigen Gesellschafter der A & B oHG, an der sie alle zu gleichen Teilen beteiligt sind.
Unter Verzicht auf die Einhaltung aller Formen und Fristen für die Einberufung und Abhaltung einer Gesellschafterversammlung, einschließlich der Einhaltung der Vorschriften der §§ 125, 42 UmwG, halten A, FA, B und FB hiermit eine

---

[392] Andernfalls ist das Einreichen einer neuen Gesellschafterliste zum Handelsregister auch für diese GmbHs veranlasst.

§ 18. Spaltungsrechtliche Regelungen § 18

Gesellschafterversammlung
der A & B oHG ab und beschließen mit allen Stimmen einstimmig was folgt:
1. Dem Spaltungsplan, wie er vorstehend in Abschnitt II. erklärt wurde, wird zugestimmt.
2. Dem Gesellschaftsvertrag der B-oHG gemäß **Anlage 7** zu dieser Urkunde wird zugestimmt.
3. Der Bestellung der Vertretungsorgane gemäß Abschnitt III. dieser Urkunde wird zugestimmt.
4. Ein Spaltungsbericht ist gem. §§ 125 Satz 1, 41 UmwG nicht erforderlich, da alle Gesellschafter zur Geschäftsführung berechtigt sind.
5. Verschmelzungsprüfung und Prüfungsbericht sind gem. §§ 125 Satz 1, 44 UmwG nicht erforderlich, da weder der Gesellschaftsvertrag eine Mehrheitsentscheidung vorsieht, noch ein Gesellschafter die Prüfung verlangt hat. Freiwillig soll eine Prüfung nicht stattfinden.
6. § ... des Gesellschaftsvertrages wird gem. § 6 des Spaltungsplans neu gefasst und lautet:

§ ...
Gesellschafter und Beteiligungen
An der Gesellschaft sind beteiligt:
A zur Hälfte und B zur Hälfte.
Damit ist die Gesellschafterversammlung der A & B oHG beendet.

V. Verzichts- und Zustimmungserklärungen

A, FA, B und FB, handelnd als je einzelvertretungsberechtigte Gesellschafter der A & B oHG sowie jeweils im eigenen Namen, erklärten weiter:
1. Auf die Erstellung eines Spaltungsberichts, auf die Prüfung des Spaltungsplans und auf die Erstellung eines Prüfungsberichts wird gemäß §§ 125, 127, 8 Abs. 3, 9 Abs. 3, 12 Abs. 3 UmwG unwiderruflich verzichtet.
2. Ebenso verzichten wir ausdrücklich auf ein Abfindungsangebot gemäß §§ 125, 29 UmwG sowie auf etwa bestehende Rechte zum Widerspruch gegen die Zustimmungsbeschlüsse, ihre Anfechtung und zur Klage gegen die Wirksamkeit dieser Beschlüsse.
3. Der nichtverhältniswahrenden Spaltung stimmen wir gemäß § 128 UmwG ausdrücklich zu.

VI. Hinweise

Der Notar wies die Erschienenen darauf hin, dass
– zum Vollzug dieser Urkunde gesonderte Handelsregisteranmeldungen bei der übertragenden und bei der neu gegründeten, übernehmenden Gesellschaft erforderlich sind,

§ 18 5. Teil. Spaltung

- die der Spaltung zugrundegelegte Bilanz nicht auf einen Stichtag aufgestellt sein darf, der länger als acht Monate vor der Anmeldung zum Handelsregister liegt,
- die Spaltung erst mit der Eintragung im Handelsregister der übertragenden Gesellschaft wirksam wird,
- alle beteiligten Gesellschaften gem. § 133 UmwG gesamtschuldnerisch haften.

Auf die **Anlagen 1 bis mit 5 und 7** wird verwiesen.

Diese Niederschrift nebst Anlagen 1 bis mit 5 und 7 wurde den Erschienenen vom Notar vorgelesen,[393] die Anlage 6 wurde zur Durchsicht vorgelegt, alles wurde von den Erschienenen genehmigt und von ihnen und dem Notar eigenhändig wie folgt unterschrieben:

Handelsregisteranmeldung der neu errichteten, übernehmenden Gesellschaft

207 B UR. Nr. ...... für ......

An das
Amtsgericht
– Handelsregister –
Musterort

HR A

Neugründung einer oHG zum Zwecke der Durchführung einer Abspaltung unter der Firma B-oHG

Wir, A, FA, B und FB,

handelnd in unserer Eigenschaft als je einzelvertretungsberechtigte persönlich haftende Gesellschafter der A & B oHG, eingetragen im Handelsregister des Amtsgerichts Musterort unter HR A 123,[394]

I.

melden zur Eintragung in das Handelsregister an:
1. Die A & B oHG mit Sitz in Musterort, eingetragen im Handelsregister des Amtsgerichts Musterort, hat im Wege der Abspaltung zur Neugründung gemäß § 123 Abs. 2 Nr. 2 UmwG durch Übertragung eines Teils ihres Vermögens eine offene Handelsgesellschaft unter der Firma B-oHG gegründet.
Sitz der B-oHG ist Musterort.

---

[393] Gegebenenfalls kommt für die Anlagen 1 bis mit 5 auch ein Verweis nach § 14 BeurkG in Betracht.

[394] Anmeldeberechtigt ist das Vertretungsorgan der übertragenden Gesellschaft, § 137 I UmwG; daher würden Gesellschafter in vertretungsberechtigter Zahl genügen.

§ 18. Spaltungsrechtliche Regelungen § 18

2. Gesellschafter der B-oHG sind zu gleichen Teilen
   - B
   - FB
3. B und FB vertreten die B-oHG stets einzeln und sind von den Beschränkungen des § 181 BGB befreit.
4. Die allgemeine Vertretungsregelung lautet wie folgt: Jeder persönlich haftende Gesellschafter vertritt die Gesellschaft stets einzeln. Alle oder einzelne Gesellschafter können durch Beschluss der Gesellschafter von den Beschränkungen des § 181 BGB befreit werden.
5. Der Gegenstand der B-oHG ist ......
6. Die Geschäftsräume der B-oHG befinden sich in (Adresse). Diese Anschrift wird zugleich als inländische Geschäftsanschrift angemeldet.

II.

Wir überreichen als Anlagen:
Ausfertigung der Niederschrift vom (Datum) – UR. Nr. ... des Notars ... in (Ort) – enthaltend:
1. den Spaltungsplan,
2. den Gesellschaftsvertrag der neu errichteten B-oHG,
3. den Beschluss über die Bestellung der Vertretungsorgane,
4. die Zustimmungsbeschlüsse der Gesellschafter der A & B oHG,
5. die Verzichtserklärungen aller Gesellschafter der A & B oHG und der A & B oHG selbst auf etwa bestehende Rechte zum Widerspruch gegen die Zustimmungsbeschlüsse, ihre Anfechtung und zur Klage gegen die Wirksamkeit des Spaltungsbeschlusses (§ 16 Abs. 2 UmwG),
6. die Verzichtserklärungen aller Gesellschafter der A & B oHG und der A & B oHG selbst auf die Erstellung eines Spaltungsberichts, einer Spaltungsprüfung und eines Prüfberichts gemäß §§ 125 Satz 1, 8 Abs. 3, 9 Abs. 3, 12 Abs. 3 UmwG,
7. die Zustimmungserklärungen aller Gesellschafter der A & B oHG nach § 128 UmwG,
8. die Schlussbilanz der A & B oHG zum (Datum).[395]

III.

Wir erklären weiterhin:
1. Ein Spaltungsbericht ist gemäß §§ 125 Satz 1, 41 UmwG nicht erforderlich, da alle Gesellschafter zur Geschäftsführung berechtigt sind.
Verschmelzungsprüfung und Prüfungsbericht sind nach Maßgabe der §§ 125 Satz 1, 44 UmwG nicht erforderlich, da weder der Gesellschaftsvertrag eine Mehrheitsentscheidung vorsieht, noch

---

[395] Ein Beifügen ist nach §§ 125 Satz 1, 17 II UmwG nicht erforderlich.

§ 18　　　　　　　　　　　　　　　　　　　　5. Teil. Spaltung

ein Gesellschafter die Prüfung verlangt hat. Weiterhin ist ein Barabfindungsangebot gemäß § 29 UmwG in dem Verschmelzungsvertrag nicht enthalten.

Darüber hinaus haben sämtliche Gesellschafter auf einen Spaltungsbericht, eine Spaltungsprüfung und einen Prüfungsbericht verzichtet. Freiwillige Berichte und Prüfungen erfolgen nicht.
2. Keine der beteiligten Gesellschaften hat einen Betriebsrat.
3. Die besonderen Zustimmungserklärungen nach § 128 UmwG wegen der fehlenden Verhältnismäßigkeit der Spaltung wurden erteilt. Weitere sind nicht erforderlich.
4. Staatliche Genehmigungen sind nicht erforderlich.

IV.

Wir versichern, dass eine Klage gegen die Wirksamkeit des Umwandlungsbeschlusses nicht oder nicht fristgerecht erhoben worden ist und auf das Anfechtungsrecht außerdem verzichtet wurde.

(Ort, Datum)

(Beglaubigungsvermerk)

Handelsregisteranmeldung der übertragenden Gesellschaft

207 C　UR. Nr. ...... für ......

An das

Amtsgericht

– Handelsregister –

Musterort

HR A 123

A & B oHG

Wir, A, FA, B und FB,

handelnd in unserer Eigenschaft als je einzelvertretungsberechtigte persönlich haftende Gesellschafter der vorgenannten A & B oHG[396],

I.

melden zur Eintragung in das Handelsregister an:
1. Die A & B oHG mit Sitz in Musterort, eingetragen im Handelsregister des Amtsgerichts Musterort, hat im Wege der Abspaltung

---

[396] Anmeldeberechtigt ist das Vertretungsorgan der übertragenden Gesellschaft, § 137 II UmwG; daher würden Gesellschafter in vertretungsberechtigter Zahl genügen. Wegen der dinglichen Zuweisung der Anteile an der A & B oHG sollen B und FB aber vorsorglich nach § 108 HGB mit anmelden.

zur Neugründung gemäß § 123 Abs. 2 Nr. 2 UmwG durch Übertragung eines Teils ihres Vermögens eine offene Handelsgesellschaft unter der Firma B-oHG gegründet.
2. Mit Wirksamwerden der Spaltung wird die Gesellschaftsbeteiligung des B an der A & B oHG dem A, die Gesellschaftsbeteiligung der FB an der A & B oHG der FA dinglich zugewiesen, so dass A und FA alleinige Gesellschafter der A & B oHG werden.

II.

Wir überreichen als Anlagen:
Ausfertigung der Niederschrift vom (Datum) – UR. Nr. ... des Notars ... in (Ort) – enthaltend:
1. den Spaltungsplan,
2. den Gesellschaftsvertrag der neu errichteten B-oHG,
3. die Zuweisung der Gesellschaftsbeteiligungen von B und FB an der A & B oHG an A und FA,
4. den Beschluss über die Bestellung der Vertretungsorgane,
5. die Zustimmungsbeschlüsse der Gesellschafter der A & B oHG,
6. die Verzichtserklärungen aller Gesellschafter der A & B oHG und der A & B oHG selbst auf etwa bestehende Rechte zum Widerspruch gegen die Zustimmungsbeschlüsse, ihre Anfechtung und zur Klage gegen die Wirksamkeit des Spaltungsbeschlusses (§ 16 Abs. 2 UmwG) sowie auf ein Abfindungsangebot gemäß §§ 125 Satz 1, 29 UmwG,
7. die Verzichtserklärungen aller Gesellschafter der A & B oHG und der A & B oHG selbst auf die Erstellung eines Spaltungsberichts, einer Spaltungsprüfung und eines Prüfberichts gemäß §§ 125 Satz 1, 8 Abs. 3, 9 Abs. 3, 12 Abs. 3 UmwG,
8. die Zustimmungserklärungen aller Gesellschafter der A & B oHG nach § 128 UmwG,
9. die Schlussbilanz der A & B oHG zum (Datum).

III.

Wir erklären weiterhin:
1. Ein Spaltungsbericht ist gemäß §§ 125 Satz 1, 41 UmwG nicht erforderlich, da alle Gesellschafter zur Geschäftsführung berechtigt sind.
Verschmelzungsprüfung und Prüfungsbericht sind nach Maßgabe der §§ 125 Satz 1, 44 UmwG nicht erforderlich, da weder der Gesellschaftsvertrag eine Mehrheitsentscheidung vorsieht, noch ein Gesellschafter die Prüfung verlangt hat. Weiterhin ist ein Barabfindungsangebot gemäß § 29 UmwG in dem Verschmelzungsvertrag nicht enthalten.
Darüber hinaus haben sämtliche Gesellschafter auf einen Spaltungsbericht, eine Spaltungsprüfung und einen Prüfungsbericht verzichtet.

§ 18 5. Teil. Spaltung

Freiwillige Berichte und Prüfungen erfolgen nicht.
2. Keine der beteiligten Gesellschaften hat einen Betriebsrat.
3. Die besonderen Zustimmungserklärungen nach § 128 UmwG wegen der fehlenden Verhältnismäßigkeit der Spaltung wurden erteilt. Weitere sind nicht erforderlich.
4. Staatliche Genehmigungen sind nicht erforderlich.

IV.

Wir versichern, dass eine Klage gegen die Wirksamkeit des Umwandlungsbeschlusses nicht oder nicht fristgerecht erhoben worden ist und auf das Anfechtungsrecht außerdem verzichtet wurde.

(Ort, Datum)
(Beglaubigungsvermerk)

Fall: (Abspaltung und Ausgliederung eines Teilbetriebs einer Ein-Mann-GmbH auf eine GmbH zur Neugründung)

208 *X ist Alleingesellschafter der A-GmbH, die aus mehreren Teilbetrieben besteht. X möchte den Y an dem Teilbetrieb „Motorenbau" beteiligen, ihn aber nicht als Mitgesellschafter in seine GmbH aufnehmen. Außerdem wünscht er auch nach Beteiligung des Y noch immer eine Kontrolle über den Teilbetrieb zu haben. Er beabsichtigt daher, den Teilbetrieb Motorenbau aus seiner bestehenden GmbH teilweise abzuspalten und teilweise auszugliedern, so dass an der neu gegründeten GmbH er selbst zu 51% und seine A-GmbH zu 49% beteiligt sind. Y soll im Zusammenhang mit der Umwandlung zunächst nur zum Geschäftsführer bestellt werden. Eine Anteilsübertragung an ihn ist anschließend beabsichtigt.*
   Hierzu folgende Muster:
– Spaltungs- und Ausgliederungsplan, Rn. 208 A
– Handelsregisteranmeldung der neu errichteten, übernehmenden Gesellschaft, Rn. 208 B
– Handelsregisteranmeldung der übertragenden Gesellschaft, Rn. 208 C

Abspaltung und Ausgliederung eines Teilbetriebs einer 1-Mann-GmbH auf eine GmbH zur Neugründung, §§ 123 ff., 135 ff., 138 ff. UmwG, Spaltungs- und Ausgliederungsplan nebst Zustimmungsbeschlüssen und Verzichtserklärungen

208 A UR. Nr. ...... für ......
Verhandelt
zu Musterort
am ......
Vor mir, ...
              Notar

§ 18. Spaltungsrechtliche Regelungen § 18

für den Oberlandesgerichtsbezirk Musterort mit dem Amtssitz in Musterort erschien, ausgewiesen durch Vorlage seines Personalausweises:

X

hier handelnd
a) als einzelvertretungsberechtigter und von den Beschränkungen des § 181 BGB befreiter Geschäftsführer der A-GmbH mit Sitz in Musterort, eingetragen im Handelsregister des Amtsgerichts Musterort unter HR B 123,
b) im eigenen Namen.

Der amtierende Notar hat sich durch heutige Einsichtnahme in das elektronische Handelsregister des Amtsgerichts Musterort überzeugt, dass unter HR B 123 die A-GmbH mit Sitz in Musterort eingetragen ist und X als einzelvertretungsberechtigter und von den Beschränkungen des § 181 BGB befreiter Geschäftsführer zur Vertretung der A-GmbH berechtigt ist.

Der Erschienene, handelnd wie angegeben, erklärte:

I. Vorbemerkungen

1. An der A-GmbH, deren Stammkapital € ... beträgt, ist X mit einem Geschäftsanteil im Nennbetrag von € ... beteiligt.
2. Der Notar hat die letzte vom Handelsregister aufgenommene Gesellschafterliste der A-GmbH eingesehen. Die Liste trägt das Datum vom (Datum) (**ggf.** und die Bestätigung des Notars (Name Amtssitz)). X ist in dieser Liste als Inhaber des vorgenannten Geschäftsanteils eingetragen.
3. X ist also der einzige Gesellschafter der A-GmbH.
4. Nach Angaben des Erschienenen ist das Stammkapital der A-GmbH voll erbracht.[397]
5. Die A-GmbH hat einen Teilbetrieb „Motorenbau" in Z-Stadt, (Adresse). Dieser Teilbetrieb soll verselbständigt werden, wobei dies zum Teil durch Abspaltung und zum anderen Teil durch Ausgliederung auf eine neu zu gründende GmbH erfolgen soll, an der der Erschienene einerseits und die A-GmbH andererseits beteiligt werden.

II. Spaltungs- und Ausgliederungsplan

Die A-GmbH als übertragender Rechtsträger stellt zugunsten der B-GmbH als übernehmender Rechtsträger folgenden Spaltungs- und Ausgliederungsplan auf:

§ 1
Abspaltung und Ausgliederung

Die A-GmbH mit Sitz in Musterort überträgt einen Teil ihres Vermögens, wie er in § 2 näher beschrieben ist, als Gesamtheit teilweise

---

[397] Beachte andernfalls §§ 125, 51 UmwG.

§ 18   5. Teil. Spaltung

gemäß § 123 Abs. 2 Nr. 2 UmwG im Wege der Abspaltung zur Neugründung, teilweise gemäß § 123 Abs. 3 Nr. 2 UmwG im Wege der Ausgliederung zur Neugründung auf die neu zugründende B-GmbH mit Sitz in Musterort.

**§ 2
Vermögensübertragung**

1. Die A-GmbH überträgt die nachfolgend in Ziff. 2 bezeichneten Teile ihres Vermögens auf die neu zu gründende B-GmbH als Gesamtheit mit allen Rechten und Pflichten zu 51% im Wege der Abspaltung zur Neugründung und zu 49% im Wege der Ausgliederung zur Neugründung.
2. Hierbei handelt es sich um den Teilbetrieb „Motorenbau" in Z-Stadt und somit um folgende Vermögensgegenstände, die dem Teilbetrieb „Motorenbau" wirtschaftlich zuzuordnen sind:[398]
   a) Grundbesitz:
   der Grundbesitz, verzeichnet
      aa) im Grundbuch des Amtsgerichts Musterort von Musterort Blatt ...... als Gemarkung ...... Flur ...... Flurstück ...... Betriebsgelände, groß ...... m²,
      bb) im Grundbuch des Amtsgerichts Musterort von Musterort Blatt ...... als Gemarkung ...... Flur ...... Flurstück ...... Betriebsgelände, groß ...... m²,
      cc) im Grundbuch des Amtsgerichts Musterort von Musterort Blatt ...... als Gemarkung ...... Flur ...... Flurstück ...... Betriebsgelände, groß ...... m²,
   nebst allen aufstehenden Gebäulichkeiten, wesentlichen Bestandteilen und Zubehör;
   b) Gesellschaftsbeteiligungen, Mitgliedschaften:
   sämtliche Gesellschaftsbeteiligungen und sonstigen Mitgliedschaften, die zum Teilbetrieb „Motorenbau" gehören, nämlich die Geschäftsanteile an der L-GmbH, eingetragen im Handelsregister des Amtsgerichts Musterort unter HR B ...... und zwar im Nennbetrag von € ...... und € ......, die jeweils in voller Höhe eingezahlt sind und insgesamt 80% des Stammkapitals der Z-GmbH ausmachen;
   c) Anlage- und Umlaufvermögen:
   sämtliche beweglichen Gegenstände des Anlage- und Umlaufvermögens, die zum Teilbetrieb „Motorenbau" gehören, also alle beweglichen Gegenstände, die sich auf dem in a) genannten Grundbesitz befinden und in der als **Anlage 1** zu dieser Urkunde genommenen Liste der Gegenstände des Umlauf- und Anlagevermögens genannt sind; zum Anlage- und Umlaufvermögen

---

[398] Vgl. § 126 I Nr. 9, II UmwG; danach wäre auch die Bezugnahme auf eine Bilanz möglich; in der Regel setzt die Vermögenszuordnung mit Hilfe einer Bilanz jedoch voraus, dass nach Teilbetrieben getrennte Abspaltungsbilanzen erstellt werden.

§ 18. Spaltungsrechtliche Regelungen § 18

gehört das Alleineigentum, das Miteigentum und jede andere Beteiligung am Eigentum (insbesondere auch eine Beteiligung zur gesamten Hand), das der A-GmbH an diesen beweglichen Gegenständen zusteht, ebenso alle der A-GmbH daran zustehenden Rechte, insbesondere Anwartschaftsrechte;

d) Finanzanlagen, Patente, Schutzrechte, Nutzungsrechte:
sämtliche Gegenstände des Finanzanlagevermögens, Patente, gewerbliche Schutzrechte und Nutzungsrechte, die dem Teilbetrieb „Motorenbau" zuzuordnen sind und die in der als **Anlage 2** zu dieser Urkunde genommenen Liste der Finanzanlagen, Patente, Schutzrechte, Nutzungsrechte genannt sind;

e) Schuldverhältnisse:
sämtliche Schuldverhältnisse, die zum Teilbetrieb „Motorenbau" gehören und die in der als **Anlage 3** zu dieser Urkunde genommenen Liste der Schuldverhältnisse genannt sind, insbesondere Dauerschuldverhältnisse wie z. B. Miet-, Leasing-, Versicherungs-, Werk- und Lieferverträge; zu diesen Schuldverhältnissen gehören auch solche, die bedingt oder befristet oder noch nicht vollständig wirksam geworden sind, insbesondere auch solche, bei denen zugunsten der A-GmbH bislang lediglich ein Angebot auf Abschluss eines Vertrages abgegeben worden ist;

f) Dienst- und Arbeitsverträge:
sämtliche Dienst- und Arbeitsverträge, die dem Teilbetrieb „Motorenbau" zuzuordnen sind und die in der als **Anlage 4** zu dieser Urkunde genommenen Liste der Dienst- und Arbeitsverträge genannt sind; dazu gehören auch alle Verpflichtungen und Zusagen aus der betrieblichen Altersvorsorge;

g) Verbindlichkeiten:
sämtliche Verbindlichkeiten, die dem Teilbetrieb „Motorenbau" zuzuordnen sind und die in der als **Anlage 5** zu dieser Urkunde genommenen Liste der Verbindlichkeiten genannt sind, insbesondere alle Schulden, Rückstellungen, Verlustrisiken aus schwebenden Geschäften sowie Steuerverbindlichkeiten, gleichgültig, welche Steuer sie betreffen;

h) Forderungen:
sämtliche Forderungen, die dem Teilbetrieb „Motorenbau" zuzuordnen und in der als **Anlage 6** zu dieser Urkunde genommenen Liste der Forderungen genannt sind, insbesondere solche aus vertraglichen Beziehungen wie aus Guthaben auf Bank- und Girokonten, Lieferung und Leistung, Krediten aller Art, geleisteten Anzahlungen und Schadensersatzansprüchen, ebenso Forderungen gegenüber dem Finanzamt, gleichgültig, welche Steuer sie betreffen;

i) „All-Klausel":
sowie überhaupt alle Aktiva und Passiva, materiellen wie immateriellen Rechte, Ansprüche, Verbindlichkeiten, Plichten,

Sachen und Schuldverhältnisse, die im weitesten Sinne dem vorgenannten Teilbetrieb „Motorenbau" rechtlich und/oder wirtschaftlich zuzuordnen sind, diesem Teilbetrieb dienen oder zu dienen bestimmt sind, und zwar unabhängig davon, ob die Vermögensposition bilanzierungsfähig ist oder nicht; sollte in den vorstehenden Buchstaben b) bis mit h)[399] eine Vermögensposition nicht ausdrücklich genannt oder in der zugehörigen Anlage enthalten sein, ist sie dennoch Gegenstand der Vermögensübertragung, wenn sie dem Teilbetrieb „Motorenbau" im vorstehenden Sinne zugehörig ist;

j) Surrogate:
sämtliche Surrogate, die an die Stelle der vorgenannten Vermögenspositionen getreten sind, sollten diese bis zum Wirksamwerden der Spaltung im Rahmen des normalen Geschäftsverkehrs veräußert worden sein; ebenso alle etwa noch bis zum Wirksamwerden der Spaltung hinzutretenden Gegenstände, die im vorgenannten Sinne zum Teilbetrieb „Motorenbau" gehören.

2. Bestehen über die Zuordnung der Vermögenswerte Zweifel, die auch nicht im Wege der Vertragsauslegung behoben werden können, ist die A-GmbH gemäß § 315 BGB nach billigem Ermessen berechtigt, die Zuordnung vorzunehmen.
3. Sollte ein Recht oder ein Rechtsverhältnis mangels Übertragbarkeit bei der A-GmbH verbleiben, stellen sich übertragender und übernehmender Rechtsträger im Innenverhältnis so, als sei es dennoch übergegangen. Gleiches gilt für Verbindlichkeiten, deren Übertragung scheitert.[400]

§ 3
Bilanzstichtag, Spaltungsstichtag

1. Der Abspaltung und Ausgliederung zur Neugründung wird die Bilanz der A-GmbH zum (Datum) als Schlussbilanz zugrunde gelegt. Ein Exemplar dieser festgestellten und unterzeichneten Bilanz nebst Gewinn- und Verlustrechnung, Anhang und Lagebericht und dem uneingeschränkten Bestätigungsvermerk des Abschlussprüfers vom (Datum) ist dieser Niederschrift – lediglich zu Dokumentationszwecken – als **Anlage 7** beigefügt.[401]

---

[399] Wegen des Verweises auf § 28 GBO in § 126 II 2 UmwG dürfte hinsichtlich der Grundstücke und grundstücksgleichen Rechte eine All-Klausel nicht helfen.

[400] Durch die ersatzlose Aufhebung der §§ 131 I Nr. 1 Satz 2, 132 UmwG gehen lediglich höchstpersönliche Rechte nicht über. Da der übertragende Rechtsträger bei der Abspaltung/Ausgliederung nicht erlischt, verbleiben sie bei ihm.

[401] Das Beifügen als Anlage zum Spaltungsplan ist grds. nicht zwingend, erst recht nicht als echte Anlage iSd BeurkG. Etwas anderes gilt nur, wenn die Bilanz gem. § 126 II 3 UmwG Grundlage für die Bezeichnung der übertragenen Vermögensgegenstände ist. Der Anmeldung zum Handelsregister des übertragenden

§ 18. Spaltungsrechtliche Regelungen § 18

2. Die Spaltung soll mit Wirkung von der Eintragung in das Handelsregister des übertragenden Rechtsträgers wirksam sein. Die Übernahme des Vermögens des übertragenden Rechtsträgers erfolgt im Innenverhältnis mit Wirkung zum Ablauf des (Datum). Vom (Datum), 0.00 Uhr an (Spaltungsstichtag) gelten alle Handlungen und Geschäfte der A-GmbH, soweit sie das an die B-GmbH übertragene Vermögen betreffen, als mit Wirkung für diese vorgenommen.

§ 4
Neu gegründete, übernehmende Gesellschaft

1. Die übernehmende Gesellschaft, die durch die Abspaltung bzw. Ausgliederung zur Neugründung ensteht, führt die Firma „B-GmbH".
2. Sie hat ihren Sitz in Musterort.
3. Die A-GmbH[402] stellt für die B-GmbH den als **Anlage 8** zu dieser Urkunde genommenen Gesellschaftsvertrag fest.

§ 5
Gegenleistung, Abfindungsangebot

1. Der abgespaltene bzw. ausgegliederte Teilbetrieb hat nach der Schlussbilanz der übertragenden Gesellschaft einen Buchwert von € .... Der vorgenannte Wert wird der Abspaltung bzw. Ausgliederung zugrunde gelegt. *(Falls eine Spaltung aus offenen Reserven erfolgen kann:* Die übertragende Gesellschaft verwendet einen dem Wert des übergehenden Teilbetriebs entsprechenden Betrag des Gewinnvortrags zum (Datum).)
2. Die neu zu gründende B-GmbH erhält ein Stammkapital in Höhe von € ....
3. Als Gegenleistung für die vorstehende Vermögensübertragung gewährt die B-GmbH dem Gesellschafter der A-GmbH, X, und der A-GmbH selbst folgende Geschäftsanteile:
a) X einen Geschäftsanteil im Nennbetrag von € ...,
b) der A-GmbH einen Geschäftsanteil im Nennbetrag von € ...,
und zwar jeweils kostenfrei und mit Gewinnbezugsrecht ab dem (Datum).
4. Soweit der Wert des übertragenen Vermögens den Nennbetrag der neu ausgegebenen Geschäftsanteile übersteigt, ist dieser Differenzbetrag in die Kapitalrücklage der B-GmbH einzustellen. Eine Vergütung des Differenzbetrages ist nicht geschuldet.
5. Bare Zuzahlungen erfolgen nicht.

Rechtsträgers hingegen ist die Schlussbilanz zwingend als Anlage beizufügen, §§ 125 Satz 1, 17 II UmwG.

[402] Gründer der neuen Gesellschaft ist die übertragende Gesellschaft, nicht deren Gesellschafter.

§ 18　　　　　　　　　　　　　　　5. Teil. Spaltung

6. Das Umtauschverhältnis beträgt mithin ...
7. Ein Abfindungsangebot gemäß §§ 125 Satz 1, 29 UmwG ist nicht erforderlich.[403]

§ 6
Besondere Rechte oder Vorteile

1. Keiner der in § 126 Abs. 1 Ziff. 7 UmwG genannten Personen stehen am übertragenden Rechtsträger besondere Rechte zu bzw. sind am übernehmenden Rechtsträger besondere Rechte im Sinne dieser Vorschrift gewährt worden.
2. Keiner der in § 126 Abs. 1 Ziff. 8 UmwG genannten Personen ist ein Vorteil im Sinne dieser Vorschriften im Zusammenhang mit der Aufspaltung gewährt worden.

§ 7
Folgen für die Arbeitnehmer und ihre Vertretungen

1. Die bei der A-GmbH bestehenden Dienst- und Anstellungsverträge gehen – soweit sie den Teilbetrieb „Motorenbau" betreffen – gemäß § 324 UmwG in Verbindung mit § 613a Abs. 1 BGB unverändert auf die B-GmbH über in der Weise dass die Arbeitsverträge der bisher bei der A-GmbH beschäftigten Arbeitnehmer so behandelt werden, als seien diese Arbeitnehmer vom Beginn ihrer jeweiligen Arbeitsverhältnisse an bei der B-GmbH beschäftigt gewesen. Die zeitliche Zusammenfassung der Arbeitsverhältnisse gilt insbesondere im Hinblick auf Kündigungsfristen der Arbeitsverträge und etwaige vertraglich mit der C-GmbH vereinbarte betriebliche Altersversorgungen der betroffenen Arbeitnehmer.
2. Die Arbeitnehmer behalten den gleichen Dienstort. Ihre Tätigkeit wird wie bisher auf dem Gebiet der ...... liegen. Betriebsstilllegungen, Betriebszusammenlegungen, Personalrationalisierungen und/oder Versetzungen als mittelbare Folgen der Abspaltung sind nicht beabsichtigt.
3. Keine der beteiligten Gesellschaften hat einen Betriebsrat. Gesamt-, Konzern- und/oder Europäische Betriebsräte sowie Jugend- und Auszubildendenvertretungen oder Sprecherausschüsse existieren in den Gesellschaften nicht. Die Gesellschaften haben keinen Wirtschaftsausschuss und keinen Aufsichtsrat.
4. Auswirkungen kollektivrechtlicher Art, insbesondere tarifrechtlicher oder mitbestimmungsrechtlicher Art, ergeben sich nicht.

---

[403] § 29 I 1 UmwG scheidet mangels Mischverschmelzung aus. In Betracht käme nur § 29 I 2 UmwG, wenn die Geschäftsanteile an der C-GmbH vinkuliert wären. Für die Ausgliederung findet § 29 UmwG gem. § 125 Satz 1 UmwG ohnehin keine Anwendung.

§ 8
Kapitalherabsetzung

Die Spaltung erfolgt aus den offenen Reserven; die der A-GmbH verbleibenden Aktiva reichen zur Deckung ihres ausgewiesenen Stammkapitals aus. Eine Kapitalherabsetzung ist daher nicht erforderlich.

Oder:
1. Bei der A-GmbH wird zur Durchführung der Abspaltung bzw. Ausgliederung eine Kapitalherabsetzung erforderlich.
2. Deshalb wird die A-GmbH ihr Stammkapital von € ... um € .... auf € ... herabsetzen.
3. Die Herabsetzung erfolgt zum Zwecks der Anpassung des Stammkapitals, da das nach Spaltung der A-GmbH verbleibende Vermögen das bisherige Stammkapital in Höhe von € ... nicht mehr deckt. Daher findet eine vereinfachte Kapitalherabsetzung gemäß §§ 139 UmwG, 58a ff. GmbHG statt.

§ 9
Firmierung

1. Die A-GmbH führt ihre Firma unverändert fort.
2. Die neu gegründete GmbH firmiert mit Zustimmung aller Beteiligten unter
B-GmbH.

§ 10
Sonstiges, Kosten

1. Die übertragende Gesellschaft ist Eigentümerin des in § 2 Ziff. 2a) bezeichneten Grundbesitzes.
Die Erschienenen, handelnd wie angegeben, bewilligen und beantragen bereits jetzt die Berichtigung dieser Grundbücher dahingehend, dass die B-GmbH anstelle der A-GmbH als Eigentümerin/Berechtigte eingetragen wird.
Der beurkundende Notar ist befugt, Anträge aus dieser Urkunde einzeln und eingeschränkt zu stellen und sie in gleicher Weise wieder zurückzuziehen.
2. Zum abgespaltenen Vermögen gehören ausschließlich Beteiligungen an den in § 2 Ziff. 2b) genannten Gesellschaften, nicht aber Beteiligungen an weiteren GmbHs.[404]
3. Die durch den vorliegenden Vertrag und seine Durchführung entstehenden Kosten trägt für den Fall der Durchführung der Abspaltung bzw. Ausgliederung die B-GmbH, ansonsten die A-GmbH. Anfallende Steuern und Grundbuchkosten trägt der übernehmende Rechtsträger für seinen Erwerb.

---

[404] Andernfalls ist das Einreichen einer neuen Gesellschafterliste zum Handelsregister auch für diese GmbHs veranlasst.

III. Gesellschafterversammlung der B-GmbH

Als Gründer der neu zu errichtenden B-GmbH hält die A-GmbH hiermit unter Verzicht auf die Einhaltung aller Formen und Fristen für die Einberufung und Abhaltung einer Gesellschafterversammlung eine erste

Gesellschafterversammlung

der B-GmbH ab und beschließt mit allen Stimmen einstimmig was folgt:

Zu ersten Geschäftsführern der B-GmbH werden X und Y (persönliche Daten) bestellt. Sie sind stets einzelvertetungsberechtigt und von den Beschränkungen des § 181 BGB befreit.

Damit ist die Gesellschafterversammlung der B-GmbH beendet.

IV. Gesellschafterversammlung der A-GmbH

X ist der alleinige Gesellschafter der A-GmbH. Er ist mit einem Geschäftsanteil im Nennbetrag von €... an der A-GmbH beteiligt. Die Stammeinlagen sind nach Angaben des X voll erbracht.

Unter Verzicht auf die Einhaltung aller Formen und Fristen für die Einberufung und Abhaltung einer Gesellschafterversammlung, einschließlich der Einhaltung der Vorschriften der §§ 125, 47, 48 und 49 UmwG, hält X hiermit eine

Gesellschafterversammlung

der A-GmbH ab und beschließt mit allen Stimmen einstimmig was folgt:
1. Dem Spaltungs- und Ausgliederungsplan, wie er vorstehend in Abschnitt II. erklärt wurde, wird zugestimmt.
2. Dem Gesellschaftsvertrag der B-GmbH gemäß Anlage 8 zu dieser Urkunde wird zugestimmt.
3. Der Geschäftsführerbestellung gemäß Abschnitt III. dieser Urkunde wird zugestimmt.

Entweder:
4. Es wird festgestellt, dass die Spaltung aus den offenen Reserven erfolgt; die der A-GmbH verbleibenden Aktiva reichen zur Deckung ihres ausgewiesenen Stammkapitals aus. Eine Kapitalherabsetzung ist daher nicht erforderlich.

Oder:
4. Das Stammkapital der Gesellschaft wird von €... um €... auf €... herabgesetzt.
Die Kapitalherabsetzung erfolgt zum Ausgleich des Spaltungsverlustes in Höhe von € ... im Wege einer vereinfachten Kapitalherabsetzung gemäß §§ 139 UmwG, 58a ff. GmbHG. Sie dient der Anpassung des Stammkapitals, da das nach Spaltung der A-GmbH verbleibende Vermögen das bisherige Stammkapital in Höhe von € ... nicht mehr deckt und die A-GmbH in ihrer Bilanz

auch keine Beträge in Gewinn- und Kapitalrücklagen ausweist. Ein Gewinnvortrag besteht auch nicht.

Die Kapitalherabsetzung erfolgt durch Herabsetzung des Nennbetrags des Geschäftsanteils, so dass nach erfolgter Herabsetzung X einen Geschäftsanteil im Nennbetrag von €... innehat.

5. Dementsprechend wird §... der Satzung wie folgt neu gefasst:

„§ ......

Das Stammkapital der Gesellschaft beträgt € ...... (in Worten: Euro ......).

Damit ist die Gesellschafterversammlung der A-GmbH beendet.

V. Verzichts- und Zustimmungserklärungen

X, handelnd als einzelvertretungsberechtigter und von den Beschränkungen des § 181 BGB befreiter Geschäftsführer der A-GmbH und im eigenen Namen, erklärt weiter:
1. Auf die Erstellung eines Spaltungsberichts, auf die Prüfung des Spaltungsplans und auf die Erstellung eines Prüfungsberichts wird gemäß §§ 125, 127, 8 Abs. 3, 9 Abs. 3, 12 Abs. 3 UmwG unwiderruflich verzichtet.
2. Ebenso wird ausdrücklich auf ein Abfindungsangebot gemäß §§ 125, 29 UmwG sowie auf etwa bestehende Rechte zum Widerspruch gegen die Zustimmungsbeschlüsse, ihre Anfechtung und zur Klage gegen die Wirksamkeit dieser Beschlüsse verzichtet.
3. Vorsorglich wird gem. § 128 UmwG zugestimmt, sollte es sich um eine nicht verhältniswahrende Spaltung handeln.

VI. Hinweise

Der Notar wies den Erschienenen darauf hin, dass
- zum Vollzug dieser Urkunde gesonderte Handelsregisteranmeldungen bei der übertragenden und bei der neu gegründeten, übernehmenden Gesellschaft erforderlich sind,
- die der Spaltung zugrundegelegte Bilanz nicht auf einen Stichtag aufgestellt sein darf, der länger als acht Monate vor der Anmeldung zum Handelsregister liegt,
- die Spaltung erst mit der Eintragung im Handelsregister der übertragenden Gesellschaft wirksam wird,
- alle beteiligten Gesellschaften gem. § 133 UmwG gesamtschuldnerisch haften,

(wenn eine Kapitalherabsetzung erfolgt:
- wegen der vereinfachten Kapitalherabsetzung Zahlungen an die gesellschafter und Gewinnausschüttungen unzulässig bzw. beschränkt sind.)

Auf die **Anlagen 1 bis mit 6 und 8** wird verwiesen.

§ 18 5. Teil. Spaltung

Diese Niederschrift nebst Anlagen 1 bis mit 6 und 8 wurde den Erschienenen vom Notar vorgelesen,[405] die Anlage 7 wurde zur Durchsicht vorgelegt, alles wurde von den Erschienenen genehmigt und von ihnen und dem Notar eigenhändig wie folgt unterschrieben:

Handelsregisteranmeldung der neu errichteten, übernehmenden Gesellschaft

208 B UR. Nr. ...... für ......

An das
Amtsgericht
– Handelsregister –
Musterort

HR B

Neugründung der Gesellschaft unter der Firma B-GmbH

Wir X und Y,

handelnd

a) in unserer Eigenschaft als je einzelvertretungsberechtigte Geschäftsführer der vorgenannten B-GmbH,[406]
b) X außerdem in seiner Eigenschaft als einzelvertretungsberechtigter Geschäftsführer der A-GmbH mit Sitz in Musterort, eingetragen im Handelsregister des Amtsgerichts Musterort,[407]

I.

melden zur Eintragung in das Handelsregister an:
1. Die A-GmbH mit Sitz in Musterort, eingetragen im Handelsregister des Amtsgerichts Musterort HR B 123, hat teilweise im Wege der Abspaltung zur Neugründung gemäß § 123 Abs. 2 Nr. 2 UmwG und teilweise im Wege der Ausgliederung zur Neugründung gemäß § 123 Abs. 3 Nr. 2 UmwG durch Übetragung eines Teils ihres Vermögens eine Gesellschaft mit beschränkter Haftung unter der Firma B-GmbH gegründet.
Sitz der B-GmbH ist Musterort.
2. Zu ersten Geschäftsführern der B-GmbH wurden wir, X und Y bestellt. Wir sind stets einzelvertretungsberechtigt, auch wenn mehrere Geschäftsführer bestellt sind, und von den Beschränkungen des § 181 BGB befreit.

---

[405] Gegebenenfalls kommt für die Anlagen 1 bis mit 6 auch ein Verweis nach § 14 BeurkG in Betracht.
[406] Die Versicherungen sind höchstpersönlich abzugeben.
[407] Gemäß § 137 I UmwG erfolgt die Anmeldung des neu gegründeten Rechtsträgers durch das Organ des übertragenden Rechtsträgers.

§ 18. Spaltungsrechtliche Regelungen § 18

3. Die allgemeine Bestimmung im Gesellschaftsvertrag über die Vertretung der Gesellschaft lautet wie folgt:[408]
Die Gesellschaft hat einen oder mehrere Geschäftsführer. Ist nur ein Geschäftsführer bestellt, vertritt er die Gesellschaft allein. Sind mehrere Geschäftsführer bestellt, wird die Gesellschaft durch zwei Geschäftsführer gemeinschaftlich oder durch einen Geschäftsführer in Gemeinschaft mit einem Prokuristen vertreten. Die Gesellschafterversammlung kann einzelnen oder allen Geschäftsführern Einzelvertretungsbefugnis erteilen und/oder sie von den Beschränkungen des § 181 BGB befreien.
4. Die Geschäftsräume der GmbH befinden sich in (Adresse). Diese Anschrift wird zugleich als inländische Geschäftsanschrift der GmbH angemeldet.

II.

Wir überreichen als Anlagen:
1. Ausfertigung der Niederschrift vom (Datum) – UR. Nr. ...... des Notars ...... in (Ort) – enthaltend:
   – den Spaltungs- und Ausgliederungsplan,
   – den Gesellschaftsvertrag der neu errichteten B-GmbH
   – den Beschluss über die Bestellung der ersten Geschäftsführer der B-GmbH
   – die Zustimmungsbeschlüsse des Gesellschafters der A-GmbH
   – die Verzichtserklärungen des Gesellschafters der A-GmbH und der A-GmbH auf etwa bestehende Rechte zum Widerspruch gegen die Zustimmungsbeschlüsse, ihre Anfechtung und zur Klage gegen die Wirksamkeit des Spaltungsbeschlusses (§ 16 Abs. 2 UmwG),
   – die Verzichtserklärungen des Gesellschafters der A-GmbH und der A-GmbH auf die Erstellung eines Spaltungsberichts, der Spaltungsprüfung und eines Prüfberichts gemäß § 125 iVm §§ 8 Abs. 3, 9 Abs. 3, 12 Abs. 3 UmwG,
   – die Zustimmungserklärung nach § 128 UmwG,
   – die Schlussbilanz der A-GmbH zum (Datum),[409]
2. die Liste der Gesellschafter,[410]
3. Unterlagen über die Werthaltigkeit der übertragenen Vermögensteile,
4. den Sachgründungsbericht vom (Datum).

---

[408] Je nach Bestimmung in der GmbH-Satzung.
[409] Ein Beifügen ist hier zwar nicht nach §§ 125 Satz 1, 17 II UmwG, ggf. aber zwecks Möglichkeit der Überprüfung der Werthaltigkeit nötig. Allerdings ist nicht in jedem Fall die Schlussbilanz dazu geeignet, die Werthaltigkeit nachzuweisen; dann wären andere Werthaltigkeitsnachweise (zB Abspaltungsbilanzen) beizufügen.
[410] Diese Liste gem. § 8 I Nr. 3 GmbHG ist eine von den Geschäftsführern der B-GmbH zu unterzeichnende Liste.

III.

Wir erklären weiterhin:
1. Keine der beteiligten Gesellschaften hat einen Betriebsrat.
2. Die Zustimmung nach § 128 UmwG ist vorsorglich erteilt. Weitere Besondere Zustimmungserklärungen einzelner Anteilsinhaber sind nicht erforderlich.
3. Staatliche Genehmigungen sind nicht erforderlich.

IV.

Wir versichern, dass keine Umstände vorliegen, aufgrund deren wir nach § 6 Abs. 2 GmbH-Gesetz von dem Amt als Geschäftsführer ausgeschlossen wären:
1. Keiner von uns unterliegt einer Betreuung und/oder bei der Besorgung seiner Vermögensangelegenheiten ganz oder teilweise einem Einwilligungsvorbehalt (§ 1903 des Bürgerlichen Gesetzbuchs).
2. Uns ist weder aufgrund eines gerichtlichen Urteils noch durch eine vollziehbare Entscheidung einer Verwaltungsbehörde untersagt, irgendeinen Beruf, einen Berufszweig, ein Gewerbe oder einen Gewerbezweig auszuüben.
3. Keiner von uns wurde jemals wegen einer oder mehrerer Straftaten
   a) des Unterlassens der Stellung des Antrages auf Eröffnung des Insolvenzverfahrens (Insolvenzverschleppung),
   b) nach den §§ 283 bis 283d des Strafgesetzbuchs (Insolvenzstraftaten),
   c) der falschen Angaben nach § 82 GmbH-Gesetz oder § 399 des Aktiengesetzes,
   d) der unrichtigen Darstellung nach § 400 des Aktiengesetzes, § 331 des Handelsgesetzbuchs, § 313 des Umwandlungsgesetzes oder § 17 des Publizitätsgesetzes oder
   e) nach den §§ 263 bis 264a oder den §§ 265b bis 266a des Strafgesetzbuchs,
   verurteilt, weder im Inland noch im Ausland auch nicht wegen einer Tat, die mit den vorgenannten Taten vergleichbar ist.
   Wir wurden von dem beglaubigenden Notar darüber belehrt, dass wir dem Handelsregister gegenüber unbeschränkt auskunftspflichtig sind.

Wir versichern weiter, dass eine Klage gegen die Wirksamkeit des Umwandlungsbeschlusses nicht oder nicht fristgerecht erhoben worden ist und auf das Anfechtungsrecht außerdem verzichtet wurde.

Schließlich versichern wir, dass dem Übergang des Vermögens der A-GmbH auf die neu errichtete D-GmbH keine Hindernisse entgegenstehen, so dass es sich ab dem Zeitpunkt der Eintragung der

§ 18. Spaltungsrechtliche Regelungen § 18

Spaltung im Handelsregister endgültig zu unserer freien Verfügung als Geschäftsführer befindet.[411]

(Ort, Datum)
(Unterschriftsbeglaubigung)

Handelsregisteranmeldung der übertragenden Gesellschaft

UR. Nr. ...... für ...... 208 C
An das
Amtsgericht
– Handelsregister –
Musterort
HR B 123
A-GmbH
Ich, X,
handelnd in meiner Eigenschaft als einziger[412] und einzelvertretungsberechtigter Geschäftsführer der vorgenannten A-GmbH,

I.

melde zur Eintragung in das Handelsregister an:
1. Die A-GmbH hat teilweise im Wege der Abspaltung zur Neugründung gemäß § 123 Abs. 2 Nr. 2 UmwG und teilweise im Wege der Ausgliederung zur Neugründung gemäß § 123 Abs. 3 Nr. 2 UmwG durch Übertragung eines Teils ihres Vermögens eine Gesellschaft mit beschränkter Haftung unter der Firma B-GmbH gegründet.
Evtl.:
2. Das Stammkapital der A-GmbH ist zur Durchführung der Spaltung von € ... um € ... auf € ... im Wege der vereinfachten Kapitalherabsetzung nach §§ 139 UmwG, 58a ff. GmbHG herabgesetzt worden. Der Gesellschaftsvertrag der A-GmbH wurde in § ... entsprechend geändert.

II.

Ich überreiche als Anlagen:

---

[411] Ob auch diese Versicherung nach § 8 II GmbHG abzugeben ist, ist umstritten. Die hM hält sie nicht für erforderlich, höchstrichterliche Rspr. fehlt.
[412] Die Kapitalherabsetzung ist durch sämtliche Geschäftsführer der übertragenden Gesellschaft anzumelden (str.), die Spaltung nur durch Geschäftsführer in vertretungsberechtigter Zahl.

Brünger

§ 18 5. Teil. Spaltung

1. Ausfertigung der Niederschrift vom (Datum) – UR. Nr. ...... des Notars ...... in (Ort) – enthaltend:
   - den Spaltungs- und Ausgliederungsplan,
   - die Zustimmungsbeschlüsse des Gesellschaftes der A-GmbH
   - die Verzichtserklärungen des Gesellschafters der A-GmbH und der A-GmbH auf etwa bestehende Rechte zum Widerspruch gegen die Zustimmungsbeschlüsse, ihre Anfechtung und zur Klage gegen die Wirksamkeit des Spaltungsbeschlusses (§ 16 Abs. 2 UmwG),
   - die Verzichtserklärungen des Gesellschafters der A-GmbH und der A-GmbH auf die Erstellung eines Spaltungsberichts, der Spaltungsprüfung und eines Prüfberichts gemäß § 125 iVm §§ 8 Abs. 3, 9 Abs. 3, 12 Abs. 3 UmwG,
   - die Zustimmungserklärung nach § 128 UmWG,
   - die Schlussbilanz der C-GmbH zum (Datum),
   Evtl.
   - den Kapitalherabsetzungsbeschluss und den Beschluss über die entsprechende Änderung des Gesellschaftsvertrages,
2. den vollständigen Wortlaut des Gesellschaftsvertrages mit der Bescheinigung des Notars gem. § 54 Abs. 1 GmbHG.

III.

Ich erkläre weiterhin:
1. Keine der beteiligten Gesellschaften hat einen Betriebsrat.
2. Die Zustimmung nach § 128 UmwG ist vorsorglich erteilt. Weitere Besondere Zustimmungserklärungen einzelner Anteilsinhaber sind nicht erforderlich.
3. Staatliche Genehmigungen sind nicht erforderlich.

IV.

Ich versichere nach Maßgabe des § 140 UmwG, dass die durch Gesetz und Gesellschaftsvertrag vorgesehenen Voraussetzungen für die Gründung der Gesellschaft unter Berücksichtigung der Abspaltung im Zeitpunkt dieser Anmeldung vorliegen.

Ich versichere weiter, dass eine Klage gegen die Wirksamkeit des Umwandlungsbeschlusses nicht oder nicht fristgerecht erhoben worden ist und auf das Anfechtungsrecht außerdem verzichtet wurde.

Evtl.:
Im Hinblick auf § 139 Satz 2 UmwG wird zunächst um Eintragung der Kapitalherabsetzung nebst Satzungsänderung gebeten.

(Ort, Datum)

(Unterschriftsbeglaubigung)

§ 18 Spaltungsrechtliche Regelungen § 18

Fall: (Ausgliederung aus dem Vermögen eines Einzelkaufmannes auf eine GmbH zur Neugründung)

Der Einzelkaufmann A beabsichtigt, sein Unternehmen aus seinem Vermögen auszugliedern. Das Unternehmen soll in eine noch zu gründende GmbH eingebracht werden.

209

Hierzu folgende Muster:
- Ausgliederungsplan, Rn. 209 A
- Gesellschaftsvertrag der neu gegründeten Gesellschaft, Rn. 209 B
- Handelsregisteranmeldung der neu errichteten, übernehmenden Gesellschaft, Rn. 209 C
- Handelsregisteranmeldung des übertragenen einzelkaufmännischen Unternehmens, Rn. 209 D

Ausgliederung aus dem Vermögen des Einzelkaufmanns auf eine GmbH zur Neugründung, §§ 123 ff., 135 ff., 152, 158 ff. UmwG, Ausgliederungsplan

UR. Nr. ...... für ......   209 A
Verhandelt
zu Musterort am ......
Vor mir, ...
                Notar

für den Oberlandesgerichtsbezirk Musterort, mit dem Amtssitz in Musterort, erschien, ausgewiesen durch Vorlage seines Bundespersonalausweises:

A

Der Erschienene erklärte:

I. Vorbemerkungen

1. Im Handelsregister des Amtsgerichts Musterort ist unter HR A 123 das einzelkaufmännische Unternehmen unter der Firma „A" mit Sitz in Musterort eingetragen.[413]
2. Ich, der Erschienene bin der alleinige Inhaber dieses Unternehmens.
3. Auch unter Berücksichtigung meines Privatvermögens übersteigen meine Verbindlichkeiten mein Vermögen nicht.[414]
4. Aus meinem Vermögen soll das einzelkaufmännische Unternehmen[415] auf die neu zu gründende A-GmbH ausgegliedert werden.

---

[413] Die Eintragung im Handelsregister ist gem. § 152 Satz 1 UmwG Voraussetzung der Ausgliederung; es genügt aber, wenn die Eintragung des eK bei Eintragung der Ausgliederung vorliegt.

[414] Die hM verlangt wegen § 152 Satz 2 UmwG eine solche Erklärung, jedenfalls in der Registeranmeldung.

[415] Es muss nicht notwendig das gesamte Unternehmen ausgegliedert werden; grds. ist der eK in der Wahl der auszugliedernden Gegenstände frei.

Brünger

II. Ausgliederungsplan

A als übertragender Rechtsträger stellt zugunsten der A-GmbH als übernehmendem Rechtsträger folgenden Ausgliederungsplan auf:

§ 1
Ausgliederung

A überträgt aus seinem Vermögen sein einzelkaufmännisches Unternehmen mit Sitz in Musterort, wie es in § 2 näher beschrieben ist, als Gesamtheit gemäß § 123 Abs. 3 Nr. 2 UmwG im Wege der Ausgliederung zur Neugründung auf die neu zu gründende A-GmbH mit Sitz in Musterort.

§ 2
Vermögensübertragung

1. A überträgt die nachfolgend in Ziff. 2 bezeichneten Teile seines Vermögens auf die A-GmbH als Gesamtheit mit allen Rechten und Pflichten im Wege der Ausgliederung zur Neugründung.
2. Hierbei handelt es sich um mein einzelkaufmännisches Unternehmen unter der Firma „A" und somit um folgende Vermögensgegenstände, die dem einzelkaufmännischen Unternehmen „A" wirtschaftlich zuzuordnen sind:
   a) <u>Grundbesitz:</u>
   der Grundbesitz, verzeichnet im Grundbuch des Amtsgerichts Musterort von Musterort Blatt ...... als Gemarkung ...... Flur ...... Flurstück ...... Betriebsgelände, groß ...... m², nebst allen aufstehenden Gebäulichkeiten, wesentlichen Bestandteilen und Zubehör;
   b) <u>Anlage- und Umlaufvermögen:</u>
   sämtliche beweglichen Gegenstände des Anlage- und Umlaufvermögens, die zum einzelkaufmännischen Unternehmen „A" gehören, also alle beweglichen Gegenstände, die sich auf dem in a) genannten Grundbesitz befinden und in der als **Anlage 1** zu dieser Urkunde genommenen Liste der Gegenstände des Umlauf- und Anlagevermögens genannt sind; zum Anlage- und Umlaufvermögen gehört das Alleineigentum, das Miteigentum und jede andere Beteiligung am Eigentum (insbesondere auch eine Beteiligung zur gesamten Hand), das dem A an diesen beweglichen Gegenständen zusteht, ebenso alle dem A daran zustehenden Rechte, insbesondere Anwartschaftsrechte;
   c) <u>Schuldverhältnisse:</u>
   sämtliche Schuldverhältnisse, die zum einzelkaufmännischen Unternehmen „A" gehören und die in der als **Anlage 2** zu dieser Urkunde genommenen Liste der Schuldverhältnisse genannt sind, insbesondere Dauerschuldverhältnisse wie z. B. Miet-, Leasing-, Versicherungs-, Werk- und Lieferverträge; zu

diesen Schuldverhältnissen gehören auch solche, die bedingt oder befristet oder noch nicht vollständig wirksam geworden sind, insbesondere auch solche, bei denen zugunsten des A bislang lediglich ein Angebot auf Abschluss eines Vertrages abgegeben worden ist;
d) Verbindlichkeiten:
sämtliche Verbindlichkeiten, die dem einzelkaufmännischen Unternehmen „A" zuzuordnen sind und die in der als **Anlage 3** zu dieser Urkunde genommenen Liste der Verbindlichkeiten genannt sind, insbesondere alle Schulden, Rückstellungen, Verlustrisiken aus schwebenden Geschäften sowie Steuerverbindlichkeiten, gleichgültig, welche Steuer sie betreffen;
e) Forderungen:
sämtliche Forderungen, die dem einzelkaufmännischen Unternehmen „A" zuzuordnen und in der als **Anlage 4** zu dieser Urkunde genommenen Liste der Forderungen genannt sind, insbesondere solche aus vertraglichen Beziehungen wie aus Guthaben auf Bank- und Girokonten, Lieferung und Leistung, Krediten aller Art, geleisteten Anzahlungen und Schadensersatzansprüchen, ebenso Forderungen gegenüber dem Finanzamt, gleichgültig, welche Steuer sie betreffen;
f) „All-Klausel":
sowie überhaupt alle Aktiva und Passiva, materiellen wie immateriellen Rechte, Ansprüche, Verbindlichkeiten, Pflichten, Sachen und Schuldverhältnisse, die im weitesten Sinne dem vorgenannten einzelkaufmännischen Unternehmen „A" rechtlich und/oder wirtschaftlich zuzuordnen sind, diesem Unternehmen dienen oder zu dienen bestimmt sind, und zwar unabhängig davon, ob die Vermögensposition bilanzierungsfähig ist oder nicht; sollte in den vorstehenden Buchstaben b) bis mit e)[416] eine Vermögensposition nicht ausdrücklich genannt oder in der zugehörigen Anlage enthalten sein, ist sie dennoch Gegenstand der Vermögensübertragung, wenn sie dem einzelkaufmännischen Unternehmen „A" im vorstehenden Sinne zugehörig ist;
g) Surrogate:
sämtliche Surrogate, die an die Stelle der vorgenannten Vermögenspositionen getreten sind, sollten diese bis zum Wirksamwerden der Spaltung im Rahmen des normalen Geschäftsverkehrs veräußert worden sein; ebenso alle etwa noch bis zum Wirksamwerden der Spaltung hinzutretenden Gegenstände, die im vorgenannten Sinne zum einzelkaufmännischen Unternehmen „A" gehören.
3. Bestehen über die Zuordnung der Vermögenswerte Zweifel, die auch nicht im Wege der Vertragsauslegung behoben werden kön-

---

[416] Wegen des Verweises auf § 28 GBO in § 126 II 2 UmwG dürfte hinsichtlich der Grundstücke und grundstücksgleichen Rechte eine All-Klausel nicht helfen.

nen, ist A gemäß § 315 BGB nach billigem Ermessen berechtigt, die Zuordnung vorzunehmen.

4. Sollte ein Recht oder ein Rechtsverhältnis mangels Übertragbarkeit bei A verbleiben, stellen sich übertragender und übernehmender Rechtsträger im Innenverhältnis so, als sei es dennoch übergegangen. Gleiches gilt für Verbindlichkeiten, deren Übertragung scheitert.[417]

§ 3
Bilanzstichtag, Spaltungsstichtag

1. Der Ausgliederung zur Neugründung wird die Bilanz des einzelkaufmännischen Unternehmens „A" zum (Datum) als Schlussbilanz zugrunde gelegt. Ein Exemplar dieser festgestellten und unterzeichneten Bilanz nebst Gewinn- und Verlustrechnung und dem uneingeschränkten Bestätigungsvermerk des Abschlussprüfers vom (Datum) ist dieser Niederschrift – lediglich zu Dokumentationszwecken – als **Anlage 5** beigefügt.[418]
2. Die Ausgliederung soll mit Wirkung von der Eintragung in das Handelsregister des übertragenden Rechtsträgers an wirksam sein.

Die Übernahme des Vermögens des übertragenden Rechtsträgers erfolgt im Innenverhältnis mit Wirkung zum Ablauf des (Datum). Vom (Datum), 0.00 Uhr an (Spaltungsstichtag) gelten alle Handlungen und Geschäfte des einzelkaufmännischen Unternehmens „A", soweit sie das an die A-GmbH übertragene Vermögen betreffen, als mit Wirkung für diese vorgenommen.

§ 4
Neu gegründete, übernehmende Gesellschaft

1. Die übernehmende Gesellschaft, die durch die Ausgliederung zur Neugründung ensteht, führt die Firma „A-GmbH".
2. Sie hat ihren Sitz in Musterort.
3. A stellt für die A-GmbH den als **Anlage 6** zu dieser Urkunde genommenen Gesellschaftsvertrag fest.

§ 4
Gegenleistung, Abfindungsangebot

1. Die A-GmbH gewährt A als Gegenleistung für die vorstehende Vermögensübertragung einen Geschäftsanteil an der A-GmbH im

---

[417] Durch die ersatzlose Aufhebung der §§ 131 I Nr. 1 Satz 2, 132 UmwG gehen lediglich höchstpersönliche Rechte nicht über. Da der übertragende Rechtsträger bei der Ausgliederung nicht erlischt, verbleiben sie bei ihm.

[418] Das Beifügen als Anlage zum Ausgliederungsplan ist grds. nicht zwingend, erst recht nicht als echte Anlage iSd BeurkG. Etwas anderes gilt nur, wenn die Bilanz gem. § 126 II 3 UmwG Grundlage für die Bezeichnung der übertragenen Vermögensgegenstände ist. Der Anmeldung zum Handelsregister des übertragenden Rechtsträgers hingegen ist die Schlussbilanz zwingend als Anlage beizufügen, §§ 125 Satz 1, 17 II UmwG.

Nennbetrag von €.... und zwar kostenfrei mit dem Gewinnbezugsrecht ab dem (Datum). Der Geschäftsanteil ist mit keinen Besonderheiten ausgestattet. Soweit der Wert des übertragenen Vermögens den Nennbetrag des neu ausgegebenen Geschäftsanteils übersteigt, ist dieser Differenzbetrag in die Kapitalrücklage der A-GmbH einzustellen.[419] Eine Vergütung des Differenzbetrages ist nicht geschuldet. Bare Zuzahlungen erfolgen nicht.
2. Da es sich um eine Ausgliederung handelt, entfallen Angaben gem. § 126 Abs. 1 Nrn. 3, 4 und 10 UmwG.
3. Ein Abfindungsangebot ist gemäß § 125 Satz 1 UmwG nicht erforderlich.[420]

§ 6
Besondere Rechte oder Vorteile

1. Keiner der in § 126 Abs. 1 Ziff. 7 UmwG genannten Personen stehen am übertragenden Rechtsträger besondere Rechte zu bzw. sind am übernehmenden Rechtsträger besondere Rechte im Sinne dieser Vorschrift gewährt worden.
2. Keiner der in § 126 Abs. 1 Ziff. 8 UmwG genannten Personen ist ein Vorteil im Sinne dieser Vorschriften im Zusammenhang mit der Aufspaltung gewährt worden.

§ 7
Folgen der Ausgliederung für Arbeitnehmer und ihre Vertretungen

1. Die Ausgliederung hat keine Auswirkungen auf die Arbeitnehmer oder ihre Vertreter bei den beteiligten Rechtsträgern.
2. Das einzelkaufmännische Unternehmen „A" hat keine Arbeitnehmer und folglich auch keine Arbeitnehmervertretung. Es existieren auch keine Ausschüsse, Organe oder sonstige Gremien, zu deren Mitgliedern Arbeitnehmer gehören, insbesondere kein Wirtschaftsausschuss und kein Aufsichtsrat.

§ 8
Ausgliederungsbericht und -prüfung

Ein Ausgliederungsbericht ist gemäß §§ 158, 153 UmwG nicht erforderlich. Eine Ausgliederungsprüfung findet gemäß § 125 S. 2 UmwG nicht statt.[421]

---

[419] Da § 54 IV UmwG nicht gilt, wäre es wohl auch zulässig, diesen Überschuss der GmbH als Darlehen zu gewähren, vgl. OLG München, Beschluss vom 15.11.2011, 31 Wx 482/11 (für den Fall einer Ausgliederung zur Aufnahme).
[420] § 29 UmwG findet danach bei der Ausgliederung keine Anwendung.
[421] Ein Sachgründungsbericht ist jedoch nach § 138 UmwG stets erforderlich, vgl. Muster 205 C.

§ 9
Sonstiges, Kosten

1. A ist Eigentümer des in § 2 Ziff. 2a) bezeichneten Grundbesitzes. Der Erschienene, handelnd wie angegeben, bewilligt und beantragt bereits jetzt die Berichtigung dieses Grundbuchs dahingehend, dass die A-GmbH anstelle des A als Eigentümerin/Berechtigte eingetragen wird.
Der beurkundende Notar ist befugt, Anträge aus dieser Urkunde einzeln und eingeschränkt zu stellen und sie in gleicher Weise wieder zurückzuziehen.
2. Zum abgespaltenen Vermögen gehören keine Beteiligungen an GmbHs.[422]
3. Die durch den vorliegenden Vertrag und seine Durchführung entstehenden Kosten trägt für den Fall der Durchführung der Ausgliederung die A-GmbH, ansonsten A.
Anfallende Steuern und Grundbuchkosten trägt der übernehmende Rechtsträger für seinen Erwerb.

§ 10
Ausgliederungsbeschluss

Ein Ausgliederungsbeschluss nach §§ 125 Satz 1, 13 UmwG ist nicht erforderlich, da A Alleininhaber des Einzelunternehmens A ist und Alleingesellschafter der A GmbH sein wird.

III. Gesellschafterversammlung der A-GmbH

Als Gründer der neu zu errichtenden A-GmbH hält A hiermit unter Verzicht auf die Einhaltung aller Formen und Fristen für die Einberufung und Abhaltung einer Gesellschafterversammlung eine erste

Gesellschafterversammlung

der A-GmbH ab und beschließt mit allen Stimmen einstimmig was folgt:
Zum ersten Geschäftsführer der A-GmbH werde ich, A bestellt. Ich bin stets einzelvertetungsberechtigt und von den Beschränkungen des § 181 BGB befreit.
Damit ist die Gesellschafterversammlung der A-GmbH beendet.

IV. Hinweise

Der Notar wies den Erschienenen darauf hin, dass
– zum Vollzug dieser Urkunde gesonderte Handelsregisteranmeldungen beim übertragenden und beim übernehmenden Rechtsträger erforderlich sind und der Anmeldung ein erweiterter Sach-

---

[422] Andernfalls ist das Einreichen einer neuen Gesellschafterliste zum Handelsregister auch für diese GmbHs veranlasst.

gründungsbericht (§ 159 Abs. 1, § 58 Abs. 1 UmwG) beigefügt werden muss,
- die der Ausgliederung zugrundegelegte Bilanz nicht auf einen Stichtag aufgestellt sein darf, der länger als acht Monate vor der Anmeldung zum Handelsregister liegt,
- die Ausgliederung erst mit Eintragung im Handelsregister des A wirksam wird und diese Eintragung erst erfolgt, wenn die A-GmbH im Handelsregister eingetragen ist,
- der Erschienene neben der GmbH nach Maßgabe der §§ 156, 157 UmwG nach außen weiter haftet,
- die Vermögensübertragung, soweit sie Grundstücke zum Gegenstand hat, der Grunderwerbsteuer unterliegt.

Auf die **Anlagen 1 bis mit 4 und 6** wird verwiesen.

Diese Niederschrift nebst Anlagen 1 bis mit 4 und 6 wurde dem Erschienenen vom Notar vorgelesen,[423] die Anlage 5 wurde zur Durchsicht vorgelegt, alles wurde von dem Erschienenen genehmigt und von ihm und dem Notar eigenhändig wie folgt unterschrieben:

Gesellschaftsvertrag der neu gegründeten GmbH

Gesellschaftsvertrag 209 B

§ 1
Firma, Sitz der Gesellschaft

1. Die Firma der Gesellschaft lautet A-GmbH.
2. Der Sitz der Gesellschaft ist in Musterort.

§ 2
Gegenstand des Unternehmens

1. Gegenstand des Unternehmens ist ...
2. Die Gesellschaft ist zu allen Handlungen berechtigt, die unmittelbar oder mittelbar diesen Zwecken zu dienen geeignet sind. Zur Verwirklichung der Unternehmenszwecke kann sich die Gesellschaft Dritter bedienen.
3. Die Gesellschaft ist insbesondere berechtigt, Zweigniederlassungen und Geschäftsstellen im In- und Ausland zu errichten, mit gleichen oder ähnlichen Unternehmungen zusammenzuarbeiten, ähnliche Unternehmen zu errichten, zu erwerben oder sich an ähnlichen Unternehmen zu beteiligen.

---

[423] Gegebenenfalls kommt für einzelne Anlagen auch ein Verweis nach § 14 BeurkG in Betracht.

§ 3
Stammkapital, Stammeinlagen

1. Das Stammkapital der Gesellschaft beträgt € ... (in Worten: Euro ...).
2. A übernimmt einen Geschäftsanteil im Nennbetrag von € ...– lfd. Nr. 1. Die Stammeinlage ist nicht in Geld zu erbringen, sondern dadurch, dass A einen Teil seines Vermögens, nämlich das einzelkaufmännische Unternehmen unter der Firma „A", eingetragen im Handelsregister des Amtsgerichts Musterort unter HR A 123, im Wege der Ausgliederung zur Neugründung überträgt nach Maßgabe des Ausgliederungsplans vom (Datum) – UR. Nr. des Notars... in (Ort).

§ 4
Geschäftsjahr

Das Geschäftsjahr der Gesellschaft ist das Kalenderjahr. Das erste Geschäftsjahr beginnt mit der Eintragung der Gesellschaft in das Handelsregister und endet mit dem darauffolgenden 31. Dezember.

§ 5
Geschäftsführung und Vertretung

1. Die Gesellschaft hat einen oder mehrere Geschäftsführer, die durch die Gesellschafterversammlung bestellt und abberufen werden.
2. Ist nur ein Geschäftsführer bestellt, so vertritt dieser die Gesellschaft allein. Sind mehrere Geschäftsführer bestellt, so wird die Gesellschaft durch zwei Geschäftsführer gemeinsam oder durch einen Geschäftsführer gemeinsam mit einem Prokuristen vertreten. Die Gesellschafterversammlung kann auch bei Vorhandensein mehrerer Geschäftsführer einzelnen von ihnen oder allen Einzelvertretungsbefugnis erteilen und/oder sie von den Beschränkungen des § 181 BGB befreien.
3. Die Gesellschafterversammlung kann allen oder einzelnen Gesellschafter-Geschäftsführern gestatten, allgemein oder im Einzelfall auch außerhalb ihrer Geschäftsführertätigkeit im Geschäftszweig der Gesellschaft im eigenen oder fremden Namen, auf eigene oder für fremde Rechnung, unmittelbar oder mittelbar, direkt oder indirekt tätig zu werden. Die Befreiung vom Wettbewerbsverbot kann unentgeltlich erfolgen. Der Beschluss betreffend die Befreiung vom Wettbewerbsverbot bedarf einer Mehrheit von 2/3 der abgegebenen Stimmen. Die Teilvereinbarungen zu den Tätigkeitsbereichen können im Übrigen im Anstellungsvertrag niedergelegt werden. Die vorstehende Möglichkeit zur Befreiung vom Wettbewerbsverbot gilt entsprechend für Personen, die ausschließlich Gesellschafter im Sinne sogenannter beherrschender Gesellschafter und nicht gleichzeitig Geschäftsführer sind.

§ 18. Spaltungsrechtliche Regelungen § 18

4. Die Gesellschafterversammlung kann allen oder einzelnen Geschäftsführern gestatten, allgemein oder im Einzelfall auch außerhalb ihrer Geschäftsführertätigkeit im Geschäftszweig der Gesellschaft im eigenen oder fremden Namen, auf eigene oder für fremde Rechnung, unmittelbar oder mittelbar, direkt oder indirekt tätig zu werden. Der Beschluß bedarf einer Mehrheit von 2/3 der abgegebenen Stimmen.
5. Die Geschäftsführer haben unverzüglich nach Wirksamwerden jeder Veränderung in den Personen der Gesellschafter oder des Umfangs ihrer Beteiligung eine von ihnen unterschriebene Gesellschafterliste der Gesellschafter zum Handelsregister einzureichen. Die Veränderungen sind den Geschäftsführern schriftlich mitzuteilen und nachzuweisen. Als Nachweis sind im Allgemeinen entsprechende Urkunden in Urschrift oder beglaubigter Abschrift vorzulegen. Für den Nachweis der Erbfolge gilt § 35 GBO entsprechend. Nach Aufnahme der neuen Gesellschafterliste im Handelsregister haben die Geschäftsführer allen Gesellschaftern unverzüglich eine Abschrift der Gesellschafterliste an die in der Liste genannte Adresse zur Kenntnisnahme zu übersenden.
6. Die vorstehenden Regelungen zu den Ziffern 1.–5. gelten entsprechend auch für die Liquidatoren.

§ 6
Stimmrechtsausübung

Befinden sich mehrere Geschäftsanteile in der Hand eines Gesellschafters, so kann er sein Stimmrecht aus verschiedenen Geschäftsanteilen unterschiedlich ausüben.

§ 7
Jahresabschluss und Ergebnisverwendung

1. Der Jahresabschluss der Gesellschaft ist alljährlich innerhalb der gesetzlichen Fristen von der Geschäftsführung aufzustellen und den Gesellschaftern vorzulegen.
2. Jedes Jahr findet alsbald nach der Erstellung des Jahresabschlusses eine Gesellschafterversammlung statt, in welcher der Jahresabschluss den Gesellschaftern zur Genehmigung vorzulegen und zu erläutern ist.
3. Über die Feststellung des Jahresabschlusses und die Verwendung des Ergebnisses, insbesondere ob und inwieweit dieses auszuschütten, in Rücklage zu stellen oder vorzutragen ist, beschließen die Gesellschafter mit einfacher Mehrheit.

§ 8
Verfügung über Geschäftsanteile

Die Verfügung über Geschäftsanteile oder über Teile von Geschäftsanteilen insbesondere die Veräußerung und die Bestellung von Nieß-

§ 18   5. Teil. Spaltung

brauchrechten an Geschäftsanteilen bedarf der Zustimmung aller Gesellschafter.

§ 9
Teilung und Zusammenlegung von Geschäftsanteilen

Über die Teilung und Zusammenlegung von Geschäftsanteilen entscheidet die Gesellschafterversammlung mit einfacher Mehrheit der abgegebenen Stimmen. Die Zusammenlegung von Geschäftsanteilen ist nur dann zulässig, wenn der betroffene Gesellschafter zustimmt, die Einlagen auf die Geschäftsanteile in voller Höhe geleistet sind, keine Nachschusspflicht besteht, die Geschäftsanteile die gleichen Rechte vermitteln und nicht unterschiedlich belastet sind. Über die Gesellschafterversammlung ist eine Niederschrift zu erstellen. Eine Abschrift der Niederschrift ist unverzüglich der Geschäftsführung der Gesellschaft als Nachweis über die Veränderung der Beteiligungsverhältnisse zu übersenden, damit diese eine neue Gesellschafterliste zum Handelsregister einreichen kann.

§ 10
Kosten

Die Kosten der notariellen Beurkundung und der Anmeldung zur Eintragung im Handelsregister, die Gerichtskosten für die Eintragung und die Bekanntmachung trägt bis zur Höhe von insgesamt € ... die Gesellschaft. Der Restbetrag ist von den Gesellschaftern zu bezahlen.

Handelsregisteranmeldung der neu errichteten, übernehmenden Gesellschaft

209 C   UR. Nr. ...... für ......

An das

Amtsgericht

– Handelsregister –

Musterort

HR B – Neugründung der Gesellschaft unter der Firma A-GmbH

Ich, A,

handelnd

a) in meiner Eigenschaft als einziger[424] und einzelvertretungsberechtigter Geschäftsführer der neu errichteten, vorgenannten A-GmbH,

---

[424] Alle Versicherungen haben sämtliche Geschäftsführer der neuen GmbH abzugeben.

§ 18. Spaltungsrechtliche Regelungen § 18

b) als Inhaber des übertragenden Rechtsträgers, des einzelkaufmännischen Unternehmens „A" mit dem Sitz in Musterort, eingetragen im Handelsregister des Amtsgerichts Musterort unter HR A 123.[425]

I.

melde zur Eintragung in das Handelsregister an:
1. Ich habe im Wege der Ausgliederung zur Neugründung gemäß § 123 Abs. 3 Nr. 2 UmwG durch Übertragung meines einzelkaufmännischen Unternehmens „A" mit dem Sitz in Musterort eine Gesellschaft mit beschränkter Haftung unter der Firma A-GmbH gegründet. Sitz der Gesellschaft ist Musterort.
2. Zum ersten Geschäftsführer der A-GmbH wurde ich, A bestellt. Ich bin stets einzelvertretungsberechtigt, auch wenn mehrere Geschäftsführer bestellt sind, und von den Beschränkungen des § 181 BGB befreit.
3. Die allgemeine Bestimmung im Gesellschaftsvertrag über die Vertretung der Gesellschaft lautet wie folgt:[426]
Die Gesellschaft hat einen oder mehrere Geschäftsführer. Ist nur ein Geschäftsführer bestellt, vertritt er die Gesellschaft allein. Sind mehrere Geschäftsführer bestellt, wird die Gesellschaft durch zwei Geschäftsführer gemeinschaftlich oder durch einen Geschäftsführer in Gemeinschaft mit einem Prokuristen vertreten. Die Gesellschafterversammlung kann einzelnen oder allen Geschäftsführern Einzelvertretungsbefugnis erteilen und/oder sie von den Beschränkungen des § 181 BGB befreien.
4. Die Geschäftsräume der GmbH befinden sich in (Adresse). Diese Anschrift wird zugleich als inländische Geschäftsanschrift der GmbH angemeldet.

II.

Ich überreiche als Anlagen:
1. Ausfertigung der Niederschrift vom (Datum) – UR. Nr. ...... des Notars ...... in (Ort) – enthaltend:
 – den Ausgliederungsplan,
 – den Gesellschaftsvertrag der neu errichteten A-GmbH
 – den Beschluss über die Bestellung des ersten Geschäftsführers der A-GmbH,
 – die Schlussbilanz des einzelkaufmännischen Unternehmens „A" zum (Datum),[427]

---

[425] Anzumelden haben der eK und alle Geschäftsführer der neuen GmbH gemeinsam, § 160 UmwG, §§ 135 II, 78 GmbHG.
[426] Je nach Bestimmung in der GmbH-Satzung.
[427] Ein Beifügen ist hier zwar nicht nach §§ 125 Satz 1, 17 II UmwG, ggf. aber zwecks Möglichkeit der Überprüfung der Werthaltigkeit nötig. Allerdings ist nicht in jedem Fall die Schlussbilanz dazu geeignet, die Werthaltigkeit nach-

2. die Liste der Gesellschafter,[428]
3. Unterlagen über die Werthaltigkeit der übertragenenen Vermögensteile,
4. den Sachgründungsbericht vom (Datum).

III.

Ich erkläre weiterhin:
1. Ein Ausgliederungsbericht ist nach Maßgabe des § 153 UmwG nicht erforderlich. Eine Ausgliederungsprüfung und mithin ein Prüfungsbericht ist nach Maßgabe des § 125 UmwG nicht statthaft.
2. Eine Klage gegen die Wirksamkeit des Ausgliederungsplanes ist ausgeschlossen.
3. Das einzelkaufmännische Unternehmen hat keinen Betriebsrat.
4. Besondere Zustimmungserklärungen einzelner Anteilsinhaber sind nicht erforderlich.
5. Staatliche Genehmigungen sind nicht erforderlich.

IV.

Ich versichere, dass keine Umstände vorliegen, aufgrund deren ich nach § 6 Absatz 2 GmbH-Gesetz von dem Amt als Geschäftsführer ausgeschlossen wäre:
1. Ich unterliege weder einer Betreuung noch bei der Besorgung meiner Vermögensangelegenheiten ganz oder teilweise einem Einwilligungsvorbehalt (§ 1903 des Bürgerlichen Gesetzbuchs).
2. Mir ist weder aufgrund eines gerichtlichen Urteils noch durch eine vollziehbare Entscheidung einer Verwaltungsbehörde untersagt, irgendeinen Beruf, einen Berufszweig, ein Gewerbe oder einen Gewerbezweig auszuüben.
3. Ich wurde niemals wegen einer oder mehrerer Straftaten
   a) des Unterlassens der Stellung des Antrages auf Eröffnung des Insolvenzverfahrens (Insolvenzverschleppung),
   b) nach den §§ 283 bis 283d des Strafgesetzbuchs (Insolvenzstraftaten),
   c) der falschen Angaben nach § 82 GmbH-Gesetz oder § 399 des Aktiengesetzes,
   d) der unrichtigen Darstellung nach § 400 des Aktiengesetzes, § 331 des Handelsgesetzbuchs, § 313 des Umwandlungsgesetzes oder § 17 des Publizitätsgesetzes oder
   e) nach den §§ 263 bis 264a oder den §§ 265b bis 266a des Strafgesetzbuchs,

---

zuweisen; dann wären andere Werthaltigkeitsnachweise (zB Abspaltungsbilanzen) beizufügen.

[428] Diese Liste gem. § 8 I Nr. 3 GmbHG ist eine von den Geschäftsführern der A-GmbH zu unterzeichnende Liste.

verurteilt, weder im Inland noch im Ausland auch nicht wegen einer Tat, die mit den vorgenannten Taten vergleichbar ist.

Ich wurde von dem beglaubigenden Notar darüber belehrt, dass ich dem Handelsregister gegenüber unbeschränkt auskunftspflichtig bin.

Ich versichere weiter, dass auch unter Berücksichtigung meines Privatvermögens meine Verbindlichkeiten mein Vermögen nicht übersteigen.[429]

Schließlich versichere ich, dass dem Übergang des einzelkaufmännischen Unternehmens auf die neu errichtete A-GmbH keine Hindernisse entgegenstehen, so dass es sich ab dem Zeitpunkt der Eintragung der Spaltung im Handelsregister endgültig zu meiner freien Verfügung als Geschäftsführer befindet.[430]

(Ort, Datum)
(Unterschriftsbeglaubigung)

Handelsregisteranmeldung des übertragenden einzelkaufmännischen Unternehmens

UR. Nr. ...... für ...... 209 D

An das
Amtsgericht
– Handelsregister –
Musterort

HR A 123 einzelkaufmännisches Unternehmen unter der Firma A
Ich, A,

I.

Melde zur Eintragung in das Handelsregister an:

Ich habe im Wege der Ausgliederung zur Neugründung gemäß § 123 Abs. 3 Nr. 2 UmwG durch Übertragung meines einzelkaufmännischen Unternehmens „A" mit dem Sitz in Musterort eine Gesellschaft mit beschränkter Haftung unter der Firma A-GmbH gegründet.
Die Firma „A" ist erloschen.

---

[429] Die hM verlangt wegen § 152 Satz 2 UmwG eine solche Erklärung. Dagegen gilt § 159 II, III UmwG nur für die Neugründung einer AG und auch dort nur gegenüber dem Prüfer, nicht gegenüber dem Handelsregister.
[430] Ob auch diese Versicherung nach § 8 II GmbHG abzugeben ist, ist umstritten, die hM hält sie nicht für erforderlich, höchstrichterliche Rspr. fehlt.

§ 18   5. Teil. Spaltung

II.

Ich überreiche als Anlage:
Ausfertigung der Niederschrift vom (Datum) – UR. Nr. .... des Notars ...... in (Ort) – enthaltend:
- den Ausgliederungsplan,
- die Schlussbilanz des einzelkaufmännischen Unternehmens „A" zum (Datum).

III.

Ich erkläre weiterhin:
1. Ein Ausgliederungsbericht ist nach Maßgabe des § 153 UmwG nicht erforderlich. Eine Ausgliederungsprüfung und mithin ein Prüfungsbericht ist nach Maßgabe des § 125 UmwG nicht statthaft.
2. Eine Klage gegen die Wirksamkeit des Ausgliederungsplanes ist ausgeschlossen.
3. Das einzelkaufmännische Unternehmen hat keinen Betriebsrat.
4. Besondere Zustimmungserklärungen einzelner Anteilsinhaber sind nicht erforderlich.
5. Staatliche Genehmigungen sind nicht erforderlich.

IV.

Ich versichere, dass auch unter Berücksichtigung meines Privatvermögens meine Verbindlichkeiten mein Vermögen nicht übersteigen.[431]

(Ort, Datum)

(Unterschriftsbeglaubigung)

Fall: (Ausgliederung aus dem Vermögen eines Einzelkaufmannes auf eine GmbH & Co. KG zur Aufnahme)

210   *Der Einzelkaufmann A beabsichtigt, sein einzelkaufmännisches Unternehmen aus seinem Vermögen auf seine GmbH & Co. KG auszugliedern, wobei er der alleinige Kommanditist der KG und Alleingesellschafter der Komplementär-GmbH ist. Durch die Ausgliederung ändert sich der Gegenstand der KG, außerdem soll deren Firma geändert werden.*

Hierzu folgende Muster:
– Ausgliederungsvertrag, Rn. 210 A
– Handelsregisteranmeldung der übernehmenden Gesellschaft, Rn. 210 B
– Handelsregisteranmeldung des übertragenden einzelkaufmännischen Unternehmens, Rn. 210 C

---

[431] Die hM verlangt wegen § 152 Satz 2 UmwG eine solche Erklärung. Dagegen gilt § 159 II, III UmwG nur für die Neugründung einer AG und auch dort nur gegenüber dem Prüfer, nicht gegenüber dem Handelsregister.

§ 18. Spaltungsrechtliche Regelungen § 18

Ausgliederung aus dem Vermögen des Einzelkaufmanns auf eine GmbH & Co. KG zur Aufnahme, §§ 123 ff., 1326 ff., 152, 153 ff. UmwG, Spaltungsvertrag

UR. Nr. ...... für ......   210 A
Verhandelt
zu Musterort am ......
Vor mir, ...
   Notar

für den Oberlandesgerichtsbezirk Musterort, mit dem Amtssitz in Musterort, erschien, ausgewiesen durch Vorlage seines Bundespersonalausweises:
A
handelnd
1) im eigenen Namen
2) als einzelvertretungsberechtigter und von den Beschränkungen des § 181 BGB befreiter Geschäftsführer der A Verwaltungs GmbH, eingetragen im Handelsregister des Amtsgerichts Musterort unter HRB 456, diese wiederum handelnd
   a) im eigenen Namen
   b) als einzelvertretungsberechtigte und von den Beschränkungen des § 181 BGB befreite persönlich haftende Gesellschafterin der A GmbH & Co. KG, eingetragen im Handelsregister des Amtsgerichts Musterort unter HRA 789.
Der amtierende Notar bescheinigt aufgrund heutiger Einsichtnahme in das Handelsregister des Amtsgerichts Musterort,
a) dass unter HRB 456 die A Verwaltungs GmbH mit Sitz in Musterort eingetragen ist und A als einzelvertretungsberechtigter und von den Beschränkungen des § 181 BGB befreiter Geschäftsführer zur Vertretung der A Verwaltungs GmbH berechtigt ist sowie
b) dass unter HRA 789 die A GmbH & Co. KG mit Sitz in Musterort, eingetragen ist und die A Verwaltungs GmbH mit Sitz in Musterort als einzelvertretungsberechtigte persönlich haftende Gesellschafterin zur Vertretung der A GmbH & Co. KG berechtigt ist.
Der Erschienene, handelnd wie angegeben, erklärte:

I. Vorbemerkungen

1. Im Handelsregister des Amtsgerichts Musterort ist unter HR A 123 das einzelkaufmännische Unternehmen unter der Firma „A" mit Sitz in Musterort eingetragen.[432]

---

[432] Die Eintragung im Handelsregister ist gem. § 152 Satz 1 UmwG Voraussetzung der Ausgliederung; es genügt aber, wenn die Eintragung des eK bei Eintragung der Ausgliederung vorliegt.

§ 18   5. Teil. Spaltung

Ich, der Erschienene, bin der alleinige Inhaber dieses Unternehmens.
Auch unter Berücksichtigung meines Privatvermögens übersteigen meine Verbindlichkeiten mein Vermögen nicht.[433]
2. Im Handelsregister des Amtsgerichts Musterort ist unter HRA 789 die A GmbH & Co. KG mit Sitz in Musterort eingetragen.
An der übernehmenden Gesellschaft, der A GmbH & Co. KG sind beteiligt:
a) die A Verwaltungs GmbH als alleinige Komplementärin. Sie hat keine Einlage erbracht und hat mithin keine Beteiligung am Festkapital.
b) A als alleiniger Kommanditist mit einem festen Kapitalanteil (zugleich Haftsumme) von € 100 000,–.
Das Festkapital der A GmbH & Co. KG beträgt demnach € 100 000,–.
Die Hafteinlage bei der A GmbH & Co. KG ist nach Angaben der Beteiligten voll erbracht.
Neben den Gesellschaftern A Verwaltungs GmbH und A gibt es keine weiteren Gesellschafter oder andere Berechtigte an dem übernehmenden Rechtsträger. Insbesondere gibt es keine Inhaber von Sonderrechten (etwa Inhaber von Anteilen ohne Stimmrecht, Wandelschuldverschreibungen, Gewinnschuldverschreibungen oder Genussrechten).
Der übernehmende Rechtsträger hält keine eigenen Anteile, weder unmittelbar noch mittelbar.
3. Mit diesem Vertrag soll das einzelkaufmännische Unternehmen[434] aus dem Vermögen des A auf die A-GmbH & Co. KG ausgegliedert werden.

II. Ausgliederungsvertrag

A als übertragender Rechtsträger und die A GmbH & Co. KG als übernehmender Rechtsträger schließen folgenden Ausgliederungsvertrag:

§ 1
Ausgliederung

A überträgt aus seinem Vermögen sein einzelkaufmännisches Unternehmen mit Sitz in Musterort, wie es in § 2 näher beschrieben ist, als Gesamtheit gemäß § 123 Abs. 3 Nr. 1 UmwG im Wege der Ausgliederung zur Aufnahme auf die A GmbH & Co. KG mit Sitz in Musterort.

---

[433] Die hM verlangt wegen § 152 Satz 2 UmwG eine solche Erklärung, jedenfalls in der Registeranmeldung.
[434] Es muss nicht notwendig das gesamte Unternehmen ausgegliedert werden; grds. ist der eK in der Wahl der auszugliedernden Gegenstände frei.

§ 18. Spaltungsrechtliche Regelungen § 18

§ 2
Vermögensübertragung

1. A überträgt die nachfolgend in Ziff. 2 bezeichneten Teile seines Vermögens auf die A-GmbH als Gesamtheit mit allen Rechten und Pflichten im Wege der Ausgliederung zur Neugründung.
2. Hierbei handelt es sich um das einzelkaufmännische Unternehmen unter der Firma „A" und somit um folgende Vermögensgegenstände, die dem einzelkaufmännischen Unternehmen wirtschaftlich zuzuordnen sind:
   a) Grundbesitz:
   der Grundbesitz, verzeichnet im Grundbuch des Amtsgerichts Musterort von Musterort Blatt ...... als Gemarkung ...... Flur ...... Flurstück ...... Betriebsgelände, groß ...... m², nebst allen aufstehenden Gebäulichkeiten, wesentlichen Bestandteilen und Zubehör;
   b) Anlage- und Umlaufvermögen:
   sämtliche beweglichen Gegenstände des Anlage- und Umlaufvermögens, die zum einzelkaufmännischen Unternehmen „A" gehören, also alle beweglichen Gegenstände, die sich auf dem in a) genannten Grundbesitz befinden und in der als **Anlage 1** zu dieser Urkunde genommenen Liste der Gegenstände des Umlauf- und Anlagevermögens genannt sind; zum Anlage- und Umlaufvermögen gehört das Alleineigentum, das Miteigentum und jede andere Beteiligung am Eigentum (insbesondere auch eine Beteiligung zur gesamten Hand), das dem A an diesen beweglichen Gegenständen zusteht, ebenso alle dem A daran zustehenden Rechte, insbesondere Anwartschaftsrechte;
   c) Schuldverhältnisse:
   sämtliche Schuldverhältnisse, die zum einzelkaufmännischen Unternehmen „A" gehören und die in der als **Anlage 2** zu dieser Urkunde genommenen Liste der Schuldverhältnisse genannt sind, insbesondere Dauerschuldverhältnisse wie z. B. Miet-, Leasing-, Versicherungs-, Werk- und Lieferverträge; zu diesen Schuldverhältnissen gehören auch solche, die bedingt oder befristet oder noch nicht vollständig wirksam geworden sind, insbesondere auch solche, bei denen zugunsten des A bislang lediglich ein Angebot auf Abschluss eines Vertrages abgegeben worden ist;
   d) Verbindlichkeiten:
   sämtliche Verbindlichkeiten, die dem einzelkaufmännischen Unternehmen „A" zuzuordnen sind und die in der als **Anlage 3** zu dieser Urkunde genommenen Liste der Verbindlichkeiten genannt sind, insbesondere alle Schulden, Rückstellungen, Verlustrisiken aus schwebenden Geschäften sowie Steuerverbindlichkeiten, gleichgültig, welche Steuer sie betreffen;

§ 18 5. Teil. Spaltung

e) Forderungen:
sämtliche Forderungen, die dem einzelkaufmännischen Unternehmen „A" zuzuordnen und in der als **Anlage 4** zu dieser Urkunde genommenen Liste der Forderungen genannt sind, insbesondere solche aus vertraglichen Beziehungen wie aus Guthaben auf Bank- und Girokonten, Lieferung und Leistung, Krediten aller Art, geleisteten Anzahlungen und Schadensersatzansprüchen, ebenso Forderungen gegenüber dem Finanzamt, gleichgültig, welche Steuer sie betreffen;
f) „All-Klausel":
sowie überhaupt alle Aktiva und Passiva, materiellen wie immateriellen Rechte, Ansprüche, Verbindlichkeiten, Pflichten, Sachen und Schuldverhältnisse, die im weitesten Sinne dem vorgenannten einzelkaufmännischen Unternehmen „A" rechtlich und/oder wirtschaftlich zuzuordnen sind, diesem Unternehmen dienen oder zu dienen bestimmt sind, und zwar unabhängig davon, ob die Vermögensposition bilanzierungsfähig ist oder nicht; sollte in den vorstehenden Buchstaben b) bis mit e)[435] eine Vermögensposition nicht ausdrücklich genannt oder in der zugehörigen Anlage enthalten sein, ist sie dennoch Gegenstand der Vermögensübertragung, wenn sie dem einzelkaufmännischen Unternehmen „A" im vorstehenden Sinne zugehörig ist;
g) Surrogate:
sämtliche Surrogate, die an die Stelle der vorgenannten Vermögenspositionen getreten sind, sollten diese bis zum Wirksamwerden der Spaltung im Rahmen des normalen Geschäftsverkehrs veräußert worden sein; ebenso alle etwa noch bis zum Wirksamwerden der Spaltung hinzutretenden Gegenstände, die im vorgenannten Sinne zum einzelkaufmännischen Unternehmen „A" gehören.
3. Bestehen über die Zuordnung der Vermögenswerte Zweifel, die auch nicht im Wege der Vertragsauslegung behoben werden können, ist A gemäß § 315 BGB nach billigem Ermessen berechtigt, die Zuordnung vorzunehmen.
4. Sollte ein Recht oder ein Rechtsverhältnis mangels Übertragbarkeit bei A verbleiben, stellen sich übertragender und übernehmender Rechtsträger im Innenverhältnis so, als sei es dennoch übergegangen. Gleiches gilt für Verbindlichkeiten, deren Übertragung scheitert.[436]
5. Die Vertragsbeteiligten stellen klar, dass es sich um eine Ausgliederung handelt, die im Sinne des § 155 UmwG das gesamte

---

[435] Wegen des Verweises auf § 28 GBO in § 126 II 2 UmwG dürfte hinsichtlich der Grundstücke und grundstücksgleichen Rechte eine All-Klausel nicht helfen.
[436] Durch die ersatzlose Aufhebung der §§ 131 I Nr. 1 Satz 2, 132 UmwG gehen lediglich höchstpersönliche Rechte nicht über. Da der übertragende Rechtsträger bei der Ausgliederung nicht erlischt, verbleiben sie bei ihm.

Unternehmen des Einzelkaufmanns erfasst, so dass die Eintragung der Ausgliederung nach § 131 UmwG das Erlöschen der vom Einzelkaufmann geführten Firma bewirkt.

§ 3
Bilanzstichtag, Spaltungsstichtag

1. Der Ausgliederung zur Aufnahme wird die Bilanz des einzelkaufmännischen Unternehmens „A" zum (Datum) als Schlussbilanz zugrunde gelegt. Ein Exemplar dieser festgestellten und unterzeichneten Bilanz nebst Gewinn- und Verlustrechnung und dem uneingeschränkten Bestätigungsvermerk des Abschlussprüfers vom (Datum) ist dieser Niederschrift – lediglich zu Dokumentationszwecken – als **Anlage 5** beigefügt.[437]
2. Die Ausgliederung soll mit Wirkung von der Eintragung in das Handelsregister des übertragenden Rechtsträgers an wirksam sein. Die Übernahme des Vermögens des übertragenden Rechtsträgers erfolgt im Innenverhältnis mit Wirkung zum Ablauf des (Datum). Vom (Datum), 0.00 Uhr an (Spaltungsstichtag) gelten alle Handlungen und Geschäfte des einzelkaufmännischen Unternehmens „A", soweit sie das an die A GmbH & Co. KG übertragene Vermögen betreffen, als mit Wirkung für diese vorgenommen.

§ 4
Gegenleistung, Abfindungsangebot

1. Die A GmbH & Co. KG gewährt A als Gegenleistung für die vorstehende Vermögensübertragung die Erhöhung seines Kommanditanteils (= Pflichteinlage = Haftsumme = Anteil am Festkapital der KG) im Nennbetrag von € ...... und zwar kostenfrei mit dem Gewinnbezugsrecht ab dem Beginn des (Datum) an. Die erhöhte Kommanditbeteiligung ist mit keinen Besonderheiten ausgestattet.
2. Durch die Gewährung des Erhöhungsbetrages von € .... erhöht sich der Kommanditanteil (= Pflichteinlage = Haftsumme = Anteil am Festkapital der KG) des A von € 100 000,– auf € ...... Ebenso erhöht sich das Festkapital der A GmbH & Co. KG von € 100 000,– um € .... auf € ......
3. Der Erhöhungsbetrag des Kommanditanteils wird zum Nennbetrag ausgegeben. Soweit der Wert des übertragenden Vermögens den Nennbetrag des Erhöhungsbetrags des Kommandit-

---

[437] Das Beifügen als Anlage zum Ausgliederungsplan ist grds. nicht zwingend, erst recht nicht als echte Anlage iSd BeurkG. Etwas anderes gilt nur, wenn die Bilanz gem. § 126 II 3 UmwG Grundlage für die Bezeichnung der übertragenen Vermögensgegenstände ist. Der Anmeldung zum Handelsregister des übertragenden Rechtsträgers hingegen ist die Schlussbilanz zwingend als Anlage beizufügen, §§ 125 Satz 1, 17 II UmwG.

§ 18

anteils übersteigt, ist dieser Differenzbetrag in die Kapitalrücklage der A GmbH & Co. KG einzustellen.[438] Eine Vergütung des Differenzbetrags ist nicht geschuldet. Bare Zuzahlungen erfolgen nicht.

4. Da es sich um eine Ausgliederung handelt, entfallen Angaben gem. § 126 Abs. 1 Nrn. 3, 4 und 10 UmwG.

5. Ein Abfindungsangebot ist gemäß § 125 Satz 1 UmwG nicht erforderlich.[439]

§ 5
Besondere Rechte oder Vorteile

1. Keiner der in § 126 Abs. 1 Ziff. 7 UmwG genannten Personen stehen am übertragenden Rechtsträger besondere Rechte zu bzw. sind am übernehmenden Rechtsträger besondere Rechte im Sinne dieser Vorschrift gewährt worden.
2. Keiner der in § 126 Abs. 1 Ziff. 8 UmwG genannten Personen ist ein Vorteil im Sinne dieser Vorschriften im Zusammenhang mit der Aufspaltung gewährt worden.

§ 6
Folgen für die Arbeitnehmer und ihre Vertretungen

1. Die bei A bestehenden Dienst- und Anstellungsverträge gehen gemäß § 324 UmwG in Verbindung mit § 613a Abs. 1 BGB unverändert in der Weise auf die A GmbH & Co. KG über, dass die Arbeitsverträge der bisher bei A beschäftigten Arbeitnehmer so behandelt werden, als seien diese Arbeitnehmer vom Beginn ihrer jeweiligen Arbeitsverhältnisse an bei der A GmbH & Co. KG beschäftigt gewesen. Die zeitliche Zusammenfassung der Arbeitsverhältnisse gilt insbesondere im Hinblick auf Kündigungsfristen der Arbeitsverträge und etwaige vertraglich mit A vereinbarte betriebliche Altersversorgungen der betroffenen Arbeitnehmer.
2. Der ausgegliederte Betrieb des übertragenden Rechtsträgers wird nach der Ausgliederung als Betrieb des übernehmenden Rechtsträgers fortgeführt. Die ausgegliederten Mitarbeiter des übertragenden Rechtsträgers behalten den gleichen Dienstort. Ihre Ihre Tätigkeit wird wie bisher auf dem Gebiet des .... liegen. Betriebsstillegungen, Betriebszusammenlegungen, Personalisierungen und/oder Versetzungen als mittelbare Folgen der Ausgliederung sind nicht beabsichtigt.
3. Weder bei A noch bei der A GmbH & Co. KG gibt es Arbeitnehmervertretungen.[440] Es existieren auch keine Ausschüsse, Organe

---

[438] Da § 54 Abs. 4 UmwG nicht gilt, wäre es wohl auch zulässig, diesen Überschuss der GmbH als Darlehen zu gewähren; vgl. OLG München, Beschluss vom 15.11.2011, 31 Wx 428/11.
[439] § 29 UmwG findet danach bei der Ausgliederung keine Anwendung.
[440] Beachte sonst § 5 III UmwG, vgl. Muster 374 A und B.

oder sonstige Gremien, zu deren Mitgliedern Arbeitnehmer gehören, insbesondere kein Wirtschaftsausschuss und kein Aufsichtsrat.
4. Der übernehmende Rechtsträger hat keine Arbeitnehmer. Das einzelkaufmännische Unternehmen unter der Firma A hat _____ Arbeitnehmer. Für sie gelten keine kollektivrechtlichen Bestimmungen, insbesondere keine Tarifverträge oder Betriebsvereinbarungen.
5. Auswirkungen kollektivrechtlicher Art, insbesondere tarifvertragliche oder mitbestimmungsrechtlicher Art, ergeben sich nicht.

§ 7
Ausgliederungsbericht und -prüfung

Ein Ausgliederungsbericht ist gemäß § 153 UmwG für den Einzelkaufmann, im Übrigen wegen Verzichts aller Anteilsinhaber gemäß §§ 127 Satz 2, § 8 Absatz 3 Alt. 1 nicht erforderlich.

Eine Ausgliederungsprüfung findet gemäß § 125 S. 2 UmwG nicht statt.

§ 8
Sonstiges, Kosten

1. A ist Eigentümer des in § 2 Ziff. 2a) bezeichneten Grundbesitzes. Der Erschienene, handelnd wie angegeben, bewilligt und beantragt bereits jetzt die Berichtigung dieses Grundbuchs dahingehend, dass die A GmbH & Co. KG anstelle des A als Eigentümerin/Berechtigte eingetragen wird.
Der beurkundende Notar ist befugt, Anträge aus dieser Urkunde einzeln und eingeschränkt zu stellen und sie in gleicher Weise wieder zurückzuziehen.
2. Zum abgespaltenen Vermögen gehören keine Beteiligungen an GmbHs.[441]
3. Die durch den vorliegenden Vertrag und seine Durchführung entstehenden Kosten trägt für den Fall der Durchführung der Ausgliederung die A GmbH & Co. KG, ansonsten A.
Anfallende Steuern und Grundbuchkosten trägt der übernehmende Rechtsträger für seinen Erwerb.

III. Gesellschafterversammlung der A GmbH & Co. KG

Die A Verwaltungs GmbH und A halten hiermit unter Verzicht auf die Einhaltung aller Formen und Fristen für die Einberufung und Abhaltung einer Gesellschafterversammlung, insbesondere unter Verzicht auf §§ 125, 42 UmwG, eine

---

[441] Andernfalls ist das Einreichen einer neuen Gesellschafterliste zum Handelsregister auch für diese GmbHs veranlasst.

§ 18   5. Teil. Spaltung

Gesellschafterversammlung
der A GmbH & Co. KG ab und beschließen mit allen Stimmen einstimmig bzw. vereinbaren was folgt:
1. Dem vorstehend in Teil A vereinbarten Ausgliederungsvertrag wird zugestimmt.
2. Zur Durchführung der vorgenannten Ausgliederung wird in Abänderung des Gesellschaftsvertrages die Kommanditeinlage (= Pflichteinlage = Haftsumme = Anteil am Festkapital der Gesellschaft) des A von bisher € 100 000,– um € .... auf € .... erhöht. Die erhöhte Kommanditeinlage nimmt am Ergebnis der Gesellschaft ab dem .... teil. Sie wird kostenfrei gewährt und ist mit keinen Besonderheiten ausgestattet. Entsprechend wird das Festkapital der Kommanditgesellschaft von € 100 000,– um € .... auf € .... erhöht.
3. Die erhöhte Kommanditeinlage wird zum Nennwert ausgegeben. Sie ist nicht in bar zu erbringen, sondern entsprechend des in Abschnitt II enthaltenen Vertrages durch Übertragung des einzelkaufmännischen Unternehmens unter der Firma A nach Maßgabe der §§ 152 ff. UmwG im Wege der Ausgliederung aus dem Vermögens des A zur Aufnahme in die A GmbH & Co. KG.
Der den Nennbetrag der erhöhten Kommanditeinlage übersteigende Betrag des ausgegliederten Vermögens wird in die Kapitalrücklage der Kommanditgesellschaft eingestellt. Eine Vergütung des Differenzbetrages ist nicht geschuldet.
4. A bleibt weiterhin Kommanditist der Gesellschaft.
5. Der Gegenstand der KG wird geändert. Er lautet nunmehr: ...
6. Die Firma der KG wird aufschiebend bedingt durch die Eintragung der Ausgliederung im Handelsregister und die Eintragung des Erlöschens des einzelkaufmännischen Unternehmens geändert. Sie lautet sodann: B GmbH & Co. KG.
A stimmt der Umfirmierung ausdrücklich zu.
Weitere Beschlüsse werden nicht gefasst. Die Gesellschafterversammlung ist damit beendet.

IV. Verzichtserklärungen

Nunmehr erklären A und die A Verwaltungs GmbH durch ihren einzelvertretungsberechtigten und von den Beschränkungen des § 181 BGB befreiten Geschäftsführer als sämtliche Anteilsinhaber aller beteiligten Rechtsträger:
1. Auf die Erstellung eines Ausgliederungsberichts, auf die Prüfung des Ausgliederungsvertrages und auf die Erstellung eines Prüfungsberichts wird gemäß §§ 125, 127, 8 Abs. 3, 9 Abs. 3, 12 Abs. 3 UmwG unwiderruflich verzichtet.
2. Ebenso wird ausdrücklich auf ein Abfindungsangebot gemäß §§ 125 Satz 1, 29 UmwG sowie auf etwa bestehende Rechte zur Verbesserung des Umtauschverhältnisses nach §§ 125, 15

§ 18. Spaltungsrechtliche Regelungen § 18

UmwG, etwa bestehende Rechte zum Widerspruch gegen die Zustimmungsbeschlüsse, zu ihrer Anfechtung und zur Klage gegen die Wirksamkeit dieser Beschlüsse insbesondere nach §§ 125, 16 Abs. 2 UmwG unwiderruflich verzichtet.

IV. Hinweise

Der Notar wies den Erschienenen darauf hin, dass
- zum Vollzug dieser Urkunde gesonderte Handelsregisteranmeldungen beim übertragenden und beim übernehmenden Rechtsträger erforderlich sind,
- die der Ausgliederung zugrundegelegte Bilanz nicht auf einen Stichtag aufgestellt sein darf, der länger als acht Monate vor der Anmeldung zum Handelsregister liegt,
- die Ausgliederung erst mit Eintragung im Handelsregister des übertragenden Rechtsträgers wirksam wird,
- der Erschienene neben der GmbH nach Maßgabe der §§ 156, 157 UmwG nach außen weiter haftet,
- die Vermögensübertragung, soweit sie Grundstücke zum Gegenstand hat, der Grunderwerbsteuer unterliegt.

Auf die **Anlagen 1 bis mit 4 und 6** wird verwiesen.

Diese Niederschrift nebst Anlagen 1 bis mit 4 und 6 wurde dem Erschienenen vom Notar vorgelesen,[442] die Anlage 5 wurde zur Durchsicht vorgelegt, alles wurde von dem Erschienenen genehmigt und von ihm und dem Notar eigenhändig wie folgt unterschrieben:

Handelsregisteranmeldung der übernehmenden Gesellschaft

UR. Nr. ...... für ...... 210 B

An das
Amtsgericht
– Handelsregister –
Musterort

HR A 789

Gesellschaft unter der Firma A GmbH & Co. KG

Ich, A,
handelnd
a) in meiner Eigenschaft als einzelvertretungsberechtigter und von den Beschränkungen des § 181 BGB befreiter Geschäftsführer der einzigen persönlich haftenden Gesellschafterin, nämlich der A Verwaltungs GmbH mit Sitz in Musterort,

---

[442] Gegebenenfalls kommt für einzelne Anlagen auch ein Verweis nach § 14 BeurkG in Betracht.

b) als einziger Kommanditist der A GmbH & Co. KG,
c) als Inhaber des übertragenden Rechtsträgers, des einzelkaufmännischen Unternehmens „A" mit dem Sitz in Musterort, eingetragen im Handelsregister des Amtsgerichts Musterort unter HR A 123

I.

melde zur Eintragung in das Handelsregister an:

Im Wege der Ausgliederung zur Aufnahme gemäß § 123 Abs. 3 Nr. 1, 152 ff UmwG durch Übertragung des einzelkaufmännischen Unternehmens A mit Sitz in Musterort wurde die Kommanditeinlage des Kommanditisten A von € 100 000,- um € .... auf € .... erhöht.

II.

Ich überreiche als Anlage:

Ausfertigung der Niederschrift vom (Datum) – UR. Nr. .... des Notars ...... in (Ort) – enthaltend:
- den Ausgliederungsvertrag,
  den Zustimmungsbeschluss der A Gmb
- die Schlussbilanz des einzelkaufmännischen Unternehmens „A" zum (Datum),[443]

III.

Ich erkläre weiterhin:
1. Ein Ausgliederungsbericht ist nach Maßgabe des § 153 UmwG nicht erforderlich. Eine Ausgliederungsprüfung und mithin ein Prüfungsbericht ist nach Maßgabe des § 125 UmwG nicht statthaft.
2. Ich erkläre, handelnd wie angegeben weiter, dass der Ausgliederungsbeschluss bis heute nicht angefochten worden ist und darüber hianus auf das Recht der Anfechtung dieses Beschlusses ausdrücklich verzichtet wurde (§ 16 Abs. 2 UmwG).
3. Das einzelkaufmännische Unternehmen hat keinen Betriebsrat.
4. Besondere Zustimmungserklärungen einzelner Anteilsinhaber sind nicht erforderlich.
5. Staatliche Genehmigungen sind nicht erforderlich.

---

[443] Ein Beifügen ist hier zwar nicht nach §§ 125 Satz 1, 17 II UmwG, ggf. aber zwecks Möglichkeit der Überprüfung der Werthaltigkeit nötig; allerdings ist nicht in jedem Fall die Schlussbilanz dazu geeignet, die Werthaltigkeit nachzuweisen, dann wären andere Werthaltigkeitsnachweise (zB Abspaltungsbilanzen) beizufügen.

IV.

Ich versichere, dass auch unter Berücksichtigung meines Privatvermögens meine Verbindlichkeiten mein Vermögen nicht übersteigen.[444]
Die inländische Geschäftsanschrift lautet unverändert: ......

(Ort, Datum)
(Unterschriftsbeglaubigung)

Handelsregisteranmeldung des übertragenden einzelkaufmännischen Unternehmens

UR. Nr. ...... für ......   210 C
An das
Amtsgericht
– Handelsregister –
Musterort
HR A 123 einzelkaufmännisches Unternehmen unter der Firma A
Ich, A,

I.

melde zur Eintragung in das Handelsregister an:
Ich habe im Wege der Ausgliederung zur Aufnahme gemäß § 123 Abs. 2 Nr. 2 UmwG das gesamte Vermögen der Einzelfirma als Gesamtheit auf die im Handelsregister des Amtsgerichts Musterort unter HRA 789 eingetragene A GmbH & Co. KG mit Sitz in Musterort als übernehmendem Rechtsträger übertragen.
Die Firma „A" ist erloschen.

II.

Ich überreiche als Anlage:
Ausfertigung der Niederschrift vom (Datum) – UR. Nr. ...... des Notars ...... in (Ort) – enthaltend:
– den Ausgliederungsvertrag,
– den Zustimmungsbeschluss der A GmbH & Co. KG zum Ausgliederungsvertrag
– die Schlussbilanz des einzelkaufmännischen Unternehmens „A" zum (Datum).

---

[444] Die h. M. verlangt wegen § 152 Satz 2 UmwG eine solche Erklärung. Dagegen gilt § 159 II, III UmwG nur für die Neugründung einer AG und auch dort nur gegenüber dem Prüfer, nicht gegenüber dem Handelsregister.

§ 18 5. Teil. Spaltung

III.

Ich erkläre weiterhin:
1. Ein Ausgliederungsbericht ist nach Maßgabe des § 153 UmwG nicht erforderlich. Eine Ausgliederungsprüfung und mithin ein Prüfungsbericht ist nach Maßgabe des § 125 UmwG nicht statthaft.
2. Ich erkläre weiter, dass der Ausgliederungsbeschluss bis heute nicht angefochten worden ist und darüber hinaus auf das Recht der Anfechtung dieses Beschlusses ausdrücklich verzichtet wurde (§ 16 Abs. 2 UmwG).
3. Das einzelkaufmännische Unternehmen hat keinen Betriebsrat.
4. Besondere Zustimmungserklärungen einzelner Anteilsinhaber sind nicht erforderlich.
5. Staatliche Genehmigungen sind nicht erforderlich.

IV.

Ich versichere, dass auch unter Berücksichtigung meines Privatvermögens meine Verbindlichkeiten mein Vermögen nicht übersteigen.[445]

(Ort, Datum)

(Unterschriftsbeglaubigung)

---

[445] Die hM verlangt wegen § 152 Satz 2 UmwG eine solche Erklärung. Dagegen gilt § 159 II, III UmwG nur für die Neugründung einer AG und auch dort nur gegenüber dem Prüfer, nicht gegenüber dem Handelsregister.

§ 19. Handelsbilanzielle Regelungen (HGB/IFRS)

Der Begriff der Spaltung umfasst die Aufspaltung gemäß § 123 I 1 UmwG, die Abspaltung gemäß § 123 II UmwG und die Ausgliederung nach § 123 III UmwG.[1] Die Spaltung stellt das spiegelbildliche Gegenstück zur Verschmelzung dar.[2] Bei der Verschmelzung geht es darum, aus zwei oder mehreren Rechtsträgern einen Rechtsträger entstehen zu lassen. Hingegen soll mit der Spaltung ein Rechtsträger in mehrere geteilt werden. Bei der Verschmelzung wird das Vermögen des übertragenden Rechtsträgers als ganzes übertragen. Demgegenüber können bei der Spaltung auch lediglich Teile eines Vermögens auf andere Rechtsträger transferiert werden.[3]

Infolge der spiegelbildlichen Verknüpfung bestehen rechtstechnisch viele 2 Parallelen zwischen der Verschmelzung und der Spaltung. Diese Parallelen schlagen sich in der handelsrechtlichen Rechnungslegung nieder.

Die Abbildung der Spaltung in der Handelsbilanz ist Gegenstand des 3 folgenden Abschnitts. Die steuerlichen Konsequenzen der Spaltung werden demgegenüber im Abschnitt § 20 dargestellt. Zu beachten ist, dass sich spezielle Vorschriften für die handelsrechtliche Rechnungslegung bei der Spaltung im UmwG nicht finden. Vielmehr sind auf die Spaltung gemäß § 125 Satz 1 UmwG auch die Vorschriften des § 17 II UmwG zur Bilanzierung beim übertragenden Rechtsträger sowie des § 24 UmwG zur Bilanzierung bei übernehmenden Rechtsträgern entsprechend anzuwenden. Insofern werden im Folgenden lediglich die Besonderheiten der handelsbilanziellen Abbildung der Spaltung erläutert. Angesichts der entsprechenden Anwendung der § 17 II, § 24 UmwG wird zur grundlegenden Darstellung der Bilanzierung bei Spaltung auf die Ausführungen zu handelsrechtlichen Rechnungslegung und Rechnungslegung nach IFRS bei der Verschmelzung verwiesen.[4]

Die umwandlungsrechtliche Bilanzierung von Spaltungsvorgängen ist 4 im Wesentlichen rechtsformunabhängig. Insofern wird bei der anschließenden Darstellung nicht nach der Rechtsform der beteiligten Rechtsträger differenziert. Soweit indes rechtsformspezifische Besonderheiten zu beachten sind, wird auf diese besonders hingewiesen. Ebenso wird auf die einzelnen Arten der Spaltung, dh auf die Aufspaltung, Abspaltung und Ausgliederung nur dann gesondert eingegangen, wenn eine getrennte Darstellung geboten ist.

I. Bilanzierung beim übertragenden Rechtsträger

1. Gebot zur Aufstellung einer Schlussbilanz

Gemäß § 125 UmwG iVm § 17 II UmwG hat der übertragende 5 Rechtsträger der Anmeldung der Spaltung zum zuständigen Register eine

---

[1] → § 18 Rn. 2 ff.
[2] BT-Drucks. 12/6699 S. 115.
[3] → § 18 Rn. 1 ff.
[4] Vgl. § 10.

Bilanz beizufügen. Mithin hat der spaltende, dh der übertragende Rechtsträger auf den umwandlungsrechtlichen Spaltungsstichtag eine Schlussbilanz aufzustellen. Keine Pflicht zur Aufstellung einer Schlussbilanz besteht indes für übertragende Rechtsträger, die nach den handelsrechtlichen Vorschriften nicht buchführungspflichtig sind.[5]

a) Fristenregelung

6 Die umwandlungsrechtliche **Schlussbilanz** ist regelmäßig auf den Spaltungsstichtag iSv § 126 I Nr. 6 UmwG aufzustellen. Allerdings kann der Spaltungsstichtag nach zum Teil im Schrifttum vertretener Auffassung auch vom Stichtag der Schlussbilanz abweichen.[6]

7 Der umwandlungsrechtliche Stichtag der Schlussbilanz darf nach § 17 II 4 UmwG höchstens acht Monate vor dem Tag der Registeranmeldung liegen. Dabei bezieht sich die Fristenregelung auf die Anmeldung beim Registergericht am Sitz des übertragenden Rechtsträgers. Nicht maßgebend ist die Anmeldung beim Registergericht für den übernehmenden Rechtsträger.[7]

8 Für die Einhaltung der Achtmonatsfrist des § 17 II 4 UmwG ist zudem die Regelung des § 130 I 1 UmwG zu beachten.[8] Danach darf die Spaltung erst dann in das Register des übertragenden Rechtsträgers eingetragen werden, wenn sie im Register des übernehmenden Rechtsträgers eingetragen worden ist. Grundsätzlich ist insofern die Spaltung zunächst zum Handelsregister des übernehmenden Rechtsträgers anzumelden. Erst nach Eintragung in das Handelsregister des übernehmenden Rechtsträgers kann dann die Spaltung zum Handelsregister des/der übertragenden Rechtsträger angemeldet werden. Diese Vorgehensweise kann indes zu erheblichen zeitlichen Verzögerungen führen. Diese zeitlichen Verzögerungen lassen sich durch die gleichzeitige Anmeldung der Spaltung sowohl zum Register des übernehmenden Rechtsträgers als auch zum Handelsregister des übertragenden Rechtsträgers vermeiden. Allerdings ist dann die Anmeldung zum Handelsregister des übertragenden Rechtsträgers durch die vorherige Eintragung bei dem übernehmenden Rechtsträger zu bedingen.[9]

b) Zweck der Schlussbilanz

9 Bei der Abspaltung sowie der Ausgliederung erscheint das Gebot zur Aufstellung einer Schlussbilanz zunächst unverständlich. Denn bei diesen Arten der Spaltung bleibt der übertragende Rechtsträger anders als bei der Aufspaltung nach dem Spaltungsvorgang weiter bestehen.

10 Das Erfordernis der Aufstellung einer Schlussbilanz in den Fällen der Abspaltung sowie der Ausgliederung ergibt sich indes aus den Zwecken

---

[5] *Widmann* in Widmann/Mayer UmwG § 24 Rn. 34.
[6] *Sauter* in Festschrift Widmann S. 108.
[7] LG Frankfurt 24.11.1995, 3/11 T 57/59, GmbHR 1996 S. 542.
[8] → § 18 Rn. 173.
[9] → § 18 Rn. 174.

§ 19. Handelsbilanzielle Regelungen (HGB/IFRS)　　§ 19

einer solchen Schlussbilanz. Diese Schlussbilanz dient nach der hier vertretenen Ansicht vor allem als Grundlage für die bilanzielle Übertragung von Vermögensgegenständen und Schulden auf den oder die übernehmenden Rechtsträger. Vor allem aber ist der Zweck der Schlussbilanz bei der Spaltung auch in einer möglichst genauen Abgrenzung der Erfolgsbeiträge zu suchen, die noch der übertragende bzw. bereits der übernehmende Rechtsträger mit dem betreffenden Vermögen erwirtschaftet haben.[10] Insofern ist eine Schlussbilanz auch für die Abspaltung sowie für die Ausgliederung erforderlich. Angemessener wäre es allerdings, statt von einer Schlussbilanz von einer **Übertragungsbilanz** zu sprechen.

c) Bestandteile der Schlussbilanz

Umstritten ist, ob die einzureichende Schlussbilanz tatsächlich nur aus　11
einer Bilanz oder aber zusätzlich aus einem **Anhang** sowie einer **Gewinn- und Verlustrechnung** zu bestehen hat.[11]

Sofern man den Zweck der Schlussbilanz in der Grundlage für die　12
bilanzielle Übertragung von Vermögensgegenständen und Schulden auf den oder die übernehmenden Rechtsträger und in einer möglichst genauen Erfolgszuordnung sieht, sind neben einer Bilanz auch eine Gewinn- und Verlustrechnung sowie bei Kapitalgesellschaften und Personenhandelsgesellschaften iSv § 264a HGB ferner ein Anhang aufzustellen.[12] Folgt man dieser Auffassung nicht, sondern beschränkt sich bei der Schlussbilanz auf die Aufstellung einer Bilanz,[13] dann sind die sogenannten Wahlpflichtangaben statt in den Anhang in die Bilanz aufzunehmen. Bei den Wahlpflichtangaben handelt es sich um Informationen, die bei Aufstellung eines Jahresabschlusses wahlweise in der Bilanz oder im Anhang gemacht werden müssen.

d) Gesamtschlussbilanz versus Teilschlussbilanz

Fraglich ist, ob der übertragende Rechtsträger eine Schlussbilanz aufzustellen hat, die das gesamte oder nur das zu übertragende Vermögen　13
umfasst. Im letzten Fall wird auch von einer so genannten Teilschlussbilanz gesprochen.

aa) Spaltungsgegenstand

Das Umwandlungsrecht enthält keine einschränkenden Anforderungen　14
an den Umfang des zu spaltenden Vermögens. Die Beteiligten sind damit umwandlungsrechtlich bei der Zuordnung der zu übertragenden bzw. beim spaltenden Rechtsträger verbleibenden Vermögensgegenstände und

---

[10] → § 10 Rn. 27 ff.
[11] Zum Erfordernis eines Anhangs vgl. etwa *Aha* BB 1996 S. 2559; *Küting/ Hayn/Hütten* BB 1997 S. 566; *Widmann* in Widmann/Meyer UmwG § 24 Rn. 103; aA *Klingberg* Spaltungsbilanzen in *Winkeljohann/Förschle/Deubert,* Teil I, Rn. 100; IDW RS HFA 43, Rn. 7.
[12] Zur Diskussion → § 10 Rn. 33 f.
[13] AA etwa *Sauter* in Festschrift Widmann S. 110.

Bula/Thees　　　　1349

§ 19   5. Teil. Spaltung

Schulden grundsätzlich frei. Das Vermögen kann umwandlungsrechtlich sogar dergestalt aufgeteilt werden, dass einer der übernehmenden Rechtsträger lediglich einen einzigen Vermögensgegenstand erhält.[14] Eingeschränkt wird diese Zuteilungsfreiheit allerdings dann, wenn die Spaltung nach den Regelungen des UmwStG steuerlich begünstigt sein soll.

15   So muss der übertragende Rechtsträger für eine steuerneutrale Spaltung bei der Zuteilung von Vermögen auf den bzw. die übernehmenden Rechtsträger die Teilbetriebsbedingung[15] beachten. Insofern muss nach § 15 I 2 UmwStG stets ein Teilbetrieb auf den übernehmenden Rechtsträger übertragen werden. Ferner ist es gemäß § 15 I 2 UmwStG bei der Abspaltung oder Ausgliederung erforderlich, dass ein Teilbetrieb beim übertragenden Rechtsträger verbleibt. Sind diese Bedingungen nicht erfüllt, kann die Spaltung nicht steuerneutral verlaufen.

bb) Pflicht zur Aufstellung einer zusätzlichen Teilschlussbilanz?

16   Grundsätzlich umfasst die Schlussbilanz auch bei der Spaltung das gesamte Unternehmen des übertragenden Rechtsträgers.[16] In der Praxis allerdings wird häufig zusätzlich eine Bilanz des auf die aufnehmende Gesellschaft zu übertragenden Vermögens des spaltenden Rechtsträgers aufgestellt. Zum Teil wird sogar die Auffassung[17] vertreten, dass eine solche **Teilschlussbilanz** bei der Abspaltung sowie der Ausgliederung die Schlussbilanz des gesamten Unternehmens vollständig ersetzen kann. Mit einer solchen Teilschlussbilanz soll nach Ansicht des Schrifttums nachgewiesen werden, dass das neue Nennkapital der aufnehmenden Gesellschaft durch ausreichendes Nettovermögen gedeckt ist. Die Teilschlussbilanz soll demnach als Wertnachweisgrundlage dienen.[18]

17   Im Gesetz angesprochen wird eine solche Teilbilanz lediglich in § 126 II 3 UmwG. Dieser Regelung zufolge soll zur Erfüllung des sachenrechtlichen Bestimmtheitsgrundsatzes des zu übertragenden Vermögens auf Bilanzen Bezug genommen werden können. Allerdings kann aus der gesetzlichen Vorschrift des § 126 II 3 UmwG kein allgemeines Aufstellungsgebot für eine Teilbilanz abgeleitet werden. Bilanzen können vielmehr lediglich bei einer „Totalausgliederung" von Vermögen zur Bestimmung der zu übertragenden Vermögensgegenstände und Schulden herangezogen werden. Aber selbst in solch einer Konstellation sind weitere Einzelangaben zum zu spaltenden Vermögen notwendig. Das gilt etwa für die Bestimmung der zu übertragenden nicht entgeltlich erworbenen Marken, Drucktitel, Kundenlisten und vergleichbare immateriellen Vermögensgegenstände. Diese sind nämlich nach § 248 II 2 HGB auch in der Schlussbilanz nicht aktivierungsfähig. In allen anderen Fällen

---

[14] → § 18 Rn. 59 ff.
[15] Zur Teilbetriebsbedingung → § 20 Rn. 14.
[16] Vgl. auch IDW RS HFA 43, Rn. 7.
[17] Vgl. *Widmann* in Widmann/Meyer UmwG § 24 Rn. 163 f.; *Sauter* in Festschrift Widmann S. 111.
[18] *Priester* in Lutter Verschmelzung Spaltung Formwechsel S. 148 f.; IDW RS HFA 43, Rn. 8 f.

sind die übergehenden Vermögensgegenstände und Schulden nach § 126 I Nr. 9 UmwG in den Spaltungs- und Übernahmevertrag aufzunehmen.

Eine Pflicht zur Aufstellung einer zusätzlichen Teilschlussbilanz lässt 18 sich zudem aufgrund des Vereinfachungsgedankens in § 17 II 4 UmwG nicht rechtfertigen. So soll die Achtmonatsfrist in § 17 II 4 UmwG gerade die Verwendung des letzten geprüften Jahresabschlusses als Spaltungsbilanz ermöglichen. Diese vereinfachende Nutzung des letzten Jahresabschlusses würde dann ausgehebelt, wenn zusätzlich eine Teilschlussbilanz aufzustellen wäre.[19]

Wenn somit auch keine Pflicht zur zusätzlichen Aufstellung einer **Teil-** 19 **schlussbilanz** besteht, so kann doch die wahlweise zusätzliche Aufstellung einer Teilschlussbilanz sinnvoll sein. So wird bei der Abspaltung sowie der Ausgliederung durch eine Teilschlussbilanz deutlich der Teil des Vermögens des übertragenden Rechtsträgers abgegrenzt, der künftig auf einen anderen Rechtsträger übertragen wird. Auf diese Teilschlussbilanz kann etwa im Spaltungs- und Übernahmevertrag Bezug genommen werden.

cc) Ersatzweise Aufstellung einer Teilschlussbilanz?

Kritisch zu beurteilen ist hingegen die verbreitete Ansicht,[20] dass bei 20 der Abspaltung sowie der Ausgliederung geprüfte[21] **Teilschlussbilanzen** die Schlussbilanz des gesamten Unternehmens vollständig ersetzen können. Abgeleitet wird diese Auffassung zur ersatzweisen Aufstellung einer Teilschlussbilanz aus der Formulierung des § 125 Satz 1 UmwG. Danach ist die Regelung des § 17 II 2 UmwG bei Spaltungen nur „entsprechend" anzuwenden.

Diese Ansicht lässt sich uE nicht rechtfertigen. In § 17 II 2 UmwG 21 wird für die Erstellung einer Schlussbilanz auf die allgemeinen handelsrechtlichen Rechnungslegungsvorschriften verwiesen. Der handelsrechtliche Jahresabschluss ist stets für das gesamte Unternehmen im rechtlichen Sinne und nicht lediglich für einzelne Teilbetriebe aufzustellen. Da das Vermögen des übertragenden Rechtsträgers bei Aufstellung der Schlussbilanz vor Eintragung der Spaltung in das Handelsregister nach § 131 UmwG rechtlich noch nicht getrennt ist, kann uE die aufzustellende Schlussbilanz nicht vollständig durch Teilschlussbilanzen substituiert werden. Für die Aufstellung einer Teilschlussbilanz fehlt uE die gesetzliche Grundlage.[22]

---

[19] *Sickinger* in Kallmeyer UmwG § 125 Rn. 23.
[20] *Widmann* in Widmann/Meyer UmwG § 24 Rn. 163 f.; IDW RS HFA 43, Rn. 8 f.
[21] Zum Erfordernis des Testats auch bei zusätzlicher Erstellung einer Teilbilanz vgl. *Priester* in Lutter Verschmelzung Spaltung Formwechsel S. 149.
[22] Einschränkend hingegen *Pfitzer* in WP-Handbuch 2014, Teil F, Rn. 118–120; IDW RS HFA 43, Rn. 8 f.; *Sickinger* in Kallmeyer UmwG § 125 Rn. 23, insbesondere wenn das zu übertragende Vermögen unwesentlich im Verhältnis zu dem Gesamtvermögen des übertragenden Rechtsträgers ist und/oder

2. Zwischenbilanz

22 Für an der Spaltung beteiligte Kapitalgesellschaften gelten gemäß § 125 Satz 1 UmwG die Regelungen der §§ 49 II, 63 I Nrn. 2 und 3 iVm § 62 III UmwG entsprechend. Danach sind die **Jahresabschlüsse** und die **Lageberichte** der **letzten drei Geschäftsjahre** vor der Einberufung der Gesellschafterversammlung bzw. der Hauptversammlung in den Geschäftsräumen zur Einsicht durch die Anteilseigner auszulegen, die über die Spaltung beschließen soll.

23 Sind an der Spaltung Aktiengesellschaften beteiligt, ist nach § 63 I Nr. 3 UmwG eine Zwischenbilanz aufzustellen, falls sich der letzte Jahresabschluss auf ein Geschäftsjahr bezieht, das mehr als sechs Monate vor dem Abschluss des Spaltungs- und Übernahmevertrages liegt.[23]

3. Bilanzierung in der Schlussbilanz

a) Ansatz

24 Für die Erstellung und Prüfung der Schlussbilanz gelten nach § 125 iVm § 17 II 2 UmwG die Vorschriften über die Jahresbilanz entsprechend.

25 Infolge des Verweises auf die allgemeinen handelsrechtlichen Vorschriften für den Jahresabschluss sind auch für die Übertragungsbilanz die handelsrechtlichen **Ansatzgebote, Ansatzverbote** und **Ansatzwahlrechte** zu beachten. Demgemäß sind in der Schlussbilanz sämtliche Vermögensgegenstände und Schulden des übertragenden Rechtsträgers anzusetzen. Bis zur Einführung des BilMoG konnten nur entgeltlich erworbene immaterielle Vermögensgegenstände aktiviert werden. Nunmehr besteht gem. § 248 II 1 HGB das **Wahlrecht** auch selbstgeschaffene immaterielle Vermögensgegenstände, zB Kosten für konkrete Entwicklungsprojekte zu aktivieren. Wahlweise können weiterhin gem. § 274 I HGB aktivische latente Steuern bilanziert werden.

Nicht angesetzt werden dürfen selbst geschaffene Marken, Drucktitel, Verlagsrechte, Kundenlisten oder vergleichbare selbst geschaffene immaterielle Vermögensgegenstände des Anlagevermögens, § 248 II S. 2 HGB.[24] Daneben darf in der Schlussbilanz auch ein originärer Geschäfts- und Firmenwert nicht aktiviert werden.[25]

b) Bewertung

26 Das Gebot der entsprechenden Anwendung der Vorschriften über die Jahresbilanz gemäß § 17 II 2 UmwG gilt ferner für die **Bewertung** in der Übertragungsbilanz.

---

der Stichtag der Schlussbilanz nicht mit dem vorangegangenen Bilanzstichtag des übertragenden Rechtsträgers übereinstimmt.

[23] Ausführlich → § 10 Rn. 22 ff.
[24] Vgl. hierzu *Förschle/Usinger* in Beck'scher Bilanzkommentar § 248 HGB Rn. 15 ff.
[25] *Schwedhelm/Streck/Mack* GmbHR 1995 S. 12.

§ 19 Handelsbilanzielle Regelungen (HGB/IFRS) § 19

aa) Fortgeführte Anschaffungskosten als Wertobergrenze

Insoweit ist vor allem das Anschaffungskostenprinzip nach § 253 I 1 27
HGB zu beachten. Danach dürfen die historischen Anschaffungs- oder
Herstellungskosten des übertragenden Rechtsträgers auch in der spaltungsrechtlichen Schlussbilanz nach § 17 II UmwG nicht überschritten
werden. Folglich kann der übertragende Rechtsträger das zu übertragende Vermögen in der Übertragungsbilanz nicht zu Zeitwerten über die
fortgeführten Anschaffungs- und Herstellungskosten hinaus bewerten.[26]
Er kann die Buchwerte des zu übertragenden Vermögens in der Schlussbilanz lediglich durch Zuschreibungen gemäß § 253 V HGB erhöhen.
Durch diese Zuschreibung kann der übertragende Rechtsträger vorgenommene außerplanmäßige Abschreibungen rückgängig machen, soweit der Grund dafür entfallen ist.

bb) Ausnahme von der Bewertungsstetigkeit

Grundsätzlich unterliegt der übertragende Rechtsträger in der Schluss- 28
bilanz dem Gebot der Bewertungsstetigkeit des § 252 I Nr. 6 HGB.
Allerdings kann in der Spaltung ein begründeter Ausnahmefall gemäß
§ 252 II HGB gesehen werden.[27] Dies erlaubt es dem übertragenden
Rechtsträger, in der Übertragungsbilanz von seinen bisherigen Bewertungsmethoden abzuweichen.[28] Diese abweichende Bewertung soll vor
allem dazu dienen, die Bewertung an die Methoden des übernehmenden
Rechtsträgers anzupassen.

Dahingegen widerspricht es den Zwecken des § 252 II HGB, wenn 29
der übertragende Rechtsträger nicht nur die Bewertung des durch die
Spaltung zu übertragenden Vermögens ändert, sondern vielmehr auch bei
dem nicht zu übertragenden Vermögen von den bisherigen Bewertungsmethoden abweicht.[28] Eine vollumfängliche Änderung der Bewertung
auch des nicht zu übertragenden Vermögens ist nicht als ein begründeter
Ausnahmefall iSd § 252 II HGB zu rechtfertigen. Insofern dürfen uE
lediglich die Bewertungsmethoden derjenigen Vermögensgegenstände
und Schulden geändert werden, die schließlich auch übertragen werden
sollen.

Ferner liegt ein begründeter Ausnahmefall von dem Gebot der Be- 30
wertungsstetigkeit nur dann vor, wenn der übernehmende Rechtsträger
wahlweise nach § 24 UmwG die Buchwerte der Überträgerin fortführt.[29]
Bewertet die übernehmende Rechtsträgerin das übertragene Vermögen
hingegen wahlweise nach § 24 UmwG zu Anschaffungskosten, handelt
es sich für den übernehmenden Rechtsträger um einen Anschaffungsvorgang. Infolgedessen ist der übernehmende Rechtsträger nicht mehr an

---

[26] *Klingberg* in Winkeljohann/Förschle/Deubert, Teil I, Rn. 140.
[27] IDW RS HFA 43 Rn. 5 iVm IDW RS HFA 42 Rn. 17; *Pfitzer* in WP-Handbuch 2014, Teil F, Rn. 121.
[28] IDW RS HFA 43 Rn. 5 iVm IDW RS HFA 42 Rn. 17; *Küting/Hayn/Hütten* BB 1997 S. 567.
[29] IDW RS HFA 43 Rn. 5 iVm IDW RS HFA 42 Rn. 17.

die Bewertungsmethoden des übertragenden Rechtsträgers gebunden. Eine Änderung der Bewertungsmethoden ist nach § 252 II HGB schließlich nur dann gerechtfertigt, wenn nicht zusätzlich auch der übernehmende Rechtsträger die Bewertungsmethoden erneut anpasst.

4. Rechnungslegung zwischen Spaltungsstichtag und Eintragung

31 Der spaltende Rechtsträger bleibt auch nach Aufstellung der Schlussbilanz weiter grundsätzlich mit seinem gesamten Vermögen zur handelsrechtlichen **Rechnungslegung verpflichtet,** sofern zwischen dem Übertragungsstichtag und der Eintragung der Spaltung in das zuständige Register ein Bilanzstichtag liegt. Das gilt gleichermaßen für die Aufspaltung nach § 123 I UmwG, bei der der übertragende Rechtsträger mit der Eintragung in das Handelsregister gemäß § 131 I Nr. 2 UmwG untergeht. Grund dafür ist, dass die Spaltung nach § 131 I UmwG erst mit der Eintragung in das Handelsregister des/der übertragenden Rechtsträger wirksam wird. Dabei ist zu beachten, dass die Eintragung im Handelsregister des übertragenden Rechtsträgers die Eintragung im Handelsregister der übernehmenden Rechtsträger voraussetzt, § 130 UmwG.

32 Der handelsrechtliche Jahresabschluss zwischen Spaltungsstichtag und Eintragung ist nach den allgemeinen Vorschriften der §§ 242–263 bzw. §§ 264–288 HGB zu erstellen.

33 Ob in diesem Jahresabschluss des übertragenden Rechtsträgers auch das zu übertragende Vermögen noch vollständig auszuweisen ist, richtet sich nach dem **wirtschaftlichen Eigentum.**[30] Für die Frage, wem vor Eintragung der Spaltung das wirtschaftliche Eigentum am zu übertragenden Vermögen zuzurechnen ist,[31] verweisen wir auf die Ausführungen zur Verschmelzung.[32] Sofern das wirtschaftliche Eigentum vor Eintragung der Spaltung bereits dem übernehmenden Rechtsträger zuzuordnen ist, darf das übertragene Vermögen nicht mehr vom übertragenden Rechtsträger bilanziert werden.

5. Besonderheiten der Bilanzierung in der Schlussbilanz nach der Art der Spaltung

34 Regelmäßig werden bei der Spaltung nicht nur Vermögensgegenstände, sondern auch Schulden abgespalten.[33] Infolge dessen sind bei der Spaltung die Grundsätze der Kapitalerhaltung zu beachten. Die daraus resultierenden bilanziellen Besonderheiten werden im Folgenden abhängig von der Art der Spaltung erläutert.

a) Aufspaltung

35 Bei der Aufspaltung teilt der übertragende Rechtsträger sein gesamtes Vermögen auf mindestens zwei andere Rechtsträger. Dabei werden den

---

[30] IDW RS HFA 43 Rn. 5 iVm IDW RS HFA 42 Rn. 25 ff.
[31] IDW RS HFA 43 Rn. 5 iVm IDW RS HFA 42 Rn. 17.
[32] Ausführlich → § 10 Rn. 59 ff.
[33] Zum Umfang des spaltbaren Vermögens ausführlich → § 18 Rn. 50 ff.

Anteilseignern des übertragenden Rechtsträgers Anteile der übernehmenden Rechtsträger gewährt.

aa) Rechnungslegungspflicht

Der übertragende Rechtsträger bleibt bis zur Eintragung der Aufspaltung in das Handelsregister zur handelsrechtlichen Rechnungslegung verpflichtet. Mit der Eintragung der Aufspaltung geht der übertragende Rechtsträger nach § 131 I Nr. 2 UmwG unter. In diesem Zeitpunkt erlischt auch die Pflicht zur Rechnungslegung.[34] 36

Das Vermögen des aufspaltenden Rechtsträgers geht wie im Spaltungsplan vorgesehen auf den übernehmenden Rechtsträger über. Abzubilden ist der Vermögensübergang in der Handelsbilanz im Zeitpunkt des wirtschaftlichen Eigentumsübergangs.[35] Über die Schlussbilanz auf den Stichtag der Aufspaltung hinaus ist eine weitere besondere Schlussrechnung nach Eintragung in das Handelsregister nicht mehr erforderlich.[36] Liegt zwischen Schlussbilanzstichtag und Eintragung der Aufspaltung in das Handelsregister ein Bilanzstichtag, dann ist der aufzuspaltende Rechtsträger zur Erstellung eines Jahresabschlusses und gegebenenfalls eines Anhangs weiterhin verpflichtet. Diese Verpflichtung entfällt jedoch rückwirkend, wenn die Eintragung der Aufspaltung in das Handelsregister erfolgt ist, unabhängig davon, ob die Eintragung vor oder nach dem Abschlussstichtag des übertragenden Rechtsträgers erfolgt ist.[37] 37

bb) Kapitalerhaltung

Bei Aufspaltung zur Aufnahme kann es dabei durchaus vorkommen, dass Vermögen mit einem negativen Buchwert auf einen der übernehmenden Rechtsträger übertragen wird. Demgegenüber ist es für die Aufspaltung zur Neugründung zwingend, dass mehr Vermögensgegenstände als Schulden auf die übernehmenden Rechtsträger übertragen werden. Anderenfalls kann das erforderliche Eigenkapital der übernehmenden Gesellschaften nicht gebildet werden.[38] 38

Die Grundsätze der Kapitalerhaltung werden beim übertragenden Rechtsträger durch die Aufspaltung nicht tangiert, wenn das wirtschaftliche Eigentum am Vermögen zeitgleich auf die jeweiligen übernehmenden Rechtsträger übergeht. 39

Allerdings ist es durchaus möglich für die an der Spaltung beteiligten übernehmenden Rechtsträger unterschiedliche Spaltungsstichtage iSv § 126 I Nr. 6 HGB UmwG zu vereinbaren. Ferner kann auch aus anderen Gründen das wirtschaftliche Eigentum an dem zu spaltenden Vermögen zu unterschiedlichen Zeitpunkten auf die übernehmenden Rechtsträger übergehen. In diesen Fällen kann es durchaus erforderlich 40

---

[34] Rn. IDW RS HFA 43 Rn 5 iVm IDW RS HFA 42 Rn. 21.
[35] → Rn. 70.
[36] IDW RS HFA 43 Rn. 5 iVm IDW RS HFA 42 Rn. 24.
[37] IDW RS HFA 43 Rn. 5 iVm IDW RS HFA 42 Rn. 23.
[38] *Priester* DB 1991 S. 2377; *Naraschewski* GmbHR 1995 S. 697.

sein, dass der übertragende Rechtsträger nach dem Spaltungsstichtag und vor Eintragung einen Jahresabschluss aufstellt, in dem nur noch ein Teil des zu übertragenden Vermögens bilanziert wird, ein anderer Teil hingegen bereits auf übernehmende Rechtsträger übergegangen ist. Hier können die Kapitalerhaltungsgrundsätze zu beachten sein.

b) Abspaltung

41 Bei der Abspaltung wird ein Teil des Vermögens des übertragenden Rechtsträgers zur Aufnahme oder Neugründung auf einen anderen Rechtsträger übertragen. Die Anteile an dem aufnehmenden Rechtsträger werden den Anteilseignern des übertragenden Rechtsträgers gewährt, § 123 II UmwG.

42 Bei der Abspaltung wird regelmäßig nur ein Teil des Vermögens des übertragenden Rechtsträgers übertragen. Eine Ausnahme davon bildet die Abspaltung zu Null.[39]

aa) Rechnungslegungspflicht

43 Der übertragende Rechtsträger besteht nach der Abspaltung fort. Er ist somit nach der Abspaltung unverändert zur Rechnungslegung verpflichtet. Dabei bilanziert er nur noch das verbleibende Vermögen.

bb) Bilanzierung der Abspaltung

44 Ebenso wie bei den anderen Formen der Spaltung ist der übertragende Rechtsträger bei der Abspaltung in der Zuordnung des übertragenen Vermögens grundsätzlich frei. Allerdings darf bei der Abspaltung zur Neugründung nur ein positiver Saldo an Vermögensgegenständen und Schulden auf den bzw. die übernehmenden Rechtsträger abgespalten werden. Bei der Ermittlung dieses Saldos sind die Verkehrswerte des übertragenen Vermögens maßgeblich. Der Saldo der Buchwerte des übertragenen Vermögens kann hingegen entweder positiv oder negativ sein.

45 Die Konsequenzen der Übertragung von positivem bzw. von negativem Buchvermögen bei Kapitalgesellschaften als übertragenden Rechtsträgern werden im Folgenden eingehender betrachtet.

46 (1) Positives Nettobuchvermögen. **(a) Ausschüttung an die Gesellschafter.** Ist der zu Buchwerten bemessene Saldo der bei der Abspaltung zu übertragenden Vermögensgegenstände und Schulden positiv, so mindert sich das Buchvermögen der abspaltenden Gesellschaft. Denn bei der Abspaltung erhält nicht der abspaltende Rechtsträger selbst, sondern vielmehr seine Anteilseigner Anteile an dem aufnehmenden Rechtsträger. Faktisch wird folglich mit der Abspaltung ein Teil des Vermögens der abspaltenden Gesellschaft an die Gesellschafter ausgeschüttet. Insofern handelt es sich bei der Abspaltung um einen gesellschaftsrechtlichen Vorgang der Vermögensverwendung.

---

[39] → § 18 Rn. 39 ff.

§ 19 Handelsbilanzielle Regelungen (HGB/IFRS) § 19

Das ist der Grund dafür, dass die Abspaltung von Teilen des Vermögens 47
nicht als Aufwand/Ertrag in der Gewinn- und Verlustrechnung des übertragenden Rechtsträgers erfasst werden darf. Die Abspaltung von positiven Buchvermögen ist vielmehr wie auch andere Formen der Ergebnisverwendung nach dem Posten „Jahresüberschuss/Jahresfehlbetrag" in der Gewinn- und Verlustrechnung gesondert als „**Vermögensminderung durch Abspaltung**" auszuweisen.[40]
Zugleich mindert sich das bilanzielle Eigenkapital des übertragenden 48
Rechtsträgers.[41]

(b) Kapitalerhaltung. Sofern Teilvermögen einer Kapitalgesellschaft 49
abgespalten wird, muss die Abspaltung den **Grundsätzen der Kapitalerhaltung** genügen. Das heißt der buchmäßige Vermögensabgang muss durch die Verwendung anderer Eigenkapitalien ausgeglichen werden und darf zu keiner Unterbilanz führen. Maßgebend für die Einhaltung der Kapitalerhaltungsgrundsätze ist dabei zwar grundsätzlich das in der *Schlussbilanz* auszuweisende Eigenkapital. Zusätzlich müssen allerdings nach §§ 140, 146 UmwG die Grundsätze der Kapitalerhaltung im *Zeitpunkt der Anmeldung* der Spaltung zum Handelsregister für die übertragende Gesellschaft vorliegen.

Zur Gewährleistung der Kapitalerhaltungsgrundsätze bei der abspaltenden 50
den Kapitalgesellschaft im Zeitpunkt der Anmeldung zum Handelsregister hat der Gesetzgeber bei der Abspaltung für den übertragenden Rechtsträger keine Kapitalaufbringungsprüfung wie bei der Gründung angeordnet.[42] Vielmehr wird von den gesetzlichen Vertretern einer Kapitalgesellschaft nach § 140 UmwG bzw. § 146 UmwG bei der Anmeldung der Abspaltung zum Handelsregister eine **Erklärung** verlangt, dass die Voraussetzungen für die Gründung der Gesellschaft unter Berücksichtigung der Abspaltung im Zeitpunkt der Anmeldung vorliegen.[43] Die erforderliche Erklärung ist gemäß § 313 II UmwG strafbewehrt. Die Prüfung der Einhaltung der Voraussetzungen hat nach allgemeinen Regeln der Kapitalaufbringungsprüfung in Gründungsfällen, dh unabhängig von den bilanziellen Wertmaßstäben zu erfolgen. Bei GmbHs ist daneben § 30 I GmbHG zu beachten, dh dass die Abspaltung nicht dazu führen darf, dass das Eigenkapital der Gesellschaft, gemessen zu Buchwerten, unter die Stammkapitalziffer sinkt.[44]

Die gesetzlichen Vertreter bestätigen mit dieser Erklärung folglich, dass 51
die Kapitalerhaltungsgrundsätze bei der Abspaltung eingehalten werden. Insofern haben die gesetzlichen Vertreter sicherzustellen, dass das satzungsmäßige Nennkapital durch das bei der abspaltenden Gesellschaft verbleibende Vermögen gedeckt ist. Daher ist das Eigenkapital laut Schlussbilanz des übertragenden Rechtsträgers um die Eigenkapitalmaß-

---

[40] IDW RS HFA 43, Rn. 11 und 17 f.; *Förschle/Hoffmann* in Beck'scher Bilanzkommentar § 272 HGB Rn. 3/5.
[41] *Priester* DB 1991 S. 2377.
[42] BT-Drucks. 12/669 S. 125 zu § 14 UmwG.
[43] → § 18 Rn. 91.
[44] IDW RS HFA 43 Rn. 16.

nahmen fortzuschreiben, die in der Zeit zwischen dem Stichtag der Schlussbilanz und der Anmeldung der Spaltung getroffen wurden.[45] Bei der Fortschreibung des Eigenkapitals sind vor allem Kapitalerhöhungen, Kapitalherabsetzungen und Gewinnausschüttungen zu berücksichtigten.[46] Einzubeziehen ist aber auch ein handelsrechtlicher Überschuss bzw. Fehlbetrag der übertragenden Gesellschaft für den Zeitraum bis zur Eintragung der Abspaltung.[47]

52 **(c) Maßnahmen zum bilanziellen Ausgleich der Vermögensminderung.** Die Minderung des Reinvermögens zu Buchwerten des übertragenden Rechtsträgers führt zu einer Minderung seines Eigenkapitals. Diese Eigenkapitalminderung muss ausgeglichen werden.

53 Zum Ausgleich einer durch die Abspaltung eingetretenen Vermögensminderung sind zunächst alle ungebundenen Eigenkapitalanteile (Gewinnvortrag, Gewinnrücklagen, Kapitalrücklage) aufzulösen. Ausgenommen hiervon sind generell eine Kapitalrücklage für Nachschusskapital (§ 42 II 3 GmbHG), eine Gewinnrücklage nach § 272 IV HGB sowie ausschüttungsgesperrtes Eigenkapital, soweit die Tatbestandsvoraussetzungen der Ausschüttungssperre beim übernehmenden Rechtsträger fortbestehen.[48] Bei der AG als übertragendem Rechtsträger ist darüber hinaus zu berücksichtigen, dass eine besondere Verwendungsbeschränkung greift. Demnach sind zunächst die frei verfügbaren Kapitalien, danach die Kapitalrücklagen nach § 272 II Nr. 1 bis Nr. 3 HGB und schließlich die gesetzliche Rücklage nach § 150 I AktG aufzulösen, aber nur insoweit als dass die gesetzliche Rücklage und die Kapitalrücklage nach § 272 II Nr. 1 bis Nr. 3 HGB zusammen den Betrag von 10% des nach der Spaltung verbleibenden Grundkapitals übersteigt. Entsprechend ist bei der GmbH als übertragendem Rechtsträger nach § 58a II GmbHG zunächst der Teil der Kapital- und Gewinnrücklagen aufzulösen, der über 10% des nach der Spaltung verbleibenden Stammkapitals hinausgeht.[49] Der teilweise in der Literatur vorzufindenden Auffassung, dass eine explizite Verrechnung dieser Kapitalien bei einer AG aufgrund des fehlenden Verweises in § 150 III, IV AktG nicht zulässig sein soll, können wir uns nicht anschließen. Allerdings sollte diesbezüglich eine vorherige Abstimmung mit dem zuständigen Registergericht herbeigeführt werden.[50]

54 Genügen diese bei dem übertragenden Rechtsträger vorhandenen offenen, nicht für Ausschüttungen gesperrten Rücklagen zur Kompensation der durch die Abspaltung eingetretenen Vermögensminderung nicht, können andere Maßnahmen getroffen werden, wie Forderungsverzichte, Schuldübernahmen etc. Sind auch diese Maßnahmen für die Deckung des Stamm- oder Grundkapitals ebenfalls nicht ausreichend, muss die

---

[45] IDW RS HFA 43 Rn. 16.
[46] IDW RS HFA 43 Rn. 15.
[47] IDW RS HFA 43 Rn. 16.
[48] *Pfitzer* in WP-Handbuch 2014, Teil F Rn. 126 mwN.
[49] IDW RS HFA 43 Rn. 14.
[50] *Pfitzer* in WP-Handbuch 2014, Teil F, Rn. 127 mwN.

Gesellschaft vor der Abspaltung ihr Kapital herabsetzen.[51] Erforderlich ist eine Kapitalherabsetzung auch dann, wenn stille Reserven im verbleibenden Restvermögen vorhanden sind.

Für die Kapitalherabsetzung sind nach § 139 UmwG bzw. § 145 UmwG die Regelungen zur **vereinfachten Kapitalherabsetzung** gemäß § 58a GmbHG bzw. §§ 229–236 AktG anwendbar. Mit der vereinfachten Kapitalherabsetzung ist gegenüber einer ordentlichen Kapitalherabsetzung keine einjährige Sperrfrist verbunden. Daher lässt sich durch eine vereinfachte Kapitalherabsetzung eine unnötige Verzögerung der Spaltung verhindern. Allerdings darf die **Kapitalherabsetzung** nicht dazu führen, dass das Mindestkapital nach AktG bzw. GmbHG unterschritten wird. Zudem darf das aus der Kapitalherabsetzung frei werdende Vermögen nicht an die Gesellschafter zurückgezahlt, sondern muss den Rücklagen der abspaltenden Gesellschaft zugeführt werden.[52] Die Auflösung von Kapitalteilen ist in der Gewinn- und Verlustrechnung nach dem Posten „Jahresüberschuss/Jahresfehlbetrag" gesondert auszuweisen.[53] Die Kapitalherabsetzung muss gemäß § 139 Satz 2 UmwG bzw. § 145 Satz 2 UmwG im zuständigen Register eingetragen sein, *bevor* die Abspaltung eingetragen werden kann. Die vereinfachte Kapitalherabsetzung kann unterbleiben, soweit ein Gewinn zwischen dem Stichtag der Schlussbilanz und der Anmeldung aus dem verbleibenden Vermögen erzielt und dieser durch eine Zwischenbilanz nachgewiesen worden ist.[54] 55

Herabzusetzen ist das Kapital der abspaltenden Gesellschaft zur Durchführung der Spaltung allerdings nur bis zur Höhe der aus der Abspaltung resultierenden Vermögensminderung. Bestehen ausreichende Rücklagen zur Deckung des abgespaltenen, positiven Nettobuchvermögens, kann das Kapital der abspaltenden Gesellschaft dann wohl nur nach §§ 222–228 Akt bzw. § 58 GmbHG ordentlich herabgesetzt werden. 56

Sofern eine Unterbilanz nicht durch eine Kapitalherabsetzung beseitigt werden kann, ist die Spaltung grundsätzlich wegen des Verstoßes gegen die Grundsätze der Kapitalerhaltung unzulässig. Diese Unzulässigkeit kann dann nur abgewendet werden, indem die Unterbilanz durch freiwillige Zuschüsse oder eine Kapitalzuführung anderer Art ausgeglichen wird. Ist das nicht möglich, ist über eine Aufspaltung als Ausweg nachzudenken.[55] 57

(2) **Negatives Nettobuchvermögen.** Das Buchvermögen des übertragenden Rechtsträgers wird durch die Abspaltung nicht gemindert, wenn der Buchwertsaldo aus übertragenen Vermögensgegenständen und Schulden gleich Null oder negativ ist. Zur Übertragung negativen Nettobuchvermögens wird es immer dann kommen, wenn in dem zu übertragenden Vermögen ausreichend stille Reserven für die Aufbringung des Eigen- 58

---

[51] *Mayer* DB 1995 S. 865.
[52] Zu weiteren möglichen Beschränkungen der Kapitalherabsetzung → § 18 Rn. 99 ff.
[53] IDW RS HFA 43 Rn. 17 f.
[54] IDW RS HFA 43 Rn. 16.
[55] *Mayer* DB 1995 S. 865.

§ 19   5. Teil. Spaltung

kapitals des übernehmenden Rechtsträgers enthalten sind.[56] Ist der Buchwert des übertragenen Vermögensteils negativ, mehrt sich durch die Abspaltung das Buchvermögen des übertragenden Rechtsträgers.

59 Der Vermögensmehrung steht indes keine unmittelbare Gegenleistung der übertragenden Gesellschaft an ihre Gesellschafter gegenüber. Die Gesellschaftsrechte am übernehmenden Rechtsträger werden vielmehr direkt den Gesellschaftern der übertragenden Gesellschaft gewährt. Die Vermögensmehrung bei der abspaltenden Gesellschaft hat somit letztlich ihre Ursache im Gesellschafterverhältnis.[57] Insofern handelt es sich bei der durch die Abspaltung negativen Buchvermögens eingetretenen Vermögensmehrung beim übernehmenden Rechtsträger uE im weitesten Sinne um eine andere Zuzahlung der Gesellschafter in das Eigenkapital des übertragenden Rechtsträgers.

60 Aus diesem Grund ist die Vermögensmehrung bei einer abspaltenden Kapitalgesellschaft in die **Kapitalrücklage** nach § 272 II Nr. 4 HGB einzustellen.[58]

c) Ausgliederung

61 Bei der Ausgliederung überträgt der übertragende Rechtsträger nach § 123 III UmwG Teile seines Vermögens auf einen anderen Rechtsträger gegen Gewährung von Anteilen. Anders als bei der Abspaltung erhält hier der ausgliedernde Rechtsträger selbst Anteile an der aufnehmenden Gesellschaft.[59] Bei der Ausgliederung herrscht – anders als bei der Aufspaltung oder Abspaltung – eine Anteilsgewährungspflicht.[60] Nach dem Beschluss des OLG München vom 15.11.2011 ist der übernehmende Rechtsträger aber nicht verpflichtet, dem übertragenden Rechtsträger ausschließlich Anteile als Gegenleistung zu gewähren. Vielmehr wird es als zulässig erachtet, dass der übertragende Rechtsträger dem übernehmenden Rechtsträger für eine Differenz zwischen dem (höheren) übertragenen Reinvermögen und dem Nennbetrag der Anteile zB ein Darlehen gewährt.[61]

aa) Bilanzierung der Ausgliederung

62 Von grundsätzlicher Bedeutung für die bilanzielle Abbildung der Ausgliederung und die Bewertung der **erhaltenen Anteile** am übernehmenden Rechtsträger in der Bilanz des ausgliedernden Rechtsträgers ist die Frage, ob es sich bei der Ausgliederung des Vermögens gegen die Gewährung von Gesellschaftsrechten um einen **Tausch** handelt.[62] Sieht man in der Ausgliederung einen Tausch oder zumindest einen tausch-

---

[56] *Priester* DB 1991 S. 2377 f.
[57] *Förschle/Hoffmann* in Beck'scher Bilanzkommentar § 272 HGB Rn. 375.
[58] IDW RS HFA 43 Rn. 19; *Förschle/Hoffmann* in Beck'scher Bilanzkommentar § 272 HGB Rn. 375.
[59] → § 18 Rn. 16 ff.
[60] § 125 Satz 1 UmwG präkludiert die §§ 54 I 3, 68 I 3 UmwG.
[61] OLG München, 15.11.2011 – 31 Wx 482/11, DStR 2012 S. 142.
[62] Etwa *Sauter* in Festschrift Widmann S. 101.

§ 19. Handelsbilanzielle Regelungen (HGB/IFRS) § 19

ähnlichen Vorgang, dürften die erhaltenen Anteile handelsrechtlich vom ausgliedernden Rechtsträger mit dem Buchwert, dem Zeitwert oder dem Zwischenwert (dh Buchwert zuzüglich Ertragsteuerbelastung) des ausgegliederten Vermögens angesetzt werden.[63] Verneint man hingegen einen Tausch, sind die erhaltenen Anteile mit dem Buchwert des ausgegliederten Vermögens anzusetzen.

Die Annahme eines Tausches setzt voraus, dass man in der Ausgliederung einen **Umsatzakt** erkennen kann.[64] Hierfür spricht dass es sich für den übertragenden Rechtsträger um einen (wertgleichen) Tausch der ausgegliederten Vermögensgegenstände und Schulden gegen die Anteile des übernehmenden Rechtsträgers handelt. Die Bewertung der Anteile erfolgt dann gemäß den Tauschgrundsätzen zu Zeitwerten, wenn positives Buchvermögen übertragen wird. Ist der Saldo des ausgegliederten Buchvermögens negativ, sollte ein Merkposten in der Bilanz des übertragenden Rechtsträgers angesetzt werden. Die Auswirkungen der Ausgliederung sind unter der Annahme, dass ein Umsatzakt vorliegt, stets erfolgswirksam in der Gewinn- und Verlustrechnung abzubilden.[65] 63

Vertritt man die Auffassung, dass ein Rechtsträger Teile seines Vermögens lediglich auf einen anderen Rechtsträger gegen die Gewährung von Anteilen verlagert, fehlt es an einem solchen Umsatzakt. An einem Willen zu einem Umsatzakt könnte es bereits deshalb mangeln, weil der ausgliedernde Rechtsträger weiterhin, wenn auch nur mittelbar, Eigentum an den ausgegliederten Vermögenswerten hat. Demgemäß kommt es zu keinem Umsatzakt bzw. Sprung zum Absatzmarkt, wie er für eine Realisation von Erträgen nach § 252 I Nr. 4 HGB erforderlich ist.[66] Insofern scheidet dann die Annahme eines Tauschs, dh eines Realisationstatbestandes und eine damit korrespondierende Anschaffung der erhaltenen Anteile bei der Ausgliederung aus. Mangels eines Umsatzaktes dürfen die erhaltenen Anteile an dem aufnehmenden Rechtsträger in der Bilanz des ausgliedernden Rechtsträgers nicht zum Zeitwert bewertet werden. Vielmehr ist der Wert der erhaltenen Anteile mit dem Buchwert der ausgegliederten Vermögensgegenstände und Schulden zu bemessen. 64

Folgt man dieser Auffassung sind die bei der Ausgliederung erhaltenen Anteile an der aufnehmenden Gesellschaft mangels eines Umsatzaktes dann mit dem Buchwert des hingegebenen Vermögens zu bewerten, wenn **positives** Nettobuchvermögen ausgegliedert wird.[67] Fraglich ist indes, wie die erhaltenen Anteile bei der Ausgliederung von **negativem** Nettobuchvermögen zu bewerten sind. Zur Ausgliederung negativen Nettobuchvermögens kommt es immer dann, wenn die im übertragenen Vermögen enthaltenen stillen Reserven zum Aufbringen des Nenn- 65

---

[63] Widmann in Widmann/Mayer UmwG § 24 Rn. 169; IDW RS HFA 43 Rn. 21; Küting/Hayn/Hütten BB 1997 S. 567; Pfitzer in WP-Handbuch 2014, Teil F, Rn. 134.
[64] Grundsätzlich zum Erfordernis eines Umsatzaktes für Tauschvorgänge vgl. Adler/Düring/Schmaltz § 255 HGB Tz. 89 ff.
[65] Pfitzer in WP-Handbuch 2014, Teil F, Rn. 134; IDW RS HFA 43 Rn. 21.
[66] Vgl. grundlegend Baetge/Kirsch/Thiele Bilanzen S. 129 ff.
[67] Wegener Spaltung S. 89.

betrags der neuen Anteile ausreichen. Diese stillen Reserven dürfen aber zum Ausgleich des negativen Vermögenssaldos nicht aufgedeckt werden, da ein Umsatzakt fehlt. Konsequenterweise wären diese Anteile daher mit einem negativen Buchwert zu bewerten.

66 Da das Vermögen der aufnehmenden Gesellschaft aber unter Berücksichtigung der stillen Reserven tatsächlich positiv ist, kann ein solcher Ausweis aber dem in §§ 242 I, 264 II 1 HGB geforderten Einblick in die tatsächlichen Vermögensverhältnisse nicht gerecht werden. Im Interesse des Rechenschaftszwecks[68] des handelsrechtlichen Jahresabschlusses sind vielmehr die erhaltenen Anteile an dem aufnehmenden Rechtsträger mit mindestens 0 Euro zu bewerten.[69] Der verbleibende Saldo zwischen den negativen Buchwerten des übertragenen Vermögens und dem Bilanzansatz der Anteile darf mangels eines Realisationstatbestandes uE nicht als Spaltungsgewinn erfolgswirksam in der Gewinn- und Verlustrechnung erfasst werden.[70] Der verbleibende Saldo sollte unseres Erachtens vielmehr in die Kapitalrücklage nach § 272 II Nr. 4 HGB eingestellt werden. Damit die Werthaltigkeit der erhaltenen Anteile an aufnehmenden Rechtsträgern für die Adressaten des Jahresabschlusses erkennbar wird, ist der Vorgang der Ausgliederung und die damit einhergehende Bewertung der Anteile ausreichend im Anhang zu erläutern.

bb) Kapitalerhaltung

67 Da bei der Ausgliederung der übertragende Rechtsträger Teile des Vermögens gegen Anteile am übernehmenden Rechtsträger tauscht, mithin also eine Vermögensumschichtung erfolgt (§ 123 III 3 UmwG), ist bei der Ausgliederung eine Kapitalherabsetzung ausgeschlossen.[71]

II. Bilanzierung beim übernehmenden Rechtsträger

1. Aufzustellende Bilanzen

a) Zwischenbilanz

68 Die aufnehmende Gesellschaft in der Rechtsform einer AG ist unter den gleichen Voraussetzungen wie die spaltende Gesellschaft nach § 63 I Nr. 3 iVm § 125 UmwG zur Aufstellung einer Zwischenbilanz verpflichtet. In der bezeichneten Vorschrift wird vom aufnehmenden Rechtsträger eine Zwischenbilanz dann gefordert, wenn sich der letzte Jahresabschluss auf ein Geschäftsjahr bezieht, das mehr als sechs Monate vor dem Abschluss des Spaltungsvertrages liegt. Die geforderte Zwischenbilanz dient lediglich der Information der Aktionäre zur Vorbereitung der Hauptversammlung, die über die Spaltung beschließen soll. Das gespalte-

---

[68] *Baetge/Kirsch/Thiele* Bilanzen S. 99 ff.; *Federmann* Bilanzierung S. 70.
[69] Dieser Auffassung folgend vgl. *Widmann* in Widmann/Mayer UmwG § 24 Rn. 169; IDW RS HFA 43 Rn. 21; *Küting/Hayn/Hütten* BB 1997 S. 568.
[70] AA IDW RS HFA 43 Rn. 21.
[71] IDW RS HFA 43 Rn. 22.

nc Vermögen selbst ist hingegen in dieser Zwischenbilanz noch nicht zu erfassen.

b) Übernahmebilanz / Eröffnungsbilanz

Ob der übernehmende Rechtsträger bei der Spaltung eine spezielle Übernahmebilanz aufzustellen hat, hängt von der Art der Spaltung ab. Bei der **Spaltung zur Aufnahme** gemäß § 123 I Nr. 1, II Nr. 1, III Nr. 1 UmwG wird auf einen oder mehrere bereits bestehende Rechtsträger abgespalten. In diesem Fall ist ein übernehmender Rechtsträger nicht verpflichtet, eine Übernahmebilanz zu erstellen. Die Übernahme des Vermögens wird vielmehr als laufender Geschäftsvorfall während desjenigen Geschäftsjahres erfasst, in dem die Spaltung wirksam bzw. der aufnehmende Rechtsträger wirtschaftlicher Eigentümer wird.[72]

Bei der **Spaltung zur Neugründung** gemäß § 123 I Nr. 2, II Nr. 2, III Nr. 2 UmwG entsteht der bzw. entstehen die übernehmenden Rechtsträger durch die Spaltung neu. Mit dem Wirksamwerden der Spaltung bzw. mit dem Übergang des wirtschaftlichen Eigentums am übertragenen Vermögen haben der oder die übernehmenden Rechtsträger eine Eröffnungsbilanz gemäß § 242 I HGB aufzustellen.[73] In dieser Eröffnungsbilanz ist das übertragene Vermögen zu erfassen.

2. Bilanzierung des Vermögensübergangs nach § 125 UmwG

Ebenso wie bei der Verschmelzung hat bei der Spaltung der übernehmende Rechtsträger nach § 24 iVm § 125 Satz 1 UmwG ein **Wahlrecht** bei der Bewertung des übernommenen Vermögens. Der übernehmende Rechtsträger darf die Buchwerte der übernommenen Vermögensgegenstände und Schulden fortführen. Stattdessen kann der übernehmende Rechtsträger das übernommene Vermögen aber auch mit seinen tatsächlichen Anschaffungskosten iSv § 255 I HGB bewerten. Die bilanziellen Konsequenzen der Ausübung des Wahlrechts entsprechen denen bei der Verschmelzung. Sie werden im Folgenden nur im Überblick erläutert.[74]

a) Bilanzierung zu Anschaffungskosten

aa) Ansatz

Wird das Wahlrecht des § 24 UmwG vom übernehmenden Rechtsträger zugunsten der Anschaffungskosten ausgeübt, ist die Spaltung als ein **Anschaffungsvorgang** abzubilden.[75]

Infolge dieses Verständnisses des Vermögensübergangs bei Spaltung als Anschaffungsvorgang sind beim Übergang des Vermögens nicht nur

---

[72] Vgl. *Küting/Hayn/Hütten* BB 1997 S. 568.
[73] Vgl. *Deubert/Hoffmann* in Winkeljohann/Förschle/Deubert, Teil K, Rn. 1; *Küting/Hayn/Hütten* in BB 1997 S. 568.
[74] Detailliertere Beschreibungen finden sich in → § 10 Rn. 91 ff.
[75] → § 10 Rn. 112 ff.

bereits beim übertragenden Rechtsträger bilanzierte Vermögensgegenstände anzusetzen. Vielmehr hat der übernehmende Rechtsträger auch originäre immaterielle Vermögensgegenstände des Anlagevermögens zu aktivieren, für die beim übertragenden Rechtsträger nach § 248 II 2 HGB ein Ansatzverbot bestand.

75 Ebenso ist nach § 246 I 4 HGB ein vom übertragenden Rechtsträger selbst geschaffener Geschäfts- oder Firmenwert anzusetzen.

76 Ferner hat der übernehmende Rechtsträger Pensionsrückstellung für Altzusagen zu passivieren, die der übertragende Rechtsträger nach Art. 28 EGHGB nicht ansetzen musste.

bb) Bewertung

77 (1) Bestimmung der Anschaffungskosten. Die Anschaffungskosten des übernehmenden Rechtsträgers nach § 24 UmwG iVm § 255 I HGB können bei der Spaltung in neuen Anteilen bestehen, die im Zuge einer Kapitalerhöhung des übernehmenden Rechtsträgers ausgegeben werden. Neue Anteile sind vom aufnehmenden Rechtsträger stets bei einer Spaltung zur Neugründung auszugeben, § 123 I Nr. 2, III Nr. 3 UmwG. Ausgegeben werden können neue Anteile aber auch bei einer Spaltung zur Aufnahme, sofern der aufnehmende Rechtsträger sein Kapital erhöhen muss, § 123 I Nr. 1, II Nr. 1, III Nr. 1 UmwG.

78 Eine Kapitalerhöhung bei der übernehmenden Gesellschaft ist bei der Spaltung zur Aufnahme gemäß § 125 iVm § 54 I 1, § 68 I UmwG allerdings ausgeschlossen, soweit
– die aufnehmende Gesellschaft Anteile an der übertragenden Gesellschaft besitzt;
– die übertragende Gesellschaft eigene Anteile innehat;
– die übertragende Gesellschaft Anteile der übernehmenden Gesellschaft innehat, auf welche die Einlagen nicht voll eingezahlt sind.

Zudem braucht die übernehmende Gesellschaft ihr Kapital nach § 125 iVm § 54 I (2), 68 I (2) UmwG nicht zu erhöhen, soweit sie
– eigene Anteile besitzt oder
– ein übertragender Rechtsträger Anteile dieser Gesellschaft innehat, auf welche die Einlagen voll eingezahlt sind.

Darüber hinaus darf von der Gewährung von Anteilen abgesehen werden, wenn alle Anteilsinhaber eines übertragenden Rechtsträgers in notariell beurkundeter Form darauf verzichten.

79 Die Regelungen der §§ 54, 68 UmwG gelten bei der Ausgliederung von Vermögen nicht, § 125 Satz 1 UmwG. Insofern kann bei der Ausgliederung nicht auf eine Kapitalerhöhung verzichtet werden.[76] Wird das Kapital nicht erhöht, kann der übernehmende Rechtsträger als Gegenleistung für das übernommene Vermögen bereits bestehende eigene Anteile gewähren. Ferner kann Vermögen auf Rechtsträger übertragen werden, der oder die bereits eine Beteiligung an dem spaltenden Rechtsträger halten. Im Zuge dieser Spaltung geht die Beteiligung teilweise

---

[76] → Rn. 61.

unter. Hier wird auch von einer *upstream*-Spaltung gesprochen. Sowohl die Hingabe eigener Anteile als auch der Untergang einer Beteiligung kommen nur bei der Spaltung zur Aufnahme vor. Soweit die aufnehmende Kapitalgesellschaft ihr Kapital bei der Spaltung erhöht, wird im Folgenden nicht zwischen einer Spaltung zur Aufnahme und einer Spaltung zur Neugründung unterschieden. Denn bilanztechnisch unterscheiden sich beide Arten der Spaltung nicht.

(a) **Spaltung mit Kapitalerhöhung.** Besteht die Gegenleistung für 80 das übertragene Vermögen in der **Ausgabe neuer Anteile** am übernehmenden Rechtsträger, werden die Anschaffungskosten nach den Grundsätzen für die Bewertung von Sacheinlagen[77] bemessen. Insofern entsprechen die bilanziellen Konsequenzen der Spaltung der Verschmelzung mit Kapitalerhöhung.[78]

Als Anschaffungskosten des übertragenen Vermögens können entwe- 81 der der Ausgabebetrag der gewährten Anteile oder der höhere Zeitwert der Anteile angesetzt werden. Der Ausgabebetrag entspricht dem Nennbetrag der Anteile zuzüglich eines gegebenenfalls vereinbarten Aufgeldes. Dabei ist zu beachten, dass der Ausgabebetrag den Zeitwert des übertragenen Vermögens nicht übersteigen darf.

Entspricht der Zeitwert des eingebrachten Vermögens dem Ausgabe- 82 betrag, bestimmt der Ausgabebetrag die Anschaffungskosten des übernehmenden Rechtsträgers. Ein vereinbartes Aufgeld ist bei Kapitalgesellschaften in die Kapitalrücklage gemäß § 272 II Nr. 1 HGB einzustellen. Übersteigt hingegen der Zeitwert des übertragenen Vermögens den Ausgabebetrag der neuen Anteile, dann ist das übertragene Vermögen uE mit seinem Zeitwert anzusetzen.[79] Nur auf diese Weise kann die Hebung stiller Reserven vollzogen werden. Auch hier ist uE der Unterschiedsbetrag zwischen dem Ausgabebetrag der Anteile und dem Zeitwert des eingebrachten Vermögens ist in die Kapitalrücklage nach § 272 II Nr. 4 HGB einzustellen.

(b) **Spaltung ohne Kapitalerhöhung. (aa) Spaltung bei beste-** 83 **hender Beteiligung.** Überträgt der spaltende Rechtsträger Teile seines Vermögens im Wege der Abspaltung oder Aufspaltung auf einen Rechtsträger, der eine **Beteiligung** an der Überträgerin hält, darf der übernehmende Rechtsträger sein Kapital nach § 125 Satz 1 iVm § 54 I bzw. § 68 I UmwG nicht erhöhen. Überträgt wie hier der übertragende Rechtsträger sein Vermögen auf seine Gesellschafter, so spricht man von einer *upstream*-Spaltung (oder Spin-off).

Bei einer solchen *upstream*-Spaltung geht die Beteiligung des übernehm- 84 menden Rechtsträgers an der Überträgerin mit dem Übergang des Vermögens je nach Art der Spaltung ganz oder teilweise unter. Ein Teil des Schrifttums[80] sieht in diesem Untergang der Beteiligung bei gleichzeitiger

---

[77] Vgl. vor allem *Adler/Düring/Schmaltz* § 255 HGB Tz. 96; *Knop/Küting* in *Küting/Weber* § 255 HGB Rn. 92 ff.; → § 10 Rn. 128 ff.
[78] → § 10 Rn. 125 ff.
[79] Vgl. etwa auch *Fenske* in BB 1997 S. 1248.
[80] *Klingenberg* in Winkeljohann/Förschle/Deubert, Teil I, Rn. 166.

Übernahme von Vermögen einen Tauschvorgang. Es liegt dann aus Sicht des übernehmenden Rechtsträgers ein unentgeltlicher Erwerb vor. Nach den allgemeinen handelsrechtlichen Grundsätzen liegt hierfür ein Bilanzierungs- und Bewertungswahlrecht vor. Allerdings darf dann der Zeitwert des übertragenden Vermögens nicht überschritten werden. Die Auswirkungen sind dann erfolgswirksam in der GuV zu berücksichtigen.

85 Nach der hier vertretenen Auffassung ist in der Übernahme des Vermögens zwar ein Anschaffungsvorgang, im Untergang der Beteiligung hingegen kein Umsatzakt zu erkennen. Vielmehr hat der aufnehmende Gesellschafter das übertragene Vermögen mittelbar bereits im Zeitpunkt des Erwerbs der Anteile am übertragenden Rechtsträger angeschafft.

Da es an einem Tauschvorgang mangelt, darf uE das übernommene Vermögen nicht zum aktuellen Zeitwert bewertet werden, sofern dieser Zeitwert den Buchwert der untergehenden Beteiligung überschreitet.[81] Die Anschaffungskosten des übernommenen Vermögens werden in diesem Fall uE vielmehr durch den Buchwert der Beteiligung des übernehmenden Rechtsträgers an der spaltenden Gesellschaft bestimmt.

86 **(bb) Gewährung eigener Anteile.** Wird das Kapital des übernehmenden Rechtsträgers bei einer Spaltung zur Aufnahme nicht erhöht, kann der übernehmende Rechtsträger bereits **bestehende eigene Anteile** gewähren. In diesem Fall ist uE das eingebrachte Vermögen mit seinem Zeitwert anzusetzen.[82] Unseres Erachtens entspricht die Ausgabe eigener Anteile des aufnehmenden Rechtsträgers der Situation bei Kapitalerhöhung. Wirtschaftlich kann es keinen Unterschied machen, ob die übernehmende Gesellschaft eigene Anteile erwirbt und dadurch einen Korrekturposten zum Eigenkapital schafft, oder ob sie bei der Spaltung neue Anteile ausgibt. Entscheidend ist, dass die eigenen Anteile mit dem aufgenommenen Vermögen mit einem Wert unterlegt werden. Insofern sind die Anschaffungskosten iSv § 24 UmwG des eingebrachten Vermögens hier ebenso zu ermitteln wie bei einer Sachkapitalerhöhung.

(2) Verteilung der Anschaffungskosten. Die Anschaffungskosten des übernehmenden Rechtsträgers sind auf das übernommene Vermögen umzulegen. Dabei werden die aufzudeckenden stillen Reserven regelmäßig proportional auf die übernommenen Vermögensgegenstände und Schulden verteilt.[83] Bei dieser Verteilung dürfen die Zeitwerte des übernommenen Vermögens nicht überschritten werden.

87 Ein verbleibender **positiver Unterschiedsbetrag** ist nach § 246 I 4 HGB als Geschäfts- oder Firmenwert zu aktivieren. Ein positiver Unterschiedsbetrag ergibt sich dann, wenn die Zeitwerte des übernommenen Vermögens die Anschaffungskosten iSv § 24 UmwG des übernehmenden Rechtsträgers unterschreiten. Dabei soll ein Geschäfts- oder Firmenwert bei der Spaltung zur Neugründung zumindest dann aktiviert werden, wenn er werthaltig ist.

---

[81] → § 10 Rn. 145 ff.
[82] → § 10 Rn. 150 ff.
[83] Zu den Verteilungsmethoden ausführlich → § 10 Rn. 203 ff.

§ 19 Handelsbilanzielle Regelungen (HGB/IFRS) § 19

Verbleibt nach der Bewertung des übergegangenen Vermögens zu 88
Zeitwerten ein **negativer Unterschiedsbetrag**, sind die den Vermögensgegenständen zugewiesenen Werte abzustocken. Lediglich ein nach Abstockung verbleibender negativer Unterschiedsbetrag darf uE als negativer Geschäfts- oder Firmenwert passiviert werden.[84]

b) Bilanzierung bei Buchwertfortführung

aa) Ansatz

Der aufnehmende Rechtsträger hat nach § 24 UmwG ein Wahlrecht, 89
die Buchwerte der übernommenen Vermögensgegenstände und Schulden aus der Schlussbilanz des übertragenden Rechtsträgers fortzuführen.
Mit der wahlweisen Fortführung der Buchwerte des übertragenden 90
Rechtsträgers entscheidet sich der übernehmende Rechtsträger zugleich für eine kontinuierliche Fortführung der Bilanzierungsmethoden des übertragenden Rechtsträgers.[85] Er tritt vollständig in die Rechtsposition des übertragenden Rechtsträgers ein. Insofern darf die Spaltung beim übernehmenden Rechtsträger nicht als Anschaffungsvorgang behandelt werden.[86]
Diese Betrachtungsweise bedingt letztlich, dass vom übertragenden 91
Rechtsträger bestimmte unentgeltlich erworbene Vermögensgegenstände des Anlagevermögens angesichts des Aktivierungsverbotes nach § 248 II 2 HGB auch beim übernehmenden Rechtsträger nicht angesetzt werden dürfen. Ebenso scheidet die Aktivierung eines vom übertragenden Rechtsträger selbst geschaffenen Geschäfts- oder Firmenwertes wegen des fehlenden Anschaffungsvorgangs aus. Umgekehrt ist der übernehmende Rechtsträger nicht verpflichtet, eine Pensionsrückstellung für Altzusagen Art. 28 EGHGB zu passivieren.

bb) Bewertung

Entscheidet sich der übernehmende Rechtsträger nach § 24 UmwG 92
für eine Buchwertfortführung, so entsteht beim übernehmenden Rechtsträger regelmäßig ein Unterschiedsbetrag zwischen den fortgeführten Buchwerten des übernommenen Vermögens und der bei der Spaltung gewährten Gegenleistung.
Dabei ist als Gegenleistung zwischen der Ausgabe neuer Anteile durch 93
Kapitalerhöhung, der Hingabe bereits bestehender eigener Anteile und der Übernahme des Vermögens gegen Untergang der Beteiligung zu unterscheiden. Eine Spaltung mit Kapitalerhöhung des übernehmenden Rechtsträgers kann bei der Spaltung zur Aufnahme erforderlich sein. Die Ausgabe neuer Anteile ist zwingend bei der Spaltung zur Neugründung. Bei der Spaltung zur Aufnahme kann die Spaltung unter den Bedingungen der §§ 54 I, 68 I UmwG ua auch gegen Ausgabe bereits bestehender

---

[84] Ausführlich → § 10 Rn. 191 ff.
[85] → § 10 Rn. 229 ff.
[86] → § 10 Rn. 225 f.

§ 19   5. Teil. Spaltung

eigener Anteile bzw. gegen Untergang der Beteiligung vollzogen werden.[87]

94   (1) **Spaltung mit Kapitalerhöhung.** Übersteigen die Buchwerte des übernommenen Vermögens den Ausgabebetrag[88] der Anteile, ergibt sich ein **negativer** Unterschiedsbetrag. Dieser negative Unterschiedsbetrag ist in die Kapitalrücklage gemäß § 272 II Nr. 1 HGB einzustellen.[89]

95   Umgekehrt ergibt sich ein **positiver** Unterschiedsbetrag, wenn die Buchwerte des übernommenen Vermögens unter dem im Kapitalerhöhungsbeschluss vorgesehenen Ausgabebetrag der gewährten Anteile liegen. Ein solcher positiver Unterschiedsbetrag darf nicht als Geschäfts- oder Firmenwert iSv § 246 I 4 HGB aktiviert werden. Denn als Geschäfts- oder Firmenwert auszuweisen ist lediglich der Unterschiedsbetrag zwischen dem Zeitwert des übernommenen Vermögens und Gegenleistung. Mangels einer Bewertung zu Zeitwerten ist für eine Aktivierung eines Geschäfts- oder Firmenwerts bei einer Buchwertfortführung gemäß § 24 UmwG kein Raum. Vielmehr ist ein positiver Unterschiedsbetrag bei einer Spaltung zur Aufnahme als Spaltungsverlust unmittelbar erfolgswirksam als Aufwand **(sog. Spaltungsverlust)** in der Gewinn- und Verlustrechnung zu erfassen.[90] Bei einer Spaltung zur Neugründung hingegen würde mit dem Ausweis eines solchen Spaltungsverlustes gegebenenfalls das Nennkapital teilweise aufgezehrt. Zur Vermeidung einer solchen Aufzehrung und zur zutreffenden Darstellung der Vermögenslage muss in diesem Fall uE auf die Ausübung des Wahlrechts zur Buchwertfortführung bei der Spaltung zur Neugründung verzichtet werden.

96   (2) **Spaltung ohne Kapitalerhöhung.** **(a) Spaltung bei bestehender Beteiligung.** Überträgt der spaltende Rechtsträger Teile seines Vermögens im Wege der upstream-Spaltung auf seine Gesellschafter, darf der aufnehmende Rechtsträger nach § 125 Satz 1 iVm § 54 I bzw. § 68 I UmwG bei der Aufspaltung oder Abspaltung sein gezeichnetes Kapital nicht erhöhen. Vielmehr geht die Beteiligung des übernehmenden Rechtsträgers an der spaltenden Gesellschaft mit der Übertragung des Vermögens teilweise unter.

97   Bei einer solchen upstream-Aufspaltung oder Abspaltung ergibt sich regelmäßig ein Unterschiedsbetrag zwischen dem Buchwert der Beteiligung und dem Buchwert des übertragenen Vermögens. Ein positiver Unterschiedsbetrag ist als Verschmelzungsverlust, ein negativer Unterschiedsbetrag als Verschmelzungsgewinn erfolgswirksam in der Gewinn- und Verlustrechnung zu erfassen.[91]

98   **(b) Gewährung eigener Anteile.** Gewährt der aufnehmende Rechtsträger für das übertragene Vermögen bereits **bestehende eigene Anteile**, ist ein möglicher **positiver** Unterschiedsbetrag ebenso wie bei

---

[87] → Rn. 77 ff.
[88] Zur Bestimmung des Ausgabebetrags → § 10 Rn. 130 ff.
[89] IDW RS HFA 43 Rn. 24 iVm IDW RS HFA 42 Rn. 68 ff.
[90] *Hense* in IDW Reform des Umwandlungsrechts S. 193; IDW RS HFA 43 Rn. 24 iVm IDW RS HFA 42 Rn. 68 ff.
[91] Vgl. IDW RS HFA 43 Rn. 24 iVm IDW RS HFA 42 Rn. 71 ff.

§ 19. Handelsbilanzielle Regelungen (HGB/IFRS) § 19

der Spaltung mit Kapitalerhöhung als **Spaltungsverlust** erfolgswirksam zu erfassen.[92]

Demgegenüber war handelsrechtlich streitig, ob bei der Hingabe bereits bestehender eigener Anteile ein **negativer** Unterschiedsbetrag in die Kapitalrücklage einzustellen oder als laufender Ertrag in der Gewinn- und Verlustrechnung auszuweisen war. Eine abweichende Behandlung eines Unterschiedsbetrages bei der Ausgabe neuer Anteile einerseits und der Ausgabe bereits bestehender Anteile andererseits ist jedoch nicht gerechtfertigt. So entspricht die Spaltung gegen Kapitalerhöhung und Ausgabe neuer Anteile wirtschaftlich der Spaltung gegen Ausgabe bereits bestehender eigener Anteile. In beiden Fällen erhöht sich das Vermögen der aufnehmenden Gesellschaft im Zuge der Ausgabe der Anteile. Insofern ist die Ausgabe eigener Anteile des übernehmenden Rechtsträgers bilanziell ebenso abzubilden wie die Ausgabe neuer Anteile durch Kapitalerhöhung. 99

III. Bilanzielle Auswirkungen der Haftung nach § 133 UmwG

1. Hauptschuldner und Mithafter

Gemäß § 133 I 1 UmwG haften alle an der Spaltung beteiligten Rechtsträger **gesamtschuldnerisch** für die vor dem Wirksamwerden der Spaltung (Zeitpunkt der Eintragung der Spaltung in das Handelsregister des übertragenden Rechtsträgers) begründeten Verbindlichkeiten des übertragenden Rechtsträgers. Diese Regelung dient dem Schutz der Gläubiger des spaltenden Rechtsträgers.[93] 100

Insofern wird der übernehmende Rechtsträger nicht nur aus denjenigen Verbindlichkeiten verpflichtet, die bei der Spaltung auf ihn als Hauptschuldner übertragen werden. Vielmehr kann der gesetzlichen Regelung des § 133 I UmwG zufolge ein übernehmender Rechtsträger auch für solche Verbindlichkeiten gesamtschuldnerisch haften, die nach dem Spaltungs- und Übernahmevertrag gemäß § 126 I Nr. 9 UmwG an einen anderen Rechtsträger übertragen wurden bzw. bei dem übertragenden Rechtsträger verblieben sind.[94] Umgekehrt haftet der übertragende Rechtsträger für die Verbindlichkeiten gesamtschuldnerisch, die er auf übernehmende Rechtsträger übertragen hat. Allerdings haften die an der Spaltung beteiligten Rechtsträger nach § 133 III UmwG neben dem Hauptschuldner lediglich dann, wenn und soweit die entsprechende Verbindlichkeit vor Ablauf von fünf Jahren nach der Spaltung fällig wird und Ansprüche daraus gerichtlich geltend gemacht sind. 101

2. Bilanzierung der Verpflichtung

Zweifellos hat der aufnehmende Rechtsträger eine vor dem Wirksamwerden der Spaltung begründete Verpflichtung zu passivieren, wenn sie ihm im Zuge der Spaltung zugewiesen wurde.[95] 102

---

[92] Vgl. IDW RS HFA 43 Rn. 24 iVm IDW RS HFA 42 Rn. 68 ff.
[93] *Kleindiek* ZGR 1992 S. 525–530; → § 18 Rn. 70.
[94] *Kallmeyer* in Kallmeyer UmwG § 133 Rn. 2.
[95] Vgl. IDW RS HFA 43, Rn. 26.

103 Darüber hinaus wird im Schrifttum[96] aber auch die Auffassung vertreten, dass alle an der Spaltung beteiligten Rechtsträger handelsrechtlich jeweils den Gesamtbetrag der Verbindlichkeiten zu passivieren hätten, für die sie gesamtschuldnerisch haften. Zugleich sollen zwischen den an der Spaltung beteiligten Rechtsträgern Ausgleichsforderungen aktiviert werden. Die dargestellte Auffassung wird damit begründet, dass die Gläubiger der Altverbindlichkeiten wahrscheinlich nicht nur den Rechtsträger zur Erfüllung ihrer Forderungen in Anspruch nehmen, dem die entsprechende Verbindlichkeit im Zuge der Spaltung zugewiesen worden ist, sondern auch den bzw. die anderen an der Spaltung beteiligten Rechtsträger.

104 Dieser Auffassung ist entgegen zu halten, dass die Verbindlichkeiten bei einer Spaltung gerade nicht im Wege der Einzelrechtsnachfolge, sondern durch partielle Gesamtrechtsnachfolge übertragen werden. Anders als bei einer Einzelrechtsnachfolge ist bei der partiellen Gesamtrechtsnachfolge keine Zustimmung der Gläubiger zur Schuldübernahme nach § 415 BGB erforderlich. Insofern wird ein Altgläubiger seine Forderung auch nach dem Wirksamwerden der Spaltung zunächst gegen den Rechtsträger zu richten haben, auf den die Verbindlichkeit nach § 131 I Nr. 1 UmwG mit der Eintragung der Spaltung in das Handelsregister übergeht.[97] Solange es hinreichend sicher erscheint, dass der eine Verbindlichkeit als Hauptschuldner übernehmende Rechtsträger seine Verpflichtung erfüllen kann, haben die übrigen Rechtsträger lediglich eine Eventualverbindlichkeit zu erfassen. Diese Eventualverbindlichkeit ist nicht unter der Bilanz zu vermerken, da § 251 HGB gesetzlich normierte Haftungsverhältnisse abschließend aufzählt. Es kann sich jedoch eine Pflicht zur Angabe im Anhang nach § 285 Nr. 3a HGB für mittelgroße und große Kapitalgesellschaften ergeben, sofern diese Angaben für die Beurteilung der Finanzlage von Bedeutung sind.[98]

105 Ist es hingegen sicher oder wahrscheinlich, dass ein beteiligter Rechtsträger aus der gesamtschuldnerischen Haftung in Anspruch genommen wird, haben die an der Spaltung beteiligten Rechtsträger eine Verpflichtung mit dem voraussichtlich zu zahlenden Betrag als Rückstellung oder Verbindlichkeit zu passivieren.[99] Gegebenenfalls ist eine Rückgriffsforderung zu aktivieren.

3. Bilanzierung zu leistender Sicherheiten

106 Neben der bilanziellen Abbildung der gesamtschuldnerischen Haftung könnte fraglich sein, ob die nach § 125 iVm § 22 UmwG gegebenenfalls zu leistenden Sicherheiten als Haftungsverhältnisse gemäß § 251 HGB auszuweisen sind. So steht den Altgläubigern nach § 125 UmwG iVm § 22 UmwG das Recht zu, innerhalb von sechs Monaten Sicherheitsleistung von demjenigen Rechtsträger zu verlangen, gegen den sich ihr originärer Anspruch richtet. Dieses setzt indes voraus, dass die Erfüllung

---

[96] *Kleindiek* ZGR 1992 S. 528; *Teichmann* ZGR 1993 S. 417.
[97] *Schmidt* ZGR 1993 S. 386.
[98] IDW RS HFA 43 Rn. 30.
[99] *Pfitzer* in WP-Handbuch 2014, Teil F, Rn. 144.

der Forderung durch die Spaltung gefährdet ist und der Gläubiger dieses glaubhaft macht.

Der Regelung des § 251 HGB zufolge sind nur Eventualverbindlichkeiten aus der Bestellung von Sicherheiten für fremde Verbindlichkeiten abzubilden. Da indes nach § 133 I 2 UmwG nur der an der Spaltung beteiligte Hauptschuldner auf Verlangen der Gläubiger Sicherheiten zu leisten hat, sind insoweit nach § 251 HGB keine Haftungsverhältnisse unter der Bilanz anzugeben.[100] Denn bei den Sicherheiten nach § 22 UmwG handelt es sich um Sicherheiten für eigene Verbindlichkeiten. Vielmehr sind geleistete Sicherheiten für Verbindlichkeiten gemäß § 285 Nr. 1 Buchst. b) HGB im Anhang desjenigen auszuweisen, der auch die Verbindlichkeit passiviert.

107

IV. Bilanzierung beim Anteilseigner des übertragenden Rechtsträgers

Die Spaltung wirkt sich unterschiedlich auf die Anteilseigner des übertragenden Rechtsträgers aus, je nachdem, ob der übertragende Rechtsträger aufgespalten, Vermögen des übertragenden Rechtsträgers abgespalten oder ausgegliedert wird.

108

1. Aufspaltung

Bei einer **Aufspaltung** erlischt der übertragende Rechtsträger. Damit gehen auch die Anteile am übertragenden Rechtsträger unter. Sie werden vielmehr durch die Anteile der aufnehmenden Rechtsträger ersetzt, auf die das Vermögen des übertragenden Rechtsträgers übergeht. Insofern stellt sich die Aufspaltung aus der Sicht der Anteilseigner des übertragenden Rechtsträgers als ein Tausch dar.[101] Bei einem Tausch können die Anschaffungskosten der erhaltenen Anteile grundsätzlich mit dem Buchwert, dem Zeitwert oder dem Zwischenwert (Buchwert zzgl. Ertragsteuerbelastung) der hingegebenen Anteile bewertet werden. Bei einer Aufspaltung ist der bisherige Buchwert der Beteiligung am aufzuspaltenden Rechtsträger in Beteiligungen an mindestens zwei aufnehmenden Rechtsträgern aufzuteilen. Maßgebend für diese Aufteilung ist das Verhältnis der tatsächlichen Zeitwerte der Beteiligungen an den übernehmenden Rechtsträgern. Dieses Werteverhältnis der Beteiligungen ergibt sich aus dem Spaltungsplan bzw. dem Spaltungs- und Übernahmevertrag, § 126 I Nr. 3 UmwG.[102]

109

2. Abspaltung

Anders als bei der Aufspaltung geht bei der **Abspaltung** nur ein Teil des Vermögens des übertragenden Rechtsträgers auf den übernehmenden Rechtsträger über. Im Zuge dieser Abspaltung erhalten die Anteilseigner des übertragenden Rechtsträgers Anteile an dem übernehmenden Rechtsträger. Auch diese Anteile sind entsprechend wahlweise mit dem

110

---

[100] Vgl. IDW RS HFA 43 Rn. 31.
[101] *Pfitzer* in WP-Handbuch 2014, Teil F, Rn. 138.
[102] *Klingenberg* in Winkeljohann/Förschle/Deubert, Teil I, Rn. 171.

§ 19   5. Teil. Spaltung

Buchwert, Zeitwert oder dem Zwischenwert (Buchwert zzgl. Ertragsteuerbelastung) zu bewerten.[103]

111 Mit der Abspaltung hat der Anteilseigner des übertragenden Rechtsträgers nicht nur zusätzlich die erhaltenen Anteile an dem aufnehmenden Rechtsträger zu bilanzieren. Zugleich muss sich der Buchwert der Anteile an dem übertragenden Rechtsträger verringern. Nur noch ein Teil des Wertes der bisherigen Anteile am übertragenden Rechtsträger ist in der Bilanz seiner Anteilseigner beizubehalten. Als Maßstab für die Verringerung des Buchwertes der bisherigen Beteiligung am übertragenden Rechtsträger ist das Verhältnis der Verkehrswerte des abgespaltenen Vermögens zum Verkehrswert des gesamten Vermögens des übertragenden Rechtsträgers zugrunde zu legen.[104]

3. Ausgliederung

112 Bei einer **Ausgliederung** ist es der übertragende Rechtsträger, der durch die Übertragung von Vermögen Anteile des aufnehmenden Rechtsträgers erhält. Die Ausgliederung wirkt sich daher auf die Anteilseigner des übertragenden Rechtsträgers nicht aus.

V. Fallbeispiele

113 Die handelsbilanzielle Abbildung von Spaltungsvorgängen beim übertragenden sowie beim übernehmenden Rechtsträger wird anhand der folgenden Fallbeispiele verdeutlicht.

Fall § 19–1 Ausgliederung zur Neugründung

114 *Aus dem Vermögen der Ü-AG (übertragende Gesellschaft) soll ein Vermögensteil auf die neu zu gründende A-GmbH (aufnehmende Gesellschaft) ausgegliedert werden. Die Bilanz der Ü-AG stellt sich zum Übertragungsstichtag wie folgt dar:*

Ü-AG

AKTIVA	TEUR	PASSIVA	TEUR
Sachanlagevermögen	8500	Grundkapital	5000
Umlaufvermögen	21 000	Kapitalrücklage	6500
		Gewinnrücklage	500
		Schulden	17 500
	29 500		29 500

Die folgenden Vermögensgegenstände und Schulden der Ü-AG sollen ausgegliedert werden:

	Buchwert TEUR	Zeitwert TEUR
Sachanlagevermögen	1200	2000
Umlaufvermögen	4500	5000
Schulden	(5000)	(5000)
Nettovermögen	700	2000

---

[103] IDW RS HFA 43 Rn. 34.
[104] IDW RS HFA 43 Rn. 33.

§ 19. Handelsbilanzielle Regelungen (HGB/IFRS) § 19

Die übernehmende A-GmbH wird im Zuge der Ausgliederung mit einem Stammkapital von TEUR 500 gegründet. Sie bewertet das ausgegliederte Vermögen mit ihren Anschaffungskosten. Diese Anschaffungskosten entsprechen dem Zeitwert des übernommenen Vermögens.

Mit der Ausgliederung überträgt die Ü-AG Vermögen zum Buchwert von TEUR 700 auf die A-GmbH. Im Gegenzug dafür gewährt die A-GmbH neue Anteile an die Ü-GmbH. Insofern wird das ausgegliederte Vermögen in der Bilanz der Ü-AG durch die Anteile an der A-GmbH ersetzt. 115

a) Ausgliederung als nicht tauschähnlicher Vorgang

Die Anteile an der A-GmbH werden in der Bilanz der Ü-AG mit dem Buchwert des ausgegliederten Vermögens von TEUR 700 angesetzt. Die Ü-AG gliedert auch Fremdkapital auf die A-GmbH aus. Für diese Schulden wird die A-GmbH Hauptschuldnerin. Da diese Schulden vor der Ausgliederung begründet wurden, haftet die Ü-AG nach § 133 UmwG als Gesamtschuldnerin.

Nach der Ausgliederung zeigt die Bilanz der Ü-AG das folgende Bild:

Ü-AG

AKTIVA	TEUR	PASSIVA	TEUR
Sachanlagevermögen	7300	Grundkapital	5000
Finanzanlagevermögen	700	Kapitalrücklage[105]	6500
Umlaufvermögen	16 500	Gewinnrücklage	500
		Schulden	12 500
	24 500		24 500

In der Bilanz der aufnehmenden A-GmbH wird das übernommene Vermögen zu Zeitwerten angesetzt. Der Unterschiedsbetrag zwischen dem Zeitwert des übernommenen Vermögens und dem Nennbetrag des Stammkapitals wird in die Kapitalrücklage gemäß § 272 II Nr. 1 HGB eingestellt. Für die bei der Ü-AG verbleibenden Verbindlichkeiten, die vor der Spaltung begründet wurden, haften die Ü-AG und die A-GmbH nach § 133 II UmwG gesamtschuldnerisch. Die Bilanz der A-GmbH stellt sich nach der Ausgliederung wie folgt dar. 116

A-GmbH

AKTIVA	TEUR	PASSIVA	TEUR
Sachanlagevermögen	2000	Stammkapital	500
Umlaufvermögen	5000	Kapitalrücklage	1500
		Schulden	5000
	7000		7000

---

[105] Nach § 272 II Nr. 4 HGB.

b) Ausgliederung als tauschähnlicher Vorgang

Die Anteile an der A-GmbH werden in der Bilanz der Ü-AG mit dem Zeitwert des ausgegliederten Vermögens von TEUR 2 000 angesetzt. Die Differenz zwischen Buch- und Zeitwert ist in Höhe von TEUR 1 300 ist erfolgswirksam in der GuV zu erfassen und erhöht die Gewinnrücklage.

Hinsichtlich der gesamtschuldnerischen Haftung ergeben sich keine Abweichungen zu a).

Nach der Ausgliederung zeigt die Bilanz der Ü-AG das folgende Bild:

Ü-AG

AKTIVA	TEUR	PASSIVA	TEUR
Sachanlagevermögen	7300	Grundkapital	5000
Finanzanlagevermögen	2000	Kapitalrücklage	6500
Umlaufvermögen	16 500	Gewinnrücklage	1800
		Schulden	12 500
	25 800		25 800

117 Für die A-GmbH ergeben sich keine bilanziellen Auswirkungen, wenn die Ü-AG die Tauschgrundsätze anwendet.

Fall § 19–2 Abspaltung eines Vermögensteils mit negativem Nettobuchwert zur Neugründung

118 Aus dem Vermögen der Ü-AG (übertragende Gesellschaft) soll ein Vermögensteil auf die neu zu gründende A-GmbH (aufnehmende Gesellschaft) abgespalten werden. Die Bilanz der Ü-AG stellt sich zum Übertragungsstichtag wie folgt dar:

Ü-AG

AKTIVA	TEUR	PASSIVA	TEUR
Sachanlagevermögen	400	Grundkapital	100
Umlaufvermögen	900	Kapitalrücklage[106]	150
		Gewinnrücklage	50
		Schulden	1000
	1300		1300

Im Vermögen der Ü-AG sind stille Reserven in Höhe von TEUR 300 enthalten. Diese entfallen zu TEUR 200 auf das Anlagevermögen und zu TEUR 100 auf das Umlaufvermögen der Ü-AG.

Die folgenden Vermögensgegenstände und Schulden der Ü-AG sollen abgespalten werden:

---

[106] Nach § 272 II Nr. 4 HGB.

§ 19. Handelsbilanzielle Regelungen (HGB/IFRS) § 19

	Buchwert TEUR	Zeitwert TEUR
Sachanlagevermögen	200	400
Umlaufvermögen	400	500
– Schulden	(800)	(800)
Nettovermögen	(200)	100

Im Spaltungsvertrag ist vereinbart worden, das Vermögen gegen die Gewährung neuer Anteile im Nennbetrag von TEUR 50 auf die A-GmbH zu übertragen. Das übernommene Vermögen soll bei der A-GmbH zu Anschaffungskosten bewertet werden.

Anders als bei einer Ausgliederung wie im *Fall § 19–1* werden die 119 neuen Anteile an der aufnehmenden A-GmbH den Anteilseignern der Ü-AG gewährt. Das Vermögen der Ü-AG selbst verändert sich daher um den Wert des zu übertragenden Vermögens. Da der Buchwert des abzuspaltenden Vermögens negativ ist, vermehrt sich durch die Abspaltung das Vermögen der Ü-AG. Der Betrag der Vermögensmehrung von TEUR 200 ist als andere Zuzahlung in das Eigenkapital zu qualifizieren und somit in die Kapitalrücklage gemäß § 272 II Nr. 4 HGB einzustellen. In Höhe der abgespaltenen Verbindlichkeiten besteht für die Ü-AG eine gesamtschuldnerische Haftung nach § 133 II UmwG. Die Bilanz der Ü-AG stellt sich nach der Abspaltung wie folgt dar:

Ü-AG

AKTIVA	TEUR	PASSIVA	TEUR
Sachanlagevermögen	200	Grundkapital	100
Umlaufvermögen	500	Kapitalrücklage	350
		Gewinnrücklage	50
		Schulden	200
	700		700

Die A-GmbH übt das Wahlrecht des § 24 UmwG aus und setzt das 120 übernommene Vermögen mit ihren Anschaffungskosten an. Diese Anschaffungskosten entsprechen dem Ausgabebetrag der neuen Anteile. Dieser Ausgabebetrag soll hier dem Zeitwert des übernommenen Vermögens entsprechen. Soweit die Zeitwerte des übernommenen Vermögens den Nennbetrag der neuen Anteile überschreiten, handelt es sich um ein Agio, das in die Kapitalrücklage gemäß § 272 II Nr. 1 HGB einzustellen ist.

A-GmbH

AKTIVA	TEUR	PASSIVA	TEUR
Sachanlagevermögen	400	Stammkapital	50
Umlaufvermögen	500	Kapitalrücklage	50
		Schulden	800
	900		900

§ 19   5. Teil. Spaltung

Fall § 19–3 Abspaltung eines Vermögensteils mit positivem Nettobuchwert zur Neugründung ohne ausreichende Rücklagen des übertragenden Rechtsträgers

121 *Der vorliegende Fall setzt an den Ausgangsdaten des Falls § 19–2 an. Zur Bilanz der Ü-AG vor der Abspaltung wird daher auf den Fall § 19–2 verwiesen. Abweichend vom Fall § 19–2 soll indes hier ein Vermögensteil mit positivem Nettobuchwert auf die neu zu gründende A-GmbH abgespalten werden. Das abzuspaltende Vermögen setzt sich wie folgt zusammen:*

	Buchwert TEUR	Zeitwert TEUR
Anlagevermögen	200	400
Umlaufvermögen	400	500
– Schulden	(350)	(350)
Nettovermögen	**250**	**550**

Für die Übertragung des Vermögens werden den Anteilseignern der Ü-AG neue Anteile an der A-GmbH mit einem Nennwert von TEUR 50 gewährt. Die aufnehmende A-GmbH wird das übernommene Vermögen mit dem Buchwert ansetzen.

122 Der Nettobuchwert des abzuspaltenden Vermögens ist positiv. Daher vermindert sich durch die Abspaltung das Buchvermögen der Ü-AG. Der Betrag der Vermögensminderung kann zunächst mit Gewinnen verrechnet werden, die die Ü-AG zwischen dem Stichtag der Schlussbilanz und der Eintragung der Abspaltung in das Handelsregister erwirtschaftet hat. Hier wird aus Vereinfachungsgründen unterstellt, dass der in dem genannten Zeitraum erwirtschaftete Erfolg der Ü-AG gleich Null ist. Wird im laufenden Geschäftsjahr kein Gewinn erzielt, dann ist der Betrag der Vermögensminderung im nächsten Schritt mit den offenen Rücklagen der Ü-AG zu verrechnen. Somit sind die Gewinnrücklagen von TEUR 50 sowie die nicht gesondert geschützte Kapitalrücklage nach § 272 II Nr. 4 HGB von TEUR 150 aufzulösen. Nach dieser Verrechnung verbleibt eine Vermögensminderung von TEUR 50. Ohne weitere Maßnahmen würde die Ü-AG nach der Abspaltung eine Unterbilanz ausweisen. Das Nennkapital der Ü-AG würde also nicht mehr durch das Nettobuchvermögen nach Abspaltung gedeckt. Zur Beseitigung dieser Unterbilanz muss die Ü-AG ihr Nennkapital vor der Abspaltung gemäß § 145 UmwG herabsetzen (vereinfachte Kapitalherabsetzung). Unerheblich dafür ist, ob im verbleibenden Vermögen der Ü-AG stille Reserven zur Deckung einer nicht durch offene Rücklagen kompensierbaren Vermögensminderung enthalten sind.

123 Die Bilanz der Ü-AG stellt sich nach der Abspaltung und vorheriger Kapitalherabsetzung wie folgt dar:

§ 19. Handelsbilanzielle Regelungen (HGB/IFRS) § 19

Ü-AG

AKTIVA	TEUR	PASSIVA	TEUR
Anlagevermögen	200	Grundkapital	50
Umlaufvermögen	500	Kapitalrücklage	0
		Gewinnrücklage	0
		Schulden	650
	700		700

Die aufnehmende A-GmbH übt das Wahlrecht nach § 24 UmwG **124** zugunsten der Fortführung der Buchwerte des übernommenen Vermögens aus. Der über den Nennbetrag der neuen Anteile hinausgehende Betrag des Buchwertes des übertragenen Vermögens von TEUR 200 wird in die Kapitalrücklage gemäß § 272 II Nr. 1 HGB eingestellt. Die Bilanz der A-GmbH sieht nach der Spaltung wie folgt aus: **125**

A-GmbH

AKTIVA	TEUR	PASSIVA	TEUR
Sachanlagevermögen	200	Stammkapital	50
Umlaufvermögen	400	Kapitalrücklage	200
		Schulden	350
	600		600

VI. IFRS

Bei der Spaltung handelt es sich um das Spiegelbild oder eine Art **126** Gegenstück zur Verschmelzung. Bei einer Verschmelzung wird das Vermögen zusammengeführt, bei der Spaltung wird das Vermögen aufgeteilt. Systematisch handelt es sich bei der Spaltung um einen zur Verschmelzung parallelen Vorgang. Es kommt bei der Auf- und Abspaltung zu einer partiellen Verschmelzung, es wird also nicht das gesamte Vermögen eines Rechtsträgers, sondern es werden nur Vermögensteile des übertragenden Rechtsträgers im Wege der Aufnahme auf bereits vorhandene oder zu gründende Rechtsträger übertragen. Diese Parallelität rechtfertigt die grundsätzliche Anwendung der Verschmelzungsnormen.[107]

Die IFRS enthalten keine expliziten Regelungen zur Abbildung von **127** Spaltungen. Überträgt man jedoch die rechtsdogmatischen Grundsätze auf die Bilanzierung, bedeutet dies, dass die entsprechenden Regelungen zur Verschmelzung anwendbar sind. So handelt es sich dann bei Spaltung beim aufnehmenden Rechtsträger um einen Anschaffungsvorgang, der erfolgsneutral zu behandeln ist. Die Vermögenswerte, Schulden und Eventualschulden sind grundsätzlich zum Fair Value nach IFRS 3 anzusetzen, sofern es sich nicht um eine reine konzerninterne Transaktion handelt, die zu keiner Änderung der ultimativen Kontrolle führt.[108]

---

[107] Teichmann in Lutter UmwG § 123 Rn. 6.
[108] Vgl. die Nichtanwendbarkeit von IFRS 3 bei gemeinsamer Beherrschung
→ § 5 Rn. 26 f.

§ 19   5. Teil. Spaltung

128   Beim übertragenden Rechtsträger können hingegen ergänzend die Regelungen nach IFRS 5 zur Anwendung kommen. Demnach kann es sich bei einer Abspaltung um einen nach IFRS 5.5A gleichgestellten Veräußerungsvorgang handeln, mit der Folge, dass im Wesentlichen die abzuspaltenden Sachanlagen und immateriellen Vermögenswerte bereits vor Abgang grundsätzlich mit dem niedrigeren Wert aus Buchwert und Zeitwert abzüglich Ausschüttungskosten im Abschluss des übertragenden Rechtsträgers anzusetzen sind (IFRS 5.15A). Ebenso sind die gesamten abzuspaltenden Vermögenswerte und Schulden als gesonderter Posten in der Bilanz auszuweisen (IFR 5.38). Auch die Ergebnisse der abzuspaltenden Vermögenswerte und Schulden sind als gesonderter Posten in der Gesamtergebnisrechnung auszuweisen, sofern es sich um einen aufgegebenen Geschäftsbereich mit „Geschäftsfeldqualität" handelt (IFRS 5.33).[109]

129   Zudem kann dann auch IFRIC 17 Relevanz besitzen. IFRIC 17 behandelt die bilanziellen Auswirkungen von Abspaltungen in Bezug auf die Frage nach dem Passivierungszeitpunkt und der Bewertung einer entsprechenden Sachdividende (IFRIC 17.9).[110]

---

[109] Vgl. auch Übersicht in Haufe IFRS Kommentar, § 29 Rn. 5.
[110] Haufe IFRS Kommentar, § 29 Rn. 9, § 31 Rn. 195 f.

§ 20. Steuerrechtliche Regelungen

I. Überblick

Gesonderte Regelungen zur steuerlichen Behandlung der in den §§ 123–173 UmwG geregelten Fällen der Spaltung finden sich im UmwStG lediglich hinsichtlich der **Aufspaltung und Abspaltung von Körperschaften** auf andere Körperschaften in § 15 UmwStG und auf Personengesellschaften in § 16 UmwStG. Die anderen Arten der Spaltung – dh die Auf- und Abspaltung von Personengesellschaften sowie die Ausgliederung – sind unter bestimmten Voraussetzungen aber ebenfalls von den Vorschriften des UmwStG erfasst. 1

Unabhängig von der Rechtsform des übertragenden Rechtsträgers stellt die **Ausgliederung** von Vermögensteilen steuerlich einen Fall der **Einbringung** dar (vgl. § 1 III Nr. 2 UmwStG), der den Regelungen der §§ 20–23 UmwStG unterfällt, soweit es sich bei dem ausgegliederten Vermögensteil um einen Betrieb, Teilbetrieb oder Mitunternehmeranteil handelt und der übernehmende Rechtsträger eine Kapitalgesellschaft ist. Handelt es sich bei dem übernehmenden Rechtsträger um eine Personengesellschaft, findet auf die Ausgliederung die Vorschriften des § 24 UmwStG Anwendung, wiederum vorausgesetzt, dass der übertragene Vermögensteil einen Betrieb, Teilbetrieb oder Mitunternehmeranteil darstellt. 2

Auf die **Aufspaltung und Abspaltung von Personengesellschaften** finden die Vorschriften des sechsten bis achten Teils des Umwandlungssteuergesetzes Anwendung (vgl. § 1 III Nr. 1 UmwStG). Auch in diesen Fällen handelt es sich steuerlich um eine **Einbringung,** sofern Gegenstand der Einbringung wiederum ein Betrieb, Teilbetrieb oder Mitunternehmeranteil ist. Die Auf- bzw. Abspaltung von einer Personengesellschaft auf eine Kapitalgesellschaft stellt dann eine Einbringung dar, die unter die Regelungen der §§ 20–23 UmwStG fällt, die Auf- bzw. Abspaltung auf eine andere Personengesellschaft unterfällt § 24 UmwStG. 3

Voraussetzung für die Anwendung der §§ 20 ff. bzw. 24 UmwStG ist, dass der Einbringende Geschäftsanteile an der übernehmenden Kapitalgesellschaft erhält (§ 20 I UmwStG) bzw. Mitunternehmer der übernehmenden Personengesellschaft wird (§ 24 I UmwStG). Zivilrechtlich erhält jedoch in den Fällen der Aufspaltung und der Abspaltung nicht die übertragende Personengesellschaft die Anteile an der übernehmenden Kapitalgesellschaft und sie wird auch nicht Mitunternehmer der übernehmenden Personengesellschaft. Anteilseigner oder Mitunternehmer werden nach den zivilrechtlichen Vorschriften stattdessen die Gesellschafter der übertragenden Personengesellschaft, § 123 I, II UmwG. Steuerlich wird als einbringender Rechtsträger derjenige angesehen, dem die Gegenleistung zusteht.[1] Danach werden steuerlich in diesen 4

---

[1] BMF v. 11.11.2011 (Umwandlungssteuererlass), BStBl. I 2011, 1314, Rn. 20.02.

II. Steuerneutralität versus Missbrauch

5 Mit dem Umwandlungssteuergesetz verfolgt der Gesetzgeber das Ziel, betriebswirtschaftlich erwünschte Umstrukturierungen nicht durch nachteilige steuerliche Folgen zu behindern.[2] Dieser Zielsetzung folgend sind die Vermögensübertragungen im Rahmen von Umwandlungen im Regelfall durch die **Möglichkeit der Buchwertfortführung** steuerneutral gestellt worden, soweit nicht durch den Umwandlungsvorgang die stillen Reserven der späteren Besteuerung entzogen werden.[3] Der Grundsatz der Steuerneutralität ist auch bei den die Spaltungsfälle betreffenden Vorschriften des UmwStG weitgehend gewahrt worden.

6 Aufgrund der zivilrechtlich gegebenen Möglichkeit, auch einzelne Vermögensgegenstände im Rahmen einer Spaltung iSd § 123 UmwStG von dem Vermögen des übertragenden Rechtsträgers abzuspalten, bestand beim Gesetzgeber jedoch die Befürchtung, dass durch die uneingeschränkte Gewährung der steuerneutralen Buchwertfortführung die Besteuerung der Veräußerung von Einzelwirtschaftsgütern umgangen werden könnte.[4] Sowohl die die Abspaltung und Aufspaltung von Körperschaften betreffenden §§ 15, 16 UmwStG als auch die die anderen Fälle der Spaltung betreffenden §§ 20 ff., 24 UmwStG setzen daher für die steuerneutrale Buchwertfortführung voraus, dass der übertragende Vermögensteil mindestens einen **Teilbetrieb** darstellt.[5] Daneben können auch sog. „fiktive" Teilbetriebe, das sind Mitunternehmeranteile und Anteile an Kapitalgesellschaften, steuerneutral ab- bzw. aufgespalten werden. In Abhängigkeit von der Rechtsform der beteiligten Rechtsträger und der Art der Spaltung unterscheiden sich die genannten Regelungen jedoch in Bezug auf die **Voraussetzungen,** die an die steuerneutrale Übertragung dieser „fiktiven" Teilbetriebe gestellt werden.

7 Während in den Fällen der **Abspaltung und Aufspaltung von Körperschaften** nach den §§ 15 I 3, 16 1 UmwStG die Übertragung von Kapitalgesellschaftsbeteiligungen nur begünstigt ist, wenn die Beteiligung das gesamte Nennkapital der Gesellschaft umfasst, reicht es in den Fällen der **Spaltung von Personengesellschaften auf Kapitalgesellschaften** und in den Fällen der **Ausgliederung auf Kapitalgesellschaften** für die Buchwertfortführung aus, wenn die übernehmende Kapitalgesellschaft nach der Übertragung unmittelbar die Mehrheit der Stimmrechte an der übertragenen Kapitalgesellschaft innehat, § 21 I 2 UmwStG (sog. qualifizierter Anteilstausch). § 24 UmwStG schließlich, der die **Spaltung von Personengesellschaften auf andere Personengesellschaften** sowie die Fälle der **Ausgliederung auf Personengesellschaften** regelt,

---

[2] BT-Drucks. 12/6885 S. 14 A. Allgemeine Begründung.
[3] *Dehmer* DStR 1994 S. 1713 ff.
[4] BT-Drucks. 12/6885 S. 22 zu § 15 UmwStG aF.
[5] Zum Teilbetriebserfordernis im Einzelnen → Rn. 15 ff.

§ 20. Steuerrechtliche Regelungen § 20

sieht die steuerneutrale Übertragung von Beteiligungen an Kapitalgesellschaften nicht ausdrücklich vor.⁶

Daneben beinhalten die §§ 15, 16 UmwStG eine Anzahl weiterer **Missbrauchsregelungen**, die die Anwendung der Buchwertfortführung ausschließen. Diese Missbrauchsregelungen sollen zum einen verhindern, dass durch die **Zuordnung von Einzelwirtschaftsgütern** zu fiktiven Teilbetrieben die Teilbetriebsvoraussetzung umgangen werden könnten, vgl. § 15 II 1 UmwStG.⁷ Zum anderen soll die Buchwertfortführung in den Fällen nicht gewährt werden, in denen durch die Spaltung die **Veräußerung an Dritte** vorbereitet oder vollzogen wird, § 15 II 2 ff. UmwStG.⁸ Zu beachten ist, dass diese weitreichenden Missbrauchsregelungen nur für die von den §§ 15, 16 UmwStG erfassten Fälle der **Abspaltung und Aufspaltung von Körperschaften** auf andere Körperschaften oder auf Personengesellschaften gelten, da alle anderen Fälle der Spaltung den §§ 20 ff., 24 UmwStG unterfallen, die diese Missbrauchsregelungen nicht enthalten. 8

III. Steuerliche Rückwirkung

Hinsichtlich der steuerlichen Rückwirkung wird aufgrund der identischen Regelungen auf die zur Verschmelzung gemachten Ausführungen verwiesen.⁹ 9

IV. Aufspaltung und Abspaltung von Körperschaften untereinander

Die nachfolgende Darstellung befasst sich insbesondere mit den spaltungsspezifischen Regelungen der Aufspaltung und Abspaltung aus dem Vermögen von Körperschaften auf andere Körperschaften. Soweit die Regelungen den im zweiten Teil dieses Buches abgehandelten Vorschriften zur Verschmelzung entsprechen, wird hinsichtlich weitergehender Fragen auf die Ausführungen zur Verschmelzung verwiesen. 10

Übertragende wie übernehmende Körperschaften können gemäß § 1 I Nr. 1 UmwStG iVm §§ 1, 124 UmwG die folgenden inländischen Rechtsträger sein: Kapitalgesellschaften (AG, GmbH, KGaA, SE), eingetragene Genossenschaften, eingetragene Vereine iSd § 21 BGB, genossenschaftliche Prüfungsverbände und Versicherungsvereine auf Gegenseitigkeit. Als übertragender Rechtsträger kommen zudem wirtschaftliche 11

---

⁶ Allerdings ist mit der Finanzverwaltung und der hM in der Literatur davon auszugehen, dass auch eine 100%ige Beteiligung an einer Kapitalgesellschaft als Teilbetrieb iSd § 24 UmwStG zu qualifizieren ist, vgl. BT-Drucks. 16/2710 zu § 24 UmwStG; BMF v 11.11.2011 BStBl. I 2011 S. 1314 Rn. 24.02; *Schmitt* in Schmitt/Hörtnagl/Stratz § 24 UmwStG Rn. 75; *Schlößer* in Haritz/Menner UmwStG § 24 Rn. 36 f.; aA BFH v. 17.7.2008, I R 77/06 BStBl. II 2009 S. 464; *Rasche* in Rödder/Herlinghaus/van Lishaut UmwStG § 24 Rn. 42.
⁷ → Rn. 45 ff.
⁸ → Rn. 56 ff.
⁹ → § 11 Rn. 29 ff.

§ 20   5. Teil. Spaltung

Vereine iSd § 22 BGB in Betracht, vgl. § 1 I Nr. 1 UmwStG iVm § 124 UmwG.

12   Darüber hinaus werden vom Umwandlungssteuergesetz aber auch Spaltungen unter Beteiligung von ausländischen Körperschaften des EU-/EWR-Raums erfasst, vgl. § 1 II UmwStG. Unerheblich ist für die Anwendung der steuerlichen Vorschriften hierbei die Frage der zivilrechtlichen Zulässigkeit grenzüberschreitender Hinein- und Hinausspaltungen nach deutschem Recht. Auch wenn man diese aufgrund der europarechtlichen Vorgaben zutreffend auch ohne gesetzliche Kodifizierung – §§ 122a ff. UmwG regeln explizit nur die Verschmelzung – für zulässig erachten muss, werden diese Vorgänge nach § 1 I Nr. 1, II Nr. 1 UmwStG unabhängig vom Zivilrecht in den Anwendungsbereich des UmwStG einbezogen.

Hinsichtlich des Steuersubjekts kann nach § 1 II Nr. 1 UmwStG übertragender und übernehmender Rechtsträger jede Gesellschaft sein, die nach den Vorschriften eines EU-/EWR-Mitgliedstaates gegründet wurde und deren Sitz oder Ort der Geschäftsleitung sich in einem Mitgliedsstaat befindet. Erforderlich ist, dass der ausländische Rechtsträger nach dem anwendbaren ausländischen Recht umwandlungsfähig ist und darüber hinaus vergleichbar ist mit einem umwandlungsfähigen Rechtsträger nach den Vorschriften des UmwG.[10] Ausreichend ist damit nicht, dass der ausländische Rechtsträger als Körperschaft zu qualifizieren ist, er muss zudem einem vergleichbaren inländischen Rechtsträger entsprechen. Dies bestimmt sich ausschließlich nach inländischen Qualifikationsmerkmalen und ist durch Typenvergleich zu ermitteln.[11]

Dabei gilt nach § 1 I Nr. 1 UmwStG die Vorschrift des § 15 UmwStG auch für ausländische Vorgänge, die mit einer Aufspaltung oder Abspaltung iSd §§ 2, 123 I bzw. II UmwG vergleichbar sind. Der ausländische Vorgang muss dabei dem Wesen der Auf- bzw. Abspaltung entsprechen. Die Vergleichbarkeit bezieht sich daher auf den Vorgang an sich und nicht auf die Regelungstechnik.[12] Neben den beteiligten Rechtsträgern müssen insbesondere die Strukturmerkmale des Umwandlungsvorgangs vergleichbar sein.

Maßgeblich ist hiernach in den Fällen der **Aufspaltung**, dass (i) sämtliche Aktiva und Passiva des übertragenden Rechtsträgers auf mehrere übernehmende Rechtsträger übergehen, (ii) aufgrund eines Rechtsgeschäfts, (iii) der übertragende Rechtsträger ohne Liquidation erlischt und (iv) die Anteilseigner des übertragenden Rechtsträgers hierfür Anteile an dem übernehmenden Rechtsträger erhalten oder unter den Voraussetzungen des jeweiligen Gesellschaftsrechts hierauf zulässig verzichten.[13] In Fällen

---
[10] BMF v. 11.11.2011, BStBl. I 2011 S. 1314 Rn. 01.27; *Graw* in Rödder/Herlinghaus/van Lishaut § 1 UmwStG Rn. 85a.
[11] *Hörtnagl* in Schmitt/Hörtnagl/Stratz § 1 UmwStG Rn. 17.
[12] BMF v. 11.11.2011, BStBl. I 2011 S. 1314 Rn. 01.24; *Hörtnagl* in Schmitt/Hörtnagl/Stratz § 1 UmwStG Rn. 32.
[13] Vgl. BMF v. 11.11.2011, BStBl. I 2011 S. 1314 Rn. 01.33, wo aber die Gesamtrechtsnachfolge als Strukturmerkmal angesehen wird; siehe dazu nachfolgend.

§ 20 Steuerrechtliche Regelungen § 20

der **Abspaltung** werden die genannten Tatbestandsvoraussetzungen (i) und (iii) durch die Übertragung eines definierten Teils der Aktiva und Passiva auf einen oder mehrere übernehmende Rechtsträger bei Aufrechterhaltung des übertragenden Rechtsträgers im Übrigen modifiziert.[14] Ob die ausländische Rechtsordnung den Vorgang hierbei als Gesamtrechtsnachfolge wertet, ist nach unserer Auffassung ohne Belang, soweit tatsächlich sämtliche (Aufspaltung) bzw. der betreffende Teil (Abspaltung) der Aktiva und Passiva auf die bzw. den übernehmenden Rechtsträger übergehen.[15] Im Hinblick auf die europarechtlich gewährleistete Niederlassungsfreiheit kann es keine Rolle spielen, ob der ausländische Staat das deutsche Institut der Gesamtrechtsnachfolge in seiner eigenen Rechtsordnung nachvollzieht.

Auch wesentliche sonstige Kriterien sind bei der Prüfung der Vergleichbarkeit zu berücksichtigen. Hierunter fällt beispielsweise die Höhe einer vertraglich vereinbarten Zuzahlung.[16] Überschreitet die – nach ausländischem Recht zulässigerweise – vereinbarte Zuzahlung den Rahmen dessen, was nach den Regelung des UmwG zulässig ist, deutlich, spricht dies gegen eine Vergleichbarkeit des ausländischen Vorgangs.

Steuerliche Tatbestandsvoraussetzungen wie das Erfordernis eines Teilbetriebs sind für die grundsätzliche Eröffnung des Anwendungsbereichs des UmwStG ebenfalls unbeachtlich.

1. Allgemeines

Das Steuerrecht behandelt die Spaltung von Körperschaften auf andere Körperschaften als Teilverschmelzung und erklärt dementsprechend die Vorschriften der §§ 11–13 UmwStG zur Verschmelzung von Körperschaften untereinander auf die Fälle der Aufspaltung und Abspaltung aus dem Vermögen von Körperschaften auf andere Körperschaften für entsprechend anwendbar. Die entsprechende Anwendung hat zur Folge, dass auch die in den §§ 11–13 UmwStG genannten Anwendungsvoraussetzungen erfüllt sein müssen. Damit finden die Rechtsfolgen der Spaltung grundsätzlich auch dann Anwendung, wenn die Teilbetriebsvoraussetzungen nicht vorliegen. Erforderlich ist insoweit nur, dass es sich um eine Spaltung nach dem UmwG im Wege der Gesamtrechtsnachfolge handelt. 13

Zu beachten ist die einschränkende Vorschrift des § 15 I 2 UmwStG. Danach sind die §§ 11 II bzw. 13 II UmwStG, welche die steuerneutrale Buchwertfortführung bzw. den Ansatz eines Zwischenwertes ermöglichen, nur dann entsprechend anwendbar, wenn auf jede Übernehmerin ein **Teilbetrieb** übertragen wird. Im Fall der Abspaltung muss gemäß § 15 I 2 UmwStG zudem bei der Übertragerin ein Teilbetrieb verbleiben (sog. **doppeltes Teilbetriebserfordernis**). Als Teilbetrieb gilt auch ein 14

---
[14] Vgl. BMF v. 11.11.2011, BStBl. I 2011 S. 1314 Rn. 01.36.
[15] Ebenso *Widmann* in Widmann/Mayer § 1 UmwStG Rn. 17; *Haritz* in Haritz/Menner § 15 UmwStG Rn. 18; aA BMF v. 11.11.2011, BStBl. I 2011 S. 1314 Rn. 01.34; *Möhlenbrock* in Dötsch/Patt/Pung/Möhlenbrock § 1 UmwStG Rn. 103 f.; *Hörtnagl* in Schmitt/Hörtnagl/Stratz § 1 UmwStG Rn. 35.
[16] BMF v. 11.11.2011, BStBl. I 2011 S. 1314 Rn. 01.40.

Mitunternehmeranteil oder eine 100%ige Beteiligung an einer Kapitalgesellschaft, § 15 I 3 UmwStG (sog. **"fiktive Teilbetriebe"**).

2. Teilbetriebe

a) Der Begriff des "echten Teilbetriebs" in § 15 UmwStG

15 Der Begriff des Teilbetriebs ist weder in § 15 UmwStG noch anderweitig im UmwStG definiert. Auch in anderen nationalen Steuergesetzen, die den Begriff des Teilbetriebs verwenden, findet sich keine Definition. Mangels gesetzlicher Regelung hat die Rechtsprechung im Zusammenhang mit § 16 EStG eine Definition des Teilbetriebsbegriffs entwickelt, deren Geltung vor der Einführung des SEStEG im UmwStG aF – auch von der Finanzverwaltung[17] – anerkannt war. Danach gilt als Teilbetrieb ein mit einer gewissen Selbstständigkeit ausgestatteter, organisch geschlossener Teil des Gesamtbetriebes, der für sich allein lebensfähig ist (sog. **"nationaler Teilbetriebsbegriff"**).[18] Geprägt wird der nationale Teilbetriebsbegriff insbesondere durch die wesentlichen Betriebsgrundlagen, die von der Rechtsprechung normspezifisch bestimmt werden. Die Qualifikation eines Wirtschaftsguts als wesentliche Betriebsgrundlage erfolgt im Rahmen des § 15 UmwStG ausschließlich aufgrund der funktionalen Betrachtungsweise.[19] Das Vorhandensein von erheblichen stillen Reserven (quantitative Sichtweise) ist anders im Rahmen des § 16 EStG nicht bedeutsam. Konkretisiert worden ist der nationale Teilbetriebsbegriff in jahrelanger Rechtsprechung durch den BFH.

16 Die Fusions-RL definiert demgegenüber in Art. 2 Buchst. j den Teilbetrieb als Gesamtheit der in einem Unternehmensteil einer Gesellschaft vorhandenen aktiven und passiven Wirtschaftsgüter, die in organisatorischer Hinsicht einen selbstständigen Betrieb, dh eine aus eigenen Mitteln funktionsfähige Einheit, darstellen (sog. **"europäischer Teilbetriebsbegriff"**). Als zentrales Element des europäischen Teilbetriebsbegriffs wird die Funktionsfähigkeit angesehen, die sich danach bestimmt, ob die übertragenen Unternehmensteile als selbstständiges Unternehmen funktionsfähig sind, ohne dass sie hierfür zusätzlicher Investitionen bedürfen.[20] Einzelheiten zum europäischen Teilbetriebsbegriff sind noch weitgehend ungeklärt, da bisher nur auf ein einziges Urteil des EuGH[21] zurückgegriffen werden kann.

17 Die Frage, welcher der beiden Teilbetriebsbegriffe – nationaler oder europäischer – im Rahmen des § 15 UmwStG (nF) Anwendung findet, wird derzeit unterschiedlich beantwortet. Die Finanzverwaltung und ihr

---

[17] Vgl. BMF v. 25.3.1998, BStBl. I 1998 S. 268 Rn. 15.02.
[18] BFH v. 7.4.2010 – I R 96/08, BStBl. II 2011 S. 467; BFH v. 4.7.2007 – X R 49/06, BStBl. II 2007 S. 772; *Wacker* in Schmidt EStG § 16 Rn. 143.
[19] Vgl. BFH v. 2.10.1997 – IV R 4/96, BStBl. II 1998 S. 104; BFH v. 7.4.2010 – I R 96/08, BStBl. II 2011 S. 467.
[20] Vgl. *Graw* in DB 2013 S. 1011; *Blumers* DB 2008 S. 2041; *Claß/Weggenmann* BB 2012 S. 552.
[21] EuGH v. 15.1.2002 Rs. C-43/00 FR 2002 S. 298.

folgend Teile der Literatur sind der Auffassung, dass generell, dh sowohl bei rein nationalen als auch bei grenzüberschreitenden Spaltungsvorgängen der europäische Teilbetriebsbegriff anzuwenden ist.[22] Dies wird damit begründet, dass der Gesetzgeber mit der Änderung des § 15 UmwStG durch das SEStEG die FusionsRL umgesetzt habe, was zur Folge hat, dass der europäische Teilbetriebsbegriff nicht nur für grenzüberschreitende, sondern auch für reine Inlandsspaltungen gelte.[23] Dieser Auffassung ist uE zu folgen, da im Fall grenzüberschreitender Spaltungen die FusionsRL und damit auch der in dieser definierte Teilbetriebsbegriff in jedem Fall unmittelbare Anwendung findet. Im Interesse einer einheitlichen Auslegung des Teilbetriebsbegriffs für sämtliche Spaltungen – sowohl rein nationale als auch solche mit internationalem Bezug – sollte daher der Teilbetriebsbegriff iSd FusionsRL maßgebend sein.

Anderer Ansicht nach soll der europäische Teilbetriebsbegriff nur für grenzüberschreitende Spaltungen maßgeblich sein, für innerdeutsche Spaltungen soll weiterhin auf den nationalen Teilbetriebsbegriff abzustellen sein.[24] Gegen diese Ansicht spricht, dass der von einer Norm verwendete Begriff in Abhängigkeit der Herkunft der Beteiligten unterschiedlich auszulegen wäre.[25]

Modifizierend dazu wird auch eine richtlinienkonforme Auslegung dahingehend vertreten, dass der Teilbetriebsbegriff auch in rein nationalen Fällen nicht zu Lasten des Steuerpflichtigen von dem europäischen Teilbetriebsverständnis abweichen dürfe, dh soweit der europäische Begriff günstiger ist, soll dieser Anwendung finden.[26]

Unklar ist weiterhin, ob und welche **Unterschiede zwischen den beiden Teilbetriebsbegriffen** bestehen. Der BFH neigt – in einem noch zum UmwStG aF ergangenen Urteil – in einem obiter dictum wohl zu der Auffassung, dass die beiden Teilbetriebsbegriffe inhaltlich weitgehend deckungsgleich sind.[27] In der Literatur wird demgegenüber vielfach davon ausgegangen, dass Begriffsunterschiede existieren.[28] Das Teilbetriebsverständnis des europäischen Begriffs wird dabei teils als weiter, teils als strenger gegenüber dem nationalen Teilbetriebsverständnis ausgelegt. Auch die Finanzverwaltung geht offensichtlich von Unterschieden bei der Auslegung der beiden Begriffe aus und kommt bei Anwendung des europäischen Teilbetriebsbegriffs zu Verschärfungen im Vergleich zu ihrer vormaligen Auffassung unter Anwendung des nationalen Teilbetriebsbegriffs.

18

---

[22] BMF v. 11.11.2011, BStBl. I 2011 S. 1314 Rn. 15.02; *Beinert/Benecke* FR 2010 S. 1009; *Claß/Weggenmann* BB 2012 S. 552; *Asmus* in Haritz/Menner § 15 UmwStG Rn. 61.
[23] Vgl. *Beinert/Benecke* FR 2010 S. 1009.
[24] *Neumann* GmbHR 2012 S. 141; *Schießl* in Widmann/Mayer § 15 UmwStG Rn. 25; *Schmitt* in Schmitt/Hörtnagl/Stratz § 20 UmwStG Rn. 81 ff.
[25] Vgl. *Blumers* BB 2011 S. 2204.
[26] *Goebel/Ungemach* DStZ 2012 S. 353; *Schumacher/Neumann* DStR 2008 S. 325; *Blumers* BB 2011 S. 2204.
[27] BFH v. 7.4.2010 – I R 96/08, BStBl. II 2011 S. 467 (obiter dictum).
[28] Vgl. zB *Eckl* CFL 2011 S. 312.

19 Nach den Ausführungen der Finanzverwaltung sowie der Diskussion in der Literatur werden zwischen dem nationalen Teilbetriebsbegriff und dem europäischen Teilbetriebsbegriff im Wesentlichen folgende Unterschiede gesehen bzw. diskutiert:

Zunächst werden bezüglich der **Selbstständigkeit** Unterschiede zwischen den beiden Teilbetriebsbegriffen gesehen.[29] Die vom nationalen Teilbetriebsbegriff geforderte „gewisse Selbstständigkeit" liegt vor, wenn die dem Betriebszweig gewidmeten Wirtschaftsgüter in ihrer Zusammenfassung einer Tätigkeit dienen, die sich von der übrigen gewerblichen Tätigkeit deutlich unterscheidet.[30] Es muss sich um einen selbstständigen Zweigbetrieb innerhalb des Gesamtunternehmens handeln.[31] Im Rahmen des europäischen Teilbetriebsbegriffs unterliegt die geforderte Selbstständigkeit des Unternehmensteils geringeren Anforderungen. Hier soll – entsprechend dem Wortlaut der Definition – bereits eine organisatorische Verselbstständigung ausreichen. Hingegen soll nicht erforderlich sein, dass sich die Tätigkeit des Teilbetriebs von der übrigen Tätigkeit des Unternehmens unterscheidet.[32]

20 Der Teilbetriebsbegriff der FusionsRL erfordert, dass der organisatorisch selbständige Betrieb eine aus eigenen Mitteln funktionsfähige Einheit darstellt. Das Kriterium der **Funktionsfähigkeit** im Rahmen des europäischen Teilbetriebsbegriffs wird teilweise enger verstanden als das entsprechende Kriterium der Lebensfähigkeit nach dem nationalen Teilbetriebsbegriff.[33] Die Lebensfähigkeit wird beim nationalen Teilbetriebsbegriff angenommen, wenn die Ausübung einer eigenständigen Tätigkeit nach der Struktur des Betriebsteils möglich ist,[34] wofür insbesondere Kunden- und Lieferantenbeziehungen maßgeblich sind. Nicht zwingend für die Lebensfähigkeit ist demgegenüber die Gewinnerzielung durch den Betriebsteil.[35] Der europäische Teilbetriebsbegriff erfordert demgegenüber, dass der Unternehmensteil als selbstständiges Unternehmen funktionsfähig ist, ohne dass er hierfür zusätzlicher Investitionen oder Einbringungen bedarf.[36] Der EuGH geht davon aus, dass die Aufnahme eines Bankkredits zu üblichen Konditionen es noch nicht ausschließt, den Teilbetrieb als selbstständiges funktionsfähiges Unternehmen anzusehen. Anderes könnte aber gelten, wenn die finanzielle Lage insgesamt den Schluss aufdrängt, dass der Unternehmensteil wahrscheinlich nicht aus eigenen

---

[29] Vgl. zB *Blumers* BB 2011 S. 2204.
[30] BFH v. 4.7.1973 – I R 145/71, BStBl. II 1973, 838; BFH v. 15.3.1984 – IV R 189/81, BStBl. II 1984 S. 486.
[31] Vgl. *Feldgen* Ubg 2012, 459.
[32] Vgl. *Dötsch/Pung* in Dötsch/Patt/Pung/Möhlenbrock § 15 UmwStG Rn. 65; *Schumacher* in Rödder/Herlinghaus/van Lishaut § 15 UmwStG Rn. 134; *Patt* in Dötsch/Patt/Pung/Möhlenbrock § 20 UmwStG Rn. 90; *Schmitt* in Schmitt/Hörtnagl/Stratz § 20 UmwStG Rn. 87.
[33] Vgl. *Feldgen* Ubg 2012 S. 459; *Blumers* BB 2011 S. 2204.
[34] BFH v. 19.2.1976 – IV R 179/72, BStBl. II 1976 S. 415; BFH v. 13.2.1996 – VIII R 39/92, BStBl. II 1996 S. 409.
[35] BFH v. 13.2.1996 – VIII R 39/92, BStBl. II 1996 S. 409.
[36] EuGH v. 15.1.2002 C-43/00 FR 2002 S. 298.

§ 20. Steuerrechtliche Regelungen § 20

Mitteln lebensfähig ist, weil zB die Einkünfte des Unternehmensteils im Verhältnis zu Zinsen und Tilgungen für aufzunehmende Schulden unzureichend erscheinen.[37] Daraus wird hergeleitet, dass der Teilbetrieb nicht nur mit den erforderlichen sachlichen und personellen Mitteln ausgestattet werden muss, sondern auch in finanzieller Hinsicht aus sich heraus funktionsfähig sein muss und somit die eigenständige Funktionsfähigkeit eine Beurteilung der Ertrags- und Liquiditätslage erfordere.[38] Insoweit wäre der europäische Teilbetriebsbegriff enger als der nationale Begriff.

Als ein wesentlicher Unterschied zwischen dem nationalen und dem europäischen Teilbetriebsbegriff wird der **Umfang des Teilbetriebs** und damit einhergehend die Frage nach der **Zugehörigkeit von Wirtschaftsgütern** diskutiert. Nach dem nationalen Teilbetriebsbegriff sind für die Qualifikation als Teilbetrieb im Rahmen des § 15 UmwStG die funktional wesentlichen Betriebsgrundlagen konstitutiv.[39] Danach sind nur die Wirtschaftsgüter wesentlich, die zur Erreichung des Betriebszwecks benötigt werden und denen ein wirtschaftliches Gewicht für die Betriebsführung zukommt. Nicht zu den wesentlichen Betriebsgrundlagen in diesem Sinn gehören die Passiva, dh Verbindlichkeiten bzw. Rückstellung. Diese können bei Anwendung des nationalen Teilbetriebsbegriffs beliebig zugeordnet werden. Gleiches gilt für funktional nicht wesentliche bzw. neutrale Wirtschaftsgüter der Aktivseite, die bei Anwendung des nationalen Teilbetriebsbegriffs einem Teilbetrieb ebenfalls beliebig zugeordnet werden können.[40] 21

Der europäische Teilbetriebsbegriff umfasst ebenfalls die funktional wesentlichen Betriebsgrundlagen, geht jedoch – zumindest nach dem Verständnis der Finanzverwaltung – darüber hinaus und umfasst auch **alle nach wirtschaftlichen Zusammenhängen zuordenbaren Wirtschaftsgüter**.[41] Dies führt dazu, dass für nicht wesentliche Betriebsgrundlagen eine Zuordnung erfolgen muss, wenn sie einem der Teilbetriebe nach wirtschaftlichen Gesichtspunkten zugeordnet werden können. Ausführungen dazu, unter welchen Voraussetzungen von einer wirtschaftlichen Zuordenbarkeit auszugehen ist, macht die Finanzverwaltung nicht. Allerdings werden zu den wirtschaftlich zuordenbaren Wirtschaftsgütern wohl auch **Verbindlichkeiten** gehören.[42] Dies folgt bereits

---

[37] EuGH v. 15.1.2002 Rs. C-43/00 FR 2002 S. 298.
[38] *Helios/Meinert* Ubg 2011 S. 592; *Feldgen* Ubg 2011 S. 459.
[39] Vgl. BFH v. 7.4.2010 – I R 96/08, BStBl. II 2011 S. 67; *Asmus* in Haritz/Menner § 15 UmwStG Rn. 71.
[40] So auch die Finanzverwaltung bei Anwendung des nationalen Teilbetriebsbegriffs unter § 15 UmwStG aF, BMF v. 25.3.1998, BStBl. I 1998 S. 268 Rn. 15.09.
[41] BMF v. 11.11.2011, BStBl. I 2011, 1314 Rn. 15.02; aA *Hörtnagl* in Schmitt/Hörtnagl/Stratz § 15 UmwStG Rn. 71, der auf die funktionsfähige Einheit abstellt und in der Folge eine Übertragung der derjenigen Wirtschaftsgüter für ausreichend hält, die für die Erreichung des Betriebszwecks und die Betriebsführung wesentlich sind.
[42] Vgl. *Hörtnagl* in Schmitt/Hörtnagl/Stratz § 15 UmwStG Rn. 68; *Schießl* in Widmann/Mayer § 15 UmwStG Rn. 47.

aus der Definition des europäischen Teilbetriebsbegriffs, der von aktiven und passiven Wirtschaftsgütern spricht. Eine freie Zuordnung von funktional nicht wesentlichen Wirtschaftsgütern soll nur noch möglich sein, wenn weder eine wesentliche Betriebsgrundlage vorliegt, noch eine wirtschaftliche Zuordnung zu einem Teilbetrieb möglich ist.[43] Dies soll nicht nur für Aktiva, sondern auch für Passiva gelten.[44] Im Ergebnis ist der europäische Teilbetriebsbegriff somit – zumindest nach dem Verständnis der Finanzverwaltung – enger als der nationale Begriff.

Wird eine wesentliche Betriebsgrundlage (zB ein Betriebsgrundstück) **von mehreren Teilbetrieben genutzt**, führt dies dazu, dass diese Teilbetriebe im Wege der Spaltung nicht steuerneutral voneinander getrennt werden könnten (sog. Spaltungshindernis).[45] Diesbezüglich unterscheiden sich die beiden Teilbetriebsbegriffe nicht voneinander. Die Finanzverwaltung lässt für Grundstücke, die von mehreren Teilbetrieben genutzt werden, allerdings im Billigkeitswege eine ideelle Teilung (Bruchteilseigentum) zu, falls eine reale Teilung nicht zumutbar ist.[46]

22 Unter dem nationalen Teilbetriebsbegriff erfordert die Übertragung eines Teilbetriebs die zivilrechtliche Übertragung der wesentlichen Betriebsgrundlagen, der Abschluss eines Nutzungsvertrages ist demgegenüber – jedenfalls sofern das wirtschaftliche Eigentum nicht übergeht – nicht ausreichend.[47] Die Finanzverwaltung will an dieser Beurteilung auch unter Anwendung des europäischen Teilbetriebsbegriffs festhalten und fordert zumindest die Übertragung des wirtschaftlichen Eigentums.[48] Zur Begründung wird auf das bislang einzige Urteil des EuGH zum europäischen Teilbetriebsbegriff verwiesen, wo es für erforderlich gehalten wird, dass die aktiven und passiven Wirtschaftsgüter „übertragen" werden.[49] In der Literatur wird es demgegenüber unter dem europäischen Teilbetriebsbegriff, der vorrangig auf die Funktionsfähigkeit abstellt, für ausreichend erachtet, wenn die Wirtschaftsgüter dem übernehmenden Rechtsträger langfristig und hinreichend gesichert **zur Nutzung überlassen** werden.[50]

Auch hinsichtlich der **Perspektive**, aus der das Vorliegen eines Teilbetriebs zu beurteilen ist, werden Unterschiede zwischen den Teilbetriebsbegriffen diskutiert. Beim nationalen Begriff ist das Vorliegen

---

[43] BMF v. 11.11.2011, BStBl. I 2011 S. 1314 Rn. 15.09.
[44] BMF v. 11.11.2011, BStBl. I 2011 S. 1314 Rn. 15.07.
[45] BMF v. 11.11.2011, BStBl. I 2011 S. 1314 Rn. 15.08; BMF v. 25.3.1998, BStBl. I 1998 S. 268 Rn. 15.07.
[46] BMF v. 11.11.2011, BStBl. I 2011 S. 1314 Rn. 15.08.
[47] Vgl. BFH v. 7.4.2010 – I R 96/08, BStBl. II 2011 S. 467, wobei offen bleibt, ob von einer Teilbetriebsübertragung ausgegangen werden kann, wenn das Nutzungsrecht so ausgestaltet ist, dass der übernehmende Rechtsträger als wirtschaftlicher Eigentümer anzusehen ist.
[48] BMF v. 11.11.2011, BStBl. I 2011, 1314 Rn. 15.07; ebenso *Schumacher* in Rödder/Herlinghaus/van Lishaut § 15 UmwStG Rn. 145.
[49] *Schumacher* in Rödder/Herlinghaus/van Lishaut § 15 UmwStG Rn. 145.
[50] *Ott* StuB 2012 S. 131; *Prinz/Hüting* StuB 2012 S. 484; *Graw* DB 2013 S. 1011.

§ 20. Steuerrechtliche Regelungen § 20

eines Teilbetriebs anhand der Verhältnisse bei der übertragenden Gesellschaft zu beurteilen ist.[51] Demgegenüber werden für den europäischen Teilbetriebsbegriff unterschiedliche Perspektiven vertreten. Es gibt die Ansicht, dass das Vorliegen eines Teilbetriebs bei Anwendung des europäischen Begriffs aus der Sicht des Übernehmenden zu beurteilen ist.[52] Begründet wird dies damit, dass die Funktionsfähigkeit der übertragenen Einheit beim Übernehmenden entscheidendes Kriterium sei und folglich die Betrachtung aus dessen Blickwinkel zu erfolgen habe. Nach der Gegenansicht, zu der auch die Finanzverwaltung gehört, ist demgegenüber auch beim europäischen Teilbetriebsbegriff auf die Perspektive der übertragenden Gesellschaft abzustellen.[53] Folgt man letztgenannter Ansicht, ergeben sich insoweit keine Unterschiede zwischen den beiden Teilbetriebsbegriffen.

Ein weiterer Unterschied wird in dem **Zeitpunkt**, zu dem die Teilbetriebsvoraussetzungen vorliegen müssen, gesehen. Bei Anwendung des nationalen Teilbetriebsbegriffs wird es für ausreichend erachtet, wenn die Teilbetriebsvoraussetzungen zum Zeitpunkt der Fassung des Spaltungsbeschlusses vorliegen.[54] Unter dem europäischen Teilbetriebsbegriff sollen demgegenüber nach Auffassung der Finanzverwaltung die Verhältnisse am steuerlichen Spaltungsstichtag maßgebend sein,[55] dh der Teilbetrieb muss bereits zu einem früheren Zeitpunkt vorliegen. Da – anders als bei den fiktiven Teilbetrieben (Mitunternehmeranteile und 100%ige Beteiligungen an Kapitalgesellschaften) – für die echten Teilbetriebe keine Mindestbestehenszeit[56] gefordert ist, können diese in jedem Fall auch erst kurz vor dem Spaltungsstichtag gebildet werden. Sofern man den nationalen Teilbetriebsgegriff anwendet, müsste der Teilbetrieb sogar erst kurz vor dem Spaltungsbeschluss vorliegen. 23

Einen **Teilbetrieb im Aufbau**, welcher vorliegt, wenn die wesentlichen Betriebsgrundlagen bereits vorhanden sind, die werbende Tätigkeit aber noch nicht aufgenommen wurde,[57] erkennt die Finanzverwaltung bei Anwendung des europäischen Teilbetriebsbegriffs nicht mehr als Teilbetrieb iSd § 15 UmwStG an.[58] In der Literatur wird dies teilweise anders beurteilt und auch unter Anwendung des europäischen Teilbetriebs-

---

[51] BFH v. 7.4.2010 – I R 96/08, BStBl. II 2011 S. 467; *Feldgen* UbG 2012 S. 459.
[52] *Blumers* BB 2011 S. 2204; *Beinert* FR 2010 S. 1009; *Goebel/Ungemach* DStZ 2012 S. 353.
[53] BMF v. 11.11.2011 BStBl. I 2011 S. 1314 Rn. 15.02; *Dötsch/Pung* in Dötsch/Patt/Pung/Möhlenbrock § 15 UmwStG Rn. 66; *Graw* DB 2013 S. 1011.
[54] Vgl. BMF v. 25.3.1998, BStBl. I 1998 S. 268 Rn. 15.10; BFH v. 16.12.2009 – I R 97/08, BStBl. II 2010 S. 808.
[55] BMF v. 11.11.2011, BStBl. I 2011 S. 1314 Rn. 15.03; aA *Feldgen* Ubg 2012 S. 459; *Schaden/Ropohl* BB 2011 S. 11.
[56] → Rn. 45 ff.
[57] EStH 16 (3).
[58] Vgl. BMF v. 11.11.2011, BStBl. I 2011 S. 1314 Rn. 15.03; zweifelnd *Beutel* SteuK 2012 S. 1.

begriffs ein Teilbetrieb im Aufbau als ausreichend erachtet.[59] Unter dem nationalen Teilbetriebsbegriff ist demgegenüber – auch von Seiten der Finanzverwaltung – anerkannt, dass bereits ein Teilbetrieb im Aufbau einen Teilbetrieb im Sinne des § 15 UmwStG darstellt.[60] Insoweit liegt auch hier eine Verschärfung durch Anwendung des europäischen Teilbetriebsbegriffs vor.

24 Letztlich bestehen derzeit erhebliche Unsicherheiten hinsichtlich des anzuwendenden Begriffs und zudem auch – unterstellt, der europäische Begriff ist anzuwenden – hinsichtlich der Auslegung des europäischen Teilbetriebsbegriffs. Bis zur höchstrichterlichen Klärung dieser Unsicherheiten – wobei für die Auslegung des europäischen Teilbetriebsgriffs ausschließlich der EuGH zuständig wäre – wird man sich in der Praxis an die Auffassung der Finanzverwaltung halten müssen, die den europäischen Teilbetriebsbegriff in ihrem Sinne auslegt und zudem mit Aspekten des „alten" Teilbetriebsbegriffs vermengt.[61] Im Ergebnis führt dies zu einer gegenüber dem alten Recht steuerverschärfenden Rechtslage.

25 *einstweilen frei*

b) „Fiktive" Teilbetriebe

26 Den „echten" Teilbetrieben gleichgestellt sind gemäß § 15 I 3 UmwStG Mitunternehmeranteile und Beteiligungen an Kapitalgesellschaften, die das gesamte Nennkapital der Gesellschaft umfassen. Das Teilbetriebserfordernis ist damit auch dann erfüllt, wenn ein solcher sog. „fiktiver" Teilbetrieb übertragen wird oder beim übertragenden Rechtsträger verbleibt.

27 Auch ein **Bruchteil eines Mitunternehmeranteils** gilt als Mitunternehmeranteil.[62] Daran ändert auch die Einschränkung des Anwendungsbereichs des § 16 EStG auf den gesamten Mitunternehmeranteil nichts.[63] Hierdurch wird lediglich die Begünstigung eines etwaigen Einbringungsgewinns auf die Fälle beschränkt, in denen der gesamte Mitunternehmeranteil eingebracht wird.

28 **Sonderbetriebsvermögen**, welches bei dem Mitunternehmeranteil eine wesentliche Grundlage bildet, ist dem Mitunternehmeranteil zuzuordnen und muss mit übertragen werden.[64] Wesentliche Betriebs-

---

[59] *Schumacher* in Rödder/Herlinghaus/van Lishaut UmwStG § 15 Rn. 134.
[60] BMF v. 25.3.1998, BStBl. I 1998 S. 268, Rn. 15.10.
[61] *Prinz/Hüting* StuB 2012 S. 484.
[62] BMF v. 11.11.2011, BStBl. I 2011 S. 1314 Rn. 15.04; *Schießl* in Widmann/Mayer UmwStG § 15 Rn. 65; *Hörtnagl* in Schmitt/Hörtnagl/Stratz § 15 UmwStG Rn. 90.
[63] *Dötsch* in Dötsch/Patt/Pung/Möhlenbrock § 15 UmwStG Rn. 71.
[64] *Frotscher* in Frotscher/Maas § 15 UmwStG Rn. 126; *Schießl* in Widmann/Mayer § 15 UmwStG Rn. 66; *Dötsch/Pung* in Dötsch/Patt/Pung/Möhlenbrock § 15 UmwStG Rn. 72; *Schumacher* in Rödder/Herlinghaus/van Lishaut § 15 UmwStG Rn. 162; *Hörtnagl* in Schmitt/Hörtnagl/Stratz § 15 UmwStG Rn. 92.

grundlage in diesem Sinne wird zumeist ausschließlich das SVB I sein.[65] Es ist aber einzelfallbezogen ausschließlich nach funktionalen Kriterien zu prüfen.[66] Im Übrigen kann bei der Übertragung von Mitunternehmeranteilen **Sonderbetriebsvermögen,** welches keine wesentliche Betriebsgrundlage für die Mitunternehmerschaft darstellt, auch mit übertragen werden.[67] Dies folgt daraus, dass Wirtschaftsgüter des Sonderbetriebsvermögens Bestandteil des Mitunternehmeranteils sind und es sich somit letztlich nicht um eine Frage der Zuordnung von Wirtschaftsgütern handelt.[68] Zwingend ist die Übertragung aber nur für funktional wesentliche Wirtschaftsgüter des Sonderbetriebsvermögens.

Unklar ist, ob auch die Finanzverwaltung der Ansicht ist, dass Sonderbetriebsvermögen nur mitübertragen werden muss, wenn es sich um eine wesentliche Betriebsgrundlage handelt. Dies wird von Teilen in der Literatur unseres Erachtens zu Recht so gesehen.[69] Denn bei einem Mitunternehmeranteil handelt es sich um einen sog. fiktiven Teilbetrieb, der der FusionsRL, die den europäischen Teilbetriebsbegriff normiert, unbekannt ist. Aus diesem Grunde können Vorgaben des europäischen Teilbetriebsbegriffs – wie wirtschaftliche Zuordnung – auch nicht auf den fiktiven Teilbetrieb übertragen werden. Insoweit kann allein nationales Recht Anwendung finden, dh entscheidend ist allein, ob es sich um eine wesentliche Betriebsgrundlage handelt.[70]

Bei der Übertragung eines Teils eines Mitunternehmeranteils verlangt die Finanzverwaltung, dass auch das zu diesem Teilbetrieb gehörende Sonderbetriebsvermögen anteilig mitübertragen wird.[71] Die Auffassung ist aber umstritten. Teile der Literatur gehen entgegen der Ansicht der Finanzverwaltung davon aus, dass Sonderbetriebsvermögen, selbst wenn es eine wesentliche Grundlage bildet, zurückbehalten werden kann, falls nur ein Teil eines Mitunternehmeranteils abgespalten wird.[72] Begründet

---

[65] *Dötsch/Pung* in Dötsch/Patt/Pung /Möhlenbrock § 15 UmwStG Rn. 72; *Hörtnagl* in Schmitt/Hörtnagl/Stratz § 15 UmwStG Rn. 92.
[66] *Hörtnagl* in Schmitt/Hörtnagl/Stratz § 15 UmwStG Rn. 92.
[67] *Hörtnagl* in Schmitt/Hörtnagl/Stratz § 15 UmwStG Rn. 92.
[68] *Schumacher* in Rödder/Herlinghaus/van Lishaut § 15 UmwStG Rn. 162; *Hörtnagl* in Schmitt/Hörtnagl/Stratz § 15 UmwStG Rn. 92.
[69] Vgl. *Schumacher* in Rödder/Herlinghaus/van Lishaut § 15 UmwStG Rn. 162; *Neumann* GmbHR 2012, 141; im Erg. wohl auch *Dötsch/Pung* in Dötsch/Patt/Pung/Möhlenbrock § 15 UmwStG Rn. 72 und *Schießl* in Widmann/Mayer § 15 UmwStG Rn. 66 ff.; aA *Frotscher* in Frotscher/Maas § 15 UmwStG Rn. 126, der davon ausgeht, dass nach Auffassung der Finanzverwaltung auch das nach wirtschaftlichen Kriterien zuzuordnende Sonderbetriebsvermögen zu übertragen ist.
[70] *Schumacher* in Rödder/Herlinghaus/van Lishaut § 15 UmwStG Rn. 162; *Neumann* GmbHR 2012 S. 141.
[71] BMF v. 11.11.2011 BStBl. I 2011 S. 1314 Rn. 15.04; ebenso *Dötsch/Pung* in Dötsch/Patt/Pung/Möhlenbrock § 15 UmwStG Rn. 73; *Asmus* in Haritz/Menner § 15 UmwStG Rn. 104.
[72] Vgl. *Schießl* in Widmann/Mayer § 15 UmwStG Rn. 67; *Schumacher* in Rödder/Herlinghaus/van Lishaut § 15 UmwStG Rn. 162; *Hörtnagl* in Schmitt/Hörtnagl/Stratz § 15 UmwStG Rn. 94.

§ 20 **5. Teil.** Spaltung

wird dies damit, dass das Wirtschaftsgut des Sonderbetriebsvermögens sein Qualität als Sonderbetriebsvermögen behält und es anders als im Rahmen von § 16 EStG nicht zu einer Aufdeckung stiller Reserven kommt.[73]

29 Ebenfalls als Teilbetrieb iSd § 15 I UmwStG gelten **Beteiligungen an Kapitalgesellschaften**, die das gesamte Nennkapital der Gesellschaft umfassen, § 15 I 3 UmwStG. Dabei ist unerheblich, ob es sich um eine unbeschränkt steuerpflichtige, beschränkt steuerpflichtige oder steuerbefreite Kapitalgesellschaft handelt.[74] Bei einer ausländischen Gesellschaft kommt es nur darauf an, dass diese einer deutschen Kapitalgesellschaft vergleichbar ist (Typenvergleich).[75] Voraussetzung für die Annahme eines fiktiven Teilbetriebs ist lediglich, dass das gesamte Nennkapital (ausgenommen eigene Anteile) der Kapitalgesellschaft von dem übertragenden Rechtsträger gehalten wird. Von Dritten treuhänderisch für den übertragenden Rechtsträger gehaltene Anteile an der Kapitalgesellschaft werden der Überträgerin nach § 39 II Nr. 1 AO zugerechnet.[76] Hält hingegen der übertragende Rechtsträger Anteile an der Kapitalgesellschaft nur treuhänderisch für Dritte, so sind ihm diese Anteile nicht zuzurechnen, mit der Folge, dass keine das gesamte Nennkapital umfassende Beteiligung vorliegen kann.[77] Weitere Voraussetzung ist, dass sämtliche Anteile entweder übertragen werden oder bei dem übertragenden Rechtsträger verbleiben. Im Fall von (teilweise) treuhänderisch gehaltenen Anteilen erfordert dies, dass auch der Anspruch gegen den Treuhänder im Spaltungsvertrag übertragen wird.[78] Eine Aufteilung der Beteiligung wie im Fall der Mitunternehmerschaft ist damit nicht möglich.[79]

c) Zuordnung neutralen Betriebsvermögens zu „echten" und „fiktiven" Teilbetrieben

30 Nach Auffassung der Finanzverwaltung und Teilen des Schrifttums ist die steuerneutrale Spaltung davon abhängig, dass außerhalb der übertragenen bzw. verbleibenden Teilbetriebe keine weiteren einzelnen, also keinem Teilbetrieb zugeordneten Wirtschaftsgüter (sog. **neutrales Betriebsvermögen**), mitübertragen werden oder beim übertragenden

---

[73] Vgl. *Schumacher* in Rödder/Herlinghaus/van Lishaut § 15 UmwStG Rn. 162.
[74] *Schießl* in Widmann/Mayer § 15 Rn. 88; *Hörtnagl* in Schmitt/Hörtnagl/Stratz § 15 UmwStG Rn. 99.
[75] *Hörtnagl* in Schmitt/Hörtnagl/Stratz § 15 UmwStG Rn. 99; *Dötsch/Pung* in Dötsch/Patt/Pung/Möhlenbrock § 15 UmwStG Rn. 74.
[76] *Asmus* in Haritz/Menner § 15 UmwStG Rn. 109; *Dötsch* in Dötsch/Putt/Pung/Möhlenbrock § 15 UmwStG Rn. 74.
[77] *Hörtnagl* in Schmitt/Hörtnagl/Stratz § 15 UmwStG Rn. 100; *Asmus* in Haritz/Menner § 15 UmwStG Rn. 109.
[78] *Schießl* in Widmann/Mayer UmwStG § 15 Rn. 86; *Hörtnagl* in Schmitt/Hörtnagl/Stratz § 15 UmwStG Rn. 100; *Schumacher* in Rödder/Herlinghaus/van Lishaut § 15 UmwStG Rn. 173.
[79] *Hörtnagl* in Schmitt/Hörtnagl/Stratz § 15 UmwStG Rn. 101.

Rechtsträger verbleiben.[80] Sowohl das verbleibende als auch das übertragende Vermögen dürfen **nur** aus einem Teilbetrieb bestehen (Ausschließlichkeitserfordernis).

Unter der Geltung des SEStEG wird vertreten, dass im Fall der Abspaltung eine Änderung hinsichtlich des Ausschließlichkeitserfordernisses eingetreten ist.[81] Aufgrund des geänderten Wortlauts stelle § 15 I 2 UmwStG bei der übertragenden Körperschaft kein Ausschließlichkeitserfordernis, sondern lediglich eine Mindestanforderung dar. Ausreichend sei danach, dass mindestens ein Teilbetrieb übertragen wird und ein Teilbetrieb verbleibt, daneben können noch andere Wirtschaftsgüter bei der übertragenden Körperschaft verbleiben.[82] **31**

Der Wortlaut der Vorschrift lässt eine solch unterschiedliche Behandlung von übertragenem und verbleibendem Vermögen indes nicht erkennen.[83] Ebenso wenig ist jedoch die Auffassung, nach der eine Steuerneutralität voraussetzt, dass neben den übertragenen bzw. zurückbehaltenen Teilbetrieben keine weiteren keinem Teilbetrieb zugeordneten Wirtschaftsgüter vorhanden sind, vom Gesetzeswortlaut gedeckt: Nach § 15 I 2 UmwStG sind die Vorschriften der §§ 11 II und 13 II UmwStG entsprechend anzuwenden, „[...] wenn auf die Übernehmerinnen ein Teilbetrieb übertragen wird und im Falle der Abspaltung bei der übertragenden Körperschaft ein Teilbetrieb verbleibt." Die Verwendung des Wortes „wenn" und nicht des Wortes „soweit" macht deutlich, dass die genannten Regelungen des UmwStG auch dann Anwendung finden sollen, „wenn" neben einem Teilbetrieb neutrales Vermögen übertragen wird und eben nicht nur, „soweit" ein Teilbetrieb übertragen wird. Unseres Erachtens normiert § 15 I 2 UmwStG ein Mindesterfordernis. Es muss auf jeden der übernehmenden Rechtsträger (mindestens) ein Teilbetrieb übertragen werden; im Fall der Abspaltung muss auch bei dem übertragenden Rechtsträger (mindestens) ein Teilbetrieb verbleiben. Neben den Teilbetrieben **dürfen** auch andere Wirtschaftsgüter auf die übernehmende Körperschaft übertragen werden bzw. bei der übertragenden Körperschaft verbleiben.[84] **32**

Die Auffassung der Finanzverwaltung ist hinsichtlich der echten Teilbetriebe unproblematisch, da in diesen Fällen die Wirtschaftsgüter des neutralen Betriebsvermögens durch entsprechende Festlegung im Spaltungs- und Übernahmevertrag gemäß § 126 I Nr. 9 UmwG jedem der Teilbetriebe als gewillkürtes Betriebsvermögen zugeordnet werden **33**

---

[80] BMF v. 11.11.2011, BStBl. I 2011 S. 1314 Rn. 15.01; *Dötsch/Pung* in Dötsch/Patt/Pung/Möhlenbrock § 15 UmwStG Rn. 55 f.; *Hörtnagl* in Schmitt/Hörtnagl/Stratz § 15 UmwStG Rn. 64.
[81] *Ley/Bodden* FR 2007 S. 265.
[82] *Schießl* in Widmann/Mayer § 15 UmwStG Rn. 62.7; *Ley/Bodden* FR 2007 S. 265.
[83] Ebenso *Schumacher* in Rödder/Herlinghaus/Van Lishaut § 15 UmwStG Rn. 113; *Hörtnagl* in Schmitt/Hörtnagl/Stratz § 15 UmwStG Rn. 64.
[84] Ebenso *Schumacher* in Rödder/Herlinghaus/van Lishaut UmwStG § 15 Rn. 114; *Frotscher* in Frotscher/Maas § 15 UmwStG Rn. 119.

können.[85] Auf einen sachlichen oder rechtlichen Zusammenhang kommt es nicht an.

34 Eine Zuordnung neutralen Betriebsvermögens zu **fiktiven Teilbetrieben** soll demgegenüber nach Ansicht der Finanzverwaltung nur eingeschränkt im Billigkeitswege möglich sein.[86] Danach sollen einem fiktiven Teilbetrieb lediglich solche Wirtschaftsgüter und Schulden zugeordnet werden können, die mit dem fiktiven Teilbetrieb in unmittelbarem wirtschaftlichen Zusammenhang stehen. Diese unterschiedliche Behandlung von echtem und fiktivem Teilbetrieb wird uE jedoch nicht vom Gesetzeswortlaut gedeckt.[87] Durch die Regelung des § 15 I 1 UmwStG wird der Umfang des Teilbetriebs nicht abschließend festgelegt. Vielmehr stellt die Regelung die fiktiven Teilbetriebe – Mitunternehmeranteil bzw. 100% Kapitalgesellschaftsbeteiligung – dem echten Teilbetrieb gleich, was dann auch für die Zuordnung von neutralen Wirtschaftsgütern gelten muss. Entgegen der Auffassung der Finanzverwaltung können daher neutrale Wirtschaftsgüter einem fiktiven Teilbetrieb ebenso zugeordnet werden wie einem echten Teilbetrieb.[88]

35 Die enge Auslegung der Finanzverwaltung verkennt, dass zB das Vermögen von Holdinggesellschaften außer 100%-igen Kapitalgesellschaftsbeteiligungen und Mitunternehmeranteilen sowie den damit in unmittelbarem wirtschaftlichen Zusammenhang stehenden Wirtschaftsgütern[89] in der Regel auch andere Wirtschaftsgüter umfasst, die in einem nur mittelbaren Zusammenhang mit den fiktiven Teilbetrieben stehen, wie zB liquide Mittel, Wertpapierbestände und Verbindlichkeiten sowie andere, weniger als 100% betragende Beteiligungen. Hier wäre eine Spaltung nach Auffassung der Finanzverwaltung praktisch nicht steuerneutral möglich. Darüber hinaus birgt die Ansicht der Finanzverwaltung die Unsicherheit, dass nicht klar ist, wann ein unmittelbarer wirtschaftlicher Zusammenhang vorliegt.

3. Steuerliche Auswirkungen bei der übertragenden Körperschaft

a) Rechtsfolge bei Nichterfüllung des Teilbetriebserfordernisses

36 Auch wenn das doppelte Teilbetriebserfordernis nicht erfüllt wird, sind die Regelungen der §§ 11 bis 13 UmwStG entsprechend anwendbar. Ausgenommen von der entsprechenden Anwendbarkeit sind dann ledig-

---

[85] Vgl. *Neumann* GmbHR 2012 S. 141.
[86] BMF v. 11.11.2011, BStBl. I 2014 S. 1314 Rn. 15.11; *Schumacher* in Rödder/Herlinghaus/van Lishaut UmwStG § 15 Rn. 166, 174, der aber im Ergebnis eine Zuordnung für nicht erforderlich hält, da nach seiner Auffassung neben einem Teilbetrieb neutrale Wirtschaftsgüter übertragen/zurückbehalten werden können.
[87] Ebenso *Hörtnagl* in Schmitt/Hörtnagl/Stratz § 15 UmwStG Rn. 96, 102.
[88] *Hörtnagl* in Schmitt/Hörtnagl/Stratz § 15 UmwStG Rn. 65, 96 u. 102; *Schumacher* in Rödder/Herlinghaus/van Lishaut § 15 UmwStG Rn. 114.
[89] Als Beispiele werden von der Finanzverwaltung Ertragniskonten, Verwaltungsgrundstücke oder Einrichtungsgegenstände genannt, vgl. BMF v. 11.11.2011, BStBl. I 2014, 1314 Rn. 15.11.

§ 20. Steuerrechtliche Regelungen § 20

lich die in §§ 11 II bzw. 13 II UmwStG enthaltenen Regelungen, so dass das Bewertungswahlrecht nicht ausgeübt werden kann. Die sonstigen Vorschriften des UmwStG, wie zB die Regelungen zur steuerlichen Rückwirkung, sind anzuwenden.[90]

Für die übertragende Körperschaft hat die Nichterfüllung des doppelten Teilbetriebserfordernisses zur Folge, dass sie die **übergehenden Wirtschaftsgüter** nach § 15 I 1 iVm § 11 I UmwStG in ihrer steuerlichen Schlussbilanz mit dem gemeinen Wert (Regelbewertungsmaßstab) anzusetzen hat. Dies gilt auch für nicht entgeltlich erworbene oder selbst geschaffene immaterielle Wirtschaftsgüter, wozu auch ein auf den Teilbetrieb entfallender, tatsächlich übergehender Firmenwert zählen kann.[91] Einzige Ausnahme bilden Pensionsrückstellungen, die nach § 11 I 2 UmwStG mit dem nach § 6a EStG ermittelten Wert anzusetzen sind.

Die im Fall der Abspaltung **verbleibenden Wirtschaftsgüter** sind 37 zwingend mit ihrem Buchwert fortzuführen, da insoweit kein Realisierungstatbestand vorliegt.[92]

Durch den Ansatz der übergehenden Wirtschaftsgüter mit dem gemei- 38 nen Wert kommt es zu einem Übertragungsgewinn, der in das laufende Ergebnis eingeht, und sowohl der Körperschaftsteuer als auch der Gewerbesteuer unterliegt. Soweit der Übertragungsgewinn auf Anteile an anderen Körperschaften entfällt, ist § 8b II KStG anzuwenden.[93]

Der durch den Vermögensabgang ausgelöste Bilanzverlust ist aufgrund seiner gesellschaftsrechtlichen Veranlassung außerbilanziell zu neutralisieren.[94]

b) Rechtsfolge bei Erfüllung des Teilbetriebserfordernisses – Bewertungswahlrecht

Unter den Voraussetzungen des § 15 I 2 UmwStG – Teilbetriebser- 39 fordernis – findet § 11 II UmwStG – vorbehaltlich eines Missbrauchstatbestands – auf Spaltungen entsprechende Anwendung. Dies bedeutet, dass das Bewertungswahlrecht des § 11 II UmwStG in Spaltungsfällen nur zur Anwendung kommt, wenn auch die in § 11 II UmwStG genannten Voraussetzungen erfüllt sind. Demnach muss die Besteuerung der stillen Reserven im übergehenden Vermögen sichergestellt sein, das Recht der Bundesrepublik Deutschland hinsichtlich der Besteuerung des Gewinns aus der Veräußerung des übergehenden Vermögens bei der Übernehmerin darf nicht ausgeschlossen sein und es darf keine Gegenleistung oder nur eine Gegenleistung in Form von Gesellschaftsrechten

---

[90] BMF v. 11.11.2011, BStBl. I 2014, 1314 Rn. 15.13.
[91] *Hörtnagl* in Schmitt/Hörtnagl/Stratz § 15 UmwStG Rn. 244, 246.
[92] *Schumacher* in Rödder/Herlinghaus/van Lishaut UmwStG § 15 Rn. 77; *Hörtnagl* in Schmitt/Hörtnagl/Stratz § 15 UmwStG Rn. 245; Dötsch/Pung in Dötsch/Patt/Pung Möhlenbrock § 15 Rn. 43.
[93] *Dötsch/Pung* in Dötsch/Patt/Pung/Möhlenbrock § 15 UmwStG Rn. 220.
[94] *Dötsch* in Dötsch/Patt/Pung/Möhlenbrock § 15 UmwStG Rn. 220; *Schumacher* in Rödder/Herlinghaus/van Lishaut UmwStG § 15 Rn. 77; *Hörtnagl* in Schmitt/Hörtnagl/Stratz § 15 UmwStG Rn. 245.

§ 20   5. Teil. Spaltung

gewährt werden.[95] Sofern neben dem Teilbetriebserfordernis auch diese Voraussetzungen erfüllt sind, hat die übertragende Körperschaft das Wahlrecht, die **übergehenden Wirtschaftsgüter** in ihrer steuerlichen Schlussbilanz auf Antrag einheitlich mit dem Buchwert, einem Zwischenwert oder dem gemeinen Wert anzusetzen.

40   Im Fall der Buchwertfortführung erfolgt die Spaltung steuerneutral, es entsteht kein Übertragungsgewinn. Im Fall des Zwischenwertansatzes bzw. des Ansatzes des gemeinen Wertes entsteht ein als laufender Gewinn steuerpflichtiger Übertragungsgewinn. Der sich durch den Vermögensabgang ergebende Bilanzverlust ist durch außerbilanzielle Korrektur zu neutralisieren.[96]

41   Das Bewertungswahlrecht bezieht sich ausschließlich auf das übergehende Vermögen.[97] Fraglich ist, ob das **Bewertungswahlrecht** für alle übergehenden Vermögensteile (echter oder fiktiver Teilbetrieb) **einheitlich** ausgeübt werden muss oder ob jeder auf eine andere Körperschaft übergehende Vermögensteil gesondert bewertet werden kann.

42   Nach der Konzeption der Bewertungsvorschriften gewährt § 11 II UmwStG das Ansatzwahlrecht („können") „soweit" die in Nr. 1–3 geregelten Voraussetzungen „bei der übernehmenden Körperschaft" vorliegen. Für das Erfordernis einer einheitlichen Wahlrechtsausübung bleibt daher im Falle einer Übertragung auf mehrere Körperschaften kein Raum.

Zudem stellt § 15 I 2 UmwStG auf den Teilbetrieb ab und ermöglicht die entsprechende Anwendung des § 11 II UmwStG, wenn ein Teilbetrieb übergeht. Die einheitliche Bewertung des übergehenden Vermögens iSd Vorschrift des § 11 II UmwStG bezieht sich daher im Spaltungsfall nur auf den jeweils übergehenden Teilbetrieb.[98] Gehen mehrere Teilbetriebe auf eine Körperschaft über, kann das Bewertungswahlrecht unterschiedlich hinsichtlich jedes Teilbetriebs ausgeübt werden.[99] Im Übrigen könnte dasselbe Ergebnis leicht durch die Aufteilung der Spaltung in verschiedene Abspaltungsvorgänge hintereinander umgangen werden. Eine solche Vorgehensweise zu verlangen wäre jedoch bloße Förmelei.

43   Eine **differenzierende Bewertung** im Rahmen eines einheitlichen Auf- oder Abspaltungsvorgangs kann selbstverständlich auch in den Fällen erfolgen, in denen ein Vermögensteil auf eine andere Körperschaft und ein weiterer Vermögensteil auf eine Personengesellschaft übertragen wird. In diesen Fällen ist der auf die Körperschaft übergehende Vermögensteil

---

[95] Zu den Voraussetzungen im Einzelnen vgl. die Kommentierung zur Verschmelzung → § 11 Rn. 81 ff.
[96] → Rn. 38.
[97] *Hörtnagl* in Schmitt/Hörtnagl/Stratz § 15 UmwStG Rn. 248.
[98] *Hörtnagl* in Schmitt/Hörtnagl/Stratz § 15 UmwStG Rn. 249; *Schumacher* in Rödder/Herlinghaus/van Lishaut § 15 UmwStG Rn. 178.
[99] *Asmus* in Haritz/Menner UmwStG § 15 Rn. 206; *Schießl* in Widmann/Mayer UmwStG § 15 Rn. 537; *Dötsch* in Dötsch/Patt/Pung/Möhlenbrock § 15 UmwStG Rn. 218; *Hörtnagl* in Schmitt/Hörtnagl/Stratz § 15 UmwStG Rn. 249 f.

§ 20. Steuerrechtliche Regelungen § 20

nach der Vorschrift des § 11 UmwStG zu bewerten, während auf den Vermögensteil, der auf die Personengesellschaft übergeht, § 3 UmwStG anzuwenden ist. Da es sich um unterschiedliche Bewertungsvorschriften handelt, können diese auch unterschiedlich ausgeübt werden.

Zur ausführlichen Darstellung des Bewertungswahlrechtes auf der Ebene der übertragenden Körperschaft wird aufgrund der insoweit identischen Regelungen auf die Ausführungen zur Verschmelzung im zweiten Teil dieses Buches verwiesen.[100] **44**

Der Grundsatz der Maßgeblichkeit der Handelsbilanz für die Steuerbilanz findet bei der Aufstellung der steuerlichen Schlussbilanz keine Anwendung mehr.[101] Das Wahlrecht kann daher – sofern ein entsprechender Antrag erstellt wird – steuerlich abweichend von der handelsrechtlichen Behandlung ausgeübt werden.[102]

c) Missbrauchsbestimmungen (§ 15 II UmwStG)

aa) Aufstockung und Erwerb von Mitunternehmeranteilen und 100%-igen Beteiligungen an Kapitalgesellschaften

Die Regelung des § 15 II 1 UmwStG versagt die Anwendung des **45** § 11 II UmwStG und damit die Möglichkeit der steuerneutralen Spaltung für solche fiktiven Teilbetriebe (Mitunternehmeranteile und 100%-ige Beteiligungen an Kapitalgesellschaften), die innerhalb eines Zeitraumes von drei Jahren vor dem Übertragungsstichtag durch Übertragung von Wirtschaftsgütern, die kein Teilbetrieb sind, aufgestockt oder erworben worden sind. Durch diese Regelung soll vermieden werden, dass die Teilbetriebsvoraussetzung iSd § 15 I 2 UmwStG in der Weise umgangen werden kann, dass einzelne Wirtschaftsgüter oder Vermögenskomplexe, die zu keinem Teilbetrieb gehören, auf Kapitalgesellschaften oder Mitunternehmerschaften übertragen bzw. eingebracht werden und auf diese Weise steuerneutral von dem übrigen Vermögen der übertragenden Körperschaft abgespalten werden können.[103]

Der Tatbestand der Missbrauchsvorschrift des § 15 II 1 UmwStG **46** fordert, dass der Erwerb bzw. die Aufstockung der Beteiligung bzw. des Mitunternehmeranteils durch Übertragung von Wirtschaftsgütern, die keinen Teilbetrieb darstellen, erfolgt. Damit stellt der Gesetzeswortlaut klar, dass der **entgeltliche** als auch der **unentgeltliche (Hinzu-)Erwerb** von Mitunternehmeranteilen oder 100%-igen Beteiligungen innerhalb der Dreijahresfrist nicht von der Missbrauchsregelung erfasst ist.[104]

---

[100] → § 11 Rn. 77 ff.
[101] → § 11 Rn. 55 ff.
[102] Hörtnagl in Schmitt/Hörtnagl/Stratz UmwStG § 15 Rn. 253.
[103] Vgl. BT-Drucks. 12/6885 S. 23 zu § 15 UmwStG zu der insoweit inhaltsgleichen Regelung in § 15 III UmwStG aF; Hörtnagl in Schmitt/Hörtnagl/Stratz § 15 UmwStG Rn. 117.
[104] BMF v. 11.11.2011, BStBl. I 2011 S. 1314 Rn. 15.20; Hörtnagl in Schmitt/Hörtnagl/Stratz § 15 UmwStG Rn. 125; Schießl in Widmann/Mayer § 15 UmwStG Rn. 192 f.; Asmus in Haritz/Menner § 15 UmwStG Rn. 137.

Diese Tatbestandsvoraussetzung ist nur erfüllt, wenn Wirtschaftsgüter gegen Gewährung von Gesellschaftsrechten **eingelegt oder eingebracht** werden; nur insoweit kann es zu einer Aufstockung oder zu einem Erwerb des Mitunternehmeranteils oder der Beteiligung durch Übertragung von Wirtschaftsgütern kommen.[105]

47 Die Überführung von Wirtschaftsgütern in das Sonderbetriebsvermögen einer Mitunternehmerschaft stellt nach Ansicht der Finanzverwaltung ebenfalls eine Aufstockung des Mitunternehmeranteils dar.[106] Demgegenüber wird in der Literatur vertreten, dass die bloße Überführung von Wirtschaftsgütern in das Sonderbetriebsvermögen nicht tatbestandsmäßig ist, da es an einer Übertragung, dh an einem Eigentumswechsel fehlt.[107]

Folgt man der Ansicht der Finanzverwaltung, ergibt sich in diesen Fällen ein Konflikt zwischen der Erfüllung des Teilbetriebserfordernisses gemäß § 15 I 2 UmwStG einerseits und der Missbrauchsregelung des § 15 II 1 UmwStG andererseits: Wird ein nicht zu einem Teilbetrieb gehörendes Wirtschaftsgut in das Sonderbetriebsvermögen eines zu übertragenden Mitunternehmeranteils überführt, so führt dies zwar zur Erfüllung des Teilbetriebserfordernisses und damit zur Anwendbarkeit der Regelungen des § 15 iVm §§ 11 bis 13 UmwStG insgesamt;[108] gleichzeitig wird aber für den Mitunternehmeranteil, in dessen Sonderbetriebsvermögen das Wirtschaftsgut überführt wurde, die Möglichkeit der Buchwertfortführung versagt.

48 Nicht von der Missbrauchsregelung erfasst wird die **Veräußerung** von Einzelwirtschaftsgütern an die Mitunternehmerschaft oder die Kapitalgesellschaft, da in diesem Fall keine Aufstockung bzw. kein Erwerb des Mitunternehmeranteils oder der Beteiligung erfolgt.

Ebenfalls nicht von der Regelung des § 15 II 1 UmwStG erfasst ist die verdeckte Einlage von Wirtschaftsgütern in eine Kapitalgesellschaft, da es an der Gewährung von Gesellschaftsrechten mangelt.[109] Demgegenüber erachtet unter anderem die Finanzverwaltung jede Einlage – und damit auch die verdeckte Einlage – in eine Personengesellschaft als schädlich iSd § 15 II 1 UmwStG, sofern das Wirtschaftsgut stille Reserven enthält.[110]

---

[105] *Schumacher* in Rödder/Herlinghaus/van Lishaut § 15 UmwStG Rn. 203.
[106] BMF v. 11.11.2011, BStBl. I 2011 S. 1314 Rn. 15.18; ebenso *Herzig/Förster* DB 1995 S. 338.
[107] *Hörtnagl* in Schmitt/Hörtnagl/Stratz § 15 UmwStG Rn. 127; *Asmus* in Haritz/Menner UmwStG § 15 Rn. 138; *Schumacher* in Rödder/Herlinghaus/van Lishaut UmwStG § 15 Rn. 200; *Schießl* in Widmann/Mayer § 15 UmwStG Rn. 189.
[108] Zur Zuordnung von nicht zu einem Teilbetrieb gehörenden Wirtschaftsgütern → Rn. 30 ff.
[109] GlA *Dötsch/Pung* in Dötsch/Patt/Pung/Möhlenbrock § 15 UmwStG Rn. 110; *Hörtnagl* in Schmitt/Hörtnagl/Stratz § 15 UmwStG Rn. 126; *Schießl* in Widmann/Mayer § 15 UmwStG Rn. 182; *Asmus* in Haritz/Menner § 15 UmwStG Rn. 142 f.
[110] BMF v. 11.11.2011, BStBl. I 2011 S. 1314 Rn. 15.18; ebenso *Asmus* in Haritz/Menner § 15 UmwStG Rn. 141.

§ 20. Steuerrechtliche Regelungen § 20

Begründet wird dies mit der maßgeblichen steuerlichen Sichtweise, nach der eine Aufstockung unabhängig von der expliziten Vermehrung der Beteiligungsrechte bereits in der Erhöhung des Kapitalkontos des Mitunternehmers liegt.[111] In der Literatur wird hingegen vertreten, dass auch die verdeckte Einlage eines Wirtschaftsguts in eine Personengesellschaft nicht unter die Missbrauchsvorschrift fällt.[112] In der überwiegenden Anzahl der Fälle wird die verdeckte Einlage ohnehin nicht zum Buchwert, sondern unter Aufdeckung der stillen Reserven erfolgen, so dass bereits mangels Missbrauchs die Regelung des § 15 II 1 UmwStG nach hier vertretener Ansicht nicht einschlägig sein wird.[113]

Nach dem Gesetzeswortlaut ist § 15 II 1 UmwStG unabhängig davon, zu welchem Wert die Übertragung erfolgt, einschlägig. Nach zutreffender hM ist die Missbrauchsvorschrift jedoch einschränkend dahingehend auszulegen, dass eine Einlage oder Einbringung von Wirtschaftsgütern, die zum gemeinen Wert und damit unter Aufdeckung sämtlicher stiller Reserven erfolgt, nicht erfasst wird.[114] Denn durch die Versteuerung der stillen Reserven ist ein Missbrauch in diesen Fällen ausgeschlossen. Folgt man dieser Auffassung, dann dürfte die Regelung des § 15 II 1 UmwStG in Bezug auf die Einbringung in Kapitalgesellschaftsbeteiligungen nur für den Fall von Bedeutung sein, dass eine iSd § 21 I 2 UmwStG mehrheitsbegründende, aber nicht 100%-ige Kapitalgesellschaftsbeteiligung in eine andere Kapitalgesellschaft eingebracht wird. In allen anderen Fällen wäre die Einbringung von Wirtschaftsgütern, die keinen Teilbetrieb darstellen, ohnehin nicht steuerneutral möglich.

Ebenfalls nicht unter die Missbrauchsvorschrift fällt die entgeltliche Übertragung von Wirtschaftsgütern durch die spaltende Körperschaft an die Tochterkapital- bzw. Personengesellschaft.[115]

Rechtsfolge der Aufstockung oder des Erwerbs von Mitunternehmeranteilen oder 100%-igen Beteiligungen durch die Einlage oder Einbringung von Wirtschaftsgütern, die keinen Teilbetrieb darstellen, ist die Versagung des Bewertungswahlrechts des § 11 II UmwStG. Die übrigen Bestimmungen der §§ 11 bis 13 UmwStG bleiben anwendbar.

Die Versagung des Bewertungswahlrechtes betrifft ausschließlich den Mitunternehmeranteil bzw. die Beteiligung, die erworben oder auf-

49

---

[111] *Asmus* in Haritz/Menner § 15 UmwStG Rn. 141.
[112] *Schumacher* in Rödder/Herlinghaus/van Lishaut § 15 UmwStG Rn. 204; *Schießl* in Widmann/Mayer § 15 UmwStG Rn. 182 f.; *Hörtnagl* in Schmitt/Hörtnagl/Stratz § 15 UmwStG Rn. 126.
[113] → Rn. 48.
[114] BMF v. 11.11.2011, BStBl. I 2011 S. 1314 Rn. 15.16; *Hörtnagl* in Schmitt/Hörtnagl/Stratz § 15 UmwStG Rn. 128; *Dötsch/Pung* in Dötsch/Patt/Pung/Möhlenbrock UmwStG § 15 Rn. 108; *Schumacher* in Rödder/Herlinghaus/van Lishaut UmwStG § 15 Rn. 205; *Blumers* in Herzig Neues Umwandlungssteuerrecht S. 45 (68); *Asmus* in Haritz/Menner UmwStG § 15 Rn. 140; *Herzig/Förster* DB 1995 S. 338 (344) unter Hinweis auf §§ 20, 24 UmwStG, nach denen die Einbringung zum Teilwert (heute: gemeiner Wert) als vollwertige Veräußerung behandelt wird; aA *Schießl* in Widmann/Mayer § 15 UmwStG Rn. 208.
[115] *Hörtnagl* in Schmitt/Hörtnagl/Stratz § 15 UmwStG Rn. 125.

§ 20 5. Teil. Spaltung

gestockt wurde, wie sich aus dem eindeutigen Gesetzeswortlaut ergibt.[116] Soweit neben einem solchen Mitunternehmeranteil oder einer Beteiligung weitere Teilbetriebe auf denselben oder auf andere Rechtsträger übertragen werden, bleibt für diese das Bewertungswahlrecht nach § 11 II UmwStG bestehen.[117] Anders wird dies möglicherweise von der Finanzverwaltung beurteilt, deren Formulierung im Umwandlungssteuererlass auch so verstanden werden können, dass das Bewertungswahlrecht für das gesamte übertragene Vermögen ausgeschlossen sein soll.[118]

50 Wird der erworbene oder aufgestockte Mitunternehmeranteil oder die Beteiligung auf einen anderen Rechtsträger übertragen, richtet sich die Bewertung des Mitunternehmeranteils oder der Beteiligung in der steuerlichen Übertragungsbilanz mangels Anwendbarkeit von § 11 II UmwStG nach § 11 I UmwStG. Demzufolge sind die übergegangenen Wirtschaftsgüter in der steuerlichen Übertragungsbilanz mit dem gemeinen Wert anzusetzen. Verbleibt der betreffende Mitunternehmeranteil bzw. die Beteiligung im Fall der Abspaltung bei dem übertragenden Rechtsträger, ist eine Realisierung der stillen Reserven ausgeschlossen, da sich die Vorschriften der §§ 15, 11 II UmwStG ausdrücklich nur auf die übergegangenen Wirtschaftsgüter beziehen.[119] Dies ist allerdings nicht unumstritten. Nach der insbesondere von der Finanzverwaltung vertretenen Gegenauffassung gilt die Missbrauchsvorschrift des § 15 II 1 UmwStG im Fall der Abspaltung sowohl für das abgespaltene als auch für das zurückbleibende Vermögen, dh das Bewertungswahlrecht des § 11 II UmwStG soll für das übertragene Vermögen ausgeschlossen sein, wenn ein zurückbleibender fiktiver Teilbetrieb innerhalb der letzten drei Jahre durch Übertragung von Wirtschaftsgütern, die keine Teilbetrieb sind, aufgestockt oder erworben wurde.[120] Für das zurückbleibende Vermögen geht auch die Finanzverwaltung von einer Fortführung der Buchwerte aus.[121] Diese Ansicht dürfte auf der Begründung des Gesetzesentwurfes beruhen, in der sowohl der übertragene als auch der verbleibende Vermögensteil als von der Missbrauchsregelung erfasst behandelt wird.[122]

---

[116] GlA *Schießl* in Widmann/Mayer § 15 UmwStG Rn. 211; *Hörtnagl* in Schmitt/Hörtnagl/Stratz § 15 UmwStG Rn. 131; *Herzig/Förster* DB 1995 S. 338 (344); *Schwedhelm/Streck/Mack* GmbHR 1995 S. 100; *Schumacher* in Rödder/Herlinghaus/van Lishaut § 15 UmwStG Rn. 197.
[117] GlA *Dötsch/Pung* in Dötsch/Patt/Pung/Möhlenbrock § 15 UmwStG Rn. 112; *Hörtnagl* in Schmitt/Hörtnagl/Stratz § 15 UmwStG Rn. 131; *Widmann* in Widmann/Mayer § 15 UmwStG Rn. 211.
[118] BMF v. 11.11.2011, BStBl. I 2011 S. 1314 Rn. 15.21.
[119] GlA *Schießl* in Widmann/Mayer § 15 UmwStG Rn. 219; *Heurung/Engel/Schröder* GmbHR 2011 S. 617; *Hörtnagl* in Schmitt/Hörtnagl/Stratz § 15 UmwStG Rn. 121, 131; *Asmus* in Haritz/Menner § 15 UmwStG Rn. 131 f.; *Schumacher* in Rödder/Herlinghaus/van Lishaut § 15 UmwStG Rn. 198; aA BMF v. 11.11.2011 BStBl. I 2011 S. 1314 Rn. 15.17.
[120] BMF v. 11.11.2011, BStBl. I 2011 S. 1314 Rn. 15.17; ebenso *Dötsch/Pung* in Dötsch/Patt/Pung/Möhlenbrock § 15 UmwStG Rn. 112.
[121] BMF v. 11.11.2011, BStBl. I 2011 S. 1314 Rn. 15.21.
[122] BT-Drucks. 12/6885 S. 23 zu § 15 UmwStG (3.) zu der insoweit inhaltsgleichen Regelung in § 15 III UmwStG aF.

§ 20. Steuerrechtliche Regelungen   § 20

Eine Anwendung der Regelung des § 15 II 1 UmwStG auch auf den verbleibenden Vermögensteil ist jedoch mit dem Gesetzeswortlaut nicht vereinbar.[123] Zudem würde sie mit den Gewinnrealisierungsgrundsätzen kollidieren, da hinsichtlich des verbleibenden Vermögens kein Übertragungsvorgang vorliegt, der eine **Gewinnrealisierung** rechtfertigen würde.[124]

Fall (Vermeidung des Ansatzes des gemeinen Wertes bei Aufstockung eines fiktiven Teilbetriebs):   51

Die ABC-GmbH, deren Anteile von den Gesellschaftern A, B und C gehalten werden, ist in der Herstellung von Delikatesskonserven tätig. Daneben hält sie 100% der Anteile an der Bierbrauerei B-GmbH & Co. KG und der dazugehörigen Komplementär-GmbH sowie 80% der Geschäftsanteile der C-GmbH, die ebenfalls eine Brauerei betreibt. Zur Vorbereitung des Börsengangs soll das Brauereigeschäft von dem Geschäftszweig „Delikatesskonserven" im Wege der Spaltung separiert werden.

Nach ersten Sondierungsgesprächen mit der Finanzverwaltung zeigt sich jedoch, dass diese die Auffassung der Geschäftsführung der ABC-GmbH, dass die Beteiligung an der C-GmbH in einem unmittelbaren wirtschaftlichen Zusammenhang mit der Beteiligung an der B-GmbH & Co. KG steht, nicht teilt. Demnach wäre – zumindest nach Auffassung der Finanzverwaltung – eine steuerneutrale Spaltung in dieser Struktur nach § 15 I 2 iVm § 11 I UmwStG nicht möglich.

Als Lösungsmöglichkeit kommt in Betracht, die C-GmbH zunächst zu   52
Buchwerten gemäß § 6 V 3 Nr. 1 EStG gegen Erhöhung des Kapitalkontos in die B-GmbH & Co. KG einzubringen. Anschließend wird der Unternehmensbereich „Delikatesskonserven" von der ABC-GmbH abgespalten; die aufgestockte Beteiligung an der B-GmbH & Co. KG verbleibt bei der ABC-GmbH. Nachfolgend wird die ABC-GmbH formwechselnd in eine Aktiengesellschaft umgewandelt.

Da sowohl das abgespaltene Vermögen als auch das bei der ABC-   53
GmbH verbleibende Vermögen nach der Einbringung jeweils einen Teilbetrieb darstellt, findet § 15 I 2 iVm § 11 II UmwStG grundsätzlich Anwendung. Die Übertragung des Teilbetriebs „Delikatesskonserven" kann nach hM zu Buchwerten erfolgen, da in Bezug auf diesen Teilbetrieb keine Aufstockung eines fiktiven Teilbetriebs vorliegt. Auch hinsichtlich der B-GmbH & Co. KG erfolgt keine Aufstockung auf den Teilwert, da diese Beteiligung bei der ABC-GmbH verbleibt.

Auch die nachfolgende Umwandlung der ABC-GmbH in eine AG ist   54
steuerneutral möglich und in Bezug auf die vorangegangene Abspaltung steuerunschädlich, da die formwechselnde Umwandlung im Hinblick auf § 15 II 2–4 UmwStG keine Veräußerung darstellt.

Hinsichtlich des beabsichtigten nachfolgenden Börsengangs ist jedoch   55
zu berücksichtigen, dass der gemeine Wert der an der Börse platzierten

---

[123] GlA *Schumacher* in Rödder/Herlinghaus/van Lishaut § 15 UmwStG Rn. 198; *Schießl* in Widmann/Mayer § 15 UmwStG Rn. 219.
[124] *Schumacher* in Rödder/Herlinghaus/van Lishaut § 15 UmwStG Rn. 197; *Hörger* FR 1994 S. 765.

§ 20 5. Teil. Spaltung

Aktien nicht mehr als 20% des gemeinen Wertes der Anteile an der ABC-GmbH vor der Spaltung betragen darf, da ansonsten die Missbrauchsregelung des § 15 II 2–4 UmwStG Anwendung findet.[125]

bb) Veräußerung an Außenstehende

56 Das Bewertungswahlrecht nach § 11 II UmwStG findet auch dann keine Anwendung, wenn durch die Spaltung die Veräußerung an Außenstehende vollzogen wird, § 15 II 2 UmwStG. Der Gesetzeswortlaut ist insoweit etwas unpräzise formuliert, als er den Gegenstand der Veräußerung nicht benennt. Nach der Begründung des Gesetzentwurfs soll die steuerbare Veräußerung eines Teilbetriebs, eines Mitunternehmeranteils oder einer 100%-igen Kapitalgesellschaftsbeteiligung nicht durch eine steuerfreie oder steuerbegünstigte Veräußerung der Anteile umgangen werden können.[126] Da der Spaltungsvorgang an sich aber keinen Tatbestand der Veräußerung von Anteilen enthält, kann eine Veräußerung im eigentlichen Sinne im Zuge der Spaltung nicht vollzogen werden, sondern nur durch vor- oder nachgelagerte Übertragungen.[127] Die Vorschrift ist uE dahingehend zu interpretieren, dass der Vollzug der Spaltung nicht der Umgehung einer Veräußerung von Teilbetrieben dienen darf, zB im Wege einer Trennung von Gesellschafterstämmen. Sie ist daher im Zusammenhang mit der Vorschrift des § 15 II 5 UmwStG zu lesen.[128] Außerdem dient sie als Einleitungsvorschrift zu den nachfolgenden Sätzen 3 und 4.[129]

57 **Außenstehende** im Sinne dieser Vorschrift sind solche Personen, bei denen es sich nicht um Gesellschafter der an der Spaltung beteiligten Körperschaften handelt. Zudem werden Veräußerungen an verbundene Unternehmen iSd § 271 II HGB ebenfalls nicht als schädliche Veräußerung an Außenstehende angesehen.[130] Dies gilt nach Ansicht der Finanzverwaltung allerdings nur, soweit im Anschluss keine unmittelbare oder mittelbare Veräußerung an eine außenstehende Person stattfindet.[131]

cc) Vorbereitung der Veräußerung an Außenstehende

58 Gemäß § 15 II 3 UmwStG ist das Bewertungswahlrecht nach § 11 II UmwStG auch dann ausgeschlossen, „[…] wenn durch die Spaltung die Voraussetzungen für eine Veräußerung geschaffen werden." Auch diese Formulierung bedarf der Interpretation. Gemäß der Begründung des Gesetzentwurfs soll die Vorschrift verhindern, dass durch die Spaltung die

---

[125] → Rn. 56 ff.
[126] BT-Drucks. 12/6885 S. 23 zu der insoweit inhaltsgleichen Regelung des § 15 III UmwStG aF.
[127] *Hörtnagl* in Schmitt/Hörtnagl/Stratz § 15 UmwStG Rn. 138.
[128] → Rn. 71 ff.
[129] *Hörtnagl* in Schmitt/Hörtnagl/Stratz § 15 UmwStG Rn. 146; *Schumacher* in Rödder/Herlinghaus/van Lishaut UmwStG § 15 Rn. 217.
[130] *Asmus* in Haritz/Menner § 15 UmwStG Rn. 155; BMF v. 11.11.2011, BStBl. I 2011 S. 1314 Rn. 15.26.
[131] BMF v. 11.11.2011, BStBl. I 2011 S. 1314 Rn. 15.26.

§ 20. Steuerrechtliche Regelungen § 20

Voraussetzungen geschaffen werden, anstelle einer steuerbaren Veräußerung eines echten oder fiktiven Teilbetriebs eine (steuerfreie) Veräußerung von Anteilen vornehmen zu können.[132] Der Wortlaut der Vorschrift ist dahingehend einzuschränken, dass der Missbrauchstatbestand nur erfüllt sein kann, wenn es tatsächlich eine Veräußerung ist.[133] Der Tatbestand der Vorbereitung einer Veräußerung im Zuge der Spaltung wird gemäß § 15 II 4 UmwStG dann als erfüllt angesehen, „wenn innerhalb von fünf Jahren nach dem steuerlichen Übertragungsstichtag Anteile an einer an der Spaltung beteiligten Körperschaft, die mehr als 20 vom Hundert der vor Wirksamwerden der Spaltung an der Körperschaft bestehenden Anteile ausmachen, veräußert werden". Da die Vorschrift als abschließend verstanden wird,[134] können nach Ablauf der Fünfjahresfrist die Anteile der an der Spaltung beteiligten Körperschaften veräußert werden, ohne die Steuerneutralität der Spaltung zu gefährden.[135] Auch die Veräußerung von weniger als 20% der ursprünglichen Anteile wird dementsprechend nicht als schädlich angesehen, selbst wenn nachweislich die Spaltung durchgeführt wurde, um diese Anteilsveräußerung vorzunehmen.[136]

Wie im Fall des Vollzugs der Veräußerung nach Satz 2 ist auch die 59
Vorbereitung der **Veräußerung** nur dann steuerschädlich, wenn sie **an
Außenstehende** erfolgt.[137] Dies ergibt sich zum einen daraus, dass Satz 2 als einleitende Vorschrift der nachfolgenden Sätze 3 bis 5 zu lesen ist und damit auch für die dort geregelten Fälle die Veräußerung an Außenstehende als Tatbestandsmerkmal vorgibt.[138] Zum anderen kann es nicht Gesetzeszweck sein, die Fälle der Vorbereitung einer Veräußerung steuerlich ungünstiger zu behandeln als die Fälle des Vollzugs der Veräußerung.[139]

---

[132] BT-Drucks. 12/6885 S. 23 zu der insoweit inhaltsgleichen Vorschrift des § 15 III UmwStG aF.
[133] *Schießl* in Widmann/Mayer § 15 UmwStG Rn. 292; *Hörtnagl* in Schmitt/Hörtnagl/Stratz § 15 UmwStG Rn. 150.
[134] *Hörtnagl* in Schmitt/Hörtnagl/Stratz § 15 UmwStG Rn. 150.
[135] BMF v. 11.11.2011, BStBl. I 2011 S. 1314 Rn. 15.32; *Dötsch/Pung* in Dötsch/Patt/Pung/Möhlenbrock § 15 UmwStG Rn. 162; aA *Schießl* in Widmann/Mayer § 15 UmwStG Rn. 294 der die Konstellation des § 15 II 4 UmwStG nicht als abschließend ansieht.
[136] *Dötsch/Pung* in Dötsch/Patt/Pung/Möhlenbrock § 15 UmwStG Rn. 161; *Frotscher* in Frotscher/Maas § 15 UmwStG Rn. 200; aA *Schießl* in Widmann/Mayer § 15 UmwStG Rn. 294.
[137] GlA *Hörtnagl* in Schmitt/Hörtnagl/Stratz § 15 UmwStG Rn. 198 ff.; *Asmus* in Haritz/Menner UmwStG § 15 Rn. 165; *Herzig/Förster* DB 1995 S. 338 (345); *Fey/Neyer* GmbHR 1999 S. 274; *Schumacher* in Rödder/Herlinghaus/van Lishaut UmwStG § 15 Rn. 211; wohl auch BMF v. 11.11.2011, BStBl. I 2011 S. 1314 Rn. 15.26; aA *Schießl* in Widmann/Mayer § 15 UmwStG Rn. 295, der auf den Wortlaut der Vorschrift abstellt.
[138] → Rn. 56.
[139] Ebenso *Hörtnagl* in Schmitt/Hörtnagl/Stratz § 15 UmwStG Rn. 198; *Schumacher* in Rödder/Herlinghaus/van Lishaut UmwStG § 15 Rn. 211; *Fey/Neyer* GmbHR 1999 S. 274; *Frotscher* in Frotscher/Maas § 15 UmwStG Rn. 202.

§ 20   5. Teil. Spaltung

60   Der Tatbestand der **Veräußerung** besteht in der entgeltlichen Übertragung des zivilrechtlichen oder zumindest wirtschaftlichen Eigentums an den Anteilen der an der Spaltung beteiligten Körperschaft(en), dh sowohl der übertragenden als auch der übernehmenden Körperschaft (en).[140] Dabei handelt es sich in erster Linie um den Verkauf oder Tausch. Die mehrfache Veräußerung eines Anteils der Fünfjahresfrist zählt nur einmalig.[141] Unentgeltliche Übertragungen, wie zB Schenkungen oder Erbfälle, sind demzufolge keine Veräußerungen.[142] Auch **Kapitalerhöhungen**, in deren Folge bisher nicht an der Körperschaft beteiligte Dritte Anteile erwerben, stellen keine Veräußerung dar, soweit die beitretenden Gesellschafter ein angemessenes Aufgeld zahlen, welches nicht in sachlichem und zeitlichem Zusammenhang an die bisherigen Anteilseigner ausgekehrt wird.[143] Die Finanzverwaltung nimmt eine solch schädliche Auskehrung an, wenn die Auszahlung des Agios innerhalb des Fünfjahreszeitraums nach § 15 II 4 UmwStG[144] erfolgt.

Nach Ansicht der Finanzverwaltung und der überwiegenden Ansicht in der Literatur handelt es sich bei **Umwandlungen und Einbringungen**, wie zB Verschmelzungen oder Spaltungen, gegen Gewährung von Gesellschaftsrechten, um Veräußerungen.[145] Zum Teil wird die Missbrauchsvorschrift des § 15 II 3 u. 4 UmwStG von der Finanzverwaltung sogar auf mittelbare Veräußerungen ausgeweitet.[146] So soll eine Veräußerung selbst dann vorliegen, wenn nicht die an der Spaltung beteiligte Körperschaft unmittelbar, sondern ihre Anteilseignerin verschmolzen oder gespalten wird und die vom übernehmenden Rechtsträger ausgegebenen neuen Anteile an außenstehende Personen fallen (**mittel-**

---

[140] *Hörtnagl* in Schmitt/Hörtnagl/Stratz § 15 UmwStG Rn. 153; *Schumacher* in Rödder/Herlinghaus/van Lishaut UmwStG § 15 Rn. 225.

[141] *Schießl* in Widmann/Mayer § 15 UmwStG Rn. 317; *Schumacher* in Rödder/Herlinghaus/van Lishaut § 15 Rn. 242; *Hörtnagl* in Schmitt/Hörtnagl/Stratz § 15 UmwStG Rn. 195.

[142] *Schumacher* in Rödder/Herlinghaus/van Lishaut UmwStG § 15 Rn. 225; *Asmus* in Haritz/Menner § 15 Rn. 166; BMF-Schreiben vom 11.11.2011 BStBl. I 2011 S. 1314 Rn. 15.23 jedoch unter Ausschluss von Erbauseinandersetzungen mit Ausgleichszahlungen.

[143] *Schumacher* in Rödder/Herlinghaus/van Lishaut UmwStG § 15 Rn. 227; *Hörtnagl* in Schmitt/Hörtnagl/Stratz § 15 UmwStG Rn. 157; *Asmus* in Haritz/Menner UmwStG § 15 Rn. 167; BMF v. 11.11.2011, BStBl. I 2011 S. 1314 Rn. 15.25.

[144] BMF v. 11.11.2011, BStBl. I 2011, 1314 Rn. 15.25; ebenso *Schießl* in Widmann/Mayer § 15 UmwStG Rn. 359; aA *Hörtnagl* in Schmitt/Hörtnagl/Stratz § 15 UmwStG Rn. 157, wonach dies nicht schematisch, sondern im Einzelfall zu beurteilen sein soll.

[145] BMF v. 11.11.2011, BStBl. I 2011 S. 1314 Rn. 15.24; *Hörtnagl* in Schmitt/Hörtnagl/Stratz § 15 UmwStG Rn. 159 ff.; *Dötsch* in Dötsch/Patt/Pung/Möhlenbrock § 15 UmwStG Rn. 133; *Schießl* in Widmann/Mayer § 15 UmwStG Rn. 402; differenzierend *Schumacher* in Rödder/Herlinghaus/van Lishaut UmwStG § 15 Rn. 228 ff.

[146] OFD Nürnberg vom 9.2.2000, GmbHR 2000, 519 kommentiert von *Haritz*.

§ 20. Steuerrechtliche Regelungen § 20

bare Veräußerung).[147] Dem folgt die Literatur uE zu Recht nicht und fordert, dass die Veräußerung unmittelbar die Anteile einer an der Spaltung beteiligten Körperschaft betreffen muss.[148] Denn bereits der Wortlaut des § 15 II 4 UmwStG spricht ausdrücklich nur von „Anteilen an einer an der Spaltung beteiligten Körperschaft", worunter nicht die Gesellschafter der an der Spaltung beteiligten Gesellschaften zu fassen sind.

Folgt man der Auffassung, dass ausschließlich Veräußerungen an außenstehende Personen schädlich sein können, dann sind jedenfalls **Umstrukturierungen innerhalb des Konzernkreises** unschädlich.[149] Die Finanzverwaltung hat bislang nicht zu der Frage Stellung genommen, ob die „Konzernklausel" der Textziffer 15.26 des Umwandlungssteuererlasses auch auf internationaler Ebene Geltung hat.[150]

Die 20%-Regelung in § 11 II 4 UmwStG enthält eine gesetzliche **61** Fiktion, die nach der Rechtsprechung des BFH nicht widerlegt werden kann.[151] Sofern innerhalb von fünf Jahren nach der Spaltung mehr als 20% der Anteile veräußert werden, soll von einer Veräußerungsabsicht im Spaltungszeitpunkt unwiderlegbar auszugehen sein. Unseres Erachtens spricht die Weichheit der Formulierung „davon ist auszugehen" hier eher für eine gesetzliche Vermutung verbunden mit einer Beweislastumkehr. Im europäischen Kontext hat jüngst der EuGH entschieden, dass pauschale Vermutungsregeln zur Annahme von Missbräuchen bei grenzüberschreitenden Spaltungen die Grundsätze der Niederlassungsfreiheit verletzen und damit am Anwendungsvorrang des Europarechts scheitern. Dies muss über den Gleichheitssatz des Artikel 3 Abs. 1 GG dann aber auch für Inlandsfälle gelten.[152]

Die Ausgangsgröße, nach der der 20%-Anteil zu bemessen ist, ist im **62** Gesetzeswortlaut nicht eindeutig präzisiert. Nach der Gesetzesbegründung ist auf die Anteile an der übertragenden Körperschaft vor der Spaltung abzustellen.[153] Als **Wertmaßstab** kommen jedoch weder die

---

[147] OFD Nürnberg vom 9.2.2000, GmbHR 2000 S. 519 kommentiert von *Haritz*.
[148] *Asmus* in Haritz/Menner § 15 UmwStG Rn. 164; *Schießl* in Widmann/Mayer § 15 UmwStG Rn. 383; *Schumacher* in Rödder/Herlinghaus/van Lishaut § 15 UmwStG Rn. 233; *Dötsch/Pung* in Dötsch/Patt/Pung/Möhlenbrock § 15 UmwStG Rn. 127.
[149] *Hörtnagl* in Schmitt/Hörtnagl/Stratz § 15 UmwStG Rn. 202; *Asmus* in Haritz/Menner UmwStG § 15 Rn. 165; *Herzig/Förster* DB 1995 S. 338; *Thiel* DStR 1995 S. 237; BMF v. 11.11.2011, BStBl. I 2011 S. 1314 Rn. 15.26.
[150] Internationale Geltung bejahend *Blumers* DB 2000 S. 589 sowie *Thies* DB 1999 S. 2179.
[151] BFH v. 3.8.2005 – I R 62/04, BStBl. II 2006 S. 391; ebenso BMF-Schreiben vom 11.11.2011, BStBl. I 2011, 1314 Rn. 15.27; *Hörtnagl* in Schmitt/Hörtnagl/Stratz § 15 UmwStG Rn. 151; *Frotscher* in Frotscher/Maas UmwStG § 15 Rn. 203; aA *Schießl* in Widmann/Mayer § 15 UmwStG Rn. 298; *Asmus* in Haritz/Menner UmwStG § 15 Rn. 146.
[152] Vgl. Anm. *Müller* DB 2017, 814 zu EuGH Urt. v. 8.3.2017 – C-14/16, BeckRS 2017, 103171 sowie im Weiteren → § 4 Rn. 10 ff
[153] BT-Drucks. 12/6885 S. 23 zu der insoweit inhaltsgleichen Regelung des § 15 III UmwStG aF; ebenso BMF v. 11.11.2011, BStBl. I 2011 S. 1314 Rn. 15.29; *Dötsch/Pung* in Dötsch/Patt/Pung/Möhlenbrock § 15 UmwStG Rn. 173.

Nominalbeträge der Anteile noch die Beträge des gesamten Eigenkapitals der beteiligten Körperschaften in Betracht, da sich diese aufgrund der in ihnen in unterschiedlichem Maße enthaltenen offenen und stillen Reserven einer einheitlichen Bewertung entziehen.[154] Vielmehr muss auf das tatsächliche Wertverhältnis (gemeine Werte) der Anteile im Zeitpunkt der Spaltung abgestellt werden.[155] Entscheidend ist somit das Verhältnis des gemeinen Wertes der veräußerten Anteile zum gemeinen Wert sämtlicher Anteile der übertragenden Körperschaft vor der Spaltung.

63 Beträgt nach der Spaltung der gemeine Wert aller Anteile einer an der Spaltung beteiligten Körperschaft nicht mehr als 20% des gemeinen Wertes der übertragenden Körperschaft, zB weil auf diese ein Teilbetrieb mit einem relativ geringen Wert zur Neugründung übertragen wurde, dann können sämtliche Anteile an dieser Körperschaft veräußert werden, ohne dass die Missbrauchsregelung des § 15 II 2–4 UmwStG greift. Da sich nach dem Gesetzeswortlaut die 20%-Grenze auf die Veräußerung von Anteilen „an einer an der Spaltung beteiligten Körperschaft" bezieht, ist uE davon auszugehen, dass Veräußerungen von Anteilen an mehreren an der Spaltung beteiligten Körperschaften nicht zusammenzurechnen sind.[156]

64 Für Publikumsaktiengesellschaften ist die Einhaltung der 20%-igen Veräußerungsgrenze kaum sicherzustellen.[157] Auf der anderen Seite dürfte auch die Finanzverwaltung Schwierigkeiten haben, in solchen Fällen eine Überschreitung der Höchstgrenze nachzuweisen, insbesondere deshalb, weil die mehrmalige Veräußerung desselben Anteils nicht zu berücksichtigen ist.[158]

65 Sinnvoll wäre es, im Hinblick auf die durch § 15 II 3 und 4 UmwStG erschwerte Spaltung börsennotierter Gesellschaften den bloßen Börsenhandel nicht als „Veräußerung" im Sinne der Missbrauchsregeln zu qualifizieren.[159]

66 Problematisch ist die Bezugnahme der 20%-Grenze auf den gemeinen Wert der Anteile an der übertragenden Körperschaft dann, wenn die Abspaltung oder Aufspaltung nicht zur Neugründung, sondern zur Aufnahme erfolgt und der Wert der Anteile der übernehmenden Körper-

---

[154] *Hörtnagl* in Schmitt/Hörtnagl/Stratz § 15 UmwStG Rn. 180; *Hörger* FR 1994 S. 765; *Schießl* in Widmann/Mayer § 15 UmwStG Rn. 323.
[155] BMF v. 11.11.2011, BStBl. I 2011, 1314 Rn. 15.29; *Dötsch* in Dötsch/Patt/Pung/Möhlenbrock § 15 UmwStG Rn. 173; *Hörtnagl* in Schmitt/Hörtnagl/Stratz § 15 UmwStG Rn. 181; *Schumacher* in Rödder/Herlinghaus/van Lishaut UmwStG § 15 Rn. 239; *Thiel* DStR 1995 S. 237.
[156] GlA *Dötsch/Pung* in Dötsch/Patt/Pung/Möhlenbrock § 15 UmwStG Rn. 177; *Schwedhelm/Streck/Mack* GmbHR 1995 S. 100 (102); aA *Schießl* in Widmann/Mayer § 15 UmwStG Rn. 349; *Hörtnagl* in Schmitt/Hörtnagl/Stratz § 15 UmwStG Rn. 191; *Hörger* FR 1994 S. 765 (769); *Schumacher* in Rödder/Herlinghaus/van Lishaut UmwStG § 15 Rn. 242. Wohl auch BMF v. 11.11.2011, BStBl. I 2011 S. 1314 Rn. 15.30.
[157] *Hörtnagl* in Schmitt/Hörtnagl/Stratz § 15 UmwStG Rn. 197; *Thiel* DStR 1995 S. 237.
[158] *Schießl* in Widmann/Mayer § 15 UmwStG Rn. 345; *Schumacher* in Rödder/Herlinghaus/van Lishaut UmwStG § 15 Rn. 243.
[159] So auch *Blumers* DB 2000 S. 589.

§ 20. Steuerrechtliche Regelungen § 20

schaft wesentlich höher ist als der Wert der Anteile an der Überträgerin. In diesem Fall kann bereits eine nur geringfügige Veräußerung von Anteilen an der übernehmenden Körperschaft zur Überschreitung der 20%-Grenze führen.[160]

Fall (Veräußerung von Anteilen im Fall der Abspaltung zur Aufnahme, nach Schießl[161]): 67

Die A-GmbH verfügt über zwei Teilbetriebe TB 1 und TB 2, von denen TB 1 mit einem gemeinen Wert von 1,0 Mio. EUR auf die bestehende B-AG abgespalten werden soll. Der gemeine Wert der A-GmbH beträgt vor der Spaltung 2,0 Mio. EUR, der gemeine Wert der B-AG beträgt vor der Spaltung 999 Mio. EUR und nach der Übernahme des abgespaltenen Teilbetriebs TB 1 1 Mrd. EUR. Innerhalb von fünf Jahren nach der Spaltung werden 0,05% der Anteile an der B-AG an Außenstehende veräußert.

Die veräußerten Anteile von 0,05% der B-AG hatten unmittelbar nach 68 der Spaltung einen gemeinen Wert von 500 000 EUR und entsprechen somit einer Quote von 25% des gemeinen Wertes der A-GmbH vor der Spaltung, sodass die Veräußerung von Anteilen in Höhe von 0,05% steuerschädlich wäre. Da diese am Wortlaut der Vorschrift orientierte Sichtweise zu einem systematisch unrichtigen Ergebnis führt, ist uE – übereinstimmend mit Schießl[162] – davon auszugehen, dass im Fall der Spaltung zur Aufnahme neben einer Veräußerung von Anteilen am übertragenden Rechtsträger allein die Veräußerung der für die Übertragung gewährten Anteile an der Übernehmerin eine steuerschädliche Anteilsveräußerung darstellen kann.[163] Fraglich bleiben die Konsequenzen allerdings dann, wenn die Übernehmerin an der übertragenden Körperschaft beteiligt ist und demzufolge im Zuge der Abspaltung oder Aufspaltung keine Anteile ausgibt. In diesem Fall ist uE die 20%-Grenze insgesamt nicht anwendbar, da die Veräußerung von Anteilen an der Muttergesellschaft nicht für eine missbräuchliche Veräußerung eines oder mehrerer Teilbetriebe genutzt werden kann.

Liegt eine schädliche Anteilsveräußerung iSd § 15 II 2–4 UmwStG 69 vor, findet das Bewertungswahlrecht des § 11 II UmwStG keine Anwendung, sodass die Möglichkeit der Fortführung der Buchwerte entfällt. Diese Rechtsfolge betrifft das gesamte übertragene Vermögen, dh im Fall der Aufspaltung sind sämtliche stillen Reserven im Vermögen der übertragenen Körperschaft, im Fall der Abspaltung nur die stillen Reserven in dem übertragenen Vermögen aufzudecken.[164] Im Fall der Abspaltung sind

---

[160] Schießl in Widmann/Mayer UmwStG § 15 Rn. 342.
[161] Schießl in Widmann/Mayer § 15 UmwStG Rn. 342.
[162] Schießl in Widmann/Mayer § 15 UmwStG Rn. 343.
[163] Ebenso Hörtnagl in Schmitt/Hörtnagl/Stratz § 15 UmwStG Rn. 169; Schumacher in Rödder/Herlinghaus/van Lishaut UmwStG § 15 Rn. 237; anders wohl BMF v. 11.11.2011, BStBl. I 2011 S. 1314 Rn. 15.30.
[164] BMF v. 11.11.2011, BStBl. I 2011 S. 1314 Rn. 15.33; Schießl in Widmann/Mayer § 15 UmwStG Rn. 409; Schumacher in Rödder/Herlinghaus/van Lishaut § 15 UmwStG Rn. 246; Hörtnagl in Schmitt/Hörtnagl/Stratz § 15 UmwStG Rn. 211; Dötsch/Pung in Dötsch/Patt/Pung/Möhlenbrock § 15 UmwStG

stille Reserven in dem bei der übertragenden Körperschaft verbleibenden Vermögen nicht aufzudecken.[165]

70 Da das Überschreiten der 20%-Grenze zu einer nachträglichen Besteuerung stiller Reserven auf der Ebene der übertragenden Körperschaft führt, sollten vertragliche Regelungen getroffen werden, die den veräußernden Gesellschafter zum **Ausgleich eines durch Anteilsveräußerungen entstandenen Schadens** verpflichten.[166] In vielen Fällen, etwa bei Beteiligung von Minderheitsgesellschaftern, wird dies freilich nicht möglich sein, sodass die 20%-Klausel faktisch ein Spaltungshindernis darstellen kann.

dd) Trennung von Gesellschafterstämmen

71 Die Missbrauchsvorschrift hinsichtlich der Begrenzung von Anteilsveräußerungen könnte umgangen werden, indem ein potentieller Erwerber vor der Spaltung als Gesellschafter in die zu spaltende Körperschaft eintritt und im Anschluss daran eine nicht-verhältniswahrende Spaltung zur Trennung von Gesellschafterstämmen in der Weise durchgeführt wird, dass der Erwerber alleiniger Gesellschafter der Körperschaft wird, auf die der zu erwerbende Vermögensteil übertragen wird. Diese Umgehungsmöglichkeit soll durch die Vorschrift des § 15 II 5 UmwStG verhindert werden, indem auch in diesem Fall das Bewertungswahlrecht des § 11 II UmwStG zur Fortführung der Buchwerte bzw. Ansatz eines Zwischenwertes ausgeschlossen wird, wenn die Beteiligungen an der übertragenden Körperschaft nicht seit mindestens fünf Jahren bestanden haben.

72 Dabei ist nicht auf die Beteiligungsquote der Gesellschafter abzustellen, sondern allein auf das **Bestehen der Beteiligung**.[167] Maßgebend ist, dass der Gesellschafterstamm innerhalb der Fünfjahresfrist dem Grunde nach beteiligt war. Anderenfalls würde im Fall der Spaltung zur Trennung von Gesellschafterstämmen jede quotale Veränderung in der Beteiligungsstruktur innerhalb der letzten fünf Jahre die vollständige Aufdeckung der in den übertragenen Wirtschaftsgütern enthaltenen stillen Reserven bedingen. Daher ist das Tatbestandsmerkmal der seit mindestens fünf Jahren bestehenden Beteiligungen nur dann nicht erfüllt, wenn innerhalb der Fünf-Jahres-Frist zum bestehenden Gesellschafterkreis neue Gesellschafter hinzutreten. Im Fall unentgeltlicher Übertragung innerhalb der Fünf-Jahres-Frist ist die Vorbesitzzeit des Rechtsvorgängers anzurech-

---

Rn. 181; *Asmus* in Haritz/Menner § 15 UmwStG Rn. 211; aA *Schwedhelm/Streck/Mack* GmbHR 1995 S. 100 der das Bewertungswahlrecht nur für diejenigen Vermögensteile ausschließen will, die auf Körperschaften übertragen wurden, deren Anteile veräußert worden sind.

[165] BMF v. 11.11.2011, BStBl. I 2011 S. 1314 Rn. 15.21; *Dötsch/Pung* in Dötsch/Patt/Pung/Möhlenbrock § 15 UmwStG Rn. 181.

[166] *Schießl* in Widmann/Mayer § 15 UmwStG Rn. 418; *Herzig/Förster* DB 1995 S. 338.

[167] *Hörtnagl* in Schmitt/Hörtnagl/Stratz § 15 UmwStG Rn. 234; *Schumacher* in Rödder/Herlinghaus/van Lishaut § 15 UmwStG Rn. 258; *Schießl* in Widmann/Mayer § 15 UmwStG Rn. 483; *Schwedhelm/Streck/Mack* GmbHR 1995 S. 100 (102); *Herzig/Förster* DB 1995 S. 338; wohl auch BMF v. 11.11.2011, BStBl. I 2011 S. 1314 Rn. 15.36.

§ 20. Steuerrechtliche Regelungen § 20

nen.[168] Eine Anrechnung der Vorbesitzzeit erfolgt zudem in den Fällen, in denen ein Eintritt in die steuerliche Rechtsstellung des Rechtsvorgängers gesetzlich angeordnet ist, was insbesondere bei Umwandlungsfällen (zB §§ 4 II 1, 3 UmwStG, 12 III UmwStG) der Fall sein kann.

Entgegen der Ansicht der Finanzverwaltung ist in dem Fall, dass die zu **73** spaltende Körperschaft noch keine fünf Jahre besteht, eine steuerneutrale Spaltung möglich, wenn zum Zeitpunkt der Spaltung lediglich die Gründungsgesellschafter an der Körperschaft beteiligt sind.[169]

Des Weiteren steht auch diese Vorschrift im Zusammenhang mit der **74** Eingangsbestimmung des § 15 II 2 UmwStG, der die missbräuchliche Durchführung einer steuerneutralen Spaltung zur Umgehung einer steuerpflichtigen Veräußerung von Teilbetrieben an Außenstehende verhindern soll.[170] Dies wird zum einen deutlich durch die in der Gesetzesbegründung ausführlich dargelegte Intention des Gesetzgebers;[171] zum anderen ergibt es sich aus der Verwendung des Wortes „außerdem", mit dem Satz 5 an die vorangegangenen Sätze anknüpft. Die Vorschrift des § 15 II 5 UmwStG findet daher uE nur dann Anwendung, wenn es sich bei den innerhalb der Fünf-Jahres-Frist neu hinzugetretenen Gesellschaftern um **außenstehende Personen** handelt.

Fraglich ist, ob unter der Trennung von Gesellschafterstämmen nur die **75** **vollständige Entflechtung der Anteile** zu verstehen ist oder ob auch solche Fälle unter diesen Begriff fallen, in denen die Gesellschafterstämme noch jeweils eine Beteiligung an der jeweils anderen Körperschaft behalten. Nach der Auffassung der Finanzverwaltung soll eine Trennung von Gesellschafterstämmen bereits dann vorliegen, wenn „[...] im Falle der Aufspaltung an den übernehmenden Körperschaften und im Falle der Abspaltung an der übernehmenden und der übertragenden Körperschaft nicht mehr alle Anteilsinhaber der übertragenden Körperschaft beteiligt sind."[172] Diese Auslegung des Begriffs „Trennung von Gesellschafterstämmen" halten wir für zu eng, da diese Definition auch Gestaltungen umfasst, die keinen Missbrauch darstellen, wie das folgende Beispiel zeigt.

---

[168] *Wiese* GmbHR 1997 S. 60; *Hörtnagl* in Schmitt/Hörtnagl/Stratz § 15 UmwStG Rn. 237; *Schumacher* in Rödder/Herlinghaus/van Lishaut § 15 UmwStG Rn. 260; einschränkend *Schießl* in Widmann/Mayer § 15 UmwStG Rn. 495, nach dem eine Besitzzeitanrechnung nur für den Fall der Gesamtrechtsnachfolge (zB im Erbfall), nicht jedoch im Fall der Einzelrechtsnachfolge angenommen werden kann.

[169] Ebenso *Hörtnagl* in Schmitt/Hörtnagl/Stratz § 15 UmwStG Rn. 236; *Schumacher* in Rödder/Herlinghaus/van Lishaut § 15 UmwStG Rn. 257; *Schießl* in Widmann/Mayer § 15 UmwStG Rn. 490; aA BMF v. 11.11.2011, BStBl. I 2011 S. 1314 Rn. 15.38, wonach die steuerneutrale Trennung von Gesellschafterstämmen im Wege der Spaltung einer Körperschaft, die noch keine fünf Jahre besteht, nicht möglich ist.

[170] Zum Gesetzeszweck des § 15 II 2 UmwStG → Rn. 45.

[171] BT-Drucks. 12/6885 S. 23 zu dem insoweit inhaltsgleichen § 15 III UmwStG aF, in der die Trennung von Gesellschafterstämmen als Beispielsfall zu § 15 III 2 UmwStG dargestellt wird.

[172] BMF v. 11.11.2011, BStBl. I 2011 S. 1314 Rn. 15.37.

Dies steht jedoch im Widerspruch zur jüngsten Rechtsprechung des EuGH, dass eine allgemeine Vermutung der Steuerhinterziehung oder Umgehung durch pauschale Missbrauchsregelungen, die keinen Gegenbeweis zu lassen, unionsrechtlich unzulässig ist. Diese Überlegungen müssen konsequenter Weise wegen Art. 3 Abs. 1 GG auch für Inlandsfälle gelten.[173]

76 Fall (Abgrenzung der Trennung von Gesellschafterstämmen):

Am Nennkapital der X-GmbH sind vier Gesellschafter (A, B, C, D) mit jeweils 25% beteiligt. A hat seinen Anteil vor weniger als fünf Jahren erworben.

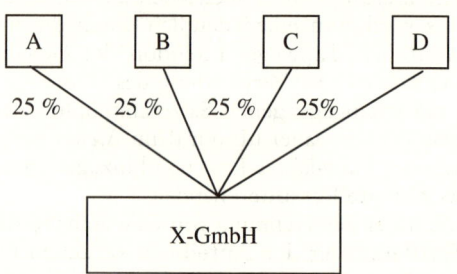

Die X-GmbH wird auf zwei Kapitalgesellschaften, die Y-GmbH und die Z-GmbH, zur Neugründung aufgespalten. Auf die Z-GmbH geht ein relativ unbedeutender Teilbetrieb der X-GmbH über, dessen Verkehrswert lediglich rund 15% des gesamten Wertes der X-GmbH ausmacht. Da A die Fortführung dieses Teilbetriebs als nicht mehr rentabel erachtet, möchte er lediglich an der Y-GmbH beteiligt bleiben. Die Beteiligungen an den neu gegründeten Gesellschaften Y-GmbH und Z-GmbH sollen wie folgt sein:

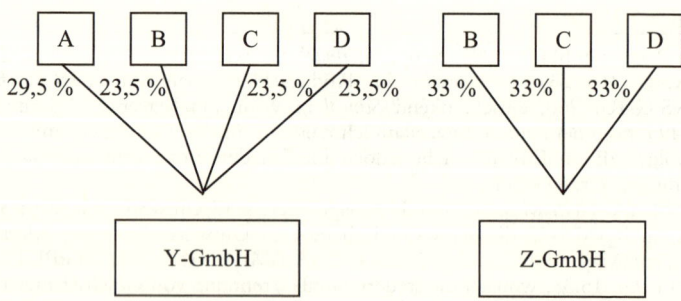

77 Nach der Auffassung der Finanzverwaltung würde dieser Fall der Missbrauchsbestimmung des § 15 II 5 UmwStG unterfallen, mit der Folge,

---

[173] Vgl. Anm. Müller DB 2017, 814 zu EuGH Urt. v. 8.3.2017 – C-14/16, BeckRS 2017, 103171 sowie im Weiteren → § 4 Rn. 10 ff

dass eine steuerneutrale Spaltung ausgeschlossen wäre. Ein Missbrauch liegt jedoch offenkundig nicht vor, da der auf die Y-GmbH übertragene Teilbetrieb durch die Spaltung nicht an den innerhalb der Fünf-Jahresfrist eingetretenen Gesellschafter A veräußert worden ist. A hat lediglich seine Beteiligungsquote geringfügig erhöht; die übrigen Gesellschafter sind jedoch nach wie vor auch an der Y-GmbH beteiligt, und zwar mehrheitlich.

Eine „Trennung" von Gesellschafterstämmen liegt uE schon dem 78 Wortsinn nach nur vor, wenn die Gesellschafterstämme der Ursprungsgesellschaft ihr gemeinsames unternehmerisches Engagement insgesamt beenden. So liegt keine Trennung der Gesellschafterstämme vor, wenn – wie im vorliegenden Fall – lediglich Anteilsverschiebungen erfolgen und alle Gesellschafterstämme an wenigstens noch einem Rechtsträger beteiligt bleiben.[174] Dies gilt im Hinblick auf den eindeutigen Gesetzeswortlaut auch dann, wenn an dem Rechtsträger, an dem weiterhin alle Gesellschafterstämme beteiligt sind, nur geringfügige Restbeteiligungen eines Gesellschafters verbleiben.[175] Demgegenüber geht *Schießl* in den Fällen, in denen ein Gesellschafterstamm nach der Spaltung nur zu einem geringen Prozentsatz beteiligt bleibt davon aus, dass eine Trennung der Gesellschafterstämme anzunehmen ist.[176]

Nach einem Vorschlag von *Herzig/Förster* soll bei der Beurteilung, ob 79 eine Trennung von Gesellschafterstämmen vorliegt, auf einen **Vergleich der Mitwirkungs- und Widerspruchsmöglichkeiten** der jeweiligen Gesellschafter zB bei Satzungsänderungen vor und nach der Spaltung abgestellt werden.[177]

d) Besteuerung eines Übertragungsgewinns

Kommt es aufgrund der Aufdeckung stiller Reserven auf der Ebene der 80 übertragenden Körperschaft zur Realisierung eines Übertragungsgewinns, unterliegt dieser der Körperschaftsteuer sowie gemäß § 19 I UmwStG der Gewerbesteuer. Soweit der übertragene Vermögensteil Beteiligungen an Kapitalgesellschaften umfasst, und diese mit einem über dem Buchwert liegenden Wert angesetzt wurden, finden die Vorschriften des § 8b KStG auf den hieraus sich ergebenden Gewinn grundsätzlich Anwendung.[178]

4. Steuerliche Auswirkungen bei der übernehmenden Körperschaft

Hinsichtlich der steuerlichen Auswirkungen des spaltungsbedingten 81 Vermögensübergangs auf Ebene der übernehmenden Körperschaft ordnet § 15 I 1 UmwStG die entsprechende Anwendung der in § 12 UmwStG zur Verschmelzung enthaltenen Regelungen an. Die Vorschrift des § 12

---

[174] *Hörtnagl* in Schmitt/Hörtnagl/Stratz § 15 UmwStG Rn. 233; *Schumacher* in Rödder/Herlinghaus/van Lishaut § 15 UmwStG Rn. 253; *Schießl* in Widmann/Mayer § 15 UmwStG Rn. 456 f.
[175] *Schumacher* in Rödder/Herlinghaus/van Lishaut § 15 UmwStG Rn. 254.
[176] *Schießl* in Widmann/Mayer § 15 UmwStG Rn. 456.
[177] *Herzig/Förster* DB 1995 S. 338.
[178] → § 11 Rn. 73.

§ 20 5. Teil. Spaltung

UmwStG ist bei der Übernehmerin unabhängig vom Vorliegen eines Teilbetriebs oder eines Missbrauchsfalls anwendbar.[179]

a) Übernahme der Wertansätze, Wertaufholung und Ermittlung eines Übernahmegewinns oder -verlustes

82 Die übernehmende Körperschaft führt die Wertansätze aus der steuerlichen Schlussbilanz der übertragenden Körperschaft fort, § 12 I UmwStG. Diese Wertverknüpfung stellt sicher, dass die in dem übergegangen Vermögen enthaltenen stillen Reserven weiterhin steuerverhaftet sind. Die Erstellung einer steuerlichen Übernahmebilanz ist weder durch § 15 I UmwStG, noch durch § 12 I UmwStG vorgesehen. Technisch erfolgt in den Fällen der Spaltung zur Neugründung die Übernahme der Wertansätze aus der steuerlichen Schlussbilanz der übertragenden Körperschaft in der steuerlichen Eröffnungsbilanz der übernehmenden Körperschaft(en).[180] Handelt es sich um eine Spaltung zur Aufnahme, so ist die Übernahme der Wirtschaftsgüter als laufender Geschäftsvorfall zu erfassen, der sich bilanziell erst in der ersten auf den Übertragungsstichtag folgenden steuerlichen Jahresbilanz niederschlägt.[181]

83 Werden die Anteile an der übertragenden Körperschaft ganz oder teilweise von der übernehmenden Körperschaft gehalten (sog. Aufwärtsspaltung), kann es zu einer Wertaufholungspflicht gemäß den §§ 12 I 2, 4 I 2 UmwStG kommen. Nach dieser Regelung hat die übernehmende Körperschaft die Anteile an der übertragenden Körperschaft zum steuerlichen Übertragungsstichtag mit dem Buchwert, erhöht um steuerwirksam vorgenommene Abschreibungen sowie um Abzüge nach § 6b EStG und ähnlich Abzüge, höchstens jedoch mit dem gemeinen Wert anzusetzen. Ein sich anlässlich der Wertaufholung ergebender **Beteiligungskorrekturgewinn** ist steuerpflichtig, vgl. §§ 15 I 1, 12 I 2, 4 I 3 UmwStG. Die Ermittlung des Beteiligungskorrekturgewinns erfolgt bei der Spaltung nur verhältnismäßig entsprechend dem gemeinen Wert der Beteiligung an der übertragenden Körperschaft vor und nach Spaltung.[182]

84 Bei der Aufwärtsspaltung entsteht in Höhe des Unterschiedsbetrages zwischen dem anteilig wegfallenden Buchwert der Anteile an der übertragenden Körperschaft und dem Wert, mit dem die übergegangenen Vermögensteile zu übernehmen sind, abzüglich der Kosten für den Vermögensübergang, ein **Übernahmegewinn bzw. -verlust**. Die Höhe, in der der Beteiligungsbuchwert fortfällt, richtet sich uE nach dem Verhältnis der gemeinen Werte der übertragenen Vermögensteile zu dem vor der Spaltung bei der übertragenden Körperschaft vorhandenen Vermögen.[183] Ein Übernahmegewinn oder -verlust bleibt gemäß § 12 II

---

[179] *Hörtnagl* in Schmitt/Hörtnagl/Stratz § 15 UmwStG Rn. 262.
[180] *Hörtnagl* in Schmitt/Hörtnagl/Stratz § 15 UmwStG Rn. 116.
[181] *Hörtnagl* in Schmitt/Hörtnagl/Stratz § 15 UmwStG Rn. 115 f.; *Dötsch/Pung* in Dötsch/Patt/Pung/Möhlenbrock § 15 UmwStG Rn. 237.
[182] *Hörtnagl* in Schmitt/Hörtnagl/Stratz § 15 UmwStG Rn. 267.
[183] Ebenso *Dötsch/Pung* in Dötsch/Patt/Pung/Möhlenbrock § 15 UmwStG Rn. 241; *Schumacher* in Rödder/Herlinghaus/van Lishaut § 15 UmwStG Rn. 86;

UmwStG bei der Ermittlung des Einkommens außer Ansatz.[184] Da die angefallenen Kosten der Spaltung in den Übernahmegewinn einzubeziehen sind, handelt es sich hierbei wirtschaftlich um nicht abziehbare Betriebsausgaben.

Des Weiteren kann es sowohl bei der Abspaltung als auch bei der Aufspaltung zur Konfusion von Forderungen und Verbindlichkeiten kommen. Die Behandlung des **Übernahmefolgegewinns** infolge Konfusion bestimmt sich nach § 12 IV iVm § 6 UmwStG. Danach besteht die Möglichkeit zur Bildung einer den steuerlichen Gewinn mindernden Rücklage soweit die übernehmende Körperschaft an der übertragenden Körperschaft beteiligt ist.[185]

85

b) Bemessung der AfA und der erhöhten Absetzungen sowie ähnlicher Erleichterungen

Die übernehmende Körperschaft tritt gemäß §§ 15 I 1, 12 III UmwStG in die steuerliche Rechtsposition der übertragenden Körperschaft ein. Bei der Spaltung gilt dies nur hinsichtlich des übertragenen Vermögens. Die übernehmende Körperschaft tritt bezüglich der AfA, der Sonderabschreibungen und ähnlicher Erleichterungen hinsichtlich der übertragenen Wirtschaftsgüter in die Rechtsstellung der übertragenden Körperschaft ein. Hinsichtlich der einzelnen Regelungen zur Bemessung der AfA etc. wird aufgrund der insoweit mit der Verschmelzung identischen Vorschriften auf die Ausführungen im zweiten Teil dieses Buches verwiesen.[186]

86

c) Aufteilung des steuerlichen Einlagekontos und der Teilbeträge nach §§ 37 und 38 KStG

Die Regelungen zur Aufteilung des steuerlichen Einlagekontos finden sich nicht im UmwStG, sondern in § 29 KStG. Die Aufteilung erfolgt dreistufig.[187] Im ersten Schritt kommt es auch im Fall der Spaltung zunächst nach § 29 I KStG zu einer fiktiven Nennkapitalherabsetzung. Das Nennkapital der übertragenden Gesellschaft wird damit auf Null herabgesetzt und sie verfügt anschließend nur noch über ein steuerliches Einlagekonto und sonstige Rücklagen.

87

Im zweiten Schritt wird das steuerliche Einlagekonto der übertragenden Körperschaft im Fall der Aufspaltung vollständig und im Fall der Abspaltung anteilig auf die übernehmende(n) Körperschaft(en) übertragen. Die Aufteilung des steuerlichen Einlagekontos auf die beteiligten Körperschaften ist in § 29 III KStG geregelt. Aufteilungsmaßstab ist danach das Verhältnis der übergehenden Vermögensteile zu dem bei der

88

---

aA *Hörtnagl* in Schmitt/Hörtnagl/Stratz § 15 UmwStG Rn. 268, der auf das Verhältnis des Werts der Beteiligung vor der Spaltung zum Wert der Beteiligung nach Spaltung abstellt.
[184] → § 11 Rn. 129 ff.
[185] Im Einzelnen vgl. → § 11 Rn. 170 ff.
[186] → § 11 Rn. 147 ff.
[187] Vgl. auch BMF v. 11.11.2011, BStBl. I 2011 S. 1314 Rn. K.01 ff.

§ 20　　　　　　　　　　　　　　　　　　　　　5. Teil. Spaltung

übertragenden Körperschaft vor Übertragung vorhandenen Vermögen (gemeine Werte).

89　Zu beachten ist, dass im Fall der **Aufwärtsverschmelzung** eine Hinzurechnung des steuerlichen Einlagekontos bei der übernehmenden Gesellschaft in dem Verhältnis unterbleibt, in dem die übernehmende Körperschaft an der übertragenden beteiligt ist, § 29 III 3 iVm II 2 KStG. Bei der **Abwärtsverschmelzung** mindert sich das Einlagekonto entsprechend dem Verhältnis des Anteils der übertragenden Körperschaft an der Übernehmerin, § 29 III 3 iVm II 3 KStG.

90　Im dritten Schritt erfolgt die Anpassung des Nennkapitals der übernehmenden Körperschaft(en), bei der Abspaltung auch die Erhöhung des fiktiv herabgesetzten Nennkapitals der Übertragerin, §§ 29 IV, 28 I, III KStG.

91　Ein etwa vorhandener Anspruch auf ratierliche Auszahlung des Körperschaftsteuerguthabens bis zum Jahr 2017 kann mangels Zuordenbarkeit zu einem Teilbetrieb im Rahmen der Spaltung den beteiligten Rechtsträgern frei zugewiesen werden.[188]

d) Übertragung eines verbleibenden Verlustvortrags, Zinsvortrags sowie vortragsfähiger Gewerbeverluste

92　Bei der übertragenden Körperschaft vorhandene verrechenbare Verluste, verbleibende Verlustvorträge, nicht ausgeglichene negative Einkünfte, ein Zinsvortrag sowie ein möglicher EBITDA-Vortrag gehen nach §§ 15 I 1, 12 III, 4 II 2 UmwStG nicht auf die übernehmende Körperschaft über. Demzufolge gehen bei einer Aufspaltung die im Zeitpunkt der Spaltung vorhandenen verrechenbaren Verluste, verbleibende Verlustvorträge, nicht ausgeglichenen negativen Einkünfte und Zinsvorträge vollständig unter. Bei der Abspaltung kommt es nach § 15 III UmwStG zu einer anteiligen Minderung bei der übertragenden Körperschaft. Dabei richtet sich der **Aufteilungsmaßstab** wiederum nach dem Verhältnis der gemeinen Werte der übertragenen Vermögensteile zu dem gemeinen Wert des vor der Spaltung bei der übertragenden Körperschaft vorhandenen Vermögens, § 15 III UmwStG. Der anteilige Verlustuntergang bei der Abspaltung erfolgt unabhängig davon, ob und in welchem Umfang ein Verlust verursachender Teilbetrieb auf die übernehmende Körperschaft übergeht oder bei der übertragenden Körperschaft verbleibt.[189]

93　Über § 19 II UmwStG gelten die Regelungen der §§ 12 III und 15 III UmwStG für den gewerbesteuerlichen Verlustvortrag im Sinne des § 10a GewStG entsprechend. Demzufolge geht ein vorhandener gewerbesteuerlicher Verlustvortrag nicht auf die übernehmende Körperschaft über. Im Fall der Abspaltung mindert sich der gewerbesteuerliche Verlustvortrag der übertragenden Körperschaft anteilig im Verhältnis der gemeinen Werte.

---

[188] *Schumacher* in Rödder/Herlinghaus/van Lishaut UmwStG § 15 Rn. 104; *Hörtnagl* in Schmitt/Hörtnagl/Stratz § 15 UmwStG Rn. 305.

[189] *Schumacher* in Rödder/Herlinghaus/van Lishaut UmwStG § 15 Rn. 267; *Hörtnagl* in Schmitt/Hörtnagl/Stratz § 15 UmwStG Rn. 277.

§ 20. Steuerrechtliche Regelungen § 20

Um einen – zumindest teilweisen – Untergang der Verluste zu vermeiden, bleibt nur noch die Möglichkeit der Buchwertaufstockung auf Ebene der übertragenden Körperschaft. Der sich dadurch ergebende Übertragungsgewinn kann auf Ebene der übertragenden Körperschaft – unter Beachtung der Mindestbesteuerung – mit den vorhandenen Verlusten verrechnet werden. 94

Nach Ansicht der Finanzverwaltung soll bei einem unterjährigen Spaltungsstichtag auch ein bis zum steuerlichen Spaltungsstichtag entstandener laufender Verlust unter die Vorschrift des § 15 III UmwStG fallen, so dass Teile des laufenden Verlustes ungenutzt wegfallen.[190]

5. Steuerliche Auswirkungen auf der Ebene der Gesellschafter

Die Bewertung der Anteile auf Ebene der Anteilseigner erfolgt grundsätzlich unabhängig von der Bewertung der Wirtschaftsgüter auf Ebene der Körperschaft(en). Die Vorschrift des § 15 I UmwStG verweist vollumfänglich auf die Regelungen des § 13 UmwStG. Das doppelte Teilbetriebserfordernis ist wiederum nur für die Möglichkeit der Buchwertfortführung von Bedeutung, §§ 15 I 2, 13 II UmwStG. 95

Die Vorschrift des § 13 I UmwStG enthält die Fiktion, nach der die Anteile an der übertragenden Körperschaft zum gemeinen Wert veräußert und gleichzeitig die an deren Stelle tretenden Anteile an der übernehmenden Körperschaft als mit diesem Wert angeschafft gelten. Bei Vorliegen des doppelten Teilbetriebserfordernisses und Erfüllung der Voraussetzungen des § 13 II UmwStG kann der Anteilseigner auf Antrag die im Betriebsvermögen gehaltenen Anteile an der übernehmenden Körperschaft mit dem Buchwert der Anteile an der übertragenden Körperschaft ansetzen. In diesem Fall vollzieht sich die Spaltung auf Ebene der Anteilseigner steuerneutral. Die Anteile an der übernehmenden Körperschaft treten steuerlich an die Stelle der Anteile an der Übertragerin, § 13 II 2 UmwStG. Werden die Anteile an der übertragenden Körperschaft im Privatvermögen gehalten, treten die Anschaffungskosten an die Stelle des Buchwertes, § 13 II 3 UmwStG. 96

Zivilrechtlich darf die übernehmende Kapitalgesellschaft nach § 125 iVm § 54 I 3 (bzw. § 68 I 3) UmwG auf die Gewährung neuer Anteile verzichten, wenn alle Anteilsinhaber eines übertragenden Rechtsträgers darauf verzichten.[191] Hiervon wird häufig bei konzerninternen Umstrukturierungen Gebrauch gemacht, bei denen sich letztlich sämtliche Anteile der an der Spaltung beteiligten Kapitalgesellschaften (unmittelbar oder mittelbar) bei einem Gesellschafter befinden. Steuerlich steht dies der Anwendbarkeit des § 13 UmwStG nicht entgegen. Aus Sicht des beteiligten Gesellschafters treten in Folge der Werterhöhung in den bestehenden Anteilen der Übernehmerin diese Anteile an die Stelle der Anteile an der Übertragerin. In den Fällen des § 13 II UmwStG ist die Spaltung für den Anteilseigner auch hier steuerneutral. Dies gilt unseres Erachtens 97

---

[190] BMF v. 11.11.2011, BStBl. I 2011 S. 1314 Rn. 15.41.
[191] → § 18 Rn. 178.

§ 20   5. Teil. Spaltung

auch dann, wenn der Gesellschafter an der Übernehmerin nur mittelbar beteiligt ist („Spaltung auf Nichte"). Die an die Stelle tretenden Anteile iSd § 13 UmwStG sind hierbei die Anteile an der unmittelbar gehaltenen Tochtergesellschaft, die ihrerseits eine Werterhöhung erfahren.

98 **Fall** (Abspaltung auf „Nichte"):

Die A-GmbH ist einzige Gesellschafterin der T1-GmbH sowie der T2-GmbH, Tochtergesellschaft der T1-GmbH ist die E-GmbH. Das Vermögen der T2-GmbH besteht aus den Teilbetrieben TB1 und TB2, von denen TB1 zur Bereinigung der Konzernstruktur auf die E-GmbH abgespalten werden soll. Mit Rücksicht auf die Klarheit der Struktur verzichtet die A-GmbH auf die Gewährung neuer Anteile an der E-GmbH. Die Abspaltung soll aus Sicht der A-GmbH insgesamt steuerneutral zu Buchwerten erfolgen.

99 Geht im Rahmen einer Abspaltung Vermögen einer Körperschaft auf eine andere Körperschaft über, so gelten nach § 15 I 1 UmwStG die §§ 11 bis 13 vorbehaltlich des Satzes 2 und des § 16 entsprechend. Die abgespaltenen Wirtschaftsgüter sind daher in der Steuerbilanz grundsätzlich mit dem gemeinen Wert zu bewerten. Unter den Voraussetzungen des § 11 II UmwStG ist ein Ansatz mit dem Buchwert möglich, soweit das deutsche Besteuerungsrecht hinsichtlich der Gewinne aus einer Veräußerung der übertragenden Wirtschaftsgüter sichergestellt ist und eine Gegenleistung nicht gewährt wird oder in Gesellschaftsrechten besteht. Beides ist vorliegend der Fall. Da darüber hinaus das doppelte Teilbetriebserfordernis des § 15 I 2 UmwStG erfüllt ist, vollzieht sich die Abspaltung auf Gesellschaftsebene auf Antrag steuerneutral. Auf Anteilseignerebene gelten nach § 13 I UmwStG die Anteile an der übertragenden Körperschaft grundsätzlich als zum gemeinen Wert veräußert und die an ihre Stelle tretenden Anteile an der übernehmenden Körperschaft als mit diesem Wert angeschafft. Soweit – wie vorliegend – auf die Ausgabe neuer Anteile verzichtet wird, ist aus Sicht des Gesellschafters der übertragenden Körperschaft zu beurteilen, welche Anteile an die Stelle der Anteile an der Übertragerin treten. Dies sind in der vorliegenden Konstellation die Anteile der A-GmbH an der T1, deren Wert sich aus Sicht des Gesellschafters A-GmbH um den (anteiligen) Wert der Anteile an der T2-GmbH erhöht. Auf entsprechenden Antrag ist dies nach § 13 II UmwStG der Buchwert. Korrespondierend hierzu erhöht sich der Buchwert der Anteile der T1-GmbH an der E-GmbH.

100 Demgegenüber wird die Steuerneutralität auf der Ebene der Gesellschafter nicht dadurch ausgeschlossen, dass einer der **Missbrauchstatbestände** des § 15 II UmwStG gegeben ist.[192] Eine **Gewinnrealisierung** tritt auch in diesem Fall nur insoweit ein, als über die Gewährung von Gesellschaftsrechten hinaus bare Zuzahlungen oder Abfindungen gewährt werden.[193]

101 Weder die Vorschrift des § 15 UmwStG noch die des § 13 UmwStG enthält jedoch eine Regelung über die **Aufteilung der Anschaffungs-**

---

[192] *Hörtnagl* in Schmitt/Hörtnagl/Stratz § 15 UmwStG Rn. 286.
[193] *Schumacher* in Rödder/Herlinghaus/van Lishaut § 15 UmwStG Rn. 95; vgl. auch § 11 Rn. 204 ff.

kosten bzw. Buchwerte der Anteile an der übertragenden Körperschaft. Eine solche Aufteilung ist in den Fällen der Abspaltung und Aufspaltung immer dann vorzunehmen, wenn nicht eine vollständige Trennung von Gesellschafterstämmen erfolgt. Bei einer nicht vollständigen Trennung von Gesellschafterstämmen erhalten die Gesellschafter der übertragenden Körperschaft im Fall der Abspaltung zusätzlich zu den bereits bestehenden Anteilen Anteile an einer weiteren Körperschaft; im Fall der Aufspaltung erhalten sie Anteile an mindestens zwei anderen Körperschaften. Nach Ansicht der Finanzverwaltung kann der Aufteilung grundsätzlich das Umtauschverhältnis der Anteile im Spaltungsvertrag zugrunde gelegt werden.[194] Falls eine solche Aufteilung nicht möglich ist, soll nach der Finanzverwaltung für die Aufteilung auf das Verhältnis der gemeinen Werte zwischen den übertragenen Vermögensteilen und dem vor der Spaltung bei der übertragenden Körperschaft vorhandenen Vermögen abzustellen sein.[195]

Erhält ein an der übertragenden Körperschaft iSd § 17 EStG wesentlich Beteiligter im Zuge der Spaltung zu Buchwerten Anteile an einer Körperschaft, die keine wesentliche Beteiligung darstellen, dann gelten diese Anteile gemäß § 15 I UmwStG iVm § 13 II 2 UmwStG als Anteile isd § 17 EStG fort (sogenannte **„spaltungsgeborene Anteile"**[196]). Die Anteile treten steuerlich „an die Stelle" der steuerverstrickten Anteile. Diese Qualifizierung gilt zeitlich unbegrenzt und endet erst dann, wenn sich die Beteiligung zB aufgrund von Veräußerungen so weit vermindert, dass auch die ursprüngliche Beteiligung keine wesentliche Beteiligung mehr dargestellt hätte.[197] **102**

Werden die Anteile an der übernehmenden Körperschaft mit dem Buchwert oder den Anschaffungskosten der Anteile an der übertragenden Körperschaft angesetzt, gelten Anteile an einer übernehmenden Körperschaft, die ein Gesellschafter für **einbringungsgeborene Anteile** an der übertragenden Körperschaft iSd § 21 UmwStG aF erhält, gemäß § 15 I UmwStG iVm § 13 II UmwStG ebenfalls als einbringungsgeborene Anteile.[198] Eine entsprechende Regelung gilt für Anteile iSd § 50c EStG; auch die für solche Anteile erhaltenen Anteile werden als solche iSd § 50c **103**

---

[194] BMF v. 11.11.2011, BStBl. I 2011 S. 1314 Rn. 15.43.
[195] BMF v. 11.11.2011, BStBl. I 2011 S. 1314 Rn. 15.43; *Schießl* in Widmann/Mayer § 15 UmwStG Rn. 1146; *Schumacher* in Rödder/Herlinghaus/van Lishaut UmwStG § 15 Rn. 92; *Thiel* DStR 1995 S. 276; *Herzig/Förster* DB 1995 S. 338; aA *Hörtnagl* in Schmitt/Hörtnagl/Stratz § 15 UmwStG Rn. 291, der auf den gemeinen Wert der Anteile abstellt; differenzierend *Asmus* in Haritz/Menner § 15 UmwStG Rn. 233, der von der Möglichkeit zur Aufteilung anhand sachgerechter Bewertungskriterien ausgeht.
[196] *Schießl* in Widmann/Mayer § 15 UmwStG Rn. 1101, *Dötsch* in Dötsch/Patt/Pung/Möhlenbrock § 15 UmwStG Rn. 243; vgl. auch BMF v. 11.11.2011, BStBl. I 2011 S. 1314 Rn. 13.11.
[197] *Schießl* in Widmann/Mayer § 15 UmwStG Rn. 1101; aA *Thiel* DStR 1995 S. 276.
[198] *Dötsch* in Dötsch/Patt/Pung/Möhlenbrock § 15 UmwStG Rn. 243; vgl. auch BMF v. 11.11.2011, BStBl. I 2011 S. 1314 Rn. 13.11.

EStG qualifiziert.[199] Zwar ist § 50c EStG im Grundsatz durch das StSenkG aufgehoben. Die Vorschrift bleibt aber in der Fassung des StEntlG 1999/2000/2002 gemäß § 52 LIX EStG weiter anwendbar, wenn für die Anteile vor Ablauf des ersten Wirtschaftsjahres, für das das KStG in der Fassung des StSenkG erstmals anzuwenden ist, ein Sperrbetrag zu bilden war.

104 Werden aus **nicht wesentlichen Beteiligungen** an der übertragenden Körperschaft wesentliche Beteiligungen an einer an der Spaltung beteiligten Körperschaft, dann gilt für diese Anteile der gemeine Wert als Anschaffungskosten.[200] Dies hat zur Folge, dass die in den Anteilen bis zur Spaltung entstandenen stillen Reserven nicht in die Besteuerung einer späteren Veräußerung der Anteile einbezogen werden.[201]

105 Wie in den Fällen der Verschmelzung führt hinsichtlich von Anteilen, die vor dem 31.12.2008 erworben wurden, der Erhalt von neuen Anteilen im Zuge einer Spaltung innerhalb der Jahresfrist des § 23 EStG aF hingegen zur Realisierung eines privaten Veräußerungsgeschäftes iSd § 23 EStG aF, wenn nach § 13 I UmwStG der gemeine Wert angesetzt wird oder im Rahmen der Spaltung bare Zuzahlungen geleistet werden.[202] Bei Fortführung der Anschaffungskosten nach § 13 II UmwStG hingegen beginnt keine neue Veräußerungsfrist im Sinne des § 23 EStG zu laufen.[203]

106 Aufgrund der Einführung des § 20 II Nr. 1 EStG fallen demgegenüber nach dem 31.12.2008 erworbene Anteile im Privatvermögen uneingeschränkt in den Anwendungsbereich des § 13 UmwStG. Eine Bewertung zum gemeinen Wert führt demgemäß für nach dem 31.12.2008 erworbene Anteile im Privatvermögen nach § 20 II Nr. 1 EStG stets zu steuerpflichtigen Einkünften. Diese Einkünfte unterliegen der Abgeltungssteuer iHv 25% zzgl. SolZ und evtl. Kirchensteuer, § 32d EStG. Soweit es sich um Einkünfte nach § 17 EStG handelt, ist auf die steuerpflichtigen Einnahmen ggf. das Teileinkünfteverfahren nach § 3 Nr. 40 EStG anzuwenden.

6. Besteuerung ausländischer Gesellschafter

107 Hinsichtlich der steuerlichen Behandlung im Ausland ansässiger Gesellschafter kommt es im Rahmen der Spaltung für den ausländischen Gesellschafter nur dann zu steuerlichen Folgen im Inland, wenn der Bundesrepublik Deutschland das Besteuerungsrecht an dem Gewinn aus der Veräußerung von Kapitalgesellschaftsbeteiligungen zusteht. Dies dürfte im Wesentlichen in den Fällen der Fall sein, in denen kein DBA mit

---

[199] *Schwedhelm/Streck/Mack* GmbHR 1995 S. 100 (104), vgl. auch BMF v. 11.11.2011, BStBl. I 2011 S. 1314 Rn. 13.11.
[200] *Schießl* in Widmann/Mayer § 15 UmwStG Rn. 1103; *Dötsch* in Dötsch/Patt/Pung/Möhlenbrock § 15 UmwStG Rn. 243.
[201] *Schwedhelm/Streck/Mack* GmbHR 1995 S. 100 (104).
[202] Vgl. *Schießl* in Widmann/Mayer § 15 UmwStG Rn. 1126 iVm § 13 UmwStG Rn. 144.
[203] *Dötsch* in Dötsch/Patt/Pung/Möhlenbrock § 15 UmwStG Rn. 243.

§ 20. Steuerrechtliche Regelungen § 20

dem betreffenden Ansässigkeitsstaat besteht. Für diese Gesellschafter gelten die obigen Ausführungen entsprechend. In DBA-Fällen liegt das Besteuerungsrecht für Veräußerungsgewinne aus Kapitalgesellschaftsbeteiligungen hingegen im Regelfall bei dem Ansässigkeitsstaat des Anteilseigners. Ob dieser die deutsche steuerliche Würdigung nachvollzieht oder ob die Spaltung aus Sicht der ausländischen Steuerrechtsordnung zu einer Gewinnrealisierung führt, ist im Einzelfall zu prüfen.[204]

7. Nicht-verhältniswahrende Abspaltung

108 Bis zur Änderung der Vorschriften der §§ 126 I Nr. 10, 131 I Nr. 3 UmwG durch das Gesetz zur Änderung des Umwandlungsgesetzes war zweifelhaft, ob im Fall der nicht-verhältniswahrenden Abspaltung die Neuordnung der Gesellschafterstruktur der übertragenden Körperschaft vom Regelungsbereich des Umwandlungsgesetzes umfasst war oder nicht.[205] Durch die Änderung der genannten Vorschriften ist klargestellt worden, dass auch die zur **Neuordnung der Anteile an der übernehmenden Körperschaft** erforderlichen Schritte im Rahmen des UmwG erfolgt sind und demzufolge auch von den Regelungen des UmwStG erfasst sind.

8. Fallbeispiele

a) Grundfall

109 **Fall (Abspaltung eines Teilbetriebs aus dem Vermögen einer GmbH):**

Die X-GmbH, deren Anteile zu gleichen Teilen von den Gesellschaftern A und B gehalten werden, unterhält zwei Produktionsbetriebe, die jeweils einen Teilbetrieb darstellen. Das Wertverhältnis von Teilbetrieb 1 zu Teilbetrieb 2 beträgt, bemessen zum gemeinen Wert, 60 zu 40.

Teilbetrieb 2 soll zu Buchwerten auf die neu zu gründende Y-GmbH abgespalten werden. Gesellschafter der Y-GmbH sollen A und B zu gleichen Teilen sein. Die Voraussetzungen des § 13 II UmwStG sollen auf Ebene der Anteilseigner erfüllt sein.

Die Bilanz der X-GmbH stellt sich auf den Übertragungsstichtag wie folgt dar:

X-GmbH

AKTIVA	EUR	PASSIVA	EUR
Teilbetrieb 1	12 500 000	Stammkapital	1 500 000
Teilbetrieb 2	7 000 000	Gewinnrücklagen	4 000 000
		Verbindlichkeiten	14 000 000
	19 500 000		**19 500 000**

---

[204] *Asmus* in Haritz/Menner UmwStG § 15 Rn. 235.
[205] Vgl. Begründung zum Gesetz zur Änderung des Umwandlungsgesetzes BT-Drucks. 13/8808 S. 14 zu Nummer 23 Buchst. b.

§ 20 5. Teil. Spaltung

Das steuerliche Einlagekonto entspricht dem Betrag der Gewinnrücklagen, dh TEUR 4000. Stille Reserven sind in Höhe von insgesamt TEUR 15 500 vorhanden, die zu TEUR 8500 auf den Teilbetrieb 1 und zu TEUR 7000 auf den Teilbetrieb 2 entfallen. Die neu zu gründende Y-GmbH soll mit einem Stammkapital von TEUR 1000 ausgestattet werden; die Verbindlichkeiten der X-GmbH sind in Höhe von TEUR 7500 dem Teilbetrieb 1 und in Höhe von TEUR 2500 auf den Teilbetrieb 2 wirtschaftlich zuzuordnen. Die verbleibenden Verbindlichkeiten in Höhe von TEUR 4000 sind keinem Teilbetrieb wirtschaftlich zuzuordnen. Die dem Teilbetreib 2 zuzuordnenden Verbindlichkeiten in Höhe von TEUR 2500 sowie weitere – frei zuzuordnende – Verbindlichkeiten in Höhe von TEUR 3100 werden auf die Y-GmbH übertragen.

110 Die X-GmbH kann in ihrer auf den Übertragungsstichtag aufzustellenden Steuerbilanz gemäß § 15 I 2 UmwStG iVm § 11 II UmwStG die Buchwerte fortführen, da sowohl der zu übertragende als auch der bei der X-GmbH verbleibende Vermögensteil jeweils einen Teilbetrieb darstellt. Im Zuge der Abspaltung vermindern sich die offenen Rücklagen (hier: Gewinnrücklagen) in Höhe des Nettobuchwertes des abgespaltenen Vermögensteils um TEUR 1400, sodass sich die Bilanz der X-GmbH nach der Übertragung des Teilbetriebs 2 und der Verbindlichkeiten in der vereinbarten Höhe von TEUR 5600 wie folgt darstellt:

X-GmbH

AKTIVA	EUR	PASSIVA	EUR
Teilbetrieb 1	12 500 000	Stammkapital	1 500 000
		Gewinnrücklagen	2 600 000
		Verbindlichkeiten	8 400 000
	12 500 000		12 500 000

111 Das steuerliche Einlagekonto der X-GmbH vermindert sich in dem Verhältnis der gemeinen Werte des übertragenen Vermögensteils zu dem vor der Spaltung vorhandenen Vermögen (= 40%), sodass das steuerliche Einlagekonto der X-GmbH nach der Spaltung noch TEUR 2400 beträgt, § 29 III KStG.

112 Die Y-GmbH übernimmt den Teilbetrieb 2 sowie die auf sie entfallenden Verbindlichkeiten mit den in der steuerlichen Übertragungsbilanz der X-GmbH angesetzten Werten. Der Unterschiedsbetrag zwischen dem Nettowertansatz des übernommenen Vermögens und dem festgesetzten Nennkapital wird in die Kapitalrücklage eingestellt.[206] Die Übernahmebilanz der Y-GmbH ergibt folgendes Bild:

---

[206] Agio iSv § 272 II Nr. 1 HGB.

Y-GmbH

AKTIVA	EUR	PASSIVA	EUR
Teilbetrieb 1	7 000 000	Stammkapital	1 000 000
		Kapitalrücklage	400 000
		Verbindlichkeiten	5 600 000
	7 000 000		7 000 000

Auf der Ebene der Gesellschafter vollzieht sich der Abspaltungsvorgang erfolgsneutral, da keine baren Zuzahlungen oder Abfindungen gewährt wurden. Die Anschaffungskosten der Anteile an der X-GmbH vermindern sich um 40%; in dieser Höhe werden die Anschaffungskosten der Anteile an der Y-GmbH festgesetzt.[207]

Da sich die 20%-Grenze des § 15 II 4 UmwStG nach dem Verhältnis der gemeinen Werte des übertragenen Vermögensteils zu dem vor der Spaltung vorhandenen Vermögen bemisst, können A und B innerhalb der folgenden fünf Jahre nach dem steuerlichen Übertragungsstichtag zusammen höchstens 50% der Anteile an der Y-GmbH veräußern (50% der Anteile × 40% anteiliger gemeiner Wert = 20%). Werden mehr als 50% der Anteile veräußert, wird diese Grenze überschritten, sodass nachträglich das Wahlrecht zur Fortführung der Buchwerte gemäß § 15 II 2 iVm § 11 II 2 UmwStG wegfällt. Ist geplant, mehr als 50% der Anteile an der GmbH, in deren Betriebsvermögen der Teilbetrieb 2 steht, zu veräußern, dann empfiehlt es sich, anstelle des Teilbetriebs 2 den Teilbetrieb 1 abzuspalten. In diesem Fall sind die Wirtschaftsgüter des bei der X-GmbH verbleibenden Teilbetriebs 2 aufgrund des Realisationsprinzips zwingend mit den Buchwerten fortzuführen, so dass auch eine spätere Veräußerung der Anteile an der X-GmbH nicht zu einer Aufdeckung stiller Reserven auf der Gesellschaftsebene (wohl aber auf der Gesellschafterebene) führt.[208]

b) Trennung von Gesellschafterstämmen

Fall (Aufspaltung einer GmbH zur Trennung von Gesellschafterstämmen):

Die Ausgangslage entspricht dem obigen Grundfall. Anstelle der Abspaltung soll jedoch im vorliegenden Fall zur Trennung der Gesellschafterstämme eine Aufspaltung der X-GmbH auf die neu zu gründenden Gesellschaften Y-GmbH und Z-GmbH erfolgen. Dabei soll der Teilbetrieb 1 in die Y-GmbH, deren Anteile A erhalten soll, überführt werden. B soll die Anteile an der neu zu gründenden Z-GmbH erhalten, in die der Teilbetrieb 2 überführt werden soll. Die Aufspaltung soll unter Fortführung der Buchwerte erfolgen; das Nennkapital der beiden übernehmenden Gesellschaften soll jeweils TEUR 1000 betragen.

Da beide Gesellschafter zu gleichen Teilen an der X-GmbH beteiligt sind, die Teilbetriebe jedoch unterschiedliche Werte darstellen, muss im

---
[207] → Rn. 101.
[208] → Rn. 69.

Vorfeld der Aufspaltung ein Wertausgleich gefunden werden. Da der Ausgleich der Wertunterschiede durch bare Ausgleichszahlungen zwischen den Gesellschaftern zu einer steuerbaren Gewinnrealisierung führen würde,[209] soll der Wertausgleich über eine entsprechende Zuordnung der Verbindlichkeiten erfolgen: Entsprechend dem Verhältnis der in den beiden Teilbetrieben enthaltenen stillen Reserven werden dem Teilbetrieb 1 Verbindlichkeiten in Höhe von TEUR 10 500 und dem Teilbetrieb 2 Verbindlichkeiten in Höhe von TEUR 3500 zugewiesen.

116 Die Y-GmbH übernimmt den Teilbetrieb 1 und Verbindlichkeiten in Höhe von TEUR 10 500 entsprechend dem vereinbarten Aufteilungsschlüssel. Der Unterschiedsbetrag zwischen Nettobuchwert des übertragenen Vermögensteils und dem Nennbetrag des Stammkapitals fließt wie im Ausgangsfall in die Kapitalrücklage ein, sodass sich die Übernahmebilanz der Y-GmbH wie folgt darstellt:

Y-GmbH

AKTIVA	EUR	PASSIVA	EUR
Teilbetrieb 1	12 500 000	Stammkapital	1 000 000
		Kapitalrücklage	1 000 000
		Verbindlichkeiten	10 500 000
	12 500 000		12 500 000

117 Das steuerliche Einlagekonto der untergegangenen X-GmbH wird entsprechend der Aufteilung des Vermögens im Verhältnis 50 zu 50 auf die beiden Gesellschaften aufgeteilt, sodass die Y-GmbH ein steuerliches Einlagekonto in Höhe von TEUR 2000 erhält. Die Z-GmbH übernimmt Teilbetrieb 2 und Verbindlichkeiten in Höhe von TEUR 3500; der Unterschiedsbetrag zwischen dem Nettobuchwert des übernommenen Vermögensteils und dem Nennbetrag des Stammkapitals wird wiederum in die Kapitalrücklage eingestellt. Die Übernahmebilanz der Z-GmbH stellt sich wie folgt dar:

Z-GmbH

AKTIVA	EUR	PASSIVA	EUR
Teilbetrieb 2	7 000 000	Stammkapital	1 000 000
		Kapitalrücklage	2 500 000
		Verbindlichkeiten	3 500 000
	7 000 000		7 000 000

118 Der Z-GmbH wird ebenfalls ein steuerliches Einlagekonto in Höhe von TEUR 2000 entsprechend dem Wertverhältnis der übertragenen Vermögensteile zugewiesen. Auf der Ebene der Gesellschafter erfolgt die Trennung der Gesellschafterstämme steuerneutral. Die Anschaffungskosten der Anteile an der X-GmbH gelten jeweils als Anschaffungskosten der Anteile an der Y-GmbH (A) bzw. der Z-GmbH (B).

---

[209] → § 11 Rn. 152.

V. Aufspaltung und Abspaltung von Körperschaften auf Personengesellschaften

Die Fälle der Aufspaltung und Abspaltung von Körperschaften auf 119 Personengesellschaften regelt § 16 UmwStG. § 16 UmwStG sieht vor, dass die Vorschriften der §§ 3–8, 10 und 15 UmwStG auf die genannten Fälle entsprechend anzuwenden sind.[210] Damit gelten für die Aufspaltung und Abspaltung unter Beachtung der Anwendungsvoraussetzungen und Missbrauchsvorschriften des § 15 UmwStG die bei der Verschmelzung von Körperschaften auf Personengesellschaften geltenden Vorschriften entsprechend.

Als **übertragende Rechtsträger** kommen wie im Fall der Aufspal- 120 tung und Abspaltung von Körperschaften untereinander die in §§ 124, 3 I UmwG genannten Körperschaften in Betracht, nämlich Kapitalgesellschaften, eingetragene Genossenschaften, eingetragene Vereine iSd § 21 BGB, wirtschaftliche Vereine iSd § 22 BGB, genossenschaftliche Prüfungsverbände und Versicherungsvereine auf Gegenseitigkeit sowie Körperschaften und Anstalten des öffentlichen Rechts. Da auch der fünfte Teil des UmwStG, der die §§ 15 und 16 UmwStG umfasst, nur für Umwandlungen iSd § 1 UmwG gilt, können **übernehmende Personengesellschaften** nur die in § 3 I UmwG genannten Personenhandelsgesellschaften (oHG, KG) und Partnerschaftsgesellschaften sein.[211] Für Auf- und Abspaltungen unter Beteiligung einer „Kapitalgesellschaft und atypisch stille Gesellschaft" gelten die Vorschriften über die Spaltung unter Beteiligung von Körperschaften, da diese zivilrechtlich als Kapitalgesellschaft von § 3 I Nr. 2 UmwG erfasst ist.[212] Die steuerliche Behandlung als Mitunternehmerschaft steht dem nicht entgegen. Die Umwandlung einer Kapitalgesellschaft auf die stille Gesellschaft als reine Innengesellschaft ist nicht möglich, da die stille Gesellschaft als reine Innengesellschaft nicht von den Regelungen des UmwG erfasst wird.[213]

Wie bei der Spaltung von Körperschaften untereinander können im 121 Falle grenzüberschreitender Spaltungen von Körperschaften auf Personengesellschaften bzw. vergleichbarer Vorgänge ausländischen Rechts übertragende und übernehmende Rechtsträger auch EU-/EWR-Gesellschaften sein. Die Rechtsnatur der beteiligten Rechtsträger ist ebenso wie die Beurteilung eines Umwandlungsvorgangs nach ausländischem Recht als dem deutschen Recht vergleichbarer Vorgang anhand eines Typenvergleichs mit den tragenden Rechtsgrundsätzen des deutschen Gesellschaftsrechts zu bestimmen.

Hinsichtlich des Spaltungssubjekts ist tragendes Wesenselement der Personengesellschaft in Abgrenzung zur Kapitalgesellschaft die grundsätzliche Orientierung an der persönlichen gegenüber der rein kapitalmäßi-

---

[210] § 10 UmwStG wurde durch das JStG 2008 ersatzlos gestrichen; die Verweisung geht insoweit ins Leere; glA *Hörtnagl* in Schmitt/Hörtnagl/Stratz § 16 UmwStG Rn. 34.
[211] GlA *Hörtnagl* in Schmitt/Hörtnagl/Stratz § 1 UmwStG Rn. 21.
[212] *Hörtnagl* in Schmitt/Hörtnagl/Stratz § 1 Rn. 137.
[213] *Möhlenbrock* in Dötsch/Patt/Pung/Möhlenbrock § 1 UmwStG Rn. 136.

gen Beteiligung. Kriterien hierfür sind zB die unbeschränkte Haftung zumindest eines Gesellschafters, die Relevanz des Gesellschafterkreises (eingeschränkte Übertragbarkeit, gesetzliche oder vertragliche Auflösungsgründe bei Ausscheiden von Gesellschaftern) sowie die Geschäftsführungskompetenz der (vollhaftenden) Gesellschafter. Wird eine in- oder ausländische Kapitalgesellschaft auf ein solches Rechtssubjekt gespalten, so sind auch bei grenzüberschreitenden Vorgängen die im Folgenden beschriebenen Grundsätze der Spaltung von Kapital- auf Personengesellschaften anwendbar.

Hinsichtlich der Vergleichbarkeit von Spaltungsvorgängen nach ausländischem Recht wird auf die entsprechenden Ausführungen zur Spaltung von Körperschaften untereinander verwiesen.[214]

1. Anwendungsvoraussetzungen

122 Die Verweisung in § 16 UmwStG führt dazu, dass die Tatbestandsvoraussetzungen des § 15 UmwStG auch für die Auf- und Abspaltung von Kapitalgesellschaften auf eine Personengesellschaft anwendbar sind. Dies gilt wegen der in § 15 I UmwStG enthaltenen Einschränkungen „vorbehaltlich des § 16" insoweit, als die für den Vermögensübergang auf Personengesellschaften vorrangig anwendbaren §§ 3–8 UmwStG keine abweichenden Regelungen enthalten.[215] In der Konsequenz führt dies dazu, dass die §§ 11–13 UmwStG auf die Auf- und Abspaltung auf Personengesellschaften nicht anwendbar sind.[216] Soweit § 15 I 1 UmwStG die Steuerneutralität der Spaltung von dem Vorliegen von Teilbetrieben abhängig macht, wird der Ausschluss des Bewertungswahlrechtes nach § 11 II UmwStG durch den Ausschluss des Buchwertansatzes nach § 3 II UmwStG ersetzt.

123 Gemäß §§ 16 iVm 15 I UmwStG setzt die Anwendbarkeit des Besteuerungswahlrechts nach § 3 II UmwStG auf die Aufspaltung und Abspaltung von Körperschaften auf Personengesellschaften voraus, dass die übertragenen Vermögensteile und im Fall der Abspaltung auch der verbleibende Vermögensteil jeweils einen Teilbetrieb darstellen. Nach Auffassung der Finanzverwaltung ist grundsätzlich, dh auch bei reinen Inlandsfällen, der Teilbetriebsbegriff der FusionsRL zugrunde zu legen, den die Finanzverwaltung derzeit in ihrem Sinne auslegt und mit Merkmalen des nationalen Teilbetriebsbegriffs vermengt. Zu Einzelheiten zum Teilbetriebsbegriff wird auf die Ausführungen zur Aufspaltung und Abspaltung von Körperschaften untereinander verwiesen.[217]

124 Daneben gelten auch sog. **„fiktive" Teilbetriebe,** das sind Mitunternehmeranteile und 100%-ige Beteiligungen an Kapitalgesellschaften, als Teilbetrieb iSd §§ 16 iVm 15 I UmwStG. Zu den weitergehenden An-

---

[214] → Rn. 12.
[215] Ebenso *Hörtnagl* in Schmitt/Hörtnagl/Stratz § 16 UmwStG Rn. 10; *Schumacher* in Rödder/Herlinghaus/van Lishaut UmwStG § 16 UmwStG Rn. 9; *Dötsch* in Dötsch/Patt/Pung/Möhlenbrock § 16 UmwStG Rn. 5.
[216] Vgl. auch BMF v. 11.11.2011, BStBl. I 2011 S. 1314 Rn. 16.01.
[217] Vgl. zum Teilbetriebsbegriff im Einzelnen → Rn. 15 ff.

§ 20. Steuerrechtliche Regelungen § 20

forderungen an die Qualität der übergehenden oder verbleibenden Vermögensteile, insbesondere zur Frage der Zuordnung sogenannten neutralen Vermögens wird auf die entsprechenden Ausführungen zur Aufspaltung und Abspaltung von Körperschaften untereinander verwiesen.[218] Das Fehlen der Teilbetriebseigenschaft im zurückbleibenden bzw. übertragenden Vermögen führt nicht dazu, dass insgesamt die Regelungen der §§ 3–8 UmwStG unanwendbar sind. Wegen der in Rn. 122 aufgezeigten Verweisungstechnik ist in diesen Fällen lediglich der Buch- oder Zwischenwertansatz in den übergehenden Wirtschaftsgütern ausgeschlossen, so dass insoweit nach der allgemeinen Regelbewertung der gemeine Wert anzusetzen ist. **125**

2. Steuerliche Auswirkungen bei der übertragenden Körperschaft

a) Regelbewertung: Gemeiner Wert

Analog der Vorgehensweise bei der Verschmelzung[219] hat die übertragende Kapitalgesellschaft die übertragenen Wirtschaftsgüter in ihrer steuerlichen Schlussbilanz grundsätzlich mit dem gemeinen Wert anzusetzen. Der Ansatz schließt die nicht entgeltlich erworbenen und die selbst geschaffenen immateriellen Wirtschaftsgüter ein. Pensionsrückstellungen sind mit den ihnen nach § 6a EStG beizulegenden Werten anzusetzen. In Fällen der Abspaltung, in denen die übertragende Körperschaft bestehen bleibt, gilt dies nur für die übergehenden Wirtschaftsgüter. Eine Aufdeckung stiller Reserven in den zurückbleibenden Wirtschaftsgütern unterbleibt, und zwar auch dann, wenn wegen eines Verstoßes gegen das Teilbetriebserfordernis im Übrigen eine Abspaltung zu Buchwerten ausgeschlossen ist. **126**

b) Bewertungswahlrecht: Buch- oder Zwischenwert

Die übertragende Körperschaft hat nach § 16 UmwStG iVm § 3 II UmwStG die Möglichkeit, in der auf den Übertragungsstichtag aufzustellenden steuerlichen Schlussbilanz die zu übertragenden Wirtschaftsgüter auf Antrag mit **dem Buchwert oder mit einem Zwischenwert** anzusetzen. Voraussetzung für den Ansatz zu Buchwerten oder zu Zwischenwerten ist, dass der übertragene Vermögensteil Betriebsvermögen der übernehmenden Personengesellschaft wird, sodass die Besteuerung der stillen Reserven sichergestellt ist (§ 3 II Nr. 1 UmwStG). **127**

Weiterhin darf das deutsche Besteuerungsrecht an dem Gewinn aus einer künftigen Veräußerung der übertragenen Wirtschaftsgüter bei deren Gesellschaftern nicht angeschlossen sein (§ 3 II Nr. 2 UmwStG). Der Verlust des deutschen Besteuerungsrechts ist gesellschafterbezogen zu prüfen.[220] Konsequenz der gesellschafterbezogenen Betrachtungsweise **128**

---

[218] → Rn. 30 ff.
[219] → § 11 Rn. 296 ff.
[220] *Schmitt* in Schmitt/Hörtnagl/Stratz § 3 UmwStG Rn. 84; *Birkemeier* in Rödder/Herlinghaus/van Lishaut § 3 UmwStG Rn. 115.

kann sein, dass für einige Gesellschafter Buchwertfortführung möglich, für andere hingegen Ansatz des gemeinen Werts erforderlich ist.[221]

129 Schließlich ist die Buchwertfortführung ausgeschlossen, soweit für die Übertragung eine Gegenleistung gewährt wird, die nicht in Gesellschaftsrechten besteht (§ 3 II Nr. 3 UmwStG). Steuerschädlich ist hiernach zB die Einräumung eines Darlehens an den Gesellschafter[222] einschließlich der Verbuchung von Beträgen auf einem Darlehenskonto des betreffenden Gesellschafters. Das Bewertungswahlrecht bezieht sich nach dem insoweit eindeutigen Gesetzeswortlaut ausschließlich auf die übergehenden Vermögensteile; die Aufdeckung stiller Reserven in dem verbleibenden Vermögensteil kann mangels eines Übertragungsaktes aufgrund des Realisationsprinzips in keinem Fall erfolgen.[223]

130 Wird durch die Aufdeckung stiller Reserven in den übergehenden Vermögensteilen ein **Übertragungsgewinn** realisiert, unterliegt dieser nach den allgemeinen Grundsätzen der Körperschaftsteuer und gemäß § 18 I UmwStG der Gewerbesteuer. Soweit stille Reserven in Kapitalgesellschaftsbeteiligungen aufgedeckt werden, findet grundsätzlich die Regelung des § 8b II KStG Anwendung.[224]

131 Die Ausübung des Bewertungswahlrechtes in der steuerlichen Übertragungsbilanz ist **unabhängig von den Wertansätzen in der Handelsbilanz** der übernehmenden Personengesellschaft auszuüben.[225] Werden in der steuerlichen Übertragungsbilanz stille Reserven aufgedeckt, so schließt das auch die nicht bilanzierten originären immateriellen Wirtschaftsgüter sowie einen selbst geschaffenen Geschäfts- oder Firmenwert mit ein.

c) Missbrauchsregelungen

132 Zur Vermeidung missbräuchlicher Gestaltungen, die in der Regel darauf abzielen, einzelne Wirtschaftsgüter oder Vermögenskomplexe, die keinen Teilbetrieb darstellen, im Wege der Spaltung steuerbegünstigt zu veräußern, sind ebenfalls die für die Aufspaltung und Abspaltung geltenden Regelungen des § 15 II UmwStG entsprechend anzuwenden.[226] Diese Missbrauchsregelungen schließen die Anwendung des Bewertungswahlrechtes des § 3 II UmwStG auf solche Mitunternehmeranteile und 100%-igen Beteiligungen an Kapitalgesellschaften aus, die

---

[221] Vgl. *Möhlenbrock/Pung* in Dötsch/Patt/Pung/Möhlenbrock § 3 UmwStG Rn. 37; *Birkemeier* in Rödder/Herlinghaus/van Lishaut § 3 UmwStG Rn. 115; *Schmitt* in Schmitt/Hörtnagl/Stratz § 3 UmwStG Rn. 84.
[222] Vgl. BFH v. 25.4.2006 – VIII R 52/04, BStBl. II 2006 S. 847; zur Abgrenzung zwischen Kapital- und Darlehenskonto vgl. BFH v. 18.9.2007 – IV B 87/06, BFH/NV 2008 S. 105; von einem Kapitalkonto ist hiernach auszugehen, wenn auf dem Konto auch Verlustanteile des Gesellschafters verbucht werden.
[223] → Rn. 37.
[224] → § 11 Rn. 303.
[225] Vgl. BMF v. 11.11.2011, BStBl. I 2011 S. 1314 Rn. 03.10.
[226] BMF v. 11.11.2011, BStBl. I 2011, 1314 Rn. 16.02; *Schumacher* in Rödder/Herlinghaus/van Lishaut § 16 UmwStG Rn. 16; *Hörtnagl* in Schmitt/Hörtnagl/Stratz § 16 UmwStG Rn. 15; *Schießl* in Widmann/Mayer § 16 UmwStG Rn. 78.

§ 20. Steuerrechtliche Regelungen § 20

innerhalb eines Zeitraumes von drei Jahren vor dem steuerlichen Übertragungsstichtag durch die **Übertragung von Wirtschaftsgütern**, die kein Teilbetrieb sind, erworben oder aufgestockt worden sind, § 16 iVm 15 II 1 UmwStG. Unter der Übertragung von Wirtschaftsgütern ist hier die Einlage oder Einbringung gegen Gewährung von Gesellschaftsrechten zu verstehen.[227] Nach der Auffassung der Finanzverwaltung zu § 15 UmwStG fällt hierunter auch die Einlage von Wirtschaftsgütern in das Sonderbetriebsvermögen einer Personengesellschaft.[228] Unseres Erachtens führt dies zu einer unnötigen und nicht zu rechtfertigenden Einschränkung der Möglichkeiten einer steuerneutralen Abspaltung oder Aufspaltung.[229] Weiterhin soll nach Auffassung der Finanzverwaltung das Bewertungswahlrecht in einem solchen Fall insgesamt nicht anwendbar sein, und zwar auch dann, wenn im Fall der Abspaltung ein bei der Überträgerin verbleibender Teilbetrieb aufgestockt worden ist.[230] Dies widerspricht uE dem insoweit eindeutigen Wortlaut der Vorschrift.[231]

Das Bewertungswahlrecht und damit die Möglichkeit der weitgehend steuerneutralen Buchwertfortführung ist auch in den Fällen ausgeschlossen, in denen durch die Spaltung die **Veräußerung eines Teilbetriebs vollzogen oder vorbereitet** wird.[232] Der Tatbestand der Veräußerung bzw. deren Vorbereitung durch den Spaltungsvorgang wird dann als erfüllt angesehen, wenn innerhalb eines Zeitraumes von fünf Jahren nach dem Übertragungsstichtag Anteile eines an der Spaltung beteiligten Rechtsträgers veräußert werden, deren gemeiner Wert mehr als 20% des gemeinen Wertes der vor der Spaltung an der übertragenden Körperschaft bestehenden Anteile beträgt, § 16 iVm § 15 II 4 UmwStG.[233] 133

Rechtsfolge der Veräußerung bzw. der Vorbereitung der Veräußerung ist, dass das Bewertungswahlrecht des § 3 II UmwStG keine Anwendung findet, sodass in der steuerlichen Übertragungsbilanz zwingend die Bewertung mit dem gemeinen Wert vorzunehmen ist. Diese Rechtsfolge betrifft das gesamte übertragene Vermögen, dh im Fall der Aufspaltung sind sämtliche stillen Reserven im Vermögen der übertragenden Körperschaft aufzudecken, im Fall der Abspaltung nur die stillen Reserven im übertragenen Vermögen.[234] Die Anwendung der §§ 3–8 UmwStG im Übrigen bleibt unverändert.[235] 134

---

[227] Ausführlich zu dieser Frage → Rn. 45 ff.
[228] BMF v. 11.11.2011, BStBl. I 2011 S. 1314 Rn. 15.18.
[229] → Rn. 47.
[230] BMF v.11.11.2011, BStBl. I 2011 S. 1314 Rn. 15.17.
[231] Hierzu ausführlich → Rn. 49 f.
[232] Hierzu ausführlich → Rn. 56 ff.
[233] Zu Einzelheiten, wann von einer schädlichen Veräußerung im Einzelfall auszugehen ist, vgl. → Rn. 58 ff.
[234] Vgl. *Hörtnagl* in Schmitt/Hörtnagl/Stratz § 16 UmwStG Rn. 17 iVm § 15 UmwStG Rn. 211.
[235] GlA *Hörtnagl* in Schmitt/Hörtnagl/Stratz § 16 UmwStG Rn. 18.

135 Das Bewertungswahlrecht des § 3 II UmwStG findet schließlich auch dann keine Anwendung, wenn eine nicht-verhältniswahrende Aufspaltung[236] zur **Trennung von Gesellschafterstämmen** durchgeführt wird und die Beteiligungen an der übertragenden Körperschaft nicht seit mindestens fünf Jahren vor dem steuerlichen Übertragungsstichtag bestanden haben, § 16 iVm § 15 II 5 UmwStG. Durch diese Regelung soll vermieden werden, dass anstelle der durch § 15 II 2–4 UmwStG sanktionsbewehrten Veräußerung nach Durchführung der Spaltung der Erwerber bereits vor der Durchführung der Spaltung als Gesellschafter in die übertragende Körperschaft eintritt und infolge der nicht-verhältniswahrenden Spaltung alleiniger Gesellschafter der zu erwerbenden Personengesellschaft wird.[237]

136 Die Versagung des Bewertungswahlrechtes gemäß § 3 II UmwStG kann zwangsläufig jeweils nur die übertragenen Vermögensteile betreffen, da hinsichtlich des im Falle der Abspaltung verbleibenden Vermögensteils kein Realisierungstatbestand gegeben ist und somit auch keine Aufdeckung stiller Reserven erfolgen kann. Die genannten Missbrauchsregelungen bleiben damit im Hinblick auf den verbleibenden Vermögensteil wirkungslos.[238]

d) Verminderung von Verlustvorträgen und des Zinsvortrags

137 **Verrechenbare Verluste**, **verbleibende Verlustvorträge** und nicht ausgeglichene negative Einkünfte mindern sich bei der Abspaltung nach §§ 16 Satz 1, 15 III UmwStG in dem Verhältnis, in dem bei Zugrundelegung des gemeinen Werts das Vermögen auf die übernehmende Personengesellschaft übergeht. Eine Aufteilung nach dem Verursachungsprinzip ist wegen des eindeutigen Wortlauts der Vorschrift nicht möglich. Entsprechendes gilt für einen **Zinsvortrag** iSd § 4h I 5 EStG und einen **EBITDA-Vortrag** iSd § 4h I 3 EStG.

138 Auch **vortragsfähige Fehlbeträge iSd § 10a GewStG** mindern sich bei der Abspaltung in dem gleichen Verhältnis, vgl. 19 II UmwStG.

e) Verminderung des steuerlichen Einlagekontos

139 Gemäß § 29 III 4 KStG vermindert sich das steuerliche Einlagekonto der übertragenden Körperschaft in dem Verhältnis, in dem das Vermögen auf die Personengesellschaft übergeht. Bei dieser Aufteilung sind uE der Bewertung der Vermögensteile – wie bei der Aufteilung des steuerlichen Einlagekontos in den Fällen der Aufspaltung und Abspaltung von Körperschaften untereinander – die gemeinen Werte zugrunde zu legen.

---

[236] Ggf. kommt zur Trennung von Gesellschafterstämmen auch die Abspaltung in Betracht; vgl. *Herzig/Förster* DB 1995 S. 338 (349).
[237] → Rn. 71 ff.
[238] → Rn. 50.

3. Steuerliche Auswirkungen bei der übernehmenden Personengesellschaft

a) Übernahme der Wertansätze der übertragenden Körperschaft

Die übernehmende Personengesellschaft muss die auf sie übergehenden Wirtschaftsgüter mit den Wertansätzen in der steuerlichen Übertragungsbilanz der übertragenden Körperschaft übernehmen, § 16 iVm § 4 I UmwStG. Hat die übertragende Körperschaft das Bewertungswahlrecht des § 3 II UmwStG in der Weise ausgeübt, dass sie die Buchwerte angesetzt hat, kann insoweit eine Übertragung der Wirtschaftsgüter unter Buchwertfortführung erfolgen. **140**

Da die Fortführung der in der steuerlichen Übertragungsbilanz gewählten Wertansätze zwingend ist, weichen gegebenenfalls die Wertansätze in der Steuerbilanz der übernehmenden Personengesellschaft von den in der Handelsbilanz gewählten Wertansätzen ab, sodass das **Maßgeblichkeitsprinzip** in diesen Fällen durchbrochen ist.[239] **141**

b) Spaltung des Übernahmeergebnisses

Im Zuge der Ab- bzw. Aufspaltung sind die auf das übergehende Vermögen entfallenden offenen Reserven durch die Besteuerung zu erfassen.[240] Diese Erfassung ist bei einem Vermögensübergang von einer Körperschaft auf eine Personengesellschaft erforderlich, weil im Zuge des Vermögensübergangs die Besteuerungsebene der Körperschaft wegfällt. Die bisher auf der Ebene der Körperschaft erfolgte Besteuerung der offenen Reserven ist nunmehr – ähnlich der steuerlichen Behandlung einer Ausschüttung – durch die Besteuerung der übernehmenden Personengesellschaft und ihrer Gesellschafter zu ersetzen.[241] **142**

Dabei sind gemäß § 7 UmwStG den Anteilseignern der übertragenden Körperschaft unabhängig von der Qualifikation ihrer Beteiligung als Betriebs- oder Privatvermögen deren offene Rücklagen abzüglich des anteiligen steuerlichen Einlagekontos als Bezüge iSv § 20 I Nr. 1 EStG, dh als Dividendeneinkünfte, zuzurechnen. Dies gilt allerdings nur für die Anteilseigner, die anlässlich der Auf- oder Abspaltung tatsächlich Anteile an der übertragenden Körperschaft in Anteile an der übernehmenden Personengesellschaft „tauschen".[242] Dadurch soll das deutsche Besteuerungsrecht an den offenen Rücklagen der übertragenen Körperschaft sichergestellt werden. **143**

Anteilseigner, die ihre Anteile im Betriebsvermögen halten, sowie Anteilseigner mit Anteilen im Privatvermögen iSd § 17 EStG haben zudem nach den im Folgenden dargestellten Grundsätzen einen Übernahmegewinn bzw. einen Übernahmeverlust zu ermitteln. Entsprechendes gilt nach § 27 III Nr. 1 iVm § 5 IV UmwStG aF für einbringungsgeborene Anteile alten Rechts. Zur Vermeidung einer Doppelbesteue- **144**

---
[239] → § 11 Rn. 353.
[240] BT-Drucks. 12/6885 S. 17 zu § 4 UmwStG.
[241] → § 11 Rn. 401 ff.
[242] *Hörtnagl* in Schmitt/Hörtnagl/Stratz § 16 UmwStG Rn. 32; *Schumacher* in Rödder/Herlinghaus/van Lishaut § 16 UmwStG Rn. 25.

§ 20   5. Teil. Spaltung

rung werden aus diesem Übernahmeergebnis wiederum die gemäß § 7 UmwStG als Einkünfte aus Kapitalvermögen zugewiesenen offenen Rücklagen herausgerechnet, vgl. § 4 V 2 UmwStG.

c) Zuordnung der Anteile bei der übernehmenden Personengesellschaft

145 Auf der Ebene der übernehmenden Personengesellschaft ist in den vorgenannten Fällen gesellschafterbezogen ein Übernahmeergebnis zu ermitteln. Anteile an der übertragenden Körperschaft, die im Betriebsvermögen gehalten werden oder bei denen es sich um im Privatvermögen gehaltene wesentliche Beteiligungen oder einbringungsgeborene Anteile alten Rechts handelt, werden im Zuge der Aufspaltung oder Abspaltung auf eine Personengesellschaft in diesen Betriebsvermögensvergleich einbezogen. Zu diesem Zweck fingiert § 5 UmwStG zum Übertragungsstichtag die Einlage dieser Anteile **in das Betriebsvermögen** der übernehmenden Personengesellschaft. Die im **Betriebsvermögen gehaltenen Anteile** gelten gemäß § 5 III UmwStG mit dem Buchwert, erhöht um steuerwirksame Abschreibungen, Abzüge nach § 6b EStG und ähnliche Abzüge, die **im Privatvermögen gehaltenen wesentlichen Beteiligungen** iSd § 17 EStG gelten gemäß § 5 II UmwStG als mit den Anschaffungskosten des Gesellschafters in das Betriebsvermögen der übernehmenden Gesellschaft eingelegt.[243]

146 Da im Rahmen der Spaltung nur ein Teil des Vermögens der übertragenden Körperschaft auf die Personengesellschaft übergeht, sind auch die Anteile an der übertragenden Körperschaft als nur teilweise in das Betriebsvermögen der übernehmenden Personengesellschaft eingelegt zu betrachten. Welcher Maßstab für die Aufteilung der Anschaffungskosten bzw. Buchwerte zugrunde zu legen ist, ist gesetzlich nicht geregelt. Wie bei der Aufteilung der Anschaffungskosten und Buchwerte im Fall der Aufspaltung und Abspaltung von Körperschaften untereinander ist uE auf das Verhältnis der gemeinen Werte des übertragenen Vermögensteils zu dem bei der übertragenden Körperschaft vor der Spaltung vorhandenen Vermögens abzustellen.[244]

147 § 5 I UmwStG fingiert in den Fällen, in denen die übernehmende Personengesellschaft **nach dem steuerlichen Übertragungsstichtag Anteile** an der übertragenden Körperschaft **angeschafft**[245] hat, dass diese Anschaffung bereits zum Übertragungsstichtag erfolgt ist. Auch in diesem Fall gilt die Fiktion der Anschaffung zum Übertragungsstichtag nur für den Bruchteil der Anteile, der dem Verhältnis des zu übertragenden Teils des Vermögens zu dem Gesamtvermögen der übertragenden Körperschaft entspricht. Diese Fiktion gilt auch für die Anschaffung von Anteilen nicht wesentlich beteiligter Gesellschafter.

---

[243] Zur Verschmelzung → § 11 Rn. 420 ff.
[244] → Rn. 92; glA *Hörtnagl* in Schmitt/Hörtnagl/Stratz § 16 UmwStG Rn. 29; *Asmus* in Haritz/Menner UmwStG § 16 Rn. 48; *Dötsch* in Dötsch/Patt/Pung/ Möhlenbrock § 16 UmwStG Rn. 13.
[245] Zum Begriff der Anschaffung → § 11 Rn. 423 ff.

§ 20. Steuerrechtliche Regelungen § 20

Auch der **wesentlich beteiligte, beschränkt steuerpflichtige Ge-** 148
sellschafter wird von der Regelung des § 5 II UmwStG erfasst, sodass auch dieser mit seinem Anteil an der übertragenden Körperschaft in die Ermittlung des Übernahmegewinns bzw. -verlustes auf der Ebene der Personengesellschaft gemäß § 4 IV UmwStG mit einzubeziehen ist, und zwar uE auch dann, wenn aufgrund DBA das Besteuerungsrecht auf Gewinne aus Anteilsveräußerungen dem Wohnsitzstaat des Gesellschafters zugewiesen wird.[246]

d) Ermittlung des Übernahmegewinns bzw. -verlustes

Soweit die Anteile zum steuerlichen Übertragungsstichtag gemäß § 5 149
UmwStG als zum Betriebsvermögen der übernehmenden Personengesellschaft gehörend gelten, ergibt sich mit der Übertragung des betreffenden Vermögensteils und dem Untergang der als eingelegt geltenden (anteiligen) Anteile an der übertragenden Körperschaft in Höhe des Unterschiedsbetrages zwischen dem Wert, mit dem die übertragenden Wirtschaftsgüter übernommen wurden (Wertansatz der steuerlichen Übertragungsbilanz) abzüglich der Kosten für den Vermögensübergang und dem Buchwert der Anteile ein Übernahmegewinn oder -verlust, § 4 IV UmwStG. In die Ermittlung des Übernahmegewinns oder -verlustes werden auch diejenigen Anteile einbezogen, die zum Übertragungsstichtag tatsächlich (also nicht nur aufgrund der Fiktion des § 5 UmwStG) im Betriebsvermögen der übernehmenden Personengesellschaft einschließlich des Sonderbetriebsvermögens ihrer Gesellschafter gehalten wurden, allerdings auch hier wiederum nur mit dem Bruchteil, der dem Verhältnis des zu übertragenden Teils des Vermögens zu dem Gesamtvermögen der übertragenden Körperschaft entspricht. Hingegen bleibt der Wert der übertragenen Wirtschaftsgüter insoweit außer Ansatz, als die Anteile an der übertragenden Körperschaft nicht zum Betriebsvermögen der übernehmenden Personengesellschaft gehören oder zu diesem gehörend gelten, § 4 IV 3 UmwStG. Gemäß § 4 V UmwStG wird ein Sperrbetrag iSd § 50c EStG dem Übernahmegewinn hinzugerechnet bzw. von einem Übernahmeverlust in Abzug gebracht, soweit die Anteile an der übertragenden Körperschaft zum Betriebsvermögen der übernehmenden Personengesellschaft gehören bzw. als zu diesem gehörend gelten.[247] Um eine Doppelbesteuerung der offenen Rücklagen zu vermeiden, werden die nach § 7 UmwStG als ausgeschüttet geltenden und zu den Einkünften aus Kapitalvermögen gehörenden Beträge von dem so ermittelten Übernahmeergebnis wieder abgezogen, vgl. § 4 V 2 UmwStG.

§ 16 Satz 2 UmwStG betrifft die Behandlung von EK 02-Beständen 150
alten Rechts und stellte klar, dass die Erhöhung der Körperschaftsteuer-

---

[246] Ebenso BMF v. 11.11.2011, BStBl. I 2011 S. 1314 Rn. 05.07; *Schmitt* in Schmitt/Hörtnagl/Stratz § 5 UmwStG Rn. 28; *Pung* in Dötsch/Patt/Pung/Möhlenbrock § 5 UmwStG Rn. 32.

[247] *Hörtnagl* in Schmitt/Hörtnagl/Stratz § 16 UmwStG Rn. 30; Einzelheiten zur Ermittlung des Übernahmegewinns bzw. -verlustes → § 11 Rn. 437 ff.

schuld der übertragenden Körperschaft gemäß § 10 UmwStG nur insoweit erfolgen konnte, als sich aufgrund des Vermögensübergangs der unbelastete Teilbetrag gemäß § 38 KStG der übertragenden Körperschaft vermindert hatte.[248] Da die Vorschrift mit dem Jahressteuergesetz 2008 aufgehoben wurde, geht der Verweis für Spaltungen mit einem steuerlichen Übertragungsstichtag nach dem 31.12.2006 ins Leere.[249]

e) Übernahmeverlust

151 Entsteht durch die Auf- oder Abspaltung der Körperschaft bei der aufnehmenden Personengesellschaft ein Übernahmeverlust, so ist er steuerlich unbeachtlich, soweit er auf eine Körperschaft, Personenvereinigung oder Vermögensmasse als Mitunternehmerin entfällt, § 4 VI 1 UmwStG. Lediglich dann, wenn die Anteile an der übertragenden Körperschaft die Voraussetzungen des § 8b VII, VIII 1 KStG erfüllen, ist der Übernahmeverlust bis zur Höhe der Bezüge nach § 7 UmwStG zu berücksichtigen, § 4 VI 2, 3 UmwStG.

152 Soweit der Übernahmeverlust auf natürliche Personen als Mitunternehmer entfällt, ist er in Höhe von 60%, höchstens jedoch in Höhe von 60% der Bezüge nach § 7 UmwStG zu berücksichtigen, § 4 VI 4 UmwStG.

153 Davon abweichend bleibt ein Übernahmeverlust steuerlich unbeachtlich, soweit bei Veräußerungen der Anteile ein Veräußerungsverlust nach § 17 II 6 EStG nicht zu berücksichtigen wäre oder soweit die Anteile an der übertragenden Körperschaft innerhalb der letzten fünf Jahre vor dem steuerlichen Übertragungsstichtag entgeltlich erworben wurden, § 4 VI 5 UmwStG.[250]

f) Besteuerung des Übernahmegewinns

154 Nach § 4 VII UmwStG ist auf den Übernahmegewinn § 8b KStG anzuwenden, soweit er auf eine Körperschaft, Personenvereinigung oder Vermögensmasse als Mitunternehmerin der Personengesellschaft entfällt. Dies gilt unabhängig davon, ob es sich hierbei um eine unbeschränkt oder beschränkt steuerpflichtige Körperschaft etc. handelt. Insofern ist der Übernahmegewinn unter Beachtung von § 8b II, III KStG zu 95% von der Körperschaftsteuer befreit. Dies gilt indes nicht in den Fällen des § 8b VII, VIII KStG sowie für Anteile, die die Voraussetzungen des § 8b IV KStG aF erfüllen.[251] § 4 VII 1 UmwStG gilt auch für mittelbar über Personengesellschaften beteiligte Körperschaften etc.[252]

---

[248] *Hörtnagl* in Schmitt/Hörtnagl/Stratz § 16 UmwStG Rn. 33 f.
[249] *Hörtnagl* in Schmitt/Hörtnagl/Stratz § 16 UmwStG Rn. 34.
[250] Zu weiteren Einzelheiten → § 11 Rn. 457 ff.
[251] *Pung* in Dötsch/Patt/Pung/Möhlenbrock § 4 UmwStG Rn. 165; *Schmitt* in Schmitt/Hörtnagl/Stratz § 4 UmwStG Rn. 146 f.
[252] *Schmitt* in Schmitt/Hörtnagl/Stratz § 4 UmwStG Rn. 148; *van Lishaut* in Rödder/Herlinghaus/van Lishaut UmwStG § 4 Rn. 136; *Pung* in Dötsch/Patt/Pung/Möhlenbrock § 4 UmwStG Rn. 166.

§ 20. Steuerrechtliche Regelungen § 20

In den übrigen Fällen, also bei Mitunternehmern, die nicht körper- 155
schaftsteuerpflichtig sind, ist der Übernahmegewinn unter den Voraussetzungen der §§ 3 Nr. 40, 3c EStG zu 60% anzusetzen. Ein Übernahmegewinn unterliegt nicht der Gewerbesteuer, § 18 II 1 UmwStG.

g) Bemessung der AfA, der erhöhten Abschreibungen und ähnlicher Erleichterungen

Gemäß § 4 II UmwStG tritt die übernehmende Personengesellschaft 156
nach dem Grundsatz der (partiellen) Gesamtrechtsnachfolge hinsichtlich der AfA, der erhöhten Abschreibungen und ähnlicher Erleichterungen in die Rechtsstellung der übertragenden Körperschaft ein. Dies gilt unabhängig davon, ob die Wirtschaftsgüter in der steuerlichen Übertragungsbilanz der Körperschaft mit dem Buchwert, dem gemeinen Wert oder mit einem Zwischenwert angesetzt worden sind.

Zu weitergehenden Fragen hinsichtlich der Bemessung der AfA etc. 157
verweisen wir auf die entsprechenden Ausführungen zur Verschmelzung einer Körperschaft auf eine Personengesellschaft.[253]

h) Behandlung von Verlusten, Zinsvortrag

Verrechenbare Verluste, ein verbleibender Verlustvortrag der übertra- 158
genden Körperschaft iSd § 10d IV 2 EStG, vom übertragenden Rechtsträger nicht ausgeglichene negative Einkünfte, ein Zinsvortrag nach § 4h I 1 EStG sowie ein EBITDA-Vortrag gehen gemäß § 4 II 2 UmwStG nicht (auch nicht anteilig) auf die übernehmende Personengesellschaft über. Das gilt auch für Fehlbeträge des laufenden Erhebungszeitraums und vortragsfähige gewerbesteuerliche Fehlbeträge iSd § 10a GewStG der übertragenden Körperschaft (§ 18 I 2 UmwStG).[254]

i) Gewerbesteuerpflichtiger Gewinn aus Veräußerung oder Aufgabe

Wird der Betrieb der übernehmenden Personengesellschaft innerhalb 159
von fünf Jahren nach dem Vermögensübergang aufgegeben und veräußert, unterliegt ein sich hieraus ergebender Veräußerungs- oder Aufgabegewinn gemäß § 18 III UmwStG der Gewerbesteuer. Damit unterliegen in diesem Fall sowohl die zum Übertragungsstichtag der Spaltung vorhandenen stillen Reserven, als auch die erst nach dem Übertragungsstichtag gebildeten stillen Reserven der Gewerbesteuer. Hinsichtlich der Anwendungsvoraussetzungen des § 18 III UmwStG im Einzelnen wird auf die obigen Ausführungen zur Verschmelzung verwiesen.[255]

Von § 18 III UmwStG wird dabei nicht nur das Vermögen erfasst, das 160
durch die Umwandlung auf die Personengesellschaft übergegangen ist, sondern auch solches Vermögen, das bereits vor der Umwandlung im

---
[253] → § 11 Rn. 368.
[254] Zur Verminderung der Verlustvorträge bei der übertragenden Körperschaft → Rn. 92 ff.
[255] → § 11 Rn. 464.

§ 20

Betrieb der übernehmenden Personengesellschaft vorhanden war.²⁵⁶ Diese Regelung gilt erstmals für solche Auf- und Abspaltungen, bei denen die Anmeldung zur Eintragung in das für die Wirksamkeit der Umwandlung maßgebende öffentliche Register nach dem 31.12.2007 erfolgt ist. Für Altumwandlungen hingegen erstreckt sich die Gewerbesteuer nur auf das übergegangene Vermögen, nicht hingegen auf das Vermögen der Übernehmerin.²⁵⁷

161 Nach § 18 III UmwStG erfolgt eine gewerbesteuerliche Erfassung der stillen Reserven auch dann, wenn nicht der Betrieb der Personengesellschaft, sondern lediglich ein **Teilbetrieb** aufgegeben oder veräußert wird, oder wenn ein Anteil an der übernehmenden Personengesellschaft veräußert wird. Hinsichtlich der Veräußerung von Anteilen an der übernehmenden Personengesellschaft überschneidet sich diese Vorschrift teilweise mit der Vorschrift des § 15 II 2–4 UmwStG, wonach die Aufspaltung oder Abspaltung zum Teilwert erfolgen muss, wenn mehr als 20% der Anteile an einer der beteiligten Rechtsträger – bezogen auf den Wert der Anteile an der übertragenden Körperschaft vor der Spaltung – innerhalb von fünf Jahren nach dem Übertragungsstichtag an Außenstehende veräußert werden.²⁵⁸ Während die Regelung in § 15 II 2–4 UmwStG auf Veräußerungen von Anteilen sowohl an den übernehmenden Personengesellschaften als auch an der übertragenden Körperschaft Bezug nimmt, betrifft die Regelung des § 18 III UmwStG allein Veräußerungen von Anteilen an der übernehmenden Personengesellschaft.

162 Soweit über die **20%-Grenze** hinaus Anteile an der übernehmenden Personengesellschaft veräußert werden, unterliegen somit die zum Übertragungsstichtag in dem übertragenen Vermögen vorhandenen stillen Reserven sowohl der Körperschaftsteuer als auch der Gewerbesteuer gemäß § 15 II 2–4 UmwStG und § 18 III UmwStG, sowie die seit dem Übertragungsstichtag gebildeten stillen Reserven und diejenigen in anderen Wirtschaftsgütern der Gewerbesteuer gemäß § 18 III UmwStG. Wird die 20%-Grenze nicht überschritten, so unterliegen die zum Übertragungsstichtag bereits vorhandenen stillen Reserven sowie die seit dem Übertragungsstichtag gebildeten stillen Reserven und diejenigen in anderen Wirtschaftsgütern der Gewerbesteuer gemäß § 18 III UmwStG. Gemäß § 18 III 3 UmwStG soll der auf den Veräußerungs- bzw. Aufgabegewinn entfallende Teil des Gewerbesteuer-Messbetrages nicht für die Tarifermäßigung nach § 35 I EStG zur Verfügung stehen.

4. Steuerliche Auswirkungen auf der Ebene der Gesellschafter

163 Den Gesellschaftern, deren **Anteile** an der übertragenden Körperschaft zum Übertragungsstichtag **als zum Betriebsvermögen der übernehmenden Personengesellschaft gehörend gelten,** wird der

---

²⁵⁶ Hiergegen zur Rechtslage vor dem Jahressteuergesetz 2008 BFH v. 16.11.2005 – X R 6/04, BStBl. II 2008 S. 62; BFH v. 20.11.2006 – VIII R 47/05, BStBl. II 2008 S. 69; BFH v. 26.6.2007 – IV R 58/06, BStBl. II 2008 S. 73.
²⁵⁷ Vgl. *Häuselmann* BB 2008 S. 23.
²⁵⁸ Im Einzelnen → Rn. 60 ff.

§ 20. Steuerrechtliche Regelungen § 20

auf der Ebene der übernehmenden Personengesellschaft ermittelte Übernahmegewinn oder -verlust nach den vorbeschriebenen Grundsätzen zugerechnet, soweit er auf diese entfällt.

Darüber hinaus werden **jedem Gesellschafter**, also auch dem **nicht wesentlich beteiligten Gesellschafter**, der die Anteile an der übertragenden Körperschaft in seinem Privatvermögen gehalten hat, gemäß § 7 UmwStG der Teil des in der Steuerbilanz ausgewiesenen Eigenkapitals abzüglich des anteiligen steuerlichen Einlagekontos iSd § 27 KStG, der sich nach Anwendung des § 29 I KStG ergibt, in dem Verhältnis der Anteile zum Nennkapital der übertragenden Körperschaft als Einkünfte aus Kapitalvermögen iSd § 20 I Nr. 1 EStG zugerechnet. Das Nennkapital der übertragenden Körperschaft ist nach § 29 I iVm § 28 II 1 KStG dem steuerlichen Einlagekonto hinzuzurechnen, soweit kein Sonderausweis vorhanden ist. Im Ergebnis findet somit eine Versteuerung der offenen Reserven (Gewinnrücklagen) wie im Fall der Ausschüttung statt. Die Zurechnung erfolgt unabhängig davon, ob für den Anteilseigner auch ein Übernahmeergebnis iSv §§ 4, 5 UmwStG zu ermitteln ist, § 7 Satz 2 UmwStG, weswegen im Übernahmeergebnis der zugewiesene Teil der offenen Rücklagen herausgerechnet wird.²⁵⁹ 164

Handelt es sich bei dem Anteilseigner um eine körperschaftsteuerpflichtige Körperschaft, so ist auf die dem Anteilseigner zuzurechnenden Bezüge iSv § 20 I Nr. 1 EStG die 95%-ige Freistellung der Dividendenbezüge nach § 8b I, V KStG anzuwenden. Soweit es sich bei den Anteilseignern um natürliche Personen handelt, unterliegen die Bezüge dem sogenannten Teileinkünfteverfahren nach § 3 Nr. 40 EStG, soweit die Anteile im Betriebsvermögen gehalten werden oder es sich um Anteile iSd § 17 EStG handelt. Im Übrigen unterliegen sie der Abgeltungsteuer.²⁶⁰ 165

5. Besteuerung ausländischer Gesellschafter

Zu den steuerlichen Auswirkungen bei Beteiligung ausländischer Gesellschafter verweisen wir auf die entsprechenden Ausführungen zur Verschmelzung einer Körperschaft auf eine Personengesellschaft.²⁶¹ 166

VI. Aufspaltung und Abspaltung von Personengesellschaften untereinander

Für die Aufspaltung und Abspaltung von Personengesellschaften auf andere Personengesellschaften ist im UmwStG keine eigenständige Regelung vorgesehen. Vielmehr sind nach § 1 III Nr. 1 UmwStG diese Spaltungsfälle als Einbringungsvorgänge anzusehen und dementsprechend von § 24 UmwStG erfasst. Die Anwendbarkeit des § 24 UmwStG setzt voraus, dass es sich bei dem auf die Personengesellschaft übergehenden Vermögensteil um einen Betrieb, Teilbetrieb oder um einen Mitunter- 167

---
²⁵⁹ Vgl. → Rn. 144.
²⁶⁰ → § 11 Rn. 414.
²⁶¹ → § 11 Rn. 537 ff.

nehmeranteil handelt. Nach zutreffender Auffassung gilt auch eine im Betriebsvermögen gehaltene 100%ige Beteiligung an einer Kapitalgesellschaft für Zwecke des § 24 I UmwStG als Teilbetrieb.[262] Die gegenteilige Auffassung ist mit der in § 16 I 1 Nr. 1 Satz 2 EStG enthaltenen Legaldefinition des Teilbetriebs nur schwer in Einklang zu bringen. Steuersystematisch handelt es sich bei der Einbringung eines Betriebs oder Teilbetriebs nach § 24 I UmwStG gegen Gewährung von Gesellschaftsrechten um eine Teilbetriebsveräußerung.

Anders als im Fall der Abspaltung aus dem Vermögen von Körperschaften ist es nach § 24 UmwStG nicht erforderlich, dass der verbleibende Vermögensteil im Falle der Abspaltung aus dem Vermögen von Personengesellschaften ebenfalls einen Teilbetrieb darstellt.

168 Vor Geltung des SEStEG kam in Betracht, auf die Fälle der Aufspaltung und Abspaltung von Personengesellschaften untereinander daneben die steuerlichen Grundsätze der **Realteilung** anzuwenden, die in § 16 III 2 ff. EStG geregelt ist.[263] Da die Spaltung von Personengesellschaften nunmehr nach § 1 III Nr. 1 UmwStG den Teilen 6–8 des Umwandlungssteuergesetzes zugewiesen ist, werden die Vorschriften über die Realteilung von Personengesellschaften in dessen Anwendungsbereich durch § 24 UmwStG als lex specialis verdrängt.[264]

1. Steuerliche Auswirkungen auf der Ebene der übertragenden Personengesellschaft

169 Die steuerlichen Auswirkungen auf Ebene der übertragenden Personengesellschaft werden durch die Bewertung des übertragenen Vermögensteils bei der übernehmenden Personengesellschaft bestimmt. Diese hat gemäß § 24 II UmwStG die Wirtschaftsgüter des übernommenen Vermögensteils in ihrer Bilanz einschließlich der Ergänzungsbilanzen für ihre Gesellschafter grundsätzlich mit dem gemeinen Wert anzusetzen. Abweichend hiervon kann auf Antrag der Buchwert oder ein Zwischenwert angesetzt werden, soweit das Recht der Bundesrepublik Deutschland hinsichtlich der Besteuerung des eingebrachten Betriebsvermögens nicht ausgeschlossen oder beschränkt wird und der Wert etwaiger sonstiger Gegenleistungen, die neben den neuen Gesellschaftsrechten gewährt werden, die in § 24 II 2 Nr. 2 UmwStG genannten Grenzen nicht übersteigt.[265] Die einem Teilbetrieb zuzuordnenden Verbindlichkeiten stellen

---

[262] BMF v. 11.11.2011, BStBl. I 2011 S. 1314 Rn. 24.02; *Schlößer/Schley* in Haritz/Menner UmwStG § 24 Rn. 36; *Patt* in Dötsch/Patt/Pung/Möhlenbrock § 24 UmwStG Rn. 95; *Fuhrmann* in Widmann/Mayer § 24 UmwStG Rn. 2; *Nitzschke* in Blümich § 24 UmwStG Rn. 26; aA BFH v. 17.7.2008 – I R 77/06, BStBl. II 2009 S. 464; *Rasche* in Rödder/Herlinghaus/van Lishaut § 24 UmwStG Rn. 42.
[263] Im Einzelnen unten § 31.
[264] Im Ergebnis ebenso *Schmitt* in Schmitt/Hörtnagl/Stratz § 24 UmwStG Rn. 48.
[265] Hinsichtlich der sonstigen Gegenleistungen neugefasst durch Steueränderungsgesetz 2015, BGBl. 2015 I S. 1834; zu Einzelheiten → § 11 Rn. 831 f.

hierbei nach unserer Auffassung keine sonstigen Gegenleistungen dar.[266] Die „falsche" Zuordnung einer Verbindlichkeit soll hingegen zu einer sonstigen Gegenleistung führen.[267] Der Antrag ist spätestens bis zur erstmaligen Abgabe der steuerlichen Schlussbilanz bei dem für die Übernehmerin zuständigen Finanzamt zu stellen.

Der gewählte Wertansatz wird den einbringenden Gesellschaftern gemäß § 24 III UmwStG als Veräußerungspreis zugerechnet. Soweit die übernehmende Personengesellschaft die übernommenen Wirtschaftsgüter zu Zwischenwerten oder zum gemeinen Wert angesetzt hat, entsteht damit in Höhe des Unterschiedsbetrages zwischen Veräußerungspreis abzüglich der anteiligen Einbringungskosten und des Buchwerts der durch die Auf- oder Abspaltung auf die übernehmende Personengesellschaft übergegangenen Wirtschaftsgüter ein **Veräußerungsgewinn**.

Hinsichtlich der **gewerbesteuerlichen Behandlung** des Veräußerungsgewinnes ist danach zu differenzieren, ob es sich bei dem Einbringenden um eine natürliche Person oder um eine Körperschaft handelt. Handelt es sich bei dem unmittelbar beteiligten Mitunternehmer um eine natürliche Person, so gehört der Veräußerungsgewinn nach allgemeinen Grundsätzen nicht zum Gewerbeertrag.[268] Gleiches gilt, wenn an einer einbringenden Personengesellschaft eine natürliche Person unmittelbar beteiligt ist.[269] Ist jedoch Gegenstand der Einbringung eine 100%-ige Beteiligung an einer Kapitalgesellschaft, die im Betriebsvermögen gehalten wurde, so gehört der Einbringungsgewinn zum Gewerbeertrag, sofern nicht zugleich der Betrieb, Teilbetrieb oder Mitunternehmeranteil, dem die Anteile gehören, eingebracht wird.[270] Es kommt dann aber die anteilige Steuerbefreiung nach § 3 Nr. 40 EStG in Betracht. Wird lediglich der Bruchteil eines Mitunternehmeranteils übertragen, so soll der hieraus entstehende Veräußerungsgewinn ebenfalls zum Gewerbeertrag rechnen.[271]

Handelt es sich beim Einbringenden hingegen um eine Körperschaft, so ist der Veräußerungsgewinn nach § 7 Satz 2 GewStG gewerbesteuerpflichtig.[272] Soweit in dem auf- oder abgespaltenen Vermögen Beteiligungen an Körperschaften enthalten sind, ist § 8b II KStG anzuwenden.

170

171

---

[266] Ebenso *Patt* EStB 2012 S. 420.
[267] Vgl. *Patt* in Dötsch/Pung/Möhlenbrock Vorab-Komm § 24 UmwStG Rn. 6; *Patt* EStB 2012, 420.
[268] Vgl. *Schmitt* in Schmitt/Hörtnagl/Stratz § 24 UmwStG Rn. 256.
[269] Vgl. *Schmitt* in Schmitt/Hörtnagl/Stratz § 24 UmwStG Rn. 256; *Fuhrmann* in Widmann/Mayer § 24 UmwStG Rn. 1150.
[270] *Patt* in Dötsch/Patt/Pung/Möhlenbrock § 24 UmwStG Rn. 154; *Schmitt* in Schmitt/Hörtnagl/Stratz § 24 UmwStG Rn. 256; aA *Fuhrmann* in Widmann/Mayer § 24 UmwStG Rn. 1171.
[271] BFH v. 14.12.2006 – IV R 3/05, BStBl. II 2007 S. 777; *Patt* in Dötsch/Patt/Pung/Möhlenbrock § 24 UmwStG Rn. 155; *Schmitt* in Schmitt/Hörtnagl/Stratz § 24 UmwStG Rn. 256.
[272] Vgl. *Fuhrmann* in Widmann/Mayer § 24 UmwStG Rn. 1149.

172 Der Freibetrag des § 16 IV EStG wird für den Veräußerungsgewinn nur gewährt, wenn das eingebrachte Betriebsvermögen mit dem gemeinen Wert angesetzt wurde und es sich nicht um die Einbringung von Teilen eines Mitunternehmeranteils handelt, § 24 III 2 EStG.

173 Soweit der einbringende Gesellschafter an der übernehmenden Personengesellschaft als Mitunternehmer beteiligt ist, gilt der Veräußerungsgewinn gemäß § 24 III 3 UmwStG iVm § 16 II 3 EStG als laufender Gewinn. U. E. ist auch dieser als laufender Gewinn geltende Veräußerungsgewinn nicht gewerbesteuerpflichtig, soweit er auf eine natürliche Person als unmittelbar beteiligtem Mitunternehmer entfällt.[273] Diese Auffassung ist allerdings strittig.[274]

174 **Vortragsfähige gewerbesteuerliche Fehlbeträge** der übertragenden Personengesellschaft iSd § 10a GewStG können – soweit die Gesellschafter der übertragenden Personengesellschafter auch an der übernehmenden Personengesellschaft beteiligt sind und die Voraussetzung der Unternehmensidentität gegeben ist – auf die aufnehmende Personengesellschaft übertragen werden.[275]

In Höhe des Wertes, mit dem die übernehmende Personengesellschaft die übernommenen Wirtschaftsgüter angesetzt hat, mindern sich die Kapitalkonten (einschl. der Kapitalkonten der Ergänzungsbilanzen) der einbringenden Gesellschafter bei der übertragenden Personengesellschaft.

2. Steuerliche Auswirkungen auf der Ebene der übernehmenden Personengesellschaft

175 Nach § 24 II 1 UmwStG hat die übernehmende Personengesellschaft den eingebrachten Vermögensteil in ihrer Bilanz einschl. der Ergänzungsbilanzen der Gesellschafter grundsätzlich mit dem gemeinen Wert anzusetzen. Alternativ besteht nach § 24 II 2 UmwStG wie dargelegt auf Antrag ein Wahlrecht zum Ansatz des Buch- oder eines Zwischenwerts. Voraussetzung für die Ausübung des Wahlrechts ist, dass das deutsche Besteuerungsrecht hinsichtlich des eingebrachten Betriebsvermögens nicht ausgeschlossen oder beschränkt wird und der Wert etwaiger sonstiger Gegenleistungen, die neben den neuen Gesellschaftsrechten gewährt werden, die in § 24 II 2 Nr. 2 UmwStG genannten Grenzen nicht übersteigt, § 24 II 2 UmwStG. Das steuerliche Wahlrecht besteht unabhängig vom handelsbilanziellen Wertansatz. Das Maßgeblichkeitsprinzip wird insoweit durch die Spezialvorschrift des § 24 II UmwStG durchbrochen.[276]

---

[273] *Patt* in Dötsch/Patt/Pung/Möhlenbrock § 24 UmwStG Rn. 153.
[274] Vgl. BFH v. 15.6.2004 – VIII R 7/01, BStBl. II 2004 S. 754; BMF v. 11.11.2011, BStBl. I 2011 S. 1314 Rn. 24.17; *Rasche* in Rödder/Herlinghaus/van Lishaut § 24 UmwStG Rn. 94.
[275] Vgl. *Schmitt* in Schmitt/Hörtnagl/Stratz § 24 UmwStG Rn. 260 f.; *Patt* in Dötsch/Patt/Pung/Möhlenbrock § 24 UmwStG Rn. 202 ff.
[276] Vgl. BMF v. 11.11.2011, BStBl. I 2011 S. 1314 Rn. 24.03 iVm 20.20; *Patt* in Dötsch/Patt/Pung/Möhlenbrock § 24 UmwStG Rn. 119; *Schlösser/Schley* in Haritz/Menner § 24 UmwStG Rn. 117.

§ 20. Steuerrechtliche Regelungen § 20

Setzt die übernehmende Personengesellschaft die übertragenen Wirtschaftsgüter mit dem gemeinen Wert oder einem Zwischenwert an, dann wird den Gesellschaftern der übertragenden Personengesellschaft der Aufstockungsbetrag als Veräußerungsgewinn zugerechnet, § 24 III 1 UmwStG.[277] 176

Werden die Wertansätze des übertragenen Vermögensteils in der Bilanz der übernehmenden Personengesellschaft (einschl. der Ergänzungsbilanzen der Gesellschafter) auf Zwischenwerte aufgestockt, dann musste dies nach vormaliger Auffassung der Finanzverwaltung nach der sog. „Stufentheorie" erfolgen: Zunächst waren die bilanzierten Wirtschaftsgüter gleichmäßig im Verhältnis der ihnen enthaltenen stillen Reserven aufzustocken, bevor originäre immaterielle Wirtschaftsgüter und ein Geschäfts- oder Firmenwert angesetzt werden konnten. Die Finanzverwaltung hält an der Stufentheorie unter dem geltenden Recht nicht mehr fest, so dass die Aufstockung der stillen Reserven gleichmäßig auf alle Wirtschaftsgüter einschließlich der immateriellen sowie eines Geschäfts- und Firmenwerts zu erfolgen hat.[278] 177

Sowohl bei der Bewertung zu Zwischenwerten als auch beim Ansatz des gemeinen Werts können steuerfreie Rücklagen in den Fällen der Aufspaltung und der Abspaltung im Sinne des UmwG, da diese stets als partielle Gesamtrechtsnachfolge erfolgen, gemäß §§ 24 IV iVm 23 III, IV iVm § 12 III 1 UmwStG fortgeführt werden. Die gegenteilige Auffassung, ua der Finanzverwaltung, ist uE mit dem insoweit eindeutigen Gesetzeswortlaut nicht vereinbar.[279] 178

Hinsichtlich der **Bemessung der AfA**, der erhöhten Absetzungen und ähnlicher Erleichterungen verweist § 24 IV UmwStG auf die Regelungen des § 23 UmwStG. Zu diesen Fragen verweisen wir auf die entsprechenden Ausführungen im Fall der Verschmelzung einer Personengesellschaft auf eine Kapitalgesellschaft.[280] Da es sich bei der Spaltung ebenfalls um einen Fall der (partiellen) Gesamtrechtsnachfolge handelt, kann der Vermögensübergang auf einen Zeitpunkt, der acht Monate vor der Anmeldung in das Handelsregister liegt, zurückbezogen werden, § 24 IV 2. Halbsatz UmwStG. 179

3. Steuerliche Auswirkungen auf der Ebene der Gesellschafter

Sowohl bei der Aufspaltung als auch bei der Abspaltung werden die unmittelbaren Gesellschafter der auf- bzw. abspaltenden Personengesellschaft Mitunternehmer der übernehmenden Personengesellschaft und gelten demzufolge als einbringende Personen iSd § 24 UmwStG.[281] 180

---

[277] Zur Besteuerung der Gesellschafter → Rn. 180 ff.
[278] Vgl. BMF v. 11.11.2011, BStBl. I 2011 S. 1314 Rn. 24.03 iVm 20.20.
[279] BMF v. 11.11.2011, BStBl. I 2011 S. 1314 Rn. 24.03 iVm 23.17; *Schmitt* in Schmitt/Hörtnagl/Stratz § 24 UmwStG Rn. 178; *Schlößer/Schley* in Haritz/Menner § 24 UmwStG Rn. 134.
[280] → § 11 Rn. 644 ff.
[281] BMF v. 11.11.2011, BStBl. I 2011, 1314 Rn. 24.03 iVm 20.03; *Patt* in Dötsch/Patt/Pung/Möhlenbrock § 24 UmwStG Rn. 31 f.; *Fuhrmann* in Widmann/Mayer § 24 UmwStG Rn. 370.

§ 20 5. Teil. Spaltung

Dementsprechend wird den Gesellschaftern der übertragenden Gesellschaft der Wert, mit dem der übernommene Vermögensteil bei der übernehmenden Personengesellschaft angesetzt wird, als Veräußerungspreis zugerechnet. Der sich aus der Gegenüberstellung des Veräußerungspreises abzüglich der Veräußerungskosten und der Buchwerte ergebende Gewinn stellt einen **Veräußerungsgewinn** isd § 16 EStG dar; der **Freibetrag** des § 16 IV EStG sowie die **Tarifermäßigung** des § 34 EStG werden jedoch nur gewährt, wenn das übertragende Betriebsvermögen mit dem gemeinen Wert angesetzt wird, § 24 III 2 UmwStG, und es sich nicht um die Auf- oder Abspaltung eines Teils eines Mitunternehmeranteils handelt. Der Freibetrag und die Tarifermäßigung werden auch im Fall des gemeinen Werts nicht gewährt, soweit der einbringende Gesellschafter an der übernehmenden Personengesellschaft beteiligt ist. Dies ergibt sich aus § 24 III 3 UmwStG iVm § 16 II 3 EStG, demgemäß der Veräußerungsgewinn insoweit als laufender Gewinn gilt.[282]

181 Die **Kapitalkonten der Gesellschafter** bei der übertragenden Personengesellschaft mindern sich um den Betrag, mit dem die übernehmende Personengesellschaft den übertragenen Vermögensteil angesetzt hat. Die Kapitalkonten der Gesellschafter bei der übernehmenden Personengesellschaft sind in der gleichen Höhe festzusetzen. Damit vollzieht sich die Aufspaltung und Abspaltung auf der Ebene der Gesellschafter erfolgsneutral, soweit die Buchwerte fortgeführt werden und keine Ausgleichszahlungen gewährt werden. Zu den Möglichkeiten eines Wertausgleichs unter den Gesellschaftern, zB im Fall der nicht-verhältniswahrenden Aufspaltung, verweisen wir auf die entsprechenden Ausführungen im zweiten Teil dieses Buches zur Verschmelzung von Personengesellschaften untereinander.[283]

182 Befinden sich in dem im Wege der Spaltung zu Buch- oder Zwischenwerten übertragenen Betriebsvermögen Anteile an einer Körperschaft und werden diese innerhalb eines Zeitraums von sieben Jahren nach dem Spaltungsstichtag veräußert, ist soweit Einbringender eine nicht durch § 8b KStG begünstigte Person war, rückwirkend im Rahmen der Spaltung der gemeine Wert anzusetzen, als der Gewinn aus der Veräußerung auf eine durch § 8b KStG begünstigte Körperschaft entfällt, § 24 V UmwStG.[284]

4. Besteuerung ausländischer Gesellschafter

183 Zu den steuerlichen Auswirkungen bei Beteiligung ausländischer Gesellschafter verweisen wir auf die entsprechenden Ausführungen zur Verschmelzung von Personengesellschaften untereinander.[285]

---

[282] Vgl. Patt in Dötsch/Patt/Pung/Möhlenbrock § 24 UmwStG Rn. 147 f.
[283] → § 11 Rn. 882 ff.
[284] Hinsichtlich weiterer Einzelheiten → § 11 Rn. 887 ff.
[285] → § 11 Rn. 894.

5. Fallbeispiel 184

Fall (Abspaltung eines Teilbetriebs aus dem Vermögen einer oHG):

Die Gesellschafter A und B sind an der A + B OHG zu je gleichen Teilen beteiligt; ihre Kapitalkonten in der Gesamthandsbilanz der A + B OHG betragen jeweils TEUR 1000. Im Betriebsvermögen der A + B OHG befinden sich zwei Produktionsbetriebe, die jeweils einen Teilbetrieb darstellen. Die Bilanz der A + B OHG stellt sich wie folgt dar:

Gesamthandsbilanz A + B OHG

AKTIVA	EUR	PASSIVA	EUR
Teilbetrieb 1	8 000 000	Kapitalkonto A	1 000 000
Teilbetrieb 2	9 500 000	Kapitalkonto B	1 000 000
		Verbindlichkeiten	15 500 000
	17 500 000		**17 500 000**

Für die Beteiligung des B an der A + B OHG besteht eine Ergänzungsbilanz, die folgendes Bild hat:

Ergänzungsbilanz A + B OHG für B

AKTIVA	EUR	PASSIVA	EUR
Teilbetrieb 1	1 500 000	Kapitalkonto B	3 500 000
Teilbetrieb 2	2 000 000		
	3 500 000		**3 500 000**

Aus dem Vermögen der A + B OHG soll der Teilbetrieb 2 einschließlich zugehöriger Verbindlichkeiten in Höhe von TEUR 8500 auf die X-GmbH & Co. KG, an der als Kommanditisten A und B zu gleichen Teilen beteiligt sind, zu Buchwerten abgespalten werden. Die Übertragung des Teilbetriebs 2 soll der Erbringung des Kommanditkapitals an der X-GmbH & Co. KG dienen, das für beide Kommanditisten auf jeweils TEUR 500 festgesetzt ist. Die Komplementär-GmbH ist am Kapital der KG nicht beteiligt.

Da die Übertragung des Teilbetriebs 2 einschließlich der Verbindlichkeiten auf die X-GmbH & Co. KG zu Buchwerten erfolgt, findet keine Gewinnrealisierung bei der A + B OHG statt. Das Vermögen der A + B OHG vermindert sich um den Nettobuchwert der übertragenen Wirtschaftsgüter in Höhe von TEUR 1000, sodass sich die Gesamthandsbilanz der A + B OHG nach der Abspaltung wie folgt darstellt: 185

A + B oHG

AKTIVA	EUR	PASSIVA	EUR
Teilbetrieb 1	8 000 000	Kapitalkonto A	500 000
		Kapitalkonto B	500 000
		Verbindlichkeiten	7 000 000
	8 000 000		**8 000 000**

§ 20 *5. Teil. Spaltung*

186 Soweit die in der Ergänzungsbilanz des B ausgewiesenen Mehrwerte der Aktiva auf den Teilbetrieb 2 entfallen, mindert sich das Kapitalkonto des B in dessen Ergänzungsbilanz:

Ergänzungsbilanz A + B OHG für B

AKTIVA	EUR	PASSIVA	EUR
Teilbetrieb 1	1 500 000	Kapitalkonto B	1 500 000
	1 500 000		1 500 000

187 In der Übernahmebilanz der X-GmbH & Co. KG werden der Teilbetrieb 2 und die zugehörigen Verbindlichkeiten zu Buchwerten angesetzt. Daraus ergibt sich für die Bilanz der X-GmbH & Co. KG das folgende Bild:

X-GmbH & Co. KG

AKTIVA	EUR	PASSIVA	EUR
Teilbetrieb 2	9 500 000	Kapitalkonto A	500 000
		Kapitalkonto B	500 000
		Verbindlichkeiten	8 500 000
	9 500 000		9 500 000

188 Für B ist eine Ergänzungsbilanz für dessen Beteiligung an der X-GmbH & Co. KG aufzustellen, in der die auf den Teilbetrieb 2 entfallenden Mehrwerte und ein entsprechendes Kapitalkonto ausgewiesen werden:

Ergänzungsbilanz X-GmbH & Co. KG für B

AKTIVA	EUR	PASSIVA	EUR
Teilbetrieb 2	2 000 000	Kapitalkonto B	2 000 000
	2 000 000		2 000 000

VII. Aufspaltung und Abspaltung von Personengesellschaften auf Kapitalgesellschaften

189 Die Aufspaltung und Abspaltung von Personengesellschaften auf Kapitalgesellschaften unterfällt nach der Vorstellung des Gesetzgebers den Vorschriften des 6. Teils des UmwStG, der die Einbringung von Betrieben, Teilbetrieben und Mitunternehmeranteilen in eine Kapitalgesellschaft gegen Gewährung von Gesellschaftsrechten regelt (vgl. § 1 III Nr. 1 UmwStG). Demnach vollziehen sich diese Spaltungsvorgänge, bei denen zivilrechtlich die Personengesellschaft einen Teil ihres Vermögens gegen Gewährung von Gesellschaftsrechten an ihre Gesellschafter auf eine Kapitalgesellschaft überträgt, steuerlich in der Weise, dass nicht die Personengesellschaft einen Vermögensteil in die Kapitalgesellschaft einbringt, sondern statt dessen die **Gesellschafter als Einbringende** anzusehen sind, die einen Teil des Vermögens der Personengesellschaft in eine

Kapitalgesellschaft gegen Gewährung von Gesellschaftsrechten einbringen.[286]

Voraussetzung für die Anwendung der Regelungen des § 20 UmwStG   190
ist, dass es sich bei dem zu übertragenden Vermögensteil um einen
Betrieb, Teilbetrieb oder um einen Mitunternehmeranteil handelt, § 20 I
1 UmwStG. Demgegenüber finden auf die Aufspaltung oder Abspaltung
von Anteilen an einer Kapitalgesellschaft die Regelungen des Anteilstauschs gemäß § 21 UmwStG Anwendung. Die Besteuerung des Anteilseigners und die Auswirkungen bei der übernehmenden Gesellschaft
regeln sich in beiden Fällen nach §§ 22 und 23 UmwStG. Nach der
Gesetzesbegründung stellt eine im Betriebsvermögen gehaltene 100%-ige
Beteiligung an einer Kapitalgesellschaft im Rahmen des § 20 I UmwStG
keinen eigenständigen Teilbetrieb dar.[287]

Da die steuerlichen Voraussetzungen und Folgen der Einbringung von   191
Betrieben, Teilbetrieben und Mitunternehmeranteilen in eine Kapitalgesellschaft ebenso wie die Grundsätze des Anteilstauschs bereits im zweiten
Teil dieses Buches zur Verschmelzung von Personengesellschaften auf
Kapitalgesellschaften ausführlich dargestellt worden sind, beschränken
sich die folgenden Ausführungen auf die Darstellung der steuerlichen
Grundsätze zur Einbringung iSd § 20 UmwStG und auf die spaltungsspezifischen Fragestellungen.

*1. Steuerliche Auswirkungen auf der Ebene der übernehmenden
Kapitalgesellschaft*

Die übernehmende Kapitalgesellschaft hat gemäß § 20 II 1 UmwStG   192
die auf- oder abgespaltenen Wirtschaftsgüter grundsätzlich mit dem gemeinen Wert anzusetzen. Alternativ besteht ein **Wahlrecht**, die übernommenen Wirtschaftsgüter zu **Buchwerten oder mit Zwischenwerten** anzusetzen. Voraussetzung für den Ansatz zu Buchwerten oder zu
Zwischenwerten ist, dass das eingebrachte Betriebsvermögen bei der
übernehmenden Körperschaft der Körperschaftsteuer unterliegt und das
Besteuerungsrecht der Bundesrepublik Deutschland im Zeitpunkt der
Aufspaltung oder Abspaltung hinsichtlich eines späteren Veräußerungsgewinns gewährleistet ist, § 20 II 2 UmwStG.

Eine Buchwertfortführung ist auch insoweit nicht möglich, als der   193
Nettobuchwert des übertragenen Vermögensteils negativ ist, also
die Buchwerte der übertragenen Schulden die Buchwerte des übertragenen Aktivvermögens übersteigen. Gemäß § 20 II 2 Nr. 2 UmwStG sind
in diesem Fall die Wertansätze der übernommenen Wirtschaftsgüter
mindestens so weit aufzustocken, dass sich Schulden und Vermögensgegenstände ausgleichen.

Gewährt die übernehmende Kapitalgesellschaft neben Gesellschafts-   194
rechten weitere Gegenleistungen für die Einbringung und übersteigt der
gemeine Wert dieser Gegenleistungen die in § 20 II 2 Nr. 4 UmwStG

---

[286] BMF v. 11.11.2011, BStBl. I 2011 S. 1314 Rn. 20.02 f.
[287] Vgl. BT-Drucks. 16/2710 S. 42; *Förster/Wendland* BB 2007 S. 631; *Ley* FR
2007 S. 110; *Patt* in Dötsch/Patt/Pung/Möhlenbrock § 20 UmwStG Rn. 103.

§ 20

genannten Werte, dann müssen die eingebrachten Wirtschaftsgüter mindestens mit dem Wert der neben den Gesellschaftsrechten gewährten Gegenleistungen angesetzt werden, § 20 II 4 UmwStG.[288] Auch in diesem Fall dürfen die gemeinen Werte der einzelnen Wirtschaftsgüter nicht überschritten werden. Die einem übergehenden Teilbetrieb zuzuordnenden Verbindlichkeiten stellen hierbei nach unserer Auffassung keine sonstige Gegenleistung dar.[289] Die „falsche" Zuordnung einer Verbindlichkeit soll hingegen zu einer sonstigen Gegenleistung führen.[290]

195 Der Wertansatz der eingebrachten Wirtschaftsgüter in der Steuerbilanz ist nicht an entsprechende Wertansätze in der Handelsbilanz gebunden.[291] Insofern kann es zu permanenten Differenzen zwischen Handels- und Steuerbilanz kommen, denen durch steuerliche Ausgleichsposten Rechnung zu tragen ist.[292] Übersteigt der Wertansatz der eingebrachten Wirtschaftsgüter den Nennbetrag bzw. höheren Ausgabebetrag der für die Einbringung gewährten Anteile (zzgl. etwaiger barer Zuzahlungen oder Abfindungen), so stellt der Differenzbetrag ein Agio dar, das handelsrechtlich in die Kapitalrücklage einzustellen ist und im steuerlichen Einlagekonto iSd § 27 KStG zu erfassen ist.[293]

196 Die Auswirkungen der Auf- oder Abspaltung auf der Ebene der übernehmenden Kapitalgesellschaft, insbesondere die **Bemessung der AfA**, der erhöhten Absetzungen und ähnlicher Erleichterungen wird in § 23 UmwStG geregelt. Hierzu verweisen wir auf die diesbezüglichen Ausführungen im zweiten Teil dieses Buches zur Verschmelzung einer Personengesellschaft auf eine Kapitalgesellschaft.[294] Ebenso wie bei der Verschmelzung gehen verrechenbare Verluste, verbleibende Verlustvorträge sowie vom Einbringenden nicht ausgeglichene negative Einkünfte nicht auf die Übernehmerin über, § 23 I iVm § 12 III, § 4 II 2 UmwStG. Ebenso wenig kann der maßgebende Gewerbeertrag der übernehmenden Gesellschaft um vortragsfähige Fehlbeträge des Einbringenden iSd § 10a GewStG gekürzt werden, § 23 V UmwStG.

197 Ein Zinsvortrag nach § 4h I 2 EStG und ein möglicher EBITDA-Vortrag des eingebrachten Betriebs geht nicht auf die übernehmende Gesellschaft über, § 20 IX UmwStG. Soweit der gesamte Betrieb aufgegeben oder übertragen wird, geht ein nicht verbrauchter Zinsvortrag unter, § 4h V 1 EStG. Dies ist regelmäßig bei der Aufspaltung der Fall. In Fällen der Abspaltung, in denen lediglich ein Teilbetrieb auf die Über-

---

[288] Neugefasst durch Steueränderungsgesetz 2015, BGBl. I 2015, 1834, zu weiteren Einzelheiten → § 11 Rn. 604 ff.

[289] Wohl ebenso *Patt* EStB 2012 S. 420.

[290] Vgl. *Patt* in Dötsch/Patt/Möhlenbrock, Vorab-Komm § 20 UmwStG, Rn. 6, 12; *Patt* EStB 2012 S. 420.

[291] BMF v. 11.11.2011, BStBl. I 2011 S. 1314 Rn. 20.20; *Patt* in Dötsch/Patt/Pung/Möhlenbrock § 20 Rn. 210.

[292] Zur Frage der Bildung latenter Steuern in Umwandlungsfällen nach der Neufassung der handelsrechtlichen Bilanzierungsvorschriften durch das BilMoG *Kastrup/Middendorf* BB 2010 S. 815.

[293] *Schmitt* in Schmitt/Hörtnagl/Stratz § 20 UmwStG Rn. 269.

[294] → § 11 Rn. 644 ff.

nehmerin übergeht, verbleibt der Zinsvortrag insgesamt bei der Übertragerin.[295] Ob der Zinsvortrag mit dem übertragenen Teilbetrieb zusammenhängt, ist ohne Belang.[296]

2. Steuerliche Auswirkungen für den einbringenden Gesellschafter

Den einbringenden Gesellschaftern der übertragenden Personengesellschaft wird gemäß § 20 III 1 UmwStG der Wert, mit dem die übernehmende Kapitalgesellschaft den eingebrachten Vermögensteil ansetzt, als Veräußerungspreis und als Anschaffungskosten der Gesellschaftsanteile zugerechnet. Stockt die übernehmende Kapitalgesellschaft die Wertansätze der übernommenen Wirtschaftsgüter auf, entsteht damit ein **Veräußerungsgewinn** auf der Ebene der Personengesellschaft, der den Gesellschaftern anteilig zuzurechnen ist. 198

Der im Zuge der Einbringung entstehende Veräußerungsgewinn unterliegt nach dem Grundsatz, dass nur der laufende Gewinn des Gewerbebetriebes gewerbesteuerlich zu erfassen ist,[297] nicht der **Gewerbesteuer**, soweit es sich bei dem einbringenden Gesellschafter um eine unmittelbar beteiligte natürliche Person handelt, vgl. § 7 Satz 2 GewStG.[298] 199

In Höhe des ihm zuzurechnenden Veräußerungsgewinns unterliegt der Gesellschafter der Einkommensteuer bzw. Körperschaftsteuer. Ist der Gesellschafter eine natürliche Person, wird auf den entstehenden Veräußerungsgewinn der **Freibetrag** des § 16 IV EStG gewährt, wenn es sich nicht um die Einbringung von Teilen eines Mitunternehmeranteils handelt und die übernehmende Gesellschaft das eingebrachte Betriebsvermögen mit dem gemeinen Wert ansetzt. Die Tarifermäßigung des § 34 I EStG bzw. alternativ die Begünstigung nach § 34 III EStG („Halber Steuersatz") wird in diesen Fällen gewährt. Allerdings gilt dies auf der Basis des Teileinkünfteverfahrens nur, soweit der Veräußerungsgewinn nicht nach § 3 Nr. 40 Satz 1 iVm § 3c II EStG teilweise steuerbefreit ist, § 20 IV 2 UmwStG. Bei Ansatz eines Zwischenwerts kommt die Gewährung der vorgenannten Erleichterungen im Hinblick auf die Verweisung auf die Anwendungsvoraussetzungen von § 20 IV 1 UmwStG sowie das Fehlen einer zusammengeballten Aufdeckung der stillen Reserven nicht in Betracht.[299] 200

Die **Kapitalkonten der Gesellschafter** (einschl. der Kapitalkonten in den Ergänzungsbilanzen) bei der übertragenden Personengesellschaft 201

---

[295] *Rabback* in Rödder/Herlinghaus/van Lishaut § 20 UmwStG Rn. 250; *Menner* in Haritz/Menner § 20 UmwStG Rn. 716; *Patt* in Dötsch/Patt/Pung/Möhlenbrock § 20 UmwStG Rn. 342; aA BMF v. 4.7.2008, BStBl. I 2008 S. 718 Rn. 47, wonach es zu einem anteiligen Untergang des Zinsvortrags kommt.
[296] *Schmitt* in Schmitt/Hörtnagl/Stratz § 20 UmwStG Rn. 444; *Widmann* in Widmann/Mayer § 23 UmwStG Rn. 588.1; *Schaden/Käshammer* BB 2007 S. 2317.
[297] BFH v. 27.3.1997, BStBl. II 1997 S. 224; *Schmitt* in Schmitt/Hörtnagl/Stratz § 20 UmwStG Rn. 432.
[298] *Schmitt* in Schmitt/Hörtnagl/Stratz § 20 UmwStG Rn. 437.
[299] Vgl. *Patt* in Dötsch/Patt/Pung/Möhlenbrock § 20 UmwStG Rn. 275.

mindern sich in der Höhe, in der der übertragene Vermögensteil bei der übernehmenden Kapitalgesellschaft angesetzt worden ist. Mit dem gleichen Wert werden die Anschaffungskosten der Anteile an der übernehmenden Kapitalgesellschaft (jedoch abzgl. etwaiger anderer Gegenleistungen) angesetzt, § 20 III 1, 3 UmwStG.

202 Nach der Rechtslage vor dem SEStEG wurden die als Gegenleistung ausgegebenen neuen Anteile bei der Bewertung des eingebrachten Vermögens durch die übernehmende Gesellschaft zum Buchwert oder Zwischenwert als einbringungsgeborene Anteile iSd § 21 UmwStG aF qualifiziert. Die Veräußerung dieser Anteile innerhalb einer Frist von sieben Jahren löste eine Besteuerung im Veräußerungszeitpunkt aus. Das Halbeinkünfteverfahren nach § 3 Nr. 40 EStG bzw. das Beteiligungsprivileg nach § 8b KStG war auf diese Anteile nicht anzuwenden. Für alteinbringungsgeborene Anteile sind die bisherigen Regelungen weiterhin zu beachten, § 52 IVb 2, § 52 VIIIa 2 EStG, § 34 VIIa KStG, § 21 II, III Nr. 3 UmwStG.[300]

203 Mit dem SEStEG wurde die Regelung des § 21 UmwStG aF aufgehoben und durch ein System rückwirkender Besteuerung nach § 22 UmwStG ersetzt. Hiernach entfällt die ursprüngliche Steuerneutralität der Einbringung rückwirkend anteilig, wenn bei einer Einbringung von Unternehmensteilen unter dem gemeinen Wert die erhaltenen Anteile und bei einem Anteilstausch die eingebrachten Anteile innerhalb eines Zeitraums von sieben Jahren nach der Einbringung veräußert werden oder einer der in § 22 I, II UmwStG normierten Ersatztatbestände eingreift. Korrespondierend erhöhen sich rückwirkend die Anschaffungskosten der erhaltenen Anteile. Ferner kann die übernehmende Gesellschaft den Wert des eingebrachten Vermögens aufstocken. Hinsichtlich der Einzelheiten dieser Konzeption verweisen wir auf die entsprechenden Ausführungen zur Verschmelzung einer Personengesellschaft auf eine Kapitalgesellschaft.[301]

3. Besteuerung ausländischer Gesellschafter

204 Zu den steuerlichen Auswirkungen bei Beteiligung im Ausland ansässiger Gesellschafter verweisen wir auf die entsprechenden Ausführungen zur Verschmelzung von Personengesellschaften auf Kapitalgesellschaften.[302]

4. Fallbeispiel

205 **Fall (Abspaltung eines Teilbetriebs aus dem Vermögen einer OHG auf eine GmbH):**

An der X + Y OHG sind die Gesellschafter X und Y zu je gleichen Teilen beteiligt; die Kapitalkonten der Gesellschafter in der Gesamthandsbilanz der

---

[300] Vgl. *Haritz* GmbHR 2007 S. 170.
[301] → § 11 Rn. 738 ff.
[302] → § 11 Rn. 814 ff.

§ 20 Steuerrechtliche Regelungen § 20

X + Y OHG betragen jeweils TEUR 750. Im Betriebsvermögen der X + Y OHG befinden sich zwei Produktionsbetriebe, die jeweils einen Teilbetrieb darstellen. Die Bilanz der X + Y OHG stellt sich wie folgt dar:

X + Y OHG

AKTIVA	EUR	PASSIVA	EUR
Teilbetrieb 1	5 500 000	Kapitalkonto X	750 000
Teilbetrieb 2	7 000 000	Kapitalkonto Y	750 000
		Verbindlichkeiten	11 000 000
	12 500 000		**12 500 000**

Aus dem Vermögen der X + Y OHG sollen der Teilbetrieb 2 einschließlich der zugehörigen Verbindlichkeiten in Höhe von TEUR 8500 auf die A-GmbH abgespalten werden. Die Abspaltung soll zur Neugründung der A-GmbH erfolgen, deren Stammkapital TEUR 500 betragen soll. Der Teilbetrieb 2 enthält stille Reserven in Höhe von TEUR 2500, die im Wesentlichen auf kurzlebige Wirtschaftsgüter entfallen. Die Abspaltung soll zum gemeinen Wert, also unter Aufdeckung sämtlicher stiller Reserven erfolgen. 206

In ihrer Aufnahmebilanz setzt die A-GmbH den übernommenen Teilbetrieb 2 mit dem gemeinen Wert in Höhe von TEUR 9500 und die zugehörigen Verbindlichkeiten mit TEUR 8500 an. In Höhe des Unterschiedsbetrages zwischen dem Nettowertansatz des übernommenen Vermögens in Höhe von TEUR 1000 und dem Nennbetrag des Stammkapitals in Höhe von TEUR 500 liegt die Leistung eines Aufgeldes vor, das gemäß § 272 II Nr. 1 HGB in die Kapitalrücklage einzustellen ist. Die Bilanz der A-GmbH stellt sich wie folgt dar: 207

A-GmbH

AKTIVA	EUR	PASSIVA	EUR
Teilbetrieb 2	9 500 000	Stammkapital	500 000
		Kapitalrücklage	500 000
		Verbindlichkeiten	8 500 000
	9 500 000		**9 500 000**

Der Nettowertansatz des übernommenen Vermögens (= TEUR 1000) wird den Gesellschaftern X und Y als Veräußerungspreis zu jeweils gleichen Teilen zugerechnet. Die Anschaffungskosten der Anteile an der A-GmbH sind gemäß § 20 III Satz 1 UmwStG in Höhe von jeweils TEUR 500 festzusetzen. 208

Auf der Ebene der X + Y OHG ergibt sich aus der Gegenüberstellung des Veräußerungspreises mit dem Nettobuchwert des übertragenen Vermögensteils, der aufgrund der Tatsache, dass der Buchwert der übertragenen Aktiva geringer ist als der Buchwert der übertragenen Verbindlichkeiten, negativ ist (= ./. TEUR 1500), ein Veräußerungsgewinn in Höhe von TEUR 2500. 209

210 Der Veräußerungsgewinn wird den Kapitalkonten der Gesellschafter X und Y zu jeweils gleichen Teilen zugerechnet, sodass sich diese in einem Zwischenschritt auf jeweils TEUR 2000 erhöhen. Der Veräußerungsgewinn unterliegt bei der X + Y OHG nicht der Gewerbesteuer, wohl aber bei den Gesellschaftern der Einkommensteuer.

211 Durch die Übertragung des Teilbetriebs 2 samt Verbindlichkeiten vermindern sich die Kapitalkonten der beiden Gesellschafter in Höhe des aufgestockten Wertansatzes des Teilbetriebs 2 in Höhe von TEUR 9500 abzüglich der übertragenen Verbindlichkeiten von TEUR 8500, also um insgesamt TEUR 1000 auf jeweils TEUR 1500. Die Bilanz der X + Y OHG stellt sich nach der Abspaltung wie folgt dar:

X + Y OHG

AKTIVA	EUR	PASSIVA	EUR
Teilbetrieb 1	5 500 000	Kapitalkonto X	1 500 000
		Kapitalkonto Y	1 500 000
		Verbindlichkeiten	2 500 000
	5 500 000		5 500 000

VIII. Ausgliederung auf Personengesellschaften

212 Die Ausgliederung eines Vermögensteils auf eine Personengesellschaft stellt einen Fall der Einbringung dar, der unabhängig von der Rechtsform des übertragenden Rechtsträgers den Vorschriften des § 24 UmwStG zur Einbringung von Betrieben, Teilbetrieben und Mitunternehmeranteilen in eine Personengesellschaft unterfällt.[303] Die Einbringung im Rahmen einer Ausgliederung auf eine Personengesellschaft ist im Wesentlichen identisch mit der Einbringung im Rahmen einer Verschmelzung von Personengesellschaften untereinander. Der Unterschied besteht lediglich darin, dass Einbringender im Fall der Ausgliederung der übertragende Rechtsträger ist, der einen Teil seines Betriebsvermögens in die Personengesellschaft einbringt, während im Fall der Verschmelzung die Gesellschafter der übertragenden Personengesellschaft ihre Mitunternehmeranteile einbringen. Voraussetzung für die steuerneutrale Ausgliederung ist nach § 24 I UmwStG, dass es sich bei dem auszugliedernden Vermögensteil um einen Betrieb, Teilbetrieb oder um einen Mitunternehmeranteil handelt. Auch eine im Betriebsvermögen gehaltene 100%-ige Beteiligung an einer Kapitalgesellschaft gilt für Zwecke des § 24 I UmwStG als Teilbetrieb.[304] Bei der Ausgliederung von Einzelwirtschaftsgütern kommt ggf. die steuerneutrale Buchwertfortführung nach § 6 V EStG in Betracht.

213 Die weiteren steuerlichen Voraussetzungen und Folgen der Regelungen des § 24 UmwStG sind ausführlich im zweiten Teil dieses Buches zur Verschmelzung von Personengesellschaften untereinander dargestellt, sodass auf diese Ausführungen verwiesen wird.[305] Anhand des folgenden

---

[303] → Rn. 3 ff.
[304] Vgl. zum Streitstand → Rn. 167.
[305] → § 11 Rn. 819 ff.

§ 20. Steuerrechtliche Regelungen § 20

Fallbeispiels sollen die steuerlichen Auswirkungen einer Ausgliederung verdeutlicht werden.

Fall (Ausgliederung eines Teilbetriebs aus dem Vermögen einer GmbH auf eine KG): 214

Die zu je gleichen Teilen an der X-GmbH beteiligten Gesellschafter A und B wollen sich an der P-KG beteiligen, deren Komplementär P und deren Kommanditist Q ist. Die Beteiligung an der P-KG soll über die X-GmbH erfolgen, die zu diesem Zweck als Kommanditistin einen Teilbetrieb in die P-KG gegen Gewährung von Gesellschaftsrechten einlegt. Die Ausgliederung soll steuerneutral erfolgen. Die Bilanz der X-GmbH zeigt folgendes Bild:

X-GmbH

AKTIVA	EUR	PASSIVA	EUR
Teilbetrieb 1	8 000 000	Stammkapital	1 500 000
Teilbetrieb 2	4 500 000	Gewinnrücklagen	500 000
		Verbindlichkeiten	10 500 000
	12 500 000		**12 500 000**

Die Gesamthandsbilanz der P-KG stellt sich folgendermaßen dar:

P-KG

AKTIVA	EUR	PASSIVA	EUR
Anlage- und Umlaufvermögen	5 500 000	Kapitalkonto P	500 000
		Kapitalkonto Q	500 000
		Verbindlichkeiten	4 500 000
	5 500 000		**5 500 000**

Die Verkehrswerte der Kapitalkonten von P und Q betragen jeweils TEUR 1250; für Q besteht eine Ergänzungsbilanz, in der ein Mehrkapital von TEUR 250 ausgewiesen wird. Die X-GmbH bringt ihren Teilbetrieb 2 nebst zugehörigen Verbindlichkeiten von TEUR 2500 zu Buchwerten in die P-KG ein. Der Verkehrswert des Teilbetriebs 2 beträgt TEUR 5000, sodass der Nettowert des eingebrachten Vermögensteils TEUR 2500 beträgt.

Das Wertverhältnis zwischen dem eingebrachten Vermögensteil und 215 den Beteiligungen von P und Q beträgt damit 50 : 25 : 25; nach diesem Wertverhältnis wird auch die Höhe der Kapitalkonten zwischen der X-GmbH, P und Q festgelegt, sodass die Gesamthandsbilanz nach der Einbringung folgendes Bild abgibt:

P-KG

AKTIVA	EUR	PASSIVA	EUR
Anlage- und Umlaufvermögen	5 500 000	Kapitalkonto P	750 000
		Kapitalkonto Q	750 000
Teilbetrieb 2	4 500 000	X-GmbH	1 500 000
		Verbindlichkeiten	7 000 000
	10 000 000		**10 000 000**

§ 20   5. Teil. Spaltung

216   Durch die Aufstockung ihrer Kapitalkonten erzielen P und Q einen Veräußerungsgewinn, den sie durch die Aufstellung negativer Ergänzungsbilanzen neutralisieren können.[306] Das Mehrkapital in der für Q bereits bestehenden Ergänzungsbilanz vermindert sich auf EUR 0; dabei sind die bisher ausgewiesenen Mehrwerte fortzuführen und auf der Passivseite der Ergänzungsbilanz Minderwerte in Höhe von TEUR 250 auszuweisen. Eine Saldierung kommt uE nicht in Betracht, da die Wirtschaftsgüter, auf die die Mehrwerte und die Minderwerte entfallen, jeweils voneinander verschieden sind. Für P ist eine Ergänzungsbilanz mit einem Minderkapital von TEUR 250 aufzustellen. Da das Kapitalkonto der X-GmbH in der Gesamthandsbilanz der P-KG um TEUR 500 unter dem Buchwert des eingebrachten Vermögensteils liegt, ist für die X-GmbH eine Ergänzungsbilanz mit einem Mehrkapital in dieser Höhe aufzustellen.

217   Aufgrund der Buchwertfortführung ergibt sich für die X-GmbH kein Einbringungsgewinn; an die Stelle des eingebrachten Teilbetriebs und der Verbindlichkeiten tritt in der Bilanz der X-GmbH der Beteiligungsansatz an der P-KG:

X-GmbH

AKTIVA	EUR	PASSIVA	EUR
Teilbetrieb 1	8 000 000	Stammkapital	1 500 000
Beteiligung P-KG	2 000 000	Gewinnrücklagen	500 000
		Verbindlichkeiten	8 000 000
	10 000 000		**10 000 000**

IX. Ausgliederung auf Kapitalgesellschaften

218   Wie bereits ausgeführt, unterfällt die Ausgliederung eines Vermögensteils auf eine Kapitalgesellschaft unabhängig von der Rechtsform des übertragenden Rechtsträgers den Vorschriften der §§ 20 ff. UmwStG zur Einbringung von Betrieben, Teilbetrieben und Mitunternehmeranteilen in eine Kapitalgesellschaft.[307] Die Einbringung im Rahmen einer Ausgliederung auf eine Kapitalgesellschaft ist im Wesentlichen identisch mit der Einbringung im Rahmen einer Verschmelzung einer Personengesellschaft auf eine Kapitalgesellschaft. Wie im Fall der Ausgliederung auf eine Personengesellschaft besteht der Unterschied lediglich darin, dass im Fall der Ausgliederung der übertragende Rechtsträger einen Teil seines Betriebsvermögens in die Kapitalgesellschaft einbringt, während im Fall der Verschmelzung die Gesellschafter der übertragenden Personengesellschaft ihre Mitunternehmeranteile einbringen.

219   Voraussetzung für die Anwendung der Regelungen des § 20 UmwStG ist, dass es sich bei dem auszugliedernden Vermögensteil um einen Betrieb, Teilbetrieb oder um einen Mitunternehmeranteil handelt, § 20 I 1 UmwStG. Auf die Einbringung von Anteilen an einer Kapitalgesellschaft

---
[306] Vgl. BMF v. 11.11.2011, BStBl. I 2011 S. 1314 Rn. 24.14.
[307] → Rn. 3 ff.

finden die Grundsätze des Anteilstauschs nach § 21 UmwStG Anwendung. Der Ansatz des Buchwertes oder eines Zwischenwertes ist hierbei zulässig, wenn die übernehmende Kapitalgesellschaft nach der Einbringung über die Mehrheit der Stimmrechte an der auszugliedernden Gesellschaft verfügt, § 21 I 2 UmwStG (qualifizierter Anteilstausch).

Die weiteren steuerlichen Voraussetzungen und Folgen der Regelungen der §§ 20 ff. UmwStG sind ausführlich im zweiten Teil dieses Buches zur Verschmelzung von Personengesellschaften auf Kapitalgesellschaften dargestellt, sodass auf diese Ausführungen verwiesen wird.[308] Zur Verdeutlichung der Parallelen dient das folgende Fallbeispiel.

Fall (Ausgliederung eines Teilbetriebes aus dem Vermögen einer OHG auf eine GmbH):

An der ABC OHG sind die Gesellschafter A zu 50% sowie B und C zu je 25% beteiligt. Die Gesamthandsbilanz der ABC OHG stellt sich folgendermaßen dar:

ABC OHG

AKTIVA	EUR	PASSIVA	EUR
Teilbetrieb 1	1 500 000	Kapitalkonto A	500 000
Teilbetrieb 2	6 000 000	Kapitalkonto B	250 000
		Kapitalkonto C	250 000
		Verbindlichkeiten	9 500 000
	10 500 000		10 500 000

Für die Beteiligungen des B und des C bestehen jeweils Ergänzungsbilanzen:

Ergänzungsbilanz ABC OHG für B

AKTIVA	EUR	PASSIVA	EUR
Teilbetrieb 1	200 000	Kapitalkonto B	500 000
Teilbetrieb 2	300 000		
	500 000		500 000

Ergänzungsbilanz ABC OHG für C

AKTIVA	EUR	PASSIVA	EUR
Teilbetrieb 1	100 000	Kapitalkonto C	250 000
Teilbetrieb 2	150 000		
	250 000		250 000

Der Teilbetrieb 2 soll einschließlich Verbindlichkeiten in Höhe von TEUR 2000 auf die neu zu gründende Z-GmbH zu Buchwerten ausgegliedert werden. Das Stammkapital der Z-GmbH soll TEUR 500 betragen.

Die Z-GmbH übernimmt in ihrer Eröffnungsbilanz (= Übernahmebilanz) die Verbindlichkeiten sowie den Teilbetrieb 2 zu Buchwerten. Dabei sind auch die in den Ergänzungsbilanzen ausgewiesenen Mehr-

---

[308] → § 11 Rn. 575 ff.

werte zu berücksichtigen. In Höhe der Differenz zwischen dem Nettobuchwert des übernommenen Vermögens und dem Nennbetrag des Stammkapitals erfolgt eine Einstellung in die Kapitalrücklage:

Z-GmbH

AKTIVA	EUR	PASSIVA	EUR
Teilbetrieb 2	6 450 000	Stammkapital	500 000
		Kapitalrücklage	3 950 000
		Verbindlichkeiten	2 000 000
	6 450 000		**6 450 000**

223 Auf der Ebene der ABC OHG wird kein Einbringungsgewinn realisiert, da die Einbringung zu Buchwerten erfolgt. In der Bilanz der ABC OHG sowie in den Ergänzungsbilanzen von B und C tritt der Beteiligungsansatz an der Z-GmbH an die Stelle der übertragenen Wirtschaftsgüter:

ABC OHG

AKTIVA	EUR	PASSIVA	EUR
Teilbetrieb 1	4 500 000	Kapitalkonto A	500 000
Beteiligung Z-GmbH	4 000 000	Kapitalkonto B	250 000
		Kapitalkonto C	250 000
		Verbindlichkeiten	7 500 000
	8 500 000		**8 500 000**

Ergänzungsbilanz ABC OHG für B

AKTIVA	EUR	PASSIVA	EUR
Teilbetrieb 1	200 000	Kapitalkonto B	500 000
Beteiligung Z-GmbH	300 000		
	500 000		**500 000**

Ergänzungsbilanz ABC OHG für C

AKTIVA	EUR	PASSIVA	EUR
Teilbetrieb 1	100 000	Kapitalkonto C	250 000
Beteiligung Z-GmbH	150 000		
	250 000		**250 000**

224 B und C haben mit der Ausgliederung die bisher in ihren Ergänzungsbilanzen ausgewiesenen abschreibbaren Mehrwerte gegen den nicht abschreibbaren Mehrwert des Beteiligungsansatzes getauscht. Die Abschreibungen auf die Mehrwerte wirken sich nach der Ausgliederung auf der Ebene der Z-GmbH steuermindernd aus und kommen daher nicht nur C und B (die für diese Abschreibungen „bezahlt" haben), sondern allen Gesellschaftern entsprechend ihrer Beteiligungsquote (und damit insbesondere A) zugute. B und C ist daher zu raten, mit dem Beschluss der Ausgliederung eine Abgeltung für diesen Nachteil mit A zu vereinbaren.

X. Nebensteuern

1. Umsatzsteuer

Gemäß § 1 Ia UStG sind die Umsätze im Rahmen einer **Geschäfts-** **veräußerung im Ganzen** an einen anderen Unternehmer für dessen Unternehmen nicht umsatzsteuerbar. Eine Geschäftsveräußerung ist dann gegeben, wenn „ein Unternehmen oder ein in der Gliederung eines Unternehmens gesondert geführter Betrieb im ganzen entgeltlich oder unentgeltlich übereignet oder in eine Gesellschaft eingebracht wird".[309] Ein in der Gliederung eines Unternehmens gesondert geführter Betrieb (Teilbetrieb) setzt voraus, dass dieser einen wirtschaftlich selbstständigen, für sich lebensfähigen Organismus darstellt. Eine Fortführung des übertragenen Teilbetriebs als selbstständige Einheit ist hingegen nicht erforderlich.[310] Werden lediglich **Einzelwirtschaftsgüter** oder Vermögenskomplexe, die keine Teilbetriebe sind, übertragen, unterliegt die Übertragung des Vermögensteils der Umsatzsteuer, sofern nicht im Einzelfall Befreiungsvorschriften nach § 4 UStG anzuwenden sind.[311] 225

Auch Umwandlungen isd UmwG können Geschäftsveräußerungen darstellen, sodass diese als nicht steuerbare Geschäftsveräußerungen isd § 1 Ia UStG zu behandeln sind, die dem unternehmerischen und nicht dem gesellschaftsrechtlichen Bereich zuzuordnen sind. Umsatzsteuer auf Leistungsbezüge im Zusammenhang mit der Umwandlung, wie zB Beratungs- oder Beurkundungskosten berechtigen damit zum **Vorsteuerabzug**.[312] 226

2. Grunderwerbsteuer

Soweit in einem übertragenen Vermögensteil inländische Grundstücke enthalten sind, unterliegt der Spaltungsvorgang regelmäßig der Grunderwerbsteuer.[313] Auch der BFH hat die verfassungsrechtliche Zulässigkeit der Besteuerung umwandlungsbedingter Rechtsträgerwechsel bestätigt.[314] Bemessungsgrundlage für die Grunderwerbsteuer ist der Grundbesitzwert gemäß § 151 I 1 Nr. 1 iVm § 157 I–III BewG, § 8 II Nr. 2 GrEStG.[315] 227

In Fällen der Spaltung innerhalb eines Konzernkreises kommt die Befreiung von der Grunderwerbsteuer nach § 6a GrEStG in Betracht. Diese Vorschrift gilt für sämtliche Rechtsvorgänge nach § 1 I Nr. 3, § 1 IIa, § 1 III sowie § 1 IIIa (ebenso § 1 II) GrEStG, wenn es sich hierbei um einen Umwandlungsvorgang isd § 1 I Nr. 1 bis 3 UmwG (oder einen entsprechenden Vorgang nach EU-/EWR-Recht), eine Einbrin- 228

---
[309] § 1 Ia 2 UStG.
[310] *Husmann* UStR 1994 S. 333.
[311] Vgl. *Knoll* in Widmann/Mayer UmwG/UmwStG Anhang 11 Rn. 42.
[312] Vgl. *Schwarz* UStR 1994 S. 185; EuGH v. 22.2.2001 C-408/98 [Abbey National Plc], UR 2001 S. 164.
[313] *Pahlke* in Widmann/Mayer UmwG/UmwStG Anhang 12 Rn. 6.
[314] BFH v. 9.4.2009 – II B 95/08, BFH/NV 2009 S. 1148.
[315] → § 11 Rn. 938 f.

gung oder einen anderen Erwerbvorgang auf gesellschaftsvertraglicher Grundlage handelt.[316] Mit der Regelung soll dem in Literatur und Unternehmenspraxis vielfach geforderten Verzicht auf eine grunderwerbsteuerliche Belastung konzerninterner Umstrukturierungsvorgänge Rechnung getragen werden. Für die hier zu beurteilenden Rechtsvorgänge der Spaltung nach dem UmwG ist der Anwendungsbereich des § 6a GrEStG grundsätzlich eröffnet.

229 Allerdings enthalten § 6a Sätze 3 und 4 GrEStG einen eigenwilligen Konzernbegriff. Voraussetzung für die Befreiung ist hiernach, dass an dem Umwandlungsvorgang ausschließlich ein herrschendes Unternehmen und ein oder mehrere von diesem herrschenden Unternehmen abhängige Gesellschaften oder mehrere von einem herrschenden Unternehmen abhängige Gesellschaften beteiligt sind. Abhängig im vorstehenden Sinne soll eine Gesellschaft sein, an deren Kapital das herrschende Unternehmen innerhalb von fünf Jahren vor dem Rechtsvorgang und fünf Jahren nach dem Rechtsvorgang unmittelbar oder mittelbar (oder teils unmittelbar, teils mittelbar) zu mindestens 95% ununterbrochen beteiligt ist. Der Gesetzgeber möchte mit der Einführung der Mindesthaltefristen augenscheinlich Gestaltungsmissbräuchen vorbeugen.

230 Es ist jedoch leicht ersichtlich, dass diese Voraussetzungen allenfalls im Rahmen der Abspaltung oder Ausgliederung, nicht jedoch im Rahmen der Aufspaltung erfüllbar sind. Es entspricht dem Wesen der Aufspaltung, dass die aufgespaltene Gesellschaft durch Übertragung ihres Vermögens auf mehrere Nachfolgegesellschaften untergeht, so dass die Mindesthaltezeit von fünf Jahren nach der Übertragung hier nie erreicht werden kann. Ebenso verhält es sich mit umgekehrtem Vorzeichen in Neugründungsfällen, in denen die fünfjährige Vorbesitzzeit nicht erreicht werden kann, sei es weil eine Spaltung zur Neugründung vorliegt oder weil der beteiligte Rechtsträger aus anderen Gründen noch keine fünf Jahre bestanden hat.[317] Unseres Erachtens ist § 6a GrEStG insoweit um das ungeschriebene Tatbestandsmerkmal der objektiven Möglichkeit der Erfüllung der Haltefristen teleologisch zu ergänzen: Wenn ein Unternehmen im Rahmen des Umwandlungsvorgangs untergeht oder neu gegründet wird, steht dies der Annahme einer Abhängigkeit im grunderwerbsteuerlichen Sinne nicht entgegen. Entsprechendes gilt, wenn das Unternehmen seit seiner Gründung ununterbrochen unmittelbar oder mittelbar von dem herrschenden Unternehmen abhängig war. In diesen Fällen ist ein Missbrauch von Gestaltungsmöglichkeiten regelmäßig ausgeschlossen. Die Finanzverwaltung sieht dies allerdings anders. Nach ihrer Auffassung kann ein Unternehmen, dass vor weniger als fünf Jahren vor der begünstigenden Umwandlung oder durch die begünstigende Umwandlung entstan-

---

[316] Die ertragsteuerliche Behandlung des Umwandlungsvorgangs, insbesondere die Frage, ob sich dieser zu Buchwerten vollzieht oder zumindest nach den Vorschriften des UmwStG unter Buchwertverknüpfung möglich wäre, ist hingegen ohne Belang.
[317] Vgl. auch *Behrens* AG 2010 S. 119; *Mensching/Tyraks* BB 2010 S. 87; *Scheunemann/Dennisen/Behrens* BB 2010 S. 23

§ 20. Steuerrechtliche Regelungen § 20

den ist, keine abhängige Gesellschaft im Sinne des § 6a GrEStG sein.[318] Eine Ausnahme will die Finanzverwaltung nur für sog. „verbundgeborene" Gesellschaften machen. Das sind Gesellschaften, die durch einen Umwandlungsvorgang ausschließlich aus einer oder mehreren Gesellschaften entstanden sind, die spätestens im Zeitpunkt des zu beurteilenden Erwerbsvorgangs abhängige Gesellschaft ist bzw. sind.

Ob Ausnahmen auch dann gelten sollten, wenn das abhängige Unternehmen innerhalb der Fünfjahresfrist von dem herrschenden Unternehmen erworben wurde, dürfte von den Umständen des Einzelfalls abhängen. Jedenfalls in den Fällen, in denen im Rahmen der Spaltung anstelle einer Neugründung eine Vorratsgesellschaft handelt, wird man dies uE bejahen müssen. Unseres Erachtens spricht vieles dafür, darüber hinaus auch solche Unternehmenserwerbe innerhalb der fünfjährigen Vorbehaltensfrist für unschädlich zu halten, die ihrerseits – etwa aufgrund einer Anteilsvereinigung nach § 1 III GrEStG – bereits Grunderwerbsteuer ausgelöst haben. Entsprechendes gilt für grunderwerbsteuerpflichtige Veräußerungen in der Nachbehaltensfrist. Es ist allerdings davon auszugehen, dass die Finanzverwaltung dieser Ansicht nicht folgt und in den vorgenannten Fällen ebenfalls eine Anwendung des § 6a GrEStG ablehnt. **231**

§ 6a GrEStG ist erstmalig auf Umwandlungsvorgänge anzuwenden, die nach dem 31.12.2009 verwirklicht werden. Die Anwendung ist ausgeschlossen, soweit ein vormals grunderwerbsteuerpflichtiger Sachverhalt nach § 16 GrEStG rückabgewickelt wurde. Hierdurch soll nach der Vorstellung des Gesetzgebers die missbräuchliche Ausübung von Gestaltungsrechten ausgeschlossen werden. **232**

In den Fällen der Spaltung unter Beteiligung von **Personengesellschaften** kommt darüber hinaus die Anwendbarkeit der Befreiungsvorschriften nach § 5 bzw. § 6 GrEStG in Betracht: **233**

In den Fällen der Ausgliederung aus einer Kapital- auf eine Personengesellschaft geht regelmäßig das Grundstück von einem Alleineigentümer auf eine Gesamthand über, sodass der Vorgang (anteilig) nach § 5 II GrEStG steuerbefreit ist. **234**

Sind lediglich Personengesellschaften beteiligt, so unterliegen regelmäßig sämtliche Formen der Spaltung (Abspaltung, Aufspaltung, Ausgliederung) der Steuerbefreiung nach § 6 III GrEStG. Gleiches gilt im Falle der Realteilung einer Personengesellschaft. In den Fällen der „Upstream"-Spaltung einer Personen- auf eine Kapitalgesellschaft greift die Steuerbefreiung nach § 6 II GrEStG. **235**

---

[318] Vgl. gleichlautende Erlasse der obersten Finanzbehörden der Länder zur Anwendung des § 6a GrEStG vom 19.6.2012, BStBl. I 2012 S. 662 unter 4.

6. Teil. Vermögensübertragung

§ 21. Begriff und Rechtsentwicklung

Im 4. Buch des UmwG ist mit den §§ 174–189 die Vermögensübertragung geregelt. Dieses Rechtsinstitut war im früheren Recht lediglich in der Form der Vollübertragung bekannt.[1] Der Gesetzgeber hat nach redaktioneller Überarbeitung der entsprechenden Vorschriften die Vermögensübertragung in der Form der **Vollübertragung** in weitem Umfang in das UmwG 1994 übernommen. Als neue Form der Vermögensübertragung wurde mit der Vorschrift des § 174 II UmwG die **Teilübertragung** eingeführt. 1

Somit existieren im UmwG mit der Vermögensübertragung als Vollübertragung und der Teilübertragung „Ersatzrechtsinstitute" für Vorgänge, die vergleichbar sind mit der Verschmelzung einerseits und der Spaltung andererseits. Sie sollen den in § 175 abschließend aufgezählten Rechtsträgern die Möglichkeit der Übernahme von Vermögen im Wege der Gesamtrechtsnachfolge (gem. § 174 I UmwG) oder der Sonderrechtsnachfolge (gem. § 174 II UmwG) ermöglichen, denen es, wie zB Gemeinden oder öffentlich-rechtlichen Versicherungsunternehmen, aufgrund ihrer Struktur nicht möglich oder verwehrt ist, einen Austausch von Anteilen oder Mitgliedschaften vorzunehmen, so dass sie sich der bisher behandelten Umwandlungsmöglichkeiten nicht bedienen können.[2] Anstelle der Gewährung von Anteilen oder Mitgliedschaften an dem übernehmenden Rechtsträger sieht die Vorschrift des § 174 UmwG daher eine **Gegenleistung** an die Gesellschafter der übertragenden Rechtsträger in Form einer **baren Ausgleichszahlung** oder der **Hingabe anderer Wirtschaftsgüter** vor.[3] 2

Der Gesetzgeber hat mit der Vorschrift des § 175 Nr. 1 UmwG den Kreis der **Kapitalgesellschaften,** für die die Übertragung des Vermögens oder von Vermögensteilen auf die **öffentliche Hand** möglich ist, erweitert und die GmbH in den Anwendungsbereich einbezogen. Aufgrund der angespannten Haushaltslage wandeln Kommunen zum Teil ihre Regie- oder Eigenbetriebe im Wege des Formwechsels in Kapitalgesellschaften um, insbesondere in die Rechtsform der GmbH, um so eine größere finanzielle und unternehmerische Beweglichkeit zu erzielen. Dieses Vorgehen war und ist für die öffentliche Hand ohne größere steuerliche Belastungen möglich, erwies sich unter dem alten Recht allerdings als Einbahnstraße, da eine Rückumwandlung infolge der Auf- 3

---

[1] Vgl. die §§ 359, 360 AktG aF, §§ 445, 44c, 53a VAG aF.
[2] Vgl. *Heckschen* in Widmann/Mayer (1998), § 174 Rn. 3; *H. Schmidt* in Lutter UmwG § 174 Rn. 1; *Ganske*, Umwandlungsrecht S. 199; einschränkend hierzu *Fonk* in Semler/Stengel UmwG § 174 Rn. 2.
[3] *Lüttge* NJW 1995 S. 417 (422).

deckung von stillen Reserven durch den pflichtgemäßen Ansatz von Zeitwerten mit größeren Steuerbelastungen verbunden war.[4] Dies wurde insbesondere in den (häufigen) Fällen als störend empfunden, in denen die mit der formalen Privatisierung erwünschten Effekte nicht erreicht werden konnten und eine Rückwandlung angestrebt wurde. Deshalb kommt der Vermögensübertragung insbesondere dann (theoretisch) Bedeutung zu, wenn Eigen- oder Beteiligungsgesellschaften der öffentlichen Hand in öffentlich-rechtliche Rechtsformen zurückgeführt werden sollen.[5] Tatsächlich ist allerdings bis jetzt keine einziger Fall einer derartigen „Rückumwandlung" bekannt geworden.

4 Nach Verabschiedung des Steuersenkungsgesetzes[6] und der damit einhergehenden grundlegenden Reform des Körperschaftsteuerrechts sollte die Wahl zwischen privatrechtlicher und öffentlich-rechtlicher Rechtsform allerdings nicht steuerlich motiviert sein. Das Steuersenkungsgesetz hat eine grundsätzliche Rechtsformneutralität in Bezug auf die Besteuerung von Betrieben gewerblicher Art und öffentlichen Beteiligungen an Kapitalgesellschaften, die im Vermögensverwaltungsbereich gehalten werden, geschaffen. Steuerliche Überlegungen werden hinsichtlich der Rechtsformwahl öffentlicher Unternehmen aber nicht gänzlich irrelevant. Insbesondere die Möglichkeit Gewinne und Verluste im Rahmen eines Querverbundes zum Ausgleich zu bringen hängt zum Teil von den Voraussetzungen ab, unter denen Kapitalgesellschaften bzw. Betriebe gewerblicher Art am Querverbund teilnehmen können. Das Jahressteuergesetz 2009 hat die Unterschiede der Verlustnutzung zwischen Kapitalgesellschaften und Betrieben gewerblicher Art jedenfalls weiter verringert.[7]

5 In der Praxis haben die Rechtsinstitute der Vermögensübertragung, die auf den ersten Blick die **Versicherungsunternehmen** ansprechen sollten, letztlich kaum Bedeutung erlangt. Dies liegt vor allem an dem Umstand, dass die §§ 14 ff. VAG schon vor In-Kraft-Treten des UmwG eine sondergesetzliche Regelung der Umstrukturierung von Versicherungsunternehmen in der Form der **„Bestandsübertragung"** vorsahen. Die Bestandsübertragung ist in jeder Hinsicht flexibler als die im UmwG angebotenen Umwandlungsformen[8] und auch nicht durch den „numerus clausus" des § 1 II UmwG in ihrer Anwendbarkeit eingeschränkt worden.[9] So erklärt sich, dass in den vergangenen Jahren in der Versicherungswirtschaft neben den Bestandsübertragungen kaum Vermögensübertragungen oder andere Formen der Umwandlung dem BAV oder

---

[4] Vgl. *Münch* DB 1995 S. 550 f.
[5] Dazu *Gaß*, Die Umwandlung gemeindlicher Unternehmen S. 276 f.
[6] Gesetz vom 23.10.2000, BGBl. 2000 S. 1433; vgl. hierzu nur *Dötsch/Pung* DB 2000, Beilage 10 S. 1 ff.; *Herzig* DB 2000 S. 2236 ff.; *Kessler/Teufel* IStR 2000 S. 673 ff.; *Rödder/Schumacher* DStR 2000 S. 353 ff.; dies. DStR 2000 S. 1453 ff. Zur Beurteilung der Reform siehe *Homburg* Stbg 2001 S. 8 ff.; *Watrin* DStZ 1999 S. 238 ff.
[7] Gesetz vom 19.12.2008, BGBl. 2008 S. 2794.
[8] Vgl. *Wilm* in Lutter UmwG § 178 Rn. 2; *Fonk* in Semler/Stengel UmwG § 174 Rn. 10, § 178 Rn. 4.
[9] Vgl. → § 2 Rn. 13.

§ 21. Begriff und Rechtsentwicklung § 21

BaFin zur Genehmigung vorgelegt wurden und erst jetzt einzelne Steuerrechtsstreite im Hinblick auf Vermögensübertragungen durch VVaG bekannt geworden sind.[10]

---

[10] Vgl. FG Hamburg vom 5.4.2016 – 6 K 93/15, BeckRS 2016, 94865, Revision anhängig unter BFH I R 27/16; FG Düsseldorf vom 22.2.2011 – 6 K 3060/08 K, F (rkr.), DStRE 2012 S. 360.

§ 22. Umwandlungsrechtliche Regelungen

I. Systematik

1. Anwendbarkeit des Verschmelzungsrechts

1   a) Gemäß § 176 I UmwG sind die Vorschriften über die Verschmelzung im 2. Buch des UmwG auf die Vollübertragung nach § 174 I UmwG anwendbar, soweit sich aus den Vorschriften des 4. Buches nichts anderes ergibt.
b) Gemäß § 177 I UmwG sind auf die Teilübertragung die Vorschriften über die Spaltung des 3. Buches anwendbar, soweit sich aus den Vorschriften des 4. Buches nichts anderes ergibt.

2. Beteiligte Rechtsträger

2   Die Vermögensübertragung ist nur für die Fälle vorgesehen, in denen der übernehmende Rechtsträger, der Bund, die Länder, eine Gebietskörperschaft oder ein Zusammenschluss von Gebietskörperschaften (§ 175 Nr. 1 UmwG), ein Versicherungsverein auf Gegenseitigkeit, ein öffentlich-rechtliches Versicherungsunternehmen oder eine Versicherungs-AG (§ 175 Nr. 2 UmwG) ist. Die folgende Übersicht stellt die in § 175 UmwG vorgesehenen Möglichkeiten der Vermögensübertragung dar:[1]

3

Übertragender Rechtsträger \ Übernehmender Rechtsträger	Bund	Land	Geb. Körp.	ZGeb. Körp.	VVaG	Öff. Vers.	Vers. AG
GmbH	x	x	x	x			
AG	x	x	x	x			
KGaA	x	x	x	x			
Vers.-AG					x	x	
VVaG						x	x
ö.-r. Vers.					x		x

---

[1] Zu versicherungsrechtlichen Diskussion siehe *Wilm* in Lutter UmwG § 178 Rn. 3; *Fonk* in Semler/Stengel UmwG § 174 Rn. 10, § 178 Rn. 4; *Enzian/Schleifenbaum* ZVersWiss 1996 S. 521.

§ 22. Umwandlungsrechtliche Regelungen § 22

GmbH	=	Gesellschaft mit beschränkter Haftung
AG	=	Aktiengesellschaft
KGaA	=	Kommanditgesellschaft auf Aktien
Vers.-AG	=	Versicherungs-Aktiengesellschaft
VVaG	=	Versicherungsverein auf Gegenseitigkeit
ö.-r. Vers.	=	öffentlich-rechtliche Versicherung
Geb. Körp.	=	Gebietskörperschaft
ZGeb. Körp.	=	Zusammenschluss von Gebietskörperschaften

Die an einer Vermögensübertragung beteiligungsfähigen Rechtsträger der öffentlichen Hand und der Versicherungswirtschaft sind damit abschließend festgelegt.[2] Anstalten des öffentlichen Rechts sind daher nicht im Rahmen von Vermögensübertragungen umwandlungsfähig. Die Sperrwirkung des § 1 II UmwG entfaltet aber hier keine Wirkung, da es ohnehin der bundes- oder landesgesetzlichen Gesetzgebungskompetenz unterliegt, bundes- bzw. landeseigene und kommunale Strukturen zu organisieren.[3] So konnte der Bund ohne Weiteres Vermögensübertragungen der „Treuhandanstalt" auf Bund und Einrichtungen des Bundes und Kapitalgesellschaften durch Gesetz regeln.[4] Entsprechend können insbesondere Sparkassen zwar nicht im Rahmen der Vermögensübertragung umgewandelt werden, die Länder können allerdings entsprechende Regelungen treffen, die auch die Voraussetzung eines Formwechsels schaffen.[5]

II. Möglichkeiten der Vermögensübertragung

1. Vollübertragung, § 174 I UmwG

Bei der **Vollübertragung** iSd § 174 I UmwG überträgt ein einziger Rechtsträger sein Vermögen als Ganzes auf einen anderen, bereits bestehenden Rechtsträger gegen Gewährung einer Gegenleistung, die – wie oben bereits erwähnt – in Form einer Barabfindung oder Übertragung von Wirtschaftsgütern erfolgt. 4

Die Vermögensübertragung muss gemäß § 176 II UmwG bei dem Register des Sitzes des übertragenden Rechtsträgers angemeldet werden. Mit der Eintragung in das Register geht das Vermögen einschließlich der Verbindlichkeiten auf den übernehmenden Rechtsträger über, § 176 III UmwG. Dabei erlischt der übertragende Rechtsträger, ohne dass es einer besonderen Löschung bedarf, § 176 III 2 UmwG.

Zu beachten ist weiterhin, dass sich gemäß § 176 IV UmwG die Beteiligung des übernehmenden Rechtsträgers an der Vermögensübertragung nach den für ihn geltenden Vorschriften richtet.

Seit dem Urteil des BVerfG vom 26.7.2005[6] wird für **Bestandsübertragungen** davon ausgegangen, dass die aufsichtsrechtliche Genehmi-

---

[2] Vgl. Gesetzesbegründung *Ganske*, S. 199.
[3] Vgl. *H.Schmidt* in Lutter UmwG Vor § 174 Rn. 9, § 175 Rn. 9
[4] Vgl. Gesetz zur Abwicklung der Bundesanstalt für vereinigungsbedingte Sonderaufgaben v. 28.10.2003, BGBl. I S. 2081.
[5] Vgl. § 301 II UmwG und im Weiteren → § 26 Rn. 16.
[6] BVerfG 1 BvR 782/94 und 1 BvR 957/96, NJW 2005 S. 2363 ff.

gung des Bundesaufsichtsamts für Finanzdienstleistungen (BaFin, damals noch BAV) auch die Angemessenheit der Gegenleistung zu überprüfen hat.[7] Ob diese Rechtsprechung auf die Vermögensübertragung nach dem UmwG zu übertragen ist, blieb offen.[8] Dafür spricht, dass die verfassungsrechtlichen Vorgaben hinsichtlich Art. 2 I GG und Art. 14 I GG des Bundesverfassungsgerichts auch für eine Vermögensübertragung ihre Berechtigung haben. Zu beachten ist allerdings, dass dies in der Praxis Probleme aufwerfen kann, wenn die ordentliche Gerichtsbarkeit im Rahmen eines Spruchverfahrens zu einem anderen Ergebnis käme als die Aufsichtsbehörde.[9]

2. Teilübertragung, § 174 II UmwG

5   Auf die **Teilübertragung** sind neben den Spaltungsvorschriften gemäß § 177 II UmwG die Bestimmungen des § 176 II–IV UmwG entsprechend anzuwenden. Sie ist gemäß § 174 UmwG in drei Grundfällen möglich:

(1) Übertragung durch Aufspaltung des Vermögens unter Auflösung ohne Abwicklung des übertragenden Rechtsträgers auf verschiedene übernehmende Rechtsträger, § 174 IV Nr. 1 UmwG.[10]

(2) Übertragung durch Abspaltung eines Vermögensteils unter Fortbestand des übertragenden Rechtsträgers, § 174 II Nr. 2 UmwG.[11]

(3) Übertragung durch Ausgliederung eines Vermögensteils unter Fortbestand des übertragenden Rechtsträgers, § 174 II Nr. 3 UmwG.[12]

6   Diese letzte und wohl interessanteste Möglichkeit der Teilübertragung entspricht der des Verkaufes eines Teilunternehmens. Der Vorteil der Ausgliederung besteht im Gegensatz zu dem nach den übrigen zivilrechtlichen Vorschriften immer noch möglichen Unternehmenskauf in der Tatsache, dass letzterer nur im Wege der unterschiedlichen und aufwendigen **Einzelrechtsnachfolge** erfolgen kann,[13] während die Ausgliederung gemäß § 174 II Nr. 3 UmwG den Vermögensübergang im Wege der **Gesamtrechtsnachfolge** vorsieht. Nachteilig kann sich bei Anteilseignern bestimmter Rechtsträger auswirken, dass in jedem Fall ihre Zustimmung erforderlich wird, ungeachtet des Umfanges der ausgegliederten Wirtschaftsgüter, während bislang im Anschluss an die „Holzmüller-Entscheidung" nur die Übertragung wesentlicher Betriebsteile die Zustimmung der Anteilseigner erfordert.[14] Dabei ist nach hM auch eine

---

[7] Vgl. *Wilm* in Lutter UmwG § 180 Rn. 9 mwN.
[8] *Hübner* in Lutter UmwG, 4. Auflage, § 180 Rn. 7.
[9] Ebenso *Fonk* in Semler/Stengel UmwG § 181 Rn. 21, der die Zweigleisigkeit der gerichtlichen Überprüfung der Angemessenheit bezweifelt.
[10] → § 18 Rn. 3, 123 ff.
[11] → § 18 Rn. 9, 123 ff.
[12] → § 18 Rn. 175 ff.
[13] *Zöllner* ZGR 1993 S. 334 (339).
[14] BFH vom 25.2.1982 – II ZR 174/80, NJW 1982 S. 1703 = BGHZ 83 S. 122, präzisiert durch BGH vom 26.4.2004 – II ZR 155/02 („Gelatine"), NJW 2004 S. 1860; → § 2 Rn. 17, → § 18 Rn. 179.

"ausgliedernde Total-Vermögensübertragung" durch Übertragung des gesamten Vermögens auf einen oder mehrere Rechtsträger zulässig, ebenso wie eine Ausgliederung des gesamten Vermögens nach § 123 UmwG ohne Weiteres zu bejahen ist.[15] Begriffsnotwendig darf dabei der übertragende Rechtsträger nicht erlöschen: Sein Fortbestand würde im Falle der Vermögensübertragung allerdings durch den Zufluss der Gegenleistung sichergestellt sein.[16]

---

[15] → § 18 Rn. 177.
[16] Vgl. *H. Schmidt* in Lutter UmwG § 174 Rn. 16 mwN; ebenso *Fonk* in Semler/Stengel UmwG § 174 Rn. 19.

§ 23. Handelsbilanzielle Regelungen (HGB/IFRS)

1 Die Vermögensübertragung gemäß § 174 UmwG ist als eine Sonderform der Verschmelzung (Vollübertragung) bzw. Spaltung (Teilübertragung) von Unternehmen auf die öffentliche Hand und zwischen Versicherungsunternehmen anzusehen.[1] Entscheidendes Differenzierungsmerkmal ist, dass die Gegenleistung des übernehmenden Rechtsträgers nicht mittels einer Gewährung von Anteilen erfolgt, sondern in anderen Vermögenswerten, insbesondere baren Ausgleichszahlungen.[2]

I. Anzuwendende Vorschriften

1. Vollübertragung

2 Die Vorschriften über die Verschmelzung zur Aufnahme (§§ 176 I, 178 I, 180 I, 186, 188 I UmwG) haben wegen der Nähe der Vollübertragung zur Verschmelzung grundsätzlich Gültigkeit. Diese ist somit als Liquidationsveräußerung mit Gesamtrechtsnachfolge anzusehen.[3] Hiervon abzugrenzen ist ein Vertrag gemäß § 179a AktG, bei der sich eine AG oder KGaA zur Übertragung ihres Vermögens durch Einzelrechtsnachfolge verpflichtet. Jedoch kommt diese Regelung nur zur Anwendung, wenn das UmwG nicht einschlägig ist.[4]

2. Teilübertragung

3 Analog zur Spaltung werden bei der Teilübertragung drei Formen unterschieden:
- Vermögensübertragung durch Aufspaltung (§ 174 II Nr. 1 UmwG)
- Vermögensübertragung durch Abspaltung (§ 174 II Nr. 2 UmwG)
- Vermögensübertragung durch Ausgliederung (§ 174 II Nr. 3 UmwG).

Es finden hier die Vorschriften über die Spaltung Anwendung. Bei der abspaltenden Teilübertragung von Kapitalgesellschaften können, wie bei der Abspaltung, Kapitalmaßnahmen notwendig werden, wenn nach der Teilübertragung das satzungsmäßige Nennkapital aufgrund des Vermögensabgangs nicht mehr vorhanden ist. Das Genehmigungserfordernis nach §§ 14, 14a VAG stellt das notwendige Korrektiv für Versicherungsunternehmen, die nicht die Rechtsform der AG haben und somit nicht den Kapitalschutzvorschriften des AktG unterliegen, dar.[5]

---

[1] → § 22 Rn. 2.
[2] *Klingberg* in Winkeljohann/Förschle/Deubert, Teil J, Rn. 1.
[3] *Klingberg* in Winkeljohann/Förschle/Deubert, Teil J, Rn. 15.
[4] *Klingberg* in Winkeljohann/Förschle/Deubert, Teil J, Rn. 16.
[5] *Klingberg* in Winkeljohann/Förschle/Deubert, Teil J, Rn. 22.

II. Bilanzierung des übertragenden Rechtsträgers nach Handelsrecht

1. Schlussbilanz

Der übertragende Rechtsträger hat wie bei der Verschmelzung und Spaltung gemäß § 17 II UmwG eine Schlussbilanz auf den Übertragungsstichtag aufzustellen. Für die Vollübertragung gelten die Regelungen der Verschmelzung,[6] für die Teilübertragung die Regelungen der Spaltung.[7] Die Regelungen zur Prüfungspflicht gelten entsprechend.[8] Die Erstellung einer Schlussbilanz ist außerdem geboten, wenn die Vermögensübertragung auf die öffentliche Hand erfolgt, welche gemäß der Kameralistik als solche nicht der Buchführungspflicht unterliegt.[9]

4

2. Übertragungsprüfung

Grundsätzlich ist bei der Übertragung von Vermögen von einer Kapitalgesellschaft auf die öffentliche Hand der Übertragungsvertrag oder sein Entwurf prüfungspflichtig (§§ 174, 175 Nr. 1, 176 I iVm §§ 9 ff. UmwG). Die Übertragungsprüfung von einer AG oder KGaA ist obligatorisch (§§ 60, 78 UmwG). Bei einer GmbH wird diese nur auf Verlangen eines Gesellschafters durchgeführt (§ 48 UmwG). Die Prüfung kann jedoch jeweils nach § 9 II und III UmwG entbehrlich sein.[10] Dies gilt entsprechend für die Vermögensübertragung von einem VVaG auf eine Versicherungs-AG.

5

III. Bilanzierung beim übernehmenden Rechtsträger nach Handelsrecht

Unterliegt der übernehmende Rechtsträger der Buchführungspflicht, kann er das übertragene Vermögen gemäß § 24 UmwG zu Buchwerten oder zu Anschaffungskosten ansetzen. Dies gilt grundsätzlich auch bei der Vermögensübertragung auf die öffentliche Hand. Zwar ist die öffentliche Hand selbst nicht buchführungspflichtig, jedoch unterliegen die Wirtschaftsbetriebe der öffentlichen Hand grundsätzlich der Buchführungspflicht.[11] Soweit auf diesen Vermögen übertragen wird, ist das übertragende Vermögen in deren Bilanz in Übereinstimmung mit § 24 UmwG anzusetzen. Entsteht durch die Vermögensübertragung ein Wirtschaftsbetrieb, ist die Vermögensübertragung in der Eröffnungsbilanz abzubilden. Besteht der Wirtschaftsbetrieb bereits, handelt es sich um einen laufenden Geschäftsvorfall.[12]

6

---

[6] → § 10 Rn. 3 ff.
[7] → § 19 Rn. 5 ff.
[8] → § 10 Rn. 52 ff.
[9] *Klingberg* in Winkeljohann/Förschle/Deubert, Teil J, Rn. 25, 35; → Rn. 6.
[10] *Stratz* in Schmitt/Hörtnagl/Stratz UmwG § 176 Rn. 4.
[11] *Winkeljohann/Henckel* in Beck'scher Bilanzkommentar § 238 HGB Rn. 38 f. iVm Rn. 51.
[12] *Klingberg* in Winkeljohann/Förschle/Deubert, Teil J, Rn. 35 f.

IV. Bilanzierung beim Gesellschafter des übertragenden Rechtsträgers

7   Aus Sicht des Gesellschafters liegt ein Tauschvorgang vor. Erfolgt die Gegenleistung nicht in monetärer Form, kann die Bilanzierung der Gegenleistung, die nicht in Gesellschaftsrechten besteht, zum Buchwert erfolgen. Eine Gewinnrealisierung erfolgt somit nicht. Bei Ansatz des Zeit- bzw. Zwischenwerts (unter Berücksichtigung der Ertragsteuerbelastung) sowie bei Barabfindungen erfolgen regelmäßig Gewinnrealisierungen als Unterschiedsbetrag zwischen Gegenleistung und dem Buchwert bzw. den Anschaffungskosten der Anteile.

V. Bilanzierung nach IFRS

8   Die oben gemachten Ausführungen sind auch auf die internationale Rechnungslegung übertragbar. Die Grundsätze zur Verschmelzung nach IFRS bei einer Vollübertragung sowie zur Spaltung nach IFRS bei einer Teilübertragung sind uE anwendbar.

§ 24. Steuerrechtliche Regelungen

I. Bedeutung

Aufgrund des – im Zuge der Unternehmenssteuerreform 2001 – vollzogenen Systemwechsels in der Körperschaftsteuer waren die Vorschriften über die Vermögensübertragung aus steuerlicher Sicht zunächst vor allem für **öffentlich-rechtliche Versicherungen** und **Versicherungsvereine auf Gegenseitigkeit** von großem Interesse. Dies war darauf zurückzuführen, dass zu den wesentlichen Neuerungen des neuen Körperschaftsteuerrechts auch die Steuerfreistellung von Dividendenerträgen (§ 8b I KStG), die in Bezug auf Versicherungsunternehmen zu überraschenden Konsequenzen führen sollte, gehörte. Lebensversicherungsunternehmen, die regelmäßig hohe (Dividenden-)Beteiligungserträge aus ihren Kapitalanlagen erwirtschaften, hätten ceteris paribus dauerhaft in der Steuerbilanz einen Verlust ausgewiesen, weil Dividenden bei der Ermittlung des Einkommens außer Ansatz blieben. Deshalb stellte sich die Frage, ob – unter Beachtung des Spartentrennungsprinzips[1] – die Verluste von Lebensversicherungen steuerlich durch Begründung von Organschaften mit Sach- und Unfallversicherungen von einem Versicherungsunternehmen nutzbar gemacht werden konnten.[2] Da für öffentliche Versicherungsunternehmen und Versicherungsvereine auf Gegenseitigkeit rechtsformbedingt die Voraussetzungen einer finanziellen Eingliederung und damit einer Organschaft in der Regel nicht hergestellt werden können, scheiterte für diese eine solche Verrechnung.[3] Folglich mussten die öffentlich-rechtlichen Versicherungsunternehmen und die Versicherungsvereine auf Gegenseitigkeit über eine Umwandlung in eine Kapitalgesellschaft nachdenken. Dies kann entweder durch eine Vermögensübertragung (§§ 180, 188 UmwG) oder durch einen Formwechsel (§ 301 UmwG) geschehen, wobei ein Formwechsel im Einzelfall an landesrechtlichen Bestimmungen scheitern kann.[4]

Die Verwerfungen, die das neue Körperschaftsteuersystem im Hinblick auf die Versicherungswirtschaft mit sich brachte, wurden nach Verabschiedung des StSenkG auch vom Gesetzgeber erkannt. Die aufgezeigten Gestaltungsüberlegungen sind aufgrund der nachfolgenden gesetzlichen Änderungen größtenteils obsolet geworden. Durch das Steuerverkürzungsbekämpfungsgesetz vom 19.12.2001[5] wurde die Regelung des § 14 I KStG eingeführt, wonach Lebens- und Krankenversicherungen keine Organgesellschaften eines körperschaftsteuerlichen Organkreises

---

[1] *Präve* in Prölss VAG, § 5 Rn. 61 ff.
[2] Zu weiteren Überlegungen siehe Vorauflage.
[3] Vgl. BMF v. 19.4.2001, Bericht zur Fortentwicklung des Unternehmenssteuerrechts S. 54 ff.
[4] So ist zB zweifelhaft, ob das Gesetz über die öffentlich-rechtlichen Versicherungsunternehmen in Niedersachsen (NöVersG), Niedersächsischer Landtag vom 10.1.1994, einen Formwechsel erlaubt (vgl. § 11 NöVersG).
[5] BGBl. 2001 I S. 3922; ab 2003: § 14 II KStG.

§ 24　　　　　　　　　　　　　　6. Teil. Vermögensübertragung

seien können. Ferner gilt seit dem 1.1.2004 für Personenversicherungsunternehmen die Sonderregelung des § 8b VIII KStG, wonach grundsätzlich die Steuerbefreiungsvorschriften einschließlich der flankierenden Abzugsverbote nach § 8b I–VII KStG nicht mehr anwendbar sind. Allerdings wurden die Beschränkungen der Organschaft (nicht jedoch des § 8b KStG) durch das Jahressteuergesetz 2009[6] wieder aufgehoben, so dass in geeigneten Fällen über die Umwandlung öffentlich-rechtlicher Versicherungsunternehmen zum Zwecke der Begründung steuerlicher Organschaften nachgedacht werden kann.

3　Außerhalb des Versicherungsbereichs ist die Vermögensübertragung insbesondere im Bereich des **Insourcings kommunaler Dienstleistungen** von Relevanz.[7]

II. Systematik

4　Auf die Fälle der Vermögensübertragung sind grundsätzlich die Vorschriften des UmwStG, die auch die entsprechenden Vorgänge der Verschmelzung oder der Spaltung regeln, anzuwenden. Gemäß § 1 I Nr. 4 UmwStG gilt daher für die Vermögensübertragung im Wege der **Vollübertragung** der 3. Teil sowie § 19 UmwStG. Für die der **Auf- und Abspaltung entsprechenden Fälle der Teilübertragung** gelten gemäß § 1 UmwStG die §§ 15 und 19 UmwStG. Als übertragende Rechtsträger kommen in Übereinstimmung mit den zivilrechtlichen Vorschriften Kapitalgesellschaften, Versicherungsvereine auf Gegenseitigkeit sowie Körperschaften und Anstalten des öffentlichen Rechts in Betracht, § 1 I Nr. 4 UmwStG iVm § 174 UmwG. Auch hinsichtlich der übernehmenden Rechtsträger trifft das UmwStG keine über die zivilrechtlichen Vorschriften hinausgehende Einschränkung, da die Anwendbarkeit der genannten Vorschriften lediglich den Vermögensübergang auf eine andere Körperschaft voraussetzt.[8] Anders als für die Verschmelzung oder Spaltung gelten die Regelungen des Umwandlungssteuerrechts nicht für vergleichbare ausländische Vorgänge der Vermögensübertragung. Auch die Fusionsrichtlinie ist auf diese Vorgänge nicht anwendbar.[9]

5　Die der **Ausgliederung entsprechenden Fälle der Teilübertragung haben hingegen keine gesetzliche Regelung im UmwStG** erhalten. Während die Ausgliederungen auf Kapitalgesellschaften oder Personengesellschaften den Vorschriften der §§ 20 ff., 24 UmwStG unterfallen,[10] scheidet die Anwendbarkeit dieser Regelungen auf die ent-

---

[6] BGBl. 2008 I S. 2794.
[7] Vgl. etwa *Lippross*, UR 2009, S. 118 zur umsatzsteuerlichen Behandlung der Vollübertragung eines privaten Entsorgungsunternehmens in Form einer GmbH auf einen öffentlich-rechtlichen Entsorgungsträger.
[8] Der Kreis möglicher übernehmender Rechtsträger ist in § 175 UmwG abschließend definiert.
[9] Vgl. *Hörtnagl* in Schmitt/Hörtnagl/Stratz UmwStG § 1 Rn. 53; *Möhlenbrock* in Dötsch/Patt/Pung/Möhlenbrock UmwStR Einf. (SEStEG) Rn. 128.
[10] Vgl. § 1 III Nr. 2 UmwStG.

sprechenden Fälle der Teilübertragung regelmäßig aus, da in diesen Fällen die übernehmenden Rechtsträger (mit Ausnahme der Versicherungs-AG) weder Kapitalgesellschaft noch Personengesellschaft sind und darüber hinaus die für den Vermögensübergang gewährte Gegenleistung nicht in Gesellschaftsrechten besteht.[11]

III. Einzelfragen zum UmwStG

1. Vollübertragung

Da auf die Fälle der Vollübertragung iSd § 174 I UmwG die die Verschmelzung von Körperschaften untereinander regelnden Vorschriften des UmwStG anzuwenden sind, wird im Wesentlichen auf die entsprechenden Ausführungen im 2. Teil dieses Buches verwiesen.[12] Im Folgenden werden insoweit ausschließlich die im Zusammenhang mit der Vollübertragung zu beachtenden Besonderheiten dargestellt. **6**

a) Steuerliche Auswirkungen auf der Ebene der übertragenden Körperschaft

Das **Bewertungswahlrecht** des § 11 II UmwStG, das den Ansatz der zu übertragenden Wirtschaftsgüter in der steuerlichen Schlussbilanz der übertragenden Körperschaft abweichend von der Regelbewertung des § 11 I UmwStG mit den Buch- oder Zwischenwerten zulässt, findet im Fall der Vollübertragung regelmäßig keine Anwendung, da die für den Vermögensübergang gewährte Gegenleistung der übernehmenden Körperschaft nicht – wie von § 11 II Nr. 3 UmwStG gefordert – in Gesellschaftsrechten besteht. Daher sind die übergehenden Wirtschaftsgüter im Falle der Vollübertragung idR gemäß § 11 I UmwStG mit dem gemeinen Wert im Sinne des § 9 BewG anzusetzen.[13] In Mischfällen, in denen zumindest auch eine Gegenleistung gewährt wird, die in Gesellschaftsrechten besteht, sind die Grundsätze der Verschmelzung mit (barer) Zuzahlung anzuwenden.[14] **7**

Die Aufdeckung der stillen Reserven wird in diesen Fällen wiederum nach der sog. „**Stufentheorie**"[15] vorzunehmen sein, so dass zunächst die in den bilanzierten Wirtschaftsgütern enthaltenen stillen Reserven gleichmäßig aufzudecken sind. Die Teilwerte der Wirtschaftsgüter dürfen nicht überschritten werden. Soweit mit der Gegenleistung auch ein Geschäfts- oder Firmenwert sowie originäre immaterielle Wirtschafts- **8**

---

[11] Vgl. *Hörtnagl* in Schmitt/Hörtnagl/Stratz UmwStG § 1 Rn. 54; Tz. 11.14 f des BMF-Schreibens zum UmwStG.
[12] → § 11 Rn. 33 ff.
[13] Ebenso *Möhlenbrock* in Dötsch/Patt/Pung/Möhlenbrock UmwStR Einf (SEStEG) Rn. 128, § 11 Rn. 9, 94; *Schmitt* in Schmitt/Hörtnagl/Stratz UmwStG § 11 Rn. 4; *Rödder* in Rödder/Herlinghaus/van Lishaut UmwStG § 11 Rn. 148; *Raab* in Lippross/Seibel, StR § 11 UmwStG Rz. 83; Tz. 11.14 des BMF-Schreibens zum UmwStG.
[14] *Bärwaldt* in Haritz/Menner UmwStG § 11 Rn. 56; → § 11 Rn. 63 u. 89.
[15] Vgl. hierzu *Hörger/Rapp* in Littmann/Bitz/Pust EStG § 16 Rn. 163; *Wacker* in Schmidt EStG § 16 Rn. 487 ff.

güter vergütet werden, sind auch diese in der steuerlichen Schlussbilanz anzusetzen.

9 Der aus der Aufstockung der Wertansätze resultierende Übertragungsgewinn unterliegt nach allgemeinen Grundsätzen der **Körperschaftsteuer** und gemäß § 19 I UmwStG der **Gewerbesteuer.**

10 Eine Aufdeckung stiller Reserven ist nicht erforderlich, wenn zum einen die Anteile an der übertragenden Körperschaft von der Übernehmerin gehalten werden und demzufolge **keine Gegenleistung** gewährt wird und zum anderen das Besteuerungsrecht der BRD für die in den übergehenden Wirtschaftsgütern enthaltenen stillen Reserven sichergestellt ist, § 11 II UmwStG.[16] Ist die Übernehmerin eine Körperschaft des öffentlichen Rechts, dann muss das übergegangene Vermögen einen **Betrieb gewerblicher Art** gemäß §§ 1 Abs. 1 Nr. 6, 4 KStG darstellen, um die Besteuerung der stillen Reserven sicherzustellen.[17] Unseres Erachtens müsste zumindest in „upstream-Fällen" das Bewertungswahlrecht des § 11 II UmwStG anwendbar sein.

11 Hinsichtlich des Bewertungswahlrechts im Sinne des § 11 II UmwStG wird auf die entsprechenden Ausführungen zur Verschmelzung von Körperschaften untereinander verwiesen.[18]

b) Steuerliche Auswirkungen auf der Ebene der übernehmenden Körperschaft

12 Die übernehmende Körperschaft hat die übergegangenen Wirtschaftsgüter gemäß § 12 I UmwStG mit dem Wertansatz der steuerlichen Schlussbilanz der übertragenden Gesellschaft anzusetzen. Für den Fall der Vermögensübertragung von einer **steuerfreien auf eine steuerpflichtige Körperschaft,** wie bspw. der Vollübertragung von einem öffentlich-rechtlichen Versicherungsunternehmen auf einen VVaG, enthielt § 12 I 2 UmwStG aF die Regelung, dass die Wirtschaftsgüter in der Steuerbilanz der übernehmenden Körperschaft zwingend mit dem Teilwert anzusetzen sind. Hat der gemeine Wert der für die Übertragung gewährten Gegenleistung den Teilwert der übergegangenen Wirtschaftsgüter unterschritten, so war bei der übernehmenden Körperschaft eine weitere Aufstockung der Wertansätze vorzunehmen. Im Zuge der Neufassung des UmwStG durch das SEStEG wurde diese Regelung gestrichen, da nach dem Regelbewertungsmaßstab des § 12 I UmwStG nF iVm § 11 UmwStG im Falle der Vermögensübertragung das übertragende Vermögen ohnehin mit dem gemeinen Wert anzusetzen ist.[19]

---

[16] Vgl. *Schießl* in Widmann/Meyer UmwR § 11 Rz. 50.1 ff. und 64 ff.; Tz. 11.09 iVm 11.15 des BMF-Schreibens zum UmwStG
[17] Vgl. *Schießl* in Widmann/Meyer UmwR § 12 Rz. 256 f.; Tz. 11.07 des BMF-Schreibens zum UmwStG
[18] → § 11 Rn. 77 ff.
[19] Gesetzesbegründung zum SEStEG, BT-Drucks. 16/2710 S. 41; ebenso *Dötsch* in Dötsch/Patt/Pung/Möhlenbrock UmwStG § 12 Rn. 14.

Erfolgt die Vollübertragung von einer Kapitalgesellschaft auf eine 13
nicht-steuerpflichtige Körperschaft,[20] dann ist der übernehmenden
Körperschaft gemäß § 12 V UmwStG der Teil des in der Steuerbilanz
ausgewiesenen Eigenkapitals abzüglich des steuerlichen Einlagekontos im
Sinne des § 27 KStG, der sich nach Anwendung des § 29 I KStG ergibt,
nach dem Verhältnis der Anteile zum Nennkapital der übertragenden
Körperschaft als Einkünfte iSd § 20 I Nr. 1 EStG zuzurechnen. Im
Hinblick auf die Bemessung der AfA, dem Untergang eines verbleibenden Verlustabzuges, nicht ausgeglichener negativer Einkünfte, eines Zinsvortrages sowie der Besteuerung eines Übernahmegewinns oder -verlustes wird auf die entsprechenden Ausführungen zur Verschmelzung von
Körperschaften untereinander verwiesen.[21]

c) Steuerliche Auswirkungen auf der Ebene der Anteilseigner

Gemäß § 174 UmwG erhalten die Anteilseigner der übertragenden 14
Körperschaft für die Vermögensübertragung eine **Gegenleistung, die
nicht in Gesellschaftsrechten** besteht. Demzufolge erfolgt eine Gewinnrealisierung in Höhe des Unterschiedsbetrages zwischen dem gemeinen Wert der Gegenleistung und dem Buchwert bzw. den Anschaffungskosten der Anteile. Hierzu wird auf die entsprechenden Ausführungen zur Verschmelzung von Körperschaften untereinander verwiesen.[22]

2. Teilübertragung

Für die der Ab- und Aufspaltung entsprechenden Fälle der Teilüber- 15
tragung gelten die Regelungen der §§ 15 und 19 UmwStG. Insoweit
wird auf die entsprechenden Ausführungen zur Ab- und Aufspaltung von
Körperschaften untereinander verwiesen.[23] Hinsichtlich der Bewertung
in der steuerlichen Schlussbilanz gemäß § 11 UmwStG sowie der Besteuerung auf der Ebene der übernehmenden Körperschaft sind die Ausführungen zur Vollübertragung zu beachten.[24]
Die der Ausgliederung entsprechenden Fälle der Teilübertragung sind 16
– wie bereits erwähnt – nicht im UmwStG geregelt. Daher sind in diesen
Fällen die allgemeinen Besteuerungsgrundsätze zu berücksichtigen.[25]

---

[20] Denkbar sind die Fälle der Vermögensübertragung von einer Versicherungs-AG auf einen VVaG oder auf ein öffentlich-rechtliches Versicherungsunternehmen, vgl. BT-Drucks. 12/6885 S. 21 zu § 12 UmwStG aF.
[21] → § 11 Rn. 108 ff.
[22] → § 11 Rn. 177 ff.
[23] → § 20 Rn. 10 ff.
[24] → Rn. 4 ff.
[25] Auf die Fälle der Ausgliederung aus dem Vermögen von Gebietskörperschaften auf eine Kapitalgesellschaft finden hingegen die Vorschriften der §§ 20 ff. UmwStG Anwendung.

7. Teil. Formwechsel

§ 25. Beweggründe für einen Formwechsel

I. Rechtsformwahl nach dem Angebot des UmwG

Die Wahl der Rechtsform eines Unternehmens ist eine der weitreichendsten unternehmerischen Entscheidungen überhaupt. Aus der Tatsache, dass ein Unternehmen kein statisches Gebilde, sondern ein dynamischer Prozess ist, folgt, dass die Frage nach der wirtschaftlich zweckmäßigsten Rechtsform nicht nur bei der Errichtung des Unternehmens eingehend durchdacht werden muss, sondern in Hinblick auf die sich ständig ändernden persönlichen, wirtschaftlichen, rechtlichen und steuerrechtlichen Rahmenbedingungen auch im weiteren Unternehmensverlauf ständig zu überprüfen ist. Ist die früher gewählte Rechtsform nicht mehr die zweckmäßigste, kann ein Rechtsformwechsel angezeigt sein. 1

Die **Beweggründe** für einen Rechtsformwechsel sind vielfältig. Nicht zu verhehlen ist, dass in vielen Fällen **steuerliche Erwägungen** eine Rolle spielen. Die Unternehmen reagieren damit auf die im deutschen Steuerrecht vorhandene Ungleichbehandlung der Rechtsformen,[1] die sich insbesondere in der unterschiedlichen Besteuerung der Personengesellschaften und Kapitalgesellschaften manifestiert. Die Überführung einer GmbH in eine GmbH & Co. KG ist zB ein vielgewählter Rechtsformwechsel, der sich bei einer gleichwertigen Haftungsstruktur anbietet, um etwaige Anlaufverluste einer Investition unmittelbar beim Gesellschafter anfallen zu lassen. In der Vergangenheit hatten steuerliche Regelungen, die etwa zu einer doppelten Erfassung von stillen Reserven führten oder ganz generell bei einer doppelten Besteuerungsebene keine entsprechende Anrechnungsmöglichkeit boten, eine beständige Flucht aus der Kapitalgesellschaft in die steuerlich transparente Personengesellschaft zur Folge.[2] 2

Umgekehrt kann es etwa zweckmäßig sein, eine Personenhandelsgesellschaft in eine Kapitalgesellschaft umzuwandeln, wenn zB Pensionsrückstellungen gebildet werden sollen, ausländische Gesellschafter eine beschränkte Steuerpflicht in Deutschland vermeiden möchten oder ganz einfach der Körperschaftsteuersatz eine relative Attraktivität für Gesell- 3

---

[1] Vgl. hierzu nur den Auftrag der „Brühler Kommission" zur Erarbeitung eines Konzeptes für eine rechtsformneutrale Unternehmensteuer, nach der alle Unternehmenseinkünfte mit höchstens 35% besteuert werden; BMF 1999 S. 11 und S. 14, FR 1999 S. 581 und die darauf folgenden „Brühler Empfehlungen zur Reform der Unternehmensbesteuerung", FR 1999 S. 580–586.

[2] Auch zur Vermeidung der Folgen verdeckter Gewinnausschüttungen an Gesellschafter, die nicht durch Satzungsklauseln rückgängig zu machen waren, BFH vom 29.4.1987 – I R 176/83, BStBl. II 1987 S. 733 (735); für Zeiträume bis Ende 1996 zur Vermeidung der doppelten Vermögensteuerpflicht der Gesellschaft und ihrer Gesellschafter.

schafter erlangt, die insbesondere Gewinne steuerschonend thesaurieren möchten.
Die Zinsabzugsbeschränkung nach § 4h EStG bzw. § 8a KStG hat umfangreiche Untersuchungen zur Optimierung der Unternehmensfinanzierung und Rechtsformänderung veranlasst.[3] Schließlich ist die Rechtsformwahl unter den Gesichtspunkten des internationalen Steuerrechts von Bedeutung. Die Anknüpfung von Doppelbesteuerungsabkommen richtet sich idR nach der Rechtsform des Unternehmens. Durch die eigene Rechtspersönlichkeit sind Kapitalgesellschaften anders als Personengesellschaften idR abkommensberechtigt (Art. 1 iVm Art. 3 I Buchst. a DBA-MA). Die Abkommensberechtigung der Gesellschafter aufgrund steuerlicher Transparenz der Personengesellschaft mag zu einer Optimierung der Steuerbelastung beim Anteilseigner führen oder aber Risiken der Steuerplanung hervorrufen, soweit die Wohnsitzstaaten das Konzept der transparenten Personengesellschaft nicht akzeptieren.

4   Im Rahmen verschiedenster Steuerreformen der vergangenen Jahre stand das Ziel einer rechtsformneutralen Unternehmenssteuerreform regelmäßig am Anfangspunkt einer intensiven theoretischen Debatte. Der große Wurf wurde aber in allen Fällen abgesagt. Vielmehr standen letztlich Reformen im Vordergrund, die die rechtsformbedingte steuerliche Vielfalt der Regelungen aufrecht erhielt oder weiter ausbaute. Die Abkehr vom Körperschaftsteueranrechnungssystem erforderte besondere Gleichstellungsvorschriften um eine mögliche Benachteiligung der Personengesellschaft gegenüber den Kapitalgesellschaften zu vermeiden.[4] Tatsächlich war in den Legislaturperioden zwischen 1998 und 2005 an der Handschrift des Steuergesetzgebers tendenziell eine Bevorzugung der Kapitalgesellschaftsformen erkennbar, die politisch motiviert dem Ziel entsprach, die Innenfinanzierung der Unternehmen zu stärken. Ein Körperschaftsteuersatz von 15% kann im internationalen Vergleich als sehr attraktiv gelten und führt im Zusammenhang mit einer Flexibilität gewerbesteuerlicher Hebesätze zu einem Steuersystem des regionalen Wettbewerbes um Ansiedlung von Unternehmen, der wirtschaftspolitisch begrüßenswert ist. Der weitere Vorteil der Kapitalgesellschaft aufgrund der freien Bestimmbarkeit des Ausschüttungszeitpunktes und damit der Möglichkeit der Verlagerung der Besteuerung in für die Gesellschafter günstige Veranlagungszeiträume lässt die Personengesellschaft als relativ uninteressant aussehen. Gleichwohl haben andere Vorteile der Personengesellschaft, so zB. die Besteuerung der Unternehmensnachfolge, im Rahmen der zahlreichen Steuerreformen dazu geführt, dass jedenfalls ein Ziel aus den Augen verloren wurde, nämlich die Rechtsformneutralität der Unternehmensform.[5]

5   Neben diesen – keineswegs erschöpfend genannten – steuerrechtlichen Motiven gibt es eine Vielzahl weiterer Beweggründe. Eine erhebliche

---

[3] *Bohn* Zinsschranke und Alternativmodelle zur Beschränkung des Zinsabzuges.
[4] Einführung des § 35 EStG durch Steuersenkungsgesetz vom 23.10.2000 (BGBl. I 2000 S. 1433).
[5] Vgl. *Herr* Führt die Unternehmenssteuerreform aus dem Jahr 2001 zu mehr Rechtsformneutralität?, Heidelberg, 2003, S. 76 ff.

Rolle spielt etwa der Formwechsel zur Erschließung neuer Finanzierungsquellen. Zu nennen sind einmal der Wechsel in eine Personengesellschaft zur Verbesserung der Kreditwürdigkeit. Andererseits erleichtert der Formwechsel in eine Aktiengesellschaft die Beschaffung von Eigenkapital und ist ein notwendiger Schritt für die Platzierung des Unternehmens an der Börse oder kann ein Squeeze-out ermöglichen nach den Vorschriften des Aktienrechts, oder seit dem Dritten Umwandlungsänderungsgesetz § 62 UmwG. Heute nicht mehr möglich ist die Verbesserung der Innenfinanzierung des Unternehmens durch die steuerfreie Aufdeckung stiller Reserven unter Schaffung eines erhöhten Abschreibungspotenzials. Diese Gestaltung wurde typischerweise zur Optimierung des Cash-flows bei *Leveraged Buy-outs* angewendet.[6]

Als Motive für einen Formwechsel sind schließlich zu nennen eine erwünschte Veränderung der **Haftungsstruktur** des Unternehmens, die Wahl anderer gesetzlicher Vorschriften zur **Corporate Governance** und insbesondere auch der Formwechsel zur **Vorbereitung der Generationennachfolge**.[7]

II. Alternativen zum umwandlungsrechtlichen Formwechsel

Neben dem eigentlichen, im UmwG geregelten Formwechsel existieren weitere Möglichkeiten des Rechtsformwechsels im und außerhalb des UmwG: Dies sind zum einen Umwandlungsformen nach dem UmwG, mit den in anderer Weise das gewünschte Ergebnis eines Rechtsformwechsels herbeigeführt werden kann; zum anderen gibt es vor allem „Rechtsformwechsel" im Bereich des Personengesellschaftsrechts, so der Formwechsel von OHG zur KG bzw. von der Personenhandelsgesellschaft zum Einzelkaufmann, die außerhalb des UmwG geregelt sind.

Die Möglichkeiten einer Rechtsformwahl haben sich im Übrigen durch den europäischen Gesetzgeber und die Rechtsprechung des EuGH erheblich erweitert: Die deutschen Rechtsformen konkurrieren mit den supranationalen europäischen Rechtsformen der SE und der SCE sowie allen ausländischen Rechtsformen, denen mit dem Argument der Niederlassungsfreiheit in Europa die Anerkennung nicht versagt werden kann und die damit uU auch eine mögliche Zielrechtsform darstellen.

1. Mischverschmelzung

Das Ergebnis eines Formwechsels lässt sich innerhalb des UmwG oft durch eine Mischverschmelzung[8] erreichen. Wird der Formwechsel einer OHG in eine GmbH angestrebt, kann alternativ zum Formwechsel zunächst eine GmbH ausgegründet werden, auf die dann die OHG verschmolzen wird. Eine solche Gestaltungsvariante kann unter verschiede-

---
[6] Sog. „leverage buy-out" oder „roll-over"-Modell, vgl. dazu *Streck* DB 1992 S. 685 ff.; *Otto* DB 1989 S. 1389 ff.
[7] Vgl. eingehend zu den Beweggründen *Decher* in Lutter UmwG vor § 190 Rn. 18 ff.; *Widmann/Mayer* UmwG Einf. Rn. 22.
[8] → § 2 Rn. 16; → § 9 Rn. 26.

nen Gesichtspunkten Sinn machen. Zum einen gibt es Fälle, in denen das UmwG zwar eine Verschmelzung zwischen Rechtsträgern verschiedener Rechtsformen, nicht aber einen Formwechsel zulässt, zB bei der Genossenschaft, die zwar auf eine Personengesellschaft verschmolzen, nicht aber durch Formwechsel die Rechtsform einer Personengesellschaft erlangen kann. Auch bilanzpolitische Zielsetzungen können den Weg einer Mischverschmelzung gegenüber dem eines Formwechsels als vorteilhaft erscheinen lassen. Während bei der Verschmelzung wegen des damit verbundenen Übergangs von Vermögenswerten ein bilanzielles Bewertungswahlrecht eingreift, ist die Bilanz beim Formwechsel grundsätzlich fortzuführen.[9] Zusammenfassend ist zu sagen, dass vor der Entscheidung für den Weg des Formwechsels grundsätzlich eine kritische Gegenüberstellung der Alternativen erfolgen sollte.

2. Rechtsformänderungen außerhalb des UmwG

10 Nach § 190 II UmwG gelten die umwandlungsrechtlichen Vorschriften über den Formwechsel nicht für Änderungen der Rechtsform, die in anderen Gesetzen vorgesehen oder zugelassen sind. Das UmwG meint damit vor allem die Rechtsformänderungen im Bereich der Personengesellschaft. Zu nennen sind hier der Übergang der Gesellschaft des bürgerlichen Rechts in eine Personenhandelsgesellschaft durch Änderung des Unternehmensgegenstandes iSd § 105 I HGB. Diese Änderungen der Rechtsform vollziehen sich außerhalb des UmwG nach den bislang geltenden Vorschriften.

11 Einen weiteren, nicht vom UmwG erfassten Rechtsformwechsel stellt die sog. **„Synchronübertragung mit Anwachsung"** dar. Gemeint ist damit der Fall, dass bis auf einen Gesellschafter alle anderen zu einem Zeitpunkt aus der Personengesellschaft ausscheiden und die Anteile der ausscheidenden Gesellschafter dem verbleibenden Gesellschafter anwachsen, §§ 738 BGB, 105 II, 161 II HGB. Dementsprechend würde die Einbringung der Kommanditanteile einer **GmbH & Co. KG** in die Komplementär-GmbH (ggf. gegen Kapitalerhöhung) zu einem Formwechsel der Kommanditgesellschaft in die GmbH führen. Dieser Formwechsel ist zwar vom UmwStG (§ 20), nicht aber vom UmwG erfasst. Da dieses Anwachsungsmodell – ggf. nach vorherigem Beitritt eines das Gesellschaftsvermögen übernehmenden Gesellschafters – im Vergleich zum umwandlungsrechtlichen Formwechsel verhältnismäßig einfach durchzuführen ist, ist die Möglichkeit einer solchen Gestaltung immer zu prüfen. Der „Wechsel" einer Unternehmergesellschaft in eine GmbH ist ebenso kein Formwechsel, da die Unternehmergesellschaft lediglich eine besondere Form der GmbH darstellt.[10]

12 Schließlich ist noch der Formwechsel der Agrargenossenschaft in die Personenhandelsgesellschaft außerhalb des UmwG nach § 38a LwAnpG zulässig.

---

[9] → § 26 Rn. 20.
[10] *Miras* in Michalski GmbHG § 5a Rn. 4.

3. Grenzüberschreitender Formwechsel

Gesetzliche Möglichkeiten des grenzüberschreitenden Rechtsformwechsels wurden nur durch die SE-VO und die SCE-VO geschaffen. Eine SE kann nach Art. 2 IV SE-VO iVm Art. 37 SE-VO durch den Formwechsel einer Aktiengesellschaft in eine SE errichtet werden, die ihren Sitz und ihre Hauptverwaltung in einem Mitgliedstaat hat und seit mindestens zwei Jahren eine Tochtergesellschaft hält, welche dem Recht eines anderen Mitgliedstaates unterliegt.[11] Diesen Weg sind in Deutschland zB die Porsche AG und Fresenius AG gegangen. Eine entsprechende Regelung besteht für die SCE. 13

Die Umwandlung in die SE wird heute aus Gründen eines gegenüber der Aktiengesellschaft weiteren Rahmens der Corporate Governance erwogen, im Hinblick auf die gesetzliche Möglichkeit einer Sitzverlegung in der EU – der einzigen kodifizierten Möglichkeit aus deutscher Sicht –, aber auch aus Reputationsgründen.[12] 14

Dem grenzüberschreitenden Formwechsel entspricht allerdings die **grenzüberschreitende Sitzverlegung** von Kapital- und Personengesellschaften,[13] soweit sie mit einer **identitätswahrenden Statutenänderung** einhergeht. Ein identitätswahrender Zuzug oder Wegzug unter Verlegung des Satzungssitzes ist gesetzlich allerdings aus deutscher Sicht lediglich für die SE und SCE möglich.[14] Eine **Verlegung des Verwaltungssitzes** unter Beibehaltung des Satzungssitzes kann im europarechtlichen Rahmen der Grundfreiheiten zwar zu einem identitätswahrenden Zuzug oder Wegzug führen. Ein Rechtsformwechsel findet damit allerdings im Grunde nach nicht statt. Eine zunehmende Diskussion über die Vorteilhaftigkeit der Nutzung ausländischer Rechtsformen im deutschen Rechtsverkehr[15] befasst sich daher grundsätzlich nicht mit der Frage des Rechtsformwechsels, sondern mit dem rechtlichen Fortbestand der ausländischen Rechtsform mit Verwaltungssitz in Deutschland. Aufgrund der Rechtsprechung des Europäischen Gerichtshofes ist allerdings unter bestimmten Umständen auch der rechtsformwechselnde Sitzwechsel als durch die Freizügigkeit geschützt anerkannt, allerdings bisher nach dem deutschen Umwandlungsrecht nicht als grenzüberschreitender Formwechsel möglich.[16] 15

---

[11] → § 14 Rn. 13; → § 26 Rn. 173 ff.
[12] Vgl. zu den verschiedenen Gründen für eine Umwandlung in eine SE zB *Lutter* in Lutter/Hommelhoff; Einl. Rn. 32 ff.; speziell zum Formwechsel *Seibt* ebd. Art. 37 SE-VO Rn. 5.
[13] Vgl. hierzu ausführlich § 32.
[14] OLG München vom 4.10.2007, NZG 2007 S. 915; → § 32 Rn. 72 ff.
[15] *Leuring* ZRP 2006 S. 201; *ders.* ZRP 2008 S. 73; *Rehm* in Eidenmüller Ausländische Kapitalgesellschaften § 10 Rn. 1 ff.
[16] EuGH Urteil v. 12.7.2012 C-378/10, NJW 2012 S. 2715 – Vale ; dazu *Bayer/Schmidt* ZIP 2012 S. 1481 (1484 f.); *Böttcher/Kraft* NJW 2012 S. 2701 (2703).

§ 26. Umwandlungsrechtliche Regelungen

I. Formwechsel im UmwG

1. Systematik

1   Das UmwG regelt den Formwechsel von Rechtsträgern im Fünften Buch in den §§ 190–304 umfassend und nicht analogiefähig für alle Rechtsformen; einzelne Konstellationen des Formwechsels sind allerdings durch Sondervorschriften ausgeschlossen. Anders als etwa das Spaltungsrecht, welches in großem Umfang Bezug auf die Verschmelzungsregeln nimmt und deshalb selbst keine eigenständige Regelung darstellt, ist das Recht des Formwechsels vom Gesetzgeber als **eigene Rechtsmaterie** der Unternehmensumstrukturierung ausformuliert worden, in der sich lediglich vereinzelt Rückgriffe auf das Recht der Verschmelzung finden.

2   Orientierungsnormen des neuen Rechts des Formwechsels waren für den Gesetzgeber die **§§ 362–392 AktG (1965),** mithin die Vorschriften, die vormals die formwechselnde Umwandlung unter Kapitalgesellschaften erfassten. Diese Regelungen wurden vom Gesetzgeber hinsichtlich der Anforderungen, die an eine Unternehmensumstrukturierung gestellt werden, an das Verschmelzungs- und Spaltungsrecht angepasst, so dass zB auch für einen Formwechsel grundsätzlich (vorbehaltlich der Möglichkeit des Verzichts) ein ausführlicher, schriftlicher Bericht anzufertigen ist[1] und der Betriebsrat über die Auswirkungen des Formwechsels auf Arbeitnehmer und ihre Vertretungen informiert werden muss.

3   Hinsichtlich des Schutzes von Minderheitsgesellschaftern, Gläubigern und Arbeitnehmern sind sich so die verschiedenen Formen der Unternehmensumwandlung überaus ähnlich. Auch hinsichtlich des Gesetzesaufbaus greift der Gesetzgeber auf eine identische Gesetzgebungstechnik zurück. Wie bei den anderen Umwandlungsarten hat er auch dem Formwechsel in den §§ 190–213 UmwG einen allgemeinen Teil vorangestellt, in dem rechtsformübergreifend die rechtlichen Anforderungen an einen Rechtsformwechsel normiert sind. Hieran schließt sich in den §§ 214–304 UmwG der zweite Teil an, der ergänzende, besondere Vorschriften enthält. Abweichend von den übrigen Büchern arbeitet der Gesetzgeber im Bereich des Formwechsels jedoch nicht ausschließlich mit rechtsformspezifischen Ergänzungen, sondern fasst den Formwechsel von Personenhandelsgesellschaften in Kapitalgesellschaften (§§ 214–225 UmwG) und den Formwechsel aus der Kapitalgesellschaft (§§ 226–257 UmwG) in zwei Abschnitten zusammen. Den Formwechsel aus der Kapitalgesellschaft untergliedert der Gesetzgeber in die Unterabschnitte Formwechsel von Kapitalgesellschaften in eine Personenhandelsgesellschaft (§§ 228–237 UmwG), Formwechsel von Kapitalgesellschaften in Kapitalgesellschaften anderer Rechtsform (§§ 238–250 UmwG) sowie Formwechsel von Kapitalgesellschaften in eine eingetragene Genossenschaft (§§ 251–257 UmwG), denen er nochmals einen allgemeinen Teil

---

[1] → Rn. 31, → 79 ff.

voranstellt (§§ 226 f. UmwG). Der Abschnitt zu Personenhandelsgesellschaften wurde nachträglich in Unterabschnitte zur Personenhandelsgesellschaft (§§ 214 ff. UmwG) und zu Partnerschaftsgesellschaften (§§ 225a ff. UmwG) untergliedert und mit Formwechsel von Personenhandelsgesellschaften überschrieben.[2] Den besonderen Teil schließen Regelungen bezüglich des Formwechsels von Genossenschaften, von rechtsfähigen Vereinen, von Versicherungsvereinen auf Gegenseitigkeit sowie schließlich von Anstalten und Körperschaften des öffentlichen Rechts ab.

Unterschiede zum Verschmelzungs- und Spaltungsrecht ergeben sich zum einen daraus, dass beim Formwechsel stets nur ein Rechtsträger beteiligt ist, mithin der Formwechsel ein **gesellschaftsinterner Organisationsakt** bleibt. Zwangsläufig existiert beim Formwechsel kein Vertrag. An seine Stelle tritt der gesellschaftsinterne Umwandlungsbeschluss. Ein weiterer wesentlicher Unterschied des Formwechsels zu den übrigen Umstrukturierungsarten liegt darin, dass nach dem gesetzgeberischen Konzept des UmwG beim Formwechsel **keine Vermögensübertragung** erfolgt. Der Gesetzgeber geht davon aus, dass sich beim Formwechsel allein die rechtliche Organisation des Unternehmensträgers ändert, dem vor und nach der Umwandlung dasselbe Vermögen zugeordnet ist (sog. **Identitätskonzept**).[3] Außerdem ergeben sich Unterschiede daraus, dass der Gesetzgeber – mit Ausnahmen beim Formwechsel in eine KGaA[4] bzw. eines Versicherungsvereins auf Gegenseitigkeit[5] – von einem **identischen Personenkreis** ausgeht, der vor und nach dem Formwechsel an dem Rechtsträger beteiligt ist, während es bei Spaltung und Verschmelzung durchaus zu Änderungen in der Gesellschafterstruktur kommen kann. Diese Problematik wird insbesondere beim wirtschaftlich relevanten Formwechsel in eine GmbH & Co. KG diskutiert, bei dem der Gesetzgeber den Formwechsel zwar ermöglicht, aber nicht gesondert regelt, sodass es bei dem Formwechsel in diese Gesellschaftsform zu – unnötigen – Schwierigkeiten kommt.[6]

2. Die Änderungen durch das UmwG 1994 und spätere Gesetzesänderungen

Als wesentliche Neuerung des UmwG 1994 bezüglich des Formwechsels von Rechtsträgern trat die Zusammenfassung der gesetzlichen Regelungen in einem Gesetz und die Ermöglichung des Formwechsels für weitere Rechtsformen eher in den Hintergrund. Die entscheidende Neuerung ergab sich erst auf den zweiten Blick, obgleich sie nicht nur eine grundlegende Änderung des Formwechsels, sondern wohl auch einen tief greifenden Einschnitt in das deutsche Gesellschaftsrecht darstellte.[7] Beinahe beiläufig wurde der **Formwechsel einer Personen-**

---

[2] Änderung aufgrund des Gesetzes zur Änderung des UmwG, des Partnerschaftsgesellschaftsgesetzes und anderer Gesetze.
[3] BT-Drucks. 12/6699 S. 136.
[4] → Rn. 73, → 161 ff.
[5] Vgl. dazu die §§ 291–300 UmwG.
[6] → Rn. 160 ff.
[7] *Meister/Klöcker* in Kallmeyer UmwG § 190 Rn. 7.

§ 26　　　　　　　　　　　　　　　　7. Teil. Formwechsel

handelsgesellschaft in eine Kapitalgesellschaft und umgekehrt den Vorschriften unterstellt, die, wie bereits unter 1. dargelegt, im wesentlichen auf den §§ 362 ff. AktG (1965) beruhen. Der Gesetzgeber behandelt damit den Formwechsel einer Personenhandelsgesellschaft in eine Kapitalgesellschaft nach den Vorschriften einer **„formwechselnden Umwandlung"**, mithin nach Vorschriften, die vormals nur auf den Formwechsel einer Kapitalgesellschaft in eine Kapitalgesellschaft anderer Rechtsform anwendbar waren. Um die Tragweite dieser gesetzgeberischen Entscheidung erfassen zu können, ist kurz auf die alte Rechtslage einzugehen:

6　　Im früheren Recht war der Formwechsel als Umwandlung im engeren Sinne in den §§ 362–392 AktG aF und dem UmwG aF geregelt. Zu verstehen war hierunter die Veränderung der Rechtsform eines Unternehmens ohne Auflösung und ohne Einzelrechtsübertragung.[8] Die Regelungen unterschieden dabei die „formwechselnde" Umwandlung von Kapitalgesellschaften und die „übertragende" Umwandlung von Personenhandels- auf Kapitalgesellschaften oder umgekehrt.

7　　Die formwechselnde Umwandlung zwischen Kapitalgesellschaften war als lediglich organisationsändernd ausgestaltet; sie führte nur zu Änderungen der äußeren Rechtsform des Unternehmens bei voller Aufrechterhaltung seiner Identität ohne Übertragung des Vermögens und wurde als Satzungsänderung begriffen.[9] Diese Umwandlung war zwischen allen kapitalistischen Handelsgesellschaften möglich; daneben erlaubten die §§ 59, 63–65 UmwG aF den Formwechsel einer Genossenschaft, eines Versicherungsvereins auf Gegenseitigkeit sowie von Körperschaften oder Anstalten des öffentlichen Rechts in die Rechtsform einer Kapitalgesellschaft.

8　　Nicht unter den Begriff der formwechselnden Umwandlung fiel der „Formwechsel" zwischen OHG und Kommanditgesellschaft einerseits und der Wechsel von Personenhandelsgesellschaften in Gesellschaften bürgerlichen Rechts; dieser richtete sich nach den allgemeinen Vorschriften des HGB. Die formwechselnde Umwandlung war, da sich die Identität der juristischen Person nicht änderte, steuerneutral. Es fielen weder Verkehrs- noch Besitzsteuern an, insbesondere keine Grunderwerbsteuer.[10]

9　　Die übertragende Umwandlung von Kapitalgesellschaften auf Personenhandelsgesellschaften oder umgekehrt war mit ihren Spielarten der errichtenden bzw. der verschmelzenden Umwandlung im UmwG von 1969 geregelt. Im Gegensatz zur formwechselnden Umwandlung fand bei der **übertragenden Umwandlung** grundsätzlich eine Vermögensübertragung auf einen dadurch errichteten Rechtsträger oder im Falle des Formwechsels einer Ein-Mann-Kapitalgesellschaft in ein einzelkauf-

---

[8] *Widmann/Mayer* UmwG aF Rn. 5 ff.
[9] *Henn* Handbuch des Aktienrechts § 40 Rn. 1413; *Decher/Hoger* in Lutter UmwG, Vor § 190 Rn. 2 f.
[10] *Semler/Grunewald* in Geßler/Hefermehl/Eckardt/Kropff AktG Vorb. zu §§ 362 ff. Rn. 56.

männisches Unternehmen[11] im Wege der Gesamtrechtsnachfolge statt; eine Liquidation des übertragenden Rechtsträgers erfolgte nicht. Die übertragende Umwandlung erfasste drei Fälle, nämlich die Umwandlung einer Kapitalgesellschaft durch gleichzeitige Errichtung einer Personenhandelsgesellschaft, die Umwandlung einer Personenhandelsgesellschaft durch Vermögensübertragung auf eine gleichzeitig gegründete Kapitalgesellschaft sowie schließlich die übertragende Umwandlung eines wirtschaftlichen Vereins nach § 22 BGB auf eine AG. Allen diesen Vorgängen war gemeinsam, dass die notwendige Übertragung von Vermögensgegenständen verkehrssteuerwirksam war, mithin namentlich Grunderwerbsteuer auslöste.

Die entscheidende – man muss fast sagen sensationelle – Neuerung des Formwechsels im UmwG 1994 lag mithin darin, dass auch bei der Umwandlung einer Personen- in eine Kapitalgesellschaft und umgekehrt **keine Vermögensübertragung** stattfindet. Der Gesetzgeber nahm hierzu nur am Rande Stellung. In der Gesetzesbegründung führte er aus:[12]

„Abweichend von den Vorschriften über die errichtende Umwandlung soll es für die konkrete Ausgestaltung des Formwechsels jedoch nicht darauf ankommen, ob der formwechselnde Rechtsträger durch die Umwandlung zur juristischen Person wird oder eine juristische Person durch den Formwechsel die Eigenschaft als juristische Person verliert. Der Entwurf geht vielmehr auch in diesen Fällen von der **rechtlichen Identität des Rechtsträgers** aus. Dies entspricht einer modernen Auffassung von der Natur der Personenhandelsgesellschaft."

Aus dieser Begründung ist deutlich zu entnehmen, dass der Gesetzgeber die Personenhandelsgesellschaft zwar nicht als juristische Person ansieht, sie jedoch aufgrund ihrer Annäherung an diese im Umwandlungsrecht wie eine juristische Person behandelt wissen will. Die Zulassung des identitätswahrenden Formwechsels von Kapitalgesellschaften in Personenhandelsgesellschaften und umgekehrt enthält somit eine rechtliche Fiktion. Diese Fiktion ermöglicht die gewollten Rechtsfolgen, nämlich den Fortbestand des Rechtsträgers und der dinglichen und obligatorischen Rechtsgeschäfte, die ihm zugeordnet sind.[13] Nach einer weitergehenden Auffassung stellt die Zulassung des identitätswahrenden Formwechsels von und in Personenhandelsgesellschaften sogar den Charakter der Personenhandelsgesellschaft als Gesamthandsgemeinschaft insgesamt zur Disposition mit der Folge, dass die Personenhandelsgesellschaft nun als juristische Person anzusehen sei.[14]

---

[11] Das neue UmwG fasst diese Gestaltung als Verschmelzung auf, vgl. die §§ 120–122 UmwG und → § 9 Rn. 6, 146.
[12] BT-Drucks. 12/6699 S. 136 zum 5. Buch UmwG.
[13] *Hennrichs* ZIP 1995 S. 794 (796 f.); *Schwedhelm/Streck/Mack* GmbHR 1995 S. 161 (171).
[14] *Timm* NJW 1995 S. 3209 und ZGR 1996 S. 247 (251), vgl. auch BGH NJW 2001 S. 1056; NJW 2001 S. 3121.

13 Aufgrund der rechtlichen Identität des Rechtsträgers bedarf es keiner Vermögensübertragung; dies hat erhebliche zivilrechtliche, handelsbilanzielle und – wohl auch – steuerrechtliche Konsequenzen.[15] Dem Identitätskonzept wird seit einiger Zeit ein **Konzept der modifizierten Neugründung** gegenübergestellt, das bestimmte in der Praxis unerwünschte Konsequenzen des Identitätskonzeptes überwinden soll.[16]

14 Daneben haben die übrigen Änderungen des Rechts des Formwechsels naturgemäß geringere Bedeutung. Genannt wurden bereits die Einführung der **Berichtspflicht für die Verwaltungsorgane gegenüber den Gesellschaftern** und **Informationspflichten gegenüber den Arbeitnehmern**. Die Pflicht zur Sicherheitsleistung für Gläubiger wird auf alle Umwandlungsvorgänge ausgedehnt, entgegen § 374 AktG aF jedoch für insolvenzbevorrechtigte Gläubiger eingeschränkt, § 204 iVm § 22 UmwG.[17] Im Übrigen wurden die Umwandlungsmöglichkeiten zwischen den Rechtsträgern verschiedener Rechtsform erheblich erweitert. Der Gesetzgeber wollte vor allem den Formwechsel zwischen den Handelsgesellschaften jeglicher Couleur erleichtern.[18]

15 Spätere Änderungen des UmwG 1994 im Hinblick auf den Formwechsel sind im Verhältnis zur Reform des Jahres 1994 relativ geringfügig. So wurde durch das Erste Umwandlungsänderungsgesetz vom 22.7.1998[19] die Rechtsform der Partnerschaftsgesellschaft in den Kreis der umwandlungsfähigen Rechtsformen aufgenommen und durch das SEStEG[20] das Verfahren des Formwechsels erleichtert.[21] Das Dritte Umwandlungsänderungsgesetz vom 11.7.2011 hat nur geringe Formerleichterungen für den Umwandlungsbericht nach § 230 II 2 UmwG eingeführt.

3. Formwechselfähige Rechtsträger

16 Das UmwG verfolgt das Ziel, den verschiedenen Handelsgesellschaften untereinander alle denkbaren Möglichkeiten des Formwechsels zu eröffnen, um weitestgehend allen unternehmerischen Bedürfnissen Rechnung

---

[15] → § 25 Rn. 2.
[16] *Bärwaldt/Schabacker* ZIP 1998 S. 1293 ff.; *Bärwaldt* in Semler/Stengel UmwG § 197 Rn. 3; siehe auch mwN *Schlitt* in Semler/Stengel UmwG § 214 Rn. 5
[17] Dies entsprach schon der hM zu § 374 AktG aF, vgl. *Zöllner* in Kölner Kommentar zum AktG § 374 Rn. 7; *Grunewald/Semler* in Geßler/Hefermehl/Eckardt/Kropff AktG § 374 Rn. 7.
[18] → Rn 3.
[19] BGBl. I 1998 S. 1878.
[20] Gesetz über steuerliche Begleitmaßnahmen zur Einführung der Europäischen Gesellschaft und zur Änderung weiterer steuerrechtlicher Vorschriften vom 7.12.2006 (das Gesetz dient der Umsetzung der Richtlinie 2005/19/EG des Rates vom 17.2.2005 zur Änderung der Richtlinie 90/434 EWG über das gemeinsame Steuersystem für Fusionen, Spaltungen, die Einbringung von Unternehmensteilen und den Austausch von Anteilen, die Gesellschaften verschiedener Mitgliedstaaten betreffen (ABl. Nr. L 58 S. 19);→ § 1 Rn. 4.
[21] → § 2 Rn. 23.

tragen zu können. ²² Der Formwechsel in besondere Rechtsformen unternehmerischer Betätigung, wie etwa in die Genossenschaft oder den wirtschaftlichen Verein wird allerdings nur dort zugelassen, wo der Gesetzgeber ein Bedürfnis anerkennt, in vielen Fällen jedoch verwehrt. Gemäß § 191 I UmwG ist der Formwechsel zugelassen für:
– Personenhandelsgesellschaften
– Partnerschaftsgesellschaften
– Kapitalgesellschaften
– eingetragene Genossenschaften
– rechtsfähige Vereine
– Versicherungsvereine auf Gegenseitigkeit
– Körperschaften und Anstalten des öffentlichen Rechts.

Dagegen können Rechtsträger neuer Rechtsform (Zielrechtsträger) nur eine eingeschränkte Zahl von Rechtsformen sein, nämlich gemäß § 191 II UmwG:
– Gesellschaften bürgerlichen Rechts
– Personenhandelsgesellschaften
– Partnerschaftsgesellschaften
– Kapitalgesellschaften
– eingetragene Genossenschaften.

Die abschließende Aufzählung gilt nur für Umwandlungen nach dem Umwandlungsgesetz; unberührt bleiben gemäß § 1 I Nr. 4, § 1 II UmwG Rechtsformänderungen nach anderen Gesetzen.

Das Umwandlungsgesetz regelt nur den Formwechsel von Rechtsträgern mit Sitz im Inland (§ 1 I Nr. 4 UmwG). De lege lata wurde deshalb früher vertreten, dass ein grenzüberschreitender Formwechsel nicht möglich sei. Aufgrund der Entwicklung der Rechtsprechung sowohl des Europäischen Gerichtshofes als auch der nationalen Gerichte zur Sitzverlegung und der Einführung der Regelungen über die grenzüberschreitende Verschmelzung für Kapitalgesellschaften wurde zum Teil die Ansicht vertreten, auch der grenzüberschreitende Formwechsel müsse zumindest in das Inland möglich sein,²³ während der Wegzug nach wie vor nicht möglich sei.²⁴ In Parallele zur Sitzverlegung sollte in Zukunft auch ein grenzüberschreitender Formwechsel zugelassen werden.²⁵ Nach der jüngeren Entwicklung der Rechtsprechung des Europäischen Gerichtshofes (Sevic,²⁶ Cartesio²⁷ und Vale²⁸) fällt jedoch die grenzüberschreitende statutenwechselnde Sitzverlegung in den Schutzbereich der Niederlassungsfreiheit. Inwieweit daraus direkt mangels bis-

---

²² BT-Drucks. 12/6699 S. 136 zum 5. Buch UmwG.
²³ Zu der Rechtsprechung → § 2 Rn. 40 ff.; die Möglichkeit des Formwechsels bejahend *Spahlinger/Wegen* NZG 2006 S. 721 (727).
²⁴ *Leuring* ZRP 2008 S. 73 (75).
²⁵ *Geyrhalter/Weber* DStR 2006 S. 146 (150); *Teichmann* ZIP 2006 S. 355 (362); dazu *Decher/Hoger* in Lutter UmwG vor § 190 Rn. 36.
²⁶ EuGH v. 13.12.2005, Rs. C-411/03 – Sevic.
²⁷ EuGH v. 16.12.2008, Rs. C-210/06 – Cartesio.
²⁸ EuGH v. 12.7.2012, Rs. C-378/10 – Vale.

heriger Umsetzung in das deutsche Recht ein grenzüberschreitender Formwechsel möglich wäre, ist derzeit dennoch nicht abschließend geklärt.[29]

19 Die nachfolgende Tabelle gibt einen Überblick über die Möglichkeiten des Formwechsels (s. zur Möglichkeit des Formwechsels einer SE bereits → § 2 Rn. 44):

alte Rechtsform \ neue Rechtsform	GbR	PartGes	OHG	KG	GmbH	AG	KGaA	e.G.	e.V.	VVaG	K.ö.R.
GbR		(PartGG)	HGB	HGB	(GmbHG)	(AktG)	(AktG)				
PartGes					x	x	x	x			
OHG	HGB	(PartGG)		HGB	x	x	x	x			
KG	HGB	(PartGG)	HGB		x	x	(AktG)	x			
GmbH	x	x	x	x		x	x	x			
AG	x	x	x	x	x		x	x			
KGaA	x	x	x	x	x	x		x			
e.G.					x	x	x				
e.V.					x	x	x	x			
VVaG						x					
K.ö.R.					x	x	x				

GbR = Gesellschaft bürgerlichen Rechts
PartGes = Partnerschaftsgesellschaft
OHG = offene Handelsgesellschaft
KG = Kommanditgesellschaft
GmbH = Gesellschaft mit beschränkter Haftung
AG = Aktiengesellschaft
KGaA = Kommanditgesellschaft auf Aktien
e.G. = Genossenschaft
e.V. = eingetragener Verein
VVaG = Versicherungsverein auf Gegenseitigkeit
K.ö.R. = Körperschaft öffentlichen Rechts
HGB = Formwechsel bestimmt sich nach den Vorschriften des HGB
(GmbHG) = Gründung nach den Vorschriften des GmbHG erforderlich
(AktG) = Gründung nach den Vorschriften des AktG erforderlich
(PartGG) = Gründung nach dem Partnerschaftsgesellschaftsgesetz
x = Formwechsel im Rahmen des UmwG möglich

20 Der Formwechsel in eine **GmbH & Co. KG** bzw. **Stiftung & Co. KG** ist nach dem UmwG als Formwechsel in eine Personenhandelsgesellschaft möglich. Die Forderung des Gesetzgebers nach Gesellschafteriden-

---

[29] Dafür spricht sich zB *Bayer/Schmidt* ZIP 2012 S. 1481 (1484 f.) aus; ablehnend auf Grundlage des bisherigen Rechts *Böttcher/Kraft* NJW 2012 S. 2701 (2703); Beschl. OLG Nürnberg v. 13.2.2012 NZG 2012 S. 468 (471) unter Vorwegnahme der Vale-Entscheidung.

tität, die insoweit praktische Probleme aufwirft, wurde durch die Rechtsprechung des BGH dahingehend gelockert, dass jedenfalls der Beitritt einer Komplementär-GmbH im Rahmen des Formwechsels zulässig ist.[30] Die Unternehmergesellschaft kann an sich an einem Umwandlungsvorgang, der einer GmbH offensteht, teilnehmen, sich zB in eine AG umwandeln. Allerdings dürfte bei einem Formwechsel in einer UG das Sacheinlagenverbot nach § 5a II 2 GmbH im Wege stehen.[31]

Mit der im UmwG 1994 geschaffenen Möglichkeit des Formwechsels von **Idealvereinen** entsprach der Gesetzgeber einer Forderung der Praxis, da ideelle Zwecke im Erfolgsfalle einer unternehmerischen Struktur bedürfen; adäquate Führungs- und Finanzierungsstrukturen lassen sich nur in einer veränderten Rechtsform schaffen. 21

Das Umwandlungsgesetz ermöglicht auch den Formwechsel in eine **Genossenschaft**.[32] Der seit 1994 darüber hinaus erweiterte Kreis der Ziel-Rechtsformen beim Formwechsel aus einer Genossenschaft erspart den Weg über die früher praktizierte zweistufige Umwandlung (zB e. G. in AG und AG in GmbH). 22

Auch wenn die Rechtsform der Partnerschaftsgesellschaft schon im Jahre 1994 geschaffen wurde, fand sie im Umwandlungsrecht erst später ihren Niederschlag. Der Formwechsel aus der Partnerschaftsgesellschaft ist seit 1998 aufgrund des Gesetzes zur Änderung des UmwG, des Partnerschaftsgesetzes und anderer Gesetze in einem neuen Unterabschnitt in den §§ 225a ff. UmwG geregelt. 23

Entsprechend den Verschmelzungs- und Spaltungsregelungen ist ein Formwechsel eines Rechtsträgers auch dann noch möglich, wenn er aufgelöst ist, vorausgesetzt, die Fortsetzung in der bisherigen Rechtsform könnte von den Anteilseignern beschlossen werden, § 191 III UmwG. 24

Ein „Formwechsel" ist weiter möglich für den **Einzelkaufmann**. Allerdings behandelt das UmwG den „Formwechsel" des Einzelkaufmannes in eine Ein-Mann-Kapitalgesellschaft als Ausgliederung, vgl. §§ 152–160 UmwG und den umgekehrten Fall als Verschmelzung, §§ 120–122 UmwG. 25

II. Der Ablauf des Formwechsels im Überblick

Der Ablauf des Formwechsels unterscheidet sich von den Abläufen der Verschmelzung und Spaltung grundlegend dadurch, dass dem Registergericht **keine Schlußbilanz** bei der Anmeldung vorzulegen, mithin auch die den Verschmelzungs- und Spaltungsvorgang bestimmende Acht-Monats-Frist beim Formwechsel nicht einzuhalten ist; dessen ungeachtet kann allerdings als Übertragungsstichtag für steuerliche Zwecke ein Tag gewählt werden, welcher höchstens acht Monate vor Anmeldung des 26

---

[30] BGH vom 9.5.2005, DStR 2005 S. 1539 (1541); → Rn. 161.
[31] *Miras* in Michalski, GmbHG § 5a Rn. 13; *Stengel* in Semler/Stengel UmwG § 190 Rn. 4.
[32] Vgl. rechtsformvergleichend *Turner* GmbHR 1993 S. 390 ff. (GmbH); *Turner* DB 1993 S. 363 ff.; *Binz/Freudenberg* DB 1991 S. 2473 ff. (AG); generell zur Genossenschaft *Kohte* ZIP 1991 S. 905 ff.

§ 26 7. Teil. Formwechsel

Formwechsels beim Handelsregister liegt (**steuerliche Acht-Monats-Frist**).[33] Des Weiteren ist wegen der nur gesellschaftsinternen Bedeutung weder ein Vertrag noch eine Prüfung des Umwandlungsbeschlusses erforderlich. Allerdings bleibt es grundsätzlich bei der Prüfung des Abfindungsangebotes.[34] Auch im Übrigen gestaltet sich der Formwechsel wesentlich einfacher als die Umwandlungen unter Beteiligung mehrerer Rechtsträger, weil eine Vermögensübertragung nicht erfolgt und – mit wenigen Ausnahmen[35] – Dritte nicht am Formwechsel beteiligt sind, somit auch eine Abstimmung mit ihnen entfällt. Im Übrigen sind die Abläufe jedoch durchaus ähnlich. Auch der Ablauf des Formwechsels lässt sich in vier Phasen gliedern, nämlich die
– Planungsphase
– Vorbereitungsphase
– Beschlussphase
– Eintragungsphase.

1. Planungsphase

27   Anders als bei der Verschmelzung und Spaltung kann der Formwechsel relativ frei geplant werden. Einzuhalten ist lediglich die Monatsfrist des § 194 II UmwG, wonach dem Betriebsrat einen Monat vor der Gesellschafterversammlung der Entwurf des Umwandlungsbeschlusses übersandt werden muss.

28   Seit dem Zweiten Umwandlungsänderungsgesetz ist es nun nicht mehr erforderlich, für die Zwecke der Vermögensaufstellung den Beschluss in die Nähe des Bilanzstichtages zu legen, da das Erfordernis der Vermögensaufstellung in § 192 II aF ersatzlos gestrichen wurde. Einer Prüfung des **Entwurfs des Umwandlungsbeschlusses** bedarf es beim Formwechsel nicht. Jedoch ist nach den § 208 iVm § 30 II UmwG ein den Umwandlungsbeschluss aufzunehmendes **Barabfindungsangebot** stets **zu prüfen**, soweit nicht alle Gesellschafter auf die Prüfung in notariell beurkundeter Form verzichten.[36] Da beim Formwechsel grundsätzlich ein Barabfindungsangebot zu machen ist, ist die Zeit für die Prüfung einzurechnen. Daneben sind etwa erforderliche **Gründungsprüfungen** nach den Gründungsvorschriften für Kapitalgesellschaften durchzuführen, § 197 UmwG. Soweit ein Aufsichtsrat erstmalig zu bilden ist, erfordert dies die Durchführung des **Statusverfahrens** (§§ 97 ff. AktG) und ggf. die Durchführung von Wahlen. Außerdem sind die gesellschaftsvertraglichen oder gesetzlichen **La-**

---

[33] Vgl. §§ 9, 20, 25 UmwStG und → § 28 Rn. 9.
[34] → Rn. 66 ff.
[35] Ausnahmen bestehen beim Beitritt von Gesellschaftern insbesondere beim Formwechsel in eine KGaA; Drittinteressen sind zudem bei den Kapitalaufbringungsgrundsätzen sowie dann zu beachten, wenn besondere Rechte wie Wandelschuldverschreibungen oder Genussrechte bestehen.
[36] Vgl. auch § 225 UmwG, der bei der Einheitsumwandlung in der Personenhandelsgesellschaft das Verlangen eines Gesellschafters voraussetzt, sowie die §§ 227, 250, 282 UmwG.

dungsfristen zur Gesellschafterversammlung zu beachten, soweit nicht nach allgemeinen gesellschaftsrechtlichen Vorschriften auf diese Formalia verzichtet wird. Der Ablauf des Formwechsels kann sich damit zB wie folgt darstellen: 29

Je nach Komplexität des Formwechsels und Möglichkeiten des Verzichts auf bestimmte Elemente kann sich der Zeitplan selbstverständlich wesentlich verkürzen.

2. Vorbereitungsphase

Die Phase der Beschlussvorbereitung wurde bis zum Inkrafttreten des Zweiten Umwandlungsänderungsgesetzes maßgeblich davon bestimmt, ob ein Umwandlungsbericht und eine Vermögensaufstellung anzufertigen waren oder nicht. Beim Formwechsel unter Kapitalgesellschaften war eine Vermögensaufstellung nicht erforderlich, § 238 Satz 2 aF Das Erfordernis der Vermögensaufstellung nach § 192 II aF ist durch das Zweite Umwandlungsänderungsgesetz ersatzlos gestrichen worden. Diese Erleichterung wurde im Schrifttum im Allgemeinen begrüßt, da die Vermögensaufstellung als „Fremdkörper"[37] oder als an sich überflüssig angesehen wurde. Es verbleibt die Pflicht zur Erstellung des Umwandlungsberichtes, der beim Formwechsel lediglich dann entfällt, wenn eine 100%-ige Tochtergesellschaft betroffen ist sowie wenn alle Gesellschafter hierauf in notariell beurkundeter Erklärung verzichten (§ 192 II UmwG). In der Regel 30

---
[37] Heckschen DNOtZ 2007 S. 444 (452).

wird der Bericht daher nur in Publikumsgesellschaften erforderlich sein. In den anderen Fällen können die Verzichtserklärungen mit dem Umwandlungsbeschluss beurkundet werden.[38]

31 Grundsätzlich besteht der **Umwandlungsbericht** aus zwei Teilen: dem Erläuterungs- und Begründungsteil (§ 192 I 1 UmwG), der den Kern des Umwandlungsberichts darstellt, und dem Entwurf des Umwandlungsbeschlusses (§ 192 I 3 UmwG).

32 Zum **Erläuterungs- und Begründungsteil** gehört auch eine Erläuterung der angebotenen Barabfindung,[39] einschließlich der Angabe der verwandten Bewertungsmethode und einer Begründung, aus welchem Grunde diese Methode für angemessen gehalten wurde.[40] Eine genaue Aufschlüsselung aller Zahlen dürfte jedoch nicht erforderlich sein, da die Erläuterung im Bericht den Anteilsinhabern eine Plausibilitätsprüfung, aber kein eigenes Nachrechnen ermöglichen soll. Darüber hinaus ist auf besondere Probleme der Bewertung hinzuweisen.[41] Die Vor- und Nachteile des Formwechsels sind so darzulegen, wie das Vertretungsorgan sie sieht.[42] Zwar ist der Formwechsel im Vergleich zur Verschmelzung aufgrund der fortdauernden Identität des Rechtsträgers, seines Vermögens und seiner Verbindlichkeiten für die Anteilsinhaber weniger riskant. Der Umwandlungsbericht ist jedoch als maßgebende Grundlage für die Beurteilung der Angemessenheit des Abfindungsangebotes von besonderer Bedeutung. Eine darüber hinausgehende Darlegung einer sachlichen Rechtfertigung des Formwechsels im Umwandlungsbericht wird nicht verlangt. Der Bericht sollte sich an der Rechtsprechung und Literatur zum Verschmelzungsbericht orientieren.

33 Das Umwandlungsgesetz verlangt – anders als zum Teil das alte Recht (§ 340d II Nr. 2 und 3, § 359 II AktG aF) – keine gesonderte Offenlegung von Jahresabschlüssen des formwechselnden Rechtsträgers. Mängel des Umwandlungsberichts können zur Fehlerhaftigkeit des Umwandlungsbeschlusses führen. Die Barabfindung betreffende abfindungswertbezogene Informationsmängel können allerdings nur nach dem Spruchverfahren geltend gemacht werden.[43]

34 Die Verwaltungsorgane haben den Umwandlungsbeschluss zu entwerfen; soweit ein Barabfindungsangebot aufgrund der Gesellschafterstruktur nicht in den Beschluss aufzunehmen ist, kann eine Unternehmens-

---

[38] Die Beurkundung dieser einseitigen Willenserklärung hat dann nach den §§ 8 ff. BeurkG zu erfolgen.
[39] Nun hM: BGH NJW 2001 S. 1425 (1426); BGH NJW 2001 S. 1428; LG Mainz DB 2001 S. 1136 (1137); *Decher/Hoger* in Lutter UmwG § 192 Rn. 29; *Mayer* in Widmann/Mayer § 192 Rn. 45; *Bärwaldt* in Semler/Stengel UmwG § 192 Rn. 12 f.
[40] LG Heidelberg DB 1996 S. 1768 (1769); *Meister/Klöcker* in Kallmeyer UmwG § 207 Rn. 21.
[41] *Bärwaldt* in Semler/Stengel UmwG § 192 Rn. 15; *Decher/Hoger* in Lutter UmwG § 192 Rn. 31, 36.
[42] *Meister/Klöcker* in Kallmeyer UmwG § 192 Rn. 10; *Decher/Hoger* in Lutter UmwG § 192 Rn. 12.
[43] BGH NJW 2001 S. 1425 (1426); BGH NJW 2001 S. 1428 (1428).

bewertung⁴⁴ unterbleiben. In diesen Fällen reicht es aus, die jeweilige Beteiligung der Anteilseigner über das Stammkapital bzw. das Kapitalkonto zu ermitteln, weil sich die Beteiligung prozentual nicht verändert.⁴⁵ Andernfalls ist eine Unternehmensbewertung wie im Rahmen einer Verschmelzung oder Spaltung durchzuführen.⁴⁶ Der Umwandlungsbericht hat diese Bewertung dann zu erläutern und zu begründen. Sodann sind die Anteilseigner zur beschlussfassenden Versammlung zu laden. Dabei ist der Formwechsel als Gegenstand der Tagesordnung zu bezeichnen, §§ 216, 230, 238, 251 UmwG. Zumindest den nicht-geschäftsführenden Gesellschaftern ist ein Umwandlungsbericht zu übersenden bzw. bei AG, KGaA und Genossenschaften in den Geschäftsräumen auszulegen, §§ 230 II, 251 I UmwG. Seit Inkrafttreten des ARUG kann das Auslegen durch die Veröffentlichung auf der Internetseite der Gesellschaft ersetzt werden.

Gegebenenfalls auch zu übersenden bzw. auszulegen ist das Barabfindungsangebot nach den §§ 216, 231, 251 UmwG. Die Auslegung des Umwandlungsberichtes hat während der Versammlung der Anteilseigner fortzudauern. 35

3. Beschlussphase

Auch der Formwechsel setzt einen Beschluss der Gesellschafter über den Formwechsel voraus, § 193 I UmwG; er kann nur in einer Gesellschafterversammlung, nicht im Umlaufverfahren gefasst werden. Der Beschluss kann frühestens nach Ablauf der Monatsfrist des § 194 II UmwG gefasst werden. Wie bei den anderen Umstrukturierungsmaßnahmen sieht das UmwG auch für den Formwechsel eine **Mindestmehrheit** von 75% der abgegebenen Stimmen bzw. des vertretenen Grundkapitals vor, §§ 217 I, 233 II, 240, 262 I, 275 II UmwG. Im Recht des Formwechsels sieht das Gesetz jedoch für viele Konstellationen Zustimmungsrechte einzelner Gesellschafter vor, deren Rechtsposition durch den Wechsel der Rechtsform erheblich berührt wird. Zu nennen sind hier die **Zustimmungsrechte** der Gesellschafter, die nach dem Formwechsel persönlich haften sollen, vgl. §§ 221, 233 I, 233 II aE, § 240 II, § 241 I UmwG, bzw. die Zustimmungsrechte von Gesellschaftern, die besondere Rechte in der Gesellschaft innehaben und diese aufgrund des Formwechsels möglicherweise verlieren, §§ 193 II, 233 II iVm §§ 50 II, 241 I, 241 II iVm § 50 II UmwG. Sowohl der Beschluss als auch die gegebenenfalls notwendigen Zustimmungserklärungen der Gesellschafter bedürfen der notariellen Beurkundung, § 193 III UmwG. Zu beachten ist, dass bisweilen auch nicht erschienene Gesellschafter in notariell beurkundeter Form zustimmen müssen, § 217 I, § 233 I UmwG. Der Beschluss wird erst 36

---

⁴⁴ → § 9 Rn. 43, 216 ff.
⁴⁵ Es sei denn, bei einer KGaA tritt ein neuer persönlich haftender Gesellschafter bei, § 240 II 2, § 221 UmwG; zu Sonderproblemen beim Formwechsel in eine GmbH & Co. KG → Rn. 160 ff.
⁴⁶ → § 9 Rn. 84 f.

wirksam, wenn die erforderlichen Zustimmungserklärungen vorliegen. Bis dahin ist er schwebend unwirksam.[47]

4. Vollzugsphase

a) Anmeldung des Formwechsels

37 Nach Beschlussfassung muss der Formwechsel von den Vertretungsorganen nach §§ 198 ff. UmwG grundsätzlich in das Register, in dem der formwechselnde Rechtsträger eingetragen ist, zur Eintragung angemeldet werden. Wird der Rechtsträger erst durch den Formwechsel eintragungspflichtig oder wechselt er das zuständige Register, etwa vom Vereins- zum Handelsregister, ist die Eintragung beim neu zuständigen Registergericht des Sitzes zu beantragen.

b) Registersperre und Unbedenklichkeitsverfahren

38 Nach § 198 III UmwG sind § 16 II und III UmwG entsprechend anzuwenden. Demnach haben die Vertretungsorgane bei der Anmeldung zu erklären, dass eine Klage gegen die Wirksamkeit des Formwechselbeschlusses nicht oder nicht fristgemäß erhoben oder eine solche Klage nicht rechtskräftig abgewiesen oder zurückgenommen worden ist. Liegt die Erklärung nicht vor, kann der Formwechsel nicht eingetragen werden. Die Anteilsinhaber können allerdings durch notariell beurkundete Erklärung auf die Anfechtung verzichten, § 16 II 2 Halbs. 2 UmwG.

39 Diese durch eine Klage ausgelöste sogenannte Registersperre kann allerdings im Wege des Freigabeverfahrens nach § 16 III UmwG überwunden werden, wenn das Gericht feststellt dass die Erhebung der Klage der Eintragung nicht entgegensteht. Dies ist insbesondere der Fall, wenn die Klage offensichtlich unzulässig oder unbegründet ist. Das Freigabeverfahren ist durch das Zweite Umwandlungsänderungsgesetz sowie durch das Gesetz zur Umsetzung der Aktionärsrechterichtlinie (ARUG)[48] vom 30.7.2009 verstärkt worden. So hat der Beschluss des Gerichts in Parallele zu dem durch das UMAG eingeführten aktienrechtlichen Freigabeverfahren[49] innerhalb einer Frist von drei Monaten zu erfolgen.[50] Zuständig ist seit Inkrafttreten des ARUG das OLG, in dessen Bezirk der Sitz der Gesellschaft liegt. Der Beschluss ist nun unanfechtbar.

---

[47] *Stratz* in Schmitt/Hörtnagl/Stratz UmwG § 193 Rn. 20; *Zimmermann* in Kallmeyer UmwG § 193 Rn. 22; nach *Göthel* in Lutter UmwG § 233 Rn. 9 handelt es sich allerdings nicht um eine Genehmigung iSd §§ 182 ff. BGB; so aber nach *Bärwaldt* in Semler/Stengel UmwG § 193 Rn. 27, allerdings nicht für den Fall des Beitritt eines persönlich haftenden Gesellschafters.

[48] Gesetz zur Umsetzung der Aktionärsrechterichtlinie (ARUG) vom 30.7.2009, BGBl. I 2009 S. 2479 ff.

[49] § 246a AktG, ebenfalls geändert durch das ARUG.

[50] Hiermit wurden die Vorgaben des BGH in seinem Beschluss vom 29.5.2006, DB 2006 S. 1362 [T-Online/Deutsche Telekom] umgesetzt, vgl. *Mayer/Weiler* DB 2007 S. 1235.

Gemäß § 195 II UmwG kann eine Klage gegen die Wirksamkeit des Umwandlungsbeschlusses allerdings nicht darauf gestützt werden, dass die in dem Beschluss bestimmten Anteile an dem Rechtsträger neuer Rechtsform zu niedrig bemessen sind oder dass die Mitgliedschaft keinen ausreichenden Gegenwert für die Anteile oder die Mitgliedschaft bei dem formwechselnden Rechtsträger darstellt. Vielmehr sind die genannten Nachteile gemäß § 196 UmwG durch eine von dem formwechselnden Rechtsträger zu leistende bare Zuzahlung auszugleichen. In der Praxis sind die Fälle eines derartigen Ausgleichserfordernisses allerdings gering: Sie ergeben sich nur, wenn die Unterschiede der Rechtsform eine eindeutige Beteiligungsidentität nicht zulassen. Dies mag der Fall sein, wenn zB eine Genossenschaft oder ein Verein in eine Kapitalgesellschaft umgewandelt wird oder Sonderrechte sich nicht in der neuen Rechtsform gleichwertig begründen lassen.[51] 40

c) Eintragung im Handelsregister

Der Formwechsel ist in das Register der Gesellschaft einzutragen. Wird der Rechtsträger erst durch den Formwechsel eintragungspflichtig oder wechselt er das zuständige Register, etwa vom Vereins- zum Handelsregister, hat die Eintragung beim neu zuständigen Registergericht des Sitzes zu erfolgen. Im letzten Fall hat zudem eine Eintragung in das bisher eintragende Register mit dem Vermerk zu erfolgen, dass die Eintragung erst mit der Eintragung des Rechtsträgers neuer Rechtsform in das für diese maßgebende Register wirksam wird, sofern die Eintragungen in den Registern der beteiligten Rechtsträger nicht am selben Tag erfolgen.[52] Verliert der Rechtsträger die Eintragungsfähigkeit, so ist der Formwechsel im alten Register zu vermerken, § 235 UmwG. Schließlich sind Grundbücher und dergleichen zu berichtigen. 41

Die Eintragung hat zur Folge, dass der Rechtsträger nun in seiner neuen Rechtsform fortbesteht, die Anteilseigner an dem Rechtsträger nach den für die neue Rechtsform geltenden Vorschriften beteiligt sind und etwaige Mängel der notariellen Beurkundung des Umwandlungsbeschlusses und ggf. erfolgter Verzichtserklärungen geheilt werden, § 202 I UmwG. 42

d) Spruchverfahren

Die Höhe der baren Zuzahlung nach § 196 UmwG ist gegebenenfalls entsprechend § 15 II UmwG im Spruchverfahren gemäß SpruchG zu ermitteln. Im Spruchverfahren gemäß § 196 UmwG sind nur individuelle Benachteiligungen einzelner Anteilsinhaber auszugleichen. Das Spruchverfahren ist dagegen nicht geeignet, behauptete allgemeine 43

---

[51] *Meyer-Landrut/Kiem* WM 1997 S. 1413 (1419 f.); *Decher/Hoger* in Lutter UmwG § 196 Rn. 11; OLG Düsseldorf vom 27.2.2004 DB 2004 S. 1032 (1033); *Bärwaldt* in Semler/Stengel UmwG § 196 Rn. 13.
[52] Die Möglichkeit der gleichzeitigen Eintragung in § 198 II 4 wurde durch das Zweite Umwandlungsänderungsgesetz eingeführt.

Nachteile der neuen Rechtsform auszugleichen.[53] Die Verweisung auf das Spruchverfahren gilt nach richtiger Auffassung nicht für die Fälle des nicht-verhältniswahrenden Formwechsels, soweit dort ein Anspruch gegen die Gesellschaft auf Zuzahlung nicht besteht, weil die Verschiebung der Beteiligungsquoten auf Rechtsgeschäften der Gesellschafter beruht.[54]

e) Gläubigerschutz

44 Für den Gläubigerschutz gilt § 22 UmwG entsprechend, § 204 UmwG. Zwar gibt es beim Formwechsel keine Vermögensübertragung, ein Schutzbedürfnis kann aber beispielsweise bei einer Umwandlung von einer Kapital- in eine Personengesellschaft entstehen, da Kapitalschutzvorschriften wegfallen. Nach § 22 UmwG ist Gläubigern unter bestimmten Voraussetzungen Sicherheit zu leisten. Das Verlangen kann erst innerhalb einer Frist von sechs Monaten nach Bekanntmachung der Eintragung des Formwechsels gestellt werden und nicht schon vor Wirksamwerden des Formwechsels.[55]

III. Der Formwechsel unter Kapitalgesellschaften

45 Der Formwechsel von einer Kapitalgesellschaft in eine Kapitalgesellschaft anderer Rechtsform, die bisherige formwechselnde Umwandlung, stellte schon nach altem Recht die unproblematischere Form der Umwandlung dar. Sie hat sich im Vergleich zum alten Recht eher erschwert als erleichtert. Neben die bisherigen Anforderungen tritt ein Umwandlungsbericht, der auch beim Formwechsel den Unternehmen eine weitgehende Offenbarungspflicht auferlegt.[56] Daneben muss der Umwandlungsbeschluss auch auf Arbeitnehmerbelange, die durch den Formwechsel berührt werden, hinweisen.

1. Entwurf des Umwandlungsbeschlusses

46 An die Stelle des Vertrages tritt beim lediglich gesellschaftsinternen Formwechsel der Umwandlungsbeschluss der Anteilseigner. Den notwendigen Inhalt eines solchen Umwandlungsbeschlusses legt § 194 I UmwG fest, der durch verschiedene Vorschriften des besonderen Teils ergänzt wird (vgl. §§ 218, 234, 243, 253, 263, 276, 285, 294 UmwG). Der Entwurf dieses Beschlusses ist von den Verwaltungsorganen des formwechselnden Rechtsträgers anzufertigen.

---

[53] *Meyer-Landrut/Kiem* WM 1997 S. 1413 (1419 f.); *Decher/Hoger* in Lutter UmwG § 196 Rn. 11; OLG Düsseldorf vom 27.2.2004 DB 2004 S. 1032 (1033); *Bärwaldt* in Semler/Stengel UmwG § 196 Rn. 13.

[54] *Fronhöfer* in Widmann/Mayer UmwG § 196 Rn. 8; *Veil* DB 1996 S. 2529 (2532); aA *Decher/Hoger* in Lutter UmwG § 196 Rn. 9; *Bärwaldt* in Semler/Stengel UmwG § 196 Rn. 12.

[55] → § 3 Rn. 32 ff.

[56] *Arnold* in Semler/Stengel UmwG § 238 Rn. 3; *Mayer* in Widmann/Mayer UmwG § 192 Rn. 12; → Rn. 79 ff.; ausführlich → § 3 Rn. 14 u. → § 9 Rn. 80 ff.

§ 26. Umwandlungsrechtliche Regelungen § 26

a) Inhalt des Entwurfs des Umwandlungsbeschlusses

aa) Neue Rechtsform, § 194 I Nr. 1 UmwG

Der Umwandlungsbeschluss muss eine Bestimmung darüber enthalten, welche Rechtsform durch den Formwechsel erlangt werden soll. Die Bestimmung versteht sich von selbst und hat nur klarstellende Funktion. 47

bb) Firma, § 194 I Nr. 2 UmwG

In den Beschluss ist eine Bestimmung darüber aufzunehmen, welchen Namen oder welche Firma der Rechtsträger nach dem Formwechsel tragen soll. Eine Fortführung der Firma ist grundsätzlich möglich; allerdings sind bestimmte Vorgaben des § 200 UmwG zu beachten, der rechtsformübergreifend für die verschiedenen Fälle des Formwechsels gilt und zwingend und abschließend ist. So darf nach § 200 I 2 UmwG kein Zusatz gewählt werden, der auf die ehemalige Rechtsform hindeutet. Zudem sind nach § 200 II UmwG jeweils die die Rechtsform bestimmenden Zusätze nach den §§ 4 II GmbHG, 4 II, 279 II AktG in die Firma aufzunehmen, entweder mit dem ausgeschriebenen Rechtsformzusatz oder mit allgemein verständlicher Abkürzung.[57] Der Name eines ausscheidenden Gesellschafters darf nur dann in der Firma des Zielrechtsträgers verwendet werden, wenn der ehemalige Anteilsinhaber hierfür seine Einwilligung erteilt hat. 48

cc) Beteiligung am Zielrechtsträger, § 194 I Nr. 3 UmwG

Gemäß § 202 I Nr. 2 UmwG sind die Anteilsinhaber des formwechselnden Rechtsträgers an dem Zielrechtsträger nach den für die neue Rechtsform geltenden Vorschriften beteiligt, soweit sie nicht ausnahmsweise ausscheiden, wie dies zB für den persönlich haftenden Gesellschafter der KGaA zugelassen ist, § 233 III 3 UmwG. Dementsprechend muss der Umwandlungsbeschluss bestimmen, dass der Gesellschafterkreis nunmehr nach den Vorschriften des jeweiligen Gesetzes am Rechtsträger neuer Rechtsform (vorbehaltlich eines für zulässig erklärten Ausscheidens eines Anteilsinhabers) beteiligt ist. Hierdurch soll die Identität des am Umwandlungsvorgang beteiligten Personenkreises zum Ausdruck gebracht werden,[58] die tragender Gedanke des Formwechsels ist. Das **Gebot der Identität der Anteilsinhaber** führt dazu, dass der Ausschluss eines Gesellschafters, auch wenn er in der konkreten Gesellschaft zulässig ist, nicht kraft Formwechsels erfolgen darf.[59] Ebenfalls nicht möglich ist ein Herausdrängen von Gesellschaftern (sog. „Squeeze out") durch den Formwechsel.[60] 49

---

[57] Die Wahlmöglichkeit zwischen beiden Formen ist im Gesetz klargestellt, *Fastrich* in Baumbach/Hueck GmbHG § 4 Rn. 1; *Hüffer/Koch* AktG § 4 Rn. 17, § 279 Rn. 2.
[58] BT-Drucks. 6699 S. 139, 140 zu § 194 UmwG.
[59] *Meister/Klöcker* in Kallmeyer UmwG § 194 Rn. 23.
[60] *K. Schmidt* GmbHR 1995 S. 693 (695); *Meister/Klöcker* in Kallmeyer UmwG § 194 Rn. 24.

§ 26   7. Teil. Formwechsel

Auch einem Eintritt durch Formwechsel steht das Identitätsgebot entgegen.[61] Den verschmelzungsrechtlichen Squeeze out, der mit dem Dritten Umwandlungsänderungsgesetz eingeführt wurde,[62] hat der Gesetzgeber bewusst nicht auf andere Umwandlungsformen ausgedehnt, weder auf die Spaltung noch auf den Formwechsel.[63] Allerdings ist es möglich, den Formwechsel in eine AG dazu zu nutzen, in der Folge einen verschmelzungsrechtlichen Squeeze out durchzuführen. Dies sollte nicht als rechtsmissbräuchlich angesehen werden.[64] Durchbrechungen des Identitätsgebots finden sich in den §§ 218 II, 221, 233 III 3, 247 III, 255 III, 294 I 2 UmwG.

dd) Einzelheiten zu den Anteilen, § 194 I Nr. 4 UmwG, und nicht-verhältniswahrender Formwechsel

50   Nach § 194 I Nr. 4 UmwG hat der Umwandlungsbeschluss Zahl, Art und Umfang der Anteile oder Mitgliedschaften zu bestimmen, welche die Anteilsinhaber durch den Formwechsel erlangen sollen bzw. die einem beitretenden persönlich haftenden Gesellschafter eingeräumt werden.

51   (1) Zunächst sind die Anteile am Zielrechtsträger **quantitativ** zu bestimmen. Betragsangaben sind gemäß § 318 II 2 UmwG in Euro vorzunehmen. Für Kapitalgesellschaften gelten die in Euro definierten Mindestnennbeträge.

52   In der Regel können die Beteiligungen am Rechtsträger neuer Rechtsform nach dem Verhältnis der bisherigen Kapitalanteile ermittelt werden.

53   Gleichwohl können die neuen Beteiligungsverhältnisse auch abweichend hiervon festgelegt werden (**„nicht-verhältniswahrender Formwechsel"**).[65] Wenn es auch an einer dem § 128 UmwG vergleichbaren Regelung fehlt, ist dem Umwandlungsgesetz umgekehrt auch kein Verbot des nicht-verhältniswahrenden Formwechsels zu entnehmen. Das Gesetz bestimmt allein, dass Identität im Beteiligtenkreis bestehen muss. Eine wertmäßige Identität der Beteiligungsverhältnisse ist dagegen nicht

---

[61] *Meister/Klöcker* in Kallmeyer UmwG § 194 Rn. 25; aA auf der Grundlage der Einordnung des Formwechsels als „modifizierte Neugründung" *Bärwaldt* in Semler/Stengel UmwG § 194 Rn. 8 f.; s. auch *Drinhausen/Keinath* in Henssler/Strohn Gesellschaftsrecht/UmwG § 194 Rn. 5. Zugelassen wurde der Eintritt eines Gesellschafters durch die Entscheidung des BGH vom 9.5.2005, DStR 2005 S. 1539 (1541) mit Hinweis auf seine frühere Entscheidung zum LwAnpG, ZIP 1995 S. 422 (426).

[62] → § 9 Rn. 344 ff.

[63] *Wagner* DStR 2010 S. 1629 (1633); ausführlich auch zum richtigen Zeitpunkt und Ablauf *Mayer* NZG 2012 S. 561 (563).

[64] *Heckschen* NJW 2011 S. 2390 (2393); *Wagner* DStR 2010 S. 1629 (1634).

[65] *Meister/Klöcker* in Kallmeyer UmwG § 194 Rn. 34; *Decher/Hoger* in Lutter UmwG § 194 Rn. 13 und § 202 Rn. 13 ff.; *Laumann* in Goutier/Knopf/Tulloch UmwG § 194 Rn. 16; *Veil* DB 1996 S. 2529 (2529 f.); *Vollrath* in Widmann/Mayer UmwG § 194 Rn. 17.

zwingend, solange die Beteiligung nicht auf Null schrumpft.[66] Die bei der Verschmelzung und Spaltung maßgebliche Problematik der Ermittlung des Umtauschverhältnisses[67] ergibt sich beim Formwechsel nicht im Hinblick auf die Bewertung der Anteile zweier Rechtsträger zueinander, sondern allenfalls im Innenverhältnis der Anteilsinhaber eines Rechtsträgers.

Eine von den ursprünglichen Kapitalverhältnissen **abweichende Bestimmung der Beteiligungsverhältnisse** kommt zB bei Berücksichtigung satzungsmäßiger Vorzugsrechte beim Rechtsträger alter Rechtsform in Betracht. Die Anpassung der Beteiligungsverhältnisse begründet in den ausdrücklich im Gesetz bestimmten Fällen[68] die Zustimmungspflicht der betroffenen Gesellschafter, vgl. §§ 233 II, 241 II, 252 II iVm § 50 II UmwG. Ein Ausgleich dieser Rechte durch ein erhöhtes Beteiligungsrecht kann somit nur unter Zustimmung des betroffenen Gesellschafters erfolgen,[69] kann dann aber uU für die anderen Gesellschafter einen Anspruch auf Barausgleich gemäß § 196 UmwG begründen. Darüber hinaus ist die Zustimmung aller Anteilsinhaber stets erforderlich, wenn sich aufgrund eines nicht-verhältniswahrenden Formwechsels ihre Beteiligungsquote am formwechselnden Rechtsträger ändert.[70] Die Zustimmungserklärungen sind analog § 193 III 1 UmwG notariell zu beurkunden. Eine ohne Einholung der Zustimmungserklärungen erfolgende Quotenverschiebung kann mit der Anfechtungsklage angegriffen werden.[71]

54

Die betroffenen Anteilsinhaber sind nicht auf den Barausgleich nach § 196 UmwG beschränkt. Der in §§ 195 II, 196 UmwG genannte Fall zu niedrig bemessener Anteile betrifft nicht die reine Verschiebung von Beteiligungsquoten. Andernfalls könnten im Wege des Formwechsels die Rechte unliebsamer Minderheiten gegen Abfindung beschnitten und diese Anteilsinhaber letztlich aus der Gesellschaft herausgedrängt werden. Eine derartige Vorgehensweise soll aber durch das UmwG gerade nicht ermöglicht werden.[72] Die Zustimmung aller Anteilsinhaber zum nicht-verhältniswahrenden Formwechsel ist auch im Fall vinkulierter Anteile nur beim Formwechsel zwischen AG und KGaA erforderlich.[73] Im Übrigen sind vinkulierte Anteile aus Anlass des Formwechsels frei über-

55

---

[66] *Bärwaldt/Schabacker* ZIP 1998 S. 1293 (1298) und *Bärwaldt* in Semler/Stengel UmwG § 194 Rn. 8 ff. bejahen die Zulässigkeit des nicht-verhältniswahrenden Formwechsels mit der Ablehnung des Identitätskonzeptes.
[67] → § 9 Rn. 197 ff.
[68] → Rn. 57.
[69] *Veil* DB 1996 S. 2529 (2530); *Meister/Klöcker* in Kallmeyer UmwG § 194 Rn. 34; *Vollrath* in Widmann/Mayer UmwG § 194 Rn. 17.
[70] Ebenso *Meister/Klöcker* in Kallmeyer UmwG § 194 Rn. 34; *Decher/Hoger* in Lutter UmwG § 202 Rn. 15; *Veil* DB 1996 S. 2529 (2531).
[71] *Meister/Klöcker* in Kallmeyer UmwG § 196 Rn. 8; *Veil* DB 1996 Satz 2529 (2531).
[72] Begr. RegE, BT-Drucks. 12/6699 S. 144.
[73] *Veil* DB 1996 S. 2529 (2531).

tragbar, sodass ein schutzwürdiges Interesse der Mitgesellschafter an einer Zustimmung zur Quotenverschiebung nicht besteht.

56 Schließlich kommt auch die Leistung eines baren **Spitzenausgleiches** in Betracht, der im Grundsatz auch im Spruchverfahren nach § 196 UmwG als Ausgleich zu niedrig bemessener Anteile vorgesehen ist.

57 Für die Stückelung der Anteile an Kapitalgesellschaften bestehen Sondervorschriften, die idR eine genaue Anpassung der neuen Beteiligung an die alten Beteiligungsverhältnisse erfordern und eine bare Zuzahlung entbehrlich machen können (zB §§ 242, 243 III, 258 II, 276 I UmwG).

58 Ist ein vollständiger Anteilstausch nicht möglich, unterliegen die übrigen Anteile gemäß § 248 I–III UmwG der Kraftloserklärung bzw. Einziehung nach den §§ 73, 226 AktG. Allerdings muss der Umwandlungsbeschluss dann einstimmig erfolgen, vgl. §§ 241 I, 242 UmwG.

59 (2) Des Weiteren sind **qualitative** Merkmale der Anteile darzulegen, soweit Besonderheiten bestehen.[74] § 194 I Nr. 4 UmwG meint mit der Art der Anteile die satzungsmäßige Ausgestaltung der Anteile, insbesondere Abweichungen gegenüber der typischen Ausgestaltung in der neuen Rechtsform oder verschiedene Kategorien von Anteilen. Anders als das AktG erlaubt das GmbH-Recht etwa die Begründung von Nebenleistungspflichten, dh, die Satzung einer GmbH kann einseitige oder gegenseitige Verpflichtungen der Gesellschafter vorsehen, die über die Pflicht zur Einlage hinausgehen. Die Satzung kann nahezu ohne Beschränkungen solche Sonderpflichten der GmbH-Gesellschafter begründen, wobei es sich um alle Arten von Verpflichtungen handeln kann wie zB Geld- und Sachleistungen, Handlungen, insbesondere Dienstleistungen, Unterlassungen wie zB Wettbewerbsverbote.[75]

60 Ein Sonderproblem kann sich bzgl. der **Vinkulierung** von Anteilen ergeben.[76] Zu erläutern wäre etwa beim Formwechsel von einer GmbH in eine AG eine erstmalig in die Satzung aufgenommene generelle Vinkulierung zugunsten der AG. Zudem müssen Vinkulierungen zugunsten der Gesellschafter einer formwechselnden GmbH entfallen, da bei der AG und der KGaA eine Vinkulierung nur zugunsten der Gesellschaft zulässig ist. Die betroffenen Gesellschafter müssen dann nach § 193 II UmwG zustimmen. Für erstmals eingeführte Vinkulierungen gilt keine generelle Zustimmungspflicht, da § 207 UmwG beim Formwechsel generell ein Austrittsrecht der Anteilseigner gegen Barabfindung vorsieht.

61 Nicht zu erläutern sind dagegen qualitative Veränderungen der Anteile, die ausschließlich auf gesetzlichen Regelungen beruhen. So brauchen die Gesellschafter der formwechselnden GmbH nicht darauf hingewiesen zu werden, dass in der angestrebten Rechtsform der AG ihr Weisungsrecht gegenüber dem Vorstand entfällt.[77]

---

[74] *Decher/Hoger* in Lutter UmwG § 194 Rn. 14.
[75] *Fastrich* in Baumbach/Hueck GmbHG § 3 Rn. 33; eingehend *Emmerich* in Scholz GmbHG § 3 Rn. 44 ff.
[76] Vgl. dazu ausführlich *Reichert* GmbHR 1995 S. 176 ff.
[77] *Hüffer/Koch* AktG § 119 Rn. 11; *Zöllner* in Kölner Kommentar zum AktG § 119 Rn. 26.

ee) Rechte einzelner Anteilsinhaber, § 194 I Nr. 5 UmwG

Der Entwurf des Umwandlungsbeschlusses hat ferner die Rechte zu benennen, die einzelnen Anteilsinhabern sowie den Inhabern besonderer Rechte wie Anteilen ohne Stimmrecht, Vorzugsaktien, Mehrstimmrechtsaktien, Schuldverschreibungen und Genussrechten gewährt werden. **62**

Hinsichtlich des Inhalts der Vorschrift besteht Übereinstimmung mit der verschmelzungsrechtlichen Regelung des § 5 I Nr. 7 UmwG.[78] Inhaber von **Sonderrechten** genießen entsprechenden Schutz, § 204 iVm § 23 UmwG. Auch Vorzugsaktionäre sind Inhaber von Sonderrechten.[79] So sind im Rahmen des § 194 I Nr. 5 UmwG alle diejenigen Festsetzungen und Maßnahmen zu erläutern, die nicht im Einklang mit dem gesellschaftsrechtlichen Gleichbehandlungsgebot stehen.[80] Zu erläutern wäre etwa, wenn die Satzung einer GmbH zugunsten einzelner Gesellschafter besondere Rechte in der Geschäftsführung, bei der Bestellung der Geschäftsführer oder hinsichtlich eines Vorschlagsrechts für die Geschäftsführung enthält.[81] Auch die in der GmbH mögliche **Vinkulierung** zugunsten einzelner Mitgesellschafter oder **Vorerwerbsrechte** gehören zu den individuellen Sonderrechten, die einzelnen Gesellschaftern eingeräumt werden können. Im Gegenzug sind auch das Entfallen der vorgenannten Rechte im neuen Rechtsträger mit der Folge der Zustimmungspflicht der betreffenden Gesellschafter nach § 193 II UmwG im Umwandlungsbeschluss zu nennen. Gleichfalls aufzuführen sind dann die für diese Gesellschafter vorgesehenen Kompensationsleistungen, soweit es sich dabei nicht um die Gewährung vermehrter Geschäftsanteile handelt, die unter dem vorgenannten § 194 I Nr. 4 UmwG zu erläutern sind. **63**

Im Übrigen entscheidet § 194 I Nr. 4 UmwG einen in der Literatur geführten Streit. Früher regelten die §§ 347a, 353 I AktG (1965), was mit Wandelschuldverschreibungen, Gewinnschuldverschreibungen und Genussrechten bei der Verschmelzung von AGs geschehen sollte; für die Umwandlung dagegen fehlte eine gesetzliche Regelung. Eine Mindermeinung vertrat daher die Auffassung, dass die Rechte gegen Gewährung eines Schadensersatzanspruches erlöschen würden.[82] Jedoch ging schon vor Inkrafttreten des neuen Umwandlungsgesetzes die überwiegende Zahl der Autoren davon aus, dass in analoger Anwendung der §§ 347a, 353 I AktG aF die Nachfolgegesellschaft verpflichtet sei, gleiche Rechte zu verschaffen.[83] **64**

---

[78] → § 9 Rn. 154 ff.
[79] *Kiem* ZIP 1997 S. 1627 (1632); *Stratz* in Schmitt/Hörtnagl/Stratz UmwG § 23 Rn. 2, 3.
[80] *Decher/Hoger* in Lutter UmwG § 194 Rn. 17.
[81] *Zöllner/Noack* in Baumbach/Hueck GmbHG § 38 Rn. 7 sowie OLG Hamm ZIP 1986 S. 1188.
[82] *Schilling* in Großkommentar AktG § 221 Rn. 6.
[83] *Hüffer/Koch* AktG § 221 Rn. 69; *Scholz* in Münchener Handbuch zur AG § 63 Rn. 18; *Lutter* in Kölner Kommentar zum AktG § 192 Rn. 37.

65　Die Überleitung der Rechte kann im Einzelfall schwierig sein. Da es zB bei der GmbH keine bedingte Kapitalerhöhung iSd §§ 192 ff. AktG zur Erfüllung von **Wandelschuldverschreibungen** gibt, ist im Falle eines Formwechsels in eine GmbH diese verpflichtet, nach dem Formwechsel eine Kapitalerhöhung durchzuführen und die Übernahme entsprechender Geschäftsanteile gegen Einlage der Obligationen zuzulassen.[84] **Genussrechte** nach dem § 221 III AktG setzen sich am formwechselnden Rechtsträger – sei es als verbriefte stille Beteiligung oder unter entsprechender Anwendung des Aktienrechts – fort. Zu beachten sind jedoch gegebenenfalls Bestimmungen im Genussrechtsvertrag, insbesondere wenn eine Kapitalerhöhung geplant ist.[85] Probleme können sich schließlich bei **Einflussrechten auf die Geschäftsführung** iSv § 50 II UmwG ergeben, da ihre Überleitung zB auf eine AG idR ausgeschlossen ist.

ff) Abfindungsangebot, § 194 I Nr. 6 UmwG

66　Der Entwurf des Formwechselbeschlusses muss ein Barabfindungsangebot nach § 207 UmwG enthalten, wenn nicht ohnehin alle Anteilsinhaber dem Formwechsel zustimmen müssen oder der formwechselnde Rechtsträger nur einen Gesellschafter hat.

67　Man wird § 194 I Nr. 6 UmwG erweiternd dahin gehend auslegen müssen, dass auch im Falle der Mehrheitsumwandlung ein Barabfindungsangebot dann nicht zu machen ist, wenn der Beschluss faktisch der Zustimmung aller Gesellschafter bedarf, wenn also der Gesellschafter mit der geringsten Beteiligung noch zu über 25% an der Kapitalgesellschaft beteiligt ist.[86] Denn dann kann er nicht gegen den Umwandlungsbeschluss, der mangels Mehrheit nicht gefasst wird, Widerspruch zu Protokoll erklären, § 207 Satz 1 UmwG; auch ein Erwerb der „umgewandelten" Anteile ist dann nicht mehr möglich. Soweit hiernach ein Barabfindungsangebot zu machen ist, braucht es im Entwurf des Umwandlungsbeschlusses der Höhe nach noch nicht abschließend bestimmt zu sein. Dies ergibt sich aus § 231 UmwG, der eine gesonderte Übersendung des Barabfindungsangebotes mit der Ladung zur Gesellschafterversammlung zulässt.

68　Soweit hiernach ein Barabfindungsangebot erforderlich ist, ist im Entwurf des Umwandlungsbeschlusses auszuführen, dass die Gesellschaft jedem Anteilsinhaber, der bei der über den Formwechsel beschlussfassenden Versammlung Widerspruch gegen den Beschluss zu Protokoll erklärt oder der im Sinne von § 207 II iVm § 29 II UmwG daran unverschuldet gehindert ist, anbietet, seine umgewandelten Anteile gegen eine bestimmte, konkret bezifferte Barabfindung zu erwerben. Den Anspruch auf Barabfindung hat auch ein Anteilsinhaber, der bei der Beschluss-

---

[84] *Lutter* in Kölner Kommentar zum AktG § 192 Rn. 37; näher zur Durchführung bei der Einbringung *Martens* AG 1992 S. 209 ff.; zu anderweitigen gesellschaftsrechtlichen Möglichkeiten vgl. *Witteler* Wandeldarlehen S. 1 ff.
[85] *Winter* in Scholz GmbHG § 14 Rn. 67 ff., 77.
[86] AA *Meister/Klöcker* in Kallmeyer UmwG § 194 Rn. 45 und § 207 Rn. 10; *Decher/Hoger* in Lutter UmwG § 194 Rn. 21.

§ 26. Umwandlungsrechtliche Regelungen § 26

fassung für den Formwechsel gestimmt hat, dann aber gegen den Beschluss Widerspruch zur Niederschrift erklärt.[87] Gegen eine solche Auslegung spricht weder der Wortlaut der Vorschrift, noch ist ein solches Verhalten grundsätzlich rechtsmissbräuchlich. Vielmehr kann ein derartiges Abstimmverhalten im Gegenteil Ausdruck der Rücksichtnahme auf die Interessen der anderen Anteilsinhaber oder des Rechtsträgers sein.[88] Entsprechendes gilt, wenn einzelne Anteilsinhaber, deren Zustimmung für die Wirksamkeit des Umwandlungsbeschlusses Voraussetzung ist, nach Zustimmungserteilung Widerspruch zur Niederschrift erklärt haben.[89] Die Anteilsinhaber sind darauf hinzuweisen, dass das Angebot nur binnen zweier Monate nach dem Tage angenommen werden kann, an dem die Eintragung des Formwechsels als bekannt gemacht gilt, § 209 Satz 1 UmwG. Das Barabfindungsangebot hat angemessen zu sein und ist nach den §§ 208 iVm § 30 UmwG grundsätzlich von einem vom formwechselnden Rechtsträger oder auf dessen Antrag vom Registergericht bestellten Umwandlungsprüfer zu prüfen, §§ 10, 11 UmwG. Über die reine Bestätigung der Angemessenheit hinaus muss im Prüfungsbericht erklärt werden, nach welchen Methoden die angebotene Barabfindung ermittelt wurde und aus welchen Gründen gerade diese Methoden für angemessen erachtet wurden.[90] Hinsichtlich der Bewertung ergeben sich keine Unterschiede zur Verschmelzung und Spaltung.[91]

§ 194 I UmwG verlangt neben der gemäß Absatz 1 Nr. 6 erforderlichen Bestimmung des Abfindungsangebots auch die ggf. erforderliche Bestimmung der baren Zuzahlung im Sinne des § 196 UmwG entsprechend der gemäß §§ 5 I Nr. 3, 15 UmwG für den Verschmelzungsvertrag geltenden Regelung: Bare Zuzahlungen müssen nach § 196 Satz 1 UmwG gewährt werden, wenn die im Umwandlungsbeschluss festgesetzten Anteile am Zielrechtsträger zu niedrig bemessen sind bzw. wenn die Mitgliedschaft beim Zielrechtsträger kein ausreichender Gegenwert für die Mitgliedschaft am formwechselnden Rechtsträger ist. Gemäß § 194 I Nr. 4 UmwG muss diese Bemessung im Umwandlungsbeschluss vorgenommen werden. Sind die den einzelnen Anteilsinhabern zugewiesenen Anteile zu niedrig bemessen, müssen gemäß § 194 I Nr. 5 UmwG im Umwandlungsbeschluss die Maßnahmen bestimmt werden, die für die einzelnen Anteilsinhaber vorgesehen sind. Zu diesen Maßnahmen gehört auch die Gewährung von baren Zuzahlungen im Sinne des § 196 Satz 1 UmwG. Gleiches gilt für Mängel am ausreichenden Gegenwert der Mitgliedschaft.[92]

---

[87] *Meister/Klöcker* in Kallmeyer UmwG § 207 Rn. 15; *Decher/Hoger* in Lutter UmwG § 207 Rn. 9 f.; *Bärwaldt* in Semler/Stengel UmwG § 194 Rn. 27; aA *Stratz* in Schmitt/Hörtnagl/Stratz UmwG § 207 Rn. 4; *Kalss* in Semler/Stengel UmwG § 207 Rn. 7.
[88] *Meister/Klöcker* in Kallmeyer UmwG § 207 Rn. 15.
[89] *Meister/Klöcker* in Kallmeyer UmwG § 207 Rn. 16.
[90] → Rn. 19; zum Klageausschluss bei barabfindungsbezogenen Informationsmängeln BGH DB 2001 S. 471 f.
[91] → § 9 Rn. 84 f.
[92] *Meister/Klöcker* in Kallmeyer UmwG § 194 Rn. 48.

gg) Arbeitnehmerbelange, § 194 I Nr. 7 UmwG

70   Die Folgen des Formwechsels für die Arbeitnehmer und ihre Vertretungen sowie die insoweit vorgesehenen Maßnahmen sind gemäß § 194 I Nr. 7 UmwG in den Umwandlungsbeschluss aufzunehmen. Da beim Formwechsel die Identität des Arbeitgebers gewahrt bleibt, ergeben sich im Hinblick auf den einzelnen Arbeitnehmer keine Änderungen. Der Formwechsel kann lediglich Auswirkungen auf die Pflicht haben, Arbeitnehmervertreter in den Aufsichtsrat zu wählen.

71   Sofern die Voraussetzungen des § 203 UmwG vorliegen, führt die Eintragung des Formwechsels im Handelsregister nicht automatisch zum Erlöschen des Amts der bisherigen Aufsichtsratsmitglieder. Die Anteilsinhaber können jedoch die Beendigung des Amtes für ihre Vertreter im Aufsichtsrat bestimmen. Werden nicht gleichzeitig neue Anteilseignervertreter berufen, so sind diese gerichtlich zu bestellen, § 6 MitbestG iVm § 104 AktG. Diese Folgen sind entsprechend im Umwandlungsbeschluss darzustellen.[93] Umgekehrt wird aufgrund des Zweiten Umwandlungsänderungsgesetzes in § 197 Satz 3 klargestellt, dass bei einem Formwechsel in eine Aktiengesellschaft § 31 AktG anwendbar ist, sodass beispielsweise eine noch ausstehende Wahl der Aufsichtsratsmitglieder der Arbeitnehmer die Wirksamkeit des Formwechsels nicht entgegensteht.

72   Der Entwurf des Umwandlungsbeschlusses ist dem zuständigen Betriebsrat spätestens einen Monat vor der Beschlussfassung der Gesellschafterversammlung gemäß § 194 II UmwG zu übersenden. Auf eine schriftliche Empfangsbestätigung des Betriebsrates zu Nachweiszwecken ist zu achten.

hh) Neue Satzung

73   Nach den § 243 I iVm § 218 UmwG muss der Entwurf des Umwandlungsbeschlusses die neue Satzung des Zielrechtsträgers enthalten. In diese sind Festsetzungen über Sondervorteile, Gründungsaufwand, Sacheinlagen und -übernahmen aus der vormaligen Satzung zu übernehmen. Hinsichtlich der Änderung und Beseitigung solcher Festsetzungen gelten die Absätze IV und V des § 26 AktG entsprechend.[94] Bei der Umwandlung in eine KGaA muss der Beschluss zudem vorsehen, dass mindestens ein vorhandener oder beitretender Gesellschafter persönlich haftender Gesellschafter wird, § 218 II UmwG. Nach § 234 Nr. 3 nF ist nun der Gesellschaftsvertrag auch zwingender Bestandteil des Umwandlungsbeschlusses für einen Formwechsel von eine Kapitalgesellschaft in eine Personenhandelsgesellschaft. Somit kann auch der Gesellschaftsvertrag mit der nach § 233 II geltenden Dreiviertelmehrheit beschlossen werden.[95]

---

[93] Zu den arbeitsrechtlichen Bestimmungen im Einzelnen § 6.
[94] *Sagasser* Sondervorteile S. 10 f.; *Mutter* in Semler/Stengel UmwG § 243 Rn. 14 ff.
[95] Vgl. zur vorherigen Rechtslage und den daraus entstehenden Unsicherheiten *Mayer/Weiler* DB 2007 S. 1291 (1294).

§ 26. Umwandlungsrechtliche Regelungen § 26

ii) Kapitalerhöhungen

Im Zusammenhang mit der Umwandlung können Kapitalerhöhungen erwünscht – oder aber auch – notwendig sein, um zB Sonderrechte auszugleichen. Dabei bleiben die Vorschriften des GmbHG und des AktG unberührt, § 243 II UmwG, dh die Kapitalerhöhung ist nach allgemeinen Vorschriften durchzuführen. Anwendbar ist unabhängig davon, ob die Kapitaländerung zugleich mit dem Formwechsel wirksam werden soll oder aber von diesem losgelöst, das Recht der formwechselnden Kapitalgesellschaft, sofern die Kapitaländerung vor der Eintragung des Formwechsels in das Handelsregister beschlossen und zur Eintragung angemeldet wird.[96] 74

Bei der Kapitalerhöhung in der AG, §§ 182 ff. AktG, müssen die neuen Aktien bereits vor der Umwandlung gezeichnet sein, damit die Kapitalerhöhung mit der Umwandlung gleichzeitig eingetragen werden kann. Die Durchführung der Kapitalerhöhung kann nach § 188 IV AktG mit dem Umwandlungs- und Kapitalerhöhungsbeschluss gemeinsam eingetragen werden. Die ordentliche Kapitalerhöhung verlangt bei der GmbH gemäß § 55 GmbHG, dass jede Einlageverpflichtung auf das erhöhte Kapital notariell beurkundet oder beglaubigt wird. Hinsichtlich der Anmeldung ist § 57 GmbHG zu beachten. Im Umwandlungsbeschluss ist jeweils darauf hinzuweisen, dass aufgrund des Formwechsels die neuen Anteile der Rechtsform des Zielrechtsträgers unterliegen, da ansonsten die Gefahr einer Täuschung besteht.[97] 75

jj) Unbekannte Aktionäre

Nach den § 213 iVm § 35 UmwG hat der Entwurf des Umwandlungsbeschlusses einer AG darüber hinaus unbekannte Aktionäre durch die Angabe der insgesamt auf sie entfallenden Aktienurkunden zu bezeichnen, sofern deren Anteile 5% des Grundkapitals der formwechselnden Gesellschaft nicht überschreiten.[98] Mit dieser durch das Zweite Umwandlungsänderungsgesetz eingeführten Erleichterung kam der Gesetzgeber dem Ruf nach Vereinfachung aus der Praxis nach, da die vorher notwendige Bezeichnung nach den Aktienurkunden auf praktische Schwierigkeiten stoßen konnte.[99] Für den Fall, dass Anteilsinhaber später bekannt werden, sind Register oder Listen von Amts wegen zu berichtigen. 76

---

[96] *Göthel* in Lutter UmwG § 243 Rn. 42 ff. (zumindest wenn die Kapitalerhöhung erst mit dem Formwechsel wirksam wird); *Rieger* in Widmann/Mayer UmwG § 243 Rn. 47 ff.; *Korte* WiB 1997 S. 953 (960).
[97] *Göthel* in Lutter UmwG § 243 Rn. 44.
[98] Ein Teil der Literatur hätte eine Grenze von 10% bevorzugt, wie sie sich in den §§ 71 I 1 Nr. 8 und 186 III 4 AktG findet, *Kallmeyer* GmbHR 2006 S. 418 (419); *Bayer/Schmidt* NZG 2006 S. 841 (845).
[99] *Göthel* in Lutter UmwG § 234 Rn. 26; *Marsch-Barner* in Kallmeyer UmwG, § 35 Rn. 1.

§ 26   7. Teil. Formwechsel

77   Die Neuregelung ist direkt nur auf den Formwechsel einer AG oder KGaA anwendbar.[100] Bei dem Formwechsel in eine GmbH oder eine KG müssen die unbekannten Aktionäre benannt werden, da die Kommanditisten gemäß § 234 Nr. 2 UmwG mit der Höhe ihrer Einlage namentlich benannt und im Übrigen im Handelsregister einzutragen sind und die Gesellschafter einer GmbH in einer Gesellschafterliste zu führen sind, § 40 GmbHG.[101] Zu berücksichtigen ist des Weiteren, dass die Erleichterung nur gilt, wenn die Aktionäre unbekannt sind. So sind Möglichkeiten zur Ermittlung zu nutzen. Fraglich ist allerdings, ob noch Raum ist für die weitgehende Ansicht bezüglich der Ermittlungspflichten des BayObLG,[102] demgemäß in der Einladung zu der Hauptversammlung, die über die Umwandlung beschließt, die Aktionäre aufgefordert werden müssen, ihren Aktienbesitz unter Angabe von Name, Vorname, Stand und Wohnort sowie der Nummern ihrer Aktienurkunden offen zu legen. Aktuell bleibt diese Frage jedenfalls in den Fällen, in denen die unbekannten Aktionäre mehr als 5% des Grundkapitals ausmachen. Für diese Fälle kann sich ein besonderer Aufruf an die Aktionäre über die depotführenden Banken, im Bundesanzeiger und etwaigen anderen Gesellschaftsblättern empfehlen.[103] Hierfür empfiehlt es sich für die Praxis, in den Fällen, in denen bisher keine Aktienurkunden ausgegeben worden sind, nunmehr Sammelurkunden an die Aktionäre auszugeben. Die Mitgliedschaften sämtlicher unbekannter Aktionäre werden dabei in einer Sammelurkunde zusammengefasst und sind dadurch bezeichnet. In den Fällen, in denen bereits eine Globalurkunde vorhanden ist, besteht die Möglichkeit, die Globalurkunde durch neue Sammelurkunden zu ersetzen und dabei den unbekannten Aktionären eine der Sammelurkunden zuzuordnen. Wenn der Formwechsel trotz unterlassener oder unzureichender Ermittlung der unbekannten Aktionäre im Handelsregister eingetragen wird, lässt dieser Mangel des Formwechselbeschlusses die Wirksamkeit des Formwechsels gemäß § 202 III UmwG unberührt.[104]

b) Weitere Regelungsmöglichkeiten

78   Der Entwurf des Umwandlungsbeschlusses kann neben den obligatorischen Angaben nach § 194 I UmwG weitere freiwillige Regelungen enthalten. Da jedoch die neue Satzung bzw. der neue Gesellschaftsvertrag Bestandteil des Entwurfs des Umwandlungsbeschlusses ist, sind die Vereinbarungen der Gesellschafter untereinander bereits dort niedergelegt,

---

[100] *Decher/Hoger* in Lutter UmwG § 213 Rn. 3 ff.; offener *Grunewald* in Lutter UmwG § 35 Rn. 2 f., die sich zumindest für die Anwendung des Rechtsgedankens der Vereinfachung in anderen Fällen ausspricht.
[101] Es wird jedoch vertreten, dass die 5%-Grenze für unbekannte Aktionäre ebenso für die Zwecke der Gesellschafterliste der GmbH Anwendung findet, *Kerschbaumer* NZG 2011 S. 892 (895).
[102] BayObLG ZIP 1996 S. 1467 (1468).
[103] *Meister/Klöcker* in Kallmeyer UmwG § 213 Rn. 7 mwN.
[104] *Meister/Klöcker* in Kallmeyer UmwG § 213 Rn. 7 aE.

sodass weitere Regelungen im Entwurf des Umwandlungsbeschlusses kaum in Betracht kommen werden.

2. Umwandlungsbericht

Gemäß § 192 I UmwG hat das Vertretungsorgan des formwechselnden Rechtsträgers einen ausführlichen schriftlichen Bericht zu erstatten, in dem der Formwechsel und insbesondere die künftige Beteiligung der Anteilsinhaber an dem Rechtsträger rechtlich und wirtschaftlich erläutert werden. Die Pflicht zur Erstattung eines Berichts, der wie bei der Verschmelzung und Spaltung das Ziel verfolgt, für von der Geschäftsführung ausgeschlossene Gesellschafter eine **standardisierte Informationsquelle**[105] zu bieten, entspringt dem europäischen Recht und wurde vom Gesetzgeber auch auf das Recht des Formwechsels erstreckt, obgleich mit der Umwandlung nicht notwendig eine Änderung der Beteiligungsquote verbunden ist. Eine Vermögensaufstellung ist dem Umwandlungsbericht seit dem Zweiten Umwandlungsänderungsgesetz nicht mehr beizufügen,[106] doch treffen die Verwaltungsorgane durch die Verweisung des § 192 I UmwG auf § 8 I UmwG weitreichende Informationspflichten hinsichtlich verbundener Unternehmen iSd § 15 AktG sowie besonderer Schwierigkeiten bei der Bewertung des Rechtsträgers. Betrachtet man zudem die hohen Anforderungen, die die Rechtsprechung an den Verschmelzungsbericht stellt,[107] drängt sich beim Formwechsel noch mehr die Frage auf, ob der Gesetzgeber den Minderheitenschutz nicht überbetont hat. Jedenfalls aber wird man von der Rechtsprechung fordern müssen, dass sie an den Umwandlungsbericht nur geringere Anforderungen stellt als an den Verschmelzungsbericht, weil es, wie auch der Gesetzgeber erkannt hat, beim Formwechsel idR „nur" zu einer qualitativen Veränderung der Anteile oder Mitgliedschaften kommt.[108] Neben den Erwägungen, die zu dem Formwechsel motiviert haben,[109] sind somit vor allem diese **qualitativen Veränderungen des Anteils bzw. der Mitgliedschaft** zu erläutern. Da dem Bericht nach § 192 I 2 UmwG auch der Entwurf des Umwandlungsbeschlusses beizufügen ist, betrifft dies im wesentlichen eine Erläuterung der Angaben nach § 194 I Nr. 4, 5 UmwG.[110] Daneben ist auch die **Höhe der anzubietenden Barabfindung** rechtlich und wirtschaftlich zu

79

---

[105] BT-Drucks. 12/6699 S. 138 zu § 192 UmwG.
[106] Nach alter Rechtslage vor dem Zweiten Umwandlungsänderungsgesetz musste dem Umwandlungsbericht grundsätzlich eine Vermögensaufstellung beigefügt werden (§ 192 II aF). Dies galt jedoch schon damals wegen § 238 Satz 2 aF nicht für den Sonderfall des Formwechsels zwischen Kapitalgesellschaften. Durch das Änderungsgesetz ist § 192 II aF nun ersatzlos weggefallen, nachdem dieser bereits auf Kritik gestoßen war (*Arnold* in Semler/Stengel UmwG § 238 Rn. 10 mwN), → Rn. 28.
[107] → § 9 Rn. 187 ff.
[108] BT-Drucks. 12/6699 S. 138 zu § 192 UmwG.
[109] Dabei sollen auch eventuelle Alternativen dargestellt werden, LG Mannheim BeckRS 2014, 10107.
[110] → Rn. 123 ff. und → Rn. 129.

§ 26

erläutern.[111] § 192 I UmwG verweist insoweit zwar nicht auf § 8 UmwG; die Notwendigkeit ergibt sich aber daraus, dass ein Barabfindungsangebot im Entwurf des Umwandlungsbeschlusses enthalten sein muss, der seinerseits notwendiger Bestandteil des an die Anteilsinhaber zu versendenden Umwandlungsberichtes ist, § 192 I Nr. 3 UmwG.[112]

80 Im Übrigen aber wird man die Anforderungen an den Umwandlungsbericht mit Hilfe des auch auf diesen Bericht nach § 192 I aE UmwG anwendbaren § 8 II UmwG zurücknehmen müssen. Nach dieser Vorschrift brauchen Tatsachen in den Bericht nicht aufgenommen zu werden, deren Bekanntwerden geeignet ist, dem Rechtsträger oder einem verbundenen Unternehmen einen nicht unerheblichen Nachteil zuzufügen; die Gründe hierfür sind dann zu nennen. Die Rechtsprechung verlangt hinsichtlich des Verschmelzungsberichtes, dass aus der Begründung der schwere Nachteil, der bei Nennung der Tatsachen eintreten würde, für den Anteilseigner ersichtlich ist, ohne dass er die Tatsache kennt.[113] Dies würde die Berichtspflichten der Verwaltungsorgane auch beim Formwechsel in einer Weise ausdehnen, die einerseits für den Schutz der Anteilsinhaber nicht erforderlich ist, weil anlässlich des Formwechsels Informationen aufgedeckt werden müssten, die im normalen Geschäftsverlauf dem Auskunftsverweigerungsrecht der Verwaltungsorgane entsprechend § 131 III Nr. 3 AktG unterlägen. Andererseits wäre der formwechselnde Rechtsträger gezwungen, Tatsachen aufzudecken, die im Hinblick auf das **Geheimhaltungsbedürfnis** der Gesellschaft in keinem Verhältnis zum Schutzbedürfnis der Anteilsinhaber stehen. Dementsprechend ist für die Auslegung des § 8 II UmwG im Rahmen des Formwechsels § 131 III AktG insgesamt (und nicht nur § 131 III Nr. 1 AktG) heranzuziehen.[114] Wenn der Gesetzgeber klarstellt, dass beim Formwechsel ein einheitlicher Unternehmensträger lediglich seine rechtliche Organisationsform ändert, dann ist nicht ersichtlich, warum die Anteilsinhaber anlässlich dieses Vorgangs mehr Informationen erhalten sollen, als ihnen bei Fortsetzung der alten Rechtsform gewährt worden wären, soweit nicht die Informationen zur Beurteilung der Änderung ihrer Beteiligungsform benötigt werden. Ein nicht unerheblicher Nachteil iSd § 8 II UmwG liegt mithin im Bereich des Formwechsels bereits dann vor und berechtigt zur Auskunftsverweigerung, wenn nach vernünftiger kaufmännischer Beurteilung die abstrakte Gefahr eines Schadens, dh, eines Nachteils bei einem typischen Unternehmen der Branche,[115] eintreten könnte, wenn die Tatsache mitgeteilt würde. Um diese Gefahr nicht schon durch die Begründung des nicht unerheblichen Nachteils herbeizuführen, sind an diese keine hohen Anforderungen zu stellen.[116]

---

[111] KG DB 1999 S. 86 (87); *Bayer* ZiP 1997 S. 1613 (1620).
[112] Zur Gestaltung des Berichtes → § 9 Rn. 188 ff.
[113] BGH AG 1991 S. 102 (103) [SEN].
[114] *Decher/Hoger* in Lutter UmwG § 192 Rn. 44; *Bärwaldt* in Semler/Stengel UmwG § 192 Rn. 18.
[115] *Zöllner* in Kölner Kommentar zum AktG § 131 Rn. 35; *Henn* Handbuch des Aktienrechts § 26 Rn. 888.
[116] *Hüffer/Koch* AktG § 131 Rn. 26 mwN.

§ 26. Umwandlungsrechtliche Regelungen § 26

Letztlich ist aber darauf hinzuweisen, dass wie bei der Verschmelzung oder Spaltung wiederum die Möglichkeit besteht, den Umwandlungsbericht durch notariell beurkundete Verzichtserklärungen zu vermeiden, soweit er nicht ohnehin bei einem Alleingesellschafter entbehrlich ist, § 192 III UmwG. 81

3. Beschluss des Formwechsels

a) Vorbereitung des Beschlusses

Den Gesellschaftern einer GmbH ist durch die Geschäftsführer zusammen mit der Ladung zur Gesellschafterversammlung der Umwandlungsbericht zuzusenden, soweit dies erforderlich ist, dh soweit nicht die Gesellschafter ihre Bereitschaft signalisiert haben, auf diesen zu verzichten. In der **Ladung,** deren Frist sich nach den allgemeinen gesetzlichen oder satzungsmäßigen Fristen bemisst, ist der Beschluss über den Formwechsel als Tagesordnungspunkt zu benennen, § 238 iVm § 230 I UmwG. Die Ladung hat – unbeschadet strengerer satzungsmäßiger Anforderungen – in Textform, § 126b BGB, zu erfolgen. 82

Hinsichtlich der Einberufungsform und -fristen gelten bei Vollversammlungen insoweit Erleichterungen, als über den Formwechsel auch dann beschlossen werden kann, wenn die Fristen nicht eingehalten wurden und alle Anteilsinhaber dem Formwechsel zustimmen. Da in diesem Fall keine schützenswerten Belange der Anteilsinhaber entgegenstehen, kommen die §§ 51 III GmbHG, 121 VI AktG zur Anwendung. § 1 III UmwG steht insoweit nicht entgegen.[117] 83

Bei der AG und der KGaA tritt an die Stelle der schriftlichen Ladung die **Bekanntmachung** der Einladung zur Hauptversammlung in den Gesellschaftsblättern. Die Einladung muss sowohl den Wortlaut des Umwandlungsbeschlusses als auch des neuen Gesellschaftsvertrages enthalten. Dies folgt aus § 124 AktG, der durch das UmwG nicht verdrängt wird.[118] Der Umwandlungsbericht ist in den Geschäftsräumen der Gesellschaft auszulegen, die **Auslegung** hat während der Versammlung anzudauern. Der Umwandlungsbericht kann seit Inkrafttreten des ARUG in der Hauptversammlung auch auf andere Weise zugänglich gemacht werden. Soweit ein detailliertes Abfindungsangebot nicht im Umwandlungsbeschluss enthalten ist, ist dies den Gesellschaftern der GmbH zu übersenden bzw. den Aktionären im Bundesanzeiger und den Gesellschaftsblättern bekannt zu machen. Das Dritte Umwandlungsänderungsgesetz hat die Möglichkeit geschaffen, dem Aktionär (oder dem von der Geschäftsführung ausgeschlossenen persönlich haftenden Gesellschafter) den Umwandlungsbericht auf dem Wege elektronischer Kommunikation zu übermitteln, § 230 II 3 UmwG. Da dies jedoch nur mit Einwilligung des Aktionärs möglich ist, sollte die Einwilligung gut dokumentiert wer- 84

---

[117] *Dirksen/Blasche* in Kallmeyer UmwG § 238 Rn. 5; *Arnold* in Semler/Stengel UmwG § 238 Rn. 8.
[118] LG Hanau ZIP 1996 S. 422; aA *Meyer-Landrut/Kiem* WM 1997 S. 1413 f.; *Arnold* in Semler/Stengel UmwG § 238 Rn. 6.

§ 26 7. Teil. Formwechsel

den.¹¹⁹ Der Entwurf des Umwandlungsbeschlusses ist außerdem nach § 194 II UmwG dem Betriebsrat des formwechselnden Rechtsträgers zu übersenden, und zwar wenigstens einen Monat vor dem Tage der beschlussfassenden Versammlung.

85 Nach teilweise vertretener Ansicht sollte nach alter Rechtslage bei der Umwandlung in oder aus einer KGaA durch eine teleologische Reduktion der §§ 192 II, 238 Satz 2 aF aufgrund der schwerwiegenden Folgen des Formwechsels für die Gesellschafterstellung des persönlich haftenden Gesellschafters eine Vermögensaufstellung erforderlich sein.¹²⁰ Im Hinblick darauf, dass das Gesetz seit der ersatzlosen Streichung des § 192 II aF durch das Zweite Umwandlungsänderungsgesetz für keinen Fall eines Formwechsels eine Vermögensaufstellung verlangt, ist diese Auffassung heute nicht mehr vertretbar.¹²¹

b) Der Beschluss der Gesellschafter

86 In der Gesellschafter- oder Hauptversammlung, die über den Formwechsel beschließen soll, ist der Umwandlungsbericht auszulegen, § 239 I UmwG. Bei der AG und der KGaA ist zudem der Entwurf des Umwandlungsbeschlusses unaufgefordert durch die Verwaltungsorgane zu erläutern. Im Gegensatz zum Verschmelzungsrecht in § 49 III UmwG sieht das Recht des Formwechsels kein **Auskunfts- und Fragerecht** der Gesellschafter der GmbH gegenüber der Geschäftsführung vor. Im Unterschied zum Verschmelzungsrecht sind beim Formwechsel keine weiteren Rechtsträger beteiligt, bezüglich derer ein berechtigtes Auskunftsinteresse der Gesellschafter bestehen könnte, wie es in § 49 III UmwG geregelt ist. Ein Auskunfts- und Fragerecht bezüglich der eigenen Gesellschaft ergibt sich bereits aus § 51a GmbHG.¹²² Die durch § 51a GmbHG gewährten Rechte gehen insoweit über die des Aktienrechts hinaus, als dass sie sich auf Einsichtnahme richten können und auch außerhalb der Hauptversammlung ausgeübt werden können.¹²³

87 Der Umwandlungsbeschluss muss den gesamten zukünftigen Gesellschaftsvertrag der GmbH bzw. die Satzung der AG oder KGaA enthalten, §§ 243 I 1, 218 I UmwG. Gemäß § 243 III UmwG sind zudem im Gesellschaftsvertrag oder der Satzung der Gesellschaft neuer Rechtsform die Nennbeträge der einzelnen Anteile anzugeben. In der Festsetzung der Anteile sind die Gesellschafter frei, der Nennbetrag muss allerdings gemäß § 243 III 2 UmwG bei einer GmbH auf volle Euro lauten.¹²⁴ Aufgrund der Neufassung des § 243 III UmwG¹²⁵ gelten nunmehr die allgemeinen

---

¹¹⁹ *Heckschen* NJW 2011 S. 2390 (2394 f.).
¹²⁰ *Happ* in Lutter UmwG (3. Aufl.) § 238 Rn. 12 ff.; vgl. *Arnold* in Semler/Stengel UmwG § 238 Rn. 10.
¹²¹ Kritisch bereits zur alten Rechtslage: *Stratz* in Schmitt/Hörtnagl/Stratz UmwG § 238 Rn. 2.
¹²² → § 9 Rn. 212; *Rieger* in Widmann/Mayer UmwG § 239 Rn. 8.
¹²³ *Göthel* in Lutter UmwG § 232 Rn. 11.
¹²⁴ Geändert durch Art. 17 des MoMiG.
¹²⁵ § 243 III UmwG wurde geändert durch das Gesetz über die Zulassung von Stückaktien vom 25.3.1998 (BGBl. I S. 590).

aktienrechtlichen Vorgaben des § 8 AktG, dh es können Nennbetrags- oder Stückaktien mit einem Nennbetrag oder rechnerischen Anteil am Grundkapital von mindestens einem Euro ausgegeben werden.

Der Beschluss über den Formwechsel ist mit einer **Dreiviertelmehrheit** des anwesenden Kapitals bzw. der abgegebenen Stimmen zu beschließen, soweit nicht der Gesellschaftsvertrag oder die Satzung eine höhere Mehrheit oder weitere Erfordernisse festlegt, § 240 I UmwG.[126] Bei der AG und der KGaA ist gemäß den § 240 I iVm § 65 II UmwG zusätzlich für jede Aktiengattung gesondert abzustimmen. Der Umwandlungsbeschluss beim Formwechsel einer Aktiengesellschaft unterliegt nicht der materiellen Beschlusskontrolle, die für Fälle des Bezugsrechtsausschlusses entwickelt wurde. Anwendbar ist allein die allgemeine Missbrauchskontrolle.[127] Der bei der börsennotierten Aktiengesellschaft mit dem Formwechsel zwingend verbundene Börsenaustritt bedarf gleichfalls keiner sachlichen Rechtfertigung. Der Verlust der Fungibilität der Aktie begründet regelmäßig angesichts der besonderen Schutzmechanismen des Umwandlungsrechts zugunsten der Minderheitsaktionäre auch keinen Missbrauch des Formwechsels.[128] Stattdessen steht es dem Aktionär offen, gegen eine Abfindung aus der Gesellschaft auszutreten.[129] 88

Hinzu treten diverse Erfordernisse der **Zustimmung einzelner Gesellschafter** oder Aktionäre. Diese Zustimmungen können bereits vor der Gesellschafterversammlung erteilt oder aber nachgeholt werden.[130] Die einzelnen Zustimmungserfordernisse betreffen Fälle, in denen eine persönliche Haftung übernommen wird (KGaA), oder in denen bestimmte Gesellschafterrechte (insbesondere Minderheits- oder besondere Einflussrechte auf die Geschäftsführung iSv § 50 II UmwG) beeinträchtigt werden. Auf die Einholung der Zustimmung kann nicht satzungsmäßig verzichtet werden.[131] Eine Übersicht über die Vorschriften ergibt sich aus der nachstehenden Tabelle: 89

---

[126] Beim Formwechsel einer KGaA in eine AG kann die Satzung auch geringere Mehrheiten festlegen, § 240 I 2 UmwG.
[127] *Meyer-Landrut/Kiem* WM 1997 S. 1361 (1365); *Decher/Hoger* in Lutter UmwG § 193 Rn. 9; BGH ZIP 2005 S. 1318 (1319).
[128] *Meyer-Landrut/Kiem* WM 1997 S. 1361 (1367); nach der Entscheidung des BVerfG vom 11.7.2012, NZG 2012 S. 826 f. ist die Fungibilität aufgrund der Börsennotierung nicht als eigener Wert verfassungsrechtlich durch das Eigentum geschützt.
[129] *Göthel* in Lutter UmwG § 233 Rn. 60.
[130] *Decher/Hoger* in Lutter UmwG § 193 Rn. 22; *Bärwaldt* in Semler/Stengel UmwG § 193 Rn. 27; abweichend vertritt *Göthel* in Lutter UmwG § 233 Rn. 9 die Ansicht, es handele sich nicht um eine Zustimmung nach §§ 182 ff. BGB, so dass eine nachträgliche Zustimmung keine Rückwirkung habe.
[131] Vgl. *Blasche* in Kallmeyer UmwG § 240 Rn. 4; *Stratz* in Schmitt/Hörtnagl Stratz UmwG § 240 Rn. 5.

alte Rechtsform \ neue Rechtsform	AG	KGaA	GmbH
AG		– § 240 II UmwG (pers. Haftung)	– § 242 UmwG (Inkongruenz der Nennbeträge)
KgAA	– § 240 III UmwG (pers. Haftung)		– § 240 III UmwG (pers. Haftung) – § 242 UmwG (Inkongruenz der Nennbeträge)
GmbH	– § 193 II UmwG (Vinkulierung) – § 241 I UmwG (Inkongruenz der Nennbeträge) – § 241 II iVm 50 II UmwG (Minderheitsrechte, Herrschaftsrechte)	– § 193 II UmwG (Vinkulierung) – § 241 III UmwG (geringere Nebenpflichten) – § 241 UmwG (Inkongruenz der Nennbeträge) – § 241 II iVm 50 II UmwG (Minderheitsrechte, Herrschaftsrechte)	

90 Nach § 193 III UmwG sind sowohl der Umwandlungsbeschluss wie auch die einzelnen Zustimmungserklärungen zu beurkunden.[132] Gleiches gilt, soweit bei einem Formwechsel in die KGaA – was ausnahmsweise möglich ist – ein persönlich haftender Gesellschafter beitritt, § 240 II iVm § 221 UmwG. Bei der Umwandlung in eine GmbH stellt sich die Frage, ob nach § 2 II GmbHG eine Vollmacht zur Vertretung beim Umwandlungsbeschluss (und dem Widerspruch nach § 207 UmwG) der notariell beglaubigten Form bedarf[133] oder nicht. Gegen das Formbedürfnis spricht, dass der Formwechsel, der durch eine qualifizierte Mehrheit erfolgt, während bei der Gründung alle Gründer die Satzung zeichnen, eher wie eine Satzungsänderung behandelt wird, bei der eine einfachschriftliche Vollmacht ausreichend ist.[134]

---

[132] Hinsichtlich der Beurkundung durch einen ausländischen Notar → § 9 Rn. 181, 304.
[133] So *Bärwaldt* in Semler/Stengel UmwG § 193 Rn. 12; *Meister/Klöcker* in Kallmeyer UmwG § 197 Rn. 15.
[134] *Decher/Hoger* in Lutter UmwG § 193 Rn. 10; *Kerschbaumer* NZG 2011 S. 892 (893).

§ 26. Umwandlungsrechtliche Regelungen § 26

Über den Umwandlungsbeschluss ist eine Niederschrift[135] zu fertigen, in 91
der die Personen, die nach § 245 I bis III UmwG an die Stelle der Gründer
treten, namentlich aufzuführen sind, § 244 I UmwG. Beim Formwechsel
einer GmbH in die AG oder KGaA ist die neue Satzung von den künftigen
Aktionären zu unterzeichnen. Dies folgt aus den Gründungsvorschriften
nach Aktienrecht, die gemäß § 197 UmwG anwendbar sind. Dagegen
bedarf der neue Gesellschaftsvertrag der GmbH nicht der Unterschriften
der Gesellschafter, § 244 II UmwG. Die Ausnahme von den allgemeinen
Gründungsvorschriften soll der Gefahr begegnen, dass die Gründung an
der potenziellen Vielzahl der künftigen Gesellschafter scheitert. Treten
beim Formwechsel in eine KGaA neue persönlich haftende Gesellschafter
bei, müssen diese nach § 221 UmwG die neue Satzung genehmigen.

4. Gründungsrecht und Kapitalschutz

a) Gründungsrecht und Haftungsfolgen

Beim Formwechsel sind nach § 197 UmwG grundsätzlich die für die 92
jeweilige Rechtsform geltenden Gründungsvorschriften einzuhalten, soweit sie nicht die Mindestzahl der Gesellschafter oder die Zusammensetzung des ersten Aufsichtsrats betreffen. Insoweit gelten die Vorschriften
über die **Gründerhaftung**, §§ 9a GmbHG, 46 AktG entsprechend.[136]
Das UmwG legt allerdings in § 219 UmwG den Personenkreis, der den
Gründern gleichzustellen ist, für den Formwechsel gesondert fest, sodass
nur diejenigen Gründer haften, die im Falle einer Mehrheitsentscheidung
für den Formwechsel gestimmt haben.[137] Eine **Differenzhaftung** beim
Formwechsel in die GmbH dürfte hingegen ausscheiden.[138] Fraglich ist,
ob mit dem Verweis auf die Gründungsvorschriften die **Handelndenhaftung** nach §§ 11 II GmbHG, 41 I 2 AktG erfasst ist. Mit dem
Identitätskonzept ist die Handelndenhaftung wohl nicht vereinbar, da die
Haftung den Bestand einer Vorgesellschaft neben der formwechselnden
Gesellschaft in der Gründungsphase voraussetzt. Lehnt man das Identitätskonzept ab, kommt man hingegen zwar theoretisch zur Anwendung der
Handelndenhaftung, die jedoch in der Praxis in der Regel nicht eingreift,
da die Rechtsgeschäfte bis zur Eintragung des Formwechsels vom alten
Rechtsträger durchgeführt werden.[139]

---

[135] Auch bei der GmbH empfiehlt sich die Aufnahme einer Beschlussfeststellung in die Niederschrift entsprechend § 130 II AktG, vgl. BGH NJW-RR 1994 S. 1250.
[136] BT-Drucks. 12/6699 S. 142 zu § 197 UmwG; vgl. auch *Semler/Grunewald* in *Geßler/Hefermehl/Eckardt/Kropff* AktG § 378 Rn. 15; *Priester* DB 1995 S. 911 (914).
[137] Vgl. ausführlich zu den anwendbaren Vorschriften *Meister/Klöcker* in Kallmeyer UmwG § 197 Rn. 9 ff.
[138] So *Scheel* in Semler/Stengel UmwG § 245 Rn. 44 ff.; aA *Bärwaldt* in Semler/Stengel UmwG § 197 Rn. 33; → Rn. 99.
[139] *Bärwaldt/Schabacker* ZIP 1998 S. 1293 (1295, 1298); vgl. auch *Bärwaldt* in Semler/Stengel UmwG § 197 Rn. 3 unter Hinweis auf den Widerspruch zwi-

§ 26

b) Zusammensetzung des Aufsichtsrates

93 Soweit ein Aufsichtsrat neu zu bestellen ist oder sich nach anderen Vorschriften zusammensetzt, ist das Gründungsrecht nicht anzuwenden, § 197 Satz 2 UmwG. Somit ist insbesondere der Aufsichtsrat in der AG nicht nach § 30 AktG lediglich mit den Anteilseignervertretern, sondern von vornherein nach den einschlägigen Mitbestimmungsgesetzen auch mit Arbeitnehmervertretern zu besetzen.[140] Hierzu ist das Statusverfahren gemäß §§ 97 ff. AktG sowie die Wahl der Arbeitnehmervertreter durchzuführen.

c) Nachgründungsvorschriften

94 Aufgrund des Verweises in § 197 Satz 1 gelten grundsätzlich auch die Vorschriften zur Nachgründung aus §§ 52 f. AktG. Durch das Zweite Umwandlungsänderungsgesetz wurde nun zum einen in § 345 II und 3 nF klargestellt, dass § 52 AktG nicht gilt für den Formwechsel von einer AG in eine KGaA und umgekehrt, da hier die Vorschriften ohnehin schon bei der Gründung dieser Gesellschaften galten. Darüber hinaus kam der Gesetzgeber einem Ruf nach Erleichterung aus der Praxis nach und hat in § 245 I 3 einen neuen Satz eingefügt, der die Anwendung der Nachgründungsvorschriften bei der Umwandlung einer GmbH in eine AG oder KGaA nur noch auf Gesellschaften anwendet, welche bei dem Formwechsel noch nicht länger als zwei Jahre im Register eingetragen waren.

d) Kapitalschutz

95 Darüber hinaus bestehen gesonderte Regelungen des Kapitalschutzes anlässlich des Formwechsels. Beim Formwechsel in die AG oder KGaA darf das Nennkapital das nach Abzug der Schulden verbleibende Vermögen der formwechselnden Gesellschaft nicht übersteigen, § 245 I bis III iVm § 220 I UmwG. Die Beurteilung, ob eine „materielle" Unterdeckung besteht, beruht dabei auf einer Verkehrswertbetrachtung.[141] Für ein Abstellen auf den Verkehrswert spricht § 197 UmwG, denn die formwechselnde Umwandlung wird wie eine Sachgründung behandelt, und bei einer Sachgründung sind die Verkehrswerte anzusetzen.[142] Für ein Zugrundelegen der Verkehrswerte spricht auch, dass § 220 UmwG

---

schen dem Identitätsprinzip einerseits und der Anwendung der Gründungsvorschriften andererseits; sowie *ders.*, § 197 Rn. 35, 53.

[140] Vgl. hierzu BT-Drucks. 12/6699 S. 141 zu § 197; *Henn* Handbuch des Aktienrechts Rn. 94; *K. Schmidt* Gesellschaftsrecht § 27 II 3c.; im Zweiten Umwandlungsänderungsgesetz wurde klargestellt, dass § 31 AktG anwendbar bleibt, § 197 Satz 3 UmwG.

[141] HM vgl. *Scheel* in Semler/Stengel UmwG § 245 Rn. 41 sowie *Schlitt* in Semler/Stengel UmwG § 220 Rn. 13 mwN; aA *Kallmeyer* GmbHR 1995 S. 888 (889).

[142] *Dirksen/Blasche* in Kallmeyer UmwG § 220 Rn. 8; *Joost* in Lutter UmwG § 220 Rn. 10.

§ 26. Umwandlungsrechtliche Regelungen § 26

eine dem Gläubigerschutz dienende Vorschrift ist. Dem Gläubigerschutz wird durch das Abstellen auf den Verkehrswert genüge getan.[143] Hinsichtlich der Ermittlung des Verkehrswertes bestehen allerdings unterschiedliche Vorstellungen im Schrifttum.[144]

Das in diesem Zusammenhang oft zitierte **bilanzielle Identitätsprinzip** gilt demgegenüber allein für die Frage der Darstellung der Vermögensverhältnisse in der Handelsbilanz des Zielrechtsträgers: Der Formwechsel einer Gesellschaft darf nicht dazu führen, dass die Buchwerte des Vermögens zur Darstellung des Nennkapitals aufgestockt werden.[145] Besteht bei einer Reinvermögensbetrachtung eine Deckung des Nennkapitals, ist der Formwechsel auch dann möglich, wenn sich in der Handelsbilanz der neuen Gesellschaft zu Buchwerten eine „formelle" Unterdeckung ergibt; in diesem Fall kann zum Bilanzausgleich ein **formwechselbedingter Sonderabzugsposten** gebildet werden.[146] 96

Zur Vermeidung einer materiellen Unterdeckung des Nennkapitals besteht allerdings die Möglichkeit, im Rahmen der Beschlussfassung über den Formwechsel eine vereinfachte Kapitalherabsetzung zu beschließen oder durch Einlagen das Vermögen zu erhöhen.[147] Sacheinlagen müssen vollständig erbracht sein. Bareinlageverpflichtungen, die anlässlich des Formwechsels entstehen oder schon früher bestanden,[148] müssen mindestens in Höhe von 25% vor der Anmeldung des Umwandlungsbeschlusses erfüllt sein; rückständige Einlageansprüche sind zu aktivieren, soweit sie werthaltig sind.[149] 97

Beim Formwechsel in die GmbH bestehen keine gesonderten Kapitalschutzvorschriften; § 245 IV verweist nicht auf § 220 UmwG. Vielmehr wird ausdrücklich klargestellt, dass ein Sachgründungsbericht nicht zu erstellen ist. Ein entsprechender Kapitalschutz kann sich auch nicht aus dem Verweis auf die Gründungsvorschriften ergeben, § 197 UmwG.[150] Die Möglichkeit des Formwechsels in die GmbH bei Bestehen einer materiellen Unterdeckung des Nennkapitals bestand schon nach § 369 AktG 1965. 98

e) Kapitalschutz und bare Zuzahlung

Unter Umständen kann es zu einer Kollision von Vorschriften zur Sicherung der Kapitalaufbringung und -erhaltung und den Ansprüchen 99

---

[143] *Blasche* in Kallmeyer UmwG § 220 Rn. 6.
[144] *Göthel* in Lutter UmwG § 245 Rn. 12 mwN.
[145] → § 27 Rn. 6, 23 ff.; *Göthel* in Lutter UmwG § 245 Rn. 12; aA *Priester* DB 1995 S. 911 (915).
[146] → § 27 Rn. 23.
[147] *Happ* in Lutter Kölner Umwandlungsrechtstage S. 244 schlägt vor, für den Fall des Formwechsels der GmbH in die AG bei Unterdeckung des Grundkapitals § 245 I iVm § 220 I UmwG teleologisch zu reduzieren.
[148] → Rn. 143.
[149] Wie hier *Schlitt* in Semler/Stengel UmwG § 220 Rn. 16; aA *Göthel* in Lutter UmwG § 245 Rn. 16 ff., der offenbar differenziert zwischen ausstehenden Einlagen und Kapitalerhöhungen anlässlich des Formwechsels.
[150] Vgl. *Scheel* in Semler/Stengel UmwG § 245 Rn. 44.

§ 26 7. Teil. Formwechsel

auf bare Zuzahlung nach § 196 UmwG kommen, wenn nach Befriedigung der Ansprüche nach § 196 UmwG das zur Gründung erforderliche Kapital nicht mehr vorhanden wäre. Unklar ist, ob solche Kollisionsfälle zugunsten des Anspruchs auf bare Zuzahlung entschieden werden sollen,[151] mit der Folge der Aushöhlung des Grund- und Stammkapitals, oder ob eine Entscheidung zugunsten der Sicherung der Kapitalaufbringung und -erhaltung vorzuziehen ist[152] mit der Konsequenz, dass der Anspruch insoweit zu kürzen ist, als die bare Zuzahlung zu einer Aushöhlung des Grund- oder Stammkapitals führen würde. Die wohl nun herrschende Meinung spricht sich dafür aus, nicht den Anspruch zu kürzen, gleichzeitig aber eine Aushöhlung des Grund- und Stammkapitals nicht zuzulassen, sondern im Falle einer Kapitalaushöhlung eine Differenzhaftung aller Anteilsinhaber anzunehmen, deren Bevorzugung durch die bare Zuzahlung ausgeglichen werden soll.[153] Dieser Ansicht ist zuzustimmen, denn richtigerweise kann der Konflikt zwischen dem Recht der Gläubiger auf Erhaltung des garantierten Nennkapitals und Ansprüchen der Anteilsinhaber auf bare Zuzahlung nur zugunsten der Gesellschaftsgläubiger gelöst werden. Auch aus § 33 III GmbHG (Erwerb eigener Anteile zur Abfindung nach UmwG) ergibt sich die Wertung, dass das Stammkapital nicht für die Abfindung ausgehöhlt werden darf.

100 Gemäß § 220 II UmwG hat der **Gründungsbericht** bzw. der Sachgründungsbericht für den Formwechsel der GmbH in die AG oder KGaA neben den gewöhnlichen Angaben auch Ausführungen zum bisherigen Geschäftsverlauf und der Lage der Personenhandelsgesellschaft zu enthalten.[154] Die auf die Lage bezogenen Angaben haben die Darstellung der Lebensfähigkeit und die Rentabilitätsaussichten des Unternehmens zu enthalten.[155] Schließlich ist über den Geschäftsverlauf der letzten zwei vollen Geschäftsjahre zu berichten.[156]

101 Beim Formwechsel in die AG oder KGaA hat weiterhin die **Prüfung der Gründung** durch einen oder mehrere Prüfer zu erfolgen, § 220 III UmwG. Der oder die Prüfer werden auf Antrag der Gesellschafter vom Gericht bestellt. Zuständig ist das Amtsgericht – Registergericht – der jeweiligen Gesellschaft nach § 14 AktG. Der Umfang der Prüfung ergibt sich aus § 34 AktG.[157]

102 Beim Formwechsel in die GmbH besteht keine Pflicht eine bestimmte Kapitalausstattung nachzuweisen. § 245 IV UmwG verweist nicht auf

---

[151] So *Fronhöfer* in Widmann/Mayer UmwG § 196 Rn. 12.
[152] Noch zur vorigen Rechtslage *Priester* in Scholz GmbHG Anh. Umw. § 31a KapErhG Rn. 19.
[153] *Meister/Klöcker* in Kallmeyer UmwG § 196 Rn. 18; *Bärwaldt* in Semler/Stengel UmwG § 196 Rn. 16; *Decher/Hoger* in Lutter UmwG § 196 Rn. 16; *Rieger* in Widmann/Mayer UmwG § 245 Rn. 58 mit Verweis auf *Mayer* in Widmann/Mayer UmwG § 36 Rn. 164 ff.
[154] Widmann/Mayer UmwG a. F. Rn. 853.
[155] Widmann/Mayer UmwG a. F. Rn. 853.
[156] *Joost* in Lutter UmwG § 220 Rn. 23; *Blasche* in Kallmeyer UmwG § 220 Rn. 17; *Laumann* in Goutier/Knopf/Tulloch UmwG § 220 Rn. 27 f.
[157] BGHZ 64 S. 52 (60).

§ 220 UmwG. Ein Sachgründungsbericht ist nicht zu erstellen. Bei der GmbH findet eine insoweit eingeschränkte „Gründungsprüfung" durch den Registerrichter statt, § 9c GmbHG.[158]

5. Anmeldung zum Handelsregister und Wirkungen der Eintragung

a) Zuständige Organe

Der Formwechsel ist durch das Vertretungsorgan der formwechselnden Gesellschaft zur Eintragung in das Handelsregister anzumelden, § 246 I UmwG. **103**

b) Zuständiges Gericht

Nach § 198 I UmwG ist der Formwechsel bei dem Register anzumelden, in dem der formwechselnde Rechtsträger eingetragen ist. Ist mit dem Formwechsel eine Sitzverlegung verbunden oder ändert sich durch den Formwechsel die Art des für den Rechtsträger maßgebenden Registers ist der Formwechsel gemäß § 198 II 2–4 UmwG sowohl im alten Register als auch im neuen Register einzutragen. In dem bisher zuständigen Register ist ein Vermerk, dass der Formwechsel erst mit Eintragung des Zielrechtsträgers in dem nunmehr zuständigen Register wirksam wird, nur dann aufzunehmen, sofern die Eintragungen in beiden Registern nicht am selben Tag erfolgen. Diese Eintragung hat nur deklaratorische Bedeutung.[159] Eine Eintragung am neuen Sitz darf erst erfolgen, nachdem entweder der Vermerk oder die Eintragung selbst im Handelsregister des alten Sitzes erfolgt sind. Das Registergericht prüft den Umwandlungsvorgang in formeller und materieller Hinsicht, damit die Richtigkeit der Eintragung sichergestellt ist.[160] **104**

c) Anlagen und abzugebende Erklärungen

Nach § 199 UmwG sind der Anmeldung des Formwechsels in Ausfertigung oder öffentlich beglaubigter Abschrift oder, soweit sie nicht notariell zu beurkunden sind, in Urschrift oder Abschrift folgende Anlagen beizufügen: **105**
- Niederschrift des Umwandlungsbeschlusses,
- erforderliche Zustimmungserklärungen einzelner Anteilsinhaber, ggf. auch der nicht erschienenen,
- Umwandlungsbericht bzw. die notariell beurkundeten Verzichtserklärungen,
- Nachweis über rechtzeitige Zuleitung des Entwurf des Umwandlungsbeschlusses an den Betriebsrat,
- ggf. eine staatliche Genehmigungsurkunde.

---

[158] *Scheel* in Semler/Stengel UmwG § 245 Rn. 46.
[159] *Stratz* in Schmitt/Hörtnagl/Stratz UmwG § 198 Rn. 10.
[160] *Schwanna* in Semler/Stengel UmwG § 198 Rn. 14 f.; *Decher/Hoger* in Lutter UmwG § 198 Rn. 23.

Hinzu kommen die allgemein erforderlichen Unterlagen[161] wie etwa:
- ggf. Gesellschafterliste,
- Bericht über die Gründungsprüfung sowie die urkundlichen Unterlagen dazu,
106 - Bescheinigung über Einreichung der Prüfungsunterlagen an die Industrie- und Handelskammer.[162]

Ein Sachgründungsbericht ist beim Formwechsel einer AG in eine GmbH wegen § 245 IV UmwG nicht beizufügen; hingegen sind der Gesellschaftsvertrag bzw. die Satzung bereits im Umwandlungsbeschluss bzw. im Umwandlungsbericht enthalten.

107 Des Weiteren haben die Vertretungsorgane nach § 198 III iVm § 16 II UmwG zu erklären, dass eine Anfechtungsklage gegen den Formwechselbeschluss nicht anhängig gemacht worden ist oder die entsprechenden, notariell beurkundeten Verzichtserklärungen der Anteilsinhaber vorzulegen. Abzugeben sind auch die Erklärungen nach den §§ 8 III GmbHG, 37 II AktG (Bestellung der gesetzlichen Vertreter). Dagegen können die Erklärungen nach den §§ 8 II GmbHG, 37 I AktG (Erbringung der Einlagen) hier entfallen, § 246 III UmwG.

d) Bekanntmachung

108 Nach § 201 UmwG hat das zuständige Gericht den Formwechsel im Bundesanzeiger und in mindestens einem anderen Blatt bekannt zu machen. Mit Ablauf des Tages, an dem die Bekanntmachung im letzten Blatt erschienen ist, gilt der Formwechsel als bekannt gemacht. Für die Wirksamkeit des Formwechsels ist die Bekanntmachung ohne Bedeutung.

e) Wirkungen der Eintragung

109 Mit Eintragung des Formwechsels in das Handelsregister ist die Umwandlung vollzogen. Trotz der Formulierung des Gesetzes („Eintragung der neuen Rechtsform", §§ 198 I, 202 I, III UmwG; „Eintragung des Rechtsträgers neuer Rechtsform", § 202 II, III UmwG) ist Inhalt der Eintragung grundsätzlich allein der Formwechsel als solcher.[163] Anderes gilt, wenn zugleich der Sitz des formwechselnden Rechtsträgers verlegt wird oder sich durch den Formwechsel die Art des Registers ändert.[164] Die Eintragung hat gemäß den §§ 202, 247 UmwG die folgenden Wirkungen:
- der Rechtsträger besteht in der neuen Rechtsform fort;
- das Stammkapital wird zu Grundkapital und umgekehrt;

---

[161] Vgl. ausführlich *Zimmermann* in Kallmeyer UmwG § 199 Rn. 5 f.
[162] Vgl. im Übrigen die §§ 8 I GmbHG, 37 II–V AktG.
[163] *Vossius* in Widmann/Mayer UmwG § 198 Rn. 17; *Meister/Klöcker* in Kallmeyer UmwG § 202 Rn. 6; aA *Laumann* in Goutier/Knopf/Tulloch UmwG § 198 Rn. 1; *Streck/Mack/Schwedhelm* GmbHR 1995 S. 161 (173).
[164] → Rn. 37, → Rn. 41, → Rn. 104.

§ 26. Umwandlungsrechtliche Regelungen § 26

– die Anteile wandeln sich der neuen Rechtsform entsprechend, während Rechte Dritter an diesen Anteilen im Wege der Surrogation gemäß § 202 I Nr. 2 Satz 2 UmwG fortbestehen; die Vorschrift gilt allerdings nur für dingliche Rechte an den Anteilen, etwa Pfandrechte oder Nießbrauchrechte, nicht aber für schuldrechtliche Ansprüche wie Vor- oder Ankaufsrechte.[165]
– war formwechselnde Gesellschaft eine KGaA, scheiden die persönlich haftenden Gesellschafter *als solche* aus der Gesellschaft aus;
– Mängel der notariellen Beurkundung werden geheilt, dh der Mangel wird ex tunc mit materiellrechtlicher Wirkung behoben.

Das Fortbestehen des Rechtsträgers in der neuen Rechtsform hat zur Konsequenz, dass im Unterschied zur Spaltung und Verschmelzung ein Vermögensübergang nicht stattfindet. Die Wahrung der Identität des Rechtsträgers, die das Wesen des Formwechsels ausmacht, hat zur Folge, dass die Verbindlichkeiten des Rechtsträgers inhaltlich unverändert fortbestehen und damit die Zustimmung Dritter für den Formwechsel nicht erforderlich ist. Rechtsstreitigkeiten werden nicht unterbrochen,[166] vollstreckbare Titel bleiben für und gegen den Rechtsträger wirksam, Verträge des alten Rechtsträgers bleiben unverändert in Kraft. Es bedarf keiner Umschreibung für Vermögensgegenstände in öffentlichen Registern, vielmehr werden die Register auf Antrag des neuen Rechtsträgers lediglich berichtigt. Öffentlich-rechtliche Berechtigungen bleiben grundsätzlich in Kraft.[167] Bei einem Formwechsel in eine AG sollten des Weiteren die Mitteilungspflichten des § 20 AktG beachtet werden,[168] denn der BGH wendet diese auch auf eine durch die Gründung erworbene Beteiligung an.[169] **110**

Streitig ist, ob Unternehmensverträge im Sinne des § 291 AktG enden, wenn sich nach dem Formwechsel die in dem Unternehmensvertrag begründeten Rechte und Pflichten der Vertragsteile mit der neuen Rechtsform nicht vereinbaren lassen.[170] **111**

Nach § 202 III UmwG lassen Mängel des Formwechsels diese Wirkungen der Eintragung unberührt.[171] Für eine Unterscheidung zwischen leichten und schweren Mängeln nach Nichtigkeits- oder Anfechtungsgründen bleibt kein Raum.[172] Nach wohl nicht vertretbarer Auffassung hindert § 202 III UmwG nur die Rückführung des Rechtsträgers in die alte Rechtsform mit Wirkung ex tunc; möglich bleibe die Rück- **112**

---

[165] *Meister/Klöcker* in Kallmeyer UmwG § 202 Rn. 46.
[166] *Laumann* in Goutier/Knopf/Tulloch UmwG § 202 Rn. 17.
[167] *Laumann* in Goutier/Knopf/Tulloch UmwG § 202 Rn. 16.
[168] LG Düsseldorf BeckRS 2010, 13983; dazu *Irriger/Longrée* NZG 2013 S. 1289 ff.
[169] BGH NZG 2006, 505 (506).
[170] *Meister/Klöcker* in Kallmeyer UmwG § 202 Rn. 18; *Decher/Hoger* in Lutter UmwG § 202 Rn. 47; befürwortend OLG Düsseldorf ZIP 2004 S. 753 für einen Formwechsel einer AG in eine GmbH & Co. KG.
[171] Vgl. auch § 198 iVm § 16 III aE UmwG, der eine „Naturalrestitution" einer Anfechtungsklage ausschließt.
[172] BGH ZIP 1996 S. 1146 (1148).

umwandlung mit Wirkung ex nunc auf eine entsprechende Unwirksamkeitsklage hin.[173] Die Eintragung steht jedoch nicht einer Nichtigkeitsklage entgegen. Trotz der Heilungswirkung der Eintragung kann die Nichtigkeitsklage von Interesse sein, um in etwa Schadensersatzansprüche geltend zu machen.[174]

113 Der Gesetzgeber hat nun durch ersatzlose Streichung des § 247 II aF durch das Zweite Umwandlungsänderungsgesetz klargestellt, dass eine vereinfachte Kapitalherabsetzung bei dem Formwechsel in eine GmbH nach den allgemeinen Vorschriften des GmbH-Rechts (§§ 58a ff. GmbHG) uneingeschränkt zulässig ist.[175]

f) Anteilstausch

114 Hinsichtlich des Anteilstausches bestimmt § 248 UmwG, dass die §§ 73 und 226 AktG (Kraftloserklärung von Aktien) entsprechend anwendbar sind, wobei es einer Genehmigung des Gerichtes nicht bedarf. Im Gegensatz zur Verschmelzung und Spaltung sieht das Gesetz beim Formwechsel eine Bestellung eines Treuhänders nicht vor; eine solche dürfte aber unschädlich sein.

g) Nachhaftungsbegrenzung

115 Die Nachhaftungsbegrenzung, die das Umwandlungsgesetz durchgängig für persönlich haftende Gesellschafter vorsieht, kommt auch einem ehemalig persönlich haftenden Gesellschafter einer KGaA nach § 249 iVm § 224 UmwG zugute.[176]

h) Gläubigerschutz

116 Zwar bleibt beim Formwechsel die Identität des Rechtsträgers gewahrt, dennoch kann es zu einer Gefährdung von Gläubigerrechten kommen. So ist beispielsweise beim Formwechsel einer AG in eine GmbH die zukünftige Beachtung der strengen Kontrollvorschriften des AktG nicht mehr gewährleistet. Daher verweist § 204 UmwG in vollem Umfang auf die Gläubigerschutzvorschrift des § 22 UmwG: Den Gläubigern des formwechselnden Rechtsträgers ist unter den Voraussetzungen des § 22 UmwG Sicherheit zu leisten, sofern sie die Gefährdung ihrer Forderung durch den Formwechsel glaubhaft machen können. §§ 22, 204 UmwG erfordern für jeden Fall des Formwechsels eine Einzelfallprüfung, ob und inwieweit die Gläubiger Sicherheiten verlangen können.

---

[173] *Veil* ZIP 1996 S. 1065 (1069); aA *Meister/Klöcker* in Kallmeyer UmwG § 202 Rn. 57.
[174] OLG München vom 14.4.2010, ZIP 2010 S. 927; Anm. in NJW-Spezial 2010 S. 337.
[175] *Mayer/Weiler* DB 2007 S. 1291(1295); *Dirksen/Blasche* in Kallmeyer UmwG § 247 Rn. 3.
[176] → Rn. 151 ff.

§ 26 Umwandlungsrechtliche Regelungen § 26

Die Inhaber von Sonderrechten sind über § 204 UmwG durch § 23 UmwG vor rechtsformbedingten Beeinträchtigungen ihrer Rechte geschützt. 117

IV. Formwechsel einer Personenhandelsgesellschaft in eine Kapitalgesellschaft

1. Überblick

Grundsätzlich folgt der Formwechsel von Personenhandelsgesellschaften in Kapitalgesellschaften denselben Regeln wie der Formwechsel unter Kapitalgesellschaften. Unterschiede ergeben sich einerseits aus der personalistisch ausgerichteten Struktur bzw. dem naturgemäß kleineren Gesellschafterkreis bei den Personenhandelsgesellschaften. Der Gesetzgeber geht insoweit davon aus, dass der Formwechsel von Personenhandelsgesellschaften hinsichtlich des Gesellschafterschutzes weniger strengen Regeln unterstellt werden muss.[177] So kann ein Umwandlungsbericht[178] nicht nur dann entfallen, wenn alle Gesellschafter hierauf in notariell beurkundeter Form verzichten, sondern gemäß § 215 UmwG auch dann, wenn alle Gesellschafter geschäftsführungsbefugt sind. Nach § 225 UmwG ist zudem eine Prüfung des Barabfindungsangebotes nur dann erforderlich, wenn ein Gesellschafter dies ausdrücklich verlangt. 118

Auf der anderen Seite wird durch den Formwechsel die persönliche Haftung der Gesellschafter beseitigt. Dementsprechend liegt ein Schwerpunkt der umwandlungsrechtlichen Regelungen des Formwechsels von Personenhandels- in Kapitalgesellschaften im Bereich des Kapitalschutzes, dh, namentlich in der Gewährleistung des Grund- bzw. Stammkapitals als Ersatz für die persönliche Haftung. 119

2. Möglichkeiten des Formwechsels

Das Umwandlungsgesetz eröffnet den Personenhandelsgesellschaften lediglich die Möglichkeit, sich in eine Kapitalgesellschaft oder in eine Genossenschaft umzuwandeln. Wie auch im alten Recht umfasst das Umwandlungsgesetz nicht den „Formwechsel" zwischen der OHG und der KG einerseits und Personenhandelsgesellschaften anderer Rechtsform sowie der Gesellschaft des bürgerlichen Rechts andererseits. Für diese Veränderungen gelten nach wie vor ausschließlich die Vorschriften des HGB. 120

Der Formwechsel setzt grundsätzlich eine bestehende Gesellschaft voraus.[179] Jedoch bleibt der Formwechsel gemäß § 191 III UmwG auch dann möglich, wenn die Gesellschaft aufgelöst ist, deren Fortsetzung aber in der bisherigen Rechtsform beschlossen werden könnte. Die Vorschrift soll sicherstellen, dass nur solche aufgelösten Rechtsträger durch Formwechsel umgewandelt werden können, die noch über Vermögen verfügen, das den Gläubigern nach dem Formwechsel als Haftungsmasse zur 121

---

[177] BT-Drucks. 12/6699 S. 147 vor § 214 UmwG.
[178] → § 9 Rn. 188 ff. und → § 3 Rn. 14.
[179] *Joost* in Lutter UmwG § 214 Rn. 5.

§ 26   7. Teil. Formwechsel

Verfügung steht. Für Personenhandelsgesellschaften ist zudem § 214 II UmwG iVm § 145 HGB zu beachten, demzufolge der Formwechsel einer Personenhandelsgesellschaft ausgeschlossen ist, wenn die Gesellschaft aufgelöst ist und die Gesellschafter eine andere Art der Auseinandersetzung als die Abwicklung oder als den Formwechsel vereinbart haben. Im Gegensatz zu § 40 II UmwG aF verlangt das neue Umwandlungsgesetz als Voraussetzung für den Formwechsel einer aufgelösten Gesellschaft nicht, dass eine Liquidation stattfindet und somit nur mehr die Verteilung des Vermögens an die Gesellschafter aussteht.[180] Der Schutz der Gläubiger ist durch die Haftung des Zielrechtsträgers und die fünfjährige Nachhaftung der persönlich haftenden Gesellschafter gemäß § 224 II UmwG allerdings hinreichend gewährleistet.[181] Der Formwechsel in eine Kapitalgesellschaft ist nach § 220 I UmwG darüber hinaus nur dann zulässig, wenn das Reinvermögen der formwechselnden Gesellschaft mindestens dem Betrag des Stamm- oder Grundkapitals der künftigen Kapitalgesellschaft entspricht.[182] Auch der Formwechsel der aufgrund eines Insolvenzverfahrens aufgelösten Personenhandelsgesellschaft ist daher grundsätzlich möglich. Beruht die Auflösung der Personenhandelsgesellschaft auf einem Insolvenzverfahren, so bestimmt sich die Zulässigkeit des Formwechsels nach den § 191 III UmwG iVm § 144 I HGB; ein Umwandlungsbeschluss kann somit erst ergehen, wenn das Insolvenzverfahren aufgehoben ist. Daneben ist ein gesonderter Fortsetzungsbeschluss überflüssig.[183]

3. Entwurf des Umwandlungsbeschlusses

122 Der Entwurf des Umwandlungsbeschlusses der Personenhandelsgesellschaft richtet sich ebenso wie jener bei Kapitalgesellschaften in erster Linie nach § 194 UmwG. Dementsprechend ist nachfolgend nur auf Besonderheiten hinzuweisen, während im Übrigen auf die obigen Ausführungen verwiesen werden kann.[184]

a) Zahl, Art und Umfang der Beteiligung am neuen Rechtsträger, § 194 I Nr. 4 UmwG

123 Schwerpunkt des Entwurfs des Umwandlungsbeschlusses ist die Festlegung der Beteiligung der Gesellschafter an der neuen Kapitalgesellschaft. Im Verhältnis zur Rechtslage beim Formwechsel zwischen Kapitalgesellschaften ergeben sich über die dabei auftretenden Fragen der quantitativen und qualitativen Bestimmung der Beteiligung hinaus Probleme bei der Anpassung der Kapitalverhältnisse der Personenhandelsgesellschaft an die Kapitalausstattungserfordernisse der Kapitalgesellschaft

---

[180] BT-Drucks. 12/6699 S. 148 zu § 214 UmwG; zum alten Recht vgl. *Widmann/Mayer* UmwG a. F. Rn. 752.2.
[181] *Blasche* in Kallmeyer UmwG § 214 Rn. 12.
[182] *Joost* in Lutter UmwG § 214 Rn. 7.
[183] BT-Drucks. 12/6699 S. 148 zu § 214 UmwG.
[184] → Rn. 46 ff.

sowie bei der Bestimmung der Höhe der Beteiligung der Personenhandelsgesellschafter an der künftigen Kapitalgesellschaft.

(1) Eine Identität des Nennkapitals der Kapitalgesellschaft mit dem Festkapital der Personenhandelsgesellschaft wird – anders als für den Formwechsel zwischen Kapitalgesellschaften (§ 247 I UmwG) – nicht gefordert. Dementsprechend kommt der Beschreibung der Kapitalstruktur im Rechtsträger neuer Rechtsform besondere Bedeutung zu. Hierzu ist eine Bewertung des Reinvermögens der Personenhandelsgesellschaft erforderlich, die auch Grundlage der Beurteilung ist, ob das von den Gesellschaftern zu schaffende Nennkapital tatsächlich aufgebracht werden kann oder ob darüber hinaus Sach- oder Bareinlagen erforderlich sind. Parallel hierzu ist die Bilanzstruktur von Bedeutung, die dem Grundsatz bilanzieller Identität folgt, im Falle einer formellen Unterdeckung aber durch einen formwechslungsbedingten Sonderausgleichsposten korrigiert werden kann. Aus dieser Betrachtung ergibt sich das Nennkapital als Summe der darzustellenden Beteiligungen.[185]

124

(2) Weiterhin sind die Kapitalkonten der Personenhandelsgesellschafter in eine künftige Beteiligung an der Kapitalgesellschaft zu übersetzen. Da die Beteiligung der Gesellschafter an der Personenhandelsgesellschaft über feste und vor allem aber auch über variable Kapitalkonten ausgedrückt wird, wäre eine Anteilsgewähr an der Kapitalgesellschaft nach dem Stand der Kapitalkonten mitunter unangemessen.[186] Dementsprechend ist gesellschaftsintern eine Bewertung der Vermögensgegenstände zu Zeitwerten vorzunehmen[187] und die Beteiligung an den stillen Reserven für jeden Gesellschafter zu errechnen. Grundlage der Berechnungen ist die gesellschaftsvertragliche Bestimmung darüber, was jeder Gesellschafter erhalten würde, wenn anstelle des Formwechsels die Personenhandelsgesellschaft liquidiert würde.[188]

125

Hinsichtlich der von den Kapitalkonten möglicherweise abweichenden Gewinnanteile der Gesellschafter ist eine Fortführung dieser Gewinnverteilung bei der GmbH durch Bildung von Vorzugs-Geschäftsanteilen nach § 29 III 2 GmbHG ohne Weiteres möglich.[189] Auch beim Formwechsel in eine AG ist die Beibehaltung der vom Kapitalanteil abweichenden Gewinnberechtigung möglich; hier kann durch die Schaffung verschiedener Aktiengattungen nach §§ 11 Satz 1, 139 ff. AktG Abhilfe geschaffen werden.[190] Soweit der Umwandlungsbeschluss einstimmig gefasst wird, können die Beteiligungsverhältnisse in der künftigen Kapitalgesellschaft frei gestaltet werden. Wird der Beschluss lediglich mit der

126

---

[185] → Rn. 96.
[186] *Widmann/Mayer* UmwG aF Rn. 776; *Decher/Hoger* in Lutter UmwG § 194 Rn. 11.
[187] Zum Erfordernis der Anfertigung einer Vermögensaufstellung zu Zeitwerten → § 27 Rn. 6 ff.
[188] *Widmann/Mayer* UmwG aF Rn. 776 mit einem Beispiel; *Dirksen/Blasche* in Kallmeyer UmwG § 218 Rn. 11.
[189] Vgl. dazu im Einzelnen *Fastrich* in Baumbach/Hueck GmbHG § 29 Rn. 52.
[190] *Widmann/Mayer* UmwG aF Rn. 776; *Hüffer/Koch* AktG § 11 Rn. 3 ff., 7.

gesetzlichen Dreiviertelmehrheit gefasst, kommt hingegen der angemessenen Bestimmung der neuen Beteiligungsverhältnisse erhebliche Bedeutung zu; alternativ zum Ausscheiden gegen Barabfindung kann eine Verbesserung der Beteiligungsverhältnisse allerdings gemäß § 196 UmwG auf dem Klagewege erfolgen.

127 Fraglich ist, was für nicht-vermögensrechtliche Mitgliedschaftsrechte gilt. Zu denken ist an Vorerwerbsrechte, Andienungspflichten, Auskunfts- und Einsichtnahmerechte etc., die allen Gesellschaftern gleichmäßig zustehen. Solche Rechtspositionen in der Personenhandelsgesellschaft lassen sich auf die GmbH vertragstechnisch überleiten. Für den Formwechsel in die AG dagegen ergeben sich zahlreiche Einschränkungen.

128 Der Formwechsel in die AG durch Mehrheitsbeschluss wirft daher Probleme auf, die eine vermögensrechtliche Abgeltung nichtvermögensrechtlicher Rechtspositionen oftmals nur unzureichend löst.

b) Rechte einzelner Anteilsinhaber, § 194 I Nr. 5 UmwG[191]

129 Der Anwendungsbereich dieser Regelung kann beim Formwechsel der Personenhandelsgesellschaft in die Kapitalgesellschaft recht weit sein, soweit einzelnen Gesellschaftern einer Personenhandelsgesellschaft zustehende Rechte als Sonderrechte in der Kapitalgesellschaft aufrecht erhalten werden sollen. Nicht-vermögensrechtliche Mitgliedschaftsrechte werden idR als Sonderrechte fortgeführt, soweit dies in der Kapitalgesellschaft möglich ist.

c) Abfindungsangebot, § 194 I Nr. 6 UmwG[192]

130 Das Abfindungsangebot ist beim Formwechsel einer Personenhandelsgesellschaft regelmäßig entbehrlich, da gemäß § 217 I 1 UmwG von Gesetzes wegen grundsätzlich die Zustimmung aller Gesellschafter zum Umwandlungsbeschluss erforderlich ist. Gemäß § 217 I 2 und 3 UmwG kann der Gesellschaftsvertrag jedoch eine qualifizierte Mehrheitsentscheidung – unter Beachtung des Personenhandelsgesellschaftsrechtlichen Bestimmtheitsgrundsatzes[193] – vorsehen. In diesem Fall ist das Abfindungsangebot gemäß § 194 I Nr. 6 UmwG erforderlich, sofern die formwechselnde Personenhandelsgesellschaft nicht nur einen Anteilsinhaber hat.

131 Sofern ein Barabfindungsangebot erforderlich ist, findet die Prüfung der Angemessenheit des Angebotes nur statt, wenn ein Gesellschafter dies ausdrücklich verlangt, § 225 UmwG.

4. Umwandlungsbericht

132 Gemäß § 215 UmwG ist ein Umwandlungsbericht bei der Personenhandelsgesellschaft nur erforderlich, wenn nicht alle Gesellschafter zur Geschäftsführung befugt sind. Wegen des Ausschlusses der Kommanditis-

---

[191] → Rn. 62 ff.
[192] → Rn. 66 ff.
[193] *Joost* in Lutter UmwG § 217 Rn. 13.

§ 26. Umwandlungsrechtliche Regelungen § 26

ten von der Geschäftsführung als gesetzlicher Regelfall (§ 164 HGB) bleibt bei der KG der Umwandlungsbericht grundsätzlich erforderlich. Bei der GmbH & Co. KG ist üblicherweise nur die Komplementär-GmbH durch ihren Geschäftsführer geschäftsführungsbefugt.[194] Auf ihre Gesellschafter kommt es im Rahmen des § 215 UmwG nicht an, sodass der Umwandlungsbericht auch dann nicht entbehrlich ist, wenn alle Kommanditisten zugleich Gesellschafter der GmbH sind.[195] Dagegen ist der Bericht entbehrlich, wenn alle Anteilsinhaber hierauf in notariell beurkundeter Form verzichten, § 192 II 2 UmwG.

Eine Vermögensaufstellung ist nun nicht mehr beizufügen, § 192 UmwG nF, sodass sich die Frage, ob diese mit dem Umwandlungsbericht zum Handelsregister einzureichen ist, erübrigt hat.[196]   133

5. Beschluss des Formwechsels

a) Vorbereitung des Beschlusses

Die Geschäftsführer der Personenhandelsgesellschaft haben die von der Geschäftsführung ausgeschlossenen Gesellschafter zur beschlussfassenden Versammlung zu laden, § 216 UmwG. Die Ladungsfrist hat, sofern nicht der Gesellschaftsvertrag eine bestimmte Ladungsfrist vorsieht, angemessen zu sein.[197] Die Ladung, in Textform nach § 126b BGB, muss den Umwandlungsbeschluss als Tagesordnungspunkt enthalten. Ferner sind der Ladung, soweit erforderlich, der Umwandlungsbericht sowie ein konkretes Barabfindungsangebot beizufügen. Mindestens einen Monat vor der Gesellschafterversammlung ist der Entwurf des Umwandlungsbeschlusses dem zuständigen Betriebsrat zuzuleiten, § 194 II UmwG. Da die Unterrichtung der von der Geschäftsführung ausgeschlossenen Gesellschafter nach § 216 UmwG Voraussetzung für den Umwandlungsbeschluss ist, ist dieser fehlerhaft, wenn die betreffenden Gesellschafter nicht rechtzeitig oder nicht vollständig gemäß § 216 UmwG unterrichtet werden. Der Beschluss ist dann unwirksam.[198] Eine Heilung nach § 202 II UmwG kommt nicht in Betracht.[199]   134

b) Beschlussfassung

Auch der Umwandlungsbeschluss einer Personenhandelsgesellschaft hat in einer Gesellschafterversammlung zu erfolgen, § 217 I UmwG. Der Beschluss bedarf grundsätzlich der Zustimmung aller anwesenden Gesellschafter; auch die nicht erschienenen Gesellschafter müssen der Um-   135

---

[194] Ausnahmen aus steuerlichen Gründen (Vermeidung der gewerblichen Prägung) finden sich insbesondere bei Fondsgesellschaften.
[195] *Blasche* in Kallmeyer UmwG § 215 Rn. 3; *Joost* in Lutter UmwG § 215 Rn. 4; aA: *Laumann* in Goutier/Knopf/Tulloch UmwG § 215 Rn. 4.
[196] Vgl. Rn. 85 f. der Vorauflage.
[197] *Emmerich* in Heymann HGB § 119 Rn. 7.
[198] *Stratz* in Schmitt/Hörtnagl/Stratz UmwG § 216 Rn. 8; *Dirksen/Blasche* in Kallmeyer UmwG § 216 Rn. 10.
[199] *Blasche* in Kallmeyer UmwG § 216 Rn. 13.

wandlung in notariell beurkundeter Form zustimmen. Sind einzelne Gesellschafter kraft Gesellschaftsvertrag vom Stimmrecht ausgeschlossen, so galt dies nach wohl herrschender Ansicht[200] nicht für den Umwandlungsbeschluss, da dieser in den Kernbereich der Gesellschafterrechte eingreift.[201] Obgleich der BGH die Kernbereichslehre (zumindest vermeintlich) aufgebeben hat,[202] dürfte aufgrund der nun durchzuführenden Verhältnismäßigkeitsprüfung ein Ausschluss unverhältnismäßig sein. Derartige Beschlüsse unterliegen nicht der privatautonom vereinbarten Gruppenvertretung.[203] Der Sonderrechtsinhaber ist insoweit nicht durch §§ 204, 23 UmwG geschützt. § 23 UmwG gewährt Anspruch auf die Einräumung gleichartiger Rechte am umgewandelten Rechtsträger nach der Umwandlungsmaßnahme; hinsichtlich des Formwechsels stellt die Regelung der §§ 204, 23 UmwG aber lediglich eine Konkretisierung des Identitätsprinzips dar.[204] Vor einer Beeinträchtigung der Gesellschafterstellung des Sonderrechtsinhabers, die sich gerade aufgrund der Besonderheiten der neuen Rechtsform ergibt (zB größere Fluktuation im Gesellschafterkreis beim Wechsel in eine AG oder KGaA), schützen die §§ 204, 23 UmwG nicht.

136 Im Gegensatz zum Umwandlungsgesetz 1969[205] enthält § 217 I 2 UmwG ausdrücklich die Möglichkeit, durch den Gesellschaftsvertrag eine qualifizierte Mehrheit für den Umwandlungsbeschluss, die mindestens 75% der Stimmen betragen muss, vorzusehen.[206] Problematisch ist insoweit, wie bestimmt eine entsprechende Klausel im Gesellschaftsvertrag sein muss. Jedenfalls muss erkennbar sein, dass die Klausel einen Vertragswillen enthält, der auch einen Formwechsel einschließt.[207] Ob nach Aufgabe des Bestimmtheitsgrundsatzes durch den BGH[208] noch verlangt werden kann, wie es die hM[209] bisher tat, die einzelnen Umwandlungsarten, also Verschmelzung, Spaltung und Formwechsel, ausdrücklich in der Mehrheitsklausel zu bezeichnen, kann hinterfragt werden. Um Auslegungsprobleme zu vermeiden, sollte der Gesellschaftsver-

---

[200] *Stratz* in Schmitt/Hörtnagl/Stratz UmwG § 43 Rn. 5; *Joost* in Lutter UmwG § 217 Rn. 6; entgegen der Vorauflage.
[201] Stellvertretend für viele: *Joost* in Lutter UmwG § 217 Rn. 6.
[202] BGH Urteil v. 21.10.2014, NJW 2015 S. 859 (861); s. dazu nur *Schöne* in Bamberger/Roth Beck'scher Online-Kommentar BGB § 709 Rn. 37 ff.
[203] *K. Schmidt*, ZHR 146 (1982) S. 525, 533; *Heymann/Emmerich*, HGB, § 114 Rn. 42; *Baumbach/Hopt*, HGB, § 163 Rn. 10 f.; offen gelassen von BGHZ 46 S. 291, 295.
[204] *Decher/Hoger* in Lutter UmwG § 204 Rn. 23.
[205] Vgl. die §§ 42 I, 47 II UmwG aF.
[206] Dies entsprach schon früher der herrschenden Meinung, vgl. BGH DB 1983 S. 543 (545); *Widmann/Mayer* UmwG aF Rn. 818.
[207] BGH DB 1983 S. 543 (544); WM 1976 S. 472 (473); *Widmann/Mayer* UmwG aF Rn. 818.1.
[208] BGH, Urteil v. 21.10.2014, NJW 2015 S. 859 (861); s. dazu nur *Schöne* in Bamberger/Roth Beck'scher Online-Kommentar BGB § 709 Rn. 36 ff.
[209] *Priester* ZGR 1990 S. 420 (439); *Widmann/Mayer* UmwG aF Formwechsel Rn. 220; *Joost* in Lutter UmwG § 217 Rn. 13; aA *Schmidt* FS Brandner S. 133 ff. *Schlitt* in Semler/Stengel § 217 Rn. 16 mwN.

trag einen ausdrücklichen Hinweis beinhalten. Für Altverträge sollte außerdem an der vorherigen Auffassung festgehalten werden.

Die Gesellschafterversammlung muss auch über den neuen Gesellschaftsvertrag der GmbH beschließen bzw. die Satzung der AG bzw. der KGaA feststellen, § 218 I UmwG. Zudem müssen beim Formwechsel in eine KGaA diejenigen Gesellschafter, die die persönliche Haftung übernehmen bzw. beitretende persönlich haftende Gesellschafter in notariell beurkundeter Form ihre Zustimmung erteilen, § 217 III UmwG.[210] **137**

Über den Gesellschafterbeschluss ist eine Niederschrift anzufertigen. In dieser sind im Falle einer Mehrheitsumwandlung alle Gesellschafter namentlich aufzuführen, die der Umwandlung zugestimmt haben, § 217 II UmwG. Der Beschluss nebst aller erforderlichen Zustimmungserklärungen einzelner Anteilsinhaber bedarf der notariellen Beurkundung, § 193 III UmwG. **138**

6. Gründungsrecht und Kapitalschutz

a) Gründungsrecht und Haftungsfolgen

Der Formwechsel von einer Personenhandelsgesellschaft in eine Kapitalgesellschaft führt zur Anwendung des Gründungsrechts der Kapitalgesellschaften, § 197 UmwG.[211] Dabei steht dem Wegfall der persönlichen Haftung der Gesellschafter für zukünftige Verbindlichkeiten das Erfordernis der Kapitalaufbringung gegenüber. Insbesondere gelten die Grundsätze zur **Gründerhaftung**,[212] §§ 9a GmbHG, 46 AktG, entsprechend, die nach § 219 UmwG aber nur die Gesellschafter treffen kann, die dem Formwechsel im Rahmen einer Mehrheitsentscheidung zugestimmt haben. Beim Formwechsel einer Personenhandelsgesellschaft in eine Kapitalgesellschaft stehen nämlich den Gründern bei der Einheitsumwandlung die Gesellschafter der formwechselnden Personenhandelsgesellschaft, bei der Mehrheitsumwandlung die zustimmenden Gesellschafter gleich; beim Formwechsel in eine KGaA nimmt diese Stellung auch ein beitretender persönlich haftender Gesellschafter ein, § 219 UmwG. Die Beschränkung der Gründerhaftung auf einzelne, der Umwandlung zustimmende Gesellschafter lässt sich gezielt herbeiführen, indem erst anlässlich einer geplanten Umwandlung durch Änderung des Gesellschaftsvertrags eine Mehrheitsentscheidung vorgesehen wird.[213] **139**

Darüber hinaus kann neben die Gründerhaftung bei der formwechselnden Umwandlung in eine GmbH die **Differenzhaftung** des § 9 GmbHG treten,[214] die nicht nur die zustimmenden Gesellschafter **140**

---

[210] *Schöne* in Bamberger/Roth Beck'scher Online-Kommentar BGB § 709 Rn. 36b.
[211] → Rn. 92 ff.
[212] *Blasche* in Kallmeyer UmwG § 219 Rn. 4; *Schlitt* in Semler/Stengel UmwG § 219 Rn. 12; *Joost* in Lutter UmwG § 219 Rn. 7.
[213] *Joost* in Lutter UmwG § 219 Rn. 5; *Blasche* in Kallmeyer UmwG § 219 Rn. 4.
[214] Vgl. *Moog* Differenzhaftung im Umwandlungsrecht, mwN.

trifft,[215] sondern auch diejenigen, die im Rahmen einer Mehrheitsentscheidung gegen den Formwechsel gestimmt haben.[216]

b) Kapitalschutz

141 Darüber hinaus ist der Formwechsel einer Personenhandelsgesellschaft nicht möglich, wenn das im Zeitpunkt der Registeranmeldung nach Abzug der Schulden verbleibende Vermögen das Nennkapital der angestrebten Kapitalgesellschaft nicht erreicht, § 220 I UmwG.[217] Durch diese Vorschrift wird ein Formwechsel bei Unterdeckung des Nennkapitals ausgeschlossen.[218] Die Vorschrift zielt auf einen effektiven Kapitalschutz im Sinne einer Reinvermögensbetrachtung ab. So ist zur Ermittlung des Reinvermögens nach ganz hM auf die **Verkehrswerte** abzustellen.[219] Schon nach bisherigem Recht, das den Identitätsgrundsatz noch nicht enthielt und den Formwechsel als übertragende Umwandlung behandelte, wurden nach hM die Verkehrswerte zugrunde gelegt. Aus dem bilanziellen Identitätsgrundsatz lässt sich auch nach heutiger Rechtslage die Maßgeblichkeit der Buchwerte nicht herleiten.

142 Anders als beim Formwechsel zwischen Kapitalgesellschaften muss die Höhe des Kapitals der Kapitalgesellschaft nicht dem Kapital der formwechselnden Personenhandelsgesellschaft entsprechen. Es muss jedoch das Mindestkapital der jeweiligen Kapitalgesellschaftsform erbracht sein. Bei lediglich formeller Unterdeckung in der Handelsbilanz der Kapitalgesellschaft kann zum Bilanzausgleich ein **formwechselbedingter Sonderabzugsposten** gebildet werden. Im Falle einer materiellen Unterdeckung des Mindestkapitals oder des von den Gesellschaftern bestimmten höheren Nennkapitals in der Kapitalgesellschaft besteht nur die Möglichkeit der Leistung von Einlagen vor Anmeldung des Umwandlungsbeschlusses.[220] Anderenfalls wird das Handelsregister die Eintragung ablehnen; wird der Formwechsel trotz der Unterdeckung eingetragen berührt dies die Wirksamkeit des Formwechsels nicht, löst dann aber eine Haftung der Gesellschafter aus. Führt die Verschmelzung hingegen zu einer über das Nennkapital hinausgehenden Kapitalausstattung wird der überschießende Betrag in die Kapitalrücklage eingestellt.

143 Sacheinlagen müssen vor der Eintragung des Formwechsels vollständig erbracht sein (§ 36a II 1 AktG, § 7 III GmbHG). Streitig ist die **Behand-**

---

[215] So *Joost* in Lutter UmwG § 219 Rn. 3 f.; *Blasche* in Kallmeyer UmwG § 219 Rn. 8; *Schlitt* in Semler/Stengel UmwG § 219 Rn. 13; *Stratz* in Schmitt/Hörtnagl/Stratz UmwG § 219 Rn. 3.
[216] So *Decher/Hoger* in Lutter UmwG § 197 Rn. 38; *Vossius* in Widmann/Mayer UmwG § 219 Rn. 23.
[217] → § 27 Rn. 15 ff.
[218] Ebenso *Joost* in Lutter Kölner Umwandlungsrechtstage S. 257.
[219] *Joost* in Lutter UmwG § 220 Rn. 10; *Stratz* in Schmitt/Hörtnagl/Stratz UmwG § 220 Rn. 6; *Busch* AG 1995 S. 555 (557 f.); *Fischer* BB 1995 S. 2173 (2179); iE *Priester* DB 1995 S. 911 (911 ff.); *Blasche* in Kallmeyer UmwG § 220 Rn. 6; *Kallmeyer* GmbHR 1995 S. 888 (889).
[220] *Joost* in Lutter Kölner Umwandlungsrechtstage S. 257.

§ 26. Umwandlungsrechtliche Regelungen § 26

lung offener Einlageforderungen der formwechselnden Gesellschaft. Diesbezüglich wird zum Teil ein Volleinzahlungsgebot angenommen: Trotz des Identitätsgrundsatzes enthalte der Formwechsel materiell eine Sachgründung, sodass das für Sacheinlagen einschlägige Volleinzahlungsgebot gelte. Die Übernahme von Bareinlagen mit der Möglichkeit, nur 25% der Einlage einzuzahlen, sei für den Formwechsel nicht vorgesehen.[221] Nach überwiegender Auffassung führt die Behandlung des Formwechsels als Sachgründung jedoch nicht zu einer Umqualifizierung der Bareinlageforderung der Personenhandelsgesellschaft in eine vollständig zu erfüllende Sacheinlageforderung der Kapitalgesellschaft. Vielmehr sollen die allgemeinen Regeln gelten, wonach eine Einzahlung von 25% der Bareinlage genügt. Es gebe weder eine gesetzliche Vorschrift noch einen Grund, Bareinlagen zu Sacheinlagen zu machen. An die Kapitalausstattung der Gesellschaft dürften zudem beim Formwechsel nicht strengere Anforderungen gestellt werden, als bei der Gründung. Sind bei Personenhandelsgesellschaften mangels zwingender Kapitalaufbringungsvorschriften noch keine Bareinlagen erbracht worden, müssen sie beim Formwechsel in eine Kapitalgesellschaft bis zu einem Viertel geleistet werden.[222]

Im Weiteren unterscheidet sich der Formwechsel der Personenhandels- 144 gesellschaft in die Rechtsform der GmbH vom Formwechsel in die AG oder KGaA lediglich im Hinblick auf den Nachweis der Kapitalaufbringung:

Gemäß § 220 II UmwG hat der **Gründungsbericht** bzw. der Sach- 145 gründungsbericht für alle Kapitalrechtsformen neben den gewöhnlichen Angaben auch Ausführungen zum bisherigen Geschäftsverlauf und der Lage der Personenhandelsgesellschaft zu enthalten.[223] Die auf die Lage bezogenen Angaben haben die Darstellung der Lebensfähigkeit und die Rentabilitätsaussichten des Unternehmens zu enthalten.[224] In der Regel sollte für die GmbH eine Werthaltigkeitsbescheinigung des Wirtschaftsprüfers beigefügt werden, die bereits früher in Fällen erstellt wurde, in denen auf die – heute nicht mehr erforderliche – Vermögensaufstellung verzichtet wurde. Schließlich ist über den Geschäftsverlauf der letzten zwei vollen Geschäftsjahre zu berichten.[225]

Beim Formwechsel in die AG oder KGaA hat weiterhin die **Prüfung** 146 **der Gründung** durch einen oder mehrere Prüfer zu erfolgen, § 220 III UmwG. Der oder die Prüfer werden auf Antrag der Gesellschafter vom Gericht bestellt. Zuständig ist das Amtsgericht – Registergericht – der jeweiligen Gesellschaft nach § 14 AktG. Der Umfang der Prüfung ergibt

---

[221] *Joost* in Lutter UmwG § 220 Rn. 16.
[222] *K. Schmidt* ZIP 1995 S. 1385 (1386); *Decher/Hoger* in Lutter UmwG § 197 Rn. 14; aA *Blasche* in Kallmeyer UmwG § 220 Rn. 9.
[223] Widmann/Mayer UmwG aF Rn. 853.
[224] Widmann/Mayer UmwG aF Rn. 853.
[225] *Joost* in Lutter UmwG § 220 Rn. 23; *Blasche* in Kallmeyer UmwG § 220 Rn. 17; *Laumann* in Goutier/Knopf/Tulloch UmwG § 220 Rn. 27, 28.

sich aus § 34 AktG.[226] Bei der GmbH findet eine „Gründungsprüfung" nur durch den Registerrichter statt, § 9c GmbHG.[227]

7. Anmeldung zum Handelsregister und Wirkungen der Eintragung

a) Anmeldung zum Register

147 Der Formwechsel ist zur Eintragung in das Handelsregister anzumelden, in dem die Personenhandelsgesellschaft eingetragen ist, § 198 I UmwG.[228] Die Anmeldung hat gemäß § 222 I UmwG durch alle Mitglieder des künftigen Vertretungsorgans und, soweit in der neuen Rechtsform ein Aufsichtsrat erforderlich ist, durch die Mitglieder des Aufsichtsrates zu erfolgen; beim Formwechsel in die AG oder KGaA müssen zusätzlich alle Gesellschafter anmelden, die dem Formwechsel zugestimmt haben oder die als persönlich haftende Gesellschafter beigetreten sind, §§ 222 II, 219 UmwG. Eine Vertretung bei der Anmeldung ist angesichts der zivil- und strafrechtlichen Verantwortung der Geschäftsführer und Aufsichtsratsmitglieder für die Richtigkeit der Angaben in der Anmeldung nach hM ausgeschlossen.[229]

148 Der Anmeldung sind die in § 199 UmwG genannten Unterlagen beizufügen.[230] Grundsätzlich beizufügen sind die für die Errichtung der jeweiligen Kapitalgesellschaft beizulegenden Unterlagen, namentlich Gründungs- bzw. Sachgründungsbericht, Gründungsprüfungsbericht usw. Zudem haben die Vertretungsorgane bei der Anmeldung zu erklären, dass eine Klage gegen den Umwandlungsbeschluss nicht anhängig ist, §§ 198 III, 16 II UmwG.[231]

149 Des Weiteren sind beim Formwechsel in eine KGaA gemäß § 223 UmwG die Urkunden über den Beitritt aller beitretenden persönlich haftenden Gesellschafter in Ausfertigung oder öffentlich beglaubigter Abschrift beizufügen.

b) Eintragung in das Register

150 Die Registereintragung folgt den allgemeinen Regeln der §§ 198, 201 und 202 UmwG.[232] Die Gesellschafter der Personenhandelsgesellschaft werden Anteilsinhaber der neuen Kapitalgesellschaft. Rechte Dritter an den Anteilen setzen sich im Wege der Surrogation fort.

---

[226] BGHZ 64 S. 52 (60).
[227] Vgl. dazu die Kommentierungen *Fastrich* in Baumbach/Hueck GmbHG § 9c und *Priester* in Scholz GmbHG § 9c; seit Inkrafttreten des MoMiG führt nur noch eine „nicht unwesentliche" Überbewertung der Sacheinlagen zur Ablehnung der Eintragung.
[228] Zur Anmeldung bei Sitzverlegung → Rn. 104 und §§ 222 III, 198 II 3, 4 UmwG.
[229] BGHZ 116 S. 190 (199 f.).
[230] Im Einzelnen → Rn. 105 ff.
[231] Sollte eine Klage anhängig sein, wäre auch hier das Unbedenklichkeitsverfahren nach § 16 III UmwG zulässig.
[232] → Rn. 103 ff.

§ 26. Umwandlungsrechtliche Regelungen § 26

c) Nachhaftungsbegrenzung

Nach der Umwandlung haften die Anteilsinhaber der Personenhandelsgesellschaft für Neuschulden nicht mehr persönlich. Jedoch hat der Formwechsel gemäß § 224 I UmwG keinen Einfluss auf die persönliche Haftung der Anteilsinhaber für Altverbindlichkeiten aus den §§ 124, 128, 161 II HGB. In Übereinstimmung mit dem Nachhaftungsbegrenzungsgesetz[233] begrenzt § 224 II UmwG die zeitliche Dauer dieser Nachhaftung der Gesellschafter auf grundsätzlich fünf Jahre. Der Gesetzgeber reagierte damit nicht zuletzt auf die mangelnde Enthaftung für Versorgungsansprüche der Arbeitnehmer[234] und in sonstigen Dauerschuldverhältnissen.[235]

151

Die Nachhaftungsbegrenzung berührt nur Ansprüche aus der persönlichen Haftung der Gesellschafter für Gesellschaftsverbindlichkeiten nach den §§ 128 ff. HGB.[236] Die zeitliche Begrenzung auf fünf Jahre bildet die Obergrenze der Nachhaftung; die Regelung ist nicht abschließend, sodass den Gesellschaftern kürzere Verjährungsfristen zugute kommen,[237] obgleich es sich bei § 224 UmwG um eine Ausschlussfrist, nicht um eine Verjährung handelt.

152

Die Nachhaftung nach § 224 UmwG betrifft nicht diejenigen persönlich haftenden Gesellschafter, die vor Eintragung des Formwechsels ausgeschieden sind – ggf. anlässlich der Umwandlung: Die ausgeschiedenen Gesellschafter haften nach den allgemeinen Vorschriften der §§ 128, 160 HGB.[238]

153

Nach § 224 III UmwG beginnt die Frist mit dem Tage, an dem der Formwechsel nach § 201 Satz 2 UmwG als bekannt gemacht gilt. Innerhalb der damit beginnenden fünfjährigen Frist haften die Gesellschafter für die Verbindlichkeiten, für die sie bereits im Zeitpunkt des Formwechsels persönlich gehaftet haben, wenn diese Verbindlichkeiten gemäß § 224 II UmwG vor Ablauf der Fünfjahresfrist fällig und Ansprüche daraus gerichtlich gegen den Gesellschafter geltend gemacht worden sind. Der gerichtlichen Geltendmachung bedarf es nicht, wenn der Gesellschafter die Ansprüche schriftlich anerkannt hat, § 224 IV UmwG. Die Nachhaftungsbegrenzung kommt dem Gesellschafter auch dann zugute, wenn er in dem Zielrechtsträger als Geschäftsführer oder Vorstand tätig wird, § 224 V UmwG.

---

[233] Vom 18.3.1994, BGBl. I S. 560; dazu *K. Schmidt* DB 1990 S. 2357 (2657 ff.); *Lieb* GmbHR 1992 S. 561 ff.
[234] BAG BB 1990 S. 939; BAG NJW 1991 S. 1972.
[235] Vgl. dazu *Hüffer* in Staub HGB § 226 Rn. 12; *Bork* ZIP 1989 S. 1369 ff.
[236] *Baumbach/Hopt* HGB § 160 Rn. 2; *Widmann/Mayer* UmwG aF Rn. 876.03.
[237] *Baumbach/Hopt* HGB § 160 Rn. 1; *Widmann/Mayer* UmwG aF Rn. 876.04.
[238] *Blasche* in Kallmeyer UmwG § 224 Rn. 2; *Schlitt* in Semler/Stengel UmwG § 224 Rn. 7; aA *Laumann* in Goutier/Knopf/Tulloch UmwG § 224 Rn. 6.

§ 26   7. Teil. Formwechsel

154   § 224 UmwG ordnet dem Wortlaut nach nur die Fortdauer der Haftung der persönlich haftenden Gesellschafter an. Auch den **Kommanditisten** kann jedoch eine persönliche Haftung gegenüber Gläubigern treffen (vgl. §§ 171 I, 172, 176 I, II HGB), die nach dem Formwechsel fortbesteht, obwohl dies in § 224 UmwG nicht klargestellt wird. Für ein Erlöschen der Haftung durch den Formwechsel besteht kein Grund. Ebenso wenig besteht Anlass für eine Beschränkung der Enthaftung nach § 224 II bis IV UmwG auf die persönlich haftenden Gesellschafter: nach der Begründung zum RegE war eine Verschärfung der Haftung der Kommanditisten nicht beabsichtigt. Aus diesem Grunde ist die Enthaftung nach § 224 II bis IV UmwG auf die persönliche Kommanditistenhaftung entsprechend anwendbar.[239] Dies gilt jedoch nur, soweit der Haftungstatbestand der §§ 171 I, 172 IV oder 176 I, II HGB bereits im Zeitpunkt des Formwechsels erfüllt ist. Wenn die Einlage erst nach Wirksamkeit des Formwechsels aufgrund der Annahme der angebotenen Barabfindung nach den §§ 207 bis 209 UmwG oder nach einer satzungsmäßigen Abfindungsregelung des neuen Rechtsträgers zurückgewährt wird, kommt eine Nachhaftung des vormaligen Kommanditisten nicht in Betracht.[240]

V. Formwechsel einer Kapitalgesellschaft in eine Personenhandelsgesellschaft

1. Überblick

155   Die Fälle des Formwechsels von Kapitalgesellschaften in Personenhandelsgesellschaften, die im Umwandlungsgesetz aF als so genannte „errichtende Umwandlung" geregelt waren, sind in den §§ 228 bis 237 UmwG als Unterfälle des Formwechsels von Kapitalgesellschaften geregelt. Abweichend vom alten Recht[241] entspricht der Formwechsel von Kapitalgesellschaften in Personenhandelsgesellschaften seiner Struktur nach den anderen Umwandlungsfällen des neuen Umwandlungsgesetzes. Dementsprechend ist nach dem neuen Umwandlungsgesetz keine Umwandlung durch Mehrheitsbeschluss in dem Sinne mehr möglich, dass nur die zustimmenden Anteilsinhaber Gesellschafter der Personenhandelsgesellschaft werden, während alle anderen Gesellschafter kraft Gesetzes ausscheiden.[242] Ebenfalls in Abweichung zum alten Recht[243] verzichtet das Umwandlungsgesetz auf das Verbot einer Umwandlung einer Kapitalgesellschaft in eine Personenhandelsgesellschaft, an der eine Kapitalgesellschaft beteiligt werden soll. Der Formwechsel in eine GmbH & Co. KG ist damit vom Umwandlungsgesetz nicht mehr ausgeschlossen. Allerdings

---
[239] *Blasche* in Kallmeyer UmwG § 224 Rn. 13; *Schlitt* in Semler/Stengel UmwG § 224 Rn. 8; *Joost* in Lutter UmwG § 224 Rn. 16.
[240] *Blasche* in Kallmeyer UmwG § 224 Rn. 7, 13; *Bärwaldt/Schabacker* ZIP 1998 S. 1293 (1296, 1298); *Schlitt* in Semler/Stengel UmwG § 224 Rn. 9.
[241] Vgl. § 19 I, § 29 Satz 1, § 22 I, § 24 I 1 UmwG aF.
[242] BT-Drucks. 12/6699 S. 152 vor § 228 UmwG.
[243] Vgl. § 1 II 1 UmwG aF.

Nachfolgend werden, um Wiederholungen zu vermeiden, lediglich 156
die Abweichungen des Formwechsels einer Kapitalgesellschaft in eine
Personenhandelsgesellschaft gegenüber dem Formwechsel in Kapitalgesellschaften anderer Rechtsform aufgezeigt. Wegen des weitgehenden
Gleichlaufs der Verfahren wird im Übrigen auf die Darstellung des Ablaufs des Formwechsels von Kapitalgesellschaften in Kapitalgesellschaften
anderer Rechtsform (III.) verwiesen.

2. Gesellschaft des bürgerlichen Rechts als Zielrechtsträger

Während das Umwandlungsgesetz die Gesellschaft des bürgerlichen 157
Rechts nicht als formwechselfähigen Rechtsträger ansieht, lässt es in
§ 228 UmwG den Formwechsel einer Kapitalgesellschaft in eine Gesellschaft bürgerlichen Rechts zu.[245] Dies hängt damit zusammen, dass die
Kapitalgesellschaft ihre Eigenschaft als Kaufmann kraft Rechtsform durch
den Formwechsel verliert und sich somit ihre Fähigkeit, OHG bzw. KG
zu werden, nach den allgemeinen Vorschriften des HGB über die Unternehmensgegenstände einer Personenhandelsgesellschaft richtet.

Dementsprechend bestimmt § 228 I UmwG, dass eine Kapitalgesell- 158
schaft die Rechtsform einer OHG oder einer KG nur dann erlangen kann,
wenn ihr Unternehmensgegenstand den Vorschriften über die Gründung
einer offenen Handelsgesellschaft (§ 105 I und II HGB) genügt, also auf den
Betrieb eines Handelsgewerbes oder die Verwaltung eigenen Vermögens
gerichtet ist. Hinreichend ist auch der Betrieb eines von der bisherigen
Geschäftstätigkeit unabhängigen Handelsgewerbes.[246] Liegen die Voraussetzungen des § 105 HGB nicht vor, muss ein Formwechsel gemäß §§ 191
II Nr. 1, 226 mit einer GbR als Zielrechtsträger angestrebt werden, da das
Registergericht eine Eintragung einer OHG ansonsten unter Hinweis auf
§§ 228 I iVm 105 I, II HGB ablehnen wird. Die „Auffanglösung" des 228
II aF, wonach bei einem angestrebten Formwechsel in eine OHG oder KG
bei Fehlen der Voraussetzungen des § 105 HGB hilfsweise ein Formwechsel in eine GbR vorgesehen werden konnte, wurde durch das Zweite
Umwandlungsänderungsgesetz ersatzlos gestrichen.[247] Durch die Änderung des § 105 II HGB durch das Handelsrechtsreformgesetz können nun
auch rein vermögensverwaltende Gesellschaften durch Eintragung zu offenen Handelsgesellschaften werden, sodass nach der Gesetzesbegründung
§ 228 II aF praktisch gegenstandslos geworden sei.[248] Allerdings können
Abgrenzungsfragen auch zwischen der gewerblichen und freiberuflichen
Tätigkeit entstehen. Für diese Fälle fehlt nun die Auffanglösung.[249]

---

[244] → Rn. 161 ff.
[245] Übersicht → Rn. 19.
[246] LG Münster DB 1997 S. 1709 (1709).
[247] Meyer/Weiler DB 2007 S. 1291 (1294).
[248] BT-Drucks. 16/2919 S. 20.
[249] Meyer/Weiler DB 2007 S. 1291 (1293 f.).

159 Zweifelhaft ist die persönliche Haftung der GbR-Gesellschafter für die Gesellschaftsverbindlichkeiten der vormaligen GmbH. Aus der Regierungsbegründung lässt sich nicht klar entnehmen, ob die Gesellschafter auch für Altverbindlichkeiten haften sollen. Das Konzept der formwechselnden Umwandlung würde an sich für eine Haftung nur der Gesellschaft, nicht jedoch der Gesellschafter sprechen.[250] Betrachtet man jedoch die neuere Rechtsprechung zur Haftung der Gesellschafter einer GbR, nach der ein neu eintretender Gesellschafter auch in entsprechender Anwendung von § 130 HGB für Altverbindlichkeiten der Gesellschaft haftet,[251] spricht dies eher für eine Haftung der Gesellschafter auch für die Altverbindlichkeiten. Sie sind durch das Zustimmungserfordernis geschützt.[252]

3. Besonderheiten beim Formwechsel in die GmbH & Co. KG

160 Es wurde bereits darauf hingewiesen, dass das Umwandlungsgesetz den Formwechsel einer Kapitalgesellschaft in die GmbH & Co. KG nunmehr zulässt statt, wie in § 1 II 1 UmwG aF, die Umwandlung in eine Personenhandelsgesellschaft, an der eine Kapitalgesellschaft als einzige persönlich haftende Gesellschafterin beteiligt ist, zu untersagen.[253] Der Gesetzgeber hat dies mit der leichten Umgehbarkeit dieses Verbotes und der daraus resultierenden Wirkungslosigkeit begründet.[254]

161 Andererseits hat der Gesetzgeber aber auch keine Anstalten gemacht, den wirtschaftlich bedeutsamen Formwechsel in die GmbH & Co. KG zu vereinfachen. Insbesondere muss auch weiterhin der Kreis der Gesellschafter des Rechtsträgers vor und nach Durchführung des Formwechsels grundsätzlich identisch sein. Zwar ist es beim Formwechsel in die KGaA möglich, dass persönlich haftende Gesellschafter erst im Zeitpunkt der Umwandlung beitreten und den Umwandlungsbeschluss bzw. die Satzung genehmigen, vgl. §§ 221, 240 II UmwG. Für den Formwechsel in eine GmbH & Co. KG fehlt hingegen eine entsprechende ausdrückliche Regelung. Gleiches gilt für den Formwechsel eine GmbH & Co. KG in eine anderer Rechtsform, bei dem der Komplementär ausscheiden soll, aber keine den §§ 221, 236, 247 III, 255 III entsprechenden Regeln bestehen. Gegen eine weite Auslegung des § 194 I Nr. 4 UmwG, der allgemein vom „beitretenden persönlich haftenden Gesellschafter" spricht, sodass hieraus auch auf die Möglichkeit des Beitritts einer Komplementär-GmbH zu einer GmbH & Co. KG geschlossen werden könnte, sprechen die eindeutigen Erläuterungen des Gesetzgebers.[255] Die Frage, wie dieses Schweigen auszulegen ist und wie der Beitritt (oder

---
[250] *Heidinger* GmbHR 1996 S. 890 ff., so *Happ* in Lutter UmwG § 228 Rn. 19 in 2. Auflage – jetzt aufgegeben, sowie auch Vorauflage.
[251] BGH ZIP 2003 S. 899 ff.
[252] *Göthel* in Lutter UmwG § 228 Rn. 16; *Ihrig* in Semler/Stengel UmwG § 228 Rn. 44 ff.; *Vossius* in Widmann/Mayer UmwG § 228 Rn. 40.
[253] Vgl. *Sigel* GmbHR 1998 S. 1208.
[254] BT-Drucks. 12/6699 S. 98 zu § 39 UmwG.
[255] BT-Drucks. 12/6699 S. 136 vor § 190 UmwG.

§ 26 Umwandlungsrechtliche Regelungen § 26

Austritt) des persönlich haftenden Gesellschafters bei einem Formwechsel in eine GmbH & Co. KG gestaltet werden kann, war seit dem Inkrafttreten des Umwandlungsgesetzes umstritten.[256] Während ein Teil der Literatur entsprechend einen Gesellschafterwechsel im Rahmen des Formwechsels ablehnte, wurde allerdings zunehmend, wenn auch mit verschiedenen Begründungen vertreten, dass der Ein- bzw. Austritt der Komplementär-GmbH durch Bestimmung im Umwandlungsbeschluss gleichzeitig mit dem Wirksamwerden des Formwechsels durch Eintragung erfolgen könne.[257] Teilweise wurde dies als ein mangels entgegenstehender Bestimmung im Gesetz zulässiger Fall des nicht-verhältniswahrenden Formwechsels, nämlich als Formwechsel „zu Null" mit Ausscheiden eines Gesellschafters angesehen.[258] Teilweise wurde der Identitätsgrundsatz einschränkend dahin gehend ausgelegt, dass er einen Umwandlungsbeschluss, der die Durchbrechung des identischen Gesellschafterkreises vorsehe, ausschließe, nicht aber die gleichzeitige Fassung eines weiteren Beschlusses über den Eintritt oder Austritt eines Gesellschafters.[259]

Der BGH hat in seinem Urteil vom 9.5.2005 (in einem obiter dictum) **162** entschieden, dass im Falle eines Formwechsels der Beitritts einer Komplementär-GmbH keinen Verstoß gegen das Prinzip der Identität des Rechtsträgers darstellt und somit zulässig ist.[260] Bei dem Formwechsel von einer AG in eine (Publikums-)GmbH & Co. KG wurde die Tochtergesellschaft des Hauptaktionärs, welche eine Aktie hielt, Komplementärin, alle anderen Aktionäre wurden Kommanditisten. Der BGH stellt fest, dass es für das Identitätsprinzip ausreichend ist, wenn mit dessen Zustimmung ein Gesellschafter Komplementär wird und alle anderen Kommanditisten werden. In einem obiter dictum – denn dies war in diesem Fall nicht entscheidungserheblich – stellt der BGH in dem Zusammenhang fest, dass sogar das Hinzutreten des Komplementärs zulässig wäre. Der BGH stützt sich auf sein Urteil vom 17.5.1999,[261] in dem er ebenso für § 34 I Nr. 2 LwAnpG entschieden hatte.

Somit kann davon ausgegangen werden, dass diese Frage zumindest für **163** den **Formwechsel in eine GmbH & Co. KG** geklärt und dieser somit auch unter Eintritt eines neuen Gesellschafters – soweit dieser zustimmt – zulässig ist. Für den umgekehrten Fall des Austritts des Komplementärs

---

[256] Näher zum Meinungsstand Vorauflage Rn. 105; *Baßler* GmbHR 2007 S. 1252 ff.
[257] *K. Schmidt* GmbHR 1995 S. 693 (696); *Kallmeyer* GmbHR 1995 S. 888 (889); iE ebenso *Priester* DB 1997 S. 560 (560 ff.).
[258] *Priester* DB 1997 S. 560 (566).
[259] BayObLG ZIP 2000 S. 230 ff. und die hL: *Decher/Hoger* in Lutter UmwG § 202 Rn. 11; *von der Osten* GmbHR 1995 S. 438 (439); *Weber* GmbHR 1996 S. 263 (264); *K. Schmidt* GmbHR 1995 S. 693; *Kallmeyer* GmbHR 1996 S. 80 (81).
[260] BGH vom 9.5.2005 – II ZR 29/03 ZIP 2005 S. 1318 (1319) = LMK 2005 1592353 mit Anm. *Simon*.
[261] BGH vom 17.5.1999 – II ZR 293/98, NZG 1999 S. 1121.

§ 26 7. Teil. Formwechsel

beim Formwechsel von einer GmbH & Co. KG in eine Gesellschaft anderer Rechtsform dürfte das Gleiche gelten.[262]

164 Ungeklärt ist hingegen weiterhin, ob die Entscheidung des BGH auch auf Formwechsel anderer Rechtsformen anwendbar ist.[263]

165 Aufgrund der verbleibenden Unsicherheit ist sicher in der Praxis zu empfehlen, für diese Fälle die zunehmend von der Praxis für die GmbH & Co. KG angenommenen Lösungen anzuwenden, dh entweder die Übertragung von Zwerganteilen auf die neuen Gesellschafter direkt vor dem Formwechsel oder die Übertragung eines Zwerganteils an den neuen Gesellschafter als Treuhänder. Die Rechtsprechung und herrschende Lehre[264] nahmen hier auch vor der BGH-Entscheidung schon an, dass die Gesellschafteridentität auch gewahrt ist, falls die Komplementär-GmbH zwar nach dem Formwechselbeschluss, aber noch vor dessen Eintragung in das Handelsregister Gesellschafterin wird.

4. Formwechsel in die Partnerschaftsgesellschaft

166 Der Formwechsel einer Kapitalgesellschaft in eine Partnerschaftsgesellschaft ist nur möglich, wenn alle Gesellschafter die für eine Partnerschaftsgesellschaft erforderlichen persönlichen Voraussetzungen aufweisen. Gemäß § 228 II UmwG müssen daher alle Anteilsinhaber des formwechselnden Rechtsträgers im Zeitpunkt des Wirksamwerdens des Formwechsels natürliche Personen sein, die einen freien Beruf ausüben.

5. Beschluss des Formwechsels

a) Vorbereitung

167 Im Falle des Formwechsels einer Aktiengesellschaft in eine Personenhandelsgesellschaft sind die Aktionäre in der Einladung zur beschlussfassenden Hauptversammlung aufzufordern, ihren Aktienbesitz unter Namensnennung der Gesellschaft anzuzeigen. Dies folgt aus der Verpflichtung der Gesellschaft, ernsthafte Bemühungen zu unternehmen, um die für die Eintragung der Personenhandelsgesellschaft grundsätzlich erforderliche namentliche Benennung der Gesellschafter zu ermöglichen.[265]

---

[262] *Baßler* GmbHR 2007 S. 1252 (1254); *Decher/Hoger* in Lutter UmwG § 202 Rn. 12; *Stratz* in Schmitt/Hörtnagl/Stratz UmwG § 226 Rn. 2 f.; wohl aA *Vossius* (ohne auf die Entscheidung einzugehen) in Widmann/Mayer UmwG § 202 Rn. 45 f., § 215 Rn. 33–38; *Bärwaldt* in Semler/Stengel UmwG § 197 Rn. 13 mwN geht ohnehin von der Zulässigkeit aus, da er die Theorie der modifizierten Neugründung vertritt.

[263] Dafür *Baßler* GmbHR 2007 S. 1232 (1254 ff.) für die Fälle, in denen ohne den Gesellschafterwechsel die Umwandlung nicht möglich wäre; offen lassend *Decher/Hoger* in Lutter UmwG § 202 Rn. 12.

[264] BayObLG ZIP 2000 S. 230 (230 ff.) und die hL: *Decher/Hoger* in Lutter UmwG § 202 Rn. 14 ff.; § 234 Rn. 20; *von der Osten* GmbHR 1995 S. 438 (439); *Weber* GmbHR 1996 S. 263 (264); *K. Schmidt* GmbHR 1995 S. 693; *Kallmeyer* GmbHR 1996 S. 80 (81).

[265] BayObLG AG 1996 S. 468 ff. zum Formwechsel der börsennotierten AG in eine KG sowie Vorinstanz LG Augsburg ZIP 1996 S. 1011 ff. und hierzu *Schöne*

§ 26 Umwandlungsrechtliche Regelungen § 26

b) Inhalt

Nach § 234 UmwG müssen im Umwandlungsbeschluss einer Kapital- 168
gesellschaft, die sich in eine Personenhandelsgesellschaft umwandeln will,
auch die Bestimmung des Sitzes der Personenhandelsgesellschaft sowie
beim Formwechsel in eine Kommanditgesellschaft auch die Angabe der
Kommanditisten sowie ihrer Kommanditeinlagen erfolgen. Anzugeben
ist die Hafteinlage, also der Betrag, mit dem der Kommanditist im
Außenverhältnis haftet, und nicht die zwischen den Gesellschaftern vereinbarte
und ggf. von der Hafteinlage abweichende Pflichteinlage.[266]

Seit dem Zweiten Umwandlungsänderungsgesetz verlangt § 234 Nr. 3 169
nF nun auch den Gesellschaftsvertrag als notwendigen Inhalt des Umwandlungsbeschlusses.
Damit hat der Gesetzgeber klargestellt, was Praxis
geworden war, nämlich den Gesellschaftsvertrag freiwillig zum Inhalt des
Umwandlungsbeschlusses zu machen. Der BGH hatte in seinem Urteil
vom 9.5.2005 zudem bestätigt, dass dieser Beschluss mit der Dreiviertelmehrheit
des § 233 II gefällt werden kann.[267]

c) Beschlussfassung

Die Umwandlung einer Kapitalgesellschaft in eine OHG oder Gesell- 170
schaft bürgerlichen Rechts bedarf, weil alle Gesellschafter persönlich
haften, der einstimmigen Entscheidung der Gesellschafter bzw. Aktionäre;
dem Beschluss müssen auch die nicht erschienenen Anteilsinhaber
zustimmen, § 233 I UmwG. Nach hM kann die Zustimmung trotz des
abweichenden Wortlautes des Gesetzes vor oder nach dem Umwandlungsbeschluss
erteilt werden.[268] Bei der Umwandlung in eine Kommanditgesellschaft
bedarf der Umwandlungsbeschluss einer Mehrheit von
mindestens 75% der bei der Gesellschafterversammlung einer GmbH
abgegebenen Stimmen oder des bei der Beschlussfassung einer AG oder
KGaA vertretenen Grundkapitals, § 233 II UmwG. Darüber hinaus müssen
diejenigen Gesellschafter oder Aktionäre gesondert zustimmen, die
die Stellung eines Komplementärs erhalten sollen, auch wenn sie kein
Stimmrecht in der Gesellschafterversammlung haben. Der Formwechsel
einer KGaA bedarf der Zustimmung ihrer persönlich haftenden Gesellschafter,
§ 233 III UmwG. Hat für einen Gesellschafter ein Vertreter
ohne Vertretungsmacht gestimmt, ist die nachträgliche schriftliche Genehmigung
durch den Gesellschafter möglich.[269] Grundsätzlich ist die
Zustimmung jedes einzelnen Komplementärs erforderlich. Die Satzung
kann jedoch eine Mehrheitsentscheidung für den Fall des Formwechsels

---

EWiR § 213 UmwG 13/96 S. 619 f.; kritisch dazu im Anwendungsbereich des
§ 213, § 35 nF *Decher/Hoger* in Lutter UmwG § 213 Rn. 6.

[266] *Stratz* in Schmitt/Hörtnagl/Stratz UmwG § 234 Rn. 2; *Göthel* in Lutter
UmwG § 234 Rn. 6, 32; *Blasche* in Kallmeyer UmwG § 234 Rn. 5.

[267] BGH vom 9.5.2005 – II ZR 29/03 ZIP 2005 S. 1318 (1319); siehe auch
Mayer/Weiler DB 2007 S. 1291 (1294).

[268] *Stratz* in Schmitt/Hörtnagl/Stratz UmwG § 43 Rn. 6.

[269] BayObLG DB 1989 S. 374 (374); *Blasche* in Kallmeyer UmwG § 233
Rn. 4; aA *Vossius* in Widmann/Mayer UmwG § 233 Rn. 17.

in eine KG vorsehen. Unbekannte Aktionäre können im Umwandlungsbeschluss gemäß §§ 213, 35 Satz 1 nF UmwG durch die Angabe des insgesamt auf sie entfallenden Teils des Grundkapitals und der auf sie nach dem Formwechsel entfallenden Anteile bezeichnet werden. Dies ist nur zulässig, soweit der auf sie entfallende Anteil des Grundkapitals zusammen nicht 5% des Grundkapitals übersteigt.[270]

Im Übrigen ergeben sich keine Abweichungen zu den vorbeschriebenen Umwandlungen unter Kapitalgesellschaften bzw. von Personenhandelsgesellschaften in Kapitalgesellschaften.

d) Anmeldung zum Handelsregister und Wirkungen der Eintragung

171 Gemäß § 235 I 2 UmwG ist § 198 II UmwG nicht anzuwenden, wenn eine Kapitalgesellschaft in eine Gesellschaft bürgerlichen Rechts umgewandelt wird. Da die Gesellschaft bürgerlichen Rechts nicht in das Handelsregister eingetragen werden kann, erfolgt die Anmeldung der Umwandlung zu dem Handelsregister, in dem die formwechselnde Kapitalgesellschaft geführt wird (§ 235 I 1 UmwG).

172 Im Falle des Formwechsels einer KGaA scheiden mit Eintragung diejenigen persönlich haftenden Gesellschafter aus der Gesellschaft aus, die gemäß § 233 III 3 UmwG ihr Ausscheiden aus dem Rechtsträger erklärt haben (§ 236 UmwG). Die Rechtsfolgen des Ausscheidens richten sich nach den allgemeinen Grundsätzen.

VI. Formwechsel einer Aktiengesellschaft in eine Europäische Gesellschaft (SE)

173 Eine besondere Form des Formwechsels ist die Umwandlung einer Aktiengesellschaft in eine Europäische Gesellschaft. Zur allgemeinen Bedeutung der SE, ihren Eckdaten und den Beweggründen eines solchen Formwechsels wird auf die Ausführungen zur Verschmelzung in europäische Gesellschaftsformen verwiesen.[271]

1. Begriff und Systematik

174 Die Umwandlung einer mitgliedstaatlichen AG ist eine der Gründungsvarianten einer Europäischen Gesellschaft gemäß Art. 2 IV SE-VO.[272] Im Gegensatz zur SE-Gründung durch Verschmelzung und zur Gründung einer Holding- oder Tochter-SE ist bei der „Formwechselgründung" nur ein Rechtsträger beteiligt. Es sind daher neben den Regelungen in der SE-VO nur die Vorschriften einer Rechtsordnung zu beachten, was eine bedeutende Erleichterung des Gründungsverfahrens mit sich bringt. Die Umwandlung hat weder die Auflösung der bestehen-

---

[270] → Rn. 77 f.
[271] → § 14 Rn. 2 ff.; → § 14 Rn. 15 ff.
[272] Als weitere Gründungsvarianten kommen in Betracht: Verschmelzung zur SE (Art. 2 I SE-VO; Ausführungen → § 14 Rn. 23 ff.), Gründung einer Holding–SE (Art. 2 II SE-VO), Gründung einer gemeinsamen Tochter-SE (Art. 2 III SE-VO) und Ausgründung einer Tochter-SE (Art. 3 II SE-VO).

§ 26. Umwandlungsrechtliche Regelungen § 26

den Gesellschaft noch die Gründung einer neuen juristischen Person zur Folge; sie erfolgt identitätswahrend. Es kommt zu keiner Vermögensübertragung.[273] In steuerrechtlicher Hinsicht verhält sich der Vorgang neutral.[274] In der Terminologie des deutschen Umwandlungsrechts handelt es sich um einen Formwechsel im Sinne der §§ 190 ff. UmwG.[275] Die SE-VO verwendet diesen Begriff allerdings nicht, sondern spricht durchgängig von der Gründung der SE durch Umwandlung (Art. 37 I iVm Art. 2 IV SE-VO). In der Praxis kommt der SE-Gründung durch Formwechsel große Bedeutung zu.[276] Durch Formwechsel entstanden sind beispielsweise die BASF SE und die Porsche SE.

Die Formwechselgründung ist in Art. 37 SE-VO geregelt. Art. 37 I 175 iVm Art. 2 IV SE-VO bestimmt, welche Gesellschaften zur Gründung einer SE durch Formwechsel berechtigt sind. Das Umwandlungsverfahren wird in Art. 37 IV bis VIII SE-VO geregelt. Art. 37 II und III SE-VO befasst sich mit den Rechtsfolgen der Umwandlung. Über Art. 15 SE-VO sind des Weiteren vorbehaltlich der Regelungen der SE-VO Vorschriften des nationalen Umwandlungs- bzw. Aktienrechts anwendbar. Dabei ist im Einzelfall zu beurteilen, ob die SE-VO bestimmte Fragen abschließend regelt oder noch Raum für die Anwendung der nationalen Vorschriften lässt.

2. Umwandlungsfähige Rechtsträger

Nach Art. 37 I iVm Art. 2 IV SE-VO kann eine Aktiengesellschaft, 176 die nach dem Recht eines Mitgliedstaates gegründet worden ist und ihren Sitz sowie ihre Hauptverwaltung in der Gemeinschaft hat, in eine SE umgewandelt werden, wenn sie seit mindestens zwei Jahren eine dem Recht eines anderen Mitgliedstaates unterliegende Tochtergesellschaft hat.

a) Aktiengesellschaft

Auch wenn Art. 2 IV SE-VO im Gegensatz zu Art. 2 I SE-VO keinen 177 Verweis auf den Anhang I der Verordnung enthält, so ist doch unzweifelhaft, dass mit dem Begriff „Aktiengesellschaft" nur solche im Sinne des Anhangs gemeint sind.[277] Aus dem Kreis der Gesellschaftsformen deutschen Rechts steht der Weg der Umwandlung in eine SE damit nur für

---

[273] *Schäfer* in Münchener Kommentar zum Aktiengesetz, Band 7, Art. 37 SE-VO Rn. 2; *J. Schmidt* in Lutter/Hommelhoff/Teichmann SE-Kommentar, Art. 37 SE-VO Rn. 5.
[274] *Schäfer* in Münchener Kommentar zum Aktiengesetz, Band 7, Art. 37 SE-VO Rn. 2; *J. Schmidt* in Lutter/Hommelhoff/Teichmann SE-Kommentar, Art. 37 SE-VO Rn. 6; *Schwarz* SE-VO, Art. 37 Rn. 7.
[275] *Teichmann* ZGR 2002 S. 383 (438); *Schulz/Geismar* DStR 2001 S. 1078 (1081).
[276] *Eidenmüller/Engert/Hornhuf* AG 2008 S. 721 (729).
[277] *Drinhausen* in Van Hulle/Maul/Drinhausen Handbuch zur Europäischen Gesellschaft (SE), 4. Abschnitt § 5 Rn. 1; *J. Schmidt* in Lutter/Hommelhoff/Teichmann SE-Kommentar, Art. 37 SE-VO Rn. 8.

§ 26　　　　　　　　　　　　　　　　　　　　7. Teil. Formwechsel

die AG offen. Eine KGaA kann trotz der weitgehenden Ähnlichkeit zur AG nicht in eine SE umgewandelt werden. Für andere Gesellschaftsformen als die AG kommt eine Umwandlung in eine SE allenfalls über einen Umweg in Betracht. Es ist zunächst nach den Regeln der §§ 190 ff. UmwG ein Formwechsel in eine AG vorzunehmen, die dann (unter den Voraussetzungen des Art. 37 I iVm Art. 2 IV SE-VO) in eine SE umgewandelt werden kann.

178 Art. 2 IV SE-VO verlangt, dass die Aktiengesellschaft nach dem Recht eines Mitgliedstaates wirksam gegründet worden ist. Das Erfordernis der Gründung nach mitgliedstaatlichem Recht setzt nicht voraus, dass die Gesellschaft von Anfang an als mitgliedstaatliche AG existiert hat. Es genügt, wenn eine Gesellschaft durch Formwechsel diese Rechtsform erhalten hat.[278] Entscheidend ist damit nur, dass die Voraussetzungen des mitgliedstaatlichen Rechts für die Existenz der AG erfüllt sind.[279] Eine AG nach deutschem Recht existiert nach § 41 I 1 AktG erst ab Eintragung in das Handelsregister. Eine Vor-AG ist daher nicht gründungsberechtigt.[280] Eine AG in Liquidation kann dagegen in eine SE umgewandelt werden, solange die Voraussetzungen des § 3 III UmwG[281] gegeben sind, dh die Fortsetzung der AG noch beschlossen werden kann.[282] Nach § 274 AktG ist das nur solange möglich, wie noch nicht mit der Verteilung des Vermögens begonnen wurde.

b) Gemeinschaftszugehörigkeit der Aktiengesellschaft, Sitz

179 Die AG muss ihren Sitz und ihre Hauptverwaltung in der EU haben.[283] Neben Aktiengesellschaften nach dem Recht eines EU-Mitgliedstaates sind auch solche nach dem Recht eines Mitgliedstaates des EWR grün-

---
[278] *Oechsler* in Münchener Kommentar zum Aktiengesetz, Band 7, Art. 2 SE-VO Rn. 43, 25.
[279] *Schwarz* SE-VO, Art. 2 Rn. 99, 35.
[280] *Schwarz* SE-VO, Art. 2 Rn. 99, 24.
[281] Die Vorschriften des deutschen UmwG finden auf die Gründung einer SE durch Umwandlung ergänzende Anwendung, soweit die SE-VO keine Regelung enthält. Das folgt aus Art. 15 I SE-VO (so auch *Drinhausen* in Van Hulle/Maul/Drinhausen, Handbuch zur Europäischen Gesellschaft (SE), 4. Abschnitt § 5 Rn. 5; *Schäfer* in Münchener Kommentar zum Aktiengesetz, Band 7, Art. 37 SE-VO Rn. 4). Teilweise wird auch differenziert: Hinsichtlich Vorbereitungsmaßnahmen der umzuwandelnden AG ergebe sich die ergänzende Anwendung des UmwG aus einer Analogie zu Art. 18 SE-VO, bezüglich des eigentlichen Umwandlungsvorganges dann aus Art. 15 I SE-VO (*Austmann* in Münchener Handbuch des Gesellschaftsrechts, Band 4, § 84 Rn. 62; *Schwarz,* SE-VO, Art. 37 Rn. 10 f.). Vor dem Hintergrund, dass die Umwandlung identitätswahrend erfolgt, erscheint diese Aufspaltung wenig einleuchtend. Im Ergebnis ist diese rein dogmatische Kontroverse ohne Belang.
[282] *J. Schmidt* in Lutter/Hommelhoff/Teichmann, SE-Kommentar, Art. 2 SE-VO Rn. 24.
[283] Spricht die Verordnung vom Sitz der SE, ist damit stets der Satzungssitz gemeint. Der Verwaltungssitz wird in der Verordnung als Hauptverwaltung bezeichnet.

§ 26. Umwandlungsrechtliche Regelungen § 26

dungsberechtigt,[284] denn die EWR-Staaten haben die SE-VO in den Rechtsbestand des Abkommens über den EWR übernommen.[285] Befinden sich Sitz und Hauptverwaltung der Aktiengesellschaft nicht im selben Mitgliedstaat, so sind diese zusammenzulegen, um den Anforderungen des Art. 7 Satz 1 SE-VO gerecht zu werden.[286] Von der Ermächtigung in Art. 2 V SE-VO, wonach die Mitgliedstaaten es zulassen können, dass auch eine AG, die ihre Hauptverwaltung außerhalb der Gemeinschaft hat, in eine SE umgewandelt werden kann, hat der deutsche Gesetzgeber bisher keinen Gebrauch gemacht. Es gab hierfür auch keinen Anlass, da das deutsche AktG einen ausländischen Verwaltungssitz nicht zuließ. Sollte das in Zukunft aber möglich sein,[287] wird sich der Gesetzgeber fragen müssen, ob er eine entsprechende Vorschrift schafft, um auch solchen Aktiengesellschaften die Umwandlung in eine SE zu ermöglichen.

c) Halten einer Tochtergesellschaft

Schließlich muss die umzuwandelnde AG seit mindestens zwei Jahren eine dem Recht eines anderen Mitgliedstaates unterliegende Tochtergesellschaft haben. Eine Zweigniederlassung reicht nicht aus.[288] Durch dieses Erfordernis soll die Mehrstaatlichkeit der umzuwandelnden Gesellschaft sichergestellt werden, die Voraussetzung für alle Gründungsvarianten des Art. 2 SE-VO ist.[289] Die SE-VO selbst definiert den Begriff der Tochtergesellschaft nicht. Die überwiegende Auffassung greift richtigerweise auf die in Art. 2 lit. c SE-RL[290] enthaltene Legaldefinition zurück.[291] Tochtergesellschaft der AG ist danach ein Unternehmen, auf das die AG einen beherrschenden Einfluss im Sinne des Art. 3 II bis VII der Richtlinie 94/45/EG[292] ausübt. Ein beherrschender Einfluss wird nach dieser Bestimmung vermutet, wenn die AG direkt oder indirekt die Mehrheit des gezeichneten Kapitals des Unternehmens besitzt, über die

180

---

[284] Relevant wird dies für Island, Liechtenstein und Norwegen, die zwar Mitglied des EWR sind, nicht aber der EU.
[285] Beschluss des Gemeinsamen Ausschusses des EWR Nr. 93/2002 vom 25.6.2002.
[286] Von der Ermächtigung des Art. 7 Satz 2 SE-VO hat der deutsche Gesetzgeber zunächst in § 2 SEAG Gebrauch gemacht, diese Vorschrift mittlerweile jedoch mit dem Gesetz zur Modernisierung des GmbH-Rechts und zur Bekämpfung von Missbräuchen (MoMiG) vom 23.10.2008, BGBl. I S. 2026 wieder aufgehoben.
[287] Insoweit wird auf die Ausführungen → § 32 Rn. 86, 96, 105 zur Neufassung des § 5 AktG durch das MoMiG verwiesen.
[288] *Drinhausen* in Van Hulle/Maul/Drinhausen, Handbuch zur Europäischen Gesellschaft (SE), 4. Abschnitt § 5 Rn. 9; *Schwarz* SE-VO, Art. 2 Rn. 104.
[289] Vgl. *Schwarz* SE-VO, Art. 2 Rn. 2.
[290] SE-RL.
[291] *J. Schmidt* in Lutter/Hommelhoff/Teichmann, SE-Kommentar, Art. 2 SE-VO Rn. 18; *Oechsler* in Münchener Kommentar zum Aktiengesetz, Band 7, Art. 2 SE-VO Rn. 43, 31.
[292] EBR-RL.

Mehrheit der mit den Anteilen an dem Unternehmen verbundenen Stimmrechte verfügt oder mehr als die Hälfte der Mitglieder des Verwaltungs-, Leitungs- oder Aufsichtsorgans des Unternehmens bestellen kann. Eine bestimmte Rechtsform wird für die Tochtergesellschaft nicht vorausgesetzt.[293] Bei der Tochtergesellschaft muss es sich also nicht notwendigerweise um eine juristische Person handeln; in Betracht kommt jede organisatorische Einheit, die wirtschaftliche Tätigkeiten ausübt und am Rechtsverkehr teilnimmt oder solche Tätigkeiten vorbereitet.[294] Eine reine Innengesellschaft wird man daher als Tochtergesellschaft nicht ausreichen lassen können.[295] Gleiches gilt für eine Gesellschaft in Liquidation.[296]

181 Die Tochtergesellschaft muss dem Recht eines anderen Mitgliedstaates als die umzuwandelnde AG unterliegen. Diese Frage ist aus der Perspektive des Sitzstaates der AG nach dessen internationalem Gesellschaftsrecht zu beantworten.[297]

182 Bezüglich des Zweijahreszeitraums wird es zum Teil als ausreichend angesehen, dass die AG während des Zweijahreszeitraums nur (irgend-) eine Tochtergesellschaft besessen hat, ohne dass es sich dabei notwendigerweise um ein und dieselbe Tochtergesellschaft handeln müsse.[298] Mit dem Wortlaut des Art. 2 IV SE-VO dürfte diese umwandlungsfreundliche Auslegung vereinbar sein, und sie entspricht auch der ratio des Art. 2 IV SE-VO. Denn die notwendige Mehrstaatlichkeit kommt auch dann hinreichend zum Ausdruck, wenn innerhalb von zwei Jahren mehrere verschiedene, aber ohne Unterbrechung mindestens eine Tochtergesellschaft gehalten wird. Die Zweijahresfrist bezieht sich nur auf das Halten der Tochtergesellschaft. Nicht erforderlich ist, dass die umzuwandelnde AG seit mindestens zwei Jahren in der Rechtsform der AG besteht.[299] Eine GmbH kann also nach §§ 190 ff. UmwG einen Formwechsel in eine AG vollziehen und sich gleich im Anschluss, ohne Einhaltung einer Wartezeit in eine SE umwandeln, sofern nur die Gesellschaft seit mindestens zwei Jahren eine europäische Tochtergesellschaft besitzt. Hinsichtlich der Berechnung des Ablaufs der Zweijahresfrist, dh bis zu welchem Zeitpunkt dieses Kriterium erfüllt sein muss, werden unterschiedliche Zeit-

---

[293] *Drinhausen* in Van Hulle/Maul/Drinhausen, Handbuch zur Europäischen Gesellschaft (SE), 4. Abschnitt § 5 Rn. 9; *Oechsler* in Münchener Kommentar zum Aktiengesetz, Band 7, Art. 2 SE-VO Rn. 43, 31.
[294] *J. Schmidt* in Lutter/Hommelhoff/Teichmann, SE-Kommentar, Art. 37 SE-VO Rn. 16.
[295] *J. Schmidt* in Lutter/Hommelhoff/Teichmann, SE-Kommentar, Art. 37 SE-VO Rn. 16.
[296] *J. Schmidt* in Lutter/Hommelhoff/Teichmann, SE-Kommentar, Art. 37 SE-VO Rn. 17.
[297] *Oechsler* in Münchener Kommentar zum Aktiengesetz, Band 7, Art. 2 SE-VO Rn. 43, 25.
[298] *J. Schmidt* in Lutter/Hommelhoff/Teichmann, SE-Kommentar, Art. 37 SE-VO Rn. 22.
[299] *Drinhausen* in Van Hulle/Maul/Drinhausen, Handbuch zur Europäischen Gesellschaft (SE), 4. Abschnitt § 5 Rn. 9; *Schwarz* SE-VO, Art. 2 Rn. 77, 105.

punkte als maßgeblich angesehen.³⁰⁰ Richtigerweise wird man – entsprechend den allgemeinen Grundsätzen der registergerichtlichen Prüfung³⁰¹ – auf den Zeitpunkt der Eintragung der neu zu gründenden SE im Handelsregister abstellen müssen.³⁰² Ist die Zweijahresfrist noch nicht abgelaufen, so bietet sich als Alternative zur Umwandlung die Verschmelzung von Mutter und Tochter zur SE gemäß Art. 2 I SE-VO an. Bei der Verschmelzung wird eine Mindestdauer für die Existenz der Tochtergesellschaft nämlich nicht verlangt. Voraussetzung ist allerdings, dass die Tochter in Form einer Aktiengesellschaft besteht bzw. vor der Verschmelzung in eine solche umgewandelt wird. Eine unzulässige Umgehung der Frist des Art. 2 IV SE-VO kann in dieser Vorgehensweise nicht erblickt werden; Art. 31 SE-VO sieht Mutter-Tochter-Verschmelzungen ausdrücklich vor.³⁰³

d) Sitzverlegungsverbot

Nach Art. 37 III SE-VO darf die AG ihren Sitz anlässlich der Umwandlung nicht gemäß Art. 8 SE-VO in einen anderen Mitgliedstaat verlegen. Eine deutsche AG kann also immer nur in eine dem deutschen Recht unterliegende SE umgewandelt werden. Hintergrund für die Aufnahme dieser Regelung in die Verordnung war die Befürchtung, dass eine Umwandlung verbunden mit einer Sitzverlegung zu einer Flucht aus den nationalen Vorschriften zur Arbeitnehmermitbestimmung und dem nationalen Steuerrecht genützt werden könnte.³⁰⁴ Art. 8 SE-VO, der in Art. 37 III SE-VO in Bezug genommen wird, betrifft ausschließlich die grenzüberschreitende Verlegung des Satzungssitzes.³⁰⁵ Eine Satzungssitzverlegung innerhalb eines Mitgliedstaates ist somit auch anlässlich einer Umwandlung zulässig.³⁰⁶ Auch eine Verlegung des Verwaltungssitzes wird durch Art. 37 II SE-VO nicht ausgeschlossen, soweit als Folge der Satzungssitz nicht in einem anderen Mitgliedstaat als der Verwaltungssitz liegt, da dies gegen Art. 7 SE-VO verstoßen würde.³⁰⁷

183

---

³⁰⁰ *Neun* in Theisen/Wenz, Europäische Aktiengesellschaft, S. 68 (Hauptversammlungsbeschluss über Umwandlung); *Oechsler* in Münchener Kommentar zum Aktiengesetz, Band 7, Art. 2 SE-VO Rn. 43, 45, 34 (Anmeldung der SE zum Handelsregister).
³⁰¹ Siehe hierzu *Schaub* in Ebenroth/Boujong/Joost/Strohn, HGB, § 8 Rn. 142.
³⁰² *J. Schmidt* in Lutter/Hommelhoff/Teichmann, SE-Kommentar, Art. 37 SE-VO Rn. 19; *Marsch-Barner* in Kallmeyer UmwG Anhang Rn. 95.
³⁰³ *Schwarz* SE-VO, Art. 2 Rn. 105.
³⁰⁴ *Blanquet* ZGR 2002 S. 20 (46); *Schäfer* in Münchener Kommentar zum Aktiengesetz, Band 7, Art. 37 SE-VO Rn. 3.
³⁰⁵ Zur Sitzverlegung nach Art. 8 SE-VO siehe die Ausführungen unter § 32 Rn. 6 ff.
³⁰⁶ *Schäfer* in Münchener Kommentar zum Aktiengesetz, Band 7, Art. 37 SE-VO Rn. 3.
³⁰⁷ Eine Verlegung des Verwaltungssitzes oder eine innerstaatliche Verlegung des Satzungssitzes vor der Umwandlung kann hingegen sogar erforderlich werden, um die Vorgaben des Art. 7 Satz 1 SE-VO und einer eventuell auf Grundlage von Art. 7 Satz 2 SE-VO erlassenen nationalen Vorschrift einzuhalten.

§ 26   7. Teil. Formwechsel

184   In zeitlicher Hinsicht ist eine Sitzverlegung nach Art. 8 SE-VO bis zu dem Zeitpunkt ausgeschlossen, in dem die Umwandlung wirksam wird.[308] Das ist nach Art. 16 I SE-VO mit Eintragung der SE der Fall. Unmittelbar danach kann das Verfahren zur Sitzverlegung begonnen werden.[309] Teilweise wird dagegen angenommen, die Sitzverlegung und die Umwandlung dürften in derselben Hauptversammlung beschlossen werden, die Sitzverlegung allerdings nur aufschiebend bedingt durch die Eintragung der durch Umwandlung entstandenen SE.[310] Diese Sichtweise ist verfehlt. Im Rahmen des Sitzverlegungsverfahrens haben dem Verlegungsbeschluss mehrere Verfahrensschritte vorauszugehen, so unter anderem die Erstellung des Verlegungsplans und des Verlegungsberichts. Nach Art. 8 II und III SE-VO sind sie durch das Leitungs- oder Verwaltungsorgan der SE zu erstellen. Vor vollzogener Umwandlung existieren diese Organe jedoch noch nicht. Schon das macht deutlich, dass die Einleitung eines Sitzverlegungsverfahrens die Existenz der SE voraussetzt und somit erst ab Eintragung der SE in Betracht kommt.[311]

3. Der Ablauf der Umwandlung

185   Das Umwandlungsverfahren weist starke Parallelen zum Verfahren bei der Verschmelzung zur SE bzw. bei der Gründung einer Holding-SE auf.[312] Es beginnt mit der Aufstellung eines Umwandlungsplanes und eines Umwandlungsberichts (Art. 37 IV SE-VO). Der Umwandlungsplan ist offen zu legen (Art. 37 V SE-VO). Vor der Hauptversammlung, die über die Umwandlung beschließen soll, ist durch einen unabhängigen Sachverständigen eine Prüfung der Kapitalausstattung der umzuwandelnden Gesellschaft durchzuführen (Art. 37 VI SE-VO). Hat die Hauptversammlung die Umwandlung beschlossen (Art. 37 VII SE-VO), ist die SE zur Eintragung in das Handelsregister anzumelden (Art. 12 I SE-VO). Mit der Eintragung ist die Umwandlung vollzogen, die Gesellschaft existiert fortan in der Rechtsform der SE (Art. 16 I SE-VO).

186   Wie beim Verfahren der Verschmelzung auf eine SE sowie bei nationalen Verfahren des Formwechsels können vier Phasen unterschieden werden:
a) die Planungsphase
b) die Vorbereitungsphase
c) die Beschlussphase
d) und die Vollzugsphase.

---

[308] *Lange* EuZW 2003 S. 301 (303); *Schäfer* in Münchener Kommentar zum Aktiengesetz, Band 7, Art. 37 SE-VO Rn. 3; *Schwarz* SE-VO, Art. 37 Rn. 9.
[309] *Drinhausen* in Van Hulle/Maul/Drinhausen, Handbuch zur Europäischen Gesellschaft (SE), 4. Abschnitt § 5 Rn. 51; *Oechsler* NZG 2005 S. 697 (700).
[310] *J. Schmidt* in Lutter/Hommelhoff/Teichmann, SE-Kommentar, Art. 37 SE-VO Rn. 10.
[311] So auch *Drinhausen* in Van Hulle/Maul/Drinhausen, Handbuch zur Europäischen Gesellschaft (SE), 4. Abschnitt § 5 Rn. 51; *Schwarz* SE-VO, Art. 37 Rn. 9.
[312] *Schwarz* SE-VO, Art. 37 Rn. 6.

§ 26. Umwandlungsrechtliche Regelungen § 26

a) Planungsphase

Auch die Umwandlung einer AG in eine SE kann wie ein nationaler 187
Formwechsel recht frei geplant werden. Es ist keine Schlussbilanz zu
erstellen und zu prüfen, sondern lediglich eine Kapitalprüfung vorzunehmen.
In die Berechnung der Fristen und des Zeitablaufs sind einzuplanen
die Vorbereitung des Umwandlungsplans und Berichts, die Offenlegungsfrist von einem Monat für den Umwandlungsplan, die Ladungsfrist
für die Hauptversammlung von 30 Tagen sowie die Frist für die Verhandlung einer Vereinbarung über die Mitbestimmung nach der SE-RL und
dem SEBG.

b) Vorbereitungsphase

aa) Umwandlungsplan, Art. 37 IV SE-VO

Das Verfahren der Umwandlung in eine SE beginnt mit der Erstellung 188
eines Umwandlungsplanes. Er dient der Information der Aktionäre über
die Modalitäten der Umwandlung.[313] Aus Art. 37 I 1 SE-VO ergibt sich,
dass der Umwandlungsplan zudem Gegenstand der Beschlussfassung in
der Hauptversammlung ist, die über die Umwandlung beschließen soll.

(1) Zuständigkeit. Der Umwandlungsplan ist nach Art. 37 IV SE-VO 189
durch das Leitungs- oder Verwaltungsorgan der formwechselnden Gesellschaft zu erstellen. Bei Umwandlung einer deutschen AG liegt die Kompetenz zur Erstellung des Planes somit gemäß § 76 I AktG beim Vorstand.[314] Es genügt, wenn der Vorstand in vertretungsberechtigter Zusammensetzung tätig wird; eine Mitwirkung aller Vorstandsmitglieder ist
nicht notwendig.[315]

(2) Inhalt. Während bei der SE-Gründung durch Verschmelzung und 190
der Gründung einer Holding-SE die Verordnung detaillierte Vorgaben an
den Inhalt des aufzustellenden Verschmelzungs- bzw. Gründungsplanes
enthält, lässt sich Art. 37 IV SE-VO zum Inhalt des Umwandlungsplanes
keine Aussage entnehmen. Teilweise wird deshalb auf das nationale Recht

---

[313] *Schäfer* in Münchener Kommentar zum Aktiengesetz, Band 7, Art. 37 SE-VO Rn. 9; *Teichmann* ZGR 2002 S. 383 (439).
[314] *Drinhausen* in Van Hulle/Maul/Drinhausen, Handbuch zur Europäischen Gesellschaft (SE), 4. Abschnitt § 5 Rn. 10; *J. Schmidt* in Lutter/Hommelhoff/Teichmann SE-Kommentar, Art. 37 SE-VO Rn. 13.
[315] So auch *Schäfer* in Münchener Kommentar zum Aktiengesetz, Band 7, Art. 37 SE-VO Rn. 9 und *J. Schmidt* in Lutter/Hommelhoff/Teichmann, SE-Kommentar, Art. 37 SE-VO Rn. 13, die von einer entsprechenden Anwendung des § 4 UmwG ausgehen. Ob diese Parallele zum Verschmelzungsvertrag berechtigt ist oder ob eine analoge Anwendung der entsprechenden Regelung zum Verschmelzungsbericht (§ 8 UmwG) oder zum Umwandlungsbericht (§ 192 UmwG) näher liegt, kann offen bleiben. Denn im Anschluss an BGH ZIP 2007 S. 1524 (1528) wird man es auch bei § 8 und § 192 UmwG ausreichen lassen, wenn das Vertretungsorgan in vertretungsberechtigter Zusammensetzung tätig wird, vgl. hierzu *Decher/Hoger* in Lutter UmwG, § 192 Rn. 4; *Drygala* in Lutter UmwG § 8 Rn. 6.

zurückgegriffen; in Anlehnung an den Katalog des § 194 I UmwG müsse der Umwandlungsplan die dort genannten Angaben enthalten.³¹⁶ Die Gegenauffassung sucht die Lückenschließung auf der Ebene des Europarechts; der Inhalt des Umwandlungsplans soll sich analog nach Art. 20 I 2 SE-VO bestimmen, wobei dann im Einzelnen zu prüfen sei, inwieweit die in Art. 20 I 2 SE-VO genannten Angaben auf die Umwandlung übertragen werden können bzw. einer Modifikation bedürfen.³¹⁷ In der Praxis sollten sicherheitshalber beide Listen kombiniert werden, die ohnehin im Wesentlichen übereinstimmen.³¹⁸ Zwingender Inhalt des Umwandlungsplanes muss danach sein:

191   *(aa) Firma und Sitz der SE.* Der Umwandlungsplan hat zunächst die Firma und den Sitz der SE anzugeben (Art. 20 I 2 lit. a SE-VO, § 194 I Nr. 1, 2 UmwG).³¹⁹ Die Umwandlung bewirkt keine Änderung der Firma. Ihr muss fortan allerdings gemäß Art. 11 I SE-VO der Zusatz „SE" voran- oder nachgestellt werden. Auch der Sitz der Gesellschaft bleibt durch die Umwandlung grundsätzlich unberührt. Zur Einhaltung der Vorgaben des Art. 7 Satz 1 SE-VO und entsprechender nationaler Vorschriften des Sitzstaates, die auf Grundlage von Art. 7 Satz 2 SE-VO erlassen wurden, kann im Zusammenhang mit der Umwandlung jedoch eine Verlegung von (Satzungs-) Sitz oder Hauptverwaltung erforderlich werden.

192   *(bb) Beteiligung der Aktionäre an der SE.* Die Angabe eines Umtauschverhältnisses gemäß Art. 20 I 2 lit. b SE-VO kommt nicht in Betracht, da bei der Umwandlung aufgrund der Kontinuität des Rechtsträgers kein Aktientausch stattfindet. Die bisherigen Anteile an der AG wandeln sich lediglich in Anteile an der SE um. In analoger Anwendung des Art. 20 I 2 lit. b SE-VO bzw. des § 194 I Nr. 4 UmwG wird man aber verlangen müssen, dass die zukünftige Beteiligung der Aktionäre an der SE nach Zahl, Art und Umfang der Anteile dargestellt wird.³²⁰ Angaben entsprechend Art. 20 I 2 lit. c SE-VO sind dagegen nicht erforderlich.³²¹

193   Ein Recht widersprechender Minderheitsaktionäre auf Barabfindung analog § 207 UmwG ist nicht anzuerkennen.³²² In Art. 37 SE-VO

---

³¹⁶ *Austmann* in Münchener Handbuch des Gesellschaftsrechts, Band 4, § 84 Rn 63; *Heckschen* in Widmann/Mayer/Heckschen, Umwandlungsrecht, Anhang 14 Rn. 378; *Vossius* ZIP 2005 S. 741 (747).
³¹⁷ *Schäfer* in Münchener Kommentar zum Aktiengesetz, Band 7, Art. 37 SE-VO Rn. 10; *Schwarz*, SE-VO, Art. 37 Rn. 17 f.; *J. Schmidt* in Lutter/Hommelhoff/Teichmann, SE-Kommentar, Art. 37 SE-VO Rn. 14 f.
³¹⁸ So auch *Drinhausen* in Van Hulle/Maul/Drinhausen, Handbuch zur Europäischen Gesellschaft (SE), 4. Abschnitt § 5 Rn. 12.
³¹⁹ *J. Schmidt* in Lutter/Hommelhoff/Teichmann SE-Kommentar, Art. 37 SE-VO Rn. 14.
³²⁰ *Schäfer* in Münchener Kommentar zum Aktiengesetz, Band 7, Art. 37 SE-VO Rn. 11; *Schwarz*, SE-VO, Art. 37 Rn. 20.
³²¹ *J. Schmidt* in Lutter/Hommelhoff/Teichmann, SE-Kommentar, Art. 37 SE-VO Rn. 19.
³²² *Austmann* in Münchener Handbuch des Gesellschaftsrechts, Band 4, § 84 Rn. 70; *Drinhausen* in Van Hulle/Maul/Drinhausen, Handbuch zur Europäischen Gesellschaft (SE), 4. Abschnitt § 5 Rn. 49 f.

§ 26. Umwandlungsrechtliche Regelungen § 26

sind weder Rechte zum Schutz der Aktionäre der formwechselnden AG noch zum Schutz der Gesellschaftsgläubiger vorgesehen. Auch eine Ermächtigung an die Mitgliedstaaten, entsprechende Vorschriften zu erlassen, enthält Art. 37 SE-VO im Gegensatz zu Art. 24 II und Art. 34 SE-VO nicht. Hieraus wird der Schluss gezogen, dass bei der Umwandlung solche Rechte nicht zu gewähren sind.[323] Soweit zur Begründung behauptet wird, das Schweigen der SE-VO stelle eine bewusste Absage an solche Rechte dar und stehe damit auch einer analogen Anwendung nationaler Schutzvorschriften entgegen,[324] vermag das allerdings nicht zu überzeugen.[325] Denn an anderer Stelle wird das Schweigen der SE-VO regelmäßig als Offenheit im Hinblick auf die Anwendung nationaler Vorschriften verstanden. Dass bei der Umwandlung zur SE keine Rechte zum Schutz von Aktionären und Gläubigern zu gewähren sind, folgt vielmehr aus der fehlenden Schutzbedürftigkeit dieser Personengruppen: Zum Schutz von Minderheitsaktionären, die der Umwandlung widersprochen haben, besteht keine Notwendigkeit, da sich AG und SE im Hinblick auf die Mitgliedschaft und ihre Verfassung weitgehend ähneln.[326] Diese Wertung liegt auch der Vorschrift des § 250 UmwG zugrunde, die beim Formwechsel einer AG in eine KGaA ein Barabfindungsangebot entbehrlich macht.

Auch besteht kein Anlass, den Aktionären einen Anspruch auf Verbesserung des Beteiligungsverhältnisses analog § 196 UmwG einzuräumen.[327] Ein Recht widersprechender Minderheitsaktionäre auf Barabfindung analog § 207 UmwG ist nicht anzuerkennen.[328] In Art. 37 SE-VO sind weder Rechte zum Schutz der Aktionäre der formwechselnden AG noch zum Schutz der Gesellschaftsgläubiger vorgesehen. Auch eine Ermächtigung an die Mitgliedstaaten, entsprechende Vorschriften zu erlassen, enthält Art. 37 SE-VO im Gegensatz zu Art. 24 II und Art. 34 SE-VO nicht. Hieraus wird der Schluss gezogen, dass bei der Umwandlung solche Rechte nicht zu gewähren sind.[329] Soweit zur Begründung behauptet wird, das Schweigen der SE-VO stelle eine bewusste Absage an solche Rechte dar und stehe damit auch einer analogen Anwendung

194

---

[323] *Schwarz* SE-VO, Art. 37 Rn. 64 ff.
[324] *Schwarz* SE-VO, Art. 37 Rn. 64; *Teichmann* ZGR 2003 S. 367 (395).
[325] So auch *J. Schmidt* in Lutter/Hommelhoff/Teichmann, SE-Kommentar, Art. 37 SE-VO Rn. 85.
[326] *J. Schmidt* in Lutter/Hommelhoff/Teichmann, SE-Kommentar, Art. 37 SE-VO Rn. 81.
[327] *Schwarz*, SE-VO, Art. 37 Rn. 64; *J. Schmidt* in Lutter/Hommelhoff/Teichmann, SE-Kommentar, Art. 37 SE-VO Rn. 84; aA *Drinhausen* in Van Hulle/Maul/Drinhausen, Handbuch zur Europäischen Gesellschaft (SE), 4. Abschnitt § 5 Rn. 50; *Schäfer* in Münchener Kommentar zum Aktiengesetz, Band 7, Art. 37 SE-VO Rn. 38.
[328] *Austmann* in Münchener Handbuch des Gesellschaftsrechts, Band 4, § 84 Rn. 70; *Drinhausen* in Van Hulle/Maul/Drinhausen, Handbuch zur Europäischen Gesellschaft (SE), 4. Abschnitt § 5 Rn. 49 f.
[329] *Schwarz* SE-VO, Art. 37 Rn. 64 ff.

nationaler Schutzvorschriften entgegen,[330] vermag das allerdings nicht zu überzeugen.[331] Denn an anderer Stelle wird das Schweigen der SE-VO regelmäßig als Offenheit im Hinblick auf die Anwendung nationaler Vorschriften verstanden. Dass bei der Umwandlung zur SE keine Rechte zum Schutz von Aktionären und Gläubigern zu gewähren sind, folgt vielmehr aus der fehlenden Schutzbedürftigkeit dieser Personengruppen: Zum Schutz von Minderheitsaktionären, die der Umwandlung widersprochen haben, besteht keine Notwendigkeit, da sich AG und SE im Hinblick auf die Mitgliedschaft und ihre Verfassung weitgehend ähneln.[332] Diese Wertung liegt auch der Vorschrift des § 250 UmwG zugrunde, die beim Formwechsel einer AG in eine KGaA kein Barabfindungsangebot vorsieht.[333]

195 *(cc) Sonderrechte für Aktionäre bzw. Inhaber anderer Wertpapiere.* Entsprechend Art. 20 I 2 lit. f SE-VO bzw. § 194 I Nr. 5 UmwG müssen im Umwandlungsplan die Rechte angegeben werden, die die SE den mit Sonderrechten ausgestatteten Aktionären der umzuwandelnden AG und den Inhabern anderer Wertpapiere als Aktien gewährt, oder die für diese Personen vorgeschlagenen Maßnahmen.[334] Die Formulierung des Art. 20 I 2 lit. f SE-VO ist weit auszulegen. Als Sonderrechte anzusehen sind daher alle Rechte, die über die mit gewöhnlichen Aktien verbundenen Rechte hinausgehen.[335]

196 *(dd) Sondervorteile für Sachverständige bzw. Vorstand und Aufsichtsrat.* Werden den Sachverständigen, die die Kapitalprüfung nach Art. 37 VI SE-VO vornehmen, Sondervorteile gewährt, so müssen diese im Umwandlungsplan aufgeführt werden (Art. 20 I 2 lit. g SE-VO). Gleiches gilt für Sondervorteile, die für die Mitglieder des Vorstands oder des Aufsichtsrats der formwechselnden AG im Zusammenhang mit der Umwandlung vorgesehen sind.[336]

197 *(ee) Verfahren zum Abschluss einer Vereinbarung über Beteiligung der Arbeitnehmer.* Der Umwandlungsplan muss über das Verfahren zum Abschluss einer Vereinbarung über die Beteiligung der Arbeitnehmer informieren (Art. 20 I 2 lit. i SE-VO).[337] Das Verfahren zum Abschluss dieser Ver-

---

[330] *Schwarz* SE-VO, Art. 37 Rn. 64; *Teichmann* ZGR 2003 S. 367 (395).
[331] So auch *J. Schmidt* in Lutter/Hommelhoff/Teichmann, SE-Kommentar, Art. 37 SE-VO Rn. 85.
[332] *J. Schmidt* in Lutter/Hommelhoff/Teichmann, SE-Kommentar, Art. 37 SE-VO Rn. 81.
[333] *J. Schmidt* in Lutter/Hommelhoff/Teichmann, SE-Kommentar, Art. 37 SE-VO Rn. 84; *Marsch-Barner* in *Kallmeyer* Umwandlungsgesetz Anhang Rn. 100.
[334] *Drinhausen* in Van Hulle/Maul/Drinhausen, Handbuch zur Europäischen Gesellschaft (SE), 4. Abschnitt § 5 Rn. 14.
[335] *Schwarz*, SE-VO, Art. 20 Rn. 34.
[336] *Drinhausen* in Van Hulle/Maul/Drinhausen, Handbuch zur Europäischen Gesellschaft (SE), 4. Abschnitt § 5 Rn. 14.
[337] *Schäfer* in Münchener Kommentar zum Aktiengesetz, Band 7, Art. 37 SE-VO Rn. 11; *Schwarz*, SE-VO, Art. 37 Rn. 27; aA *J. Schmidt* in Lutter/Hommelhoff/Teichmann, SE-Kommentar, Art. 37 SE-VO Rn. 80.

einbarung ist im SEBG geregelt, das zur Umsetzung der SE-RL erlassen wurde.

(fff) Satzung der SE. Der Umwandlungsplan sollte darüber hinaus die **198** für die SE vorgesehene Satzung enthalten (Art. 20 I 2 lit. h SE-VO).[338] Mit Verweis auf den Wortlaut des Art. 37 VII 1 SE-VO, der zwischen dem Umwandlungsplan und der Satzung differenziert, wird teilweise vertreten, dies sei nicht erforderlich.[339] Der Umwandlungsplan kann jedoch seinen Informationszweck für die Aktionäre nur dann voll erfüllen, wenn er auch die Satzung enthält. Die inhaltlichen Vorgaben für die Satzung der SE ergeben sich über Art. 15 I SE-VO aus dem nationalen Recht. Die Satzung muss die Mindestangaben des § 23 III und IV AktG enthalten.[340] Auch anzuwenden ist die Vorschrift des § 243 I 2 und 3 UmwG, so dass Festsetzungen über Sondervorteile, Gründungsaufwand, Sacheinlagen und Sachübernahmen, die in der Satzung der formwechselnden AG enthalten sind, in die Satzung der SE übernommen werden müssen, sofern sie nicht nach § 243 I 3 UmwG iVm § 26 IV und V AktG geändert oder beseitigt werden können.[341]

Bei den eben aufgezählten Angaben handelt es sich um den zwingen- **199** den Inhalt des Umwandlungsplanes. Sollte zu einem Punkt an sich keine Aussage erforderlich sein, beispielsweise weil keine Sonderrechte gewährt werden, so empfiehlt es sich daher, eine entsprechende Klarstellung in den Umwandlungsplan aufzunehmen.[342] Neben diesen Mindestangaben können dem Umwandlungsplan ohne Weiteres zusätzliche Angaben hinzugefügt werden (Art. 20 II SE-VO).[343] In der Praxis wird man daher im Zweifelsfall den Umwandlungsplan eher umfangreicher als zu knapp gestalten.

(3) *Form.* Die Form des Umwandlungsplanes wird in Art. 37 SE-VO **200** nicht geregelt. Nach teilweise vertretener Ansicht bedarf er notarieller Beurkundung.[344] Gegen das Erfordernis der notariellen Beurkundung spricht, dass der Umwandlungsplan Gegenstand der Beschlussfassung in der Hauptversammlung ist. Er ist damit zumindest was den Formwechsel angeht im nationalen Recht dem Entwurf eines Umwandlungsbeschlus-

---

[338] *Schäfer* in Münchener Kommentar zum Aktiengesetz, Band 7, Art. 37 SE-VO Rn. 13; *Schwarz*, SE-VO, Art. 37 Rn. 25; *J. Schmidt* in Lutter/Hommelhoff/Teichmann, SE-Kommentar, Art. 37 SE-VO Rn. 16.
[339] *Austmann* in Münchener Handbuch des Gesellschaftsrechts, Band 4, § 84 Rn. 63; *Drinhausen* in Van Hulle/Maul/Drinhausen, Handbuch zur Europäischen Gesellschaft (SE), 4. Abschnitt § 5 Rn. 15.
[340] *Drinhausen* in Van Hulle/Maul/Drinhausen, Handbuch zur Europäischen Gesellschaft (SE), 4. Abschnitt § 5 Rn. 15; *Schäfer* in Münchener Kommentar zum Aktiengesetz, Band 7, Art. 37 SE-VO Rn. 13.
[341] *Schäfer* in Münchener Kommentar zum Aktiengesetz, Band 7, Art. 37 SE-VO Rn. 13; *J. Schmidt* in Lutter/Hommelhoff/Teichmann, SE-Kommentar, Art. 37 SE-VO Rn. 16.
[342] *Schwarz* SE-VO, Art. 37 Rn. 18.
[343] *Schäfer* in Münchener Kommentar zum Aktiengesetz, Band 7, Art. 37 SE-VO Rn. 12; *Schwarz* SE-VO, Art. 37 Rn. 28.
[344] Heckschen DNotZ 2003 S. 251 (264); *Schwarz*, SE-VO, Art. 37 Rn. 29.

ses vergleichbar,³⁴⁵ für den das Gesetz auch keine bestimmte Form vorschreibt. Der Hauptversammlungsbeschluss selbst ist gemäß § 13 III 1 UmwG notariell zu beurkunden.³⁴⁶ Es besteht damit kein tragfähiger Grund, eine notarielle Beurkundung zu verlangen. Aufgrund der divergierenden Auffassungen zu der Form empfiehlt es sich jedoch für die Praxis, den Umwandlungsplan dennoch zu beurkunden oder dies zumindest mit dem Registergericht vorher abzusprechen.³⁴⁷

bb) Umwandlungsbericht, Art. 37 IV SE-VO

201 Neben dem Umwandlungsplan muss ein Umwandlungsbericht erstellt werden. Der Umwandlungsbericht hat nach Art. 37 IV SE-VO die rechtlichen und wirtschaftlichen Aspekte der Umwandlung zu erläutern und zu begründen sowie die Auswirkungen, die der Übergang zur Rechtsform der SE für die Aktionäre und die Arbeitnehmer hat, darzulegen. Beim Umwandlungsbericht handelt es sich – im Gegensatz zum Gründungsbericht bei der Holdinggründung (Art. 32 II SE-VO) – um ein gesondertes Dokument; er ist nicht Bestandteil des Umwandlungsplanes.³⁴⁸

202 (1) Zweck. Der Umwandlungsbericht dient der Information der Aktionäre und Arbeitnehmer der formwechselnden AG.³⁴⁹ Die überwiegende Auffassung nimmt zwar an, die Informationsfunktion des Berichtes beschränke sich auf die Aktionäre.³⁵⁰ Gegen diese Sichtweise, die dem nationalen Umwandlungsrecht verhaftet ist,³⁵¹ spricht, dass nicht recht verständlich wäre, weshalb in Art. 37 IV SE-VO neben den allgemeinen rechtlichen und wirtschaftlichen Aspekten der Umwandlung (zu denen ja auch die Veränderungen der Rechtsbeziehungen zu den Arbeitnehmern zählen) die Auswirkungen auf die Arbeitnehmer noch einmal ausdrücklich genannt werden. Für die Informationsfunktion zugunsten der Arbeitneh-

---

³⁴⁵ *Drinhausen* in Van Hulle/Maul/Drinhausen, Handbuch zur Europäischen Gesellschaft (SE), 4. Abschnitt § 5 Rn. 19; *J. Schmidt* in Lutter/Hommelhoff/Teichmann, SE-Kommentar, Art. 37 SE-VO Rn. 26.
³⁴⁶ → Rn. 237.
³⁴⁷ *Marsch-Barner* in Kallmeyer UmwG Anhang Rn. 102.
³⁴⁸ *Drinhausen* in Van Hulle/Maul/Drinhausen, Handbuch zur Europäischen Gesellschaft (SE), 4. Abschnitt § 5 Rn. 25; *Schwarz* SE-VO, Art. 37 Rn. 31; aA *Schäfer* in Münchener Kommentar zum Aktiengesetz, Band 7, Art. 37 SE-VO Rn. 15.
³⁴⁹ *J. Schmidt* in Lutter/Hommelhoff/Teichmann, SE-Kommentar, Art. 37 SE-VO Rn. 27.
³⁵⁰ *Drinhausen* in Van Hulle/Maul/Drinhausen, Handbuch zur Europäischen Gesellschaft (SE), 4. Abschnitt § 5 Rn. 27; *Schäfer* in Münchener Kommentar zum Aktiengesetz, Band 7, Art. 37 SE-VO Rn. 15; *Vossius* ZIP 2005 S. 741 (747) FN 75, 47.
³⁵¹ Hinsichtlich des Umwandlungsberichts nach § 192 UmwG entspricht es allgemeiner Meinung, dass dieser allein der Information der Aktionäre dient (vgl. nur *Decher/Hoger* in Lutter UmwG II, § 192 Rn. 2). Zum Inhalt des Umwandlungsberichts nach § 192 UmwG enthält das Gesetz aber keine Aussage, während Art. 37 IV SE-VO die Auswirkungen für die Arbeitnehmer ausdrücklich nennt.

§ 26. Umwandlungsrechtliche Regelungen § 26

mer spricht noch ein Weiteres: Im Rahmen des Verfahrens nach dem SEBG zum Abschluss einer Vereinbarung über die Arbeitnehmerbeteiligung hat der Vorstand der formwechselnden AG nach § 13 II 1 SEBG dem besonderen Verhandlungsgremium der Arbeitnehmer alle erforderlichen Auskünfte zu erteilen und erforderliche Unterlagen zur Verfügung zu stellen. Zu diesen Unterlagen zählt im Falle der Umwandlung in eine SE auch der Umwandlungsbericht.[352] Fraglich ist jedoch, welche Folgen sich aus einem Verstoß gegen diese Informationspflicht ergeben. Das Registergericht prüft die Angaben im Verschmelzungsbericht und könnte fehlende Angaben beanstanden.[353] Darüber hinaus hat der Betriebsrat aber kein Klagerecht, und auch für die Anteilseigner ist fraglich, inwieweit ihre Rechte durch fehlende Informationen betroffen sein sollen.[354]

(2) Zuständigkeit. Hinsichtlich der Zuständigkeit für die Erstellung des Umwandlungsberichtes gilt dasselbe wie beim Umwandlungsplan. Der Umwandlungsbericht ist durch den Vorstand der formwechselnden AG aufzustellen. Es genügt, wenn der Vorstand in vertretungsberechtigter Zusammensetzung tätig wird.[355]

203

(3) Inhalt. Der Umwandlungsbericht hat die rechtlichen und wirtschaftlichen Aspekte der Umwandlung zu erläutern und zu begründen. Es müssen die rechtlichen Voraussetzungen, die wesentlichen Verfahrensschritte und die Rechtsfolgen der Umwandlung dargestellt werden.[356] Der Umwandlungsbericht bietet insoweit Gelegenheit, die bereits im Umwandlungsplan enthaltenen Angaben noch einmal ausführlicher zu erläutern.[357] In wirtschaftlicher Hinsicht ist auf die Zweckmäßigkeit der Umwandlung einzugehen. Die Vor- und Nachteile der Umwandlung sind gegenüberzustellen; insbesondere sind die voraussichtlichen Kosten der Umwandlung anzugeben.[358] Auch auf die steuerlichen Folgen ist einzugehen.[359]

204

Hinsichtlich der Auswirkungen für die Aktionäre sollte zunächst dargestellt werden, dass es infolge der Kontinuität des Rechtsträgers zu keinem Aktientausch kommt, sondern sich die Beteiligung an der SE fortsetzt. Dennoch können mit der Umwandlung qualitative Veränderungen der Aktionärsrechte verbunden sein. Hierüber muss der Umwandlungsbericht Auskunft geben.[360]

205

---

[352] AA *J. Schmidt* in Lutter/Hommelhoff/Teichmann, SE-Kommentar, Art. 37 SE-VO Rn. 28.
[353] Hierzu die Ausführungen zu mangelnden Angaben im Verschmelzungsvertrag bei einer nationalen Verschmelzung → § 9 Rn. 164 ff.
[354] Entsprechend → § 9 Rn. 165.
[355] *J. Schmidt* in Lutter/Hommelhoff/Teichmann, SE-Kommentar, Art. 37 SE-VO Rn. 24; *Vossius* ZIP 2005 S. 741 (747) FN 76.
[356] *J. Schmidt* in Lutter/Hommelhoff/Teichmann, SE-Kommentar, Art. 37 SE-VO Rn. 27.
[357] *Schwarz* SE-VO, Art. 37 Rn. 32.
[358] *J. Schmidt* in Lutter/Hommelhoff/Teichmann, SE-Kommentar, Art. 37 SE-VO Rn. 27.
[359] *Schwarz* SE-VO, Art. 37 Rn. 33.
[360] *Schäfer* in Münchener Kommentar zum Aktiengesetz, Band 7, Art. 37 SE-VO Rn. 16; *Schwarz*, SE-VO, Art. 37 Rn. 33.

§ 26

206 Schließlich muss der Umwandlungsbericht die Auswirkungen der Umwandlung für die Arbeitnehmer darstellen. Hierunter fallen alle unmittelbaren und mittelbaren Folgen der Umwandlung.[361] Unmittelbare Auswirkungen auf die individuellen Arbeitsverhältnisse hat die Umwandlung regelmäßig nicht, da sie identitätswahrend erfolgt. Mittelbare Auswirkungen können mit ihr jedoch durchaus verbunden sein. So gehen mit der Umwandlung möglicherweise Umstrukturierungen des Unternehmens einher.[362] Außerdem kann im Zusammenhang mit der Umwandlung eine Verlegung der Hauptverwaltung erforderlich werden, um die Vorgaben des Art. 7 SE-VO einzuhalten. Dass sich hieraus Veränderungen für die Arbeitnehmerschaft ergeben, liegt auf der Hand. Die Arbeitnehmerbeteiligung in der Gesellschaft wird auf eine neue rechtliche Grundlage gestellt; sie richtet sich fortan nach der SE-RL und den zu deren Umsetzung erlassenen nationalen Vorschriften. Die sich hieraus ergebenden Veränderungen der Beteiligungsrechte hat der Umwandlungsbericht gleichfalls anzugeben.

207 Eine Vermögensaufstellung braucht der Umwandlungsbericht nicht zu enthalten. Art. 37 IV SE-VO verlangt eine solche nicht. Ein Rückgriff auf nationales Umwandlungsrecht kommt daneben nicht in Betracht, denn Art. 37 IV SE-VO legt den Mindestinhalt des Umwandlungsberichts abschließend fest. Im Übrigen sieht auch das deutsche Umwandlungsrecht beim Formwechsel keine Vermögensaufstellung mehr vor.[363]

208 (4) Form, Verzicht. Der Umwandlungsbericht ist schriftlich zu erstellen. In Art. 37 SE-VO wird die Form des Berichtes nicht geregelt, so dass der Weg für einen Rückgriff auf nationales Recht eröffnet ist. Das deutsche UmwG ordnet in § 192 I Satz 1 UmwG Schriftform an.

209 Die hM, die davon ausgeht, der Umwandlungsbericht diene lediglich der Information der Aktionäre, nimmt dementsprechend an, dass dessen Erstellung gemäß § 192 II 1 UmwG entbehrlich sei, wenn die formwechselnde AG nur einen Aktionär hat oder wenn alle Aktionäre auf die Erstellung des Umwandlungsberichtes verzichten.[364] Dient die Information der Arbeitnehmer jedoch vorwiegend deren Interessen, ist ein Ver-

---

[361] Dieses Begriffsverständnis wird beim Sitzverlegungsbericht (Art. 8 IV SE-VO) und beim Holdinggründungsbericht (Art. 32 SE-VO) zugrunde gelegt (*Schwarz* SE-VO, Art. 8 Rn. 22, Art. 32 Rn. 33). Es ist auch auf den Umwandlungsbericht zu übertragen.
[362] *Drinhausen* in Van Hulle/Maul/Drinhausen, Handbuch zur Europäischen Gesellschaft (SE), 4. Abschnitt § 5 Rn. 26.
[363] Nach § 192 II UmwG aF musste dem Umwandlungsbericht beim Formwechsel eine Vermögensaufstellung beigefügt werden. Schon nach alter Rechtslage war ein solche jedoch für den Fall eines Formwechsels zwischen Kapitalgesellschaften entbehrlich (§ 238 Satz 2 UmwG aF). Mittlerweile wurden § 192 II, § 238 Satz 2 UmwG aF aufgehoben.
[364] *Drinhausen* in Van Hulle/Maul/Drinhausen, Handbuch zur Europäischen Gesellschaft (SE), 4. Abschnitt § 5 Rn. 27; *Schäfer* in Münchener Kommentar zum Aktiengesetz, Band 7, Art. 37 SE-VO Rn. 17; *Schwarz*, SE-VO, Art. 37 Rn. 35.

zicht nicht möglich.³⁶⁵ Dagegen spricht auch ein systematisches Argument: Die SE-VO sieht einen Verzicht auf den Bericht im Rahmen des Formwechsels nicht vor. Es ist fraglich, ob die nationalen Bestimmungen über den Verzicht noch Anwendung finden.

cc) Kapitalprüfung, Art. 37 VI SE-VO

Nach Art. 37 VI SE-VO muss vor der Hauptversammlung, die über die Umwandlung beschließen soll, durch einen oder mehrere unabhängige Sachverständige eine Kapitalprüfung bei der formwechselnden AG durchgeführt werden. Die Prüfung soll sicherstellen, dass die SE im Zeitpunkt ihrer Entstehung nicht unterkapitalisiert ist.³⁶⁶ Denn aufgrund des identitätswahrenden Charakters wird bei der Umwandlung keine neue Sacheinlage erbracht; das Kapital der AG wird vielmehr in der SE fortgeführt. Die Kapitalprüfung nach Art. 37 VI SE-VO dient damit in erster Linie dem Schutz der zukünftigen Gläubiger der SE.³⁶⁷ Das Gebot der Reinvermögensdeckung gemäß §§ 245, 220 I UmwG findet neben der Kapitalprüfung nach Art. 37 VI SE-VO keine Anwendung.³⁶⁸

210

Eine Umwandlungsprüfung, wie sie entsprechend für die Verschmelzung zur SE (Art. 22 SE-VO) und für die Gründung einer Holding-SE (Art. 32 IV SE-VO) vorgesehen ist, erfolgt dagegen nicht. Der Inhalt des Umwandlungsplans unterliegt keiner sachverständigen Kontrolle. Dieser Regelungsunterschied erklärt sich dadurch, dass bei der Umwandlung im Gegensatz zur Verschmelzung und zur Gründung einer Holding-SE kein Aktientausch stattfindet. Eine Überprüfung der Angemessenheit des Umtauschverhältnisses, wie sie bei der Verschmelzung und der Gründung einer Holding-SE im Mittelpunkt der sachverständigen Prüfung steht, kommt damit bei der Umwandlung nicht in Betracht.³⁶⁹

211

Über Art. 15 I SE-VO gelangt § 197 UmwG zur Anwendung, der in eingeschränktem Umfang auf die Gründungsvorschriften des AktG verweist. Die Umwandlung erfolgt zwar identitätswahrend und stellt damit gerade keine Neugründung dar. Das Gründungsrecht ist jedoch insoweit anzuwenden, als durch die Umwandlung andernfalls die für die neue Rechtsform geltenden Anforderungen unterlaufen würden.³⁷⁰

212

---

³⁶⁵ So auch *J. Schmidt* in Lutter/Hommelhoff/Teichmann, SE-Kommentar, Art. 37 SE-VO Rn. 28.
³⁶⁶ *Austmann* in Münchener Handbuch des Gesellschaftsrechts, Band 4, § 84 Rn. 64; *Schäfer* in Münchener Kommentar zum Aktiengesetz, Band 7, Art. 37 SE-VO Rn. 22.
³⁶⁷ *Schäfer* in Münchener Kommentar zum Aktiengesetz, Band 7, Art. 37 SE-VO Rn. 23; *Schwarz* SE-VO, Art. 37 Rn. 41.
³⁶⁸ *Schäfer* in Münchener Kommentar zum Aktiengesetz, Band 7, Art. 37 SE-VO Rn. 31 und wohl auch *J. Schmidt* in Lutter/Hommelhoff/Teichmann, SE-Kommentar, Art. 37 SE-VO Rn. 37 ff.; aA *Schwarz* SE-VO, Art. 37 Rn. 77.
³⁶⁹ *Austmann* in Münchener Handbuch des Gesellschaftsrechts, Band 4, § 84 Rn. 30; *Schäfer* in Münchener Kommentar zum Aktiengesetz, Band 7, Art. 37 SE-VO Rn. 21; *J. Schmidt* in Lutter/Hommelhoff/Teichmann, SE-Kommentar, Art. 37 SE-VO Rn. 35.
³⁷⁰ *Decher/Hoger* in Lutter UmwG § 197 Rn. 1.

213 Ausgehend von dieser dem § 197 UmwG zugrunde liegenden Erwägung ist es bei der Umwandlung zur SE nicht erforderlich, einen Gründungsbericht gemäß § 32 AktG zu erstellen.[371] Denn der Gründungsbericht wird durch die Kapitalprüfungsbescheinigung nach Art. 37 VI SE-VO ersetzt.[372] Eine Gründungsprüfung durch die Mitglieder des Vorstandes und des Aufsichtsrates (§ 33 I AktG) wird man ebenfalls nicht verlangen können.[373] Gleiches gilt für die externe Gründungsprüfung nach § 33 II AktG.[374]

214 (1) Bestellung der Sachverständigen, Auskunftsrecht. Für die Bestellung des bzw. der Sachverständigen verweist Art. 37 VI SE-VO auf die nationalen Durchführungsbestimmungen zu Art. 10 der Richtlinie 78/855/EWG.[375] In Deutschland richtet sich die Bestellung nach §§ 10, 11 UmwG.[376] Die sachverständigen Prüfer werden auf Antrag des Vorstandes der formwechselnden AG vom zuständigen Landgericht ausgewählt und bestellt (§ 10 I 1, § 10 II UmwG). Eine Bestellung durch den Vorstand der AG kommt nach geltender Fassung des § 10 UmwG nicht mehr in Betracht. Bei der Auswahl der Sachverständigen sind § 11 I 1 UmwG, § 319 I bis IV und § 319a I HGB zu beachten. Als sachverständige Prüfer kommen demnach nur Wirtschaftsprüfer und Wirtschaftsprüfungsgesellschaften in Betracht (§ 319 I 1 HGB). Um die Unabhängigkeit der Prüfer zu gewährleisten, ist bei Vorliegen eines der Tatbestände des § 319 II–IV, § 319a I HGB die Bestellung des Sachverständigen ausgeschlossen. Eine frühere Tätigkeit als Abschlussprüfer der formwechselnden AG hindert die Bestellung nicht.[377]

215 Um die Kapitalprüfung durchführen zu können, steht dem bzw. den Sachverständigen ein Auskunftsrecht gegenüber der formwechselnden AG zu. In der SE-VO findet sich diesbezüglich zwar keine Regelung. Es

---

[371] *Austmann* in Münchener Handbuch des Gesellschaftsrechts, Band 4, § 84 Rn. 66; *Schäfer* in Münchener Kommentar zum Aktiengesetz, Band 7, Art. 37 SE-VO Rn. 31; *Schwarz* SE-VO, Art. 37 Rn. 74.

[372] *Schäfer* in Münchener Kommentar zum Aktiengesetz, Band 7, Art. 37 SE-VO Rn. 31.

[373] *Drinhausen* in Van Hulle/Maul/Drinhausen, Handbuch zur Europäischen Gesellschaft (SE), 4. Abschnitt § 5 Rn. 44 ff.; *Schäfer* in Münchener Kommentar zum Aktiengesetz, Band 7, Art. 37 SE-VO Rn. 31; *J. Schmidt* in Lutter/Hommelhoff/Teichmann, SE-Kommentar, Art. 37 SE-VO Rn. 46; aA *Austmann* in Münchener Handbuch des Gesellschaftsrechts, Band 4, § 84 Rn. 67; *Schwarz*, SE-VO, Art. 37 Rn. 75.

[374] *Schäfer* in Münchener Kommentar zum Aktiengesetz, Band 7, Art. 37 SE-VO Rn. 31; *Schwarz*, SE-VO, Art. 37 Rn. 74; *J. Schmidt* in Lutter/Hommelhoff/Teichmann, SE-Kommentar, Art. 37 SE-VO Rn. 46; aA *Austmann* in Münchener Handbuch des Gesellschaftsrechts, Band 4, § 84 Rn. 67.

[375] Dritte Gesellschaftsrechtliche Richtlinie (Verschmelzungsrichtlinie).

[376] *Austmann* in Münchener Handbuch des Gesellschaftsrechts, Band 4, § 84 Rn. 18; *Schwarz* SE-VO, Art. 37 Rn. 42.

[377] *Schäfer* in Münchener Kommentar zum Aktiengesetz, Band 7, Art. 37 SE-VO Rn. 24; *J. Schmidt* in Lutter/Hommelhoff/Teichmann, SE-Kommentar, Art. 37 SE-VO Rn. 36.

§ 26. Umwandlungsrechtliche Regelungen   § 26

wird aber allgemein aus einer Analogie zu Art. 22 Unterabs. 2 SE-VO abgeleitet.[378]

(2) Prüfungsgegenstand. Gegenstand der sachverständigen Prüfung ist die Kapitalausstattung der formwechselnden AG. Die umzuwandelnde Gesellschaft muss nach Art. 37 VI SE-VO über Nettovermögenswerte mindestens in Höhe ihres Kapitals zuzüglich der kraft Gesetzes oder Statut nicht ausschüttungsfähigen Rücklagen verfügen. Ausweislich des Wortlautes des Art. 37 VI SE-VO („*ihres* Kapitals") bezieht sich die Prüfung nicht auf die Frage, ob das Nettovermögen der formwechselnden AG ausreicht, um das Garantiekapital der SE abzudecken.[379] Die Frage ist vielmehr, ob das gebundene Kapital der AG gedeckt ist.[380]

Das gebundene Kapital der AG setzt sich aus dem Grundkapital und den kraft Gesetzes oder Statut nicht ausschüttungsfähigen Rücklagen zusammen. Kraft Gesetzes nicht ausschüttungsfähig sind die gesetzlichen Rücklagen (§ 150 AktG) und die Kapitalrücklagen nach § 272 II Nr. 1 bis 3 HGB. Wenn Art. 37 VI SE-VO von den kraft Statut nicht ausschüttungsfähigen Rücklagen spricht, sind damit die satzungsmäßigen Rücklagen gemeint.[381] Es ist zu prüfen, ob das Nettovermögen der AG ausreicht, um das ermittelte Garantiekapital abzudecken.

Zum Nettovermögen der AG zählen alle Vermögensgegenstände mit feststellbarem Wert.[382] Auf die Bilanzierungsfähigkeit des Gegenstandes kommt es nach allgemeiner Meinung nicht an; entscheidend ist nur dessen Einlagefähigkeit.[383] Dienst- oder Arbeitsleistungen sind daher nicht berücksichtigungsfähig.[384] Anzusetzen sind die Vermögensgegenstände mit ihrem Verkehrs-, nicht mit ihrem Buchwert.[385]

(3) Bescheinigung, Verzicht durch die Aktionäre. Kommen die Sachverständigen zu dem Ergebnis, dass das Nettovermögen der AG deren Garantiekapital abdeckt, haben sie dies gemäß der Richtlinie 77/91/EWG[386] sinngemäß zu bescheinigen. Entsprechend Art. 10 II der Richtlinie muss die Bescheinigung die angewandten Bewertungsverfahren be-

216

217

218

219

---

[378] *Schwarz* SE-VO, Art. 37 Rn. 47.
[379] So aber *Schäfer* in Münchener Kommentar zum Aktiengesetz, Band 7, Art. 37 SE-VO Rn. 22.
[380] *Schwarz* SE-VO, Art. 37 Rn. 41.
[381] *Drinhausen* in Van Hulle/Maul/Drinhausen, Handbuch zur Europäischen Gesellschaft (SE), 4. Abschnitt § 5 Rn. 28 Fußn. 46; *Teichmann* ZGR 2002 S. 383 (439) FN 208.
[382] *Schäfer* in Münchener Kommentar zum Aktiengesetz, Band 7, Art. 37 SE-VO Rn. 23; *Schwarz*, SE-VO, Art. 37 Rn. 43.
[383] *J. Schmidt* in Lutter/Hommelhoff/Teichmann, SE-Kommentar, Art. 37 SE-VO Rn. 40.
[384] *Schwarz* SE-VO, Art. 37 Rn. 43; *J. Schmidt* in Lutter/Hommelhoff/Teichmann, SE-Kommentar, Art. 37 SE-VO Rn. 40.
[385] *Austmann* in Münchener Handbuch des Gesellschaftsrechts, Band 4, § 84 Rn. 64; *Schäfer* in Münchener Kommentar zum Aktiengesetz, Band 7, Art. 37 SE-VO Rn. 23.
[386] Zweite gesellschaftsrechtliche Richtlinie.

nennen.[387] Eine Einzelbeschreibung der bewerteten Vermögensgegenstände wird man dagegen nicht verlangen können.[388] Ausgehend vom Zweck der Bescheinigung besteht hierfür kein zwingendes Bedürfnis.

220 Ein Verzicht der Aktionäre macht die Kapitalprüfung nicht entbehrlich.[389] Die Vorschriften der §§ 9 III, 8 III UmwG sind nicht entsprechend anwendbar, denn die Kapitalprüfung dient im Gegensatz zur Verschmelzungsprüfung nach § 9 UmwG dem Schutz der Gesellschaftsgläubiger, über den die Aktionäre nicht disponieren können.

dd) Kapitalerhöhung

221 Nach Art. 4 II SE-VO muss das gezeichnete Kapital der SE mindestens 120 000 EUR betragen; mitgliedstaatliche Vorschriften, die für Gesellschaften, die bestimmte Arten von Tätigkeiten ausüben, ein höheres Mindestkapital vorsehen, gelten nach Art. 4 III SE-VO für die SE entsprechend. Genügt das Grundkapital der umzuwandelnden AG den Vorgaben des Art. 4 SE-VO nicht, so muss es vor der Umwandlung entsprechend erhöht werden. Die Kapitalerhöhung kann in derselben Hauptversammlung wie die Umwandlung beschlossen werden. Allerdings muss sie vor der Umwandlung wirksam, dh vor dieser ins Handelsregister eingetragen werden.[390] Denn nur dann ist im Zeitpunkt der Eintragung der SE die Umwandlungsvoraussetzung des Art. 4 SE-VO erfüllt.

ee) Publizität

222 Nach Art. 37 V SE-VO muss der Umwandlungsplan mindestens einen Monat vor dem Tag der Hauptversammlung, die über die Umwandlung zu beschließen hat, offen gelegt werden. Die Offenlegung erfolgt nach den nationalen Umsetzungsvorschriften zu Art. 3 der Publizitätsrichtlinie.[391] Dem deutschen UmwG ist ein Umwandlungsplan unbekannt, es enthält speziell für dessen Offenlegung folglich keine Regelung. Für den Formwechsel sieht das UmwG keine dem Beschluss vorangehende Offenlegung vor. Es bietet sich an, auf die Vorschriften zur Offenlegung des Verschmelzungsvertrages zurückzugreifen. Entsprechend § 61 UmwG ist folglich der Umwandlungsplan zum Handelsregister einzureichen, das einen Hinweis auf die Einreichung in der nach § 10 HGB bestimmten

---

[387] *Schäfer* in Münchener Kommentar zum Aktiengesetz, Band 7, Art. 37 SE-VO Rn. 25; *Schwarz*, SE-VO, Art. 37 Rn. 46.

[388] *Schäfer* in Münchener Kommentar zum Aktiengesetz, Band 7, Art. 37 SE-VO Rn. 25; *J. Schmidt* in Lutter/Hommelhoff/Teichmann, SE-Kommentar, Art. 37 SE-VO Rn. 45; aA *Schwarz*, SE-VO, Art. 37 Rn. 46.

[389] *Schäfer* in Münchener Kommentar zum Aktiengesetz, Band 7, Art. 37 SE-VO Rn. 23; *J. Schmidt* in Lutter/Hommelhoff/Teichmann, SE-Kommentar, Art. 37 SE-VO Rn. 35.

[390] *J. Schmidt* in Lutter/Hommelhoff/Teichmann, SE-Kommentar, Art. 37 SE-VO Rn. 23.

[391] Erste Richtlinie vom 9.3.1968 (Publizitätsrichtlinie) 68/151/EWG, ABl. EG Nr. L 65 vom 14.3.1968, S. 8.

§ 26. Umwandlungsrechtliche Regelungen § 26

Form bekannt zu machen hat.[392] Nach dem eindeutigen Wortlaut des Art. 37 V SE-VO erstreckt sich die Pflicht zur Offenlegung allein auf den Umwandlungsplan, nicht dagegen auf den Umwandlungsbericht.[393]

Streitig ist, ob der Umwandlungsplan und/oder der Umwandlungsbericht entsprechend § 194 II UmwG dem Betriebsrat der formwechselnden AG zugeleitet werden muss.[394] Richtigerweise wird man diese Frage für beide Dokumente verneinen müssen. Den Arbeitnehmern und deren Vertretern wird mit der Offenlegung des Umwandlungsplanes Gelegenheit gegeben, von dessen Inhalt Kenntnis zu nehmen.[395] Überdies sind der Umwandlungsplan und der Umwandlungsbericht dem besonderen Verhandlungsgremium der Arbeitnehmer im Rahmen der Verhandlungen zum Abschluss einer Vereinbarung über die Arbeitnehmerbeteiligung zur Verfügung zu stellen (§ 13 II 1 SEBG). Einer zusätzlichen Zuleitung des Umwandlungsplanes an den Betriebsrat bedarf es daher nicht. **223**

Der Umwandlungsbericht muss nach §§ 238 Satz 1, 230 II UmwG von der Einberufung der Hauptversammlung an, die über die Umwandlung beschließen soll, in den Geschäftsräumen der formwechselnden AG zur Einsichtnahme der Aktionäre ausgelegt werden.[396] Dies dürfte entsprechend auch für den Umwandlungsplan gelten, um eine umfassende Information der Aktionäre zu gewährleisten.[397] Den Aktionären steht das Recht zu, sich eine kostenlose Abschrift des Umwandlungsplanes und des Umwandlungsberichts erteilen zu lassen (§§ 238 Satz 1, 230 II 1 **224**

---

[392] *Austmann* in Münchener Handbuch des Gesellschaftsrechts, Band 4, § 84 Rn. 65; *Vossius* ZIP 2005 S. 741 (748); aA *Schwarz* SE-VO, Art. 37 Rn. 36, der die Eintragung des Umwandlungsplanes in das Handelsregister für erforderlich hält. Es besteht jedoch kein tragfähiger Grund, für den Umwandlungsplan eine strengere Form zu verlangen als für den Verschmelzungsplan nach Art. 20 SE-VO.

[393] *Drinhausen* in Van Hulle/Maul/Drinhausen, Handbuch zur Europäischen Gesellschaft (SE), 4. Abschnitt § 5 Rn. 25; *J. Schmidt* in Lutter/Hommelhoff/Teichmann, SE-Kommentar, Art. 37 SE-VO Rn. 71, 72; *Marsch-Barner* in Kallmeyer UmwG Anhang Rn. 109; aA *Schäfer* in Münchener Kommentar zum Aktiengesetz, Band 7, Art. 37 SE-VO Rn. 15.

[394] Dafür *Austmann* in Münchener Handbuch des Gesellschaftsrechts, Band 4, § 84 Rn. 65; *Drinhausen* in Van Hulle/Maul/Drinhausen, Handbuch zur Europäischen Gesellschaft (SE), 4. Abschnitt § 5 Rn. 21; *Schäfer* in Münchener Kommentar zum Aktiengesetz, Band 7, Art. 37 SE-VO Rn. 20. Ablehnend *Schwarz* SE-VO, Art. 37 Rn. 37; *J. Schmidt* in Lutter/Hommelhoff/Teichmann, SE-Kommentar, Art. 37 SE-VO Rn. 22; *Marsch-Barner* in Kallmeyer UmwG Anhang Rn. 105 empfiehlt, es angesichts der Rechtsunsicherheit sicherheitshalber zu machen.

[395] *J. Schmidt* in Lutter/Hommelhoff/Teichmann, SE-Kommentar, Art. 37 SE-VO Rn. 22.

[396] *Austmann* in Münchener Handbuch des Gesellschaftsrechts, Band 4, § 84 Rn. 65; *Drinhausen* in Van Hulle/Maul/Drinhausen Handbuch zur Europäischen Gesellschaft (SE), 4. Abschnitt § 5 Rn. 33.

[397] *Schäfer* in Münchener Kommentar zum Aktiengesetz, Band 7, Art. 37 SE-VO Rn. 27; *Schwarz*, SE-VO, Art. 37 Rn. 53; *Vossius* ZIP 2005 S. 741 (748) FN 81.

UmwG). Seit Inkrafttreten des ARUG entfallen diese Pflichten, wenn die Gesellschaft den Umwandlungsplan auf ihrer Internetseite veröffentlicht.

225 Eine Offenlegung der Bescheinigung der Kapitalprüfung sieht Art. 37 VI SE-VO nicht vor. Die Bescheinigung ist jedoch ebenso entsprechend §§ 238 Satz 1, 230 II UmwG auszulegen.[398] Zwar dient die Bescheinigung in erster Linie dem Gläubigerschutz, deren Auslegung ist jedoch angezeigt, um eine umfassende Information der Aktionäre im Vorfeld des Umwandlungsbeschlusses zu gewährleisten.

ff) Verhandlungsverfahren zum Abschluss einer Vereinbarung über die Arbeitnehmerbeteiligung

226 Wie für jede Form der Gründung einer SE kann die SE auch bei einer Umwandlung erst in das Handelsregister eingetragen werden, wenn eine Vereinbarung über die Beteiligung der Arbeitnehmer (§ 4 I iVm § 21 SEBG) abgeschlossen wurde oder die Verhandlungsfrist abgelaufen ist, ohne dass es zum wirksamen Abschluss einer Vereinbarung gekommen ist, oder – soweit den Arbeitnehmern der umzuwandelnden Gesellschaft keine Mitbestimmungsrechte zustehen – das besondere Verhandlungsgremium mit qualifizierter Mehrheit beschlossen hat, keine Verhandlungen aufzunehmen bzw. diese abzubrechen.[399]

227 Unverzüglich nach Offenlegung des Umwandlungsplanes muss die Leitung, also der Vorstand der formwechselnden AG (§ 2 V SEBG), die Arbeitnehmervertretungen und Sprecherausschüsse der AG sowie ihrer Tochtergesellschaften und Betriebe über das Vorhaben der Umwandlung informieren (§ 4 II SEBG). Auf Aufforderung des Vorstandes soll ein besonderes Verhandlungsgremium gebildet werden, dessen Aufgabe es ist, mit dem Vorstand eine schriftliche Vereinbarung über die Arbeitnehmerbeteiligung in der SE abzuschließen (§ 4 I SEBG).

228 Wenn § 4 II SEBG davon spricht, dass die Arbeitnehmervertretungen und Sprecherausschüsse unverzüglich nach Offenlegung des Umwandlungsplanes zu informieren sind, so ist damit nur der späteste Zeitpunkt genannt, zu dem das Verfahren der Arbeitnehmerbeteiligung eingeleitet werden muss. Die Einleitung in einem früheren Stadium des Umwandlungsverfahrens ist ohne Weiteres zulässig und bietet sich aus Sicht der formwechselnden AG an, um Verzögerungen des Umwandlungsverfahrens zu verhindern.[400] Wird die Vereinbarung über die Arbeitnehmerbeteiligung nämlich erst nach der Offenlegung des Umwandlungsplanes getroffen, besteht die Gefahr, dass deren Inhalt zu einer Änderung des Umwandlungsplanes und damit dessen erneuter Offenlegung zwingt.

---

[398] *Austmann* in Münchener Handbuch des Gesellschaftsrechts, Band 4, § 84 Rn. 65; *Schwarz*, SE-VO, Art. 37 Rn. 53; *J. Schmidt* in Lutter/Hommelhoff/Teichmann, SE-Kommentar, Art. 37 SE-VO Rn. 45.

[399] Art. 3 VI SE-RL iVm § 16 SEBG; Art. 5 und 7 I SE-RL iVm §§ 20, 22 SEBG.

[400] *Schäfer* in Münchener Kommentar zum Aktiengesetz, Band 7, Art. 37 SE-VO Rn. 7; *J. Schmidt* in Lutter/Hommelhoff/Teichmann, SE-Kommentar, Art. 37 SE-VO Rn. 80.

§ 26. Umwandlungsrechtliche Regelungen § 26

Erfolgen die Verhandlungen mit den Arbeitnehmern bereits in einem frühen Stadium des Umwandlungsverfahrens, so werden zu diesem Zeitpunkt Umwandlungsplan und -bericht regelmäßig noch nicht in der endgültigen Fassung feststehen und können dem Verhandlungsgremium der Arbeitnehmer daher nicht, wie an sich von § 13 II 1 SEBG vorgesehen, zur Verfügung gestellt werden. In diesem Fall muss die ausreichende Information der Arbeitnehmervertreter auf andere Weise, zum Beispiel durch Übermittlung der Plan- und Berichtsentwürfe, sichergestellt werden. Nach frühzeitigem Abschluss der Beteiligungsvereinbarung gebietet es der Vertrauensschutz, dass das Umwandlungsvorhaben, soweit es die Belange der Arbeitnehmer berührt, nicht oder jedenfalls nicht mehr wesentlich modifiziert wird. Will der Vorstand der formwechselnden AG das Umwandlungsvorhaben dennoch in wesentlicher Hinsicht ändern, so wird man dem besonderen Verhandlungsgremium der Arbeitnehmer ein Recht auf Neuverhandlung der Beteiligungsvereinbarung zugestehen müssen.

Das Verfahren zum Abschluss einer Vereinbarung über die Arbeitnehmerbeteiligung entspricht – mit Ausnahme von wenigen Sonderregelungen (§§ 15 V, 16 III SEBG) – demjenigen bei der SE-Gründung durch Verschmelzung. Hinsichtlich weiterer Einzelheiten kann daher auf die dortigen Ausführungen verwiesen werden.[401] Hier soll lediglich auf die Abweichungen eingegangen werden. Dem SEBG liegt die Konzeption zugrunde, dass die Arbeitnehmerbeteiligung in erster Linie durch Vereinbarung zwischen Arbeitgeber- und Arbeitnehmerseite geregelt wird (§§ 13 I, 21 SEBG). Nur wenn eine solche nicht zustande kommt, finden die gesetzlichen Beteiligungsregeln (§§ 22 ff. SEBG) Anwendung. Damit die Verhandlungen des Vorstandes mit dem besonderen Verhandlungsgremium der Arbeitnehmer nicht unter einem Wissensdefizit der Arbeitnehmerseite leiden, müssen dem Verhandlungsgremium rechtzeitig alle erforderlichen Auskünfte erteilt und erforderliche Unterlagen zur Verfügung gestellt werden (§ 13 II 1 SEBG), so insbesondere Umwandlungsplan und Umwandlungsbericht.[402]

Bei einer SE-Gründung durch Umwandlung besteht hinsichtlich des Abschlusses einer Vereinbarung über die Arbeitnehmerbeteiligung nur begrenzter Verhandlungsspielraum. Denn nach § 21 VI SEBG muss die Vereinbarung in Bezug auf alle Aspekte der Arbeitnehmerbeteiligung zumindest das Ausmaß gewährleisten, das vor der Umwandlung in der AG bestand. Der Formwechsel einer deutschen AG in eine SE soll nicht zu einer Flucht aus der Arbeitnehmermitbestimmung genutzt werden können. Folglich kann das besondere Verhandlungsgremium nach § 15 III SEBG keinen Beschluss fassen, um eine Minderung der Mitbestimmungsrechte zu vereinbaren.[403] Des Weiteren dient der Sicherung der vorhandenen Mitbestimmungsrechte Art. 3 VI SE-RL iVm § 16 III

---
[401] → § 14 Rn. 185 ff.
[402] *J. Schmidt* in Lutter/Hommelhoff/Teichmann, SE-Kommentar, Art. 37 SE-VO Rn. 80.
[403] § 15 V SEBG.

SEBG, demgemäß das besondere Verhandlungsgremium nicht zum Abbruch der Verhandlungen berechtigt ist, wenn den Arbeitnehmern in der formwechselnden Gesellschaft Mitbestimmungsrechte zustehen. Hierzu wird vertreten, dass das besondere Verhandlungsgremium und die Unternehmensleitung, um nicht das Ende der Verhandlungsfrist abwarten zu müssen, eine Vereinbarung treffen können, mit der einvernehmlich das Ende der Verhandlungen festgestellt wird.[404] Es fragt sich allerdings, ob eine solche Vereinbarung nicht eine Umgehung des Verbotes des Beschlusses zum Abbruch der Verhandlungen darstellen würde.

c) Beschlussphase

231 Gemäß Art. 37 VII SE-VO muss die Hauptversammlung der formwechselnden AG dem Umwandlungsplan zustimmen und die für die SE vorgesehene Satzung genehmigen.

aa) Einberufung der Hauptversammlung

232 Art. 37 SE-VO enthält weder Regelungen zur Einberufung noch zur Durchführung der Hauptversammlung, die über die Umwandlung beschließen soll. Über Art. 15 I SE-VO gelangt insoweit nationales Recht zur Anwendung. Die Einberufung der Hauptversammlung richtet sich daher nach § 238 Satz 1 UmwG und ergänzend nach den allgemeinen Vorschriften der §§ 121 ff. AktG.[405] Die Einberufung muss mindestens 30 Tage im Voraus erfolgen (§ 123 I AktG). Mit der Einberufung sind der Umwandlungsplan, der Umwandlungsbericht und die Kapitalprüfungsbescheinigung nach Art. 37 VI SE-VO zur Einsicht der Aktionäre auszulegen; auf Verlangen sind jedem Aktionär kostenlose Abschriften dieser Unterlagen zu erteilen (§§ 238 Satz 1, 230 II UmwG), soweit sie nicht auf der Internetseite der Gesellschaft veröffentlicht sind.[406] Keine Anwendung finden §§ 238 Satz 1, 231 UmwG, da bei der Umwandlung zur SE kein Barabfindungsangebot nach § 207 UmwG gewährt werden muss.[407] Nach § 124 II 2 AktG ist der Umwandlungsplan in seinem Wortlaut, zusammen mit der Tagesordnung der Hauptversammlung (§ 124 I 1 AktG), in den Gesellschaftsblättern bekannt zu machen.[408] Die Bekanntmachungspflicht nach § 124 II 2 AktG wird durch die Aus-

---

[404] *J. Schmidt* in Lutter/Hommelhoff/Teichmann, SE-Kommentar, Art. 37 SE-VO Rn. 80; *Marsch-Barner* in Kallmeyer UmwG Anhang Rn. 112.

[405] *Drinhausen* in Van Hulle/Maul/Drinhausen, Handbuch zur Europäischen Gesellschaft (SE), 4. Abschnitt § 5 Rn. 32; *Schäfer* in Münchener Kommentar zum Aktiengesetz, Band 7, Art. 37 SE-VO Rn. 27.

[406] → Rn. 224.

[407] *Drinhausen* in Van Hulle/Maul/Drinhausen, Handbuch zur Europäischen Gesellschaft (SE), 4. Abschnitt § 5 Rn. 32.

[408] Gegenstand des Hauptversammlungsbeschlusses ist nach Art. 37 VII SE-VO der Umwandlungsplan und die für die SE vorgesehene neue Satzung. Die Bekanntmachungspflicht nach § 124 II 2 AktG erstreckt sich im Ergebnis jedoch nur auf den Umwandlungsplan, denn die Satzung in ihrem Wortlaut ist Bestandteil des Umwandlungsplanes.

§ 26. Umwandlungsrechtliche Regelungen § 26

legung zur Einsichtnahme gemäß §§ 238 Satz 1, 230 II UmwG nicht verdrängt.[409]

bb) Durchführung der Hauptversammlung

Für die Durchführung der Hauptversammlung gilt § 239 UmwG entsprechend. Gemäß § 239 I UmwG müssen der Umwandlungsplan, der Umwandlungsbericht und die Bescheinigung über die Kapitalprüfung in der Hauptversammlung ausgelegt werden. Zu Beginn der Verhandlung hat der Vorstand der formwechselnden AG den Umwandlungsplan mündlich zu erläutern.[410]

233

cc) Beschlussfassung

Gegenstand des Hauptversammlungsbeschlusses ist nach Art. 37 VII 1 SE-VO die Zustimmung zum Umwandlungsplan und die Genehmigung der für die SE vorgesehenen Satzung. Da die Satzung Bestandteil des Umwandlungsplanes ist, wird man es in der Praxis ausreichen lassen können, wenn die Hauptversammlung lediglich ihre uneingeschränkte Zustimmung zum Umwandlungsplan erklärt.[411] Denn damit ist auch die im Plan enthaltene Satzung genehmigt.

234

Bezüglich der Beschlussfassung verweist Art. 37 VII 2 SE-VO auf die einzelstaatlichen Durchführungsbestimmungen zu Art. 7 der Richtlinie 78/855/EWG. In Deutschland gelangt damit § 65 UmwG zur Anwendung.[412] Der Hauptversammlungsbeschluss ist mit einer Mehrheit von drei Vierteln des bei der Beschlussfassung vertretenen Grundkapitals zu fassen, es sei denn, die Satzung der formwechselnden AG sieht eine größere Kapitalmehrheit oder ein weiteres Mehrheitserfordernis vor (§ 65 I UmwG). Existieren in der formwechselnden AG mehrere Aktiengattungen, so müssen die Inhaber jeder Aktiengattung dem Beschluss mit der nach § 65 I UmwG maßgeblichen Mehrheit zustimmen (§ 65 II UmwG).

235

Bei der Verschmelzung zur SE (Art. 23 II 2 SE-VO) und der Gründung einer Holding-SE (Art. 32 VI Unterabs. 2 Satz 2 SE-VO) wird der Hauptversammlung ein Genehmigungsvorbehalt bezüglich der Vereinbarung über die Arbeitnehmerbeteiligung eingeräumt. Denn nach § 4 II SEBG muss das Verfahren zum Abschluss einer entsprechenden Vereinbarung zwar mit der Offenlegung des Umwandlungsplanes eingeleitet werden. Es ist jedoch nicht erforderlich, dass es im Zeitpunkt des Hauptversammlungsbeschlusses seinen Abschluss gefunden hat, so dass die Aktionäre ihren Beschluss unter Umständen ohne Kenntnis von der zukünf-

236

---

[409] → Rn. 222.
[410] *Schwarz* SE-VO, Art. 37 Rn. 54; *J. Schmidt* in Lutter/Hommelhoff/Teichmann, SE-Kommentar, Art. 37 SE-VO Rn. 51.
[411] AA *Drinhausen* in Van Hulle/Maul/Drinhausen, Handbuch zur Europäischen Gesellschaft (SE), 4. Abschnitt § 5 Rn. 35.
[412] *Austmann* in Münchener Handbuch des Gesellschaftsrechts, Band 4, § 84 Rn. 66; *Drinhausen* in Van Hulle/Maul/Drinhausen, Handbuch zur Europäischen Gesellschaft (SE), 4. Abschnitt § 5 Rn. 34; *Schwarz* SE-VO, Art. 37 Rn. 55.

tigen Ausgestaltung der Arbeitnehmerbeteiligung in der SE fassen müssen. Diese Situation kann auch bei der Umwandlung zur SE eintreten. Gleichwohl sieht die SE-VO für die Umwandlung keine entsprechende Regelung vor. Überwiegend wird aber angenommen, dass die Hauptversammlung auch bei der Umwandlung einen Genehmigungsvorbehalt bezüglich der Vereinbarung über die Arbeitnehmerbeteiligung erklären kann. Dies folge schon daraus, dass die Zustimmung zur Umwandlung unter Vorbehalt als minus gegenüber einer vorbehaltlosen Zustimmung anzusehen sei.[413] Dieser Auffassung ist im Ergebnis zuzustimmen, denn das Bedürfnis nach Erklärung eines Vorbehaltes ist bei der Umwandlung dasselbe wie bei der Verschmelzung zur SE oder der Gründung einer Holding-SE.

dd) Form

237 Der Hauptversammlungsbeschluss und die Zustimmungserklärungen der Inhaber einzelner Aktiengattungen sind notariell zu beurkunden. Dieses Formerfordernis folgt aus Art. 37 VII 2 SE-VO, § 13 III 1 UmwG.[414] Keine Anwendung findet § 244 I UmwG, wonach die Niederschrift über den Umwandlungsbeschluss diejenigen Personen aufzuführen hat, die nach § 245 I bis III UmwG den Gesellschaftsgründern gleichstehen.[415] Denn bei der Umwandlung zur SE gibt es keine Personen, die entsprechend § 245 I bis III UmwG als Gründer anzusehen wären. In der Praxis sollte dieser Punkt jedoch mit dem Registergericht abgestimmt werden.

ee) Bestellung des Aufsichts- bzw. Verwaltungsrates, des Vorstandes und der Abschlussprüfer

238 Die Vorschrift des § 30 I AktG findet nur eingeschränkt Anwendung. Hinsichtlich der Bestellung des ersten Aufsichts- bzw. Verwaltungsrats sind Art. 40 II 1 und Art. 43 III 1 SE-VO vorrangig.[416] Die Hauptversammlung der formwechselnden AG hat danach die Anteilseignervertreter im ersten Aufsichtsrat der SE, sofern für diese an der dualistischen Struktur (Art. 39 ff. SE-VO, §§ 15 ff. SEAG) festgehalten wird, bzw. bei monistischem System (Art. 43 ff. SE-VO, §§ 20 ff. SEAG) die Anteils-

---

[413] *Schwarz* SE-VO, Art. 37 Rn. 58; *J. Schmidt* in Lutter/Hommelhoff/Teichmann, SE-Kommentar, Art. 37 SE-VO Rn. 53; wohl auch *Schäfer* in Münchener Kommentar zum Aktiengesetz, Band 7, Art. 37 SE-VO Rn. 28 FN 61; aA *Austmann* in Münchener Handbuch des Gesellschaftsrechts, Band 4, § 84 Rn. 66.
[414] *Drinhausen* in Van Hulle/Maul/Drinhausen, Handbuch zur Europäischen Gesellschaft (SE), 4. Abschnitt § 5 Rn. 34; *Schäfer* in Münchener Kommentar zum Aktiengesetz, Band 7, Art. 37 SE-VO Rn. 14; *J. Schmidt* in Lutter/Hommelhoff/Teichmann, SE-Kommentar, Art. 37 SE-VO Rn. 55.
[415] *Schäfer* in Münchener Kommentar zum Aktiengesetz, Band 7, Art. 37 SE-VO Rn. 28; *J. Schmidt* in Lutter/Hommelhoff/Teichmann, SE-Kommentar, Art. 37 SE-VO Rn. 51.
[416] *Schwarz* SE-VO, Art. 37 Rn. 72.

eignervertreter im ersten Verwaltungsrat zu bestellen.[417] Entgegen § 203 Satz 1 UmwG wird man bei der Umwandlung zur SE nämlich davon ausgehen müssen, dass das Amt der bisherigen Aufsichtsratsmitglieder, auch wenn die SE das dualistische System beibehält, mit der Umwandlung endet[418]. Analoge Anwendung findet § 30 I AktG hingegen in Bezug auf die Bestellung des Abschlussprüfers für das erste Voll- oder Rumpfgeschäftsjahr der SE durch die Hauptversammlung.[419] Die Bestellung der Anteilseignervertreter und des Abschlussprüfers wird sinnvollweise in der Hauptversammlung, die über die Umwandlung beschließt, erfolgen.[420] Entsprechend § 30 I 2 AktG bedarf die Bestellung notarieller Beurkundung.

ff) Fehlerfolgen

Leidet der Hauptversammlungsbeschluss unter Mängeln, so richten sich deren Folgen nach den §§ 241 ff. AktG.[421] Da den Aktionären der formwechselnden AG weder ein Recht auf Barabfindung noch ein Anspruch auf Verbesserung des Beteiligungsverhältnisses zusteht, greifen auch die korrespondierenden Beschränkungen des Klagerechts (§ 195 II, § 210 UmwG) nicht ein.[422] Auf der anderen Seite findet jedoch auch das Freigabeverfahren über Art 15 SE-VO, § 198 III iVm § 16 II, III UmwG Anwendung.[423]

gg) Zustimmung des Mitbestimmungsorgans der Arbeitnehmer, Art. 37 VIII SE-VO

Gemäß Art. 37 VIII SE-VO kann ein Mitgliedstaat die Umwandlung davon abhängig machen, dass das Organ der umzuwandelnden Gesellschaft, in dem die Mitbestimmung der Arbeitnehmer vorgesehen ist, der Umwandlung mit qualifizierter Mehrheit oder einstimmig zustimmt.

---

[417] *Schwarz* SE-VO, Art. 37 Rn. 72; *J. Schmidt* in Lutter/Hommelhoff/Teichmann, SE-Kommentar, Art. 37 SE-VO Rn. 58; nach Art. 40 II 2 und Art. 43 III 2 SE-VO können die Mitglieder des ersten Aufsichtsrats bzw. des ersten Verwaltungsrats auch durch die Satzung der SE bestellt werden.
[418] *Neun* in Theisen/Wenz, Europäische Aktiengesellschaft, S. 51, 164; *Schwarz*, SE-VO, Art. 37 Rn. 72; *J. Schmidt* in Lutter/Hommelhoff/Teichmann, SE-Kommentar, Art. 37 SE-VO Rn. 59; aA *Austmann* in Münchener Handbuch des Gesellschaftsrechts, Band 4, § 84 Rn. 69; *Schäfer* in Münchener Kommentar zum Aktiengesetz, Band 7, Art. 37 SE-VO Rn. 31.
[419] *Drinhausen* in Van Hulle/Maul/Drinhausen, Handbuch zur Europäischen Gesellschaft (SE), 4. Abschnitt § 5 Rn. 36; *Schäfer* in Münchener Kommentar zum Aktiengesetz, Band 7, Art. 37 SE-VO Rn. 31.
[420] *Schäfer* in Münchener Kommentar zum Aktiengesetz, Band 7, Art. 37 SE-VO Rn. 31.
[421] *Schwarz* SE-VO, Art. 37 Rn. 57; *J. Schmidt* in Lutter/Hommelhoff/Teichmann, SE-Kommentar, Art. 37 SE-VO Rn. 56.
[422] *Schwarz* SE-VO, Art. 37 Rn. 57, 65; *J. Schmidt* in Lutter/Hommelhoff/Teichmann, SE-Kommentar, Art. 37 SE-VO Rn. 56.
[423] *Marsch-Barner* in Kallmeyer UmwG Anhang Rn. 123; *Schäfer* in Münchener Kommentar zum Aktiengesetz, Band 7, Art. 37 SE-VO Rn. 29.

Dem Vernehmen nach wurde diese Regelung auf Drängen der deutschen Seite in die SE-VO aufgenommen.[424] Bisher hat der deutsche Gesetzgeber von der Ermächtigung jedoch keinen Gebrauch gemacht. Als mitbestimmtes Organ im Sinne von Art. 37 VIII SE-VO käme nur der Aufsichtsrat der formwechselnden AG in Betracht.[425] Verfehlt ist die Annahme, der Gesetzgeber könne auch ein entsprechendes Zustimmungserfordernis des Betriebsrates vorsehen.[426]

d) Vollzugsphase

aa) Eintragung der SE

241 Die SE ist nach Art. 12 I SE-VO in ein Register des Sitzstaates einzutragen. In Deutschland erfolgt die Eintragung nach den für Aktiengesellschaften geltenden Vorschriften im Handelsregister (§ 3 SEAG). Der Verweis auf die für Aktiengesellschaften geltenden Vorschriften ist im Falle der Umwandlung primär als Verweis auf die entsprechenden Regelungen im UmwG zum Formwechsel in eine AG zu verstehen. Nur ergänzend gelangen über § 197 Satz 1 UmwG die Vorschriften des AktG zur Anwendung.

242 (1) Registeranmeldung. Die SE ist zur Eintragung in das Handelsregister anzumelden. Zuständig für die Eintragung ist nach § 4 Satz 1 SEAG, § 377 I FamFG, § 198 I UmwG das Amtsgericht, das am (Satzungs-) Sitz der formwechselnden AG das Handelsregister führt.[427] Die Anmeldung muss entsprechend § 246 I UmwG durch den Vorstand der formwechselnden AG vorgenommen werden, wobei es genügt, wenn der Vorstand in vertretungsberechtigter Zusammensetzung tätig wird.[428] Die Anmeldung hat in der Form des § 12 HGB zu erfolgen.[429] Gleichzeitig mit der SE sind die Vertretungsorgane der SE zur Eintragung anzumelden (§ 246 II UmwG). Bei dualistischer Struktur der SE sind dies die Mitglieder des Leitungsorgans, also des Vorstandes; beim monistischen System die geschäftsführenden Direktoren (Art. 43 I 2 SE-VO, § 40 SEAG).[430]

---

[424] *Schwarz* SE-VO, Art. 37 Rn. 63; *J. Schmidt* in Lutter/Hommelhoff/Teichmann, SE-Kommentar, Art. 37 SE-VO Rn. 80.

[425] *Schäfer* in Münchener Kommentar zum Aktiengesetz, Band 7, Art. 37 SE-VO Rn. 35 Fußn. 75; *J. Schmidt* in Lutter/Hommelhoff/Teichmann, SE-Kommentar, Art. 37 SE-VO Rn. 80.

[426] So aber *Schulz/Geismar* DStR 2001 S. 1078 (1081).

[427] *J. Schmidt* in Lutter/Hommelhoff/Teichmann, SE-Kommentar, Art. 37 SE-VO Rn. 71. Ist die Umwandlung mit einer (innerstaatlichen) Verlegung des Satzungssitzes verbunden, ist hinsichtlich der Zuständigkeit des Registergerichts die Regelung in § 198 II Satz 2 Alt. 2, Satz 3 ff. UmwG zu beachten.

[428] *Schwarz* SE-VO, Art. 37 Rn. 80; *J. Schmidt* in Lutter/Hommelhoff/Teichmann, SE-Kommentar, Art. 37 SE-VO Rn. 66.

[429] *J. Schmidt* in Lutter/Hommelhoff/Teichmann, SE-Kommentar, Art. 37 SE-VO Rn. 68 und 71.

[430] *J. Schmidt* in Lutter/Hommelhoff/Teichmann, SE-Kommentar, Art. 37 SE-VO Rn. 67; die Mitglieder des Vorstandes werden durch den Aufsichtsrat bestellt

§ 26. Umwandlungsrechtliche Regelungen § 26

Um dem Registergericht eine umfassende Prüfung der Eintragungsvoraussetzungen zu ermöglichen, sind mit der Anmeldung in großem Umfang Unterlagen einzureichen. Nach § 199 UmwG sind der Anmeldung – in der dort genannten Form – beizufügen die Niederschrift des Umwandlungsbeschlusses, eventuell erforderliche Zustimmungserklärungen (§ 65 II UmwG) und der Umwandlungsbericht nach Art. 37 IV SE-VO.[431] Der Anmeldung sind zudem beizufügen der Umwandlungsplan nach Art. 37 IV SE-VO,[432] ein Nachweis über das Bestehen einer ausländischen Tochtergesellschaft (Art. 2 IV SE-VO), zB durch einen entsprechenden Registerauszug,[433] die Kapitalprüfungsbescheinigung nach Art. 37 VI SE-VO[434] sowie die mit dem besonderen Verhandlungsgremium geschlossene Vereinbarung über die Arbeitnehmerbeteiligung (§ 21 SEBG). Wurde eine solche Vereinbarung nicht abgeschlossen, muss entweder der Beschluss des Verhandlungsgremiums über die Nichtaufnahme oder den Abbruch der Verhandlungen (§ 16 SEBG),[435] eine entsprechende Vereinbarung zwischen Arbeitgeber- und Arbeitnehmerseite oder ein Nachweis über den Ablauf der Verhandlungsfrist (§ 20 SEBG) beigefügt werden.[436] Schließlich muss die Anmeldung nach § 197 Satz 1 UmwG, § 37 IV AktG noch folgende Dokumente umfassen: die Urkunden über die Bestellung des Aufsichtsrates und des Vorstandes bzw. über die Bestellung des Verwaltungsrates und der geschäftsführenden Direktoren (§ 21 II 3 SEAG) sowie die Urkunde über die Bestellung des Abschlussprüfers.[437] Eine Berechnung des Aufwands für die Umwandlung (§ 37 IV Nr. 2 AktG) wird man nicht verlangen müssen, denn die Kosten der Umwandlung sind schon im Umwandlungsbericht darzustellen.[438]

243

(Art. 39 II 1 SE-VO). Die geschäftsführenden Direktoren werden durch den Verwaltungsrat oder in der Satzung bestellt (§ 40 I SEAG).

[431] *Drinhausen* in Van Hulle/Maul/Drinhausen, Handbuch zur Europäischen Gesellschaft (SE), 4. Abschnitt § 5 Rn. 40. Wenn die Umwandlung der staatlichen Genehmigung bedarf, dann muss auch diese beigefügt werden (§ 199 UmwG aE).

[432] *Drinhausen* in Van Hulle/Maul/Drinhausen, Handbuch zur Europäischen Gesellschaft (SE), 4. Abschnitt § 5 Rn. 40; *Schäfer* in Münchener Kommentar zum Aktiengesetz, Band 7, Art. 37 SE-VO Rn. 33; *Schwarz*, SE-VO, Art. 37 Rn. 80; *J. Schmidt* in Lutter/Hommelhoff/Teichmann, SE-Kommentar, Art. 37 SE-VO Rn. 68.

[433] *Schäfer* in Münchener Kommentar zum Aktiengesetz, Band 7, Art. 37 SE-VO Rn. 33.

[434] *Drinhausen* in Van Hulle/Maul/Drinhausen, Handbuch zur Europäischen Gesellschaft (SE), 4. Abschnitt § 5 Rn. 40; *Schwarz* SE-VO, Art. 37 Rn. 80.

[435] Bei der Umwandlung zur SE kommt ein solcher Beschluss nur unter den einschränkenden Voraussetzungen des § 16 III SEBG in Betracht.

[436] *Schäfer* in Münchener Kommentar zum Aktiengesetz, Band 7, Art. 37 SE-VO Rn. 33; *J. Schmidt* in Lutter/Hommelhoff/Teichmann, SE-Kommentar, Art. 12 SE-VO Rn. 26

[437] *Drinhausen* in Van Hulle/Maul/Drinhausen, Handbuch zur Europäischen Gesellschaft (SE), 4. Abschnitt § 5 Rn. 40; *Schwarz*, SE-VO, Art. 37 Rn. 80.

[438] AA *Schwarz* SE-VO, Art. 37 Rn. 80.

§ 26

244 (2) *Prüfung durch das Registergericht.* Das Registergericht prüft nach § 197 Satz 1 UmwG, § 38 AktG, ob die Voraussetzungen für die Eintragung der SE vorliegen.[439] Es prüft, ob die AG nach Art. 2 IV SE-VO umwandlungsberechtigt ist und ob das Umwandlungsverfahren gemäß Art. 37 SE-VO in allen seinen Schritten ordnungsgemäß durchgeführt wurde.[440]

245 Gemäß Art. 12 II SE-VO ist zu prüfen, ob eine Vereinbarung über die Arbeitnehmerbeteiligung in der SE geschlossen wurde. Ist das nicht der Fall, muss ein Beschluss des besonderen Verhandlungsgremiums über die Nichtaufnahme oder den Abbruch der Verhandlungen (§ 16 SEBG) oder eine entsprechende Vereinbarung zwischen Arbeitgeber- und Arbeitnehmerseite vorliegen oder es muss die Verhandlungsfrist nach § 20 SEBG abgelaufen sein. Gemäß Art. 12 IV SE-VO hat das Registergericht zu prüfen, ob die für die SE vorgesehene Satzung mit einer ausgehandelten Vereinbarung über die Arbeitnehmerbeteiligung in Einklang steht.[441]

246 Schließlich prüft das Gericht, ob die sonstigen Anforderungen an die SE und die Satzung (Mindestkapital der SE; § 23 III, IV AktG, § 243 I 2 und 3 UmwG) eingehalten sind.

247 (3) *Eintragung der SE, Rechtswirkungen.* Fällt die Prüfung des Registergerichtes positiv aus, trägt es die SE in das Handelsregister ein. Mit der Eintragung wird die Umwandlung wirksam (Art. 16 I SE-VO); ab diesem Zeitpunkt existiert die Gesellschaft in der Rechtsform der SE.[442]

248 Da die Umwandlung identitätswahrend erfolgt (Art. 37 II SE-VO), findet keine Vermögensübertragung statt.[443] Die Anteile der Aktionäre an der umgewandelten AG setzen sich an der SE fort (Kontinuität der Mitgliedschaft).[444] Es ändert sich allerdings die auf die Gesellschaft anwendbare Rechtsordnung (Diskontinuität der Verfassung).[445] Mit der Eintragung der SE enden die Ämter der bisherigen Vorstands- und Aufsichtsratsmitglieder der AG.[446] Eine Gründerhaftung kommt aufgrund der Kontinuität des Rechtsträgers nicht in Betracht.[447] Unter den Voraussetzungen des Art. 16 II SE-VO besteht jedoch eine Handelndenhaftung

---

[439] Zur registergerichtlichen Prüfung *Schäfer* in Münchener Kommentar zum Aktiengesetz, Band 7, Art. 37 SE-VO Rn. 33.
[440] *Schwarz* SE-VO, Art. 37 Rn. 82.
[441] *Drinhausen* in Van Hulle/Maul/Drinhausen, Handbuch zur Europäischen Gesellschaft (SE), 4. Abschnitt § 5 Rn. 41.
[442] *Austmann* in Münchener Handbuch des Gesellschaftsrechts, Band 4, § 84 Rn. 68; *Drinhausen* in Van Hulle/Maul/Drinhausen, Handbuch zur Europäischen Gesellschaft (SE), 4. Abschnitt § 5 Rn. 43.
[443] *Austmann* in Münchener Handbuch des Gesellschaftsrechts, Band 4, § 84 Rn. 69; *Schwarz* SE-VO, Art. 37 Rn. 85.
[444] *Schwarz* SE-VO, Art. 37 Rn. 86.
[445] *Schwarz* SE-VO, Art. 37 Rn. 85; *J. Schmidt* in Lutter/Hommelhoff/Teichmann, SE-Kommentar, Art. 37 SE-VO Rn. 73.
[446] → Rn. 238.
[447] *Schäfer* in Münchener Kommentar zum Aktiengesetz, Band 7, Art. 37 SE-VO Rn. 34; *Schwarz* SE-VO, Art. 37 Rn. 70.

§ 26. Umwandlungsrechtliche Regelungen § 26

des Vorstandes der umgewandelten AG.[448] Rein deklaratorisch ist die Bestimmung des Art. 37 IX SE-VO,[449] wonach die bestehenden Rechte und Pflichten der umgewandelten AG hinsichtlich der Beschäftigungsbedingungen auf die SE übergehen. Diese Rechtsfolge folgt schon aus dem identitätswahrenden Charakter der Umwandlung.

Mit der Eintragung tritt die Heilungswirkung des § 202 I Nr. 3 UmwG in Bezug auf etwaige Mängel der Umwandlung ein. Gemäß § 202 III UmwG können die Wirkungen der Umwandlung ab Eintragung nicht mehr rückgängig gemacht werden.[450]

249

bb) Offenlegung der Eintragung, Bekanntmachung im Amtsblatt der EU

Die Eintragung der SE ist gemäß Art. 15 II, Art. 13 SE-VO offen zu legen. Dies erfolgt dadurch, dass die Eintragung nach § 10 HGB bekannt gemacht wird.[451] Nach Offenlegung der Eintragung ist diese zudem im Amtsblatt der Europäischen Union bekannt zu machen (Art. 14 I SE-VO). Die hierfür erforderlichen Angaben sind dem Amt für amtliche Veröffentlichungen der Europäischen Union zu übermitteln (Art. 14 III SE-VO). Adressat der Übermittlungspflicht ist nach zutreffender Auffassung das nationale Registergericht.[452]

250

cc) Gläubigerschutz

Den Gläubigern der formwechselnden AG dürfte grundsätzlich ein Anspruch auf Sicherheitsleistung analog §§ 204, 22 UmwG zustehen.[453] Fraglich ist jedoch in der Praxis aufgrund der Kontinuität des formwechselnden Rechtsträgers, ob sie tatsächlich in der Lage sein werden, eine Gefährdung ihrer Ansprüche glaubhaft zu machen.

251

---

[448] *Schäfer* in Münchener Kommentar zum Aktiengesetz, Band 7, Art. 37 SE-VO Rn. 34; *J. Schmidt* in Lutter/Hommelhoff/Teichmann, SE-Kommentar, Art. 37 SE-VO Rn. 73.
[449] *Austmann* in Münchener Handbuch des Gesellschaftsrechts, Band 4, § 84 Rn. 69; *Drinhausen* in Van Hulle/Maul/Drinhausen, Handbuch zur Europäischen Gesellschaft (SE), 4. Abschnitt § 5 Rn. 43.
[450] *Schwarz* SE-VO, Art. 37 Rn. 89; *J. Schmidt* in Lutter/Hommelhoff/Teichmann, SE-Kommentar, Art. 37 SE-VO Rn. 75.
[451] *Drinhausen* in Van Hulle/Maul/Drinhausen, Handbuch zur Europäischen Gesellschaft (SE), 4. Abschnitt § 5 Rn. 42; *J. Schmidt* in Lutter/Hommelhoff/Teichmann, SE-Kommentar, Art. 37 SE-VO Rn. 72.
[452] *Drinhausen* in Van Hulle/Maul/Drinhausen, Handbuch zur Europäischen Gesellschaft (SE), 4. Abschnitt § 5 Rn. 42; *J. Schmidt* in Lutter/Hommelhoff/Teichmann, SE-Kommentar, Art. 37 SE-VO Rn. 72.
[453] *J. Schmidt* in Lutter/Hommelhoff/Teichmann, SE-Kommentar, Art. 37 SE-VO Rn. 85; aA *Schäfer* in Münchener Kommentar zum Aktiengesetz, Band 7, Art. 37 SE-VO Rn. 39; *Schwarz* SE-VO, Art. 37 Rn. 66.

§ 26   7. Teil. Formwechsel

VII. Fälle und Musterfomulierungen

Fall: (Formwechsel einer Aktiengesellschaft in eine GmbH)

Die ABC-GmbH und Frau B sind die sämtlichen Aktionäre der XY-AG. Geschäftsführer der ABC-GmbH ist Herr A. Herr A und Frau B sind der Ansicht, dass sich die Flexibilität der XY-AG am Markt erheblich verbessern würde, wenn die Rechtsform der GmbH gewählt würde.

Hierzu folgende Muster:
– Umwandlungsbeschluss, Zustimmungs- und Verzichtserklärungen, Rn. 252 A
– Handelsregisteranmeldung der formwechselnden Gesellschaft, Rn. 252 B

Formwechsel einer AG in eine GmbH, §§ 190 ff., 226 f., 238 ff. UmwG; Umwandlungsbeschluss, Hauptversammlungsprotokoll in der Form der §§ 8 ff. BeurkG mit Zustimmungs- und Verzichtserklärungen

252 A   UR. Nr. ..... für .....
Verhandelt
zu Musterort am .....
Vor mir, ...
            Notar

für den Oberlandesgerichtsbezirk Musterort mit dem Amtssitz in Musterort erschienen, von Person bekannt:
1. A
   hier handelnd:
   a) als einzelvertretungsberechtigter und von den Beschränkungen des § 181 BGB befreiter Geschäftsführer der ABC-GmbH mit Sitz in Musterort, eingetragen im Handelsregister des Amtsgerichts Musterort unter HR B 123,
   b) als einzelvertretungsberechtigtes und von dem Verbot der Doppelvertretung befreites Vorstandsmitglied der XY-AG mit dem Sitz in Musterort, eingetragen im Handelsregister des Amtsgerichts Musterort unter HR B 456,
2. B
3. a) X,
   b) Y,
   c) Z,
   in ihrer Eigenschaft als Mitglieder, X als Vorsitzender des Aufsichtsrates der XY-AG.
Der amtierende Notar hat sich durch heutige Einsichtnahme in das elektronische Handelsregister des Amtsgerichts Musterort HR B 123 bzw. HR B 456 überzeugt, dass dort die ABC-GmbH mit Sitz in Musterort bzw. die XY-AG mit dem Sitz in Musterort eingetragen ist

§ 26. Umwandlungsrechtliche Regelungen § 26

und A als einzelvertretungsberechtigter und von den Beschränkungen des § 181 BGB befreiter Geschäftsführer zur Vertretung ABC-GmbH bzw. als einzelvertretungsberechtigtes und von dem Verbot der Doppelvertretung befreites Vorstandsmitglied zur Vertretung der XY-AG berechtigt ist.

Die Erschienenen, handelnd wie angegeben, erklärten:

I. Vorbemerkungen

1. Die ABC-GmbH und B sind die sämtlichen Aktionäre der XY-AG mit Sitz in Musterort, deren Grundkapital € 200 000,- beträgt. Es ist nach Angaben der Erschienenen voll erbracht.[454]
2. An der XY-AG sind nach Angaben der Erschienenen beteiligt:
   - die ABC-GmbH
     mit 3000 Aktien im Nennbetrag von je € 50,-
     insgesamt € 150 000,-
   - B
     mit 1000 Aktien im Nennbetrag von je € 50,-
     insgesamt € 50 000,-.
   Jede Aktie gewährt eine Stimme. Verschiedene Gattungen von Aktien sind nicht vorhanden.[455]
   Die Aktionäre haben ihre Berechtigung zur Teilnahme an der Hauptversammlung und zur Ausübung des Stimmrechts gegenüber den Organen der XY-AG ordnungsgemäß nachgewiesen.
3. Unbekannte Aktionäre existieren nicht.[456]
4. Einziges Vorstandsmitglied der XY-AG ist A.
5. Mitglieder des Aufsichtsrates sind nach Angaben der Erschienenen X, Y und Z.

II. Außerordentliche Hauptversammlung

Die ABC-GmbH und B halten unter Verzicht auf die Einhaltung aller satzungsmäßigen und gesetzlichen Formen und Fristen der Einberufung und Durchführung (insbesondere der Auslegung und Mitteilung) einschließlich der Vorschriften der §§ 121 ff. AktG, 238, 230, 231, 239 UmwG[457] eine

außerordentliche Hauptversammlung
der XY-AG

---

[454] Nach hM genügt, dass die Voraussetzungen der §§ 36a AktG, 7 GmbHG erfüllt sind; darüber hinaus ist die Leistung rückständiger Einlagen nicht Voraussetzung des Formwechsels.
[455] Vgl. sonst die Erfordernisse nach §§ 240 I 1, 65 II UmwG.
[456] Beachte andernfalls §§ 213, 35 UmwG
[457] Die Erfordernisse nach §§ 238, 230 II UmwG, nach § 239 I UmwG und nach § 239 II UmwG entfallen, wenn gem. § 192 II 1 2. Alt. UmwG – wie hier – durch notarielle Erklärung aller Aktionäre auf den Umwandlungsbericht verzichtet wird. Damit erübrigt sich selbstverständlich auch das Erfordernis gem. § 192 I 3 UmwG.

§ 26　　　　　　　　　　　　　　7. Teil. Formwechsel

ab. Den Vorsitz der Versammlung übernahm satzungsgemäß der Vorsitzende des Aufsichtsrates X. X stellte fest, dass es sich um eine Aktionärsvollversammlung handelt, da Aktien im Nennbetrag von € 200 000,– mit insgesamt 4000 Stimmen und damit das gesamte Grundkapital und alle Stimmen vertreten sind.

Die Aktionäre beschlossen einstimmig was folgt:

1. Formwechsel

Die XY-AG wird gemäß §§ 190 ff., 226 f., 238 ff. UmwG im Wege eines Formwechsels in eine Gesellschaft mit beschränkter Haftung (nachstehend nur „GmbH" genannt) umgewandelt.

Für die GmbH wird der Gesellschaftsvertrag festgestellt, der als **Anlage 1** zu dieser Urkunde genommen ist.[458] Darauf wird verwiesen.

2. Firma, Sitz

Die GmbH erhält die Firma

XY-GmbH.

Sitz der XY-GmbH ist Musterort.

3. Stammkapital und Geschäftsanteile

Das Stammkapital der XY-GmbH beträgt € 200 000,–.[459] An diesem Stammkapital werden beteiligt:

– die **ABC-GmbH**

mit 150 000 Geschäftsanteilen im Nennbetrag von jeweils € 1,–, insgesamt also mit € 150 000,–

– B

mit einer Stammeinlage im Nennbetrag von 50 000 Geschäftsanteilen im Nennbetrag von jeweils € 1,–, insgesamt also mit € 50 000,–.

Jeder bisherige Gesellschafter der XY-AG erhält somit Geschäftsanteile an der neuen GmbH und wird mit seinem gesamten Anteil, den er auch an der XY-AG hatte, an der XY-GmbH beteiligt.[460]

4. Kapitalschutz

§ 220 UmwG findet keine Anwendung. Ein Sachgründungsbericht ist gem. § 245 Abs. 4 UmwG nicht erforderlich.

5. Barabfindungsangebot

Ein Barabfindungsangebot gem. § 207 UmwG ist angesichts der Zustimmung aller Aktionäre zum Umwandlungsbeschluss ohne Widerspruch entbehrlich.[461] Im Übrigen wird darauf verzichtet werden.

---

[458] Vgl. zum Inhalt der Satzung §§ 243 I 2 UmwG, zu ihrer Form § 244 II UmwG

[459] Vgl. § 247 UmwG; Kapitalmaßnahmen, die vor der Umwandlung wirksam werden sollen, sind nach dem AktG, solche, die danach wirksam werden sollen, nach dem GmbHG möglich.

[460] Deshalb ist eine gesonderte Zustimmung gem. § 242 UmwG nicht erforderlich.

[461] Würde diese Erwartung enttäuscht, könnte das Abfindungsangebot nachgeholt werden.

§ 26. Umwandlungsrechtliche Regelungen § 26

6. Besondere Rechte oder Maßnahmen
Besondere Rechte oder Maßnahmen im Sinne von § 194 Abs. 1 Nr. 5 UmwG sind nicht vorgesehen und werden nicht gewährt. Besondere Rechte bestehen bei der XY-AG nicht.

7. Folgen für die Arbeitnehmer und ihre Vertretungen
a) Die Arbeitsverhältnisse mit den Arbeitnehmern der Aktiengesellschaft werden von der Gesellschaft auch in der Rechtsform der GmbH unverändert fortgeführt. Besondere Maßnahmen sind nicht erforderlich und nicht vorgesehen.
b) Bei der Aktiengesellschaft besteht ein Aufsichtsrat, dessen Zusammensetzung sich nach § 96 AktG bestimmt. Da die gesetzlichen Voraussetzungen für die Bildung eines Aufsichtsrates bei der GmbH nicht mehr vorliegen, endet das Amt der Aufsichtsratsmitglieder mit der Eintragung der Umwandlung in das Handelsregister.
c) Die XY-AG hat darüber hinaus keine Ausschüsse, Organe oder sonstige Gremien, zu deren Mitgliedern Arbeitnehmer gehören, insbesondere keinen Wirtschaftsausschuss. Es gibt keinen Betriebsrat, keinen Gesamt- oder Konzernbetriebsrat, keinen Europäischen Betriebsrat und keine anderweitigen Arbeitnehmervertretungen.

8. Unterrichtung des Betriebsrates
Da die XY-AG keinen Betriebsrat hat, findet § 194 Abs. 2 UmwG keine Anwendung.

9. Bestellung der ersten Geschäftsführer
Das bisherige Vorstandsmitglied A wird zum Geschäftsführer der GmbH bestellt. A ist stets einzelvertretungsberechtigt, auch wenn weitere Geschäftsführer bestellt sind, und von den Beschränkungen des § 181 BGB befreit.

Der Vorsitzende gab jeweils das Abstimmungsergebnis bekannt und stellte es fest. Der Vorsitzende stellte außerdem fest, dass die notwendige Mehrheit von ³/₄ des vertretenen Grundkapitals für den Umwandlungsbeschluss erreicht worden ist. Die Satzung der XY-AG verlangt keine größere Mehrheit und enthält keine sonstigen Erfordernisse.[462]

Gegen keinen der Beschlüsse wurde Widerspruch zur Niederschrift erklärt.

Damit ist die Hauptversammlung beendet.

III. Zustimmungs- und Verzichtserklärungen[463]

Die ABC-GmbH und B erklärten sodann gegenüber dem Vorstand der XY-AG:[464]

---

[462] Vgl. § 240 I UmwG
[463] Wird der Beschluss nur als Tatsachenprotokoll aufgenommen, müssen die Zustimmungs- und Verzichtserklärungen gesondert in der Form der §§ 8 ff. BeurkG beurkundet werden.
[464] Die Verzichtserklärungen sind gegenüber dem Vertretungsorgan des formwechselnden Rechtsträgers abzugeben.

1. Auf die Erstellung eines Umwandlungsberichtes i. S. v. § 192 Abs. 1 UmwG[465] wird gem. §§ 238 Satz 2, 192 Abs. 2 UmwG verzichtet.
2. Auf ein Abfindungsangebot gem. §§ 194 Abs. 1 Nr. 6, 207 UmwG wird ausdrücklich verzichtet.[466]
3. Auf die Anfechtung der vorstehenden Beschlüsse, insbesondere des Formwechselbeschlusses, und die Erhebung einer Klage gemäß § 195 UmwG wird ebenfalls verzichtet.
4. Sämtliche Aktionäre stimmen vorsorglich ausdrücklich dem Umwandlungsbeschluss gem. § 193 Abs. 2 UmwG zu.[467]

IV. Kosten, Sonstiges

1. Die XY-AG hat keinen Grundbesitz und ist ihrerseits nicht Gesellschafterin einer GmbH.[468]
2. Die mit dieser Urkunde und ihrer Durchführung verbundenen Kosten trägt die Gesellschaft.
3. Alle Zustimmungen zu dieser Urkunde werden allen Beteiligten gegenüber unmittelbar wirksam mit ihrem Zugang beim amtierenden Notar.

V. Hinweise

Der Notar hat die Erschienenen darauf hingewiesen, dass
- dass der Formwechsel erst mit Eintragung der neuen Rechtsform der GmbH in das Handelsregister wirksam wird,
- gem. § 247 Abs. 1 UmwG das Grundkapital durch den Formwechsel zum Stammkapital der GmbH wird,
- Rechte Dritter an den Aktien der Aktiengesellschaft an den aufgrund Umwandlung entstehenden Geschäftsanteilen der GmbH fortbestehen,
- das Registergericht die Eintragung des Formwechsels bekanntmachen und in dieser Bekanntmachung die Gläubiger darauf hinweisen wird, dass sie u. U. Sicherheitsleistung verlangen können,
- die Vorstands- und Aufsichtsratsmitglieder der XY-AG gem. § 205 UmwG der Gesellschaft, ihren Anteilseignern und ihren Gläubigern für einen durch den Formwechsel erlittenen Schaden haften.

---

[465] Das Erfordernis der Vermögensaufstellung ist entfallen.

[466] Trotz Fehlens einer ausdrücklichen gesetzlichen Regelung ist der (notariell zu beurkundende) Verzicht auf das Barabfindungsangebot nach hM möglich, und zwar sowohl vor als auch nach Fassung des Umwandlungsbeschlusses.

[467] Diese Zustimmung ist nur erforderlich, wenn die Aktien vinkuliert sind.

[468] Andernfalls ist das Einreichen einer neuen Gesellschafterliste für diese GmbH veranlasst.

VI. Vollmacht

Die Erschienenen, handelnd wie angegeben, bevollmächtigen hiermit

a)
b)
c)

sämtlich geschäftsansässig beim beurkundenden Notar und zwar jeden von ihnen einzeln und – wenn und soweit sie selbst befreit sind – auch unter Befreiung von den Beschränkungen des § 181 BGB, alle Erklärungen abzugeben und entgegenzunehmen, auch Beschlüsse zu fassen und alle Rechtshandlungen vorzunehmen, die nach ihrem pflichtgemäßen Ermessen zum Vollzug dieser Urkunde und zur Eintragung im Handelsregister – insbesondere bei gerichtlichen Zwischenverfügungen – noch notwendig oder zweckmäßig sind.

Die Vollmacht ist jederzeit widerruflich. Von dieser Vollmacht kann materiell wirksam nur Gebrauch gemacht werden vor dem amtierenden Notar, seinem Sozius oder deren amtlichen Vertretern.

Diese Niederschrift nebst Anlagen wurde den Erschienenen vom Notar vorgelesen, von ihnen genehmigt und von ihnen und dem Notar eigenhändig wie folgt unterschrieben:

Handelsregisteranmeldung der formwechselnden Gesellschaft

UR. Nr. ..... für .....   252 B

An das
Amtsgericht
– Handelsregister –
Musterort
HR B 456
XY-AG
Ich, A,[469]
handelnd in meiner Eigenschaft als alleinvertretungsberechtigtes Vorstandsmitglied der oben genannten Gesellschaft,

---

[469] Nach § 246 I UmwG hat das Vertretungsorgan der formwechselnden Gesellschaft (in vertretungsberechtigter Zahl) anzumelden. Streitig ist, ob bei mehreren Geschäftsführern jeder von ihnen die Versicherung nach § 8 III GmbHG abzugeben hätte.

§ 26   7. Teil. Formwechsel

I.

melde zur Eintragung in das Handelsregister an:
1. Die Aktiengesellschaft ist im Wege des Formwechsels nach den §§ 190 ff., 238 ff. UmwG in die Rechtsform[470] der Gesellschaft mit beschränkter Haftung umgewandelt worden. Das Amt aller Vorstandsmitglieder und Aufsichtsratsmitglieder ist mit Wirksamwerden der Umwandlung erloschen.
2. Die GmbH führt die Firma XY-GmbH.
3. Sitz der Gesellschaft ist Musterort.
4. Zum ersten Geschäftsführer der XY-GmbH wurde ich bestellt. Ich bin stets einzelvertretungsberechtigt, auch wenn mehrere Geschäftsführer bestellt sind, und von den Beschränkungen des § 181 BGB befreit.
5. Die allgemeine Bestimmung im Gesellschaftsvertrag über die Vertretung der Gesellschaft lautet wie folgt:[471]
   Die Gesellschaft hat einen oder mehrere Geschäftsführer. Ist nur ein Geschäftsführer bestellt, vertritt er die Gesellschaft allein. Sind mehrere Geschäftsführer bestellt, wird die Gesellschaft durch zwei Geschäftsführer gemeinschaftlich oder durch einen Geschäftsführer in Gemeinschaft mit einem Prokuristen vertreten.
   Die Gesellschafterversammlung kann einzelnen oder allen Geschäftsführern Einzelvertretungsbefugnis erteilen und/oder sie von den Beschränkungen des § 181 BGB befreien.
6. Die Geschäftsräume der GmbH befinden sich in (Adresse). Diese Anschrift wird zugleich als inländische Geschäftsanschrift der GmbH angemeldet.

II.

Ich überreiche als Anlagen:[472]
1. Ausfertigung der Niederschrift vom (Datum) – UR. Nr. ..... des Notars ..... in ..... – enthaltend:
   a) den Umwandlungsbeschluss,
   b) den Gesellschaftsvertrag der durch Formwechsel entstandenen GmbH,
   c) die Verzichtserklärungen aller Gesellschafter auf Erstellung eines Umwandlungsberichts,
   d) die Verzichtserklärungen aller Gesellschafter auf Abgabe eines Barabfindungsangebots gem. § 207 UmwG,
   e) die Verzichtserklärungen aller Gesellschafter auf Anfechtung des Umwandlungsbeschlusses und Erhebung einer Klage gem. § 195 UmwG.
2. die Liste der Gesellschafter.[473]

---

[470] Gemäß § 198 I UmwG ist die neue Rechtsform anzumelden.
[471] Je nach Bestimmung in der GmbH-Satzung.
[472] Vgl. hierzu §§ 199 UmwG, 8 GmbHG
[473] Diese Liste gem. § 8 I Nr. 3 GmbHG ist eine vom Geschäftsführer zu unterzeichnende Liste.

III.

Ich erkläre weiter:
1. Die XY-AG hat keinen Betriebsrat.
2. Alle Aktionäre haben dem Umwandlungsbeschluss zugestimmt. Besondere Zustimmungserklärungen einzelner Anteilseigner oder Sonderbeschlüsse sind nicht erforderlich.
3. Staatliche Genehmigungen sind nicht erforderlich.
4. Ein Sachgründungsbericht ist gem. § 245 Abs. 4 UmwG nicht erforderlich.
5. Unterlagen darüber, dass der Wert der Sacheinlage den Betrag der dafür übernommenen Geschäftsanteile erreicht, sind ebenfalls nicht erforderlich.[474]

IV.

Ich versichere,[475] dass keine Umstände vorliegen, aufgrund deren ich nach § 6 Absatz 2 GmbH-Gesetz von dem Amt als Geschäftsführer ausgeschlossen wäre:
1. Ich unterliege keiner Betreuung und/oder bei der Besorgung meiner Vermögensangelegenheiten ganz oder teilweise einem Einwilligungsvorbehalt (§ 1903 des Bürgerlichen Gesetzbuchs).
2. Mir ist weder aufgrund eines gerichtlichen Urteils noch durch eine vollziehbare Entscheidung einer Verwaltungsbehörde untersagt, irgendeinen Beruf, einen Berufszweig, ein Gewerbe oder einen Gewerbezweig auszuüben.
3. Ich wurde niemals wegen einer oder mehrerer Straftaten
    a) des Unterlassens der Stellung des Antrages auf Eröffnung des Insolvenzverfahrens (Insolvenzverschleppung),
    b) nach den §§ 283 bis 283d des Strafgesetzbuchs (Insolvenzstraftaten),
    c) der falschen Angaben nach § 82 GmbH-Gesetz oder § 399 des Aktiengesetzes,
    d) der unrichtigen Darstellung nach § 400 des Aktiengesetzes, § 331 des Handelsgesetzbuchs, § 313 des Umwandlungsgesetzes oder § 17 des Publizitätsgesetzes oder
    e) nach den §§ 263 bis 264a oder den 265b bis 266a des Strafgesetzbuchs,
verurteilt, weder im Inland noch im Ausland auch nicht wegen einer Tat, die mit den vorgenannten Taten vergleichbar ist.
Ich wurde von dem beglaubigenden Notar darüber belehrt, dass ich dem Handelsregister gegenüber unbeschränkt auskunftspflichtig bin.

---

[474] Es fehlt der Verweis auf § 220 UmwG; daher gilt der Grundsatz der Reinvermögensdeckung nicht.
[475] Trotz Sachgründung ist gem. § 246 III UmwG keine Versicherung gem. § 8 II GmbHG erforderlich, wohl aber die nach § 8 III GmbHG.

§ 26   7. Teil. Formwechsel

Ich versichere weiter, dass eine Klage gegen die Wirksamkeit des Umwandlungsbeschlusses nicht oder nicht fristgerecht erhoben worden ist.[476]

(Ort, Datum)

(Unterschriftsbeglaubigung)

Fall: (Formwechsel einer KG in eine KGaA)

Die persönlich haftenden Gesellschafter U, V und W sowie die Kommanditisten X, Y und Z der A-KG sehen sich angesichts der Größenordnung ihrer Gesellschaft gezwungen, diese in eine KGaA umzuwandeln. Weiterhin wollen sie sich so die günstigeren Kapitalaufbringungsmöglichkeiten des Aktienrechts nutzbar machen. In der dann als A-KGaA firmierenden Gesellschaft sollen U und V persönlich haftenden Gesellschafter bleiben.

Hierzu folgende Muster:
– Umwandlungsbeschluss, Zustimmungs- und Verzichtserklärungen, Rn. 253 A
– Handelsregisteranmeldung der formwechselnden Gesellschaft, Rn. 253 B

Formwechsel einer KG in eine KGaA, §§ 190 ff., 214 ff. UmwG; Umwandlungsbeschluss, Gesellschafterversammlungsprotokoll in der Form der §§ 8 ff. BeurkG mit Zustimmungs- und Verzichtserklärungen

253 A   UR. Nr. ..... für .....

Verhandelt

zu Musterort am .....
Vor mir, ...
                       Notar

für den Oberlandesgerichtsbezirk Musterort mit dem Amtssitz in Musterort, erschienen, ausgewiesen durch Vorlage ihrer Personalausweise:
1. U,
2. V,
3. W,
   handelnd jeweils
   a) im eigenen Namen,
   b) als jeweils einzelvertretungsberechtigte und von den Beschränkungen des § 181 BGB befreite persönlich haftende Gesellschafter der im Handelsregister des Amtsgerichts Musterort unter HR A 123 eingetragenen A-KG mit Sitz in Musterort.

---

[476] Vgl. §§ 198 III, 16 II, III UmwG

§ 26. Umwandlungsrechtliche Regelungen § 26

Der amtierende Notar hat sich durch heutige Einsichtnahme in das elektronische Handelsregister des Amtsgerichts Musterort HR A 123 überzeugt, dass dort die A-KG mit Sitz in Musterort eingetragen ist und U, V und W als jeweils einzelvertretungsberechtigte und von den Beschränkungen des § 181 BGB befreite persönlich haftende Gesellschafter zur Vertretung der A-KG berechtigt sind.

4. X,
5. Y,
6. Z,

Die Erschienenen – handelnd wie angegeben – erklärten:

I. Vorbemerkungen

1. Im Handelsregister des Amtsgerichts Musterort ist unter HRA 123 die A-KG mit dem Sitz in Musterort eingetragen.
2. Die persönlich haftenden Gesellschafter sind:
   a) U,
   b) V,
   c) W.
3. Die Kommanditisten der Gesellschaft sind:
   a) X,
      mit einer Kommanditeinlage (zugleich Hafteinlage) in Höhe von € .....
   b) Y,
      mit einer Kommanditeinlage (zugleich Hafteinlage) in Höhe von € .....
   c) Z,
      mit einer Kommanditeinlage (zugleich Hafteinlage) in Höhe von € .....
4. Die Kommanditeinlagen (zugleich Haftsummen) sind nach Angaben der Beteiligten voll erbracht.
5. Die jeweilige Kommanditeinlage entspricht dem jeweiligen Festkapitalanteil des Gesellschafters. Die Komplementäre sind wie folgt am Festkapital der A-KG beteiligt:
   a) U mit einem Festkapitalanteil von € ...
   b) V mit einem Festkapitalanteil von € ...
   c) W mit einem Festkapitalanteil von € ...
6. Der Gewinnverteilungsschlüssel richtet sich nach den Festkapitalanteilen. Die Beteiligten gehen daher davon aus, dass ihre Festkapitalanteile ihre verhältnismäßige Beteiligung am Gesellschaftsvermögen der A-KG widerspiegeln, sodass ihre Beteiligung am Vermögen der durch den heute beschlossenen Formwechsel entstehenden KGaA auch in diesem Verhältnis erfolgen kann, um ein verhältniswahrender Formwechsel zu sein.
7. Je 50 € Anteil am Festkapital gewähren eine Stimme.
   Damit sind alle Stimmen vertreten. Es handelt sich um eine Vollversammlung.

8. Alle Komplementäre sind zur Geschäftsführung berechtigt. Die Kommanditisten sind nicht geschäftsführungsbefugt.

II. Gesellschafterversammlung

U, V, W, X, Y und Z halten unter Verzicht auf die Einhaltung aller satzungsmäßigen und gesetzlichen Formen und Fristen der Einberufung und Durchführung (insbesondere der Auslegung und Mitteilung) einschließlich der Vorschrift des § 216 UmwG[477] eine

Gesellschafterversammlung
der A-KG

ab und beschließen mit allen Stimmen was folgt:

1. Formwechsel

Die A-KG wird gemäß §§ 190 ff., 214 ff. UmwG im Wege des Formwechsels in eine Kommanditgesellschaft auf Aktien (nachstehend nur „KGaA" genannt) umgewandelt.

Für die KGaA wird die Satzung festgestellt, die als **Anlage 1** zu dieser Urkunde genommen ist. Auf diese Anlage wird verwiesen.

2. Firma, Sitz

Die KGaA erhält die Firma:

A-KGaA.

Sitz der A-KGaA ist Musterort.

3. Beteiligung, Grundkapital und Aktien

An der A-KGaA sind beteiligt:
a) als persönlich haftende Gesellschafter:[478]
  – U mit einer Vermögenseinlage von € ..., die nicht auf das Grundkapital geleistet wurde (Anteil am Festkapital),
  – V mit einer Vermögenseinlage von € ..., die nicht auf das Grundkapital geleistet wurde (Anteil am Festkapital),
b) als Kommanditaktionäre:
  – W mit (Anzahl) auf den Namen lautende Aktien im Nennbetrag von je € ...
  – X mit (Anzahl) auf den Namen lautende Aktien im Nennbetrag von je € ...
  – Y mit (Anzahl) auf den Namen lautende Aktien im Nennbetrag von je € ...
  – Z mit (Anzahl) auf den Namen lautende Aktien im Nennbetrag von je € ...

Damit sind sämtliche Gesellschafter der A-KG auch an der A-KGaA beteiligt. Im Übrigen ergeben sich Art und Umfang der Beteiligung an der A-KGaA sowie die Rechte der Gesellschafter im Einzelnen aus der Satzung der A-KGaA, **Anlage 1** zu dieser Niederschrift.

---

[477] Das Erfordernis des § 192 I 3 UmwG entfällt, wenn wegen des Verzichts aller Gesellschafter nach § 192 II 1 2. Alt. UmwG ein Umwandlungsbericht nicht zu erstatten ist.

[478] Mindestens einen Komplementär muss es geben, § 218 II UmwG.

Weitere Gesellschafter, die nicht an der A-KG beteiligt waren, treten im Zusammenhang mit dem Formwechsel nicht bei.[479]

Das Grundkapital der A-KGaA beträgt € ..... (in Worten: Euro .....) und ist in (Anzahl) auf den Namen lautende Aktien im Nennbetrag von je € ... eingeteilt. Die Aktien werden zum Nennbetrag ausgegeben.

4. Kapitalschutz

a) Die A-KGaA führt das von der A-KG betriebene Geschäft fort. Dieses Geschäft ist Gegenstand der Sacheinlage, die auf das Grundkapital der im Wege des Formwechsels entstehenden KGaA zu leisten ist. Das nach Abzug der Verbindlichkeiten verbleibende reine Vermögen der A-KG erreicht mindestens das Grundkapital der A-KGaA. Das Erfordernis des § 220 Abs. 1 UmwG ist daher erfüllt. Wertnachweis liegt vor und wird der Handelsregisteranmeldung beigefügt.[480]

Soweit das bilanzielle Eigenkapital der A-KG das Grundkapital der A-KGaA übersteigt, ist es gem. § 272 Abs. 2 und 3 HGB der Rücklage zuzuführen.

b) Ein Gründungsbericht gem. §§ 197, 220 Abs. 2 UmwG, 32 AktG ist gem. § 219 UmwG durch die Gesellschafter der A-KG erstellt und wird der Handelsregisteranmeldung beigefügt.

c) Die nach §§ 197, 220 Abs. 3 UmwG, 33 AktG erforderliche Gründungsprüfung[481] wird durch die persönlich haftenden Gesellschafter und den Aufsichtsrat sowie durch einen gerichtlich bestellten Gründungsprüfer erfolgen.

5. Barabfindungangebot

Ein Barabfindungsangebot gem. § 207 UmwG ist angesichts der nach dem Gesellschaftsvertrag der A-KG notwendigen Zustimmung aller Aktionäre zum Umwandlungsbeschluss ohne Widerspruch entbehrlich.[482] Im Übrigen wird darauf verzichtet werden.

6. Besondere Rechte oder Maßnahmen

Besondere Rechte oder Maßnahmen im Sinne von § 194 Abs. 1 Nr. 5 UmwG sind nicht vorgesehen und werden nicht gewährt. Bei der A-KG bestanden keine besonderen Rechte.

7. Folgen für die Arbeitnehmer und ihre Vertretungen

a) Die Arbeitsverhältnisse mit den Arbeitnehmern der A-KG werden von der Gesellschaft auch in der Rechtsform der A-KGaA unverändert fortgeführt. Besondere Maßnahmen sind nicht erforderlich und nicht vorgesehen.

---

[479] § 221 UmwG erlaubt als Ausnahme zum Identitätsgebot auch den Beitritt weiterer Gesellschafter.

[480] Wie die Werthaltigkeit nachzuweisen ist, regelt das Gesetz nicht, ggf. sind Gründungsbericht oder Umwandlungsbilanz geeignet, andere Nachweise sind ebenso möglich.

[481] Die Gründungsprüfung ist zwingend.

[482] Vgl. zum Einstimmigkeitserfordernis § 217 UmwG.

b) Die A-KG hat keinen Aufsichtsrat, keine Ausschüsse, Organe oder sonstigen Gremien, zu deren Mitgliedern Arbeitnehmer gehören, insbesondere keinen Wirtschaftsausschuss. Es gibt keinen Betriebsrat, keinen Gesamt- oder Konzernbetriebsrat, keinen Europäischen Betriebsrat und keine anderweitigen Arbeitnehmervertretungen.

c) Bei der A-KGaA ist ein Aufsichtsrat zu bilden, der aus Sicht der Erschienenen nur aus Anteilseignern besteht. Die mitbestimmungsrechtlichen Vorschriften erfordern nicht, ihn auch mit Arbeitnehmervertretern zu besetzen.

8. Unterrichtung des Betriebsrates
Da die A-KG keinen Betriebsrat hat, findet § 194 Abs. 2 UmwG keine Anwendung.

9. Vertetungsbefugnis der persönlich haftenden Gesellschafter
U und V vertreten die A-KGaA stets einzeln. Jeder von ihnen ist vom Verbot der Doppelvertretung befreit.

10. Bestellung des ersten Aufsichtsrates
Zu Mitgliedern des ersten Aufsichtsrats werden bestellt:
a) A, (Beruf, Wohnort)
b) B, (Beruf, Wohnort)
c) C, (Beruf, Wohnort)
und zwar bis zur Beendigung der Hauptversammlung, die über die Entlastung des Aufsichtsrates für das am (Datum) endende Geschäftsjahr beschließt.

11. Bestellung des ersten Abschlussprüfers
Zum Abschlußprüfer für das zum (Datum) endende Geschäftsjahr wird die Wirtschaftsprüfungsgesellschaft (Firma) bestellt.

Gegen keinen Beschluss wurde Widerspruch zur Niederschrift erklärt.

Damit ist die Gesellschafterversammlung beendet.

III. Zustimmungs- und Verzichtserklärungen

U, V, W, X, Y und Z erklärten sodann gegenüber der A-KG, vertreten durch ihre je einzelvertretungsberechtigten und von den Beschränkungen des § 181 BGB befreiten Komplementäre:[483]

1. Alle Gesellschafter der A-KG erteilen hiermit gem. § 217 Abs. 1 und § 193 Abs. 2 UmwG zu der beabsichtigten Umwandlung in die A-KGaA ausdrücklich ihre Zustimmung und zwar vorsorglich auch für den Fall, dass es sich um eine nicht verhältniswahrende Umwandlung handeln sollte.
2. U und V stimmen insbesondere gem. § 217 Abs. 3 UmwG ihrer Beteiligung an der A-KGaA als persönlich haftende Gesellschafter zu.

---

[483] Die Verzichtserklärungen sind gegenüber dem Vertretungsorgan des formwechselnden Rechtsträgers abzugeben.

3. W stimmt dem Wechsel seiner Stellung in die eines Kommanditaktionärs zu.
4. Auf die Erstellung eines Umwandlungsberichtes gem. § 192 Abs. 1 UmwG wird gem. § 192 Abs. 2 UmwG verzichtet.
5. Auf ein Abfindungsangebot gem §§ 194 Abs. 1 Nr. 6, 207 UmwG wird ausdrücklich verzichtet.[484]
6. Auf die Anfechtung der Beschlüsse, insbesondere des Formwechselbeschlusses, und die Erhebung einer Klage gem. § 195 UmwG wird ebenfalls verzichtet.

IV. Kosten, Sonstiges

1. Die A-KG hat keinen Grundbesitz und ist ihrerseits nicht Gesellschafterin einer GmbH.[485]
2. Die Kosten dieser Urkunde und ihres Vollzuges trägt die Gesellschaft bis zum Betrag von € ...
3. Alle Zustimmungen zu dieser Urkunde werden allen Beteiligten gegenüber unmittelbar wirksam mit ihrem Eingang beim amtierenden Notar.

V. Hinweise

Der Notar hat die Beteiligten darauf hingewiesen, dass
- alle Gesellschafter für den Formwechsel gestimmt haben und daher gem. § 219 UmwG als Gründer der KGaA gelten, mit allen daraus abzuleitenden Verantwortlichkeiten, insbesondere kommen gemäß § 197 UmwG die §§ 23 bis 53 AktG sinngemäß zur Anwendung;
- für die KGaA auch die Nachgründungsvorschrift des § 52 AktG gilt,
- der Formwechsel erst mit Eintragung der neuen Rechtsform der KGaA in das Handelsregister wirksam wird,
- Rechte Dritter an den bisherigen Gesellschaftsanteilen an der KG an den aufgrund Umwandlung entstehenden Beteiligungen an der KGaA fortbestehen,
- das Registergericht die Eintragung des Formwechsels bekanntmachen und in dieser Bekanntmachung die Gläubiger darauf hinweisen wird, dass sie u. U. Sicherheitsleistung verlangen können,
- die Komplementäre der KG gem. § 205 UmwG der Gesellschaft, ihren Anteilseignern und ihren Gläubigern für einen durch den Formwechsel erlittenen Schaden haften.

---

[484] Trotz Fehlens einer ausdrücklichen gesetzlichen Regelung ist der (notariell zu beurkundende) Verzicht auf das Barabfindungsangebot nach hM möglich, und zwar sowohl vor als auch nach Fassung des Umwandlungsbeschlusses.
[485] Andernfalls ist das Einreichen einer neuen Gesellschafterliste für diese GmbH veranlasst.

VI. Vollmacht

Die Erschienenen, handelnd wie angegeben, bevollmächtigen hiermit

a)

b)

c)

sämtlich geschäftsansässig beim beurkundenden Notar und zwar jeden von ihnen einzeln und – wenn und soweit sie selbst befreit sind – auch unter Befreiung von den Beschränkungen des § 181 BGB, alle Erklärungen abzugeben und entgegenzunehmen, auch Beschlüsse zu fassen und alle Rechtshandlungen vorzunehmen, die nach ihrem pflichtgemäßen Ermessen zum Vollzug dieser Urkunde und zur Eintragung im Handelsregister – insbesondere bei gerichtlichen Zwischenverfügungen – noch notwendig oder zweckmäßig sind.

Die Vollmacht ist jederzeit widerruflich. Von dieser Vollmacht kann materiell wirksam nur Gebrauch gemacht werden vor dem amtierenden Notar, seinem Sozius oder deren amtlichen Vertretern.

Diese Niederschrift nebst Anlage 2 wurde den Erschienenen vom Notar vorgelesen, Anlage 1 lag den Erschienenen zur Durchsicht vor und wurde von ihnen auf jeder Seite unterzeichnet. Alles wurde von den Erschienenen genehmigt und von ihnen und dem Notar eigenhändig wie folgt unterschrieben:

Handelsregisteranmeldung der formwechselnden Gesellschaft

253 B UR. Nr. ..... für .....

Amtsgericht

– Handelsregister –

Musterort

HR B neu[486]

Formwechsel der A-KG, HR A 123, in die Rechtsform der KGaA

Wir;[487]

1. U und V,

 handelnd in unserer Eigenschaft als Gründer und als jeweils einzelvertretungsberechtigte und vom Verbot der Doppelvertretung befreite persönlich haftende Gesellschafter der A-KGaA,

---

[486] Gem. § 198 II 2 UmwG ist zum neuen Register anzumelden. Außerdem ist auch eine Anmeldung zum bisherigen Register erforderlich, § 198 II 3 UmwG; vgl. Muster 254 B (Formwechsel GmbH in GmbH & Co. KG).

[487] Gem. § 222 UmwG hat die Anmeldung zu erfolgen durch alle, die nach § 219 UmwG den Gründern gleichstehen, alle Mitglieder des Vertretungsorgans der KGaA (also alle Komplementäre, § 283 Nr. 1 AktG) und alle Mitglieder ihres Aufsichtsrates.

2. W, X, Y und Z,
   handelnd in unserer Eigenschaft als weitere Gründer der A-KGaA,
3. A, B und C,
   handelnd in unserer Eigenschaft als sämtliche Mitglieder des Aufsichtsrates der A-KGaA,

I.

melden zur Eintragung in das Handelsregister an:
1. Die KG ist im Wege des Formwechsels nach den §§ 190 ff., 214 ff. UmwG in die Rechtsform[488] der Kommanditgesellschaft auf Aktien umgewandelt worden.
2. Die KGaA führt die Firma A-KGaA.
3. Sitz der Gesellschaft ist Musterort.
4. Gründer i. S. d. § 219 UmwG sind U, V, W, X, Y und Z.
5. U und V sind die persönlich haftenden Gesellschafter der A-KGaA. Jeder von Ihnen hat eine nicht auf das Grundkapital der KGaA anzurechnende Vermögenseinlage in Höhe von € ... erbracht.
6. U und V sind stets einzelvertretungsberechtigt und vom Verbot der Doppelvertretung befreit.
7. Die allgemeine Bestimmung im Gesellschaftsvertrag über die Vertretung der Gesellschaft lautet wie folgt:[489]
   Die Gesellschaft hat einen oder mehrere persönlich haftende Gesellschafter. Jeder persönlich haftende Gesellschafter vertritt die Gesellschaft stets einzeln. Die Gesellschafterversammlung kann einzelne oder alle persönlich haftenden Gesellschafter vom Doppelvertretungsverbot befreien.
8. Das Grundkapital der KGaA beträgt € .... Es ist eingeteilt in (Anzahl) auf den Inhaber lautende Aktien im Nennbetrag von je € ...
9. Kommanditaktionäre der A-KGaA sind:
   W mit (Anzahl) auf den Namen lautende Aktien im Nennbetrag von je € ...
   X mit (Anzahl) auf den Namen lautende Aktien im Nennbetrag von je € ...
   Y mit (Anzahl) auf den Namen lautende Aktien im Nennbetrag von je € ...
   Z mit (Anzahl) auf den Namen lautende Aktien im Nennbetrag von je € ...
   Die Aktien wurden zum Nennbetrag ausgegeben.
10. Zu Mitgliedern des ersten Aufsichtsrats wurden bestellt:
    a) A, (Beruf, Wohnort)
    b) B, (Beruf, Wohnort)
    c) C, (Beruf, Wohnort)
    Zum Vorsitzenden des Aufsichtsrats wurde A, zu seinem Stellvertreter B bestimmt.

---

[488] Gem. § 198 I UmwG ist die neue Rechtsform anzumelden.
[489] Je nach Bestimmung in der Satzung der KGaA.

§ 26　　　　　　　　　　　　　　　　　7. Teil. Formwechsel

11. Die Geschäftsräume der KGaA befinden sich in (Adresse). Diese Anschrift wird zugleich als inländische Geschäftsanschrift der KGaA angemeldet.

II.
Wir überreichen als Anlagen:
1. eine Ausfertigung der Niederschrfit vom (Datum) – UR. Nr. ..... des Notars ..... in ... – enthaltend:
   a) den Umwandlungsbeschluss,
   b) die Satzung der durch den Formwechsel entstandenen KGaA,
   c) die Bestellung des ersten Aufsichtsrats,
   d) die Bestellung des ersten Abschlussprüfers,
   e) die Zustimmungserklärungen aller Gesellschafter nach §§ 217 Abs. 1 und § 193 Abs. 2 UmwG,
   f) die Zustimmungserklärungen der persönlich haftenden Gesellschafter der A-KGaA nach § 217 Abs. 3 UmwG,
   g) die Zustimmungserklärung des W betreffend seinen Wechsel vom Komplementär zum Kommanditaktionär,
   h) die Verzichtserklärungen aller Gesellschafter auf Erstellung eines Umwandlungsberichts,
   i) die Verzichtserklärungen aller Gesellschafter auf Abgabe eines Barabfindungsangebots gem. § 207 UmwG,
   j) die Verzichtserklärungen aller Gesellschafter auf Anfechtung des Umwandlungsbeschlusses und Erhebung einer Klage gem. § 195 UmwG.
2. die Niederschrift über die konstituierende Sitzung des Aufsichtsrats mit der Wahl des Vorsitzenden,
3. den Gründungsbericht der Gesellschafter vom (Datum),
4. den Gründungsprüfungsbericht der persönlich haftenden Gesellschafter und des Aufsichtsrats vom (Datum),
5. den Gründungsprüfungsbericht des gerichtlich bestellten Gründungsprüfers vom (Datum),
6. Berechnung des Gründungsaufwands,
7. Werthaltigkeitsnachweis.

III.
Wir erklären weiter:
1. Die A-KG hat keinen Betriebsrat.
2. Alle Gesellschafter haben dem Umwandlungsbeschluss zugestimmt und die erforderlichen besonderen Zustimmungserklärungen abgegeben.
3. Neue Gesellschafter sind nicht beigetreten[490]
4. Staatliche Genehmigungen sind nicht erforderlich.

IV.
Wir versichern, dass sämtliche Aktien von den Kommanditaktionären und die Vermögenseinlagen von den Komplementären gegen Sach-

---
[490] Beachte sonst § 223 UmwG.

§ 26 Umwandlungsrechtliche Regelungen § 26

einlage den Bestimmungen des Umwandlungsbeschlusses und der Satzung gemäß in der Weise übernommen wurden, dass die Sacheinlagen durch Formwechsel der A-KG in die Rechtsform der KGaA erbracht werden. Der Wert der Sacheinlagen erreicht den Ausgabebetrag der dafür gewährten Aktien bzw. Vermögenseinlagen. Die Sacheinlagen sind mit Wirksamwerden des Formwechsels vollständig geleistet. Damit sind die Voraussetzungen der §§ 36 Abs. 2 und 36a AktG erfüllt.[491]

Wir, U und V, die persönlich haftenden Gesellschafter, versichern weiter, dass keine Umstände vorliegen, aufgrund deren wir nach §§ 283, 76 Abs. 3 Satz 2 und 3 AktG als persönlich haftende Gesellschafter und Vertreter der KGaA ausgeschlossen wären:
1. Wir unterliegen keiner Betreuung und/oder bei der Besorgung unserer Vermögensangelegenheiten ganz oder teilweise einem Einwilligungsvorbehalt (§ 1903 des Bürgerlichen Gesetzbuchs).
2. Uns ist weder aufgrund eines gerichtlichen Urteils noch durch eine vollziehbare Entscheidung einer Verwaltungsbehörde untersagt, irgendeinen Beruf, einen Berufszweig, ein Gewerbe oder einen Gewerbezweig auszuüben.
3. Wir wurden niemals wegen einer oder mehrerer Straftaten
   a) des Unterlassens der Stellung des Antrages auf Eröffnung des Insolvenzverfahrens (Insolvenzverschleppung),
   b) nach den §§ 283 bis 283d des Strafgesetzbuchs (Insolvenzstraftaten),
   c) der falschen Angaben nach § 82 GmbH-Gesetz oder § 399 des Aktiengesetzes,
   d) der unrichtigen Darstellung nach § 400 des Aktiengesetzes, § 331 des Handelsgesetzbuchs, § 313 des Umwandlungsgesetzes oder § 17 des Publizitätsgesetzes oder
   e) nach den §§ 263 bis 264a oder den 265b bis 266a des Strafgesetzbuchs,
verurteilt, weder im Inland noch im Ausland auch nicht wegen einer Tat, die mit den vorgenannten Taten vergleichbar ist.
Wir wurden von dem beglaubigenden Notar darüber belehrt, dass wir dem Handelsregister gegenüber unbeschränkt auskunftspflichtig sind.
Wir versichern weiter, dass eine Klage gegen die Wirksamkeit des Umwandlungsbeschlusses nicht oder nicht fristgerecht erhoben worden ist.[492]

(Ort und Datum)

(Unterschriftsbeglaubigungen)

---

[491] Ob eine solche Einlagenversicherung beim Formwechsel einer Personengesellschaft in eine Kapitalgesellschaft erforderlich ist, ist streitig.
[492] Vgl. §§ 198 III, 16 II, III UmwG.

Gageik

§ 26   7. Teil. Formwechsel

Fall: (Formwechsel einer GmbH in eine GmbH & Co. KG)
*Um die Steuerbelastung zu senken, soll die F-GmbH in eine GmbH & Co. KG umgewandelt werden. Als Komplementär der neuen GmbH & Co. KG steht die I-GmbH bereit, die **Alternative 1**: bereits einen Geschäftsanteil an der F-GmbH erworben hat; **Alternative 2**: im Rahmen des Formwechsels der F-GmbH beitritt.*

Hierzu folgende Muster:
– Umwandlungsbeschluss, Zustimmungs- und Verzichtserklärungen, Rn. 254 A
– Handelsregisteranmeldung der formwechselnden Gesellschaft, Rn. 254 B

Formwechsel einer GmbH in eine GmbH & Co. KG, §§ 190 ff., 226 ff. UmwG, Umwandlungsbeschluss, Gesellschafterversammlung in der Form der §§ 8 ff. BeurkG mit Zustimmungs- und Verzichtserklärungen

254 A   UR. Nr. ..... für .....

Verhandelt

zu Musterort

am .....
Vor mir, ...
                         Notar

für den Oberlandesgerichtsbezirk Musterort mit dem Amtssitz in Musterort, erschienen, von Person bekannt:
1. X
2. Y
   hier handelnd jeweils:
   a) im eigenen Namen,
   b) als zur gemeinschaftlichen Vertretung berechtigte und von den Beschränkungen des § 181 BGB befreite Geschäftsführer der I-GmbH mit Sitz in Musterort, eingetragen im Handelsregister des Amtsgerichts Musterort unter HR B 123,
   c) als zur gemeinschaftlichen Vertretung berechtigte und von den Beschränkungen des § 181 BGB befreite Geschäftsführer der F-GmbH mit Sitz in Musterort, eingetragen im Handelsregister des Amtsgerichts Musterort unter HR B 456,
3. Z

Der amtierende Notar hat sich durch heutige Einsichtnahme in das elektronische Handelsregister des Amtsgerichts Musterort HR B 123 bzw. HR B 456 überzeugt, dass dort die I-GmbH mit Sitz in Musterort bzw. die F-GmbH mit Sitz in Musterort eingetragen ist und X und Y als gemeinsam vertretungsberechtigte und von den Beschränkungen des § 181 BGB befreite Geschäftsführer sowohl zur Vertretung der I-GmbH als auch zur Vertretung der F-GmbH berechtigt sind.

§ 26. Umwandlungsrechtliche Regelungen   § 26

Die Erschienenen, handelnd wie angegeben, erklärten:

I. Vorbemerkungen

1. X Y, Z und die I-GmbH sind sämtliche Gesellschafter der im Handelsregister des Amtsgerichts Musterort unter HR B 456 eingetragenen F-GmbH mit Sitz in Musterort.
2. Eingetragener Unternehmensgegenstand der F-GmbH ist ... Der Gegenstand der F-GmbH ist demnach keine freiberufliche Tätigkeit.[493]
3. Das eingetragene Stammkapital der F-GmbH beträgt € ....
4. Daran sind beteiligt:
   X mit einem Geschäftsanteil im Nennbetrag von € ....,
   Y mit einem Geschäftsanteil im Nennbetrag von € ....,
   Z mit einem Geschäftsanteil im Nennbetrag von € ....,
   Wenn die I-GmbH bereits an der F-GmbH beteiligt ist:[494]
   die I-GmbH mit einem Geschäftsanteil im Nennbetrag von € ......
5. Der Notar hat die letzte vom Handelsregister aufgenommene Gesellschafterliste eingesehen.
   Die Liste der Gesellschafter der F-GmbH hat das Datum vom (Datum) (**ggf.**: und die Bestätigung des Notars (Name, Amtssitz)).
   X, Y, Z **(wenn die I-GmbH bereits an der F-GmbH beteiligt ist:)** und die I-GmbH sind in dieser Liste mit den vorgenannten Geschäftsanteilen eingetragen.
6. Nach Angaben der Beteiligten sind sämtliche Stammeinlagen bei der F-GmbH voll erbracht.[495]
7. Je €... eines Geschäftsanteils gewähren eine Stimme.
   Damit sind alle Gesellschafter und alle Stimmen vertreten. Es handelt sich um eine Vollversammlung.

II. Gesellschafterversammlung

X, Y, Z **(wenn die I-GmbH bereits an der F-GmbH beteiligt ist:)** und die I-GmbH halten unter Verzicht auf die Einhaltung aller satzungsmäßigen und gesetzlichen Formen und Fristen der Einberufung und Durchführung (insbesondere der Auslegung und Mitteilung)

---

[493] Wegen der Änderung des § 105 II HGB kann nunmehr sogar eine Gesellschaft, die kein Gewerbe betreibt, durch Eintragung im Handelsregister oHG/KG werden. § 228 I UmwG hat daher nur noch Bedeutung bzgl. der Freiberufler, die auch nicht durch Formwechsel die Rechtsform einer Personenhandelsgesellschaft erlangen können.

[494] Ob die zukünftige Komplementar-GmbH vor der Umwandlung an der formwechselnden GmbH beteiligt sein muss, ist angesichts von BGH, Urt. vom 9.5.2005, DNotZ 2005 S. 864, sehr zweifelhaft. Es erscheint nunmehr auch möglich, den künftigen Komplementär im Zuge des Formwechsels beitreten zu lassen.

[495] Die Leistung rückständiger Einlagen wäre aber nicht Voraussetzung des Formwechsels in eine Personengesellschaft.

Gageik   1583

§ 26   7. Teil. Formwechsel

einschließlich der der Vorschriften der §§ 230, 231, 232 UmwG[496] eine

Gesellschafterversammlung
der F-GmbH

ab und beschließen mit allen Stimmen was folgt:

1. Formwechsel
Die F-GmbH wird gemäß §§ 190 ff., 226 ff. UmwG im Wege eines Formwechsels in eine Kommanditgesellschaft (nachstehend nur „GmbH & Co. KG" genannt) umgewandelt.
Für die GmbH & Co. KG wird der Gesellschaftsvertrag festgestellt, der als **Anlage 1** zu dieser Urkunde genommen ist.[497] Darauf wird verwiesen.

2. Firma, Sitz
Die GmbH & Co. KG erhält die Firma

F-GmbH & Co. KG.

Sitz der F-GmbH & Co. KG ist Musterort.[498]

3. Beteiligungen
An der F-GmbH & Co. KG sind beteiligt:
a) als persönlich haftende Gesellschafterin:
– die I-GmbH ohne Anteil am Festkapital,[499]
b) als Kommanditisten:[500]
– X (Name, Vorname, Geburtsdatum, Wohnort)[501] mit einer Kommanditeinlage (zugleich Haftsumme) in Höhe von € ...
– Y (Name, Vorname, Geburtsdatum, Wohnort) mit einer Kommanditeinlage (zugleich Haftsumme) in Höhe von € ...
– Z (Name, Vorname, Geburtsdatum, Wohnort) mit einer Kommanditeinlage (zugleich Haftsumme) in Höhe von € ...
Die Kommanditeinlage entspricht dem jeweiligen Anteil des Kommanditisten am Festkapital der F-GmbH & Co. KG.
Damit sind sämtliche Gesellschafter der F-GmbH auch an der F-GmbH & Co. KG beteiligt.

---

[496] Die Erfordernisse nach § 230 I UmwG und nach § 232 I UmwG entfallen, wenn gem. § 192 II 1, 2. Alt. UmwG – wie hier – durch notarielle Erklärung aller Gesellschafter auf den Umwandlungsbericht verzichtet wird. Damit erübrigt sich selbstverständlich auch das Erfordernis gem. § 192 I 3 UmwG.
[497] Vgl. § 234 Nr. 3 UmwG
[498] Vgl. § 234 Nr. 1 UmwG
[499] Auch wenn die I-GmbH schon vor dem Formwechsel an der F-GmbH beteiligt war, muss sie nicht zwingend einen Anteil am Festkapital erhalten. IdR hält sie ihren Geschäftsanteil an der F-GmbH treuhänderisch für einen der Kommanditisten; dieses Treuhandverhältnis wird mit Eintragung des Formwechsels aufgelöst. Im Übrigen ist auch der nicht verhältniswahrende Formwechsel zulässig.
[500] Vgl. § 234 Nr. 2 UmwG
[501] Für die Bezeichnung der Kommanditisten nach § 234 Nr. 2 UmwG gilt § 106 II HGB.

§ 26 Umwandlungsrechtliche Regelungen § 26

Wenn die I-GmbH noch nicht an der F-GmbH beteiligt ist:
Die I-GmbH tritt bedingt durch das Wirksamwerden des Formwechsels als persönlich haftende Gesellschafterin der F-GmbH & Co. KG bei. Alle übrigen Gesellschafter stimmen diesem Beitritt zu.

4. Kapitalschutz
§ 220 UmwG findet keine Anwendung.

5. Barabfindungsangebot
Ein Barabfindungsangebot gem. § 207 UmwG ist angesichts der Zustimmung aller Gesellschafter zum Umwandlungsbeschluss ohne Widerspruch entbehrlich.[502] Im Übrigen wird darauf verzichtet werden.

6. Besondere Rechte oder Maßnahmen
Besondere Rechte oder Maßnahmen im Sinne von § 194 Abs. 1 Nr. 5 UmwG sind nicht vorgesehen und werden nicht gewährt. Besondere Rechte bestehen bei der F-GmbH nicht.

7. Folgen für die Arbeitnehmer und ihre Vertretungen
a) Die Arbeitsverhältnisse mit den Arbeitnehmern der GmbH werden von der Gesellschaft auch in der Rechtsform der GmbH & Co. KG unverändert fortgeführt. Besondere Maßnahmen sind nicht erforderlich und nicht vorgesehen.
b) Die F-GmbH hat keinen Aufsichtsrat und keine Ausschüsse, Organe oder sonstige Gremien, zu deren Mitgliedern Arbeitnehmer gehören, insbesondere keinen Wirtschaftsausschuss. Es gibt keinen Betriebsrat, keinen Gesamt- oder Konzernbetriebsrat, keinen Europäischen Betriebsrat und keine anderweitigen Arbeitnehmervertretungen.

8. Unterrichtung des Betriebsrates
Da die F-GmbH keinen Betriebsrat hat, findet § 194 Abs. 2 UmwG keine Anwendung.

9. Vertretungsbefugnis der persönlich haftenden Gesellschafterin
Die I-GmbH vertritt die F-GmbH & Co. KG stets einzeln. Sie und ihre Organe sind von den Beschränkungen des § 181 BGB befreit.
Damit ist die Gesellschafterversammlung beendet.

III. Zustimmungs- und Verzichtserklärungen

X, Y, Z und die I-GmbH erklärten sodann gegenüber den Geschäftsführern der F-GmbH:[503]
1. Auf die Erstellung eines Umwandlungsberichtes i. S. v. § 192 Abs. 1 UmwG[504] wird gem. § 192 Abs. 2 UmwG verzichtet.

---

[502] Würde diese Erwartung enttäuscht, könnte das Abfindungsangebot nachgeholt werden.
[503] Die Verzichtserklärungen sind gegenüber dem Vertretungsorgan des formwechselnden Rechtsträgers abzugeben.
[504] Das Erfordernis der Vermögensaufstellung ist entfallen.

2. Auf ein Abfindungsangebot gem. §§ 194 Abs. 1 Nr. 6, 207 UmwG wird ausdrücklich verzichtet.[505]
3. Auf die Anfechtung der vorstehenden Beschlüsse, insbesondere des Formwechselbeschlusses, und die Erhebung einer Klage gemäß § 195 UmwG wird ebenfalls verzichtet.
4. Die I-GmbH stimmt gem. § 233 Abs. 2 Satz 3 UmwG ausdrücklich ihrer Beteiligung an der F-GmbH & Co. KG als persönlich haftende Gesellschafterin zu.
5. Alle Beteiligten stimmen vorsorglich der Umwandlung ausdrücklich auch für den Fall zu, dass es sich um eine nicht verhältniswahrende Umwandlung handeln sollte.

IV. Kosten. Sonstiges

1. Die F-GmbH hat keinen Grundbesitz und ist ihrerseits nicht Gesellschafterin einer GmbH.[506]
2. Die mit dieser Urkunde und ihrer Durchführung verbundenen Kosten trägt die GmbH & Co. KG.
3. Alle Zustimmungen zu dieser Urkunde werden allen Beteiligten gegenüber unmittelbar wirksam mit ihrem Zugang beim amtierenden Notar.

V. Hinweise

Der Notar hat die Erschienenen darauf hingewiesen, dass
– der Formwechsel erst mit Eintragung der neuen Rechtsform der GmbH & Co. KG in das Handelsregister wirksam wird,
– Rechte Dritter an den Geschäftsanteilen der GmbH an den aufgrund Umwandlung entstehenden Gesellschaftsbeteiligungen an der GmbH & Co. KG fortbestehen,
– das Registergericht die Eintragung des Formwechsels bekanntmachen und in dieser Bekanntmachung die Gläubiger darauf hinweisen wird, dass sie u. U. Sicherheitsleistung verlangen können,
– die Geschäftsführer der F-GmbH gem. § 205 UmwG der Gesellschaft, ihren Anteilseignern und ihren Gläubigern für einen durch den Formwechsel erlittenen Schaden haften.

VI. Vollmacht

Die Erschienenen, handelnd wie angegeben, bevollmächtigen hiermit
a)
b)
c),

---

[505] Trotz Fehlens einer ausdrücklichen gesetzlichen Regelung ist der (notariell zu beurkundende) Verzicht auf das Barabfindungsangebot nach hM möglich, und zwar sowohl vor als auch nach Fassung des Umwandlungsbeschlusses.
[506] Andernfalls ist das Einreichen einer neuen Gesellschafterliste für diese GmbH veranlasst.

§ 26 Umwandlungsrechtliche Regelungen § 26

sämtlich geschäftsansässig beim beurkundenden Notar und zwar jeden von ihnen einzeln und – wenn und soweit sie selbst befreit sind – auch unter Befreiung von den Beschränkungen des § 181 BGB, alle Erklärungen abzugeben und entgegenzunehmen, auch Beschlüsse zu fassen und alle Rechtshandlungen vorzunehmen, die nach ihrem pflichtgemäßen Ermessen zum Vollzug dieser Urkunde und zur Eintragung im Handelsregister – insbesondere bei gerichtlichen Zwischenverfügungen – noch notwendig oder zweckmäßig sind.

Die Vollmacht ist jederzeit widerruflich. Von dieser Vollmacht kann materiell wirksam nur Gebrauch gemacht werden vor dem amtierenden Notar, seinem Sozius oder deren amtlichen Vertretern.

Diese Niederschrift nebst Anlagen wurde den Erschienenen vom Notar vorgelesen, von ihnen genehmigt und von ihnen und dem Notar eigenhändig wie folgt unterschrieben:

Handelsregisteranmeldung der formwechselnden Gesellschaft

UR. Nr. ..... für ..... 254 B

An das
Amtsgericht
– Handelsregister –
Musterort

HR B 456[507]
F-GmbH
Wir,[508] X und Y,
handelnd in unserer Eigenschaft als gemeinschaftlich vertretungsberechtigte Geschäftsführer der vorstehend genannten Gesellschaft,

I.

melden zur Eintragung in das Handelsregister an:
1. Die F-GmbH ist im Wege des Formwechsels nach den §§ 190 ff., 226 ff. UmwG in die Rechtsform[509] einer Kommanditgesellschaft umgewandelt worden.

---

[507] Gemäß § 198 II UmwG hat die Anmeldung sowohl zu HR B als auch zu HR A, dort als neue KG, zu erfolgen; vgl. Muster 253 B (Formwechsel KG in KGaA).

[508] Nach § 235 II UmwG ist die Anmeldung durch das Vertretungsorgan der formwechselnden Gesellschaft vorzunehmen, nicht durch alle Gesellschafter der KG.

[509] Gem. § 198 I UmwG ist die neue Rechtsform anzumelden.

2. Die Kommanditgesellschaft führt die Fima F-GmbH & Co. KG.
3. Sitz der Gesellschaft ist Musterort.
4. Die Kommanditgesellschaft hat folgenden Unternehmensgegenstand:
   ....
5. Komplementärin ist die I-GmbH, eingetragen im Handelsregister des Amtsgerichts Musterort unter HR B 123.
   Sie vertritt die Kommanditgesellschaft stets einzeln. Sie und ihre Organe sind von den Beschränkungen des § 181 BGB befreit.
6. Die allgemeine Bestimmung im Gesellschaftsvertrag über die Vertretung der Gesellschaft lautet wie folgt:[510]
   Die Gesellschaft hat einen oder mehrere persönlich haftende Gesellschafter. Jeder persönlich haftende Gesellschafter vertritt die Gesellschaft stets einzeln. Die Gesellschafterversammlung kann einzelne oder alle persönlich haftenden Gesellschafter und/oder ihre Organe von den Beschränkungen des § 181 BGB befreien.
7. Kommanditisten sind folgende Personen mit folgenden Hafteinlagen:
   X mit einer Hafteinlage in Höhe von   € ....,
   Y mit einer Hafteinlage in Höhe von   € ....,
   Z mit einer Hafteinlage in Höhe von   € ....
8. Die Geschäftsräume der Kommanditgesellschaft befinden sich in Musterort. Diese Anschrift wird zugleich als inländische Geschäftsanschrift der KG angemeldet.

II.

Als Anlagen überreichen wir:

eine Ausfertigung der Niederschrift vom (Datum) – UR. Nr. ..... des Notars ..... in ... – enthaltend:
a) den Umwandlungsbeschluss,
b) den Gesellschaftsvertrag der durch den Formwechsel entstandenen KG,
c) die Zustimmungserklärungen der persönlich haftenden Gesellschafterin der F-GmbH & Co. KG nach § 233 Abs. 2 Satz 3 UmwG,
d) die Verzichtserklärungen aller Gesellschafter auf Erstellung eines Umwandlungsberichts,
e) die Verzichtserklärungen aller Gesellschafter auf Abgabe eines Barabfindungsangebots gem. § 207 UmwG,
f) die Verzichtserklärungen aller Gesellschafter auf Anfechtung des Umwandlungsbeschlusses und Erhebung einer Klage gem. § 195 UmwG.

---

[510] Je nach Bestimmung im Gesellschaftsvertrag der KG.

III.

Wir erklären weiter:
1. Die F-GmbH hat keinen Betriebsrat.
2. Alle Gesellschafter haben dem Umwandlungsbeschluss zugestimmt und die erforderlichen besonderen Zustimmungserklärungen abgegeben.
3. **Wenn die I-GmbH neu beigetreten ist:** Die I-GmbH ist im Zuge des Formwechsels als Komplementärin der durch den Formwechsel entstehenden KG beigetreten.
4. Staatliche Genehmigungen sind nicht erforderlich.

IV.

Weiter versichern wir, dass eine Klage gegen die Wirksamkeit des Umwandlungsbeschlusses nicht oder nicht fristgerecht erhoben worden ist.[511]

(Ort und Datum)

(Unterschriftsbeglaubigung)

---

[511] Vgl. §§ 198 III, 16 II, III UmwG.

§ 27. Handelsbilanzielle Regelungen (HGB/IFRS)

I. Bilanzierung im Zeitpunkt des Formwechsels

1. Identitätsgrundsatz

1 Anders als bei der Verschmelzung oder der Spaltung, überträgt der formwechselnde Rechtsträger beim Formwechsel sein Vermögen nicht auf einen anderen Rechtsträger. Der formwechselnde Rechtsträger besteht vielmehr nach § 202 I Nr. 1 UmwG nach der Eintragung des Formwechsels in das Handelsregister mit dem vor dem Formwechsel vorhandenen Vermögen weiter. Er ändert nach § 190 I UmwG lediglich sein Rechtskleid in Gestalt seiner rechtlichen Verfassung, wird aber als identisches Rechtssubjekt fortgeführt.

2 Angesichts dieses bloßen **Wechsels des Rechtskleides** vollzieht sich der Formwechsel nach der umwandlungsgesetzlichen Konzeption identitätswahrend.[1]

2. Umwandlungsbericht

3 Gemäß § 192 I UmwG besteht die Pflicht zur Aufstellung eines Umwandlungsberichtes. Dieser soll im Wesentlichen den Formwechsel und die künftige Beteiligung der Anteilsinhaber rechtlich und wirtschaftlich erläutern und begründen. Von dem Umwandlungsbericht kann abgesehen werden, wenn gemäß § 192 II UmwG ausschließlich ein Anteilsinhaber an dem Formwechsel beteiligt ist oder alle Gesellschafter einer Personengesellschaft zur Geschäftsführung berichtigt sind (§ 215 UmwG).[2] Daneben kann durch notarielle Erklärung aller Anteilseigner auf die Erstellung des Umwandlungsberichts verzichtet werden (§ 192 II UmwG).[3] Die bisherige Pflicht zur Abgabe einer **Vermögensaufstellung** wurde mit dem zweiten Gesetz zur Änderung des Umwandlungsgesetzes vom 19.4.2007 ersatzlos gestrichen.[4]

3. Handelsrechtliche Rechnungslegung

a) Keine Aufstellung einer Schlussbilanz

4 Der identitätswahrende Charakter des Formwechsels ist der Grund dafür, dass in den Vorschriften der §§ 190 ff. UmwG zum Formwechsel nicht auf die Regelungen der §§ 17 II, 24 UmwG verwiesen wird.[5] Insofern hat der formwechselnde Rechtsträger vor dem Formwechsel

---

[1] BT-Drucks. 12/6699 S. 72 II. 3 sowie S. 137 zu § 190 UmwG; *Wochinger/Dötsch* DB Beilage 14/1994 S. 21.
[2] *Deubert/Hoffmann* in Winkeljohann/Förschle/Deubert Teil L Rn. 21.
[3] *Meister/Klöcker* in Kallmeyer UmwG § 192 Rn. 56, 58; *Deubert/Hoffmann* in Winkeljohann/Förschle/Deubert Teil L Rn. 21.
[4] *Deubert/Hoffmann* in Winkeljohann/Förschle/Deubert Teil L Rn. 20 f.
[5] *Herzig* Maßgeblichkeitsgrundsatz S. 24.

keine besondere **Schlussbilanz** und nach dem Formwechsel keine **Übernahmebilanz** bzw. Eröffnungsbilanz aufzustellen.[6]
Dies unterscheidet die handelsrechtliche Rechnungslegung beim Formwechsel deutlich von den steuerlichen Regelungen der §§ 9, 25 UmwStG. Danach hat der formwechselnde Rechtsträger anders als im Handelsrecht für steuerliche Zwecke eine Schlussbilanz und der durch den Formwechsel entstandene Rechtsträger eine steuerliche Übernahmebilanz aufzustellen. Erforderlich ist die Aufstellung einer Schlussbilanz steuerlich indes lediglich beim Formwechsel einer Kapitalgesellschaft in eine Personengesellschaft (§ 9 Satz 2 UmwStG) bzw. von einer Personengesellschaft in eine Kapitalgesellschaft (§ 25 Satz 2 UmwStG). Begründet ist die steuerliche Pflicht zur Aufstellung von Schlussbilanz und Übernahmebilanz in unterschiedlichen Besteuerungskonzeptionen für Kapitalgesellschaften und Personengesellschaften.

5

b) Buchwertfortführung

Dem Umwandlungsgesetz mangelt es an einer expliziten Regelung nach der die Buchwerte fortgeführt werden können. Aus dem im Umwandlungsgesetz 1995 angelegten Konzept der Identitätswahrung ist aber abzuleiten, dass der formwechselnde Rechtsträger die Buchwerte fortzuführen hat.[7] Angesichts des identitätswahrenden Charakters des Formwechsels ist insofern auch kein ausdrückliches gesetzliches Gebot zur Fortführung der Buchwerte des formwechselnden Rechtsträgers erforderlich. Da das Rechtssubjekt vor dem Formwechsel mit dem formgewechselten Rechtssubjekt identisch ist, fehlt es an einem für die Realisation von Erträgen nach § 252 I 1 HGB erforderlichen **Umsatzakt.** Demzufolge können Vermögensgegenstände des formwechselnden Rechtsträgers nicht bis zu ihren Zeitwerten aufgestockt werden.

6

Entgegen den im Steuerrecht gegebenen Wahlrechten gemäß § 9 iVm §§ 3 ff. sowie gemäß § 25 UmwStG zur Bewertung des übernommenen Vermögens zum gemeinen Wert bzw. auf Antrag mit steuerlichem Buchwert bzw. Zwischenwert dürfen damit handelsrechtlich beim Formwechsel keine stillen Reserven aufgedeckt werden.[8] Infolge der handelsrechtlich gebotenen **Buchwertfortführung** entsteht beim Formwechsel weder ein Gewinn noch ein Verlust.

7

Bedingt durch die Identität mit dem formwechselnden Rechtsträger tritt der formgewechselte Rechtsträger vielmehr vollumfänglich in die Rechtsstellung des formwechselnden Rechtsträgers ein. Das bedeutet, dass er auch die fortgeführten Anschaffungs- und Herstellungskosten des formwechselnden Rechtsträgers nach § 253 I 1 HGB als Wertobergren-

8

---

[6] IDW RS HFA 41 Rn. 22; *Widmann* in Widmann/Mayer UmwG § 24 Rn. 482.
[7] Vgl. auch BFH-Urteil vom 21.6.1994 – VIII R 5/92 BStBl. II 1994 S. 856; *Widmann* in Widmann/Mayer UmwG § 24 Rn. 482; *Busch* AG 1995 S. 559 f.; IDW RS HFA 41 Rn. 5.
[8] *Busch* AG S. 559; *Lempenau* in Festschrift Haas S. 229; IDW RS HFA 41 Rn. 5; *Deubert/Hoffmann* in Winkeljohann/Förschle/Deubert Teil L Rn. 30.

zen bei der Bewertung des Vermögens zu beachten hat. Der formgewechselte Rechtsträger ist daher an die fortgeführten Anschaffungskosten ebenso wie an die Bewertungsmethoden des Rechtsträgers alter Rechtsform gebunden. Ein Formwechsel rechtfertigt nur insoweit Durchbrechungen der Grundsätze der Ansatz- und der Bewertungsstetigkeit, als für die neue Rechtsform abweichende Ansatz- oder Bewertungsmethoden angewandt werden müssen oder sollen.[9]

9   Will man demgegenüber handelsrechtlich die Buchwerte des übertragenden Rechtsträgers auf höhere Werte aufstocken, kann man dies statt durch einen Formwechsel durch eine Verschmelzung erreichen. Dazu wird zuerst der Rechtsträger neuer Rechtsform gegründet. Anschließend wird der Rechtsträger alter Rechtsform auf den neuen Rechtsträger verschmolzen. Auf diese Verschmelzung sind die Regelungen der §§ 17 II, 24 UmwG anzuwenden. Danach kann der übernehmende Rechtsträger das Vermögen des übertragenden Rechtsträgers wahlweise zu Anschaffungskosten oder zu Buchwerten bewerten.

c) Keine Rückwirkung

10 Anders als eine Verschmelzung oder eine Spaltung kann der Formwechsel handelsrechtlich nicht auf einen früheren Stichtag rückbezogen werden.[10] Dieses Rückwirkungsverbot ergibt sich aus dem fehlenden Verweis in §§ 190 ff. UmwG auf § 17 II UmwG. Im Außenverhältnis erscheint der formwechselnde Rechtsträger folglich erst dann in seinem neuen Rechtskleid, wenn der Formwechsel nach §§ 198, 202 UmwG im Handelsregister eingetragen ist.

11 Auch insofern unterscheiden sich die handelsrechtlichen Regelungen von den steuerlichen Vorschriften der §§ 9, 25 UmwStG zum Formwechsel. Danach kann nämlich eine Kapitalgesellschaft rückwirkend in eine Personengesellschaft und umgekehrt eine Personengesellschaft rückwirkend in eine Kapitalgesellschaft umgewandelt werden. Ein rückwirkender Formwechsel einer Kapitalgesellschaft in eine Kapitalgesellschaft anderer Rechtsform sowie einer Personengesellschaft in eine Personengesellschaft anderer Rechtsform ist steuerlich nicht vorgesehen, aber auch nicht nötig.

d) Anzuwendende Rechnungslegungsvorschriften und Offenlegung

12 Bis zur Eintragung in das Handelsregister sind auf den formwechselnden Rechtsträger weiterhin die **Rechnungslegungsvorschriften** anzuwenden, die sich auf seine alte Rechtsform beziehen. Liegt der Zeitpunkt der Eintragung des Formwechsels zwar vor tatsächlicher Aufstellung des handelsrechtlichen Jahresabschlusses, aber nach dem Bilanzstichtag, gelten für den auf diesen Bilanzstichtag aufzustellenden

---

[9] IDW RS HFA 41 Rn. 23.
[10] *Widmann* in Widmann/Mayer UmwG § 24 Rn. 485; IDW RS HFA 41 Rn. 3. Für eine teleologische Ergänzung indes *Lempenau* in Festschrift Haas S. 231 f.

Jahresabschluss weiterhin die Offenlegungs- und Prüfungspflichten, die für den formwechselnden Rechtsträger am Bilanzstichtag maßgebend waren.[11]

Es empfiehlt sich, dass der formwechselnde Rechtsträger seinen Jahres- 13 abschluss sowie gegebenenfalls auch seinen Lagebericht unter seiner bisherigen sowie unter seiner neuen Firma **offenlegt**.

Ausnahmsweise fällt die Prüfungs- und Offenlegungspflicht jedoch nach hM auch mit Wirkung für den früheren Abschluss weg, wenn ein bislang prüfungs- und offenlegungspflichtiger Rechtsträger als Kapitalgesellschaft durch Formwechsel in eine Personengesellschaft umgewandelt wird, bei der mindestens eine natürliche Person unbeschränkt haftet.[12]

4. Aufbringung des Eigenkapitals

Von besonderer Bedeutung ist beim Formwechsel die Frage, ob das 14 erforderliche Eigenkapital des formgewechselten Rechtsträgers durch das Vermögen des formzuwechselnden Rechtsträgers aufgebracht werden kann. Entscheidend ist diese Frage vor allem beim Formwechsel einer Personengesellschaft in eine Kapitalgesellschaft.

a) Formwechsel in eine Kapitalgesellschaft

aa) Gründungs- und Kapitalaufbringungsvorschriften

Mit dem UmwG 1995 wurde der Formwechsel in eine Kapitalgesell- 15 schaft zwar erheblich vereinfacht. Trotz vieler technischer Vereinfachungen soll es aber nicht möglich werden, die strengen Gründungs- und Kapitalaufbringungsvorschriften für Kapitalgesellschaften über die formlose Gründung einer Personengesellschaft und einen anschließenden Formwechsel in eine Kapitalgesellschaft zu unterlaufen.[13] Insofern wird in § 197 UmwG auf die entsprechende Anwendung der Gründungsvorschriften für Kapitalgesellschaften verwiesen. Ferner wird in § 220 I UmwG ein Nachweis über die Kapitalaufbringung verlangt. Die Regelungen der §§ 197, 220 I UmwG sind eng miteinander verzahnt.

(1) Analoge Anwendung der Sachgründungsvorschriften gemäß § 197 16 UmwG. Gemäß § 197 Satz 1 UmwG sind beim Formwechsel die für die neue Rechtsform geltenden Gründungsvorschriften zu beachten. Davon ausgenommen sind nach § 197 Satz 2 UmwG die Regelungen, die sich auf die Mindestzahl der Gründer oder die Bildung und Zusammensetzung des ersten Aufsichtsrates beziehen. Beim Formwechsel in eine Aktiengesellschaft ist allerdings gemäß § 197 Satz 3 UmwG ist § 31 AktG zu beachten, wonach der Aufsichtsrat aus mindestens drei Mitgliedern bestehen muss.

---

[11] *Widmann* in Widmann/Mayer UmwG § 24 Rn. 485; IDW RS HFA 41 Rn. 24 f.; *Deubert/Hoffmann* in Winkeljohann/Förschle/Deubert Teil L Rn. 42, 103; *Pfitzer* in WP-Handbuch 2014, Teil F, Rn. 175.
[12] *Widmann* in Widmann/Mayer UmwG § 24 Rn. 485; IDW RS HFA 41 Rn. 24 f.; *Pfitzer* in WP-Handbuch 2014, Teil F, Rn. 176.
[13] *Lempenau* in Festschrift Haas S. 226.

17 Angesichts des § 197 Satz 1 UmwG sind beim Formwechsel in eine Kapitalgesellschaft die Sachgründungsvorschriften der §§ 27–38 AktG für die AG bzw. KGaA bzw. die Regelungen der §§ 5–11 GmbHG für die GmbH analog anzuwenden. Auf die Kapitalaufbringung bezogen ist somit der Formwechsel einer Personengesellschaft in eine Kapitalgesellschaft einer Sachgründung gleichgestellt.[14]

18 Nach § 36a II 3 AktG darf bei einer Sachgründung der Betrag des Nennkapitals der Kapitalgesellschaft den Zeitwert des als Einlage eingebrachten Vermögens nicht übersteigen.[15] Für den Formwechsel bedeutet das, dass der Zeitwert des Vermögens des formwechselnden Rechtsträgers das gemäß § 194 I Nr. 4 UmwG im Umwandlungsbeschluss festzusetzende Nennkapital der formgewechselten Kapitalgesellschaft mindestens decken muss. Bleibt der Zeitwert der Sacheinlage hinter dem Mindestnennkapital zurück, darf der Formwechsel in eine AG oder eine GmbH nicht in das Handelsregister eingetragen werden. Reicht das Vermögen vor dem Formwechsel zur Aufbringung des Nennkapitals nicht aus, so können zum Ausgleich von den Gesellschaftern vor dem Formwechsel Einlagen geleistet werden.[16]

19 Der Zeitwert des Vermögens ist grundsätzlich der Vorschrift des § 9 I GmbHG analog auf den Tag der Handelsregisteranmeldung zu bestimmen.[17] Mangels ausdrücklicher umwandlungsrechtlicher Regelung ist der formwechselnde Rechtsträger allerdings in der Wahl eines abweichenden Bewertungsstichtages frei. Er kann als Bewertungsstichtag auch einen Zeitpunkt vor der Registeranmeldung wählen. Sofern sich allerdings das Vermögen des formwechselnden Rechtsträgers zwischen dem früheren Bewertungsstichtag und dem Zeitpunkt der Anmeldung mindert, so dass der Zeitwert des Vermögens den darzustellenden Nennkapitalbetrag unterschreitet, muss der Differenzbetrag durch die Gesellschafter bar ausgeglichen werden.[18]

20 (2) Nachweis über die Kapitalaufbringung gemäß § 220 I UmwG. In § 197 UmwG wird allgemein auf die Beachtung der Gründungsvorschriften beim Formwechsel verwiesen. Ergänzend bzw. konkretisierend dazu wird durch § 220 UmwG der Kapitalschutz beim Formwechsel von Personengesellschaften in Kapitalgesellschaften normiert. Der Regelung des § 220 I UmwG zufolge darf der Nennbetrag des gezeichneten Kapitals einer GmbH, AG oder KGaA das nach Abzug der Schulden verbleibende Vermögen der formwechselnden Gesellschaft nicht übersteigen. Das Nettovermögen des formwechselnden Rechtsträgers muss mit-

---

[14] *Schulze-Osterloh* ZGR 1993 S. 445; *Lempenau* in Festschrift Haas S. 230.
[15] *Winter/Westermann* in Scholz GmbHG § 5 Rn. 57; *Dirksen/Blasche* in Kallmeyer UmwG § 220 Rn. 9.
[16] *Dirksen/Blasche* in Kallmeyer UmwG § 220 Rn. 14.
[17] *Pentz* in Münchner Kommentar zum AktG § 27 AktG Rn. 38; *Winter/Westermann* in Scholz § 5 GmbHG Rn. 58; *Fastrich* in Baumbach/Hueck GmbH-Gesetz § 5 Rn. 34.
[18] *Pentz* in Münchner Kommentar zum AktG § 27 AktG Rn. 38; *Winter/Westermann* in Scholz § 5 GmbHG Rn. 58.

hin mindestens dem gezeichneten Kapital nach dem Formwechsel entsprechen.

Bei der in § 220 UmwG verlangten Gegenüberstellung von Nettovermögen und gezeichnetem Kapital bleibt allerdings unklar, ob das **Nettovermögen** des formwechselnden Rechtsträgers mit dem Buchwert, Zeitwert oder Liquidationswert zu **bewerten** ist. Nach alter Rechtslage war das Reinvermögen für die Prüfung der Kapitalaufbringung mit den Zeitwerten zu bewerten, §§ 40 ff. bzw. §§ 46 ff. UmwG 1969. Zwar war der Formwechsel in eine Kapitalgesellschaft nach alter Rechtslage als vereinfachte Sachgründung konzipiert. Von dieser Konzeption weicht das neue Recht mit dem Identitätsprinzip des formwechselnden Rechtsträgers deutlich ab. 21

Versteht man dessen ungeachtet § 220 I UmwG als Konkretisierung des § 197 Satz 1 UmwG beim Formwechsel von Personengesellschaften in Kapitalgesellschaften, dann sind bei der Ermittlung des Reinvermögens gemäß § 220 I UmwG die Zeitwerte anzusetzen. Denn zumindest für die Kapitalaufbringung ist der Formwechsel einer Personengesellschaft in eine Kapitalgesellschaft ganz analog wie eine Sachgründung zu behandeln. Bei der Sachgründung sind zur Ermittlung der Kapitalaufbringung die Zeitwerte anzusetzen. Insofern ist übereinstimmend mit der überwiegenden Ansicht des Schrifttums[19] das Vermögen zu **Zeitwerten** zu bewerten. Bei einem Formwechsel ist Gegenstand des sacheinlageähnlichen Vorgangs regelmäßig ein Unternehmen. Der Zeitwert dieses Unternehmens ist dann nach den Grundsätzen des IDW S 1 idF 2008 zu ermitteln.[20] 22

Allerdings besteht die Möglichkeit, dass das gezeichnete Kapital der formgewechselten Kapitalgesellschaft zwar durch das Nettovermögen zu Zeitwerten, nicht aber das Nettobuchvermögen gedeckt wird. In dieser Situation stellt sich die Frage nach der Bilanzierung bei der formgewechselten Kapitalgesellschaft, denn der formgewechselte Rechtsträger hat die Buchwerte des formwechselnden Rechtsträgers wie erläutert[21] fortzuführen. Er hat nicht das Recht, den bestehenden Unterschiedsbetrag zwischen gezeichnetem Kapital und Nettovermögen durch Aufdeckung stiller Reserven auszugleichen. **Ein negativer Unterschiedsbetrag** (verstanden als Betrag der buchmäßigen Unterbilanz) ist, soweit er durch Verluste der Personengesellschaft entstanden ist, als Verlustvortrag, ansonsten in einem gesonderten Abzugsposten innerhalb des bilanziellen Eigenkapitals (bspw. als „Fehlbetrag zum festgesetzten Stammkapital") auszuweisen. Dieser Fehlbetrag wird in der Folgezeit wie ein Verlustvortrag getilgt.[22] Auf diese Weise wird das gezeichnete Kapital in der Handelsbilanz der formgewechselten Kapitalgesellschaft ungemindert ausgewiesen. Eine Unterbilanz entsteht mit dem Formwechsel somit nicht. 23

---

[19] IDW RS HFA 41 Rn. 16; *Dirksen/Blasche* in Kallmeyer UmwG § 220 Rn. 6 mwN; *Deubert/Hoffmann* in Winkeljohann/Förschle/Deubert Teil L Rn. 45.
[20] IDW RS HFA 41 Rn. 16; → § 9 Rn. 84.
[21] → Rn. 6.
[22] IDW RS HFA 41 Rn. 9.

24 Diese Auslegung des § 220 I UmwG wird durch die Tatsache gestützt, dass eine Umwandlung einer GmbH mit bestehender Unterbilanz in eine Aktiengesellschaft in der Gesetzesbegründung ausdrücklich zugelassen ist.[23] Die Umwandlung bei bestehender Unterbilanz setzt allerdings voraus, dass die entsprechenden Gründungsvorschriften beachtet und insofern das gezeichnete Kapital durch das zu Zeitwerten bewertete Vermögen der formwechselnden Gesellschaft gedeckt ist.

25 Unklar bleibt, auf welchen **Betrachtungs- und Bewertungszeitpunkt** in § 220 I UmwG abgestellt wird. Regelmäßig wird es erforderlich sein, die Deckung des Nennkapitals bei der Anmeldung des Formwechsels zum Handelsregister zu prüfen.[24] Unseres Erachtens wird es hingegen als ausreichend angesehen werden müssen, für diese Prüfung auf einen zeitnahen Stichtag abzustellen.[25] Als zeitnah wird man einen Zeitraum von bis zu acht Monaten vor der Anmeldung des Formwechsels zum Handelsregister annehmen können. Dies entspricht den umwandlungsrechtlichen Regelungen zum Stichtag der Übertragungsbilanz, wie sie in den Fällen der Verschmelzung oder der Spaltung nach § 17 II 2 UmwG zugrunde zu legen ist. Im Regelfall wird daher beim Vergleich des Nettobuchvermögens mit dem künftigen gezeichneten Kapital des formgewechselten Rechtsträgers auf die letzte Jahresbilanz zurückgegriffen werden können. Sofern allerdings der Zeitwert des Vermögens zwischen dem Bewertungsstichtag und der Anmeldung des Formwechsels zum Handelsregister erheblich gemindert wird, ist das Buchvermögen auf den Zeitpunkt der Anmeldung des Formwechsels fortzuschreiben.

26 Reicht der Zeitwert des Vermögen des formwechselnden Rechtsträgers zur Deckung des gezeichneten Kapitals nicht aus, muss entweder das gezeichnete Kapital herabgesetzt[26] oder der Gesellschaft vor dem Formwechsel zusätzliches Eigenkapital zugeführt werden.

bb) Kapitalfestsetzung

27 (1) Formwechsel einer Personengesellschaft in eine Kapitalgesellschaft. Der Formwechsel einer Personengesellschaft in eine Kapitalgesellschaft berührt die Höhe des bilanziellen Eigenkapitals der Personengesellschaft nicht.[27] Das Eigenkapital in Form der Kapitalkonten der Gesellschafter der Personengesellschaft wird in einer Summe zum Eigenkapital der Kapitalgesellschaft. Die Gesellschafter der Personengesellschaft haben vor dem Formwechsel die Möglichkeit, das Eigenkapital der Personengesellschaft durch Einlagen oder Entnahmen zu verändern und damit die Höhe

---

[23] Vgl. Regierungsbegründung zu § 247 UmwG abgedruckt bei *Ganske* Umwandlungsrecht S. 239; *Happ* in Lutter Kölner Umwandlungsrechtstage S. 243; IDW Stellungnahme HFA 1/1996.
[24] IDW RS HFA 41 Rn. 15.
[25] *Winter/Westermann* in Scholz GmbHG § 5 Rn. 59.
[26] Vgl. hierzu *Happ* in Lutter Kölner Umwandlungsrechtstage S. 242 ff.
[27] *Förschle/Hoffmann* in Winkeljohann/Förschle/Deubert Teil L Rn. 47; IDW RS HFA 41 Rn. 7.

des Nennkapitals der Kapitalgesellschaft zu gestalten. Grenzen bilden dabei gesellschaftsvertragliche bzw. gesetzliche Regelungen.[28]

Die Höhe des gezeichneten Kapitals der formgewechselten Kapitalgesellschaft ist durch den Gesellschaftsvertrag bzw. die Satzung der Kapitalgesellschaft bestimmt. Dabei wird regelmäßig auch der jeweilige Anteil der Kapitalkonten der einzelnen Gesellschafter festgesetzt, der dem gezeichneten Kapital der Kapitalgesellschaft zuzuführen ist und der damit auch die künftige Beteiligungsquote bestimmt. Dem gezeichneten Kapital der Kapitalgesellschaft ist insofern meist das der formwechselnden Personengesellschaft durch Gesellschaftereinlagen zugeführte Kapital zuzuordnen. Diese Pflichteinlagen werden bei der Personengesellschaft auf festen Kapitalkonten erfasst, den sogenannten Kapitalkonten I. Soweit diese Einlagen zur Deckung des gezeichneten Kapitals nicht ausreichen, müssen dem gezeichneten Kapital zusätzliche Bestandteile der weiteren Kapitalkonten der Gesellschafter bei der Personengesellschaft zugeordnet werden. 28

Übersteigt das bilanzielle Eigenkapital der formwechselnden Personengesellschaft das festgesetzte Stamm- bzw. Grundkapital, so ist der übersteigende Betrag den weiteren Eigenkapitalposten nach §§ 272 II, 266 III A HGB zuzuordnen. Das der Personengesellschaft durch Gesellschaftereinlagen zugeführte Eigenkapital ist daher zunächst dem Stamm- bzw. Grundkapital zuzuordnen. Der verbleibende Betrag darf in die Kapitalrücklage nach § 272 II Nr. 4 HGB eingestellt werden, da der Formwechsel eben nicht mit der Ausgabe von Anteilen im Sinne des § 272 II Nr. 1 HGB verbunden ist. Davon abweichend kann jedoch der Formwechselbeschluss auch eine (teilweise) Einstellung in die Kapitalrücklage nach § 272 II Nr. 1 HGB bestimmen, um beispielsweise bei einer AG das gesetzliche Reservekapital (§ 150 I, II AktG) darzustellen.[29] 29

(2) Formwechsel einer Kapitalgesellschaft in eine Kapitalgesellschaft anderer Rechtsform. Beim Formwechsel einer GmbH in eine AG bzw. KGaA wird nach § 247 I UmwG das bisherige Stammkapital der GmbH zum Grundkapital der AG bzw. der KGaA. Umgekehrt ergibt sich das Stammkapital bei Formwechsel einer AG bzw. einer KGaA in eine GmbH aus dem bisherigen Grundkapital. Beim Formwechsel einer KGaA in eine AG bzw. umgekehrt bleibt das Grundkapital erhalten.[30] 30

Sofern das Stammkapital einer formwechselnden GmbH nicht das Mindestnennkapital einer AG nach § 7 AktG erreicht, kann die GmbH nur dann formwechselnd umgewandelt werden, wenn ihr Kapital mit dem Umwandlungsbeschluss erhöht wird. Hierfür kommen sowohl eine Stammkapitalerhöhung aus Gesellschaftsmitteln nach § 57c GmbH als auch eine ordentliche Kapitalerhöhung durch Gesellschaftereinlagen (§§ 55 f. GmbHG) in Betracht.[31] 31

---

[28] IDW RS HFA 41 Rn. 8.
[29] IDW RS HFA 41 Rn. 8.
[30] *Göthel* in Lutter § 247 UmwG Rn. 3; *Scheel* in Semler/Stengel § 247 UmwG Rn. 2.
[31] IDW RS HFA 41 Rn. 11.

32 Die bei der GmbH ausgewiesenen Kapital und Gewinnrücklagen werden von der AG fortgeführt. Die Kapitalrücklagen nach § 272 II Nr. 1 bis 3 HGB der GmbH sind dann Teil des gesetzlichen Reservekapitals nach § 150 I iVm II 1 AktG. Soweit dieses nicht in ausrcichendem Maße vorhanden ist, bleibt es bei der Pflicht zur Dotierung der gesetzlichen Rücklagen aus zukünftigen Jahresüberschüssen nach § 150 II AktG. Der Formwechselbeschluss kann allerdings auch eine zusätzliche Dotierung der gesetzlichen Rücklagen nach § 150 I AktG aus den Gewinnrücklagen vorsehen.

Im umgekehrten Fall werden die bei der formwechselnden AG nach § 150 I AktG dotierten gesetzlichen Rücklagen bei der GmbH in die anderen Gewinnrücklagen nach § 272 III 2 umgegliedert, wobei auch die Dotierung einer satzungsmäßigen Rücklage nach § 272 III 2 HGB in Betracht kommt.[32]

b) Formwechsel in eine Personengesellschaft

33 Wird eine Kapitalgesellschaft in eine Personengesellschaft formwechselnd umgewandelt, ist die Personengesellschaft grundsätzlich nicht mehr zur Gliederung des Eigenkapitals nach § 272 HGB gezwungen. Andererseits sind uU je nach Ausgestaltung der Gesellschafterkonten der Personengesellschaft Eigenkapitalpositionen der Kapitalgesellschaft nach dem Formwechsel als Fremdkapital auszuweisen.[33] Entscheidend sind dabei die Vereinbarungen, die die Gesellschafter zu den jeweiligen Gesellschafterkonten treffen. Bei unklaren Vereinbarungen ist im Zweifel ein Fremdkapitalausweis geboten.[34]

34 Erfüllt die Personengesellschaft die Anforderungen des § 264a HGB, so ist ihr Eigenkapital nach § 264c II HGB zu gliedern.[35] Andere Personengesellschaften können durch ihre Statuten zur Beachtung des § 264c HGB verpflichtet sein.

35 Richtet sich die Gliederung des Eigenkapitals der formgewechselten Personengesellschaft nicht mehr nach § 272 HGB, dann treten an die Stelle des bisherigen gezeichneten Kapitals die Kapitalanteile der Gesellschafter. Dabei sind die Kapitalanteile von persönlich haftenden Gesellschaftern und von Kommanditisten getrennt anzugeben.[36] Beim Formwechsel in eine Kommanditgesellschaft sind gemäß § 234 Nr. 2 UmwG im Umwandlungsbeschluss die Beträge der Kommanditeinlagen zu benennen.

36 Bedeutend bei der Umwandlung einer Kapitalgesellschaft in eine Personengesellschaft ist, dass die festzusetzenden Einlagen der Gesellschafter in der Summe nicht dem bei der Kapitalgesellschaft gebundenen Kapital entsprechen müssen.[37] Das Fehlen von Mindestkapitalziffern ergibt sich

---

[32] IDW RS HFA 41 Rn. 10, 13.
[33] *Förschle/Hoffmann* in Beck'scher Bilanzkommentar § 247 HGB Rn. 160 f.
[34] *Förschle/Hoffmann* in Beck'scher Bilanzkommentar § 247 HGB Rn. 160 f.
[35] IDW RS HFA 41 Rn. 14.
[36] IDW RS HFA 41 Rn. 14.
[37] IDW RS HFA 41 Rn. 14.

als Umkehrschluss aus § 247 I UmwG. Damit entfällt bei der Umwandlung einer Kapitalgesellschaft in eine Personengesellschaft die Vermögensbindung beim Ausgangsrechtsträger. Auf diese Weise wird faktisch die Kapitalerhaltungssperre nach § 30 GmbHG außer Kraft gesetzt. So lässt sich durch den Formwechsel einer Kapitalgesellschaft in eine Personengesellschaft auch das Sperrjahr vermeiden, das bei Liquidation der Kapitalgesellschaft zu beachten ist.[38]

c) Grenzüberschreitender Formwechsel

Zwar sehen gegenwärtig weder das deutsche Umwandlungsrecht noch das EU-Recht die Möglichkeit eines grenzüberschreitenden Formwechsels vor; allerdings gebietet die EU/EWR-rechtliche Niederlassungsfreiheit grundsätzlich die Zulässigkeit eines identitätswahrenden grenzüberschreitenden Formwechsels innerhalb der EU bzw. des EWR. Aus diesem Grund ist sowohl ein „Hinaus-Formwechsel" als auch ein „Herein-Formwechsel" zulässig. Für den Fall des „Herein-Formwechsels" sind die entsprechenden innerdeutschen Regelungen grundsätzlich anzuwenden.[39]

Diese betrifft dann auch die Fragen zum Nachweis der Kapitalaufbringung der Kapitalfestsetzung[40] als auch ggf. die Umstellung der Rechnungslegung auf HGB.[41]

II. Rechnungslegung nach dem Formwechsel

1. Formwechsel einer Personengesellschaft in eine Kapitalgesellschaft

Der formgewechselte Rechtsträger hat am ersten folgenden Bilanzstichtag der Umwandlung gemäß denjenigen Vorschriften zu bilanzieren, die für die neue Rechtsform maßgebend sind.[42] Entscheidende Unterschiede in der handelsrechtlichen Rechnungslegung können sich dann ergeben, wenn der formgewechselte Rechtsträger anders als zuvor die strengeren Rechnungslegungsbestimmungen der §§ 264 bis 289 HGB für Kapitalgesellschaften anzuwenden hat. Davon betroffen ist der Formwechsel einer Personengesellschaft in eine Kapitalgesellschaft, sofern die formgewechselte Personengesellschaft nicht bereits zuvor gemäß § 264a HGB bzw. § 5 I PublG nach den Regelungen für Kapitalgesellschaften zu bilanzieren hatte.[43]

Dabei ist zu beachten, dass der Formwechsel für die Einstufung in die Größenklassen nach § 267 HGB bedeutend sein kann. Grundsätzlich treten die von den Größenklassen bedingten Rechtsfolgen der Vorschriften der §§ 264–289 HGB erst dann ein, wenn die Größenkriterien nach § 267 I–III HGB an zwei aufeinanderfolgenden Bilanzstichtagen unter-

---
[38] *Mayer* in Widmann/Mayer UmwG § 5 Rn. 47.
[39] IDW RS HFA 41 Rn. 6.
[40] → Rn. 14 ff.
[41] → Rn. 38 ff.
[42] IDW RS HFA 41 Rn. 22.
[43] IDW RS HFA 41 Rn. 28.

oder überschritten wurden. Im Gegensatz dazu greifen die betreffenden Rechtsfolgen gemäß § 267 IV 2 HGB beim Formwechsel bereits dann, wenn die Größenkriterien nach § 267 I–III HGB erstmals am Abschlussstichtag nach der Umwandlung erfüllt sind.

40 Die formgewechselte Kapitalgesellschaft hat am ersten Bilanzstichtag nach der Umwandlung gemäß § 264 I 1 HGB einen Anhang aufzustellen sowie den Jahresabschluss je nach Größe um einen Lagebericht zu ergänzen.

41 Bei Anwendung der strengeren Rechnungslegungsbestimmungen für Kapitalgesellschaften sind zudem die Gliederungsvorschriften der §§ 266, 275 HGB für die Bilanz und die Gewinn- und Verlustrechnung zu beachten. Daneben bestehen für Kapitalgesellschaften von den für alle Kaufleute geltenden Regelungen der §§ 242–256a HGB abweichende Ansatz- und Bewertungsvorschriften. Die Beachtung der strengeren Bilanzierungsvorschriften der §§ 264–288 HGB führt nach dem Formwechsel zB zur Aktivierungspflicht von passiven latenten Steuern gemäß § 274 I 1 HGB, bzw. dem Aktivierungswahlrecht bei aktiven latenten Steuern gemäß § 274 I 2 HGB, sofern es sich nicht um eine kleine Kapitalgesellschaft handelt. Ein erstmal daraus resultierender latenter Steueraufwand und -ertrag ist erfolgswirksam zu erfassen. Bei der Personenhandelsgesellschaft bestehende Rückstellungen für passive latente Steuern sind – im Falle eines (saldierten) Ausweises eines Überhangs passiver latenter Steuern nach § 274 I 1 HGB oder im Falle eines unverrechneten Ausweises aktiver und passiver latenter Steuern nach § 274 I 3 HGB – in den Bilanzposten „Passive latente Steuern" (§ 266 III E. HGB) und „Aktive latente Steuern" (§ 266 II D. HGB) umzugliedern.[44]

42 Außerplanmäßige Abschreibungen nach § 253 III 3, IV HGB, die bereits vor dem Formwechsel vorgenommen wurden, können beibehalten werden, solange die Gründe für diese außerplanmäßigen Abschreibungen nach dem Formwechsel noch bestehen. Die formgewechselte Kapitalgesellschaft kann nicht allein infolge des Formwechsels zu einer Zuschreibung gezwungen werden.[45] Je nach Umfang sind diese Abschreibungen im Anhang nach §§ 264 II 2, 284 II Nr. 1 HGB zu erläutern.[46] Sind hingegen die Gründe für die ursprünglich vorgenommenen Abschreibungen nach § 253 III 3, IV HGB entfallen, ist die formgewechselte Gesellschaft uE zu einer Wertaufholung gezwungen.

2. Formwechsel einer Kapitalgesellschaft in eine Personengesellschaft

43 Beim Formwechsel einer Kapitalgesellschaft in eine Personengesellschaft können die strengeren Bilanzierungsvorschriften für Kapitalgesellschaften nach §§ 264–288 HGB weiterhin wahlweise beachtet werden. Dieses Wahlrecht hat die Personengesellschaft indes nur, wenn sie nicht bereits gemäß § 264a HGB die ergänzenden Vorschriften der §§ 264–288 HGB zu beachten hat. Zu empfehlen ist dann im Anhang

---

[44] IDW RS HFA 41 Rn. 29.
[45] IDW RS HFA 41 Rn. 30; *Pfitzer* in WP-Handbuch 2014, Teil F, Rn. 178.
[46] *Pfitzer* in WP-Handbuch 2014, Teil F, Rn. 178.

nach § 284 II Nr. 1 HGB zu erläutern, inwieweit hiervon Gebrauch gemacht worden ist.⁴⁷

Entscheidet sich die formgewechselte Personengesellschaft für eine ausschließliche Beachtung der Regelungen gemäß §§ 242–256a HGB, erscheint es sachgerecht den nach BilMoG noch möglichen Aktivposten eigener Art (früher: Bilanzierungshilfe) in Form der aktiven latenten Steuern gemäß § 274 I 2 HGB künftig freiwillig fortzuführen.⁴⁸ Gleiches gilt für die Bilanzierungspflicht von passiven latenten Steuern gemäß § 274 I 1 HGB. Erfolgt keine freiwillige Anwendung der Vorschriften nach § 274 HGB, so sind passive latente Steuern nur dann zu passivieren, wenn sich die Tatbestandsvoraussetzungen von Rückstellungen nach § 249 I 1 HGB erfüllen. Hierbei sind dann allerdings auch aufrechenbare aktive Latenzen und Vorteile aus steuerlichen Verlustvorträgen rückstellungsmindernd zu berücksichtigen.⁴⁹ **44**

Allerdings sind latente Steuern am Bilanzstichtag nach dem Formwechsel aufzulösen, soweit sie die Körperschaftsteuer betreffen.⁵⁰ Der Grund dafür liegt darin, dass die Personengesellschaft, von der Gewerbeertragsteuer abgesehen, nicht selbst Ertragsteuersubjekt ist. Insofern können sich diese Steuerlatenzen künftig nicht realisieren. **45**

Anderes gilt für noch von der formwechselnden Kapitalgesellschaft gebildete Körperschaftsteuerrückstellungen. Diese Steuerrückstellungen sind bis zur Festsetzung und Zahlung der Körperschaftsteuer beizubehalten.⁵¹ **46**

3. Behandlung von Umwandlungskosten

Im Zuge der formwechselnden Umwandlung entstehen Aufwendungen etwa in Gestalt von Rechtsberatungskosten und Notarkosten. Fraglich ist, wie diese formwechselbedingten Aufwendungen handelsbilanziell zu erfassen sind. **47**

Denkbar wäre grundsätzlich eine Erfassung als Anschaffungsnebenkosten oder eine unmittelbare erfolgswirksame Berücksichtigung als Aufwand. Die Erfassung als Anschaffungsnebenkosten scheidet beim Formwechsel allerdings infolge der zwingenden Fortführung der Buchwerte des formwechselnden Rechtsträgers aus. Nach seiner Grundkonzeption ist der Formwechsel identitätswahrend, so dass die Regelung des § 24 UmwG nicht greift. Mangels eines Anschaffungsvorgangs für den formgewechselten Rechtsträger sind daher formwechselbedingte Aufwendungen unmittelbar erfolgswirksam zu erfassen.⁵² **48**

---

⁴⁷ IDW RS HFA 41 Rn. 32.
⁴⁸ Bilanzierungshilfen gemäß § 269 HGB aF, die vor Einführung des BilMoG gebildet wurden, können uE gemäß Art. 67 V EGHGB fortgeführt werden.
⁴⁹ IDW RS HFA 7 Rn. 27.
⁵⁰ *Widmann* in Widmann/Meyer UmwG § 24 Rn. 491; IDW RS HFA 41 Rn. 33.
⁵¹ IDW RS HFA 41 Rn. 22.
⁵² *Orth* GmbHR 1998 S. 514; IDW RS HFA 41 Rn. 18.

4. Behandlung von Abfindungen

a) Abfindungen nach § 196 UmwG

49 Nach § 196 UmwG kann ein Gesellschafter einen baren Ausgleich von der formwechselnden Gesellschaft verlangen, wenn seine Anteile an der Gesellschaft zu niedrig bemessen sind. Gleiches gilt, wenn die Anteile an der formgewechselten Gesellschaft für einen Gesellschafter keinen ausreichenden Gegenwert für seine bisherigen Anteile an der Gesellschaft vor dem Formwechsel darstellen.

50 Die zu leistende bare Zuzahlung nach § 196 UmwG ist als Aufwand im handelsrechtlichen Jahresabschluss des formwechselnden Rechtsträgers zu behandeln.[53] Wirtschaftlich betrachtet verkörpern die baren Ausgleichszahlungen Gründungskosten. Für diese baren Ausgleichszahlungen sind die Kapitalerhaltungsregeln zu beachten.

b) Abfindungen nach § 207 UmwG

aa) Rechtsgrund für die Barabfindung

51 Neben den Abfindungen nach § 196 UmwG können Barabfindungen nach § 207 UmwG zu leisten sein. Gemäß § 207 UmwG sind Barabfindungen denjenigen Anteilseignern anzubieten, die gegen den Umwandlungsbeschluss Widerspruch zur Niederschrift erklärt haben. Solche Barabfindungen können etwa beim Formwechsel von Personengesellschaften in Kapitalgesellschaften, beim Formwechsel von Kapitalgesellschaften in Personengesellschaften und schließlich beim Formwechsel einer AG in eine GmbH und umgekehrt zu leisten sein. Beim Formwechsel zwischen AG und KGaA hingegen sind Barabfindungen gemäß § 207 UmwG nach § 250 UmwG ausgeschlossen.

bb) Behandlung der Barabfindung im handelsrechtlichen Jahresabschluss

52 Für die Behandlung der Barabfindung im handelsrechtlichen Jahresabschluss der formwechselnden Gesellschaft ist entscheidend, dass die Barabfindung nach dem Wortlaut des § 207 Satz 1 UmwG für die neuen Anteile zu leisten ist, die den Gesellschafter an dem formgewechselten Rechtsträger zustehen. Insofern ist für die Frage, was für eine Art Anteile der Gesellschafter veräußert und welche Art von Anteilen die formwechselnde Gesellschaft erwirbt auf die Rechtsform nach der Eintragung des Formwechsels abzustellen.

53 (1) Formwechsel von Personengesellschaft in Kapitalgesellschaft und Formwechsel in Kapitalgesellschaft anderer Rechtsform. Wird eine Personengesellschaft in eine Kapitalgesellschaft formwechselnd umgewandelt und entscheidet sich ein Gesellschafter nach seinem Widerspruch für eine Abfindung nach § 207 UmwG, so gibt er seine neuen Geschäftsanteile

---

[53] *Deubert/Hoffmann* in Winkeljohann/Förschle/Deubert, Teil L, Rn. 60, 120, 160.

oder Anteile an der formgewechselten Kapitalgesellschaft entgeltlich an die Gesellschaft ab.

Bei der die Barabfindung leistenden Gesellschaft ist die Barabfindung nach § 207 UmwG als Rückkauf eigener Anteile zu qualifizieren. Demnach ist der Nennbetrag bzw. der rechnerische Wert der erworbenen eigenen Anteile in einer Vorspalte offen vom gezeichneten Kapital abzusetzen. Die Differenz zwischen dem vom gezeichneten Kapital ab zusetzenden Betrag und dem reinen Kaufpreis der eigenen Anteile ist mit den frei verfügbaren Rücklagen zu verrechnen. (§ 272 Ia HGB). 54

Dabei hat die formgewechselte Kapitalgesellschaft die Restriktionen für den Erwerb eigener Anteile (§ 71 AktG, § 33 GmbHG) sowie die Kapitalerhaltungsregeln (§ 57 AktG, § 30 GmbHG) zu beachten. Ist aufgrund des Umfangs des zur Niederschrift erklärten Widerspruchs damit zu rechnen, dass die bezeichneten Bedingungen für den Erwerb eigener Anteile nicht eingehalten werden können, darf ein Formwechsel nicht durchgeführt werden. Vollzogen werden darf der Formwechsel unter diesen Umständen allenfalls dann, wenn die betroffenen Gesellschafter noch vor Eintragung des Formwechsels in das Handelsregister noch aus der Personengesellschaft ausscheiden.[54] 55

(2) Formwechsel einer Kapitalgesellschaft in eine Personengesellschaft. Entscheidet sich ein Gesellschafter beim Formwechsel einer Kapitalgesellschaft in eine Personengesellschaft für die Barabfindung nach § 207 UmwG, so sind die Barabfindungen nach den Grundsätzen für die Abfindung ausscheidender Gesellschafter von Personengesellschaften zu behandeln.[55] Demnach sind die anteilig auf die ausscheidenden Gesellschafter entfallenden und im Rahmen der Abfindung vergüteten stillen Reserven bei den Vermögensgegenständen zu aktivieren, deren Buchwerte die stillen Reserven enthalten. Dabei ist auch die nachträgliche anteilige Aktivierung von selbst geschaffenen immateriellen Vermögensgegenständen des Anlagevermögens oder eines Geschäfts- oder Firmenwertes zulässig. Diese Aktivierung, die bei wirtschaftlicher Betrachtungsweise als Teil-Liquidation der Personenhandelsgesellschaft zu verstehen ist, steht in Bezug auf ihre bilanziellen Auswirkungen einem Anschaffungsvorgang gleich.[56] 56

III. Bilanzierung beim Gesellschafter

Gehören die Anteile an dem formwechselnden Rechtsträger zu einem Betriebsvermögen, so ist diese Beteiligung vom Anteilseigner handelsrechtlich nach dem Formwechsel der Höhe nach unverändert zu bilanzieren.[57] Der bilanzierende Anteilseigner hat dabei den bisherigen Buchwert der Beteiligung an dem formwechselnden Rechtsträger fortzuführen. Der Formwechsel kann nicht etwa als Tausch der Anteile am 57

---

[54] *Deubert/Hoffmann* in Winkeljohann/Förschle/Deubert, Teil L, Rn. 61 ff.
[55] *Deubert/Hoffmann* in Winkeljohann/Förschle/Deubert, Teil L, Rn. 121.
[56] IDW RS HFA 7 Rn. 59; *Deubert/Hoffmann* in Winkeljohann/Förschle/Deubert, Teil L, Rn. 121.
[57] IDW RS HFA 41 Rn. 35.

Ausgangsrechtsträger in Anteile an dem neuen Rechtsträger verstanden werden. Denn vielmehr wechselt der Ausgangsrechtsträger durch den Formwechsel lediglich sein Rechtskleid. Mangels eines Tauschs besteht keine Möglichkeit, die Anteile an dem formgewechselten Rechtsträger zum Zeitwert zu bewerten.[58]

58 Der bilanzierende Anteilseigner führt die bisherigen Buchwerte der Beteiligung fort und ist zugleich an die historischen Anschaffungskosten für die Beteiligung am Ausgangsrechtsträger gebunden. Ist die Beteiligung in der Vergangenheit außerplanmäßig abgeschrieben worden, so stellen die historischen Anschaffungskosten für die Beteiligung am Ausgangsrechtsträger bei einer künftigen **Wertaufholung** die Wertobergrenze dar, § 253 I HGB. Ein mögliches Wertaufholungsgebot besteht uE unverändert, da sich der Formwechsel identitätswahrend vollzieht.

59 Diese Betrachtung weicht indes beim Formwechsel einer Kapitalgesellschaft in eine Personengesellschaft von der Behandlung in der Steuerbilanz ab. Steuerlich wird nämlich keine Beteiligung an der Personengesellschaft bilanziert, sondern vielmehr die anteiligen Wirtschaftsgüter nach der Spiegelbildmethode ausgewiesen. Ein mögliches steuerliches Wertaufholungsgebot nach vorangegangener Teilwertabschreibung der Beteiligung an der Kapitalgesellschaft vor dem Formwechsel kann daher nicht mehr greifen.

60 In jedem Fall aber ist zu prüfen, ob der beizulegende Wert der Beteiligung am formgewechselten Rechtsträger gesunken und daher eine außerplanmäßige Abschreibung der Beteiligung geboten ist.

IV. Bilanzierung nach IFRS

61 Im Einklang mit dem Grundprinzip der wirtschaftlichen Betrachtungsweise nach IFRS führt der identitätswahrende Formwechsel auch nach IFRS nicht zu einem Anschaffungsvorgang. Nach dem Prinzip der **wirtschaftlichen Betrachtungsweise** – „substance over form" – entscheidet nicht die rechtliche Form, sondern der Gehalt und die wirtschaftliche Realität von Geschäftsvorfällen über deren Bilanzierung.[59] Wirtschaftlich betrachtet hat der Formwechsel somit keine Auswirkung. Der Formwechsel fällt nicht in den Regelungsbereich des IFRS 3, weil er keine Business Combination im Sinne des IFRS 3.4 darstellt, da sich nur das Rechtskleid des berichtenden Unternehmens und nicht das berichtende Unternehmen selbst ändert. Grundsätzlich gelten die Regelungen des Handelsrechts analog. Allerdings sind die Kriterien des IAS 32 zu prüfen, inwieweit beim Formwechsel Bilanzpositionen nach vollzogenem Formwechsel als Eigen- bzw. Fremdkapital auszuweisen sind.

---

[58] *Deubert/Hoffmann* in Winkeljohann/Förschle/Deubert, Teil L, Rn. 170; *Widmann* in Widmann/Mayer § 24 UmwG Rn. 547.
[59] *O. V.* in Lüdenbach/Hoffmann/Freiberg, Haufe IFRS Kommentar, 2015, § 1 Rn. 81.

1. Formwechsel Kapitalgesellschaft in Personengesellschaft

Aufgrund der Regelungen des IAS 32 ist zu prüfen, inwieweit das Eigenkapital der Kapitalgesellschaft nach dem Formwechsel als Eigenkapital in der Personengesellschaft ausgewiesen werden kann. Die Abgrenzung von Eigen- und Fremdkapital richtet sich nach IAS 32.15–34. Als zentrales Abgrenzungskriterium gilt IAS 32.16. **62**

Insbesondere als Reaktion auf die berechtigte Kritik[60] der früheren Eigenkapitaldefinition des IAS 32, bei der bei Personengesellschaften eine Umwidmung von gesellschaftsrechtlichen Eigenkapital in bilanzielles Fremdkapital erfolgte, veröffentlichte im Februar 2008 das IASB eine Änderung des IAS 32. Der überarbeitete IAS 32 wurde im Januar 2009 von der EU in europäisches Recht übernommen und gilt für Geschäftsjahre, die am oder nach dem 1.1.2009 beginnen. Durch diese Änderung soll insbesondere der Eigenkapitalausweis bei der Personengesellschaft wieder möglich werden.[61] Danach führte bis 2008 nach IAS 32.16, 19 und 32.18b das sogenannte Inhaberkündigungsrecht der Gesellschafter der Personengesellschaft ihre Anteile jederzeit gegen Abfindung zurückzugeben, zu einem Ausweis von Fremdkapital.[62] Gesellschafter von Personengesellschaften haben nach §§ 131 ff. HGB iVm § 105 HGB iVm § 723 BGB ein gesetzliches Kündigungsrecht, das durch den Gesellschaftsvertrag ausgestaltet ist, aber grundsätzlich nicht ausgeschlossen werden darf. Dieses vertragliche Kündigungsrecht führt zu einem Abfindungsanspruch des kündigenden Gesellschafters gegenüber den verbleibenden Gesellschaftern. Somit waren bis 2008 Einlagen in deutsche Personengesellschaften als Fremdkapital und nicht als Eigenkapital zu klassifizieren. Diese Regelungen waren ab dem Zeitpunkt des Formwechsels anzuwenden, auch wenn dies im ersten Schritt eine Durchbrechung des Grundsatzes der Identitätswahrung darstellt. Diese Regelung unterschied sich somit vom deutschen Handelsrecht, wo die Kriterien Nachrangigkeit und Haftungsqualität für die Abgrenzung entscheidend sind. **63**

Durch die Neufassung des IAS 32 sind nunmehr die Voraussetzungen des IAS 32.16 A für den **Eigenkapitalausweis** entscheidend. Kumulativ muss danach erfüllt sein: **64**
– proportionale Beteiligung am Liquidationserlös
– Nachrangigkeit gegenüber allen anderen Finanzinstrumenten
– identische Ausstattungsmerkmale aller kündbaren Anteile
– Fehlen weiterer, über die Abfindungsverpflichtungen hinausgehender Zahlungsverpflichtungen
– substantielle Beteiligung am Unternehmenserfolg.[63]

---

[60] *Hoffmann/Lüdenbach* DB 2005 S. 404 ff.
[61] *Barckow* in Baetge/Wollmert/Kirsch/Oser/Bischof, Rechnungslegung nach IFRS, IAS 32 Rn. 63.
[62] *Förschle/Hoffmann* in Beck'scher Bilanzkommentar § 247 Rn. 165.
[63] *OV* in Lüdenbach/Hoffmann/Freiberg, Haufe IFRS Kommentar, 2015, § 20 Rn. 33 ff.; *Barckow* in Baetge/Wollmert/Kirsch/Oser/Bischof, Rechnungslegung nach IFRS, IAS 32 Rn. 65.

§ 27 7. Teil. Formwechsel

Die Neufassung des IAS 32 wird dazu führen, dass Eigenkapitalausweise in IFRS-Abschlüssen bei Personengesellschaften wieder umfassender möglich werden. Der handelsbilanzielle und der IFRS-Ausweis werden sich annähren.

65 Sofern ein Ausweis als Fremdkapital notwendig ist, sind die **Bewertungsregelungen** der IFRS heranzuziehen. Für die Erstbewertung der Verbindlichkeit ist der Barwert der etwaigen Abfindungsverpflichtung als beizulegender Zeitwert heranzuziehen (IAS 32.23). Dieser Wert darf nicht niedriger sein, als der Wert, der maximal an den Anteilseigner bei Kündigung zurückgezahlt werden müsste (IAS 39.49).[64]

66 Die Folgebewertung ist dann nach IAS 39 vorzunehmen (IAS 32.23). Es handelt sich hierbei nach Auffassung des IDW nicht um eine erfolgswirksam zum beizulegenden Zeitwert zu bewertende Verbindlichkeit (IAS 39.47a).[65] Regelungen, wie die Folgebewertung nach IFRS vorzunehmen ist, fehlen. Es obliegt dem Bilanzierenden im jeweiligen Einzelfall ein sachgerechtes Verfahren für die Folgebewertung zu fortgeführten Anschaffungskosten festzulegen. Als eine Möglichkeit wird demnach vorgeschlagen, eine Anpassung der bei der Erstbewertung festgelegten Verbindlichkeit um die entsprechenden Gewinnanteile, soweit diese entnommen werden können oder den Abfindungsanspruch erhöhen, bzw. Verlustanteile. Darüber hinaus sind ggf. im sonstigen Ergebnis (other comprehensive income) ausgewiesene Beträge in die Bemessung der Verbindlichkeit einzubeziehen. Wurde die Gesellschaft neugegründet, entspricht der Buchwert des Abfindungsanspruchs dem Buchwert des Nettovermögens, da die Anteile zum Zeitpunkt der Ausgabe dem anteiligen Nettovermögen entsprochen haben. Als Wertuntergrenze gilt hierbei der anteilige Buchwert des Nettovermögens nach Handelsrecht, da eine Abfindung unterhalb dieses Wertes nicht zulässig ist.[66]

67 Alternativ ist auch denkbar, die Folgebewertung nach den gleichem Grundsätzen wie die Erstbewertung vorzunehmen, nämlich nach Maßgabe des potentiellen Abfindungsbetrags, denn nur eine solche Vorgehensweise würde auch auch der tatsächlichen Wertentwicklung der Abfindungsverpflichtung entsprechen.[67]

Das Ergebnis wäre sinnwidrig: Je besser sich das Unternehmen entwickelt, desto schlechter stellen sich Bilanz und Gewinn- und Verlustrechnung dar. Aufgrund der Möglichkeit des neuen IAS 32, verstärkt Eigenkapital ausweisen zu können, dürfte sich die vorgenannte Problematik in der Praxis weitgehend erübrigen. Allerdings ist zu beachten, dass die Neuregelungen nicht für den Ausweis von Minderheitenanteilen, also den nicht beherrschenden Anteilen, an Tochterpersonengesellschaften im

---

[64] IDW RS HFA 45 Rn. 50.
[65] IDW RS HFA 45 Rn. 51.
[66] IDW RS HFA 45 Rn. 52.
[67] *OV* in Lüdenbach/Hoffmann/Freiberg, Haufe IFRS Kommentar, 2015, § 20 Rn. 57.

Konzern gelten. In diesem Falle sind Minderheitenanteile stets als Fremdkapital anzusehen.[68]

2. Formwechsel Personengesellschaft in Kapitalgesellschaft

Durch den Formwechsel wird die unter 1a) dargestellte Umqualifizierung des Eigenkapitals in Fremdkapital bei Personengesellschaften zum Zeitpunkt des Formwechsels beendet. Aufgrund der Identitätswahrung sollte die Bilanzierung und Bewertung grundsätzlich beibehalten werden. Bezüglich des Fremdkapitalausweises bei der Personengesellschaft kann eine Umqualifizierung in Eigenkapital bei der Kapitalgesellschaft notwendig sein. Hinsichtlich der Bewertung zum Zeitpunkt des Formwechsels bestehen uE zwei Alternativen: erstens die Erstbewertung des Eigenkapitals in Höhe des Abfindungsanspruchs und zweitens die Bewertung zu den Buchwerten des Nettovermögens nach IFRS. Für die erste Alternative spricht der Gedanke der Identitätswahrung, für den zweiten die Bilanzierung des Eigenkapitals von Kapitalgesellschaften. Um dem Gedanken des Umwandlungsrechts Rechnung zu tragen und die Grundsätze soweit möglich beizubehalten, ist uE die Erstbewertung in Höhe des Abfindungsanspruchs zu präferieren. Die Folgebewertung erfolgt dann zu Buchwerten. **68**

---

[68] *OV* in Lüdenbach/Hoffmann/Freiberg, Haufe IFRS Kommentar, 2015, § 20 Rn. 32.

§ 28. Steuerrechtliche Regelungen

I. Systematik

1   Im UmwG wird der Formwechsel von dem Grundsatz der Rechtsträgeridentität bestimmt.[1] Handelsrechtlich erfolgt weder eine Übertragung von Vermögensgegenständen auf einen anderen Rechtsträger, noch folgt dem formgewechselten Rechtsträger ein anderer Rechtsträger als Gesamtrechtsnachfolger nach. Der Rechtsträger wechselt lediglich unter Wahrung seiner Identität die handelsrechtliche Verfassung.

2   Die steuerliche Behandlung des Formwechsels ist dagegen von der unterschiedlichen Systematik der Besteuerung von Kapitalgesellschaften und Genossenschaften sowie von Personengesellschaften geprägt. Während Kapitalgesellschaften und Genossenschaften selbst Körperschaftsteuersubjekte sind, erfolgt bei Personengesellschaften die Besteuerung auf Ebene der Gesellschafter/Mitunternehmer (§ 15 I Nr. 2 EStG).

3   Das Steuerrecht folgt dem handelsrechtlichen Grundsatz der Rechtsträgeridentität, soweit sich auch steuerrechtlich durch den Formwechsel die Vermögenszuordnung zu den beteiligten Steuersubjekten nicht ändert. In diesen Fällen stellt der Formwechsel auch aus steuerlicher Sicht einen identitätswahrenden und steuerneutralen Wechsel des Rechtskleides dar. Dies gilt etwa beim Formwechsel einer Kapitalgesellschaft in eine Kapitalgesellschaft anderer Rechtsform (beispielsweise GmbH in AG) oder beim Formwechsel einer Personengesellschaft in eine Personengesellschaft anderer Rechtsform (beispielsweise OHG in KG).[2]

4   Demgegenüber nimmt das Umwandlungssteuerrecht in den Fällen, in denen durch den Formwechsel eine Änderung der Vermögenszuordnung zu den beteiligten Steuersubjekten eintritt (überkreuzender Formwechsel), in Abweichung von dem umwandlungsrechtlichen Grundsatz der Rechtsträgeridentität für ertragsteuerliche Zwecke eine vermögensübertragende Umwandlung an. Dies betrifft die Fälle des Formwechsels von Kapitalgesellschaften und Genossenschaften in Personengesellschaften und umgekehrt.

5   Entsprechend enthält das UmwStG für nicht überkreuzende Formwechsel von Personengesellschaften in Personengesellschaften sowie von Kapitalgesellschaften bzw. Genossenschaften in Kapitalgesellschaften bzw. Genossenschaften keine Regelungen. Für überkreuzende Formwechsel einer Kapitalgesellschaft in eine Personengesellschaft sind steuerlich die Regelungen über die Verschmelzung einer Kapitalgesellschaft auf eine Personengesellschaft nach §§ 3–8, 10 UmwStG entsprechend anzuwen-

---

[1] Vgl. § 202 I Nr. 1 UmwG: Der formwechselnde Rechtsträger besteht nach Eintragung ins Handelsregister in der neuen Rechtsform weiter.
[2] Vgl. BMF v. 11.11.2011, BStBl. I 2011 S. 1314 Rn. 01.47; BFH v. 19.8.1958 – I 78/58 U, BStBl. III 1958 S. 468; BFH v. 21.6.1994 – VIII R 5/92, BStBl. II 1994 S. 856; der Formwechsel einer Personengesellschaft in eine andere Personengesellschaft vollzieht sich kraft Gesetzes außerhalb des UmwG, folgt jedoch auch dem Grundsatz der Rechtsträgeridentität.

den, § 9 UmwStG. Nach § 25 UmwStG gelten für den überkreuzenden Formwechsel einer Personengesellschaft in eine Kapitalgesellschaft oder Genossenschaft die Regelungen über die Einbringung in §§ 20–23 UmwStG entsprechend.[3]

II. Steuerliche Rückwirkung

Mangels Vermögensübertragung besteht beim Formwechsel in zeitlicher Hinsicht kein zivilrechtlicher Anknüpfungspunkt für die Besteuerung, wie etwa im Falle einer Verschmelzung oder Spaltung (§ 2 I UmwStG). 6

Für den Formwechsel einer Kapitalgesellschaft in eine Personengesellschaft enthalten daher § 9 Satz 2, 3 UmwStG eigenständige steuerliche Regelungen bezüglich der Verpflichtung zur Aufstellung einer Übertragungs- und Eröffnungsbilanz sowie zur steuerlichen Rückwirkung. 7

Für den Formwechsel einer Personengesellschaft in eine Kapitalgesellschaft oder Genossenschaft gelten diese Regelungen nach § 25 Satz 2 UmwStG entsprechend. Zwar verweist § 25 Satz 1 UmwStG auch auf die §§ 20–23 UmwStG und damit auf die dort enthaltenen Regelungen zur steuerlichen Rückwirkung (§ 20 VI UmwStG), doch ist der Verweis in § 25 II UmwStG auf die Rückwirkungsregelungen in § 9 Satz 3 UmwStG als lex specialis vorrangig. Soweit jedoch § 9 Satz 3 UmwStG keine Regelungen enthält, etwa für Entnahmen und Einlagen im Rückwirkungszeitraum, kommen die Regelungen in § 20 V 2, 3 UmwStG gemäß dem Verweis in § 25 Satz 1 UmwStG entsprechend zur Anwendung.[4] 8

Nach § 9 Satz 3 UmwStG kann der Übertragungsstichtag, auf den der formwechselnde Rechtsträger die Übertragungsbilanz und die Eröffnungsbilanz aufzustellen hat, höchstens 8 Monate vor der Anmeldung des Formwechsels zum maßgeblichen Register liegen. Materiell entspricht die Regelung zur steuerlichen Rückwirkung des Formwechsels in § 9 Satz 3 UmwStG damit den Regelungen in § 2 UmwStG.[5] 9

Die steuerliche Rückwirkung tritt unabhängig von dem Vorliegen der gesellschaftsrechtlichen Voraussetzungen für den Formwechsel ein.[6] 10

Beispiel:
Die A-GmbH soll zum 1.1.01 in eine GmbH & Co. KG formwechselnd umgewandelt werden. Die künftige Komplementär-GmbH wird erst in 5.01 gegründet und ins Handelsregister eingetragen und übernimmt mit Wirkung ab 1.6.01 einen Zwerganteil an der A-GmbH. Der Formwechsel wird in 8.01 zur Eintragung ins Handelsregister angemeldet.

---

[3] Rechtsgrundverweisung hM; vgl. *Patt* in Dötsch/Pung/Möhlenbrock Körperschaftsteuer § 25 UmwStG Rn. 17 f.

[4] Vgl. *Patt* in Dötsch/Pung/Möhlenbrock Körperschaftsteuer § 25 UmwStG Rn. 43.

[5] Zum Anwendungsbereich des § 2 UmwStG idF des SEStEG vgl. *Dötsch/Pung* DB 2006 S. 2763 (2769).

[6] Vgl. *Pflüger* FR 1998, 345 (346); *Schmitt* in Schmitt/Hörtnagl/Stratz UmwG/UmwStG § 9 UmwStG Rn. 8, 16.

Der rückwirkende Formwechsel der A-GmbH in eine GmbH & Co. KG zum 1.1.01 ist handelsrechtlich mangels Existenz der Komplementär-GmbH zu diesem Zeitpunkt nicht möglich. Steuerlich gilt der Formwechsel jedoch mit Rückwirkung auf den 1.1.01 als durchgeführt.

11 Über den Verweis in § 9 Satz 3 Halbs. 2 UmwStG gilt auch für Formwechsel mit Auslandsbezug § 2 III UmwStG. Danach wird die Möglichkeit zur Rückbeziehung von Formwechseln mit Auslandsbezug zur Vermeidung von weißen Einkünften eingeschränkt. Weiße Einkünfte können sich insbesondere ergeben, wenn durch den Formwechsel das Besteuerungsrecht ganz oder teilweise wechselt und die jeweiligen nationalen Rückwirkungszeiträume unterschiedlich lang sind.

12 Ob ein grenzüberschreitender Formwechsel aus handelsrechtlicher Sicht möglich ist, ist umstritten. In seiner Entscheidung in der Rechtssache „Vale" hat der EuGH den grenzüberschreitenden Formwechsel für zulässig erklärt.[7] Aus den Grundsätzen der Niederlassungsfreiheit in der EU/EWR ergibt sich die Verpflichtung der Mitgliedstaaten, die Verlegung des Sitzes über die Grenze mit gleichzeitigem Formwechsel in eine Rechtsform des Zuzugstaates unter den gleichen Voraussetzungen zuzulassen wie einen inländischen Rechtsformwechsel. Praktische Bedeutung hat die Verweisung auf § 2 III UmwStG bislang jedoch vor allem für den Formwechsel ausländischer Gesellschaften mit inländischen Anteilseignern und/oder inländischem Vermögen sowie den Formwechsel inländischer Gesellschaften mit ausländischen Anteilseignern und/oder ausländischem Vermögen.

13 *Beispiel:*
Wechselt das Besteuerungsrecht an dem Anteil an einer Tochterkapitalgesellschaft nach dem Formwechsel der inländischen Mutterkapitalgesellschaft in eine inländische KG aufgrund funktionaler Zugehörigkeit des Anteils zur ausländischen Betriebsstätte ins Ausland, können sich weiße Einkünfte ergeben, wenn der Rückwirkungszeitraum im Ausland kürzer als der im Inland ist. Einkünfte im Zusammenhang mit den Anteilen an der Tochtergesellschaft (beispielsweise Dividenden) können dann im Inland nicht mehr und im Ausland noch nicht steuerpflichtig sein.

III. Formwechsel im UmwStG

1. Zeitlicher Anwendungsbereich

14 Die Regelungen zum Formwechsel in der Fassung des SEStEG[8] finden gemäß § 27 I UmwStG erstmals auf Umwandlungen Anwendung, bei denen die Anmeldung zur Eintragung in das jeweilige öffentliche Register nach dem 12.12.2006 erfolgt.

---

[7] Vgl. EuGH v. 12.7.2012 Rs. C-378/10, BB 2012 S. 2069; *Messenzehl/Schwarzfischer* BB 2012 S. 2072; vgl. näher → Rn. 67 ff.
[8] Gesetz über steuerliche Begleitmaßnahmen zur Einführung der Europäischen Gesellschaft und zur Änderung weiterer steuerlicher Vorschriften (SEStEG) v. 7.12.2006 BGBl. 2006 I, 2791.

§ 28. Steuerrechtliche Regelungen § 28

2. Persönlicher Anwendungsbereich

Die Regelungen der §§ 3–10 UmwStG gelten nach § 1 I 1 Nr. 2, § 1 **15**
II 1 Nr. 1 UmwStG für den **Formwechsel einer Kapitalgesellschaft
in eine Personengesellschaft** im Sinne des § 190 I UmwG oder vergleichbare ausländische Vorgänge. Neben den inländischen Kapitalgesellschaften (GmbH, AG, KGaA) erfasst § 9 UmwStG alle EU-/EWR-Kapitalgesellschaften, einschließlich der SE, mit Sitz und Geschäftsleitung in einem dieser Staaten, sofern ein Inlandsbezug besteht. Für ausländische Gesellschaften ist ein Typenvergleich durchzuführen.[9] Ein Inlandsbezug kann sich insbesondere durch die Ansässigkeit der umwandelnden Kapitalgesellschaft im Inland oder die (beschränkte) Steuerpflicht dieser EU-/EWR-Kapitalgesellschaft oder der Steuerpflicht der Gesellschafter ergeben. Im Übrigen sind die Ansässigkeit der Gesellschafter und deren Rechtsform unerheblich.[10]

Eine **eingetragene Genossenschaft** kann nach § 258 I UmwG nicht **16**
in eine Personengesellschaft formgewechselt werden. Die bis zum SEStEG in § 14 Satz 4 UmwStG a F für steuerliche Zwecke geregelte entsprechende Anwendung der §§ 3–8 und 10 UmwStG a F auf den spezialgesetzlich in § 38a Landwirtschaftsanpassungsgesetz geregelten Formwechsel einer aus einer landwirtschaftlichen Produktionsgenossenschaft hervorgegangenen eingetragenen Genossenschaft in eine Personengesellschaft ist in § 9 UmwStG idF des SEStEG wegen der mangelnden praktischen Bedeutung nicht mehr enthalten.[11]

Regelungen zur Zielpersonengesellschaft enthält § 1 II UmwStG **17**
nicht. Der Gesetzgeber ging wohl davon aus, dass aufgrund der Rechtsträgeridentität beim Formwechsel Regelungen zur Zielrechtsform entbehrlich sind und daher die Anforderungen an die umwandelnde Gesellschaft auch die Zielrechtsform umfassen und jedenfalls ein grenzüberschreitender Formwechsel auf eine in einem Drittstaat ansässige Gesellschaft ausgeschlossen ist.[12] Mögliche Zielrechtsformen sind die inländischen Personenhandelsgesellschaften (OHG, KG), die Partnerschaftsgesellschaft und die Gesellschaft bürgerlichen Rechts. Daneben sind auch aufgrund eines Typenvergleichs[13] vergleichbare EU-/EWR-Personengesellschaften taugliche Zielrechtsformen.

§§ 20–23, 25 UmwStG gelten nach § 1 III Nr. 3, § 1 IV UmwStG **18**
für den **Formwechsel einer Personengesellschaft in eine Kapitalgesellschaft oder Genossenschaft** im Sinne des § 190 UmwG oder vergleichbare ausländische Vorgänge. Erfasst sind die inländischen Personenhandelsgesellschaften (OHG, KG) und die Partnerschaftsgesellschaft,

---

[9] Vgl. BMF v. 11.11.2011, BStBl. I 2011 S. 1314, Rn. 01.27; *Benecke/Schnitger* IStR 2006 S. 765 (769).
[10] Vgl. *Birkemeier* in Rödder/Herlinghaus/van Lishaut § 9 UmwStG Rn. 9.
[11] Vgl. *Möhlenbrock* in Dötsch/Pung/Möhlenbrock Körperschaftsteuer § 9 UmwStG (SEStEG) Rn. 1.
[12] Vgl. *Birkemeier* in Rödder/Herlinghaus/van Lishaut § 9 UmwStG Rn. 11; zur handelsrechtlichen Zulässigkeit grenzüberschreitenden Formwechsel → Rn. 12.
[13] → Rn. 15.

nicht dagegen wie beim Formwechsel einer Kapitalgesellschaft in eine Personengesellschaft die Gesellschaft bürgerlichen Rechts. Daneben alle aufgrund eines Typenvergleichs vergleichbaren EU-/EWR-Personengesellschaften mit Sitz und Ort der Geschäftsleitung innerhalb des Hoheitsgebietes dieser Staaten. Weiter müssen die Gesellschafter in einem EU-/EWR-Staat ansässig sein oder es muss im Inland ein unbeschränktes Besteuerungsrecht für den Veräußerungsgewinn aus den erhaltenen Anteilen an der Kapitalgesellschaft oder Genossenschaft bestehen. Somit führt eine Ansässigkeit in Drittstaaten bei einer Verstrickung der Anteile nicht zwingend zu einer Aufdeckung der stillen Reserven. Mögliche Zielrechtsform ist eine inländische Kapitalgesellschaft oder eingetragene Genossenschaft oder eine mit diesen Rechtsformen aufgrund eines Typenvergleichs vergleichbare EU-/EWR-Kapitalgesellschaft.

3. Sachlicher Anwendungsbereich

19 Die umwandlungssteuerlichen Regelungen zum Formwechsel sind auf die inländischen Formwechsel nach § 190 UmwG und alle vergleichbaren ausländischen Vorgänge anwendbar. Wie die Vergleichbarkeit der am Formwechsel beteiligten Rechtsformen, bestimmt sich auch die sachliche Vergleichbarkeit der ausländischen Vorgänge mit einem Formwechsel nach § 190 UmwG anhand eines Typenvergleiches.[14] Hierbei kommt es vorrangig auf die Identitätswahrung des Rechtsträgers an. Die Einordnung des Vorgangs als „Umwandlung" im nationalen Recht ist jedoch nicht notwendig. So kann unter Umständen eine Änderung des Gesellschaftsvertrages zu einer geänderten Typisierung einer ausländischen Gesellschaft (beispielsweise Personengesellschaft statt Kapitalgesellschaft) unter Wahrung der Rechtsidentität führen. Auf solche Vorgänge wären dann die Regelungen der umwandlungssteuerrechtlichen Regelungen zum Formwechsel anwendbar.[15] Ausländische Formwechsel, die nach den einschlägigen nationalen Vorschriften nur im Wege der übertragenden Umwandlung durchführbar sind und die damit nicht dem Grundsatz der Identitätswahrung folgen, sind dagegen mit dem Formwechsel nach dem UmwG nicht vergleichbar. Jedoch werden diese Vorgänge idR mit den Vorschriften des UmwG über die Verschmelzung vergleichbar sein.[16]

20 Bislang wurde überwiegend davon ausgegangen, dass ein grenzüberschreitender Formwechsel handelsrechtlich nicht möglich ist.[17] In seiner

---

[14] Vgl. BMF v. 11.11.2011, BStBl. I 2011 S. 1314, Rn. 01.20 ff.

[15] Vgl. *Hahn* IStR 2005 S. 677; *Birkemeier* in Rödder/Herlinghaus/van Lishaut UmwStG § 9 UmwStG Rn. 15; aA *Patt* in Dötsch/Pung/Möhlenbrock Körperschaftsteuer § 25 UmwStG Rn. 11; *Benecke* in Wassermeyer/Richter/Schnittker PersG im IntStR Rn. 15.186 ff.

[16] Vgl. BMF v. 11.11.2011, BStBl. I 2011 S. 1314, Rn. 01.39; *Hörtnagl* in Schmitt/Hörtnagl/Stratz UmwG/UmwStG § 1 UmwStG Rn. 50; *Möhlenbrock* in Dötsch/Jost/Pung/Witt Körperschaftsteuer § 1 UmwStG Rn. 111.

[17] Vgl. *Graw* in Rödder/Herlinghaus/van Lishaut UmwStG § 1 Rn. 154 iVm 122; *Möhlenbrock* in Dötsch/Jost/Pung/Witt Körperschaftsteuer § 1 UmwStG Rn. 111.

§ 28. Steuerrechtliche Regelungen § 28

Entscheidung in der Rechtssache „Vale" hat der EuGH den grenzüberschreitenden Formwechsel jedoch für zulässig erklärt.[18] Aus den Grundsätzen der Niederlassungsfreiheit in der EU/EWR ergibt sich die Verpflichtung der Mitgliedstaaten, die Verlegung des Sitzes über die Grenze mit gleichzeitigem Formwechsel in eine Rechtsform des Zuzugstaates unter den gleichen Voraussetzungen zuzulassen wie einen inländischen Rechtsformwechsel. Somit ist der sachliche Anwendungsbereich der umwandlungssteuerlichen Regelungen auch für grenzüberschreitende Formwechsel von EU-/EWR-Gesellschaften gegeben.[19]

4. Formwechsel einer Kapitalgesellschaft in eine Kapitalgesellschaft anderer Rechtsform

Die steuerlichen Folgen des Formwechsels einer Kapitalgesellschaft in 21 eine Kapitalgesellschaft anderer Rechtsform (beispielsweise GmbH in AG oder AG in SE) werden vom UmwStG nicht geregelt.

Da der Formwechsel einer Kapitalgesellschaft in eine Kapitalgesell- 22 schaft anderer Rechtsform die Identität des Steuersubjektes unberührt lässt und ohne Vermögensübergang erfolgt, sind steuerlich nach den allgemeinen Grundsätzen zwingend die bisherigen **Buchwerte** fortzuführen.[20] Ein vor der Umwandlung entstandener **Verlust-** oder **Zinsvortrag** bleibt für die Kapitalgesellschaft nach dem Formwechsel abziehbar.[21] Auch auf den Fortbestand der **Rücklage nach § 6b EStG** hat die Umwandlung keinen Einfluss.[22] Allein das Ausscheiden gegen Barabfindung oder die Leistung barer Zuzahlungen kann auf der Ebene der Anteilseigner zur Gewinnrealisierung nach allgemeinen Vorschriften führen.

Besonderheiten können sich beim Formwechsel einer **KGaA** oder in 23 eine KGaA ergeben. Die Vorteile dieser Rechtsform liegen vor allem im gesellschaftsrechtlichen Bereich. Sie bietet insbesondere die satzungsmäßige Flexibilität des Rechts der Kommanditgesellschaft hinsichtlich der Ausgestaltung der gesellschaftsinternen Rechtsverhältnisse (§ 278 II AktG).[23]

Rechtlich ist die KGaA eine juristische Person (vgl. § 278 I Halbs. 1 24 AktG). Ihrer wirtschaftlichen Struktur nach nimmt sie jedoch eine Zwischenstellung zwischen Kommanditgesellschaft und Aktiengesellschaft

---

[18] Vgl. EuGH v. 12.7.2012 C-378/10, BB 2012 S. 2069; *Messenzehl/Schwarzfischer* BB 2012 S. 2072; → Rn. 67 ff.
[19] → Rn. 67 ff.
[20] Vgl. *Widmann* in Widmann/Mayer UmwG/UmwStG § 1 UmwStG Rn. 244; *Schmitt* in Schmitt/Hörtnagl/Stratz UmwG/UmwStG § 9 UmwStG Rn. 3.
[21] Vgl. BFH v. 19.8.1958 – I 78/58 U, BStBl. III 1958 S. 468 für KSt; BFH v. 9.9.1958 – I 72/58 U, BStBl. III 1959 S. 48 für GewSt; *Widmann* in Widmann/Mayer UmwG/UmwStG § 1 UmwStG Rn. 245 für Verlustabzug bei Umwandlung einer GmbH in eine AG oder in eine KGaA.
[22] *Widmann* in Widmann/Mayer UmwG/UmwStG § 1 UmwStG Rn. 245.
[23] Vgl. *Hüffer* AktG § 278 Rn. 18.

§ 28   7. Teil. Formwechsel

ein. Hieraus resultieren Besonderheiten bei der ertragsteuerlichen-,[24] aber auch der umwandlungssteuerlichen Behandlung.

25   Die KGaA ist als Kapitalgesellschaft nach § 1 I Nr. 1 KStG körperschaftsteuerpflichtig. Eine an den persönlich haftenden Gesellschafter geleistete Gewinntantieme oder Vergütung für die Geschäftsführung ist dabei nach Maßgabe des § 9 I Nr. 1 KStG abzugsfähig. Dies gilt jedoch nicht in Bezug auf die Gewerbesteuer. Hier ist die Gewinntantieme oder Vergütung an den persönlich haftenden Gesellschafter gemäß § 8 Nr. 4 GewStG dem Gewerbeertrag wieder hinzuzurechnen. Dies ist im Rahmen der Umwandlung einer Kapitalgesellschaft in eine KGaA zu beachten. Ist der persönlich haftende Gesellschafter allerdings selbst Gewerbesteuersubjekt (zB bei der GmbH & Co KGaA) kann er seinen eigenen Gewerbeertrag gemäß § 9 Nr. 2b GewStG um den bei der KGaA hinzugerechneten Gewinnanteil kürzen.

26   Die Stellung der Kommanditaktionäre entspricht der der Aktionäre einer AG. Sie erzielen dementsprechend für im Privatvermögen gehaltene Anteile Einkünfte aus Kapitalvermögen gemäß § 20 I Nr. 1 bzw. II EStG. Mangels Sonderbetriebsvermögenseigenschaft der Kommanditaktien gilt dies auch, soweit die Kommanditaktionäre zugleich persönlich haftende Gesellschafter sind.[25]

27   Die Sonderstellung der KGaA als Kapitalgesellschaft spiegelt sich steuerlich vor allem in der Behandlung der persönlich haftenden Gesellschafter wieder. Diese erzielen gemäß § 15 I 1 Nr. 3 EStG mit ihren Gewinnanteilen, soweit diese nicht auf Anteile am Grundkapital entfallen, und etwaigen Sondervergütungen Einkünfte aus Gewerbebetrieb. Sie werden somit steuerlich wie Mitunternehmer behandelt.[26] Abhängig davon, ob der persönlich haftende Gesellschafter eine natürliche Person, eine Personengesellschaft (GmbH & Co. KG) oder eine Kapitalgesellschaft ist, fallen nach den allgemeinen Grundsätzen Einkommen- oder Körperschaftsteuer an. Ist persönlich haftender Gesellschafter eine Kapitalgesellschaft, so werden deren Gesellschafter durch § 15 I 1 Nr. 3 EStG von der Besteuerung abgeschirmt.[27] Dividendenzahlungen seitens der Kapitalgesellschaft führen zu Einkünften nach § 20 I Nr. 1 EStG, wenn die Anteile im Privatvermögen gehalten werden; Gehaltszahlungen an den Geschäftsführer führen zu Einkünften aus nichtselbstständiger Arbeit gemäß § 19 EStG.

28   Der **Formwechsel einer Kapitalgesellschaft in eine KGaA**[28] führt nicht zu einer Änderung des Steuersubjekts und löst damit grundsätzlich keine steuerlichen Folgen aus. Das UmwStG knüpft ohne Weiteres an die Regelungen der §§ 238 ff. UmwG an.[29] Es fehlt insoweit an einem Ver-

---

[24] Hierzu grundsätzlich BFH v. 21.6.1989 – X R 14/88, BStBl. II 1989, 881.
[25] Vgl. BFH v. 21.6.1989 – X R 14/88 BStBl. II 1989, 881; *Wacker* in Schmidt EStG § 15 Rn. 891.
[26] Vgl. BFH v. 21.6.1989 – X R 14/88 BStBl. II 1989, 881.
[27] Vgl. *Fischer* DStR 1997 S. 1519.
[28] Zum Formwechsel einer KGaA in eine Personengesellschaft und umgekehrt → Rn. 56.
[29] Vgl. *Schaumburg* DStZ 1998 S. 525 (543), FN 216.

§ 28. Steuerrechtliche Regelungen §28

mögensübergang als Tatbestand für eine Gewinnverwirklichung. Die Besteuerung der stillen Reserven ist sichergestellt. Auch ein Verlust- oder Zinsvortrag bleibt aus diesen Gründen erhalten.

Nicht gesondert geregelt ist im UmwStG die **Behandlung der Einlagen des persönlich haftenden Gesellschafters**. Wird Betriebsvermögen der formwechselnden Kapitalgesellschaft nicht Grundkapital der KGaA, sondern zu Vermögenseinlagen des persönlich haftenden Gesellschafters gemäß § 281 II AktG, § 278 II AktG iVm §§ 155 I, 161 II HGB, kommt es nach h M zur entsprechenden Anwendung des § 9 UmwStG.[30] Da das UmwStG an das UmwG anknüpft, welches den Formwechsel in und aus einer KGaA in § 191 I Nr. 2 und § 191 II Nr. 3 iVm § 3 I Nr. 2 UmwG ausdrücklich anerkennt, liefe ein partieller Ausschluss der KGaA von der Anwendung des UmwStG[31] dessen Zweck, die umwandlungsbedingten Steuerfolgen abschließend zu regeln, entgegen. 29

Tritt im Rahmen des Formwechsels in eine KGaA ein **persönlich haftender Gesellschafter ohne Kapitalbeteiligung** gemäß §§ 240 II iVm 221 UmwG bei, ändert sich möglicherweise der Kreis der Gesellschafter.[32] Steuerlich hat dies mangels Änderung der Vermögenszuordnung keine Auswirkung. 30

Eine Besteuerung von **Anteilseignern** kann eintreten, wenn die Anteile im Rahmen des Formwechsels an die Gesellschaft gegen eine Barabfindung abgetreten werden.[33] Zu einem steuerpflichtigen Veräußerungsgewinn kommt es ebenfalls, wenn der persönlich haftende Gesellschafter im Falle des Formwechsels der KGaA gegen eine Abfindung ausscheidet (§ 16 I Nr. 3 EStG). Die umgewandelte Kapitalgesellschaft hat die durch diesen Vorgang aufgedeckten stillen Reserven auf die Wirtschaftsgüter ihres Betriebsvermögens zu verteilen.[34] 31

Auch der Formwechsel einer KGaA **in eine Kapitalgesellschaft anderer Rechtsform** ist ein steuerneutraler identitätswahrender Vorgang. Allerdings scheiden nach § 247 II UmwG die persönlich haftenden Gesellschafter durch den Formwechsel zwingend aus der Gesellschaft aus. Daher kommt es bei den persönlich haftenden Gesellschaftern der KGaA durch den Formwechsel zu einer Veräußerung gemäß § 16 I Satz 1 Nr. 3 EStG. Wird der Auseinandersetzungsanspruch des persönlich haftenden Gesellschafters mit Anteilen an der übernehmenden Kapitalgesellschaft abgefunden, ist gleichwohl eine Anwendung der §§ 20 ff. UmwStG ausgeschlossen. Für die Anteile an der übernehmenden Kapitalgesellschaft werden in diesem Fall der Abfindungsanspruch und nicht ein Mitunternehmeranteil hingegeben. Da der Anteil des persönlich haftenden Gesellschafters einen Mitunternehmeranteil darstellt, kann die Steuerneutralität 32

---

[30] *Bogenschütz* FS Widmann 2000, S. 163 (181); *Haritz* DStR 1996 S. 1192; *Schaumburg* DStZ 1998 S. 525 (543); ders. nunmehr auch in Lutter UmwG Anh. § 304 Rn. 33.
[31] Vgl. *Schaumburg* in Lutter UmwG Anh. § 304 Rn. 33.
[32] Vgl. zur gesellschaftsrechtlichen Betrachtung *Limmer* FS Widmann 2000, S. 51 (53).
[33] *Widmann* in Widmann/Mayer UmwG/UmwStG § 1 UmwStG Rn. 256.
[34] *Widmann* in Widmann/Mayer UmwG/UmwStG § 1 UmwStG Rn. 250.

des Formwechsels durch eine vorherige Einbringung der durch die Anteile des persönlich haftenden Gesellschafters vermittelte Kapitalbeteiligung nach § 20 UmwStG erreicht werden.

5. Formwechsel einer Personengesellschaft in eine Personengesellschaft anderer Rechtsform

33 Ebenfalls nicht vom UmwStG umfasst wird der Formwechsel einer Personengesellschaft in eine Personengesellschaft anderer Rechtsform (beispielsweise GbR in OHG oder KG in OHG). Insbesondere handelt es sich weder um einen Einbringungsvorgang nach § 24 UmwStG noch um eine Betriebsaufgabe oder Betriebsveräußerung.[35] Ertragsteuerlich handelt es sich um einen irrelevanten Vorgang, da es zu keinem Wechsel des Besteuerungssystems kommt.[36]

34 Findet jedoch steuerlich ein Übergang von Privatvermögen in Betriebsvermögen statt, beispielsweise bei einem Formwechsel einer vermögensverwaltenden GmbH & Co. GbR in eine gewerblich geprägte GmbH & Co. KG, dann ist von einer Einlage der Wirtschaftsgüter der GbR in das Betriebsvermögen der KG auszugehen und es sind die Vorschriften der Betriebseröffnung iSd § 6 I Nr. 6 iVm § 6 I Nr. 5 EStG anzuwenden mit der Folge, dass die übergegangenen Wirtschaftsgüter grundsätzlich mit dem Teilwert anzusetzen sind.[37] Im umgekehrten Fall, bei Übergang von Betriebsvermögen in Privatvermögen, ist dementsprechend regelmäßig eine Betriebsaufgabe iSd § 16 III EStG gegeben.

6. Formwechsel einer Personengesellschaft in eine Kapitalgesellschaft oder Genossenschaft

35 Nach § 25 Satz 1 UmwStG finden die §§ 20–23 UmwStG in den Fällen des Formwechsels einer Personengesellschaft in eine Kapitalgesellschaft oder Genossenschaft iSd § 190 UmwG oder auf vergleichbare ausländische Vorgänge entsprechende Anwendung. Insoweit wird hier auf die Darstellung der steuerlichen Regelungen zur Verschmelzung von Personengesellschaften auf Kapitalgesellschaften oder Genossenschaften verwiesen.[38] Ergänzend hierzu ergeben sich beim Formwechsel einer Personengesellschaft in eine Kapitalgesellschaft oder Genossenschaft folgende Besonderheiten:

a) Formwechsel als Anteilstausch, § 21 I UmwStG

36 Sofern im Betriebsvermögen der Personengesellschaft auch mehrheitsvermittelnde Anteile an Kapitalgesellschaften oder Genossenschaften ent-

---

[35] Vgl. BMF v. 11.11.2011, BStBl. I 2011 S. 1314, Rn. 01.47.
[36] Vgl. *Widmann* in Widmann/Mayer UmwG/UmwStG Vor § 1 UmwStG Rn. 27.
[37] Vgl. BFH v. 11.4.2013 – IV R 11/10, BFH/NV 2013 S. 1569; *Ortmann-Babel* in Lademann EStG § 6 Rn. 936.
[38] → § 11 Rn. 575 ff.

halten sind, stellt sich die Frage der Anwendung der Regelungen zum Anteilstausch, § 21 UmwStG. Stellt der mehrheitsvermittelnde Anteil an der Kapitalgesellschaft oder Genossenschaft eine wesentliche Betriebsgrundlage der Personengesellschaft dar, ist dieser Teil des nach § 20 I UmwStG eingebrachten Betriebsvermögens und der Vorgang einheitlich nach § 20 UmwStG zu behandeln.[39] Auch soweit ein zum Betriebsvermögen der formwechselnden Personengesellschaft gehörender mehrheitsvermittelnder Anteil nicht wesentliche Betriebsgrundlage ist, ist der Vorgang grundsätzlich nicht in eine Einbringung nach § 20 UmwStG und einen Anteilstausch nach § 21 UmwStG aufzuspalten, sondern einheitlich nach § 20 UmwStG zu behandeln, sofern es sich insgesamt um einen zeitlich und sachlich zusammenhängenden Einbringungsvorgang handelt.[40] Im Einzelfall kann es jedoch sinnvoll sein, den einheitlichen Einbringungsvorgang im Hinblick auf die Rechtsfolgen eines späteren Verkaufs der erhaltenen Anteile in eine Sacheinlage nach § 20 UmwStG und einen Anteilstausch nach § 21 UmwStG aufzuspalten.[41] Selbst bei einer Anwendung des § 21 UmwStG in diesen Fällen, wäre – in Abweichung zum reinen Anteilstausch nach § 21 UmwStG – über den Verweis des § 25 Satz 2 UmwStG auf § 9 Satz 3 UmwStG eine Rückbeziehung des Anteilstausches für bis zu acht Monate vor der Anmeldung des Formwechsels zur Eintragung möglich.[42]

Wird eine vermögensverwaltende Personengesellschaft in eine Kapitalgesellschaft oder Genossenschaft formgewechselt, kommt § 20 I UmwStG mangels Betriebsvermögen nicht zur Anwendung und ist für mehrheitsvermittelnde Anteile an Kapitalgesellschaften oder Genossenschaften im Vermögen der vermögensverwaltenden Personengesellschaft § 21 UmwStG anwendbar.[43] 37

Für einbringungsgeborene Anteile im Sinne des § 21 UmwStG a F gilt das alte Recht weiter.[44]

b) Sonderbetriebsvermögen

Gehört zum Betriebsvermögen der Personengesellschaft auch Sonderbetriebsvermögen und stellt dieses Sonderbetriebsvermögen eine wesentliche Betriebsgrundlage dar, können die Voraussetzungen der Einbringung im Sinne des § 20 I 1 UmwStG nur dann erfüllt werden, wenn auch das Sonderbetriebsvermögen im Rahmen eines einheitlichen Übertragungsaktes zusammen mit dem Formwechsel zum selben steuerlichen 38

---

[39] Vgl. BMF v. 11.11.2011, BStBl. I 2011 S. 1314 Rn. 20.06, 21.01; vgl. *Schmitt* in Schmitt/Hörtnagl/Stratz UmwG/UmwStG § 20 UmwStG Rn. 26.
[40] *Schmitt* in Schmitt/Hörtnagl/Stratz UmwG/UmwStG § 21 UmwStG Rn. 9, § 20 UmwStG Rn. 27, 207.
[41] *Schmitt* in Schmitt/Hörtnagl/Stratz UmwG/UmwStG § 20 UmwStG Rn. 27, 207.
[42] *Rabback* in Rödder/Herlinghaus/van Lishaut § 25 UmwStG Rn. 89.
[43] *Schmitt* in Schmitt/Hörtnagl/Stratz UmwG/UmwStG § 21 UmwStG Rn. 14.
[44] Vgl. § 27 III Nr. 3 UmwStG.

Stichtag auf die Kapitalgesellschaft übertragen wird.[45] Eine dem Formwechsel vorgeschaltete Übertragung des Sonderbetriebsvermögens in das Gesamthandsvermögen der Personengesellschaft hat im Zeitpunkt des Formwechsels in eine Kapitalgesellschaft nach § 6 V 6 EStG rückwirkend den Ansatz zum Teilwert zur Folge.

c) Umwandlung einer (GmbH & Co.) KG in eine (GmbH & Co.) KGaA

39 Handelsrechtlich geschieht der Formwechsel einer KG in eine KGaA nach §§ 190 ff., §§ 214 ff. UmwG identitätswahrend. War daher die Komplementärin der KG, die nunmehr die Stellung des phG bei der KGaA einnimmt, vorher nicht vermögensmäßig an der KG beteiligt, bereitet dies keine Probleme. Eine Beteiligung des phG am Gesellschaftsvermögen der KGaA ist nicht erforderlich.[46]

40 Steuerlich erfolgt der Formwechsel einer KG in eine KGaA grundsätzlich nach den allgemeinen Regeln der § 25 iVm §§ 20 ff. UmwStG. Uneinheitlich wird jedoch der Fall behandelt, dass der phG der KG persönlich haftender Gesellschafter der KGaA wird und somit steuerlich vorher wie nachher als Mitunternehmer gilt.[47] Tritt eine vorher nicht beteiligte GmbH & Co. KG als persönlich haftende Gesellschafterin im Zeitpunkt des Formwechsels gemäß § 218 II, § 221 UmwG bei, ist dieser Vorgang mangels Änderung der Vermögenszuordnung steuerneutral. War der phG vorher Mitunternehmer der KG und bringt er seinen Mitunternehmeranteil gegen Gewährung von Kommanditaktien ein, ist dieser Vorgang nach §§ 20 ff. UmwStG zu behandeln. Wandelt er seinen Mitunternehmeranteil an der übertragenden Gesellschaft indes ganz oder zum Teil in eine Vermögenseinlage gemäß § 281 II AktG um, so ist dieser (Teil-)Vorgang nach § 24 II UmwStG als Einbringung eines Mitunternehmeranteils in eine Personengesellschaft zu behandeln. Dies entspricht der Behandlung des phG als Mitunternehmer der KGaA gemäß § 15 I 1 Nr. 3 EStG.

d) Beispiel für eine formwechselnde Umwandlung einer Personengesellschaft in eine Kapitalgesellschaft

41 Die sich aus dem Ansatz des übernommenen Vermögens in der Kapitalgesellschaft zum Buchwert oder zu einem höheren Wert ergebenden Konsequenzen zeigt nachfolgendes Beispiel:

42 **Fall:**
Die ABC-OHG mit den Gesellschaftern A, B und C (natürliche Personen) soll in eine GmbH rechtsformwechselnd umgewandelt werden. Die Beteiligungs-

---

[45] Vgl. BMF v. 11.11.2011, BStBl. I 2011 S. 1314 Rn. 20.06.
[46] *Fischer* DStR 1997 S. 1519 (1526).
[47] Vgl. zu diesem Thema: *Patt* in Dötsch/Pung/Möhlenbrock Körperschaftsteuer § 25 UmwStG Rn. 31; *Rabback* in Rödder/Herlinghaus/van Lishaut § 25 UmwStG Rn. 24.

verhältnisse sollen gewahrt werden. Die Bilanz der OHG weist zum Übertragungsstichtag folgende Werte aus:

AKTIVA	€	PASSIVA	€
Grundstück	100 000	Kapital	200 000
Gebäude	160 000	§ 6b-Rücklage	400 000
Kasse	340 000		
	600 000		600 000

Im Vermögen der ABC OHG sind stille Reserven in Höhe von T € 680 enthalten, die zu T€ 200 auf das Grundstück und zu T€ 380 auf das Gebäude entfallen.

Unter den Voraussetzungen der § 25 iVm §§ 20 ff. UmwStG kann die **43** übernehmende Kapitalgesellschaft das Betriebsvermögen mit dem gemeinen Wert oder auf Antrag mit dem Buchwert oder einem Zwischenwert ansetzen.

Im Falle einer Übertragung zum **Buchwert** wird die Dauer der Zu- **44** gehörigkeit von Wirtschaftsgütern zum Betriebsvermögen der OHG bei der übernehmenden Kapitalgesellschaft angerechnet (§ 25 iVm § 23 I iVm § 4 II 3 UmwStG). Daneben tritt die GmbH auch hinsichtlich der AfA und der Gewinn mindernden Rücklagen in die Rechtsstellung der OHG ein (§§ 25, 23 I iVm § 12 III Halbs. 1 UmwStG).

Sofern die Übertragung zum **Zwischenwert** erfolgt, gilt Folgendes: **45**
Beim Ansatz zum Zwischenwert kann nach § 23 III UmwStG die Rücklage nach § 6b EStG fortgeführt werden (§ 12 III Halbs. 1 UmwStG). Hinsichtlich der AfA nach § 7 IV und V EStG ergibt sich die Bemessungsgrundlage aus den Anschaffungs- und Herstellungskosten der OHG zzgl. des Unterschiedsbetrags zwischen dem Wert, mit dem die GmbH das Gebäude ansetzt und dem Buchwert des Gebäudes in der Schlussbilanz der OHG. Unterstellt man, dass das mit T€ 160 angesetzte Gebäude eine Restlaufzeit von 4 Jahren besitzt und ein jährlicher Abschreibungssatz in Höhe von 4% nach § 7 IV 1 Nr. 1 EStG zur Anwendung kommt (Anschaffungskosten: T€ 1 000; 25-jährliche Abschreibungsraten à T€ 40) und mit dem Zwischenwert von T€ 350 von der GmbH angesetzt wird, erhöht sich die Abschreibungsbemessungsgrundlage für die AfA auf (T€ 1 000 ursprüngliche Anschaffungskosten + T€ 190 Unterschied zwischen angesetztem Wert und Buchwert =) T€ 1 190.

Ausgehend von der Bemessungsgrundlage iHv T€ 1 190 errechnet **46** sich bei einem Abschreibungssatz in Höhe von jährlich 4% ein Abschreibungsbetrag von rund T€ 48, dh der bei der GmbH neu angesetzte Wert in Höhe von T€ 350 kann nicht innerhalb der ursprünglichen Restnutzungsdauer von 4 Jahren abgeschrieben werden, sondern erst nach (T€ 350: T€ 48 =) rund 7,5 Jahren. Die Abschreibungsdauer verlängert sich also.[48]

Die steuerlichen Auswirkungen des Formwechsels für die Gesellschaf- **47** ter hängen davon ab, mit welchem Wert die übernehmende GmbH das

---

[48] Zur Behandlung dieser und anderer Abschreibungsfragen wird im Übrigen auf die Ausführungen → § 11 Rn. 656 ff. Bezug genommen.

Betriebsvermögen der OHG ansetzt. Dieser Wert gilt für die Gesellschafter als Veräußerungspreis und als Anschaffungskosten der GmbH-Anteile (§ 20 III UmwStG). Daraus folgt:

48 Bei **Buchwertansatz** entsteht für die Gesellschafter der OHG kein Veräußerungsgewinn. Die Anschaffungskosten für die Geschäftsanteile an der GmbH bestimmen sich nach dem anteiligen Buchwert. Davon ausgehend, dass A mit 50% und B und C mit jeweils 25% an der OHG beteiligt waren, belaufen sich die Anschaffungskosten für die Anteile an der GmbH für A auf T€ 100 und für B und C auf jeweils T€ 50. Ein Veräußerungsgewinn entsteht für sie nicht. Allerdings sind durch die Buchwertfortführung die erhaltenen Gesellschaftsanteile nach § 22 I UmwStG steuerverhaftet. Bei einer Veräußerung innerhalb von sieben Jahren kommt es zu einer rückwirkenden Besteuerung des Einbringungsgewinns I.

49 Bei Ansatz zum **Zwischen- oder gemeinen Wert** entsteht für die Gesellschafter ein Veräußerungsgewinn, der einheitlich und gesondert festgestellt wird. Der Veräußerungsgewinn ermittelt sich durch Gegenüberstellung des fiktiven Veräußerungspreises in Form des anteiligen Wertes, mit dem die GmbH das Betriebsvermögen ansetzt, und dem anteiligen Buchwert des Betriebsvermögens laut Schlussbilanz der OHG. Angenommen, die GmbH stockt im Beispielsfall die Buchwerte um T€ 290 (Gebäude T€ 190, Grundstück T€ 100) auf, so ergibt sich in der Bilanz der GmbH ein Eigenkapital von T€ 490. Dieser Wert ist den Gesellschaftern anteilig als Veräußerungspreis für ihre Mitunternehmeranteile zuzurechnen (§ 20 III 1 UmwStG). Dementsprechend ist für A ein Veräußerungspreis von T€ 245 und für B und C in Höhe von jeweils von T€ 122,5 anzusetzen. Da auf A ein anteiliger Buchwert laut Schlussbilanz der OHG in Höhe von 100 und auf B und C in Höhe von jeweils 50 entfällt, wird ihnen im Rahmen der einheitlichen und gesonderten Gewinnfeststellung der OHG ein Veräußerungsgewinn zugerechnet. Dieser beläuft sich für A auf T€ 145, für B und C auf jeweils T€ 72,5. Eine Begünstigung dieses Gewinns gemäß § 16 IV EStG ist zwar grundsätzlich möglich, jedoch nur bei Ansatz des gemeinen Wertes, § 20 IV UmwStG. Im vorliegenden Beispiel scheidet diese Begünstigung daher aus.

7. Formwechsel einer Kapitalgesellschaft in eine Personengesellschaft

50 Der Formwechsel einer Kapitalgesellschaft in eine Personengesellschaft iSd § 190 I UmwG ist in §§ 190 ff., 226 f., 228 ff. UmwG geregelt. Steuerlich sind gemäß § 9 UmwStG die Vorschriften des zweiten Teils betreffend den Vermögensübergang auf eine Personengesellschaft, also die §§ 3–8 und 10 des UmwStG, auf den Formwechsel einer Kapitalgesellschaft in eine Personengesellschaft entsprechend anwendbar. Insoweit wird hier auf die Darstellung der steuerlichen Regelungen zur Verschmelzung von Körperschaften auf Personengesellschaften verwiesen.[49] Besonders sei für den Formwechsel einer Kapitalgesellschaft in eine Personengesellschaft auf folgende Punkte hingewiesen:

---

[49] → § 11 Rn. 287 ff.

§ 28. Steuerrechtliche Regelungen § 28

a) Steuerliche Rückwirkung, Übertragungsbilanz

Nach § 9 Satz 3 UmwStG kann die Kapitalgesellschaft eine auf einen höchstens acht Monate vor der Anmeldung des Formwechsels liegenden Stichtag Übertragungsbilanz aufstellen. Die steuerliche Rückwirkung ist auch dann möglich, wenn zum Stichtag die gesellschaftsrechtlichen Voraussetzungen für den Formwechsel noch nicht gegeben waren, etwa weil die Komplementär-GmbH erst nach diesem Zeitpunkt errichtet wurde.[50] 51

Mit dem SEStEG hat der Gesetzgeber ausdrücklich klargestellt, dass die Maßgeblichkeit der Handelsbilanz für die Steuerbilanz im Bereich des Umwandlungssteuerrechts nicht gilt.[51] Richtigerweise galt dies auch zuvor, da handelsrechtlich für die formwechselnde Umwandlung keine Schlussbilanz aufzustellen ist, die für die Steuerbilanz maßgeblich sein könnte. 52

b) Formwechsel in eine Personengesellschaft ohne Betriebsvermögen

Ist zum steuerlichen (Übertragungs-)Stichtag die Personengesellschaft nicht gewerblich, land- und forstwirtschaftlich oder freiberuflich tätig, kommt es zu einer Realisierung aller stillen Reserven bei der formwechselnden Kapitalgesellschaft, § 8 UmwStG. Insbesondere für rein vermögensverwaltend tätige Kapitalgesellschaften und bei beabsichtigter Buchwertfortführung ergibt sich damit die Notwendigkeit, die Betriebsvermögenseigenschaft zum steuerlichen Stichtag ggf. rückwirkend sicherzustellen. Da eine rückwirkende Änderung der tatsächlichen Betätigung der Kapitalgesellschaft nicht möglich ist, kommt hier der Formwechsel auf eine nach § 15 III Nr. 1 EStG gewerblich infizierte Personengesellschaft oder nach § 15 III Nr. 2 EStG gewerblich geprägte Personengesellschaft in Betracht. 53

c) Sonderbetriebsvermögen

Hat ein Gesellschafter einer Körperschaft Wirtschaftsgüter zur Nutzung überlassen, entsteht zum Zeitpunkt des ggf. rückbezogenen Übertragungsstichtags (notwendiges) Sonderbetriebsvermögen bei der formgewechselten Personengesellschaft. 54

d) Gewerbesteuerlicher Gewinn aus Veräußerung oder Aufgabe

Nach der Missbrauchsregelung des § 18 III UmwStG unterliegt ein Gewinn aus der Veräußerung oder Aufgabe des Betriebs der formgewechselten Personengesellschaft innerhalb von fünf Jahren nach dem Formwechsel auch dann der Gewerbesteuer, wenn er ansonsten nach allgemeinen Regeln nicht der Gewerbesteuer unterläge. Also beispielsweise bei der Veräußerung eines Mitunternehmeranteils durch eine unmittelbar beteiligte natürliche Person. Der Gewerbesteuertatbestand des 55

---

[50] Schmitt in Schmitt/Hörtnagl/Stratz UmwG/UmwStG § 9 UmwStG Rn. 16.
[51] BT-Drs. 16/2710 S. 37.

§ 18 III UmwStG hat sowohl in zeitlicher als auch in gegenständlicher Hinsicht überschießende Tendenz, als nach dem Wortlaut die Gewerbesteuerpflicht auch nach dem steuerlichen Stichtag gebildete (neue) stille Reserven in den Wirtschaftsgütern, die bereits zum Stichtag zum Vermögen der formgewechselten Kapitalgesellschaft gehört haben und stille Reserven in allen danach hinzugekommenen Wirtschaftsgütern erfasst.[52]

e) Formwechsel einer KGaA in eine Personengesellschaft

56 Wegen der Zwitterstellung der KGaA (Mitunternehmerstellung des phG, Aktionärsstellung der Kommanditaktionäre) ergibt sich beim Formwechsel einer KGaA in eine Personengesellschaft die Besonderheit, dass die Vermögenseinlage nach § 24 UmwStG zu behandeln ist, während die Umwandlung der Anteile der Kommanditaktionäre nach den §§ 3 bis 8 UmwStG zu behandeln ist.

f) Beispiel für die formwechselnde Umwandlung einer Kapitalgesellschaft in eine Personengesellschaft

57 **Fall (Formwechsel einer Kapitalgesellschaft in eine Personengesellschaft):**

Die natürliche Person A, die B-AG und die natürliche Person C sind Gesellschafter der X-GmbH, deren Stammkapital € 506 000 beträgt. Das Wirtschaftsjahr entspricht dem Kalenderjahr. A hält eine Beteiligung in Höhe von 40% des Stammkapitals im Betriebsvermögen, die er vor 7 Jahren für € 2 000 000 erworben hat. Die B-AG hält einen Anteil von 25%. Die B-AG hat den Anteil für € 2 975 000 erworben. C hält einen Anteil von 35%, den er ein Jahr vor dem Formwechsel für € 4 200 000 erworben hat, im Privatvermögen.

Die Bilanz der X-GmbH auf den Übertragungsstichtag sieht wie folgt aus.

AKTIVA	€	PASSIVA	€
Grund und Boden	1 000 000	Stammkapital	50 000
Gebäude	2 500 000	Kapitalrücklage	450 000
		Verlustvortrag	./. 1 000 000
		§ 6b Rücklage	1 000 000
Maschinen	1 000 000	Verbindlichkeiten	4 000 000
	4 500 000		4 500 000

Die in den Wirtschaftsgütern enthaltenen stillen Reserven betragen € 8 000 000, die zu € 2 000 000 auf den Grund und Boden, zu € 4 000 000 auf das Gebäude und zu € 2 000 000 auf die Maschinen entfallen. In Höhe des bilanziellen Verlustvortrages besteht ein steuerlicher Verlustvortrag iSd § 10d IV 2 EStG. Das steuerliche Einlagekonto nach § 27 KStG beträgt € 200 000. Die X-GmbH soll in die X-KG formwechselnd umgewandelt werden.

58 (1) Da der Verlustvortrag nach § 4 II 2 UmwStG weder auf die Personengesellschaft noch auf ihre Gesellschafter übertragen werden kann,

---

[52] *Wernsmann/Desens* DStR 2008 S. 221.

kann der Ansatz eines über dem Buchwert liegenden Wertes in der Übertragungsbilanz der X-GmbH von Vorteil sein. Hierbei sind die Regelungen zur Mindestbesteuerung zu beachten (§ 10d II EStG), wonach ein unbeschränkter Verlustabzug nur bis zu einem Gesamtbetrag der Einkünfte von € 1 000 000 möglich ist. Soweit der Ansatz der übergehenden Wirtschaftsgüter den Buchwert übersteigt, wird dieser nach dem Formwechsel über ein erhöhtes Abschreibungsvolumen steuermindernd wirksam, soweit die Aufstockung auf abnutzbare Wirtschaftsgüter entfällt. Im Beispielsfall wird unterstellt, dass das laufende steuerliche Ergebnis der X-GmbH im Wirtschaftsjahr des Formwechsels Null ist und daher eine Aufstockung in Höhe der unbeschränkt abzugsfähigen Verlustvorträge von € 1 000 000 gewählt. Somit ergibt sich ein Zwischenwertansatz. Beim Zwischenwertansatz sind die stillen Reserven gleichmäßig aufzustocken.[53] Die in den einzelnen Wirtschaftsgütern ruhenden stillen Reserven sind um den Prozentsatz aufzulösen, der dem Verhältnis des Aufstockungsbetrages zum Gesamtbetrag der vorhandenen stillen Reserven der übergehenden Wirtschaftsgüter entspricht. Hier ergibt sich bei stillen Reserven iHv € 8 000 000 und einem Aufstockungsbetrag iHv € 1 000 000 ein Aufstockungssatz von 12,5%.

(2) Nach der wertmäßigen Aufstockung der Wirtschaftsgüter ergibt sich folgende Übertragungsbilanz der X-GmbH: **59**

Übertragungsbilanz der X-GmbH

		Stammkapital	50 000
Grund und Boden		Kapitalrücklage	450 000
€ 1 000 000		Verlustvortrag	./. 1 000 000
€ 250 000	1 250 000	Übertragungsgewinn	1 000 000
Gebäude		§ 6b-Rücklage	1 000 000
€ 2 500 000		Verbindlichkeiten	4 000 000
€ 500 000	3 000 000		
Maschinen			
€ 1 000 000			
€ 250 000	1 250 000		
	5 500 000		5 500 000

Da hier unterstellt wird, dass das laufende steuerliche Ergebnis der Übertragerin im Wirtschaftsjahr des Formwechsels Null ist, kann der durch die Aufstockung entstehende Übertragungsgewinn auf der Ebene der X-GmbH voll mit dem Verlustvortrag verrechnet werden. **60**

(3) Für alle Anteilseigner sind nach der Ausschüttungsfiktion des § 7 UmwStG Einnahmen aus Kapitalvermögen zu ermitteln. Danach werden jedem Anteilseigner anteilig die offenen Rücklagen des übertragenden Rechtsträgers zugerechnet. Dies gilt unabhängig davon, ob für den Anteilseigner ein Übernahmegewinn bzw. -verlust nach §§ 4 oder 5 UmwStG ermittelt wird. Ausgangspunkt ist das in der Steuerbilanz ausgewiesene Eigenkapital abzüglich des Bestands des steuerlichen Einlagenkontos iSd § 27 KStG, das sich nach Anwendung des § 29 I KStG ergibt. **61**

---

[53] Schmitt in Schmitt/Hörtnagl/Stratz UmwG/UmwStG § 3 UmwStG Rn. 58 ff.; BMF v. 11.11.2011, BStBl. I 2011 S. 1314 Rn. 03.25.

§ 28　　　　　　　　　　　　　　　　　　　7. Teil. Formwechsel

Das Nennkapital gilt aufgrund des Formwechsels als in vollem Umfang nach § 28 II 1 KStG herabgesetzt und ist dem steuerlichen Einlagenkonto gutzuschreiben. Annahmegemäß weist hier das steuerliche Einlagenkonto vor dem Formwechsel einen Betrag von € 200 000 aus, der sich um das als vollumfänglich als herabgesetzt geltende Nennkapital auf € 250 000 erhöht. Die sich für die Anteilseigner ergebenden Einkünfte aus Kapitalvermögen isd § 20 I Nr. 1 EStG sind, nach Verrechnung mit dem Übernahmeergebnis auf Ebene des übernehmenden Rechtsträgers, von diesen nach den für sie jeweils geltenden Regeln zu versteuern.

Einnahmen iSd § 7 UmwStG iVm § 20 I Nr. 1 EStG.

Eigenkapital	500 000
Steuerliches Einlagekonto nach Anwendung § 29 I KStG	– 250 000
Einnahmen iSd § 20 I Nr. 1 EStG	250 000

	A	B-AG	C
Anteilige Bezüge isd § 20 I Nr. 1 EStG	100 000	62 500	87 500

62 (4) Das Übernahmeergebnis für die Gesellschafter infolge des Formwechsels ermittelt sich wie folgt. Die X-KG übernimmt anteilig für die Gesellschafter die in der Übertragungsbilanz ausgewiesenen Buchwerte anstelle der als eingelegt geltenden Anteile an der X-GmbH (§ 5 II, § 5 III UmwStG). Ein Übernahmegewinn vermindert sich, ein Übernahmeverlust erhöht sich um die Bezüge nach § 7 UmwStG (§ 4 V UmwStG).

Ermittlung Übernahmegewinn bzw. -verlust

	A €	B-AG €	C €
Anteiliger Wert der übernommenen Wirtschaftsgüter (§ 4 I, IV Satz 1 UmwStG)	200 000	125 000	175 000
AK der Beteiligung	2 000 000	2 975 000	4 200 000
Übernahmeverlust (§ 4 IV UmwStG)	./. 1 800 000	./. 2 850 000	./. 4 025 000
Bezüge nach § 7 UmwStG iVm § 20 I Nr. 1 EStG	./. 60 000	./. 0	./. 87 500
Übernahmeverlust (§ 4 V UmwStG)	./. 1 860 000	./. 2 850 000	./. 4 112 500

63 (5) Für Körperschaftsteuersubjekte (B-AG) bleibt ein Übernahmeverlust grundsätzlich außer Ansatz (§ 4 VI 1 UmwStG). Für A und C ist nach § 4 VI 4 UmwStG ein Übernahmeverlust in Höhe von 60%, jedoch höchstens in Höhe von 60% der Bezüge isd § 7 UmwStG zu berücksichtigen. Dies gilt jedoch nach der Rückausnahme des § 4 VI 6 2. Alt. UmwStG für C deshalb nicht, weil er die Anteile innerhalb der letzten fünf Jahre vor dem Formwechsel entgeltlich erworben hat.

	A	B-AG	C
Übernahmeverlust	./. 1 860 000	./. 2 850 000	./. 4 112 500
Bezüge iSd § 7 UmwStG	100 000	62 500	87 500
Zu berücksichtigen nach § 4 VI UmwStG	./. 60 000	0	0

(6) Insgesamt ergeben sich aus dem Formwechsel für A, die B-AG und C die folgenden steuerlichen Folgen.

	A	B-AG	C
Bezüge iSd § 7 UmwStG	100 000	62 500	87 500
Zu berücksichtigender Übernahmeverlust	./. 60 000	0	0
	40 000	62 500	87 500
Steuerpflichtig	24 000 (§ 3 Nr. 40 EStG)	3125 (§ 8b I, V KStG)	87 500 (Abgeltungssteuer, § 32d EStG)

Im Ergebnis bleibt für die B-AG und C der im Zuge des Formwechsels eingetretene Übernahmeverlust insgesamt steuerlich außer Ansatz. Auch für A ist der eingetretene Übernahmeverlust weitgehend unbeachtlich. Systematisch ist diese Benachteiligung der an dem Formwechsel Beteiligten vor dem Hintergrund der Zielsetzung des Umwandlungssteuerrechts, betriebswirtschaftlich indizierte Unternehmensumwandlungen steuerlich nicht zu behindern, nicht zu rechtfertigen.[54]

(7) Hinsichtlich der Abschreibungen und der § 6b-Rücklage tritt die X-KG in die Rechtsposition der umgewandelten X-GmbH ein. Da die übergegangenen Wirtschaftsgüter in der steuerlichen Schlussbilanz der übertragenden X-GmbH mit einem über dem Buchwert liegenden Wert angesetzt worden sind, ist die Gebäude-AfA gemäß § 7 IV, V EStG nach dem Buchwert, vermehrt um den zwischen Buchwertansatz und Wertansatz in der Übertragungsbilanz der X-GmbH liegenden Unterschiedsbetrag, zu bemessen.

IV. Grenzüberschreitender Formwechsel

1. Sachlicher Anwendungsbereich

Unter dem Begriff grenzüberschreitender Formwechsel ist die grenzüberschreitende Verlegung des Satzungssitzes mit gleichzeitigem identitätswahrenden Rechtsformwechsel der Gesellschaft in eine Rechtsform nach dem Gesellschaftsstatut des Zuzugstaates zu verstehen.[55] Bislang wurde überwiegend davon ausgegangen, dass ein solcher grenzüberschreitender Formwechsel handelsrechtlich nicht möglich ist.[56] Aufgrund § 1 I UmwG ist der Formwechsel nach dem deutschen Umwandlungsrecht nur Rechtsträgern „mit Sitz im Inland" eröffnet, wobei gemäß § 191 UmwG sowohl Ausgangs- als auch Zielrechtsform des formwechselnden Rechtsträgers nur Rechtsformen deutschen Gesellschaftsrechts sein können. Die Rechtsprechung des EuGH hat jedoch dem grenzüberschreitenden Formwechsel den Weg eröffnet. Den in der Rechtssache

---

[54] *Rödder/Schumacher* DStR 2006 S. 1525; *Schmitt* in Schmitt/Hörtnagl/Stratz UmwG/UmwStG § 4 UmwStG Rn. 123; vgl. aber zur Vorgängervorschrift BFH v. 24.6.2014 – VIII R 35/10, DStR 2014 S. 2158.
[55] Vgl. § 32.
[56] Vgl. *Graw* in Rödder/Herlinghaus/van Lishaut UmwStG § 1 Rn. 122; *Patt* in Dötsch/Jost/Pung/Witt Körperschaftsteuer § 25 UmwStG Rn. 3.

§ 28 7. Teil. Formwechsel

„Cartesio"[57] eingeschlagenen Weg führte der EuGH in seiner Entscheidung in der Rechtssache „Vale"[58] weiter: Die Niederlassungsfreiheit (Art. 49, 54 AEUV) schützt danach grundsätzlich den grenzüberschreitenden Formwechsel und dieser muss vom Zuzugsstaat unter den gleichen Voraussetzungen wie der Formwechsel einer inländischen Gesellschaft ermöglicht werden. Der EuGH fordert dabei die „sukzessive Anwendung von zwei nationalen Rechtsordnungen".

68 Basierend auf diesen Grundsätzen hat auch das OLG Nürnberg anerkannt, dass § 1 I UmwG europarechtskonform dahingehend auszulegen ist, dass die §§ 190 ff. UmwG auf den grenzüberschreitenden Formwechsel anzuwenden sind.[59] Den in § 191 I UmwG genannten deutschen Gesellschaften ist ein Hinausformwechsel in eine Rechtsform eines anderen EU-/EWR-Mitgliedstaates gestattet wie auch umgekehrt EU-/EWR-Gesellschaften sich durch Hereinformwechsel in eine in § 191 II UmwG aufgeführte deutsche Rechtsform umwandeln können. Somit ist der sachliche Anwendungsbereich der umwandlungsteuerlichen Regelungen für grenzüberschreitende Formwechsel von EU-/EWR-Gesellschaften gegeben.

2. Persönlicher Anwendungsbereich

69 Die vom EuGH aufgestellten Grundsätze gelten für Rechtsträger, die nach dem Recht eines Mitgliedstaates der EU oder des EWR gegründet worden sind. Durch Art. 54 II AEUV sind sämtliche einen Erwerbszweck verfolgende Kapital- und Personengesellschaften, Genossenschaften, genossenschaftliche Prüfungsverbände sowie wirtschaftliche Vereine erfasst.[60] Wie im nationalen Fall erfasst das UmwStG nur überkreuzende internationale Formwechsel, bei denen sich die ertragsteuerliche Vermögenszuordnung ändert (insbesondere Formwechsel einer Personengesellschaft in eine Kapitalgesellschaft und umgekehrt).[61]

70 Bei einem Hereinformwechsel sind die Vorschriften über den Formwechsel vergleichbarer inländischer Rechtsträger anzuwenden.[62] Für den grenzüberschreitenden Formwechsel einer Kapitalgesellschaft in eine Personengesellschaft sind somit nach § 9 UmwStG die Bestimmungen §§ 3–10 UmwStG anwendbar bzw. für den Wechsel einer Personengesellschaft in eine Kapitalgesellschaft gelten über § 25 UmwStG die §§ 20–23 UmwStG entsprechend. Insbesondere können sich ausländische Äquivalente deutscher rechtsformwechselfähiger Gesellschaften in nach dem UmwG zulässige deutsche Zielgesellschaften umwandeln. Somit kann beispielsweise eine französische Sàrl, eine italienische Società di

---

[57] Vgl. EuGH v. 16.12.2008 C-210/06, BB 2009 S. 11; *Leible/Hoffmann* BB 2009 S. 58.
[58] Vgl. EuGH v. 12.7.2012 C-378/10, BB 2012 S. 2069; *Messenzehl/Schwarzfischer* BB 2012 S. 2072.
[59] OLG Nürnberg v. 19.6.2013 – 12 W 520/13, ZIP 2014 S. 128.
[60] Vgl. *Vossius* in Widmann/Mayer UmwG/UmwStG § 191 UmwG Rn. 64.
[61] → Rn. 5.
[62] Vgl. *Vossius* in Widmann/Mayer UmwG/UmwStG § 191 UmwG Rn. 57.

responsibilità limitata oder eine britische Limited grenzüberschreitend zur deutschen GmbH formgewechselt werden.[63]

Bei einem Hinausformwechsel sind auf den formwechselnden Rechtsträger grundsätzlich die im Wegzugstaat geltenden Bestimmungen über grenzüberschreitende Verschmelzung anzuwenden, vorzugsweise die geltenden Bestimmungen über die Verschmelzung zur Neugründung.[64] Deutschen rechtsformwechselfähigen Gesellschaften ist somit ein Hinausformwechsel eröffnet, wenn nach dem Recht des Zuzugstaates ein entsprechender innerstaatlicher Formwechsel möglich wäre. Bei einem Formwechsel einer inländischen Kapitalgesellschaft in eine ausländische Personengesellschaft finden grundsätzlich die §§ 3 ff. UmwStG iVm § 9 UmwStG Anwendung und dementsprechend bei einem Wechsel einer Personen- in eine Kapitalgesellschaft die §§ 20–23 UmwStG iVm § 25 UmwStG. 71

3. Steuerliche Vorteile gegenüber grenzüberschreitender Verschmelzung

Wesensmerkmal der Umwandlung durch Rechtsformwechsel ist die Rechtsträgeridentität. Ursprungs- und Zielgesellschaft sind derselbe Rechtsträger, eine Vermögensübertragung findet nicht statt. Dadurch kann unter bestimmten Aspekten ein identitätswahrender grenzüberschreitender Formwechsel gegenüber einer grenzüberschreitenden Verschmelzung (mit entsprechender Vermögensübertragung auf den übernehmenden Rechtsträger) steuerlich vorteilhaft sein. 72

Gehört zum Vermögen der umzuwandelnden Gesellschaft beispielsweise in Deutschland belegener Grundbesitz, fällt bei einem grenzüberschreitenden Formwechsel keine Grunderwerbsteuer an. Der identitätswahrende Hinaus- oder Hereinformwechsel verwirklicht keinen der Tatbestände des § 1 GrEStG. 73

Auch gehen steuerliche Verlustvorträge bei nicht überkreuzenden internationalen Formwechseln (insbesondere Formwechsel einer Kapitalgesellschaft in eine Kapitalgesellschaft anderer Nationalität oder Formwechsel einer Personengesellschaft in eine Personengesellschaft anderer Nationalität) grundsätzlich nicht unter. Übt beispielsweise eine ausländische Kapitalgesellschaft ihre Tätigkeit auch in Deutschland in einer Betriebsstätte aus, können etwaige im Rahmen der beschränkten Steuerpflicht in Deutschland erlittene Verluste und Verlustvorträge auch noch nach einem Hereinformwechsel in eine unbeschränkt steuerpflichtige deutsche Kapitalgesellschaft genutzt werden.[65] 74

V. Nebensteuern

1. Umsatzsteuer

Sowohl der Formwechsel einer Personenhandelsgesellschaft in eine Kapitalgesellschaft oder Genossenschaft als auch der einer Kapitalgesell- 75

---

[63] Vgl. *Vossius* in Widmann/Mayer UmwG/UmwStG § 191 UmwG Rn. 58.
[64] Vgl. *Vossius* in Widmann/Mayer UmwG/UmwStG § 191 UmwG Rn. 52 mwN.
[65] → Rn. 22.

schaft in eine Personengesellschaft löst keine Umsatzsteuer aus. Die Fiktionen der Einbringung (§§ 20 ff. UmwStG) sowie der Vermögensübertragung (§§ 3 ff. UmwStG) gelten ausschließlich für die steuerlichen Folgen der Umwandlung im Hinblick auf die Körperschaft-, Einkommen- und Gewerbesteuer.[66] Es liegen weder Lieferungen noch sonstige Leistungen der umgewandelten Kapitalgesellschaft an ihre Gesellschafter vor.[67]

76 Bis zu ihrem Erlöschen, dh bis zur Eintragung des Formwechsels ins maßgebende öffentliche Register, ist die formwechselnde Gesellschaft selbst Unternehmer iSd UStG und als solcher zur Abgabe der Umsatzsteuererklärung verpflichtet.

2. Grunderwerbsteuer

77 Das Umwandlungssteuergesetz regelt keine steuerlichen Folgen für die Grunderwerbsteuer.[68] Ursprünglich vertrat die Finanzverwaltung[69] die Ansicht, dass bei Vorhandensein von Grundstücken oder grundstücksgleichen Rechten beim formwechselnden Unternehmen die Voraussetzungen des § 1 I Nr. 3 GrEStG erfüllt sind und ein grunderwerbsteuerbarer Vorgang vorlag.

78 Diese Auffassung wurde durch koordinierten Ländererlass bundeseinheitlich aufgehoben.[70] Damit hat sich die Finanzverwaltung den im Beschluss des BFH vom 4.12.1996 aufgestellten Grundsätzen angeschlossen, wonach eine Grunderwerbsteuerpflicht bei einer formwechselnden Umwandlung verneint wird. Die formwechselnden Umwandlungen von Kapitalgesellschaften in Personengesellschaften und umgekehrt werden demzufolge nicht als steuerbarer Rechtsträgerwechsel behandelt.[71]

79 Wird allerdings nach Formumwandlung einer Kapitalgesellschaft mit Grundbesitz in eine Personengesellschaft der Grundbesitz innerhalb von fünf Jahren auf eine gesellschafteridentische Personengesellschaft übertragen, so ist zu beachten, dass für diesen Vorgang eine Grunderwerbsteuerbefreiung nach § 6 III GrEStG wegen § 6 IV 1 GrEStG nicht in Betracht kommt.[72] Die Zeit ihrer Beteiligung an der Kapitalgesellschaft wird den Gesellschaftern nicht angerechnet. Damit will die Rechtsprechung missbräuchlichen Gestaltungen vorbeugen.

80 Beim Formwechsel einer Personengesellschaft in eine Kapitalgesellschaft kann es zu einer rückwirkenden Besteuerung mit Grunderwerb-

---

[66] BMF v. 11.11.2011, BStBl. I 2011 S. 1314 Rn. 01.01.
[67] *Knoll* in Widmann/Mayer UmwG/UmwStG, Anhang 11, Rn 9 ff.
[68] BMF v. 11.11.2011, BStBl. I 2011 S. 1314 Rn. 01.01.
[69] FinMin. Baden-Württemberg Erlass v. 12.12.1994 DB 1994 S. 2592 (Koordinierter Ländererlass); ebenso *Wochinger/Dötsch* DB 1994 Beil. 14, 32 unter XIII; *Thiel* DB 1995, 1196.
[70] FM Baden-Württemberg Erlass v. 18.9.1997 GmbHR 1997 S. 1016. Hiermit werden die Bezugserlasse v. 18.3.1997 und 23.1.1997 sowie v. 12.12.1994 aufgehoben.
[71] BFH v. 29.8.2007 – II B 108/06, BFH/NV 2007 S. 2350.
[72] BFH v. 4.4.2001 – II R 57/98, DStR 2001 S. 1069.

steuer kommen, wenn die Gesellschafter der Personengesellschaft innerhalb von fünf Jahren vor dem Formwechsel ein Grundstück ohne Erhebung von Grunderwerbsteuer nach § 5 I GrEStG übertragen haben. Der Formwechsel der Personengesellschaft in eine Kapitalgesellschaft stellt insoweit eine schädliche Verminderung des Anteils am Gesamthandsvermögens iSd § 5 III GrEStG dar, der innerhalb der Fünf-Jahres-Frist zu einer rückwirkenden Erhebung von Grunderwerbsteuer führt.[73]

---

[73] BFH v. 25.9.2013 – II R 2/12, DStR 2014 S. 141.

8. Teil. Sonstige Umwandlungsvorgänge

§ 29. Alternative Gestaltungsformen der Gesamtrechtsnachfolge

I. Überblick

Alternative Gestaltungsformen der Gesamtrechtsnachfolge stehen im Spannungsverhältnis zwischen dem umwandlungsrechtlichen Analogieverbot in § 1 II UmwG und Regelungen in Bundes- oder Landesgesetzen, die eine Umwandlung ausdrücklich vorsehen.[1] Dabei hat das Analogieverbot zwei Dimensionen: Es bestimmt einen *numerus clausus* der Umwandlungsformen und einen *numerus clausus* beteiligter Rechtsträger. Alternativen zu den Umwandlungsformen des UmwG müssen daher den Vorteil einer Gesamtrechtsnachfolge für bestimmte vom Umwandlungsgesetz nicht betroffene Rechtsträger aufweisen oder andere Vorteile für Rechtsträger bereithalten, die zwar vom UmwG erfasst werden, aber Bestimmungen der Umwandlung nach dem UmwG vermeiden wollen. In letzterem Fall ist die Überlegung anzustellen, ob die Wertungen des UmwG durch alternative Umwandlungsformen umgangen werden können oder ob sie nicht auf diese übertragen werden müssen.[2] 1

Von erheblicher praktischer Bedeutung ist die **Anwachsung** nach § 738 I 1 BGB, die schon vor Geltung des UmwG zur Durchführung von nicht geregelten Umwandlungen, insbesondere Verschmelzungen, herangezogen wurde, so zB zur Verschmelzung von Genossenschaften. Sparkassen und andere Spezialgesetzen unterstehende Kreditinstitute können nur nach den in diesen Gesetzen geregelten Bestimmungen verschmolzen werden.[3] 2

Soweit grenzüberschreitende Umwandlungen nicht im UmwG geregelt sind, so insbesondere für andere Rechtsformen als Kapitalgesellschaften oder andere Formen der Umwandlung, besteht die Möglichkeit unter Berufung auf die Rechtsprechung des EuGH umwandlungsrechtliche Regelungen analog anzuwenden[4] oder auf Ersatzkonstruktionen zurückzugreifen, die auch schon vor Geltung des UmwG eine Gesamtrechtsnachfolge über die Grenze ermöglichten.[5] So konnte schon bisher unter Rückgriff auf die Anwachsung nach § 738 I 1 BGB das Vermögen einer deutschen Personengesellschaft bei ihrem ausländischen 3

---

[1] Vgl. hierzu bereits insgesamt § 2.
[2] *Drygala* in Lutter § 1 UmwG Rn. 33 ff. mwN; vgl. so zB die Überlegung zur Vermeidung der Differenzhaftung im Rahmen des Anwachsungsmodells bei *Schlitt* in Semler/Stengel UmwG § 219 Rn. 18.
[3] *Scholderer* in Semler/Stengel § 79 UmwG Rn. 5.
[4] → § 12 Rn. 1 mit Verweis auf EuGH vom 31.12.2005 – C-411/03 („*SEVIC Systems AG*"), NJW 2006 S. 425.
[5] → § 12 Rn. 6.

Gesellschafter nach Ausscheiden aller übrigen Gesellschafter im Wege der Gesamtrechtsnachfolge „anwachsen".[6] Die Vermögensübertragung über die Grenze ist ohne Berücksichtigung darauf möglich, ob das ausländische Recht eine entsprechende Form der Vermögensübertragung vorsieht.[7]

4   Die Liquidation einer Gesellschaft, selbst soweit die Gesellschaft nur von einem Gesellschafter gehalten wird, ist nach deutschem Recht ein langwieriger und steuerlich nachteiliger Weg der Vermögensübertragung.[8] Andere Rechtsordnungen sehen hierfür eine Gesamtrechtsnachfolge vor, so dass das Vermögen einer ausländischen Gesellschaft im Falle ihrer Liquidation beim deutschen Alleingesellschafter wie im Falle einer „Erbschaft" anfällt. So konnte schon bisher zB eine französische Tochtergesellschaft in Folge ihrer Liquidation ohne Weiteres auf ihre deutsche Muttergesellschaft „verschmolzen" werden.

II. Anwachsung

1. Bedeutung

5   Als alternative Gestaltungsform der Gesamtrechtsnachfolge kommt die sog. Anwachsung in Betracht.[9] Falls sich bei Einbringung von Beteiligungen an Personengesellschaften alle Anteile bei einer Kapitalgesellschaft oder Personengesellschaft vereinigen, wächst das Gesamthandsvermögen gemäß § 738 I 1 BGB bei dieser Kapitalgesellschaft bzw. Personengesellschaft an. Jeder Gesellschafter einer Personenhandelsgesellschaft soll nämlich nur eine einheitliche Beteiligung halten können,[10] so dass ein Komplementär einer KG zB nicht auch Kommanditist werden kann, sondern sich sein Komplementäranteil lediglich vergrößert. Fallen alle Anteile in einer Hand zusammen, dann endet die Gesamthandsgemeinschaft.[11] Die Anwachsung stellt daher bei einer Personengesellschaft als übertragendem Rechtsträger eine Alternative zur Umwandlung nach dem UmwG dar. Ist der verbleibende Gesellschafter ein Einzelkaufmann, liegt eine Umwandlung in ein einzelkaufmännisches Unternehmen vor. Ist der verbleibende Gesellschafter eine Gesellschaft, entspricht das Ergebnis einer Verschmelzung auf diese Gesellschaft. Die Grundsätze gelten ebenso, wenn der verbleibende Gesellschafter eine ausländische Person bzw. Gesellschaft ausländischen Rechts ist.[12] Auch

---

[6] Vgl. ÖStOGH ZIP 2003 S. 1086 zur Verschmelzung einer deutschen GmbH auf ihren österreichischen Alleingesellschafter.

[7] *Maier-Reimer/Seulen* in Semler/Stengel UmwG § 120 Rn. 22 mit Verweis auf ÖStOGH ZIP 2003 S. 1086.

[8] → § 31 Rn. 195 ff.

[9] Vgl. insgesamt zur Anwachsung *Ulmer/Schäfer* in Münchener Kommentar zum BGB § 738 Rn. 6 ff.; *Schmidt* in FS Huber S. 969 ff.; *Orth* Umwandlung durch Anwachsung (Teil I) DStR 1999 S. 1011 ff., (Teil II) DStR 1999 S. 1053 ff.; Zur Genossenschaft: BFH vom 18.10.1989 – I R 158/85, BStBl. II 1990 S. 92 mit Diskussion zur analogen Anwendung des § 14 UmwStG aF.

[10] BGH vom 6.5.1993 – IX ZR 73/92, NJW 1993 S. 1917.

[11] So auch *Deubert* in Winkeljohann/Förschle/Deubert, Teil S, Rn. 17.

sind Umwandlungen auf Rechtsträger denkbar, die im UmwG nicht als aufnahmefähige Rechtsträger vorgesehen sind. So sind Umwandlungen auf sämtliche Rechtsträger denkbar, die nach ihrer Rechtsform allein verbleibende Gesellschafter einer GbR, OHG oder KG sein können.[13] Weiterhin besteht die Möglichkeit zwei Personengesellschaften zu verschmelzen, indem gleichzeitig sämtliche Anteile an den zu verschmelzenden Gesellschaften auf eine aufnehmende Personengesellschaft übertragen werden.[14]

Gemäß dem Rechtsgedanken der § 738 BGB, §§ 105 III, 161 II HGB geht bei der Anwachsung der Anteil der ausscheidenden Gesellschafter auf den oder die verbleibenden Gesellschafter (proportional zu ihrer bisherigen Beteiligung) über, ohne dass einzelne Übertragungen stattfinden. Dies erfolgt nach ständiger Rechtsprechung des BGH[15] und nach der herrschenden Meinung des Schrifttums[16] im Wege der Gesamt- und nicht der Einzelrechtsnachfolge. Die Personengesellschaft erlischt durch die Anwachsung ohne Liquidation. Das Unternehmen wird in der Rechtsform des verbleibenden Gesellschafters fortgeführt. Die Anwachsung ist im Vergleich zur Verschmelzung nach dem UmwG in der Regel mit weniger Aufwand und Kosten verbunden. Das zugrunde liegende Rechtsgeschäft ist grundsätzlich formfrei; Besonderheiten können sich jedoch bei der Abfindung durch Sachwerte mit Blick auf Grundstücke (§ 311b BGB) und GmbH-Geschäftsanteile (§ 15 IV GmbHG) ergeben. **6**

2. Dogmatische Einordnung

Aus dogmatischer Sicht steht inzwischen außer Frage, dass die Anwachsung historisch gesehen vom Ausgangspunkt der Gesamthandstheorie aus als ein Übergang von Rechten des ausscheidenden Gesellschafters am Gesellschaftsvermögen auf die verbleibenden Gesellschafter begriffen werden muss.[17] **7**

Ulmer/Schäfer sprechen hierbei von einer Anwachsung der Gesamthandsberechtigung des Ausgeschiedenen bei den übrigen Gesellschaftern[18] ohne Einzelübertragung.[19] Sie bezeichnen die Anwachsung als Ausdruck der sachenrechtlichen Zuordnung des Gesellschaftsvermögens zum jeweiligen Gesellschafterkreis: Da der Ausgeschiedene nicht mehr Gesellschafter ist, hat er auch seine Mitberechtigung am Gesamthandsvermögen verloren.[20] **8**

---

[12] → Rn. 2.
[13] *Orth* Umwandlung durch Anwachsung (Teil I), DStR 1999 S. 1014.
[14] BGH vom 19.2.1990 – II ZR 42/89, NJW-RR 1990 S. 798.
[15] BGHZ 48, 203 (206).
[16] *Schmidt* in FS Huber S. 969 mwN.
[17] *Schmidt* in FS Huber S. 969.
[18] *Ulmer/Schäfer* in Münchener Kommentar zum BGB § 738 Rn. 8.
[19] *Ulmer/Schäfer* in Münchener Kommentar zum BGB § 738 Rn. 9.
[20] *Ulmer/Schäfer* in Münchener Kommentar zum BGB § 738 Rn. 8.

9 Demgegenüber wurde teilweise vertreten, dass mit § 738 I 1 BGB nichts weiter gemeint sei, als dass die übrigen Gesellschafter Miteigentümer der Sachen, Mitgläubiger der Forderungen und Mitinhaber der sonstigen Rechte des Gesellschaftsvermögens bleiben und der ausscheidende Gesellschafter aufhört, es zu sein.[21]

10 Sieht man aber mit der Akzessorietätstheorie die Außen-Personengesellschaft als Rechtsträgerin an, so gibt es für die Regelung des § 738 I 1 BGB ein Regelungsbedürfnis ebenso wenig wie für diejenige des § 719 I BGB. *K. Schmidt*[22] legt dar, dass das moderne Rechtsbild der rechtsfähigen Außenpersonengesellschaft die Vorstellung von der Anwachsung als einem „dinglichen" Erwerbsakt gegenstandslos macht. An die Stelle eines dinglichen Verständnisses setzt er die Vorstellung eines Wertanteils. Der Wertanteil ist weder eine dingliche Mitberechtigung an den Gegenständen des Gesellschaftsvermögens, noch eine schuldrechtliche Berechtigung. Er erschließt sich durch die Parallele des Kapitalanteils bei der Kapitalgesellschaft. Der Wertanteil hat nicht dinglichen, sondern „verbandsrechtlichen" Charakter und wird folglich allein durch die Mitgliedschaft vermittelt; er ist Inhalt des (Mit-)Gesellschaftsrechts, und dieses erscheint, bezogen auf das Gesellschaftsvermögen, als „Wertrecht".

III. Bilanzierung bei der Anwachsung nach Handelsrecht

11 Ausgangspunkt der handelsbilanziellen Regelung bei der Anwachsung ist das Ausscheiden von Gesellschaftern aus einer Personengesellschaft und der Übergang deren Aktiva und Passiva im Wege der Gesamtrechtsnachfolge ohne Liquidation oder Übertragungsakt auf einen verbleibenden Rechtsträger (Übernehmer). Bei der Anwachsung stellt sich vor allem die Frage, ob es zu einer Aufdeckung stiller Reserven kommt bzw. ob die Buchwerte fortgeführt werden können. Auch die Behandlung von Anschaffungsnebenkosten und Abfindungen für ausgeschiedene Gesellschafter sind von Bedeutung.

1. Bilanzierung beim übertragenden Rechtsträger

12 Im Gegensatz zur Verschmelzung entfällt bei der Anwachsung die Aufstellung einer **Schlussbilanz** und eines **handelsrechtlichen Jahresabschlusses**.[23] Als Begründung wird herangezogen, dass die Personengesellschaft nach Anwachsung rechtlich nicht mehr besteht und in Ermangelung von Geschäftsführungsorganen somit keine Schlussbilanz mehr erstellen kann.[24] Auch die Aufdeckung stiller Reserven in der Buchhaltung der Personengesellschaft scheidet bei der Anwachsung aus. Die Aufstellung eines Zwischenabschlusses kann jedoch ggf. für steuerliche Zwecke zur Ermittlung des bisher zum Zeitpunkt der Anwachsung ent-

---

[21] Siehe dazu ausführlich *Schmidt* in FS Huber S. 969 (972 f.) mwN.
[22] Vgl. *Schmidt* in FS Huber S. 969 ff.
[23] *Deubert* in Winkeljohann/Förschle/Deubert, Teil S, Rn. 16, 17.
[24] *Deubert* in Winkeljohann/Förschle/Deubert, Teil S, Rn. 16, 17.

standenen Ergebnisses notwendig sein. Anders als bei der Verschmelzung ist eine **Rückwirkung** des Vermögensübergangs bei der Anwachsung handelsrechtlich ausgeschlossen.[25] Im Gegensatz dazu ist steuerlich die Rückbeziehung (acht Monate) gemäß § 20 VI 3 UmwStG möglich. Insbesondere wenn die Buchwerte beim Übernehmer fortgeführt werden sollen, empfiehlt sich die zeitnahe Ermittlung der zu übertragenden Aktiva und Passiva unmittelbar vor Erlöschen der Personengesellschaft.

2. Bilanzierung beim übernehmenden Rechtsträger

Bei der Bilanzierung der Anwachsung ist für die Frage, ob eine **Eröffnungsbilanz** zu erstellen ist, zwischen bilanzierungs- und nicht bilanzierungspflichtigen Rechtsträgern zu unterscheiden. Handelt es sich beim Übernehmer zB um einen bisher nicht zur Bilanzierung verpflichteten Einzelunternehmer, so hat dieser im Zuge der Anwachsung eine Eröffnungsbilanz aufzustellen.[26] Dabei hat die Aufstellung der Eröffnungsbilanz zeitnah zum Erlöschen der Personengesellschaft zu erfolgen. **13**

Demgegenüber ist die Anwachsung bei bilanzierungspflichtigen Rechtsträgern **als laufender Geschäftsvorfall** in der Buchhaltung abzubilden.[27] **14**

Da die Anwachsung der Verschmelzung sehr ähnlich ist, wird es zudem als zulässig erachtet, dass der übernehmende Rechtsträger in Analogie zu § 24 UmwG die **Buchwerte** fortführt.[28] Weichen die Anschaffungskosten des bilanzierten Anteils an der erloschenen Personengesellschaft von dem übernommenen (Rein-)Vermögen ab, entsteht dann entweder ein positiver oder negativer Unterschiedsbetrag.[29] Entsprechend den Regelungen bei der Verschmelzung sind uE die positiven bzw. negativen Unterschiedsbeträge in der Regel[30] in der Gewinn- und Verlustrechnung als Verlust bzw. Gewinn zu erfassen.[31] Neben der Fortführung der Buchwerte kommen konsequenterweise unter entsprechender analoger Anwendung des § 24 UmwG folgende Wertsätze im Rahmen des Anschaffungskostenprinzips in Betracht: **15**
- Buchwert des untergehenden Anteils
- Zwischenwert des untergehenden Anteils zum Ausgleich anwachsungsbedingter Steuern
- Zeitwert des untergehenden Anteils.

Es besteht somit ein **Wahlrecht** zwischen der Buchwertfortführung und den vorgenannten Wertansätzen.[32] Sofern ein Ansatz zum Buchwert

---

[25] *Deubert* in Winkeljohann/Förschle/Deubert, Teil S, Rn. 18; IDW RS HFA 42 Rn. 95.
[26] *Förschle/Kropp* in Winkeljohann/Förschle/Deubert, Teil B, Rn. 36.
[27] *Förschle/Kropp* in Winkeljohann/Förschle/Deubert, Teil B, Rn. 37.
[28] IDW RS HFA 42 Rn. 94.
[29] *Orth* Umwandlung durch Anwachsung (Teil II), DStR 1999 S. 1057.
[30] Ausführlich → § 5 Rn. 11 ff.
[31] Ausführlich → § 10 Rn. 233 ff.
[32] Vgl. IDW RS HFA 42 Rn. 49 ff.; *Biletewski/Roß/Weiser* WPg 2014 S. 84.

des untergehenden Anteils erfolgt, kann somit in der Handelsbilanz des übernehmenden Rechtsträgers ein Anwachsungsverlust bzw. -gewinn vermieden werden.[33]

16 Bei der Bilanzierung eines **entgeltlichen Anwachsungserwerbs durch die Personengesellschaft selbst** gilt in der Handelsbilanz uE, dass die anteilig auf die ausscheidenden Gesellschafter entfallenden und im Rahmen der Abfindung vergüteten stillen Reserven in der Handelsbilanz der Personengesellschaft bei den Vermögensgegenständen aktiviert werden, die die stillen Reserven enthalten. Auch die Aktivierung von selbst geschaffenen immateriellen Vermögensgegenständen ist zulässig.[34]

3. Bilanzierung bei der Anwachsung nach IFRS

17 Im Gegensatz zum Handelsrecht bestehen in der Rechnungslegung nach IFRS **keine Bewertungswahlrechte.** Der übernehmende Rechtsträger hat, sofern kein Konzernverhältnis vorliegt[35], gem. IFRS 3 zwingend die Fair-Value-Bewertung anzuwenden, dh es sind die Zeitwerte[36] anzusetzen.

18 In den Fällen des **entgeltlichen Anteilserwerbs durch die Personengesellschaft** bei Beendigung der Gesellschafterstellung ist zu diskutieren, wie die Differenz zwischen in der Regel höheren Abfindungen aus dem Gesellschaftsvermögen und dem Buchwert zu behandeln ist. Entsprechend den amerikanischen Regelungen der EITF 85–46 (Partnerships' Purchase of Withdrawing Partner's Equity) werden drei Varianten für vertretbar gehalten.[37]

19 Am sachgerechtesten erscheint die Bilanzierung entsprechend der Behandlung von eigenen Anteilen. Es erfolgt gemäß IAS 32.23 die Buchung des gesamten Betrages gegen das Eigenkapital, wodurch sich das Eigenkapital in Höhe der Differenz von Abfindung und Buchwertanteil des Ausscheidenden (sog. **treasury-stock-Methode**) verringert.[38]

IV. Die Anwachsung im Steuerrecht

20 Von Bedeutung ist vor allem die Anwachsung durch Vermögensübergang auf eine Kapitalgesellschaft als allein verbleibender Gesellschafter einer Personengesellschaft, also insbesondere die Fälle, in denen der übertragende Rechtsträger eine GmbH & Co. KG ist. Hier ist zwischen dem einfachen und dem erweiterten Anwachsungsmodell zu unterscheiden.

1. Einfaches Anwachsungsmodell

21 Beim **einfachen Anwachsungsmodell,** auch als Austrittsmodell oder klassisches Anwachsungsmodell bezeichnet, treten bis auf einen alle ande-

---

[33] *Bilitewski/Roß/Weiser* WPg 2014 S. 84.
[34] IDW RS HFA 7 Rn. 59.
[35] → § 5 Rn. 26 ff.
[36] → § 10 Rn. 279 ff.
[37] *Lüdenbach/Hoffmann/Freiberg,* Haufe IFRS-Kommentar 2015 § 31 Rn. 199.
[38] *Lüdenbach/Hoffmann/Freiberg,* Haufe IFRS-Kommentar 2015 § 31 Rn. 199.

ren Gesellschafter aus der Personengesellschaft aus. Deren Anteile am Gesellschaftsvermögen gehen auf den verbleibenden Gesellschafter, typischerweise auf die Komplementär-GmbH, über, ohne dass diese eine Abfindung gewährt. Durch das Ausscheiden aller anderen Gesellschafter erlischt die übertragende Personengesellschaft ohne Weiteres und die verbleibende Kapitalgesellschaft tritt die Gesamtrechtsnachfolge an. Von der Finanzverwaltung[39] und der überwiegenden Literatur[40] wird der Verzicht auf eine angemessene Abfindung als verdeckte Einlage in die übernehmende Komplementär-GmbH gesehen, die eine Gewinnrealisierung der stillen Reserven bei der ausscheidenden Kommanditisten-Gesellschaft als Aufgabegewinn nach § 16 III EStG auslöst.[41] Eine ertragsteuerneutrale Übertragung gemäß § 20 UmwStG ist deshalb nicht möglich, weil die aufnehmende Komplementär-GmbH keine neuen Anteile ausgibt. Bei der Ermittlung des Aufgabegewinns sind auch die stillen Reserven in den Anteilen der Komplementär-GmbH aufzudecken, sofern die Anteile nicht in ein Betriebsvermögen des bisherigen Mitunternehmers übergehen (§ 6 V 2 Alt. 1 EStG).

2. Erweitertes Anwachsungsmodell

Beim **erweiterten Anwachsungsmodell** erwirbt die übernehmende Kapitalgesellschaft alle Anteile der übertragenden Personengesellschaft gegen Gewährung von neuen Gesellschaftsanteilen. Mit der Übertragung aller Anteile erlischt die übertragende Personengesellschaft ohne Weiteres und die übernehmende Kapitalgesellschaft tritt die Gesamtrechtsnachfolge an. Bei der Ausgabe neuer Anteile gilt die Anwachsung als Sacheinlage, womit die §§ 20 und 24 UmwStG zur Anwendung kommen und stille Reserven nicht realisiert werden müssen. Allerdings gilt im Fall des § 24 UmwStG nach der Ansicht der Finanzverwaltung nicht das Rückbeziehungswahlrecht des § 24 IV Halbs. 2 UmwStG, da es die Anwachsung als Fall der „Einzelrechtsnachfolge" sieht.[42] Diese Aussage wird man dahingehend aufzufassen haben, dass bei einer wirtschaftlichen Betrachtungsweise für die Zwecke des Steuerrechts das Rückbeziehungswahlrecht nicht außerhalb der Umwandlungsfälle nach dem UmwG Anwendung finden soll, dagegen aber auch nicht in dem Sinne, dass zivilrechtlich tatsächlich eine Einzelrechtsnachfolge vorliegt. 22

Das erweiterte Anwachsungsmodell dient insbesondere dazu, einen Formwechsel von einer Gesellschaft bürgerlichen Rechts in eine Kapitalgesellschaft bzw. eine Verschmelzung einer GmbH & Co. KG auf die Komplementär-GmbH zu bewirken. In letzterem Fall wird es von der Finanzverwaltung grundsätzlich nicht beanstandet, wenn der Kommanditist seine Alt-Anteile an der Komplementär-GmbH nicht mit einbringt. 23

---

[39] OFD Düsseldorf vom 22.6.1988, DB 1988 S. 1524 (1524).
[40] Siehe dazu *Orth* Umwandlung durch Anwachsung (Teil II), DStR 1999 S. 1056 mwN.
[41] *Orth* Umwandlung durch Anwachsung (Teil II), DStR 1999 S. 1056 mit Beispielen.
[42] BMF vom 25.3.1998 BStBl. I 1998 S. 268 Rn. 24.01.

Die zurückbehaltenen Anteile galten in diesem Fall als nicht entnommen und wurden von der Finanzverwaltung als einbringungsgeborene Anteile behandelt;[43] konsequenterweise ist beim neuen Umwandlungssteuerrecht die Einbringungsgewinnbesteuerung anzuwenden. Anderenfalls kann eine Gewinnrealisierung auch dadurch vermieden werden, dass der ehemalige Kommanditist die Alt-Anteile in eigenes Betriebsvermögen überführt.[44]

3. Gewerbesteuerrechtliche Besonderheit

24 Im Hinblick auf die Gewerbesteuer geht in beiden Alternativen der Verlustabzug der GmbH & Co. KG nach § 10a GewStG im Regelfall (keine Beteiligung der Komplementär-GmbH am Kapital) vollständig verloren, da es insofern an der erforderlichen (partiellen) Unternehmeridentität fehlt.[45] Im Rahmen des erweiterten Anwachsungsmodells ergibt sich diese Konsequenz ausdrücklich auch aus § 23 V UmwStG. Für den ausscheidenden Gesellschafter ist beim erweiterten Anwachsungsmodell im Hinblick auf die Gewerbesteuer zu beachten, dass trotz der ertragsteuerneutralen Einbringung der Gesellschaftsanteile im Sinne des § 20 UmwStG nach Auffassung der Finanzverwaltung sachlich die Veräußerung eines Mitunternehmeranteils vorliegt, auf die § 18 IV UmwStG anzuwenden ist. Liegen dessen Voraussetzungen vor, kann es bei einem niedrigen Buchwert des Mitunternehmeranteils somit ausnahmsweise zu einem gewerbesteuerpflichtigen Veräußerungsgewinn kommen.[46]

---

[43] BMF vom 25.3.1998, BStBl. I 1998 S. 268 Rn. 20.11.
[44] *Orth* Umwandlung durch Anwachsung (Teil II), DStR 1999 S. 1057.
[45] *Orth* Umwandlung durch Anwachsung (Teil II), DStR 1999 S. 1056 f.
[46] *Orth* Umwandlung durch Anwachsung (Teil II), DStR 1999 S. 1057.

§ 30. Anteilstausch

I. Rechtsgrundlagen

1. Allgemeines

Werden Anteile an einer Kapitalgesellschaft oder Genossenschaft in eine Kapitalgesellschaft oder Genossenschaft gegen Gewährung von Anteilen eingebracht, nennt das Gesetz diesen Spezialfall der Einbringung „Anteilstausch" (§ 21 I 1 UmwStG). Während vor der Neufassung des UmwStG durch das SEStEG der Anteilstausch noch von den Regelungen zur Einbringung in § 20 UmwStG erfasst wurde, ist der Anteilstausch nun eigenständig in § 21 UmwStG geregelt.[1]

Regelmäßig erfolgt der Anteilstausch durch Einzelübertragung von Anteilen an einer Kapitalgesellschaft oder Genossenschaft. Aber auch Vorgänge der Gesamtrechtsnachfolge können in den Anwendungsbereich der Regelungen zum Anteilstausch fallen.[2] Im Falle der Übertragung durch einen nicht als Einzelübertragung ausgestalteten Vorgang nach ausländischem Recht ist es nicht erforderlich, dass der Vorgang einem inländischen Umwandlungsvorgang mit Gesamtrechtsnachfolge vergleichbar ist (vgl. § 1 III Nr. 5 UmwStG im Gegensatz zu § 1 III Nr. 1 bis 3 UmwStG).[3]

a) Persönlicher Anwendungsbereich

Einbringender kann jede in- oder ausländische natürliche oder juristische Person sein. Die ansonsten für Vorgänge nach dem Sechsten bis Achten Teil des UmwStG geltenden Einschränkungen des persönlichen Anwendungsbereichs gelten aufgrund der ausdrücklichen Bezugnahme auf § 1 III Nr. 1 bis 4 UmwStG in § 1 IV 1 Nr. 2 UmwStG nicht für den in § 1 III Nr. 5 UmwStG genannten Anteilstausch.[4] Auch der Anteilstausch durch in einem Drittstaat ansässige natürliche oder juristische Personen wird daher von § 21 I UmwStG erfasst.[5] Bei Personengesellschaften gelten entsprechend dem Transparenzprinzip die Gesellschafter als Einbringende.

Bei der übernehmenden Gesellschaft bzw Genossenschaft muss es sich dagegen um eine Person iSv § 1 II 1 Nr. 1 UmwStG handeln (§ 1 IV 1 Nr. 1 UmwStG), also um eine nach den **Rechtsvorschriften eines EU-/EWR-Mitgliedstaates gegründete Gesellschaft oder Genossenschaft** iSd Art. 54 AEUV oder des Art. 34 EWR-Abkommen, mit Sitz und Ort der Geschäftsleitung innerhalb der EU/EWR.

---

[1] Vgl. für Vorgänge außerhalb des § 21 UmwStG, § 20 IV a EStG.
[2] Vgl. BMF v. 11.11.2011, BStBl. I 2011 S. 1314, Rn. 01.46.
[3] Vgl. *Widmann* in Widmann/Mayer UmwG/UmwStG § 1 UmwStG Rn. 79.
[4] Vgl. BMF v. 11.11.2011, BStBl. I 2011 S. 1314 Rn. 21.03; *Bilitewski* FR 2007 S. 57 (65).
[5] Vgl. *Hörtnagl* in Schmitt/Hörtnagl/Stratz UmwG/UmwStG § 1 UmwStG Rn. 112.

b) Sachlicher Anwendungsbereich

5 Im Verhältnis zu der allgemeinen Bewertungsregelung für Tauschvorgänge in § 6 VI 1 EStG ist § 21 UmwStG lex specialis.[6]
Gegenstand eines Anteilstauschs nach § 21 I UmwStG können Kapitalgesellschaftsanteile an in- und ausländischen Kapitalgesellschaften und Anteile an einer deutschen oder europäischen Genossenschaft sein.[7] Die Art der Übertragung der Anteile (Einzelübertragung oder Übertragung im Wege der Gesamtrechtsnachfolge) ist dabei unerheblich. Nach § 21 I 1 UmwStG wird die Kapitalgesellschaft oder Genossenschaft, deren Anteile eingebracht werden, als „erworbene Gesellschaft" bezeichnet.

aa) Mischeinbringungen

6 Insbesondere dann, wenn im Rahmen der Einbringung von Betrieben, Teilbetrieben oder Mitunternehmeranteilen Anteile an Kapitalgesellschaften oder Genossenschaften als Teil des Betriebsvermögens mit eingebracht werden („Mischeinbringung"), stellt sich die Frage, ob für die Einbringung der Anteile die Regelungen des Anteilstausches Anwendung finden oder sich auch die Einbringung der Anteile nach § 20 UmwStG vollzieht.[8]

7 Ausweislich der Regelung in § 22 I 5 UmwStG geht das UmwStG in den Fällen der Mischeinbringung davon aus, dass der Vorgang einheitlich den Regelungen des § 20 UmwStG unterliegt und nicht aufzuteilen und hinsichtlich der Anteile der speziellen Regelung des § 21 UmwStG zu unterwerfen ist.[9] Dies gilt unabhängig davon, ob es sich bei den Anteilen um eine wesentliche Betriebsgrundlage des eingebrachten Betriebsvermögens handelt oder nicht.[10]

8 Durch die einheitliche Anwendung des § 20 UmwStG auf Mischeinbringungen wird sichergestellt, dass eine etwaige zeitliche Rückbeziehung der Einbringung nach § 20 VI UmwStG, die im Rahmen eines reinen Anteilstausches nach § 21 UmwStG nicht möglich ist, nicht nur für die sonstigen eingebrachten Wirtschaftsgüter, sondern auch für die mit eingebrachten Anteile gilt.

9 Eine Ausnahme von der einheitlichen Anwendung des § 20 UmwStG in den Fällen der Mischeinbringung macht das UmwStG für die Frage der anwendbaren Sperrfristregelung. Auf die im Rahmen einer Mischeinbringung nach § 20 UmwStG eingebrachten Anteile an einer Kapital-

---

[6] Vgl. *Patt* in Dötsch/Pung/Möhlenbrock Körperschaftsteuer Vor §§ 20–23 UmwStG Rn. 55, 60.
[7] Vgl. BMF v. 11.11.2011, BStBl. I 2011 S. 1314, Rn. 21.05.
[8] Eine 100%ige Beteiligung an einer Kapitalgesellschaft ist kein Teilbetrieb iSd § 20 UmwStG: BT-Drs. 16/2710 S. 42; BFH v. 17.7.2008 – I R 77/06 BStBl. II 2009 S. 464; aA: BMF v. 20.5.2009, BStBl. I 2009 S. 671 (Nichtanwendungserlass); unklar: BMF v. 11.11.2011, BStBl. I 2011 S. 1314, Rn. 20.06 iVm 15.02, 15.05.
[9] Vgl. BMF v. 11.11.2011, BStBl. I 2011 S. 1314, Rn. 21.01; *Widmann* in Widmann/Mayer UmwG/UmwStG § 21 UmwStG Rn. 3; *Dötsch/Pung* DB 2006 S. 2763 (2769).
[10] Zu möglichen Gestaltungsvarianten vgl. → § 28 Rn. 36 mwN.

gesellschaft oder Genossenschaft sind nicht die für die Einbringung nach § 20 UmwStG geltenden Regelungen über den Einbringungsgewinn I (§ 22 I UmwStG), sondern die für den Anteilstausch geltenden Regelungen über den Einbringungsgewinn II (§ 22 II UmwStG) anzuwenden, § 22 I 5 UmwStG. Somit wird auch bei Mischeinbringungen eine Sperrfrist bezüglich der eingebrachten Anteile nur dann ausgelöst, wenn sich durch die Einbringung eine Statusverbesserung bezüglich der eingebrachten Anteile deshalb ergibt, weil diese Anteile beim Einbringenden nicht der Begünstigung des § 8b II KStG unterlagen. Eine Veräußerung der *erhaltenen* Anteile führt, mangels Statusverbesserung, insofern grundsätzlich nicht zur Besteuerung des Einbringungsgewinns I.[11] Wird jedoch das deutsche Besteuerungsrecht hinsichtlich des Gewinns aus der Veräußerung der erhaltenen Anteile ausgeschlossen oder beschränkt, kommen im Wege der Rückausnahme auch auf die Anteile die Regelungen über den Einbringungsgewinn I zur Geltung (§ 22 I 5 Halbs. 2 iVm § 22 I 1 bis 4 UmwStG).[12]

bb) Gewährung neuer Anteile

§ 21 UmwStG ist nur anwendbar, wenn der Einbringende als Gegenleistung neue Anteile an der aufnehmenden Kapitalgesellschaft bzw. Genossenschaft erhält (§ 21 I UmwStG). Ob die erhaltenen Anteile neu sind, ist aus Sicht der übernehmenden Gesellschaft zu beurteilen. Die mit den Anteilen verbundenen Mitgliedschaftsrechte müssen durch den Einbringungsvorgang neu entstehen, waren die Anteile bereits vorhanden (etwa eigene Anteile), ist dies nicht gegeben.[13] Es ist nicht erforderlich, dass die neuen Mitgliedschaftsrechte alleinige Gegenleistung sind. Ausreichend ist, wenn die eingebrachten Anteile irgendein Bestandteil des tauschähnlichen Einbringungsgeschäfts sind und diese im Gegenseitigkeitsverhältnis zu den neu, ggf. auch im Wege der Barkapitalerhöhung, ausgegebenen Anteilen eingebracht werden (Über-Pari-Emission, Agio).[14] Nicht erforder-

10

---

[11] Vgl. *Schmitt* in Schmitt/Hörtnagl/Stratz UmwG/UmwStG § 22 UmwStG Rn. 62.
[12] Beispiel nach BMF v. 11.11.2011, BStBl. I 2011 S. 1314, Rn. 22.11: *X ist in Frankreich ansässig und bringt seine inländische Betriebsstätte, zu deren Betriebsvermögen auch Anteile an der inländischen Y-GmbH gehören, in 01 in die Z-GmbH ein. In 02 veräußert er die Anteile an der Z-GmbH.* Das deutsche Besteuerungsrecht für die in den Anteilen an der Y-GmbH enthaltenen stillen Reserven wird bei der Veräußerung der Z-GmbH nach dem DBA-Frankreich aufgrund einer Art. 13 V OECD-MA entsprechenden Regelung ausgeschlossen. Gemäß § 22 I 5 Halbs. 2 UmwStG wird die Besteuerung dieser stillen Reserven durch Einbeziehung der Anteile an der Y-GmbH in den Einbringungsgewinn I gesichert.
[13] Vgl. *Schmitt* in Schmitt/Hörtnagl/Stratz UmwG/UmwStG § 21 UmwStG Rn. 30 ff.; beim internationalen Anteilstausch im Anwendungsbereich der Fusionsrichtlinie widerspricht das Erfordernis „neu" den Vorgaben des Art. 2 Buchst. b iVm Art. 8 I FusionsRL; vgl. *Widmann* in Widmann/Mayer UmwG/UmwStG § 21 UmwStG Rn. 49.
[14] Vgl. BMF v. 11.11.2011, BStBl. I 2011 S. 1314, Rn. E 20.11; BFH v. 7.4.2010 – I R 55/09, BStBl. II 2010, 1094.

lich ist zudem, dass ausschließlich neue Anteile gewährt, bzw. eine Verbuchung als Agio bzw. Kapitalrücklage erfolgt; es sind auch andere Gegenleistungen daneben möglich, für die dann § 21 I 4 UmwStG gilt.[15]

2. Zeitpunkt des Anteilstausches

11 § 21 UmwStG enthält keine Regelungen zur zeitlichen Rückbeziehung des Anteilstausches und verweist auch nicht auf die entsprechenden Regelungen des § 20 UmwStG. Auch aus § 2 UmwStG lässt sich keine Möglichkeit der Rückbeziehung des Anteilstausches ableiten, da diese Regelung trotz der umfassenden Überschrift des Ersten Teils des UmwStG („Allgemeine Vorschriften") nur auf Vorgänge nach dem Zweiten bis Fünften Teil des UmwStG anzuwenden ist.[16]

12 Somit kommt eine Rückbeziehung nur dann in Betracht, wenn ein Anteilstausch nicht isoliert nach § 21 UmwStG erfolgt, sondern Teil einer Einbringung iSd § 20 UmwStG ist („Mischeinbringung"). Im Übrigen ist beim reinen Anteilstausch iSv § 21 UmwStG der Zeitpunkt des Übergangs des wirtschaftlichen Eigentums maßgebend.[17]

II. Steuerfolgen

1. Ansatz der Anteile beim Übernehmer (§ 21 I UmwStG)

a) Einfacher Anteilstausch

13 Beim einfachen Anteilstausch, durch den die übernehmende Gesellschaft nicht die Mehrheit der Stimmrechte erlangt, hat nach der Grundregel des § 21 I 1 UmwStG die übernehmende Gesellschaft die eingebrachten Anteile stets mit dem gemeinen Wert anzusetzen.

b) Qualifizierter Anteilstausch

14 Hat die übernehmende Gesellschaft nach der Einbringung aufgrund ihrer Beteiligung einschließlich der eingebrachten Anteile nachweisbar unmittelbar die Mehrheit der Stimmrechte an der erworbenen Gesellschaft (**qualifizierter Anteilstausch**), können die eingebrachten Anteile auf Antrag, abweichend von der Grundregel in § 21 I 1 UmwStG, mit dem Buchwert oder einem unter dem gemeinen Wert liegenden Zwischenwert angesetzt werden (§ 21 I 2 Nr. 1 UmwStG). Als weitere Voraussetzung für den Buch- bzw. Zwischenwertansatz wurde durch das Steueränderungsgesetz 2015[18] rückwirkend für alle Umwandlungen (Umwandlungsbeschluss) bzw. Einbringungen (Vertragsschluss) nach dem

---

[15] Vgl. BMF v. 11.11.2011, BStBl. I 2011 S. 1314, Rn. E 20.09.
[16] Vgl. BMF v. 11.11.2011, BStBl. I 2011 S. 1314, Rn. 21.17; *Hörtnagl* in Schmitt/Hörtnagl/Stratz UmwG/UmwStG § 2 UmwStG Rn. 3 f.; *Widmann* in Widmann/Mayer UmwG/UmwStG § 21 UmwStG Rn. 99 „offensichtliches gesetzgeberisches Versehen".
[17] Vgl. BMF v. 11.11.2011, BStBl. I 2011 S. 1314, Rn. 21.17.
[18] Vgl. Art. 6 Nr. 2 Steueränderungsgesetz 2015 vom 2.11.2015, BGBl. 2015 I S. 1834.

31.12.2014[19] eingeführt, dass der gemeine Wert einer etwaigen sonstigen Gegenleistung, die neben den neuen Anteilen gewährt wird, nicht mehr als 25% des Buchwerts der eingebrachten Anteile betragen darf, § 21 I 2 Nr. 2 Buchst. a UmwStG. Beträgt der Wert von 25% des Buchwerts der eingebrachten Anteile weniger als 500 000 EUR, können sonstige Gegenleistungen bis zu 500 000 EUR, höchstens jedoch in Höhe des Buchwerts der eingebrachten Anteile gewährt werden, § 21 I 2 Nr. 2 Buchst. b UmwStG. Im Ergebnis kommt stets der höhere der beiden Werte des § 21 I 2 Nr. 2 UmwStG zur Anwendung. Haben die eingebrachten Anteile beim Einbringenden zum Privatvermögen gehört, treten an die Stelle des Buchwerts die Anschaffungskosten (§ 21 II 5 UmwStG).

aa) Mehrheit der Stimmrechte

15 Für die Annahme eines qualifizierten Anteilstausches kommt es allein darauf an, dass der übernehmenden Gesellschaft nach dem Anteilstausch die Mehrheit der Stimmrechte zusteht. Auf die kapitalmäßige Beteiligung kommt es nicht an.[20] Damit sind auch die Fälle erfasst, in denen die übernehmende Gesellschaft lediglich eine Minderheitsbeteiligung erhält, die zusammen mit einer bereits bestehenden Beteiligung die Mehrheit vermittelt.[21] Entsprechend ist es auch genügend, wenn im Rahmen eines einheitlichen Vorgangs mehrere Einbringende durch die Einbringung von Minderheitsbeteiligungen der übernehmenden Gesellschaft die Mehrheit der Stimmrechte an der erworbenen Gesellschaft zuweisen.[22]

16 Während bei der GmbH von der kapitalmäßigen Beteiligung abweichende Stimmrechtsregelungen weitgehend zulässig und bei § 21 I 2 Nr. 1 UmwStG zu beachten sind, stimmt bei der AG das Stimmrecht grundsätzlich mit den Aktiennennbeträgen überein. Abweichungen können sich hier ergeben, soweit stimmrechtslose Vorzugsaktien eingebracht werden oder ausnahmsweise Stimmrechtsbeschränkungen für Aktienpakete zu beachten sind.[23]

17 Die Stimmrechtsmehrheit muss unmittelbar aufgrund Gesetz oder Satzung bestehen, mittelbare Beteiligungen über Tochtergesellschaften bzw. zu Stimmrechtsmehrheiten verhelfende Stimmbindungsverträge, Vetorechte oÄ reichen nicht.[24]

bb) Sonstige Gegenleistungen

18 Soweit der Einbringende neben neuen Anteilen an der übernehmenden Gesellschaft auch noch eine sonstige Gegenleistung erhält (zB Zu-

---

[19] Vgl. § 27 XIV UmwStG.
[20] Vgl. *Schmitt* in Schmitt/Hörtnagl/Stratz UmwG/UmwStG § 21 UmwStG Rn. 43.
[21] Vgl. BMF v. 11.11.2011, BStBl. I 2011 S. 1314, Rn. 21.09.
[22] Vgl. BMF v. 11.11.2011, BStBl. I 2011 S. 1314, Rn. 21.09.
[23] Vgl. § 134 I 2 AktG, *Schmitt* in Schmitt/Hörtnagl/Stratz UmwG/UmwStG § 21 UmwStG Rn. 50 ff.
[24] Vgl. *Schmitt* in Schmitt/Hörtnagl/Stratz UmwG/UmwStG § 21 UmwStG Rn. 52.

§ 30   8. Teil. Sonstige Umwandlungsvorgänge

satzzahlungen, Darlehen), hat der Gesetzgeber mit dem Steueränderungsgesetz 2015 erhöhte Anforderungen an den Buchwert-/Zwischenwertansatz aufgestellt.

19 Während bisher in § 21 I 3 UmwStG aF lediglich die Einschränkung enthalten war, dass die übernehmende Gesellschaft die eingebrachten Anteile mindestens mit dem gemeinen Wert der sonstigen Gegenleistung anzusetzen hat, wenn dieser gemeine Wert den Buchwert bzw. die Anschaffungskosten der eingebrachten Anteile übersteigt, wurde die Möglichkeit der Gewährung einer sonstigen Gegenleistung nunmehr betragsmäßig auf 500 000 EUR bzw 25% des Buchwerts bzw. der Anschaffungskosten der eingebrachten Anteile – je nachdem, welcher Wert höher ist – begrenzt, § 21 I 2 Buchst. a und b UmwStG. Kommt der Betrag von 500 000 EUR zur Anwendung, liegt die absolute Höchstgrenze bei 100% des Buchwerts bzw. der Anschaffungskosten der eingebrachten Anteile, § 21 I 2 Buchst. b Halbs. 2 UmwStG.

20 Dabei handelt es sich bei den Beträgen nicht um Freigrenzen, bei deren Überschreiten der Buchwert-/Zwischenwertansatz in voller Höhe ausgeschlossen ist, sondern um Freibeträge, die gegebenenfalls zu einer anteiligen Aufdeckung stiller Reserven führen.[25]

Daneben gilt gemäß dem neu gefassten § 21 I 3 UmwStG aF (nunmehr: § 21 I 4 UmwStG) weiterhin die Beschränkung, dass die eingebrachten Anteile jedenfalls mit dem gemeinen Wert der sonstigen Gegenleistung anzusetzen sind, wenn dieser den sich gemäß § 21 I 2 UmwStG ergebenden Wert übersteigt.

Die sich aus der neuen Gesetzesfassung ergebenden Konsequenzen zeigt nachfolgendes Beispiel:[26]

21 **Fall:**

A ist Alleingesellschafter der A-GmbH. Darüber hinaus ist er an der B-GmbH beteiligt und hält 60% deren Stimmrechte. Auf die Beteiligung an der B-GmbH entfallen Anschaffungskosten iHv 2 000 000 EUR bei einem gemeinen Wert von 5 000 000 EUR. A hält die Beteiligung an der B-GmbH im Privatvermögen.

Im Rahmen einer Sachkapitalerhöhung bei der A-GmbH bringt A seine Beteiligung an der B-GmbH gegen Gewährung von Gesellschaftsrechten im Wert von 4 000 000 EUR in die A-GmbH ein. Daneben erhält A ein Darlehen iHv 1 000 000 EUR.

22 Die A-GmbH hat die Anteile an der B-GmbH grundsätzlich mit dem gemeinen Wert (5 000 000 EUR) anzusetzen, § 21 I 1 UmwStG. Da es sich bei der Beteiligung des A an der B-GmbH jedoch um eine mehrheitsvermittelnde Beteiligung iSd § 21 I 2 Nr. 1 UmwStG handelt und

---

[25] Anders jedoch bezüglich der Auslösung eines Einbringungsgewinns bei der Folgeeinbringung von im Rahmen eines Anteilstauschs bzw. einer Einbringung erhaltenen Anteile gemäß § 22 I 6 Nr. 2 UmwStG; Gegenleistungen bis zur zulässigen Höhe von 500 000 EUR bzw 25% des Buchwerts bzw. der Anschaffungskosten sind insgesamt unschädlich, übersteigende Gegenleistungen lösen in voller Höhe einen Einbringungsgewinn aus (Wortlaut „wenn" statt „soweit").
[26] Vgl. Beispiel in *Ritzer/Stangl* DStR 2015 S. 849 (854 f).

§ 30. Anteilstausch   § 30

somit ein qualifizierter Anteilstausch vorliegt, könnte die A-GmbH die Beteiligung an der B-GmbH unter den weiteren Voraussetzungen des § 21 I 2 Nr. 2 UmwStG auf Antrag mit den Buchwerten/Zwischenwerten ansetzen.

Gemäß § 21 I 2 Nr. 2 Buchst. a UmwStG können die eingebrachten Anteile auf Antrag mit den Buchwerten/Zwischenwerten angesetzt werden, soweit der gemeine Wert der sonstigen Gegenleistung nicht mehr beträgt als 25% der Anschaffungskosten der eingebrachten Anteile, vorliegend 500 000 EUR. Dies entspricht hier dem maximalen alternativen Freibetrag des § 21 I 2 Nr. 2 Buchst. b UmwStG in Höhe von 500 000 EUR.

Der den Freibetrag übersteigende Betrag des gemeinen Wertes der sonstigen Gegenleistung beträgt vorliegend EUR 500 000. Aus dem übersteigenden Betrag ist sodann das Verhältnis zu ermitteln, zu dem die eingebrachten Anteile mit den Anschaffungskosten fortgeführt werden können:

$$\frac{\text{gemeiner Wert der eingebrachten Anteile ./. übersteigender Betrag}}{\text{gemeiner Wert der eingebrachten Anteile}} = \frac{5\,000\,000\ \text{EUR} ./. 500\,000\ \text{EUR}}{5\,000\,000\ \text{EUR}} = 90\%$$

Die eingebrachten Anteile sind bei der A-GmbH somit wie folgt anzusetzen:

Fortführung der Anschaffungskosten für 90% von 2 000 000 EUR:	1 800 000 EUR
+ übersteigender Betrag	500 000 EUR
Wertansatz	2 300 000 EUR

Im vorliegenden Fall sind somit stille Reserven iHv 300 000 EUR aufzudecken. § 21 I 4 UmwStG, wonach die eingebrachten Anteile mindestens mit dem gemeinen Wert der sonstigen Gegenleistung anzusetzen sind, kommt vorliegend nicht zur Anwendung, da der gemeine Wert der sonstigen Gegenleistung (1 000 000 EUR) geringer ist als der Ansatz der eingebrachten Anteile nach § 21 I 2 UmwStG (2 300 000 EUR). **23**

Da der Wertansatz der eingebrachten Anteile bei der A-GmbH gemäß § 21 II 1 UmwStG für A als Veräußerungspreis der eingebrachten Anteile gilt, erzielt A im Rahmen des Anteilstausches einen Veräußerungsgewinn iHv 300 000 EUR, der dem Teileinkünfteverfahren unterliegt und somit zu 40% steuerfrei ist, § 3 Nr. 40 Buchst c iVm § 17 EStG. Im Gegenzug können mit dem Anteilstausch im Zusammenhang stehende Betriebsausgaben nur zu 60% abgezogen werden, § 3c II 1 EStG.

Daneben gilt der Wertansatz der eingebrachten Anteile bei der A-GmbH als Anschaffungskosten des A für die iRd Anteilstausches erhaltenen Anteile an der A-GmbH, § 21 II 1 Alt. 2 UmwStG. Etwaige sonstige Gegenleistungen sind dabei in Höhe ihres gemeinen Wertes von den Anschaffungskosten abzuziehen, §§ 21 II 6 iVm 20 III 3 UmwStG. Die Anschaffungskosten des A für die iRd Anteilstausches erhaltenen Anteile an der A-GmbH ermitteln sich daher wie folgt: **24**

AK der erhaltenen Anteile gemäß § 21 II 1 Alt. 2 UmwStG	2 300 000 EUR
./. gemeiner Wert der sonstigen Gegenleistung	1 000 000 EUR
AK der erhaltenen Anteile	1 300 000 EUR

cc) Antrag

25 Nach § 21 I 3 iVm § 20 II 3 UmwStG ist ein Antrag auf Ansatz des Buchwertes oder eines Zwischenwertes spätestens bis zur erstmaligen Abgabe der steuerlichen Schlussbilanz bei dem für die Besteuerung der übernehmenden Gesellschaft zuständigen Finanzamt zu stellen. Hierbei gilt das Einreichen der steuerlichen Schlussbilanz und der sich hieraus ergebende Ansatz als entsprechender Antrag. Zur Vermeidung von Missverständnissen empfiehlt sich jedoch eine ausdrückliche Antragstellung.[27]

2. Besteuerung des Einbringenden (§ 21 II UmwStG)

26 Nach der Neufassung der Regelungen zur Einbringung bzw. zum Anteilstausch (§§ 20–23 UmwStG) nach dem SEStEG gilt der Grundsatz der doppelten Buchwertverknüpfung nicht mehr für den grenzüberschreitenden Anteilstausch.[28] Die bis dahin geltende doppelte Buchwertverknüpfung über die Grenze war nicht mit der Fusionsrichtlinie vereinbar.[29] Nach Art. 8 IV FusionsRL dürfen die für die Einbringung erhaltenen Anteile an der übernehmenden Gesellschaft nicht mit einem höheren steuerlichen Wert angesetzt werden, als die Anteile an der erworbenen Gesellschaft unmittelbar vor dem Anteilstausch hatten. Der Ansatz der eingebrachten Anteile bei der aufnehmenden Gesellschaft wird jedoch von der Fusionsrichtlinie nicht vorgeschrieben.

27 Im Ergebnis darf nach der FusionsRL die Steuerneutralität des Anteilstauschs nur von der Buchwertverknüpfung beim Einbringenden, nicht jedoch zusätzlich von dem Ansatz der eingebrachten Anteile auf Ebene der übernehmenden Gesellschaft abhängig gemacht werden.[30]

a) Inländischer Anteilstausch, Ansatzwahlrecht (§ 21 II 1 UmwStG)

28 Im Inlandsfall gilt nach wie vor der Grundsatz der doppelten Buchwertverknüpfung. Der Inlandsfall ist dadurch gekennzeichnet, dass das deutsche Besteuerungsrecht sowohl hinsichtlich der eingebrachten Anteile als auch hinsichtlich der erhaltenen Anteile nicht ausgeschlossen oder beschränkt wird.

29 Der Wert, mit dem die übernehmende Gesellschaft die eingebrachten Anteile ansetzt, gilt beim Einbringenden als Veräußerungspreis für die eingebrachten Anteile und als Anschaffungskosten der als Gegenleistung für die Einbringung erhaltenen neuen Gesellschaftsanteile (§ 21 II 1 UmwStG). Soweit in den eingebrachten Anteilen stille Reserven enthalten waren, sind diese im Fall der Einbringung zu Buchwerten oder einem Zwischenwert weiterhin in diesen und auch in den als Gegenleistung erhaltenen Anteilen steuerlich verhaftet. Es kommt zu einer Verdopplung der stillen Reserven.

---

[27] Vgl. zur Antragstellung nach § 3 II UmwStG *Lemaitre/Schönherr* GmbHR 2007 S. 173 (174).
[28] Vgl. *Damas* DStZ 2007 S. 129, 137.
[29] Vgl. EuGH v. 11.12.2008 C-285/07, DStR 2009 S. 101.
[30] Vgl. BT-Drs. 16/2710 S. 45.

Diese führt zwar aufgrund des auf Ebene der übernehmenden Gesell- 30
schaft regelmäßig geltenden nationalen Schachtelprivilegs des § 8b KStG
meist nicht zur doppelten Besteuerung der stillen Reserven beim Einbringenden und bei der übernehmenden Gesellschaft. Zumindest in den
Fällen, in denen das nationale Schachtelprivileg nicht zur Anwendung
kommt (etwa wegen § 8b VII KStG), ist die Verdopplung der stillen
Reserven jedoch systematisch nicht zu rechtfertigen.[31]

b) Grenzüberschreitender Anteilstausch, Ansatz mit dem gemeinen Wert (§ 21 II 2 und 3 UmwStG)

Wird durch den Anteilstausch das deutsche Besteuerungsrecht hin- 31
sichtlich des Gewinns aus der Veräußerung der eingebrachten Anteile
und/oder der erhaltenen Anteile ausgeschlossen oder beschränkt, gilt
grundsätzlich der gemeine Wert der eingebrachten Anteile als Veräußerungspreis und als Anschaffungskosten für die erhaltenen Anteile (§ 21 II
2 UmwStG). Im Unterschied zum Inlandsfall hat der Ansatz der eingebrachten Anteile bei der übernehmenden Gesellschaft keine Bedeutung.[32]

Abweichend vom grundsätzlich maßgebenden gemeinen Wert kann 32
unter den Voraussetzungen des § 21 I 2 UmwStG auf Antrag der Buchwert oder ein Zwischenwert angesetzt werden, wenn
– das deutsche Besteuerungsrecht jedenfalls hinsichtlich der Besteuerung des Gewinns aus der Veräußerung der **erhaltenen Anteile** nicht ausgeschlossen oder beschränkt ist (§ 21 II 3 Nr. 1 UmwStG) oder
– nach Art. 8 der Fusionsrichtlinie der Anteilstausch nicht besteuert werden darf (§ 21 II 3 Nr. 2 UmwStG).

aa) Ausschluss oder Beschränkung des deutschen Besteuerungsrechts

Im Hinblick auf die **eingebrachten** Anteile kommt ein Ausschluss 33
bzw. eine Beschränkung des deutschen Besteuerungsrechts nach § 21 II 2
UmwStG nur in Betracht, wenn vor dem Anteilstausch an diesen Anteilen ein deutsches Besteuerungsrecht bestanden hat.[33] Das deutsche
Besteuerungsrecht an den Gewinnen aus der Veräußerung der eingebrachten Anteile wird nach § 21 II 2 UmwStG ausgeschlossen oder
beschränkt, wenn bislang in Deutschland steuerverhaftete Anteile an
einer in- oder ausländischen Kapitalgesellschaft oder Genossenschaft in
eine im Ausland ansässige Kapitalgesellschaft oder Genossenschaft eingebracht wurden und nach dem jeweils anwendbaren nationalen Recht
bzw. dem anwendbaren Doppelbesteuerungsabkommen das Besteuerungsrecht an den eingebrachten Anteilen dem Sitzstaat der ausländischen

---

[31] Vgl. *Haritz* DStR 2004 S. 889; aA *Schmitt* in Schmitt/Hörtnagl/Stratz UmwG/UmwStG § 20 UmwStG Rn. 378.
[32] Vgl. BT-Drs. 16/2710, 45; BMF v. 11.11.2011, BStBl. I 2011 S. 1314, Rn. 21.15.
[33] Vgl. *Schmitt* in Schmitt/Hörtnagl/Stratz UmwG/UmwStG § 21 UmwStG Rn. 85 mwN.

Kapitalgesellschaft bzw. Genossenschaft zusteht und Deutschland die Freistellungs- oder Anrechnungsmethode anzuwenden hat. Die ursprüngliche inländische Steuerverhaftung der eingebrachten Anteile kann sich dabei sowohl durch die unbeschränkte Steuerpflicht des Einbringenden ergeben als auch – im Falle eines beschränkt steuerpflichtigen ausländischen Anteilseigners – durch die inländische Ansässigkeit der Kapitalgesellschaft selbst (§ 49 I Nr. 2 Buchst. e EStG).

Das Besteuerungsrecht an den Gewinnen aus der Veräußerung der **erhaltenen** Anteile steht in DBA-Fällen nach Art. 13 V OECD-MA regelmäßig dem Ansässigkeitsstaat des Anteilseigners zu. Ist der Einbringende im Inland ansässig, wird das Besteuerungsrecht an den erhaltenen Anteilen demnach in DBA-Fällen regelmäßig nicht nach § 21 II 2 UmwStG ausgeschlossen oder beschränkt.[34] Ein Ausschluss bzw. eine Beschränkung des Besteuerungsrechts kommt insbesondere dann in Betracht, wenn entweder kein DBA Anwendung findet, der Einbringende im Ausland ansässig ist oder nach dem jeweiligen DBA ausnahmsweise dem Sitzstaat der aufnehmenden Kapitalgesellschaft bzw. Genossenschaft das Besteuerungsrecht für die Gewinne aus der Veräußerung der erhaltenen Anteile zusteht. So weichen einige deutsche DBA grundsätzlich von Art. 13 V OECD-MA ab[35] oder weisen entsprechend Art. 13 IV OECD-MA im Fall von Immobiliengesellschaften dem Belegenheitsstaat das Besteuerungsrecht zu.[36]

bb) Rückausnahme, Ansatz mit dem Buchwert oder einem Zwischenwert (§ 21 II 3 UmwStG)

34 Ausnahmsweise kommt im Fall des qualifizierten grenzüberschreitenden Anteilstausches unter den Voraussetzungen des § 21 I 2 UmwStG auf Antrag ein Ansatz mit dem Buchwert oder einem Zwischenwert in Betracht, wenn
– das deutsche Besteuerungsrecht hinsichtlich der Besteuerung des Gewinns aus der Veräußerung der **erhaltenen** Anteile nicht ausgeschlossen oder beschränkt ist (§ 21 II 3 Nr. 1 UmwStG) oder
– der Gewinn aus dem Anteilstausch nach Art. 8 FusionsRL nicht besteuert werden darf (§ 21 II 3 Nr. 2 UmwStG).

Der Antrag auf Ansatz des Buchwertes oder eines Zwischenwertes ist spätestens bis zur erstmaligen Abgabe der Steuererklärung bei dem für die Besteuerung des Einbringenden zuständigen Finanzamt zu stellen (§ 21 II 4 UmwStG).[37]

---

[34] Vgl. Beispiel 1 in BMF v. 11.11.2011, BStBl. I 2011 S. 1314, Rn. 21.15.

[35] Beispielsweise steht nach den Art. 13 III der DBA Slowakei, Tschechien und Zypern das Besteuerungsrecht hinsichtlich des Gewinns aus der Veräußerung von Anteilen an einer Kapitalgesellschaft auch dem Ansässigkeitsstaat der Gesellschaft zu, vgl. Beispiel 2 in BMF v. 11.11.2011, BStBl. I 2011 S. 1314, Rn. 21.15 und im Übrigen die Abkommensübersicht bei *Reimer* in Vogel/Lehner DBA Art. 13 DBA Rn. 225.

[36] Vgl. Abkommensübersicht bei *Reimer* in Vogel/Lehner DBA Art. 13 DBA Rn. 149.

[37] Vgl. BMF v. 11.11.2011, BStBl. I 2011 S. 1314, Rn. 21.15.

Liegt ein Fall des Art. 8 FusionsRL vor und erfolgt der Anteilstausch **35** auf Antrag zu Buchwerten oder zu einem Zwischenwert, behält sich Deutschland im Wege des treaty override nach § 21 II 3 Nr. 2 Halbs. 2 UmwStG vor, den Gewinn aus einer späteren Veräußerung der erhaltenen Anteile ungeachtet der Bestimmungen eines Doppelbesteuerungsabkommens gleich zu besteuern, wie die Veräußerung der Anteile an der erworbenen Gesellschaft zu besteuern gewesen wäre. Von Bedeutung ist dies insbesondere in den Fällen, in denen nach dem jeweiligen DBA Deutschland zur Anrechnung von im Ansässigkeitsstaat erhobener Steuern verpflichtet ist.[38] In diesen Fällen entfällt nach dem treaty override in § 21 II 3 Nr. 2 Halbs. 2 UmwStG die Anrechnungsverpflichtung.

Die nachträgliche Besteuerung des Veräußerungsvorgangs wird im **36** nationalen Recht durch die Etablierung einer entsprechenden beschränkten Steuerpflicht in § 49 I Nr. 2 Buchst. e Doppelbuchst. bb EStG sichergestellt. Durch den Verweis auf § 15 Ia 2 EStG in § 21 II 3 Nr. 2 Halbs. 3 UmwStG werden die verdeckte Einlage der erhaltenen Anteile, die Liquidation der Gesellschaft an der die erhaltenen Anteile bestehen sowie die Kapitalherabsetzung und Einlagenrückgewähr der Veräußerung gleichgestellt.[39]

Werden einbringungsgeborene Anteile iSv § 21 UmwStG aF im Wege **37** des grenzüberschreitenden Anteilstausches in eine ausländische Kapitalgesellschaft oder Genossenschaft eingebracht, ist trotz eines Verlustes des deutschen Besteuerungsrechts unter den Voraussetzungen des § 21 II 3 UmwStG ein steuerneutraler Anteilstausch möglich, da insofern die spezielleren Vorschriften des § 21 UmwStG den Realisationstatbeständen des § 21 UmwStG aF vorgehen.[40]

c) Besteuerung des Einbringungsgewinns

Werden die im Wege des Anteilstausches eingebrachten Anteile bei der **38** übernehmenden Kapitalgesellschaft bzw. Genossenschaft zu einem über dem Buchwert bzw. den Anschaffungskosten liegenden Wert angesetzt, gelten sie vom Einbringenden als zu diesem Wert veräußert, § 21 II 1 UmwStG. Beim Einbringenden entsteht ein Veräußerungsgewinn, den dieser nach den allgemeinen Regeln zu versteuern hat.[41]

Ist der Einbringende eine beschränkt oder unbeschränkt steuerpflichti- **39** ge Kapitalgesellschaft, unterliegt ein sich ergebender Einbringungsgewinn den Regelungen des § 8b KStG. Regelmäßig bleibt demnach ein Einbringungsgewinn gemäß § 8b II und III KStG zu 95% außer Ansatz.

---

[38] Vgl. *Widmann* in Widmann/Mayer UmwG/UmwStG § 21 UmwStG Rn. 234; sowie Abkommensübersicht bei *Reimer* in Vogel/Lehner DBA Art. 13 DBA Rn. 149 (Immobiliengesellschaften) und Rn. 225 (Abweichung Art. 13 V OECD-MA).
[39] Vgl. *Schmitt* in Schmitt/Hörtnagl/Stratz UmwG/UmwStG § 21 UmwStG Rn. 102.
[40] Vgl. *Schmitt* in Schmitt/Hörtnagl/Stratz UmwG/UmwStG § 21 UmwStG Rn. 103 mwN.
[41] Vgl. BMF v. 11.11.2011, BStBl. I 2011 S. 1314, Rn. 21.16.

40 Ist der Einbringende eine natürliche Person und war der eingebrachte Anteil Teil des Betriebsvermögens, kommt grundsätzlich das Teileinkünfteverfahren zur Anwendung und unterliegt der Einbringungsgewinn nach § 3 Nr. 40 iVm § 3c II EStG zu 60% der Besteuerung. Ist der Einbringende eine natürliche Person und waren bei ihm die eingebrachten Anteile Teil des Privatvermögens, kommt auf Anteile iSd § 17 EStG (Beteiligung mind. 1%) grundsätzlich das Teileinkünfteverfahren nach § 3 Nr. 40 iVm § 3c II EStG zur Anwendung, wonach der Einbringungsgewinn zu 60% der Besteuerung unterliegt. Für Beteiligungen unter 1% gilt grundsätzlich der Abgeltungsteuersatz von 25%, §§ 20 II iVm 32d, 43 I, V EStG.

41 Waren die eingebrachten Anteile einbringungsgeboren iSv § 21 UmwStG aF, ist § 3 Nr. 40 Satz 3 und 4 EStG aF weiter anzuwenden[42] und sind danach Einbringungen innerhalb der siebenjährigen Sperrfrist voll steuerpflichtig.

42 Auf einen steuerpflichtigen Gewinn findet der Freibetrag nach § 16 IV EStG nur dann Anwendung, wenn eine Beteiligung an einer Kapitalgesellschaft eingebracht wird, die das gesamte Nennkapital der Kapitalgesellschaft umfasst (§ 21 III 1 Halbs. 2 UmwStG), § 34 I EStG ist nicht anwendbar (§ 21 III 2 UmwStG).

3. Einbringungsgewinn II, § 22 II UmwStG

a) Regelungskonzept

43 Die Regelung zum Einbringungsgewinn II in § 22 II UmwStG will verhindern, dass eine nicht durch § 8b II KStG begünstigte Person (insbesondere natürliche Person) Anteile an einer Kapitalgesellschaft oder Genossenschaft im Rahmen einer Sacheinlage iSv § 20 I UmwStG oder eines Anteilstauschs iSv § 21 I UmwStG zu einem Wert unter dem gemeinen Wert in eine andere Kapitalgesellschaft oder Genossenschaft einbringen kann und die übernehmende Kapitalgesellschaft oder Genossenschaft diese eingebrachten Anteile anschließend unter Inanspruchnahme der Begünstigungen des § 8b II KStG steuerfrei weiterveräußert (sog. Statusverbesserung).[43]

44 Hierzu wurde in § 22 II UmwStG eine Sperrfrist von sieben Jahren etabliert. Veräußert die übernehmende Gesellschaft die eingebrachten Anteile innerhalb der Sperrfrist oder verwirklicht die übernehmende Gesellschaft einen der Veräußerung gleichgestellten Ersatztatbestand iSv § 22 II 6 iVm § 22 I 6 UmwStG, kommt es rückwirkend zu einer Besteuerung des ursprünglichen Einbringungsvorgangs zum gemeinen Wert, soweit beim Einbringenden der Gewinn aus der Veräußerung dieser Anteile bzw. dem Ersatztatbestand im Einbringungszeitpunkt nicht nach § 8b II KStG steuerfrei gewesen wäre. Der Einbringende hat in diesem Fall den in § 22 II 3 UmwStG definierten Einbringungs-

---

[42] Vgl. § 52 IV d 2 EStG.
[43] Vor dem SEStEG war dies Regelungsgegenstand des § 8b IV 1 Nr. 2 KStG aF.

gewinn II zu versteuern. Entsprechend erhöhen sich für den Einbringenden und die übernehmende Gesellschaft oder Genossenschaft die Anschaffungskosten für die eingebrachten Anteile (§§ 22 II 4 und 23 II 3 UmwStG).

Systematisch stellt § 8b II KStG keine Begünstigungsnorm dar, sondern ist lediglich Teil der Systematik des vom Gesetzgeber zur Vermeidung einer wirtschaftlichen Doppelbesteuerung körperschaftsteuerpflichtiger Gewinne eingeführten Halbeinkünfteverfahrens (jetzt: Teileinkünfteverfahren). Insofern ist es fraglich, ob § 22 II UmwStG als typisierende Missbrauchsvorschrift angesehen werden kann.[44] Versteht man die Regelung in diesem Sinn, liegt eine spezielle Ausprägung des allgemeinen Missbrauchstatbestands vor, die § 42 AO auch nach der Einführung des § 42 I 3 AO verdrängt.[45] Des Weiteren ist eine typisierende Missbrauchsregelung nicht mit Art. 11 I FusionsRL vereinbar und damit ist § 22 II UmwStG aufgrund des Anwendungsvorrangs des Gemeinschaftsrechts in den Fällen der FusionsRL nicht anwendbar.[46]

45

b) Nicht von § 8b II KStG begünstigte Einbringende

Ob ein Einbringungsgewinn II zu ermitteln ist, hängt maßgeblich davon ab, ob beim Einbringenden der Gewinn aus der Veräußerung der eingebrachten Anteile im Einbringungszeitpunkt nach § 8b II KStG steuerfrei gewesen wäre.

46

Die für die bis zum 25.12.2008 geltende Fassung des § 22 II 1 UmwStG strittige Frage,[47] ob hierfür abstrakt darauf abzustellen ist, ob der Einbringende eine von § 8b II KStG begünstigte Person ist oder ob der Einbringende im Hinblick auf die konkret eingebrachten Anteile von der Begünstigung des § 8b II KStG Gebrauch machen kann, ist durch die aktuelle Fassung zugunsten der letzteren Auffassung geklärt.

47

Demnach ist ein Einbringungsgewinn II nicht nur für natürliche Personen als Einbringende, sondern auch für Kapitalgesellschaften oder Genossenschaften, für die nach § 8b VII, VIII KStG § 8b II KStG keine Anwendung findet, zu ermitteln.[48]

---

[44] So die hM mit Verweis auf die Gesetzesbegründung: BT-Drs. 16/2710 S. 46; *Schmitt* in Schmitt/Hörtnagl/Stratz UmwG/UmwStG § 22 UmwStG Rn. 9 mwN.
[45] Vgl. BFH v. 20.3.2002 – I R 63/99 BStBl. II 2003, 50; *Drüen* Ubg 2008 S. 31.
[46] Vgl. EuGH v. 17.7.1997 Rs. Leur Bloem C-28/95 IStR 1997 S. 539; *Schmitt* in Schmitt/Hörtnagl/Stratz UmwG/UmwStG § 22 UmwStG Rn. 11 mwN.
[47] Vgl. *Widmann* in Widmann/Mayer UmwG/UmwStG § 22 UmwStG Rn. 197; *Schmitt* in Schmitt/Hörtnagl/Stratz, UmwG/UmwStG § 22 UmwStG Rn. 115 mwN.
[48] Vgl. BMF v. 11.11.2011, BStBl. I 2011 S. 1314, Rn. 22.12.

c) Ermittlung des Einbringungsgewinns II

48 Der Einbringungsgewinn II ermittelt sich wie folgt:[49]

	Gemeiner Wert der eingebrachten Anteile im Zeitpunkt des Anteilstausches bzw. der Sacheinlage
./.	Kosten des Vermögensübergangs[50]
./.	Wert, mit dem der Einbringende die erhaltenen Anteile bislang angesetzt hat
=	Unterschiedsbetrag
./.	$1/7$ des Unterschiedsbetrages für jedes seit dem Einbringungszeitpunkt bis zum Zeitpunkt der Veräußerung der Anteile abgelaufene Zeitjahr
=	Einbringungsgewinn II

49 Die rückwirkende Ermittlung des gemeinen Werts der eingebrachten Anteile zum Einbringungszeitpunkt kann in der Praxis Probleme bereiten. Durch entsprechende Dokumentation der Wertverhältnisse bereits zum Zeitpunkt der Durchführung der Einbringung kann hier vorgesorgt werden.[51]

50 Wertveränderungen der eingebrachten Anteile nach dem Einbringungszeitpunkt haben keine Auswirkungen auf den Einbringungsgewinn II. Diese Veränderungen unterliegen bei der übernehmenden Kapitalgesellschaft oder Genossenschaft den allgemeinen Regeln des Teileinkünfteverfahrens und sind somit regelmäßig nach § 8b KStG steuerlich unbeachtlich.

d) Besteuerung des Einbringungsgewinns II

51 Der Einbringungsgewinn II unterliegt beim Einbringenden der regulären Besteuerung. Da es sich in den Fällen des § 22 II UmwStG hinsichtlich der konkret eingebrachten Anteile um nicht durch § 8b KStG begünstigte Einbringende handelt, gilt grundsätzlich für natürliche Personen entweder das Teileinkünfteverfahren (Anteile im Betriebsvermögen oder Beteiligung iSv § 17 EStG, § 3 Nr. 40 iVm § 3c II EStG) oder die Abgeltungsteuer (§ 20 II iVm § 32d, 43 I, V EStG) und für Körperschaftsteuersubjekte die Besteuerung unter Nichtanwendung des § 8b II KStG. Die Anwendung des Freibetrags nach § 16 IV EStG und des § 34 EStG ist ausgeschlossen (§ 22 II 1 Halbs. 2 UmwStG).

52 Nach § 22 II 4 UmwStG gilt der Einbringungsgewinn II beim Einbringenden als nachträgliche Anschaffungskosten der erhaltenen Anteile. Entsprechendes gilt bei der Weitereinbringung der eingebrachten Anteile zum Buchwert auch für die hierauf beruhenden Anteile (§ 22 II 7 iVm §§ 21 I 7, I 4 UmwStG).

53 Nach § 23 II 3 erhöhen sich auch bei der übernehmenden Gesellschaft die Anschaffungskosten der eingebrachten Anteile in Höhe des

---

[49] Vgl. BMF v. 11.11.2011, BStBl. I 2011 S. 1314, Rn. 22.14.
[50] Zu den steuerlichen Risiken bei Ermittlung und Zuordnung der Kosten des Vermögensübergangs vgl. *Ott* DStR 2016 S. 777.
[51] Vgl. *Widmann* in Widmann/Mayer UmwG/UmwStG § 22 UmwStG Rn. 317.

Einbringungsgewinns II. Diese Rechtsfolge ist allerdings davon abhängig, dass der Einbringende die Steuer auf den Einbringungsgewinn II entrichtet hat und dies durch eine Bescheinigung des zuständigen Finanzamtes iSv § 22 V UmwStG nachgewiesen wird. Der Aufstockungsbetrag erhöht den steuerpflichtigen Gewinn der übernehmenden Gesellschaft nicht (§ 23 II 1 Halbs. 2 UmwStG) und ist als Zugang im steuerlichen Einlagekonto der übernehmenden Gesellschaft iSv § 27 KStG zu erfassen.[52]

e) Der Veräußerung gleichgestellte Vorgänge

Nach § 22 II 6 UmwStG gelten die in § 22 I 6 Nr. 1–5 UmwStG genannten Veräußerungsersatztatbestände auch für den Einbringungsgewinn II entsprechend. Vorgänge nach §§ 20 I oder 21 I UmwStG oder vergleichbare ausländische Vorgänge, die zu Buchwerten durchgeführt werden, gelten grundsätzlich als unschädlich, wenn keine sonstigen Gegenleistungen erbracht wurden, die die Grenzen der §§ 20 II 2 Nr. 4 bzw. 21 I 2 Nr. 2 in der neuen Fassung des Steueränderungsgesetzes 2015 übersteigen (§ 22 I 6 Nr. 2, 4 und 5 UmwStG jeweils Halbs. 2). 54

f) Ausnahmen vom Einbringungsgewinn II

Veräußert der Einbringende die erhaltenen Anteile, ist insoweit kein Einbringungsgewinn II zu ermitteln, da in diesen Fällen beim Einbringenden keine Verbesserung des steuerlichen Status eingetreten ist (§ 22 II 5 UmwStG). 55

Nach § 27 IV UmwStG unterbleibt eine Ermittlung des Einbringungsgewinns II, wenn es sich bei den eingebrachten Anteile um einbringungsgeborene Anteile iSv § 21 UmwStG aF handelt. In diesen Fällen unterliegt ein Gewinn aus der Veräußerung dieser Anteile bei der übernehmenden Gesellschaft innerhalb einer Sieben-Jahres-Frist vollumfänglich der Besteuerung nach den vor dem SEStEG geltenden Reglungen (§ 8b IV KStG aF). 56

4. Veräußerung der erhaltenen Anteile

Ein Gewinn aus der Veräußerung der erhaltenen Anteile unterliegt beim Einbringenden der Besteuerung nach den allgemeinen Vorschriften (Teileinkünfteverfahren, Abgeltungsteuer für natürliche Personen, § 8b KStG für Körperschaften und Genossenschaften). Für den Einbringenden ergibt sich aus dem Anteilstausch grundsätzlich keine Statusveränderung hinsichtlich der eingebrachten bzw. der erhaltenen Anteile. 57

Handelt es sich bei den im Wege des Anteilstausches eingebrachten Anteilen um solche iSd § 17 EStG, gelten nach § 17 VI EStG die durch den Anteilstausch vom Einbringenden erhaltenen Anteile ohne zeitliche 58

---

[52] Vgl. *Schmitt* in Schmitt/Hörtnagl/Stratz UmwG/UmwStG § 23 UmwStG Rn. 46 mwN; *Dötsch/Pung* DB 2006 S. 2763; *Ley* FR 2007 S. 109.

Befristung auch bei einer Beteiligung von weniger als 1% als Anteile iSv § 17 EStG, sofern sie dem Einbringenden im Rahmen eines Anteilstausches unter dem gemeinen Wert iSv § 21 I UmwStG gewährt wurden. Damit wird das bis zur Neufassung des Anteilstausches geltende Institut der „einbringungsgeborenen Anteile" (§ 21 UmwStG aF) substituiert.[53]

59 Waren die eingebrachten Anteile einbringungsgeboren iSv § 21 UmwStG aF, gelten die erhaltenen Anteile ebenfalls als einbringungsgeboren iSv § 21 UmwStG aF (§ 21 II 6 iVm § 20 III 4 UmwStG).

5. Nachweis

60 Neben den materiellen Voraussetzungen, die erfüllt sein müssen, um einen Anteilstausch zu Buchwerten oder einem unter dem gemeinen Wert liegenden Wert durchführen zu können, muss der Einbringende zur dauerhaften Sicherung des Wertansatzes nach dem Anteilstausch während der Sperrfrist von sieben Jahren noch die formalen Nachweispflichten des § 22 III UmwStG erfüllen.

61 Der Einbringende hat danach in den dem Einbringungszeitpunkt folgenden sieben Jahren jährlich spätestens bis zum 31.5. den Nachweis darüber zu erbringen, wem mit Ablauf des Tages, der dem maßgeblichen Einbringungszeitpunkt entspricht, die eingebrachten Anteile sowie die auf diesen Anteilen beruhenden Anteile zuzurechnen sind (§ 22 III 1 Nr. 2 UmwStG). Bei einer steuerneutralen Weitereinbringung dieser Anteile beziehen sich die Nachweispflichten auch auf alle auf der Weitereinbringung beruhenden Anteile.[54]

62 Der Nachweis kann insb. durch die Vorlage eines Registerauszuges oder einer Bescheinigung der jeweils übernehmenden Gesellschaft, dass die erhaltenen Anteile noch vorhanden sind, erbracht werden.[55] Wird der Nachweis nicht erbracht, gelten die erhaltenen Anteile iSv § 22 I UmwStG als an dem Tag, der dem Einbringungsstichtag folgt oder in den Folgejahren an dem Tag, der diesem Kalendertag entspricht, veräußert (§ 22 III 2 UmwStG).[56] Obwohl es sich nach dem Gesetzeswortlaut bei der Frist iSv § 22 III 1 UmwStG um eine Ausschlussfrist handelt, ist nach der Gesetzesbegründung und der überwiegenden Auffassung im Schrifttum ein Nachweis auch noch nach Ablauf der Frist möglich.[57] So geht auch die Finanzverwaltung davon aus, dass die Nachweisfrist zwar nicht verlängert werden kann, nachträglich erbrachte Nachweise jedoch

---

[53] Vgl. zu einbringungsgeborenen Anteilen iSv § 21 UmwStG aF: *Schmitt* in Schmitt/Hörtnagl/Stratz UmwG/UmwStG § 21 UmwStG Rn. 107 ff.
[54] Vgl. *Schmitt* in Schmitt/Hörtnagl/Stratz UmwG/UmwStG § 22 UmwStG Rn. 158; *Dörfler/Rautenstrauch/Adrian* BB 2006 S. 1711.
[55] Vgl. BT-Drs. 16/2710, 49; BMF v. 11.11.2011, BStBl. I 2011 S. 1314, Rn. 22.30.
[56] Vgl. *Rödder/Schumacher* DStR 2007 S. 369 (375).
[57] Vgl. BT-Drs. 16/2710, 49; *Schmitt* in Schmitt/Hörtnagl/Stratz UmwG/UmwStG § 22 UmwStG Rn. 161 mwN.

§ 30. Anteilstausch § 30

noch berücksichtigt werden können, wenn eine Änderung der betroffenen Bescheide verfahrensrechtlich noch möglich ist.[58]

Nach den allgemeinen Regelungen der Abgabenordnung ist das für die Ertragsbesteuerung des einbringenden Gesellschafters örtlich zuständige Finanzamt Empfänger des Nachweises.[59] **63**

---

[58] Vgl. BMF v. 11.11.2011, BStBl. I 2011 S. 1314, Rn. 22.33.
[59] Vgl. BMF v. 11.11.2011, BStBl. I 2011 S. 1314, Rn. 22.29; *Dötsch/Pung* DB 2006 S. 2763; *Ley* FR 2007 S. 109.

§ 31. Steuerliche Alternativen bei Umstrukturierungen mit Einzelrechtsnachfolge

I. Überblick

1 Soweit Umstrukturierungsvorgänge nach dem UmwG im Wege der Gesamtrechtsnachfolge durchgeführt werden, unterfallen diese ohne Weiteres dem Anwendungsbereich des UmwStG und können ggf. steuerneutral erfolgen.

2 Für Umstrukturierungen im Wege der Einzelrechtsnachfolge ist der Anwendungsbereich des UmwStG dagegen nur eröffnet, wenn es sich um einen Vorgang iSd Sechsten bis Achten Teils des UmwStG handelt, dh um die Einbringung betrieblicher Einheiten (Betriebe, Teilbetriebe, Mitunternehmeranteile) in Kapital- oder Personengesellschaften (vgl. hierzu sogleich **II.**) oder um einen Anteilstausch (§ 21 UmwStG).[1] Daneben ist das UmwStG auf einen ausländischen Umwandlungsvorgang mit Gesamtrechtsnachfolge nur anwendbar, wenn dieser einem inländischen Vorgang nach dem UmwG vergleichbar ist.

3 Auf Umstrukturierungsvorgänge, die nicht in den Anwendungsbereich des UmwStG fallen, finden grundsätzlich die allgemeinen Regeln Anwendung. Neben den allgemeinen Regeln über die Gewinnermittlung enthält das Einkommensteuergesetz weitere Bestimmungen, nach denen nicht dem UmwStG unterfallende Umstrukturierungsmaßnahmen ausnahmsweise ohne steuerpflichtige Aufdeckung der stillen Reserven durchgeführt werden können.

4 Für die steuerliche Behandlung von Umstrukturierungen außerhalb des UmwStG sind insbesondere die Regelungen über die Einlage (**III.**), die Überführung/Übertragung von Einzelwirtschaftsgütern (**IV., V.**), die Realteilung (**VI.**) und die Liquidation (**VII.**) von Bedeutung. Da die sich aus diesen Regelungen ergebenden steuerlichen Rechtsfolgen sehr unterschiedlich ausfallen, kommt der eindeutigen Abgrenzung des jeweiligen Anwendungsbereichs besondere Bedeutung zu.

II. Einbringung durch Einzelrechtsnachfolge

5 Die steuerliche Behandlung einer Einbringung nach § 20 I UmwStG im Wege der Einzelrechtsnachfolge folgt der steuerlichen Behandlung von Umwandlungen durch Verschmelzung, Aufspaltung, Abspaltung und Ausgliederung. Insofern wird auf die entsprechenden Ausführungen für entsprechende inländische Vorgänge in § 11 und grenzüberschreitende Vorgänge in § 16 verwiesen.[2]

---

[1] Siehe § 30 Anteilstausch.
[2] Bzgl. der mit dem Steueränderungsgesetz 2015 eingeführten gesetzlichen Neuregelung des Buchwert-/Zwischenwertansatzes bei sonstigen Gegenleistungen vgl. → § 30 Rn. 18 ff.; die gesetzliche Neuregelung scheint zumindest bei der Einbringung von Unternehmensteilen fragwürdig, da zB Entnahmen aus dem

§ 31. Umstrukturierungen mit Einzelrechtsnachfolge § 31

Die nachfolgende Darstellung beschränkt sich auf Besonderheiten der steuerlichen Behandlung von Einbringungsvorgängen nach § 20 I UmwStG bzw. § 24 I UmwStG im Wege der Einzelrechtsnachfolge. 6

1. Sachlicher Anwendungsbereich

Vorgänge der Einzelrechtsnachfolge, die neben den im UmwG geregelten Gesamtrechtsnachfolgevorgängen in den Anwendungsbereich des UmwStG fallen und eine Einbringung im Sinne des § 20 I oder § 24 I UmwStG darstellen, sind insbesondere die Sacheinlage zur Gründung einer Kapitalgesellschaft sowie die Sachkapitalerhöhung bei einer Kapitalgesellschaft.[3] Ein Fall der Einbringung durch Einzelrechtsnachfolge iSd § 24 I UmwStG ist die Errichtung bzw. die Ausweitung einer Personengesellschaft durch Einlage bzw. Anwachsung einer betrieblichen Einheit (Betrieb, Teilbetrieb, Mitunternehmeranteil) gegen Gewährung bzw. Ausweitung einer Mitunternehmerstellung des Einlegenden. Daneben ist die Einbringung in eine Personengesellschaft nach § 24 UmwStG auch dann anzunehmen, wenn ein Gesellschafter einem Einzelunternehmen oder einer bereits bestehenden Personengesellschaft gegen Leistung einer Bareinlage beitritt. In diesen Fällen ist aus Sicht des § 24 UmwStG eine Einbringung des Einzelunternehmens bzw. der Personengesellschaft in die hierdurch neu entstehende Personengesellschaft gegeben.[4] 7

Nicht von § 24 UmwStG erfasst werden die Fälle der Einbringung von betrieblichen Einheiten ausschließlich in das **Sonderbetriebsvermögen** einer Personengesellschaft.[5] 8

Die **verdeckte Einlage** in eine Personengesellschaft stellt keine Einbringung nach § 24 UmwStG dar, da eine Gutschrift des eingebrachten Betriebsvermögens auf dem Kapitalkonto des Einbringenden lediglich einen Reflex der (unentgeltlichen) verdeckten Einlage darstellt und nicht die Einräumung oder Verstärkung einer Mitunternehmerstellung.[6] Auf die verdeckte Einlage von betrieblichen Einheiten kann jedoch § 6 III EStG anzuwenden sein.[7] 9

Auch die Anwachsung einer Personengesellschaft als Folge des Ausscheidens ihrer Gesellschafter kann einen Fall der Einbringung in eine Kapitalgesellschaft oder Personengesellschaft darstellen, wenn sie im Wege der sog. **erweiterten Anwachsung** erfolgt.[8] Auch nach der Neurege- 10

---

eingebrachten Unternehmensteil im Zusammenhang mit der Einbringung bis zur Höhe des Buchwertes weiterhin unschädlich sind, § 20 II 2 Nr. 2 UmwStG.

[3] Vgl. *Schmitt* in Schmitt/Hörtnagl/Stratz UmwG/UmwStG § 20 UmwStG Rn. 186.

[4] Vgl. BMF v. 11.11.2011, BStBl. I 2011 S. 1314 Rn. 01.47; *Schmitt* in Schmitt/Hörtnagl/Stratz UmwG/UmwStG § 24 UmwStG Rn. 15 ff.

[5] Vgl. BMF v. 11.11.2011, BStBl. I 2011 S. 1314 Rn. 24.05; *Schmitt* in Schmitt/Hörtnagl/Stratz UmwG/UmwStG § 24 UmwStG Rn. 25, 114 mwN.

[6] Vgl. *Schmitt* in Schmitt/Hörtnagl/Stratz UmwG/UmwStG § 24 UmwStG Rn. 26.

[7] Vgl. *Patt* in Dötsch/Pung/Möhlenbrock Körperschaftsteuer § 24 UmwStG Rn. 40 ff.

[8] → § 29.

§ 31   8. Teil. Sonstige Umwandlungsvorgänge

lung des Anwendungsbereiches des Sechsten bis Achten Teils des UmwStG durch das SEStEG in § 1 III UmwStG ist die erweiterte Anwachsung noch ein Fall des § 20 I bzw. § 24 I UmwStG.[9]

2. Rückwirkung

a) Einbringung in Kapitalgesellschaft

11   Für Einbringungen in Kapitalgesellschaften, die sich außerhalb des UmwG vollziehen, enthält § 20 VI 3 UmwStG eine eigenständige Regelung zur zeitlichen Rückbeziehung. Einbringungen in Kapitalgesellschaften im Wege der Einzelrechtsnachfolge können danach auf einen Tag zurückbezogen werden, der höchstens acht Monate vor dem Tag des Abschlusses des Einbringungsvertrags liegt und höchstens acht Monate vor dem Zeitpunkt, an dem das eingebrachte Betriebsvermögen auf die Kapitalgesellschaft übergeht.[10]

12   Maßgebend für den Zeitpunkt des Übergangs des Betriebsvermögens ist der Übergang des wirtschaftlichen Eigentums. Die Einbringungen kann auf jeden beliebigen Tag innerhalb des Achtmonatszeitraums zurückbezogen werden, insbesondere besteht keine Bindung an eine vom Einbringenden etwa zu erstellende Schlussbilanz.[11]

b) Einbringung in Personengesellschaft

13   Erfolgt eine Einbringung in eine Personengesellschaft im Wege der Einzelrechtsnachfolge, sieht § 24 UmwStG keine eigenständige Rückwirkungsregelung vor. Die Rückwirkungsregeln des § 20 VI UmwStG gelten nach der ausdrücklichen Regelung des § 24 IV Halbs. 2 UmwStG nur für Einbringungen im Wege der Gesamtrechtsnachfolge.

14   In Anlehnung an die allgemein anerkannte Möglichkeit, der Rückbeziehung einer Betriebsveräußerung iSd § 16 EStG wird auch die Rückbeziehung der Einbringung im Wege der Einzelrechtsnachfolge anerkannt. Voraussetzung ist, dass die Rückbeziehung lediglich zur technischen Vereinfachung der Besteuerung erfolgt, eine kurze Zeitspanne umfasst und nicht von steuerlichen Erwägungen geprägt ist.[12] Im Schrift-

---

[9] Vgl. BMF v. 11.11.2011, BStBl. I 2011, 1314, Rn. 01.44; *Schmitt* in Schmitt/Hörtnagl/Stratz § 24 UmwStG Rn. 56; aA *Patt* in Dötsch/Pung/Möhlenbrock § 20 UmwStG Rn. 6.

[10] Dabei ist zu beachten, dass die Eigenschaften des Betriebs, Teilbetriebs oder Mitunternehmeranteils iSd § 20 UmwStG bereits am steuerlichen Übertragungsstichtag vorgelegen haben müssen, vgl. BMF v. 11.11.2011, BStBl. I 2011, 1314, Rn. 20.06 iVm 15.03; Entsprechendes gilt für das Vorliegen von wesentlichen Betriebsgrundlagen – aA: *Widmann* in Widmann/Mayer UmwG/UmwStG § 20 UmwStG Rn. 30; *Herlinghaus* in Rödder/Herlinghaus/van Lishaut § 20 UmwStG Rn. 42; *Schmitt* in Schmitt/Hörtnagl/Stratz UmwG/UmwStG § 20 UmwStG Rn. 20.

[11] Vgl. *Herlinghaus* in Rödder/Herlinghaus/van Lishaut § 20 UmwStG Rn. 235b.

[12] Vgl. BFH v. 14.6.2006 – VIII B 196/05, BFH/NV 2006 S. 1829.

tum wird hierbei eine Rückbeziehung für höchstens drei Monate für zulässig erachtet.[13]

III. Die Einlage

1. Begriff

Unter Einlagen versteht das Einkommensteuerrecht nach § 4 I 8 EStG Wertzuführungen zum Betriebsvermögen aus dem außerbetrieblichen Bereich, also insbesondere Wertzuführungen aus dem Privatvermögen des Steuerpflichtigen, oder aus einem anderen Betrieb des Steuerpflichtigen, wenn der Einlage eine Entnahme vorausgegangen ist. Nach den in § 4 I 1 EStG niedergelegten Grundsätzen der steuerlichen Gewinnermittlung sind Einlagen als außerbetrieblich veranlasste Vermögensmehrungen im Gegensatz zu den Betriebseinnahmen, die durch die von Gewinnerzielungsabsicht getragene betriebliche Tätigkeit veranlasst sind, nicht Teil des Gewinns. Durch die gesonderte Erfassung von Einlagen wird verhindert, dass Vermögen, welches beim Steuerpflichtigen steuerneutral gebildet wurde oder bereits besteuert wurde, nach der Überführung in das Betriebsvermögen (nochmals) der Besteuerung unterliegt und sichergestellt, dass der Betriebsausgabenabzug für sämtliche betriebliche Aufwendungen erfolgen kann.[14] Abzugrenzen ist die Einlage insbesondere von der Überführung oder Übertragung einzelner Wirtschaftsgüter zwischen verschiedenen Betriebsvermögen und von entgeltlichen bzw. tauschähnlichen Vorgängen, für die Sonderregelungen gelten.[15]

15

2. Einlage bei Personengesellschaften

Bei Wertzuführungen zu Personengesellschaften ist wie folgt zwischen Einlage und tauschähnlichem/entgeltlichem Vorgang abzugrenzen: Bei Verbuchung der Wertzuführung auf gesellschafterbezogenen Kapitalkonten oder Darlehenskonten ist eine Gewährung oder Verstärkung von Gesellschafterrechten bzw. eine Gewährung eines Darlehens und damit ein tauschähnlicher bzw. entgeltlicher Vorgang anzunehmen, der zu einer Realisation etwaiger steuerverhafteter stiller Reserven in den zugeführten Wirtschaftsgütern führt. Eine Einlage kommt folglich insoweit in Betracht, als keine gesellschafterbezogene Verbuchung erfolgt. Dies kann durch Verbuchung auf einem gesamthänderisch gebundenen Kapitalrücklagenkonto oder durch Verbuchung als Ertrag erreicht werden.[16] Wird im Falle der (offenen) Sacheinlage die Wertzuführung, soweit sie den Betrag

16

---

[13] Vgl. *Patt* in Dötsch/Pung/Möhlenbrock Körperschaftsteuer § 24 UmwStG Rn. 160 mwN; aA *Schmitt* in Schmitt/Hörtnagl/Stratz UmwG/UmwStG § 24 UmwStG Rn. 149 „maximal 4–6 Wochen".
[14] Vgl. BFH v. 26.10.1987 – GrS 2/86, BStBl. II 1988 S. 348; BFH v. 20.9.1989 – X R 140/87, BStBl. II 1990, 368.
[15] Etwa § 6 V EStG, § 16 III EStG (Realteilung) sowie Umwandlungsvorgänge im Sinne des Umwandlungssteuerrechts.
[16] Vgl. BFH v. 19.10.1998 – VIII R 69/95, BStBl. II 2000 S. 230; BFH v. 27.3.2007 – VIII R 28/04, BStBl. II 2007 S. 699; BMF v. 29.3.2000, BStBl. I

des dem Gesellschafter nominal gutgeschriebenen Kapitalanteils übersteigt, auch einer gesamthänderisch gebundenen Kapitalrücklage gutgeschrieben (Überpari-Emission), ist der Vorgang gleichwohl einheitlich als tauschähnlicher Vorgang zu betrachten.[17] Eine Aufteilung in einen entgeltlichen Vorgang und eine (verdeckte) Einlage ist jedoch vorzunehmen, soweit das zugeführte Vermögen unterbewertet, dh insgesamt mit einem unter dem Teilwert liegenden Wert angesetzt wird.[18]

3. Einlagen bei Kapitalgesellschaften

17 Über die Verweisung in § 8 I 1 KStG finden die Einlagevorschriften des Einkommensteuerrechts auch für Kapitalgesellschaften Anwendung.[19]

18 Werden als Gegenleistung für die Wertzuführung Anteile gewährt, ist eine im handelsrechtlichen Sinne offene Einlagen und damit ein tauschähnlicher Vorgang anzunehmen. Bei der Gewährung sonstiger Wirtschaftsgüter, wie beispielsweise Darlehen, liegt ein entgeltlicher Vorgang vor. Eine (offene) Sacheinlage ist auch dann ein einheitlicher tauschähnlicher Vorgang, wenn der den Nominalbetrag der gewährten Anteile übersteigende Betrag in die Kapitalrücklage (§ 272 II Nr. 1 HGB) eingestellt wird.[20] Eine (verdeckte) Einlage im Sinne des § 4 I 1 EStG ist demnach nur gegeben, wenn die Wertzuführung ausschließlich als Kapitalrücklage oder Ertrag verbucht wird.[21] Eine Aufteilung der Wertzuführung in einen entgeltlichen Vorgang und eine (verdeckte Einlage) hat allerdings insoweit zu erfolgen, als das zugeführte Vermögen mit einem unter dem Teilwert liegenden Wert angesetzt wird (Unterbewertung).[22]

19 Als Folge der eigenständigen Steuerrechtssubjektivität von Kapitalgesellschaften, können im Unterschied zur Situation bei Personengesellschaften (verdeckte) Einlagen in Kapitalgesellschaften nicht nur aus dem Privatvermögen, sondern auch aus dem Betriebsvermögen erfolgen. (Verdeckte) Einlagen aus dem Privatvermögen führen mangels Realisationstatbestand nur dann zur Versteuerung der stillen Reserven im eingelegten Wirtschaftsgut, sofern dies gesetzlich angeordnet ist.[23]

2000 S. 462; BMF v. 26.11.2004, BStBl. I 2004 S. 1190; aA *Musil* in Herrmann/Heuer/Raupach § 4 EStG Rn. 297.
[17] Vgl. BFH v. 17.7.2008 – I R 77/06, BStBl. II 2009 S. 464; aA eventuell BMF v. 26.11.2004, BStBl. I 2004 S. 1190 Tz. 2.b).
[18] Vgl. BFH v. 17.7.1980 – IV R 15/76, BStBl. II 1981 S. 11; BMF v. 11.7.2011, BStBl. I 2011 S. 713 Tz. II.2.d) iVm BMF v. 29.3.2000, BStBl. I 2000 S. 462 Tz. II.1.c).
[19] Vgl. BFH v. 23.2.2005 – I R 44/04, BStBl. II 2005 S. 522 mwN.
[20] Vgl. BFH v. 24.4.2007 – I R 35/05, BStBl. II 2008 S. 253.
[21] Vgl. BFH v. 17.7.2008 – I R 77/06, BStBl. II 2009 S. 464.
[22] Vgl. BFH v. 19.10.1998 – VIII R 69/95, BStBl. II 2000 S. 230.
[23] Vgl. § 17 I 2, § 20 II 2, § 23 I 5 Nr. 2 EStG; zur Bewertung → Rn. 41 ff.

§ 31. Umstrukturierungen mit Einzelrechtsnachfolge § 31

4. Tatbestandsmerkmale der Einlage

Einlagewille und Einlagehandlung. Eine Einlage liegt nur dann 20 vor, wenn der Steuerpflichtige mit Einlagewillen handelt und sich dieser durch eine Einlagehandlung (Widmungsakt) nach außen hin manifestiert.[24] Die Erfassung in der Bilanz kann ein Indiz für das Vorliegen einer Einlage sein.

Gegen den Willen des Steuerpflichtigen ist eine Einlage grundsätzlich 21 nicht möglich. So führt zB eine Gesetzes- oder Rechtsprechungsänderung, die eine Umqualifizierung von Privatvermögen in Betriebsvermögen zur Folge hat, nicht zur Annahme einer Einlage und mithin auch nicht zu deren Folgen.[25] Bloße Rechtsirrtümer, beispielsweise die Annahme, ein Gegenstand des notwendigen Betriebsvermögens könne privat angeschafft werden, hindern dagegen die Einlage nicht.[26] Der Einlagewille muss sich in der Regel deutlich für Dritte erkennbar nach außen hin dokumentieren.[27] Ausnahmsweise kann jedoch auch allein aufgrund eines Rechtsvorgangs eine Einlage gegeben sein, beispielsweise wenn durch einen Erbfall die Voraussetzungen einer Betriebsaufspaltung (personelle Verflechtung) begründet werden.[28]

5. Gegenstand der Einlage

a) Allgemein

Einlagefähig sind grundsätzlich bilanzierungsfähige Wirtschaftsgüter 22 aller Art, also sowohl materielle als auch immaterielle, abnutzbare und nicht abnutzbare, aktive und passive Wirtschaftsgüter. Neutrale Güter (Bargeld, Sachen, Rechte), die nicht bereits nach ihrer Art und Zweckbestimmung zum Betriebsvermögen gehören (notwendiges Betriebsvermögen), können grundsätzlich in den Betrieb eingelegt werden, soweit sie nicht zum notwendigen Privatvermögen gehören (zB den eigenen Wohnzwecken dienendes Wohnhaus).

Im Gegensatz zur Vorschrift über die Entnahme[29] sind bei der Vor- 23 schrift über die Einlage die Nutzungen und Leistungen nicht ausdrücklich aufgeführt (§ 4 I 8 EStG). Bis zum Beschluss des großen Senats des Bundesfinanzhofs vom 26.10.1987[30] waren die Folgerungen aus dieser gesetzlichen Differenzierung umstritten. Der Große Senat hat klargestellt,

---

[24] BFH v. 21.4.2005 – III R 4/04, BStBl. II 2005 S. 604.
[25] ZB Einführung des § 49 I Nr. 2 Buchst. f EStG durch das StMBG 1994, wonach seit 1994 Gewinne, die beschränkt steuerpflichtige Körperschaften aus der Veräußerung von inländischen Immobilien erzielen, als gewerbliche Einkünfte gelten. Nach der Rechtsprechung erfolgte eine „Quasi-Einlage" der Immobilie mit dem Teilwert zum 1.1.1994, vgl. BFH v. 5.6.2002 I R 81/00, BStBl. II 2004 S. 344.
[26] Vgl. BFH v. 22.9.2004 – III R 9/03, BStBl. II 2005 S. 160.
[27] Vgl. BFH v. 22.9.1993 – X R 37/91, BStBl. II 1994 S. 172.
[28] Vgl. BFH v. 7.10.1974 – GrS 1/73, BStBl. II 1975 S. 168.
[29] Vgl. § 4 I 2 EStG.
[30] Vgl. BFH v. 26.10.1987 – GrS 2/86, BStBl. II 1988 S. 348.

§ 31 8. Teil. Sonstige Umwandlungsvorgänge

dass Gegenstand einer Einlage grundsätzlich nur das sein kann, was auch Bestandteil des Betriebsvermögensvergleichs nach § 4 I EStG sein kann. Hierzu zählen grundsätzlich nur Wirtschaftsgüter, die in eine Bilanz aufgenommen werden können. Nutzungen und Leistungen erfüllen diese Voraussetzungen nicht. Anders als bei den Regelungen zur Entnahme ist somit grundsätzlich eine Einlage auf zwei Fälle beschränkt, nämlich die Bareinlage und die Sacheinlage. Allerdings lässt die Rechtsprechung in eng begrenzten Ausnahmefällen auch die Einlage von Nutzungen und Leistungen zu, wenn dies zur Erreichung eines zutreffenden Besteuerungsergebnisses sachlich erforderlich ist.[31] Beispielsweise zur Einbeziehung von privaten Aufwendungen im Zusammenhang mit der betrieblichen Nutzung privaten Vermögens (Privat-KFZ).

b) Bareinlagen

24 Bareinlagen bestehen zunächst einmal aus der Zuführung liquider Mittel, hier kommt insbesondere Bargeld und Bankguthaben in Betracht. Die Bareinlage muss nicht unmittelbar in die Geschäftskasse erfolgen, auch die Einzahlung oder Überweisung auf ein betriebliches Bankkonto werden erfasst.[32]

25 Die Tilgung von Betriebsschulden sowie die Bezahlung von Betriebsausgaben stellen ebenfalls Bareinlagen dar. Eine Betriebsschuld kann nicht unmittelbar aus dem Privatvermögen getilgt werden. Wird eine Betriebsschuld mit Mitteln des Privatvermögens getilgt, werden zuvor Tilgungsmittel notwendig in das Betriebsvermögen eingelegt.[33]

c) Sacheinlagen

26 Unter Sacheinlagen versteht man die Zuführung von Wirtschaftsgütern, die nicht aus liquiden Mitteln bestehen. Einlagefähig sind sowohl Wirtschaftsgüter des Anlagevermögens als auch des Umlaufvermögens, und zwar sowohl materielle als auch immaterielle Wirtschaftsgüter. Beispiele hierfür sind Grundstücke, Gebäude, Fahrzeuge, Maschinen, Werkzeuge, Wertpapiere, Lizenzen, immaterielle Wirtschaftsgüter (zB Patente und Urheberrechte). Die Einlagefähigkeit solcher Sachgüter setzt voraus, dass sie als notwendiges oder gewillkürtes[34] Betriebsvermögen behandelt werden können.

27 Nicht einlagefähig sind „betriebsschädliche" Wirtschaftsgüter, also Wirtschaftsgüter, bei denen im Zeitpunkt der Einlage schon feststeht, dass sie dem Betrieb ausschließlich Verluste bringen werden oder die besonders risikoträchtig sind.[35] Hierdurch soll insbesondere eine Verlagerung von Verlusten aus dem privaten in den betrieblichen Bereich vermieden werden.

---

[31] Vgl. BFH v. 26.10.1987 – GrS 2/86, BStBl. II 1988 S. 348, unter C. I. 1. b) bb).
[32] Vgl. BFH v. 11.12.1990 – VIII R 8/87, BStBl. II 1992 S. 232.
[33] Vgl. BFH v. 7.5.1965 – VI 217/64-U, BStBl. III 1965 S. 445.
[34] Vgl. BFH v. 11.10.1979 – IV R 125/76, BStBl. II 1980 S. 40.
[35] Vgl. BFH v. 19.2.1997 – XI R 1/96, BStBl. II 1997 S. 399.

d) Einlagefähige Wirtschaftsgüter

aa) Materielle Wirtschaftsgüter

28 Materielle Wirtschaftsgüter sind grundsätzlich einlagefähig.

29 Forderungen. Forderungen, die im privaten Bereich des Steuerpflichtigen entstanden sind, jedoch kein notwendiges Privatvermögen (zB Darlehensforderung gegen enge Verwandte) darstellen und die Substanz der Forderung geeignet ist, in irgendeiner Art und Weise dem Betrieb zu dienen, sind einlagefähig.[36]

30 Herstellung von Wirtschaftsgütern. Die Herstellung von Wirtschaftsgütern, die bereits mit Beginn der Herstellungsphase dem Betrieb gewidmet werden, stellt keine Einlage dar.[37]

31 Umwidmung. Die bloße Umwidmung von Anlage- in Umlaufvermögen oder andersherum führt nicht zu einer Einlage.[38]

bb) Immaterielle Wirtschaftsgüter

32 Das Aktivierungsverbot des § 5 II EStG tritt nach der hM hinter die Regelungen zur Einlage zurück, um eine sachlich zutreffende Abgrenzung des privaten vom betrieblichen Bereich zu ermöglichen.[39] Patente, Lizenzen und ein Geschäftswert[40] sind daher als bilanzierungsfähige immaterielle Wirtschaftsgüter einlagefähig, unabhängig davon, ob sie selbst geschaffen oder angeschafft wurden.

cc) Nutzungen und Nutzungsrechte

33 Schlichte Nutzungen/Aufwandeinlage. Schlichte Nutzungen (bloße Nutzungsvorteile) können zwar entnommen werden, sind aber nicht einlagefähig. Sie sind nach Auffassung des Großen Senats des Bundesfinanzhofs[41] keine Wirtschaftsgüter im bilanzrechtlichen Sinne und werden daher in Buchführung, Bilanz und Betriebsvermögensvergleich nicht als Werterhöhungen des Betriebsvermögens erfasst.[42]

34 Die bloße Ersparnis von Aufwendungen oder der bloße Nutzungswert, zB bei zinsloser Darlehensgewährung, ist kein einlagefähiges Wirtschaftsgut. Der Ansatz des Nutzungswerts als Einlage würde dazu führen, dass der auf der Nutzung beruhende und im Betrieb erwirtschaftete Gewinn der Besteuerung entzogen würde und im Privatvermögen keine korres-

---

[36] Vgl. *Stöcker* in Korn EStG § 4 Rn. 299.4.
[37] Vgl. *Stöcker* in Korn EStG § 4 Rn. 299.
[38] Vgl. *Stöcker* in Korn EStG § 4 Rn. 299.
[39] Vgl. BFH v. 24.3.1987 – I R 202/83, BStBl. II 1987 S. 705; BFH v. 25.10.1995 – I R 104/94, DStR 1996 S. 617; BFH v. 22.1.1980 – VIII R 74/77, BStBl. II 1980 S. 244; aA *Hoffmann* in Littmann/Bitz/Pust Das Einkommensteuerrecht §§ 4, 5 Rn. 296.
[40] Vgl. *Stöcker* in Korn EStG § 4 Rn. 299, 311 „Immaterielle Wirtschaftsgüter"; *Wied* in Blümich EStG § 4 Rn. 520 „Immaterielle Wirtschaftsgüter".
[41] Vgl. BFH v. 26.10.1987 – GrS 2/86, BStBl. II 1988 S. 348; *Stöcker* in Korn EStG § 4 Rn. 300.
[42] Vgl. BFH v. 10.4.1990 – VIII R 289/84, BStBl. II 1990 S. 741.

§ 31 8. Teil. Sonstige Umwandlungsvorgänge

pondierende Besteuerung stattfände, obwohl auch im Privatvermögen gezogene Nutzungen regelmäßig zu Einkünften aus Kapitalvermögen oder aus Vermietung und Verpachtung führen.[43]

35 Als Einlage sind jedoch die dem Steuerpflichtigen durch die Nutzung des Wirtschaftsguts durch den Betrieb entstandenen Aufwendungen zu qualifizieren. Solch eine sogenannte Aufwandseinlage kommt zB dann in Betracht, wenn der Steuerpflichtige seinen im Privatvermögen gehaltenen PKW auch betrieblich nutzt.[44]

36 **Nutzungsrechte.** Nutzungsrechte obligatorischer (zB Leihe) oder dinglicher Art (zB Nießbrauch) sind selbstständige Wirtschaftsgüter und können eingelegt und bilanziert werden.[45] Bloße Nutzungsvorteile stellen keine einlagefähigen Wirtschaftsgüter dar.[46]

dd) Leistungseinlage

37 Weder die unentgeltliche Überlassung von Dienstleistungen noch die eigene Arbeitskraft des Unternehmers stellen einlagefähige Wirtschaftsgüter dar. Ein durch eigene Leistung im Privatvermögen hergestellter Gegenstand (zB Forderung) kann dagegen als Wirtschaftsgut in das Betriebsvermögen eingelegt werden.[47]

ee) Verstrickung

38 Wird hinsichtlich des Gewinns aus der Veräußerung eines Wirtschaftsguts das Besteuerungsrecht Deutschlands begründet (nicht: Verstärkung von beschränkter zu unbeschränkter Steuerpflicht[48]), gilt dies nach § 4 I 8 Halbs. 2 EStG als Einlage.

6. Herstellung der Gewinnneutralität

a) Betriebsvermögensvergleich

39 Einlagen dürfen den Gewinn nicht beeinflussen, § 4 I 1 EStG. Wird der Gewinn durch Betriebsvermögensvergleich ermittelt, ist der Unterschiedsbetrag zwischen dem Betriebsvermögen am Ende und am Anfang des Wirtschaftsjahres um die Entnahmen zu vermehren und um die Einlagen zu vermindern (§ 4 I 1 EStG). Diese Erfolgsneutralität kann

[43] Vgl. BFH v. 26.10.1987 – GrS 2/86, BStBl. II 1988 S. 348; *Stöcker* in Korn EStG Kommentar § 4 Rn. 300.1.
[44] Vgl. BFH v. 22.1.1980 – VIII R 74/77, BStBl. II 1980 S. 244; *Wied* in Blümich EStG § 4 Rn. 500, 520 „Aufwandseinlage"; *Stöcker* in Korn EStG § 4 Rn. 300.3.
[45] Vgl. BFH v. 26.10.1987 – GrS 2/86, BStBl. II 1988 S. 348; *Stöcker* in Korn EStG § 4 Rn. 300.2; *Wied* in Blümich EStG § 4 Rn. 499.
[46] Vgl. *Stöcker* in Korn EStG § 4 Rn. 300; zum Aktivierungsverbot schuldrechtlicher Nutzungsrechte vgl. BFH v. 25.10.1994 – VIII R 65/91, BStBl. II 1995 S. 312.
[47] Vgl. *Stöcker* in Korn EStG § 4 Rn. 301.
[48] Vgl. *Heinicke* in Schmidt EStG § 4 Rn. 331.

systematisch, unabhängig davon, ob der Gewinn nach § 4 I EStG oder nach § 5 EStG zu ermitteln ist, auf drei Arten erreicht werden:
- bilanzielle Erfassung der Entnahmen und Einlagen,
- Korrektur des Anfangsvermögens um die Entnahmen und Einlagen,
- Buchung der Entnahmen/Einlagen als Aufwand/Ertrag und außerbilanzielle Korrektur.

b) Einnahme-Überschussrechnung

Auch bei der Gewinnermittlung nach § 4 III EStG sind die Regelungen über Einlagen und Entnahmen zu beachten.[49] Im Bereich des Umlaufvermögens sind daher Einlagen von Sachwerten grundsätzlich als fiktive Betriebsausgaben zu erfassen, um die hieraus bei Veräußerung entstehenden Betriebseinnahmen zu neutralisieren. Da die Einlage von liquiden Mitteln (Geld) bereits zu Betriebseinnahmen führt, ist hier keine entsprechende Korrektur erforderlich. Bei der Einlage abnutzbarer Wirtschaftsgüter des Anlagevermögens kommt es zunächst zu keiner Gewinnauswirkung, die eingelegten Wirtschaftsgüter werden in einem gesonderten Anlageverzeichnis erfasst. Durch die in der Folgezeit anzusetzende AfA ergibt sich eine Betriebsausgabe.[50] Erst bei einer späteren Entnahme der eingelegten abnutzbaren Wirtschaftsguter des Anlagevermögens ist eine entsprechende Gewinnerhöhung um die Differenz zwischen dem Einlagewert (Teilwert) und dem Entnahmewert zu erfassen. Bei Einlage von nicht abnutzbarem Anlagevermögen sowie von Anteilen an Kapitalgesellschaften, Wertpapieren und vergleichbaren Forderungen und Rechten sowie Grund und Boden und Gebäuden des Umlaufvermögens erfolgt im Zeitpunkt der Einlage keine Gewinnkorrektur, denn eine Betriebsausgabe in Höhe der Anschaffungskosten ist erst im Zeitpunkt des späteren Ausscheiden aus dem Betriebsvermögen anzusetzen (§ 4 III 4 EStG).[51]

40

7. Bewertung der Einlagen

a) Grundsatz: Bewertung mit dem Teilwert

Nach § 6 I Nr. 5 Satz 1 EStG sind Einlagen grundsätzlich mit dem Teilwert im Zeitpunkt der Zuführung zu bewerten, und zwar ohne Rücksicht darauf, ob dieser höher oder niedriger ist als die Anschaffungs- oder Herstellungskosten. Wertsteigerungen oder -minderungen der Anschaffungs- oder Herstellungskosten die im Privatvermögen entstanden sind, sollen den Gewinn nicht beeinflussen. Bei späterer Veräußerung oder Entnahme des Wirtschaftsgutes werden nur die stillen Reserven besteuert, die während der Zugehörigkeit zum Betriebsvermögen entstanden sind.[52] Insbesondere folgende Ausnahmen von diesem Grundsatz sind zu beachten:

41

---

[49] Vgl. § 4 III 4, § 4 IVa 6 EStG.
[50] Vgl. § 4 III 3 EStG, *Heinicke* in Schmidt EStG § 4 Rn. 340 ff.
[51] Vgl. *Schoor* in BBK Fach 13, 4588 (4598).
[52] Vgl. *Schoor* in BBK Fach 13, 4588 (4589).

b) Anschaffung innerhalb der letzten drei Jahre

42 Wenn das zugeführte Wirtschaftsgut innerhalb der letzten drei Jahre (für die Berechnung der Dreijahresfrist findet § 187 BGB Anwendung[53]) vor dem Zeitpunkt der Zuführung angeschafft oder hergestellt wurde, ist dieses höchstens mit den Anschaffungs- oder Herstellungskosten anzusetzen (§ 6 I Nr. 5 Satz 1 Buchst. a EStG). Für abnutzbare Wirtschaftsgüter sind die Anschaffungs- oder Herstellungskosten hierbei um Absetzungen für Abnutzung zu kürzen (§ 6 I Nr. 5 Satz 2 EStG). Somit sind die Anschaffungs- bzw. Herstellungskosten um die (ggf. fiktive)[54] Normal-AfA nach § 7 I EStG, und ggf. auch um etwaige erhöhte AfA sowie um Sonder-AfA zu kürzen,[55] die auf die Zeit zwischen der Anschaffung oder Herstellung und der Einlage entfallen. Die Regelung will verhindern, dass durch die Hinauszögerung des Einlagezeitpunkts oder durch zeitweilige Entnahme Substanzgewinne durch Wertsteigerungen der betroffenen Wirtschaftsgüter steuerfrei im Privatvermögen vereinnahmt werden können. Vor diesem Hintergrund ist der Anwendungsbereich des § 6 I Nr. 5 Satz 1 Buchst. a EStG auf Einlagen aus dem Privatvermögen zu begrenzen.[56]

c) Beteiligungen im Sinne des § 17 EStG

43 Wird ein (privater) Anteil an einer Kapitalgesellschaft im Sinne des § 17 EStG eingelegt, ist dieser mit den historischen Anschaffungskosten anzusetzen (§ 6 I Nr. 5 Satz 1 Buchst. b EStG). Hierdurch soll die Besteuerung sämtlicher Wertsteigerungen zwischen Anschaffung und Veräußerung sichergestellt werden. Auf (offene) Sacheinlagen in Personengesellschaften und Kapitalgesellschaften ist diese Regelung nicht anwendbar, da es sich hier um tauschähnliche Vorgänge und nicht um Einlagen nach § 6 I Nr. 5 EStG handelt.[57] Nach der Zielrichtung der Regelung ist es konsequent, wenn die Rechtsprechung und nunmehr auch die Finanzverwaltung abweichend vom Wortlaut für den Fall, dass der Teilwert im Zeitpunkt der Einlage unter den Anschaffungskosten liegt, einen Ansatz mit den Anschaffungskosten annimmt.[58] Eine Teilwert-AfA iHd Differenz zwischen Einlagewert/Anschaffungskosten und

---

[53] Vgl. *Ehmcke* in Blümich EStG § 6 Rn. 1041.
[54] Vgl. *Werndl* in Kirchhof/Söhn/Mellinghoff EStG § 6 Rn. F 33, im Ergebnis auch BFH v. 14.2.1989 – IX R 109/84, BStBl. II 1989 S. 922.
[55] Vgl. BFH v. 15.11.2002 – XI B 2/02 (NV), BFH/NV 2003 S. 466; *Werndl* in Kirchhof/Söhn/Mellinghoff EStG § 6 Rn. F 32 mwN.
[56] Vgl. *Wied* in Blümich EStG § 6 Rn. 1040; zur str. Reichweite des Verweises auf § 6 I Nr. 5 Satz 1 Buchst. a EStG in § 6 VI 3 EStG: *Füger/Rieger* DStR 2003 S. 628; aA *Kulosa* in Schmidt EStG § 6 Rn. 752.
[57] Vgl. *Ehmcke* in Blümich EStG § 6 Rn. 1033a.
[58] Vgl. BFH v. 25.7.1995 – VIII R 25/94, BStBl. II 1996 S. 684; nunmehr auch Abschn. 17 VIII 2. Spiegelstrich Satz 1 EStH 2012; zuvor noch aA: BMF v. 5.12.1996, BStBl. I 1996, 1500 (Nichtanwendungserlass), bestätigt durch BMF v. 29.3.2000, BStBl. I 2000, 462 Tz. III.2.; zum derzeitigen Meinungsstand vgl. *Kulosa* in Schmidt EStG § 6 Rn. 562 mwN.

niedrigerem Teilwert ist in diesen Fällen allerdings nicht zulässig; die Verlustrealisation ist bis zum Ausscheiden aus dem Betriebsvermögen aufgeschoben.[59] Im Falle der Zuführung der Anteile durch Verschmelzung gelten die Anteile bereits nach § 5 II UmwStG stets als mit den Anschaffungskosten eingelegt.[60] Im Ergebnis sind daher bei der Einlage von Anteilen an einer Kapitalgesellschaft im Sinne des § 17 EStG stets die Anschaffungskosten anzusetzen; der Teilwert ist in den Fällen des § 6 I Nr. 5 Satz 1 Buchst. b EStG ohne Bedeutung.[61]

d) Wirtschaftsgut im Sinne des § 20 II EStG

Werden Kapitalgesellschaftsanteile, die nicht die Voraussetzungen des § 17 EStG erfüllen, Wertpapiere, Darlehensforderungen oder sonstige private Wirtschaftsgüter, die von § 20 II EStG erfasst sind, eingelegt, sind diese nach § 6 I Nr. 5 Satz 1 Buchst. c EStG ebenfalls höchstens mit den Anschaffungskosten anzusetzen. Die Auffassung der Rechtsprechung, wonach Anteile im Sinne des § 17 EStG auch bei einem unter den Anschaffungskosten liegenden Teilwert in Abweichung vom Gesetzeswortlaut mit den Anschaffungskosten anzusetzen sind, ist auch auf die Wirtschaftsgüter im Sinne des § 20 II EStG übertragbar.[62] **44**

e) Einlage nach früherer Entnahme

Wird ein Wirtschaftsgut nach früherer Entnahme aus dem Betriebsvermögen wieder eingelegt, tritt nach § 6 I Nr. 5 Satz 3 EStG an die Stelle der Anschaffungs- oder Herstellungskosten der Wert, mit dem die Entnahme angesetzt worden ist. An die Stelle des Zeitpunktes der Anschaffung oder Herstellung tritt der Zeitpunkt der Entnahme. Ist der Teilwert niedriger als die Anschaffungs- oder Herstellungskosten, so ist der niedrigere Teilwert anzusetzen.[63] **45**

Die frühere Entnahme in das Privatvermögen gilt als Anschaffung für den privaten Bereich. Wurde das Wirtschaftsgut bei der früheren Entnahme mit dem Teilwert bewertet, muss es bei der Einlage in das Betriebsvermögen wieder mit demselben Wert angesetzt werden. Durch diese Regelung soll vermieden werden, dass Wertsteigerungen, die im Betriebsvermögen bei Realisierung steuerpflichtig sind, durch zeitweise Entnahme in das Privatvermögen der Besteuerung entzogen werden. **46**

---

[59] Vgl. BFH v. 2.9.2008 – X R 48/02, BStBl. II 2010 S. 162; nunmehr auch Abschn. 17 VIII 2. Spiegelstrich Satz 2 EStH 2012; *Kulosa* in Schmidt EStG § 6 Rn. 562.
[60] Vgl. *Kulosa* in Schmidt EStG § 6 Rn. 562.
[61] Vgl. *Kulosa* in Schmidt EStG § 6 Rn. 562.
[62] Vgl. *Korn/Strahl* in Korn EStG § 6 Rn. 424.1 mwN.
[63] Vgl. *Fischer* in Kirchhof EStG 10. Auflage 2011 § 6 Rn. 177; *Werndl* in Kirchhof/Söhn/Mellinghoff EStG § 6 Rn. F 50.

f) Verstrickung

47 Nach § 6 I Nr. 5a EStG sind nach § 4 I 8 EStG steuerverstrickte Wirtschaftsgüter mit dem gemeinen Wert anzusetzen. Dies gilt unabhängig von der Behandlung im Ausland.[64]

IV. Übertragung von Einzelwirtschaftsgütern zwischen Gesellschaften und Gesellschaftern

1. Rechtsentwicklung

48 Bis 1999 war die steuerliche Auswirkung einer Überführung bzw. Übertragung von Einzelwirtschaftsgütern zwischen Betriebsvermögen desselben Steuerpflichtigen bzw. zwischen verschiedenen Vermögensbereichen von Mitunternehmerschaften nicht gesetzlich geregelt. So hatte die Rechtsprechung hierzu einzelne Grundsätze[65] entwickelt, die auf dem von ihr entwickelten weiten Betriebsbegriff basieren. Nach der sog. finalen Entnahmetheorie[66] lag regelmäßig dann keine Einlage oder Entnahme vor, wenn der Steuerpflichtige Einzelwirtschaftsgüter innerhalb seines betrieblichen Bereichs von einem in ein anderes Betriebsvermögen übertrug und die im Wirtschaftsgut durch den Buchwertansatz verhafteten stillen Reserven steuerverstrickt blieben.[67] Dem hatte sich die Finanzverwaltung im sogenannten Mitunternehmererlass[68] grundsätzlich angeschlossen und dem Steuerpflichtigen die Möglichkeit eröffnet, bestimmte unentgeltliche oder gegen Gewährung von Gesellschaftsrechten erfolgte Übertragung von Einzelwirtschaftsgütern zum Buch-, Teil- oder einem Zwischenwert durchzuführen.[69]

49 Mit Wirkung zum 1.1.1999 wurde zu der Frage erstmalig eine gesetzliche Basis durch das Steuerentlastungsgesetz 1999/2000/2002[70] (StEntlG) vom 24.3.1999 geschaffen. Der Gesetzgeber sah damals, abweichend zum Mitunternehmererlass, eine zwingende Aufdeckung stiller Reserven bei Übertragungen, dh bei einem zivilrechtlichen Rechtsträgerwechsel, vor. Dies setzte die Bewertungsvorschrift des § 6 V 3 EStG aF um, durch die ein Ansatz zum Teilwert für derartige Vorgänge vorgeschrieben wurde. Erfasst von dieser Regelung wurden bspw. Übertragungen zwischen dem Betriebsvermögen eines Einzelunternehmers und dem Gesamthandsvermögen einer Mitunternehmerschaft, an der der Steuerpflichtige beteiligt ist, und umgekehrt. Ein gewinnwirk-

---

[64] Vgl. *Kulosa* in Schmidt EStG § 6 Rn. 571.
[65] Vgl. *Ehmcke* in Blümich § 6 EStG Rn. 1201 mwN.
[66] Vgl. BFH v. 28.4.1971 – I R 55/66, BStBl. II 1971 S. 630; aufgegeben in BFH v. 17.7.2008 – I R 77/06, BStBl. II 2009 S. 464; BMF v. 20.5.2009, BStBl. I 2009 S. 671 (Nichtanwendungserlass); *Niehus/Wilke* in Herrmann/Heuer/Raupach EStG § 6 Rn. 1500.
[67] Vgl. *Ehmcke* in Blümich § 6 EStG Rn. 1280.
[68] Vgl. BMF v. 20.12.1977, BStBl. I 1978, 8.
[69] Vgl. *Bilitewski* in Lange Personengesellschaften im Steuerrecht Rn. 1121; Abschn. 14 II Satz 3 EStR 1996/1998.
[70] Vgl. BGBl. 1999 I S. 402 ff.

samer Teilwertansatz war ferner bei Übertragungen aus dem Sonderbetriebsvermögen in das Gesamthandsvermögen derselben Mitunternehmerschaft und umgekehrt bzw. bei der Übertragung aus einem Sonderbetriebsvermögen in das Sonderbetriebsvermögen eines anderen Gesellschafters derselben Mitunternehmerschaft erforderlich. Insoweit kehrte das Gesetz die bis dahin geltende Besteuerungspraxis ins Gegenteil um.[71]

In Fällen ohne zivilrechtlichen Rechtsträgerwechsel, wie bei Überführungen aus einem Betriebsvermögen eines Einzelunternehmers in ein anderes Betriebsvermögen desselben Steuerpflichtigen, wurde der Buchwertansatz durch die neu eingeführten Regelungen des § 6 V 1 EStG aF erstmalig gesetzlich kodifiziert. Gleiches regelte § 6 V 2 EStG aF für Überführungen aus einem Betriebsvermögen in ein Sonderbetriebsvermögen oder bei Überführungen von einem Sonderbetriebsvermögen in ein anderes Sonderbetriebsvermögen desselben Steuerpflichtigen. Der Ansatz zu Buchwerten sollte allerdings nur möglich sein, sofern die Besteuerung etwaiger stiller Reserven gesichert bleibt, § 6 V 1 letzter Halbs. EStG aF. 50

Gegen die im Steuerentlastungsgesetz 1999/2000/2002 de facto eingeführte teilweise Abschaffung der Buchwertfortführung protestierte die Wirtschaft, da sie in der zwingenden Auflösung der stillen Reserven eine starke Beschränkung ihrer Umstrukturierungsmöglichkeiten sah. So wurde das Wiederaufleben des Mitunternehmererlasses gefordert.[72] Dem wurde durch das Steuersenkungsgesetz[73] (StSenkG) vom 23.10.2000 mit Wirkung zum 1.1.2001[74] Rechnung getragen und der Buchwertansatz auch für bestimmte Übertragungen mit zivilrechtlichem Rechtsträgerwechsel zwingend vorgeschrieben.[75] Der Regelungsinhalt des § 6 V 3 EStG wurde durch das Gesetz zur Fortentwicklung des Unternehmenssteuerrechts[76] (UntStFG) vom 20.12.2001 mit Wirkung zum 1.1.2001[77] teilweise ergänzt, klargestellt und geändert.[78] So wurde der Anwendungsbereich der Norm durch einen neuen Wortlaut des Satzes 3 dahingehend erweitert, dass dieser sich sowohl auf unentgeltliche als auch auf Sachverhalte bezieht, die die Gewährung von Gesellschaftsrechten vorsehen. Darüber hinaus wurden veränderte Regelungen zur Vermeidung einer missbräuchlichen Inanspruchnahme der Buchwertübertragung eingeführt.[79] 51

---

[71] Vgl. *Wehrheim/Nickel* BB 2006 S. 1361.
[72] Vgl. *Niehus/Wilke* in Herrmann/Heuer/Raupach EStG § 6 Rn. 1502.
[73] Vgl. BGBl. 2000 I S. 1433 ff.
[74] Vgl. § 52 XVIa EStG idF des StSenkG.
[75] Vgl. *Reiß* BB 2000 S. 1965.
[76] Vgl. BGBl. 2001 I S. 3858 ff.
[77] Vgl. § 52 XVIa EStG idF des UntStFG.
[78] Vgl. *Bilitewski* in Lange Personengesellschaften im Steuerrecht Rn. 1121–1125.
[79] Vgl. *Höreth/Schiegl/Zipfel* BB 2002 S. 485 (486).

2. Systematik

52 Soweit Wirtschaftsgüter aus einem Betriebsvermögen für betriebsfremde Zwecke entnommen werden, löst dies den Tatbestand der Entnahme aus, § 4 I 2 EStG. Nach § 6 I Nr. 4 Satz 1 EStG sind Entnahmen mit dem Teilwert anzusetzen, wodurch stille Reserven in Höhe des Differenzbetrages aus Teil- und Buchwert aufgedeckt werden. Hierdurch wird dem Grundsatz Rechnung getragen, dass stille Reserven von dem Steuersubjekt zu versteuern sind, bei dem sie entstanden sind (Subjektsteuerprinzip).[80] § 6 V EStG stellt eine Bewertungsnorm dar, die keine weiteren Tatbestandsmerkmale für das Vorliegen einer Entnahme enthält, sondern lediglich eine vom Grundsatz der Bewertung der Entnahme mit dem Teilwert abweichende Bewertung vorschreibt.[81]

53 Je nachdem, ob man der weiten oder der engen Betriebsinterpretation folgt, kommt man zu einem unterschiedlichen Verständnis über den Umfang des § 6 V EStG. Die Regelung des § 6 V EStG ist jedenfalls bei einer weiten Betriebsinterpretation in den Fällen bzw. Umfängen konstitutiv, in denen stille Reserven (zumindest anteilig) auf andere Steuersubjekte übergehen, also bei Übertragungen iSd § 6 V 3 EStG.

54 § 6 V EStG ersetzt als lex specialis für bestimmte Vorgänge den Teilwertansatz durch einen zwingenden Buchwertansatz. Die Sonderregelung des § 6 V EStG führt dazu, dass uU in Abweichung vom Subjektsteuerprinzip stille Reserven auf andere Steuersubjekte übergehen.

55 § 6 V 3 EStG umfasst nicht nur unentgeltliche Übertragungen, sondern auch solche gegen Gewährung von Gesellschaftsrechten. Dies liegt dann vor, wenn die Vermögensmehrung durch die Übertragung zumindest teilweise dem Kapitalkonto des einbringenden Gesellschafters gutgeschrieben wird, das die gesellschaftliche Position des Steuerpflichtigen (dh Stimm- und Gewinnbezugsrechte) reflektiert.[82] Dies ist regelmäßig das Kapitalkonto I. Diesbezüglich ist es für eine Gewährung von Gesellschaftsrechten ausreichend, wenn die Vermögensmehrung ua auch auf dem Kapitalkonto I gebucht wird.[83] Wird die Vermögensmehrung jedoch ohne Berührung des Kapitalkontos I vollständig auf andere Konten (zB einem variablen Kapitalkonto II) gebucht, liegt keine Übertragung gegen Gewährung von Gesellschaftsrechten vor, sondern – je nach Eigen- oder Fremdkapitalcharakter des jeweiligen Kontos – eine voll-unentgeltliche (Eigenkapital) oder voll-entgeltliche (Fremdkapital) Übertragung.[84]

---

[80] Vgl. *Wehrheim/Nickel* BB 2006 S. 1361 (1363).
[81] Vgl. BMF v. 8.12.2011, BStBl. I 2011 S. 1279 Rn. 1; *Wehrheim/Nickel* BB 2006 S. 1361 (1364).
[82] Vgl. BMF v. 8.12.2011, BStBl. I 2011 S. 1279 Rn. 16; *Ehmcke* in Blümich EStG § 6 Rn. 1324; streitig ist dagegen, ob lediglich die Vermittlung von Einsichts-, Kontroll- oder Widerspruchsrechten für die Annahme einer Gewährung von Gesellschaftsrechten ausreicht, vgl. *Niehus/Wilke* in Herrmann/Heuer/Raupach EStG § 6 Rn. 1559.
[83] Vgl. BMF v. 8.12.2011, BStBl. I 2011 S. 1279 Rn. 16.
[84] Vgl. BFH v. 29.7.2015 – IV R 14/15; aA: BMF v. 11.7.2011, BStBl. I 2011 S. 713 Tz. I.2.

Eine Übertragung gegen Gewährung von Gesellschaftsrechten stellt grundsätzlich einen tauschähnlichen Vorgang dar, der nach § 6 VI 1 EStG regelmäßig zur Aufdeckung der stillen Reserven im hingegebenen Wirtschaftsgut durch den Ansatz des eingetauschten Wirtschaftsgutes mit dessen gemeinem Wert führt. Allerdings wird in § 6 VI 4 EStG geregelt, dass von dieser Bewertungsvorschrift § 6 V EStG unberührt bleibt. Insoweit geht § 6 V EStG dem § 6 VI als lex specialis vor, so dass der Buchwertansatz auch in diesen Fällen zwingend vorgeschrieben ist.[85] 56

3. Anwendungsbereich

§ 6 V 1 EStG erfasst die Überführung eines einzelnen Wirtschaftsgutes zwischen verschiedenen Betriebsvermögen desselben Steuerpflichtigen. 57

Durch § 6 V 2, 3 EStG werden Überführungen und Übertragungen erfasst, bei denen eine Mitunternehmerschaft bzw. Sonderbetriebsvermögen tangiert wird. Unter den steuerlichen Begriff der Mitunternehmerschaft fallen neben der Außengesellschaft mit Gesamthandsvermögen (bspw. OHG, KG, GbR) auch die Innengesellschaft (bspw. atypisch stille Gesellschaft) und die Personengesellschaft, an der die Mitunternehmer in einem Gemeinschaftsverhältnis zueinander stehen, das in wirtschaftlicher Sicht mit einem zivilrechtlichen Gesellschaftsverhältnis vergleichbar ist (bspw. Bruchteilsgemeinschaft).[86] § 6 V 2 EStG erfasst Überführungen, dh Vorgänge, bei denen sich die rechtliche Zuordnung des Wirtschaftsguts zu einem bestimmten Steuerpflichtigen nicht ändert, also beispielsweise die Überführung von Einzelwirtschaftsgütern vom Einzelunternehmen des Steuerpflichtigen in sein Sonderbetriebsvermögen bei einer Personengesellschaft. § 6 V 3 EStG erfasst dagegen Übertragungen, dh Vorgänge mit Rechtsträgerwechsel, also beispielsweise die Übertragung eines im Eigentum des Steuerpflichtigen stehenden Einzelwirtschaftsguts im Sonderbetriebsvermögen einer Mitunternehmerschaft in das Gesamthandseigentum derselben Mitunternehmerschaft oder einer anderen Mitunternehmerschaft, an der er beteiligt ist. 58

Über § 8 I KStG findet § 6 V EStG auch Anwendung für Körperschaften im Sinne des Körperschaftsteuergesetzes, soweit diese Mitunternehmer sind.[87] 59

Fraglich ist, ob die Mitunternehmerstellung des Steuerpflichtigen vor Einbringung der Wirtschaftsgüter in ein Gesamthandsvermögen bereits bestanden haben muss, oder ob es ausreicht, dass diese in Zusammenhang mit der Einbringung erst begründet wird. Sinn des § 6 V EStG ist es, Transaktionen von Wirtschaftsgütern zwischen Betriebsvermögen steuerneutral abzuwickeln, so dass es sachgerecht erscheint, den Geset- 60

---

[85] Vgl. BMF v. 8.12.2011, BStBl. I 2011 S. 1279 Rn. 8.
[86] Vgl. BMF v. 8.12.2011, BStBl. I 2011 S. 1279 Rn. 9; *Bilitewski* in Lange Personengesellschaften im Steuerrecht Rn. 1132; *Kulosa* in Schmidt EStG § 6 Rn. 691.
[87] Vgl. BMF v. 8.12.2011, BStBl. I 2011 S. 1279 Rn. 9; *Niehus/Wilke* in Herrmann/Heuer/Raupach EStG § 6 Rn. 1507, 1529.

§ 31   8. Teil. Sonstige Umwandlungsvorgänge

zeswortlaut weit auszulegen und diesen Fall ebenfalls unter den Satz 3 zu fassen.[88]

61 Für die Anwendung des § 6 V EStG ist es unerheblich, ob es sich um Überführungen oder Übertragungen zwischen gewerblichen Betriebsvermögen oder land- und forstwirtschaftlichen Betriebsvermögen oder Betriebsvermögen selbstständig Tätiger handelt.[89] Insofern kommt es nicht darauf an, ob die stillen Reserven nach einer Überführung weiterhin der Gewerbesteuer unterliegen. Umgekehrt werden nach § 6 V EStG zwingend sämtliche stille Reserven erstmals gewerbesteuerlich verhaftet, wenn Einzelwirtschaftsgüter von einem nicht gewerbesteuerpflichtigen Betriebsvermögen in ein gewerbesteuerpflichtiges Betriebsvermögen überführt werden.[90]

62 Die in den Sätzen 1 bis 3 aufgeführten Möglichkeiten sind abzugrenzen von der Übertragung betrieblicher Einheiten (Betriebe, Teilbetriebe oder Mitunternehmeranteile). Für die unentgeltliche Übertragung betrieblicher Einheiten ist die spezielle Regelung des § 6 III EStG und für die Übertragung gegen Gewährung von Mitunternehmeranteilen die des § 24 UmwStG vorrangig. § 6 V EStG kann jedoch herangezogen werden, um missglückte Einbringungen im Sinne des § 24 UmwStG zu retten.

63 Werden betriebliche Einheiten oder Einzelwirtschaftsgüter im Rahmen einer Realteilung übertragen, sind insofern die Regelungen des § 16 III 2–4 EStG vorrangig.[91] Eine Realteilung im steuerlichen Sinn liegt – entgegen früheren Auffassungen[92] – bei Ausscheiden von Gesellschaftern gegen Bar- oder auch Sachwertabfindung unter Fortführung der Personengesellschaft durch die verbleibenden Gesellschafter nicht vor, da es sich hier nicht um einen Aufgabetatbestand, sondern um die Veräußerung des Mitunternehmeranteils handelt.[93] In diesen Fällen kommt eine Buchwertfortführung nach § 6 III oder V EStG in Frage.[94] Selbiges gilt für die Beendigung einer zweigliedrigen Mitunternehmerschaft, bei welcher der verbleibende Mitunternehmer den Betrieb als Einzelbetrieb fortführt.[95] Anders soll jedoch der Fall zu behandeln sein, dass Teile des Gesamthandvermögens unter Fortführung der Personengesellschaft (etwa

---

[88] Vgl. *Kulosa* in Schmidt EStG § 6 Rn. 693; *Winkeljohann/Stegemann* DB 2003 S. 2033; *Bilitewski* in Lange Personengesellschaften im Steuerrecht Rn. 1134–1135.
[89] Vgl. BMF v. 8.12.2011, BStBl. I 2011 S. 1279 Rn. 5.
[90] Vgl. *Kulosa* in Schmidt EStG § 6 Rn. 682.
[91] Vgl. BMF v. 28.2.2006, BStBl. I 2006 S. 228 Tz. I.; BMF v. 8.12.2011, BStBl. I 2011 S. 1279 Rn. 37.
[92] Vgl. *Hörger/Mentel/Schulz* DStR 1999 S. 565 (566); *Hörger/Rapp* in Littmann/Bitz/Pust Das Einkommensteuerrecht § 16 Rn. 187e.
[93] Vgl. BMF v. 28.2.2006, BStBl. I 2006 S. 228, Tz. II.; BMF v. 8.12.2011, BStBl. I 2011, 1279 Rn. 37; *Schallmoser* in Blümich EStG § 16 Rn. 392; *Wacker* in Schmidt EStG § 16 Rn. 536.
[94] Vgl. BMF v. 28.2.2006, BStBl. I 2006 S. 228 Tz. II.
[95] Vgl. BMF v. 28.2.2006, BStBl. I 2006 S. 228 Tz. II.; weitere Ausführungen zur Abgrenzung der Realteilung zur Sachwertabfindung vgl. *Wacker* in Schmidt EStG § 16 Rn. 536.

§ 31. Umstrukturierungen mit Einzelrechtsnachfolge § 31

zur Vermeidung der Folgen des § 15 III Nr. 1 EStG) auf eine beteiligungs- und gesellschafteridentische Personengesellschaft übertragen werden. Hier soll trotz Fortführung der Personengesellschaft eine Realteilung im steuerlichen Sinne gegeben sein.[96]

Umstritten ist, ob die mittelbare Übertragung zwischen den Gesamthandsvermögen von Schwesterpersonengesellschaften von § 6 V EStG erfasst wird. Vom Wortlaut der Vorschrift wird nur die Überführung zwischen Sonderbetriebsvermögen verschiedener Personengesellschaften oder die Übertragung vom Sonderbetriebsvermögen in das Gesamthandsvermögen einer anderen Personengesellschaft, an der der Übertragende ebenfalls (in gleichem oder anderen Umfang) beteiligt ist, erfasst. Angesichts der letztgenannten Übertragungsmöglichkeit wird es jedoch als folgerichtig erachtet, im Wege der verfassungskonformen Auslegung auch die direkte Übertragung zwischen (beteiligungsidentischen oder beteiligungsverschiedenen) Schwesterpersonengesellschaften zu Buchwerten nach § 6 V EStG zu ermöglichen.[97] Aufgrund der Uneinheitlichkeit der Rechtsprechung wird in allen offenen Fällen AdV gewährt.[98] Inzwischen hält auch der I. Senat des BFH die aktuelle Fassung des § 6 V EStG für verfassungswidrig und hat er die Frage im Rahmen einer konkreten Normenkontrolle gemäß Art. 100 I 1 GG iVm § 80 BVerfGG dem Bundesverfassungsgericht vorgelegt.[99] Die höchstrichterliche Klärung bleibt abzuwarten,[100] jedoch handelt es sich bei § 6 V EStG um eine Ausnahmeregelung, die der Argumentation der Folgerichtigkeit wenig zugänglich ist. Der in der Zwischenzeit als Gestaltungsalternative für solche Fälle vorgeschlagene (Um-)Weg über das Sonderbetriebsvermögen wird insbesondere von Vertretern der Finanzverwaltung als kritisch betrachtet.[101] 64

4. Regelungsinhalt

Der Sinn und Zweck des § 6 V EStG besteht darin, bestimmte betriebswirtschaftlich motivierte Übertrags- und Überführungsvorgänge steuerneutral durchführen zu können. So werden unternehmerische Entscheidungen nicht durch steuerrechtliche Nachteile erschwert. Insoweit ist auch die Durchbrechung des Subjektsteuerprinzips gerechtfer- 65

---

[96] Vgl. *Schallmoser* in Blümich EStG § 16 Rn. 390 mwN; *Wacker* in Schmidt EStG § 16 Rn. 535; aA: BMF v. 28.2.2006, BStBl. I 2006 S. 228, Tz. VI.1.
[97] Vgl. BFH v. 15.4.2010 – IV B 105/09, BStBl. II 2010 S. 971; *Rödder/Schumacher* DStR 2001, 1634; *Kulosa* in Schmidt EStG § 6 Rn. 702 mwN; aA: BFH v. 25.11.2009 – I R 72/08, BStBl. II 2010 S. 471 Tz. II.4.c); BMF v. 8.12.2011, BStBl. I 2011 S. 1279 Rn. 18.
[98] Vgl. BMF v. 29.10.2010, BStBl. I 2010 S. 1206.
[99] Vgl. BFH v. 10.4.2013 – I R 80/12, BStBl. II 2013 S. 1004.
[100] Aufgrund der spärlichen Begründung des Normenkontrollantrags durch den I. Senat des BFH wird jedoch bereits die Zulässigkeit des Antrags bezweifelt, vgl. *Kulosa* in Schmidt EStG § 6 Rn. 702 mwN; *Cropp* DStR 2014 S. 1855 (1856).
[101] Vgl. *Böhme/Forster* BB 2003 S. 1979; *Brandenberg* NWB Fach 3, 15317; zur Gestaltungsalternative mit § 6b EStG vgl. *Bogenschütz/Hierl* DStR 2003 S. 1097 (1101); *Kulosa* in Schmidt EStG § 6 Rn. 702 mwN.

tigt.[102] Der Gesetzgeber verzichtet durch die Sonderregelung des § 6 V EStG nicht auf sein Steuersubstrat, sondern verschiebt die Besteuerung der stillen Reserven „lediglich" zeitlich nach hinten. Hieran ändert auch die Tatsache nichts, dass die Versteuerung der stillen Reserven möglicherweise von einem anderen Steuersubjekt zu erbringen ist.

66 Die Sätze 4 bis 6 des § 6 V EStG enthalten für die Fälle der Übertragungen nach Satz 3, nicht jedoch für die Fälle der Überführungen nach Satz 1 und 2, Missbrauchsvorschriften, die dazu führen können, dass der Buchwertansatz im Nachhinein rückwirkend aberkannt wird. Hierdurch soll der durch die Durchbrechung des Steuersubjektsprinzips in § 6 V 3 EStG grundsätzlich denkbare missbräuchliche Gebrauch der Norm verhindert werden.[103]

a) Überführungen nach § 6 V 1 und 2 EStG

67 § 6 V EStG regelt in den Sätzen 1 und 2, dass Überführungen einzelner Wirtschaftsgüter zwischen Betriebs- bzw. Sonderbetriebsvermögen desselben Steuerpflichtigen mit dem Buchwert anzusetzen sind, soweit die Besteuerung der stillen Reserven gesichert ist. Überführungen in das Privatvermögen fallen nicht unter die Sondervorschrift, sondern sind als Entnahmen mit dem Teilwert anzusetzen.[104]

68 Da bei solchen Überführungen kein Rechtsträgerwechsel erfolgt, stellt sich auch nicht die Frage nach der Entgeltlich- oder Unentgeltlichkeit. Auch finden deshalb die Missbrauchsregelungen der Sätze 4 bis 6 des § 6 V EStG nur auf Übertragungen Anwendung.

b) Übertragungen nach § 6 V 3 bis 6 EStG

aa) Tatbestandsvoraussetzungen für Satz 3

69 Eine Übertragung von Einzelwirtschaftsgütern nach § 6 V 3 EStG zu Buchwerten setzt voraus, dass die Übertragung unentgeltlich oder gegen Gewährung oder Minderung von Gesellschaftsrechten (nur bei Satz 3 Nr. 1 und Nr. 2 möglich) erfolgen muss und die Besteuerung der stillen Reserven gesichert ist. Die Norm ist nach herrschender Meinung ferner bei Neugründungen von Mitunternehmerschaften sowie bei einem Beitritt von neuen Gesellschaftern anzuwenden.[105]

70 Eine Gewährung bzw. Minderung von Gesellschaftsrechten ist dann anzunehmen, wenn durch die Übertragung das für die Beteiligung des Gesellschafters maßgebliche Kapitalkonto berührt wird. Dies ist regelmäßig das Kapitalkonto I bzw. Festkapitalkonto. Maßgebend ist jedoch nicht die Bezeichnung, sondern die konkrete gesellschaftsvertragliche Ausgestaltung der Konten im Einzelfall. Für eine Gewährung von Gesell-

---

[102] Vgl. *Wehrheim/Nickel* BB 2006 S. 1361 (1362).
[103] Vgl. *Bilitewski* in Lange Personengesellschaften im Steuerrecht Rn. 1145–1148.
[104] Vgl. BMF v. 8.12.2011, BStBl. I 2011 S. 1279 Rn. 1; *Bilitewski* in Lange Personengesellschaften im Steuerrecht Rn. 1152.
[105] Vgl. *Winkeljohann/Stegemann* DB 2003 S. 2033.

schaftsrechten ist es ausreichend, wenn die Vermögensmehrung ua auch auf dem für die Beteiligung des Gesellschafters maßgeblichen Kapitalkonto gebucht wird.[106] Wird die Vermögensmehrung jedoch ohne Berührung des für die Beteiligung maßgeblichen Kapitalkontos vollständig auf andere Konten (zB einem variablen Kapitalkonto II oder Darlehenskonto, welches keine Gesellschaftsrechte vermittelt) gebucht, liegt keine Übertragung gegen Gewährung von Gesellschaftsrechten vor, sondern – je nach Eigen- oder Fremdkapitalcharakter des jeweiligen Kontos – eine voll-unentgeltliche (Eigenkapital) oder voll-entgeltliche (Fremdkapital) Übertragung.[107] Entspricht der Wert der gewährten bzw. verminderten Gesellschaftsrechte dem Wert des übertragenden Wirtschaftsgutes, genügt es nach der hier vertretenen Auffassung, wenn die Übertragung zumindest auch das für die Beteiligung maßgebliche Kapitalkonto berührt und diese darüber hinaus auch auf sonstigen Kapitalkonten (beispielsweise auf einem dem Gesellschafter zugeordneten variablen Kapitalkonto oder einem gesamthänderisch gebundenen Kapitalrücklagenkonto) verbucht wird.[108]

Sollte der Wert der gewährten Gesellschaftsrechte nicht den Wert des 71 übertragenen Wirtschaftsgutes erreichen und wird neben den Gesellschaftsrechten keine weitere Gegenleistung gewährt, etwa bei Verbuchung des Mehrwerts auf einem gesamthänderisch gebundenen Kapitalrücklagenkonto, liegt insgesamt ein entgeltlicher Vorgang iFd Gewährung von Gesellschaftsrechten vor, der vollumfänglich unter § 6 V 3 EStG fällt.[109] Wird hingegen neben den Gesellschaftsrechten eine weitere entgeltliche Leistung gewährt, etwa durch Verbuchung des Mehrwerts auf einem als Darlehenskonto zu qualifizierenden Verrechnungskonto des Gesellschafters (sog. Mischentgelt), ist die Anwendung des § 6 V 3 EStG[110] umstritten. Gleiches gilt für die Fälle, in denen ohne Gewährung von Gesellschaftsrechten eine Gegenleistung unterhalb des Verkehrswer-

---

[106] Vgl. BMF v. 8.12.2011, BStBl. I 2011 S. 1279 Rn. 16.
[107] Vgl. BFH v. 29.7.2015 – IV R 14/15; aA: BMF v. 11.7.2011, BStBl. I 2011 S. 713 Tz. I.2.
[108] Vgl. ausführlich zum derzeitigen Meinungsstand: *Niehus/Wilke* in Herrmann/Heuer/Raupach EStG § 6 Rn. 1559 f. Umstritten ist die Verbuchung auf einem gesamthänderisch gebundenen Kapitalrücklagenkonto, vgl. *Neu/Stamm* DStR 2005 S. 141; *Crezelius* DB 2004 S. 397; *Röhrig/Doege* DStR 2006 S. 489; BMF v. 11.7.2011, BStBl. I 2011 S. 713; auch soweit bei einer Verbuchung auf einem gesamthänderisch gebundenen Kapitalrücklagenkonto Unentgeltlichkeit angenommen würde, wäre § 6 V 3 EStG einschlägig.
[109] Vgl. BMF v. 8.12.2011, BStBl. I 2011 S. 1279 Rn. 16; BMF v. 11.7.2011, BStBl. I 2011 S. 713 Tz. II.2.a).
[110] Im Gegensatz zum Meinungsstand zu § 16 III 2 bis 4 iVm § 6 III EStG: Hier kommt nach ständiger Rechtsprechung des BFH die Einheitstheorie zur Anwendung, wonach der Vorgang als voll-unentgeltlich zu behandeln ist, wenn das Entgelt den Buchwert bzw. das Kapitalkonto der betrieblichen Einheit nicht übersteigt, vgl. zuletzt BFH v. 18.9.2013 – X R 42/10, BFH/NV 2013 S. 2006; übersteigt das Entgelt den Buchwert bzw. das Kapitalkonto der betrieblichen Einheit, liegt ein voll-entgeltlicher Vorgang vor, der zur Aufdeckung stiller Reserven iHd Differenz Entgelt ./. Buchwert führt.

tes des Einzelwirtschaftsguts gewährt wird (sog. Teilentgelt).[111] Während die Finanzverwaltung seit jeher die sog. „strenge" Trennungstheorie vertritt und durch Aufteilung des Vorgangs in einen voll-entgeltlichen und einen voll-unentgeltlichen Teil[112] stets zu einer teilweisen Realisierung stiller Reserven kommt,[113] hat der IV. Senat des BFH bislang die sog. „modifizierte" Trennungstheorie vertreten. Danach entsteht kein Übertragungsgewinn, wenn das gewährte Teilentgelt den Buchwert des Einzelwirtschaftsguts nicht übersteigt.[114] Diesbezüglich ist jedoch eine höchstrichterliche Klärung der Frage zu erwarten, da der X. Senat des BFH die Frage mit Beschluss vom 27.10.2015[115] dem Großen Senat zur Entscheidung vorgelegt hat. Bis zu dieser Entscheidung hat die Finanzverwaltung angekündigt, weiterhin die strenge Trennungstheorie anzuwenden und Einsprüche gegebenenfalls ruhen zu lassen.[116]

72 Fall

A (Komplementär) und B sind zu je 50% an einer KG beteiligt. A überträgt ein in seinem Sonderbetriebsvermögen befindliches Grundstück (BW: TEUR 100, TW: TEUR 400) samt dem für die Anschaffung für das Grundstück von ihm aufgenommenen Darlehen (TEUR 100) in das Gesamthandsvermögen der KG. In Höhe der Darlehensübernahme durch die KG ist eine entgeltliche Übertragung gegeben. Nach der strengen Trennungstheorie ist der Vorgang in einen voll-entgeltlichen und einen voll-unentgeltlichen Vorgang aufzuteilen. Der entgeltliche Teil bestimmt sich nach dem Verhältnis des Entgelts (TEUR 100) zum Teilwert des Grundstücks (TEUR 400), vorliegend 25%. Demnach ist für den voll-entgeltlichen Teil ein Übertragungsgewinn zu ermitteln, der vorliegend TEUR 75 beträgt (Entgelt ./. 25% Buchwert). Im Übrigen besteht nach § 6 V 3 EStG die Verpflichtung zum Buchwertansatz. Die KG setzt somit das Grundstück mit TEUR 175 in der Bilanz an und es entsteht bei A ein Übertragungsgewinn von TEUR 75. Folgt man dagegen der modifizierten Trennungstheorie, entsteht kein Übertragungsgewinn, da der Buchwert vollständig dem entgeltlichen Teil zugerechnet wird (Entgelt ./. 100% BW = 0). Die KG setzt hiernach das Grundstück mit TEUR 100 in der Bilanz an und bei A entsteht kein Übertragungsgewinn.

bb) Fallgestaltungen nach Satz 3 Nr. 1 bis 3

73 Unter § 6 V 3 Nr. 1 EStG fallen Übertragungen aus einem Betriebsvermögen des Mitunternehmers in das Gesamthandsvermögen einer Mitunternehmerschaft und umgekehrt.

---

[111] Vgl. ausführlich zum derzeitigen Meinungsstand: *Niehus/Wilke* in Herrmann/Heuer/Raupach EStG § 6 Rn. 1555.
[112] Bzw. eine teilweise Gewährung von Gesellschaftsrechten.
[113] Vgl. zuletzt BMF v. 8.12.2011, BStBl. I 2011 S. 1279 Rn. 15.
[114] Vgl. zu § 6 V EStG aF: BFH v. 21.6.2012 – IV R 1/08, BFH/NV 2012 S. 1536; zu § 6 V EStG nF: BFH v. 19.9.2012 – IV R 11/12, BFH/NV 2012 S. 1880.
[115] Vgl. BFH v. 27.10.2015 – X R 28/12, DStR 2015 S. 2834.
[116] Vgl. BMF v. 12.9.2013, BStBl. I 2013 S. 1164 (Nichtanwendungserlass).

Eine Buchwertfortführung ist nach § 6 V 3 Nr. 2 EStG ferner vorgeschrieben, wenn einzelne Wirtschaftsgüter aus dem Sonderbetriebsvermögen eines Mitunternehmers in das Gesamthandsvermögen derselben Mitunternehmerschaft oder einer anderen Mitunternehmerschaft, an der der Steuerpflichtige ebenfalls beteiligt ist, oder umgekehrt übertragen werden. Der erste Fall erfasst die Einbringung eines im Sonderbetriebsvermögen gehaltenen Wirtschaftsgutes in das Gesamthandsvermögen derselben Mitunternehmerschaft bzw. die Ausbringung aus dem Gesamthandsvermögen ins Sonderbetriebsvermögen. Der zweite Fall eröffnet die Möglichkeit, ein Wirtschaftsgut, das dem Sonderbetriebsvermögen einer Mitunternehmerschaft zugeordnet ist, auch in das Gesamthandsvermögen einer anderen Mitunternehmerschaft zu überführen, sofern der Steuerpflichtige an dieser ebenfalls beteiligt ist.[117]

74

Nach § 6 V 3 Nr. 3 EStG gilt die Buchwertfortführungspflicht auch bei der Übertragung einzelner Wirtschaftsgüter zwischen den jeweiligen Sonderbetriebsvermögen verschiedener Mitunternehmer derselben Mitunternehmerschaft. Hierbei reicht eine mittelbare Mitunternehmerschaft aus.

75

cc) Sperrfrist nach Satz 4

Die Buchwertfortführung ist rückwirkend durch den Ansatz mit dem Teilwert nach § 6 V 4 EStG zu ersetzen, wenn das nach Satz 3 übertragende Wirtschaftsgut innerhalb einer Sperrfrist von drei Jahren nach Abgabe der Steuererklärung des Übertragenden für den betreffenden Veranlagungszeitraum veräußert oder entnommen wird. Hierdurch soll verhindert werden, dass die Wirtschaftsgüter maßgeblich auf Grund einer Vorbereitungsmaßnahme auf eine anstehende Veräußerung übertragen werden. Begünstigt werden soll nur die Fortsetzung des unternehmerischen Engagements, was im Falle einer Veräußerung oder Entnahme innerhalb der Sperrfrist vom Gesetz als nicht gegeben unterstellt wird.[118]

76

Die rückwirkende Gewinnrealisierung durch Ansatz des Teilwerts erfolgt jedoch nur, wenn die bis zur Übertragung entstandenen stillen Reserven nicht dem einbringenden Gesellschafter mittels Ergänzungsbilanz[119] zugeordnet wurden.[120] Dadurch kann eine etwaige interpersonelle Verlagerung stiller Reserven wieder rückgängig gemacht werden.

77

Die Aufstellung einer Ergänzungsbilanz führt dann zur Nichtanwendung der Sperrfrist im Sinne des § 6 V 4 EStG, wenn hierdurch (weiterhin) die stillen Reserven dem Übertragenden zugeordnet werden. Dies kann durch Ausweis des Buchwertes in der Gesellschaftsbilanz bei gleichzeitiger Anpassung der Kapitalkonten an das beabsichtigte Beteiligungsverhältnis erfolgen. Zur Einhaltung des Subjektsteuerprinzips kann eine

78

---

[117] Vgl. *Winkeljohann/Stegemann* DB 2003 S. 2033 ff.
[118] Vgl. BT-Drs. 14/6882 v. 10.9.2001 S. 32 f.
[119] Unter → Rn. 79 wird das Wesen der Ergänzungsbilanz an einem Beispiel verdeutlicht.
[120] Vgl. *Kulosa* in Schmidt EStG § 6 Rn. 720.

§ 31   8. Teil. Sonstige Umwandlungsvorgänge

negative Steuerbilanz des Einbringenden und eine positive für die übrigen Gesellschafter aufgestellt werden.

79   *Beispiel:*
X und Y sind an der XY-OHG zu gleichen Teilen beteiligt. X überträgt aus seinem Betriebsvermögen ein Wirtschaftsgut WG2 (BW: 100, TW: 400) in das Gesamthandsvermögen der OHG. Vor Einbringung liegt folgende Bilanz vor:

AKTIVA	XY-OHG			PASSIVA	
	Buchwert	Teilwert		Buchwert	Teilwert
WG1	200	400	Kapital X	100	200
			Kapital Y	100	200
	200	400		200	400

Durch die Übertragung von WG2 ergibt sich zwischen X und Y ein neues Beteiligungsverhältnis von 3:1 (X=600: WG2 = 400 + $^1/_2$ WG1 = 200; Y=200: $^1/_2$ WG1 = 200). Nach Kapitalkontenanpassung ergibt sich folgende Bilanz:

AKTIVA	XY-OHG			PASSIVA	
	Buchwert	Teilwert		Buchwert	Teilwert
WG1	200	400	Kapital X	225	600
WG2	100	400	Kapital Y	75	200
	300	800		300	800

Die Übertragung von WG2 in die OHG verändert die personelle Zuordnung der stillen Reserven. Die Übertragung bewirkt, dass in Summe 25 an stillen Reserven von X auf Y übergehen. Dies kann durch die Erstellung von Ergänzungsbilanzen rückgängig gemacht werden.

Stille Reserven	Gesellschafter X		Gesellschafter Y	
	Vorher	Nachher	Vorher	Nachher
WG1	100 (= 50%)	150 (= 75%)	100 (= 50%)	50 (= 25%)
WG2	300 (= 100%)	225 (= 75%)	0 (= 0%)	75 (= 25%)
	400	375	100	125

Die Ergänzungsbilanzen ergeben sich hieraus wie folgt:

Ergänzungsbilanz X		Ergänzungsbilanz Y	
Mehrwert WG1 50	Minderwert WG2 75	Mehrwert WG2 75	Minderwert WG1 50
Minderkapital 25			Mehrkapital 25
75	75	75	75

Durch die Bildung von Ergänzungsbilanzen können somit die stillen Reserven den einzelnen Mitunternehmern zugeordnet werden, so dass dem Subjektsteuerprinzip entsprochen wird.

80   Umstritten ist, ob auch die steuerneutrale Weiterübertragung nach den Regeln des Umwandlungssteuerrechts (§§ 20, 24, 25 UmwStG) eine schädliche Veräußerung im Sinne des § 6 V 4 EStG darstellt.[121] Jedenfalls

---

[121] In diesem Sinne: BMF v. 8.12.2011, BStBl. I 2011 S. 1279 Rn. 33, aufgrund der Entgeltlichkeit des Vorgangs, unabhängig vom gewählten Wertansatz;

§ 31. Umstrukturierungen mit Einzelrechtsnachfolge § 31

die steuerneutrale Weiterübertragung nach § 6 III oder V EStG soll die Sperrfrist unstreitig nicht verletzen,[122] wenn das übertragene Wirtschaftsgut vom Übernehmer für die Restdauer der Sperrfrist gehalten wird.[123]

Ist die Sperrfrist verletzt, sind Steuerbescheide nach § 175 I 1 Nr. 2 **81** AO zu ändern.[124] Zu beachten ist, dass ein Zinslauf für etwaige Steuererstattungen oder Steuernachzahlungen nach § 233a IIa AO erst mit Ablauf des Kalenderjahrs beginnt, in dem die Sperrfrist verletzt wurde. Der Ansatz des Teilwerts ist auch dann gegeben, wenn die Übertragung entgeltlich gegen Gewährung von Gesellschaftsrechten erfolgt ist. In diesem Fall ist die Übertragung auch rückwirkend als Veräußerung im Sinne des § 6b EStG zu werten.[125]

dd) Körperschaftsklausel nach Satz 5 und 6

Ergibt oder erhöht sich durch die Übertragung nach § 6 V 3 EStG **82** unmittelbar oder mittelbar der Anteil einer Körperschaft, Personenvereinigung oder Vermögensmasse an dem Wirtschaftsgut, ist durch § 6 V 5 EStG der Buchwertansatz insoweit ausgeschlossen und der Teilwert anzusetzen. Die Regelung will insbesondere verhindern, dass etwaige stille Reserven in Einzelwirtschaftsgütern steuerneutral auf Körperschaftsteuersubjekte überführt werden und dann unter Ausnutzung der körperschaftsteuerlichen Veräußerungsprivilegien steuergünstig oder steuerfrei realisiert werden.[126]

Grundsätzlich kommt Satz 5 nur dann zur Anwendung, wenn ein **83** Körperschaftsteuersubjekt Mitunternehmer einer Personengesellschaft ist, da Satz 3 auf Übertragungsfälle zwischen Mitunternehmer und Mitunternehmerschaft abstellt. Klarstellend sei angemerkt, dass ein Aufstellen einer Ergänzungsbilanz in diesem Fall nicht dazu führen kann, die zumindest teilweise Aufdeckung der stillen Reserven zu verhindern.[127]

Fall **84**

A und die X-GmbH sind an einer OHG beteiligt. A überträgt ein Grundstück aus seinem Sonderbetriebsvermögen in das Gesamthandsvermögen der OHG. In dem Umfang, in dem die X-GmbH an der OHG beteiligt ist, erfolgt eine

---

zustimmend jedoch für eine Billigkeitsregelung im Fall des § 24 UmwStG: *Kulosa* in Schmidt EStG § 6 Rn. 715 mwN; ablehnend: *Ehmcke* in Blümich EStG § 6 Rn. 1352.
[122] Vgl. BMF v. 8.12.2011, BStBl. I 2011 S. 1279 Rn. 23; str. ist lediglich, ob im Fall der Weiterübertragung gemäß § 6 V 3 EStG eine neue Sperrfrist ausgelöst wird oder nicht, vgl. für eine neue Sperrfrist: BMF v. 8.12.2011, BStBl. I 2011 S. 1279 Rn. 23; aA: *Kulosa* in Schmidt EStG § 6 Rn. 715; jedenfalls in den Fällen des § 6 III, V 1 und 2 EStG wird keine neue Sperrfrist ausgelöst, BMF v. 8.12.2011, BStBl. I 2011 S. 1279 Rn. 23, 36.
[123] Vgl. BMF v. 8.12.2011, BStBl. I 2011 S. 1279 Rn. 15; *Kulosa* in Schmidt EStG § 6 Rn. 715.
[124] Vgl. *Niehus/Wilke* in Herrmann/Heuer/Raupach EStG § 6 Rn. 1631.
[125] Vgl. OFD FFM v. 14.4.2008, BB 2008 S. 1784.
[126] Vgl. *Niehus/Wilke* in Herrmann/Heuer/Raupach EStG § 6 Rn. 1650.
[127] Vgl. BMF v. 8.12.2011, BStBl. I 2011 S. 1279 Rn. 28.

§ 31   8. Teil. Sonstige Umwandlungsvorgänge

anteilige Aufdeckung der stillen Reserven, § 6 V 5 EStG. Insoweit entsteht bei A ein steuerpflichtiger Übertragungsgewinn.

85 **Fall**

An der X GmbH & Co KG sind die X GmbH und die Kommanditisten A und B zu je einem Drittel beteiligt. Im Betriebsvermögen befinden sich WG1, WG2 und WG3. Kommanditist B scheidet gegen Sachwertabfindung (WG3) aus der KG aus. Vor Ausscheiden liegt folgende Bilanz vor:

AKTIVA		X-GmbH & Co. KG		PASSIVA	
	Buchwert	Teilwert		Buchwert	Teilwert
WG1	100	1000	Kapital X-GmbH	400	1000
WG2	100	1000	A	400	1000
WG3	1000	1000	B	400	1000
	1200	3000		1200	3000

Die Übertragung von WG3 erfolgt nach § 6 V 3 EStG zwingend zu Buchwerten in das Betriebsvermögen des B. Danach ist das Wirtschaftsgut zu Lasten des Kapitalkontos auszubuchen. Hieraus ergibt sich folgende Bilanz:

AKTIVA		X-GmbH & Co. KG		PASSIVA	
	Buchwert	Teilwert		Buchwert	Teilwert
WG1	100	1000	Kapital X-GmbH	100	1000
WG2	100	1000	A	100	1000
	200	2000		200	3000

Durch das Ausscheiden des B haben sich die anteiligen stillen Reserven der X-GmbH von 600 auf 900 erhöht. Allerdings liegt hier kein Anwendungsfall von § 6 V 5 EStG vor, da die Erhöhung der anteiligen stillen Reserven nicht durch eine Übertragung der WG1 und WG2 entstanden ist.

86 Für der Übertragung zeitlich nachfolgende Vorgänge enthält § 6 V 6 EStG eine siebenjährige Sperrfrist. Hiernach ist ebenfalls rückwirkend der Teilwert anzusetzen, soweit innerhalb von sieben Jahren nach einer Übertragung des Wirtschaftsgutes im Sinne des Satzes 3 der Anteil an einer Körperschaft, Personenvereinigung oder Vermögensmasse an dem übertragenen Wirtschaftsgut aus einem anderen Grund unmittelbar oder mittelbar begründet wird oder dieser sich erhöht. Praktisch bedeutet dies, dass eine Kapitalgesellschaft, die Beteiligungen an einer Personengesellschaft erwerben will, zu überprüfen hat, ob innerhalb der letzten sieben Jahre eine Übertragung zu Buchwerten erfolgt ist.[128]

---

[128] Vgl. *Bilitewski* in Lange Personengesellschaften im Steuerrecht Rn. 1203.

V. Grenzüberschreitende Übertragung von Einzelwirtschaftsgütern

1. Historie

a) Vor SEStEG

Bis zur Einführung des § 4 I 3 EStG bzw. § 12 I Halbs. 1 KStG durch das SEStEG[129] kannte das deutsche Ertragsteuerrecht keinen allgemeinen Entstrickungstatbestand. Es existierten verschiedentlich Regelungen in Einzelsteuergesetzen, die Steuerfolgen an den Verlust oder die Beschränkung des deutschen Besteuerungsrechts knüpften.[130] Daneben wurde nach der von der Rechtsprechung entwickelten finalen Entnahmetheorie eine Besteuerung der stillen Reserven bei der Überführung von Wirtschaftsgütern in ausländische Betriebstätten mit DBA-Freistellung für zulässig erachtet, auch wenn ansonsten kein einzelgesetzlicher Realisationstatbestand erfüllt wurde.[131] Die Finanzverwaltung hat zu dieser Frage eine eigene Rechtsauffassung entwickelt, die in den Betriebstätten-Verwaltungsgrundsätzen zusammengefasst war.[132] Die Rechtsauffassung, dass es unter bestimmten Umständen im Falle des Verlusts oder der Beschränkung des deutschen Besteuerungsrechts auch ohne die Verwirklichung eines Realisationstatbestandes zur Besteuerung der stillen Reserven kommen kann, wurde zwischenzeitlich von der Rechtsprechung und dem überwiegenden Teil des Schrifttums abgelehnt.[133]

87

b) SEStEG

Neben der Umsetzung europarechtlicher Vorgaben, insbesondere im Hinblick auf die Regelungen zur Europäischen Gesellschaft (SE) und zur Europäische Genossenschaft (SCE) sowie auf die Änderungsrichtlinien zur FusionsRL und die aktuelle EuGH-Rechtsprechung in diesem Zusammenhang[134] wurden durch das SEStEG die unterschiedlichen Regelungen der Einzelsteuergesetze in einem allgemeinen Entstrickungstat-

88

---

[129] Gesetz über steuerliche Begleitmaßnahmen zur Einführung der Europäischen Gesellschaft und zur Änderung weiterer steuerrechtlicher Vorschriften (SEStEG) v. 7.12.2006, BGBl. 2006 I S. 2782; ber. BGBl. 2007 I S. 68; nach § 52 VIII b EStG und § 34 VIII 5 KStG jeweils idF des SEStEG sind diese Regelungen rückwirkend erstmals für nach dem 31.12.2005 endende Wirtschaftsjahre anzuwenden.
[130] Vgl. § 6 AStG, § 12 KStG aF; §§ 20, 21 UmwStG.
[131] Vgl. BFH v. 16.7.1969 – I 266/65, BStBl. II 1970 S. 175; BFH v. 28.4.1971 – I R 55/66, BStBl. II 1971 S. 630; BFH v. 7.10.1974 – GrS 1/73, BStBl. II 1975 S. 168; BFH v. 24.11.1982 – I R 123/78, BStBl. II 1983 S. 113; BFH v. 14.6.1988 – VIII R 387/83, BStBl. II 1989 S. 187.
[132] Vgl. BMF v. 24.12.1999, BStBl. I 1999 S. 1076 Tz. 2.6.
[133] Vgl. BFH v. 17.7.2008 – I R 77/06, BStBl. II 2009 S. 464 (Aufgabe der finalen Entnahmetheorie); BMF v. 20.5.2009, BStBl. I 2009 S. 671 (Nichtanwendungserlass); *Ditz* IStR 2009 S. 115.
[134] Vgl. EuGH v. 11.3.2004 – Rs. C-9/02 („Hughes des Lasteyrie du Saillant"), NJW 2004 S. 2439.

§ 31 8. Teil. Sonstige Umwandlungsvorgänge

bestand zusammengefasst. Die Grundregel enthielten § 4 I 3 EStG und § 12 I Halbs. 1 KStG idF des SEStEG. Ergänzt wurde diese in EU-Fällen durch die Regelungen in § 4 I 4 EStG idF des SEStEG (keine Entstrickung bei Sitzverlegung SE/SEC), § 6 I Nr. 4 Satz 1 Halbs. 2 EStG (Bewertung der Entnahme mit dem gemeinen Wert), § 4g EStG (Möglichkeit zur Bildung eines gewinnaufschiebenden Ausgleichspostens) und § 15 Ia EStG (Erfassung des Veräußerungsgewinnes bei Sitzverlegung SE/SEC), auf die § 12 I Halbs. 2 KStG idF des SEStEG verweist.

c) Jahressteuergesetz 2010

89 Mit dem Jahressteuergesetz 2010[135] vom 8.12.2010 wurden § 4 I EStG und § 12 I KStG um einen Satz 4 bzw. Satz 2 ergänzt, in denen die Fallkonstellation der Überführung eines Wirtschaftsguts von einer inländischen in eine ausländische Betriebsstätte gesetzlich verankert wurde. Insofern wurde die vom BFH aufgegebene finale Entnahmetheorie für die Fälle der Überführung von Wirtschaftsgütern in eine ausländische Betriebsstätte nunmehr geltendes nationales Recht, das wohl jedenfalls früheren abkommensrechtlichen Regelungen vorgeht.[136]

Nach der bis zur Einführung von § 4 I 4 bzw. § 12 I 2 KStG im Schrifttum sowie in der Rechtsprechung[137] vertretenen Auffassung kommt es im DBA-Fall bei der Überführung von Wirtschaftsgütern in eine ausländische Betriebsstätte nicht zum Ausschluss oder zur Beschränkung des deutschen Besteuerungsrechtes.[138] Abkommensrechtlich erfolgt auch nach der Überführung in die ausländische Betriebsstätte eine Aufteilung des künftigen Veräußerungsgewinns nach Verursachungsbeiträgen. Administrative Schwierigkeiten bei der späteren Durchsetzung des fortbestehenden inländischen Besteuerungsrechts können jedenfalls bei Übertragungen innerhalb der EU/EWR nicht als Beschränkung des Besteuerungsrechts angesehen werden.[139]

90 Im Ergebnis wird man seit der Einführung der § 4 I 4 EStG bzw. § 12 I 2 KStG jedoch der bereits vorher von der Finanzverwaltung vertretenen Auffassung folgen müssen und bei der Überführung von Wirtschaftsgütern in ausländische DBA-(Personengesellschafts-)Betriebsstätten

---

[135] BGBl. 2010 I S. 1768.

[136] Zur Europarechtskonformität des deutschen Entstrickungsbesteuerungskonzepts vgl. EuGH v. 21.5.2015 – Rs. C-657/13 („Verder Lab Tec"), DStR 2015 S. 1166; *Burwitz* NZG 2015 S. 949.

[137] BFH v. 17.7.2008 – I R 77/06, BStBl. II 2009 S. 464; BMF v. 20.5.2009, BStBl. I 2009 S. 671 (Nichtanwendungserlass); BMF v. 25.8.2009, BStBl. I 2009 S. 888 (Neufassung Betriebsstätten-Verwaltungsgrundsätze).

[138] Vgl. *Wassermeyer* in Wassermeyer/Andresen/Ditz Betriebsstättenhandbuch Rn. 3.11; *Kessler/Huck* StuW 2005, 193; *Rödder/Schumacher* DStR 2006 S. 1481 (1483); *Ditz* IStR 2009 S. 115 jeweils mwN.

[139] Vgl. *Musil* in Herrmann/Heuer/Raupach § 4 EStG Rn. 214; der EuGH lässt dagegen praktische Schwierigkeiten bei der Steuererhebung nach der Überführung der Wirtschaftsgüter in die Rechtfertigungsprüfung einfließen, vgl. EuGH v. 21.5.2015 – Rs. C-657/13 („Verder Lab Tec"), DStR 2015 S. 1166; *Burwitz* NZG 2015 S. 949.

einen Ausschluss bzw. eine Beschränkung des deutschen Besteuerungsrechts anzunehmen haben.[140] Die Aufgabe der finalen Entnahmetheorie durch den Bundesfinanzhof[141] wird insoweit von der späteren Entscheidung des nationalen Gesetzgebers überschrieben.

2. Begriffe der Entstrickung und der Verstrickung

Unter dem Begriff **Entstrickung** wird ein Vorgang verstanden, bei dem in Wirtschaftsgütern eines Betriebsvermögens enthaltene stille Reserven der deutschen Besteuerung entzogen werden.[142] Der allgemeine Entstrickungstatbestand ist in § 4 I 3 EStG als fiktive Entnahme und § 12 I 1 Halbs. 1 KStG als fiktive Veräußerung kodifiziert. 91

Grundsätzlich ist zwischen der subjektbezogenen und der objektbezogenen Steuerentstrickung zu unterscheiden.[143] Bei der subjektbezogenen Steuerentstrickung wird das deutsche Besteuerungsrecht im Hinblick auf die Steuerpflicht der jeweiligen Person entzogen, beispielsweise durch einen Wohnsitzwechsel. Bei der objektbezogenen Entstrickung entfällt das Besteuerungsrecht hinsichtlich des Besteuerungsobjekts, zum Beispiel durch eine Überführung ins DBA-Ausland.[144]

Nach § 4 I 3 KStG bzw. § 12 I 1 Halbs. 1 KStG ist eine Entstrickung sowohl dann anzunehmen, wenn das deutsche Besteuerungsrecht ausgeschlossen wird (zB durch die Verwendung der Freistellungsmethode im anwendbaren DBA) als auch, wenn es lediglich beschränkt wird.[145] Damit geht die gesetzliche Regelung über die inzwischen aufgegebene „finale Entnahmetheorie" des Bundesfinanzhofs hinaus, die nur in den Fällen des Ausschlusses des deutschen Besteuerungsrechtes eine Entstrickung annahm.[146] Eine Entstrickung durch Beschränkung des Besteuerungsrechts ist bereits dann anzunehmen, wenn eine ausländische Steuer aufgrund eines DBA mit Anrechnungsmethode oder mangels DBA unilateral nach § 34c EStG bzw. § 26 KStG anzurechnen ist oder wenn die Methodik eines DBA durch den Übergang von der Anrechnungsmethode auf die Freistellungsmethode geändert wird.[147] 92

Durch den Vorgang der **Steuerverstrickung** wird das inländische Besteuerungsrecht begründet. Auch hier ist zwischen subjektbezogenen 93

---

140 BMF v. 20.5.2009, BStBl. I 2009 S. 671 (Nichtanwendungserlass zu BFH v. 17.7.2008); BMF v. 24.12.1999, BStBl. I 1999 S. 1076 (Betriebsstätten-Verwaltungsgrundsätze) Tz. 2.6.4; unverändert durch BMF v. 25.8.2009, BStBl. I 2009 S. 888 (teilweise Neufassung Betriebsstätten-Verwaltungsgrundsätze); damit überdehnt die Finanzverwaltung den Tatbestand des § 4 I 3 EStG bzw. § 12 I 1 KStG, vgl. *Gosch* BFH-PR 2008 S. 499; *Ditz* DStR 2010 S. 81.
141 BFH v. 17.7.2008 – I R 77/06, BStBl. II 2009 S. 464.
142 Vgl. *Heinicke* in Schmidt EStG § 4 Rn. 360, Stichwort „Steuerentstrickung"; *Förster* DB 2007, 72; *Rödder/Schumacher* DStR 2006 S. 1481.
143 Vgl. *Benecke* NWB 2007 Fach 3, 14733.
144 Vgl. *Kessler/Huck* StuW 2005 S. 193.
145 Vgl. *Hagemann/Jakob/Ropohl/Viebrock* NWB-Sonderheft 1/2007 S. 1.
146 Vgl. BFH v. 16.12.1975 – VIII R 3/74, BStBl. II 1976 S. 246 und die Nachweise bei Fn. 132.
147 Vgl. *Rödder/Schumacher* DStR 2006 S. 1481.

und der objektbezogenen Steuerverstrickung zu unterscheiden. Die grundlegende Norm für diesen Sachverhalt bildet § 4 I 8 Halbs. 2 EStG, wonach die Begründung eines Gewinnbesteuerungsrechts bei Zuzug eines Steuerpflichtigen oder dem Verbringen eines Wirtschaftsguts in ein inländisches Betriebsvermögen einer Einlage gleichgestellt wird. Im Unterschied zum Entstrickungstatbestand ist eine Verstrickung nur im Falle der Begründung eines deutschen Besteuerungsrechts und nicht bereits bei einer Stärkung des Besteuerungsrechts gegeben. Die Überführung eines Wirtschaftsguts aus einer ausländischen Betriebsstätte, für die ein DBA mit Anrechnungsmethode oder kein DBA Anwendung findet, in die unbeschränkte Steuerpflicht, ist daher kein Fall der Verstrickung nach § 4 I 8 Halbs. 2 EStG.[148]

3. Übertragung von Einzelwirtschaftsgütern durch Einzelunternehmer und Personengesellschaften ins Ausland (Entstrickung, § 4 I 3 EStG)

a) Entnahmefiktion

94 Nach der Entnahmefiktion iSv § 4 I 3 EStG steht der Entnahme für betriebsfremde Zwecke der Ausschluss oder die Beschränkung des deutschen Besteuerungsrechts hinsichtlich des Gewinns aus der Veräußerung oder der Nutzung eines Wirtschaftsguts gleich. Es wird in den Fällen der Entstrickung eine Entnahme fingiert, obwohl das Wirtschaftsgut – anders als im Fall der „echten" Entnahme nach § 4 I 2 EStG – im Gesamtbetriebsvermögen eines Steuerpflichtigen verbleibt. Ein Entstrickungstatbestand kann grundsätzlich nur vorliegen, wenn bereits ein Besteuerungsrecht für Deutschland bestanden hat.[149] Der Ausschluss oder die Beschränkung der gewerbesteuerlichen Verhaftung, also etwa der Wechsel von der gewerblichen zur freiberuflichen Tätigkeit, wird nicht vom Entstrickungstatbestand erfasst.[150]

95 Entgegen dem Realisationsprinzip kommt es im Falle der Entstrickung durch die Fiktion einer Entnahme allein für steuerliche Zwecke zum Ausweis der stillen Reserven. Hieraus resultiert eine Abweichung zwischen Handels- und Steuerbilanz und ggf. zum entsprechenden Ausweis latenter Steuern nach § 274 HGB.[151]

b) Entstrickungstatbestände

96 Ungeachtet der Diskussionen um den Anwendungsbereich der § 4 I 3 und 4 EStG[152] hatte der Gesetzgeber insbesondere folgende Fälle regeln wollen:

---

[148] Vgl. *Heinicke* in Schmidt EStG § 4 Rn. 331.
[149] Vgl. *Rödder/Schumacher* DStR 2006 S. 1481 (1484).
[150] Vgl. *Rödder/Schumacher* DStR 2006 S. 1481 (1484); *Förster* DB 2007 S. 72 (73); *Winkeljohann/Fuhrmann* Handbuch Umwandlungssteuerrecht, 626; *Benecke/Schnitger* IStR 2006 S. 765 (766).
[151] Vgl. *Winkeljohann/Fuhrmann* Handbuch Umwandlungssteuerrecht, 623.
[152] → Rn. 90.

§ 31. Umstrukturierungen mit Einzelrechtsnachfolge § 31

aa) Ausschluss des deutschen Besteuerungsrechts im Hinblick auf Veräußerungsgewinne und Nutzungsüberlassungen

Der Grundfall der Entstrickung ist die Übertragung eines Wirtschafts- **97** guts aus dem inländischen Betrieb eines Steuerpflichtigen in eine ausländische Betriebsstätte, deren Einkünfte aufgrund eines DBA in Deutschland freigestellt sind (§ 4 I 4 EStG).[153] Dieser Tatbestand wurde in der Vergangenheit auch durch die finale Entnahmetheorie des Bundesfinanzhofs[154] abgedeckt, wonach ebenfalls von einer Entnahme ausgegangen wurde, allerdings zum Fremdvergleichspreis.

Weiterhin wird das Besteuerungsrechts in Deutschland ausgeschlossen, **98** wenn ein Steuerpflichtiger ein Wirtschaftsgut aus einer ausländischen Anrechnungs-Betriebsstätte in eine Freistellungs-Betriebsstätte überträgt.[155]

Umstritten ist die Anwendung des § 4 I 3 EStG jedoch für den Fall der **99** sog. passiven Steuerentstrickung. Schließt Deutschland mit einem Staat ein DBA ab, welches die Freistellungsmethode vorsieht, und galt bislang nach § 34c EStG oder DBA die Anrechnung, fehlt es an einem Entnahmewillen und Entnahmehandlung des Steuerpflichtigen. Da § 4 I 3 EStG die Fiktion einer Entnahme allein von dem Ausschluss oder der Beschränkung des deutschen Steuerrechts abhängig macht, kommt es auf die weiteren Tatbestandsmerkmale einer „echten" Entnahme im Sinne des § 4 I 2 EStG nicht an.[156]

Die Aufgabe des deutschen Wohnsitzes eines in Deutschland ansässigen **100** Steuerpflichtigen führt – sofern keine Betriebsstätte in Deutschland verbleibt und der Betrieb im Ausland fortgeführt wird – nicht zur Besteuerung einer Betriebsaufgabe iSd § 16 III EStG, sondern zu einer Totalentnahme iSv § 4 I 3 EStG. Für den Fall, dass der Betrieb mit dem Wegzug eingestellt wird, liegt vorrangig eine Betriebsaufgabe vor, was jedoch die Anwendung des § 4 I 3 EStG nicht grundsätzlich ausschließt.[157]

Für beschränkt Steuerpflichtige stellt die Übertragung eines Wirtschaftsgutes ins Ausland in jedem Fall – unabhängig von einem DBA – einen Ausschluss des deutschen Besteuerungsrechts dar.[158]

bb) Beschränkung des deutschen Besteuerungsrechts im Hinblick auf Veräußerungsgewinne und Nutzungsüberlassungen

Im Gegensatz zur von der Rechtsprechung aufgegebenen finalen Ent- **101** nahmetheorie,[159] wonach eine Entnahme nur vorlag, wenn ein Wirt-

---

[153] Vgl. BT-Drs. 16/2710 S. 28; *Wied* in Blümich EStG § 4, Rn. 486c; *Stadler/Elser* BB-Special 8/2006 S. 18 (19); *Rödder/Schumacher* DStR 2006 S. 1481 (1483); kritisch: *Wassermeyer* DB 2006 S. 1176 (1180).
[154] Siehe die Nachweise bei Fn. 132.
[155] Vgl. *Forster* DB 2007, 72 (73).
[156] Vgl. *Winkeljohann/Fuhrmann* Handbuch Umwandlungssteuerrecht, S. 626; aA *Förster* DB 2007 S. 72 (73).
[157] Vgl. *Benecke* NWB 2007, Fach 3, 14 733 (14 737, 14 748).
[158] Vgl. *Stadler/Elser* BB-Special 8/2006, 18 (19); *Benecke* NWB 2007 Fach 3, 14 733 (14 737).
[159] Siehe oben Fn. 130.

schaftsgut in eine Freistellungs-Betriebsstätte übertragen wurde, genügt gemäß § 4 I 3 und 4 EStG eine Beschränkung des deutschen Besteuerungsrechts, um eine Entstrickung anzunehmen und grundsätzlich die stillen Reserven bei der Übertragung von Wirtschaftsgütern aufzudecken.

102 Eine Beschränkung des deutschen Besteuerungsrechts liegt laut der Gesetzesbegründung vor, wenn Wirtschaftsgüter in eine ausländische Betriebsstätte überführt werden, für deren Einkünfte aufgrund eines DBA die Anrechnungsmethode vorgesehen ist.[160] Entsprechend ist eine Beschränkung des deutschen Besteuerungsrechts auch anzunehmen, wenn ein Wirtschaftsgut in eine Nicht-DBA-Betriebsstätte überführt wird und für diese Einkünfte eine Anrechnung oder ein Abzug der ausländischen Steuer gemäß § 34c EStG vorzunehmen ist.[161]

103 Allerdings ist umstritten, ob bereits die abstrakte Möglichkeit der Anrechnung von ausländischen Steuern ausreichend ist,[162] oder ob es zu einer tatsächlichen Anrechnung kommen muss.[163] Zuzustimmen ist der Auffassung, die in § 4 I 3 EStG eine Gefährdungsnorm sieht, wonach bereits die abstrakte Möglichkeit der Anrechnung genügt.[164]

104 Keine Beschränkung des deutschen Besteuerungsrechts ergibt sich, wenn die Voraussetzungen für eine Hinzurechnungsbesteuerung gemäß §§ 7 ff. AStG bei ausländischen Zwischengesellschaften nicht mehr erfüllt sind.[165]

c) Ausnahmetatbestand (Sitzverlegung SE bzw. SCE § 4 I 5 EStG)

105 Eine Ausnahme von der Entnahmefiktion besteht gemäß § 4 I 5 EStG, welcher die Anwendung von § 4 I 3 EStG für Anteile an einer Europäischen Gesellschaft (SE) oder einer Europäischen Genossenschaft (SCE) – sofern solche ihren Sitz verlegen – ausschließt. Dieser Ausnahmetatbestand beruht auf Art. 10d I der Fusions-RL,[166] wonach die Besteuerung aufgrund der Sitzverlegung einer SE bzw. SCE für sich allein keine Veräußerungsgewinnbesteuerung bei den Gesellschaftern auslösen darf. Eine spätere Besteuerung aufgrund von Veräußerungen der Anteile wird jedoch aufgrund von Art. 10d II der FusionsRL iVm § 15 Ia EStG nicht ausgeschlossen, sodass es zu diesem Zeitpunkt – ungeachtet eines DBA – zu einer Besteuerung kommt, wie sie bei einer Veräußerung ohne Sitzverlegung stattgefunden hätte. Ferner findet diese Regelung gemäß § 15 Ia 2 EStG auch bei einer verdeckten Einlage der Anteile in eine Kapitalgesellschaft, bei der Auflösung der SE bzw. SCE, bei Kapitalherabsetzung bzw. Kapitalrückzahlung oder bei einer Einlagenrückgewähr iSv § 27 KStG Anwendung.

---

[160] Vgl. BT-Drs. 16/2710 S. 28.
[161] Vgl. *Dötsch/Pung* DB 2006 S. 2648 (2649); *Benecke* NWB 2007 Fach 3, 14733 (14738).
[162] Vgl. *Dötsch/Pung* DB 2006 S. 2648 (2649); *Förster* DB 2007 S. 72 (73).
[163] Vgl. *Winkeljohann/Fuhrmann* Handbuch Umwandlungssteuerrecht S. 625; *Stadler/Elser* BB-Special 8/2006 S. 18 (20).
[164] Vgl. *Musil* in Herrmann/Heuer/Raupach § 4 EStG Rn. 215.
[165] Vgl. *Förster* DB 2007 S. 72 (73); *Benecke/Schnitger* IStR 2006 S. 765 (766).
[166] RL 90/434/EWG v. 23.7.1990, ABl. EG Nr. L 225 S. 1.

§ 31. Umstrukturierungen mit Einzelrechtsnachfolge　　　　§ 31

d) Wertansatz (gemeiner Wert § 6 I Nr. 4 Halbs. 2 EStG)

Im Fall der Anwendung von § 4 I 3 EStG ist grundsätzlich der 106
gemeine Wert gemäß § 6 I Nr. 4 Satz 1 Halbs. 2 EStG anzusetzen.
Damit liegt eine Abweichung zur Regelentnahme nach § 4 I 2 EStG vor,
da diese gemäß § 6 I Nr. 4 Satz 1 Halbs. 1 EStG mit dem Teilwert
anzusetzen ist. Während der Teilwert gemäß § 6 I Nr. 1 Satz 3 EStG den
Betrag widerspiegelt, den ein Erwerber des gesamten Betriebes im Fall
der Fortführung, dem einzelnen Wirtschaftsgut zusprechen würde, so ist
der gemeine Wert gemäß § 9 II BewG der Einzelveräußerungspreis des
Wirtschaftsgutes, welcher auf dem freien Markt für dieses erzielbar ist.[167]
Dabei ist neben den preisbeeinflussenden Faktoren auch ein Gewinnaufschlag zu berücksichtigen.[168]

Bei der Entstrickung von mehreren Wirtschaftsgütern in Form eines 107
Betriebs, eines Teilbetriebs oder eines gesamten Mitunternehmeranteils
ist der gemeine Wert nach den Grundsätzen der Betriebsaufgabe gemäß
§ 16 III EStG auf die Sachgesamtheit zu ermitteln. In diesem Wert sind
auch immaterielle Wirtschaftsgüter sowie ein selbst geschaffener Geschäfts- oder Firmenwert zu berücksichtigen.[169]

Im Fall einer (vorübergehenden) Nutzungsüberlassung von Wirt- 108
schaftsgütern an ausländische Betriebsstätten ist ein fiktives Nutzungsentgelt auf „arm's length"-Basis" anzusetzen.[170]

e) Sofortbesteuerung oder Stundung nach § 4g EStG

Grundsätzlich führt die Entstrickung iSv § 4 I 3 EStG zu einer sofor- 109
tigen Besteuerung der stillen Reserven, da eine Entnahme des Wirtschaftsgutes angenommen wird. Entgegen des ersten – insbesondere auch vom
Bundesrat als europarechtswidrig erachteten – Gesetzesentwurfs, der eine
ausnahmslose Sofortbesteuerung vorsah, wurde das SEStEG für bestimmte Sachverhalte um eine Stundungsregelung erweitert. Danach ist es
gemäß § 4g EStG für Entnahmen nach § 4 I 3 EStG für unbeschränkt
Steuerpflichtige auf Antrag möglich, bei Wirtschaftsgütern des Anlagevermögens iHd stillen Reserven einen Ausgleichsposten zu bilden, sofern
das Wirtschaftsgut in eine Betriebsstätte desselben Steuerpflichtigen innerhalb der EU (nach dem Wortlaut nicht auch EWR[171]) übertragen
wird. Umlaufvermögen ist nun anders als nach den bisherigen Betriebsstätten-Verwaltungsgrundsätzen[172] nicht mehr privilegiert.

Der Ausgleichsposten ist für jedes Wirtschaftsgut getrennt auszuweisen 110
und im Jahr der Bildung und in den folgenden vier Jahren gewinnerhö-

---

[167] Vgl. *Pauly* in Lippross Basiskommentar Steuerrecht § 9 BewG, Rn. 8.
[168] Vgl. BT-Drs. 16/2710 S. 28.
[169] Vgl. BT-Drs. 16/2710 S. 28.
[170] Vgl. *Hoffmann* in Littmann/Bitz/Pust Das Einkommensteuerrecht §§ 4, 5 Rn. 263.
[171] Zweifelhaft, da die Grundfreiheiten auch im Verhältnis zu EWR-Staaten gelten, vgl. EFTA-Gerichtshof v. 23.11.2004, E-1/04 „Fokus Bank", IStR 2005 S. 55; *Frotscher* EStG § 4g Rn. 4.
[172] Vgl. BMF v. 24.12.1999, BStBl. I 1999 S. 1076 Tz. 2. 6. 1. Buchst. b).

Abele　　　1687

§ 31

hend mit jeweils einem Fünftel aufzulösen, sodass die Besteuerung der stillen Reserven über einen Zeitraum von fünf Jahren gestreckt wird. Während bislang die Auflösung eines Merkpostens bei abnutzbaren Wirtschaftsgütern nach der Restnutzungsdauer vorgenommen wurde, wird nun nicht mehr zwischen abnutzbaren und nicht abnutzbaren Wirtschaftsgütern unterschieden.[173]

111 Der Ausgleichsposten ist gemäß § 4g II 2 EStG sofort und in voller Höhe aufzulösen, wenn das übertragene Wirtschaftsgut aus dem Betriebsvermögen des Steuerpflichtigen ausscheidet, das übertragene Wirtschaftsgut aus der Besteuerungshoheit der EU-Mitgliedstaaten ausscheidet (nicht EWR[174]) oder die stillen Reserven des übertragenen Wirtschaftsguts im Ausland aufgedeckt werden oder nach deutscher Vorschrift hätten aufgedeckt werden müssen. Gemäß § 4g V EStG ist der Steuerpflichtige verpflichtet, das Finanzamt unverzüglich auf eine entsprechende Entnahme bzw. ein entsprechendes Ereignis hinzuweisen. Weiterhin ist der Ausgleichsposten gemäß § 4g V EStG gewinnerhöhend aufzulösen, wenn der Steuerpflichtige seinen Aufzeichnungspflichten oder seinen Mitwirkungspflichten iSv § 90 AO nicht nachkommt.

112 Der unwiderrufliche Antrag auf Bildung eines Ausgleichspostens muss gemäß § 4g I 3 EStG für alle – in einem Wirtschaftsjahr – übertragenen und begünstigungsfähigen Wirtschaftsgüter einheitlich gestellt werden.

113 Im Fall einer Rückführung eines entstrickten Wirtschaftsgutes, für das ein Ausgleichsposten gebildet wurde, ist dieser gemäß § 4g III EStG gewinnneutral aufzulösen. Das Wirtschaftsgut ist dann mit den fortgeführten Anschaffungskosten zzgl. den gewinnerhöhend berücksichtigten Auflösungsbeträgen und der Differenz aus Rückführungswert und Buchwert, höchstens jedoch mit dem gemeinen Wert, anzusetzen.[175] Hiermit soll sichergestellt werden, dass die aufgedeckten und bereits versteuerten stillen Reserven in einer höheren Abschreibung berücksichtigt werden. Weiterhin soll verhindert werden, dass die im Ausland eingetretenen Wertänderungen im Inland zu einem steuerneutralen Step-Up genutzt werden.[176]

114 Wie schon vor Einführung des SEStEG[177] hat ein beschränkt Steuerpflichtiger weiterhin nicht die Möglichkeit, bei der Überführung von Wirtschaftsgütern aus dessen inländischer Betriebsstätte ins ausländische Stammhaus die Besteuerung stiller Reserven zu vermeiden. Nach der hier vertretenen Auffassung ist § 4g EStG auch bei Überführungen in (transparente) ausländische Personengesellschaften anwendbar. Der Wortlaut „Betriebsstätte desselben Steuerpflichtigen" ist erfüllt, da, sofern die ausländische Personengesellschaft nicht selbst abkommensberechtigt ist,

---

[173] Vgl. *Kessler/Winterhalter/Huck* DStR 2007 S. 133 (134); *Förster* DB 2007 S. 72 (75).
[174] Vgl. Fn. 175.
[175] Vgl. *Hagemann/Jakob/Ropohl/Viebrock* NWB-Sonderheft 1/2007 S. 1 (3).
[176] Vgl. *Kessler/Winterhalter/Huck* DStR 2007 S. 133 (135).
[177] Vgl. BMF v. 24.12.1999, BStBl. I 1999 S. 1076 Tz. 2.6.3.

nicht dieser die ausländische Betriebsstätte zuzuordnen ist, sondern den an der Gesellschaft beteiligten Gesellschaftern.[178]

Nach § 4g I 5 EStG bleiben die Vorschriften des UmwStG unberührt. Die Bildung eines Ausgleichspostens für eine Nutzungsüberlassung eines Wirtschaftsguts – bei welchem nur der Nutzungswert Ansatz findet – ist ausgeschlossen.[179]

4. Übertragung von Einzelwirtschaftsgütern durch Einzelunternehmer und Personengesellschaften ins Inland (Verstrickung § 4 I 8 Halbs. 2 EStG)

a) Verstrickungsfälle (zB Verbringen von WG; Methodenwechsel im DBA)

Den Umkehrfall zur Entstrickung bildet § 4 I 8 Halbs. 2 EStG, wonach eine fiktive Einlage angenommen wird, wenn ein Besteuerungsrecht für Deutschland – bezüglich eines Veräußerungsgewinns bei einem Wirtschaftsgut – begründet wird. Dieser Sachverhalt wird als Verstrickung bezeichnet. Aus dem Wortlaut des § 4 I 8 EStG ergibt sich, dass eine Verstrickung nur in den Fällen angenommen werden kann, in denen Deutschland im Vorfeld kein Besteuerungsrecht hatte. Eine Anwendung analog zur Beschränkung des Besteuerungsrechts bei der Entstrickung kommt insoweit für die Verstrickung nicht in Betracht. Dh im Folgenden, dass eine Verstrickung anzunehmen ist, wenn ein Wirtschaftsgut aus einer ausländischen Freistellungs-Betriebsstätte in ein inländisches Betriebsvermögen überführt wird. Weiterhin ist auch eine Übertragung aus einer ausländischen Freistellungs-Betriebsstätte in eine ausländische Anrechnungs-Betriebsstätte denkbar, da auch hier ein Besteuerungsrecht für Deutschland begründet wird. Ferner kann auch bei der Verstrickung ein – von dem Steuerpflichtigen nicht beabsichtigter – Auslösungsgrund dergestalt vorliegen, dass Deutschland ein bestehendes DBA dahin gehend abändert bzw. kündigt, dass von der Freistellungsmethode zur Anrechnungsmethode gewechselt wird.[180] Es liegt jedoch keine Verstrickung vor, wenn ein Wirtschaftsgut aus einer Anrechnungs-Betriebsstätte ins Inland übertragen wird, da in diesen Fällen bereits ein Besteuerungsrecht bestanden hat.[181]

Bei beschränkt Steuerpflichtigen ist jede Übertragung von Wirtschaftsgütern aus dem Ausland ins Inland als Verstrickung anzusehen, da in jedem Fall ein Besteuerungsrecht für Deutschland begründet wird.[182]

Eine zur Entstrickung korrespondierende Verstrickung in Bezug auf Nutzungsüberlassungen ist nicht kodifiziert, sodass bei einer vorübergehenden Überlassung von Wirtschaftsgütern keine fiktive Einlage angenommen werden kann.[183] Es liegt somit eine systematische Abweichung vor, welche in der Literatur dahingehend interpretiert wird, dass der

---

[178] Vgl. *Frotscher* EStG § 4g Rn. 14, aA BT-Drs. 16/3369 S. 5; *Heinicke* in Schmidt EStG § 4g Rn. 2.
[179] Vgl. *Kessler/Winterhalter/Huck* DStR 2007 S. 133 (135).
[180] Vgl. *Benecke* NWB 2007 Fach 3, 14 733 (14 755).
[181] Vgl. *Benecke/Schnitger* IStR 2006 S. 765 (767).
[182] Vgl. *Stadler/Elser* BB-Special 8/2006 S. 18 (23).
[183] Vgl. *Benecke* NWB 2007 Fach 3, 14 733 (14 755).

Gesetzgeber das Kreieren von künstlichem Aufwand durch unentgeltliche Überlassung von Kapital- bzw. Wirtschaftsgütern vermeiden wollte.[184]

b) Wertansatz

119 Laut § 6 I Nr. 5a EStG ist im Fall der Verstrickung iSv § 4 I 8 Halbs. 2 EStG stets der gemeine Wert anzusetzen.

120 Für den Fall, dass ein Wirtschaftsgut ins Inland übertragen wird, welches zu einem früheren Zeitpunkt bereits verstrickt war und durch eine Übertragung entstrickt wurde, spricht man von der sog. Rückführung eines Wirtschaftsguts. In diesem Fall ergeben sich hinsichtlich der Bewertung dieser Wirtschaftsgüter Besonderheiten, sofern für sie ein Ausgleichsposten iSv § 4g EStG gebildet wurde und die Rückführung innerhalb von fünf Jahren bzw. vor Ablauf seiner tatsächlichen Nutzungsdauer stattfindet.[185]

5. Übertragung von Einzelwirtschaftsgütern durch Körperschaften ins Ausland (Entstrickung, § 12 I KStG)

a) Entstrickungs-Veräußerung (§ 12 I 1 und 2 KStG)

121 Im Gegensatz zur fiktiven Entnahme des einkommensteuerlichen Entstrickungstatbestandes in § 4 I 3 EStG wird bei Kapitalgesellschaften im Entstrickungsfall eine Veräußerung fingiert, da Kapitalgesellschaften im Gegensatz zu natürlichen Personen über keine Privatsphäre verfügen, in die sie Wirtschaftsgüter überführen könnten.[186] Nach dieser allgemeinen Entstrickungsvorschrift für Körperschaften gilt die Beschränkung bzw. der Ausschluss des deutschen Besteuerungsrechts an Veräußerungsgewinnen bzw. Gewinnen aus Nutzungsüberlassungen von Wirtschaftsgütern als einer Veräußerung gleichgestellt.

122 Ungeachtet der Diskussion über den Anwendungsbereich des § 12 I 1 und 2 KStG[187] soll die Regelung laut Gesetzesbegründung zum SEStEG insbesondere Sachverhaltsgestaltungen, in denen ein Rechtsträgerwechsel stattfindet, Vermögen die betriebliche Sphäre verlässt, die Steuerpflicht endet oder Wirtschaftsgüter der deutschen Besteuerung entzogen werden, von der Entstrickungsregelung erfassen.[188]

123 Wie im Einkommensteuerrecht dürfte der wichtigste Entstrickungstatbestand mithin die Überführung von Wirtschaftsgütern in eine ausländische Betriebsstätte sein,[189] die zwischenzeitlich iRd Jahressteuergesetzes 2010 in § 12 I 2 KStG gesetzlich geregelt wurde.[190]

---

[184] Vgl. *Benecke/Schnitger* IStR 2006 S. 765 (767); *Benecke* NWB 2007 Fach 3, 14733 (14755).
[185] → Rn. 113.
[186] Vgl. *Winkeljohann/Fuhrmann* Handbuch Umwandlungssteuerrecht, 638; *Blumenberg/Lechner* BB-Special 8/2006 S. 25 (26).
[187] → Rn. 89 f.
[188] Vgl. BT-Drs. 16/2710 S. 31.
[189] Vgl. *Blumenberg/Lechner* BB-Special 8/2006, 25 (26).
[190] → Rn. 89.

§ 31. Umstrukturierungen mit Einzelrechtsnachfolge § 31

Nach § 12 I 1 und 2 KStG werden Tatbestände erfasst, bei denen das deutsche Besteuerungsrecht hinsichtlich des Gewinns aus der Veräußerung oder der Nutzung von Wirtschaftsgütern ausgeschlossen oder beschränkt wird. Als Entstrickungstatbestände erfasst Absatz 1 Satz 1 insbesondere Rechtsträgerwechsel mit Einzel- oder Gesamtrechtsnachfolge, das Ausscheiden von Wirtschaftsgütern aus dem Betriebsvermögen, die Überführung von Wirtschaftsgütern ins Ausland, das Verbringen von Wirtschaftsgütern aus einer Anrechnungs-Betriebsstätte in eine Freistellungs-Betriebsstätte und den Verlust bzw. die Beschränkung des deutschen Besteuerungsrechts aufgrund des Neuabschlusses oder der Änderung eines DBA.[191] Für gesellschaftsrechtlich veranlasste Vorgänge, die den Tatbestand der verdeckten Gewinnausschüttung erfüllen, ist § 8 III 2 KStG anzuwenden.[192]

124

Im Fall der Übertragung von Sachgesamtheiten sind – wie nach § 4 I 3 EStG – im Geschäfts- oder Firmenwert gebundene stille Reserven ebenfalls aufzudecken.[193] In der Gesetzesbegründung wird klargestellt, dass die Gewährung einer Körperschaftsteuerbefreiung iSv § 5 KStG keinen Ausschluss und keine Beschränkung des deutschen Besteuerungsrechts darstellt.[194]

125

§ 12 I 1 Halbs. 2 KStG sieht unter Verweis auf § 4 I 5 EStG eine Ausnahme für die Sitzverlegung von europäischen Gesellschaften oder Genossenschaften vor.[195] Diese Regelung betrifft die Besteuerung des Anteilseigners, nicht die der den Sitz verlegenden Gesellschaft. Dh bei Wegzug oder Sitzverlegung in einen anderen EU- bzw. EWR-Staat erfolgt keine Besteuerung der Anteilseigner, selbst wenn das Besteuerungsrecht an den Anteilen ausgeschlossen oder beschränkt wird. Jedoch behält sich Deutschland gemäß § 15 Ia EStG im Wege des treaty override vor, im Falle einer anschließenden Veräußerung der Anteile diese so zu besteuern, als ob keine Sitzverlegung stattgefunden hätte.[196]

126

b) Wertansatz

Wie nach § 4 I 3 iVm § 6 I Nr. 5a EStG ist auch nach § 12 I 1 KStG grundsätzlich der gemeine Wert anzusetzen. In EU-Fällen (und nach hier vertretener Auffassung auch in EWR-Fällen) ist es gemäß § 12 I 1 Halbs. 2 KStG auch für Körperschaften, Vermögensmassen und Personenvereinigungen möglich einen Ausgleichsposten iSv § 4g EStG zu bilden und die Besteuerung der stillen Reserven über fünf Jahre zu strecken.[197]

127

---

[191] Vgl. *Pfirrmann* in Blümich KStG § 12 Rn. 41; *Dötsch/Pung* DB 2006, 2648 (2649); *Förster* DB 2007 S. 72 (73).
[192] Vgl. BT-Drs. 16/2710 S. 31.
[193] Vgl. BT-Drs. 16/2710 S. 30 iVm 28.
[194] Vgl. BT-Drs. 16/2710 S. 31.
[195] → § 32.
[196] Vgl. *Dötsch/Pung* DB 2006 S. 2648 (2650).
[197] → Rn. 108 ff.

6. Übertragung von Einzelwirtschaftsgütern durch Körperschaften ins Inland (Verstrickung, § 4 I 8 Halbs. 2 EStG)

128 Die einkommensteuerlichen Regelungen zur Verstrickung finden gemäß § 8 I KStG auch im Körperschaftsteuerrecht Anwendung.[198]

7. Entstrickung von Anteilen im Privatvermögen (§ 17 EStG)

a) Durch Sitzverlegung der Gesellschaft (§ 17 V EStG)

aa) Entstrickungstatbestand § 17 V 1 EStG

129 Verlegt eine in- oder ausländische Kapitalgesellschaft oder Genossenschaft ihren Sitz oder ihre Geschäftsleitung in einen anderen Staat und wird das deutsche Besteuerungsrecht bezüglich eines Gewinns aus der Veräußerung der Anteile beschränkt oder ausgeschlossen, gilt dies als Veräußerung.

130 Durch den Ausschluss bzw. die Beschränkung des deutschen Besteuerungsrechts gelten die Anteile als zum gemeinen Wert veräußert. Allerdings kann es nur dann zu einer Entstrickung nach § 17 V 1 EStG kommen, wenn die Gesellschaft nicht bereits zivilrechtlich aufgelöst ist. Anderenfalls findet § 17 IV EStG (Liquidationsbesteuerung) Anwendung.[199]

131 Ist der Gesellschafter in Deutschland ansässig, steht regelmäßig wegen der Art. 13 V OECD-MA entsprechenden Ausgestaltung des zur Anwendung kommenden DBA Deutschland das Besteuerungsrecht zu, unabhängig davon ob die Gesellschaft ihren Sitz oder Geschäftsleitung im In- oder Ausland hat. Weicht das anzuwendende DBA vom OECD-MA ab,[200] beispielsweise indem es dem Sitzstaat das Besteuerungsrecht zuweist und Deutschland die Anrechnungsmethode anwenden muss, ist eine Beschränkung durch die Sitzverlegung möglich.

132 Für beschränkt steuerpflichtige Gesellschafter, die Anteile iSv § 17 EStG im Privatvermögen halten, kann sich eine Entstrickung ergeben, wenn sie in einem Nicht-DBA-Staat ansässig sind und die Gesellschaft ihren Sitz oder den Ort der Geschäftsleitung in einen anderen Staat verlegt, § 49 I Nr. 2 Buchst. e Doppelbuchst. aa EStG.

133 Besteht das Vermögen einer Gesellschaft überwiegend aus inländischem Grundbesitz, weisen einige DBA entsprechend Art. 13 IV OECD-MA Deutschland das Besteuerungsrecht an Anteilen iSv § 17 EStG zu.[201] Dieses abkommensrechtliche Besteuerungsrecht ist un-

---

[198] → Rn. 116 ff.; *Dötsch/Pung* DB 2006 S. 2648 (2651).

[199] Vgl. *Winkeljohann/Fuhrmann* Handbuch des Umwandlungssteuerrechts, 647; *Förster* DB 2007 S. 72 (78); *Benecke* NWB 2007 Fach 3, 14 757 (14758 f.).

[200] Vgl. DBA Argentinien, Bangladesch, Bolivien, Bulgarien 2010, Ecuador, Indien, Kenia, Korea, Liberia, Mauritius 2011, Mexiko 2008, Norwegen, Pakistan, Philippinen 1983, Simbabwe, Sri Lanka, Tschechoslowakei, Tunesien, UdSSR siehe *Reimer* in Vogel/Lehner OECD-MA Art. 13 Rn. 226.

[201] Vgl. Akommensübersicht bei *Reimer* in Vogel/Lehner OECD-MA Art. 13 Rn. 149.

abhängig vom Sitz der Gesellschaft. Eine Entstrickung der von einem beschränkt Steuerpflichtigen gehaltenen Anteile kann bei der Sitzverlegung ins Ausland aber dennoch eintreten, da nach dem nationalen Recht Deutschland noch keinen Besteuerungstatbestand für beschränkt Steuerpflichtige hinsichtlich der Besteuerung von Veräußerungsgewinnen bezüglich Anteilen an ausländischen Kapitalgesellschaften, deren Vermögen hauptsächlich aus inländischem Grundbesitz besteht, geschaffen hat.[202]

bb) Ausnahmen von der Sofortbesteuerung § 17 V 2, 3 EStG

Nach § 17 V 2 EStG ist eine Besteuerung bei Sitzverlegung einer SE, SCE[203] oder einer anderen europäischen Kapitalgesellschaft innerhalb des Gebiets der EU nicht zulässig. **134**

Diese Ausnahmen ergeben sich aus Art. 10d FusionsRL, wonach eine Besteuerung bei der Sitzverlegung einer SE, SCE nicht zulässig ist. **135**

Welcher Sitz (Satzungssitz oder Verwaltungssitz) hierbei genau gemeint ist, ist offen.[204] Gemäß § 17 V 3 EStG kommt es bei einer späteren Veräußerung der Anteile zu einer Besteuerung in gleicher Weise, wie die Veräußerung der Anteile besteuert worden wäre, wenn keine Sitzverlegung stattgefunden hätte. Dies erfolgt ungeachtet eventuell entgegenstehender Regelungen der DBA (treaty override). Somit darf hier erst die tatsächliche Veräußerung besteuert werden. Das bedeutet, dass bei der Besteuerung ebenso die stillen Reserven erfasst werden, welche erst nach der Sitzverlegung entstanden sind, § 49 I Nr. 2 Buchst. e Doppelbuchst. bb EStG. Damit besteht die Gefahr der Doppelbesteuerung und ist die Regelung wohl nicht europarechtskonform.[205]

cc) Wertansatz

Bei einer Entstrickung der Anteile nach § 17 V 1 EStG gelten die Anteile iHd gemeinen Wertes als veräußert und unterliegen der sofortigen Besteuerung. Das Stuttgarter Verfahren ist hier nicht anwendbar.[206] Eine Bewertung der Anteile iSv § 17 EStG erfolgt regelmäßig in Anlehnung an den IDW-Standard S 1.[207] **136**

---

[202] Vgl. *Brink/Endres* in Reform des Umwandlungssteuerrechts Rn. 436.
[203] Vgl. *Brink/Endres* in Reform des Umwandlungssteuerrechts Rn. 442. Laut dieser Auffassung liegt wegen der Nichtnennung der SCE im Gesetzeswortlaut ein Versehen des Gesetzgebers vor.
[204] Vgl. *Lüdicke/Möhlenbrock* in Reform des Umwandlungssteuerrechts Rn. 123; *Benecke* NWB 2007 Fach 3, 14 757 (14 762).
[205] Vgl. *Rödder/Schumacher* DStR 2006 S. 1481 (1486); *Benecke/Schnitger* IStR 2006 S. 765 (768); *Blumenberg/Lechner* BB Special 8/2006 S. 31.
[206] Vgl. BT-Drs. 16/2710 S. 56.
[207] Vgl. *Benecke* NWB 2007 Fach 3, 14 757 (14 761).

b) Durch Wegzug des Gesellschafters (§ 6 AStG)

137 Die Regelung zur Wegzugsbesteuerung in § 6 AStG wurde bereits 1972 eingeführt. § 6 AStG aF war jedoch mit den gemeinschaftsrechtlich garantierten Grundfreiheiten, insbesondere dem Grundsatz der Niederlassungsfreiheit (Art. 49 AEUV), nicht vereinbar.[208] Der Gesetzgeber hat darauf mit der Neufassung des § 6 AStG durch das SEStEG reagiert. § 6 I AStG nF ist gemäß § 21 XIII 1 AStG ab dem VZ 2007 anzuwenden, § 6 II–VII AStG gilt in allen Fällen, in denen noch keine bestandskräftige Steuerfestsetzung vorliegt, § 21 XIII 2 AStG.

aa) Sofortbesteuerung

138 Eine Entstrickung erfolgt aufgrund der Aufgabe des Wohnsitzes oder des gewöhnlichen Aufenthalts des Gesellschafters, sofern dieser eine natürliche Person ist und mindestens zehn Jahre in Deutschland unbeschränkt steuerpflichtig war. In diesem Fall ist für Anteile des Gesellschafters iSv § 17 EStG auch ohne eine Veräußerung § 17 EStG anzuwenden. Dabei können die Anteile iSv § 17 EStG nunmehr sowohl an einer inländischen als auch an einer ausländischen Gesellschaft bestehen. Hierdurch kommt es zu einer erheblichen Erweiterung des bisherigen Anwendungsbereiches gegenüber der Regelung in § 6 AStG aF.[209] An die Stelle des Veräußerungspreises tritt der gemeine Wert der Anteile im Zeitpunkt der Beendigung der unbeschränkten Steuerpflicht, § 6 I 4 AStG. § 6 I 5 AStG regelt den Fall, in dem trotz Wegfalls des deutschen unbeschränkten Besteuerungsrechts weiterhin ein beschränktes Besteuerungsrecht gemäß § 17 iVm § 49 I Nr. 2 Buchst. e EStG besteht. In diesem Fall ist der bei der Veräußerung entstehende Gewinn um den bei der Wegzugsbesteuerung bereits versteuerten Vermögenszuwachs zu kürzen.

bb) Ersatztatbestände (§ 6 I 2 AStG)

139 Gemäß § 6 I 2 AStG stehen der Beendigung der unbeschränkten Steuerpflicht folgende Ersatztatbestände gleich:

140 **Übertragung durch Schenkung oder durch Erwerb von Todes wegen auf nicht unbeschränkt steuerpflichtige Personen (§ 6 I 2 Nr. 1 AStG).** Eine nach altem Recht mögliche Ermäßigung bzw. Erlass der Einkommensteuer im Falle der Entrichtung der in- oder ausländischen Erbschaftsteuer ist nicht mehr möglich. Daher kann es hier zu Doppelbelastungen des Steuerpflichtigen mit Einkommen- und Erbschaftsteuer kommen.

141 Die Besteuerung der stillen Reserven erfolgt beim Erblasser bzw. beim Schenker, der die Tatbestandsvoraussetzungen des § 6 AStG in letzter juristischer Sekunde erfüllt.[210]

---

[208] Vgl. EuGH v. 11.3.2004 – Rs. C-9/02 („Hughes des Lasteyrie du Saillant"), NJW 2004 S. 2439; BT-Drs. 16/2710 S. 27 und 52.
[209] Vgl. BT-Drs. 16/2710 S. 27, 52.
[210] Vgl. *Winkeljohann/Fuhrmann* Handbuch des Umwandlungssteuerrechts S. 650.

§ 31. Umstrukturierungen mit Einzelrechtsnachfolge § 31

Neubegründung der Ansässigkeit in einem anderen DBA-Staat 142
(§ 6 I 2 Nr. 2 AStG). Diese Regelung greift ein, wenn der Steuerpflichtige in einem anderen Staat einen weiteren Wohnsitz oder gewöhnlichen Aufenthalt begründet, wodurch er neben der deutschen unbeschränkten Steuerpflicht auch der unbeschränkten Steuerpflicht des anderen Landes unterliegt. Die Neubegründung der Ansässigkeit von in mehreren Staaten unbeschränkt Einkommensteuerpflichtigen, wird nach der in dem jeweiligen DBA geltenden „tie-breaker-rule" geregelt, vgl. Art. 4 II OECD-MA.[211]

Einlage der Anteile in einen Betrieb bzw. eine Betriebsstätte im 143
Ausland (§ 6 I 2 Nr. 3 AStG). Hier ist es – entgegen § 6 AStG aF – unbeachtlich, ob das deutsche Besteuerungsrecht bezüglich des Veräußerungsgewinns der Anteile ausgeschlossen wird.

Ausschluss bzw. Beschränkung des deutschen Besteuerungs- 144
rechts bezüglich des Veräußerungsgewinns der Anteile aus anderem Grund (§ 6 I 2 Nr. 4 AStG). Diese Regelung dient als Auffangtatbestand. Hierunter werden die Fälle erfasst, in denen Deutschland aufgrund eines DBA die Anrechnungs- oder Freistellungsmethode auf den Veräußerungsgewinn anwenden muss.[212]

cc) Bewertung

Nach § 6 I 1 AStG ist § 17 I EStG auch ohne Veräußerung anwend- 145
bar. Gemäß § 6 I 4 AStG werden die Anteile zum gemeinen Wert bewertet. Dieser Wert tritt an die Stelle des Veräußerungspreises iSv § 17 II EStG. Bewertungszeitpunkt ist dabei der Zeitpunkt der Verwirklichung des Grund- oder eines Ersatztatbestandes.

dd) Verhältnis zu anderen Vorschriften

§ 17 V EStG ist gegenüber § 6 AStG vorrangig anzuwenden. Dies 146
ergibt sich aus § 6 I 3 AStG.

ee) Stundung

Die Stundungsregeln greifen sowohl im Falle des Grundtatbestands als 147
auch für die Ersatztatbestände. Somit wird im Veranlagungszeitraum des Wegzugs zunächst die Steuer festgesetzt, die tatsächliche Besteuerung erfolgt aber erst bei Veräußerung bzw. Realisation eines Ersatztatbestandes.

In Drittstaat gegen Sicherheitsleistung (§ 6 IV AStG). Bei einem 148
Wegzug in einen Drittstaat kann die Besteuerung des Veräußerungsgewinns lediglich auf Antrag verzinslich gestundet werden. Dies ist allerdings höchstens für fünf Jahre und nur gegen Stellung einer Sicherheitsleistung möglich, § 6 IV 1 AStG. Hiermit soll die Sofortbesteuerung

---

[211] Vgl. *Benecke* NWB 2007 Fach 3, 14 757 (14 761).
[212] Vgl. *Brink/Endres* in Reform des Umwandlungssteuerrechts Rn. 393; *Hagemann/Jakob/Ropohl/Viebrock* NWB Sonderheft 1/2007, 9.

verhindert werden, wenn dies mit erheblichen Härten für den Steuerpflichtigen verbunden ist.

149 Ein Widerruf der Stundung kann gemäß § 6 IV 2 AStG erfolgen, soweit die Anteile veräußert oder verdeckt in eine Kapitalgesellschaft oder Genossenschaft eingelegt werden oder einer der Tatbestände des § 17 IV EStG erfüllt wird.

150 **Innerhalb der EU/EWR (§ 6 V bis VII AStG).** Erfolgt der Wegzug innerhalb der EU bzw. des EWR, erfolgt die Versteuerung erst, wenn tatsächlich ein Veräußerungsgewinn erzielt wird. Aufgrund des Wegzugs wird die Steuer festgesetzt. Diese wird allerdings bis zur Realisierung des Veräußerungsgewinns zinslos gestundet, ohne dass der Steuerpflichtige eine Sicherheitsleistung erbringen muss. Die Stundung erfolgt zeitlich unbegrenzt, § 6 V 1 AStG. Voraussetzung ist allerdings, dass der Steuerpflichtige in dem anderen EU-/EWR-Staat einer der deutschen unbeschränkten Einkommensteuerpflicht vergleichbaren Steuerpflicht unterliegt und die Amtshilfe und gegenseitige Unterstützung bei der Beitreibung der geschuldeten Steuer zwischen der Bundesrepublik Deutschland und dem anderen Staat gewährleistet ist. Dies ist gegenüber den anderen Staaten der EU durch Anwendung der EG-Amtshilfe- und Beitreibungsrichtlinie[213] grundsätzlich gewährleistet; Gleiches gilt für die EWR-Staaten Norwegen, Island und Liechtenstein.[214]

151 Eine Stundung erfolgt ebenso in den in § 6 V 3 AStG genannten Fällen von Amts wegen. Dabei wurde der Satz 3 durch das Gesetz zur Anpassung der Abgabenordnung an den Zollkodex der Union und zur Änderung weiterer steuerlicher Vorschriften[215] um eine Nr. 4 erweitert, die nunmehr auch in den Fällen des § 6 I 2 Nr. 4 AStG eine Stundung von Amts wegen vorsieht.[216]

152 In den Fällen des § 6 V 4 AStG, dh insbesondere bei der Veräußerung bzw. verdeckten Einlage des Anteils oder bei einer Auflösung nach § 17 IV EStG, bei der Beendigung der unbeschränkten Steuerpflicht in einem EU-/EWR-Staat oder bei einem sonstigen Vorgang, der bezüglich der Anteile zum Ansatz des Teilwerts oder des gemessenen Werts führt, kann die Stundung widerrufen werden. In diesen Fällen muss der Steuerpflichtige oder sein Rechtsnachfolger gemäß § 6 VII AStG dem Finanzamt innerhalb eines Monats nach Eintritt des zu Widerruf berechtigenden Ereignisses Meldung erstatten, § 19 AO. Dies dient einer zeitnahen Wertermittlung und der Sicherstellung der Steuererhebung.

153 Um die Stundung nicht zu verlieren, hat der Steuerpflichtige jährlich bis zum Ablauf des 31. Januars dem zuletzt zuständigen Wohnsitzfinanzamt seine zum vergangenen 31. Dezember gültige Anschrift mitzuteilen und zu bestätigen, dass die Anteile ihm bzw. seinem Rechtsnachfolger

---

[213] RL 2010/24/EU v. 16.3.2010, ABl. EU Nr. L 84 S. 1.
[214] Vgl. *Elicker* in Blümich AStG § 6 Rn. 90.
[215] ZollkodexAnpG v. 22.12.2014, BGBl. 2014 I S. 2417.
[216] Die neu eingefügte Nr. 4 findet rückwirkend auf alle Fälle Anwendung, in denen die geschuldete Steuer noch nicht entrichtet wurde, § 21 XXIII AStG.

weiterhin zuzurechnen sind. Kommt er dieser Pflicht nicht nach, kann die Stundung widerrufen werden, § 6 VII 5 AStG.

Umstrukturierungsvorgänge können ertragssteuerlich als Veräußerung angesehen werden. Da dies zum Widerruf der Stundung führen würde, werden Umwandlungsvorgänge nach §§ 11, 15 oder 21 UmwStG (Verschmelzung, Spaltung, Anteilstausch) auf Antrag nicht als Veräußerung iSv § 6 V 4 Nr. 1 AStG angesehen, wenn die erhaltenen Anteile bei einem unbeschränkt steuerpflichtigen Anteilseigner, welcher die Anteile nicht in einem Betriebsvermögen hält, nach §§ 13 II, 21 II UmwStG mit den Anschaffungskosten der bisherigen Anteile angesetzt werden könnten. Die erhaltenen Anteile treten an die Stelle der bisherigen Anteile, dh die Stundungsvorschriften beziehen sich nun auf die neuen Anteile, § 6 V 5 Halbs. 2 AStG. Somit findet bei erfolgsneutralen Umwandlungen keine Gewinnrealisierung statt. Ansonsten würden die Regelungen des UmwStG ins Leere laufen und Anteilseigner mit Anteilen im Privatvermögen würden gegenüber anderen benachteiligt werden.[217] Durch diese Regelung werden die europäischen Vorgaben der FusionsRL umgesetzt.[218] **154**

Hat der Anteilseigner ohne Berücksichtigung des Veräußerungsgewinnes einen negativen Gesamtbetrag der Einkünfte, so ist ein Verlustvor- bzw. Verlustrücktrag (§ 10d EStG) gemäß § 6 V 6 AStG nicht um den Vermögenszuwachs nach § 6 AStG zu mindern. Ansonsten würde der Steuerpflichtige ohne Realisierung eines Veräußerungsgewinns durch Kürzung des zu berücksichtigenden Verlusts schlechter gestellt als ein Steuerpflichtiger im Inlandsfall und dies wäre europarechtlich unzulässig.[219] **155**

Endet die Stundung, ist der Vermögenszuwachs rückwirkend bei der Anwendung des § 10d EStG zu berücksichtigen. Es erfolgt eine rückwirkende Aufhebung bzw. Änderung der Steuerbescheide, § 6 V 7 AStG. **156**

ff) Veräußerungsverluste, § 6 VI AStG

Sofern bei der Beendigung einer Steuerstundung nach § 6 V 4 Nr. 1 AStG der tatsächlich realisierte Veräußerungsgewinn niedriger ist als der nach § 6 I AStG zu ermittelnde Vermögenszuwachs und diese Minderung auch nicht im Ausland bei der Einkommensbesteuerung berücksichtigt wird, erfolgt eine rückwirkende Änderung bzw. Aufhebung der Steuerbescheide, § 175 I 1 AO. Dies ist notwendig, da bei einer Veräußerung der Anteile der tatsächlich erzielte Veräußerungsgewinn zugrunde zu legen ist und somit eine Korrektur bei einer Wertminderung erfolgen muss. Der niedrigere Gewinn wird besteuert. Die Minderung darf allerdings nicht durch gesellschaftsrechtliche Maßnahmen (zB Ausschüttung aus Gewinnrücklagen) verursacht worden sein, sondern muss **157**

---

[217] Vgl. *Hagemann/Jakob/Ropohl/Viebrock* NWB Sonderheft 1/2007, 10.
[218] Vgl. BT-Drs. 16/2710 S. 27, 54; Art. 8 I–III FusionsRL (90/434/EWG) v. 23.7.1990, ABl. EG Nr. L 225 S. 1.
[219] Vgl. BT-Drs. 16/2710 S. 27, 54; *Winkeljohann/Fuhrmann* Handbuch des Umwandlungssteuerrechts S. 652.

§ 31 8. Teil. Sonstige Umwandlungsvorgänge

betrieblich veranlasst sein. Dies muss der Steuerpflichtige gemäß § 6 VI 2 AStG nachweisen.

158 Die Berücksichtigung der Wertminderung erfolgt nur bis zur Höhe des beim Wegzug festgestellten Vermögenszuwachses.

159 Beruht die Gewinnminderung auf einer Gewinnausschüttung und ist diese Minderung nicht bei der inländischen Einkommensbesteuerung zu berücksichtigen, kann die inländische Kapitalertragsteuer einschließlich Solidaritätszuschlag auf die Gewinnausschüttung auf die geschuldete Steuer auf den Vermögenszuwachs, § 6 I AStG, angerechnet werden.[220]

gg) Lediglich vorübergehende Abwesenheit, § 6 III AStG

160 Die Wegzugsbesteuerung des § 6 AStG soll nur solche Fälle erfassen, bei denen der Steuerpflichtige endgültig aus der unbeschränkten Steuerpflicht ausscheidet. Somit entfällt gemäß § 6 III AStG der Steueranspruch rückwirkend, wenn der Steuerpflichtige innerhalb von fünf Jahren (diese Zeitspanne ist aus beruflichen Gründen auf höchstens zehn Jahre verlängerbar, sofern das Finanzamt dieser Fristverlängerung zustimmt) wieder unbeschränkt steuerpflichtig wird.

161 Die Anteile dürfen in der Zwischenzeit nicht veräußert bzw. die Tatbestände des § 6 I 2 Nr. 1 oder 3 AStG nicht realisiert worden sein. Dies gilt über § 6 III 3 AStG ebenso bei der Rückkehr des Erben.

162 Wurde die Steuer nach § 6 V AStG gestundet, gilt dies ohne zeitliche Begrenzung, wenn der Steuerpflichtige bzw. sein Rechtsnachfolger unbeschränkt steuerpflichtig werden oder das deutsche Besteuerungsrecht bezüglich des Veräußerungsgewinns der Anteile wieder begründet wird oder nicht mehr beschränkt ist, § 6 III 4 AStG. In letzterem Fall wird nicht mehr auf die Verhältnisse des Anteilseigners abgestellt.[221]

163 Bei Wegfall des Steueranspruchs und der sich dadurch ergebenden Änderung der Steuerfestsetzung handelt es sich um ein rückwirkendes Ereignis iSv § 175 I 1 Nr. 2 AO. Somit endet die Steuerpflicht nicht bereits beim Wegzug, sofern die Absicht einer Rückkehr innerhalb der genannten Fristen besteht.[222]

8. Verstrickung von Anteilen im Privatvermögen iSd § 17 EStG

a) Durch Zuzug der Gesellschaft

164 Für den Zuzug einer Gesellschaft, also die Verlegung des Sitzes oder des Ortes ihrer Geschäftsleitung ins Inland, gibt es keine gesetzliche Verstrickungsregelung auf Anteilseignerebene. Daher besteht Unklarheit darüber mit welchem Wert, gemeiner Wert im Zuzugszeitpunkt oder historische Anschaffungskosten, für eine spätere Besteuerung auszugehen ist. *Benecke*[223] geht in seinen Ausführungen nach der bisherigen Rechtsprechung des

---

[220] Vgl. BT-Drs. 16/2710 S. 27, 54.
[221] Vgl. BT-Drs. 16/2710 S. 27, 53.
[222] Zur Zinsproblematik vgl. § 233a IIa, § 234 I 2, § 234 II AO; *Hagemann/Jakob/Ropohl/Viebrock* NWB Sonderheft 1/2007, 9.
[223] Vgl. *Benecke* NWB 2007 Fach 3, 14 757 (14 769).

§ 31. Umstrukturierungen mit Einzelrechtsnachfolge § 31

Bundesfinanzhofs[224] von den historischen Anschaffungskosten aus. Bei Sitzverlegung einer SE bzw. SCE sind aufgrund der Doppelbesteuerungsgefahr die Besonderheiten des Art. 10d II FusionsRL zu beachten.[225]

b) Durch Zuzug des Gesellschafters (§ 17 II 3 EStG, § 6 AStG)

Der Verstrickungstatbestand aufgrund der Begründung des Wohnsitzes bzw. des gewöhnlichen Aufenthalts in der Bundesrepublik Deutschland und somit der unbeschränkten Steuerpflicht ist in § 17 II 3 EStG geregelt. In diesem Fall kann bei einer späteren Veräußerung der Anteile der Wert, den der Wegzugsstaat einer dem § 6 AStG vergleichbaren Besteuerung (Wegzugsbesteuerung) unterworfen hat, als Anschaffungskosten berücksichtigt werden. Die ausländische Wegzugsbesteuerung ist von Steuerpflichtigen nachzuweisen, um das Entstehen von sog. „Weißen Einkünften" aufgrund fehlender Wegzugsbesteuerung im Ausland zu versteuern. Allerdings ist der Wert auf die Höhe des gemeinen Wertes begrenzt. Unklar ist hier, ob der gemeine Wert im Zuzugszeitpunkt oder zum Veräußerungszeitpunkt gemeint ist. Die wohl herrschende Meinung stellt auf den gemeinen Wert im Zuzugszeitpunkt ab.[226] Eine Mehrfachbesteuerung ergibt sich auch, wenn außer dem unmittelbaren Wegzugsstaat ein weiterer Staat den Wertzuwachs besteuert, so zB ein früherer Wegzugsstaat. Hierzu liegt bislang keine Lösung vor.[227] 165

Erbringt der Steuerpflichtige die Nachweispflichten nicht, findet § 17 II 3 EStG keine Anwendung. In diesem Fall erfolgt ein Ansatz mit den historischen Anschaffungskosten. 166

Vom Gesetzeswortlaut ist nur ein Vermögenszuwachs, also der Fall, dass der Wert der Anteile im Zeitpunkt des Zuzugs oberhalb der historischen Anschaffungskosten liegt, erfasst. Somit dürfte eine Vermögensminderung, bei der der Wert der Anteile im Zeitpunkt des Zuzugs unterhalb der historischen Anschaffungskosten liegt, nicht erfasst sein.[228] 167

c) Wegfall der Wegzugsbesteuerung wegen Rückkehr ins Inland, § 6 III AStG

Wird der Steuerpflichtige innerhalb von fünf Jahren in Deutschland wieder unbeschränkt steuerpflichtig, entfällt der infolge des Wegzugs entstandene Besteuerungsanspruch nach § 6 AStG, sofern die Anteile nicht zwischenzeitlich veräußert wurden. 168

Die Verstrickung mit dem im Ausland angesetzten Wert erfolgt mit den historischen Anschaffungskosten, § 17 II 4 EStG.[229] Dadurch soll die 169

---

[224] BFH v. 19.3.1996 – VIII R 15/ 94, BStBl. II 1996 S. 312.
[225] Vgl. *Winkeljohann/Fuhrmann* Handbuch des Umwandlungssteuerrechts, 654; *Benecke* NWB 2007 Fach 3, 14 757 (14 769).
[226] Vgl. *Winkeljohann/Fuhrmann* Handbuch des Umwandlungssteuerrechts S. 655 mwN.
[227] Vgl. *Lüdicke/Möhlenbrock* in Reform des Umwandlungssteuerrechts Rn. 133.
[228] Vgl. *Benecke/Schnitger* IStR 2006 S. 765 (768); *Winkeljohann/Fuhrmann* Handbuch des Umwandlungssteuerrechts S. 655.
[229] Vgl. *Förster* DB 2007 S. 72 (79); *Brink/Endres* in Reform des Umwandlungssteuerrechts Rn. 485.

ursprüngliche Situation, wie sie vor dem Wegzug bestanden hat, wiederhergestellt werden. Allerdings kann es zu einer Doppelbesteuerung kommen, da auch die im Ausland entstandenen und versteuerten stillen Reserven bei einer späteren Veräußerung aus dem Inland in Deutschland versteuert werden.[230]

VI. Realteilung

1. Historische Entwicklung

a) Bis 1998

170 Bis zum 31.12.1998 war der Begriff der Realteilung gesetzlich nicht geregelt. Nach Auffassung des BFH lag eine Realteilung vor, wenn eine gewerbliche Personengesellschaft derart aufgelöst wurde, dass jeder Gesellschafter der Personengesellschaft Wirtschaftsgüter aus dieser erhalten hat und so der Tatbestand der Betriebsaufgabe vorlag.[231] Bezüglich eines Betriebsaufgabegewinns bestand nach Ansicht der Finanzverwaltung und der Rechtsprechung auf Ebene der Gesellschafter ein Wahlrecht zwischen der Realisation eines begünstigten Aufgabegewinns iSd §§ 16, 34 EStG[232] oder der Fortführung der Buchwerte der übertragenen Wirtschaftsgüter im Betriebsvermögen einer anderen Gesellschaft. In das ab 1.1.1995 neu gefasste Umwandlungssteuergesetz wurde die Realteilung einer Personengesellschaft zwar nicht aufgenommen, nach der oben dargestellten Ansicht wurde sie jedoch als „Umkehrung" der Einbringung in eine Personengesellschaft angesehen. Dies hatte zur Folge, dass die Grundsätze des § 24 UmwStG sinngemäß auf sie Anwendung finden sollten (sog. reziprok-analoge Anwendung von § 24 UmwStG).[233]

171 Von dieser Begünstigung des Aufgabegewinns nach §§ 16, 34 EStG war sowohl die Übertragung von Mitunternehmeranteilen und Teilbetrieben, als auch die Übertragung von einzelnen Wirtschaftsgütern erfasst.[234] Bei einer betragsmäßigen Differenz zwischen den Buchwerten der übernommenen Wirtschaftsgüter und den bisherigen Kapitalkonten musste eine erfolgsneutrale Anpassung in der Fortführungsbilanz mit der sog. Kapitalkontenanpassungsmethode erfolgen.[235]

---

[230] Vgl. *Winkeljohann/Fuhrmann* Handbuch des Umwandlungssteuerrechts S. 655; *Benecke* NWB 2007 Fach 3, 14 757 (14 769).

[231] Vgl. *Hörger/Rapp* in Littmann/Bitz/Pust Das Einkommensteuerrecht § 16 Rn. 187.

[232] Vgl. *Schoor* INF 2006 S. 306 (306).

[233] Vgl. BFH v. 10.12.1991 – VIII R 69/86, BStBl. II 1992 S. 385; BMF v. 25.3.1998, BStBl. I 1998 S. 268 Tz. 24.18.

[234] Vgl. BFH v. 23.3.1995 – IV R 93/93, BStBl. II 1995 S. 700; BFH v. 10.12.1991 – VIII R 69/86, BStBl. II 1992 S. 385.

[235] Vgl. BFH v. 1.12.1992 – VIII R 57/90, BStBl. II 1994 S. 607; BFH v. 10.12.1991 – VIII R 69/86, BStBl. II 1992 S. 385.

b) 1999/2000

172 Mit dem Steuerentlastungsgesetz 1999/2000/2002[236] wurde durch Änderung des § 16 III 2 EStG iVm § 6 III EStG die Realteilung erstmals kodifiziert. Mit dieser Änderung konnte eine Realteilung nach dem 31.12.1998 nur noch dann steuerneutral durchgeführt werden, wenn Betriebe, Teilbetriebe, Mitunternehmeranteile oder eine 100-prozentige Beteiligung an einer Kapitalgesellschaft übertragen wurden. Allerdings wurde das bisher eingeräumte Wahlrecht aufgehoben und die steuerneutrale Buchwertfortführung bei der Übertragung von einzelnen Teilbetrieben[237] durch die Verweisung auf § 6 III EStG zwingend vorgeschrieben.[238] Eine gewinnneutrale Übertragung von einzelnen Wirtschaftsgütern war jedoch ausgeschlossen, so dass in ihnen enthaltene stille Reserven bei Übertragung durch Ansatz des gemeinen Werts stets aufgedeckt werden mussten, was eine Gleichstellung mit der in § 16 III 1 EStG geregelten Veräußerung darstellte (objektbezogene Betrachtung). Ferner wurde nicht mehr an den Tatbestand der Betriebsaufgabe auf Gesellschaftsebene angeknüpft, sondern zu einer personenbezogenen Betrachtungsweise übergegangen.[239] Es lag somit auch eine Realteilung bei Fortführung der Gesellschaft vor, wenn bspw. ein Gesellschafter gegen eine Abfindung in Form eines Teilbetriebs oder eines Mitunternehmeranteils aus dem Unternehmen ausgeschieden ist, welchen er seinerseits in ein anderes Betriebsvermögen einbrachte.[240]

c) Ab 2001

173 Seit 2001 ist durch das Unternehmenssteuerfortentwicklungsgesetz[241] (UntStFG) vom 20.12.2001 wieder vorgeschrieben, dass zusätzlich zu Mitunternehmeranteilen und Teilbetrieben auch einzelne Wirtschaftsgüter im Rahmen einer Realteilung zwingend steuerneutral zu übertragen sind, sofern die Übertragung in ein Betriebsvermögen des Mitunternehmers erfolgt und die enthaltenen stillen Reserven steuerverhaftet bleiben. Die Pflicht zum Buchwertansatz wurde in diesen Fällen beibehalten, allerdings nicht mehr durch Anwendung des § 6 III EStG, sondern durch eine explizite Regelung in § 16 III 2 EStG. Außerdem wurden mit dem UntStFG eine Sperrfrist von drei Jahren für die Weiterveräußerung bei der Realteilung übertragener wesentlicher Betriebs-

---

[236] Vgl. BGBl. 1999 I S. 402 ff.
[237] Ausreichend soll sein, dass durch die Übertragungsvereinbarung die Voraussetzungen für einen Teilbetrieb geschaffen werden können, vgl. hierzu *Schallmoser* in Blümich EStG § 16 Rn. 396; BFH v. 10.3.1998 – VIII R 31/95, BFH/NV 1998 S. 1209.
[238] Vgl. *Hörger/Rapp* in Littmann/Bitz/Pust Das Einkommensteuerrecht § 16 Rn. 187a; *Schallmoser* in Blümich EStG § 16 Rn. 396.
[239] Vgl. *Hörger/Rapp* in Littmann/Bitz/Pust Das Einkommensteuerrecht § 16 Rn. 187a.
[240] Vgl. *Schallmoser* in Blümich EStG § 16 Rn. 396.
[241] Vgl. BGBl. 2001 I S. 3858 ff.

grundlagen sowie die sog. Körperschaftsklausel in § 16 III 3 und 4 EStG eingefügt.

174 Mit dem SEStEG[242] wurde in Form des § 16 V EStG die sog. Körperschaftsklausel II eingefügt, welche erstmals auf Übertragungen nach dem 12.12.2006 anzuwenden ist (§ 52 XXXIV 7 EStG idF des SEStEG). Mit dem Jahressteuergesetz 2010[243] vom 8.12.2010 wurde entsprechend dem Entstrickungs-Fallbeispiel in § 4 I 4 EStG und § 12 I 2 KStG[244] ein neuer § 16 IIIa EStG eingefügt, wonach der Ausschluss oder die Beschränkung des Besteuerungsrechts der Bundesrepublik Deutschland hinsichtlich des Gewinns aus der Veräußerung sämtlicher Wirtschaftsgüter des Betriebs oder eines Teilbetriebs der Aufgabe eines Gewerbebetriebs gleich steht. Darüber hinaus wurden § 16 III 2 EStG und § 16 IIIa jeweils in einem neuen Halbsatz 2 um einen ausdrücklichen Verweis auf den Entstrickungsfall des § 4 I 4 EStG ergänzt.

Die bisher letzte gesetzliche Anpassung wurde mit dem Steuervereinfachungsgesetz 2011[245] vom 1.11.2011 durch Einfügung des § 16 IIIb EStG vorgenommen, der für Abgrenzungsfälle zwischen Betriebsunterbrechung und Betriebsaufgabe eine Betriebsfortführungsfiktion regelt.[246]

2. Begriff der Realteilung

175 Auch wenn der Begriff der Realteilung seit 1999 im Gesetz genannt ist, so fehlt es weiter an einer Legaldefinition. Handelsrechtlich wird der Begriff der Naturalteilung als „andere Art der Auseinandersetzung" verstanden,[247] steuerlich wurde bisher[248] hieran anknüpfend unter dem Begriff der Realteilung die Auseinandersetzung einer unternehmerisch tätigen Personengesellschaft in der Weise verstanden, dass das Gesamthandsvermögen der zwei- oder mehrgliedrigen Personengesellschaft auf die Gesellschafter verteilt wird und jeder Gesellschafter einen Teil des Gesellschaftsvermögens in sein Betriebsvermögen übernimmt.[249] Nach dieser Definition musste die Personengesellschaft im Zuge der Realteilung untergehen, der Betrieb der Personengesellschaft durfte weder durch

---

[242] BGBl. 2006 I S. 2782; ber. BGBl. 2007 I S. 68.
[243] BGBl. 2010 I S. 1768.
[244] → Rn. 89 ff.
[245] BGBl. 2011 I S. 2131.
[246] Zum zeitlichen Anwendungsbereich vgl. *Hechtner* NWB 2013, 19.
[247] Vgl. §§ 731 BGB und 145 I HGB.
[248] Bis zur Rechtsprechungsänderung durch BFH v. 17.9.2015 – III R 49/13, BFH/NV 2016 S. 624; bereits vorher aA: *Hörger/Mentel/Schulz* DStR 1999 S. 565 (566); *Hörger/Rapp* in Littmann/Bitz/Pust Das Einkommensteuerrecht § 16 Rn. 187e; für den Fall, dass Teile des Gesamthandvermögens unter Fortführung der Personengesellschaft (etwa zur Vermeidung der Folgen des § 15 III Nr. 1 EStG) auf eine beteiligungs- und gesellschafteridentische Personengesellschaft übertragen werden: *Schallmoser* in Blümich EStG § 16 Rn. 390 mwN; *Wacker* in Schmidt EStG § 16 Rn. 535.
[249] *Anders* in Winkeljohann/Förschle/Deubert Sonderbilanzen, Kapitel O: Realteilungsbilanz Rn. 8; BFH v. 29.4.2004 – IV B 124/02 (NV), BFH/NV 2004 S. 1395 (NV).

§ 31. Umstrukturierungen mit Einzelrechtsnachfolge § 31

einen Gesellschafter noch durch die Gesamtheit der Gesellschafter fortgesetzt werden, sodass der Tatbestand der Betriebsaufgabe iSv § 16 III 1 EStG verwirklicht wurde.[250]

Diesem Verständnis folgte auch die Finanzverwaltung, die neben der Betriebsaufgabe als weitere Voraussetzung für eine Realteilung im BMF-Schreiben vom 28.2.2006[251] die Übertragung mindestens einer wesentlichen Betriebsgrundlage in ein anderes Betriebsvermögen fordert.[252] Für die Qualifizierung als wesentliche Betriebsgrundlage kommen laut dem Schreiben sowohl die quantitative (erhebliche stille Reserven)[253] als auch die funktionale (besonderes wirtschaftliches Gewicht für die Betriebsführung) Betrachtungsweise in Betracht.[254] Es ist nicht erforderlich, dass jeder Gesellschafter wesentliche Betriebsgrundlagen erhält, sondern es reicht aus, wenn eine wesentliche Betriebsgrundlage in ein anderes Betriebsvermögen überführt wird. In das Privatvermögen übertragene Wirtschaftsgüter stellen Entnahmen der Realteilungsgemeinschaft dar.[255] 176

Von diesem Verständnis der Realteilung hat sich der BFH nunmehr gelöst und in Abkehr von seiner bisherigen Rechtsprechung entschieden, dass eine Realteilung im steuerlichen Sinn auch bei Ausscheiden von Gesellschaftern unter Fortführung der Personengesellschaft durch die verbleibenden Gesellschafter vorliegen kann.[256] Dies gelte zumindest für den Fall, in dem ein Mitunternehmer aus einer fortbestehenden Mitunternehmerschaft ausscheide und als Abfindung einen Teilbetrieb erhält, den er als eigenes Betriebsvermögen fortführt.[257] Der BFH lässt dabei ausdrücklich offen, ob Entsprechendes auch für den Fall gilt, dass der ausscheidende Mitunternehmer im Rahmen einer Sachwertabfindung Einzelwirtschaftsgüter erhält.[258] 177

3. Gegenstand/Voraussetzungen der Realteilung

Den Gegenstand einer Realteilung iSd § 16 III 2 EStG bildet das gesamte Betriebsvermögen (Gesamthandsvermögen und Sonderbetriebsvermögen) der zu teilenden Mitunternehmerschaft. Die Realteilung kann nach § 16 III 2 EStG durch die Übertragung von Teilbetrieben, Mitunternehmeranteilen oder einzelnen Wirtschaftsgütern erfolgen. In Übereinstimmung mit § 16 I 1 Nr. 1 Satz 2 EStG ist nach hM die 178

---

[250] Vgl. *Wacker* in Schmidt EStG § 16 Rn. 535.
[251] BMF v. 28.2.2006, BStBl. I 2006 S. 228.
[252] Vgl. BMF v. 28.2.2006, BStBl. I 2006 S. 228 Tz. I.
[253] Vgl. *Schell* BB 2006 S. 1026 (1029); *Reiß* in Kirchhof EStG 10. Auflage 2011 § 16 Rn. 238.
[254] Vgl. BMF v. 28.2.2006, BStBl. I 2006 S. 228 Tz. I.
[255] Vgl. BMF v. 28.2.2006, BStBl. I 2006 S. 228 Tz. I.
[256] BFH v. 17.9.2015 – III R. 49/13, BFH/NV 2016 S. 624.
[257] Etwas anderes gilt nach wie vor bei Barabfindungen sowie für den Fall, in dem ein Mitunternehmer unter Fortführung der Personengesellschaft durch die verbleibenden Gesellschafter seinen Mitunternehmeranteil veräußert oder aufgibt oder bei zweigliedrigen Personengesellschaften, wenn der Betrieb durch den verbleibenden Mitunternehmer fortgeführt wird.
[258] Befürwortend: *Bünning* in BB 2016, 750, 753.

Übertragung einer 100% Beteiligung an einer Kapitalgesellschaft als Übertragung eines Teilbetriebs anzusehen.[259] Ferner sind nach hM auch Teile von Mitunternehmeranteilen iSd § 16 I 2 EStG für Zwecke der Realteilung wie Mitunternehmeranteile zu behandeln.[260] Die Qualifizierung als Mitunternehmeranteil führt dazu, dass – anders als bei der Übertragung von Einzelwirtschaftsgütern – keine Sperrfrist in Gang gesetzt wird.

179 Als Voraussetzung für die Buchwertfortführung bei einer Realteilung bestimmt § 16 III 2 EStG, dass Teilbetriebe, Mitunternehmeranteile oder einzelne Wirtschaftsgüter in das jeweilige Betriebsvermögen der einzelnen Mitunternehmer zu übertragen sind.[261] Dabei ist es unerheblich, ob die Mitunternehmer bereits über weiteres Betriebsvermögen verfügen oder dieses erst im Rahmen der Realteilung entsteht.[262] Die steuerneutrale Übertragung in ein anderes Betriebsvermögen ist jedoch nur möglich, wenn die Besteuerung der stillen Reserven weiterhin dem deutschen Fiskus obliegt (allgemeine Sicherungsklausel), § 16 III 2 Halbs. 3 iVm § 4 I 4 EStG. Dies ist regelmäßig bei Übertragungen in ein ausländisches Betriebsvermögen dann nicht der Fall, wenn die ausländischen Einkünfte durch ein DBA freigestellt sind.[263] Ferner ist es erforderlich, dass die Wirtschaftsgüter in ein Einzel- oder Sonderbetriebsvermögen des Realteilers übertragen werden, dh eine Übertragung in ein anderes Gesamthandsvermögen ist gewinnneutral nicht möglich; auch dann nicht, wenn es sich um eine Schwestergesellschaft mit identischen Gesellschaftern handelt.[264] Bei der Übertragung von Mitunternehmeranteilen oder Teilen davon ist ein weiteres Betriebsvermögen nicht erforderlich, da diese bereits selbst Betriebsvermögen darstellen.[265]

---

[259] BMF v. 28.2.2006, BStBl. I 2006 S. 228 Tz. III.; *Hörger/Rapp* in Littmann/Bitz/Pust Das Einkommensteuerrecht § 16 Rn. 187d, 189a; aA in Bezug auf § 24 UmwStG: BFH v. 17.7.2008 – I R 77/06, BStBl. II 2009 S. 464; *Rasche* GmbHR 2007, 793; zum Meinungsstreit vgl. auch *Klingebiel/Patt/Rasche/Krause* Umwandlungssteuerrecht, 566.

[260] BMF v. 28.2.2006, BStBl. I 2006 S. 228 Tz. III.; *Klingebiel/Patt/Rasche/Krause* Umwandlungssteuerrecht, 567.

[261] Zu den Anforderungen an die Mitunternehmerstellung vgl. BFH v. 16.12.2015 – IV R 8/12, DStR 2016 S. 385, wonach es nicht missbräuchlich iSd § 42 AO sein soll, wenn die Mitunternehmer im unmittelbaren zeitlichen Zusammenhang mit der Realteilung ihre Mitunternehmeranteile ihrerseits jeweils in eine Mitunternehmerschaft einbringen, um die Buchwertfortführung zu gewährleisten.

[262] Vgl. BMF v. 28.2.2006, BStBl. I 2006 S. 228 Tz. IV. Nr. 1; *Hörger/Rapp* in Littmann/Bitz/Pust Das Einkommensteuerrecht § 16 Rn. 191; *Wacker* in Schmidt EStG § 16 Rn. 543.

[263] Vgl. BMF v. 28.2.2006, BStBl. I 2006 S. 228 Tz. V.

[264] Vgl. BMF v. 28.2.2006, BStBl. I 2006 S. 228 Tz. IV. Nr. 1; *Brandenberg* DStZ 2002 S. 594, 596; aA: *Sauter/Heurung/Oblau* FR 2002 S. 1101 (1105); *Stahl* in Korn EStG § 16 Rn. 315.

[265] Vgl. BMF v. 28.2.2006, BStBl. I 2006 S. 228 Tz. IV Nr. 1.

§ 31. Umstrukturierungen mit Einzelrechtsnachfolge

4. Sicherungsklauseln

a) Sperrfrist

Die Realteilung zu Buchwerten ist an mehrere Bedingungen gebunden. Hier sei zunächst die in § 16 III 3 EStG geregelte sog. Sperrfrist genannt. Danach ist rückwirkend der gemeine Wert anzusetzen, wenn einzelne Wirtschaftsgüter (also nicht bei Übertragung von Mitunternehmeranteilen oder Teilbetrieben) in Form von Grund und Boden, Gebäuden oder anderen wesentlichen Betriebsgrundlagen zu Buchwerten übertragen wurden und diese innerhalb von drei Jahren nach Abgabe der Steuererklärung der Mitunternehmerschaft für den Veranlagungszeitraum der Realteilung entnommen bzw. veräußert wurden. Die Regelung soll vermeiden, dass eine Realteilung zu Buchwerten allein der Vorbereitung der späteren Entnahme bzw. Veräußerung von Wirtschaftsgütern dienen soll. Die Finanzverwaltung geht von einer weiten Auslegung des Veräußerungsbegriffs aus,[266] was zwar mit dem Wortlaut der Regelung vereinbar, jedoch aufgrund der fortbestehenden steuerlichen Verhaftung zumindest bei Umwandlungsvorgängen fraglich ist.[267] 180

Liegt eine schädliche Entnahme bzw. Veräußerung vor, kommt es zu einem nachträglichen Aufdecken der stillen Reserven und somit zu einer steuerlichen Rückwirkung iSd § 175 I 1 Nr. 2, II AO. Dabei ist zu beachten, dass der hierbei entstehende Gewinn laufenden Gewinn der ehemaligen Mitunternehmerschaft darstellt, der nicht nach §§ 16 und 34 EStG begünstigt ist,[268] außer es werden alle übertragenen Wirtschaftsgüter entnommen/veräußert und damit alle stillen Reserven aufgedeckt. Sofern der Gewinn mit Wirtschaftsgütern des aufgelösten Gesamthandsvermögens realisiert wird, ist er allen Realteilern – entsprechend dem allgemeinen Gewinnverteilungsschlüssel – zuzurechnen. Es sei denn, es wurden im Gesellschaftsvertrag oder in schriftlich getroffenen Vereinbarungen (Realteilungsabrede) abweichende Regelungen zur Gewinnzurechnung getroffen, nach denen der Gewinn allein dem entnehmenden bzw. veräußernden Realteiler zuzurechnen ist.[269] 181

Der Gewinn aus der Entnahme/Veräußerung von Wirtschaftsgütern des Sonderbetriebsvermögens der realgeteilten Mitunternehmerschaft ist dem Realteiler zuzurechnen, zu dessen Sonderbetriebsvermögen die entsprechenden Wirtschaftsgüter gehörten. Wenn Sonderbetriebsvermögen im Rahmen der Realteilung von einem anderen Realteiler übernommen wurde, gilt, dass ein Entnahme- bzw. Veräußerungsgewinn dem übertragenden Realteiler zuzurechnen ist, sofern keine abweichenden Vereinbarungen über die Zurechnung zum übernehmenden Realteiler ver- 182

---

[266] Vgl. BMF v. 28.2.2006, BStBl. I 2006 S. 228 Tz. VIII.
[267] Für eine restriktive Interpretation des Veräußerungsbegriff vgl. *Hörger/Rapp* in *Littmann/Blitz/Pust* Das Einkommensteuerrecht § 16 Rn. 194; *Schell* BB 2006 S. 1026, 1029.
[268] Vgl. BMF v. 28.2.2006, BStBl. I 2006 S. 228 Tz. IX.
[269] Vgl. BMF v. 28.2.2006, BStBl. I 2006 S. 228 Tz. IX; zu möglichen Gewinnauswirkungen bei nachträglichen Ausgleichszahlungen vgl. *Wacker* in Schmidt EStG § 16 Rn. 554.

einbart wurden. Nach Gewerbesteuerrecht ist dieser Vorgang als gewerbesteuerpflichtige Betriebsaufgabe zu werten (§ 7 Satz 2 GewStG), die nur bei einer unmittelbar beteiligten natürlichen Person als Gesellschafter nicht zum Gewerbeertrag rechnet.[270] Noch nicht geklärt ist, wie sich bezüglich der Gewerbesteuer eine evtl. getroffene Realteilungsabrede auswirkt, da Schuldner der Gewerbesteuer die inzwischen beendete Personengesellschaft ist. Da diese jedoch nach der Realteilung vermögenslos ist, können die ehemaligen Gesellschafter im Wege der Haftung in Anspruch genommen werden. Inwieweit die Zurechnungsabrede im Rahmen der Ermessensausübung hier Berücksichtigung findet, ist fraglich.

b) Körperschaftsklausel I

183 Eine weitere Einschränkung enthält § 16 III 4 EStG – die sog. Körperschaftsklausel I – wonach der gemeine Wert anzusetzen ist, soweit einzelne Wirtschaftsgüter (also nicht Mitunternehmeranteile oder Teilbetriebe) unmittelbar oder mittelbar auf eine Körperschaft, Personenvereinigung oder Vermögensmasse übertragen werden. Lediglich wenn und soweit die Körperschaft bereits im Vorfeld unmittelbar oder mittelbar an dem Wirtschaftsgut beteiligt war, ist eine Fortführung zu Buchwerten zulässig.[271] Durch diese Norm soll verhindert werden, dass stille Reserven auf Körperschaften übertragen werden, deren Gesellschafter bei Veräußerung der Anteile in den Genuss des Halb- bzw. Teileinkünfteverfahrens kommen und dem Fiskus auf diese Weise Steuersubstrat entzogen wird.[272]

c) Körperschaftsklausel II

184 Die Körperschaftsklausel I führt für die Übertragung einer 100% Beteiligungen an einer Kapitalgesellschaft auf eine Realteiler-Kapitalgesellschaft weder zum Wegfall der Buchwertfortführung, noch zur Entstehung von einbringungsgeborenen Anteilen (§ 21 UmwStG aF) in Bezug auf die Beteiligung an der Realteiler-Kapitalgesellschaft. Die Finanzverwaltung wendete jedoch § 8b IV 1 Nr. 2 KStG aF an, was im Falle der Weiterveräußerung der übernommenen Beteiligung durch die Realteiler-Kapitalgesellschaft innerhalb von sieben Jahren nach der Realteilung zu einer vollen Besteuerung führte.[273] Mit dem SEStEG wurde das bisherige Besteuerungssystem für einbringungsgeborene Anteile zugunsten einer nachgelagerten Besteuerung aufgegeben.[274] Um zu verhindern, dass im Rahmen einer Realteilung zu Buchwerten übertragene Anteile an Kapitalgesellschaften anschließend bei einer Veräußerung nahezu (95%) außer Ansatz bleiben (§ 8b KStG), wurde § 16 V EStG als Körper-

---

[270] BFH v. 17.2.1994 – VIII R 13/94, BStBl. II 1994 S. 809.
[271] Vgl. BMF v. 28.2.2006, BStBl. I 2006 S. 228 Tz. I.
[272] Vgl. *Winkemann* BB 2004 S. 130 (131); *Hörger/Rapp* in Littmann/Bitz/Pust Das Einkommensteuerrecht § 16 Rn. 195.
[273] Zum Meinungsstreit vgl. *Wacker* in Schmidt EStG § 16 Rn. 556.
[274] Vgl. *Nagel/Thies* GmbHR 2008 S. 479 (480).

schaftsklausel II eingefügt.²⁷⁵ Nach Absatz 5 gilt eine siebenjährige Veräußerungssperrfrist für Übertragungen von Anteilen an einer Körperschaft, Personenvereinigung oder Vermögensmasse, sofern diese im Rahmen einer Realteilung, bei der Teilbetriebe auf einzelne Realteiler übertragen wurden, unmittelbar oder mittelbar von einem von § 8b II KStG Nicht-Begünstigten auf einen von § 8b II KStG Begünstigten übertragen werden. Als Übertragung in diesem Sinne sind sowohl Veräußerungen als auch die schädlichen Vorgänge nach § 22 I 6 Nr. 1–5 UmwStG in der Fassung des SEStEG zu verstehen.²⁷⁶ In diesem Fall ist rückwirkend (§ 175 I 1 Nr. 2 AO) der gemeine Wert der weiterveräußerten Kapitalgesellschaftsanteile zum Zeitpunkt der Realteilung anzusetzen.²⁷⁷ Das Halbeinkünfte- bzw. ab 2009 das Teileinkünfteverfahren findet Anwendung.

Zu beachten ist die Anwendung der „Siebtelregelung", welche aus dem Verweis auf § 22 II 3 UmwStG resultiert. Dh, die stillen Reserven sind – entsprechend dem Zeitverlauf – für jedes abgelaufene Jahr um ein Siebtel zu verringern, so dass nach sieben Jahren keine stillen Reserven mehr aufgedeckt werden.²⁷⁸ Der aus den aufgedeckten stillen Reserven resultierende Gewinn wird dem übernehmenden Realteiler zugerechnet und gilt als nicht begünstigter, laufender Gewinn, § 16 III 5 EStG.²⁷⁹ **185**

5. Arten der Realteilung

a) Gewinnneutrale Realteilung

aa) Ohne Spitzenausgleich

Nach § 16 III 2 EStG sind bei einer Realteilung zwingend die Buchwerte fortzuführen, wenn die in der Vorschrift aufgezählten Voraussetzungen vorliegen. Sind die Voraussetzungen gegeben, besteht für die Realteiler hinsichtlich des Wertansatzes kein Wahlrecht, die Schlussbilanzwerte der Mitunternehmerschaft sind anzusetzen. Gemäß § 16 III 2 Halbs. 2 EStG sind die übernehmenden Mitunternehmer an diese Werte gebunden. **186**

Der Tatbestand des § 16 III 2 EStG ist erfüllt, wenn eine Mitunternehmerschaft real geteilt wird (→ Rn. 175), die in der Mitunternehmerschaft vorhandenen Teilbetriebe, Mitunternehmeranteile und einzelnen Wirtschaftsgüter (hierzu gehören auch Schulden) in das jeweilige Betriebsvermögen (einschließlich Sonderbetriebsvermögen) der einzelnen Mitunternehmer unter Sicherstellung der Besteuerung der stillen Reserven übertragen werden und weder ein Verstoß gegen die Behaltefrist vorliegt noch die Körperschaftsklauseln I und II eingreifen. Als Folge der Buchwertfortführung tritt der Realteiler in vollem Umfang in die Rechtsstellung **187**

---

²⁷⁵ Vgl. *Klingebiel/Patt/Rasche/Krause* Umwandlungssteuerrecht S. 569.
²⁷⁶ Vgl. *Wacker* in Schmidt EStG Rn. 557.
²⁷⁷ Zur Verweisung in Halbs. 2 auf § 22 II 3 UmwStG vgl. *Wacker* in Schmidt EStG Rn. 558.
²⁷⁸ Vgl. *Wacker* in Schmidt EStG § 16 Rn. 558.
²⁷⁹ Vgl. *Klingebiel/Patt/Rasche/Krause* Umwandlungssteuerrecht, 569.

§ 31 8. Teil. Sonstige Umwandlungsvorgänge

der Personengesellschaft ein.[280] Nur im Idealfall stimmt der Buchwert des erhaltenen Vermögens mit dem Buchwert des bisherigen Kapitalkontos des jeweiligen Realteilers überein. Wenn dann noch genau der Anteil an den stillen Reserven auf den Realteiler übergeht, welcher ihm auf Ebene der Mitunternehmerschaft zuzurechnen war, sind keine bilanziellen Anpassungen notwendig und die Buchwerte werden fortgeführt.[281]

188 *Beispiel:*
An der ABC-OHG sind die Gesellschafter A (30%), B (30%) und C (40%) beteiligt. Die Gesellschafter beschließen zum 30.6.2016 die Gesellschaft aufzulösen und die Gesellschafteransprüche durch Aufteilung des Gesellschaftsvermögens zu bedienen. Die Gesellschaft verfügt über ein bilanzielles Vermögen iHv 100 000 EUR und zwei Teilbetriebe. Ferner sind in dem Vermögen stille Reserven iHv 300 000 EUR gebunden. Der Gesellschafter A erhält im Rahmen der Auflösung Wirtschaftsgut 1, welches er in sein Privatvermögen überführt. Die Gesellschafter B und C übernehmen jeweils einen Teilbetrieb, welchen sie in ihre jeweiligen Einzelunternehmen übertragen.
Schlussbilanz der OHG zum 30.6.2016 (in EUR):

Aktiva			Passiva	
	(GW)	(BW)		(BW)
Wirtschaftsgut 1	(120 000)	30 000	Kapitalkonto A	30 000
Teilbetrieb 1	(120 000)	30 000	Kapitalkonto B	30 000
Teilbetrieb 2	(160 000)	40 000	Kapitalkonto C	40 000
	(400 000)	100 000		100 000

Im vorliegenden Beispiel entsprechen die Buchwerte des erhaltenen Vermögens denen der jeweiligen Kapitalkonten der Gesellschafter. Ferner entsprechen die anteilig zuzurechnenden stillen Reserven exakt den übernommenen. Aufgrund des Unternehmenswertes von 400 000 EUR stehen den Gesellschaftern A und B gemäß ihren Anteilen jeweils 120 000 EUR und C 160 000 EUR zu. Das von A übernommene Wirtschaftsgut 1 stellt eine Entnahme der Realteilungsgemeinschaft dar, was zu einer Besteuerung der stillen Reserven iHv 90 000 EUR führt (sofern keine abweichende Regelung getroffen wird, wäre dieser Gewinn allen Realteilern nach dem jeweiligen Beteiligungsverhältnis zuzurechnen – es wird an dieser Stelle angenommen, dass der Gewinn ausschließlich A zuzurechnen ist). Da die Gesellschafter B und C jeweils einen Teilbetrieb in ihr Betriebsvermögen übertragen, sind somit die Grundsätze der Realteilung anzuwenden. Für die Teilbetriebe 1 und 2 sind demnach die Buchwerte in den Einzelunternehmen fortzuführen.

189 Regelmäßig stimmt jedoch der Buchwert des übernommenen Vermögens nicht mit dem jeweiligen Kapitalkonto der einzelnen Realteiler überein. In diesem Fall sind Anpassungen erforderlich, welche mit der sog. Kapitalkontenanpassungsmethode[282] vorzunehmen sind. Nach dieser

---
[280] Vgl. *Wacker* in Schmidt EStG § 16 Rn. 547.
[281] Vgl. BMF v. 28.2.2006, BStBl. I 2006 S. 228 Tz. VII.
[282] Laut BMF v. 28.2.2006, BStBl. I 2006 S. 228 Tz. VII. keine Anwendung anderer in der Literatur diskutierter Methoden, wie Buchwertanpassungsmethode

Methode werden die Kapitalkonten der Realteiler durch gewinnneutrales Auf- bzw. Abstocken an die Buchwerte der übernommenen Wirtschaftsgüter angepasst. Allerdings führt die Methode dazu, dass stille Reserven von einem Realteiler auf einen anderen Realteiler „überspringen" können (keine Ergänzungsbilanzen!) und somit das Subjektsteuerprinzip durchbrochen wird.[283]

Beispiel: 190
Wie oben, jedoch mit abweichenden Kapitalkonten, wie in folgender Schlussbilanz dargestellt.
Schlussbilanz der ABC-OHG zum 30.6.2016 (in EUR):

Aktiva			Passiva	
Wirtschaftsgut 1	(120 000)	30 000	Kapitalkonto A	30 000
Teilbetrieb 1	(120 000)	30 000	Kapitalkonto B	50 000
Teilbetrieb 2	(160 000)	40 000	Kapitalkonto C	20 000
	(400 000)	100 000		100 000

Für die Entnahme des Wirtschaftsgutes 1 ändert sich vorliegend nichts an der Lösung zum vorhergehenden Beispiel. Lediglich die abweichenden Kapitalkonten von B und C führen zu einer anderen Lösung. Da diese von den Buchwerten der übernommenen Teilbetriebe abweichen, ist eine Kapitalkontenanpassung vorzunehmen, so dass sich folgende Eröffnungsbilanzen für B und C ergeben:

Eröffnungsbilanz des B zum 1.7.2016 (in EUR):

Aktiva		Passiva		
Teilbetrieb 1	30 000	Kapitalkonto B	50 000	
		Kapitalanpassung	20 000	30 000
	30 000			30 000

Eröffnungsbilanz des C zum 1.7.2016 (in EUR):

Aktiva		Passiva		
Teilbetrieb 1	40 000	Kapitalkonto C	20 000	
		Kapitalanpassung	+ 20 000	40 000
	40 000			40 000

Es ist ersichtlich, dass durch die Kapitalkontenanpassungsmethode iHv 20 000 EUR stille Reserven von C auf B „übergesprungen" sind.

bb) Realteilung mit Spitzen- bzw. Wertausgleich[284]

Meist lässt sich eine Aufteilung des Gesamthandsvermögens bei einer Realteilung nicht so genau vornehmen, dass der Wert der übertragenen 191

---

und Kapitalausgleichsmethode; so auch BFH v. 10.12.1991 – VIII R 69/86, BStBl. II 1992 S. 385.
[283] Vgl. *Heß* DStR 2006 S. 777 (780); *Musil* DB 2005 S. 1291 (1294).
[284] Vgl. *Wacker* in Schmidt EStG § 16 Rn. 548 ff.

§ 31 8. Teil. Sonstige Umwandlungsvorgänge

Wirtschaftsgüter genau mit dem jeweiligen Anteil am Kapital übereinstimmt. In Höhe dieser Differenzen werden idR Ausgleichzahlungen zwischen den Realteilern vorgenommen. Die Realteiler, die Wirtschaftsgüter übernehmen, deren Wert den ihnen zustehenden Anteil am Gesamthandsvermögen übersteigt, werden einen Ausgleich an die Realteiler zahlen, welche einen entsprechend zu geringen Anteil erhalten haben. Daneben ist es auch denkbar, dass für die für unterschiedlich hohe stille Reserven im übernommenen Vermögen und die damit einhergehenden unterschiedlichen latenten Steuerbelastungen Ausgleichszahlungen geleistet werden. Solche Ausgleichszahlungen stehen einer gewinnneutralen Realteilung nicht entgegen. Nach hM kommt es jedoch im Verhältnis der Ausgleichszahlung zu dem Wert des übernommenen Vermögens zu einer Realisierung der übernommenen stillen Reserven und liegt insofern ein entgeltliches Geschäft (Anschaffung/Veräußerung) vor.[285]

192 Es entsteht ein nicht nach §§ 16, 34 EStG begünstigter, laufender Gewinn für den veräußernden Realteiler in Höhe der realisierten stillen Reserven, dh in Höhe der Ausgleichszahlung, vermindert um den anteilig auf das veräußerte Vermögen entfallenden Buchwert. Dieser Gewinn ist der mit der Realteilung einhergehenden Betriebsaufgabe zuzuordnen und unterliegt deshalb prinzipiell nicht der Gewerbesteuer, wobei ab dem Erhebungszeitraum 2002 nach § 7 Satz 2 GewStG dennoch Gewerbesteuer anfällt, soweit der Gewinn nicht auf eine natürliche Person als unmittelbar beteiligten Mitunternehmer entfällt.[286] Für den zahlenden Realteiler stellen die realisierten stillen Reserven nachträgliche Anschaffungskosten für die entgeltlich übernommenen Wirtschaftsgüter dar.

193 Im Einzelfall kann unter Umständen eine Ausgleichszahlung – und damit eine steuerpflichtige Aufdeckung stiller Reserven – durch vorherige Einlage oder disproportionale Zuordnung von neutralen aktiven und passiven Wirtschaftsgütern vermieden werden.[287]

194 *Beispiel:*
An der XY-OHG sind die Gesellschafter X und Y jeweils zur Hälfte beteiligt. Die Auflösung stellt sich folgendermaßen dar: Gesellschafter X erhält Teilbetrieb 1 und Gesellschafter Y Teilbetrieb 2. Beide Gesellschafter bringen die Teilbetriebe in ihre Betriebsvermögen ein.

---

[285] Vgl. BMF v. 28.2.2006, BStBl. I 2006 S. 228 Tz. VI.; nach früherer Rechtslage war der BFH von einer vollständigen Besteuerung der Ausgleichszahlung als laufender Gewinn, ohne Rücksicht auf die übernommenen stillen Reserven, ausgegangen, vgl. BFH v. 1.12.1992 – VIII R 57/90, BStBl. II 1994 S. 607.
[286] Vgl. BMF v. 28.2.2006, BStBl. I 2006 S. 228 Tz. VI.
[287] Vgl. *Hörger/Rapp* in Littmann/Bitz/Pust Das Einkommensteuerrecht § 16 Rn. 187i: Zu den hierzu diskutierten Ansätzen „Einlagenlösung" und „Zweistufenlösung" vgl. *Wacker* in Schmidt EStG § 16 Rn. 550; *Hörger/Rapp* in Littmann/Bitz/Pust Das Einkommensteuerrecht § 16 Rn. 196 und BMF v. 14.3.2006, BStBl. I 2006 S. 253 Rn. 25, 33.

§ 31. Umstrukturierungen mit Einzelrechtsnachfolge

Schlussbilanz der XY-OHG (in EUR):

Aktiva			Passiva	
Teilbetrieb 1	(50 000)	50 000	Kapitalkonto X	50 000
Teilbetrieb 2	(150 000)	50 000	Kapitalkonto Y	50 000
	(200 000)	100 000		100 000

Aus der Schlussbilanz ergibt sich, dass in der Gesellschaft stille Reserven iHv 100 000 EUR vorhanden sind. Vom Unternehmenswert von 200 000 EUR stehen beiden Gesellschaftern jeweils 100 000 EUR zu. Da X jedoch nur Teilbetrieb 1 mit einem gemeinen Wert von 50 000 EUR erhält, während Y Teilbetrieb 2 mit 150 000 EUR erhält, wird Y eine Ausgleichszahlung iHv 50 000 EUR an X leisten. Somit zahlt Y für ein Drittel des von ihm übernommenen Teilbetriebs 2, den Rest erwirbt er unentgeltlich.

Für X ergibt sich folgender Veräußerungsgewinn:

Ausgleichszahlung	50 000 €
./. $1/3$ x Buchwert des übernommenen Teilbetriebs 2	./. 16 667 €
= Veräußerungsgewinn X	= 33 333 €

Eröffnungsbilanz des X (in EUR):

Aktiva		Passiva	
Teilbetrieb 1	50 000	Kapitalkonto X	50 000
	50 000		50 000

Eröffnungsbilanz des Y (in EUR):

Aktiva		Passiva		
Teilbetrieb 2	83 333	Kapitalkonto Y	50 000	
		Kapitalanpassung	+ 33 333	83 333
	83 333			83 333

Während vorher im Teilbetrieb 2 stille Reserven iHv 100 000 EUR enthalten waren, verbleiben nun 66 667 EUR, die anteiligen stillen Reserven des entgeltlich auf Y übergegangenen Anteils in Höhe von 33 333 EUR wurden aufgedeckt.

b) Gewinnrealisierende Realteilung[288]

Sollten die Voraussetzung für eine Realteilung nicht vorliegen, also die übertragenen Wirtschaftsgüter in das Privatvermögen eines Realteiler überführt werden oder die Besteuerung der stillen Reserven aus anderen Gründen nicht gewährleistet sein, entsteht bei der Realteilung ein Aufgabegewinn der Personengesellschaft, § 16 III 2 EStG. Dies ist jedoch aufgrund der personenbezogenen Betrachtungsweise nur der Fall, *soweit* die Voraussetzungen nicht vorliegen. Das kann zu dem Ergebnis führen,

---

[288] Vgl. *Wacker* in Schmidt EStG § 16 Rn. 551.

§ 31 8. Teil. Sonstige Umwandlungsvorgänge

dass die Realteilung einer zweigliedrigen Personengesellschaft für den Realteiler 1 durch die Überführung der ihm übertragenen Wirtschaftsgüter in sein Betriebsvermögen steuerneutral vorzunehmen ist, während Realteiler 2, der die ihm übertragenen Wirtschaftsgüter in sein Privatvermögen überführt, einen Gewinn realisiert. Dieser Gewinn ist nur dann gemäß §§ 16 IV, 34 EStG begünstigt, wenn sämtliche stillen Reserven der auf Realteiler 2 übertragenen Wirtschaftsgüter aufgedeckt werden. Auch die Zahlung eines Spitzenausgleichs ist für die Begünstigung unschädlich, da § 16 III 5 EStG in diesem Fall keine Anwendung findet.[289] Werden hingegen einige Wirtschaftsgüter in ein Betriebsvermögen überführt, während andere im Privatvermögen gehalten werden, entsteht ein laufender, nicht begünstigter Aufgabegewinn der Personengesellschaft, der allein Realteiler 2 zuzuweisen ist.[290]

VII. Liquidation

1. Einführung

196 Die Umstrukturierung mittels Liquidation zwingt steuerlich zur Aufdeckung der stillen Reserven. Die Zielsetzung einer solchen Maßnahme kann daher nicht in der steuerneutralen Übertragung von Wirtschaftsgütern wie beispielsweise bei einer zu Buchwerten erfolgenden Umwandlung gesehen werden. Ziel der Liquidation kann jedoch die Umwandlung gebundener finanzieller Mittel in liquide Mittel sowie ein Herauslösen einzelner Wirtschaftsgüter aus dem Betriebsvermögen und deren Zuführung zum Vermögen einzelner Gesellschafter sein.

197 Die Liquidation stellt die letzte Phase im Leben eines Unternehmens dar. Regelmäßig werden die im Unternehmen vorhandenen Wirtschaftsgüter veräußert, Forderungen beigetrieben und Verbindlichkeiten beglichen. Was hiernach übrig bleibt, wird auf die Gesellschafter des Unternehmens entsprechend ihrer Beteiligung verteilt. Mit dem Beginn der Auflösung der Gesellschaft ändert sich deren Gesellschaftszweck bzw. wird der Gesellschaftszweck zumindest durch den Zweck der Liquidation überlagert, denn die werbende Tätigkeit wird eingestellt und stattdessen die Abwicklung bzw. Liquidation vollzogen.[291] Während der Liquidation muss die Gesellschaft den Zusatz „i. L." (in Liquidation) oder „i. A." (in Auflösung) führen. Mit der Beendigung der Liquidation hört das Unternehmen auf zu existieren.

198 Für die Einkommen-, Körperschaft- und Gewerbesteuer ergeben sich im Rahmen der Liquidation insbesondere Fragen im Hinblick auf stille Reserven in Wirtschaftsgütern des Unternehmens, im Unternehmen befindliche thesaurierte Gewinne und stille Reserven in Wirtschaftsgütern, die dem Unternehmen von seinen Gesellschaftern zur Nutzung überlassen wurden.

---

[289] Vgl. *Wacker* in Schmidt EStG § 16 Rn. 551.
[290] Zur Ausnahme bei lediglich geringen stillen Reserven vgl. *Wacker* in Schmidt EStG § 16 Rn. 551.
[291] Vgl. *Hofmeister* in Blümich KStG § 11 Rn. 30; *Olbrich* DStR 2001 S. 1090.

2. Liquidation einer Kapitalgesellschaft

a) Allgemein

Die Besteuerung der Liquidation einer Kapitalgesellschaft erfolgt zum einen auf Ebene der sich auflösenden Kapitalgesellschaft, zum anderen auf Ebene der an der Gesellschaft beteiligten Gesellschafter, die durch die Liquidation einen Gewinn oder Verlust realisieren. **199**

Auf Ebene der Kapitalgesellschaft regelt § 11 KStG für alle unbeschränkt Körperschaftsteuerpflichtigen iSv § 1 I Nr. 1–3 KStG als Ersatzrealisationstatbestand die Gewinnermittlung und den Besteuerungszeitraum in der Liquidation. **200**

Bei der Besteuerung der Liquidationserlöse auf Ebene der Anteilseigner ist darauf hinzuweisen, dass seit dem Inkrafttreten des SEStEG auch Liquidationserlöse aus der Liquidation von beschränkt steuerpflichtigen Körperschaften, also Körperschaften mit Sitz im Ausland, in Deutschland steuerpflichtig sind (§ 20 I Nr. 2 EStG).[292] Es ist im Einzelnen zwischen Beteiligungen, die im Betriebsvermögen des Anteilseigners, und Beteiligungen, die im Privatvermögen gehalten werden, zu unterscheiden. Bei letzteren ist zwischen wesentlichen und unwesentlichen Beteiligungen iSd § 17 EStG zu differenzieren. **201**

Die Liquidation, kann ua aufgrund eines Auflösungsbeschlusses, Wegzug oder der Eröffnung des Insolvenzverfahrens erfolgen.[293] **202**

b) Steuerliche Behandlung auf Ebene der Kapitalgesellschaft

Der Liquidationsgewinn, den die Kapitalgesellschaft durch die Auflösung und Abwicklung erzielt, unterliegt der Besteuerung nach § 11 KStG. Abweichend von den allgemeinen Regelungen, ist für die Berechnung des Liquidationsgewinns eine eigenständige steuerliche Bemessungsgrundlage heranzuziehen, der ein eigener Gewinnerzielungszeitraum und eine eigene Gewinnrealisierung zu Grunde gelegt wird. Notwendig ist dies, da der für steuerliche Zwecke nach § 11 KStG zu ermittelnde Liquidationsgewinn dem Handelsrecht unbekannt ist und nicht separat ausgewiesen wird.[294] Der Grundsatz der Maßgeblichkeit findet somit bei der Liquidationsbesteuerung keine Anwendung.[295] Die Besteuerung des Liquidationserlöses ist keine Abschnittsbesteuerung bezogen auf das Kalenderjahr (§ 7 III, IV KStG), sondern erstreckt sich auf den im Gesamtzeitraum der Abwicklung erzielten Gewinn. Dieser bemisst sich nach der Differenz zwischen dem Abwicklungs-Endvermögen und dem Abwicklungs-Anfangsvermögen. **203**

Zeitraum. Der besondere Gewinnermittlungszeitraum (= Abwicklungszeitraum) nach § 11 KStG kann mehr als 12 Monate erfassen, aus- **204**

---

[292] *Weber-Grellet* in Schmidt EStG § 20 Rn. 69.
[293] Vgl. *Micker* in Herrmann/Heuer/Raupach KStG § 11 Rn. 6; *Hofmeister* in Blümich KStG § 11 Rn. 25.
[294] Vgl. BFH v. 8.12.1971 – I R 164/69, BStBl. II 1972 S. 229.
[295] Vgl. *Teske/Keß* in Lüdicke/Sistermann Unternehmenssteuerrecht § 18 Rn. 44; *Hofmeister* in Blümich KStG § 11 Rn. 45.

schlaggebend ist der handelsrechtliche Liquidationszeitraum.[296] Er beginnt mit dem Tag, an dem die Auflösung wirksam wird (zB Auflösungsbeschluss), und endet mit dem rechtsgültigen Abschluss der Abwicklung (Verteilung des Restvermögens) bzw. mit dem Ablauf des Sperrjahres, falls dieser zeitlich nach der Verteilung liegt.[297] Im Abwicklungszeitraum gibt es keine Wirtschaftsjahre im steuerlichen Sinne. Nach § 11 I 2 KStG soll der für die Liquidation vorgesehene Abwicklungszeitraum eine Dauer von drei Jahren[298] nicht übersteigen. Dieser Zeitraum ersetzt den für die normale Besteuerung üblichen Ermittlungszeitraum. Die Zusammenfassung soll durch die einheitliche Erfassung und Ermittlung des entstandenen Gewinns die Besteuerung vereinfachen[299] und gewährleisten, dass entstehende Verluste während der Auflösung mit Gewinnen aus diesem Zeitraum verrechnet werden können. Soweit für die Abwicklung der Zeitraum von drei Jahren überschritten wird, sind die darauffolgenden Besteuerungszeiträume grundsätzlich jeweils auf ein Jahr begrenzt.[300] Das Finanzamt kann (Ermessen) die Körperschaft bereits nach Ablauf des dritten Zeitjahres zur Steuer heranziehen, auch wenn in diesem Zeitpunkt die Abwicklung noch nicht beendet ist.[301]

205 Falls die Auflösung im Laufe eines Wirtschaftsjahres erfolgt, wird dieses zu einem Rumpfwirtschaftsjahr vom Schluss des vorangegangenen Wirtschaftsjahres bis zum Tag vor der Auflösung.[302] Das Rumpfwirtschaftsjahr zählt dabei nicht zum handelsrechtlichen Abwicklungszeitraum.[303] Steuerlich kann dagegen nach Auffassung der Finanzverwaltung aus Vereinfachungsgründen der Gesamtzeitraum vom Beginn des laufenden Wirtschaftsjahres bis zur Auflösung in den Abwicklungszeitraum einbezogen werden.[304]

206 Wird die Gesellschaft durch Eröffnung des Insolvenzverfahrens aufgelöst,[305] kommt der Abwicklungszeitraum nach § 11 VII iVm I KStG nur zur Anwendung, wenn durch das Insolvenzverfahren die Abwicklung der Gesellschaft eingeleitet wird. Wird das Insolvenzverfahren jedoch als Insolvenzplanverfahren gemäß §§ 217 ff. InsO mit dem Ziel der Fortführung des Geschäftsbetriebs der Gesellschaft durchgeführt, wird durch die Eröffnung des Insolvenzverfahrens die Fortführung des Unternehmens

---

[296] Vgl. *Hofmeister* in Blümich KStG § 11 Rn. 36.
[297] Abschnitt 51 II 2 KStR.
[298] Hierbei handelt es sich um Zeitjahre, nicht um Wirtschaftsjahre. Vgl. *Micker* in Herrmann/Heuer/Raupach § 11 KStG Rn. 34.
[299] Vgl. *Hofmeister* in Blümich KStG § 11 Rn. 38.
[300] Zur Frage der Rahmenbedingungen einer Verlängerung des Besteuerungszeitraums, vgl. *Küster* DStR 2006 S. 209.
[301] Vgl. *Micker* in Herrmann/Heuer/Raupach § 11 KStG Rn. 35.
[302] Vgl. BFH v. 17.7.1974 – I R 233/71, BStBl. II 1974 S. 692; Abschn. 51 I 1 KStR; *Hofmeister* in Blümich KStG § 11 Rn. 37.
[303] Vgl. *Olbrich* DStR 2001 S. 1090; Abschn. 51 I 4, 5 KStR.
[304] Vgl. Abschn. 51 I 3 KStR; *Micker* in Herrmann/Heuer/Raupach § 11 KStG Rn. 25.
[305] Vgl. § 262 I Nr. 3 AktG.

und nicht dessen Abwicklung in Gang gesetzt.[306] Da jedoch für die Anwendung des Abwicklungszeitraums sowohl nach § 11 I KStG als auch nach § 11 VII iVm I KStG die Auflösung und Abwicklung der Gesellschaft kumulativ vorliegen müssen,[307] kommt in diesem Fall der Abwicklungszeitraums nach § 11 KStG nicht zur Anwendung. Es erfolgt vielmehr die normale jährliche Veranlagung.

Liquidationsgewinn. Nach § 11 II KStG ist der Liquidationsgewinn die Differenz zwischen dem steuerlichen Abwicklungs-Endvermögen und dem steuerlichen Abwicklungs-Anfangsvermögen. Somit ergibt sich gegenüber der laufenden Gewinnermittlung (§§ 4 I, 5 EStG) eine besondere Gewinnermittlungsmethode.[308]

Steuerliches Abwicklungs-Anfangsvermögen.[309] Nach § 11 IV KStG setzt sich das Abwicklungs-Anfangsvermögen aus dem Betriebsvermögen zusammen, das am Schluss des der Auflösung vorangegangenen Wirtschaftsjahres der Veranlagung der Körperschaftsteuer zugrunde gelegt worden ist. Dabei ist unbeachtlich, ob es sich hierbei um ein volles oder ein Rumpfwirtschaftsjahr gehandelt hat. Maßgebend für die Bewertung sind die Buchwerte in der entsprechenden Steuerbilanz. Dies stellt die Erfassung aller im Unternehmen vorhandener stiller Reserven als Teil des Abwicklungsgewinns sicher. Ein im Abwicklungszeitraum ausgeschütteter Gewinn eines vorangegangenen Jahres ist von diesem Betrag abzuziehen, § 11 IV 3 KStG. Offene und verdeckte Einlagen durch die Gesellschafter sind ebenso dem Abwicklungs-Anfangsvermögen nach § 11 IV KStG hinzuzurechnen wie der Verzicht eines Gesellschafters auf eine ihm gegen die Gesellschaft zustehende Forderung. Diese ist in Höhe des werthaltigen Teils der Forderung anzusetzen. Für die Berechnung des Abwicklungs-Anfangsvermögen gilt demnach:[310]

Abwicklungs-Anfangsvermögen
./. Gewinnausschüttungen für Wirtschaftsjahre vor der Auflösung
= steuerliches Abwicklungs-Anfangsvermögen

Steuerliches Abwicklungs-Endvermögen.[311] Das Abwicklungs-Endvermögen ist nach § 11 III KStG das für die Verteilung zu Verfügung stehende Vermögen, vermindert um die steuerfreien Vermögensmehrungen, die dem Steuerpflichtigen im Abwicklungszeitraum zugeflossen sind. Hierunter fallen steuerfreie Einnahmen und Bezüge, gesellschafts- und mitgliedschaftsrechtlich veranlasste Vermögensmehrungen (Einlagen, Nachschüsse) und Vermögenszugänge auf Grund von Schenkungen und Erbschaften.[312] Das zur Verteilung kommende Ver-

---

[306] Vgl. FG Köln v. 13.11.2014 – 10 K 3569/13, EFG 2015 S. 673.
[307] Ständige Rspr. des BFH, vgl. zuletzt BFH v. 23.1.2013 – I R 35/12, BStBl. II 2013 S. 508, Rn. 9.
[308] Vgl. *Micker* in Herrmann/Heuer/Raupach § 11 KStG Rn. 24.
[309] Vgl. *Hofmeister* in Blümich KStG § 11 Rn. 60 ff.
[310] Vgl. *Micker* in Herrmann/Heuer/Raupach § 11 KStG Rn. 50 ff.; *Hofmeister* in Blümich KStG § 11 Rn. 47.
[311] Vgl. *Hofmeister* in Blümich KStG § 11 Rn. 50 ff.
[312] Vgl. *Micker* in Herrmann/Heuer/Raupach § 11 KStG Rn. 46 f.; *Hofmeister* in Blümich KStG § 11 Rn. 54.

§ 31   8. Teil. Sonstige Umwandlungsvorgänge

mögen umfasst sämtliche Erlöse, die durch die Liquidation erzielt worden sind und nicht nur die, die am Ende des Abwicklungszeitraums noch vorhanden sind. Demnach gehören auch Vorschüsse, wie zB Liquidationsraten und offene wie verdeckt geleistete Abschlagszahlungen auf dieses Abwicklungsergebnis zum Abwicklungs-Endvermögen.[313] Werden den Gesellschaftern Vermögensgegenstände überlassen, sind die darin enthaltenen stillen Reserven durch Ansatz des gemeinen Wertes aufzudecken. Überführt ein Anteilseigner Wirtschaftsgüter in ein anderes Betriebsvermögen, so ist grundsätzlich keine Buchwertfortführung möglich. Die Bewertung des Vermögens richtet sich, mit Ausnahme des § 10 BewG, nach den Vorschriften des Bewertungsgesetzes.[314] Sachgegenstände sind mit dem gemeinen Wert zum Zeitpunkt der Übertragung nach § 9 BewG anzusetzen, Anteile, Wertpapiere, Kapitalforderungen und Schulden dagegen gemäß §§ 11 und 12 BewG mit dem Kurs- bzw. Nennwert.

209 Veräußerungsgewinne von Beteiligungen an anderen Körperschaften bleiben auch im Rahmen der Liquidation nach § 8b II und III KStG steuerfrei. Allerdings gelten nach § 8b III KStG fünf Prozent des Gewinns als nichtabzugsfähige Betriebsausgaben. Diese steuerfreien Vermögensvermehrungen beeinflussen somit gemäß § 11 III KStG das Abwicklungs-Endvermögen nicht. Das Gleiche gilt für die anderen steuerfreien Zugänge wie etwa steuerfreie Investitionszulagen oder nach einem Doppelbesteuerungsabkommen freigestellte Einkünfte.[315]

210 Das Abwicklungs-Endvermögen berechnet sich demnach nach folgender Formel:[316]

Abwicklungs-Endvermögen
./. nicht der Körperschaftsteuer unterliegende Vermögensvermehrung
./. abziehbare Aufwendungen (§ 9 KStG)
+ verdeckte Vermögensverteilungen
+ nicht abziehbare Aufwendungen (§ 4 V EStG, § 10 KStG)
= steuerliches Abwicklungs-Endvermögen gemäß § 11 III KStG

211 **Steuerpflichtiger Abwicklungsgewinn.** Die Differenz zwischen steuerlichem Abwicklungs-Endvermögen und Abwicklungs-Anfangsvermögen stellt nicht zwingend den steuerpflichtigen Abwicklungsgewinn dar. Vielmehr wird regelmäßig eine Korrektur erforderlich sein. Diese ist gemäß § 11 VI KStG anhand der allgemeinen Vorschriften vorzunehmen. Dazu gehören insbesondere die Regelungen zu den nicht abziehbaren Betriebsausgaben iSv § 4 IV bis VII EStG und §§ 9, 10 KStG. Für die Ermittlung des Liquidationsgewinns ergibt sich mithin folgende Rechnung:[317]

---

[313] Vgl. *Micker* in Herrmann/Heuer/Raupach § 11 KStG Rn. 44; *Hofmeister* in Blümich KStG § 11 Rn. 50.
[314] Vgl. BFH v. 14.12.1965 – I R 246/62 U, BStBl. III 1966 S. 152.
[315] Vgl. *Teske/Keß* in Lüdicke/Sistermann Unternehmenssteuerrecht § 18 Rn. 49.
[316] Vgl. *Micker* in Herrmann/Heuer/Raupach § 11 KStG Rn. 41; *Hofmeister* in Blümich KStG § 11 Rn. 47.
[317] Vgl. *Hofmeister* in Blümich KStG § 11 Rn. 47.

§ 31. Umstrukturierungen mit Einzelrechtsnachfolge § 31

Steuerliches Abwicklungs-Endvermögen
./.steuerliches Abwicklungs-Anfangsvermögen
+ Buchwert eigener Anteile, soweit im Anfangsvermögen enthalten
+ geleistete Spenden
./.abzugsfähige Spenden (§ 9 I Nr. 2 KStG)
+ nicht abziehbare Betriebsausgaben
./.Verlustabzug (§ 10d EStG iVm §§ 8 I, 8c KStG)
= steuerpflichtiger Abwicklungsgewinn

Auch die Erträge der laufenden Geschäfte, die während bzw. wegen der Abwicklung abgewickelt wurden, gehören zum Liquidationsgewinn.[318]

Besteuerung des Liquidationsgewinns (Körperschaftsteuer und Gewerbesteuer). Der nach oben dargestellter Formel ermittelte Auflösungsgewinn unterliegt bei der aufgelösten Kapitalgesellschaft sowohl der Körperschaftsteuer als auch der Gewerbesteuer. 212

Körperschaftsteuer. Der nach § 11 KStG ermittelte Liquidationsgewinn ist nach § 23 I KStG mit dem allgemeinen Körperschaftsteuersatz in Höhe von 15% zu versteuern. 213

Körperschaftsteuerguthaben, § 37 KStG. Das aus den Zeiten des Anrechnungsverfahrens stammende Körperschaftsteuerguthaben wurde zum 31.12.2006 letztmalig ermittelt (§ 37 IV 1 KStG). Gemäß § 37 V KStG erfolgt eine Auszahlung des Guthabens nicht im Ganzen, sondern bis 2017 in gleichen Jahresbeträgen. Dies gilt auch für Kapitalgesellschaften, die sich in der Liquidation befinden. Demzufolge hat die in Liquidation befindliche Kapitalgesellschaft bis zum Jahr 2017 eine Forderung gegen die Finanzverwaltung, die dazu führen würde, dass sich erst mit dem Empfang der letzten Rate und deren Verteilung die Vermögenslosigkeit einstellen würde. Diese ist jedoch Voraussetzung für die Löschung der Kapitalgesellschaft im Handelsregister (§ 394 I FamFG). 214

Um dieses Ergebnis zu vermeiden, kann es sinnvoll sein, dass die Kapitalgesellschaft die Forderung gegenüber dem Finanzamt (§ 46 AO) an ihre Anteilseigner abtritt, um so den Status der Vermögenslosigkeit zu erreichen.[319] 215

Gewerbesteuer. Gemäß der Fiktion des § 2 II 1 GewStG gilt die gesamte Tätigkeit einer Kapitalgesellschaft als Gewerbebetrieb. Hierzu zählt auch die Auflösung.[320] Folglich unterliegt die gesamte Tätigkeit der Kapitalgesellschaft bis zu ihrer Vollbeendigung der Gewerbesteuer, einschließlich eines Liquidationsgewinns.[321] 216

Behandlung von Liquidationsverlusten. Übersteigt das Abwicklungs-Anfangsvermögen das Abwicklungs-Endvermögen, dann führt die Liquidation einer Kapitalgesellschaft zu einem Liquidationsverlust. Da die Kapitalgesellschaft zu diesem Zeitpunkt kein anderes positives Einkommen mehr erzielt, ist eine Verrechnung des Liquidationsverlusts nicht 217

---

[318] Vgl. *Hofmeister* in Blümich KStG § 11 Rn. 48.
[319] Vgl. OFD Hannover v. 12.12.2007, DStR 2008 S. 302; vgl. *Teske/Keß* in Lüdicke/Sistermann Unternehmenssteuerrecht § 18 Rn. 57.
[320] BFH v. 5.9.2001 – I R 27/01, BStBl. II 2002 S. 155; *Teske/Keß* in Lüdicke/Sistermann Unternehmenssteuerrecht 2008 § 18 Rn. 58.
[321] BFH v. 29.11.2000 – I R 28/00 (NV), BFH/NV 2001 S. 816.

§ 31 8. Teil. Sonstige Umwandlungsvorgänge

möglich. Auch die Möglichkeit eines Verlustvortrags ist nicht gegeben, da die Kapitalgesellschaft mit Beendigung der Liquidation nicht mehr existiert.

218 Allerdings können alle im höchstens drei Jahre dauernden Gewinnermittlungszeitraum des § 11 I KStG erzielte Gewinne mit dem Liquidationsverlust verrechnet werden. Bleibt nach Verrechnung weiterhin ein Verlust, so kann dieser höchstens in Höhe von 1 000 000 EUR gemäß § 10d I EStG iVm § 8 I KStG in den Veranlagungszeitraum rückgetragen werden, der dem Abwicklungszeitraum vorangeht, auch wenn es sich hierbei um ein Rumpfwirtschaftsjahr handelt. Ein darüber hinausgehender Liquiditätsverlust geht verloren.

c) Steuerliche Behandlung auf Ebene des/der Anteilseigner

219 Nachdem sämtliche Liquidations- und Abwicklungshandlungen durchgeführt wurden, jedoch frühestens nach Ablauf des Sperrjahres (→ Rn. 204), erfolgt die Auskehrung des Liquidationserlöses an die Anteilseigner. Die Verteilung des Liquidationserlöses an die Anteilseigner ist aus steuerlicher Sicht differenziert zu betrachten. Es ist danach aufzuteilen, ob es sich um Kapitalrückzahlungen oder um eine Auskehrung thesaurierter Gewinne und somit um Einnahmen aus Kapitalvermögen handelt. Bei der Auszahlung von Nennkapital sowie bei Leistungen, bei denen das steuerliche Einlagekonto (§ 27 I 1 KStG) als verwendet gilt, handelt es sich um Kapitalrückzahlungen, wobei die thesaurierten Gewinne als vor dem Nennkapital ausgezahlt gelten (§ 27 I 3 KStG).

220 Bei Auszahlung des Nennkapitals wird in Höhe dieses Betrags zunächst der Sonderausweis verringert (§ 28 II 1 KStG). Insoweit gilt die Rückzahlung des Nennkapitals als Gewinnausschüttung (§ 28 II 2 KStG).

221 Soweit die Nennkapitalrückzahlung einen Sonderausweis übersteigt bzw. wenn ein Sonderausweis nicht besteht, führt der Rückzahlungsbetrag zu einer betragsmäßig identischen Erhöhung des steuerlichen Einlagekontos (§ 28 II 1 Halbs. 2 KStG). Gleichzeitig ist ein den Sonderausweis übersteigender Betrag vom positiven Bestand des steuerlichen Einlagekontos abzuziehen (§ 28 II 3 KStG). Soweit der positive Bestand des steuerlichen Einlagekontos für den Abzug nicht ausreicht, gilt die Rückzahlung des Nennkapitals ebenfalls als Gewinnausschüttung.

aa) Anteile im Privatvermögen

222 **Gewinnauszahlung.** Werden die Anteile an der Kapitalgesellschaft in Liquidation im Privatvermögen gehalten, so sind Gewinnauszahlungen als Einnahmen aus Kapitalvermögen nach § 20 I Nr. 2 EStG steuerpflichtig.

223 Für bis zum 31.12.2008 zufließende Gewinnauszahlungen ist für vor dem 1.1.2009 abfließende Werbungskosten nach § 3c II EStG ein Werbungskostenabzug von 50% möglich, findet der Abfluss nach dem 31.12.2008 statt, erhöht sich der Werbungskostenabzug auf 60%, §§ 52 VIII a, 52 I 1 EStG aF.

§ 31. Umstrukturierungen mit Einzelrechtsnachfolge § 31

Für nach dem 31.12.2008 zufließende Kapitalerträge ist gemäß § 20 IX EStG ein Werbungskostenabzug nicht möglich. Anstelle des Werbungskostenabzugs wird ein Sparer-Pauschbetrag iHv 801 EUR (bei zusammen veranlagten Ehegatten 1602 EUR) gewährt. Die Erträge unterliegen gemäß § 32d I EStG der Abgeltungsteuer mit einem Satz von 25% (zzgl. Solidaritätszuschlag und Kirchensteuer). 224

Kapitalrückzahlungen. Eine Rückzahlung des Nennkapitals sowie eine Rückzahlung aus dem steuerlichen Einlagekonto (§ 27 I 1 KStG) kann vom Anteilseigner grundsätzlich steuerfrei vereinnahmt werden. Die Kapitalrückzahlung führt zur Minderung der Anschaffungskosten. Übersteigt der Rückzahlungsbetrag die Anschaffungskosten, ist die Differenz steuerbar.[322] Die Anschaffungskosten übersteigende Beträge werden wie stille Reserven in den Anteilen bei einer Anteilsveräußerung behandelt. Hält der Anteilseigner eine nach § 17 I 1 EStG relevante Beteiligung, so unterliegen gemäß § 17 IV EStG auch Kapitalrückzahlungen der Besteuerung. Gemäß § 17 IV 3 EStG sind die Auskehrungen thesaurierter Gewinne nach § 20 I Nr. 1 und Nr. 2 EStG als laufende Einkünfte aus Kapitalvermögen zu versteuern. Für Anteilseigner, die ihre Anteile im Privatvermögen halten und nicht wesentlich an der Kapitalgesellschaft in Liquidation beteiligt sind, kann die Vereinnahmung der Kapitalrückzahlung somit steuerfrei erfolgen. 225

Nach § 17 I EStG gehört der Gewinn aus der Veräußerung von Anteilen an einer Kapitalgesellschaft zu den Einkünften aus Gewerbebetrieb, wenn der Anteilseigner innerhalb der letzten fünf Jahre unmittelbar oder mittelbar wesentlich am Kapital der Gesellschaft beteiligt war. Eine wesentliche Beteiligung liegt vor, wenn der Anteilseigner irgendwann in dem Fünf-Jahres-Zeitraum mindestens 1% der Anteile an der Kapitalgesellschaft gehalten hat. Wie lange diese sog. wesentliche Beteiligung bestand, ist unerheblich.[323] 226

Veräußerungsgewinn ist nach § 17 II EStG der Betrag, um den der Veräußerungspreis nach Abzug der Veräußerungskosten die Anschaffungskosten übersteigt. Bei einer Liquidation ist § 17 IV 2 EStG maßgebend. Danach ist als Veräußerungspreis der gemeine Wert des dem Steuerpflichtigen zugeteilten Vermögens der Kapitalgesellschaft anzusetzen.[324] 227

Bis zum Veranlagungszeitraum 2008 gilt noch das Halbeinkünfteverfahren. Ab dem Veranlagungszeitraum 2009 sind nach § 3 Nr. 40 Satz 1 Buchst. c Satz 2 EStG nur noch 40% des gemeinen Werts der Anteile und nach § 3c II 1, Halbs. 2 EStG nur 60% des Liquidationserlöses anzusetzen. Die im Zusammenhang mit der Liquidation stehenden Aufwendungen können nach § 3c II EStG zu 60% abgezogen werden. 228

Nach § 17 III EStG wird für den Liquidationsgewinn ein Freibetrag in Höhe von 9060 EUR gewährt, wenn der Anteilseigner sämtliche Anteile an der Kapitalgesellschaft hält. Der Freibetrag verringert sich um den

---

[322] *Weber-Grellet* in Schmidt EStG § 20 Rn. 71.
[323] Vgl. BFH v. 7.7.1992 – VIII R 54/88, BStBl. II 1993 S. 331.
[324] Vgl. *Teske/Keß* in Lüdicke/Sistermann Unternehmenssteuerrecht § 18 Rn. 75.

§ 31 8. Teil. Sonstige Umwandlungsvorgänge

Betrag, um den der Liquidationsgewinn den Teil von 36 100 EUR übersteigt. Hält der Gesellschafter nur einen Anteil an der Kapitalgesellschaft, sind die genannten Beträge in dem Verhältnis zu kürzen, in dem dieser Anteil zum gesamten Stammkapital der Gesellschaft steht.

bb) Anteile im Betriebsvermögen

229 **Einkommensteuer.** Bei Anteilen an der liquidierten Kapitalgesellschaft, die sich im Betriebsvermögen befinden, sind die Einkünfte nach § 20 VIII EStG den Einkünften aus Gewerbebetrieb nach § 15 EStG zuzuordnen. Unabhängig von weiteren Voraussetzungen wird der komplette Liquidationserlös als Betriebseinnahme erfasst. Ab dem VZ 2009 wird nach § 3 Nr. 40 Satz 1 Buchst. a EStG diese zu 40% steuerbefreit. Von der Betriebseinnahme ist der Buchwert der Beteiligung nach § 3c II 1 Halbs. 2 EStG zu 60% abzuziehen.

230 **Körperschaftsteuer.** Ist eine Kapitalgesellschaft Anteilseigner der liquidierten Gesellschaft, sind die ausgeschütteten Liquidationsgewinne grundsätzlich nach § 8b I KStG steuerbefreit, jedoch gelten hiervon 5% nach § 8b V KStG als nicht abzugsfähige Betriebsausgaben. Entsprechendes gilt nach § 8b II 3 KStG für die Rückzahlung des Nennkapitals sowie der Einlagen, soweit der ausgekehrte Betrag den Beteiligungsbuchwert übersteigt.

231 **Gewerbesteuer.** Gewinne, die im Betriebsvermögen erzielt wurden, unterliegen der Gewerbesteuer. Beträgt die Beteiligung an der Kapitalgesellschaft zu Beginn des Erhebungszeitraums mehr als 15%, so wirken sich diese aufgrund § 9 Nr. 2a GewStG und § 8 Nr. 10 Buchst. b GewStG (gewerbesteuerliches Schachtelprivileg bzw. Hinzurechnung) steuerlich nicht aus. Hierdurch soll eine Doppelbesteuerung mit Gewerbesteuer auf Ebene der Kapitalgesellschaft und auf Ebene des Anteilseigners vermieden werden.[325]

3. Auflösung von Personengesellschaften

a) Allgemein

232 Die Liquidation einer Personengesellschaft ist Betriebsaufgabe (§ 16 III EStG). Die kumulierte Aufdeckung stiller Reserven kann wegen der Steuertarifprogression zu einer ertragsteuerlichen Überbelastung führen. Um diese Progressionsverschärfung zu glätten, gelten unter bestimmten Voraussetzungen Vergünstigungsvorschriften. Diese umfassen einen Freibetrag nach § 16 IV EStG und eine Tarifermäßigung gemäß § 34 EStG. Da es bei einer allmählichen Auflösung einer Personengesellschaft nicht zu einer Zusammenballung von Gewinnen kommt, sind keine steuerlichen Vergünstigungen vorgesehen. Die aus der nach und nach erfolgenden Veräußerung oder Entnahme von Wirtschaftsgütern generierten Gewinne sind als laufende Gewinne der Gesellschaft nach § 15 EStG zu

---

[325] Vgl. *Teske/Keß* in Lüdicke/Sistermann Unternehmenssteuerrecht § 18 Rn. 88–91.

§ 31. Umstrukturierungen mit Einzelrechtsnachfolge § 31

versteuern. Für die Bestimmung, wann eine Betriebsaufgabe als einheitlicher Vorgang gegeben ist, gibt es keine festen Größen. Es muss eine Einzelfallbetrachtung bzgl. der Komplexität und Aufwendigkeit erfolgen. Der Zeitraum beginnt mit der ersten Auflösungshandlung und endet mit der Veräußerung oder Entnahme aller wirtschaftlich und funktional wesentlichen Betriebsgrundlagen. Die Zurückbehaltung unwesentlicher Betriebsgrundlagen ist für den Abschluss einer begünstigten Betriebsaufgabe unschädlich.

b) Gewinnermittlung

Für die Ermittlung des Gewinns aus der Betriebsaufgabe ergibt sich, anders als bei der Kapitalgesellschaft, kein besonderer Gewinnermittlungszeitraum. Es findet eine Gewinnermittlung für jedes Kalender- oder Wirtschaftsjahr statt, auf das sich die Auflösung erstreckt. Der Gewinn wird jeweils in dem Jahr, in dem er anfällt, angesetzt. Der Betriebsaufgabegewinn entsteht somit unter Umständen sukzessive in verschiedenen Veranlagungszeiträumen. 233

IM Rahmen einer zweistufigen Gewinnermittlung wird bei Personengesellschaften zunächst der Gewinn auf Ebene der Gesellschaft ermittelt. Hierbei sind die besonderen Verhältnisse der Gesellschafter zur Gesellschaft bezüglich des Gesamthandsvermögens zu berücksichtigen. Dies wird durch die Berücksichtigung der Ergänzungsbilanzen der einzelnen Gesellschafter erreicht. Die individuellen Ergänzungsbilanzen werden für die einzelnen Gesellschafter ggf. mit den Werten der Gesamthandsbilanz verrechnet. 234

Auf der zweiten Stufe wird der Gesellschaftsgewinn entsprechend dem vereinbarten Verteilungsschlüssel den Gesellschaftern anteilig zugerechnet und muss von ihnen versteuert werden. Hierbei werden auch Vergütungen an die Gesellschafter berücksichtigt, die diese von der Gesellschaft aufgrund schuldrechtlicher Vereinbarungen erhalten haben, zB für die Überlassung von Wirtschaftsgütern. Solche Wirtschaftsgüter und die daraus resultierenden Gewinne, die aus der Überlassung und Verwertung stammen, sind dem Sonderbetriebsvermögen des Gesellschafters zuzuordnen. Die in der Sonderbilanz entstandenen stillen Reserven werden ebenfalls im Rahmen der Liquidation aufgedeckt und dem jeweiligen Gesellschafter zugerechnet. Durch die Betriebsaufgabe kommt es zur Überführung der Wirtschaftsgüter des Sonderbetriebsvermögens in das Privatvermögen (Entnahme) des jeweiligen Gesellschafters. Die Entnahme erfolgt mit dem gemeinen Wert, § 16 III 7 EStG. 235

Firmenwert. Durch die Betriebsaufgabe werden die Wirtschaftsgüter des Betriebs in das Privatvermögen überführt. Da sowohl ein derivativer als auch ein originärer Firmenwert jedoch nicht privatisierbar ist, ist dieser bei der Ermittlung des Aufgabegewinns nicht anzusetzen.[326] 236

Negatives Kapitalkonto, § 15a EStG. Weisen bei der Liquidation der Personengesellschaft ein oder mehrere Kommanditisten ein negatives 237

---

[326] BFH v. 30.1.2002 – X R 56/99, BStBl. II 2002 S. 387.

Kapitalkonto iSd § 15a EStG auf, so sind zunächst die jeweils auf die Gesellschafter entfallenden Auflösungsgewinne gemäß § 169 I 2 HGB mit diesem negativen Kapitalkonto zu verrechnen. Ein hiernach verbleibender Fehlbetrag fällt gemäß § 167 III HGB mit Beendigung der Liquidation weg. In dieser Höhe ergibt sich für den betroffenen Kommanditisten ein gemäß §§ 16 IV, 34 EStG begünstigter Aufgabegewinn.[327]

238 War zum Zeitpunkt der Beendigung der Liquidation der Bestand des negativen Kapitalkontos aufgrund Einlagenerhöhung oder anderer Gründe niedriger als der verrechenbare Verlust, entsteht beim Kommanditisten in dieser Höhe ein nachträglicher und unbeschränkt abzugs- und ausgleichsfähiger Verlust aus Gewerbebetrieb.[328]

c) Besteuerung des Aufgabegewinns

aa) Freibetrag, § 16 IV EStG

239 Liegen die Voraussetzungen einer begünstigten Betriebsaufgabe vor, wird der ermittelte Gewinn gemäß § 16 III EStG der Besteuerung unterworfen.

240 § 16 IV EStG enthält für den Aufgabegewinn eine sachliche Steuerbefreiung. Voraussetzung für die Gewährung des Freibetrages ist, neben einem entsprechenden Antrag, dass der Steuerpflichtige zum Zeitpunkt der Aufgabe:
– das 55. Lebensjahr vollendet hat (§ 108 AO iVm § 187 II 2, § 188 II BGB), oder
– im sozialrechtlichen Sinne (§ 43 II SGB VI) dauernd berufsunfähig ist.

241 Der Freibetrag ist auf einen Veräußerungs-/Aufgabefall beschränkt, er kann daher jedem Steuerpflichtigen in dessen Leben nur einmal gewährt werden (§ 16 IV 2 EStG). Wird der Freibetrag nicht aufgebraucht, so ist eine Übertragung auf eine weitere Aufgabe nicht möglich (Abschn. 16 XIII 4 EStR).

242 Der Freibetrag gemäß § 16 IV 1 EStG iHv 45 000 EUR und die Freibetragsgrenze gemäß § 16 IV 3 EStG iHv 136 000 EUR sind stets in voller Höhe anzusetzen. Der Freibetrag vermindert sich um den Betrag, um den der Aufgabegewinn die Freibetragsgrenze überschreitet und läuft daher ab einem Gewinn von 181 000 EUR aus.

243 Die Höhe von Freibetrag und Freibetragsgrenze ist unabhängig davon, ob dem Steuerpflichtigen der volle Aufgabegewinn zusteht oder nur ein Teil davon. Damit vervielfacht sich der Freibetrag bei Personengesellschaften um die Anzahl der Gesellschafter (Abschn. 16 XIII 3 EStR).

---

[327] BFH v. 10.11.1980 – GrS 1/79, BStBl. II 1981 S. 164; vgl. *Teske/Keß* in Lüdicke/Sistermann Unternehmenssteuerrecht § 18 Rn. 19 f.
[328] Vgl. *Teske/Keß* in Lüdicke/Sistermann Unternehmenssteuerrecht § 18 Rn. 21.

bb) Steuersatzermäßigung, § 34 EStG

Gemäß § 34 II Nr. 1 EStG werden die Gewinne aus einer Betriebsaufgabe, außer diejenigen Teile, die dem Halb- bzw. Teileinkünfteverfahren unterliegen, dem außerordentlichen Einkünften zugeordnet und die Progressionsmilderung gemäß § 34 I oder III EStG gewährt. Hierdurch soll vermieden werden, dass die zusammengeballte Aufdeckung der sich im Betrieb befindlichen stillen Reserven dazu führt, dass andere Einkünfte des Steuerpflichtigen aufgrund der Progression mit einem höheren Steuersatz besteuert werden. Dass es im Einzelfall durch den Aufgabegewinn tatsächlich zu einer Progressionsverschärfung kommt, ist für die Anwendung des § 34 EStG nicht erforderlich.[329] 244

Dem Steuerpflichtigen steht ein Wahlrecht zur Erreichung der Progressionsmilderung zu. Er kann entweder die Fünftel-Regelung („Tarifglättung", § 34 I EStG) oder, wenn die Voraussetzungen erfüllt sind, den ermäßigten Steuersatz nach § 34 III EStG wählen. Das Wahlrecht wird durch entsprechende Antragstellung ausgeübt. 245

cc) Nachversteuerung thesaurierter Gewinne

Thesaurierte Gewinne werden bei Ausschüttung gemäß § 34a IV EStG mit einem Steuersatz von 25% besteuert (Nachversteuerung). Bei einer Betriebsaufgabe kommt es zur Nachversteuerung des gesamten thesaurierten Gewinns, § 34a VI 1 Nr. 1 EStG. Wären mit der alsbaldigen Einziehung der aus der Nachversteuerung entstehenden Steuerbeträge für den Steuerpflichtigen erhebliche Härten verbunden, so kann auf Antrag die geschuldete Einkommensteuer in regelmäßigen Teilbeträgen für einen Zeitraum von höchstens zehn Jahren zinslos gestundet werden (§ 34a VI 2 EStG). 246

dd) Behandlung von Liquidationsverlusten

Kommt es zu einem Liquidationsverlust, wird dieser den Gesellschaftern der Personengesellschaft anteilig zugerechnet und ist unbeschränkt mit deren laufendem Gewinn oder anderen positiven Einkünften im gleichen Veranlagungszeitrum verrechenbar. Bleibt nach Verrechnung weiterhin ein Verlust, so kann dieser höchstens in Höhe von 1 000 000 EUR gemäß § 10d I EStG in den Veranlagungszeitraum rückgetragen werden, der der Betriebsaufgabe voran ging (bei zusammenveranlagten Ehegatten wird der genannte Betrag verdoppelt). Ein darüber hinausgehender Verlust kann gemäß § 10d II EStG vorgetragen werden. Die Regelungen der Mindestbesteuerung kommen zur Anwendung. 247

ee) Gewerbesteuer

Der Betriebsaufgabegewinn von Personengesellschaften (ebenso wie von Einzelunternehmen) unterliegt grundsätzlich nicht der Gewerbesteuer (Abschn. 7.1 III Satz 1 Nr. 1 GewStR 2009), da Personenunterneh- 248

---

[329] BFH v. 17.12.1982 – III R 136/79, BStBl. II 1983 S. 221.

men nach § 2 I GewStG nur mit den Gewinnen, die aus der werbenden Tätigkeit stammen, der Gewerbesteuer unterliegen.[330] Etwas anderes gilt, soweit auf der Seite des Veräußerers und auf der Seite des Erwerbers dieselben Personen Unternehmer oder Mitunternehmer sind („Verkauf an sich selbst"). Der Aufgabegewinn unterliegt dann als laufender Gewinn der Gewerbesteuer (Abschn. 7.1 III „Veräußerungs- und Aufgabegewinne", 2. Spiegelstrich GewStH 2009). Außerdem ist bei Mitunternehmerschaften § 7 Satz 2 GewStG zu beachten, wonach ein gewerbesteuerpflichtiger Aufgabegewinn gegeben ist, soweit er nicht auf direkt an der Gesellschaft beteiligte natürliche Personen entfällt.

---

[330] Vgl. *Micker* in Herrmann/Heuer/Raupach KStG § 11 Rn. 12.

§ 32. Grenzüberschreitende Sitzverlegung

1 Zwischen Wirtschaftsstandorten herrscht heutzutage ein intensiver Wettbewerb um die Ansiedelung von Unternehmen, der längst über nationale Grenzen hinweg geführt wird. In der Folge treten auch die für die einzelnen Standorte geltenden Rechtsordnungen in Konkurrenz zueinander. Um neben wirtschaftlichen und geographischen auch rechtliche Wettbewerbsvorteile auszunutzen, kann es für ein Unternehmen unter Umständen durchaus von Vorteil sein, den Gesellschaftssitz von einem Staat in einen anderen zu verlegen. Aus unternehmerischer Sicht ist dabei von eminenter Bedeutung, dass die Gesellschaft ihre „Identität" behält, dh die Gesellschaft nicht im Herkunftsstaat aufgelöst und abgewickelt und im Zuzugsstaat neu gegründet werden muss, einschließlich Neuabschluss aller Geschäftsbeziehungen, die im Herkunftsstaat bestanden hatten (sog. **identitätswahrende Sitzverlegung**). Das nachfolgende Kapitel stellt die de lege lata bestehenden Möglichkeiten der grenzüberschreitenden Sitzverlegung, insbesondere mit Blick auf den Wegzug aus und den Zuzug nach Deutschland, dar.

I. Die grenzüberschreitende Sitzverlegung einer SE

2 Für Unternehmen in Form der SE ist die Möglichkeit einer identitätswahrenden grenzüberschreitenden Sitzverlegung gesetzlich vorgesehen. Diese Möglichkeit wurde bei Einführung der SE als eine der Hauptrerrungenschaften[1] bzw. als wesentliches Charakteristikum der SE[2] herausgestellt. Geregelt wird die Sitzverlegung der SE in Art. 8 SE-VO sowie in den §§ 12–14 SEAG.[3] Ferner finden über die Verweisungstechnik der SE-VO[4] die nationalen Vorschriften für Aktiengesellschaften Anwendung. Aufgrund dieser Verweisung geht die grenzüberschreitende Sitzverlegung zwingend mit einem teilweisen Statutenwechsel einher,[5] sodass sie – obwohl sie ihre Rechtsform gerade nicht ändert – starke Züge eines Formwechsels aufweist.[6]

1. Sitzverlegung in einen Mitgliedsstaat der Europäischen Union

3 Die Regelung in Art. 8 SE-VO erfasst die Sitzverlegung innerhalb der **Europäischen Union** sowie aus einem bzw. in einen der Mitglied-

---
[1] *Ringe* in Lutter/Hommelhoff/Teichmann, SE-Kommentar, Art. 8 SE-VO Rn. 1.
[2] *Thoma/Leuering* NJW 2002 S. 1449 (1453); *Waclawik* ZEV 2006 S. 429 (432).
[3] Gesetz zur Ausführung der SE-VO (Art. 1 des Gesetzes zur Einführung der Europäischen Gesellschaft (SEEG)), BGBl. I 2004 S. 3675.
[4] Hierzu die Ausführungen → § 14 Rn. 5.
[5] *Horn* DB 2005 S. 147; *Schwarz* in SE-VO, Art. 8 Rn. 67; *Ringe* in Lutter/Hommelhoff/Teichmann, SE-Kommentar, Art. 8 SE-VO Rn. 8.
[6] *Austmann* in Münch. Hdb. GesR IV, § 85 Rn. 2; *Oechsler* AG 2005 S. 373 (374); *Teichmann* ZIP 2002 S. 1109 (1111); *Ringe* in Lutter/Hommelhoff/Teichmann, SE-Kommentar, Art. 8 SE-VO Rn. 90.

staaten des EWR, die der Europäischen Union nicht angehören (Island, Liechtenstein, Norwegen).[7] Nicht unter Art. 8 SE-VO fällt die Verlegung des Sitzes in einen **Drittstaat**, der weder der Europäischen Gemeinschaft (Union) noch dem EWR angehört, da der Sitz der SE nach Art. 7 Satz 1 SE-VO zwingend innerhalb der Europäischen Union liegen muss.[8] Eine Sitzverlegung in einen Drittstaat unter Beibehaltung der Rechtsform der SE ist daher ausgeschlossen.[9] Dies gilt auch für das Gebiet eines ehemaligen Mitgliedsstaats der Europäischen Union, sofern ein eventuelles Austrittsabkommen keine anderweitige Regelung trifft.

4 Anlässlich des EU-Austritts Großbritanniens **(Brexit)**[10] stellt sich die vormals fernliegende Frage nach der Behandlung von SE mit Sitz in **austretenden Mitgliedsstaaten**, sowie ggf. in **ehemaligen Mitgliedsstaaten**, die nach Austritt Drittstaaten geworden sind. Ein **laufender Austrittsprozess** eines Mitgliedsstaates lässt die Möglichkeit einer SE, dort ansässig zu sein, unberührt. Ab rechtswirksamen Vollzug des **Austritts aus der Europäischen Union** durch Inkrafttreten eines Austrittsabkommens oder Verstreichens der Austrittsfrist ab Absichtserklärung des Mitgliedsstaates gemäß Art. 50 II, III EU-Vertrag (Lissabon), können SE in diesem ehemaligen Mitgliedsstaat vorbehaltlich anderslautender Vereinbarungen in einem eventuellen Austrittsabkommen gemäß Art. 50 II EU-Vertrag (Lissabon) oder sonstiger dahingehender Staatsverträge nicht mehr gegründet werden und bestehende SE ihren Sitz nicht mehr dorthin verlegen.[11] Es ist auf den Zeitpunkt der SE-Gründung[12] bzw. der Sitzverlegung[13] und den Austrittsstichtag abzustellen.

---

[7] Die EWR-Staaten haben die SE-VO und die ergänzende SE-RL in den Rechtsbestand des Abkommens über den EWR übernommen (Beschluss des Gemeinsamen Ausschusses des EWR Nr. 93/2002 vom 25.6.2002); *Diekmann* in Habersack/Drinhausen, Art. 7 SE-VO Rn. 7.

[8] *Ringe* in Lutter/Hommelhoff/Teichmann, SE-Kommentar, Art. 7 Rn. 7 u. Art. 8 SE-VO Rn. 102.

[9] Die Frage, ob eine Sitzverlegung in einen Drittstaat unter Wechsel der Rechtsform zulässig ist, wird unterschiedlich beantwortet: bejahend *J. Schmidt* DB 2006 S. 2221 (2222); dagegen *Heuschmid/C. Schmidt* NZG 2007 54 (56).

[10] Referendum vom 23.6.2016 über einen EU-Austritt von Großbritannien; Absichtserklärung Großbritanniens über den Austritt an den Europäischen Rat vom 29.3.2017; über die Ausgestaltung des Austritts von Großbritannien lagen bei Bearbeitungsschluss dieses Werkes keine Erkenntnisse vor, die Mutmaßungen reichen von einem Verbleib Großbritanniens im EWR und der Zollunion bis hin zu einem „harten Brexit" unter weitgehender rechtlicher und wirtschaftlicher Abkoppelung Großbritanniens von der EU. Vgl. *Soltész* EuZW 2017 S. 161; *Wendland* in Kramme/Baldus/Schmidt-Kessel, Brexit und die juristischen Folgen, S. 252 ff.

[11] Auf eine SE mit Sitz in Deutschland, die in dem ausgetretenen Mitgliedsstaat Arbeitnehmervertreter beschäftigt, hat der endgültige Austritt eines anderen Mitgliedsstaates keinen Einfluss. Er stellt keine strukturelle Änderung iSd § 18 III SEBG dar, vgl. *Löw/Stolzenberg* BB 2017 S. 245 (249).

[12] → § 14 Rn. 187.

[13] → Rn. 65.

§ 32. Grenzüberschreitende Sitzverlegung   § 32

Sofern der Sitz einer SE in einem Gebiet liegt, das seinen **Austritt aus** 5
der Europäischen Union erklärt hat, stehen der SE bis zu dem Austrittsstichtag zwei rechtssichere Gestaltungsalternativen offen: Die SE kann ihren Sitz gemäß Art. 8 SE-VO in einen beständigen Mitgliedsstaat verlegen, oder aber einen Formwechsel in eine nationale Gesellschaftsform ihres ursprünglichen Sitzstaates vollziehen.[14] Die Entscheidung zwischen beiden Alternativen wird sich vorrangig nach Praktikabilitätserwägungen richten, da mit einer Verlegung des Satzungssitzes der SE in das europäische Ausland unter Beibehaltung der Rechtsform nach Art. 7 Satz 1 SE-VO zwingend der Umzug der Hauptverwaltung einhergehen muss.[15]

Rechtsunsicherheit besteht, wenn die SE sowohl Sitz als auch Rechts- 6
form über den Austrittsstichtag hinaus beibehält. Dieser Fall ist in der SE-VO nicht geregelt. Auf Grundlage der SE-VO verhält es sich vielmehr so, dass eine SE den Sitz ihrer Hauptverwaltung rechtswidrig in einen Drittstaat verlegen kann, da es sich um ein rein faktisches Geschehen handelt. Bislang wurde davon ausgegangen, dass einer SE die rechtswidrige Verlegung ihres Satzungssitzes in einen Drittstaat schlichtweg nicht gelingen wird, da ein solcher Verlegungsbeschluss nichtig und daher nicht eintragungsfähig sei.[16] Der Austritt eines Mitgliedsstaates[17] führt jedoch *de facto* ebenso zu einer rein tatsächlichen Satzungssitzverlegung in einen Drittstaat, ohne dass es hier eines wirksamen Verlegungsbeschlusses oder gar seiner Eintragung bedürfte. Die SE würde also aufgrund tatsächlicher Ereignisse gegen Art. 7 SE-VO verstoßen und sowohl ihren Satzungs- als auch ihren Verwaltungssitz in einem Drittstaat unterhalten. Sofern Art. 64 SE-VO auf diesen Fall analog angewendet würde, hätte der ehemalige Mitgliedsstaat die SE aufzufordern, den Sitz gemäß Art. 64 I b) iVm Art. 8 SE-VO zu verlegen und eine SE, die dieser Aufforderung nicht nachkommt, nach Art. 64 II SE-VO zu liquidieren. Dieser Analogie steht jedoch entgegen, dass die SE-VO zu diesem Zeitpunkt sowohl auf den ehemaligen Mitgliedsstaat als auch auf die dort sitzende SE keine Anwendung mehr finden dürfte. Der ehemalige Mitgliedsstaat wäre nicht mehr nach Art. 64 SE-VO verpflichtet.[18] Die Rechtsfähigkeit und die Anerkennung der Rechtspersönlichkeit würden sich vielmehr allein nach nationalem Recht des ehemaligen Mitgliedsstaates richten. Aus der Sicht der Mitgliedsstaaten würde die SE als Schein-SE gelten und in ihrer Rechtspersönlichkeit nicht anerkannt werden, sofern ihr Sitzstaat sie nicht anerkennt. Erkennt das nationale Recht des ehemaligen Mitgliedsstaates die Rechtspersönlichkeit der SE als nationale Gesellschaft an, so ist sie auch von den Mitgliedsstaaten als

---

[14] *Mayer/Manz* BB 2016 S. 1731, 1735.
[15] → § 14 Rn. 42.
[16] *Casper* in Spindler/Stilz AktG, Art. 64 SE-VO Rn. 3; *Ehricke* in Lutter/Hommelhoff/Teichmann, SE-Kommentar, Art. 64 Rn. 12.
[17] z. B. *Brexit, Nexit, Frexit, Grexit, Departugal, Italeave* etc.
[18] *Ehricke* in Lutter/Hommelhoff/Teichmann, SE-Kommentar, Art. 64 Rn. 11 f.

nationale Gesellschaft des jeweiligen Sitzstaates zu betrachten, keinesfalls jedoch als SE nach der SE-VO. Ein rechtssicherer Umzug nach Art. 8 SE-VO steht ihr folglich nach dem Austrittsstichtag vorbehaltlich anderslautender Vereinbarungen in einem eventuellen Austrittsabkommen gemäß Art. 50 II EU-Vertrag (Lissabon) oder sonstiger dahingehender Staatsverträge nicht mehr offen.

7   Art. 8 SE-VO betrifft nur die Verlegung des **Satzungssitzes der SE**, was in der französischen und englischen Fassung der Verordnung („siège statutaire" bzw. „registered office") besser zum Ausdruck kommt als in der deutschen. Mit der Verlegung des Satzungssitzes muss jedoch auch eine Verlegung des Verwaltungssitzes einhergehen, da gemäß Art. 7 Satz 1 SE-VO Sitz und Hauptverwaltung der SE nicht auseinanderfallen dürfen.[19] Bei Verstoß hiergegen ist der Sitzstaat der SE nach Art. 64 SE-VO ermächtigt, Maßnahmen zu ergreifen, um die Einhaltung des Art. 7 SE-VO zu gewährleisten. Diese können bis zur Liquidation der SE reichen (Art. 64 II SE-VO). Ferner ist es nach Art. 7 Satz 2 SE-VO den Mitgliedstaaten gestattet, über die Regelung in Art. 7 Satz 1 SE-VO hinaus zu bestimmen, dass sich Sitz und Hauptverwaltung nicht nur im **selben Staat**, sondern auch am **selben Ort** befinden müssen. Deutschland hatte von dieser Ermächtigung zunächst in § 2 SEAG Gebrauch gemacht. Durch das MoMiG[20] wurde diese Vorschrift jedoch wieder aufgehoben.

2. Ablauf der Sitzverlegung im Überblick

8   Das Verfahren der Sitzverlegung ist in Art. 8 II–XII SE-VO geregelt und weist starke Parallelen zum Verfahren der grenzüberschreitenden Verschmelzung als Gründungstatbestand einer SE auf.[21] Beginn des Sitzverlegungsverfahrens ist die Erstellung und Offenlegung eines Verlegungsplanes (Abs. 2) sowie die Erstellung eines Verlegungsberichtes (Abs. 3). Nachdem Aktionären und Gläubigern der SE Einsicht in Verlegungsplan und -bericht gewährt wurde, stimmt die Hauptversammlung über den Verlegungsplan ab (Abs. 6). Wurde der Beschluss über die Sitzverlegung gefasst, muss bei der zuständigen Behörde im Wegzugsstaat eine Bescheinigung beantragt werden, aus der hervorgeht, dass die im Wegzugsstaat erforderlichen Rechtshandlungen und Formalitäten erfüllt wurden (Abs. 8). Unter Vorlage dieser Bescheinigung erfolgt dann die Eintragung der SE im Register des Zuzugsstaates (Abs. 9 und 10). Der Zuzugsstaat teilt die Eintragung dem Wegzugsstaat mit, woraufhin die SE im Register des Wegzugsstaates gelöscht wird (Abs. 11). Abgeschlossen ist das Sitzverlegungsverfahren mit der Offenlegung der Eintragung der SE im Zuzugsstaat und ihrer Löschung im Wegzugsstaat (Abs. 12).

---

[19] Zur Vereinbarkeit des Art. 7 Satz 1 SE-VO mit der Niederlassungsfreiheit: *Schwarz* SE-VO, Art. 7 Rn. 13 ff.
[20] Gesetz zur Modernisierung des GmbH-Rechts und zur Bekämpfung von Missbräuchen vom 23.10.2008, BGBl. I S. 2026.
[21] Zur Gründung einer SE durch Verschmelzung → § 14 Rn. 33 ff.

3. Verfahrensschritte der Sitzverlegung

a) Verlegungsplan, Art. 8 II SE-VO

Ausgangspunkt der Sitzverlegung ist die Aufstellung eines **Ver-** 9
legungsplans. Pläne über die Sitzverlegung sind dem deutschen Recht unbekannt, sodass dessen **Qualifikation** Schwierigkeiten bereitet. Im Schrifttum wird vertreten, dass dieser Verlegungsplan dem Entwurf eines Umwandlungsbeschlusses gemäß § 194 II UmwG am nächsten komme.[22] Unseres Erachtens wird man jedoch trotz der bestehenden Parallelen annehmen müssen, dass der Verlegungsplan über diese Einstufung als „Entwurf" hinausgeht und mangels einer Entsprechung im deutschen Recht als gesellschaftsrechtlicher Organisationsakt *sui generis* einzustufen ist.[23]

aa) Zuständigkeit für die Erstellung des Verlegungsplans

Gemäß Art. 8 II 1 SE-VO erstellt das Leitungs- oder Verwaltungsorgan 10
der SE den Verlegungsplan. Welches Organ damit konkret angesprochen ist, hängt davon ab, ob für die SE gemäß Art. 38 SE-VO eine dualistische oder monistische **Organisationsstruktur** gewählt wurde. Bei einer SE mit monistischer Struktur, die ihren Sitz in Deutschland hat, wird der Verlegungsplan vom **Verwaltungsrat** als dem Verwaltungsorgan der SE (§ 20 SEAG) erstellt. Bei einer dualistischen Organisationsstruktur liegt die Zuständigkeit beim Leitungsorgan der SE, dh im Falle einer SE mit Sitz in Deutschland bei deren **Vorstand**.[24]

bb) Inhalt des Verlegungsplanes

Der Inhalt des Verlegungsplanes ergibt sich aus Art. 8 II 2 SE-VO. 11
Danach muss der Verlegungsplan die bisherige Firma, den bisherigen Sitz und die bisherige Registrierungsnummer der SE enthalten. Darüber hinaus enthält diese Vorschrift einen Katalog folgender weiterer Angaben, die im Verlegungsplan aufgeführt werden müssen:

(1) Neuer Sitz der SE, Art. 8 II 2 Buchst. a SE-VO. Der Verlegungs- 12
plan muss den vorgesehenen neuen Sitz der SE angeben. Gemäß dem oben Ausgeführten ist hiermit der **Satzungssitz** gemeint. Aufgrund von Art. 7 Satz 1 SE-VO muss jedoch auch die Hauptverwaltung der SE in dem Mitgliedstaat liegen, in dem sich der neue Sitz befindet. Folglich beinhaltet die Verlegung des Satzungssitzes ohnehin die Verlegung der Hauptverwaltung.

(2) Neue **Satzung** und neue **Firma**, Art. 8 II 2 Buchst. b SE-VO. 13
Daneben hat der Verlegungsplan die für die SE vorgesehene neue Satzung, die im Zuzugsstaat gelten soll, und ggf. die neue Firma zu

---

[22] *Ringe* in Lutter/Hommelhoff/Teichmann, SE-Kommentar, Art. 8 SE-VO Rn. 17; *Oechsler/Mihaylova* in MüKo AktG, Art. 8 SE-VO Rn. 10.
[23] → § 14 Rn. 60 zur Qualifikation des Verschmelzungsplans bei einer Verschmelzung zur SE.
[24] *Oechsler/Mihaylova* in MüKo AktG, Art. 8 SE-VO Rn. 10.

enthalten. Zur Anpassung an die Bestimmungen des Zuzugsstaates muss die Satzung unter Umständen ergänzt bzw. geändert werden. Bei einem Zuzug nach Deutschland muss die Satzung den Anforderungen des § 23 III–V AktG entsprechen.[25] Die Satzung hat daher unter anderem den neuen Sitz und die neue Firma der SE zu enthalten. Außerdem muss sie den Formerfordernissen des Zuzugsstaates genügen, sodass bei einer Sitzverlegung nach Deutschland die notarielle Form zu beachten ist. Sofern die SE im Zuzugsstaat unter einer neuen Firma auftreten möchte oder das Firmenrecht des neuen Sitzstaates eine Änderung erforderlich macht, muss diese im Verlegungsplan angegeben werden. Die Sitzverlegung selbst hat jedoch nicht zwangsläufig eine Änderung der Firma zur Folge.[26]

14 (3) Folgen für die **Beteiligung der Arbeitnehmer,** Art. 8 II 2 Buchst. c SE-VO. Zur frühzeitigen Unterrichtung der Arbeitnehmer muss im Verlegungsplan über die Konsequenzen der Sitzverlegung hinsichtlich der kollektivarbeitsrechtlichen Beteiligungsrechte informiert werden.[27, 28] Inwiefern sich durch die Sitzverlegung Änderungen für die Arbeitnehmerbeteiligung ergeben, hängt davon ab, ob zwischen der SE und der Arbeitnehmervertretung eine Vereinbarung im Sinne von Art. 4 SE-RL[29] und den hierzu erlassenen nationalen Umsetzungsvorschriften[30] getroffen wurde. Ist das der Fall, hat diese grundsätzlich auch bei einer Sitzverlegung Bestand und es ergeben sich, soweit die Vereinbarung reicht, keine Veränderungen für die Arbeitnehmerbeteiligung.[31] Eine strukturelle Änderung, die geeignet ist die Beteiligungsrechte der Arbeitnehmer zu mindern und daher nach § 18 III SEBG eine Pflicht zur Neuverhandlung der Vereinbarung auslöst, stellt die Sitzverlegung nicht dar. Anders ist dies nur, wenn in der Vereinbarung eine Neuverhandlung für den Fall der Sitzverlegung vereinbart worden ist (§ 21 I Nr. 6, § 21 IV 1 SEBG[32]).[33] Sollte keine Vereinbarung getroffen worden bzw. durch

---

[25] *Schwarz* SE-VO, Art. 8 Rn. 53; *Ringe* in Lutter/Hommelhoff/Teichmann, SE-Kommentar, Art. 8 SE-VO Rn. 23.

[26] *Schwarz* SE-VO, Art. 8 Rn. 6; *Ringe* in Lutter/Hommelhoff/Teichmann, SE-Kommentar, Art. 8 SE-VO Rn. 23.

[27] *Ringe* in Lutter/Hommelhoff/Teichmann, SE-Kommentar, Art. 8 SE-VO Rn. 23.

[28] Zu den Details der Arbeitnehmerbeteiligung in der SE → § 14 Rn. 183 ff.

[29] Richtlinie 2001/86/EG des Rates vom 8.10.2001 zur Ergänzung des Statuts der Europäischen Gesellschaft hinsichtlich der Beteiligung der Arbeitnehmer, ABl. Nr. L 294 vom 10.11.2001 S. 0022–0032.

[30] In Deutschland §§ 4, 13, 21 SEBG.

[31] So auch *Oechsler/Mihaylova* in MüKo AktG, Art. 8 SE-VO Rn. 12a; *Ringe* in Lutter/Hommelhoff/Teichmann, SE-Kommentar, Art. 8 SE-VO Rn. 13; *Löw/ Stolzenberg* BB 2017 S. 245 (247).

[32] Gesetz über die Beteiligung der Arbeitnehmer in einer Europäischen Gesellschaft vom 22.12.2004 (BGBl. I S. 3675).

[33] *Schwarz* SE-VO, Art. 8 Rn. 10; *Teichmann* in Van Hulle/Maul/Drinhausen, Handbuch zur Europäischen Gesellschaft (SE), 7. Abschnitt Rn. 17; *Ringe* in Lutter/Hommelhoff/Teichmann, SE-Kommentar, Art. 8 SE-VO Rn. 12a. *Oechsler/Mihaylova* in MüKo AktG, Art. 8 SE-VO Rn. 13 vertritt in diesem Zusam-

§ 32. Grenzüberschreitende Sitzverlegung § 32

eine solche nicht alle Fragen der Arbeitnehmerbeteiligung geregelt sein, mit der Folge, dass gemäß Art. 7 SE-RL die nationalen Auffangvorschriften[34] zur Anwendung gelangen, werden die Beziehungen zu den Arbeitnehmern aufgrund der Sitzverlegung einem anderen nationalen Umsetzungsgesetz unterstellt. Die sich daraus ergebenden Unterschiede dürften sich aufgrund der Richtlinienvorgaben jedoch in Grenzen halten.[35] Etwaige Konsequenzen sind im Verlegungsplan aufzuführen. Sollte das den Verlegungsplan aufstellende Organ zu dem Schluss kommen, dass die Sitzverlegung auf die Arbeitnehmerbeteiligung keine Auswirkungen hat, sollte dies aufgrund des obligatorischen Charakters des Art. 8 II SE-VO zur Klarstellung im Verlegungsplan festgehalten werden.

(4) **Zeitplan**, Art. 8 II 2 Buchst. d SE-VO. Der Verlegungsplan hat einen Zeitplan für die Sitzverlegung zu enthalten. Die zeitliche Planung der **Sitzverlegung** liegt in der Verantwortung des Leitungs- bzw. Verwaltungsorgans der SE.[36] Dieses hat alle nach Art. 8 II–XII SE-VO zu beachtenden Verfahrensschritte in ihrer voraussichtlichen zeitlichen Abfolge aufzuführen,[37] wobei die obligatorischen Fristen beachtet werden müssen. So müssen zwischen der Offenlegung des Verlegungsplanes und dem Verlegungsbeschluss mindestens zwei Monate liegen (Art. 8 VI 1 SE-VO). Ferner muss den **Gläubigern und Aktionären** der SE vor der Hauptversammlung, in der der Verlegungsbeschluss gefasst werden soll, mindestens einen Monat lang die Möglichkeit gewährt werden, den Verlegungsplan sowie den Verlegungsbericht einzusehen (Art. 8 IV SE-VO). 15

(5) **Rechte zum Schutz der Aktionäre und/oder Gläubiger**, Art. 8 II 2 Buchst. e SE-VO. Schließlich muss der Verlegungsplan auch Angaben enthalten über etwaige zum **Schutz der Aktionäre bzw. der Gläubiger** der SE vorgesehene Rechte, die im Wegzugsstaat bestehen. 16

(α) **Minderheitsaktionärsrechte**. Der deutsche Gesetzgeber hat auf der Grundlage von Art. 8 V SE-VO in § 12 SEAG Schutzvorschriften für **Minderheitsaktionäre** erlassen. Nach § 12 I 1 SEAG muss den Aktionären, die sich gegen die Sitzverlegung ausgesprochen haben, ein Angebot zum Erwerb ihrer Aktien gegen Barabfindung gemacht werden. Diese Vorschrift lehnt sich an § 207 UmwG an.[38] Das ist sachgerecht, 17

---

menhang, dass auch ohne entsprechende Klausel regelmäßig neu zu verhandeln sei, da der mit der Sitzverlegung verbundene Wechsel der mitgliedstaatlichen Umsetzungsvorschriften einen Wegfall der Geschäftsgrundlage darstelle. Aufgrund der Vorgaben der SE-RL werden die Unterschiede zwischen den nationalen Umsetzungsgesetzen jedoch in aller Regel nur geringfügig sein. Einen Wegfall der Geschäftsgrundlage anzunehmen, geht daher uE zu weit. In diesem Sinne auch *Ringe* in Lutter/Hommelhoff/Teichmann, SE-Kommentar, Art. 8 SE-VO Rn. 14.

[34] In Deutschland sind das die §§ 22 ff. SEBG.
[35] *Teichmann* in Van Hulle/Maul/Drinhausen, Handbuch zur Europäischen Gesellschaft (SE), 7. Abschnitt Rn. 17.
[36] *Teichmann* in Van Hulle/Maul/Drinhausen, Handbuch zur Europäischen Gesellschaft (SE), 7. Abschnitt Rn. 23.
[37] *Schwarz* SE-VO, Art. 8 Rn. 11.
[38] SEEG-RegE, BT-Drucks. 15/3405 S. 35.

denn die Sitzverlegung weist starke Züge eines Rechtsformwechsels auf.[39] Voraussetzung für das **Barabfindungsangebot** ist, dass gegen den Verlegungsbeschluss **Widerspruch zur Niederschrift** erklärt wurde. In Übereinstimmung mit der überwiegenden Auffassung ist zusätzlich zu verlangen, dass der betreffende Aktionär auch tatsächlich gegen die Sitzverlegung gestimmt hat.[40] Ein Widerspruch ist nur in den Fällen des § 29 II UmwG nicht erforderlich, der gemäß § 12 I 5 SEAG entsprechend anzuwenden ist. Im Übrigen kann auf die bei § 29 UmwG geltenden Grundsätze zurückgegriffen werden.[41, 42] Hinsichtlich der **Modalitäten der Abfindung** verweist § 12 II SEAG auf die Regelungen in § 7 SEAG zur Barabfindung bei Gründung einer SE durch Verschmelzung.[43]

18 (β) **Gläubigerschutzvorschriften.** Gemäß § 13 I SEAG muss einem Gläubiger der SE (einschließlich öffentlich-rechtlicher Körperschaften[44]), der keine Befriedigung verlangen kann, Sicherheit geleistet werden, wenn er innerhalb von zwei Monaten nach Offenlegung des Verlegungsplanes seinen Anspruch nach Grund und Höhe schriftlich anmeldet. Der Gläubiger hat glaubhaft zu machen, dass durch die Sitzverlegung die Erfüllung seiner Forderungen gefährdet wird. Die **konkrete Gefährdung** kann nach dem Willen des deutschen Gesetzgebers[45] dabei nicht allein auf die Tatsache der Sitzverlegung gestützt werden. Es müssen weitere Umstände hinzutreten, beispielsweise eine durch die Sitzverlegung stattfindende **Vermögensverlagerung ins Ausland**.[46] Gemäß Art. 8 VII Unterabs. 2 SE-VO iVm § 13 II SEAG kann Sicherheitsleistung nur für Forderungen verlangt werden, die bis zu 15 Tage nach der Offenlegung des Verlegungsplanes entstanden sind.[47] Im Gegensatz zu

---

[39] Siehe Fn. 17.
[40] *Austmann* in Münch Hdb. GesR IV, § 85 Rn. 13; *Oechsler* in MüKo AktG, Art. 8 SE-VO Rn. 56; *Ringe* in Lutter/Hommelhoff/Teichmann, SE-Kommentar, Art. 8 SE-VO Rn. 34. AA *Marsch-Barner* in Kallmeyer, § 29 UmwG Rn. 13. Zur vergleichbaren Problematik bei § 207 UmwG: *Kalss* in Semler/Stengel, Kommentar UmwG, § 29 Rn. 22.
[41] *Ringe* in Lutter/Hommelhoff/Teichmann, SE-Kommentar, Art. 8 SE-VO Rn. 35.
[42] → § 9 Rn. 169 ff.
[43] → § 14 Rn. 79, 124.
[44] Gemäß Art. 8 VII Unterabs. 3 SE-VO finden weitergehende Sicherungsansprüche öffentlich-rechtlicher Körperschaften aufgrund mitgliedstaatlicher Regelungen neben Art. 8 VII Unterabs. 1 und 2 SE-VO Anwendung. Dies sind etwa § 109 II Alt. 1, § 165 I 4 Alt. 1, § 221 Satz 2 Halbs. 2, § 222 Satz 2, § 223, § 361 II 5 AO.
[45] SEEG-RegE, BT-Drucks. 15/3405 S. 35.
[46] *Austmann* in Münch. Hdb. GesR IV, § 85 Rn. 16; *Schwarz* SE-VO, Art. 8 Rn. 36; *Teichmann* in Van Hulle/Maul/Drinhausen, Handbuch zur Europäischen Gesellschaft (SE), 7. Abschnitt Rn. 50; *Ringe* in Lutter/Hommelhoff/Teichmann, SE-Kommentar, Art. 8 SE-VO Rn. 46.
[47] Gemäß Art. 8 VII Unterabs. 1 darf das mitgliedstaatliche Recht eine Sicherheitsleistung nur für Forderungen verlangen, die bis zur Offenlegung des Verlegungsplans entstanden sind. Art. 8 VII Unterabs. 2 SE-VO dehnt diese Befugnis auf alle bis zum Zeitpunkt der Verlegung entstehenden Forderungen aus.

§ 22 UmwG, dem § 13 SEAG nachgebildet ist, erfolgt die **Sicherheitsleistung** daher vor Durchführung der Sitzverlegung.[48] Im Übrigen kann jedoch hinsichtlich der Einzelheiten auf die Ausführungen zu § 22 UmwG Bezug genommen werden.[49]

In diesem Zusammenhang ist auch die weitere Gläubigerschutzvorschrift in Art. 8 XVI SE-VO[50] zu nennen, wobei der Verlegungsplan zu dieser Regelung keine Ausführungen enthalten muss. Nach Art. 8 XVI SE-VO gilt die SE in Bezug auf alle Forderungen, die vor der Eintragung der SE im Register des Zuzugsstaates entstanden sind, als SE mit Sitz im Wegzugsstaat, auch wenn sie erst nach der Sitzverlegung verklagt wird. Für diese Forderungen bleibt ein Gerichtsstand am früheren Satzungssitz erhalten. Entstanden im Sinn des Art. 8 XVI SE-VO ist eine Forderung in dem Zeitpunkt, in dem ihr Rechtsgrund gelegt ist, auch wenn sie erst später fällig wird.[51] Es handelt sich jedoch insofern nicht um einen ausschließlichen Gerichtsstand.[52] Die Gläubiger können vielmehr wählen, ob sie die SE im Wegzugs- oder im Zuzugsstaat verklagen möchten. 19

(6) Zulässigkeit weiterer Angaben. Da Art. 8 II SE-VO im Gegensatz zu Art. 20 II SE-VO für den Verlegungsplan nicht ausdrücklich vorsieht, dass diesem weitere Punkte hinzugefügt werden können, ist die **Zulässigkeit fakultativer Angaben** in der Literatur umstritten. Aufgrund der unterschiedlichen Regelung in Art. 8 II SE-VO und Art. 20 II SE-VO wird von einem Teil der Literatur die Zulässigkeit weiterer Angaben verneint.[53] Nach der Gegenansicht handelt es sich bei Art. 8 II SE-VO lediglich um einen Katalog von Mindestangaben; sofern weitere Angaben hinzugefügt werden, verbessere dies die **Informationsgrundlage** von Aktionären und Gläubigern, was nicht als unzulässig angesehen werden könne.[54] In der Tat ist aus dem Sinn und Zweck dieser Vorschrift nicht zu entnehmen, dass der Verlegungsplan durch zusätzliche Angaben fehlerhaft wird. Aus praktischen Erwägungen sollte jedoch nur der Mindestinhalt im Verlegungsplan angegeben werden, da zusätzliche Angaben immer auch weitere Fehlerquellen bieten. Wird eine umfas- 20

---

[48] SEEG-RegE, BT-Drucks. 15/3405 S. 35.
[49] → § 9 Rn. 61.
[50] Gemäß Art. 69 Satz 2 Buchst. c SE-VO steht die Norm unter Beobachtung der Kommission und wird infolge von Erleichterungen bei der innergemeinschaftlichen Vollstreckung möglicherweise gestrichen werden.
[51] *Oechsler/Mihaylova* in MüKo AktG, Art. 8 SE-VO Rn. 66; *Schwarz* SE-VO, Art. 8 Rn. 71; *Ringe* in Lutter/Hommelhoff/Teichmann, SE-Kommentar, Art. 8 SE-VO Rn. 96.
[52] *Austmann* in Münch. Hdb. GesR IV, § 85 Rn. 15; *Oechsler* AG 2005 S. 373 (378); *Ringe* in Lutter/Hommelhoff/Teichmann, SE-Kommentar, Art. 8 SE-VO Rn. 97.
[53] *Ringe* in Lutter/Hommelhoff/Teichmann, SE-Kommentar, Art. 8 SE-VO Rn. 24.
[54] *Schwarz* SE-VO, Art. 8 Rn. 14; *Thoma/Leuering* NJW 2002 S. 1449 (1453).

sendere Information gewünscht, so kann sie im Verlegungsbericht dargestellt werden.[55]

cc) Sprache und Form

21   Weder die Sprache noch die Form des Verlegungsplanes sind in der SE-VO oder im SEAG geregelt. Es ist davon auszugehen, dass der Verlegungsplan in der Sprache des Wegzugsstaates zu verfassen ist,[56] denn er muss der zuständigen Behörde im Wegzugsstaat zur Prüfung vorgelegt werden. Diese wird in der Regel Dokumente in ausländischer Sprache nicht ohne Weiteres bzw. zumindest nicht ohne Übersetzung akzeptieren. Für die Abfassung in der Sprache des Wegzugstaates spricht auch der Schutz von Gläubigern und Aktionären, für die die **Möglichkeit der Kenntnisnahme** vom Inhalt des Verlegungsplans gegeben sein muss.

22   Hinsichtlich der Form des Verlegungsplanes wird überwiegend die **einfache Schriftform** verlangt.[57] Die notarielle Form wird man entgegen einer vertretenen Ansicht[58] nicht fordern können. Zum einem besteht anders als beim Verschmelzungsplan keine entsprechende nationale Regelung. Zum anderen wird der Verlegungsplan ohnehin im Rahmen der Hauptversammlung beurkundet. Eine zusätzliche vorherige Beurkundung ist uE deshalb nicht erforderlich.

dd) Offenlegung

23   Der Verlegungsplan ist gemäß Art. 8 II 1 iVm Art. 13 SE-VO offen zu legen. Art. 13 SE-VO verweist auf die Publizitätsrichtlinie[59] und das zu ihrer Umsetzung erlassene Recht des Sitzstaates der SE. Bei der **Offenlegung des Verlegungsplanes** kommen damit die nationalen Vorschriften des Wegzugsstaates zur Anwendung. Das deutsche Recht kennt eine grenzüberschreitende Sitzverlegung bisher nicht und enthält dementsprechend speziell hierfür auch keine Offenlegungsvorschrift. Sachgerechterweise wird man insoweit auf die Vorschrift des § 61

---

[55] Ebenso für die rechtlich unproblematische Aufnahme zusätzlicher Informationen in den Verlegungsbericht: *Teichmann* in Van Hulle/Maul/Drinhausen, Handbuch zur Europäischen Gesellschaft (SE), 7. Abschnitt Rn. 24.
[56] *Schwarz* SE-VO, Art. 8 Rn. 16; *Ringe* in Lutter/Hommelhoff/Teichmann, SE-Kommentar, Art. 8 SE-VO Rn. 20.
[57] *Schwarz* SE-VO, Art. 8 Rn. 16; *Ringe* in Lutter/Hommelhoff/Teichmann, SE-Kommentar, Art. 8 SE-VO Rn. 18. Im Ergebnis ebenso *Teichmann* in Van Hulle/Maul/Drinhausen, Handbuch zur Europäischen Gesellschaft, 7. Abschnitt Rn. 25, der allerdings zwischen der internen Aufstellung und der anschließenden Erteilung von Abschriften differenziert und nur im Zusammenhang mit Letzterem eine schriftliche Abfassung verlangt.
[58] *Heckschen* DNotZ 2003 S. 251 (265 f.).
[59] Erste Richtlinie 68/151/EWG des Rates vom 9.3.1968 zur Koordinierung der Schutzbestimmungen, die in den Mitgliedstaaten den Gesellschaften iSd Art. 58 Absatz 2 des Vertrages im Interesse der Gesellschafter sowie Dritter vorgeschrieben sind, um diese Bestimmungen gleichwertig zu gestalten, ABl. EG L 065 vom 14.3.1968 S. 8 ff. – Publizitätsrichtlinie.

UmwG zur **Bekanntmachung des Verschmelzungsvertrages** zurückgreifen.[60] Erforderlich nach deutschem Recht ist damit die Einreichung des Verlegungsplans zum Handelsregister sowie die Bekanntmachung eines Hinweises auf die Einreichung in der nach § 10 HGB bestimmten Form. Zuständig ist nach § 8 I HGB, § 377 I FamFG, § 14 AktG das Amtsgericht, das am bisherigen Sitz der SE das Handelsregister führt.[61] Dies ist von Bedeutung, da mit der Bekanntmachung durch das Registergericht die Zweimonatsfrist des Art. 8 VI 1 SE-VO und des § 13 I 1 SEAG zu laufen beginnt.[62]

ee) Nichterstellung bzw. fehlerhafte Erstellung des Verlegungsplanes

Entspricht der Verlegungsplan nicht den Vorgaben des Art. 8 II SE-VO oder wurde ein solcher überhaupt nicht erstellt, liegt ein **Verfahrensfehler** vor. Die im Wegzugstaat für die Prüfung der Rechtmäßigkeit des Verfahrens zuständige Stelle wird folglich die erforderliche **Rechtmäßigkeitsbescheinigung** nach Art. 8 VIII SE-VO nicht ausstellen.[63] Eine Heilung durch Nachreichung der Informationen in der Hauptverhandlung kommt nicht in Betracht, da der Inhalt des Verlegungsplans auch dem Gläubigerschutz dient; die Gläubiger, die keine Aktionäre sind, nehmen jedoch an der Hauptversammlung nicht teil.[64] 24

b) Verlegungsbericht, Art. 8 III SE-VO

Als weiterer Verfahrensschritt der Sitzverlegung ist gemäß Art. 8 III SE-VO ein Verlegungsbericht zu erstellen. 25

aa) Zuständigkeit für die Erstellung des Verlegungsberichts

Der Verlegungsbericht ist durch das **Leitungs- oder Verwaltungsorgan** der SE zu verfassen, dh von dem Organ, welches auch den Verlegungsplan zu erstellen hat.[65] 26

bb) Inhalt des Verlegungsberichts

Durch den Verlegungsbericht müssen Aktionäre, Gläubiger und Arbeitnehmer der SE in die Lage versetzt werden, die **Rechtmäßigkeit** und **Wirtschaftlichkeit** der Sitzverlegung sowie deren Auswirkungen 27

---

[60] *Austmann* in Münch. Hdb. GesR. IV, § 85 Rn. 3; *Oechsler* AG 2005 S. 373 (378); *Teichmann* in Van Hulle/Maul/Drinhausen, Handbuch zur Europäischen Gesellschaft (SE), 7. Abschnitt Rn. 26; *Ringe* in Lutter/Hommelhoff/Teichmann, SE-Kommentar, Art. 8 SE-VO Rn. 21.
[61] *Schwarz* SE-VO, Art. 8 Rn. 46.
[62] *Austmann* in Münch. Hdb. GesR IV, § 85 Rn. 3; *Oechsler* AG 2005 S. 373 (379).
[63] *Schwarz* SE-VO, Art. 8 Rn. 15. Weitergehende Ausführungen → Rn. 53.
[64] *Schwarz* SE-VO, Art. 8 Rn. 15.
[65] *Oechsler/Mihaylova* in MüKo AktG, Art. 8 SE-VO Rn. 19. Zur Zuständigkeit für die Erstellung des Verlegungsplanes → Rn. 12.

§ 32   8. Teil. Sonstige Umwandlungsvorgänge

auf ihre **Rechtsposition** beurteilen zu können.⁶⁶ Eine umfassende rechts- und wirtschaftsvergleichende Darstellung aller Aspekte wird man insoweit jedoch nicht verlangen können; es genügt, wenn der Verlegungsbericht schwerpunktmäßig diejenigen Gesichtspunkte zusammenfasst, bezüglich derer sich Veränderungen durch die Sitzverlegung ergeben.⁶⁷ Im Einzelnen verlangt Art. 8 III SE-VO Angaben zu folgenden Aspekten:

28 (1) Rechtliche und wirtschaftliche Aspekte der Sitzverlegung. Der Verlegungsbericht hat in rechtlicher und wirtschaftlicher Hinsicht die Sitzverlegung zu erläutern. Darzustellen sind insoweit die **rechtlichen Voraussetzungen** für eine Sitzverlegung⁶⁸ und die wesentlichen Schritte des zu beachtenden Verfahrens.⁶⁹ Es sollte darauf hingewiesen werden, dass mit der Verlegung des Satzungssitzes auch eine Verlegung des Verwaltungssitzes verbunden ist.⁷⁰ Der Verlegungsbericht hat weiter über die **wirtschaftlichen Vor- und Nachteile** einer Sitzverlegung zu informieren.⁷¹ Darunter fallen auch die voraussichtlichen Kosten der Sitzverlegung.⁷²

29 (2) Auswirkungen der Sitzverlegung für die Aktionäre. Hinsichtlich der Auswirkungen für die Aktionäre ist darzustellen, inwieweit die Sitzverlegung aufgrund des Wechsels des ergänzend anwendbaren Gesellschaftsstatuts mit einer **Änderung der Mitgliedschaftsrechte** verbunden ist,⁷³ so beispielsweise in Bezug auf das Bestehen von Informationsrechten oder die Rechtsstellung von Minderheitsaktionären. Ergänzend zu den Angaben im Verlegungsplan sind die Aktionäre über die Details der Barabfindung bei Widerspruch gegen den Verlegungsbeschluss zu unterrichten.⁷⁴

30 (3) Auswirkungen der Sitzverlegung für die Gläubiger. Im Bericht ist ferner darüber zu informieren, inwiefern sich durch die Sitzverlegung für die Gläubiger der SE Änderungen bei der Durchsetzung ihrer Forderungen ergeben. Dabei ist auf das Fortbestehen des **Gerichtsstandes** nach Art. 8 XVI SE-VO hinzuweisen;⁷⁵ ebenso auf die Möglichkeit, nach § 13 SEAG eine **Sicherheitsleistung** zu beantragen.⁷⁶ In diesem Zusammen-

---

⁶⁶ *Schwarz* SE-VO, Art. 8 Rn. 19; *Ringe* in Lutter/Hommelhoff/Teichmann, SE-Kommentar, Art. 8 SE-VO Rn. 26.
⁶⁷ *Brandt* NZG 2002 S. 991 (994); *Oechsler/Mihaylova* in MüKoAktG, Art. 8 SE-VO Rn. 22; *Schwarz* SE-VO, Art. 8 Rn. 20.
⁶⁸ *Schwarz* SE-VO, Art. 8 Rn. 20; *Oechsler/Mihaylova* in MüKo AktG, Art. 8 SE-VO Rn. 19.
⁶⁹ *Teichmann* in Van Hulle/Maul/Drinhausen, Handbuch zur Europäischen Gesellschaft (SE), 7. Abschnitt Rn. 29.
⁷⁰ *Oechsler/Mihaylova* in MüKo AktG, Art. 8 SE-VO Rn. 21.
⁷¹ *Teichmann* in Van Hulle/Maul/Drinhausen, Handbuch zur Europäischen Gesellschaft (SE), 7. Abschnitt Rn. 30.
⁷² *Oechsler/Mihaylova* in MüKo AktG, Art. 8 SE-VO Rn. 21.
⁷³ *Schwarz* in SE-VO, Art. 8 Rn. 21; *Teichmann* in Van Hulle/Maul/Drinhausen, Handbuch zur Europäischen Gesellschaft (SE), 7. Abschnitt Rn. 31.
⁷⁴ *Oechsler/Mihaylova* in MüKo AktG, Art. 8 SE-VO Rn. 20.
⁷⁵ → Rn. 20.
⁷⁶ → Rn. 19.

hang ist für die Gläubiger relevant, in welchem Umfang es durch die Sitzverlegung zu einer Vermögensverschiebung in den Zuzugsstaat kommt.[77]

(4) Auswirkungen der Sitzverlegung für die **Arbeitnehmer**. Schließlich muss der Verlegungsbericht über die Auswirkungen der Sitzverlegung für die Arbeitnehmer Auskunft geben. Damit sind sowohl die Auswirkungen auf **individualvertraglicher** als auch auf **kollektivrechtlicher** Ebene gemeint.[78] Für den individuellen Arbeitsvertrag ergeben sich durch die Sitzverlegung grundsätzlich keine Änderungen, es sei denn, der Vertrag selbst sieht eine Abänderungsmöglichkeit vor. Sollten sich auf kollektivarbeitsrechtlicher Ebene Änderungen ergeben,[79] sind diese darzustellen. Ausgehend vom Schutzzweck des Verlegungsberichts sind nicht nur die unmittelbaren, sondern auch mittelbare Folgen der Sitzverlegung für die Arbeitnehmer aufzuzeigen, wie beispielsweise infolge der Sitzverlegung beabsichtigte Betriebszusammenlegungen oder -stilllegungen.[80] 31

cc) Sprache und Form

Der Verlegungsbericht sollte der Sprache und der Form des Verlegungsplans folgen.[81] 32

dd) Verzicht, Nichterstellung bzw. fehlerhafte Erstellung des Verlegungsberichts

Ein Verzicht aller Aktionäre macht die Erstellung des Verlegungsberichtes nicht entbehrlich, da der Bericht nicht allein deren Schutz dient.[82] Die Nichterstellung bzw. Fehler bei der Erstellung des Verlegungsberichtes führen wie beim Verlegungsplan dazu, dass das Sitzverlegungsverfahren fehlerhaft ist. Die zuständige Behörde des Wegzugsstaates wird die Bescheinigung nach Art. 8 VIII SE-VO nicht ausstellen.[83] 33

c) Verlegungsbeschluss, Art. 8 VI SE-VO

Die Hauptversammlung beschließt über die Sitzverlegung, indem sie im Verlegungsbeschluss die **Zustimmung zum Verlegungsplan** erteilt. Da durch diesen Beschluss die Satzung der SE geändert wird, müssen die Bestimmungen des Art. 59 SE-VO beachtet werden (Art. 8 VI 2 SE-VO).[84] 34

---

[77] *Oechsler/Mihaylova* in MüKo AktG, Art. 8 SE-VO Rn. 21.
[78] *Schwarz* SE-VO, Art. 8 Rn. 22.
[79] → Rn. 15.
[80] *Schwarz* SE-VO, Art. 8 Rn. 22; so auch *Oechsler/Mihaylova* in MüKo AktG, Art. 8 SE-VO Rn. 14, der diese Angaben allerdings zu Unrecht zum Inhalt des Verlegungsplanes zählt.
[81] → Rn. 22 f.
[82] *Schwarz* SE-VO, Art. 8 Rn. 25; *Teichmann* in Van Hulle/Maul/Drinhausen, Handbuch zur Europäischen Gesellschaft (SE), 7. Abschnitt Rn. 27.
[83] *Schwarz* SE-VO, Art. 8 Rn. 23.
[84] *Austmann* in Münch. Hdb. GesR IV, § 85 Rn. 6; *Schwarz* SE-VO, Art. 8 Rn. 31; *Ringe* in Lutter/Hommelhoff/Teichmann, SE-Kommentar, Art. 8 SE-VO Rn. 39.

aa) Ladung zur Versammlung

35 Gemäß Art. 54 II SE-VO kann das Leitungs-, Aufsichts- oder Verwaltungsorgan jederzeit eine **außerordentliche Hauptversammlung** einberufen. Die Einberufung folgt dabei den aktienrechtlichen Vorschriften des Sitzstaates. Darüber hinaus verweist Art. 53 SE-VO für die Organisation und den Ablauf auf das nationale Aktienrecht, sofern keine Regelung in der SE-VO enthalten ist. Für eine SE mit Sitz in Deutschland richtet sich die Ladung folglich nach den §§ 121 ff. AktG.[85] Zu erwähnen ist lediglich, dass die Bekanntmachung der Tagesordnung die für die SE vorgesehene neue Satzung (§ 124 II 2 AktG) sowie das Angebot auf Barabfindung widersprechender Minderheitsaktionäre (§ 12 I 3 SEAG) im Wortlaut umfassen muss. Die Bekanntmachung muss in der Sprache des Wegzugsstaates erfolgen.[86] Bei der Einberufung der Hauptversammlung ist darauf zu achten, dass die Frist des Art. 8 VI 1 SE-VO gewahrt wird, dh der Verlegungsbeschluss darf frühestens zwei Monate nach der Offenlegung des Verlegungsplanes gefasst werden.

bb) Vorbereitung der Hauptversammlung – Gewährung von Einsichtsrechten, Art. 8 IV SE-VO

36 Vor der Hauptversammlung muss den Aktionären und Gläubigern der SE gemäß Art. 8 IV SE-VO mindestens einen Monat lang die Möglichkeit gegeben werden, den Verlegungsplan und den Verlegungsbericht am Sitz der SE einzusehen. Ferner können diese die unentgeltliche Aushändigung von **Abschriften** dieser Unterlagen verlangen. Die **Einsichtnahme** muss während der üblichen Geschäftszeiten möglich sein.[87] Die Aushändigung von Abschriften hat nicht notwendig am Sitz der SE zu erfolgen. Aktionären und Gläubigern steht insoweit auch das Recht zu, sich Abschriften zusenden zu lassen; die Zusendung darf für sie jedoch nicht mit Kosten verbunden sein.[88] Eine Bevollmächtigung Dritter zur Geltendmachung der Informationsrechte ist zulässig.[89]

37 Den Arbeitnehmern steht kein Einsichtsrecht in den Verlegungsplan und den Verlegungsbericht zu.[90] Zwar sind die Arbeitnehmer Inhaber von Lohn- bzw. Gehaltsforderungen gegen die SE, dennoch sind sie nicht als Gläubiger im Sinn von Art. 8 IV SE-VO anzusehen. Das ergibt sich aus der Systematik des Art. 8 SE-VO, der in den Absätzen 2 und 3 sprachlich zwischen Gläubigern und Arbeitnehmern differenziert. Die **Information der Arbeitnehmer** erfolgt vielmehr gemäß § 30 SEBG über den **SE-Betriebsrat,** der die lokalen Betriebsräte über die Auswirkungen der geplanten Sitzverlegung unterrichtet. Dem SE-Betriebsrat

---

[85] Siehe auch die Ausführungen zur SE-Verschmelzung → § 14 Rn. 113 f.
[86] *Kubis* in MüKo AktG, Art. 53 SE-VO Rn. 6.
[87] *Oechsler/Mihaylova* in MüKo AktG, Art. 8 SE-VO Rn. 25.
[88] *Schwarz* SE-VO, Art. 8 Rn. 27.
[89] *Schwarz* SE-VO, Art. 8 Rn. 27.
[90] *Austmann* in Münch. Hdb. GesR IV, § 85 Rn. 5; *Schwarz* SE-VO, Art. 8 Rn. 28.

sind hierfür nach § 28 I 2 Nr. 3 SEBG Kopien des Verlegungsplanes und des Verlegungsberichtes zu überlassen. Die lokalen Betriebsräte informieren dann die Arbeitnehmer vor Ort.

cc) Beschlussfassung

Art. 59 I SE-VO sieht vor, dass jede Satzungsänderung mit einer Mehrheit von nicht weniger als zwei Dritteln der abgegebenen Stimmen gefasst werden muss, es sei denn, das Aktienrecht des Sitzstaates sieht eine größere Mehrheit vor. Das deutsche Aktienrecht sieht vor, dass eine Satzungsänderung einer Mehrheit von drei Vierteln des bei der Beschlussfassung vertretenen Grundkapitals bedarf (§ 179 II 1 AktG). Es wird deshalb vertreten, dass der satzungsändernde Beschluss über eine Sitzverlegung einer SE mit Sitz in Deutschland ebenfalls mit einer Mehrheit von drei Vierteln des bei der Beschlussfassung vertretenen Grundkapitals gefasst werden muss.[91] Die Gegenansicht weist darauf hin, dass aufgrund des Wortlautes des Art. 59 I SE-VO nur eine größere Stimmenmehrheit, nicht aber eine Kapitalmehrheit entscheidend ist.[92] Unseres Erachtens muss die Mehrheit von zwei Dritteln der abgegebenen Stimmen als eine **Untergrenze** angesehen werden, die in jedem Fall eingehalten werden muss. Wenn durch die Einhaltung dieser Untergrenze nicht ohnehin das Erfordernis der Dreiviertelmehrheit des § 179 II 2 AktG eingehalten wird, muss diese nach den deutschen Vorschriften des Aktienrechts ebenfalls als eine größere Mehrheit iSv Art. 59 I SE-VO eingehalten werden. Es empfiehlt sich jedoch eine klare Regelung in der Satzung zu treffen, bei der allerdings die Zweidrittelmehrheit der abgegebenen Stimmen nicht unterschritten wird (§ 51 Satz 2 SEAG). **38**

Existieren in der SE verschiedene Aktiengattungen und hat die Sitzverlegung spezifische Auswirkungen auf eine hiervon, so ist gemäß Art. 60 I SE-VO zusätzlich ein **Sonderbeschluss** der betroffenen Aktieninhaber über die Sitzverlegung erforderlich.[93] Nach Art. 60 II SE-VO gelten für diesen Beschluss dieselben Mehrheitserfordernisse wie beim allgemeinen Verlegungsbeschluss. **39**

dd) Sprache und Form

Aus den bereits zum Verlegungsplan und zum Verlegungsbericht dargestellten Gründen sollte der Verlegungsbeschluss in der Sprache des Wegzugsstaates gefasst werden.[94] Ferner ist für eine SE mit Sitz in Deutschland gemäß § 130 I 1 AktG der Verlegungsbeschluss durch nota- **40**

---

[91] *Oechsler/Mihaylova* in MüKo AktG, Art. 8 SE-VO Rn. 26a; *Bayer* in Lutter/Hommelhoff/Teichmann, SE-Kommentar, Art. 59 SE-VO Rn. 16.
[92] *Austmann* in Münch. Hdb. GesR IV, § 86 Rn. 28; *Spindler* in Lutter/Hommelhoff/Teichmann, SE-Kommentar, Art. 57 SE-VO Rn. 13.
[93] *Schwarz* SE-VO, Art. 8 Rn. 55; *Ringe* in Lutter/Hommelhoff/Teichmann, SE-Kommentar, Art. 8 SE-VO Rn. 40.
[94] *Schwarz* SE-VO, Art. 8 Rn. 32.

rielle Niederschrift zu beurkunden.[95] Unverzüglich nach der Hauptversammlung muss eine öffentlich beglaubigte Abschrift der Niederschrift zum Handelsregister eingereicht werden (§ 130 V AktG).

ee) Anfechtung und Anfechtungsverzicht

41 Weist der Verlegungsbeschluss Fehler auf, so richten sich deren Folgen nach den über Art. 9 I Buchst. c SE-VO ergänzend anwendbaren nationalen Vorschriften. In Deutschland sind dies die §§ 241 ff. AktG zur Nichtigkeit und Anfechtbarkeit von Hauptversammlungsbeschlüssen.[96] Nach § 12 II iVm § 7 V SEAG kann der Verlegungsbeschluss mit der Anfechtungsklage jedoch nicht hinsichtlich der **Bemessung** oder **Ausgestaltung** des Barabfindungsangebots angegriffen werden. Die Minderheitsaktionäre werden insofern gemäß § 12 II iVm § 7 VII SEAG auf das **Spruchverfahren** verwiesen.[97] Die Zuständigkeit für dieses Verfahren verbleibt auch nach vollzogener Sitzverlegung bei den Gerichten des Wegzugsstaates.[98]

Ein Verzicht auf das Anfechtungsrecht ist unter den Voraussetzungen des Aktienrechts möglich.[99]

ff) Offenlegung

42 Der Verlegungsbeschluss ist gemäß Art. 8 VI 2, Art. 59 III, Art. 13 SE-VO offenzulegen, dh in Deutschland zur **Eintragung** in das Handelsregister anzumelden.[100] Zuständig für die Eintragung ist das Amtsgericht, welches das Handelsregister am Satzungssitz der SE führt (§ 8 I HGB, § 377 I FamFG, § 14 AktG). Vor der Eintragung führt das Registergericht die nach Art. 8 VIII SE-VO erforderliche Rechtmäßigkeitsprüfung durch.[101]

---

[95] *Oechsler/Mihaylova* in MüKo AktG, Art. 8 SE-VO Rn. 27; *Schwarz* SE-VO, Art. 8 Rn. 32; *Ringe* in Lutter/Hommelhoff/Teichmann, SE-Kommentar, Art. 8 SE-VO Rn. 43.
[96] *Schwarz* SE-VO, Art. 8 Rn. 33; *Ringe* in Lutter/Hommelhoff/Teichmann, SE-Kommentar, Art. 8 SE-VO Rn. 44.
[97] *Oechsler/Mihaylova* in MüKo AktG, Art. 8 SE-VO Rn. 17 und *Teichmann* in Van Hulle/Maul/Drinhausen, Handbuch zur Europäischen Gesellschaft (SE), 7. Abschnitt Rn. 46 wollen die Anfechtungsklage für den Fall, dass das Abfindungsangebot im Verlegungsplan völlig fehlt, zulassen.
[98] Trotz unterschiedlicher Begründungsansätze besteht im Ergebnis insoweit Einigkeit: *Austmann* in Münch. Hdb. GesR IV, § 85 Rn. 14; *Oechsler* AG 2005 S. 373 (375 f.); *Schwarz* SE-VO, Art. 8 Rn. 30; *Ringe* in Lutter/Hommelhoff/ Teichmann, SE-Kommentar, Art. 8 SE-VO Rn. 38.
[99] → § 9 Rn. 303.
[100] *Kubis* in MüKo AktG, Art. 59 Rn. 10; *Schwarz* SE-VO, Art. 59 Rn. 20; *Ringe* in Lutter/Hommelhoff/Teichmann, SE-Kommentar, Art. 59 Rn. 22.
[101] *Austmann* in Münch. Hdb. GesR IV, § 85 Rn. 7.

d) Beantragung der Bescheinigung gemäß Art. 8 VIII SE-VO im Wegzugsstaat

43 Die Sitzverlegung setzt ferner voraus, dass der SE im Wegzugsstaat eine Bescheinigung ausgestellt wurde, aus der zweifelsfrei hervorgeht, dass alle für die Sitzverlegung erforderlichen Rechtshandlungen und Formalitäten durchgeführt wurden (Art. 8 VIII SE-VO).

aa) Zuständige Stelle

44 In Deutschland liegt die Zuständigkeit für die Erteilung der Bescheinigung gemäß § 4 Satz 1 SEAG, § 377 I FamFG, § 14 AktG beim Amtsgericht, das das Handelsregister am Satzungssitz der SE führt,[102] also bei dem Gericht, bei dem auch der Verlegungsbeschluss zur Eintragung anzumelden ist.

bb) Einzureichende Dokumente und Erklärungen

45 Um dem Gericht eine umfassende Rechtmäßigkeitskontrolle zu ermöglichen, müssen der Verlegungsplan, der Verlegungsbericht sowie die notarielle Niederschrift des Verlegungsbeschlusses, sofern diese nicht bereits gemäß § 130 V AktG vorab übermittelt wurden, eingereicht werden.[103] Daneben müssen die Vertretungsorgane, dh bei dualistischer Organisationsstruktur die Mitglieder des Leitungsorgans, also des Vorstandes, bzw. bei monistischer die geschäftsführenden Direktoren (§ 40 SEAG), versichern, dass allen Gläubigern, die hierauf Anspruch haben, Sicherheit geleistet wurde (§ 13 III SEAG).[104] Weiter müssen sie erklären, dass keine bzw. keine fristgerechten Klagen gegen die Wirksamkeit des Verlegungsbeschlusses erhoben bzw. solche Klagen rechtskräftig abgewiesen oder zurückgenommen wurden (sog. Negativerklärung gemäß § 14 SEAG).

cc) Prüfungsumfang

46 (1) Allgemeine Prüfung. Das Registergericht prüft zunächst **formal**, ob die Anmeldung zur Eintragung in der nach § 12 HGB vorgeschriebenen Form und durch das zuständige Vertretungsorgan der SE gestellt wurde.[105] Ferner überprüft es die Vollständigkeit der der Anmeldung beigefügten Unterlagen und Erklärungen.[106] **Inhaltlich** prüft das Regis-

---

[102] *Oechsler/Mihaylova* in MüKo AktG, Art. 8 SE-VO Rn. 45; *Schwarz* SE-VO, Art. 8 Rn. 46; *Ringe* in Lutter/Hommelhoff/Teichmann, SE-Kommentar, Art. 8 SE-VO Rn. 56.

[103] Hierzu und zu den erforderlichen Erklärungen nach §§ 13 III, 14 SEAG: *Heckschen* in Widmann/Mayer, Umwandlungsrecht, Anhang 14 Rn. 440; *Teichmann* in Van Hulle/Maul/Drinhausen, Handbuch zur Europäischen Gesellschaft (SE), 7. Abschnitt Rn. 40.

[104] Ein Vorschlag, was genau Inhalt dieser Versicherung sein sollte, findet sich bei *Oechsler/Mihaylova* in MüKo AktG, Art. 8 SE-VO Rn. 47.

[105] *Ringe* in Lutter/Hommelhoff/Teichmann, SE-Kommentar, Art. 8 SE-VO Rn. 59.

[106] So zur Eintragungsanmeldung nach § 181 AktG: *Hüffer* in Hüffer/Koch Kommentar AktG, § 181 Rn. 13.

tergericht die Einhaltung aller in Art. 8 SE-VO und den ergänzend anwendbaren Vorschriften des Wegzugsstaates enthaltenen Voraussetzungen der Sitzverlegung, dh die ordnungsgemäße Erstellung und Offenlegung des Verlegungsplanes, die Erstellung des Verlegungsberichtes, die ordnungsgemäße Gewährung des Einsichtsrechts und die Wirksamkeit des Verlegungsbeschlusses.[107] Hinsichtlich der Rechtmäßigkeit des Verlegungsplans ist darauf hinzuweisen, dass Mängel bei der Darstellung des Barabfindungsangebotes (Art. 8 II 2 Buchst. e SE-VO) nicht zur Verweigerung der Bescheinigung führen dürfen.[108] Das folgt aus der *ratio* der § 12 II, § 7 II, VII SEAG, die verhindern wollen, dass die Sitzverlegung durch Streitigkeiten über die Barabfindung verzögert wird.

47 (2) Nachweis des Gläubigerschutzes gemäß Art. 8 VII SE-VO iVm § 13 III SEAG. Das Registergericht prüft ferner das Vorliegen der Erklärung, dass die Interessen der Gläubiger und sonstiger Forderungsberechtigter in Bezug auf alle vor und bis zu 15 Tage nach der Offenlegung des Verlegungsplans entstandenen Verbindlichkeiten entsprechend § 13 SEAG durch **Sicherheitsleistung** gesichert wurden.[109] Zweifelt das Gericht an der Richtigkeit der Versicherung, kann es auch weitere Prüfungen vornehmen.[110]

48 (3) Vorliegen der Negativerklärung gemäß § 14 SEAG. Das Registergericht prüft außerdem die Vorlage der Erklärung gemäß § 14 SEAG, dass keine Klagen gegen den Verlegungsbeschluss anhängig sind. Die Erklärung bezieht sich nicht nur auf **Anfechtungs-,** sondern auch auf **Nichtigkeitsfeststellungsklagen.**[111] Klagen im Spruchverfahren nach § 12 II iVm § 7 VII SEAG hindern hingegen die Abgabe der Negativerklärung nicht.[112] Wie bei der Erklärung zur Sicherheitsleistung gemäß § 13 III SEAG kann das Registergericht bei Anhaltspunkten für eine unrichtige Negativerklärung weitere Nachforschungen anstellen und gegebenenfalls die Ausstellung der Bescheinigung verweigern.

49 Die Vorschrift des § 14 SEAG entspricht der Regelung in § 16 II 1 UmwG.[113] Das Freigabeverfahren des § 16 III UmwG hat der Gesetzgeber dagegen nicht in § 14 SEAG übernommen. Eine analoge Anwendung des § 16 III UmwG dürfte daher, unabhängig von der Frage, ob hierfür ein Bedürfnis besteht,[114] schon mangels planwidriger Regelungs-

---

[107] *Oechsler/Mihaylova* in MüKo AktG, Art. 8 SE-VO Rn. 46; *Schwarz* SE-VO, Art. 8 Rn. 45; *Ringe* in Lutter/Hommelhoff/Teichmann, SE-Kommentar, Art. 8 SE-VO Rn. 59.
[108] *Oechsler/Mihaylova* in MüKo AktG, Art. 8 SE-VO Rn. 48; *Teichmann* in Van Hulle/Maul/Drinhausen, Handbuch zur Europäischen Gesellschaft (SE), 7. Abschnitt Rn. 39.
[109] → Rn. 19.
[110] Allgemein zu den Befugnissen des Registergerichts: *Hopt* in Baumbach/Hopt, Kommentar HGB, § 8 Rn. 8.
[111] *Oechsler/Mihaylova* in MüKo AktG, Art. 8 SE-VO Rn. 48.
[112] *Oechsler/Mihaylova* in MüKo AktG, Art. 8 SE-VO Rn. 48.
[113] SEEG-RegE, BT-Drucks. 15/3405 S. 35.
[114] Bejahend *Oechsler/Mihaylova* in MüKo AktG, Art. 8 SE-VO Rn. 48; dagegen *Teichmann* in Van Hulle/Maul/Drinhausen, Handbuch zur Europäischen Gesellschaft (SE), 7. Abschnitt Rn. 38.

lücke ausscheiden. Gleiches gilt für eine analoge Anwendung des § 16 II 2 UmwG.[115]

(4) Bestehende Sitzverlegungsverbote. Das Registergericht prüft ferner, ob ein **Sitzverlegungsverbot** nach Art. 8 XV oder Art. 37 III SE-VO besteht.[116] Art. 8 XV SE-VO sieht vor, dass eine Sitzverlegung im Falle der Eröffnung eines Verfahrens wegen Auflösung, Liquidation, Zahlungsunfähigkeit oder vorläufiger Zahlungseinstellung bzw. eines ähnlichen Verfahrens ausgeschlossen ist. Gleiches gilt für eine Sitzverlegung, die anlässlich der Umwandlung einer Aktiengesellschaft in eine SE erfolgen soll (Art. 37 III SE-VO). 50

(5) Einlegung eines Widerspruchs. Die Bescheinigung darf schließlich auch dann nicht erteilt werden, wenn gemäß Art. 8 XIV Unterabs. 1 Satz 1 SE-VO Widerspruch gegen die Sitzverlegung eingelegt wurde.[117] Diese Vorschrift ermächtigt die Mitgliedstaaten, Regelungen zu erlassen, wonach eine Sitzverlegung dann nicht wirksam wird, wenn die zuständige Stelle des Wegzugsstaates aus Gründen des öffentlichen Interesses Einspruch gegen die Sitzverlegung einlegt. Der deutsche Gesetzgeber hat von dieser Ermächtigung bisher keinen Gebrauch gemacht.[118] 51

dd) Ausstellung der Bescheinigung

Fällt die Rechtmäßigkeitsprüfung positiv aus, so nimmt das Registergericht die Eintragung des Verlegungsbeschlusses vor. Sie wird entsprechend § 198 II 4 UmwG mit einem Vorläufigkeitsvermerk versehen, der darauf hinweist, dass die Sitzverlegung erst mit Eintragung der SE im Zuzugsstaat wirksam wird.[119] Das Registergericht hat die Eintragung anschließend gemäß § 10 HBG bekannt zu machen. Mit dieser Bekanntmachung ist der Verlegungsbeschluss im Sinne von Art. 59 III SE-VO offengelegt.[120] 52

Der SE wird ein Ausdruck aus dem Handelsregister (§ 9 IV HGB) erteilt. Mit diesem Ausdruck steht der SE die Bescheinigung nach Art. 8 VIII SE-VO zur Verfügung. Den Ausdruck, der in der Sprache des Wegzugsstaates erteilt werden wird, hat die SE in die Sprache des Zuzugsstaates übersetzen zu lassen.[121] 53

---

[115] AA *Oechsler/Mihaylova* in MüKo AktG, Art. 8 SE-VO Rn. 48.
[116] *Austmann* in Münch. Hdb. GesR IV, § 85 Rn. 7; *Schwarz* SE-VO, Art. 8 Rn. 45; *Ringe* in Lutter/Hommelhoff/Teichmann, SE-Kommentar, Art. 8 SE-VO Rn. 59.
[117] *Schwarz* SE-VO, Art. 8 Rn. 43.
[118] *Oechsler/Mihaylova* in MüKo AktG, Art. 8 SE-VO Rn. 31; *Schwarz* SE-VO, Art. 8 Rn. 40; *Ringe* in Lutter/Hommelhoff/Teichmann, SE-Kommentar, Art. 8 SE-VO Rn. 61.
[119] *Austmann* in Münch. Hdb. GesR IV, § 85 Rn. 7; *Oechsler/Mihaylova* in MüKo AktG, Art. 8 SE-VO Rn. 45; *Ringe* in Lutter/Hommelhoff/Teichmann, SE-Kommentar, Art. 8 SE-VO Rn. 56.
[120] *Austmann* in Münch. Hdb. GesR IV, § 85 Rn. 7; *Kubis* in MüKo AktG, Art. 59 SE-VO Rn. 10.
[121] *Oechsler/Mihaylova* in MüKo AktG, Art. 8 SE-VO Rn. 45.

§ 32   8. Teil. Sonstige Umwandlungsvorgänge

e) Eintragung im Register des Zuzugsstaates, Art. 8 IX und 10 SE-VO

54   Gemäß Art. 8 X iVm Art. 12 I SE-VO ist die SE in ein Register des Zuzugsstaates einzutragen.

aa) Zuständige Stelle

55   Bei einer Sitzverlegung nach Deutschland bestimmt § 3 SEAG, dass die Eintragung im Handelsregister nach den für Aktiengesellschaften geltenden Vorschriften zu erfolgen hat. Zuständig für die Eintragung ist nach § 4 Satz 1 SEAG, § 377 I FamFG, § 14 AktG das Amtsgericht, das am neuen Sitz der SE das Handelsregister führt.[122]

bb) Einzureichende Unterlagen

56   Einzureichen ist die Rechtmäßigkeitsbescheinigung gemäß Art. 8 VIII SE-VO in der Sprache des Zuzugsstaates bzw. eine entsprechende Übersetzung.[123] Darüber hinaus enthält weder die SE-VO noch das SEAG Bestimmungen hinsichtlich der einzureichenden Unterlagen. Aufgrund des noch darzustellenden Prüfungsumfanges müssen jedoch uE folgende Unterlagen eingereicht werden: die neue Satzung in der Sprache und in der Form des Zuzugsstaates,[124] Angaben zu den Vertretern der Gesellschaft, die Versicherung der Vorstandsmitglieder bzw. der geschäftsführenden Direktoren nach §§ 37 II AktG, 21 II SEAG sowie ein Nachweis über die Adresse am neuen Sitz bzw. der Hauptverwaltung.[125]

cc) Prüfungsumfang

57   Die Eintragung der SE im Zuzugsstaat setzt nach Art. 8 IX SE-VO voraus, dass die Bescheinigung nach Art. 8 VIII SE-VO vorgelegt und die Erfüllung aller für die Eintragung im Zuzugsstaat erforderlichen Formalitäten nachgewiesen wurde.

58   (1) *Allgemeine Registerprüfung.* Die Registerbehörde prüft, ob die nach dem Recht des Zuzugsstaates bestehenden formellen Voraussetzungen für die Eintragung der SE erfüllt sind. Darunter fällt zum einen die Zuständigkeit der Registerbehörde. Bei einer Sitzverlegung nach Deutschland ist weiter zu beachten, dass die Anmeldung zur Eintragung in der Form des § 12 HGB zu erfolgen hat.[126]

---

[122] *Austmann* in Münch. Hdb. GesR IV, § 85 Rn. 8; *Schwarz* SE-VO, Art. 8 Rn. 50.

[123] *Oechsler/Mihaylova* in MüKo AktG, Art. 8 SE-VO Rn. 45, 50.

[124] *Schwarz* SE-VO, Art. 8 Rn. 53; *Teichmann* in Van Hulle/Maul/Drinhausen, Handbuch zur Europäischen Gesellschaft (SE), 7. Abschnitt Rn. 41.

[125] Nach *Heckschen* in Widmann/Mayer, Umwandlungsrecht, Anhang 14 Rn. 444 sollen auch Verlegungsplan, Verlegungsbericht und Niederschrift des Verlegungsbeschlusses einzureichen sein. Hierfür besteht jedoch kein Bedürfnis, denn deren Rechtmäßigkeit wird abschließend von der zuständigen Stelle des Wegzugsstaates geprüft.

[126] *Oechsler/Mihaylova* in MüKo AktG, Art. 8 SE-VO Rn. 50; *Ringe* in Lutter/Hommelhoff/Teichmann, SE-Kommentar, Art. 8 SE-VO Rn. 72.

(2) Vorlage der Bescheinigung nach Art. 8 VIII SE-VO. Hinsichtlich der Rechtshandlungen und Formalitäten des Wegzugsstaates ist die Registerbehörde des Zuzugsstaates darauf beschränkt, zu prüfen, ob die Bescheinigung gemäß Art. 8 VIII SE-VO vorgelegt wurde. Liegt sie vor, ist sie an diese gebunden.[127] Das gilt auch für die im Wegzugsstaat vorzunehmende Prüfung, ob ein Sitzverlegungsverbot nach Art. 8 XV oder Art. 37 III SE-VO besteht.[128]

(3) Einreichung der neuen Satzung. Die Registerbehörde prüft die neue Satzung der SE daraufhin, ob sie mit den Anforderungen des ergänzend anwendbaren Rechts des Zuzugsstaates vereinbar ist.[129] Bei einer Sitzverlegung nach Deutschland ist unter anderem zu prüfen, ob die Satzung den Vorgaben des § 23 III–V AktG entspricht; nicht beachtet werden muss hingegen § 23 II AktG, der nur für die Gesellschaftsgründung gilt.[130] Hinsichtlich der in der Satzung angegebenen Firma der SE wird geprüft, ob diese den Anforderungen der §§ 18 und 30 HGB gerecht wird.[131]

(4) Sitz der SE. Die Registerbehörde des Zuzugsstaates hat auch die Einhaltung des Art. 7 SE-VO zu prüfen.[132] Entgegen teilweise vertretener Auffassung[133] verlangt Art. 7 SE-VO allerdings nicht, dass der Verlegung des **Satzungssitzes** die Verlegung der **Hauptverwaltung** vorauszugehen hat.[134] Im Gegenteil empfiehlt es sich aufgrund der mit der Verlegung der Hauptverwaltung verbundenen Kosten, zunächst die Verlegung des Satzungssitzes zu betreiben und dann, wenn die SE im Zuzugsstaat eingetragen wurde, die Verlegung der Hauptverwaltung zeitnah folgen zu lassen.[135] Dies sollte jedoch mit der zuständigen Stelle im Zuzugsstaat vorab geklärt werden.

---

[127] *Oechsler/Mihaylova* in MüKo AktG, Art. 8 SE-VO Rn. 50; *Ringe* in Lutter/Hommelhoff/Teichmann, SE-Kommentar, Art. 8 SE-VO Rn. 69; ebenso *Austmann* in Münch. Hdb. GesR IV, § 85 Rn. 8, der allerdings bei evidenten Mängeln der Bescheinigung eine Bindung der Registerbehörde des Zuzugsstaates verneint.

[128] *Ringe* in Lutter/Hommelhoff/Teichmann, SE-Kommentar, Art. 8 SE-VO Rn. 77; wohl aA *Priester* ZGR 1999 S. 36 (49) zur Sitzverlegungsrichtlinie.

[129] *Austmann* in Münch. Hdb. GesR IV, § 85 Rn. 8; *Teichmann* in Van Hulle/Maul/Drinhausen, Handbuch zur Europäischen Gesellschaft (SE), 7. Abschnitt Rn. 41; *Ringe* in Lutter/Hommelhoff/Teichmann, SE-Kommentar, Art. 8 SE-VO Rn. 74.

[130] *Schwarz* SE-VO, Art. 8 Rn. 53.

[131] *Schwarz* SE-VO, Art. 8 Rn. 53; *Ringe* in Lutter/Hommelhoff/Teichmann, SE-Kommentar, Art. 8 SE-VO Rn. 76.

[132] *Schwarz* SE-VO, Art. 8 Rn. 52; *Zimmer* in Lutter/Hommelhoff/Teichmann, SE-Kommentar, Art. 8 SE-VO Rn. 75.

[133] *Schwarz* SE-VO, Art. 8 Rn. 52; *Ringe* in Lutter/Hommelhoff/Teichmann, SE-Kommentar, Art. 8 SE-VO Rn. 75.

[134] *Austmann* in Münch. Hdb. GesR IV, § 85 Rn. 9; *Oechsler* AG 2005 S. 373 (379); *Casper* in Spindler/Stilz AktG, Art 7 SE-VO, Rn. 23; *Oechsler/Mihaylova* in MüKo AktG, Art. 8 SE-VO Rn. 50.

[135] *Austmann* in Münch. Hdb. GesR IV, § 85 Rn. 9.

62 (5) **Vertreter der SE.** Hinsichtlich der vom Registergericht einzutragenden Vertreter der SE muss in Deutschland geprüft werden, ob diese den Vorschriften des § 76 III AktG genügen.[136] Eine entsprechende Versicherung hat in der Anmeldung gemäß § 37 II AktG, § 21 II SEAG zu erfolgen. Insofern müssen sich die Vertreter hinsichtlich der geltenden Bestimmungen des neuen Sitzstaates informieren.

63 (6) **Keine Prüfung der Gründungs- und Kapitalaufbringungsvorschriften.** Der zuständigen Stelle im Zuzugsstaat obliegt es nicht, die auf nationale Aktiengesellschaften anwendbaren Gründungsvorschriften zu prüfen.[137] Dies stünde in Widerspruch zum wesentlichen Charakteristikum der Sitzverlegung, die gemäß Art. 8 I 2 SE-VO unter Wahrung der Identität der SE erfolgt.

64 Strittig ist weiter, ob die Vorschriften über die **Kapitalerhaltung,** dh die Deckung des Grundkapitals, von der zuständigen Stelle des Zuzugsstaates zu prüfen sind.[138] Unseres Erachtens hat insoweit das Gleiche zu gelten wie in Bezug auf die Gründungsvorschriften. Die Sitzverlegung erfolgt identitätswahrend, eine Prüfung der Kapitalerhaltungsvorschriften ist daher nicht gerechtfertigt. Zudem würde eine solche Prüfung einen ganz erheblichen zusätzlichen Verfahrensaufwand begründen. Es müsste eine Bilanz zum Stichtag der Sitzverlegung aufgestellt werden, die den Anforderungen des Zuzugsstaates gerecht wird.

dd) Eintragung der SE im Zuzugsstaat

65 Sind alle von der Registerbehörde zu prüfenden Voraussetzungen erfüllt, so wird die SE in das Register des Zuzugsstaates eingetragen. Mit der Eintragung wird die Sitzverlegung wirksam (Art. 8 X SE-VO). Damit ist jedoch nur die Wirksamkeit im **Innenverhältnis** der SE zu ihren Organen und Gesellschaftern gemeint.[139] Das folgt aus Art. 8 XIII SE-VO, der für das **Außenverhältnis** eine abweichende Regelung enthält. Der Eintritt der Wirksamkeit ist unabhängig davon, ob die Verlegung der Hauptverwaltung schon stattgefunden hat.[140]

---

[136] *Schwarz* SE-VO, Art. 8 Rn. 53.

[137] *Austmann* in Münch. Hdb. GesR IV, § 85 Rn. 9; *Oechsler/Mihaylova* in MüKo AktG, Art. 8 SE-VO Rn. 51; *Schwarz* SE-VO, Art. 8 Rn. 51; *Teichmann* in van Hulle/Maul/Drinhausen, Handbuch zur Europäischen Gesellschaft (SE), 7. Abschnitt Rn. 42; *Ringe* in Lutter/Hommelhoff/Teichmann, SE-Kommentar, Art. 8 SE-VO Rn. 70.

[138] Bejahend *Heckschen* in Widmann/Mayer, Umwandlungsrecht, Anhang 14 Rn. 447; *Ringe* in Lutter/Hommelhoff/Teichmann, SE-Kommentar, Art. 8 SE-VO Rn. 77; dagegen *Austmann* in Münch. Hdb. GesR IV, § 85 Rn. 9; *Schwarz* SE-VO, Art. 8 Rn. 56; *Teichmann* in Van Hulle/Maul/Drinhausen, Handbuch zur Europäischen Gesellschaft (SE), 7. Abschnitt Rn. 42.

[139] *Oechsler/Mihaylova* in MüKo AktG, Art. 8 SE-VO Rn. 55; *Schwarz* SE-VO, Art. 8 Rn. 60.

[140] *Ringe* in Lutter/Hommelhoff/Teichmann, SE-Kommentar, Art. 8 SE-VO Rn. 80.

f) Löschung der SE im Register des Wegzugsstaates, Art. 8 XI SE-VO

Nach Art. 8 XI SE-VO teilt die Registerbehörde des Zuzugsstaates der Registerbehörde des Wegzugsstaates die Eintragung der SE mit. Daraufhin wird die SE aus dem Register des Wegzugsstaates gelöscht. Diese Meldung erfolgt von Amts wegen.[141]

g) Offenlegung der Eintragung und der Löschung, Art. 8 XII und XIII SE-VO

Die Eintragung der SE im Zuzugsstaat und die Löschung im Wegzugsstaat sind gemäß Art. 8 XII SE-VO iVm Art. 13 SE-VO offenzulegen. Die Offenlegung der Eintragung bzw. Löschung erfolgt in Deutschland durch Bekanntmachung der entsprechenden Eintragung nach § 10 HGB.[142] Nach erfolgter Offenlegung ist die Sitzverlegung außerdem gemäß Art. 14 II SE-VO im **Amtsblatt der Europäischen Union** zu veröffentlichen. Die hierfür erforderlichen Angaben sind der für die Veröffentlichung zuständigen Stelle zu übermitteln (Art. 14 III SE-VO).[143]

Mit der **Offenlegung der Eintragung der SE** im Zuzugsstaat erlangt die Sitzverlegung nach Art. 8 XIII 1 SE-VO auch im **Außenverhältnis** Wirksamkeit.[144] Erst ab diesem Zeitpunkt können sich Dritte auf den neuen Sitz der SE berufen. Wurde zwar die Eintragung im Zuzugsstaat, jedoch noch nicht die Löschung im Wegzugsstaat offengelegt, können sich Dritte gemäß Art. 8 XIII 2 SE-VO weiterhin auf den alten Sitz der SE berufen, es sei denn, die SE beweist, dass den Dritten der neue Sitz bekannt war. Die Vorschrift schützt damit den öffentlichen Glauben an das Register des Wegzugsstaates.[145]

4. Rechtsfolgen der Sitzverlegung

Durch die Sitzverlegung erfährt die SE zwar eine Änderung des ergänzend auf sie anwendbaren mitgliedstaatlichen Rechts (Art. 9 I Buchst. c SE-VO), ihre **Identität** bleibt jedoch gewahrt. Es findet folglich weder eine Vermögensübertragung noch eine Änderung der bestehenden Rechtsbeziehungen der SE zu Dritten statt. Grundsätzlich erfordert die Sitzverlegung auch keine Neubestellung ihrer Organe (Grundsatz der

---

[141] *Austmann* in Münch. Hdb. GesR IV, § 85 Rn. 10; *Schwarz* SE-VO, Art. 8 Rn. 62; *Ringe* in Lutter/Hommelhoff/Teichmann, SE-Kommentar, Art. 8 SE-VO Rn. 81.

[142] *Austmann* in Münch. Hdb. GesR IV, § 85 Rn. 10; *Oechsler/Mihaylova* in MüKo AktG, Art. 8 SE-VO Rn. 53.

[143] Zur Frage, wer Adressat dieser Übermittlungspflicht ist: *Schwarz* SE-VO, Art. 14 Rn. 18

[144] *Oechsler/Mihaylova* in MüKo AktG, Art. 8 SE-VO Rn. 55a; *Schwarz* SE-VO, Art. 8 Rn. 61.

[145] *Oechsler/Mihaylova* in MüKo AktG, Art. 8 SE-VO Rn. 55b, der Art. 8 Abs. 13 Satz 2 SE-VO als eine Regelung des negativen öffentlichen Glaubens im Sinne von § 15 I HGB ansieht; *Schwarz* SE-VO, Art. 8 Rn. 61 nimmt dagegen an, dass der gute Glaube in seiner positiven Ausprägung berührt ist. Für die Praxis ist diese Frage ohne Relevanz.

Amtskontinuität).¹⁴⁶ Eine Neubestellung kann lediglich dann erforderlich werden, wenn das Recht des Zuzugsstaates andere Anforderungen an die Organmitgliedschaft bzw. dessen Zusammensetzung stellt als die bis zur Sitzverlegung anzuwendenden Vorschriften des Wegzugsstaates.¹⁴⁷

70 Außerdem hat die Sitzverlegung zur Folge, dass sich der allgemeine Gerichtsstand nach Art. 2 I EuGVVO iVm Art. 60 EuGVVO¹⁴⁸ ändert, da diese Vorschriften den Gerichtsstand an den satzungsmäßigen Sitz bzw. den Ort der Hauptverwaltung anknüpfen. Gleiches gilt für die besonderen Gerichtsstände nach Art. 9 I Buchst. a, Art. 12 I, Art. 16 I, Art. 19 Nr. 1 EuGVVO.¹⁴⁹ In diesem Zusammenhang ist auf den fortbestehenden Gerichtsstand am früheren Satzungssitz gemäß Art. 8 XVI SE-VO hinzuweisen, auf den bereits im Rahmen des Verlegungsplanes eingegangen wurde.¹⁵⁰

II. Grenzüberschreitende Sitzverlegung von Kapitalgesellschaften nationalen Rechts

71 Auch Unternehmen, die in einer nationalen Rechtsform organisiert sind, können den Wunsch hegen, ihren Gesellschaftssitz über die Grenze hinweg zu verlegen. In diesem Zusammenhang ergeben sich zweierlei rechtlich relevante Fragestellungen: Zum einen ist die **rechtliche Organisation** der grenzüberschreitenden Sitzverlegung an sich ungeregelt, zum anderen sind die auf die jeweilige Gesellschaft anzuwendenden Sachnormen bei der Verlegung des Gesellschaftssitzes in das Ausland ggf. nach dem **Gesellschaftsstatut** internationalprivatrechtlich neu zu bestimmen.

72 Das deutsche Recht normiert die Sitzverlegung im Sinne des Wegzugs einer deutschen oder Zuzugs einer ausländischen Gesellschaft nicht. Auf europäischer Ebene wurde bislang eine EU-Richtlinie zur grenzüberschreitenden Verschmelzung verabschiedet,¹⁵¹ deren Ausweitung auf weitere Anwendungsbereiche wie etwa die grenzüberschreitende Sitzverlegung de lege ferenda angeraten wird.¹⁵² Der Themenkomplex der grenzüberschreitenden Sitzverlegung ist hingegen durch die Rechtsprechung in Grundzügen geklärt worden.

73 Auch das internationale Privatrecht der Gesellschaften ist in Deutschland nicht kodifiziert. Zur Bestimmung des Gesellschaftsstatuts wandte

---

¹⁴⁶ *Austmann* in Münch. Hdb. GesR IV, § 85 Rn. 11; *Oechsler* in MüKo AktG, Art. 8 SE-VO Rn. 55; *Schwarz* SE-VO, Art. 8 Rn. 57.
¹⁴⁷ *Austmann* in Münch. Hdb. GesR IV, § 85 Rn. 11; *Heckschen* in Widmann/Mayer, Umwandlungsrecht, Anhang 14 Rn. 453.
¹⁴⁸ Verordnung (EG) Nr. 44/2001 des Rates vom 22.12.2000 über die gerichtliche Zuständigkeit und die Anerkennung und Vollstreckung von Entscheidungen in Zivil- und Handelssachen, ABl. EG L 12 vom 16.1.2001 S. 1 ff.
¹⁴⁹ *Schwarz* SE-VO, Art. 8 Rn. 69.
¹⁵⁰ → Rn. 20.
¹⁵¹ Zur grenzüberschreitenden Verschmelzung siehe § 13.
¹⁵² *Bayer/Schmidt* BB-Gesetzgebungs- und Rechtsprechungsreport Europäisches Gesellschaftsrecht 2015/16, BB 2016 S. 1923 (1924).

der BGH in ständiger Rechtsprechung die **Sitztheorie** an.[153] In den letzten zwei Jahrzehnten ist die Rechtsprechung des BGH im Hinblick auf Sachverhalte zwischen EU-Mitgliedsstaaten stark von der Rechtsprechung des EuGH zur Niederlassungsfreiheit nach Artt. 49, 54 AEUV geprägt und modifiziert worden,[154] so dass schlussendlich innerhalb des europäischen Binnenmarktes zur Bestimmung des Gesellschaftsstatuts die **Gründungstheorie** anzuwenden ist.[155] Die **Sitztheorie** in ihrer modifizierten Form kann unter Beachtung der europäischen Grundfreiheiten nur für Gesellschaften aus Drittstaaten herangezogen werden.

Bei der kollisionsrechtlichen Bestimmung des auf die Gesellschaft anwendbaren Sachrechts geht die **Sitztheorie** davon aus, dass das Recht am Ort des tatsächlichen Sitzes der Hauptverwaltung maßgeblich ist, auf den Satzungssitz oder den Ort der Registereintragungen kommt es nach der Sitztheorie nicht an.[156] **Satzungssitz** ist naturgemäß der in der Satzung angegebene Sitz. Unter dem **Verwaltungssitz** versteht der BGH in ständiger Rechtsprechung den Tätigkeitsort der Geschäftsführung und der dazu berufenen Vertretungsorgane, also den Ort, an dem die grundlegenden Entscheidungen der Unternehmensleitung effektiv in laufende Geschäftsführungsakte umgesetzt werden.[157] Der BGH nimmt einen vom Satzungssitz abweichenden, **faktischen Verwaltungssitz** etwa auch dann an, wenn die Gesamtheit der Gesellschafter, die auch die Geschäfte der Gesellschaft selbst führen, ihren Wohnsitz in einem gemeinsamen Staat haben, der nicht der Inkorporationsstaat ist.[158] Nach der **Gründungstheorie** ist zur Bestimmung des Gesellschaftsstatuts an das Recht anzuknüpfen, nach dem die Gründer die Gesellschaft gegründet und organisiert haben, typischerweise also das Recht des Staates, in dessen Register die Gesellschaft eingetragen wurde.[159] Zumeist wird der Inkorporationsstaat auch einen Satzungssitz in seinem Territorium verlangen, so dass sich hilfsweise aus dem Ort des Satzungssitzes Rückschlüsse auf das Gesellschaftsstatut ziehen lassen.[160] Findet die Hauptverwaltung einer Gesellschaft also nicht im

74

---

[153] BGH NJW 1960 S. 1204; BGH NJW 1969 S. 188 (189); BGH NJW 2002 S. 3539; BGH NJW 2009 S. 289 (290) [Trabrennbahn]; *Müller* in Spindler/Stilz, IntGesR, Rn. 2.
[154] BGH NZG 2000 S. 926; BGH NJW 2003 S. 1461.
[155] BGH NJW 2003 S. 1461 (1462); BGH NJW 2005 S. 1648; BGH NJW 2011 S. 3372; BGH NJW 2011 S. 3784, Rn. 22; BGH NJW 2013 S. 3656, Rn. 11; *Thorn* in Palandt BGB, Anh. EGBGB 12, Rn. 5 u. 10; *Mäsch* in Bamberger/Roth, BeckOK BGB, Art. 12 EGBGB Rn. 44; *Müller* in Spindler/Stilz, IntGesR, Rn. 3 u. 15, differenzierend nach Herkunftsstaat innerhalb der EU: *Verse* ZEuP 2013 S. 458, 474.
[156] *Mäsch* in Bamberger/Roth, BeckOK BGB, Art. 12 EGBGB Rn. 58a.
[157] BGH NJW 1986 S. 2194 in Anlehnung an *Sandrock* in Festschrift Beitzke, 1979, S. 669 (683); BGH NZG 2000 S. 926; BGH NJW 2003 S. 1461.
[158] Vgl. BGH NJW 2003 S. 1461.
[159] *Mäsch* in Bamberger/Roth, BeckOK BGB, Art. 12 EGBGB Rn. 57b.
[160] *Mäsch* in Bamberger/Roth, BeckOK BGB, Art. 12 EGBGB Rn. 57b.

Inkorporationsstaat statt, so kommen beide Theorien zu unterschiedlichen Auffassungen, was das auf die Gesellschaft anwendbare Sachrecht betrifft.

75 Bei der Organisation der Sitzverlegung wird zumeist allein eine Form des **identitätswahrenden Umzugs** für die Gesellschaft von Interesse sein. Eine **Abwicklung** im Ursprungsstaat und **Neugründung** im Zuzugsstaat wird regelmäßig gerade nicht gewollt sein. In der Praxis kann sich in manchen Fällen eine Umwandlung der nationalen Gesellschaft in eine supranationale Gesellschaftsform, also in eine SE, zum Zweck der Sitzverlegung anbieten. Meist wird gerade die Beibehaltung der ursprünglichen nationalen Gesellschaftsform von Interesse sein. Auch der identitätswahrende Rechtsformwechsel in eine Gesellschaftsform des Zuzugsstaates stellt innerhalb der Europäischen Union in manchen Fällen eine erstrebenswerte oder zumindest gangbare Möglichkeit dar.

1. Sitzverlegungen innerhalb der Mitgliedsstaaten der EU

76 Innerhalb des Binnenmarktes bestimmt sich das Gesellschaftsstatut einheitlich nach der **Gründungstheorie**.[161] Dies ergibt sich aus der **Niederlassungsfreiheit** nach Art. 49, 54 AEUV, sowie der diesbezüglichen Rechtsprechung des EuGH,[162] aus denen Kapitalgesellschaften für Sitzverlegungen innerhalb der Europäischen Union und des EWR besondere Rechte herleiten können, die deutschen Gesellschaften bei Sitzverlegungen in Drittstaaten nicht in vergleichbarem Maße eröffnet sind.

77 **Räumlicher Anwendungsbereich** der Niederlassungsfreiheit sind gem. Art. 52 I EUV die Hoheitsgebiete der **Mitgliedsstaaten** der EU.[163] Gemäß Art. 52 II EUV iVm Art. 355 AEUV iVm Anhang II AEUV sind auch Überseegebiete der Mitgliedsstaaten wie zB die British Virgin Islands[164] mit umfasst. Ferner gilt die Niederlassungsfreiheit nach Art. 31, 34 EWR-Vertrag, die eine mit Art. 49, 54 AEUV inhaltsgleiche Regelung enthalten, auch für Mitgliedsstaaten des **EWR**, dh für Island, Liechtenstein und Norwegen. Art. 355 AEUV regelt in Bezug auf Art. 52 EUV Sonderfälle des räumlichen Geltungsbereichs der Verträge.[165] So sind die Kanalinseln (Guernsey, Jersey, Alderney,

---

[161] BGH NJW 2013 S. 3656 Rn. 11; *Thorn* in Palandt BGB, Anh. EGBGB 12, Rn. 5 u. 10; *Mäsch* in Bamberger/Roth, BeckOK BGB, Art. 12 EGBGB Rn. 44; *Müller* in Spindler/Stilz, IntGesR, Rn. 3 u. 15, differenzierend nach Herkunftsstaat innerhalb der EU: *Verse* ZEuP 2013 S. 458, 474.
Des Weiteren ist die BRD durch den Deutsch-Amerikanischen Freundschaftsvertrag verpflichtet, auf US-Gesellschaften die Gründungstheorie anzuwenden.

[162] → Rn. 78 ff.

[163] *Tiedje* in von der Groeben/Schwarze/Hatje, Vorb. Art. 49–55 AEUV, Rn. 36.

[164] Vgl. BGH NJW 2004 S. 3706 (3707).

[165] *Tiedje* in von der Groeben/Schwarze/Hatje, Europäisches Unionsrecht, Art. 355 AEUV, Rn. 2.

Sark und Herm) sowie die Isle of Man gemäß Art. 355 V Buchst. c AEUV **Drittstaaten**. Deren Bürger und Gebiete sind vom Niederlassungs- und Dienstleistungsrecht ausdrücklich ausgeschlossen.[166] Des Weiteren folgt allein aus der Mitgliedschaft in der Europäischen Freihandelsassoziation (**EFTA**) nicht die Anwendung der Niederlassungsfreiheit.[167] **Drittstaaten** sind insbesondere auch Andorra, Monaco und die Schweiz.[168]

Anlässlich des EU-Austritts von Großbritannien (**Brexit**)[169] stellt sich die vormals fernliegende Frage nach der Behandlung von Gesellschaften mit Sitz in **austretenden Mitgliedsstaaten**, sowie ggf. in **ehemaligen Mitgliedsstaaten**, die nach Austritt Drittstaaten geworden sind.[170] Ein **laufender Austrittsprozess** eines Mitgliedsstaates lässt die Möglichkeit einer in ihm ansässigen Gesellschaft, sich auf die Niederlassungsfreiheit zu berufen, unberührt. Ab rechtswirksamen Vollzug des **Austritts aus der Europäischen Union** durch Inkrafttreten eines Austrittsabkommens oder Verstreichens der Austrittsfrist ab Absichtserklärung des Mitgliedsstaates gemäß Art. 50 II, III EU-Vertrag (Lissabon), können sich in diesem ehemaligen Mitgliedsstaat ansässige Gesellschaften vorbehaltlich anderslautender Vereinbarungen in einem eventuellen Austrittsabkommen gemäß Art. 50 II EU-Vertrag (Lissabon) oder sonstiger dahingehender Staatsverträge nicht mehr auf die Niederlassungsfreiheit berufen.[171]

78

a) Grundlegende Rechtsprechung des EuGH

Sofern Gesellschaften sich auf die Niederlassungsfreiheit berufen, um ihren Verwaltungs- oder ihren Satzungssitz innerhalb der EU zu verlegen,

79

---

[166] *Tiedje* in von der Groeben/Schwarze/Hatje, Europäisches Unionsrecht, Vorb. Art. 49–55, Rn. 42.

[167] BGH NJW 2009 S. 289, 290 – [Trabrennbahn] (m. Anm. *Kieninger*).

[168] BGH NJW 2009 S. 289 [Trabrennbahn]; *Müller* in Spindler/Stilz IntGesR Rn. 15.

[169] Referendum vom 23.6.2016 über einen EU-Austritt von Großbritannien; Absichtserklärung Großbritanniens über den Austritt an den Europäischen Rat vom 29.3.2017; über die Ausgestaltung des Austritts von Großbritannien lagen bei Bearbeitungsschluss dieses Werkes keine Erkenntnisse vor, die Mutmaßungen reichen von einem Verbleib Großbritanniens im EWR und der Zollunion bis hin zu einem „harten Brexit" unter weitgehender rechtlicher und wirtschaftlicher Abkoppelung Großbritanniens von der EU. Vgl. *Soltész* EuZW 2017 S. 161.

[170] Praktische Relevanz hätte der Brexit etwa für die Änderung der Anteilseignerstruktur der London Stock Exchange plc und der Deutschen Börse AG durch Einbeziehung einer Holding-SE gehabt, vgl. Handelsblatt vom 8.8.2016 S. 31; zum rechtlichen Hintergrund vgl. *Christoph* BKR 2016 S. 499; Die Europäische Kommission hat den geplanten Zusammenschluss zwischen der Deutsche Börse AG und der London Stock Exchange Group nach der EU-Fusionskontrollverordnung untersagt, Pressemitteilung der Europäischen Kommission vom 29.3.2017, http://europa.eu/rapid/press-release_IP-17-789_de.htm, abgerufen am 30.3.2017.

[171] Zu den Folgen für bestehende Gesellschaften, deren Satzungs- und Verwaltungssitz nicht im selben Staat belegen sind → Rn. 73, Rn. 86.

§ 32   8. Teil. Sonstige Umwandlungsvorgänge

ist zwischen den Fallgruppen „**Beschränkung des Wegzugs** durch den Herkunftsstaat" und „**Beschränkung des Zuzugs** durch den Zuzugsstaat" streng zu unterscheiden.[172]

80   Der EuGH hat in den Entscheidungen **Centros**,[173] **Überseering**,[174] und **Inspire Art**[175] über den **Zuzug** mitgliedsstaatlicher Gesellschaften mit dem Verwaltungssitz in einen anderen als ihren Inkorporationsstaat entschieden. Nach der **Centros**-Entscheidung darf sich eine Gesellschaft, die nach dem Recht eines Mitgliedsstaates wirksam gegründet wurde, in einem anderen Mitgliedsstaat niederlassen und eine Zweigniederlassung in das dortige Register eintragen, und zwar auch dann, wenn sie nur zu dem Zweck gegründet wurde, in ihrem Gründungsstaat eine Briefkastengesellschaft darzustellen und ihre Tätigkeit ausschließlich in dem Staat der Zweigniederlassung zu entfalten, so dass es sich bei dieser streng genommen um den Hauptsitz handelt. In der **Überseering**-Entscheidung[176] befand der EuGH, dass trotz Verlegung des Satzungssitzes einer nach niederländischem Recht gegründeten Gesellschaft (Überseering BV) nach Deutschland diese als niederländische Gesellschaft vor deutschen Gerichten rechts- und parteifähig sei. LG und OLG Düsseldorf waren in Anwendung der Sitztheorie zum gegenteiligen Ergebnis gekommen.[177] In der Entscheidung **Inspire Art**[178] schließlich erklärte der EuGH, dass die Niederlande als Zuzugsstaat einer Zweigniederlassung einer englischen Gesellschaft dieser nicht zusätzliche Publizitätsanforderungen auferlegen dürften (Hinweis auf Umgehung niederländischer Vorschriften bzgl. Mindestkapital und Firma).[179] Konsequenz der Entscheidungen ist, dass ein Mitgliedsstaat die Rechtspersönlichkeit einer Gesellschaft, die nach dem Recht eines anderen Mitgliedsstaates gegründet worden ist und dort ihren Satzungssitz hat, auch dann anerkennen muss, wenn sie ihren tatsächlichen Verwaltungssitz in sein Hoheitsgebiet verlagert.[180] **Beschränkungen der Niederlassungsfreiheit** sind ggf. möglich, wenn sie zur Wahrung von zwingenden Allgemeininteressen wie zB dem Schutz von Gläubigern, Minderheitsgesellschaftern oder

---

[172] *Thorn* in Palandt, Anh. EGBGB 12, Rn. 7.
[173] EuGH vom 9.3.1999 – Rs. C-212/97, Slg. 1999, I-1459 = NJW 1999 S. 2027.
[174] EuGH vom 5.11.2002 – Rs. C-208/00, Slg. 2002, I-9919 = NJW 2002 S. 3614.
[175] EuGH vom 30.9.2003 – Rs. C-167/01, Slg. 2003, I-10155 = NJW 2003 S. 3331.
[176] EuGH vom 5.11.2002 – Rs. C-208/00, Slg. 2002, I-9919 = NJW 2002 S. 3614.
[177] BGH NZG 2000 S. 926 (EuGH-Vorlage zur Vorabentscheidung über die Vereinbarkeit der Sitztheorie mit der Niederlassungsfreiheit von Gesellschaften).
[178] EuGH vom 30.9.2003 – Rs. C-167/01, Slg. 2003, I-10155 = NJW 2003 S. 3331.
[179] *Tiedje* in von der Groeben/Schwarze/Hatje, Europäisches Unionsrecht, Art. 54, Rn. 62.
[180] *Müller* in Spindler/Stilz, IntGesR, Rn. 13.

Arbeitnehmern geeignet und erforderlich sind, sowie in nicht diskriminierender Weise erfolgen.[181]

Zu dem **Wegzug** mitgliedsstaatlicher Gesellschaften mit ihrem Verwaltungssitz aus ihrem Inkorporationsstaat hat sich der EuGH in den Entscheidungen **Daily Mail**,[182] **Cartesio**[183] und **National Grid Indus**[184] geäußert. In der **Daily-Mail**-Entscheidung entschied der EuGH, dass die Niederlassungsfreiheit einer Gesellschaft, die nach dem Recht eines Mitgliedsstaates gegründet worden ist und in diesem ihren satzungsmäßigen Sitz hat, nicht zwingend das Recht beinhaltet, ihren Verwaltungssitz in einen anderen Mitgliedsstaat zu verlegen. Vielmehr sei es Sache der jeweiligen nationalen Rechtsordnung, zu bestimmen, unter welchen Voraussetzungen eine nach diesem Recht gegründete Gesellschaft fortexistiert.[185] Dazu gehört auch die Frage, welche Folgen sich an die Verlegung des Verwaltungssitzes ins Ausland knüpfen. Der EuGH hat in einer Entscheidung in der Rechtssache **Cartesio** die in der Daily-Mail-Entscheidung aufgestellten Grundsätze bestätigt. Danach fällt die Frage der Identitätswahrung einer Gesellschaft bei einem Wegzug in die Regelungshoheit des Herkunftsstaates, der nicht gezwungen ist, den Gesellschaften nach seinem Recht einen ausländischen Verwaltungssitz zu erlauben. Auf einen Wegzug hin darf er die Auflösung der Gesellschaft anordnenden, es sei denn die Gesellschaft kann sich aufgrund des geltenden Rechts im Zuzugsstaat in eine Gesellschaftsform des Zuzugsstaates formwandeln, dann muss auch der Herkunftsstaat dies zulassen und darf nicht auf der Löschung bestehen.[186] Bei der Entscheidung des EuGH in Sachen **National Grid Indus**[187] ging es um die steuerlichen Folgen (Wegzugbesteuerung der stillen Reserven) der Verlegung des Verwaltungssitzes einer niederländischen Gesellschaft in das Vereinigte Königreich.[188] Der EuGH stufte die sofortige Besteuerung der stillen Reserven als unverhältnismäßige Beschränkung ein[189] und wandte sich damit gegen das *argumentum a maiore ad minus*, dass wenn ein Mitgliedstaat sogar dazu befugt sei, die Auflösung und Liquidation einer Gesellschaft im Falle ihres Wegzugs zu verlangen (Geschöpftheorie, zuletzt in Cartesio), müsse er

---

[181] *Müller* in Spindler/Stilz, IntGesR, Rn. 13; *Müller-Graf* in Streinz EUV/AEUV, Art. 56, Rn. 99.
[182] EuGH vom 27.9.1988 – Rs. C-81/87, Slg. 1988, I-5483 = NJW 1989 S. 2186.
[183] EuGH vom 16.12.2008 – Rs. C-210/06, AG 2009 S. 79 = NJW 2009, 569.
[184] EuGH vom 29.11.2011 – Rs. C-371/10, NZG 2012 S. 114.
[185] EuGH vom 27.9.1988 – Rs. C-81/87, Slg. 1988, I-5483 = NJW 1989 S. 2186: Eine Gesellschaft hat jenseits der nationalen Rechtsordnung, die ihre Gründung und Existenz regelt, „keine Realität" (Geschöpftheorie).
[186] *Kienle* in Münch. Hdb. GesR VI, § 19 Rn. 6.
[187] EuGH vom 29.11.2011 – Rs. C-371/10, Slg. 2011, I-12273 = NZG 2012 S. 114.
[188] *Tiedje* in von der Groeben/Schwarze/Hatje, Europäisches Unionsrecht, Art. 54 AEUV, Rn. 69.
[189] EuGH Slg. 2011, I-12273 = NZG 2012 S. 114, Rn. 35 ff.

82 erst recht die Kompetenz haben, eine Verwaltungssitzverlegung unter Wahrung der Rechtsform davon abhängig zu machen, dass die Gesellschaft zuvor ihre steuerlichen Verpflichtungen gegenüber ihrem Herkunftsstaat erfülle.[190]

82 In der vielbeachteten EuGH-Entscheidung **Vale**[191] ging es gerade nicht um eine Gesellschaft, die ihre Heimatrechtsordnung ins Ausland mitnehmen möchte, sondern um eine Gesellschaft, die sich fortan der Rechtsordnung des Zuzugsstaates unterstellt, indem sie eine **grenzüberschreitende Umwandlung** vollzieht. Diese rechtliche Möglichkeit deutete der EuGH in einem obiter dictum in der Cartesio-Entscheidung bereits an.[192] Der EuGH bestätigte die Auffassung, dass eine Gesellschaft, die ihren Sitz über die Grenze verlegen und dabei grenzüberschreitend die Form wechseln will, den Schutz der Niederlassungsfreiheit genießt: „Die Niederlassungsfreiheit ist dahin auszulegen, dass sie einer nationalen Regelung entgegensteht, die zwar für inländische Gesellschaften die Möglichkeit einer Umwandlung vorsieht, aber die Umwandlung einer dem Recht eines anderen Mitgliedstaats unterliegenden Gesellschaft in eine inländische Gesellschaft mittels Gründung der letztgenannten Gesellschaft generell nicht zulässt."[193] Der EuGH äußerte zugleich, dass „in Bezug auf das Vorliegen einer Beschränkung der Niederlassungsfreiheit darauf hinzuweisen [sei], dass der Niederlassungsbegriff im Sinne der Bestimmungen des Vertrags über die Niederlassungsfreiheit die tatsächliche Ausübung einer wirtschaftlichen Tätigkeit mittels einer festen Einrichtung im Aufnahmemitgliedstaat auf unbestimmte Zeit [impliziere]."[194] Mit diesem *obiter dictum* in der Vale-Entscheidung übertrug der EuGH Prinzipien aus der Entscheidung **Cadbury Schweppes,**[195] die zu steuerrechtlichen Fragen erging, auf das Gesellschaftsrecht und bekräftigte hierdurch, dass reine Briefkastengesellschaften, die nirgends – also weder in ihrem Inkorporationsstaat noch in einem sonstigen Staat – eine wirtschaftliche Tätigkeit ausüben, von dem Inkorporationsstaat nicht zwingend als taugliche Rechtsträger der Niederlassungsfreiheit anerkannt werden müssen.[196] Die Anerkennung steht dem Inkorporationsstaat frei.

b) Verlegung des Verwaltungssitzes nach Deutschland (rechtsformwahrender Zuzug)

83 Seit den Entscheidungen **Centros, Überseering** und **Inspire Art**[197] erkennt der BGH Gesellschaften aus EU und EWR in ihrer mitglieds-

---

[190] *v. Hein* in MüKo EGBGB, Art. 3, Rn. 103.
[191] EuGH vom 12.7.2012 – Rs. C-378/10, NJW 2012 S. 2715 – Vale.
[192] EuGH vom 16.12.2008 – Rs. C-210/06 NJW 2009 S. 569, Rn. 111 f. – Cartesio.
[193] EuGH vom 12.7.2012 – Rs. C-378/10, NJW 2012 S. 2715 Rn. 41 – Vale.
[194] EuGH vom 12.7.2012 – Rs. C-378/10, NJW 2012, 2715 Rn. 34 – Vale.
[195] EuGH vom 12.9.2006 – Rs. C-196/04, NZG 2006 S. 835 – Cadbury Schweppes.
[196] Dazu ausführlich *Drygala* EuZW 2013 S. 569.
[197] → Rn. 74.

staatlichen Rechtsform als rechtsfähig an, wenn sie nach der Rechtsordnung ihres Herkunftstaates wirksam gegründet worden sind und nach der Verlegung ihres Verwaltungssitzes weiterhin in diesem Mitgliedstaat fortbestehen.[198] *De lege lata* kann eine mitgliedstaatliche Gesellschaft ihren Verwaltungssitz daher unter Wahrung ihres Satzungssitzes und der ursprünglichen Rechtsform nach Deutschland verlagern. Nach der Rechtsprechung des EuGH enthält die Niederlassungsfreiheit das Wahlrecht zwischen den in der Europäischen Union existierenden Gesellschaftsformen. Die Wahl einer mitgliedstaatlichen Rechtsform zur Tätigkeit in einem anderen Mitgliedstaat stellt für sich allein betrachtet – ohne weitere konkrete Anhaltspunkte – kein missbräuchliches Verhalten dar.[199] Gestattet der Herkunftsstaat den rechtsformwahrenden Wegzug des Verwaltungssitzes, ist der Aufnahmestaat verpflichtet, die Rechts- und Parteifähigkeit zu achten, die der Gesellschaft nach dem Recht ihres Gründungsstaates zukommt. Doch auch zuziehende Gesellschaften, die ihren tatsächlichen Verwaltungssitz faktisch verlegen, ohne dass ihr Inkorporationsstaat dies zuließe, sind zunächst in ihrer Rechts- und Parteifähigkeit zu achten,[200] denn es kann nur Sache des Inkorporationsstaates sein, solche Verstöße gegen sein Gesellschaftsrecht festzustellen und etwa durch Auflösung der Gesellschaft zu ahnden. Ab dem Zeitpunkt der Auflösung im Inkorporationsstaat ist die Rechts- und Parteifähigkeit der Gesellschaft dann auch vom Zuzugsstaat nicht mehr anzuerkennen.

Dabei ist es zulässig, dass an dem Satzungsort eine bloße **„Briefkastengesellschaft"** verbleibt, die in ihrem Inkorporationsstaat keiner wirtschaftlichen Tätigkeit nachgeht. Sobald die Geschäftstätigkeit im Zuzugsstaat aufgenommen wurde,[201] ist gemäß §§ 13d–13g HGB eine **Zweigniederlassung** der ausländischen Gesellschaft in das deutsche Handelsregister einzutragen und vom Handelsregister auch als solche zu akzeptieren, selbst wenn es sich streng genommen um die Hauptniederlassung handelt.[202] Örtlich zuständig ist nach § 13d I HGB das Gericht, in dessen Bezirk die Zweigniederlassung besteht. **Anmeldepflichtig** sind die Vorstandsmitglieder bzw. Geschäftsführer der mitgliedstaatlichen Gesellschaft, das heißt das ausländische Äquivalent des betreffenden Vertretungsorgans.[203] Diese müssen dem Register ebenso wie die Vertretungsorgane einer deutschen Kapitalgesellschaft gemäß § 13f II HGB iVm § 37 III AktG bzw. § 13g II HGB iVm § 8 III GmbHG nachweisen, dass sie die Eignungsanforderungen erfüllen. Die Unterzeichnung der Anmeldung der Errichtung der Zweigniederlassung in vertretungs-

84

---

[198] BGH NJW 2003 S. 1461 (1462); BGH NJW 2005 S. 1648; BGH NJW 2011 S. 3372; BGH NJW 2011 S. 3784, Rn. 22; BGH NJW 2013 S. 3656, Rn. 11.
[199] EuGH vom 9.3.1999 – Rs. C-212/97, EuZW 1999 S. 216, Rn. 27 – Centros.
[200] Kritisch: *Verse* ZEuP 2013 S. 458, 475.
[201] *Pentz* in MüKo AktG, § 13d HGB Rn. 17.
[202] *Müller* in Spindler/Stilz IntGesR Rn. 17.
[203] *Pentz* in MünchKomm AktG, § 13d HGB Rn. 17.

berechtigter Zahl genügt.[204] Die Anmeldung ist in **deutscher Sprache** und in der nach § 12 HGB vorgeschriebenen Form einzureichen. Die zusätzliche Übermittlung von Fassungen in einer Amtssprache eines Mitgliedstaats der Europäischen Union ist dabei nach § 11 I 1 HGB unschädlich, für sich alleine aber nicht hinreichend. Im Zuge der Vale-Entscheidung wurde diese gesellschaftsrechtliche Gestaltungsmöglichkeit von einigen Stimmen in der Literatur in Frage gestellt, die eine Abkehr von der Rechtsprechung in Sachen Centros, Überseering und Inspire Art annehmen.[205] Richtiger Ansicht nach kann sich aber derjenige auf die Niederlassungsfreiheit berufen, der sich **im Zuzugsstaat wirtschaftlich betätigen** will.[206] Auf eine wirtschaftliche Betätigung im Herkunftsstaat kommt es dabei nicht an. Nach der Geschöpftheorie des EuGH kommt einzig dem Gründungsstaat die Regelungskompetenz zu, ob er den Satzungssitz einer Briefkastengesellschaft auf seinem Staatsgebiet zulässt oder nicht.[207] Zudem ist bemerkenswert, dass selbst die strengsten Gegner reiner Briefkastengesellschaften[208] geringe Anforderungen an das Ausmaß der Tätigkeit im Sitzstaat stellen: Weder ein Verwaltungssitz im Sinne der Sitztheorie noch ein *center of main interest* (COMI)[209] im Sinne der EuInsVO werden verlangt, sondern eine „reale Beziehung zum Inkorporationsstaat".[210] Selbst nach dieser Auffassung würden die praktischen Hürden bei der Wahl einer ausländischen Rechtsform zur fast ausschließlichen Geschäftstätigkeit im Inland also verkompliziert, aber nicht unüberwindlich.

85   Auf die **Organisation** und die **Rechtsverhältnisse von Gesellschaften**, deren Satzungssitz und Hauptverwaltung nicht im selben Mitgliedsstaat zu verorten sind, können unterschiedliche Rechtsordnungen anwendbar sein. Das erforderliche **Mindestkapital** der Gesellschaft und die **Haftungsbeschränkungen** von Gesellschaftern und Geschäftsführern richten sich weiterhin allein nach dem Recht des Gründungsstaates, der Zuzugsstaat kann die (darüberhinausgehende) Einhaltung seiner eigenen Maßstäbe nicht verlangen. Der **ausschließliche Gerichtsstand** für Verfahren, welche die Gültigkeit, die Nichtigkeit oder die Auflösung einer Gesellschaft oder die Gültigkeit der Beschlüsse ihrer Organe zum Gegenstand haben, liegt gemäß Art. 24 Nr. 2 Satz 1 Brüssel Ia-VO bei den Gerichten des Mitgliedstaats, in dessen Hoheitsgebiet die Gesellschaft

---

[204] *Pentz* in MüKo AktG, § 13d HGB Rn. 17.
[205] *Roth* in Roth/Altmeppen, GmbHG, § 4a Rn. 43; *Böttcher/Kraft* NJW 2012 S. 2701; *König/Bormann* NZG 2012 S. 1241, 1243; noch zweifelnd: *Pentz* in MünchKomm AktG HGB § 13d Rn. 14.
[206] *Tiedje* in von der Groeben/Schwarze/Hatje, Europäisches Unionsrecht, Art. 54 AEUV, Rn. 73; *Ellenberger* in Palandt BGB, Anh. EGBGB 12, Rn. 5.
[207] *Roth* in Roth/Altmeppen, GmbHG, § 4a Rn. 40; *Drygala* EuZW 2013 S. 569, 573.
[208] *Böttcher/Kraft* NJW 2012 S. 2701, 2703; *Roth* in Roth/Altmeppen, GmbHG, § 4a Rn. 43a.
[209] Zur Bestimmung des COMI vgl. *Brinkmann* in K. Schmidt, Insolvenzordnung, Art. 3 EuInsVO, Rn. 11.
[210] *Roth* in Roth/Altmeppen, GmbHG, § 4a Rn. 43a.

ihren Sitz hat. Das Gericht bestimmt den Sitz gemäß Art. 24 Nr. 2 Satz 2 Brüssel Ia-VO nach den Vorschriften seines Internationalen Privatrechts. Diese Zuständigkeit ist gemäß Art. 25 Nr. 4 Brüssel Ia-VO nicht durch anderslautende Bestimmungen in der Satzung der Gesellschaft abdingbar. Alle anderen Klagen gegen die Gesellschaft sind am „Wohnsitz" der Gesellschaft zulässig, der sich nach Art. 63 Brüssel Ia-VO wahlweise am satzungsmäßigen Sitz, an der Hauptverwaltung oder der Hauptniederlassung befindet. Wieder anders verhält es sich bezüglich der Behandlung von **Gesellschafterdarlehen** in der Insolvenz und der **Haftung** des Verwaltungsorgans der ausländischen Gesellschaft nach § 64 GmbHG, da sich diese nicht nach dem ausländischen Gesellschaftsstatut bestimmen, sondern nach dem **Insolvenzstatut** im Sinne der EuInsVO.

Insbesondere die Gestaltung einer **englischen Limited**, die ihren Satzungssitz in England behält, ihre wirtschaftliche Tätigkeit aber ausschließlich in Deutschland entfaltet, wird umfassend genutzt.[211] Sofern es in Zukunft zu dem **Austritt von Mitgliedstaaten**[212] aus der EU kommen sollte, ist die rechtliche Behandlung von Gesellschaften, deren Satzungssitz im Austrittsstaat und deren Verwaltungssitz in Deutschland belegen ist, ungewiss und bereits in der Literatur umstritten. Ein **laufender Austrittsprozess** eines Mitgliedsstaates lässt die Möglichkeit einer in ihm ansässigen Gesellschaft, eine derartige Gestaltung zu wählen, unberührt. Dennoch haben diese Gesellschaften vorausschauend zu handeln, da sie ab rechtswirksamem Vollzug des **Austritts aus der Europäischen Union** durch Inkrafttreten eines Austrittsabkommens oder Verstreichens der Austrittsfrist ab Absichtserklärung des Mitgliedsstaates gemäß Art. 50 II, III EU-Vertrag (Lissabon), vorbehaltlich anderslautender Vereinbarungen in einem eventuellen Austrittsabkommen gemäß Art. 50 II EU-Vertrag (Lissabon) oder sonstiger dahingehender Staatsverträge wie Gesellschaften aus Drittstaaten zu behandeln wären.[213] In der Literatur wird die Notwendigkeit des Vertrauensschutzes für eine Übergangszeit,[214] einer intertemporalen An-

86

---

[211] Rund 10.900 ausländische Kapitalgesellschaften sind derzeit im Handelsregister eingetragen, davon 8.125 „*Limiteds*" und „*ltd.'s*" (Handelsregisterabruf vom 15.3.2017). Vgl. zum Rechtsformwechsel einer Limited in eine GmbH *Miras* in Ziemons/Jaeger GmbHG, § 5a Rn. 15d; zur Anwendbarkeit der Regeln des deutschen UmwG, KG DStR 2016 S. 1427.

[212] ZB *Brexit, Nexit, Frexit, Grexit, Departugal, Italeave* etc.

[213] *Miras* in Ziemons/Jaeger GmbHG, § 5a Rn. 15d; *Wendland*, Die Auswirkungen des Brexit auf das Europäische Wettbewerbsrecht in *Kramme/Baldus/Schmidt-Kessel*, Brexit und die juristischen Folgen, S. 251 ff.; *Bayer/Schmidt*, BB-Gesetzgebungs- und Rechtsprechungsreport Europäisches Gesellschaftsrecht 2015/16, BB 2016, 1923, 1934; *Mayer/Manz* BB 2016 S. 1731, 1734 „kalte Umwandlung"; *Freitag/Korch* ZIP 2016 S. 1361, 1362; zur Behandlung von Gesellschaften aus Drittstaaten → Rn. 98.

[214] *Bayer/Schmidt*, BB-Gesetzgebungs- und Rechtsprechungsreport Europäisches Gesellschaftsrecht 2015/16, BB 2016 S. 1923, 1934; *Freitag/Korch* ZIP 2016 S. 1361, 1364.

erkennung[215] oder eines Bestandsschutzes[216] für diese Gestaltungen diskutiert und gefordert. Da sich aus dem Handelsregister jedoch nicht ergibt, ob eine Gesellschaft am Satzungssitz lediglich einen Briefkasten oder aber ihren Verwaltungssitz unterhält, kann diesen Stimmen in der Literatur nicht entsprochen werden. Erstes Anliegen muss der Schutz des lauteren Geschäftsverkehrs und nicht etwa der Schutz einzelner Strukturgestaltungen sein. Jede betroffene Gesellschaft sollte daher rechtzeitig ab formeller Austrittsmitteilung des Satzungssitzstaates ihre eigenen Konsequenzen ziehen und sich wenn nötig umgestalten,[217] anstatt auf die Unwägbarkeit eines möglichen Vertrauensschutzes zu vertrauen.

c) Verlegung des Verwaltungssitzes aus Deutschland heraus (rechtsformwahrender Wegzug)

87   Nach der **Cartesio**-Entscheidung des EuGH[218] ist jeder Mitgliedsstaat grundsätzlich frei, den nach seinem Recht bestehenden Gesellschaften vorzuschreiben, den Verwaltungssitz in seinem Staatsgebiet anzusiedeln und Gesellschaften, die dieses Erfordernis nicht einhalten, zu löschen. Das Sachrecht darf folglich sowohl anordnen, dass eine Gesellschaft ihren Verwaltungssitz stets im Inland unterhalten muss, als auch eine etwaige Sitzverlegung von einer Genehmigung abhängig machen.

88   Dennoch hat sich der deutsche Gesetzgeber entschlossen, seinen nationalen Rechtformen GmbH und AG die gleichen **Freiheiten bezüglich eines Wegzugs** einzuräumen, die mitgliedstaatliche Gesellschaften aufgrund der **Centros**-Entscheidung durch die Möglichkeit der Verlegung des Verwaltungssitzes beim Zuzug nach Deutschland genießen.[219] § 4a GmbHG und § 5 AktG in der Fassung des MoMiG bestimmen nunmehr, dass der Satzungssitz einer GmbH bzw. einer AG völlig unabhängig von dem Ort einer Betriebsstätte, der Geschäftsleitung oder der Hauptverwaltung frei gewählt werden kann, sofern er im Inland liegt. Sachrechtliche Beschränkungen für die Gründung einer GmbH bzw. einer AG mit **Verwaltungssitz im Ausland** oder für die Verlegung des Verwaltungssitzes einer bestehenden GmbH bzw. AG bestehen daher nicht.[220] Nach hM handelt es sich bei § 4a GmbHG und § 5 AktG zudem um versteckte **Kollisionsnormen**, die zur Anwendung der Gründungstheorie auf deutsche GmbHs und AGs führen, so dass diese

---

[215] *Weller/Thomale/Benz* NJW 2016 S. 2378, 2382.
[216] *Franz* EuZW 2016 S. 930 (932); *Weller/Thomale/Benz* NJW 2016 S. 2378, 2381; dagegen: *Miras* in Ziemons/Jaeger GmbHG, § 5a Rn. 15d.
[217] Bis zum Ende der EU-Mitgliedschaft kommt etwa ein identitätswahrender Formwechsel durch Satzungssitzverlegung in Betracht. → Rn. 89. Zu der Frage, ob mangels ausreichenden Stammkapitals die Rechtsform einer UG & Co. KG mit späterem Anwachsungsmodell anstatt einer GmbH gewählt werden kann, vgl. *Miras* in Ziemons/Jaeger GmbHG, § 5a Rn. 15d; *Schall* ZfPW 2016, 407, 442.
[218] EuGH vom 16.12.2008 – Rs. C-210/06, AG 2009 S. 79 = NJW 2009 S. 569.
[219] BT-Drucks. 16/6140 S. 29, 52, vorab. S. 68.
[220] *Thorn* in Palandt, Anh. EGBGB 12, Rn. 7; *Habersack* in MünchKomm AktG Einl. Rn. 81.

§ 32. Grenzüberschreitende Sitzverlegung § 32

auch dann als nach deutschem Recht wirksam gegründet und fortbestehend gelten, wenn ihr effektiver Verwaltungssitz im Ausland liegt.[221] Dabei kommt es schon nach dem Gesetzeswortlaut nicht darauf an, ob der Verwaltungssitz in einen Mitgliedsstaat oder einen Drittstaat verlegt wird.[222] Allein entscheidend ist die Frage, ob der Staat, in dem der Verwaltungssitz belegen ist, seinerseits der Sitztheorie folgt und dieser seinerseits somit zur Beurteilung des Gesellschaftsstatuts gar nicht erst auf das Recht des Satzungssitzes verweist, sondern an den in seinem Gebiet belegenen Ort der effektiven Verwaltung anknüpft.[223] Aufgrund der Rechtsprechung des EuGH in Sachen Centros, Überseering und Inspire Art kann diese Situation im Binnenmarkt jedoch nicht auftreten, da davon ausgegangen werden muss, dass sich der innerhalb des Binnenmarktes gelegene Zuzugsstaat insofern europarechtskonform verhält.

d) Rechtsformwahrende Verlegung des Satzungssitzes innerhalb des Binnenmarktes

Gesellschaften können aus der Niederlassungsfreiheit insbesondere **89** nicht das Recht ableiten, von ihrem Inkorporationsstaat zu verlangen, auch nach einem Wegzug in einen Mitgliedsstaat weiterhin als „seine" Gesellschaft anerkannt und nicht gelöscht zu werden. Das deutsche Sachrecht etwa lässt eine Verlegung des Satzungssitzes ins Ausland nicht zu. Für die GmbH und die AG ergibt sich das nach Inkrafttreten des MoMiG unmittelbar aus den neu gefassten Regelungen des § 4a GmbHG und § 5 AktG, die einen Satzungssitz im Inland vorschreiben. Eine Verlegung des Satzungssitzes ins Ausland ist daher unzulässig.[224] Dieses Ergebnis ist europarechtskonform. Ein reiner auf Satzungssitzverlegung ins Ausland gerichteter Beschluss wird als nichtig angesehen[225] oder in einen Auflösungsbeschluss umgedeutet,[226] wenn in ihm nicht zugleich ein Formwechselbeschluss zu erblicken ist. Er ist jedenfalls nicht in das Handelsregister eintragungsfähig.[227] Eine rechtliche Alternative für deutsche Gesellschaften kann hier ggf. die formwechselnde Verlegung des Satzungssitzes sein.

---

[221] *Verse* ZEuP 2013 S. 458 (466 f.); *Fastrich* in Baumbach/Hueck, GmbHG, § 4a Rn. 11; *Pentz* in MünchKomm AktG, § 13d HGB Rn. 14; aA *Jaeger* in Ziemons/Jaeger, BeckOK GmbHG, § 4a Rn. 1.
[222] *Fastrich* in Baumbach/Hueck, GmbHG, § 4a Rn. 13.
[223] *Verse* ZEuP 2013 S. 458 (466 f.); *Fastrich* in Baumbach/Hueck, GmbHG, § 4a Rn. 13.
[224] OLG München NZG 2007 S. 915; *Herrler* DNotZ 2009 S. 484 (489).
[225] *Müller* in Spindler/Stilz, IntGesR, Rn. 11; *Kindler* in MüKo BGB, IntGesR, Rn. 833 f.; *Bachmann* in Spindler/Stilz, § 262 AktG Rn. 74.
[226] *Mäsch* in Bamberger/Roth, BeckOK BGB, Art. 12 EGBGB Rn. 92.
[227] *Müller* in Spindler/Stilz, IntGesR, Rn. 11; *Ego* in MünchKomm AktG Europäisches Aktienrecht, Europäische Niederlassungsfreiheit, Rn. 327.

e) Rechtsformwechselnde Verlegung des Satzungssitzes innerhalb des Binnenmarktes

90   Die Begriffe „**formwechselnde Sitzverlegung**" und „**grenzüberschreitender Formwechsel**" werden synonym verwandt.[228] Charakteristisch ist die Verlegung des Sitzes einer Gesellschaft, die nach dem Recht eines Mitgliedstaates wirksam gegründet wurde, über die Grenze in einen anderen Mitgliedstaat unter Annahme einer Gesellschaftsform des Zuzugsstaates und Wahrung der **Identität des Rechtsträgers**. Eine Auflösung und Abwicklung der Gesellschaft im Herkunftsstaat, sowie eine Neugründung im Zuzugsstaat finden damit ausdrücklich nicht statt.[229]

91   Bei einem grenzüberschreitenden Formwechsel darf der **Herkunftsstaat** aufgrund der Niederlassungsfreiheit den Herausformwechsel einer mitgliedsstaatlichen Gesellschaft nicht verhindern,[230] wenn der Formwechsel in eine nationale Gesellschaftsform des Zuzugsstaates möglich ist. Der **Zuzugsstaat** seinerseits muss einen Hereinformwechsel in eine seiner nationalen Gesellschaftsformen gestatten, wenn er der entsprechenden inländischen Gesellschaftsform auf rein nationaler Ebene die gesetzliche Möglichkeit des Formwechsels eröffnet.[231] Es ist dabei darauf abzustellen, ob die nationale Gesellschaftsform, die der umziehenden mitgliedsstaatlichen Gesellschaft rechtsformtypisch vergleichbar ist, grundsätzlich Formwechsel vornehmen darf und ob die inländische Rechtsform, die die mitgliedsstaatliche Gesellschaft annehmen möchte, grundsätzlich im Kanon des *numerus clausus* der Gesellschaftsformen vorgesehen ist und Wege des Formwechsels angenommen werden kann.

Die Möglichkeit des grenzüberschreitenden Formwechsels steht nur Gesellschaften offen, die nach dem Recht eines Mitgliedsstaates wirksam gegründet wurden und sich daher innerhalb der EU frei bewegen dürfen. Sofern es in Zukunft zu dem **Austritt von Mitgliedsstaaten**[232] **aus der EU** kommen sollte, steht sie den Gesellschaften aus dem Austrittsstaat ab rechtswirksamen Vollzug des **Austritts aus der Europäischen Union** durch Inkrafttreten eines Austrittsabkommens oder Verstreichens der

---

[228] *Heckschen* ZIP 2015 S. 2049.

[229] Das Vorabentscheidungsersuchen des polnischen Sąd Najwyższy in der Sache Polbud – Wykonawstwo sp.zo.o. in Liquidation, eingereicht am 22.2.2016, veröffentlicht am 13.6.2016, Rs. C-106/16, 2016/C 211/29, ABl. C 211 S. 23 zielt ua auf die Beantwortung der Frage durch den EuGH, ob es mit der Niederlassungsfreiheit vereinbar ist, dass ein Mitgliedstaat eine herausformwechselnde Gesellschaft erst dann im Register löscht, wenn sie sich im Herkunftsstaat aufgelöst und abgewickelt hat. Die Gesellschaft hätte sich im Zuzugsmitgliedsstaat neu zu gründen. Ein solches Vorgehen kann nicht zulässig sein, denn es käme der völligen Versagung des grenzüberschreitenden Formwechsels gleich.

[230] So ist etwa eine Verhinderung durch (gesetzliche) Anordnung der Zwangsabwicklung der Gesellschaft unzulässig.

[231] EuGH vom 12.7.2012 – Rs. C-378/10 = NJW 2012 S. 2715 Rn. 33 – Vale; EuGH vom 16.12.2008 – Rs. C-210/06 = NJW 2009 S. 569 Rn. 112 f. – Cartesio.

[232] *Brexit, Nexit, Frexit, Grexit, Departugal, Italeave* etc.

§ 32. Grenzüberschreitende Sitzverlegung § 32

Austrittsfrist ab Absichtserklärung des Mitgliedsstaates gemäß Art. 50 II, III EU-Vertrag (Lissabon), vorbehaltlich anderslautender Vereinbarungen in einem eventuellen Austrittsabkommen gemäß Art. 50 II EU-Vertrag (Lissabon) oder sonstiger dahingehender Staatsverträge nicht mehr zur Verfügung.[233]

Die Frage, ob zeitgleich mit dem Formwechsel durch Verlegung des Satzungssitzes auch eine **Verlegung des Verwaltungssitzes** zu erfolgen hat, oder ob eine Gesellschaft aus der Niederlassungsfreiheit das Recht auf eine **isolierte Satzungssitzverlegung** herleiten kann, wird kontrovers diskutiert.[234] Der EuGH entschied in der Cartesio-[235] und der Vale-Entscheidung,[236] dass sich eine Gesellschaft auf die Niederlassungsfreiheit gem. Art. 49, 54 AEUV berufen kann, um einen grenzüberschreitenden Formwechsel zu vollziehen, wenn die Gesellschaft im Zuzugsstaat eine tatsächliche Ausübung einer wirtschaftlichen Tätigkeit mittels einer festen Einrichtung auf unbestimmte Zeit anstrebt. Die zur Eröffnung des Schutzbereiches erforderliche Tätigkeit kann damit in Art und Umfang jedenfalls hinter der des Verwaltungssitzes zurückbleiben. Die isolierte Satzungssitzverlegung ist immer dann möglich, wenn der Zuzugsstaat – als neuer Gründungsstaat – für seine Gesellschaften die Belegenheit des Satzungssitzes in seinem Staatsgebiet ausreichen lässt und es für ihn auf die Belegenheit des Verwaltungssitzes nicht ankommt.[237] Selbst die isolierte Verlegung eines sog. „Briefkasten"-Satzungssitzes in einen solchen Staat ist möglich.[238] Ein Staat, der von seinen eigenen Gesellschaften verlangt, den Verwaltungssitz auf seinem Gebiet zu unterhalten, kann jedoch nicht aufgrund der Niederlassungsfreiheit gezwungen werden, allein den isolierten Satzungssitz eines mitgliedstaatlichen Hereinformwechslers aufzunehmen. In diesem Fall ist für einen erfolgreichen Hereinformwechsel der tatsächliche Umzug des Verwaltungssitzes nötig, sofern der Verwaltungssitz des Rechtsvorgängers des Hereinformwechslers nicht schon vorher in dem Zuzugsstaat lag und der Satzungssitz somit

92

---

[233] *Weller/Thomale/Benz* NJW 2016 S. 2378, 2382; *Bayer/Schmidt*, BB-Gesetzgebungs- und Rechtsprechungsreport Europäisches Gesellschaftsrecht 2015/16, BB 2016 S. 1923, 1934; *Mayer/Manz* BB 2016 S. 1731, 1734 „kalte Umwandlung"; *Freitag/Korch* ZIP 2016 S. 1361, 1362; zur Behandlung von Gesellschaften aus Drittstaaten → Rn. 98.

[234] **Befürwortend:** *Bayer/Schmidt* BB-Gesetzgebungs- und Rechtsprechungsreport Europäisches Gesellschaftsrecht 2015/16, BB 2016 S. 1923 (1932); *Altmeppen/Ego* in MünchKomm AktG Europäisches Aktienrecht, Europäische Niederlassungsfreiheit, Rn. 337 f.; *Teichmann* DB 2012 S. 2085, 2088; *Teichmann* ZIP 2009 S. 393 (395); **ablehnend:** *Böttcher/Kraft*, NJW 2012 S. 2701 (2073); *König/Bormann* NZG 2012 S. 1241 (1243); *Kindler* EuZW 2012 S. 888, 891 f.

[235] EuGH vom 16.12.2008 – Rs. C-210/06, NJW 2009 S. 569.

[236] EuGH vom 12.7.2012 – Rs. C-378/10, NJW 2012 S. 2715.

[237] *Altmeppen/Ego* in MünchKomm AktG, Europäisches Aktienrecht, Europäische Niederlassungsfreiheit, Rn. 338; *Verse* ZEuP 2013 S. 458 (479).

[238] Das Vorabentscheidungsersuchen des polnischen Sąd Najwyższy in der Sache Polbud – Wykonawstwo sp. z o. o. in Liquidation, eingereicht am 22.2.2016, veröffentlicht am 13.6.2016, Rs. C-106/16, 2016/C 211/29, ABl. C 211 S. 23 zielt ua auf die Beantwortung dieser Frage durch den EuGH.

im Rahmen des Formwechsels „nachzieht". Nicht erforderlich ist die Ausübung einer wirtschaftlichen Tätigkeit mittels einer festen Einrichtung auf unbestimmte Zeit im **Herkunftsstaat** zeitlich vor oder während des Formwechsels.

93 Die **konkrete Ausgestaltung** des Formwechsels ist auf europäischer Ebene noch nicht gesetzlich geregelt.[239] Sie fällt daher allein in den Regelungsbereich nationalen Rechts, sei es des Herkunftsstaates, den die Gesellschaft nach seinem Recht wirksam verlässt, sei es des Zuzugsstaates, der nach Formwechsel neuer Gründungsstaat ist.[240] Die einzelnen Mitgliedstaaten können nationale Regelungen zu grenzüberschreitenden Formwechseln erlassen. In Ermangelung europäischer und einschlägiger nationaler Regelungen sind die nationalen Vorschriften des Zuzugsstaates zu inländischen Formwechseln entsprechend anzuwenden und gegebenenfalls zusätzlich die Gründungsvorschriften einzuhalten. In beiden Fällen darf weder das Verfahren ungünstiger ausgestaltet sein als bei rein nationalen Sachverhalten (Äquivalenzgrundsatz) noch darf der Formwechsel übermäßig erschwert oder vereitelt werden (Effektivitätsgrundsatz).[241] Insbesondere in Bezug auf die **Eintragung des** identitätswahrenden Formwechsels unter Erwähnung des mitgliedstaatlichen **Rechtsvorgängers im Handelsregister** des Zuzugsstaates,[242] und in Bezug auf die gebührende Beachtung der Dokumente des Registers des Herkunftsstaates durch das Register des Zuzugsstaates,[243] darf der grenzüberschreitende Formwechsels nicht ungünstiger behandelt werden als ein innerstaatlicher Formwechsel. Die formwechselnde Gesellschaft hat eine Bescheinigung aus dem Herkunftsstaat beizubringen, die den Herausformwechsel, der regelmäßig unter der aufschiebenden Bedingung der Eintragung im Zuzugsstaat steht, bestätigt. Mitgliedstaatliche Registerbescheinigungen darf der Zuzugsstaat keineswegs – etwa unter dem Vorwand, diese seien „ausländisch" – pauschal ablehnen, sondern er hat sie anzuerkennen, soweit sie keine offensichtlichen Fehler beinhalten.[244]

94 Im **deutschen Recht** wird mangels gesetzlicher Regelungen betreffend grenzüberschreitender Umwandlungen eine analoge Anwendung von Art. 8 SE-VO, §§ 12–14 SEAG, gegebenenfalls unter zusätzlicher analoger Anwendung der §§ 122a f. UmwG,[245] diskutiert, um die plan-

---

[239] Trotz zeitweiliger Bemühungen und einem bestehenden praktischen Bedürfnis: vgl. *Kiem* ZHR 2016 S. 289 f.
[240] EuGH vom 12.7.2012 – Rs. C-378/10, NJW 2012, 2715 Rn. 43 – Vale; *Verse* ZEuP 2013 S. 458, 489.
[241] EuGH vom 12.7.2012 – Rs. C-378/10, NJW 2012, 2715 Rn. 48 – Vale.
[242] EuGH vom 12.7.2012 – Rs. C-378/10, NJW 2012, 2715 Rn. 56 – Vale.
[243] EuGH vom 12.7.2012 – Rs. C-378/10, NJW 2012, 2715 Rn. 58 – Vale.
[244] Ähnlich *Verse* ZEuP 2013 S. 458 (492), der eine Analogie zu § 122l UmwG befürwortet.
[245] *Nentwig* GWR 2015 S. 447 (448); *Kindler* DNotZ Sonderheft 2016 S. 75; *Franz* EuZW 2016 S. 930 (935); *Kalss/Klampfl* in Dauses, EU-Wirtschaftsrecht, E. III. Gesellschaftsrecht, Rn. 16; *Verse* ZEuP 2013 S. 458 (479); *Teichmann* ZIP 2009 S. 393 (402).

widrige Gesetzeslücke zu füllen.²⁴⁶ Die analoge Heranziehung der Vorschriften über die Societas Europaea ist jedoch abzulehnen, da es sich trotz des etwaigen inhaltlichen Nutzens, der sich aus der analogen Anwendung von Vorschriften zu internationalen Sitzverlegungen ergäbe, doch um (supranationale) **Sondervorschriften** für eine bestimmte Rechtsform handelt.²⁴⁷ Zudem widerspricht diese Analogie den Anforderungen des EuGH²⁴⁸ bezüglich des Äquivalenz- und Effektivitätsgrundsatzes,²⁴⁹ da sie einfache Kapitalgesellschaften mit gegebenenfalls sehr niedrigem Stammkapital wie eine komplexe Europäische Aktiengesellschaft mit einem Mindeststammkapital von 120 000 EUR behandelt, die ihren Gläubigern und Arbeitnehmern schon allein aufgrund der Rechtsform der SE einen entsprechenden Schutz bietet, von einem entsprechend höheren Ansehen profitiert und deswegen ein aufwendiges Sitzverlegungsverfahren durchzuführen hat.²⁵⁰

Richtiger Ansicht nach hat sich der grenzüberschreitende Formwechsel von oder nach **Deutschland** wie der Formwechsel einer deutschen Gesellschaft innerhalb Deutschlands (analog) nach den **nationalen Vorschriften** über den Formwechsel gem. §§ 1 I Nr. 4, 190 ff. UmwG²⁵¹ der jeweiligen Gesellschaftsform zu richten.²⁵² Insbesondere ist im Wege der grundfreiheitskonformen Auslegung des nationalen Rechts eine Subsumtion des mitgliedstaatlichen Hereinformwechslers unter die in §§ 191, 226 UmwG aufgezählten Rechtsträger zu prüfen und bei rechtsformtypischer Entsprechung geboten.²⁵³ **95**

Die praktische Vorgehensweise bei einem grenzüberschreitenden Formwechsel ist weitgehend ungeklärt, doch haben bereits grenzüberschreitende Formwechsel nach Deutschland stattgefunden.²⁵⁴ Jedenfalls **96**

---

²⁴⁶ *Heckschen* ZIP 2015 S. 2049 (2060); *Verse* ZEuP 2013 S. 458 (484); *Altmeppen/Ego* in MünchKomm AktG Europäisches Aktienrecht, Europäische Niederlassungsfreiheit, Rn. 339; *Kalss/Klampfl* in Dauses, EU-Wirtschaftsrecht, E. III. Gesellschaftsrecht, Rn. 16; *Hushahn* Anm. zu OLG Nürnberg: Grenzüberschreitende Sitzverlegung einer luxemburgischen S. à r. l. nach Deutschland, DNotZ 2014 S. 150157. Gegen die Anwendung von Art. 8 SE-VO *Winter/Marx/De Decker* DStR 2016 S. 1997 (1999), die das Recht des Wegzugsstaates anwenden möchten.
²⁴⁷ KG DStR 2016 S. 1427 (1428).
²⁴⁸ EuGH vom 12.7.2012 – Rs. C-378/10 = NJW 2012 S. 2715 Rn. 48 – Vale.
²⁴⁹ KG DStR 2016 S. 1427 (1428); *Nentwig* GWR 2016 S. 234.
²⁵⁰ → Rn. 2 f.
²⁵¹ → § 26 Rn. 26 f.
²⁵² EuGH vom 12.7.2012 – Rs. C-378/10, NJW 2012 S. 2715 Rn. 43 u. 49 – Vale; KG DStR 2016 S. 1427 (1428); OLG Nürnberg, Beschluss vom 19.6.2013–12 W 520/13, NZG 2014 S. 349 m. Anm. *Stiegler*, in Abkehr von OLG Nürnberg NZG 2012 S. 168; *Miras* in Ziemons/Jaeger, GmbHG, § 5a Rn. 15d; *Teichmann* ZIP 2009 S. 393 (402); *Teichmann* DB 2012 S. 2085 (2091), der jedoch die lückenfüllende Heranziehung von Verfahrensregeln aus § 12 SEAG und § 122 UmwG für möglich hält.
²⁵³ KG DStR 2016 S. 1427 (1428).
²⁵⁴ OLG Nürnberg, NZG 2014 S. 349 m. Anm. *Stiegler*; KG DStR 2016 S. 1427 f.

haben die Gesellschafter die Satzungssitzverlegung und den Formwechsel in die gewünschte Rechtsform des Zuzugsstaates nach ihrer Ursprungsrechtsform (form-)wirksam mit der erforderlichen Mehrheit zu beschließen. Die Gründungsvorschriften der Zielrechtsform sind einzuhalten.[255] In Deutschland sind daher insbesondere Formerfordernisse und die Aufbringung des Mindestkapitals zu beachten. Da eine Kapitalaufbringungsprüfung grundsätzlich nur dann entbehrlich ist, wenn ein Formwechsel von einer strengeren in eine weniger strenge Gesellschaftsform stattfindet, sprechen die unterschiedlichen Vorschriften der jeweiligen nationalen Rechte über das Gesellschaftskapital dafür, eine Kapitalaufbringungsprüfung aus Sicht des deutschen UmwG für erforderlich zu halten,[256] obwohl die Ausgangs- und die Zielgesellschaftsform des Formwechslers an sich rechtsformtypisch vergleichbar sind.

97 Die Neuregelung der EuInsVO,[257] die in Art. 3 (1) Unterabs. 2. EuInsVO (neu) im Falle von grenzüberschreitenden Sitzverlegungen eine dreimonatige Übergangsfrist bei der Bestimmung des COMI einführt, hat den **Gläubigerschutz** im Fall der grenzüberschreitenden Satzungssitzverlegung gestärkt. Nunmehr gilt bei Gesellschaften oder juristischen Personen die Vermutung, dass der Mittelpunkt ihrer hauptsächlichen Interessen (COMI) der Ort ihres Satzungssitzes ist, dann *nicht*, wenn der Satzungssitz[258] in einem Zeitraum von drei Monaten vor dem Antrag auf Eröffnung des Insolvenzverfahrens in einen anderen Mitgliedstaat verlegt wurde.[259] Augenscheinliches **insolvenzrechtliches** *Forum Shopping* durch grenzüberschreitende Sitzverlegung ist damit deutlich erschwert.

2. Sitzverlegungen weltweit

98 Für Fälle der Sitzverlegung von Gesellschaften in oder aus Drittstaaten, hält der BGH an seiner bisherigen Rechtsprechung fest und bestimmt das Gesellschaftsstatut nach wie vor grundsätzlich nach der Sitztheorie.[260] **Drittstaaten** sind insbesondere nach Art. 52 II EUV iVm Art. 355 AEUV die **Kanalinseln** Jersey und Guernsey. Auch Rechtsträger aus Andorra, Monaco, der Schweiz[261] und anderen **EFTA**-Staaten, die dem EWR nicht beigetreten sind, können sich auch im Falle einer etwaigen Annäherung ihres Rechts an das Recht der EU nicht auf eine analoge

---

[255] KG DStR 2016 S. 1427 (1429).
[256] KG DStR 2016 S. 1427 (1429); *Winter/Marx/De Decker* DStR 2016 S. 1997 (1998).
[257] Verordnung (EU) 2015/848 des Europäischen Parlaments und des Rates vom 20.5.2015 über Insolvenzverfahren (Neufassung), die am 26.6.2017 in Kraft tritt.
[258] Französische Sprachfassung „*siège statutaire*".
[259] Zu der alten Rechtslage daher ohne Übergangszeitraum: EuGH vom 24.5.2016 – Rs. C-353/15 – [Leonmobili].
[260] BGH NJW 2009 S. 289 – [Trabrennbahn] (m. Anm. *Kieninger*); *Thorn* in Palandt BGB, Anh. EGBGB § 12 Rn. 10.
[261] BGH NJW 2009 S. 289 – [Trabrennbahn] (m. Anm. *Kieninger*); *Müller* in Spindler/Stilz IntGesR Rn. 15.

Anwendung der Niederlassungsfreiheit zu ihren Gunsten berufen und von den sich daraus ergebenden Begünstigungen profitieren.[262] Teilweise sehen **Staatsverträge** die gegenseitige Anerkennung von Gesellschaften auf der Grundlage der Gründungstheorie vor.[263] Beispielhaft sei die in Art. 25 V des Deutsch-Amerikanischen Freundschaftsvertrags vom 29.10.1954 geregelte Anwendung der Gründungstheorie auf US-Gesellschaften in Deutschland erwähnt.[264]

a) Wegzug deutscher Gesellschaften in Drittstaaten

Die **Sitztheorie** verweist bei einem Wegzug grundsätzlich auf das **Recht des Zuzugsstaates**. **Rück- oder Weiterverweisungen** sind gemäß Art. 4 I 1 EGBGB beachtlich.[265] Daher muss zunächst differenziert werden, ob im Zuzugstaat die Sitz- oder die Gründungstheorie gilt. Aus deutscher Sicht kommt es folglich zu einem **Statutenwechsel**, wenn die Verwaltungssitzverlegung in einen Staat erfolgt, im dem ebenfalls die Sitztheorie gilt, da das deutsche Kollisionsrecht in Anwendung der Sitztheorie zunächst auf dessen internationales Privatrecht verweist und dessen Recht den Verweis sodann annimmt. Der hierdurch eintretende Statutenwechsel führt nach der Rechtsprechung zwingend zur Auflösung und Abwicklung der Gesellschaft.[266] 99

Anders verhält es sich bei einer Verwaltungssitzverlegung in einen Staat, welcher der **Gründungstheorie** folgt. Dieser verweist im Sinne der Gründungstheorie auf deutsches Recht, welches den Rückverweis annimmt. Folglich ist eine Sitzverlegung nur in einen Staat, der die Gründungstheorie anwendet möglich, da in diesem Falle das Personalstatut der Gesellschaft mit eigener Rechtspersönlichkeit nach deutschem Verständnis erhalten bleibt. 100

Dem deutschen Sachrecht ist sodann zu entnehmen, ob **sonstige Wegzugshindernisse** vorliegen. Nach § 4a GmbHG bzw. § 5 AktG ist es der GmbH bzw. der AG nicht verwehrt, ihren Verwaltungssitz im Ausland zu begründen. Dabei ist nicht zwischen Mitgliedstaaten und Drittstaaten zu unterscheiden. Die Verlegung des Satzungssitzes außerhalb Deutschlands ist nicht möglich. Dies gilt auch bei einer kumulativen Verlegung von Verwaltungs- und Satzungssitz. Ein reiner auf Satzungssitzverlegung ins Ausland gerichteter Beschluss ohne Formwechselbeschluss wird als nichtig angesehen[267] oder in einen Auflösungsbeschluss 101

---

[262] BGH NJW 2009 S. 289 f. – [Trabrennbahn].
[263] Übersicht bei *Kindler* in MünchKomm BGB, IntGesR, Rn. 328 ff.
[264] *Thorn* in Palandt, Anh. EGBGB 12, Rn. 3.
[265] *Thorn* in Palandt, Anh. EGBGB 12, Rn. 12; vgl. OLG Hamm vom 1.2.2001 – 15 W 390/00, NJW 2001 S. 2183.
[266] BGH vom 11.7.1957 – II ZR 318/55, BGH NJW 1957 S. 1433; OLG Düsseldorf vom 26.3.2001 – Wx 88/01, NJW 2001 S. 2184; OLG Hamm vom 1.2.2001 – W 390/00, NJW 2001 S. 2183; *Kindler* in MüKo BGB, IntGesR, Rn. 821.
[267] *Müller* in Spindler/Stilz, IntGesR, Rn. 11; *Kindler* in MüKo BGB, IntGesR, Rn. 833 f.; *Bachmann* in Spindler/Stilz, § 262 AktG Rn. 74.

umgedeutet.[268] Er ist jedenfalls nicht in das Handelsregister eintragungsfähig.[269]

b) Zuzug von ausländischen Gesellschaften nach Deutschland

102 Die **faktische Verlegung des Verwaltungssitzes** einer ausländischen Gesellschaft nach Deutschland führt zu einem Statutenwechsel,[270] welcher die Anwendung deutschen Sachrechts auf die Gesellschaft zur Folge hat. Sofern der Herkunftsstaat seinen Gesellschaften den Wegzug erlaubt und sie weiterhin als Gesellschaften seines Rechts ansieht, kommt es zu einer **Statutenverdoppelung**. Da die deutschen Gründungsvoraussetzungen einer Gesellschaftsform, welche zu ihrer wirksamen Gründung der Eintragung im Handelsregister bedarf, durch die ausländische Gesellschaft bei rein faktischem Zuzug des Verwaltungssitzes regelmäßig nicht erfüllt sind, wird sie in einen **deutschen Gesellschaftstyp umgedeutet**, der keiner Eintragung bedarf.[271] Hierzu stehen je nach Betätigung der Gesellschaft die Rechtsform der Gesellschaft bürgerlichen Rechts oder der OHG zur Verfügung.[272] Verlegt eine ausländische Gesellschaft, die entsprechend ihrem Statut nach dem Recht des Gründungsstaates als rechtsfähige Gesellschaft ähnlich einer Gesellschaft mit beschränkter Haftung deutschen Rechts zu behandeln wäre, ihren Verwaltungssitz also rein faktisch nach Deutschland, so ist sie nach deutschem Recht jedenfalls eine rechtsfähige Personengesellschaft und damit vor den deutschen Gerichten aktiv und passiv parteifähig.[273] Dies hat insbesondere in Bezug auf die **Haftung der Gesellschafter** weitreichende Konsequenzen, da ihr nach der ausländischen Rechtsform gewährleisteter Haftungsausschluss entfällt und sie persönlich haften.[274] Trotz der weitreichenden Haftungsproblematik ist dieser Lösung zumindest zu Gute zu halten, dass Abwicklung (über die der Herkunftsstaat zu entscheiden hätte) und Neugründung der Gesellschaft aus deutscher Sicht nicht erforderlich sind. Als deutsche Personengesellschaft kann die ehemals ausländische Kapitalgesellschaft sodann einen **rein innerstaatlichen identitätswahrenden Formwechsel** in eine deutsche Kapitalgesellschaft vollziehen. Denn allein der Import ihres Gründungsstatuts ist ihr verwehrt, nicht aber eine **Fortexistenz** nach deutschem Gesellschaftsrecht. Die Verlegung des Satzungssitzes nach Deutschland hat kollisionsrechtlich keine Auswirkungen, da die Sitztheorie an den effektiven Verwaltungssitz einer Gesellschaft

---

[268] *Mäsch* in Bamberger/Roth, BeckOK BGB, Art. 12 EGBGB Rn. 92.
[269] *Müller* in Spindler/Stilz, IntGesR, Rn. 11; *Ego* in MüKo AktG Europäisches Aktienrecht, Europäische Niederlassungsfreiheit, Rn. 327.
[270] *Kindler* in MüKo BGB, IntGesR, Rn. 838.
[271] BGH vom 27.10.2008 – II ZR 158/06 = NJW 2009 S. 289 – Trabrennbahn (m. Anm. *Kieninger*) dies setzt indes mehrere Gesellschafter voraus, da sonst auch keine GbR bestünde; für den Fall nur einzelkaufmännischer Unternehmen siehe *Kindler* in MüKo BGB, IntGesR, Rn. 838.
[272] BGH NJW 2009 S. 289 – Trabrennbahn (m. Anm. *Kieninger*).
[273] BGH NJW 2002 S. 3539.
[274] § 128 I HGB für die OHG bzw. § 128 I analog für die GbR.

anknüpft. Entscheidend ist, ob der Herkunftsstaat die Verlegung des Satzungssitzes zulässt. Hinsichtlich der kumulativen Verlegung von Satzungs- und Verwaltungssitzes verhält es sich entsprechend mit der Maßgabe, dass bereits eine Verlegung des Verwaltungssitzes rechtsformwahrend nicht möglich ist.

III. Steuerliche Aspekte

1. Rechtsgrundlagen

Die Verlegung des Satzungssitzes ins Ausland ist nach dem derzeit geltenden Gesellschaftsrecht für deutsche Gesellschaften unmöglich.[275] Aus steuerlicher Sicht ist diese Konstellation daher wenig praxisrelevant. Erfolgt dennoch eine unzulässige Verlegung des Satzungssitzes ins Ausland, droht zivilrechtlich die Auflösung der Gesellschaft.[276] Wird eine Personengesellschaft nach der Verlegung des Satzungssitzes ins Ausland aufgelöst, löst dies regelmäßig keine ertragsteuerlichen Folgen aus, insbesondere wird hierdurch kein Aufgabetatbestand verwirklicht.[277] Die Mitunternehmerschaft besteht nach Auflösung des inländischen Rechtsträgers regelmäßig auf der Grundlage einer nach dem Typenvergleich einer inländischen Personengesellschaft gleichwertigen ausländischen Rechtsform oder zumindest auf Grundlage eines wirtschaftlich vergleichbaren Gemeinschaftsverhältnisses unverändert fort. Die der zivilrechtlich unzulässigen Verlegung des Satzungssitzes einer Kapitalgesellschaft folgende Auflösung führt dagegen steuerlich zur Schlussbesteuerung nach § 11 KStG. 103

Der umgekehrte Fall der Verlegung des Satzungssitzes einer ausländischen Gesellschaft ins Inland ist jedenfalls bei Beibehaltung des bisherigen (ausländischen) Verwaltungssitzes nach der Sitztheorie kein Fall der Auflösung. Selbst wenn die Verlegung des Satzungssitzes einer ausländischen Kapitalgesellschaft nach ausländischem Recht zur Auflösung führt, kann die Gesellschaft Subjekt der Körperschaftsteuer sein, wenn sie nach einem „Typenvergleich" einer inländischen Kapitalgesellschaft entspricht (§ 1 I Nr. 1 KStG „insbesondere").[278] Vorbehaltlich der Regelungen eines DBA oder sonstiger zwischenstaatlicher Regelungen kann sich ein Fall der Doppelansässigkeit ergeben.[279] 104

Steuerliche Auswirkungen ergeben sich dagegen regelmäßig aus der Verlegung des Verwaltungssitzes ins Ausland. Grundsätzlich geht es dabei um die Frage, ob aufgrund der Sitzverlegung eine Schlussbesteuerung sämtlicher stillen Reserven zu erfolgen hat oder nur eine Besteuerung derjenigen stillen Reserven, die nach der Verwaltungssitzverlegung nicht 105

---

[275] → Rn. 86.
[276] Vgl. *Hopt* in Baumbach/Hopt, HGB, § 105 Rn. 88; *Hueck/Fastrich* in Baumbach/Hueck, GmbHG, § 3 Rn. 23; *Hüffer* AktG, § 262 Rn. 16.
[277] *Wacker* in Schmidt, EStG, § 16 Rn. 175.
[278] BFH vom 23.6.1992 – IX R 182/87, BStBl. II 1992 S. 972; *Streck* in Streck, KStG, § 1 Rn. 13 mwN.
[279] Vgl. *Gosch* KStG § 1 Rn. 63.

mehr der inländischen Besteuerung unterliegen. Für Kapitalgesellschaften sind diese Fragestellungen in § 12 KStG geregelt, wobei § 12 III KStG eine Schlussbesteuerung vorsieht, während nach § 12 I KStG in bestimmten Fällen, insbesondere bei Sitzverlegungen innerhalb der EU/EWR, „nur" eine wirtschaftsgutsbezogene Entstrickungsbesteuerung stattfindet. Für die Fälle der Verlegung des Verwaltungssitzes von Personengesellschaften ins Ausland kennt das deutsche Ertragsteuerrecht keinen § 12 III KStG vergleichbaren Schlussbesteuerungstatbestand, auch erfüllt die Verlegung des Verwaltungssitzes einer Personengesellschaft nicht den Tatbestand der Betriebsaufgabe nach § 16 EStG.[280] Allerdings kann die Verwaltungssitzverlegung auch bei Personengesellschaften die Entstrickungsbesteuerung nach § 4 I 3 EStG auslösen.

106 Die grenzüberschreitende identitätswahrende Sitzverlegung einer SE nach Art. 8 SE-VO,[281] die zwingend sowohl die Verlegung des Verwaltungssitzes als auch die des Satzungssitzes erfordert, unterliegt in steuerlicher Hinsicht denselben Regelungen, wie die Verlegung des Verwaltungssitzes nationaler Gesellschaftsformen ins Ausland. Insbesondere führt die Verlegung des Satzungssitzes einer SE als solche nicht zu steuerlichen Auswirkungen, da die SE auch nach der Sitzverlegung unverändert fortbesteht und damit eine Schlussbesteuerung ausscheidet.[282] Daneben endet auch die unbeschränkte inländische Steuerpflicht einer SE mit Verwaltungs- und Satzungssitz im Inland gemäß den Art. 4 III OECD-MA folgenden deutschen Doppelbesteuerungsabkommen ggf. erst durch die Verlegung des Verwaltungssitzes und nicht bereits durch die Verlegung des Satzungssitzes.

107 Verlegt eine Gesellschaft ihren Verwaltungssitz ins Ausland, sind aus steuerlicher Sicht folgende Konstellationen zu unterscheiden:
– Der Verwaltungssitz wird in einen anderen EU-/EWR-Mitgliedstaat verlegt: Es gelten sowohl für Kapitalgesellschaften als auch für Personengesellschaften die Regelung über die Entstrickungsbesteuerung nach § 4 I 3 EStG bzw. § 12 I KStG.[283] Eine Besteuerung der stillen Reserven findet nur bei der tatsächlichen Entstrickung von Wirtschaftsgütern im Zuge der Sitzverlegung statt.
– Der Verwaltungssitz wird in einen Drittstaat verlegt: Für Kapitalgesellschaften ist in diesem Fall eine Schlussbesteuerung vorzunehmen, wenn die Kapitalgesellschaft aus der unbeschränkten Steuerpflicht in der EU/EWR ausscheidet, bzw. wenn die Kapitalgesellschaft bei Fortbestand der unbeschränkten Steuerpflicht (etwa aufgrund des statutarischen Sitzes) nach einem im Verhältnis zum Drittstaat anzuwendenden Doppelbesteuerungsabkommen als dort ansässig gilt.[284] Erfolgt die Verlegung des Verwaltungssitzes in einen Nicht-DBA-Staat, so bleibt in Deutschland aufgrund des weiter bestehenden inländischen Satzungs-

---

[280] *Wacker* in Schmidt, EStG, § 16 Rn. 175.
[281] → Rn. 6 ff.
[282] *Rödder* DStR 2005 S. 893 (903).
[283] → § 31 Rn. 86 ff.
[284] Vgl. Art. 4 III OECD-MA.

sitzes die unbeschränkte Steuerpflicht bestehen und ist § 12 III KStG nicht einschlägig. Nach § 12 I KStG erfolgt in diesen Fällen eine Entstrickungsbesteuerung, soweit für die jeweiligen Wirtschaftsgüter das inländische Besteuerungsrecht durch das nationale Anrechnungsverfahren (§ 26 KStG) beschränkt wird.

Im Folgenden wird zunächst der Fall der Verlegung des Verwaltungssitzes innerhalb der EU/EWR dargestellt. Danach die Verlegung des Verwaltungssitzes in Drittstaaten. Abschließend wird erläutert, welche Konsequenzen sich aus einer Verlegung des Verwaltungssitzes ins Inland ergeben. 108

2. Verlegung des Verwaltungssitzes in einen EU-/EWR-Staat, § 4 I 3 EStG, § 12 I KStG

a) Anwendungsbereich

Die Entstrickungsregelungen der § 4 I 3 EStG und § 12 I KStG stellen auf die inländische Steuerverhaftung von Wirtschaftsgütern ab. Demnach betreffen diese in persönlicher Hinsicht alle Gesellschaften mit inländischem Betriebsvermögen, insbesondere inländische Personen- oder Kapitalgesellschaften sowie ausländische Kapital- und Personengesellschaften bzw. deren Gesellschafter im Hinblick auf ihr im Inland steuerverhaftetes Betriebsvermögen. 109

b) Entstrickung

Nach § 4 I 3 EStG, § 12 I KStG ist eine Entstrickung eines Wirtschaftsguts anzunehmen, wenn das Besteuerungsrecht hinsichtlich des Gewinns der Veräußerung oder Nutzung des Wirtschaftsguts ausgeschlossen oder beschränkt wird. Eine Entstrickung setzt demnach voraus, dass zunächst das Besteuerungsrecht der Bundesrepublik Deutschland hinsichtlich des Gewinns der Veräußerung oder Nutzungsüberlassung bestanden hat. Es genügt die abstrakte Gefahr der Beschränkung des Besteuerungsrechts, so dass allein aufgrund der Möglichkeit der Anrechnung einer ausländischen Steuer von einer Beschränkung des deutschen Besteuerungsrechts auszugehen ist.[285] 110

Unschwer festzustellen ist die Entstrickung, wenn ein bislang im Inland verhaftetes Wirtschaftsgut aktiv in die Besteuerungshoheit eines ausländischen Staates überführt wird. Beispielsweise betrifft dies Wirtschaftsgüter, die im Rahmen der Verlegung des Verwaltungssitzes physisch mit überführt werden (bspw. Büroeinrichtung). 111

Schwieriger wird die Feststellung einer Entstrickung dann, wenn die physische Situation eines Wirtschaftsguts unverändert bleibt, allerdings fraglich ist, ob sich die funktionale Zuordnung dieses Wirtschaftsguts im Zuge der Verlegung des Verwaltungssitzes ins Ausland geändert haben könnte oder ob dieses nach wie vor einer inländischen Betriebsstätte zugeordnet werden kann. 112

---

[285] Rödder/Schumacher DStR 2006 S. 1481 (1484); → § 31 Rn. 86 ff.

113 Bei der Verlegung des Verwaltungssitzes von Kapitalgesellschaften stellt sich des Weiteren die Frage, ob eine damit einhergehende Reduzierung des inländischen Besteuerungsrechts von der unbeschränkten Körperschaftsteuerpflicht zur beschränkten Körperschaftsteuerpflicht die Entstrickung von in ausländischen Betriebsstätten lokalisierten Wirtschaftsgütern zur Folge hat.

aa) Entstrickung durch veränderte funktionale Zuordnung

114 Bei der Verlegung des Verwaltungssitzes ins Ausland kommt eine fortwährende inländische Zuordnung von Wirtschaftsgütern nur in Betracht, sofern im Inland eine Betriebsstätte verbleibt. In DBA-Fällen ist hierbei auf den jeweiligen DBA-Betriebsstättenbegriff abzustellen, in Nicht-DBA-Fällen kommt es auf die Zuordnung zu einer inländischen Betriebsstätte nach § 12 AO an.[286]

115 Einer inländischen Betriebsstätte sind diejenigen Wirtschaftsgüter zuzuordnen, die der Erfüllung der Betriebsstättenfunktion dienen.[287] Dies sind Wirtschaftsgüter, die zur ausschließlichen Verwertung und Nutzung durch die Betriebsstätte bestimmt sind und Wirtschaftsgüter, aus denen Einkünfte erzielt werden, zu deren Erzielung die Tätigkeit der Betriebsstätte überwiegend beigetragen hat. Die Zuordnung hat nach den tatsächlichen Verhältnissen unter Berücksichtigung der Struktur, Organisation und Aufgabenstellung im Unternehmen zu erfolgen. Typisierend geht die Finanzverwaltung jedoch davon aus, dass bestimmte Wirtschaftsgüter, die im Zusammenhang mit der Zentralfunktion des Stammhauses stehen, in der Regel diesem zuzuordnen seien.[288] Wirtschaftsgüter in diesem Sinne sind:
– (bilanzierte und nicht bilanzierte) immaterielle Wirtschaftsgüter,
– Beteiligungen, sofern sie nicht vorrangig der Tätigkeit der Betriebsstätte dienen,[289] sowie
– allgemeine Finanzmittel.

116 Letztlich maßgebend für die Frage der Zuordnung zu einer inländischen Betriebsstätte können allein die tatsächlichen Verhältnisse im Einzelfall sein. Ein funktionaler Vorrang des Stammhauses lässt sich allgemein nicht begründen. So können immaterielle Wirtschaftsgüter, wie Patente oder Lizenzen, oder auch Unternehmensbeteiligungen ausschließlich der Betriebsstättentätigkeit dienen oder als Teil der gesamtbetrieblichen Tätigkeit dem Stammhaus zuzuordnen sein.

117 Wird ein immaterielles Wirtschaftsgut von mehreren Betriebsstätten eingesetzt, entspricht es der gebotenen funktionalen Zuordnung, wenn dieses entsprechend der Nutzung anteilig zugeordnet wird.[290] Ebenso ist

---

[286] Vgl. *Frotscher* in Frotscher/Maas, KStG, § 12 Rn. 94.
[287] BMF vom 24.12.1999 BStBl. I 1999 S. 1076 Tz. 2.4; BFH vom 29.8.1992 BStBl. II 1993 S. 63.
[288] BMF vom 24.12.1999 BStBl. I 1999 S. 1076 Tz. 2.4.
[289] Vgl. auch BFH vom 19.12.2007 – I R 66/06, BStBl. II 2008 S. 510.
[290] *Hemmelrath* in Vogel/Lehner, DBA, Art. 7 Rn. 115; aA BMF vom 24.12.1999 BStBl. I 1999 S. 1076 Tz. 2.4.

es grundsätzlich möglich, eine Betriebsstätte mit der Funktion einer (Finanz-)Holding auszustatten. Beteiligungen sind in diesem Fall der Betriebsstätte zuzuordnen.[291] Allgemeine Finanzmittel sind oftmals nicht eindeutig funktional zuordenbar. Im Zweifel muss es daher bei einer Zuordnung zum Stammhaus verbleiben. Eine sich hiernach ergebende Entstrickung führt jedoch regelmäßig nicht zu steuerlichen Folgen, da es der Höhe nach an stillen Reserven fehlt.

bb) Entstrickung von Wirtschaftsgütern ausländischer Betriebsstätten

Verlegt eine Kapitalgesellschaft ihren Verwaltungssitz ins Ausland, kann dies dazu führen, dass sich das inländische Besteuerungsrecht von der unbeschränkten zur beschränkten Steuerpflicht vermindert. Dies gilt etwa im Falle der Sitzverlegung in einen anderen EU-/EWR-Staat, mit dem ein Doppelbesteuerungsabkommen besteht, das Art. 4 III OECD-MA folgt. Entsprechend erfolgt eine Beschränkung des nationalen Besteuerungsrechts auf die inländischen Einkünfte und damit eine Entstrickung der ausländischen Betriebsstätten zuzuordnenden Wirtschaftsgüter, für die die Anrechnungsmethode Anwendung findet. **118**

Aufgrund der steuertransparenten Behandlung, besteht eine vergleichbare Problematik bei Personengesellschaften nicht.

c) Rechtsfolge

Die Entstrickung von Wirtschaftsgütern von Personengesellschaften ist nach § 4 I 3 EStG wie eine Entnahme zu behandeln. Da nach herrschender Auffassung für Kapitalgesellschaften kein außerbetrieblicher Bereich existiert, hat der Gesetzgeber die Rechtsfolgen der Entstrickung bei Kapitalgesellschaften als Veräußerung oder Nutzungsüberlassung zum gemeinen Wert ausgebildet.[292] **119**

In beiden Fällen räumt § 4g EStG die Möglichkeit ein, auf Antrag die Zahlung die aus der Entstrickung resultierende Steuerschuld auf fünf Jahre zu verteilen. **120**

3. Sitzverlegung in Drittstaaten, § 12 III KStG

a) Anwendungsbereich

Nur die Verlegung des Verwaltungssitzes von Körperschaften in Drittstaaten unterliegt spezialgesetzlichen Regelungen. Verlegt eine Personengesellschaft ihren Verwaltungssitz ins Drittland, verbleibt es bei den vorgenannten Grundsätzen über die Entstrickungsbesteuerung nach § 4 I 3 EStG. **121**

Nach § 12 III KStG erfolgt über die Verweisung auf § 11 KStG eine Schlussbesteuerung sämtlicher stiller Reserven, wenn eine Kapitalgesell- **122**

---

[291] *Frotscher* in Frotscher/Maas, KStG, § 12 Rn. 97; *Blumers* DB 2007 S. 312; *Kinzl* IStR 2005 S. 693; differenzierend BFH vom 17.12.2003 – I R 47/02, BFH/NV 2004 S. 771.

[292] Zu Einzelheiten → § 31 Rn. 86 ff.

schaft aufgrund der Sitzverlegung aus der unbeschränkten Steuerpflicht in der EU/EWR ausscheidet, bzw. die Kapitalgesellschaft bei Fortbestand der unbeschränkten Steuerpflicht – etwa aufgrund des statutarischen Sitzes – nach einem im Verhältnis zum Drittstaat anzuwendenden Doppelbesteuerungsabkommen als dort ansässig gilt. Anders als in den Fällen des § 12 I KStG, ist die Schlussbesteuerung nicht davon abhängig, ob tatsächlich Wirtschaftsgüter der inländischen Besteuerung entzogen werden. Auch stille Reserven in Wirtschaftsgütern, die nach der Sitzverlegung einer inländischen Betriebsstätte zugeordnet bleiben und damit weiterhin steuerverstrickt bleiben, sind zu versteuern.

123 Verlegt eine nationale Kapitalgesellschaft ihren Verwaltungssitz in einen Nicht-DBA-Staat, bleibt die unbeschränkte Steuerpflicht bei weiterhin im Inland liegenden statutarischen Sitzes bestehen. Daher unterbleibt tatbestandlich eine Schlussbesteuerung gemäß § 12 III KStG. In diesen Fällen ist daher § 12 I KStG anzuwenden und es kommt ggf. zu einer wirtschaftsgutsbezogenen Entstrickungsbesteuerung.

b) Rechtsfolge

124 § 12 III KStG ordnet an, dass entsprechend § 11 KStG eine Schlussbesteuerung sämtlicher stiller Reserven vorzunehmen ist. Dies gilt unabhängig davon, ob die entsprechenden Wirtschaftsgüter weiterhin der inländischen Besteuerung unterliegen oder nicht.

125 Tatsächlich wird die Gesellschaft aufgrund der Sitzverlegung jedoch nicht abgewickelt und lässt sich dementsprechend auch ein Vergleich des Abwicklungs-Endvermögens mit dem Abwicklungs-Anfangsvermögens nach § 11 II KStG nicht durchführen. Daher ist nach § 12 III 3 KStG an Stelle der Liquidationsgewinnermittlung nach § 11 KStG eine Schlussgewinnermittlung anhand des gemeinen Werts im Zeitpunkt der Sitzverlegung vorzunehmen. Die in einer inländischen Betriebsstätte nach Durchführung der Schlussbesteuerung weiterhin steuerverstrickten Wirtschaftsgüter sind dann im Rahmen der Ermittlung des inländischen Betriebsstättengewinns mit dem gemeinen Wert anzusetzen.

4. Verlegung des Verwaltungssitzes einer ausländischen Gesellschaft ins Inland

126 Der Zuzug ausländischer Gesellschaften durch Verlegung des Verwaltungssitzes ins Inland kann aus gesellschaftsrechtlicher Sicht im Anwendungsbereich der Sitztheorie einen Statutenwechsel zur Folge haben.[293] In steuerlicher Hinsicht stellt sich dann die Frage, ob die mit dem Statutenwechsel verbundene Auflösung der Gesellschaft die Realisation etwaiger bereits vor Zuzug im Inland verhafteten stillen Reserven zur Folge hat. Des Weiteren stellt sich bei einer erstmaligen Steuerverhaftung von Wirtschaftsgütern im Inland die Frage der Bewertung.

---

[293] → § 32 Rn. 2.

§ 32. Grenzüberschreitende Sitzverlegung

a) Personengesellschaften

Für eine ausländische Personengesellschaft führt die Verlegung des Verwaltungssitzes ins Inland trotz Statutenwechsels nicht zur Auflösung. Die nach ausländischem Recht errichtete Personengesellschaft besteht auch nach der Verlegung des Verwaltungssitzes ins Inland zumindest als rechtsfähige Personengesellschaft deutschen Rechts fort. Weitergehend sind EU-/EWR-Personengesellschaften auch nach ihrem Zuzug als ausländische Personengesellschaften anzuerkennen.[294]

Für steuerliche Zwecke besteht damit im Falle des Zuzugs einer ausländischen Personengesellschaft des Besteuerungssubjekt „Mitunternehmerschaft" unverändert fort. Die der Mitunternehmerschaft zuzuordnenden Wirtschaftsgüter werden weder entnommen, noch auf eine neue Mitunternehmerschaft übertragen. Steuerliche Konsequenzen hat der Zuzug von Personengesellschaften damit regelmäßig nur dann, wenn anlässlich des Zuzugs das inländische Besteuerungsrecht an Wirtschaftsgütern der Mitunternehmerschaft erstmals begründet wird. Dieser Vorgang der Verstrickung steht nach § 4 I 7 Halb. 2 EStG einer Einlage gleich.[295]

b) Kapitalgesellschaften

Die Verlegung des Verwaltungssitzes ausländischer Kapitalgesellschaften ins Inland führt im Bereich der EU/EWR jedenfalls aus Sicht des Zuzugsstaates nicht zur Auflösung der Kapitalgesellschaft. Damit kann für inländische steuerliche Zwecke keine Realisation etwaiger im Inland verhafteten stillen Reserven angenommen werden.[296] Bedeutung hat dies insbesondere für die bereits zum Zeitpunkt des Zuzugs zu einer inländischen Betriebsstätte der ausländischen Kapitalgesellschaft gehörenden Wirtschaftsgüter.

Verlegen dagegen in Drittstaaten ansässige Kapitalgesellschaften ihren Verwaltungssitz ins Inland, führt dies – vorbehaltlich etwaiger zwischenstaatlichen Sonderregelungen – aus Sicht des nationalen Gesellschaftsrechts zur Auflösung der Gesellschaft. Dennoch bleibt die Gesellschaft Subjekt der Körperschaftsteuer, wenn sie aufgrund eines Typenvergleichs einer inländischen Kapitalgesellschaft vergleichbar ist (§ 1 I Nr. 1 KStG).[297] Der Vorgang des Zuzugs führt damit regelmäßig zu einem Zuordnungswechsel des Betriebsvermögens von der durch den Zuzug aufgelösten ausländischen Kapitalgesellschaft zu dem nach Zuzug bestehenden inländischen Körperschaftsteuersubjekt. Dieser Zuordnungswechsel führt jedoch nicht zu einer steuerlichen Realisation etwaiger im

---

[294] Vgl. *Eberhard* in Beck'sches Handbuch der Personengesellschaften, § 25 Rn. 13–31.
[295] Vgl. *Wied* in Blümich, EStG, § 4 Rn. 513.
[296] *Jacobs,* Internationale Unternehmensbesteuerung, 3. Kapitel Abschnitt E III 2c) (5).
[297] BFH vom 23.6.1992 – IX R 182/87, BStBl. II 1992 S. 972; *Streck* in Streck, KStG, § 1 Rn. 13 mwN.

Inland verhafteten stillen Reserven.[298] Soweit im Rahmen des Zuzugs an Wirtschaftsgütern der ausländischen Kapitalgesellschaft erstmals das inländische Besteuerungsrecht begründet wird, ist dieser Verstrickungsvorgang nach § 8 I KStG iVm § 4 I 7 Halbs. 2 EStG als Einlage zu behandeln.

---

[298] *Birk* IStR 2003 S. 469.

Sachverzeichnis

Die halbfett gesetzte Ziffer bezeichnet das Kapitel,
die nachfolgende mager gesetzte Ziffer bezeichnet die Randziffer des Kapitels.

Absetzung für Abnutzung
Eintritt in Rechtsstellung der Übertragerin **11** 147 ff., 363, 371
Gebäude **11** 150, 372
Geschäfts- oder Firmenwert **11** 153
Übernehmerin **11** 147 ff., 363
Verschmelzung PersGes auf KapGes/Genossenschaft **11** 656 f.
– Besonderheiten bei Bewertung zu Zwischenwerten **11** 655 f.
Wirtschaftsgüter, andere als Gebäude **11** 149, 373
Abspaltung
Aufnahme
– auf Dritten **18** 13
– auf Schwestergesellschaft **18** 11
Aufnahme downstream **18** 12
Aufnahme upstream **18** 14
Begriff **19** 111
KapGes (Neugründung)
– Gesellschaftsvertrag (F) **18** 205 B
– Handelsregisteranmeldung (F) **18** 205 D, 205 E
– Sachgründungsbericht (F) **18** 205 C
– Spaltungsplan (F) **18** 205 A
negatives Nettobuchvermögen **19** 58
Neugründung **18** 15
zu Null **19** 42
PersGes/Trennung von Gesellschafterstämmen
– Handelsregisteranmeldung (F) **18** 207 C
– Spaltungsvertrag (F) **18** 207 A
– Zustimmungsbeschluss (F) **18** 207 B
positives Nettobuchvermögen **19** 46
Rechnungslegung **19** 43
Rechtsgrundlagen **18** 10 ff.
Abspaltung und Ausgliederung
KapGes
– Handelsregisteranmeldung (F) **18** 208 B
– Spaltungs- und Ausgliederungsplan (F) **18** 208 A
Abwärtsverschmelzung
siehe Downstream merger

Abwicklung
Verschmelzung PersGes auf KapGes
– § 22 UmwStG **11** 765
Achtmonats-Zeitraum
Schlussbilanz **10** 14
Agio
Verschmelzung PersGes auf KapGes/Genossenschaft **11** 621
Aktiengesellschaft
Beteiligungsfähigkeit (UmwG) **2** 28
Formwechsel **26** 16 ff.
Formwechsel in eine GmbH **26** 252 f.
Formwechsel in eine SE **26** 173 ff.
grenzüberschreitende Verschmelzung **2** 45 ff.; **12** 25
Spaltung **18** 27 ff.
Umstrukturierungsmöglichkeiten (UmwStG) **2** 39
Verschmelzung **9** 20 ff., 338 ff.
Aktiengesellschaft der europäischen Mitgliedstaaten
siehe Societas Europaea
Akzessorietät
UmwG **11** 7
Alleingesellschafter, natürliche Person
siehe Natürliche Person
Alternativen zum Formwechsel
Agrargenossenschaft **25** 12
grenzüberschreitender Formwechsel **25** 8
Mischverschmelzung **25** 9
Personengesellschaftsrecht **25** 7
Personenhandelsgesellschaft **25** 10
Synchronübertragung mit Anwachsung **25** 11
Alternativen zur Umwandlung
Analogieverbot **29** 1
Anwachsung **29** 2, 5 ff.
Gesamtrechtsnachfolge **29** 1
grenzüberschreitende Anwachsung **29** 3
grenzüberschreitende Liquidation **29** 4
Änderung der Bewertungsmethodik
Rechnungslegung **10** 50

1775

Sachverzeichnis

Änderung Gesellschafterbestand
Grunderwerbsteuer **11** 907
Anfechtungsklage
gegen Verschmelzungsbeschluss bei grenzüberschreitender Verschmelzung **13** 212 ff.
siehe auch Schutz der Anteilseigner
Anpassung Kapitalkonten
Verschmelzung PersGes untereinander **11** 878
Anrechnung ausländischer Steuern
Verschmelzung Körperschaft auf PersGes **11** 529
Ansässigkeit
Körperschaft
– Verschmelzung (Steuerrecht) **11** 3 ff.
PersGes
– Verschmelzung (Steuerrecht) **11** 19
Wegfall
– Verschmelzung PersGes auf KapGes, § 22 UmwStG **11** 775
Ansatzverbote § 5 EStG
steuerliche Schlussbilanz
– Verschmelzung (Steuerrecht) **11** 66, 297 f.
übernehmender Rechtsträger
– Verschmelzung (Steuerrecht) **11** 114, 354, 609 f.
Verschmelzung PersGes auf KapGes/Genossenschaft **11** 612
Anschaffungskosten
Anschaffungsvorgang **10** 110
einlagefähiges Wirtschaftsgut **31** 42 ff.
erhaltene Anteile
– Verschmelzung PersGes auf KapGes/Genossenschaft **11** 699
übernehmender Rechtsträger **10** 102 ff.
Verschmelzung PersGes auf KapGes/Genossenschaft
– erhaltene Anteile **11** 699
Verteilung **10** 174
Anschaffungskosten, nachträgliche
erhaltene Anteile
– Verschmelzung PersGes auf KapGes/Genossenschaft **11** 793
Anschaffungskostenprinzip
Rechnungslegung **5** 7
Anspruch der Gläubiger auf Sicherheitsleistung
grenzüberschreitende Verschmelzung **13** 38, 168 ff.

Anstalten/Körperschaften des öffentlichen Rechts
Beteiligungsfähigkeit (UmwG) **2** 28
Umstrukturierungsmöglichkeiten (UmwStG) **2** 39
Anteile an Immobiliengesellschaft
Verschmelzung Körperschaft auf PersGes
– Dividendenanteil, DBA **11** 413
Anteilseigner
Auslandsverschmelzungen mit Inlandsberührung **16** 124
Verschmelzung einer ausländischen KapGes auf eine inländische KapGes **16** 114
Verschmelzung KapGes auf natürliche Person
– Alleingesellschafter **11** 21, 474 f.
Verschmelzung Körperschaft auf PersGes
– ausscheidende Anteilseigner **11** 320
– Beteiligung ausländischer Anteilseigner **11** 537 f.
– Dividendenanteil **11** 402, 404 ff., 455
– Spaltung Übernahmeergebnis **11** 401, 549
– Übernahmeergebnis **11** 456
– Veräußerungsanteil **11** 402, 420 ff.
Verschmelzung Körperschaften untereinander
– Anteil iSv § 17 EStG **11** 192, 210
– Ausgleichszahlungen **11** 181 f., 204 f.
– ausländische Anteilseigner **11** 265 ff.
– ausländische Anteilseigner, downstream merger **11** 265 ff.
– Buchwert, Antragsbewertung **11** 195 ff., 235
– downstream merger **11** 244
– einbringungsgeborene Anteile **11** 183, 191 f.
– gemeiner Wert **11** 187 ff.
– nicht wesentlich beteiligter Anteilseigner **11** 193, 211 f.
– Rückwirkung **11** 150
– side-step merger **11** 250, 253
– Tausch **11** 178 ff.
– Übergang steuerlicher Eigenschaften **11** 194, 201
– Veräußerung im Rückwirkungszeitraum **11** 209 f.
– Wertverschiebung **11** 184 f.
– Zeitpunkt **11** 150, 189 f.

Sachverzeichnis

Verschmelzung PersGes auf KapGes
- Auslandsverschmelzung **16** 183
- Hereinverschmelzung **16** 175
- Hinausverschmelzung **16** 164

Verschmelzung PersGes auf KapGes/ Genossenschaft
- Bewertung erhaltener Anteile **11**

Anteilstausch
Ansatzwahlrecht **30** 28 ff.
Antrag auf Buchwertansatz oder Zwischenwertansatz **30** 25, 34 f.
Begriff **30** 1
Beschränkung des deutschen Besteuerungsrechts **30** 33
DBA **30** 33
Einbringender **30** 3
einbringungsgeborene Anteile **30** 37, 59
Einbringungsgewinn I und II **30** 9
einfacher Anteilstausch **30** 13
Formwechsel **28** 36
Freibetrag (§ 16 IV EStG) **30** 42
FusionsRL **30** 26, 35
Genossenschaft **30** 37
Gesamtrechtsnachfolge **30** 2
Gewährung neuer Anteile **30** 10
Grundsatz der doppelten Buchwertverknüpfung **30** 26, 28
Hinausverschmelzung, inländische Anleger **16** 95
- nicht wesentliche Beteiligung **16** 93
- wesentliche Beteiligung **16** 90
Mehrheit der Stimmrechte **30** 15
Mischeinbringung **30** 6 f.
nachträgliche Besteuerung **30** 36
Nachweis der Anteilseignereigenschaft **30** 61
§ 8 b KStG **30** 39, 45 ff., 57
qualifizierter Anteilstausch **30** 14, 32, 34
Rückwirkung **30** 8
sonstige Gegenleistung **30** 18
Sperrfrist **30** 9, 41, 44
Teileinkünfteverfahren **30** 40, 57
Übernehmender **30** 4
Verhältnis zu § 6 VI EStG **30** 5
Weitereinbringung **30** 61
Zeitpunkt **30** 11
Zusatzzahlungen **30** 18

Anteilsübertragung
Verschmelzungsplan **13** 68 ff.

Anteilsvereinigung
Grunderwerbsteuer **11** 920

Antrag auf Ansatz Buch- oder Zwischenwert
Änderbarkeit **11** 95, 324
Anteilseigner **11** 202 ff.
Anteilstausch **30** 25, 34 f.
Antragstellerin **11** 91, 322
Antragstellung **11** 91 ff., 322
Antragsvoraussetzungen **11** 80 ff., 305 ff.
Betriebsvermögen bei Übernehmerin **11** 310
Bewertung zum Buchwert oder Zwischenwert **11** 77 ff.
- ausländischer Rechtsträger **11** 502
Einheitlichkeit der Bewertung **11** 97
Form **11** 93, 323
Frist **11** 91, 170
Gegenleistung **11** 87 ff., 318
gesellschafterbezogene Prüfung **11** 309
Körperschaft auf PersGes **11** 305
Rechtsfolgen **11** 98 ff.
Sicherstellung deutsches Besteuerungsrecht **11** 84 ff., 315
Sicherstellung künftige Ertragsbesteuerung **11** 310
Sicherstellung künftige Körperschaftbesteuerung **11** 81 ff.
Verschmelzung Körperschaft auf PersGes **11** 305 ff.
Verschmelzung Körperschaft untereinander **11** 91 f.
Verschmelzung PersGes auf KapGes
- Rückbeziehung auf Übertragungsstichtag **11** 583
Verschmelzung PersGes untereinander **11** 844
verspäteter Antrag **11** 96
zuständiges Finanzamt **11** 92, 325

Antragswahlrecht
Verschmelzung PersGes untereinander **11** 835, 844

Anwachsung
Akzessorietätstheorie **29** 10
Bilanzierung **29** 11 ff.
dogmatische Einordnung **29** 7 ff.
Einbringung **31** 10
einfaches Anwachsungsmodell **29** 21
entgeltlicher Anwachsungserwerb **29** 16, 18
Eröffnungsbilanz **29** 13
erweitertes Anwachsungsmodell **29** 22
Formen der Anwachsung **29** 5 ff.
Formfreiheit **29** 6
Gewerbesteuer **29** 24

Sachverzeichnis

GmbH & Co KG **11** 577
IFRS **29** 17 ff.
laufender Geschäftsvorfall **29** 14
PersGes auf KapGes **11** 577 ff.
Rechnungslegung (HGB) **29** 11
Rechnungslegung (IFRS) **29** 17 ff.
Rückwirkung **29** 12
Schlussbilanz **29** 12
steuerliche Behandlung **29** 20 ff.
treasury-stock-Methode **29** 19
Übertragungsmodell **11** 578
Verschmelzung PersGes auf KapGes/
  Genossenschaft **11** 710
– Organschaft **11** 723
Anwendung Art. 8 FusionsRL
Auslandsverschmelzungen mit Inlandsberührung **16** 129
Anwendung § 4 f EStG
Verschmelzung Körperschaft **11** 299 f.
Verschmelzung PersGes auf KapGes/
  Genossenschaft **11** 610
Anwendung § 6 a GrEStG
Verschmelzung **11** 759
Anwendung § 8 b KStG
Verschmelzung Körperschaft auf PersGes
– Beteiligungskorrekturgewinn **11** 361
– Dividendenanteil **11** 411
– Übernahmeergebnis **11** 411, 453
– Veräußerungs-/Aufgabegewinn § 18 III UmwStG **11** 412
Verschmelzung PersGes auf KapGes/
  Genossenschaft
– Einbringungsgewinn **11** 551, 556
Anwendung § 8 c KStG
Verschmelzung Körperschaft untereinander **11** 174 ff.
Anwendung § 16 IV EStG
Verschmelzung PersGes auf KapGes/
  Genossenschaft
– Einbringungsgewinn **11** 681
Verschmelzung PersGes untereinander
– Einbringungsgewinn **11** 867
Anwendung § 17 IV EStG
Verschmelzung PersGes auf KapGes/
  Genossenschaft
– erhaltene Anteile **11** 706
Anwendung § 18 III UmwStG
Verschmelzung PersGes untereinander **11** 728
Anwendung § 24 V UmwStG
Verschmelzung PersGes untereinander **11** 730

Anwendung § 34 EStG
Verschmelzung PersGes auf KapGes/
  Genossenschaft **11** 735
– Einbringungsgewinn **11** 681
Anwendung § 50 i EStG 16 212
Verschmelzung Körperschaft **11** 308 f.
Verschmelzung PersGes auf KapGes/
  Genossenschaft **11** 640 f.
Anwendungsbereich
Inlandsverschmelzungen
– sachlicher A. **11** 7 ff.
sachlich
– UmwG **2** 1 ff.
– UmwStG **2** 31 ff.
territorial
– UmwG **2** 40 ff.
– UmwStG **2** 70 ff.
Verschmelzung
– Körperschaften **11** 11 ff.
– PersGes **11** 17 ff.
– räumlicher A. **11** 3 ff.
zeitlich
– UmwG 1995 **2** 79 ff.
– UmwStG 1995 **2** 79 ff.
Arbeitgeberverband
Mitgliedschaft **6** 26
Arbeitnehmer
Unterrichtung der Arbeitnehmer wenn kein Betriebsrat vorhanden ist **6** 61
Widerspruchsrecht bei Betriebsübergang **6** 18
Arbeitnehmerbelange
Spaltungsvertrag/-plan **18** 147 ff.
Arbeitnehmerbeteiligung
Formwechsel **26** 70
Verschmelzung
– SE **14** 131 ff.
– SE-Betriebsrat **14** 131 ff.
Verschmelzung SE
– Arbeitnehmerbeteiligung kraft Verhandlung **14** 135 ff.
– Auffanglösung **14** 166
– besonderes Verhandlungsgremium (BVG) **14** 136 ff.
– Bildung des BVG **14** 138 ff.
– Form der Vereinbarung über die Arbeitnehmerbeteiligung **14** 221
– Konstituierung des BVG **14** 138 ff.
– paritätische Mitbestimmung **14** 109, 181
– SE-Betriebsrat **14** 168

Sachverzeichnis

– Verhandlungsverfahren **14** 202 ff.
Vorrats-SE
– wirtschaftliche Neugründung **14** 191
Arbeitnehmermitbestimmung
grenzüberschreitende Verschmelzung **13** 39, 260 ff.
Arbeitnehmermitbestimmungsverfahren
Verschmelzungsplan **13** 78 f.
Arbeitsrecht
kein Übergang eines Betriebs **6** 5
Arbeitsverhältnis
freie Zuordnung **6** 10
– Pensionsverbindlichkeiten **6** 52
Haftung **6** 34 ff.
Interessenausgleich nach § 112 BetrVG **6** 15
kündigungsrechtliche Stellung **6** 48
Kündigungsverbot **6** 47
nicht gewerkschaftlich organisierter Arbeitnehmer **6** 27
Pensionsverpflichtung **6** 11
Rechtsgrundlagen für Übergang des Arbeitsverhältnisses **6** 8
Tarifvertrag **6** 22 ff.
Übergang im Wege der partiellen Gesamtrechtsnachfolge **6** 9
unterbliebene Zuordnung **6** 12
Veränderungssperre **6** 22
Widerspruchsrecht des Arbeitnehmers **6** 18
Wirkung der Umwandlung auf den Inhalt **6** 19 ff.
Zuordnung und Widerspruchsrecht des Arbeitnehmers **6** 16
AStG
Beschränkung Besteuerungsrecht Deutschland **11** 263
Aufbau des Umwandlungssteuergesetzes
Aufbau und Systematik
– Abspaltung **2** 32
Aufgabe Betrieb
Verschmelzung Körperschaft auf PersGes
– Anwendung § 18 III UmwStG **11** 472 ff., 476 ff., 480 f.
Aufgabe Mitunternehmeranteil
Verschmelzung Körperschaft auf PersGes
– Anwendung § 18 III UmwStG **11** 483 f.

Aufgabe Teilbetrieb
Verschmelzung Körperschaft auf PersGes
– Anwendung § 18 III UmwStG **11** 481
Aufgabegewinn
Verschmelzung Körperschaft auf PersGes
– Anwendung § 18 III UmwStG **11** 488 f.
Auflösung
Verschmelzung PersGes auf KapGes
– § 22 UmwStG **11** 765
Aufsichtsrat
Formwechsel **26** 71
Aufspaltung
durch Aufnahme (Abwärtsaufspaltung, downstream) **18** 6
durch Aufnahme (Aufwärtsaufspaltung, upstream) **18** 8
auf Dritten (Aufnahme) **18** 7
Erlöschen des übertragenden Rechtsträgers **19** 109
KapGes (upstream/sidestream)
– Handelsregisteranmeldung (F) **18** 204 D, 204 E, 204 F
– Spaltungsvertrag **18** 204 A
– Zustimmungsbeschluss (F) **18** 204 B, 204 C
durch Neugründung **18** 9
Schwestergesellschaften **18** 5
Aufwärtsspaltung
Übernahmeergebnis **20** 84
Aufwärtsverschmelzung
siehe Upstream merger
Ausgleichsleistung
Verschmelzung PersGes untereinander **11** 876
Ausgleichsposten
Verschmelzung PersGes auf KapGes/Genossenschaft
– Abweichung Handelsbilanz und Steuerbilanz **11** 500
Ausgleichszahlung 11 71, 152, 172 ff., 270 ff.
Verschmelzung PersGes untereinander **11** 882
Ausgliederung 18 16 ff.
100%ige Tochtergesellschaft auf ihre Muttergesellschaft **18** 190
Aufnahme downstream **18** 18
Aufnahme upstream **18** 20

1779

Sachverzeichnis

Ausgliederung eines Vermögensteils mit negativem Buchwert **18** 192
Ausgliederung im Wege der Einzelrechtsnachfolge und UmwG **18** 193 ff.
Ausgliederungsbericht **18** 183 f.
Ausgliederungsbeschluss **18** 186 ff.
Ausgliederungsprüfung **18** 185
Ausgliederungsvertrag/-plan **18** 181 f.
Begriff **19** 112
auf Dritten (Aufnahme) **18** 19
Einbringung **20** 2
Einzelkaufmann auf GmbH & Co KG
– Ausgliederungsplan (F) **18** 210 A
– Handelsregisteranmeldung (F) **18** 210 B, 210 C
Einzelkaufmann auf KapGes
– Ausgliederungsplan (F) **18** 209 A
– Gesellschaftsvertrag (F) **18** 209 B
– Handelsregisteranmeldung (F) **18** 209 C, 209 D
Gewährung eines Anteils im gesetzlichen Mindestnennbetrag **18** 192
KapGes **20** 218
KapGes (downstream)
– Bestätigung Betriebsrat (F) **18** 206 D
– Handelsregisteranmeldung (F) **18** 206 E, 206 F
– Spaltungsvertrag **18** 206 A
– Zustimmungsbeschluss (F) **18** 206 B, 206 C
Kapitalerhaltung und Gläubigerschutz **18** 189 ff.
Kartellrecht **7** 28 f.
Mitspracherecht der Anteilsinhaber **18** 179
Neugründung **18** 21
PersGes **20** 212
Rechtsgrundlagen **18** 16 ff.
auf Schwestergesellschaft (Aufnahme) **18** 17
Ausländische Anteilseigner
Verschmelzung Körperschaft auf PersGes
– Dividendenanteil **11** 413 ff.
– gesellschafterbezogene Betrachtung **11** 451
– Übernahmeergebnis **11** 456, 463
Verschmelzung Körperschaften untereinander
– Beschränkung Besteuerungsrecht Deutschland **11** 266 f.
– Inlandsverschmelzung **11** 265 ff.

– Steuerverstrickung **11** 266 f.
Verschmelzung PersGes auf KapGes/Genossenschaft **11** 814
– ausländisches Vermögen **11** 818
Ausländische Betriebsstätte 16 74
Ausländische Gesellschaft
Geschäftsleitung **16** 32
Sitz **16** 32
Verschmelzung PersGes auf KapGes
– Hereinverschmelzung **16** 169
Ausländische Gesellschafter
Verschmelzung PersGes untereinander **11** 738
Ausländische Steuer
fiktive Steuer **16** 78
Ausländische Verluste
Nachversteuerung § 2 a EStG aF **11** 264
Ausländisches Betriebsstättenvermögen 16 75
Ausländisches Recht
zwingende Normen
– Arbeitsrecht **2** 66
– Auswirkungsprinzip **2** 68
– Gesellschaftsstatut **2** 64
– Gläubigerschutzrecht **2** 66
– Kartellrecht **2** 66
– Territorialitätsprinzip **2** 67
– Wettbewerbsrecht **2** 68
– Wirtschaftsverwaltungsrecht **2** 66
Ausländisches Vermögen
Verschmelzung Körperschaft auf PersGes **11** 518 ff.
– Bewertung bei Beteiligung ausländischer Anteilseigner **11** 559
– Übernahmeerfolg **11** 444 f.
– übernehmende PersGes **11** 558
– übertragende Körperschaft **11** 519 ff., 553
Verschmelzung Körperschaften untereinander **11** 254 ff.
Verschmelzung PersGes auf KapGes/Genossenschaft **11** 807
Verschmelzung PersGes untereinander **11** 892
Auslandsbeurkundung
Verschmelzungsplan **13** 101
Auslandsumwandlung
Anwendungsbereich des UmwStG **16** 2
Auslandsverschmelzung
Begriff **11** 4
steuerliche Schlussbilanz **16** 48

Sachverzeichnis

Auslandsverschmelzung mit Inlandsbezug
Verschmelzung KapGes auf PersGes **16** 179
Verschmelzung PersGes auf KapGes **16** 186
– transparente Gesellschaft **16** 200
Auslandsverschmelzungen mit Inlandsberührung
Anwendungsbereich des UmwStG **16** 1
unter Beteiligung von PersGes **16** 41, 208
Verschmelzung PersGes auf KapGes
– steuerliche Schlussbilanz **16** 180
Verschmelzung von KapGes **16** 115
– Anwendung Art. 8 FusionsRL **16** 129
– inländisches Vermögen **16** 115, 124
– übernehmende KapGes **16** 121
Ausscheidende Gesellschafter
Verschmelzung PersGes auf KapGes/Genossenschaft
– Ausscheidenszeitpunkt **11** 586
Ausschluss des deutschen Besteuerungsrechts
Verschmelzung PersGes auf KapGes/Genossenschaft
– ausländisches Vermögen **11** 811
– erhaltene Anteile **11** 693
Ausschüttung
Verschmelzung PersGes auf KapGes
– § 22 UmwStG **11** 765
Ausschüttung steuerliches Einlagekonto
Verschmelzung PersGes auf KapGes/Genossenschaft
– § 22 UmwStG **11** 621 ff.
Ausschüttungen im Rückwirkungszeitraum
Verschmelzung Körperschaft auf PersGes **11** 336
Verschmelzung Körperschaften untereinander **11** 103 ff.
Verschmelzung PersGes auf KapGes/Genossenschaft **11** 727
Ausschüttungspotenzial
Spaltung **18** 100
Ausschüttungsverpflichtung
Schlussbilanz **11** 341
Authorized OECD Approach (AOA) 16 71, 73

Barabfindung bei Sitzverlegung ins Ausland
Societas Europaea **14** 62 f.
Barabfindungsangebot
börsennotierte Gesellschaft
– Kontrollerwerb **13** 88
Formwechsel **26** 66
grenzüberschreitende Verschmelzung **13** 42, 57, 83 ff., 96
– Annahmefrist **13** 94
Spaltungsplan **18** 154
Verschmelzung **9** 60
Bare Zuzahlung 18 47
Anteilsigner **11** 204 ff., 320
Verschmelzung (Steuerrecht)
– Übertragerin **11** 71
Bareinlagen
Begriff **31** 24 f.
Bekanntmachung
Verschmelzungsplan **13** 54, 103 ff.
Beratungskosten
Formwechsel **27** 47
Berichtspflicht
Spaltungsbericht **18** 161 f.
Beschränkte Steuerpflicht im Inland
Auslandsverschmelzungen mit Inlandsberührung **16** 124
Beschränkung des deutschen Besteuerungsrechts
Anteilstausch **30** 33
Auslandsverschmelzungen mit Inlandsberührung **16** 127
Gewerbesteuer **11** 259, 439, 521
Verschmelzung Körperschaft auf PersGes **11** 315 ff., 459 ff.
– ausländisches Vermögen **11** 521 f.
– Beteiligung ausländischer Anteilsigner **11** 539 f.
– DBA mit Anrechnungsmethode **11** 452, 460, 521
– DBA mit Freistellungsmethode **11** 452, 461, 521
– gesellschafterbezogene Betrachtung **11** 538 f.
– neutrales Vermögen **11** 522
– Nicht-DBA-Staat **11** 452, 460, 521
Verschmelzung Körperschaften untereinander
– AStG **11** 263
– ausländische Anteilsigner **11** 266 f.
– ausländisches Vermögen **11** 259 ff.

1781

Sachverzeichnis

– DBA mit Anrechnungsmethode **11** 262
– DBA mit Freistellungsmethode **11** 261
– downstream merger, ausländische Anteilseigner **11** 269
Verschmelzung PersGes auf KapGes/Genossenschaft **11** 633, 815
– ausländisches Vermögen **11** 811
Verschmelzung PersGes untereinander **11** 892
Besitzzeitanrechnung 11 125, 383
Verschmelzung Körperschaft auf PersGes **11** 319
Verschmelzung PersGes auf KapGes/Genossenschaft
– Bewertung zum Buchwert/Zwischenwert **11** 653
– Bewertung zum gemeinen Wert **11** 660
Besonderes Verhandlungsgremium
Bildung bei grenzüberschreitender Verschmelzung **13** 302 ff.
Bestellung des Verschmelzungsprüfers bei grenzüberschreitender Verschmelzung
Einzelbestellung **13** 129
gemeinsame Bestellung **13** 129
gerichtliche Zuständigkeit **13** 132 ff.
Rechtswahl **13** 130
Besteuerung auf Ebene der Anteilseigner
Liquidationsgewinn **31** 212 ff., 219 ff.
Besteuerung der übertragenden Körperschaft
Hereinverschmelzung **16** 96
Besteuerungslücke 16 52
Besteuerungsrecht
erstmalige Begründung
– Verschmelzung PersGes auf KapGes/Genossenschaft **11** 662
fehlendes inländisches Besteuerungsrecht
– Verschmelzung PersGes auf KapGes/Genossenschaft **11** 661
Verschmelzung Körperschaft auf PersGes
– ausländisches Vermögen **11** 439, 459 ff.
Verschmelzung Körperschaften untereinander
– ausländisches Vermögen **11** 259 f.

Verschmelzung PersGes untereinander
– ausländisches Vermögen **11** 892
Beteiligung an Kapitalgesellschaft
Teilbetrieb **20** 29
Verschmelzung PersGes auf KapGes/Genossenschaft
– Bestandteil Betrieb **11** 490
Beteiligung an Körperschaften (§ 8 b KStG)
Anteilstausch **30** 39, 45 ff., 57
Beteiligungskorrektur **11** 203, 435
downstream merger **11** 205
side-step merger **11** 214, 218
Übernahmegewinn **11** 106
Übertragungsgewinn **11** 73, 257
Beteiligungsfähigkeit
KAGB
– Investmentaktiengesellschaft **2** 28
UmwG
– Aktiengesellschaft **2** 28
– Anstalten/Körperschaften des öffentlichen Rechts **2** 28
– Ausgliederung als einzige Form der Spaltung **2** 28
– eingetragene Genossenschaft **2** 28
– eingetragener Verein **2** 28
– Einzelkaufmann **2** 28
– Erbengemeinschaft **2** 25
– EWIV **2** 22
– Formwechsel **2** 28
– formwechselnder Rechtsträger **2** 28
– Gebietskörperschaften **2** 28
– genossenschaftlicher Prüfungsverband **2** 28
– Gesellschaft bürgerlichen Rechts **2** 28
– Gesellschaft mit beschränkter Haftung **2** 28
– Kommanditgesellschaft auf Aktien **2** 28
– Körperschaft des öffentlichen Rechts **2** 28
– natürliche Person als Alleingesellschafter einer KapGes **2** 28
– neuer Rechtsträger **2** 28
– Öffentliche Hand (Bund/Land/Gebietskörperschaften) **2** 28
– öffentlich-rechtliches Versicherungsunternehmen **2** 28
– Partnerschaftsgesellschaft **2** 28
– PersGes **2** 21
– Personenhandelsgesellschaft **2** 28
– SCE **2** 24

Sachverzeichnis

- SE **2** 24
- Spaltung **2** 28
- Stiftung **2** 28
- übernehmender Rechtsträger **2** 28
- übertragender Rechtsträger **2** 28
- Vermögensübertragung **2** 28; **24** 4
- Verschmelzung **2** 28
- Versicherungs-AG **2** 28
- Versicherungsverein auf Gegenseitigkeit **2** 28
- wirtschaftlicher Verein **2** 28

Beteiligungsidentische Schwestergesellschaft
Spaltung **18** 178

Beteiligungskorrektur
aktivischer/passivischer Ausgleichsposten **11** 360
downstream merger
- Anwendung § 8 b KStG **11** 237
Körperschaften untereinander
- Abwärtsverschmelzung **11** 234 ff.
- Aufwärtsverschmelzung **11** 115 ff.
- side-step merger **11** 249
Reihenfolge **11** 119 f., 234 f., 359
Verschmelzung Körperschaft auf PersGes **11** 355 ff.
- Rechtsfolge aus Anwendung des § 5 III UmwStG **11** 435
- Sonderbetriebsvermögen **11** 356
- übernehmende PersGes **11** 356
- Wertuntergrenze **11** 362

Beteiligungsprivileg (§ 8 b KStG)
Verschmelzung Körperschaft auf PersGes
- Dividendenanteil **11** 411
- Übernahmeergebnis **11** 453
- Veräußerungs-/Aufgabegewinn § 18 III UmwStG **11** 412
Verschmelzung PersGes auf KapGes/Genossenschaft
- Einbringungsgewinn **11** 59 ff., 551

Beteiligungsrecht Betriebsrat
Vereinbarung der Fortgeltung **6** 74

Betrieb
Anwendung von § 613 a BGB **6** 3

Betriebliche Altersversorgung
Übergang von Ansprüchen **6** 50

Betriebsaufgabe
Firmenwert **31** 236
Freibetrag (§ 16 IV EStG) **31** 239
Gewinnermittlung **31** 234
Gewinnermittlungszeitraum **31** 233
Liquidationsverluste **31** 247
negatives Kapitalkonto **31** 237
PersGes **31** 232
Tarifermäßigung (§ 34 EStG) **31** 244
Vergünstigungsvorschriften (Tarifermäßigung, Freibetrag) **31** 232
Verschmelzung Körperschaft auf PersGes
- Anwendung § 18 III UmwStG **11** 401 ff.

Betriebsaufspaltung 18 109
Einzelrechtsnachfolge **18** 116
Haftungserweiterung **18** 109
Tätigkeit der Anlagegesellschaft/Besitzgesellschaft **18** 115
Verschmelzung Körperschaft auf PersGes
- PersGes ohne Betriebsvermögen **11** 427
Wesentlichkeit der übertragenen Vermögensteile **18** 114

Betriebsgrundlagen
Verschmelzung PersGes auf KapGes/Genossenschaft **11** 560
- wesentliche B. **11** 588 f.
Verschmelzung PersGes untereinander **11** 671

Betriebsrat
Formwechsel **26** 72
Informationsrecht **6** 60
rechtzeitige Unterrichtung **6** 64
Übergangsmandat **6** 66

Betriebsratsloses Unternehmen
Übergangsmandat **6** 68

Betriebsstättenfunktion
Hinausverschmelzung **16** 69

Betriebsstättenholding 16 72

Betriebsteil
Anwendung von § 613 a BGB **6** 3

Betriebsübergang nach § 613 a BGB
Umwandlung **6** 3

Betriebsveräußerung
Verschmelzung Körperschaft auf PersGes
- Anwendung § 18 III UmwStG **11** 399 ff.

Betriebsvereinbarung
Arbeitnehmer tritt nach Umwandlung in das Unternehmen ein **6** 30

Betriebsverfassungsrecht
Informations- und Beteiligungsrecht **6** 63

1783

Sachverzeichnis

Betriebsvermögen 11 66, 310 ff., 334
Verschmelzung KapGes auf natürliche Person **11** 565 ff.
Bewertung
Anteilstausch Anteilseigner
– Buchwert/Anschaffungskosten **11** 195 ff.
– gemeiner Wert **11** 187 ff.
downstream merger Körperschaften untereinander
– Anteile Muttergesellschaft an Tochtergesellschaft **11** 199
– Schlussbilanz Übertragerin **11** 199 f.
Einheitlichkeit **11** 97
Einlage **31** 41
Entstrickung **31** 106, 127
Ermittlung Übernahmeergebnis
– einzubeziehende Anteile **11** 372
– übertragenes Vermögen **11** 375
Gegenleistung **11** 87 ff.
immaterielle Wirtschaftsgüter
– Verschmelzung Körperschaften untereinander **11** 64 ff.
Maßgeblichkeit Handelsbilanz Steuerbilanz **11** 93, 252
Nettovermögen
– Formwechsel **27** 21
Sachgesamtheit **11** 67
Schlussbilanz, Verschmelzung Körperschaften **11** 51, 55 ff.
Sicherstellung künftige Körperschaftbesteuerung **11** 81 ff.
übernehmender Rechtsträger **5** 37
Verschmelzung
– gemeiner Wert **11** 59 ff.
nach Verschmelzung
– phasenverschobene Wertaufholung **11** 58
Verschmelzung KapGes auf natürliche Person
– Betriebsvermögen **11** 565 ff.
– Buchwert **11** 565 ff.
– gemeiner Wert **11** 565 ff., 569
– Privatvermögen **11** 568 ff., 571 f.
– Übertragerin **11** 565 ff.
– Zwischenwert **11** 565 ff.
Verschmelzung Körperschaft auf PersGes **11** 296 ff., 310 ff.
– Beschränkung/Ausschluss deutschen Besteuerungsrechts **11** 451 f., 459 ff., 521
– Eintritt in die steuerliche Rechtsstellung **11** 368

Verschmelzung Körperschaften untereinander
– Buchwert **11** 77 ff., 98
– gemeiner Wert **11** 59 ff.
– immaterielle Wirtschaftsgüter **11** 64 ff.
– Pensionsrückstellung **11** 65 f.
Verschmelzung PersGes auf KapGes/Genossenschaft
– Antragstellung **11** 622 ff.
– Buchwert/Zwischenwert **11** 615 ff.
– gemeiner Wert **11** 608 ff., 660
– Maßgeblichkeit **11** 620
– Sicherstellung deutschen Besteuerungsrechts **11** 633 ff.
– Sicherstellung Ertragsbesteuerung **11** 626 ff.
– Zwischenwert **11** 615 ff.
Verschmelzung PersGes untereinander **11** 641 f.
Verschmelzungen mit Auslandsbezug
– Übertragerin (Schlussbilanz) **11** 221 ff.
Wahlrecht
– Spaltung **20** 39, 127
Wahlrecht (§ 24 UmwG)
– Übernahmebilanz **10** 87 ff.
– übernehmender Rechtsträger **10** 93 ff.
Bewertungswahlrecht
Verschmelzung PersGes auf KapGes oder Genossenschaft **11** 579
Verschmelzung PersGes untereinander **11** 833, 844
Börsennotiertes Unternehmen
grenzüberschreitende Verschmelzung
– Barabfindungsangebote und Übernahmeangebot **13** 88
Verschmelzungsbericht bei grenzüberschreitender Verschmelzung **13** 121
Buchwert
antragsgebundener Ansatz
– Anteilseigner **11** 163
– Antragstellung **11** 91 ff.
– Antragsvoraussetzungen **11** 80
– Begriff **11** 91 ff.
– Gegenleistung **11** 87 ff.
– Rechtsfolgen **11** 96
– Sicherstellung deutsches Besteuerungsrecht **11** 84 ff., 315 ff.
– Sicherstellung künftige Körperschaftbesteuerung **11** 81 f.

Sachverzeichnis

- Verschmelzung Körperschaft auf Körperschaft **11** 77, 199
- Wertuntergrenze **11** 77
 Ausschluss bei Zuzahlung **11** 89
 formale Anforderungen **11** 93
 gesellschafterbezogene Prüfung **11** 309 f.
 Überführung **31** 50, 57 f., 67 f.
 Übertragung **31** 51 ff., 65 f., 69 ff.
 Verschmelzung auf PersGes
- Antragsvoraussetzungen **11** 310 ff.
- Gegenleistung **11** 318 f.
 Verschmelzung Körperschaft auf PersGes **11** 305 ff.
- Antrag **11** 322
 Verschmelzung Körperschaften untereinander
- Antrag **11** 91 ff.
 Verschmelzung PersGes auf KapGes/Genossenschaft
- Antrag, Änderung nach Antragstellung **11** 622 f.
- Antragsberechtigung **11** 624
- Antragsvoraussetzungen **11** 626 ff.
- steuerbefreite Körperschaft **11** 626
 Verschmelzung PersGes untereinander **11** 835, 840, 850
 Verschmelzung (Voraussetzungen) **11** 80
Buchwertfortführung
 Darlehenskonto **20** 129
 Drittstaatenverschmelzung **16** 135
 Gesamtrechtsnachfolge **10** 222
 Spaltung **19** 90
 übernehmender Rechtsträger **10** 220 ff.
 Verschmelzung Schwestergesellschaften **10** 274
Bundesanzeiger
 Formwechsel **26** 108
Business Combination Agreement
 grenzüberschreitende Verschmelzung **13** 29, 53, 97

Corporate Governance
 SE **14** 9

Darlehenskonto
 Buchwertfortführung **20** 129
DCF-Verfahren
 Brutto-Ansatz **9** 115
 Eigenkapitalkostensatz **9** 123
 Free Cash-flow **9** 118

 Fremdkapitalkostensatz **9** 122
 gewogener Kapitalkostensatz **9** 120
 Netto-Ansatz **9** 114
Debt-Push-Down
 downstream merger **11** 241 f.
Dienstverhältnis
 Übergang nach Umwandlung **6** 57
Direkterwerb
 downstream merger **11** 227 ff., 232
- Inlandsverschmelzungen mit Auslandsbezug **11** 269
 Verschmelzung Körperschaft auf PersGes
- downstream merger **11** 498 ff.
Dividendenanteil
 Verschmelzung KapGes auf natürliche Person
- Alleingesellschafter **11** 477
 Verschmelzung Körperschaft auf PersGes **11** 404 ff.
- Abgeltungsteuer **11** 345
- Anteilseigner **11** 405
- Anteilseigner, ausländische **11** 413, 415, 544 f.
- Anwendung § 8 b KStG **11** 411
- ausländisches Vermögen **11** 533
- DBA **11** 413
- einkommen-/körperschaftsteuerliche Behandlung **11** 409 ff.
- Einlagehypothesen, weites Verständnis **11** 410
- Ermittlung **11** 406 ff.
- Gewerbesteuer **11** 417
- Kapitalertragsteuer **11** 413
- maßgebliches Eigenkapital **11** 407 f.
- Steuererhebung **11** 414 f.
- Teileinkünfteverfahren **11** 412
- vermögensverwaltende PersGes **11** 512
- Zufluss **11** 409
Doppelbesteuerungsabkommen
 Anrechnungsmethode *siehe Doppelbesteuerungsabkommen Anrechnungsmethode*
 Anteilstausch **30** 33
 ausländische Anteilseigner
- downstream merger **11** 271 f.
- Inlandsverschmelzung **11** 266 ff.
 Freistellungsmethode *siehe Doppelbesteuerungsabkommen Freistellungsmethode*
 Verschmelzung Körperschaft auf PersGes

1785

Sachverzeichnis

– ausländische Anteilseigner **11** 545 f.
– Dividendenanteil **11** 413
– Dividendenanteil, Anteile Immobiliengesellschaft **11** 413
– Übernahmeergebnis **11** 430
– Übernahmeergebnis, Auslandsvermögen **11** 532 f.
Doppelbesteuerungsabkommen Anrechnungsmethode
grenzüberschreitende Verschmelzung **16** 108
Verschmelzung Körperschaft auf PersGes
– Beschränkung deutschen Steuerrechts **11** 460, 521, 524
– Übernahmeerfolg **11** 527
Verschmelzung Körperschaften untereinander
– Beschränkung deutschen Steuerrechts **11** 262
Doppelbesteuerungsabkommen Freistellungsmethode
grenzüberschreitende Verschmelzung **16** 75, 108
Verschmelzung Körperschaft auf PersGes
– Beschränkung deutschen Steuerrechts **11** 461, 521, 524
– Übernahmeerfolg **11** 528
Verschmelzung Körperschaften untereinander
– Beschränkung deutschen Steuerrechts **11** 261
Doppelstöckige Personengesellschaft
Verschmelzung Körperschaft auf PersGes
– Umgehungsschutz § 18 III UmwStG **11** 485
Doppelte Ansässigkeit
grenzüberschreitende Umwandlungen **16** 32
Doppelte Buchwertverknüpfung
Verschmelzung PersGes auf KapGes/Genossenschaft **11** 669
Doppelte Nichtbesteuerung 16 52
Doppeltes Teilbetriebserfordernis
Spaltung **20** 14
Downstream merger
Anschaffungskosten **10** 166 ff.
Anschaffungsvorgang **10** 157 ff.
Buchwertfortführung **10** 264
Direkterwerb **9** 350; **10** 164 ff.

Durchgangserwerb **9** 350; **10** 164 ff.
Gegenleistung **10** 160 ff.
grenzüberschreitende Verschmelzung **13** 13, 254
Verschmelzung Körperschaft auf PersGes **11** 497 ff.
– Anteile an Tochter-PersGes **11** 499
– Beispiel **11** 502
– Durchgangserwerb und Direkterwerb **11** 498
Verschmelzung Körperschaften untereinander **11** 224 ff.
– ausländische Anteilseigner **11** 269 f.
Drittlandsverschmelzungen
Auswirkungen auf Ebene der inländischen Anteilseigner **16** 142
Auswirkungen auf Gesellschaftsebene **16** 137
Hinzurechnungsbesteuerung **16** 137 ff.
Inlandsbezug **16** 136
Steuerrecht **11** 5
Durchgangserwerb
downstream merger **11** 227 f., 269 ff.
Verschmelzung Körperschaft auf PersGes
– downstream merger **11** 498

EBITDA-Vortrag
Rückwirkungszeitraum **11** 44 ff.
Spaltung **20** 92, 138
Spaltung auf PersGes **20** 158
Übertragerin **11** 155
Verschmelzung Körperschaft auf PersGes **11** 332, 367, 382
Verschmelzung Körperschaften untereinander **11** 101 ff.
Verschmelzung PersGes auf KapGes/Genossenschaft **11** 652, 736
Verschmelzung PersGes untereinander **11** 856
Eigenbetrieb
spaltungsfähige Rechtsträger **18** 30
Eigene Anteile
Gegenleistung
– Antragsbewertung **11** 88
Organschaft **11** 286
Rechnungslegung **10** 42
Spaltung **19** 86
Tausch **11** 116
Übernehmerin (Erfassung übergehendes Vermögen) **11** 116, 294

Sachverzeichnis

Übertragerin (upstream merger) **11** 88, 333
Verschmelzung
– Übertragerin **11** 107, 283
Verschmelzung PersGes auf KapGes
– Gegenleistung **11** 602
Eigenkapital
Auswirkung Verschmelzung Körperschaften **11** 163 ff.
Beispiel **11** 219 ff.
downstream merger **11** 243
Verschmelzung Körperschaft auf PersGes **11** 343
Verschmelzung Körperschaften untereinander **11** 163 ff.
Eigenkapitalanpassung
Beispiel **11** 219 ff.
Verschmelzung Körperschaften untereinander **11** 163 ff.
Einbringender
Spaltung von PersGes **20** 4, 189
Verschmelzung PersGes auf KapGes/ Genossenschaft **11** 583 f., 665 f., 668
– Anwendung § 22 UmwStG **11** 779
– erhaltene Anteile **11** 690
– nachträgliche Anschaffungskosten **11** 793
– sonstige Gegenleistung **11** 673
Verschmelzung PersGes untereinander **11** 826
– Ermittlung Einbringungserfolg **11** 861
Einbringung
Anwachsung **31** 10
Ausgliederung **20** 2
von betrieblichen Einheiten
– Sonderbetriebsvermögen **31** 8
Bindung an Wertansätze **5** 45
Einbringungsgegenstand **11** 580 ff.
Einzelrechtsnachfolge **31** 7
– steuerliche Behandlung **31** 5
in KapGes
– Rückwirkung, zeitliche Rückbeziehung **31** 11
in PersGes
– Rückwirkung **31** 13 f.
Rückwirkung **31** 11
Sonderbetriebsvermögen **31** 8
Spaltung PersGes auf KapGes **20** 192
verdeckte Einlage **31** 9
Verschmelzung PersGes auf Genossenschaft

– Anwendungsvoraussetzungen **11** 576 ff.
Verschmelzung PersGes auf KapGes
– Absetzung für Abnutzung **11** 656
– Agio **11** 501
– Ansatzverbote **11** 608 ff.
– Anschaffungskosten neuer Anteil (Schema) **11** 699
– Anteile an der übernehmenden Gesellschaft (Einbringender) **11** 689
– Antrag **11** 622 ff.
– Antragsvoraussetzungen **11** 626 ff.
– Anwendungsvoraussetzungen **11** 576 ff.
– Ausgleichszahlungen des Einbringenden **11** 691
– ausländisches Vermögen **11** 807
– Ausschüttungen im Rückwirkungszeitraum **11** 727
– Besitzzeitanrechnung **11** 653
– Beteiligung an KapGes **11** 727
– Bewertung Übernehmerin **11** 608 ff.
– Bewertungswahlrecht **11** 667
– Buchwertansatz **11** 615 ff.
– EBITDA-Vortrag **11** 652, 736
– Einbringender **11** 583
– Einbringung von Anteilen an KapGes **11** 789
– Einbringungserfolg, Ermittlungsschema **11** 674
– Einbringungsfolgegewinn **11** 662
– einbringungsgeborene Anteile **11** 700
– Einbringungsgegenstand **11** 580 ff.
– Einbringungsgewinn I **11** 785
– Einbringungsgewinn II **11** 639
– Einbringungsumfang **11** 584
– Einbringungsverlust **11** 550
– Einbringungszeitpunkt **11** 707
– Eintritt in die steuerliche Rechtsstellung **11** 646
– Entnahmen u. Einlagen **11** 732
– Erhöhungsbetrag § 23 MwSt. **11** 795
– FusionsRL **11** 601
– Gegenleistung **11** 596
– gemeiner Wert **11** 608 ff.
– gemeiner Wert sonstige Gegenleistung **11** 643
– Geschäftsvorfälle im Rückwirkungszeitraum **11** 717
– Gewährung sonstiger Gegenleistungen **11** 696

1787

Sachverzeichnis

- Gewerbesteuer 11 685
- Kapitalerhöhungsverbot 11 600
- Kettenverschmelzung 11 712
- Maßgeblichkeit 11 620
- nachträgliche Anschaffungskosten 11 793
- Organschaft 11 721
- Pensionsrückstellung 11 612 ff.
- Rechtsträgerwechsel ausl. Recht 11 813
- Rückbeziehung 11 713
- Schlussbilanz 11 711
- Sonderbetriebsvermögen 11 588
- Sonderbetriebsvermögen, Bewertungswahlrecht 11 622
- sonstige Gegenleistung: Beschränkung 11 603 ff., 636 ff.
- sonstige Gegenleistung: Fallbeispiel 11 607 ff.
- Sperrfrist 11 738
- steuerliche Schlussbilanz Übertragerin 11 666
- steuerliche Vergünstigungen 11 681
- steuerliches Einlagekonto 11 501
- Tarifbegünstigung § 34 EStG 11 735
- Tarifermäßigung § 34 EStG 11 680
- Tauschvorgang 11 670
- Übertragungsstichtag 11 35 ff., 707
- Umgehungsschutz 11 738
- Unterbilanz 11 630 f.
- veräußerungsgleiche Tatbestände (§ 22 UmwStG) 11 758
- Veräußerungspreis 11 672
- Verluste 11 650, 736
- Zinsvortrag 11 652, 736
- Zwischenwertansatz 11 615 ff.
Verschmelzung PersGes untereinander
- Betrieb (§ 24 UmwStG) 11 671
Wert des eingebrachten Vermögens als Veräußerungspreis 5 44
wirtschaftliches Eigentum 31 12
Einbringungserfolg
Verschmelzung PersGes auf KapGes/Genossenschaft 11 674 f.
Verschmelzung PersGes untereinander 11 862
- Schema 11 862
Einbringungsfolgegewinn
Verschmelzung PersGes auf KapGes/Genossenschaft 11 662
- Konfusion 11 537
Verschmelzung PersGes untereinander 11 865

Einbringungsfolgeverlust
Verschmelzung PersGes auf KapGes/Genossenschaft
- Konfusion 11 539
Verschmelzung PersGes untereinander 11 859
Einbringungsgeborene Anteile
Anteilseigner 11 169, 192, 201
Anteilstausch 30 37, 59
Spaltung 20 103
Übernehmerin (Beteiligung an Übertragerin) 11 301
Verschmelzung KapGes auf natürliche Person
- Alleingesellschafter 11 479
Verschmelzung Körperschaft auf PersGes
- Besteuerung Übernahmeergebnis 11 453, 512
- Ermittlung Übernahmeergebnis 11 359, 429
Verschmelzung PersGes auf KapGes/Genossenschaft 11 572, 700
Einbringungsgegenstand
PersGes untereinander 11 824
Verschmelzung PersGes auf KapGes/Genossenschaft 11 580 f.
Einbringungsgewinn
Anteilstausch 30 9
Ermittlung 30 48 ff.
steuerliche Folgen 30 51, 57
Verschmelzung PersGes auf KapGes/Genossenschaft 11 605 ff., 785
- Anwendung § 16 IV EStG, § 34 EStG 11 681
- Ermittlung 11 674
- Gewerbesteuer 11 555 ff.
- steuerliche Behandlung 11 679 ff.
- Verrechnung mit steuerlichen Verlusten 11 680
Verschmelzung PersGes untereinander 11 733, 857
Zweck 30 43
Einbringungsstichtag
Verschmelzung PersGes auf KapGes/Genossenschaft 11 707
- Kettenverschmelzung 11 712
- Schlussbilanz 11 711
Verschmelzung PersGes untereinander 11 874
Einbringungsumfang
Verschmelzung PersGes auf KapGes/Genossenschaft

Sachverzeichnis

– Sonderbetriebsvermögen **11** 588
Einbringungsverlust
Verschmelzung PersGes auf KapGes/
 Genossenschaft **11** 687
– Gewerbesteuer **11** 688
Verschmelzung PersGes untereinander
 11 873
Eingetragene Genossenschaft
Beteiligungsfähigkeit (UmwG) **2** 28
Genossenschaft **2** 23
Umstrukturierungsmöglichkeiten
 (UmwStG) **2** 39
Eingetragener Verein
Beteiligungsfähigkeit **2** 28
Beteiligungsfähigkeit (UmwG) **2** 28
spaltungsfähige Rechtsträger **18** 31
Umstrukturierungsmöglichkeiten
 (UmwStG) **2** 39
Eingliederung
finanzielle Eingliederung **11** 233, 243
Einheitliche und gesonderte Feststellung Einbringungserfolg
Verschmelzung PersGes auf KapGes/
 Genossenschaft **11** 678
Einheitlichkeit der Bewertung
Anteilseigner **11** 163
Inlandsverschmelzung mit Auslandsbezug **11** 226
Übertragerin **11** 97, 309, 323
Verschmelzung Körperschaft auf PersGes
– ausländisches Vermögen **11** 522
Verschmelzung PersGes auf KapGes/
 Genossenschaft **11** 513, 624, 642 f.
Einlage
Abwärtsverschmelzung **11** 204
Aufteilung **31** 16 ff.
Aufwandseinlage **31** 35
Aufwärtsverschmelzung **11** 102, 111
Begriff **31** 15
Bewertung **31** 41
einlagefähige Wirtschaftsgüter **31** 22, 27
Einlagewille **31** 21
Einnahme-Überschussrechnung **31** 40
Einzelfälle **31** 28 ff.
Erfolgsneutralität **31** 39
Förderungen **31** 29
Gewinn durch Betriebsvermögensvergleich **31** 39
KapGes **31** 17 ff.
Leistungseinlage **31** 37
Nutzungsrechte **31** 36

PersGes **31** 16
side-step merger **11** 218, 248
Tilgung von Schulden **31** 25
Verbuchung **31** 16 ff.
Verschmelzung PersGes auf KapGes/
 Genossenschaft
– Rückwirkungszeitraum **11** 732
Verschmelzung PersGes untereinander
– Rückwirkungszeitraum **11** 875
Voraussetzungen **31** 20
Einlagefähige Wirtschaftsgüter
Einlage **31** 22
immaterielle Wirtschaftsgüter **31** 32 ff.
materielle Wirtschaftsgüter **31** 28 ff.
Einlagefähiges Wirtschaftsgut
Anschaffungs- oder Herstellungskosten
 31 42 ff.
Einlagehypothesen § 5 UmwStG
Dividendenanteil
– Gewerbesteuer **11** 417 ff.
– weites Verständnis **11** 410, 546
Veräußerungsanteil
– Gewerbesteuer **11** 426 ff.
– Übernahmeergebnis **11** 439
Verschmelzung Körperschaft auf PersGes
– downstream merger **11** 501
– vermögensverwaltende PersGes
 11 513
Eintragung in das Handelsregister
Rechtswirkungen **9** 321 ff.
Eintritt in die steuerliche Rechtsstellung
Abschreibung **11** 147
downstream merger **11** 206
Fußstapfentheorie **11** 118, 296, 306
Körperschaftsteuerguthaben/-erhöhung **11** 132
Spaltung **20** 86
Verschmelzung KapGes auf natürliche
 Person
– Übernehmerin **11** 474 ff.
Verschmelzung Körperschaft auf PersGes
– ausländisches Vermögen **11** 443
– Bewertung **11** 368
– Organschaft **11** 378
– PersGes ohne Betriebsvermögen
 11 429
– Sonderbetriebsvermögen **11** 364
– Übernehmerin **11** 363
Verschmelzung Körperschaft untereinander

1789

Sachverzeichnis

– Übernehmerin **11** 147 ff.
Verschmelzung PersGes auf KapGes/ Genossenschaft
– Übernehmerin **11** 646 f.
Einzelkaufmann
Beteiligungsfähigkeit (UmwG) **2** 28
Formwechsel **26** 25
Umstrukturierungsmöglichkeiten (UmwStG) **2** 39
Einzelrechtsnachfolge
Umstrukturierung **31** 2
Verschmelzung Körperschaft untereinander
– Inlandsverschmelzung mit Auslandsbezug **11** 256 f.
Entgeltliche Übertragungen
Verschmelzung PersGes auf KapGes/ Genossenschaft
– § 22 UmwStG **11** 620
Entnahmen
Verschmelzung PersGes auf KapGes/ Genossenschaft
– Rückwirkungszeitraum **11** 637, 732
Verschmelzung PersGes untereinander
– Rückwirkungszeitraum **11** 875
Entnahmetheorie, finale
grenzüberschreitende Umwandlungen **16** 72
Entstrickung 11 222, 224
Anteile an Körperschaften **31** 129 ff.
Ausgleichsposten **31** 110 ff.
Begriff **31** 91
Bewertung **31** 106, 127
Ersatztatbestände im AStG **31** 139 ff.
Hinausverschmelzung **16** 64
Hinzurechnungsbesteuerung **31** 104
Rechtsentwicklung **31** 87 ff.
Rückführung **31** 113
Verschmelzung Körperschaft auf PersGes **11** 525
Voraussetzungen **31** 92
Wegzugsbesteuerung **31** 137 ff.
Wirtschaftsgüter von Körperschaften **31** 121 ff.
Entwicklung des Spaltungsrechts
europäisches Spaltungsrecht **17** 6
Gesetz über die Spaltung der von der Treuhandanstalt verwalteten Unternehmen **17** 11
grenzüberschreitende Spaltung **17** 14
Realteilung von PersGes **17** 8
Spaltung von KapGes **17** 9 f.
Spaltungsrichtlinie **17** 6

Spaltungssperre **17** 14
upstream-Spaltung **17** 8
Erbengemeinschaft
Beteiligungsfähigkeit **2** 25
Ergänzungsbilanz
Verschmelzung Körperschaft auf PersGes **11** 352
– Übernahmeergebnis **11** 445
Verschmelzung PersGes auf KapGes/ Genossenschaft
– Einbringungserfolg, Ermittlung **11** 674
Verschmelzung PersGes untereinander **11** 849, 862, 867, 878
Erhaltene Anteile
Nachweispflicht
– § 22 UmwStG **11** 802
Überspringen stiller Reserven **11** 613
unentgeltliche Übertragung
– § 22 UmwStG **11** 799
Verschmelzung PersGes auf KapGes/ Genossenschaft
– Anschaffungskosten **11** 690
– Anschaffungskosten, Schema **11** 699
– Auflösung **11** 765
– Ausgleichszahlungen des Einbringenden **11** 691
– Ausschüttung steuerliches Einlagekonto **11** 768
– Einbringender **11** 779
– Einbringungsgewinn I **11** 785
– entgeltliche Übertragungen **11** 761
– Ersatztatbestände § 22 UmwStG **11** 758
– gemeiner Wert **11** 693, 696
– Kapitalherabsetzung **11** 766
– Ketteneinbringung **11** 773
– nachträgliche Anschaffungskosten **11** 793
– § 17 VI EStG **11** 706
– Sieben-Jahres-Frist **11** 781
– sonstige Gegenleistungen **11** 696
– unentgeltliche Übertragung **11** 760
– Veräußerung § 22 UmwStG **11** 750
– Wegfall der Ansässigkeitsvoraussetzung **11** 775
Erhöhungsbetrag § 22 UmwStG
Wertaufstockung **11** 795
Erklärung
§ 22 UmwStG **11** 651
Erleichterte Firmenfortführung
Spaltung **18** 68

Sachverzeichnis

Eröffnungsbilanz
Übernehmerin **11** 91, 346
Verschmelzung durch Neugründung
11 91, 346
Ertragswert 11 69 f.
Ertragswertmethode 11 70, 98, 156, 202
Basiszins **9** 109
Europäische Gesellschaftsformen
siehe Societas Europaea; siehe auch Societas Cooperativa Europaea
grenzüberschreitende Verschmelzung
14 14
Europäische Verschmelzungen
UmwStG **16** 40
Europäisierung des Umwandlungssteuerrechts
grenzüberschreitende Umwandlungen
16 3
EWIV (Europäische Wirtschaftliche Interessenvereinigung)
Beteiligungsfähigkeit **2** 22
Verschmelzung
– Steuerrecht **11** 21

Feststellung
Schlussbilanz **10** 58
Fiktiver Teilbetrieb
Zweck des § 15 II 1 UmwStG **20** 45
Finale Entnahmetheorie
grenzüberschreitende Übertragung
31 87, 92, 94
grenzüberschreitende Umwandlungen
16 64, 72
Firmenwert
Betriebsaufgabe **31** 236
Flächentarifvertrag
Weitergeltung nach Umwandlung
6 25
Formwechsel 25 7
Aktiengesellschaft in GmbH
– Handelsregisteranmeldung (F)
26 252 B
– Umwandlungsbeschluss (F)
26 252 A
GmbH in GmbH & Co KG
– Handelsregisteranmeldung (F)
26 254 B
– Umwandlungsbeschluss (F)
26 254 A
grenzüberschreitender **32** 90 ff.
Kartellrecht **7** 18
KG in KGaA

– Handelsregisteranmeldung (F)
26 253 B
– Umwandlungsbeschluss (F)
26 253 A
Rechnungslegung **5** 3, 47
– anwendbare Rechnungslegungsvorschriften **27** 12
– Aufbringung Eigenkapital **27** 14 ff.
– bare Zuzahlung, Bilanzierung **27** 50
– Beratungskosten **27** 47
– Bewertung Nettovermögen **27** 21
– Bewertungszeitpunkt **27** 25
– Buchwertfortführung **27** 7
– Fortführung der Anschaffungs-/Herstellungskosten **27** 8
– Gesellschafterkonten **27** 33 ff.
– Größenklassen (§ 267 HGB) **27** 39
– IFRS **27** 61
– Kapitalfestsetzung **27** 28 ff.
– Körperschaftsteuerrückstellung
27 46
– Offenlegung **27** 13
– Rechnungslegung nach Formwechsel **27** 38 ff.
– Rückwirkungsverbot **27** 10
– Umwandlungsbericht **27** 3
– Wertaufholung **27** 58
Rechtsformwahl UmwG **25** 1 ff.
Steuerrecht
– Anteilstausch **28** 36
– Auslandsbezug **28** 11
– Gewerbesteuer **28** 55
– Grunderwerbsteuer **28** 77
– KapGes in eine KapGes anderer Rechtsform **28** 21 ff.
– KapGes in eine KGaA **28** 28 ff.
– KapGes in eine PersGes **28** 15 ff., 50 ff., 57 ff.
– KG in eine KGaA **28** 39
– KGaA in eine KapGes anderer Rechtsform **28** 32 ff.
– Maßgeblichkeitsprinzip **28** 52
– Niederlassungsfreiheit **28** 12, 20
– PersGes in eine KapGes **28** 18 ff., 35 ff.
– PersGes in eine PersGes anderer Rechtsform **28** 33 ff.
– Pflicht zur Aufstellung einer Steuerbilanz **28** 7
– steuerliche Behandlung **28** 2 ff.
– steuerliche Rückwirkung **28** 6 ff.
– steuerliche Übertragungsbilanz
28 51

1791

Sachverzeichnis

- Systematik **28** 1 ff.
- Typenvergleich **28** 19
- Übertragungsstichtag **28** 9
- Umsatzsteuer **28** 75

Umwandlungsgesetz
- Ablauf des Umwandlungsvorgangs **26** 26
- in AG/KGaA, Prüfung der Gründung **26** 146
- Anmeldung beim Handelsregister **26** 104
- Anwendbarkeit des Gründungsrechts der KapGes **26** 139
- Anwendungsbereich des UmwG **26** 18
- Arbeitnehmerbeteiligung **26** 70
- Aufsichtsrat **26** 71
- Auswirkung auf Unternehmensverträge **26** 111
- Barabfindungsangebot **26** 66
- Beitritt der Komplementär-GmbH **26** 162
- Beschlussfassung **26** 30
- Betriebsrat **26** 72
- Bundesanzeiger **26** 108
- Einzelkaufmann **26** 25
- Folge der Eintragung in das Handelsregister **26** 42
- Genossenschaft **26** 22
- Gesellschafterbeschluss **26** 36
- Gewinnabführungsvertrag (Unternehmensvertrag) **26** 111
- Gründerhaftung **26** 140
- Gründungsbericht **26** 100
- Idealverein **26** 21
- Kapitalerhaltungsvorschriften **26** 99
- Kapitalerhöhung **26** 74 f.
- Kapitalkonto der PersGes **26** 125
- Nachhaftung (§ 224 UmwG) **26** 153
- Nachhaftungsbegrenzung **26** 115
- Partnerschaftsgesellschaft **26** 23
- Prüfung der Gründung **26** 101
- Publizitätspflichten **26** 33
- Rechtsentwicklung **26** 5 ff.
- Rechtsgrundlagen **26** 2
- Registersperre **26** 39
- Sacheinlagen **26** 143
- Überblick über Umwandlungsmöglichkeiten **26** 19
- Umwandlungsbericht **26** 79 ff., 132 f.
- Umwandlungsbeschluss, inhaltliche Anforderungen **26** 50
- Unterschiede zum Verschmelzungs- und Spaltungsrecht **26** 4
- Zuzahlungsverpflichtung **26** 43

Fortwirken eines Flächentarifvertrags
Tarifvertrag **6** 25

Freibetrag (§ 16 IV EStG)
Anteilstausch **30** 42
Verschmelzung PersGes auf KapGes/Genossenschaft
- Einbringungsgewinn **11** 553
Verschmelzung PersGes untereinander **11** 712

Freie Zuordnung
Arbeitsverhältnis **6** 10

Freie Zuordnung Pensionsverbindlichkeiten
Arbeitsverhältnis **6** 52
Freigabeverfahren *siehe Schutz der Anteilseigner*

Freistellungsmethode
Doppelbesteuerungsabkommen **16** 75

Functionally Separate Entity Approach 16 73

Fusionskontrolle 7 1
andere Staaten **7** 93 ff.
Anmeldepflicht **7** 6 ff., 80 ff., 93 ff.
Anmeldeverfahren **7** 81 ff.
Deutsche **7** 5 ff.
EU **7** 7, 64 ff.
Vollzugsverbot **7** 42 f., 43 ff., 84 ff.
siehe auch Kartellrecht

Gebietskörperschaften
Beteiligungsfähigkeit (UmwG) **2** 28
Umstrukturierungsmöglichkeiten (UmwStG) **2** 39

Gebot der Anteilsgewährung 18 189

Gegenleistung
Antragsbewertung BW/ZW **11** 87 ff.
- schädliche Gegenleistungen **11** 89 ff.
Ausgleichszahlungen (Anteilseigner) **11** 152
Bewertung zu Zwischenwerten **11** 71
Darlehensforderung **11** 319, 321
- Verschmelzung Körperschaften untereinander **11** 89
eigene Anteile
- Verschmelzung Körperschaften untereinander **11** 88
Einlagenkonto **11** 321
Gesellschaftsrecht

Sachverzeichnis

– Verschmelzung Körperschaften untereinander **11** 88
Kapitalertragsteuer **11** 319, 414
Verschmelzung Körperschaft auf PersGes **11** 318 ff.
Verschmelzung Körperschaften untereinander **11** 63
Verschmelzung PersGes auf KapGes/Genossenschaft
– Anteile **11** 596
– Bewertung erhaltene Anteile **11** 568
– eigene Anteile **11** 602
– Einbringender **11** 672
– Gegenleistung: gemeiner Wert **11** 643
– Gewährung durch Dritte **11** 602
– sonstige Gegenleistung **11** 602 ff.
– sonstige Gegenleistung: Begrenzung **11** 604 ff, 636 ff
– sonstige Gegenleistung: Fallbeispiel **11** 607 ff.
– sonstige Gegenleistung: Wirtschaftsgutcharakter **11** 638
– Verbindlichkeiten **11** 603
Verschmelzung PersGes untereinander
– Kapitalkonto **11** 830
– sonstige Gegenleistung **11** 831
– sonstige Gegenleistung, Beschränkung **11** 831
Zuzahlungen
– Verschmelzung Körperschaften untereinander **11** 89
Geldbuße
Verstoß gegen kartellrechtliches Meldeverfahren **7** 54, 87
Gemeiner Wert
Ansatzmöglichkeiten nach Steuerrecht **5** 42
Anteilseigner, § 13 UmwStG **11** 155
europäische Grundfreiheiten **16** 82
Geschäfts- oder Firmenwert
– Ermittlung Ertragswert **11** 71
– Schlussbilanz Übertragerin **11** 64
IDW S1-Gutachten **11** 70
Immaterielle Wirtschaftsgüter
– Schlussbilanz Übertragerin **11** 64
Sachgesamtheit **11** 67 f., 254, 300 f.
Schlussbilanz **11** 59 ff.
Spaltung **20** 38
Übertragungserfolg **11** 72
Verhältnis zu § 9 BewG **11** 67 f., 300 f.
Verschmelzung auf steuerbefreite Körperschaft **11** 62

Verschmelzung Körperschaft auf PersGes **11** 296 ff., 300 ff.
– Ermittlung Übernahmeerfolg bei ausländischem Vermögen **11** 445
Verschmelzung Körperschaften untereinander **11** 59 ff.
Verschmelzung PersGes auf KapGes/Genossenschaft **11** 608 ff.
– sonstige Gegenleistung **11** 643
Verschmelzung PersGes untereinander
– übernehmende PersGes **11** 833, 850
Gemeinsamer Betrieb
einheitlicher Leitungsapparat **6** 49
Gemeinsamer Betrieb nach Spaltung
Vermutung **6** 72
Genehmigungsvorbehalt hinsichtlich der Mitbestimmung
Verschmelzungsbeschluss bei grenzüberschreitender Verschmelzung **13** 156 ff.
Genossenschaft
Anteilstausch **30** 37
Beteiligungsfähigkeit (UmwG) **2** 23
eingetragene Genossenschaft **2** 23
Formwechsel **26** 22
grenzüberschreitende Umwandlung **12** 23
grenzüberschreitende Verschmelzung **2** 46
Spaltung **18** 27 f., 164
Umstrukturierungsmöglichkeiten (UmwStG) **2** 39
Verschmelzung **9** 20 ff.
Genossenschaftlicher Prüfungsverband
Beteiligungsfähigkeit (UmwG) **2** 28
Umstrukturierungsmöglichkeiten (UmwStG) **2** 39
Genussrechte
Gegenleistung Verschmelzung **11** 493
Gesamtbetriebsvereinbarungen
Weitergeltung nach Umwandlung **6** 31
Gesamthandbilanz
Verschmelzung Körperschaft auf PersGes
– Übernehmerin **11** 352
Gesamthandvermögen
Verschmelzung PersGes auf KapGes/Genossenschaft **11** 584 ff.
– Pensionsrückstellung **11** 613 ff.

1793

Sachverzeichnis

Gesamtrechtsnachfolge
Anteilstausch **30** 2
grenzüberschreitende Verschmelzung **13** 49, 224 ff.
Inlandsverschmelzung mit Auslandsbezug **11** 256 f.
Spaltung auf PersGes **20** 156
Umstrukturierung **31** 1
vergleichbarer Vorgang **16** 15
Verschmelzung PersGes untereinander **11** 874
Geschäfts- oder Firmenwert
Spaltung **19** 25
Stufentheorie **24** 8
Übernehmerin **11** 153
Übertragerin (Schlussbilanz) **11** 53, 100, 289, 609 f.
– Körperschaften untereinander **11** 64
Geschäftsleitung
ausländische Gesellschaft **16** 32
räumlicher Anwendungsbereich UmwStG **16** 32
Verschmelzung Körperschaft auf PersGes
– Steuerrecht **11** 291
Verschmelzung Körperschaft untereinander
– Steuerrecht **11** 11 f.
Geschäftsveräußerungen
Verschmelzung
– Umsatzsteuer **11** 895
Gesellschaft bürgerlichen Rechts
Beteiligungsfähigkeit (UmwG) **2** 28
Umstrukturierungsmöglichkeiten (UmwStG) **2** 39
Gesellschaft mit beschränkter Haftung (GmbH)
Beteiligungsfähigkeit (UmwG) **2** 28
Formwechsel **26** 16 ff., 252 f.
grenzüberschreitende Verschmelzung **2** 45 ff.; **12** 25
Spaltung **18** 27 ff., 204 ff.
Umstrukturierungsmöglichkeiten (UmwStG) **2** 39
Verschmelzung **9** 20 ff.
Gesellschafter der Personengesellschaft
Pensionsverpflichtung **11** 399 ff.
Übernahmeerfolgeergebnis **11** 327 ff.
Verschmelzung Körperschaft auf PersGes **11** 290
– Beteiligung steuerbefreiter Gesellschafter **11** 265

– gesellschafterbezogene Prüfung, Antragsvoraussetzungen **11** 309 f.
– Konfusion Forderungen/Verbindlichkeiten **11** 391 ff.
Gesellschafterbeschluss
Formwechsel **26** 36
Gesellschaftergeschäftsführer
Pensionsrückstellung **11** 301 f.
Pensionsverpflichtung **11** 399 ff.
Gesellschafterstämme
Spaltung **20** 71, 135
Gesetzesaufbau (UmwG)
Baukasten-Technik **2** 18
Formwechsel **2** 19
Spaltung **2** 18 f.
Vermögensübertragung **2** 18
Verschmelzung **2** 18
Gewährung neuer Anteile
Anteilstausch **30** 10
Gewerbesteuer
Antragsbewertung Buchwert/Zwischenwert **11** 66, 305, 312
– Beschränkung deutsches Steuerrecht **11** 317
Anwachsung **29** 24
Beteiligungskorrekturgewinn **11** 121, 203
Formwechsel **28** 55
Rückwirkung
– Verschmelzung **11** 30
Spaltung auf PersGes **20** 159, 171
Übernahmeergebnis **11** 135
Übertragungsgewinn
– Verschmelzung KapGes auf KapGes **11** 58
Verschmelzung Körperschaft auf PersGes
– Dividendenanteil **11** 417 ff.
– Missbrauchvermeidung, § 18 III UmwStG **11** 464 ff., 488 ff.
– PersGes ohne Betriebsvermögen **11** 435
– Übernahmeerfolg **11** 383, 389, 435
Verschmelzung PersGes auf KapGes/Genossenschaft
– Einbringungsgewinn **11** 685
– Einbringungsverlust **11** 688
– § 22 UmwStG **11** 637
Verschmelzung PersGes untereinander **11** 871
– § 18 III UmwStG **11** 728
Gewerbesteuerliche Fehlbeträge
Spaltung von PersGes **20** 174

Sachverzeichnis

Gewerbeverluste
Verschmelzung PersGes auf KapGes/Genossenschaft **11** 526
– Anwendung § 8 b KStG **11** 556
– natürliche Person als Gesellschafter **11** 556
Verschmelzung PersGes untereinander **11** 855
Gewerblich geprägte Personengesellschaft
Verschmelzung Körperschaft auf PersGes
– PersGes ohne Betriebsvermögen **11** 427
Verschmelzung PersGes untereinander **11** 670
Gewinn- und Verlustrechnung
Rechnungslegung **10** 26
Gewinnabführungsvertrag
Verschmelzung **11** 272, 279, 378
Formwechsel **26** 111
Gewinnausschüttung
Rechnungslegung **10** 43
Gewinnbeteiligung
Verschmelzung **9** 136
Gewinnbezugsrecht
grenzüberschreitende Verschmelzung **13** 72
Gläubigerschutz
grenzüberschreitende Verschmelzung **13** 38, 168 ff.
Schadensanspruch gegen Organe **3** 34 ff.
Sicherheitsleistung **3** 33
Spaltung **18** 72 ff.
– bei Betriebsaufspaltung **18** 109 ff.
– gesamtschuldnerische Haftung **18** 73 ff.
– Haftungsadressaten **18** 81 ff.
– Haftungsrisiken von Kommanditisten **18** 76
– Kapitalaufbringung beim übernehmenden Rechtsträger **18** 78 ff.
– Kapitalerhöhung und Herabsetzung **18** 89 ff.
– Nachhaftung **18** 108
– Sicherheitsleistung und Gewährung von Sonderrechten **18** 77
Verschmelzung **9** 61
GmbH & Co KG
Anwachsung **11** 577; **27** 5 ff.
siehe auch Anwachsung

Grenzüberschreitende Spaltungen **2** 49; **18** 199 ff.
Grenzüberschreitende Übertragung
finale Entnahmetheorie, Entnahmefiktion **31** 87, 92, 94
Grenzüberschreitende Umwandlung
Anwendungsbereich des UmwG **2** 40 ff.; **16** 9
Arbeitsrecht **2** 66
Auswirkungsprinzip **2** 68
Besteuerung der Anteilseigner **16** 116
Brexit **12** 25
doppelte Ansässigkeit **16** 32
Einzelkaufmann **2** 63
EuGH-Rechtsprechung **12** 13 ff.
finale Entnahmetheorie **16** 69
Genossenschaften **2** 46; **12** 14, 23
Gesellschaftsstatut **2** 64
Gläubigerschutzrecht **2** 66
grenzüberschreitende An- und Abwachsung **12** 6
grenzüberschreitende Spaltungen **2** 49; **12** 8, 14 f., 21, 26
grenzüberschreitende Verschmelzung **2** 49
Hereinverschmelzung **2** 49
Hinausverschmelzung **2** 49
Hinzurechnungsbesteuerung (§ 7 ff. AStG) **16** 145
IntVerschmRL **2** 41
Mitbestimmung der Arbeitnehmer **6** 80
natürlicher Personen **2** 63
Niederlassungsfreiheit **2** 48 ff.
Organismen für gemeinsame Anlagen in Wertpapieren **2** 41
passive Einkünfte **16** 149
Reformvorhaben **12** 26 f.
reverse triangular merger **12** 6
Satzungssitzverlagerung **2** 49
SCE **2** 44
SE **2** 44
SEVIC-Entscheidung **12** 13 ff.
Spaltung **18** 199 ff.
steuerliche Rückwirkung **16** 47
synthetischer Unternehmenszusammenschluss **12** 6
Territorialitätsprinzip **2** 67
Typenvergleich **16** 10
Umwandlungsgesetz **12** 18 f.
VALE-Entscheidung **12** 2, 15, 22

Sachverzeichnis

Vereinigungstheorie **12** 20
vergleichbarer Vorgang **16** 14
Versagung der steuerlichen Rückwirkung **16** 48
weiße Einkünfte **16** 48
Wettbewerbsrecht **2** 68
Wirtschaftsverwaltungsrecht **2** 66
Grenzüberschreitende Verschmelzung
aktive Verschmelzungsfähigkeit **13** 17 ff.
Anfechtungsklage **13** 212 ff.
Anspruch der Gläubiger auf Sicherheitsleistung **13** 38, 168 ff.
Anwendungsbereich des UmwStG **16** 2
Arbeitnehmermitbestimmung **13** 39, 260 ff.
Begriff **13** 11 ff.
beschränkte Steuerpflicht im Inland **16** 124
Bestätigungsbeschluss hinsichtlich Mitbestimmung **13** 41 ff., 159 ff.
Beteiligung von KapGes **16** 59
– Hereinverschmelzung **16** 98
– Hinausverschmelzung **16** 59, 146 ff.
Beteiligung von Nicht-EU/EWR-Gesellschaft **13** 22
Beteiligung von PersGes **16** 41
– auf eine PersGes **16** 43
– PersGes als übertragende Gesellschaft **16** 46
– PersGes untereinander **16** 208
Bildung des Besonderen Verhandlungsgremiums **13** 302 ff.
Business Combination Agreement **13** 29, 53, 97
Cartesio-Entscheidung **12** 2, 14
downstream merger **13** 13, 254
Einbeziehung von PersGes **16** 41
Einfrieren der Mitbestimmung **13** 354 ff.
Eintragung in das Handelsregister **13** 221 f.
europäische Gesellschaftsformen **14** 1
europäische Mitbestimmung **13** 272 ff.
europäische Mitbestimmung bei grenzüberschreitender Verschmelzung **13** 272 ff.
europarechtliche Vorgaben **12** 5 ff.
Gemeinschaftsbezug **13** 21 ff.
Genehmigungsvorbehalt hinsichtlich der Mitbestimmung **13** 156 ff.
Gesamtrechtsnachfolge **13** 49, 223 ff.
gesetzliche Auffanglösung hinsichtlich Mitbestimmung **13** 339 ff.
Gläubigerschutz im Falle der Hereinverschmelzung **13** 180
Gläubigerschutz im Falle der Hinausverschmelzung **13** 38, 169 ff.
grenzüberschreitende Konzernverschmelzung **12** 25
IntVerschmRL **13** 2 ff.
KapGes der Mitgliedstaaten **2** 44 f.
KapGes (heraus/upstream)
– Bekanntmachung (F) **13** 367 B
– gemeinsamer Beschluss (F) **13** 367 C
– Handelsregisteranmeldung (F) **13** 367 D
– Verschmelzungsvertrag (F) **13** 367 A
KapGes (hinein/upstream)
– Handelsregisteranmeldung (F) **13** 366 C
– Verschmelzungsbericht (F) **13** 366 D
– Verschmelzungsvertrag (F) **13** 366 A
– Zustimmungsbeschluss (F) **13** 366 B
Kapitalerhöhung **13** 163
kapitalmarktrechtliche Publizitätspflichten **13** 111
Konzernverschmelzung **13** 241 ff.
Mehrstaatlichkeitserfordernis **13** 14 ff.
MgVG **13** 40, 257 ff.
Mitbestimmung **13** 256 ff.
– fehlerhaftes Verhandlungsverfahren bei grenzüberschreitender Verschmelzung **13** 327 ff.
Mitbestimmungsgestaltung **13** 354 ff.
Mitbestimmungsvereinbarung **13** 330 f.
NewCo-Fälle **13** 16
Niederlassungsfreiheit **12** 13 ff.
öffentliche Übernahmeangebote **12** 6
passive Verschmelzungsfähigkeit **13** 23 f.
PersGes **12** 6, 8, 14, 20
persönlicher Anwendungsbereich **13** 21
Phasen **13** 26 ff.
Rechnungslegung
– Hereinverschmelzung **15** 2
– Hinausverschmelzung **15** 1
Rechtsentwicklung **12** 1 ff.
Regelungssystematik §§ 122 a ff. UmwG **13** 7 ff.
Registerverfahren **13** 44, 181 ff.

Sachverzeichnis

Registerverfahren der Hereinverschmelzung **13** 199 ff.
Registerverfahren der Hinausverschmelzung **13** 44, 181 ff., 185 ff.
Rückwirkung **11** 38
sachlicher Anwendungsbereich **13** 11 ff.
Schlussbilanz **13** 32
SEVIC-Entscheidung **12** 1 f., **13** ff.
Sicherheitsleistung zugunsten der Gläubiger **13** 38, 169 ff.
sidestream merger **13** 255
Sitzverlegung **13** 231
Societas Europaea (SE) **12** 24 f.
Spruchverfahren **13** 213 ff.
Statistik **12** 24
steuerliche Rückwirkung **16** 47
steuerliche Schlussbilanz **16** 47
Universalsukzession **13** 49, 223 ff.
Unternehmensbewertung **13** 32, 62 ff.
Verhandlungsverfahren hinsichtlich Mitbestimmung **13** 284 ff.
Verschmelzung durch Neugründung **13** 231 ff.
Verschmelzung KapGes auf PersGes **16** 152
– ausländische KapGes auf inländische PersGes **16** 168
– inländische KapGes auf ausländische PersGes **16** 154
Verschmelzung mit Drittstaaten **12** 6
Verschmelzung PersGes auf KapGes
– Einbringung ausländischen Vermögens in eine ausländische KapGes **16** 196
– Einbringung ausländischen Vermögens in eine inländische KapGes **16** 204
– Einbringung inländischen Vermögens durch ausländischen Anteilseigner in eine ausländische KapGes **16** 206
– Einbringung inländischen Vermögens in eine ausländische KapGes **16** 192
Verschmelzungen jenseits der Int-VerschmR.L **12** 6, 19 ff.
Verschmelzungsbericht *siehe Verschmelzungsbericht, grenzüberschreitend*
Verschmelzungsbericht, Inhalt **13** 117
Verschmelzungsbescheinigung **13** 45, 194 ff.

Verschmelzungsbeschluss *siehe Verschmelzungsbeschluss, grenzüberschreitend*
verschmelzungsfähige Rechtsträger **12** 8
Verschmelzungsfähige Rechtsträger **13** 17 ff.
Verschmelzungsfähigkeit der SE **13** 19
Verschmelzungsplan *siehe Verschmelzungsplan, grenzüberschreitend*
Verschmelzungsprüfung *siehe Verschmelzungsprüfung, grenzüberschreitend*
Verschmelzungsprüfungsbericht **13** 138 ff.
Verschmelzungsverbot **13** 25
Versicherung des Vertretungsorgans **13** 169
Wirksamkeit **13** 17, 184, 220 ff.
Grundbesitz
Verschmelzung
– Grunderwerbsteuer **11** 898
Grundbesitz, mittelbarer
Verschmelzung
– Grunderwerbsteuer **11** 906
Grundbesitz, unmittelbarer
Verschmelzung
– Grunderwerbsteuer **11** 901
Grundbesitzhaltende Kapitalgesellschaft
Verschmelzung **11** 744
Grunderwerbsteuer
downstream merger **11** 192
Formwechsel **28** 77
Konzernklausel § 6 a GrEStG **20** 228
Rückwirkung
– Verschmelzung **11** 30
Umwandlungen innerhalb Konzern **11** 941
Umwandlungskosten **11** 105
Verschmelzung **11** 896
– Änderung Gesellschafterbestand **11** 909
– Anteilsvereinigung **11** 920, 923
– Anteilsverschiebungen **11** 927
– Anzeigepflicht **11** 904, 919, 937
– Aufeinandertreffen von Kauf und Verschmelzung **11** 751
– Behandlung im Rechnungswesen **11** 954
– Bemessungsgrundlage **11** 938
– § 6 a GrEStG **11** 946
– Steuerbefreiung **11** 915, 929, 936

Sachverzeichnis

– Steuerentstehung **11** 903, 914, 928, 935
– Steuersatz **11** 896, 940
– Steuerschuldner **11** 904, 918, 930, 937
– Umfang übergehendes Grundvermögen **11** 908, 922
– Verkürzung der Beteiligungsstruktur **11** 943
– wirtschaftliche Beteiligung **11** 931
Grundfreiheiten, europäische
Bewertung zum gemeinen Wert **16** 82
Grundsatz der einheitlichen Bewertung
steuerliche Schlussbilanz **16** 105
Verschmelzung PersGes auf KapGes
– Hinausverschmelzung **16** 161
Grundsteuer
Rückwirkung
– Verschmelzung **11** 30
Grundstück
Verschmelzung
– Grunderwerbsteuer **11** 898
Grundstückhaltende Kapitalgesellschaft
Verschmelzung
– Grunderwerbsteuer **11** 921, 933
Grundstückhaltende Personengesellschaft
Verschmelzung
– Grunderwerbsteuer **11** 907, 921, 933
Gründung, Ort
räumlicher Anwendungsbereich UmwStG **26** 30
Gründungsbericht
Formwechsel **26** 100
Gründungsvoraussetzung
räumlicher Anwendungsbereich UmwStG **26** 30
Gutgläubiger Erwerb 18 177

Haftung
Arbeitsverhältnis **6** 34 ff.
Handelsregister
Anmeldung der Verschmelzung **9** 55
Herausverschmelzung
Verschmelzung KapGes auf PersGes **16** 154
Hereinumwandlung
Hereinverschmelzung
– Bilanzierung beim übernehmenden Rechtsträger **15** 3
– Bilanzierung beim übertragenden Rechtsträger **15** 1
– grenzüberschreitende Umwandlungen **2** 49
Steuerrecht
– Hereinspaltung **2** 78
– Hereinverschmelzung von PersGes **2** 78
– Sitzverlegung ins Inland **2** 78
UmwG
– Hereinspaltung **2** 53
– Hereinverschmelzung von PersGes **2** 53
– Sitzverlegung ins Inland **2** 78
Verschmelzung PersGes auf KapGes **16** 168
Hereinverschmelzung
Begriff **16** 98
grenzüberschreitende Verschmelzungen von KapGes **16** 98
steuerliche Schlussbilanz **16** 100
Steuerverstrickung **16** 108
übernehmende KapGes **16** 106
Verluste **16** 113
Verschmelzung einer ausländischen KapGes auf eine inländische KapGes
– Anteilseigner **16** 114
– steuerliches Einlagekonto **16** 112
– Übernahmeergebnis **16** 109
Herstellungskosten
einlagefähiges Wirtschaftsgut **31** 42 ff.
Hinausumwandlung
grenzüberschreitende Verschmelzungen von KapGes **16** 59
Hinausverschmelzung
– Bilanzierung beim übernehmenden Rechtsträger **15** 3
– Bilanzierung beim übertragenden Rechtsträger **15** 1
– grenzüberschreitende Umwandlungen **2** 49
Steuerrecht
– Hinausspaltung **2** 78
– Hinausverschmelzung von PersGes **2** 78
– Sitzverlegung ins Ausland **2** 78
UmwG
– Hinausspaltung **2** 53
– Hinausverschmelzung von PersGes **2** 43
– Sitzverlegung ins Ausland **2** 78
Hinausverschmelzung
Anteilseigner **16** 89

Sachverzeichnis

Barabfindungsangebot **13** 42, 57, 83 ff., 96
Betriebstättenfunktion **16** 69
Körperschaftsteuererhöhungsbetrag **16** 79
steuerliche Schlussbilanz **16** 64
Übernehmeerfolg **16** 85
übernehmende KapGes **16** 85
ungebundenes Vermögen **16** 69
Zentralfunktion Stammhaus **16** 72
Hineinverschmelzung
Verschmelzung KapGes auf PersGes
– ausländische KapGes auf inländische PersGes **16** 168
Hinzurechnungsbesteuerung
Auslandsverschmelzung **16** 145
– aktive Einkünfte **16** 146
– Hinzurechnungsbetrag **16** 150
Entstrickung **31** 104
Holzmüller-Entscheidung (BGH)
Allgemeines **18** 187, 194 ff.
Gegenauffassung **18** 196 ff.
vermittelnde Auffassung **18** 187

Idealverein
Formwechsel **26** 21
IDW S1-Gutachten
Verschmelzung **11** 70
IFRS
Bedeutung bei Umwandlungen **5** 20 ff.
Formwechsel **27** 61
Pflicht zur Erstellung einer Schlussbilanz **10** 7
Spaltung **19** 126
Stichtag **10** 18
Zwischenbilanz **10** 25
IFRS 3
Anschaffungskosten **10** 280
Ausnahmen Fair-Value-Bewertung **10** 284 f.
immaterielle Vermögenswerte **10** 281
Konfusionsgewinne **10** 287
konzerninterne Verschmelzung **5** 26
latente Steuern **10** 290 ff.
umgekehrter Unternehmenserwerb **5** 31; **10** 9
Unterschiedsbetrag **10** 291 ff.
Immaterielle Wirtschaftsgüter
Übertragerin (Schlussbilanz) **11** 56 f., 80, 260
Verschmelzung
– Übernehmerin **11** 120, 310

Verschmelzung KapGes auf natürliche Person
– Bewertung **11** 473
Immobilienvermögen
Bewertung **11** 70
Informations- und Beteiligungsrecht
Betriebsverfassungsrecht **6** 63
Informationsrecht
Betriebsrat **6** 60
Inländische Betriebsstätte
Holdingfunktion **16** 72
Zuordnung eines Wirtschaftsguts **16** 68
Zuordnung von ungebundenem Vermögen **16** 70
Inländisches Besteuerungsrecht
Beschränkung **11** 229
fehlende Beschränkung **11** 227 f.
Inlandsverschmelzung
Auslandsbezug
– Antrag **11** 259
– ausländische Anteilseigner **11** 265 ff.
– Beteiligungskorrektur **11** 200
– Debt Push Down **11** 207 f.
– downstream merger **11** 269 f.
– Einzelrechtsnachfolge **11** 256 f.
– Gesamtrechtsnachfolge **11** 259 f.
– Körperschaften untereinander **11** 254 ff.
– § 8 b KStG, Übernehmerin **11** 205
– Schlussbilanz Übertragerin **11** 259
– verdeckte Gewinnausschüttung **11** 207 f.
PersGes
– aufnehmende Gesellschaft **11** 24
Verschmelzung Körperschaft auf PersGes
– mit Auslandsbezug **11** 518 ff.
Verschmelzung PersGes auf KapGes/ Genossenschaft
– ohne Auslandsbezug **11** 496 ff.
Verschmelzung von Körperschaften untereinander
– mit Auslandsbezug **11** 254 ff.
– ohne Auslandsbezug **11** 46 ff.
Insourcing
Vermögensübertragung **24** 3
Interessenausgleich nach § 112 BetrVG
Arbeitsverhältnis **6** 15
IntVerschmRL
grenzüberschreitende Verschmelzung **13** 2 ff.

1799

Sachverzeichnis

Inhalt **12** 8 ff.
Rechtsentwicklung **12** 7 ff.
sachlicher Anwendungsbereich **13** 11
Umsetzung in deutsches Recht
12 17 ff.
Investmentaktiengesellschaft
Beteiligungsfähigkeit (KAGB) **2** 28

Jahresabschluss IFRS
IFRS **10** 36
Jahresabschluss nach HGB
als Grundlage der Verschmelzung **5** 20
Jahresbilanz
Rechnungslegung **10** 35

Kapitalanlagegesetzbuch (KAGB)
sachlicher Anwendungsbereich **2** 1
Kapitalaufbringung
Spaltung
– Kapitalerhöhungen **18** 85
– Spaltung zur Aufnahme **18** 84
– Spaltung zur Neugründung **18** 79 ff.
Kapitaldeckungsprüfung
Spaltung **18** 85
Kapitalerhaltung
Spaltung **19** 39
– Erklärung über Deckung des Nennkapitals **18** 93
Kapitalerhaltungsvorschriften
Formwechsel **26** 99
Kapitalerhöhung
Agio **11** 114
Ausgleichsposten **11** 115
downstream merger **11** 224 ff.
side-step merger **11** 245 f.
Spaltung zur Aufnahme **19** 78
Übernehmerin
– Erfassung übergehendes Vermögen **11** 113
Unterpariausgabe **11** 115
Verfahren bei Verschmelzung **9** 291
Verschmelzung **9** 48
Kapitalerhöhungsverbot
Verschmelzung PersGes auf KapGes
– Gegenleistung **11** 600
Kapitalertragsteuer
Anteilseigner, Tausch, Anwendung § 13 UmwStG **11** 179
Ausschüttungen, Rückwirkungszeitraum **11** 288
Dividendenanteil **11** 414 f.
– ausländische Anteilseigner **11** 415
Gegenleistung **11**

Kapitalgesellschaft
Einlage **31** 17 ff.
Verschmelzung
– Steuerrecht **11** 11 ff.
Kapitalherabsetzung
Spaltung **18** 89 ff.
– Erforderlichkeit **18** 97 f.
– Gewinnausschüttung **18** 106
– vereinfachtes Verfahren **18** 94 ff.
– Verwendungsbeschränkungen **18** 104
– Wirksamwerden **18** 107
Verschmelzung PersGes auf KapGes/ Genossenschaft
– Anwendbarkeit von § 22 UmwStG **11** 766
Kapitalkontenanpassung
Verschmelzung PersGes untereinander **11** 719
Kapitalkonto
Verschmelzung PersGes untereinander **11** 830
– Anpassung **11** 876
Kapitalmarktrechtliche Publizitätspflichten
grenzüberschreitende Verschmelzung **13** 111
Kapitalrückzahlung
steuerliches Einlagekonto **31** 225
Verschmelzung PersGes auf KapGes/ Genossenschaft
– Anwendbarkeit von § 22 UmwStG **11** 766
Kartellrecht
Anmeldepflicht Fusionskontrolle **7** 3 ff., 80 ff., 93 ff.
Anmeldung des Zusammenschlusses **7** 36
Ausgliederung **7** 28 f.
Begriff des Unternehmens **7** 15
Begriff des Zusammenschlusses **7** 9
Folgen eines Verstoßes gegen die Anmeldepflicht **7** 49 ff.
Formwechsel **7** 18 ff., 74
Fusionskontrolle **7** 70
Geldbuße **7** 87
inhaltliche Beurteilung des Zusammenschlusses **7** 58 ff., 88
Ministererlaubnis **7** 63
Rechtsgrundlagen **7** 1 ff.
Spaltung **7** 22
Verfahrensformen **7** 61 ff., 89 ff.
Verhältnis zum UmwG **7** 13

Sachverzeichnis

Vermögenserwerb **7** 10
Verschmelzung **7** 19 ff., 70 ff.
Vollzug **7** 44
Zusammenfassung von Einzelvorgängen **7** 12
Zusammenschlusstatbestand **7** 9 ff., 84 ff.
zwingende Normen ausländischen Rechts **2** 66
Kaufmannseigenschaft
Verschmelzung KapGes auf natürliche Person **11** 563
Ketteneinbringung
Verschmelzung PersGes auf KapGes/Genossenschaft
– Anwendbarkeit von § 22 UmwStG **11** 773
Ketteneinbringung mit anschließender Veräußerung
Verschmelzung PersGes auf KapGes/Genossenschaft
– Anwendbarkeit von § 22 UmwStG **11** 774
Kettenumwandlung 9 368 ff.
Begriff **11** 39 ff.
Übertragungsstichtag **11** 40
Kettenverschmelzung
Begriff und Rechtsfolgen **9** 368 ff.
Verschmelzung PersGes auf KapGes/Genossenschaft
– Anwendbarkeit von § 22 UmwStG **11** 712
KGaA
Verschmelzung
– Steuerrecht **11** 24
KGaA in eine Kapitalgesellschaft anderer Rechtsform
Formwechsel **28** 32 ff.
Klage gegen Umwandlungsbeschlüsse
siehe Schutz der Anteilseigner
Kommanditgesellschaft auf Aktien
Beteiligungsfähigkeit (UmwG) **2** 28
Formwechsel **26** 16 ff., 253 f.
grenzüberschreitende Verschmelzung **2** 45 ff.
Spaltung **18** 27 ff., 89
Umstrukturierungsmöglichkeiten nach UmwStG **2** 39
Verschmelzung **9** 20 ff., 310
Konfusion
Verschmelzung Körperschaft auf PersGes **11** 384 ff.

Verschmelzung Körperschaften untereinander **11** 170 ff.
Verschmelzung PersGes auf KapGes/Genossenschaft **11** 537 ff.
Verschmelzung PersGes untereinander **11** 857
Konzept der vertraglich vereinbarten Gesamtrechtsnachfolge 18 25
Konzernbetriebsvereinbarungen
Weitergeltung nach Umwandlung **6** 32
Konzerninterne Verschmelzung
IFRS **3 5** 26
SE **14** 70, 116
Konzernverschmelzung
grenzüberschreitende Verschmelzung **13** 241 ff.
– upstream merger **13** 243 ff.
Verschmelzungsbeschluss bei grenzüberschreitender Verschmelzung **13** 165 ff.
Zeitpunkt der Beurteilung **13** 246
Körperschaft
nicht steuerpflichtig, Besteuerung bei Vollübertragung **24** 13
persönlicher Anwendungsbereich
– Steuerrecht **11** 11 ff.
steuerbefreite Übernehmerin **11** 62
steuerbefreiter Rechtsträger **11** 13
Steuerbefreiung Übernehmerin **11** 13
Verschmelzung
– Sitz Geschäftsleitung **11** 11 ff.
Verschmelzung auf Körperschaft
– Anwendungsbereich **11** 46 ff.
Körperschaft des öffentlichen Rechts
Beteiligungsfähigkeit (UmwG) **2** 28
Umstrukturierungsmöglichkeiten (UmwStG) **2** 39
Körperschaftsklausel
Realteilung **31** 183 ff.
Übertragung **31** 82 ff.
Körperschaftsteuer
Systemwechsel **24** 2
Körperschaftsteuererhöhung
downstream merger **11** 226 ff.
Übernehmerin **11** 161 ff.
Übertragerin **11** 106
Verschmelzung Körperschaft auf PersGes
– Übernehmerin **11** 294
– Übertragerin **11** 280, 326

1801

Sachverzeichnis

Körperschaftsteuererhöhungsbetrag 16 79
zinslose Stundung **16** 79
Körperschaftsteuerguthaben
Spaltung **20** 91
Körperschaftsteuerminderung
Verschmelzung Körperschaft auf PersGes
– Übertragerin **11** 329
**Korrespondierende Bilanzierung
11** 331 f.
Kosten des Vermögensübergangs
Verschmelzung Körperschaft auf PersGes
– Übernahmeergebnis **11** 448 f.
Verschmelzung Körperschaften untereinander **11** 129 f.
Kriterium der doppelten Ansässigkeit 16 32
Kündigungsrechtliche Stellung
Arbeitsverhältnis **6** 48

Liquidation
Abwicklungszeitraum **31** 204
Begriff **31** 196 f.
Besteuerung des Liquidationsgewinns **31** 198, 201, 203 ff.
– Gesellschafterebene **31** 212 ff.
Gewinnermittlungszeitraum **31** 204
Körperschaftsteuerguthaben **31** 214
Liquidations-/Abwicklungsgewinn **31** 211
Liquidationsverluste **31** 217
PersGes **31** 232
steuerliches Abwicklungs-Anfangsvermögen **31** 207
steuerliches Abwicklungs-Endvermögen **31** 208 ff.
Liquidationsgewinn
Begriff **31** 206
Besteuerung des Liquidationsgewinns
– Gesellschafterebene **31** 219 ff.
Veräußerungsgewinn **31** 226 ff.

Maßgeblichkeit
phasenverschobene Wertaufholung **11** 93
Verschmelzung Körperschaft auf PersGes **11** 306, 307, 353
Verschmelzung Körperschaften untereinander
– Übernehmerin **11** 112
– Übertragerin **11** 49

Verschmelzung PersGes auf KapGes/Genossenschaft **11** 500
Verschmelzung PersGes untereinander **11** 693
Maßgeblichkeitsprinzip
Auswirkungen des SEStEG **5** 15
Formwechsel **28** 52
Materielle Beschlusskontrolle
siehe Schutz der Anteilseigner
Mehrfachbesteuerung
grenzüberschreitende Umwandlungen **16** 48
Methoden Unternehmensbewertung
Börsenkurs **9** 85
MgVG
grenzüberschreitende Verschmelzung **13** 40, 257 ff.
Minderheitsgesellschafter
Barabfindungsangebot
– gerichtliche Kontrolle bei grenzüberschreitender Verschmelzung **13** 95
– Spruchverfahren bei grenzüberschreitender Verschmelzung **13** 43, 95
Barabfindungsangebot, gerichtliche Kontrolle bei grenzüberschreitender Verschmelzung **13** 212 ff.
börsennotierte Gesellschaft
– Barabfindungsangebot und Übernahmeangebot **13** 88
grenzüberschreitende Verschmelzung
– Barabfindungsangebot, gerichtliche Kontrolle bei grenzüberschreitender Verschmelzung **13** 43
– Squeeze-out **13** 89, 253
Spruchverfahren bei grenzüberschreitender Verschmelzung **13** 43, 212 ff.
Mindestbesteuerung
Verschmelzung Körperschaften untereinander
– Übernahmeerfolg **11** 74
Mischeinbringung
Anteilstausch **30** 6 f.
Mischumwandlung
KGaA **11** 24
Missbrauch
allgemeine Missbrauchsvorschrift **4** 10
Rotationsmodell **4** 10
Spaltung **4** 13
spezifische Missbrauchsvorschrift **4** 11

Sachverzeichnis

Verschmelzung Körperschaft auf PersGes
- § 18 III UmwStG **11** 390 ff.
- Übernahmeverlust § 4 VI 5 UmwStG **11** 387 f.

Mitbestimmung
Beibehaltung nach Spaltung **6** 75
Bildung des Besonderen Verhandlungsgremiums bei grenzüberschreitender Verschmelzung **13** 302 ff.
Einfrieren der Mitbestimmung bei grenzüberschreitender Verschmelzung **13** 354 ff.
europäische Mitbestimmung bei grenzüberschreitender Verschmelzung **13** 272 ff.
fehlerhaftes Verhandlungsverfahren bei grenzüberschreitender Verschmelzung **13** 327 ff.
Folgen bei Spaltung **6** 75
gesetzliche Auffanglösung bei grenzüberschreitender Verschmelzung **13** 339 ff.
grenzüberschreitende Umwandlung **6** 80
grenzüberschreitende Verschmelzung **13** 256 ff.
- Diskriminierung ausländischer Arbeitnehmer **13** 280 ff.
- Vergleich ggü SE-Verschmelzung **13** 266 ff.
Mitbestimmungsgestaltung bei grenzüberschreitender Verschmelzung **13** 354 ff.
Mitbestimmungsvereinbarung bei grenzüberschreitender Verschmelzung **13** 330 f.
SE-Ergänzungsrichtlinie **14** 131
Verhandlungsverfahren bei grenzüberschreitender Verschmelzung **13** 259, 264 ff., 284 ff.

Mitbestimmungsstatus
Aufsichtsratsbesetzung **6** 77 ff.

Mitunternehmeranteil
Veräußerung/Aufgabe
- § 18 III UmwStG **11** 728
Verschmelzung Körperschaft auf PersGes
- downstream merger **11** 419, 421
- § 18 III UmwStG **11** 406

Mitunternehmerstellung
Verschmelzung PersGes untereinander **11** 825

Mitunternehmerstellung, verdeckte
Verschmelzung PersGes untereinander **11** 829

Nachhaftung
Spaltung **18** 108
Nachhaftungsbegrenzung
Formwechsel **26** 115
Nachträgliche Besteuerung
Anteilstausch **30** 36
Nachversteuerung
Thesaurierungsbegünstigung **31** 246
Nachversteuerung Verlust § 2 a III EStG 11 380
Nachweispflicht
§ 22 UmwStG **11** 802
Natürliche Person
als Alleingesellschafter einer KapGes
- Beteiligungsfähigkeit (UmwG) **2** 28
räumlicher Anwendungsbereich UmwStG **16** 39
Verschmelzung aufnehmender Rechtsträger **11** 21
Verschmelzung KapGes auf natürliche Person
- Ansässigkeitsstaat **11** 561
- Anwendungsvoraussetzungen **11** 560 ff.
- Kaufmannseigenschaft **11** 563
- Rechtsfolgen **11** 565
Negatives Betriebsvermögen
Verschmelzung PersGes auf KapGes/Genossenschaft **11** 630 f.
Negatives Kapitalkonto
Verschmelzung PersGes untereinander **11** 838
Neugründung (Spaltung)
Wirksamwerden **18** 36
Neutrales Vermögen
Verschmelzung Körperschaft auf PersGes
- Ermittlung Übernahmeergebnis **11** 444
- Schlussbilanz Übertragerin **11** 522
Verschmelzung PersGes auf KapGes
- Hereinverschmelzung **16** 173
Verschmelzung PersGes auf KapGes/Genossenschaft
- Bewertung erhaltene Anteile **11** 694
Nicht gewerkschaftlich organisierter Arbeitnehmer
Arbeitsverhältnis **6** 27

Sachverzeichnis

Nicht verhältniswahrende Abspaltung 20 108
Niederlassungsfreiheit
Formwechsel 28 12, 20
Notarielle Beurkundung
Verschmelzungsplan 13 98 ff.

Öffentliche Hand
Beteiligungsfähigkeit (UmwG) 2 28
Umstrukturierungsmöglichkeiten (UmwStG) 2 39
Öffentlich-rechtliches Versicherungsunternehmen
Beteiligungsfähigkeit (UmwG) 2 28
Umstrukturierungsmöglichkeiten (UmwStG) 2 39
Ordnungspolitische Zielsetzung
KapGes 3 6
PersGes 3 6
Umwandlungsgesetz 3 2 ff.
Unternehmensgröße 3 4
Organismen für gemeinsame Anlagen in Wertpapieren (OGAW)
grenzüberschreitende Umwandlungen 2 46
Organschaft
Anteile an Organgesellschaft 11 282 f.
Auswirkungen Verschmelzung 11 272 ff.
Eingliederung, finanzielle 11 274 f., 280, 284
Eintritt in Rechtsstellung der Übertragerin 11 378
erstmalige Begründung 11 274 ff., 379
Gewinnabführungsvertrag 11 272, 279 f., 283
Organgesellschaftsfähigkeit 11 280, 284
Übergang nach Umwandlung 6 57
Übertragungserfolg (Schlussbilanz) 11 281, 285
Verschmelzung auf Organgesellschaft 11 136 ff.
Verschmelzung Körperschaft auf PersGes
– Besteuerung Übernahmeergebnis (Übernahmegewinn) 11 453
– Besteuerung Übernahmeergebnis (Übernahmeverlust) 11 457
Verschmelzung PersGes auf KapGes/Genossenschaft 11 721

Partielle Gesamtrechtsnachfolge 18 10, 26, 50 ff.
Partnerschaftsgesellschaft
Beteiligungsfähigkeit 2 28
Formwechsel 26 23
Umstrukturierungsmöglichkeiten (UmwStG) 2 39
Verschmelzung Körperschaft auf PersGes
– PersGes ohne Betriebsvermögen 11 508
Passiva
Rechnungslegung 10 39
Passive Einkünfte
grenzüberschreitende Umwandlungen 16 149
Pensionsrückstellung
Spaltung 19 76
Übertragerin gegenüber Gesellschafter
– Übernahmefolgeergebnis 11 400
Verschmelzung Körperschaft auf PersGes
– Übertragerin 11 301
Verschmelzung Körperschaften untereinander
– Übertragerin 11 65
Verschmelzung PersGes auf KapGes/Genossenschaft 11 612
Pensionsverpflichtung
Arbeitsverhältnis 6 11
Verschmelzung Körperschaft auf PersGes 11 399
Verschmelzung PersGes auf KapGes/Genossenschaft 11 613 ff.
Personengesellschaft
ausländisches Gesellschaftsrecht 16 45
Beteiligungsfähigkeit 2 21
Beteiligungsfähigkeit (UmwG) 2 28
Betriebsaufgabe 31 232
Einlage 31 16
gewerbliche Prägung 11 310
Spaltung 20 119
Spaltung als Einbringung 20 3
Umstrukturierungsmöglichkeiten (UmwStG) 2 39
verdeckte Einlage 31 9
vermögensverwaltende 11 505 f.
Verschmelzung
– Beteiligung ausländischer Gesellschafter 11 814
– übernehmender Rechtsträger (Steuerrecht) 11 21 ff.

Sachverzeichnis

- übertragender Rechtsträger (Steuerrecht) **11** 17 ff.
Verschmelzung auf KapGes oder Genossenschaft **11** 575 ff.
Verschmelzung Körperschaft auf PersGes
- PersGes ohne Betriebsvermögen **11** 505 f.
Verschmelzungsfähigkeit **12** 14, 19 ff., 20
Wechsel Gesellschafterbestand
- Grunderwerbsteuer **11** 907
Phasenverschobene Wertaufholung
Verschmelzung Körperschaften untereinander **11** 113
Phasenverschobene Wiedereinsetzung Ansatz/Bewertung
Verschmelzung Körperschaften untereinander
- Übernehmerin **11** 114, 354
Privatvermögen
Verschmelzung Körperschaft auf PersGes **11** 505 f., 564, 568
Progressionsvorbehalt
Steuerverstrickung **11** 523
Prüfbericht
Inhaltserfordernisse **9** 262 ff.
Kombination mehrerer Unternehmensbewertungsmethoden **9** 273
Schlusserklärung **9** 266, 277 ff.
Schwierigkeiten bei der Bewertung **9** 275
Verschmelzungsprüfung **14** 88 f.
Verzichtsmöglichkeit **9** 281
Prüfung
Schlussbilanz **10** 52
Verschmelzungsplan (Art. 22 SE-VO) **14** 81 ff.
Prüfungsbericht
grenzüberschreitende Verschmelzung **13** 138 ff.; **14** 81 ff.
- Sprache **13** 139
Verschmelzungsplan **13** 125, 138 ff.
Verzicht auf Prüfung und Bericht **13** 140 f.
Prüfungspflicht nach § 17 II UmwG
Rechnungslegung **5** 4
Publizitätspflichten
Formwechsel **26** 33

Realteilung
Abgrenzung zur Spaltung **20** 168
Begriff **31** 175 ff.

Buchwertfortführung **31** 179
Gegenstand **31** 178
Körperschaftsklausel **31** 183 ff.
Rechtsentwicklung **31** 170 ff.
Sicherungsklausel **31** 179, 180 ff.
Sperrfrist **31** 180 f.
Übertragung **31** 63
upstream-Aufspaltung **18** 8
Voraussetzungen **31** 179
Rechnerische Beteiligungsquote **18** 46
Rechnungslegung
Abspaltung **19** 43
Änderung der Bewertungsmethodik **10** 50
Anschaffungskostenprinzip **5** 7
eigene Anteile **10** 42
Formwechsel **5** 3, 47
Geltung der Grundsätze ordnungsmäßiger Buchführung **5** 5
Gewinn- und Verlustrechnung **10** 26
Gewinnausschüttung **10** 43
Jahresbilanz **10** 35
keine Publizitätspflicht für Schlussbilanz **10** 6
Passiva **10** 39
Pflicht des übertragenden Rechtsträgers zur Einreichung einer Schlussbilanz **10** 3
Pflicht zur Erstellung einer Schlussbilanz **10** 5
Prüfungspflicht nach § 17 II UmwG **5** 4
Realisationsprinzip bei Umwandlung **5** 6
Spaltung einer PersGes **5** 34
Unterschied zwischen Handelsrecht und IFRS **10** 8
Verschmelzung einer PersGes **5** 40
Verschmelzung einer PersGes auf eine KapGes **5** 34
Zeitwerte **10** 47
Zwischenbilanz **10** 20
Rechnungslegung SE
Rechtsgrundlagen **15** 4
Rechnungslegungspflicht
Eintragung **10** 59
Rechnungslegungspflicht des übertragenden Rechtsträgers
Spaltung **19** 36
Rechtsentwicklung
Entstrickung **31** 87 ff.
Formwechsel **26** 5 ff.

1805

Sachverzeichnis

Realteilung **31** 170 ff.
Vermögensübertragung **24** 4
Wegzugsbesteuerung **31** 137
Rechtsform
spaltungsfähige Rechtsträger
18 27 ff.
Rechtsformwahl nach UmwG
Corporate Governance **25** 6
Haftungsstruktur **25** 6
steuerliche Erwägungen **25** 2
Vorbereitung der Generationennachfolge **25** 6
Rechtsformwechsel
siehe Formwechsel; siehe auch Sitzverlegung
Rechtsgeschäfte im Rückwirkungszeitraum
Verschmelzung PersGes auf KapGes/Genossenschaft **11** 717
Rechtsgrundlagen
Abspaltung **18** 10 ff.
Ausgliederung **18** 16 ff.
Formwechsel **26** 2
Vermögensübertragung **24** 1, 4
Rechtsnachfolge
Spaltung **18** 50 ff.
Rechtsträger
aufgelöster Rechtsträger **9** 27
Beteiligungsfähigkeit **2** 20
numerus clausus **2** 20
Rechtsträgerwechsel
ausländisches Recht
– Verschmelzung PersGes auf KapGes/Genossenschaft **11** 813
Regiebetrieb
spaltungsfähige Rechtsträger **18** 30
Registereintragung
Erfordernis einer Gesamt- oder Teilschlussbilanz **18** 172
Rechtswirkungen **18** 176 ff.
Registeranmeldung **18** 170 ff.
Spaltung **18** 170 ff., 173 ff.
Registerprüfung
grenzüberschreitende Verschmelzung
– Umfang der Prüfung bei Verschmelzung durch Neugründung **13** 235 ff.
Umfang der Prüfung bei Hereinverschmelzung **13** 206 ff.
Umfang der Prüfung bei Hinausverschmelzung **13** 192
Registersperre
siehe Schutz der Anteilseigner

Registerverfahren
grenzüberschreitende Verschmelzung
13 44, 181 ff.
Registerverfahren der Hinausverschmelzung
grenzüberschreitende Verschmelzung
13 185 ff.
REIT 11 313; **16** 149
Rentnergesellschaft
finanzielle Ausstattung **6** 55
Umwandlung **6** 52
Rückbeziehung
Verschmelzung
– Handelsrecht **11** 25 f.
Rücklage
Eintritt in die Rechtsstellung der Übertragerin **11** 374
Rückwirkendes Ereignis
§ 22 UmwStG **11** 791
Verschmelzung PersGes auf KapGes/Genossenschaft
– § 22 UmwStG **11** 791
Verschmelzung PersGes untereinander
– § 24 UmwStG **11** 887
Rückwirkung
Anteilstausch **30** 8
Besteuerungslücke **16** 52
Einbringung in KapGes **31** 11
Einbringung in PersGes **31** 13 f.
Verschmelzung
– EBITDA-Vortrag **11** 44 f.
– grenzüberschreitende Verschmelzung **11** 38
– Kettenumwandlung **11** 40 f.
– Körperschaft (Steuerrecht) **11** 30 ff.
– PersGes (Steuerrecht) **11** 35 ff.
– steuerliche Konsequenzen **11** 42 ff.
– steuerliche Schlussbilanz **11** 42 ff.
– steuerliche Verluste **11** 44 f.
– Zinsvortrag **11** 44 f.
– zivilrechtlich nicht bestehender Rechtsträger **11** 33 ff.
Verschmelzung PersGes auf KapGes/Genossenschaft **11** 715
Rückwirkungsverbot
Formwechsel **27** 10
Rückwirkungszeitraum
Ausscheiden gegen angemessene Abfindung **11** 335
Ausschüttungen **11** 103 f., 336
EBITDA-Vortrag **11** 44 f.
– Kompensationsverbot § 2 IV UmwStG **11** 75

Sachverzeichnis

schädlicher Anteilseignerwechsel § 8 c KStG **11** 75
steuerliche Verluste **11** 44 f.
– Kompensationsverbot § 2 IV UmwStG **11** 75, 343
Verkauf von Anteilen **11** 334
Verschmelzung PersGes auf KapGes/Genossenschaft
– Ausschüttungen **11** 727
– Entnahmen und Einlagen **11** 732
– Verluste, § 2 IV UmwStG **11** 737
– Verträge in Erfüllung **11** 718
Zinsvortrag **11** 44 f.
Rumpfwirtschaftsjahr
Rückwirkung Verschmelzung **11** 43

Sacheinlage
Begriff **31** 26 f.
Sachgesamtheit
gemeiner Wert **11** 67 f., 300 ff.
Schadenersatzanspruch gegen Organe
siehe Schutz der Anteilseigner
Schlussbilanz
Achtmonats-Zeitraum **10** 14
Feststellung **10** 58
Geltung der handelsrechtlichen Grundsätze **10** 38
Möglichkeit zur Nachreichung **10** 14
Prüfung **10** 52
Stichtag (Handelsrecht) **10** 12
Überleitungsrechnung **11** 294
Umwandlungsstichtag **11** 27 ff.
Verschmelzung Körperschaft auf PersGes **11** 295 ff.
– ausländisches Vermögen **11** 521 f.
Verschmelzung Körperschaften untereinander **11** 31 ff., 52 ff.
– Ansatzverbote **11** 66 ff.
– Bewertung **11** 55 ff.
– Inlandsverschmelzung mit Auslandsbezug **11** 255 f.
Verschmelzung PersGes auf KapGes/Genossenschaft **11** 666
Zweck **10** 27
Schutz der Anteilseigner
Anfechtungs- oder Nichtigkeitsklage **3** 18
Ausscheiden gegen Barabfindung **3** 13
Bewertungsverfahren **3** 12
Eingriff in ihre Mitgliedschaftsrechte **3** 8
Entscheidungskompetenz **3** 9

Feststellungsklage **3** 18
Informationsrechte der Anteilsinhaber **3** 14 ff.
Klagen gegen Umwandlungsbeschlüsse **3** 19 f.
Konkurrenzverhältnis zum Abfindungsangebot **3** 31
materielle Beschlusskontrolle **3** 10
Möglichkeit des Ausscheidens **3** 13
Pflichtangebot **3** 31
Prüfung **3** 16
Rechtsschutz der Anteilseigner **3** 18 ff.
Rechtsmissbrauch **3** 20
registergerichtliche Kontrolle **3** 17
Registersperre und Freigabeverfahren **3** 21 ff.
Schadensanspruch gegen Organe **3** 30
Schutz der Anteilseigner **3** 8 ff.
Spaltungen zur Aufnahme **3** 31
Squeeze-out **3** 10
Umtauschverhältnis **3** 11 f.
Umwandlungsbericht **3** 15
Wertpapiererwerbs- und Übernahmegesetz (WpÜG) **3** 31
Schutz der Gläubiger
siehe Gläubigerschutz
Schwesterkapitalgesellschaften
Verschmelzung Körperschaften untereinander **11** 247 ff., 251 ff., 286
SE-Ergänzungsrichtlinie
Mitbestimmung **14** 131
Seitwärtsverschmelzung 11 245 ff.
Einlage **11** 248
grenzüberschreitende Verschmelzung **13** 255
Grundlagen **9** 352 ff.
mit Kapitalerhöhung **11** 245 f., 247 ff.
ohne Kapitalerhöhung **11** 246, 251 ff.
Schwester-KapGes **11** 251
Übernahmeerfolg **11** 248
SE-Verordnung
SE **14** 3
Verweis auf nationale Rechtsvorschriften **14** 4
SEVIC-Entscheidung (EuGH)
grenzüberschreitende Spaltungen **18** 201 ff.
grenzüberschreitende Umwandlung **12** 1 f., 13 ff.
grenzüberschreitende Verschmelzungen bzw. Auslandsverschmelzungen unter Beteiligung von PersGes **16** 41
PersGes **12** 14, 20

1807

Sachverzeichnis

Sicherheitsleistung des übernehmenden Rechtsträgers (§ 22 UmwG)
Arbeitsrecht **6** 34
Sicherheitsleistung zugunsten der Gläubiger
grenzüberschreitende Verschmelzung
– Anspruchsberechtigung **13** 178 f.
– Ausschluss des Anspruchs **13** 177
– Form und Frist der Geltendmachung des Anspruchs **13** 174
– Glaubhaftmachung der Erfüllungsgefährdung **13** 175 ff.
– Versicherung des Vertretungsorgans **13** 169
– Zeitpunkt der Geltendmachung des Anspruchs **13** 173
Sicherstellung der künftigen Besteuerung
Verschmelzung Körperschaft auf PersGes **11** 312
Sicherstellung der künftigen Körperschaftsbesteuerung
Gewerbesteuer **11** 83 ff.
stille Gesellschaft (Übernehmerin) **11** 81
Verschmelzung Körperschaft auf Körperschaft **11** 81 ff.
– Geschäftsbetrieb **11** 83 ff.
– Verschmelzung auf Organgesellschaft **11** 83
Verschmelzung Körperschaft auf PersGes **11** 626 f.
Verschmelzung PersGes auf KapGes/Genossenschaft **11** 626
Sicherstellung des deutschen Besteuerungsrechts
Inlandsverschmelzungen **11** 86 ff.
Verschmelzung Körperschaft auf PersGes **11** 315 ff.
Verschmelzung PersGes auf KapGes/Genossenschaft **11** 633 ff.
Side-step merger
siehe Seitwärtsverschmelzung
Sieben-Jahres-Frist
Verschmelzung PersGes auf KapGes/Genossenschaft
– § 22 UmwStG **11** 781
Siebtelungsregelung
Verschmelzung PersGes auf KapGes/Genossenschaft
– § 22 UmwStG **11** 785

Sitz
ausländische Gesellschaft **16** 32
Sitzort
räumlicher Anwendungsbereich UmwStG **16** 32
Sitzverlegung
Austritt eines EU-Mitgliedsstaates **32** 78, 86, 91
Austrittsabkommen **32** 78, 86, 91
Brexit **32** 78, 86, 91
Briefkastengesellschaft **32** 80 ff.
faktische Verlegung des Verwaltungssitzes **32** 74, 102
formwechselnde **32** 90 ff.
Geschöpftheorie **32** 81, 84
Gesellschaftsstatut **32** 71 ff.
gesetzliche Regelung **32** 93 ff.
grenzüberschreitende **12** 15, 22; **32** 71 ff.
– Beschluss **32** 101
Gründungstheorie **32** 73 ff., 100 ff.
Hereinspaltung **2** 53
Hereinverschmelzung von PersGes **2** 53
identitätswahrende **32** 71 ff.
isolierte Satzungssitzverlegung **32** 92
Kollisionsnorm **32** 88
Niederlassungsfreiheit
– räumlicher Anwendungsbereich **32** 77 ff.
Schutz des Rechtsverkehrs **32** 115
SE **14** 11
Sitztheorie **32** 73 f., 98
Sitzverlegung ins Inland **2** 78
Sitzverlegungsrichtlinie **32** 72, 117
Statutenverdoppelung **32** 102
Statutenwechsel **32** 99 ff.
Steuerrecht
– Besteuerung stiller Reserven **32** 123
– Entstrickung **32** 127 ff.
– Entstrickung bei veränderter funktionaler Zuordnung **32** 128 f.
– Entstrickung bei Verlegung in EU-/EWR-Staat **32** 128 ff.
– Entstrickungsbesteuerung **32** 125
– Schlussbesteuerung **32** 122
– Schlussgewinnermittlung **32** 143
– Sitzverlegung einer KapGes **32** 121 ff.
– Sitzverlegung einer PersGes **32** 121 f.
– Sitzverlegung einer SE **32** 123, 124

Sachverzeichnis

– Sitzverlegung in Drittstaaten **32** 139 ff.
– Sitzverlegung in EU-/EWR-Staat **32** 126
– Verlegung des Satzungssitzes ins Ausland **32** 121
– Verlegung des Satzungssitzes ins Inland **32** 122
– Verlegung des Verwaltungssitz ins Ausland **32** 123, 125 ff.
– Verlegung des Verwaltungssitz ins Inland **32** 144 ff.
Umwandlungen **32** 71 ff.
wirtschaftliche Tätigkeit **32** 82, 86
Zweigniederlassung **32** 84
Sitzverlegung nach SE-VO
Ablauf der Sitzverlegung **32** 10 ff.
Anwendungsbereich **32** 7
Arbeitnehmerbeteiligung **32** 14, 27
Austritt eines EU-Mitgliedsstaates **32** 4, 5, 6
Barabfindungsangebot **32** 17
Brexit **32** 4, 5, 6
Gerichtsstand **32** 70
Kapitalerhaltung **32** 64
Löschung der SE im Register des Wegzugstaates **32** 66
Minderheitsaktionärsrechte **32** 17
Offenlegung der Eintragung und Löschung **32** 67
Rechtsfolgen der Sitzverlegung **32** 69, 70
Satzungssitz **32** 4
Verwaltungssitz **32** 3
Zeitplan **32** 15
Societas Cooperativa Europaea (SCE) 16 8
Beteiligungsfähigkeit **2** 24
grenzüberschreitende Umwandlungen **2** 44
Gründung durch Verschmelzung **16** 8
Gründungsvarianten **14** 232
Societas Europaea (SE) 16 8
Aktiengesellschaften der europäischen Mitgliedstaaten **2** 44
Arbeitnehmerbeteiligung bei Verschmelzung **14** 131 ff.
Barabfindung bei Sitzverlegung ins Ausland **14** 62 f.
Beteiligungsfähigkeit **2** 24
Brexit **14**
Corporate Governance **14** 9
Eintragung bei Gründung **14** 219 ff.

Entwicklung und Bedeutung **14** 2
EU-Austritt **14**
Geschlechterquote **14** 181 ff.
grenzüberschreitende Umwandlungen **2** 44
grenzüberschreitende Verschmelzung **12** 24 f.
– Verschmelzungsfähigkeit **13** 19
Gründung durch Verschmelzung **16** 8
Gründungsmöglichkeiten **14** 13
konzerninterne Verschmelzung **14** 70, 116
Merkmale (Art. 1 SE-VO) **14** 5
pre-merger squeeze-out **14** 123 ff.
Prüfung und Offenlegung **15** 12 ff.
Rechnungslegung bei Sitz der SE in Deutschland **15** 7 ff.
Rechtsmäßigkeitsbescheinigung **14** 193 ff.
SE-Verordnung **14** 3
Sitz (Art. 7 SE-VO) **14** 43
Sitzverlegung **14** 11
spaltungsfähige Rechtsträger **18** 32–33
Statistik **12** 24
Unternehmensverfassung **14** 7
Verhältnis zum nationalen Recht **14** 4
Verschmelzung durch Neugründung **14** 14
Verschmelzungsbericht **14** 68 ff.
Verschmelzungsplan **14** 33 ff.
Verschmelzungsprüfung **14** 81 ff.
Sonderbetriebsvermögen
Beteiligungskorrektur **11** 356
Dividendenanteil
– Gewerbesteuer **11** 419
Einbringung von betrieblichen Einheiten **31** 8
Pensionsrückstellung
– Verschmelzung PersGes auf KapGes **11** 612 ff.
Teilbetrieb **20** 28
Übernahmeerfolgsergebnis **11** 424
Verschmelzung Körperschaft auf PersGes **11** 349
Verschmelzung PersGes auf KapGes
– Bewertungswahlrecht **11** 624
Übernahmeergebnis **11** 433, 438, 443
– Übertragungsvorgang **11** 590
– Umgehungsschutz § 18 III UmwStG **11** 484
– verbindliche Übertragung **11** 588 ff.

1809

Sachverzeichnis

Verschmelzung PersGes untereinander **11** 848
Wertausgleich bei Einbringung **11** 591
wirtschaftliche Eigentumsübertragung **11** 592
Zurückbehaltung **11** 594
Sondervermögen (Spaltung) 18 80
Sozialplan
zwangsweise Durchsetzung **6** 65
Spaltung
Ablauf **18** 118 ff.
– Abweichungen von Verschmelzung **18** 119 ff.
– Gleichklang mit Verschmelzung **18** 118
zur Aufnahme
– Kapitalerhöhung **19** 78
grenzüberschreitende Spaltung **12** 8, 14 f., 21, 26
Hereinspaltung **2** 53
Hereinverschmelzung von PersGes **2** 53
Kartellrecht **7** 22 ff.
PersGes
– EBITDA-Vortrag **20** 158
– Gesamtrechtsnachfolge **20** 156
– Gewerbesteuer **20** 159, 171
– Kapitalkontenanpassung **20** 181
– offene Rücklagen **20** 142, 164
– Rechnungslegung **5** 34
– Übernahmeergebnis **20** 145
– Übernahmeverlust **20** 151
– Verlustvortrag **20** 158
– Wahlrecht nach § 24 UmwG **5** 35
– Zinsvortrag **20** 158
PersGes auf KapGes
– Einbringung **20** 192
Rechnungslegung
– Aktiengesellschaft **19** 23
– Aufstellung einer Schlussbilanz **19** 5
– Begriff **19** 1
– Beispiele **19** 111 ff.
– Bilanzierung und Rechtsnachfolge **19** 90
– Buchwertfortführung **19** 90
– eigene Anteile **19** 86
– Geschäfts- und Firmenwert **19** 25
– Hingabe eigener Anteile **19** 99
– IFRS **19** 126
– Kapitalerhaltung **19** 39
– mit Kapitalerhöhung **19** 94
– ohne Kapitalerhöhung **19** 96
– Pensionsrückstellung **19** 76
– Rechnungslegungspflicht des übertragenden Rechtsträgers **19** 36
– rechtsformunabhängige Bilanzierung **19** 4
– Reihenfolge Handelsregistereintragung **19** 8
– Schlussbilanz, Anhang, GuV-Rechnung **19** 11
– Schlussbilanz, Umfang **19** 16
– Teilschlussbilanz **19** 13 ff.
– unterschiedliche Spaltungsstichtage **19** 40
– Verbindlichkeiten **19** 34
– Verteilung von Anschaffungskosten **19** 86
– Wahlrecht nach § 24 UmwG **19** 89
– wirtschaftliches Eigentum **19** 33
– Zeitwert des übertragenden Vermögens **19** 27
– Zwischenbilanz **19** 68
Rechtsentwicklung **17** 6 f.
Sitzverlegung ins Inland **2** 78
steuerbilanzielle Bewertung **5** 28
Steuerrecht
– Anteilseigner der übertragenden Körperschaft **20** 96
– Anwendbarkeit der §§ 11–13 UmwStG **20** 13
– Aufstockung einer Beteiligung **20** 47
– Bewertungswahlrecht **20** 39
– DBA **20** 107, 148
– doppeltes Teilbetriebserfordernis **20** 14
– EBITDA-Vortrag **20** 92, 138
– Eintritt in die steuerliche Rechtsstellung **20** 86
– EU-Gesellschaften **20** 12, 121
– europäischer Teilbetriebsbegriff **20** 16
– gemeiner Wert **20** 38
– Grunderwerbsteuer **20** 228
– Konfusion **20** 85
– Körperschaftsteuerguthaben **20** 91
– Missbrauchsregelungen **20** 8, 45 ff., 132 ff.
– Möglichkeit der Buchwertfortführung **20** 5 ff.
– nationaler Teilbetriebsbegriff **20** 15
– nationaler vs. europäischer Teilbetriebsbegriff **20** 17
– PersGes **20** 119
– steuerliches Einlagekonto **20** 87, 139

Sachverzeichnis

– Trennung von Gesellschafterstämmen **20** 75, 135
– Unterschiede der Teilbetriebsbegriffe **20** 18 ff.
– Veräußerung an außenstehende Personen **20** 57, 133
– Verlustvortrag **20** 92, 137
– Verzicht auf Anteilsgewährung **20** 97
– Vollziehung einer Veräußerung **20** 56, 133
– Zinsvortrag **20** 92, 138
übernehmende Körperschaft **20** 196
Umwandlungsgesetz
– Ablauf **18** 118 ff.
– ohne Anteilserwerb **18** 178
– Anwendung der Regelungen zur Verschmelzung **18** 24
– zur Aufnahme/zur Neuordnung **18** 34 ff.
– Betriebsaufspaltung **18** 109 ff.
– Bewertungsmaßstab für nicht-verhältniswahrende Spaltung **18** 44 ff.
– erleichterte Firmenfortführung **18** 68
– Fälle und Musterformulierungen **18** 204 ff.
– Gläubigerschutz **18** 72 ff.
– grenzüberschreitende Umwandlung **18** 199 ff.
– Kapitalherabsetzung **18** 94 ff.
– Kartellrecht **18** 121
– Mischformen **18** 22 f.
– Nachhaftung **18** 108
– nicht-verhältniswahrende S. **18** 37 f.
– Niederlassungsfreiheit **18** 201 ff.
– Rechtsnachfolge **18** 50 ff.
– Registereintragung **18** 170 ff.
– Spaltung zu Null **18** 39 ff.
– Spaltungsbeschluss **18** 166 ff.
– spaltungsfähige Rechtsträger **18** 27 ff.
– Spaltungsprüfung **18** 164 f.
– Spaltungsvertrag **18** 126 ff.
– verhältniswahrende S. **18** 37 f.
– Zustimmungserfordernis (nicht-verhältniswahrende Spaltung) **18** 48 f.
Vermutung gemeinsamer Betrieb **6** 72 ff.
Ziele und Motive für eine Spaltung **17** 1 ff.
Spaltungsbericht
Allgemein **18** 161 f.
Berichtspflicht **18** 161 f.

Entbehrlichkeit **18** 183 f.
Unterrichtungspflicht **18** 163
Spaltungsbeschluss
Zustimmungserklärung **18** 166 ff.
Spaltungsfähige Rechtsträger
eingetragener Verein **18** 31
Rechtsform **18** 27 ff.
Regiebetrieb oder Eigenbetrieb **18** 30
SE **18** 32–33
Stiftung **18** 27 ff.
Spaltungsfreiheit 18 26, 51 ff.
Aufspaltung von Forderungen/Verbindlichkeiten/Verträgen **18** 59 ff.
Beschränkung durch § 613 a BGB **18** 55
Einschränkung nach § 132 UmwG **18** 56 ff.
teilbare Forderungen **18** 60
Teile von Verbindlichkeiten **18** 61
Teilung von Verträgen **18** 62 ff.
Spaltungsgeborene Anteile 20 102
Spaltungsmöglichkeiten nach UmwG
Übersicht **18** 28
Spaltungsplan
Inhalt **18** 126 ff.
Spaltungsprüfung
Entbehrlichkeit **18** 66
Zeitpunkt **18** 164
Spaltungsrecht
spezielles Spaltungsrecht **18** 65 ff.
– keine Entbehrlichkeit der Spaltungsprüfung **18** 66
– firmenrechtliche Sonderregelungen **18** 68 ff.
– Gläubigerschutzvorschriften **18** 72 ff.
– Umtauschverhältnis bei Ausgliederungen/Abfindungsangebot **18** 71
Spaltungssperre 18 26
Spaltungsvertrag
Besondere Angaben **18** 152 ff.
Bestimmtheitsgrundsatz **18** 128 ff.
Form **18** 159
Inhalt **18** 126 ff., 136 ff.
Mängel und Kündigung **18** 160
vergessene Verbindlichkeiten **18** 135
Vermögensaufteilung **18** 127
Zuständigkeit **18** 126
Sperrbetrag § 50 c EStG
Übernehmerin
– Eintritt in Rechtsstellung der Übertragerin **11** 377

Sachverzeichnis

Verschmelzung Körperschaft auf PersGes
– Ermittlung Übernahmeergebnis **11** 450
Sperrfrist
Anteilstausch **30** 41, 44
Realteilung **31** 180 f.
Übertragung **31** 76 ff.
Verschmelzung Körperschaft auf PersGes
– Gewerbesteuer, § 18 III UmwStG **11** 464
Verschmelzung PersGes auf KapGes/Genossenschaft
– Beginn **11** 781
– Umgehungsschutz § 22 UmwStG **11** 738
Spitzenausgleich 11 320
Spruchverfahren 3 25
Angemessenheit der neuen Beteiligungen **3** 25
Antragsbefugnis **3** 27
Antragsfrist **3** 26
Barabfindungen **3** 25
gemeinsame Vertreter **3** 28
grenzüberschreitende Verschmelzung **13** 43, 95, 212 ff., 213 ff.
Kapitalerhaltungsgrundsätze **3** 29
Nachbesserung **3** 25
Rechtsmittel **3** 28
Squeeze-out **3** 26
Verschmelzung **9** 62
Wirkung inter omnes **3** 28
zuständiges Gericht **3** 26
Spruchverfahrensgesetz
Bedeutung **9** 7
Squeeze-out
grenzüberschreitende Verschmelzung **13** 89, 253
Step-up
Verschmelzung Körperschaft auf PersGes **11** 289
Steuerbilanz
Bewertung
– Spaltung **5** 28
– Verschmelzung **5** 28
Steuerfreie Körperschaft
Übernehmerin **11** 62, 626
Steuerliche Rückwirkung
Besteuerungslücke **16** 52
grenzüberschreitende Umwandlungen **16** 47
– Ausnahme **16** 49

Steuerliche Schlussbilanz
Aufwärtsverschmelzung
– Körperschaften **11** 52 ff.
Auslandsverschmelzung **16** 48
Bewertung
– Verschmelzung Körperschaften **11** 52 ff.
grenzüberschreitende Umwandlungen **16** 47
Grundsatz der Einheitlichkeit **16** 105, 161
Hereinverschmelzung **16** 169
Hinausverschmelzung **16** 62, 93 ff.
Hineinverschmelzung **16** 48
Maßgeblichkeit Handelsbilanz **11** 55
Nichtvorlage **11** 54
Verhältnis Handelsbilanz/Steuerbilanz
– Verschmelzung Körperschaften untereinander **11** 55 ff.
Verschmelzung PersGes auf KapGes
– Auslandsverschmelzung **16** 180
– Hereinverschmelzung **16** 168
– Hinausverschmelzung **16** 155
Steuerliche Übertragungsbilanz 16 48
Steuerlicher Übertragungsstichtag 16 48
Steuerliches Einlagekonto
Kapitalrückzahlung **31** 225
Spaltung **20** 87, 139
Steuerneutralität
Formwechsel **4** 9
Fortführung der steuerlichen Werte **4** 2
Hinausverschmelzung **16** 67
Missbrauch **4** 10
Niederlassungsfreiheit **4** 5
Organisationsformen **4** 1
Spaltung **4** 6 ff.
Übertragung von Verlusten **4** 4
Verschmelzung **4** 4 ff.
Steuerneutralität der Verschmelzung
siehe Steuerneutralität
Steuerverstrickung
Hineinverschmelzung **16** 108
Stichtag
IFRS **10** 18
Stiftung
Beteiligungsfähigkeit **2** 28
spaltungsfähige Rechtsträger **18** 27 ff.
Stille Gesellschaft
Verschmelzung (Steuerrecht)
– aufnehmende Gesellschaft **11** 23

Sachverzeichnis

Stille Lasten
Schlussbilanz Übertragerin **11** 66, 298 f.
Stille Reserven
Auslandsverschmelzungen mit Inlandsberührung **16** 124, 129
Verschmelzung einer ausländischen KapGes auf eine inländische KapGes **16** 108
Verschmelzung einer ausländischen KapGes mit Inlandsbezug (Auslandsverschmelzung) **16** 142
Strukturmerkmale
vergleichbarer Vorgang **16** 13
Stufentheorie 20 177
Bewertung in Zwischenwerten **11** 624
Bewertung zu Zwischenwerten **11** 99 ff., 306
Geschäfts- und Firmenwert **24** 8
Stundung
Entstrickung **31** 147 ff.
Sicherheitsleistung **31** 148
Stuttgarter Verfahren 11 156, 202
Synthetischer Unternehmenszusammenschluss
grenzüberschreitende Umwandlung **12** 6

Tarifbegünstigung (§ 34 EStG)
Verschmelzung PersGes auf KapGes/Genossenschaft **11** 553 f., 560, 603
Verschmelzung PersGes untereinander **11** 713
Tarifvertrag
Arbeitsverhältnis **6** 22 ff.
Fortwirken eines Flächentarifvertrags **6** 25
Tausch
Verschmelzung Körperschaften untereinander **11** 178, 282
Teilbetrieb
100%-Beteiligung **20** 167, 175
Abgrenzung
– Funktionsfähigkeit **20** 20
– maßgebliche Perspektive **20** 22
– Nutzungsüberlassung **20** 22
– Selbstständigkeit **20** 19
– Umfang des Teilbetriebs **20** 21
– Zeitpunkt des Vorliegens des Teilbetriebs **20** 23
– zuordenbare Wirtschaftsgüter **20** 21

Beteiligung an KapGes **20** 29
echter **20** 15 ff.
Europarecht **20** 16
fiktiver **20** 26
Mitunternehmeranteil **20** 27
Nutzung durch mehrere Teilbetriebe **20** 21
Sonderbetriebsvermögen **20** 28
Spaltung **20** 15
Teilbetrieb am Aufbau **20** 24
Verschmelzung PersGes auf Körperschaft
– Anwendung § 18 III UmwStG **11** 404 ff.
Zuordnung von Betriebsvermögen **20** 30
– Zuordnung zu echten Teilbetrieben **20** 33
– Zuordnung zu fiktiven Teilbetrieben **20** 34
Teilbetriebseigenschaft
Zeitpunkt **20** 23
Teileinkünfteverfahren
Anteilstausch **30** 40, 57
Dividendenanteil **11** 412
Übernahmeerfolg **11** 454, 459, 574
Teilschlussbilanz
Spaltung **19** 13 ff.
Teilübertragung
ausgliedernde Total-Vermögensübertragung **22** 6
Besonderheiten **24** 2
Besteuerung **24** 15, 16
Einzelrechtsnachfolge **22** 6
Gesamtrechtsnachfolge **22** 6
Teilwert
Pensionsrückstellung
– Schlussbilanz Körperschaft **11** 65, 301
Teilwertabschreibung
Beteiligungskorrektur **11** 97, 200 f., 301 f.
side-step merger **11** 215
Territorialer Anwendungsbereich
Umwandlungsgesetz **2** 40 ff.
Thesaurierungsbegünstigung
Nachversteuerung **31** 246
Transparente Gesellschaften 16 24, 200
Trennung von Gesellschaftergruppen und Familienstämmen
nicht-verhältniswahrende Spaltung **18** 38

1813

Sachverzeichnis

Trennung von Gesellschafterstämmen
PersGes
– Formulare **18** 207
Spaltung **20** 75, 135
Trennung von Haupt- und Nebenrechten
Spaltungsfreiheit **18** 52
Trennungstheorie
Übertragung **31** 71
Treuhänder
Spaltung **18** 117
Treuhandverhältnis
Verschmelzung PersGes untereinander
– Mitunternehmerstellung **11** 826
Typenvergleich
grenzüberschreitende Umwandlungen **16** 10
Prüfungskriterien **16** 19

Überführung
Buchwertansatz **31** 50, 57 f., 67 f.
steuerliche Auswirkung **31** 48 ff.
Übergang
Ansprüche aus betrieblicher Altersversorgung
– Versorgungsanwartschaft **6** 50
Dienstverhältnis **6** 57
Organverhältnis **6** 57
Übergangsmandat
betriebsratsloses Unternehmen **6** 68
Übernahmebilanz 11 91, 346
Bewertungswahlrecht § 24 UmwG **10** 87 ff.
Verschmelzung **10** 86 ff.
Übernahmeerfolg
Anwendung § 8 b KStG **11** 131, 146
Auslandsverschmelzungen mit Inlandsberührung **16** 121
Ermittlung
– bei 100 %iger Beteiligung Übernehmerin **11** 122 ff.
– bei nicht 100 %iger Beteiligung Übernehmerin **11** 143 ff.
Hinausverschmelzung **16** 85
side-step merger **11** 248
steuerliche Behandlung **11** 129 ff.
Verschmelzung auf Organgesellschaft **11** 136 ff.
Verschmelzung Körperschaft auf PersGes **11** 401
Verschmelzung PersGes auf KapGes
– Hinausverschmelzung **16** 162

Verschmelzung von Körperschaften untereinander **11** 122 ff.
Übernahmeergebnis
Verschmelzung einer ausländischen KapGes auf eine inländische KapGes **16** 109
Verschmelzung Körperschaft auf PersGes **11** 420 ff.
– Anschaffungskosten **11** 431
– Anteile der Gesellschafter **11** 426 f.
– Anteile im Betriebsvermögen der übernehmenden PersGes **11** 422 f.
– Anteile im Betriebsvermögen eines Gesellschafters **11** 426, 433 ff.
– Anteile iSv § 17 EStG **11** 427
– ausländische Anteilseigner **11** 430, 545 f., 549 f.
– ausländisches Vermögen **11** 519 ff.
– beschränkte Steuerpflicht **11** 427
– Beteiligungskorrektur **11** 435
– Buchwert **11** 435
– Dividendenanteil, Kürzung Übernahmeergebnis **11** 452
– einbringungsgeborene Anteile **11** 429, 436, 517
– einlagequalifizierte Anteile **11** 428
– einzubeziehende Anteile **11** 421
– Entstehungszeitpunkt **11** 441
– Ermittlung **11** 437 ff.
– Ermittlung, Schema **11** 440
– Ermittlung, Schema, ausländisches Vermögen **11** 534
– gesellschafterbezogene Ermittlung **11** 438, 444
– Gewerbesteuer **11** 456, 463
– Kosten des Vermögensübergangs **11** 448 f.
– neutrales Vermögen **11** 444
– Organgesellschaft **11** 453
– PersGes ohne Betriebsvermögen **11** 513 f.
– Sonderbetriebsvermögen **11** 433 ff., 442 ff.
– Sperrbetrag § 50 c EStG **11** 448 f.
– steuerliche Behandlung **11** 453 ff., 536 f.
– Wert der einzubeziehenden Anteile **11** 445 f.
– Wert des übernommenen Vermögens **11** 442 ff.
– zeitliche Anforderung **11** 434
Verschmelzung PersGes auf KapGes
– Auslandsverschmelzung **16** 182

Sachverzeichnis

– Hereinverschmelzung **16** 172
Übernahmefolgeergebnis
Gesellschafter übernehmende PersGes **11** 391 ff.
Verschmelzung Körperschaft auf PersGes **11** 384 ff.
Verschmelzung Körperschaften untereinander
– Aufwärtsverschmelzung **11** 170 ff.
Übernahmegewinn 11 205
Verschmelzung Körperschaft auf PersGes
– Anwendung § 8 b KStG **11** 453
– steuerliche Behandlung **11** 453
Verschmelzung Körperschaft untereinander **11** 129 ff., 143 ff.
Übernahmeverlust
Verschmelzung Körperschaft auf PersGes
– Gewerbesteuer **11** 463
– Nichtberücksichtigung **11** 461
– Organgesellschaft **11** 457
– steuerliche Behandlung **11** 457
Verschmelzung Körperschaft untereinander **11** 129 ff., 143 ff.
Übernehmender Rechtsträger
Aufwendungen Umwandlung **10** 169 ff.
Beispiel downstream merger zu Buchwerten **10** 268 ff.
Beispiel Verschmelzung bei Untergang Beteiligung Anschaffungskosten **10** 185 ff.
Beispiel Verschmelzung mit Kapitalerhöhung Anschaffungskosten **10** 180 ff.
Beispiel Verschmelzung mit Kapitalerhöhung Buchwerte **10** 238 ff.
Beispiel Verschmelzung ohne Kapitalerhöhung Anschaffungskosten **10** 212 ff.
Beispiel Verschmelzung ohne Kapitalerhöhung Buchwerte **10** 254 ff.
Bewertung **5** 37
Bewertungswahlrecht § 24 UmwG **10** 93 ff.
Bilanzierung Anschaffungskosten **10** 102 ff.
Buchwertfortführung **10** 220 ff.
downstream merger **10** 157 ff.
IFRS **10** 279 ff.
Konfusion Forderungen und Verbindlichkeiten **10** 119

side-step merger **10** 168
upstream merger **10** 124 ff.
Verschmelzung auf steuerbefreite Körperschaft
– Bewertung **11** 62
Verschmelzung KapGes auf natürliche Person
– Ansässigkeitsstaat **11** 561 ff.
– Betriebsvermögen **11** 570
– Privatvermögen **11** 571 ff.
Verschmelzung ohne Kapitalerhöhung **10** 202 ff.
Verschmelzung PersGes untereinander
– Bewertung übernommenes Vermögen **11** 833
Überschreitung Aktivposten durch Passivposten
Verschmelzung PersGes auf KapGes/Genossenschaft **11** 630
Übertragung
Buchwertansatz **31** 51 ff., 65 f., 69 ff.
Körperschaftsklausel **31** 82 ff.
Missbrauchsvorschriften **31** 66
Realteilung **31** 63
Sperrfrist **31** 76 ff.
steuerliche Auswirkung **31** 48 ff.
Trennungstheorie **31** 71
Übertragungserfolg
Verschmelzung Körperschaft auf Körperschaft **11** 72
Verschmelzung Körperschaft auf PersGes **11** 302
Übertragungsgewinn
Verschmelzung KapGes auf natürliche Person **11** 574 ff.
Verschmelzung Körperschaft auf Körperschaft
– steuerliche Behandlung **11** 72
Verschmelzung Körperschaften untereinander
– Gewerbesteuer **11** 73
– Mindestbesteuerung **11** 74
Übertragungsstichtag
Kettenumwandlung **11** 40 f.
Körperschaften untereinander **11** 31 ff.
PersGes untereinander
– Verschmelzung **11** 35 ff.
Verschmelzung PersGes auf KapGes/Genossenschaft
– Einbringungsstichtag **11** 707
– Kettenverschmelzung **11** 712
– Rückbeziehung **11** 713, 715

Sachverzeichnis

Verschmelzung PersGes untereinander **11** 873
Übertragungsverlust
Verschmelzung Körperschaften untereinander **11** 73
Umgehungsschutz § 18 III UmwStG
Verschmelzung Körperschaft auf PersGes **11** 464 ff.
– gewerbesteuerpflichtiger Gewinn **11** 487
– zeitliche Anforderung **11** 486
Umgehungsschutz § 22 UmwStG
Verschmelzung PersGes auf KapGes/ Genossenschaft **11** 738
– rückwirkendes Ereignis **11** 791
Verschmelzung PersGes untereinander
– § 24 V UmwStG **11** 887
Umgehungsverbot
Spaltungsfreiheit **18** 57
Umgekehrter Unternehmenserwerb
IFRS 3 **10** 9
Umsatzsteuer
Formwechsel **28** 75
Rückwirkung
– Verschmelzung **11** 30
Verschmelzung **11** 895
Umstrukturierung
Einzelrechtsnachfolge **31** 2
Gesamtrechtsnachfolge **31** 1
Umstrukturierungsmöglichkeiten (UmwG)
formwechselnder Rechtsträger **2** 28
neuer Rechtsträger **2** 28
übernehmender Rechtsträger **2** 28
übertragender Rechtsträger **2** 28
Umstrukturierungsmöglichkeiten (UmwStG)
Aktiengesellschaft **2** 39
Anstalten/Körperschaften des öffentlichen Rechts **2** 39
eingetragene Genossenschaft **2** 39
eingetragener Verein **2** 39
Einzelkaufmann **2** 39
formwechselnder Rechtsträger **2** 39
Gebietskörperschaften **2** 39
genossenschaftlicher Prüfungsverband **2** 39
Gesellschaft bürgerlichen Rechts **2** 39
Gesellschaft mit beschränkter Haftung **2** 39

Kommanditgesellschaft auf Aktien **2** 39
Körperschaft des öffentlichen Rechts **2** 39
natürliche Person als Alleingesellschafter einer KapGes **2** 39
neuer Rechtsträger **2** 39
öffentliche Hand (Bund/Land/Gebietskörperschaft) **2** 39
öffentlich-rechtliches Versicherungsunternehmen **2** 39
Partnerschaftsgesellschaft **2** 39
Personenhandelsgesellschaft **2** 39
übernehmender Rechtsträger **2** 39
übertragender Rechtsträger **2** 39
Versicherungs-AG **2** 39
Versicherungsverein auf Gegenseitigkeit **2** 39
wirtschaftlicher Verein (§ 3 II Ziff. 1 UmwG) **2** 39
Umtauschverhältnis
Ausschluss von Klagemöglichkeiten **14** 103
Bewertungsstichtag **9** 81
grenzüberschreitende Verschmelzung **13** 68 ff., 213 ff.
Mischverschmelzung **9** 126
Verschmelzung **9** 79 ff.
Verschmelzungsplan **13** 61 ff.
Umwandlung
Betriebsübergang nach § 613 a BGB **6** 3
grenzüberschreitende
– durch Sitzverlegung **32** 71 ff.
kartellrechtliche Anmeldepflicht **7** 3 ff., 81
Unterrichtung der Arbeitnehmer **6** 17
Zusammenschlusskontrolle **7** 1 ff.
Umwandlung Kapitalgesellschaft in Kapitalgesellschaft
Formwechsel **28** 21 ff.
Umwandlung Kapitalgesellschaft in KGaA
Formwechsel **28** 28 ff.
Umwandlung Kapitalgesellschaft in Personengesellschaft
Begriff **28** 67
Formwechsel **28** 15 ff., 50 ff., 57 ff.
grenzüberschreitender Formwechsel **28** 67 ff.
Hereinformwechsel **28** 70
Hinausformwechsel **28** 71
Niederlassungsfreiheit **28** 67 f.

Sachverzeichnis

Vorteile gegenüber grenzüberschreitender Verschmelzung **28** 72 ff.
Umwandlung Personengesellschaft in Kapitalgesellschaft
Formwechsel **28** 18 ff., 35 ff.
Übertragung zum Buchwert **28** 44, 48
Übertragung zum Zwischenwert **28** 45, 49
Umwandlung Personengesellschaft in Personengesellschaft anderer Rechtsform
Formwechsel **28** 33 ff.
Umwandlungsbericht
Formwechsel **26** 79 ff., 132 f.; **27** 3
Umwandlungsfähigkeit 2 20 ff.
Umwandlungsgesetz
ausländische Rechtsform **2** 58
Cartesio-Entscheidung **2** 50
Dritte Gesellschaftsrechtliche Richtlinie **1** 2
Entstehungsgeschichte **1** 1
Euro-Einführungs-Gesetzes **1** 4
Gesellschaften der EWR-Mitgliedsstaaten **2** 41
Gläubigerschutz **3** 32 ff.
grenzüberschreitende Verschmelzung **12** 19
grenzüberschreitende Verschmelzung von KapGes **2** 45 ff.
Gründungstheorie **2** 41
Handelsrechtsreformgesetzes **1** 4
Hereinumwandlung **2** 78
Hinausumwandlung **2** 78
IntVerschmRL **1** 4
Niederlassungsfreiheit des Art. 48 EGV **2** 41
numerus clausus der umwandlungsfähigen Rechtsformen **2** 57
ordnungspolitische Zielsetzung **3** 2 ff.
Rechtsentwicklung **9** 5 ff.
Rechtsträger mit Sitz im Inland **2** 40 ff.
Regelungsbereiche **1** 8
sachlicher Anwendungsbereich **12** 16 f.
– grenzüberschreitende Verschmelzung von KapGes **2** 1
– innerstaatliches Umwandlungsrecht **2** 1
– umwandlungsfähige Rechtsträger **2** 2
– Umwandlungsformen **2** 3
Satzungssitz **2** 56
Schadensanspruch gegen Organe **3** 34 ff.
Schutz der Arbeitnehmerinteressen **3** 37
SEVIC-Entscheidung **2** 41, 48 f.
Sicherheitsleistung **3** 33
Sitztheorie **2** 55 f.
Spaltungsrichtlinien **1** 2
Spruchverfahren **1** 4
Stückaktiengesetzes **1** 3
territorialer Anwendungsbereich **2** 40 ff.
Verhältnis zum Kartellrecht **7** 13
VerschmRL **1** 2
Verwaltungssitz **2** 56
zeitlicher Anwendungsbereich des UmwG 1995 **2** 79 ff.
Umwandlungskosten
steuerliche Behandlung **11** 129 f.
Verschmelzung Körperschaft auf PersGes
– Übernahmeergebnis **11** 448
Umwandlungsmöglichkeiten
Analogieverbot **2** 10
Formwechsel **2** 8
Investmentaktiengesellschaft **2** 14
Mischformen **2** 16
numerus clausus **2** 10
Sondervermögen und Rechtsformen **2** 14
Spaltung in der Form der Abspaltung **2** 6
Spaltung in der Form der Aufspaltung **2** 5
Spaltung in der Form der Ausgliederung **2** 7
Vermögensübertragung **2** 9
Verschmelzung **2** 4
– Investmentaktiengesellschaft **2** 15
Umwandlungssteuergesetz
Anwendungsbereich **16** 1
Aufbau **2** 32 f.
Aufbau und Systematik
– Aufspaltung **2** 32
– Ausgliederung aus einer KapGes **2** 33
– Einbringung in eine KapGes **2** 33
– Einbringung in eine PersGes **2** 34
– Formwechsel einer KapGes **2** 32
– Formwechsel einer PersGes **2** 35
– Spaltung von PersGes **2** 34
– Verschmelzung **2** 30
– Verschmelzung von PersGes **2** 34
Einführungsschreiben zum Umwandlungssteuergesetz **1** 7

1817

Sachverzeichnis

Einzelrechtsnachfolge **2** 30
europarechtliche Vorgaben **2** 30
FusionsRL **1** 5; **2** 71
grenzüberschreitende Sachverhalte **2** 70 ff.
Maßgeblichkeit der Handelsbilanz **1** 5
PersGes **2** 77
persönlicher Anwendungsbereich **16** 26
räumlicher Anwendungsbereich **2** 70 ff.; **16** 23 ff.
Regelungsbereiche **1** 8
Regelungslücken **2** 30
sachlicher Anwendungsbereich **2** 31 ff.; **16** 7 ff.
SEStEG **1** 6
Steuerneutralität **1** 5
Systematik **2** 29 f.
wirtschaftliche Betrachtungsweise **2** 30
zeitlicher Anwendungsbereich des UmwStG 1995 **2** 79 ff.
Umwandlungsstichtag
Verschmelzung
– ausländischer Rechtsträger **11** 37
– Fristüberschreitung **11** 33
– Handelsrecht **11** 25 f.
– Körperschaft (übertragender Rechtsträger) **11** 31 ff.
– PersGes (übertragender Rechtsträger) **11** 35 ff.
– Rückbeziehung **11** 25 f.
– Schlussbilanz **11** 32 ff.
– Steuerrecht **11** 29 ff.
Unbedenklichkeitsverfahren
Verschmelzung **9** 56
Unentgeltliche Übertragung
erhaltener Anteil
– § 22 UmwStG **11** 760
Ungebundenes Vermögen
Hinausverschmelzung **16** 70
Universalsukzession
grenzüberschreitende Verschmelzung **13** 49, 223 ff.
Unterbilanz
Verschmelzung PersGes auf KapGes/Genossenschaft **11** 630 f.
Unterbliebene Zuordnung
Arbeitsverhältnis **6** 12
Unternehmensbewertung
grenzüberschreitende Verschmelzung **13** 32, 62 ff.
Unternehmensverfassung
Societas Europaea (SE) **14** 7

Unternehmenswert
Barabfindung **9** 96
Bewertungsverfahren **9** 102 ff.
DCF-Verfahren **9** 114
Ertragswertmethode **9** 103
Objektivierungserfordernisse **9** 92
Synergieeffekte **9** 94 ff.
Umtauschverhältnis **9** 79 ff., 94
Unternehmerische Ziele und Motive
Bündelung der Ressourcen **8** 1
Going Private **8** 7
konzerninterne Verschmelzung **8** 2 ff.
Verschmelzung mit unterschiedlichem Gesellschafterkreis **8** 6
Unterrichtung der Arbeitnehmer
Umwandlung **6** 17
Unterrichtung des Betriebsrats
Verschmelzung **9** 47
Unwirksamkeit
Vollzugsverbot **7** 7, 50 ff., 85 ff.
Upstream merger
Anschaffungsvorgang **10** 124 ff.
Bewertung von Sacheinlagen **10** 128 ff.
Gesamtrechtsnachfolge **10** 231 ff.
grenzüberschreitende Verschmelzung
– Konzernverschmelzung **13** 243 ff.
Körperschaften auf PersGes **11** 259 ff.
Körperschaften untereinander **11** 50 ff.
Übernahmeergebnis **20** 84
Untergang der Beteiligung **10** 145 ff.
Verzicht auf Verschmelzungsprüfung und Bericht bei grenzüberschreitender Verschmelzung **13** 127, 140 f.

VALE-Entscheidung (EuGH)
grenzüberschreitende Sitzverlegung **12** 15, 22
grenzüberschreitender Formwechsel **12** 8, 14 f., 22
Variable Verschmelzungsstichtage
Verschmelzungsstichtag **10** 16
Veränderungssperre
Arbeitsverhältnis **6** 22
Veräußerung Betrieb
Verschmelzung Körperschaft auf PersGes
– Anwendung § 18 III UmwStG **11** 472 ff., 480
Veräußerung erhaltener Anteile
Verschmelzung PersGes auf KapGes/Genossenschaft **11** 750

Sachverzeichnis

Veräußerung iSd § 17 VI EStG
Verschmelzung PersGes auf KapGes/Genossenschaft
– Ersatztatbestände **11** 758
Veräußerung Mitunternehmeranteil
Verschmelzung Körperschaft auf PersGes
– Anwendung § 18 III UmwStG **11** 483
Veräußerung Teilbetrieb
Verschmelzung Körperschaft auf PersGes
– Anwendung § 18 III UmwStG **11** 481
Veräußerungsteil
Verschmelzung Körperschaft auf PersGes **11** 402 f., 420 ff.
Verbindlichkeiten
Spaltung **19** 34
Verbuchung
Einlage **31** 16 ff.
Verdeckte Einlage
Einbringung **31** 9
PersGes **31** 9
Verdeckte Gewinnausschüttung
downstream merger **11** 242
Rückwirkungszeitraum **11** 336
Vereinbarung der Fortgeltung
Beteiligungsrecht Betriebsrat **6** 74
Vergleichbare Vorgänge
Verschmelzung mit Auslandsbezug **16** 15
Vergleichbarkeitsprüfung 16 10
beteiligte Rechtsträger (Typenvergleich) **16** 16 ff.
– aufnehmender Rechtsträger **16** 17 ff.
– Ausgangsrechtsträger **16** 16
Rechtsfolgen der Umwandlung **16** 11 ff.
Verschmelzungsvertrag **16** 17
Verhältnis § 133 UmwG zu § 613 a II BGB
Haftung **6** 39
Verluste, steuerliche
Hereinverschmelzung **16** 113
Kompensationsverbot § 2 IV UmwStG **11** 45, 75
Nachversteuerung, § 2 a III EStG **11** 380
Rückwirkungszeitraum **11** 44 ff., 75
Übertragerin **11** 155

Verschmelzung Körpergesellschaft auf PersGes: Übertragung **11** 331, 367, 381
Verschmelzung Körperschaft untereinander **11** 101
Verschmelzung PersGes auf KapGes/Genossenschaft **11** 650, 736
Verschmelzung PersGes untereinander **11** 854
Verlustgesellschaft
Verschmelzung **11** 45
Verlustvortrag
Spaltung **20** 92, 137
Spaltung auf PersGes **20** 158
Vermögenserwerb
Kartellrecht **7** 10
Vermögensübergang
Zeitpunkt bilanzielle Abbildung **10** 60
Vermögensübertragung
bare Ausgleichzahlung **21** 2
Bestandsübertragung **21** 5
Gegenleistung **21** 2
Hingabe anderer Wirtschaftsgüter **21** 2
KapGes **21** 3
Öffentliche Hand **21** 3
Rechnungslegung
– Buchführungspflicht des übertragenden Rechtsträgers **23** 6
– IFRS **23** 8
– Prüfungspflicht **23** 5
– Teilübertragung **23** 3
– Vollübertragung **23** 2
Sonderform der Verschmelzung **23** 1
Steuerrecht
– Ausgliederung **24** 5, 16
– beteiligungsfähige Rechtsträger **24** 4
– Gegenleistung, Besteuerung **24** 14
– Insourcing **24** 3
– Rechtsentwicklung **24** 4
– Rechtsgrundlagen **24** 1, 4
– Versicherungsunternehmen **24** 4
UmwG
– Teilübertragung **22** 5
– Vollübertragung **22** 4
Versicherungsunternehmen **21** 5
Vollübertragung **21** 1
Vermögensverwaltende Personengesellschaft
Verschmelzung Körperschaft auf PersGes **11** 505 f.
– Gewerbesteuer **11** 516
– Zebragesellschaft **11** 507 f.

1819

Sachverzeichnis

Vermögensverwaltung
Verschmelzung Körperschaft auf PersGes
– PersGes ohne Betriebsvermögen **11** 505 ff.
Verschmelzung
Aktiengesellschaften
– Handelsregisteranmeldung (F) **9** 376 C, 376 D
– Verschmelzungsvertrag (F) **9** 376 A
– Zustimmungsbeschluss (F) **9** 376 B
Alleingesellschafter **11** 21
Antragsbewertung **11** 77 ff.
Antragsvoraussetzungen
– Bewertung Buchwert/Zwischenwert **11** 77 ff.
ausländisches Vermögen **11** 254, 553
Auslandsbezug
– PersGes auf KapGes/Genossenschaft **11** 806
Auslandsverschmelzung
– Begriff **11** 4, 9
Buchwert oder Zwischenwert
– Körperschaft auf PersGes **11** 305 ff.
– Körperschaften untereinander **11** 77 ff.
downstream merger
– Körperschaften untereinander **11** 224 ff.
Drittlandsverschmelzungen **11** 5 ff.
eigene Anteile
– Übertragerin **11** 51, 107
Einheitlichkeit der Bewertung **11** 97
Erbengemeinschaft **11** 22
EWIV
– übernehmender Rechtsträger **11** 21
GbR **11** 18, 22
Gegenleistung **11** 88 ff.
gemeiner Wert
– Körperschaften untereinander **11** 59 ff.
Genossenschaften
– Genossenschaftsregisteranmeldung (F) **9** 381 C, 381 D
– Prüfungsgutachten (F) **9** 381 E
– Verschmelzungsvertrag (F) **9** 381 A
– Zustimmungsbeschluss (F) **9** 381 B
Gesamtrechtsnachfolge **11** 20
Geschäftsleitung
– Steuerrecht **11** 11 f.
GmbH auf Alleingesellschafter
– Handelsregisteranmeldung (F) **9** 379 B, 379 C
– Verschmelzungsvertrag (F) **9** 379 A
GmbH & Co KG
– übernehmender Rechtsträger **11** 21
grenzüberschreitende V. **11** 3 ff.
– Begriff **11** 9
Grunderwerbsteuer **11** 896
– Rückwirkung **11** 30
Grundsteuer
– Rückwirkung **11** 30
Gründung SE
– Handelsregisteranmeldung (F) **14** 242 C
– Verschmelzungsbericht (F) **14** 242 D
– Verschmelzungsplan (F) **14** 242 A
– Zustimmungsbeschluss (F) **14** 242 B
immaterielle Wirtschaftsgüter
– Übertragerin, Körperschaft **11** 65
Inlandsverschmelzung **11** 3 ff., 48 ff.
– Begriff **11** 9 ff.
Inlandsverschmelzung mit Auslandsbezug
– ausländische Anteilseigner **11** 265 ff.
– Begriff **11** 9
– deutsches Besteuerungsrecht **11** 259 f.
– downstream merger **11** 269 f.
– Einzelrechtsnachfolge **11** 256 f.
– Gesamtrechtsnachfolge **11** 259
– Körperschaften untereinander **11** 254 ff.
– steuerliche Behandlung **11** 254 ff.
– Übertragerin **11** 255 ff.
KapGes & atypisch Still
– übernehmender Rechtsträger **11** 16
– übertragender Rechtsträger **11** 14
KapGes auf natürliche Person
– Anwendungsvoraussetzungen **11** 560 ff.
– Übernehmerin **11** 570 ff.
– Übertragerin **11** 565 ff.
KapGes auf PersGes
– Handelsregisteranmeldung (F) **9** 378 D, 378 E
– Verschmelzungsbeschlüsse (F) **9** 378 B, 378 C
– Verschmelzungsvertrag (F) **9** 378 A
KapGes (downstream)
– Handelsregisteranmeldung (F) **9** 375 B, 375 C
– Verschmelzungsvertrag (F) **9** 375 A
KapGes (upstream)
– Betriebsratsinformation (F) **9** 374 B

Sachverzeichnis

- Handelsregisteranmeldung (F) **9** 374 C, 374 D
- Verschmelzungsvertrag (F) **9** 374 A
Kartellrecht **7** 43, 85 ff.
KGaA **11** 24
Körperschaft auf PersGes **11** 287 ff.
- Abwärtsverschmelzung **11** 497 ff.
- Anrechnung ausländischer Steuern **11** 529
- Anteilseigner **11** 401 ff.
- Anwendungsbereich **11** 291 f.
- ausländisches Vermögen **11** 553
- Beteiligung ausländische Anteilseigner **11** 537 ff.
- Bewertung Buchwert/Zwischenwert **11** 304 ff.
- Dividendenanteil **11** 402, 404 ff.
- Gesellschafter der PersGes **11** 290
- gesellschafterbezogene Betrachtungsweise **11** 539 f.
- Gewerbesteuer, § 18 III UmwStG **11** 464 ff.
- inländische Körperschaft mit ausländischem Vermögen **11** 518 ff.
- Inlandsverschmelzung mit Auslandsbezug **11** 518 ff.
- Konzeption **11** 289 f.
- Körperschaftsteuererhöhung/Körperschaftsteuerminderung **11** 326 ff.
- Pensionsrückstellung **11** 301 f.
- PersGes ohne Betriebsvermögen **11** 505 ff.
- Schlussbilanz **11** 295 ff.
- Spaltung Übernahmeergebnis **11** 401 ff.
- Step-up **11** 289
- Übernahmeergebnis **11** 401 ff.
- Übernehmerin, Kapitalkonten **11** 347
- Übernehmerin, Sonderbetriebsvermögen **11** 349
- Übertragungsgewinn ausländisches Vermögen **11** 526 f.
- Veräußerungsteil **11** 402 f.
- vermögensverwaltende PersGes **11** 505 ff.
Körperschaften
- Steuerrecht **11** 11 ff.
- übernehmende Rechtsträger (Steuerrecht) **11** 15 ff.
- übertragende Rechtsträger (Steuerrecht) **11** 11 ff.

Körperschaften untereinander
- Ansatzverbote **11** 66 f., 113
- Anteilseigner **11** 177 ff.
- Anteilseigner, ausländische **11** 265 ff.
- Anwendung § 8 c KStG (Übernehmerin, Übertragerin) **11** 40, 174 ff.
- Anwendungsbereich **11** 46 ff.
- Aufwärtsverschmelzung **11** 50 ff.
- Ausschüttung im Rückwirkungszeitraum **11** 103 f.
- Beteiligungskorrektur **11** 115 ff.
- Bewertung Schlussbilanz **11** 59 ff.
- downstream merger **11** 224 ff., 231 ff.
- eigene Anteile Übernehmerin **11** 142
- Eigenkapitalanpassung **11** 163 ff.
- Eintritt in die steuerliche Rechtsstellung der Übertragerin **11** 147 ff.
- Inlandsverschmelzung mit Auslandsbezug **11** 46 ff.
- Kapitalerhöhung **11** 139 ff.
- Konfusion **11** 170 ff.
- ohne Auslandsbezug **11** 46 ff.
- Organschaft **11** 271 ff.
- Phasenverschobene Wiedereinsetzung Bewertung/Ansatz **11** 113
- side-step merger **11** 245 ff.
- steuerliche Schlussbilanz **11** 52 ff., 55 ff.
- Übernahmeerfolg **11** 122 ff., 143 ff.
- Übernahmefolgegewinn **11** 170 ff.
- Übertragerin, Auswirkungen **11** 51 ff.
- Übertragungserfolg **11** 72 ff.
- upstream merger **11** 50 ff.
- Vereinigung Forderungen und Verbindlichkeiten **11** 170 ff.
- Verlustnutzung Rückwirkungszeitraum **11** 75
- Wertverknüpfung **11** 109 f.
Körperschaftsteuererhöhung **11** 106
Körperschaftsteuerminderung **11** 106
künftige Körperschaftbesteuerung
- Körperschaften untereinander **11** 81 ff.
Ltd & Co KG
- übernehmender Rechtsträger **11** 21
Neugründung
- Rechtsgrundlagen **9** 328 ff.
- Societas Europaea (SE) **14** 14
Organschaft
- Körperschaften untereinander **11** 271 ff.

1821

Sachverzeichnis

Patenreederei **11** 22
Pensionsrückstellung
- Übertragerin, Körperschaft **11** 65, 79, 301 ff.

PersGes
- Rechnungslegung **5** 40
- Wahlrecht nach § 24 UmwG **5** 35

PersGes auf KapGes
- Handelsregisteranmeldung (F) **9** 380 D, 380 E
- Rechnungslegung **5** 34
- Verschmelzungsbeschlüsse (F) **9** 380 B, 380 C
- Verschmelzungsvertrag (F) **9** 380 A

PersGes auf KapGes/Genossenschaft
- Abschreibung Beispiel **11** 657
- Absetzung für Abnutzung **11** 653 ff.
- Anschaffungskosten der erhaltenen Anteile **11** 690
- Anteile an KapGes **11** 707, 789
- Anteile iSv § 17 VI EStG **11** 706
- Anteile nach § 17 VI EStG **11** 706
- Antrag **11** 622
- Antragsvoraussetzungen **11** 626 ff.
- Antragswahlrecht **11** 622
- Anwendungsvoraussetzungen **11** 576 ff.
- ausländische Anteilseigner **11** 814
- ausländisches Vermögen **11** 807
- Auslandsbezug **11** 806
- Ausschüttung im Rückwirkungszeitraum **11** 727
- Beschränkung des deutschen Besteuerungsrechts **11** 811
- Besitzzeitanrechnung **11** 653
- Besitzzeitanrechnung Zwischenwerte **11** 655
- Beteiligung an KapGes **11** 727
- Betrieb – Einbringungsgegenstand **11** 580
- Betrieb – Einbringungsumfang **11** 584
- Bewertung Übernehmerin **11** 608 ff.
- Bewertungswahlrecht **11** 579, 667
- EBITDA-Vortrag **11** 652, 736
- Einbringung **11** 580
- Einbringungsfolgegewinn **11** 662 f.
- einbringungsgeborene Anteile **11** 700
- Einbringungsgewinn **11** 679 ff.
- Einbringungsgewinn I **11** 785
- Einbringungsgewinn/Einbringungsverlust **11** 674
- Einbringungsverlust **11** 687
- Einbringungszeitpunkt **11** 707
- Einlagen im Rückwirkungszeitraum **11** 732
- Eintritt in die Rechtstellung **11** 646 f.
- Entnahmen im Rückwirkungszeitraum **11** 732
- Entnahmen und Einlagen **11** 732
- erhaltene Anteile (Einbringender) **11** 690
- Erhöhungsbetrag § 23 UmwStG **11** 795
- FusionsRL **11** 602
- Gegenleistung **11** 596 ff.
- gesetzliches Kapitalerhöhungsverbot **11** 600
- Gewerbesteuer **11** 685 ff.
- Kettenverschmelzung **11** 712
- Konfusion **11** 662
- Maßgeblichkeit **11** 620
- Organschaft **11** 645, 721
- Pensionsrückstellung **11** 612
- Rechtsfolgen Übernehmerin **11** 644 ff.
- Rechtsgeschäfte im Rückwirkungszeitraum **11** 717
- Rückbeziehung **11** 713
- Schlussbilanz **11** 711
- Sonderbetriebsvermögen **11** 588
- Sonderbetriebsvermögen, Bewertungswahlrecht **11** 624
- sonstige Gegenleistung **11** 596, 602, 636 ff.
- sonstige Gegenleistung: Beschränkung **11** 603 ff., 607 ff.
- Sperrfrist **11** 738, 781
- steuerliche Schlussbilanz Übertragerin **11** 665 f.
- Tarifermäßigung § 34 EStG **11** 681, 734
- Tauschvorgang **11** 670
- Umgehungsschutz **11** 738
- Unterbilanz **11** 630
- Veräußerungspreis **11** 672
- Veräußerungspreis des Einbringenden **11** 672
- Verluste **11** 650, 736
- Verschaffung wirtschaftlichen Eigentums **11** 592

Sachverzeichnis

– Verträge zwischen Gesellschaft und Gesellschafter **11** 718
– wesentliche Betriebsgrundlagen **11** 588
– Zinsvortrag **11** 652, 736
– Zurückbehaltung von Sonderbetriebsvermögen **11** 588
PersGes (OHG)
– Handelsregisteranmeldung (F) **9** 377 B, 377 C
– Verschmelzungsvertrag (F) **9** 377 A
PersGes untereinander **11** 823
– Anpassung Kapitalkonten **11** 877
– Antragswahlrecht **11** 844
– aufnehmende PersGes **11** 848
– Ausgleichsleistung **11** 876
– Ausgleichszahlungen **11** 882
– ausländische Gesellschafter **11** 894
– ausländisches Vermögen **11** 892
– Auslandsberührung **11** 891
– Buchwerte **11** 835, 840, 852
– EBITDA-Vortrag **11** 856
– Einbringender **11** 826
– Einbringungserfolg **11** 860
– Einbringungsverlust **11** 873
– Einräumung Mitunternehmerstellung **11** 825
– Entnahmen/Einlage Rückwirkungszeitraum **11** 875
– Ergänzungsbilanz **11** 849, 878
– Freibetrag § 16 IV EStG **11** 867
– Gemeiner Wert **11** 850
– Gewerbesteuer **11** 871
– Gewerbeverluste **11** 855
– inländische Gesellschafter **11** 893
– Kapitalkonto **11** 830
– Konfusion **11** 857
– Mitunternehmerstellung **11** 827, 829
– § 18 III UmwStG **11** 887
– § 24 V UmwStG **11** 887
– Tarifvergünstigung § 34 EStG **11** 869
– übernehmende PersGes **11** 848
– Übertragungsstichtag **11** 874
– Veräußerungserfolg **11** 862
– Veräußerungserfolg, Besteuerung **11** 866
– Verluste **11** 854
– Zinsvortrag **11** 856
– Zwischenwerte **11** 835, 842, 852
persönlicher Anwendungsbereich **11** 10 ff.

räumlicher Anwendungsbereich
– UmwStG **11** 3 ff.
Rechnungslegung
– Bilanzierung Anteilseigner **10** 300 ff.
– Konzernabschluss HGB **10** 303 ff.
– Konzernabschluss IFRS **10** 312
– Übernahmebilanz **10** 86 ff.
Registeranmeldung
– Steuerrecht **11** 33 ff.
Rückwirkungszeitraum **11** 103
sachlicher Anwendungsbereich
– UmwStG **11** 7 ff.
SCE
– Gründungsvarianten **14** 232
– Verschmelzungsplan **14** 236
SE-VO
– Eintragungsverfahren **14** 104
Sicherstellung deutsches Besteuerungsrecht
– Körperschaften untereinander **11** 84 ff.
side-step merger
– Körperschaften untereinander **11** 245 ff.
Sitz
– Steuerrecht **11** 11 f.
steuerbilanzielle Bewertung **5** 28
steuerfreie Körperschaft
– Bewertung **11** 62
steuerliche Schlussbilanz
– Buchwert **11** 77 ff.
– gemeiner Wert **11** 52, 55 ff., 59 ff.
steuerliche Verluste
– Übertragerin **11** 101 f., 155 ff.
Steuerrecht
– Buchwert **11** 77 ff., 99, 304 ff.
– Drittstaatenverschmelzung **11** 5 f.
– EBITDA-Vortrag **11** 101 f., 155 ff.
Stiftung & Co KG **11** 21
stille Gesellschaft **11** 14, 16
– aufnehmende Gesellschaft **11** 23
Stufentheorie **11** 90
Umsatzsteuer **11** 895
– Rückwirkung **11** 30
UmwG
– Abfindungsangebot **9** 60
– Ablauf des Verfahrens **9** 37 ff.
– Abwärtsverschmelzung **9** 347 ff.
– Anmeldung beim Handelsregister **9** 55
– Arbeitnehmer **9** 147 ff.
– zur Aufnahme **9** 1, 28 ff.

1823

Sachverzeichnis

- Auswirkung auf Unternehmensverträge **9** 360 ff.
- Eintragung in das Handelsregister **9** 58 f.
- Eintragung ins Handelsregister **9** 305 ff.
- europarechtliche Vorgaben **9** 12 ff.
- Formen **9** 28 ff.
- Kapitalerhöhung **9** 48, 291 ff.
- Konzern **9** 333 ff.
- Ladung der Anteilseigner **9** 49
- Methoden Unternehmensbewertung **9** 84
- Mischverschmelzung **9** 26
- zur Neugründung **9** 1, 32 ff.
- notarielle Beurkundung **9** 54
- notwendige Beschlüsse **9** 50 ff.
- Registersperre **9** 56
- Schlussbilanz **9** 42
- Stichtag **9** 139
- Umtauschverhältnis **9** 79 ff.
- Unbedenklichkeitsverfahren **9** 56
- Unternehmensbewertung **9** 43
- Unterrichtung des Betriebsrats **9** 46
- Verschmelzungsbericht **9** 45, 134 ff.
- Verschmelzungsprüfung **9** 47
- Verschmelzungsvertrag **9** 44
- wesentliche Elemente **9** 2
- Zustimmungsbeschluss **9** 50

unternehmerische Ziele und Motive **8** 1

Vereine
- Vereinsregisteranmeldung (F) **9** 382 C, 382 D
- Verschmelzungsvertrag (F) **9** 382 A
- Zustimmungsbeschluss (F) **9** 382 B

Vergleichbarkeit **11** 8

Vor- und Nachteile **8** 8 ff.
- alternative Umstrukturierungsformen **8** 9
- Anwachsung **8** 13
- Darlehensverträge **8** 20
- Einbringung **8** 10 ff.
- Eingliederung **8** 12, 15
- Einschränkung der Steuerneutralität **8** 18
- Gegenleistung in Form der Anteilsgewähr **8** 24
- Grunderwerbsteuer **8** 19
- Haftung des übernehmenden Rechtsträgers **8** 17
- Minderheitsgesellschaften **8** 26
- Offenlegungspflicht **8** 22
- personalpolitische Probleme **8** 21
- Squeeze-out **8** 16

Zinsvortrag **11** 101 f., 155 ff.

Zivilrecht **11** 7

Zwischenwert
- Körperschaften untereinander **11** 77 ff., 97 ff.

Verschmelzungsbericht, grenzüberschreitend
grenzüberschreitende Verschmelzung **13** 34, 113 ff.
- Arbeitnehmer- und Gläubigerbelange **13** 118 ff.
- Auswirkung auf verbundene Unternehmen **13** 117
- börsennotiertes Unternehmen **13** 121
- Erläuterung der Methode der Unternehmensbewertung **13** 117
- Grenzen der Darlegungspflicht **13** 122
- Inhalt **13** 117
- Konzernverschmelzung **13** 116
- Mindestinhalt **13** 117
- Offenlegung gegenüber Anteilsinhabern und Betriebsrat **13** 35, 123
- Pflicht zur Erstellung **13** 115
- Umtauschverhältnis **13** 117
- Verzicht **13** 116
- Zuständigkeit **13** 115

Societas Europaea **14** 68 ff.

Verschmelzungsbescheinigung, grenzüberschreitend
grenzüberschreitende Verschmelzung **13** 45, 194 ff.

Verschmelzungsbeschluss, grenzüberschreitend 13 41, 142 ff.
Anfechtungsklage **13** 212 ff.
Bestätigungsbeschluss über das Mitbestimmungssystem **13** 159 ff.
Genehmigungsvorbehalt hinsichtlich der Mitbestimmung und Bestätigungsbeschluss **13** 143, 156 ff.
Kapitalerhöhung **13** 37, 163
Konzernverschmelzung **13** 144, 165 ff.
Ladung **13** 145 ff.
Mehrheit für Genehmigungsvorbehalt **13** 158 f.
notarielle Beurkundung **13** 155
qualifizierte Mehrheit **13** 152 f., 158 ff.
Satzungsänderung zur Umsetzung der Mitbestimmungsregelung **13** 164

Sachverzeichnis

Unterrichtungspflicht bei Vermögensverschlechterung **13** 151 f.
Versammlung der Anteilseigner **13** 152
Verschmelzungsfähige Rechtsträger
grenzüberschreitende Umwandlung **12** 8; **13** 17 ff.
Rechtsträger **9** 20 ff.
Verschmelzungsplan, grenzüberschreitend
Anteilsübertragung **13** 68 ff.
Arbeitnehmerbelange **13** 71
Arbeitnehmermitbestimmungsverfahren **13** 78 f.
Aufstellungspflicht nach Art. 20 SE-VO **14** 33
Auslandsbeurkundung **13** 101
Barabfindungsangebot **13** 57
Barzuzahlung **13** 66
Bekanntmachung **13** 33, 103 ff.
Bekanntmachungsfrist **13** 106 ff.
besondere Vorteile für Vertretungsorgane, Sachverständige und Prüfer **13** 76
Bewertung des Aktiv- und Passivvermögens **13** 80
Bilanzstichtag **13** 81
Business Combination Agreement
– grenzüberschreitende Verschmelzung **13** 29, 53
Einreichung beim Registergericht **13** 104 ff.
Form **13** 98 ff.
Formerfordernisse **14** 38
grenzüberschreitende Verschmelzung **13** 32, 51 ff.
– Barabfindungsangebot **13** 42, 57, 83 ff., 96
– Erläuterung im Verschmelzungsbericht **13** 113 ff.
– Schlussbilanz **13** 32
Hinterlegung **13** 33, 103 ff.
Inhalt des Verschmelzungsplan **13** 57 ff.
Inhaltsmängel **13** 112
kapitalmarktrechtliche Publizitätspflichten **13** 111
Mängel **13** 112
Mindestinhalt **13** 59 ff.
mündliche Erläuterung **14** 113
notarielle Beurkundung **13** 98 ff.
Parallelen zum Verschmelzungsvertrag **14** 33, 38, 42

Prüfungspflicht **13** 125
Rechtsform, Firma und Sitz der beteiligten Rechtsträger **13** 60
Rechtsnatur **13** 53; **14** 34
Satzung der übernehmenden oder neuen Gesellschaft **13** 77
SE **14** 33 ff.
Sonderrechtsinhaber **13** 75
Sprache **13** 54, 102; **14** 38
Treuhänder **13** 70
Umtauschverhältnis **13** 61 ff.
Unternehmenswert, Bewertungsmethoden **13** 61 ff.
Verfahren über die Beteiligung der Arbeitnehmer in der SE **14** 60
Verschmelzungsprüfungsbericht **13** 138
Verschmelzungsstichtag **13** 73 f.
Zeitpunkt der Gewinnbeteiligung **13** 72
Zuleitung an den Betriebsrat **13** 110
Zuständigkeit für den Abschluss des Verschmelzungsplans **13** 55 f.
Verschmelzungsprüfung
Anforderungen an den Prüfer **14** 86
Antragsprüfung **9** 220
Bestellung des Prüfers **9** 224 ff.
Prüfungspflicht **9** 221
Verschmelzung **9** 47
Verschmelzungsprüfung, grenzüberschreitend
Angemessenheit des Umtauschverhältnisses **13** 125
Antrag **13** 130
Auswahl des Verschmelzungsprüfers **13** 135
Bericht **13** 138 ff.
Bestellung des Verschmelzungsprüfers **13** 36, 128 ff.
Gegenstand und Umfang **13** 131
Prüfungspflicht **13** 125 ff.
Rechte und Pflichten des Prüfers **9** 239 ff.
Rechtswahl **13** 130
SE **14** 81 ff.
– Rechtsgrundlagen **15** 5
Verantwortlichkeit des Verschmelzungsprüfers **13** 135 f.
Verzicht auf Prüfung und Bericht **13** 36, 127, 140 f.
Wahlrecht für getrennte oder gemeinsame Prüfung **13** 129

1825

Sachverzeichnis

Verschmelzungsrichtlinie
IntVerschmRL **12** 7
Verschmelzungsstichtag
ausländischer Rechtsträger
– Schlussbilanz **11** 37 ff.
Erfolgsabgrenzung **10** 71
grenzüberschreitende Verschmelzung
– Verschmelzungsplan **13** 73 f.
Handelsrecht **11** 25 ff.
– Rückbeziehung **11** 26 ff.
Kettenumwandlung
– Rückwirkung **11** 40 f.
Körperschaften
– Schlussbilanz **11** 31 ff.
PersGes
– Schlussbilanz **11** 35 ff.
Steuerrecht **11** 29 ff.
variable Verschmelzungsstichtage **10** 16
Verschmelzung **9** 139
Verschmelzungsverbot
grenzüberschreitende Verschmelzung **13** 25
Verschmelzungsvertrag
Barabfindungsangebote **9** 165 ff.
Darstellung Umtauschverhältnisse **9** 201 ff.
Formerfordernisse **9** 166 ff.
Kündigung **9** 172 f.
Mangelhaftigkeit **9** 169 ff.
Regelung über Anteile **9** 127 ff.
Verschmelzung zur Aufnahme **9** 63 ff.
Versicherungs-AG
Beteiligungsfähigkeit (UmwG) **2** 28
Umstrukturierungsmöglichkeiten (UmwStG) **2** 39
Versicherungsunternehmen
Vermögensübertragung **24** 4
Versicherungsverein auf Gegenseitigkeit
Beteiligungsfähigkeit (UmwG) **2** 28
Umstrukturierungsmöglichkeiten (UmwStG) **2** 39
Versorgungsanwartschaft
Übergang von Ansprüchen aus betrieblicher Altersversorgung **6** 50
Verstoß gegen kartellrechtliche Anmeldepflicht
Geldbuße **7** 87
Verstrickung
Begriff **31** 93, 116 ff.
Bewertung **31** 119

Verträge in Erfüllung
Verschmelzung PersGes auf KapGes/Genossenschaft
– Rückwirkungszeitraum **11** 718
Verträge zwischen Personengesellschaft und Gesellschafter
Verschmelzung PersGes auf KapGes/Genossenschaft
– Rückwirkungszeitraum **11** 718
Vollübertragung
Auswirkungen Ebene Anteilseigner
– Gegenleistung nicht in Gesellschaftsrechten **24** 14
Auswirkungen Ebene übernehmende Körperschaft
– nicht steuerpflichtige Körperschaft **24** 13
– steuerpflichtige Körperschaft **24** 12
Auswirkungen Ebene übertragende Körperschaft
– Bewertungswahlrecht **24** 7
– Stufentheorie **24** 8
– Übertragungsgewinn **24** 9
Bestandsübertragung **22** 4
Vorgesellschaft
Spaltung **18** 80
Vorrats-SE
Arbeitnehmerlosigkeit **14** 185 f.
Zulässigkeit **14** 186

Wahlrecht
§ 24 UmwG
– Ausübung durch übernehmenden Rechtsträger **5** 9
– keine Geltung für steuerliche Übernahmebilanz **5** 43
– (keine) Bindungswirkung der Schlussbilanz **5** 10
– Reichweite und Grenzen **5** 14
– Spaltung **19** 89
– Spaltung einer PersGes **5** 35
– Verschmelzung einer PersGes **5** 35
Übersicht (Handelsrecht und Steuerrecht) **5** 30
Wegzug
Entstrickung **32** 127 ff.
Steuerrecht **32** 121, 123, 125 ff.
Wegzugsbesteuerung
Rechtsentwicklung **31** 137
vorübergehende Abwesenheit **31** 160 ff.

Sachverzeichnis

Weiße Einkünfte
grenzüberschreitende Umwandlungen **16** 48
Wertaufholung
Beteiligungskorrektur **11** 118
Übernehmerin **11** 113
Wertaufholungsgebot, phasenverschoben **11** 113
Wertaufstockung § 23 UmwStG
11 795
Wertpapiererwerbs- und Übernahmegesetz (WpÜG)
Schutz der Anteilseigner **3** 31
Wertverknüpfung
downstream merger **11** 238
side-step merger **11** 248
Verschmelzung Körperschaften auf PersGes **11** 350
Verschmelzung Körperschaften untereinander **11** 109 ff.
Wertverschiebung
Verschmelzung Körperschaften untereinander
– Anteilseigner **11** 184 f.
Wesentliche Betriebsgrundlagen
siehe Betriebsgrundlagen
Widerspruchsrecht bei Betriebsübergang
siehe Arbeitnehmer
Wirtschaftliche Beteiligung
Verschmelzung
– Grunderwerbsteuer **11** 931
Wirtschaftlicher Verein
Umstrukturierungsmöglichkeiten **2** 39
Wirtschaftliches Eigentum
maßgebender Zeitpunkt bei Einbringung **31** 12
Spaltung **19** 33
Wirtschaftsgut
Übertragung (§ 6 V EStG) **31** 57

Zebragesellschaft
Verschmelzung Körperschaft auf PersGes
– PersGes ohne Betriebsvermögen **11** 311, 507
Zeitwert
Rechnungslegung **10** 47
Zentralfunktion Stammhaus
Hinausverschmelzung **16** 72
Ziele und Motive für eine Spaltung
partielle Gesamtnachfolge **17** 2
Ring-Fencing **17** 4

Vorbereitung einer Veräußerung **17** 4
Zinsvortrag
Rückwirkungszeitraum **11** 44 ff.
Spaltung **20** 92, 138
Spaltung auf PersGes **20** 158
Übertragerin **11** 155 ff., 332
Verschmelzung Körperschaft auf PersGes **11** 332, 367, 382
Verschmelzung Körperschaft untereinander **11** 101 ff.
Verschmelzung PersGes auf KapGes/Genossenschaft **11** 652, 736
Verschmelzung PersGes untereinander **11** 856
Zuordnung Vermögensgegenstände
wirtschaftliches Eigentum **10** 64, 75 ff.
Zusammenschlusskontrolle
Umwandlung **7** 1 ff.
Zustimmungsbeschluss
Verschmelzung **9** 50
Zustimmungserklärung
Spaltungsbeschluss **18** 166 ff.
Zuzahlungen
Anteilseigner **11** 181 f.
Verschmelzung (Steuerrecht) **11** 319
Zuzug
Steuerrecht **32** 122, 144 ff.
Zweckvermögen **11 313
Zwischenbilanz
IFRS **10** 25
Rechnungslegung **10** 20
Rechtsgrundlagen **10** 24
Spaltung **19** 68
Zwischenwert
Antragstellung **11** 91 ff.
Einheitlichkeit der Bewertung **11** 99 f.
Gegenleistung **11** 87 ff.
gesellschafterbezogene Prüfung **11** 309
immaterielle Wirtschaftsgüter **11** 99 f.
Rechtsfolgen **11** 98 ff.
Sicherstellung deutsches Besteuerungsrecht **11** 84 ff.
Sicherstellung künftige Körperschaftbesteuerung **11** 81 ff.
Stufentheorie **11** 99 f., 306
Verschmelzung Körperschaft auf PersGes **11** 305 f.
Verschmelzung Körperschaft untereinander **11** 77
– Übertragungserfolg **11** 74

1827

Sachverzeichnis

Verschmelzung Körperschaften untereinander **11** 77 f.
Verschmelzung PersGes auf KapGes/Genossenschaft **11** 641 ff.
Verschmelzung PersGes untereinander **11** 835, 842, 850
Verteilung aufzudeckende stille Reserven **11** 306